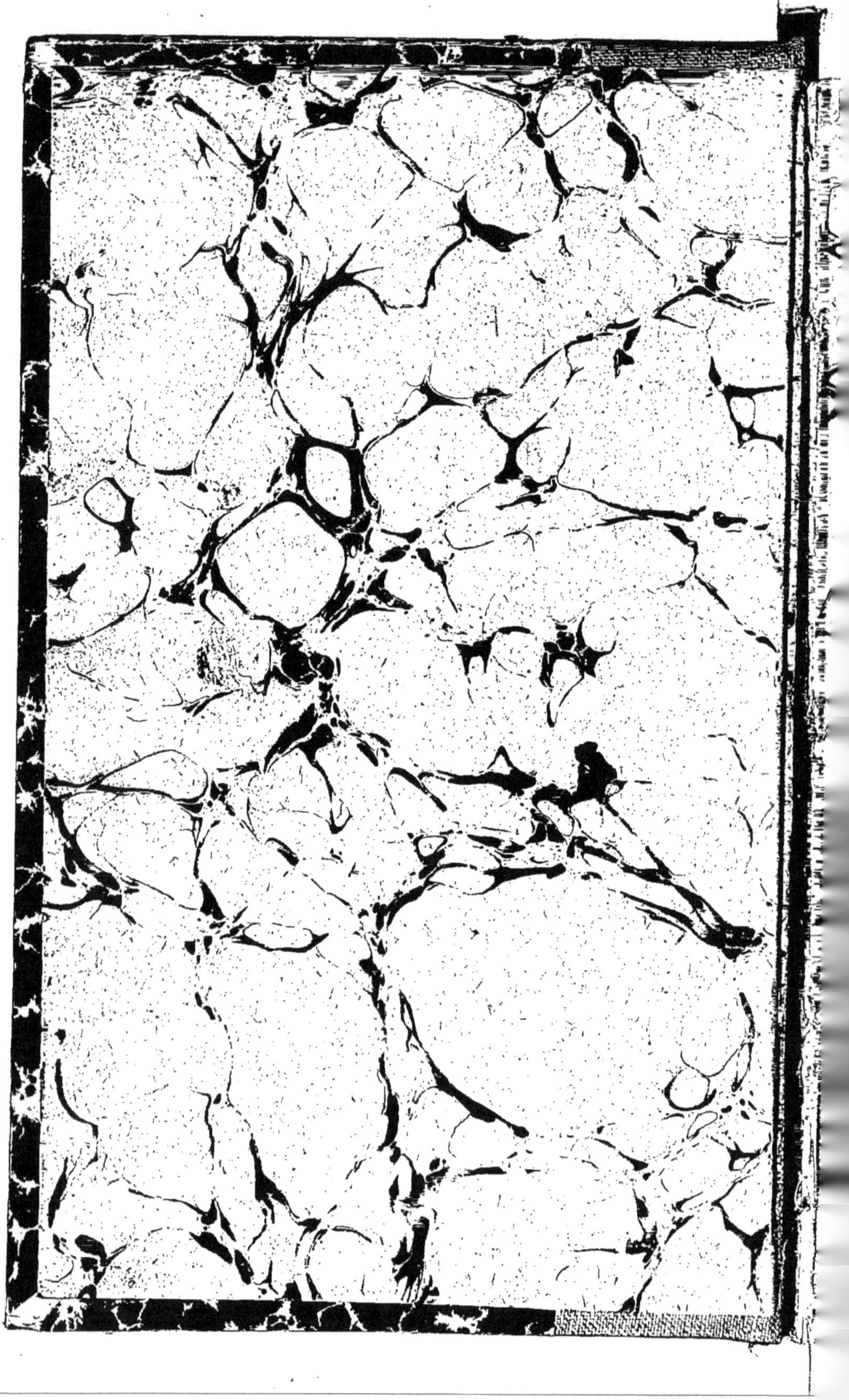

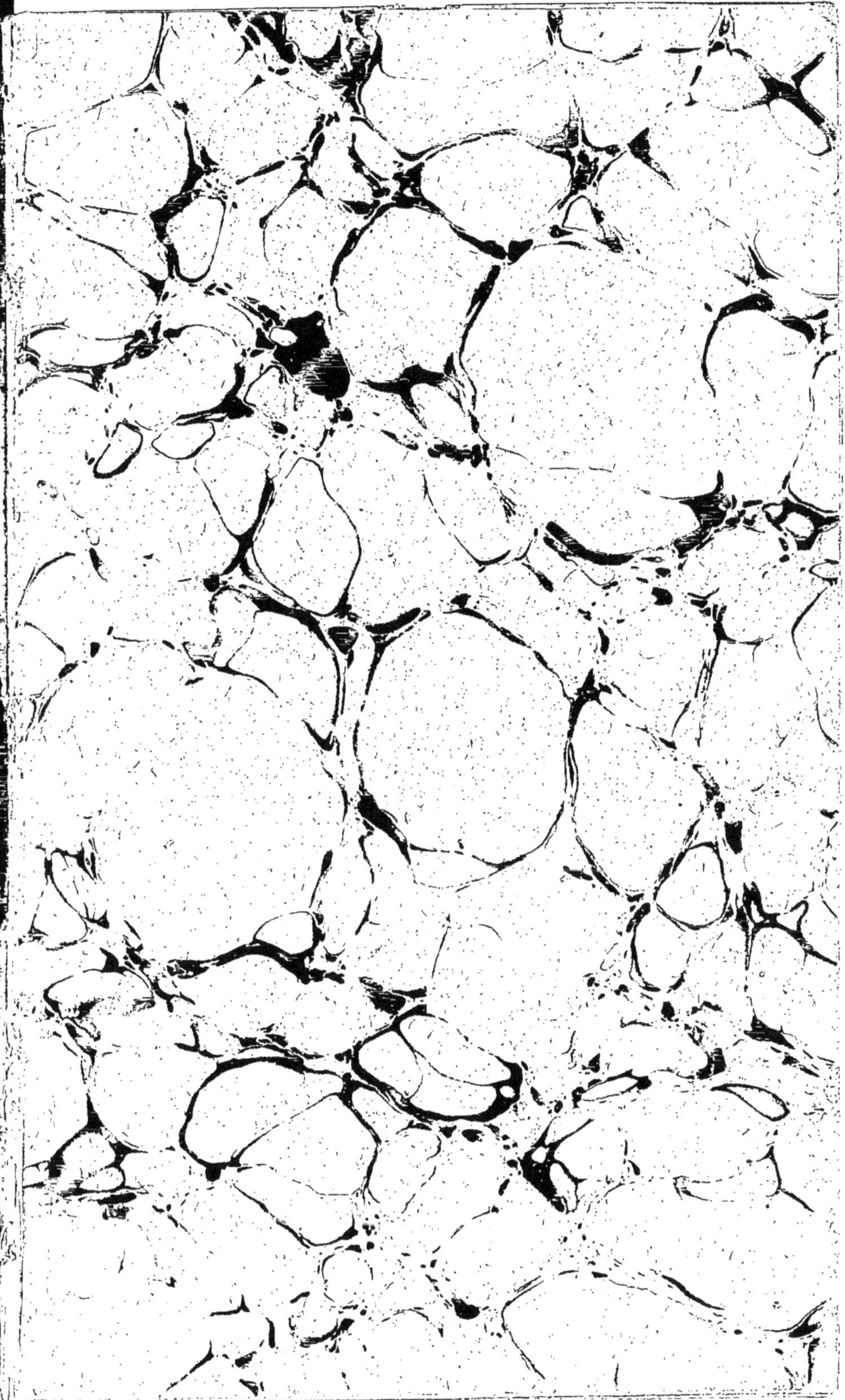

TRAITÉ ÉLÉMENTAIRE

DE

DROIT COMMERCIAL

À L'EXCLUSION DU DROIT MARITIME

PAR

E. THALLER

PROFESSEUR DE DROIT COMMERCIAL A L'UNIVERSITÉ DE PARIS
PROFESSEUR HONORAIRE DE L'UNIVERSITÉ DE LYON

CINQUIÈME ÉDITION

REVUE ET MISE A JOUR AVEC LE CONCOURS DE

J. PERCEROU

PROFESSEUR-ADJOINT A LA FACULTÉ DE DROIT DE PARIS

PARIS
LIBRAIRIE ARTHUR ROUSSEAU
ROUSSEAU ET Cie
ÉDITEURS
14, RUE SOUFFLOT ET RUE TOULLIER, 13

1916

TRAITÉ ÉLÉMENTAIRE

DE

DROIT COMMERCIAL

DU MÊME AUTEUR

De la faillite des Agents de change et de la liquidation de leurs charges. 1 vol. in-8°. 1883.

De la réforme de la loi sur les Sociétés par actions. 1 vol. in-8°. 1886. (*Larose et Forcel.*)

Des faillites en Droit comparé, avec une étude sur le règlement des faillites en droit international (*Ouvrage couronné par l'Institut*). 2 vol. in-8°. — Paris, 1887. (*A. Rousseau.*)

Annales de droit commercial français, étranger et international, publiées avec le concours de nombreux Professeurs des Universités françaises et étrangères, Magistrats, Avocats, etc. — 1886-1914. — 1 vol. par an. (*A. Rousseau.*)

De la réforme de la loi des Sociétés par actions. — Extrait de la *Revue politique et parlementaire*, janvier 1903, 48 pages.

De la nature juridique du titre de crédit, in-8°, 1907, 158 pages.

La vie juridique du Français, Introduction à l'étude philosophique et pratique du droit (Naissance, Education, Etablissement, Habitation, Placements en immeubles et en valeurs, Crédit, Responsabilité, Héritage, Mariage, Crises de famille, Maladie, Vieillesse et Mort), Leçons rédigées par les élèves de la Conférence d'agrégation de droit privé. 2 vol., 407 et 720 pages. — Paris, 1908 et 1909. (*A. Rousseau.*)

Syndicats financiers d'émission, 56 pages, 1910. (*A. Rousseau.*)

Les méthodes juridiques, La méthode en droit commercial, 1911, 22 pages. (*Giard.*)

L'œuvre juridique de Raymond Saleilles, Avant-propos, 31 pages, 1914. (*A. Rousseau.*)

Traité général théorique et pratique de droit commercial. — Volumes parus :

Des sociétés commerciales (P. Pic), 2 vol., 1908-1914.

Des faillites, des banqueroutes et des liquidations judiciaires (J. Percerou), 2 vol., 1909-1913.

Du droit maritime (G. Ripert), 1 vol., 1914.

Des transports (L. Josserand), 1 vol., 1913.

TRAITÉ ÉLÉMENTAIRE

DE

DROIT COMMERCIAL

A L'EXCLUSION DU DROIT MARITIME

PAR

E. THALLER

PROFESSEUR DE DROIT COMMERCIAL A L'UNIVERSITÉ DE PARIS
PROFESSEUR HONORAIRE DE L'UNIVERSITÉ DE LYON

CINQUIÈME ÉDITION

REVUE ET MISE A JOUR AVEC LE CONCOURS DE

J. PERCEROU

PROFESSEUR-ADJOINT A LA FACULTÉ DE DROIT DE PARIS

PARIS

LIBRAIRIE ARTHUR ROUSSEAU

ROUSSEAU ET Cie

ÉDITEURS

14, RUE SOUFFLOT ET RUE TOULLIER, 13

1916

TRAITÉ ÉLÉMENTAIRE

DE

DROIT COMMERCIAL

INTRODUCTION

SECTION PREMIÈRE

DÉFINITION DU COMMERCE. ÉTENDUE DU DROIT COMMERCIAL. THÉORIE DES ACTES DE COMMERCE

(Art. 632 et 633 C. com.).

1. — **Le droit en général. Sa nature.** — Il est inutile de disserter, au début de ce traité, sur l'origine du droit et sur le fondement de sa légitimité. Les hommes se sont livrés en tout temps à ce thème de haute portée philosophique et morale, sans arriver à une solution claire du problème, et surtout sans parvenir à s'entendre.

La législation doit-elle consacrer dans les rapports des individus des principes supérieurs et en quelque sorte immanents de justice ? La justice elle-même consiste-t-elle dans le respect le plus large possible de la personne humaine, dans sa pleine expansion, pourvu qu'elle n'offense point la personne du voisin, ainsi que le veut l'*école individualiste et libérale* ? Consiste-t-elle, au contraire, à subordonner l'individu à la puissance publique, de manière à limiter la liberté des forts en vue de la protection des faibles et à se rapprocher d'un régime d'égalité, comme le soutiennent les *écoles socialistes* ?

Le droit est-il une conception d'ordre non pas absolu, mais relatif, en ce sens que ses préceptes varieraient selon les époques et les milieux ? Une société se classe d'après certaines données de nature contingente. Un groupe a acquis la prépondérance soit par la conquête, soit par la richesse, soit par le nombre. Il s'agit de maintenir l'harmonie entre les éléments qui composent cette société. Le droit se proportionne à des exigences d'entente et de conservation. Comme le montre l'image symbolique de la balance, il recherche un équilibre : ceux qui n'ont pas la force et l'influence se sentent au moins protégés par les lois ; l'autorité que possèdent les autres les garantit dans leurs personnes et dans leurs biens. Qu'il s'opère une transposition de rang dans les classes, et ce fait se répercutera sur le droit applicable à une pareille communauté. Le droit ne serait pas autre chose, dans cette doctrine, que l'image d'une société prise à un moment donné, telle que les événements l'ont faite.

2. — Droit commercial. — Ne nous attardons pas à ces hautes réflexions concernant le « problème de la souveraineté ». Le droit commercial privé, bornons-nous à cette remarque, traduit un état social où les hommes visent au bien-être et à la richesse, en contractant les uns avec les autres, et en subissant de la puissance publique la moindre gêne possible dans la conclusion de ces contrats.

C'est la liberté de diriger ses aptitudes vers les affaires qui permet au particulier de réaliser un gain, procuré à la fois par la chance et par le travail ; et c'est ce gain que la loi consacre sans y mettre de limite. Les institutions du droit commercial relèvent donc du programme individualiste.

3. — Droit commercial public. — Les préceptes établis par le droit constituent tantôt des règles impératives, et tantôt des règles d'interprétation.

Dans le premier cas, la loi agit par voie de commandement (ou de défense). Il faut s'incliner devant elle. Elle s'inspire de considérations d'ordre public.

Le droit commercial renferme un grand nombre de dispositions présentant ce caractère. Mais c'est surtout le *droit public* qui les édicte, et elles demeurent en dehors de notre cadre d'étude.

Il existe des exploitations de nature commerciale qui, pour cause d'hygiène ou de police, sont assujetties soit à une déclaration, soit même à une autorisation préalables : par exemple, les établissements incommodes, dangereux ou insalubres (*droit administratif*). Les manufactures sont soumises à des inspections organisées pour la protection des ouvriers (Titre III, art. 82 à 152, du Livre II du *Code du Travail* : *De l'inspection du travail*).

Il y a des impôts qui frappent surtout le commerce, bien que les autres professions n'en soient pas nécessairement exemptes : la patente, les impôts de douane, les contributions indirectes. La loi économique de l'incidence de l'impôt fait en définitive supporter cette charge par le consommateur. Mais ce n'est pas sur le consommateur que le fisc le prélève. Ces impôts dépendent de la *législation financière*.

Dans le *droit des gens* ou *droit international public*, le commerce tient une assez grande place ; cette science détermine notamment à quel régime obéit, d'après la coutume ou les conventions, la propriété de la marchandise des belligérants ou des neutres en temps de guerre maritime. D'autre part, il s'est constitué, au moyen de traités négociés par la diplomatie, des Unions douanière, postale, télégraphique, etc.

Le *droit criminel* intervient afin d'assurer, au moyen de sanctions pénales, la loyauté du trafic (tromperie sur la nature de la marchandise vendue, usage de faux poids ou de fausses mesures, falsification de denrées, faux en écritures de commerce, manœuvres pour opérer la hausse ou la baisse des prix, contrefaçon de brevet ou de marque, usurpation de nom), ou afin de garantir les créanciers contre les actes d'imprévoyance grave ou contre le détournement du gage par les débiteurs (banqueroutes simple et frauduleuse).

4. — **Droit commercial privé.** — Mais il y a dans le droit un nombre non moins considérable de dispositions qui n'ont rien d'obligatoire et que la loi formule comme étant l'expression présumée de la volonté des contractants. C'est le cas pour une quantité de règles concernant la *législation privée*. Car celle-ci concerne les relations établies entre individus, et lorsque ces relations sont d'ordre pécuniaire, elles ont presque toujours un contrat pour provenance. Le principe du droit moderne, c'est que « les conventions légalement formées tiennent lieu de loi à ceux qui les ont faites ». Les restrictions mises à la liberté contractuelle sont d'ordre exceptionnel. Le droit commercial dont nous aurons à nous occuper est précisément celui-là.

Le droit commercial, au sens strict du mot, constitue une dépendance du droit privé. Il forme la contre-partie du droit civil, il en est le complément sous certains rapports. A ce point de vue limité, on le définira : *la partie du droit privé qui détermine la nature et les effets des conventions conclues soit par les commerçants, soit à l'occasion de faits de commerce.*

Ce droit a son siège pour la France dans l'un des Codes publiés sous le premier Empire : c'est le *Code de commerce*, le troisième dans l'ordre des dates, qui fut promulgué par la loi du 15 septembre 1807, qui est en vigueur depuis le 1er janvier 1808. Des lois complémentaires très importantes, relatives notamment aux « sociétés », sont venues s'y ajouter depuis cette date. En outre, plusieurs parties du Code ont été l'objet de modifications ou de revisions.

C'est l'étude des institutions, comprises dans ce Code et dans ces lois, qui va suivre, à l'exception toutefois des matières traitées dans le livre II (art. 190 à 436). Nous écartons le droit maritime. Le mouvement commercial fait emprunter à bon nombre de marchandises la voie de mer : d'où le transport maritime ou « affrètement », que complètent l'« assurance » et les conventions variées dont la construction et l'armement d'un navire seront la cause déterminante. Ces contrats, malgré leur étroite corrélation avec le droit commercial terrestre, font l'objet d'un enseignement séparé. Leur examen, très important par lui-même, chargerait à l'excès la législation du commerce.

5. — **Dédoublement du droit privé.** — On saisit de suite, d'après ces préliminaires, que le droit privé se dédouble en deux parties. Ces deux parties sont :

1° Le *droit civil*, qui gouverne les relations ordinaires entre les particuliers, et qui statue en outre exclusivement sur les rapports de famille, sur les successions ou donations, sur la condition de la propriété immobilière ;

2° Le *droit commercial*, qui est spécial soit à certaines catégories de personnes, soit à certaines espèces de conventions.

Malgré l'égalité des citoyens ou des particuliers devant la loi, ils dépendent de deux législations différentes, suivant leur profession ou suivant le caractère des opérations qu'ils font.

On recherchera plus loin la raison de ce dualisme, qui présente pratiquement certains inconvénients, et qui n'existe pas dans les lois de tous les Etats. L'Angleterre, la Suisse, notamment, n'ont pas opéré dans leur législation un pareil sectionnement. En réalité la Russie ne le connaît pas non plus [1]. En Italie, de bons esprits proposent de ne pas y persister [2]. Le droit romain n'a pas connu la distinction sur laquelle repose le nôtre.

Au premier aspect, le motif qui a guidé la loi dans la séparation de ces deux droits est celui-ci : *le commerce a besoin de règles juridiques et d'institutions favorables à la rapidité des transactions et au développement du crédit.*

Le commerçant met en valeur le capital d'autrui ; il lui faut des délais pour l'exécution de ses engagements. Au moment de renouveler ses achats, ses rentrées ne sont pas encore échues, et ce sont ces rentrées cependant qui répondent de sa dette ; la législation à laquelle il est soumis doit donner des garanties de sécurité à ses fournisseurs ou bailleurs de fonds.

Partant de cette notion générale, le droit commercial organise notamment :

1° Les *sociétés commerciales* de différents types, qui tantôt renforcent la responsabilité des associés, et tantôt font affluer les capitaux à l'entreprise au moyen de parts sociales à engagement limité ou commodément cessibles ;

2° Les *effets de commerce*, qui facilitent le déplacement des capitaux et tiennent lieu de monnaie, grâce à la confiance inspirée par les signataires ;

3° La *faillite*, qui garantit le remboursement proportionnel des créanciers, qui préserve le gage contre les dilapidations, ou contre les paiements de faveur, qui procure ainsi une sécurité relative aux fournisseurs et aux bailleurs de fonds du commerçant ;

4° Les *tribunaux de commerce*, avec leur procédure expéditive et l'expérience des juges qui les composent.

6. — Ressort du droit commercial. — Ce dédoublement du droit privé obligeait le législateur à déterminer le point où le droit commercial et le droit civil se séparent l'un de l'autre. En s'élevant à une notion générale, il se serait probablement inspiré des idées suivantes :

---

1. La Russie connaît bien un « Règlement du commerce » (t. XI, 2e partie, du *Swod*), qui date de 1825 et fut remanié en 1887, puis en 1903 (dernière rédaction). Mais en réalité ce règlement ne renferme guère que des règles d'ordre fiscal et policier et, pour ce qui concerne le droit commercial privé, notamment les sociétés, c'est à la source générale du droit privé russe, c'est-à-dire aux lois civiles (t. X du *Swod*), qu'il faut se reporter (V. *infra*, p. 47, en note). D'ailleurs le projet de Code civil russe, actuellement en discussion, consacre formellement l'unification du droit civil et du droit commercial. V. Doussau, *L'unification du droit civil et du droit commercial dans le projet de Code civil russe* (dans les *Annales de droit commercial*, 1914).

2. Vivante, *Un code unique des obligations* (dans les *Annales de droit commercial*, 1893, 2, p. 1 et s.).

En droit comme en économie politique, le commerce consiste dans la *circulation* des produits, de l'argent, des titres fiduciaires. Le droit commercial est la branche du droit qui gouverne cette circulation.

Rationnellement, tout acte, toute profession qui s'interpose dans ce vaste mouvement est un acte, une profession de commerce. Tout autre acte est civil.

Le fait s'éclaire au moyen de constatations variées. Dans toutes les périodes de l'histoire, sauf arrêts temporaires, on a vu des groupes d'hommes se constituer intermédiaires, afin d'alimenter les autres groupes de ce qui est nécessaire ou utile à la vie.

Ces groupes se sont fondus dans l'organisation de l'Etat. Mais à certaines époques ils formaient des classes puissantes. Ils ont même composé, comme ce fut le cas pour l'Italie du moyen âge, des républiques entières. Avec une constitution autonome, avec un territoire souvent réduit ou stérile, leur fonction était de nouer la chaîne entre les producteurs et les consommateurs, entre les contrées d'origine d'un produit et celles où ce produit pouvait trouver son débouché.

Ces hommes ont répandu le bien-être matériel, ils ont stimulé les autres par voie de concurrence. Ils ont été des agents de progrès. Ils se sont lentement pourvus d'un droit spécial adapté à leurs besoins. Leur législation avait un caractère plus souple, moins défiant envers le gain que ne l'était le droit civil.

Tantôt ils se déplaçaient périodiquement pour aller à la rencontre de leurs acheteurs (foires et marchés) ; tantôt ils vivaient à demeure au milieu de leur clientèle (comptoirs, colonies de commerce). Les autres éléments sociaux ont eu fréquemment à lutter contre eux : propriétaires du sol, chez qui règne l'esprit sédentaire, fonctionnaires publics, qui eux-mêmes, dans des temps déterminés (organisation féodale), arrivaient à la fonction par la propriété foncière. — L'histoire est remplie des rivalités de ces divers groupes, cherchant à s'assurer les uns contre les autres le pouvoir politique. C'est une banalité de répéter que, au temps de la noblesse, le commerce emportait dérogeance : proposition d'ailleurs qui n'était pas vraie du grand négoce, surtout à la fin de l'ancien régime.

7. — Suite. La circulation. — Le commerce se propose donc de faire arriver un produit, étape par étape, aux endroits où il sera recherché pour sa mise en œuvre, pour sa mise en marché ou pour sa consommation.

Or cela ne peut se faire sans mouvement. Si le *temps*, condition du crédit, est un facteur important du commerce, la *distance* n'est pas un facteur moindre. Quand même les parties résideraient dans une même localité, il y aurait encore mouvement, puisque la marchandise, en passant du magasin de gros au débit de quartier, se rapproche du consommateur. Cette marche est le *trafic*, expression synonyme de *transport*, impliquant donc déplacement. L'endroit où se rencontre le produit est qualifié *place*, mot qui évoque sans doute une pensée d'arrêt, mais comme conséquence d'une pensée de marche : pour parvenir à la place, le produit doit traverser la route.

A chaque point de son voyage, la marchandise change de main (voiturier, commissionnaire, manufacturier, négociant), elle acquiert une nouvelle destination, elle devient l'objet d'un contrat qui s'ajoute aux précédents, elle reçoit une plus-value. Elle dépend du droit commercial aussi longtemps que son arrivée au consommateur ne la fera pas retomber sous l'empire du droit civil.

Il serait facile d'appliquer cette notion, au moyen d'exemples appropriés, à tous les produits naturels et fabriqués. On les prendrait dans leur lieu géographique de provenance, et on les suivrait à travers les entrepôts jusqu'à leur point d'absorption par le public. Chez le producteur, le produit n'est pas encore dans le commerce. Chez le consommateur, il n'y est plus. Entre ces deux hommes s'établit toute une filière d'actes.

Ces actes constituent le commerce, à condition toutefois pour l'opérateur de ne pas être un simple préposé d'autrui, mais une *personne indépendante*. Car c'est là une particularité qu'on peut relever de suite : celui qui tient un rôle subordonné, comme ouvrier, commis, etc., n'est pas commerçant et ne fait pas acte de commerce ; le rôle d'agent de commerce est tenu par son patron et non par lui.

En somme, le commerce ne se distingue point par une *nature d'objet* qui lui soit exclusive. Il porte bien sur les meubles, mais le droit civil peut aussi avoir des meubles pour objet. Il ne se distingue même point par un ordre de *contrats* qui lui soient propres. La vente, le mandat, etc., se rencontrent en matière de droit civil comme en matière de commerce.

Il porte sur les *meubles*, pris en un certain état de marche. Et le but du droit qui régit cette circulation, c'est d'accélérer cette marche au moyen de conventions rapides et de procurer à l'opérateur le *crédit*.

8. — Le droit commercial est objectif. Acte de commerce, profession. — Les auteurs du Code de commerce n'ont pas procédé suivant une définition conforme aux idées précédentes. En réalité, ils se trouvaient placés devant deux sortes de problèmes ; car la démarcation du droit commercial et du droit civil soulevait une difficulté complexe.

1. *Le droit commercial sera-t-il personnel ou réel ?* — Il sera un droit *personnel*, si on l'applique seulement aux personnes exerçant le commerce *par profession*, et en tant qu'elles l'exercent. Le non-commerçant, faisant des actes semblables, ne sera pas régi par le droit commercial. — Telle paraît avoir été la règle de l'ancien régime. Le droit commercial était statutaire, les commerçants formant une classe à part des autres. Il est à noter que le nouveau Code de commerce allemand de 1897 est revenu à cette conception, temporairement abandonnée dans l'intervalle. Ce Code ne s'occupe que des commerçants, il exclut les opérations commerciales faites par d'autres personnes, celles-ci sont régies par le droit civil.

Le droit commercial sera au contraire *réel* ou *objectif*, s'il doit gouverner tous les actes rentrant dans le commerce, sans égard à une profession ou à un établissement. Même accomplis passagèrement par un non-commerçant, ces actes seront régis par la législation du commerce.

Notre Code de commerce a consacré le deuxième système. Le droit commercial s'applique à toute personne, commerçante ou non, d'après la seule nature de l'acte (Ex. : un achat pour revendre).

A tort ou à raison, et plutôt à tort, on a pensé, au lendemain de la Révolution française, que l'institution d'un droit professionnel viendrait heurter le nouveau principe d'égalité des citoyens.

C'était perdre de vue que le principe d'égalité n'aurait été violé que par un droit de privilège. Or il n'y a rien de privilégié dans un droit sous lequel le premier venu peut se placer ; il suffit, pour en profiter, d'ouvrir un établissement de commerce ; on le fait en toute liberté.

Ainsi, extension du droit commercial à tout « acte de commerce », quelle que soit la qualité de l'opérateur : tel est le droit français, et le droit le plus généralement accepté ailleurs.

Mais le législateur n'a pu suivre complètement la logique de son raisonnement. Tout en acceptant l'acte de commerce à la base du Code, il s'est arrêté à mi-chemin. Il était impossible d'étendre le droit commercial tout entier à ceux qui ne feraient des actes de commerce qu'à titre accidentel. Et de là une organisation un peu embarrassée, se ramenant aux deux règles suivantes :

1° *L'acte de commerce,* par lui-même, produit un effet de droit particulier. Il entraîne *compétence du tribunal de commerce* pour les procès auxquels il donne lieu. Ces procès sont jugés d'après les preuves admises par le droit commercial, et non d'après les preuves du droit civil (Voir aussi n° 55 les règles ayant trait à la liberté du taux de l'intérêt, ainsi qu'au nantissement en matière commerciale).

Ces règles s'appliquent indépendamment de toute profession chez l'opérateur.

2° Ce n'est que par sa répétition professionnelle que l'acte de commerce rend l'agent *commerçant* (art. 1er C. com.). La commercialité remonte alors de l'acte à la personne.

Ainsi, pour savoir si un individu est commerçant, il faut rechercher d'abord la nature juridique de ses actes, et se demander s'ils constituent par eux-mêmes des opérations de commerce, suivant la loi. Mais il faut en outre qu'il les fasse *professionnellement.*

Or cette qualité personnelle de commerçant produit des conséquences très importantes. Elles ne s'appliquent pas aux personnes faisant des actes de commerce accidentels. Ces conséquences sont : — la *faillite* du débiteur, en cas de cessation de paiements, — l'obligation pour le commerçant de tenir des *livres,* disposant d'une force probante déterminée, — la *publicité du contrat de mariage* des époux dont l'un est commerçant (Voir encore n° 55 les règles sur l'électorat et l'éligibilité aux tribunaux de commerce).

Bien entendu, le commerçant est en outre justiciable des tribunaux de commerce, à raison de ceux de ses engagements qui concernent son commerce. Mais c'est là le résultat de la nature commerciale des opérations qu'il fait. Cette disposition de compétence s'explique donc par la première règle posée, et non par la seconde.

En résumé, le système du Code est compliqué. Le droit commercial prend sa source dans l'acte de commerce. Et cet acte de commerce tantôt engendre des effets par lui-même (compétence judiciaire, organisation des preuves), et tantôt, s'il s'y joint la condition de profession, concourt à faire de l'agent un commerçant : ce qui emporte d'autres effets (faillite, tenue des livres, etc.).

Au surplus, ce commerçant de profession sera ou bien un individu, ou bien une société. Les sociétés commerciales se distinguent en *sociétés de personnes*, dites encore sociétés par intérêt, et en *sociétés de capitaux* ou par actions. Ces dernières, moins nombreuses mais d'une importance bien plus considérable, présentent cette particularité de diviser leur capital en « parts négociables »...Simple indication sommaire, à développer plus loin.

9. — Énumération limitative des actes de commerce. — II. *Comment la loi déterminera-t-elle l'opération qui doit constituer l'acte de commerce ?*

L'acte de commerce est à la base de l'organisation légale. La difficulté n'était pas pour autant résolue. Le point important était de préciser les conditions qu'un acte remplirait pour devenir « acte de commerce ».

Obligée de délimiter les actes de commerce, la loi s'est crue hors d'état d'en fournir une *définition* d'ensemble. Le commerce a tant de manifestations qu'il a paru impossible aux auteurs du Code de les ramener toutes à une notion uniforme. Cette notion, suivant eux, eût été trop abstraite ou trop vague, pour disposer d'une portée pratique vraiment utile. On aurait fourni une règle, tracé une formule : le commerce est le fait de poursuivre une opération lucrative, ou bien celui de s'interposer dans le trafic..., ou une autre formule encore.

Soit ; mais, dans l'application, telle entreprise rentrera-t-elle dans la formule : la pratique des arts manuels ? le complément de façon pour les produits qu'on rendra achevés ? la réparation de ces produits après qu'ils ont été détériorés ? l'entreprise de travaux ? — Le juge et l'homme d'affaires ne l'auraient pas vu clairement.

Le Code, en conséquence, a préféré s'en tenir à une énumération, d'où toute idée générale semble absente. C'est un procédé empirique, qui rassemble dans une même liste, et pêle-mêle en apparence, des opérations qui sont de prime abord fort éloignées les unes des autres. Il appartient du moins à l'interprétation de chercher à établir un lien entre ces opérations, et par là de constituer un corps de doctrine.

L'énumération légale est *limitative*. On n'a pas le droit de l'étendre par des raisons d'analogie. C'est que le droit commercial forme un droit d'exception, à côté du droit civil qui constitue le droit commun.

Dès lors, la question de savoir si tel acte ou si telle personne relève du droit commercial revient à se demander si l'acte discuté, si l'acte sur lequel porte l'entreprise de cette personne rentre dans l'énumération que donne la loi. Si oui, on est en matière de commerce. Si non, on est en matière civile.

Cela dit, une élimination s'impose. Les actes de commerce se répartissent en *actes de commerce terrestre* et en *actes de commerce maritime*. Les premiers sont énumérés dans l'art. 632, les seconds dans l'art. 633. Il ne sera parlé dans cet enseignement que des actes de commerce terrestre.

Ces textes, remarquons-le, apparaissent tout à la fin du Code, sous le livre *De la juridiction commerciale*, à propos de la compétence des tribunaux. Il eût été d'une meilleure méthode de dresser la nomenclature en tête du Code. Elle aurait figuré après ou avant la définition du commerçant. C'était la méthode suivie par le premier projet du Code, on a eu tort d'y renoncer. Elle a été reprise par les Belges, par les Italiens, etc. Le rejet de l'énumération au livre IV provoque même un malentendu. Pour un auteur (Beslay), les articles 632 et 633 ne statuent qu'en vue de déterminer les actes qui rentreront dans la compétence des tribunaux de commerce. Mais pour savoir quelles opérations concourront à rendre l'agent commerçant, lorsqu'il les exerce professionnellement, l'interprète devrait recourir à d'autres données, il consulterait les indications de la raison ! — Ce système est en général repoussé, la raison ne peut pas fournir de *criterium* sûr ; mais il faut avouer que la place malheureuse de nos articles donne à cette opinion, demeurée individuelle, une apparence de vérité.

10 — Actes de commerce principaux et accessoires. — L'art. 632 présente deux groupes d'opérations qu'il ne faut pas confondre. En d'autres termes, il y a deux sortes d'actes de commerce terrestre : 1° Les *actes de commerce par leur nature*. Ce sont ceux qui sont dénommés dans l'énumération fournie par le texte. — Ex. : achat de denrées pour les revendre, opération de banque.

Toutes ces opérations d'ailleurs ne sont pas traitées sur le même pied. Pour les unes, la loi se contente d'un acte accidentel. Pour les autres, elle subordonne l'existence de l'acte de commerce au fait d'une *entreprise*. Il faut un établissement durable, où les actes s'exercent d'une manière suivie (entreprise de manufacture, de commission, de transport, d'agence d'affaires). Une personne, qui accomplirait un fait de commission à titre non habituel, une seule fois, n'exécuterait pas un acte de commerce.

A cette différence près, tous les actes compris dans ce premier groupe se ressemblent : leur caractère commercial résulte de l'énonciation même de la loi.

2° Les *actes de commerce*, en vertu de la règle dite *de l'accessoire*. Les obligations contractées par les *commerçants*, à l'occasion de leur commerce, sont uniformément commerciales. Le développement détaillé de cette règle sera repris ultérieurement, sous le chapitre consacré au commerçant. Ces actes ne sont signalés ici qu'afin d'établir au début un cadre où rentrent tous les modes d'opérations que présente le commerce.

Le commerçant fait d'abord des actes qui sont commerciaux suivant leur nature, des actes du premier groupe. Ainsi en est-il du négociant qui achète des étoffes pour les revendre. C'est même par ces actes, entrepris professionnellement, qu'il a commencé par acquérir la condition de commerçant.

Mais la marche de ce commerce entraîne beaucoup d'opérations secondaires : il a des emprunts à contracter, un outillage à acheter, etc. Accomplis par un autre que lui, ces actes, étrangers à l'énumération légale, resteraient civils. Ils deviennent commerciaux, parce que c'est un commerçant qui les fait. C'est la « théorie de l'accessoire ».

Par là s'étend considérablement, pour un commerçant de profession, le nombre des actes de commerce. A son égard la commercialité s'attache aux modes d'engagement les plus variés.

Toutefois, l'extension du droit commercial aux opérations accessoires n'est vraie que des actes accomplis par le commerçant *dans l'intérêt de son commerce*. Elle n'est pas vraie des actes accomplis dans un but différent, et notamment de ses acquisitions de fournitures de ménage. Ces actes demeurent civils.

Il faut ajouter pour être complet, sauf à revoir ces règles plus en détail, que la loi établit une *présomption de commercialité* des actes du commerçant (art. 638, al. 2). Il peut y avoir doute sur le point de savoir si l'acte réalisé par le commerçant concerne son commerce ou ne le concerne point. C'est la première de ces deux situations qui se présume. Le commerçant peut fournir la preuve du contraire ; il lui faudra démontrer que l'opération, pour laquelle il est recherché, est étrangère à son commerce, moyennant quoi il obtiendra son renvoi devant le tribunal civil.

Ainsi caractère commercial, à l'égard d'un commerçant, des actes accessoires à son commerce, — et présomption, jusqu'à preuve du contraire, que les actes qu'il fait sont bien relatifs à ce commerce et par conséquent commerciaux. Tel est en résumé le système légal.

11. — Actes de commerce en vertu de la forme. — Revenons aux actes de commerce par leur nature. L'énumération que la loi en donne va être abordée. Mais il y a lieu au préalable de présenter une observation indispensable, en vue de comprendre l'économie de la loi dans toutes ses parties.

Une énumération n'est ni assez précise ni assez complète. Il existe une quantité d'entreprises de nature juridique douteuse (usines annexées à une mine, à une carrière, marchés de terrassement, et beaucoup d'autres encore). Elles sont placées au point où le droit commercial et le droit civil se touchent, sans qu'on sache bien si elles dépendent de l'un ou de l'autre. Il en résultera dans la pratique des chicanes oiseuses. Un débiteur fera plaider l'incompétence, en déclinant la juridiction du tribunal devant lequel son adversaire l'a traduit : il la fera plaider encore pour se soustraire à la faillite : ces incidents retarderont le cours de la justice.

D'autre part, les progrès accomplis par le commerce et par l'industrie font naître incessamment de nouvelles entreprises que le Code n'a pu prévoir dans son énumération (affaires d'électricité, moyens perfectionnés de traction, combinaisons de reconstitution de capitaux, etc.). Ces entreprises ont cependant besoin des garanties offertes par le droit commercial ; par là seulement, elles inspireront confiance et pourront s'assurer leur fonds de roulement.

Comment parer à ces imperfections ? En introduisant un correctif : la loi va réputer, au fond, actes ou entreprises de commerce, des opérations ou des établissements qui se présentent *extérieurement* dans des conditions déterminées. Le fond peut prêter aux discussions, la forme rend la situation claire.

De là, les actes réputés *commerciaux en vertu de la forme*. Celui qui les accomplit en la forme énoncée, forme usuelle dans le commerce, est présumé avoir pris un engagement commercial par sa nature. La cause de l'obligation peut être incertaine. Fût-il même établi en fait que cet engagement ne rentrait pas dans l'énumération de la loi, il n'importe : il sera traité de la même manière que s'il en faisait partie. La loi trouve ainsi le moyen de couper court aux procès de commercialité pour ces opérations qui se manifestent au dehors d'une certaine manière.

La loi a fait de cette idée deux applications intéressantes : 1° aux engagements constatés au moyen de *lettres de change* ; 2° aux *opérations des sociétés par actions*.

12. — Suite. Lettre de change. — 1° *Lettre de change*. — D'après l'art. 638 *in fine* (modifié par la loi du 7 juin 1894), la loi répute actes de commerce « entre toutes personnes les lettres de change ».

Cette terminologie est incorrecte : les lettres de change sont des titres. Un *titre* n'est pas un *acte*, mais la reconnaissance d'un acte. Peu importe cette impropriété de langage.

Toute obligation, contractée en forme de lettre de change, est censée de présomption absolue avoir pour cause un acte de commerce. Le créancier, qui demande à son débiteur de s'engager de cette manière, dispose contre lui de la compétence du tribunal de commerce, comme il disposait avant la loi du 22 juillet 1867 de la contrainte par corps, mode d'exécution commun alors à toutes les dettes commerciales.

Quelques notions sur la circulation du papier sont ici nécessaires, elles seront complétées dans une autre partie du livre. La lettre de change est un *effet de commerce*, mais non le seul. Il ne faut pas confondre la lettre de change avec le billet à ordre.

a) La *lettre de change* est un écrit par lequel, sous forme d'un mandat de paiement, une personne, appelée *tireur*, s'engage envers une autre, appelée *preneur* ou *bénéficiaire*, ou à son ordre, à lui faire payer par une troisième personne, le *tiré*, une certaine somme à une échéance déterminée.

En voici la formule ordinaire :

Paris, 3 novembre 1914. B. P. F. 1,000

Au 1er février prochain, payez à l'ordre de M. Bernard la somme de mille francs, valeur en marchandises.

A. M. Thiébaut, 12, rue du Sentier, à Paris.

THOMAS.

Le preneur Bernard peut, au moyen d'un *endossement*, faire passer l'effet à un nouveau porteur. Celui-ci est libre de l'endosser à son tour, jusqu'à ce que le titre soit présenté au tiré par le dernier porteur à l'échéance. Le tiré a pu *accepter* l'effet avant cette date, s'il en a été requis par le porteur. Tous ces signataires sont solidairement tenus du montant de la lettre de change. Mais c'est une autre vérité qu'il importe de constater pour le moment : *ils sont tenus d'engagements commerciaux*, à quelque fin que la lettre de change leur ait en réalité servi. Le titre, par sa force même, dispose d'un grand crédit, il fournit au porteur d'énergiques moyens d'exécution.

b) Le *billet à ordre* est un écrit par lequel un *souscripteur* s'engage à payer à l'ordre d'un *preneur* ou *bénéficiaire* une certaine somme à une échéance déterminée. Il ne met que deux personnes en jeu, au lieu de trois. Il n'est pas *acceptable* ; en revanche, il comporte l'endossement comme la lettre de change.

Paris, 3 novembre 1914. B. P. F. 1,000

Au 1er février prochain, je paierai à l'ordre de M. Bernard la somme de mille francs, valeur en marchandises.

SIMON.

Sur le billet à ordre ainsi que sur une lettre de change, il peut y avoir l'indication d'un *domiciliataire*. C'est une personne chez qui l'effet sera présenté pour en obtenir paiement. On entend par *billet à domicile* une variété de billet à ordre dans laquelle le souscripteur promet de payer non pas à son propre domicile, mais à celui d'une autre personne habitant un lieu différent du sien.

La règle de la commercialité de la lettre de change à raison de sa forme n'a pas été étendue au billet à ordre. En principe, et sous certains tempéraments de compétence, la dette ainsi constatée reste une dette civile. Il n'en serait autrement que si le porteur justifiait en fait de la nature commerciale intrinsèque de l'engagement. Cet effet inspirera moins de confiance qu'une lettre de change ; on l'apprécie peu dans les affaires.

La règle est la même à l'égard du billet à domicile, pour lequel avant 1894 la question était controversée. (Voir l'étude des effets de commerce dans la cinquième partie.)

13. — Suite. Sociétés par actions. — 2° *Opérations des sociétés par actions.* — On sait déjà que le commerce est entrepris tantôt par un individu et tantôt par une collectivité, par une société (n° 8 *in fine*). On sait encore que les sociétés commerciales se divisent en *sociétés par intérêt* (société en nom collectif, société en commandite simple) et en *sociétés par actions* (société en commandite par actions, société anonyme).

Lorsque l'entreprise est exploitée par un individu ou par une société par intérêt, elle n'est commerciale que sous la condition ordinaire : il faut qu'elle ait pour objet des opérations rentrant dans l'énumération légale des actes de commerce. En vain une société en nom collectif se fonderait-elle en vue d'une exploitation minière (on verra que c'est là un acte civil) : elle a bien emprunté à la législation du commerce sa forme extérieure, mais elle ne répondrait pas de ses engagements devant le tribunal de commerce, elle n'encourrait point la faillite, etc.

Mais dès que cette entreprise se constitue en *société anonyme* ou en *société en commandite par actions*, elle devient invariablement une entreprise de commerce. Cette disposition est nouvelle : la loi du 1er août 1893 (art. 68 ajouté à la loi du 24 juillet 1867) décide que, « quel que soit leur objet, les sociétés en commandite ou anonymes qui seront constituées dans les formes commerciales seront commerciales et soumises aux lois et usages du commerce ». Toute société par actions est désormais sujette aux mêmes prescriptions qu'un commerçant individu. Qu'elle ait pour objet une exploitation en soi commerciale (manufacture) ou en soi civile (mine), elle subira la faillite en cas de cessation de ses paiements, elle sera assignée pour ses engagements devant le tribunal de commerce (sauf discussion).

La loi de 1893 ne statue que *pour l'avenir*, elle ne gouverne pas les sociétés par actions déjà existantes au moment de sa promulgation ; à moins de se transformer, celles-ci restent des sociétés civiles, lorsque l'objet qu'elles poursuivent n'est pas un objet commercial.

Donc, commercialité de toutes les sociétés par actions fondées depuis 1893 ; et à l'égard des sociétés de date plus ancienne, commercialité subordonnée à la nature de l'entreprise.

Sur ce chef ainsi que sur le précédent, la forme emporte le fond. Ce qu'on envisage ici, ce n'est plus, comme dans la lettre de change, la forme donnée à l'engagement, mais la forme prise par la personne elle-même. Cette personne se présente au public sous les dehors d'une société par actions. C'est donc qu'elle a besoin de donner à ses membres et aux tiers les garanties du droit du commerce. Sans plus ample examen de la nature de l'exploitation, ces garanties commerciales se trouvent transportées sur elle. C'est toujours à la même pensée de crédit que la loi s'attache : il faut mettre l'entreprise dans la meilleure position possible pour qu'elle traite de bonnes affaires.

14. — Si les actes de commerce obéissent à une idée d'ensemble. — Sous le bénéfice de ces observations, l'énumération des actes commerciaux *par leur nature* doit être entreprise. Nous sommes en face de l'art. 632 du Code de commerce.

On a essayé de rattacher les actes multiples réunis dans cet article à une notion systématique. Cette notion est, suivant nous, la *circulation* des produits et du crédit (voir plus haut n° 7). Quand il serait vrai que le législateur a été exempt de cette pensée et que l'énumération légale ne procède d'aucune idée générale dont ses rédacteurs aient été conscients, il reste néanmoins exact, à l'analyse, que tous les actes énoncés dans la loi se plient à la notion de circulation et qu'ils en remplissent entièrement le cadre.

Il est surtout important de faire une constatation sur la manière dont la jurisprudence a appliqué le texte du Code et séparé dans la pratique les opérations commerciales des opérations civiles. Sauf d'assez rares exceptions, les solutions qu'elle a consacrées ne peuvent s'expliquer qu'en faisant appel à l'idée de circulation. Cette idée domine ainsi tout le système légal dans son incohérence apparente : la suite de l'exposé tend à le démontrer.

La plupart des auteurs (notamment Beslay, Boistel, etc.), qui ont cherché à généraliser la loi, se sont attachés à une autre idée. On en trouve également la trace dans les motifs d'un assez grand nombre d'arrêts. Ils ont fait consister l'acte de commerce non dans l'acte de circulation, mais dans l'acte de *spéculation*, ou d'*entremise*.

La spéculation, au sens large, c'est l'*esprit d'enrichissement* ou de lucre, dirigé sur des valeurs dans lesquelles on s'entremet. Ces valeurs, on se les procure à un prix et on les rend au public à un prix plus élevé. Elles peuvent consister dans des biens matériels, mais elles peuvent aussi avoir pour objet un travail de main-d'œuvre ou l'usage d'un matériel.

S'interposer dans un produit ou dans un facteur de richesse serait le fait constitutif du commerce. Chaque fois qu'un acte juridique répond à ce *criterium*, on serait en présence d'une opération commerciale.

Cette notion a plus de largeur que celle qui est basée sur la simple idée de circulation : elle fait rentrer dans le droit du commerce toutes les entreprises d'embauchage de salariés, même sans aucune livraison de produit. — Ex. Une exploitation de travaux sur immeubles, au moyen d'une équipe d'ouvriers ou avec un outillage d'une certaine valeur. — La pratique, dans l'ensemble de ses résultats, ne lui est pas favorable.

Pour la jurisprudence, en deux mots, il n'y a de commerçant, de *marchand*, que celui chez qui passe une *marchandise*, — sauf à l'égard de certaines professions où ce signe échappe et qui sont néanmoins rangées par elle dans le commerce.

Toutes ces divergences de vues témoignent, dans la rédaction de la loi, d'un grand flottement. Elle n'est pas claire et en outre elle écarte du commerce mainte profession qui devrait en faire partie.

La loi aurait bien fait de procéder d'une autre manière. Elle avait le choix entre l'une des méthodes suivantes : 1° poser une règle générale appliquant le droit commercial à toute profession ayant le gain pour objet, exception faite quant aux métiers manuels, aux carrières libérales et aux exploitations agricoles ou forestières ; 2° ou décider que toutes les entreprises se manifestant « de la manière usitée dans le commerce », et dépassant la mesure d'un métier d'artisan, seraient par là même commerciales, les tribunaux devant dans chaque espèce exercer leur pouvoir d'appréciation. — C'est à ce dernier signe que s'est arrêté le Code de commerce allemand de 1897. Le système adopté par ce Code est sans doute plus compliqué. Il n'a pas fait disparaître entièrement les énumérations, il n'a en outre placé une personne sous l'empire du droit commercial qu'à la condition par elle d'avoir requis l'inscription de son nom sur un registre public, appelé *registre de commerce*, du moins avec certaines distinctions.

On pourrait se rallier à ce système, en le débarrassant des éléments accessoires qui ne font que l'obscurcir. Mais le premier progrès à accomplir serait de renoncer à la pensée d'un droit commercial s'étendant à des actes accidentels : il faudrait résolument restreindre ce droit à la profession [1].

1. V. sur ces questions Appert, *Des actes de commerce terrestre* (th. 1897) ;

15. — Du commerce sur marchandises et du commerce sur argent. — Les actes de commerce se réfèrent soit aux produits ou marchandises, soit à l'argent ou aux titres représentatifs de l'argent. De là une répartition du sujet en deux paragraphes.

§ 1. — Marchandises.

16. — Il y a trois opérations de commerce sur marchandises, dont l'importance prime les autres. Ce sont : l'*achat pour revendre*, la *manufacture*, le *transport*. Le premier de ces actes répond au commerce d'échange (ou négoce), le deuxième à l'industrie de transformation, le troisième au commerce de déplacement des produits. A mesure qu'il sera question de chacune de ces opérations, nous signalerons incidemment celles qui s'en rapprochent.

A. Achat de denrées ou de marchandises pour les revendre ou pour en louer l'usage.

17. — « La loi répute actes de commerce : — tout achat de denrées et marchandises pour les revendre, soit en nature, soit après les avoir travaillées et mises en œuvre, ou même pour en louer simplement l'usage » (Art. 632, al. 1 et 2).

Retenons seulement le cas de l'achat en vue de revendre en nature. Si l'acheteur doit façonner avant de revendre, il est commerçant encore, mais à un double titre, et il sera préférable d'en parler sous le chef de *manufacture*.

Les *denrées* sont les produits alimentaires, les *marchandises* sont les autres meubles. Le marchand s'interpose entre le producteur et le consommateur. Une valeur qui ne vient pas de lui ni de son fonds passe simplement entre ses mains. Il ne se propose pas de la conserver.

L'acte est commercial, fût-il accompli par le plus modeste détaillant, colporteur, camelot, marchand des quatre-saisons. Il faut supposer cependant que l'opérateur n'est point un agent subordonné : un crieur de journaux, qui gagne son centime sur chaque numéro qu'il vend, ne fait pas personnellement commerce. Il ne le ferait même pas si le solde invendu devait lui rester pour compte. C'est ce que l'on comprendra mieux plus loin, lorsqu'il sera question du facteur ou préposé.

L'acte est commercial lorsqu'il a pour objet, au lieu de revendre, de donner en location, ou lorsque l'opérateur prend en louage en vue de relouer. Ex. : maisons d'abonnement de lecture, établissements qui louent des bicyclettes, costumiers.

Le produit n'est pas nécessairement neuf ; un objet peut, après un certain temps de consommation, rentrer dans le trafic, comme antiquité ou comme objet de curiosité, et retomber ainsi sous le droit commercial (brocanteur)[1].

ACHER, *De la notion juridique des actes de commerce* (*Rev. gén. de droit*, 1904). — La *fusion du droit civil et du droit commercial* a été proposée par LAURENT (Ib. 1903).

1. V. M. LEVEN, *Les antiquaires devant la loi* (dans les *Annales de droit commercial*, 1913, p. 490).

Suivant la lettre du texte, l'*achat* seul serait commercial, non la *revente* ou le louage. On doit admettre cependant que cette revente forme aussi un acte de commerce. Le caractère de l'opération première s'étend à l'opération suivante qui en consomme l'effet. — C'est à la fois logique et conforme à la disposition de l'art. 638, al. 1er. Cet article déclare acte civil la *vente* qu'un cultivateur fait des denrées provenant de son cru. Il classe, *a contrario*, dans les actes de commerce la *vente* qu'un trafiquant ferait de denrées d'abord *achetées* par lui.

Habituellement, dans l'ordre des temps, l'achat précède, la revente suit. Mais les deux termes de l'opération peuvent être intervertis. On commence par vendre *in genere*, livrable à une échéance future, et on achète ultérieurement les marchandises qu'on s'est engagé à fournir (entreprise de *fournitures*, art. 632, al. 4 ; opération du baissier, qui vend à découvert pour se racheter ensuite).

18. — Suite. — *A quelles conditions l'achat-revente est-il un acte de commerce ?* — Il y en aurait trois, d'après les idées généralement reçues ; mais le problème, on va le voir, peut se simplifier. Ces conditions, dit-on, sont les suivantes : 1° il faut que l'opération soit à double face ; 2° qu'elle soit conclue dans un but de spéculation ; 3° qu'elle porte sur des meubles, non sur des immeubles.

1° *L'opération doit être à double face.* Autrement dit, la combinaison poursuivie par l'opérateur doit impliquer deux actes qui se correspondent, quoique destinés à se conclure en sens opposé. Ces deux actes sont un *achat* et une *vente*.

Remarque incidente. — Pour que l'opération n'induise pas son auteur en perte, il faut que le *prix de revente* couvre le *prix de revient*. Celui-ci d'ailleurs n'est pas représenté par le prix d'achat seulement. Il faut y ajouter la part que prend le produit dans les charges de l'exploitation, lesquelles se répartissent sur l'ensemble du chiffre d'affaires : ces charges sont les *frais généraux* (loyer de magasin, patente, assurances, salaires et appointements du personnel, matières de consommation, intérêts des capitaux engagés, etc.). La détermination, aussi exacte que possible, de ses frais généraux est pour le commerçant d'un intérêt capital ; plus d'un s'est ruiné pour en avoir mal établi le compte.

Mais si la revente est le résultat cherché, ce résultat n'est pas indispensable. Il suffit que la combinaison double ait été voulue. Il se peut qu'en fait elle n'ait pas abouti. — Ex. : On a acheté une marchandise, comptant la revendre ; la revente n'a point lieu, soit que le produit n'arrive pas à se placer, soit que l'acheteur préfère le conserver. L'achat n'en a pas moins été un acte de commerce. A plus forte raison la commercialité subsiste-t-elle, lorsque la revente s'est faite à perte, par suite d'une baisse survenue ou pour une autre cause.

Inversement, si l'intention de revendre n'a pas existé au début, et si l'on s'est défait d'un article qui a cessé de plaire, ni l'achat primitif, ni la revente subséquente ne deviennent des actes de commerce. Les deux actes, faute d'un lien entre eux, sont régis par la législation civile.

19. — Suite. Opérations agricoles et minières. — Constatation plus importante à faire : la vente cesse d'être un acte de commerce lorsqu'elle n'a pas besoin d'un achat comme première partie. Il y a des personnes qui vendent des produits, sans avoir à les acheter. Elles écoulent alors des produits de leur propre fonds. L'opération demeure civile. Ces personnes relèvent de deux grandes catégories de professions :

a) Les *exploitations agricoles*. Le cultivateur, propriétaire ou fermier, qui vend sa récolte, ses blés, ses produits d'industrie maraîchère, n'accomplit pas un acte de commerce, il n'est pas commerçant (art. 638, al. 1). Le régime du fermage n'y change rien, un fermier ne vend pas la récolte du propriétaire, mais bien la sienne ;

b) Les *industries minières*, et, d'une manière plus générale, les industries extractives. La vente, par le propriétaire ou par un simple locataire de gisement ou de carrière, du charbon, du minerai, des pierres de construction n'est point commerciale. L'exploitant ne s'entremet pas dans un produit en cours de circulation, il crée ce produit lui-même en le sortant de son terrain. La loi des mines du 21 avril 1810, dans son art. 32, pose en principe que « l'exploitation des mines n'est pas considérée comme un commerce et n'est pas sujette à la patente ».

On doit aujourd'hui statuer différemment à l'égard de celles de ces exploitations qui, depuis la mise en vigueur de la loi du 1er août 1893, se sont constituées sous la forme de sociétés par actions. Beaucoup d'entreprises minières affectent cette forme ; l'exploitation des mines a besoin du même crédit et emploie les mêmes procédés d'affaires que les manufactures. De là, la réforme de la dernière époque. On sait en effet que toutes les sociétés nouvelles en commandite ou anonymes, quel que soit leur objet, sont considérées par cette loi comme étant des sociétés commerciales (n° 13).

20. — Une question délicate se pose à la fois pour ces exploitations agricoles et extractives. Les produits de la culture et de la mine peuvent être, de la part du producteur, l'objet de *transformations industrielles*, avant d'être vendus par lui. Le viticulteur pressure ou distille, fait du vin ou de l'alcool, — le cultivateur moud son grain qui devient farine, — le concessionnaire de la mine manipule le minerai dans des hauts fourneaux où il forge du fer.

Cette industrie complémentaire, au moins lorsqu'elle donne au produit une notable plus-value (ce qui n'arriverait point par le simple fait d'un travail de pressoir ou de moulin), va-t-elle constituer une entreprise de commerce, au titre de *manufacture* ? Va-t-elle même rendre commerciale, par voie d'extension ou de conséquence, l'exploitation agricole ou extractive tout entière ? L'exploitant, opérant dans les conditions qui viennent d'être indiquées, devient-il un commerçant ?

Les auteurs qui tiennent pour le système de la spéculation, ou ceux qui se laissent simplement guider dans l'art. 632 par le mot *manufacture*, répondent par l'affirmative. Mais, dans la jurisprudence, cette modalité donnée au produit dans des usines adjointes à l'exploitation foncière n'est point commerciale : elle laisse l'entreprise gouvernée par le droit civil dans toutes ses parties (Req., 12 mai 1875, *J. du Pal.*, 1876, p. 898, raffinerie de sucre de cannes). Il n'en serait différemment que si l'exploitant traitait, outre ses produits, d'autres produits semblables achetés par lui à autrui (Req., 8 mai 1905, D. 1905, 1, 130). Alors la commercialité reparaîtrait, à condition par les produits achetés d'être plus nombreux que ceux du cru. Mais ce serait l'exception.

Ces solutions s'accordent avec la notion de la circulation. Le produit reçoit une forme appropriée à son débouché de la part du producteur lui-même, avant d'entrer dans le commerce. L'industriel n'ayant pas eu à l'acheter, le droit civil lui est applicable.

21. — 2° Pour que l'acte soit commercial, il faut, à ce que l'on prétend, que l'opérateur désire *réaliser un bénéfice* sur l'objet *même* dont il trafique[1].

Cette condition est toute naturelle pour ceux qui font reposer le commerce sur la spéculation. Elle nous paraît au moins superflue.

Il est vrai que le commerçant cherche à s'enrichir. Mais le fait n'est pas constant. Le négociant, dans les périodes de crise, se charge de commandes à perte. Ou bien, voici une entreprise dont les bénéfices doivent, par la volonté des fondateurs, être affectés à une œuvre de bienfaisance ; cela n'exclurait pas l'application du droit commercial. Il est inutile d'introduire dans la conception de l'acte de commerce un élément intentionnel qui existera la plupart du temps, mais que la loi ne requiert pas, et qui se retrouve au surplus dans d'autres professions que le commerce.

On dit bien : La loi parle d'achat *pour* revendre, ce qui signifie un achat *pour s'enrichir* par la revente, un achat inspiré par le gain. C'est attacher à une conjonction une bien grande importance. Elle signifie simplement que celui qui acquiert la marchandise se propose de la repasser à d'autres. Il y a sans doute un élément moral, une volonté dirigée dans un certain sens. Cette volonté ne consiste pas nécessairement dans un gain d'argent. Quand nous parlerons du commerce entrepris par l'Etat, le fait sera rendu plus clair.

On ajoute : Les sociétés coopératives de consommation, lorsqu'elles ne revendent qu'à leurs membres, sont unanimement considérées comme des sociétés civiles. Et cependant elles font l'opération double : l'achat, la revente. Ce caractère ne peut tenir qu'à ce qu'elles revendent sans lucre, au prix coûtant. — C'est une erreur, ce caractère tient à une autre raison que l'on exposera quand le moment sera venu.

On fait observer encore : Le sculpteur qui achète un bloc de marbre afin d'y tailler sa statue ne fait pas commerce ; cependant le bloc est destiné à être revendu. Ne font pas davantage commerce le vigneron, en achetant des

1. V. notamment Trib. comm. Seine, 2 mars 1912, D. 1912, 2, 207. D'après ce jugement, une association (dans l'espèce le *Touring-club de France*) ne fait pas acte de commerce en livrant au public des poteaux et plaques routières, du moment qu'elle se borne à en céder un certain nombre aux services nationaux ou communaux au prix coûtant, augmenté seulement des frais qu'elle est dans la nécessité d'exposer à raison de son intervention, et sans chercher à réaliser un bénéfice.

fûts pour vendre ses vins ; le médecin, en débitant des drogues à ses malades. — Nous en convenons, mais parce que l'opération du médecin ou du vigneron est civile (exercice d'une carrière libérale ou vente d'un cru), et que les actes cités en exemple sont de simples moyens d'accomplir cette opération civile. La partie accessoire d'un acte ou d'une entreprise se subordonne à la partie principale et en suit la condition. A cet égard, s'il existe, comme on l'a déjà dit, des actes civils par leur nature et rendus commerciaux par destination, le contraire est également vrai : telle opération, qui serait commerciale en soi, cesse de l'être parce qu'elle concourt à un acte civil qui l'absorbe.

22. — La preuve que la spéculation n'est pas indispensable dans le commerce, dans l'achat pour revendre, nous est fournie par le *contrat d'édition*.

La *propriété littéraire ou artistique* donne lieu à des contrats variés.

L'auteur, comme propriétaire de son œuvre, a seul le droit de l'exploiter en publiant son livre. Ce droit lui confère l'action en contrefaçon contre ceux qui empiètent sur sa propriété.

S'il publie l'œuvre à ses frais, il fait une opération civile. Comparable à un producteur, il se met directement en rapport avec le public. Les procès que lui intenteraient ses acheteurs, ses fournisseurs de papier, imprimeurs, etc., ne sont pas de la compétence du tribunal de commerce.

Mais s'il s'adresse à un éditeur, aux risques de qui sera publié le livre, le contrat d'édition est certainement commercial. L'éditeur est commerçant, non parce qu'il spécule, mais parce qu'il a rapproché la distance entre l'écrivain et ses lecteurs, en jouant le rôle d'agent intermédiaire. Il a trafiqué du droit de l'auteur, pour en revendre les produits [1].

Appliquée à un journal, la thèse est la même. Il subsiste des doutes sur le caractère commercial d'un *journal*. D'après nous, tout journal, ayant un corps de rédacteurs qui ne se confond pas avec la direction, porte au public les articles de ces derniers : ces articles n'iraient point à leur destination si le journal n'était pas l'agent de transmission. Il y a, au sens large, achat pour revendre, le journal fût-il exclusivement politique [2]. Mais la jurisprudence s'est montrée jusqu'ici peu favorable à cette extension. Le journal, suivant elle, forme une œuvre intellectuelle, et n'encourt pas la faillite ; c'est devant le tribunal civil qu'il y a lieu de l'assigner (solution bonne pour les procès en diffamation ou motivés par un refus d'insertion). La thèse, critiquée par nous, qui exige dans l'acte de commerce un élément de spéculation, a influencé ces arrêts. La jurisprudence ne fait, d'ailleurs, aucune difficulté pour reconnaître que, à l'occasion de son service d'an-

1. Ce raisonnement n'est plus vrai des œuvres tombées dans le domaine public. Le libraire est commerçant à un titre plus simple : il revend au public les livres et brochures qu'il avait commencé par acheter en feuilles de son imprimeur ou qu'il avait achetées en feuilles blanches et fait imprimer suivant un tarif débattu. — Quant à l'imprimeur, il tombe sous le chef de la loi qui déclare commerciale l'entreprise de manufacture.

2. V. Alb. GALIZIA, *L'azienda giornalistica*, Rome, 1912.

nonces, le journal agit commercialement (Rouen, 2 février 1898, S. 98, 2, 104).

Il n'y a aucune raison de traiter les produits de la *propriété artistique* autrement que ceux de la propriété littéraire. L'entreprise de *spectacles publics* (ou de cafés-concerts) est, au surplus, déclarée expressément acte de commerce par l'art. 632, al. 4. C'est, dit-on, parce que le directeur spécule sur le personnel de ses artistes. Il perçoit sur le public de quoi couvrir les appointements de ce personnel ou autres frais généraux et se réserver un excédent. La Comédie-Française, dont les artistes (les sociétaires) sont eux-mêmes les exploitants, les bénéficiaires, serait une entreprise civile.

Tel n'est pas notre avis. Le directeur opère comme un éditeur ; il traite avec l'auteur dramatique et avec le compositeur, pour se faire céder le droit de représentation ; il fait jouir le public de ce droit, il est intermédiaire. Cela est vrai même de la Comédie-Française[1]. Mais dès l'instant que l'auteur monterait un théâtre et le ferait valoir personnellement pour y jouer ses œuvres (à l'exemple de Molière), la commercialité disparaîtrait.

23. — 3° Il faut enfin que l'achat pour revendre porte sur des *meubles*, « denrées ou marchandises ».

On verra plus loin que cette expression est assez large pour comprendre des meubles incorporels, des valeurs de Bourse par exemple.

Mais que penser des *immeubles* ? Les trafics portant sur immeubles ont reçu depuis 1807 une grande extension. Voici le marchand de biens prenant à bas prix la terre du paysan pour la revendre. Voici surtout ces puissantes *sociétés immobilières* qui, formées depuis une cinquantaine d'années, achètent à l'administration, le long des avenues, les parcelles expropriées, les revendent ou les louent après les avoir divisées par lots et surbâties.

L'opinion dominante, en jurisprudence comme en doctrine, est que les spéculations sur immeubles sont civiles et ne rentrent pas dans les termes de l'art. 632. Elles ne rendent pas leur auteur commerçant (à moins qu'il ne s'agisse de sociétés constituées par actions depuis la loi du 1er août 1893).

L'avis contraire, défendu par M. Garsonnet (*Revue critique* de 1869), et par M. G. Dreyfus (th. Paris, 1905), invoque les considérations suivantes :

a) Les immeubles, objet d'un trafic, prennent un prix courant qui en fait de véritables marchandises ;

b) Et si ce genre d'opérations avait été connu au commencement du siècle, le Code se serait servi d'une expression plus large, afin de les comprendre parmi les actes de commerce.

Rien n'est moins démontré. Les biens nationaux, à la suite de la Révolution, avaient été l'objet de fortes spéculations : les auteurs du Code n'en avaient pas perdu le souvenir[2]. D'autre part, Portalis, dans le discours

1. Berthélemy, *Traité de droit administratif*, 5e éd., p. 753.

2. « Les acquisitions ne restent guère aux acquéreurs. En face l'Abbaye-aux-Bois, les Prémontrés de la Croix-Rouge ont été achetés par un malheureux tenté par le démon de l'agio. Il espérait revendre avant de payer. Il ne vendit pas, il ne

préliminaire du Code civil, oppose les immeubles aux meubles, disant que les premiers sont du ressort de la loi civile. Appliquer l'appellation de « marchandises » à des immeubles, c'est sortir du vocabulaire courant.

En réalité, les immeubles excluent la pensée de circulation : ils ne peuvent donner aliment au commerce. On spécule sur des immeubles, on ne les rapproche pas de ceux qui les achètent ou qui en ont besoin.

En outre, aucune des raisons pratiques, militant en faveur du droit commercial, n'existe quant aux immeubles. Le commerce use de conventions verbales réglées par les usages : ici on dressera des écrits, ne fût-ce que pour établir les origines de propriété. Les transactions foncières déterminent des procès de garantie, de transcription, d'hypothèques, ayant leur source dans l'organisation de la propriété du Code civil. Pour la connaissance de pareils procès, les juges de commerce manqueraient d'expérience ; il est préférable que des magistrats formés à la théorie du droit soient appelés à les résoudre.

L'exclusion des procès immobiliers du ressort des tribunaux de commerce résulte implicitement de l'art. 639 C. com. (MM. LYON-CAEN et RENAULT). Ce texte ne détermine pour eux qu'un seul taux de compétence en dernier ressort : le taux de *quinze cents francs* en principal. Pour les matières immobilières, la loi règle le dernier ressort d'après le revenu de l'immeuble litigieux et sur la base de *soixante francs* de ce revenu (voir la loi du 11 avril 1838 pour la compétence des tribunaux civils). Du silence gardé sur ce taux par la loi commerciale il faut conclure qu'il n'y a pas de procès immobiliers portés devant les tribunaux de commerce.

Les transactions immobilières ne deviendraient pas commerciales, même si l'opérateur revendait ou louait le terrain après y avoir élevé des constructions. — Mais alors, la spéculation porte moins sur le terrain que sur les matériaux que la société y incorpore ! L'agent achète ces matériaux pour les revendre, on rentre dans l'énumération de l'art. 632, le droit commercial est applicable ! — Il n'importe ; les matériaux sont absorbés par l'opérateur, comme tels ils s'arrêtent à lui. Ils continuent bien à être de sa part objet de trafic, mais sous une forme immobilière et nouvelle, ce ne sont pas des marchandises qu'il revend. — L'analyse est un peu subtile. Mais comment concevoir, l'acte d'acquisition ayant été civil, que la revente ou location devienne commerciale parce que le sol s'est recouvert d'un bâtiment ? C'est le cas de transporter à la construction, qui forme l'accessoire, la condition du terrain qui est le principal.

Nous écartons l'acte de l' « entrepreneur de constructions », à qui le propriétaire s'est adressé. Il se peut que cet entrepreneur, par ses devis ou marchés, ait accompli un acte de commerce. Ce point est réservé. C'est à l'égard du propriétaire que la question se pose pour le moment ; vis-à-vis

---

paya pas, il se pendit au cordon de sa sonnette... Les maisons qui se dressent sur la place du Carrousel sont prises par la spéculation. Ainsi, l'hôtel de Longueville est successivement tout ce qu'un grand bâtiment peut être : bal, encan, mont-de-piété, papeterie, bureau de diligences ». DE GONCOURT, *Histoire de la société française pendant le Directoire*, p. 26, 84.

de celui-ci sont civils et le marché de construction, et la revente ou la mise à bail des édifices (V. cependant Paris, 2 mai 1902, S. 1903, 2, 212).

24. — Suite. Actes de commerce voisins de l'achat pour revendre. — Appendice. — De l'achat de marchandises pour les revendre se rapprochent d'autres actes : l'art. 632 dira s'ils sont commerciaux ou non. Ces actes sont exercés par des personnes qui jouent par rapport aux négociants le rôle d'auxiliaires. Ce sont : 1° les commissionnaires et les courtiers ; 2° les magasins généraux.

25. — 1° *Commissionnaires et courtiers.* — Le commerçant (ou l'industriel) ne peut pas toujours faire ses achats ou ses ventes en personne. Il recourt à un intermédiaire, chef de maison lui-même. Ce sera tantôt un commissionnaire, tantôt un courtier.

a) La *commission* est le fait, moyennant salaire, d'accomplir pour le compte d'autrui une opération sur un produit circulant [1]. L'agent accomplit un mandat : le plus souvent il l'exécute en son nom propre et non au nom du commettant.

L' « entreprise » professionnelle de commission est commerciale, d'après l'art. 632, al. 3. Il n'en est pas de même d'un acte isolé de commission. Le commissionnaire est exposé à la faillite, il est justiciable du tribunal de commerce.

b) Le *courtage* ne procède pas de l'idée de mandat. C'est le fait, également moyennant salaire, de chercher à un négociant une contre-partie, qu'on mettra ensuite en rapports avec le donneur d'ordre.

Le courtier, malgré cette dernière particularité qui ne répond plus d'ailleurs à sa manière de faire actuelle, entre dans la filière du commerce. Il est commerçant. Même une opération isolée de courtage a le caractère d'un acte de commerce (art. 632, al. 5) : c'est avec la commission une différence inexplicable et, d'ailleurs, sans grande importance.

c) Ces deux professions ont quelque affinité avec l'*agence* ou *bureau d'affaires*. L'agent d'affaires opère comme mandataire. Il se charge de remplir des procurations, de suivre des procès, de recouvrer des créances, des successions, de rédiger des actes, de vendre des fonds de commerce, etc. Les bureaux de placement, pour l'ouverture desquels le décret du 25 mars 1852 exigeait un permis de l'autorité municipale, et dont une loi du 14 mars 1904 a ordonné la suppression graduelle, pouvaient également passer pour des agences d'affaires [2].

L'agence d'affaires ne devrait pas rentrer dans le commerce. Elle n'a

1. Nous nous réservons de démontrer au chapitre « de la commission » l'exactitude de cette définition. L'opinion la plus répandue, et qui n'est point la nôtre, veut que la commission soit le mandat tendant à accomplir un acte qui « par rapport au mandant » est une opération de commerce.

2. Mais, étant donné le but qu'elle poursuit et les moyens qu'elle met en œuvre pour l'atteindre, la *Société des auteurs et compositeurs dramatiques* ne saurait être considérée comme une agence d'affaires au sens de l'art. 632 C. com. et comme se livrant habituellement à des actes de commerce : Civ. rej., 8 décembre 1913, *Gaz. Pal.*, n° du 17 janvier 1914.

avec le commerce, qu'un rapport éloigné. Cependant la loi en fait une profession commerciale (art. 632, al. 4). Cela tient à la défiance qu'elle inspire. L'agent d'affaires opère fréquemment à la manière d'un officier ministériel, avoué ou notaire, sans offrir les garanties de la nomination par les pouvoirs publics. Les circonstances mettent entre ses mains des capitaux dont il a le dépôt.

Cependant sa fonction est libre. Il fallait à cette liberté un contrepoids. La possibilité de traduire cet agent devant le tribunal de commerce, comme celle avant 1867 d'user envers lui de la contrainte par corps, rend ses obligations plus rigoureuses.

26. — 2° *Magasins généraux.* — On entend par là des particuliers ou des sociétés qui, particulièrement dans les moments de mévente, reçoivent des marchandises en dépôt. Le propriétaire de celles-ci trouvera par là le moyen de les engager plus commodément et d'emprunter sur leur valeur.

Cette profession est commerciale. Elle n'est cependant pas visée directement par l'art. 632, et ce texte est limitatif. S'il ne parle pas des magasins généraux, c'est parce que l'institution a fait son apparition à une date plus récente, en 1848 d'abord, puis après un premier insuccès dix ans plus tard (Loi du 28 mai 1858).

Le texte de l'art. 632 n'est d'ailleurs pas contraire au classement des magasins généraux parmi les professions de commerce. A ces magasins sont adjointes des salles de ventes publiques pour les marchandises en gros ; l'arrêté qui autorise leur ouverture délivre à la fois le permis au magasin et à la salle publique. Or les établissements de ventes à l'encan sont compris dans l'énumération des actes de commerce (art. 632, al. 4).

La commercialité, pour le magasin général, tient à ce qu'il s'interpose dans la circulation, non pas à la manière d'une entreprise de commission, mais cependant d'une façon aussi certaine.

B. Entreprise de manufacture (art. 632, al. 3).

27. — La *manufacture* [1] est la mise à façon d'un produit entre le temps où il quitte le producteur et celui où le consommateur l'acquiert.

Le manufacturier peut acheter la matière première, pour la revendre une fois fabriquée. Alors son opération tombe déjà sous la qualification d'achat pour revendre, et à ce titre elle est commerciale.

---

1. La même expression se retrouve dans l'art. 1er de la loi du 9 avril 1898, qui donne l'énumération des entreprises assujetties au risque professionnel pour les accidents dont les ouvriers seraient victimes. Cette loi et l'art. 632 C. com. se prêtent à un rapprochement intéressant. V. Hémard, dans les *Annales de droit commercial*, 1903, p. 178 et suiv. — Mais le rapprochement est bien plus frappant encore entre le droit privé commercial et la législation industrielle des accidents du travail depuis que la loi du 12 avril 1906 a soumis toutes les entreprises commerciales à la responsabilité professionnelle établie par la loi de 1898. — La loi du 13 juillet 1906 (art. 30 et suiv., Livre II du Code du travail) sur le repos hebdomadaire s'applique aussi « aux employés ou ouvriers occupés dans un *établissement industriel* ou *commercial*... ».

Mais le manufacturier peut n'être qu'un *façonnier*. Il prend, en vertu d'un louage d'ouvrage, une commande de fabrication en marchandises dont la matière lui est fournie par le donneur d'ordre. Il a généralement une main-d'œuvre à ses gages ; mais, quand il travaillerait lui-même ou lui seul aux pièces, la théorie de la circulation veut encore qu'il fasse acte de commerce. Dans la théorie de la spéculation, la solution pour ce cas particulier serait beaucoup plus discutable.

La manufacture, c'est l'industrie, au sens large que ce dernier mot comporte. On est de prime abord surpris de voir le *commerce* comprendre l'*industrie* dans son champ légal d'application : les économistes opposent plutôt entre elles ces deux formes d'activité.

Le désaccord entre le droit et l'économie politique n'existe qu'à la surface. — D'abord, quoique la nature du service rendu à la société ne soit pas identique chez celui qui échange le produit et chez celui qui le façonne, cela ne les empêche pas tous deux de recourir au crédit. — Puis, l'industriel ou manufacturier a deux rôles. Sa fonction n'est pas la même, lorsqu'on le suppose en rapports avec le marché du produit sur lequel son industrie s'exerce, ou bien avec le personnel de main-d'œuvre qu'il emploie.

Au premier point de vue, il concourt à faire parvenir le produit à sa destination dernière : c'est une fonction de commerce, non seulement parce que la loi le dit, mais parce qu'il est logique de le décider ainsi.

Mais, vis-à-vis des ouvriers de l'usine, le patron préside à une organisation de travail. Il est tenu à certains devoirs et a droit à certains services : de ces rapports intérieurs de maison sort un droit d'un tout autre caractère, concernant la « répartition » de la richesse, et non pas sa « circulation ». On a fait de ce droit une branche d'étude spéciale, la *législation industrielle*.

Cette distinction n'est pas établie par les auteurs ou par les arrêts, et peut-être à tort. Il n'est pas démontré que le contrat de travail soit de nature commerciale pour le patron (car, du côté de l'ouvrier, on verra qu'il ne l'est certainement pas). La théorie de l'accessoire ne devrait pas intervenir. Il n'y aurait rien d'illogique à dire qu'il se lie « civilement » avec ses ouvriers (ou envers ses commis), tandis qu'il est tenu « commercialement » vis-à-vis de ses fournisseurs, acheteurs ou banquiers. L'existence d'une juridiction spéciale, appelée à résoudre les contestations entre patrons et ouvriers (conseil de prud'hommes, juge de paix), enlève à la question une partie de son intérêt. Il va être reparlé de l'ouvrier, afin que sa condition personnelle soit éclaircie.

28. — On doit s'abstenir de pousser trop loin la notion de « manufacture ». Le mot a assez d'élasticité pour qu'on puisse y réunir toutes les manipulations ou transformations de nature des objets, quelle que soit la condition de l'agent. C'est précisément ce qu'il ne faut pas faire : autrement, on donnerait au droit commercial une portée exagérée. Au nombre des professions commerciales ne figure aucune de celles de ces trois personnes : l'*ouvrier*, l'*artisan*, l'*entrepreneur de travaux*.

29. — *a*) *Ouvrier*. — C'est celui qui s'engage à fournir à un patron un travail suivi, au moyen d'un louage de services. Il reçoit un salaire en échange. Ce salaire est proportionnel au travail accompli, quoiqu'il comporte des distinctions, suivant l'élément qui en détermine le chiffre (salaire à la journée, salaire à la tâche). Il est habituellement fixe. Mais il peut être accompagné d'une clause de participation aux bénéfices, ce qui ne change point la nature du contrat.

L'*ouvrier* n'est pas commerçant, il *ne fait* même *pas acte de commerce.* Son engagement est entièrement civil.

Cependant il s'interpose dans le produit pour le façonner ! — L'objection est facile à réfuter. L'exercice de l'acte de commerce implique une certaine indépendance que l'ouvrier n'a point. L'ouvrier est un subalterne dirigé et commandé. Cette condition inférieure exclut l'idée que son contrat soit commercial.

Tous les autres préposés doivent être considérés de la même manière : les *commis* ou *employés*, les directeurs de succursales, chez qui le travail prend un caractère intellectuel et non manuel.

Cependant le Code de commerce, par l'art. 634, avait soumis à la compétence des *tribunaux de commerce* les procès entre les commerçants et leurs *facteurs* ou *commis*. — Cela ne prouvait pas que le lien de droit formé entre eux fût commercial du côté de l'employé. Ces tribunaux sont exceptionnellement appelés à statuer sur un certain nombre de contestations de nature civile ; on était en présence d'une de ces exceptions. Pour les contestations entre les commerçants et leurs *ouvriers*, concernant « la branche d'industrie qu'ils exercent et les conventions dont cette industrie aura été l'objet », la loi avait institué une juridiction mixte, les *conseils de prud'hommes* (Décret du 11 juin 1809, loi du 1er juin 1853). A défaut de prud'hommes, le juge de paix en devait connaître (L. 12 juillet 1905, art. 5). — Aujourd'hui, cette distinction entre les commis et ouvriers n'existe plus. La loi du 27 mars 1907 (art. 1er) a étendu la juridiction des prud'hommes (avec appel au-dessus de 300 fr. devant le tribunal civil) aux deux catégories. Toutefois lorsque le chiffre de la demande excède 1.000 fr., les différends entre les patrons et leurs employés (non pas leurs ouvriers) sont de la compétence des tribunaux ordinaires (art. 32 de la loi).

Des agents d'exécution d'une entreprise, qu'on ne peut faire rentrer sous l'acception de commis, le personnel d'*artistes de théâtre*, accomplissent un acte civil par le même motif. On a autrefois, par une singulière méprise, traité ces artistes en commerçants, à l'égal de leur directeur. Cette jurisprudence n'a plus cours. Mais on a vu quelquefois le directeur assigner son artiste devant le tribunal de commerce, et celui-ci se déclarer compétent, en vertu de l'art. 634. Cela revenait à assimiler l'artiste à un commis ! Le directeur y gagnait d'obtenir plus vite justice. Cette interprétation n'est plus acceptée par le tribunal de commerce de la Seine, la Cour de cassation l'a condamnée (Civ. cass., 8 décembre 1875, *J. du Pal.*, 1876, p. 38 ; Trib. com. Nice, 3 juin 1910, D. 1910, 5, 55).

Le commis ou l'ouvrier peut donner son travail non dans la maison du patron, mais au dehors. Tantôt il procède par tournées (commis-voyageur), tantôt il opère en sa propre demeure ou dans l'endroit de sa résidence (représentant de commerce fixe, ouvrier de l'industrie des jouets ou autres). Il est engagé à une maison déterminée, à l'exclusion de toute autre maison similaire. Subalterne, il reste régi par le droit civil [1].

Cet éloignement de l'employé ou de l'ouvrier par rapport à l'établissement du maître, éloignement rendu nécessaire pour certains services, aura son influence sur le mode de détermination du salaire.

Le *cocher de fiacre* non taximètre verse au patron, au commencement de la journée, un forfait pour les courses qu'il fera et que les voyageurs lui régleront. Le surplus, s'il y en a, constituera son salaire. La convention ne relève pas du droit commercial. — On trouve pour le *garçon de café*, dans la pratique du pourboire, une organisation analogue. La gratification que lui laisse le client forme son salaire. On sait même qu'il y a des maisons qui, escomptant le pourboire, exigent du garçon un versement au moment où elles l'engagent !

30. — *b*) *Artisan.* — L'artisan est l'individu, indépendant de tout patron, qui se charge d'un travail commandé par un *consommateur*. Il confectionne ou il répare un produit déjà parvenu chez celui qui s'en sert. — Ex. : J'achète une pièce de drap, je la livre au tailleur qui m'en fera un habillement. Ce tailleur est étranger au commerce. Il en serait autrement s'il se procurait le drap lui-même. — Mêmes observations pour le dégraisseur, pour le serrurier, pour le cordonnier (Douai, 24 janvier 1900, D. 1900, 2, 467. — V. cependant Toulouse, 26 février 1908, D. 1908, 2, 333).

Il n'y aurait même pas commerce, d'après la doctrine de la circulation que nous suivons, au cas où ce tailleur ou artisan ferait exécuter le travail par des ouvriers à ses gages, au lieu de l'accomplir en personne. Le patron d'un atelier de couture ne fait pas commerce, à moins de vendre ses confections. La thèse de la spéculation conduit à un résultat contraire.

Au surplus, la conception de l'artisan s'est modifiée : les faits seront déterminants. Avant la grande industrie et l'outillage mécanique, l'artisan achetait lui-même le produit brut. Celui qui opérerait sous cette forme serait évidemment régi par le droit commercial. On en dirait autant, s'il travaillait pour des maisons de commerce lui livrant la matière première, sans aliéner son indépendance, et cela alors même qu'il n'aurait ni outillage considérable, ni compagnon (tâcheron de la soierie lyonnaise). Le problème est d'ailleurs de solution douteuse.

Lorsque le service rendu porte non sur un objet à confectionner ou à refaire, mais sur des soins à donner à la clientèle (coiffeur, propriétaire d'un bain, etc.), c'est le droit civil qu'il faudra suivre, sans aucune distinction selon l'importance de l'établissement : au surplus, la qualification d'« artisan » ne convient plus guère à celui qui exerce ces professions.

---

1. Sous réserve d'une opinion (n° 1115) qui distingue entre le « commis-voyageur » et le « représentant de commerce », voyageur ou non, et qui, à raison de l'indépendance relative conquise par ce dernier, tend à lui reconnaître la condition de commerçant qui n'appartient pas à l'autre (Cfr. Rej., 28 novembre 1898, S. 1902, 1, 508 ; Cass., 21 décembre 1898, D. 1903, 1, 82). V. *Annales de droit commercial*, 1901. Tel est le droit allemand.

31. — Travaux. — c) *Entrepreneur de travaux.* — Il est délicat de déterminer le caractère d'une *entreprise de travaux publics ou privés.* L'entrepreneur se charge, moyennant redevance (tant par mètre courant, ou par quantité de matériaux à poser), d'un travail de nature immobilière sur la propriété d'autrui. Tel est le constructeur de bâtiment, ou, si le propriétaire traite avec plusieurs personnes pour les éléments divers de sa construction, l'entrepreneur de la maçonnerie, celui de la charpente, de la toiture, etc.

Lorsque cet agent fournit les matériaux, il paraît impossible de lui refuser la qualité de commerçant. Il manutentionne des fournitures de commerce, qui ne perdent leur caractère qu'au moment de leur immobilisation (Cass., 15 janvier 1900 et 3 février 1902, D. 1900, 1, 97, et 1902, 1, 294). Au contraire, on a vu précédemment que le propriétaire ordonnant ces travaux ne faisait point commerce de son côté (n° 23).

Mais dans le cas où le bois, la pierre, etc., seraient fournis par le propriétaire, l'entrepreneur ne donne plus que le travail de sa main-d'œuvre, avec l'usage de ses machines-outils. Les considérations précédentes expliquent pourquoi, conformément à la jurisprudence la plus répandue, le contrat d'entreprise doit rester gouverné par le droit civil[1]. Dans la première rédaction de l'art. 632 figurait l' « entreprise de construction ». Sur l'observation d'une cour d'appel, qui prétendait que les constructions de navires devaient seules relever du commerce, ce passage a été supprimé.

Par là aussi se trouve déterminée la condition d'entreprise de *terrassement*[2], d'*irrigation*, de *dessèchement*, de *percement de canaux ou d'isthmes.* La redevance, au lieu de consister dans un prix, aurait-elle pour objet une concession : l'exploitation demeurerait encore civile. Voici le mode de rémunération. L'Etat, dans le cahier des charges, subroge pour une durée déterminée le concessionnaire au droit de prélever un péage sur le public. L'entrepreneur amortit ainsi d'année en année le capital qu'il a engagé.

Cette entreprise est étrangère au droit commercial (Paris, 8 mars 1889, D. 90, 2, 233, *Canal interocéanique américain*, arrêt peu clairement motivé), — en supposant qu'elle ne se soit pas constituée depuis la loi du 1er août 1893 sous la forme d'une société par actions.

La remarque ne saurait convenir à une entreprise de construction de chemin de fer qui obtiendrait en outre par concession l'*exploitation* de la ligne. Cette seconde partie de l'entreprise serait commerciale, par la raison qui va suivre (n° 32).

---

1. En matière de marché de travaux publics, les procès entre l'entrepreneur et l'administration relèvent de la compétence des conseils de préfecture (Loi 28 pluviôse an VIII, art. 4). Mais cela laisse entière la question de savoir si l'entrepreneur fait commerce ou non. Il ne faut pas établir une corrélation nécessaire entre l'acte de commerce et la détermination du tribunal qui doit en connaître.

2. Cependant, la dernière jurisprudence marque une tendance à comprendre les travaux de terrassement dans le droit commercial, à titre de manufacture, c'est-à-dire de « spéculation habituelle sur le travail d'autrui, alors même qu'elle ne consisterait que dans un simple travail à façon ou fourniture de main-d'œuvre et ne comportant pas d'achat pour revendre ou louer ». Req., 20 oct. 1908, D.1909, 1,246.

Parmi les entreprises de travaux figurent les sociétés qui fabriquent et débitent le *gaz* d'éclairage, ou celles qui produisent ou donnent la *force motrice électrique*. Beaucoup d'entre elles agissent également en vertu d'un acte de concession, le plus souvent délivré par une municipalité. *a*) L'entreprise de gaz est certainement commerciale, puisqu'elle livre un produit au client. *b*) On ne peut pas raisonner de même pour une société d'électricité : une énergie n'est pas un produit. Cependant il serait déraisonnable de changer la nature légale de l'exploitation, suivant le moyen générateur de lumière. La société électrique met ses appareils en marche à la disposition de la clientèle, et elle lui en loue l'usage. *c*) Mais une société qui distribue les eaux ménagères dans une ville reste placée sous le droit civil, en supposant qu'elle n'est pas une compagnie par actions fondée depuis 1893 (Grenoble, 19 juin 1900. D. 1901, 2, 19).

C. **Entreprise de transports par terre ou par eau** (art. 632, al. 3).

32. — Le *transport* détermine le déplacement de lieu pour les marchandises. Il donne l'image la plus nette du commerce et le résume en quelque sorte dans son ensemble. Le transport, c'est la circulation par excellence.

L'entreprise de transports (à la différence d'une opération de transport isolée) est commerciale. Elle le devient, qu'elle soit exercée par un *particulier* ou par une *société* concessionnaire (les cinq grandes Compagnies de chemins de fer, sans parler des autres) ou non concessionnaire. Ces entreprises répondent de leurs engagements devant les tribunaux de commerce, elles ne sont pas à l'abri de la faillite, etc.

La solution va de soi pour celles de ces entreprises qui se proposent le transport des marchandises. Il en est qui, soit en même temps que ce transport (chemins de fer), soit d'une manière exclusive (omnibus, tramways, fiacres), effectuent le transport des voyageurs. D'autres encore transportent les ameublements (entreprises de déménagement). Nous négligeons le transport des lettres, monopolisé par l'Etat.

La généralité des termes de l'art. 632 et l'unanimité de la jurisprudence veulent que le droit commercial s'étende à ces exploitations. Cependant la logique du système de la circulation ferait rentrer dans le droit civil le transport des voyageurs et de tout ce qui n'est pas une *marchandise*. — Il faut ici laisser la logique de côté. La loi ne peut développer ses applications avec la rigueur des sciences exactes.

§ 2. — Argent et crédit.

33. — Il convient, si l'on veut avoir de l'étendue du droit commercial une idée juste, de recourir pour l'argent et pour les titres représentatifs du crédit au même signe logique que pour les marchandises. On y arrive par un effort d'abstraction plus grand.

Les produits ne sont pas seuls à circuler, l'argent circule de même, les valeurs fiduciaires également.

L'*argent*, c'est l'expression monétaire du capital résultant d'une épargne antérieure, c'est du travail accumulé.

Le *crédit*, c'est la confiance obtenue par une personne qui s'engage, c'est le délai que le créancier ou bailleur de fonds lui accorde. Le créancier réclame ordinairement de celui à qui il fait crédit un titre à longue échéance (obligation), ou à court terme (effet de commerce), qu'il se réserve de négocier : c'est le *titre fiduciaire*.

L'argent va de celui qui le possède à celui qui doit le mettre en valeur. Ces deux hommes correspondent au producteur et au consommateur dans le commerce des marchandises. L'épargne s'est formée chez l'un, elle doit alimenter l'autre. Et de même des titres fiduciaires. Celui qui les souscrit cherche celui qui doit les prendre.

Si ces deux personnes se rencontrent sans intermédiaire, l'acte par sa nature sera *civil*. Un emprunteur qui traite directement avec le capitaliste prêteur ne fait pas acte de commerce. L'argent s'est passé de circulation, il a été tout droit à son but. L'opération pourra être commerciale en vertu de la *théorie de l'accessoire* (emprunt fait par un commerçant pour les besoins de son commerce). Ou bien elle pourra le devenir à raison de la *forme du titre* (souscription d'une lettre de change). Mais l'acte commercial par sa nature ne se rencontrera pas en pareil cas.

Au contraire, dès qu'un intermédiaire forme le lien entre le prêteur et l'emprunteur, entre la société et l'actionnaire ou obligataire, etc., les actes interposés deviennent des actes de *commerce*. Ils le deviennent par la même raison que le négociant fait commerce en achetant des marchandises pour les revendre. Cette remarque va nous découvrir deux sortes d'opérations commerciales importantes : *a*) les *opérations de banque* ; — *b*) les *spéculations* ou *actes de courtage en bourse*.

34. — Suite. Banque. — *a*) *Opérations de banque.* — Le banquier s'approvisionne d'argent en recevant des *dépôts*. Il met cet argent à la disposition des gens d'entreprise (commerçants ou non). Le procédé le plus usuel de son concours est l'*escompte*.

1) Il consent à recevoir de ses déposants, moyennant un intérêt faible, des fonds qui constitueront son encaisse, et il promet de les restituer *in genere* à première réquisition (ou encore après dix ou quinze jours de préavis).

2) D'autre part, il emploie ces fonds en avances à trois mois ou en général à court terme. Il s'en dessaisit, en stipulant de cette seconde catégorie de clients un intérêt plus fort. Mais, en retour de l'argent qu'il délivre, il exige un titre de négociation facile, par exemple un *billet à ordre* (c'est intentionnellement que nous écartons la *lettre de change*, beaucoup plus usuelle ; car elle commercialiserait l'engagement pour une autre cause, à raison de la forme). Le banquier fournit la contre-valeur en espèces, sous une retenue d'intérêt pour tout le temps à courir jusqu'au remboursement. Cette retenue est précisément l'*escompte*.

Au besoin, afin de renouveler son encaisse, il renoncera à garder le titre en son portefeuille. Il le négociera auprès d'un autre banquier, mieux pourvu que lui en capitaux disponibles. Il fera *réescompter* l'effet d'après un taux moins élevé que celui qu'il a pris à son client. L'écart entre le taux du premier escompte et celui du réescompte lui donne son bénéfice.

L'argent va ainsi des gens d'épargne aux gens d'affaires, par le ministère de la haute banque ou peut-être d'un établissement de crédit moyen ou d'un banquier inférieur. Les effets partent des gens d'affaires, se dirigent sur la banque. Double circulation en sens inverse.

Toutes ces opérations intermédiaires sont commerciales et rentrent dans les *opérations de banque* (art. 632, al. 5). Elles constituent des actes de commerce, même lorsqu'elles sont faites par des *banques publiques*, telles que la Banque de France qui est investie du privilège d'émettre des billets de banque (même texte, al. 6).

Sur la même ligne que les opérations de banque, on doit citer les *opérations de change* monétaire. Le changeur se munit de monnaies étrangères, il les convertit à la demande de la clientèle contre de la monnaie française, ou inversement. Il touche un agio représenté par le cours du change. Au sens large, il achète des monnaies pour les revendre. Il est commerçant (art. 632, al. 5).

35. — Suite. Bourse. — *b) Spéculation et courtage en Bourse.* — La Bourse, avec ce qu'on est convenu d'appeler les *valeurs mobilières*, dont elle est le marché, nous fait passer, au sens économique des expressions, du capital *circulant* au capital *fixe* ou capital d'établissement.

La Bourse est le lieu où se traitent les valeurs représentatives du capital fixe des entreprises.

Un entrepreneur a besoin d'un fonds d'établissement. Il emprunte sous la forme ordinaire, ou au moyen d'*obligations négociables*. Ou bien il s'adjoint des associés : des *commanditaires*, des *actionnaires*. — C'est un émetteur de valeurs.

S'il opère directement avec les bailleurs de fonds, *omisso medio*, nous répétons que l'acte est civil, du moins d'après sa nature. Sauf controverse, le commanditaire ou le souscripteur d'actions ne fait pas acte de commerce, en entrant dans une société commerciale.

Mais le souscripteur a pu n'avoir que l'intention de prendre position entre une offre et une demande de capital. Entre ses mains, le titre n'est pas encore placé. Il compte rentrer sur d'autres personnes dans son argent, et il y parviendra avec un bénéfice, il l'espère du moins, en revendant l'action, l'obligation. Divers moyens lui sont offerts : 1° il peut revendre à ses guichets les valeurs qu'il avait prises d'abord en souscription ferme ; 2° il peut aussi se charger de placer les valeurs en commission, sans répondre du succès de l'émission. Ce sont là des *opérations de banque* d'une nature commerciale certaine.

La souscription ou l'achat primitif des titres par le banquier, leur revente subséquente, ou la commission pour les placer, deviendront des actes de commerce (art. 632, al. 2 et al. 5 : le titre est une *marchandise*).

Dans cet ordre d'opérations rentre le ministère du *Crédit foncier*. Un propriétaire veut emprunter 100.000 fr. sur hypothèque, sous la condition d'affecter chaque année 5.000 fr. au remboursement de sa dette en principal et de se libérer ainsi en vingt ans. Il pourrait traiter avec des prêteurs.

Jusque-là, la combinaison resterait sujette au droit civil. Mais un banquier intervient ; c'est lui qui fournit les fonds, et d'autre part il émet des obligations de 500 fr. chacune, dont la somme égale son avance, il les place en son propre nom sur le marché. A la fin de chaque année, le banquier remboursera autant d'obligations ou lettres de gage qu'il lui sera rentré d'argent du côté des emprunteurs, et c'est un tirage au sort qui fera connaître les numéros de ces obligations exigibles. Le rôle d'intermédiaire joué par cet établissement de banque est frappant, et c'est pour cela que l'opération relève du commerce.

Modifions quelque peu notre hypothèse. Peut-être le souscripteur du titre, banquier ou non, afin de trouver son acheteur, recourra-t-il au ministère d'un courtier en valeurs. Ce courtier sera l'*agent de change*. C'est à la Bourse qu'il négociera les actions ou obligations, par « introduction des titres sur le marché ». L'opération de courtage de cet agent de change sera un acte de commerce, comme l'était déjà précédemment celle d'un courtier en marchandises (n° 25).

Toutes ces propositions se déduisent les unes des autres, il règne entre elles une rigoureuse concordance.

36. — Suite. Assurances. — Il reste une grosse difficulté à trancher : quelle est la nature, civile ou commerciale, du *contrat d'assurance*, quelle est celle de l'entreprise d'assurances ?

L'assurance est un contrat par lequel un assureur s'engage, moyennant une *prime*, à couvrir un risque (incendie, naufrage, mort prématurée) menaçant un assuré, et à lui régler une *indemnité* en cas de sinistre.

En tant que convention isolée, conclue seulement entre deux personnes, l'assurance ne sera pas un acte de commerce (nous négligeons le droit maritime et l'art. 633). Limitée à la prise d'un seul risque par l'assureur, l'assurance demeure un contrat civil, si tant est qu'elle puisse aujourd'hui se manifester sous cette forme. L'assurance ne figure pas dans l'énumération de l'art. 632, et il n'y a pas de motif raisonnable de la ranger parmi les actes de commerce si on la prend en elle-même.

Mais l'assurance est-elle exploitée en société : cela modifie la condition du problème. La société d'assurance présente tantôt le caractère d'une « société mutuelle », et tantôt celui d'une « compagnie d'assurance à primes fixes ». La question de savoir si l'entreprise est de nature commerciale ou civile se résout de manière différente dans l'une et dans l'autre de ces deux organisations de l'assurance.

37. — *a) Sociétés mutuelles.* — Ces sociétés se particularisent par ce fait qu'un certain nombre de personnes, exposées à des risques similaires, mettent ces risques en commun. Elles conviennent que les sinistres éventuels seront réparés au moyen d'une contribution proportionnelle qu'on ouvrira sur tous les adhérents. Les membres de l'association jouent à la fois le rôle d'assureurs et celui d'assurés. Le montant de la prime à payer est incertain, il dépendra du chiffre et du montant des sinistres (bien que des perfectionnements aient permis à bon nombre de sociétés mutuelles de parvenir à la fixité de la prime, par suite de ce qui sera dit plus tard).

Mille constructions, d'une valeur idéale de 5.000 fr. chacune, sont comprises dans une même assurance mutuelle. S'il en périt une durant l'année par le fait d'un incendie, chaque sociétaire paiera 1 o/oo du montant de son propre bien. S'il en périt deux, il paiera 2 o/oo et ainsi de suite. La masse des contributions servira à couvrir le sinistre individuel.

Une pareille société a le caractère civil (Bordeaux, 8 février 1909, *Journal des Sociétés*, 1909, 220). Ce n'est pas, ainsi qu'on le dit généralement, parce que l'esprit de lucre ou de spéculation est absent des associés. Ceux-ci cherchent bien à se couvrir contre une perte seulement. Mais la raison donnée n'est pas bonne. Elle n'est pas suffisante, dès que l'on ramène les actes de commerce aux signes que nous avons essayé de retenir.

Cette société manque d'un élément nécessaire à la reconnaissance de la commercialité : elle ne participe à aucune circulation de valeur. Les fonds nécessaires aux indemnités, formant aussi les primes, sont réglés directement entre sociétaires. La direction se confond avec les sociétaires eux-mêmes, ce sont eux qui la nomment et qui en supportent les frais.

38. — b) *Compagnies à primes fixes.* — Dans cette seconde forme organique des assurances, un certain nombre de personnes fondent une société par actions, à laquelle elles apportent un capital déterminé qui jouera le rôle de réserve, ou de fonds de garantie.

La société traite à *forfait* avec les assurés : les associés ne se connaissent pas entre eux. L'assuré doit une prime fixe de 1 o/oo par exemple, à tout événement. La société fait masse de toutes les primes qu'elle encaisse, et elle les applique aux sinistres. Si l'assurance couvre la valeur intégrale de son bien, l'assureur devra à l'assuré une indemnité complète sans réduction. De deux choses l'une :

1° Le montant des sinistres annuels reste-t-il inférieur à l'ensemble des primes : l'excédent devient bénéfice pour la compagnie d'assurances.

2° Le contraire vient-il à se produire : la compagnie fait une perte et prend sur son capital (ou sur ses réserves de garantie) de quoi couvrir la différence, sans pouvoir procéder contre les assurés à un appel complémentaire de primes.

Tel est le mécanisme de l'exploitation, relaté sommairement. Voyons son caractère. On est d'accord pour considérer la *société à primes fixes* comme une entreprise commerciale, soumise à la compétence des tribunaux de commerce et sujette à la faillite. — Cette opinion était acceptée dès avant la loi du 1er août 1893. Pour les sociétés par actions formées postérieurement à cette loi, et qui sont uniformément commerciales sans distinction de leur objet (nouvel art. 68 de la loi de 1867), la question ne soulève plus aucune contestation.

Mais la même règle est admise depuis assez longtemps pour les sociétés plus anciennes. Elle n'est pas aisée à justifier.

Ces sociétés, dit-on, sont pénétrées de l'*esprit de spéculation*, du côté de l'assureur, à la différence des sociétés mutuelles. En supposant que la spéculation soit la raison d'être de la commercialité, — ce qui est au moins contestable, — l'explication pèche par un défaut capital. Elle oublie que l'énumération de l'art. 63_2 est essentiellement *limitative*, et que ce texte est muet sur les assurances terrestres. L'art. 633 déclare bien que l'assurance maritime est un acte de commerce, et cela quelle que soit sa forme ; mais cette disposition ne saurait être généralisée.

Il vaut mieux rattacher les compagnies d'assurances aux *agences d'affaires*, dont elles ne forment qu'une variété. Les agents d'affaires sont commerçants (art. 63_2, al. 4). Or que fait la société des actionnaires, sinon offrir au public des assurés de gérer pour eux leur assurance, moyennant une commission fixe ? Les primes comprennent à la fois la contribution aux sinistres, les frais généraux et le bénéfice espéré par l'agence. Les assurés ont en face d'eux un groupe de capitalistes pourvus d'un service technique. C'est avec ce groupe qu'ils traitent en lui déléguant le soin d'administrer leurs intérêts.

Dans la société mutuelle, la direction est composée de simples préposés des assurés : dans la société à prime fixe, elle se sépare des assurés et constitue une organisation différente. C'est ce qui permet de la ranger dans les agences d'affaires, sans fausser le caractère appartenant à cette dernière profession.

39. — Conclusion. — Dans cette revue, toutes les opérations visées par l'art. 63_2 trouvent leur place. Nous avons parcouru, dans un autre ordre que celui de la loi, l'ensemble des opérations mentionnées par le Code.

On voit, par notre tableau, que la doctrine des actes de commerce n'est pas impossible à faire, et que ces actes peuvent se grouper en une synthèse. La formule de cette synthèse a échappé sans doute au législateur ; cependant il en a suivi les données, sans s'en rendre exactement compte lui-même. A moins qu'on ne préfère dire : c'est la jurisprudence qui, placée devant un texte qui ressemble à une carte d'échantillons, s'est trouvée appelée à interpréter une loi sans unité. Elle y a mis de l'ordre à la faveur d'une notion directrice. Les arrêts sous-entendent cette notion, et nous avons essayé de la mettre en relief à notre tour.

40. — Actes de commerce mixtes. — Appendice général. — Il se peut que l'un des actes énumérés par l'art. 63_2 présente le caractère d'acte de commerce pour les deux opérateurs. Autrement dit, chacune des deux parties accomplit un rôle d'intermédiaire dans la circulation du produit. — Ex. : Un manufacturier vend à un négociant les tissus qu'il a fabriqués. Le manufacturier fait du commerce, son acheteur en fait aussi.

Les règles du droit commercial s'appliqueront alors respectivement à chacune des deux parties. L'une et l'autre sont justiciables du tribunal de commerce, en cas de procès engagé par son adversaire. L'une et l'autre encourent la faillite pour cause de cessation de paiements, si d'ailleurs elles ont la *profession*.

Mais il arrive fréquemment, en revanche, que l'acte est commercial au regard de l'un des opérateurs et demeure civil au regard de l'autre. C'est un fait de production que réalise la société minière qui vend ses houilles ; un fait de circulation qu'accomplit le marchand qui les achète. Ou bien il y a acte de consommation chez celui qui achète des étoffes pour se vêtir, tandis que son vendeur fait commerce.

Ces actes sont appelés actes de commerce *mixtes* ou unilatéraux (*ab una tantum parte*). On leur appliquera distributivement les règles du droit commercial et celles du droit civil. Cette distribution s'effectuera selon que la personne attaquée en vue de leur exécution sera la partie qui a fait ou la partie qui n'a pas fait commerce.

a) Si c'est *la personne ayant fait acte civil* qui *est assignée* par celle qui fait commerce, le tribunal de droit commun, le tribunal d'arrondissement, est seul compétent ; le défendeur, en traitant avec un commerçant, n'a renoncé ni à son propre droit ni à ses juges. Le procès s'instruira conformément au régime de preuves établi par le droit civil, et non pas d'après les preuves exceptionnelles autorisées par le droit du commerce.

b) Si c'est *la personne qui a fait acte de commerce* qui *est poursuivie*, le demandeur est recevable à l'attaquer devant le tribunal de commerce et à user contre elle des preuves commerciales. De quel droit le défendeur déclinerait-il les juges de sa profession, sous prétexte que, du côté de son adversaire, l'acte est non commercial ? De quel droit le ferait-il, si l'acte est bien commercial quant à lui ? [1].

Mais, en jurisprudence, la personne au regard de laquelle l'opération est civile n'est pas obligée de porter le procès devant le tribunal de son adversaire. On lui reconnaît l'*option des juridictions* (En sens contraire LYON-CAEN et RENAULT). Le demandeur non commerçant a la faculté, s'il le préfère, de saisir le tribunal civil. Mais il devra recourir alors aux preuves de droit commun [2].

---

1. Il se peut que le défendeur commerçant oppose à son adversaire, qui l'a assigné devant le tribunal de commerce, un moyen de défense ou une demande reconventionnelle. Exemple : Un acheteur de marchandise, qui est un consommateur, agit contre le marchand, son vendeur, à raison d'un vice caché ; le marchand non payé du prix conclut à ce que le prix lui soit versé, et ce prix est contesté. Si ce moyen ou cette demande est *connexe* à la demande principale, comme c'est le cas dans l'exemple ci-dessus, la preuve par témoins et, d'une manière générale, la preuve admise par le droit commercial, est recevable de la part du défendeur, puisque c'est bien de ce même mode de preuve que le demandeur se sert dans le procès intenté contre lui. A cet égard, la demande reconventionnelle est liée à la demande principale, comme l'est la réclamation de dommages-intérêts par un défendeur injustement attaqué (Cass., 8 août 1860, *J. Pal.*, 61, 560). Il en serait autrement si le moyen reconventionnel était pris d'une créance distincte de la vente, que le défendeur voudrait faire entrer en compensation de sa dette. On en reviendrait au système civil des preuves.

2. Pour soutenir le contraire de cette toute dernière proposition, on invoque le principe d'après lequel la nature des preuves est indépendante de la juridiction saisie, principe qui prévaut notamment en droit criminel (Req., 1er juillet 1908, S. 1909, 1, 77). Pourquoi le non-commerçant, qui actionne le commerçant devant le tribunal civil, ne pourrait-il pas user des preuves admises au commerce ? Soit un abus de confiance, pour violation de dépôt, poursuivi en police correctionnelle : on devra établir l'existence de ce dépôt et produire un titre, si l'intérêt dépasse 150 fr. Le régime de la preuve n'est donc point modifié par le caractère de la juridiction saisie de la contestation. — Voici la réponse. Il faut remarquer ici que, si le demandeur porte l'affaire devant le tribunal civil, c'est qu'il considère l'acte comme civil. Pour être conséquent avec lui-même, il doit le réputer

On peut invoquer en ce sens la tradition, affirmée par l'art. 10 du titre XII de l'Ordonnance de 1673. D'après ce texte, qu'éclaire le commentaire de JOUSSE, les personnes vendant le produit de leur crû pouvaient assigner leurs acheteurs marchands « ou devant les juges ordinaires, ou devant les juges et consuls ». Cette disposition continue à être suivie dans le droit nouveau.

SECTION II

HISTORIQUE DE LA LÉGISLATION DU COMMERCE ET SES SOURCES ACTUELLES [1]

41. — Évolutions suivies par le commerce. — Les hommes n'ont pas vécu originairement dans des rapports de commerce [2].

Le domaine de la communauté primitive ne s'ouvre point sur le dehors. Le chef centralise la production obtenue par ses subordonnés, esclaves, serfs, etc., et la répartit entre eux suivant leur travail ou leurs besoins.

Puis, se produit un commencement d'émancipation : les artisans acquièrent le droit de travailler à leur compte et de pourvoir les autres membres de la communauté de leur menue fabrication. On pratique le troc en nature, ou l'on se sert d'un instrument monétaire grossier. Le marché est localisé, et l'esprit de lucre est absent de la volonté des contractants.

On n'entre dans une phase de commerce véritable que lorsque le marché devient accessible aux étrangers ; le marché forme une trêve à l'état d'hostilité chronique entre peuplades. Ainsi s'expliquent notamment, au moyen âge : — la rencontre périodique des marchands dans des centres religieux, mieux prédisposés que d'autres par leur caractère de lieux d'asile à ce régime de trêve ; — puis l'organisation des grandes *foires*. L'autorité supérieure protégeait le trafic qui s'effectuait dans ces réunions (concession de marché, paix des foires, conduite des marchands, fonctionnement pendant la tenue de la foire d'un droit commun à tous ceux qui la fréquentaient, pouvoir de police et de juridiction propre).

Ce régime, intermittent et international, finit par devenir continu et par s'étendre aux rapports intérieurs d'un même Etat. Le trafic des marchandises s'opéra à demeure, dans des magasins. A la pérégrination des marchands succédèrent des communications durables et sûres avec les lieux d'origine des produits. L'importance des anciens marchés s'est affaiblie, leur rôle d'autrefois a passé aux Bourses, non sans de notables différences [3].

---

tel, même quant à la détermination des preuves dont il pourra se servir : on n'est plus alors en présence des « lois relatives au commerce ». On ne peut pas raisonner de la même manière à l'égard d'un contrat formant l'élément d'un délit pénal, et qui, quoique porté devant les juges de répression, demeure civil à raison de son origine même.

1. Le dépouillement historique des sources, travail considérable sous une faible étendue typographique, a été fait par HUVELIN, *L'histoire du droit commercial*, 1904.

2. Voir nos articles : *De la place du commerce dans l'histoire générale* (*Annales de droit commercial*, 1892).

3. Toute cette évolution est remarquablement traitée, surtout pour le moyen-

Il ne faut, au surplus, pas assigner au commerce, dans tous les temps et dans tous les pays, les mêmes conditions de marche. Il y a des peuples, comme les Phéniciens à Carthage, les Italiens en Orient, les Anglais dans les temps modernes, qui se sont ouvert de force des marchés éloignés. Ils ont fait de ces marchés des colonies placées sous leur autorité, directe ou non. Le problème de l'expansion coloniale pour les États de l'Europe ne répond pas aujourd'hui à une autre pensée.

On divise l'histoire du droit commercial en trois périodes : antiquité, moyen âge, temps modernes.

42. — Première période. — I. ANTIQUITÉ. — Les *Phéniciens* furent par leur navigation les intermédiaires du commerce entre l'Asie et les côtes de la Méditerranée. Ils fondèrent de nombreuses colonies, dont la plus connue est Carthage. Les premiers, probablement, ils firent consacrer en matière de trafic des règles spéciales, uniformément acceptées partout, malgré la différence de nationalité des opérateurs.

Ainsi en est-il de la règle, encore suivie aujourd'hui pour les avaries communes, comme en témoigne le contenu de la *lex Rhodia de jactu* relatée au *Digeste*, XIV, 2.

La mission commerciale des Phéniciens fut ensuite dévolue aux *Grecs*. Eux aussi créèrent des colonies, en Grande-Grèce, en Asie-Mineure, et les Phocéens fondèrent à leur tour Marseille. On connaît, par un plaidoyer de Démosthène, l'emploi que faisaient les Athéniens du prêt à la grosse.

A *Rome*, la constitution sociale était moins favorable au développement du commerce. La classe patricienne, tenant sa force de la propriété foncière, était maîtresse des pouvoirs publics et de l'armée. Elle résista, le plus longtemps qu'elle put, à l'extension des grandes fortunes plébéiennes formées par le commerce. De là des préventions contre le négoce et contre la petite industrie de l'artisan, préventions dont témoignent certains passages des auteurs littéraires [1].

L'exercice du commerce était confié aux individus de condition servile ; les pères de famille en profitaient, sans s'abaisser eux-mêmes à une profession indigne. Les apparences étaient sauvegardées.

L'esclave tenait une boutique, commandait un navire. Le préteur, pour sanctionner ses engagements, créa des actions (institoire, exercitoire) données contre le maître. Ces actions ont été le point de départ du commerce par représentation. D'autre part, le maître était investi des créances acquises contre les tiers par cet esclave (ou par un préposé non en sa puissance).

A part certaines institutions spéciales à la banque, comme la faculté d'exiger la production des livres (*editio rationum*), le droit romain n'a pas

---

âge, avec une documentation très nourrie, dans l'ouvrage de M. HUVELIN, *Essai historique sur le droit des marchés et des foires*, Paris, 1897, et dans l'autre publication du même auteur citée ci-dessus.

1. On cite, par exemple, le passage du traité *De Officiis* de CICÉRON : *Opifices in sordida arte versantur*.

connu un droit commercial distinct. Mais le *jus gentium*, qui a donné un large essor aux contrats consensuels, suffisait aux besoins du négoce. La faillite moderne n'est, avec les perfectionnements qu'elle a reçus au cours des âges, que l'envoi en possession délivré par le magistrat romain aux créanciers sur les biens d'un débiteur insolvable (V. THALLER et PERCEROU, *Traité des Faillites*, t. I, nos 7 à 10).

43. — Deuxième période. — II. MOYEN AGE. — Les invasions barbares ont émietté l'Empire et brisé la souveraineté en mille parcelles locales. Elles ont détruit l'ancienne sécurité que procurait la *pax romana*.

C'est pourtant le moyen âge qui a donné au droit commercial son autonomie. Nulle part son essor ne fut plus marqué que chez les Italiens.

Le régime municipal prit en Italie un tour nettement commercial. La Ville était une confédération de corporations marchandes : à la même époque nos corps de métiers en France ne formaient guère que des syndicats de petits artisans. *Gênes, Pise, Florence, Venise*, étaient gouvernées par des négociants. Adonnés au grand trafic, ils cherchaient à s'enrichir par la spéculation ou par le transport des marchandises entre deux centres différents de la Méditerranée.

Les Croisades les aidèrent dans leurs plans, le pèlerin se doublant de l'homme de commerce. Ils établirent, par suite de traités de commerce, des comptoirs dans les ports appartenant aux infidèles, et stipulèrent en faveur de leurs résidents une organisation indépendante (première origine de ce qu'on a appelé depuis François Ier le régime des *capitulations*).

D'autre part, ils s'introduisirent sur les places de l'Occident et nouèrent la chaîne entre les centres de production et ceux de consommation, par leurs navires effectuant des chargements dans les deux sens. Marseille concourut à ce mouvement. Tout le monde s'inclinait au moyen âge devant le génie d'affaires des Italiens.

Entre ces négociants s'échangèrent des règles d'usage : ils s'affranchirent de la législation civile et canonique, trop formaliste, trop défiante du gain. Les archives municipales nous livrent en grande quantité des modèles de contrats de l'époque : il en est qui remontent au XIIe siècle. Puis on fixa ces usages au moyen de règlements ou de statuts émanés soit de la corporation, soit du corps de ville composé de l'union des corporations.

Ces statuts multiples et fréquemment revisés règlent les effets de commerce, les sociétés, la capacité, etc.[1].

---

1. A consulter : le livre italien de LATTES, *Il diritto commerciale nella legislazione statutaria delle città italiane*, Milan, 1883, qui, sous une forme facile à lire, donne l'inventaire méthodique des statuts des diverses villes ainsi que de leurs dispositions ; — l'un des trois articles compris dans la brochure de G. COHN : *Drei rechtswissenschaftliche Vorträge*, Heidelberg, 1888 ; — le très savant ouvrage de GOLDSCHMIDT (*Universalgeschichte des Handelsrechts*), qui forme le premier fascicule de la 3e édition de son *Handbuch* ; traduction italienne par V. POUCHAIN et A. SCIALOJA, Turin, 1913 ; — et pour ce qui concerne l'organisation judiciaire, MOREL, *Les juridictions commerciales au moyen âge*, Paris, 1897, et BONOLIS, *La Giuridizione della Mercanzia in Firenze nel secolo XIV*, 1901.

Les procès furent tranchés par les consuls élus de la corporation ou par ceux de l'Union des corporations : telle fut la *Mercanzia* de Florence officiellement reconnue en 1307. Les *consules mercatorum* (consuls des changeurs ou banquiers, consuls de la mer ou des armateurs, etc.) sont en réalité les précurseurs des tribunaux de commerce modernes. Comme ils jugeaient rapidement en dédaignant les subtilités du droit, et en s'inspirant des volontés de leurs justiciables [1], les institutions du commerce acquirent de plus en plus de notoriété et de crédit.

Ce droit ne prit corps de doctrine que plus tard, entre le XVIe et le XVIIIe siècle, époque où parurent les livres de Straccha, de Scaccia, de Raphael de Turri, de Casaregis (*Discursus legales de commercio*). Quelques-uns de ces auteurs se réfèrent à la jurisprudence de la *Rote de Gênes*. Ce tribunal, qui ne procédait pas de l'élection, ne date que du XVIe siècle ; il est issu de l'ancienne juridiction de la Cour du podestat et statuait en matière civile et de commerce. Au surplus, à Gênes, ville déchirée par les factions, l'organisation consulaire n'eut jamais la même portée qu'ailleurs. La « Rote » paraît avoir été ainsi désignée, parce que les affaires y étaient instruites à tour de rôle. Ses décisions ont eu plus de réputation que ne le comportait leur mérite.

Dès avant cette œuvre des jurisconsultes italiens, le droit commercial avait agi de proche en proche : les institutions des différentes villes s'étaient fondues entre elles. Cette assimilation était chose naturelle. Chaque comptoir reproduisit le droit appliqué dans sa métropole. Par suite de cette loi sociale d'*imitation*, qui a été beaucoup étudiée de nos jours dans ses innombrables applications et particulièrement par Tarde, ceux des usages passant pour bons dans une ville furent acceptés dans les autres villes de la péninsule. Ils s'introduisirent également sur les places de l'étranger qui les voyaient pratiquer.

C'est surtout en matière de navigation que ces institutions s'unifièrent sur de vastes étendues [2]. Du moyen âge datent des collections maritimes, soit coutumiers privés, soit recueils judiciaires, qui jouissaient d'une grande autorité. Elles ont été l'objet d'une analyse savante par notre grand jurisconsulte Pardessus, sous la Restauration. On suivait autrefois leurs dispositions dans les procès, même entre plaideurs de différentes nationalités : — les *Rôles d'Oléron*, relatant les usages suivis dans l'Océan, notamment dans les rapports entre la Guyenne et l'Angleterre ; — le *Consulat de la Mer*, qui nous est parvenu dans des manuscrits en langue provençale ou catalane ; recueil beaucoup plus étendu, postérieur au précédent, mais antérieur au XVIe siècle, qui relevait le droit en cours dans les ports de la Méditerranée, où siégeaient des tribunaux maritimes internationaux (nous avons des décisions de ces tribunaux : « tables d'Amalfi ») ; — le *Recueil de Wisby*, consignant les usages pratiqués dans la Baltique et dans la mer

---

1. Ces consuls statuaient primitivement comme arbitres volontaires entre les marchands.

2. Voir l'*Histoire du contrat d'assurance au moyen âge*, par E. Bensa (traduite par M. J. Valéry).

du Nord, où la confédération de la Hanse teutonique était maîtresse du trafic et tenait ses congrès à Lubeck et à Hambourg (*Recès de la Hanse*).

44. — Troisième période. — III. TEMPS MODERNES. — L'influence commerciale se transmet maintenant de l'Italie aux Etats de l'Océan (Espagne, Angleterre, Hollande, France). La formation des grandes nationalités dans ces Etats, puis la découverte du Nouveau-Monde, aidée par la boussole, concourent à ce résultat considérable. Cette découverte, en déplaçant les courants commerciaux, comme le dit BENSA, fermait à l'Italie les sources de richesse où, depuis la chute de l'Empire romain, ses républiques avaient puisé leur grandeur, et d'où était dérivé le glorieux patrimoine d'institutions que le commerce du moyen âge laissait en héritage aux siècles postérieurs.

La *Royauté* s'attacha de bonne heure en France à doter le commerce d'institutions propres à garantir la sécurité des échanges.

a) Par des Ordonnances délivrées entre 1462 et 1464, LOUIS XI établit à Lyon[1] quatre grandes *foires internationales* annuelles, avec exemption de droits d'entrée et de sortie pour les marchands et les marchandises. Ces foires succédaient aux privilèges des foires plus anciennes de Champagne et de Brie : les décisions du tribunal de la Conservation, qui devint ensuite une juridiction commerciale permanente (avec des membres désignés par le Consulat de ville à partir de Louis XIV), avaient force exécutoire dans tout le Royaume.

b) Un Edit de 1563, rendu par CHARLES IX sous l'influence du *Chancelier* L'HÔPITAL, institua à Paris, pour statuer sur les procès entre marchands, *un juge et quatre consuls*, que désigneraient à l'élection et que renouvelleraient chaque année, suivant un suffrage un peu compliqué, les notables marchands de la ville. Appel au-dessus de 500 livres était porté devant le Parlement de Paris. — Une organisation identique fut ensuite appliquée dans d'autres villes. C'est là l'origine immédiate de nos tribunaux de commerce. Mais, sous l'ancien régime, les procès de droit maritime relevaient d'une juridiction spéciale, les *Cours d'Amirauté*, dont les juges étaient nommés par le Roi.

Les grandes réformes furent établies sous le règne de LOUIS XIV, et l'honneur en revient à COLBERT.

Elles consistent dans : 1° L'*Ordonnance du commerce de terre* de 1673, Ordonnance très courte, en douze titres, inspirée et rédigée en partie par un commerçant de Paris, JACQUES SAVARY, qui est connu pour son ouvrage *Du Parfait Négociant*. L'Ordonnance a été commentée par JOUSSE, conseiller au Présidial d'Orléans, et dans certaines de ses parties (change, sociétés) par POTHIER. A la fin de l'ancien régime, vers 1778, il y eut un projet de révision de l'Ordonnance ; mais ce projet n'aboutit pas[2].

1. En réalité, cette institution lyonnaise date des lettres patentes du dauphin Charles VII, émises en 1419.

2. V. E. BLUM, *Le projet de révision attribué à Miromesnil de l'Ordonnance de mars 1673 sur le commerce* (*Nouvelle Revue historique du droit français et étranger*, 1913, p. 510 et s.).

2° L'*Ordonnance de la marine*, beaucoup plus étendue, de 1681, comprenant cinq livres, et que prirent en haute estime même les étrangers. Œuvre dont les procès-verbaux de commission nous manquent et dont le rédacteur n'est pas connu. Elle eut pour interprètes deux jurisconsultes, attachés l'un à la Cour d'Amirauté de La Rochelle, VALIN, l'autre au barreau du Parlement d'Aix, EMÉRIGON. Ils l'expliquèrent souvent d'une manière différente, à cause de la divergence des usages de l'Océan et de la Méditerranée. POTHIER s'occupa aussi des assurances. — Le livre II de notre Code de commerce de 1807 ne fait que retranscrire sur des points nombreux l'Ordonnance de Colbert.

45. — Suite. — Pendant le cours de la *Révolution*[1], les Ordonnances subsistèrent ainsi que les juridictions électives : on sait que le système de l'élection fut généralisé alors et étendu (entre 1790 et l'an VIII) à toutes les fonctions judiciaires. La compétence des juges-consuls, devenus tribunaux de commerce, s'augmenta de celle des anciennes Cours d'Amirauté, abolies par la Constituante.

Sous le Consulat, en 1801 (an IX), une commission présenta un projet de *Code de commerce*, avec un rapport de CHAPTAL. Ce projet fut soumis aux tribunaux, pour être l'objet de leurs observations. Au Conseil d'Etat il n'en fut plus question jusqu'en 1806. A cette date, des faillites retentissantes ramenèrent l'attention sur lui. Il fut repris, considérablement modifié par les sections de Législation et de l'Intérieur, discuté en séance générale, porté au Tribunat et au Corps Législatif, suivant l'ordre établi par la Constitution. Il fut voté en 1807 par lois détachées. La loi du 15 septembre 1807 les réunit en un seul Code, qui est obligatoire depuis le 1er janvier 1808.

Ce Code a largement puisé dans les Ordonnances de Louis XIV, et par leur intermédiaire dans le droit statutaire italien du moyen âge. Il se compose de 648 articles répartis en quatre livres d'inégale étendue : *Du commerce en général* (8 titres), *Du commerce maritime* (14 titres), *Des faillites et banqueroutes* (3 titres dont le premier avec 11 chapitres), *De la juridiction commerciale* (4 titres).

46. — Suite. Sources actuelles du droit commercial. — Quelles sont les sources actuelles du droit commercial ?

1° En premier ordre, le *Code de commerce*, ainsi que les lois qui depuis 1807 l'ont complété, refondu ou modifié sur certaines matières.

Les principales de ces lois sont : celle du 28 mai 1838 sur les faillites (avec la loi du 4 mars 1889 sur la liquidation judiciaire), et celle du 24 juillet 1867 sur les sociétés par actions (modifiée par la loi du 1er août 1893 et par celle du 22 novembre 1913).

Le Code, ainsi que la plupart des lois postérieures, a été introduit en Algérie et dans les colonies.

En *Algérie*, une Ordonnance du 22 juillet 1834 a rendu applicables les

1. V. ROGER PICARD, *Les Cahiers de 1789 au point de vue industriel et commercial*, th. Paris, 1910.

lois françaises antérieures à cette date, ce qui comprenait le Code de commerce avec quelques modifications qu'il avait déjà reçues alors. Pour les lois postérieures à 1834, et en vertu d'une jurisprudence qui n'est point basée sur des textes très formels, il y a lieu de distinguer : *a*) celles de ces lois qui abrogent ou modifient un texte plus ancien : elles sont applicables *de plein droit* en Algérie, sans qu'il soit besoin d'un décret du chef de l'Etat, ni même d'un arrêté du gouverneur ; *b*) celles qui introduisent des innovations, et pour lesquelles un *décret* spécial et un *arrêté* sont nécessaires, faute de quoi elles ne sont pas exécutoires en Algérie. C'est par suite de ces principes que la dernière loi du 8 décembre 1883, sur le mode d'élection des tribunaux de commerce, loi qui étend le suffrage à tous les commerçants, a été reconnue sans effet à l'égard de l'Algérie, n'y ayant pas été l'objet d'une promulgation spéciale ; tandis que la loi antérieure du 21 décembre 1871 sur le même objet avait été rendue exécutoire dans le territoire et s'y trouve toujours en vigueur [1].

A l'égard des colonies proprement dites, règne un système différent. C'est le sénatus-consulte du 3 mai 1854 qui continue à faire loi. Il établit une séparation entre la Martinique, la Guadeloupe et la Réunion d'une part, et le reste des colonies d'autre part. *a*) Pour *les Antilles et la Réunion*, les lois portant sur certaines matières de droit considérées comme les plus importantes (Ex. : les contrats et obligations conventionnelles en général) ne peuvent être étendues à la colonie qu'en vertu d'un *sénatus-consulte* (en vertu d'une loi actuellement) ; et c'est pour cela notamment que la loi du 4 mars 1889 sur les liquidations judiciaires renferme un article final déclarant nommément la loi applicable aux dites colonies. Les autres lois de la métropole sont applicables par *décret*, avec une distinction entre décrets rendus en Conseil d'Etat et décrets simples, toujours selon la matière de ces lois (fixation du taux de l'intérêt, etc.).

b) En ce qui concerne les *autres colonies*, le gouvernement légifère en vertu de *décrets* simples, et un *arrêté* du gouverneur suffirait. On voit que c'est un régime des plus compliqués [2].

47. — 2° Comme sources du droit commercial actuel, viennent ensuite les *lois antérieures au Code*, mais seulement pour les matières non traitées dans le Code même. La loi du 15 septembre 1807 porte abrogation, en son art. 2, de « toutes les anciennes lois touchant les matières commerciales sur lesquelles il est *statué* par ledit Code ».

Statué, c'est-à-dire donné une réglementation d'ensemble et complète.

Donc, si le Code ne fait qu'effleurer une institution, la loi ancienne est toujours applicable, à moins d'avoir été abrogée par un texte déterminé.

---

1. On aurait pu cependant soutenir et on a soutenu, d'ailleurs sans succès, que ces deux lois ne faisaient que remanier l'une et l'autre le livre IV du Code, et que, par conséquent, elles étaient exécutoires en Algérie de plein droit.

2. On consultera pour plus de détails sur cette organisation : A. Girault, *Principes de colonisation et de législation coloniale*, n°s 99 et s., et L. Sarrut, note sous *Dalloz*, 1896, 1, 563. Les Codes Carpentier fournissent, au sujet des dates de promulgation, d'utiles renseignements.

Cela est vrai notamment de quelques parties du droit maritime concernant le droit privé (naguère encore sauvetage) et surtout le droit public, que ne traite pas le Code de commerce, ou qu'il traite insuffisamment. On a encore l'occasion d'appliquer pour elles l'Ordonnance de 1681.

Cela est vrai aussi — quoique à un moindre degré qu'autrefois, depuis le décret très étendu du 7 octobre 1890 sur les agents de change — des textes de la législation intermédiaire sur les Bourses de commerce et sur leur personnel (Loi du 28 ventôse an IX, arrêté du 27 prairial an X, etc.).

48. — 3° Le *Code civil*. Mais son application aux matières commerciales n'est que *subsidiaire*. Elle s'exerce à défaut du Code de commerce ou d'une loi spéciale. Le Code de commerce renvoie implicitement au Code civil, là où il s'abstient de statuer lui-même.

La violation de la loi civile en matière commerciale donne ouverture à cassation, comme en matière ordinaire.

Divers articles des Codes civil et de commerce (art. 1873 C. civ., art. 18 C. comm., etc.) posent pour quelques contrats cette règle d'interprétation, vraie également de tous les autres.

Il y a lieu dans les litiges de commerce de faire à tout instant appel aux principes des obligations ayant leur siège dans le Code civil. C'est que ce Code est à la base de la législation privée, et que le Code de commerce ne joue à son égard que le rôle d'un droit d'exception.

49. — Usages. — Lorsqu'on parle des usages, il y a lieu, semble-t-il, de distinguer la *coutume* de l'*usage*.

La *coutume* est une règle de droit impérative et d'ordre public qui supplée à l'absence de loi écrite ou qui même contrevient à une disposition de cette loi.

Dans l'ancien droit, la coutume avait pleine force de loi, à l'égal des dispositions formellement établies par l'autorité. Aujourd'hui, l'organisation constitutionnelle, qui subordonne la confection des lois à une procédure parlementaire déterminée, ne permet plus de consacrer la coutume en tant que source de droit, au moins d'une manière franche et ostensible.

Cependant, il s'introduit, sous l'influence des hommes de loi ou des tribunaux, des préceptes de commandement ou de défense, qui comblent certaines lacunes législatives ou qui même dérogent à des textes promulgués. Ces préceptes ne sont pas nombreux en droit commercial. On peut citer comme exemples : 1° la règle qui frappe de nullité, quoique la loi n'en dise rien, les sociétés entre époux ; 2° l'application aux marchés à terme différentiels de la législation du jeu et du pari (avant une loi de 1885) ; 3° l'attribution de la provision au porteur de la lettre de change même non acceptée ; 4° l'indivisibilité du compte courant, avec ses conséquences.

En principe, les règles ayant une semblable provenance ne méritent aucun égard, elles sont même attentatoires aux lois. Cependant il peut se produire en pratique un besoin sérieux de pourvoir, malgré l'abstention du pouvoir législatif, au redressement d'abus que les textes ne répriment pas. Il appartient au pouvoir judiciaire, pour aider à la marche du droit, de se substituer au Parlement et de consacrer le précepte nécessaire. Mais il ne peut le faire qu'avec extrêmement de mesure et que sous couleur d'interprétation, c'est-à-dire de façon détournée[1]. Il doit user d'un raisonnement basé en apparence sur le droit écrit, en faisant dire par voie de scolastique aux dispositions promulguées autre chose que ce qu'elles renferment en réalité. — Il est inutile d'ajouter que cette manière de perfectionner le droit exige une main très légère : les tribunaux ne peuvent pas convenir ouvertement de cet accroc fait par eux à la législation écrite. Le magistrat qui heurte de front la loi, et qui la critique ouvertement, contrevient à sa mission en donnant un exemple de désobéissance à ses préceptes.

Contester cette source de droit, qui correspond à la fois aux trois sources romaines du *jus prætorium*, des *responsa prudentium* et du *jus civile* (au sens étroit du mot), serait pour ainsi dire nier l'évidence. La coutume, manifestée par une seule décision judiciaire, n'est pas encore formée. Elle n'acquiert son autorité que par la reproduction d'arrêts rendus dans le même sens. Une thèse consacrée par deux ou trois décisions de la Cour de cassation, échelonnées sur une période de certaine durée, dispose d'une force difficile à ébranler. La coutume se consolide par l'action du temps, mais elle peut également se modifier[2].

L'*usage* est autre chose. On peut le définir : la clause tacite, sous-entendue dans une convention, par laquelle les parties règlent leurs rapports suivant la pratique établie. Cette pratique est tantôt générale et tantôt limitée à une industrie ou à une place particulière. Dans les deux cas elle constitue un élément d'interprétation des plus légitimes.

Les usages disposent d'une très forte autorité en matière commerciale. C'est en réalité de l'usage que tout ce droit est sorti, c'est par lui qu'il se réforme sans cesse.

Lorsqu'un plaideur se réclame d'un usage, il peut, *de plano*, le faire appliquer à son procès, si cet usage est certain. Subsidiairement, lorsqu'il est contesté, il peut demander à l'établir, en versant un *parère* (consultation) d'une chambre de commerce ou de praticiens autorisés.

---

1. V. le discours prononcé par M. Ballot-Beaupré, à l'occasion de la commémoration du centenaire du Code civil, dans « *Le Centenaire du Code civil* », 1904. — V. aussi Thaller, *La méthode en droit commercial*, dans *Les méthodes juridiques*, 1911, p. 150 et s.

2. L'idée exposée au texte a été poussée très loin dans les deux ouvrages de la dernière époque de M. Gény, *Méthode d'interprétation et sources en droit privé positif*, 1899, et de M. Lambert, *Etude de droit commun législatif*, 1re série, 1903. Elle est juste en soi (*Contrà* : Esmein, *La coutume doit-elle être reconnue comme source du droit civil français ?* dans le *Bulletin de la Société d'études législatives*, 1905, p. 533. Comp. Paul Van der Eyken, *Méthode positive de l'interprétation juridique*, 1907, p. 156). Mais il faut tenir la jeunesse en garde contre ses exagérations. Le mérite du deuxième de ces ouvrages réside surtout dans l'exposé d'une thèse, appuyée sur une forte documentation historique, d'après laquelle la coutume n'est point un usage spontanément formé au sein des masses, mais une règle de progrès suggérée par les jurisconsultes ou par une élite en possession de la connaissance des lois.

L'usage a force de convention, et non pas, à vrai dire, force de loi. Son caractère obligatoire se dégage d'une considération fort simple.

La loi commerciale admet la preuve au moyen de présomptions de fait, quel que soit l'intérêt engagé dans le procès, par cela même qu'elle admet la preuve testimoniale (comp. l'art. 109 C. com. avec l'art. 1353 C. civ.).

Or, on doit présumer *en fait* que les parties ont voulu se référer dans leur marché, faute de le détailler, à la manière usuelle de faire, telle qu'elle est pratiquée dans leur partie professionnelle [1].

50. — Deux questions se posent relativement à l'usage, dans le droit commercial.

1° *L'usage peut-il non seulement suppléer à la loi écrite en son absence, mais encore y déroger ?*

Dès l'instant que l'usage vaut non comme *loi*, mais comme *convention tacite*, la question s'éclaire. Elle revient à se demander s'il est permis par convention de déroger à une loi. Il y a lieu de distinguer.

a) S'agit-il, au moyen de l'usage qu'on invoque, de se soustraire à l'application d'une *loi d'ordre public ?* — La loi a alors un caractère impératif. Un usage ne peut, pas plus qu'une convention expresse, prévaloir contre cette loi. L'usage contraire à la loi est donc sans valeur (art. 6 C. civ.). Il ne deviendrait légitime que s'il passait à l'état de coutume, ainsi qu'il est dit ci-dessus, à la faveur d'une jurisprudence prétorienne.

Ainsi la règle prohibant l'anatocisme, ou capitalisation des intérêts dus pour moins d'un an, est d'ordre public (art. 1154). C'est en vain qu'on l'écarterait au moyen d'un usage (à moins, répétons-le, que le besoin de cette dérogation n'amène les tribunaux à la consacrer en tant que coutume par un biais de raisonnement, comme il en est dans le compte-courant).

La limite de la faillite aux débiteurs commerçants est encore une disposition impérative : un débiteur civil ne peut, par sa volonté formelle ou tacite, se soumettre envers ses créanciers au régime de la faillite.

b) S'agit-il, à l'inverse, d'un usage produit contre une *loi* simplement

---

1. Ne peut-on pas, à la faveur de cette considération, résoudre une question embarrassante, née du rapprochement du droit civil et du droit commercial ? La preuve par l'usage est recevable même en droit civil (art. 1160 C. civ.), et c'est bien ce que dit PORTALIS dans son *Discours préliminaire*. Et cependant on a bien le sentiment que l'usage dispose d'une moindre portée en matière civile qu'en matière de commerce. — Au fond, il n'y a pas de différence entre les deux droits ; mais c'est par son système plus rigoureux de preuves que le droit civil limitera le recours possible à l'usage. Invoquer un usage, c'est prétendre, dans un procès déterminé, qu'on a voulu obéir à une certaine manière de faire couramment acceptée, c'est invoquer une présomption *de fait* pour dégager la véritable intention du contrat. Or, en droit civil, excepté pour certains contrats tels que le louage, les présomptions cessent d'être recevables, tant à partir de 150 fr. que contre et outre le contenu des actes (art. 1341 C. civ.). Les parties pouvaient détailler leur convention : que ne l'ont-elles fait ? On sait, au contraire, que le droit commercial admet d'une manière illimitée la preuve par témoins, par conséquent la preuve par présomptions.

Ce raisonnement n'est pas partagé d'habitude par les auteurs de droit civil. Mais alors, le contraste qu'on relève entre les deux domaines du droit privé, et qui répond à un fait exact, cesse de devenir explicable.

interprétative des volontés ? — Cette loi comporte une convention contraire. Donc l'usage, qui n'est qu'une convention, y déroge régulièrement. *Usus prævalere debet juri communi* (l'arrêt de la Chambre des Requêtes du 29 mai 1902, D. 1902, 1, 343, qui semble dire le contraire, est imparfaitement motivé).

Ainsi, dans une vente, la non-conformité parfaite de la marchandise à l'échantillon justifie la résolution du contrat (art. 1184 C. civ.). Mais, s'il intervient, dans la branche d'affaires à laquelle appartiennent les opérateurs, un usage qui oblige l'acheteur à conserver la marchandise moyennant réduction du prix, cet usage sera appliqué par les juges. De même pour les faits qui produisent la mise en demeure du débiteur, pour le point de départ des intérêts, etc.

51. — 2° *La violation d'un usage par les juges du fond donne-t-elle ouverture à cassation ?*

Il faut répondre négativement.

Interpréter un usage, c'est interpréter non une loi, mais l'intention des parties. Une interprétation inexacte des intentions ne saurait constituer un moyen de pourvoi. Les juges ont statué en fait et non en droit.

Au surplus, il n'est pas dans le rôle de la Cour de cassation d'unifier ou de consolider les usages, comme il est dans sa mission d'assurer l'observation uniforme des lois écrites. L'usage est variable suivant les places et les industries, il n'y a pas à parler de son unité. L'usage est souple et changeant, c'est ce qui fait son mérite. Le consolider serait l'immobiliser. En l'interprétant, la Cour de cassation l'entraverait dans sa marche.

On verra ultérieurement que les deux solutions précédentes cessent d'être exactes pour certains usages en matière de vente de marchandises, que la loi du 13 juin 1866 a cru devoir convertir en dispositions légales. Ces usages-là sont érigés en lois véritables : 1° on ne peut invoquer, pour s'y soustraire un contre-usage, mais seulement une convention expresse ; 2° leur violation entraîne cassation [1].

52. — **Résumé.** — En résumé, le droit commercial a quatre fondements : le *Code de commerce* avec les lois qui s'y rattachent, — certaines *lois antérieures* à sa promulgation, — le *Code civil* à titre subsidiaire, — et enfin les *usages* qui ont une source toute différente.

Il y aurait lieu, dans un ouvrage plus étendu, de montrer comment ce droit se trouve pourvu de caractères très originaux, surtout par le fait de l'usage, qui est la volonté constante du commerce de se perfectionner par lui-même.

Il est très *progressif*. Depuis 1807, sous l'influence du rapprochement des

---

1. Contrairement à notre doctrine, la science italienne tend à reconnaître deux sortes d'usages : — ceux qui ont force de loi parce qu'ils répondent à un « état de conscience juridique obligeant les commerçants à s'y soumettre », — et les usages n'ayant qu'une valeur contractuelle et interprétative. Cfr. VIVANTE, *Trattato*, traduction française, t. I, p. 94 et s., et ESCARRA, *De la valeur juridique de l'usage en droit commercial* (*Annales de droit commercial*, 1910, p. 97).

distances, des résultats de la science appliquée, de l'extension des marchés et du crédit, l'usage a apporté aux anciens contrats, à leur mode de conclusion, à la terminologie courante, des transformations extrêmement graves. D'autre part on a vu les capitaux et les établissements se grouper suivant des données de concentration inconnues il y a un siècle.

Il est *doué d'une forte expansion*, en ce qu'il réagit sur le droit civil. Celui-ci, stimulé par l'exemple, finit par s'approprier les institutions commerciales.

Il est faiblement *processif*. Il donne bien lieu à des contestations, d'autant plus nombreuses que les marchés se renouvellent dans le commerce à chaque instant. Mais ces contestations se liquident le plus souvent par voie de transaction ; on fait appel à l'équité. Cela s'explique notamment par des besoins mutuels de ménagements, entre gens unis par le lien de la clientèle.

Sur 200.000 affaires portées en moyenne devant les tribunaux de commerce, il en est 35 o/o qui se terminent à l'amiable en cours d'instance [1]. Et en dehors de ces 200.000 affaires, combien d'autres, que la statistique ne relève point et qui sont arrangées, sans même un commencement de procès ! [2].

---

1. La statistique du tribunal de commerce de la Seine pour l'année 1913 donne les chiffres suivants : 39.989 jugements prononcés (dont 28.108 par défaut, et 11.881 contradictoirement) ; 3.112 affaires conciliées par les juges ; 5.388 conciliées par les arbitres après renvoi devant eux ; enfin 16.752 affaires retirées ou jointes (sans que, du reste, la statistique indique quel est, dans ce chiffre global de 16.752, le nombre des affaires simplement jointes à d'autres et le nombre des affaires retirées après arrangement des plaideurs).

2. Les autres Etats européens ont commencé par prendre notre Code de commerce pour modèle de leur propre législation. Mais un certain nombre d'entre eux ont depuis lors procédé à des refontes de leur codification ; ils sont donc assez loin aujourd'hui de ce modèle primitif (V. la traduction française des lois commerciales des pays étrangers, dans la collection « *Les Lois commerciales de l'Univers* », 1911 et s., édition française, mise à jour, de la collection allemande de Borchardt, *Annales de droit commercial*, 1912, 254 et s.). Les *Belges*, par une série de lois votées entre 1851 et 1893, et dont la plus importante est celle du 18 mai 1873 sur les sociétés (modifiée par la loi du 22 mai 1886, et refondue tout récemment par la loi du 25 mai 1913), ont revisé successivement toutes les parties du Code de commerce que nous leur avions laissé en 1814 (Namur, *Code de commerce belge révisé*, 4 vol.). — L'*Italie* a un nouveau Code depuis 1883 (Vidari, *Corso di diritto commerciale* ; Vivante, *Trattato di diritto commerciale*, traduction française par Escarra, 4 vol.) ; l'*Espagne* depuis 1886 ; le *Portugal* depuis 1888.

Les plus anciens Codes, après le nôtre, qui se trouvent encore en vigueur, sont celui de *Grèce* de 1835 et celui des *Pays-Bas* de 1838 : celui-ci d'ailleurs fait l'objet d'un travail de revision qui n'a abouti jusqu'à présent que pour les faillites (l. de 1893, applicable depuis 1896). La revision du Code de commerce grec vient également d'être entreprise.

Depuis le milieu du XIXe siècle, c'est l'*Allemagne* qui exerce, dans le centre et le nord de l'Europe, une influence législative prépondérante en matière de droit commercial. Ses deux grands monuments de codification sont : — le Code du change de Leipzig de 1847, — et le Code général de commerce de Nüremberg et de Hambourg de 1861, devenu maintenant, par suite de la refonte accomplie après le vote du Code civil de l'Empire allemand, le Code de commerce du 10 mai

53. — Division. — Cet ouvrage se divise en sept parties :

1re Partie. — Des commerçants individus.

2e Partie. — Des sociétés commerciales.

3e Partie. — Des Bourses, spécialement des Bourses de valeurs, comme suite à l'étude des sociétés par actions.

4e Partie. — Des contrats commerciaux sur marchandises (vente, commission, courtage, transport).

1897. Ce Code est entré en vigueur, ainsi que le Code civil, en l'année 1900. La loi des faillites de l'Empire date de 1877 et a été remaniée en 1898 (Sur le droit commercial allemand, cfr. Cosack, *Traité de droit commercial*, traduction française dans la bibliothèque Lévy-Ullmann et Lerebours, 3 vol., 1904-1907, et Lehmann, *Lehrbuch des Handelsrechts*, 1908). — L'*Autriche* est encore régie par les Codes de Leipzig et de Nüremberg sus-indiqués (excepté pour le droit maritime). Elle a une loi des faillites particulière (1868).

Le trait propre au régime de la *Suisse* est l'unification du droit commercial et du droit civil (Code des obligations et loi de capacité civile de 1881, loi des poursuites pour dettes de 1889). A la suite du vote d'un Code civil en 1907, le Code des obligations a été remanié par la loi fédérale du 30 mars 1911 et forme aujourd'hui le Livre V (intitulé : Droit des obligations) du Code civil suisse : ce Livre V (entré en vigueur avec l'ensemble du Code civil suisse le 1er janvier 1912) est du reste à lui seul à peu près aussi considérable que les quatre premiers livres réunis, et a conservé son numérotage spécial : art. 1 à 880 (Rossel, *Manuel du droit civil suisse* : *Code révisé des Obligations*).

C'est aussi le système *anglais*. L'Angleterre, au surplus, n'a pas de Code, mais des lois spéciales aux sociétés (1862-1908), aux effets de commerce (1882), aux faillites (1883), etc. (Stevens, *Eléments de droit commercial anglais*, traduction française par Escarti).

Dans les *Etats scandinaves*, qui pendant longtemps avaient conservé sur certains points une législation vieillie, les Parlements du Danemark, de la Norvège et de la Suède ont, par suite d'une commune entente, adopté une loi uniforme sur le change en 1880, puis un Code maritime en 1891-1892. A la dernière époque, des lois importantes sont venues rajeunir le droit commercial des Etats scandinaves : lois *norvégiennes* du 17 mai 1890 sur le registre du commerce (traduction Depuichault) et du 19 juillet 1910 sur les sociétés par actions (traduction du même) ; loi *suédoise* du 12 août 1910 (remplaçant celle du 18 juin 1895) sur les sociétés anonymes (*Annales de droit commercial*, 1914, p. 52 et s.).

Quant à la législation commerciale *russe*, elle est répartie entre divers volumes de la compilation générale des lois de l'Empire (*Sswod. Sakonow*), rédigée par les ordres du gouvernement. Le XIe volume, 2e partie, renferme le « Règlement du commerce ». En 1887, quand on procéda à la révision de ce règlement, des cinq livres dont il se composait on n'en conserva que trois. D'après la dernière rédaction (1903), leur teneur est la suivante : le premier, intitulé « Des contrats et obligations propres au commerce », contient des règles sur le louage de services des commis, et les procurations commerciales (art. 3 à 54), ainsi que quelques règles sur les sociétés commerciales (art. 55 à 93) ; le deuxième renferme le droit maritime (art. 94 à 653) ; le troisième enfin est consacré aux Bourses et foires (art. 656 à 668), aux livres de commerce (art. 669 à 715), aux poids et mesures (art. 716 à 765) et aux magasins généraux (art. 766 à 819). Mais — ainsi qu'on l'a déjà fait observer (V. *supra*, no 5, en note) — pour connaître les règles essentielles du droit commercial privé russe, c'est à la source générale du droit privé, c'est-à-dire aux lois civiles du Xe volume du *Sswod* (obligations) qu'il faut se reporter. Là se trouvent notamment les règles sur les contrats d'entreprise et de fournitures de marchandises entre particuliers (t. X, 1re partie, liv. IV, art. 1737 à 2011), et celles sur les sociétés par actions (art. 2139 à 2198). V. Doussau, *Annales de droit commercial*, 1914. Enfin la Russie est pourvue d'une nouvelle loi des effets de commerce depuis l'année 1902.

5e Partie. — Des contrats commerciaux sur argent et sur crédit (notamment des effets de commerce).

6e Partie. — Des faillites.

7e Partie. — De la juridiction commerciale [1].

---

1. Bibliographie d'ensemble du droit commercial français (très écourtée). — Manuels, précis ou traités élémentaires pour les étudiants (indépendamment du présent traité) : Boistel, Lyon-Caen et Renault, Valabrègue, Lacour. — Traités généraux plus étendus : Anciens, Pardessus, Alauzet, Bédarride (Volume *des Achats et Ventes* refondu par Abram) ; Delamarre et Lepoitvin ; Bravard-Veyrières (4 vol.) ; Récents, Lyon-Caen et Renault (8 vol.) ; Collection Thaller (7 vol. parus : Pic, Josserand, Percerou, Ripert). — Un certain nombre de Guides ou Mementos. — Dictionnaire : Goujet et Merger, refondu par Ruben de Couder (6 vol. et 2 vol. de Supplément). — Revue : *Annales de droit commercial* (depuis 1887), dirigées par MM. Thaller et Percerou.

PREMIÈRE PARTIE

DES COMMERÇANTS INDIVIDUS

54. — Il convient d'étudier successivement : 1° les conditions de la profession commerciale ; 2° la capacité exigée par la loi ; 3° les obligations auxquelles la profession est assujettie.

CHAPITRE PREMIER

CONDITIONS EXIGÉES POUR ÊTRE COMMERÇANT

55. — **Intérêt de la distinction des commerçants et des non-commerçants.** — Il y a des intérêts nombreux à distinguer celui qui est commerçant de celui qui ne l'est pas.

Car : 1° le commerçant est justiciable du *tribunal de commerce*, et non pas du *tribunal civil*, — au moins pour ses actes commerciaux (art. 631-1° C. com.).

2° A l'égard du commerçant fonctionne le *régime commercial des preuves* : ce régime est assez large pour comporter la preuve par témoins ou par présomptions, sans limite de somme (art. 109 C. com.). — Le *gage commercial* est soumis pour sa formation et pour sa réalisation à des règles plus simples que le gage civil (art. 91 à 93 C. com.). — Le *prêt d'argent* en matière de commerce n'est plus soumis à un *taux maximum d'intérêt* depuis la loi du 12 janvier 1886 (autrefois il était de 6 o/o), tandis qu'en matière civile le taux maximum de 5 o/o est maintenu (L. du 3 septembre 1807). — Quant à l'*intérêt légal* ou moratoire, il est, depuis la loi du 7 avril 1900, de 5 o/o en matière commerciale, et de 4 o/o seulement en matière civile ; précédemment, et d'après la loi de 1807 déjà citée, les deux taux applicables à cet intérêt étaient respectivement de 6 et de 5.

3° Avant la loi du 22 juillet 1867, tous les engagements de commerce, de deux cents francs au moins, ceux du commerçant particulièrement, emportaient, pour le cas d'inexécution, condamnation à la *contrainte par corps*. La contrainte n'était décernée en matière civile que pour des causes de créance légalement déterminées (art. 2059 et s. C. civ.).

4° En matière pénale, le *crime de faux* est puni plus sévèrement s'il a été commis en écritures de commerce que s'il l'a été en écritures civiles : travaux forcés à temps au lieu de réclusion (art. 147 et 150 cpr. C. pén.).

5° Le commerçant, en cas de cessation de paiements, encourt la *faillite* ou la *liquidation judiciaire*, ainsi que les pénalités de la banqueroute (art. 437 C. com.); un non-commerçant peut être en déconfiture, jamais en faillite.

6° Seuls les commerçants sont assujettis à la *tenue des livres*, et ce n'est qu'à leur égard que les livres disposent légalement d'une force probante (art. 8 et s. C. com.).

7° Les commerçants sont astreints à un régime particulier pour la *publicité de leur contrat de mariage* (art. 67 et s. C. com.).

8° Il n'y a que les commerçants (et aussi à certains égards les commerçants retirés) qui soient *électeurs* et *éligibles* aux *tribunaux de commerce* (L. 8 décembre 1883), de même qu'aux chambres de commerce.

De ces diverses règles, deux sont particulièrement frappantes : celle qui a trait à la *compétence des tribunaux de commerce* et celle qui concerne la *faillite*. On saisit en outre, d'après ce qui a été dit dans l'introduction, que ces règles se groupent en deux catégories. L'une contient des dispositions applicables à toutes personnes accomplissant des *actes de commerce* (n°s 1 à 4); l'autre est spéciale aux *commerçants* (n°s 5 à 8).

56. — Liberté du commerce. — La liberté de la profession est à la base du commerce. Pour s'établir et pour exploiter son entreprise, le commerçant n'a besoin de se pourvoir d'une autorisation ni de la puissance publique, ni d'une compagnie professionnelle.

Le droit moderne a abandonné le régime italien de l'affiliation nécessaire à une corporation ; ce régime était aussi celui de nos corps de maîtrise, qui étaient plutôt composés dans l'ancienne France d'artisans que de commerçants proprement dits. Le groupement en corporations ou syndicats des personnes exerçant un même commerce ou une même industrie a repris faveur à l'époque contemporaine, mais en dehors de toute idée de contrainte ou de monopole.

Donc, pour savoir si un individu est commerçant, il n'y a pas à rechercher si une *autorisation* lui a été octroyée légitimement. Là même où une autorisation serait par exception requise d'après le droit public, à raison notamment du caractère insalubre de son industrie (commerciale ou non), l'exercice de la profession sans s'être fait autoriser laisserait l'intéressé placé sous le droit commercial.

57. — Patente. — La condition de commerçant ne dépend pas non plus de l'inscription à la *patente*.

La patente a été créée par l'Assemblée constituante comme le prix de la liberté que l'État donnait au commerce et à l'industrie en les affranchissant des corps de maîtrise. C'est un *impôt direct de quotité*, frappant les diverses professions. Au lieu d'être déterminé d'après les bénéfices ou d'après le chiffre annuel d'affaires, il prend son assiette sur des éléments extérieurs de richesse présumée qui préservent le contribuable contre des perquisitions préjudiciables de l'administration.

Il se compose à la fois : — 1° d'un *droit fixe*, qui est en réalité des plus variables, puisque, suivant que le patenté appartient à une profession classée au tableau A, B ou C, la taxe s'élève à raison de la population de la localité, du nombre d'employés, de la quantité des machines ou des moyens de production ; — et 2° d'un *droit proportionnel*, 1/10, 1/15, etc., calculé sur la valeur locative tant de la maison d'habitation que des locaux servant à l'exercice de la profession (V. la loi du 15 juillet 1880)[1].

Les mots *commerçant* et *patenté* ne sont point synonymes, bien qu'employés couramment l'un pour l'autre.

En réalité, est sujette à la patente toute profession « non exceptée ». La plupart des exceptions correspondent sans doute aux professions civiles (agriculteurs, exploitants de mines). Toutefois, il y a un certain nombre de professions civiles qui sont assujetties à la patente : les carrières libérales, avocats, avoués, notaires, médecins, — et des entreprises ou métiers d'ordre lucratif, mais non classés parmi les commerçants (entrepreneurs de travaux, artisans travaillant avec des compagnons).

A l'inverse, il existe des personnes, dispensées de la patente, — les artisans opérant sans compagnons, sur des matières leur appartenant, — qui répondent aux prescriptions voulues pour être commerçants et qui en suivent la condition.

En outre, une personne assujettie à la patente et qui, en fait, y échappe, sera néanmoins un commerçant, pourvu, bien entendu, que sa profession soit classée dans le ressort du commerce.

La patente relève de la *législation fiscale*, la condition du commerçant dépend du *droit privé*. Ces deux droits n'ont pas nécessairement les mêmes points de rencontre, il ne faut pas essayer de les faire coïncider.

58. — Définition du commerçant. — La définition du commerçant est fournie par l'art. 1er C. com. : sont *commerçants* ceux qui exercent des *actes de commerce* et en font leur *profession habituelle*.

Il faut donc deux conditions pour être commerçant : 1° l'exercice d'actes de commerce ; 2° une profession habituelle ayant ces actes pour objet.

SECTION PREMIÈRE

EXERCICE DES ACTES DE COMMERCE, SPÉCIALEMENT DE LA THÉORIE DE L'ACCESSOIRE

(Art. 632, av.-dern. al., C. com.).

59. — Les *actes de commerce par leur nature* ont été analysés dans l'introduction. On les a rattachés, dans la mesure du possible, à une notion générale (nos 14 et suiv.). Nous ne les reprendrons plus. L'art. 632 les énumère pour ce qui concerne le commerce de terre. L'*achat pour revendre*, l'*entreprise de manufacture* et celle de *transport* constituent, dans le trafic des marchandises, les plus importants de ces actes. C'est leur répétition suivie qui fait de leur agent un commerçant.

60. — Théorie de l'accessoire. — Mais, comme cela a été dit déjà, le

1. L'art. 2 de la loi de finances du 27 février 1912 a augmenté le droit de patente pour les établissements à succursales multiples (plus de cinq).

nombre des actes de commerce s'élargit considérablement à l'égard d'un individu, lorsqu'il a été rendu commerçant par les opérations principales de sa profession. Ce ne sont plus seulement ces opérations principales, énumérées dans l'art. 632, qui pour lui sont commerciales ; la même qualité s'étend à toutes les opérations qui facilitent, qui secondent son commerce, à toutes celles, en un mot, qui ont ce commerce pour objet.

De cette manière, beaucoup d'actes juridiques qui, provenant d'un non-commerçant, seraient civils, deviennent des actes de commerce lorsque c'est un commerçant qui les accomplit. La commercialité part de l'acte, frappe la personne ; puis, en vertu d'un choc en retour, elle retombe sur les actes afin d'en saisir un plus grand nombre.

C'est la théorie dite de l'*accessoire*. Elle est d'autant plus intéressante à connaître que ces actes secondaires relèveront du droit commercial à divers points de vue : — quant à la compétence des tribunaux et quant à la preuve, — le non-paiement de ces obligations justifiera la mise en faillite du débiteur.

La règle est écrite deux fois dans le Code : — d'abord sous l'art. 631, al. 1 : « Les tribunaux de commerce connaîtront : 1° des contestations relatives aux engagements et transactions entre négociants, marchands et banquiers... », — puis sous l'art. 632, avant-dernier alinéa : « La loi répute actes de commerce... toutes obligations entre négociants, marchands et banquiers. »

Cette rédaction soulève une critique. En prenant les dispositions ci-dessus à la lettre, l'acte ne serait commercial que s'il intervenait entre *deux commerçants*. Il faudrait donc que le commerçant eût un autre commerçant pour contre-partie. Traitant avec un non-commerçant, il ne ferait plus acte de commerce.

Cette déduction serait fausse. La condition de la contre-partie est indifférente pour déterminer la nature de l'acte, du côté du commerçant lui-même. Un manufacturier fait ses commandes de houilles tantôt à la mine qui les produit, tantôt à un marchand en gros. A son propre regard, l'opération se présente dans les deux cas de la même manière, et elle a juridiquement pour lui le même caractère. Il serait déraisonnable de considérer sa dette d'acheteur comme commerciale, dans le cas seulement où son vendeur est un commerçant.

61. — Applications. — Dans ces conditions, on voit apparaître, lorsque c'est un commerçant qui en est l'auteur :

1° Des *contrats commerciaux*, autres que ceux que l'art. 632 énumère : — commande ou travaux de réparations de machines, achat de charbon, de voitures, de fournitures de bureau, de mobilier de magasin, — emprunt et compte-courant avec un correspondant, — ordre de transport de marchandises, — assurance des ateliers auprès d'une Compagnie, — achat de fonds de commerce (voir sur ce dernier point la controverse, n° 78).

A cette liste on est d'accord pour ajouter les engagements avec la main-d'œuvre et avec les employés. Ces engagements, eux aussi, ont la marche du commerce pour objet. Nous avons dit dans l'introduction (n° 27) pourquoi cette extension de la commercialité aux rapports du commerçant avec son personnel de maison nous laissait quelque doute. La question n'a qu'un faible intérêt, à raison de la détermination faite par la loi de la juridiction compétente pour statuer sur les procès du commerçant avec ses commis ou ses ouvriers (conseil de prud'hommes, juge de paix) ; à raison aussi de l'admissibilité de la preuve testimoniale au-dessus de 150 fr., aujourd'hui généralisée dans tout contrat de travail (Code du travail, liv. Ier, t. II, art. 19). — Il va de soi que, vis-à-vis de l'ouvrier ou du commis lui-même, la convention est civile, la règle de l'accessoire ne le concernant point.

2° Des *quasi-contrats commerciaux*. — Un commerçant touche dans un règlement une somme indue. Par exemple, une Compagnie de chemins de fer perçoit une taxe supérieure à celle que les tarifs lui permettent d'exiger. Comme ce paiement a eu lieu dans l'exercice du commerce de la personne qui l'a reçu, le quasi-contrat d'où naît l'obligation de restituer l'indû (art. 1376 C. civ.) forme un acte commercial, et l'action sera portée devant le tribunal de commerce.

3° Des *délits et quasi-délits commerciaux*. — Le commerçant, dans l'exercice de sa profession, cause un dommage à autrui soit par sa faute, soit par celle d'un préposé et est tenu suivant les art. 1382 ou 1384 C. civ. (abordage en rivière entre deux bateaux par la faute de l'un d'eux, ou heurt d'un passant par une voiture de livraison).

Les actions nées de ces délits et quasi-délits seront portées devant les juges de commerce.

Car les art. 631 et 632 déclarent commerciaux par accessoire les *engagements*, les *obligations*, sans les limiter aux obligations contractuelles.

Et, d'autre part, il n'y a pas lieu de distinguer le *délit*, dommage volontairement causé, du *quasi-délit*, dommage résultant d'une faute non intentionnelle. On a voulu soutenir que le premier seul relève des tribunaux de commerce, non le second, parce qu'il n'y a de commerce que dans les opérations renfermant une intention de s'enrichir. Cette distinction ne trouve aucune base dans la loi (Req., 11 juillet 1900, D. 1900, 1, 508).

62. — Suite. Délits. — Le plus connu parmi ces délits est la *concurrence déloyale*. On entend par là *le fait de détourner à son profit la clientèle d'un autre*, soit en dépréciant les produits de celui-ci, contrairement à la vérité, soit en faisant passer sa propre marchandise pour un produit de l'autre maison afin d'en assurer la vente au moyen de cette tromperie. Celui qui commet un acte de ce genre tombe sous l'application de l'art. 1382. Nous reviendrons sur la concurrence déloyale un peu plus loin.

La concurrence déloyale peut provenir d'une personne exerçant une profession non commerciale. Mais ce n'est que lorsqu'un commerçant s'en rend coupable que l'action en réparation rentre dans la compétence des tribunaux de commerce.

63. — S'il s'agit d'un délit ou d'un quasi-délit déterminant un dommage corporel, d'un *accident causé à une personne* et ayant entraîné mort ou blessures, la jurisprudence a été longtemps hésitante. Les dommages aux personnes lui paraissaient devoir relever plus équitablement de la juridiction civile.

Mais aujourd'hui s'est formé un nouveau courant, favorable à la connaissance de ces procès par les tribunaux consulaires. On a admis que le commerçant serait traduit devant ces tribunaux, non seulement à raison d'un accident causé à un *tiers*, mais même à raison d'un accident survenu dans l'usine à un *ouvrier*, étant bien entendu que la partie lésée, pour qui l'acte est mixte, aurait l'option entre les deux juridictions (Civ. rej., 28 octobre 1896, D. 97, 1, 583). Cette dernière application ne serait plus exacte actuellement : la loi du 9 avril 1898 sur la responsabilité des accidents arrivés aux ouvriers dans les usines place les contestations entre les victimes et les chefs d'entreprise relatives aux indemnités, dans la compétence du juge de paix ou dans celle du tribunal civil statuant en matière sommaire, à la teneur de certaines distinctions (art. 9 et 10 de ladite loi). Nous aurons à en reparler plus loin.

L'extension du droit commercial aux délits des commerçants, en tant que ces délits atteignent des tiers, mérite d'être approuvée [1].

64. — On juge, par cet exposé, du nombre et de l'étendue des actes que le commerçant est appelé ou exposé à accomplir par application du droit commercial dans la sphère de son activité.

C'est dire que sa *responsabilité* se trouve engagée à tout moment : il doit exécuter les opérations qu'il a conclues, il doit réparer le plein dommage résultant des fautes qui lui sont imputables : et c'est le tribunal de commerce qui statuera, à défaut de règlement amiable, sur les effets de cette responsabilité. Il n'est pas seulement tenu de son chef, il peut l'être encore du chef de ses *préposés*, commis ou ouvriers, agissant dans l'exercice de leurs fonctions. L'importance acquise par les grandes maisons et la division du travail multiplient les cas de responsabilité du chef d'établissement.

Cela est vrai : — 1° *Des contrats*. Le préposé traite un marché dans la limite des pouvoirs que le patron lui a conférés. Il y a lieu à la théorie du *mandat* ou à l'extension de cette théorie au contrat de préposition ;

2° *Des délits*. L'employé qui, dans son service, commet une contravention, le contremaître qui néglige la sécurité de l'atelier, l'ouvrier qui se laisse entraîner à une imprudence, engagent le patron non plus par application du droit du mandat, mais à cause du principe que pose l'*art. 1384, al. 3, C. civ.*, de la responsabilité civile du commettant à raison du fait du préposé.

Le commerçant reste tenu, sans pouvoir prouver à sa décharge qu'il était personnellement dans l'impossibilité de prévoir ce délit et de le conjurer. Un commis d'une conduite et d'une intelligence éprouvées peut subitement s'égarer, et accomplir des opérations préjudiciables avant que le

1. Sur les diverses étapes qu'ont suivies la doctrine et la jurisprudence depuis 1807 pour étendre successivement la règle de l'accessoire, on pourra consulter Duchange, *Des actes de commerce par relation* (th. 1900).

patron n'ait eu le temps de prendre des mesures de préservation. Le patron n'en est pas moins obligé.

La responsabilité civile ne repose donc pas sur une idée de faute du chef de maison dans le recrutement ou dans la surveillance de son personnel. Elle tient à une raison plus profonde dégagée seulement par les interprètes de la dernière époque : l'*entrepreneur*, en montant sa maison, source pour lui d'un bénéfice, a *créé un risque* dont il doit se constituer garant. Il est un véritable assureur des dommages qui résulteraient du fonctionnement de son établissement, des faits ou négligences de ses agents. Il affirme que ses auxiliaires sont dans de bonnes conditions pour exécuter leur tâche ; il répond d'eux comme de lui-même (V. encore l'explication donnée par Mr HAURIOU, *Précis de droit administratif*, 5e édit., p. 246, note).

65. — Le *matériel* dont il se sert obéit au même régime légal : l'art. 1384 dit qu'on est responsable du dommage causé « par le fait des choses que l'on a sous sa garde », et les art. 1385 et 1386 font des applications particulières de cette pensée générale. L'explosion d'une machine met donc le propriétaire de l'usine dans l'obligation de réparer le tort qui en résulte, quand même la faute du patron serait absente. Il y a *faute objective* de l'outillage, cela suffit pour que le patron puisse être recherché [1].

66. — Le législateur contemporain, en partant des idées précédentes, a réglé, dans la loi du 9 avril 1898 (modifiée par celles des 22 mars 1902 et 31 mars 1905), la responsabilité des *accidents dont les ouvriers sont victimes dans leur travail*. Cette loi a consacré, non plus dans les rapports du chef d'établissement et des tiers, mais dans ceux du patron et de son personnel, le principe du *risque professionnel*. Elle ne concerne d'ailleurs que les industries spécifiées par la loi elle-même, au nombre desquelles figurent celles « où il est fait usage d'une machine mue par une autre force que celle de l'homme ou des animaux ». Ces industries ne dépendent pas toutes du droit commercial. — Toutefois la loi du 12 avril 1906 a étendu le bénéfice de la loi des accidents à toutes les exploitations commerciales. En outre la loi du 18 juillet 1907 a donné aux employeurs non soumis aux lois de 1898 et de 1906 la *faculté*, au moyen d'une déclaration expresse, de placer leur personnel (ouvriers ruraux, forestiers, domestiques attachés à la personne), si celui-ci y consent, sous le régime de la loi de 1898.

La réparation des accidents survenus « par le fait du travail ou à l'occasion du travail », incombe au patron. Il n'y a pas à rechercher s'il a commis ou non une faute. L'indemnité est due à l'ouvrier, même dans le cas où l'accident proviendrait de l'imprudence de ce dernier ; il ne cesse d'y avoir droit que lorsqu'il a intentionnellement provoqué l'accident.

La loi, du reste, ne met pas à la charge du patron une indemnité illi-

---

1. Cette proposition, avec la largeur que lui donne le texte, n'est pas encore entrée dans le courant de la jurisprudence. V. cependant Rej., 16 juin 1896, D. 97, 1, 433, et surtout les intéressantes monographies de MM. SALEILLES (*Les accidents de travail et la responsabilité civile*), et JOSSERAND (*De la responsabilité du fait des choses inanimées*), Paris, 1897, et note sous Req., 22 janvier 1908, D. 1908, 1, 217.

mitée : elle en règle le chiffre au moyen d'un *forfait*. Par exemple, en cas d'incapacité absolue et permanente du travail, la réparation consiste dans une rente égale aux deux tiers du salaire annuel ; en cas de mort, elle consiste dans une pension dont le chiffre et la durée varient suivant la qualité des parents. Ce n'est que dans le cas de faute inexcusable du patron que cette indemnité pourrait être majorée par les tribunaux (comme aussi la faute inexcusable de l'ouvrier permettrait de la réduire).

Nous n'avons pas à pénétrer dans les détails de cette loi. Elle se rattache au droit industriel [1]. Nous négligerons donc celles de ses dispositions qui ont pour objet de confier à la *Caisse nationale des retraites* le service des indemnités, sauf recours contre les chefs d'entreprise débiteurs ; comme aussi la constitution, auprès de cette Caisse, d'un fonds de garantie, alimenté par un supplément au principal de la patente, et destiné à parer aux insolvabilités. Toutes ces questions sont étrangères au droit commercial.

67. — Exceptions. — Si large que soit la théorie de l'accessoire, elle comporte des restrictions. Toutes les opérations faites par un commerçant ne le rendent pas justiciable du tribunal de commerce. Il y a trois exceptions au moins à signaler [2].

68. — *a*) Les obligations contractées par le commerçant *dans un but étranger à son commerce* demeurent civiles : conventions matrimoniales, rapports de tutelle, de succession, emprunt pour mettre en valeur un domaine rural, fournitures de ménage, d'habillement.

L'art. 638, al. 1er, il est vrai, ne soustrait à la compétence des tribunaux consulaires que les actions intentées contre lui « pour paiement de denrées et marchandises achetées pour son usage particulier ». L'expression ne se réfère qu'aux livraisons qui lui seraient faites pour l'entretien de sa personne ou de sa famille. Mais il n'y a aucune raison de limiter ainsi la disposition. On doit au contraire l'étendre à tous les actes juridiques accomplis en vue des intérêts civils de l'individu, du moment qu'ils sont étrangers à son négoce.

69. — Présomption de commercialité. — Toutefois, ainsi qu'on le sait déjà, le droit commercial exerce encore son empreinte sur ces actes, quoique exclus de la règle de l'accessoire. En cas de doute, le but civil ou

1. V. Pic, *Les lois ouvrières*, 4e éd., 1912, p. 898 et s.

2. Nous disons : au moins. Car les trois catégories d'actes ci-dessous énoncés ne contiennent pas la totalité des opérations *civiles* du commerçant, échappant à la règle de l'accessoire. — Ainsi, lorsqu'un commerçant a engagé et suivi un procès devant un tribunal civil, la demande que formerait contre lui pour remboursement des frais son *officier ministériel* (mais non pas son agréé, son arbitre, etc.) serait portée devant le tribunal où les frais ont été faits, c'est-à-dire en l'espèce devant le tribunal civil, seul compétent pour en connaître (art. 60 C. proc. civ.). — D'autre part, des jugements ont décidé, en vertu d'une jurisprudence d'ailleurs contestable, que, si le commerçant entrait avec d'autres dans une société d'assurance mutuelle, même dans l'intérêt de son commerce, par exemple afin d'assurer ses bâtiments ou ses marchandises, les contestations nées de cette mutualité seraient nécessairement du ressort des tribunaux de droit commun, etc.

commercial de l'opération restant ignoré, *c'est le but de commerce qu'on devra présumer* (art. 638, al. 2). Le procès sera donc à bon droit porté devant les juges consulaires, qui retiendront la cause.

La présomption n'est pas absolue. Elle n'appartient pas à cette classe de présomptions légales, dites *juris et de jure*, sur le fondement desquelles l'art. 1352 C. civ. annule un acte ou refuse l'action en justice, sans admettre aucune preuve contraire contre elles. La présomption cesse, si une cause civile est énoncée, dans l'engagement. Elle cessera de même, si l'on parvient à démontrer cette cause civile, quoiqu'elle n'ait pas été énoncée. Mais c'est au commerçant, lorsqu'il veut obtenir son renvoi devant les juges ordinaires, à prouver que l'acte pour lequel il est recherché était étranger aux besoins de son commerce. Les rôles de la preuve sont intervertis.

La présomption, dit l'art. 638, concerne les *billets* souscrits par un commerçant. Ici encore, il faut s'abstenir de l'interprétation littérale qui, sans motif plausible, restreindrait la disposition aux engagements constatés sous une forme déterminée de titre. Quand même la dette serait établie au moyen d'un acte autre qu'un billet, et fût-elle simplement verbale, le doute sur sa cause doit faire pencher en faveur de la compétence du tribunal de commerce.

70. — Opérations immobilières. — *b*) Les opérations ayant des *immeubles* pour objet ne sont point commerciales, alors même qu'elles seraient faites en vue d'un commerce : — achat d'un terrain afin d'y construire un atelier ; location d'un magasin [1] ; concession d'une prise d'eau sur une rivière pour obtenir une force motrice hydraulique, ce qui peut déterminer, non seulement des procès avec le concédant, mais aussi des réclamations de propriétaires inférieurs lésés dans l'irrigation de leurs terrains, etc.

Cette exception n'est pas écrite dans la loi. La pratique n'hésite pas à la reconnaître. Elle se justifie par les mêmes raisons d'utilité qui écartent du commerce les spéculations sur immeubles, chez ceux qui achètent des terrains en vue de les revendre : — nécessité, dans les procès auxquels ces opérations donnent lieu, de trancher des questions de garantie, de transmissions immobilières et autres, qui engagent au fond les principes du droit civil, etc. (voir ce qui a été dit dans l'introduction à propos de l'achat pour revendre, n° 23).

Mais il ne faudrait plus statuer de la même manière à l'égard des *marchés de travaux* que conclut le commerçant. Il traite avec son entrepreneur afin d'établir un atelier ou d'y faire des réparations. Ces marchés sont commerciaux quant à lui, sa dette de travaux envers l'entrepreneur étant de nature mobilière, bien que destinée à donner une plus-value à un immeuble (V. CHAMPCOMMUNAL, *Annales de droit commercial*, 1911, p. 473, texte et note 6) [2].

---

1. Il n'est pas certain que la *location* doive être traitée de la même manière que l'*achat* d'immeuble. CHAMPCOMMUNAL, dans les *Annales de droit commercial*, 1900, p. 454 et 1911, p. 474.

2. Nous parlons de constructions commandées par un commerçant ou industriel,

71. — Les actes exclus de la théorie de l'accessoire sous le chef actuel sont ceux qui portent sur un *fonds de terre* et non sur un *fonds de commerce*.

Le fonds de commerce n'est pas un bien immobilier. Si l'on a cru à une certaine époque que l'achat d'un fonds de commerce pour l'exploiter était une opération civile, cela tenait à un motif d'ordre différent qui sera exposé à l'occasion de la profession (n° 78). Ce motif d'ailleurs a été reconnu faux et la jurisprudence s'est modifiée.

72. — c) Les actions en revendication ou en *contrefaçon* de *brevets d'invention* (L. 7 juillet 1844, art. 34) ou celles de *marques de fabrique* (L. 27 juin 1857, art. 16), ne peuvent être déférées qu'au tribunal civil, même si le défendeur est commerçant. Cela dit, en dehors des cas où elles seraient jointes à l'action publique et portées avec elle devant le tribunal de police correctionnelle.

Dans les autres parties de la propriété dite industrielle (*dessins de fabrique, œuvres artistiques ou littéraires*), l'action en contrefaçon retombe sous l'empire des règles ordinaires. Si elle n'est point portée devant les juges de répression, le tribunal de commerce en connaîtra régulièrement, comme d'une simple action en concurrence déloyale, bien entendu sous condition de profession commerciale de la part du défendeur. Les particularités de compétence en fait de brevets et de marques ne doivent pas être généralisées (V. *infra*).

SECTION II

PROFESSION HABITUELLE ET ACCESSOIREMENT DU FONDS DE COMMERCE AVEC SA COMPOSITION

(Art. 1er C. com.)

73. — La question de savoir si une opération constitue un acte de commerce est une question de droit. Celle de savoir si l'agent exerce la profession est toute de fait, elle nécessite la connaissance d'une certaine manière d'être chez cet agent.

La profession résultera : — de la *prise de qualité* dans un acte : l'individu s'est donné le titre de commerçant dans une convention écrite ; — ou encore de la *chose jugée* : il a été par un jugement reconnu commerçant et, comme tel, soumis à une règle déterminée du droit commercial.

Mais ce ne sont là que des présomptions de fait, susceptibles d'être combattues. Car la qualification qu'une personne s'est attribuée n'est pas une preuve de la réalité du titre dont elle se prévaut. En ce qui touche la chose jugée, elle ne dispose pas de l'autorité légale établie par l'art. 1351 C. civ. En effet la contestation soulevée une seconde fois sur la profession de l'une des parties s'agite entre d'autres plaideurs ou pour un autre objet, pour

---

sans nous occuper de celles que commande une société immobilière, société civile, qui a acquis des terrains nus pour les surbâtir et les revendre (Voir *supra*, n° 23).

une autre cause, que celle qui a été précédemment tranchée par le jugement dont on veut tirer autorité.

74. — Profession. — Il faut donc que l'agent exerce des actes de commerce à titre de *profession* (art. 1er C. com.).

La profession, c'est un état, une *carrière*. Il n'est pas absolument besoin qu'elle soit *notoire* : cet adjectif a été retranché du texte. Quoique fuyant une trop large notoriété qui nuirait à sa considération, au regard de la police ou de chambres de discipline (notaire qui opère la banque), l'intéressé est encore commerçant. Mais encore faut-il que cette profession se manifeste envers une certaine clientèle. Notamment l'opérateur à terme à la Bourse, qui n'est connu que de son agent de change, manque de la condition voulue pour être commerçant, malgré la répétition de ses ordres [1].

Il n'est pas besoin non plus que la profession commerciale constitue l'état *principal* de l'homme. On peut n'affecter à une entreprise de commerce qu'une portion faible de son actif et avoir la plus grosse partie de son bien engagée dans des exploitations agricoles. Cela ne mettrait point obstacle à ce que la personne fût commerçante. On constatera ultérieurement que, si elle vient à encourir la faillite, tous ses biens, ceux dépendant du commerce et ceux qui y sont étrangers, se trouveront englobés dans un même régime de liquidation, celui que le droit commercial a institué.

75. — La profession a été définie par un grand jurisconsulte : « un poste de service social » (Ihering, *Zweck im Recht*, trad. de Meulenaere sous le titre *L'évolution du droit*, n° 75). Celui qui embrasse une profession se met à la disposition du public. La société retire son estime à l'homme qui déserte les devoirs attachés à sa mission. Les commerçants, comme ceux qui exercent d'autres états, ont intérêt à sauvegarder l'honneur de leurs fonctions. Ils ont intérêt aussi à ce que leurs établissements ne périclitent pas, et cet intérêt est partagé par d'autres qu'eux, notamment par le personnel souvent considérable d'ouvriers et subordonnés qui vivent grâce à leurs affaires.

De là, le désir qu'ont les commerçants ou industriels similaires de se rapprocher et de s'entendre en vue de prendre des mesures de nature à leur servir à tous. Ces rapprochements témoignent d'un esprit de solidarité. Ils réagissent contre l'état d'isolement né des principes de la Révolution et sont un correctif à la concurrence qui, lorsqu'elle s'exerce sans frein,

---

1. Nous n'estimons pas qu'on puisse considérer comme commerçant celui qui, sans exercer ostensiblement le commerce, le fait faire par un *prête-nom*. Le prête-nom opère au moyen des capitaux et valeurs que lui a remis son donneur d'ordre. — Bien que les résultats de l'exploitation doivent se produire aux risques du donneur d'ordre, la profession commerciale ne lui est point acquise. C'est le prête-nom, et non lui, qui est commerçant (*arg.* art. 593-3° C. com. et titre du chap. III : l'individu faisant, sous le nom d'autrui, un commerce qui périclite, est présenté par ce texte comme n'étant point le failli, on lui applique les peines de la banqueroute *par voie d'extension*). — V. toutefois Req., 29 juin 1908, D. 1910, 1, 233, note Percerou.

fait que les maisons rivales se détruisent les unes les autres. Sans revenir au temps des anciennes corporations, on vise à un groupement qui a certains rapports avec ce régime ancien. Déjà, les *Chambres de commerce*, instituées par décrets du gouvernement comme organes officiels du commerce en vue de présenter aux pouvoirs publics leurs avis sur les moyens d'accroître la prospérité économique et de gérer les intérêts collectifs du négoce, répondent à cette pensée de groupement. Mais la libre initiative des intéressés a permis de faire mieux encore; dans le cercle de chaque profession respectivement.

Il n'est pas question ici d'un accord en vertu duquel plusieurs commerçants se mettraient en *société*. La conservation pour chaque maison de son existence propre et séparée n'exclut pas les ententes entre maisons de même ordre. Ces ententes pourront affecter diverses formes. Elles consistent, par exemple, en une simple convention par laquelle des négociants ou des manufacturiers prennent l'engagement mutuel de suivre des règles d'exploitation communes, de ne pas dépasser une limite déterminée de production.

Mais la forme la plus naturelle est celle de la Chambre syndicale ou *syndicat professionnel*. Le syndicat, mode d'action commune à la portée des ouvriers ou des employés en vue d'obtenir une amélioration de leur sort, est un organe non moins utile aux chefs d'entreprise, qu'ils soient commerçants ou non. Depuis la loi du 21 mars 1884, des personnes exerçant la même profession ou des professions connexes peuvent constituer librement entre elles une association qui aura exclusivement pour objet l'étude et la défense de leurs intérêts économiques. Cette association, à la condition de se former suivant cette loi, dispose de la personnalité juridique.

Le but en vue duquel se crée un syndicat de ce genre est nécessairement variable et divers. Parfois les syndicats cherchent à faire contrepoids à l'action des syndicats adverses des ouvriers, ou à s'entremettre avec ces syndicats (contrat collectif de travail), ou encore à travailler au progrès de la condition de la main-d'œuvre.

Souvent le syndicat arrêtera des prix communs au-dessous desquels les adhérents ne devront pas vendre leurs marchandises. L'art. 419 C. pén. semble prohiber ce genre d'entente. Mais la tendance de la jurisprudence est aujourd'hui d'introduire des distinctions dans ce texte et d'opposer l'un à l'autre : 1° le syndicat d'accaparement, *trust*, instrument de monopole faussant les cours et frappé de pénalités (auxquelles a cependant échappé la plus extraordinaire expérience de ce genre tentée en France dans ces vingt-cinq années, le syndicat des cuivres de Secrétan, Paris, 5 août 1890, D. 93, 1, 49), et 2° le syndicat de défense ou *cartel*, à but très louable, qui cherche à prévenir la surproduction et l'avilissement des cours, dont les délibérations ne tombent pas sous le coup de la loi pénale et s'imposent au respect des membres sous la sanction de dommages et intérêts (Paris, 14 janvier 1902, D. 1903, 2, 297, note PERCEROU; Cass. req., 3 mai 1911, D. 1912, 1, 33, note PERCEROU).

L'étude plus attentive de ces combinaisons relève de la législation industrielle [1].

76. — Habitude. — Revenons maintenant à la règle de l'art. 1er C. com. Il y a deux choses à considérer : la profession et l'habitude. L'*habitude* à elle seule ne saurait tenir lieu de profession.

Mais, dit-on, la question est sans intérêt. Lorsqu'on fait des actes de commerce par habitude, c'est à raison d'une profession qui entraînait ces actes à sa suite !

La réunion des deux éléments n'est cependant pas constante. L'exemple ci-dessus de l'opérateur à la Bourse en est la preuve.

On peut imaginer encore qu'un individu accomplit des opérations commerciales multiples, n'ayant entre elles aucun enchaînement : achat fait aujourd'hui d'un lot de marchandises pour l'écouler, spéculation sur capitaux le lendemain, etc. La profession est absente, la qualité de commerçant fait défaut [2].

77. — En renversant la question, on se demande si la profession est une condition suffisante ou s'il faut qu'elle se complète par l'habitude. *Profession habituelle*, porte l'art. 1er. Donc le concours des deux faits paraît s'imposer.

On ne le pense pas cependant, dans la doctrine générale. Le qualificatif *habituelle* n'ajoute rien au mot *profession*. Du moment qu'une personne se montre prête à exercer le commerce, la qualité de commerçant doit lui être immédiatement acquise. C'est une conséquence de l'idée moderne que le commerce est à la portée de quiconque veut l'exercer, sans égard au nombre d'opérations déjà faites.

---

1. Il ne peut être question d'épuiser ici la liste de tous les ouvrages et articles qui ont été publiés sur ce sujet des *trusts* et *cartels*, tenu en général par les auteurs trop à distance des syndicats professionnels. Qu'il suffise de citer : Babled, *Les syndicats de producteurs*, 1892 ; Brouilhet, *Essai sur les ententes*, 1895 ; Percerou, *Des syndicats de producteurs*, dans les *Annales de droit commercial*, 1897, p. 271 et s. ; de Rousiers, *Les syndicats industriels*, 1901 ; Dolléans, *L'accaparement*, 1902 ; Martin Saint-Léon, *Cartells et trusts*, 1903 ; Colliez, *Des ententes de producteurs et de commerçants*, 1903 ; Pic, *Les lois ouvrières*, 4e éd., 1912, nos 590 et s., et *Ann. dr. comm.*, 1908, p. 329 ; Amiaud, *Les nouvelles formes d'ententes entre producteurs devant la loi pénale*, th. 1914.

2. Nous écartons le cas de l'homme qui a pour habitude de *souscrire des lettres de change* pour la commodité de ses intérêts. La lettre de change est un acte de commerce. Cette répétition d'actes de commerce ne suffit pas, dit-on, pour investir le souscripteur du titre de commerçant. Car où est la profession ?

Cette déduction est-elle exacte ? Il ne faut point perdre de vue que la loi présume commercial le trafic de ceux qui se servent de la lettre de change. Elle dispense l'intéressé de prouver qu'en chacun de ces engagements pris en la forme du change corresponde un des actes visés par l'art. 632. Cette preuve est réputée faite. Peut-être même la vraie formule est-elle celle que donnaient autrefois les auteurs, à savoir que la personne qui fait des lettres de change se comporte en commerçant, sans qu'il soit besoin de démontrer quel commerce au juste elle exploite. En se plaçant à ce point de vue, on doit rejeter l'opinion défendue d'ordinaire sur la question présente.

78. — Achat d'un fonds de commerce. — Naguère encore l'opinion contraire avait des partisans : ce qui n'était pas sans intérêt dans la question spéciale de la nature juridique de l'*achat d'un fonds de commerce.*

L'entrée du commerçant dans les affaires, à moins qu'il ne crée un établissement nouveau, a lieu par acquisition d'un fonds de commerce antérieur.

L'achat d'un fonds (d'une clientèle) pour l'exploiter est étranger à l'énumération de l'art. 632 et n'est donc pas un acte de commerce par sa nature. Mais est-il pour l'acheteur un acte de commerce d'après la *théorie de l'accessoire,* comme se rapportant au commerce de cet acheteur[1] ? Le vendeur pourra-t-il l'assigner, aux fins d'exécution de la vente, devant le tribunal consulaire, pourra-t-il établir cette vente par témoins, etc. ?

On a jadis prétendu que non. Ce n'est qu'après un certain temps d'exercice (on n'en dit pas la durée), par l'acquisition de l' « habitude », que la personne entrée dans le fonds comporte la qualification de commerçant. Jusque-là la théorie de l'accessoire ne la concerne pas, l'effet ne pouvant précéder la cause. L'achat du fonds était une opération civile (Req., 24 avril 1861, D. 61, 1, 256).

On arrivait ainsi à priver des garanties du droit commercial les débutants, ceux-là mêmes qui en ont le plus besoin. Car, pour être conséquente avec elle, la théorie devait admettre aussi que dans cette première période d'attente l'acheteur ne pouvait pas être mis en faillite.

Un autre mauvais résultat de cette interprétation était de soustraire aux juges de commerce, quoique mieux à même que tous autres de les connaître, l'application des usages réglant ces ventes de fonds de commerce.

Mais la jurisprudence s'est peu à peu modifiée ; l'habitude n'est plus considérée comme une condition légale de l'acquisition du titre de commerçant, qui doive se surajouter à la profession elle-même. L'achat-vente d'un fonds de commerce est une opération commerciale, parce que, « en prenant part à cette vente, l'acquéreur fait un premier et le vendeur un dernier acte de la profession de commerçant » (Paris, 30 juillet 1870, D. 71, 2, 16. — V. dans le même sens : Cass., 23 mars 1891, D. 91, 1, 485 ; Req., 12 décembre 1911, D. 1913, 1, 129).

79. APPENDICE. — **Étude générale du fonds de commerce**[2]. — L'examen précédent, concernant le caractère commercial de l'acquisition

---

1. Nous supposons que ce fonds porte sur une des opérations qui rentrent dans la nomenclature des actes de commerce. Car la clientèle d'un artisan ou d'un opérateur quelconque ne faisant point commerce se prête à la même transmission, sans que le droit commercial soit applicable. A ce point de vue, il est vrai de dire que la théorie du fonds de commerce, comme celle des brevets, des marques, etc., reste en dehors des limites du droit dont nous nous occupons (voir n° 79).

2. Bibliog. — G. Lèbre, *Traité théorique et pratique des fonds de commerce,* 1887 (insuffisant au point de vue théorique) ; Catalan, *Condition juridique du fonds de commerce,* 1899 ; Gombeaux, *Notion juridique du fonds de commerce,* 1901 ; Valéry, *Maison de commerce et fonds de commerce,* dans les *Annales de droit commercial,* 1902, p. 209 et 279 ; Boutaud et Chabrol, *Traité général des fonds de*

du fonds de commerce, va nous servir de transition à l'étude, très rapide il est vrai, du fonds de commerce pris en lui-même.

Le commerçant mérite bien d'être considéré dans sa *personne*, en tant que cette personne se livre à une nature déterminée de trafic. Mais il doit être également envisagé par rapport à son *établissement*, c'est-à-dire par rapport à l'affaire qu'il exploite, affaire concentrée sur un certain point et pourvue d'une valeur plus ou moins grande, suivant le succès dont elle dispose. C'est à cet établissement qu'on donne habituellement le nom de *fonds de commerce* (ou fonds d'industrie). Expression d'une exactitude très relative : car il existe des fonds qui ne relèvent point du droit commercial, ceux des artisans ou de certaines carrières libérales ; et les règles qui vont suivre s'appliquent à la condition légale d'un fonds de cette nature, de la même manière qu'aux fonds appartenant à des commerçants proprement dits (la question de compétence judiciaire étant réservée). D'où l'on doit conclure que la législation des fonds de commerce n'est point directement dans le ressort du droit commercial ; elle en déborde les limites, et le Code de commerce s'abstient de toucher à ce sujet.

80. — Le fonds de commerce n'est pas une *valeur corporelle*, comme le serait un fonds de terre. Il existe une nature de propriété ayant des formes multiples, étrangère au classement des jurisconsultes romains, et qu'on désigne du nom de *propriété immatérielle, industrielle* ou *intellectuelle*. Cette propriété s'est beaucoup développée depuis 1789, et cela principalement depuis que le législateur a reconnu au profit soit de l'inventeur, soit de l'auteur, un droit exclusif sur ses découvertes ou sur ses œuvres.

La *durée* de cette propriété est parfois *perpétuelle*, et tel est le cas pour le fonds de commerce. Mais, ainsi que nous le verrons, elle n'est souvent aussi que *temporaire*. Il y a moyen de signaler et de classer dans un certain ordre toutes ces manifestations de propriété, qui ont acquis dans le droit moderne une si grande importance.

C'est autour du fonds de commerce qu'on peut les grouper de la manière la plus méthodique. D'une façon générale, on appelle « propriété immatérielle ou incorporelle » un *droit privatif* qui porte, non pas sur un bien tangible et tombant sous les sens, mais *sur le pouvoir d'exploiter une source de production déterminée*. Nous n'avons pas à discuter la nature substantielle de ce droit qui, au dire de nombreuses personnes, ne serait pas une « propriété » véritable. Le problème est pratiquement dénué d'intérêt.

Dans l'émulation des entreprises, les hommes luttent entre eux à qui se procurera le bien-être et la richesse. Le champ d'action où s'exerce un premier occupant n'empêche pas un autre de venir rivaliser sur le même terrain. C'est là le *domaine public* des exploitations : il paraît exclure toute notion de droit privatif.

Le *droit privatif* vient cependant limiter cette concurrence.

L'individu peut défendre à son prochain d'empiéter sur sa propre entre-

---

commerce, 1905 ; MONTIER et FAUCON, *De la vente et du nantissement des fonds de commerce*, 3e éd., 1914.

prise ; il empêchera ce concurrent de s'emparer, soit de sa création industrielle ou artistique, soit de sa clientèle et des moyens de la tenir attachée à sa maison. Par son travail ou par un contrat d'acquisition, l'homme d'entreprise s'est constitué une force économique susceptible de s'évaluer en argent. Elle tient à sa réputation dans le public, à la supériorité des articles sortis de son établissement, au fait que ses articles sont sa propre invention ou celle de ses auteurs. Nous sommes fondés à interdire à des concurrents de distraire à leur profit une source de profits qui est bien à nous.

Par là, le droit dont nous parlons se rapproche d'une propriété, *jus utendi et abutendi*, et ce droit est protégé sinon par une revendication proprement dite, du moins par une action contre tout auteur de trouble, action qui ressemble à la revendication d'un bien usurpé par un tiers.

81. — Nous répétons que les diverses manifestations de cette faculté générale, consistant à défendre son œuvre à soi contre l'usurpation ou contre les manœuvres des autres, se rattachent toutes d'une manière plus ou moins étroite à la législation des fonds de commerce.

En outre, nous avons déjà dit qu'il s'agissait d'un corps d'études qui n'a point son siège dans le droit commercial ordinaire ; le droit des marques, celui des brevets, des œuvres littéraires, artistiques ou autres, est réglé de la même manière pour la protection des personnes appartenant aux carrières civiles ou libérales (agriculture, industries étrangères au commerce, etc.), que pour celle des commerçants véritables.

De là vient que nous nous bornerons à des indications sommaires.

82. — Clientèle. — Le fonds de commerce contient, comme élément prépondérant (et même, dirons-nous dans un instant, comme unique élément si c'est de sa nature incorporelle que l'on s'occupe), la *clientèle* ou achalandage qui y est attachée. C'est d'après l'importance de cette clientèle que se détermineront son chiffre d'affaires et, par là, sa prospérité. On s'adresse à une maison parce qu'on a constaté la valeur de ses produits, parce qu'on la voit gérée avec intelligence et avec soin.

D'ailleurs, beaucoup d'établissements de ville tiennent leur vogue de circonstances dans lesquelles le mérite du propriétaire n'entre pour rien : une situation de quartier détermine leur succès. On a pris l'habitude de se pourvoir auprès de tel magasin, de tel débit. C'est une rue de grand passage et de circulation. La valeur du fonds est due surtout à la position de l'établissement, et par là même au bail, à ce qu'on appelle quelquefois le *pas de porte* [1].

---

1. Réciproquement, il arrive que la prospérité du fonds de commerce établi dans un immeuble procure à celui-ci une plus-value, par l'habitude qu'a prise la clientèle de venir y faire ses achats. Si le propriétaire de l'immeuble donne congé à l'occupant, qui a constitué cette clientèle, pour louer le local plus cher à un autre négociant de même profession, ne s'enrichit-il pas aux dépens du congédié ? Les commerçants au détail, spécialement à Paris, protestent contre cette pratique qu'ils considèrent comme portant abusivement atteinte à leur « *propriété*

En outre, beaucoup d'entreprises n'ont pas une clientèle distincte du matériel et de l'outillage. C'est ce qui arrive notamment pour les usines ou manufactures ; le prix de cession se règle à raison du nombre de machines ou moyens de production, sans égard à l'activité des ventes : au sens que nous donnons ici aux mots, le fonds de commerce alors n'existerait pas.

Un fonds de commerce peut être entrepris : 1° au moyen de la création d'un établissement nouveau ; c'est alors à celui qui l'a constitué à pourvoir à la formation d'une clientèle ; 2° par voie de cession d'un fonds d'une personne à une autre.

83. — La *vente* des fonds de commerce n'était réglée que par l'usage jusqu'à ces tout derniers temps. Elle est actuellement gouvernée par la *loi du 17 mars 1909*, modifiée (art. 3) par celle du 31 juillet 1913, provenant de l'initiative d'un sénateur, M. CORDELET, et concernant, en même temps que la vente, le nantissement de ces fonds. La loi comprend 38 articles. Elle fait aujourd'hui l'objet d'une très importante proposition de réforme déposée au Sénat par son promoteur même, M. le sénateur CORDELET [1].

En principe, la vente n'est assujettie à aucune forme particulière. Intervenant entre commerçants, elle pourrait être prouvée par témoins. Mais, d'après la loi de 1909 (art. 1er), le vendeur ne peut prétendre au privilège garantissant son prix que si la vente a été constatée par un acte authentique ou sous seing privé, dûment enregistré, sans préjudice de la condition d'inscription du privilège que l'on retrouvera plus loin.

La vente, sous quelque forme qu'elle soit constatée, est passible d'un droit de mutation de 2 o/o calculé sur le prix total, achalandage, bail et marchandises compris (sous réserve de ce que nous aurons à dire quant à ces dernières), et l'enregistrement est obligatoire dans les trois mois du contrat (LL. 28 février 1872, art. 7 et 8, et 15 juillet 1914, art. 27).

En Allemagne, la cession du fonds doit être inscrite sur le *registre de commerce* tenu au greffe du tribunal : l'acheteur y mentionne sa *firma* ou le nom sous lequel il exploitera l'établissement. C'est également sur ce registre qu'on portera le nom d'un préposé (*Procurist*) à qui serait déléguée la signature de la maison. On procédera à une radiation complète de l'article du registre, le jour de la fermeture de l'établissement.

Il n'existe dans la loi française rien de pareil ; il n'y a aucune publicité durable et permanente, en dehors des sociétés commerciales, ou des habilitations d'incapables, pour informer les tiers de la fondation ou de la

commerciale », et diverses propositions de lois (propositions THALAMAS, G. BERRY et LAUCHE) ont été déposées, tendant à limiter plus ou moins en pareil cas le droit pour le propriétaire de donner congé. V. L. RIGAUD, *Le conflit de deux propriétés (propriété immobilière et propriété commerciale)*, dans les *Annales de droit commercial*, 1914.

1. Proposition CORDELET (44 articles au lieu de 38) déposée au Sénat le 2 juillet 1912 (*J. off.*, 1912, Documents parlementaires, Sénat, *Annexe* n° 246). V. GOMBEAUX, *La législation des fonds de commerce et les projets de réforme*, dans les *Annales de droit commercial*, 1913, p. 135.

transmission des fonds de commerce [1]. Cependant la loi de 1909, consacrant et généralisant un usage suivi dans nos grandes villes, a organisé un système d'avertissement destiné à informer les créanciers de l'aliénateur, en cas de vente ou de mise en société du fonds, de la transmission dont le fonds vient d'être l'objet. On expliquera ci-dessous (n° 90) comment les créanciers ainsi avertis pourront pourvoir à la protection de leurs intérêts.

83 bis. — Le vendeur est créancier du prix, dont il lui est généralement payé un acompte au moment du contrat. Ce prix lui est garanti au moyen d'un *privilège*. Faute par l'acheteur de procéder au paiement après les époques respectivement convenues, le vendeur peut saisir le fonds, en provoquer la vente aux enchères, et se faire colloquer sur le prix, par préférence aux autres créanciers de l'acheteur. Son privilège est pourvu d'*un droit de suite* (art. 22, l. 1909) [2] : il peut être exercé contre un sous-acquéreur. Le vendeur pourrait, s'il y trouvait plus d'avantage, exercer l'*action résolutoire*. Mais ce droit de suite ne concerne que le fonds de commerce dans son ensemble. Il ne joue plus, quand les meubles corporels (matériel d'exploitation ou marchandises), qui constituent l'accessoire du fonds, en ont été détachés et ont été revendus séparément par l'acquéreur à un sous-acquéreur de bonne foi qui en a pris possession ; celui-ci peut alors se prévaloir des art. 2119 et 2279 C. civ. (PERCEROU, sous Rouen, 14 novembre 1908, D. 1911, 2, 315, col. 2 ; Trib. civ. Jonzac, 10 décembre 1912, D 1913, 2, 163, note J. P. ; Req., 22 avril 1913, D. 1913, 1, 125, note FEUILLOLEY) [3].

Privilège et action résolutoire paraissent, au premier aspect, concorder avec le droit général de la vente mobilière. Le fonds de commerce est un meuble. Le vendeur d'effets mobiliers est, à défaut de paiement, autorisé à poursuivre la résolution (art. 1184 et 1654 C. civ.), de même qu'il figure au rang des créanciers privilégiés (art. 2102).

Cependant, là du moins où l'acheteur est un commerçant et vient à tomber en faillite, cette double garantie réelle, appartenant au vendeur du fonds, déroge au contraire au droit commun et vient faire à ce créancier une situation meilleure que celle de tout autre vendeur de meubles. Les art. 550 *in fine* et 576 C. com. suppriment, en cas de faillite de l'acheteur, tant le privilège que l'action résolutoire du vendeur d'effets mobiliers, et obligent celui-ci à produire au marc le franc. Et cette règle était étendue par la jurisprudence au vendeur de fonds de commerce (n° 1958). — Il en est différemment aujourd'hui par suite des innovations de la loi du 17 mars

---

1. V. sur l'utilité de l'introduction du registre de commerce en France : BOURGOING, *Le registre du commerce* (th. 1903) ; LOUBERS, *Faut-il admettre le registre du commerce*, dans les *Annales de droit commercial*, 1910, p. 185 ; et les discussions engagées tant à la *Société de Législation comparée* (*Bull.*, 1902, p. 92 et 135) que tout récemment, à la *Société d'Etudes législatives* (*Bull.*, 1914).

2. Avant la loi de 1909, la question de savoir si le privilège du vendeur d'un fonds de commerce comportait un droit de suite était controversée. Pour l'affirmative, V. PERCEROU, D. 1903, 2, 98.

3. La question se pose dans des termes analogues pour le droit de suite attaché au privilège du créancier nanti (même art. 22, l. 1909) lorsque le matériel est vendu par le débiteur séparément du fonds de commerce ; V. *infra*, n° 1092.

1909 (art. 2, *in fine*) [1]. Le privilège du vendeur de meubles a été repoussé par la loi des faillites, parce qu'il est occulte. Mais il est possible de rendre public le privilège du vendeur de fonds de commerce, à raison de l'assiette fixe de ce fonds. C'est ce qu'a fait la loi nouvelle. Le privilège doit être inscrit sur un registre tenu au greffe du tribunal de commerce dans le ressort duquel le fonds est exploité et qui est comparable au registre de conservation hypothécaire fonctionnant pour les immeubles (art. 1er).

L'inscription doit être prise, *à peine de nullité* (prescription très originale), dans la quinzaine de l'acte de vente ; elle est opposable à la faillite.

L'action résolutoire, établie par l'art. 1654 C. civ., doit, pour produire effet, être mentionnée et réservée expressément dans l'inscription. Elle ne peut être exercée au préjudice des tiers après l'extinction du privilège (art. 2).

84. — Comme dans une vente ordinaire, le vendeur d'un fonds de commerce s'engage à *garantir*. Mais la garantie prend ici, à raison de la nature incorporelle de la valeur cédée, une acception particulière.

Garantir, c'est promettre de faire en sorte que les clients de la maison passent à l'acheteur, et s'obliger à ne pas les reprendre.

Le vendeur ne se porte pas fort que la maison retiendra ses acheteurs sous le nouvel exploitant. Mais encore faut-il que le vendeur soit exempt de mauvaise foi, et qu'il n'ait pas déclaré un chiffre de clientèle exagéré.

La convention pourrait d'ailleurs contenir la clause de porte-fort, et en ce cas, le mécompte de clientèle entraînerait résolution à la demande de l'acheteur. C'est encore à la convention qu'on se reportera pour savoir quelle diligence le vendeur devra mettre à avertir ses habitués, à leur recommander son successeur, même à demeurer un certain temps à côté de lui, jusqu'à ce que la pratique soit fixée au nouveau propriétaire [2].

La garantie emporte principalement défense au vendeur de ressaisir sa clientèle, ce qui reviendrait à évincer son acheteur. Il y a pour lui *interdiction de se rétablir*. Il renonce à la faculté d'ouvrir une maison susceptible de faire concurrence à la première.

La promesse, qui est de la nature de la vente, peut n'être qu'implicite. Mais l'étendue de cette interdiction est généralement réglée par le contrat : on évite par là des discussions. Les parties fixeront, en partant de l'établissement vendu, un périmètre dans le rayon duquel le vendeur ne pourra monter à nouveau un fonds ou exercer un emploi similaire.

Au surplus, la clause par laquelle on contracterait l'engagement de s'abstenir désormais du genre de commerce compris dans la vente serait nulle, s'il n'y avait à cette interdiction aucune limite de *temps* ou de *distance*. On ne peut pas se priver du droit de fonder une maison semblable à une époque quelconque et dans une partie quelconque de la France : cela répugne au principe moderne de la liberté du commerce et de l'industrie. Sans doute, il est permis : 1° de renoncer, même pour un temps indéfini,

1. V. Thaller et Percerou, *Traité des faillites*, t. 2, nos 1034 et s.
2. V. Boutaud et Chabrol (*op. cit.*), nos 66 et s.

à ouvrir une maison de ce genre *dans tel quartier* ou à la rigueur dans telle ville ; 2° de faire cette renonciation sans assignation locale ou régionale *pour un temps déterminé*, pour deux ans, par exemple. Mais une déclaration générale de ne plus s'établir est dénuée d'effet (Paris, 12 janvier 1898, D. 98, 2, 350 ; Req., 17 mai 1911, D. 1913, 1, 342).

85. — Autres éléments composant le fonds. — D'après l'opinion la plus répandue, la composition du fonds de commerce ne se restreint pas à la clientèle. Elle s'étend aux *marchandises* ainsi qu'au *bail* en cours, lorsque l'exploitation s'exerce dans un magasin loué, magasin dont l'acheteur fera son profit. La loi fiscale du 28 février 1872 décide que, lorsque dans l'acte de vente il est stipulé pour les marchandises un prix séparé, celles-ci ne sont assujetties qu'au tarif de 0,50 o/o, au lieu de 2 o/o qui est le droit principal. Elle suppose donc que, s'il n'y a pas un prix séparé, la marchandise fait corps avec le fonds.

Cette tendance de la doctrine et de la jurisprudence à rassembler sous le chef légal de fonds de commerce les divers éléments concourant à l'exploitation n'est pas très heureuse [1]. Sans doute, *en fait*, on a pour habitude de céder avec la clientèle les marchandises qui garnissent le magasin, ainsi que le bail. Mais, à ce compte, d'autres éléments encore peuvent entrer dans la vente : s'il s'agit d'une entreprise établie dans des locaux dont le vendeur est propriétaire, et non locataire, la transmission portera sur l'*immeuble* lui-même avec l'outillage. Personne cependant ne soutient que cet immeuble fasse partie du fonds de commerce, au sens juridique du terme (Percerou, sous Civ. Dijon, 30 mars 1908, D. 1909, 2, 153 ; Alger, 26 mai 1909, D. 1913, 2, 6 ; Cass., 20 janvier 1913, *Gaz. Trib.* du 29 mai 1913. V. cependant Pau, 6 novembre 1911, *Gaz. Pal.* du 7 février 1912), et l'Enregistrement serait le premier à protester contre cette interprétation, si les parties arguaient d'un tel raisonnement pour n'acquitter que 2 o/o sur l'ensemble de l'opération.

86. — Suite. Le fonds, universalité juridique. — Les arrêts estiment que, sauf les immeubles dont il vient d'être parlé, toutes les valeurs précédentes forment une *universalité juridique* et constituent, par leur ensemble, le fonds de commerce. Il avait été tiré de là une conséquence importante à propos de la *mise en nantissement* du fonds et de la détermination des éléments compris dans ce nantissement. Mais la loi du 17 mars 1909, prise dans celles de ses dispositions qui concernent non plus la vente, mais le nantissement des fonds de commerce, est venue réagir contre cette tendance. On retrouvera ces dispositions dans la partie de notre ouvrage consacrée au gage (n° 1092).

L'interprétation, d'après laquelle le fonds de commerce serait une « universalité juridique », est regrettable. Bien au contraire, chacune des valeurs

---

1. Les travaux préparatoires de la première loi (du 1er mars 1898) sur le nantissement des fonds de commerce (n° 1092) ont été malheureusement de nature à l'encourager. Voir des dissertations de M. Wahl, dans S. 1897, 2, 89, et 1901, 2, 153, et de M. Robert, dans D. 1901, 2, 97.

comprises dans l'exploitation conserve sa nature première (PERCEROU, note sous Rouen, 14 novembre 1908, D. 1911, 2, 314). Le fonds de commerce n'est pas un tout ayant une économie propre ; c'est à la clientèle seule qu'on devrait réserver cette qualification. Tous les éléments qu'on vient de voir ne sont pas homogènes. La convention des parties ne fait que réunir entre elles, pour les soumettre à une vente simultanée, des valeurs qui sont en réalité de condition différente : ces valeurs sont seulement rendues solidaires, *de fait*, par des considérations d'exploitation.

La loi du 17 mars 1909, loin de condamner notre point de vue, vient plutôt lui fournir un argument. Le privilège du vendeur ne porte, à défaut de détermination précise des éléments du fonds, que sur l'enseigne et le nom, le droit au bail, la clientèle et l'achalandage, « à l'exclusion du matériel et des marchandises par conséquent ». Sans doute il est permis dans le contrat d'étendre expressément le privilège aux éléments corporels, mais il faudra alors établir des prix distincts pour les éléments incorporels du fonds, pour le matériel et pour les marchandises, et le privilège du vendeur s'exercera distinctement sur les prix afférant respectivement à ces éléments distincts (art. 1er).

87. — Si l'on voulait pousser jusqu'à ses dernières conséquences l'idée (d'ailleurs inexacte selon nous) que le fonds de commerce est une universalité de droit, il faudrait enregistrer les deux résultats suivants. Ils ne sont acceptés ni l'un ni l'autre.

88. — 1° Cette universalité se détacherait de la personne de l'exploitant. Le commerçant se dédoublerait. Il aurait un patrimoine d'ordre général et un « patrimoine d'affectation » consacré à son commerce. On exprimerait la même pensée, en disant que le fonds de commerce constitue une *personne juridique* (MAGNIN, dans les *Annales de droit commercial*, 1899, p. 469).

Cela présenterait un intérêt notable en cas de *faillite*. Les créanciers commerciaux ne pourraient exercer leurs droits que sur les valeurs comprises dans l'établissement ; ce n'est pas l'individu, mais l'établissement qui se trouverait engagé envers eux. D'un autre côté, sur l'actif commercial, *les créanciers de commerce disposeraient d'un rang de préférence*, les valeurs de l'exploitation leur seraient affectées par priorité.

On se rapproche de cette conception en droit maritime pour l'exploitation d'un *navire*. Le propriétaire d'un bâtiment de mer peut se décharger des obligations de son capitaine, en abandonnant le navire et le fret (art. 216 C. com.). La loi maritime, sans adopter franchement l'idée que la « fortune flottante » de l'armateur constitue un patrimoine distinct de sa « fortune de terre », ni que le navire offre aux créanciers de l'expédition un gage de poursuite séparée, incline cependant à consacrer un régime dérivant de cette pensée.

Mais on ne saurait transporter à une entreprise autre que le navire une telle manière de raisonner : biens civils et biens commerciaux, en Allemagne aussi bien qu'en France, forment une masse indivisible au regard des créanciers des deux groupes. Nous écartons, bien entendu, l'hypothèse où l'établissement serait exploité en société : on verra que la société de commerce forme une personne morale.

89. — De l'actif et du passif du fonds. — 2° Avec la thèse qui voit dans le fonds de commerce une universalité, se pose une question délicate sur le sort des dettes pendantes ou des créances non recouvrées au moment où l'établissement est cédé. Le fonds est vendu au prix de 50.000 francs. Le vendeur n'a pas encore liquidé à cette date ses engagements en cours (30.000 fr.). Il a un arriéré à encaisser, soit 10.000 francs. Est-ce son acheteur qui se chargera de cette liquidation à ses risques, sans la précompter sur les 50.000 francs ? En cas d'affirmative, celui-ci aura à solder au net 20.000 francs de plus que son prix, sans recours contre son vendeur.

Evidemment, la convention statuera en toute liberté, il y aura lieu de l'interpréter au cas de silence.

D'après les idées allemandes et moyennant des distinctions subtiles, le fonds est vendu *actif et passif*, comme il en serait d'une succession : l'acheteur succède aux obligations de son vendeur, il succède aussi à ses recouvrements à faire.

Mais cette manière d'opérer est à peu près inusitée en France, ce qui prouve bien que le fonds n'est pas une universalité. Le successeur n'a pas à se préoccuper du règlement des dettes ou des créances en suspens. Les résultats de ce règlement, auquel procède le vendeur seul, n'influeront point sur le prix que doit l'acheteur et n'engageront pas sa responsabilité.

90. — Suite. Publicité de la vente. — On comprend dans ces conditions le danger que fait courir aux créanciers du fonds de commerce la vente de ce fonds.

Le fonds forme souvent l'unique élément de leur gage. Si la vente a lieu *sans publicité*, sitôt que l'acheteur a versé son prix, les créanciers cessent d'avoir le moyen de se faire rembourser (hormis les nullités de faillite ou le cas d'action paulienne qui exige la preuve d'une complicité de fraude).

Afin d'obvier à cette manœuvre, il s'était établi un *usage* sur les places les plus importantes de France et notamment à Paris. Il était admis que la vente, pour produire effet au respect des créanciers, devait être insérée dans un journal d'annonces, et que l'acheteur attendrait, à partir de cette publication, un certain délai (généralement de *dix jours*) avant de régler son prix. Ce délai était donné aux créanciers du cédant, afin de former opposition entre les mains de l'acquéreur : faute de quoi celui-ci était exposé à payer deux fois. Bref, on considérait les créanciers du fonds de commerce comme investis d'un véritable privilège sur ce fonds, quoiqu'ils vinssent au marc le franc les uns par rapport aux autres. Ce privilège leur donnait un droit de suite, susceptible de se purger par une notification de l'acheteur. Le droit maritime a institué pour le navire une règle de ce genre (art. 196).

Sur le caractère obligatoire ou non de cet usage, divers systèmes avaient été défendus : 1° nécessité pour les parties de s'y conformer dans les villes où il était accepté, l'usage devant suppléer à la loi écrite ; 2° inefficacité d'un pareil usage qui introduisait une prescription impérative et qui consacrait pour les créanciers, cependant étrangers à la vente, un droit de suite contraire à tous les principes (n° 49) ; 3° obligation pour l'acheteur d'attendre le délai d'usage pour payer son prix, s'il avait spontanément procédé à la publication ; il a pris alors envers les créanciers un engagement qu'il doit tenir (MM. LYON-CAEN et RENAULT). — La deuxième opinion paraissait dominer, la première était meilleure.

Aujourd'hui, la question est tranchée par la loi du 17 mars 1909. Toute *vente* ou cession de fonds de commerce, consentie même sous la forme d'un autre contrat, ainsi que toute mise en société ou toute attribution de fonds de commerce par partage ou licitation, sera, dans la *quinzaine* de sa date, *publiée* à la diligence de l'acquéreur, sous forme d'*extrait* ou d'avis, dans un *journal d'annonces légales* du ressort du tribunal de commerce où se trouve le fonds. La publication sera renouvelée du huitième au quinzième jour après la première insertion (art. 3, § 1, 2 et 3, l. 1909) [1].

Dans les dix jours au plus tard après la seconde insertion, tout créancier du précédent propriétaire pourra former au domicile élu dans l'insertion, par acte extrajudiciaire, *opposition* [2] au paiement du prix, avec énonciation du chiffre et des causes de sa créance. Toutefois, depuis la modification apportée en 1913 à l'art. 3 de la loi de 1909, le bailleur de l'immeuble où le fonds est exploité ne peut, si les sûretés promises sont maintenues, former opposition pour loyers en cours ou à échoir, et ce, nonobstant toutes stipulations contraires (art. 3, § 4, modifié en 1913).

Au cas d'opposition au paiement du prix, le vendeur pourra, après l'expiration du délai de dix jours, se pourvoir en référé devant le président du tribunal civil afin d'obtenir l'autorisation de toucher son prix malgré l'opposition, à la condition de verser à la Caisse des dépôts et consignations, ou aux mains d'un tiers commis à cet effet, une somme suffisante, fixée par le juge des référés, pour répondre éventuellement des causes de l'opposition dans le cas où il se reconnaîtrait ou serait jugé débiteur. Le dépôt ainsi ordonné sera affecté spécialement à la garantie des créances pour sûreté desquelles l'opposition aura été faite (art. 3, § 5, modifié en 1913). — Si l'opposition a été faite sans titre et sans cause ou est nulle en la forme, et s'il n'y a pas instance engagée au principal, le vendeur pourra se pourvoir en référé devant le président du tribunal civil à l'effet d'obtenir l'autorisation de toucher son prix malgré l'opposition (art. 3, § 7, modifié en 1913).

L'acquéreur qui, sans avoir fait les publications ou avant l'expiration du

---

1. Les ventes ou cessions de fonds de commerce comprenant des marques de fabrique et de commerce ou des dessins ou modèles industriels doivent, en outre, être inscrites à l'*Office national de la propriété industrielle*, à peine de nullité, à l'égard des tiers, de la cession relative à ces marques, etc., sur la production d'un certificat d'inscription du privilège du vendeur délivré par le greffier du tribunal de commerce dans la semaine qui suivra cette inscription (art. 24, avant-dernier al., de la loi).

2. Sur la nature de ce droit d'opposition et du droit de surenchère du sixième accordé à tout créancier inscrit ou opposant par l'art. 5, § 2, de la loi de 1909, v. MOREL, *Des droits des créanciers chirographaires en cas d'aliénation d'un fonds de commerce*, dans les *Annales de droit commercial*, 1912, p. 103 et s.

délai de dix jours, aura payé son vendeur, ne sera pas libéré à l'égard des tiers (art. 3, dernier paragraphe).

La loi de 1909 ne se contente pas de confirmer l'ancien usage et d'en préciser les formes. Elle confère en outre aux créanciers du cédant la faculté de *surenchère*, que l'usage ne leur reconnaissait point précédemment. — Quand l'aliénation a eu lieu à titre de vente, tout créancier qui a formé opposition dans le délai de dix jours ci-dessus établi, peut, pendant les vingt jours qui suivent la seconde insertion, prendre communication de l'acte de vente au domicile élu, et, si le prix ne suffit pas à le désintéresser, lui et les autres opposants, former une « surenchère du sixième » du prix principal du fonds de commerce, non compris le matériel et les marchandises (art. 5).

Quand l'aliénation a eu lieu sous forme d'*apport en société*, dans la quinzaine de la publication de l'acte de société, tout créancier de l'apporteur pourra faire connaître au greffe du tribunal de commerce sa qualité de créancier et la somme qui lui est due [1]. A défaut, par les co-associés ou par l'un d'eux, de former dans la quinzaine suivante une demande en annulation de la société, la société est tenue, solidairement avec le débiteur principal, au paiement du passif déclaré dans le délai ci-dessus et justifié (art. 7) [2].

91. — Le commerçant qui se retire des affaires demeure personnellement tenu des dettes de commerce qu'il n'a pas encore réglées : mais est-ce toujours à titre commercial ? Il cesse immédiatement d'être commerçant à partir de la vente de son fonds ou de sa retraite. Toutefois cette proposition comporte deux réserves :

a) Les *contestations* nées des actes ou marchés antérieurement conclus continueront à être *du ressort du tribunal de commerce*. Il se peut que, pour mieux écouler ses marchandises anciennes, il en achète de nouvelles : ses

---

1. Sur les difficultés d'interprétation que soulèvent les règles de la loi de 1909 relatives à l'apport en société d'un fonds de commerce (art. 7), et spécialement sur la question de savoir quel est le point de départ (publication de l'acte de société suivant la loi de 1867, ou bien seconde insertion dans les journaux suivant la loi de 1909) du délai de quinzaine accordé aux créanciers de l'apporteur pour se faire connaître au greffe, v. Bouvier-Bangillon, *De l'apport en société d'un fonds de commerce*, dans les *Annales de droit commercial*, 1909, p. 445.

2. En dehors des faits (cession du fonds de commerce, attribution par partage ou licitation, apport en société) prévus par l'art. 3, § 1, d'autres événements (mutation à titre gratuit, échange, etc.) peuvent faire sortir le fonds de commerce du patrimoine du débiteur et compromettre ainsi les droits de ses créanciers. Dans ces hypothèses, la loi de 1909 n'édicte pourtant aucune mesure spéciale de protection en leur faveur. Il est possible aussi que l'immeuble dans lequel le fonds de commerce était exploité soit exproprié et que le titulaire de ce fonds reçoive de ce chef une indemnité d'expropriation. — Quels sont alors les droits de ses créanciers ? Peuvent-ils former opposition sur cette indemnité comme ils pourraient le faire sur un prix de vente ? Si elle a été arrêtée à l'amiable par un accord entre l'administration et leur débiteur, doivent-ils s'en contenter, ou peuvent-ils exiger qu'elle soit fixée par le jury (art. 88, l. 3 mai 1841) ? Sur ces questions, V. Fredault, *De la situation faite aux créanciers du commerçant dont le fonds de commerce était exploité dans un immeuble exproprié pour cause d'utilité publique*, dans les *Annales de droit commercial*, 1913, p. 284.

nouveaux contrats seront encore commerciaux. Certains commerçants annoncent la *mise en liquidation*, avec l'intention au fond de ne pas sortir des affaires. C'est un habile moyen de faire affluer les acheteurs en promettant un rabais trompeur. Les confrères se sont plaints d'un pareil procédé, entaché de concurrence déloyale. On a proposé de soumettre ces liquidations à une police préventive, à une autorisation du tribunal (prop. GOUJON en 1897). Plusieurs lois étrangères ont été rendues en ce sens. Les restrictions mises à la « vente au déballage » dans le droit de la dernière époque (loi du 20 décembre 1906 sur les ventes au déballage ; projet de loi la modifiant, Ch. 3 juin 1913, *J. off.*, 4 juin) rendent ces supercheries plus difficiles.

b) Le commerçant, quoique retiré, pourra être mis en faillite, s'il se trouvait déjà en état de cessation de paiements au moment de sa retraite (arg. tiré du cas du commerçant décédé, art. 437, al. 2, C. com.).

92. — La qualité de *propriétaire d'un fonds* dont l'objet concorde avec les art. 632 et 633 n'entraîne pas toujours celle de *commerçant* ; il faut courir en outre le risque du commerce pour comporter ce dernier titre.

Donc : 1° Le fonds de commerce a été donné en location pour une somme annuelle déterminée. Après l'expiration de la période convenue, le fonds avec son outillage rentrera dans la possession du bailleur ; entre temps le véritable commerçant est le locataire, le seul des deux qui recueille les bénéfices ou qui souffre des pertes. — Remarquons que, à la différence du propriétaire, le locataire qui établit des ustensiles ou des machines dans le magasin ou dans l'usine pour le service de l'exploitation ne les immobilise point par destination (art. 524 C. civ.) : il ne pourrait pas notamment donner hypothèque sur ces machines, tandis que l'hypothèque constituée par le propriétaire sur le fonds s'étendrait de plein droit au matériel.

2° Le fonds de commerce peut aussi être l'objet d'une *constitution d'usufruit*. C'est l'usufruitier qui est commerçant, non le nu-propriétaire.

Ces notions seront mises à contribution plus loin, à propos du mineur et de la femme mariée (notamment sous le chap. II, section II)[1].

93. — Transition. — Parcourons deux séries d'études complémentaires.

a) Comment le titulaire du fonds arrive-t-il à *garantir* son établissement, *sa clientèle*, contre les *troubles* et les *empiétements d'autrui* ? Il faut faire connaître les *signes* et procédés que la loi met à sa disposition, afin de grouper et de conserver sa clientèle, faire connaître aussi la manière de défendre ces signes ou procédés contre une *usurpation* des concurrents.

---

1. Le fonds de commerce comporte encore d'autres arrangements. Le commerçant meurt, laissant plusieurs héritiers : le fonds sera, soit à l'amiable, soit par licitation, attribué à l'un des héritiers (d'habitude à celui que le *de cujus* a préparé de son vivant à succéder à son commerce). — Ou bien le négociant prend sa retraite de son vivant, fait un partage d'ascendant, met le fonds de commerce dans le lot de l'un des héritiers. — Ou encore il vend son fonds à celui de ses enfants qu'il juge apte à prendre la suite de ses affaires. Le principal du prix est porté en compte courant (du père ou des frères créanciers), le négociant en sert les intérêts et cette situation se prolonge pendant de nombreuses années.

b) D'autre part, la valeur de l'établissement peut tenir à une nature de production excluant le droit pour les tiers de faire toute concurrence. Quelles sont les *exploitations privatives*, dans lesquelles on interdira légitimement à toute personne de se livrer à l'objet de l'entreprise qu'on exerce soi-même ? La loi moderne reconnaît ainsi des *monopoles de production ou de fabrication*, par exception au grand principe de la liberté.

94. — 1° Moyens donnés par la loi pour sauvegarder la clientèle. — Ces moyens sont la *propriété du nom*, celle des *marques de fabrique*, et aussi la propriété du *secret d'affaires ou des procédés de fabrication.*

L'examen des droits attachés à ces diverses natures de propriété suppose d'abord connus les principes de la *concurrence déloyale*. Ces principes forment la première base de toute l'organisation des lois industrielles en la matière.

95. — Théorie de la concurrence déloyale [1]. — « Quiconque par sa faute cause un dommage à autrui est tenu de le réparer ». De cette prescription de l'art. 1382 C. civ. sort toute la théorie de la concurrence déloyale.

Il est permis de disputer à des confrères la clientèle, en opérant mieux et autrement qu'eux, mais à condition de le faire par des procédés honnêtes. Le préjudice qu'on leur occasionne en augmentant son propre chiffre d'affaires n'est pas, en soi-même, la source d'une réparation. — Mais on doit s'abstenir de leur nuire au moyen d'agissements répréhensibles. L'action appartenant à la personne lésée est une *action délictuelle* [2]. Elle est portée devant le tribunal de commerce ou devant le tribunal civil, suivant la profession des parties (n° 62) ; elle tend au prononcé d'une condamnation pécuniaire. En principe la sanction d'ordre pénal [3] fait défaut : le délinquant échappe à l'emprisonnement et même à l'amende.

96. — Suite. — Ces agissements fautifs ne sont pas toujours faciles à

---

1. Bibliog. : — Les travaux des auteurs français (Pouillet, Darras, Blanc, Maunoury, Gastambide, Barbier, Allart, etc.) sont trop nombreux pour être cités en détail. V. à l'étranger, T. Giannini, *Della concorrenza sleale*, 1897 (ouvrage italien) ; l'expression allemande est : *der unlautere Wettbewerb*.

2. En partant de l'idée que la clientèle est une valeur incorporelle que l'auteur des actes de concurrence déloyale dérobe à son confrère, on pourrait être tenté de dire que l'action en répression de cette concurrence est une sorte d'*action pétitoire*, comparable à la *revendication*. De même qu'on revendique contre un tiers l'immeuble dont il s'est indûment emparé, de même on revendiquerait la clientèle aux mains de celui qui l'a prise. — Ce point de vue, qui confirmerait l'existence en droit moderne d'une véritable propriété immatérielle, régie au fond comme l'autre, est assez volontiers accueilli lorsqu'il s'agit de l'action pour usurpation de nom ou pour contrefaçon de marque. Mais on n'est pas disposé chez nous à procéder à cette décomposition pour la concurrence déloyale ordinaire. L'action prend son siège sur l'art. 1382.

3. Au contraire, les lois d'inspiration germanique répriment les actes de concurrence déloyale au moyen non seulement de dommages-intérêts, mais aussi de pénalités, amende et emprisonnement. V. notamment la loi *allemande* du 7 juin 1909 (*Annales de droit commercial*, 1910, 180) et la loi *zürichoise* du 29 janvier 1911 (*Annales de droit commercial*, 1912, 169).

distinguer des *actes licites* rentrant dans l'exploitation permise. Il y a une certaine part d'arbitraire laissée à l'appréciation des juges. La seule façon d'y échapper serait d'énumérer les faits constitutifs de la concurrence déloyale. On entrerait dans l'organisation allemande qui, jusque dans les derniers temps, ne réprimait point cette concurrence, qui aujourd'hui (loi du 7 juin 1909 remplaçant celle de 1896) ne la réprime — en édictant en outre, il est vrai (v. la note précédente), des peines correctionnelles, — que lorsqu'elle se manifeste au moyen de *certaines manœuvres déterminées*[1]. Ce serait partir de l'idée que tout ce qui n'est pas expressément défendu par la loi demeure licite. Incontestablement ce régime, en procurant l'impunité à bien des faits d'une moralité suspecte, donnerait aux affaires plus d'élan, mais aussi à la concurrence plus d'âpreté.

La loi française se contentant de poser une règle générale — la règle vague du redressement nécessaire des torts, — on se demandera si un négociant dépasse ou non ses droits lorsqu'il *vante* démesurément sa marchandise, en lui attribuant des qualités ou une provenance particulière qu'elle n'a pas, — en soutenant faussement qu'il la vend à meilleur marché que ses rivaux, — ou encore lorsqu'il s'en dessaisit *à perte*, afin d'obliger les concurrents à ne plus traiter ce genre d'articles et de s'en réserver l'entière possession, etc., etc.

Ce sont des questions d'application qu'il n'y a point lieu de résoudre dans ce livre.

97. — Les actes de concurrence déloyale peuvent, au surplus, se distribuer en deux groupes bien tranchés :

a) Actes qui ont pour objet de *dénigrer* le confrère, de discréditer sa marchandise ou sa fabrication, au moyen de *déclarations mensongères* dont l'effet sera de surprendre la clientèle de celui-ci. Ce sera, sur le terrain des affaires, l'ancienne *actio injuriarum*.

Lorsque ces allégations se produisent sous la forme de propos proférés ou d'écrits (circulaires) distribués en public, le fait se compliquera d'une *diffamation* ; il entraînera les pénalités édictées par la loi du 27 juillet 1881, art. 32, sur la presse. Il faudra décider alors que l'auteur des propos diffamatoires ne pourra pas, en vue d'échapper à la peine, établir la vérité du fait qu'il allègue. Ce moyen justificatif n'est en effet admis par l'art. 35 de ladite loi qu'à propos d'imputations dirigées contre les fonctionnaires, ou contre les administrateurs de sociétés faisant appel public au crédit, v. *infra*, n° 492.

La législation devrait se réformer sur ce point : le commerçant, qui articule contre son rival un mauvais agissement professionnel, mériterait en le prouvant d'obtenir sa mise hors de cause. Les conditions de la concur-

1. Toutefois, le paragraphe 1er de la nouvelle loi du 7 juin 1909 dispose en termes généraux : « Celui qui, à l'occasion du trafic des affaires, entreprend dans un but de concurrence des actes qui contreviennent à une pratique honnête, peut être assigné aux fins de cesser d'y donner suite et de servir une réparation du dommage. » La loi de 1896 ne renfermait aucune disposition de ce genre.

rence sont faussées par l'immunité dont disposent les négociants peu recommandables[1].

98. — *b*) Actes *hypocrites tendant à faire confusion* avec une autre maison, par l'emploi de signes de clientèle appartenant à celle-ci. Le public ira à l'auteur de cette tromperie, en croyant s'adresser à l'ancien établissement.

Un fonds de commerce possède des moyens sensibles de s'individualiser vis-à-vis de ceux qui s'adresseront à lui. Ces moyens d'achalandage appartiennent au premier occupant : une maison similaire ne pourra s'emparer d'un signe de même ordre qu'à la condition d'établir entre les deux procédés, figuratifs ou autres, une différence assez frappante pour éviter tout malentendu. Un négociant, qui monte un magasin *Au Gagne-Petit* dans un quartier de Paris, empêche tout autre magasin, poursuivant la même clientèle, de s'intituler de ce nom dans ce quartier, ou même dans tout Paris et peut-être au dehors, suivant ses débouchés.

Ces amorces de clientèle font corps avec l'établissement ou avec le produit ; lorsque le fonds de commerce ou le produit changent de titulaire, elles passent à l'acheteur. Mais elles ne pourraient, quoi qu'on en dise, se transmettre seules ; détachées de la maison dont elles font la vogue, elles n'ont plus de sens, ou bien elles induisent le public en erreur sur une transmission de procédé de fabrication.

99. — **Signes tendant à grouper la clientèle.** — A ces facteurs extérieurs d'acquisition de clientèle appartiennent :

L'*enseigne* d'une maison (*Au Petit Saint-Thomas, Hôtel des Deux-Mondes*) ;

Le *nom* du commerçant, de l'industriel, du producteur (nous retrouverons le nom dans un moment) ;

Les *marques* apposées sur le produit, — en supposant ces marques *non déposées*, car leur dépôt légal, on va le voir, les fait passer dans une catégorie différente, où elles disposent d'une protection plus énergique.

L'emploi par un concurrent de ces signes, déjà précédemment appropriés, ouvre au profit de celui qui est lésé une action fondée sur l'*art. 1382* C. civ. Cette action entre commerçants est du ressort du tribunal de commerce. Elle tend à mettre fin au trouble dont souffre le demandeur, et à lui faire allouer des dommages et intérêts.

100. — Telles sont les notions premières de la concurrence déloyale. Sur ces bases s'édifient des modes de protection gradués, correspondant à la sauvegarde du *nom commercial*, des *marques de fabrique et de commerce*, du *secret de fabrication*.

101. — **A. Nom.** — Le *nom commercial* (*firma* chez les Allemands) est *l'appellation sous laquelle la personne exerce le commerce* ou une autre nature de production et de trafic.

Il n'est pas soumis au régime du *nom civil* ou *patronymique*. Celui-ci ré-

---

1. V. une proposition déposée au Sénat en 1897 par M. Thézard, et un article de M. Sumien, dans les *Annales de droit commercial*, 1898, p. 33 et s.

sulte de l'état civil ; avec le prénom qui l'accompagne il rattache l'homme à sa famille en déterminant la place qu'il y occupe. On ne change pas de nom selon son gré. Usurper notre nom, c'est usurper notre état civil, faire acte d'intrusion morale, peut-être même pécuniaire, dans le milieu où nous a placés la naissance, le mariage ou l'adoption.

L'action exercée afin d'interdire l'usage du nom par un autre se ramène à une « action en contestation d'état ». Elle est par là même *imprescriptible*. A plus forte raison, le nom ne peut-il donner matière à une *cession*[1].

102. — La situation est différente pour le *nom commercial*. Le commerçant se donnera telle désignation qu'il voudra, un *pseudonyme* suffira.

Interdiction est faite à toute autre personne, dans une profession similaire, d'user à son tour de la même appellation, à moins que ce nouvel établi ne se serve de son nom de famille qui était également le nôtre. Chacun peut faire le commerce sous son nom. Mais il y a une réserve : les tribunaux, sans pouvoir prohiber à deux homonymes (Durand) l'usage de leur nom, imposeront à celui qui s'est établi après l'autre une mention, prénom (Louis), adjonction de lieu ou d'origine (Durand d'Amiens), etc., afin d'éviter la confusion (Req., 16 juin 1903, D. 1903, 1, 454)[2].

Le nom commercial *se transmet* au successeur avec l'établissement, comme l'enseigne. Mais il y a un autre péril à conjurer ; la clientèle s'imaginera que l'ancien titulaire est toujours à la tête de la maison : elle fera crédit à celle-ci, en considération de cette personne cependant retirée. En Allemagne, la publicité de la transmission des fonds de commerce rend le danger moindre[3]. En France, où une pareille publicité fait défaut, le vendeur du fonds a le droit d'exiger de son acheteur que, tout en adoptant son nom, il le fasse suivre des mots : « un tel, successeur ».

Cette appropriation du nom du vendeur n'est même que transitoire ; lorsque la clientèle, au rappel battu, se sera groupée sur l'acheteur, le cédant reprendra son nom, en invitant l'acquéreur à ne plus en faire usage[4].

---

1. Diverses théories ont été proposées pour déterminer la nature du droit dont on dispose sur son nom. V. en dernier lieu Perreau, dans la *Revue critique de législation et de jurisprudence*, 1902, p. 572 et 628 ; et Sudre, *Le droit au nom*, 1903.

2. Au sujet du nom de la femme mariée, il paraîtrait équitable de laisser à celle-ci, même après divorce ou séparation de corps, le droit de porter le nom de son mari si ce nom a servi à achalander une maison de commerce dont elle continue l'exploitation. Mais, d'après la loi du 6 février 1893, modifiant les art. 299 et 311 C. civ., la femme, divorcée ou séparée, ne peut plus porter le nom de son mari, soit de plein droit, soit par décision du tribunal, et il a été dit que l'interdiction aurait lieu pour le nom commercial comme pour le nom civil (Cpr., Bordeaux, 3 décembre 1906, D. 1907, 2, 73).

3. Marcel Oudinot, *De la transmission de la firme en droit allemand, comparée à la cession du nom commercial en droit français*, dans les *Annales de droit commercial*, 1912, p. 259 et 359.

4. Nous avons résumé cette théorie de la cession du nom commercial, de ses tempéraments, d'après les idées reçues d'habitude en France. Mais il y a là toute une doctrine à refaire, les auteurs ayant confondu le *nom-signature* qui n'est pas cessible (contrairement au droit allemand actuel), et le *nom-enseigne* ou le *nom-marque*, à la transmission duquel rien ne s'oppose (*Bull. Soc. Lég. comp.*, 1902, p. 279, et notre note sous Paris, 18 février 1904, D. 1907, 2, 201).

103. — L'*usurpation du nom commercial* ne donne ouverture qu'à l'*action en répression de concurrence déloyale*. Il n'y a pas de pénalité établie contre le successeur. Toutefois la sanction s'aggrave lorsque sur des *objets fabriqués* il y a apposition du nom d'un *fabricant* autre que celui qui en est l'auteur, ou de la raison commerciale d'une fabrique autre que celle qui les a produits. Une *loi du 28 juillet 1824* édicte alors les peines portées par l'art. 423 C. pén., sans préjudice des dommages-intérêts.

104. — Cette même pénalité atteint, d'après la loi de 1824, l'apposition sur l'objet circulant d'un nom de lieu autre que celui de la fabrication [1] (si le produit vient de l'étranger, il est prohibé à l'entrée et peut être saisi à la diligence de l'Administration des douanes, d'après l'art. 19 de la loi de 1857 sur les marques et l'art. 15 de la loi du 11 janvier 1892 sur les douanes, n° 105) [2].

L'indication d'un faux *nom de provenance* lèse souvent nos fabricants français, par la concurrence que leur font des produits étrangers, marqués comme s'ils étaient français. Ceux qui exercent cette manœuvre usent d'une raison spécieuse : le négociant de Paris qui commande ses jouets à Nüremberg peut, semble-t-il, faire marquer ces articles à son nom de *commerçant* qui n'est pas le nom de *fabrique*, et par conséquent avec la mention de *Paris*, qui est son siège de maison. La loi assimile la marque de commerce et la marque de fabrique, sans exiger d'énonciation explicative.

Le public n'en est pas moins trompé : le *made in Germany*, qui provoquait tant d'émotion en Angleterre il y a quelques années, devrait être franchement inscrit sur les produits importés, comme première marque précédant celle du Français qui ne fait que les vendre [3].

105. — B. **Marques de fabrique ou de commerce** [4]. — Cette matière est réglée par la *loi du 23 juin 1857* (rendue applicable dans les colonies françaises par décret du 8 août 1873). Il n'est pas possible de la faire

---

1. La loi de 1824 ne parlant que des « *objets fabriqués* » et ne pouvant, à raison de son caractère pénal, être étendue par analogie, il en résulte qu'elle est inapplicable aux produits naturels, et par conséquent aux *produits agricoles*, du moins quand ils n'ont pas été transformés. C'est en vue de combler cette lacune qu'une série de lois et décrets (loi du 1er août 1905, art. 11, § 3, modifié par la loi du 5 août 1908, loi du 10 février 1911 sur la délimitation de la Champagne viticole), ont tenté d'organiser en France le système des « délimitations régionales administratives ». V. Monis, th. 1910. On sait quelles résistances il souleva, spécialement en Champagne, et comment le gouvernement dut l'abandonner. Le dernier projet de loi sur la question (projet Pams, 30 juin 1911) en revient à la loi de 1824, mais en effaçant sa limitation aux objets fabriqués, et en l'appliquant à tous les produits.

2. V. Lacour, *Les fausses indications de provenance*, dans les *Annales de droit commercial*, 1903 et 1904.

3. Il convient d'ajouter à la loi de 1824 celle du 8 août 1912 (remplaçant la loi du 30 avril 1886, *Annales de droit commercial*, 1912, p. 491), qui frappe d'amende et d'emprisonnement l'*usurpation de médailles et récompenses industrielles* décernées dans des expositions ou concours.

4. Bibliog. — Renouard, *Droit industriel* ; Pouillet, *Traité des marques de fa-*

rentrer tout entière dans notre cadre. A peine en dégagerons-nous les premiers éléments. Nous laisserons à l'écart tout le côté international du sujet [1].

La marque de fabrique ou de commerce (qui est à la portée de toutes les professions économiques, même de l'agriculture) dispose d'un surcroît de protection lorsqu'elle a été l'objet d'un *dépôt de trois exemplaires* au *greffe du tribunal de commerce* du domicile du déposant.

Ce dépôt n'a d'effet que pour *quinze ans*, mais il peut être indéfiniment renouvelé. Les marques déposées sont publiées, après leur réception à l'*Office national de la propriété industrielle*, dans le *Bulletin officiel de la propriété industrielle et commerciale*.

106. — L'avantage que procure le dépôt sera de donner contre les usurpateurs mieux que la simple action en concurrence déloyale. Le propriétaire de la marque aura une *action en contrefaçon*, action correctionnelle frappant d'amende et d'emprisonnement l'emploi ou l'imitation de la marque reproduite, ainsi que la vente en connaissance de cause des produits qui en sont indûment recouverts : le tout avec *confiscation*; grâce, s'il y a lieu, à une *description* ou à une *saisie* conservatoire, autorisée par ordonnance du président du tribunal civil, et qui mettra le plaignant en mesure de produire le corps du délit à la justice.

La partie lésée peut assigner son adversaire devant le tribunal de police correctionnelle et demander des dommages-intérêts accessoirement à la peine (le ministère public pourrait, lui aussi, exercer l'action publique, sans plainte préalable). Mais rien ne l'empêche de rechercher seulement la *réparation pécuniaire* ; le procès sera porté alors, comme toutes les actions civiles relatives aux marques, devant le tribunal de première instance jugeant comme en matière sommaire (art. 16 de la loi). Le tribunal de commerce serait incompétent : c'est là une différence que nous avons déjà relevée (n° 72) avec l'action en concurrence déloyale.

107. — La marque est un *moyen matériel de garantir la provenance de la marchandise aux tiers qui l'achètent*, en quelque lieu et en quelque main qu'elle se trouve. Elle couvre le produit et circule avec lui. Le public retrouve son article préféré d'après la marque qu'on lui présente. Beaucoup de marques agissent d'ailleurs par pure réclame : c'est à force d'avoir vu annoncer dans les journaux ou sur les murs un produit d'un nom bizarre ou un dessin tirant l'œil, qu'on achète l'objet portant ce signe.

108. — La marque consistera, selon les circonstances et au choix de son propriétaire, dans l'un des éléments suivants :

Nom de l'exploitant, à condition qu'il soit apposé sous une forme distinctive, par exemple en caractères gothiques dûment retracés (car l'inscrip-

---

brique ; ALLART, *Traité des marques de fabrique*, 1914 ; J. KOHLER, *Das Recht des Markenschutzes*, etc.

1. Sur ce point, v. notamment PILLET, *Le régime international de la propriété industrielle*, 1911.

tion du nom du propriétaire sur la marchandise, sans dépôt préalable ou sans disposition graphique particulière, serait protégée seulement par la loi de 1824 ci-dessus, — loi spéciale aux produits fabriqués, — et non par l'action en contrefaçon) : « marque nominale » ;

Dénomination attribuée au produit, pourvu qu'elle soit *arbitraire* ou de *fantaisie* (*Elixir tonique Néréide*, *Cirage Nubian*), non pas *vulgaire* et empruntée à la nature même de la chose désignée (*Cirage de Paris*, *Eau de Mélisse*, etc.). Il n'est pas besoin de lui donner, comme il fallait le faire pour la première espèce de marque, une figuration écrite déterminée (c'est ce qu'on appelle la « marque descriptive ») ;

Emblèmes, *vignettes*, combinaisons de *lettres* ou de *chiffres*, soit qu'on se contente d'un dessin muet, soit qu'on l'associe à des mentions écrites (ce qu'on qualifie du nom de « marque figurative », pour montrer qu'elle parle aux yeux, tandis que la précédente s'adresse à l'oreille par sa consonance vocale).

De ces trois espèces de marques, la deuxième mérite plus particulièrement l'attention. Attacher à un produit une désignation interdite à autrui n'est pas sans danger. Cette appropriation de marque aboutira, en fait, à l'appropriation d'une fabrication, sans brevet d'invention. La marque finit par s'identifier avec le produit. Il en résulte une acquisition de monopole.

C'est pour ce motif que le droit allemand, jusqu'à une réforme récente (1894), avait exclu de la protection des marques celles qui consistaient uniquement en lettres et en chiffres, c'est-à-dire en une appellation verbale. C'est aussi par cette raison que les lois qui, comme les nôtres, ont passé sur cet inconvénient, exigent tout au moins que la dénomination prise ne reproduise pas seulement la substance du produit ou son lieu de provenance, mais présente de l'originalité. Celui qui fabrique des couteaux à Châtellerault ne peut pas enlever à ses concurrents le pouvoir de marquer le nom de « Châtellerault » sur leurs propres articles de coutellerie[1].

109. — La marque, pour être protégée, doit pouvoir se dire *nouvelle*. Il ne s'ensuit pas que celui qui dépose la marque au greffe sans que personne l'ait fait avant lui, puisse toujours s'en assurer la propriété. Peut-être ce dépôt se heurte-t-il à un droit plus ancien et plus fort que le sien.

Pour profiter de la loi de 1857, il faut de plus avoir été *le premier à se servir de la marque*. Cela résulte de la combinaison des principes de la contrefaçon avec ceux de la simple concurrence déloyale.

Quiconque, en effet, use d'une marque non encore employée et l'appose sur ses produits peut, sans autre formalité, exiger d'autrui le respect de cette marque sous la sanction de l'art. 1382, et de tous dommages-intérêts.

Peu importe que l'usurpateur fasse le dépôt légal de cette marque ; il ne

1. Cette considération est sans valeur pour l'énonciation comprise dans une enseigne. Celle-ci est protégée contre les usurpations, alors même qu'elle consisterait dans une qualification vulgaire. Le propriétaire de l'*Hôtel du Centre* ou de l'*Hôtel Continental* peut interdire aux autres hôteliers de la ville de lui prendre son enseigne.

consolidera pas pour autant sa situation. Le premier possesseur *a*) lui opposera, à juste titre, l'*exception d'antériorité*, pour ne pas être condamné ; *b*) et pourra même l'obliger par voie d'action, en dehors des voies correctionnelles il est vrai, à cesser l'emploi de cette marque.

Le dépôt légal n'a donc d'autre avantage que de conférer au propriétaire le droit de saisir les tribunaux de répression, et, en donnant une date certaine à l'emploi de la marque, de faire présumer jusqu'à preuve contraire qu'il a été le premier à s'en servir.

Telle est, en résumé, la théorie française (différente de celle qui a cours en Allemagne) [1]. On l'exprime généralement au moyen de la formule : *Le dépôt est simplement déclaratif et non pas attributif de propriété de la marque.* Elle n'est nullement contredite par la disposition de l'art. 2 de la loi de 1857, ainsi conçue : « Nul ne pourra revendiquer la propriété exclusive d'une marque, s'il ne l'a déposée... ». En effet, on ne revendique pas, à proprement parler, une marque dont le dépôt n'a pas eu lieu, mais on agit contre les usurpateurs du chef de concurrence déloyale.

On comprend, par là, pourquoi le fait de négliger le renouvellement du dépôt dans les quinze ans n'a pas pour résultat de faire tomber la marque dans le domaine public, si d'ailleurs son propriétaire continue à en faire usage. Seulement il ne pourra plus désormais fonder ses poursuites que sur l'art. 1382 ; — jusqu'à ce que la réparation, quoique tardive, de son oubli lui rende pour l'avenir l'action en contrefaçon.

110. — La marque est essentiellement *facultative*. Quelques lois et décrets imposent pour certains produits, tels que les matières d'or ou d'argent, les cartes à jouer, les armes de guerre ou de commerce, etc., l'emploi de signes, d'emblèmes ou de poinçons.

111. — Aux termes d'une loi du 26 novembre 1873, tout propriétaire d'une marque déposée peut, moyennant une taxe, faire apposer sur ses étiquettes un timbre spécial pour affirmer l'authenticité de cette marque ; ce qui, en obligeant le contrefacteur à imiter le sceau de l'Etat, agissement criminel très grave, donnera lieu contre lui à une répression plus énergique.

112. — C. **Secret de fabrication et d'affaires.** — On entend par secret de fabrique *un mode de fabrication qu'un industriel emploie en secret pour obtenir un produit ou un résultat.* Tout directeur, commis ou ouvrier de fabrique qui aura communiqué à un tiers des secrets de la fabrique où il est employé sera puni d'emprisonnement. La peine est plus élevée lorsque l'agissement doit profiter à un étranger que lorsqu'il a eu lieu au profit d'un Français (art. 418 C. pén.).

113. — Le *secret* s'impose non seulement à l'égard de la fabrication, mais aussi pour l'ensemble *des affaires* d'un commerçant. Surprendre ce secret, ce serait se renseigner sur sa clientèle et la lui dérober ; ce serait

1. Un projet de loi déposé à la Chambre en 1907 tend à modifier ce régime.

encore se renseigner sur ses pertes et ruiner le crédit de celui qui a fait un mauvais inventaire.

En conséquence l'Etat, pas plus qu'un particulier, n'a le droit d'exiger la *communication des livres* du commerçant (voir *infra*, n° 211) ; la législation a résisté jusqu'ici à un système de patente qui aurait pour base le *revenu* déclaré ou taxé du contribuable, ce système impliquant révélation des affaires. Cette organisation, ainsi qu'on le verra, est mise en échec pour les sociétés par actions, à cause de la position de ces sociétés vis-à-vis du public [1].

114. — Toutefois, le droit au secret ne va pas jusqu'à interdire de se renseigner sur le crédit de celui avec qui on se dispose à traiter. Il s'est ouvert des *agences d'informations*, pour centraliser les renseignements sur le compte de nombreux commerçants, de leurs antécédents, des faits révélateurs de leur gêne ou de leur prospérité. Il existe en matière maritime, et à l'égard des navires, une agence de cette nature, le Bureau *Veritas*, faisant connaître le degré de confiance qu'ils peuvent inspirer.

Ces intermédiaires rendent des services, et sans eux le commerce deviendrait difficile. L'agent fournit, contre redevance, la fiche de renseignements demandée. Il le fait *d'une manière confidentielle*, sous le sceau de la discrétion. Autrement la publicité donnée par l'agent au renseignement défavorable, fût-il vrai, l'exposerait à une poursuite en diffamation de la personne lésée.

Celle-ci pourrait même rechercher l'agent aux fins de dommages-intérêts, si le secret du renseignement avait été violé par le porteur de la fiche qui aurait informé l'intéressé. Mais en ce cas un renseignement faux donnerait seul lieu à réparation [2].

115. — 2° **Monopoles privés d'exploitation**. — Maintenant quels sont les *droits privatifs d'exploitation* formant en quelque sorte *monopole* au profit de ceux qui les exercent, excluant la concurrence même loyale des autres ?

Nous rappelons le lien qui existe entre cet ordre de problèmes et les fonds de commerce. Un brevet, par exemple, peut entrer dans la composition d'un établissement et contribuer à sa richesse ; lorsque l'établissement se transmet, le brevet passe à l'acheteur, si la cession dans l'intention des parties doit porter sur cet élément du fonds comme sur les autres.

Ce droit privatif se rattache généralement à un établissement de commerce par suite d'une précédente acquisition : l'inventeur ou l'auteur d'un livre ou d'une œuvre d'art n'est habituellement ni commerçant, ni en état de faire valoir sa découverte par ses propres moyens. Il traite avec une autre personne ; pour qu'il y ait une relation entre les droits dont nous allons parler et un fonds de commerce, il faut les supposer dans la possession non pas du titulaire originaire, mais d'un intéressé appartenant au monde de l'industrie et devenu l'ayant cause de ce titulaire.

---

1. Mayer, *Le secret des affaires commerciales*, th. 1900.
2. Sumien, dans les *Annales de droit commercial*, 1890 ; E. Thibault, *De la responsabilité en matière de renseignements commerciaux*, 1900.

Les droits privatifs d'exploitation peuvent dériver soit d'un *brevet d'invention*, soit de la *propriété littéraire ou artistique*, soit de *dessins* ou de *modèles de fabrique*.

116. — A. Brevets d'invention[1]. — Le droit de l'inventeur à sa découverte date de deux lois de l'Assemblée constituante de 1791. La *loi* actuellement en vigueur est la loi du 5 *juillet 1844* modifiée par celle du 7 avril 1902.

On entend par brevet d'invention le *certificat par lequel le Ministre du commerce donne acte à un prétendu inventeur du dépôt de son invention, et de son intention d'exercer le privilège temporaire qui y est attaché*. Il consiste donc dans un arrêté ministériel individuel.

La durée du brevet est de *cinq, dix* ou *quinze ans* au choix du demandeur. Le délai court du jour du dépôt de l'invention, et non pas de celui de la délivrance du brevet.

Pour que l'invention confère le droit d'interdire temporairement au domaine public la faculté de l'exploiter, il faut que plusieurs conditions soient réunies : des *conditions de fond* et des *conditions de forme*.

117. — Conditions de fond. — D'abord, l'invention, soit qu'elle consiste dans un produit ou dans un résultat, doit être d'*ordre industriel*. Elle n'est pas nécessairement destinée à trouver son emploi dans la manufacture. Elle peut servir à l'agriculture : telle, une machine à battre ou à faucher. Par le mot « industriel » on exclut seulement les *découvertes* purement *théoriques*, ex. : une loi nouvelle sur la densité des corps, sur la transformation des forces, dont il n'y a pas d'application proposée. Le savant qui dégage un principe ne peut le faire breveter ; mais les outils qui seront ensuite établis par le mécanicien, la composition qu'obtiendra le chimiste par suite de ce principe, deviendront brevetables.

Il y a lieu de distinguer le brevet de *produit* du brevet de *résultat*. Si l'inventeur découvre un produit qui n'était pas connu encore (fait fréquent dans les combinaisons chimiques), il y a brevet de produit. Dans le brevet de résultat, il adapte un moyen déjà connu afin d'atteindre un résultat nouveau, ou à l'inverse un moyen nouveau pour atteindre un résultat déjà pratiqué ; ex. : procédé tendant à rendre une huile non salissante sans lui enlever son inflammabilité.

Le premier de ces brevets donne, en France, monopole sur le produit. L'inventeur peut empêcher tout autre de le fabriquer *même par un procédé différent*. Tandis que le brevet de résultat n'a qu'un effet *relatif*, il laisse le domaine public libre d'exploiter le même résultat, à condition de l'obtenir par d'autres moyens.

Cette distinction n'est pas acceptée partout ; le droit allemand repousse le brevet de produit. Ce dernier système vaut mieux ; il porte à la liberté

---

1. Bibliog. — Ch. Renouard, *Traité des brevets d'invention* ; E. Pouillet, *Traité des brevets d'invention et de la contrefaçon* ; H. Allart, *Traité des brevets d'invention* ; M. Dufourmantelle, *Manuel du droit industriel*, 2e vol., I ; J. Kohler, *Handbuch des deutschen Patentrechts*.

de l'industrie une moindre atteinte ; surtout, il échappe aux subtilités qu'entraîne la distinction du produit et du résultat. Si un dérivé ou un composé de l'acétylène constitue un nouveau produit, pourquoi n'en pas dire autant du procédé premier en date, qui permet de débarrasser le pétrole de son odeur ? Celui qui a fait cette invention n'enrichit-il pas l'industrie d'un pétrole nouveau, le pétrole inodore ? Le seul brevet législativement recommandable est le brevet de résultat.

118. — Suite. — Ce qui donne à l'inventeur son véritable titre au droit privatif d'exploitation, c'est la *nouveauté* de l'invention. Cette condition est de rigueur.

Mais la nouveauté n'est pas nécessairement le fait par l'intéressé d'être l'auteur du produit ou du résultat cherché ; d'autre part, il n'est pas vrai de dire que l'inventeur soit toujours fondé à prendre un brevet utile. — La nouveauté, c'est le fait par l'invention, au moment où est déposée la demande dont il sera parlé plus loin, « de ne pas encore avoir reçu une *publicité suffisante* pour pouvoir être exécutée (art. 31 de la loi de 1844) ».

Il y a dans la concession d'un brevet un contrat synallagmatique, conclu entre l'inventeur et la société. Le premier dote son pays d'une découverte dont il fait connaître loyalement et complètement les moyens d'exécution (v. *infra*, n° 120). Cette découverte est livrée par lui au domaine public à échéance différée de cinq, dix ou quinze ans ; entre temps le requérant s'engage à en faire profiter la communauté par une exploitation effective (c'est ce qu'on verra également plus loin). En retour de ce service, la société procure au demandeur un monopole temporaire.

Cette théorie est la base du droit des brevets, sa conséquence se déduit d'elle-même. Si, pour une cause ou pour une autre, la société se trouve déjà, avant ce contrat, en possession de l'invention, le monopole d'exploitation n'a plus sa raison d'être.

De là, il résulte :

1° Qu'une *publication prématurée*, volontaire ou non, des moyens de l'inventeur, soit par lui, soit par une personne qui a abusé de sa confiance, vicie d'avance le brevet ;

2° Qu'une personne, en revanche, peut exploiter son invention pendant un temps plus ou moins long et mettre dans le commerce les articles qui en proviennent sans être déchue du droit de la faire ensuite breveter utilement, pourvu toutefois qu'un *secret de fabrication* ait empêché le public de se rendre compte des moyens utilisés par l'inventeur ;

3° Enfin que, le véritable inventeur ayant négligé de prendre un brevet, tout autre que lui, obtenant par ses propres recherches la même création, sera fondé à la faire breveter à son profit, moyennant les formes prescrites. Dans ce cas, il est vrai, *le breveté ne sera pas le véritable auteur de la découverte*, puisqu'un autre avant lui l'a connue et pratiquée sans publicité. Il aura cependant tous les avantages attachés au monopole temporaire, et notamment le droit de faire condamner les contrefacteurs.

Toutefois l'action en contrefaçon, si elle était exercée contre celui qui possédait en premier lieu l'invention sans fraude (Req., 29 avril 1901, D.

1901, 1, 553), serait mise en échec au moyen d'une exception dite d'*antériorité*, que la loi de 1844 ne mentionne pas, mais qui est imposée par des considérations d'équité [1].

119. — Suite. — La loi exclut nommément de la protection des brevets certaines inventions. Ce sont : les *compositions pharmaceutiques* ou remèdes de toute espèce (mais non pas, bien entendu, les instruments de chirurgie), les *plans ou combinaisons de crédit ou de finances*.

120. — Conditions de forme. — La forme à laquelle est soumise la prise régulière d'un brevet consiste dans une *demande*, adressée au Ministre et déposée sous pli cacheté au secrétariat de la préfecture du département où est domicilié l'inventeur (ou aujourd'hui, en ce qui concerne le département de la Seine, aux bureaux de l'*Office national de la propriété industrielle* : loi 26 décembre 1908, art. 58).

La demande, limitée à *un seul objet* principal, avec un *titre* sommaire et précis, est accompagnée, toujours sous le même pli, d'une *description* de la découverte, avec dessins à l'appui s'il y a lieu. La description doit contenir clairement et sans réticence les véritables moyens servant à exécuter l'invention. On ne saurait trop recommander aux inventeurs d'y apporter leurs soins : le brevet serait vicié de nullité par une description confuse ou incomplète, qui ne mettrait pas le public en état de constituer par lui-même les éléments de l'invention.

121. — Suite. — Dans les cinq jours de la date du dépôt, le préfet transmet les pièces au Ministre du commerce, celui-ci procède à leur ouverture et délivre les brevets dans l'ordre de la réception des demandes. La délivrance a lieu « *sans examen préalable*, aux risques et périls des demandeurs et sans garantie, soit de la réalité de la nouveauté ou du mérite de l'invention, soit de la fidélité ou de l'exactitude de la description » (art. 11).

La durée du brevet court rétroactivement depuis le jour de la demande. Les actes de contrefaçon accomplis depuis ce moment sont punissables, fussent-ils antérieurs à la délivrance du brevet. L'inventeur de son côté a pu sans déchéance rendre publics les moyens de sa découverte aussitôt après que sa demande a été faite. Un décret, rendu tous les trois mois, proclame les brevets délivrés.

Jadis les descriptions restaient, jusqu'à l'expiration des brevets, déposées au Ministère du commerce où elles étaient communiquées sans frais à tout requérant. Mais une loi du 9 juillet 1901 a transféré le service des brevets du Ministère au Conservatoire des arts et métiers, où siège un *Office national des brevets*.

La loi du 7 avril 1902 a ordonné que les descriptions et dessins de tous brevets seraient publiés *in extenso* en fascicules séparés.

---

1. Sur la possibilité pour le premier inventeur de se faire *subroger* en pareil cas au bénéfice du brevet délivré au second inventeur, lorsque celui-ci s'est approprié l'invention d'une manière déloyale, cfr. Req., 26 avril 1900, S. 1901, 1, 100.

122. — Suite. — La particularité la plus intéressante de cette organisation est l'absence d'examen du brevet par l'administration. Il est délivré *sans garantie du gouvernement*, et c'est de ces mots (ou de ces mots abrégés s. g. d. g., suivant une tolérance de la pratique peut-être excessive) que le breveté doit faire suivre sa qualité dans toutes enseignes, annonces, prospectus, affiches ou marques. Autrement, il encourt une amende, de la même manière que celui qui se dit breveté sans l'être effectivement.

Cette adjonction des mots exigés va mettre en garde le public contre un préjugé favorable à l'invention parce qu'un acte administratif la vise. Les tiers croient qu'il s'agit d'une découverte sérieuse, et à plus forte raison d'une découverte véritable, du moment que le Ministre l'a en quelque sorte estampillée. De fait, il y a des brevets de charlatanisme ou d'intimidation ne répondant à aucune invention effective.

En réalité, dans le système français, l'administration délivre le brevet *non cognita causa*. Elle ne juge pas l'invention au fond, ni en fait ni en droit ; elle laisse à l'impétrant la charge d'établir, au regard de tout contradicteur, par les voies judiciaires, que le brevet porte sur une invention légalement appropriable, que cette invention était bien nouvelle, que la description en est complète et loyale, etc. Il n'est procédé à aucune instruction de l'administration sur ces différents points.

Avec le système contraire, ainsi que le dit M. Renouard, « abstraction faite de tous les abus pouvant résulter de la corruption, de la faveur, etc., il y aurait un grand nombre de brevets accordés pour des inventions sans mérite, comme de brevets refusés pour des inventions profitables ».

Le rejet de la demande n'a lieu que si celle-ci cesse d'être régulière en la forme : chose facile à vérifier par l'administration, sans qu'elle ait à s'ingérer ni dans la prétendue invention ni dans la description qui l'accompagne. Par exemple, l'invention se présente comme portant ostensiblement sur un produit de pharmacie ; ou elle renferme plusieurs objets principaux dans une même demande ; ou la désignation d'un titre fait défaut.

Toute demande de brevet peut être retirée par son auteur dans un délai de deux mois, avec restitution de la taxe (arrêté du 31 mai 1902) : c'est un moyen pour l'inventeur de corriger les défauts commis dans sa description. Un autre pouvoir lui est reconnu par la dernière législation, en vue du même résultat : celui de suspendre, par réquisition expresse, la délivrance du brevet pendant un an (L. 7 avril 1902) [1].

---

1. En Allemagne, fonctionne un régime différent du nôtre (LL. 1877 et 1891). Il repose sur le principe tout opposé de l'examen préalable; l'Office administratif (*Patent-Amt*), qui centralise à Berlin les délivrances de brevets, s'enquiert d'abord de la brevetabilité de l'invention ainsi que de la régularité de la demande. S'il juge après cette première instruction la demande recevable, il en ordonne la publication. C'est un système d'avertissement : toute personne intéressée à former opposition pourra le faire pendant deux mois, soit pour défaut de nouveauté, soit pour usurpation de l'invention de l'opposant, soit parce que la découverte n'est point brevetable. Pendant cette période qui suit la publication de la demande, l'invention dispose d'une protection provisoire comme si le brevet était déjà délivré (V. Bonnet, *Etude de la législation allemande sur les brevets d'invention*, 1902). — Le système anglais (1884-1907) est à certains égards imité de celui des Allemands. La

123. — Nullité et déchéance du brevet. — Un brevet peut être frappé soit de *nullité*, soit de *déchéance*.

Les actions en nullité ou en déchéance, comme toutes les contestations relatives à la propriété des brevets, sont portées devant le *tribunal civil* de première instance statuant en matière sommaire : la cause est communicable au ministère public. L'affaire est introduite à la demande de toute personne intéressée.

En général, le jugement qui sera rendu sur l'existence du brevet ne disposera de *l'autorité de chose jugée* que d'une manière *relative*, à la teneur de l'art. 1351 C. civ. : le brevet déclaré nul dans un premier procès peut être reconnu valable au regard d'un adversaire différent. Toutefois ce principe est écarté, lorsque, au cours d'un procès relatif au brevet, le ministère public se porte partie intervenante [1] : celui-ci peut alors prendre des réquisitions pour faire prononcer la nullité ou la déchéance *absolue* de ce brevet. Le brevet tombe en ce cas à l'égard de toutes personnes, et un décret publie le jugement qui aura fait droit à la demande en nullité ou en déchéance instruite dans de pareilles conditions.

124. — Les faits qui déterminent la nullité d'un brevet résultent de ce qui a déjà été dit : le brevet nul est celui qui ne répond pas aux conditions de fond ou de forme, prescrites par la loi pour son obtention régulière (absence de brevetabilité, de caractère industriel ou de nouveauté de l'invention, titre frauduleux, insuffisance de description).

125. — Il y a lieu à déchéance, lorsque le brevet, valable à l'origine, tombe ensuite parce que le breveté contrevient à l'une des obligations que la loi met à sa charge. La délivrance du brevet repose, avons-nous dit, sur un contrat synallagmatique entre l'inventeur et l'Etat, représentant le domaine public. L'inventeur doit à la société certaines prestations. S'il s'abstient de les accomplir, la société se délie de son obligation de respecter le droit privatif : c'est, au fond, la théorie de la résolution posée par l'art. 1184 C. civ.

Ces obligations sont au nombre de trois :

---

demande du requérant est instruite en secret par l'Office général de la propriété industrielle, sur le dépôt d'une spécification provisoire. Celle-ci donne date certaine à l'invention et doit être suivie dans les neuf mois d'une spécification définitive. L'admission de la spécification est portée à la connaissance du public ; un délai de deux mois est accordé pour former opposition, pour des causes de même ordre que celles admises dans le régime allemand. — Entre le régime français de la délivrance des brevets s. g. d. g. et le régime allemand de l' « examen préalable » minutieux avec délai d'opposition prolongé, on conçoit un système mixte dans lequel l'examen préalable ne porte que sur certains points d'une vérification facile et rapide, et où le délai d'opposition est abrégé. C'est vers ce système mixte qu'inclinent les lois les plus récentes (Suisse, Hollande). V. notamment la loi hollandaise du 7 novembre 1910 (en vigueur depuis le 1er janvier 1912 ; jusqu'à cette époque la Hollande n'avait pas de loi sur les brevets d'invention), *Annales de droit commercial*, 1912, 403.

1. De même, lorsque le ministère public se constitue partie principale, ainsi que la loi de 1844 l'y autorise dans certains cas.

126. — 1° *Paiement d'une taxe* de 500, de 1.000 ou de 1.500 fr., selon que le brevet est de cinq, dix ou quinze ans. Cette taxe est réglée par annuités de 100 fr. chacune et doit être acquittée avant le commencement de l'année correspondant à la date du dépôt originaire. Le principe de la *taxe progressive*, consacré en Allemagne, serait plus juste ; l'invention, peu recherchée dans les premières années, devient plus fertile à mesure qu'elle est connue, et le service rendu par l'Etat à son titulaire acquiert plus de prix.

Le versement de la première annuité a dû précéder la demande de brevet ; le dépôt n'a été reçu à la Préfecture que sur la production d'un récépissé de cette somme, à valoir sur le montant total de la taxe.

On s'est plaint longtemps, en France, que la loi eût fait du non-paiement de l'annuité dans le temps prescrit une cause de déchéance irrémédiable. Le breveté ne pouvait plus réparer son oubli, fût-ce le lendemain de l'échéance. Il eût été équitable de lui donner un délai supplémentaire ou de subordonner la déchéance à une *mise en demeure*. Il a été tenu compte de cette réclamation ; depuis la loi du 7 avril 1902, la déchéance n'a lieu que par l'expiration des trois mois qui suivent l'échéance annuelle (taxe supplémentaire de 5 à 15 fr.). En tout cas, le breveté qui laisse passer le délai sans payer la taxe ne peut pas être contraint par l'Etat à l'acquitter : il renonce tacitement à son brevet, plutôt encore qu'il n'en est déchu par sa faute.

127. — 2° *Mise de l'invention en exploitation en France dans le délai de trois ans* à dater de la signature du brevet ; — et continuation de l'exploitation pendant tout le cours de ce brevet, sans avoir à l'interrompre pendant trois années consécutives.

On discute sur ce qu'il faut entendre par une « exploitation » au sens de la loi. Le mot vise assurément d'abord la « fabrication » des objets du brevet dans des usines ou ateliers : par là, le fonctionnement du brevet profite à la main-d'œuvre nationale. Mais on se demande si la « mise en vente », sans fabrication, répondrait également au vœu de la loi. Notamment un breveté, qui s'abstiendrait pendant trois années de façonner à nouveau le produit en France en vue de permettre à sa première fabrication de s'écouler dans le commerce, échapperait-il à la déchéance ?

Le problème est trop compliqué pour être examiné à cette place. Il a donné lieu, dans les conférences, à des échanges de vues qui ont abouti, en 1883, à la création d'une « Union internationale pour la protection de la propriété industrielle en Europe ». De toute manière, l'opinion qui fait de la mise dans le commerce une « exploitation » suffisante doit être rejetée, s'il devait être permis à l'inventeur de commander à l'étranger *toute* la fabrication des objets de son brevet et d'arguer de leur seul débouché en France pour éviter la déchéance. La vente sur notre marché de produits qui auraient été fabriqués dans un autre pays ne met pas l'inventeur en règle avec l'obligation qui lui est faite d'exploiter en France sans interruption.

Le délai légal de déchéance était de *deux ans* d'après notre loi de 1844 : c'est l'Union internationale de 1883, ou, pour parler plus exactement, un acte additionnel à la convention de cette Union signé à Bruxelles en 1900, qui l'a porté à *trois ans* dans les rapports des Etats contractants. Une loi du 1er juillet 1906 a étendu les dispositions de la convention au droit intérieur, c'est-à-dire aux brevetés français. Vis-à-vis des brevetés de tous autres Etats, le délai de deux ans subsiste.

128. — 3° *Non-introduction en France par l'inventeur des objets fabriqués en pays étranger* et semblables à ceux qui sont garantis par son brevet.

Cette troisième cause de déchéance a disparu depuis 1883 dans les relations des Etats qui ont conclu la convention diplomatique rappelée plus haut et même entre Français depuis la loi du 1er juillet 1906. Elle a cessé d'être en harmonie avec les idées contemporaines sur la manière de comprendre le protectionnisme.

Mais la deuxième condition subsiste entièrement, quitte à savoir comment il faut pratiquement en comprendre la portée (n° 127).

129. — Cession de brevet et délivrance de licence. — Un brevet d'invention est *cessible*.

La cession ne pourra en être faite que par *acte notarié* et après paiement de tout ce qui reste à devoir sur la taxe. Mais, pour produire effet *au regard des tiers*, cette cession devra en outre être *enregistrée* au secrétariat de la préfecture du département dans lequel l'acte est passé : la mutation est relevée sur un registre déposé au Ministère du commerce (art. 20 dernier al. L. 1844)[1].

Il convient de rapprocher la théorie de la cession des brevets tant de la transcription des ventes immobilières (L. 1855), que de la cession des créances (art. 1690 C. civ.). Ce sont là trois institutions similaires, reposant sur des exigences de publicité.

Sans devenir la matière d'une cession proprement dite, un brevet d'invention peut être l'objet d'une *délivrance de licence*. Aucune formalité n'est alors exigée.

Le concessionnaire de licence obtient seulement le droit d'exploiter l'invention, concurremment avec l'inventeur. Celui-ci ne s'est pas dessaisi à son profit, il se réserve de délivrer d'autres licences, ou de faire cession du brevet sans que le premier licencié puisse s'y opposer.

C'est assez dire que le bénéficiaire d'une licence n'a pas l'action en contrefaçon, et qu'en revanche l'action en contrefaçon n'est pas donnée contre lui. On se demandera si le droit d'exploiter que lui a reconnu l'inventeur peut être également opposé par lui à un cessionnaire régulier. La question est délicate : un argument d'analogie tiré des règles du contrat de louage et de l'art. 1743 C. civ. permet à la rigueur de donner à son droit cette étendue.

Beaucoup de législations (Allemagne, Angleterre) ont institué le système des *licences obligatoires*. Le breveté ne peut pas interdire l'exploitation à ceux qui lui demandent des licences moyennant une suffisante rétribution.

1. Mais, d'après la Cour de cassation, à la différence de la cession, l'*apport en société* d'un brevet d'invention n'est pas soumis aux formalités de l'art. 20 de la loi de 1844 (Cass. crim., 11 mars 1911, *Annales de droit commercial*, 1912, 329).

Son refus, s'il était contraire à l'intérêt public, aurait pour sanction le retrait du brevet sur la demande des intéressés. On n'est pas encore entré en France dans cette voie législative [1].

130. — Contrefaçon. — La loi protège le titulaire du brevet, en lui accordant l'*action en contrefaçon*. Il y a contrefaçon dans « toute atteinte apportée aux droits du breveté soit par la fabrication de produits, soit par l'emploi de moyens faisant l'objet du brevet » (art. 40 L. 1844).

Le contrefacteur est poursuivi devant le tribunal de police correctionnelle, ou, aux fins purement civiles, devant le tribunal de première instance: L'action publique ne pourrait être exercée par le ministère public que sur la plainte de la partie lésée (art. 45). Ainsi que dans la contrefaçon des marques, le poursuivant peut, avant de donner citation, et en vertu d'une ordonnance du président du tribunal civil, faire procéder par huissier à la *description avec ou sans saisie* des objets prévenus de contrefaçon.

Le délit est puni d'une *amende*, l'emprisonnement n'est prononcé qu'en cas de récidive. La poursuite est également sanctionnée par la *confiscation* des objets contrefaits.

Quant à savoir si le prévenu doit être *de mauvaise foi* pour encourir la condamnation, une distinction est faite d'après la nature du trafic auquel il s'est livré. Cette distinction nécessite la conciliation de deux articles de la loi de 1844, difficiles à mettre d'accord, les art. 40 et 41. — 1° Celui qui *fabrique* indûment le produit breveté est contrefacteur, même lorsqu'il a agi de bonne foi. Il avait à se renseigner sur l'existence du brevet. Il en est de même (sauf controverse), de celui qui fait du produit un *emploi com-*

---

1. Nous écartons de l'exposé, afin de ne pas faire longueur, la théorie des certificats d'addition et des brevets de perfectionnement. L'inventeur qui désire apporter à sa découverte des changements ou adjonctions a le choix entre deux moyens : — *a*. Il peut prendre un nouveau *brevet* dit de *perfectionnement*, sujet à la même taxe et à la même durée qu'un brevet ordinaire, et qui pourra survivre à l'extinction du premier brevet, puisqu'il a son existence propre. — *b*. Il peut, s'il le préfère, demander moyennant les mêmes formalités un *certificat d'addition*, dont le sort sera lié au brevet principal et dont le coût est de 20 fr. seulement, une fois payés.

Lorsque le perfectionneur est un tiers, c'est-à-dire une personne autre que l'inventeur primitif, ce tiers n'a d'autre droit que de prendre un brevet de perfectionnement, et non pas un certificat d'addition. Encore son droit est-il tenu en suspens pendant la première année du brevet originaire. Ce délai est donné au premier breveté pour rechercher les améliorations dont son invention est susceptible. La priorité que la loi lui confère a ce résultat, que la demande d'un tiers déposée dans le courant de la première année restera sous cachet au Ministère du commerce jusqu'à l'expiration de cette année et ne sera ouverte qu'après ladite époque.

Lorsqu'il y a deux brevets, délivrés à deux personnes différentes, l'un pour l'invention principale et l'autre pour le perfectionnement, la situation créée à ces deux individus est plus ou moins tendue. Le premier breveté ne peut fabriquer que l'objet primitif, nécessairement imparfait ou incomplet. L'exploitation du second ne peut s'exercer que sur l'accessoire qui constitue son perfectionnement ; il payera tribut à l'autre pour l'objet principal. Ces deux personnes entreront vraisemblablement en rapports et fondront leurs droits dans une combinaison de société ou autre.

mercial comme moyen de conditionner d'autres objets ou d'exercer une autre entreprise (montage dans son usine de la machine arguée de contrefaçon ; emploi dans la teinture d'étoffes du produit colorant breveté ; Cass. ch. réun., 30 octobre 1889, D. 1900, 1, 337, bec Auer). — 2° Mais la *vente* ou la *mise en vente* des objets compris dans le brevet n'est punissable que chez un agent de mauvaise foi qui a opéré sciemment. — 3° Chez le simple *consommateur*, même agissant en connaissance de cause, la détention de l'objet contrefait reste impunie, à moins de se compliquer d'un cas de *recel*.

131. — B. Propriété littéraire et artistique [1]. — Les productions dans l'ordre de la *littérature* ou des *arts* (peinture, dessin, photographie, musique, et aussi depuis la loi du 11 mars 1902 architecture et statuaire) sont protégées d'une manière analogue à celle que nous venons de voir, pour les créations industrielles. Le plus ou moins de mérite de ces productions ne modifie en rien le droit privatif de l'auteur.

L'écrivain ou l'artiste peut s'opposer à ce que d'autres empiètent sur son œuvre : il l'exploitera lui-même, ou bien il cédera le bénéfice de l'exploitation à un ayant cause qui est substitué alors à ses droits.

Cette concession peut avoir lieu sans réserve, pour tout le temps que durera le droit d'auteur (système que le législateur de l'avenir devrait peut-être tempérer, car bien des auteurs dans la gêne vendent à vil prix des œuvres qui font ensuite la fortune des éditeurs). — Elle peut aussi ne porter que sur une *édition*, et alors la cession est plutôt une variante du louage d'ouvrage [2]. — Pour une œuvre théâtrale ou musicale, on procède le plus communément en concédant à un entrepreneur le droit de représenter l'œuvre moyennant redevance ; l'auteur ne se prive pas de la faculté de délivrer d'autres autorisations à des tiers ; la convention se rapproche en ce cas de la *licence*, telle qu'elle fonctionne pour les brevets d'invention (n° 129).

---

1. Bibliog. — Ch. Renouard, *Traité des droits d'auteur* ; E. Pouillet, *Traité de la propriété littéraire et artistique* ; C. Couhin, *La propriété industrielle, artistique et littéraire* ; G. Huard, *Traité de la propriété intellectuelle* (1er vol.) ; Benoît Joly, *Etude sur la protection légale de la propriété artistique (peinture, sculpture, gravure)*, th. 1913 ; E. Chosson, *Le droit de l'auteur dramatique*, 1913. — Spécialement, sur la protection des œuvres photographiques, v. Potu, *Revue trimestrielle de droit civil*, 1910 et 1911, et notes au Dalloz, 1912,2,182,265, et 393. V. aussi, sur la protection des œuvres cinématographiques, l'opuscule du même auteur, 1912.

2. L'auteur ou ses ayants droit ont le droit d'exiger de l'éditeur qu'il publie l'ouvrage, ainsi qu'il l'a promis : la convention dira le chiffre du tirage et réglera éventuellement le sort des éditions suivantes. Si, au moment de la remise du manuscrit, aucun délai n'a été fixé pour la publication, l'éditeur qui l'a conservé dans ses cartons a-t-il le droit de le publier longtemps après, alors que l'auteur s'y oppose estimant l'œuvre surannée ? La négative a été jugée par le tribunal civil de la Seine le 4 décembre 1911 (Anatole France c. Lemerre), *Annales de droit commercial*, 1912,163. — Dans aucun cas, l'éditeur n'a la faculté ni d'introduire des *modifications* dans l'ouvrage, ni d'en dénaturer la forme ou la pensée, ni de le publier sous un nom autre que celui de l'auteur. Ce *droit moral* de garantir l'œuvre contre toute altération ne résulte pas seulement de la propriété littéraire ordinaire ; les intéressés peuvent encore s'en prévaloir après que l'œuvre est tombée dans le domaine public. V. Potu, *Le droit moral de l'auteur sur son œuvre* (*Annales de droit commercial*, 1909, 211 et 293).

132. — Tandis que, pour une œuvre de littérature ou d'arts figuratifs, le droit d'exploitation privative ne consiste que dans la *faculté de reproduction* (publication du livre ou d'une traduction du livre [1], dessins, copies, modelage), — il renferme deux attributs, lorsqu'il s'agit d'une œuvre scénique ou musicale : 1° l'auteur a le droit de multiplier les exemplaires contenant son œuvre, comme il ferait d'un ouvrage de librairie (mise en vente du livret ou de la partition) ; 2° il peut *représenter* ou faire représenter l'œuvre sur un théâtre ou par un moyen quelconque d'audition publique.

Ces deux avantages sont juridiquement séparés. La contravention à ce second droit constitue le *délit de représentation illicite*, alors que l'atteinte portée au premier s'appelle une *contrefaçon*. L'auteur peut traiter avec un libraire pour l'édition de l'œuvre et conserver par devers lui ou concéder à un directeur la faculté de représentation. Il n'y aura rien de commun dans le droit que possède le libraire et dans celui qui appartient au directeur. — Supposez une comédie mise au théâtre du vivant du dramaturge, et publiée en librairie après sa mort. L'œuvre sera contemporaine de l'auteur, au point de vue de l'un des attributs de l'œuvre, et posthume à l'autre point de vue (v. *infra*, n° 134).

133. — La législation des droits d'auteur a son origine dans les lois du 13 janvier 1791 (représentation des œuvres dramatiques ou musicales) et du 19 juillet 1793 (reproduction des œuvres littéraires et œuvres d'art) ; des lois postérieures ont en 1810, en 1844, en 1854, prolongé la durée du droit. La dernière en date est celle du *14 juillet 1866*.

Toutes ces lois, en prorogeant le droit pour une période plus longue que ne l'avait fait la loi précédente, ont soulevé une difficulté d'application transitoire. Comme la plupart des œuvres en cours étaient déjà cédées à des acquéreurs, on s'est demandé : — si l'extension de délai devait profiter au cessionnaire du droit, qui n'avait cependant acheté l'œuvre et convenu d'un prix que pour un temps plus limité ; — si l'œuvre ne devait pas au contraire, après l'expiration du premier délai, faire retour à l'auteur ou à sa famille ; — s'il n'était pas préférable enfin de la faire tomber dans le domaine public, sans égard au complément de délai de la loi nouvelle.

---

1. Nous écartons ce qui se rapporte au droit international. Jusqu'à la dernière époque, les traités diplomatiques ne soumettaient pas à un même régime la publication dans la langue originale et la *traduction*. Mais l'art. 8 de la Convention de Berne, revisée à Berlin en 1908, pose au contraire le principe de l'assimilation, notamment au point de vue de la durée, de la protection du droit principal (reproduction dans la langue originale) et du droit de traduction. Aux termes de cet art. 8, pendant la durée du droit sur l'œuvre originale, les auteurs peuvent seuls en autoriser la traduction. V. Poru, *La Convention de Berne pour la protection des œuvres littéraires et artistiques revisée à Berlin le 13 novembre 1908*, dans les *Annales de droit commercial*, 1913 et 1914, spécialement 1913, p. 485 et s. — En droit français, auparavant déjà, l'œuvre était protégée pour la même durée de temps contre les reproducteurs et contre les traducteurs ; d'autre part l'œuvre théâtrale est garantie contre les *adaptations*.

134. — La propriété littéraire ou artistique est d'abord viagère, c'est-à-dire qu'elle s'étend à toute la vie de l'auteur. Puis elle continue pendant les *cinquante ans* qui suivent sa mort.

L'auteur peut déroger par donation ou par testament à la transmission du droit aux héritiers naturels, sous réserve des règles concernant la réserve. Le *conjoint survivant*, que la loi répute avoir pris sa part de collaboration dans l'œuvre, dispose d'une jouissance légale sur le droit d'auteur, à moins que celui-ci n'en ait autrement disposé, que le conjoint n'ait été séparé de corps par sa faute, ou qu'il ne vienne à se remarier [1].

Lorsqu'une œuvre est le produit d'une *collaboration* (entre un auteur dramatique et un musicien par exemple), la différence d'époque dans la mort de l'un et de l'autre aura pour résultat de donner au droit d'auteur une durée différente au profit des deux familles ou des deux cessionnaires. L'opinion générale, quoique de valeur discutable, veut que l'*indivisibilité de l'œuvre* profite aux héritiers du prémourant qui, s'ils étaient seuls, n'auraient plus aucun droit : la vie plus longue de l'autre auteur prolonge ainsi leur propriété.

La collaboration a fait naître d'autres difficultés. Que décider lorsque l'un veut publier ou représenter l'œuvre, alors que l'autre s'y oppose ? Appartient-il au tribunal de départager ce conflit comme arbitre des motifs auxquels obéissent les intéressés ? C'est un des nombreux problèmes que nous devons nous borner à énoncer.

Pour les *œuvres posthumes*, qui n'ont pas été publiées du vivant de l'auteur, un décret du 1er germinal an XIII fait naître le droit, non du chef de cet auteur, mais du chef des héritiers qui publient l'ouvrage. Il leur confère, par conséquent, une propriété qu'ils transmettront à leur tour à leurs propres héritiers, « à charge toutefois d'imprimer séparément les œuvres posthumes et sans les joindre à une nouvelle édition des ouvrages déjà publiés et devenus propriété publique ».

135. — La reconnaissance par la loi du droit d'auteur n'est pas subordonnée à des formalités préalables. Seulement un *dépôt* est requis pour introduire une demande en contrefaçon, qu'elle soit correctionnelle ou simplement civile ; et, tant qu'il n'a pas été effectué, l'auteur ne pourra pas faire condamner ceux qui empiètent sur son droit. Ce dépôt n'est point prescrit, à peine de perte du droit, avant que l'œuvre ne soit publiée. A la différence de ce qui se passe pour les brevets d'invention, l'œuvre s'impose par elle-même au respect de tous.

Le dépôt porte sur *deux exemplaires* de la publication, à remettre à la *Bibliothèque nationale* et au *Ministère de l'Intérieur* (disposition avec laquelle il faut faire concorder l'art. 10 de la loi de 1881 sur la presse, qui exige un dépôt de chaque feuille du journal au parquet du Procureur de la République ainsi qu'au Ministère ou à la Préfecture). Les gravures sont éga-

1. Ce droit du conjoint survivant a moins d'importance qu'autrefois, depuis la loi du 9 mars 1891, qui institue en sa faveur la faculté de succéder en usufruit à une partie des biens de son conjoint, quelle qu'en soit la composition.

lement sujettes au dépôt (pour le cabinet des estampes). Mais cette formalité cesse à l'égard des œuvres de peinture ou de statuaire, celles-ci étant faites de règle en un exemplaire unique.

136. — Sauf sur un point (droit de reproduction en cas de vente d'une œuvre d'art, v. *infra*), il n'y a pas non plus de disposition spéciale relative à la *cession* du droit. Les règles ordinaires sur la preuve devront être suivies.

Ici apparaît pour les œuvres d'art une difficulté classique : la *vente*, sans réserve, *d'une toile* ou d'une sculpture *emporte-t-elle transmission* au profit de l'acquéreur *du droit de reproduction* ? La question a été vivement controversée et a soulevé bien des contestations entre les artistes et leurs cessionnaires. C'était une question d'interprétation de conventions, à résoudre d'après les circonstances de fait. Elle est aujourd'hui tranchée par la loi du 9 avril 1910, dont l'article unique porte : « L'aliénation d'une œuvre d'art n'entraîne pas, à moins de convention contraire, l'aliénation du droit de reproduction » (*Annales de droit commercial*, 1911, p. 59).

137. — Les peines de la contrefaçon sont écrites dans l'art. 427. Celles qui frappent le délit de représentation illicite résultent de l'art. 428 C. pén. (amende et confiscation de l'édition contrefaite ou des recettes).

138. — La protection des droits d'auteur et d'artiste et la perception des redevances dues à la publication ou à la représentation des œuvres, sont centralisées en France par l'action de certaines *Sociétés*, dites *des gens de lettres, des auteurs et compositeurs dramatiques, des auteurs, compositeurs et éditeurs de musique* et du *Syndical de la propriété artistique* (peintres, sculpteurs, graveurs... architectes).

Ces sociétés prêtent leur ministère aux écrivains ou aux artistes qui en font partie, auprès des journaux, des éditeurs ou des théâtres disposés à publier ou à représenter leurs œuvres. La Société des auteurs dramatiques, par exemple, passe des traités avec les administrations théâtrales, en prenant pour le calcul des droits d'auteur des bases uniformes. Tout auteur sociétaire s'engage, par le seul fait de son admission, à ne laisser représenter ses œuvres quelconques que par un directeur pourvu d'un traité auprès de la société. Il y a là une pression exercée sur les entreprises théâtrales, obligées d'acquitter les droits que les auteurs leur imposent par l'action de leur syndicat[1].

Des agents correspondants touchent les droits, pour le compte des intéressés. En ce qui concerne l'exercice des actions pour contrefaçon ou représentation illicite, chaque sociétaire a, par le fait de son adhésion aux statuts, délégué à la société le soin d'introduire en son nom les procès nécessaires[2].

---

1. Voir ce qu'on a appelé le *trust* des théâtres afin de réagir contre cette pression, dans les *Annales de droit commercial*, 1906, p. 71.

2. Sur l'organisation de ces sociétés, voir Astruc, *Le droit privé du théâtre*, th. 1897 ; Bayet, *La Société des auteurs dramatiques*, th. 1908 ; Ponroy, *La Société des gens de lettres*, th. 1908 ; E. Chosson, *op. cit.* (pour la *Société des auteurs et compositeurs dramatiques*) ; Benoit Joly, *op. cit.*, p. 122 et s. (pour le *Syndicat de la propriété artistique*).

139. — C. **Dessins et modèles**[1]. — La législation des *dessins* et *modèles* était demeurée jusqu'en ces derniers temps en France à l'état rudimentaire par suite de l'insuffisance tant de la *loi du 18 mars 1806*, chargeant les prud'hommes de Lyon d'en recevoir le dépôt par échantillons, que de l'Ordonnance du 17 août 1825, déterminant comme lieu de dépôt, en l'absence de conseil de prud'hommes, le greffe du tribunal de commerce. C'est la *loi du 14 juillet 1909* (complétée par le décret du 26 juin 1911 portant règlement d'administration publique pour l'exécution de cette loi, et par la circulaire ministérielle du 10 juillet 1911) qui règle aujourd'hui cette institution[2]. Elle s'applique à la fois aux *dessins*, dispositions en surface plane, et aux *modèles*, qui se distinguent par leur relief, ou, comme le dit l'art. 2 de la loi, à « tout dessin nouveau, à toute forme plastique nouvelle, à tout objet industriel qui se différencie de ses similaires, soit par une configuration distincte et reconnaissable, lui conférant un caractère de nouveauté, soit par un ou plusieurs effets extérieurs lui donnant une physionomie propre et nouvelle ».

140. — La propriété ne dépend pas du dépôt, elle résulte de l'invention. Mais c'est par le *dépôt* du dessin ou d'une reproduction du modèle que l'intéressé manifeste sa volonté d'en user privativement, et ce dépôt crée à son profit, jusqu'à preuve contraire, une présomption qu'il en est le créateur[3]. La publicité du dessin antérieurement au dépôt n'entraîne point déchéance : le domaine public ne profiterait pas d'une mise en vente prématurée du produit, et le droit propre aux brevets d'invention ne doit pas être étendu à cette matière.

Le dépôt est effectué au secrétariat du conseil de prud'hommes ou, à défaut de prud'hommes, au greffe du tribunal de commerce du déposant. Il comporte deux exemplaires d'un spécimen ou d'une représentation de l'objet revendiqué contenus dans une boîte fermée sur laquelle sont apposés le cachet et la signature du déposant (art. 5, § 4, L. 1909).

La durée totale de la protection du dépôt, durée que la loi porte à cinquante ans (avant 1909, elle pouvait même être d'un temps indéfini), est répartie par la loi en trois phases de la manière suivante :

1° Cinq premières années : dépôt restant secret, à moins que le déposant n'en requière la publicité par envoi de la boîte à l'*Office national de la propriété industrielle*, où auront lieu son ouverture et le prélèvement des deux exemplaires, dont l'un sera reproduit par procédé photographique communiqué aux tribunaux et dont l'autre demeurera à l'*Office*, à la dis-

---

1. Bibliog. — Pouillet, Taillefer et Claro, *Traité des dessins et modèles de fabrique*, 5e éd., 1911 ; Philippon, *Traité des dessins de fabrique*, 1880 ; Fournier, *Des transformations de la législation sur les dessins et modèles industriels*, th. 1908 ; Marquis, *La législation protectrice des dessins et modèles*, loi du 11 juillet 1909, th. 1909.

2. Un décret du 12 février 1913 rend applicable aux colonies et pays de protectorat (autres que l'Algérie, le Maroc et la Tunisie) la loi du 14 juillet 1909.

3. Des décrets spéciaux à certaines industries pourront donner à une inscription sur registres privés, soumis à l'estampille administrative, la valeur du dépôt légal, pour constater la priorité d'emploi d'un dessin ou modèle (art. 4).

position du public. — Versement d'une taxe de 3 fr. 95 par dépôt, plus cinq centimes par objet déposé.

2° Vingt-cinq années (sur lesquelles s'imputent les cinq précédentes) : réquisition faite par le déposant, avant l'expiration des cinq ans, du maintien de son dépôt, faute de quoi il lui sera restitué sur sa demande, ou autrement transmis, après ouverture de la boîte, aux établissements à désigner par décret qui exposeront les objets.

Ce maintien du dépôt est accompagné de la publicité par le procédé qui vient d'être décrit, à moins que le requérant ne demande la conservation de la forme secrète. — Taxe de 30 fr. pour chacun des objets conservés avec publicité, et de 5 fr. pour chacun des objets gardés en dépôt secret.

3° Prorogation possible pour une nouvelle période de vingt-cinq ans, avec publicité cette fois indispensable. — Taxe de 50 fr. ou de 75 fr. selon les cas.

Les faits qui constituent de la part d'un tiers atteinte aux droits du propriétaire du dessin ou du modèle peuvent être antérieurs au dépôt, ils ne tombent pas alors sous le coup des sanctions de la loi de 1909 [1]. S'ils lui sont postérieurs, ou bien le dépôt est encore secret à cette date : les poursuites, tant pénales que civiles, seront subordonnées à la preuve à fournir par la partie lésée que l'inculpé est de mauvaise foi, et l'action elle-même ne pourra être intentée qu'en publiant le dépôt. Ou bien le dépôt avait déjà été rendu public au moment de l'accomplissement du fait reproché au tiers ; c'est à ce dernier alors à faire la preuve de sa bonne foi pour ne pas être condamné.

La pénalité consiste dans une amende de 25 à 2.000 fr., les cas de récidive étant réservés et sans préjudice de la confiscation.

La procédure de la description avec ou sans saisie des objets incriminés, déjà pratiquée pour les brevets et les marques, a été étendue par la loi de 1909 à la présente action [2].

141. — Ce qui donne au dessin ou au modèle son caractère propre, c'est qu'il est du ressort de la *décoration* et qu'il a une portée purement ornementale. L'innovation fait apparaître une forme de nature à satisfaire le goût et à être recherchée pour elle-même. Si elle consistait dans un procédé susceptible d'être pratiquement utilisé, l'invention ne disposerait de la protection légale qu'à la condition de se mettre en règle avec le droit des *brevets*. Il faudrait suivre la loi de 1844 (L. 1909, art. 2, al. 2).

---

1. Mais, même en l'absence de tout dépôt, le créateur d'un dessin ou modèle peut (art. 3 L. 1909) « invoquer en faveur de son droit la protection de la loi de 1793, si son dessin ou modèle est techniquement une œuvre de dessin ou de sculpture et, dans tous les cas, celle de l'art. 1382 C. civ., s'il est victime d'une concurrence déloyale » (Rapport Pracue à la Chambre des Députés, *J. off.* du 19 août 1908, Annexe, p. 681 et s.).

2. La loi nouvelle ne frappe pas de déchéance le propriétaire du dessin, faute par lui de l'exploiter en France. Il faut en conclure que la règle suivie pour les brevets d'invention ne s'étend pas aux dessins de fabrique (Paris, 16 avril 1908, S. 1909, 2, 7). Mais un projet de loi séparé a pour but d'établir cette cause de déchéance.

142. — Mais, s'il est relativement facile d'éviter une confusion entre le droit des dessins et celui des brevets, il n'en est plus de même lorsqu'il faut déterminer les signes qui distinguent le *dessin artistique* du *dessin industriel.* On s'en était aperçu bien avant la loi nouvelle. Le dessin d'art était protégé par la loi de 1793 complétée en dernier lieu en 1866 ; le dessin d'industrie l'était par la loi de 1806. Ni les formes de conservation du droit, ni sa durée n'étaient les mêmes pour les deux institutions.

La question présentait de l'intérêt pour les dessins artistiques, rendus ensuite de vente courante par un moyen industriel de reproduction. On avait soutenu que le fabricant, tenant le dessin de l'artiste, n'en acquérait la propriété, ainsi que l'action en contrefaçon, que moyennant un dépôt au conseil des prud'hommes. Cette opinion était rejetée par divers auteurs, tels que M. Pouillet, qui permettaient au contraire au fabricant de se prévaloir, même alors, de la loi de 1793 sur la propriété artistique (Cass., 31 juillet 1855, D. 55, 1, 335).

Une loi récente, dont la portée n'est pas très claire, est venue donner raison à cette dernière théorie. Elle place sous le régime de la propriété artistique « les sculpteurs et dessinateurs d'ornements, *quels que soient le mérite et la destination de l'œuvre* (L. 11 mars 1902, art. 2) ». Prise à la lettre, la disposition nouvelle aurait abrogé la loi du 18 mars 1806 par suite d'une absorption de cette loi dans celle de 1793 (V. Harmand dans l'*Annuaire de législation française*, XXII, p. 95). Cette interprétation n'a point prévalu : la protection légale peut s'exercer conformément à l'une ou à l'autre législation. La loi nouvelle du 14 juillet 1909 [1] a confirmé la thèse d'après laquelle le propriétaire du dessin industriel pourrait tenir d'autres dispositions légales, et notamment des lois de 1793 et de 1902, des droits plus étendus que ceux résultant de son propre contenu (art. 1er et 9, *in fine*) [2].

143. — Il existe des formes de costumes, mises en vogue par les couturiers et susceptibles de varier d'une saison à l'autre. Elles ne se prêtent

1. V. dans le rapport de la loi de 1909, fait au Sénat par M. Lemarié, les opinions défendues. V. aussi le rapport fait à la Chambre par M. Pracue, n° 140 ci-dessus, en note.

2. Ce système, qui permet à l'auteur d'un dessin ou modèle de cumuler le bénéfice des lois sur la « propriété artistique » et de celles sur les « dessins et modèles industriels », avait été proposé à la Conférence de Berlin en 1908. Mais il fut repoussé sur l'opposition de plusieurs Etats (Angleterre, Suisse) dont la législation interne n'accorde aux œuvres d'art appliqué que la protection des lois sur le droit industriel ; et finalement la Conférence arrêta un texte transactionnel ainsi conçu : « Les œuvres d'art appliqué à l'industrie sont protégées autant que permet de le faire la législation intérieure de chaque pays » (art. 4, *in fine*, nouveau), c'est-à-dire la législation interne du pays d'importation. Il serait résulté de ce texte que, tandis que les étrangers auraient joui chez nous du bénéfice cumulé des lois de 1793 et de 1909, au contraire, dans les pays qui refusent d'assimiler les œuvres de l'art appliqué aux œuvres de l'art pur, nos nationaux n'auraient pu invoquer pour leurs dessins et modèles que la protection restreinte du droit industriel. C'est pour éviter cette situation défavorable que la France, usant de la faculté prévue à l'art. 27 de la Convention, a émis une réserve au sujet du texte précité. Sur la portée exacte de cette réserve, v. Piot, *Annales de droit commercial*, 1913, p. 473 et s.

guère à la protection des modèles, bien que les principes des lois de 1806 et de 1909 ne s'opposent pas au dépôt d'un patron de mode (V. cependant Req., 29 juillet 1913, S. 1914, 1, 68). Toutefois, si une maison de couture se procurait le modèle d'une maison concurrente, par exemple au moyen d'un compère qui se commanderait un vêtement sur ce modèle, il pourrait y avoir dans cet agissement les éléments d'une concurrence déloyale.

CHAPITRE II

CAPACITÉ REQUISE POUR FAIRE LE COMMERCE

(Art. 2 à 7 C. com.).

144. — Après avoir esquissé, comme suite naturelle à la profession commerciale, le droit de la *propriété industrielle*, nous devons revenir aux prescriptions qui sont du ressort du droit commercial proprement dit.

L'exercice du commerce nécessite certaines *conditions de capacité*.

145. — Interdiction de faire le commerce. — Il ne faut pas confondre *l'incapacité* avec *l'interdiction* de faire le commerce, plus exactement avec les *incompatibilités*.

1° Le commerce est incompatible avec certaines professions, avec la plupart des fonctions publiques (non pas bien entendu avec les fonctions parlementaires), avec les offices ministériels, avec la profession d'avocat[1].

Les fonctionnaires, en se livrant à une entreprise de commerce, perdraient de vue la défense de l'intérêt général à laquelle ils sont préposés. Ils ne doivent même pas faire un acte de commerce particulier. De là cette conséquence qu'un avocat ou un officier de l'armée peut vendre le vin de ses propriétés, mais non exploiter, même par le ministère d'un agent, une usine ou une banque.

La sanction de ces interdictions consiste : *a*) tantôt dans des peines, *b*) tantôt dans une réprimande disciplinaire, *c*) tantôt dans une destitution (art. 87 C. com.). Les actes de commerce accomplis au mépris de la défense sont valables, le tribunal de commerce en pourra connaître, l'opérateur, en cas de cessation de paiements, encourra la faillite. Une contravention à la loi ne saurait procurer au coupable le droit de s'affranchir de ses engagements, ni celui d'éluder une règle de compétence ou d'exécution.

Ce n'est que dans certains cas exceptionnels que des actes ainsi accomplis pourraient être annulés ; la nullité appartient alors non au fonctionnaire en faute, mais à sa contre-partie. Ainsi en est-il des cas où la loi voit

---

1. Il sera difficile de séparer chez l'avocat les faits de représentation relevant de l'ordre judiciaire et permis à la profession, de ceux qui, propres aux agents d'affaires, lui seraient par conséquent interdits (V. l'arrêt de la Ch. des Req. du 11 nov. 1895, D. 96, 1, 65, sur la demande d'inscription au barreau de la Cour de Montpellier des avocats de Cette).

dans l'exercice du commerce le résultat d'une pression d'autorité (Ex. : opérations conclues par les fonctionnaires civils ou militaires, en matière de trafic de grains ou de boissons dans leur ressort, opérations punissables en outre d'après l'art. 176 C. pén.).

2° L'incapable se trouve dans des conditions différentes de celles de la personne frappée d'interdiction commerciale. L'incapable ne peut faire d'actes de commerce *réguliers*, et une action en nullité s'ouvre à son profit.

Nous nous occuperons successivement de l'*étranger*, du *mineur*, de la *femme mariée*, de l'*Etat* ou des *communes*.

SECTION PREMIÈRE

L'ÉTRANGER

146. — L'étranger n'est point un incapable. Résidant ou non en France, il a toute capacité pour traiter dans l'ordre commercial soit avec un autre étranger, soit avec un Français. C'est par les relations avec l'étranger que le commerce s'est développé, et l'on s'accorde à rapporter les actes de toute nature qu'embrasse le commerce aux *droits* des gens, ou *naturels*. Ces droits, par antithèse aux *droits* purement *civils*, appartiennent en France aux étrangers, sans condition nécessaire de réciprocité (interprétation donnée par la jurisprudence à l'art. 11 C. civ.) [1].

Un étranger peut donc ester en justice en France, il peut y demander ou y encourir la faillite.

La non-recevabilité devant les tribunaux français d'un procès entre deux plaideurs qui seraient étrangers l'un et l'autre est admise par les interprètes du droit civil, sauf certaines atténuations. Mais elle n'existe pas en droit commercial. C'est que l'incompétence de la justice française entre étrangers a lieu *ratione personæ* et non pas *ratione materiæ*, au moins suivant l'opinion qui tend à prévaloir. Dès lors, il suffit qu'on soit dans un cas où la demande peut être légitimement portée devant un tribunal autre que celui du domicile du défendeur, par ex. devant celui du lieu du contrat ou du paiement, et que ce dernier lieu se trouve en l'espèce situé en France, pour que l'un de nos tribunaux reprenne juridiction. Cette pluralité de tribunaux compétents se rencontre précisément en matière commerciale (art. 420 C. proc. civ.). Il faut réserver cependant les difficultés tenant à l'interprétation de certains traités internationaux, notamment de la convention franco-belge du 8 juillet 1899 [2].

Les restrictions au droit pour un étranger de faire le commerce à l'égal d'un Français sont les suivantes :

---

1. Cette règle n'est vraie que pour le temps de paix. La coutume du droit des gens veut que, à raison de l'état de guerre et dans l'intérêt de la défense nationale, tout commerce soit interdit à nos nationaux avec les sujets des Etats belligérants, nos ennemis (THALLER et PIC, *Des sociétés commerciales*, I, n° 419). Il a été fait une application rigoureuse de cette coutume pendant la grande guerre (D. 27 septembre 1914 ; L. 4 avril 1915). Sanctions : nullité des contrats, pénalités correctionnelles.

2. M. BERNARD, *De la compétence des tribunaux français à l'égard des étrangers*.

a) Il n'a pas les *droits politiques*, il ne peut être agent de change, courtier officiel ou inscrit, il ne concourt pas aux élections des tribunaux ou chambres de commerce. La faillite ne lui fait point perdre une capacité civique qui lui manque.

b) Exerçant sa profession en France, il doit, sous peine d'amende et à moins d'être admis à domicile, faire à la mairie, dans les huit jours, une *déclaration de résidence* (L. 8 août 1893).

c) Si le commerce, au lieu d'être entrepris par un individu, était exercé par une société, sous la forme de *société anonyme*, cette société, en la supposant étrangère, est soumise à un régime particulier, ayant son principe dans une loi du 30 mai 1857. Elle n'a que sous certaines conditions le droit d'opérer ou d'ester en justice en France. La question sera reprise plus loin.

d) Jusqu'à ces derniers temps, une faveur était faite à l'étranger, lorsqu'il plaidait *en matière commerciale*, comme demandeur en France contre un Français. Il était dispensé de la caution qu'avait à fournir l'étranger *dans les procès civils*, afin de répondre envers le défendeur français des frais et des dommages-intérêts du procès (art. 16 C. civ.). — Cette faveur lui a été enlevée par la *loi du 5 mars* 1895. La règle est devenue la même pour les litiges commerciaux que pour les litiges civils. L'étranger non admis à domicile est plus mal traité qu'un Français ; car, poursuivant un Français en justice, il doit prêter la *caution judicatum solvi*, à laquelle ne sont point astreints nos nationaux. — Mais la loi de 1895 était à peine entrée en vigueur, qu'un texte diplomatique important, sans la réduire à l'état de lettre morte, en restreignait beaucoup l'application. La *convention de la Haye du 14 novembre* 1896, à laquelle ont adhéré quinze Etats de l'Europe, a supprimé la condition de la caution au regard des nationaux de l'un de ces Etats, *ayant leur domicile* dans l'un des autres. Cette disposition a été maintenue dans l'art. 17 de la nouvelle *convention de la Haye du 17 juillet* 1905 (promulguée en France par décret du 30 avril 1909) qui remplace celle du 14 novembre 1896. En outre le texte nouveau précise formellement que les traités « par lesquels des Etats contractants auraient stipulé pour leurs ressortissants la dispense de la caution *judicatum solvi*,.. sans condition de domicile, continueront à s'appliquer »[1].

e) En matière de *propriété industrielle*, les étrangers ne sont pas assimilés aux Français.

Le droit de revendiquer une *marque de fabrique* et d'exercer l'action en contrefaçon n'appartient en principe aux étrangers et même aux Français que pour les *établissements* d'industrie ou de commerce *qu'ils possèdent en France*. Les propriétaires d'établissements situés hors de France n'ont le même bénéfice pour les produits provenant de ces établissements qu'en cas

1. Plusieurs Etats ont conclu des traités de ce genre : leurs nationaux sont alors dispensés de la caution « sans condition de domicile ». — En outre, on discute à cet égard la portée de la clause du *libre accès près de nos tribunaux* (convention avec l'Espagne), ou de celle de la *nation la plus favorisée* (traité de Francfort avec l'Allemagne).

de conventions diplomatiques ou à la faveur d'une réciprocité conférée aux marques françaises dans le pays étranger (art. 6, L. 23 juin 1857, et art. 9, L. 26 novembre 1873). La marque doit alors être déposée au greffe du tribunal de commerce de la Seine.

Cet état de réciprocité a été organisé entre la plupart des Etats d'Europe par la *convention de Paris du 20 mars* 1883, qui institue une « Union internationale pour la protection de la propriété industrielle ». Cette convention a été modifiée par l'« acte additionnel de Bruxelles du 14 décembre 1900 », et par la « convention de Washington du 2 juin 1911 » (*Annales de droit commercial*, 1911, 231 et 317), promulguée en France par décret du 20 avril 1913. En outre, par suite d'« arrangements pris à Madrid en 1891 », entre certains des Etats de l'Union seulement, un enregistrement de la marque par le Bureau international de Berne en assure par lui-même la conservation dans chacun des Etats contractants ; cette convention d'Union restreinte a été modifiée également à Bruxelles en 1900 et à Washington en 1911.

Il n'y a pas de restriction apportée au droit, qu'a tout étranger, de faire breveter une *invention* en France, pourvu toutefois que celle-ci n'ait pas reçu déjà de publicité à l'étranger, art. 27 et 28 de la loi de 1844 (voir l'art. 29 sur les brevets d'importation dans cette même loi, et la convention précitée du 20 mars 1883, modifiée en 1900 et 1911).

Depuis le décret du 28 mars 1852, la contrefaçon sur le territoire français d'*ouvrages littéraires ou artistiques* publiés à l'étranger est réprimée de la même manière que la contrefaçon d'ouvrages français. La nationalité de l'auteur ou de l'artiste est indifférente, comme aussi l'origine de l'œuvre (ajoutez un certain nombre de traités, et surtout la *convention de Berne du 9 septembre* 1886 créant une « Union internationale pour la protection des œuvres littéraires et artistiques », convention révisée par celle de Berlin du 13 novembre 1908, v. POTU, *Annales de droit commercial*, 1913 et 1914).

SECTION II

LE MINEUR

(Art. 2, 3 et 6 C. com.).

147. — Le mineur de vingt et un ans, de l'un ou de l'autre sexe, peut-il faire le commerce ? Et, en cas d'affirmative, à quelles conditions ?

Si l'on avait suivi le droit commun, on aurait appliqué les règles établies dans le Code civil sur la minorité et sur l'émancipation (art. 450 et suiv.). On aurait donc statué ainsi ;

a) Le mineur est-il *en tutelle* ? Le tuteur aurait pu entreprendre un commerce au nom du pupille. Mais, pour chacun des actes excédant ses pouvoirs ordinaires d'administration (emprunt, aliénation, etc.), il aurait eu à se pourvoir d'une délibération du conseil de famille, homologuée au besoin par le tribunal civil.

b) Le mineur est-il *émancipé* ? C'est lui-même qui aurait fait ces divers actes, assisté de son curateur. Au besoin, il se serait assuré les autorisations nécessaires, d'après la nature de l'opération.

Mais, dans aucun des deux cas, l'accomplissement *libre* du commerce par le mineur n'eût été possible : ses actes auraient été annulables ou rescindables à son profit (art. 1305, 1314 C. civ.).

La loi a repoussé ce système. Le commerce met en jeu des qualités personnelles. Il peut s'exercer par représentant *conventionnel*, car le représenté continue à en inspirer et à en surveiller la marche. Mais il exclut la représentation *légale* d'incapables : ceux-ci sont hors d'état de contrôler leur mandataire [1]. Le tuteur engagerait le mineur dans des opérations ruineuses.

D'autre part, le commerce ne va pas sans une large indépendance pour accomplir les actes qu'il entraîne à sa suite. Il ne s'accommode pas d'entraves juridiques. L'obligation de faire autoriser les opérations importantes produirait de perpétuels à-coups [2].

Donc, pendant la minorité, — ou bien incapacité radicale du mineur, dont rien ne pourrait le relever, — ou bien son assimilation à un majeur. Il n'y avait pas de moyen terme concevable.

148. — Le législateur a pris parti pour cette dernière solution. Il permet au mineur de faire le commerce avant sa majorité, *avec la même capacité qu'un majeur*. Il a pris en considération ses aptitudes possibles en matière d'affaires : celles-ci peuvent justifier en sa faveur une anticipation d'âge.

L'ancien droit, s'inspirant de ces idées, n'admettait pas la restitution du mineur commerçant contre ses engagements. Partant de la maxime que « le commerce émancipe », il ne subordonnait la capacité du mineur à aucune condition autre que le discernement de ses actes (excepté dans les corps de maîtrise, où l'on ne pouvait se faire recevoir avant vingt ans accomplis : Ordonnance de 1673, titre Ier, art. 5 et 6).

Telle fut la règle maintenue par le Code civil, art. 1308. Le Code de commerce l'a consacrée à son tour, mais *en la réglementant*, afin d'écarter les abus.

149. — Nous avons à examiner : — 1° les conditions d'habilitation du mineur ; — 2° les effets attachés à ses actes.

---

1. De là il ressort que l'*interdit légal* ou *judiciaire* ne peut faire le commerce ni par lui-même ni par l'entremise de son tuteur. — Les jugements d'interdiction sont publiés par extrait dans un registre déposé au greffe du tribunal civil du lieu de naissance de l'interdit (L. 16 mars 1893, nouvel art. 501 C. civ.). On peut être informé par là de l'état d'interdiction de la personne avec qui on se disposait à contracter.

2. De là vient que le *prodigue* ou la personne pourvue d'un conseil judiciaire ne peut faire le commerce de profession, puisqu'il lui faudrait pour les actes visés par les art. 499 et 513 C. civ. se faire assister par son conseil. Mais il pourrait, sous réserve de cette assistance, accomplir des actes de commerce isolés. — Sur la publicité des jugements portant nomination d'un conseil judiciaire, voir la note précédente.

§ 1. — Conditions d'habilitation du mineur au commerce

(Art. 2 et 3 C. com.).

150. — Ces conditions sont les mêmes, qu'il s'agisse d'entreprendre un commerce professionnel ou d'accomplir un acte isolé de commerce (art. 3). Elles sont mentionnées par l'art. 2 ; il y en a quatre : — l'*émancipation*, — l'*accomplissement de l'âge de dix-huit ans*, — une *autorisation* expresse et préalable de celui sous la puissance de qui le mineur est placé, — une *publicité* donnée à cette autorisation.

1° Le mineur doit être émancipé soit expressément, soit par le fait de son mariage. C'est bien le moins, s'il entend faire le commerce, que la tutelle ait cessé pour lui, d'abord au point de vue civil.

2° Il doit avoir dix-huit ans révolus, la loi ne le jugeant pas avant cet âge pourvu d'assez de maturité. — Cette condition ne se confond pas avec la première, l'émancipation pouvant dans la plupart des cas avoir lieu dès l'âge de quinze ans. Or, à quinze ans, le commerce ne peut pas encore être abordé.

3° Il lui faut une autorisation *expresse* et *préalable*. Cette autorisation est délivrée par écrit (autrement on ne pourrait la publier). Elle provient de la personne qui exerce sur le mineur la puissance paternelle, soit : — le *père*, pendant la durée du mariage ou lorsqu'il est le survivant des deux époux ; — la *mère*, si le père est mort ou s'il ne peut exercer la puissance paternelle (interdiction, absence, condamnation pénale), ou encore s'il s'agit d'un enfant naturel qui aurait été reconnu par la mère seulement ; — à défaut de ses deux parents (ou bien s'ils ont encouru tous deux la déchéance de la puissance paternelle par application de la loi du 24 juillet 1889, arg. art. 14 de cette loi), le *conseil de famille*. La délibération de ce conseil, nécessairement prise en la forme authentique, devra être homologuée par le tribunal civil du domicile du mineur,... par le tribunal *civil*, parce qu'il s'agit d'une capacité à octroyer...; du *domicile* du mineur, parce que ce tribunal-là est le mieux en mesure de se renseigner sur les qualités de ce mineur et sur son esprit d'ordre et de conduite.

Il est bien entendu que l'autorisation, lorsqu'elle est délivrée par le père ou par la mère, n'a pas besoin d'être homologuée par la justice.

4° Cette autorisation doit être rendue publique, au moyen d'une *mention sur un registre du greffe* et d'une *affiche* placardée (on ne dit pas pendant quel délai) dans la *salle d'audiences* du tribunal de commerce du lieu où le mineur veut exploiter son commerce (système de publicité défectueux).

C'est auprès de ce tribunal que les personnes, avec qui le commerçant va se mettre en relations, recueilleront leurs renseignements sur l'accomplissement des règles de capacité.

En stricte logique, cette quatrième condition ne devrait pas être sanctionnée, comme les trois autres, par la nullité des actes : le défaut de publication n'a pas empêché le mineur d'accomplir des opérations réfléchies. Quoi qu'il en soit, le texte ne fait point de distinction.

151. — **Caractères de l'autorisation.** — De ces quatre conditions, il en est une qui domine les autres, c'est l'*autorisation*. Outre qu'elle ne peut être donnée après coup, ni régulariser les opérations qui l'auraient précédée, elle dispose de caractères méritant d'être examinés.

Elle est fournie en une seule fois et forme comme une seconde émancipation superposée à la première. Le mineur sort du contrôle de l'autorisant, pour les actes de commerce qu'il viendra à entreprendre. Ce n'est pas, comme dans d'autres dépendances de droit, une approbation donnée à des opérations dont l'autorisant surveillerait successivement le mérite. C'est l'*octroi d'un brevet de capacité*.

Il s'ensuit : — *a*) Que l'autorisation peut être *générale* ; on pourrait d'ailleurs la limiter soit à une opération déterminée, soit à une branche de commerce spécifiée ;

b) Qu'elle n'empêche point celui qui l'a donnée de contracter avec le mineur. Il n'y a pas lieu de suivre l'adage : *nemo auctor est in rem suam* (En sens contr. Paris, 14 novembre 1901, D. 1902, 2, 238). Un fils majeur peut traiter régulièrement avec son père, entrer avec lui en société, etc. : un mineur autorisé le peut aussi et pour la même raison ;

c) Qu'elle n'est pas *révocable*. On ne saurait faire retomber dans son incapacité une personne rendue capable. Si toutefois le mineur se livrait à des spéculations déraisonnables, on pourrait saisir le tribunal d'une demande aux fins de retrait d'autorisation. Il y a deux moyens à la portée de l'autorisant. Un *moyen indirect* : faire déchoir le mineur du bénéfice de son émancipation, à condition de justifier contre lui, dans l'ordre civil, de ces actes réductibles en cas d'excès dont parlent les art. 484 et 485 C. civ. Un *moyen direct* : lui laisser l'émancipation, mais à charge de prouver, d'après sa conduite dans les affaires, que l'autorisation doit lui être retirée (arg. d'analogie tiré de ces art. 484 et 485).

En tout cas, le retrait ne peut se faire par la seule volonté de l'autorisant ; il est subordonné à une décision du tribunal, dont il faudra informer les tiers. La loi ne détermine pas la forme de la publicité à accomplir en pareil cas : elle sera donc laissée à l'appréciation des juges. Aussi longtemps que le retrait d'autorisation n'aura pas été publié, le mineur sera présumé toujours capable, au regard des tiers de bonne foi (arg. art. 2005 C. civ.).

152. — Commerce transmis par succession au mineur. — Dans ce qui précède, il n'est question que d'un commerce entrepris par le mineur, et non d'un *commerce* qui lui serait *transmis par succession*. Un négociant ou manufacturier meurt, en laissant pour héritier un fils mineur et un établissement en pleine prospérité. La continuation du commerce est-elle impossible ?

Il serait regrettable qu'on fût obligé de vendre cet établissement, en se fondant sur le motif que le mineur n'a pas la capacité de l'exploiter et qu'il ne peut acquérir cette capacité d'aucune manière s'il est âgé de moins de dix-huit ans. L'établissement, en tant que clientèle, ne pourra même pas se vendre, si le conseil de famille refuse d'en autoriser l'aliénation L. 27 février 1880 sur l'aliénation des valeurs mobilières et autres *meubles incorporels* appartenant aux mineurs). On paraît enfermé dans une impasse.

Des lois étrangères (Belgique, Italie, etc.) permettent au tuteur de continuer l'exploitation jusqu'à la majorité, avec l'autorisation du conseil de famille. Le silence de la loi française s'oppose à ce que pareille voie soit suivie chez nous.

Mais il reste une ressource à laquelle on se résout en pratique, sans bien décomposer par raisonnement ce que l'on fait. La loi, en effet, ne défend pas à un mineur de demeurer propriétaire d'un fonds de commerce. *Cette propriété à elle seule ne le rend pas commerçant*, puisque le commerce réside dans le risque de l'exploitation ; tout en laissant au mineur un élément peut-être fort appréciable de son patrimoine, on peut aviser au moyen de suspendre le commerce quant à lui (Voir plus haut les observations faites à l'occasion de la profession, n° 92).

Cela étant, de deux choses l'une : 1° Ou bien le mineur héritier reste sous la puissance de son père ou de sa mère, habile à exercer sur ses biens l'usufruit légal de l'art. 384 C. civ. jusqu'à ce qu'il ait atteint l'âge de dix-huit ans. Par le fait de son *usufruit*, cet ascendant survivant prendra l'exploitation à son compte, recueillera les bénéfices ou souffrira des pertes. Le père ou la mère continue transitoirement le commerce en son propre nom, sauf à le rétrocéder au mineur à partir de ses dix-huit ans. Ni les engagements de l'usufruitier, ni sa faillite ne se répercuteront sur le mineur lui-même : le fonds, les immeubles sur lesquels il s'exerce ne pourront pas être saisis par les créanciers de l'exploitant.

2° Ou bien il n'y a pas d'usufruit légal. Grâce à l'emploi du contrat de louage, on réalisera le même résultat que dans le cas précédent. Le tuteur *donnera bail* à un tiers ou prendra bail pour lui-même, avec l'autorisation du conseil de famille, du fonds de commerce ou d'industrie, moyennant un loyer annuel convenu (art. 450 C. civ.). Ce bail ne sera conclu que pour la période à courir jusqu'à ce que les dix-huit ans soient révolus.

Par là les principes sont sauvegardés. Il est vrai que le mineur n'aura pas la chance de retirer pendant cette période les gros profits que donnera le fonds, s'il est de bon rendement, et que le régime d'un revenu fixe se substituera temporairement à celui du bénéfice variable. Mais, en fait, la personne qui tiendra l'établissement sera presque toujours un proche, qui lui reversera spontanément à sa majorité ou à ses dix-huit ans le produit des gains acquis dans l'intervalle.

§ 2. — Effets attachés aux actes du mineur commerçant.

153. — Le mineur a été habilité, ou non. Les deux cas méritent examen.

I. *Il a été habilité* conformément à l'art. 2. Il y a en lui une double personne, celle du commerçant et celle du non-commerçant.

Pour ce qui concerne son commerce, il est pleinement capable, comme un majeur. Il ne saurait arguer de sa minorité afin de faire tomber ses actes.

Sont valables, et les opérations constituant des actes de commerce par leur nature, et celles qui sont commerciales par la théorie de l'accessoire, ou qui sont faites pour les besoins de son commerce, sans qu'il y ait lieu de mettre à part les actes ayant des immeubles pour objet (achat, hypothèque, location de terrains ou de bâtiments). — Ainsi en est-il de l'acquisition même du fonds de commerce qu'il se propose d'exploiter. — Il a en outre toute capacité à l'effet de souscrire des lettres de change pour les besoins de son commerce (art. 114 C. com.).

Le mineur répond de ses actes devant le tribunal de commerce. Il este librement en justice soit comme demandeur, soit comme défendeur, la cause n'est pas communicable (*non obst.* art. 83-6° C. proc. civ.), il transige ou consent à un arbitrage. — Il encourt la faillite s'il tombe au-dessous de ses affaires.

A un double point de vue, il est dans une situation moins bonne qu'un majeur : 1° Il ne peut pas être électeur au tribunal de commerce, sa capacité politique ne commençant qu'à partir de vingt et un ans (de même des fonctions d'agent de change, de courtier maritime ou de courtier inscrit en marchandises).

2° Libre d'engager ou d'hypothéquer ses immeubles pour les besoins de son négoce, il ne peut pas les aliéner. D'après l'art. 6 C. com., la vente de ces immeubles, même en vue du commerce, n'est pas permise. Du moins ne l'est-elle que sous les conditions réglées par le Code civil (assistance du curateur, délibération du conseil de famille homologuée par justice, vente aux enchères) [1].

C'est là une dérogation à la règle que le pouvoir d'hypothéquer se mesure au pouvoir d'aliéner, et inversement (art. 2124 C. civ.). Le mineur ici peut hypothéquer, non aliéner. L'aliénation a paru chose plus grave, elle fait sortir le bien du patrimoine. L'hypothèque le menace seulement pour l'avenir, il faut espérer que cette menace ne se réalisera point.

Au contraire, *pour ce qui touche ses intérêts civils*, le mineur reste soumis au droit ordinaire de l'émancipation : par exemple, il ne contractera un emprunt que suivant les art. 457 et 468 C. civ. (Req., 16 mars 1898, D. 98, 1, 279).

154. — Cette condition, de nature double, a des inconvénients. Les bailleurs de fonds ignoreront la destination civile ou commerciale de l'acte auquel ils participent ; le prêt sera nul dans le premier cas, valable dans le second. Par prudence, ils se feront déléguer, pour le versement de l'argent, au fournisseur de commerce du mineur.

Il semble qu'on doive suivre la *présomption de commercialité* de l'art. 638,

---

1. La Cour de Riom a jugé que les immeubles du mineur pouvaient être l'objet d'un apport en société, en dehors de toute adjudication publique par conséquent, moyennant une délibération du conseil de famille homologuée par le tribunal (2 mai 1907, S. 1908, 2, 289, et note Wahl). — En sens contraire : Trib. civ. Seine, 22 février 1912, *Journ. des Soc.*, 1913, 178, avec la note qui critique ce jugement. D'après lui, l'apport en nature fait à une société en commandite simple, par un père, au nom et comme administrateur légal des biens de son enfant mineur de moins de dix-huit ans, est entaché de nullité comme constituant un acte de commerce. V. *infra*, n° 335.

al. 2. L'engagement d'un commerçant, lorsque la cause n'en est pas exprimée, n'est-il pas présumé relatif à son commerce ?

Mais c'est donner à la présomption légale une portée excessive. Elle règle un point de compétence et, pour un marché dont la validité n'est pas contestée, elle donne la préférence au tribunal de commerce sur le tribunal civil. Ici, on va plus loin : on répute l'acte valable, et cependant pour un incapable c'est l'incapacité qui forme la règle.

Néanmoins, en pratique, on étend la présomption, et c'est à bon droit. Les juges de commerce pouvant admettre, sans limite de chiffre, la preuve testimoniale, peuvent aussi motiver leur décision sur une présomption *de fait*. Or, pour un négociant, ce sont les actes de commerce qui représentent la grande majorité des opérations. Il faudra que le tribunal fonde sa décision sur l'art. 1353 C. civ. et non plus sur l'art. 638 C. com.

155. — II. *Le mineur n'a pas été régulièrement habilité.* — Ses actes sont alors, à sa demande, sujets à nullité (art. 1311). L'action durera *dix ans* à partir de sa majorité, à moins de confirmation avant cette date (art. 1338). Le succès de la demande ne sera pas subordonné à la preuve d'une lésion (arg. art. 1314) : pourvu toutefois que le mineur ne s'enrichisse pas au détriment de sa contre partie. Celle-ci n'est point fondée à exercer la nullité (art. 1125 C. civ.), elle devra donc exécuter l'opération si le mineur trouve de son intérêt de la maintenir.

Dans un cas d'ailleurs délicat, l'action en nullité doit encore être donnée. — L'acte, nul comme commercial, répondrait, par hypothèse, aux conditions de régularité d'un acte civil de mineur émancipé (achat de marchandises au moyen d'intérêts de capitaux). — Il ne faut pas y voir un placement régulier des revenus du mineur, on donnerait à l'acte une autre signification que le mineur ne l'avait entendu.

156. — Dernière question. L'autorisation a bien été donnée, mais l'une des conditions premières, l'âge de dix-huit ans, par exemple, manquait. Trompés par les apparences, des tiers ont traité avec le mineur. Le mineur pourra-t-il faire tomber son engagement ?

Oui, semble-t-il, la sanction de la nullité est établie respectivement pour chaque condition.

Mais cette opinion crée l'insécurité. Le mineur ne s'est pas contenté de faire une déclaration de majorité contre laquelle il serait effectivement restituable (art. 1307). Il a commis un *dol* ; il s'est donné, au moyen d'une autorisation que les tiers ont dû croire précédée des deux autres conditions, sans avoir à les vérifier, les apparences de la capacité. Or le mineur est tenu de ses délits (art. 1310). Il n'est pas fondé à intenter une action en nullité, qui causerait un tort provenant de son dol.

SECTION III

LA FEMME MARIÉE

(Art. 4, 5, 7 C. com.).

157. — Le législateur n'a pas refusé à la *femme*, à raison de son sexe, le droit de faire le commerce. Cependant elle sort ainsi de la vie privée et aborde un terrain qui paraît mieux approprié aux fonctions de l'homme : jusqu'à Turgot, les corps de maîtrise étaient inaccessibles aux femmes.

Toutefois certains commerces, ceux qui dépendent de la toilette, par exemple, rentrent bien dans les aptitudes des femmes. Dans des situations critiques, à la suite de la mort ou de l'interdiction du mari, on en a vu, pour le plus grand profit de la famille, aborder même les combinaisons du grand commerce (le personnel des femmes commerçantes ou employées de commerce se chiffre environ par 27 o/o sur l'ensemble).

Mineure, la fille peut être habilitée à partir de dix-huit ans, de la même manière qu'un mineur du sexe masculin.

Majeure, si elle est fille ou veuve, elle exerce le commerce aussi librement que l'homme. Il y a des réserves : *a*) Elle ne dispose pas de la capacité politique. Donc elle ne peut être désignée à un office ministériel (agent de change, etc.). *b*) Strictement, elle ne devrait pas concourir au recrutement des tribunaux de commerce. Cependant, depuis la loi du 23 janvier 1898, les femmes commerçantes, mariées ou non mariées, doivent être inscrites sur la liste électorale et elles peuvent voter. La loi du 27 mars 1907 a étendu la même capacité aux femmes tant commerçantes qu'ouvrières, pour le droit de concourir aux élections des conseils de prud'hommes.

L'extension, en faveur des femmes commerçantes, du droit de suffrage aux élections consulaires, est trop naturelle pour avoir besoin de justification. Mais ce droit ne s'étend pas à l'*éligibilité* : elles ne peuvent pas être appelées à faire partie d'un tribunal de commerce. En revanche, la loi du 15 novembre 1908 a conféré aux femmes l'éligibilité aux conseils de prud'hommes.

Lorsque la femme est mariée, elle est soumise à l'*autorisation maritale* [1]. Le mariage forme une association : les actes de chacun de ses deux membres réfléchissent sur le ménage tout entier, et c'est au mari, chef de l'association, de coordonner les intérêts communs. Son intervention est d'autant plus indispensable que la femme prend au ménage le temps qu'elle donne aux affaires. D'un autre côté, elle expose plus gravement ses biens par le commerce que par les actes de la vie civile.

Exceptons, depuis la loi du 6 février 1893, la femme *séparée de corps* ; elle n'a plus besoin d'autorisation. La séparation de corps, tout comme le divorce, rend aujourd'hui à la femme toute sa capacité civile [2].

---

1. Abolie en Allemagne depuis la promulgation du Code civil (1900).

2. Sur le nom commercial que peut porter la femme, à partir de la séparation de corps ou du divorce, voir le n° 102, p. 77, note 2.

158. — La théorie de la femme mariée commerçante est difficile à construire ; on ne la présente plus aujourd'hui comme on le faisait il y a quelques années. Le « féminisme » est en progrès. La position subordonnée, par rapport à son mari, dans laquelle on laissait la femme, même à l'occasion du commerce qu'elle entreprendrait seule, a fait place, dans le commentaire ainsi que dans une loi nouvelle dont la portée est discutée, à la reconnaissance d'une autonomie, tempérée il est vrai par le principe de l'autorisation nécessaire, mais cependant très réelle et fertile en résultats. Il serait de mauvaise méthode de transporter à son incapacité et aux effets de ses actes sur les biens divers composant l'actif du ménage les raisonnements ordinaires du droit civil.

Cette tendance de l'Ecole à renouveler les procédés d'interprétation, pour consacrer au profit de la femme mariée une quasi-indépendance, se retrouve dans deux autres parties d'étude : 1° à propos de la *femme ménagère*, que l'on considère à présent, pour la tenue de la maison, comme agissant de son propre chef et non plus comme mise aux lieu et place du mari (elle a, disent les Allemands, la *Schlüsselgewalt*) ; 2° à propos de la *femme ouvrière*, qui est réputée développer une activité propre, puisque c'est son travail qu'elle exerce, femme ouvrière qu'a eue surtout en vue la loi du 13 juillet 1907 (voir ci-dessous n° 172 *bis*) [1].

Il en est de même pour le commerce. Dans la conduite de l'établissement qui s'est ouvert et qui se continue sous son nom, la femme n'est pas un agent d'exécution de son mari. Elle obéit à ses inspirations à elle. Elle met en valeur un talent qui lui est personnel. Elle agit sous sa responsabilité (alors même que dans certains cas cette responsabilité devrait être partagée par le mari).

Il convient, dans ces conditions, de rapprocher le plus possible son régime légal de celui d'une femme qui ferait le commerce sans être en puissance d'époux. Pourvu que le mari ait consenti à sa détermination d'entrer dans les affaires, elle dispose de la pleine maîtrise de sa conduite dans la tenue du fonds. Le mari ne la conseille, ni ne la contrôle. Ce n'est pas une indépendance aussi complète que celle du mineur, car le mari peut retirer son consentement sans qu'il soit besoin d'une décision judiciaire ; mais, ici et là, le commerce a pour résultat de faire échec au droit de l'incapacité.

Ce qui rend le problème complexe, c'est la nécessité de mener de front les règles qui concernent l'état de mariage pris en lui-même et celles qui ont pour objet la condition des biens : ces dernières relèvent de l'étude du régime matrimonial, du contrat de mariage ; les premières se rattachent au contraire à l'institution conjugale envisagée dans son principe.

Bref, il y a deux points à considérer : 1° un aspect de *capacité* ; 2° une question de *pouvoirs*.

1° Quant à sa capacité, la femme ne peut aborder le commerce que du

1. Cfr. Basset, *Le rôle de la femme mariée dans la gestion des intérêts pécuniaires de l'association conjugale*, 1896 ; Léon Lyon-Caen, *La femme mariée allemande*, 1903.

plein gré de son mari. Sur la nécessité de se pourvoir de l'assentiment de ce dernier, la loi est plus exigeante, plus inflexible que dans toutes les autres affaires que la femme manifesterait le désir d'entreprendre. La femme va-t-elle aborder le théâtre des affaires ? Cela dépend de ce que décidera le mari. Mais, une fois l'autorisation donnée, la femme sera libre et pourra accomplir seule les opérations commerciales.

2° Quant aux pouvoirs : cela vise non l'aptitude pour elle aux actes divers que le négoce entraîne à sa suite, car la réponse affirmative est certaine, mais le droit d'obliger tous les biens du ménage pour les besoins du commerce, et la libre disposition des bénéfices par elle gagnés.

Or, à cet égard, il y a des distinctions à établir : *a*) Tout d'abord, et quel que soit le régime, la femme peut affecter à son commerce, soit en les aliénant, soit en les engageant, soit simplement en les aménageant, ses biens à elle, tous ses biens (réserve faite quant au régime dotal).

Mais ne peut-elle pas encore en engager ou en utiliser d'autres ? On penche à croire que non : ces autres biens relèvent des droits du mari, à qui le commerce de la femme est étranger. Cette impression se modifie lorsqu'on se rappelle que le régime matrimonial le plus fréquent est la communauté. — La femme est copropriétaire des biens communs. En droit civil, la femme est sans pouvoirs effectifs sur ces biens, l'administration du mari absorbe la sienne. Mais, en droit commercial, du moment que le mari a reconnu à la femme une capacité agissante et une capacité prolongée, il est conséquent qu'elle dispose sur la masse commune de pouvoirs non plus latents et virtuels, mais égaux aux siens. Le mari est maître de mesurer la portion de ces biens que la femme consacrera à son commerce, comme capital fixe ou circulant, comme bâtiments ou comme argent (si ces bâtiments ne sont pas d'ores et déjà des propres de la femme). La femme ne peut pas envahir la communauté tout entière ; autrement c'est le mari qui en serait dépossédé. Cependant cette communauté tout entière est exposée à payer les dettes du commerce, et, les ayant payées, elle en devra supporter définitivement la charge, sans récompense.

b) Les pouvoirs de la femme sur les bénéfices sont par là même indirectement déterminés. Les époux se sont mis en communauté pour faire profiter leur union des produits du travail de l'un ou de l'autre, indifféremment. Si ce que gagne le mari tombe dans le fonds commun, ce que gagne la femme doit y tomber pour les mêmes raisons. Tant que le commerce de celle-ci se poursuivra, les bénéfices, incorporés au capital qu'elle gère, resteront entre ses mains. Lorsque le commerce finira, ils iront avec ce capital rejoindre la communauté dont ils ont d'ailleurs fait partie dès le moment de leur acquisition.

Ici, la législation présentait un défaut jusqu'à la dernière époque. Il est juste que, le commerce terminé, la femme puisse retenir *en gestion réservée* le montant de ses bénéfices ; la faculté pour le mari de recouvrer sur eux son omnipotence de chef, de les dilapider sans avoir à en rendre compte, ne serait pas une règle équitable. Cette source de biens vient du travail de la femme et est éminemment respectable. Elle doit, après avoir liquidé le fonds et restitué à la communauté les valeurs en provenant, continuer à gérer l'excédent représentant le bénéfice, et en régler l'emploi et le placement, comme s'il s'agissait d'un pécule séparé. Cela n'empêchera pas ces bénéfices de faire partie de la communauté et de se partager par moitié lors de la dissolution.

Or la loi statuait en sens contraire : le mari était admis à mettre la main sur les produits du travail personnel de la femme tant commerçante qu'ouvrière. On a commencé par demander une modification de la législation pour ce qui concerne les gains de la femme ouvrière (proposition votée à la Chambre des députés en 1896) ; on a réclamé la même réforme quant aux gains de la femme commerçante (discussion de la *Société d'Etudes législatives*, sur le rapport de M. Tissier, *Bulletin* de cette Société, 1902, p. 25 et s.). Ces vœux ont heureusement abouti, aussi bien pour la femme de la deuxième que pour celle de la première catégorie (L. 13 juillet 1907).

Sous le bénéfice de ces observations, qui laissent en dehors d'elles les régimes autres que la communauté, il faut reprendre ces questions plus en détail.

§ 1. — Conditions d'habilitation de la femme mariée.

159. — Différences avec le droit commun. — Dans la manière dont est réglée l'autorisation maritale, il y a deux différences capitales avec le droit civil : — 1° L'autorisation est générale et peut n'être que tacite ; — 2° Elle ne saurait, sauf exception, être remplacée par l'autorisation judiciaire.

1re différence. — L'autorisation maritale est d'ordinaire une *autorisation expresse*. La loi la soumet à une forme déterminée : la déclaration par écrit ou le concours du mari à l'opération (art. 217 C. civ.).

En outre, elle est *spéciale* (art. 223), et ne doit pas être donnée pour un nombre indéterminé d'actes. Autrement le mari, cessant d'exprimer son approbation en connaissance de cause, se dessaisirait en fait de son autorité.

Or, d'après l'art. 4 C. com., la femme ne peut être marchande publique sans le *consentement* de son mari. — Le « consentement » étant par définition dénué de toutes formes, il s'ensuit que l'intervention du mari peut consister dans un simple laisser-faire : telle est la tradition de l'ancienne jurisprudence. Il n'est besoin d'une autorisation expresse ni au commencement du commerce, ni pour chaque opération successive. La femme, porte l'art. 5 (qui reproduit l'art. 220 C. civ.), peut *sans l'autorisation du mari* (c'est-à-dire sans son approbation formelle à renouveler pour chaque contrat), s'obliger pour ce qui concerne son négoce.

Pourquoi s'être écarté du Code civil ? Obligée d'en référer au mari pour chacun de ses contrats, la femme eût été très gênée dans la marche de ses affaires : le commerce, avons-nous dit, implique le droit d'en faire seul les opérations.

Mais pourquoi n'avoir pas, au début de ce commerce, exigé une autorisation expresse et publique comme la loi l'a fait pour le mineur ? — La loi présente un défaut de symétrie. Toutefois, la vie en commun des époux laisse supposer le consentement du mari, par cela seul qu'il ne proteste point : au contraire, un père, d'après les circonstances, peut ignorer le commerce auquel son fils s'est livré.

A la différence encore de ce qui se passe pour le père du mineur, le mari peut retirer son consentement sans donner de motifs à l'appui de son changement de volonté, sauf à rendre ce retrait public dans l'intérêt des tiers (arg. 2005 C. civ.). Ce pouvoir ressort mieux d'ailleurs de la deuxième différence entre le droit commercial et le droit civil.

160. — 2e *différence*. — L'autorisation maritale peut, en principe, être remplacée par le *tribunal civil*, soit que le mari *refuse* d'autoriser, soit au cas de son interdiction, de son absence, de sa minorité, ou lorsque certaines condamnations le rendent *incapable* d'exprimer son autorisation (art. 218, 221, 222, 224 C. civ.).

Or, pour habiliter la femme à faire le commerce, *l'autorisation du mari ne saurait être suppléée par la justice*. — L'article 4 ne fait aucune référence au droit civil, il présente à lui seul le système légal, il subordonne au consentement du mari (acte absolument personnel à celui-ci) le droit pour la femme d'entreprendre le commerce. La femme n'est pas admise à se pourvoir devant le tribunal contre son refus.

La règle s'explique par deux raisons : *a)* La femme sort de ses occupations domestiques, ou peut les délaisser. Elle aborde la vie publique ; cette résolution peut déplaire au mari ; il oppose son refus pur et simple ; c'est son droit : *sit pro ratione voluntas*. La situation est comparable à celle de la femme comédienne ; la défense que le mari lui fait d'entrer au théâtre ne comporte point de recours aux tribunaux.

b) Il y a une autre raison tirée du contrat de mariage. Sous le régime usuel, qui est la communauté, l'autorisation de la justice, à supposer qu'elle pût relever la femme de son incapacité, la laisserait sans *pouvoirs* réels, ce qui aboutirait à rendre ce commerce véritablement impossible. Elle n'aurait aucune valeur en ses mains, le mari ayant toujours le droit, en qualité de chef de la communauté, d'administrer tous les biens du ménage, sans en excepter un seul, droit que la justice ne saurait atteindre et amoindrir d'aucune manière, car il est véritablement intangible. La femme, autorisée par le tribunal, ne donnerait à ses créanciers pouvoir de poursuite que sur la nue propriété de ses propres, ce qui est une faculté d'exécution presque illusoire.

161. — Ces deux raisons mettent logiquement une limite à la non-intervention de la justice. Il y a des cas où le tribunal pourrait autoriser : c'est lorsque la femme a l'administration de ses biens (séparation de biens, paraphernaux). Alors : 1° le mari refuse-t-il ? Ce refus peut être motivé par la rancune, il convient que la femme ait le droit de se pourvoir ; — 2° le mari est-il dans l'impossibilité d'autoriser ? Il se peut qu'il y ait des raisons sérieuses de pencher du côté de la femme, les juges apprécieront. Ils verront si le mari, présent ou capable, n'aurait pas consenti. La justice ne commettra d'ailleurs, en pareil cas, aucune intrusion dans des valeurs soustraites, d'après le régime, à l'action de la femme : elle en a la gestion.

Certainement, cette autorisation de justice est régulière lorsque la femme s'est fait séparer de biens, parce que sa dot était en péril ; le jugement de séparation crée entre les époux une tension qui permet d'attribuer à une tout autre raison que l'intérêt du ménage la résistance du mari au commerce de sa femme. Aussi n'est-il point sans exemple que le jugement même qui prononce la séparation déclare la femme habile au commerce (Trib. com. St-Etienne, 16 janvier 1880, sous Req., 17 janvier 1881, D. 81, 1, 225). Mais on ne voit pas pourquoi la solution serait écartée dans les autres régimes laissant à la femme des biens en administration propre [1].

Sauf cette atténuation, la règle mettant obstacle à l'autorisation de justice est absolue. Partant, *en communauté* [2], malgré l'absence, l'interdiction ou la minorité du mari, la justice ne saurait autoriser. Peu importe l'intérêt de la famille, privée de son chef, à se créer des ressources par le travail de la femme. Celle-ci est d'une incapacité dont rien ne la relèvera.

Car, le mari est-il *absent* ou *interdit*? Tous les biens sont administrés par un tuteur ou par un envoyé en possession provisoire, dénué de tout pouvoir tant pour faire le commerce que pour en déléguer l'exercice à qui que ce soit, fût-ce à la femme.

Le mari est-il *mineur*? Les valeurs du ménage sont légalement hors de la portée de la femme, comme de celle des juges. — On pourrait, à la rigueur, dans ce dernier cas, soutenir que le mari mineur, en se faisant d'abord habiliter par ses propres parents à entreprendre le commerce conformément à l'art. 2, disposerait ensuite du pouvoir d'autoriser sa femme, à la teneur de l'art. 4. A cela près, l'obstacle à l'exercice du commerce de la femme est insurmontable.

162. — En résumé, d'après cette doctrine, la femme, si elle a des *biens en administration propre*, *peut* se faire autoriser par le tribunal, soit que le mari refuse, soit qu'il y ait pour lui impossibilité de manifester son consentement. Hors de là, elle *ne* peut entreprendre ou continuer le commerce en présence du *refus du mari* ; — elle *ne* peut le faire davantage, si son mari est *interdit*, *absent* ou *mineur*.

§ 2. — Effets des actes de la femme commerçante.

163. — Cette étude se dédouble. Il importe : 1° de connaître la *mesure de la capacité* dont dispose la femme, et 2° de rechercher *à qui vont les bénéfices ou les pertes* de son commerce. Il ne s'agit ici que du commerce professionnel.

Si la femme accomplissait des actes accidentels, un seul achat de marchandises pour les revendre, le droit commun reprendrait son empire.

---

1 et 2. Toutefois, depuis la loi du 13 juillet 1907, qui (art. 1er) confère à la femme « sur les produits de son travail personnel et les économies en provenant... (biens réservés)... les mêmes droits d'administration que l'art. 1449 C. civ. donne à la femme séparée de biens », le système exposé au texte conduit logiquement à décider que la femme, même commune en biens, peut être habilitée par justice, lorsqu'elle veut faire le commerce avec des biens réservés.

L'autorisation devrait être expresse, le tribunal pourrait subsidiairement l'accorder. — C'est une différence avec la situation du mineur : pour celui-ci, on le sait, commerce professionnel et acte isolé de commerce sont régis par le même principe.

On décide aussi le plus communément que, si l'exercice du commerce devait s'exercer sous la forme d'un contrat de société de la femme avec un tiers, l'autorisation expresse du mari, conformément au droit civil, serait indispensable, sans que, bien entendu, l'autorisation de justice pût le suppléer en pareil cas[1]. Cette exception ne repose pas, à vrai dire, sur un motif bien clair ni bien établi.

164. — I. Ou la femme n'a pas été habilitée (hypothèse très rare si le mari est présent, car il parviendra le plus souvent par son *veto* à empêcher en fait l'entreprise du commerce) : — il y a lieu à *nullité* des actes, à la demande soit de la femme, soit du mari ou de leurs héritiers, et cette action dure *dix ans* à partir de la dissolution du mariage (art. 225 C. civ.).

Ou la femme a obtenu le consentement de son mari : — ses opérations cessent alors d'être annulables. Elle a toute capacité de faire, outre les actes de commerce par leur nature, ceux qui se rattacheraient accessoirement à son commerce, de souscrire des lettres de change (art. 113 C. com.), de même qu'elle peut encourir la faillite en ne payant pas ses dettes.

Elle est même juridiquement tenue à raison de ses délits ou quasi-délits commerciaux. Aussi bien est-elle responsable dans tous les cas où le serait un homme commerçant, et l'obligation pour la communauté de subir l'effet de ces délits doit être admise par voie de conséquence (En sens contraire, Req., 8 juillet 1872, D. 73, 1, 33, justement critiqué par Lyon-Caen et Renault, II, n° 260). Ce qui prouve bien que ni l'autorisation ni la mise des dettes au compte de la communauté ne dérivent d'une pensée de mandat, assertion à laquelle nous allons revenir.

165. — Sa capacité a-t-elle plus ou moins d'étendue que celle du mineur ? — Cela dépend.

a) Elle en a *plus*, au point de vue de l'*aliénation des immeubles propres* (art. 7 C. com.). La femme peut non seulement les hypothéquer, mais même les vendre sans une autorisation expresse du mari.

Mais les règles du régime dotal sont réservées. Les immeubles dotaux sont inaliénables, insaisissables. La femme ne pourrait, en entreprenant le commerce, se soustraire aux effets du régime dotal : ce serait contraire à l'immutabilité des conventions matrimoniales (art. 1395 C. civ.)[2]. Le ré-

1. Toutefois, depuis la loi du 13 juillet 1907, la femme commerçante pourrait, sans autorisation spéciale de son mari, affecter ses biens réservés à l'achat d'actions ou même à la prise d'une part de commandite dans une société en commandite simple (arg. *a fortiori* de l'art. 1er L. 1907, qui reconnaît ce droit même à la femme non autorisée à faire le commerce).

2. En réalité, avant 1867, lorsque fonctionnait la contrainte par corps pour dettes commerciales, les époux avaient le moyen de tourner l'inaliénabilité dotale, en faisant entreprendre un commerce à la femme. Celle-ci devenait contraignable par corps pour ses engagements de commerce. Une fois emprisonnée, afin de sortir de

gime dotal constitue une garantie pour la femme, il la protège contre ses complaisances pour son mari ou contre leurs fantaisies communes. Il doit la protéger contre les mauvaises chances du commerce [1].

b) A d'autres égards, la femme commerçante dispose d'une capacité *moins* large que le mineur. — Le mineur peut ester en justice. — La femme ne saurait *plaider*, tant comme demanderesse que comme défenderesse, que moyennant une autorisation expresse de son mari, ou du tribunal à son défaut. Donc, en ce qui touche la faculté d'ester en justice, on rentre dans le droit commun (art. 215 C. civ.).

La loi porte ici la trace d'une idée assez surannée, à savoir qu'ester en justice est un office viril ; la femme ne doit pas, sans approbation du mari, affronter la publicité d'un procès ; cela serait contraire à la réserve, à la tenue, qu'elle doit garder dans sa dignité.

Dès lors, si la *femme* est *demanderesse*, et que le mari s'abstienne de l'autoriser, elle le citera à comparaître en chambre du conseil, aux fins de se voir accorder l'autorisation par le tribunal.

Si la femme est *défenderesse*, le demandeur, suivant la procédure communément pratiquée, assignera les deux époux par copies séparées, la femme comme partie principale, le mari aux fins d'autorisation. — Et alors, ou le mari répond à l'assignation, sa comparution vaut par là même autorisation. — Ou il fait défaut, c'est un refus tacite d'autoriser ; le tribunal pourrait déclarer l'instance non liée contradictoirement, la femme n'ayant point qualité pour plaider seule. En pratique, il laisse le procès suivre sa marche, et dans le jugement définitif, avant de statuer sur le fond, il déclare autoriser la femme à défaut du mari ; ce qui ramène cette autorisation de plaider à une pure subtilité [2].

---

prison, elle arguait du droit que conférait l'art. 1558 C. civ. de faire vendre l'immeuble dotal avec l'autorisation de justice. — On s'était demandé, lors de la discussion du Code de commerce, s'il n'était pas conséquent, dans ces conditions, d'autoriser préventivement les époux à aliéner le fonds dotal pour les besoins du commerce, sans attendre que les créanciers fissent emploi de la contrainte. Mais il n'a pas été donné suite à cette pensée.

1. Mais, depuis la loi du 13 juillet 1907, la femme commerçante, même dotale (et tous ses biens présents et futurs fussent-ils stipulés dotaux), engage ses biens réservés par les actes qu'elle accomplit dans l'exercice de son commerce comme par tous autres actes (art. 1er L. 1907 : « Sous tous les régimes.... »).

2. Il y a d'autres moyens que le procès de dénouer une contestation : la *transaction* et l'*arbitrage*. — 1° La transaction est le fait par la femme d'entrer en concessions avec l'adversaire. Elle peut transiger pour les besoins de son commerce sans autorisation spéciale. Car elle dispose de l'objet sur lequel porte cette transaction, et quiconque a la disposition de cet objet possède la capacité voulue pour la transaction (art. 2045 C. civ.). — 2° L'arbitrage, ou compromis, est le fait de déférer l'examen de la contestation à des arbitres volontaires. C'est un mode de règlement de conflit plus dangereux, les arbitres pouvant manquer de clairvoyance ou d'impartialité. Il faudra, pour que la femme commerçante souscrive à un arbitrage, que son mari l'y ait *expressément* autorisée. Cela résulte du rapprochement de deux règles. D'une part, les causes des femmes non autorisées par leurs maris sont déclarées communicables au ministère public (art. 83 C. proc.). D'autre part, les causes communicables ne sont pas susceptibles de compromis (art. 1003 C. proc.). C'est dire que, en supposant l'autorisation maritale

166. — II. Nous avons à nous demander qui, des deux époux, profite des *bénéfices* que réalise le commerce de la femme, et aussi lequel d'entre eux supporte les *pertes* qui résulteraient de ce commerce.

C'est une question qui, pour le mineur commerçant, n'avait pas lieu de se présenter (car l'autorisant n'a ni à profiter ni à souffrir des actes de celui-ci), et dont la solution dépend du *régime matrimonial* sous lequel les époux sont placés.

167. — *1° Communauté soit légale, soit conventionnelle.* — La communauté est un régime de collaboration comportant entre les époux solidarité d'intérêts.

La femme reçoit du mari un capital de 100.000 francs qui, après un an, a produit 100.000 francs de bénéfices. Même résultat après la deuxième année, etc. Qui profite de ces bénéfices ? — C'est la communauté.

En effet, les art. 1401 et 1498 C. civ. font entrer dans l'actif de la communauté les acquêts et bénéfices industriels de l'un des époux. La loi dit : « les acquêts faits par les époux ensemble ou *séparément* et provenant de l'industrie *commune* » ; ce qui n'implique pas l'exigence d'une industrie exercée « en commun » par tous deux, autrement l'adverbe *séparément* serait un non-sens. — Le mari disposait librement de ces bénéfices jusque dans ces derniers temps (voir ci-dessous la loi du 13 juillet 1907).

Pourquoi les gains vont-ils à la communauté ? Il y a une erreur à éviter. On est enclin à dire : les bénéfices doivent suivre le sort du capital qui les a formés. Ce capital est un bien de communauté, les bénéfices se joignent à lui comme l'alluvion se joint à un terrain.

Rien n'est plus faux. Tout au plus pourrait-on raisonner ainsi à l'égard de la plus-value que le fonds de commerce a reçue par suite de la gestion de la femme, plus-value qui fait que ce fonds représente par exemple 50.000 fr. de plus à la fin qu'au commencement du commerce. Mais les bénéfices sont tout autre chose.

Au surplus, on suppose que c'est au moyen d'un capital commun que le commerce a été entrepris. Or, il peut consister dans un propre de la femme, dans une usine immobilière, qui lui appartenait avant le mariage ; et même alors les bénéfices iront à la communauté, tandis que la théorie de l'accessoire voudrait qu'ils fussent propres.

Les gains sont le produit du travail, non pas celui du capital. Si le capital a en partie concouru à les former, il n'est pas exact de les rattacher à lui par un rapport d'accroissement.

L'acquisition des bénéfices par la communauté tient à ce que les époux, par leur contrat de mariage, ont entendu faire masse, non pas seulement des revenus de leurs biens, mais aussi de leurs gains. La communauté est

---

absente, la femme ne pourrait pas consentir à un compromis. Le compromis est donc subordonné à cette même autorisation expresse du mari, et en outre le tribunal ne pourrait pas l'autoriser à son défaut. L'incapacité de compromettre est, par conséquent, à ce dernier point de vue, plus rigoureuse que celle d'ester en justice (MM. Lyon-Caen et Renault).

une société universelle de gains (art. 1838 C. civ.), lorsqu'elle n'est pas une société universelle encore plus étendue.

168. — Au contraire, la femme fait de mauvaises affaires. Le capital de 100.000 fr. subit, par suite des pertes de la première année, un déficit de 10.000 fr. ; les pertes finissent par absorber le capital, peut-être même le dépassent-elles. — A la charge de qui vont-elles retomber ? Contre qui les créanciers ont-ils le droit de poursuite ? Les deux questions ne se confondent pas.

a) *Le passif commercial tombe dans la communauté* : d'après l'art. 1409 C. civ., les dettes de la femme autorisée par le mari font partie du passif de cette communauté, qui les acquittera définitivement sans récompense.

En effet, dans toute société universelle de gains, il y a un actif et un passif. La communauté court la chance du bénéfice, elle doit également courir celle de la perte. *Ubi emolumentum, ubi onus.* Autrement le mari, au lieu de faire le commerce lui-même, s'affranchirait du risque en le faisant faire par sa femme.

b) *Les créanciers* de la femme commerçante *ont action* pour se faire payer : 1° *contre les propres de la femme*, leur débitrice ; 2° *contre la communauté*, et même 3° *contre les biens propres du mari* (art. 1419 C. civ. ; art. 5, al. 1, C. com.). De sorte que leur gage s'étend à l'ensemble des biens appartenant aux deux époux.

169. — **Rôle du mari sous la communauté.** — Que la communauté soit tenue en même temps que la femme, on le comprend sans peine, puisque c'est sur la communauté que retombent les résultats bons ou mauvais du commerce. Mais on s'explique moins bien que le mari puisse être poursuivi sur ses biens propres. En effet, il n'a pas concouru à ce commerce, il a seulement autorisé sa femme à le faire, ce qui est tout différent : *qui auctor est non se obligat.*

Deux systèmes ont été proposés, afin de justifier cet état « personnel » d'engagement du mari.

170. — a) Le premier système[1] peut être appelé celui de l'*autorisation-mandat*. La femme agirait en quelque sorte par voie de représentation. C'est le mari qui est réputé faire le commerce par son intermédiaire, avec la particularité suivante : s'il donnait une simple procuration à sa femme de faire le commerce sous son nom à lui, la femme, préposée ordinaire, ne s'obligerait point, tandis qu'ici elle répond des dettes sur son patrimoine à elle, comme une sorte de caution du mari.

Cette conception, d'après laquelle les dettes de la femme commerçante tombent en communauté *du chef du mari* et frappent celui-ci en premier lieu, trouve un appui textuel dans l'art. 5, al. 1er : « La femme *oblige* son mari, s'il y a communauté entre eux ».

---

1. Nous avons eu tort de le soutenir autrefois dans la *Revue critique de législation et de jurisprudence*, 1882 et 1883 (*De la faillite des différents commerçants : Femmes mariées*).

Mais elle est trop contraire à la position prise par les deux époux pour pouvoir l'emporter : 1° Le commerce est géré sous le nom de la femme, elle n'est donc pas un préposé ; 2° Le mari fait autre chose lorsqu'il autorise sa femme, que lorsqu'il lui donne mandat ; 3° La théorie précédente abaisse le rôle de la femme, et le seul souci de la dignité de celle-ci commande de l'abandonner.

171. — *b*) La thèse la plus généralement suivie est que le *mari commun ne s'oblige pas* en vertu de son autorisation, et à plus forte raison qu'il ne devient pas commerçant.

La femme commerçante agit *de son propre chef* et met en œuvre ses aptitudes personnelles, ce qui n'est pas le cas d'un représentant. Le préambule de cette étude (n° 158) a cherché à mettre ce point en lumière. La femme fait tomber son passif commercial dans la communauté de son propre chef, sans qu'il soit besoin de l'interposition du mari pour justifier ce résultat, parce qu'elle est copropriétaire de cette communauté.

Le mari cependant est tenu sur ses propres, au moins pendant la durée de la communauté : ce qui semble contradictoire. — La raison en est, suivant l'explication courante, dans l'économie de la communauté. Vis-à-vis des tiers, tant que dure le régime, biens communs et biens propres du mari ne forment qu'un bloc d'exécution. Les tiers ne distinguent pas les éléments qui composent l'une et l'autre masse. Sur ceux-ci et sur ceux-là le mari, au moins agissant à titre onéreux, a des pouvoirs égaux (art. 1421 C. civ.). Lorsqu'il vend des immeubles ou des valeurs mobilières, l'acquéreur, pour déterminer son droit, n'a pas à se demander si c'est du fonds commun ou du patrimoine du mari que le bien dépend ; cette recherche l'obligerait à une ventilation de valeurs que la vie des affaires rend impraticable. Et de même des créanciers qui traitent à crédit. S'ils traitent en considération de ce que la communauté renferme (ce qui est bien le cas pour les fournisseurs ou clients du commerce de la femme), les biens du mari doivent être affectés à leur remboursement de la même manière que les biens communs, et comme par suite d'un prolongement de ceux-ci.

Tel serait le sens de l'art. 1419 C. civ. ; l'art. 5 C. com. en fait l'application à la femme commerçante. Les engagements ne vont pas du mari à la communauté. Ils s'étendent, au contraire, de la communauté aux propres maritaux par un phénomène d'ordre objectif ; la personne du mari n'est pas affectée : ce dernier donne ses biens en cautionnement *réel*.

172. — De là les conséquences suivantes :

1° La communauté vient à se dissoudre avant le règlement des dettes de la femme. La confusion des biens communs et des propres du mari cesse.

Les créanciers conservent bien le droit d'agir pour toute la dette contre la femme ou contre ses héritiers, sauf recours de la part de ces derniers, pour moitié, contre le mari ou contre ses représentants. Mais ils ne peuvent poursuivre le mari qu'en qualité de commun, c'est-à-dire *pour moitié* (arg. art. 1485 C. civ.).

Le premier système conteste ce résultat. Même *après dissolution*, le mari resterait tenu *pour le tout*, comme débiteur solidaire.

2° Seule la femme, en cas de cessation de paiements, encourt la *faillite*, *non le mari* auquel manque d'ailleurs la condition de commerçant (c'est ce que conteste le premier système). De quoi se composera la faillite de la femme ? *a*) De ses propres, en pleine propriété, la faillite étant opposable à la communauté quant à son usufruit, parce que le mari a été relié au jugement déclaratif aux fins d'autorisation ; *b*) peut-être aussi (mais cela est plus discutable) des valeurs de la communauté, sans distinguer entre celles qui étaient consacrées au commerce et les autres (il est plus prudent de considérer cette deuxième catégorie de biens comme étrangers à l'actif de la faillite, les créanciers ou leur syndic devant procéder sur eux à des saisies après un jugement distinct pris sur le mari ; autrement, la logique voudrait que les biens du mari eux-mêmes fussent englobés dans cette faillite).

Sur les biens communs affectés au commerce, les créanciers commerciaux de la femme n'ont pas un droit de préférence, à l'encontre des autres créanciers de la communauté. C'est un résultat fâcheux, mais la loi manque visiblement ici d'organisation.

3° Du moment qu'il n'est tenu sur ses biens que comme caution réelle, le mari doit être traité comme une personne qui cautionnerait l'engagement principal d'un commerçant. Cette caution fait un *acte civil* et ne renonce pas à ses juges naturels (voir ce qui sera dit à propos des tribunaux de commerce) ; ce que nie le premier système.

Rigoureusement donc, le créancier devra ouvrir deux procès : — l'un contre la femme devant la juridiction commerciale, avec citation du mari aux fins d'autorisation, — et l'autre contre le mari seul, pour obtenir condamnation contre lui et contre la communauté, tout à la fois (Paris, 25 janvier 1895, D. 95, 2, 230).

Cela entraîne double procès et doubles frais. Aussi estimons-nous que le mari (ou la communauté) n'est pas une caution ordinaire, étrangère aux résultats de l'engagement principal, mais une caution associée aux risques des actes de la femme, puisqu'elle en subira ou en recueillera les effets. De là, la possibilité de considérer comme commercial son engagement accessoire, sans contredire la théorie qui refuse au mari la *qualité personnelle de commerçant*. Grâce à ce raisonnement, les tiers pourront assigner mari et femme devant une seule juridiction (En sens contraire : Civ. cass., 9 mai 1914, *Gaz. Pal.*, 17 avril 1914).

172 *bis*. — La femme mariée commerçante et la loi du 13 juillet 1907 [1]. — Les principes qui viennent d'être exposés n'ont pas été affectés par la *loi du 13 juillet 1907*.

---

1. J. Valéry, *Les femmes commerçantes et la loi du 13 juillet 1907*, dans les *Annales de droit commercial*, 1907, 396 et s. ; M. Bernard et J. Bonnecase, *Revue trimestrielle de droit commercial*, 1910, p. 1 ; Léon Deschamps, th. 1909 ; Guyon, th. 1910 ; Margat, *La femme mariée commerçante et le régime du libre salaire*, 1913.

Cette loi (art. 1er) reconnaît à la femme, sous tous les régimes, les mêmes droits d'administration sur les produits de son travail personnel et sur les économies en provenant que les droits dont dispose la femme séparée de biens. Elle peut en faire emploi en acquisition de valeurs mobilières ou immobilières. Elle peut, sans l'autorisation de son mari, aliéner à titre onéreux les biens ainsi acquis.

En cas d'abus par la femme de ses pouvoirs, le mari pourra en faire prononcer le retrait par le tribunal civil (art. 2).

Les *biens réservés à l'administration de la femme* pourront être saisis par les créanciers. Mais le mari n'est responsable ni sur les biens ordinaires de la communauté, ni sur les siens, des dettes contractées autrement que dans l'intérêt du ménage par la femme, même lorsqu'elle a agi dans la limite des droits ci-dessus, mais sans autorisation maritale (art. 3).

S'il y a communauté ou société d'acquêts, les biens réservés entreront dans le partage du fonds commun (art. 5).

La femme pourra ester en justice sans autorisation, dans toutes les contestations relatives aux droits que lui reconnaît la loi nouvelle (art. 6).

Cette législation du 13 juillet 1907, principalement destinée aux femmes ouvrières, s'étend bien, par suite de ses dispositions générales, à la femme commerçante, mais seulement en ce sens que les gains faits par elle dans le commerce formeront un pécule réservé à sa libre administration, même après que son commerce aura cessé, avec les pouvoirs que la loi détermine.

Mais l'intention du législateur n'a pas été de *libérer la femme des entraves du droit antérieur*, dans les conditions d'exercice de la profession qui sera la source de ces gains. La femme ouvrière peut librement faire l'emploi de son salaire, elle ne peut pas librement s'engager dans une usine. La femme ouvrière est tenue seule des engagements résultant de l'emploi de son salaire (achat de valeurs mobilières), mais elle engage la communauté par la résiliation de son contrat de travail, dès l'instant que le mari l'avait autorisée à faire ce contrat. Il en est de même de la femme commerçante.

Aussi longtemps que se poursuit l'exploitation du fonds de commerce, la libre gestion des gains et bénéfices reconnue par la loi nouvelle présente un intérêt à peu près nul. Les bénéfices demeurent confondus avec les autres valeurs de l'établissement, ils font partie intégrante du fonds de roulement, et si la femme les gère librement, c'est au titre de commerçante originairement autorisée, et non pas au titre de femme possesseur de produits de son travail. Lorsqu'une femme exploite un commerce, elle ne fait pas en réalité un emploi des bénéfices, elle les laisse incorporés au capital, et dirige sur le tout son activité industrielle [1].

1. En dehors de la situation prévue ci-dessus (exploitation du fonds de commerce pendant la durée de la communauté), deux autres cas encore doivent être envisagés :

1° La communauté est dissoute, l'exploitation du commerce par la femme s'étant poursuivie jusqu'à cette dissolution. — En pareil cas, — aussi bien depuis la loi de 1907 (l'art. 5 en effet, sauf le cas où la femme renonce à la communauté, fait entrer les biens réservés dans les fonds communs à partager) qu'à une

Vouloir que les règles concernant l'administration des produits du travail aient leur répercussion sur les règles de conduite de la profession serait un mode d'interprétation audacieux, vicié par un renversement chronologique entre la cause et le résultat, et contraire à une saine méthode juridique. L'effet de la loi nouvelle porte uniquement sur une question de pouvoirs et non sur une question de capacité [1]. Il faut en conclure :

1° Qu'aujourd'hui, comme avant la loi du 13 juillet 1907, la femme ne peut entreprendre le commerce qu'avec l'autorisation du mari (A. Colin, note sous Req., 11 novembre 1907, D. 1908, 1, 25), bien qu'elle puisse, en vertu de la loi nouvelle, employer sans son autorisation les gains de son commerce et conserver ce libre emploi même après que le pouvoir de faire le commerce lui aura été retiré ;

2° Que le mari peut encore aujourd'hui révoquer l'autorisation donnée à la femme de faire le commerce, sans produire de motifs à l'appui de ce retrait (n° 159 *in fine*), bien qu'il ne puisse retirer à la femme la gestion de ses gains que par décision du tribunal et en cas d'abus par elle de ses pouvoirs ;

3° Que la femme ne peut ester en justice à l'occasion de son commerce sans une autorisation spéciale, quoique la libre faculté de plaider lui soit reconnue pour l'administration de ses biens réservés ;

4° Que le mari commun de la femme commerçante continue à répondre des dettes de celle-ci sur la communauté et sur ses propres, bien qu'il en soit autrement pour les dettes se rapportant à l'administration des gains

---

époque plus ancienne (V. *supra*, n° 167), — au moment de la dissolution, tous les bénéfices réalisés par la femme et détenus par elle tombent dans la communauté et sont partagés par moitié. Et il en est ainsi, sans qu'il y ait à distinguer selon que le fonds de commerce était propre à la femme ou qu'il a été constitué avec des capitaux avancés par le mari. Car, même en admettant que dans les bénéfices il faille séparer la portion afférente au capital de celle revenant au travail, toutes deux sont communes, puisque la communauté comprend aussi bien les revenus des propres que les gains des époux.

2° Mais, quand la femme cesse son commerce avant la dissolution de la communauté, peut-elle garder comme biens réservés avec faculté d'en disposer (art. 1er L. 1909) — sauf à en faire état à la communauté au jour de sa dissolution, art. 5 — *tous* les bénéfices réalisés ? — On l'a nié, parce que, dit-on, les biens réservés ne comprennent que les produits du travail personnel de la femme (art. 1er) et qu'on ne saurait y comprendre en outre les revenus d'un capital dont le régime matrimonial adopté réserve la jouissance à la communauté. Si donc le commerce a été fondé par la femme, non pas avec des biens déjà réservés eux-mêmes (économies antérieures sur salaires), mais avec des capitaux avancés par le mari, il faudrait, dans les bénéfices réalisés, faire une *ventilation* pour ne laisser à la femme, comme biens réservés, que la portion de gains revenant au travail et remettre immédiatement au mari la portion de gains afférente au capital (Bernard et Bonnecase, *loc. cit.*, p. 29).

Mais cette solution ne paraît pas acceptable. Comment, sur quelles bases faire la ventilation (V. Thaller, *Bulletin de la Société d'Etudes législatives*, 1901-1902, p. 27 et s.) ? D'ailleurs le rapporteur de la loi de 1909 au Sénat a déclaré que, en pareil cas, tous les bénéfices seraient traités comme biens réservés (*J. off.*, 1907, Sénat, Annexes, n° 77). Cfr. Margat, *op. cit.*, p. 155. — V. *supra*, n° 158 *in fine*.

1. Saleilles, *Bulletin de la Société d'Etudes législatives*, 1907, p. 566.

réservés. La communauté profite du commerce, elle en supportera les charges [1].

173. — 2° *Régime sans communauté.* — Ce régime exclut tout fonds commun. Le mari a l'administration et la jouissance des biens de la femme, à quelque moment qu'ils viennent à lui échoir. Il devra les restituer après la dissolution du mariage (art. 1531 C civ.). Ces biens lui sont apportés pour soutenir les charges du mariage, il en perçoit les fruits (art. 1530).

Si la femme entreprend un commerce, à qui vont les bénéfices ? les pertes ?

a) En acceptant la théorie de l'autorisation-mandat, le mari recueillera les bénéfices sans avoir à les restituer lors de la liquidation du régime ; ces bénéfices seront assimilables à des *fruits*, fruits du travail de la femme. Le mari supportera également les pertes. — Mais cela n'est pas d'accord avec l'art. 5 C. com., d'après lequel le mari n'est obligé par le commerce de sa femme que *sous la communauté*. Cette attribution des gains au mari, qui n'a rien fait pour les obtenir, ne serait pas non plus très morale.

b) Si l'on suit le deuxième système, on aboutit à une solution diamétralement opposée. Le mari, après l'arrêt du commerce de la femme, aura bien la *jouissance* des bénéfices qu'elle a réalisés, mais à charge de rendre le fonds de ces bénéfices avec les reprises à la fin du mariage. — Les bénéfices ne sont pas des fruits. Les fruits sont les revenus périodiques d'une valeur. Les profits du commerce sont engendrés par le *travail*, non par des biens, ils manquent de périodicité [2].

Par symétrie, le mari, malgré son autorisation, ne sera pas tenu au passif du commerce, opinion qui paraît s'imposer, quelle que soit la thèse acceptée quant à l'actif. Il répondra seulement des *intérêts* de ces dettes, puisqu'il a l'usufruit sur les bénéfices comme sur le reste des valeurs de sa femme.

c) Il serait plus juste, a-t-on dit, de consacrer une doctrine intermédiaire. Dans les bénéfices du commerce, il y a *deux parts à faire*. Le mari s'est dessaisi de valeurs qui, en ses mains, lui auraient procuré un revenu, des fruits. Or, pour avoir laissé sa femme les employer à un commerce, il ne doit pas perdre son droit aux fruits ; l'immutabilité des conventions matrimoniales s'oppose à ce que des biens qui devaient être de rapport pour l'un des époux deviennent productifs pour l'autre.

Il y a donc dans ce système une ventilation à opérer : 1° Le mari prélève sur les bénéfices une somme représentant l'intérêt des capitaux engagés ; la justice en fixera le chiffre ; la situation est la même que si le mari était bailleur de fonds d'un commerçant ; 2° le surplus appartient à la femme,

---

1. V. dans les *Annales de droit commercial*, 1907, p. 396, l'article de M. Valéry contestant quelques-uns de ces résultats. — Cfr. aussi Pichon, *Revue critique*, 1908, p. 17 et s.

2. Voir notre article dans les *Annales de droit commercial*, 1896, p. 194 : *Si les bénéfices de commerce sont ou ne sont pas des fruits.*

tout étant grevé pendant la durée du mariage de l'usufruit du mari ; ce surplus sera restitué avec les reprises.

Ainsi raisonnait-on naguère. La loi du 13 juillet 1907, en laissant à la femme la libre gestion de ses gains, modifie nécessairement ces résultats. Même après que son commerce a pris fin, elle conserve non seulement la propriété, mais encore l'administration et la jouissance des produits de son travail (art. 1er et 5 *in fine*, L. 1907)[1].

174. — *3o Séparation de biens.* — Les deux patrimoines sont absolument séparés. La femme fait le commerce à son profit et à ses risques. Elle acquiert les bénéfices pour elle seule, ses dettes lui sont également personnelles.

175. — *4o Régime dotal.* — Ce régime est une combinaison des deux précédents, avec un trait caractéristique : l'inaliénabilité des immeubles dotaux. Les *biens compris dans la dot* sont soumis à la jouissance et à l'administration du mari. Les *biens paraphernaux* restent à la femme, en administration comme en jouissance.

a) Lorsque la dot comprend les biens présents et les biens à venir, il n'y a plus de paraphernaux. La femme commerçante sera traitée alors comme sous le régime sans communauté. Elle conservera bien les bénéfices, mais avec le droit pour le mari d'en jouir (avant 1907), ou tout au moins de recueillir un tantième de ces bénéfices, destiné à le dédommager de l'avance du capital d'exploitation [2].

b) Lorsque la dot n'a pour objet que tout ou partie des biens présents, le commerce laisse en propre à la femme les bénéfices ainsi que les pertes : les choses se passent comme sous la séparation de biens. Elle ne devra aucune récompense de revenus au mari, si c'est avec des paraphernaux qu'elle fait le négoce. Elle en devra dans le cas contraire.

Dans aucune de ces hypothèses, les bénéfices de la femme dotale ne sont attribués au mari. La théorie du mandat conduirait à une solution oppo-

---

1. Il y a seulement lieu de se demander si, dans le cas où la femme exerce son négoce avec des deniers appartenant au mari ou grevés de son usufruit, il ne convient pas de faire dans les bénéfices une *ventilation*, pour ne traiter comme biens réservés que la portion de gains revenant au travail et non celle afférente au capital. — Nous ne le croyons pas (V. *supra*, no 172 *bis*, p. 120, note). Seulement ici le mari pourra, en consentant un prêt à sa femme en vue de son commerce, stipuler des intérêts pour la durée de ce prêt (stipulation au contraire dénuée d'effet sous le régime de la communauté, car celle-ci serait alors à la fois créancière et débitrice de ces intérêts).

2. Depuis la loi de 1907, quand même tous les biens présents et à venir ont été stipulés dotaux par le contrat de mariage, les gains réalisés par la femme dans l'exercice d'un commerce n'en constituent pas moins des biens réservés, soumis comme tels à l'administration et à la jouissance de la femme, et échappant ainsi à la dotalité (art. 1er L. 1907 — *Contra* : Lyon-Caen et Renault, *Manuel*, 10e édit., p. 69) ; — sauf seulement, si l'épouse fait le commerce avec des biens dotaux, le droit pour le mari, à raison de son droit de jouissance sur ces biens, de réclamer des intérêts pour le dédommager de la privation de cette jouissance, V. la note précédente.

sée, pour le cas où la femme exercerait le commerce soit avec sa dot, soit avec les deniers du mari. Il suffit d'une courte réflexion pour s'en convaincre. Mais cette théorie n'est pas raisonnable.

176. — Autres situations. — En dehors du cas où la femme fait le commerce avec l'autorisation du mari, trois autres situations sont à examiner :

1° *Le mari fait seul le commerce.* Seul alors il est commerçant et responsable des obligations contractées. Il engagera les biens de la communauté. La femme n'est pas tenue sur ses biens à elle. Le mari a donc un moindre crédit que sa femme, celle-ci engageant sous le même régime les trois patrimoines réunis.

Son crédit est moindre, par suite d'une seconde raison : les immeubles du mari se trouvent grevés au profit de la femme, et afin de répondre de ses reprises et autres créances, d'une *hypothèque générale* qui, par sa priorité de date, nuit aux créanciers. La loi des faillites s'attache à restreindre la portée de cette hypothèque (art. 563). A cet égard, l'homme qui est marié donne moins de confiance que celui qui ne l'est pas.

Il peut se faire cependant que la femme intervienne aux contrats du mari commerçant. Celui-ci lui demandera son cautionnement lorsqu'il traversera une phase difficile. Ce cautionnement se manifeste pratiquement sous la forme d'une *subrogation* consentie par la femme *dans le bénéfice de son hypothèque légale* au profit d'un tiers créancier [1].

La femme renonce alors à son hypothèque dans l'intérêt du créancier, mis ainsi par elle en ses lieu et place. C'est la première partie de l'acte. — En outre, expressément ou tacitement, elle s'oblige envers ce créancier sur ses biens propres. C'est le complément de l'opération ; ce complément n'est pas indispensable, la renonciation à l'hypothèque pouvant ne pas être accompagnée d'un engagement personnel.

L'intercession de la femme était autrefois défendue par le Sénatus-consulte Velléien modifié sous Justinien. Il a été en vigueur dans l'ancienne France, jusqu'à ce que Henri IV, sur les vœux du commerce, en eût, en 1606, édicté l'abrogation.

Cette incapacité n'existe plus aujourd'hui et il n'appartient pas aux époux de la faire revivre par contrat de mariage. Tout ce qui est permis à la femme, c'est de se placer *sous le régime dotal.* Elle rendra par là tout ou partie de ses biens insaisissables pour les dettes qu'elle contracterait pendant le mariage. Elle se privera de la faculté de renoncer à l'hypothèque légale qui garantit la dot et qui, à proprement parler, en fait partie. Elle ne peut pas, en revanche, se frapper d'une incapacité personnelle pour cautionner son mari sur ses biens libres.

Le régime dotal est pratiqué sur les places de commerce, afin de sauve-

---

1. Il se peut aussi que la femme cautionne successivement plusieurs créanciers du mari sans les subroger à son hypothèque légale. Quant aux effets de ce cautionnement, v. Douai, 31 juillet 1913, D. 1914, 2, 1; note Percerou : (sur les sommes obtenues par la femme dans la faillite du mari, par le jeu de son hypothèque légale, ces créanciers viennent-ils au marc le franc ou par ordre de dates ?).

garder la dot contre la ruine que causerait une faillite éventuelle du mari. Mais aussi ce régime resserre-t-il le crédit des commerçants, et les fournisseurs le voient d'un œil défavorable.

177. — 2° Le mari fait le commerce, *sa femme l'assiste* en détaillant la marchandise, en tenant ses livres, etc. Situation fréquente dans le petit commerce.

Les époux, pourrait-on dire, concourant à la même entreprise, sont tenus l'un et l'autre. Ils s'engagent solidairement ; les bénéfices feront masse commune, même quand le régime n'est pas la communauté. — Ce serait une erreur.

La loi, en effet, pose une *présomption* contraire (art. 5, al. 2). Le Code répute commerçant le mari seul. Il estime que la femme n'est que son préposé. Dût-elle faire des actes juridiques, souscrire des effets, traiter des ventes, c'est au nom du mari qu'elle est censée agir. La situation est la même que s'il y avait procuration du mari (art. 1420 C. civ.). Donc elle n'est pas tenue, elle n'encourt point la faillite, elle ne recueille rien des bénéfices. C'est sur le mari que s'exerceront les effets de ce commerce.

La femme ne serait commerçante qu'à condition d'exercer un commerce « séparé ». Ce commerce, d'ailleurs, peut être de même nature que celui du mari, pourvu qu'il ne se confonde pas avec lui. Généralement, la femme tiendra un atelier de modes : le mari une boutique de change. Mais il se pourrait que les deux fonds eussent même objet, la vente de confections, dans deux quartiers différents et respectivement sous leur nom à l'un et à l'autre. Chacun d'eux est alors commerçant de son côté ; ce qui, en cas de double faillite, entraînera pour les créanciers de la femme commune une double production dont il serait prématuré dans la première partie de ce traité de déterminer la base pécuniaire.

Quand le commerce est unique, on discute le point de savoir si la présomption de l'art. 5, al. 2, comporte la preuve du contraire. Il y a des distinctions à faire. — *a*) Le fonds est exploité au nom de la femme. C'est elle qui est inscrite à la patente, qui a pris le magasin en location. Ou elle continue un établissement qu'elle gérait déjà avant de se marier ; son mari l'aide dans ses affaires. La présomption n'a pas été établie pour régler cette hypothèse. Les tribunaux décideront que le commerce repose sur la tête de la femme, et que le mari ou bien y prête le concours de commis (Req., 5 novembre 1900, S. 1901, 1, 278, D. 1901, 1, 463), ou bien s'y est immiscé (Req., 21 octobre 1901, S. 1901, 1, 520, D. 1901, 1, 527). La situation de l'art. 5, al. 2, est renversée. — *b*) Le commerce est au nom du mari, ou la détermination de celui des époux sur lequel il repose prête au doute. On a prétendu que la jurisprudence permettait alors de combattre la présomption. Mais l'arrêt de la Cour de cassation qu'on invoque en ce sens (Req., 5 mai 1857, *J. Pal.*, 59, 288) ne dit rien de pareil. Il se réfère à la troisième hypothèse. La présomption est au contraire absolue : autrement s'agiteront à la barre, sur le rôle des deux époux, des discussions que la loi a voulu tarir. C'est une présomption sur le fondement de laquelle l'action en justice est refusée contre la femme (voir l'art. 1352). — *c*) Les époux ont coopéré au commerce en s'obligeant de concert envers les tiers. C'est le cas prévu par l'arrêt des Requêtes ci-dessus. Le fait par la femme de s'être engagée à côté du mari, alors que celui-ci agissait déjà en personne, ne peut s'expliquer que par l'intention de donner son propre cautionnement. Elle sera tenue et, si ses engagements doivent se reproduire avec fréquence, elle encourra la faillite (V. au surplus *Ann. dr. comm.*, 98,264).

178. — S'ensuit-il que les époux puissent valablement contracter entre eux une *société commerciale* ? C'est une question à examiner dans la seconde partie.

SECTION IV.

L'ÉTAT OU LA COMMUNE [1].

179. — La première partie de ce traité, en cours d'exposé, a pour objet les commerçants individus. L'Etat est une personne collective C'est cependant à cette place que nous allons examiner le problème très actuel, et même à vrai dire d'intérêt plutôt à venir, de *l'accomplissement d'actes de commerce par l'Etat.*

Le commerce peut-il procéder de l'Etat, ou d'une personne administrative dérivée de lui, telle que l'est une *commune* ?

Ce problème se pose : 1° en législation : 2° par rapport aux services que l'Etat ou la commune a effectivement institués.

180. — A. *En législation*, l'Etat, semble-t-il, ne doit pas faire le commerce. Il dérogerait à sa fonction ; et de même quant aux communes. L'Etat écraserait le commerce par la formidable supériorité que lui confèrent sa qualité de puissance publique et le droit qu'il a, afin de couvrir ses engagements, de recourir à l'impôt ainsi que d'en régler la distribution. De deux choses l'une, en effet : — *a*) Ou bien le commerce serait entrepris dans l'intérêt des consommateurs, en vue de réaliser la baisse des produits, ainsi que l'entend le programme collectiviste. Outre que l'esprit de spéculation (absolument indispensable, dans une certaine doctrine, à la nature des actes de commerce) cesserait de diriger une pareille entreprise, l'Etat, travaillant au simple prix coûtant, et même peut-être au-dessous de ce prix, découragerait la lutte des concurrents. L'Etat a pour mission de protéger les activités et non de les absorber La liberté du commerce est un des droits garantis par la Constitution : que deviendrait-elle sous un semblable régime ? Cette incompatibilité entre l'Etat (ou ses organes dérivés) et le commerce est telle, que les délibérations créant un service commercial tel qu'une pharmacie municipale (Cons. d'Etat, 3 août 1894, Roubaix) devraient être annulées comme illégales, alors même que les ressources ordinaires du budget permettraient d'en couvrir les charges. Il est vrai que notre organisation constitutionnelle ne connaît point de contrepoids aux abus commis par le Parlement. Cette défense demeure étran-

---

1. V. Gombeaux, *La condition juridique de l'Etat commerçant et industriel*, 1904.

gère au pouvoir législatif; une loi pourrait ainsi faire échec à ce principe de liberté.

b) Ou bien, l'Etat poursuivrait, par une exploitation d'ordre commercial, un but fiscal. Il pousserait non plus au bon marché, mais tout au contraire aux plus hauts prix possibles (comme c'est le cas pour le service des tabacs ou des allumettes chimiques). Cette exploitation serait un moyen d'équilibrer son budget. Elle consacrerait, non plus un monopole indirect, mais un monopole exprès, formellement proclamé par la loi. L'Etat ne pourrait atteindre ses fins financières qu'en supprimant le commerce. On peut se faire une idée de son action dominatrice, d'après l'accaparement que pratiquent les *trusts* américains, et qui ne serait, suivant les socialistes, que le signe précurseur de la nationalisation future des instruments de la production. Cela encore est contraire à la notion du commerce.

181. — Tout n'est pas vrai dans le tableau précédent. Il y a dès à présent des entreprises qui investissent celui qui les exerce d'un véritable monopole au moins de fait. Cela ne les empêche pas de relever du droit commercial. Ainsi en est-il des chemins de fer exploités par une Compagnie concessionnaire, de la Banque de France, etc.

Certains services ne peuvent se concevoir qu'à la condition de supprimer toute concurrence : le service des eaux, celui du gaz celui des transports en commun dans une ville ou sur le territoire d'un Etat.

Lorsque ces services, actuellement concédés, auront fait retour au domaine public, se posera la question de savoir si l'Etat ou la commune doit désormais les exploiter à son compte et à ses risques. On ne voit pas de principe de droit constitutionnel s'opposant à cette solution, déjà en faveur dans certains pays étrangers. C'est une question de convenance pratique et d'intérêt général qui, seule, se trouvera engagée : elle mettra aux prises les partisans de la concession perpétuée et ceux de la régie (Pic, *Traité élémentaire de législation industrielle. Les lois ouvrières*, nos 668 et s. ; Jaray, *Industries municipalisées* dans les *Questions pratiques de législation ouvrière*, 1903, nos d'avril et s. ; E. Bouvier, *Les régies municipales*, 1910).

D'autre part, il existe dès à présent des manufactures ou services dont l'objet correspond aux art. 632 et 633 et qui sont exercés par l'Etat à des fins diverses.

En laissant de côté les entreprises monopolisées dans un but fiscal (tabacs et allumettes), l'Etat poursuit un but esthétique par ses manufactures de porcelaines ou de tentures (Sèvres ou Gobelins) ; il poursuit un intérêt d'économie, de sécurité ou de régularité pour le public, par le service des postes ou des chemins de fer qu'il exploite directement. Nous allons discuter le problème de la commercialité dans sa généralité, en écartant provisoirement ce qui concerne les chemins de fer.

182. — B. L'extension possible du droit commercial à l'Etat, dans la gestion d'un service qui correspondrait par son objet aux entreprises visées dans les art. 632 et 633, n'est qu'un aspect d'une question plus vaste, fort débattue surtout depuis vingt ans : dans quelle mesure l'Etat relève-t-il du droit commun applicable aux rapports des citoyens ? Cette controverse est extrêmement complexe. Pour l'éclaircir, les principes dirigeants ont beaucoup de mal à se dégager de la multiplicité des textes concernant chaque service respectivement, ainsi que de la jurisprudence administrative devenue en ce domaine tout à fait envahissante. Ce n'est pas un thème simplement académique.

Il y a des personnes qui voudraient placer l'Etat, au point de vue de la compétence comme au point de vue du fond, sous l'empire du droit commun dans la marche de ses services ; ce serait donner aux citoyens plus de garanties contre les actes arbitraires ou dommageables de l'administration où des administrations (Berthélemy, *Traité élémentaire de droit administratif*, 7e éd., 1913, p. 19 et s. ; Michoud, *Revue de droit public*, 1895, I et II, 1897, I).

Il en est d'autres qui tendent, avec M. Hauriou (*Précis de droit administratif*, 5e éd., 1903, p. 216), à assimiler le contentieux des « actes de gestion » à celui de l'Etat faisant office de « puissance publique », sinon par rapport aux responsabilités nées de ces deux fonctions, du moins quant à la nature des *juridictions* qui en doivent connaître. Ces auteurs excluent de l'administration publique, protectrice de l'intérêt collectif et offrant à ce titre le maximum de garanties, le type de l'administration privée, beaucoup plus portée que l'autre à commettre des abus de droit, lorsqu'elle se sent forte.

La pratique administrative, attestée par les arrêts du Conseil d'Etat de la dernière époque, admet un système très radical et exclusif, fort critiquable dans sa généralité : « L'Etat, les départements et les communes ne relèvent ni quant à la source ou à la nature de leurs engagements, ni quant aux juges qui en doivent connaître, des principes du droit civil ou du droit commercial ». Il n'est fait exception à cette règle que pour la gestion de certains services privés, comme l'est l'administration forestière (car, en ce dernier cas, l'identité de fonctions de l'Etat et d'un propriétaire ordinaire veut qu'on fasse retour à l'application du droit commun).

Dans cette doctrine, on ne doit revenir à la législation ordinaire que s'il existe des textes formels, plaçant l'Etat sous le même régime que les particuliers, ou édictant d'autres dispositions qui se suffisent à elles-mêmes (postes, télégraphes, etc.). Ainsi s'affranchissent de l'observation du droit commun l'Etat et les personnes morales qui en sont les diminutifs.

La frontière à tracer entre la puissance publique et les services est nécessairement artificielle ; les actes de puissance publique sont toujours plus ou moins *indétachables*, selon l'expression de M. Hauriou, des actes de gestion, et l'Etat gère tous ses services au nom de l'autorité supérieure dont il est investi.

La distinction des « services privés » et des « services publics » n'est elle-même pas raisonnable, car jusque dans son domaine privé, l'Etat opère autrement qu'une personne ordinaire. Il faudrait, pour être conséquent, fondre ces deux attributions en une seule, et déclarer le droit commun applicable à l'Etat, à quelque titre qu'il procède. Or, cela est impossible et contraire à cette position de commandement qui fait de l'Etat et de ses dérivés des êtres à part, exigeant pour l'harmonie des intérêts généraux un régime *sui generis*, imbu du respect indispensable des administrés.

En suivant les idées qui ont prévalu devant la jurisprudence administrative, voici les résultats auxquels on est conduit dans l'essai d'adaptation des règles de droit commun, et particulièrement du droit commercial, à l'Etat ou aux communes. Cet essai aboutit à de véritables impasses.

183. — 1° *Compétence.* — Le droit commercial défère aux tribunaux de commerce la connaissance des contestations. C'est une garantie précieuse, non seulement pour le plaideur assigné qui comparaît devant des juges de sa profession, mais aussi pour le plaideur qui assigne, obtenant ainsi prompte justice. Ce bénéfice de compétence n'est sans doute pas constant. L'entrepreneur de travaux publics, même lorsque c'est l'Etat qui l'actionne, est assigné, quoique commerçant, devant le conseil de préfecture (n° 31). Le contentieux des marchés publics de fournitures est du ressort du Conseil d'Etat (D. 11 juin 1806). Du moins la compétence des tribunaux consulaires reparaîtrait-elle, si l'entrepreneur ou le fournisseur était recherché par l'un ou par l'autre de ses créanciers commerciaux, sans parler de l'arme de la faillite en cas de cessation de ses paiements.

Si l'Etat était censé faire acte de commerce dans tel ou tel de ses services, pourrait-on le soumettre aux tribunaux de commerce ? En réservant l'exploitation des chemins de fer de l'Etat, qui obéit à un régime particulier et que nous retrouverons, il faut répondre par la négative.

La conception qui doit déterminer le cercle du contentieux administratif, conception à laquelle s'attachait déjà M. Laferrière, et que paraît consacrer le Conseil d'Etat dans sa dernière jurisprudence, se ramènerait à cette formule proposée par M. Romieu, commissaire du gouvernement, dans ses conclusions : « Tout ce qui concerne l'organisation et le fonctionnement des services publics proprement dits, généraux ou locaux (soit que l'administration agisse par voie de contrat, soit qu'elle procède par voie d'autorité), constitue une opération administrative, qui est par sa nature du domaine de la juridiction administrative, au point de vue des litiges de toutes sortes auxquels elle peut donner lieu » (Conseil d'Etat, 6 février 1903, *aff. Terrier*, dite *des vipères*, S. 93, 3, 25, et note Hauriou).

Cette largeur de compétence administrative n'avait jamais été affirmée autrefois avec l'étendue qu'on lui donne aujourd'hui. Longtemps on avait basé la plénitude de juridiction des juges administratifs, dans les procès où l'Etat est engagé, sur un texte de la Révolution, la loi du 26 septembre 1793, qui reproduisait sous une forme plus énergique la législation de 1790 : « Toutes les créances de l'Etat seront réglées administrativement. » Le créancier de l'Etat doit, avant de porter son droit en justice, en demander la liquidation à l'administrateur compétent. Au cas de refus de celui-ci, l'intéressé se pourvoira. Or, les juges administratifs sont seuls admis à connaître de ce pourvoi.

C'était là une confusion entre le contentieux administratif et le contentieux fiscal. On donnait à la loi de 1793 un sens inexact. Au moins cette interprétation réservait-elle la compétence à l'égard des procès des départements et des communes, ceux-ci n'étant pas soumis à la procédure préalable de la liquidation de leurs dettes. Des arrêts en avaient conclu que, à la différence de l'Etat, « les communes et les départements répondaient de leurs actes de gestion devant les tribunaux ordinaires ». Si cette interprétation s'était maintenue, on pourrait soutenir que les communes exploitant le gaz en régie ou établissant un service de tramways sous la même forme seraient sujettes au droit commercial.

Mais un revirement s'est produit. On a cessé de baser la compétence administrative sur la loi de 1793. On a continué d'ailleurs à l'affirmer, tant en matière de contrats qu'en matière de délits, et cela avec plus en plus d'extension. Le dernier arrêt sus-indiqué, du 6 février 1903, s'applique aux procès des départements et des communes. Le ministère public avait, par la thèse de principe développée dans ses conclusions, préparé ce résultat. Il est vrai que M. Romieu a excepté de cette compétence administrative générale, indépendamment des conventions se rapportant au domaine privé : « les cas où l'administration, tout en agissant dans l'intérêt d'un service public proprement dit, se place volontairement dans la condition d'un particulier, — soit en passant un de ces contrats de droit commun d'un type nettement déterminé par le Code civil (location d'un immeuble par exemple) qui ne suppose par lui-même l'application d'aucune règle spéciale au fonctionnement des services publics, — soit en effectuant une de ces opérations courantes que les particuliers font journellement, qui supposent des rapports contractuels de droit commun, et pour lesquelles l'administration est réputée agir comme un simple particulier (commande verbale chez un fournisseur, salaire à un journalier, expédition par chemin de fer aux tarifs du public, etc.) ».

Mais ces atténuations, qui ne sont même pas motivées, paraissent bien avoir pour but de voiler la gravité de la thèse et de ménager des transitions de jurisprudence. L'idée inspiratrice du système actuel n'est pas aussi éloignée de la loi de 1793 qu'on pourrait le croire. Tout en permettant d'absorber pour l'avenir les procès des communes dans le contentieux administratif, l'interprétation récente procède encore du raisonnement d'autrefois. Le contrat conclu par l'administration n'étant pas exécuté par elle, on est en face d'un acte administratif de refus, dont seul peut connaître le juge d'administration en vertu de la séparation des pouvoirs. Il importe peu que cet acte concerne un service de gestion : sa nature administrative subsiste en tout état de cause. Et le même raisonnement peut jouer sur les délits, si tant est-que ceux-ci puissent donner lieu à une demande en réparation, ce que nous allons examiner.

Au préalable, notons que, du moment que l'Etat ou les communes doivent être assignés en Conseil d'Etat, les preuves consacrées par le droit commercial (preuve testimoniale, droit de demander la production des livres) ne sauraient, à ce qu'il semble du moins, être mises à la portée du demandeur poursuivant ce débiteur privilégié. C'est une raison de plus d'écarter dans son entier la législation du commerce.

184. — 2° *Responsabilité.* — Il est impossible de concevoir une personne faisant le commerce, sans qu'elle soit liée envers le public par les actes auxquels ce commerce donne lieu. — L'Etat est-il responsable ? Ses marchés et conventions l'obligent : ce principe est incontestable en matière financière et constitue dans le droit nouveau la sauvegarde des emprunts d'Etat ; il ne l'est pas moins dans le domaine du trafic et des échanges.

Mais les engagements d'une maison ne se bornent pas à exécuter les contrats. Il faut en outre réparer le tort causé soit aux personnes avec qui on s'est mis en rapport d'affaires (*faute contractuelle*), soit aux tiers (*faute délictuelle*). Une entreprise ou un service, qui jouit de l'immunité de ses actes portant lésion des intérêts d'autrui, demeure étrangère à notre droit. Or, c'est ce qui arrive pour l'Etat, de même que pour les communes.

La puissance publique est irresponsable. On peut provoquer l'annulation d'un acte qui provient d'elle, on ne peut la poursuivre en réparation pour cause de faute. Cependant l'accomplissement de sa fonction ne va pas sans heurter les intérêts de quelques-uns dans une œuvre conçue pour le bien de tous. Dans une certaine mesure, il est vrai que « la puissance publique, ayant pris de sa propre initiative la direction de la cause commune en qualité de gérant d'affaires, contracte l'obligation d'assurer ses collaborateurs contre les accidents qui, portant atteinte à la régularité des services, entraînent des préjudices » (HAURIOU, *op. cit.*, p. 246). De là, la notion, accueillie en doctrine et en jurisprudence, des « faits de service ». Pour être admis à exercer la réclamation découlant de cette notion, il faut arguer non pas de la faute d'un agent, mais de la défectuosité d'un service, ou pour parler plus clairement, de la réalisation du risque d'accident ou de lésion causé par ce service.

Sitôt qu'on est en face d'une faute caractérisée de fonctionnaire, c'est celui-ci qui est tenu, non l'Etat. Le service ne s'est pas dérobé à son rôle, mais l'homme qui en était chargé ; administrativement parlant, ce dernier est sorti de sa fonction. L'Etat ne pourrait être responsable des fautes de ses fonctionnaires que si ceux-ci devaient être considérés comme ses préposés à la teneur de l'art. 1384 C. civ. Or, pour des raisons dont l'étude serait ici longueur, et depuis que les théories de M. LAFERRIÈRE ont réglé la jurisprudence du Conseil d'Etat, cette extension à l'Etat et aux communes des principes de la responsabilité civile est absolument repoussée.

On ne distingue pas à cet égard suivant que l'Etat agit par voie d'autorité ou fait acte de gestion. Les services industriels organisés par la puissance publique échappent donc à la responsabilité qui atteint une entreprise ordinaire. La doctrine n'est pas unanime sur ce point. MM. BERTHÉLEMY, *op. cit.*, p. 78 : MICHOUD, *Revue du droit public*, 1895 et 1897, sont en désaccord avec M. HAURIOU, *op. cit.*, p. 242. Ils voudraient ouvrir une brèche au principe de l'irresponsabilité, lorsque l'Etat procède au titre d'entrepreneur et non plus dans l'exercice de ses fonctions de souveraineté. Mais la jurisprudence est très ferme dans le sens contraire. Elle s'est affirmée notamment dans l'arrêt *Blanco*, 8 février 1873. Jadis les communes étaient soumises par elle à un autre traitement que l'Etat ; on les tenait pour responsables des fautes de leurs agents ; mais il est peu probable que cette interprétation résiste à la nouvelle jurisprudence.

Il existe sans doute certaines exceptions consacrées par les lois pour tel service déterminé [1]. Mais, hors de là, l'intéressé ne peut imputer à l'Etat les négligences ou faits positifs de responsabilité de ses agents. Ceux-ci seront recherchés à raison de leurs « faits personnels », ils ne pourront l'être que pour le cas de faute lourde. Comme il y aura doute sur le point de savoir si c'est un « fait de service » ou un « fait personnel » qui constitue le principe de l'action, l'appréciation de la faute relèvera encore des tribunaux administratifs, à raison de la séparation des pouvoirs : on avait cru cependant, au lendemain de l'abrogation de l'art. 75 de la Constitution de l'an VIII par le décret du 19 septembre 1870, que les fonctionnaires répondraient désormais de leurs actes devant les tribunaux ordinaires.

Ce régime légal, dans son économie générale, paraît inconciliable avec l'adaptation à la puissance publique du droit commercial.

185. — Il y a d'ailleurs d'autres motifs à invoquer dans le même sens.

a) Le droit commercial règle la procédure d'exécution, la faillite. Or les biens de l'Etat [2] sont insaisissables : la solvabilité qu'il a pour exécuter ses engagements dès lors qu'ils sont reconnus, ainsi que sa bonne foi, ne doivent pas même être mises en question. Il lui est arrivé de manquer à ses engagements, d'imposer à ses créanciers une sorte de concordat (ouverture du Grand-Livre en 1793) ; il faut espérer que cette éventualité ne se reproduira plus.

b) L'homme de commerce fait appel au crédit. Or les services de l'Etat sont enfermés dans le cadre de la comptabilité publique. Les dépenses ne peuvent être engagées que dans les limites budgétaires, à moins d'allocation de crédits supplémentaires. Les disponibilités des impôts ne peuvent être complétées que par des émissions de bons du Trésor ou par l'appel au compte courant de la Banque de France. Il n'y a pas lieu de procéder à une négociation d'effets.

Les services publics n'équilibrent pas davantage leurs comptes annuels en faisant état du capital d'établissement et de l'amortissement du matériel ; ils ne tiennent pas les livres commerciaux habituels.

Cette économie propre aux deniers publics, cette absence de bilan et d'écritures commerciales rendent irréalisable, en l'état actuel de la législation, le transport à l'Etat des dispositions du droit commercial.

186. — Nous avons écarté les autres singularités se rapportant aux relations de l'Etat dans ses divers services avec ses agents et employés [3]. En

---

1. On en trouvera la liste dans Hauriou, p. 245, note 1.

2. Sur l'impossibilité d'appliquer la faillite à l'Etat, au département ou à la commune, v. Percerou, *Traité des faillites*, dans la collection Thaller, t. I, n° 161.

3. Le *titulaire d'un bureau de tabac* est non un commerçant, mais un préposé de l'Etat, dont la rétribution réside dans les remises que l'administration lui consent sur les tabacs à vendre. Il opère en vertu d'une commission de la Régie. — La situation ne change pas si cette personne, au lieu de tenir le bureau, le fait exploiter par un *gérant*. Ce gérant est un sous-préposé à faire agréer par la Régie sous peine de nullité du contrat (Douai, 30 juillet 1895 et 13 avril 1897, D. 1898, 2, 205). Le prix de location du bureau, ou ce qu'on désigne de ce nom, est un forfait convenu par le gérant avec le titulaire. C'est le bénéfice net présumé du

envisageant ce nouveau côté de la question, on constate la même antithèse entre l'Etat industriel et les autres patrons. Car : 1° quant à la compétence, les réclamations de ces agents relèvent des tribunaux administratifs, à moins qu'il ne s'agisse de la main-d'œuvre inférieure, du travail d'un journalier, par exemple [1] ; 2° au fond, les agents de l'Etat n'ont pas le droit, en cas de renvoi entaché d'abus, d'arguer de l'art. 1780 C. civ. ; 3° ils sont exclus du bénéfice de la coalition ou de la grève (V. pourtant BERTHÉLEMY, *op. cit.*, p. 51), ainsi que du droit de se grouper en syndicats professionnels.

Si, au contraire, la loi du 9 avril 1898 sur le risque professionnel s'applique à l'Etat vis-à-vis de ses ouvriers et l'oblige à leur servir une pension d'accident (Bordeaux, 19 février 1901, S. 1904, 2, 145), c'est parce qu'il a été dit dans la discussion que le personnel des manufactures de l'Etat ainsi que celui des établissements publics était, à raison de la généralité du texte, régi par ladite loi, comme il a été dit encore (rapport RICARD) que la compétence des tribunaux administratifs doit disparaître en pareil cas. C'est un exemple dont il ne faut pas élargir la portée [2].

Nous n'avons pas à insister sur cet aspect du problème. Les rapports du patron et de ses préposés se rattachent à la législation industrielle et non à la législation commerciale proprement dite. Ils se rattachent même plutôt à l'organisation politique de l'Etat, à la discipline nécessaire dans la hiérarchie des services. C'est à côté du thème, brûlant aujourd'hui, du syndicalisme des fonctionnaires et du statut légal [3] à leur attribuer, que nous devons passer, sans pouvoir nous y aventurer.

187. — Bref, les raisons qui viennent d'être exposées d'écarter de l'Etat, pris dans ses divers services, les règles du droit commercial, tiennent à l'organisation actuelle de la législation et non à la nature des choses. On se représenterait un régime différent, qui détacherait les services industriels de l'Etat ou des communes des principes rigides du droit administratif ; alors la règle du Code de commerce italien (art. 7), d'après laquelle l'Etat, les provinces et les communes peuvent se soumettre par leurs actes aux lois commerciales, serait également applicable en France.

188. — Chemins de fer de l'Etat. — Dès à présent, cette extension est chose faite pour les chemins de fer de l'Etat. Ce service n'est confondu ni au point de vue administratif, ni au point de vue budgétaire et financier, avec les autres services nationaux (L. 18 mai et Décrets du 25 mai

---

bureau, appointements du gérant déduits. La qualité de commerçant ne serait acquise au gérant que s'il exploitait dans le même local une autre industrie, par exemple un débit de vins (cfr. note MESTRE, sous Lyon, 20 juin 1912, S. 1914, 2, 1).

1. La loi sur les conseils de prud'hommes de 1907 n'a pas étendu cette juridiction au personnel des manufactures d'Etat, ainsi que l'aurait voulu le texte voté par la Chambre en 1901 : PIC, *Les lois ouvrières*, 3e éd., n° 1285 *bis* ; Toulouse, 5 février 1908, S. 1908, 2, 37.

2. BOURGUIN, *De l'application des lois ouvrières aux ouvriers et employés de l'Etat*, 1902 ; MANNHEIM, *De la condition des ouvriers dans les manufactures de l'Etat*, 1902.

3. V. les discussions à la *Société d'études législatives* sur le statut des fonctionnaires, *Bulletin*, 1914.

1878). Il se rapproche plutôt du régime des établissements publics, ou plus exactement peut-être de celui des établissements de gestion privée. Les fonctionnaires qui en dépendent sont en service détaché, et un conseil d'administration (avant 1895), un directeur (depuis cette époque) en assure la marche à l'instar d'une Compagnie industrielle.

Ses recettes et dépenses ne sont pas incorporées au budget général, mais forment un compte à part, lequel ressort en bénéfices parce que les charges d'établissement en sont exclues. Ces charges d'établissement ont été le prix versé par l'Etat aux anciennes Compagnies qui avaient originairement construit ce réseau et qui se sont vues dans la nécessité, faute de ressources, d'en suspendre l'exploitation.

Il a été entendu en 1878 qu'on laisserait au public, malgré la reprise des lignes en régie, les garanties qui résultaient pour lui du droit applicable aux Compagnies. On s'est laissé guider par des motifs d'ordre utilitaire[1].

Au surplus, déjà la loi sur les chemins de fer du 15 juillet 1845, prévoyant le cas où l'exploitation serait aux mains de l'Etat, avait décidé, dans son art. 22, que « l'Etat serait soumis à la même responsabilité » que les entreprises en sociétés.

De là il résulte : *a*) Que l'Etat est exposé aux mêmes procès pour pertes, avaries et retard, que les autres chemins de fer, et que les dommages-intérêts doivent obéir au même *quantum* et aux mêmes règles de liquidation (les principes de la comptabilité publique sont étrangers même aux rapports de l'administration des chemins de fer de l'Etat avec ses fournisseurs, Req., 8 juillet 1889, D. 89, 1, 353, et les règles d'ordonnançement des paiements sont simplifiées) ;

b) Que le tribunal de commerce doit connaître de ces procès ;

c) Mais, d'autre part, que les différends entre l'Etat et ses employés de chemins de fer, par exemple à raison d'une révocation injuste, ne sauraient relever de la juridiction commerciale, qu'ils rentrent au contraire dans la compétence des tribunaux administratifs, le droit commercial ne réglant pas les relations du chef d'entreprise et du personnel à ses ordres (Req., 18 novembre 1895, S. 98, 1, 385, et note de M. CHAVEGRIN).

189. — Établissements publics. — Un service industriel peut-il légalement être organisé par un *établissement public* ou d'*utilité publique* ? Il ne le semble point.

Car ces établissements répondent à une destination que l'accomplissement d'un commerce ne concourt pas à réaliser, dont le commerce même les détournerait. Ce n'est qu'en vue de leur but que la personnalité leur a été conférée. Ils ne doivent point contrevenir à ce but. Le principe de la « spécialité de la fonction » les domine.

C'est pour cette raison qu'on refuse au *syndicat professionnel* l'aptitude aux actes de commerce. Il peut faire emploi de ses cotisations ou autres

---

1. Le même régime a été suivi pour le rachat du réseau de la Compagnie de l'Ouest (L. 18 décembre 1908, art. 2).

ressources en valeurs, et se composer un capital. Mais l'étude et la défense des intérêts économiques, industriels, commerciaux et agricoles propres à la profession étant le seul objet possible de ces syndicats (L. 21 mars 1884, art. 3), il s'ensuit que l'accès du commerce leur est fermé : les adhérents du syndicat seraient seuls à recueillir le profit de ce commerce, à l'exclusion des autres membres de la profession qui n'en font point partie, ce qui est inadmissible. Un syndicat ne pourrait même pas accomplir des actes pécuniaires exempts de lucre, quand ce sont ses membres qui en doivent profiter. Le droit du syndicat se borne à faciliter la constitution entre ses membres de sociétés coopératives ou de sociétés de crédit agricole (L. 5 novembre 1894) ; il faudra alors à côté de lui un organisme indépendant.

C'est ce que n'ont pas voulu comprendre de nombreux syndicats agricoles. Ils ont traité directement de l'achat en gros de machines, engrais, semences, destinés à être répartis entre leurs membres et même de la vente des récoltes des adhérents. Un important arrêt de la Cour de cassation (Crim. rej., 29 mai 1908, D. 1909, 1, 25, note SALMON-LEGAGNEUR, S. 1908, 1, 409, note NAQUET) a frappé les syndicats qui opéraient ainsi. L'émotion produite par cet arrêt a déterminé le dépôt d'un projet gouvernemental pour atténuer la rigueur d'un régime trop exclusif [1].

Un autre projet du Gouvernement, déposé par M. WALDECK-ROUSSEAU, en 1899, proposait d'augmenter la capacité des syndicats, en leur permettant de faire le commerce sous certaines conditions, et notamment de créer des sociétés anonymes avec pouvoir d'en souscrire toutes les actions ; il n'y a pas été donné suite jusqu'à présent.

Il convient de raisonner de la même manière à l'égard d'une association quelconque régie par la loi du 1er juillet 1901 : cette association s'est créée « dans un but autre que de partager les bénéfices » (art. 1er). Elle dispose d'une capacité différente suivant les formalités qu'elle a observées ; la propriété d'immeubles lui est en principe interdite. Elle ne pourrait échapper à ce régime par l'exercice du commerce, notamment en greffant sur elle une société commerciale dont l'existence en fait devrait se confondre avec la sienne. L'examen de l'art. 17 de la loi conduit à ce résultat : il frappe de nullité les actes des associations, légalement ou illégalement formées, qui auraient pour objet de leur permettre de se soustraire aux dispositions du commencement de la loi, afférentes à la réglementation de leur capacité [2].

---

1. V. PIC, *Traité élémentaire de législation industrielle*, n° 446. — V. aussi une proposition faite à la *Société d'Études législatives* sur la capacité commerciale des syndicats, rapport CAHEN et discussion générale (*Bull. de la dite Société*, 1909, n° 5, p. 373 et suiv.) ; A. NAST, dans le *Bulletin de la Société de législation comparée*, 1909, p. 286 ; KIEFE, *Capacité commerciale des syndicats professionnels*, th. 1910 : CH. CLERC, *Les syndicats professionnels dans leurs rapports avec les sociétés coopératives*, th. 1910 ; ALLIX, *La capacité des syndicats professionnels et les récents projets de loi*, dans les *Questions pratiques de législation ouvrière*, 1911. — Comp. le projet CHÉRON sur les syndicats professionnels, Chambre des députés, 19 mai 1913.

2. On doit conclure de là qu'une congrégation religieuse autorisée ne pourrait pas, même au moyen de personnes interposées, exercer une industrie (fabrication de liqueurs). Avant la loi de 1901, cette incapacité était au moins discutable.

CHAPITRE III

DES OBLIGATIONS ATTACHÉES A LA PROFESSION COMMERCIALE. — LIVRES DE COMMERCE ; — PUBLICITÉ DU CONTRAT DE MARIAGE.

(C. com., livre Ier, titre II, art. 8 à 17 [avec les art. 1329 et 1330 C. civ.] et titre IV, art. 65 à 70).

190. — Parmi les obligations incombant aux commerçants, il en est deux qui sont particulièrement intéressantes ; le Code de commerce les règle dans son premier livre. Ce sont l'obligation de *tenir des livres* et une comptabilité régulière, — celle de *publier leur contrat de mariage.*

La première de ces obligations est requise d'une manière continue, la deuxième ne doit être remplie qu'une fois. Nous allons les étudier toutes deux, en examinant incidemment la force probante des livres de commerce.

SECTION PREMIÈRE

DES LIVRES DE COMMERCE

(Art. 1329 et 1330 C. civ., 8 à 17 C. com.).

191. — *Tout commerçant doit tenir des livres.* — Cette obligation ne concerne point les autres professions. En pratique, mais sans que la loi le dise, on use de tolérance envers les petits marchands (ceux que le droit allemand qualifie de *Minder-Kaufleute*), envers ceux notamment qui exercent une profession nomade [1].

Par les énonciations de ses livres, le commerçant pourra établir ses droits, et, d'autre part, les tiers pourront justifier de leurs prétentions contre lui. Rien de pareil ne serait vrai des livres qu'un non-commerçant tiendrait spontanément (cfr. pourtant l'art. 1331 C. civ.).

Le commerçant peut faire tenir ses livres par un commis et dans une langue quelconque. Les inscriptions peuvent y être faites à la machine à écrire, en tant que cet appareil est compatible avec l'épaisseur d'un livre. Il doit les conserver *pendant dix ans* à partir de leur clôture (art. 11 *in fine*).

1° Mais il serait inexact de dire que, les dix ans étant expirés, *les livres aient épuisé leur force probante.* Ils continuent, après ce délai, à faire preuve pour ou contre celui qui les tient. Seulement, s'il se refuse à les produire parce qu'il soutient ne plus les avoir, il est suspecté lorsque les dix ans courent encore, et il cesse de l'être après ce terme. Cette suspicion crée au profit du tiers avec qui il est en procès un commencement de preuve, qui pourra être complété par serment supplétoire (art. 17) ;

1. Pour la réglementation légale des *industries et commerces ambulants*, v. la loi du 16 juillet 1912 et le règlement d'administration publique du 19 février 1913.

2° Il n'est pas vrai non plus que les *obligations* entre commerçants *se prescrivent* par un délai de dix ans. La prescription ordinaire, dans le commerce, comme en matière civile, est de trente ans (art. 2262 C. civ.). Mais on verra qu'il est créé pour certaines causes d'obligations commerciales des prescriptions particulières d'une plus courte durée (art. 64, 189 C. com., etc.). En outre, les actions des marchands, pour les marchandises qu'ils vendent aux particuliers *non marchands*, se prescrivent par deux ans (art. 2272 C. civ. dernier al., modifié par la loi du 20 février 1911) [1].

192. — Utilité. — Les livres, et d'une manière générale la comptabilité, répondent au besoin qu'a tout négociant de s'orienter dans ses affaires. Ils mettent sous ses yeux et classent ses opérations. Un travail périodique de synthèse lui dira ce qu'il gagne ou ce qu'il perd. Ils lui permettent de rectifier une direction mauvaise, d'aviser à des économies.

Les Romains les ont pratiqués, même en dehors du commerce. On connaît le *Codex expensi et accepti*, dont les écritures formaient un contrat solennel et de droit strict à l'époque classique. Au moyen âge, ils prirent beaucoup d'importance. Ils disposaient, d'après certains statuts, de l'authenticité et de la force exécutoire au même titre que des actes notariés : ce qui s'expliquait par le caractère public dont était investi le commerçant, en qualité de membre d'une corporation. Les *livres de raisons*, surtout dans le midi de la France, présentent un intérêt de curiosité, à cause de l'habitude qu'avait prise le marchand d'y consigner les événements survenus dans sa famille.

193. — Sanctions. — La tenue obligatoire des livres est sanctionnée de deux manières :

1° L'absence de livres, ou l'irrégularité dans leur tenue, peut, en cas de *faillite* du commerçant, emporter la peine de la *banqueroute simple* que le tribunal a toutefois la faculté de ne point prononcer (art. 586-6° C. com.).

La soustraction des livres dissimulerait un détournement d'actif, ce qui serait un cas de banqueroute frauduleuse (art. 591).

C'est surtout dans le cas de faillite qu'il importe de se référer aux livres. Le syndic s'éclairera ainsi sur les éléments de l'actif et du passif et connaîtra les créanciers à convoquer. Il consultera encore les livres pour s'instruire sur les précédents de la faillite et sur la responsabilité encourue par le débiteur dans sa ruine.

La loi a dû reculer cette sanction pénale jusqu'à la faillite, et la rendre par là même problématique. Elle ne pouvait frapper *in bonis* le commerçant négligent, sans faire acte de perquisition dans sa comptabilité. Tant que l'exploitation se poursuit, les bureaux du négociant sont fermés aux recherches des tiers, comme à celles du fisc et du ministère public, les cas d'information pénale réservés : le secret des affaires l'exige (n° 113).

2° Cette absence ou cette irrégularité des livres fait perdre au commer-

1. Auparavant cette prescription était d'un an : elle a été portée à deux ans par la loi du 20 février 1911, v. *Annales de droit commercial*, 1911, 138.

çant le bénéfice de la *preuve* que des livres bien tenus lui auraient assurée dans ses contestations avec la clientèle. Il ne parviendra pas à établir ses créances. Recherché comme débiteur, il tombera sous une présomption défavorable qui pourra sous certaines conditions le faire condamner (v. *infra*, nos 207 et 208).

194. — Cette matière se répartira en deux paragraphes, traitant : — de la comptabilité en général avec les énonciations des livres, — des livres considérés comme moyen de preuve.

§ 1. — Notions de comptabilité, énumération et énonciations des livres.

195. — La *comptabilité* est l'ensemble des écritures tenues par un commerçant et reproduisant le mouvement de ses affaires. C'est un art difficile qui demande de longues études, et auquel doit plus ou moins s'initier toute personne appelée à concourir, comme juge, arbitre ou conseil des plaideurs, à la liquidation d'un compte commercial.

La loi prescrit la tenue de certains livres, dits *obligatoires*. L'usage en a fait adopter d'autres, qui sont *facultatifs*. On aurait pu, comme le font certains Codes, le Code allemand notamment, ne pas entrer dans l'analyse et se borner à exiger du commerçant, en termes généraux, la tenue de livres révélant sa situation d'une manière complète.

Ces livres sont : 1° le Livre-Journal, — 2° le Grand-Livre (celui-ci facultatif), — 3° le Livre des Inventaires et des Bilans, — 4° le Copie de lettres, avec la mise en liasse des lettres reçues. Le négociant peut en multiplier indéfiniment le nombre (agenda ou brouillard, livre de caisse, etc.).

196. — 1° *Livre-Journal.* — C'est le livre où les opérations sont mentionnées à la suite, jour par jour, dans leur ordre chronologique (art. 8). Cela n'exclut point la faculté de grouper en un seul chiffre tous les menus articles de détail de nature semblable : le négociant aura commencé par les relever sur un livre d'achats ou de ventes ou sur le « brouillard ».

Les opérations civiles ou commerciales y sont énoncées, celles à terme et celles au comptant, les opérations gratuites ou à titre onéreux, les souscriptions, acceptations ou négociations d'effets. — Ainsi du moins ordonne la loi. Mais les connaisseurs en comptabilité font observer que, si la règle était suivie à la lettre, le commerçant confondrait dans ses écritures des opérations personnelles (héritages, dots, achats d'immeubles) étrangères au mouvement des capitaux de son commerce, ce qui serait un non-sens [1]. Ces articles ne doivent donc figurer en comptabilité qu'autant qu'ils correspondent à des prises ou à des mises de fonds dans l'exploitation commerciale.

---

1. Léautey, *Traité des inventaires et des bilans*, 2e éd., p. 212. Cet auteur est particulièrement connu pour avoir propagé une méthode dite de la « permanence de l'inventaire », qui permet au commerçant d'établir à tout moment, au moins à titre provisoire, la balance de sa situation.

Les dépenses de ménage doivent y être relatées en bloc, mois par mois. C'est par leur importance qu'on verra, en cas de faillite, si le négociant a vécu sur un train personnel ou de maison exagéré, et s'il a encouru de ce chef la banqueroute simple (art. 585-1° C. com.). Il est dans les habitudes du commerçant de s'attribuer un traitement fixe en vue de pourvoir à sa vie courante et à celle de sa famille. Ce traitement est passé en frais généraux [1]. Si l'établissement vient à tomber, on en vérifiera le montant ; le négociant en cas d'excès pourra être tenu pour responsable. A plus forte raison, lorsqu'il a dépassé ces sommes, en prenant sur sa caisse des avances dont il se débiterait par exemple dans un compte particulier (situation plus fréquente dans un établissement monté en société).

197. — 2° *Grand-Livre.* — Ce livre tient, dans la pensée du commerçant une place plus grande que le précédent. Cependant la loi ne le signale point : elle dispense par conséquent le commerçant d'en faire usage.

Les opérations y sont ramassées d'après une méthode autre que dans le Journal. L'ordre dans lequel elles sont groupées donne au négociant sa situation vis-à-vis de chacun de ses fournisseurs et à l'égard de chacune de ses spécialités respectivement.

Un compte est ouvert, avec rubrique séparée, à un correspondant déterminé de la maison (sans préjudice, comme on le verra, de comptes intérieurs). Ce compte occupe un folio, c'est-à-dire une page double du Grand-Livre, tout ouvert. La partie de gauche représente le côté *doit*, la partie de droite le côté *avoir* du compte. Lorsqu'une opération est faite avec ce correspondant, il faut passer écritures au compte qui le concerne : on doit le débiter, si ce correspondant a reçu une valeur ; le créditer, au contraire, s'il en a fourni une.

198. — Méthodes de comptabilité [2]. — Ceci nous amène aux méthodes de comptabilité. On en distingue deux : la comptabilité en partie simple, — et la comptabilité en partie double (*partie* signifiant article d'écritures). C'est-à-dire que, selon la méthode suivie, le même article n'est mentionné qu'une fois ou qu'il est écrit en double sur le Grand-Livre. Il affectera dans le second cas deux comptes différents de ce livre, l'un par doit et l'autre par avoir.

La comptabilité en *partie simple* n'est mise en œuvre que lorsque le négociant devient, par le fait d'une opération, créancier ou débiteur d'un tiers ; par exemple, en achetant ou en vendant à crédit à un de ses clients.

---

1. La stipulation de « participation aux bénéfices », entre un commis intéressé et le chef d'une maison de commerce, n'empêche pas celui-ci de porter au compte des frais généraux, outre l'intérêt du capital par lui engagé, une somme qu'il fixe lui-même pour la rémunération de son travail personnel, — sauf aux tribunaux à rechercher si le traitement que le maître s'attribue ainsi à lui-même n'est pas excessif et n'a pas pour but de fausser la participation aux bénéfices en rendant la quote-part du commis « illusoire ou nulle ». Cass. civ., 2 février 1914, *Mon. jud. Lyon*, 30 avril 1914, D. 1914, 1, note Percerou.

2. V. Léautey, *op. cit.* ; Gabriel Faure, *Eléments de commerce et de comptabilité*, 11e édit.

Les opérations au comptant sont bien mentionnées au Journal. Mais comme elles ne donnent lieu à aucun engagement, le Grand-Livre n'a pas à les reproduire ; pas plus que les opérations qui, dans l'intérieur de la maison, font passer une valeur d'une branche d'exploitation à une autre, des caisses de filés de laine sortant de la filature en entrant au tissage, etc.

Par là se manifestent les inconvénients de cette comptabilité. Elle passe à bon droit pour rudimentaire. — *a*) Il n'y a plus ni concordance entre le Livre-Journal et le Grand-Livre, ni possibilité, en additionnant les sommes de part et d'autre, de les contrôler réciproquement ; — *b*) Si le Grand-Livre pouvait contenir chaque article deux fois, c'est-à-dire en doit et en avoir, il y aurait, de ce chef, un nouveau moyen de rectifier les écritures, en cas d'inadvertance. La colonne en doit concorderait avec celle de l'avoir. Cette comptabilité ne peut pas donner un tel contrôle ; — *c*) Le négociant ne spécialise point chaque branche de sa maison. Ce qui lui serait utile cependant, afin de savoir le rendement comparatif des unes et des autres.

199. — On remédie à ces imperfections par la comptabilité en *partie double*. La pratique en remonte assez loin dans l'Italie du moyen âge (il existe une Somme Mathématique de 1494, qui l'analyse déjà, et dont l'auteur fut un Franciscain de l'ordre du Saint-Sépulcre, à Venise).

Cette comptabilité qui, suivant l'expression imagée d'un marchand de Bruges du XVIe siècle, « fait poivre et gingembre débiteurs comme si c'étaient des hommes »[1], repose sur la personnification en écritures de chaque branche intérieure de l'établissement : telle que la Caisse, le Magasin, etc.

Chacune de ces branches est présumée dans la position d'un fournisseur qui se trouverait en rapports d'affaires avec le commerçant lui-même. Ce personnage imaginaire va recevoir de lui des valeurs dont on le débitera ; ou bien il livrera, tout au contraire, des valeurs dont il faudra alors le créditer.

Personnifiés par fiction, ces comptes sont les *comptes généraux*, tandis que les comptes des fournisseurs ou correspondants forment les *comptes particuliers*.

Grâce à cette comptabilité : *a*) Toute opération détermine un mouvement d'écritures au Grand-Livre, même lorsqu'elle est au comptant ; car, du moment qu'il y a entrée ou sortie d'argent, le compte Caisse sera débité ou crédité ; — *b*) Toute opération est portée doublement au Grand-Livre, une première fois au compte qui reçoit la valeur, et une seconde fois au compte qui la fournit ; — *c*) Chaque branche d'exploitation est isolée des autres.

200. — Comptes généraux. — Le nombre des comptes généraux n'a rien de limité. Le négociant peut les multiplier à son gré. Il peut également réunir deux comptes usuels en un seul, grouper les effets à payer et ceux à recevoir, sous la rubrique *traites et remises* ; par exemple encore, exploitant un tissage, il laissera au compte de ce tissage les articles fabri-

---

1. V. l'étude de M. Léon Say dans les *Mémoires de l'Académie des sciences morales et politiques*, XVIe vol., 1885. — V. aussi Courcelle-Seneuil, *Manuel des affaires*.

qués et non vendus, réunis aux produits en manutention, au lieu d'ouvrir aux Marchandises un folio distinct.

Les comptes généraux les plus connus sont les suivants :

A. Compte Capital. — C'est le chef de l'entreprise, placé au-dessus de tous les comptes de sa maison ou du dehors, et distribuant entre eux les valeurs engagées dans l'exploitation. Tel, un prêteur étranger qui livrerait au négociant les fonds de l'établissement. Ici le commerçant est son propre prêteur. Pour mieux dire, il fait ce prêt aux branches de sa maison, qui en deviennent redevables envers lui.

Il n'est passé écritures au compte Capital qu'au commencement de l'entreprise. On le crédite, et l'ensemble des autres comptes en représentera la contre-valeur, aussi longtemps qu'on évitera les pertes. Selon la manière dont le commerçant comprend sa comptabilité, il portera ou non au Capital, après chaque clôture d'exercice, le relevé des bénéfices et des pertes. Le plus généralement, le compte demeure immuable : les bénéfices, s'ils restent dans la maison, sont portés à un compte séparé.

Lorsque, sans conserver tous les bénéfices annuels, la maison en retient une partie pour en faire l'objet d'une *réserve* (ainsi qu'il arrive surtout dans les sociétés, la loi émettant à cet égard pour la société anonyme une exigence dont on reparlera), il faudra ouvrir à cette réserve un compte distinct : il sera débité du montant des sommes qui y sont portées. Cela témoignera d'une adjonction d'actif aux valeurs constitutives du capital.

B. Compte Caisse. — La Caisse, dépositaire des sommes qui y sont versées, est *débitée* lorsqu'elle reçoit de l'argent. Elle est *créditée*, au contraire, lorsqu'elle en fournit. Telle, une maison de banque où le commerçant irait déposer ou prendre l'argent provenant de ses recouvrements ou de ses versements.

C. Compte Magasin ou *Marchandises Générales.* — C'est un entrepôt supposé. A son *débit* on passera les entrées de marchandises, puisque le Magasin s'engage à représenter les matières qu'on y dépose ; on le *créditera* pour les produits qu'on en fera sortir.

Exemple : Au 1er janvier, A... ouvre un établissement de commerce, avec une mise de fonds de 20.000 fr., qu'il possède en argent liquide. Il consacre immédiatement cette somme (le capital), pour la première moitié à construire et à outiller son magasin, et pour l'autre moitié à acheter au comptant des marchandises, des étoffes ou confections, qui entrent aussitôt dans ce magasin.

Cela donne, comme élément des premières écritures, une livraison de 20.000 fr. faite par le Capital aux Marchandises générales. Le compte qui reçoit (M. G.) doit au compte qui fournit (Capital). Le Capital se dessaisit, on le *crédite* ; les M. G. reçoivent, on les *débite*.

« Du 1er janvier. — Marchandises générales *à* Capital, 20.000 fr. », portera le Livre-Journal. Au Grand-Livre figurera cette double mention : « Compte Capital 20.000 fr. (*avoir*) ; — compte M. G. 20.000 fr. (*débit*) ».

Le lendemain, 2 janvier, se présente Durand, acheteur à crédit d'un lot de ces marchandises représentant 7.000 fr. Il prend livraison, la marchandise vendue est retirée du magasin. Il faudra *créditer* les M. G. de la valeur qu'on leur prend, *débiter* Durand, qui est redevable du prix.

Soit, au Journal : « Du 2 janvier. — Durand à M. G. : 7.000 fr. », et au Grand-Livre : « Compte M. G., *avoir* 7.000 fr. ; — compte Durand (compte particulier), *doit* 7.000 fr. ».

Suspendons nos exemples et reprenons les comptes généraux.

D. Compte Effets à recevoir. — Il concerne les effets de commerce, lettres de change ou billets à ordre. Ce ne sont point les effets souscrits et négociés par le négociant qu'il enregistre, mais, au contraire, ceux qui lui sont donnés en règlement de ce qu'on lui doit. Ces effets sont censés réunis dans un portefeuille qui est *débité*, lorsqu'un effet nouveau y entre, *crédité* lorsqu'un effet en sort.

Reprise de l'exemple : Le 3 janvier, Durand, débiteur à terme de 7.000 fr., pour prix de marchandises achetées par lui la veille, règle son vendeur A... au moyen d'une lettre de change à échéance fin janvier. En comptabilité, mais en comptabilité seulement, Durand est libéré : *qui règle paie*. Durand fait ainsi une *remise* à son vendeur. On procédera comme si c'était de l'argent : il ne doit plus désormais à son vendeur, il doit à sa signature, qui circulera peut-être par la négociation qu'en fera le vendeur. La dette doit disparaître de son compte ; c'est le portefeuille, dépositaire de sa signature, qui prend sa place.

Voici donc la traduction de l'opération en écritures :

Livre-Journal : « Du 3 janvier. — Effets à recevoir *à* Durand 7.000 fr. » ; — Grand-Livre : « Compte Durand, *avoir* 7.000 fr. (le compte est balancé) ; — compte Effets à recevoir, *doit* 7.000 fr. »

Au 31 janvier, si A... n'a pas dans l'intervalle transmis l'effet de Durand par endossement à une tierce personne, il sortira cet effet du portefeuille et le présentera à Durand. Durand paiera. La somme sera versée à la caisse. D'où écritures : Livre-Journal : « Du 31 janvier. — Caisse *à* Effets à recevoir 7.000 fr. » ; — Grand-Livre : « Compte Effets à recevoir, *avoir* 7.000 fr. (compte balancé) ; — compte Caisse, *doit* 7.000 fr. ».

E. Compte Effets à payer. — C'est le compte inverse du précédent. Le chef de maison ne se contente pas de recevoir des effets. Il en souscrit ou il accepte des lettres de change tirées sur lui. Il joue non plus le rôle de créancier, mais celui de débiteur, non plus le rôle de vendeur, mais celui d'acheteur. Il se doit à sa signature. Cette signature, qui va circuler jusqu'à l'échéance, devient en écritures une contre-partie, envers qui il est redevable.

Il faudra donc *créditer* le compte de tous les engagements souscrits par le négociant en forme d'effets et, lorsqu'il aura payé l'effet à l'échéance, *débiter* le même compte pour faire balance.

F. Compte Profits et Pertes. — C'est un compte d'ordre, maintenant l'équilibre des autres. C'est aussi un « compte de résultats », tandis que les précédents étaient des « comptes de valeurs ». On le met en œuvre chaque fois qu'il y a lieu de créditer ou de débiter un premier compte, sans qu'on puisse faire l'écriture inverse sur un second. Cette écriture inverse se fera alors par Profits et Pertes.

Ainsi le commerçant règle les appointements d'un employé, 100 francs, c'est donc que 100 francs sont à passer au *crédit* de la caisse. Ou il acquitte envers un prêteur les intérêts d'une dette. A quel *débit* porter la somme ? Il n'y a pas de compte qualifié à cet effet (à moins qu'on n'ouvre un compte Traitement d'employés, Frais généraux, ou autre). On débitera donc de 100 francs Profits et Pertes [1].

---

1. La somme figurera à la colonne de gauche, sur la page du folio portant le

Cet exemple, nous l'abandonnons de suite, sans le retenir comme élément du bilan annuel. Il dit assez qu'une inscription à ce compte ne prouve point l'existence en soi d'une perte ou d'un profit : les gages du personnel peuvent être largement couverts par les bénéfices que relèvera l'inventaire, et le paiement d'intérêts n'est pas un signe de mauvaises affaires.

Mais il est vrai que cet ensemble de frais (ou de recettes) sans contre-valeur apparente influera sur le chiffre des bénéfices.

D'autre part, les moins-values de marchandises, subies au cours de l'exercice, donneront lieu, avant la clôture annuelle des comptes, à un article de notre compte qui répond alors à une perte véritable (ou à un bénéfice si c'est une plus-value). Et enfin le solde du compte dira vraiment combien le commerçant a gagné, ou combien il a perdu. La suite le montrera.

Nous n'avons signalé jusqu'ici que deux livres, le Journal et le Grand-Livre, en y rattachant quelques principes de comptabilité. Il faut continuer maintenant l'énumération.

3° *Livre des Inventaires et des Bilans* (art. 9). — L'inventaire est un état descriptif et estimatif de toutes les valeurs que le négociant possède dans son exploitation à la fin d'un exercice, en immeubles, en matériel, en marchandises, en argent.

L'inventaire est établi par le négociant sans le ministère d'un agent étranger, et non, comme dans les successions, par le concours d'un notaire. Un inventaire de succession détermine les valeurs dont auront à justifier ceux qui détiendront et administreront cette succession. Un inventaire commercial relève la situation de l'actif du négociant et l'amène à connaître les résultats, bons ou mauvais, d'une période d'exploitation. Ces deux pièces répondent donc à un but différent. Dans la faillite d'un commerçant décédé un seul et même inventaire peut servir aux deux fins (art. 481 C. com.).

201. — Inventaire et bilan. — Le *bilan* est le tableau en deux colonnes, par actif et par passif, de ce que le commerçant possède et de ce qu'il doit. Les articles qui le composent ne sont pas autre chose que les soldes des comptes du Grand-Livre, symétriquement dressés et se faisant « balance » (d'où le mot « bilan » lui-même).

L'*inventaire* prépare le bilan, il en est le préliminaire nécessaire. La loi impose au commerçant l'obligation de faire l'inventaire (et le bilan) au moins une fois par an (art. 9). En outre, en cas de *cessation de paiements*, le bilan doit être déposé par lui au tribunal de commerce dans les *quinze jours* suivants (art. 438 et 439).

Pour liquider les comptes à la fin de l'exercice, il faut avant tout faire

---

mot *Profits*. Au contraire, si le commerçant recevait une somme sans fournir de contre-valeur (encaissement d'intérêts que lui paie un débiteur), l'inscription serait portée à droite, à la colonne de l'avoir, où le mot *Pertes* apparaît dans le titre. On a fait observer qu'il eût été plus logique dans ces conditions de transposer les deux mots et d'intituler le compte : *Pertes et profits*.

la balance de chacun d'eux au Grand-Livre et en dégager le *solde*. Ce solde ressortira au *doit* ou à *l'avoir*, suivant que le compte a plus reçu que fourni pendant l'exercice, ou inversement.

Pour la plupart des comptes, ce travail se fera à la seule inspection des éléments du compte ; il suffira de soustraire les deux colonnes de capitaux. Si un correspondant A a été crédité pendant l'année de 10.000 fr. pour ventes et a été débité de 5.000 fr. pour achats, c'est par le produit de la soustraction (5.000 fr.) que se chiffrera le solde de son compte, à son *crédit* (toute réserve faite d'un calcul supplémentaire d'intérêts).

Mais il y a certains comptes, les comptes intérieurs dépositaires de valeurs, pour lesquels cette opération d'arithmétique sur le papier ne saurait suffire. Les marchandises entreposées dans le magasin ont subi, depuis leur entrée, des fluctuations de cours. De ce que, au Grand-Livre, les M. G. portent 20.000 fr. à leur débit et 7.000 fr. à leur avoir, il ne s'ensuit pas qu'en fin d'exercice elles soient grevées d'un solde de 13.000 fr. (soit 10.000 fr. en constructions et 3.000 fr. en marchandises). Les marchandises, tant celles qui ont été vendues que celles qui subsistent, ont ressenti l'influence des variations dans les prix ; les constructions valent certainement moins, par suite de l'usure qu'elles ont subie.

Il faudra donc procéder à un inventaire, c'est-à-dire à une récapitulation des marchandises restantes, en les cotant à leur *prix actuel*.

A l'égard des constructions et du matériel, on ne se livre pas à une estimation d'après les cours, ce qui serait impossible. On leur fait supporter une dépréciation à forfait de 3, de 5, de 10 o/o, calculée sur le prix qu'ils ont coûté à l'origine. Cette dépréciation représente la différence du vieux au neuf, et ce qu'on appelle communément l'*amortissement* (expression qui prend un autre sens lorsqu'il s'agit du remboursement partiel et successif des dettes, ainsi qu'on le verra dans l'étude des obligations).

En s'aidant de ces indications, le commerçant fait l'inventaire de son magasin. Il constate que le matériel vaut 9.500 fr. (au lieu de 10.000), et que les marchandises valent 2.500 fr. (au lieu de 3.000). Le Magasin n'a donc à restituer à son propriétaire que 12.000 fr., alors que les livres en apparence le débitent de 13.000 fr. Il convient de le dégrever de ce rabais de valeur de 1.000 fr., provenant de circonstances qui ne lui sont pas imputables. Avant de clore ce compte, on passera un article complémentaire de 1.000 fr. au crédit du Magasin, et comme on ne sait par quel autre compte faire balance, ces 1.000 fr. seront passés au débit de Profits et Pertes.

Journal : « Du 31 décembre : Profits et pertes *à* M. G. 1.000 francs » ; Grand-Livre : « M. G., *avoir* 1.000 fr. — Profits et pertes, *doit* 1.000 fr. ».

On peut maintenant clore le compte Marchandises générales, qui se solde par 12.000 fr., sauf à reporter à nouveau ce solde, ainsi d'ailleurs que les soldes de tous les autres comptes, en vue de l'exercice qui s'ouvrira le lendemain.

Le bilan est facile à établir, tous les comptes se trouvant ainsi arrêtés. Il suffit de prendre le solde de chacun d'eux et de le porter à la colonne de l'actif si c'est un solde débiteur, à celle du passif dans le cas contraire.

Dans notre comptabilité tout à fait élémentaire, et en supposant qu'aucune opération autre n'intervienne avant la fin de l'exercice, cela donne les résultats suivants :

Actif		Passif	
Marchandises générales . .	12.000 fr.	Capital	20.000 fr.
Caisse.	7.000 fr.		
Profits et pertes.	1.000 fr.		
Total	20.000 fr.	Total.	20.000 fr.

202. — Règles de l'inventaire. — Il ressort de ce tableau plusieurs enseignements :

a) Le *Capital* figure au passif (c'est le cas aussi pour les *réserves*). Nous avons montré déjà comment, par une fiction de comptabilité, la maison se trouve redevable du capital engagé. Les autres comptes doivent concourir à le représenter. Il faut que les fonds mis dans l'établissement se retrouvent dans l'ensemble des valeurs composant les comptes, particuliers ou généraux. Autrement, l'écart doit se combler au moyen de *Profits et Pertes*.

b) Selon que *Profits et Pertes* figurent à l'actif ou au passif, il y a perte ou bénéfice. Il y a *perte*, s'ils figurent à l'*actif*, car c'est la preuve que les autres comptes ne suffisent pas à reconstituer le capital. Il y a *bénéfice*, s'ils figurent au *passif* ; cela prouve que tous les comptes réunis dépassent le capital et donnent un excédent.

c) Quand le commerçant a dû faire des *dépenses d'établissement* ou de constitution de maison se chiffrant par exemple par 10.000 fr. (le fait est plus fréquent dans les sociétés, à raison des frais d'acte et de publicité), il ne doit pas ouvrir un compte à ces frais, de manière à les porter à l'actif de son bilan. Il majorerait par là son avoir, en donnant à croire, contre toute exactitude, qu'il a le droit de s'adresser à quelqu'un d'autre pour obtenir le remboursement de ces avances. Cependant, beaucoup de négociants ouvrent un compte de cette nature, en se réservant de l'amortir graduellement au moyen des bénéfices.

d) Pour estimer les marchandises ou les titres de portefeuille à l'inventaire, il ne faut pas leur donner leur valeur d'achat ou de fabrication. Ou plutôt il faut distinguer suivant qu'ils sont en baisse ou en hausse.

S'il y a baisse, on devra porter la valeur au *cours déprécié*. La possibilité pour le prix de se relever n'est qu'un fait éventuel que l'inventaire ne peut pas tenir pour acquis.

S'il y a hausse, on *ne* devra *pas* faire état de cette hausse. Car elle peut disparaître avant la vente de la marchandise ou des titres ; elle ne répond pas à un bénéfice certain (Crim. rej., 23 juin 1883, aff. Bontoux, S. 83, 1, 428). On inscrira à l'inventaire le prix de revient seulement. Le cours plus élevé du jour ne réglera que les articles déjà vendus à ce cours au moyen d'une opération ferme (En sens contraire, Wahl, sous Lyon, 16 mars 1899, S. 1901, 2, 297, et Houpin, *Traité des sociétés*, n° 730).

Le commerçant qui contrevient à cette règle par majoration de valeurs fait un inventaire inexact. Cette inexactitude peut avoir pour effet de dégager des bénéfices, alors que l'exercice est en perte. Pour un commerçant individu, cela n'a d'autre inconvénient que de le tromper sur la marche de son établissement ; par suite du secret des affaires, les tiers ne sont pas instruits de cette fausse indication, partant n'en sont point lésés.

Mais on verra (n° 661) que, dans les sociétés par actions, la majoration d'inventaire, suivie d'une distribution de dividendes, a mis la loi dans la nécessité d'intervenir au point de vue civil et même au point de vue pénal (L. 24 juillet 1867, art. 10 et 15-3°)[1].

203. — 4° Le quatrième élément de comptabilité est le *Copie de lettres*, ainsi que la liasse des lettres reçues, ordinairement réunies sous un classeur à fermeture mécanique (*biblorhaptes*) (art. 8, al. 2).

Le négociant écrit et adresse une lettre : il doit en conserver la copie, afin de pouvoir au besoin s'en prévaloir vis-à-vis de sa contre-partie. Il reçoit une lettre, il doit la conserver également, pour y puiser, si la teneur du marché est contestée, la preuve de son droit.

204. — Prescriptions de tenue des livres. — Tous ces livres obéissent à des prescriptions de tenue, les unes *préalables*, les autres *continues*.

Prescriptions préalables. — Les livres sont soumis à la *cote*, au *paraphe* et au *visa* d'un juge du tribunal de commerce ou du maire, dans la forme ordinaire et sans frais (art. 11). Chaque folio est ainsi numéroté, avec l'abréviation de la signature du juge ; et le dernier folio contient un visa pour l'ensemble.

De plus, le *Journal* et le *Livre des inventaires* sont soumis, une fois par an, au même visa paraphé (art. 10, al. 1er).

On devine la raison d'être de ces précautions. Le négociant pourrait supprimer ou remplacer, à la veille d'une faillite, le folio révélateur d'opérations suspectes. Il pourrait même supprimer un livre tout entier et en recomposer un autre, d'où seraient absents les articles compromettants.

Autrefois, les livres de commerce devaient être revêtus du timbre de dimension. Le commerçant est affranchi maintenant de ce timbre, moyennant trois centimes additionnels à la patente (L. 20 juillet 1837, art. 4).

Prescriptions continues. — Les livres doivent être tenus par ordre de dates, sans blancs, lacunes ni transports en marge (art. 10, al. 2). On rectifie une erreur, non en raturant ou en surchargeant, mais au moyen d'un *extourne* ou contre-article détruisant l'effet du premier.

Les prescriptions précédentes sont peu suivies en pratique. On se sert, pour reproduire les lettres, de la presse à copier. En conséquence, les parties imprimées de la correspondance ne se décalquent point sur le livre-copie, qui renferme nécessairement alors des lacunes.

D'autre part, la cote judiciaire est tombée en désuétude. Le commerçant cote ses livres lui-même. Le visa annuel permettrait à un juge, qui est souvent un concurrent, de pénétrer le secret de ses opérations.

Une objection se présente en pareil cas. Les livres sont irrégulièrement tenus. Ils exposent donc le commerçant à être banqueroutier s'il fait faillite, et à perdre le bénéfice de la preuve attachée aux livres bien tenus !

---

1. CHARPENTIER (th. Paris), 1906 ; VERLEY (*id.*), 1906 ; DELANELLE (th. Grenoble), 1910 ; BATARDON, *L'inventaire et le bilan*, 1914 ; VEIL-SIMON, *Betrachtungen über Bilanzen*, etc., 4e éd., 1910 ; REHM, *Die Bilanzen*, etc., 1903 ; DE GREGORIO, *I bilanci delle società anonime*, 1909 ; ZIMMERMANN, *Die Jahresbilanz der Aktiengesellschaft*, Zurich, 1912.

C'est une erreur. La banqueroute est facultative, en cas de livres inexistants ou irréguliers. Or le ministère public s'abstiendra de poursuivre le commerçant, s'il n'y a point d'autres charges relevées contre lui.

D'un autre côté, les livres, quoique ne disposant plus de la preuve légale qui va être étudiée, seront cependant présumés, *en fait*, renfermer des énonciations conformes à la vérité, quand rien de suspect ne se présente, par ailleurs, dans les écritures (Req., 5 janvier 1910, D. 1910, 1, 168). Le juge de commerce peut établir sa conviction sur de simples présomptions de fait (art. 1353 C. civ.). Un livre, même non coté, a des énonciations auxquelles on peut ajouter foi.

§ 2. — Preuve fournie par les livres ; leur production en justice.

205. — Le commerçant, en contestation avec l'un de ses confrères, à raison d'un marché de commerce, peut user de la *preuve testimoniale*. Inversement son confrère peut employer cette preuve contre lui (art. 109 C. com.).

Cette preuve a d'autant plus de prix qu'il n'est pas dans les usages du commerce de dresser un acte écrit, un instrument de la convention. Mais elle est en même temps fragile : on n'a que rarement des témoins à sa disposition. A cette preuve, la loi a dû en ajouter une autre, plus solide, tirée de la comptabilité.

Les deux contractants habitent deux localités différentes, le marché est conclu par *correspondance*. Celui qui a intérêt à en prouver l'existence produira, en cas de dénégation, la lettre qu'on lui a écrite. Il rapprochera de cette pièce la copie de la lettre qu'il a expédiée lui-même. C'est donc la comptabilité de sa propre maison qui lui fournit partiellement au moins la preuve de son droit.

En droit civil, une lettre n'est pas un acte [1]. Le sens du mot « acte » se limite aux titres dressés en vue de procurer ce qu'on appelle la « preuve préconstituée » d'un contrat. La lettre donne avis d'une résolution de l'expéditeur, ou renferme des instructions au destinataire : ce n'est pas tout exprès pour fournir une preuve éventuelle qu'elle a été rédigée. La lettre ne vaut donc, en droit commun, qu'à titre de commencement de preuve par écrit (art. 1347 C. civ.). Il est vrai que ce commencement équivaudra à une preuve complète, si le contenu de la lettre est clair et décisif, car la preuve complémentaire par voie de présomption est admissible (art. 1353), et il est à présumer que cette lettre contient l'expression de la vérité. Mais cela n'est vrai en tout cas que de la lettre de l'adversaire, non de la nôtre propre. Or, le droit commercial est plus large.

206. — Tous les livres de commerce obligatoires disposent d'une *force*

---

1. L'administration a cherché à faire prévaloir une jurisprudence qui assujettirait la correspondance commerciale au timbre de dimension préalable (L. 13 brumaire an VII, art. 12-1° *in fine*). Les commerçants ont naturellement protesté (*Compte rendu des travaux de la Chambre de commerce de Lyon*, 1901, p. 416, et 1902, p. 282).

probante légale, sous certains tempéraments, soit contre celui qui les tient, soit à son profit. Comment justifier ce principe ?

Que le livre ait force de preuve *contre* celui qui le tient, cela s'explique bien : le commerçant est convaincu sur son propre aveu. — Mais il peut sembler étrange de voir le négociant invoquer une mention de son livre *en sa faveur*. On ne peut plus dire alors qu'il y ait engagement écrit de l'adversaire (cf. art. 1347 C. civ.), et l'on déroge à l'adage : *nemo sibi titulum constituere potest*.

C'est à une nécessité de pratique qu'il a fallu céder. Il eût été fâcheux de laisser à la merci de sa contre-partie le commerçant impuissant en fait à retirer un engagement écrit. On suppose vraies les mentions de ses livres, comme on le suppose lui-même honnête et de bonne foi, si rien dans sa conduite ne paraît équivoque.

207. — I. Preuve contre le commerçant. — Dans quelle mesure la mention du livre fait-elle foi *contre* celui qui le tient ? — Dans la mesure la plus large. La force de preuve du livre est entière : — *a*) quelle que soit la qualité du demandeur, commerçant ou non ; quelle que soit la nature, civile ou commerciale, de sa créance ; — *b*) alors même que le livre serait irrégulièrement tenu.

Lorsque je réclame à un négociant une créance de 1.000 francs, je puis, même étranger au commerce, le convaincre sur la seule énonciation de son livre, ce livre fût-il sans ordre et visiblement incomplet (art. 1330 C. civ.).

Jusqu'à présent on demeure fidèle au droit commun. Ce que porte le livre est un *aveu* du débiteur. On oppose cet aveu à celui de qui il provient.

Mais cet aveu est indivisible (art. 1356, al. 3, et 1330 cbn.). Le demandeur ne saurait donc se prévaloir de telle mention du livre, qui lui est favorable, et repousser d'autre part l'autorité de ce même livre dans telle autre de ses énonciations, qui viendrait annuler ou restreindre l'effet de la première.

208. — II. Preuve en sa faveur. — Le livre prouve-t-il *en faveur* de celui qui le tient ? Je me prétends créancier de A... pour 1.000 francs. Puis-je établir mon droit, en produisant un de mes livres qui mentionne cette créance ?

Il fallait procéder avec mesure. En vain des légistes ont-ils vu autrefois dans la mention du livre un procès-verbal double dressé du consentement des deux parties. En vain ont-ils supposé que le commerçant aurait établi ce procès-verbal en vertu d'un mandat que l'autre opérateur lui a donné. C'était là une simple pétition de principe : le mandat a-t-il été bien donné en l'espèce, comme l'affirme le propriétaire du livre ?

En conséquence, la preuve sera limitée comme suit :

1° Il faut que l'*adversaire*, contre qui l'on prétend fournir la preuve, *soit* lui-même *un commerçant* (art. 12 C. com.). — *a*) En ce cas chaque plaideur tient ses écritures. Elles doivent mutuellement se contrôler. La mention litigieuse a dû être portée en crédit sur un livre, en débit sur l'autre. Le défendeur est libre de produire le sien à l'appui de ses propres allégations.

Et alors de deux choses l'une. Ou bien le deuxième livre confirme le premier. Ce qui rendra la prétention du demandeur tout à fait certaine.

Ou bien le deuxième livre est muet. Les deux plaideurs seront présumés également véridiques. Comme il n'y a pas de motif de pencher en faveur de l'un plutôt qu'en faveur de l'autre, les deux livres se neutraliseront. Le demandeur devra recourir à une autre preuve.

C'est ce qui montre que les livres *peuvent*, ainsi qu'il est dit dans l'art. 12, et non pas *doivent* être admis pour faire preuve.

b) Soit maintenant un adversaire non commerçant. Les livres ne sont pas *entièrement* dénués de foi pour celui qui veut arguer de leur contenu. Ils valent comme commencement de preuve en sa faveur [1]. On peut compléter ce commencement de preuve au moyen du *serment* (art. 1329 C.civ.) : serment *supplétoire*, que le juge défère d'office, à la teneur des art. 1366 et 1367 ; et non pas serment *décisoire*, lequel suppose qu'un des plaideurs l'a spontanément déféré à l'autre, et qui au surplus est de droit dans tout procès, même à défaut de commencement de preuve (art. 1360 C. civ.). Le contraire, sans doute, a été affirmé, lors de la discussion du Code ; mais les travaux préparatoires ne méritent aucun crédit dans le cas particulier.

Si le contenu du livre peut être complété par le *serment*, ainsi qu'il vient d'être dit, il ne peut l'être en revanche par la *preuve testimoniale*. L'adversaire, en effet, par suite de sa qualité de non-commerçant, reste régi par les preuves de droit civil. On lui oppose bien un écrit, mais provenant du demandeur, non de lui-même, un écrit qui à ce titre ne saurait valoir comme commencement de preuve à la teneur de l'art. 1347.

2° Il faut que le *livre*, d'où l'on puise la preuve du droit, soit *régulièrement tenu* (art. 12 et 13 C. com.). Cette condition n'était pas exigée plus haut, lorsqu'il s'agissait de faire condamner l'auteur du livre (n° 207).

3° Il faut que l'adversaire, nécessairement commerçant lui-même, avons-nous dit, soit recherché *pour une dette commerciale* quant à lui (art. 12).

Le fournisseur de ménage ne peut pas, au moyen de ses livres, établir la preuve complète des livraisons qu'il dit avoir faites au commerçant. Car celui-ci n'a consigné sur ses propres livres la mention de ses fournitures qu'en bloc, mois par mois. Il ne peut répliquer aux écritures du demandeur par les siennes propres. Le contrôle mutuel des livres ne se fait plus. La situation est la même que si le défendeur n'était pas commerçant. On recourra au serment supplétoire [2].

209. — En résumé, le commerçant tire de ses livres, en sa faveur, une preuve tantôt complète, tantôt partielle.

---

1. Cette demi-preuve attachée à l'énonciation des livres, lorsque l'adversaire du commerçant est un non-commerçant, est limitée par l'art. 1329 C. civ., au cas où il s'agit de faire preuve de « fournitures » contre ce dernier. Le texte est pris à la lettre par la Cour de cassation. Req., 30 décembre 1907, D. 1908, 1, 148.

2. La loi du 25 février 1901 (art. 3) autorise les héritiers, pour la liquidation des *droits de mutation par décès*, à déduire les dettes à la charge du défunt dont l'existence au jour de l'ouverture de la succession sera dûment justifiée par des *titres* susceptibles de faire preuve en justice contre le défunt. L'art. 7, n° 2, ne considère comme telles que les dettes consenties par un acte authentique ou par un acte sous seing privé ayant date certaine avant cette ouverture. La preuve tirée des livres serait donc insuffisante (Cass., 29 novembre 1911, S. 1913, 2, 219. V. cependant Trib. civ. Seine, 6 juin 1910, S. 1912, 2, 263).

Au surplus, cette preuve lui est donnée par ses livres, même facultatifs (Paris, 15 juillet 1909, D. 1910, 2, 72). Il est vrai que, dans ce dernier cas, il n'y aura plus preuve légale, mais présomption de fait. Il est à présumer, dira le tribunal dans ses motifs, que la mention du livre est conforme à la vérité (art. 1353 C. civ.). Le résultat reviendra au même.

De là, une conséquence intéressante au point de vue du droit criminel : l'extension de la conception du *faux* en écritures de commerce, lequel est puni des travaux forcés (art. 147 C. pén.). Il n'est pas besoin pour commettre ce crime d'imiter matériellement une signature (Cass., 7 mai 1863, D. 63, 1, 272). Un commerçant qui, par mention de ses livres, attribue à une personne une opération supposée, se crée un titre par une fabrication écrite de convention [1].

Le même fait, accompli par un non-commerçant, ne serait ni un faux en écritures de commerce, ni un faux quelconque. L'acte cesserait d'être punissable.

210. — Production en justice. — Déterminons les règles de procédure qui président à la *production des livres en justice*.

La production des livres est, en vertu d'un jugement d'instruction, ordonnée ou autorisée par le tribunal saisi du fond du droit. Ce jugement est rendu tantôt sur les conclusions de l'une des parties, et tantôt d'office (art. 15).

Si le plaideur, appelé à produire ses livres, refuse de le faire, on ne peut l'y contraindre. Mais nous savons déjà que ce refus crée contre lui une présomption défavorable. Elle entraînera sa condamnation sur le fond, si les juges ont déféré le serment supplétoire à l'autre plaideur et si celui-ci l'a prêté (art. 17).

Lorsque les livres sont éloignés du lieu où siège le tribunal, celui-ci adressera une commission rogatoire au tribunal ou une délégation au juge de paix du lieu où ils se trouvent. Le juge requis en prendra connaissance, dressera procès-verbal et l'enverra au tribunal saisi de l'affaire (art. 16).

Il y a deux modes de production des livres que la loi reconnaît, mais avec une inégale portée d'application : — la communication — et la représentation. Le premier de ces modes est exceptionnel, le deuxième est de droit commun.

211. — 1° La *communication*, dont le vrai caractère n'est pas encore bien précisé dans la doctrine, constitue, d'après nous, *le fait de se dessaisir du livre, directement ou par la voie du greffe, aux mains de l'adversaire*, qui peut ainsi le consulter lui-même et dans toutes ses parties.

Cette mesure est grave. Elle met un concurrent en mesure de s'emparer des secrets d'affaires du commerçant. Aussi la faculté d'exiger la communication est-elle limitée par l'art. 14 C. com. à quatre cas : — *affaires de succession* ; chaque héritier peut réclamer des autres la production des

1. Mais tout faux dans un bilan n'est pas nécessairement un faux criminel (Paris, 31 janvier 1905, D. 1905, 2, 337). — Il existe en Belgique une loi spéciale, d'ordre pénal, du 26 décembre 1881, sur les faux commis dans les bilans. V. Mechelynck, *Annales de droit commercial*, 1911, 320.

livres sous cette forme ; et de même de l'administrateur de la succession, etc. ; — *affaires de communauté*, dans les rapports de l'époux survivant et des représentants de l'autre ; — *partage de société*, afin d'établir entre les associés la consistance de l'actif de l'établissement ; — *en cas de faillite*, pour permettre de constituer la masse des biens à liquider, et la masse des créanciers (art. 14).

Dans ces quatre situations, dit-on pour justifier la loi, le commerce est arrêté, et la révélation du contenu des livres présente moins d'inconvénients que si le fonds était encore en activité.

Mais cette explication est problématique. En réalité, les quatre cas énoncés par la loi ne sont pas tout à fait les seuls dans lesquels la communication soit permise ; la formule qu'elle donne est à la fois trop *étroite* et trop *large*.

Trop étroite, en ce que la communication doit être autorisée *entre associés* dès avant la liquidation et le partage, au cours même de l'exploitation (sauf certaines limitations quant aux actionnaires dans les sociétés par actions, loi du 24 juillet 1867, art. 12 et 35). Notamment, dans une société en commandite simple, le commanditaire peut exiger du gérant qu'il lui permette de consulter les livres (droit que cependant la jurisprudence ne lui reconnaît qu'avec restrictions, Req., 29 avril 1897, S. 97, 1, 396). Ce sera pour lui le seul moyen de contrôler les inventaires. S'il s'agissait non d'une société, mais d'une convention par laquelle un patron aurait admis un commis ou des ouvriers en participation aux bénéfices, la communication serait exclue, les intéressés ne pouvant exercer que le droit à la représentation (jurisprudence assez vague : Req., 26 décembre 1866, D. 67, 1, 303 ; Req., 1er juin 1875, D. 75, 1, 417 ; Paris, 21 novembre 1903, D. 1905, 2, 12 ; Poitiers, 8 juillet 1908, D. 1908, 2, 341).

Trop large, en ce que, dans une faillite, le droit pour le syndic de se faire communiquer les livres et de les garder pendant toute la durée de la liquidation, ne saurait, semble-t-il, s'étendre à un créancier qui voudrait critiquer la gestion du syndic ou y puiser la preuve de sa créance [1]. Cette application de la communication serait contestable, comme aussi la communication à la demande d'un légataire ou d'un créancier de succession bénéficiaire, intéressés à connaître les forces de cette succession. — Ce serait alors la seconde forme de production des livres qui serait recevable : la représentation, qui procure au plaideur un droit de recherche dans les livres, indirect et plus limité.

Au total, dans notre doctrine, la communication serait restreinte à ceux qui ont la *copropriété des livres*, avec la *copropriété du fonds* (associés, époux, héritiers entre eux) [2], ou encore à un administrateur chargé de l'administration générale de l'établissement de commerce (syndic de faillite). On ne peut même pas dire que cette demande en communication intervienne

---

1. Une proposition parlementaire jadis faite par M. Thierry tendrait, au contraire, à conférer individuellement aux créanciers la faculté de communication dans la faillite.

2. En cas de cession d'un fonds de commerce, sauf clause contraire, les livres sont compris dans la cession. Bordeaux, 25 avril 1910, D. 1912, 2, 316.

comme incident dans un procès d'ores et déjà ouvert. Elle forme l'objet principal de la réclamation (action *ad exhibendum*). La communication n'est pas un moyen d'instruction afin de démontrer une créance contestée, et c'est par suite d'un véritable défaut de méthode que la loi la range à côté de la représentation, qui relève d'une conception toute différente. Mayer, *Du secret des affaires commerciales*, th. 1900; voir aussi Crouzel, dans le *Recueil de l'Académie de législation*, 1889-90, XXXVIIIe vol., p. 65.

212. — 2° Selon l'opinion la plus répandue, la *représentation* est le fait de consulter un livre *sur un point* et à un folio *déterminé*, à l'effet d'en extraire ce qui concerne le différend. Il importe peu que ce soit le juge ou un expert désigné par le tribunal, ou même l'adversaire qui en prenne ainsi connaissance. Ce qui donne à ce mode de production son trait propre, c'est la *spécialisation* des recherches dans le livre à produire. De là vient qu'il est de droit dans tous les procès.

Malheureusement, cette manière de voir ne tient pas devant les nécessités de la pratique judiciaire. — Comment tomber d'emblée sur le folio contenant l'article que l'on recherche, sans d'abord consulter les autres ? — Comment concilier cette interprétation étroite avec les exigences des procès de comptes qui portent sur un nombre considérable d'opérations ? Si *un patron intéresse* ses employés ou *ses ouvriers aux bénéfices* de sa maison (ce qui ne les rend pas associés), et qu'après clôture d'exercice les participants en contestent les résultats et demandent la production des livres (ce qui paraît légitime), comment faire pour que la représentation se localise à un point spécial de la comptabilité ? Le contrôle ne doit-il point s'exercer sur l'ensemble ?

Les tribunaux admettent la représentation dans ces différents cas. Ils désignent un expert chargé en termes généraux, suivant la formule même de l'art. 15, « d'extraire des livres ce qui concerne le différend », c'est-à-dire de les examiner dans toutes leurs parties (Cass., 17 novembre 1891, D. 92, 1, 350). Cette manière de procéder est absolument plausible.

En résumé, ce qui fait, d'après nous, que la représentation diffère de la communication, c'est que *le livre est examiné soit par le tribunal ou par un juge commis, soit par un expert nommé par lui*, mais en dehors de la présence de l'adversaire. La communication, au contraire, comme l'étymologie l'indique, c'est l'inspection et au besoin la garde du livre par le plaideur qui en demande la production parce qu'il a sur lui un droit de propriété.

L'une et l'autre peuvent être ordonnées même pour les livres facultatifs (Req., 16 mai 1899, D. 99, 1, 399).

SECTION II

DE LA PUBLICITÉ DU CONTRAT DE MARIAGE DU COMMERÇANT

(Livre Ier, tit. IV, art. 65 à 71 C. com.).

213. — Le titre : *Des séparations de biens*, sous lequel cette publicité est réglée, porte une rubrique incomplète et même inexacte. Il paraît se référer à la séparation judiciaire que demande la femme contre son mari commerçant, lorsque sa dot est mise en péril. Or, si la séparation doit bien être accompagnée de publicité, afin que les tiers soient informés du changement intervenu dans le contrat de mariage, le droit commercial ne présente à cet égard rien de particulier. L'article 65 renvoie, pour les formes de cette séparation ainsi que pour sa publicité, au Code civil et au Code de procédure.

L'art. 66, qui traite de la *séparation de corps*, laquelle entraîne accessoirement la séparation de biens, ne fait également que reproduire le droit commun. Il le reproduit, à cette légère différence près que le jugement de séparation doit être lu publiquement à l'*audience du tribunal de commerce* : ce qui n'est point prescrit pour les époux non commerçants.

La procédure à suivre pour les deux *séparations* se résume dans les deux mesures ci-après :

Inscription de la demande en séparation de biens (non de celle en séparation de corps) dans un *tableau* des salles d'audience des *tribunaux civil et de commerce* et des *chambres d'avoués et de notaires*, avec insertion dans un *journal d'annonces* ; — inscription d'un extrait du *jugement* tant de séparation de corps que de séparation de biens, pendant un an, sur les mêmes tableaux. Ce droit est tellement général que les mesures sus-énoncées sont imposées là même où aucun des deux époux ne ferait le commerce (Pour le cas de divorce, voir la loi du 18 avril 1886).

Jusqu'à présent, les particularités du droit commercial n'apparaissent point.

214. — Elles apparaissent en ce qui touche la *publication du régime matrimonial* des époux. Cette publication, en la forme qui va être étudiée, ne concerne que les unions dont l'un des membres, mari ou femme, serait commerçant. En outre, le droit commercial l'exige même en dehors d'une séparation de biens ou de corps.

Il fallait faire savoir aux tiers non pas seulement que le commerçant est marié (connaissance que leur donne au besoin l'acte de naissance de celui-ci, depuis que le mariage y est visé par extrait : loi du 17 août 1897), mais quel est le statut gouvernant ses biens. En effet :

a) De la nature du régime adopté dépend le *gage* que l'un et l'autre époux procurent aux tiers qui leur font crédit. — Sous la communauté, la femme engage les biens communs et ceux du mari avec les siens propres : le mari engage les biens communs, dans lesquels entrent certains apports de la femme. Sous un régime sans communauté, chacun des époux n'oblige que ses propres biens.

b) Et de la nature de ce régime dépend également la *capacité de la femme*, lorsque les époux ont accepté le régime dotal. — Car alors la femme ne peut aliéner ou engager ses biens dotaux, soit qu'elle ait entrepris le commerce, soit que son mari commerçant la fasse intercéder pour lui : aucune autorisation ne la relève de cette incapacité.

La publicité requise consiste dans la remise aux *greffes des tribunaux civil et de commerce*, ainsi qu'aux *chambres de notaires et d'avoués*, d'un *extrait* énonçant seulement le *régime matrimonial* adopté (régime de communauté, séparation de biens, régime dotal). Cet extrait demeurera exposé au tableau durant un an (art. 67). C'est un mode de révélation du contrat de mariage assez imparfait et qui passe pour suranné. Le montant des apports de la femme n'est point mentionné.

A qui incombe cette publicité? — On distingue deux situations.

215. — 1° L'époux exerçait le commerce *dès avant son mariage.*

Le *notaire*, par le ministère duquel le contrat est dressé, connaît les qualités des parties, la profession qu'elles exercent. Il fera parvenir l'extrait dans le mois aux greffes et chambres sus-indiqués, à peine d'une amende, qui est réduite maintenant à 20 francs (L. 14 juin 1824, art. 10).

S'il ne l'a pas fait, le régime matrimonial, quoique resté occulte, sera opposable aux tiers. Car les époux ne sont pas en faute. La femme sera fondée, notamment, à se prévaloir de son incapacité dotale, bien que les créanciers aient pu croire que le régime était la communauté.

Dans le cas où il y aura eu *collusion* entre le notaire et les époux, c'est-à-dire entente à l'effet de ne pas publier le contrat, le notaire encourt la destitution. Il est civilement responsable du dommage causé aux tiers, ainsi trompés dans leur attente. Il semble, dans cette même hypothèse de collusion, que les époux seront réputés mariés sous la communauté légale (art. 68). On maintiendra ainsi aux tiers les droits sur lesquels ils étaient admis à compter.

216. — 2° L'époux est devenu commerçant *au cours de son mariage.*

L'obligation de pourvoir à la publicité est alors dévolue, dans le mois de l'ouverture de son commerce, à l'*époux commerçant* lui-même, et seulement « s'il y a séparation de biens ou régime dotal » (art. 69). Le notaire, qui avait autrefois dressé son contrat de mariage, n'a point à veiller à l'accomplissement des formalités prescrites.

La loi n'établit qu'une *sanction*, de nature éventuelle : l'époux négligent, au cas où il tomberait ensuite en faillite, sera condamné aux peines de la *banqueroute simple*; cette condamnation est d'ailleurs toute facultative pour les juges (art. 69 *in fine* et 586-3° C. com.). Avant 1838, c'était la banqueroute frauduleuse.

Cette sanction est peu efficace ; on se demande s'il n'y en a pas une autre, plus énergique, et de nature pécuniaire. Sous le *régime dotal*, et en supposant que ce soit la femme qui fait le commerce, la sanction pécuniaire résultera d'un raisonnement basé sur les principes généraux : voici comment.

La femme, qui n'accomplit pas la publicité mise par la loi à sa charge, commet un quasi-délit civil. En vertu d'une règle communément acceptée, les immeubles dotaux sont saisissables lorsque la cause de la créance est un délit ou un quasi-délit de la femme. En conséquence, les immeubles de celle-ci pourront être exécutés par ses créanciers, puisque l'inaliénabilité leur a été cachée. En d'autres termes, l'*incapacité propre au régime dotal* ne peut pas leur être opposée (Req., 29 mars 1893, D. 93, 1, 285 ; Amiens, 16 janvier 1894, D. 94, 2, 208).

Mais on ne saurait aller plus loin. Les époux ne sont point présumés mariés « sans contrat », les créanciers ne sont pas admis à traiter les époux comme s'ils étaient mariés en communauté légale.

Il est inadmissible de faire souffrir l'époux *innocent* de la négligence de l'autre. C'est cependant ce qui arriverait avec ce système, comme on s'en aperçoit à la réflexion.

En effet : *a)* Le commerce est-il au nom du mari ? Transformer le régime effectif en régime de droit commun, ce serait donner aux tiers le droit de poursuivre les meubles de la femme, supposés mis en communauté avec ceux de son mari. Ce serait faire rejaillir sur elle une faute à laquelle elle est étrangère.

b) Le commerce est-il au nom de la femme ? Ce serait alors le mari qu'on rechercherait sur ses biens personnels, sous le prétexte qu'il est assimilable à un mari commun. La conséquence ne serait pas moins choquante.

Après tout, les tiers ont le pouvoir de se mettre à l'abri de ces méprises. S'ils ont des doutes sur la nature du régime qu'on leur tient ignoré, ils n'ont qu'à demander aux deux époux de s'obliger ensemble et solidairement envers eux. La seule réticence contre laquelle ils soient désarmés est le défaut de révélation de l'incapacité dotale. On vient de voir le moyen de protection qui leur est donné pour échapper aux effets de ce régime spécial.

217. — Si l'on avait à procéder aujourd'hui à la refonte du Code de commerce, le système de publicité ci-dessus n'y serait probablement pas reproduit. Car la *loi du* 10 *juillet* 1850 a imposé aux époux de toute profession, et par conséquent même en droit civil, l'obligation de mentionner, au moment de se marier, à l'officier de l'état civil, sur interpellation de celui-ci, l'existence du contrat de mariage qu'ils ont pu faire, ainsi que le nom du notaire qui a instrumenté pour eux.

Ce régime de publicité, avec ses sanctions, paraît bien suffire aux nécessités de crédit du commerce. Lorsqu'on veut traiter avec un époux commerçant, on n'a qu'à se reporter à l'acte de célébration du mariage de cet époux pour savoir s'il a fait un contrat. Dans le cas où le contrat est mentionné dans l'acte de célébration, on n'a qu'à suspendre la conclusion de la convention projetée, jusqu'à ce qu'il soit représenté. Les tiers ne seraient induits en erreur que si les époux avaient déclaré faussement à l'officier de l'état civil n'avoir pas fait de contrat. La loi décide en pareil cas que la *femme* sera réputée à l'égard des tiers *capable de contracter dans les termes du droit commun*. Ce qui signifie, non pas que les époux seront présumés mariés *sous la communauté*, mais que la femme ne pourra point leur opposer son *incapacité dotale* (voir tous les commentaires publiés sur l'art. 1391 C. civ.). C'est la même sanction que celle qui atteint la femme commerçante n'ayant pas fait publier son contrat en la forme et dans les conditions prescrites par l'art. 69 C. com. (n° 216).

Les commerçants, comme les autres citoyens, sont soumis à ce régime. Il suffit à toutes les exigences. En législation, la publicité de notre titre IV est devenue une superfétation et disparaîtra vraisemblablement un jour.

DEUXIÈME PARTIE

DES SOCIÉTÉS [1]

NOTIONS GÉNÉRALES

218. — Sources. — Il faut chercher d'abord les règles qui ont pour objet les *sociétés de commerce* dans le Code civil, lequel fixe les conditions d'existence et les effets des différents contrats. Le *titre IX du livre III* (art. 1832 à 1873) de ce Code s'applique aux sociétés de commerce dans les points qui n'ont rien de contraire aux lois et aux usages du commerce (art. 1873). Cela doit être entendu avec mesure ; il existe entre la société civile et les sociétés commerciales des différences organiques, s'attaquant aux éléments fondamentaux du contrat : on s'en rendra compte plus tard.

Le Code de commerce consacre aux *sociétés commerciales* le *titre III de son livre Ier* (art. 18 à 64). Ce titre a été remanié par la loi du 17 juillet 1856, abolitive de l'*arbitrage forcé* (par abrogation des articles 51 et 63), ainsi que par celle du 6 mai 1863 (nouveaux articles 27 et 28), tendant à modifier les prescriptions anciennes sur l'*immixtion du commanditaire*.

Les deux titres du Code civil et du Code de commerce sus-indiqués ne donnent pas toutes les sources juridiques auxquelles s'alimente le contrat de société dans ses applications commerciales. C'est à peine si la législation du premier Empire touche aux *sociétés par actions* dans un nombre réduit de textes, presque tous d'ailleurs abrogés aujourd'hui.

Plusieurs lois importantes, votées depuis les Codes, ont soumis les sociétés par actions à une réglementation minutieuse : — une *loi du 17 juillet 1856* sur les commandites par actions, distincte de celle de même date, mentionnée plus haut, — une *loi du 23 mai 1863* sur les sociétés à responsabilité limitée, — enfin la *loi* si connue *du 24 juillet 1867*, dans laquelle se sont absorbées les deux premières.

Cette loi gouverne les sociétés par actions, tant en commandite qu'anonymes, et elle règle en outre des points intéressant aussi les autres formes de sociétés. Elle est célèbre par le principe nouveau qu'elle pose de la

---

1. BIBLIOG. — Il y a lieu de citer, en dehors des publications d'ensemble de PARDESSUS, d'ALAUZET, de BÉDARRIDE et de BRAVARD, déjà anciennes, et de celles de PONT, de BOISTEL et de LYON-CAEN et RENAULT (2e vol. du traité de ces deux derniers auteurs) : DALLOZ, *Suppl. au Rép.*, v° *Société*, 16e vol. ; VAVASSEUR, *Traité des sociétés civiles et commerciales*, 5e éd., 2 vol. ; DELOISON, *Traité des sociétés commerciales françaises et étrangères*, 2 vol. ; R. ROUSSEAU, *Des sociétés commerciales françaises et étrangères*, 2 vol. ; HOUPIN, *Traité général des sociétés*, 4e éd., 2 vol. (excellent guide pratique) ; ARTHUYS, *Traité des sociétés*, 1906, 2 vol., et dans notre grande collection : PIC, *Traité des sociétés*, 2 vol. parus, 1908 et 1914. — Pour l'étranger, il faut signaler NYSSENS et CORBIAU, *Traité des sociétés commerciales*, 1 vol. paru (Belgique) ; MANARA, *Delle società e delle associazioni commerciali*, 2 vol. parus (Italie), et LEHMANN, *Das Recht der Aktiengesellschaften*, 2 vol. (Allemagne). — Ce dernier ouvrage est spécial aux sociétés par actions. Il en est de même de l'ouvrage français de M. FLOUCAUD-PÉNARDILLE, *Des sociétés par actions*, 1899, 2 vol., des monographies françaises de MM. BOUVIER-BANGILLON, *La législation nouvelle sur les sociétés* ; ARTHUYS, *Constitution des sociétés par actions* ; CELLERIER, *Etude sur les sociétés anonymes*, 1905, et de l'ouvrage belge de M. WAUWERMANS, *Manuel pratique des sociétés anonymes belges* (L. 25 mai 1913).

liberté des sociétés anonymes : ces sociétés étaient jusque-là soumises à l'autorisation du gouvernement. *La loi du 1er août 1893, celle du 16 novembre 1903* (sur les actions de priorité) *et celle du 22 novembre 1913* y ont apporté un certain nombre de remaniements.

219. — Les idées générales que nous devons développer prendront place dans trois paragraphes successifs. Il y sera traité : — 1° de l'association et de la société ; — 2° des sociétés commerciales opposées à la société civile ; — et 3° de la forme ainsi que de l'origine de chacune des espèces de sociétés.

§ 1. — Association et Société.

220. — La société commerciale est une *personne*, une personne collective qu'on oppose à la personne physique. C'est ainsi que le commerce s'exerce tantôt individuellement, tantôt en société. La nature de cette personnalité sera étudiée plus loin. Mais la société doit être envisagée encore sous un autre aspect, non comme personne, mais comme *contrat*.

Dans la nomenclature des contrats, le droit romain, dont les classifications ont persévéré, plaçait la société à la suite de la vente et du louage.

Ce contrat a pu soulever des critiques. Il a donné lieu à des tromperies non seulement contre les tiers, mais dans les rapports des associés eux-mêmes. Cela est vrai surtout des sociétés par actions. Il faut cependant reconnaître qu'il établit entre les contractants un *lien sympathique* de tout autre nature que les conventions ordinaires : c'est un caractère qu'on relève, en disant que la société crée aux parties qui la forment un *intérêt commun* et non pas un *intérêt contraire*.

Dans une vente, par exemple, chacun des opérateurs cherche à s'assurer les meilleures conditions, à faire capituler les prétentions de son co-contractant devant les siennes. L'acheteur veut un prix faible, le vendeur veut un prix fort. Celui des deux qui l'emporte réduit le profit que l'autre partie trouve dans le marché.

La société ne provoque pas cet antagonisme : le résultat avantageux que donnera le contrat servira à la fois l'intérêt de tous les adhérents. Entre les associés il y a confraternité, disaient déjà les Romains. Tous pour un; un pour tous. Leur intérêt, sans doute, peut se trouver en conflit par rapport au mode de répartition du bénéfice, ou à certaines clauses de nature accessoire. Mais, dans l'ensemble, la réussite de la société dépend d'un ensemble d'accords et d'une marche d'exploitation auxquels les sociétaires visent par une même pensée. Ceux-ci savent que le bien de chacun d'eux est solidaire de celui de tous. Et c'est ce qui fait à notre contrat sa place à part, une place d'honneur, en face des autres.

221. — Cette constatation montre ce que la société offre de recommandable, mais elle ne doit pas faire perdre de vue les périls que peut susciter, dans un état de civilisation déterminé, la forme de société aujourd'hui la plus perfectionnée, la « société par actions ».

Le danger serait grave si la société par actions devait acquérir à la longue une trop grande force, en supplantant par la supériorité économique dont elle dispose la concurrence des individus.

L'abdication des entreprises particulières devant elle, faute de pouvoir soutenir la lutte, acheminerait l'industrie vers un régime de monopole exercé par les grandes Compagnies (*trusts* américains). Cette domination donnerait en outre un rang subordonné au travail, vis-à-vis du capital, c'est-à-dire de l'argent. C'est ce qu'il convient d'éviter.

222. — La supériorité économique des sociétés est attestée par les résultats auxquels le commerce et l'industrie sont arrivés pendant le cours du XIXe siècle, grâce à la société par actions par excellence, c'est-à-dire à la *société anonyme*. Il n'y a qu'à se féliciter du développement de celle-ci au point de vue des progrès accomplis dans la richesse.

Son impulsion a été prodigieuse dans toutes les branches d'activité (chemins de fer, banques, assurances, mines, manufactures, ventes en grands magasins). C'est aussi qu'elle a la vertu puissante de concentrer les capitaux et de les diriger vers un but.

La représentation de la part sociale par l'*action* a provoqué toute une révolution dans la formation des entreprises, ainsi que dans la composition des fortunes.

Dans la formation des entreprises, — en ce que l'attrait d'un titre à responsabilité limitée, et commode à négocier, a fait affluer aux sociétés anonymes des épargnes abondantes. L'esprit d'industrie s'est attaqué à des œuvres qui dépassaient autrefois sa portée, œuvres dont la force s'est accrue par la longue durée qu'ont pu s'assigner les sociétés : l'action n'est pas seulement négociable, elle est transmissible aux héritiers, les sociétés anonymes ne sont pas enchaînées à la vie de leurs membres.

Dans la composition des fortunes, — en ce que les valeurs, formant le capital de ces entreprises, usines, terrains, mines, etc., ont passé d'un état de propriété individuelle à un état sociétaire, dans lequel la quote-part de chacun, matière à trafic, a acquis, en droit et en fait, la faculté de circulation des meubles.

La *mobilisation de la propriété foncière et industrielle*, — surtout par l'effet des sociétés par actions, n'est pas une simple figure de langage. En effet, le capital engagé dans les exploitations conserve son *assiette fixe* et son caractère immobilier au regard de la société qui le met en œuvre. La propriété foncière n'a, bien entendu, point disparu ; elle s'est ramassée et, sauf pour ce qui concerne la propriété rurale, elle a, par l'action de l'industrie, considérablement multiplié son rendement. Mais, vis-à-vis de chaque associé, ce capital fractionné, découpé, revêt un caractère différent. Il devient une part conférant des droits propres, ayant sa nature juridique particulière ; et, si c'est une action, une *valeur échangeable*, une marchandise obéissant à la hausse et à la baisse. On la souscrit, on l'achète et on la vend, par suite de calculs semblables à ceux qui inspirent les opérations commerciales. Le goût du trafic se répand dans les classes qui épargnent, quoique nullement commerçantes par vocation. C'est de ces valeurs-là, avec leur risque inséparable, que s'augmentent incessamment les patrimoines privés ; tandis que, par un phénomène inverse, la propriété de la terre et de l'usine tend de plus en plus à sortir des mains individuelles, pour se soumettre à l'organisation sociétaire.

223. — La *société* représente une espèce très importante, il est vrai, dans un genre plus large. Ce genre comprend toutes les *associations*. Il y a association, chaque fois que des hommes réunissent leurs efforts ou leurs ressources, en vue d'obtenir un but qu'ils désirent en commun. D'après cette définition, nécessairement vague, il y a des associations qui constituent des sociétés, mais on en trouve d'autres qui présentent un caractère différent.

Toutefois on s'est habitué plutôt à mettre en opposition l'association et la société, suivant une distinction qui ne laisse pas que d'avoir un très grand intérêt, lorsqu'il s'agit de savoir si tel groupement a le pouvoir de contracter ou de plaider, à qui appartiennent ses biens, etc.

224. — Association. — L'association *se propose un but matériel, ou simplement moral, d'ordre général*, un but dépassant l'intérêt de ses adhérents, un *but idéal*, dit-on quelquefois, en une formule aussi vague que l'était la différence, mise autrefois en honneur par Savigny, entre la *corporation* et la *fondation* [1].

---

1. Nous rappelons, d'un mot seulement, que la division recommandée par Savigny et dont il croyait l'origine romaine, opposait : *a*) les groupements d'*individus*,

En d'autres termes, dans l'association, les adhérents veulent servir la cause d'une catégorie sociale dont ils font ou ne font point partie, et qui de toute manière ne se limite pas à leurs personnes. Ou même ils se consacrent à la cause de la société tout entière, eu égard aux convictions qui les animent. Ils mettent leur objectif hors d'eux-mêmes, ils obéissent à une idée que d'autres pourront critiquer, qui ne sera pas toujours dépouillée d'égoïsme, si la réclame ou l'ostentation les pousse, mais qui se présente comme une idée désintéressée.

Une association de charité, d'enseignement libre, de propagation d'une philosophie ou d'une religion, une œuvre d'assistance par le travail, un syndicat professionnel entre ouvriers, une société contre l'alcoolisme ou pour l'encouragement des habitations à bon marché, une œuvre de protestation contre la licence des rues ou pour le respect du repos du dimanche, une congrégation religieuse, une association d'étudiants, une société d'extension du spiritisme, constituent des « associations », quand même elles s'intituleraient « sociétés » ou qu'elles en prendraient la forme.

225. — Société. — La société, au contraire, *se propose un but pécuniaire qui est restreint à ceux qui en font partie*. Elle veut améliorer la situation matérielle de ses membres. Elle déterminera par l'action commune un résultat appréciable en argent, limité aux associés. Ce résultat ne serait pas atteint ou ne le serait plus au même degré, si chacun avait conservé son indépendance. On y parviendra, en réunissant un capital dont on augmente ainsi la force productive. Telles sont les sociétés mettant des terrains en commun pour la grande culture, — celles qui ont pour objet une usine métallurgique ou textile ou un service de transports, — celles qui exploitent un brevet d'invention, ou une banque, etc.

226. — Malheureusement, en l'état de la loi française, cette définition est encore trop étendue. Car, à la prendre à la lettre, il faudrait rattacher aux sociétés des groupements égoïstes, exempts de toute considération d'intérêt général, et qui cependant n'en sont pas.

Soit un « cercle », considéré comme simple lieu de divertissement des sociétaires, ou bien une société de lecture. Ce ne sont pas des sociétés véritables. — Soit une société formée entre créanciers d'une même faillite pour combiner leur action et se choisir un mandataire commun. Ils cherchent en se groupant à réduire la perte que la faillite cause à chacun d'eux, et non pas à s'enrichir. — Soit une association syndicale que des propriétaires d'une même région forment pour l'exécution de travaux agricoles dans les termes de la loi du 21 juin 1865. — Soit enfin une société de secours mutuels (nous réservons la question pour les sociétés coopératives de consommation). Aucune de ces formes de groupement ne constitue, à proprement parler, une société.

En effet, d'après l'art. 1832 C. civ., « la société est un contrat par lequel

---

issus de la conception du municipe, *b*) aux groupements de *biens* ou fondations, prenant leur base non plus sur une collectivité de membres ou d'associés, mais sur une œuvre, sur une conception ordinairement charitable ou pieuse. — La doctrine plus récemment développée en Allemagne, notamment par BRINZ, du patrimoine pourvu d'un but (*Zweckvermögen*) généralise l'idée de la fondation : la corporation y serait implicitement contenue. — On n'ignore point les autres conceptions qui ont cours chez nos voisins, et notamment celle de GIERKE, qui fait reposer la personnalité morale sur une *conscience collective*, c'est-à-dire sur la volonté répandue dans le milieu social de pourvoir à certaines œuvres d'intérêt général, volonté qui, par cela même qu'elle répond à un état d'opinion, peut prétendre, tout comme un individu, aux attributs du droit. — En France, toutes ces constructions ont été reprises à la dernière époque pour aboutir à deux œuvres magistrales dont on ne saurait exagérer la valeur : MICHOUD, *La théorie de la personnalité morale*, 2 vol. 1906 et 1909 (compte rendu par M. NAST, *Annales de droit commercial*, 1910, p. 89) et SALEILLES, *De la personnalité juridique*, 1910 (compte rendu par M. CRÉMIEU, *Mêmes Annales*, 1910, p. 296).

deux ou plusieurs personnes conviennent de mettre quelque chose en commun, *dans la vue de partager le bénéfice qui pourra en résulter* ». Au contraire, l'association est la convention par laquelle deux ou plusieurs personnes mettent en commun, d'une façon permanente, leurs connaissances ou leur activité *dans un but autre que de partager des bénéfices* (art. 1er de la loi du 1er juillet 1901). Les deux définitions se correspondent et se complètent. Il ne peut y avoir société sans mise en commun d'apports « *en vue de partager les bénéfices pouvant en résulter* ».

226 *bis*. — Mais que doit-on entendre au juste par ces mots ? On les interprète souvent de la façon la plus stricte et l'on déclare qu'une société ne peut se constituer qu'en vue d'un *partage de profits pécuniaires*, c'est-à-dire d'une *distribution d'argent*. Cette opinion est trop étroite et du reste en désaccord avec la dernière jurisprudence. Des arrêts les plus récents paraît bien se dégager cette idée, économiquement exacte, et conforme à la tradition (Planiol, II, n° 1990) [1], que le bénéfice caractéristique de la société n'est pas nécessairement formé par une somme d'argent, par des espèces à partager, mais « qu'il peut résulter de tout avantage économique, de *tout profit patrimonial*, au sens le plus large, *à la seule condition que ce profit ait un caractère positif* et ne consiste pas uniquement en une garantie contre une perte éventuelle » (E. Gaudemet, note sous Req., 25 avril 1910, S. 1913, 1, 482, col. 3). V. notamment : Req., 15 avril 1902, S. 1903, 1, 289, note Wahl en sens contraire (groupement de certains actionnaires et porteurs de parts dans une société commerciale en vue de surveiller les opérations de cette société et d'exercer toutes actions utiles) ; Req., 25 avril 1910 (groupement des abonnés à l'éclairage électrique d'une ville en vue de défendre leurs intérêts contre le concessionnaire de l'éclairage, de régulariser et d'améliorer les prestations par lui dues), S. *loc. cit.*, et D. 1911. 1, 473, note Nast.

On comprendrait même que l'on étendît davantage encore la notion de bénéfices, qu'on y fît rentrer tout avantage patrimonial quelconque, fût-il négatif et dût-il résulter seulement d'une garantie contre des pertes éventuelles (v. en ce sens, E. Gaudemet, *loc. cit.*). La jurisprudence cependant se refuse à aller aussi loin et aujourd'hui encore elle tient que l'expression « bénéfices » ne doit s'entendre que d'un gain (non plus nécessairement, il est vrai, pécuniaire, mais du moins matériel, c'est-à-dire procuré en nature), d'un gain en tout cas « qui ajoute à la fortune des associés » (Civ. cass., 4 août 1909, D. 1910, 1, 153 : Cass., chambres réunies, 11 mars 1914, *Gaz. Pal.*, 6 mai 1914) [2].

227. — Tableau comparatif. — L'association et la société se prêtent à un tableau comparatif que nous allons entreprendre.

228. — 1° Jusqu'à une date récente, l'association était *interdite*, sauf quelques exceptions (sociétés d'enseignement supérieur, L. 12 juillet 1875, art. 10 ; syndicats professionnels, L. 21 mars 1884).

Pour qu'elle pût légalement opérer, il lui fallait une *autorisation* préfectorale. Cela même ne lui donnait pas la personnalité civile, mais créait à son profit un régime de pure tolérance. Elle ne pouvait avoir de biens. Les

1. D'après cet auteur, la société peut avoir pour objet non seulement un bénéfice en argent, mais un profit quelconque et, par exemple, le simple usage des choses consistant à retirer en commun et en nature l'utilité qu'elles peuvent donner (*Traité élémentaire de droit civil*, II, n° 1990).

2. D'après ces arrêts, une société coopérative à capital variable, dite « caisse rurale », qui a pour seul but de procurer à ses adhérents, à un taux aussi réduit que possible, le crédit nécessaire à leurs exploitations, et non la réalisation et le partage de bénéfices, n'a pas le caractère d'une société. Par suite, le droit d'enregistrement à percevoir sur l'acte de formation de cette « caisse » est non celui de 0 fr. 25 0/0, mais le droit fixe de 3 fr. 75.

engagements que prenaient ses administrateurs étaient dettes personnelles à ceux qui les contractaient et atteignaient tous leurs biens.

La personnalité était subordonnée à une condition plus rigoureuse : la délivrance d'un décret *reconnaissant* l'association comme *établissement d'utilité publique* [1].

Composée de plus de vingt personnes, l'association non autorisée, se proposant « de réunir les adhérents à certains jours pour s'occuper d'objets religieux, littéraires, politiques ou autres », tombait sous le coup des art. 291 et 292 C. pén. Les chefs et directeurs encouraient une amende en police correctionnelle.

L'association, si en faveur au moyen âge, alors qu'il était pourvu par elle à la majorité des fonctions sociales, était considérée comme portant ombrage à l'Etat moderne. Prétendant, en vertu de la centralisation de ses pouvoirs, se réserver les services d'intérêt général, l'Etat n'admettait que très exceptionnellement des associations à poursuivre le même but que lui.

Tout à l'opposé de l'association, la société était *libre*, en matière civile et commerciale, sous toutes les formes et dans presque toutes les branches. La restriction apportée à la fondation des sociétés anonymes avait disparu depuis 1867.

C'est que la société cherche seulement à enrichir ses membres. Elle n'empiète pas sur les pouvoirs publics. Elle crée même un dérivatif à la discussion des intérêts généraux, en tournant la préoccupation de ses adhérents vers la richesse.

229. — Cette différence de régime n'existe plus aujourd'hui. La loi du 1er juillet 1901, proposée par le Gouvernement sous le ministère WALDECK-ROUSSEAU [2], a proclamé le principe de la liberté des associations de personnes (art. 2), à l'exception de celles qui seraient fondées en vue d'un objet illicite, contraire aux lois, aux bonnes mœurs, ou qui auraient pour but de porter atteinte à l'intégrité du territoire national et à la forme républicaine du gouvernement (art. 3). Les art. 291 et 292 C. pén. sont abrogés (art. 21).

Ont été tenues en dehors de ce régime de liberté les *congrégations religieuses* (titre III de la loi). Aucune d'entre elles ne pourra se former sans une autorisation donnée par une loi (art. 13). Ce régime d'exception a été aggravé par le fait du rejet en bloc, dans la session de 1903, de toutes les demandes d'autorisation que les congrégations avaient formées.

230. — 2° Si l'association est devenue libre aujourd'hui, comme l'était déjà la société avant 1901, la personnalité morale n'est pas soumise pour l'une et pour l'autre aux mêmes conditions, et elle n'a pas non plus la même portée.

La société commerciale (et aussi la société civile, d'après la jurisprudence) dispose de la personnalité la plus large et peut posséder des immeubles indéfiniment, pourvu qu'elle se soit constituée conformément à la loi.

L'association n'a en principe aucune personnalité. Seulement, au-dessus de l'association ordinaire, peuvent se constituer deux autres types : les *associations publiées* et les *associations reconnues*. 1° L'association publiée est celle qui aura fait une déclaration à la préfecture avec dépôt de ses statuts

---

1. A l'égard des sociétés de secours mutuels, il y avait une classification différente, permettant de les répartir en : 1° *sociétés libres*, assujetties seulement au dépôt de leurs statuts à la sous-préfecture ; 2° *sociétés approuvées* par arrêté ministériel, sans refus possible de cette approbation en cas de conformité de leurs statuts aux lois ; 3° *sociétés reconnues* d'utilité publique par décret rendu en Conseil d'Etat (L. 1er avril 1898). Cette classification est toujours en vigueur.

2. TROUILLOT et CHAPSAL, *Du contrat d'association*, 1902 ; PICHON, *Caractères distinctifs des associations soumises à la loi de 1901*, th. 1905 ; HAYEM, *Domaine respectif de l'association et de la société*, th. 1907 ; E. CLUNET, *Les associations au point de vue historique et juridique*, t. I, 1909 ; MARGAT, *De la condition juridique des associations non déclarées*.

et déclaration de son titre, de son objet, de son siège et les noms de ses administrateurs. Elle dispose de la *petite personnalité*, elle peut ester en justice, acquérir à titre onéreux, posséder et administrer les cotisations de ses membres ou le produit du rachat desdites cotisations pourvu qu'il ne dépasse pas 500 fr., avoir le local destiné à ses réunions et les immeubles strictement nécessaires à l'accomplissement de son but (art. 5 et 6); 2° L'association reconnue est celle en faveur de laquelle a été rendu un décret en Conseil d'Etat. Elle peut faire tous les actes de la vie civile, recevoir à titre gratuit, mais sans être admise à acquérir d'autres immeubles que ceux nécessaires au but qu'elle se propose (art. 10 et 11).

La loi annule tous les actes qui, par voie directe ou indirecte, auraient pour objet de permettre aux associations de se soustraire à ces dispositions (art. 17) : ce qui revient à interdire notamment une association sans but lucratif de se constituer sous les dehors d'une société, afin d'acquérir par là la pleine personnalité, à laquelle elle doit demeurer inhabile.

231. — 3° Les règles qui président à la liquidation et à l'affectation de l'actif ne sont pas non plus les mêmes pour la société et pour l'association.

Après dissolution d'une société, il y a lieu au partage du fonds social, au prorata des droits de chaque associé. Malgré la fiction de personnalité, le capital était la copropriété des membres.

Lorsqu'une association est dissoute volontairement ou judiciairement, les biens seront dévolus conformément aux statuts, et subsidiairement suivant les règles déterminées en assemblée générale (L., 1er juillet 1901, art. 9). Le plus habituellement, on décidera que l'actif devra être attribué à une autre association poursuivant le même but.

Faute par les statuts de s'expliquer et par les associés de s'entendre, on a prétendu que les biens étaient dévolus à l'État comme étant vacants et sans maître (art. 713 C. civ.). Question discutée surtout pour les biens des congrégations religieuses et qui, à raison de l'amendement LHOPITEAU, a été réservée par les Chambres. — Mais ce point de vue manque d'exactitude : les biens qui avaient été donnés à l'association et qui se retrouvent en nature seront répétés par le donateur en vertu d'une *condictio sine causa* ; les biens apportés par les adhérents seront l'objet d'une reprise semblable ; le reste de l'actif, qui est le fruit du travail des sociétaires, tombe à l'état passif de biens communs et se répartira entre eux.

4° Enfin, le régime fiscal n'est pas le même pour la société et pour l'association. Notamment, tandis que les sociétés doivent, au moment de leur constitution, acquitter un droit proportionnel de 0 fr. 25 o/o sur le montant des apports, les actes de formation d'association, au contraire, sont considérés comme des actes innomés et soumis seulement, lors de leur enregistrement, au droit fixe de 3 fr. 75 [1] (Sol. 27 mai 1874, *Journ. Enreg.*, n° 19447 ; Cass., ch. réun., 11 mars 1914, précité. — *Contra* : Wahl, *Traité de droit fiscal*, t. I, n° 549).

232. — **Caractères de la société.** — Ne nous arrêtons pas plus longtemps à la notion de l'association. Insistons sur les éléments principaux que présente la société.

La société, dit l'art. 1832 C. civ., *est un contrat par lequel deux ou plusieurs personnes conviennent de mettre quelque chose en commun, dans le but de partager le bénéfice qui pourra en résulter.*

De cette définition, la doctrine a dégagé trois caractères fondamentaux que toute société doit réunir, ce sont :

a) La constitution d'un capital, au moyen d'apports respectivement faits par chaque associé ; — *b)* Une vocation simultanée de tous les membres

1. Certaines associations ou sociétés (sociétés de secours mutuels, sociétés d'habitations à bon marché...) bénéficient du reste, au point de vue fiscal, d'immunités particulières.

aux bénéfices et aux pertes ; — c) Un lien de collaboration active entre les associés.

Il ne sera question que brièvement, pour le moment, des deux premiers de ces caractères.

233. — Apports. — *Premier caractère.* — Il faut une *mise d'apports en commun* : chacun des associés doit, de son côté, constituer une mise susceptible d'évaluation pécuniaire.

Cette mise, ou apport, peut consister en *argent*, en *autres biens* corporels ou incorporels (usine, brevet, procédé de fabrication, clientèle), et même en *industrie*, c'est-à-dire dans le travail que l'adhérent s'engage à fournir à la société (art. 1833, al. 2).

Les apports forment une masse collective, qui est le *capital* destiné à l'exploitation commune.

234. — Apports en propriété et en jouissance. — Au surplus, l'apport peut affecter l'une de ces deux formes :

1° Il est fait *en propriété.* — L'associé se dessaisit entièrement de ses droits sur la valeur qu'il met dans le capital social. La société peut disposer de cet apport. Son ancien propriétaire a perdu le droit de l'aliéner séparément.

Le bien passe aux risques de la société ; la société, quoique venant à le perdre, continuera son cours, et elle devra maintenir à l'associé, de qui provenait cette mise, sa quote-part convenue dans les bénéfices et dans le fonds social (art. 1867, al. 3).

Après dissolution, l'objet de cet apport, confondu avec les autres biens, sera partagé entre tous, à proportion des droits de chacun. Il ne donnera pas matière à prélèvement au profit de l'associé qui l'a fourni.

C'est une situation comparable à une *vente* ; l'associé est un vendeur, la société lui achète sa mise ; la perte de la chose vendue, après qu'elle a été livrée, ne libère point l'acheteur du prix convenu.

2° L'apport peut n'être fait qu'*en usufruit* ou *en jouissance.* — Un associé met un immeuble en société quant à la jouissance. Il retient alors la nue propriété. La société ne peut aliéner le bien, elle en jouit seulement : une fois la société dissoute, le bien retournera avant partage à l'associé de qui il provient.

Les risques sont pour l'apporteur. Si la chose périt au cours de la société, il n'y a plus lieu de continuer à l'apporteur les avantages que le contrat lui assurait (art. 1851, al. 1). La société se trouve affectée dans sa base, elle est dissoute par anticipation (art. 1867, al. 2).

Cette situation se rapproche de celle d'un *louage* ; la société a pris le bien à bail, elle en est preneur. La destruction de la chose met fin pour l'avenir aux droits qu'a le bailleur à un loyer.

Ainsi en est-il, si ce bien n'est pas de nature à se consommer par l'usage. Autrement, et quand il s'agit d'argent par exemple, la société recueille bien la propriété, à charge de rendre quantité égale après sa dissolution. Les principes du *quasi-usufruit* le veulent ainsi.

Ce que présentera de particulier cette hypothèse, par comparaison avec un apport en jouissance ordinaire, c'est : — 1° que la société pourra *disposer* de l'apport, ainsi que dans le cas d'apport de propriété ; — 2° que la faculté de reprise après dissolution s'exerce à titre de créance et porte non sur l'apport en nature, mais sur une *valeur égale* ; — et 3° que les *risques* sont *à la société* : la perte de la chose, après livraison ou versement, laissera durer la société jusqu'au délai statutaire, ainsi que la quotité de bénéfices promise à l'apporteur, tout comme si la perte ne s'était point produite (art. 1851, al. 2).

Les mêmes règles du quasi-usufruit sont applicables à un apport de corps certain en jouissance, lorsqu'il est accompagné d'une estimation portée dans un inventaire : l'estimation vaudra vente, et le prélèvement s'exercera avant partage pour le montant de cette estimation (art. 1851, al. 3).

235. — En résumé, il est nécessaire que toute société ait un capital formant masse commune et composé d'apports, soit en propriété, soit en jouissance, provenant de chaque membre. On verra qu'il existe dans le commerce des combinaisons à profits communs (associations en participation), mais exemptes d'une mise en masse des apports, exemptes même de la nécessité d'un apport de chaque sociétaire. On peut dire immédiatement que ce ne sont pas des sociétés proprement dites.

236. — Risques. — *Deuxième caractère.* — Chaque associé doit courir les *chances sociales*, bonnes et mauvaises. Il faut une *participation de tous aux bénéfices* et une *contribution de tous aux pertes.*

Il n'y a pas de vocation possible au gain, si l'on ne s'expose pas en même temps au *risque* de perdre. Une société qui contrevient à cette condition est dite *léonine* : l'art. 1855 prohibe la clause qui donnerait à un membre vocation au bénéfice sans le faire contribuer à la perte, ou inversement.

Gain et perte sont choses connexes. Il est interdit à un associé de stipuler que, en cas de perte du capital, son apport lui sera restitué franc de toutes dettes. Il lui est interdit de concourir à la perte, s'il ne s'assure aucune part dans le bénéfice.

On verra plus loin que le risque de perte peut être limité. La chance de gain peut l'être aussi, en ce sens que certaines sociétés conviennent que les bénéfices ne seront attribués aux membres que jusqu'à concurrence d'un *maximum*, de 5 o/o par exemple, sur le montant de la mise, l'excédent devant être appliqué à une œuvre d'intérêt général, à l'extension des écoles que la société exploite. Ce ne serait pas un empiétement illicite de la société sur le terrain de l'association.

237. — Mais, en outre, il faut que ce profit ou que cette perte soit *simultané*, et se produise pour tous les sociétaires en même temps. Il ne suffirait pas qu'il s'exerçât de *manière alternative*. Autrement, il n'y aurait plus *partage* de bénéfice (arg. art. 1832 *in fine*). Ici reparait cette conception de la société, trop étroite en législation, et à laquelle il a déjà été fait allusion.

Les *sociétés mutuelles* de secours ou d'assurance ne sont donc pas, à parler rigoureusement, des sociétés. D'abord elles s'abstiennent de mettre un capital en valeur, ce qui exclut l'acquisition de bénéfices. Puis, quand même elles le feraient (et en réalité les sociétés d'assurance mutuelle ont des réserves productives de bénéfices), ces bénéfices ne seraient point partagés. L'associé qui subit un sinistre trouve, dans les intérêts du fonds de réserve, le moyen de s'indemniser : les fonds qui proviennent des uns servent à dédommager les autres.

On est tenté de faire une remarque semblable pour les *sociétés coopératives de consommation ou de crédit*. Les bénéfices ne méritent ce nom qu'en apparence. Ils constituent des bonis de restitution, un excédent remboursé sur le prix d'abord versé. L'avantage, que chaque sociétaire trouve à avoir acheté ses provisions ou contracté son emprunt moins cher que s'il s'était adressé à une maison différente, n'est pas acquis « simultanément » par tous. Nous verrons plus tard si ce point de vue est juste.

Quoi qu'il en soit de cette seconde application, il ne faut pas s'exagérer la résistance du droit de la société à s'étendre aux sociétés mutuelles ou coopératives. — Car : 1° elles sont reconnues par des lois spéciales, qui leur donnent la qualification de « sociétés » (notamment, l. 24 juillet 1867, titre III, et art. 66 règl. du 22 janvier 1868 ; l. 1er avril 1898) ; — 2° pour régler l'administration de ces sociétés et les dispositions auxquelles elles sont soumises en cas de silence des textes qui les concernent, on suivra, par analogie, le droit des sociétés proprement dites.

238. — Collaboration. — *Troisième caractère.* — La société est inspirée par une *volonté de collaboration active* : c'est un trait plutôt économique

que juridique. Elle est envisagée par ses fondateurs comme un « agent créateur de richesse ». Chacun se dit que, par l'union, il arrivera à faire rapporter davantage à ses biens ou à son travail, qu'en demeurant dans l'isolement. Ces biens et ces forces réunis ensemble augmenteront de rendement, suivant une progression non arithmétique ou simple, mais géométrique.

Dans cette collaboration, on trouve : — l'estime mutuelle des membres, qui se considèrent comme des égaux (c'est ce qu'on appelle l'*affectio societatis*), — ainsi qu'une confiance réciproque très particulière, basée sur les qualités que chacun d'eux a vérifiées chez les autres, et qui fait attacher plus d'importance qu'ailleurs au maintien individuel dans le groupe de celui qu'on a choisi (c'est ce qu'on désigne sous le nom d'*intuitus personæ*).

239. — Rapprochement avec l'indivision. — Par ce caractère, la société se sépare de la simple *indivision* ou *communauté*. Deux associés ne se trouvent pas dans la même situation que deux frères ou deux cousins appelés à recueillir ensemble une succession.

Au dire de Pothier, la société dérive d'un contrat, tandis que l'indivision résulterait d'un quasi-contrat. Ce n'est pas toujours exact, la simple indivision pouvant avoir sa base dans un contrat (Ex. : un propriétaire vend, par besoin d'argent, la moitié de son domaine et se trouve ainsi en copropriété avec son acheteur). D'autre part, si la société n'existe pas sans un contrat, ce contrat peut n'être que tacite (Ex. : deux cohéritiers se trouvent bien du régime d'indivision, et poursuivent l'exploitation, comme le feraient deux associés).

La véritable différence tient au mobile qui agit sur les intéressés.

La société est un *état cherché*, à raison de sa supériorité productive. L'indivision ordinaire est un *état subi*, tenant au concours accidentel de plusieurs sur une même chose ; où les pouvoirs de l'un sont refoulés par ceux des autres communistes ; où l'on se maintient par inertie, parce qu'on n'a pas la force de volonté ou le moyen légal d'en sortir. La loi voit la société avec faveur, l'indivision avec prévention et défiance. En effet :

a) L'indivision est un *régime précaire*. Nul n'est tenu d'y demeurer. Chacun peut demander le *partage* à tout moment, à moins d'une convention de prorogation, qui ne saurait d'ailleurs dépasser cinq années (art. 815 C. civ., modifié, pour les habitations à bon marché, par la loi du 30 novembre 1894).

La société, au contraire, peut être contractée pour une *durée* supérieure à cinq ans et même sans aucune limite de temps. Le délai assigné à son existence doit être respecté par chaque associé, sous cette double réserve : — que, même dans une société à durée déterminée, un associé peut demander au tribunal la dissolution s'il existe de justes motifs (art. 1871 C. civ.), — et que, dans une société à durée illimitée, un associé peut, sans produire de motif, notifier aux autres sa volonté que la société soit dissoute, pourvu qu'il ne le fasse pas de mauvaise foi et à contre-temps (art. 1869 et 1870).

b) Dans l'état d'indivision, qu'engendre par exemple une acceptation de succession, la loi n'organise pas un régime de *délibérations* en commun, avec nécessité pour les membres de la minorité de s'incliner devant la volonté générale. Une mesure d'exploitation du bien commun, mode de culture, mise à bail, etc., doit être décidée à l'unanimité. L'opposition d'un seul entrave l'opération projetée. C'est le *liberum veto* (pour la copropriété des navires, en matière maritime, il en va autrement, art. 220 C. com. ; mais aussi cette copropriété est-elle considérée par la jurisprudence comme une véritable société).

Dans les sociétés, au contraire, sauf controverse, mais certainement s'il s'agit de sociétés par actions, les mesures intéressant l'entreprise peuvent être décidées à la *majorité* : la quotité de cette majorité n'est, du reste, pas la même pour toutes les délibérations, on le verra lorsque viendra le moment d'étudier ces questions.

c) La *part* sociale, dans tout un ensemble de sociétés, est *incessible*. En outre, elle ne se transmet pas aux héritiers, ce qui, à la mort d'un associé, détermine la dissolution. C'est la conséquence de l'*intuitus personæ*. Ces règles cessent d'être vraies, d'ailleurs, pour les parts dénommées *actions*.

L'indivision ne connaît point cette disposition. Après la mort d'un communiste, l'état passif se continue avec ses propres héritiers ; — et la part indivise peut se céder, sans le concours des autres, sauf certaines institutions (retrait successoral, partage déclaratif) faisant échec à l'efficacité de ces cessions.

§ 2. — Des sociétés commerciales opposées à la société civile.

240. — Il y a des *sociétés civiles* [1], assez rares, et des *sociétés de commerce*, extrêmement nombreuses. Une société civile est gouvernée par le droit civil, elle n'encourt point la faillite, elle est justiciable pour ses engagements du tribunal civil. Pendant longtemps même, ses engagements n'ont pas été considérés comme les dettes d'une société, mais comme des dettes conjointes de co-débiteurs, qui s'obligeaient simultanément.

Les sociétés commerciales sont soumises au droit commercial (compétence judiciaire, faillite, etc.). Elles constituent indubitablement des personnes juridiques, elles affectent des formes variées (nom collectif, commandite, anonyme), elles placent les associés sous un régime de responsabilité, qui diffère suivant la forme adoptée.

241. — Signe distinctif. — On penchait à croire autrefois que le signe distinctif devait être recherché dans la *forme* prise. Une société se constituait-elle sous les dehors d'une commandite, d'une société anonyme, etc. ? Sans se préoccuper de la *nature des actes* auxquels elle se consacrait, et quand même ces actes seraient des opérations civiles (exploitation de mines, agriculture), la forme de l'entreprise faisait d'elle une société commerciale.

On a dû revenir de cette appréciation. Il en est d'une société comme d'un individu. Ses dehors n'ont pas d'action sur sa nature juridique. Si le commerçant est celui qui exerce professionnellement des actes de commerce, sans égard aux apparences (art. 1er C. com.), il y a parité de situation pour les sociétés. La société de commerce est celle qui poursuit des *opérations commerciales* dans des conditions semblables. Toute autre société est civile. — C'est donc d'après l'objet des actes que se détermine la nature d'une société.

242. — Il est vrai que, en matière civile, les fondateurs préfèrent souvent monter leur entreprise d'après un type commercial, comme l'est la société en commandite, au lieu de s'en tenir au modèle de la société civile.

Cet emprunt des formes commerciales peut engendrer certains résultats, qu'il y aura lieu d'examiner plus tard. Mais, même vêtue à la mode du commerce, la société ne devient pas commerciale, et elle échappe à la *compétence des tribunaux de commerce*, ainsi qu'à *la faillite*, du moment que la nature de ses opérations a fait d'elle une société civile.

243 — Une exception notable doit être apportée aujourd'hui à ce principe. La loi du 1er août 1893, en ajoutant un nouvel art. 68 à la loi du 24 juillet 1867, déclare que, désormais, toutes nouvelles sociétés qui se constitueront en *la forme de sociétés par actions*, « quel que soit l'objet de leurs opérations », seront considérées comme des *sociétés de commerce*. —

1. V. H. Ribadeau-Dumas, *Législation et jurisprudence concernant les sociétés civiles*, 1912 ; H. Hayem, *Étude historique et critique de la législation et de la jurisprudence concernant les sociétés civiles*, 1912.

Ainsi, toutes les sociétés en commandite par actions ou anonymes créées depuis la promulgation de cette loi sont soumises au régime du commerce, sans qu'on doive se demander si leurs actes figurent ou non dans l'énumération des art. 632 et 633 (v. plus haut n° 13).

244. — L'économie des sociétés commerciales diffère profondément de la société civile. En les rapprochant de cette dernière, on aperçoit la volonté qu'a eue le législateur de renforcer leur crédit, en attirant à elles : 1° les *associés* qui apportent le capital ; 2° les *créanciers* ou fournisseurs qui assurent à la société les moyens de poursuivre son exploitation. Appliquons-nous à une comparaison.

245. — Société civile. — La société civile (art. 1832 à 1873 C. civ.) n'était pas jusqu'à la dernière époque un être autonome se détachant des associés, et assumant d'une manière continue une responsabilité d'ores et déjà fixée. Elle n'avait pas davantage un corps de biens soumis à un autre traitement que le traitement des biens personnels d'associés.

Le capital, il est vrai, est composé de biens indivis, et chacun des membres doit en respecter l'affectation. Mais la société civile n'a ni vie propre, ni manifestation au regard des tiers. *Elle ne s'extériorise pas*. Elle forme un simple *contrat*, donnant lieu à des rapports de comptes entre ceux qui l'ont conclue (action *pro socio*). Aux yeux du public, elle n'existe point. Le passif contracté par les associés, tantôt par celui-ci, tantôt par celui-là, manque d'homogénéité.

L'administrateur passe-t-il des marchés : chacun de ces marchés sera examiné en lui-même et selon sa teneur, afin de savoir sur qui se fixe la dette et quel est le gage qui en répondra.

a) Ou bien l'administrateur a agi *en son nom exclusif*, sans mettre en scène ses co-associés, sans se prévaloir d'un mandat. Seul, il sera débiteur sur tous ses biens, sauf à se retourner en garantie, en contribution contre les autres.

b) Ou bien l'administrateur s'engage à la fois *en son nom et au nom de ses co-associés*, ce qui aura lieu lorsqu'il personnifiera la société dans son langage. Les associés seront tenus alors selon leur part virile. S'ils sont six, le créancier sera fondé à exiger le sixième de chacun d'eux, sans avoir à se demander s'il y a une société entre eux, et à plus forte raison sans avoir à prendre un contrat de société pour fondement de ses poursuites (art. 1863 C. civ.). Car il tient du marché qu'il a conclu sa faculté d'exécution, et le droit commun lui procure en matière civile, à raison de ce marché, le pouvoir d'exercer une *créance conjointe* et *divisée*.

Le seul point par où l'acte de société intéresse le créancier, c'est la clause qui délimite le pouvoir pour l'administrateur d'obliger ses co-associés. Car il est clair que, si l'administrateur était sorti de ses attributions, il aurait excédé son mandat. L'opération ne pourrait plus alors être opposée par le créancier à des personnes qui, par hypothèse, n'auraient pas donné procuration de les obliger de cette manière. A tous autres égards, la société n'existe point.

Même lorsqu'il agit sur l'ensemble des mises, sur le capital social, le créancier doit mettre en cause tous les associés. Il pratique ses poursuites sur des valeurs appartenant à tous ses débiteurs réunis. Il doit n'en omettre aucun dans ses exploits de procédure.

Telle était la physionomie de la société romaine, on pouvait croire que le Code civil l'avait reproduite. Mais il s'est créé dans la jurisprudence un nouveau courant, de date très récente, qui sera étudié ci-dessous.

246. — Il y avait à ce fonctionnement de la société civile une double infériorité :

1° Le créancier était obligé de *diviser* ses poursuites ; il ne pouvait obtenir de chacun de ses débiteurs qu'une fraction de sa créance, il courait les risques d'insolvabilité d'un ou de plusieurs d'entre eux :

2° Chaque associé était tenu du passif social *intégralement* sur tous ses biens. Sans doute il ne devait qu'une fraction virile de ce passif, celle qu'exprimait leur nombre à tous, un tiers, un quart, etc. Mais dans cette limite, il était tenu *in infinitum*, nonobstant toute clause de l'acte social restreignant sa responsabilité à une somme déterminée. Cette clause, valable *inter socios*, restait inopposable aux tiers qui n'avaient pas à la connaître (art. 1863 C. civ.).

Même après l'apport versé, l'associé demeurait tenu du complément du passif non couvert par le capital. Ce pouvait être pour lui une menace de ruine.

Toutes ces déductions étaient admises naguère encore par la jurisprudence ; nous dirons comment elles ont fait place à une autre conception.

247. — Société commerciale. — C'est en vue d'éviter ces inconvénients que les sociétés commerciales ont été instituées. Elles le sont suivant un tout autre plan, et, disons-le, suivant un plan bien perfectionné.

248. — 1° Elles constituent des *organismes* ouverts sur le public, ou, pour autrement parler, des personnes morales. Elles ont un patrimoine à elles, sur lequel elles s'engagent par l'intermédiaire de leurs administrateurs ou gérants. Cela procure aux créanciers le moyen de se payer sans fractionnement.

Les dispositions insérées dans l'acte de constitution ou dans les statuts forment la charte d'existence de la société, même au regard des étrangers. Les limitations de responsabilité des membres deviennent ainsi, tout comme les pouvoirs des gérants, opposables aux tiers.

Mais, précisément parce qu'il en est ainsi, la société doit *publier* l'acte par lequel elle se forme. Si elle ne le fait pas, les tiers sont fondés à repousser l'application des clauses qui leur sont préjudiciables. Ils peuvent refuser alors à la société cette *existence externe* dont elle prétendait se prévaloir et qui était subordonnée à une publicité, négligée par hypothèse.

249. — 2° Les sociétés commerciales se constituent d'après des *modèles différents* (il y en a quatre), que le Code propose à l'option des intéressés.

Chacun de ces modèles est élaboré par la loi, de toutes pièces, avec des règles fondamentales qu'il faut adopter, si c'est de ce modèle qu'on a fait choix. A chacun de ces modèles aussi la loi donne un *nom*, une étiquette : *société en nom collectif, société en commandite simple, société en commandite par actions, société anonyme.*

Ce nom a, par lui seul, la vertu d'instruire instantanément le public, non sans doute du *chiffre* des garanties fournies, mais de leur *nature* ainsi que de la mesure suivant laquelle les associés engagent leur responsabilité.

250. — 3° On a vu déjà que les créanciers pouvaient s'attaquer indivisément au capital social qui est le patrimoine de la société, leur débitrice. Mais à ce capital ne se réduit pas nécessairement leur gage. Il y a des *sociétés*, dites en *nom collectif*, dans lesquelles les créanciers ont, en outre, le droit de poursuivre chaque associé sur sa fortune propre, *indéfiniment et solidairement*. Le régime de la société civile, où prévaut l'obligation « conjointe » et fractionnée, est remplacé par l'obligation « solidaire ». Les créanciers s'adresseront au plus solvable des associés et lui réclameront le tout. Par là, le crédit de la société est singulièrement fortifié.

251. — 4° En revanche, cette responsabilité personnelle et sans limite au delà de l'apport eût été pesante, si l'on en avait fait une règle invariable. La généralité d'une pareille disposition aurait empêché les capitaux timides ou réservés de se placer en parts sociales.

La loi a donc imaginé, à l'opposé de la société en nom collectif, des sociétés où la part sociale s'appelle *commandite* ou *action*. Là, l'associé *limite sa responsabilité* à sa mise : l'apport étant versé, il n'a plus à craindre pour le complément de son avoir ; il l'a préservé contre les risques de l'exploitation.

Ainsi, dans la société en nom collectif le fardeau du passif est plus lourd pour l'associé que dans la société civile. Mais c'est le contraire qui a lieu dans la commandite et dans la société anonyme : l'associé n'est tenu que jusqu'à concurrence de sa mise. Au delà de la mise il n'est plus responsable.

252. — 5° Les sociétés commerciales obéissent bien, en principe, comme la société civile, à l'*intuitus personæ* qui a pour résultat de rendre la part sociale incessible et d'emporter dissolution par la mort de l'associé. Toutefois, on rencontre à ce principe une importante dérogation.

Cette dérogation a lieu à l'égard des *sociétés par actions*. Elles n'auraient pu ni couvrir leur capital, ni risquer des affaires à longue échéance : 1° si la durée de l'entreprise avait été liée à la vie d'un actionnaire ; 2° si l'actionnaire avait dû, sa vie durant, rester prisonnier de son titre.

En conséquence, l'*action* devient une part sociale *transmissible aux héritiers*, cessible entre vifs, *négociable* ; la société continuera d'une génération à l'autre, avec un personnel de membres incessamment renouvelé.

Mais aussi ce caractère de valeur marchande, donné à l'action, devait déterminer des abus. On amorcera les souscripteurs en faisant miroiter la hausse, les fondateurs vont faire des dupes et lancer des affaires sans consistance. Il fallait garantir le public contre les pièges.

Dans ce but, la loi, qui d'ailleurs, selon les époques, a cherché à ce danger des remèdes divers, soumet les sociétés par actions à une *réglementation rigoureuse*. Elle les oblige à se conformer à des dispositions sévères, tant pour se constituer que pour fonctionner. Cette réglementation n'a pris un caractère uniforme en France qu'à partir de 1867 ; elle représente aujourd'hui le côté le plus délicat, le plus minutieux surtout, de l'étude des sociétés.

253. — Tels sont les points les plus frappants qu'on peut dégager d'une comparaison entre la société civile et les sociétés de commerce : ils valaient la peine d'être mis en lumière avant toute analyse du sujet.

Personnalité morale avec le corollaire de la publicité (du moins si l'on se place avant une jurisprudence récente, qui cesse de faire de cette personnalité une exception propre au droit commercial), — variété de types, portés à quatre par la loi, — solidarité dans certaines sociétés, — limitation de responsabilité à la mise dans certaines autres, — réglementation des sociétés par actions : — c'est par ces différents caractères, que les sociétés commerciales se détachent de la silhouette, assez banale, que présente la société civile.

§ 3. — Tableau sommaire des différentes sortes de sociétés commerciales, avec leur origine respective.

254. — **Sociétés de personnes et sociétés de capitaux**. — D'après l'art. 19 C. com., il y aurait trois espèces de sociétés commerciales : la *société en nom collectif*, la *société en commandite* et la *société anonyme*. En réalité, il y en a quatre : la commandite se dédouble, et constitue tantôt une *commandite simple* et tantôt une *commandite par actions*.

Ces quatre sociétés se ramènent à deux catégories et veulent être classées deux par deux. Il existe en effet : — 1° des *sociétés de personnes* ou *sociétés par intérêt* : la société en nom collectif et la société en commandite simple appartiennent à cette première catégorie ; — et 2° des *sociétés de capitaux* ou *sociétés par actions*, catégorie qui comprend la société en commandite par actions et la société anonyme.

255. — I. Sociétés de personnes. — Dans les *sociétés de personnes*, la part sociale est dénommée *intérêt*. L'intérêt n'est transmissible, ni par acte entre vifs, ni par décès. Il y a lieu à dissolution, lorsqu'un associé vient à mourir. L'*intuitus personæ* est absolument respecté.

D'ailleurs, la responsabilité encourue n'est pas de même étendue pour tout associé dont la part consiste en un intérêt : la part d'associé en nom collectif emporte, à la charge de celui qui en est titulaire, une garantie illimitée du passif social ; mais cette garantie n'existe point pour la part dite *commandite*.

256. — A. La société en nom collectif. — La *société en nom collectif* est une *société entre deux ou plusieurs personnes, dont tous les membres répondent personnellement et solidairement de tout le passif social*, et qui est désignée au moyen d'une *raison sociale* se composant des noms de tous les associés ou de quelques-uns d'entre eux seulement.

Ainsi, — *responsabilité solidaire* de chaque adhérent, — *raison sociale* sous laquelle les engagements de la société sont contractés, et comprenant certains noms d'associés ou tous leurs noms : — tels sont les caractères distinctifs de cette société.

257. — Elle existe en germe dans la société romaine. Mais, pour devenir société en nom collectif, la société romaine a dû subir une importante transformation. La division des dettes entre les associés a été remplacée par la solidarité.

Là n'a pas été encore le principal perfectionnement. La société, de simple rapport de comptes qu'elle était primitivement, devait devenir une société publique et autonome. Ce fut l'œuvre du moyen âge, qui fit prévaloir la forme corporative dans les sociétés privées, comme ailleurs.

Dans les villes d'Italie, l'administrateur de la société prit l'habitude de déposer au siège du consulat sa signature avec celle de ses associés (raison sociale). Il révélait ainsi au public le groupement qui s'était formé entre eux tous, un capital séparé des biens de chaque sociétaire, un fonctionnement propre, un régime légal indépendant.

En 1905, il s'est formé 3.718 sociétés en nom collectif sur un total de 6.014 sociétés commerciales de toute nature [1].

Cette forme n'est cependant pas engageante. On y court le risque de sacrifier éventuellement tout son avoir. Il faut entre les membres une confiance absolue, pour se porter ainsi garants sans limite des engagements peut-être inconsidérés d'un des leurs. Ce sentiment ne se rencontre guère qu'entre des *personnes du même sang* (plusieurs frères succédant à un père commerçant), ou ayant déjà travaillé dans la maison à un titre différent (deux anciens employés ou un patron élevant à lui soit un ouvrier, soit un commis après l'avoir intéressé) ; ce qui leur a permis de se connaître et d'avoir foi l'un dans l'autre. La société en nom collectif procède de l'organisation familiale, et son capital est une forme qui a survécu de l'ancienne copropriété de famille [2].

La fréquence de cette société ne s'explique que par la nécessité, lorsque

---

1. En 1913, dans le département de la Seine, il s'est formé 1 627 sociétés en nom collectif sur un total de 2.826 sociétés commerciales de toute nature.

2. On s'en convaincra, en lisant dans Endemann, *Studien in der romanisch-kanonistischen Lehre bis XVIe Jahrh.*, 1874, 1er vol., p. 343 et s., l'évolution de la société au moyen âge et ce qu'ont dit de ce contrat les canonistes. — V. aussi, pour cette forme de société et les suivantes, Goldschmidt, sous les pages 255 et s., dans l'ouvrage que nous avons cité sous le n° 43, ainsi qu'une brochure du prof. M. Weber, *Zur Geschichte der Handelsgellschaften im Mittelalter*, 1889.

le capital est faible, ce qui est généralement le cas, de suppléer au gage pécuniaire par un autre procédé de crédit. Ce procédé, c'est la promesse de se solidariser sans réserve aux destinées de la société. Sanction surtout précieuse, avant l'abolition de la contrainte par corps. Aujourd'hui, elle consiste principalement dans la mise en faillite de l'associé et dans les conditions qu'on dictera à son concordat personnel.

258. — B. La société en commandite. — La *société en commandite simple ou par intérêt* est une *société renfermant deux catégories d'associés* : — d'une part, un ou plusieurs associés indéfiniment responsables et en nom, qualifiés *commandités, complimentaires* et souvent aussi *gérants* ; — et d'autre part, un ou plusieurs associés, *tenus seulement dans la mesure de leur apport*, par conséquent à responsabilité limitée, associés exclus de la gérance, et qu'on nomme *commanditaires* ou *bailleurs de fonds*.

Ainsi, *deux mesures de responsabilité* suivant les associés : l'une indéfinie, et l'autre limitée à l'apport ; — *exclusion des commanditaires de la gestion* ; — *raison sociale*, ne pouvant comprendre que les noms des commandités, puisque ceux-ci sont les seuls à répondre des engagements de la société sur tous leurs biens : c'est à ces traits que se reconnaît la commandite.

259. — Il se fonde, d'après les recensements, un faible nombre de commandites simples : 1.165 en 1905.[1]. Mais ce chiffre n'est pas très probant : sous la forme d'associations en participation, qui échappent aux statistiques (voir ci-dessous), il intervient des arrangements de compte à demi, qui tendent de plus en plus à se substituer à la commandite.

La commandite attire le capitaliste qui, sans aptitude commerciale, ou effrayé de courir un risque trop fort, désire participer de son argent aux bénéfices d'une maison d'affaires.

Elle établit une hiérarchie, une gradation entre les deux associés : celui qui apporte une industrie avec son nom et sa responsabilité pleine, et celui qui apporte son capital : — le gérant au-dessus, le commanditaire dans une position inférieure. Cette hiérarchie trouve son expression la plus nette dans la *défense d'immixtion du commanditaire*. Une collaboration s'établit entre le *travail* personnifié par le gérant ou commandité, et le *capital* représenté par le commanditaire. Au premier de ces collaborateurs revient la place d'honneur, ce qui explique la prédilection qu'avaient pour la commandite le moyen âge et la littérature canonique.

Elle passe encore aujourd'hui, et à juste titre, pour la combinaison de production la mieux équilibrée et la plus morale. Elle fournit à l'intelligence industrielle le moyen de sortir du salariat. Celle-ci arrive à la richesse avec le concours d'un capital qui lui reste subordonné et qui assume sa part de risques.

L'emprunt à intérêt et à long terme tend au même but, il est vrai. Mais le prêteur ne s'expose pas au risque, il a droit au remboursement, quoique l'établissement vienne à sombrer. L'emprunteur, même ruiné, reste tenu envers lui. C'est là un péril auquel la commandite permet heureusement de se soustraire.

260. — La commandite est issue du *contrat de commande* au moyen âge. Les capitalistes y trouvèrent un utile débouché, notamment les nobles, qui, par devoir de classe, ne pouvaient exercer le commerce ouvertement. Ils confiaient une valeur à un marchand, une pacotille à un capitaine, qui partait pour trafiquer dans un pays éloigné. Ils entraient avec ce marchand en participation ; on convenait qu'ils concourraient aux pertes seulement pour le capital engagé et que ce n'est pas en leur nom que les affaires seraient traitées.

---

1. 591, en 1913, pour le département de la Seine.

La *prohibition du prêt à intérêt* par l'Eglise devait être pour les capitaux une raison de plus de se porter vers la commandite, et l'on finit par autoriser dans cette société des clauses de forfait, exclusives du risque, qui aboutissaient à un prêt à intérêt déguisé.

Sauf disposition contraire établie par certains statuts de ville, la commandite, dans l'ancien droit, ne formait point extérieurement une société. Le gérant étant seul débiteur des tiers, ceux-ci n'étaient point avertis de l'existence d'un autre associé derrière lui. La commandite d'alors se rapprochait moins de celle d'aujourd'hui que de notre association en participation.

On a supposé que cette pratique de la *commenda* se rattachait plus anciennement au prêt maritime à la grosse ; le *nauticum fœnus* romain, dès l'époque byzantine, contenait en puissance un grand nombre de contrats commerciaux, individualisés depuis lors. Celui qui prête à un capitaine de navire de quoi acheter une cargaison s'associe déjà à certains égards à la spéculation de son emprunteur ; car la perte en mer du chargement lui fera perdre sa créance. Qu'il convienne d'un tantième sur le produit de la spéculation, au lieu de stipuler un fort intérêt en cas d'heureuse arrivée, et l'on aura ainsi passé à la commandite[1].

261. — II. Sociétés de capitaux. — Dans les *sociétés de capitaux*, la part sociale est appelée *action*. L'action est cessible ; mieux encore, elle est négociable. La société continue, malgré la mort d'un actionnaire. L'*intuitus personæ* cesse. La société doit son crédit non pas aux personnalités qui en font partie, mais à l'importance des capitaux qu'elle met en valeur.

Nous savons qu'il y a deux sortes de sociétés comprises dans ce nouveau groupe : la société en commandite par actions et la société anonyme. Cette dernière est beaucoup plus recherchée que l'autre : tandis que, dans l'année 1905, il ne se fondait en France que 67 commandites par actions, le nombre des sociétés anonymes constituées s'élevait à 836[2]. Le montant du capital engagé annuellement dans ces deux classes réunies s'élève à 649 millions de francs, soit moins d'un million comme moyenne de chaque société par actions.

262. — A. La commandite par actions. — La *société en commandite par actions* n'est qu'une société en commandite ordinaire, avec cette modalité que la part dont chaque commanditaire est porteur forme non une part d'intérêt, mais une action. Le commanditaire peut négocier son titre, ce qu'il n'a pas le droit de faire dans la commandite simple ; et, d'autre part, la société continue de plein droit avec ses héritiers.

Du côté du commandité, rien n'est changé à la commandite ordinaire : ce commandité a pleine vocation à la gérance, il est responsable sur tous ses biens, sa part est un intérêt[3], son nom entre dans la raison sociale.

Nous avons par là même la définition de la société en commandite par actions. C'est *une société composée d'un ou plusieurs associés en nom*, commandités responsables *in infinitum*, et *de commanditaires actionnaires* tenus dans les limites de leur apport.

263. — B. La société anonyme. — La *société anonyme* est une forme qui élimine entièrement l'associé responsable. Elle laisse aux actionnaires

---

1. V. pour l'histoire de la commandite, Saleilles, dans les *Annales de droit commercial*, 1895 et 1897. V. aussi les travaux italiens de Sacerdoti, *Le colleganze nella pratica degli affari e nella legislazione veneta*, et de Arcangeli, *La commenda a Venetia* et *La società in accomandita semplice*, 1903.

2. En 1913, dans le département de la Seine, il s'est fondé 18 commandites par actions seulement contre 592 sociétés anonymes.

3. Ce qui n'empêche pas d'ailleurs ce commandité de pouvoir cumuler sa qualité d'associé en nom avec celle d'actionnaire, titulaire, en cette dernière qualité, d'un nombre variable d'actions.

la propriété de tout le capital social et leur confie le gouvernement de la société par l'intermédiaire de mandataires temporaires et révocables.

Si la commandite représente l'alliance du capital et de l'industrie, la société anonyme *associe les capitaux entre eux*, sans les obliger à faire la part d'un facteur différent : le travail. Car tous ceux qui travaillent dans la société sont, au sens large, des employés.

On comprend que la puissance dont disposent les actionnaires, au moyen de leurs délibérations en assemblées générales, ait fait préférer par le capital et par l'épargne ce genre de société aux autres, et que toutes les compagnies importantes l'aient choisi. Banque de France et établissements de crédit de deuxième rang, sociétés d'assurances, compagnies de chemins de fer, compagnies de transports maritimes, compagnies de mines dans certaines régions, — sans parler des sociétés de manufactures, d'électricité, de métallurgie, etc.

Nous définirons la société anonyme : une *société, composée exclusivement d'associés tenus jusqu'à concurrence de leur apport, dont les parts sont représentées par des actions négociables*, et qui désignent périodiquement des administrateurs responsables seulement de leurs fautes, mais à cela près non responsables du passif social sur leurs biens. Cette société, n'ayant pas d'associé solidairement et indéfiniment tenu, manque de raison sociale.

264. — Les sociétés par actions descendent-elles des sociétés romaines de publicains ou de concessionnaires d'impôts, qui émettaient, dit-on, des parts cessibles ?

Proviennent-elles des concessions faites dès la fin du moyen âge par la souveraineté territoriale à des sociétés de capitalistes chargées d'accomplir une œuvre d'intérêt général, d'exercer la banque avec des droits dérivés de ceux de l'État lui-même ?

Ne proviennent-elles pas plutôt des sociétés d'armement de navires, à la faveur de la règle maritime de la limitation à la valeur du bâtiment de la responsabilité du propriétaire pour les faits du capitaine, ainsi que Lehmann incline à le croire (*Die geschichtliche Entwicklung des Aktienrechts*, 1895) ?

265. — Un des premiers exemples de sociétés par actions des temps modernes nous est donné par la Banque de Saint-Georges, à Gênes, dès le début du xve siècle.

La République de Gênes avait émis des emprunts en rentes perpétuelles ou viagères, sous forme de titres cessibles, également fractionnés (*loca*), gagés sur des caisses (*montes profani*) alimentées par l'impôt. Faute de pouvoir continuer le service de sa dette, elle entra en composition avec les porteurs de titres. Elle leur abandonna, pour se libérer, une nature déterminée de contributions, et leur concéda en outre le privilège d'émission de billets de banque. Les titres de créanciers (*loca montium*) furent convertis en titre d'associés (*loca comperarum*).

Plus tard apparurent les Compagnies de colonisation fondées depuis le xviie siècle en Angleterre, en Hollande ou en France, ou, de manière éphémère, la Banque de Law [1], — comme plus tard se manifesteront la Banque de France et les Compagnies de chemins de fer ou de canaux.

En cet état, la société par actions reste soustraite au droit commun. La charte qui l'institue trace ses prérogatives, forme sa loi spéciale.

266. — En France, après le discrédit que subirent les actions au xviiie siècle, la législation des sociétés par actions prit une nouvelle direction depuis la Révolution.

Dans le droit intermédiaire, suivant les variations de l'opinion, furent

1. Cfr. notre conférence sur les *Sociétés par actions dans l'ancienne France*, dans les *Annales de droit commercial*, 1901, p. 185.

décrétés leur liberté (1791), puis leur interdiction (an II), puis encore leur rétablissement (an IV).

Le *Code de 1807*, dans son art. 37, consacra une demi-mesure. Il déclara libre la société en commandite, pensant que la présence d'un associé responsable la préserverait des abus. Mais il *soumit*, d'autre part, *la société anonyme à l'autorisation préalable du gouvernement*. Cette cote mal taillée a été le régime pratiqué en France pendant soixante ans.

267. — Dans cette période de soixante ans, la société connut des fortunes diverses. Sa cause rencontra des auxiliaires dans l'expansion de la richesse mobilière à partir de 1815, et aussi, quoique à l'insu de leurs propagateurs, dans les écoles de Saint-Simon, de Fourier, et autres qui cherchaient à réagir contre l'isolement de l'individu [1]. Parti du terrain social, le mouvement des idées gagna le milieu économique, tout en se sentant comprimé par la loi elle-même. Les sociétés par actions ont souvent été des traquenards pour les souscripteurs ou les acheteurs trop crédules. Leur régime légal a donné lieu à de vives discussions.

On s'est partagé en deux camps : — les uns tenant pour l'autorisation gouvernementale, voulant étendre cette autorisation à la commandite par actions, ou demandant la suppression de cette dernière société, traitant, en un mot, les actionnaires comme des mineurs ; — les autres, jugeant cette autorisation néfaste pour les affaires dont elle enrayait la marche, demandant à l'épargne de faire sa propre police.

268. — De là, des vicissitudes dans la législation de la matière.

a) De 1807 à 1856, fonctionnement simultané de la société en commandite par actions entièrement *libre*, et de la société anonyme *sujette à autorisation*.

Cette période est restée célèbre par la *fièvre des commandites*. Elle concorde en France avec l'éveil des grandes entreprises. Les manœuvres d'agiotage de la Bourse exercent des ravages, dont le souvenir aujourd'hui n'est pas encore effacé [2].

Les fondateurs adaptent à leur entreprise la forme de la commandite, en faussant ses rouages : gérant révocable, commandité sans surface, émission d'actions d'un taux ridicule (1 fr. et au-dessous). Sous le gouvernement de Juillet, scandales financiers, que la littérature du temps a popularisés. Loi, d'allure modeste, de 1845, sur les sociétés de chemins de fer. Précédemment, projet de loi plus vaste, tout de défiance contre la commandite par actions, projet qui n'était point arrivé à son terme (1838).

269. — *b*) De 1856 à 1863, on vécut sous la *loi du 18 juillet 1856*, organisant pour la commandite par actions le système réglementaire qui s'est généralisé onze ans plus tard ; tandis que l'art. 37 C. com. laissait les sociétés anonymes soumises à l'autorisation gouvernementale.

La liberté de la commandite par actions est tempérée par la nécessité pour elle d'obéir à certaines prescriptions, soit pour se constituer (souscription intégrale du capital, versement du quart sur chaque action, taux minimum de 500 ou 100 fr. pour les actions, maintien de la forme nominative jusqu'à l'entière libération des titres, vérification et approbation des apports en nature ou avantages particuliers), — soit pour fonctionner (assemblées générales annuelles, création d'un conseil de surveillance).

270. — *c*) De 1863 à 1867 apparaît un régime nouveau. L'autorisation préalable est maintenue pour les sociétés anonymes, mais en même temps les sociétés dites *à responsabilité limitée* peuvent se fonder librement,

1. Les Pereire, de Lesseps, etc., étaient saint-simoniens.

2. A consulter le livre intéressant de M. Lescœur, *Essai historique et pratique sur la législation des sociétés commerciales en France et à l'Etranger*, 1874.

moyennant des prescriptions analogues à celles qu'avait édictées la loi de 1856, pour la commandite par actions. Ce sont de véritables sociétés anonymes, moins le nom, avec un capital *maximum* de 20 millions (*L. 23 mai 1863*).

Il y a donc sous cette période trois formes de sociétés par actions marchant de front : la société en commandite par actions, la société à responsabilité limitée, la société anonyme. Les deux premières sont soumises à une *liberté réglementée*, la troisième à un décret d'*autorisation*.

271. — *d*) Depuis la grande *loi du 24 juillet 1867*, le système est unifié, sinon en la forme de rédaction des textes, au moins dans le fond. C'est le régime de la *liberté réglementée* qui prévaut. On enlève au gouvernement le droit d'autoriser les sociétés anonymes (art. 21). L'essai tenté en 1863 est généralisé, sans égard au chiffre du capital. La société à responsabilité limitée disparaît, la continuation de ce type transitoire de société n'ayant plus de raison d'être.

Bref, il n'y a plus d'entrave administrative à la création de la société par actions, tant en commandite qu'anonyme. Mais la régularité de sa constitution et de sa marche est subordonnée à certaines formalités préventives, à un taux d'actions ou à un régime légal strict, à l'adoption de certains rouages. Toutes ces règles sont présentées comme un faisceau de garanties contre la mise en exploitation de l'épargne par la finance.

Voici la distribution des matières de la loi de 1867 : Titre premier. *Des sociétés en commandite par actions.* — Titre II. *Des sociétés anonymes.* — Titre III. *Dispositions particulières aux sociétés à capital variable.* — Titre IV. *Dispositions relatives à la publicité des sociétés* (c'est tout le système de publicité antérieur qui est réformé, même à l'égard des sociétés par intérêt). — Titre V. *Des tontines et des sociétés d'assurances.*

271 *bis.* — Dans ce titre V et dernier, la loi de 1867 (art. 66) a prévu pour les *sociétés d'assurances* un régime particulier. En principe ces sociétés (sauf celles qui pratiquent l'assurance sur la vie et les sociétés tontinières) peuvent, comme toutes autres sociétés anonymes, se fonder et fonctionner librement ; mais elles doivent observer, outre les règles de la loi de 1867, celles édictées par le titre Ier du *règlement d'administration publique du 22 janvier 1868*. Quand elles prennent la forme de sociétés d'*assurances mutuelles*, elles sont régies uniquement par le titre II de ce décret (Civ. rej., 11 novembre 1913, *Gaz. des Soc.*, 1914, 240) [1].

Pour les *tontines* et les *sociétés d'assurances sur la vie*, la loi de 1867 (art. 66, 1er al.) maintenait la nécessité de l'autorisation gouvernementale. La *loi du 17 mars 1905* l'a supprimée ; mais elle a soumis ces sociétés, et, d'une façon générale, « toutes les entreprises dans les opérations desquelles intervient la durée de la vie humaine » [2] à une réglementation particulièrement rigoureuse : elles ne peuvent fonctionner qu'après avoir été enregistrées au ministère du travail et sont soumises au contrôle permanent de ce ministère. Un *décret du 12 mai 1906*, rendu en exécution de l'art. 22, 2e al., de la loi de 1905, a déterminé les conditions spéciales « dans lesquelles pourront être constituées les *sociétés d'assurances sur la vie à forme mutuelle et tontinière* » [3].

---

1. Toutefois, les *sociétés d'assurances contre le risque des accidents du travail* sont soumises à une réglementation spéciale résultant de l'art. 27 de la loi du 9 avril 1898 (modifié par la loi du 31 mars 1905) et du décret du 28 février 1899 rendu en exécution de ce texte. — V. aussi, pour les *sociétés d'assurances mutuelles agricoles*, la loi du 4 juillet 1900.

2. Cette expression comprend même les sociétés ayant pour objet la constitution de rentes viagères.

3. Des tontines il convient de rapprocher les *sociétés de prévoyance* à partage et à durée illimitée, dites *Chatelasiennes* (type des Prévoyants de l'Avenir). Une *loi du*

Un régime analogue à celui de la loi du 17 mars 1905 a été appliqué, d'abord aux *sociétés de capitalisation* par la *loi du 19 décembre 1907* (huit décrets du 1er avril 1908 rendus pour l'exécution de cette loi), puis aux *sociétés d'épargne* par la *loi du 3 juillet 1913* (Décret du 14 février 1914 pour l'exécution de cette loi).

272. — Enfin notre législation connaît certains types spéciaux de sociétés organisés par des lois particulières de dates récentes : *sociétés de crédit agricole* (*loi du 5 novembre 1894*, modifiée par une série de lois, dont les dernières en date des 19 mars 1910 et 26 février 1912) ; *sociétés de crédit maritime* (*loi du 4 décembre 1913*) ; *sociétés d'habitations à bon marché* (*loi du 12 avril 1906*, modifiée par celle du 23 décembre 1912) ; *sociétés de crédit immobilier* (*loi du 10 avril 1908*, modifiée par celle du 11 février 1914).

L'examen détaillé de ces types spéciaux de sociétés sortirait des limites de ce traité. Mais l'étude du droit commun des sociétés par actions doit y trouver une large place.

273. — Aussi bien le problème de la meilleure loi des sociétés par actions reste-t-il toujours ouvert [1]. La fièvre de spéculation n'est pas tombée ; à toute accumulation d'épargne, se cherchant de nouveaux placements, répond un entraînement irréfléchi du public qu'exploitent les lanceurs d'affaires.

Ce qui est plus problématique, c'est de savoir s'il dépend d'une loi bien faite d'empêcher ou de réprimer ces abus. Ils paraissent tenir plutôt à la faiblesse de la nature humaine et à la convoitise dont témoignent à la fois ceux qui fondent une affaire et ceux qui y mettent leur argent. D'un projet de refonte de la législation, discuté par le Sénat en novembre 1884, il est sorti, à l'état fragmentaire, une *loi du 1er août 1893*.

Une commission, nommée par le gouvernement en 1902, a élaboré un certain nombre de modifications à la loi de 1867, et en outre deux projets concernant les obligations et parts de fondateur, ainsi que les sociétés étrangères par actions. Le gouvernement a déposé ces projets à la Chambre des députés les 3 avril et 4 juillet 1903 (V. Thaller, *Revue politique et parlementaire*, 1903, p. 82 et s.). Ils sont jusqu'à présent demeurés en souffrance. Toutefois un texte extrait du premier de ces projets (texte portant modification à l'art. 31 de la loi du 24 juillet 1867) est devenu la *loi du 22 novembre 1913* sur les pouvoirs de l'assemblée générale extraordinaire dans les sociétés anonymes (*Annales de droit commercial*, 1913, 516).

---

3 février 1902, votée précisément pour mettre fin aux difficultés soulevées par le fonctionnement des « Prévoyants de l'Avenir » (v. note Percerou, sous Trib. civ. Seine, 31 mars 1901, D. 1902, 2, 289), les a soumises à un régime spécial. — Cfr. Paris, 28 février 1914, *Gaz. des Soc.*, 1914, 248.

1. V. Léouzon Le Duc, *La réforme des sociétés par actions*, préface Thaller, 1910 ; Maurice Colin, *Des mesures à prendre pour défendre l'épargne dans les sociétés par actions*, 1911 ; René Nouel, *Les sociétés par actions, la réforme*, 1911 ; Julliot de la Morandière, *Annales de droit commercial*, 1911, 380 et s.

CHAPITRE PREMIER

DE LA PERSONNALITÉ DES SOCIÉTÉS DE COMMERCE COMPÉTENCE JUDICIAIRE EN MATIÈRE DE SOCIÉTÉ

—

SECTION PREMIÈRE

DE LA PERSONNALITÉ DES SOCIÉTÉS DE COMMERCE

(Art. 529 et 1860 C. civ. ; 69-6° C. proc. civ.).

274. — On a dit des sociétés de commerce qu'elles étaient des organismes. C'était une manière abrégée de traduire l'aptitude des biens sociaux à se mouvoir d'une activité propre, à part des autres biens de chaque associé. Qui dit « organisme » suppose la vie, la force qui fait qu'on trouve en soi le moyen de croître et d'évoluer. La société a son régime, les patrimoines des associés ont le leur. Loin de se pénétrer, ces régimes demeurent indépendants.

La formule juridique est un peu différente : *les sociétés commerciales constituent des personnes morales ou civiles.*

C'est une fiction : on imagine que la société, comme telle, ne se confond pas avec ses membres. Lorsque plusieurs personnes se sont mises en société, ce ne sont pas elles qui exercent le commerce. Il s'est interposé entre ces associés un être juridique, séparable de leurs personnes physiques. Il a un nom : la raison sociale ou la dénomination de l'entreprise. Il est animé d'un mouvement qui lui permet d'occuper la scène juridique, d'acquérir des biens, de s'obliger, de plaider.

275. — Cette personnification évoque à la pensée une autre personnalité, celle dont sont investis, *en droit administratif*, l'Etat, les établissements publics ou d'utilité publique.

Pour ces établissements-là, il était indispensable de créer un être de raison, afin de servir de support à leurs droits : autrement, ils n'auraient pas pu accomplir leur mission. Il leur était impossible pour fonctionner d'emprunter la personnalité d'êtres physiques déterminés : le propre d'une fondation ou d'une corporation est de reposer sur une idée, sur une cause sociale, celle des pauvres, des malades, des faibles, des ignorants, etc.

Celui de ces êtres qui plane au-dessus des autres et qui les englobe virtuellement, c'est l'Etat. L'Etat aurait pu confondre l'œuvre des autres personnes morales dans ses services directs. Il a démembré sa personnalité pour les instituer ou pour les reconnaître à titre subordonné, croyant bien faire en déléguant dans une sphère déterminée ses attributions à des conseils ou comités, composés de gens mieux entendus en la partie que ne le seraient des fonctionnaires, et plus ou moins autonomes (cela est particulièrement vrai des établissements publics, véritables parcelles détachées de l'Etat). La raison d'être de ces satellites de la puissance publique apparaît bien dans un besoin de décentraliser.

Quand même l'œuvre se rattacherait à des bénéficiaires, ceux-ci ne peuvent être considérés comme les détenteurs des biens que possède l'établissement. Le fait que les bénéficiaires changent, qu'ils se succèdent de génération en génération, qu'ils ignorent peut-être l'institution ou n'en profitent pas, exclut l'idée que des personnes humaines soient à la base de l'œuvre. Il a fallu donner la vie à une pensée de sécurité publique, de charité, de propagande, etc.

Pour les sociétés, il en est différemment. La personnalité répond à une autre idée, et même de prime abord *elle ne paraît pas très logique*. Chaque associé a en soi les attributs de la personne, chacun est apte à exercer des droits et à supporter des engagements. Ce que chacun peut faire de son chef, il semble que tous soient en mesure de l'accomplir ensemble. La nécessité de créer au-dessus des associés un être fictif a donc de quoi surprendre. Cet être fictif mourra avec les membres qui le composent, au moment où décédera le premier d'entre eux : n'est-ce pas encore la preuve qu'il s'identifie avec les associés, qu'il n'est qu'un leurre, qu'un trompe-l'œil ?

276. — Personnes morales d'intérêt public. — Il faut pousser plus avant les considérations précédentes. Elles ont trop d'importance pour qu'on les écourte. Le problème de la personnalité a été remué en France, en Italie et en Allemagne tout à la fois, tant par ceux qui s'occupent de droit administratif, que par les auteurs de droit civil et commercial, et depuis trente ans ont été produites sur ce sujet des considérations nouvelles.

Nous écarterons la *personne morale d'intérêt public*, l'Etat, les corporations et fondations. A leur égard, la personnalité est une vérité.

277. — L'expression « personne fictive » prête à l'équivoque ; car elle comporte deux sens différents : — 1° L'être humain (nous posons une formule sans nous associer nécessairement à la pensée qu'elle renferme) est seul apte à jouer le rôle de personne, d'après la nature des choses ; si l'on distingue dans le droit d'autres personnes que lui, ce n'est que par une *fiction* de raisonnement ; — 2° La personne morale n'existe pas, elle n'est qu'une *fiction* de langage : en réalité c'est sur un bloc d'individus groupés suivant une appellation générique que reposent les droits ou les obligations attachés, mais en apparence seulement, à un être collectif.

278. — En se dirigeant d'après ces deux sens possibles de l'expression, la personne morale de droit administratif n'est fictive qu'au premier point de vue, ce qui revient plutôt à dire qu'elle est très réelle (cfr. Capitant, *Introduction à l'étude du droit*, p. 126 et et s. ; Hauriou, *Précis de droit administratif*, 5ᵉ éd., p. 89 et note). Elle n'est même pas une création artificielle de la loi, puisqu'elle répond à un besoin social. Elle accomplit une fonction que de simples individus ne sauraient remplir.

M. Berthélemy (*Traité de droit administratif*, p. 42 et suiv.) soutient, sans doute, que derrière la prétendue personnalité administrative se dissimule une collectivité d'individus qui sont propriétaires, à eux tous, des biens de la personne morale sous un régime de gestion concentrée ; les choses se passeront de la même manière que s'ils ne formaient qu'un : les Français, dit-il, sont collectivement propriétaires de biens et titulaires de droits, c'est l'Etat.

Il faudrait expliquer dans cette doctrine, et l'on s'abstient de le faire : *a*) comment une fondation, un hôpital par exemple, qui n'est pas un groupe d'hommes, peut disposer, à la faveur du même raisonnement, des avantages de la personnalité ; *b*) d'où vient que l'extrême mobilité du personnel de cette collectivité, que nous appelons personne morale, permet de fixer distributivement sur chacun de ses membres les droits de l'Etat, de la commune, etc.

279. — La doctrine de M. Planiol (*Traité élémentaire de droit civil*, 1er vol., n° 675 ; voir aussi Van den Heuvel, *De la situation légale des associations sans but lucratif*) est encore plus hardie. Car, selon lui, « ces prétendues personnes morales ne sont que des choses, puisqu'il s'agit tout simplement d'une propriété collective, et que la fiction de personnalité n'est qu'un procédé destiné à en simplifier la gestion ».

Nous ne sommes pas habitués à reconnaître des droits qui soient dénués de titulaires, des droits sans sujet. En outre, la tradition historique ne permet guère de contester que les établissements, corps ou communautés, gens de mainmorte d'autrefois, dont l'existence était subordonnée à des lettres patentes du roi (voir notamment l'Edit de 1749), fussent considérés comme des êtres pourvus, par extension de ce qui a lieu pour les hommes, des caractères de la personnalité.

La façon presque systématique dont le législateur moderne s'abstient d'employer le vocable de « personne morale » dans les textes où il confère cependant la capacité civile (par exemple dans la loi du 1er juillet 1901 sur les associations, art. 2)[1], ne prouve pas encore que cette personnalité morale soit un fantôme et se ramène seulement à un régime *objectif* de la propriété. Le législateur s'est défié d'une formule trop abstraite. D'ailleurs il n'a pas persévéré dans sa terminologie précédente, ainsi qu'en témoigne notamment l'art. 71, de la loi de budget du 31 mars 1903 : « L'Ecole française d'Athènes et l'Ecole française de Rome sont investies de la *personnalité civile*. »

280. — Personnes morales d'intérêt privé. — A l'égard des personnes morales d'intérêt privé, c'est-à-dire des sociétés, la situation est autre. Entre le principe de la personnalité de celles-ci et celui de la per-

1. Dans la discussion dont les art. 2 et 6 de cette loi furent l'objet, à la Chambre des députés, les orateurs parlèrent de la personnalité morale, comme si celle-ci ne faisait pas question à l'égard des établissements gratifiés de la capacité : « L'association déclarée, a dit M. Waldeck-Rousseau, aura, non la personnalité civile dans son intégrité, mais ce qui a été appelé la petite personnalité civile. »

sonnalité de l'État, des établissements, fondations ou associations, il n'y a rien de commun. Pour elles, la personnalité est fictive au sens le plus catégorique du mot, autrement dit elle n'existe pas.

Elle provient d'une simple figure de langage. C'est un terme commode, destiné à représenter à l'esprit la condition de plusieurs personnes physiques soumettant un ensemble de biens à une gestion centralisée, dont les effets se produiront au regard des tiers comme dans les rapports des associés eux-mêmes.

A qui faire croire que, lorsque deux personnes exercent séparément le commerce, elles sont bien deux, mais que, si elles se réunissent pour fusionner leurs deux entreprises, elles ne feront plus qu'un (ou qu'elles constitueront trois personnes, selon la manière de comprendre la chose)? Quel être imaginaire a bien pu les absorber ou se superposer à elles? Comment concevoir que dans la raison sociale *Pierre et Paul*, il y aurait une seule personnalité (ou trois personnes) en jeu?

C'est sur les associés eux mêmes que reposent les droits résultant de l'exploitation de la société, ce sont eux qui sont copropriétaires du capital social.

281. — Il en est ainsi, même dans les *sociétés par actions*. Dans cette dernière nature de société, sans doute, les associés changent et passent. Ils peuvent ne pas être nominativement connus du public. La forme donnée à leurs droits, celle du titre au porteur surtout, jette un voile sur leur individualité.

Mais cela importe peu. La propriété d'un immeuble peut être répartie en cédules négociables, ainsi que c'est le cas dans le régime de l'*act Torrens*, sans que cet immeuble cesse d'appartenir *parte in qua* à chaque porteur de cédule et d'être géré s'il y a lieu en leur nom à tous. Les tiers cependant ne les connaissent pas. On peut raisonner de même pour les sociétés par actions.

La seule objection sérieuse proviendrait de la descendance historique de ces sociétés : elles procèdent de l'État lui-même par voie de concession, et semblent devoir participer de la nature juridique de celui-ci (nos 264 et 265).

Mais la société par actions doit être envisagée dans ses fonctions modernes qui ont beaucoup plus de largeur. Elle sert aujourd'hui à grouper des biens dans un intérêt particulier, sur l'initiative des citoyens, et en dehors de toute immixtion de leur part dans les attributs de la puissance publique.

282. — En dehors de la phrase de Straccha (*Rot. gen.*, sec. 7, n° 10) : *Societas est corpus mysticum*, qui a une portée plus symbolique qu'effective, les ouvrages des jurisconsultes de l'ancien droit, dans les passages où sont relatés les effets de la prétendue personnalité des sociétés (Scaccia, *Quæstio* I, n° 460 ; Casaregis, *Disc.* 144), et notamment le droit de préférence des créanciers sociaux par rapport aux créanciers personnels, n'affirment jamais cette personnalité. Aucun texte de droit nouveau ne la proclame davantage, en France tout au moins.

283. — Thèse classique. — C'est ce que contestent les partisans de la doctrine classique du XIXe siècle (BOISTEL, LYON-CAEN et RENAULT), qui croient à une personne morale distincte des associés, — en quoi ils sont d'accord avec la jurisprudence. Cette personnalité découlerait, d'après eux, de deux textes qui l'affirment, disent-ils, au moins indirectement : l'art. 529 C. civ. et l'art. 69-6° C. proc. civ.

1° D'après l'art. 529 C. civ., « sont meubles par la détermination de la loi les actions ou intérêts dans les *compagnies de finance, de commerce ou d'industrie,* encore que des immeubles dépendant de ces entreprises appartiennent aux compagnies. Ces actions ou intérêts sont réputés meubles à l'égard de chaque associé seulement, tant que dure la société ».

On raisonne ainsi : Le droit de l'associé est mobilier dans tous les cas, même lorsqu'il y a des immeubles dans le fonds social. Ces immeubles sont cependant appropriés, il faut bien qu'ils appartiennent à quelqu'un, et à quelqu'un qui aura sur eux un droit immobilier. Le texte dit que ce ne sont pas les associés. — *A contrario,* le propriétaire ne peut être qu'une personne invisible planant au-dessus des associés, la personne morale. Les associés n'ont un droit que sur les bénéfices, ou sur certains actes à exercer (la délibération dans les affaires communes, le partage du fonds social) ; ces avantages sont d'ordre essentiellement mobilier.

On se base, en outre, sur les paroles de TREILHARD et sur le rapport au Tribunat, contenant des déclarations favorables à la personnalité morale.

284. — Le raisonnement précédent n'est pas décisif. Le Code n'a pas voulu dessaisir les associés de la propriété qu'ils ont sur les immeubles de la société, pour transporter celle-ci à un être différent. Mais il a senti que la mise d'immeubles en société entraînait l'attribution aux associés, les uns vis-à-vis des autres, de droits nouveaux, résultant du contrat de société et tendant à faire observer mutuellement les prestations diverses, nécessairement mobilières, qui y sont contenues (bénéfices à recueillir, concours aux délibérations, etc.). Ces prestations sont si importantes, que le droit de propriété s'y subordonne et devient mobilier comme elles. La part sociale, pour être traitée comme meuble, a été considérée non par rapport au droit de chaque titulaire sur le capital (*jus in re*), mais par rapport à la créance qu'il a contre ses coassociés (*jus ad personam*).

On sortait de la Révolution, on se souvenait que la nature immobilière d'un bien sous l'ancien Régime faisait résistance à sa circulation. On a voulu soustraire la part sociale (l'action, la seule que visait la première rédaction) à cette gêne de trafic. On l'a exemptée du même coup du droit très élevé de transmission qui frappe les immeubles.

C'est surtout par ces raisons d'opportunité qu'on a classé les parts d'intérêt ou les actions parmi les meubles, sans préjuger pour autant la personnalité juridique de la société. L'argument, d'ailleurs tortueux, est insuffisant.

Au surplus, le mot *compagnies* convient-il à toutes les sociétés ? Ce sont seulement les sociétés par actions, et non pas même toutes ces sociétés, qu'on désigne habituellement de la sorte.

Que signifie l'incidente finale : *tant que dure la société* ? Il faudrait en inférer que la personnalité cesse au moment où la société se dissout. Or on constatera que les attributs attachés à cette fiction de personnalité se prolongent pendant tout le cours de la liquidation. Le texte de l'art. 529, tel que l'interprète la doctrine que nous attaquons, dit le contraire.

285. — 2° Suivant l'art. 69-6° C. proc. civ., « les sociétés de commerce sont assignées, tant qu'elles existent, en leur maison sociale ». — En supposant la personnalité morale absente, les assignations dirigées contre la société par le plaideur demandeur viseraient en réalité « tous les associés ». Il faudrait leur donner citation par copies distinctes. L'adage de procédure : *nul ne plaide par procureur* le veut ainsi. La signification faite au « siège social », par copie unique, prouve que c'est dans ce siège que se concentrent les associés, devenant à cet effet une personnalité unique.

Cette démonstration n'est pas meilleure que la précédente. Les associés ont donné par l'acte de société pouvoir à leur gérant, qui occupe le siège social, de recevoir citation en leur nom à tous. Le demandeur argue de cette représentation pour se dispenser de les assigner par voie cumulative. Il y a dérogation au principe habituel de procédure, ci-dessus rappelé. Des assignations multiples seraient inutiles, coûteuses et lentes. Le siège social est en mesure, au même degré que les associés eux-mêmes, de répondre par les moyens de défense dont la société disposerait en vue de faire échec à la demande. Quant aux moyens de défense tirés de la personne de chaque associé, on verra ci-dessous qu'ils sont irrecevables, sous peine d'entraîner, entre les intérêts individuels des associés et les intérêts sociaux, une confusion désordonnée que la conclusion même du contrat de société a interdite.

Cet article, comme l'art. 529 C. civ., suggère également cette objection : pourquoi l'unité d'assignation n'est-elle vraie que *tant que dure la société* ? Même après que la société a été dissoute, et avant la fin de la liquidation, la dispense des citations cumulatives persiste. Le texte est donc de toute manière mal rédigé.

286. — Cela étant, il faut chercher ailleurs que dans la thèse de la personnalité morale la raison d'être des conséquences si importantes qui assurent à l'ensemble des biens sociaux leur individualité.

On doit, dans notre droit moderne, reconnaître deux sortes de copropriété, régies par des règles différentes : la *propriété commune* ou indivise ordinaire et la *propriété collective*. Celle-ci obéit à un statut perfectionné par rapport à l'autre. Le régime de la propriété collective aboutit à peu près à tous les résultats qu'on rattache à la personnalité morale.

Il y a *propriété commune*, lorsque le hasard des circonstances a fait acquérir à plusieurs personnes des droits sur un même bien ou sur un même ensemble de biens. Ex. : Deux individus concourent à l'adjudication d'un immeuble et misent tous deux sur la dernière enchère. L'immeuble leur est attribué en commun. La copropriété, ainsi acquise par chacun d'eux, fait partie intégrante de son patrimoine général : elle en suit la loi. Libre de vendre l'un quelconque de ses autres biens, le copropriétaire peut vendre également sa partie indivise, et (sous réserve de l'application de l'art. 883 C. civ.) l'acquéreur pourra provoquer le partage des biens. Libre d'engager ses autres biens à ses créanciers de tout ordre, le copropriétaire verra tomber sa part indivise sous le gage de ceux-ci, lesquels (sous la même réserve) pourront vendre le bien commun et se payer sur la fraction dont dispose sur lui leur débiteur. On est en face de quotités proportionnelles de propriétés accolées ensemble, ne dénonçant pas un régime juridique distinct de celui qui concerne le patrimoine général de chaque ayant droit. Ces biens indivis n'ont pas une représentation à part, ils n'ont pas une vie organique propre. Telle est la copropriété ou indivision d'origine romaine.

La *propriété collective* est autre chose. Elle figure un ensemble de biens qui, sans se transporter sur la tête d'un être fictif ou imaginaire, et bien que demeurant fixés sur la pluralité de leurs propriétaires, forment un tout autonome, soumis à un statut différent de celui qui concerne le reste des patrimoines des intéressés.

Le groupement doit, comme tel, réaliser un résultat utile, un résultat que les autres biens non groupés ne poursuivent point. Seuls seront valables et produiront effet sur cette masse autonome, les actes entrepris en considération de sa gestion ou relatifs à sa marche. Les actes entrepris séparément par tel ou tel copropriétaire, à des fins autres que celles visant la masse collective, ne sont pas opposables à celle-ci.

Le copropriétaire ne peut pas vendre sa part dans le bien indivis, car ce serait contrevenir à la destination qu'a reçue la chose en devenant collective, et rendre l'acquéreur apte à détruire le but en vue duquel cette copropriété avait été établie.

Le copropriétaire ne peut pas grever sa part indivise du passif dont il est tenu envers ses créanciers ordinaires, car ce serait faire servir la chose commune à d'autres intentions que celles auxquelles elle doit répondre.

La masse commune a une représentation propre, qui résume tous les copropriétaires réunis ; traiter ou plaider avec cette représentation, c'est traiter ou plaider avec tous les propriétaires à la fois pour ce qui concerne la masse commune, se ménager un titre d'acquisition ou de poursuites sur cette masse, inversement donner prise aux réclamations de la représentation des propriétaires, eu égard à cette même masse.

Comment justifier ce régime de concentration, qui isole juridiquement les biens communs et leur imprime un caractère quasi-corporatif, sans cesser cependant de les faire reposer sur leurs copropriétaires ? Comment rendre compréhensible cette propriété collective, vivante et organique, autre qu'une simple juxtaposition de parts inertes, et sur laquelle nos lois semblent se taire ? Ce sont les écoles allemandes qui l'ont mise en faveur, lui attribuant une origine germanique. Elles ont imaginé des constructions multiples, dont voici les trois principales : — *patrimoine d'affectation*, — *propriété en main commune*, — *extension aux tiers de la charte qui gouverne la propriété collective*.

287. — Patrimoine d'affectation. — La thèse de la division du patrimoine en masses diverses de biens, ayant une affectation distincte avec une vie séparée, a été défendue par plusieurs auteurs, notamment par M. Saleilles : « Nous sommes en droit, dit-il dans son *Histoire de la commandite*, de revendiquer pour le droit moderne la conception, en dehors de toute personne fictive, de patrimoines séparés, ayant pour lien et pour base d'unification leur affectation, et constituant ainsi un gage spécial et réservé pour une masse spéciale de créanciers (*Annales de droit commercial*, 1897, p 46). » C'est la théorie allemande de Brinz sur le *Zweckvermögen*. Les associés ont détaché de leurs biens ordinaires un ensemble de valeurs. Ces valeurs réunies ne vont pas à un être nouveau, chaque associé conserve sur eux une copropriété. Mais cette copropriété obéit à un régime spécial, et tout associé peut se dire que, à côté de son patrimoine propre, il a un fragment de patrimoine distinct, séparé de l'autre par une vraie barrière.

Cette thèse a sa part de vérité, mais elle se contente d'affirmer. Elle ne dit pas, juridiquement parlant, comment le « but » intervient pour déterminer la nature d'un bien ou d'un groupe de biens. Si la théorie procédait d'une pensée générale, il faudrait dire : 1° qu'un fonds de commerce appartenant à un seul individu forme, lui aussi, un patrimoine d'affectation, détaché du patrimoine libre ; 2° qu'une exploitation rurale constitue également un fonds séparé, ayant ses créanciers et ses dettes, etc. Or, aucune de ces conséquences n'est vraie. Le patrimoine d'affectation n'est concevable que moyennant une publicité informant les tiers de sa durée et de sa consistance, publicité absente de ces deux exemples.

288. — Propriété en main commune[1]. — Le moyen âge a pratiqué, notamment dans les sociétés taisibles, un mode de copropriété contrastant avec la copropriété romaine. On était en présence d'associations reposant sur une intime liaison entre personnes vivant en commun. Les associés vivaient au même foyer ; leurs biens formaient une masse commune, sur laquelle chaque parsonnier n'avait pas de droits déterminés correspondant à une quote-part indivise dont il pût disposer. En revanche, chacun avait le droit de jouir selon ses besoins personnels de la fortune collective. La société moderne descend de là[2].

Chaque copropriétaire ou coassocié a un droit sur le tout (*condominium in solidum*), limité par l'obligation de respecter le droit qu'ont les autres, également sur le tout. Les biens apparaissent au dehors comme grevés de cette charge de servir l'intérêt commun, et comme soustraits aux charges

---

1. Elle a été présentée pour la première fois aux lecteurs français par M. Josserand, dans le *Livre du Centenaire du Code civil*, I, p. 357. M. Mongin en avait eu précédemment l'intuition (*Revue critique de législation et de jurispr.*, 1890, p. 617). Depuis lors, elle a été explorée plus à fond par M. Ricol (th. Toulouse, 1907), et particulièrement au point de vue des sociétés, par M. Guisan (th. Lausanne, 1905). Dans la *Vie juridique du Français*, II, p. 189 et 452, MM. M. Nast et de la Morandière en ont fait l'adaptation aux successions et à la communauté conjugale. De même, M. Donnedieu de Vabres, pour la copropriété des navires (*Ann. dr. comm.*, 1907, p. 356).

2. V. Meynial, dans la *Rev. trim. de droit civil*, 1903, p. 811 (compte rendu d'une thèse de M. Masse, *Nature juridique de la communauté*).

pesant individuellement sur tel ou tel intéressé. Cela leur imprime une nature objective propre, au regard de toute personne se mettant en relations avec le groupe des biens. Ce groupe échappe aux vicissitudes de fortune de chaque adhérent, en vue d'affronter des risques différents. Chaque copropriétaire étend la main sur le tout ; mais il faut que toutes les mains se rencontrent, pour qu'un acte contractuel ou judiciaire soit opposable à tous (*gesammte Hand*).

289. — Extension aux tiers de la charte qui gouverne la propriété collective. — La thèse précédente a de quoi séduire, elle n'est pas encore très claire. On peut lui communiquer un surcroît de force, en montrant que les engagements *personnels*, pris par des copropriétaires pour composer le groupe des biens et en assurer le fonctionnement, s'incorporent aux biens eux-mêmes, et deviennent des charges réelles affectant leur condition objective, *erga omnes*.

Par cela même que les copropriétaires ou coassociés ont disposé une affaire se révélant au dehors comme consacrée à une destination collective et parlant en son propre nom, ils ont construit une maison de verre et proposé aux tiers d'y plonger leur regard. Les tiers ont été rattachés aux stipulations sociales, en ce que le trafic des biens ne pourra s'exercer avec eux que conformément à ces stipulations.

290. — Suite. — Dans un contrat de société, il y a un *but* poursuivi et stipulé. Les actes conformes à ce but seront respectés ; les actes contraires à ce but n'ont point de valeur, ni au regard des associés, ni au regard des tiers.

Dans un contrat de société, il y a une *durée* convenue. Cette durée fait loi pour tous : ni un associé, ni un tiers ne peut la raccourcir, et en vain l'acquéreur des droits du coassocié prétendrait-il, pour échapper à cette « servitude de durée », que le contrat social est pour lui *res inter alios acta*. Il n'est point admis à tenir pareil langage, la convention de durée faisant corps avec les biens, et l'ayant cause n'ayant pas plus de droit que son auteur (art. 1122 C. civ.).

Dans un contrat de société, il y a une *représentation* constituée par un système de permanence de mandat, centralisant dans un gérant les intérêts des associés, tant pour contracter que pour plaider à raison des biens communs. Cette représentation fait loi vis-à-vis des tiers, pour eux et contre eux. Et la mesure de cette représentation, tantôt large, tantôt étroite, c'est encore le contrat social qui la fixera, aussi bien pour les tiers que pour les associés. Tout acte qui y dérogerait serait sans valeur. La condition des biens est imprégnée de cette représentation : *sint ut sunt aut non sint*. Valeurs placées juridiquement sous l'empire de plusieurs, ramassés eux-mêmes dans un gérant dont le contrat de société trace les pouvoirs. Régime de *self government*.

Dans un contrat de société, l'associé se prive de la *faculté d'aliéner* les biens, même en partie, pour ses convenances individuelles. Les biens sont objectivement grevés d'une défense d'aliénation, en dehors des ventes poursuivies dans l'intérêt commun. Cette défense est opposable même aux tiers, aux acheteurs ayant traité séparément avec un associé. La vente est nulle. — Si le droit de propriété emporte *jus abutendi* (art. 544 C. civ.), ce n'est qu'autant que ce *jus* n'a pas été amputé par une première convention le transportant à d'autres ou ne permettant plus que de l'exercer en commun. Les biens ne sont aliénables que sous réserve du pacte social. Et cela concorde bien avec l'*art. 1860 C. civ.*, de tous les textes le plus probant en faveur de la personnalité morale, ou de la propriété en main commune : « L'associé qui n'est point administrateur ne peut aliéner (ni engager) les choses même mobilières qui dépendent de la société ». Ne peut aliéner,... même pour la part qu'il a dans ces choses, par conséquent. Pothier disait le contraire (*Traité du contrat de société*, n° 89) : il réservait à l'associé le pouvoir d'aliéner « dans la mesure de sa part sociale ». Il partait de l'idée que l'engagement personnel de ne pas détourner la chose de son affectation en l'aliénant était un engagement pris *inter socios*, ne s'étendait pas aux tiers, ne se répercutait pas sur la condition des biens. Le Code civil a adopté un autre point de vue.

Dans un contrat de société, l'associé se prive de la faculté de faire servir les choses sociales au *paiement de ses créanciers personnels*. La promesse de les soustraire au gage de ceux-ci s'incorporant aux biens eux-mêmes, ces biens deviennent, vis-à-vis des tiers, insaisissables pour tous autres que les créanciers sociaux, et leur prix échappe à la collocation de tous autres que les créanciers sociaux. — Cela crée indirectement une *séparation de patrimoines* que la loi n'exprime pas formellement (si ce n'est peut-être par les deux mots « ni engager » de l'art. 1860 C. civ.), mais qui doit cependant être admise : le crédit social exigeant d'ailleurs impérieusement ce résultat. — Et qu'on ne proteste pas, en disant : C'est créer des privilèges sans texte ! En réalité, le privilège provient de ce que les biens sociaux ont été affectés par le contrat social à une catégorie de créanciers déterminés. — Ou encore : C'est contrevenir à la règle que quiconque s'oblige oblige le sien (art. 2092 C. civ.) ! Objection vaine : la chose que nous avons mise en société continue à être à nous, mais seulement sous la charge de la subordonner à l'intérêt social, à l'intérêt commun.

Dans un contrat de société, il y a un *siège* choisi pour toutes les significations à faire, relativement aux questions se rapportant aux biens sociaux. Ce siège fait loi, même pour les tiers. Le régime des biens en reçoit l'empreinte. C'est à ce siège que les associés sont censés groupés. Le siège devient une modalité de leur condition juridique.

291. — Fin. — Au total et en résumé, tout cela revient à affirmer que, en dehors des droits et charges de *nature réelle*, énumérés par la loi (art. 543 C. civ.) : propriété, usufruit, servitudes foncières, hypothèques, etc., il existe une autre charge réelle, dépourvue de dénomination dans l'état actuel de notre vocabulaire juridique, se rattachant en partie aux servitudes et en partie aux hypothèques, et résultant de la coordination d'intérêts entre personnes, ayant organisé extérieurement une propriété collective, résultant de la structure moderne reconnue au contrat de société. On prétend que l'énumération de l'art. 543 est limitative, que la législation moderne répugne aux droits réels. Oui, en tant qu'il s'agirait de charges nuisibles à la mise en valeur des biens, faisant revivre l'ancien régime. Non, en tant qu'il s'agit de fournir au contrat de société son *maximum* de portée économique. Les choses sociales sont frappées d'une servitude générale et féconde d'obéir au statut social.

292. — Société sans existence au dehors. — Mais toutes les considérations précédentes supposent nécessairement une société s'ouvrant sur le dehors, manifestant son organisme au public, traitant *comme telle*. C'est peut-être le cas général, ce n'est pas le cas unique. La société romaine ne se révélait pas extérieurement ; la société réglementée par le Code civil donne aussi au premier abord (V. toutefois *infra*, n° 298) l'impression d'une masse de biens ne prenant pas vie extérieure et soumise seulement à des rapports de comptes entre co-associés. L'association commerciale en participation, qu'on retrouvera plus loin, est également une association fermée.

Il ne peut plus être question alors ni de personne morale, ni de patrimoine d'affectation, ni de propriété en main commune, ni de servitude d'observation du pacte social.

293. — Suite. — La société sans existence au dehors est occulte. La condition des associés se détache nettement de la condition des tiers. La nature intrinsèque des biens n'est plus touchée par les stipulations sociales. Au regard des tiers, le contrat de société n'existe pas. Il ne leur profite ni ne leur nuit. Le contrat de société n'engendre que des obligations personnelles entre ses membres.

Tout au plus peut-on ajouter que les parties ont composé un « fonds social » indivis, que les tiers sauront appartenir en commun aux sociétaires, et sur lesquels les créanciers pourront exercer des poursuites : tantôt les créanciers ayant traité avec tous les sociétaires agissant sur l'ensemble, et tantôt les créanciers de l'un d'eux agissant sur la part indivise de leur débiteur. A tous autres égards, le contrat de société leur est ignoré. Ce qui conduit à ces résultats.

De deux choses l'une : *a*) Ou bien celui qui a été choisi pour gérant de cette société occulte passe les actes en son nom, tout en les traitant en réalité pour le compte de ses consorts en même temps que pour le sien. Ce gérant devient seul créancier, débiteur, acquéreur. Seul et personnellement il est traduit en justice. Il rendra compte de ses opérations à ses mandants (*actio pro socio*), les principes de la représentation n'ont pas eu à se déployer.

b) Ou bien le gérant agit au nom de tous ; ou encore tous concourent simultanément à l'opération. La créance ou la dette issue du contrat sera une créance ou une dette conjointe. Chacun des associés y prend une part, « part virile », et non point « part sociale », part égale déterminée par leur nombre, et non part proportionnelle à l'intérêt de chacun dans la société. Le gérant a dû justifier d'une procuration que ses co-associés lui avaient donnée, autrement les tiers n'auraient pas consenti à traiter avec lui dans de semblables conditions. — Mais ce n'est pas à dire que les clauses du contrat social régleront les droits ou les devoirs des tiers. Les principes ordinaires du mandat seront alors seuls à jouer. On verra plus loin les grosses difficultés naissant de là, par rapport au point de savoir si les clauses limitatives de responsabilité des associés, inscrites dans l'acte de société, peuvent ou ne peuvent pas être proposées contre les tiers, contre les créanciers.

Derrière le gérant sont les associés à qui il rendra ses comptes, ou qu'il recherchera pour les faire participer à ses débours ou aux pertes. Le contrat de société déploiera tous ses effets, mais entre associés seulement.

294. — Sous le bénéfice de ces réserves concernant la société fermée, il n'est pas douteux que la société ne soit un tout organique, débordant le cadre des contrats. Est-ce là une preuve suffisante de la personnalité morale ? Nous ne l'avons point pensé. Cependant, il faut convenir que la fiction de personnalité est commode, et peu dangereuse en somme, s'il est bien entendu qu'on use par là d'une simple forme de langage, destinée à traduire la pensée d'une indivisibilité d'intérêts permettant aux parties d'agir à plusieurs comme si elles n'étaient qu'un seul [1].

295. — Personnalité de la société civile. — Avant de pousser plus loin l'étude de la personnalité morale, il faut chercher quelles sont les sociétés qui possèdent cet attribut précieux de figurer extérieurement sur la scène juridique sans confondre leurs biens avec ceux de leurs membres.

Le problème, tranché depuis longtemps en faveur des sociétés commerciales dans le sens de l'affirmative, a paru jusqu'à l'avant-dernière époque devoir se résoudre négativement pour la *société civile*.

Il n'est pas question ici d'une société civile qui se constituerait dans la forme d'une société de commerce : la condition de celle-ci demande une étude à part. Nous parlons de la société civile qui se fonderait à la teneur des dispositions du Code civil lui-même (art. 1832 et suiv.). Est-elle une personne morale, au sens que nous attachons nous-mêmes à ce mot dans les pages précédentes ?

La solution de ce point de droit se ramène à examiner si le droit civil a entendu permettre, ou au contraire interdire à une société de prendre vie au dehors et d'organiser des règles de droit profitables et opposables aux tiers.

Si l'on répond par une interdiction, les associés n'auront pu traiter qu'un contrat destiné à s'appliquer à leurs propres relations, un contrat intérieur de comptes, dont les clauses sont sans effet pour le public ; la société n'aura alors aucune valeur corporative.

Si l'on ne croit pas à une telle interdiction, l'économie de la société civile sera, dans ses grandes lignes, semblable à celle des sociétés de commerce ; ce qui a pour résultat la reconnaissance de la personne morale (au sens figuré).

296. — Deux opinions sont aux prises : 1° La société civile est nécessairement une *société intime*, elle ne projette pas au dehors l'action de son

---

1. De là vient que, dans notre grande collection théorique et pratique de droit commercial, M. Pic, *Traité des sociétés*, nos 161 et s., a conservé la théorie de la personnalité morale. La jurisprudence a en elle une foi inébranlable, elle n'a pas l'air de soupçonner seulement les autres constructions que lui oppose la doctrine.

organisme. A son égard, la personnalité morale serait presque un non-sens. Pour qu'elle fût une personne, il faudrait que la loi l'eût assujettie à des mesures de publicité ; cette publicité est absente.

Ce qui démontre bien que la société ne s'extériorise point, c'est que les clauses de l'acte social qui limiteraient la responsabilité des membres, telles que la clause dite « de commandite », ne sont pas opposables, en principe du moins, aux créanciers, lesquels sont admis à rechercher, à défaut de paiement, chaque associé indéfiniment sur tous ses biens pour sa portion virile, fût-ce au delà de la somme restreinte convenue entre les associés (art. 1863). C'est la négation même de la thèse de la personnalité.

Au surplus, la série des art. 1832 à 1873 vise exclusivement des rapports *inter socios*, sans découvrir un être autonome. Le mot *société*, employé dans quelques-uns de ces textes, est une expression elliptique, ne préjugeant pas le fond des choses. La définition de tête du contrat de société est caractéristique : *mise en commun*, cela veut dire indivision ; or la fiction de l'être juridique exclut cette indivision pour transporter la propriété des biens à la personne morale (n'insistons pas sur la pauvreté de ce dernier argument qui présente la personnalité tout à fait à faux).

Les art. 529 C. civ. et 69 C. proc., dont on a voulu faire la clef de voûte de la personnalité des sociétés, concourent à établir la même doctrine. Ces dispositions, prises dans leur rédaction textuelle, ne concernent que les sociétés de commerce.

Telle était la jurisprudence jusqu'en 1891. L'opinion ancienne est encore défendue par M. Guillouard et par M. Wahl (dans la collection Baudry, *Traité du contrat de société*).

297. — 2° Une nouvelle thèse s'est substituée à celle-là. L'arrêt de la Chambre des requêtes de la Cour de cassation du 23 février 1891 (D. 91, 1, 337) a reconnu à la société civile les attributs attachés à la personnalité morale, et des décisions postérieures ont confirmé ce système.

Les arguments que donnent les motifs de ces arrêts sont très fragiles ; ils se fondent principalement sur l'emploi du mot *société* par divers articles du Code civil, pour dégager la volonté qu'a eue la loi d'élever le groupe des associés au rang d'une personne. Il n'en est rien cependant. Il faudrait que dans les articles où figure ce mot de *société*, la loi montrât le groupe des associés traitant avec les tiers : l'expression aurait alors une certaine portée. Or il se trouve au contraire que les situations visées par ces textes concernent presque toutes les relations des associés entre eux.

298. — La thèse peut mieux faire que s'en tenir à ces arguments un peu puérils. Du moment que le droit de s'ouvrir au dehors est reconnu à la société de commerce, pourquoi n'en serait-il pas de même pour la société civile ? Le tout est de savoir si elle l'a voulu ou non. Lorsqu'elle agit de manière occulte et sans se révéler, la société sera un simple rapport de comptes. Mais lorsque son administrateur agit ès qualité au nom des pouvoirs que l'acte de société lui confère, la société aura les mêmes prérogatives que la société de commerce.

Sans doute, il n'y a pas de publicité organisée par la loi. C'est la publicité de fait qui en tiendra lieu. La loi n'a pas cru indispensable, dans la vie civile où l'on a le temps de se renseigner, d'instituer un système d'extraits dans les journaux ou de dépôt d'acte au greffe. Bref, ainsi que le dit M. Labbé, la séparation entre la société personnalisée et la société simple contrat « se fera d'après la manière dont elle se comportera au regard des tiers ». V. aussi Troplong, *Du contrat de société*, II, p. 354.

L'art. 1860 C. civ. montre qu'une société civile peut se produire extérieurement comme telle : la vente qu'un associé aurait faite de sa copropriété lui est inopposable, donc elle a force d'effet au dehors. Ce texte, sur lequel nous basons la théorie de la pseudo-personnalité, s'applique à toute société quel qu'en soit l'objet, et c'est dans le Code civil qu'il a son siège.

Quant à l'art. 1863, on démontrera, quand le moment sera venu, qu'il n'a pas la signification qu'on lui prête : en dépit d'une interprétation trop étroite de ce texte, la clause sociale limitative de responsabilité est bien opposable, par elle-même, aux tiers qui ont traité avec l'administrateur de la société.

Au total, qu'elle soit ou non le fruit d'une jurisprudence prétorienne, la thèse nouvelle n'est pas seulement acceptable, elle est bonne et plausible. Elle témoigne de la tendance qu'éprouvent les vérités économiques ou juridiques reconnues d'abord en matière de commerce à se généraliser, à se répandre même sur le droit civil. Cette loi de propagation, vraie déjà du *jus gentium* romain, a eu dans le droit moderne de nombreuses occasions de se manifester [1].

---

1. Aux auteurs cités dans le corps de l'étude précédente, il faut ajouter comme s'étant occupés spécialement de la personnalité : Thiry, dans la *Rev. critique de lég. et de jurisp.*, 1854 et 1855 ; M. Vauthier, *Etude sur les personnes morales*, 1886 ; Meynial, notes dans *Sirey*, 1892, 1re p., p. 73 et 497 ; Vandernotte, *De l'organisation des sociétés civiles dans leurs rapports avec les tiers*, Paris, 1898, et *Ann. dr. com.*, 1898 ; Guérin, dans la *Revue critique de législation et de jurisprudence*, 1902, p. 245 et 308 ; et surtout Michoud, *La théorie de la personnalité morale*, et Saleilles, *De la personnalité juridique*, 1910, déjà cités no 224 ; — en *Italie*, une pléiade d'auteurs, en tête desquels figure, à raison de l'étendue des développements qu'il a consacrés à cette question et de son exposition pleine de verve et d'entrain, le prof. Manara, de Gênes, l'adversaire le plus résolu de la personnalité morale, *Delle società et delle associazioni commerciali*, 1re partie du tome II, 1902 ; *La pretesa impossibilità del sopraprezzo nelle azioni di nuova emissione e la pretesa personnalità giuridica delle società commerciali*, 1911 (*Ann. de dr. comm.*, 1911, 161) ; *A propos des sociétés de commerce irrégulières et de leur prétendue personnalité juridique*, traduit par J. Escarra, *Ann. de dr. com.*, 1912, 339. V. aussi Ferrara, *Le persone giuridiche*, dans le *Traité de droit civil* de Pasquale Fiore ; — en Allemagne, Adler, *Zur Entwicklungslehre und Dogmatik des Gesellschaftsrechts*, Berlin, 1895.

L'opinion allemande était jusqu'à présent demeurée réfractaire à l'idée de personnalité pour les sociétés autres que les sociétés par actions. Le professeur Lehmann, dont l'autorité est grande, traduit aujourd'hui une impression différente : « La thèse de la personnalité, dit-il, est peut-être recommandable même pour l'Allemagne au point de vue de la législation à faire, car elle conduit à des résultats plus clairs et plus simples et écarte des motifs nombreux de doute, surtout au point de vue de la procédure » (*Lehrbuch des Handelsrechts*, 1908, p. 280, note 9). Dans un article récent (*Die offene Handelsgesellschaft als juristische Person*, dans la *Zeitschrift für das gesamte Handelsrecht*..., 1913, p. 456), le professeur Kohler soutient même qu'il faut dès aujourd'hui considérer en droit allemand la société en

299. — Conséquences de la personnalité des sociétés. — Il n'est que temps de développer les conséquences à tirer de l'autonomie de la société, de ce qu'on est convenu d'appeler la personnalité morale. Nous en exposerons un certain nombre, sans prétendre les épuiser toutes.

1° *Affectation exclusive des biens de la société aux créanciers sociaux.*

Les partisans de la doctrine classique expliquent ce résultat très simplement.

Les biens sociaux sont sortis des patrimoines respectifs des associés ; ils font partie d'un patrimoine nouveau. Ils ne composent donc plus le gage des créanciers personnels, soit que le titre de ceux-ci remonte à une époque antérieure à la formation de la société, soit qu'il date d'une époque plus récente. Les créanciers sociaux, qui sont les seuls à avoir traité avec la personne morale, n'auront à craindre aucune compétition, en tant du moins que c'est sur les biens de la société qu'ils voudront se faire payer.

Notre explication est plus compliquée, mais en réalité plus vraie.

a) Les créanciers personnels peuvent-ils poursuivre un bien social ou l'ensemble des biens sociaux ? — Non. Le débiteur a, sans doute, une copropriété sur ces biens qui paraît devoir être leur gage. Mais que saisiront-ils ?

Un bien social déterminé, une usine ? Aucun adjudicataire ne se présentera, il faudrait pouvoir lui donner l'assurance que le bien sera mis dans le lot de l associé saisi. S'il est mis dans le lot d'un autre associé, la fiction du partage déclaratif (art. 883 C. civ.) fera présumer que l'associé saisi n'en a jamais été propriétaire. Or, ce n'est que lors du partage, après que la société aura pris fin, qu'on sera renseigné à cet égard.

Saisiront-ils en bloc la copropriété de leur débiteur sur tous les biens sociaux ? Cela n'est pas davantage praticable. L'adjudicataire ne pourrait pas être substitué à la situation qu'occupe dans la société l'associé saisi. Le titre d'associé est personnel et ne peut être transmis à d'autres (sauf en ce qui regarde la part d'associé qualifiée *action* : l'action est certainement saisissable et peut être vendue aux enchères). Il faudrait donc que le créancier saisissant pût au préalable faire liquider les droits de son débiteur dans la société. L'obligation de respecter le pacte social y met obstacle, l'action en partage est suspendue jusqu'à la dissolution.

b) Les créanciers personnels pourront-ils, du moins, lorsqu'un bien social aura été saisi et converti en argent à la requête des créanciers sociaux, concourir avec ces derniers au marc le franc ? — Non, ils sont tenus de laisser passer ces créanciers sociaux avant eux. Autrement, ils affecteraient l'argent de la société, toujours au mépris des conventions sociales, à un but individuel, à un but différent de celui que se proposait la société. Cet argent doit servir à remplir de leurs droits ceux qui ont fait foi à tous les associés réunis, non ceux qui ont traité avec tel ou tel associé pour une autre cause. Ce n'est que sur l'excédent du prix de vente, une fois les créanciers sociaux remplis de tous leurs droits, qu'ils pourront se faire colloquer. Cela même ne sera possible qu'à la liquidation définitive ; ils

nom collectif comme une personne juridique. Mais voir la réplique de LEHMANN, à la suite de l'article de KOHLER.

peuvent faire opposition à ce que cette liquidation se fasse en leur absence (art. 882) : tant que la société suit son cours, c'est elle qui a droit au reliquat du produit de la saisie, les créanciers sociaux étant remboursés. Mais ces résultats, on le verra, sont subordonnés à une publicité régulière que le contrat de société aurait reçue.

300. — Ce n'est pas que les créanciers personnels soient dénués de toute espèce de droits :

1° Ceux d'entre eux qui avaient hypothèque sur un immeuble apporté ensuite en société, peuvent, s'ils ont conservé cette hypothèque en temps utile, exercer le droit de suite contre la société, contre les associés réunis.

2° Si la formation de la société a eu lieu en fraude de leurs droits avec la complicité de tous les associés, ils pourront exercer l'action paulienne pour faire tomber le contrat de société en tant qu'il leur cause dommage (art. 1167 C. civ.). Ils auront même une action plus commode à cet effet, l'action en nullité de l'art. 447 C. com., lorsque la constitution de cette société a pris date depuis la cessation des paiements de leur débiteur, à supposer celui-ci commerçant. On se borne ici à un simple renvoi au droit de la faillite (nos 1809 et suiv.).

3° S'il y a des bénéfices exigibles par suite des bonnes affaires faites par la société, les créanciers personnels pourront pratiquer saisie-arrêt auprès du siège social sur la part de ces bénéfices afférant à leur débiteur.

4° Si leur débiteur fait faillite à raison de la rupture d'équilibre de sa fortune, cette faillite entraîne dissolution de la société dont il était membre (art. 1865-4°). Les créanciers personnels pourront provoquer la liquidation de cette société et, si elle dispose d'un actif net, tout son passif étant préalablement acquitté, les créanciers personnels feront leur profit de la part de leur débiteur dans cet actif net.

301. — 2° *Acquisition ou aliénation de biens par la société, conclusion par elle de créances ou de dettes en vertu de la représentation des administrateurs.* Le contrat de société ou les actes postérieurs qui le complètent érigent les administrateurs, au regard du public, en représentants du groupe des associés, représentants dûment qualifiés pour accomplir, dans la mesure des pouvoirs qui leur sont attribués, les opérations de divers ordres rentrant dans l'objet statutaire. On reviendra sur le détail de la publicité concernant cette habilitation des administrateurs. L'acte sera nul s'il est accompli par un associé sans pouvoir, ou encore par un administrateur excédant ses pouvoirs (nos 368, 408 et suiv.).

302. — Les administrateurs peuvent acquérir des biens à titre onéreux. Peuvent-ils également *acquérir à titre gratuit* ?

La capacité pour une société civile ou commerciale de recevoir des donations a fait question. Les uns ont dit : Ce genre d'acquisition menace de multiplier les biens de main-morte ; les pouvoirs publics doivent exercer leur contrôle ; il faut conformer les sociétés à la règle établie pour les établissements publics ou d'utilité publique par l'art. 910 C. civ., ne pas interdire absolument les donations, mais les subordonner à un décret rendu dans la forme des règlements d'administration publique (CAMBERLIN, *La Loi*, 18 mai 1881).

Les autres ont poussé la sévérité plus loin. La donation est absolument interdite à une société. Celle-ci contreviendrait à son but, en s'assurant des ressources autrement que par le trafic. La personnalité morale ne lui a été conférée qu'en vue d'une fonction limitée (LABBÉ, note au *Journal du Palais*, 1881, 1233 ; Trib. civ. Reims, 12 mai 1911, *Journ. des Soc.*, 1911, 510).

Aucune de ces deux solutions n'est juste. L'extension de l'art. 910 C. civ. aux sociétés supposerait une identité de leur organisme avec celui des personnes morales d'intérêt public, ce qui n'est point. Les biens advenus à une société ne sont pas immobilisés comme ceux qu'un hôpital peut être appelé à recueillir et, quant au danger pour l'État de voir se créer à côté de lui des groupes puissants de capitaux, il est tout aussi réel à l'égard des sociétés qui se développent par le jeu naturel de leur exploitation.

Soutenir, d'autre part, que la société qui reçoit une donation déroge à son objet ou à son *but*, cela n'est pas plus exact. Son but, c'est telle nature d'exploitation. La donation n'y fait point échec. Elle sert plutôt ce but lorsque la libéralité est affectée à des œuvres ouvrières, économats, caisses de secours ou autres, et qu'il s'agit d'une entreprise qui a besoin d'un personnel de manufacture ou de nombreux commis (la plupart des donations aux sociétés présenteront ce caractère, l'*animus donandi* ne pouvant guère se concevoir autrement à leur égard. V. LOT, *Des libéralités aux sociétés civiles et commerciales*, 1895).

Ce qui est vrai, c'est que l'acceptation d'une donation n'est pas un acte rentrant dans les pouvoirs ordinaires des administrateurs (à moins que les statuts n'en aient autrement décidé). Il faudra que les associés (ou l'assemblée générale dans une société par actions) les y autorisent expressément.

Sera-t-il indispensable, si la donation a lieu en forme notariée, et pour déférer aux exigences des art. 931 et 932 C. civ., que l'acte d'acceptation désigne *nommément* tous les bénéficiaires, tous les associés ? Cette condition dans une société par actions serait en fait impossible à remplir. Il suffit que l'acceptation ait lieu elle-même en la forme authentique (ce qui suppose la présence d'un notaire à l'assemblée générale)[1].

Tout cela ne prouve pas que les sociétés soient exclues par la loi de la faculté de recevoir des donations : autre chose est l'*objet* d'une société et autre chose sont les *pouvoirs* de ses gérants (Trib. Seine, 30 mars 1881, D. 83, 2, 31, et motifs de Req., 3 janvier 1894, D. 94, 1, 81, et 29 octobre 1894, D. 96, 1, 145 ; LYON-CAEN, *La Loi*, 27 avril 1881 ; HAURIOU, etc.).

Mais, comme en réalité c'est aux associés eux-mêmes que la donation est adressée sous le voile d'une personnalité morale purement imaginaire, comme la donation leur est faite à charge d'en affecter le montant à la société existant entre eux, on doit en conclure que les associés doivent ne

1. Mais si, malgré sa forme apparente de société, le groupement qui bénéficie de la donation constitue en réalité une association sans but lucratif, la libéralité pourra être annulée. V. Req., 29 novembre 1897, *Journ. des Soc.*, 1898, 209 ; Trib. civ. Le Havre, 20 juin 1911, *ibid.*, 1912, 39.

pas être frappés au regard du donateur d'une incapacité personnelle de recevoir à titre gratuit. Autrement, la donation tombera, tout au moins au regard de l'associé incapable et dans la mesure de sa part (enfant adultérin, docteur en médecine ayant traité le donateur dans sa dernière maladie). Ce tempérament, qu'on ne peut justifier dans la doctrine classique de la personnalité, s'impose à quiconque entrevoit ici les détours possibles pour se soustraire à la loi et la nécessité de les conjurer.

303. — De même que les administrateurs peuvent procurer des biens à la société, de même ils peuvent acquérir des créances pour elle et en son nom, de même ils peuvent l'obliger par leurs engagements.

Dans ces conditions, s'il y a des paiements à recevoir au compte de la société, l'administrateur est seul admis à les toucher. Tout paiement, même partiel, fait à un autre associé que lui, serait inopposable à la société. Le débiteur serait obligé de payer une seconde fois.

Les art. 1848 et 1849 C. civ. disent ou sous-entendent le contraire. Ils supposent que chaque associé se fait payer séparément des autres sa part dans la dette, sauf ensuite à faire compte à la masse. Ils considèrent ce paiement comme libératoire en faveur du tiers.

On s'est servi de ces dispositions pour combattre la personnalité de la société civile, mais à tort. Elles visent une société de nature purement intérieure, dont les créances sur les tiers seraient de simples créances conjointes. Elles n'excluent point la faculté pour une société de prendre jour sur le public et d'échapper à ce régime en faisant réfléchir ses statuts sur la condition des tiers.

Les engagements de la société sont *contractuels* ou *délictuels*. L'étude complète du sujet est reportée à plus tard. Si l'administrateur peut obliger la société à réparer le tort qu'il a causé par des délits à l'occasion de ses fonctions, c'est à cause de la responsabilité civile encourue par le commettant du fait de son préposé (art. 1384 C. civ.).

Ces délits peuvent être d'ordre correctionnel et emporter l'application d'une *peine*. Lorsqu'il s'agit d'une peine corporelle d'emprisonnement, c'est l'administrateur coupable qui l'encourt, et non pas les autres associés. Si la peine encourue est l'*amende*, on est tenté de dire que cette amende pourra être recouvrée contre le siège social, contre la société.

Cette solution n'est admise qu'à l'égard de certaines amendes fiscales (contravention en matière de douanes, d'octrois, de contributions indirectes), parce qu'alors on considère ces amendes comme tenant lieu de dommages-intérêts au profit de l'Etat.

En dehors de ces exceptions, l'amende est personnelle à l'auteur du délit. La théorie de la responsabilité civile est de nature toute privée. Elle ne peut faire qu'une pénalité, même pécuniaire, décernée contre un agent, rejaillisse sur les commettants de celui-ci. On a bien cherché à établir une distinction entre les *organes* d'un établissement ou d'une société, lesquels incarneraient la volonté et la responsabilité de l'établissement lui-même, et les *préposés* agissant en sous-ordre. Les amendes encourues par les prémiers constitueraient une dette de la personne morale, non pas celles encourues par les seconds (théorie de GIERKE). Cette distinction subtile n'a point de base dans la loi (MICHOUD, *Revue de droit public*, 1895, I, p. 419). L'amende est une survivance du régime d'autrefois, qui voyait dans la peine pécuniaire une rançon, un *wehrgeld*, une composition pour racheter sa liberté envers la partie lésée. Celui qui n'encourt pas l'emprisonnement n'encourt pas davantage l'amende (En sens contraire, MESTRE, *Les personnes morales et le problème de leur responsabilité pénale*, 1899, p. 287).

304. — 3° *Représentation de la société en justice par ses administrateurs.* — Ceux-ci plaident ès qualité, soit comme demandeurs, soit comme défendeurs. Les actes de procédure, pourvu qu'ils les mentionnent comme agissant ou comme pris du chef de la société (Civ. rej., 9 mai 1906, D. 1906, 1, 208), n'ont pas à dénommer les associés. L'adage *nul ne plaide par procureur* ne contredit pas ce résultat. La société est citée en justice par copie unique (art. 69-6° C. proc. civ.). L'administrateur qui engage un procès n'a pas à faire l'énumération de ses co-associés. Le jugement de condamnation, obtenu contre l'administrateur ès qualité, est exécutoire par là même sur tous les biens du capital social.

Il en est de même à l'égard des sociétés civiles et des sociétés commerciales depuis le revirement de jurisprudence accompli en 1891. L'étroitesse de la formule employée par l'art. 69 n'y met pas obstacle.

Quelle est la raison de cette faveur de procédure ? L'école classique répond : C'est la société qui assigne ou qui est assignée. La société forme une personne unique.

Nous dirons autre chose : Actionner une société, c'est actionner tous les associés par rapport à l'intérêt commun engagé dans leur société. Etre assigné par une société, c'est être attaqué par tous les associés agissant également en cette fonction.

Pourquoi la procédure impose-t-elle la désignation nominative des plaideurs dans les exploits ?

En laissant de côté le reste de formalisme sacramentel dont cette règle est entachée, il y a à la base de cette exigence une raison légitime (v. PERCEROU, dans la *Revue bourguignonne de l'enseignement supérieur*, 1898).

a) Un plaideur doit savoir qui au juste l'assigne. Un mandataire qui fait un procès pour le compte d'un groupe, sans donner les noms des individus de ce groupe, ne fait pas connaître au défendeur ses adversaires. Il l'empêche d'opposer les moyens de défense qui lui appartiendraient contre eux et dont il ne manquerait pas de se servir s'ils lui étaient connus.

b) Un plaideur, d'autre part, doit dire quelles personnes il assigne. S'il attaque un mandataire pris sous son seul nom, ce mandataire sera empêché de faire valoir les exceptions dont disposeraient les défendeurs véritables dissimulés derrière lui ; ou bien, pour user de ces exceptions, il lui faudra d'abord révéler les véritables ayants droit, tâche qui incombait bien plutôt à celui qui a introduit la demande.

Dans un procès engagé ou suivi pour le compte d'associés réunis, il n'y a plus à craindre de priver les véritables plaideurs de leurs moyens défensifs, en ne les dénommant point dans les actes, ou à l'inverse, de leur permettre de surprendre l'adversaire en gardant eux-mêmes le masque. Mentionné ou non dans les exploits, l'associé n'a ni plus ni moins de droits.

a) Les seuls moyens que puisse opposer l'associé contre la demande sont ceux qui sont nés du chef de la société ; s'il en proposait d'autres, il confondrait les affaires sociales avec les siennes, il jetterait le trouble dans la marche de la société par suite de cette confusion. Or ces moyens, dans le cercle desquels il est enfermé, les administrateurs sont en mesure de les opposer tout comme lui ; l'énonciation de l'associé dans les actes était donc inutile.

b) De même quant au pouvoir pour le tiers assigné par la société d'opposer des exceptions. Les seules exceptions recevables sont celles qui sont nées du chef des affaires sociales. Le tiers n'est pas admis à se défendre par des moyens qu'il aurait séparément contre tel associé. Autrement, l'organisation sociale serait paralysée par une opération d'ordre individuel, ce qui est inadmissible. L'indication du nom des associés ne servirait donc en rien aux défendeurs, et voilà pourquoi elle n'est pas requise.

305. — La question examinée en dernier lieu nous amène, par une transition naturelle, à parler de l'exception de *compensation*, sans qu'il soit besoin de lui ouvrir un chef d'étude spécial.

a) Une créance exercée au nom de la société ne peut être compensée au moyen d'une créance appartenant au défendeur contre l'associé. — La société A B poursuit C ; celui-ci devra payer, bien que A lui doive en compte particulier une somme égale (Rej., 7 février 1905, S. 1906, 1, 15).

b) De même, une créance exercée contre la société ne peut être compensée par une créance appartenant en propre à un associé contre le demandeur. — C poursuit la société A B ; celle-ci devra payer, bien que C doive une somme égale en propre à l'associé A.

La doctrine classique dit : Les créances et dettes sociales d'une part, les créances et dettes d'associés d'autre part, ne reposent point sur les mêmes têtes, d'où exclusion de toute compensation (art. 1289 C. civ.).

Nous dirons, nous : Si, dans le premier exemple, C pouvait débouter le siège social en excipant de sa créance sur A, cela reviendrait de sa part à se servir d'une valeur sociale, la créance litigieuse, pour éteindre une obligation propre à un associé, ce serait détourner les biens de la société de leur affectation, ce serait manquer aux statuts. — Si, dans la seconde espèce, la société assignée par C pouvait débouter celui-ci en excipant de la créance que A possède contre lui, ce serait encore mêler les intérêts sociaux et les intérêts individuels au mépris de l'acte social, et cette fois au détriment d'un tiers, qui préfère toucher d'abord sa créance vis-à-vis de la société, et ne payer l'associé que lorsque sa dette sera réclamée par lui. Or, l'acte social a pleine valeur au regard des tiers comme au regard des parties contractantes.

306. — En résumé, l'unité des exploits et actes de procédure ne tient pas à l'unité de plaideur (car il y en a plusieurs) [1], mais à l'indivisibilité d'intérêt existant entre eux et à l'inutilité de les dénommer tous. L'affranchissement de la règle : *nul ne plaide par procureur*, n'implique point la personnalité morale.

Si stricte que soit la loi en matière de procédure, la volonté des parties peut l'écarter, là où elle le fait sans nuire à personne : la maxime n'est pas d'ordre public (Req., 13 novembre 1895, D. 96, 1, 234). Je puis, par exemple, constituer publiquement un procureur en donnant aux tiers pouvoir d'assigner ce procureur ès qualités, sans qu'ils aient à mentionner mon nom dans les pièces, et comme s'il était moi. Or, en matière de société, l'usage a institué l'équivalent d'une convention semblable, tant en faveur des associés réunis que contre eux ; cette pratique vaut autant qu'une loi écrite.

307. — 4e *Détermination par l'acte de société, même au regard des tiers, de la mesure de responsabilité des associés pour les dettes sociales.*

Si la société n'avait que la valeur d'une convention liant seulement les parties, les tiers poursuivraient le paiement des dettes conclues pour le compte du siège social contre celui des associés qui a contracté avec eux, ou lorsqu'ils ont contracté ensemble contre eux tous, pris sur leur patrimoine indéfini, et sans égard aux clauses contraires de l'acte de société.

Cela n'est point. Grâce à la manière publique dont la société se comporte, grâce à ce qu'on appelle la personne morale, les dispositions réglant la mesure de la responsabilité des associés produisent effet même vis-à-vis des créanciers. Car elles sont censées avoir été reproduites jour par jour dans chacun des marchés que l'administrateur a traités en leur nom.

De là vient que la limitation à 100, à 1,000 ou à 10.000 fr. de l'engagement de l'associé au passif social, limitation qui est le trait propre de la commandite ou de l'action, fait la loi non seulement des parties contractantes, mais aussi de leurs relations avec le dehors. On se demandera plus loin si dans la société civile domine le même principe (nos 751 et suiv.). Les observations précédentes nous font d'avance pencher vers l'affirmative. C'est parce que le préjugé refusant à la société civile le droit de s'extérioriser est demeuré tenace, que l'opinion contraire a conservé des partisans.

308. — La thèse de la personnalité (ou celle que nous proposons à sa

---

1. C'est pour cela que les deux thèses suivantes, consacrées en pratique, nous paraissent fort sujettes à caution : — *a*) La demande exercée pour ou contre la société excède dans son objet 1.500 fr. ; mais l'intérêt du procès, divisé par hypothèse entre les associés, représente pour chacun d'eux une somme inférieure à 1.500 fr. Les partisans de la personnalité morale considèrent le jugement rendu en l'affaire comme comportant appel ; les défenseurs de la thèse nouvelle le contestent ; — *b*) La demande formée contre la société A B C n'est pas, d'après la doctrine classique, présumée formée contre plus de deux membres, au sens de l'art. 49-6° Proc. civ., lequel dispense du préliminaire de conciliation les causes où les défendeurs sont en nombre supérieur à deux. Donc, si l'affaire est portée devant le tribunal civil de première instance (situation rare dans les sociétés de commerce), le demandeur devra d'abord tenter la conciliation en justice de paix. Nous répétons que cela n'est pas certain.

place) n'a point pour résultat forcé de circonscrire le gage des créanciers au capital de la société. Il existe bien un type de société dans lequel les associés ne peuvent être recherchés au delà de ce capital, grâce à la clause de responsabilité limitée pour tous les membres, ci-dessus rappelée : la société anonyme.

Mais ce n'est point le cas général. Les associés peuvent être garants du paiement des dettes de la société sur la totalité de leur fortune, même par conséquent sur ceux de leurs biens qui ne sont pas engagés dans la société. Les créanciers ont alors un droit de poursuite double : 1° contre le capital social avec une situation de préférence ; 2° contre le patrimoine de chaque associé, sans être préférés aux créanciers propres audit associé.

La personnalité morale de droit administratif est bien différente : les créanciers d'un établissement public ou d'utilité publique (bureau de bienfaisance, hôpital) ne peuvent se payer que sur les biens de cet établissement.

309. — 5° *Acquisition par la société d'un domicile*, où lui seront signifiés les actes, où elle sera censée se trouver pour la manifestation normale de sa vie juridique.

La doctrine de la personnalité dit : Tout être a besoin d'un domicile, il est au lieu de son principal établissement (art. 102 C. civ.). La société a une existence séparée, un domicile propre. C'est logique.

Nous dirons, nous : Le domicile de la société n'est pas un domicile naturel, mais un *domicile d'élection* (art. 111). Sur ce point nous nous rencontrons avec M. Planiol (I, n° 728). Il a été entendu, par la formation même de la société, que, pour toutes les questions se rapportant à l'exécution de ce contrat, les parties substituaient au domicile personnel et respectif de chacun d'eux un lieu plus commode, celui où les intérêts sociaux sont ramassés et concentrés. Cette règle fait loi entre les associés et à l'égard des tiers.

Seulement, quel est ce domicile ? On peut hésiter entre le *siège social* et le *siège d'exploitation*, dans le cas où ces deux endroits ne se confondraient pas. Le siège social est celui où résident les organes juridiques de la société, administrateurs, assemblées générales, et où sont délibérés les contrats et marchés se rapportant à la marche de l'entreprise. Le siège d'exploitation est celui où s'exercent les opérations techniques de la société, manufactures ou autres. — Ex. : Une société d'armements maritimes a son siège administratif à Paris, et le centre de ses opérations de navigation dans le port d'attache de ses navires. L'endroit où fonctionne une usine de papiers peints n'est pas nécessairement celui où se trouvent les bureaux de correspondance de la société avec la clientèle. Ces deux endroits peuvent même se trouver dans le ressort de deux États différents.

Bien que certains auteurs (par exemple MM. Lyon-Caen et Renault) continuent à fixer le domicile de la société au centre matériel d'exploitation (ce qui soulève de grosses difficultés lorsque ce centre n'est pas unique), la jurisprudence se prononce, à bon droit, quoique peut-être d'une manière évasive (Req., 25 février 1895, D. 95, 1, 341), en faveur du siège social, lieu d'attache des organes juridiques, nécessairement fixé par l'acte de société. Ce domicile ne pourra être contesté qu'autant que le siège social serait purement fictif et ne répondrait pas à l'état réel des choses.

La question est très importante : 1° pour la détermination en droit international de la nationalité d'une société (Trib. civ. Lille, 21 mai 1908, D. 1910, 3, 41, note PERCEROU, S. 1908, 2, 180, note DEMOGUE)[1], et par là des règles légales présidant à sa constitution et à son fonctionnement, ces règles n'étant pas les mêmes en France, en Allemagne, etc. (En acceptant la thèse du domicile au siège technique, une société, telle que celle de l'isthme de Panama, serait américaine et non française)[2] ; — 2° pour la compétence du tribunal appelé à statuer sur les procès entre associés, sur les procès en nullité, en dissolution, en paiement d'apports, avec la fixation du lieu où citation doit être donnée à la société (art. 59-5° C. proc. civ.) ; — 3° pour la détermination du tribunal qui prononcera la faillite de la société (art. 438 C. com.).

310. — Mais ce domicile général et unique résultant de l'adoption d'un siège social n'exclut pas la possibilité pour la société d'avoir d'autres domiciles multiples, également élus, se rapportant respectivement à ses différents actes d'exploitation, et eu égard aux procès qu'elle peut avoir à soutenir non pas avec ses associés, mais avec les tiers[3].

Ex. : Je charge une marchandise à la gare de Libourne. Ce n'est pas dans cette gare que se trouve le siège social de la Compagnie d'Orléans, lequel est fixé à Paris. Si le transport donne lieu à un procès, l'expéditeur pourra considérer la gare de Libourne comme étant un domicile d'élection, par rapport au contrat de transport qui y a été conclu (ou encore par rapport à tous les transports conclus dans la zone d'exploitation de cette même gare).

A une condition cependant : c'est que cette gare soit pourvue d'un personnel ayant pouvoir à l'effet de recevoir les réclamations du public et de négocier les affaires de service de la ville ou de la région. Ainsi en sera-t-il des agences ou « succursales ».

Ce domicile d'élection *spécial* est le fruit d'une convention tacite échangée entre la société et ses clients, par conséquent le fruit d'un usage. Il n'est pas limité à la matière des contrats : même en cas de délit, le demandeur peut s'en prévaloir. Celui qui a été blessé à un passage à niveau, faute de fermeture des barrières, peut considérer comme domicile de la

---

1. Mais il faut réserver le cas où la société n'aurait à l'étranger qu'un *siège social fictif*, fixé en apparence à l'étranger pour faire fraude à la loi française : il appartient alors aux juges de restituer à la société son véritable caractère de société française ; Trib. corr. Seine, 2 juillet 1912, D. 1913, 2, 165.

2. Il faut rendre à la thèse classique de la personnalité morale cette justice, qu'elle est la seule de toutes en mesure d'expliquer comment la nationalité d'une société, résultant de l'endroit de son siège social, n'est nullement influencée par la nationalité personnelle de ses membres. V. PILLET, *Des personnes morales en droit international privé*, 1914, p. 117 et s.

3. Cette observation est vraie pour les entreprises individuelles aussi bien que pour celles qui sont constituées en société.

Compagnie de chemins de fer, la gare principale dans le ressort de laquelle se trouve le point du réseau où a eu lieu l'accident.

Comment partir ici de l'idée d'une convention tacite ? En supposant, ce qui est vrai, que la société a accepté d'avance au regard du public les significations qui lui seraient faites en ladite gare pour toutes les affaires de la zone, quelle que fût la cause de l'obligation.

Il faut bien s'entendre sur la portée de ce domicile spécial, essentiellement variable. Il peut avoir pour résultat d'attribuer juridiction au tribunal du lieu. Mais le plus souvent, en droit commercial, ce tribunal sera d'ores et déjà compétent, pour une autre raison : le tribunal du lieu du contrat, sous certaines conditions à étudier ultérieurement, a compétence à l'effet de connaître des difficultés qui en naîtront (art. 420 C. proc. civ.). Le véritable intérêt qu'il y a à caractériser ce lieu comme un domicile d'élection, réside en ce que, grâce à cette interprétation, la société sera valablement assignée en la personne des agents de la gare secondaire ou de la succursale, sans que le demandeur soit tenu de donner citation au siège social.

311. — 6° *Application du régime légal de la faillite à une société.*

Il faut admettre qu'il s'agit d'une société commerciale ; car, dût-on la considérer comme un être à part, la société civile n'encourt pas la faillite, institution limitée aux commerçants.

La société commerciale, même la société anonyme, est sujette à la faillite lorsqu'elle suspend ses paiements (art. 438 C. com.). Elle peut également user de la liquidation judiciaire (L. 4 mars 1889, art. 3).

Rien n'est plus naturel, disent les partisans de la personnalité proprement dite. La faillite est un mode global de liquidation de tout un patrimoine. L'actif social représente l'intégralité du patrimoine de la société.

Dans notre théorie, il est impossible de raisonner de cette manière. Les biens sociaux continuent à ressortir au patrimoine de chaque associé respectivement, quoique soumis à une administration distincte. Or, la faillite est une institution indivisible, elle frappe l'universalité des biens d'une personne ou n'en frappe aucun.

C'est par suite d'une extension des règles habituelles qu'on en est venu à concevoir l'application possible de la faillite à l'ensemble des biens d'une société considérée comme formant un être autonome. Cette extension était désirable. Les biens sociaux composent un gage commun de poursuite. Ils ont en face d'eux un groupe de créanciers agissant de front, primant d'autres créanciers, ceux qui ont traité privativement avec chaque associé. Il y a donc deux masses distinctes et compactes, la masse des biens sociaux tout d'un bloc, la masse des créanciers sociaux ayant un droit exclusif sur la première. Des convenances de crédit ont élargi le cadre habituel de la faillite, on a forcé le raisonnement logique.

312. — La faillite de la société englobant tous les biens sociaux, mais les biens sociaux seulement, exerce-t-elle sa répercussion sur la situation personnelle des associés et sur la situation de leurs biens libres ? Cela dépend.

a) S'agit-il d'un *associé en nom collectif* ou d'un *commandité* dans une commandite ?

La qualité personnelle de commerçant se communique à un associé de ce genre, et il est en outre tenu indéfiniment du passif social sur tous ses biens. Par cela même que la cause de la faillite existe pour la société, elle existe également pour lui.

C'est dire que la faillite sociale entraîne la sienne par voie de conséquence. Il se déroulera parallèlement autant de faillites qu'il y a d'associés indéfiniment responsables, autant de faillites, plus une : celle de la société, la première de toutes.

Les créanciers sociaux produiront dans toutes ces faillites jusqu'à ce qu'ils aient obtenu plein paiement (art. 542 C. com. ; cf. ci-dessous l'étude de la faillite). Seulement, dans les faillites personnelles d'associés, ils subiront le concours des créanciers personnels de ceux-ci, concours auquel ils échappent au contraire dans la faillite sociale.

b) S'agit-il d'un *commanditaire* ou *actionnaire*, c'est-à-dire d'un associé à responsabilité limitée ? La faillite sociale ne saurait s'étendre à lui, tant à cause de la limite qu'il a fixée à son engagement que parce qu'il n'est pas commerçant.

En supposant qu'il n'ait pas encore versé son apport ou qu'il ne l'ait versé que partiellement au moment où s'ouvre la faillite sociale, le syndic l'obligera à l'acquitter, mais sans pouvoir user contre lui d'un autre système de contrainte que celui qui résulte de l'emploi des *saisies*.

313. — 7° *Caractère mobilier du droit de l'associé, que ce droit soit un intérêt ou une action* (art. 529 C. civ.) [1].

Nous nous sommes déjà expliqués (n° 284) sur le motif pour lequel la loi avait voulu traiter la part sociale comme un meuble, là même où le capital se composerait d'immeubles. La règle est vraie des sociétés civiles comme des sociétés commerciales, de toutes celles qui se manifestent au dehors.

Voici les corollaires qu'il faut en tirer : *a*) Soumission de la vente de part sociale (dans le cas où cette vente est permise) à un tarif d'enregistrement bien inférieur à celui qui serait perçu pour des mutations immobilières [2], soit naguère 0,50 o/o avec ou sans décimes, selon les cas (L. 22 frim. an VII, art. 69, § 2-6° ; lois du 23 juin 1857 et suivantes ; mais v. Req., 27 avril 1906 [3], S. 1907,1,241, note WAHL, D. 1907,1,441), — puis 0,75 o/o

1. C'est pour nous conformer à l'ordre de matières habituellement suivi, que nous rattachons le caractère mobilier de la part sociale à la personnalité morale. En réalité, ce caractère provient d'une tout autre cause. V. p. 203 note.

2. V. MAX RICHIER, *Étude de droit fiscal sur la cession onéreuse de part d'intérêt*, th. 1912.

3. Depuis l'arrêt du 27 avril 1906, la pratique s'est établie en ce sens que la *part d'intérêt* est soumise au même droit de transmission que *l'action*, par conséquent, sous l'empire de la loi du 26 décembre 1908, au droit de 0 fr. 75 (MAX RICHIER, *op. cit.*, p. 55). Il est fort probable que l'administration de l'Enregistrement persévérera dans cette assimilation, et que, malgré les termes de l'art. 41 de la loi du 29 mars 1914 (qui ne vise que « la transmission des titres nominatifs des *actions* ou obligations françaises), elle voudra percevoir désormais, sur les transmissions des parts d'intérêt, le nouveau droit de 0 fr. 90.

sans décimes (L. 26 décembre 1908, art. 6), — et aujourd'hui 0,90 o/o sans décimes (L. 29 mars 1914, art. 41, 1er al.).

b) Acquisition par la communauté légale des parts sociales que l'un ou l'autre époux posséderait dès avant le mariage, parce que ladite communauté, tout en excluant les immeubles appartenant à l'un ou à l'autre conjoint avant la célébration, attire au contraire à elle leurs meubles, et que ces parts sont mobilières (art. 1401 C. civ.).

c) Attribution au légataire des meubles, et non au légataire des immeubles, d'une part sociale se trouvant dans l'actif d'une succession.

d) Affranchissement des immeubles sociaux de toute *hypothèque* provenant du chef personnel d'un associé, soit qu'il s'agisse d'une hypothèque conventionnelle, soit qu'il s'agisse d'une hypothèque judiciaire ou légale (ce qui serait le cas pour un associé marié ou tuteur).

L'hypothèque ne peut frapper que des immeubles. Le droit de l'associé dans la société n'en est pas un. L'associé peut seulement donner sa part sociale en nantissement (lorsque cette part comporte le trafic, ce qui n'est vrai que de l'action, art. 91 C. com.). Un acquéreur d'immeubles sociaux n'a donc pas à les purger d'hypothèques individuelles nées postérieurement à la formation de la société.

L'hypothèque, constituée autrement que dans l'intérêt commun des associés, serait un trouble jeté dans les affaires sociales, un moyen individuel d'éviction de la société, un manquement au contrat.

Est-elle nulle ? Dans la doctrine de la personnalité, il faut répondre : Oui. Même si l'immeuble devait plus tard être mis dans le lot du constituant, celui-ci n'en deviendrait pas rétroactivement propriétaire. Lorsqu'on donne hypothèque sur la chose d'autrui, cette hypothèque est dépourvue de toute valeur quand même le constituant l'acquerrait postérieurement.

Dans notre doctrine, il faut répondre : Non. La validité de cette hypothèque est subordonnée à la mise de l'immeuble dans le lot de celui qui l'a donnée. Son droit rétroagira alors, conformément à l'art. 883. Mais, de toute manière, l'hypothèque individuelle, en conflit avec une hypothèque sociale, même de date postérieure à elle, serait primée par cette dernière (c'est ce qui a été jugé par le fameux arrêt de 1891, qui a inauguré la thèse de la personnalité de la société civile) [1].

314. — En résumé, l'affectation des biens sociaux à un but réglé par l'acte de société, ou ce qu'on nomme inexactement au fond, très opportunément en la forme, la « personnalité des sociétés », a pour résultat de conférer aux créanciers sociaux un gage exclusif ; — d'habiliter la société, par l'intermédiaire de ses administrateurs, à acquérir des biens, des créances, des dettes ; — de déroger à la règle *nul ne plaide par procureur* ; — de fixer même au regard des tiers la mesure de la responsabilité des associés ; —

1. L'impossibilité pour une hypothèque individuelle d'être opposable à la société ne tient pas à la nature *immobilière* de l'hypothèque. Si elle était *mobilière*, le même résultat se produirait. La cause de la règle réside dans l'atteinte qu'on commettrait à l'affectation des biens sociaux en faisant servir ces biens, pendant le cours de la société, à couvrir des engagements d'ordre purement individuel.

d'attribuer à la société un domicile ou ce qui en est l'équivalent ; — de soumettre la société commerciale à la faillite ; — d'imprimer à la part sociale le caractère mobilier, ce qui tient les immeubles sociaux à l'abri des hypothèques individuelles.

315. — Il n'y a plus qu'un mot à consigner sur cette importante matière de la personnalité. Nous avons dit que ce terme recouvrait la vertu dont dispose le contrat social de se propager à l'extérieur et de faire la loi des tiers eux-mêmes.

Il semblerait résulter de là que la théorie dût se renfermer dans les rapports des associés avec les tiers. Quand les associés sont en débats les uns vis-à-vis des autres, il n'y a plus lieu d'en parler.

Cette conception ne serait cependant pas juste. La thèse de la personnalité a assez d'ampleur pour embrasser même les relations des associés entre eux. On peut à cet égard parler de la *personnalité morale intérieure* de la société.

Notamment, lorsque l'associé agit en dissolution de la société, il n'est pas besoin pour lui de mettre nommément en cause les autres sociétaires, il lui suffit de donner ajournement au siège social. Réciproquement, la société poursuivant l'un de ses membres en paiement de son apport n'a pas à donner dans l'exploit d'ajournement les noms de tous les associés formant le groupe collectif.

Les facilités de procédure ouvertes aux litiges engagés avec les tiers se retrouvent donc dans les litiges *inter socios*. C'est que, ici encore, l'isolement opéré par l'acte de société entre les intérêts du groupe et les intérêts de l'individu vicie tout moyen de droit emprunté aux affaires particulières d'un membre. De telles exceptions ne sauraient faire échec au règlement et à la marche pacifique de la cause sociale, soit qu'un associé les invoque contre la société pour ne pas obéir au contrat, soit que la société poursuivie veuille s'armer d'un fait survenu dans le patrimoine d'un membre pour ne pas exécuter l'acte de société. On peut donc, du même coup, déroger sans inconvénient à la règle *nul ne plaide par procureur*.

Il sera fait dans la suite de ce livre des applications de la personnalité, prise sous ce second aspect.

SECTION II

DE LA COMPÉTENCE JUDICIAIRE EN MATIÈRE DE SOCIÉTÉS DE COMMERCE

(C. com., art. 51-63 abrogés par la loi du 17 juillet 1856, nouvel art. 631-2°, et C. proc. civ., art. 59, al. 5).

316. — Il y a pour une société de commerce deux sortes de procès concevables : — 1° ceux qu'elle intente ou qu'elle supporte *avec les tiers* à raison de contrats ou de délits ; — 2° ceux qui s'engagent *entre les associés* eux-mêmes, ou bien entre la société et les associés à raison de l'acte de société (action *pro socio*, tendant à exécuter le contrat social ou à s'en dégager).

Il n'est pas question, à cette place, des procès du premier groupe. Ils se règlent d'après les mêmes principes de compétence que pour un commerçant ordinaire. *Ratione materiæ*, ils seront portés devant la juridiction commerciale, lorsque l'opération litigieuse est un acte de commerce à l'égard du défendeur, ce qui sera toujours le cas si la société est défenderesse. *Ratione personæ*, ils seront portés devant le tribunal du domicile du défendeur, ou devant l'un des tribunaux mentionnés par l'art. 420 C. proc. civ., ou encore devant le tribunal élu (art. 111 C. civ.). V. la section précédente, n° 310.

A l'égard des *procès entre associés* (actions en nullité, en dissolution, en versement de mise, en responsabilité contre le gérant, etc.), la loi pose une règle générale. Cette règle est vraie de toutes les sociétés de commerce, qu'elles soient formées par intérêt ou par actions.

317. — *a*) *Ratione materiæ*, le procès est du ressort des *tribunaux de commerce* (art. 631-2° C. com.).

Avant 1856, il y avait une autre juridiction, l'*arbitrage forcé* (art. 51-63 C. com.). Toute contestation à raison d'une société commerciale devait être jugée par des arbitres, sauf faculté d'appel devant la Cour, à moins que les parties n'y eussent d'avance renoncé. En cas de refus de l'un des associés de nommer les arbitres, ils devaient être désignés d'office par le tribunal de commerce. Le jugement arbitral était rendu exécutoire par ordonnance du président du tribunal.

L'acte de société devant, à un plus haut degré encore que les autres contrats, être interprété en équité, des arbitres étaient mieux à même de statuer sur la contestation en dehors des subtilités du droit : — d'ailleurs, un procès public entre associés eût été de mauvais exemple : l'arbitrage était un mode amical de dénouer le différend

Cette considération cessa d'être juste, lorsque ce furent les sociétés par actions qui devinrent la cause des plus importantes de ces contestations. L'expérience ne réussit guère ; ces arbitrages étaient chers, parfois interminables. La ressource de l'appel, dont usait généralement la partie qui succombait, en rendait l'avantage illusoire.

Conséquemment, la compétence a été transportée par la loi du 17 juillet 1856 (nouvel art. 631-2° C. com) aux *tribunaux de commerce*. Ceux-ci, par leur composition et par l'esprit dont ils sont animés, étaient, mieux que les anciens arbitres, en mesure d'accomplir le rôle de conciliateurs.

Il ne faut pas induire de cette loi que les rapports entre associés dans une société commerciale soient des rapports de commerce *par leur nature*. On discute la question de savoir si la souscription d'une commandite ou d'une action, dans une société commerciale, constitue un acte de commerce ou un acte civil. Cette question se retrouvera (n° 333). Elle n'est point préjugée par l'art. 631-2°. Il y a des hypothèses où des procès de nature civile sont soumis aux tribunaux de commerce. Il se peut que tel soit le cas ici : réservons la controverse [1].

---

1. Le fait que le tribunal civil est parfois saisi de procès entre associés en matière de commerce, principalement des actions en responsabilité intentées par des actionnaires, ne contredit pas le texte. Il y a alors, par l'acceptation des deux

318. — Toutefois, lorsque naît une contestation entre les associés, ils conservent, même depuis 1856, la faculté de renoncer à la justice régulière. Ils sont libres de confier, d'un commun accord, leur différend à des *arbitres volontaires*. Car l'usage du compromis est reconnu par le droit commun.

Le jugement arbitral sera alors rendu exécutoire par une ordonnance du président du tribunal civil (art. 1020 C. proc.). A moins de renonciation, appel pourra être interjeté devant la Cour. Cette renonciation est implicite, lorsque les arbitres ont été choisis à titre d' « amiables compositeurs » : ce qui, en outre, leur a donné le pouvoir de statuer en bonne foi sans être liés par les règles du droit (art. 1019).

319. — **Clause compromissoire** [1]. — Mais ce que les parties n'ont pas le droit de faire, c'est d'insérer dans le contrat de société une clause d'après laquelle leurs différends ultérieurs seraient soumis à des arbitres.

C'est ce qu'on appelle la *clause compromissoire*. Elle est frappée de nullité, par argument — peu probant du reste — tiré de l'art. 1006 C. proc. civ. : ce texte exige dans le compromis la désignation de l'objet du litige, ce qui est impossible si le litige n'est pas encore formé. Une pareille clause n'est susceptible d'effet que dans l'assurance maritime (art. 332 C. com.).

Cette interdiction, au moment du contrat, de se soustraire éventuellement aux tribunaux, constitue une gêne. Les lois des autres Etats ne l'ont pas reproduite. On craint, dit-on, qu'il ne se forme dans les milieux d'affaires des conventions d'usage, allant à l'encontre des dispositions d'ordre public. Ces conventions acquerraient force d'autorité par la complicité d'arbitres qui ne manqueraient pas de leur donner effet.

Cependant, il s'est constitué à l'étranger, grâce à la clause compromissoire, dans les corporations marchandes, des règles conventionnelles, commodes au commerce, qui se développent aujourd'hui à côté du droit promulgué et dont on n'a point lieu de se plaindre [2].

320. — *b) Ratione personæ*, les procès entre associés, ceux entre société et associés, sont du ressort du tribunal du siège social (art. 59-6° C. proc. civ.). Mais les parties peuvent, dans l'acte de société, convenir du tribunal d'un autre arrondissement. Elles peuvent même attribuer compétence à un tribunal civil, celui-ci ayant, comme on le montrera plus en détail, la plénitude de la juridiction (n° 2240).

On rencontre dans les actes de société une clause fréquente : « En cas de contestation, tout associé doit faire élection, dans le lieu du tribunal compétent, d'un domicile, auquel toutes notifications lui seront valablement

---

plaideurs, prorogation de juridiction des tribunaux de droit commun. Ces tribunaux restent compétents, si le défendeur n'a pas opposé l'incompétence *in limine litis*. Le tribunal civil, en effet, n'est pas incompétent en matière commerciale d'une *incompétence absolue* : les deux parties peuvent d'un commun accord se faire juger par lui, même en matière de commerce. On reparlera de cette règle dans la dernière partie de ce traité (n° 2240).

1. V. L. Favier, *De la clause compromissoire*, th. 1910.

2. Une proposition de loi a été déposée à la Chambre des députés en 1907 par M. Louis Dreyfus pour déclarer valable en matière commerciale la clause compromissoire.

faites ; autrement, cette élection a lieu de plein droit au parquet du procureur de la République ».

Cette clause reproduit, avec quelques modifications, la disposition de la loi. Devant le tribunal de commerce, les plaideurs doivent à la première audience élire domicile dans le lieu. La seule différence, c'est : *a*) que, d'après la loi, ils seraient dispensés de cette formalité s'ils étaient déjà domiciliés, *b*) et que, à défaut de domicile élu, c'est au greffe que les significations leur seraient faites (art. 422 C. proc.).

Si le procès devait s'engager devant le tribunal civil, les domiciles d'élection seraient de droit ceux des avoués des deux plaideurs. Le choix du parquet pour recevoir les significations n'est pas heureux, car celui-ci ne tient pas de la loi mission de transmettre aux intéressés les pièces qui les concernent, et il peut s'abstenir de le faire.

CHAPITRE II

DES SOCIÉTÉS PAR INTÉRÊT. SOCIÉTÉ EN NOM COLLECTIF ET SOCIÉTÉ EN COMMANDITE SIMPLE

(C. com., art. 20 à 28, art. 39 à 46, moins les art. 40 à 45 ; L. 24 juillet 1867, titre IV, *passim*).

DISPOSITIONS D'ENSEMBLE

321. — *La société en nom collectif est celle que contractent deux personnes ou un plus grand nombre, et qui a pour objet de faire le commerce sous une raison sociale* (art. 20). Elle n'est composée que d'associés tenus solidairement sur tous leurs biens du passif de la société.

La *société en commandite simple* se contracte, d'une part *entre un ou plusieurs associés responsables et solidaires*, nommés *commandités* ou *complimentaires et*, d'autre part, *un ou plusieurs associés, simples bailleurs de fonds* que l'on nomme *commanditaires* ou *associés en commandite* (art. 23, al. 1). Les commanditaires ne sont tenus que dans la limite de leur apport. Entre les associés responsables, s'il y en a plusieurs, la société forme une véritable société en nom collectif (art. 24).

322. — Commandite et prêt à intérêt. — Le commanditaire est un associé *restant effacé*. La participation de cet associé permet à un négociant d'entreprendre une exploitation qui, faute de ressources personnelles, serait hors de sa portée. Il s'adjoint un bailleur de fonds.

Le négociant pourrait, il est vrai, recourir au *prêt à intérêt*. Mais il y a entre le prêt et la commandite deux différences fondamentales :

a) Le prêteur est un *créancier*, son argent lui est dû à tout événement. L'emprunteur ne peut, sous prétexte de mauvaises affaires, se soustraire au remboursement. Les risques de perte sont pour l'emprunteur. S'il tombe en faillite, le prêteur produira au marc le franc, lorsqu'il est chirographaire, et par préférence, lorsqu'il a exigé des sûretés réelles.

A l'égard du commanditaire, au contraire, l'apport court le risque social ; il est *associé*. C'est la société en commandite qui, en cas de cessation de paiements, sera mise en faillite. Le commanditaire ne s'inscrira pas à la faillite de cette société dont il est membre, pour avoir le remboursement de sa mise. Il doit laisser les créanciers de la commandite se payer sur le capital, dans lequel est confondu son apport. Ce n'est que lorsque satisfaction entière leur aura été donnée, qu'il pourra prétendre à un excédent, s'il en reste. Il se pourrait même qu'il fût obligé de verser des fonds à cette faillite : c'est lorsque tout ou partie de sa commandite était encore dû par lui.

b) Le prêteur stipule un *intérêt fixe*, au taux convenu. Cet intérêt lui est dû bon an mal an, et rien de plus.

Le commanditaire a droit à son *tantième dans le bénéfice*, 10, 20, 40 o/o, selon ce que décide l'acte de société. Sa chance de gain est illimitée. Son droit, d'ailleurs, ne s'ouvre que s'il y a un bénéfice résultant de l'exploitation de la société. En cas de perte, il n'a droit à rien.

Cependant, dans la pratique, la démarcation entre le prêteur et le commanditaire manque souvent de netteté. On peut faire un prêt d'argent en convenant d'une participation dans les bénéfices de l'emprunteur, soit en augmentation d'un intérêt fixe, soit pour tenir lieu de tout autre intérêt. D'un autre côté, on verra que le commanditaire stipule parfois un intérêt à allouer à sa mise, même à défaut de bénéfices.

La frontière des deux contrats, en fait, sera indécise. Bien que les juges se soient toujours réservé le droit de prononcer souverainement sur la nature de la convention, ce qui a déterminé des décisions nombreuses impossibles à concilier (V. Dalloz, *Suppl. au Rép.*, v° *Société*, n°s 664 et suiv.), il y a un *criterium* doctrinal à dégager. Le voici. — Le bailleur de fonds a-t-il entendu se réserver le pouvoir d'exiger de l'autre partie qu'elle lui rende compte de sa gestion ? Pourra-t-il, en cas de mauvaise administration, demander réparation ? Si oui, on est en face d'un commanditaire ; si non, il s'agit d'un prêteur. Ce n'est pas le seul fait de stipuler la production éventuelle des livres afin de connaître le chiffre du bénéfice qui importe ; car elle serait possible dans les deux contrats. Ce n'est pas non plus la clause d'exonération des pertes qui est décisive, car cette clause peut provenir d'un commanditaire, et entacher alors le contrat de nullité (V. note sous Vervins, 30 juillet 1902, D. 1903, 2, 425). Pouvoir contrôler et critiquer la gestion d'égal à égal, voilà l'*affectio societatis*, condition essentielle de toute société ![1]

323. — Apport. — Ne nous limitons pas à la commandite. Dans toute société, chaque associé doit constituer un *apport* (art. 1833, al. 2) ; autrement la société serait nulle ; — cet apport peut consister en argent, en autres biens ou en industrie[2] : — l'apport peut être fait en pleine propriété

1. Req., 3 mars 1903, D. 1904, 1, 257 et notre note ; Req., 6 février 1905, D. 1905, 1, 391 ; Trib. com. Seine, 15 février 1913. *Journ. des Soc.*, 1913, 506 ; Ripert, *Prêt avec participation aux bénéfices et association en participation* (*Ann. dr. com.*, 1905, p. 53) ; Pic, *Traité des sociétés commerciales*, I, n° 74.

2. Lorsque l'apport consiste dans un fonds de commerce, il est soumis depuis la

ou en jouissance, ce qui, pour les valeurs sujettes à consommation par leur emploi, veut dire en quasi-usufruit.

La société est rendue propriétaire de l'apport, quand c'est un objet déterminé, par le seul fait du contrat (sauf clause contraire) ; et quand c'est une chose fongible, comme l'argent, par le versement qu'en fera l'associé : il suffit de suivre les principes du Code civil sur le transfert de propriété. Ces points ont été résolus (nos 233 et 234).

324. — L'apport en *corps certain* entraîne obligation de *garantie* à la charge de celui qui le fait. Il importe peu qu'il soit constitué en propriété ou en jouissance. La société suit la loi de la vente ou du louage.

Si la société est évincée de l'immeuble qui représentait la mise, elle aura droit à des dommages-intérêts de la part de l'associé (art. 1845, al. 2, C. civ.).

325. — L'apport qui consiste dans une *somme d'argent* met à la charge de l'associé les *intérêts moratoires* au taux légal (5 o/o dans le commerce), à partir du jour où cette somme aurait dû être payée.

Il n'est pas besoin de citer l'associé en justice, ni même de lui adresser une sommation. C'est une dérogation à la règle de l'art. 1153 (modifié par la loi du 7 avril 1900). Le tribunal peut même, en cas de préjudice plus élevé, condamner l'apporteur à de plus amples dommages et intérêts (art. 1846, al. 1 et 3, C. civ.). Ces dommages-intérêts supérieurs aux intérêts moratoires ne seraient encourus pour les autres dettes qu'en cas de mauvaise foi du débiteur (même art. 1153). Ici, cette condition n'est pas requise.

326. — Chez l'associé en nom et chez le commandité, l'*apport en industrie* tend en pratique à l'emporter. Cet associé met son activité, son travail de gérant à la disposition de la société. Peut-être n'apporte-t-il aucune autre valeur. Cette situation est fréquente dans la commandite. Il stipule tant pour cent de bénéfices en représentation de sa gestion.

Le risque social consiste alors, pour cet associé, à subir sur ses biens les poursuites des créanciers, et, faute de bénéfices sociaux, à donner son travail sans obtenir de rémunération en retour. Il fait un apport en simple jouissance, puisqu'il retirera son industrie lors de la dissolution de la société.

327. — Quelquefois, au lieu d'apporter son travail, l'associé se contente d'apporter son *crédit*. C'est un apport suffisant, à la faveur d'une distinction, aujourd'hui classique, entre le crédit commercial et le crédit politique.

Le *crédit commercial*, c'est l'expérience de l'homme, qui fait qu'une société a intérêt à s'assurer son patronage, sans lui demander ni valeurs ni industrie. Car ce patronage doit attirer les clients. C'est un apport ; mais où est le risque ?

Quand cet associé est associé en nom, et s'expose ainsi solidairement sur ses biens, il y a, de ce chef, un risque social qui permet de justifier sa

---

loi du 17 mars 1909 à des conditions très particulières (Wahl, *Journ. Soc.*, 1909, p. 241 ; Bosvieux, *ibid.*, 1910, 435).

vocation aux bénéfices. S'il cessait, en vertu d'une clause du contrat, de répondre du passif, la société serait irrégulière, non pas faute d'apport, mais parce que l'associé ne concourrait point aux pertes.

Le *crédit politique*, c'est l'ascendant dont dispose une personne auprès de l'administration ou du gouvernement, et qui rend plus probables que pour d'autres les attentions des pouvoirs publics.

Le crédit politique, n'étant pas dans le commerce, ne peut faire l'objet d'un apport. D'ailleurs celui qui le constitue ne s'expose pas par cela seul aux pertes : il y a donc deux motifs pour un de se prononcer contre la régularité de la société. — Cette proposition ne met point obstacle à ce qu'une personne, qui a obtenu une concession de travaux publics, se substitue une société sous le contrôle de l'administration, surtout si elle s'y est engagée par le cahier des charges, et à ce qu'elle se fasse allouer une quote-part de bénéfices qui sera représentative non pas d'un apport de concession (chose *extra commercium*), mais de son activité et de sa peine, et surtout de la part de travaux déjà engagés par elle [1].

328. — Du côté de l'associé commanditaire, l'apport en industrie est à peu près sans exemple. Cette industrie ne saurait de toute manière consister dans un travail de gérant ; une règle propre à la commandite, la défense d'immixtion, y met obstacle (n° 401).

Son apport se compose toujours de biens et, dans la grande généralité des cas, il a pour objet une somme d'argent.

329. — Caractères communs à l'associé en nom et au commanditaire. — Il y a des caractères communs à l'associé en nom ou commandité d'une part, et au commanditaire de l'autre.

Leur droit dans le capital social est pour tous deux une *part d'intérêt*. La société sera dissoute par la mort de l'un ou de l'autre. Le décès du commanditaire produit le même résultat que le décès du commandité. La part est incessible, même pour un commanditaire, à moins que son acquéreur ne soit agréé par tous les associés (art. 1861). Cette substitution d'associé, avec le consentement unanime, entraîne en réalité création d'une nouvelle société [2].

Il y a cependant une convention permise à un associé sans l'accord nécessaire des autres : c'est la convention dite de *croupier*. L'associé peut faire transport de toute sa part à un acheteur, ou prendre de compte à demi dans sa part une autre personne. Il n'a pas à obtenir le consentement des

---

1. La validité de l'apport d'une concession de chemin de fer a été, implicitement au moins, reconnue par quelques arrêts (Civ. rej., 29 décembre 1903, D. 1906, 1, 324, etc. ; mais dans le sens de la nullité, Alger, 3 mai 1906, D. 1909, 2, 127). Toutefois la législation des chemins de fer s'oppose à ce que les fondateurs d'une société de cette nature stipulent pour cet apport plus que le remboursement de leurs avances (L. 15 juillet 1845, art. 11). V. Bosvieux, *De l'attribution d'avantages en représentation de l'apport d'une concession de travaux* (*Journ. des Soc.*, 1913, 5).

2. V. Lacour, *Dans quels cas les modifications apportées à l'acte constitutif d'une société ont-elles pour effet de dissoudre cette société et de créer une société nouvelle ?* dans le *Journ. des Soc.*, 1913, 97 et s.

coassociés, pourvu que cette convention n'ait d'effet qu'*inter partes*. Au regard de la société elle est inexistante. D'où ces conséquences :

a) Que la durée de la société se règle sur la vie de l'associé primitif et non sur celle de son cessionnaire, qui est inconnu du siège social ;

b) Que l'associé primitif interviendra seul dans les délibérations, dans les règlements de comptes, etc.

On dit de l'acquéreur ou du participant en sous-ordre : *non est socius, sed socii socius*. Il chevauche en croupe sur la part (art. 1861).

330. — Un autre caractère commun à l'associé en nom et au commanditaire, c'est que tous deux doivent s'abstenir de *faire concurrence à la société dans l'exploitation* qui forme son objet. Cette obligation, dans la législation allemande, ne pèse que sur l'associé en nom. Le commanditaire pourrait donc ouvrir une maison de même ordre que celle de la société, et lui disputer ses clients. Le droit français ne le permettrait pas : la raison en est simple.

La société a une clientèle, c'est un élément de son actif, de son capital. Même ceux des associés qui n'ont pas fait l'apport du fonds de commerce doivent respecter cet actif : un associé ne peut se servir des choses de la société, du moment qu'il les emploie contre l'intérêt de celle-ci (art. 1859-2°). Il y a donc là une *obligation de garantie*, dont sont tenus tous les associés mutuellement. Il ne faut pas la confondre avec cette autre garantie que chaque associé doit de son apport, d'objet variable (immeuble, brevet, etc.) [1].

331. — Différences. — Mais à cela près, nombreuses sont les différences qui séparent les deux catégories d'associés. La condition juridique de l'associé en nom ou commandité d'une part, et du commanditaire de l'autre, est plus fertile en contrastes qu'en rapprochements.

332. — 1° L'associé en nom collectif ou le commandité est *personnellement commerçant*. Le Code le dit clairement dans l'art. 20, lorsqu'il montre les associés en nom « faisant le commerce ». D'après des textes particuliers, ils seront mis en faillite à la suite de la société (art. 438-2°, 458-2°). Il en est ainsi de tous les associés en nom, même lorsqu'ils restent en fait éloignés des affaires ou qu'ils ne figurent pas dans la raison sociale.

Donc, outre l'application de la *faillite* (n° 312), l'associé en nom doit *a*) faire *publier son contrat de mariage*, *b*) ne pas exercer une profession *incompatible* avec le commerce (fonctionnaire, militaire, etc.), *c*) disposer de la même *capacité* que pour exercer un commerce individuel (mineur, femme mariée). Toutefois il est inutile qu'il tienne des livres autres que ceux de la société.

On comprend, dans ces conditions, que l'associé en nom soit assujetti à

---

1. Pour *le gérant qui fait apport de son industrie*, l'impossibilité d'exercer personnellement un commerce similaire résulte d'ailleurs en termes exprès de l'art. 1847 C. civ., d'après lequel « les associés qui se sont soumis à apporter leur industrie à la société, lui doivent compte de tous les gains qu'ils ont faits par l'espèce d'industrie qui est l'objet de cette société ».

la *patente*, indépendamment de celle qu'acquitte la société elle-même. Mais, comme il subit cette charge à cause de la société, il en recouvrera le montant contre elle, et l'impôt sera passé en frais généraux.

La société est inscrite d'abord à la patente au nom de son principal associé : celui-ci est redevable du droit proportionnel calculé comme il a été dit précédemment (n° 57), et, en outre, du droit fixe entier afférent à la profession.

Ce même droit fixe, une seconde fois, est divisé en autant de parts égales qu'il y a d'associés en nom, et chaque associé secondaire est imposé d'une de ces parts (L. 15 juillet 1880, art. 20). Cela dit, sous réserve de certaines exemptions consacrées par la loi fiscale.

333. — Le commanditaire, lui, n'est pas un commerçant (à moins d'exercer en outre un commerce séparé). Il n'encourt pas la faillite, il n'est pas tenu de publier son contrat de mariage.

Mais *son engagement de commanditaire a-t-il* ou non *le caractère d'un engagement de commerce* par sa nature ?

Le sentiment général de la doctrine et de la jurisprudence est pour l'affirmative. Le commanditaire s'agrège à une société de commerce ; par suite de la règle de l'accessoire, sa souscription devient un acte de commerce. Les opérations de la société sont commerciales, le gérant les accomplit pour l'associé à responsabilité limitée comme pour lui-même. Il n'est pas possible qu'elles changent de caractère, suivant qu'elles atteignent l'un des associés ou l'autre.

Cette thèse ne nous semble pas exacte : le rapport qui unit le commanditaire à la société demeure civil. En voici les raisons.

a) Le commanditaire reste caché au public. Or, l'acte de commerce ne se dissimule pas. D'autre part, si l'on veut que le commerce se caractérise par l'idée de spéculation, le commanditaire ne spécule qu'à risques limités, ce qui restreint singulièrement son aléa.

b) Aucun texte n'assimile la souscription d'une commandite à un acte de commerce. L'application de la théorie de l'accessoire serait abusive ; cette théorie se borne à rendre commerciaux les actes accessoires d'exploitation d'un *commerçant*, elle ne communique pas la nature commerciale d'une entreprise à tous ceux qui y participent.

334. — Dans l'application, depuis l'abolition de la contrainte par corps en 1867, le problème n'a plus qu'un intérêt réduit, la plupart des solutions pratiques étant fournies d'avance par les textes. Ainsi :

a) Le *tribunal de commerce* est certainement compétent dans les procès de la société contre le commanditaire (art. 631-2° ; L. 17 juillet 1856). Cela ne tranche pas, il est vrai, la question de compétence si le commanditaire était poursuivi par les créanciers, en vertu de leur action directe (voir ci-dessous, n° 417). Le tribunal civil serait alors compétent.

b) On ne pourra pas établir, *par témoins*, la preuve de la société contre le commanditaire. Cependant, semble-t-il, si son engagement est commercial, l'enquête doit être recevable même au-dessus de 150 fr. (art. 109 C. com.). — Il n'en est rien, la preuve d'une société de commerce ne peut pas être établie par ce moyen (nos 352 et suiv.).

Mais *quid* de la promesse d'entrer comme commanditaire dans une société sauf à en dresser acte plus tard : convention qui n'est pas encore la société véritable ? D'après nous, les intéressés ne pourront pas user de la preuve testimoniale afin de l'établir : c'est l'art. 1341 C. civ. qu'il faut suivre.

L'utilité de prendre parti sur la question de principe n'apparaît sérieusement qu'aux points de vue suivants :

a) Les interdictions professionnelles de faire le commerce vont-elles empêcher le fonctionnaire de placer ses capitaux sous la forme de commandite ? La question est la même pour la souscription des actions. — L'ancien droit, qui voyait dans la commandite un placement régulier pour les classes nobles, nous donne déjà la réponse. Il n'y a aucune interdiction. C'est donc que l'engagement est civil.

b) Le commanditaire doit les intérêts moratoires à raison du retard qu'il met à verser sa mise. Si son engagement est civil, comme nous le pensons, le *taux* de ces intérêts sera de 4 et non de 5 o/o.

c) Les capitaux disponibles d'un mineur ou d'un interdit peuvent être consacrés par le tuteur à un placement en commandite, si l'opération est civile. Ils ne le pourraient pas, en admettant l'autre opinion (art. 3 C. com.) : le mineur devrait personnellement se faire habiliter dans les termes de l'art. 2. Et ici la jurisprudence se déjuge en statuant, comme elle le fait, dans le sens libéral.

La question, répétons-le, se présente de la même manière pour l'action, qui n'est qu'une commandite négociable. La gêne mise à l'emploi des capitaux du pupille serait peu tolérable, s'ils ne pouvaient être affectés à une souscription d'actions. D'ailleurs, en se prononçant pour la commercialité, que proscrirait-on ? Est-ce la *souscription* seulement, est-ce encore l'*achat au comptant* de l'action après que la société aurait été constituée ? On attache ordinairement à cet achat un caractère civil, ce qui est peu conséquent. Car le tuteur, ne pouvant souscrire, devra suspendre le placement pour acquérir ensuite la valeur sur le marché, à des conditions peut-être moins favorables.

335. — Voyons incidemment à quelles conditions les fonds d'un mineur peuvent être employés en commandite (ou en actions).

La loi du 27 février 1880, sur l'aliénation des valeurs mobilières de mineurs ou d'interdits, énumère ces valeurs et mentionne les *parts d'intérêt* (commandite) et les actions. C'est donc que le mineur peut être commanditaire, sans aucune condition d'âge.

Cette loi a servi d'argument à un système intermédiaire qui a prévalu devant la Cour de Paris (21 mai 1884, S. 85, 2, 97). L'emploi des capitaux du pupille, en commandite ou en actions, serait possible, avec l'autorisation du conseil de famille, et en outre, lorsqu'il s'agit d'une somme supérieure à 1.500 fr., avec l'homologation du tribunal civil.

On l'a décidé ainsi par rapprochement des articles de ladite loi. Les art. 1er et 2 commencent en effet par exiger cette autorisation pour aliéner les valeurs du mineur. Plus loin, l'art. 6 prévoit la situation inverse, l'emploi de capitaux disponibles : « les règles prescrites par les articles ci-dessus sont déclarées applicables à cet emploi ». On en conclut qu'il faut au mineur, pour acquérir une valeur, une action par exemple, les mêmes autorisations que celles qui seraient exigées pour l'aliéner. Cette interprétation laisse à désirer, elle prouve trop. Si l'on est conséquent, l'autorisation s'imposera même pour un achat d'immeuble, de rentes ou d'obligations : ce serait priver le tuteur de toute liberté dans le placement des fonds du mineur. En réalité, le passage précédent de la loi de 1880 veut dire seulement que l'emploi des valeurs négociables doit se faire en titres *de forme nominative* ; il renvoie principalement à l'art. 6, qui exclut la forme au porteur des valeurs composant le portefeuille du mineur.

S'ensuit-il, en rejetant cette interprétation, que l'on doive permettre au tuteur de souscrire, en toute indépendance, une commandite ou une action pour le mineur ? Nous ne le pensons pas. — Ce droit ne lui appartient qu'autant que la part sociale est sujette à versement immédiat. Il faut que le mineur ait les capitaux nécessaires pour libérer cette part et qu'*il la libère*. Autrement, le tuteur l'obligeant à terme, on ne saura pas s'il aura des fonds disponibles à l'échéance. Le mineur est menacé d'une expropriation éventuelle. Par identité de motifs, il convient de soumettre l'opération aux mêmes conditions qu'un *emprunt* : autorisation du conseil de famille avec homologation de justice (art. 457 et 458 C. civ.)[1].

Quant au mineur de moins de dix-huit ans, ayant encore ses parents légitimes, dont les biens sont soumis à l'administration légale du père, — celui-ci pouvant accomplir *seul* les actes que le tuteur peut faire seul ou autorisé par le conseil de famille, et *avec l'autorisation du tribunal* ceux que le tuteur ne peut faire qu'avec cette autorisation (art. 389 C. civ. complété par la loi du 6 avril 1910), — il en résulte : *a*) que le père peut souscrire seul une part de commandite pour son enfant mineur quand il libère immédiatement cette part avec des capitaux disponibles ; *b*) mais, si cette part n'est libérable qu'à terme, qu'il doit obtenir l'autorisation de justice[2].

336. — 2° Il reste à mentionner entre l'associé en nom (ou commandité) et le commanditaire une *dernière différence*. Elle tient au rôle que joue le nom de l'un et dont est exclu le nom de l'autre, dans la composition de la raison sociale. Cela nous amène à présenter les règles de la raison sociale, avant de finir cette introduction. L'étude de la *raison sociale* forme, pour les sociétés, la contrepartie de celle du *nom* pour l'individu commerçant.

337. — Raison sociale. — La société en nom collectif, tout comme la commandite, a une désignation propre. Cette désignation s'appelle la *raison sociale*. C'est sous cette raison sociale que sont traités les engagements pris par le gérant.

Elle se compose des noms réunis, conjugués, des associés en nom, ou des commandités : Jean, Pierre, Paul, noms figurant comme une chaîne

1. Voir un article de M. Bouchène dans les *Annales de droit commercial*, 1888, p. 157.
2. Quant à l'apport en société d'immeubles appartenant à un mineur, v. *supra*, n° 153, note.

fortement soudée. A moins qu'on ne se contente des noms de quelques-uns de ces associés, cas auquel on les fait suivre de la rubrique impersonnelle *et compagnie* : « *Jean, Pierre et Cie* ».

Cette rubrique voile tantôt des associés responsables dont on tait les noms qui feraient longueur, et tantôt un ou plusieurs commanditaires. Dans la commandite la terminaison *et compagnie* est constante ; dans la société en nom collectif, elle cesse lorsque tous les associés sont énumérés dans la raison sociale. Il est inutile de rechercher si c'est dans la commandite ou dans la société en nom collectif que cette adjonction a été historiquement usitée en premier lieu.

La raison sociale signale aux tiers, du premier coup d'œil, les associés responsables sur tous leurs biens, sans qu'ils aient à se référer à l'acte de société. Elle forme ainsi l'image réduite des garanties personnelles sur lesquelles ils sont en droit de compter.

338. — Il ne faut pas confondre la raison sociale avec la dénomination de la maison, avec son *enseigne*. Les sociétés anonymes n'ont qu'une dénomination et manquent d'un nom véritable (*Banque de France, Chemins de fer du Nord, La Nationale Vie* ou *Incendie*).

La raison sociale est composée de noms d'associés enchaînés les uns dans les autres (*Laffite et Caillard, A. Boucicaut et Cie*) ; la dénomination ou enseigne se compose d'un nom d'objet ou d'une formule métaphorique ou de réclame (*Au Bon Marché, à la Rôtisserie de la Reine Pédauque*).

La raison sociale est connexe au personnel actuel des associés, et elle doit changer à chaque modification que subit ce personnel.

La dénomination, au contraire, fait corps avec l'établissement et peut se céder avec lui.

339. — De ce que la raison sociale doit procurer un crédit plus rapide à la société, en donnant qualité au gérant et en révélant les noms des associés responsables, ressortent deux corollaires.

a) Introduite toute dans l'intérêt de la société, la raison sociale est *facultative*. Une société par intérêt, sans raison sociale, ne serait point nulle. Le gérant traiterait et signerait par procuration de tous ses co-associés dont il déclinerait alors les noms : il n'y aurait dans les effets des engagements aucune différence.

Si les associés constataient après coup une utilité à se procurer une raison sociale, il serait encore temps d'en pourvoir la société. Le désaccord qui se produirait, sur l'ordre dans lequel leurs noms respectifs composeront la raison sociale, serait réglé par la justice : le tribunal les départagerait.

b) La raison sociale ne peut contenir que *des noms d'associés responsables*, et jamais des noms de personnes étrangères à la société, ni même des noms de commanditaires (art. 21 et 25). Autrement, les tiers seraient induits en erreur sur ceux qui répondent indéfiniment des dettes.

Quelle est la sanction ? Elle se devine, bien que la loi ne l'exprime pas.

1° Ou bien le commanditaire ou l'étranger a eu connaissance de l'usage indû fait de son nom. Il n'a pas protesté, il n'a pas fait rayer son nom de la raison sociale. — Il se comporte comme un associé responsable, et au cas de faillite de la société il subira cette position, en laissant les créanciers se payer sur tous ses biens. C'est le seul moyen de réparer le tort par lui causé.

2° Ou bien il a ignoré l'abus fait de son nom. — Il ne sera pas tenu, mais les auteurs de l'abus commettent une escroquerie, même un faux criminel, en imputant à l'étranger une responsabilité, c'est-à-dire une obligation qui n'est pas la sienne (art. 147 C. pén.). C'est le même crime que de signer un engagement du nom d'autrui.

Par le même motif, lorsque l'un des associés se retire ou meurt au cours de la société sans la dissoudre, il doit, ou ses héritiers doivent faire effacer son nom de la raison sociale. Sinon, il continue à répondre des engagements postérieurs à sa sortie, quand même les autres mesures de publicité, destinées à avertir les tiers de cette sortie, auraient été observées.

En pratique, il est arrivé à plus d'une société, tout en modifiant son personnel, de conserver son ancienne raison sociale ; c'est un moyen plus sûr de conserver l'achalandage. Ou encore, des commerçants, pour liquider l'affaire, vendent leur fonds de commerce, en permettant à l'acquéreur de se servir de leur nom, afin de rallier la clientèle. — Il est admis que le nom du vendeur peut être ainsi gardé par l'acheteur, au moins pendant le temps nécessaire à la transmission des clients, ou même sans limite de temps (Cass. 3 février 1909, affaire Heidsieck, *Gaz. Trib.*, 21 février 1909); mais à une condition : il faut que le nouveau titulaire inscrive son nom « à titre de successeur » à la suite de celui de la maison primitive. Par là disparaît tout malentendu (voir au surplus tout ce qui a été dit au sujet du nom commercial, n°s 101 et suiv.)[1].

340. — Nous diviserons l'étude des sociétés par intérêt en six sections. Elles auront pour objet : — les conditions de fond, — les conditions de forme, — les conditions de publicité, — la contribution aux pertes, avec la théorie des bénéfices, — l'administration de la société ainsi que la responsabilité des associés, — la dissolution, suivie de la liquidation et du partage.

SECTION PREMIÈRE

DES CONDITIONS DE FOND.

341. — La société, en tant que contrat synallagmatique, obéit aux conditions essentielles pour la validité de toutes les conventions. — Ces conditions sont au nombre de quatre (art. 1108 C. civ.). Ce sont : — le *consentement* des parties qui doit être exempt de vice, — la *capacité* des contractants, — un *objet certain*, — et une *cause licite*.

---

1. Il vaudrait mieux dire : L'ancienne raison sociale peut être cédée comme *désignation de l'établissement*, sans même la nécessité de l'adjonction du nom du successeur. Elle ne peut pas l'être comme mode de *signature des engagements* du nouveau titulaire (cfr. ci-dessus, n° 102 *in fine*, en note).

342. — Des nullités[1]. — Toutes ces conditions sont sanctionnées par la *nullité*. La nullité n'opère pas pour chacune d'elles de la même manière.

L'étude des nullités, déjà dépourvue d'unité pour un contrat ordinaire, tel que la vente, devient particulièrement complexe à l'égard d'une société. — Il y a des nullités *relatives*, celles qui proviennent d'un vice de consentement ou d'un défaut de capacité (elles ne peuvent être invoquées que par l'incapable ou par la personne dont le consentement a été surpris). — Il y en a d'autres (absence de cause ou d'objet) qui sont *absolues* et dont tous les contractants peuvent se prévaloir. — Ces différences ne doivent pas plus être négligées lorsqu'il s'agit d'une société que pour une autre convention.

Mais c'est l'*effet rétroactif* de la nullité, à partir du jour où elle est prononcée, qui, dans les sociétés, soulève des difficultés. Tandis que, pour un autre contrat, la nullité anéantit l'acte juridique, même dans le passé, et replace les parties au même état que s'il n'avait pas été conclu, cette règle n'est pas toujours vraie lorsqu'on est en face d'une société. Il y a, à cet égard, des distinctions à établir selon la cause de la nullité encourue. On discutera cette question dans son ensemble à propos de la publicité.

Il suffira, pour le moment, de s'en tenir à une déclaration par à peu près : à savoir, que *la nullité d'une société n'agit que pour l'avenir*. Elle laisse subsister entre les parties, jusqu'au moment de son prononcé, un état de société qu'il faudra liquider. Deux situations sont d'ailleurs possibles : 1° tantôt on sera en face d'une *société de fait*, qui se réglera d'après le droit commun, sans égard aux stipulations de l'acte social ; 2° tantôt il s'agira d'une *société de droit*, arrêtée maintenant dans sa marche, qui se liquidera en conformité de l'acte constitutif.

Cette apparente anomalie s'explique. Une société, quoique irrégulière, constitue un état de fait, une communauté d'intérêts qu'aucune fiction de droit ne peut plus détruire. Il y a eu des affaires conclues pour le compte de plusieurs personnes. Il y aura donc matière à un règlement des opérations négociées et de leurs résultats.

343. — Epuisons la question des apports. On a indiqué, précédemment, leur variété d'objet (n°s 233 et 234, 323 et suiv.). Le Code civil s'attarde inutilement à opposer l'*apport universel* à l'*apport particulier* (art. 1835 à 1840).

Il y a apport universel : 1° lorsque les associés mettent en commun tous leurs biens présents avec leurs gains futurs (mais non pas la propriété de biens à venir, car la loi s'y oppose) ; 2° quand les parties ne mettent en commun que leurs biens futurs, auxquels s'ajoute alors la propriété des meubles présents ainsi que la jouissance des immeubles (société de gains, celle-ci se présumant en cas de doute).

En dehors du contrat de mariage (régime de communauté) ou d'un état de concubinage, ce genre de société n'existe pas. Il était pratiqué dans les agglomérations rurales de l'ancien droit, la Révolution l'a fait disparaître. En matière de commerce, les apports particuliers présentent seuls assez

---

1. V. Hémard, *Théorie et pratique des nullités de sociétés et des sociétés de fait*, 1912.

de précision pour que chaque partie puisse évaluer les avantages du contrat, en retour du sacrifice qu'elle s'impose. Un autre obstacle à l'emploi des sociétés universelles tient à ce que la loi les annule entre personnes incapables de disposer les unes envers les autres à titre gratuit. Elle les considère ainsi comme des donations déguisées, non comme des opérations à titre onéreux (art. 1840).

Analysons les quatre conditions de l'art. 1108 dans leur application à la société.

344. — 1° *Consentement.* — Il peut être entaché d'erreur substantielle, de violence, plus souvent de dol. L'un des contractants a usé de manœuvres, de pièces mensongères, faisant espérer un rendement impossible. Le contrat sera annulable, à la demande de la personne trompée.

345. — 2° *Capacité.* — La capacité nécessaire pour être membre d'une société commerciale n'est pas la même pour toutes les sociétés. C'est, avons-nous dit, la capacité d'être *commerçant* de profession qui est requise pour devenir associé en nom ou commandité. Tandis que la capacité ordinaire de droit civil suffit, d'après nous, pour devenir commanditaire (nos 332 et 333).

346. — Sociétés entre époux. — Deux époux peuvent-ils ensemble faire une société (civile ou de commerce) ? Leur intérêt à conclure un contrat de cette nature est assez faible, s'ils sont déjà mariés sous la communauté. L'avantage apparaît surtout sous la séparation de biens : la formation d'une société en nom collectif procurera aux tiers la garantie solidaire de leurs deux patrimoines, tandis que leurs deux fortunes étaient indépendantes d'après le contrat de mariage.

347. — Une jurisprudence très ferme se prononce contre la validité de ces sociétés. Elle annule même toute société dans laquelle les deux époux figureraient comme associés avec d'autres personnes (Civ. rej., 5 mai 1902, D. 1903, 1, 207, et S. 1905, 1, 41, note Hémard ; Civ., 23 janvier 1912, D. 1912, 1, 481, note Bouvier-Bangillon).

N'est-ce pas le résultat de l'*immutabilité des conventions matrimoniales* (art. 1395 C. civ.) ? Réunir tout ou partie des biens des époux, qui devraient être séparés d'après le régime matrimonial, ou rendre la femme responsable sur ses propres des dettes contractées par le mari, n'est-ce pas dénaturer ce régime, ce qui justement est interdit en cours de mariage ?

Cette raison est en effet invoquée par les arrêts, sans être cependant celle à laquelle ils s'attachent de préférence. Une convention quelconque entre époux est de nature à altérer le contrat de mariage : la *donation*, en faisant passer au mari un bien qui serait normalement à la femme ; le *mandat*, en faisant administrer un paraphernal par le mari. Cependant donation (art. 1096) et mandat (art. 1577) sont réguliers entre époux. Il n'y a pas de raison de traiter plus sévèrement la *société*, qui donne aux biens du ménage une valeur productive plus forte. Le contrat de vente seul est interdit entre époux (art. 1595) : de la vente à la société il n'y a point d'analogie à déduire.

Pour que l'immutabilité des conventions soit respectée, il suffit : *a*) Que la société ne comprenne pas une partie trop considérable (question à apprécier en fait) des biens qui, à la teneur du régime adopté, devaient demeurer séparés ;

b) Que chaque époux puisse faire cesser cette société à tout moment, quand même il y aurait, d'après le contrat, un terme convenu pour sa durée.

348. — Le motif principal contre la validité des sociétés entre époux se tirerait de la position subordonnée de la femme par rapport au mari. La société, avec le contrôle qu'elle donne à chaque associé, conférerait à la femme *un pouvoir incompatible avec son état de soumission* (art. 1388 C. civ.).

Cependant, on ne voit pas comment la femme, qui est recevable à demander sa séparation en cas de péril couru par sa dot, contreviendrait davantage à la puissance maritale et au rôle qui lui est fait dans le ménage, en demandant compte au mari d'une administration de société conclue entre eux deux. Si, le régime étant la communauté, la société avait pour résultat, soit de confier à la femme la direction de cette communauté, soit de rendre le mari comptable des valeurs qui en font partie, la femme s'assurerait une position qu'elle n'a pas droit de prendre (art. 1388 C. civ.). C'est qu'alors la société ferait échec au régime, et l'on rentrerait dans l'argument précédent.

Mais il est difficile de proscrire absolument toute société entre époux ; l'affranchissement qu'elle donnerait à la femme de la puissance maritale paraît imaginaire et, s'il avait lieu, ce ne serait pas pour lui procurer un droit d'ingérence excessif. On se plaint, au contraire, que le régime de communauté laisse la femme dénuée de tout pouvoir de contrôle.

349. — La thèse des arrêts se comprendrait mieux, si le droit de demander la nullité n'appartenait qu'à la femme, et surtout si celle-ci pouvait s'en prévaloir, *même à l'encontre des créanciers*, la société ayant périclité. La femme recouvrerait son apport « franc et quitte », au lieu d'avoir à prendre sa part dans les pertes de l'exploitation. La nullité serait rétroactive à son profit et pourrait être opposée aux tiers. La femme serait frappée d'une incapacité, à elle toute relative, de former une société avec son mari. Vis-à-vis de celui-ci, le contrat tiendrait et le lierait envers les créanciers, à tout événement. Mais la femme, elle, ne serait point liée.

Entendue ainsi, la nullité de la société entre époux prendrait sa place à côté des nombreux moyens prétoriens, imaginés pour sauvegarder les apports de la femme. Ce serait, comme l'inaliénabilité de la dot mobilière, une thèse scolastique de préservation des ressources du ménage.

Mais les arrêts maintiennent la société de fait entre les deux époux pour la phase d'exploitation écoulée (Civ. rej., 5 mai 1902, *supra* ; Req., 11 avril 1906 et 19 mai 1908, D. 1908, 1, 284 et 359). Le dernier arrêt rendu par la Chambre des requêtes veut que le règlement des opérations se fasse sinon d'après les statuts, du moins selon l'art. 1853 C. civ. Cette manière de procéder enlève aux arrêts leur justification [1].

1. Pour arguer de nullité des sociétés de commerce entre époux, on peut encore

Au total, la thèse de la jurisprudence aboutit au même résultat que si la société était bonne et valable, à cette seule réserve près que l'on pourra provoquer sa liquidation à tout moment. Ce caractère précaire de la société n'aurait pas grand inconvénient, si la thèse se limitait aux sociétés formées entre deux époux seulement. Mais, comme elle s'étend aux sociétés formées avec un tiers, et, à ce qu'il semble, à une société par actions, par cela seul que mari et femme y souscriraient l'un et l'autre des actions (quand même le mari ne serait pas administrateur), cette exagération la condamne absolument [1].

350. — 3° et 4° *Objet ou cause.* — Chaque obligation a son *objet* dans l'apport qu'elle représente, et sa *cause* juridique dans les apports que font à un associé les autres membres en retour du sien. A cet égard, nous n'avons plus rien d'intéressant à dire (n°s 233 et 323). Nous employons les mots dans un autre sens.

351. — En réunissant les deux expressions, l'*objet* ou la *cause* visera le *but que poursuit la société.* La société doit avoir un objet, autrement dit un but d'exploitation licite (art. 1833, cbn. avec l'art. 6 C. civ.).

Seraient illicites : *a*) Les sociétés pour exploiter une *maison de jeu* [2] ou pour faire la *contrebande* ; sans distinguer avec certains arrêts, suivant que la maison de jeu se tiendrait en France ou à l'étranger, et dans ce dernier cas légalement dans le pays d'origine, ou encore suivant que la contrebande se pratiquerait à l'importation en France ou à l'exportation, c'est-à-dire au détriment de la douane étrangère. Devant nos tribunaux, ces entreprises doivent être invariablement irrégulières : la loi française défend de tenir une maison de jeu ; elle condamne, comme contraires à la courtoisie internationale, les fraudes commises en douane, même aux dépens d'un autre Etat (Douai, 11 novembre 1907, D. 1908, 2, 15).

b) Les sociétés ayant un objet licite en soi, mais que la loi ne permet pas d'exercer soit avec des associés en général, soit avec des associés dépourvus de certains grades.

On discutera la légalité de sociétés formées pour l'exercice de la *médecine*, pour l'exploitation d'une *pharmacie* (Req., 21 juin 1898, D. 99, 1, 53), ou pour la pratique de la clientèle d'*avocat*. Un membre d'une de ces professions ne doit pas s'associer à une autre personne qui ne posséderait pas elle-même le diplôme [3], ou n'aurait pas été reçue à la prestation du

---

invoquer l'art. 5, al. 2, C. com. : la femme n'est qu'un préposé du mari, lorsqu'elle ne fait pas un commerce séparé ; elle ne peut pas être engagée par les affaires du mari. — Mais cette présomption, quoique d'ordre public, cédera devant un acte formel de société. Car elle a été introduite à raison de l'équivoque déterminée par la collaboration des deux époux, sur le véritable rôle qu'a entendu jouer la femme (n° 177). En face d'une société expresse, il n'y a plus d'équivoque.

1. Sur toute cette matière, voir Pic, *Des sociétés commerciales*, I, n°s 407 et s. ; Rémard, *op. cit.*, n°s 57 à 70.

2. Il faut réserver toutefois les dispositions exceptionnelles de la loi du 15 juin 1907 en faveur des cercles ou casinos des stations balnéaires.

3. Mais il a été jugé que la société formée par deux pharmaciens diplômés, copropriétaires de deux officines, et exerçant chacun la direction personnelle et

serment. Quand cet associé limiterait son concours à un apport de fonds, la société ne deviendrait pas régulière [1]. On se demandera si deux médecins ou deux avocats peuvent s'associer ensemble, et tenir cabinet commun en faisant masse de leurs honoraires, si la veuve d'un médecin pourrait, en cédant la clientèle de son mari, s'associer avec son successeur ; aucune de ces combinaisons ne paraît licite (Civ. Seine, 28 juillet 1896, *Droit*, 8 octobre).

c) Dans le même ordre d'idées, les sociétés créées en vue de l'exploitation d'un *office ministériel* (en matière civile, notaires ; en matière commerciale, courtiers maritimes ou agents de change, excepté cependant pour les charges de ces agents qui sont exercées auprès d'une Bourse à parquet et reconnues par une loi du 2 juillet 1862, nouvel art. 75 C. com.).

Les fonctions publiques, en effet, ne sont pas dans le commerce. Malgré le droit qu'a le titulaire de présenter moyennant finance son successeur au gouvernement, l'office ne donne pas matière à trafic. L'officier a été choisi à raison des garanties personnelles qu'il présentait. Sa gestion ne doit pas être influencée par des associés, en qui l'autorité n'a point mis sa confiance.

Aucun doute pour le cas où le fonctionnaire prendrait comme associé une personne ne devant point s'immiscer dans la profession. Mais le gouvernement pourrait-il nommer à un même office de courtier maritime, par exemple, deux personnes à la fois, deux personnes jugées par lui également dignes et capables de l'exercer ? — Nous ne le pensons pas. La fonction publique implique une liberté d'action que gêne la délibération à deux. Le traité d'association ne pourrait être approuvé par le Ministre, quoique mis en mesure de vérifier la moralité ou les aptitudes de ces associés. Si l'administration ne peut autoriser le nouveau titulaire à s'adjoindre un commanditaire (arg. *a contr.* de l'art. 75), à plus forte raison ne peut-elle souscrire à l'accession d'un associé qui serait appelé à participer à la gestion même de l'office (contre la société conclue entre deux agents de change, décret du 7 octobre 1890, art. 39).

Mais l'officier public, de même que le pharmacien, pourrait prendre des clercs ou élèves salariés, en les intéressant aux bénéfices. Ce ne serait alors ni une société, ni même une association en participation (voir ci-dessous), mais un contrat de louage de services, avec rétribution proportionnelle.

Nous réservons l'effet de cette nullité, qui n'opère pas de la même manière que la nullité pour incapacité ou défaut de consentement (V. n° 365).

SECTION II

DES CONDITIONS DE FORME

(Art. 39 et 41 C. com.).

352. — Écrit. — Une société commerciale par intérêt doit se constituer

---

exclusive de l'une de ces officines, ne constituait pas le délit prévu par la déclaration royale du 25 avril 1777 et par la loi du 21 germinal an XI : Riom, 16 juin 1909, *Journ. des Soc.*, 1910, 118.

1. La législation semble plus rigoureuse pour défendre la mise en société d'une

au moyen d'un écrit. Cet écrit est l'*acte* de société (on l'appelle *statuts* dans les sociétés par actions).

L'acte peut être rédigé au choix des parties, soit en la forme authentique et *notariée*, soit en la forme d'un acte *sous signatures privées*.

En ce dernier cas, il y aura lieu de le dresser en autant de *doubles* qu'il se trouve de parties ayant un intérêt distinct, avec mention du nombre des originaux sur chacun d'eux (art. 39 C. com., art. 1325 C. civ.). — On estime, en doctrine, qu'il faut autant de doubles qu'il y a de commandités et de commanditaires. D'après la jurisprudence, il suffirait de deux doubles, afférant l'un à tous les commandités, et l'autre à tous les commanditaires (ce qui est la règle, on le verra, dans la commandite par actions). Cette pratique répond à la pensée que, dans la société, l'intérêt des associés n'est pas distinct, c'est-à-dire opposé, mais plutôt *commun* (n° 220). Il y a pourtant quelque doute à garder sur son exactitude.

353. — L'emploi de la forme authentique, indépendamment des avantages qu'on peut avoir à faire établir un acte par notaire, se justifiait jadis par deux raisons, dont la première a subsisté :

a) La société étant conclue sous seings privés entre une personne et l'un de ses *successibles*, entre un père et l'un de ses fils, il y a présomption qu'elle contient à l'adresse de ce successible un avantage indirect, peut-être une libéralité déguisée ; et l'héritier sera obligé de *rapporter à la succession* les profits qu'il en aura retirés (art. 853 C. civ.).

b) Avant la loi du 1er août 1893, l'acte de société devait être authentique pour donner pouvoir au gérant de constituer *hypothèque* sur les immeubles sociaux. — Car, de même qu'une hypothèque ne peut être constituée que par acte notarié (art. 2127), de même le débiteur qui, au lieu de constituer l'hypothèque personnellement, donne procuration à un mandataire de le faire pour lui, doit dresser cette procuration en la forme notariée. L'acte de société devient une procuration de cette nature, en tant qu'il habilite le gérant à l'effet d'hypothéquer. — Mais, par suite de l'art. 69 ajouté par la loi du 1er août 1893 à celle du 24 juillet 1867, il pourra être désormais consenti hypothèque, au nom de *toute* société commerciale, en vertu des pouvoirs résultant de son acte de formation, cet acte fût-il même *sous seing privé*.

354. — Motifs. — La condition d'un écrit est plus rigoureuse encore pour une société commerciale que pour une société civile. Car ce n'est qu'autant que son objet dépasse cent cinquante francs qu'en matière civile l'écrit est obligatoire (art. 1834 cbn. avec 1341), tandis qu'en matière commerciale il est toujours exigé.

Pourquoi cette sévérité, alors que le droit commercial pour les autres contrats autorise au contraire la preuve testimoniale, sans limite de somme ? — Cela s'explique par un double motif :

a) La société doit être *publiée* ; ce qui est impossible si l'écrit est absent.

---

pharmacie (Edit de 1777, l. de l'an XI, note précédente) que pour interdire à un médecin ou à un dentiste de s'adjoindre des associés (*Ann. dr. com.*, 1905, p. 93).

Elle est donc nulle alors faute de publicité, plutôt encore que faute d'écrit. La condition est prescrite *ad solemnitatem*. On déterminera l'effet de cette nullité dans la section suivante.

b) Mais il y a quelque chose de plus à dire. Non seulement la société nulle, faute d'écrit, ne pourra pas continuer, à partir du jour où l'absence d'acte sera constatée. Mais, pour établir, en vue de la liquidation à intervenir, le contenu de la convention verbale, la consistance des apports, etc., les parties ne seront pas admises à la preuve testimoniale (art. 41). Elles n'auront que la ressource de l'aveu ou de la délation de serment. L'écrit, à ce second point de vue, est prescrit *ad probationem*.

En effet, si la loi avait exigé l'acte écrit uniquement afin de rendre possible la publication, pourquoi, en cette matière toute commerciale, aurait-elle exclu la preuve par témoins, pour régler les effets de la liquidation ?

Elle a dû considérer le contrat de société commerciale comme renfermant des clauses trop nombreuses pour pouvoir être abandonnées au hasard d'une enquête. C'était témoigner cependant envers la preuve par témoins une suspicion exagérée. Aussi la jurisprudence statue en sens contraire (Cass. civ., 28 février 1899, Req., 7 avril 1909, D. 99, 1, 477 et 344) : solution peut-être bonne en pratique, mais qui contrevient à l'art. 41.

En tout cas, une promesse d'entrer dans une future société commerciale (autre, selon nous, qu'une commandite, n° 334), peut fort bien ne pas se conformer à l'art. 39. Entre commerçants, il est permis, en cas de contestation sur son existence ou sur sa portée, de la prouver par témoins.

355. — La loi n'énonce pas les *mentions* que doit contenir l'acte de société. Cette omission n'est qu'apparente. Elle détaille plus loin, dans la matière de la publicité, les énonciations qu'on doit faire figurer dans le journal d'annonces (art. 57 et 58 de la loi du 24 juillet 1867) : à plus forte raison, ces énonciations sont elles prescrites dans l'acte lui-même. Quelques-unes d'entre elles, cependant, peuvent être passées sous silence, parce que la loi interprète les volontés des parties et qu'elle statue à leur défaut.

Les mentions sur lesquelles l'acte doit s'exprimer sont, indépendamment des noms des parties et de leurs signatures :

L'*objet* de la société (la loi cependant a omis de le dire) ; — son *type* légal (société en nom collectif ou en commandite ; encore présumerait-on la société en nom collectif qui est de droit commun dans le commerce, si l'acte ne s'en était pas expliqué) ; — la *raison sociale*, s'il y en a une ; — le *siège social* ; — le *capital social*, avec le chiffre d'apport des commanditaires ; — les *noms* des associés responsables (et, ce que les extraits de publicité ne signaleront pas, ceux des commanditaires).

Les mentions dont la loi suppléerait l'absence, sont : la *durée de la société*, les *noms et les pouvoirs* des gérants, la *part de chacun* dans les bénéfices et dans les pertes (disposition qui n'est point à publier). On verra comment le Code statue à ces différents égards, dans le silence des parties.

356. — Règles fiscales. — Il y a pour les sociétés de commerce certaines *dispositions fiscales*, bonnes à connaître.

Au regard de l'*Enregistrement*, un apport ne constitue pas une aliénation faite par l'associé à la société, aliénation qui serait passible du droit de mutation immobilière ou mobilière ou au droit d'obligation, variant entre 1 et 4 o/o, d'après la loi de frimaire an VII.

Les apports sont grevés d'un droit *fixe*, dont on a fait, en 1872, un droit *fixe gradué* à raison de 5 fr. par 5.000 fr., et qui est devenu un droit *proportionnel* réduit de 0,20 o/o liquidé sur le montant du capital social, plus le double décime et demi, soit 0, 25 o/o (L. 28 avril 1893, art. 19).

On part de l'idée que l'apport n'est pas l'objet d'une aliénation définitive ; l'associé, en droit fiscal, ne se dessaisit de son bien que sous la condition qu'après la dissolution il ne lui fera point retour et qu'il sera mis dans le lot d'un coassocié, au lieu d'être mis dans son lot à lui. C'est donc après que la société prendra fin, qu'on verra si la mutation s'est produite, et que le droit proportionnel sera perçu s'il y a lieu.

357. — Mais cette faveur ne s'étend point aux clauses qui « contiendraient *obligation, libération* ou *transmission de biens meubles ou immeubles* entre les associés et autres personnes ». A l'égard de ces clauses, les parties seraient soumises au tarif proportionnel ordinaire.

La formule n'est pas très correcte. A la lettre, tout le capital social serait passible des droits de mutation. La loi n'a pas cette signification. Elle veut dire que, s'il y a des conventions rétribuant, non au moyen d'une part de bénéfices, mais par un *prix à forfait*, une valeur ou un travail acquis à la société, ces conventions seront passibles du droit proportionnel ordinaire.

Ainsi, il y a lieu à ce dernier droit, et non pas à celui de 0,20 o/o : — pour un traitement fixe alloué au gérant, — pour la cession d'un immeuble que la société achèterait à un prix déterminé, — pour le montant des charges qui grevaient un apport et que la société prendrait à son compte, afin d'en libérer l'associé (transmission à la société d'une usine avec son passif : ce passif étant par hypothèse de 50.000 francs, c'est le droit de vente immobilière qui sera exigible à concurrence de pareille somme).

L'enregistrement d'un acte de société sous seing privé n'est pas imposé dans un délai de rigueur comme celui d'un acte de mutation immobilière. Mais il ne pourra pas être longtemps différé. Car la publication de cet acte aura lieu sans retard (voir la 3e section), et elle emportera, de la part des greffiers des tribunaux, un procès-verbal de dépôt, acte authentique, dont l'enregistrement impose celui de l'acte qui y est visé : c'est une règle fiscale bien connue.

358. — Transcription. — Outre le droit précédent, l'acte de société donnera lieu à un droit de *transcription*, s'il porte sur des immeubles.

L'intérêt qu'a la société à faire transcrire le contrat est manifeste depuis la loi du 23 mars 1855. Elle consolidera par là la propriété de l'immeuble dont l'apport lui a été fait, et elle mettra désormais l'associé de qui elle le tient dans l'impossibilité de le revendre une seconde fois à son préjudice (art. 3 de ladite loi). C'est le même régime légal que dans la vente.

La différence entre le régime fiscal d'une *vente* et celui d'une *société*, en matière de transcription, était autrefois que : — *a*) Dans une vente, le droit de transcription (qui est de 1,50 o/o) était perçu d'office par le receveur, cumulativement avec le droit de mutation, au moment où l'acte lui était présenté à l'enregistrement, et cela que la vente fût ou non effectivement transcrite à cette date (avant que la loi de finances du 22 avril 1905, art. 2, n'eût simplifié ce régime en portant le droit global à 7 o/o) ; tandis que, dans la société, il dépendait des parties de retarder la transcription au bureau du conservateur des hypothèques et de n'acquitter le droit qu'à ce moment. — *b*) De plus, l'impôt autrefois était un simple droit fixe, à raison de ce que les apports en société ne sont point l'objet d'une mutation au sens fiscal (n° 356) ; mais cette interprétation bienveillante n'a pu se maintenir.

En outre, la première différence (*a*) a disparu elle-même depuis que la loi de finances du 13 juillet 1911 (art. 8) a décidé que le droit de transcription serait perçu obligatoirement au moment où l'acte de société est enregistré. Aux termes de ce texte, lorsqu'un acte de société constate un apport immobilier, « le droit d'enregistrement exigible sur la valeur en capital de cet apport, en vertu de l'art. 19 de la loi du 28 avril 1893, sera augmenté du droit de 1,50 o/o édicté par l'art. 25 de la loi du 21 ventôse an VII, et de deux décimes et demi de ce droit ; la formalité de la transcription au bureau du conservateur des hypothèques ne donnera lieu à aucun droit proportionnel autre que la taxe établie par la loi du 17 juillet 1900 » (V. *Annales de droit commercial*, 1911, 502).

SECTION III

DES CONDITIONS DE PUBLICITÉ

(C. com., art. 42 à 46 abrogés ; L. 24 juillet 1867, titre IV, art. 55 à 61).

§ 1. — Généralités.

359. — Les actes des sociétés commerciales doivent être rendus publics. Trois catégories de personnes sont intéressées à cette publicité :

1° Les *associés*, qui font par là connaître aux tiers les conditions d'organisme de la société et lui donnent ainsi plus de crédit ;

2° Les *créanciers sociaux*, et d'une manière plus générale tous ceux qui traitent avec la société, par le même motif.

L'acte de société, en lui-même, est un contrat occulte. C'est une sorte de *contre-lettre*, non opposable aux tiers (art. 1321 C. civ.). Les tiers l'ignorent : fût-il établi qu'ils le connaissent, cette connaissance de fait n'équivaut pas à la publicité légale. Si l'on veut que ce contrat règle les conventions qui seront traitées avec les étrangers et donne à ces conventions leur mesure et leurs effets, il convient qu'il soit préalablement porté à la connaissance du public. Avant la publicité, les associés n'avaient traité qu'entre eux seuls ; maintenant ils se mettent en rapports avec le dehors. Ils prennent envers les fournisseurs présents et futurs l'engagement de leur appliquer l'acte de société, comme ils demandent à ces fournisseurs de ne les rechercher que dans les limites de ce contrat. De là, un lien entre l'idée de *personnalité* et celle de *publicité*, que nous avons déjà cherché à mettre en lumière (n°s 248 et 289).

Combien eût été sévèrement jugé un régime, qui aurait tout à la fois rendu la société opposable aux tiers, et mis ces tiers dans la nécessité à chaque marché nouveau de se faire représenter l'acte constitutif, afin de connaître l'étendue de leurs droits !

3° Les *créanciers personnels* de chaque associé. — La mise en société des apports de leur débiteur va priver les créanciers personnels d'un élément peut-être considérable de leur gage. C'est bien le moins qu'on les informe qu'ils n'aient plus à compter sur des biens entrés dans un actif nouveau. Ici encore la publicité se rattache à la notion de personnalité.

§ 2. — Formes de la publicité.

360. — La publicité n'a plus lieu aujourd'hui suivant les formes établies par le Code de commerce (art. 42 à 46).

On avait adopté en 1807 un système de publication emprunté à l'Ordonnance de 1673, et auquel s'était ajouté à partir de 1814 un autre mode, le plus propre de tous à informer utilement les tiers. Cet autre mode (la publication par voie des journaux) avait été introduit en vertu d'un décret de l'impératrice régente du 12 février 1814, qui fut plus tard reconnu inconstitutionnel. Mais une loi du 31 mars 1833 en reproduisit la teneur.

D'après ce système, la publicité pivotait sur un *extrait* de l'acte de société que dressaient les associés en nom, ou le notaire si l'acte était authentique. Cet acte devait contenir les clauses du contrat que les tiers avaient le plus d'intérêt à connaître. Il fallait en effectuer la triple publication, à peine de nullité de la société, dans les quinze jours de l'acte constitutif :

a) Par *transcription* sur un registre du *greffe du tribunal de commerce* de l'arrondissement du siège social, et en outre de chaque arrondissement où la société aurait des maisons de commerce, c'est-à-dire des succursales ;

b) Par *affichage* pendant trois mois dans la *salle d'audiences* de ces mêmes tribunaux ;

c) Par *insertion* dans l'un des journaux chargés des annonces légales dans ces mêmes arrondissements (innovation de 1814 et de 1833).

361. — La loi du 24 juillet 1867, à l'occasion de la réforme de la législation des sociétés par actions, a, dans son titre IV, refondu la forme de la publicité pour toutes les sociétés commerciales.

Cette refonte a porté principalement sur deux points : — 1° tout en conservant l'extrait destiné au journal d'annonces, on a renoncé à l'affichage qui paraissait sans avantage ; — 2° on a remplacé la transcription au greffe d'un simple extrait, par le dépôt à ce greffe d'un double ou d'une expédition de l'acte *en son entier*.

De plus, la publication a lieu maintenant auprès du greffe de la justice de paix, outre celle qui était prescrite auprès du tribunal de commerce.

Les premiers gérants ou administrateurs de la société ont un délai non plus de quinze jours, mais *d'un mois* pour accomplir la publicité, et ce délai court de la constitution de la société. Le fait par eux de ne pas respecter ce délai, et à plus forte raison celui de s'abstenir de toute publicité, les expose à des dommages et intérêts. Mais cette responsabilité se comprendra mieux après qu'il aura été parlé de la nullité.

Les mesures de publication demeurent donc au nombre de deux :

1° *Dépôt d'un double* de l'acte de société, s'il est sous seing privé, ou autrement d'une expédition notariée, *aux greffes de la justice de paix et du tribunal de commerce* du lieu où est établie la société, comme aussi de tous les lieux où la société a des maisons de commerce (art. 55 et 59 l. 1867).

Aucun texte ne dit que cet extrait sera mis librement à la disposition du public. Le fait d'avoir permis cette communication pour les actes des sociétés par actions (art. 63) prouve au contraire que, dans les sociétés par intérêts, elle n'est point admise. Alors à quoi sert une pareille publicité, nominale et trompeuse ? La pratique des greffes diffère suivant les ressorts. A Paris, le greffe du tribunal de commerce ne communique au requérant que les clauses qui doivent être insérées dans les journaux (voir *infra*). Ailleurs, on communique l'acte entier, ce qui est la pratique générale des greffes de justice de paix, mais ce qui ne paraît pas d'accord avec la loi. A tout le moins le requérant peut-il obtenir l'indication de la date du contrat, ce qui lui facilitera les recherches dans les journaux de l'arrondissement ayant paru à l'époque correspondante.

2° *Insertion dans un journal d'annonces* de ces mêmes arrondissements d'un *extrait* de l'acte, signé, soit par les associés en nom ou commandités, soit par le notaire, et contenant certaines clauses, à mentionner ci-dessous. Justification de l'insertion est faite au moyen d'un exemplaire du journal, certifié par l'imprimeur, légalisé par le maire et enregistré dans les trois mois (art. 56 et 60).

Les journaux d'annonces, à Paris, sont désignés chaque année par un arrêté du préfet de la Seine. Pour les sociétés, dix journaux sont présentement affectés à cet objet (*Gazette des tribunaux* et autres journaux judiciaires quotidiens, *Petites Affiches*, etc.).

Dans les départements, un décret de Bordeaux du 28 décembre 1870, rendu par la délégation du gouvernement de la Défense nationale, laisse les parties libres de choisir parmi toutes les feuilles du département, le journal où aura lieu l'insertion : régime dont on n'a pas lieu de se féliciter[1].

362. — Cet extrait, qui est resté en substance tel que le décret de 1814 l'avait organisé, ne contient pas toutes les énonciations de l'acte de société, ni même les plus importantes. Notamment, il tait les noms des commanditaires : « Une société a été formée entre PRIMUS et *un commanditaire dénommé dans l'acte* », — ainsi que le mode de répartition des bénéfices ou des pertes entre les associés. Il renferme seulement les clauses que les tiers ont intérêt à connaître, c'est-à-dire (art. 57 et 58) :

1. Le projet de la commission de la *Société d'Etudes législatives* sur le registre du commerce prévoit en outre la publication des actes constitutifs de société et des modifications aux statuts, au moyen de mentions spéciales sur ce registre, *Bulletin*, 1914.

a) Celles qui concernent la nature et l'étendue des *garanties pécuniaires* données par la société à ses créanciers. Soit : — le type dont elle relève (société en nom collectif ou en commandite) ; — la raison sociale ; — les noms des associés solidaires, mais, nous le répétons, non pas *ceux des commanditaires* ; — le montant du capital social, en spécifiant dans ce capital la somme représentative des apports en commandite, connus ainsi impersonnellement sans désignation de ceux qui les ont faits (avant 1867, le montant des apports des associés en nom n'était pas publié).

b) Les clauses concernant la *durée de la société* : — l'époque où elle commence (la société commence à l'instant même du contrat, s'il ne désigne pas une autre époque, art. 1843 C. civ.), — et celle où elle doit finir (à défaut de terme fixé, c'est la mort, la faillite, etc., d'un associé qui entraîneraient dissolution, art. 1865, cfr. n° 433 ci-dessous).

c) Les conditions d'*administration* de la société : — le *siège social* (afin de déterminer le tribunal compétent et le lieu où il faudra signifier les actes), — la désignation des *associés autorisés à gérer*, si l'acte de société s'exprime sur ce point, — les limitations mises à leurs pouvoirs.

Par un singulier oubli, la loi s'abstient d'exiger l'indication, dans l'extrait, de l'*objet* de la société ; les tiers ignoreront s'il s'agit d'une banque, d'une raffinerie, etc. La question, on le verra, a son importance pour déterminer la validité des actes accomplis par abus de la raison sociale.

d) La date du dépôt fait aux greffes de la justice de paix et du tribunal de commerce. Ce dépôt doit ainsi précéder l'insertion.

§ 3. — Sanctions.

363. — Cette partie du sujet est la plus délicate. Il faut pour la comprendre passer d'abord en revue la nature des différentes sortes de nullité dont une société commerciale peut être affectée [1]. La matière manque absolument d'homogénéité.

364. — A. Lorsque la société est nulle pour *vice de consentement* ou pour *incapacité*, il y a lieu à *nullité relative*, sur la demande seulement de la partie lésée ou de l'incapable.

Cette nullité dure dix ans depuis la cessation ou la découverte du vice ou depuis la fin de l'incapacité (art. 1304), à moins que l'acte ne vienne à être confirmé (art. 1338).

Elle fera rentrer le demandeur rétroactivement dans son apport, libre de toute perte. Il n'y a donc pas lieu de liquider la société dans le passé, comme société de fait, ni à plus forte raison comme société de droit.

La nullité opérera *erga omnes*, même vis-à-vis des créanciers sociaux, excepté le cas de nullité pour cause de dol. Car le dol n'est opposable qu'à la partie de qui il provient (art. 1116). Invoqué avec succès contre les associés, il laisse subsister l'engagement qu'a pris l'intéressé, par l'intermédiaire de la maison sociale, *envers le public*, envers les créanciers sociaux auxquels aucun dol ne peut être reproché. Ceux-ci se paieront sur le ca-

1. V. Hémard, *op. cit.*

pital : l'action en nullité deviendra une simple action en dommages et intérêts dans les rapports des associés.

Sous cette réserve, la nullité opère *in rem* (incapacité, violence), et elle déchargera du passif de la société l'associé demandeur. Solution qui, à l'égard d'un commanditaire, suggère quelque doute. Comment les tiers auraient-ils pu savoir que le commanditaire était un mineur non émancipé, ou que son consentement n'avait pas été libre, puisque la communication de l'acte au greffe leur était refusée et que les journaux d'annonces n'ont pas eu à donner ce nom de commanditaire ? Ils ont traité avec une société sur la foi d'apparences régulières. Donc la nullité, à la requête de cet associé invisible, maintient leur gage sur tout le capital social.

Ainsi, sauf exception, la nullité sera *relative*, susceptible de *se prescrire*, et elle opérera d'une manière *rétroactive* ; elle sera *opposable aux tiers*.

365. — B. Lorsque la société est nulle pour *objet illicite* (contrebande, office ministériel, etc.), la nullité est *d'ordre public*, elle ne peut se couvrir. On l'opposera aux créanciers, car ceux-ci devaient s'informer de l'objet illicite (proposition qui n'est pas très en harmonie avec le silence que peuvent garder les extraits de publicité sur l'objet de la société, n° 362).

Chaque associé exercera la répétition de sa mise aux mains de celui qui en est détenteur (art. 1376 C. civ.). Cette mise est dépourvue de cause. Le pacte social a été, dès le premier jour, sans valeur.

Cependant, malgré un avis contraire de la doctrine, la jurisprudence estime que, la société ayant parcouru une période d'exploitation avec réalisation de bénéfices ou de pertes, on ne peut pas faire abstraction de cet état de fait. Conséquemment, les associés devront régler ce passé entre eux : les pertes ou les bénéfices seront partagés.

Seulement ce règlement des gains ou des pertes n'aura plus lieu d'après les stipulations de l'acte de société, puisque l'acte est juridiquement sans valeur. Il s'effectuera comme dans une société ordinaire telle que le droit commun l'organise, c'est-à-dire sur la base de la proportionnalité aux apports et conformément à l'art. 1853 C. civ. : *société de fait*, à la liquidation de laquelle pourvoira un liquidateur nommé par le tribunal [1].

Cette jurisprudence est *équitable* (autrement le gérant s'enrichirait de tous les bénéfices, ou endosserait toutes les pertes). Mais elle est encore *logique*. Car, quoi qu'on fasse, on sera en présence de marchés non annulés en eux-mêmes, qui ont produit des résultats. Pris un à un, ces marchés ont une cause suffisante pour engendrer une action en règlement entre ceux au compte de qui on les a conclus. Si l'on procède à ce règlement, non d'après l'acte social qui est nul, mais suivant une notion de communauté d'intérêts, tous les principes sont respectés.

Ainsi nullité *absolue*, impossible à *couvrir*, *opposable* même *aux créanciers* ; nullité anéantissant le pacte de société, mais obligeant les parties à liquider *en fait* les opérations du passé.

---

1. Loubers, *Essai d'une théorie générale des sociétés de fait* (th. Paris, 1908) ; Max Richier, *Régime des sociétés nulles à raison de leur objet ou du consentement des parties* (th. Paris, 1910).

Cela nous amène, par une transition naturelle, à la nullité encourue pour *absence d'écrit ou de publicité*.

366. — C. Lorsque la société n'a pas été rendue *publique*, elle est frappée de nullité. « Ces formalités, dit l'art. 56, al. 3, de la loi de 1867, qui reproduit la règle du Code de 1807, seront observées, à peine de nullité *à l'égard des intéressés*, mais le défaut d'aucune d'elles ne pourra être opposé *aux tiers* par les associés. »

La sanction de la nullité n'est instituée que pour les formes de publicité à accomplir auprès du *siège principal*. Le fait de les avoir négligées dans les lieux de *succursales* ne pourrait donner ouverture qu'à une poursuite en dommages-intérêts, le cas échéant (l'art. 59 renvoie bien à l'art. 56, mais seulement pour la détermination des formes à suivre, et non pour la sanction). La jurisprudence est contraire (Trib. com. Amiens, 13 janvier 1910, *Journ. des Soc.*, 1911, 274).

Cette nullité, on le voit d'après le texte lui-même, est variable, et d'aspect différent suivant les personnes au regard desquelles elle opère. En réalité même, ce n'est pas une *nullité*. La nullité suppose dans le contrat un vice d'origine. Or la société, dans l'acte qui la constitue, est irréprochable : elle est rendue caduque par suite d'une omission postérieure à sa fondation. Il est plus vrai de dire que la société non publiée est sujette à *dissolution anticipée* dans les rapports des associés, et qu'elle est inopposable aux tiers. Telle est la vraie formule.

367. — *a) Au regard des créanciers sociaux*, la société, qui est demeurée occulte par suite du défaut de publication, est sans valeur.

Ils peuvent donc se prévaloir du contrat de société, s'ils y ont avantage (c'est la situation normale) ; voilà pourquoi la loi dit que le défaut de publication ne peut être opposé *aux tiers* par les associés.

Mais ils sont fondés, s'ils le préfèrent, à soutenir que la société est inexistante. Dans ce dernier cas, leurs créances vont-elles tomber ? Non. Les associés qui ont personnellement contracté l'engagement deviennent, à la place de la société, *conjointement* (et, comme on est en matière de commerce, *solidairement* tenus de cette obligation. Au lieu d'un passif de société, on est en face d'un ensemble de dettes contractées par plusieurs personnes à la fois. Il ressort de là que dans une société en nom collectif les créanciers, quelque parti qu'ils prennent, demeurent fondés à poursuivre chaque associé pour le tout.

Mais voyons la situation dans la commandite, société où le bailleur de fonds a limité la responsabilité à son apport. Les créanciers vont-ils, à raison de la nullité de la société, poursuivre leurs créances, même contre les commanditaires, qui en seraient alors *indéfiniment tenus* ?

Cette conséquence serait dure. On frapperait un commanditaire auquel l'absence de publicité n'est point imputable, puisque c'était au commandité à y pourvoir. Aussi doit-elle être rejetée.

Les obligations contractées par le gérant n'ont pas été prises au nom du commanditaire. Les créanciers n'ont pas traité en considération de sa personne qu'ils ignoraient. Ils n'ont d'action, en arguant la société de nullité, que contre les associés en nom, les seuls avec qui ils se soient mis en rapports.

Toutefois, les circonstances de fait feraient au commanditaire une condition pire, si le public connaissait son existence (Bordeaux, 10 mai 1899, D. 1900, 2, 158). Les tiers ont contracté alors en considération de sa personne. Le commanditaire aurait dû s'assurer que la publication avait eu lieu, et y procéder à défaut du gérant pour la sauvegarde de ses droits. En d'autres termes, la question se résoudra *en fait*. Autant que possible, la justice exonérera le commanditaire de cette responsabilité solidaire et indéfinie.

368. — Lorsque l'absence de publicité a porté non sur la société, mais sur l'une des mentions requises, la société existera bien au regard des tiers. Mais c'est *la mention omise* qui leur *sera inopposable*. Telle la société s'est présentée à eux, telle les tiers sont fondés à la dire constituée.

Ex. : L'acte de société limite les pouvoirs du gérant, et la clause n'a pas été publiée. Les actes que le gérant aurait accomplis, en outrepassant ses pouvoirs, seront obligatoires pour la société, du moment qu'ils rentrent encore dans les attributions d'un mandat général. La publication de la clause aurait, au contraire, permis à la société de s'en prévaloir contre les tiers.

369. — Le pouvoir qui appartient aux tiers d'opposer le défaut de publication dans le délai d'un mois persiste à leur profit, alors même que, avant toute réclamation de leur part, la publicité aurait été *tardivement* faite. Le droit de se plaindre que la société ne se soit pas légalement révélée dans les délais leur est acquis : il ne peut plus leur être enlevé par une publication subséquente.

On pourrait être tenté de donner à l'action en nullité des créanciers, pour manque de publicité, beaucoup plus de portée que nous ne venons de le faire. Les créanciers obligeraient judiciairement la société à entrer en liquidation, par cela seul que la publication n'a pas eu lieu à bonne date, et quand même tous les associés seraient d'accord pour en désirer la continuation. Pour savoir si la nullité à la requête des créanciers sociaux peut conduire à un semblable résultat, bien tyrannique semble-t-il, et peu d'accord avec la logique du raisonnement, nous préférons différer l'examen de la question jusqu'à l'étude de la nullité des sociétés par actions, laquelle obéit aux mêmes idées (V. *infra*, n° 555).

370. — *b*) *Au regard des associés*, et dans leurs rapports réciproques, la société existe : elle a été connue des intéressés, malgré l'omission de la publicité. Mais cet oubli frappe la société d'un certain discrédit, ses débuts sont de mauvais augure, il y a juste cause de *dissolution judiciaire* (arg. art. 1871 C. civ.). Chacun d'eux est recevable à demander aux autres la rupture de la société ; sous le nom trompeur d' « action en nullité » on doit lire « action en dissolution ».

Cette dissolution déterminera une liquidation semblable à celle d'une société régulière. On devra régler les opérations faites, les bénéfices et les pertes, les conditions de reprise des apports, il y aura lieu à partage. La liquidation portera donc non plus sur une *société de fait*, comme c'était le cas pour une société illicite, mais sur la société même que les associés avaient constituée, c'est-à-dire *en conformité du pacte social*.

La seule différence qui sépare cette société non publiée d'une société publiée, c'est que la première ne peut accomplir son temps statutaire et est obligée de *se dissoudre prématurément*. Cette règle est critiquable en législation ; il aurait mieux valu laisser la société debout et sanctionner le retard de publicité par des dommages-intérêts, ou tout au moins laisser le tribunal maître de statuer selon les circonstances dans le sens de la dissolution ou du maintien de la société.

Contrairement à la nullité invoquée par les tiers, l'action entre associés s'éteindra, si, avant son exercice, le siège social répare le vice et publie l'acte de société quoique le délai se trouve dépassé. — Ex. : Constitution faite le 1er février, publicité effectuée le 1er avril : l'action en nullité intentée le 1er mai sera repoussée ; il en serait autrement si elle avait été intentée avant le 1er avril, le droit du demandeur se déterminant au moment de l'assignation.

371. — c) *Au regard des créanciers personnels d'associés*, l'absence de publication produit aussi un important résultat.

Un créancier personnel peut d'abord, *du chef de l'associé* son débiteur, et en vertu de l'*art. 1166 C. civ.*, agir en nullité contre les autres associés, Mais il ne pourra pas produire pour sa créance, aussi longtemps que les créanciers sociaux n'auront pas été remboursés. Si la société est insolvable, l'action en nullité sera vaine pour lui.

Il a donc fallu se demander si les créanciers personnels n'avaient pas un *droit propre*, leur permettant, grâce à la nullité, de concourir avec les créanciers sociaux sur l'apport de leur débiteur. L'affirmative a prévalu (Cass., 7 juin 1904, D. 1904, 1, 455).

Cela est conséquent. La société de commerce n'est une personne morale et ne peut conférer à ses créanciers un droit de préférence qu'à la condition d'être publiée. Faute de quoi, le capital social tombe à l'état de biens indivis, et les créanciers particuliers rentrent dans leur droit de concours avec les créanciers de la société (n° 299).

Toutefois cette absence de personnalité ne nuira aux créanciers sociaux qu'autant que les créanciers personnels s'en prévaudront. — *a*) Le défaut de publicité ne saurait, par exemple, être opposé par le siège social à un créancier pour faire annuler une assignation signifiée par copie unique. Autrement, la nullité serait invoquée par les associés *contre* les créanciers, ce que la loi défend (art. 56, al. 3, de la loi de 1867). — *b*) De même, les créanciers sociaux obtiendront la mise en faillite de la société quoique non publiée. Seulement les créanciers personnels, usant de leur droit propre, formeront opposition à ce jugement de faillite dans le mois fixé par l'art. 580 C. com. et le feront tomber par l'action en nullité. Ce délai expiré sans opposition, la faillite aura passé en chose jugée (Req., 5 juillet 1900, D. 1902, 1, 89 et note THALLER ; Cass., 26 février 1913, *Gaz. Pal.*, n° du 19 avril 1913 ; PERCEROU, *Traité des Faillites*, t. II, n° 1623).

372. — Cette corrélation entre la publicité et la validité de la société soulève, il est vrai, une difficulté concernant la personnalité de la société *civile*, reconnue en jurisprudence depuis 1891.

Comment se fait-il que les créanciers sociaux disposent dans la société civile, en l'absence de toute publicité (puisque la loi n'en requiert alors aucune), d'un droit de préférence, et que les créanciers personnels n'aient aucune action en nullité à leur encontre ?

C'est que la rareté plus grande des contrats, de la part d'une société de cette nature, laisse aux tiers traitant avec elle le temps de se renseigner sur le contenu du pacte social. On pouvait se dispenser d'instituer un mode légal de publication. — Nous ne donnons pas l'explication pour péremptoire. Les créanciers personnels souffriront de cette clandestinité.

373. — Une dernière observation. Le droit des créanciers particuliers à agir en nullité est naturel, lorsque leur débiteur est un associé en nom ou un commandité. Car les extraits d'annonces les auraient informés du déplacement de la partie de leur gage affectée par leur débiteur à une société, et cette information ne leur a pas été donnée.

Mais étendre l'action en nullité aux *créanciers d'un commanditaire* devient anormal. Même si le journal d'annonces avait fait connaître la société, le nom de leur débiteur n'y aurait pas été mentionné. Faite ou omise, la publication ne leur révélerait pas la diminution de leur gage. La communication de l'acte de société au greffe ne leur est pas non plus donnée.

En partant de ce raisonnement, la nullité ne peut être utilement exercée par les créanciers du commanditaire. La question est délicate.

374. — En résumé, la nullité d'une société faute de publication (ou faute d'écrit) est une arme à plusieurs tranchants, une voie de droit qui signifie les choses les plus diverses, selon les intéressés en cause : *non-opposabilité de la société, dissolution anticipée, absence de personnalité morale.* C'est une théorie enchevêtrée qui gagnerait à être reprise et éclaircie[1].

§ 4. — Conséquences d'un écrit ou d'une publicité quant aux modifications ultérieures de l'acte de société

(C. com., art. 46 abr. ; L. 1867, art. 61).

375. — La théorie de la publicité a sa répercussion sur les faits qui, au cours de la société, modifieraient les conditions de son fonctionnement.

En effet, les parties ne pourront pas *changer* d'un commun accord l'une des clauses du contrat de société, sans avoir à *renouveler* pour cette délibération les *formalités prescrites à l'origine*. Autrement, les tiers seront fondés à croire que l'acte primitif persiste, et cet acte continuera à faire loi pour eux.

La délibération ne devient opposable aux tiers, et même elle ne lie les associés, que moyennant : *a)* la confection d'un écrit, *b)* une publicité

---

1. Voir la manière dont cette question est comprise à l'étranger, dans Hémard, *Nullité de sociétés et sociétés de fait en droit allemand et en droit italien* (*Annales de droit commercial*, 1909) : étude reproduite dans l'ouvrage précité du même auteur.

nouvelle. Il faudra déposer aux greffes des tribunaux prémentionnés, et insérer dans le journal d'annonces un double de cet acte de modification (L. 1867, art. 61). L'insertion au journal d'annonces ne sera pas prescrite pour une délibération concernant une clause exempte dès l'origine de cette insertion (proportion des droits des associés dans les bénéfices, p. ex.).

376. — Cette règle est aussi large que possible. Elle comprend les actes qui ont pour objet « la *modification des statuts*, la *continuation* de la société au delà du terme fixé pour sa durée, la *dissolution* avant le terme et le mode de *liquidation*, tout *changement ou retraite d'associés*, et *tout changement à la raison sociale* ».

Exemple. — La société avait été fondée pour *dix ans*. A l'expiration de ce terme elle est prorogée pour dix autres années, par accord de l'*unanimité des membres*. — Ou, à l'inverse, on la dissout, avant l'expiration des dix ans.

A défaut d'un *écrit publié*, les tiers pourront, dans le premier cas, considérer la prorogation comme inexistante (ils n'y ont pas avantage) et, dans le second cas, soutenir que la société n'est pas dissoute : d'où la validité des marchés qu'ils ont conclus depuis la délibération.

Malgré le défaut de publication de l'*acte originaire* par les associés, l'acte de prorogation ou de dissolution devrait être déposé aux greffes et inséré par extrait. Les tiers pourraient *a*) se prévaloir du contrat non publié de société, qu'ils connaissent en fait, et *b*) repousser, comme occulte, la délibération postérieure (Req., 2 février 1902, S. 1903, 1, 348).

Une délibération de cette nature serait, faute de publication, annulable même dans les rapports des *associés*. Par suite d'une prorogation *verbale*, le gérant pourra sans doute continuer l'exploitation et faire des marchés réguliers. Mais la durée de cette société sera désormais précaire, chaque associé étant admis, quand il le voudra, à plaider en nullité.

Dès lors, quant à cet acte de prorogation : 1° si la publicité en a été faite, le terme nouveau sera obligatoire ; 2° autrement, ou si l'on a procédé par tacite reconduction, la société continuera au jour le jour, jusqu'à ce qu'un intéressé fasse annuler cette continuation.

Autre exemple. — On choisit un nouveau gérant. Il faut publier, par les voies légales, sa nomination ; faute de quoi, les tiers contracteraient valablement avec le gérant qui s'est retiré.

377. — **Fixité du capital.** — C'est surtout à l'égard des délibérations modifiant la consistance du capital social que cette obligation de publicité trouve une application intéressante. On peut appeler les sociétés commerciales ordinaires des *sociétés à capital fixe*, bien que cette expression ne soit point dans la loi. Elles font opposition aux *sociétés à capital variable* qui, on le verra, disposent précisément de faveurs spéciales en ce qui touche l'obligation de la publicité.

Sans doute, il est toujours permis, dans une société quelconque, par un accord nouveau, de modifier le capital primitif. On peut notamment le réduire, en convenant de la retraite d'un associé, commanditaire ou autre. Sa part sera alors remboursée, en la calculant à sa valeur au moment de cette retraite.

Mais il y aura lieu de rendre publique cette reprise d'apport ; faute de quoi, le commanditaire devra rapporter le montant de sa commandite, à la demande ultérieure des créanciers ; au regard de ceux-ci, le capital, gage des dettes, est demeuré au chiffre que portait l'acte de société.

Il n'y aurait dispense de publicité que si l'entrée d'un nouveau membre, versant à la société une somme au moins aussi forte que celle qu'on rembourse à l'associé démissionnaire, devait concorder avec la sortie de celui-ci.

Même publiée, la restitution de l'apport à l'associé ne produit pas des effets immédiats au regard des *tiers*. Cette restitution équivaut, du côté de l'associé qui se retire, à une liquidation partielle de la société. Or le capital ne peut pas se décharger immédiatement du passif qui le grève. Les créanciers antérieurs à la publication de la retraite d'associé conservent un droit de poursuite d'une durée de *cinq années* sur l'apport de celui-ci, quoique revenu en ses mains (arg. art. 64 C. com., n° 459).

SECTION IV

BÉNÉFICES, DIVIDENDES, PERTES

(C. civ., art. 1853 à 1855 ; L. 1867, art. 10, al. 3 à 5 *a contr.*).

378. — La *théorie des bénéfices* (et par là même des pertes) ne peut pas être séparée de celle de la publication.

Il y a bénéfice *annuel* lorsqu'une société, par l'effet de sa bonne marche, s'est enrichie d'un exercice à l'exercice suivant. Cet enrichissement est déterminé dans les livres au moyen du solde du compte *profits* et *pertes*.

Il y a bénéfice *d'ensemble* lorsque la société s'est enrichie dans le cours complet de son existence, toute compensation faite entre les années bonnes et les années mauvaises s'il y a lieu.

Ces bénéfices, dans l'exemple simple du commerce par achat et vente, tiennent à ce que la maison a revendu ses produits plus cher qu'elle ne les a achetés, tous frais généraux (dépenses d'exploitation et intérêt des capitaux engagés) préalablement déduits.

379. — Suivant quelle *proportion* les associés participent-ils aux bénéfices ? — La réponse est dans les art. 1853 et 1854 C. civ.

a) L'acte de société garde le silence. Les bénéfices se partageront entre les associés, non en parts égales, comme le voulait le droit romain, mais proportionnellement à la valeur de l'apport de chacun. Un apport de 75.000 fr. dans un capital de 100.000 fr. aura droit aux 3/4, etc. Lorsque ces apports consistent dans des biens autres que de l'argent, on devra les évaluer afin d'établir la quote-part, à moins que l'acte de société ne l'ait fait.

Mais, pour l'apport en industrie (en supposant que son auteur n'apporte pas en outre d'autres biens), la loi a repoussé l'estimation, comme offrant trop d'aléa : l'apport sera présumé être de la même valeur que l'apport en argent ou en nature le plus faible de tous.

Cela conduirait à dire, dans une société en commandite où le commandité n'apporte que son travail et où le capital-espèces de 100.000 fr. est constitué par deux commanditaires suivant une inégale proportion (le premier a donné 75.000 fr. et le deuxième 25.000 fr.), que les bénéfices du commandité sont calculés sur 25.000 fr., valeur présumée de son apport de travail, et doivent ainsi ressortir à 1/5 de l'ensemble des gains.

On devine, d'après ces chiffres, que les parties s'en rapportent rarement à la loi. Car il est à craindre que la loi ne statue peu équitablement.

b) L'acte de société s'est expliqué sur la quotité des bénéfices. Le règlement fera loi, quand même il attribuerait à l'auteur de l'apport le plus faible la part la plus forte dans les bénéfices, ou inversement.

c) L'acte de société a pu confier à un tiers, *ou même à l'un des associés*, le soin de déterminer les parts. Ce règlement ne pourra être attaqué en justice que dans les trois mois après que l'intéressé en a reçu connaissance, et seulement s'il est manifestement contraire à l'équité (A rapprocher de l'art. 1592 qui, dans une vente, permet aux parties de confier la fixation du prix à l'arbitrage d'un tiers, mais non à celui de l'un des contractants).

380. — Les bénéfices mis en distribution prennent le nom de *dividendes*. Le dividende est la part de gains que chacun reçoit respectivement.

On peut, à la fin d'un exercice, inscrire les bénéfices à la réserve, ou au crédit du compte des associés, ou encore les porter en augmentation de capital. — On peut, à l'inverse, les répartir à l'issue de chaque année. Cette dernière pratique est de règle dans les sociétés par actions.

Que décider à cet égard dans les sociétés par intérêt, en cas de silence de l'acte constitutif ? — Certains auteurs (Arnoul, dans les *Annales de droit commercial*, 1901, p. 239) estiment que la distribution annuelle des bénéfices ne peut pas être exigée, si les associés n'en sont pas expressément convenus, la société se privant ainsi de ressources éventuelles en vue de pourvoir à son extension ou de parer aux pertes de l'avenir. Mais l'opinion contraire prévaut (Lyon-Caen et Renault, *Traité*, II, n° 56 ; Pont, *Soc. com.*, n° 1478).

381. — Dividende réel. — Le *dividende réel* est celui qui représente pour l'exercice clos le résultat véritable des affaires de la société.

Ce dividende est acquis aux associés. Quand même les exercices futurs mettraient la société en perte, les associés sont dispensés de rapporter ce dividende, aux fins de reconstituer le capital ou de payer les créanciers [1].

Ce point a été mis hors de doute dans la discussion du Code. La solution s'impose : autrement, nul ne consentirait à entrer en société.

Cette acquisition de dividende est d'ailleurs exempte de toute publicité.

---

1. Le contraire peut se présenter. *Le capital est entamé par des pertes dans les premières années.* Puis viennent les bénéfices. — Il faudra appliquer d'abord les bénéfices à refaire le capital statutaire. Les associés s'y sont implicitement engagés vis-à-vis du public. S'ils avaient voulu limiter le capital pour l'avenir au chiffre abaissé auquel le capital est tombé par le fait des pertes, une délibération, prise par eux et dûment publiée, aurait réduit effectivement le capital à cette somme. Autrement, les bénéfices distribués avant reconstitution du capital devront être traités au regard des créanciers comme dividendes fictifs (n° 382).

Les bénéfices ne font pas, en effet, partie intégrante du capital. C'est le capital seul qui forme le gage des dettes de la société, les bénéfices sont essentiellement *disponibles*. La société se liquide chaque année afin d'en déterminer le chiffre ; le gain est une valeur acquise aux associés, et irrévocablement, si on le leur distribue. Il y a là un usage honnête que les créanciers connaissent et auquel ils ont adhéré.

382. — Dividende fictif. — Le *dividende fictif* résulte artificiellement d'une majoration d'inventaire. Ou, ce qui est plus rare, il est distribué sans un inventaire ou contrairement à ses résultats.

La majoration résultera notamment de ce qu'on a estimé les marchandises ou les valeurs de portefeuille à un cours exagéré, ou omis d'amortir les immeubles, etc. (Voir sous les livres de commerce, n°s 201 et 202). On masque des pertes au moyen d'un mensonge d'écritures qui fait ressortir des bénéfices. Par là, le gérant maintient le crédit de la maison ou s'évite les réclamations que l'état véritable des affaires aurait provoquées. C'est dans les sociétés par actions surtout que ces agissements sont fréquents.

Ces *dividendes* non réellement acquis *seront-ils sujets à rapport*, à la demande des créanciers, lorsque plus tard la fraude sera découverte ?

Pour les sociétés par actions, la question est tranchée négativement par l'art. 10, al. 3 et suiv. (et par l'art. 45 *in fine*) de la loi de 1867. Les dividendes fictifs sont acquis aux actionnaires comme les dividendes réels, à une réserve près : lorsque l'actionnaire a été de mauvaise foi, il en devra la restitution. Hors de là, il en est dispensé.

On voudrait étendre, par analogie, cette disposition aux sociétés par intérêt, à la commandite simple (MM. Lyon-Caen et Renault). N'est-elle pas conforme à la règle de droit civil (art. 549 et 550), qui rend propriétaire des fruits celui qui les perçoit de bonne foi sur la chose d'autrui ?

Tel n'est pas le sentiment de la jurisprudence (Cass., 1er juillet 1896, D. 98, 1, 335). Elle argumente de l'art. 10 de la loi de 1867, non par analogie, mais *a contrario*, et avec raison semble-t-il. — Le dividende fictif, n'ayant de bénéfice que le nom, est prélevé en fait sur le capital, et cela sans publicité. Il est logique qu'il soit rapportable à toute époque ; c'est une reprise de capital, contraire à l'acte de société. Le gage des créanciers est amoindri, et l'associé, même de bonne foi, devra la restitution de ces valeurs. En vain les aurait-il consommées. Il doit répondre d'un gérant infidèle, il n'avait qu'à s'assurer de la source régulière de ce dividende. L'intérêt des créanciers prime le sien propre. Le dividende pris sur le capital n'est pas un *fruit*, et l'assimilation avec le possesseur de bonne foi de l'art. 549 C. civ. est téméraire.

Dans les sociétés par actions où l'action en répétition, dispersée contre cent actionnaires et davantage, eût été vaine, la loi a témoigné à l'actionnaire plus de bienveillance (nécessité d'encourager ces sociétés, absence pour l'actionnaire de moyens efficaces pour vérifier l'inventaire), parce que les créanciers retrouvent l'action en rapport sous forme d'action en responsabilité contre les administrateurs et contre les membres d'un conseil de surveillance. Pareille raison n'existe pas ici.

383. — Il convient de joindre à ce problème des dividendes deux autres questions, plus pratiques à l'égard d'une société par actions, mais dont la solution dépend d'une doctrine commune à toutes les sociétés de commerce.

384. — Réserves. — 1° La constitution d'une *réserve* suppose que la société, au lieu de distribuer le bénéfice total, en retient une portion, qu'elle laisse dans le fonds de roulement de l'exploitation, ou qu'elle emploie à un achat de valeurs séparées (immeubles, portefeuille). Si le bénéfice est élevé, les associés décident que 6 o/o par exemple formeront dividende, et que l'excédent sera mis en réserve.

Un des avantages de ce fonds de réserve (qui pourrait être encore affecté à un renouvellement d'outillage, à une caisse d'assurance, etc.) est de régulariser le dividende sur tout le cours de la société. La réserve, bénéfices accumulés, se sépare du capital. Elle conserve son caractère disponible, malgré un exercice en pertes. Vienne une année hors d'état de pourvoir à un dividende : les associés décideront le prélèvement d'une somme sur la réserve, et ils se la distribueront, sans être exposés à aucun rapport par la suite.

Il n'y a pas dans les sociétés de personnes de réserve *légale* obligatoire.

385. — Intérêts fixes. — 2° La *clause d'intérêts fixes* est une stipulation de l'acte de société, assurant aux associés, même après un exercice en perte, et sans préjudice d'un dividende plus fort, un intérêt de 3, de 4 o/o de leurs mises.

Cette clause, plus connue dans les sociétés par actions, se rencontre dans mainte commandite simple. Elle s'explique surtout de la part des grandes compagnies qui, ayant de longs travaux à faire (chemin de fer, percement d'isthme), laisseraient l'action longtemps improductive s'il fallait attendre des bénéfices pour la rémunérer ; cela détournerait les souscripteurs.

Hors de là, la clause ne mérite guère d'être encouragée. Est-elle licite ? On est tenté de la considérer comme contraire à l'essence de la société. S'assurer un intérêt, à tout événement, c'est exclure le risque, faire dégénérer la société en un prêt à intérêt.

La jurisprudence pourtant s'est ralliée à la validité de cette clause et même, au début, sans condition de publicité, du moment qu'il est formellement expliqué dans les statuts que les intérêts seront portés au compte des frais généraux (Cass., 8 mai 1867, D. 67, 1, 193, S. 67, 1, 253 ; Paris, 9 août 1877, D. 79, 2, 193, S. 78, 2, 225, note Labbé). Alors en effet ce prélèvement des intérêts même en l'absence de bénéfices, *diminue* bien *l'actif de la société* ; mais, puisqu'il s'impute au compte des frais généraux, il ne constitue *pas une réduction du capital* (lequel devra être reconstitué sur les bénéfices à venir). Bien que dangereuse pour les tiers (Thaller, *Journ. des Soc.*, 1884, *passim*), cette thèse était logique et claire. Mais elle s'est quelque peu obscurcie dans la jurisprudence ultérieure, qui est venue exiger parfois — d'après des distinctions difficiles à saisir — la *publication de la clause*. — Dans une première espèce (Civ. rej., 7 novembre 1899, D. 1900, 1, 369, et notre note ; *Pand. franç.*, 1901, 1, 320, et note Champcom-

MUNAL, S. 1901, 1, 513, et note WAHL ; ARTHUYS, *Rev. crit.*, 1901, p. 321); la Cour de cassation a jugé que « ces intérêts (c'est-à-dire les intérêts fixes stipulés au profit des commanditaires même en l'absence de bénéfices), *du moment que les statuts ne les ont pas mentionnés au nombre des frais généraux*, ne constituent point une charge sociale qu'on puisse, comme telle, affranchir de la publicité prescrite par les art. 56 et 57 de la loi du 24 juillet 1867 ». — Plus récemment, un autre arrêt (Civ. cass., 15 novembre 1910, S. 1911, 1, 5, note LYON-CAEN; D. 1912, 1, 97, note PERCEROU) a même décidé que, pour être affranchie de la publicité, il ne suffisait pas que la clause fût rédigée dans la formule voulue (« les intérêts seront compris dans les frais généraux »), mais qu'il fallait en outre « qu'elle ne pût d'après les circonstances — et malgré la formule employée — être considérée comme constituant une réduction déguisée de capital ». — Ces arrêts ont paru obscurs (LYON-CAEN, *loc. cit.*). Ils signifient simplement, semble-t-il, que les juges du fait doivent se préoccuper dans chaque espèce, non seulement des termes dans lesquels a été rédigée la clause d'intérêts fixes, mais aussi de l'interprétation qu'elle a reçue en fait ; c'est-à-dire qu'ils doivent rechercher si, en réalité, les intérêts ont bien été — comme il était stipulé — portés au compte des frais généraux et non pas imputés en réduction du capital (PERCEROU, *loc. cit.*). En face de cette jurisprudence, malgré tout peu claire, la sagesse commande de publier toujours la clause d'intérêts fixes.

En droit allemand, il est alloué de plein droit un intérêt de 4 o/o à l'associé sur sa mise, même en cas de perte. Il ne pourra retirer l'excédent du bénéfice au delà de cette somme que s'il n'en doit pas résulter de dommage pour la société.

386. — Impôt. — Les dividendes sont passibles de *l'impôt sur le revenu des valeurs mobilières* créé par la loi du 29 juin 1872. Cet impôt, primitivement au taux de 3, est maintenant de 4 o/o (L. 26 décembre 1890, art. 4). Un dividende de 100 fr. subit donc un prélèvement de 4 fr. au profit de l'Enregistrement.

Il n'atteint pas les dividendes distribués aux associés en nom ou aux commandités (L. 1er déc. 1875)[1] ; il frappe seulement ceux qui sont alloués aux commanditaires (ou aux actionnaires).

L'impôt a encore plus de portée. Il atteint également les intérêts des *emprunts* contractés par les sociétés (autres toutefois que les sociétés en nom collectif depuis la loi du 28 avril 1893, art. 36)[2], les revenus des obligations ou des fonds publics, la rente exceptée. C'est dans les sociétés par actions qu'il trouve son principal aliment, il procure au Trésor une centaine de millions.

1-2. Ces exemptions fiscales ont été maintenues par la *loi du 29 mars 1914* dont l'art. 31-1° n'assujettit à l'impôt sur le revenu que « les actions, parts d'intérêts... emprunts des sociétés françaises désignées par l'art. 1er de la loi du 29 juin 1872 et *non affranchies de l'impôt sur le revenu des valeurs mobilières par les lois subséquentes* » (ce qui réserve l'application des lois de 1875 et 1893). Mais, à d'autres points de vue, cette loi a lourdement aggravé le régime fiscal des valeurs mobilières, v. *infra*, n° 606.

La société en fait l'avance au Trésor, elle retient l'impôt sur le dividende de chaque associé. Les procès-verbaux des délibérations donnant la somme des bénéfices à distribuer sont communiqués à la Régie, pour déterminer la taxe. Mais, à défaut de communication volontaire, dans une société par intérêt, l'Enregistrement n'a pas le droit de perquisition ; il taxera la société d'après un bénéfice présumé de 5 o/o sur les mises [1].

387. — Pertes. — Après avoir traité des bénéfices, il faut s'occuper des *pertes*. Il y a perte lorsque le capital est diminué par de mauvaises affaires. La différence entre le chiffre nominal du capital et celui auquel il est tombé d'un exercice à l'autre donne la mesure de cette perte.

La *perte* n'entraîne pas l'*insolvabilité*. Elle peut y conduire graduellement ou d'un seul coup. Mais l'insolvabilité ne commence qu'à partir du moment où le capital est absorbé. Si le fonds social est de 100.000 fr., la société peut, pendant plusieurs années, subir des pertes réitérées de 10.000 fr., sans que les créanciers soient menacés dans leurs droits.

En fait, les pertes annuelles, aussi longtemps qu'il y a un actif pour les couvrir, ne donnent pas lieu à un mouvement de caisse entre le siège social et les associés. On se contente d'en débiter le compte de chaque associé.

Quelle est la part de chacun dans les pertes ? La même que dans les gains, à moins de stipulation contraire. Elle se fixe donc proportionnellement aux apports, en cas de silence de l'acte ; et suivant la quotité fixée pour les bénéfices, dans le cas contraire (art. 1853).

388. — Clause d'exonération des pertes. — Chaque associé, commanditaire ou autre, doit concourir aux pertes sociales. Autrement, la société est *léonine*, et contraire à l'art. 1855 : *la clause affranchissant l'associé de toute contribution aux pertes est nulle.* Par répercussion, la société entière est atteinte de nullité et liquidée comme société de fait.

Il est vrai : 1° qu'un associé peut limiter sa perte à une somme déterminée, c'est le cas normal du commanditaire ; — 2° qu'un associé qui fait un apport d'industrie peut s'affranchir entièrement des pertes (art. 1855, al. 2, *a contr.* : contribution des *sommes* ou *effets*) ; cet affranchissement n'est qu'apparent, car l'associé aura donné son travail sans rétribution, ce qui est une perte suffisante ; — 3° qu'un associé faisant un *apport en jouissance* atténue son risque : il pourra prélever sa mise avant les autres ; mais, contrairement à l'opinion dominante, nous n'admettons pas qu'il puisse, en cas d'épuisement du fonds social par les pertes, récupérer son apport sur les biens des autres associés, ni à plus forte raison produire concurremment avec les créanciers sur le fonds social : il ne peut revendiquer son apport de jouissance que s'il consiste en un corps certain (notre note sous Amiens, 22 mai 1906, S. 1907, 2, 225, et Pic, *Des sociétés commerciales*, n° 47).

1. V. une étude, sur le droit de communication du fisc au regard des sociétés, dans le *Journ. des Soc.*, 1897, 481 et s. ; et 1906, 105. — V. aussi Serres, *Du droit de communication accordé à l'administration de l'Enregistrement en matière de sociétés*, th. Paris, 1912.

389. — Une exonération complète est interdite, du moins dans le système français (*contra* en Allemagne). Il y a eu cependant des arrêts pour décider que la seule *convention* illégale était celle qui *affranchirait l'apport des poursuites des créanciers*, mais que, sitôt l'apport reconnu affecté aux dettes, la loi était sauve. Un associé pourrait donc garantir à l'autre sur ses propres biens le remboursement de l'apport, quoique absorbé par des pertes.

C'est une interprétation qui viole l'art. 1855. La Cour de cassation ne s'y est pas rangée, tout en semblant l'accueillir en cas d'apport en jouissance (Civ. cass., 11 juillet 1894, D. 94, 1, 531 ; *non obst.* Req., 23 mai 1900, D. 1901, 1, 101).

Mais la jurisprudence a eu le tort de donner effet à une combinaison qui aboutit au même résultat. Le commandité, afin de rassurer le commanditaire, contracte, par exemple, auprès d'une compagnie d'assurances, pour une somme égale à la commandite, une police au profit de celui-ci et payable à sa mort, dont il paiera, lui, commandité, les primes : le commanditaire n'y aura droit qu'autant que sa mise disparaîtrait par suite des pertes de la société ; les héritiers du commandité la toucheront dans le cas contraire. — On a critiqué, et à bon droit, l'arrêt qui a déclaré cette combinaison valable (Civ. rej., 9 juin 1890, D. 90, 1, 409, et note PLANIOL).

390. — La doctrine, pour atténuer les effets de l'art. 1855, prenait texte d'une opinion présentée par Pothier, sans conviction d'ailleurs (nos 25 et suiv. de son traité *De la société*), et qu'on a appelée quelquefois la *théorie des trois contrats*.

L'exonération des pertes à côté de la *société*, valait *assurance* du commanditaire contre le risque, et *cession* par lui à l'autre associé d'une portion de son bénéfice. Le gérant dit à son co-associé : « Votre mise est menacée, je vous donne l'assurance qu'elle vous sera remboursée. En échange, vous me servirez une prime. Sans cette clause d'assurance, vous stipuleriez 20 o/o de bénéfices. Contentez-vous de 10 o/o, cédez-moi le surplus. ».

La thèse s'expliquait à la rigueur dans l'ancien droit, lorsque le prêt à intérêt était défendu : on tournait la prohibition. Dans le droit moderne, ce n'est que dans la communauté conjugale qu'un associé (la femme comparable à un commanditaire) exerce ses reprises, en cas d'insuffisance, sur les biens propres de son co-associé (le mari).

391. — Il reste à se prononcer sur un point délicat. Pour payer le passif aux créanciers, on le prélève sur le capital. Mais la contribution des associés dans la perte est-elle par là définitivement réglée ? Non.

On calculera pour chaque associé la somme à laquelle s'élève sa part contributive et, si cette somme reste au-dessous du prélèvement que le siège social lui a fait subir sur sa mise pour rembourser les créanciers, il aura le droit de se faire bonifier la différence.

Ex. : Le commanditaire ne doit contribuer que pour la *moitié* des pertes. Le capital argent ou apports en nature a été constitué *par lui seul*. Les pertes absorbent ce capital, il pourra exiger du commandité une récompense de moitié de sa mise. — Ou bien un associé a fourni *moitié* du capital et ne devait concourir aux pertes que pour un *huitième*. Il aura droit de se faire rembourser l'écart de sept huitièmes sur la partie absorbée de sa mise, avant partage du solde d'actif par moitié entre les deux associés (Req., 25 juin 1902, D. 1902, 1, 395).

SECTION V

ADMINISTRATION DE LA SOCIÉTÉ ET RESPONSABILITÉ DES ASSOCIÉS

(C. civ., art. 1855-1859 ; C. com., art. 22 et 27-28, l. 6 mai 1863).

392. — La société a besoin d'un ou de plusieurs *administrateurs* ou *gérants* pour la diriger. De même que l'administrateur, en droit public, fait *acte* tantôt *de puissance publique* et tantôt *de gestion*, toutes différences gardées il se passe ici quelque chose d'analogue. 1° L'administrateur rappelle l'associé au pacte social, l'oblige à verser son apport, etc., recrute le personnel des employés de tout ordre, qui sont liés à la société par un louage de services et non par un mandat : l'administrateur ne sera responsable envers le siège social de leurs fautes que s'il les a mal choisis ou mal surveillés ; — 2° L'administrateur, représentant la société au dehors, agissant en vertu d'un *mandat* lié au contrat de société, conclut des opérations avec les tiers pour l'exploitation sociale.

Pour tout mandat (C. civ., art. 1984-2010), le problème se décompose en deux questions : — la représentation du mandant par le mandataire, — la responsabilité du mandataire envers le mandant pour ses fautes.

393. — **Représentation.** — *a*) Le mandataire représentant le mandant, ses conventions sont prises ès qualités, et rendent directement le mandant (ici la société) créancier ou débiteur des tiers avec qui l'administrateur a traité.

Les administrateurs sont porte-parole du siège social, de la personne morale. Se servir de la *signature sociale*, c'est exécuter le mandat, c'est engager la société si l'opération est conforme aux pouvoirs donnés : en France, et contrairement au droit allemand, le contrat excédant les limites du mandat est inopposable à la société (voir l'abus de signature sociale, n° 412).

Ces engagements n'atteignent pas seulement la personne morale, ils rendent aussi débiteurs solidaires et personnels les associés en nom, véritables cautions de la société. Donc, si le gérant est tenu lui-même des engagements qu'il traite, ce n'est pas en tant que mandataire, mais parce qu'il est associé.

394. — **Comptes à rendre.** — *b*) Le mandataire est comptable de sa gestion envers ses mandants, par l'*actio mandati directa*, ici par l'action *pro socio*. Il pourra être poursuivi, soit par chaque associé agissant en proportion de sa part, par exemple pour un quart des dommages-intérêts résultant des fautes commises, soit par tous les associés réunis réclamant alors une indemnité totale. Tous les associés aussi, mais non une simple majorité, pourraient conclure avec lui une transaction sur l'intérêt social qui était engagé dans la gestion prise dans son universalité.

L'action en responsabilité est de la compétence du tribunal de commerce du siège social, soit comme contestation entre associés en matière de commerce (art. 631-2° C. com.), soit comme demande contre un préposé de commerçant (art. 634).

395. — Rémunération. — Le gérant est responsable de sa faute, même légère, d'autant plus qu'il est toujours rémunéré (art. 1992).

Cette *rémunération* peut se composer d'éléments multiples : — 1° Son apport d'industrie lui vaut un tantième déterminé dans les bénéfices ; — 2° Il peut se faire allouer en outre un traitement fixe, payable sur les frais généraux même dans les années de pertes. Cette allocation, alors même qu'elle ne dépasserait point 2,000 francs, ne bénéficierait point de l'insaisissabilité établie par la loi du 12 janvier 1895 au profit des petits traitements, à moins de présenter *en fait* un caractère alimentaire.

Il n'y a point de contradiction dans ce cumul. La règle qui oblige l'associé à contribuer aux pertes est respectée. Le gérant fait de son travail deux parts. Il s'engage par un louage de services, avec un premier appointement à forfait. Mais il évalue son industrie plus cher ; c'est pour le surplus de son travail qu'il est associé et qu'il court le risque.

396. — Le gérant est habituellement un *associé*. Ce pourrait être un étranger (*non obst.* L. 1867, art. 57 : *associés* autorisés à gérer). L'étranger ne s'engage pas personnellement aux dettes sociales : il n'est que mandataire, partant responsable seulement de ses fautes.

397. — Faculté de substitution. — Le gérant, fût-ce dans le silence de l'acte, peut se *substituer un tiers* sans le consentement des associés. Des patrons ont coutume de prendre pour fondés de pouvoirs leurs principaux employés. Cette délégation de signature, annoncée à la clientèle, est tantôt temporaire, tantôt durable, selon que l'empêchement est passager ou non.

Régulièrement, cette nomination, comme celle d'un gérant, doit être rendue *publique*, par dépôt au greffe et par extrait dans les journaux.

Si le fondé de pouvoirs commet des *fautes*, le gérant en répond vis-à-vis de la société, à moins que la faculté de substitution ne lui ait été expressément consentie. Même alors il sera tenu, s'il a porté son choix sur une personne notoirement incapable ou insolvable (art. 1994).

398. — Pluralité de gérants. — L'examen du droit de substitution sert de transition à l'étude de la pluralité des gérants.

S'ils sont plusieurs pour exercer la gérance, chacun peut, en principe, faire seul les contrats intéressant la société. Les actes juridiques n'ont pas besoin d'être délibérés ensemble (art. 22 C. com.).

Toutefois, les fautes de l'un d'eux peuvent être imputées à tous. Ils se représentent et se remplacent mutuellement dans les marchés par suite de l'impossibilité où ils sont d'y concourir simultanément. Un acte fait par un seul est censé provenir de tous ; ils se surveillent les uns les autres. D'après la jurisprudence de la faute commune, une action en réparation *in solidum* est donnée contre chacun : les associés lésés pourront, à leur choix, poursuivre l'un quelconque des gérants pour le tout. Le gérant dissident, qui désapprouve ses collègues et veut être indemne, devra former opposition à l'opération avant qu'elle ne soit conclue. En portant cette opposition à la connaissance des tiers, il rendra même le marché inopposable à la société (art. 1857 et 1859, al. 1 *in fine*, C. civ.).

Il n'y a que deux cas où chaque gérant n'aurait pas la plénitude de l'administration : c'est lorsque d'après le contrat de société : 1° ils ne peuvent agir que réunis, — ou 2° lorsque leurs attributions sont partagées, les achats d'approvisionnements rentrant, par exemple, dans les fonctions de l'un, et les ventes dans celles de l'autre. Mais ces clauses, pour avoir effet vis-à-vis des tiers, devront être publiées.

399. — Il existe deux sortes de gérance :

1° La *gérance statutaire.* Le gérant est désigné dans l'acte de société. Il est irrévocable, il ne peut démissionner à son gré, à moins de raisons graves (maladie, actes d'infidélité) qui seront appréciées par le tribunal et qui détermineraient également sa destitution. Le départ du gérant n'entraînera pas nécessairement dissolution de la société, si l'entreprise peut fonctionner avec un autre (art. 1856, al. 2).

L'irrévocabilité du gérant statutaire se justifie : sa nomination fait corps avec l'acte de société ; cette clause, comme l'acte social tout entier, constitue la loi des parties (art. 1134).

400. — 2° La *gérance non statutaire.* L'acte de société ne s'explique pas sur le choix du gérant. Alors chacun des associés en nom exerce l'administration. Mais ce n'est qu'une situation provisoire. Elle cessera par une délibération conférant la gérance à l'un d'eux (ou à un tiers).

Cette délibération ne vaut que comme simple mandat. En d'autres termes, un pareil gérant, à la différence du gérant statutaire, peut être révoqué *ad nutum* et sans dommages-intérêts (même art. 1856). Cela revient à dire que la majorité des associés peut décider cette révocation ; car, s'il fallait l'unanimité, on ne voit plus en quoi ce cas se distinguerait de celui du gérant statutaire. Cette majorité doit s'apprécier par têtes. Mais il ne faudrait pas étendre à d'autres situations le pouvoir pour la majorité de faire loi dans des sociétés par intérêts. Ce droit de la majorité est au contraire usuel dans les sociétés par actions.

401. — **Défense d'immixtion du commanditaire** [1]. — Les principes précédents sont fortement mis en échec dans les sociétés en commandite. Les art. 27 et 28 C. com. renferment une règle qu'on appelle la *défense d'immixtion du commanditaire.*

Le commanditaire « ne peut faire aucun acte de gestion, même en vertu de procuration ». Soit que ses associés lui en aient donné pouvoir dans l'acte de société ou dans un acte postérieur, soit qu'il ait agi de son propre

1. V. E. Potu, *La défense d'immixtion du commanditaire dans la société en commandite par intérêts*, dans les *Annales de droit commercial*, 1910, p. 121, 209 et 265.

mouvement sans se faire habiliter par les autres, sa participation à l'administration de la société est condamnée par la loi. Celle-ci va jusqu'à critiquer des actes tout à fait accidentels, provenant de ce que la signature aurait été confiée au commanditaire pour un jour ou deux par le commandité empêché.

402. — La mesure précise des actes qui sont interdits aux commanditaires par l'art. 27 dépend de la détermination du motif pour lequel cette règle sévère a été introduite. Or sur ce motif règne une incertitude, et quelques-uns tiennent même que la loi pose ici une énigme.

Il est permis d'hésiter entre deux explications :

1re Explication (c'est celle qui paraît en faveur en jurisprudence). — Par la défense d'immixtion du commanditaire, on veut épargner une équivoque aux tiers qui traitent avec la société, sur la responsabilité respective des associés de l'une et de l'autre catégorie. C'est une règle de crédit ou, si l'on préfère, de loyauté.

Lorsque la signature est aux mains du commanditaire, les créanciers s'imaginent que c'est lui qui est l'associé principal, que c'est lui par conséquent qui répond des dettes sur ses biens. Supposons que sa fortune personnelle soit élevée, que celle du commandité soit faible ; les tiers traiteront avec la société en considération de sa fortune, en transposant les rôles des deux associés.

Cette transposition est excusable de leur part. L'attitude prise par le commanditaire suffit à l'expliquer. Vienne la faillite de la société : les créanciers verront leur échapper ce gage indéfini du patrimoine qui leur avait inspiré confiance, puisque le commanditaire se prévaudra de la limitation de responsabilité à sa mise, et ils devront se payer sur le patrimoine d'un autre, vraisemblablement de forces réduites, auquel ils n'avaient point attaché d'importance.

De là vient que la loi interdit cette attitude fertile en malentendus, et, pour le cas où l'on ne tiendrait pas compte de sa défense, pose la formule : *Patere legem quam ipse tulisti.* « Puisque tu t'es présenté comme associé en nom, les créanciers seront fondés à te retenir pour tel ».

La seule objection d'une certaine gravité encourue par cette explication réside en ceci : les noms du commandité, d'une part, du gérant, de l'autre, sont mentionnés dans les extraits de publicité. Les tiers n'ont qu'à se reporter à ces extraits. Ils verront bien que le gérant n'est pas un associé responsable. S'ils se sont mépris sur la classe d'associés à laquelle il appartient, ils n'ont qu'à s'en prendre à leur propre étourderie.

Cette appréciation se confirme, lorsqu'on se demande ce qui se produirait au cas où la gérance de la commandite aurait été confiée à un étranger. Cette attribution serait tout à fait régulière (n° 396). Le gérant alors ne s'oblige pas lui-même, puisqu'il n'a point d'intérêt dans l'entreprise et qu'il n'y concourt qu'à titre de mandataire.

D'où vient qu'on se montre plus sévère à l'égard du commanditaire, dont la circonspection de gérant serait plutôt garantie par les fonds engagés par lui dans la société ? Si l'on autorise la gestion d'un tiers, à plus forte raison devrait-on permettre celle d'un associé « au petit pied ».

L'objection n'est point irréfutable. Lorsque le gérant est un étranger, il ne se produit pas dans l'esprit du public de malentendu sur sa qualité d'associé, on sait qu'il n'en est pas un. Le rôle de commanditaire est beaucoup plus sujet à provoquer des méprises. La situation de fait occupée par le commanditaire dans les bureaux de la société et dans la tenue de la correspondance, alors même que la signature sociale ne renfermerait pas son nom, induit naturellement les créanciers à penser que c'est avec un associé en nom qu'ils ont affaire, du moment qu'il est bien associé et qu'il n'en fait pas mystère. Les actes déposés aux greffes, et les extraits d'annonces pourraient les détromper, c'est vrai ; mais ils se sont guidés d'après les apparences, et on ne peut pas leur en tenir rigueur.

Si la règle de la loi est imposée par les raisons précédentes, les seuls actes interdits au commanditaire sont ceux qui déterminent de sa part des opérations avec le dehors, c'est-à-dire la *gestion externe* (achats, ventes, emprunts, etc.). Au surplus, pour qu'il y ait contravention à la loi, il n'est pas indispensable que le commanditaire ait accompli ces opérations au point de les mener jusqu'à leur conclusion définitive. Dans le cas où il les aurait seulement préparées, soit par des pourparlers de nature verbale, soit par un échange de correspondance, la loi frapperait encore cette nature d'immixtion, car elle est de nature à induire le public en erreur sur la classe d'associés à laquelle le commanditaire appartient (Cfr. Req., 10 juillet 1900, S. 1901, 1, 173 ; Req., 30 décembre 1907, S. 1908, 1, 125).

Sous cette réserve : *a*) Le commanditaire n'enfreint aucune interdiction en donnant, dans l'intérieur de la société, son autorisation à une modification à l'acte de société (augmentation de capital, élévation du chiffre des bénéfices alloués à la gérance, etc.), ou à un acte d'aliénation proposé par le gérant et dépassant les pouvoirs de celui-ci. Il peut concourir à cet acte d'aliénation à côté du gérant et aux seules fins de l'autoriser ; sa responsabilité solidaire n'est pas pour autant engagée (Limoges, 28 janvier 1898, D. 99, 2, 353).

b) Si le gérant venait à démissionner ou à mourir, et en supposant que l'acte de société, prévoyant cet événement, ait décidé que la commandite continuerait avec un gérant nouveau, le commanditaire pourrait sans la moindre déchéance, et devrait même concourir par son vote à la nomination de celui-ci (Même arrêt).

c) L'acte de société a pu conférer aux associés le droit de révoquer le gérant : à plus forte raison a-t-il pu spécifier que les actes d'une certaine importance, quoique rentrant encore dans la classe habituelle des actes d'administration, les opérations à crédit par exemple, ne pourraient être accomplis valablement qu'avec le consentement des associés. Cette stipulation, malgré l'empire qu'elle permet aux commanditaires d'exercer sur le gérant, ne porte aucune atteinte à la loi, et elle doit sortir effet.

403. — 2e *Explication.* — Il y a une autre manière de donner un sens à l'art. 27.

La loi n'a pas été influencée, dit-on, par la crainte d'une équivoque dont les tiers auraient souffert dans leur crédulité. Elle a redouté deux choses : d'une part, que des associés, disposant d'assez amples ressources, mais voulant limiter les risques pour tous, prissent à leurs gages un commandité de pacotille, simple mannequin dont ils tireraient le fil et qui même ne gérerait pas du tout, car ils se seraient réservé la gérance à eux-mêmes ; — d'un autre côté, que les capitalistes formant une commandite n'eussent l'habitude de s'adjoindre un gérant, domestiqué par eux en quelque sorte, gérant faiblement rétribué parce qu'il serait sans pouvoir sérieux. — Le premier de ces résultats serait fâcheux : les parties auraient fondé une véritable société anonyme sous le manteau trompeur de la commandite. Les créanciers ne se seraient point mépris sans doute, quoi qu'en pense l'autre système, sur les deux catégories d'associés ; mais ils auraient pris au sérieux un commandité homme de paille, en lui imputant une fortune qu'il n'a pas. Ils souffriraient d'un leurre, autre il est vrai que celui dont la jurisprudence s'est émue. C'est ce qui s'est vu dans la période de fièvre des commandites vers 1835. — Le deuxième de ces résultats serait tout aussi regrettable : la commandite n'est un contrat moral que si elle laisse au gérant un émolument assez fort pour lui permettre, à lui homme de travail et sans fortune, de s'élever en rang. Il faut qu'il ait de l'indépendance et par conséquent des pouvoirs effectifs ; car, par là seulement, il peut avoir un traitement honorable. La confusion du commanditaire et du commandité dans la gestion, la prise de direction de la société par l'élément argent, empêchent d'atteindre ce but.

En partant de ces idées, la loi frappe non seulement les actes de gestion externe, mais toute *ingérence* même *intérieure* plaçant le commandité sous la coupe des commanditaires, et notamment : 1° la stipulation obligeant le gérant de s'assurer le consentement des commanditaires pour les opérations à terme ; 2° la clause de révocabilité du gérant en dehors de la révocation judiciaire pour justes motifs. — Mais, d'autre part, il va de soi que les modifications à l'acte de société, ainsi que les actes de disposition excédant les pouvoirs d'administration, exigeront, car c'est la nature des choses qui le veut, l'adhésion des commanditaires.

Ce deuxième système doit être rejeté, d'abord parce que les termes de l'art. 27 y sont contraires (le commanditaire, dit le texte, ne peut faire aucun « acte de gestion », ce qui ne veut pas dire aucun « acte d'ingérence »), et ensuite à raison du caractère étrange que présente la sanction légale, appliquée à cette immixtion d'ordre purement intérieur. Dire que le commanditaire sera responsable indéfiniment envers les créanciers lorsqu'il a tenu la signature sociale, cela se conçoit : mais, le frapper de cette manière, lorsqu'il s'est réservé le droit de révoquer le gérant ou d'autoriser préalablement certains de ses actes, c'est édicter une répression qui n'est plus du tout adéquate à la faute. Il aurait fallu dire : la société en commandite, en présence de semblables clauses, sera nulle ou sujette à la liquidation. La loi n'en a rien fait.

Quelle est donc la *sanction* établie ? La loi du 6 mai 1863 l'a adoucie. D'après le Code de commerce, le commanditaire contrevenant à la prohibition ci-dessus était obligé solidairement avec les associés en nom collectif, pour toutes les dettes et engagements de la société. Il était ainsi tenu indéfiniment du passif, là même où son immixtion se serait limitée à un ou à deux actes accidentels. C'était bien dur.

D'après le nouvel art. 28, cette responsabilité solidaire ne le frappe obligatoirement que pour les dettes qui dérivent de ses actes de gestion. La responsabilité personnelle des autres dettes de la société ne l'atteint que « suivant le *nombre* ou la *gravité* des actes qu'il a faits », à l'appréciation du tribunal.

Autrement dit : la gestion qu'il a exercée porte-t-elle sur des opérations multiples et successives ; ou bien, quoique restreinte à certains marchés, a-t-elle sérieusement contribué à déterminer la chute de la société ? Les juges *pourront* le déclarer solidaire pour le passif tout entier (mais, à notre avis, sans qu'il devienne pour autant un commerçant passible de la faillite : le « commerçant malgré lui » n'existe pas au nombre des catégories connues).

404. — La théorie des art. 27 et 28 règle-t-elle également les rapports *avec les autres associés* du commanditaire ayant fait acte d'immixtion ?

Cette question ne répond pas à une pensée bien claire (Req., 25 octobre 1898, S. 1900, 1, 410), ou bien elle doit être tranchée par la négative.

De deux choses l'une, en effet. Ou bien le commanditaire s'est immiscé en vertu d'un mandat que lui ont donné ses coassociés. Les actes de gestion accomplis dans ces conditions emporteront responsabilité solidaire de tous les associés en nom, ainsi que le dit l'art. 28, sans que ceux-ci puissent obliger le commanditaire à contribuer à la perte au delà de sa commandite (Trib. com. Seine, 6 décembre 1911, *Journ. des Soc.*, 1912, 369) ; ils le rechercheront pour une somme plus forte s'il y a eu faute de gestion de sa part, mais ce recours se rattache alors à une idée bien différente.

Ou bien le commanditaire a agi en dehors de tout mandat, et sans que l'opération puisse être opposable à la société par suite des règles de la gestion d'affaires. En ce cas, la responsabilité solidaire ne pèsera que sur lui (malgré la généralité du texte de l'art. 28), elle n'atteindra ni la société ni les autres associés. Le recours de ceux-ci contre le commanditaire a moins encore lieu de s'exercer que dans le cas précédent.

405. — Cette théorie de la défense d'immixtion du commanditaire pourrait être abandonnée sans grand inconvénient par le législateur de l'avenir. Bien que la plupart des Codes l'aient empruntée au droit français, elle crée plus de gêne qu'elle ne donne de bons résultats ; car elle jette le trouble dans l'esprit du commanditaire sur la détermination des actes qui lui sont permis ou défendus (Arcangeli, *La società in accommandita semplice*, p. 186 et suiv. ; Poru, *loc. cit.*).

406. — Les art. 27 et 28 n'ont pas pour résultat d'exclure le commanditaire de toute intervention dans le fonctionnement de la société. Les deux systèmes précédents s'accordent pour lui reconnaître la double faculté suivante :

1° Il peut occuper dans la société un *poste subalterne* de commis, de comptable, de directeur de travaux, le liant à la commandite par un louage de services, avec une rétribution s'il y a lieu. L'ancienne rédaction de l'art. 27 lui interdisait plutôt ce genre de fonctions : le texte de la loi de 1863 est plus libéral. Le commanditaire fera bien cependant de ne pas se charger de certains emplois, tels que celui de voyageur de commerce, qui, tout en le plaçant dans une position subordonnée, le mettent en rapports avec le public et sont de nature à se confondre dans l'esprit des tiers avec des fonctions de gestion proprement dite.

2° Le commanditaire, dit l'art. 28, al. 2, peut donner des *avis* et des *conseils*, peut faire des actes de *contrôle* et de *surveillance*.

Cette question de contrôle est délicate. Les commanditaires peuvent se grouper pour désigner un comité permanent de surveillance qui agira pour eux par délégation. Cet organe se retrouvera dans la commandite par actions, où la loi le crée à titre obligatoire. Le défaut de diligence du conseil de surveillance dans la commandite simple ne donnerait pas aux tiers, c'est-à-dire aux créanciers sociaux, quoique lésés par son inaction, le droit d'en poursuivre les membres, ceux-ci n'engageant leur responsabilité que vis-à-vis de leurs mandants, c'est-à-dire envers les commanditaires eux-mêmes (Req., 27 janvier 1880, *Journ. Pal.*, 80, 264).

S'il n'y a pas un organe de ce genre, chaque commanditaire est-il admis à pénétrer en tout temps dans les bureaux de la société et à prendre connaissance de l'état de sa caisse, de sa comptabilité ? Ce pouvoir peut être limité par l'acte de société ; mais que décider dans le silence du contrat ?

Bien que la Cour de cassation (Req., 29 avril 1897, S. 97,1,396, cfr. n° 211) affirme pour les tribunaux le droit de limiter, même dans les quatre cas exceptionnels de communication de l'art. 14, la consultation des livres « soit quant à l'étendue des documents qui en seront l'objet, soit quant à son mode et à sa durée, soit quant aux personnes aptes à être chargées du mandat de le recevoir », et qu'elle fasse application de cette règle au commanditaire (comme à tout associé, même en nom collectif, qui ne serait pas un gérant), il ne semble pas que son titre d'associé comporte une semblable restriction. — D'après nous, le commanditaire peut (à moins d'un conseil de surveillance institué ou de clauses contraires dans l'acte de société) :

1° Prendre communication des livres à une époque quelconque, sans soupçonner pour autant la régularité des affaires ou l'exactitude des comptes qu'on lui a remis, la communication n'impliquant point de sa part la pensée de faire éventuellement un procès au gérant ;

2° Procéder à cette inspection soit par lui-même, soit par un expert de son choix (Cfr. Cass., 24 janvier 1899, D. 99, 1, 260), le secret des affaires ne pouvant guère souffrir, semble-t-il, de cette ingérence d'un étranger que le commanditaire choisira parmi les personnes sûres et de confiance, ainsi que son propre intérêt l'y porte (si le commanditaire est peu versé en affaires, il faudra bien qu'il recoure au ministère d'une personne plus compétente que lui, et nous en dirons autant pour un associé en nom). Le seul pouvoir qu'il convienne de reconnaître à la justice, c'est de refuser des communications trop répétées ou confiées à des agents suspects, en vertu de la théorie de l' « abus du droit ».

En tout cas, il n'y a pas identité de situation entre le commanditaire dans la commandite simple et l'actionnaire : la loi de 1867 s'est attachée à enfermer le pouvoir d'inspection des livres par celui-ci dans des bornes très étroites qui n'ont pas été posées dans notre matière (V. dans les *Annales de droit commercial*, 1901, p. 124 et s., l'article de M. DEMOGUE, dont la doctrine restreinte paraît discutable).

407. — Revenons aux sociétés tant en nom collectif qu'en commandite.

1° *Par quels actes les gérants obligent-ils la société ?*

2° *A concurrence de quelle somme obligent-ils soit la société, soit les associés eux-mêmes ?*

I. — Pour engager la société, les gérants doivent agir ès qualités. Ils traitent sous la raison sociale, ou encore, car tous équivalents sont admis, par représentation des associés.

Mais en agissant, au contraire, sous leur nom personnel, même pour le compte social, ils cessent de rendre la société débitrice ou créancière des tiers. Aucun rapport direct ne se forme entre ces derniers et le siège social : les gérants seront alors eux-mêmes tenus (*non obst.* L. 82, D. *Pro socio*, et art. 1864 C. civ.). La société ne pourra être recherchée que du chef de son gérant (art. 1166 C. civ.).

Le gérant oblige la société soit par des *contrats*, soit par des *délits*.

408. — Contrats. — *Par des contrats.* — En principe, il dispose des pouvoirs d'un mandataire général (art. 1988 C. civ.).

Le mandat général n'embrasse que les actes d'administration. Au sens commercial du terme, l'*administration* comprend tous les actes ordinaires d'exploitation : — l'achat des approvisionnements, — la vente des produits, — la location d'un magasin, — les souscription, acceptation ou négociation d'effets de commerce pour régler les engagements courants, — les réceptions d'effets de débiteurs, — les réparations d'outillage, ou embauchages d'ouvriers, — les conventions avec commissionnaires pour écouler la marchandise ou en effectuer le transport, etc.

Le gérant, ayant par hypothèse une entreprise distincte qui ne fait pas concurrence à la société, pourrait accomplir ces actes avec sa propre maison ; il pourrait, banquier, escompter le papier de la société ; concessionnaire d'une mine, lui faire des marchés de fournitures de charbon. Il n'y a pas, dans notre droit, de règle générale interdisant à une personne d'occuper dans un même contrat les deux rôles opposés, et de traiter avec soi-même (ce que les Allemands appellent *selbstcontrahiren*). Il devient alors créancier, du chef de son contrat ; et il produira à la faillite de la société, sans s'effacer comme il devrait le faire au titre d'associé.

409. — Ce droit du gérant de prendre l'affaire à son compte n'est pas sans danger ; aussi, dans la société anonyme, y a-t-on mis une restriction (art. 40 L. 1867). Il est à craindre que le gérant ne fasse prévaloir son intérêt propre sur celui de la société. Voici le double correctif que comporte un tel pouvoir :

a) Si l'opération, pour avoir été conduite avec la maison du gérant, devient préjudiciable à la société. le gérant devra des dommages-intérêts.

b) Le droit que nous reconnaissons au gérant ne doit pas être séparé d'une autre règle, savoir que le mandataire ou gardien de la chose d'autrui ne peut, sans abus de confiance (art. 408 C. pén.), détourner les valeurs confiées à sa garde et comprises dans sa gestion. La conséquence s'impose : ces contrats avec lui-même, il est obligé de les faire ouvertement. Par là est frappée la pratique des *pots-de-vin*.

Il traite, avec un entrepreneur de travaux, un devis de 10,000 fr. Mais l'entrepreneur lui abandonne sous main 5 o/o, soit 500 fr. — Du moment que le marché ne coûtait que 9,500 fr., l'excédent est approprié par le gérant : fût-il seul associé en nom, il commet un détournement, un abus de confiance. — Il aurait dû prendre franchement l'opération pour lui et sous-traiter ensuite avec 500 fr. de bénéfice au su de ses associés. Ce que la loi frappe, c'est le gain d'entremise occulte.

410. — A l'inverse, le mandat général exclut les actes de *disposition*. Le gérant ne peut les accomplir sans le consentement de tous les associés (à moins que l'acte de société ne se contente de l'adhésion d'une majorité), — Ex. : Achat de machines, de terrains, ou d'une force motrice, vente de tout ou partie de l'établissement, emprunt, constitution d'hypothèque.

La séparation entre administrer et disposer n'est point facile. L'acte de société s'expliquera d'ordinaire sur l'étendue des pouvoirs du gérant. Alors, de deux choses l'une :

Ou bien les pouvoirs ordinaires sont *étendus* au delà des attributions légales. Le gérant pourra emprunter, hypothéquer, etc. Rappelons que le nouvel art. 69, ajouté par la loi du 1er août 1893 à celle du 24 juillet 1867, autorise le pouvoir d'hypothéquer, en vertu des énonciations de l'acte de société, même dressé en la forme sous seing privé (n° 353).

Ou bien les pouvoirs du gérant sont *restreints*. — Ex. : Il ne pourra traiter que des opérations au comptant. Cette clause est valable à l'égard des tiers, même dans la commandite, comme nous allons le voir, pourvu qu'on l'ait publiée.

411. — Délits. — Le gérant peut obliger aussi la société *par ses délits*. Non pas qu'il ait reçu mandat de l'engager de cette manière. Mais il est préposé du siège social : le commettant répond du fait de son préposé dans l'exercice de ses fonctions (art. 1384 C. civ.).

La personnalité juridique comprend la responsabilité délictuelle (n° 315). Le droit terrestre ne connaît pas de limite, comme celle mise à la responsabilité de l'armateur pour les faits du capitaine (art. 216 C. com.).

Le délit du gérant ouvre donc, pour les *réparations civiles*, une action de la partie lésée contre la société : contrefaçon d'une marque ou d'un brevet, infraction aux règles d'exploitation des chemins de fer par fausse déclaration sur la nature d'un colis, contravention d'enregistrement, etc.

412. — Abus de raison sociale [1]. — C'est dans la catégorie des délits qu'on fait rentrer l'*abus de la signature sociale*.

---

1. V. Percerou, *Des abus de la raison sociale*, dans les *Annales de droit commercial*, 1898, p. 118 et s.

On entend, par cette appellation, des faits ou agissements assez variés, qu'il serait difficile de grouper sous une notion uniforme.

La clarté de ce sujet veut qu'on oppose l'*excès* de pouvoir, à l'*abus* de pouvoir dans l'emploi de la signature sociale.

Il y a *excès* de pouvoir lorsque le gérant dépasse les pouvoirs qui lui étaient attribués, sans détourner d'ailleurs, à son profit personnel, le résultat des opérations qu'il fait. — Ex. : Il vend ou achète un immeuble sans y être autorisé. — Si l'acte n'est pas de ceux qui rentrent dans les opérations d'administration, ou si l'acte de société, dûment publié sur ce chef, lui interdit de le faire, la société ne sera pas obligée de le respecter. Ce marché ou contrat est sans valeur au regard du siège social (il a été fait de cette doctrine par Req., 5 novembre 1900, D. 1902, 1, 5, et notre note, une application exagérée à des effets de commerce, qui devaient, d'après l'acte de société, exprimer une cause d'engagement social, et qui en réalité ne la contenaient pas).

Il y a *abus* de pouvoir, lorsque le gérant, procédant par abus de confiance, accomplit sous le nom de la société un acte qui lui est personnel, emprunte de l'argent, par exemple, ou souscrit des effets en vue de payer ses différences de bourse, ou afin d'affecter les fonds à une usine lui appartenant en propre.

A moins que l'autre partie contractante n'ait eu connaissance de ce détournement du produit du marché (Req., 26 janvier 1903 et 26 avril 1906, D. 1904, 1, 391, et 1908, 1, 500 ; Lyon, 21 juin 1911, *Journ des Soc.*, 1913, 226), il faut dire que l'acte est opposable à la société, laquelle ne pourra pas se soustraire à son exécution. Car : 1° la société répond des faits délictueux de son préposé (art. 1384 C. civ.) ; 2° le tiers n'a pas pu scruter le fond des intentions du gérant et deviner à quelles fins le marché était conclu ; la loi n'exige même pas que l'objet de la société soit rendu public (n° 362) ; peut-être le silence qu'elle garde à cet égard s'explique-t-il par le fait que, quand même cet objet serait révélé, les créanciers ne sont pas en état de savoir si le marché conclu y correspond ou non. L'opération, prise en elle-même et indépendamment de son but, est-elle régulière ? Il n'en faut pas davantage pour que la société soit tenue, car elle a été représentée en la forme voulue.

Les exigences du crédit sont telles, que cette solution doit prévaloir, nonobstant toute clause par laquelle la société s'affranchirait formellement de la responsabilité de ceux des actes du gérant qui seraient pris en vertu d'un abus de signature. Cette clause est fréquente, mais, quoi qu'en aient décidé certains arrêts, elle ne doit pas produire effet.

413. — A cette question d'abus de raison sociale, on a mêlé bien à tort un problème reposant sur un tout autre ordre d'idées.

Le gérant peut-il obliger soit la société, soit la généralité de ses créanciers par des avances faites à l'un des associés avec le plein gré des autres ? Ex. : — L'associé A a un passif personnel à éteindre. La société, à la teneur de l'acte constitutif, n'a pas pris ce passif à son compte. Mais elle a un intérêt au moins indirect à ce qu'il soit amorti. Souvent la connaissance qu'a le public de l'état obéré d'un associé, jette le discrédit sur la société elle-même. — Ou encore ce passif en souffrance se rattachait à une précédente entreprise de commerce dudit associé, dont la partie « actif » a été déversée dans la société sous forme d'apports ; et les créanciers de cette maison maintenant disparue contesteraient la validité du contrat de société, si les associés réunis ne les remboursaient ou ne mettaient les « dettes anciennes » au compte du siège social.

a) Si la société demeure solvable, une convention de ce genre, quoique contraire à l'objet de la société, sera obligatoire, puisque par hypothèse, tous les associés l'ont approuvée.

b) Si, au contraire, la société a cessé d'être *in bonis*, les créanciers envers qui la société s'est substituée aux dettes primitives de l'associé, ou le prêteur des fonds qui ont servi à rembourser ces créanciers, ne sont plus en conflit avec les associés, mais bien avec les autres créanciers, dont les marchés à eux sont réguliers, conformes à l'objet social. Ces autres créanciers sont intéressés à réduire le chiffre du passif, à l'effet d'obtenir un dividende plus fort. Ils seront fondés à écarter la production des premiers, non peut-être à raison de l'atteinte portée à l'objet social par ces opérations destinées à couvrir des dettes personnelles : mais parce que *la société*, en procédant ainsi clandestinement, *a réduit son capital* au détriment des tiers, c'est-à-dire de la masse de ses créanciers. Le capital annoncé était de 1 million ; la prise en charge du passif personnel étant représentée par 200,000 fr., ce capital tombe en réalité à 800,000 fr. Les tiers sont lésés par une opération secrète, n'ayant pour eux que la valeur de contre-lettres. C'est par suite d'un raisonnement de ce genre que peut s'expliquer la doctrine des arrêts qui ont vu dans lesdits agissements des espèces d'abus de signature sociale (V. PERCEROU, *loc. cit.*, p. 118 et suiv., et LYON-CAEN, sous Civ. rej., 11 juillet 1899, S. 1900, 1, 5).

414. — II. *A concurrence de quelle somme le gérant oblige-t-il soit la société, soit les associés ?*

A. La personne morale, débitrice principale, est tenue sur tout son capital.

B. Les associés en nom ou les commandités sont tenus *solidairement* et *indéfiniment* à côté d'elle. Tous sont obligés, — tant ceux qui font partie de l'administration que ceux qui en sont exclus, — tant ceux dont les noms figurent dans la raison sociale que ceux dont les noms en sont absents.

Celui qui sort de la société, en cours d'existence, cesse de répondre de ceux des engagements qui ont été formés postérieurement à la publication du fait déterminant sa sortie.

A l'inverse, celui qui entre dans la société en cours d'entreprise, quoique s'obligeant pour les engagements nouveaux (*non obst.*, art. 22 : associés indiqués dans l'*acte* de société), ne répond pas du passif contracté avant son entrée. La loi allemande, qui en décide autrement, n'est pas logique : dans les rapports des associés, le nouvel associé ne doit contribuer aux pertes que pour les affaires traitées depuis son arrivée. Pourquoi n'en serait-il pas de même au regard des tiers ? Sans doute, en cas de faillite, l'apport de cet associé qui s'est confondu dans le capital social servira à rembourser les créanciers, sans distinction de l'époque à laquelle remontent leurs droits. Mais cela ne prouve pas que l'associé réponde personnellement sur ses autres biens des dettes préexistantes à son entrée (AMIOT, dans les *Annales de droit commercial*, 1900, p. 281 et suiv.).

415. — Ainsi, les associés en nom sont régis par le principe de la *solidarité*. Ils devraient être, dans ces conditions, solidaires non seulement *entre eux*, mais aussi *avec* la société dont chaque associé est une *caution* non pas simple, mais *solidaire*. Les créanciers pourraient rechercher pour le tout, à leur convenance, soit le gérant ès qualités pris quant au capital social, soit tel ou tel associé individuellement pris sur son patrimoine propre, et sans avoir à observer un ordre déterminé de poursuites.

La jurisprudence ne l'entend pas ainsi. Les créanciers ne sont admis à assigner l'associé personnellement qu'à la condition : 1° de mettre simultanément en cause le siège social, 2° de justifier d'une mise en demeure déjà adressée préalablement à la société et non suivie d'effet (Civ. rej., 28 mars 1898, D. 98, 1, 49, et notre note. Comp. Douai, 13 novembre 1909, D. 1913. 2, 57, note LEVILLAIN ; Trib. com. Seine, 24 janvier 1912, *Journ. des Soc.*, 1913, 234). L'associé dispose donc d'un *bénéfice* qui n'est cependant pas celui *de discussion*. C'est de l'usage qu'il tire sa force, sans rien présenter d'ailleurs de bien avantageux.

A cela près, on suit les principes du cautionnement solidaire. Donc :

a) Les créanciers sociaux s'inscriront sur les biens personnels de l'associé, non pour le reliquat impayé de leurs créances, les biens sociaux une fois réalisés, mais pour le plein montant de leurs titres (art. 542 C. com., nos 1917 et suiv. ; *contra* en droit allemand).

b) Les poursuites contre la société interrompent la prescription contre chaque associé pris individuellement, et les poursuites contre un associé produisent interruption vis-à-vis de tous les autres (art. 1206 C. civ.). Solution importante, surtout à partir du moment où la société sera en liquidation. La prescription des créances contre l'associé est réduite alors à un délai de cinq ans (art. 64 C. com.), mais la citation donnée à la société conserve l'action même vis-à-vis des associés, au delà dudit délai (ce qui n'est pas très équitable).

c) L'associé, payant la dette, est *subrogé* de plein droit aux sûretés appartenant au créancier désintéressé, telles qu'une hypothèque (art. 1251-3° C. civ.). Subrogation intégrale contre la société. Subrogation partielle contre chaque coassocié, pour la part contributive de celui-ci. Si le créancier avait, par son fait, abandonné ou *laissé périr ses sûretés* (hypothèque sur un immeuble de la société dont il aurait donné mainlevée), l'associé serait fondé à se dire dégagé envers lui, puisque la subrogation ne peut plus alors utilement s'exercer (art. 2037 C. civ.).

416. — La solidarité des associés en nom est de l'*essence* de la société en nom collectif : elle ne pourrait être écartée par une clause, même publiée, de l'acte de société. En vain cette clause déclarerait-elle chaque associé tenu de sa *part conjointe et virile,* ainsi que ce serait le cas dans une société civile : vu sa nature insolite, les tiers n'ont pas dû s'attendre à la trouver dans l'extrait d'annonces. Elle est sans valeur.

417. — C. Commanditaire, action directe. — Quant au commanditaire, il semble que nul rapport de droit ne se soit formé entre les créanciers et lui. Il est personnellement inconnu des tiers. Tel était l'ancien droit.

Le commanditaire devrait seulement *contribuer* aux dettes. Il serait passible des pertes (arg. art. 26) dans la mesure limitée de son apport, sans être sujet aux *poursuites* des tiers.

La société l'obligera par l'action *pro socio* à verser sa commandite. Les créanciers peurront se subroger à cette action, notamment par le ministère d'un syndic ou d'un liquidateur ; mais ils agiront *du chef de la société* (art. 1166 C. civ.).

Afin d'armer plus énergiquement les créanciers, on a dans la pratique reconnu à leur profit l'existence contre le commanditaire d'une *action directe,* action également limitée, il est vrai, au montant de la commandite et éteinte par son versement.

1° *Justification.* — Les commanditaires, comme les associés en nom, ont donné mandat au gérant de les obliger par ses actes. Toute la différence est que l'associé en nom a donné un mandat sans restriction de somme, tandis que le commanditaire a limité à son apport les effets de ce mandat.

2° *Avantages.* — Grâce à cette action directe, les exceptions de dol ou de compensation, qui appartiendraient au commanditaire contre le siège social ou contre les autres associés, cesseront d'être opposables aux créanciers : c'est là le but qu'on s'est proposé d'atteindre. L'action, étant civile d'après nous (n° 333), devrait être portée devant le tribunal d'arrondissement.

Cet usage doit être approuvé. Les commanditaires, quoique leurs noms ne soient pas donnés dans l'extrait d'annonces, ont, par suite de la publicité, établi un lien entre les tiers et eux. Peut-être les créanciers les ont-ils connus par le greffe ou d'une autre manière : au pis aller, c'est à un débiteur masqué qu'ils ont fait crédit. — Les précédents de l'ancien droit sont peu probants : la société en commandite n'existait pas alors aux yeux des tiers : c'est le commandité qui s'engageait, seul et en son propre nom. La situation a notablement changé.

418. — Exceptionnellement, le commanditaire est tenu pour le tout, de la même manière qu'un commandité : — 1° si son nom est inséré dans la raison sociale (n° 339) ; 2° s'il s'est immiscé dans la gestion (n° 403) ; 3° si la commandite n'a pas été publiée, au moins dans certaines circonstances à apprécier en fait (n° 367).

SECTION VI

DISSOLUTION, LIQUIDATION ET PARTAGE

(C. civ., art. 1865 à 1871 ; C. com., art. 64).

419. — Il convient, après avoir examiné les sociétés par intérêt dans leur marche, de rechercher comment elles prennent fin et comment elles se liquident. Lorsque nous traiterons des sociétés par actions, ce sujet ne sera plus repris dans son ensemble. Il nous suffira de dire les modifications tenant à la nature desdites sociétés.

SOUS-SECTION PREMIÈRE. — Dissolution.

420. — La *dissolution* est l'expiration d'une société, l'anéantissement du lien social. Sitôt dissoute, la société cesse de vivre, du moins comme société d'exploitation.

Cette notion pourrait aussi bien s'étendre à plusieurs causes de nullité (à la nullité faute de publicité par exemple) : ces prétendues nullités, par suite d'une impropriété d'expression, sont plutôt des causes de dissolution, puisque la société se liquide dans le passé sur la base de l'acte social (nos 366 et 370).

421. — La fin de la société n'arrive pas toujours de la même manière. — Il y a des causes *normales* de dissolution, prévues dès l'origine (mort d'un associé ou expiration du temps convenu). — Il y en a d'autres qui sont *extraordinaires* (délibération prise par les associés, ou jugement).

422. — On distingue, d'autre part, les cas de dissolution *opérant de plein droit*, de ceux qui se réalisent *par le fait de l'homme ou de la justice*. — Cette distinction, sans se confondre avec la précédente (la faillite d'un associé est un fait extraordinaire, qui agit cependant de plein droit), concorde avec elle dans la plupart de ses applications. Elle a de l'importance, à l'effet de déterminer dans quel cas la dissolution est sujette à publicité : il n'y a pas lieu de publier les causes de dissolution agissant de plein droit, tandis que la publication est exigée pour les autres causes (voir n° 439).

423. — Mais la méthode qui convient le mieux au plan général suivi dans cette étude des sociétés est celle qui tend à opposer :

a) Les causes de dissolution qui sont vraies des sociétés par actions comme des sociétés par intérêt, opérant à l'égard de toutes les sociétés de commerce et de *toutes les espèces d'associés* ;

b) Aux causes de dissolution tenant à l'*intuitus personæ*, et spéciales aux sociétés en nom collectif et aux commandites simples.

§ 1. — Causes de dissolution communes à toutes les sociétés.

424. — Il y a lieu d'écarter d'abord les dissolutions tenant *a*) soit à l'*extinction de la chose*, à la perte du bien servant de fondement à l'exploitation, *b*) soit à la *consommation de la négociation*, à la réalisation complète du but qu'on s'était proposé (art. 1865-2°).

Quant au premier de ces cas, le jeu des institutions de prévoyance et l'interprétation probable des volontés l'empêcheront le plus souvent de se produire. L'usine, qui forme le capital d'exploitation et qui vient à être incendiée, a été vraisemblablement l'objet d'une assurance. L'indemnité servira à en construire une autre, et la société ne se dissoudra pas (Cfr. Trib. com. Lyon, 27 mars 1913, *Journ. des Soc.*, 1914, 119). — On peut cependant supposer qu'une société de mine (société civile) est mise dans l'impossibilité de continuer, par suite d'épuisement de minerai.

Quant au second cas, prenons pour exemple une société appelée à spéculer sur des terrains dans un certain périmètre, et les ayant tous revendus : la société cessera par la force même des choses. Soit encore une société concessionnaire. La concession, en vertu d'une réserve du cahier des charges, vient à lui être retirée (rachat, par l'Etat ou par un département, d'un chemin de fer ; rachat, par une ville, d'une concession d'éclairage). La société sera dissoute[1].

425. — Ces hypothèses éliminées, on distingue deux situations régies différemment au point de vue de la dissolution :

1° Ou le contrat assigne à la société une durée définie (dix ou vingt ans) ;

2° Ou la société est contractée sans un délai déterminé.

426. — 1° **Société à durée limitée.** — Si la société est à *durée limitée*, elle finira :

A) Soit par l'*expiration du terme fixé* (art. 1865) ;

B) Soit par le fait d'une *convention nouvelle*, réunissant le consentement de tous, qui changera l'époque à laquelle la société doit finir. Ce que tous ont décidé, tous peuvent aussi le modifier (arg. art. 1134, al. 2). Cette convention agira, selon les cas, de deux manières opposées :

a) Tantôt les parties prononcent la *dissolution avant le terme indiqué* ;

b) Tantôt elles *prorogent* la société pour une nouvelle période.

Il résulte déjà des explications que nous avons données (n° 376) que ces délibérations doivent être prises en vertu d'un acte écrit dont il faudra effectuer la publication (voir aussi art. 1866). Sinon, la délibération sera nulle au regard des tiers et nulle même au regard des associés, sous réserve des actes d'exploitation accomplis jusqu'au prononcé de cette nullité.

427. — Mais à ces deux causes de dissolution, atteignant la société à terme fixe, il faut en ajouter une troisième : *l'existence d'un juste motif*, dont l'examen sera déféré à la justice par l'un des associés (art. 1871).

La dissolution résulte alors du jugement qui la prononce.

Il y a dans cette règle, avec l'ampleur qui lui est donnée, une importante dérogation au droit commun, qu'admettait déjà la loi romaine.

Dans un louage, par exemple, il n'appartient point à l'une des parties d'arrêter le cours du bail avant sa fin, parce qu'il y aurait, suivant elle, un juste motif de le faire. Le fermier se fonde sur une absence de capitaux,

1. A revoir, sous le n° 234, les effets sur la durée de la société de la perte de l'un des apports, de l'*apport en propriété* ou de l'*apport en jouissance*.

le bailleur sur le besoin qu'il a de sa maison. Ces moyens sont irrecevables. Tout autrement en est-il ici. La chaîne que forge la société a paru trop lourde pour imposer la continuation du contrat si les circonstances devaient changer (cessation d'entente, perte des débouchés, ou autrement).

Le juste motif, au surplus, relèvera de deux ordres de faits bien distincts.

428. — *a*) Le motif allégué tient à la *faute* d'un associé : il ne se conforme point aux engagements qu'il a donnés dans le contrat de société. Ex. : il s'abstient de verser sa mise, il refuse de concourir aux délibérations.

Lorsque la demande en dissolution repose sur une raison de cette nature, c'est encore le droit commun qu'on suit. Le pacte commissoire est sous-entendu dans tous les contrats synallagmatiques (art. 1184 C. civ.). Les autres associés peuvent contraindre l'associé en défaut à s'exécuter. S'ils le préfèrent, ils feront prononcer la résolution de la société. Cette résolution s'opérera alors pour tous, la mesure à prendre étant indivisible. — *Résolution :* la loi dit *dissolution*, et à bon droit. La résolution ordinaire est rétroactive ; ici elle n'opère que pour l'avenir, parce qu'une société qui a fonctionné subsiste dans le passé.

L'associé, en la personne duquel la cause de dissolution est née, ne pourrait lui-même s'en prévaloir : *nemo auditur turpitudinem allegans*.

La justice pourrait donner un délai de grâce à l'associé, afin de lui laisser le temps de s'exécuter.

429. — *b*) Le motif déduit en justice tient à un *fait qui n'est pas imputable* à un ou plusieurs associés. On n'est plus en face d'un manquement au contrat. C'est la maladie d'un membre qui l'empêche de concourir aux affaires, une incompatibilité de caractères, une crise économique grave, etc. — Ce juste motif peut alors être invoqué par l'un quelconque des associés, y compris celui du chef duquel il s'est produit.

430. — 2° **Société à durée illimitée.** — Quand la société est créée pour une *durée illimitée*, ou, ce qui revient au même, pour la durée de la vie des associés (art. 1844), elle finira soit par *l'accord unanime* des membres, comme il a été dit ci-dessus, soit même — et ceci est vraiment insolite — par *l'expression unilatérale de la volonté* d'un seul.

En d'autres termes, lorsque l'un des associés estimera, même contre l'avis des autres, qu'il y ait désavantage à poursuivre l'exploitation, il ne sera pas tenu, comme dans une société à temps limité, de faire un procès. Il n'aura pas à appuyer sa demande sur un juste motif.

Il dépend de lui de signifier à tous ses coassociés sa volonté que la société soit dissoute. Le moyen que la loi lui donne, toujours suivant les traditions romaines, est qualifié par elle de *renonciation* (art. 1869 et 1870).

Mais il faut : *a*) que cette notification ait lieu de bonne foi, sans arrière-pensée de s'approprier un profit prochain destiné à tomber en société ; *b*) qu'elle ne se produise pas à contre-temps, à un moment inopportun pour le règlement des intérêts.

On n'est pas fixé sur la validité d'une clause qui écarterait ce motif de dissolution. Nous estimons qu'elle est valable : l'associé conserve alors le droit de faire dissoudre la société par le tribunal, en se fondant sur un juste motif. On retombe dans la dissolution judiciaire qui, elle, ne se prête pas à une convention contraire.

En partant de l'idée que la dissolution par volonté d'un associé n'est pas d'ordre public, on en a conclu encore que cette cause disparaissait *dans les sociétés par actions*. Les actionnaires l'ont tacitement écartée ; l'associé a un moyen plus simple de sortir de la société, c'est de négocier son titre. Nous cessons donc d'être dans la vérité, en disant de cette cause qu'elle agit dans *toutes* les sociétés, mais il a paru de meilleure méthode d'en parler ici.

431. — Cette expiration d'une société par la volonté d'un membre n'oblige pas les autres à renoncer au régime social. Ils formeront une seconde société, à l'exclusion de celui qui veut reprendre sa liberté. Il faudra bien vendre l'établissement de la société dissoute, mais cette société nouvelle s'en portera acquéreur. Elle recueillera sa clientèle et son outillage, sans que rien, sauf la nouvelle raison sociale, ne témoigne de cette substitution. L'associé retiré prend sa part dans le prix de vente ; pour le surplus, le prix se compensera.

Mais cela ne se fera qu'à des conditions coûteuses ; peut-être l'associé dissident provoquera-t-il une concurrence pour faire surmiser les autres, et les droits de mutation grèveront lourdement cette société nouvelle.

Aussi, tout en reconnaissant à l'associé le droit de se retirer de la société à un moment quelconque (ou encore dans la prévision d'une dissolution judiciaire), l'acte de société peut-il convenir que *la société continuera de plein droit* entre les autres. L'associé retiré sera dédommagé de sa part, au moyen d'une somme que lui devra le siège social, sans qu'il ait la faculté de provoquer la vente des biens. Voir n° 436, la manière dont il faut analyser la clause. On constatera (n° 819) qu'elle est de droit dans la « société à capital variable [1] ».

Mais on ne pourrait convenir que les associés auront le droit d'exclure l'un d'entre eux, même en l'indemnisant de sa part. Cette mesure humiliante est permise dans les sociétés à capital variable, du moment que les statuts l'ont prévue (art. 52, al. 2, l. 1867) : par cela même, elle est interdite dans les autres.

§ 2. — Causes de dissolution spéciales aux sociétés par intérêt et tenant à l'« intuitus personæ ».

432. — Les sociétés par intérêt vivent sur la confiance que les membres s'inspirent mutuellement. Leurs qualités, leur état civil sont entrés comme autant de facteurs dans le contrat. Si l'associé disparaît ou si sa position

---

1. Sur le droit pour les membres d'une société à capital variable de se retirer quand bon leur semble (art. 52, l. 1867), sous la seule condition que leur retraite ne soit pas *frauduleuse*, — comparé au droit pour les membres d'une société à durée illimitée de provoquer à tout instant sa dissolution, — mais sous la réserve que « cette renonciation ne sera pas *faite à contre-temps* » (art. 1869 C. civ.), v. note Percerou, D. 1914, 2, 89.

juridique vient à changer, ces conditions de confiance se trouvent affectées, au point de nécessiter la cessation de la société. C'est telle personne qu'on a prise en considération, ce ne sont ni ses successeurs éventuels, ni un curateur à ses biens. On a voulu s'associer à un individu solvable, non pas à un failli.

De là, des causes de dissolution limitées aux sociétés de personnes, étrangères aux sociétés par actions, et provenant de ce qu'on pourrait appeler une *capitis deminutio*. Elles se produisent, en droit français, même si l'associé en qui le changement s'opère n'est qu'un commanditaire : celui-ci, comme l'associé en nom, est choisi à raison de ses qualités personnelles.

433. — Les causes tenant à l'*intuitus personæ* sont (art. 1865, 3° et 4°) :

a) La *mort* de l'un des associés. Ses héritiers ne prennent point sa place, la société finit de plein droit ;

b) L'*interdiction* dont un associé est l'objet, — soit l'interdiction légale provenant d'une condamnation criminelle, — soit l'interdiction judiciaire pour cause d'imbécillité, de démence ou de fureur. Il en serait de même, pensons-nous, de l'internement dans un asile d'aliénés sans interdiction, mais non pas de la nomination d'un conseil judiciaire pour prodigalité.

L'associé est alors remplacé par un tuteur ou par un administrateur dans lequel les autres associés n'ont pas mis leur confiance. La société ne pourrait plus continuer dans les conditions primitivement convenues ;

c) La *déconfiture* de l'un des membres ou, si c'est un commerçant (ce qui est le cas pour tout associé en nom collectif), sa *faillite* ou sa *mise en liquidation judiciaire* (arg. l. 24 juillet 1867, art. 54 ; l. 4 mars 1889, art. 24). Il faut répéter, quant au syndic de faillite et quant au liquidateur, ce qui vient d'être dit du tuteur. En outre, la faillite, et la liquidation judiciaire qui obéit aux mêmes règles, enlèvent le crédit ou le diminuent.

434. — Il n'est pas question ici de la *faillite de la société*, mais de celle d'un associé. La société, tombant en faillite, ne se dissout point nécessairement.

En principe, elle continue. L'administration des biens par un syndic, agent des créanciers, ne rompt pas le pacte social. C'est un régime temporaire qui peut aboutir à un concordat. La société, pourvue de son concordat, reprendra sa marche conformément au contrat qui l'avait instituée. Si la faillite devait se terminer, au contraire, par la vente des biens, par l'union, ce serait un cas de dissolution, tenant à l'extinction de la chose[1].

435. — Continuation de la société malgré le décès d'un associé. — Sur ces trois motifs de dissolution, mort, interdiction et faillite d'associé, sur le premier surtout, se posent des questions difficiles.

Ces causes n'opèrent que par interprétation de la volonté des associés : le contrat peut les écarter, notamment en prévision de la mort d'un associé. Ces conventions dérogatoires sont extrêmement fréquentes, et elles se traduisent dans les actes sous l'une des deux formes suivantes (art. 1868) :

---

1. V. cependant Percerou, *Des faillites*, etc., t. 2, n° 1713.

436. — 1° Il est convenu que, à la mort d'un associé, la société continuera entre les survivants, *à l'exclusion des héritiers* ou représentants du prédécédé. Il y aura réversion aux autres associés de la part de l'associé défunt. Ceux-ci bénéficieront d'un droit d'accroissement, à condition de dédommager les héritiers.

La clause doit s'analyser en une cession conditionnelle de part sociale. Chacun des associés y consent au profit de l'ensemble des autres, au cas où il mourrait avant eux, et pour valoir à la date de ce décès.

Cette cession est faite à titre de vente : les survivants devront indemniser les héritiers, d'après la valeur de la part sociale estimée au moment du décès.

Faut-il expressément convenir que cette indemnité aura lieu en argent ? La rédaction de l'art. 1868 veut que les héritiers, faute d'une clause formelle, aient droit *au partage*, c'est-à-dire à la licitation de l'établissement, les survivants ayant la ressource de se porter adjudicataires. Mais ce mot *partage* ne doit pas être pris ici dans un sens de précision : autrement, les parties aboutiraient à un tout autre résultat que celui qu'elles désiraient.

D'après la pratique courante de la clause : *a*) cette évaluation se règle d'après l'inventaire social qui a précédé la mort ; — *b*) l'indemnité sera servie aux héritiers au moyen d'annuités à courir sur plusieurs exercices, les associés disposant d'un an ou de deux ans pour en effectuer le paiement.

Les ayants cause de l'associé défunt, trouvant dans l'hérédité cette créance d'un prix contre la société, devront acquitter au fisc les *droits de succession* sur son montant.

D'un autre côté, les associés survivants devront eux-mêmes acquitter à l'Enregistrement les *droits d'achat de part sociale* (v. *supra*, n° 313).

437. — 2° Il est convenu que, en cas de mort d'un associé, la société continuera, *même avec les héritiers* du prédécédé.

Cette clause n'était pas valable en droit romain : elle eût obligé les associés survivants à accueillir à l'aveugle des personnes inconnues d'eux lors du contrat de société. Aujourd'hui la clause produit effet, du moins pour la première génération. Il n'est pas admissible que l'on puisse, en dehors des sociétés par actions, organiser une *perpetua successio* qui, à la mort des héritiers, mettrait leurs propres héritiers à leur place, et ainsi de suite.

La clause produit effet, parce que, si la société était restée à la merci de la vie d'un de ses membres, on cesserait de la constituer. La prospérité ne vient qu'au bout d'un certain nombre d'années, chaque associé escompte la durée de l'entreprise pour se dédommager des sacrifices des débuts.

Les héritiers entreront dans la société à la place de leur auteur, par la seule acceptation de succession : du moment qu'ils ont fait acte d'héritiers, il leur devient impossible de décliner la condition d'associés. Il n'appartiendrait pas non plus aux survivants de les écarter, en leur payant le montant de la part. La clause sociale peut en décider autrement.

Lorsque cette part sociale fait partie d'une communauté entre époux, le remplacement de l'associé mort par ses ayants cause fera entrer dans la société : 1° les héritiers pour une moitié ; 2° le conjoint survivant pour l'autre.

Si c'est l'époux commun non partie au contrat de société qui meurt le premier, la société se poursuit, là même où il n'y aurait aucune clause de continuation ; l'époux survivant, qui est le véritable associé, devra faire profiter les héritiers de l'autre de la jouissance de la part sociale, pour la moitié constitutive de leurs droits.

438. — Présence d'héritiers mineurs. — La convention est d'exécution malaisée, lorsque parmi les héritiers se trouvent des *mineurs*.

Négligeons le cas où l'associé mort n'était que commanditaire : ses héritiers mineurs pourront devenir commanditaires comme lui. Mais, s'il était un associé en nom, la transmission de la part aux mineurs se heurte à deux sérieuses objections. Car il ne peut être question de convertir d'office cette part en commandite (*Contra* : Code de commerce allemand de 1897).

a) L'acceptation d'une succession par un mineur entraîne bénéfice d'inventaire, limitation de responsabilité aux valeurs de la succession (art. 461 C. civ.). Comment mettre cette prescription en harmonie avec la règle obligeant l'associé nouveau *sur tous ses biens* pour les dettes sociales postérieures au décès ? C'est impossible, semble-t-il.

b) L'associé en nom est un commerçant. Or le mineur ne peut devenir tel qu'après dix-huit ans, et dans les conditions de l'art. 2 C. com.

On n'a pas ici la ressource de dire, comme nous l'avons fait pour un commerce individuel dévolu au mineur, que le titre et la responsabilité du commerçant passeront à la personne investie de l'usufruit légal, ou qu'on donnera le fonds de commerce en location jusqu'à la majorité (n° 152). Car l'attribution de la part sociale en jouissance à un usufruitier ou à un locataire blesse elle-même un principe essentiel, à savoir que l'intérêt est « incessible ». Il n'y a point trace dans l'acte constitutif que la société puisse devenir, par l'effet d'un décès, l'objet de l'ingérence d'un tuteur ou d'un preneur étranger.

Malgré la gravité de ces objections, la Cour de cassation admet aujourd'hui sans réserve (Req., 2 mars et 10 mars 1885, D. 85, 1, 441 et 444 ; Req., 23 octobre 1906, D. 1907, 1, 43) que la clause recevra effet, nonobstant la minorité des héritiers. Il n'est pas besoin que l'acte de société ait donné *expressis verbis* vocation éventuelle aux mineurs.

La jurisprudence part de l'idée que la part sociale, même pour les engagements à conclure postérieurement au décès, continue à prendre sa source dans le contrat de société. Cette part reste donc une valeur de la succession. Pas plus pour l'avenir que pour le passé, elle n'expose l'héritier mineur au delà des forces de l'hérédité : les principes de l'acceptation bénéficiaire sont par là respectés.

Du même coup, le mineur, détenteur de cette part sociale, ne devient pas non plus un commerçant exposé personnellement à la faillite. C'est la succession elle-même qui, par fiction, continue la situation du défunt et assume la responsabilité dans les dettes. Les intérêts du mineur se trouvent suffisamment préservés, et il n'est point contrevenu à l'art. 2 C. com. [1].

---

1. C'est une doctrine empruntée au jurisconsulte TROPLONG, *Traité des sociétés*,

La Cour de cassation a cédé à des raisons pratiques. — Je risque mes capitaux dans une affaire à longue échéance. Si mon associé vient à mourir l'année suivante laissant un héritier mineur, et qu'on oblige la société à entrer en liquidation, mes calculs de spéculation sont mis en échec. Il ne faut pas envisager seulement la situation du côté du mineur, et s'inspirer du précepte de droit civil de la prudence. Il convient aussi d'avoir égard à l'esprit d'entreprise qui, sans la solution qui a prévalu, n'aurait pu se consacrer à aucune œuvre de durée.

Mais, si l'on peut stipuler qu'une société par intérêt continuera avec les héritiers, même mineurs, d'un associé décédé, cette continuation, qui — d'après la jurisprudence — est une charge de la succession, ne peut en tout cas dépasser le temps primitivement fixé pour la durée de la société ; pour la proroger il faudrait, comme pour la formation d'une société nouvelle, un consentement que des mineurs sont incapables de donner (Req., 6 janvier 1913, D. 1914, 1, 16).

439. — Publicité. — Les causes de dissolution ci-dessus énumérées sont-elles sujettes à *publication* suivant le système de la loi (nos 359 et suiv.) ?

Oui, s'il s'agit d'un fait provenant de la volonté des associés (délibération ou renonciation) ou d'un jugement (Cfr. Req., 26 mars 1912, *Journ. des Soc.*, 1913, 361).

Non, au contraire, lorsqu'il s'agit d'un fait naturel, comme l'arrivée du terme ou le décès (arg. l. 24 juillet 1867, art. 61 : actes et délibérations). L'opinion, qui exige la publication dans tous les cas, n'est nullement fondée, la pratique paraît l'avoir abandonnée.

Le nombre des dissolutions publiées en France pour 1905 a été de 3.050 (contre 6.034 constitutions). Dans ce nombre entrent 2.247 sociétés en nom collectif et 384 commandites simples. Le complément s'applique aux sociétés par actions (44 commandites, 344 sociétés anonymes) et aux sociétés à capital variable (31)[1].

SOUS-SECTION II. — Liquidation [2].

440. — Cette matière est pratiquement très importante. Le Code ne la règle pas, sauf sur un point de détail (prescription de l'art. 64). C'est une grosse lacune qu'on a maintes fois regrettée.

On est donc obligé de construire toute une théorie dans le vide des textes en conciliant deux idées contradictoires. La société est éteinte, et cependant elle continue de s'administrer à des fins déterminées.

---

n° 954 : « La continuation de la société ne saurait être jugée du même œil que la constitution de la société. Celle-ci est une œuvre de la volonté, celle-là est une charge de l'héritage. C'est un pacte légalement formé, qui se transmet avec la succession. »

1. En 1913 il y a eu, au tribunal de commerce de la Seine, 1.566 dissolutions publiées (contre 2.856 constitutions).

2. Bibliog. — P. Montégu, *Essai sur la liquidation des sociétés en droit français* ; Roy, *Liquidation des sociétés de commerce*, th. 1906 ; et pour l'étranger, A. Sraffa, *La liquidazione delle società commerciali* (rapporté par M. Saleilles, dans les *Annales de droit commercial*, 1891, 2, 217).

441. — La *liquidation* est la période de durée variable que la société traverse à partir de sa dissolution jusqu'à la distribution aux associés du solde disponible et à l'apurement définitif des comptes ; *période dans laquelle un ou plusieurs liquidateurs termineront les opérations anciennes, en feront au besoin de nouvelles, rembourseront les créanciers et transformeront l'actif social en argent.*

L'étymologie du mot dit assez en quoi consiste cette phase posthume. Les droits de l'associé étaient exposés pendant la marche de l'exploitation à tous les aléas des affaires. Que vaut votre intérêt ? *Non liquet,* pouvait-il répondre. Maintenant, grâce à la représentation prochaine de ses droits en une valeur qui lui sera remise en même temps qu'il recouvrera sa liberté, son intérêt est mis au clair, immobilisé, rendu ferme, par un travail de pétrification en quelque sorte.

442. — Le *liquidateur* peut être pris parmi les associés ou en dehors d'eux. Il est généralement rétribué. Si les associés ne sont pas d'accord pour le choisir, et que d'ailleurs l'acte de société ne l'ait point nommé d'avance, il appartient au tribunal de commerce de le désigner. En fait, chaque fois qu'il y a dissolution par ordre de justice, le tribunal nomme le liquidateur, sans que les parties aient eu à conclure à sa désignation.

On voit auprès des tribunaux les plus importants, et notamment à Paris (où il existe deux corporations de cette nature attachées l'une au tribunal civil [1], l'autre au tribunal de commerce, sans qu'aucune des deux se confonde avec la compagnie des syndics de faillite et liquidateurs judiciaires), des liquidateurs professionnels en nombre limité. Ils sont organisés en compagnie, soumis à la discipline de leur chambre et indirectement à celle du président du tribunal, obligés de produire périodiquement leur comptabilité, de soumettre leurs frais et vacations à la taxe judiciaire, ainsi que de déposer à la Caisse des dépôts et consignations le montant de leurs recouvrements [2].

443. — Le liquidateur est lié par un mandat envers la société, qu'il peut engager par ses actes de liquidation. Il use de la raison sociale, sans avoir à la faire suivre nécessairement des mots *en liquidation.* Ses opérations obligent en outre les associés de la même manière que si la société était toujours en cours de marche, dans la mesure de responsabilité respective attachée à leur titre : un commanditaire, notamment, cesse au delà de sa commandite d'être tenu des actes du liquidateur.

Aussitôt nommé, le liquidateur doit faire publier son nom, de la même manière qu'un nouveau gérant devrait en cours d'exploitation publier le sien (arg. art. 57 de la loi de 1867).

444. — Le liquidateur peut être *révoqué* comme un gérant non statu-

1. Voir au sujet de celle-ci, LACOIN, *Des administrateurs commis par justice,* th. 1898, p. 274 et s.
2. Le gouvernement a déposé le 30 juin 1910 sur le bureau du Sénat (*J. off.* du 1er juillet) un projet de loi portant « réglementation des fonctions d'administrateurs judiciaires, syndics de faillites, *liquidateurs* et experts ».

taire (Paris, 8 juin 1912, D. 1913, 2, 161, note PERCEROU). Mais, lorsqu'il a été nommé par la justice, c'est à elle seule qu'appartient le droit de le révoquer. Tel est le sentiment de la pratique : les intéressés s'en sont rapportés au tribunal du soin de retirer éventuellement le pouvoir de l'agent.

Il est dans les habitudes qu'il rende ses comptes aux associés avant de sortir de fonctions. Il pourrait être appelé à les rendre en cours de liquidation, surtout si celle-ci se prolongeait. Mais, quand même la liquidation devrait durer plusieurs années (ce qui est fréquent en vertu d'une pratique qui tourne aux abus, la liquidation devenant en fait un régime d'exploitation comme un autre), quand même la continuation provisoire de l'entreprise devrait donner des bénéfices, ces bénéfices ne se distribuent plus tous les ans. Ils sont massés et répartis en même temps que le principal.

445. — La liquidation d'une société ressemble peu à celles qu'on pratique en droit civil, pour les successions.

Liquider, dans la langue notariale, c'est faire le compte arithmétique des droits de chacun. La liquidation est le préliminaire du partage. Le partage peut être immédiat. Les biens de succession sont des valeurs de famille destinées à se répartir en nature. Si on les vend à des étrangers, c'est à l'occasion des opérations du partage, par le fait de la licitation. En outre, les patrimoines sont d'habitude grevés d'un faible passif. La division des dettes ne fait pas grand tort aux créanciers. Ils s'adresseront à chaque héritier respectivement et ils trouveront dans la séparation des patrimoines un moyen d'obvier à ce fractionnement.

Ces considérations sont hors de propos pour une société de commerce dissoute. D'une part, la conversion de l'actif en argent sera de règle ; car les immeubles, outils et marchandises, n'ont pas de valeur de conservation pour les individus. D'un autre côté, les sociétés, même très solvables, sont prises dans un réseau serré d'engagements qu'il faut liquider. D'où la grande extension donnée à la liquidation et aux opérations que ce terme embrasse dans l'ordre du commerce.

On peut dire que l'acte de société sous-entend une *clause*, en vertu de laquelle *les associés s'engagent* entre eux *à réaliser*, après que la société sera dissoute, *une loyale liquidation*, en continuant les affaires en cours dans la mesure où cela est nécessaire. Si la majorité des intéressés voulait faire un partage prématuré sans extinction préalable du passif, un seul associé pourrait s'y opposer et faire nommer un liquidateur par justice. Le partage immédiat détruirait dans son unité le capital social, et l'être moral, avant que les créanciers ne fussent payés. On verra plus loin que ce serait manquer à la foi des créanciers. Ce serait manquer aussi à celle que les associés se sont donnée. Il est inutile d'imaginer, comme l'ont fait certains auteurs étrangers, qu'une société nouvelle, société dont l'objet est de « liquider », se soude à la première au moment de la dissolution. C'est, au contraire, la même société qui se prolonge d'une vie désormais éphémère et différemment orientée.

446. — Occupons-nous successivement : de la condition de la société pendant la liquidation, — des pouvoirs du liquidateur ainsi que des modes divers de liquidation possibles, — de la situation des créanciers sociaux.

447. — I. Société. Sa personnalité survit. — *Condition de la société.* — Un principe important est unanimement accepté. — La *personnalité morale de la société survit* après dissolution et jusqu'à la clôture des comptes. Elle subsiste, quoique la société ait juridiquement pris fin, pour les besoins de la liquidation.

De la teneur des arrêts (Civ. rej., 27 juillet 1864, S. 65, 1, 457), il résulterait que ce maintien de la personnalité n'est vrai que d'une manière relative : la société continue *dans la mesure d'existence nécessaire à l'accomplissement des actes de liquidation* (En ce dernier sens aussi, Baudry-Lacantinerie, *Précis de droit civil*, I, n° 1244).

Ce tempérament ne concerne, on va le voir, que la nature mobilière de la part sociale. A tous autres égards la personnalité continue. Elle tient à ce que l'ensemble des biens sociaux forme une masse séparée, distincte du reste du patrimoine des associés. Or l'arrivée du terme de la société laisse subsister cet ensemble de valeurs grevées d'une affectation séparée.

C'est, d'ailleurs, à ce moment plus encore que pendant l'exploitation qu'il importe d'assurer aux créanciers sociaux leur droit de préférence. Et, si l'art. 529 C. civ. ne reconnaît comme meuble la part sociale que « pendant la durée de la société », c'est qu'aussi ce texte ne se rattache aucunement à la personnalité morale (n° 313, note, p. 192). — De là, ces conséquences (déjà étudiées sous les n°s 299 et suiv.) :

a) Les créanciers personnels des associés ne concourent, pas plus que précédemment, sur les valeurs formant le capital ; ils s'effacent devant les créanciers sociaux aussi longtemps que le passif social est en souffrance ;

b) Les poursuites judiciaires sont dirigées par ou contre le liquidateur ès qualités, et la société encourt la faillite comme avant la dissolution ;

c) La vente des immeubles pourra se faire à l'amiable, bien qu'il y ait des mineurs intéressés, et sans tenir compte des causes d'hypothèque nées dans la personne des associés ;

d) Les ayants cause de l'associé décédé, y eût-il des mineurs parmi eux, ne peuvent apposer les scellés sur les valeurs sociales ou en faire l'inventaire. Une clause de style le décide ainsi dans la plupart des actes. La règle est de droit. Entraver la marche de la société en arguant de la situation individuelle de telle ou telle partie intéressée, ce serait violer cette indépendance que garantit la personnalité morale entre le patrimoine de la société et ceux de ses membres. Aussi longtemps que la liquidation n'est point terminée, le tuteur d'un héritier doit respecter la fiction qui veut que les objets de la société ne soient pas encore tombés dans la succession échue à son pupille.

En revanche : *a*) Dans le cas où le pacte de société autoriserait la cession des parts, cette cession, quoique encore permise après dissolution, ne bénéficiera plus de la taxe réduite (v. *supra*, n° 313), mais sera passible des droits de mutation ordinaires, à raison de la nature mobilière ou immobilière des biens en liquidation. L'art. 529 C. civ. le dit assez clairement. Il n'y a point d'utilité à encourager la cession des parts ou actions après la dissolution (Civ. rej., 3 janvier 1900, D. 1900, 1, 586)[1] ;

b) On devra traiter, au point de vue de la composition de la communauté légale, l'intérêt de l'associé dans la société à partir de la dissolution, comme étant de nature immobilière, dans la mesure où le capital se compose d'immeubles. Les époux qui se marient sous ce régime ne mettent donc pas en commun les droits qu'ils peuvent avoir à cette date dans une société déjà dissoute.

448. — Liquidateur. — Ses pouvoirs. — Les pouvoirs du liquidateur ne sont pas les mêmes que ceux dont disposait le gérant pendant la durée de la société. Le but à atteindre est différent de celui que le gérant poursuivait. Il s'agit désormais de clore les opérations et de convertir l'actif en argent. La continuation de l'exploitation ne peut être que provisoire, car en soi elle va contre le résultat cherché.

Comment peut-on déterminer la mesure de ces pouvoirs ? La loi est muette, il faut remédier à son silence.

Pas de doute, lorsque la délibération qui nomme le liquidateur ou lorsque le jugement qui le désigne précisent ses attributions. Il est arrivé à la justice de lui conférer le mandat le plus large, avec pouvoir même d'aliéner l'établissement, meubles et immeubles, sans recourir à une adjudication publique.

Hors de là, il semble que nous n'ayons d'autre règle pour nous conduire que le principe de l'art. 1988 C. civ. qui fait dériver du mandat général le droit d'accomplir les *actes d'administration* et non ceux *de disposition*. Pour accomplir les opérations de cette deuxième catégorie, le liquidateur devra se pourvoir d'une autorisation spéciale des associés. Mais à quel signe reconnaître si tel acte rentre dans l'administration ou dans la disposition ?

Il faut chercher si l'ensemble des institutions de droit privé nous donne ou non quelque point de rapprochement. Ce rapprochement nous est fourni : 1° par le régime de la faillite (Laurin, *Cours de droit commercial*) ; 2° par celui de la succession acceptée sous bénéfice d'inventaire. Situations qui, à beaucoup d'égards sans doute, diffèrent d'une liquidation de société. Elles supposent un ensemble de biens hors d'état de payer le passif qui les couvre, tandis que la société en liquidation, au moins dans l'hypothèse normale, n'est ni insolvable ni empêchée de régler ses dettes.

Il y a pourtant un trait commun à toutes ces situations et qui crée entre elles l'analogie : la « réalisation nécessaire des biens », leur transformation en numéraire, et l'application du produit des ventes ou encaissements à un ensemble d'ayants droit sur une base de répartition proportionnelle. Ces ayants droit sont ici des « associés », au lieu d'être des « créanciers » (sauf ce que nous aurons à dire de ces derniers plus loin).

Mais ce n'est pas cette différence, si importante soit-elle, entre la prove-

1. La jurisprudence toutefois n'applique cette solution rigoureuse qu'au cas où la dissolution n'est pas suivie de liquidation. Lorsque, au contraire, il s'agit de la cession d'une part de société, non seulement dissoute, mais en outre en état effectif de liquidation, la cession de part continue à bénéficier de la taxe réduite (Cass. civ., 13 janvier 1892, S. 92, 1, 100. V. Max Richier, *op. cit.*, p. 89).

nance et la nature légale de la prétention des intéressés, qui fera varier la solution de ce problème : Quels sont les actes enfermés de plein droit dans le cadre des pouvoirs d'un administrateur qui liquide ? Quels sont les actes qui débordent ce cadre ?

De là, deux propositions :

1° Un liquidateur de société peut accomplir *seul* tous les actes de la nature de ceux que la loi permet tant au syndic d'union qu'à l'héritier bénéficiaire de réaliser sans autorisation de personne. Il a toute capacité : *a*) pour recouvrer les créances [1], *b*) pour payer les dettes, *c*) pour engager ou pour soutenir un procès, *d*) pour vendre les meubles corporels ou incorporels, même l'outillage commercial ou industriel, *e*) pour vendre le fonds de commerce, l'établissement tout entier, à condition que des immeubles n'en fassent point partie (arg. art. 534 C. com.).

Deux remarques sont à faire à ce propos. — D'une part le liquidateur, par suite de la liberté qu'il a d'accomplir les actes sus-énoncés, se trouve à certains égards investi d'attributions plus larges qu'un gérant ; le gérant ne peut en effet vendre ni le matériel ni le fonds de commerce, à moins d'y avoir été expressément habilité. — D'un autre côté, aucune des dites opérations ne sera subordonnée à l'emploi de formes de procédure déterminées, telles que la vente publique. Là même où des formes de ce genre seraient prescrites pour la faillite ou pour la succession bénéficiaire, il n'appartient pas de les étendre par analogie à notre régime de liquidation : la procédure est de droit étroit.

2° Les opérations interdites à un syndic d'union ou encore à un héritier bénéficiaire, à moins qu'ils ne se soient fait autoriser, sont également refusées à un liquidateur de société. Ce sont : *a*) la continuation de l'exploitation, par voie d'achat ou de vente de marchandises, de souscription d'effets de commerce ou autrement ; *b*) la vente d'immeubles (*contra*, Lyon-Caen et Renault, II, n° 385) ; *c*) l'emprunt hypothécaire ou non ; *d*) les transactions au-dessus de 300 fr. (arg. 532, 535, 572 C. com.).

Ici encore une double observation rendra mieux compte du système qu'il faut organiser dans le silence des textes. — Le liquidateur, armé tout à l'heure de plus de pouvoirs qu'un gérant, apparaît maintenant comme en possédant moins : le gérant n'a pas à requérir l'autorisation de ses coassociés pour faire les actes d'exploitation, cela rentre dans son rôle naturel ; le liquidateur doit faire approuver la continuation transitoire de l'entreprise, qui retarde la liquidation et qui pourrait contrecarrer son but.

Quant à ces actes exceptionnels, dépassant la mesure de ses pouvoirs généraux, le liquidateur ne doit les faire ratifier, ni par les créanciers, ainsi qu'il en est dans le régime de la faillite ou de la succession bénéficiaire, ni par le tribunal ou par un juge commis (organes ici absents), mais bien par les associés, dont il est le mandataire. Toutes formalités de procédure, de

---

1. Le liquidateur est fondé à poursuivre le recouvrement des sommes dues à la société par les associés à titre de mise sociale, sans que l'associé débiteur puisse exiger, avant de tenir ses engagements, un compte préalable de l'emploi qui sera fait de ses fonds : Cass. civ., 24 octobre 1910, D. 1912, 1, 487 (il s'agissait du liquidateur amiable d'une commandite par actions).

la nature de celles qu'imposent la faillite ou la loi des successions, sont inutiles à remplir ici, par la raison plus haut déduite.

449. — Modes divers de liquidation. — La relation précédente suppose que le liquidateur procède en détail à la réalisation des biens de la société. Mais l'opération globale, consistant à transporter à une autre personne l'actif tout entier, n'est pas non plus un fait rare. Elle exigera bien entendu *a fortiori* l'autorisation des associés (arg. art. 370). Autant la vente universelle d'un fonds de commerce individuel, actif et passif réunis, répugne à la pratique française, autant au contraire cette manière de faire est goûtée lorsque c'est une société qui liquide.

Au surplus, lorsqu'on parle d'opération *globale*, le mot dont on se sert doit être expliqué. Il peut se référer alternativement à deux combinaisons :

1° Transmission à un acquéreur de l'actif, la charge du passif et le soin de l'acquitter par le ministère du liquidateur étant laissés à la société dissoute. C'est une vente portant sur l'*actif seul*[1]. Une partie du prix permettra à la liquidation de payer les créanciers, le surplus sera distribué entre les associés (Paris, 23 janvier 1912, D. 1913, 2, 217, note PALMADE ; Comp. Lyon, 28 février 1907, D. 1913, 2, 265, note PIC) ;

2° Transmission de l'actif et du passif, soit d'une « universalité ». Naturellement, le prix sera moins élevé que dans le premier cas : il est calculé sur l'*actif grevé des dettes*[2]. L'acheteur est délégué par la société en liquidation aux créanciers de celle-ci, pour payer ses dettes à sa place ou pour se substituer à elle dans ses engagements. Il faudra donc s'assurer le consentement de ces créanciers, car on ne peut les contraindre à subir un remplacement dans la personne qui était leur débitrice.

D'ailleurs, quand même ils souscriront à l'opération, cela ne libérera pas envers eux la société à laquelle ils avaient fait foi. Ils auront désormais deux débiteurs au lieu d'un, la novation ne se présumant point (art. 1273 C. civ.). Observation plus importante en théorie qu'en fait ; car, sitôt le prix de cette vente globale réparti par le liquidateur entre les associés, tout élément d'actif pour la société dissoute a disparu, et des deux engagements recueillis par les créanciers, celui de l'acheteur est le seul désormais qui ait de la valeur, l'autre étant devenu illusoire.

Le fait par une société, liquidant de la manière précédente, de ne pas se munir du consentement de ses créanciers créerait une menace grave. Les créanciers, sans même attaquer le contrat pour cause de fraude dans les conditions de l'art. 1167 C. civ., pourraient le faire tomber, dès l'instant qu'il a été suivi de la distribution du prix entre les associés et de l'anéantissement de tout leur gage d'actif. L'acheteur qu'on leur désigne peut n'être pas solvable.

Cette situation, non prévue expressément par les lois [3], se rapproche de

---

1 et 2. Mieux valent ces expressions que celles d'*actif net* ou *actif brut*, lesquelles prêtent au malentendu.

3. Il faut réserver le cas où le liquidateur vend ou apporte le fonds de commerce, clientèle accompagnée généralement d'un bail de magasin, à une autre société. Le sort du passif est alors réglé expressément par la loi du 17 mars 1909 (art. 3 pour le cas de vente, et art. 7 pour le cas d'apport). V. *supra*, nos 83 et s.

celle d'un débiteur qui meurt laissant son patrimoine à un héritier personnellement insolvable, lequel accepte la succession. Les créanciers héréditaires peuvent, par la *séparation des patrimoines*, obtenir la rescision de cette acceptation. Ici ils feront rescinder la vente globale, ils rendront à l'actif de la société dissoute, qui n'a pas cessé d'être leur débitrice, ses éléments de composition préexistants, ils se paieront sur eux. Il existe une règle générale d'honnêteté dominant le droit privé : un débiteur, personne morale ou physique, ne peut pas se suicider ou se laisser absorber dans un être nouveau, au détriment de ses propres créanciers, contre le gré de ceux-ci. Autrement, l'acte d'absorption sera de la part des créanciers ainsi lésés l'objet d'une *restitutio in integrum*.

450. — Ce respect dû à la condition des créanciers rend d'autant plus délicate la liquidation de sociétés, possédant un ensemble de droits qui dérivent de contrats synallagmatiques en cours, ainsi que c'est le cas pour les *sociétés d'assurance*. La société a dans son portefeuille une masse de polices composant sa clientèle. Chaque police lui fait une situation double vis-à-vis de l'assuré correspondant : *a*) la société est créancière des primes des années futures ; *b*) elle est débitrice de la somme assurée envers cet assuré, sous la condition de l'arrivée du sinistre. Ces deux prestations sont connexes et indivisibles.

La société, entrant en liquidation, pourrait bien *transmettre son portefeuille* à une autre Compagnie, en tant qu'il s'agirait de céder à celle-ci sa position créancière, sauf au cessionnaire à signifier le transport à chaque assuré. Mais elle ne peut transmettre sa dette sans le gré de l'assuré intéressé : car, autrement, ce dernier n'aurait plus l'assureur qu'il s'était choisi. Il faudra donc que le nouvel assureur obtienne l'adhésion des assurés ; ce qui se produira, par exemple, le jour où ceux-ci, sur présentation qui leur sera faite de la quittance de la prime suivante rédigée au nom de la Compagnie cessionnaire, la paieront sans protestation.

Hors de là, il faudra que la société qui liquide continue à entretenir un fonds de réserve, en mesure de répondre des risques en cours jusqu'à ce que le dernier de ces risques ait pris fin. Sinon, les associés seront admis à plaider aux fins de résiliation de leurs polices (Rossy, *Des cessions de portefeuilles et des réassurances générales*, 1898 ; E. Gaudemet, *Étude sur le transport de dettes*, 1898, p. 416).

451. — Ainsi, la liquidation d'une société comporte la transmission en bloc de tous ses droits à une autre entreprise. Cette transmission peut s'effectuer à titre de *vente*. Elle peut s'accomplir encore à titre d'*apport* à une société différente. Tantôt celle-ci se crée tout exprès pour recueillir l'actif de la société morte ou mourante, généralement avec le concours d'autres associés ; tantôt l'apport est fait à une société déjà existante qui augmente son capital de toute la masse de biens provenant de cette acquisition. On verra, sous les sociétés par actions, que c'est une hypothèse de *fusion* [1].

1. V. Houpin, *De la fusion, Pouvoirs de l'assemblée générale*, dans le *Journ. des Soc.*, 1910, 290 et s.

Le liquidateur n'a pas dans ses pouvoirs ordinaires la faculté de liquider sous cette forme : il lui faudra une délibération des associés ou une clause de l'acte de société l'y habilitant. Les associés ne trouvent plus alors dans la liquidation une mesure leur procurant de l'argent et les affranchissant pour l'avenir du risque des affaires. D'associés qu'ils étaient dans une première société, ils redeviennent associés dans une seconde.

Cette hypothèse d'apport se dédouble à son tour, suivant que la société nouvelle : *a*) prend comme apport l'actif seul de la société précédente, sans assumer la charge de son passif, ou, *b*) reçoit l'apport « actif et passif », en s'engageant à payer les dettes de son apporteur.

Dans le premier cas, l'opération, pour être correcte, nécessitera, de la part de la société qui liquide, le prélèvement sur son actif, avant d'en faire l'apport, d'une somme suffisante pour payer ses dettes : sinon les créanciers pourront provoquer la révocation de cet apport, par le motif ci-dessus exposé (n° 449).

Dans le second cas, les créanciers devront concourir à l'arrangement et reconnaître leur nouvelle débitrice. Il convient d'observer que la deuxième combinaison sera, autant que possible, évitée par la pratique. Car elle oblige la société nouvelle à acquitter à l'Enregistrement, non plus le simple droit d'apport de 0,25 o/o, mais le droit de transmission de 2 ou de 7 o/o, selon que l'actif apporté se composera de meubles ou d'immeubles, à concurrence du chiffre de passif correspondant qu'elle s'engage à prendre à sa charge (n° 357).

452. — Condition des créanciers. — Il a été déjà question dans cet exposé des créanciers de la société en liquidation. Il s'agit maintenant, sans plus nous occuper davantage de l'issue que cette liquidation recevra, par cession ou par apport (global ou non) des droits de la société à un tiers, d'examiner de front le sort fait à ses *créanciers*. Il importe notamment de rechercher : 1° si la liquidation entraîne juridiquement une modification dans la condition de ceux-ci ; 2° si le liquidateur est un représentant des créanciers, de même qu'il est très certainement le représentant de la société. Ces deux questions sont l'une et l'autre très laborieuses à résoudre.

453. — 1° Le droit des créanciers se déroule-t-il dans la liquidation à la teneur de leurs titres primitifs ? Si leur droit subit quelque altération, en quel sens le régime de la liquidation se répercute-t-il sur eux ? Le problème se présente relativement à l'exigibilité de leurs créances, et relativement à la durée de la prescription de leurs droits.

454. — A) Parlons d'abord de l'*exigibilité des créances*. Aucun doute à l'égard des créances échues ou qui viennent à échoir au cours de la liquidation. Elles seront calculées d'après leur valeur nominale. Mais *quid*, si le terme n'est pas échu ? Il s'agit (hypothèse simple) d'une créance pour avances d'argent exigible « dans dix ou vingt ans », la société débitrice ne s'étant pas réservé la faculté de rembourser par anticipation. La survenance de la liquidation donne ouverture à deux problèmes.

455. — *a*) La société veut rembourser ce créancier comme les autres. Le créancier refuse et prétend exiger que la société se maintienne en liquidation jusqu'à ce que le terme normal soit arrivé. — Cette prétention n'est pas fondée. L'art. 1187 C. civ. est applicable. La liquidation, à moins d'être le résultat d'une manœuvre, délie la société de l'obligation de respecter le terme. Autrement, le créancier l'obligerait à éterniser un régime qui doit, dans l'intérêt de tous, finir au plus tôt. On peut considérer la liquidation, au moins par à peu près, comme un événement de « force majeure » qui fait échoir les créances à terme, le maintien du terme étant incompatible avec ce régime.

Admise à rembourser la créance lorsqu'elle prend la même mesure vis-à-vis de toutes ses autres dettes d'ordre similaire, la société ne devra pas nécessairement faire ce remboursement d'après la *valeur nominale* de l'obligation. Dans l'exemple choisi d'un prêt, c'est bien cette valeur intégrale qui sera due, parce qu'on suppose une charge d'intérêts annuels attachée à ce prêt ; et, si la société se libère des intérêts pour l'avenir, c'est bien le moins qu'elle acquitte le capital en son entier.

Mais l'espèce peut être plus complexe. C'est un prix d'immeuble dû par la société « à dix ans d'échéance », et sans intérêts.

La société en liquidation est admise à payer sa dette en déduisant un escompte. Autrement, cet état de liquidation, imposé par les circonstances plus souvent qu'il n'a été le fait d'une volonté libre, aggraverait la condition de la société en l'obligeant à payer une somme, qui avait été calculée dans la prévision que l'immeuble aurait pu être tenu en valeur dix ans de plus, ce qui n'est plus vrai désormais.

On peut objecter que, dans l'hypothèse d'une faillite, le débiteur, perdant le bénéfice du terme (art. 444 C. com.), reste cependant tenu du chiffre nominal de la dette, à concurrence duquel le créancier produira, sans escompte. — Mais il n'y a pas identité d'un cas à l'autre ; car la faillite provient de la faute du débiteur, de l'impossibilité où il s'est mis par la mauvaise direction de ses affaires de régler ses engagements, et une faute ne peut être la source d'un avantage ; tandis qu'ici il y a plutôt un événement de force majeure.

456. — Cela nous amène à dire incidemment deux mots d'une nature spéciale d'engagement à terme. Elle se présente seulement dans les sociétés par actions, mais nous sommes induits à en traiter à cette place, ne devant plus reprendre le sujet dans son ensemble. La société a emprunté sous forme d'*obligations négociables* de 500, de 1.000 francs ; l'emprunt a été placé à l'origine au-dessous du pair, à 400 fr. au lieu de 500 fr., laissant au porteur, outre les intérêts annuels, le bénéfice éventuel, pour le jour où il sera remboursé, d'une *prime* de 100 fr. supérieure au versement. Ce remboursement se règle d'après un tableau d'amortissement, en vertu de tirages au sort, auxquels la société s'engage à procéder à raison de tant de titres par année.

La liquidation survient en cours d'amortissement. La société peut rembourser en bloc toutes les obligations encore en cours, et cesser par conséquent de pratiquer les tirages pour l'avenir. Car la continuation de ces tirages contreviendrait aux fins de la liquidation et méconnaîtrait le droit qu'avaient les parties de faire cette liquidation.

Dire que la société avait le pouvoir de liquider, en versant à une société de capitalisation somme suffisante pour parfaire les remboursements à leur date, et en invitant cette société à prendre sa place au regard des obligations par le moyen de tirages futurs (raisonnement qui exclut le droit de rembourser par anticipation), ce n'est pas une réplique suffisante.

Car cette combinaison, tendant à payer la dette par substitution de débiteur, n'est elle-même possible que si l'obligataire y consent. Dès lors qu'il y consent, il est bien plus simple de permettre à la société de se libérer directement envers ce créancier de la somme représentant la valeur actuelle du titre, ce que nous croyons licite. L'obligataire remboursé versera cet argent dans une société de capitalisation, si bon lui semble. Le résultat est toujours le même.

Quant au chiffre de ce remboursement anticipé, nous renvoyons à ce qui sera dit plus loin du cas de faillite. Pour cette hypothèse d'obligations à prime, la règle doit être la même dans la liquidation et dans la faillite. Or les interprètes reconnaissent que l'obligataire ne produit dans la faillite que pour la valeur actuelle de son titre, sans pouvoir par conséquent s'inscrire à raison de la prime de remboursement dans sa totalité. On verra la raison d'être de cette production restreinte, contraire en apparence aux art. 444 et 445 C. com., et l'on recherchera les bases du calcul arithmétique permettant de la déterminer.

Ce qu'il suffit de dire, c'est que, si cette production à taux réduit est légale dans la faillite, à plus forte raison une société dissoute a-t-elle le droit de procéder au remboursement de ses obligations sur la même base. Elle ne remboursera donc qu'une partie proportionnelle de la prime, afférente au temps de l'emprunt déjà couru, quitte à chiffrer pécuniairement cette part proportionnelle. Ceux qui soutiennent que l'obligataire aurait droit à la prime entière (en ce sens, Lyon, 13 mars 1900, D. 1900, 2, 329, note Percerou, approuvant cet arrêt, et Civ. rej., 20 juillet 1904; deux arrêts, D. 1906, 1, 516, rachat des chemins de fer du Rhône) omettent de voir que la société qui rembourse ses titres en liquidation n'est pas libre d'agir autrement. En tout cas, les défenseurs de cette thèse devraient distinguer suivant que la dissolution aurait sa cause dans un fait volontaire des associés (Paris, 10 mars 1914, *Gaz. des Soc.*, 1914, 258) ou dans un fait forcé. A nos yeux, les cas de mauvaise foi exceptés, elle vaut toujours comme juste motif de remboursement (V. sur ces questions Lévy-Ullmann, *Des obligations à primes et à lots*, 1895, nos 344 et suiv., et Bulletin judiciaire de la Bourse dans les *Annales de droit commercial*, de 1899 à 1905; Lacour, note sous Civ. cass., 10 mai 1887, dans les mêmes *Annales*, 1887, 2, 157; Percerou, note précitée).

457. — *b*) L'anticipation de paiement des dettes à terme n'est pas encore complètement élucidée. Elle demande à être prise sous un aspect inverse.

Si la société en liquidation s'abstient de payer ses dettes non encore parvenues à leur échéance, le créancier à terme peut-il la contraindre à procéder à ce paiement ?

En principe, non. Le droit de la faillite (art. 444) ne doit pas s'étendre à notre cas, et l'on ne peut pas considérer la société, par cela seul qu'elle s'est mise en liquidation, comme « ayant diminué par son fait les sûretés qu'elle avait données par le contrat à son créancier », au sens de l'art. 1188 C. civ., d'autant qu'elle n'avait promis aucune « sûreté » audit créancier.

Mais cela suppose que la société ne procède à aucun paiement, pas même à celui des dettes exigibles. Si elle règle certains de ses créanciers, surtout d'après un plan de répartition proportionnelle, les créanciers à terme, menacés de voir l'actif s'évanouir pour le jour fixé comme l'échéance de leur contrat, sont admis à former une opposition à ce paiement. Ils n'exigent pas qu'on les paie, ils défendent qu'on en paie d'autres s'ils ne doivent pas en même temps recevoir leur part.

Cette faculté d'opposition est reconnue par l'art. 808 C. civ. aux créanciers d'une succession bénéficiaire, sans distinction entre les créanciers à terme et les créanciers purs et simples. L'analogie que nous avons cru voir plus haut (n° 448) entre la liquidation de société et la succession acceptée sous bénéfice d'inventaire, en tant qu'elles déterminent toutes deux un concours de prétentions sur un même actif, justifie l'extension de l'article 808 à notre matière.

L'opposition une fois formée, le créancier viendra aux répartitions. Tout paiement à un autre que lui justifiera dans la même mesure la demande d'un paiement *immédiat* pour lui-même. Ce n'est pas à une simple consignation judiciaire de la somme qu'il sera admis à conclure. Sa créance étant estimée à sa valeur actuelle par suite de l'escompte ou du rabais de la prime d'amortissement, ainsi qu'il est dit ci-dessus, il est équitable qu'il entre immédiatement en jouissance : une consignation lui ferait perdre le revenu jusqu'à l'échéance originairement stipulée.

458. — En deux mots, la société débitrice peut *payer* la dette à terme en la ramenant à sa valeur actuelle : le créancier peut *exiger* (mais seulement si la société se libère envers les autres) le paiement de cette même dette évaluée de la même manière.

459. — B) La seconde question à examiner, relativement à l'influence exercée par la liquidation sur le sort des créanciers, concerne la durée de la *prescription*. Elle est réglée par l'art. 64 C. com.

Aussi longtemps que fonctionnait la société, la prescription de ses dettes était de trente ans (art. 2262 C. civ.). Après la dissolution, elle est limitée à un temps plus bref, qui est de *cinq ans*.

Ces cinq ans courent du jour où la dissolution a été rendue publique, si la société s'est dissoute par une cause exigeant cette publicité (Lyon, 16 février 1912, *Journ. des Soc.*, 1914, 29), et autrement du jour de la dissolution elle-même.

C'est une mesure établie pour la sécurité des associés. Du fait de l'ancienne entreprise dont ils étaient membres, ils doivent être garantis contre tous recours, ils doivent être en mesure de pourvoir sans inquiétude à des placements nouveaux.

460. — Cette prescription est applicable même aux créances constatées par jugement. Elle s'étend aussi à celles qui ne sont nées que depuis l'ouverture de la liquidation (Req., 18 juin 1912, *Annales de droit commercial*, 1913, 310), quitte aux cinq ans alors à ne prendre cours que du moment de leur exigibilité.

Les causes d'interruption de prescription (reconnaissance de dette, jugement) opèrent comme d'habitude. Il faut en dire de même des causes de suspension (autres toutefois que la minorité ou l'interdiction, arg. art. 2278 C. civ.). Lorsque la prescription est interrompue, elle recommence à courir à nouveau, sans se transformer en une prescription de trente ans.

On admet, en pratique, que la prescription demeure suspendue par suite de la mise *en faillite* de la société. La loi ne dit rien de pareil. Cette opinion, quoique inexactement formulée, a sa part de vérité, les travaux préparatoires en portent la trace. En cas de faillite, la plupart des créanciers produisent leurs titres. Cette production vaut interruption de prescription, comme l'aurait fait un exploit d'ajournement si la société était restée *in bonis*. Dès lors les associés en nom, à raison de la solidarité qui les lie (art. 1206 C. civ.), sont présumés touchés eux-mêmes par cette production : la créance se perpétue contre eux, aucune prescription ne pouvant courir pendant la marche de cette faillite [1].

461. — Toutes les actions appartenant aux créanciers ne s'éteignent point par cinq ans. Il y a d'importantes distinctions à faire.

L'art. 64 laisse entière l'*action contre la société*, prise comme personne morale. Tant qu'il y a des valeurs dépendant du fonds en liquidation, les créanciers peuvent exercer sur elles leurs poursuites. Et de même de l'action en responsabilité contre le liquidateur, en supposant que les créanciers en aient une : elle survit à l'expiration des cinq ans.

La prescription n'atteint donc que les actions *contre les associés*, recherchés sur leurs biens personnels, dans la mesure de la responsabilité attachée à leur titre.

462. — Or, il existe deux sortes d'associés. Les *associés en nom* peuvent incontestablement opposer l'art. 64, lorsqu'ils sont poursuivis à raison de leur responsabilité personnelle, *in infinitum*.

Pour les *commanditaires* (même question pour les actionnaires), les avis sont divergents.

a) On soutient *en doctrine* qu'ils ne sont pas libérés de la dette de leur mise après les cinq ans. La loi n'a voulu venir au secours que des associés solidaires, cela ressort des discussions du Conseil d'État en 1807.

On fait observer de plus que, si l'on déchargeait après cinq années l'associé, qui n'a point réalisé son apport, de l'obligation de le verser, ce résultat ne pourrait se produire qu'à l'égard de l'action directe. L'apport resterait dû à la société en vertu de l'action *pro socio*. Car l'article 64 est, d'après l'opinion générale, étranger aux créances entre associés (Cass.,

1. La jurisprudence va jusqu'à exclure la prescription de cinq ans de la faillite de la société, lorsqu'elle a été déclarée en même temps dissoute (Req., 27 décembre 1905, D. 1908, 1, 145, et note PERCEROU)

22 mars 1905, D. 1906, 1, 206). Les créanciers, atteints par la prescription, auraient donc toujours la ressource d'attaquer le commanditaire conformément à l'art. 1166 C. civ. L'avantage qu'on veut assurer à ce dernier disparaîtrait ainsi dans la plupart des cas.

463. — *b*) Aux yeux de la *jurisprudence*, la prescription quinquennale profite même au commanditaire, car la loi est conçue en termes généraux (Req., 24 janvier 1894, D. 94, 1, 519). Elle vise donc l'action en paiement de mise, comme l'action solidaire. Elle vise même l'action en restitution des valeurs sociales, qui, par un partage prématuré du liquidateur, auraient été attribuées aux associés (Cass., 27 janvier 1873, D. 73, 1, 371).

L'objection tirée du maintien de la dette de l'apport à l'égard de la société a sa gravité. Elle est cependant susceptible de réfutation. — Si, après cinq ans, la liquidation court encore, il est exact que l'action oblique permettra aux créanciers de faire condamner le commanditaire (en admettant qu'il n'y ait pas eu entre associés des arrangements ayant pour objet de le libérer). Mais, presque toujours, le liquidateur aura clôturé ses comptes à cette date. Alors la société a pris fin à tous égards, et on ne voit plus qu'aucune action judiciaire puisse désormais être exercée de son chef (Cfr. Boistel, et Wahl sous Req., 24 janvier 1894, S. 95, 1, 497).

464. — Très bien venue dans la solution de la controverse précédente, la jurisprudence était moins heureuse dans sa manière de trancher une autre question : — L'associé qui reste étranger à la liquidation profite de la prescription de cinq ans. En est-il de même de l'*associé liquidateur* ?

Les arrêts, invoquant la rédaction de l'art. 64, prétendaient que non : « Toutes actions contre les associés *non liquidateurs*... ». Le liquidateur, associé en nom ou commanditaire, continue à être responsable.

Mais alors, ce n'est pas ce liquidateur seul qui va se trouver frappé. Un contre-coup se produira sur les autres associés ; car le liquidateur, par l'action *pro socio*, les fera contribuer à ses déboursés. — Avec une semblable thèse, on ne trouvait plus d'associé pour accepter les fonctions de liquidateur. C'était la liquidation fatalement attribuée à un étranger.

L'art. 64 n'a pas le sens qu'on lui donne. Il distingue, sans le dire, deux actions auxquelles le liquidateur peut être en butte : 1° l'action contre le siège social ou la personne morale dont il est le représentant qualifié, et 2° l'action solidaire ou en versement de mise, selon qu'il est associé en nom ou commanditaire. La première de ces deux actions seule dure après cinq ans, pendant toute la liquidation, c'est tout ce que le texte veut dire ; la deuxième est bien prescrite. La jurisprudence en est enfin convenue (Civ. cass., 27 mai 1914, S. 1914, 1, 425, note Lyon-Caen).

465. — Question de la représentation des créanciers par le liquidateur. — 2° Il existe un problème d'ordre différent par lequel il faut achever cette matière. Le *liquidateur* est-il le *représentant des créanciers* ?

Le fait que les créanciers peuvent participer aux distributions, même avant que le terme de leur créance ne soit venu, ne préjuge point la question. Elle n'est pas préjugée davantage par le fait que, en cas de partage prématuré du fonds social, les créanciers pourraient agir contre le liquidateur en dommages-intérêts. Car ce partage, sans que le capital social se soit dépouillé préalablement de son passif, contrevient à la défense pour tout débiteur de disparaître au détriment de ses créanciers (n° 449), et lorsque le liquidateur prête la main à cette disparition irrégulière, le principe de la réparation des délits civils (art. 1382) veut qu'il indemnise les personnes lésées.

Lorsque les associés s'abstiennent de requérir la désignation d'un liquidateur, les créanciers peuvent le faire à leur place ; ils pourraient également saisir le tribunal d'une demande en dissolution. Mais ils agissent alors du chef de la société, en vertu de l'art. 1166. Cela ne prouve point que le liquidateur soit leur mandataire.

466. — *Il n'est pas vrai que le liquidateur représente les créanciers.* L'opinion adverse confond le liquidateur de société dissoute avec un syndic de faillite ou avec un liquidateur judiciaire au sens de la loi du 4 mars 1889. Or, il n'est pas investi d'une mission de même nature que ces derniers agents, représentants de la masse créancière. La masse créancière est absente ici. Chaque créancier a conservé ses droits aux poursuites individuelles, et la raison d'un lien le rattachant au liquidateur ne se voit point.

Toutefois, en fait, la liquidation d'une société dissoute tient souvent la place d'une faillite plus ou moins dissimulée, lorsque l'actif n'atteint pas le passif à éteindre. Les créanciers trouvent dans cette liquidation assez d'avantages pour se dispenser de demander une mise officielle en faillite. Le liquidateur, particulièrement lorsqu'il appartient à une catégorie d'agents placés sous le contrôle judiciaire, sert la cause de leur remboursement avec toute la vigilance d'un syndic, sans avoir à suivre la procédure lente et coûteuse d'une faillite légale.

467. — S'ensuit-il que le liquidateur devienne le mandataire des créanciers ? Il convient dans un seul cas de lui reconnaître ce caractère. C'est lorsque le liquidateur s'est offert, soit expressément, soit par l'ensemble de son attitude, à opérer *au nom des créanciers*, et que ceux-ci, par leur propre attitude, ont accepté cette offre ; ils ont considéré les actes qu'accomplira le liquidateur comme ayant la même valeur que s'ils étaient faits par eux-mêmes. C'est une question à résoudre en fait, et eu égard aux circonstances de chaque espèce.

Alors, mais alors seulement, on pourra dire : *a*) Que le liquidateur, investi d'un mandat des créanciers, répond envers eux de sa liquidation et continue à être tenu de ses fautes, là même où il aurait obtenu un *quitus* des associés ;

b) Que, si l'actif de la société ne couvre pas tout le passif, le liquidateur pourra, au titre du privilège des frais de justice, se faire attribuer ses frais et honoraires sur le produit de la liquidation *par préférence aux créanciers*, car il a conservé leur gage ;

c) Que le liquidateur, faisant un procès aux associés, sera censé agir au nom des créanciers, ce qui exclura pour les défendeurs l'*exception de dol* pour manœuvres employées par d'autres associés contre eux ; — qu'il pourra même obliger un associé en nom collectif à payer solidairement les dettes, tandis qu'il ne pourrait, au titre d'agent de la société, que lui réclamer sa part contributoire (Cfr. Cass., 14 mai 1890, D. 91, 1, 241, note BOISTEL) ;

d) Et (quoique ce dernier résultat soit plus discutable) que les créanciers qui ont accepté le liquidateur pour leur représentant ont implicitement renoncé à pratiquer des saisies individuelles : ils s'en sont rapportés à la prudence de sa liquidation de procéder sans trouble aux répartitions d'actif jusqu'à ce que les dettes soient entièrement amorties. Ainsi s'explique la pratique de ces répartitions, précédées de la production des titres, et rappelant ce qui se passe dans une faillite, au point qu'une personne médiocrement versée dans le droit s'imaginerait que c'en est bien une en réalité [1].

Ce que la liquidation, en revanche, ne saurait réaliser, à moins qu'une faillite ne vienne se greffer sur elle, c'est le groupement légal essentiellement propre à ce dernier régime, et qui habilite l'assemblée des créanciers à prendre à la majorité des voix cette mesure grave qui s'appelle le *concordat*.

SOUS-SECTION III. — Partage.

468. — C'est la *répartition entre les associés de l'actif net*, habituellement transformé d'abord en argent.

Les règles concernant le partage de successions, la forme de ce partage et les obligations qui en résultent entre les co-héritiers, s'appliquent au partage entre associés (art. 1872 C. civ.). Comme, dans les sociétés commerciales, le partage portera presque toujours sur de l'argent, la réalisation en espèces des biens du capital ayant d'abord été effectuée, nous ne nous attarderons pas à rechercher : — si le partage lui-même doit être *judiciaire* en cas de présence de mineurs (voir ce qui a été dit dans la sous-section II), — si le partage est *déclaratif de propriété* (art. 883), — s'il y a lieu au retrait de la cession qu'aurait faite un associé de ses droits à un étranger, par analogie du *retrait successoral* de l'art. 841.

469. — Le droit fiscal de partage était naguère encore un droit fixe gradué, comme le droit dû sur les actes de société. Il est devenu droit proportionnel réduit de 0 fr. 15 0/0, en vertu de la loi de finances du 28 avril 1893, art. 19. Nous écartons le droit de mutation dont seraient passibles à ce moment les valeurs originaires d'apport, si elles étaient mises dans le lot d'un autre que l'associé qui les avait constituées (n° 356).

470. — A quoi se ramène le partage. — On se souvient que les apports des associés ont été faits tantôt en *propriété*, tantôt en *jouissance*. Ceux de la seconde espèce donnent lieu à reprise, avant tout partage. Les apports en propriété, au contraire, sont l'objet du partage lui-même.

Il n'y a là qu'une fausse apparence. C'est inexactement qu'on qualifie de « partage » la liquidation des ayants droit dans le capital.

---

1. Pour la liquidation de la Compagnie de Panama, société civile, une loi du 1er juillet 1893 a investi le liquidateur, ainsi qu'un autre agent, le mandataire des obligataires, de la représentation des créanciers, et a pourvu cette liquidation d'une partie des règles légales de la faillite.

Si ce capital est grossi de bénéfices et de réserves non encore distribués, la première opération de compte consiste à détacher ces bénéfices, pour les répartir d'après la proportion déjà suivie pour les bénéfices annuels.

Le partage véritable ne porte que sur l'excédent qui représente la valeur même du capital. Est-ce bien un « partage » ? — Non, voici pourquoi. Chacun est alloti, non au prorata de son tantième dans les bénéfices, mais à proportion de son apport respectif. De deux associés qui ont apporté l'un 40.000 et l'autre 60.000 francs, le capital étant toujours représenté par 100.000 francs, le premier recevra précisément 40.000 et le second 60.000 francs. C'est-à-dire que chacun fait la reprise de son apport, soit en nature, soit en valeur. Les apports sont présumés tous avoir été faits en jouissance, ou au moins en quasi-usufruit : thèse qui a été maintes fois défendue par les vieux auteurs et qui est en soi très juste, car l'associé ne se dessaisit pas irrévocablement de sa mise et compte bien la récupérer un jour.

Ainsi s'éclaire plus d'une pratique : 1° le maintien, pour l'acte de partage, de la franchise fiscale dont avait profité l'acte de société, quant aux droits de mutation, pourvu que l'associé rentre dans l'objet de son apport, l'application de ces droits de mutation étant limitée au seul cas où ledit objet est mis dans le lot d'un autre (n° 356) ; — 2° le droit pour un apporteur de biens de reprendre ceux-ci, à l'exclusion de l'apporteur de travail qui reprend de son côté l'industrie constituant sa mise. Comprendrait-on que ce dernier concourût au capital, en s'appliquant une portion des biens provenant d'un coassocié ? Non. Donc, au fond il n'y a point partage.

471. — Lorsque la liquidation s'est réalisée sous forme de vente du fonds de commerce, soit à un tiers, soit à l'un des associés, se pose la question de *garantie* (Sur cette obligation pendant la société, cfr. n° 330).

Les associés, sauf clause spéciale, contractent envers l'acquéreur l'obligation de lui transmettre la clientèle et de ne se rétablir ni les uns ni les autres à son préjudice (Req., 18 juin 1897, D. 97, 1, 384 ; Paris, 31 octobre 1908, *Journ. des Soc.*, 1909, 127). Cette obligation ne doit pas frapper le commanditaire, qui demeure inconnu des tiers et dont la foi n'a pas été suivie (il en serait autrement si le fonds était licité à l'un de ses coassociés, car les associés se connaissaient mutuellement).

Il se pourrait que le fonds de commerce, en tant que matière d'achalandage, n'eût point de valeur reconnue. Alors il ne sera l'objet d'une transmission ni entre les membres, ni à un acquéreur. Chaque associé reconquerra donc sa liberté et pourra ouvrir à ses risques la même nature d'entreprise, en ressaisissant la clientèle que la société a laissé perdre.

APPENDICE AUX SOCIÉTÉS PAR INTÉRÊT

DES ASSOCIATIONS EN PARTICIPATION[1]

(C. com., art. 47 à 50).

472. — Il vaut mieux parler de l'*association en participation* à la suite des sociétés de personnes qu'en reporter l'étude après les sociétés par actions. Car elle n'a avec celles-ci aucune ressemblance, et tend plutôt à prendre la place des sociétés de personnes, particulièrement de la société en commandite.

Une simple lecture des art. 47 à 50 montre l'association en participation disposant d'une faveur notable par rapport aux autres sociétés. Elle peut se fonder *sans écrit ni publicité*, verbalement par conséquent ; elle se prouve, comme un contrat ordinaire de commerce, au moyen des livres, de la correspondance, de la preuve testimoniale (voir les art. 49 et 50).

473. — Signe distinctif. — Mais, quel est le *signe* qui distinguera l'association en participation d'une société véritable ? Quelles conditions doit remplir dans le commerce une communauté d'intérêts pour rentrer dans le cadre de la participation et jouir de ses faveurs ?

Le Code n'est pas explicite. Ses auteurs se sont inspirés des précédents de l'ancienne jurisprudence. Or SAVARY et POTHIER, qui ont écrit sur les sociétés au XVIIe et au XVIIIe siècle, signalent une convention que le Code de commerce a dû avoir en vue à son tour dans nos articles. Cette convention était dénommée autrefois *compte en participation*, ou encore *commandite, société anonyme*, terme pris aujourd'hui en un autre sens.

L'exemple sur lequel dissertent les anciens commentateurs est devenu banal : — Un négociant veut spéculer sur une cargaison de marchandises arrivées dans un port, mais non pas supporter le risque sur la cargaison entière. Celle-ci cependant doit se vendre en bloc. Il propose à un confrère d'entrer « de compte à demi » dans l'opération, et ce confrère accepte.

Mais le promoteur de l'affaire traite « seul et en son nom ». Il s'abstient de faire connaître au public son participant. Il ne révèle même pas l'existence d'une participation pour l'accomplissement de l'affaire.

Il y aura ensuite à faire compte des bénéfices ou des pertes entre eux.

Cette convention présente deux particularités : *a*) la société est *momentanée*, elle ne concerne qu'une opération, peut-être plusieurs, mais peu nombreuses ; — *b*) le gérant opère *proprio nomine*, comme si l'affaire n'intéressait que lui : la société est *occulte*.

474. — Or, chacun de ces deux traits répond à une pensée différente. Exiger aujourd'hui qu'ils se rencontrent tous deux concurremment, pour la validité d'une association en participation, ne semble point logique. On

1. BIBLIOG. — POULLE, *Traité théorique et pratique des sociétés commerciales en participation*, 1887 ; M. JOBIT, *L'association commerciale en participation*, th. Paris, 1912.

comprendrait que, comme en Belgique, ou comme en Allemagne (ancien Code), la loi française eût considéré comme des associations en participation tant les « sociétés momentanées » que les « sociétés occultes ».

Elle n'a pas procédé ainsi. Toutes les participations obéissent chez nous à une condition semblable. Mais quelle est cette condition ? Quelle est, des deux particularités sus-indiquées, celle qui a été retenue par le Code et qui donne à la participation actuelle sa véritable économie ?

Nous écarterons les cas où les parties ont contracté sous le nom inexact d'association en participation une « société civile » ordinaire, en révélant cette société au dehors. C'est ce qui arrive pour les nombreuses *Fourmis*, sociétés d'épargne qui achètent en commun, moyennant les cotisations périodiques des adhérents, des valeurs à lots pour en capitaliser les revenus et partager le tout après cinq ou dix ans, chaque catégorie annuelle d'adhérents formant une série, c'est-à-dire une société séparée. Une société de ce genre, n'étant ni momentanée ni occulte, ne mérite à aucun égard d'être classée parmi les associations en participation, en dépit de sa qualification.

475. — Système de la société momentanée. — Il y a, il y a eu plutôt, deux systèmes en présence.

Le premier système, tombé en défaveur, voit dans l'association en participation une *société momentanée*, qui porte sur une ou plusieurs opérations limitées dans leur nombre (*societas unius negotiationis*). — Ex. : J'achète 500 balles de soie pour moi et pour un autre fabricant qui en prendra la moitié. Je donne ordre d'achat soit en mon nom (c'est moi qui suis l'unique débiteur du prix), soit en notre nom commun (moitié du prix sera facturée au débit de mon confrère). Dans les deux cas, il y a association en participation.

La rédaction de l'art. 48 semble favorable à cette opinion. Si cette société est exempte de formes, c'est parce que le bénéfice espéré sera nécessairement restreint et qu'il ne faut pas l'épuiser par les frais.

Entre la *participation* et une *société ordinaire* existerait donc la même différence qu'entre un *acte isolé* de commerce et le *commerce de profession*.

A cela près, et sauf dispense des formes, les règles habituelles du droit des sociétés s'appliqueront. — Il pourra y avoir raison sociale, solidarité des membres, engagement de tous par représentation du gérant. — Les participants pourront introduire une « clause de commandite », c'est-à-dire de responsabilité limitée à un chiffre déterminé d'apport. — Toutefois, faute de publicité, la personne morale ne se formera point : il n'y aura pas lieu à une faillite de l'association, mais à celle de ses membres, et les créanciers personnels concourront avec les créanciers sociaux.

476. — Système de l'association occulte [1]. — Un deuxième système, admis en jurisprudence, a fini par évincer le premier.

L'association en participation se distingue des autres sociétés par son

---

1. Un projet de loi a été déposé en 1910 par M. Poulle au Sénat afin de modifier en ce sens les art. 47 à 50 (Sénat, séance du 12 juillet 1910, *J. off.* du 13).

caractère *occulte*. Il faut et il suffit que le gérant opère *en son nom*, et sans faire connaître aux tiers l'intérêt qui l'unit à ses participants. Il n'est pas leur mandataire par représentation, mais leur commissionnaire, si la commission (ce qu'on recherchera plus loin) est un mandat *sui generis* dans lequel l'agent masque son donneur d'ordre.

Pour exprimer autrement la nature de l'association en participation, elle constitue un retour à la pratique de la *société civile* sans existence externe (n° 292). Elle se réduit à un rapport intérieur de comptes, forme un contrat, non une personne, et ne prend point jour sur le dehors ; elle n'occupe pas la scène, nul ne la voit ni ne doit la voir.

Ex. : J'entreprends une manufacture sous mon nom. Mais les trois quarts du capital ont été constitués par un autre, contre promesse de la moitié des bénéfices. L'exemption des formes habituelles s'explique. Une société ordinaire se publie afin de manifester aux tiers les conditions de son organisme, puisque celles-ci sont opposables au public. Or, ici l'organisme est inexistant, l'association est pour les tiers *res inter alios acta*. La publication serait un non-sens. Par corrélation, l'exigence d'un acte écrit disparaît.

Cette manière d'être de l'association en participation a été précisée par plusieurs arrêts de la Cour de cassation, notamment par ceux du 21 mars 1876, du 26 août 1879 et du 18 mai 1896, D. 76, 1, 198 ; 80, 1, 120 ; 97, 1, 249.

477. — Conséquences. — Des déductions très importantes ressortent de ces prémisses :

1° La participation obéit, en thèse, aux règles de fond d'une société ordinaire. Mais cela est vrai seulement des relations des participants et de leur gérant, puisqu'elle ne saurait produire, comme telle, le moindre effet au regard des tiers. Animée de l'*intuitus personæ*, elle cesse par la mort de l'un de ses membres, elle engendre une action en reddition de comptes, pour laquelle le tribunal de commerce a compétence, mais sans qu'il y ait lieu de désigner un liquidateur (ce dernier agent n'étant rendu nécessaire dans une société que parce que celle-ci a besoin d'une représentation au dehors pour la phase postérieure à la dissolution).

2° Une association en participation peut être contractée *pour une longue durée*, et avoir toute une exploitation pour objet. Si les applications les plus usuelles de ce contrat concernent une affaire de durée relativement courte (ex. : publication d'un livre aux frais et aux risques communs d'un éditeur et de l'auteur), il se pourrait que l'entreprise fût à longue échéance. Le concessionnaire d'un chemin de fer pourra s'adjoindre des participants.

3° La règle de la *contribution* nécessaire de tout associé *aux pertes* (art. 1855 C. civ.) est également vraie de l'association en participation. Hésitante jadis à l'admettre, la jurisprudence paraît maintenant tenir ferme pour le respect de ce principe. Il n'y a aucun motif de l'écarter, puisque l'association en participation se comporte comme le faisait autrefois une société civile.

C'est ainsi qu'un établissement de finance, chargé de placer des obligations de société, organise une participation irrégulière, ne faisant subir aucun risque aux intéressés, lorsqu'il s'adjoint des syndiqués ou participants en leur promettant de ne faire entrer en compte que les obligations qui seront souscrites réellement par le public, moyennant une prime devant laisser certainement un bénéfice (Civ. rej. et Cass., 11 décembre 1900, aff. de Panama, D. 1901, 1, 257).

Cela n'empêche pas qu'un participant puisse stipuler un intérêt annuel, dû même en cas de pertes. Cette clause est licite dans toute société (n° 385).

4° La société en participation étant conduite sans manifestation extérieure par le seul gérant, celui-ci, seul aussi, devient créancier (Paris, 16 juin 1910, *Journ. des Soc.*, 1911, 429) ou débiteur, et encourt personnellement la faillite. Comment obligerait-il une société ? Il n'en existe pas aux yeux du public [1]. A plus forte raison, cette association, forcément exempte de raison sociale, est-elle dépourvue de personnalité [2].

Les participants ne sont tenus que d'une simple *action en contribution*. Le gérant les obligera d'abord à verser l'apport convenu. Il peut aussi, après consommation de l'opération, les obliger à payer leur part respective dans la perte. Cette part a pu être limitée à une somme déterminée (clause de commandite), comme aussi elle a pu ne comporter aucune restriction.

Les créanciers du gérant seront fondés à exercer cette action, mais du chef de leur débiteur seulement (art. 1166), et ils subiront les exceptions dont elle serait passible. Ils n'ont contre les participants ni *action solidaire*, ni même *action directe*.

Ce résultat suppose que *le gérant n'a pas démasqué ses coparticipants*, et que ceux-ci n'ont point concouru aux opérations par lui faites. Autrement, on serait en présence d'une véritable société en nom collectif. Cette société nulle, faute de publicité, exposerait les participants à la responsabilité illimitée sur l'ensemble de leurs biens (Cass., 23 juillet 1877, D. 78, 1, 88 ; Civ. Orléans, 3 juillet 1908, *Journ. des Soc.*, 1910, 30). L'essentiel est donc, pour une association de cette nature, de demeurer secrète [3].

Là aussi est le danger pour ceux qui en font partie. Une indiscrétion du gérant laisse croire aux tiers qu'ils traitent avec une société. Si les noms de ces associés ont en effet été portés à leur connaissance, les participants, tolérant cette manière de faire, deviendront personnellement co-débiteurs de toutes les dettes contractées. Comme, dans le commerce, les dettes sont

1. Aussi la prescription de cinq ans de l'art. 64 est-elle écartée par la jurisprudence de l'association en participation (Req., 22 mars 1905, D. 1906, 1, 206) ; comme encore l'obligation de supporter l'impôt sur le revenu (Civ. Châtellerault, 19 décembre 1906, S. 1909, 2, 61).

2. Du défaut de personnalité morale, la Cour de Paris a tiré cette conséquence que : « l'association en participation n'ayant pas de personnalité distincte de celle des associés, le coparticipant chargé de la gérance est obligé de présenter à *chacun* des comptes d'administration apurés avec pièces justificatives » ; et même — solution plus contestable — « qu'on ne saurait opposer au coassocié qui demande des comptes une clause aux termes de laquelle l'acceptation des comptes arrêtés par le comité est obligatoire pour tous les membres de la participation ». Paris, 13 mars 1912, *Journ. des Soc.*, 1913, 428.

3. Mais le participant n'est pas engagé par des actes d'ordre intérieur, de contrôle et de surveillance, alors qu'il n'a passé avec les tiers aucun acte de nature à donner au public la croyance qu'il eût la qualité d'associé en nom collectif. Req., 8 juin 1912, *Journ. des Soc.*, 1913, 302.

présumées solidaires, chacun d'eux en répondra pour le tout, nonobstant toute clause limitative de responsabilité.

Les choses se passeront de la même manière que pour une société en commandite non publiée, dans laquelle on constaterait que le commanditaire ne s'est pas suffisamment dissimulé (n° 367). A plus forte raison, le participant ne doit-il pas traiter seul les actes, à défaut du gérant [1].

On comprend, dans ces conditions, ce qu'il faut penser de ces singulières associations en participation qui créent des parts bénéficiaires au porteur nécessairement destinées à la publicité, et donnant à leurs titulaires le droit de réclamer une quotité dans les bénéfices sociaux. Ces parts ont donné lieu à des procès engagés par les acheteurs de parts pour faire rescinder leur acquisition (Paris, 8 janvier 1900, 27 juin 1905 et 9 janvier 1907, D. 1902, 2, 105, et 1908, 2, 393, notes LACOUR ; *contra*, WAHL, sous S. 1903, 2, 185, et 1907, 2, 153). En tout cas elles transformaient la prétendue participation en une société en nom collectif [2].

478. — Toutefois, si le droit commun des sociétés s'étend à ces associations, il cesse d'en être ainsi pour deux conditions importantes, qui sont bien de l'essence des sociétés et auxquelles cependant contreviennent les associations en participation, sans devenir irrégulières : — *l'existence d'un fonds commun*, — l'obligation d'un *apport* pour chaque adhérent.

C'est parce que ces deux conditions sont absentes des participations qu'on cesse de les ranger dans la classe des *sociétés* et qu'on les traite comme des *associations*.

479. — *a) Fonds commun.* — Il faut dans une société, même civile, un capital commun à tous les associés. Cela résulte de la définition du contrat (art. 1832).

Or, la pratique écarte de la participation la nécessité du fonds commun. Celui-ci ne se présume même pas. Le gérant ne met pas en co-propriété les biens sur lesquels il opère, ces biens lui restent propres, jusqu'à ce qu'il en communique le produit à chacun de ses co-intéressés, lors du règlement des bénéfices (Req., 7 mai 1902, D. 1902, 1, 286, arrêt avec la doctrine duquel concorde mal l'arrêt plus ancien de Civ. rej., 20 mars 1900, critiqué par WAHL, S. 1902, 1, 321).

A quoi bon, en effet, un fonds commun, si ce fonds ne doit pas être affecté comme gage exclusif à des créanciers sociaux ? Les créanciers ont action sur tout le patrimoine du gérant. Leur condition serait plutôt empirée, si l'on détachait de ce patrimoine des valeurs indivises au profit d'autres personnes [3].

---

1. Il pourrait cependant agir par procuration de ce gérant sans s'obliger lui-même. Il y a à cet égard une différence entre un commanditaire et lui : la règle de l'art. 27 C. com. ne lui est pas applicable.

2. Ou, selon les circonstances, en une société en commandite par actions. Cass. crim., 28 mars 1908, *Journ. des Soc.*, 1908, 352.

3. BONNECASE, *De la condition juridique de l'apport dans l'association en participation*, aux *Ann. dr. com.*, 1908, p. 51 : « L'art. 1832 C. civ. n'exige pas autre chose que l'emploi des apports des associés dans un intérêt commun », page 13.

480. — *b) Apport.* — Le gérant peut opérer avec ses seules ressources, sans demander de mises à ses participants. Ce qui lui importe, ce n'est pas de se procurer les moyens de faire la spéculation (car peut-être les possède-t-il), mais de diviser le risque. L'association en participation n'est plus, en pareil cas, cet agent « créateur de richesse » que représente la société véritable. Elle fractionne la perte dans l'affaire traitée à compte commun.

Néanmoins les apports peuvent se rencontrer. Les participants couvrent le gérant au moyen de valeurs. Mais on ne doit pas attribuer à ces apports les mêmes effets que dans une société ordinaire.

481. — *1)* Consistent-ils en *argent* (le participant remet 50.000 francs au gérant)? Le participant a droit, comme créancier, au remboursement de la somme. — Le gérant tombe en faillite. Son associé sera fondé à produire au marc le franc dans cette faillite, avec les autres créanciers. Il ne s'efface pas devant ceux-ci comme le ferait un associé ordinaire.

Toutefois, ce n'est pas uniformément pour 50,000 francs qu'il se portera créancier. La participation a pu faire de mauvaises affaires. Comme le participant doit contribuer à la perte, il diminuera de sa production la somme par laquelle se chiffre sa contribution; il peut lui arriver de n'avoir rien du tout à réclamer.

Mais il peut se faire aussi que la faillite du gérant tienne à une autre cause que la participation: celle-ci laisse même ressortir un bénéfice. Alors le participant s'inscrira non seulement pour son apport, mais en outre pour sa part de gain. La faillite du gérant n'y met pas obstacle.

2) L'apport consiste-t-il en *corps certains*? Le participant a couvert le gérant en marchandises sorties de ses magasins. Ces marchandises doivent, d'après les conventions, être vendues à profit commun, probablement avec d'autres marchandises que le gérant fournira de son côté. — Vienne la faillite de ce gérant. Le participant sera traité pour ses marchandises comme un commettant. Si elles ne sont pas encore vendues, il est resté propriétaire de ses marchandises qui suivent le sort de la consignation déposée chez un commissionnaire failli (art. 575 C. com.). Il les *revendiquera* par préférence, quitte à régler son compte de pertes.

482. — Lorsque l'usage de la participation se sera propagé dans le commerce, les négociants constateront que cette forme d'association tient l'emploi commode d'une commandite. Ils s'apercevront qu'elle offre cependant aux tiers de moindres garanties: le défaut de capital social, et la répétition possible d'apports par les participants qui viennent en concurrence avec les créanciers, quelquefois même préférablement à eux. On voit surtout prédominer aujourd'hui ce type de contrat dans les syndicats formés par des financiers, en vue d'introduire sur le marché public, par l'action personnelle de l'un d'eux, les actions d'une société qu'ils avaient commencé par s'attribuer par une souscription globale (v. *infra*, n° 498).

483. — Il existe des contrats nombreux accompagnés d'une clause de participation aux bénéfices et qui ne sont pas des associations en participation. Nous avons déjà dit (n° 322) que le trait propre à la société, c'est l'obligation pour le gérant de répondre de son administration et d'indemniser ses consorts lorsqu'il a fait preuve d'impéritie. Là où cesse la nécessité de rendre compte, et où une personne se borne à allouer à une autre un tantième de bénéfices dans son entreprise, en s'engageant ou non, selon les cas, à justifier du chiffre de ces bénéfices, cette promesse est très régulière, même si elle doit contrevenir aux règles ordinaires de la société. Notamment, le bénéficiaire pourra être exempté des pertes, l'art. 1855 cessant d'être applicable. *Le contrat n'est pas une société.*

C'est ce qui arrivera : 1° Dans la convention par laquelle un patron admet ses *ouvriers* ou un *employé* à participation.

La situation de commis intéressé est fréquente, celle d'ouvriers intéressés est beaucoup plus rare (Imprimerie Leclaire, papeterie Laroche-Joubert). Ni le premier ni les seconds ne sont associés. La critique de la gestion du patron leur est interdite (Cass. civ., 2 février 1914, v. *supra*, n° 196, en note). Ils sont liés par un louage de services que le patron peut faire cesser, à seule condition de respecter l'art. 1780 C. civ. La participation est un élément du salaire ou de l'appointement qui, au lieu d'être fixe, devient aléatoire.

La *communication* des livres ne peut pas être exigée (voir cependant Rennes, 29 juin 1871, S. 71, 2, 83 ; Bordeaux, 30 janvier 1872, S. 72, 2, 66) ; c'est par la voie de la *représentation* que l'intéressé demandera la justification des bénéfices (n° 211). et encore peut-il renoncer à tout pouvoir de contrôle. Cass., 1er juin 1875, D. 75, 1, 417 (Sur cette matière, voir Violot, *Essai juridique sur la participation aux bénéfices*, 1898 ; Pic, *Les lois ouvrières*, n° 1367 ; projet de loi déposé en 1894 et qui n'a pas abouti).

2° Dans le contrat d'*assurance sur la vie*, lorsque la compagnie promet à ses assurés de les faire participer à ses bénéfices après que la police a parcouru plusieurs années d'existence. Cette participation est un élément intégrant des primes. Elle a pour résultat d'en abaisser le chiffre. La somme servie à l'assuré représente la restitution d'un trop payé (un peu comme sont les bonis d'une société coopérative).

3° Dans le contrat de *prêt*. Le prêteur peut convenir de tant pour cent dans les bénéfices à allouer à l'emprunteur, outre un intérêt fixe de 4 ou de 5 o/o par exemple. C'est un intérêt aléatoire supplémentaire. Il n'est critiquable au civil que si le prêteur stipule 5 o/o à titre ferme et comme un *minimum* (L. 3 sept. 1807 ; Req., 6 février 1905, D. 1905, 1, 391). Au commerce, aujourd'hui, depuis la loi du 12 janvier 1886, la clause est licite sans restriction (l'arrêt des Req. du 18 mai 1896, D. 97, 1, 249, frappe bien à tort ladite opération en tant que prêt). Ce prêteur ne concourra donc pas aux pertes, à la différence d'un associé en participation, lequel ne saurait s'en affranchir. Pratiquement, le rôle tenu par le bailleur de fonds sera difficile à dégager, les parties n'ayant pas dû s'expliquer formellement sur le droit pour le bailleur de fonds de critiquer les comptes, qui est cependant, selon nous, la véritable pierre de touche (n° 322 et les citations).

CHAPITRE III

DES SOCIÉTÉS PAR ACTIONS. SOCIÉTÉ EN COMMANDITE PAR ACTIONS ET SOCIÉTÉ ANONYME

(C. com., art. 29 à 38, 40 et 45 ; L. 24 juillet 1867, titres I, II et IV ; L. 1er août 1893 ; L. 16 novembre 1903, L. 22 novembre 1913).

484. — L'économie de toute société commerciale ressort de l'examen, maintenant achevé, de la société par intérêt. Cette économie persévère pour la société par actions, malgré les très nombreuses particularités que présente celle-ci, surtout à raison de la circulation du titre social. Cela nous dispensera de revenir sur une quantité de règles communes aux deux sortes de sociétés, pour ne plus insister que sur les points spéciaux à la deuxième catégorie.

485. — Considérations économiques. — Les *sociétés par actions* ne doivent pas être rendues responsables des scandales auxquels donnent lieu un certain nombre d'entre elles. La forme par actions est indispensable à la création des grandes exploitations, les seules qui mettent le commerce en mesure de soutenir la lutte sur le terrain international.

Tout ce qu'on peut demander à la loi, afin de protéger l'épargne, c'est d'environner ces sociétés de prescriptions qui ne gênent pas les entreprises honnêtes et sérieuses. Tout ce qu'on peut demander au pouvoir judiciaire, c'est de sévir sans faiblesse contre les personnalités qui auraient profité de leur influence pour faire des victimes autour d'eux.

Les sociétés de capitaux, ou par actions, se distinguent en ce que la part sociale, au lieu d'être personnelle et intransmissible, devient un *titre circulant*. On en peut trafiquer et la transmettre à ses héritiers.

En outre, comme cette action n'entraîne qu'une responsabilité limitée à la mise, l'attrait qu'elle donne est très grand, à la fois par la modicité du risque et par la possibilité de revente à la hausse.

Le taux de l'action peut être abaissé à un *minimum* très faible. C'est donc la petite épargne, la moins instruite, la plus enthousiaste, qui est le plus fortement sollicitée. On pourrait relever ce taux, comme on l'a fait en Allemagne, mais alors ce serait au détriment de la richesse générale. Seule la multiplicité des petites économies permet de constituer les grandes affaires : dans les démocraties, les gains se dispersent, il faut les grouper, les réintégrer dans les grosses entreprises.

Deux sortes de personnes vont se trouver en présence. La société par actions se forme et se maintient au moyen de l' « appel au public ».

Il y a de nombreuses exceptions : beaucoup de sociétés se créent entre personnes se connaissant d'avance, et sans que leurs titres soient ensuite l'objet d'une spéculation.

Mais, si le capital à constituer est considérable, le mode de formation diffère. Le personnel des *souscripteurs* n'existe pas au début, il faut l'attirer par des mesures de publicité. Ceux qui se chargent de placer les titres appartiennent au milieu des *financiers*.

Même, lorsque les financiers souscrivent le capital, leur ministère n'est que provisoire. Individuellement ou par voie de syndicat, ils *introduiront* les titres *sur le marché*, par suite d'une *fonction distributrice*. La finance ne peut ni ne doit immobiliser ses ressources. Il faut organiser des campagnes de Bourse, faciliter le passage des actions, jusqu'à ce que l'épargne les ait absorbées. L'épargne, au début, n'aurait pas été en mesure de réaliser le capital demandé. L'épargne, au surplus, est timide ; elle veut, comme on dit, « voir venir les événements ».

Plus tard, les actions une fois *classées*, si leur cours faiblit, il appartiendra à la finance de reprendre position sur elles, de les racheter, de montrer que l'épargne cède à une fausse panique. Cela suppose le fonctionnement du marché à terme, dont il n'y a pas à parler dans ce chapitre.

Ce travail d'aspiration de l'*épargne* par la *finance* nous donne la clef de la formation des sociétés par actions. L'*appel au public* est l'invitation que font les fondateurs, par circulaires ou autrement, aux capitalistes, petits et grands, de souscrire les actions d'une société ou, s'ils les ont souscrites eux-mêmes, de les leur acheter.

Nous laissons au roman ou au théâtre le soin de montrer quels genres variés de mystifications peut recéler un pareil appel, — avec les mensonges des prospectus et des réclames de journaux, — avec les fausses nouvelles ou autres manœuvres de Bourse, — avec le concours des parasites, inévitable cortège des lanceurs d'affaires, — avec la vénalité possible de la presse ou des membres du Parlement, — et surtout avec ce mirage dont disposent sur le public les grands hommes, comme aussi les grandes œuvres, qu'il n'a pas l'occasion de voir de près.

Mais vouloir d'après ces tristes exemples généraliser la conduite des affaires manque de vérité. Si l'on devait céder à l'obsession de ces abus, c'est à la suppression complète des sociétés par actions qu'il faudrait conclure. Et encore, même supprimées, renaîtraient-elles sous un voile plus ou moins déguisé.

486. — Il y a deux sociétés par actions : la *société en commandite par actions*, visée au Code de commerce dans le seul article 38 ; et la *société anonyme*.

487. — Société anonyme. — La *société anonyme* est de beaucoup la plus répandue. Elle est *composée uniquement d'actionnaires ou associés à responsabilité limitée, dont les parts sociales, de valeur égale, sont représentées par des certificats négociables*. Ces actionnaires ont à leur tête un conseil d'administration, nommé et renouvelé périodiquement par eux.

488. — Société en commandite par actions. — La *commandite par actions* participe encore, par un côté, de la nature des sociétés par intérêt. La part du commandité ou des commandités continue à être un *intérêt*, engageant la responsabilité indéfinie de l'associé : c'est une part sociale obéissant à l'*intuitus personæ*, intransmissible.

La société n'est par actions qu'au regard des commanditaires. Elle est gouvernée par les mêmes règles qu'une commandite simple (art. 33), à cela près que les parts des commanditaires sont des actions.

On la définira : une *société composée, d'un côté d'un ou de plusieurs commandités, associés en nom et gérants, et de l'autre côté d'actionnaires étrangers à l'administration ainsi qu'à la raison sociale. a)* La société continue avec les acheteurs des parts des commanditaires, ou avec leurs héritiers. *b)* Elle finit par la mort du commandité, qui en outre ne peut céder sa part.

489. — La nature de la commandite par actions est rendue plus nette, lorsque l'on fixe l'attention sur ses deux unités composantes : le *commandité, l'ensemble des actionnaires.*

Un groupe d'actionnaires, une *compagnie*, se constitue en vue d'une entreprise. Si cette compagnie est en mesure par elle-même, c'est-à-dire par ses administrateurs élus, de mener l'exploitation, c'est la forme de la société anonyme qui prévaudra.

Autrement, si elle a besoin d'un homme déterminé, assez fort pour traiter avec elle d'égal à égal, la compagnie entrera en rapports avec cet homme, et on verra s'établir une société entre : 1° cet associé en nom, Paul, et 2° le corps des actionnaires, la compagnie.

D'où, la raison sociale *Paul et Cie*, et la responsabilité assumée par ces deux êtres : l'individu sur tous ses biens, la collectivité sur le capital qu'elle apporte. On est en présence de deux sociétés superposées : l'une conclue entre les actionnaires, société véritablement anonyme, et l'autre entre cette société anonyme et l'associé en nom.

Si la loi a cru devoir expressément reconnaître et organiser la commandite par actions, au lieu de laisser les intéressés libres d'adopter ce genre de société par la simple entente d'un individu et d'une société anonyme, c'est parce qu'il y aurait eu quelque chose d'illogique, dans le silence des textes, à voir surgir une prétendue société anonyme qui, au moment même où elle se crée, s'absorbe dans une société plus large avec un associé solidaire dont la présence est un démenti donné à l'anonymat.

Toujours est-il que, grâce à la décomposition précédente, on s'explique fort bien comment le commandité peut lui-même faire partie du corps des actionnaires en souscrivant des actions, et toucher sa part de bénéfices des deux côtés et à deux titres différents.

490. — Raison sociale. — Les sociétés par actions ont-elles une raison sociale ?

Oui, pour la commandite par actions : la raison sociale comprend exclusivement les noms des commandités.

Non, pour la société anonyme. Celle-ci n'existe point sous un nom social, elle n'est désignée par le nom d'aucun associé, elle est qualifiée par la désignation de l'objet de son entreprise (art. 29 et 30 C. com.). La raison sociale fait connaître les personnes solidairement responsables ; il n'y en a point dans la société anonyme. Si elle se donnait une raison sociale, l'actionnaire ou le tiers dont le nom y figurerait serait tenu indéfiniment sur tous ses biens (n° 339).

Cette défense de toute raison sociale est excessive. On s'expliquerait que la société anonyme pût prendre les noms de ses fondateurs ou principaux actionnaires, en les faisant suivre des mots *limited* ou autres termes équivalents. Ainsi en est-il en Allemagne et en Angleterre, sans que les personnes visées par cette appellation soient exposées à une responsabilité indéfinie.

L'absence de raison sociale oblige les administrateurs à signer les actes au moyen d'une formule assez longue : « Pour la Société anonyme de préparation des quinquinas, l'administrateur délégué N... », tandis que la raison sociale est une signature simple dont se servent uniformément tous ceux qui ont qualité pour l'employer.

Il convient au surplus d'observer que la désignation que se donne la société anonyme n'exclut pas le droit d'insérer le nom du fondateur ou d'un prédécesseur, soit qu'il ait souscrit des actions, soit qu'il n'en possède aucune : « Société des établissements Robert ». L'essentiel est que les engagements ne soient pas signés du nom de Robert.

491. — Publicité et réglementation. — Nous avons déjà dit que les sociétés par actions tenaient leur place dans la *vie publique*. Cela s'explique par l'appel qu'elles font et qu'elles renouvellent incessamment à l'épargne. Les actions s'offrent aux capitaux disponibles pendant tout le temps que la société fonctionne ; il faut tenir le public au courant de la confiance qu'elles méritent.

Les sociétés par actions ne sont donc pas seulement « publiques », en ce qu'elles doivent déposer leurs statuts aux greffes des tribunaux (car c'est le sort commun à toutes les sociétés commerciales). La publicité doit s'entendre pour elles dans une acception plus large. Elles s'adressent à l'épargne publique : de là deux ensembles de prescriptions.

492. — 1° D'une part, on a dû instituer pour les sociétés par actions un *régime propre qui les place sous le contrôle de l'opinion* et qui exclut dans une large mesure le secret des affaires (n° 113).

a) D'après la loi du 29 juillet 1881 sur la presse, art. 35, la *diffamation*, exercée contre les directeurs et administrateurs des « entreprises industrielles, commerciales ou financières faisant publiquement appel à l'épargne ou au crédit » (les sociétés par actions, mais non pas elles toutes, seront seules, par le fait, à répondre à cette condition), est assimilée à la diffamation contre les fonctionnaires publics. Non quant à la compétence judiciaire, mais au point de vue du droit pour le diffamateur de prouver l'exactitude de ses imputations et d'être absous.

b) L'Enregistrement a le droit d'exiger la *communication* de la comptabilité des sociétés par actions, pour le contrôle de la matière imposable, dividendes, transferts d'actions, etc. (notamment L. 21 juin 1875, art. 7).

c) Le *bilan annuel* est en fait *publié* par les journaux financiers. Il y a des lois qui en exigent le dépôt au greffe et l'insertion dans les journaux ; la nôtre ne le décide pas ainsi, le projet de 1903 réparait cette lacune.

493. — 2° D'un autre côté, comme la fondation d'une société par actions peut cacher des pièges ou réussir par suite d'entraînements irréfléchis, la loi a dû, par police préventive et répressive, soustraire cette constitution au régime de la *liberté contractuelle ordinaire*. A ce point de vue, deux systèmes de protection ont été pratiqués selon les époques : l'autorisation gouvernementale, la réglementation.

494. — *a) Autorisation*. — C'est un système subordonnant la constitution de la société par actions à une autorisation délivrée par le gouvernement. Ce système a fonctionné en France entre 1807 et 1867, mais pour les sociétés anonymes seulement, et sauf un léger tempérament introduit depuis 1863 à l'égard des sociétés à responsabilité limitée. De là, les abus commis sous la forme de la commandite par actions (n° 268).

L'autorisation est aujourd'hui un système condamné. Il a été abandonné à peu près partout (sauf en Hollande, en Autriche, où il a été bien atténué depuis 1899, en Russie dont la législation de 1901 prépare une réforme libérale, etc.). — Il entraînait, pour les sociétés les plus sérieuses, des lenteurs extrêmes : examen successif des statuts par les bureaux, par une commission consultative du Ministère du commerce, par le Conseil d'Etat. — L'administration exerçait un pouvoir discrétionnaire, partant arbitraire. Elle se déterminait d'après les chances de succès de la société, ce qui entre mal dans ses fonctions. L'autorisation n'était pas volontiers accordée, sauf aux Compagnies de chemins de fer, grandes banques ou entreprises d'assurances, exerçant une concession ou un service d'intérêt général. La société anonyme, avant 1867, n'était pas, en réalité, à la portée des entreprises particulières.

On ne pourrait reprendre ce système qu'en le modifiant profondément : le gouvernement n'aurait à délivrer l'autorisation que pour constater que la société s'est constituée conformément à la loi et, s'il la refusait, les intéressés pourraient se pourvoir en Conseil d'Etat pour excès de pouvoir (système admis en 1898 pour les sociétés de secours mutuels dites approuvées, en 1905 à l'égard des sociétés d'assurances sur la vie, en 1907 à l'égard des sociétés de capitalisation, et en 1913 à l'égard des sociétés d'épargne, V. *supra*, n° 271 *bis*).

495. — *b) Réglementation*. — Dans ce nouveau système, la société par actions n'a besoin de se faire autoriser ni par l'administration, ni par la justice, ni par personne. Vis-à-vis des pouvoirs publics, elle est libre.

Sans doute, quand la société se propose d'exploiter une concession sur le domaine public, cette concession ne pourra être délivrée que par l'autorité compétente. Cette autorité aura sur les statuts un pouvoir d'examen, et elle pourra, en outre, stipuler dans le cahier des charges que les statuts ne seront modifiés qu'avec sa permission. L'administration ne choisit son concessionnaire qu'en considération des garanties qu'il donne. La situation serait la même si la concession était délivrée à toute autre personne.

Dans le système de la réglementation, la société est obligée, pour se constituer, de se soumettre à un certain nombre de *prescriptions* spécifiées par la loi, répondant du caractère sérieux, viable et honnête de l'entreprise et, pour fonctionner, de se pourvoir de rouages permanents, assurant le contrôle des actionnaires.

C'est un mode en quelque sorte automatique de protection. A défaut par les actionnaires de veiller eux-mêmes à leurs intérêts, la loi intervient à leur place, ou elle leur fait tenir un rôle machinal de surveillance qui concourra à leur sécurité.

Le contrat de société devient ainsi un contrat de nature solennelle inaccoutumée. C'est le régime français depuis la *loi du 24 juillet 1867*. La règle de l'autorisation administrative n'a été conservée que pour les sociétés de tontines et d'assurances sur la vie et même à l'égard de celles-ci, elle a été profondément modifiée en 1905.

Régime autre que celui pratiqué en Angleterre, où les sociétés par actions sont libres, à la seule condition de faire enregistrer leurs statuts (*Companies Consolidation Act* 1908, ch. 69, 21 décembre, codifiant les lois des sociétés par actions) [1].

L'examen des critiques que comporte ce système déborderait le cadre de ce livre. Nous nous bornerons à remarquer ici que la protection donnée aux actionnaires par la loi de 1867 est plus nominale que vraie, que ceux-ci, appelés à délibérer en assemblée générale, votent à l'aveugle toutes les mesures qu'on leur propose, que le moyen de vérifier la sincérité des comptes leur échappe, et que la nouvelle d'un dépôt de bilan éclate d'une manière inattendue dans un milieu d'intéressés qui n'avaient pas la veille le moindre soupçon du danger [2].

496. — Ne séparons pas l'une de l'autre la société en commandite par actions et la société anonyme ; ne suivons pas l'exemple de la loi de 1867 qui les réglemente successivement. Il vaut mieux les réunir dans un commentaire commun, sauf à indiquer, chemin faisant, les différences, souvent arbitraires, qui les séparent. La communauté de régime est plus grande encore qu'entre les deux sociétés par intérêt.

Nous nous occuperons : — des règles de constitution et de publicité de ces sociétés, — de l'action et de sa circulation, — de l'administration, — de la surveillance, — des assemblées générales, — de la matière des obligations.

---

1. V. BRICARD, *Des sociétés par actions en droit anglais au point de vue de leur constitution*, th. 1912.

2. V. notre article *De la réforme de la loi des sociétés*, dans la *Revue politique et parlementaire*, janvier 1903, et les études précitées (*supra*, n° 273, note 1) de MM. LÉOUZON LE DUC, M. COLIN, RENÉ NOUEL, JOLLIOT DE LA MORANDIÈRE. — Certains pays étrangers connaissent le contrôle des apports en nature et avantages particuliers par des experts dont la désignation, plus ou moins officielle, présente des garanties de capacité et d'indépendance vis-à-vis des fondateurs apporteurs (*Revisoren* du droit allemand désignés par les Chambres du commerce). Mais, jusqu'à présent, le législateur français s'est refusé à entrer dans cette voie (V. *infra*, n°s 530 et s.) ; et, s'inspirant, d'assez loin du reste, du système anglais du *prospectus* d'émission, il s'est contenté à la dernière époque de prescrire — sans que ce système paraisse avoir donné de résultats sérieux — une publicité plus large des émissions financières (art. 3, L. 30 janvier 1907, v. *infra*, n° 573 *bis*).

SECTION PREMIÈRE

CONSTITUTION, PUBLICITÉ

SOUS-SECTION PREMIÈRE. — Règles constitutives

(L. 1867, art. 1 et 4, 21, 23 à 25 et 30 ; L. 1893, art. 1er).

497. — Dans une société par intérêt, les associés se connaissent au préalable et signent ensemble l'acte social. Ici, la société n'est pas constituée le jour où il se rencontre des hommes pour la former : son personnel d'associés n'est pas encore réuni.

De leur initiative, et sans mandat d'autres personnes, un ou plusieurs individus prennent sur eux de créer une société et de lui recruter des souscripteurs. On appelle ces individus *fondateurs*. Ils opèrent en vertu de *statuts* qui n'ont au premier jour qu'une valeur unilatérale. Dans la société en commandite par actions, c'est le futur gérant qui occupe ce rôle. Dans la société anonyme, ce sont des personnes quelconques, désireuses généralement d'exercer des fonctions dans la future entreprise.

La première opération à accomplir est de dresser les statuts. Mais la société ne sera pas constituée pour autant. Il faut qu'elle ait son cercle d'actionnaires, que son capital soit couvert.

Or, pour atteindre ce but, deux voies sont ouvertes aux fondateurs.

498. — **I. Constitution entre fondateurs.** — Il en est une qui paraît simple. Les fondateurs s'appliqueront à eux-mêmes le capital social et les actions suivant la proportion qui leur conviendra. Il n'y a point lieu à *souscription*, mais plutôt à *appropriation* des actions. Si l'on délivre des bulletins de souscription en cette hypothèse, si l'on procède à des déclarations notariées, ce sera pour la forme, et cette forme peut être écartée.

Non pas que la loi du 24 juillet 1867 cesse d'être applicable. Les dispositions de cette loi sont générales. Les défiances qui les ont inspirées n'ont aucune raison de disparaître lorsque ce sont les fondateurs qui se répartissent les actions avec la pensée de les introduire ensuite sur le marché. Bien au contraire.

Il faudra donc l'appropriation par eux du capital intégral, le versement du quart, l'approbation des apports en nature, sous les réserves que nous mentionnerons, bref les mêmes conditions à observer que si la société devait se constituer suivant le deuxième moyen ci-dessous décrit

Mais, en fait, ces formalités pourront se condenser, s'accomplir en un seul trait de temps, puisque les signataires des statuts et les attributaires de la totalité des actions se confondent. Au lieu de décomposer les opérations de fondation, il serait plus simple : — de dresser l'acte de société en forme notariée, — de déterminer dans son texte le nombre d'actions appliquées respectivement aux divers intéressés, avec les nom, prénom, qualité et domicile de chacun d'eux, — d'affirmer dans ce même acte de société que le quart des actions a été d'ores et déjà versé (ce à quoi auront pourvu d'avance les fondateurs), — et par là il aura été donné satisfaction d'une manière simultanée à la plus grande partie des prescriptions légales (souscriptions, versements et déclaration notariée).

Il est vrai qu'on ne pourra pas se soustraire à la tenue d'assemblées générales séparées, à l'effet de « vérifier les apports en nature » et d' « élire les administrateurs et commissaires ». Mais encore verra-t-on plus loin : quant aux assemblées d'apports, qu'il n'y a pas lieu de les tenir dans certains cas, qui ont justement toute chance de se produire lorsque ce sont les fondateurs qui s'attribuent les actions ; et, quant à l'assemblée appelée à élire le personnel des administrateurs, que l'on peut aussi se dispenser de la tenir, en désignant les membres du conseil d'administration dans les statuts.

Ce mode de constitution s'est beaucoup développé depuis 1867 [1]. Les fondateurs, bien entendu, ne conserveront pas les actions. Ils se groupent fréquemment en un *syndicat* [2] et chargent l'un d'eux de pourvoir au mieux des intérêts de tous à l'écoulement de l'ensemble des titres. S'il y a un bénéfice obtenu par suite du placement des actions dans le public au-dessus du pair, l'excédent ou prime reste aux fondateurs, au prorata du nombre d'actions appliquées à chacun d'eux.

Ce placement des titres dans le public peut lui-même s'effectuer de différentes façons : *a*) par une émission en bloc aux guichets d'un établissement de crédit à un jour déterminé et à un cours ferme publié d'avance ; *b*) par la vente en Bourse, grâce au ministère d'agents de change ou de coulissiers, sur le cours variable qu'on pourra obtenir d'après le plus ou moins d'empressement des acheteurs.

L'opération est d'ailleurs une *vente* dans le premier cas comme dans le second. Ce sont les fondateurs, malgré la durée éphémère de leur possession, qui auront composé le personnel originaire des associés, et c'est de leurs mains que les actionnaires subséquents tiennent leurs droits en qualité de cessionnaires.

499. — II. Constitution par appel au public. — Le procédé auquel pensait surtout la loi de 1867 est celui de la *mise du capital en souscriptions*. Les fondateurs offrent publiquement les actions à ceux qui voudront les prendre ; la société pourra se constituer lorsque les souscripteurs auront répondu en assez grand nombre à cette invitation pour égaler le capital, et émis en outre certains votes en assemblée générale. La phase à parcourir, depuis le premier acte entrepris par les fondateurs jusqu'à la dernière des délibérations demandées aux souscripteurs, s'appelle la *période constitutive*.

---

1 Cfr. Jacquant, *Examen critique du projet de loi sur les sociétés par actions*, 1886 ; et notre étude de 1886 : *De la réforme de la loi sur les sociétés par actions*, p. 14 et s.

2. Sur les syndicats d'émission, v. Chasseriau, *Des syndicats d'émission de valeurs et de leur responsabilité*, th. 1898 ; De Pelsmaeker, *Des associations commerciales en participation et des syndicats financiers*, 1904 ; E. Thaller, *Syndicats financiers d'émission* (organisation, responsabilité), *Annales de droit commercial*, 1911, p. 5 et 83 ; Angeloni, *Sindacati finanziari*, 1909, et principalement Yves Le Roy, *Les syndicats d'émission*, th. Paris, 1914 (ouvrage aussi remarquable par ses vues historiques que par ses dissertations de droit privé).

Elle est plus ou moins longue selon les sociétés. Cette phase peut aboutir à un avortement.

Comment analyser la nature des droits et des obligations qui vont se former pendant cette période entre les *souscripteurs*, les *fondateurs* et la *société* elle-même[1] ?

500. — De prime abord, on est tenté d'éliminer celle-ci. Elle n'existe pas encore ; c'est à l'issue de la phase préparatoire seulement que l'on pourra parler de la formation d'un être juridique.

Tel n'est pas notre sentiment. Si l'on refuse à la société la faculté d'acquérir d'ores et déjà dans la période constitutive des droits à l'encontre des souscripteurs, ainsi que celle de s'engager envers eux, on verra des difficultés surgir. Il n'y aura plus que l'une de ces trois explications possibles, et elles sont mauvaises toutes trois :

1° Les promesses de souscriptions ont été données personnellement aux fondateurs, lesquels transmettent ensuite ces promesses à la société par actions le jour où elle atteint sa constitution définitive. Décomposition qui, à l'égard des *actions en numéraire*, n'a peut-être pas grands inconvénients, mais qui, en revanche, en présente beaucoup à l'égard des *apports en nature*, sujets alors à un droit proportionnel de mutation, puisqu'ils seront présumés avoir passé par le patrimoine des fondateurs et subi deux transmissions, au lieu d'une ;

2° Les fondateurs ont ou bien agi comme *gérants d'affaires* de la société qui, par sa constitution, ratifie rétroactivement leurs actes, ou bien *stipulé pour autrui*, pour la société par actions (art. 1121 C. civ.), les engagements des souscripteurs. Lorsque la société prendra définitivement corps d'existence, elle acceptera le bénéfice de ces engagements « non par voie dérivée », mais « par voie directe », comme si les souscripteurs ou apporteurs s'étaient dès l'origine liés envers elle. — Cette explication permet d'éviter le double déplacement de propriété ou de créance qui forme le vice du premier système. Mais elle se heurte à des objections. Peut-on se constituer gérant d'affaires d'une personne qui n'existe pas encore ? — D'autre part, par suite du cercle réduit dans lequel se meuvent en notre droit les stipulations pour autrui régulières, la décomposition perd tout appui légal dans le cas où les fondateurs n'ont pas commencé par prendre un intérêt personnel dans la société. On ne peut stipuler pour autrui qu'à titre accessoire d'une stipulation principale faite pour soi-même. — Cet intérêt personnel des fondateurs ne se présentera pas toujours : peut-être ne se sont-ils réservé aucune action, peut-être ne prétendent-ils à aucune rétribution de leurs services. La créance directement acquise à la société contre les souscripteurs cède alors, faute d'un point d'appui ;

3° Les souscripteurs s'engagent en vertu d'un *acte unilatéral*, sans qu'il y ait une contre-partie créancière pour recevoir leur promesse. — Nous n'in-

1. V. PERCEROU, *Des fondateurs de sociétés anonymes*. 1896 ; GOIFFON, *De la condition de la société par actions pendant la période constitutive*, th. 1898 ; MASSART, *ibid*. th. 1901 ; LESCOT, *Essai sur la période constitutive des personnes morales en droit privé*, th. Dijon, 1913.

sistons pas : l'acte unilatéral n'étant point une source d'obligation reconnue dans notre droit.

501. — Il vaut mieux raisonner ainsi : La société par actions, sans doute, n'acquiert son existence *au dehors* qu'à partir de la constitution définitive, une fois son personnel d'actionnaires entièrement acquis et son capital couvert. Alors seulement elle peut légalement commencer ses opérations, se servir de sa signature (arg. art. 5, al. 2, de la loi de 1867). Si elle les commençait prématurément, elle s'exposerait à une action en nullité.

Mais cela laisse un point d'interrogation suspendu sur la question de savoir si, dans les rapports réciproques des souscripteurs et apporteurs, il ne s'établit pas déjà, pendant le cours de la période constitutive, des liens d'obligation, rattachant l'individu à un *groupe* et rendant inutile l'interposition juridique des fondateurs.

Il convient de conclure à l'existence de ce *groupement intérieur* dès avant que la société n'ait rejeté le voile qui la recouvrait jusque-là. La société procède du groupe des souscripteurs, groupe qui s'est formé par adhésions successives de membres, et qui a grandi jusqu'au jour où il a pu se révéler au public avec l'épithète de *société par actions*. Il suffit que deux souscriptions aient été recueillies pour que l'on soit autorisé à dire : le noyau d'association est créé (d'autres se serviront des mots de « nébuleuse diffuse » pour caractériser cet état « amorphe » d'origine). Deux personnes sont tenues l'une envers l'autre à respecter la parole qu'elles se donnent. A ces deux personnes s'en joindront cent ou mille autres ; c'est la même formation atomique qui se continue, c'est la même agglomération moléculaire.

La société par actions ne sera pas autre chose que la manifestation, à partir du jour où la loi lui permet de se produire, de ce groupe intérieur, de telle sorte qu'elle aura vécu d'abord d'une existence latente et sourde avant d'apparaître au soleil, et que dans cette existence latente elle a pu contracter avec les membres, qui se sont agrégés successivement à elle, des droits et des obligations, ceux-là mêmes qui régiront plus tard les rapports des actionnaires avec le siège social. On pense à l'enfant conçu qui a des droits préexistants à sa naissance. C'est une situation comparable.

La *personnalité morale intérieure* de la société (nº 315) doit être affirmée, même en présence d'un cercle encore très réduit de souscripteurs, par cela seul que les fondateurs ont ouvert leur campagne de constitution, ou tout au moins (puisqu'une société exige au minimum deux membres) sitôt que deux personnes auront fait savoir à ces fondateurs qu'elles voulaient souscrire ne fût-ce qu'une action chacune.

Cela ne prouve pas qu'on ait toute certitude d'aboutir à une société en mesure d'entreprendre l'objet statutaire : l'insuffisance de souscriptions empêchera au contraire la société définitive de se réaliser. Mais cela prouve du moins que, si cette société définitive réussit à prendre charpente, elle ne sera pas subitement sortie du vote de la dernière assemblée qui en reconnaît l'existence ; elle aura eu, au contraire, une expression première, et encore invisible du dehors, dans la société des souscripteurs, tout instables, précaires et problématiques qu'aient été jusque-là le personnel et les ressources de celle-ci.

502. — Faut-il dans ces conditions faire abstraction des *fondateurs*, sous le prétexte que ce n'est pas sur eux personnellement que se pose la créance ou inversement la dette de chaque souscripteur ? — Certainement non, ils jouent un rôle de droit considérable, soit qu'on les envisage au regard de ces souscripteurs, soit qu'on s'occupe de leurs rapports mutuels de fondateurs les uns vis-à-vis des autres.

503. — 1° *Au regard des souscripteurs*, ou plus simplement du public, les fondateurs se constituent *gérants d'affaires* [1], ils entreprennent l'œuvre qui consiste à conduire à bonne fin la constitution de la société par actions. Par là ils engagent leur responsabilité, à raison de faits divers : — *a*) S'ils suspendaient cette constitution sans motif plausible, ils pourraient être tenus à des dommages-intérêts envers les souscripteurs dont ils auraient déjà retenu les engagements. — *b*) Ils sont tenus de respecter entre les souscripteurs l'ordre d'attribution d'actions qu'ils s'étaient obligés à suivre. — *c*) Si les fonds provenant des versements ont été confondus par les fondateurs dans leur caisse personnelle, au lieu d'être l'objet d'un dépôt séparé (par exemple dans un établissement de banque et sous la rubrique de la société en cours de constitution), ils en devront personnellement la restitution à qui de droit. Surviennent leur insolvabilité, sans que la constitution définitive ait été réalisée, les souscripteurs produiront dans leur faillite à cet effet et seront réduits à toucher un dividende. — *d*) La question de savoir si, en cas d'avortement du projet de société, ils devront rendre aux souscripteurs la somme intégrale qui leur a été versée, ou pourront au contraire retenir proportionnellement les frais par eux exposés, doit se résoudre en fait, et par application des intentions. En principe, ils se sont engagés à restituer les frais sans retenue. — *e*) Si la constitution de la société a été affectée d'un vice dont on s'aperçoive plus tard, la nullité de la société ouvrira une action en responsabilité contre les fondateurs, action à examiner plus loin, ayant sa base dans un mandat ratifié par les souscripteurs et dont les fondateurs se sont mal acquittés.

504. — 2° *Dans les rapports réciproques des fondateurs*, il y a également lieu de faire intervenir des principes de droit intéressants. Le fondateur peut être unique (en Allemagne et en Angleterre ils doivent être au nombre de cinq ou de sept au moins), mais cette situation est rare. En général ils sont plusieurs. Les uns appartiennent au milieu technique de l'industrie, les autres au monde de la finance.

Il s'est formé entre ces hommes un contrat qui n'a pas toujours été rédigé par écrit, qui n'est pas à proprement parler une société, puisque l'objet de cette collaboration est de constituer une société définitive et non pas directement de partager des bénéfices, mais qui est plutôt une association civile *sui generis*, précédée souvent elle-même d'une *société d'études*.

---

1. « Gérants d'affaires » non de la société, mais des souscripteurs. Ceux-ci sont, il est vrai, des personnes incertaines à l'origine. Mais on n'émet plus aujourd'hui les mêmes exigences qu'autrefois sur la certitude d'un sujet actif pour la validité des contrats.

Dans cette association peuvent être insérées des stipulations diverses qui au regard des souscripteurs et même au regard de la société par actions n'existent pas, au moins comme telles et en l'état :

Par exemple : — *a*) le versement, par chacun d'eux ou par certains d'entre eux seulement, d'une certaine somme, fonds commun de cette association innomée, destiné aux premiers frais ou à des travaux d'études, de sondage de terrains, de captage de sources, frais qui seront perdus pour eux en cas d'insuccès, et dont on conviendra, dans le cas contraire, la mise à la charge de la société par actions, à titre de dépenses d'établissement de celle-ci ;

b) l'obtention d'une concession à postuler des pouvoirs publics, concession qui sera attribuée d'abord à l'un des membres de cette association ou à un prête-nom, avec clause de rétrocession à une société par actions, c'est-à-dire à celle-là même dont les fondateurs poursuivent la constitution ;

c) la réserve de la qualité de « premiers administrateurs » à tels ou tels fondateurs, l'acte de société devant alors les désigner, ainsi qu'il sera dit plus loin ;

d) l'attribution éventuelle à chaque fondateur respectivement d'un certain nombre d'actions ou de parts de fondateurs à délivrer par la société par actions, et à spécifier dans les statuts ;

e) la mise en train de l'exploitation, qui sera conduite sous le nom des fondateurs aussi longtemps que la société par actions n'aura pas été constituée, puis repassée à celle-ci à partir du moment de sa constitution, avec ou sans report des résultats de cette exploitation au jour où ils l'avaient eux mêmes entreprise (ce qui ne contrevient pas à la défense de différer les opérations sociales jusqu'à ce que la société par actions soit formée).

Ces conventions, et beaucoup d'autres encore, laissées à l'appréciation des intéressés, sont échangées non pas avec les souscripteurs ou avec la société, mais entre fondateurs. Pour faire loi au respect de la société, il faut ou que les statuts les reproduisent, ou que les premiers administrateurs, une fois entrés en charge, les prennent au compte de la société ; ou, quant aux actes dépassant les pouvoirs normaux de ces administrateurs, qu'une assemblée générale en délibère pour les approuver. Aussi longtemps que les pouvoirs sociaux ne seront pas intervenus pour acquiescer aux avantages de divers ordres que les fondateurs ont pu se réserver sur les ressources de la société par actions, l'arrangement pris entre les dits fondateurs a la valeur d'un contrat intime, qui est par rapport à cette société *res inter alios acta*[1].

505. — Ne poursuivons pas l'analyse des liens complexes qui s'entrecroisent entre ces intéressés de plusieurs catégories, à l'occasion de la fondation de la société par actions.

---

1. On verra les questions précédentes étudiées par Lehmann, *Das Recht der Aktiengesellschaften*, 1er vol. 1898, §§ 24 et suiv., particulièrement au § 32 ; dans Zeraffa, *Des souscriptions d'actions de sociétés anonymes*, th. 1901 ; dans Scialoja, *Studii di diritto privato*, 5e ch., 1906 ; ainsi que dans Goiffon, et Lescot, *op. cit.*, *supra*, p. 295 en note.

Examinons la série des actes que les fondateurs doivent accomplir pour réaliser la constitution de la société. La loi en détermine *cinq*. Ce sont, dans l'ordre où l'on doit les faire :

1° La *souscription intégrale du capital social* ;

2° Le *versement* sur chaque action, tantôt du *quart* et tantôt de la *totalité* de son montant ;

3° La *déclaration par-devant notaire* de l'état des souscriptions et des versements, avec le dépôt des statuts ;

4° La *vérification et l'approbation*, en assemblée générale des actionnaires, *des apports en nature et des avantages particuliers* ;

5° La tenue d'une assemblée générale qui désignera *les premiers fonctionnaires de la société*, et, dans la société anonyme seulement, *vérifiera la sincérité des souscriptions et versements* (L. 24 juillet 1867, art. 1er, 4, 23, 24 et 25 ; L. 1er août 1893, art. 1er).

En tête de cette énumération, il convient de placer la *confection des statuts* par les fondateurs, sauf à s'expliquer sur les effets du retard qu'on mettrait à les dresser. Ce qui porte à *six* les conditions légales.

§ 1. — Confection des statuts.

506. — Comment s'adresser au public, sans lui présenter un texte complet de société ? Il faut que les souscriptions puissent trouver une base. Les statuts seront donc composés dans tous leurs articles. Acte en sera dressé, les fondateurs, mais non pas tous nécessairement, le signeront.

La loi ne donne point la définition de la qualité de *fondateur*. Toute personne coopérant d'une manière active à la formation de la société mérite ce titre. Ce sera une question de fait à trancher. Les signataires des statuts seront tous considérés comme « fondateurs ». Mais, en outre, des personnes demeurées à l'écart de cette rédaction pourront, au point de vue des responsabilités, être retenues pour tels, à raison du concours qu'elles auraient donné.

En tout cas, les *souscripteurs* n'ont à signer cet acte ni à l'origine ni plus tard. Le fait de souscrire emportera *ipso facto* adhésion à ces statuts.

Cette rédaction devrait, en bonne logique, précéder toute souscription. Ainsi en serait-il si la loi exigeait que les statuts seront publiés au *Journal officiel*, avant les souscriptions publiques (projet de 1903), ou encore, depuis la loi de finances du 30 janvier 1907, si les fondateurs procédaient par « émission publique des titres » au moment même de leur souscription. Ce cas excepté, les fondateurs pourraient transposer l'ordre des faits. Une souscription donnée sur une simple relation *verbale* du projet de société serait obligatoire. Cela laisse aux fondateurs le moyen d'arrêter un autre texte que celui auquel s'attendait le souscripteur. Celui-ci n'en est pas moins tenu, sauf l'hypothèse de dol.

507. — Les statuts peuvent être rédigés par *acte notarié* ou par *acte sous signature privée* (avant 1867, il fallait, pour la société anonyme, un acte authentique, C. com., art. 40). La forme sous seing privé est aujourd'hui possible, même quand les statuts contiennent pour les administrateurs pouvoir d'hypothéquer (art. 69 ajouté à la loi de 1867 par celle de 1893, cfr. nº 353)[1].

Il suffit de rédiger l'acte sous seing privé en *deux* originaux. L'un restera au siège social. L'autre sera déposé en une étude de notaire, après la réussite des souscriptions et après les versements.

508. — Quel sens faut-il donner à ces statuts, à partir du moment où ils ont été établis ? Forment-ils un simple *projet* de société ? On pourrait le croire, puisque l'opération est unilatérale et que les adhésions des souscripteurs ne sont pas encore parvenues aux fondateurs.

Cette interprétation doit être cependant repoussée. Par cela seul qu'une souscription aurait été donnée depuis cette confection, fût-elle encore unique, comme elle a eu lieu sur la foi des statuts, les fondateurs ne sont plus maîtres de changer le contenu de ceux-ci. Autrement, ils commettraient un faux. On verra toutefois que la modification des statuts dans la période constitutive, par suite d'une délibération d'assemblée générale, n'est pas irréalisable.

509. — Les statuts contiennent, entre autres mentions, un article déterminant le *chiffre du capital social*, soit 1 million. Ils contiendront encore la division du capital en actions, ainsi que le nombre de ces actions et le montant nominal de chacune d'elles : 2,000 actions de 500 fr. chacune.

Il y a un *taux* légal minimum, au-dessous duquel ni action ni coupure d'action ne doit tomber. La loi française, à la différence de celles d'autres États, comme la Belgique, ne consacre point la liberté du taux de l'action. Elle se souvient des abus de l'ancienne commandite par actions, ainsi que du proverbe : « Protégez les gros sous; les louis se défendront toujours ». Mais elle ne pousse pas la rigueur aussi loin que la loi allemande, qui a adopté comme règle le minimum de 1,000 marks (1,250 fr.).

Ce taux, d'après la loi de 1867, était de *500 fr*. Par faveur, et seulement pour les sociétés d'un capital n'excédant pas 200,000 fr., il pouvait être abaissé à *100 fr*. Ces sociétés n'ont probablement pas un grand rayonnement, le marché de leurs titres est restreint, un taux trop élevé aurait mis obstacle à leur placement.

Par la loi de 1893, le taux minimum de *100 fr.* a été admis pour toutes les sociétés. Exceptionnellement, à l'égard des sociétés formées à un capital ne dépassant pas 200,000 fr., il peut tomber jusqu'à *25 fr*.

Il a été question de généraliser l'action de 25 fr. et de l'admettre sans distinction de chiffre de capital (disposition votée à la Chambre en 1893, et proposition GRAUX). Sur le marché français des titres, une cause d'inégalité résulte de ce que des actions étrangères, affranchies de cette obligation d'un taux minimum (actions des sociétés anglaises), circulent librement chez

---

1. Mais, lorsque les statuts constatent l'apport d'un *brevet d'invention*, la doctrine (par argument de l'art. 20, L. 5 juillet 1844, qui exige un acte authentique pour la cession des brevets) estime généralement que les statuts doivent nécessairement être notariés. La jurisprudence toutefois est en sens contraire : Cass. crim., 11 mars 1911, *Annales de droit commercial*, 1912, 329.

nous, sur le marché libre, en dehors du ministère des agents de change. L'épargne se place de préférence sur elles, mais sans pouvoir, au milieu de ces valeurs, faire le départ des bonnes. Les sociétés françaises souffrent de la concurrence ; l'admission de l'action de 25 fr. la ferait disparaître. Cette extension n'a pas été admise par le projet de 1903.

510. — Actions de numéraire et actions d'apport. — Les actions dont l'ensemble forme le capital social, à la teneur des statuts, peuvent relever de deux groupes différents. On distingue, en effet :

a) Les actions de numéraire ; *b*) les actions d'apport.

Les *actions de numéraire* sont représentées par une mise à effectuer en argent. Elles répondent à la part de capital offrant le plus de certitude, puisqu'il n'y a pas de tromperie possible sur la valeur de l'argent. C'est cette part de capital qui seule est mise en souscriptions, et qui n'a pas encore preneurs, lors de la rédaction des statuts.

Les *actions d'apport* sont émises en représentation de biens matériels ou immatériels, ou simplement de travaux [1] que les fondateurs ou leurs auxiliaires apportent à la société, stipulant en retour une part de bénéfices. Ces valeurs entrent dans le fonds social et en courent les risques. Les actions correspondantes sont attribuées à des personnes déterminées. — Ex. : Une usine évaluée 100.000 fr. est apportée à la société par son propriétaire ; il lui sera délivré 200 actions de 500 fr. Si le capital est de 1 million, les actions de numéraire à faire souscrire seront alors au nombre de 1,800.

Il y a des sociétés qui se fondent exclusivement avec un capital-espèces et sans apports. Il en est d'autres dont le capital ne se compose que d'apports. Enfin on en trouve dans lesquelles les deux éléments coexistent.

La nature du capital de la société influe sur la marche à suivre par les fondateurs. Il y a des prescriptions relatives au capital en numéraire, il y en a d'autres concernant les apports en nature. Les fondateurs doivent recruter les actionnaires du premier groupe. Lorsqu'ils les auront trouvés, ils doivent mettre en présence de ceux-ci les actionnaires du second groupe, pour que ceux-ci justifient de la valeur de leurs apports. Il y a un premier chemin à suivre tout droit, puis un tournant de route à prendre où les deux groupes se rejoindront. C'est ce dont on va s'assurer.

§ 2. — Souscription intégrale du capital social.

511. — La *souscription* est *le fait par une personne de se constituer preneur d'une ou de plusieurs actions.* — Le capital-espèces est mis en émission, on demande au public de se porter sur les actions et de les prendre.

Les souscriptions sont reçues chez les fondateurs, ou plus souvent chez un ou plusieurs *banquiers* qu'ils désignent, et cela pendant une période déterminée. Le souscripteur signe un *bulletin*. Les fondateurs peuvent lui en délivrer un double, quoique cela ne se fasse point.

---

1. Mais le capital d'une société anonyme ne peut pas être formé, en totalité ou en partie, par l'apport de l' « industrie personnelle » de ses fondateurs ; car cet apport, étant successif et éventuel, n'existe pas encore lors de la constitution de la société : une telle société est nulle. Caen, 26 juin 1912, *Journ. des Soc.*, 1913, 65.

Le bulletin de souscription n'est pas exigé par la loi. Mais son utilité ressort du droit général des preuves. L'actionnaire, comme le commanditaire, est lié « civilement » envers la société (n° 334). S'il conteste sa souscription, on ne pourra recourir contre lui à la preuve testimoniale, lorsque l'intérêt dépasse 150 fr. (En sens contr. motifs de Req., 25 octobre 1899, S. 1900, 1, 65, et note LYON-CAEN).

Le fait que le bulletin n'aurait pas été établi sur timbre rendra en cas de procès le droit et l'amende exigibles. En fait, souvent les bulletins ne sont pas timbrés, et on ne les vise dans aucun des actes constitutifs.

Il est question, d'après le projet de 1903, non seulement de rendre obligatoire la confection de bulletins, mais aussi d'y mentionner les dispositions les plus graves de l'acte de société, le chiffre des apports en nature, etc.

512. — Les émissions ont pu donner l'un des deux résultats suivants :

Ou bien *elles n'obtiennent pas un entier succès*. Le capital social ne trouve point souscripteurs pour le tout. Alors la société ne peut se former (Bordeaux, 16 février 1903, D. 1905, 2, 193, note PERCEROU ; Amiens, 5 février 1910, *Journ. des Soc.*, 1911, 213. Comp. Cass., 13 novembre 1907, D. 1909, 1, 65).

Les fondateurs, s'ils estiment l'affaire possible même avec un capital inférieur, procéderont différemment. Ils rédigeront de nouveaux statuts avec un capital moindre. Sur une nouvelle publicité par prospectus ou autrement, ils recommenceront la mise en souscriptions, sans tenir aucun compte des premières qui avaient échoué.

513. — Ou bien *les souscriptions réussissent* : le capital est entièrement *couvert*. Une parité rigoureuse entre le nombre d'actions offertes et celui des actions souscrites ne pourra pas se produire. Le public souscrit plus d'actions qu'il n'y en avait d'émises. Il faut réduire les souscriptions, au moyen d'une répartition dont le résultat est notifié à tous les intéressés.

Les bases de cette répartition dépendent de ce que renferment les prospectus. On admettra, en cas de doute, qu'elle doit se faire proportionnellement aux souscriptions de tous, avec irréductibilité des souscriptions d'unités. En cas de contravention à cette règle, les souscripteurs écartés pourraient se plaindre. Le caractère public de l'opération emporte renonciation des fondateurs au pouvoir d'exclure, par la raison qu'il n'aurait pas leur agrément, un souscripteur n'étant point d'ailleurs en état d'incapacité ou de faillite. — Nous ne parlons pas des statuts subordonnant la négociation à l'acceptation du cessionnaire par le siège social : à plus forte raison, le souscripteur devrait-il être agréé ; mais les actions de ces sociétés-là ne sont pas émises par voie d'appel public.

514. — Les souscriptions doivent être *complètes, loyales et sincères, fermes et irrévocables*. Elles doivent, dans les sociétés anonymes, comprendre au moins *sept souscripteurs*.

515. — *Complètes*. — Les fondateurs peuvent souscrire des actions. De même du gérant de la commandite par actions, quoiqu'il soit associé en nom, tenu déjà comme tel sur tous ses biens. Dans la pratique, tout apport que le commandité fait à la société, autre que son travail de gérant, apport tel qu'une usine ou un brevet d'invention, revêt la forme d'actions. S'il concourt avec son argent au capital en numéraire, il s'attribuera des actions dans cette mesure.

La souscription du capital *par fractions successives* est interdite. Les fondateurs ne sauraient diviser un capital de 10 millions en plusieurs séries de 2 millions chacune, et se contenter de mettre la première seulement de ces séries en souscription. Le capital statutaire ne serait pas couvert, le public a cru à 10 millions versés ou promis ferme. Il faut donc s'en tenir à un premier capital de 2 millions, sauf à l'augmenter plus tard au moyen de nouvelles émissions, en vertu de délibérations de l'assemblée générale extraordinaire.

Toutefois, on ne doit pas pousser la rigueur au point de proscrire l'émission du capital avec la clause que, « si les souscriptions n'atteignent point le chiffre d'actions convenu, les fondateurs pourront retenir le capital obtenu, quoique inférieur à celui qu'on avait d'abord cherché, et en faire le capital social ». Ni les actionnaires ni les tiers ne sont alors trompés dans leur attente. Cette combinaison avait été condamnée par la Cour de Paris, 21 mars 1905, D. 1905, 2, 409, et notre note; S. 1906, 2, 1, et note Wahl. Mais elle a été reconnue licite par la Cour de cassation (Cass. civ., 13 novembre 1907, S. 1908, 1, 65, et note Lyon-Caen, aff. de *la Gauloise*).

516. — *Loyales et sincères.* — Il faut des actionnaires de surface et sérieux. La jurisprudence a annulé des sociétés qui comptaient parmi les souscripteurs de simples hommes de paille des fondateurs : employés ou acolytes qui manquaient personnellement de ressources, mais qui recevaient sous main de l'argent des fondateurs en vue de libérer leurs titres.

Les arrêts ont traité de semblables souscriptions de *fictives*, comme si les actions attribuées à ces personnes n'avaient pas trouvé du tout de souscripteurs (Rouen, 26 juillet 1912, *Journ. des Soc.*, 1913, 264).

517. — *Fermes et irrévocables.* — Le souscripteur, en signant et en remettant son bulletin, est désormais tenu envers la société.

Une offre d'actions a été faite par les fondateurs. Les souscripteurs ont adhéré. Le contrat est lié. De même que les fondateurs ne peuvent repousser les souscriptions, mais seulement les réduire en cas d'excès, de même les souscripteurs sont tenus. L'opinion qui leur permettrait de retirer leur adhésion jusqu'à la constitution définitive ne doit pas être accueillie. La seule cause justifiant ce retrait serait un retard mis par les fondateurs au delà du terme annoncé ou, faute d'un terme convenu, d'un délai raisonnable (comme inversement emporterait forclusion le fait de donner la souscription tardivement).

Cela n'empêchera pas le souscripteur de faire rescinder son engagement s'il a été surpris par dol : le dol du mandataire ou du gérant d'affaires peut être opposé au mandant (ici à la société). Mais ce dol serait inopposable aux créanciers, agissant contre le souscripteur en vertu de l'action directe.

Plus délicate est la question qui s'agite au sujet des réserves, insérées dans le bulletin de souscription (garantie d'un rendement déterminé dans les deux premières années, résiliation conditionnelle pour le cas où tel emploi ne serait pas donné au souscripteur, etc.). Ces réserves confèrent-elles au souscripteur le moyen de se dégager en cas de défaillance de la condition ? — Nous répondons : non en tout cas *envers les créanciers* à qui le capital a été annoncé et promis sans restriction semblable. Il faut suivre le régime des contre-lettres (art. 1321 C. civ.). Nous sommes tenté d'ajouter que la réserve est même *inopposable à la société* ; car ce n'est pas d'elle que provient la clause, mais des fondateurs. Autrement, il faudrait conclure à la nullité de la société, pour absence de capital intégralement souscrit; et cette dernière solution a plus d'inconvénient que celle qui lie un souscripteur par suite de son excès de crédulité, en laissant la société debout.

518. — Les souscriptions doivent, enfin, mais dans la *société anonyme* seulement et à peine de nullité de celle-ci; provenir de *sept personnes* au moins : la société anonyme ne peut être constituée si le nombre des *associés* est inférieur à sept (art. 23).

Dans la commandite, en présence du silence de la loi, on a dit parfois que le nombre des actionnaires devait être au minimum de *quatre* (trois pour former le conseil de surveillance, dont les membres, on le verra, doivent être actionnaires, et un quatrième au moins pour pouvoir au besoin exercer la responsabilité encourue par le conseil). — Ce n'est pas très sérieux : la loi sous-entend que le conseil aura trois membres, si la commandite contient au moins trois associés ; implicitement elle se contente d'un nombre inférieur, s'il n'y a qu'un ou deux souscripteurs.

Le nombre de sept associés dans la société anonyme est difficile à justifier. Il a été emprunté aux lois anglaises, mais par suite d'un malentendu. Les Anglais demandent sept fondateurs ; par là, les souscripteurs ont une action en responsabilité plus efficace si la société est nulle ou entachée de dol. Le nombre de sept a été transporté des « fondateurs » aux « actionnaires ». Ce qui est peu logique dans un système acceptant le fondateur unique.

Néanmoins, comme les fondateurs s'habituent de plus en plus à s'attribuer toutes les actions, quitte à les revendre ensuite, la règle est bonne à conserver. Ces *fondateurs* seront sept au moins, ce qui est bien le trait propre au système anglais.

Le nombre de sept associés, obtenu au début, peut décroître dans la suite. Par le fait des négociations dont elles sont l'objet, les actions se ramassent aux mains de six porteurs ou d'un nombre moindre. La société est alors sujette à dissolution (art. 38 de la loi de 1867), ce qui est moins explicable encore.

Toutefois la dissolution ; *a*) n'a pas lieu de plein droit et est demandée à la justice qui est libre de ne pas la prononcer ; — *b*) n'est encourue que lorsque cette diminution d'actionnaires s'est continuée depuis plus d'un an. — Il ne paraît pas s'être élevé de procès sur cette singulière question ; une fois les actions converties en titres au porteur, la preuve du rabais au-dessous de sept est à peu près impossible à administrer[1].

1. Sur la question de savoir si la réunion de *toutes* les actions sur la tête d'un

§ 3. — Versement en espèces, tantôt du quart, et tantôt de la totalité du montant de chaque action.

519. — Chaque action doit être l'objet d'un versement avant la constitution définitive de la société. Il faut la libérer d'une partie de son montant et même, pour les petites entreprises, de tout son montant. Ce versement a lieu d'ordinaire au moment de la répartition, à moins qu'on ne l'ait demandé avec la souscription. Il est constaté par un reçu, ou par le certificat provisoire d'action qui le mentionne.

Il est prescrit pour chaque action *respectivement*. Il ne suffirait pas, le capital étant de 1 million, que le quart de cette somme fût versé, soit 250.000 francs, si les uns avaient libéré la totalité de leurs titres, quand d'autres n'auraient libéré aucune partie des leurs.

Le contrat de société par actions devient ainsi un contrat se formant *re*, par une remise de valeurs. La règle est autre dans une société par intérêt : aucun versement du commanditaire n'est prescrit pour le commencement des opérations ; à la rigueur l'entreprise peut arriver au terme de son existence, sans appeler l'apport de la commandite ; néanmoins, lorsque telle a été l'intention des parties, le commanditaire qui n'a rien versé participe aux bénéfices avec ses co-associés. Ici la situation est autre.

520. — Le but de la loi est d'écarter les *coureurs de primes*, les hommes souscrivant des actions sans bourse délier, avec la pensée, sur un coup de hausse prochain, de revendre avec un fort bénéfice. On fait échec au marché à terme, sans l'interdire cependant à partir du moment où la société sera constituée. Le spéculateur aura fait du moins une première mise sur l'action et témoigné par là d'une certaine surface.

Au surplus, le souscripteur a pu obtenir par voie d'emprunt l'argent nécessaire pour effectuer son versement. Certaines décisions, exigeant, à peine de nullité de la société, que l'argent fût constitué par les ressources propres du souscripteur, n'ont pas fait jurisprudence.

521. — La quotité à verser sur chaque action est du *quart* de son montant nominal : 125 fr. pour une action de 500 fr. ; 25 fr. pour une action de 100 fr.

Exiger le tout eût été excessif. La société n'aura pas à mettre immédiatement en valeur tout son capital ; du moment qu'elle doit en placer une partie en réserve, mieux vaut la laisser aux souscripteurs.

Exceptionnellement, depuis la création des actions de 25 fr. pour les sociétés de 200.000 fr. par la loi de 1893, ces actions doivent être libérées *pour le tout*. On a trouvé qu'un versement de 6 fr. 25 constituerait une première mise de fonds trop faible : elle transformerait l'action en un simple billet de loterie, particulièrement pour les petites bourses d'artisans.

---

seul actionnaire emporte dissolution de la société, — et, dans ce cas, si la déclaration dûment publiée de clôture de liquidation de la société, ainsi dissoute par transmission d'actif et de passif à l'associé subsistant, vaut bien liquidation, v. *Annales de droit commercial*, 1912, 246.

La loi de 1893 renferme une lacune. La loi parle des actions de 100 fr., sujettes à la libération du quart, 25 fr. Elle parle des actions de 25 fr. sujettes au versement de la totalité, 25 fr. Elle ne signale pas le taux du versement à faire pour les *actions d'un chiffre intermédiaire*, émises entre 25 et 100 fr. dans une société d'un capital n'excédant pas 200,000 fr., par exemple pour des actions de 60 fr. Est-ce la totalité qui est alors prescrite (60 fr.) ou doit-on se contenter du quart (15 fr.) ?

Cette seconde solution aurait le résultat illogique d'exiger pour les toutes petites actions un versement de 25 fr. et de le faire tomber plus bas pour des actions d'un taux plus élevé (6,50 pour une action de 26 fr.).

Le premier mode de calcul n'est pas non plus le vrai.

Le sens exact de la loi se comprend à la réflexion. On a admis des actions de moins de 100 fr. pour les petites entreprises, avec abaissement des coupures jusqu'à 25 fr. Mais on a voulu que ces petites actions fussent assujetties à la même mise de fonds que celles du taux ordinaire de 100 fr. La vraie formule est donc celle-ci : « Versement du quart sur chaque action, pourvu que ce versement atteigne invariablement la somme de 25 fr. ». Les actions entre 25 et 100 fr. doivent verser 25 fr., comme celles de 25 fr. et comme celles de 100 fr.

522. — Versement en espèces [1]. — Il n'est pas fait un devoir aux fondateurs de déposer le montant des versements à une caisse publique, à la Caisse des consignations (combinaison accueillie par le législateur italien et recommandée par le projet français de 1903). Mais à tout le moins faut-il que le versement, au moment où il est fait, ait lieu *en espèces* (la loi de 1893 le dit maintenant en termes exprès) ou en billets de banque. Si le souscripteur remettait un effet de commerce, un chèque, le versement ne serait regardé comme effectué que du jour où cet effet serait réellement encaissé (Req., 31 décembre 1906, D. 1908, 1, 513, note PERCEROU).

a) La remise d'une valeur autre que de l'argent, telle qu'un immeuble, un procédé de fabrication, des travaux d'étude, etc., serait inopérante. Un souscripteur qui voudrait se libérer de cette manière s'est à tort porté actionnaire en espèces. Il devait se faire classer dans les « apporteurs en nature » et attribuer par les statuts, sauf vérification en assemblée générale, des actions de la seconde espèce.

b) D'autre part, le souscripteur ne pourrait *compenser* le quart des actions par lui souscrites avec une somme pareille que lui devrait la société, par exemple à raison d'une vente de marchandises. Les conditions de la compensation font défaut, les versements sont dus « à la société » (quoique non encore constituée), la créance du souscripteur lui est due « par les fondateurs ». Là même où ces marchandises, dont le souscripteur voudrait faire servir le prix à libérer le quart de ses actions, seraient destinées à la société, ce n'est que plus tard que la société sera appelée à en prendre la charge, par une convention conclue avec son pouvoir dirigeant. Jusque-là, l'opération concerne les fondateurs personnellement [2].

---

1. V. PIC, *Traité des Sociétés* (collection THALLER), t. II, nos 896 à 911.
2. Il résulte de là que, s'il s'agissait non du capital originaire de la société, mais

c) Cependant les *versements* abrégés *par compensation* ne sont pas absolument proscrits. Deux exemples le montreront.

523. — 1° Les fondateurs s'attribuent les actions entre eux. Voici comment ils les libèrent du quart.

Ils ont un banquier commun, sur les livres duquel ils sont d'ores et déjà crédités de pareille somme.

Ce banquier devient également celui de la société. Ils lui donnent alors, chacun quant à soi, ordre de procéder à un *virement* d'écritures. Le banquier les débitera par leur compte personnel et créditera le compte social. Retirer les sommes par un guichet et les faire rentrer à la même caisse par un guichet différent, serait une pure comédie.

Mais n'est-il pas à craindre que ces virements ne dissimulent des fraudes ? Des financiers ne vont-ils pas constituer des sociétés postiches, sans ressources réelles, avec la complicité d'un prétendu banquier, opérant sur des capitaux dont il n'a pas en caisse la contre-valeur ?

Il n'y a aucune solution de principe à donner en pareil cas. Le virement d'écritures n'est pas un mode de versement défendu. Mais les juges apprécieront si le banquier eût été en mesure de faire le mouvement des fonds. Alors seulement le versement sera régulier.

524. — 2° Par application de la même méthode, un industriel, qui veut mettre son établissement par actions, pourra éteindre son passif en s'adjoignant ses créanciers comme souscripteurs en numéraire, sans versement effectif des souscriptions.

Il faudra s'entendre avec un établissement de crédit qui : 1° ouvrira audit industriel un crédit de somme égale ; 2° remboursera par ordre les créanciers au moyen d'un article d'écritures ; 3° recevra le même argent desdits créanciers comme versement des actions par eux souscrites ; 4° portera la somme au crédit de la société par actions.

Sans doute, l'industriel devra rembourser la maison de banque. C'est à quoi il parviendra encore par voie d'écritures, pourvu qu'il ait des marchandises à concurrence de ce chiffre. Il vendra ces marchandises à la société par actions aussitôt après sa constitution, et le prix servira à éteindre son débit chez le banquier, à éteindre aussi le crédit de la société.

Bref, un industriel disant à un banquier : « Prêtez-moi cent mille francs ; payez avec eux mes créanciers. Puis, recevez-les d'eux. Puis, versez-les-moi ; car je suis vendeur, et l'acheteur vous tient pour son mandataire. Puis je

---

d'une augmentation de ce capital (n° 694), les conditions de libération des actions nouvelles seraient tout à fait différentes. La société, pouvant alors contracter des dettes, peut aussi employer à les payer les sommes provenant des versements effectués sur les actions, ce à quoi elle arrive par compensation si les créanciers sont en même temps souscripteurs de ces actions (art. 1289 C. civ.). Rapport Bozérian au Sénat en 1884 ; Thaller, *Annales de droit commercial*, 1907, p. 177 ; Houpin, *Journ. des Soc.*, 1908, p. 186 et 291 ; 1909, p. 5 et 481 ; Amiens, 2 mai 1907, D. 1908, 2, 116 ; Decugis, *Les obligations convertibles en actions*, au *Journ. des Soc.*, 1914, 193. Mais encore faudra-t-il que la société ait un actif net suffisant pour couvrir à la fois le capital originaire et son augmentation.

vous rends la somme, ou plutôt rendez-la-vous à vous-même ». — Et, au total, une courbe, une vibration de capitaux, partis d'un point, y revenant par une série de circuits ; et tout cela dispense de les mobiliser [1].

525. — Ces versements par voie d'écritures peuvent être ainsi, suivant les cas, d'un emploi régulier. Ils cesseraient d'être praticables, si la loi exigeait le dépôt des sommes par les fondateurs à une caisse publique.

Mais la nécessité d'un tel dépôt soulèverait des difficultés d'une autre nature. On s'y trouve d'ailleurs dès à présent exposé, lorsque les fondateurs remettent de leur plein gré ces versements dans une banque, sous un compte ouvert à la société.

Qui donc est qualifié pour retirer ces fonds ? Nous distinguons.

a) La société est encore en cours de constitution. Les fonds sont, au regard de toute personne, indisponibles.

b) La société est définitivement constituée. Il appartient à ses premiers administrateurs d'effectuer le retrait des sommes.

c) Le projet de constitution est abandonné, ou les assemblées générales ont pris des délibérations contraires à cette constitution. Il subsiste une société de souscripteurs, toujours représentée par les fondateurs, et qui doit pourvoir maintenant à sa liquidation. Cette liquidation est naturellement à la charge des fondateurs.

Moyennant justification donnée par eux à l'établissement de crédit de l'impossibilité où est la société de se constituer, le retrait des fonds sera opéré par lesdits fondateurs. Nous ne croyons pas que chaque souscripteur ait respectivement qualité pour opérer ce retrait.

526. — Dans les sociétés d'*assurances*, les premiers versements doivent atteindre 50.000 fr., formant capital de garantie (D. 22 janv. 1868, art. 2). Pour les sociétés d'assurances sur la vie, cfr. n° 741.

§ 4. — Déclaration des souscriptions et des versements par-devant notaire.

527. — Le capital a été souscrit, le premier quart versé. Les fondateurs doivent maintenant faire, en une étude de *notaire*, une *déclaration de l'état* de ces souscriptions et de ces versements. Acte leur en est donné [2].

Il y sera annexé la *liste nominative des souscripteurs*, nom, prénoms, qualités, demeure (Civ. rej., 21 janvier 1895, D. 95, 1, 112) et nombre d'actions de chacun d'eux, et quotité de leurs versements (L. 1867, art. 1er, al. 3 et 4, et art. 24, cbn. avec l'art. 55, al. 3).

En outre, on doit annexer à cette déclaration le *double* ou une *expédition*

1. V. notre article : *De l'augmentation du capital par transformation du passif en actions*, aux *Ann. dr. com.*, 1907, p. 177.

2. Cet acte *notarié* est sujet à enregistrement dans le délai de six jours (L. 22 frim. an VII, art. 20). Ainsi, l'acte de société par actions sera passible des droits (20 cent. 0/0), même s'il n'est pas présenté au greffe pour la publication (voir le n° 357). Mais ces droits ne sont exigibles qu'à partir de la constitution définitive.

de l'*acte de société*, suivant qu'il a été dressé en la forme sous seing privé ou en la forme authentique. Les fondateurs, nous l'avons dit, pourraient, par suite d'une fissure dans la loi, attendre la déclaration des souscriptions et des versements, pour dresser alors seulement les statuts chez le notaire.

528. — Cette formalité marque le moment où la société a son capital et son personnel acquis de souscripteurs. Cela ne veut pas dire qu'elle soit définitivement formée. Le dépôt des statuts était nécessaire, afin de mettre le texte des statuts à l'abri des altérations possibles.

La liste des souscriptions et des versements empêche en outre une manœuvre, consistant à poursuivre la constitution, avec des souscriptions ou des versements insuffisants, en se réservant de les compléter plus tard et de masquer la fraude par des antidates.

Il est paré à cette manœuvre au moyen de la formalité susdite. On arriverait au même résultat en exigeant, ainsi que le fait le projet de 1903, le dépôt de la liste nominative au greffe du tribunal de commerce, et non plus chez un notaire. Ce serait une formalité moins coûteuse.

Le notaire n'a pas à vérifier l'exactitude de la déclaration. Mais, si celle-ci contient des indications mensongères, les fondateurs encourent la nullité de la société pour inobservation de la loi de 1867, ainsi que la responsabilité, sans préjudice des peines du faux, le cas échéant.

529. — On ne saurait être trop attentif à la manière dont ces actes notariés seront dressés, ainsi qu'au choix du notaire. Quoi qu'il arrive à raison du caractère mensonger de la déclaration, elle est, quant à la forme, sanctionnée par la nullité de la société, fût-ce pour un vice peu apparent.

On a prétendu annuler des sociétés, parce que la liste nominative ne mentionnait pas le domicile d'un souscripteur déterminé. — On en a annulé d'autres pour incompatibilité du notaire qui était, soit personnellement souscripteur d'actions, soit parent ou allié, au degré prohibé [1] par l'art. 8 de la loi de ventôse an XI, de l'un des fondateurs, ou simplement d'un souscripteur (Civ. cass., 11 décembre 1888, D. 90, 1, 13, et 10 novembre 1897, D. 99, 1, 527, Société française des mines de cuivre [2]).

---

1. V. H. B., *De la capacité des notaires d'instrumenter aux actes intéressant les sociétés dont ils font partie*, au *Journ. des Soc.*, 1910, 373.

2. En cas d'augmentation du capital d'une société anonyme, on se demande si, lorsque le conseil d'administration délègue l'un de ses membres à l'effet de faire la déclaration de souscription et de versement des actions nouvelles, il est nécessaire de recourir à la forme authentique ou s'il suffit d'un mandat sous seing privé? Pour la nécessité de l'acte authentique (par application du principe que le mandat est nécessairement authentique quand il se réfère à un acte pour la validité duquel la loi, en vue de protéger l'intérêt du mandant, a exigé l'authenticité), v. Douai, 15 juillet 1910, D. 1911, 2, 25, note Percerou. En sens contraire : Trib. com. Seine, 13 avril 1913, *Journ. des Soc.*, 1914, 267.

§ 5. — Vérification et approbation en assemblée générale des apports en nature et des avantages particuliers [1]

(Art. 4, 24 et 30 de la loi de 1867).

530. — Cette cinquième condition nous ramène aux apports en nature que nous avions perdus de vue depuis l'ouverture des souscriptions.

Les fondateurs ou leurs auxiliaires ont pu faire « des *apports* qui ne consistent pas en numéraire » (immeubles, usine, brevet, achalandage, marchés par eux conclus), pour lesquels ils s'attribuent des actions ou une quotité de bénéfices.

Ils ont pu aussi « stipuler à leur profit des *avantages particuliers* », — soit à raison des services qu'ils rendent à la société en la constituant, de leurs démarches, de leurs études préliminaires, — soit en représentation du travail de gestion ou autre qu'ils s'engagent à lui donner pour l'avenir (traitement fixe ou proportionnel, parts de fondateur).

Ces émoluments sont mentionnés dans les statuts. En pure logique, l'article qui les règle devrait avoir *de plein droit* la même force obligatoire que tous les autres articles. Les statuts ne sont pas soumis à la ratification des souscripteurs. Ceux-ci y ont adhéré en souscrivant, ils sont présumés en avoir pris connaissance et en approuver l'entier contenu.

Cependant, quant aux apports en nature et aux avantages particuliers, la loi ne l'a pas jugé ainsi. Elle s'est souvenue des abus des commandites par actions avant les lois réglementaires.

Ces abus n'ont pas disparu. Ils se produisaient au moyen de majorations d'apports et de rétribution de services fictifs. Les fondateurs s'attribuaient des actions en disproportion avec leurs mises. Des usines hors d'usage étaient évaluées comme neuves ; on apportait comme brevets précieux des inventions inexploitables. De même, les services rendus à la société étaient fantaisistes. La création d'une société est une occasion de caser des amis, de pourvoir en prébendes des oisifs qui vivront aux dépens de l'entreprise et qui la feront crouler sous les frais généraux.

Seul, à distance des fondateurs, le souscripteur ne donne pas à ces évaluations une approbation éclairée, alors même qu'il aurait compétence en la partie. La loi veut qu'il se tienne une assemblée générale. L'ordre du jour portera vérification de la valeur de ces apports et avantages.

Les souscripteurs d'actions en numéraire vont donc juger le mérite des actionnaires de l'autre groupe à participer à la société, dans la mesure et sous la forme où les statuts les auront admis. La société ne pourra se fonder qu'autant que leur vote sera favorable à ces rétributions.

Il est vrai que le vote risque de ne pas être non plus très éclairé, il le sera cependant plus que ne l'était la souscription. Car : — *a*) les apporteurs auront à s'expliquer ; — *b*) les souscripteurs réunis se communiqueront leurs impressions ; — *c*) les actionnaires ne pourront pas voter l'approbation dans leur première réunion. On veut qu'ils prennent le temps de réfléchir.

1. Pic, *op. cit.*, t. II, n°s 919 et s.

Cette première assemblée aura pour but la désignation de commissaires ; il faut espérer qu'ils ne seront pas à la dévotion des fondateurs, bien que leur indépendance soit difficile à obtenir.

Il y aura lieu à la tenue d'une seconde assemblée, après nouvelle convocation. La seconde assemblée ne pourra statuer qu'après un rapport des commissaires, qui sera imprimé et tenu à la disposition des actionnaires *cinq jours* au moins avant la séance.

531. — Quels sont les *apports* et *avantages sujets à vérification*, — et les *règles de forme* à suivre pour la validité de la délibération ?

I. La détermination des clauses statutaires, pour lesquelles la loi réclame la vérification et l'approbation, est délicate. Elle présente une grande importance, puisque l'omission de la délibération, même s'il s'agit d'avantages insignifiants, est sanctionnée par la nullité de la société.

Cette procédure, à prendre la loi dans sa lettre, serait limitée aux clauses qui allouent à une personne, figurant ou non d'ailleurs parmi les fondateurs, une part dans les bénéfices, *à titre d'associé*, en représentation d'un bien ou d'un service. « Lorsqu'*un associé*, dit l'art. 4, fait un apport qui ne consiste pas en numéraire, ou stipule à son profit des avantages particuliers .. ». Cela exclurait les rémunérations fermes et à forfait.

Mais il s'en faut que la jurisprudence et la doctrine enferment la procédure de vérification dans ces étroites limites. Elles tendent à en prescrire l'emploi pour un très grand nombre de clauses ne répondant pas à la notion précédente, du moins lorsque ce sont des *avantages particuliers* qu'elles ont pour objet de conférer. Cela conduit à des solutions très illogiques.

La loi mentionne deux sortes d'attributions :

532. — 1° Celles qui sont faites pour des *apports en nature*. Ici l'on s'en tient au sens strict du mot *apport*. L'apport est assorti d'une part sociale : des actions sont attribuées en représentation d'une manufacture, d'un brevet, etc. Leur valeur est sujette à vérification. Aucun doute.

L'apport est-il *global*, porte-t-il sur tout l'actif pris en masse d'une entreprise préexistante ? C'est tout l'inventaire de sortie de cette entreprise en liquidation que les commissaires de vérification devront contrôler à leur tour. Le passif de cette entreprise étant par hypothèse compris dans l'apport (n° 451), les commissaires devront en vérifier le chiffre exact, et l'assemblée devra statuer. Si les créanciers de cette ancienne entreprise consentent à changer leur première condition contre celle d'actionnaires (à moins de les avoir fait figurer dans les souscripteurs en numéraire et d'avoir procédé au versement de leur quart suivant le mode de *traditio brevi manu* décrit dans le n° 524), c'est la décharge de leurs créances qu'ils apportent, et la valeur de ces créances doit être vérifiée.

Toutes ces hypothèses se réfèrent à des *apports* proprement dits. Que décider d'un immeuble ou d'un matériel vendu à la société *pour une somme déterminée*, de travaux de construction, c'est-à-dire des éléments divers du capital fixe payés à forfait ? — Les statuts n'en diront rien. Ce sont les fondateurs qui ont traité ces marchés en leur nom (ne pouvant le faire encore sous la signature sociale) et qui les repassent à la société.

Rigoureusement il faudrait attendre la constitution définitive, dresser alors entre les fondateurs et le premier conseil d'administration un acte opérant transmission à la société de ces biens ou contrats, et faire ratifier par une assemblée cet acte dépassant les actes d'administration.

Rien n'empêche cependant de procéder à l'approbation pendant la période constitutive, et d'en saisir l'une des deux assemblées de vérification des apports. — On objectera que la société par actions use prématurément de sa signature et fait par là indûment une opération sociale. — C'est une erreur. Les souscripteurs réunis, organisme collectif représentant déjà la future société par actions, donnent pouvoir aux premiers administrateurs, quoique non encore désignés à cette date, à l'effet de prendre toutes ces opérations à la charge de la société. C'est une délibération tout intérieure et licite.

Seulement, ce n'est plus au titre d'apports que la vérification a lieu. Par conséquent: *a*) la majorité requise sera celle qu'établissent les statuts pour les actes de gestion extraordinaire ; *b*) il n'y aura lieu ni à deux assemblées ni à un rapport de commissaires ; *c*) l'ordre du jour des convocations devra viser cette approbation de contrats ou d'achat de matériel.

Il existe des lois, telles que la loi anglaise de 1900 (confirmée sur ce point par la loi de 1908), qui sont particulièrement rigoureuses à l'égard de ces conventions d'acquisition par lesquelles trop fréquemment tant de sociétés ont été mises en coupe réglée dès le jour de leur naissance. Elles en exigent la description analytique dans un prospectus, à déposer au bureau public des sociétés. Le régime français n'est pas assez protecteur sur ce point des intérêts sociaux.

Ainsi il faut distinguer, dans les apports en nature, entre ceux qui sont exposés au risque social et les autres : l'art. 4 ne concerne que les premiers.

L'apport peut être *mixte*, rétribué en partie par des actions, et pour le surplus au moyen d'une somme ferme. Il pourra être approuvé par l'assemblée constitutive au double titre dont il est revêtu, grâce au raisonnement précédent.

533. — 2° Les *avantages particuliers* sont les rémunérations attribuées aux fondateurs ou à leurs auxiliaires pour services rendus ou à rendre.

Tantôt ils consistent en une quotité dans les bénéfices futurs, allouée soit au *gérant* de la commandite par actions (30 ou 40 o/o), soit aux fondateurs se faisant délivrer des *actions de prime*, *d'industrie* [1] *ou de jouissance* (si tant est que des actions de cette espèce soient licites dans notre droit, ce que nous reverrons n° 640).

La vérification s'impose indubitablement, à peine de nullité, conformément à l'art. 4, pour de pareils avantages.

Mais il arrive souvent que ces avantages particuliers confèrent au bénéficiaire non une part sociale, mais un droit de créance, somme fixe, ou même part de fondateur dans les bénéfices (V. ci-dessous, n°s 638 et suiv.). — La jurisprudence manque alors de théorie d'ensemble. Par symétrie

---

1. Contre la validité des actions dites d'industrie, v. Caen, 26 juin 1912, précité, *supra*, n° 510, en note.

avec les apports en nature, il faudrait exempter ces stipulations de la vérification et de l'approbation, sauf, dans le cas où les statuts s'abstiendraient de les mentionner, à les faire approuver par les premiers administrateurs et par un vote d'assemblée générale, tenue *ad hoc* (frais de constitution, commissions allouées aux banquiers pour le placement des actions, stipulation d'honoraires déterminés au profit des fondateurs, etc.).

Mais la pratique comprend autrement la situation. Elle estime que les avantages, même de nature fixe et à plus forte raison payables sur bénéfices, sont sujets à vérification et à approbation, pourvu toutefois qu'il s'agisse d'*avantages* au sens propre du mot : un recouvrement de frais, même les commissions servies aux banquiers, n'auraient point ce caractère. C'est une doctrine extrêmement évasive.

Sur un autre point, la jurisprudence, sans être précise, donne des solutions peu justifiables. L' « avantage particulier » devrait se limiter à une rémunération visant une *personne déterminée*. Que dire de celle qui est attribuée impersonnellement à une *fonction*? Ex. : jetons de présence alloués à tout conseil d'administration dans l'avenir.

Les bénéficiaires sont des personnes futures, étrangères à la constitution de la société. On ne peut les soupçonner d'avoir inspiré la disposition qui a fixé leurs émoluments [1].

Toutefois, vu le flottement de la jurisprudence, on fera bien de soumettre cet avantage, comme les avantages *ad hominem*, au vote de l'assemblée.

534. — II. Les règles *de forme* sont également compliquées.

Les souscripteurs convoqués aux assemblées y comparaîtront, soit par eux-mêmes, soit par mandataires. Il y aura lieu d'appliquer les dispositions des statuts, concernant la tenue des autres assemblées générales, à moins que des règles spéciales n'y soient insérées relativement à ces assemblées constitutives.

Toutefois, au moins *dans la société anonyme*, un souscripteur, ne fût-ce que d'*une* seule action, a droit de concourir à ces assemblées.

La clause qui subordonnerait l'entrée aux assemblées à la possession d'un certain nombre d'actions n'a pas d'effet. Elle ne vaut que pour les assemblées ordinaires qui se tiendront après la constitution (L. 1867, art. 27). En outre les voix dont dispose chaque actionnaire ne pourront être supérieures à *dix*, malgré toute clause contraire (même texte).

535. — Il y a une condition de *quorum*, mais également pour la seule société anonyme. Les assemblées ne peuvent délibérer que si un nombre d'actionnaires représentant la *moitié* du capital social concourent à la réunion. Cette moitié se compose seulement des apports non sujets à vérification : — Ex. : Capital de 1 million, dont 200.000 fr. représentés par

1. Sur le point de savoir si, lorsque les parts de fondateurs — au lieu d'être attribuées immédiatement à des personnes déterminées — sont mises en réserve et laissées à la disposition du conseil d'administration pour rémunérer des services futurs, il y a lieu de les soumettre à la vérification de l'art. 4 de la loi de 1867, v. Houpin, *Journ. des Soc.*, 1898, 481 ; Percerou, dissertation, D. 1904, 1, 482 ; Lecouturier, *Traité des parts de fondateurs*, édit. 1914, n° 61.

des actions d'apports, 800.000 fr. par des actions de numéraire. Il faut que les actionnaires de la deuxième catégorie représentent à l'assemblée au moins 400.000 fr. Autrement, il n'y aura qu'une délibération provisoire, et une assemblée subséquente, précédée de mesures de publicité particulières, pourra délibérer avec un nombre d'actionnaires ne représentant que le *cinquième* de ce même capital, 160.000 fr. (L. 1867, art. 30).

536. — Les délibérations seront prises à la *majorité* des voix. Les apports ou avantages demeurent et sont acquis, malgré la présence d'une minorité. Mais les apporteurs ou associés avantagés ne peuvent participer à ce vote, ni faire nombre. Ils discuteront la valeur de leurs apports et n'auront qu'une voix consultative. Autrement, ils seraient juges et parties dans leur cause (art. 4, al. 5, et art. 24).

Ils ne pourraient même pas voter, du chef des actions en numéraire par eux souscrites. En revanche, la jurisprudence leur donnait naguère encore le droit de vote, lorsqu'ils agissaient comme mandataires d'un souscripteur. Mais sur ce dernier point un revirement semble aujourd'hui se produire (Req., 31 décembre 1906, D. 1908, 1, 513, et note de M. Percerou ; voir cependant Wahl, S. 1909, 1, 137), et à bon droit ; car, même comme mandataires, leur vote est partial et suspect.

Supposons que les apporteurs aient voté, sans en avoir le droit. — Leur seule participation au vote a autrefois emporté nullité de la délibération et par suite celle de la société, quoique, dans l'espèce, en faisant abstraction de leurs voix, la majorité requise se trouvât obtenue (Req., 17 décembre 1894, D. 95, 1, 101). Mais, ici encore, la jurisprudence évolue : aujourd'hui leurs voix ne comptent plus, on les retranche (Req., 31 décembre 1906, cit.).

Il ne suffit pas, pour obtenir une *majorité* régulière, que la moitié plus une des voix soit acquise à l'approbation. Il faut qu'une quotité déterminée d'actionnaires participe au vote. Cette condition ne se confond pas avec le *quorum* de présences. Quand même ce *quorum* serait atteint, l'abstention d'un certain nombre de souscripteurs rendrait la délibération caduque. La majorité dans les deux types de sociétés doit comprendre le *quart* des actionnaires et représenter le *quart* du capital social en numéraire (L. 1867, art. 4, al. 4, et art. 24).

537. — Cette condition du quart, rapprochée de la règle qui exclut l'apporteur du vote, même pour les actions de numéraire qu'il aurait souscrites, soulève une difficulté. Il peut arriver que le fondateur, auteur d'apports, ait souscrit une forte portion du capital en espèces, plus des trois-quarts de ce capital, 650.000 fr. sur 800.000. Le nombre des actionnaires habiles à voter ne représente que 150.000 fr., par conséquent moins du quart. Si l'on suit à la lettre l'art. 4 de la loi de 1867, la majorité requise est d'ores et déjà irréalisable.

Ce serait étrange : certaines sociétés par actions seraient impossibles à constituer, par suite de la proportion selon laquelle les étrangers et les auteurs d'apports se seraient partagé les actions. Aussi la solution bienveillante a-t-elle prévalu ; le quart prescrit par la loi, et qui doit se prononcer en faveur des apports, se calculera non sur le capital en numéraire brut et entier, mais sur ce capital, *défalcation faite des actions en espèces souscrites par les apporteurs*. Soit, dans notre exemple, 37.500 fr. (Civ. rej., 7 novembre 1894, D. 95, 1, 150).

538. — Une autre situation est possible. Il n'existe pas de souscripteurs en dehors des apporteurs eux-mêmes.

C'est le cas où les fondateurs se sont attribué toutes les actions, et où ils sont en même temps tous apporteurs.

a) Les apports en nature appartiennent-ils *par indivis* à tous les actionnaires (usine dont ils sont déjà copropriétaires) ? Les dispositions de l'art. 4 cessent d'être applicables (*in fine*). Où serait le personnel des votants ?

b) Les apports proviennent-ils respectivement de chaque apporteur, sans être indivis ? La jurisprudence accepte, au moins pour la société anonyme, la même solution, par interprétation de l'art. 30 de la loi, qui refuse à la part de capital correspondant aux apports (ici à tout le capital) la faculté de délibérer.

On désirerait en pareille occurrence voir la loi, comme en Allemagne, instituer une vérification d'apports par des experts que nommerait le tribunal de commerce [1] : la réforme a été accueillie par le Sénat en 1884 mais le commerce y est réfractaire; il y voit un retour indirect à l'homologation par les pouvoirs publics.

539. — Revenons à la partie principale du sujet.

1° Les apports sont purement et simplement *approuvés*. — Le contrat est lié, la société est formée, sous réserve de la tenue d'une dernière assemblée. Les chiffres sont acquis. On ne pourra plus les contester postérieurement, à moins qu'il n'y ait eu surprise exercée sur l'assemblée au moyen de manœuvres frauduleuses. L'action de dol appartiendra alors à tout actionnaire, lorsque ces manœuvres seront découvertes (L. 1867, art. 4, al. 7); une action pour simple lésion n'est point donnée.

540. — 2° Les apports sont *rejetés* à la majorité. La société tombe, à moins que les fondateurs ne rédigent de nouveaux statuts en abaissant leurs évaluations, n'ouvrent de nouvelles souscriptions, et ne tiennent de nouvelles assemblées (L. 1867, art. 4, al. 6). Tout sera à refaire.

541. — Réduction des apports. — 3° Reste une situation intermédiaire. Les souscripteurs hésitent. Les fondateurs font un sacrifice. Ils proposent une *réduction* sur la valeur de leurs apports. Ils se contenteront de 200 actions, au lieu de 400 : cela diminue le capital social.

Cette réduction est acceptée. Si elle l'est à l'unanimité, le vote est régulier, tout comme si l'on promulguait de nouveaux statuts.

Mais la simple majorité suffit-elle pour donner effet à la réduction ? La discussion confuse au Corps législatif en 1867 ne permet pas d'utiliser les travaux préparatoires. Au premier aspect, on ne voit pas la raison d'hésiter. Réduire les apports, c'est améliorer la position des souscripteurs,

---

1. V. *supra*, n° 495, note 2.

puisque les apporteurs prélèveront sur les bénéfices une part moindre ; et qui peut voter la somme la plus forte peut aussi voter la plus faible.

Toutefois ce raisonnement n'est pas concluant. Autre chose est approuver, c'est-à-dire reconnaître la cause des souscriptions, et autre chose est réduire, c'est-à-dire reconnaître que cette cause n'existait point. Des actionnaires ont souscrit, parce que l'usine valait 400.000 francs : ils ne croient plus à son avenir, si elle n'en vaut que 200.000. Le droit individuel de *chaque* souscripteur à ce que la société réponde à ses conditions statutaires n'est-il point violé ?

La majorité est cependant en droit de voter la réduction, parce que le vote peut être analysé en une *délibération modificative des statuts*. Expliquons-nous.

542. — Droit pour les assemblées constitutives de modifier les statuts. — Les souscripteurs groupés dans les premières assemblées forment déjà le cercle des actionnaires, et la société des souscripteurs est déjà la société par actions (n° 501). Cette société, inhabile à traiter des opérations au dehors, peut prendre les mêmes mesures intérieures qu'une société déjà constituée.

Quel avantage y aurait-il à retarder après la constitution les mesures modificatives, si on les juge dès à présent nécessaires ?

Seulement, il est bien entendu que ces modifications ne pourront être décidées qu'aux mêmes conditions de *quorum* et de majorité que si elles devaient être prises par l'assemblée extraordinaire d'une société en cours de marche [1] et que, en outre, les lettres de convocation devront les viser (cpr. notre dissertation sous Req., 9 février 1903, D. 1905, 1, 265).

§ 6. — Nomination en assemblée générale des premiers fonctionnaires sociaux, et, pour la société anonyme, vérification de la sincérité des souscriptions et des versements.

543. — En pratique, pour ne pas multiplier les assemblées, celle-ci se confondra avec la deuxième assemblée de vérification [2].

La société doit, avant de commencer, être pourvue de ses organes de gestion et de contrôle.

1° En ce qui concerne la *gestion* : — *a*) Dans la commandite par actions, il n'y a pas à désigner de gérant : c'est le commandité signalé dans les statuts.

b) Dans la société anonyme, l'assemblée élira les membres du *premier conseil d'administration*, dont les pouvoirs seront de *six* ans au plus. Excep-

---

1. Donc, depuis la loi du 22 novembre 1913, il faudra exiger la réunion des garanties (*quorum* des 3/4 à la première assemblée, etc...) prescrites par cette loi pour la modification des statuts.

2. On a soutenu que c'était la *première* assemblée qui devait, à peine de nullité, dans la société anonyme vérifier la sincérité des souscriptions ou versements. C'est attacher à la lettre de l'art. 24, al. 2, trop d'importance. En parlant de la *première* assemblée, la loi veut seulement dire une assemblée antérieure à la constitution définitive.

tionnellement, les premiers administrateurs ont pu être désignés dans les statuts, avec la clause que leur nomination ne serait pas soumise à l'approbation de l'assemblée générale. En ce cas, ils ne peuvent être nommés pour plus de *trois* ans (art. 25, al. 1 à 4).

2° En ce qui concerne le *contrôle* : — *a*) Dans la commandite par actions, le *premier conseil de surveillance* (trois actionnaires au moins) est nommé par l'assemblée générale « immédiatement, dit l'art. 5, après la constitution définitive et avant toute opération sociale » ; plus exactement, avant la constitution définitive, la validité de la société étant subordonnée à cette nomination. — Le premier conseil n'est nommé que pour *un* an. On examinera plus loin sa responsabilité.

b) Dans la société anonyme, l'assemblée nomme le ou les *commissaires* (actionnaires ou non) pour la première année (art. 25, al. 2).

544. — En outre, mais seulement dans la société anonyme, l'assemblée générale reçoit la déclaration des souscriptions et des versements que les fondateurs ont faite devant notaire. La déclaration notariée doit *précéder*, la convocation de l'assemblée doit *suivre*, la loi le dit (art. 25). Cependant, la société ne serait pas nulle si la convocation avait été antérieure à la déclaration notariée, le jour de la réunion étant fixé à une date postérieure à celle-ci (Req., 31 décembre 1906, précité, et note PERCEROU).

Quoi qu'il en soit, d'ailleurs, sur ce dernier point, l'assemblée, directement ou par le moyen d'une commission, vérifiera la sincérité de la déclaration (art. 24). Les fondateurs n'avaient pas eu, jusque-là, à justifier de son exactitude, par la production des bulletins de souscription et des pièces certifiant la réalité des versements : ils sont maintenant obligés de le faire en présence des souscripteurs réunis.

On verra que ce rôle dans la société en commandite est dévolu au premier conseil de surveillance (art. 6, l. 1867). C'est entre les deux formes de sociétés une de ces différences dont on cherche vainement la raison d'être, — si ce n'est que la loi de 1867 a copié pour la commandite la loi de 1856, et pour la société anonyme la loi de 1863 sur les sociétés à responsabilité limitée.

545. — Lorsque les administrateurs et commissaires auront accepté leurs fonctions, de quoi fera foi le procès-verbal, la société se trouvera définitivement constituée, et habile à faire des opérations comme telle (art. 5 et 25 *in fine*). Elle est debout, et la phase critique est franchie.

SOUS-SECTION II. — **Sanctions des règles constitutives**

(L. 1867, art. 6, 7, 8, 13, 15, 16, 42 et 45 ; L. 1893, art. 3 et 5).

546. — Si l'une des conditions exigées par la loi de 1867 (versement du premier quart, déclaration notariée, etc.) n'a pas été observée, la société a été à tort déclarée l'objet d'une constitution définitive, et c'est à tort aussi qu'elle a commencé ses opérations.

Il y a trois sanctions établies : — la *nullité de la société* ; — l'*action en responsabilité* contre les personnes à qui la nullité est imputable ; — *certaines pénalités*.

§ 1. — Nullité de la société[1]

(L. 1867, art. 7 et 41 ; L. 1893, art. 3 et 5).

547. — D'après les dispositions des art. 7 et 41 de la loi de 1867 (sous-entendues dans le deuxième, de ces textes), la société par actions, constituée contrairement à la loi, est *nulle*, « sans toutefois que cette nullité puisse être opposée *aux tiers* par les associés » (par les actionnaires). Cette nullité atteint : 1° tantôt un vice apparent de forme (absence de déclaration notariée) ; 2° tantôt un vice de fond (fictivité d'un engagement de souscripteur, etc.).

Notons que la nullité pourrait avoir sa cause non pas dans l'inobservation de la loi de 1867, mais dans un *dol* : faux rapports ou autrement. Ce serait une nullité fondée sur le droit commun. Mais on va voir que la nullité tirée d'une contravention à la loi de 1867 produit les mêmes effets.

La formule de l'article 7 est identique à celle que contient l'art. 56, al. 3 de la même loi, à propos de la non-publicité d'une société commerciale quelconque par intérêt ou par actions (n° 366).

La jurisprudence en a conclu que ces deux nullités étaient de même nature et engendraient des conséquences uniformes. Ce qui revient à dire que, de part et d'autre, l'action en nullité aboutira non à un anéantissement du pacte social, mais à une dissolution prématurée à partir du prononcé du jugement (n°s 370 et suiv.).

Cette identité de régime est discutable. Si la société n'a point été publiée, cela n'empêche qu'elle se soit formée régulièrement. Une négligence postérieure à sa création s'oppose à la continuation de sa marche. Le contrat originaire est demeuré sauf.

Ici, au contraire, on relève un vice interne dans les statuts ou dans les actes qui les accompagnent, un vice contemporain de la constitution.

La nullité, s'attaquant à l'œuvre vive du contrat, devrait emporter la société dans sa base, et rendre les statuts non avenus, les intéressés ayant pratiqué entre eux une *société de fait*.

C'est par des considérations de symétrie que la jurisprudence a préféré consacrer l'assimilation des deux nullités. Il y a pour les société assez de nullités disparates dans leurs causes comme dans leurs effets, pour qu'on ne les charge point d une variété de plus, réglée à part des autres.

548. — Il résulte de là : 1) Que la nullité n'a point lieu *de plein droit*. Elle doit être réclamée par un intéressé, *actionnaire* ou *créancier* ; et elle ne date que du jugement qui la prononce ;

2) Que la demande sera formée contre le *représentant* actuel du *siège social*[2].

---

1. V. HÉMARD, *Théorie et pratique des nullités de sociétés*, 1912.

2. L'action en nullité étant intentée contre le représentant du siège social, c'est-à-dire du groupe des actionnaires, il en résulte que, lorsqu'un jugement passé en force de chose jugée a repoussé la demande de nullité, formée par l'un d'eux, ce jugement dispose de l'autorité de la chose jugée vis-à-vis de tous (puisqu'ils ont tous été parties à l'instance par l'organe de leur représentant),

Si les fondateurs sont en même temps mis en cause, c'est au gré du demandeur et à l'effet de conclure à des dommages-intérêts contre eux ;

3) Que le tribunal, en déclarant la société nulle, nommera un *liquidateur* pour payer le passif et, s'il reste un excédent, pour le répartir entre les actionnaires. Cette répartition s'opérera en conformité des statuts ;

4) Que, dans la période de son fonctionnement, *la société a pu contracter des engagements valables*[1]. Les créanciers poursuivront le siège social, la personne morale, comme s'il s'agissait d'une société régulière. Ils seront préférés sur le capital aux créanciers personnels de chaque associé, — en supposant que cette société nulle ait reçu la publication légale.

A cet égard, la nullité présente une moindre portée que la nullité faute de publicité. On se souvient que, dans la liquidation d'une société dont l'acte n'a pas été déposé au greffe ou inséré dans les journaux, les créanciers personnels et les créanciers sociaux concouraient ensemble (n° 371).

Les créanciers sociaux pourront provoquer la *faillite* de la société. Ils primeront dans cette faillite les actionnaires qui demandent la restitution de leurs mises. Bien mieux, ils obligeront les actionnaires (et leurs cessionnaires), qui n'auraient versé que le premier quart ou qui n'auraient rien versé du tout, à libérer entièrement leurs titres pour éteindre le passif.

Pourquoi donner ainsi le pas *aux créanciers* sur *les actionnaires*, au point d'exposer ces derniers à des versements nouveaux ? — Les fondateurs ont formé la société au nom de tous les souscripteurs. Ceux-ci, en se prêtant à la constitution définitive, ont répondu envers les tiers des faits de leurs agents, de leurs préposés (arg. art. 1384 C civ.). — Mais peut être les fondateurs ne les ont ils convoqués à aucune assemblée : cette constitution, ils n'y ont pas délibéré ! Même alors les actionnaires répondent des fondateurs, ils auraient dû surveiller leurs agissements.

549. — Cette nullité est-elle perpétuelle et irréparable, ou comporte-t-elle tant une *rectification du vice* que la *prescription* ?

Sur ce point, le régime de la loi de 1867 et celui de la loi de 1893 ne sont pas en concordance.

550. — *1*) D'après la *loi de 1867*, la nullité était *perpétuelle*. Tout au plus, la jurisprudence avait-elle admis que l'action se prescrivait par trente ans, mais au regard des actionnaires seulement (Civ. cass., 3 août 1892, *Annales de droit commercial*, 1893, 1re p., p. 53, et note).

---

et qu'aucun d'eux ne peut plus renouveler la demande de nullité en se basant sur la même cause. V. *Annales de droit commercial*, 1903, 307. Cela paraît admis pour le jugement qui prononce la nullité (v. *infra*, n° 687 *in fine*). Logiquement il doit en être de même pour celui qui la repousse.

1. Les actes passés par les organes réguliers de la société avec des tiers seront maintenus (argt. art. 7, l. 1867 : nullité inopposable aux *tiers*). Aussi, lorsqu'après s'être dissoute et avoir fait, conformément à ses statuts, apport de son actif à une autre entreprise, une société anonyme vient à être annulée, comme constituée dans les formes de la loi anglaise en fraude de la loi française, cette annulation ne porte pas atteinte à la validité de l'apport antérieurement fait par le liquidateur ; Angers, 23 juin 1913, *Annales de droit commercial*, 1913, 523. — V. cependant Req., 17 janvier 1905, D. 1906, 1, 169 et note Thaller, critiquant cet arrêt.

Les administrateurs, constatant après coup la contravention, ne pouvaient pas utilement la réparer, à moins de liquider la société et d'en constituer une nouvelle. Ainsi en était-il, quand même le vice découvert n'eût consisté que dans une absence de versement sur une seule action.

Aucune *ratification* n'était possible. On s'était laissé influencer par l'idée que les prescriptions légales sont, en définitive, des prescriptions *de forme*, et qu'un vice de forme rend le contrat nul, sans aucune confirmation possible : « nul en la forme, il faut qu'il soit refait dans la forme légale » (art. 1339 C. civ.).

Cette thèse pouvait à la rigueur se comprendre, lorsque les fondateurs avaient contrevenu à la confection d'un acte ou l'avaient irrégulièrement dressé. Mais bien des vices commis s'attaquent au fond et non à la forme. Ce régime aboutissait à une sorte d'impasse, résultat d'autant plus injuste que nul n'a la certitude d'observer la loi de 1867 à tous égards. De là, la réforme de 1893.

551. — 2) Aujourd'hui l'action en nullité se couvre : *a*) Par la prescription de *dix ans* depuis la constitution de la société (art. 3, av.-dern. al.). La disposition profite même aux sociétés antérieures à la loi de 1893, mais les dix ans ne courent alors que du jour de sa promulgation (art. 7)[1] ;

b) Par la *réparation* effective du *vice*, ou « la cessation de l'existence de la nullité », avant l'introduction de la demande. Ex. : Le déficit dans les souscriptions ou dans le versement du quart a été comblé. Les administrateurs ont déposé la liste notariée qu'ils avaient omise à l'origine, etc.[2]. L'action en nullité s'éteint par là même, si elle n'était pas encore intentée à cette date.

Lorsque, pour couvrir la nullité, une assemblée générale doit être convoquée[3], l'action en nullité ne sera plus recevable, à partir de la convocation régulière de cette assemblée (art. 3)[4]. Plus exactement, cette convocation *suspend* l'action en nullité, et le vote de l'assemblée l'*éteint*. — Ex. : Les apports n'avaient pas été originairement vérifiés, ou le vote des deux assemblées était nul.

552. — Il importe d'examiner encore deux questions se rapportant à

1. Cette prescription de dix ans est étrangère à l'action en nullité *pour défaut de publicité* (Douai, 26 octobre 1911, *Journ. des Soc.*, 1912, 171), soit dans les sociétés par actions, soit à plus forte raison dans les sociétés par intérêt. On commet à cet égard un fréquent malentendu.

2. Si cette liste avait été déposée, il ne serait pas besoin d'en confectionner une seconde, pour combler les souscriptions obtenues à titre complémentaire, pas plus que ne s'imposerait alors la tenue d'une seconde assemblée de vérification (Req., 31 décembre 1906, D. 1908, 1, 513, note Percerou).

3. Cela ne veut pas dire qu'une assemblée puisse déclarer que le vice tenant à l'insuffisance des souscriptions ou versements est réparé de droit sans que le manquant soit couvert.

4. Mais, si la convocation de l'assemblée n'intervient qu'*après* que le tribunal a déjà été saisi de la demande de nullité, cette convocation et, par suite, les décisions qui y sont prises à l'effet de couvrir la nullité sont inopérantes (Trib. com. Seine, 4 janvier 1909, D. 1912, 2, 1, note Percerou).

cette action en nullité. L'une est du domaine de la législation, et l'autre du droit appliqué. 1° L'action en nullité soit d'un actionnaire, soit d'un créancier, est-elle une institution bienvenue ? 2° Cette action a-t-elle un caractère individuel ou collectif ?

553. — Critique du régime légal. — 1° Sur le premier point, l'action en nullité ne comporte pas les mêmes critiques, lorsqu'on l'envisage par rapport aux actionnaires ou par rapport aux créanciers.

a) Il est logique que l'*actionnaire* puisse exercer la nullité, sauf à différer de sentiment sur les résultats que cette nullité doit produire. Le pacte de société ne remplit pas les conditions légales. Les parties entre lesquelles la société a été contractée peuvent la faire tomber.

Toutefois, il serait de meilleure législation d'abolir cette nullité. Il y a d'assez nombreux Etats (Belgique, Italie, Angleterre, Allemagne sous certaines réserves) qui, même en présence d'irrégularités de fondation constatées après coup, n'admettent point cette sanction. Ils ne reconnaissent que l'action en dommages-intérêts ou, à l'appréciation des juges, l'action en dissolution. On ferait bien de s'inspirer de leur exemple. La loi a organisé par ailleurs des contrats indestructibles malgré leurs vices, parce qu'ils ont besoin de rester stables : le concordat de faillite, par exemple.

On donnerait à cette indestructibilité un meilleur fondement en faisant de la société par actions un contrat judiciaire (comme l'est précisément le concordat), c'est-à-dire en soumettant les statuts et les délibérations de constitution à l'*homologation du tribunal* : système qui fonctionne en Italie. Voie de nullité n'a lieu contre les jugements. Malheureusement, la crainte de voir par cette homologation reparaître le régime de l'autorisation fait reculer les Français devant une telle mesure.

Mais, même en n'instituant pas cette homologation, on devrait supprimer l'action en nullité. La nullité arrête la société et l'oblige à liquider, sans qu'il soit établi que son vice, à présent découvert, mette obstacle à sa réussite. Elle est souvent une faute irréparable. L'action en nullité est une arme prise par le chantage, elle met les administrateurs en demeure de composer, de transiger devant des menaces de procès.

L'erreur du système français provient de la conception suivante qui est fausse, parce qu'elle repose sur une pétition de principe. L'action en nullité est le préliminaire de l'action en responsabilité. On ne saurait priver les intéressés (ce qui est vrai) du droit d'exiger une réparation pécuniaire. Or cette réparation ne peut être demandée qu'à condition par la société d'être annulée. Mais c'est résoudre la question par la question même. Pourquoi serait-il interdit de poursuivre une réparation pécuniaire, en arguant du tort causé, tout en laissant la société debout ?

554. — *b*) Que si, d'autre part, on examine l'action en nullité intentée par les *créanciers*, la base de cette action en nullité devient inexplicable. Les créanciers n'ont pas participé au contrat de société ; d'où vient qu'ils attaquent une convention qui leur est étrangère ?

Il convient qu'ils puissent résoudre des marchés conclus sur la foi d'une régularité qui n'était que factice, ou encore qu'ils prétendent à des dommages-intérêts. L'arme que la loi leur donne est autrement dangereuse. Ils ont le pouvoir de faire tomber la société, de la pourvoir d'un liquidateur pour leur intérêt propre, alors que tous les actionnaires protesteraient contre une telle mesure ; ils ont le pouvoir d'exercer sur les statuts une mainmise qui ne leur appartenait pas le jour où la société s'est fondée.

Au surplus, ce pouvoir leur appartient-il bien ? C'est la pratique qui l'a ainsi décidé. Il est permis de croire qu'elle s'est trompée. Société nulle « à l'égard des intéressés » disent les art. 7 et 41 ; ils ne précisent pas quels sont ces intéressés ; — administrateurs responsables envers les tiers « lorsque la nullité a été prononcée » porte l'art. 42 ; il ne dit pas que les administrateurs disposent d'une immunité envers les tiers tant que la société reste debout, ou tout au moins son texte pouvait être entendu comme limitant l'action en nullité aux actionnaires, et laissant les créanciers maîtres d'agir en réparation civile, selon les circonstances, alors même que l'action en nullité ne serait pas intentée.

La direction prise par les arrêts ne concorde pas avec nos idées.

555. — Dès l'instant que les créanciers bénéficient du droit exorbitant d'exiger la liquidation de la société pour infraction à la loi de 1867, la question que nous avons laissée en suspens, en parlant des mesures de publicité imposées à *toutes* les sociétés commerciales, est par là même résolue. Les créanciers peuvent-ils arguer de l'absence ou du retard des mesures de publication pour obliger la société à arrêter sa marche (n° 369) ?

Il n'y a point de motif pour mettre les créanciers en moins bonne position lorsque la nullité a été encourue pour manque de publicité que pour non-souscription intégrale, etc. Toute symétrie disparaîtrait si l'on interprétait l'art. 56, al. 3, autrement que les art. 7 et 41 de la loi de 1867. Les créanciers ont donc bien ce pouvoir, si abusif qu'il soit en législation pure. Ils l'ont même *a fortiori*, car c'est surtout pour eux que la publication avait été imposée. Tout ce qu'on peut ajouter, c'est que les créanciers (mais dans le cas de non-publicité seulement, et non plus dans l'hypothèse actuelle) hésiteront à annuler la société, parce qu'ils risquent par là de laisser les créanciers personnels concourir avec eux.

556. — Caractère individuel ou collectif de l'action[1]. — 2° L'action en nullité a-t-elle le caractère *individuel* ou *collectif* ? La question se présente dans les mêmes termes et implique les mêmes solutions pour l'action en responsabilité. Nous la traitons sans devoir la reprendre.

Procédons ici encore à l'égard des *actionnaires* d'abord.

a) Chaque actionnaire peut intenter isolément l'action. A ce point de vue l'action est individuelle[2]. Les actionnaires ne sont pas tenus de se grouper

---

1. Sur la distinction des actions sociales et individuelles, v. notamment : Bouncart, *Rapport au Congrès des Sociétés de Bruxelles* (1910) *sur la distinction de l'action sociale et de l'action individuelle* (Documents du Congrès, t. 1, p. 207 et s.) ; Thaller, *Annales de droit commercial*, 1913, p. 222 et s. et note sous Civ., 26 novembre 1912, D. 1913, 1, 377 ; — et sur cette distinction envisagée spécialement au point de vue de la faillite de la société, Percerou, *Traité des Faillites*, collection Thaller, t. II, n°s 1649 et s.

2. La clause des statuts qui subordonne l'exercice de toute action touchant

pour plaider ensemble. Le demandeur tire de son contrat de souscription le droit de former le procès seul. Il agit *pro socio* pour faire tomber une société dont il est membre. S'il obtient la nullité contre les représentants qualifiés de la société, celle-ci sera annulée au regard de tous les actionnaires, même non mis personnellement en cause. Tous les actionnaires sont représentés dans l'instance par le gérant ou par le conseil d'administration [1]. Le jugement, non attaqué dans les délais d'opposition ou d'appel, est passé en chose jugée au regard de tous (arg. art. 1351 C. civ.).

L'action appartient à l'actionnaire *actuel*. En cédant son action, le souscripteur a transmis tous les attributs de son titre d'actionnaire, y compris la faculté de plaider aux fins de nullité.

557. — Cela exclut-il l'action en nullité (ou en responsabilité) exercée d'une manière collective, *ut universi*, suivant l'expression consacrée, au nom de tous les actionnaires à la fois ? Nous ne le pensons point. Cette action collective est recevable. La société étant dissoute, le liquidateur a qualité pour l'exercer (motifs de Req., 6 août 1894, D. 95, 1, 144). Même si elle n'est pas dissoute, l'assemblée générale pourra non pas renoncer à l'action en nullité (car celle-ci ne se couvre que par la réparation du vice), mais la confier à des commissaires *ad hoc*.

On verra prendre cette forme collective aux actions en responsabilité contre les administrateurs, au cours de la société. La société elle-même ouvre un procès contre ses mandataires qui l'ont mal administrée, sans préjudice du droit de l'actionnaire habile à plaider séparément (n° 673).

Pourquoi cette même procédure deviendrait-elle irrégulière, lorsque c'est un vice de constitution, au lieu d'un vice de gestion, qui est la cause de la demande, lorsqu'il s'agit, en un mot, de l'action en nullité et de l'action en responsabilité qui lui fait escorte ?

Tous les actionnaires ont des droits égaux, procédant de souscriptions semblables. Pourquoi ces droits égaux ne se ramasseraient-ils pas afin de donner lieu à une action commune ? Les fondateurs se sont engagés, par gestion d'affaires ou par mandat, à effectuer une constitution régulière. Ils ont fait cette promesse à la collectivité de ces souscripteurs, au corps des actionnaires d'origine. Le corps des actionnaires actuels est aux droits de ce corps d'origine. C'est toujours la même société, irrégulière sans doute, qui s'est développée depuis le premier jour. L'action *ut universi*

---

l'intérêt général de la société à l'avis préalable, ou même à l'autorisation de l'assemblée générale, s'applique-t-elle valablement à l'action en nullité qu'un actionnaire veut intenter individuellement ? Non, pour la *clause prohibitive* ; non même, d'après la dernière jurisprudence (Cass. civ., 20 décembre 1911, *Journ. des Soc.*, 1912, 345, et quoique ce soit plus contestable, pour la *clause d'avis*. Sur ces clauses, v. Percerou, *Journ. des Soc.*, 1908, p. 203 et s. et *Contribution à l'étude des sociétés par actions*, n° 41 ; Bosvieux, *Journ. des Soc.*, 1909, 49 ; Thaller, *Annales de droit commercial*, 1913, 222.

1. De cette idée de représentation des actionnaires par le siège social dans l'action en nullité, il résulte aussi que le jugement qui *rejette* la demande en nullité formée par un actionnaire dispose de l'autorité de chose jugée vis-à-vis de tous les actionnaires. V. *supra*, n° 548, 2, en note.

condense les actions individuelles que tous les actionnaires auraient exercées à la fois.

La mention des demandeurs dans les exploits est inutile, l'issue du procès n'est pas subordonnée à la connaissance des individualités qui se dissimulent sous l'assignation, puisqu'aucune exception tirée de leur personne ne peut faire échec à la demande. Cet avantage d'échapper à la règle : « Nul ne plaide par procureur » a été l'une des raisons d'être de la personnalité morale : c'est le cas d'utiliser ladite fiction.

La société plaide en nullité contre elle-même. Cela semble illogique au premier abord. Mais la proposition veut dire en réalité : tous les actionnaires plaident les uns contre les autres à l'effet de rompre le pacte social, parce qu'il est irrégulier.

558. — L'exercice *ut universi* de l'action en nullité n'a peut-être pas une grande utilité ; mais ce mode collectif de poursuites a pour l'action en responsabilité, qui est la succédanée de la nullité, des avantages incontestables. Car : — *1*) les fondateurs ou autres personnes responsables seront atteints par là d'une condamnation globale, dont le chiffre sera calculé sur l'ensemble des sommes qui se trouveraient dans l'actif de la société si la société avait été régulière, et qui ne s'y trouvent pas à raison de l'insuffisance des souscriptions ou autrement ; — 2) le produit de cette condamnation tombera dans la caisse sociale ; il servira à couvrir le passif, et l'excédent sera distribué par le liquidateur entre les actionnaires ; — 3) les mandataires *ad litem* pourront également recevoir pouvoir à l'effet de transiger avec les fondateurs ; cette transaction emportera règlement de tous les litiges des personnes responsables avec des actionnaires quelconques, et elle liquidera la situation une fois pour toutes ; — *4*) si la société est mise en faillite, ce droit de plaider en nullité et d'agir en responsabilité collective ou de transiger appartiendra au syndic de faillite, tant pour le compte de la société que pour celui des créanciers.

Bref, la manière précédente d'analyser les actions nées, au profit des actionnaires, de l'inobservation des règles de constitution, apporte plus d'unité à l'étude des sociétés, en identifiant ces actions avec celles qui résultent d'une mauvaise gestion. Elle rend la nature et les effets de ces actions plus intelligibles, et elle permet d'effectuer un règlement d'ensemble, sans mettre chaque actionnaire dans la nécessité d'ouvrir un procès séparé, sans exposer non plus le fondateur à de perpétuelles réclamations.

559. — *b*) Le caractère individuel ou collectif des actions en nullité ou en responsabilité appartenant aux *créanciers* ne prête pas aux mêmes difficultés.

Chaque créancier peut agir de son côté aux fins de nullité et de réparation civile, aussi longtemps que la société est *in bonis*. Les créanciers manquent d'un organe commun. La condamnation obtenue à la requête de l'un ne profite pas aux autres. Le tribunal statue seulement sur l'intérêt pécuniaire du créancier demandeur. L'action, à ce point de vue, est individuelle.

Mais, lorsque la société est mise en faillite, le syndic, qui est à la fois le représentant de la société et celui de la masse des créanciers, peut, du chef de ces derniers, intenter les actions qui leur appartiendraient à tous selon une commune mesure. Les actions en nullité et en responsabilité contre fondateurs répondent bien à cette dernière condition. Tous les créanciers peuvent se dire lésés de la même manière. Aussi la jurisprudence n'hésite-t-elle pas à déclarer le syndic recevable à agir en justice, comme aussi à faire une transaction avec les personnes responsables, lorsque c'est au titre d'agent des créanciers qu'il se présente. Nous avons dit que, suivant notre opinion, il n'était pas moins qualifié pour agir et pour transiger du chef des actionnaires.

En scrutant ces questions, nous n'avons pas cherché à dissimuler tout ce qu'elles présentent d'aride et même de fastidieux. C'est qu'aussi le système légal tout entier a été hérissé de complications, en dehors de ce que la simplicité du droit demandait d'organiser.

§ 2. — Responsabilité pécuniaire

(L. 1867, art. 8 et 42 ; L. 1893, art. 3 et 5).

560. — La liberté de fondation des sociétés par actions a pour contrepoids la responsabilité. Les fondateurs, qui font mauvais usage de leur mandat, doivent expier leurs fautes ou négligences. Les sociétés par actions donnent l'exemple des responsabilités les plus graves et les plus étendues. La multiplicité des intérêts lésés dans une entreprise de plusieurs millions rend la sanction de la loi très menaçante. Si elle est trop sévère, elle découragera les hommes d'entreprise de fonder des sociétés.

C'est une responsabilité vis-à-vis du public tout entier. Elle a quelque rapport avec celle que la constitution d'un Etat fait peser sur les ministres ou sur les autres fonctionnaires, en cas de faute. Cette dernière responsabilité est admise, quitte à rechercher si elle suppose un acte illicite ou simplement un acte préjudiciable soit à l'Etat, soit à certains individus [1]. Il n'y a pas lieu d'écarter davantage celle des fondateurs ou des administrateurs de sociétés. — Toutefois, la législation établira peut-être avec le temps une distinction entre le dol et les simples fautes. La responsabilité ne serait illimitée que dans le premier cas ; en cas de faute, la loi la taxerait à une somme mesurée sur le capital social, à la moitié dudit capital par exemple. Ce système serait plus équitable.

En l'état, la responsabilité des fondateurs n'est pas toujours effective. Elle est éludée par son étendue même. Un jugement portant condamnation à dix millions de dommages-intérêts est passible d'un droit d'enregistrement énorme (2 o/o d'après la loi de frimaire an VII, 3 o/o en matière civile et de commerce d'après celle du 26 janvier 1892) ; et les droits sont perçus sur minute, quand même le jugement ne serait pas levé. Le demandeur s'expose donc à voir tous les frais retomber sur lui. De là l'habitude

1. Sur ces questions de responsabilité civile en droit public, voir M. Esmein, *Éléments de droit constitutionnel*, 3e éd., p. 290 et 650.

de condamner les fondateurs par provision à une somme très inférieure au préjudice, en commettant, pour faire état du complet dommage, un arbitre qui amènera les parties à transiger.

En outre, la transformation, si facile, des fortunes en valeurs mobilières, met les fondateurs en mesure de dissimuler leurs ressources, lorsque la catastrophe ne les a pas ruinés eux-mêmes. Ils s'entendent avec les actionnaires, avec le syndic de la faillite ou avec les liquidateurs, moyennant des réductions sensibles[1].

561. — La nullité d'une société, fondée au mépris de la loi de 1867, occasionne-t-elle, par elle-même, un préjudice soit aux *créanciers*, soit aux *actionnaires* ? — Non. La société, quoique nulle, a pu réaliser de bonnes affaires : il n'y aura point lieu alors à des réparations civiles.

Elle peut tomber, mais cette chute a des causes variables.

a) Tantôt elle a été déterminée par le vice de constitution : le fait par le premier quart des actions de n'avoir pas été versé a empêché la société de surmonter une crise, et elle a dû déposer son bilan. Il y a un *rapport de cause à effet* entre le vice originaire et l'effondrement de l'entreprise.

b) Tantôt la société est tombée, ou bien à cause d'une mauvaise administration mettant en jeu d'autres responsabilités que celle des fondateurs, ou bien par suite d'événements de force majeure (fermeture d'un marché étranger, nouvelles découvertes industrielles, etc.).

Sous le bénéfice de cette observation, qui expliquera un important changement de législation opéré en 1893, nous avons deux points à examiner : — 1° Qui va répondre, soit envers les créanciers, soit envers les actionnaires, des dommages provenant d'une irrégularité de constitution, suivie de l'annulation de la société ? 2° Dans quelle mesure pécuniaire, et pendant quelle durée les personnes responsables demeurent-elles obligées ?

562. — 1° *Qui est responsable ?* — Dans la commandite par actions, ce sont les *gérants* ou commandités, considérés comme fondateurs. Seulement, au regard des créanciers, la question est sans importance ; leur qualité d'associés en nom les rend responsables du passif intégralement.

Dans la société anonyme, ce sont les *fondateurs*.

On sait déjà que la loi n'a pas précisé le signe auquel le fondateur se reconnaîtra, et que cette qualité dépendra de la coopération effective, publique ou dissimulée, donnée à la constitution (banquiers, quoique non signataires des statuts, qui auraient procédé aux mesures de publicité afin de placer les titres, etc.). C'est une question de fait. La règle est la même pour les responsabilités qui résultent des manœuvres frauduleuses exercées sur les souscripteurs (prospectus mensonger, etc.).

563. — Mais, à côté de ces personnes, il y en a d'autres que la loi tient encore pour responsables.

A. Ce sont d'abord, dans les deux formes de sociétés, les *auteurs d'ap-*

1. A consulter sur la responsabilité des fondateurs, Percerou, *Des fondateurs de sociétés anonymes*, th. Dijon, 1896.

ports, même non fondateurs : ils sont dûment recherchés si ces apports n'ont pas été vérifiés et approuvés (art. 8 et 41 *in fine*).

B. Ce sont, ensuite, certaines personnes auxquelles la loi confie le soin de contrôler la constitution. En laissant fonctionner cette société, au lieu d'en arrêter la marche, elles ont contribué au dommage. Pour la détermination de ces responsabilités adjointes, la commandite n'est pas organisée de la même manière que la société anonyme :

a) Dans la société en commandite, les membres du *premier conseil de surveillance* doivent, immédiatement après leur nomination, vérifier si toutes les dispositions de la loi ont été observées par les fondateurs (art. 6). Faute de quoi, ils sont responsables avec eux (art. 8). Le projet de 1903 faisait disparaître cette cause de responsabilité.

b) Dans la société anonyme, on se souvient que cette vérification est faite par la dernière assemblée générale (n° 544), et que les commissaires de la première année n'ont pas à pratiquer, en notre matière, le contrôle spécial imposé au conseil de surveillance dans la commandite. L'action en dommages-intérêts n'est pas donnée contre les membres de l'assemblée générale : si celle-ci avait désigné des commissaires dans son sein, ceux-ci seraient responsables vis-à-vis des souscripteurs qui les ont élus, parce qu'ainsi le veut le droit du mandat.

Le rôle correspondant à celui du premier conseil de surveillance de la commandite est occupé par « les *administrateurs* de la société anonyme, *en fonctions* au moment où la nullité a été encourue » (art. 42), par les membres du premier conseil d'administration. Ils doivent, sous leur propre responsabilité, rechercher sans retard si la constitution a été régulière.

La jurisprudence induit de cette phrase équivoque, que le premier conseil d'administration, *même composé d'autres personnes que les fondateurs*, répond avec eux des vices de constitution. Et cette solution est admise, soit que le premier conseil ait été désigné dans les statuts, soit qu'il ait été élu par l'assemblée générale des souscripteurs [1].

564. — La loi s'est attachée ainsi à multiplier les personnes responsables. Plus elles seront, et plus l'action en responsabilité sera efficace.

La faute leur étant commune, il y aura condamnation pour le tout contre chacune d'elles (art. 42 : *solidairement*), sauf à elles à contribuer entre elles, malgré le prétendu adage : *Ex delicto actio non oritur*. Cette contribution

---

1. Cependant, peut-on dire des administrateurs élus par l'assemblée qu'ils étaient « en fonctions » quand la nullité a été encourue, du moment que le vice de nullité a été commis *avant* leur nomination ? — On a essayé de soutenir, en doctrine, qu'il fallait traiter en lettre morte la partie de l'art. 42 dans laquelle il est question des *premiers administrateurs*. Ce texte a été emprunté à l'art. 25 de la loi de 1863 sur les sociétés à responsabilité limitée, qui statuait, à la fois sur la nullité pour inobservation des formes, et sur la nullité pour non-publicité. Cette dernière nullité est certainement imputable aux premiers administrateurs. Leur responsabilité va dès lors de soi. Or l'art. 42 de la loi de 1867, ne parlant plus que de la première nullité, a, par mégarde, conservé pour l'énonciation de la sanction la même formule. Erreur ne fait pas compte. — Cette argumentation n'a pas trouvé faveur en jurisprudence.

s'exercera suivant des parts inégales, s'il en est qui aient pris dans la constitution une responsabilité plus forte.

565. — 2° *Pour quel chiffre et pendant quelle durée les personnes responsables seront-elles tenues ?*

Distinguons le régime de la loi de 1867 de celui de la loi de 1893.

566. — A. La loi de 1867 établissait une différence fondamentale entre la demande faite *par les actionnaires* et celle exercée *par les créanciers*.

a) Les *actionnaires* devaient établir le *rapport de cause à effet* entre la nullité encourue et la ruine de la société. Ils n'avaient droit à réparation que dans la mesure où le vice constitutif leur avait fait perdre leurs mises. Si l'actif avait péri par un autre motif, ils étaient sans droit.

L'action, disait-on, a pour base un mandat mal exécuté, ou encore l'article 1382 C. civ. ; dans ces deux cas, l'indemnité doit se limiter au tort subi ; ils doivent justifier de ce tort et de son montant : dommage « résultant de l'annulation », art. 8 ; « sans préjudice des droits des actionnaires », art. 42.

b) Les *créanciers* disposaient d'une situation meilleure. Dans la commandite par actions, ils étaient munis, sans doute, vis-à-vis du conseil de surveillance et des apporteurs (art. 8), de la même action *en réparation* que les actionnaires (le gérant se trouvant responsable de tout le passif).

Mais, dans la société anonyme, les créanciers bénéficiaient d'un privilège. Ils pouvaient, dans tous les cas, poursuivre individuellement les fondateurs et autres personnes assimilées, *pour le passif social intégral*. Ils le pouvaient, là même où n'existait aucun rapport de cause à effet, la société ayant succombé par suite de force majeure.

Leur gage d'exécution devenait ainsi plus large que si la société avait été régulière : la nullité de celle-ci tournait à leur enrichissement (action de même ordre que les anciennes *actions pénales*).

C'est en ce sens qu'avait été entendu un texte, l'art. 42 (auquel cependant la majorité de la doctrine donnait une autre signification). Les fondateurs « sont *solidairement responsables* envers les tiers, sans préjudice des droits des actionnaires ». Solidairement responsables, cela veut dire, dans la terminologie des sociétés : associés tenus au passif sans limite sur leurs biens, associés en nom collectif. — De fait, puisque la société est nulle, son passif ne peut plus se fixer sur un être moral, qui s'évanouit ; il frappe *personnellement* les fondateurs. Ces fondateurs encourront même la faillite personnellement.

D'ailleurs, au point de vue de la durée, les actions précédentes s'éteignaient toutes par *trente ans*. Cependant, ces mêmes infractions étant frappées d'amende, la connexité bien connue de l'action civile et de l'action publique (art. 638 C. inst. crim.) ne veut-elle pas qu'elles se prescrivent par trois ans ? Non. L'action en dommages-intérêts n'est pas *née du délit*, elle préexistait à sa consommation, elle résulte d'une promesse de constitution non tenue, ce n'est pas une *action civile* au sens du droit criminel.

A tous égards, les rigueurs de ce régime étaient excessives : — la responsabilité de tout le passif, sans distinction, était injuste, — la prolongation de la responsabilité pendant trente ans était intolérable.

567. — B. La *loi du 1er août 1893* innove à deux points de vue :

1° Elle assimile la mesure de l'action appartenant aux créanciers à celle qui appartient aux actionnaires. Les fondateurs, et autres, sont responsables solidairement envers les tiers et les actionnaires du *dommage résultant de l'annulation* (art. 5). La preuve d'une relation entre le vice relevé et la perte de l'actif, preuve requise de la part de l'actionnaire, l'est aussi de la part du créancier. Celui-ci n'obtiendra pas une somme plus forte que celle que l'actif social lui eût donnée, si le vice n'avait pas été commis (Douai, 6 mars 1900, D. 1901, 1, 207).

La règle s'applique, en vertu d'une disposition transitoire de la loi (art. 7, al. 3), même aux sociétés déjà constituées lors de sa promulgation. Une jurisprudence, d'ailleurs discutable, a été jusqu'à l'étendre aux actions qui se trouvaient déjà *en cours d'exercice* au moment de cette promulgation (Civ. rej. 17 février 1896, critiqué par M. Lyon-Caen, S. 1896, 1, 257).

568. — 2° La loi de 1893 restreint dans leur durée les actions en responsabilité tant au regard des créanciers qu'au regard des actionnaires. Elles cessent d'être recevables, lorsque, avant l'introduction de la demande, la cause de nullité a cessé d'exister, c'est-à-dire *sitôt le vice couvert*.

Exceptionnellement, l'action persévère pendant les *trois* premières années depuis le jour où la nullité a été encourue, c'est-à-dire depuis la fondation de la société. Nonobstant toute réparation du vice dans l'intervalle, cette action triennale est maintenue (art. 3, nouvel art. 8).

De toute manière, l'action en réparation du préjudice causé par la nullité se prescrit par dix ans, puisqu'après dix ans cette nullité ne peut plus être prononcée (art. 8, *in fine*).

Nous nous sommes prononcé plus haut sur le point de savoir si l'action est individuelle ou si elle peut être exercée à titre collectif (n° 556).

§ 3. — Responsabilité pénale[1]

(L. 1867, art. 13, 15, 16 et 45).

569. — Il y a eu inobservation des règles sur la constitution des sociétés par actions, soit de propos délibéré, soit par négligence. Le droit pénal général permettait de réprimer certains agissements et laissait les autres impunis. De là, la création de certains délits propres à la matière des sociétés, délits que relève la loi de 1867.

Le fait de violer la loi sciemment donnera lieu aux *pénalités de l'escroquerie* (art. 405 C. pén.), si les fondateurs ont usé de manœuvres frauduleuses, c'est-à-dire employé une mise en scène trompeuse, pour attirer à eux l'argent des souscripteurs.

La loi de 1867 fait application de cette idée dans ses art. 15 et 45, en

---

1. Rudat du Mérac, *Des délits relatifs aux sociétés par actions*; Tchernoff, *Sociétés par actions, délits et sanctions pénales*, 1910.

plaçant sur le même rang que l'escroquerie : — 1° le fait, par simulation de souscriptions ou de versements qui n'existent pas, d'en avoir obtenu ou tenté d'obtenir d'autres ; — 2° celui de publier faussement dans le même but, comme attachées à la société, des personnes déterminées. La mise en scène propre à l'escroquerie apparaît dans ces étalages de souscriptions fictives ou de noms fictifs. Et, alors même que les fondateurs ne se seront pas approprié pour eux-mêmes les fonds ainsi recueillis, et auront constitué une société effective mais nulle, la généralité des art. 15 et 45 permet de les frapper (Crim. rej., 9 mars 1885 et 26 juin 1886, D. 86, 1, 89 ; Crim. cass., 28 mars 1887, D. 87, 1, 353, aff. Mary-Reynaud, aff. de la Banque de Lyon et de la Loire). L'émission d'obligations serait punissable pour le même motif (voir cependant AUDIBERT, sous Crim. rej., 30 avril 1887, *Ann. dr. comm.*, 1886-1887, II, 126).

Si la prétendue société était purement postiche, l'intention des fondateurs étant de se partager les fonds, l'emploi de manœuvres semblables ou d'autres encore, à l'appui des souscriptions qu'ils sollicitent, les ferait tomber directement sous l'art. 405 C. pén. (Crim. rej., 17 janvier 1896, *Ann. dr. com.*, 1896, 262).

Mais une incidente de l'art. 15-1°, que l'on ne remarque pas de suite, permet d'aller plus loin dans l'ordre de la répression. La loi frappe, en effet, des peines de l'art. 405 la simulation de *tous faits faux* pour se procurer des souscriptions ou versements. Le cadre de l'escroquerie est ainsi dépassé. Il n'est plus besoin de « manœuvres » proprement dites pour faire intervenir la répression. Une simple déclaration inexacte suffit. Cela concerne surtout l'hypothèse où les fondateurs ou autres introducteurs des titres sur le marché auraient émis de mauvaise foi des allégations contraires à la vérité sur les précédents de l'affaire, sur les études ou enquêtes faites, sur le rendement économique du produit, sur la possibilité d'une concession à obtenir, sur la cote de la valeur alors qu'elle n'a pas été traitée encore ou ne l'a été qu'avec un compère, etc. Autrement dit, l'action ordinaire de dol est considérablement élargie, civilement et pénalement. La jurisprudence correctionnelle tend à faire état de plus en plus de cette disposition spéciale, ce qui lui permet d'atteindre, ainsi qu'on le verra, les agissements de certains syndicats de finance, devant lesquels on s'était cru, pendant un certain temps, désarmé.

570. — Lorsque la loi a été violée sans intention coupable, il est édicté une simple *amende* de cinq cents à dix mille francs, encourue nonobstant la bonne foi de l'agent (c'est un délit contraventionnel). Le délit est attaché non à l'omission des règles légales, mais au fait d'avoir délivré des titres d'actions malgré cette omission (art. 13 et 45).

En frappant plus durement, la loi aurait découragé l'esprit d'entreprise. Elle présente une lacune. Elle punit, dans la *commandite*, l'oubli de la nomination du premier conseil de surveillance ; elle ne parle pas, dans la *société anonyme*, de l'oubli de la désignation du premier commissaire [1].

1. Les membres des Chambres législatives ne doivent pas se servir de leur qualité parlementaire dans les prospectus faisant appel à l'épargne publique. C'est une pres-

Dans tous les cas, aussi bien celui de l'art. 15 que celui de l'art. 13, la peine comporte les circonstances atténuantes (art. 16).

SOUS-SECTION III. — Publicité.

(C. com., art. 45 abr. ; L. 1867, art. 55 et s., 63 et 64 ; Loi de finances, 30 janvier 1907, art. 3).

571. — Les principes, longuement développés plus haut (nos 359 et s.), sur la publicité des sociétés par intérêt, demandent à être également suivis pour les sociétés par actions. La publicité a été rendue uniforme pour toutes les sociétés commerciales par le titre IV de la loi de 1867. Autrefois, la commandite par actions était régie comme la commandite simple, et quant à la société anonyme les statuts étaient affichés avec le décret d'autorisation (art. 45 C. com.).

Mais, lorsqu'on parle aujourd'hui de la publicité des sociétés par actions, le sujet demande à être subdivisé. Depuis la *loi de finances du 30 janvier 1907* (art. 3), il y a lieu à un double système de publication, à un moment différent, et sous des sanctions qui ne sont pas les mêmes. Ainsi en est-il du moins pour les sociétés qui désirent introduire leurs titres sur le marché public [1].

572. — 1° Toute société par actions, même celle qui ne fait pas appel à l'épargne, doit après sa constitution, d'après la loi de 1867, procéder à une publicité de même ordre que les sociétés par intérêt. Les statuts ne sont obligatoires pour les actionnaires et pour les créanciers qu'à ladite

---

cription établie par le règlement des assemblées, ou tacitement consacrée. Certaines propositions sur les incompatibilités parlementaires ont même proposé d'interdire le cumul des fonctions de député et de sénateur avec celles d'administrateur de sociétés concessionnaires de l'Etat ou subventionnées par lui, etc. (proposition de loi de MM. J. GODART et E. BENDER déposée à la Chambre des députés le 31 janvier 1911).

1. En outre, en vue de rendre la publicité plus efficace, diverses tentatives ont été faites pour centraliser en un endroit unique, où il serait facile de les consulter, tous les renseignements relatifs tant à la constitution qu'au fonctionnement des sociétés par actions. V., en ce sens, la proposition de MM. GEO-GERALD et autres à la Chambre des députés (séance du 17 février 1913) portant création d'un *Office national des sociétés anonymes* faisant appel, sous quelque forme que ce soit, au crédit public. Comp. la proposition de la commission de la *Société d'études législatives* sur le registre du commerce (dispositions relatives aux sociétés), *Bulletin*, 1914. Mais ce ne sont là que des projets.

Dès aujourd'hui une réforme pratique a été réalisée dans ce sens par la transformation (à dater du 16 juin 1913) de l'ancienne « Association nationale des porteurs français de valeurs étrangères » en *Office national des valeurs mobilières* (constitué sous le patronage de la Chambre syndicale des agents de change de Paris), et par l'extension de ses services, — limités d'abord à la protection des porteurs français de valeurs étrangères (comités de défense) — à la concentration de tous renseignements et « documents relatifs aux valeurs mobilières, françaises ou étrangères, émises ou négociées sur le marché français ». L'Office met à la disposition des intéressés les « statuts, rapports, bilans, prospectus et autres communications des sociétés françaises ou étrangères réunis par lui... »

condition. A défaut de cette prescription, la société est nulle, sans que la nullité soit opposable aux tiers (Cfr. nos 366 et s.).

Donc, dans le mois à partir de la formation définitive de la société, le gérant ou les premiers administrateurs doivent :

a) Déposer un *double* ou une *expédition* des statuts aux *greffes du tribunal de commerce et de la justice de paix* du siège social et des succursales ;

b) Faire insérer dans un *journal d'annonces* du même arrondissement un *extrait* contenant les clauses de l'acte que nous avons déterminées (n° 362).

Les modifications ultérieures aux statuts doivent être également publiées (art. 56 à 61).

573. — Les particularités suivantes sont les seules à relever :

1) Il faut déposer au greffe, avec les statuts, une *copie* certifiée des *délibérations des assemblées constitutives*, et une *expédition de l'acte notarié* constatant les souscriptions et versements. Pour la société anonyme, il faut en outre le dépôt de la *liste nominative des souscripteurs* (art. 55) : prescription qui n'aurait d'utilité que si elle était renouvelée chaque année, ce que notre loi ne demande pas.

2) Quoique la question soit résolue en sens contraire pour les sociétés par intérêt, il est certain ici (art. 63) que les pièces précédentes sont *à la disposition de toute personne* qui voudra les consulter au greffe ou s'en faire délivrer expédition à ses frais. D'autre part, le siège social doit délivrer à tout requérant copie des statuts, moyennant un versement d'un franc.

A noter encore, l'affichage apparent de toutes les pièces dans les bureaux de la société, ainsi que l'obligation, sous peine d'amende, pour tous les documents imprimés ou autographiés de la société, de faire suivre la dénomination sociale des mots « société anonyme » ou « société en commandite par actions », avec l'indication du montant du capital (art. 64).

573 *bis*. — 2° A cette publicité s'en ajoute maintenant une seconde.

Il faut que toute personne procédant à une émission, exposition, mise en vente, introduction sur le marché d'actions, d'obligations ou titres quelconques de toute société, fasse insérer dans un bulletin hebdomadaire (paraissant le lundi de chaque semaine), annexé au *Journal officiel* et dénommé *Bulletin des annonces légales obligatoires à la charge des sociétés financières* [1], préalablement à toute mesure de publicité, une *notice*, que devra viser ensuite tout document d'affichage ou d'annonces se rapportant aux dites valeurs. L'émetteur doit signer cette notice et donner son adresse, il faut qu'il soit domicilié en France. Toute infraction à cette prescription est passible d'une amende de 10.000 à 20.000 fr., sous réserve de l'art. 463 C. pén. [2] : elle est constatée par les agents de l'Enregistrement.

---

1. Cette dénomination a été substituée par le décret du 3 février 1912 à celle de « Bulletin annexe au *Journal officiel* », primitivement employée par le décret du 27 février 1907, rendu pour assurer l'exécution de l'art. 3 de la loi de finances du 30 janvier 1907. Ce dernier décret fixe les détails de fonctionnement du Bulletin et notamment le coût de l'insertion (2 fr. la ligne).

2. Il a été jugé que, en raison du caractère spécial et fiscal de la loi, l'infraction

La notice ne contient pas (du moins pour les entreprises françaises [1]) la reproduction complète des statuts, mais le nom de la société, la législation applicable, le siège social, l'objet, la durée de l'entreprise, son capital, le dernier bilan s'il y en a, les obligations émises, les apports en nature et avantages particuliers.

Quand cette publication a-t-elle lieu ? Cela dépend. Lorsque les actions sont prises par les fondateurs, on la retardera aussi longtemps qu'ils ne chercheront pas à les écouler. Mais, si les titres sont mis en souscription publique dès l'origine, c'est pendant la phase constitutive elle-même qu'on y devra procéder, antérieurement à ces souscriptions. L'omission des émetteurs n'entraînera pas d'ailleurs nullité de la société.

Il s'agit ici d'une innovation empruntée à la pratique du *prospectus obligatoire*, déjà suivie en droit anglais et allemand, et qui avait fait l'objet de propositions de MM. Fleury-Ravarin et Chastenet, en 1897 et 1902 [2]. Elle a pour but de tenir en garde les souscripteurs publics ou acheteurs publics de titres contre le mirage des valeurs qu'on leur propose. Elle a été réalisée par l'art. 3 [3] de la loi de finances du 30 janvier 1907 [4].

Ce sont les *syndicats de finance* [5] qui sont principalement visés, c'est-à-dire les fondateurs qui se groupent pour prendre tous les titres, confient à l'un d'eux le soin de les écouler à un prix minimum (ce n'est pas un accaparement frappé par l'art. 419 C. pén.), forment entre eux une association en participation à laquelle chacun adjoint, quant à lui, les membres de sa clientèle, devenant croupiers de leur participant de tête, et liquident finalement entre eux les résultats de l'affaire. Ceux à qui ils repassent insidieusement le stock après avoir tâté le marché, avec la connivence d'intermédiaires peu scrupuleux, sont trop souvent bernés. De là, un effort pour ouvrir les yeux à ces absorbeurs de titres. Ce qu'on publie alors, ce n'est plus, en réalité, la société, c'est la valeur rendue accessible à toutes les bourses, c'est l'action.

En la forme, l'innovation est assez maladroite. On ne sait pas bien encore aujourd'hui si le fait d'écouler les titres par *démarcheurs* opérant à

---

existe *indépendamment de toute intention coupable*, par le seul fait de la violation matérielle des formalités imposées par la loi : Trib. corr. Seine, 4 juin 1913, *Journ. des Soc.*, 1914, 37.

1. Pour les sociétés étrangères, l'art. 3 L. 1907 exige, au contraire, la publication intégrale des statuts en langue française dans le Bulletin, v. *infra*, n° 779.

2. Le projet de loi de 1903 faisait plus largement usage de la publicité par la voie du Bulletin : notamment il exigeait (art. 58) que le projet de statuts, en son entier, fût inséré au Bulletin dix jours au moins avant l'ouverture de la souscription. La nouvelle loi du 22 novembre 1913 impose également l'usage du Bulletin pour la convocation des deuxième et troisième assemblées modificatives des statuts, v. *infra*, n° 685.

3. V. le commentaire de ce texte par M. Wahl, dans le *Journal des Sociétés*, mai et juin 1907.

4. Un décret du 20 mars 1910 a étendu ce texte à certaines colonies françaises.

5. Sur les syndicats de finance, v. les auteurs cités *supra*, n° 498, note 2. *Adde* : Pic, sous Paris, 12 décembre 1893, D. 96, 2, 481 ; Sayous, *Des Bourses allemandes de valeurs et de commerce* ; Bayart, *Le prospectus et son rôle dans la législation anglaise*, 1903 ; Colliez, *Les ententes de producteurs et de commerçants*, 1903.

domicile, si l'envoi de circulaires fermées ou ouvertes à des personnes quelconques, constitue ou non l' « introduction sur le marché[1] ». La loi ne parle pas non plus des réparations civiles.

En fait, l'introducteur ne se contente pas d'insérer au Bulletin annexe du *Journal officiel* la notice sus-énoncée. Il faut amorcer le public par d'autres moyens. Il chauffe la valeur, en lui attribuant des qualités qu'elle n'a pas, et la décrit dans un journal de finances, en mentionnant des « faits faux ». Même avant la loi de 1907, il y avait une sanction : celle que donne l'art. 15-1° de la loi de 1867.

Sans doute, les personnes prenant ainsi les titres sur le marché seront liées par leur souscription publique ou par leur achat, et, à plus forte raison, les acheteurs ultérieurs. Les opérations sur valeurs ont un caractère plus ou moins aléatoire, qui ne permet pas de faire jouer sur elles les principes de la rescision pour vices rédhibitoires ou pour qualités faussement attribuées au bien trafiqué (art. 1641 C. civ.). Autrement, la publication primordiale d'un fait faux entraînerait pour les négociations une cascade de nullités, chose inadmissible.

Mais il reste du moins que le propagateur du fait faux est tenu de son délit, passible des peines de l'escroquerie même en l'absence de manœuvres proprement dites (voir n° 569), et obligé de dédommager tout individu qui s'en est rapporté à ses allégations. L'art. 1382, combiné avec l'art. 15-1° de la loi de 1867, suffisait à l'atteindre, avant même la loi de 1907. Celle-ci ne paraît pas avoir apporté au public un surcroît sérieux de protection, à une réserve près : l'émetteur, au lieu de garder le masque de l'anonymat, devra désormais se révéler dans la notice. Mais sera-t-il solvable ? Puis, de ce qu'il a fait insérer à l'*Officiel* les énonciations prescrites, s'ensuivra-t-il qu'il doive endosser la responsabilité de faits faux, sortis on ne sait de quelle officine ? Car est-ce bien lui qui en est l'auteur[2] ? Nous touchons ici les plaies les plus vives de la circulation des valeurs. La loi n'a pas encore trouvé le moyen thérapeutique de les traiter, ni l'hygiène pour les prévenir.

SECTION II

DE L'ACTION ET DE SA CIRCULATION

(C. com., art. 34 à 36 ; L. 1867, art. 2 et 3 ; L. 1893, art. 2 et 7 ; LL. 9 juillet 1902 et 16 novembre 1903).

574. — On a dit de l'action, comme Esope de la langue, beaucoup de bien et beaucoup de mal. Elle a groupé et dirigé sur les grandes entreprises

---

1. Cfr. Trib. corr. Marseille, 10 juin 1908, *Journ. des Soc.*, 1909, 135.

2. Le projet de loi Klotz sur la protection de l'épargne publique (Chambre des députés, 5 novembre 1912), étendant la notice obligatoire dans le Bulletin aux titres émis par les villes, provinces ou Etats, n'apporte pas, sur ce point capital de la preuve à fournir pour mettre en jeu la responsabilité de l'émetteur, signataire de la notice, d'éclaircissements notables (art. 13 du projet). Et par ailleurs — inconvénient sérieux — il offre un caractère nettement fiscal. V. *Annales de droit commercial*, 1913, p. 336 et s.

les faibles épargnes, démocratisé le titre d'associé, en le mettant à la portée des petits, mobilisé les chemins de fer, les usines, en en transportant la copropriété sur des certificats de circulation facile.

Mais, sans parler des traquenards tendus par ce titre, il y aurait aussi contre lui bien des motifs de censure. C'est encore D'AGUESSEAU, après le système de Law, et personnellement victime des intrigues que lui avait values son courage devant l'agiotage, qui a le mieux dénoncé ses dangers (*Mémoire sur le commerce des actions*). Il a eu tort de généraliser en disant, sans assez de restrictions, que son trafic engendre de fausses richesses, diminue les travailleurs, compromet les fortunes privées, pousse au luxe et aux dépenses, engage les consciences honnêtes, est funeste à la bonne foi.

Ce qui demeure vrai, c'est que l'action a fait pénétrer le lucre dans des classes autrefois étrangères à la spéculation. Elle a développé de nombreuses convoitises qui neutralisent en partie ses avantages économiques.

575. — L'*action* est opposée à l'*intérêt*, droit fixé à la personne, en ce qu'elle forme une part sociale *négociable*. L'actionnaire est un associé dont on ne recherche point les qualités individuelles, mais seulement la mise.

Il convient de parcourir les études suivantes : d'abord une *comparaison de l'action tant avec la commandite qu'avec l'obligation* ; puis l'examen des *traits caractéristiques de l'action* ; enfin l'*exposé des règles concernant respectivement les actions de numéraire, les actions d'apport, les parts de fondateur*.

§ 1. — Comparaison avec la commandite d'une part et avec l'obligation de l'autre.

576. — I. **Rapprochement avec la commandite.** — L'*action* se rapproche de la *commandite*. La part qu'elle représente est, au fond, de même nature qu'une part de commanditaire.

Nous avons dit : 1° Que le commanditaire était lié envers la société par un *contrat civil* (n° 333). Il faut statuer de la même manière pour l'actionnaire, quoique le *tribunal de commerce* du siège social, toujours compétent pour connaître des procès entre associés dans une société commerciale (art. 631-2° C. com. depuis 1856, et art. 59 C. proc. civ.), connaisse par là même des contestations engagées par ou contre les actionnaires. — L'actionnaire, qui souscrit pour revendre, fait en revanche acte de commerce ;

2° Que le commanditaire était tenu d'une *action directe* envers les créanciers (n° 417). Il en est de même de l'actionnaire. Cette action directe procure aux créanciers (le plus souvent au syndic de faillite) l'avantage d'échapper aux exceptions que l'actionnaire pourrait opposer à la société, du chef d'un dol, d'une compensation, etc.

577. — De part et d'autre également, la *responsabilité est limitée*. L'actionnaire ne doit que le montant nominal de son action, c'est-à-dire au moins 25 ou 100 fr., si les statuts ont pris le type d'action le plus faible, et généralement une somme plus forte, 500, 1.000 fr. (C. com., art. 33). S'il l'a versé entièrement, il ne doit plus rien. S'il en a versé une partie, il ne doit plus que le complément.

C'est ainsi qu'on dit d'une action qu'elle est *libérée* du quart, de la moitié, qu'elle est intégralement libérée. On sait que la libération du premier quart au moins est prescrite avant la constitution de la société (n° 521).

Le *non-versé* peut être l'objet, dans deux circonstances, de ce qu'on désigne un *appel de fonds* :

1° La société est *in bonis*, elle veut s'agrandir, procéder à de nouveaux travaux, achever sa mise en train. Il lui faut tout ou partie du complément des actions. On appellera un nouveau quart ou tout le reliquat. C'est à l'assemblée générale ordinaire à décider pareille mesure, — à moins que le conseil d'administration n'ait reçu des statuts pareil pouvoir ;

2° La société est au-dessous de ses affaires, *en faillite* ou *en liquidation*. L'appel de fonds servira à couvrir le déficit, à payer les créanciers. On admet en jurisprudence que, s'il y a faillite, le *syndic*, substitué à tous les organes de la société par le dessaisissement de cette dernière, peut de sa propre autorité exiger des actionnaires le complément. Il pourrait, s'il y trouvait avantage, provoquer le liquidateur (quand il y en a un) à l'exiger à sa place (Pic, dans les *Annales de droit commercial*, 1886-87, p. 137). — On admet encore que ni le liquidateur, ni le syndic n'a à justifier préalablement du déficit, pour contraindre les actionnaires à libérer leurs titres (Req., 1er mai 1907, D. 1907, 1, 373 ; Cass., 24 octobre 1910, D. 1912, 1, 487 ; Percerou, *Traité des faillites*, t. II, n° 1657). Il faudra donc rendre plus tard les versements, si l'actif suffit à rembourser les créanciers ou si la société obtient un concordat. Cela laisse des doutes sur l'exactitude de la solution [1].

578. — II. Rapprochement avec l'obligation. — La commandite diffère du prêt à intérêt. Nous allons, par symétrie, entreprendre un autre parallèle, celui de l'*action* et de l'*obligation*, quoique l'étude de celle-ci doive reparaître dans la section VI.

Beaucoup de sociétés procèdent, indépendamment de leur capital-actions, à des émissions d'obligations. Les émissions, ayant lieu en vertu du droit que la société a de conclure des actes, ne sont pas légitimement possibles avant le commencement de ses opérations. Mais une assemblée constitutive pourrait autoriser le premier conseil d'administration à y procéder une fois que la société aura été constituée. On se demandera, à propos des assemblées générales, sous quelles conditions cette opération est possible au cours de la société.

On ne doit point confondre l'action et l'obligation. Malgré leurs ressemblances de forme et une similitude fiscale, les droits nés de l'une et de l'autre diffèrent. C'est la distinction entre la *commandite* et le *prêt à intérêt* (n° 322) qu'il faut reprendre en substance.

579. — 1° L'obligation est une *créance*, un *prêt* ; — l'action est une part du fonds social, un droit d'*associé*.

---

1. Voir nos observations dans l'Examen doctrinal de jurisprudence commerciale de la *Revue critique de législ. et de jurispr.*, 1887, p. 227, et celles de M. Labbé, dans le *Journal du Palais*, sous Cass., 20 novembre 1886, 1887, p. 113.

L'obligataire fait crédit à la société, à un autre que lui. Le capital-obligations ne forme point partie du capital de la société, de l'actif des associés. Cet actif se grève du montant des obligations émises. Les ressources s'augmentent bien des versements des obligations, ce qui permet à la société d'entreprendre de nouveaux travaux, en lui faisant espérer des bénéfices d'autant plus forts. Mais son passif se trouve, d'autre part, élevé d'un chiffre égal ; donc son capital n'a pas varié.

Placé hors du cercle des associés, l'obligataire ne concourt pas à leurs *délibérations*, il ne participe point aux assemblées générales de la société, pas plus qu'à son administration.

580. — 2° Le *risque* n'est pas le même pour l'obligataire et pour l'actionnaire. L'obligataire ne court pas l'aléa de la société, il est exposé seulement à la voir péricliter. En cas de *faillite* de celle-ci, il sera *colloqué* avec les autres créanciers, car il en est un. A moins d'avoir stipulé des garanties telles qu'une hypothèque, il produira au marc le franc. Ce n'est qu'autant que le passif dépasse le capital, que l'obligataire, ainsi que tout autre créancier, se trouve atteint. C'est un résultat de fait.

L'actionnaire, si la société fait faillite, *s'efface* en présence des créanciers, obligataires compris. Il ne peut prétendre qu'au reliquat, une fois tous les créanciers remboursés. Si le passif égale l'actif, il perd sa mise, tandis que l'obligataire, en ce cas, sera rentré dans la sienne.

581. — 3° Comme rendement annuel, l'obligataire a droit à un *intérêt fixe*. Cet intérêt d'ailleurs, depuis la loi du 12 janvier 1886, n'est plus soumis à un taux maximum : dans le commerce il peut dépasser 6 o/o.

L'actionnaire a droit à un *dividende variable*, selon l'état des bénéfices à l'inventaire. Ce dividende est illimité, il peut atteindre 20 o/o, il peut aussi tomber à néant, par absence de gains ou par pertes constatées [1].

La jurisprudence, on le sait, valide, sauf, semble-t-il, à en exiger la publicité, la *clause statutaire*, allouant aux actionnaires un *coupon fixe* de 4, de 5 o/o, même après un exercice en perte (n° 385). Ailleurs (Italie, etc.), la loi en limite la validité aux sociétés appelées à construire avant d'exploiter (chemins de fer, isthmes, etc.), pour cette période de construction seulement, et à un taux d'intérêt réduit (En ce sens, projet voté par le Sénat en 1884).

582. — 4° L'obligataire *a droit* à son remboursement : tout prêt est essentiellement remboursable. Les échéances seront réglées de manière à ne pas dépasser la durée de la société. Car c'est le produit de son exploitation

1. Dans beaucoup de sociétés de chemins de fer (spécialement dans les cinq grandes Compagnies, conventions de 1883), la *garantie d'intérêt*, procurée à titre d'avances par l'Etat (ou par le département), assure aux actionnaires un minimum de dividende. Au-dessus de ce minimum les excédents devront rembourser les avances que l'Etat avait faites dans les précédents exercices au titre de la garantie, ce qui ne laisse aux actionnaires l'espoir d'un dividende supérieur qu'une fois ce remboursement terminé. La notion du dividende variable est ainsi mise en échec pendant un certain temps.

qui permettra à celle-ci de se libérer. Lorsque le remboursement a eu lieu, l'obligation est *amortie*.

L'amortissement s'opère d'après des *tirages au sort annuels*, échelonnés sur dix, vingt, trente ans ou davantage, par séries tantôt de nombre égal, tantôt d'un nombre croissant de titres. On sait combien d'obligations sortiront par an, et la société peut déterminer la somme qu'elle devra consacrer au service des titres, coupons d'intérêts et amortissement réunis. Mais nul obligataire ne sait quand sortira son propre numéro.

Lorsque l'obligation a été émise *au-dessous du pair*, à un chiffre inférieur à son montant nominal, le remboursement procurera une prime à l'obligataire : les porteurs les plus favorisés sont ceux dont les titres sortent au tirage en premier lieu. L'obligataire porteur d'un titre remboursable à 500 fr. n'a eu que 400 fr. à verser. L'écart entre le capital versé et le capital remboursé, entre le taux d'émission et le taux nominal, constitue la *prime*.

583. — Ces principes ne sauraient être suivis sans un correctif, pour les actions. Les actions, en général, ne sont pas remboursables. Les fonds des actionnaires restent dans la société jusqu'à sa fin. A ce moment, les actionnaires concourront au *partage*, ce qui n'est point un remboursement. Ils ont avant cette époque un moyen de rentrer dans leur argent, semblable à celui dont disposent les obligataires : c'est la négociation du titre.

Toutefois, certaines sociétés pratiquent l'amortissement statutaire de leurs actions, par tirages annuels, comme pour les obligations.

Ces sociétés sont généralement celles, comme les chemins de fer, les compagnies de gaz, qui exercent sur le domaine public une concession destinée à revenir à jour fixe à l'Etat ou à la commune avec le capital engagé, sans que le concédant ait à en fournir alors la contre-valeur.

Si l'on n'amortissait pas les actions, les actionnaires verraient à la dissolution s'éclipser le fonds social et, à moins d'avoir de longue date reconstitué leur mise par des prélèvements annuels sur leurs dividendes, ils perdraient alors la valeur sur laquelle ils comptaient.

Mais voici à quels points de vue cet amortissement se distingue de celui des obligations.

584. — A. Il ne donne pas droit à une *prime de remboursement*. Les actions n'ont pas été émises au-dessous de leur taux nominal. Autrement, le capital social annoncé n'aurait pas été *intégralement* souscrit [1].

585. — B. L'obligataire remboursé n'a plus aucun lien avec le siège social. L'actionnaire ne sort pas de la société par suite de l'amortissement. Il reçoit à la place de son ancienne *action*, dite *de capital*, une action nouvelle, dite *de jouissance*. L'action de jouissance ne confère pas autant de

1. Il se peut, sans doute, que la société n'ait pas encaissé le montant nominal « au net », car elle a dû en déduire le montant de la commission (2 0/0 par exemple) servie aux banquiers qui ont fait le placement des actions. La différence entre 98 et 100 fr. ne constitue pas une prime de remboursement. L'actionnaire, par le fait de l'amortissement, ne retrouve toujours que la somme par lui déboursée.

droits que l'action de capital. Comme l'actionnaire récupère sa mise, tandis que les autres ne sont pas rentrés dans les leurs, il bénéficiera désormais de moindres avantages que par le passé, ce qui est naturel.

1° On commencera par prélever sur les bénéfices des exercices à venir une somme suffisante pour servir aux actions de capital 4 ou 5 o/o de leur montant, premier dividende, auquel les actions de jouissance ne concourront pas. Le surplus des bénéfices sera partagé *au prorata* entre *tous* les actionnaires des deux catégories indifféremment. — Les coupons annexés au titre révèlent quelquefois cette différence. L'action de capital a deux coupons : un coupon incorrectement appelé *coupon d'intérêt* et un *coupon de dividende*. L'action de jouissance n'a que ce deuxième coupon.

2° Si la société liquide avant l'amortissement total, l'actif, préalablement à tout partage, servira à rembourser les actions de capital encore en circulation.

586. — C. Il y a une troisième différence à relever. Elle résulte de ce que l'amortissement des actions ne doit s'exercer que *sur les bénéfices* et qu'il faut le suspendre dans les années où le bénéfice fait défaut.

Les obligations forment une *dette*, le tirage des séries exigibles doit s'effectuer avant tout calcul des bénéfices et quand même il n'y en aurait point. Le capital n'est point affecté par le remboursement, la société se libérant dans la mesure où elle diminue ses ressources : il y a balance.

A l'égard des actions la situation est autre. La société doit conserver son capital intact : tout remboursement aux associés équivaut à une reprise occulte d'apport, violant le gage promis aux créanciers (voir le n° 377). La compagnie est au capital de 1 million. Si, après la première année, on amortit 100 actions de 500 fr. sans bénéfice réalisé, le capital se trouve réduit de 50.000 fr. Les créanciers n'auront plus devant eux qu'un actif inférieur à celui qu'on leur avait annoncé. Ils pourront exiger de l'actionnaire remboursé, en cas de mauvaises affaires, le rapport de la somme payée à titre d'amortissement.

On doit, dans ces conditions, se demander quelle est la nature du remboursement procuré à l'actionnaire. Le problème est malaisé.

587. — Supposons d'abord que l'amortissement des actions doive véritablement, d'après les statuts, ne s'effectuer qu'avec des bénéfices et être suspendu à la suite d'un exercice en perte. Certaines sociétés, n'exploitant pas de concession de travaux publics, procèdent de cette manière.

Nous estimons que l'amortissement n'est pas un remboursement de l'action, en dépit des expressions employées, mais qu'il constitue un *dividende extraordinaire* dont profite l'actionnaire désigné par le sort. Les fonds de l'action demeurent dans la société, le capital de celle-ci est demeuré sauf [1]. Il serait contradictoire de prétendre que le montant de l'action a fait retour à l'actionnaire et qu'il continue cependant à être intégré dans le capital.

Pourquoi alors faire fonctionner l'amortissement ? Par mesure de pré-

---

1. MOREL, *Des actions de jouissance* (th. 1903) ; MARIA, *Etude sur les actions de jouissance* (et notre préface), 1905 ; notre dissertation dans le *Journ. des Soc.*, 1906.

voyance, afin que l'actionnaire, dans les belles années, puisse se donner l'illusion que le montant de son action lui a été rendu, et capitaliser à nouveau ce dividende extraordinaire en en opérant le placement ailleurs, au lieu de le consommer. Si la société doit éprouver ensuite un revers, du moins le principal de son action lui est-il rentré. Si la société doit continuer à être prospère, il retrouvera une seconde fois dans le fonds de liquidation le montant de son titre; cet élément de sa fortune aura été doublé.

Si ce point de vue est vrai, la règle, couramment admise, du maintien pour l'action de jouissance du droit de concourir aux assemblées générales, sur le même pied qu'une action de capital, se conçoit très bien. Nous en conclurons encore : — *a*) que l'insolvabilité de la société survenant plus tard n'oblige pas l'actionnaire à rendre aux créanciers la somme qu'une fausse terminologie déclare lui avoir été remboursée ; — *b*) que même l'insuffisance de ressources au moment de la liquidation pour amortir les actions non encore sorties au tirage n'aurait pas pour résultat de contraindre à un rapport les porteurs d'actions de jouissance (à moins que de l'interprétation des statuts ne ressorte une volonté différente) ; — *c*) que les sommes remboursées sont passibles de l'impôt sur le revenu (voir ci-dessous) ; — *d*) que l'amortissement n'a pas besoin d'être publié.

588. — Une autre opinion a été soutenue [1] : l'amortissement serait un *partage* anticipé du fonds social, effectué par étapes et progressivement, quelque chose comme un « avancement d'hoirie », la remise donnée d'avance de sommes qui normalement n'auraient dû être distribuées qu'à la liquidation.

Ce système, du moment qu'il présuppose la condition essentielle de laisser le capital statutaire intact, et de n'effectuer l'amortissement qu'avec des bénéfices, ne se sépare pas sensiblement du précédent ; ce qui est l'objet du partage anticipé, c'est le surplus des ressources sociales constatées par l'inventaire et dépassant le capital dû au public. Le dissentiment ne se produira que sur l'une ou l'autre des règles d'application, sur la deuxième et la troisième particulièrement.

589. — Mais tout cela ne tranche pas la difficulté à l'égard des compagnies de chemins de fer, c'est-à-dire des sociétés qui les premières ont mis l'amortissement des actions en faveur, bien que pour certaines d'entre elles la phase des tirages n'ait commencé qu'à une date récente.

Pour ces compagnies, le remboursement s'effectue bien aux dépens du capital, lequel décroît d'année en année, de manière à être évaporé à la fin de la concession. Et c'est afin d'empêcher cette évaporation de frustrer l'actionnaire de sa mise initiale, qu'on a fait appel à sa prévoyance, en lui conseillant de refaire le placement de son action lorsqu'elle lui sera remboursée.

---

1. Valery, dans la *Revue générale de droit*, 1906, p. 32 et 121, 1907, p. 110 ; Ripert, dans les *Annales de dr. com.*, 1907, p. 372 ; Pic, *Sociétés* (collection Thaller), t. II, nos 805 et s. — Voir d'autres constructions de Bouvier-Bangillon, dans le *Journ. des Soc.*, 1906, p. 147 et s. ; Pliquet (th. Bordeaux, 1908).

Les Compagnies de chemins de fer ont une façon particulière de tenir leur comptabilité. Le « compte d'établissement » est séparé du « compte d'exploitation ». On ne s'attache pas à maintenir à l'actif du premier compte valeurs suffisantes pour assurer la stabilité du capital social : ce capital baisse à mesure que la concession suit son cours, puisque la valeur des travaux se rapproche du jour où l'Etat les reprendra gratis. On entend par bénéfices nets les « recettes nettes » du trafic, déduction faite des frais d'exploitation, et ces bénéfices sont distribués partie en amortissement d'actions, partie en dividende ordinaire. Rigoureusement il aurait fallu retenir sur eux de quoi conserver le capital immuable. La Compagnie ne le fait point.

S'ensuit-il que la pratique des Compagnies soit irrégulière ? On peut la défendre en disant : 1° que leurs statuts remontent à une époque où n'existaient encore ni les lois réglementaires des sociétés par actions, ni avec elles le principe de l'immutabilité du capital ; 2° que le décret, qui les a homologués par application de l'art. 37 C. com., fait loi à l'égard du public ; 3° que ces Compagnies, par la garantie que l'Etat leur donne, sont d'une solidité que les brèches faites à leur capital ne sauraient ébranler.

On peut défendre mieux encore cette pratique, au point de vue doctrinal, en la décomposant, suivant le deuxième système précédemment décrit, en un remboursement anticipé, mais avec la clause tacite que le capital remboursé serait sujet à rapport au cas improbable de revers et de cessation de paiements. La Compagnie aurait placé une partie de ses ressources chez ses actionnaires eux-mêmes.

Dans les Compagnies de chemins de fer, comme dans les sociétés de la première catégorie, les actions de jouissance donnent accès aux assemblées générales avec des droits égaux à ceux des actions de capital.

590. — Au sujet des actions de jouissance, il y a d'autres remarques à faire :

1° Les statuts pourraient décider que l'amortissement emportera sortie complète de l'actionnaire et ne donnera pas lieu à la délivrance d'un titre nouveau ; en ce cas, son concours aux assemblées postérieures n'aurait plus de raison d'être.

2° Mais, que le remboursement dût se faire d'une manière ou d'une autre, il fallait, avant la loi du 22 novembre 1913, qu'il eût été prévu par les statuts. Une assemblée générale extraordinaire ne pouvait pas, sans porter atteinte aux droits individuels, décider une pareille mesure, même dans les conditions réglées par l'art. 31 de la loi de 1867 : encore cette solution était-elle contestable [1]. En tout cas, elle n'est plus exacte aujourd'hui ; par cela même qu'elle reconnait en principe à l'assemblée générale extraordinaire le droit de modifier les statuts dans toutes leurs dispositions, la loi du

1. Par argument de la loi du 16 novembre 1903 sur les actions de priorité, d'où il semblait bien résulter que désormais l'assemblée extraordinaire pouvait modifier la répartition statutaire des bénéfices : Percerou, *Du pouvoir de l'Assemblée générale extraordinaire de modifier les statuts, spécialement au point de vue de la loi du 16 novembre 1903*, 1908, n°s 32 et s. — V. *infra*, n° 693.

22 novembre 1913 (V. *infra*, nos 693 et s.) l'autorise à décider un prélèvement sur les bénéfices en vue de l'amortissement des actions.

3° Dans tous les systèmes, on admet que les sommes provenant de l'amortissement représentent *dans la fortune particulière de l'actionnaire*, à qui elles sont retournées, une valeur de capital, et non un revenu. Si l'action est l'objet d'un usufruit ou dépend d'une société matrimoniale d'acquêts, la liquidation de cet usufruit ou de cette société obligera qu'on fasse état du montant du remboursement au nu-propriétaire ou à l'époux de qui provient l'action. L'usufruitier ne pourra pas conserver cette valeur, il la restituera avec l'action de jouissance à l'expiration de son droit.

4° On signale, à côté des actions de jouissance résultant du remboursement des actions de capital, d'autres actions dites aussi actions de jouissance, créées dès l'origine de la société, en représentation d'apports en industrie, et rétribuées par une simple participation aux bénéfices. On se demandera si elles sont régulières, à l'occasion des parts de fondateur [1].

591. — Il y a une question commune à l'amortissement des actions et à celui des obligations. Elle naît de la *continuation par erreur, aux obligations et aux actions sorties au tirage, du service des intérêts ou des dividendes*.

Elle a été résolue par l'art. 70 ajouté à la loi de 1867 par celle de 1893, mais seulement à l'égard des titres émis par des sociétés françaises, ce qui écarte l'application de ce texte : 1° des *obligations d'État*, de département,

1. Une proposition de loi faite à la Chambre des députés le 17 mai 1909 par M. Justin Godart (*Annales de droit com.*, 1909, p. 343 et s.) recourt aux actions de jouissance pour servir la cause socialiste. A la teneur de cette proposition, qui crée des « *actions de jouissance du travail* », il serait prélevé *à titre obligatoire*, dans toutes les sociétés par actions, indépendamment du vingtième affecté à la réserve légale, un second vingtième sur les bénéfices nets annuels, et ce vingtième serait appliqué à l'amortissement des actions. En remplacement de chaque action amortie seraient créées deux actions de jouissance de valeur égale, dont l'une seulement serait remise au porteur de l'action remboursée, l'autre étant *délivrée à une Caisse nationale de crédit au travail*, laquelle concourrait désormais par des délégués aux assemblées générales. Au bout d'un certain nombre d'années, l'amortissement de toutes les actions étant achevé, les bénéfices se trouveraient ainsi divisés en deux moitiés, dont l'une échapperait au capital. — Plus récemment, un projet de loi sur les « *sociétés par actions à participation ouvrière* », déposé à la Chambre des députés le 10 mai 1913 par M. Chéron, ministre du travail, cherche aussi, mais par d'autres moyens, à introduire dans notre législation l'actionnariat ouvrier. Il ne s'agit plus, comme dans la proposition Godart, d'une obligation mais d'une *faculté* : c'est un nouveau type de contrat que l'on offre au choix des intéressés, patrons et ouvriers. D'autre part, les actions de travail ne sont plus délivrées à une Caisse centrale nationale de crédit au travail (prop. Godart). Mais elles ne sont pas non plus attribuées à chaque ouvrier individuellement (actions ouvrières) ; elles deviennent la propriété collective des salariés de la société, faisant partie de son personnel d'une façon permanente et continue depuis un certain délai, lequel est fixé par les statuts, sans que toutefois il puisse excéder dix ans (art. 74, ajouté par le projet à la loi de 1867). — Il ne nous appartient pas ici de juger ni le caractère équitable, ni la valeur pratique de ces proposition et projet. — Sur les actions de travail, v. Gide, *L'actionnariat ouvrier* ; *Les modes d'entente entre le capital et le travail*, 1910 ; Antonelli, *Actions de travail et sociétés à participation ouvrière*, 1911 ; Granier, *Les actions de travail*, 1910, et *Annales de droit com.*, 1912, p. 130 et 209, et 1914.

d'établissements publics (Chambres de commerce, etc.) ; 2° des titres des *sociétés étrangères*, même quand le service des coupons serait effectué en France, leur législation d'origine les réglant exclusivement.

Le porteur ignore l'amortissement dont son titre a été l'objet. Il continue à le présenter, et touche les intérêts ou les dividendes. Le siège social omet de collationner avec la liste des numéros sortis le titre présenté.

Cette méprise se prolonge pendant dix ans, par exemple. Le porteur a touché indûment un montant de coupons atteignant maintenant la moitié du principal de son titre. Lorsqu'il réclame ce principal, la société lui oppose qu'elle a payé un *indû* de coupons pendant dix ans (art. 1376 C. civ.), et elle veut déduire cet indû du montant du titre, n'en rembourser que la moitié.

Cette prétention a été autrefois accueillie en jurisprudence. Elle était doublement injuste : — *a*) en ce que la société, ayant gardé la valeur du titre, en avait profité, et devait raisonnablement en servir toujours l'intérêt ; — *b*) en ce que, s'il y avait eu une faute dans le retard, elle retombait surtout sur le siège social, qui n'avait pas organisé ses bureaux pour retirer de la circulation ce titre amorti.

D'après le nouvel art. 70, cette jurisprudence est condamnée. La société ne peut plus exercer, ni par voie de demande ni par voie d'exception, la répétition des coupons indûment payés.

Mais, dit-on, cette règle n'étant pas d'ordre public, la société introduira dans les reçus d'encaissement des coupons une clause de répétition ! — Quoique telle ait été la déclaration du commissaire du gouvernement, il vaut mieux considérer cette clause comme sans effet : on est en présence d'une faute lourde dont la société ne peut pas s'exonérer.

§ 2. — Signes distinctifs de l'action.

592. — En relevant les articles qui parlent de l'action (art. 34 à 39 C. com.), ainsi que ses traits sur le marché, on constate en elle, au moins dans la plupart des cas, trois caractères : 1° l'*égalité de coupures* ; 2° la *délivrance d'un certificat* ; 3° la *négociabilité du droit*.

Nous ne parlons pas en outre de la limitation de responsabilité à la mise (art. 31) qui a bien son importance, une importance même très grande.

593. — 1° **Égalité de valeur.** — Les actions sont *de valeur égale*, dit l'art. 34, ce qui signifie à la fois : *a*) égalité dans le montant des actions ; *b*) égalité proportionnelle dans les bénéfices à recueillir.

Ce principe est-il de l'*essence* de l'action ? Dans deux cas déterminés, on n'a pas hésité à y contrevenir : 1° Certaines petites sociétés commencent par adopter le taux de 25 fr. ; puis, lorsqu'elles élèvent leur capital au-dessus de 200.000 fr., elles sont obligées de donner aux actions nouvelles la valeur de 100 fr. Elles pourraient alors convertir les actions d'origine en titres au taux nouveau, elles ne le font pas toujours.

2° Dans certaines sociétés de charbonnages du Nord, qui sont civiles il est vrai (à moins cependant qu'elles n'émettent des actions au porteur,

v. *infra*, n° 761 *bis*), on divise le capital en *actions de quotité*, type reconnu par la loi du timbre du 5 juin 1850, art. 14. Celles-ci sont chiffrées non par une somme fixe, mais par une fraction, 1/100, 1/50 du capital, et la fraction n'est pas la même pour chacune d'elles.

594. — Actions de priorité[1]. — Plus délicate était restée, jusqu'à la dernière époque, la légalité des *actions de priorité* ou *actions privilégiées*, aujourd'hui tranchée par deux lois successives du 9 juillet 1902 et du 16 novembre 1903, dont la seconde a abrogé la première en corrigeant ses erreurs et ses obscurités.

On entend par actions de priorité des actions « jouissant de certains avantages sur les autres actions ou conférant des droits d'antériorité soit sur les bénéfices, soit sur l'actif social, soit sur les deux ». Ex. : Une catégorie déterminée d'actions s'attribueront un dividende minimum de 5 o/o de leur montant, avant que l'autre catégorie puisse toucher des bénéfices. L'excédent ou bien reviendra totalement aux actions ordinaires, ou bien leur sera appliqué jusqu'à un dividende de pareil taux, ou bien sera partagé également entre les actions des deux espèces.

D'autres variétés sont concevables : si les bénéfices d'un exercice ne suffisent pas à parfaire le dividende minimum des actions privilégiées, la différence sera reportée par *accumulation* aux exercices postérieurs, et les actions de priorité récupéreront sur les gains d'une année prospère l'arriéré qui leur avait précédemment échappé. Cette pratique, rare chez nous, est courante dans les sociétés anglaises, lesquelles créent, dès l'origine de l'entreprise, deux classes d'actionnaires ayant ainsi des droits inégaux.

L'utilité des actions de priorité apparaît surtout en cours de société et après de mauvaises affaires. L'appel à de nouveaux capitaux risque de n'être pas entendu, si les nouveaux actionnaires doivent concourir avec les anciens à des bénéfices probablement médiocres. Une émission d'obligations n'aurait pas non plus de succès : l'obligataire tient à une certitude de revenu.

595. — La société pouvait-elle, d'après le Code de commerce et la loi de 1867, émettre des actions de priorité ?

Oui (et encore était-ce discuté, à cause de l'art. 34 C. com., faisant peut-être de l'égalité des actions une règle essentielle), lorsque les statuts avaient dès l'origine divisé le capital en deux groupes d'actions.

Mais non, en vertu d'une délibération prise au cours de la société : les actions nouvelles devaient conférer les mêmes droits que les anciennes.

---

1. V. sur les actions de priorité, WAHL dans le *Journ. des Soc.*, 1902, p. 97 et s., et 1903, p. 49 et s. ; LECOUTURIER, *La nouvelle législation des actions de priorité*, 1903 ; DECUGIS, *Les actions d'apport et les actions de priorité*, 2e éd., 1904 ; BOURCART, *De l'organisation et des pouvoirs des assemblées*, 1905 ; LYON-CAEN et RENAULT, 4e éd., 860 *bis* ; PERCEROU, *Journ. Soc.*, 1900, janvier à mars ; HOUPIN, *Traité des Soc.*, 4e éd., nos 907 *bis* et s. ; THALLER, *Des divers emplois possibles d'actions de priorité*, au *Journ. des Soc.*, 1912, 385. — On examinera plus loin, à l'occasion des modifications des statuts, le contre-coup exercé par la loi de 1903 sur l'interprétation des pouvoirs d'ensemble de l'assemblée extraordinaire.

Exceptionnellement cela était permis : 1° si tous les actionnaires, à l'unanimité, se prononçaient en faveur de la mesure ; 2° si les statuts avaient formellement reconnu à l'assemblée générale le pouvoir d'augmenter le capital *par émission d'actions même de priorité*. — On partait de l'idée, qui sera reprise plus loin dans l'étude des assemblées générales extraordinaires, que toute mesure nouvelle qui contrevient à l' « égalité » des droits des actionnaires porte atteinte aux bases fondamentales de la société et ne peut être délibérée à la majorité.

596. — Cette rigueur n'a pas été maintenue dans les lois nouvelles de 1902 et de 1903, inspirées par la législation allemande. — Dorénavant, même dans le silence de l'acte de société, l'émission d'actions de priorité est reconnue licite (pour toute société par actions, en commandite ou anonyme, et même pour une société fondée antérieurement à ces lois), pourvu que les statuts n'interdisent point, par une prohibition directe et expresse, la création d'actions de cette nature.

Cette émission est subordonnée à un vote de l'*assemblée extraordinaire* pris aux conditions de majorité de l'art. 31 de la loi de 1867. En outre, lorsque la décision comporte une modification dans les droits attachés à une catégorie parmi les actions déjà existantes, il faudra tenir une *assemblée spéciale* des actionnaires de la catégorie visée. Celle-ci réunira la moitié (les 3/4, depuis la *loi du 22 novembre 1913, art. 2*, modifiant l'art. 34 dernier § C. com., puis la moitié et enfin le 1/3 seulement dans les deuxième et troisième assemblées subsidiaires prévues par la loi nouvelle, v. *infra*, nos 693 et s.) au moins du capital représenté par les actions intéressées, et devra ratifier la délibération de l'assemblée générale. — Ex. : Les porteurs d'actions de numéraire demandent aux porteurs d'actions d'apport de s'effacer dorénavant devant eux, à concurrence d'un dividende déterminé. Le groupe des actionnaires qui se sacrifient formera une assemblée spéciale pour ratifier la mesure, d'abord votée par l'assemblée générale, et ce groupement en assemblée spéciale empêche leur écrasement [1].

Les actions de priorité ont reçu par le fait de ces lois un sérieux élan. Elles ressemblent aux obligations en ce que, comme celles-ci, elles passent avant les actions ordinaires. Mais elles s'en séparent profondément : 1° en ce que l'action de priorité ne peut prétendre qu'à un prélèvement sur le bénéfice effectif ; 2° en ce que, dans les années prospères, l'actionnaire de priorité aura, non un intérêt fixe, mais un dividende peut-être illimité ; 3° en ce qu'il concourt aux assemblées générales, et cela, à moins de clause contraire, avec un droit de vote égal à celui des actionnaires ordinaires.

597. — Il se peut, tout à l'inverse, que la société augmente son capital, en pleine prospérité. Les actionnaires d'origine, qui ont été à l'épreuve,

---

1. Bourcart, *op. cit.* Cet auteur observe justement que la loi de 1903 substitue à l'opposition individuelle de l'actionnaire l'opposition du groupe qui comprend en face de la collectivité l'ensemble des actionnaires soumis au même traitement, et que, tous les membres de ce groupe ayant un intérêt semblable, le vote émis par lui à la majorité protège largement ses droits.

méritent un sort meilleur que les actionnaires nouveaux, sûrs de l'avenir. Ils pourraient se réserver à eux-mêmes un dividende de priorité. Plus généralement, ils conviennent que les actions nouvelles seront émises avec une *prime*[1], à 600 fr. au lieu de 500 : cette prime sera portée à la réserve déjà alimentée par les bénéfices des anciens exercices, à moins qu'elle ne leur soit directement partagée. Cette dernière convention est proscrite en Allemagne.

598. — Une dernière qualité de l'action se rattache à l'égalité des coupures. Les actions, pour comporter un cours, se chiffrent par des fractions arithmétiques régulières, ou mieux par des sommes rondes. Elles doivent se prêter à une *unité de mesure* : la *tonne* ou l'*hectolitre* devient ici le *titre* de 100 ou de 500 fr. Les actions, même inégales, obéissent toujours à un facteur commun.

Par la même raison, l'action est *indivisible*. On ne peut pas la faire tomber, par une transmission partielle, au-dessous du taux statutaire. L'action ne se divisera pas entre les héritiers de l'actionnaire, il faudra la liciter ou la mettre dans un seul lot. Pendant l'indivision, les héritiers devront déléguer aux assemblées un représentant commun.

599. — 2° **Délivrance de certificats**. — L'action est établie sous la forme d'un titre (art. 35 et 36). Les actions sont représentées par des *certificats* soumis à un droit de timbre de 0,90 ou de 1,80 o/o (suivant que la société doive durer dix ans ou davantage), convertible, à la demande de la société, en une taxe annuelle de 0,09 o/o, décimes compris (art. 40 de la loi du 29 mars 1914, modifiant les art. 14 et 22 de la loi du 5 juin 1850).

De l'existence de ce titre, des écoles étrangères, surtout allemandes, ont déduit une nature d'engagement *sui generis* : la dette matérialisée dans le certificat, se dégageant de sa cause concrète, l'*engagement littéral*. Quoi qu'il en soit de la doctrine vraie, on doit présenter le titre afin de justifier de son droit. D'après une expression, également usitée à l'étranger, l'action est un *titre de présentation*.

L'incorporation du droit dans un instrument de papier intervient, ainsi que l'égalité de valeur, comme une nécessité du trafic. Il faut, pour que l'action circule, qu'elle soit matérialisée, qu'elle devienne marchandise.

600. — 3° **Négociabilité**. — L'action est *négociable*. C'est là un de ses traits dominants. Qui dit titre *négociable*, dit titre plus que *cessible*. La négociation est considérée comme une cession plus rapide que la cession de créance ordinaire du droit civil. En réalité, la négociation relève non pas de la cession-transport, mais d'un genre d'opération très différent, la *délégation*.

---

1. Sur la nature juridique de la prime (bénéfice, ou apport en sus du capital, super-capital ?) en cas d'émission d'actions au-dessus du pair, v. U. Manara, *La pretesa impossibilità del soprapprezzo nelle azioni di nuova emissione*, 1910, dans les *Annales de droit com.*, 1911, 161 ; 1912, 336 ; et les articles de MM. Wodon et Corbiau, dans la *Revue pratique des sociétés* (belge), 1913, 72 et 129.

Il faut ici prendre les choses de haut. Une créance, ou plus exactement un « droit incorporel » (expression incorrecte, mais employée dans la rubrique du chapitre VIII au titre *De la vente* dans le Code civil) peut être aliéné d'une personne à une autre alternativement par deux procédés : par la *cession-transport* et par la *délégation*.

La *cession-transport* est réglée dans les art. 1690 et suiv. Le cessionnaire est mis aux lieu et place du cédant, il acquiert en vertu d'un mode dérivé. La cession opère *inter partes* par la seule vertu de la convention. Mais, pour produire effet au regard des tiers, la convention doit être complétée : *a*) soit par une signification du transport au débiteur cédé, *b*) soit au moyen d'une acceptation en forme authentique faite par le débiteur agissant de sa propre initiative ou invité à donner cette acceptation (art. 1690). Le débiteur, même après cette signification ou acceptation, peut opposer au cessionnaire les moyens de défense qui lui appartenaient contre le cédant (sauf une réserve relative à l'exception de compensation) : ce cessionnaire n'a pas pu être investi d'un droit meilleur que n'était celui de son cédant.

La *délégation* est un acte fort différent, réglé dans la partie du Code civil qui a trait à la novation (art. 1271 et s.). Elle suppose une participation plus étroite à l'opération du tiers, débiteur du droit aliéné. L'aliénateur donne ordre à ce débiteur de se prêter à une substitution de créancier. Il l'invite à contracter envers l'acquéreur un engagement de même nature que celui dont le débiteur était jusque-là tenu envers lui. Le tiers, obéissant à cette invitation, donne sa foi à l'acquéreur à qui il est délégué. Il y a acceptation non de cession, mais de délégation, et celle-ci n'a pas besoin d'être faite par acte authentique. L'acquéreur n'argue pas des droits d'un auteur, il n'est pas ayant cause, il agit en vertu d'un droit propre, né de la délégation en sa personne. Les moyens qui viciaient le droit chez l'aliénateur cessent de militer contre lui-même, si la délégation dûment acceptée est exempte de ces vices.

La délégation ne perd pas de jour en jour ses anciens retranchements, elle n'est pas devenue un mode d'aliénation vieilli. Le contraire est beaucoup plus vrai. Le succès des institutions commerciales tient à une place de plus en plus considérable prise par la délégation aux dépens de la cession-transport. Elle sert la cause du crédit plus énergiquement que la cession. Le nombre des applications que reçoit la délégation est incalculable ; nous citerons : *a*) la transmission actif et passif de l'établissement commercial (n° 449), *b*) l'endossement de l'effet de commerce et même l'émission originaire de la lettre de change ainsi que du chèque, *c*) le virement de banque entre deux clients, dont le chèque n'est lui-même que la préparation, *d*) la circulation des filières de Bourse, *e*) le transport par voituriers successifs.

Or c'est à cette même délégation que se rattache la négociation des actions (ainsi que celle des obligations ou des rentes sur l'Etat), soit que ces titres affectent la forme *nominative* ou la forme au *porteur*.

601. — I. Action nominative. — L'action est dite *nominative*, lorsque la propriété en est établie par une inscription de son titulaire sur les registres de la société (art. 36, al. 1er C. com.). Son aliénation s'opère par voie de *transfert* (art. 36, al. 2). Le transfert est soumis à un droit de transmission, naguère de 0,50 o/o, puis (L. 26 décembre 1908, art. 5) de 0,75 o/o sans décimes, et aujourd'hui (art. 41, 1er al., L. 29 mars 1914) de 0,90 o/o sans décimes, sur le montant du prix. La société doit après chaque trimestre transmettre à l'Enregistrement le relevé des transferts effectués ; pour se couvrir, elle avait prélevé le droit contre l'acheteur lors de chaque transfert (L. 23 juin 1857, art. 7 ; L. 16 septembre 1871, art. 11 ; L. 30 mars 1872, art. 1er).

L'action nominative n'a pas besoin d'un titre détaché. Une société qui ne délivrerait aucun certificat à ses actionnaires agirait régulièrement. Il y a des exemples de cette pratique. On se soustrait par là à l'impôt du timbre (n° 599).

La société connaît l'actionnaire par l'immatriculation faite de son nom sur les registres sociaux [1]. Entrer à l'assemblée générale, faire un procès à la société ou à ses administrateurs, concourir au partage du fonds social, obtenir le remboursement de son action amortie, bref, exercer les divers avantages du droit, on le peut, à condition de prouver qu'on est celui qui est inscrit au registre. Pour le paiement du dividende, on verra que la présentation du titre suffit.

Pour qu'une aliénation opère au regard de la société et des tiers, il faudra « inscrire sur les registres sociaux une déclaration de transfert signée de celui qui fait le transport ou d'un fondé de pouvoir (art. 36, al. 2 C. com.) ». Le transfert consiste donc en une substitution sur les livres du nom de l'acheteur à celui du vendeur.

Un lien direct s'est ainsi établi entre la société et l'acheteur. Celui-ci aura des droits aussi fermes que s'il avait souscrit l'action, et les exceptions que la société aurait pu opposer au vendeur, pour l'empêcher d'exercer les avantages apparents de l'action, ne lui sont pas opposables à lui-même.

Le vendeur a sans doute « aliéné » l'action ; mais cela ne prouve pas du tout que le moyen employé en vue de réaliser cette aliénation soit une « cession ». Le vendeur a donné ordre à la société de prendre envers l'acheteur l'engagement qui la liait envers lui, et s'est obligé de son côté à ne plus se porter actionnaire. La société a déféré à cet ordre, elle a accepté la substitution.

Ce qu'il y a de particulier dans cette acceptation, c'est que la société s'est privée d'avance du pouvoir de la refuser, si l'acheteur présenté n'est pas incapable ou failli et si le vendeur n'est pas frappé d'incapacité lui-même. La société accueille toutes les personnalités du public, sans égard à

1. Il existe un moyen de rapprocher, en fait sinon en droit, le titre au porteur du titre nominatif : c'est d'en faire le dépôt contre récépissé nominatif dans les caisses mêmes de l'établissement émetteur. Celui-ci, connaissant le titulaire, le convoque aux assemblées générales par lettre individuelle comme s'il s'agissait d'un titre nominatif, etc. Mais cela n'empêche pas que, en droit, les titres déposés restent des titres au porteur. — *Comp.* René Pommier, *Du dépôt de titres au porteur dans les caisses de l'établissement émetteur*, th. 1914.

la confiance individuelle qu'elles peuvent lui inspirer. A l'origine, elle reçoit toutes les souscriptions. Puis, elle reçoit toutes les négociations, sans pouvoir écarter les acheteurs qui lui déplaisent. Pour les écarter, il faudrait insérer une clause dans les statuts.

Le seul rôle de la société est de vérifier, d'une part l'*identité*, et de l'autre la *capacité* des parties. Le donneur d'ordre est-il un faussaire, ou bien est-il interdit, failli, etc. ? La société devra refuser le transfert. Hors de là, elle n'est pas admise à le faire. De même quant aux conditions d'identité et de capacité de l'acheteur : à dire vrai, inscrire un acheteur incapable ou autre que la personne qui a traité la négociation, induit la société en un risque moindre que quand c'est le vendeur qui est faux ou sans droit.

602. — Ce rattachement à la délégation, et non à la cession, de la négociation d'action ou d'obligation, est judicieux. Le transfert doit garantir l'acheteur de tous vices latents que les rapports de son vendeur avec la société auraient introduits dans le droit : il n'est plus possible d'invoquer ces vices contre lui. L'aliénation est consolidée à partir du moment où la société a enregistré son nom. Il n'y a de sécurité dans le trafic qu'à ce prix.

Cette décomposition s'appuie surtout sur l'histoire. Toutes les études publiées depuis trente ans, surtout en Allemagne, concernant l'évolution des sociétés dans l'ancien régime, concordent sur le point suivant : la pratique du transfert primitif, notamment à Amsterdam pour la négociation des actions de la Compagnie des Indes, sous la forme d'un *virement de parties*. L'actionnaire, lorsqu'il vend l'action, fait débiter son compte à la Compagnie et ouvrir un compte créditeur à celui qui le remplace. Le Dictionnaire de Savary relate la même opération. La procédure de la *reconstitution*, admise en France par arrêt du Conseil du Roi du 1er février 1747 pour l'aliénation des rentes de l'Hôtel-de-Ville, repose sur la même idée. Le transfert moderne descend de là[1].

603. — De là, les conséquences suivantes : — 1° Si la société procède indûment au transfert, à la requête d'un faussaire ou d'un incapable, le *verus dominus* ou le représentant de l'incapable exigera le rétablissement de l'inscription primitive.

2° Mais la société, quoique trompée sur l'identité ou sur la capacité du vendeur, ne pourra pas se dégager envers l'acheteur immatriculé. Au regard de celui-ci, l'opération a eu une cause licite, il a versé un prix. L'interposition d'un agent de change ou autre courtier ne lui aura même pas permis de connaître son vendeur. Nous reportons à la matière de l'endossement de la lettre de change, voisine en réalité du présent sujet, l'explication de ce phénomène curieux : le nouveau bénéficiaire est investi du droit,

1. V. Lehmann, *Das Recht der Aktiengesellschaften*, 2e vol., 1904, § 54 ; Kostanecki, *Das Aktienindossament*, 1900 ; Minard, *Le titre nominatif, nature et fonctionnement*, 1897 ; Lévy-Ullmann, *Essai sur les titres nominatifs* (*Ann. dr. com.*, 1897, p. 50 et 117) ; Thuilliez, *Essai historique sur le titre nominatif et sa transmission*, 1900 ; Julliot, *Nature juridique du transfert des titres nominatifs, stipulation pour autrui ou délégation* (*Ann. dr. com.*, 1904, p. 201 et 273) ; notre brochure *De la nature juridique du titre de crédit*, 1907, nos 120 et s.

dès que le tiers délégué l'a accepté, et quoique ce délégué ne fût pas tenu envers le délégant.

L'imprudence de la société détermine une extension du nombre des actions, quoique le capital demeure le même. L'action irrégulièrement vendue se dédoublera et aura deux inscriptions intégrales au nom de deux personnes. Ce résultat n'a rien d'irréalisable. Les tiers ne sont pas trompés sur le capital. Il y aura seulement un prenant part de plus dans les bénéfices et dans le partage. Cela fera tort aux autres actionnaires, mais ils répondent de la faute de la société et de ses administrateurs (art. 1384).

3° Afin de se couvrir contre le risque de responsabilité, la société peut exiger que l'identité et que la capacité des parties lui soient certifiées par un *agent de change* ou par un *notaire*. Les statuts énonceront la classe d'officiers publics dont les parties auront à employer le ministère. S'ils ne disent rien, il faut sous-entendre le droit pour la société d'exiger le concours d'un agent de change à cet effet (D. 7 octobre 1890, art. 76, al. 3).

Le soin de vérifier la légalité du transfert incombe alors à cet officier public. Non pas que le siège social puisse se dégager envers les intéressés : la faveur que nous verrons, sous le chapitre de la Bourse, pratiquée à l'égard du Trésor, quant à la rente sur l'État, et qui découle de l'arrêté du 27 prairial an X, art. 15 et 16, ne s'étend pas aux actions de sociétés. Mais le siège social aura son recours contre l'agent de change ou officier public, qui lui a certifié la validité de l'opération.

4° On étudiera plus loin la répercussion exercée par cette délégation, non plus sur la « partie active » de l'action, mais sur sa « partie passive », c'est-à-dire sur les appels de fonds dont est sujet le titre encore incomplètement libéré. Le vendeur continue-t-il à en répondre (n° 623) ? La question est temporairement réservée.

5° Nous estimons, sans être d'accord sur ce point avec l'opinion générale, que l'aliénation de l'action nominative ne pourrait pas, au regard de la société, s'effectuer par un autre mode que le transfert. La cession par une *signification* au siège social, en conformité de l'art. 1690 C. civ., serait inopérante. En offrant le transfert aux parties, la société a exclu les autres modes de transmission, qui créent d'ailleurs à sa charge plus de risques. Un acheteur, arguant de l'art. 1690, ne pourrait pas venir aux assemblées générales. Ici encore une réserve s'impose pour la période de temps pendant laquelle le transfert des actions ne serait pas encore légalement possible (n° 635).

6° La société, à la différence d'un délégué ordinaire, n'est pas maîtresse de repousser un acheteur régulier. Tel est le principe. Mais les sociétés qui se constituent dans un cercle de personnes connues l'écartent, et leurs statuts décident que le transfert sera subordonné à l'agrément de l'acheteur par le conseil d'administration ou même par l'assemblée générale. Cette clause est licite (Cass., 27 mars 1878, S. 78, 1, 277), bien qu'elle expose le porteur à ne pouvoir se défaire de son titre si tous les acheteurs sont repoussés par le siège social. L'action n'est pas rendue indisponible ; son trafic subit seulement plus de gêne.

Une stipulation plus fréquente apporte à la liberté une restriction moindre. La société se réserve en cas de négociation le *droit de préemption* : elle exercera à son profit (ou plutôt au profit d'un de ses clients, qu'elle n'a pas à faire connaître) le retrait de l'action des mains de l'acheteur proposé, en s'engageant à payer au vendeur le même prix que cet acheteur. Du moment que la clause précédente était régulière, celle-ci est *a fortiori* valable (Req., 14 novembre 1895, S. 99, 1, 397). Les bases du prix que la société devra servir seront généralement établies dans les statuts ; autrement, elle serait à la discrétion d'un actionnaire simulant un prix exagéré. Ex. : l'action sera capitalisée à 5 o/o sur la moyenne des dividendes mis en distribution dans les cinq dernières années [1].

604. — Nous avons supposé qu'aucun certificat n'avait été délivré. Le contraire a lieu à peu près toujours. Le certificat est un extrait du registre des transferts, certifié par un administrateur. A chaque transfert nouveau, il sera remplacé par un certificat différent.

La forme du transfert s'est ressentie de cet emploi d'un titre détaché. Les parties ne viennent plus au siège pour effectuer le transfert, même par fondés de pouvoirs. Le siège social s'est habitué à remettre aux intéressés une double feuille de *déclaration* de transfert par le vendeur et d'*acceptation* par l'acheteur. Sur la rentrée de ces deux feuilles, avec signatures certifiées par agent de change s'il y a lieu, la société opère le transfert hors de la présence des parties.

A ce certificat nominatif adhèrent des cases vides afférentes aux dividendes. C'est ici qu'apparaît l'utilité du titre détaché. Le certificat vaut *titre au porteur* pour le recouvrement des dividendes. Quiconque en est détenteur a qualité pour les toucher. Le guichet de paiement oblitère au moyen d'un timbre la case correspondante et rend ainsi impossible une nouvelle réquisition du même dividende. Il est annexé parfois au certificat nominatif de véritables coupons au porteur, on les détache du titre pour les encaisser. Le titre alors est dit *mixte*.

605. — II. **Action au porteur.** — Par la forme au porteur, l'action (ou l'obligation) atteint son *maximum* de mobilité. *L'action au porteur est constatée par un certificat qui ne désigne pas le nom du titulaire, et elle se négocie en vertu de la circulation du titre de main en main.*

Les avantages attachés au titre peuvent être exercés alors moyennant sa simple présentation : entrée aux assemblées, procès intenté, partage du capital, etc. Le paiement du dividende a lieu contre remise du coupon correspondant, portant la date imprimée de l'exercice.

De là, toute une théorie sur la nature juridique du titre au porteur. Il participe du caractère des *meubles corporels*. *a*) Celui qui l'acquiert de bonne foi, même *a non domino*, peut user de la maxime de l'art. 2279 : *en fait de meubles, possession vaut titre* (voir dans le chapitre de la Bourse, la

---

1. Sur les contestations auxquelles peut donner lieu l'exercice du droit de préemption, voir *Annales de droit commercial*, 1903, p. 303 et s. — *Adde* : Jean Escarra, *Les restrictions conventionnelles de la transmissibilité des actions*, dans les *Annales de droit commercial*, 1911, p. 333, 435.

loi du 15 juin 1872). *b*) La société, faisant de bonne foi le service du titre au porteur apparent, se procure sa libération (art. 1240 C. civ.). *c*) Le titre au porteur comporte un don manuel.

La négociation du titre au porteur repose sur la même conception que celle de l'action nominative. Le vendeur donne ordre à la société de recevoir l'acheteur à sa place. Il y a délégation, non cession.

Mais, objecte-t-on, cette délégation n'est pas acceptée ! Le transfert fait défaut.— Fausse apparence : la forme du titre donne l'équivalent du transfert.

La société s'est engagée à reconnaître pour son actionnaire non pas telle personne dénommée, mais celui quelconque qui se présentera muni du titre. Il y a acceptation donnée *in futurum* et à un inconnu. En cela l'opération diffère du transfert : la base première est la même.

La validité de l'aliénation de l'action au porteur, si le vendeur est *non dominus* ou incapable, ne se présente plus ici sous le même jour que dans l'action nominative.

Sans insister à cette place sur une question qui se retrouvera dans le droit de la Bourse, disons que la société ne participe pas ici à l'arrivée au titre d'un acheteur irrégulier : elle ne peut point être exposée à faire de deux côtés le service d'un titre qui n'est représenté que par un seul certificat, et qui s'est déplacé en dehors d'elle.

La manière dont la forme au porteur s'est introduite dans le trafic des actions a été éclairée par les travaux historiques. L'action au porteur procède de l'action nominative. Si la forme au porteur a été très en faveur au moyen âge par suite de traditions germaniques (cpr. les nombreux travaux de Brunner, en Allemagne), de là ne date pas son entrée en scène dans le droit moderne. La réception du droit romain au XVIe siècle avait au contraire refoulé la clause au porteur. Elle a dû renaître dans le milieu de la finance sous des influences nouvelles. Le transfert lui en a fourni l'occasion. La société délivra à l'acheteur un certificat ; ce certificat fut rendu endossable, afin de laisser l'acheteur libre de déléguer sa position à un tiers, et de là l'*action à ordre*, qui a encore des manifestations, rares il est vrai, notamment dans les sociétés d'assurances. Puis, la société laissa en blanc le nom de l'acheteur dans le certificat délivré. Il suffit alors d'opérer la tradition manuelle de ce titre pour revendre l'action. C'était rendre le transfert superflu. La forme au porteur descend du titre circulant en blanc. Pour les rentes françaises de l'Hôtel de Ville, les *quittances de finances* délivrées aux acquéreurs par le garde du Trésor témoignent de cette évolution [1].

L'action, de nominative, peut être rendue titre au porteur à la demande de l'intéressé, ou inversement : c'est la *conversion*, il y a lieu à un échange de certificat. Cette faculté de convertir le titre est d'ailleurs, on le verra, sujette à des restrictions, tant d'après la loi que suivant les statuts.

606. — Les dividendes d'actions au porteur subissent une retenue

1. Thuilliez, *op. cit.*, p. 190 et s., et notre brochure citée n° 602, en note, aux n°s 148 et s.

inconnue des titres nominatifs, naguère de 0,25 o/o sans décimes (L. 26 déc. 1908, art. 6), aujourd'hui de 0,30 o/o sans décimes (art. 41, § 2, l. 29 mars 1914). Cette taxe se liquide d'après le cours moyen de l'action dans l'année précédente, et elle est destinée à tenir lieu de l'impôt de transmission de 0,90 o/o ici irrecouvrable. La société paie l'impôt à l'Etat par trimestre et le récupère sur le dividende (L. 25 juin 1857, art. 6 et 7 ; l. 16 septembre 1871, art. 11 ; l. 30 mars 1872, art. 1er ; l. 29 juin 1872, art. 3 et 4).

La conversion d'un titre nominatif en titre au porteur encourt le droit de 0,90 o/o (comme s'il y avait transfert), (art. 41, § 1, l. 29 mars 1914). La loi encourage aujourd'hui l'opération inverse, la conversion du titre au porteur en titre nominatif, en la déclarant franche de droit (L. 26 décembre 1908, art. 5).

La taxe annuelle des titres au porteur, ainsi que le droit de transmission des valeurs nominatives, relève de tout autres idées que l'impôt sur le revenu des valeurs mobilières (4 o/o) dont sont passibles les dividendes ou intérêts des actions et obligations tant nominatives qu'au porteur, et qui a pour assiette non le principal, mais le dividende lui-même. Quant à cet impôt sur le revenu, remarquons incidemment que la part de bénéfices distribuée aux commandités y est assujettie dans la commandite par actions[1], tandis qu'elle en est affranchie dans la commandite simple (n° 386).

607. — Quel est le vrai signe de l'action [2] ? — Des caractères multiples que revêt l'action, à la teneur des explications précédentes, il en est un probablement qui suffit à donner à ce titre sa véritable économie. Mais lequel ? — Dira-t-on que, chaque fois que l'associé ne s'engage que dans la mesure de sa mise, il est un actionnaire ? Apparemment non, le commanditaire dans la commandite simple n'a pas cette qualité. Ou que l'*égalité* des parts sociales constitue le trait propre à la société par actions ? Ou bien la délivrance des certificats ? Ou encore la *cessibilité* des parts ? Ou enfin leur *négociabilité* ?

Une controverse dogmatique a été échangée autrefois, non sans éclat, entre MM. Beudant et Batbie (dans la *Revue critique de législation et de jurisprudence*, 34e vol.) sur la propriété différenciant l'action de l'intérêt.

---

1. Sauf à savoir si, dans la commandite par actions, l'impôt de 4 0/0 frappe, non seulement les dividendes afférents aux actions remises au gérant pour rémunérer ses apports en nature ou en argent (ce qui est certain), mais aussi la part de bénéfices allouée à ce gérant pour rémunérer l'apport complémentaire (non représenté par des actions) qu'il fait en s'engageant à consacrer à l'entreprise tout son temps et son industrie, et en consentant à être indéfiniment responsable du passif social. — Quant à cette part de bénéfices, il semble bien que, dans la commandite par actions aussi bien que dans la commandite simple, elle doive échapper à la taxe de 4 0/0, l'art. 1er de la loi du 29 juin 1872 ne visant que « *le produit des actions* ». V. cependant en sens contraire : Req., 2 février 1904 (d'après cet arrêt, seul le traitement fixe du gérant échapperait à la taxe de 4 0/0), D. 1904, 1, 385, avec la note de M. Binet, qui critique cet arrêt.

2. Pic, *Criterium de la distinction de l'intérêt et de l'action*, dans les *Annales de droit commercial*, 1910, et *Traité des Sociétés* (collection Thaller), II, nos 721 à 728 ; Fraissaingea, *Le double criterium de l'action*, dans les *Annales de droit commercial*, 1914.

Ce qui importe pratiquement, c'est moins le nom (intérêt ou action) que doit prendre telle part de société dans un cas donné, que les circonstances où *la part devra obéir à la réglementation de la loi de 1867*, et s'y conformer à peine de nullité de la société.

Exemple : Une société en commandite se qualifie « commandite simple ». Mais les parts sont déclarées cessibles *jure civili*, moyennant une signification au siège social. Dira-t-on que ce sont des « actions » déguisées, que la société est une commandite par actions, commandite nulle faute d'avoir fait verser le premier quart ou vérifier les apports en nature, etc. [1] ?

608. — Cette incertitude ne se produit point à l'égard de parts entraînant *responsabilité indéfinie* de l'associé. On pourrait constituer une société en nom collectif avec parts cessibles et même librement négociables. Dans l'acte de société on pourrait avoir dénommé ces parts *actions*. Nul texte ne cantonne ce terme dans la société anonyme et dans la commandite par actions. Une société semblable échappe à la loi de 1867 (on voit en Angleterre des sociétés où l'actionnaire est ainsi tenu *in infinitum* et peut se substituer un acheteur qui répondra indéfiniment du passif).

Le problème n'est délicat qu'à l'égard des parts où la responsabilité est circonscrite à la mise. Faire dépendre la nature de l'action de la délivrance d'un certificat, est inexact. L'égalité ou l'inégalité des parts semble également chose secondaire. On peut hésiter entre deux doctrines.

609. — *a*) La *négociabilité* constitue le *criterium* de l'action. Il ne suffit pas que la part soit cessible, il faut qu'elle puisse être aliénée sans le consentement individuel des autres associés, par transfert, ou de main en main (Boistel, Vavasseur, etc.). Le mode de cession conforme à l'art. 1690 sera peu engageant pour les acheteurs, puisqu'il ne leur donne pas l'assurance d'un droit régulièrement acquis envers le siège social. Sur cette part sociale aucun marché ne s'établira, ce qui rend inutiles les précautions de la loi de 1867.

610. — *b*) Il est préférable de dire que, toutes les fois que la part est déclarée *cessible* sous une forme ou sous une autre, elle devient une action, un titre assujetti à la législation de 1867. C'était naguère la théorie de la Chambre des Requêtes (9 février 1887, D. 87, 1, 439).

La transmission du droit peut être aussi souple avec l'art. 1690 que par le moyen du transfert. La cession inspirera autant de confiance, si la société prend l'habitude d'accepter les transports de parts, ce qui est l'une des formes que prévoit l'art. 1690. Là est le danger : le public souscrira ces parts avec la même facilité que des actions.

Faut-il du moins qu'il y ait eu des titres délivrés ? Nous répétons que non. La société sera par actions, alors même que cette condition ferait défaut.

1. Il y a un autre intérêt, d'ordre fiscal, engagé dans le problème : lorsqu'il s'agit d'une commandite par actions, l'impôt de 4 0/0 frappe même les bénéfices revenant au commandité (sauf à savoir s'il frappe tous ces bénéfices, ou seulement ceux afférents aux actions du commandité, à l'exclusion de ceux rémunérant son travail ; v. *supra*, n° 606, en note). Il en est différemment, lorsqu'il s'agit d'une commandite simple.

611. — La société n'est-elle soumise à la loi de 1867 que lorsque la cession en est absolument *libre* ? L'acte de société stipule, par exemple, que la cession ne sera possible qu'avec l'agrément du cessionnaire par le gérant, représentant à cet effet tous les associés. Même alors, la société est par actions. La gêne, résultant de cette approbation, n'est pas assez sérieuse pour qu'on doive écarter de la société les lois réglementaires.

La Chambre civile a décidé cependant (arrêt de rejet du 10 août 1887, D. 87, 1, 440) que la part, transmissible avec le gré du gérant seulement et sans certificat circulant, n'est pas une action, mais une part d'intérêt. V. aujourd'hui dans le même sens Req., 23 juin 1913, D. 1913, 1, 515, et la dissertation de M. Fraissaingea, dans les *Annales de droit commercial*, 1914, 160.

612. — Peut-être le mieux est-il de résoudre la question en fait, sans s'attacher à la forme extérieure selon laquelle la part peut se transmettre. Elle deviendra une action lorsque les statuts l'auront considérée comme *susceptible d'un trafic courant et ordinaire* (Lyon-Caen et Renault, *Traité*, I, n° 520).

613. — Nous avons supposé la part sociale apte à une cession. Mais on trouve dans quelques sociétés *anonymes* une clause d'incessibilité des parts. Dira-t-on que c'est encore une *société par actions* ? — Oui, tandis que dans une société *en commandite* il en serait autrement [1].

Une société anonyme peut rendre ses parts non cessibles. Elle ne s'affranchit point par là de la loi du 24 juillet 1867. Elle devrait pouvoir le faire en bonne législation. La loi allemande reconnait depuis 1892 une « société à responsabilité limitée » pour tous les associés, qui échappe à la réglementation des sociétés par actions, pourvu que les parts ne soient pas négociables. Nous ne connaissons pas ce type de société par intérêt.

614. — Il existe une autre discussion platonique sur l'action en général. Est-elle un droit de créance, un droit de propriété, un droit *sui generis* ? En réalité elle est une créance et une propriété tout à la fois : 1° Créance : chaque actionnaire a des prétentions à exercer *pro socio* contre les autres. 2° Propriété : malgré la fiction de personnalité morale, le fonds social est indivis entre tous les actionnaires. La querelle ne conduit pas à des résultats utiles, et nous la négligeons.

§ 3. — Actions de numéraire

(L. 1867, art. 2, 13, 14, 24, 41, 45 ; L. 1893, art. 2 et 7).

615. — A partir de quel moment l'action peut-elle être rendue négociable, et la part sociale peut-elle justifier la délivrance d'un certificat ? A partir de quel moment la société peut-elle ouvrir le registre des transferts et y immatriculer les acheteurs ?

L'action n'est négociable qu'après la constitution définitive de la société, dit l'art. 2 de la loi de 1867, lorsqu'on le prend dans son sens réel et non pas

1. V. J. Escarra, article précité (*supra*, n° 603, en note).

seulement dans son sens apparent (les lois de 1856 et de 1863 exigeaient le versement des 2/5)

Tant que dure la période constitutive, le droit social n'existe pas en tant qu'action, il ne peut pas circuler. Les chances d'aboutir sont pour la société problématiques. Le trafic s'exercerait vraisemblablement à titre aléatoire, sans restitution du prix pour le cas de non-constitution. Ce serait un vrai pari, les cours auraient des soubresauts, la loi n'a pas voulu encore que les titres pussent aborder le marché. Tout au plus, pourrait-on traiter l'action *livrable à l'émission* : l'acheteur sera délié pour le cas où l'émission n'aurait point lieu ; encore cette convention a-t-elle été déclarée nulle comme faite en contravention à l'art. 2 (Paris, 2 mars 1883, sur les concl. de l'av. gén. Loubers, aff. de l'Union générale, *Journ. Soc.*, 1883, p. 226).

Il y a deux prohibitions contenues en même temps dans la loi :

616. — 1° Défense aux fondateurs d'émettre autre chose que des reçus provisoires de souscription ou de versement. L'émission d'actions proprement dites est interdite aussi longtemps que la société n'est pas constituée, et cela sous les sanctions suivantes : *a*) Nullité de la société, si les statuts autorisaient cette émission anticipée (art. 7 et 41).

b) Pénalités encourues par les fondateurs qui ont pratiqué cette émission, amende de 500 à 10.000 fr. (art. 13 et 45).

617. — 2° Défense aux souscripteurs de négocier le droit, même au cas où des certificats leur auraient été délivrés, et à tous intermédiaires de concourir à ces négociations. Ce qui a pour résultat : *a*) d'emporter une amende de pareille somme à la charge des vendeurs, acheteurs et intermédiaires (art. 14 et 45) ; *b*) de déterminer, quoique la loi ne le dise pas, la nullité des ventes faites au mépris de cette défense, la sanction pénale entraînant *a fortiori* la sanction civile de la nullité.

Néanmoins, l'actionnaire ou futur actionnaire pourrait céder son droit par application des règles de l'art. 1690 ; il pourrait en faire donation ou le constituer en dot ; la part sociale se transmettrait à ses héritiers en cas de mort. La cession, entraînant garantie de l'existence du droit et nécessité pour le vendeur de restituer le prix en cas de non-constitution, n'a pas les mêmes périls que la négociation.

618. — Nous avons lu l'art. 2 autrement qu'il n'est écrit. Son texte porte : « Les actions sont négociables après le versement du quart ». C'est un défaut de rédaction avoué par le rapporteur lui-même, M. Mathieu, à la tribune du Corps législatif. Cette formule fautive, suivie à la lettre, conduirait à une double conséquence qu'il faut cependant repousser :

a) Sitôt le quart versé, fût-on encore dans la phase de constitution, les actions deviendraient négociables.

b) En revanche, si le versement du quart n'a pas eu lieu, et si la société, par conséquent, se constitue irrégulièrement, l'inaptitude des actions à la négociation persévérerait par la suite. Quand même ce vice ne se révélerait que quelques années plus tard, la nullité de la société étant prononcée, tous les acheteurs d'actions pourraient faire tomber leurs contrats et récupérer leur prix, tant par interprétation dudit art. 2 que par suite du principe que la nullité de la société fait considérer la part sociale comme n'ayant jamais existé et les ventes comme ayant été dépourvues d'objet (art. 1601, 1693 C. civ.).

La doctrine et la jurisprudence n'admettent pas la nullité des ventes postérieures à la constitution *de fait* de la société, lorsque celle-ci est atteinte d'un vice initial et annulée. On estime : — que l'argument tiré de l'art. 2 perd toute valeur lorsqu'on lui rend son véritable sens ; — que la nullité de la société laisse subsister celle-ci dans le passé (n° 547), que par conséquent il y a bien eu des parts sociales susceptibles de trafic, — et que les ventes n'ont pas manqué d'objet, la chose vendue ayant été affectée seulement d'un vice caché (art. 1641) dont le vendeur n'a pas assumé la garantie, car les parties, surtout dans les ventes de spéculation, ont tacitement opéré sur un *alea* (Civ. rej., 3 juin 1883, aff. de la Banque de Lyon et de la Loire, S. 84, 2, 49 et note Lyon-Caen ; notre Examen doctrinal dans la *Revue critique de lég. et de jur.*, 1883, p. 319 ; Cass., 9 novembre 1892, D. 93, 1, 73).

619. — Cette première question étant épuisée, il en surgit deux autres qui doivent former le véritable objet du présent paragraphe. Ces deux questions étant connexes, il convient de les examiner de front.

1° A partir de quel moment l'action d'une société peut-elle être convertie en titre au porteur ? 2° Tant que l'action est incomplètement libérée, la société ou le syndic de sa faillite (n° 577) peut diriger un appel contre les porteurs. Mais quelle est la personne débitrice de cet appel de fonds ?

620. — La conversion d'une action nominative en titre au porteur n'est point un avantage que l'actionnaire puisse revendiquer dans toute espèce de société. Il faut que l'acte de société ait reconnu la forme au porteur. Dans le silence des statuts, et à plus forte raison lorsqu'ils le décident expressément, l'action restera forcément nominative à toute époque, même après que tous les titres auront été libérés (En ce sens, Houpin, Bouvier-Bangillon, *contra* Pont et Wahl). C'est le cas pour la Banque de France et pour la presque totalité des sociétés d'assurances. La création d'actions au porteur ne serait possible qu'à condition par la société de modifier préalablement ses statuts par un vote de son assemblée extraordinaire.

621. — Pour renverser l'ordre des deux questions, la pensée se fixe sur les personnes qui seront redevables de l'appel de fonds, du complément ou de partie de celui-ci. L'action, souscrite par *Primus*, a été transmise à *Secundus*, puis de *Secundus* à *Tertius*, et ces trois personnes sont, grâce au registre des transferts, également connues du siège social. Quel est celui des trois, du *souscripteur*, du *cessionnaire intermédiaire* ou du *porteur actuel*, qui doit répondre de ce non-versé ? Doivent-ils en répondre tous trois, et par voie solidaire ? Y en a-t-il deux seulement de tenus, et lesquels ?

622. — Le bon sens donne à entendre que de toute manière le *porteur actuel* pourra être recherché. C'est sur lui que doit retomber finalement la charge de l'appel de fonds, si un autre en a fait l'avance. Quiconque achète une action entre dans le titre pris sous ses divers aspects, c'est-à-dire dans ses obligations comme dans ses avantages, actif et passif tout à la fois.

Celui qui a l'action en supporte le risque actuel et futur, donc la charge de payer le complément au moyen de ses ressources. L'usage de la Bourse confirme ce point de vue. On fait entrer dans le cours d'une action non libérée (soit 550 fr.) la partie non versée, mais l'acheteur déduit le non-versé (375 fr.) de son prix (soit un prix net de 175 fr.), et il en demeure couvert, ce qui implique la promesse de le payer de son propre argent lorsqu'il en sera requis.

D'autre part, le porteur actuel est pour ce non-versé lié *directement* envers la société : il a concouru au transfert par son acceptation, il a été partie à l'opération qui s'est faite au siège social.

Mais ses prédécesseurs sont-ils, en outre, concurremment avec lui, tenus de ce complément envers la société ?

En législation, deux systèmes opposés peuvent se concevoir :

623. — 1° Responsabilité *cumulative* de tous ceux qui, depuis le souscripteur inclus, ont acquis l'action et ont été inscrits sur le registre des transferts. Le souscripteur a pris le non-versé en charge à l'origine. Il s'est substitué sans doute un acheteur, mais cette substitution ne vaut que pour l'émolument du titre, non pas pour la charge correspondante. Le transfert ne l'en a pas libéré. De même pour le premier cessionnaire, entré à son tour dans cette dette, et qui en demeure grevé. De même pour chacun des cessionnaires suivants.

En un mot, la société peut s'attaquer indifféremment à l'un quelconque des porteurs. L'insolvabilité de tel d'entre eux ne saurait lui nuire. Il y a solidarité. Le crédit de la société y gagne, la rentrée de la portion de capital non encaissée est d'autant mieux garantie, que l'action aura été l'objet de transferts plus nombreux[1].

2° *Décharge du non-versé* au profit de chaque cédant à raison du transfert fait de l'action. La société ne peut poursuivre que le porteur actuel.

Ce système, en stricte logique, est le vrai. Il découle du mécanisme de la délégation. Que s'est-il produit lors du transfert ? Le vendeur a substitué un acquéreur à ses droits (n° 601). Il l'a aussi substitué à sa dette. Sa situation est indivisible. Autrement l'opération est tronquée. On ne peut pas cesser d'être actionnaire à un point de vue et le rester à un autre. Il y a eu deux délégations fourrées l'une dans l'autre. « Je vous délègue à mon acheteur dans mes droits sur l'action, a dit le vendeur à la société. Je vous le délègue dans ma dette. Vous me donnez acte de cette double substitution, je n'ai plus le profit de l'action, je n'en ai plus la charge : ils ont passé tous deux à *Secundus*. »

Et qu'on ne vienne pas objecter : *a*) L'extinction d'une dette par novation ne se présume point. Il aurait fallu que la société donnât décharge expresse au vendeur (art. 1273 C. civ.) ! Cette déclaration formelle n'était pas indispensable, elle résulte de l'intention des parties, du jeu symétrique de la convention prise en ses éléments contraires. En droit commercial,

1. Chéron, *De la nature et des effets de la solidarité entre porteurs successifs d'une action de société* (*Ann. de dr. com.*, 1904, p. 347).

l'art. 1273 est inapplicable, l'usage l'emporte sur lui, on écarte constamment l'art. 1202 qui dit également que la solidarité ne se présume pas.

b) Le siège social, qui ne peut pas refuser l'acheteur, va se voir imposer un actionnaire peut-être insolvable ! Mais le vendeur, souscripteur primitif, offrait-il plus de garanties ? On a dû l'accueillir sur les listes de souscriptions, par cela seul qu'il s'est présenté.

624. — Cette dernière remarque a cependant sa force. Le système commandé par la logique conduirait à de fâcheux résultats. L'actionnaire s'évadera de son titre aux approches de la débâcle. Il se substituera un acheteur de paille sans surface. Au moment de l'appel de fonds, la société n'aura plus qu'un droit illusoire de poursuite.

Faut-il pour autant recommander le premier système ? Non, il est excessif. L'actionnaire, même après aliénation de son action, resterait tenu indéfiniment, et non pas seulement pendant trente ans, car la dette est conditionnelle et la prescription est suspendue tant que la condition n'est pas arrivée. Nous serions donc recherchés du chef d'actions dont notre grand-père s'était depuis longtemps dessaisi ! Un recours nous serait donné sans doute contre les acheteurs suivants, dont le siège social devrait nous donner les noms. Mais que vaudrait ce recours, la société s'étant adressée à nous, probablement parce que le porteur n'était pas en état de payer ?

Il faut donc s'arrêter à un *moyen terme*, à une organisation qui tienne compte : 1° du besoin de garantir la société contre les transferts, souvent fictifs, de la dernière heure ; 2° de la nécessité de ne pas faire de l'action une tunique de Nessus.

625. — L'obligation de donner à la société, sous de sages réserves, le moyen d'attaquer les porteurs antérieurs au détenteur actuel, a sa répercussion sur la forme que doit conserver l'action aussi longtemps qu'elle n'est pas libérée. *Cette forme est la forme nominative imposée*. Le titre ne peut être mis au porteur qu'après sa libération intégrale.

S'il est mis au porteur prématurément : 1° la société ne connaît plus les porteurs précédant le porteur actuel ; 2° elle ne connaît pas davantage ce porteur actuel. La forme nominative est la sauvegarde de l'appel de fonds, de la rentrée de la société dans son capital. Et, de là, la corrélation entre les deux questions que nous devons faire marcher de front.

626. — Cela dit, il faut parcourir rapidement les étapes suivies par le législateur en cette matière. Quatre régimes ont été expérimentés depuis 1807. Le quatrième, qui est le régime actuel, reproduit en substance le deuxième.

1° Régime en vigueur *depuis le Code de commerce* jusqu'à 1856, sauf que pour les sociétés anonymes leurs statuts homologués résolvaient la question ; régime des commandites par conséquent. — Silence de la loi. *Liberté entière de convertir l'action en titre au porteur*, même avant tout versement, ou après un versement modique. *Décharge du vendeur résultant du transfert*. La société ne peut s'adresser qu'au dernier porteur. Si elle ne le connaît pas, sa seule ressource est de procéder à l'exécution en Bourse (voir ci-dessous, n° 633).

C'est la porte ouverte à la fraude. Il existe encore des sociétés de ce genre dont les statuts remontent à cette période. Elles restent soumises au droit de faveur ou, plus exactement, au droit de licence propre à ce régime, même quant aux négociations dont leurs titres seraient aujourd'hui l'objet. On applique le principe du respect des droits acquis (disposition transitoire de la loi de 1893).

627. — 2° Régime appliqué entre 1856 et 1867 aux sociétés en commandite par actions et aux sociétés à responsabilité limitée par les deux *lois de 1856 et de 1863*.

D'un extrême on passe à l'autre. Deux principes : *a*) *Maintien obligatoire de la forme nominative* jusqu'à la complète libération de l'action intéressée à sa libération ; *b*) *responsabilité solidaire* de tous les porteurs successifs, nonobstant tout transfert intervenu, et nonobstant toute clause d'exonération. La société a ainsi son recours assuré contre tous ceux qui occupent la filière des ventes. Elle ne peut se voir opposer aucune prescription autre que celle de trente ans, et ces trente ans partent du jour de l'appel de fonds lui-même.

En ce qui touche la prescription, telle ne serait plus la situation à l'égard des actions de ces sociétés, sujettes aujourd'hui à un appel de fonds : le porteur qui a cédé son titre peut user de la prescription de deux ans instituée, comme on le verra, par la loi de 1893 : ces deux ans courent soit de son transfert, s'il a eu lieu depuis la promulgation de ladite loi, soit de la date de cette promulgation s'il avait eu lieu à une date plus ancienne (sous certaines réserves d'un intérêt secondaire contenues dans les dispositions transitoires).

628. — 3° Régime concernant les sociétés par actions qui se sont fondées entre la *loi du 24 juillet 1867* et celle du 1er août 1893 et résultant de l'art. 3 de la première de ces lois.

La règle de la deuxième période est maintenue, mais en tant que disposition générale seulement. L'action restera nominative, et les porteurs successifs seront solidaires sans limite de temps.

Exceptionnellement, lorsque les statuts contiennent une clause permettant la *conversion des actions en titres au porteur après versement de la moitié du capital*, cette conversion sera possible, une fois ce versement obtenu, en vertu d'une délibération de l'assemblée générale qui l'autoriserait. Des sociétés pourront faire circuler légalement leurs titres sous la forme au porteur, alors qu'il reste 50 o/o du capital à recouvrer.

629. — L'effet de cette délibération d'assemblée générale était de procurer aux actionnaires l'exemption de la seconde moitié du non-versé, en justifiant au moment de l'appel de fonds qu'ils s'étaient dessaisis de leurs titres. La dette était novée sous deux conditions : négociation faite de l'action par son porteur, et vote de la conversion par l'assemblée générale, conformément audit art. 3. Cette conversion votée, l'actionnaire était libre de laisser à son titre la forme nominative ; même alors il échappait à l'appel de fonds par la revente de son action.

La société n'avait de recours : 1° que contre le *dernier porteur* ; 2° et aussi contre tous ceux figurant sur le registre de la société comme ayant possédé l'action avant le vote de conversion de l'assemblée générale, les actionnaires de cette seconde catégorie ne demeurant toutefois responsables que pendant *deux ans* à partir dudit vote (on n'avait pas voulu permettre aux auteurs de la libération de se procurer un *quitus* immédiat)[1].

630. — Ces dispositions, sorties d'une discussion extrêmement confuse, étaient consignées dans un texte elliptique et mal rédigé.

L'action de la société contre le *dernier porteur* n'était même pas certaine. La jurisprudence l'affirmait, avec l'appui de M. Labbé, bien qu'en fait l'ignorance par la société de ce dernier porteur rendît la poursuite la plupart du temps illusoire, et obligeât le siège social à se contenter de l'exécution en Bourse. En doctrine (MM. Beudant, Valette, Pont, Boistel, Lyon-Caen et Renault) on émettait une opinion plus radicale : grâce au vote de conversion, disait-on, il n'y a plus dorénavant aucune personnalité d'actionnaire tenue du non-versé. *Le titre seul est obligé*, la société le fera vendre à ses risques et périls et, si son cours est avili, elle n'en tirera rien. Il est inutile de faire revivre cette ancienne querelle.

Et cependant le problème n'a pas perdu son actualité. Des sociétés stipulant la clause de conversion, nées pendant cette phase de vingt-cinq ans, peuvent aujourd'hui encore, après réalisation de la moitié seulement de leur capital, opérer la transformation de leurs actions en titres au porteur, en exonérant du non-versé les porteurs, sauf le dernier. Cela encore ressort des dispositions transitoires de la loi de 1893, et de ce chef la jurisprudence qui s'était formée sous l'empire de l'art. 3 de la loi de 1867 n'a pas cessé de fonctionner.

631. — 4° Régime nouveau, créé par la *loi du 1er août 1893*. C'est un retour au régime en vigueur entre 1856 et 1863, avec une atténuation de durée pour la responsabilité de ceux qui auraient vendu leurs titres avant l'appel de fonds.

Maintien nécessaire de la forme nominative, si le titre n'est pas pleinement libéré, les nouveaux statuts ne pouvant plus contenir la clause de conversion après réalisation de la moitié du capital. — *Solidarité de tous les porteurs successifs*, nonobstant toute décharge que la société aurait donnée au vendeur. — Mais (et c'est en cela que consiste le tempérament) cessation de la responsabilité de tout vendeur, lorsque *deux ans* se seront écoulés depuis le transfert qu'il a effectué de son action (art. 3, al. 3 et 4, de la loi de 1867, tels que les a modifiés la loi nouvelle).

Les poursuites de la société se circonscrivent donc au porteur actuel et à ceux des anciens porteurs dont la vente ne remonte pas à plus de deux

1. Comment ceux-ci se retourneront-ils contre le porteur actuel, dont la société ne peut leur fournir le nom, et qu'ils ne connaissent pas eux-mêmes, car ils ont vendu par l'intermédiaire d'un agent de change ? Peut-on contraindre celui-ci à lever le secret professionnel ? V. Cass., 29 juin 1885, S. 86, 1, 17, et 18 novembre 1902, D. 1904, 1, 417, avec notre note.

ans pris en arrière depuis l'appel de fonds. Si cet appel a lieu le 1er février 1915, les auteurs de transferts postérieurs au 1er février 1913 sont seuls menacés, sans pouvoir opposer l' « exception de discussion ». Ils se récupéreront contre les porteurs qui les suivent, jusques et y compris le dernier, en vertu de la subrogation de l'art. 1251-3° C. civ. Le recours s'exercera du plus ancien au plus nouveau, à l'inverse de ce qui se passe dans la lettre de change, où le recours remonte au lieu de descendre[1].

632. — Quoique en progrès sur l'art. 3 de la loi de 1867, cette organisation est encore malaisée à saisir.

Notamment, quel est l'événement qui fixera ce délai en arrière de deux années, de manière que la société puisse établir irrévocablement la liste des personnes responsables ? Est-ce la délibération votant cet appel de fonds ou la décision du syndic de faillite qui l'ordonne (1er février) ? Est-ce la *sommation* intimée au porteur d'avoir à payer (1er avril) ? Est-ce l'*assignation* judiciaire (1er juin) ? Selon que l'on s'arrêtera à l'une ou à l'autre de ces dates, la société retiendra un nombre plus ou moins grand de transferts anciens[2].

La même question se présentait, dans l'interprétation de l'ancien art. 3 de la loi de 1867, à l'effet de justifier de la qualité de *porteur actuel*. Dans cette justification la société était bien mal traitée ; car, de ce que tel individu avait possédé l'action naguère (la feuille de présence d'une assemblée en témoignant par exemple), il n'y avait pas à déduire la présomption qu'il en est encore porteur aujourd'hui

La jurisprudence estime que c'est au moment de la *sommation* faite aux porteurs en retard qu'il faut se placer, pour déterminer le porteur actuel à cette date, et pour calculer les deux années rétroactives.

Autre difficulté. — Lorsque, au mépris de la loi, l'action a été mise au porteur sans être libérée, comment l'appel de fonds pourra-t-il s'exercer ?

Le principe de la *solidarité* est maintenu, avec la prescription de deux ans dont bénéficient les anciens porteurs. La société n'a pas pu se priver des recours voulus par la loi. Cependant, la base de la poursuite devient alors presque énigmatique. Les porteurs, n'ayant plus accepté de transfert, ont cessé de contracter la dette du complément !

Puis, pour une société qui invoque l'ancien art. 3 de la loi de 1867, quelles sources d'hésitation ! L'assemblée avait décidé la conversion avant que la moitié du capital ne fût encaissée. La délibération est nulle. Les acheteurs postérieurs sont de bonne foi. Va-t-on les poursuivre, comme si le titre était resté obligatoirement nominatif (Paris, 26 juillet 1887, D. 88, 2, 145, et note SARRUT ; Paris, 28 janvier 1898, D. 99, 2, 97, et notre note) ?

Ajoutons que, depuis 1893, comme avant cette date, l'appel dirigé sur des actions mises au porteur est presque toujours illusoire. Ce n'est que dans

1 V. A. CHÉRON, article précité, *Annales de dr. comm.*, 1904, p. 347.

2. Comment calculer ces deux ans lorsque la date de l'appel de fonds a été fixée d'avance dans les statuts, mais que celui-ci n'a été effectué en réalité que plus tard ? Cons. Paris, 9 janvier 1906, D. 1909, 2, 81.

des circonstances rares que la société sera informée par indiscrétion du nom du porteur. L'*ultimatum subsidium* sera l'*exécution en Bourse.*

633. — Exécution en Bourse. — Cette exécution est praticable et de nature à donner des avantages de célérité dans tous les cas d'appel de fonds, quand même la forme nominative aurait été respectée. Elle est d'un emploi général.

On entend par là une procédure s'attaquant au titre et non à la personne.

La société *a*) *déclare déchu l'actionnaire* qui n'a pas répondu à l'appel ou à la sommation, — *b*) annule le certificat non représenté et en crée un autre portant l'estampille du nouveau versement demandé, — *c*) fait vendre en Bourse ce nouveau certificat par l'intermédiaire d'un agent de change, après avoir suivi les formes statutaires ou, dans le silence des statuts, celles du décret du 7 octobre 1890, art. 71-2° (affiche apposée vingt-quatre heures avant la vente à la Bourse et dans les bureaux de l'agent).

L'opération, même non prévue dans l'acte de société, est consacrée par la pratique, partant licite (cfr. notre note, D. 1886, 2, 89, et BERNARD, *Etude sur l'exécution en Bourse*, dans les *Annales de droit commercial*, 1904, p. 65 et 125). C'est une résolution du contrat de souscription, par application de l'art. 1184 C. civ. et sans jugement, parce qu'ainsi le veut l'usage.

Le souscripteur avait promis de libérer le titre, il manque à sa promesse ; la société se dégage de la sienne et rend l'action caduque : la clause commissoire est incluse dans tout contrat synallagmatique. Le nouvel acquéreur n'est pas un acheteur, mais un souscripteur substitué à l'ancien.

L'exécution laissera généralement un découvert. Si l'action est dépréciée de moitié et que l'appel porte sur les 3/4 de sa valeur, il subsiste, après liquidation de l'opération, un écart dont l'actionnaire défaillant reste tenu envers la société.

634. — Terminons, en observant que la forme au porteur ne peut jamais être imposée à l'actionnaire. Dans les sociétés qui admettent le titre au porteur, tout propriétaire d'actions (comme aussi d'obligations) a toujours la faculté de convertir ses titres au porteur en titres nominatifs, ou réciproquement (L. 23 juin 1857, art. 8) : il ne doit payer les droits de transfert que dans le dernier cas (n° 606).

§ 4. — Actions d'apport

(L. 1er août 1893, art. 2 ; L. 16 novembre 1903, art. 2).

635. — Les actions d'apport représentent des apports en nature, préalablement vérifiés et approuvés. De même que pour les actions en numéraire, leur délivrance et leur négociation sont interdites, avant la constitution définitive. Mais la loi de 1893 a introduit à leur égard une règle encore plus sévère.

« *Les actions d'apport* ne peuvent être détachées de la souche et *ne sont négociables que deux ans après la constitution définitive de la société.* — Pendant ce temps, elles devront, à la diligence des administrateurs, être frappées d'un timbre indiquant leur nature et la date de cette constitution » (art. 2 de la loi de 1893 ; art. 3 nouveau de la loi de 1867, al. 3 et 4).

La négociabilité de ces actions est ainsi différée pendant les deux premières années de la société. En voici la raison. Les fondateurs sont pressés de liquider les actions de leur entreprise et d'exploiter l'engouement ou la crédulité du public. La loi modère cet empressement. Elle les oblige à rester associés deux ans, pendant lesquels ils suivront les destinées de la société [1].

Toutefois, les actions ont pu être, dès le premier jour, l'objet d'une cession faite *jure civili* : seule la *négociation* est temporairement interdite. Il ne s'établit point de marché sur des titres pour la transmission desquels il faut user de significations par huissier. Les défiances de la loi cessent. Le cessionnaire, justifiant des formes de l'art. 1690, a droit d'accès aux assemblées générales qui se tiennent dans ces deux premières années (Paris, 12 avril 1902, D. 1906, 2, 345, note LEVILLAIN ; Civ., 4 juillet 1911, D. 1911, 1, 449, note PERCEROU). Nous n'avons pas admis cependant qu'on pût vendre au regard de la société une action par la voie de l'art. 1690, mais cela n'est vrai que lorsque son transfert en est devenu possible.

636. — Quant à la *libération* des actions d'apport, elle n'est plus de nature à se poser depuis 1893.

La jurisprudence avait avant cette date reconnu des actions dites *mixtes*, représentées par des apports en nature pour leur premier quart, et par des appels de fonds éventuels pour les trois autres quarts. On établissait ainsi la péréquation entre les actions des deux catégories. Cela offrait des avantages de simplification.

Aujourd'hui cette pratique n'est plus licite. « Les actions représentant des apports devront toujours être intégralement libérées au moment de la constitution de la société (art. 3 nouveau de la loi de 1867, al. 2). » Cette restriction est critiquable.

637. — La défense temporaire de négocier les actions d'apport est considérée comme draconienne par diverses personnes. Il ne serait pas équitable de l'étendre aux apports qui, avant d'être versés dans la société actuelle, auraient déjà été représentés dans une société préexistante ayant duré deux ans au moins et dont celle-ci a pris la suite. Des sociétés par actions se fondent les unes après les autres, recueillant l'actif de celles qui les ont précédées ; à chaque transformation va-t-il falloir attendre deux ans, pour que les titres soient négociables ? Les lois du 9 juillet 1902 et du 16 novembre 1903 sur les actions de priorité ont remédié à cet inconvénient et dérogé au principe de la loi de 1893 : « En cas de fusion de sociétés par suite d'absorption ou de création d'une société nouvelle englobant une ou plusieurs sociétés préexistantes, l'interdiction de négocier ne s'applique pas

1. Mais, dit-on, la règle sera éludée. Les apporteurs *vendront* l'usine à la société. Puis ils emploieront le prix à souscrire des actions de numéraire ; celles-ci seront négociables aussitôt après constitution ! — On oublie la cherté des droits de mutation, qu'il faudra acquitter en suivant cette deuxième combinaison, et dont l'apport en nature est au contraire exempté.

aux actions d'apport attribuées à une société par actions ayant, lors de la fusion, plus de deux ans d'existence [1]. »

Remarque finale. — Il n'est pas nécessaire d'insérer dans les statuts, contenant des actions d'apport, une clause de défense temporaire de les négocier ; cette défense résulte impérativement de la loi elle-même. Toute clause contraire insérée dans les statuts rendrait la société nulle. Hors de là, si les actions d'apport étaient émises contrairement à la loi de 1893, la société ne serait point nulle, mais l'émission des certificats et leur négociation seraient punissables (art. 13 et 14).

§ 5. — Parts bénéficiaires ou de fondateur [2].

638. — L'usage a introduit cette forme de titres. La loi n'en parle point.

Les *parts de fondateur*, ou *parts bénéficiaires, sont des parts constatées par des certificats négociables, nominatifs ou au porteur, et donnant au porteur*, pour le rémunérer des soins mis à la constitution de la société, *à une quote-part dans les bénéfices annuels, sans pouvoir d'entrée aux assemblées générales, ni droit dans le capital social.*

Ces parts sont, par exemple, au nombre de 1.000 ; il leur est attribué 20 o/o des bénéfices *nets*, calculés après un prélèvement de 4 ou 5 o/o à servir aux actions à titre d'intérêt.

Chaque part peut se subdiviser à son tour en coupures de 1/10, de 1/100, etc. Les plus connues sont celles qui furent émises par la Compagnie de Suez. Aujourd'hui elles sont extrêmement répandues. Les certificats qui les représentent sont émis sans mention de valeur sur le titre.

639. — Pour ce qui est de la nature juridique du droit, on rencontre un parti solide en doctrine, représenté notamment par MM. Lyon-Caen et Renault, soutenant que le porteur de part a un *droit d'associé* et même un *droit d'actionnaire* déguisé sous un nom trompeur. La part bénéficiaire serait une *action de jouissance*. Nous avons tenu autrefois pour cette doctrine, dont le principal avantage pratique est de suspendre pendant deux ans la négociation de ces parts, assimilées ainsi à des actions d'apport, et de réfréner une partie des abus qu'elles ont causés.

A la réflexion, nous abandonnons cette thèse. Suivant la jurisprudence, sous réserve d'un arrêt fiscal (Req., 16 novembre 1904, S. 1906, 1, 49) destiné

---

1. Sur la question de savoir si, lorsqu'une société, qui a augmenté son capital depuis moins de deux ans, fusionne avec une autre par apport global de son actif, les actions d'apport à elle remises bénéficient des lois de 1902 et 1903, c'est-à-dire sont immédiatement négociables, v. Wahl, *Journ. des Soc.*, 1911, 481.

2. Ce sujet est celui des sociétés par actions qui a donné lieu au plus grand nombre de monographies françaises : Chavegrin, S. 1889, 1, 417 ; Bousquet, *Journ. Soc.*, 1885 ; Wahl, *ibid.*, 1897, 2, 89 et S. 1898 ; Trystram, 1902 ; R. Rousseau, 1899 ; Percerou, *Des fondateurs de sociétés*, 1896, et D. 1902, 2, 1 et 7, 1904, 1, 89 et 482 ; Thaller, D. 99, 1, 553, et 2, 361 et *Rev. crit.*, 1881, p. 553 et 1886, p. 219 ; et surtout Lecouturier, *Traité des parts de fondateur*, 2e éd., 1914. Celui des ouvrages d'ensemble sur les sociétés qui consacre le plus de développements aux parts de fondateur est le traité de M. Houpin, 4e éd., I, p. 292 à 334.

à la frapper de l'impôt sur le revenu, la part de fondateur est une *créance contre la société* donnant droit à une part annuelle de bénéfices. Le porteur ne fait point partie des associés. Il est comparable à un obligataire qui aurait non un coupon d'intérêt fixe, mais un coupon variable et qui, en outre, ne pourrait prétendre au remboursement du principal. Il est comparable encore à un employé participant aux bénéfices, à qui l'on remettrait un titre négociable. La double exclusion des assemblées et du fonds social crée déjà un préjugé en faveur de cette thèse.

640. — La doctrine dit : La participation aux bénéfices ne prouve-t-elle pas la qualité d'associé ? — Non. Il y a des cas nombreux où l'on se réserve un tantième de bénéfices sans devenir associé : le seul titre auquel on agit est celui de créancier. Ce qui caractérise la part sociale, c'est le droit de critiquer la gestion, c'est l'immixtion dans l'entreprise (nos 322 et 483). Or ce droit de critique, le porteur de part ne l'a point ; il est exclu de l'assemblée générale, il prend sa part sur les bénéfices tels quels, sans être autorisé à en demander compte au conseil d'administration.

D'autre part, il n'est pas démontré que le type de l' « action de jouissance » soit licite (en dehors du cas d'actions de capital remboursées), ni qu'on puisse, en représentation d'un apport d'industrie, émettre des actions.

Comme ces actions seraient des actions d'apport, à cette différence près qu'elles ne donnent point droit au partage du fonds social, et que d'autre part les actions d'apport doivent depuis 1893 être intégralement libérées, la part de fondateur serait interdite, au moins pour récompenser des travaux ou services futurs.

Mais il y a une considération plus grave. La loi ne dit pas que tout apport licite dans une société, au sens de l'art. 1833, al. 2, C. civ., puisse être représenté par une *action*, par une part sociale négociable.

L'action est, au contraire, une partie intégrante du *capital* (art. 34 C. com., art. 1er de la loi de 1867). Le mot « capital » ne comprend que les valeurs susceptibles d'être inventoriées et de former un gage pour les créanciers. Comment y intégrer de simples services ? Si on les évalue, soit 100.000 fr., on devra les ajouter à l'ensemble des apports en nature ou en argent, figurant 1 million, ce qui donnera à la société un actif trompeur de 1.100.000 fr. de capital, alors qu'en réalité elle n'a que 1 million de ressources effectives. On ne saura plus d'après quel *quorum* calculer le chiffre nécessaire de présence aux assemblées générales : sur le capital augmenté de ladite évaluation ; ou sur le capital effectif, ce dernier étant seul apte à voter ?

Donc, ou la part de fondateur est irrégulière, lorsqu'on l'analyse comme action de jouissance ou d'industrie, et, chose anormale, comme action sans droit de vote. Ou elle est un droit de créance, la promesse faite par la société à des tiers de leur compter annuellement une portion de ses bénéfices. Cette créance ne contrevient à aucun principe de droit, elle peut revêtir la forme d'un titre négociable.

On aurait pu tenir pour une opinion intermédiaire (MM. Genevois, Houpin) : la part serait un droit social latéral aux actions, un apport de services non inclus dans le capital. Mais cela n'aurait pas résolu les difficultés de calcul précédentes, et l'exclusion des porteurs des délibérations sociales n'aurait pas eu non plus une base suffisante.

641. — Ce titre est négociable dès la constitution de la société : la défense de le négocier dans les deux premières années n'existe pas pour lui. Il pourrait même être négocié avant que la société ne fût définitivement fondée. Bien que l'on considère l'avantage fait au fondateur comme sujet à vérification et à approbation en assemblée générale, en conformité de l'art. 4 de la loi de 1867, cette procédure ne devrait pas être imposée. Car elle ne concerne, avons-nous dit (n° 533), que les avantages conférés *au titre d'associé*, ce qui n'est pas le cas.

642. — Cette liberté extrême n'est pas sans causer d'abus. La commission des sociétés de la Chambre des députés a accueilli un amendement de M. Aynard, tendant à laisser les parts à la souche pendant deux ans, comme si elles étaient des actions d'apport. Le reproche qu'encourent ces parts, c'est d'être attribuées en représentation de services souvent fictifs.

Toute créance doit avoir une cause. La cause ici est parfois absente. Les fondateurs n'ont rendu aucun service ; tout intéressé pourrait alors, semble-t-il, demander la nullité sinon de la société, du moins des parts émises, et cela même contre des porteurs de bonne foi.

Ces parts ont, en outre, le tort de grever *indéfiniment* la société. Elles ne doivent pas s'éteindre après cinq ou dix ans par exemple. La *quotité de* bénéfices qui leur est allouée n'est soumise à aucune restriction. On aurait attendu des auteurs du projet de 1903 autre chose que l'organisation des porteurs en une société distincte de celle qui leur doit les bénéfices, ce qui les rendra plus forts encore vis-à-vis d'elle[1].

La part de fondateur eût dû être subordonnée à un versement de fonds à la société, ce qui aurait fait d'elle une sorte d'obligation à coupon variable, remboursable ou non selon les cas. Ou encore elle devrait répondre à un apport de clientèle, cessant, ce qui serait sage, de grever le capital de la valeur de celle-ci. Autrement entendue, elle met l'épargne en coupe et multiplie les parasites. Ce qui arrive malheureusement !

643. — En l'état actuel du droit, voici les droits attachés à la part de fondateur :

1° Le porteur n'a pas le droit d'assister aux assemblées, n'étant pas associé. Du moment qu'il ne concourt pas aux délibérations sociales, celles-ci ne lui sont pas non plus opposables. La société, débitrice des porteurs, ne peut pas réduire leurs émoluments. La société va être gênée dans l'emploi de ses bénéfices annuels. Elle ne pourra les appliquer à des réserves, autres que celles imposées par la loi ou par les statuts, qu'en accordant aux parts leur tantième sur le tout, même sur les sommes réservées.

Cependant cette conséquence ne s'impose point.

---

1. Reprenant pour son compte le projet de 1903 sur les obligations émises par les sociétés et sur les parts de fondateur, M. Chastenet l'a déposé au Sénat sous forme de proposition de loi, le 27 janvier 1914 (*J. off.*, 28 janvier 1914).

Les porteurs de parts réclameront bien leur tantième sur la portion de bénéfices que l'assemblée générale exclut de toute distribution, sans en faire un emploi déterminé, qu'elle reporte aux exercices futurs : exposés à vendre leurs titres avant que la société ne répartisse cette retenue, les porteurs ne doivent pas être leurrés de leur tantième, par suite d'une mesure à laquelle ils sont demeurés étrangers.

Mais, si la retenue de bénéfices a eu lieu en vue d'un intérêt social précis (réparation de matériel, amortissements, assurances, etc.), les porteurs de parts ne doivent pas prendre leur tant pour cent sur les sommes consacrées à ce but de prévoyance. Il a été tacitement entendu que les actionnaires pourraient procéder à des mesures de ce genre, sans avoir à servir aux porteurs de parts un lourd tribut rendant, selon les cas, de pareilles combinaisons irréalisables (Contre le droit des porteurs de s'opposer aux amortissements ou de prélever leur tantième sur les bénéfices consacrés à cet usage, Paris, 16 juillet 1896, D. 99, 2, 361 ; Bordeaux, 14 octobre 1912, *Journ. des Soc.*, 1914, 262. — Mais, en un sens différent, Besançon, 4 février 1914, *Gaz. Pal.*, n° du 13 mars 1914). La question a de moins en moins chance de se présenter ; car les statuts contiendront un article assez clair pour dire si c'est sur *tous* les bénéfices, ou seulement sur la part qui leur revient, que les actionnaires décideront les prélèvements de réserve.

644. — 2° Le porteur de part peut exiger que la société continue sa marche jusqu'à son terme statutaire. Une dissolution anticipée lui ferait tort, en arrêtant le service des bénéfices sans lui donner, par compensation, aucun droit sur le fonds social lui-même.

La société, en procédant à sa liquidation, s'expose-t-elle donc à une action en dommages-intérêts, et doit-elle attribuer aux porteurs de parts, à titre de réparation civile, une fraction importante de son capital ? (Dans le sens de la réparation, Req., 13 juin 1898, D. 99, 1, 553). — C'est douteux, à moins que la dissolution n'ait été décidée en fraude des porteurs, afin de ne plus les faire participer aux bénéfices. Hors de là, et sans discussion possible de l'opportunité de la mesure, la réclamation des porteurs ne devrait pas être admise. La liquidation doit être rapprochée des événements de force majeure (n° 455). La société serait mise dans l'impossibilité de liquider à sa convenance, par suite de l'intimidation exercée sur elle par les porteurs de parts (Req., 9 et 24 mars 1903, D. 1904, 1, 89, et 481, notes Percerou).

645. — 3° Le porteur ne peut pas, contre son gré, être remboursé de sa part par la société. Ce remboursement serait une expropriation. Mais il peut être prévu : il arrive même aux statuts de grouper en outre les porteurs en assemblée, pouvoir étant donné à ladite assemblée de débattre avec la société les conditions du rachat, fût-ce à une simple majorité. Les actionnaires ne pourraient consacrer à ce rachat que des réserves leur appartenant exclusivement. Ils pourraient aussi y affecter une partie du capital, mais à la condition de réduire en même temps celui-ci d'une somme égale (Paris, 8 juin 1901, D. 1901, 2, 7, note Percerou ; Req., 8 décembre 1902, S. 1904, 1, 449, note Wahl).

Faute d'une clause obligeant les porteurs à subir le rachat des parts, le seul procédé possible pour les amortir, serait de les acquérir à la Bourse pour le compte de la société, et de les annuler.

646. — 4° Il est impossible de convertir, en vertu d'une délibération d'assemblée, les parts de fondateur en actions soit de jouissance, soit de capital, privilégiées ou non (V. la discussion engagée à la *Société d'Etudes législatives* en 1913 : *Bulletin*, p. 213 et suiv.).

Comment, en effet, représenter dans les inventaires la contre-valeur de ces actions ? Au nom de quels principes le porteur entrerait-il aux assemblées, puisqu'il n'a rien mis dans le capital ? Ce capital a-t-il été réellement augmenté ? Autant d'impasses (*Contra*, projet de 1903).

SECTION III

ADMINISTRATION DES SOCIÉTÉS PAR ACTIONS[1]

(C. com., art. 31 abr. et 32 ; L. 1867, art. 10, al. 3 à 5 ; 15, n° 3 ; 17, 22, 25, 32-36, 39-40).

647. — Les principes généraux sur l'administration des sociétés sont exposés dans le chapitre précédent.

La *commandite par actions* est administrée d'après les mêmes règles qu'une commandite simple. Le *gérant* (associé en nom, ou l'un d'eux) est irrévocable. Les statuts peuvent le déclarer révocable, pour cause déterminée ou *ad nutum* (n° 402), ils peuvent décider encore que, à sa mort, la société continuera avec un autre gérant, et que les actionnaires lui désigneront un successeur.

On étend d'ordinaire à la commandite par actions la règle de la commandite simple sur la *défense d'immixtion du commanditaire* (arg. art. 38 C. com. cbn. avec 27 et 28) : la gérance, déférée à un actionnaire autre que l'associé en nom, le rendrait indéfiniment responsable (n° 401 à 404). Mais cela n'a qu'un intérêt médiocre. En pratique, un commandité gérant déléguera la signature, en cas de nécessité, à l'un des actionnaires. Si les actions sont au porteur, comment saura-t-on la contravention ?

648. — Dans la *société anonyme* apparaissent des règles originales : — quant à la *nomination des administrateurs*, — quant à leurs *attributions*, — quant aux *actions en responsabilité* qu'ils encourent.

649. — I. **Nomination des administrateurs**[2]. — 1° Ils ont des pouvoirs *temporaires* (L. 1867, art. 22). On ne peut les élire que pour *six*

---

1. Bibliog. — Bertin, *De la responsabilité des fondateurs et administrateurs de société anonyme*, 1882 ; Larue, même titre, 1883 ; Villard, *Des attributions et de la responsabilité des administrateurs*, 1884 ; Guérin, *De la responsabilité des administrateurs*, 1893 ; Decugis, *De la responsabilité civile envers les tiers dans la gestion des sociétés par actions*, 1898 ; Mourret, *Responsabilité des fondateurs et administrateurs de sociétés anonymes*, 1907 ; Fraissaingea, dans les *Annales de droit commercial*, 1907, p. 378.

2. Nous laissons de côté les particularités propres à certaines Compagnies : le droit pour le gouvernement de nommer le gouverneur et le sous-gouverneur de la Banque de France (et du Crédit foncier), lequel joue vis-à-vis des régents le même rôle qu'un directeur vis-à-vis d'un conseil d'administration. — La qualité de ci-

ans au plus. Ce délai est même abrégé pour les premiers administrateurs. S'ils sont désignés par les statuts, ils ne peuvent être nommés pour plus de *trois ans* ; mais la loi veut alors, par un esprit vraiment trop sacramentel, qu'il y ait une stipulation *formelle* de ces statuts décidant que leur nomination ne sera pas soumise à l'approbation de l'assemblée [1].

En fait, les statuts disposent les réélections, de manière à soumettre les administrateurs à un renouvellement partiel, et de même quant au conseil de surveillance. Cela donne à la marche des affaires plus d'unité. — Ex. : Si le conseil d'administration a six membres, chaque année on en réélira un, un tirage au sort à l'origine déterminera l'ordre des sorties.

650. — Les administrateurs ne sont pas sûrs d'atteindre le terme de leur mandat. Ils sont *révocables* à toute époque (art. 22). L'assemblée générale peut les destituer sans justifier d'aucun motif.

Toute clause limitant ce droit de l'assemblée est nulle et sans effet. Les administrateurs révoqués ne peuvent demander de dommages-intérêts à raison de leur révocation (excepté si la mesure est prise en une forme et dans des circonstances injurieuses). Au contraire, d'après le droit commun du mandat, ces clauses dérogatoires, cette promesse éventuelle d'indemnité seraient valables. Le droit de révoquer emporte, par réciprocité, le droit pour l'administrateur de démissionner.

La loi veut par là que les administrateurs soient sous la coupe des actionnaires, ce qui en fait sera rarement exact. D'ailleurs, comment le droit de révocation s'exercera-t-il, du moment que l'assemblée générale, seul pouvoir en mesure d'en user, est liée par un ordre du jour des convocations que le conseil d'administration seul (ou les commissaires) règle souverainement ? — Cette remarque cependant n'est pas péremptoire : si les comptes des administrateurs produits à l'assemblée annuelle révèlent des fautes graves, l'assemblée pourra donner la révocation pour sanction à son refus d'approbation des comptes. (Sur la possibilité de prononcer cette révocation, lorsqu'elle est déterminée par des incidents imprévus survenus au cours de l'assemblée elle-même, cfr. Civ. rej., 15 juillet 1895, D. 96, 1, 31 ; Req., 20 décembre 1910, *Journ. des Soc.*, 1911, 495).

651. — 2° Les administrateurs doivent être associés, c'est-à-dire *actionnaires* (art. 22 ; en sens contr. art. 31 ancien du C. de com.) [2]. C'est une

---

toyen français n'est pas requise chez un administrateur de société anonyme. Une femme, un failli non réhabilité, pourraient en exercer les fonctions. — Une proposition de loi déposée en 1912 par M. Binder à la Chambre des députés tend à interdire à certains condamnés de droit commun la fondation, la direction et l'administration des sociétés anonymes.

1. Les administrateurs *statutaires* d'une société anonyme diffèrent du gérant d'une commandite par actions : — 1° En ce qu'ils sont nommés pour trois ans, le commandité ayant au contraire une durée indéterminée de fonctions ; — 2° En ce qu'ils sont révocables, le gérant ne l'étant pas ; — 3° En ce qu'ils ne s'engagent pas, par les marchés qu'ils contractent, envers les créanciers de la société ; le gérant étant au contraire tenu indéfiniment du passif comme associé en nom.

2. Sur les clauses des statuts tendant à imposer le choix des administrateurs parmi certaines catégories d'actionnaires (porteurs d'actions de numéraire, par exemple), v. Wahl, *Journ. des Soc.*, 1913, 337.

différence avec les autres formes de société. Il y a nullité de la société, quand les statuts déclarent les étrangers habiles à faire partie du conseil, ou quand la dernière assemblée constitutive a élu des étrangers au premier conseil (art. 41, l. 1867). La loi attend d'un actionnaire plus de vigilance dans la gestion que n'en montrerait un tiers.

652. — Il faut même que les statuts déterminent le *nombre d'actions* que doit posséder chaque administrateur : autrement, il sera nécessaire, par une assemblée générale, de réparer cet oubli.

Ces actions[1] sont *nominatives, inaliénables*, frappées d'un timbre indiquant l'inaliénabilité, et déposées dans la caisse sociale. Elles forment *garantie solidaire* de la gestion de l'un quelconque des administrateurs.

Décliner dans tel cas déterminé sa responsabilité personnelle, en votant contre une délibération qui a rallié la majorité, ce n'est pas dégager ses actions déposées de la garantie de gestion des collègues. Un administrateur ne peut, en démissionnant et en obtenant son *quitus* individuel, dégrever ses actions avant la fin du mandat des autres.

Cette garantie est un *nantissement* sur valeurs, qui n'obéit point aux formes habituelles du gage commercial (cfr. art. 91 C. com.) : la société a le droit de se payer par préférence sur le produit des actions de l'un, pour la faute des autres ainsi que pour la sienne. — Garantie précaire : le cours des actions sera avili, les fautes commises ayant porté un coup au crédit de la société.

653. — 3° Dans les contrats ou marchés qu'ils traitent, les administrateurs ne peuvent représenter la société individuellement et séparément. A cet égard encore, on s'écarte des règles des autres sociétés. Ils prennent leurs *délibérations en commun*, en un *conseil d'administration*, lequel se réunit périodiquement. Les mesures à prendre seront ainsi concertées.

Les statuts fixeront le minimum des membres qui doivent être présents aux séances, et les conditions de la majorité nécessaire pour l'efficacité du vote. Sinon, la décision sera prise à la moitié plus un ; mais le tribunal aurait un pouvoir discrétionnaire pour annuler la délibération, faute d'un nombre raisonnable d'administrateurs présents.

Au surplus, la loi laisse la société libre de se contenter d'un seul administrateur, ce qui est tout à fait exceptionnel.

654. — Cette organisation a son contre-coup sur la faculté de *substitution*. Le droit commun (art. 1994 C. civ.) ne saurait être suivi.

Un administrateur ne peut désigner un tiers, qui le remplacerait au conseil d'administration. Chacun d'eux a été nommé pour ses aptitudes personnelles le mettant en mesure d'éclairer les autres : cette qualité ne se délègue point.

---

1. Sauf clause contraire des statuts, l'administrateur peut fournir la garantie exigée au moyen d'actions d'apport, même pendant les deux ans qui suivent la constitution de la société, Lyon, 27 novembre 1912, *Journ. des Soc.*, 1913, 260. — Pourrait-il fournir en dépôt des actions de jouissance ? v. Thaller, *Journ. des Soc.*, 1906, p. 493.

Mais le conseil tout entier dispose d'une certaine faculté de délégation, qui lui appartiendrait, même en cas de silence des statuts (art. 22, al. 2). Ne siégeant pas en permanence, il lui faut désigner un agent, un *administrateur délégué* : 1° pour exécuter les marchés par lui délibérés et pour prendre les mesures urgentes ; 2° pour répondre aux actions judiciaires ou pour les exercer ; 3° pour donner les ordres d'achats ou de ventes suivant le plan général arrêté par le conseil ; 4° pour engager les employés ou effectuer le mouvement des fonds, etc. Ce sont encore là, au premier chef, des actes juridiques.

La distribution des fonctions qui, entre le conseil et son délégué, résultera nécessairement de cette situation en partie double, est fort difficile à préciser. L'agent délégué ne peut pas être investi du pouvoir d'administrer en toute liberté. Le cercle de ses opérations doit lui être tracé par le conseil. Autrement, le conseil d'administration se dessaisirait de ses attributions. Comme cette délégation est un mandat, on suivra la règle d'après laquelle le mandataire général ne peut pas *proprio motu* faire des actes de disposition (art. 1988, al. 2, C. civ.) : il ne doit modifier les conditions normales de l'exploitation qu'en en référant préalablement au conseil.

L'administrateur délégué doit être choisi dans le conseil. Exceptionnellement, si les statuts le permettent, il peut être choisi parmi les étrangers. C'est un heureux correctif que la loi apporte à l'exclusion de l'administration dont sont frappés les étrangers. Dans les deux cas, les administrateurs répondent de la faute du délégué envers la société et peuvent toujours le révoquer [1].

L'administrateur délégué ne peut pas à son tour transporter ses pouvoirs à un autre, faire acte de subdélégation. Toutefois, il pourrait se faire remplacer pour accomplir une affaire particulière. A cet égard la formule dont s'est servie la Cour de cassation pour interdire cette substitution de mandat est trop absolue (Cass. crim., 22 mai 1896, S. 98, 1, 542).

655. — L'art. 22 de la loi de 1867 désigne ce délégué du terme amphibologique de *directeur*. En général, le directeur est plutôt un agent technique, le premier employé de la maison. Il ne fait ni marchés, ni correspondance d'affaires (directeur d'une société d'éducation, directeur d'usine).

Le directeur, d'ailleurs, est plus souvent nommé par les statuts ou par l'assemblée générale que par le conseil d'administration : ce n'est plus un mandataire. Il est lié à la société par un *louage de services*, et conséquemment : *a*) on peut le choisir en dehors des actionnaires ; — *b*) le conseil ne répond des fautes du directeur, que s'il est en faute lui-même pour avoir exercé un mauvais choix ou s'être abstenu de surveillance ; — *c*) la société ne peut rompre, avant le terme convenu, que pour cause légitime

1. Contrairement à la substitution de mandat autorisée par l'art. 1994 : *a*) le conseil ne pourrait « annihiler » ses fonctions en laissant le délégué administrer à sa place ; *b*) le gérant dans une autre forme de société peut, de plein droit, se substituer un non-associé, ce qui n'est pas vrai ici ; *c*) le mandataire ordinaire ne répond de son substitué que si ce droit de substitution ne lui a pas été expressément réservé : tandis que le conseil répond de son délégué dans tous les cas.

l'engagement pris envers le directeur ; et, dans aucun cas, elle ne pourra prononcer son renvoi que sous réserve du nouvel art. 1780 C. civ. (Cass., 12 décembre 1892, S. 93, 1, 72 ; Douai, 31 mars 1898, S. 98, 2, 232) ; — *d*) il n'assiste pas, en principe, aux séances du conseil.

Parfois ce directeur présente un rôle mal défini, par suite d'un cumul de fonctions où entrent à la fois le louage de services et le mandat : — c'est ce qui se voit chez les directeurs de compagnies d'assurances, qui dressent les polices et ont en même temps une administration intérieure. Il faudra appliquer alors distributivement les règles de l'un ou de l'autre contrat : l'agent sera révocable comme administrateur délégué, mais non pas comme directeur. Des arrêts ont préféré rechercher quel était celui des deux contrats qui primait l'autre : si le louage de services prédomine, la révocation emportera dommages-intérêts, sans distinction entre l'un et l'autre rôle de l'administrateur (Orléans, 2 mars 1898, S. 98, 2, 270) ; si au contraire le mandat prédomine, le directeur sera révocable *ad nutum* (Paris, 11 novembre 1909, *Journ. des Soc.*, 1911, 19 ; Req., 20 décembre 1910, D. 1912, 1, 441, note Thaller).

655 *bis*. — Toute cette construction des pouvoirs respectifs du conseil d'administration et du directeur ou délégué est pénible et bien mal venue. L'art. 22 a été au Corps Législatif l'objet d'une discussion confuse. L'état des faits répond inexactement à la loi.

Les conseils d'administration ont une assez mauvaise presse. Plus souvent il est vrai que de raison, on voit dans leurs membres des hommes disposant de leur puissance de gros actionnaires pour accaparer une fonction donnant des jetons de présence et un tantième de bénéfices[1] ; habiles au cumul, dans les diverses entreprises où ils ont des actions, mais sans influence réelle sur la direction, hors d'état de rien prévoir, de rien empêcher : une « scorie » de notre régime capitaliste, a-t-on été jusqu'à dire.

Le nom trop prétentieux que la loi leur donne a contribué à cette mauvaise réputation. En réalité, ils ne forment pas un « conseil d'administration ». Ils ne concentrent pas en eux, au regard des tiers, la représentation de la société. C'est à tort qu'assignation judiciaire leur serait donnée, elle devrait l'être au directeur seul. Ils ne sont pas plus les représentants de la société que le curateur ne l'est d'un mineur émancipé. Tout au plus le conseil est-il appelé à compléter la capacité du directeur pour les actes qui excèdent les pouvoirs de celui-ci sans excéder le sien propre. Encore le fait est-il rare, les statuts reproduisant la même liste d'opérations pour le conseil et pour son délégué, ce qui revient à absorber les pouvoirs du premier dans le second.

La vraie désignation devrait être, comme en Allemagne, celle de « conseil de surveillance ». Conseil, il est vrai, qui a reçu de l'assemblée générale

1. Les tantièmes de bénéfices alloués aux membres du conseil d'administration ont été assujettis à l'impôt de 4 0/0 sur le revenu par la loi de finances du 13 juillet 1911, art. 12 (rendu applicable à l'Algérie par décret du 18 janvier 1914). Un règlement d'administration publique du 22 août 1912 et une Instruction de la Régie du 1er septembre 1912 ont précisé les détails d'application de ce texte.

pouvoir de déléguer l'administration à l'un de ses membres ou à un étranger, ce qui a bien son importance.

Si l'on fait abstraction de cette faculté de délégation et du droit de compléter la capacité du directeur s'il y a lieu, le prétendu conseil d'administration a pour mission de se constituer *garant pécuniaire* de la gestion du directeur, même quand il n'aurait pas coopéré à ses fautes (ce qui est équitable en retour de la rétribution qu'il touche), et par conséquent de contrôler ce directeur.

Ce dernier ne devrait point pâtir de la médiocre popularité du conseil, car il est, lui, dans les sociétés sérieuses, l'homme méritant et la cheville ouvrière de l'entreprise [1].

656. — II. Attributions des administrateurs. — Il faut publier les noms des administrateurs et de leurs successeurs, ainsi que les clauses qui limitent ou qui étendent leur mandat (art. 57, l. 1867) [2].

Dispensons-nous de reprendre ici la distinction connue entre les actes d'*administration* et ceux de *disposition*, — la faculté pour les administrateurs de constituer *hypothèque*, s'ils y sont habilités par des statuts même sous signature privée, ou d'autoriser l'administrateur délégué à passer la convention d'hypothèque, qui, elle, sera dressée devant notaire (nouvel art. 69 ajouté par la loi de 1893 à celle de 1867) ; — la responsabilité encourue par la société du chef des *délits* de ses administrateurs, notamment par suite d'un abus dans la *signature sociale*, etc. (sur tous ces points, voir nos 408 et s.).

657. — Trois questions spéciales touchent : la distribution de dividendes fictifs ; l'intérêt personnel pris par un administrateur dans un marché de la société ; le rachat des actions de la société effectué par les administrateurs.

658. — 1° *Dividendes fictifs.* — Les bénéfices annuels, constatés par l'inventaire, sont destinés à être mis en distribution, après le vote de l'assemblée générale ordinaire. La part de chaque actionnaire forme le dividende.

Voici un modèle de statuts des plus simples. Sur les bénéfices nets (après dotation de la réserve n° 660), il sera prélevé somme suffisante pour servir aux actionnaires un *premier dividende* de 5 o/o (faussement dénommé *intérêt*). L'excédent sera ainsi réparti : 30 o/o aux parts de fondateur (n° 638), 10 o/o au conseil d'administration, le reliquat de 60 o/o étant à la disposition de l'assemblée qui pourra en faire l'objet d'un *superdividende*.

Le dividende est tantôt réel et tantôt fictif.

659. — A. Le *dividende réel* est irrévocablement acquis à l'actionnaire qui le touche, sans pouvoir être l'objet d'une demande en rapport (voir pour les sociétés par intérêt, nos 378 et 381).

L'actionnaire a cinq ans pour réclamer son dividende à partir de son exigibilité, après quoi il est prescrit (art. 2277, *in fine*, C. civ.). Si, au lieu

---

1. MAUBEIL-DESCHAMPS, *De la situation respective du conseil d'administration et du directeur*, th. 1909.

2. La loi dit que l'extrait de publicité doit contenir « la désignation des associés autorisés à gérer, administrer et signer pour la société », ce qui ne vise que l'administrateur délégué.

de le toucher, il le fait porter à son compte, il devient créancier pour son montant, avec faculté de le réclamer même en cas de faillite.

660. — Toutefois, dans la société anonyme, la loi ne permet pas de mettre tout le bénéfice en distribution. Il faut effectuer un prélèvement d'un *vingtième*, soit de 5 o/o du bénéfice net (5.000 fr. sur 100.000 fr.) — dans les sociétés d'assurances, le prélèvement est de 1/5, soit de 20 o/o, D. 22 janvier 1868, art. 4, — et affecter ce prélèvement à la *réserve légale* (art. 36) [1]. L'alimentation de ce fonds cesse d'être obligatoire, lorsque la réserve a atteint le dixième du capital.

Il n'est pas besoin de faire emploi de cette réserve en valeurs déterminées, sauf clause contraire des statuts. Il suffit d'ouvrir sur les livres un compte créditeur à la réserve, qui figurera au passif des bilans. Ce compte s'équilibrera nécessairement par un actif correspondant. La société aura en biens quelconques, demeurés ou non dans son fonds de roulement, la représentation de cette somme. La réserve, formant ainsi pour les créanciers un gage complémentaire du capital, a pour but de parer aux pertes dans les années où il s'en produirait. On balancera ces pertes au moyen de la réserve, quitte à « recombler » celle-ci par les bénéfices des années suivantes.

Les actionnaires ne pourraient pas s'attribuer un dividende sur le fonds de réserve. Il n'a pas été institué dans ce but. Il aurait fallu par eux organiser une seconde réserve *ad hoc*.

La loi n'a pas imposé cette retenue dans la commandite par actions. Des statuts prévoyants doteront celle-ci d'une *réserve statutaire*, afin de remplacer la *réserve légale* absente.

660 *bis*. — La réserve dont il vient d'être parlé n'est pas la seule que pratiquent les sociétés par actions.

D'abord, là même où les statuts ne s'en sont pas expliqués, il arrive que, dans les sociétés bien administrées, le bénéfice procuré par l'exercice écoulé n'est pas intégralement distribué et transformé en dividende. L'assemblée générale, même ordinaire, peut prendre une résolution, à la teneur de laquelle une partie de ce bénéfice, 20.000 fr. par exemple, est portée à la réserve. Le vote des actionnaires peut déterminer l'emploi que recevra cette *réserve facultative* (ex. : réfection du matériel, assurance contre l'incendie, risque de non-recouvrement de créances douteuses). L'assemblée ne sort pas de ses attributions en prenant une semblable mesure : la minorité ne peut

1. L'opinion habituelle veut que les « bénéfices nets » sur lesquels on doit exercer le prélèvement de l'art. 36 ne visent que les bénéfices, déduction faite d'une somme suffisante pour attribuer aux actions un intérêt dont on ne fixe pas d'ailleurs le taux. On se fonde pour le dire sur une circulaire du 11 juillet 1819, datant du régime de l'autorisation administrative des sociétés anonymes. — Cette thèse ne doit pas être accueillie. Si les statuts attribuent un intérêt *minimum* aux actions même dans les années mauvaises, et que les gains de l'année n'atteignent pas ce *minimum*, comme la clause est licite (n° 385), il faudra l'observer. Mais, hors de là, on ne voit pas pourquoi le prélèvement de 5 0/0 ne porterait pas sur le bénéfice intégral. Le premier bénéfice, qualifié intérêt, est encore un bénéfice. Quand la société a gagné 200.000 fr., son capital étant de 1 million, de quel droit limiter à 150.000 fr. l'assiette du prélèvement ?

pas protester, à moins de fraude, alors surtout que l'acte de société dit expressément que l'assemblée générale est maîtresse de déterminer l'emploi du bénéfice net.

Si, à côté des actionnaires, il existe d'autres intéressés (porteurs de parts de fondateur, administrateurs ayant droit à un tantième sur bénéfices nets, Etat ou ville ayant stipulé de la société concessionnaire un tant pour cent), on se demande si l'assemblée générale (dont ces intéressés n'ont pas l'accès) peut encore voter un semblable prélèvement, ou si l'on doit d'abord calculer la part de bénéfices revenant à ces personnes tierces, le prélèvement ne portant alors que sur la part devant revenir aux actionnaires.

Il faut répondre que le prélèvement doit être supporté concurremment par ces intéressés et par les actionnaires, là où il est établi, en fait, que les deux catégories profiteront des avantages recherchés par la société au moyen de ce prélèvement, sous forme d'une augmentation espérée de bénéfices dans l'avenir (V. plus haut pour les porteurs de parts, n° 643).

Cette réserve facultative, à la différence de la réserve légale, ne suit pas la condition légale du capital. Sa conservation n'est pas due aux créanciers sociaux. Au cas où elle paraîtrait superflue, une nouvelle assemblée générale pourra, sans publicité, en décider la distribution en argent entre les actionnaires. L'empreinte bénéficiaire que ces valeurs avaient à l'origine ne s'est pas effacée. On peut les employer à constituer un dividende.

Si la société augmentait son capital, pourrait-elle appliquer, par virement de comptes, ces valeurs de réserve à la libération des actions nouvelles, chaque actionnaire devant alors recevoir de seconds titres sans être obligé de les libérer en espèces ? Cette mesure dépasse-t-elle les pouvoirs de l'assemblée, et exige-t-elle l'unanimité ? (V. notre réponse dans les *Annales de droit commercial*, 1907, p. 190).

La constitution d'une réserve facultative peut être encore le résultat d'une délibération d'« assemblée extraordinaire » modificatrice des statuts. Un article nouveau, ajouté à l'acte de société, décidera alors que, chaque année désormais, il sera fait sur les bénéfices un prélèvement déterminé. Les solutions présentées plus haut pour la mise en réserve d'une somme à la fin d'un exercice, sans engagement pris pour les exercices suivants, doivent être étendues à cette nouvelle forme de réserve, en quelque sorte consolidée. On a pu soutenir autrefois que l'unanimité des voix s'imposait, parce que la délibération rompt l'« égalité » des actionnaires, les porteurs qui conserveront leurs titres jusqu'à la fin de la société devant retirer de la mesure un profit que n'auront pas eu ceux qui vendront leurs actions. Mais ce raisonnement, très fragile par lui-même, tombe devant la loi du 22 novembre 1913 qui consacre l'omnipotence de l'assemblée extraordinaire (V. *infra*).

Dans l'amortissement des constructions et du matériel de la société, c'est-à-dire dans la dépréciation annuelle de l'outillage résultant de son usure, inscrite en inventaire avant clôture des comptes, on a pu voir une *réserve occulte*, lorsque cette dépréciation prétendue est plus forte que la réalité. La société retient par devers elle un supplément d'actif qui, suivant sa consistance, augmentera le fonds de roulement [1].

---

1. Sur toute cette matière, voir la thèse très instructive et très complète d'Amiaud, *Des comptes de réserves dans les sociétés par actions*, 1912.

661. — B. Le *dividende* est *fictif*, lorsqu'il provient d'une majoration d'inventaire ou encore, fait plus rare, lorsqu'il y a eu absence d'un inventaire, ou distribution non conforme à ses résultats. — Nous avons déjà fait allusion aux règles applicables aux deux sociétés par actions : elles diffèrent de celles d'une commandite simple (nº 382) [1].

D'après les principes généraux, les dividendes fictifs seraient restituables, sans distinction entre l'actionnaire de bonne ou de mauvaise foi. Mais les principes sont écartés par les art. 10, al. 3 à 5, et 45 de la loi de 1867 :

a) Actionnaire de mauvaise foi (la loi ne parle que d'absence d'inventaire ou de non-conformité à l'inventaire, mais la disposition a plus de largeur).

L'*action en répétition* est donnée contre lui. Mais elle se prescrit par *cinq ans*, à partir du jour fixé pour la distribution (délai emprunté par analogie à la prescription quinquennale établie par l'art. 64 C. comm., en cas de dissolution de la société). — Cette répétition n'appartient qu'aux créanciers, elle suppose donc la mise en faillite ou en liquidation de la société dans ces cinq ans. Pratiquement, on l'a vu (nº 382), elle est peu efficace. Fractionnée, elle ne peut s'exercer que moyennant production des quittances de dividendes qui ont été autrefois retirées par la société. Elle est dirigée contre ceux qui ont touché le dividende, ne fussent-ils que des intermédiaires chargés du recouvrement des coupons, le nom de l'actionnaire étant, si le titre est au porteur, inconnu du siège social.

b) Actionnaire de bonne foi. Il est dans la position du possesseur qui fait les fruits siens sur la chose d'autrui (arg. 549 C. civ.), donc il est exempt de restitution.

Un dédommagement est donné aux créanciers : l'action en dommages-intérêts contre les administrateurs, et au besoin contre le conseil de surveillance et les commissaires. Mais celle-ci se prescrit par *trois ans* ; car la distribution de dividendes fictifs constitue, de la part du gérant ou des administrateurs, un délit passible des peines de l'escroquerie (art. 15-3º, et 45, l. 1867), et l'action civile se prescrit en même temps que l'action publique (art. 638 C. inst. crim.). En outre, l'exercice en est suspendu par celui de l'action publique, en vertu de la règle que le criminel tient le civil en état (art. 3, même Code).

662. — 2º *Intérêt pris dans un marché de la société anonyme.* — Tout marché fait pour le compte de la société suppose une contre-partie. La société fait escompter son papier à une banque, assure ses immeubles auprès d'une compagnie, s'approvisionne de charbons à une mine, etc.

Dans cette seconde entreprise, un administrateur de la société a parfois un *intérêt* : — soit de propriétaire si elle lui appartient ; — soit d'associé, d'actionnaire, d'administrateur ; — soit de créancier, intérêt « indirect » à la réussite des affaires de son débiteur [2].

1. Renvoyons aussi à la partie de notre traité concernant les livres, pour connaître les règles d'après lesquelles doit s'établir l'inventaire, et notamment aux ouvrages cités au nº 202, en note.

2. La question peut se compliquer d'abus de confiance. Alors le gérant serait

L'art. 30 de la loi de 1867, applicable à la société anonyme seulement, défend à tout administrateur de prendre ou de conserver un intérêt semblable, dans l'entreprise avec laquelle il met la société en rapports ; l'assemblée générale peut néanmoins autoriser de tels marchés ou les ratifier ; en ce cas, il doit lui être rendu compte annuellement de leur exécution.

Ce qui est défendu, ce sont non pas toutes *opérations* traitées dans ces conditions, ainsi que disposait la loi de 1863, mais seulement les *entreprises* et *marchés*, c'est-à-dire les contrats se traduisant par des prestations répétées (Paris, 31 juillet 1911, *Journ. des Soc.*, 1912, 176).

Le marché fait au mépris de la loi est nul, au moins dans le cas où l'administrateur y a un *intérêt direct*. Il serait excessif de maintenir une sanction aussi rigoureuse si l'administrateur n'était que simple actionnaire dans la société formant la contre-partie, cette société par actions ne devant pas souffrir des irrégularités occultes d'une convention passée avec l'un de ses membres.

663. — La pensée de la loi a été d'empêcher l'administrateur de faire prévaloir son intérêt sur celui dont la garde lui est confiée. Mais quel démenti les faits ne donnent-ils pas à ces précautions !

La société commence par faire apport d'une part de ses ressources à une seconde société (*filiale*). Elle y a la majorité du capital, elle place à sa tête ses propres administrateurs, elle entre en rapports d'affaires avec elle. Deux maisons, que le public croyait indépendantes, sont rendues solidaires. Lorsque la filiale tombe, la société mère s'effondre avec elle. On a présentes encore à la mémoire les mésaventures du *Crédit mobilier*, du *Comptoir d'escompte* et de la *Société des métaux*, de la *Banque d'escompte* et de la *Société des immeubles de France*.

664. — 3° *Rachat d'actions de la société par ses administrateurs*[1]. — Les gérants ou administrateurs de sociétés par actions ne doivent pas employer les fonds de la société à racheter les actions de celle-ci. Cette défense, non écrite dans la loi, résulte de la fixité du capital social. Ce n'est pas que les administrateurs dépassent leurs pouvoirs en procédant à une semblable opération. L'objet de la société pourrait être, au contraire, d'acheter et de revendre des valeurs industrielles (chose fréquente pour les banques de spéculation). Les administrateurs pourraient acheter les actions des autres sociétés, mais non pas celles de la leur propre (à moins d'opérer personnellement pour eux-mêmes, et non pas ès qualité).

Cependant il y a des circonstances qui excusent ce rachat. La société cherche à réagir contre le discrédit dont ses actions sont l'objet sur le marché, et qui la menace elle-même. Grâce à la demande apportée à la Bourse pour son compte par les intermédiaires dont elle emploie le ministère, elle relèvera les cours, et revendra ensuite les actions plus cher qu'elle

---

punissable, même dans une commandite par actions ; c'est ce qui s'est vu pour l'ancien gérant de la *Société du Printemps*, inculpé d'avoir emprunté les fonds de celle-ci à un rayon d'épargne pour les faire servir à ses affaires personnelles (*Ann. dr. comm.*, 1905, p. 311).

1. V. Pic, *Traité des Sociétés* (collection Thaller), t. II, n°s 1156 et s.

ne les a achetées. Le plan est pourtant périlleux, comme l'a démontré l'exemple de l'*Union générale*, la combinaison pouvant être brusquement interrompue par une catastrophe qui laissera aux mains de la société des actions avilies, avec une brèche très forte faite à sa caisse.

665. — La raison qui interdit à la société le rachat de ses actions au moyen de son capital est la suivante : l'opération revient à rembourser un actionnaire de sa mise sans aucune publicité. Ce remboursement est irrégulier, le fonds social a été illégalement réduit. Les créanciers sont lésés. Le capital, nominalement de 1 million, n'est plus que de 500.000 fr., si la moitié des actions ont été rachetées au pair.

Les créanciers sont donc admis à demander la nullité de cette opération. Ils exigeront des vendeurs, contre restitution des titres, le prix qui a été sorti de la caisse sociale pour leur payer les actions achetées. Cette action sera le plus souvent vaine contre les vendeurs eux-mêmes, qui, ayant traité par l'intermédiaire d'agents de change, n'ont pas connu leur contre-partie et ne sont point alors responsables ; mais elle a plus de chance d'aboutir sous la forme d'une action en dommages-intérêts contre les agents de change de la société, coupables d'avoir prêté leur ministère à un acte illégal.

666. — Dans certains cas, le rachat d'actions devient régulier, quand les administrateurs d'ailleurs n'ont pas excédé leur mandat.

a) Le rachat a été suivi de la *revente des actions*, conformément au plan qu'on s'était proposé. L'opération a réussi. Le capital, temporairement ébréché par la première partie de l'opération, a été reconstitué grâce à la seconde. Le vice du marché se trouve réparé. Les créanciers ne peuvent plus se dire lésés.

b) L'opération a été accomplie non avec le capital, mais avec des *réserves* provenant de bénéfices. Les bénéfices sont essentiellement disponibles, les créanciers n'y ont aucun droit.

La combinaison a pu être entreprise alors à des fins diverses.

Ce peut être une opération de relèvement de cours comme ci-dessus.

Ou bien, le rachat procure à la société un amortissement de ses actions, plus commode qu'un amortissement proprement dit ; car en cas de baisse il se réalisera au-dessous du pair, et pour y procéder il n'est pas besoin que les statuts l'aient autorisé. Les actions rachetées seront annulées.

Ou mieux, la société place ses réserves sur ses propres actions, les conserve en son portefeuille, leur applique le dividende annuel, ce qui les fait fructifier (mais ces actions n'auront pas de représentant aux assemblées générales).

Une objection doit être écartée. Comment la société peut-elle ainsi racheter une action, un droit sur elle-même ? Une *confusion* juridique résulte de la réunion des deux qualités opposées dans la même personne. — Sans doute ; cependant la confusion n'est pas, à vrai dire, une cause d'extinction des droits, mais une paralysie temporaire de leur exercice. *En fait* la société disposera sur ses actions rachetées des avantages pécuniaires qu'elles procurent, sans l'exercice des actes *juridiques* correspondants.

Rien ne l'empêche même de racheter des actions non libérées, si ses réserves de bénéfices ont de quoi couvrir le non-versé.

667. — Voici des remarques complémentaires : *a)* Le rachat, même avec le capital, suivi de destruction des titres, serait un moyen licite de réduire ce capital s'il était accompagné des mesures de publicité prescrites ;

b) Une société peut racheter ses *obligations*, même avec son capital : le rachat n'a pas alors pour effet de diminuer le capital, il constituera selon les cas soit une alimentation des réserves, soit une extinction desdites obligations avant leur tirage au sort ;

c) Le rachat d'actions résulte parfois d'un marché lié appelé *report* de bourse, dans lequel la société achète au comptant et revend instantanément à terme la même valeur. Cela ne paraît pas illicite, l'opération fût-elle accomplie au moyen du capital. Car la société remplace, sans aucun intervalle de temps, son actif de caisse par une créance contre le « reporté », créance à la merci d'une baisse de bourse sans doute, mais qui n'en est pas moins effective. Un certain nombre de sociétés de finance prennent ainsi en report leurs actions et font travailler leurs capitaux de cette manière. — A plus forte raison, une société peut-elle prêter des fonds à un de ses actionnaires aux conditions d'un gage pris sur ses actions. Le report et le prêt sur nantissement ont, ainsi qu'on s'en convaincra dans l'étude de la Bourse, une grande affinité.

668. — III. **Responsabilité des administrateurs**[1]. — Cette responsabilité peut être encourue, tant à l'égard de la société, qu'à l'égard de tiers déterminés (art. 44, l. 1867).

A l'égard de la société. — Il est vrai que les administrateurs de la société anonyme « ne contractent, à raison de leur gestion, aucune obligation personnelle ni solidaire, relativement aux engagements de la société » (art. 32 C. com.). Mais cela veut dire que, à la différence du gérant de la commandite, ces administrateurs ne sont pas personnellement tenus des dettes sociales qu'ils contractent : ces dettes vont frapper la société, sans les atteindre, eux qui ne sont que mandataires.

Mais la responsabilité des fautes est réservée ! « Ils sont responsables de l'exécution du mandat qu'ils ont reçu » (même art. 32), et, comme tels, soumis au traitement des gérants de commandite : « Les administrateurs sont responsables, conformément aux règles du droit commun, individuellement ou solidairement, suivant les cas, envers la société (ou envers les tiers), soit des infractions aux dispositions de la présente loi, soit des fautes qu'ils auraient commises dans leur gestion, notamment en distribuant ou en laissant distribuer des dividendes fictifs (art. 44, l. 1867). »

Ce texte contient une formule dense. Ecartons : 1° la responsabilité envers les tiers, dont il sera parlé plus loin ; 2° celle qui provient des infractions aux dispositions de la loi et qui atteint les *premiers* administrateurs, assimilés aux fondateurs, à raison des vices de constitution (n° 563).

---

1. Voir plus spécialement : MOURET, FRAISSAINGEA, *op.* et *loc. cit.*, en note sous le titre de cette section.

669. — Quel est le rapport unissant les administrateurs à la société et justifiant l'action en responsabilité ?

Un rapport de *mandat*, qui d'ailleurs n'est qu'un des aspects du rapport de *société*, établi par les statuts entre les actionnaires et leurs représentants. Elus afin de gérer les affaires sociales, les administrateurs doivent rendre compte aux actionnaires du préjudice qu'ils leur ont causé par suite d'une mauvaise gestion.

Cette responsabilité doit être appréciée d'une manière plus rigoureuse lorsqu'ils sont rétribués que lorsque leur concours a été gratuit (art. 1992). L'hypothèse d'un mandat gratuit est prévue par l'art. 22, al. 1er, de la loi de 1867, mais elle est rare.

670. — Dans quelle mesure les administrateurs répondent-ils des fautes communes ? L'art. 44 parle de responsabilité *individuelle* ou *solidaire*, selon les cas. La solidarité sera le cas le plus fréquent. Il s'agit d'une obligation *in solidum*, plutôt que d'une solidarité proprement dite, si tant est qu'il y ait lieu de distinguer dans notre droit la « solidarité parfaite » et la « solidarité imparfaite » : cette dernière échappe à certaines règles propres à la première, notamment l'assignation donnée à un seul des débiteurs n'interrompt pas la prescription contre les autres.

On fait application des règles sur la *faute commune*. Les actes incriminés résultent d'une délibération ou d'une surveillance collective et sont imputables à tous. Chacun peut être recherché pour le tout à raison du dommage que ses actes ont occasionné.

L'administrateur qui a réglé le plein dommage peut se retourner contre ses collègues et faire répartir entre eux et lui la condamnation. Cette répartition ne se produira pas toujours par portions viriles. La responsabilité peut être taxée à un chiffre plus élevé à l'égard de l'administrateur qui, par sa situation sociale, par son expérience, par son ascendant sur le conseil, semble avoir pesé dans la délibération plus fortement que les autres (Cass., 14 février 1898, D. 1900, 1, 73).

Il y a des cas où la responsabilité est individuelle, l'action ne pouvant alors être dirigée que contre certains membres. Ex. : Tel administrateur justifiera des efforts qu'il a faits pour que la délibération ne fût pas votée, ou encore d'une absence tenant à des raisons plausibles, l'administrateur une fois informé de la délibération ayant manifesté sa désapprobation. Le moyen le plus sûr de décliner la responsabilité, c'est de donner sa démission. Le fait par le préjudice de s'être réalisé après son départ ne suffit pas à l'exonérer, quand ce préjudice résulte directement de mesures plus anciennes auxquelles il a coopéré ou auxquelles il n'a pas opposé une résistance assez ferme.

Sans aller jusqu'à démissionner, l'administrateur en désaccord avec ses collègues peut faire insérer sa protestation au procès-verbal, et exciper de cet incident à sa décharge.

671. — Envers qui les administrateurs sont-ils responsables, et quelles sont les personnes admises à leur procurer décharge ? Ce point est le plus intéressant, par suite de la multiplicité des aspects qu'il soulève.

Il faut placer successivement les administrateurs vis-à-vis de la *collectivité* des actionnaires, vis-à-vis d'*un actionnaire* seulement, enfin vis à-vis de *groupes d'actionnaires*.

672. — Reddition des comptes. — Ceux à qui les administrateurs doivent rendre compte de leur mandat (art. 1993) sont ceux qui les ont élus. Le mandat leur a été conféré par l'assemblée ; celle-ci représente la société *personne morale*, c'est-à-dire l'ensemble des associés invoquant le pacte social indivisément au profit de tous.

La loi a organisé cette reddition de comptes. Elle a lieu périodiquement au moins une fois par an, après la clôture de l'exercice. Nous reparlerons plus longuement de l'assemblée générale ordinaire (art. 27 et 32, l. 1867). Elle tend à procurer aux administrateurs leur *quitus* pour la gestion de l'année expirée. La tenue de l'assemblée annuelle réalise, grâce au *vote d'approbation* s'il est donné par les actionnaires, l'exonération des mandataires, la reconnaissance que leur gestion a été régulière, la renonciation à toute réclamation ultérieure du chef de cette gestion écoulée.

Le vote vaut convention de décharge. Il a été préparé par deux rapports. *a*) Rapport ou état de gestion des administrateurs, document dont la loi n'établit pas la forme, qu'elle ne requiert même pas expressément, mais qui est généralement fait par écrit. — *b*) Rapport des commissaires, exigé à peine de nullité de la délibération (art. 32, al. 2e) ; celui-ci est mis quinze jours d'avance à la disposition de tout actionnaire (art. 35) ; de même que le rapport du conseil de surveillance dans la société en commandite (art. 12).

Les effets du vote d'approbation des comptes doivent être mis en lumière. Ce vote entraîne décharge des administrateurs à l'égard de tous les actionnaires présents ou absents, votants ou non votants, adhérents ou opposants, par cela seul que la délibération a été prise aux conditions de *quorum* et de majorité exigées. C'est que l'assemblée générale formait l'organe qualifié de la personne juridique. Il faut appliquer la même règle que celle posée par la loi des faillites dans l'article 516 pour préciser les effets d'un concordat.

Cependant, il y a quelques restrictions à apporter à cet effet libératoire irrévocable : — 1° D'une part, si la délibération n'a pas eu lieu en la *forme* voulue, c'est-à-dire si les délais de convocation que nous retrouverons n'ont pas été respectés, si l'ordre du jour a omis les questions qui ont été délibérées, si les *quorum* ou majorités n'ont pas été atteints, il appartient aux intéressés de se pourvoir contre le vote d'approbation. — Le droit de faire annuler la délibération appartient à tout actionnaire, et sans limite de temps. Des lois plus prudentes, comme la loi allemande, enferment cette action dans un délai de courte durée afin de ne pas laisser trop longtemps la situation indécise, et elles restreignent le droit de recours aux actionnaires qui n'ont pas assisté à l'assemblée ainsi qu'aux actionnaires présents qui ont immédiatement protesté par inscription au procès-verbal.

2° Cette faculté d'attaquer la délibération doit-elle être reconnue encore, lorsque les faits, à raison desquels le *quitus* a été donné aux administrateurs, consistaient non pas dans des *fautes de gestion*, mais dans des *violations de la loi ou des statuts* ? — Par exemple, on avait relevé contre eux une distribution de dividendes fictifs dans un exercice plus ancien, et on les en a tenus quittes, ou c'est en pleine connaissance de pertes que les actionnaires s'attribuent un dividende et approuvent la gestion. Ou encore les comptes n'ont pas fait état de l'alimentation de la réserve légale ou des autres réserves. Ou enfin les administrateurs ont obtenu décharge pour des actes qui dépassaient leurs pouvoirs.

Cette question de la validité d'un pareil vote est demeurée confuse. Si les actionnaires ont décerné un bill d'indemnité pour un vice que la loi défendait de couvrir, le vote pourra être attaqué à toute époque : c'est ce qui arrivera en cas de ratification de dividendes fictifs. Il y a eu atteinte à une règle d'ordre public.

Mais il se peut que l'infraction ait comporté un vote de décharge. Notamment, lorsque les administrateurs ont excédé leur mandat, pourquoi l'assemblée générale n'aurait elle point pouvoir à l'effet de confirmer l'opération ? La ratification, dit-on, ne pouvait émaner que d'une assemblée *extraordinaire*, avec insertion à l'ordre du jour de la question soulevée par cette infraction. Mais cette appréciation n'est pas démontrée.

Une assemblée *ordinaire* pourrait, avant son accomplissement, autoriser cet acte dépassant les pouvoirs des administrateurs, sans énonciation dans les lettres de convocation de ce point spécial. — Pourquoi, si l'acte est consommé, l'assemblée ordinaire, n'aurait-elle pas compétence à l'effet de lui donner décharge ? Une assemblée extraordinaire n'eût été nécessaire que pour modifier les statuts à titre permanent, non pour compléter dans une circonstance déterminée des pouvoirs restreints (Voir Paris, 6 février 1890, D. 98, 2, 369, et notre note).

3° La décharge n'est pas irrévocable, lorsque les administrateurs ont obtenu leur *quitus* au prix de réticences ou de déclarations inexactes. Si un compte une fois reçu ne peut plus être révisé dans son ensemble, il comporte cependant des rectifications postérieures, « lorsqu'il y a erreurs, omissions, faux ou doubles emplois (art. 541 C. proc. civ.) ».

673. — Actions judiciaires. — Cette faculté pour la collectivité de recevoir les comptes comporte pour elle le droit de les repousser. L'assemblée, afin de donner une sanction pratique à son refus, décidera l'ouverture d'une action contre les administrateurs à raison de la gestion irrégulière qu'elle leur reproche, et elle nommera un mandataire, peut-être le conseil de surveillance, pour engager et suivre l'instance. — Aucune limite de temps n'est assignée au procès, excepté si les faits reprochés sont des délits correctionnels, tels que distribution de dividendes fictifs (prescription de trois ans des actions publique et civile). Il y aura litispendance si l'action publique est déjà en cours d'exercice. Sauf ces cas exceptionnels, le procès sera porté devant le tribunal de commerce (action entre associés, art. 631-2° ; action contre facteur de commerçant, art. 634 C. com.).

Cette action est dite *sociale*, elle est formée *ut universi* pour tous. Ce n'est pas la seule de ce genre. L'action en responsabilité contre les fondateurs pour constitution illégale de la société, telle que nous l'avons analysée, lorsqu'elle est intentée au compte de la collectivité, présente, à nos yeux tout au moins, le même caractère (n° 556 texte et note). Il s'agit d'un grief articulé non pas seulement par un actionnaire ou par un groupe, mais bien par la masse des intéressés uniformément atteints.

Ce qui a pour conséquence : — *a*) d'habiliter le mandataire *ad hoc* à demander condamnation au nom même de la société et dans la mesure du préjudice total ; — *b*) de faire que le montant de cette condamnation soit versé à la caisse sociale, appliqué au paiement du passif en souffrance et pour le surplus aux besoins de la société pour réparer dans la mesure du possible les brèches faites à ses ressources ; — *c*) d'exclure l'intervention d'un actionnaire isolé, puisque le mandataire les représente tous ; — *d*) de justifier, en cas de mise en faillite de la société, l'exercice de cette action sociale par le *syndic*, qui est bien l'organe autorisé de la société, sans réunion préalable d'une assemblée générale pour repousser les comptes, car dans la faillite l'assemblée générale voit ses pouvoirs suspendus ; — *e*) de permettre aux représentants de la société ou au syndic de transiger avec les personnes responsables.

674. — Action individuelle [1]. — Envisageons maintenant la situation des administrateurs envers chaque actionnaire en particulier, et dans la supposition qu'il n'y a eu ni tenue d'assemblée générale, ni par conséquent vote d'approbation des comptes.

Au premier aspect, on n'est point d'avis que l'actionnaire puisse demander aux administrateurs compte de leur gestion et leur intenter un procès. Le mandat de ceux-ci s'est exercé au regard de la collectivité, de la personne morale. L'actionnaire sans doute est membre de cette collectivité, mais n'a pas droit d'action séparée. — Il ne faut pas persévérer dans cette réponse. La faculté pour les actionnaires d'intenter l'action sociale *ut singuli*, chacun à proportion de l'intérêt qu'il a dans la société (soit pour 1/10 du préjudice si le demandeur possède le dixième du capital), est admise par la jurisprudence et consacrée par l'art. 17 *in fine* de la loi de 1867 pour la commandite : « sans préjudice de l'action que chaque actionnaire peut intenter individuellement en son nom personnel », texte que l'art. 39 déclare applicable également à la société anonyme.

On peut douter de l'efficacité pratique de cette action : — 1° Elle est exercée aux frais et aux risques de l'actionnaire ; — 2° la demande n'est recevable que si le demandeur justifie de la possession actuelle de ses actions, ce qui pour les actions au porteur en entraîne le dépôt nécessaire ; en les cédant, il transmet par là même à l'acquéreur le droit de profiter de tous les avantages du titre, y compris les procès en responsabilité qui y sont attachés ; — 3° la demande, d'après de nombreux statuts, sera subor-

1. Perroud, *De l'exercice des actions judiciaires par les actionnaires*, 1901, et note sous Nancy, 23 juin 1906, S. 1908, 2, 137. La doctrine de cet auteur consiste à cumuler avec le mandat que chaque actionnaire donne aux administrateurs un second mandat délivré par l'assemblée générale par une sorte de représentation à deux degrés. Ce second mandat prévaut sur le premier, mais sans l'absorber.

donnée à un avis préalable de l'assemblée générale dont l'actionnaire devra s'assurer (Req., 29 juin 1899, D. 1900, 1, 101) [1] ; — 4° sitôt une transaction survenue entre les administrateurs et le siège social agissant par le ministère de ses représentants réguliers, l'action individuelle sera épuisée, ce qui se produira aussitôt après l'approbation des comptes par l'assemblée, pourvu que celle-ci ait lieu avant le commencement du procès fait par l'actionnaire (Req., 1er juillet 1897, D. 98, 1, 569, et notre note).

Mais, en soi, l'existence de ce droit ne paraît pas contestable, et il appartient à l'actionnaire de l'exercer même en cas de faillite de la société, aussi longtemps que le syndic n'a pas intenté l'action *ut universi*, ou n'a pas négocié une transaction. — En sens contraire : PERCEROU, *Faillites*, t. II, n° 1649. (Sur les critiques que comporte ce régime, voir notre dissertation sous Paris, 6 mai 1885, D. 86, 2, 25.) — Les administrateurs se sont engagés à bien gérer envers tous et envers chacun. La poursuite collective est un moyen de mettre la réclamation en œuvre, sans obliger tous les actionnaires à concourir simultanément au procès. Mais cet avantage ne doit pas se retourner contre l'individu. Il peut exercer l'action *pro socio* quant à lui, quitte à obtenir ce résultat assez étrange de faire verser la condamnation, une condamnation fractionnée, dans la caisse sociale et non pas dans la sienne propre.

L'objection la plus grave, contre ce droit privatif de poursuivre les administrateurs en cours d'exercice, c'est que la reddition des comptes a été scandée par intervalles réguliers, et que c'est envers la masse et non vis-à-vis de l'individu que les administrateurs ont lié dette de gestion. Le procès individuel vient rompre l'harmonie du système que la loi a organisé.

Il aurait mieux valu peut-être établir le système italien, lequel reconnaît à des groupes d'actionnaires le pouvoir, suivant leur importance numérique, de requérir certaines mesures d'immixtion dans les affaires sociales : — rapport spécial des commissaires sur des points précisés, — inspection des livres par experts judiciaires, — convocation de l'assemblée par ordre du tribunal, etc., afin d'aviser aux moyens de défense ou de salut, sans attendre l'assemblée annuelle.

675. — Syndicats d'actionnaires. — Nous venons de parler de « groupes » ne formant pas la majorité des actionnaires. Ces groupes trouvent également dans la loi française une protection, plus apparente, il est vrai, que réelle. — Le pouvoir d'exercer l'action sociale est reconnu par les art. 17 et 39 aux « actionnaires représentant le vingtième au moins du capital ». Ils sont admis, dans un intérêt commun, à charger un ou plusieurs mandataires de soutenir à leurs frais une action contre le gérant ou contre les administrateurs (contre les membres du conseil de surveillance ou les commissaires).

Si un seul actionnaire peut plaider, à plus forte raison plusieurs sont-ils recevables à le faire en se syndiquant. La maxime *nul ne plaide par pro-*

---

1. Sur la clause d'avis ou sur la clause prohibitive, au point de vue de l'action en nullité, v. *supra*, n° 556, deuxième note.

cureur n'y met pas obstacle, puisque l'action est exercée du chef de la société, et que les actionnaires ne sauraient être déboutés à raison de moyens à eux personnels.

La faveur faite par ces textes aux actionnaires groupés est bien médiocre. Plusieurs personnes peuvent toujours, en cas d'intérêt commun, se réunir pour agir par voie d'assignation unique. Seulement, les règles strictes de la procédure voudraient qu'en pareil cas la signification du jugement à partie fût faite non pas au seul mandataire commun, mais cumulativement à toutes les personnes qu'il représente. Ici la signification ne nécessitera qu'un exploit unique.

Nous étendrions cette faculté de syndicat : — *a*) aux actions en nullité ou en dissolution, puisqu'elles aussi sont exercées au titre social, — *b*) même aux actions en responsabilité dirigées par des porteurs d'*obligations*, sans nécessité de dénommer les détenteurs de titres dans l'acte de procédure, pourvu que les titres eux-mêmes soient déposés (cfr. PERROUD, *op. cit.*, n° 304).

676. — Actions purement individuelles. — Le tableau précédent n'épuise pas la liste de tous les procès qu'on peut intenter aux administrateurs. A l'exercice individuel de l'action sociale, on oppose l'*action purement individuelle*, résultant du tort causé par la gestion non à la société, mais à un *tiers*, créancier ou actionnaire, qui en argue. — Ex. : Par suite d'un exposé mensonger des affaires sociales fait à l'assemblée générale, une hausse s'est produite sur les actions et le demandeur actuel en a acheté, ou a ouvert un crédit à la société ; celle-ci s'effondre ensuite et la fraude est démasquée.

Il n'est pas au pouvoir de l'assemblée générale de priver l'intéressé de cette action, puisqu'il se prévaut d'un *droit propre*. Elle pourra se répéter, si diverses personnes ont souffert du même fait. Mais elle ne peut être exercée en syndicat, et chaque demandeur devra justifier du préjudice qui lui a été causé à lui-même, préjudice dont le chiffre variera d'un plaideur à un autre. Il rapportera le bordereau d'agent de change certifiant le prix auquel il a acheté les actions, et il devra soit les représenter, soit établir le cours auquel il les a revendues.

Cette action a sa base dans une conception élargie de l'art. 1382. Contrairement à ce qui a lieu dans les sociétés par intérêt, le personnel de la société par actions a des devoirs envers le *public*. S'il les enfreint, il encourt une responsabilité comparable à celle d'un fonctionnaire en faute. « Les administrateurs, porte l'art. 44 de la loi de 1867, sont responsables... envers la société ou envers les tiers. » Cette responsabilité est encourue fréquemment par la distribution de dividendes fictifs, et elle appartient alors exceptionnellement à chaque créancier suivant une même mesure, avec pouvoir pour le syndic de faillite de l'exercer au nom de tous.

La démarcation de l'action individuelle, soustraite au *quitus* de l'assemblée, et de l'action sociale individuellement exercée, tombant au contraire sous ce *quitus*, est extrêmement embarrassante. Les arrêts ne parviennent pas à dégager une pierre de touche. Tantôt ils prennent pour *criterium* la communauté de dommage à tous les actionnaires et tantôt le caractère délictuel ou contractuel de l'action (Cfr. LEVILLAIN, sous Orléans, 27 février 1904, D. 1905, 2, 337)[1].

SECTION IV

SURVEILLANCE DES SOCIÉTÉS PAR ACTIONS

(L. 1867, art. 5, 6, 7, 9, 10, al. 1 et 2 ; art. 11, 12, 15 *in fine* ; 32 à 35 et 43).

677. — Le *pouvoir de surveillance*, facultatif dans les sociétés par intérêt, est obligatoire dans les sociétés par actions : la loi de 1856 a été la première à en prescrire l'établissement.

Les actionnaires sont trop loin du gérant et des administrateurs pour les contrôler directement. Une délégation permanente suivra la gestion, vérifiera les comptes et signalera les périls. Elle procédera, s'il le faut, à une convocation d'assemblée.

678. — Ce pouvoir n'est pas homogène dans les deux sociétés. En 1867 pour la *commandite*, on a suivi la réglementation de 1856 ; pour la *société anonyme*, on a reproduit celle de 1863. Or les lois de 1856 et de 1863 avaient organisé le contrôle sans se copier. De là des divergences peu justifiables.

a) Dans la commandite par actions, il faut un *conseil de surveillance*, composé de *trois actionnaires* au moins (une action suffit pour chaque membre si les statuts ne sont pas plus exigeants) ; — et la durée du mandat est fixée librement par l'acte de société, sauf que le premier conseil, rééligible comme les autres, n'est nommé que pour *un an* (art. 5).

Dans la société anonyme, il faut un ou plusieurs *commissaires*, quelquefois qualifiés « censeurs », *actionnaires ou non*[2]. — Le commissaire est nécessairement soumis à la réélection *chaque année*. Si l'assemblée a omis de le nommer, le président du tribunal de commerce le désignera par ordonnance, à la requête de la partie la plus diligente (art. 52)[3].

---

1. Nous avons essayé récemment (en note sous Cass., 26 novembre 1912, D. 1913, 1, 377) de soumettre à un nouveau *critérium* la distinction entre l'action sociale et l'action individuelle ; en même temps que la revue de la dernière jurisprudence nous donnait l'occasion de montrer tout ce qu'il y a encore de flottant dans les arrêts de la matière (*Annales de droit commercial*, 1913, p. 223).

2. Le choix des commissaires de surveillance et des membres du conseil de surveillance (sauf que ceux-ci doivent être actionnaires) est absolument libre, et trop souvent les personnes appelées à ces fonctions manquent de la compétence désirable. Pour parer à ce grave inconvénient, certaines personnes, s'inspirant de l'exemple de l'Angleterre (*chartered accountants*), demandent qu'en France la loi exige la vérification des bilans et rapports annuels des sociétés par actions par des comptables spéciaux, présentant, à raison de leur caractère plus ou moins officiel, des garanties d'expérience et de moralité (par exemple par des membres d'une association de comptables agréée par le Ministre du commerce), v. BELLOM, *La vérification des bilans dans les sociétés anonymes*, 1913.

3. Nous ne reviendrons pas sur l'observation consignée dans la section précédente. Le véritable organe de surveillance dans la société anonyme est non le commissaire des comptes, mais le conseil d'administration, mal à propos qualifié de ce nom (n° 655 *bis*). Un rapprochement des commissaires avec le conseil de surveillance de la commandite est absolument artificiel et scolastique.

b) Le conseil de surveillance de la commandite exerce un contrôle plus continu et plus énergique. D'abord le premier conseil vérifie l'accomplissement des prescriptions constitutives (n° 563), ce qui n'entre pas dans le rôle légal du commissaire.

D'autre part, les membres du conseil peuvent, réunis ou séparément, entrer à tout instant dans les bureaux et dépendances de la société, vérifier les livres, la caisse, le portefeuille, les valeurs (art. 10, al. 1er). — Le conseil, délibérant en séance aux conditions de présence et de majorité voulues par les statuts, peut décider la convocation de l'assemblée générale (art. 11). Il se rend responsable de faits de gestion survenus au cours de l'exercice, si par son intervention ces faits avaient pu être arrêtés à temps.

Au contraire, dans la société anonyme, le commissaire ne peut que se faire délivrer après le premier semestre de l'exercice un *état de situation* sommaire (art. 34)[1]. Cela a lieu sans droit actuel d'immixtion pour lui : le pouvoir de vérifier cet état de situation lui est refusé. Aussi la faculté qui lui appartient en tout temps de convoquer l'assemblée générale (art. 33, al. 2) a-t-elle chance de rester lettre morte. Le droit de s'ingérer dans la comptabilité et dans les dépendances de l'actif ne commence qu'aux approches de l'assemblée annuelle, *trois mois* avant la date fixée pour qu'elle ait lieu (art. 33, al. 1).

Cette absence de contrôle permanent dans la société anonyme témoigne d'une surveillance de nature différente dans les deux espèces de sociétés.

Le commissaire a à rechercher si les comptes sont honnêtement établis[2], si les estimations sont exactes, si les bénéfices sont réels, ou encore en cours d'année si le déficit survenu met la société en péril et nécessite d'urgence une délibération des actionnaires. Le commissaire n'a pas à rechercher si la gestion est conforme aux intérêts de la société, ni même si elle est exempte de fautes. L'orientation donnée aux affaires sociales peut être critiquable, le commissaire n'engage pas sa responsabilité en se dispensant de dénoncer le péril.

C'est au contraire ce contrôle sur le fond de la gestion et sur les fautes que la loi requiert d'un conseil de surveillance dans la société en comman-

---

1. C'est d'après les résultats de cet état de situation semestriel que, dans certaines sociétés, les administrateurs procèdent à la répartition d'un *acompte sur le dividende annuel*. Il se peut que la seconde moitié de l'exercice détruise les bénéfices de la première : l'acompte serait alors sujet à restitution de la part des actionnaires qui l'ont touché, puisqu'il a été distribué en dehors d'un inventaire (art. 10 de la loi de 1867). Plus délicate serait la question de savoir si la distribution de ces acomptes constitue à la charge des administrateurs le délit de distribution de dividendes fictifs, aux termes de l'art. 15-3° lorsque l'exercice doit se solder par des pertes. Nous ne le pensons pas.

2. V. Gabriel Faure, *Guide-Memento à l'usage des commissaires de sociétés*, 1913, ouvrage renfermant de très utiles renseignements pratiques, mais qui a le tort de considérer que les membres du conseil de surveillance, aussi bien que les commissaires de surveillance (personnages que l'auteur réunit inexactement sous la désignation commune de commissaires), ne sont guère que des experts en comptabilité, alors que, au contraire, dans l'esprit de la loi, les membres du conseil de surveillance ne sont pas seulement des vérificateurs des comptes, mais « des appréciateurs de la conduite des hommes » (v. le texte ci-dessus).

dite. Les aptitudes demandées à ce dernier organe sont, sans doute, celles de vérificateur de comptes, mais en outre celles d'appréciateur de la conduite des hommes.

679. — Les deux organes se retrouvent avec des attributions communes, en tant que pouvoir destiné à éclairer l'assemblée générale annuelle.

Ils rédigent un *rapport*, appuyant celui du gérant ou du conseil d'administration, concluant dans le sens de l'approbation des comptes ou du refus de cette approbation s'il y a proposition de dividendes fictifs, art. 10, al. 3, erreurs signalées, etc. Sur la foi de ce rapport l'assemblée émettra son vote. Le vote serait nul dans la société anonyme si ce rapport n'était pas fait et communiqué (art. 32, al. 2).

Pour rédiger le rapport, un temps assez long est mis à la disposition du commissaire de la société anonyme : il peut exiger que le bilan lui soit remis *quarante jours* avant l'assemblée générale (art. 34, al. 4) : ce qui a pour conséquence de retarder celle-ci de près d'un mois et demi, après clôture de l'inventaire. L'inventaire lui-même est souvent long à établir, et nécessitera plusieurs semaines après clôture de l'exercice.

Le rapport ne doit pas être prêt seulement le jour de l'assemblée, il faut qu'il soit mis *quinze jours* d'avance à la disposition des actionnaires qui voudraient en prendre communication au siège social (art. 12 et 35). Cette pièce n'est pas la seule que les actionnaires pourront consulter dans le même délai. Il faut y ajouter : 1° la liste des actionnaires dans la société anonyme, et non pas seulement la liste de ceux qui sont aptes à venir à l'assemblée ; 2° l'inventaire ; 3° le bilan.

Délivrance par copie peut être exigée du bilan ainsi que du rapport des commissaires, dans la société anonyme ; ce qui n'exclut pas la faculté pour l'actionnaire de prendre des notes au vu des autres pièces et même d'en relever intégralement copie lui-même. Ce droit d'examen de l'actionnaire, dans une période limitée, peut être exercé par un fondé de pouvoir (prescription édictée pour la commandite seulement, mais qu'il y a lieu d'étendre par analogie) [1].

680. — Les membres du conseil de surveillance, ainsi que le commissaire, engagent leur *responsabilité* à raison des fautes par eux commises, dans des conditions semblables à celles où les gérants et administrateurs engagent la leur.

Sans doute, ils ne répondent point « des actes de la gestion et de leurs résultats » (art. 9, al. 1er), n'ayant pas eu le pouvoir de les empêcher ; mais le préjudice provenant de ces actes pourra leur être imputé, s'ils ne les ont pas dénoncés lorsqu'ils ont été en mesure de le faire.

Leur faute *dans le contrôle* ne doit pas s'apprécier aussi sévèrement que la faute des administrateurs *dans la gestion*, leur rétribution étant plus faible

1. Les art. 12 et 35 ne sont pas concordants. L'absence de communication ou le retard mis à y procéder emporte-t-il nullité de la délibération de l'assemblée ? Cfr. Percerou, *Droit de communication*, dans ses *Contributions à l'étude des sociétés*, 1908, et *Journ. des Soc.*, 1908, p. 97, 145, 193.

et souvent nulle. En pratique on les considère comme tenus seulement de leur *faute grave* et à plus forte raison de leur dol.

Ils seront poursuivis conjointement avec les administrateurs, lorsque les faits commis par ceux-ci se traduiront par une faute à leur propre charge. La loi a voulu, pour la sauvegarde de la société et du public, multiplier le nombre des personnes responsables.

Mais, lorsque le fait allégué contre les administrateurs tombe sous le coup de la loi pénale (distribution de dividendes fictifs), et que la poursuite est dirigée contre eux en police correctionnelle, les membres du conseil de surveillance et commissaires ne pourront pas être cités concurremment devant la juridiction répressive, même aux simples fins de dommages-intérêts. Il faudra ouvrir contre eux une instance séparée devant le tribunal de commerce. Il est vrai qu'une personne civilement responsable d'un délit peut être traduite devant le tribunal de répression, accessoirement à l'action publique dirigée contre l'auteur principal. Mais ils ne sont pas tenus d'une « responsabilité civile », au sens de l'art. 1384, n'ayant pas autorité sur la gérance comme le père a autorité sur son enfant ou le préposant sur le préposé. La comparution en police correctionnelle aurait quelque chose de flétrissant. Elle ne serait légitime que s'il y avait eu de leur part *complicité* véritable dans l'acte reproché à la gérance (art. 60 C. pén.). C'est seulement cette assignation devant la juridiction pénale, discutée sous l'empire de la loi de 1856, qu'a entendu exclure l'art. 15 *in fine*, dans un texte sur la portée duquel on pourrait se méprendre à première lecture.

Condamnés avec les gérants et cela *in solidum*, par suite de la communauté de la faute, les membres du conseil de surveillance ou les commissaires auraient un recours contre le personnel d'administration, dont la faute est certainement plus caractérisée que la leur. A défaut de ce recours possible, ils seraient obligés de supporter définitivement les effets d'un acte qui, s'il a été mal contrôlé, a été surtout un fait de mauvaise gestion, et ce serait peu équitable. — De là il résulte que, lorsque les administrateurs ont fait approuver leurs comptes annuels, la poursuite de la société est éteinte, par voie de conséquence, contre les commissaires et surveillants. L'action ne pourrait renaître plus tard que contre les organes de l'administration et de contrôle tout à la fois, dans les circonstances prévues par l'art. 541 C. proc civ., donnant ouverture à la rectification de comptes approuvés jadis (erreurs, omissions, faux, etc.).

Voici donc, en deux mots, les deux natures d'actions auxquelles ils sont exposés : — 1° Responsabilité envers la *société*, du chef du mandat qu'ils auraient mal accompli (art. 9, al. 2, et art. 43). Action exercée tantôt *ut universi* pour le compte de la collectivité, tantôt *ut singuli* par un seul ou par plusieurs actionnaires, dans la mesure de leur intérêt, tantôt par un groupe d'actionnaires en conformité des art. 17 et 39 (n°s 673 et 674).

2° Responsabilité envers les *tiers* en mesure de justifier d'un tort propre qui leur aurait été causé par la négligence du personnel de contrôle, à plus forte raison par sa connivence dans les actes préjudiciables de la gérance. Action que l'intéressé ne peut exercer que sous son nom et sur laquelle l'assemblée générale n'a aucune prise (n° 676).

SECTION V

DÉLIBÉRATIONS ET ASSEMBLÉES GÉNÉRALES

(L. 1867, art. 4, 5, 12, 13, 18, 19, 25, 27 à 32, 37, 45 à 47 ; l. 1893, art. 4 ; l. 9 juillet 1902 et 16 novembre 1903 ; l. 22 novembre 1913).

681. — « L'assemblée générale forme, par antithèse aux actionnaires pris séparément, le *pouvoir délibérant* d'un ensemble de pensées convergentes. Elle constitue l'âme même de la personne morale, réglant les intérêts de la collectivité ; elle est l'instrument de la volonté supérieure de la compagnie » (voir notre longue dissertation sous Civ. cass., 30 mai 1892; D. 93, 1, 105).

C'est pour le compte de la masse des actionnaires que s'exercent les actes d'exploitation. C'est en vertu du mandat que ces actionnaires ont donné, que fonctionnent les organes d'administration et de contrôle. Ceux-ci doivent revenir devant leurs mandants pour justifier de la constitution régulière de la société, pour rendre leurs comptes périodiques, pour obtenir les modifications aux statuts qu'ils croient nécessaires. C'est de l'autorité de cette assemblée générale que dépend la marche de l'entreprise.

Par là, nous est donnée la division des assemblées générales. Il y en a trois espèces différentes. Leur fonctionnement à toutes trois suppose préalablement comprise la distinction du *quorum* et de la *majorité*.

Le *quorum* est le nombre d'actions nécessaire pour que l'assemblée puisse délibérer et qui doivent concourir à l'assemblée, soit par la présence de leurs porteurs, soit par le ministère de mandataires (présence dont fait foi la signature de l'intéressé sur une feuille d'émargement).

La *majorité*, c'est la proportion des voix qui, sur l'ensemble des votants, doit se déclarer dans le sens de la mesure proposée.

Les proportions fixées par la loi ne peuvent être abaissées par les statuts. Mais les statuts peuvent se montrer plus exigeants que la loi, et requérir par exemple un *quorum* des 3/5, au lieu de la moitié, une majorité des 3/4 au lieu de la majorité simple. — Il est à noter que, dans les associations régies par la loi du 1er juillet 1901, il n'y a ni *quorum* ni *majorité* légalement réglementées, et que la tenue des assemblées générales n'y est soumise à aucune organisation.

Les trois espèces d'assemblées sont : les assemblées constitutives, les assemblées ordinaires, les assemblées extraordinaires.

682. — 1° Les *assemblées constitutives* (ayant pour objet la vérification et l'approbation des apports en nature, la désignation du premier conseil de surveillance dans la commandite, des premiers administrateurs et commissaires dans la société anonyme, ainsi que la vérification de la sincérité des souscriptions et des versements, mais dans cette seconde forme de société seulement). Nous en avons déjà longuement parlé (nos 534 et s.).

Quorum (dans la société anonyme) de *moitié* du capital ou du *cinquième* à la seconde réunion. — Majorité de la *moitié* des voix plus une, comprenant le *quart* du capital et représentant la majorité en nombre des actionnaires présents (les actions des apporteurs demeurant en dehors de ce calcul). — Droit pour tout actionnaire, n'ayant même qu'*une* action, de concourir à l'assemblée. — Limitation à *dix* du nombre de voix appartenant à un seul et même porteur.

683. — 2° Les *assemblées générales ordinaires* : la tenue en est obligatoire au moins une fois par an (art. 12 et 27). Nous nous en sommes occupés à l'occasion des gérants et administrateurs (section III). Elles ont pour but : — 1° de recevoir les comptes de l'exercice clos et de délibérer sur l'approbation du bilan ; — 2° de voter la distribution d'un dividende s'il y a lieu ; — 3° de réélire ou de remplacer les administrateurs ainsi que les commissaires, et dans la commandite les membres du conseil de surveillance sortant de charge ; — 4° d'approuver les actes des gérants ou des administrateurs qui dépassent leurs pouvoirs statutaires (par ex. : émission d'obligations, emprunt hypothécaire, vente d'immeubles).

Pour cette catégorie d'assemblées, la loi exige un délai minimum entre la convocation et la tenue de la réunion. Ce délai est implicitement de *quinze jours*, les actionnaires ayant le droit de consulter pendant cette durée de temps les inventaires, rapports, etc., déposés au siège social.

a) Conditions de *quorum* : *quart* du capital social, présent ou représenté dans la société anonyme (la loi ne requiert aucun *quorum* dans la commandite) et, en cas d'insuffisance, tenue d'une seconde réunion sans qu'un *minimum* de présence soit exigé (art. 29).

b) *Majorité* de vote (art. 28) basée sur le principe que chaque actionnaire a un nombre de voix proportionnel à ses actions (dix voix, s'il a dix actions, cent voix s'il en a cent), mais avec faculté dans les statuts d'y déroger. On spécifiera par exemple que le maximum des voix d'un seul actionnaire sera de trente. Ou bien les dix premières actions donneront droit à dix voix, puis de dix à vingt actions l'actionnaire n'aura qu'une voix supplémentaire, de vingt à cinquante il n'en aura qu'une encore, et ainsi de suite par progression décroissante, afin que le vote des forts actionnaires n'écrase pas les votes réunis des petits porteurs.

Majorité se chiffrant ainsi non *par tête*, mais *par intérêt*, et faisant état, grâce à l'atténuation pratique précédente, du nombre des votants ; car il peut arriver qu'une mesure votée par 50 actionnaires, n'ayant qu'une unité chacun (soit 50 voix), l'emporte sur la résistance d'un porteur de 1.000 actions, n'ayant, d'après les statuts, qu'un maximum de 40 voix [1].

c) Majorité se calculant non pas sur le total des actions *présentes* ou

---

1. Le fait, en cours de société, de limiter pour l'avenir le nombre de voix des forts actionnaires, qui disposaient jusque-là d'une représentation proportionnelle, constitue une *modification des statuts*, relevant de l'assemblée extraordinaire. Quoique cette mesure déroge à l'égalité, elle peut être prise à la majorité et sans que les statuts l'aient prévue (v. ci-dessous, n° 692). Cfr. toutefois, depuis la loi de 1903, Percerou, *Du pouvoir de l'assemblée extraordinaire*, 1908, et *Journ. Soc.*, janvier-mars 1907.

représentées, ainsi que le disent ou que le laissent entendre les auteurs (MM. HOUPIN, LYON-CAEN et RENAULT), mais sur le total des actions *qui participent au vote*, les actions de ceux qui s'abstiennent ne devant point compter. — Ex. : Dix actionnaires sont présents ou représentés ; le nombre des voix serait de 400, s'ils votaient tous ; mais cinq d'entre eux ayant 350 voix s'abstiennent. La mesure votée par 26 voix contre 24 sera régulière et obligatoire. Les non-votants s'en rapportent à la majorité. Pourquoi ne concourent-ils pas à la former ? C'est la pratique générale des assemblées. La loi de 1867 ne s'en est pas écartée (art. 28, al. 1er, cpr. à l'art. 4, al. 4).

d) Dans ce calcul des voix, les gérants et administrateurs font nombre, du chef des actions dont ils sont propriétaires. Ils sont habiles à voter l'approbation de leur propre gestion, et à plus forte raison la distribution du dividende ainsi que les autres mesures. — N'ont-ils pas cependant une partialité manifeste, par suite de leur intérêt personnel à ce que décharge leur soit donnée ? Sans doute ; mais la loi ne dit pas que le vote soit incompatible avec l'intérêt que l'on a dans la délibération, et la défense établie par l'art. 4, pour les auteurs d'apports en nature, de participer à l'approbation de leurs apports, ne doit pas être étendue. En législation cependant, leur exclusion du vote, déjà imposée dans certains Etats de l'étranger, serait souhaitable.

Le seul correctif aux abus, c'est la limitation des voix, lorsque les statuts ont eu la sagesse de l'établir : dussent-ils posséder les 3/4 des actions, les administrateurs risquent d'être mis en minorité (V. Civ. cass., 26 octobre 1896, D. 98, 1, 65, et notre note).

e) Validité de la clause qui écarte de l'assemblée générale les porteurs d'*une* ou de quelques actions. Les statuts subordonnent alors le droit d'entrée dans l'assemblée à la possession de trois, de cinq, de dix actions, etc., art. 27, al. 1, *in fine* (Ce n'est que pour les assemblées constitutives et, depuis la loi du 22 novembre 1913, pour les assemblées extraordinaires appelées à modifier les statuts, que règne obligatoirement le principe du suffrage universel).

Toutefois, une règle sage a été introduite par la loi de 1893 (art. 27, § 1, *in fine*, l. 1867, modifié par la loi de 1893) : les porteurs d'unités peuvent, nonobstant toute clause statutaire contraire, se grouper à l'effet de désigner l'un d'eux comme *mandataire commun* qui les représentera à l'assemblée générale, avec le nombre de voix résultant du nombre d'actions ainsi groupées. — On se demandait si cette disposition avait un effet rétroactif et pouvait être invoquée dans les sociétés par actions antérieures à la loi de 1893. La jurisprudence se refusait à l'admettre (Paris, 19 février 1897, D. 98, 2, 153, note LACOUR ; S. 99, 2, 185, note WAHL). C'est en vue de mettre fin à cette controverse que l'art. 3 de la loi du 22 novembre 1913 a complété l'art. 27, § 1, de la loi de 1867, en décidant que « cette disposition (droit de groupement des petits actionnaires) est applicable même aux sociétés constituées avant le 1er août 1893 ».

684. — 3° Les *assemblées extraordinaires*, dites encore « assemblées modificatives des statuts », dont l'objet est d'apporter un ou plusieurs changements aux statuts. Le mot *extraordinaire* ne doit pas être pris dans le sens attaché au qualificatif *exceptionnel*. Il n'est pas « ordinaire » que les administrateurs fassent un emprunt, et cependant la délibération qui les y habilitera, s'ils n'ont pas statutairement ce pouvoir, sera une assemblée ordinaire, convoquée en cours d'exercice et à titre exceptionnel.

Le caractère « extraordinaire » de la mesure à prendre par l'assemblée désignée de ce nom tient à ce qu'il s'agit d'aller à l'encontre de l'ordre, de l'organisation statutaires, tels que l'acte fondamental les avait établis. On veut procéder à une retouche, à un remaniement des statuts, modifier l'un des éléments de capital, de durée, d'objet, d'administration, etc., de la société. — Ex. : On se propose d'augmenter ou de réduire le capital, de dissoudre prématurément la société; de déplacer le siège social, d'annexer à l'exploitation d'éclairage par le gaz l'éclairage par l'électricité [1], de changer l'époque de l'assemblée générale, d'exercer à titre permanent des prélèvements sur les bénéfices annuels, d'augmenter le nombre des administrateurs ou d'étendre leurs attributions, de modifier leur mode de rémunération, etc.

Quorum (art. 31, l. 1867, modifié par la loi du 22 novembre 1913) : trois quarts au moins du capital social à la première assemblée ; — mais (sauf pour les assemblées appelées à modifier l'objet ou la forme de la société, lesquelles exigent toujours les 3/4 du capital) possibilité de descendre, dans une seconde réunion, au *quorum* de moitié du capital, et même, dans une troisième, au *quorum* du tiers du capital social (v. *infra*, n° 693).

Majorité (la même pour les trois assemblées successives) : deux tiers au moins des voix des actionnaires présents ou représentés ; — à chaque actionnaire, autant de voix qu'il a d'actions, sans limitation, nullité de toute clause contraire (art. 31, § 2, l. 1867, modifié en 1913, v. *infra*, n° 693).

685. — Règles communes. — Toutes ces assemblées obéissent d'ailleurs, pour la validité des délibérations qu'elles auront à prendre, à des conditions communes de forme et de fond. Ces conditions sont imposées sous la sanction implicite de la nullité, quoique les juges disposent d'un certain pouvoir d'appréciation pour maintenir la mesure, lorsque l'irrégularité commise ne présentera à leurs yeux qu'une faible importance.

En la forme, il faut une délibération prise au siège social ou en tel autre lieu convenu dans les statuts, c'est-à-dire une rencontre des actionnaires ou de leurs représentants, mis ainsi en état de discuter le pour et le contre de la proposition qu'on leur soumet. — Les votes ne pourraient pas être recueillis par correspondance ainsi que cela a lieu dans maintes associations. Il faut la tenue d'une « assemblée » suivant la loi. La convocation de cette assemblée doit laisser aux actionnaires un délai suffisant pour s'y rendre et même pour réfléchir aux mesures à prendre : ce délai est généralement fixé dans les statuts. Pour la deuxième (et aussi, s'il y a lieu, la

1. Sur le droit pour l'assemblée de substituer à l'exploitation directe la mise de celle-ci en location, cfr. WAHL, sous Req., 29 octobre 1902, S. 1905, 1, 89.

troisième) assemblée extraordinaire, à réunir en cas d'échec de la première pour insuffisance de *quorum*, la loi de 1913 exige, en dehors de la convocation faite dans les formes statutaires, deux insertions à quinze jours d'intervalle dans le *Bulletin des annonces légales* (annexe du *Journal officiel*, v. *supra*, n° 573 *bis*) et dans un journal d'annonces légales du lieu où la société est établie.

Seuls les administrateurs ou le gérant d'une part, le conseil de surveillance ou les commissaires de l'autre, peuvent prendre l'initiative de l'assemblée (Trib. com. Seine, 4 janvier 1909, D. 1912, 2, 1, note Percerou). En l'état actuel de nos lois, les actionnaires, même représentant une quotité sérieuse du capital, ne peuvent soit faire la convocation, soit mettre les administrateurs en demeure d'y procéder (*contra* projet de 1903 : *quart* du capital) ; à tort ou à raison, on a craint, par cette immixtion des porteurs d'actions, de compromettre le bon ordre des affaires sociales.

La *convocation* doit être faite par lettres individuelles ou par avis collectif dans les journaux (cette dernière forme étant seule possible pour les actions au porteur), et en suivant d'ailleurs la publicité établie par les statuts. En outre, ainsi qu'il vient d'être dit, pour les deuxième et troisième assemblées extraordinaires, la loi (art. 31, l. 67, modifié en 1913) prescrit obligatoirement deux insertions à quinze jours d'intervalle dans le *Bulletin* annexe du *Journal officiel*, et dans un journal d'annonces légales du siège social. — La convocation doit être accompagnée d'un ordre du jour assez précis pour que les actionnaires sachent quelles mesures seront mises en délibération [1]. Quand il s'agit d'une seconde (ou troisième) assemblée extraordinaire, la convocation, ainsi que les deux insertions au *Bulletin officiel*, doivent reproduire l'ordre du jour de l'assemblée précédente en indiquant sa date et son résultat (art. 31, § 4, l. 1867, modifié en 1913).

La faculté de recourir à un *mandataire* étant de droit, à moins que les statuts n'en aient autrement disposé, les actionnaires qui ne voudront ou ne pourront pas assister à la réunion sont autorisés soit à remettre un pouvoir à la personne qu'ils délèguent à leur place et qui, d'après de nombreux statuts, doit être actionnaire elle-même, soit plus simplement à retourner au siège social un pouvoir en blanc que les administrateurs distribueront eux-mêmes le jour de la séance entre les actionnaires présents.

Il est habituel que le porteur justifie de son identité en produisant sa carte d'actionnaire, soit que cette carte ait une valeur permanente, soit qu'elle n'ait été délivrée qu'en vue de telle assemblée. Les titres au porteur seront déposés dans le lieu et dans le temps voulus par les statuts, au bénéfice de la présomption *possession vaut titre*, et leurs propriétaires recevront en échange une carte nominative d admission à l'assemblée.

Il y a lieu à la tenue d'un procès-verbal de l'assemblée, accompagné de

---

1. En principe, l'assemblée ne délibère valablement que sur les questions portées à l'ordre du jour ; à moins cependant qu'il ne s'agisse d'une mesure urgente et imprévue, rendue nécessaire, par exemple, par des incidents survenus au cours de l'assemblée (Req., 20 décembre 1910, D. 1912, 1, 441, note Thaller ; Paris, 8 juin 1912, D. 1913, 2, 161, note Percerou).

la feuille de présence réglée par l'art. 28, al. 2. Ce procès-verbal signé des membres du bureau et les extraits qui en seraient délivrés feront foi des délibérations prises. L'assemblée est présidée soit par le président du conseil d'administration ou de surveillance, soit par telle autre personne qualifiée par les statuts pour exercer cette fonction [1].

686. — *Quant au fond*, la délibération doit être exempte de manœuvres et de dol, réunir le *quorum* et la majorité nécessaires, émaner d'actionnaires capables. Le fait de créer une majorité factice en se présentant comme propriétaire d'actions dont on n'a pas la détention régulière, ou de remettre les actions pour cet usage entraîne une amende et, à l'appréciation du juge, un emprisonnement de quinze jours à six mois (art. 13, al. 4 et s., art. 45).

Le rôle de l'actionnaire est non pas de prendre une décision propre, mais de concourir à la formation d'une délibération d'ensemble : les individus s'absorbent dans le tout, et la fiction de personne morale intervient ici encore pour déterminer la position de chaque ayant droit dans la collectivité. On a pu dire (Girerd, *Du droit d'assister aux assemblées générales*, th. 1902) que concourir aux assemblées était un « acte d'administration », même au cas où il s'agirait de modifier les statuts. Car c'est afin de coopérer à la marche de l'entreprise, afin de satisfaire aux exigences de l'exploitation, quand même celles-ci commanderaient des mesures très graves, que l'actionnaire fait acte d'intervention. Il seconde l'œuvre de la société, dût-il participer à un remaniement statutaire. La société, toute modifiée qu'elle soit, poursuit sa marche et demeure elle-même.

D'où il résulte : 1° que le *tuteur* d'un mineur a pleins pouvoirs, sans observer les formes imposées aux actes d'aliénation dans la tutelle, pour voter du chef de son pupille, fût-ce dans une assemblée extraordinaire qui déciderait la vente d'immeubles, la prorogation de la société, etc. ; — 2° que, lorsque les actions font partie de la dot d'une femme sous le *régime dotal*, le principe de l'inaliénabilité ne met point obstacle à la représentation de ces actions à ces mêmes assemblées votant des mesures d'aliénation ; — 3° que, si les actions sont grevées d'*usufruit*, l'usufruitier, ayant sur elles les pouvoirs d'un administrateur, est qualifié pour venir aux assemblées même extraordinaires, non le nu-propriétaire, sous réserve de statuts contraires ; — 4° que, si les actions ont été données en nantissement, c'est également au *créancier gagiste*, et non pas au débiteur qu'il appartient de les représenter aux assemblées, ordinaires ou non, proposition dont la jurisprudence prend plutôt le contre-pied (Lyon, 21 mars 1894, *Ann. dr. comm.*, 95, 1, 53, et note Huvelin ; l'arrêt de Paris du 19 janvier 1897, *Journ. Soc.*, 97, 265, habilite le débiteur, mais exige qu'il prenne le consentement du créancier gagiste).

La délibération, prise dans des conditions régulières, est obligatoire pour tous. Elle a un caractère indivisible. Les absents et les adversaires

---

1. En cas de dissolution, le liquidateur régulièrement nommé a-t-il qualité pour présider l'assemblée des actionnaires ? V. Paris, 8 juin 1912, cité à la note précédente.

sont tenus d'en subir l'effet. Le tempérament établi par la loi italienne, suivant lequel les actionnaires dissidents, en présence d'une mesure particulièrement grave, peuvent se retirer et exiger que la société reprenne leurs actions et les indemnise, n'a pas été défendu jusqu'à présent en France.

686 *bis.* — Mais, dès l'instant que la mesure est *irrégulière* soit dans la forme, soit dans le fond, chaque intéressé peut provoquer l'annulation de la délibération et plaider à cet effet contre la société prise en la personne de ses gérants et administrateurs. — Nous avons déjà dit que, — si les Allemands ont enfermé cette action dans un délai très court d'un mois, en excluant en outre les actionnaires présents et non immédiatement protestataires, du pouvoir de l'exercer (n° 672), — rien ne limite dans notre propre droit l'action en nullité (si ce n'est la réparation du vice et la prescription de dix ans, par analogie des règles établies en 1893 à l'égard de l'action en nullité de la société elle-même).

Tout *actionnaire*, même ayant concouru favorablement au vote, a pouvoir d'agir : les *créanciers* de la société ont également ce droit. On peut arguer d'un vice latent, comme l'était, sous l'ancien art. 3 de la loi de 1867, le non-versement préalable de la moitié du capital avant l'assemblée qui a décidé la conversion des actions en titres au porteur (Paris, 19 janvier 1897, D. 1900, 2, 169, et notre note). La nullité, si elle atteint par exemple une délibération de réduction du capital, peut avoir des conséquences extrêmement graves en réveillant contre les actionnaires une dette d'appel de fonds qu'ils pouvaient croire définitivement éteinte (Rej., 18 juin 1902, aff. de la Banque d'Escompte, D. 1902, 1, 385, et note Lacour). Toutefois, pas plus que la nullité de la société elle-même pour vices constitutifs (v. *supra*, n° 548, 4, texte et note), la nullité d'une délibération d'assemblée générale ne peut être opposée aux tiers qui ont traité sur la foi de cette délibération (V. cependant Req., 19 janvier 1905, D. 1906, 1, 169, note Thaller, critiquant cet arrêt).

Le jugement qui statue sur la nullité d'une assemblée (de même que celui qui statue sur la nullité de la société, v. *supra*, n° 548, 2, en note) a *autorité de chose jugée*, même à l'égard des actionnaires qui n'ont point figuré au procès ; par suite de la notion de personnalité juridique de la société, ils y ont tous été parties. Cela paraît admis si le jugement prononce la nullité (Rej., 18 juin 1902, *supra*) ; mais cela semble moins établi dans la pratique lorsque le jugement la repousse. La logique veut cependant la même solution dans les deux cas (cpr. *Annales de droit commercial*, 1903, p. 307).

687. — Modifications des statuts. — La plus grosse question qui ait surgi relativement aux assemblées générales concerne les assemblées extraordinaires.

Ces assemblées ont-elles vraiment pouvoir à l'effet de modifier les statuts quand même ceux-ci ne contiendraient pas une clause leur conférant le droit ? En cas d'affirmative, ce pouvoir de modifier les statuts est-il absolu ? Depuis vingt-cinq ans la jurisprudence et la doctrine ont subi sur ce point une évolution, à phases multiples, qui finalement vient d'aboutir à la *loi du 22 novembre 1913.*

688. — Première phase. — La société est un *contrat* qui, comme tout autre, ne peut être changé que du *consentement unanime* des parties contractantes (art. 1134 C. civ.). En principe, toute modification aux statuts requiert l'unanimité des actionnaires : le vote de l'assemblée extraordinaire à la majorité ne suffit pas. Sans doute, l'art. 31 de la loi de 1867 (rédaction antérieure à 1913) prévoit que « les assemblées qui ont à délibérer sur des modifications aux statuts ou sur des propositions de continuation de la société au delà du terme fixé pour sa durée, ou de dissolution avant ce terme ne sont régulièrement constituées et ne délibèrent valablement qu'autant qu'elles sont composées d'un nombre d'actionnaires représentant la moitié au moins du capital social ».

Mais ce texte suppose que, dès l'origine, les statuts ont stipulé pour la majorité le droit de modification, et il se contente d'en régler le mode d'exercice en exigeant un *quorum minimum* de moitié. C'est un texte, non de faveur, mais de précaution. Pendant de longues années, cette thèse fut celle de la majorité de la doctrine (LYON-CAEN et RENAULT, 3ᵉ éd., t. II, n° 864, p. 744 et s. ; HOUPIN, 3ᵉ éd., n° 906, t. II, p. 193 et s.).

689. — Deuxième phase (*de la personnalité interne de la société*). — Pareil système était trop contraire aux exigences des affaires pour se maintenir longtemps devant les tribunaux. Depuis un arrêt célèbre de la Chambre civile de la Cour de cassation du 30 mai 1892 (D. 93, 1, 105, note THALLER; *adde* : Cass. civ., 29 janvier 1894, conclusions de l'avocat général DESJARDINS, D. 94, 1, 313, note LACOUR), la thèse qui prévalut en jurisprudence fut au contraire *favorable au droit pour l'assemblée de prendre les mesures de modification*, aux conditions de *quorum* de l'art. 31 (sauf aux statuts à prescrire un *quorum* plus fort), même en l'absence de toute disposition expresse dans l'acte de société. La société forme un organisme autonome, elle a dans l'assemblée son représentant fondamental. Ce représentant peut, par délibération collective, amender les statuts ; car la société n'est pas atteinte par là dans son existence ni convertie en un organisme différent. *Modifier les statuts, c'est non pas détruire ou renouveler un contrat, mais perfectionner un organisme.*

689 *bis*. — Seulement, le principe du pouvoir de modification étant admis même dans le silence des statuts, une autre question non moins essentielle demeurait incertaine. Ce pouvoir ne comporte-t-il aucune restriction ? Peut-on introduire, aux conditions de l'art. 31, des changements quelconques à l'acte de société ? — C'est pour résoudre cette grave difficulté que la jurisprudence formula sa distinction entre les modifications qui n'ont qu'une *importance relative* et celles qui affectent les *bases substantielles des statuts*. Ces dernières ne peuvent être accomplies que moyennant l'*adhésion unanime* des actionnaires (condition impossible à remplir si les titres sont au porteur). Ou bien il faut que les statuts, prévoyant nommément cette mesure importante, donnent compétence à l'assemblée pour la voter, sous le *quorum* de l'art. 31. Le rôle de la jurisprudence et de la doctrine consista dès lors surtout à déterminer le signe auquel le changement affectant les bases substantielles doit se distinguer des modifications d'importance secondaire[1]. Appréciation conjecturale (nul ne sachant *a priori* si tel article n'a pas été envisagé par tel souscripteur comme un élément essentiel, et par tel autre comme un élément accessoire du contrat de société) et nécessairement plus ou moins arbitraire.

Par application de diverses natures de *criterium*, plus différentes peut-être en apparence qu'en réalité (distinction jurisprudentielle des « bases essentielles » et des « modifications secondaires » ; théorie doctrinale de la « personnalité interne », limitée par le respect des « droits propres de l'actionnaire », ou *Sonderrechte*), on était généralement d'accord[2] pour considérer comme éléments substantiels : 1° le principe de l'*égalité* du droit des actionnaires ; — 2° le maintien de l'*objet* de la société ; — 3° le *droit* pour l'actionnaire *de ne pas être dessaisi* de sa part sociale sans son consentement : — 4° la *limitation* à la somme primitivement convenue *du versement* dû sur l'action ; — 5° le droit pour la société de ne pas se laisser absorber par *fusion* dans une autre entreprise. Nulle délibération amendant sur l'un de ces cinq points les statuts originaires n'est possible que moyennant l'unanimité (celle-ci pouvant d'ailleurs se prononcer alors en dehors des formes d'une assemblée générale).

Les autres modifications rentraient au contraire *de plano* dans les attributions de l'assemblée extraordinaire. Elle statuera en toute liberté, à moins que, d'après les statuts, l'assemblée ne puisse délibérer sur ces modifications que moyennant l'agrément préalable d'un comité d'actionnaires, clause valable d'après Req., 16 juillet 1901 (S. 1901, 1, 255, et note critique de M. LYON-CAEN)[3].

690. — Troisième phase. — Elle débute avec la *loi du 16 novembre 1903*, modifiant celle du 9 juillet 1902 sur les actions de priorité. On sait (V. *supra*, nos 594 et s.) que, d'après la loi du 16 novembre 1903 — à laquelle son art. 2 reconnaît un caractère *interprétatif*[4] (elle est « applicable aux

1. V. CLÉMENT, *Des pouvoirs des assemblées générales relativement aux modifications du pacte social*, 1897 ; BOUSQUET PONTIÉ, *Du conflit entre les pouvoirs de l'assemblée générale et les droits individuels*, 1899 ; P. APPLETON, *Du droit pour les assemblées extraordinaires de modifier les statuts*, th. Lyon, 1902 ; FRAISSAINGEA, dans le *Recueil de l'Académie de législation*, 1901-1902 ; CLUZANT, *Les pouvoirs de l'assemblée extraordinaire*, th. Toulouse, 1906 ; BOURCART, *De l'organisation et des pouvoirs des assemblées générales* ; et pour l'étranger, BACHMANN, *Die Sonderrechte des Aktionärs* ; VIGHI, *I diritti individuali degli azionisti*, 1902.

2. V. PERCEROU, *Rapport au Congrès juridique international de Bruxelles* de 1910, Documents du Congrès, t. I, p. 358.

3. Depuis la loi de 1913, comme auparavant, la validité des clauses tendant ainsi à dessaisir l'assemblée générale du pouvoir de modifier les statuts, pour le transporter aux administrateurs ou à un comité quelconque — surtout lorsque ces clauses ont une portée générale et visent toute modification quelconque —, est pour le moins douteuse. Car elles réalisent une confusion de pouvoirs qu'il est permis de juger illégale. V. PERCEROU, *Pouvoirs de l'assemblée générale extraordinaire dans les sociétés par actions*, etc., nos 23 et s.

4. Sur l'importance de ce caractère *interprétatif*, pour la justification du système d'après lequel (depuis 1903, en tout cas) l'art. 31 de la loi de 1867 doit être entendu comme donnant à l'assemblée générale, même dans le silence des statuts,

sociétés fondées *antérieurement* ou postérieurement ») —, sauf prohibition directe et expresse des statuts, l'assemblée générale extraordinaire des sociétés par actions, délibérant aux conditions de l'art. 31, l. 1867, peut créer des « actions de priorité » : modification statutaire renfermant à la fois, — une augmentation du capital social, — un changement à la répartition des bénéfices, — et aussi une dérogation au principe de l'égalité des actionnaires (en ce sens du moins qu'il n'y a plus égalité entre les actionnaires anciens et les nouveaux).

En outre, prévoyant le cas où il existe déjà dans la société plusieurs catégories d'actionnaires, la loi de 1903 ajoute : « Dans le cas où *une* décision de l'assemblée générale comporterait une modification dans les droits attachés à une catégorie d'actions, cette décision ne sera définitive qu'après avoir été ratifiée par une assemblée spéciale des actionnaires de la catégorie visée »[1] : — ce qui est la reconnaissance du droit pour l'assemblée générale de rompre, *même entre actionnaires préexistants*[2], l'égalité proportionnelle, du moment que cette rupture d'égalité est approuvée par une assemblée spéciale des actionnaires de la catégorie atteinte.

Sur la base de ces textes, au moyen d'un raisonnement par analogie ou *a fortiori*, une théorie nouvelle s'était édifiée, largement extensive du pouvoir modificateur de l'assemblée générale. Elle se condense dans la formule suivante : « L'assemblée extraordinaire peut faire aux statuts des modifications, soit équivalentes à celles que vise la loi de 1903, soit de gravité moindre[3]. » Beaucoup d'auteurs s'étaient ralliés à cette thèse, soit entièrement[4], soit avec des réserves[5]. La jurisprudence était hésitante[6]. En cet état est intervenue la *loi*, actuellement en vigueur, *du 22 novembre 1913*,

---

le droit de les « modifier » et spécialement de « proroger la société ou de la dissoudre avant terme », cfr. Percerou, *op. cit.*, n° 19.

1. La suite du texte, relative aux conditions de *quorum* et de majorité des assemblées *spéciales*, a été modifiée par la loi de 1913 qui les a mises en harmonie avec ces mêmes conditions dans les assemblées *générales* extraordinaires, v. *infra*, n° 693.

2. Thaller, *Journ. des Soc.*, 1912, p. 400 et s.

3. Percerou, *Des pouvoirs de l'assemblée générale extraordinaire dans les sociétés par actions à l'effet de modifier les statuts, envisagés spécialement au point de vue de la loi du 16 novembre 1903*, *Journ. des Soc.*, 1907, S. 49, 97, et brochure à part.

4. Houpin, 4e éd., t. II, n° 907 *bis* ; Lyon-Caen et Renault, 4e éd., t. II, 2e part., n° 865 ; Lacour, *Droit commercial*, n° 593 ; Naquet-Radiguet, *Des modifications aux statuts*, 1910 ; Bourcart, *De l'influence de la loi du 16 novembre 1903*, etc., *Journ. des Soc.*, 1912, p. 201 et s. — *Contra* : Lecouturier, *Manuel pratique des assemblées d'actionnaires*, 4e éd., p. 493 ; Wahl, notes S. 1911, 1, 145, et 2, 162 et 193.

5. Thaller, *loc. cit.*

6. Des décisions affectaient d'ignorer la loi nouvelle (Trib. com. Seine, 22 juillet 1909, et sur appel Paris, 16 février 1911, *Journ. des Soc.*, 1914, p. 274). D'autres adoptaient l'interprétation restrictive, soit nettement (Lyon, 20 mai 1911, *ibid.*, 1912, 306 ; Trib. com. Seine, 12 décembre 1912, *Gaz. des Sociétés*, 1913, 103 et note Percerou critiquant ce jugement), soit d'une forme plus douteuse (Req., 22 janvier 1912, D. 1912, 1, 145, note Thaller). Mais, par contre, plusieurs juridictions se sont rangées à l'interprétation extensive (Trib. com. Rochechouart, 28 mai 1909, *Journ. des Soc.*, 1909, 461 ; Rennes, 3 juillet 1912, *Journ. des Soc.*, 1913, 18 ; Paris, 11 février 1914, *ibid.*, 1914, 256).

dont les dispositions formelles relèguent au second plan[1] la controverse relative à l'influence de la loi de 1903 sur les modifications aux statuts.

691. — Quatrième phase. — *Loi du 22 novembre 1913*[2]. — C'est un morceau détaché du projet de 1903. Si l'on néglige l'art. 3 (rétroactivité du droit de groupement des petits actionnaires, v. *supra*, n° 683), dont le lien logique avec les autres articles ne s'aperçoit pas, la loi du 22 novembre 1913 a pour objet :

Essentiellement (art. 1er de la loi, modifiant l'art. 31 de la loi de 1867), *d'étendre et de préciser les pouvoirs des assemblées générales extraordinaires* dans les sociétés par actions[3] à l'effet de modifier les statuts, en même temps que de *fixer les règles relatives à la tenue de ces assemblées* (convocation, droit de vote, *quorum*, majorité) ;

Puis accessoirement (art. 2 de la loi, modifiant le dernier paragraphe de l'art. 34 C. com.), et par raison de symétrie, d'appliquer ces règles nouvelles sur la tenue des assemblées aux *assemblées spéciales* créées par les lois de 1902 et 1903 (v. *supra*, n° 690).

692. — Pouvoirs de l'assemblée. — Désormais, aux termes du paragraphe 1er du nouvel art. 31, l. 1867, « sauf dispositions contraires des statuts, l'assemblée générale, délibérant comme il sera dit ci-après, *peut modifier les statuts dans toutes leurs dispositions. Elle ne peut toutefois changer la nationalité de la société ni augmenter les engagements des actionnaires* ».

En principe, sauf interdiction par les statuts, l'assemblée générale peut donc tout faire[4]. Ainsi elle peut : *modifier* (augmenter ou réduire) *le ca-*

---

1. Cette controverse garde pourtant tout son intérêt pour les sociétés antérieures à la loi du 22 novembre 1913, si l'on admet que, au point de vue de l'*étendue des pouvoirs* de modification, cette loi ne rétroagit pas (v. *infra*, n° 694 *ter*). — En outre le système des assemblées spéciales, tel que l'organise la loi de 1903, demeure certainement en vigueur. Surtout si, comme nous croyons qu'on doit le faire (Thaller, *loc. cit.*), on admet qu'il concerne les mesures entraînant rupture d'égalité entre actionnaires auparavant égaux et réunis en une masse homogène (par exemple, la reconnaissance, par modification des statuts, d'un droit de priorité aux actions de numéraire par rapport aux actions d'apport), — le système des assemblées spéciales peut servir de frein utile et même nécessaire à l'omnipotence de l'assemblée générale, posée en principe par la loi de 1913.

2. V. *Annales de droit commercial*, 1913, p. 516 ; Bourcart, *Les modifications aux statuts et la loi du 22 novembre 1913*, dans les *Annales de droit commercial*, 1914, p. 89 et s. ; Bosvieux, *Commentaire de la loi du 22 novembre 1913* ; Bouvier-Bangillon, *Lois nouvelles*, 1914, p. 145 et s. ; Pottier, *Commentaire de la loi du 22 novembre 1913* ; Wahl, *Journ. des Soc.*, 1914, p. 54 et s. ; Houpin, *ibid.*, novembre 1913 et 1914, p. 241, etc.

3. La loi du 22 novembre 1913 concerne-t-elle les *sociétés en commandite par actions* ? Cela dépend du point de savoir si l'art. 31 de la loi de 1867, dans lequel la loi nouvelle est incorporée, est applicable à ce type de sociétés. Or, depuis la loi du 16 novembre 1903 tout au moins, cela ne paraît guère contestable, v. Percerou, *Journ. des Soc.*, 1907, 119.

4. Toutefois, en dehors même des restrictions expressément formulées par la loi (nationalité, augmentation des engagements des actionnaires, restrictions de la loi du 16 novembre 1903), l'omnipotence de l'assemblée générale peut être limitée par l'idée de *fraude* (Percerou, *Contribution*, etc., p. 21, note 3) ; limitation d'autant plus nécessaire que les pouvoirs de l'assemblée sont plus étendus.

pital social; *proroger* la société ou la *dissoudre* avant terme ; transférer le *siège social* dans une autre localité de France ; changer la *forme* ou le *taux* des actions, le *nombre* des titres requis pour assister aux assemblées générales ordinaires ; et aussi — question jusqu'alors très controversée — modifier la *répartition statutaire* des bénéfices (augmentation du tantième des administrateurs, allocation ou suppression d'un intérêt fixe aux actions, création de parts bénéficiaires, constitution de réserves extraordinaires, etc...). Ces modifications sont licites, quand même il en résulterait une rupture de l'égalité proportionnelle entre actionnaires, même préexistants, sauf, dans ce cas, la nécessité d'obtenir l'approbation d'une assemblée spéciale des actions atteintes (v. *supra*, n° 690).

L'assemblée générale peut même — mais alors avec un *quorum* non décroissant et irréductible des 3/4 du capital (art. 31, § 3, v. *infra*) — changer l'*objet* [1] ou la *forme* [2] de la société.

Mais l'assemblée ne peut (il faudrait l'*unanimité*) changer la *nationalité* de la société [3], ni *augmenter les engagements des actionnaires*. Ainsi elle ne saurait porter de 100 à 200 fr. le taux des actions, avec obligation de verser 100 fr. de plus par titre [4].

A raison de leur grande importance pratique, et des difficultés de détail que peut soulever leur réalisation, les plus fréquentes des modifications dont il vient d'être parlé feront tout à l'heure l'objet de quelques développements complémentaires (v. *infra*, n°s 695 et s.).

693. — Composition de l'assemblée. Quorum. Majorité. — Aux termes de l'art. 31, § 2, de la loi du 24 juillet 1867 (rédaction de 1913),

---

1. Même avant la loi de 1913, et dans le dernier état de la jurisprudence tout au moins, il était admis que l'assemblée extraordinaire pouvait, sinon changer complètement l'objet de la société, du moins l'*étendre* à des exploitations connexes (Req., 6 décembre 1904, D. 1904, 1, 624. — Mais voir Civ. cass., 26 novembre 1894, D. 95, 1, 57, note Thaller ; Req., 29 mars 1898, D. 99, 1, 595).

2. La fusion (par voie de création d'une société nouvelle ou d'annexion à une société préexistante) implique-t-elle un changement de *forme*, alors même que la société absorbante appartient au même type juridique que la société fusionnante (société anonyme fusionnant avec une autre société anonyme) ? — Même question pour l'objet.

3. Résulte-t-il de là que, en cas de dissolution de la société, il soit interdit au liquidateur de faire apport de l'actif de la société dissoute à une société étrangère ? V. la question posée par M. Percerou à la *Société d'Etudes législatives, Bulletin*, 1913.

4. Lorsque, à la suite de pertes, une société réduit son capital par échange de titres (deux titres anciens contre un nouveau par exemple), l'obligation pour le porteur d'un seul titre ancien d'en acheter un second en vue de l'échange (à moins qu'il ne vende son titre unique, ce qui aboutit à une expropriation indirecte) constitue-t-elle une « augmentation de son engagement » faisant obstacle à la validité de cette combinaison ? V. Cass., 29 janvier 1894, *Journ. des Soc.*, 1894, 207 ; Maria, *Des modifications du capital social*, 1913, p. 95 et s. — D'autre part, ne faut-il pas voir aussi une augmentation des engagements contractés par les actionnaires dans la transformation de réserves en actions, créées à titre d'augmentation du capital ? (*supra*, n° 660) V. Thaller, *Annales de droit commercial*, 1907, 190 et *Journ. des Soc.*, 1907, 477 ; Houpin, *ibid.*, 1908, 387 ; Maria, *op. cit.*, p. 214 et s. ; Amiaud, *Des comptes de réserve dans les sociétés par actions*, p. 452 et s.

« *nonobstant toute clause contraire* de l'acte de société, *dans les assemblées générales qui ont à délibérer sur les modifications aux statuts* [1], tout actionnaire, quel que soit le nombre des actions dont il est porteur, peut prendre part aux délibérations avec *un nombre de voix égal aux actions qu'il possède, sans limitation* ».

Il résulte de là : — 1°) que tout actionnaire, quel que soit le nombre de ses titres, est de plein droit membre des assemblées générales extraordinaires ; — 2°) qu'il peut y voter avec autant de voix qu'il a d'actions (soit par lui-même, soit comme mandataire), *sans limitation* ; — enfin 3°) que toute stipulation contraire des statuts est réputée nulle et non avenue.

Ainsi qu'on l'avait fait observer dès avant la loi de 1913 (à propos du projet de 1903) [2], cette proportionnalité illimitée du nombre de voix au nombre des actions va, en réalité, directement à l'encontre du but de la loi, qui était de protéger les petits porteurs ; elle facilite au contraire leur écrasement. C'est là très certainement une des dispositions les plus critiquables de la loi nouvelle. Elle paraît être le résultat d'une erreur qu'il eût été pourtant facile d'éviter, les avertissements n'ayant pas manqué.

Quant aux règles, déjà brièvement indiquées (n° 684), sur le *quorum* et la *majorité*, elles sont inscrites dans les paragraphes 3 et 4 de l'art. 31 nouveau. — La *majorité* requise est en toute hypothèse des *deux tiers* des voix des actionnaires présents ou représentés. — Le *quorum* est toujours pour la première assemblée des *trois quarts* du capital social. Mais, tandis que, lorsqu'il s'agit de modifications touchant à l'objet ou à la forme, ce *quorum* est irréductible et ne peut être abaissé dans les assemblées subséquentes, pour les autres modifications, au contraire, il va en décroissant : dans la seconde assemblée [3] il descend à la *moitié* du capital social, et dans la troisième au *tiers*.

Ces dispositions sur la majorité et le *quorum* (y compris, malgré une rédaction peu exacte de l'art. 4, l. 1913, celles sur le *quorum* de la première assemblée, « trois quarts » au lieu de la « moitié » dont se contentait la loi de 1867) sont applicables rétroactivement, c'est-à-dire même aux sociétés antérieures à la loi du 22 novembre 1913 (art. 4).

693 *bis*. — Assemblées spéciales (art. 2, l. 1913, modifiant l'art. 34, dernier § C. com.) — Elles sont soumises *mutatis mutandis* aux paragraphes 2, 3 et 4 du nouvel art. 31, l. 1867, c'est-à-dire que : — 1°) l'assemblée spéciale doit être composée de tous les actionnaires de la catégorie intéressée, chacun ayant autant de voix que d'actions, sans limitation et nonobstant toute clause contraire des statuts ; — 2°) qu'elle doit réunir le *quorum*

---

1. Cette disposition (art. 31, § 2, rédaction de 1913) est étrangère aux assemblées ordinaires ou constitutives (lesquelles demeurent soumises au droit antérieur, v. *supra*, n°s 682 et 683) ; et même, parmi les assemblées extraordinaires, elle ne vise que celles tenues par des sociétés constituées *après* la loi de 1913, car l'art. 31, § 2 nouveau n'est pas rétroactif, v. *infra*, n° 694 *ter*.

2. V. notamment Percerou, *Documents du Congrès des Sociétés de Bruxelles*, 1910, p. 364 ; Thaller, Observations à la *Société d'Études législatives*, *Bulletin*, 1913.

3. Sur les délais et le mode spécial de convocation de ces deuxième et troisième assemblées, v. *supra*, n° 685.

des *trois quarts* (*moitié* ou *tiers*, selon les distinctions précédentes) de la portion du capital que représentent les actions dont il s'agit ; — 3°) que ses résolutions doivent toujours être prises à la majorité des *deux tiers* des voix présentes.

Ces dispositions — y compris celles sur la proportionnalité illimitée du nombre de voix au nombre des actions[1] — sont *rétroactives* (art. 4, 1. 1913), c'est-à-dire s'appliquent même aux sociétés antérieures à la loi de 1913.

694. — Tel est, dans son ensemble, le système inauguré par la loi de 1913. Pour se rendre un compte exact de sa portée, il reste à résoudre deux questions essentielles, dont le législateur a eu le tort de laisser la solution incertaine : — 1°) les dispositions de la loi du 22 novembre 1913 sont-elles simplement *interprétatives* de la volonté des contractants (ceux-ci pouvant y déroger dans les statuts) ; ou bien, au contraire, sont-elles *impératives*, de sorte qu'elles doivent s'appliquer nonobstant toute clause contraire ? — 2°) parmi les dispositions de la loi nouvelle, quelles sont au juste celles qui s'appliquent aux sociétés même antérieures, c'est-à-dire dans quelle mesure cette loi est-elle *rétroactive* ?

694 *bis*. — **Première question, caractère impératif.** — Les dispositions de la loi du 22 novembre 1913 ont-elles un caractère *impératif*, avec interdiction d'y déroger par les statuts ? — La question ne se pose que pour les stipulations statutaires qui étendraient les pouvoirs de modification de l'assemblée extraordinaire *en diminuant ou en supprimant les garanties légales*. Car il n'est pas douteux qu'on doive juger valables les clauses qui tendraient, au contraire, à restreindre ces pouvoirs en renforçant les garanties légales (par exemple défense de changer l'objet de la société, ou bien exigence d'un *quorum minimum* de moitié au lieu du tiers).

Les clauses extensives sont-elles donc permises ? Peut-on stipuler dans les statuts que l'assemblée extraordinaire aura le droit : de changer la nationalité de la société ou d'augmenter les engagements des actionnaires (art. 31, § 1) ; ou de changer l'objet ou la forme de la société avec un *quorum* inférieur aux trois quarts (art. 31, § 3) ; ou enfin, d'une façon générale, de modifier les statuts avec un *quorum* inférieur au tiers (art. 31, § 4) ?

L'excès même des conséquences auxquelles conduit logiquement l'opinion affirmative (possibilité de supprimer tout *quorum*, et plus généralement toute garantie légale quelconque) en est la condamnation. Étant donné l'esprit de la loi du 22 novembre 1913, il faut admettre que, en principe, ses dispositions ont un caractère nettement impératif.

Cela du reste ressort du texte lui-même : les mots « sauf dispositions contraires des statuts » ne concernent que la première phrase du paragraphe 1er de l'art. 31, relative au droit de modifier les statuts, et non pas les restrictions apportées à ce droit, lesquelles font l'objet de la seconde phrase du paragraphe 1er et des paragraphes 3 et 4.

---

1. Au contraire, quand il s'agit de l'assemblée *générale* extraordinaire, cette proportionnalité illimitée n'est pas rétroactive. On cherche vainement la raison de distinguer.

Enfin, sous l'empire de la loi de 1867 déjà, n'était-on pas d'accord pour reconnaître que le *quorum* de moitié, prévu par l'ancien art. 31 pour les assemblées extraordinaires, était un *minimum* impératif au-dessous duquel les statuts ne pouvaient descendre ? Rien ne permet de croire qu'en 1913 on ait voulu s'écarter de cette règle.

Nonobstant toute clause contraire, aucune modification ne peut donc être votée avec un *quorum* inférieur au tiers du capital social ; et de même, nonobstant toute clause contraire, l'objet ou la forme de la société ne peuvent être changés avec un *quorum* inférieur aux trois quarts (BOURCART, *loc. cit.* — V. en sens contraire, WAHL, *loc. cit.*, qui fait à cet égard une distinction peu logique).

On doit dire même — quoique cette dernière question soit plus délicate (en sens contraire, BOSVIEUX, *loc. cit.*) — que la clause des statuts qui, contrairement à la deuxième phrase du paragraphe 1er de l'art. 31, permettrait à l'assemblée extraordinaire de changer la nationalité de la société ou d'augmenter les engagements des actionnaires, serait nulle et de nul effet. Sans doute cette dernière solution est — du moins en ce qui concerne le changement de nationalité — fort critiquable au point de vue pratique ; mais la logique du système légal, comme aussi la rédaction du texte, paraissent bien l'imposer.

694 *ter*. — **Deuxième question, rétroactivité.** — Dans quelle mesure la loi du 22 novembre 1913 est-elle *rétroactive* ? — Ainsi que nous l'avons déjà indiqué, sont rétroactives (art. 4, l. 1913) : — 1° les dispositions de l'art. 31, § 4 nouveau, relatives aux conditions de majorité et de *quorum* des deuxième et troisième assemblées générales extraordinaires, et aussi (à cause du caractère indivisible du système des assemblées successives) de la première assemblée (v. *supra*, n° 693) ; — 2° les dispositions relatives à la tenue des assemblées spéciales (v. *supra*, n° 693 *bis*).

En outre, si l'on se reporte aux déclarations des rapporteurs de la loi tant à la Chambre qu'au Sénat, il ne paraît pas douteux qu'ils ont voulu appliquer aux sociétés déjà existantes, non seulement les dispositions nouvelles sur le *quorum* et la majorité (art. 31, § 4), mais aussi et même surtout celles ayant pour but d'étendre les pouvoirs de l'assemblée générale (principe de l'omnipotence, droit de modifier même l'objet et la forme de la société, art. 31, § 1 et § 3). Si telle a été l'intention du législateur, il ne l'a point réalisée. Car il suffit de lire l'art. 4 de la loi de 1913 pour constater que la règle de rétroactivité posée par ce texte (règle d'interprétation stricte comme dérogeant au droit commun) ne vise que le paragraphe 4, et non les paragraphes 1 et 3 de l'art. 31 nouveau.

Quelque singulier que soit ce résultat, force est de conclure, en l'état actuel des textes, que, dans les sociétés antérieures à la loi de 1913, l'étendue des pouvoirs modificateurs de l'assemblée extraordinaire doit être déterminée, non point d'après l'art. 31 nouveau, §§ 1 et 3, mais uniquement d'après l'art. 31 ancien, en tenant compte de la jurisprudence qui s'était formée sur ce texte et de son interprétation depuis la loi du 16 novembre 1903 (v. *supra*, nos 689 et 690) [1].

1. En ce sens : *Annales de droit commercial*, 1913, p. 519, note 1 ; LYON-CAEN,

695. — Ainsi que nous l'avons annoncé (*supra*, n° 692), avant de quitter cette matière, il convient de donner quelques détails sur les modifications aux statuts les plus importantes. Ce sont les suivantes :

1° *Modifications dans le montant du capital*, soit qu'on l'augmente, soit qu'on le réduise (MARIA, *Des modifications du capital social*, 1913).

A. *Augmentation du capital* (WAHL, *Annales de droit commercial*, 1893, p. 81 et s.). — L'assemblée générale porte le capital de 10 à 20 millions. On émet des actions nouvelles, tantôt simples, tantôt de priorité [1]. Il faut observer pour ces émissions les mêmes règles que pour le capital originaire (souscription intégrale, versement du premier quart [2], confection de la liste nominative des souscripteurs devant notaire, maintien de la forme nominative pour les nouvelles actions jusqu'à leur pleine libération, publicité selon la loi, etc.), sous peine de nullité de cette augmentation, nullité d'ailleurs inopposable aux tiers. La loi n'exige pas, formellement, que la procédure initiale s'étende au capital nouveau. Elle ne le dit qu'indirectement dans l'art. 45, à propos des sociétés anonymes antérieures à 1867, qui voudraient augmenter aujourd'hui leur capital. Mais on arrive à ce résultat par un raisonnement d'analogie.

Un droit de préférence est fréquemment accordé aux actionnaires primitifs pour souscrire à ces émissions (v. BOSVIEUX, *Journ. des Soc.*, 1911, 385, et WAHL, *ibid.*, 1912, 337). Mais la mesure serait illégale, en tant qu'elle imposerait aux actionnaires anciens l'obligation de prendre eux-mêmes les nouveaux titres. Ce serait une atteinte aux « droits individuels ». Il faudrait le consentement de chacun et de tous.

On peut procéder à cette émission d'actions nouvelles, quand même les anciennes ne seraient pas libérées intégralement (ce qui n'est pas de bonne législation).

Il ne faut pas conclure de cette augmentation de capital à la création d'une « société nouvelle » : le conseil d'administration demeure en fonctions, le capital ancien n'est point passible d'un nouveau droit de 0 fr. 25 0/0, à plus forte raison les dettes qui grèvent la société au moment de cette augmentation ne sont pas taxées au droit proportionnel, comme si une nouvelle société prenait ce passif en charge (v. LACOUR, *Dans quels cas les modifications apportées à l'acte constitutif d'une société ont-elles pour effet de créer une société nouvelle*, dans le *Journ. des Soc.*, 1913, p. 97 et s.) [3].

Revue critique de législation et de jurisprudence, 1913, p. 580 ; BOSVIEUX, *op. cit.*, p. 48 ; HOUPIN, *Journ. des Soc.*, 1914, 252.

1. Les statuts pourraient-ils déléguer à un simple comité d'actionnaires ce pouvoir d'augmentation, ce qui reviendrait à en dessaisir l'assemblée, ou soumettre le vote de l'assemblée à la ratification d'un semblable comité ? L'assemblée pourrait-elle, dans le silence des statuts, subordonner l'augmentation à ce vote ou à cette ratification de comité ? V. *supra*, n° 689 *bis*, en note. — De toute manière, l'assemblée peut laisser le conseil d'administration libre de choisir le moment opportun pour effectuer cette augmentation votée par elle, et même de n'y procéder que fractionnairement ou par séries.

2. Sur la possibilité d'un versement par compensation, lorsque le souscripteur a, d'autre part, une créance contre la société, cfr. n° 522, note.

3. Une autre augmentation de capital peut résulter de l'incorporation des réserves au capital ou encore de la conversion des créanciers en actionnaires (cfr. notre

696. — B. *Réduction du capital.* — (Sée. *De la réduction du capital social*, 1899 ; Bossy, *De l'augmentation et de la réduction du capital*, 1899 ; Deloison, *De la réduction du capital*, 1905.) Trois circonstances peuvent la déterminer : *a*) Le capital est trop abondant pour les besoins de la société. On en remboursera une partie en espèces à tous les associés, en retirant de la circulation un titre sur deux, ou en convertissant les actions de 200 fr. en actions de 100 fr. (*Comp.* Civ. cass., 23 octobre 1905, D. 1910, 1, 529, note Percerou). — Malgré la publicité donnée à cette réduction, elle n'a lieu que « sous réserve des droits des créanciers ». Ceux ci sont encore admis par la suite à répéter contre les actionnaires les sommes dont le capital a été réduit, puisqu'elles ont fait partie de leur gage. Comme il s'agit d'une liquidation partielle de ce capital, on étendra par analogie l'art. 64 C. com. (prescription de cinq ans). Mieux aurait valu organiser une procédure de sommation aux créanciers, afin de les inviter à se présenter dans un certain délai, passé lequel les sommes auraient été payées aux actionnaires sans plus aucune menace de restitution (système allemand).

b) On se contente de la partie réalisée du capital ; on renonce au non-versé. Conversion d'actions de 500 fr., libérées de moitié, en une égale quantité d'actions de 250 fr., intégralement libérées. — Même observation que ci-dessus, quant au maintien, pendant cinq années encore à partir de la publication de la réduction, du droit des créanciers antérieurs aux appels de fonds, comme si les titres avaient conservé leur première forme.

c) Réduction du capital au chiffre auquel il est déjà tombé *en fait* par suite de pertes. Les mauvaises affaires ont absorbé 5 millions sur 10. Le capital sera réduit au premier de ces chiffres, on retirera les actions de 500 fr., pour en délivrer d'autres au taux de 250 fr. Dès l'année suivante, les bénéfices pourront être partagés, au lieu qu'on devrait, faute de réduction, les appliquer à la reconstitution du capital primitif. — Opération qui se combine souvent avec une augmentation de capital. Avant d'émettre de nouvelles actions, on rabaisse les anciennes à leur valeur d'inventaire [1].

D'assez grosses difficultés d'exécution surgiront dans ces trois hypothèses, lorsque la réduction doit avoir pour résultat l'échange de deux ou trois titres anciens contre un nouveau, à l'égard des porteurs d'unités n'ayant pas le nombre *minimum* (v. Maria, *op. cit.*). On ne pourra, dans les voies et moyens à employer, éviter la dépossession de force de ces petits porteurs en les indemnisant [2].

697. — 2° *Modifications dans la nature juridique de la société* (transformation de la société). — C'était une société en commandite par actions. Il s'agit d'en faire une société anonyme, en supprimant l'élément personnel-

---

article aux *Annales de droit commercial*, 1907, p. 177, et Houpin, *Journ. des Soc.*, mai 1909).

1. Sur le point de savoir si l'augmentation de capital faite dans ces conditions *doit* ou non être précédée d'une réduction, voir notre article des *Annales de droit commercial* sur l' « assainissement des sociétés », 1909, p. 182.

2. Sur la réduction du capital par suite de pertes, quand il existe des titres ayant des droits différents (actions ordinaires et actions de priorité), v. Houpin, *Journ. des Soc.*, 1911, 97 ; Thaller, *Annales de droit commercial*, 1911, p. 275.

lement responsable et en remplaçant le gérant par un conseil d'administration élu et temporaire. Depuis la loi du 22 novembre 1913 (si l'on admet que cette loi est applicable aux sociétés en commandite par actions), pareille transformation peut être réalisée, même dans le silence des statuts, mais seulement par une assemblée composée d'un nombre d'actionnaires représentant les trois quarts au moins du capital social (art. 31 nouveau § 3, v. *supra*, n° 692).

Auparavant — et, selon nous, il en est de même aujourd'hui encore pour les sociétés antérieures à la loi du 22 novembre 1913, v. *supra*, n° 694 *ter*, — cette mesure n'était possible qu'à l'*unanimité* des actionnaires ; car elle anéantit l'ancienne société et en crée une nouvelle (résultat très grave au point de vue fiscal, à raison de la transmission de passif), à moins que les statuts n'aient prévu cette éventualité en habilitant l'assemblée générale de l'art. 31 à y procéder (Lacour, *loc. cit.*). — L'art. 19 de la loi de 1867 confirme cette interprétation. S'occupant de sociétés en commandite par actions antérieures au vote de cette loi, il subordonne à une disposition statutaire expresse le droit qu'a la majorité de transformer cette société en société anonyme.

698. — Deux dispositions transitoires méritent d'être retenues :

a) La transformation d'une *commandite*, constituée avant la loi de 1867, en société anonyme *libre* n'a pu être prévue par des statuts contemporains du régime des sociétés anonymes *autorisées* ; elle est cependant permise par la loi aux conditions de majorité fixées par les dits statuts (art. 19). Et de même pour la transformation de *sociétés à responsabilité limitée* créées entre 1863 et 1867 en sociétés anonymes libres (art. 47).

698 *bis*. — *b*) La transformation d'une ancienne *société anonyme* autorisée en société anonyme *libre* est plus difficile à réaliser (art. 46). La clause statutaire de modification à la simple majorité n'habilite pas cette société à se placer pour l'avenir sous le régime de liberté de la loi de 1867, moyennant une délibération de son assemblée extraordinaire. Il faudra que cette délibération soit elle-même revêtue de l'*autorisation du gouvernement*. Après quoi, la société, affranchie de la tutelle administrative, sera admise à pourvoir, en dehors d'un décret, à toutes autres modifications, comme si sa charte de constitution s'était formée sous le droit nouveau. — C'est que les souscripteurs de cette société y étaient entrés sur la foi de la tutelle administrative qui, au moment du pacte social, traduisait le droit en vigueur. Ils se sont dit qu'une modification future ne pourrait être entreprise qu'avec la sanction des pouvoirs publics. Il y a, de ce chef, des « droits acquis » qu'il a fallu respecter.

Des décrets autorisant la transformation d'une ancienne société anonyme en société nouvelle ne sont point rares aujourd'hui encore. En revanche, il est dans la jurisprudence du Conseil d'Etat de repousser une demande tendant, non à une transformation « globale », mais à une modification « limitée » des statuts, qui laisserait la société pour l'avenir sous la tutelle administrative.

699. — 3° *Modifications dans la durée de la société ou dans son mode de liquidation* (prorogation de société, dissolution anticipée, fusion).

A. Par la généralité de ses termes, l'art. 31, § 1 nouveau (rédaction de 1913) permet à l'assemblée extraordinaire, même dans le silence des statuts, de *proroger* la société. Au reste, déjà auparavant, pareille mesure rentrait, selon nous, dans ses pouvoirs. La prorogation ne change pas le contrat primitif dans ses bases essentielles, lorsque les besoins nouveaux de l'exploitation l'exigent et que les statuts ne contiennent pas à cet égard une prohibition formelle (Orléans, 9 janvier 1901, thèse accueillie par M. Cotelle dans ses conclusions sur le pourvoi devant la Chambre des requêtes, et défendue par M. Fraissaingea, *loc. cit.*).

En tout cas cette solution n'était plus contestable depuis la loi du 16 novembre 1903. Du moment que cette loi a fait dire à l'art. 31 (ancien) de la loi de 1867 — lequel place sur la même ligne « modification, prorogation, dissolution » — qu'il habilitait l'assemblée *de plano*, même dans le silence du pacte social, à « modifier » les statuts de la société, — la faculté de la « proroger » ou de la « dissoudre avant terme » dans les mêmes conditions, également *de plano*, en découle par là même (Percerou, *Contribution*, etc.).

700. — B. La *dissolution* de la société avant le terme statutaire peut être prononcée de la même manière et pour les mêmes raisons (Montpellier, 29 décembre 1909, D. 1910, 1, 525, note Percerou). La Chambre des requêtes de la Cour de cassation (29 avril 1897, D. 98, 1, 107) avait pourtant autrefois consacré l'opinion contraire. Mais les arguments qu'on faisait valoir en ce sens n'étaient pas décisifs. On disait :

1° La loi de 1867 ordonne bien aux administrateurs de provoquer la réunion de l'assemblée générale à l'effet de prononcer la dissolution de la société anonyme, mais dans un seul cas prévu par l'art. 37, c'est-à-dire *s'il y a perte des trois quarts au moins du capital social* (la part non appelée encore de ce capital doit être considérée dans le calcul comme figurant à l'actif non perdu). Cette délibération (composée alors de tous les actionnaires sans distinction [1]) est soumise à des règles spéciales : faute par le conseil d'administration de la réunir ou faute par l'assemblée d'atteindre le *quorum* légal, chaque intéressé peut demander la dissolution devant les tribunaux ; et enfin la résolution de l'assemblée doit être rendue publique, en quelque sens qu'elle soit prise. — Mais, disait-on, la loi, conférant à l'assemblée le pouvoir de dissoudre dans une hypothèse déterminée, le lui refuse implicitement dans les autres ! — Rien n'est moins démontré. La loi n'a pas voulu limiter à un seul cas le droit de prononcer la dissolution. Elle a seulement obligé les administrateurs, sous peine de responsabilité, à réunir l'assemblée générale, afin de lui poser la question de dissolution, « lorsque les trois quarts du capital seraient absorbés ». Cela n'exclut point le droit de mettre un terme à la société, dans les circonstances variées qui rendraient cette mesure désirable, pourvu que les lettres de convocation et que l'ordre du jour soient explicites.

2° Pourquoi, disait-on encore, armer l'*assemblée* de cette faculté de disso-

1. Cette règle est devenue la règle générale de toutes les assemblées extraordinaires, art. 31, § 2, l. 1913, v. *supra*, n° 693.

lution, déjà conférée au *tribunal*, sur la demande d'un actionnaire et pour un juste motif, par l'art. 1871 ? Ne va-t-on par créer entre l'assemblée et la justice un conflit d'attributions ? — Non. Le pouvoir qu'a la justice de prononcer la dissolution ne doit être reconnu dans la société par actions qu' « à titre subsidiaire », c'est-à-dire faute par les administrateurs d'avoir saisi l'assemblée générale, ou faute par celle-ci d'avoir pu se constituer régulièrement (Cfr. par analogie, Civ. cass., 29 janvier 1894, D. 94, 1, 313, et note LACOUR). C'est aux actionnaires de délibérer d'abord et, s'ils l'ont fait, aucun recours ne doit être admis en justice contre leur vote. — Il n'en va pas de même dans une société par intérêt. Mais l'organisation d'un pouvoir délibérant dans les sociétés par actions exclut le droit pour l'actionnaire de saisir *de plano* le tribunal d'une question, sur laquelle l'assemblée statuera souverainement en meilleure connaissance de cause que la justice (V. *Annales de droit commercial*, 1894, p. 177).

701. — Il reste à fournir quelques notions sur le rôle de l'assemblée générale dans la question de *liquidation*. Le problème de la liquidation des sociétés par actions ne sera pas repris à cette place. On se bornera à un renvoi à la section VI du chapitre II, sous-section II. C'est à cet endroit que l'on retrouvera toutes les questions qu'il y a lieu d'agiter : — sur la survivance de la personne morale, — sur les conditions de nomination du liquidateur, — sur ses pouvoirs, — sur la représentation des créanciers par le liquidateur, — sur la déchéance ou sur le maintien du terme des créances non échues, problème particulièrement grave pour les obligations négociables dont la liquidation arrête l'amortissement, etc.

Pendant la liquidation, les organes institués par la loi pour la durée de la société cessent de fonctionner. Il n'y a plus ni *conseil de surveillance*, ni *commissaires*, ni *assemblée générale annuelle*, car il n'y a plus d'administrateurs ou de gérant appelés à produire des comptes d'exploitation. Seule demeure debout, en face du liquidateur, l'*assemblée* représentant la personne morale et délibérant sur les points à l'occasion desquels on l'aura convoquée.

702. — C. L'une des délibérations importantes, rentrant dans les pouvoirs de l'assemblée extraordinaire, se réfère à la *fusion* de la société dans une société différente : mesure susceptible d'ailleurs d'être prise sans qu'il y ait eu dissolution préalablement votée ou ordonnée par justice (DE NOAILLAT, *Etude sur la fusion des sociétés*, th. 1899 ; GOMPEL, *De la fusion des sociétés anonymes*, th. 1908).

On entend par fusion : « le fait par la société de se laisser absorber dans une autre entreprise par actions, soit que celle-ci ait une existence plus ancienne, soit qu'elle se crée en vue de poursuivre l'exploitation de la société fusionnée et de recueillir son actif ».

Si l'actif est transmis pour un prix *ferme* à la société cessionnaire, il n'y aura point fusion, mais transport de droits réalisé à forfait. Dans la fusion, l'actif transmis constitue un *apport social* : il est délivré, en représentation de sa valeur, un ensemble d'actions de la société survivante, et ces actions sont réparties, comme boni final de liquidation, aux membres de la société défunte, au prorata de leurs droits.

Le montant des biens, appartenant à la société qui veut disparaître, est estimé 1 million, toute compensation étant faite entre l'actif et le passif, et ce passif passant à la charge de l'autre société. Celle-ci a d'autre part un actif indépendant de 1 million, en représentation duquel on émet ou on a émis déjà précédemment dix mille actions de 100 fr. On en émettra dix mille autres de pareil chiffre. Voir l'esquisse de cette combinaison à propos des liquidations en général, sous le n° 451.

703. — Il semblerait nécessaire d'observer pour la régularisation de cet apport les dispositions tant de l'art. 4 de la loi de 1867 sur la vérification des apports, que de la loi du 1er août 1893 sur l'indisponibilité temporaire des actions pendant deux ans.

Or, au premier de ces deux points de vue, la *procédure de vérification et d'approbation* est surabondante, pourvu toutefois que la fusion réunisse deux masses d'apports en nature l'une et l'autre, la masse des biens de la société fusionnée et ceux de la société fusionnante. Car alors le personnel des actionnaires en numéraire fait défaut et, en son absence, la procédure des art. 4 et 30, au moins dans les sociétés anonymes, n'a plus lieu d'être suivie (n° 538).

Au deuxième point de vue, les lois du 9 juillet 1902 et du 16 novembre 1903 sur les actions de priorité ont en outre prévu le cas de fusion (absorption ou création d'une société nouvelle englobant une ou plusieurs sociétés préexistantes), et décidé que l'*interdiction de négocier* ne s'appliquerait pas aux actions d'apport qui sont délivrées à une société par actions ayant déjà plus de deux ans d'existence (n° 637).

704. — On présente généralement la fusion comme l'un de ces actes d'une extrême gravité, affectant les bases essentielles du pacte social, et pour lesquels, en dehors d'une clause expresse, il faudrait le consentement *unanime* des actionnaires. — Ce n est pas exact (*Comp.* Houpin, *De la fusion*, dans le *Journ. des Soc.*, 1910, 290). La fusion est une opération de liquidation. La société étant par hypothèse d'ores et déjà dissoute, la fusion ne constitue même pas une modification aux statuts. Elle forme une mesure, grave il est vrai, mais rentrant dans les pouvoirs de l'assemblée ordinaire, comme y rentrerait l'aliénation globale de l'actif à titre de vente. — En tout cas, depuis la loi du 22 novembre 1913, la fusion en elle-même rentre dans les pouvoirs de l'assemblée extraordinaire, sauf les difficultés spéciales qu'elle peut soulever lorsqu'elle entraîne un changement d'objet, de forme ou de nationalité de la société fusionnante (V. *supra*, n° 692, texte et note).

705. — Les fusions ont donné lieu à d'extraordinaires abus dans le groupement des industries américaines. Les grands *trusts*, celui de l'acier, celui de l'Océan, et d'autres encore, se sont constitués par le procédé de la fusion. Ainsi a pu se poursuivre l'œuvre d' « accaparement » qui émeut à si juste titre tous les hommes soucieux du maintien de la concurrence universelle.

L'opération qui dans ces *trusts* reproduit le mieux le mécanisme de la fusion, c'est la *consolidation* ou *amalgamation*, c'est-à-dire la dissolution simultanée, sur un mot d'ordre, d'un certain nombre de Compagnies similaires, dont une vaste société nouvelle, se formant le même jour, reprend l'actif collectif en se chargeant de leur passif.

Actuellement, on procède de préférence par la *combination* ou *holding trust*. Les sociétés qui se réunissent ne fusionnent pas à vrai dire, elles conservent leur existence indépendante. Mais elles se laissent acheter la moitié au moins des actions de chacune d'elles par un syndicat financier, et ce sont ces actions qui forment le capital de la société nouvelle, maîtresse de faire marcher toutes ces entreprises suivant une politique concertée.

Un des plus gros scandales qu'aient révélé ces formations gigantesques, fut la surcapitalisation ou mouillage (*watering*), l'estimation des apports pour une somme double ou triple de leur valeur réelle, à la méthode du laitier qui additionne d'eau le liquide livré au consommateur. Des actions ainsi majorées n'ont pu donner un revenu proportionné à leur montant nominal, et elles ont subi, sur le dos des acheteurs, une baisse formidable. Les gouvernements se sont inquiétés, et celui du président Roosevelt s'est énergiquement prononcé pour une réglementation des *trusts*, que ses successeurs n'ont pas désavouée [1].

SECTION VI

DES OBLIGATIONS.

706. — Nous ne nous occuperons des *obligations*, mode d'emprunt également employé par les États, départements et villes, que dans leur rapport avec les sociétés, et afin de compléter le parallèle succinct que nous avons dû faire de l'obligation et de l'action (section II) [2].

707. — On peut définir l'obligation : un *titre négociable dépendant d'un emprunt à long terme, qui a été contracté le plus habituellement par la voie de l'appel au public, — titre donnant droit à des intérêts annuels, ainsi qu'au remboursement dont un tirage au sort déterminera la date.*

Par des émissions d'obligations, l'entreprise se constitue, indépendamment des ressources que lui donne son propre capital, des *fonds d'établissement*, qui, mis en valeur, laisseront chaque année un excédent de ressources disponible pour rembourser graduellement les prêteurs, en vingt ans par exemple. C'est ce qui les distingue des *effets de commerce*, titres également négociables, mais procurant des ressources flottantes, un *fonds de roulement*.

L'entreprise pourrait, sans doute, demander au contrat de société tout

1. V. les autorités déjà citées, n° 75, texte et note.
2. Cfr., ainsi que pour l'action, l'ouvrage de M. Wahl, *Traité des titres au porteur*, et l'ouvrage plus spécial, quoique très vaste encore, de M. Lévy-Ullmann, *Des obligations à primes et à lots*.

son fonds d'établissement, augmenter d'autant son capital, en répartissant les bénéfices annuels entre un plus grand nombre de parts. Elle préfère ne promettre qu'un intérêt fixe et le remboursement à des créanciers qui ne courent point l'aléa du commerce, et qui, faisant acte civil, ne relèvent pas de la juridiction consulaire.

708. — Rappelons brièvement des points déjà développés (nos 578 et suiv.). Malgré la ressemblance extérieure de ce titre avec l'action (négociabilité sous la forme nominative ou au porteur, mêmes taxes fiscales), il existe entre eux des différences de fond considérables. L'action est plutôt un titre de *spéculation* et l'obligation plutôt un titre de *placement*.

709. — 1° L'obligataire n'a pas droit à un *dividende*, à une part de bénéfices, mais à un *intérêt* fixe. Ce n'est pas une règle constante. Le droit de l'obligataire peut être représenté par un coupon *variable*, ne donnant droit qu'à une part dans les bénéfices, sans qu'il devienne pour autant associé, si d'ailleurs aucune immixtion dans les affaires sociales ne lui est reconnue (nos 322 et 483)

2° L'obligataire est *créancier* de la société ; il produit à la faillite de celle-ci pour son remboursement, puisqu'aussi bien ne court-il point le risque social.

3° L'obligataire n'a pas à participer aux *assemblées générales*, puisqu'il ne fait point partie du personnel de la société. D'autre part, le contrat qui lie la société ne saurait être modifié par elle. Tandis que l'assemblée générale a le pouvoir de changer, par exemple, l'échéance des coupons d'actions, à condition seulement d'observer les dispositions concernant les modifications statutaires, elle ne saurait prendre une résolution pareille à l'égard des coupons d'obligations : autrement, elle manquerait à une dette sans le consentement de son créancier.

710. — **Précédents.** — La pratique des obligations de sociétés n'est pas fort ancienne. Les finances publiques, en France, où l'État emprunte par voie de rentes perpétuelles, n'y ont concouru que faiblement. Il n'en a pas été de même pour les municipalités (obligations de la Ville de Paris, par exemple).

Les sociétés recouraient bien à l'emprunt, pour se procurer le complément de leurs capitaux d'établissement ; elles recevaient des fonds remboursables à longue échéance, avec constitution d'hypothèque ; quelques-unes faisaient travailler en compte courant des dépôts de parents ou d'amis dont le capital n'était en réalité jamais retiré, bien que le retrait à toute réquisition fût à la base de l'opération.

L'obligation *négociable* a remplacé ces formes anciennes. La durée du placement, qui peut faire hésiter le prêteur, a son correctif dans la faculté de vendre le titre. A la réflexion, cette longueur du terme d'échéance a paru plutôt avantageuse. Elle a permis au capitaliste de s'assurer, pendant un certain nombre d'années, le maintien du taux actuel de l'intérêt.

Un système ingénieux de *prime de remboursement* a été imaginé, afin d'accroître avec le temps la valeur du titre, et de dédommager le porteur d'une baisse de l'intérêt lorsque viendrait son remboursement. Attiré par ces avantages, le prêteur n'a plus attaché à la garantie hypothécaire la même importance, et il s'en est souvent passé [1].

711. — Les obligations de sociétés ont surtout pris leur élan en France, après 1850, sous les influences suivantes :

1° Les six grandes Compagnies de *chemins de fer* ont émis sous leur nom et avec la garantie de leur propre crédit des obligations, afin de construire leur deuxième (puis leur troisième) réseau. Ces émissions ont dépassé 17 milliards en face d'un capital-actions qui n'atteint pas 2 milliards. C'est, au moins quant au troisième réseau, une avance faite à l'Etat, qui, à

1. Il existe cependant d'assez nombreuses émissions d' « obligations avec constitution d'hypothèque ». — La convention d'hypothèque est passée alors par la société avec le banquier émetteur des titres, gérant d'affaires de tous les souscripteurs futurs. L'*inscription hypothécaire* sera faite à la requête de ce gérant d'affaires, elle produira effet à cette date quoique les titres ne soient pas encore souscrits ; la mention impersonnelle qu'elle est prise au profit des futurs porteurs des titres vaudra désignation suffisante des créanciers bénéficiaires : Civ. cass., 20 octobre 1897, S. 97, 1, 489. Le contrat d'émission pourra également réunir les obligataires en une société civile dont l'opération d'entrée consistera à désigner un mandataire chargé de prendre l'inscription hypothécaire. — [Sur cette question, voir Wahl, dans *Journ. Soc.*, 1898 ; Labbé, note dans S. 79, 2, 313 ; *Bulletin de la Société de Législation comparée*, 1901, p. 304 et s. ; Lyon-Caen et Renault, II, nos 584 et s. ; les dispositions du projet de 1903, art. 11, lequel organise l'inscription éventuelle d'une semblable hypothèque, destinée à être complétée par une mention marginale dans les six mois suivants]. — L'inscription devra désigner une personne au domicile de laquelle se feront les notifications de purge ou autres. — Il y aura lieu à son renouvellement, avant qu'elle ne soit atteinte par la péremption de dix ans (art. 2148, 2154 C. civ., etc.), les obligataires pouvant se grouper en vue de nommer un mandataire commun ou de confirmer les pouvoirs du mandataire primitif pour veiller à ce renouvellement.

Une hypothèque ne peut être constituée par une *Compagnie de chemins de fer* sur son réseau. On explique cette impossibilité par l'absence de tout droit de propriété des Compagnies sur leurs lignes. Les droits comportant l'hypothèque sont limités par la loi (art 2118 C. civ.); l'emphytéose n'y est pas comprise. Or c'est une sorte de bail emphytéotique de longue durée que l'Etat a passé avec la Compagnie. — Cette explication ne paraît pas bonne : 1° La tendance de la jurisprudence était de classer l'emphytéose parmi les droits réels immobiliers, comportant au profit du preneur la faculté d'hypothéquer, et la loi du 25 juin 1902, destinée à figurer dans le futur Code rural, est venue définitivement reconnaître au bail emphytéotique ce caractère ; — 2° Si la concession ne donne pas à la Compagnie un droit immobilier, elle l'investit de ces avantages multiples qui composent son exploitation, droit mobilier dans son ensemble, puisque de toute nécessité un droit est meuble ou immeuble. A défaut d'« hypothèque », c'est au « nantissement » que les Compagnies pourraient recourir, quitte à rechercher quelles formes cette sûreté devrait remplir (peut-être bien celles qui sont consacrées pour le nantissement de fonds de commerce; l. 17 mars 1909). V. Moulin, *De l'hypothèque des chemins de fer*, 1892. — Il est préférable de faire dériver la règle qui exclut les voies ferrées des constitutions tant d'hypothèque que de gage, de l'idée que la concession, d'*ordre domanial*, n'est point dans le commerce, du moins d'après le régime français. La Compagnie ne peut affecter à ses créanciers une délégation de souveraineté. Il en est différemment dans les pays où l'Etat obéré a dû faire trafic de ses droits régaliens (emprunts gagés sur des ressources fiscales qu'administrera un syndicat de créanciers, une commission de la dette, comme c'est le cas en Egypte, etc.).

mesure que sortiront les obligations, s'est engagé à rembourser aux Compagnies sur les fonds du budget les sommes que les Compagnies devront employer aux amortissements.

2° Le *Crédit foncier de France* a répandu et popularisé les obligations foncières (lettres de gage) et les obligations communales (plus de 5 milliards, avec un capital-actions de 200 millions seulement).

Cet établissement de crédit *prête* sur hypothèque aux particuliers (ou aux communes), au moyen de fonds qu'il se procure en émettant des *titres négociables* sur le marché. Ces prêts sont remboursables par annuités ; le produit des remboursements sert au Crédit foncier, qui joue économiquement un rôle d'intermédiaire, à amortir d'autre part une valeur égale d'obligations négociables. — Ainsi, à la différence des obligations de chemins de fer et de la plupart des autres entreprises, l'obligation émise par le Crédit foncier réalise des actes d'exploitation et non un fonds d'établissement[1].

712. — Questions de législation. — C'est un thème de législation rebattu, mais toujours instructif, de savoir s'il ne conviendrait pas de réglementer les droits des obligataires. Ils ne disposent pas, en l'état actuel du droit, d'une protection suffisante. Des sociétés d'un capital trop réduit exagèrent leurs émissions d'obligations, et font de l'obligataire celui qui court le risque, sans vocation au bénéfice. La Compagnie tombe, les obligataires croyaient à un gage de remboursement solide et étendu, ce qui n'est pas.

a) Ne conviendrait-il pas d'*admettre*, au moins à titre consultatif, *les obligataires aux assemblées générales* de la société emprunteuse (système belge) ? Si l'on refuse de les y admettre tous, vu leur nombre, pourquoi n'y seraient-ils pas représentés par un mandataire nommé par eux ?

713. — *b*) Ne devrait-on pas, sur le modèle d'une loi allemande du 4 décembre 1899 et de la nouvelle loi Argentine de 1912 (loi n° 8875, sur l'émission d'obligations, *Debentures*), organiser le groupement des obligataires d'une même émission, de manière à leur donner le pouvoir de délibérer dans une *assemblée* composée d'eux seuls, en face de l'assemblée générale de la société leur débitrice, et de se désigner un représentant ? — Cela permettra de prendre au nom de tous, et pourvu que les conditions de *quorum* et de majorité soient observées, des mesures concertées d'intérêt commun, telles que : — procès à intenter, — rabais du taux d'intérêt ou prolongement de la durée d'amortissement consentis à la société, — réception de sûretés hypothécaires ou autres. Le projet de loi de 1903 établit cette organisation et en règle les voies et moyens (comme aussi pour les porteurs de parts de fondateur).

Dès à présent, les obligataires d'une même émission se réunissent en *société* (société imparfaite aux yeux de l'art. 1832 C. civ.), et désignent un mandataire pour surveiller l'emploi des versements. Cette société pourra plaider, parce que la Compagnie emprunteuse s'est obligée envers elle à ne pas se prévaloir de la règle : *Nul ne plaide par procureur.* — C'est sur-

1. Montagnon, *Traité sur les Sociétés de Crédit foncier*, Paris, 1886.

tout après la faillite de la société anonyme, que les porteurs d'obligations se groupent et comparaissent par leur mandataire au concordat qui replace la Compagnie à la tête de ses biens. Nous avons essayé autrefois d'établir (*Annales de droit commercial*, 1894) que le seul fait par les obligataires d'avoir concouru ensemble aux souscriptions créait entre eux une société virtuelle, susceptible de se pourvoir ensuite d'un organe directeur (V. dans le *Bulletin de la Société de Législation comparée* de 1901, les rapports de MM. Lyon-Caen, Lévy-Alvarez, Decugis et Wahl, ainsi que les discussions ; dans le *Bulletin de la Société d'Etudes législatives*, 1912 et 1913, le rapport de M. R. Rousseau sur le projet de loi relatif aux obligations et aux parts de fondateur, ainsi que les discussions ; Depuichault, *Les sociétés civiles d'obligataires, Annales de droit commercial*, 1911, 490 et 1912, 54 ; Boucaud, *Des assemblées d'obligataires*, th. 1902 ; Morand, *Les sociétés d'obligataires*, th. 1911).

714. — *c*) On peut préconiser une législation qui permettrait aux obligataires d'opposer leur *veto* à certains actes de la société, là du moins où ils se seraient réservé ce droit. Le droit civil, qui refuse au créancier une réelle ingérence dans les affaires du débiteur, devrait mieux servir le crédit public ; celui-ci a besoin d'autres principes que le crédit privé, les parties étant à trop grande distance l'une de l'autre pour se surveiller.

715. — *d*) *Quid* d'une réforme, qui *interdirait* à une société d'*emprunter* par voie d'obligations, aussi longtemps que *ses actions ne seront pas libérées* ?

716. — *e*) *Quid* encore d'une réforme, qui interdirait à une société d'émettre des obligations *pour un chiffre supérieur à son capital-actions* (cfr. loi du 31 juillet 1913, remplaçant celle du 11 juin 1880 qui, pour les sociétés de chemins de fer d'intérêt local, en dispose ainsi; art. 28) ? Un débiteur ordinaire peut emprunter au delà des forces de son actif, il répond sur sa personne. Les sociétés de capitaux donnent un gage d'ores et déjà limité, c'est bien différent. Mais cette règle de parité laisserait en dehors d'elle les émissions faites pour des besoins courants d'exploitation (Crédit foncier, etc.).

717. — Il y a des obligations : 1° remboursables au prix d'émission, 2° remboursables avec une prime déterminée, 3° attributaires de lots (200.000 fr., 100.000 fr., 10.000 fr., etc.) aux premières obligations qui sortiront à chaque tirage.

A chacune de ces trois catégories correspondent des questions délicates.

718. — I. **Obligations remboursables au prix d'émission** (la même question se présenterait d'ailleurs pour les autres).

Si l'emprunt a été contracté à un taux d'intérêt élevé qui ne s'est pas maintenu, l'obligataire, obligé de replacer son argent ailleurs à un intérêt plus faible, voit avec défaveur son remboursement.

Inversement, en prévision du même événement, la société désire alléger sa dette en émettant à un taux moins élevé d'autres obligations ; les fonds nouveaux serviront à amortir les titres anciens (opération de conversion).

Il a été décidé, par un arrêt de fait plutôt que de principe, que (même en payant toute la prime convenue), sauf clause contraire, *la société n'avait pas le droit d'avancer ainsi le remboursement de ses obligations* et de renoncer aux délais que lui fixait pour les tirages la convention conclue avec l'ensemble de ses obligataires (C. Paris, 28 novembre 1895, aff. des obligataires de la Compagnie de l'Est, rejet du pourvoi par Req., 21 avril 1896, S. 97, 1, 481, et note Chavegrin).

Si, en général, le terme est présumé stipulé en faveur du débiteur, il cesse d'en être ainsi, dès qu'il résulte de la stipulation ou des circonstances qu'il a été convenu également en faveur du créancier (art. 1187 C. civ.). Les termes successifs de l'amortissement des titres ont été fixés aussi bien dans l'intérêt des obligataires que dans celui de la Compagnie débitrice.

Solution mauvaise en législation, lorsqu'on la compare à la faculté qu'a toujours l'Etat, dans ses emprunts en rentes, d'effectuer le rachat (ou la conversion), nonobstant toute clause contraire, sous la seule réserve de s'interdire le rachat pour un *maximum* de dix ans (art. 1911 C. civ.). — La société est enchaînée aux conditions originaires de son emprunt, quoique le marché de l'argent présente maintenant des conditions plus favorables, dont bénéficient des entreprises rivales, de date plus récente.

Quant à l'anticipation d'échéance par le fait, soit de la liquidation, soit de la faillite de la société, cfr. nos 454, 1912 et 2201 ; cfr. aussi n° 723 ci-dessous.

719. — II. **Obligations à prime.** — L'obligation est émise au taux nominal de 500 fr., qui sera le taux de remboursement. Mais la somme versée par le prêteur n'a été que de 400 fr. L'écart est la *prime* : 100 fr. Les lois de l'impôt sur le revenu veulent que le fisc exerce, lors du remboursement, son prélèvement sur cette prime, comme aussi sur les lots dont il sera question plus loin, et même le taux de l'impôt a été élevé de 4 à 8 o/o par la loi de finances du 25 février 1901, art. 20 (à l'égard des lots tout au moins).

Cette prime est-elle légale ? L'emprunteur peut-il s'engager à rembourser, outre les intérêts, une somme supérieure à celle qu'il a reçue ? Deux objections ont été faites.

720. — *a*) La prime est une redevance *usuraire*.

Si l'emprunt rapporte déjà 6 o/o du prix d'émission, la prime, même quant aux obligations qui sortiront les dernières, constitue pour un louage d'argent une redevance supplémentaire, excédant le taux licite de la loi du 3 septembre 1807. Mais dût-il rapporter un taux moindre, l'addition d'une prime peut faire encourir à l'opération le reproche d'usure. L'obligataire remboursé au premier tirage recevra, outre son coupon, 100 fr. de plus que ses 400 fr. versés, soit 25 o/o !

On répondait autrefois à cette objection : Pour savoir s'il y a usure, il faut non examiner chaque obligation séparément, mais voir ce que la société paie chaque année pour le service de tous les titres réunis. Lorsque ce service, coupon et amortissement compris, ne représente pas plus de 6 o/o sur le chiffre d'émission, l'opération est licite.

Ainsi en est-il la plupart du temps. La société sert un intérêt moindre que 6 o/o. Elle consacre aux primes de celles des obligations qui vont échoir la différence entre ce taux réduit et le taux maximum[1].

La *loi du 12 janvier 1886*, en rendant libre l'intérêt en matière de commerce, a fait tomber cette controverse qui, même pour les sociétés par actions dont l'objet serait civil (sociétés de mines), n'est plus de nature à se produire. Car la loi du 1er août 1893 a rendu commerciales ces sociétés à raison de leur forme, ce qui implique pouvoir pour elles d'emprunter à un taux quelconque (Voir cependant n° 760).

721. — *b*) La prime paraît contrevenir à la *loi des loteries* du 21 mai 1836, qui frappe de pénalités « toute opération offerte au public pour faire naître l'espérance d'un gain acquis par la voie du sort ».

L'objection ne porte pas plus que l'autre, pourvu que toutes les obligations d'une même émission soient remboursables *par la même somme*, quoique à des dates différentes. La loi des loteries n'interdit que les opérations où la voie du sort est la condition de l'acquisition du gain, non celles où, le gain étant déjà acquis, le sort ne fait que fixer le terme où il sera payé (Crim. cass., 14 janvier 1876, D. 76, 1, 185 ; Cass. crim., 24 avril 1902, D. 1903, 1, 369, S. 1903, 1, 156).

722. — Il suit de là que l'émission à prime, avec remboursement de sommes égales pour tous, serait licite là même où *aucun intérêt* ne serait servi aux obligataires, le revenu complet du placement se bloquant sur la prime. Certains arrêts ont cependant proscrit autrefois la pratique d'obligations sans coupons, ou avec coupons faibles, comme ne représentant plus un placement sérieux (Paris, 25 mars 1870, D. 70, 2, 165 ; consultation Sénard et autres avocats de Paris, 1870 ; loi belge des sociétés de 1873, art. 68). — Ces obligations sont régulières en France comme les autres (projet des obligations de 1903), ce qui entraîne également, sous réserve de la disposition que contient à cet égard la nouvelle loi du 19 décembre 1907, la validité des bons à tirage qu'émettent dans des conditions analogues les *sociétés de capitalisation* (Crim. rej., 24 avril 1902, D. 1903, 1, 369, et notre note).

723. — Plus sujette à controverse est la détermination du droit de l'obligataire à prime, lorsque, avant la fin du remboursement de l'emprunt, *la société fait faillite ou entre en liquidation.*

Le jugement de faillite rendant exigibles les dettes à terme du failli (art. 444 C. com.), l'obligataire produira d'abord pour le capital versé. Ce capital est déjà de détermination difficile, lorsque les obligations ont été émises à diverses dates et à des cours différents (placement des obligations

---

1. Des arrêts ont soutenu que, à raison du caractère *aléatoire* du contrat et de l'incertitude de la date d'amortissement pour chaque obligation, la prime était licite, même lorsque les titres recevaient l'intérêt *maximum*. La question ne se présentant plus aujourd'hui, tant à cause de la loi de 1886 que par suite de l'abaissement du taux de l'intérêt, il est superflu d'y insister.

de chemins de fer « au robinet »). — Mais produira-t-il également pour la *prime* ou pour une portion de celle-ci ?

On conçoit que deux systèmes exclusifs, tout à l'opposé l'un de l'autre, aient été recommandés.

1° Production pour la prime *intégrale*. La prime fait corps avec le principal de la créance et elle en suit la condition. Elle est un forfait convenu pour le préjudice que le remboursement cause à l'obligataire, en le forçant à se chercher un placement ailleurs.

2° Défense de produire pour une partie *quelconque* de la prime. Les primes sont constituées chaque année sur les ressources de la société, au moyen de prélèvements supplémentaires et en addition à ceux qui sont affectés au coupon. L'intérêt nominal est, par exemple, de 3 o/o du capital versé ; la société considère la charge de l'emprunt comme ressortant pour elle à 4 o/o, et la différence, soit 1 o/o, forme les primes des obligations qui viennent à amortissement. — Or, permettre à l'obligataire de se faire colloquer pour une portion quelconque de la prime, ce serait l'autoriser à produire pour des « intérêts futurs », le jugement déclaratif arrêtant au contraire le cours des intérêts (art. 445). — La production serait injuste et contraire à la foi tacite du contrat. La société ne s'est engagée à la prime qu'autant qu'elle conserverait jusqu'à la fin, avec possibilité de la tenir en valeur, la somme que l'obligataire lui a versée. On lui reprend la somme prématurément, la source de la prime est tarie. A cet égard, la créance de la prime est affectée plutôt encore d'une « condition » que d'un « terme ».

La doctrine et la jurisprudence préfèrent se rallier à une solution moyenne, donnant à l'obligataire le droit de se faire colloquer pour une *fraction de la prime*. Seulement la fixation de cette fraction a engendré les calculs les plus variés que nous ne pouvons que résumer.

a) Détermination de la plus-value de l'obligation d'après son cours actuel de Bourse.

b) Droit pour l'obligataire de récupérer la masse des retenues annuelles qu'il a subies sur ses coupons depuis l'origine, c'est-à-dire la différence entre le taux de l'intérêt qui lui a été servi et le taux qu'il aurait touché si la société n'en avait pas appliqué une portion aux amortissements (Civ. rej., 10 août 1863, D. 63, 1, 349).

c) Nécessité de calculer l'époque d'avenir où, de toutes les obligations encore en circulation aujourd'hui, la moitié sera amortie et l'autre non amortie (ce que l'examen des tableaux permet de vérifier), et admettre la collocation de la prime, à raison du temps couru, par rapport à cette époque moyenne, soit les 2/3 de cette prime, si l'emprunt date de vingt ans, et que l'époque moyenne doive arriver dans dix ans.

d) Admission au passif de tous les obligataires pour une somme totale, égale au capital qu'on obtient en ramenant à leur valeur actuelle, au taux réel de l'emprunt, les obligations qui restent à échoir, chiffrées à leur montant nominal. Chaque obligation sera respectivement admise pour le quotient obtenu en divisant ce capital par le nombre des obligations non encore éteintes (système de la loi belge et du projet français de 1903)[1]. — Il reste deux séries à éteindre en 1909 et en 1910, soit 50 obligations de 500 fr. pour la première de ces deux années, et 52 pour la seconde. En face du taux nominal de 3 o/o, le taux réel de l'emprunt est de 5 (sur la base de 300 fr., qui fut le versement originaire).

(50×500=25.000 f.)+(52×500=26.000 f.)=51.000 f.
A déd. pour escompte 5 % de 25.000=1.250
— 10 % de 26.000=2.600
3.850
Reste. . . . . . 47.150 f. dont 1/102 est de 462 f.

e) Appréciation par les tribunaux, *ex æquo et bono*, du supplément qu'il y a lieu d'ajouter au capital d'émission, la question étant de pur fait et échappant à la censure de la Cour de cassation.

Nous avons fait valoir les motifs pour lesquels le calcul à adopter dans l'hypothèse d'une faillite est aussi celui qu'il faudra suivre dans le cas d'une liquidation de la société, fût-elle *in bonis*. Mais la jurisprudence est contraire : Rej., 20 juillet 1904, D. 1906, 1, 516 (n° 456). Cfr. Le Courtois, *Le remboursement des obligations de chemins de fer*, 1881, et Lévy-Ullmann, *op. cit.*, n° 710.

724. — III. **Obligations à lots.** — Ces émissions sont des loteries véritables, et ne peuvent devenir licites que moyennant une loi dérogeant à leur égard à la loi de 1836 (on n'a pas oublié les faits se rapportant au vote de la loi d'emprunt du Panama). Exceptionnellement, pour certains établissements (Crédit foncier de France, décret 21 déc. 1853, art. 8), un simple acte administratif suffirait[2].

Les obligations à lots, ainsi que les autres, donnent lieu au trafic de la Bourse. Les règles qui concernent ces marchés sont réservées à la partie suivante de ce livre. Mais les émetteurs de valeurs ont trouvé le moyen d'écouler ces titres en dehors de la Bourse, en sollicitant la petite épargne par des procédés divers de réclames et par des tournées de courtiers. Ils les ont vendus à des cours majorés sur ceux de la Bourse, avec faculté de régler le prix par acomptes mensuels ou autres (*ventes à tempérament*).

La loi du 12 mars 1900 a réglementé (sans effet rétroactif, Cass., 14 janvier 1902, D. 1903, 1, 217, note Leloir) ces ventes qui avaient occasionné un certain nombre d'abus. Elle exige : — *a*) *en la forme*, qu'elles soient constatées par écrit en un double original, contenant le cours de la Bourse de Paris, le numéro du titre vendu, le prix, le taux d'intérêt et les délais ; — *b*) *au fond*, que de ce contrat deux clauses soient exclues : l'une par laquelle

1. C'est aussi le système que consacre le projet (art. 14) de la commission de la *Société d'Etudes législatives*, *Bulletin*, 1912, p. 269.

2. Le lot (même question pour la prime) revient-il à l'*usufruitier* ou au *nu-propriétaire*, si l'obligation est démembrée entre deux personnes, généralement par suite d'une succession ? On le considère comme accroissant au capital, de sorte que l'usufruitier, quoique fondé à le toucher, devra en rendre le montant à l'expiration de sa jouissance.

le vendeur se réserverait le droit d' « engager le titre » en mains tierces pour la garantie d'avances à lui faites, ce vendeur devant au contraire, à peine d'abus de confiance, conserver le titre et ne pas s'en dessaisir [1]; et une seconde clause dérogeant aux règles habituelles de la « compétence ». La durée du crédit ne peut dépasser *deux ans*, et les prescriptions de la loi sont sanctionnées par la nullité.

D'autres difficultés ont été agitées, au sujet de ces ventes ; la loi de 1900 ne les résout pas. La plus importante est celle qui se rapporte à la clause dite « de liquidation ». Le vendeur convient que, si l'acheteur laisse passer une échéance sans s'acquitter, l'opération sera liquidée de plein droit sur le cours du jour, la vente étant résolue aux torts de cet acheteur en défaut, sans qu'il soit besoin de prendre un jugement contre lui ; il ajoute même que les acomptes versés lui demeureront acquis à tout événement. La jurisprudence est sévère à l'égard de ces stipulations (Rej., 30 mars 1900, S. 1900, 1, 345, et Civ. cass., 4 mars 1902, D. 1903, 1, 215). Elle les annule, comme constituant le « pacte commissoire tacite » prohibé par les art. 2078 C. civ. et 93 C. com. ; un créancier n'a pas le droit de s'approprier le gage à l'échéance en dehors des formes légales (conclusion d'ailleurs contestable, une vente et un nantissement formant deux opérations différentes).

D'autres pratiques de ces ventes à tempérament de valeurs à lots ont pour but de séparer le droit à la chance du droit au capital et aux intérêts ; elles contreviennent à la loi d'autorisation, qui n'a voulu admettre le titre au marché qu'avec son rôle double et géminé de valeur de placement et d'expectative de lot. Ainsi en est-il de l'opération dite *à option*, par laquelle on achète un numéro déterminé aux approches d'un tirage, mais en se réservant, moyennant un dédit, de le laisser pour compte au vendeur le lendemain de ce tirage. On a *altéré* dans un pareil contrat la valeur que les pouvoirs publics avaient revêtue de leur approbation (Crim. rej., 14 juin 1901, *Gaz. Pal.*, 26 juin). Cfr. VALLAT, *Etude théorique et pratique des ventes à tempérament.*

CHAPITRE IV

DES SOCIÉTÉS D'ASSURANCES

(L. 24 juillet 1867, art. 66 et 67 ; décr. 22 janvier 1868 modifié par des décr. des 10 juillet 1904 et 5 décembre 1913 ; l. 9 avril 1898, art. 27 ; décr. 28 février 1899 ; l. 17 mars 1905 ; l. 31 mai 1905 et décr. complémentaires.)

725. — Nous ne consacrerons aux sociétés d'assurances que quelques pages. Il faudrait des volumes pour en relever l'organisation juridique sous ses multiples aspects [2].

1. Sur la validité de cette clause pour les ventes antérieures à la loi, voir Paris, 26 avril 1904, S. 1905, 2, 211.

2. V. préférablement CHAUFTON, *Traité de l'assurance*, 1884, 2 vol. ; LEFORT, *Traité*

726. — Le *contrat* d'assurance ne sera pas étudié à cette place, c'est de l'*entreprise* d'assurance qu'il va être question. Le contrat et l'entreprise ne peuvent être cependant tenus isolés l'un de l'autre, le fonctionnement du contrat d'assurance ayant son contre-coup sur celui de la société qui s'adonne à ce genre d'opérations.

727. — L'assurance est un contrat par lequel une personne se fait couvrir par une autre, et en lui servant une *prime* ou *cotisation*, un risque qui menace sa personne ou ses biens. Si le risque se réalise, l'assureur devra payer une indemnité ou la « somme assurée ».

Les risques ainsi couverts sont extrêmement variés (incendie, sinistre maritime ou terrestre dans un transport, grêle, mort du bétail, insolvabilité de débiteurs, etc.).

Il y a une catégorie d'assurance que l'on met à part, sans être fixé encore aujourd'hui sur le point de savoir si elle est un contrat d'indemnité comme les autres : c'est l'*assurance sur la vie*, dans laquelle est promis un capital dont le souscripteur de la police constitue les éléments au moyen de primes annuelles, ou du versement d'une prime unique à l'origine.

Le fait qui donne ouverture au paiement de cette assurance, c'est la mort de l'assuré, dans la combinaison la plus recherchée, qui est l' « assurance vie entière ».

Il y a, tout à l'opposé de cette première combinaison, des assurances « en cas de vie » ou à terme fixe, dans lesquelles le droit au capital, exigible à une date déterminée, est subordonné à la survivance de l'assuré à ladite date ; de cette forme se rapproche la « tontine », dans laquelle les adhérents constituent une caisse commune qui sera partagée à une certaine époque entre les survivants seulement, à l'exclusion des prédécédés.

On tend de plus en plus à rattacher la « rente viagère » à l'assurance en cas de vie, non pas seulement lorsqu'elle est retardée jusqu'à l'ouverture de la vieillesse du rentier, mais même quand le service doit en être immédiat (en ce sens, l. 17 mars 1905).

728. — On comprendrait à la rigueur que le contrat d'assurance, portant sur l'un des risques sus-énoncés, fût conclu « à titre accidentel », entre deux personnes, et en dehors de toute profession. Il n'y aurait prise que d'un *seul* risque par l'assureur, et non pas recherche par lui de clients multiples.

L'aptitude légale à faire un contrat d'assurance n'est pas subordonnée à l'exploitation de l'assurance *en entreprise*. La seule assurance dont notre droit privé ait jusqu'à présent édicté les règles, règles vieilles d'ailleurs de plus de deux siècles, l' « assurance maritime » (art. 332 et suiv. C. com.),

---

théorique et pratique de l'assurance sur la vie, 3 vol., 1898 (le premier volume surtout) ; Clément, *Les assurances mutuelles*, 1889 ; Astresse, *Traité général théorique et pratique des assurances mutuelles*. 2 vol., 1901-1908 ; Savary, *Des assurances mutuelles*, 1903 ; Moulin, *Des tontines*, 1903 ; et toute la bibliographie issue de la loi du 17 mars 1905, notamment Sumien, dans le *Répertoire de droit administratif*, v° *Sociétés d'assurances*.

peut être aussi légitimement conclue par un assureur individu que par une société, et même par un assureur de circonstance qui s'en tiendrait à ce seul contrat. La même liberté paraît devoir être reconnue aux autres formes d'assurance. Et, sous notre ancien droit, il n'était pas sans exemple que l'assurance fût ainsi pratiquée en dehors de toute profession, comme aussi en dehors de toute méthode scientifique, servant plutôt un goût de pari ou de gageure qu'un intérêt de protection bien compris.

Mais l'assurance ainsi pratiquée ne serait nullement bienfaisante. Elle se bornerait à transporter un risque d'une personne à une autre, en le tenant aussi menaçant. En outre, l'assuré n'aurait aucune garantie qui pût répondre du paiement par l'assureur de l'indemnité, les biens et ressources de celui-ci n'étant pas disposés pour le règlement d'un sinistre qui mettra subitement à sa charge une somme peut-être considérable.

729. — Le seul moyen de donner à notre contrat une portée vraiment féconde, et de ne pas laisser les assurés à la merci de l'insolvabilité de leurs assureurs, était d'organiser l'assurance sur une base de *mutualité*, avec multiplicité de polices se rapportant à une même nature de risques, et l'application de la *loi* dite *des grands nombres*, éclairée par des statistiques d'une aussi grande précision que possible, par des tableaux de probabilités sur la quantité des sinistres éventuels.

On s'est attaché alors à proportionner le chiffre de la prime, ou cotisation de l'assuré, au rapport arithmétique du risque, c'est-à-dire à la mesure suivant laquelle ce risque menace de se réaliser. Si ce risque est de 1 o/oo, autrement dit s'il y a une chance sur mille pour que l'objet périsse, on demandera à l'assuré 1 o/oo de la valeur de la chose qu'il désire protéger par l'assurance (prime pure, car il y faut ajouter, à titre de *chargement*, de quoi permettre à l'assureur de couvrir ses frais généraux, et même, dans l'assurance à prime fixe, de se ménager un bénéfice).

C'est la masse de toutes ces primes qui doit faire face au règlement des indemnités, à tel point que, si les faits réalisent exactement les prévisions des statistiques, l'entreprise d'assurance aura eu pour unique fonction d'appliquer aux sinistrés de l'année le montant des sommes que la totalité des assurés avait commencé par lui servir. L'assurance a effectué un partage, un morcellement du risque, elle a substitué le rapport d'étendue au rapport d'intensité (CHAUFTON), elle a rendu la perte peu sensible en la faisant supporter par cent ou par mille individus liés entre eux par une convention de sage prévoyance, et rendus solidaires, au sens moral du terme.

730. — Toutes les entreprises d'assurance ne sont cependant pas des mutuelles. On oppose les *sociétés mutuelles* proprement dites aux *sociétés d'assurance à prime fixe*[1], celles-ci étant le plus généralement constituées sous la forme de Compagnies anonymes.

---

1. Sur un troisième type, intermédiaire, d'assurance, signalé par certains économistes — l'*assurance coopérative*, — v. THALLER, *Assurance coopérative, Coopération et Mutualité*, dans les *Annales de droit commercial*, 1913, 44.

Dans le fond de leur mécanisme, l'une et l'autre de ces deux catégories obéissent à une notion de mutualité, et la société à prime fixe n'est elle-même qu'une société mutuelle déguisée, dans laquelle une société de capitalistes s'interpose entre les assurés et gère à forfait leurs intérêts communs (nos 36 et s.).

731. — Assurances mutuelles. — La société d'assurance mutuelle n'est pas une société véritable, faute de poursuivre un partage de bénéfices. C'est un groupement formé entre un certain nombre de personnes qui réunissent leurs risques, en stipulant que le sinistre qui atteindrait l'une d'elles (mort, incendie, etc.) sera réparé au moyen d'une cotisation proportionnelle levée sur toutes, suivant la valeur et la somme mises respectivement en risque par chacune.

Les fondateurs établissent des statuts, qui entreront en vigueur lorsque le minimum d'adhésions prescrites aura été obtenu, et que les autres formalités exigées par la loi ou par les règlements auront été remplies. A ces adhérents s'en joindront d'autres, au fur et à mesure que la société poursuivra ses opérations.

Les statuts déterminent le *maximum de contribution* ou de garantie susceptible en cas de sinistres d'être mis à la charge des sociétaires, soit 2 o/o par exemple du montant des valeurs assurées. Quand les sinistres dépassent ce chiffre, il y aura lieu à une réduction proportionnelle des indemnités. Quand ils restent au-dessous de ce chiffre, l'excédent des cotisations, s'il a été versé d'avance, sera restitué (ou ristourné) à chaque sociétaire respectivement, sous réserve de la somme nécessaire pour couvrir les « frais de gestion », frais dont les statuts ont également fixé le *maximum*. Cet excédent sera restitué, à moins que l'on ait décidé son affectation à un « fonds de réserve », destiné à parer aux insuffisances des cotisations pour l'avenir.

732. — De cette société, où l'on ne voit que des *porteurs de polices*, et le conseil d'administration élu par eux, tout élément commercial est absent. Les relations entre les membres et la société relèvent du droit civil, au point de vue de la compétence des tribunaux et de la non-application de la faillite.

Il en est ainsi, là même où, par suite de réserves accumulées, la société a pu substituer la cotisation *fixe* à la cotisation *variable*, donnant à ses assurés la certitude, en fait, sinon en droit, que le fonds annuel des primes, augmenté de ces réserves, suffira à couvrir désormais les sinistres dans leur intégralité. La société mutuelle se rapproche alors quant à ses résultats de la société à prime fixe qui appartient à la seconde catégorie. Mais elle conserve néanmoins sa nature juridique première, et ne devient point commerciale. Le fonds de réserve, lors de la dissolution, sera réparti entre les assurés eux-mêmes (v. Bourgeois, *Nullité ou dissolution des sociétés d'assurances mutuelles et leur liquidation*, th. 1913). Ils se sont passés du concours extérieur de capitalistes.

733. — Assurances à prime. — La société à prime fixe présente un caractère différent. Elle est une société commerciale passible de la faillite (n° 38) et se compose d'actionnaires qui se sont réunis afin d'exploiter la branche de l'assurance et d'y trouver une source de profits sous forme de dividendes annuels.

Des tarifs à forfait sont proposés au public, et cette société traite avec une clientèle d'assurés qui se détache d'elle.

Les deux classes d'ayants droit, actionnaires d'une part et assurés de l'autre, sont en conflit d'intérêt, en ce sens que les premiers désirent élever et les seconds abaisser le taux des primes le plus possible.

Le fonds des primes a toujours pour but de pourvoir en première ligne au règlement des sinistres. S'il les dépasse, l'excédent n'est pas rendu (sauf application de la clause de participation des assurés aux bénéfices), mais il est conservé par la Compagnie, c'est-à-dire par les actionnaires. Si les primes restent inférieures aux sinistres, la Compagnie aura fait un exercice en perte et elle devra solder les indemnités sur son capital ou sur ses réserves, à ses propres dépens.

Le véritable avantage de cette forme d'assurance, comparée à l'autre, réside dans une constitution financière plus solide, n'exposant pas les sinistrés à une réduction proportionnelle et leur faisant connaître le chiffre ferme de leur sacrifice.

734. — Sans parler de la lutte très vive engagée entre ces deux classes de sociétés qui cherchent à s'évincer réciproquement, il faut signaler les règles de droit auxquelles elles sont assujetties. Ces règles forment une législation d'exception ; il fallait sauvegarder une clientèle intéressante, les assurés, contre une rupture d'équilibre entre les ressources et les charges de la société et par conséquent contre l'inexécution des engagements que cette dernière a pris envers eux.

On distingue les sociétés d'assurance *autres que sur la vie*, les sociétés d'assurance *sur la vie*, et enfin une classe intermédiaire représentée par les sociétés d'assurance *contre les accidents* (v. *supra*, n° 271 *bis*).

735. — *Sociétés d'assurance autres que sur la vie.* — Traitant d'abord des *sociétés à prime fixe*, nous nous limitons à celles qui seraient constituées en sociétés anonymes, la loi n'ayant pas réglementé celles, extrêmement rares, qui seraient fondées en sociétés en commandite par actions et à plus forte raison en nom collectif.

Ces sociétés anonymes ont été *affranchies* par la loi du 24 juillet 1867 *de l'autorisation du gouvernement*, comme les sociétés anonymes qui poursuivraient un autre objet d'exploitation. Mais cette loi a décidé qu'un règlement d'administration publique déterminerait les conditions sous lesquelles elles pourraient être constituées (art. 66, al. 2). Ce *règlement* est intervenu à la date *du 22 janvier 1868*, et son premier titre concerne les sociétés anonymes d'assurance.

Aux conditions que doivent remplir les autres sociétés anonymes, d'après la loi de 1867 elle-même, s'en ajoutent de nouvelles : — 1° la nécessité, dès avant le commencement des opérations, d'un capital de garantie dûment versé de 50.000 fr., capital susceptible de se confondre avec le capital social ; — 2° le prélèvement annuel sur les bénéfices, en vue du fonds de réserve, et jusqu'à ce que celui-ci ait atteint le cinquième du capital, non plus de 5, mais de 20 o/o ; — 3° l'obligation d'employer tous les fonds de la société, excepté les sommes nécessaires aux besoins courants, en placements dont le règlement (modifié sur ce point d'abord par un décret du 10 juillet 1901, puis par un autre décret du 5 décembre 1913) détermine limitativement la nature ; — 4° l'obligation d'insérer certaines clauses dans les polices et de donner à tout assuré qui en ferait la demande la communication du dernier inventaire.

En conséquence, ces sociétés ne sont point placées sous le contrôle de l'administration, qui ne peut ni les empêcher de se former, ni les dissoudre. Les garanties des assurés consistent dans le placement des primes de l'année en valeurs solides si la société a obéi à la loi (la pratique générale est que les primes soient versées d'avance pour chaque exercice), ainsi que dans l'exactitude des tarifs se conformant aux probabilités scientifiques sans que les pouvoirs publics les aient vérifiés. — Il est pourvu chaque année au règlement des sinistres au moyen des primes de l'année, sans report à nouveau de la moindre partie des versements de l'assuré sur les exercices suivants.

736. — Les *sociétés mutuelles d'assurance autres que sur la vie* sont également réglées par le décret du 22 janvier 1868, pris dans son deuxième titre et non plus dans le premier. Ces sociétés, avant 1867, étaient considérées par la pratique du Conseil d'Etat comme suivant le même régime que les sociétés anonymes : elles avaient besoin de l'autorisation prescrite par l'art. 37 du Code de commerce. Elles en ont été affranchies, mais pour faire l'objet, elles aussi, d'une réglementation spéciale. Ce titre II, fort étendu, ne saurait être analysé ici : en résumé, les sociétés sont soumises à une procédure de constitution et à un fonctionnement de rouages juridiques (assemblée générale annuelle, conseil d'administration, commissaire, etc.) empruntés au régime des sociétés anonymes. — Le sociétaire a, malgré toute clause contraire, la faculté de se retirer tous les *cinq ans* en prévenant six mois d'avance et en une forme déterminée ; et il peut aussi résilier son engagement, en cas de modification aux statuts relative à la nature des risques garantis ou au périmètre territorial des opérations.

L'acte constitutif et les pièces annexées doivent être publiés dans le même délai que celui qui est imposé aux sociétés par actions et dans les mêmes endroits.

Les fonds de la société sont placés en valeurs nominatives dont le règlement donne l'énumération.

737. — Plusieurs questions, non tranchées expressément par le décret, restent controversées : notamment — le point de savoir si la société d'assurance mutuelle est une personne morale (l'affirmative n'est guère douteuse), — la sanction de la nullité à l'égard d'une société qui ne serait pas constituée en conformité du décret ou qui n'aurait pas fait publier ses statuts (on décide généralement que les dispositions de la loi de 1867 sur les sociétés par actions ne sauraient, sous prétexte d'analogie, être étendues aux sociétés mutuelles). V. HOUPIN, *De la sanction des règles constitutives des sociétés d'assurances mutuelles*, dans le *Journ. des Soc.*, 1911, 145.

738. — Des règles d'ordre transitoire sont édictées à l'égard des sociétés d'assurance autres que sur la vie, préexistantes à la loi de 1867, donc formées avec l'autorisation du gouvernement, et qui voudraient aujourd'hui se transformer en « sociétés libres », par application de la loi de 1867 et du décret du 22 janvier 1868. Ces règles transitoires sont posées par l'art. 67 de la loi de 1867 : texte qui a donné matière à plusieurs interprétations. — Celle qui paraît la plus judicieuse veut que la transformation puisse se faire sans autorisation du gouvernement, à condition d'observer les formes requises pour la modification des statuts (LYON-CAEN et RENAULT, II, n° 971 *ter*) : exception de faveur apportée à la règle établie par l'art. 46 pour les sociétés anonymes ayant un autre objet (n° 698 *bis*). — L'administration inclinait autrefois vers un autre système qui distinguait les anciennes « sociétés mutuelles » des anciennes « sociétés anonymes » d'assurance. Les premières seules auraient pu se dispenser de l'autorisation gouvernementale pour réaliser une pareille transformation. Mais le Conseil d'Etat ne semble pas avoir persévéré dans cette interprétation, contraire à la fois au texte de l'art. 67 et à une saine logique. — Nous négligeons une troisième version assez fantaisiste, fournie par le commissaire du gouvernement en 1867.

739. — *Sociétés d'assurances sur la vie.* — Ces sociétés, d'un cadre étendu (puisqu'il comprend les assurances en cas de décès ou de vie, les combinaisons tontinières, la constitution des rentes viagères ou de pensions de retraite), ont ce trait commun de baser leurs opérations sur des « calculs empruntés aux probabilités de durée de la vie humaine ».

Soit un individu de 30 ans qui veut s'assurer un capital de 100.000 fr. à son décès. Il a une chance sur 35 de mourir entre 30 et 31 ans, une sur 34 de mourir entre 31 et 32 ans, etc., jusqu'à 70 ou 80 ans, où la chance sera de 1 sur 2 et davantage. Il devrait donc servir des primes annuelles croissantes de 100,000/35, de 100,000/34, etc., soit de 2,800 fr., de 2,900 fr., de 3,000 fr., etc.

Mais il préfère acquitter des primes « constantes », qu'on ramènera à une moyenne de 3.200 fr., ce qui, dans les premières années, représentera un versement supérieur à la prime « vraie ». La Compagnie le crédite de ce versement. S'il meurt dans l'année, il sera payé avec les primes des autres (des survivants) et avec la sienne. S'il survit, la partie de sa prime afférente au risque de l'exercice (2.800 fr.) est épuisée par l'application qui en est faite aux sinistres ou par son virement au compte-bénéfices de l'assureur. L'autre partie (400 fr.), grossie des intérêts qu'elle a produits et qu'elle produira, est reportée à son avoir de l'exercice suivant, et ainsi de suite, afin de couvrir les insuffisances des années à venir, où la prime moyenne sera tout à l'inverse plus faible que la prime vraie.

De là, une comptabilité stricte, dont l'explication technique doit être par nous omise, suivant laquelle la Compagnie se reconnaît, à tout moment de son fonctionnement, débitrice envers l'ensemble de ses assurés de la valeur actuelle de leurs contrats (*réserve mathématique des primes*[1]), avec une contre-partie d'actif en placements, représentative de cette dette globale.

740. — Cette nécessité de « péréquation » dit assez les mécomptes auxquels seraient exposés les assurés, si les tarifs des primes étaient établis sur des bases inexactes ou sur un taux d'intérêt irréalisable, ou si les placements devaient manquer de solidité ou être l'objet de détournements. La surveillance des pouvoirs publics sur les entreprises d'assurance sur la vie s'impose au premier chef.

Jusqu'à une date encore récente, *ces sociétés demeuraient* régies par l'art. 37 C. com. et *assujetties à l'autorisation préalable*. Ainsi l'avait décidé l'art. 66, al. 1er, de la loi de 1867. Cette prescription était vraie non seulement des sociétés anonymes, mais encore des tontines et des sociétés mutuelles sur la vie (avis du Conseil d'Etat du 1er avril 1809 et ordonn. du 12 juin 1842).

Malheureusement, l'*autorisation*, accordée ou refusée discrétionnairement à ces sociétés (après production des statuts, des tarifs et de calculs justificatifs de l'intérêt espéré), n'était pas suivie d'une *surveillance* efficace sur les opérations de la société, à l'exception peut-être des sociétés tontinières. La société n'était passible que du contrôle que le gouvernement s'était expressément réservé sur elle en l'autorisant. Les actes d'autorisation se bornaient à la production semestrielle d'états de situation, avec obligation pour la société d'entrer en liquidation en cas de violation ou de non-exécution des statuts à la requête de l'administration. Il n'y avait point lieu à vérification par des commissaires administratifs des livres, de la caisse ou du portefeuille des sociétés. Un projet de règlement, imposant aux sociétés un contrôle plus étroit, avait été repoussé par le Conseil d'Etat en 1877, comme excédant les pouvoirs dont la loi armait le gouvernement en la matière.

741.— A la suite d'une débâcle retentissante (*Caisse générale des Familles*), et surtout au vu de la fissure qui permettait aux sociétés de rente viagère d'échapper à ce régime d'autorisation (scandale de la *Rente viagère de Paris*), il fallut aviser à des mesures nouvelles. Le gouvernement déposa un projet qui est devenu l'importante *loi du 17 mars 1905*. Cette loi repose sur les bases suivantes :

Nécessité pour les sociétés d'assurance sur la vie, tant mutuelles que sur la vie, d'obtenir du Ministre du commerce (aujourd'hui du Ministre du travail), sur dépôt des statuts, des calculs de capitalisation et des tarifs, un *enregistrement* au *Journal officiel*, enregistrement qui ne pourra être refusé qu'en cas d'irrégularités commises ou d'atteinte aux lois, sous peine d'excès de pouvoir et de recours en Conseil d'Etat.

Emploi des versements en valeurs autorisées par décret, et parité des placements avec la réserve mathématique des primes, « ces réserves étant

1. V. J. de la Morandière, *De la réserve mathématique des primes dans l'assurance*, th. 1909.

égales à toute époque à la différence entre la valeur des engagements respectivement pris par la société et par les assurés (art. 6) ».

Privilège général conféré aux assurés sur l'ensemble des valeurs de l'actif.

Nécessité pour la société d'avoir un capital social ou un capital de garantie *minimum*, ainsi que de prélever sur ses bénéfices une quotité déterminée par les décrets et destinée à former *réserve* de garantie.

Contrôle des opérations de ces entreprises, sur pièces comptables et même sur place, par des commissaires contrôleurs, sans préjudice de comptes rendus annuels à remettre à l'administration.

Retrait de l'enregistrement si l'entreprise ne fonctionne plus en conformité des lois, décrets ou arrêtés ou de ses statuts, etc. [1].

Il a été établi, par la loi du 19 décembre 1907, un régime analogue à l'égard des *sociétés de capitalisation*; ces dernières opèrent en dehors de toute considération de durée de la vie humaine, et s'engagent à servir par exemple 10.000 fr. dans vingt ans à un souscripteur de bon d'épargne, moyennant des versements mensuels déterminés. C'est encore un régime analogue que la loi du 3 juillet 1913 vient d'appliquer aux *sociétés d'épargne* (v. *supra*, n° 271 *bis*).

742. — Jusqu'au vote de ces lois, les sociétés d'assurance sur la vie vivaient sous le contrôle platonique maintenu par la loi de 1867 à leur égard, pourvu qu'elles se fussent fait autoriser à l'origine. Celles d'entre elles qui se constituaient en sociétés anonymes n'avaient pas même à se conformer aux règles de la loi de 1867 (souscription intégrale, versement du quart, etc.), établies à l'égard des autres sociétés anonymes (Cass., 9 mai 1879, S. 79, 1, 329) (voir cependant un système mixte défendu par MM. Lyon-Caen et Renault, II, n° 919); de même que celles qui existaient en forme mutuelle échappaient aux prescriptions du titre II du décret du 22 janvier 1868. Aujourd'hui ces sociétés ont dû par mesure transitoire se mettre en règle avec la loi du 17 mars 1905, loi qui a disposé d'un effet rétroactif à leur égard.

743. — *Sociétés d'assurance contre les accidents* [2]. — Cette catégorie intermédiaire a été créée par la *loi du 9 avril 1898* sur les accidents du travail. Les sociétés d'assurances mutuelles ou à prime fixe contre les accidents du travail devant entraîner mort ou incapacité permanente, à la teneur de ladite loi, sont soumises par son art. 27 à la *surveillance* ou au *contrôle* de l'Etat et astreintes à constituer des réserves et cautionnements dans les conditions déterminées par un règlement d'administration publique (décret du 28 février 1899 et art. 27 de la loi de 1898 modifié par la loi du 31 mai

1. Pannier, *De l'autorisation et de la surveillance des sociétés d'assurance sur la vie*, th. 1905.

2. En dehors du recours à des sociétés d'assurance, la loi de 1898 (art. 26; *adde*, art. 6, l. 12 avril 1906) prévoit aussi la formation entre patrons de *syndicats de garantie*, v. Rojnitza, *Les syndicats de garantie en matière d'accidents du travail*, th. 1914.

1905). Le montant des réserves ou cautionnements est affecté par privilège au paiement des pensions et indemnités.

Ces sociétés ne sont pas sujettes à autorisation préalable. Le fait que l'accident dont elles répondent pourra être mortel ne les transformerait point en « sociétés d'assurance sur la vie », c'est-à-dire en sociétés basant leurs tarifs sur les chances de durée de la vie. Mais, à toute époque, le Ministre du commerce peut, par arrêté inséré à l'*Officiel*, après avis conforme du Comité consultatif des assurances, mettre fin aux opérations de la société, si elle ne remplit pas les conditions prévues par la loi.

Les communications de comptes-rendus au Ministère et surtout la surveillance de commissaires contrôleurs sur place permettent à l'administration de suivre la marche de ces entreprises.

Le *cautionnement*, que la société doit déposer à la Caisse des dépôts et consignations en valeurs spécifiées, et dont les bases sont fixées par arrêté ministériel du 29 mars 1899, garantit la constitution éventuelle par le chef d'industrie du capital des pensions pour le cas où des accidents surviendraient.

La *réserve mathématique*, qui demeure entre les mains de la société, répond des pensions rendues liquides par les sinistres survenus. Elle égale le montant des capitaux représentatifs de ces pensions, capitaux dont le chiffre diffère suivant l'âge de la victime ou de ses parents, bénéficiaires de la rente établie par la loi. Pour le surplus, la loi de 1867 et le règlement du 22 janvier 1868 sont applicables aux dites sociétés.

CHAPITRE V

DES SOCIÉTÉS DE FORME COMMERCIALE ET D'OBJET CIVIL

(L. 1867, art. 68 ajouté par la loi du 1er août 1893).

744. — Les formes commerciales, celle de la commandite, celle de la société par actions, sont très commodes. Beaucoup d'entreprises civiles par leur objet, telles que *sociétés de mines* et *sociétés immobilières*, y ont eu recours, au lieu de se constituer sur le type de la société civile, pure et simple (art. 1832 et suiv.) [1].

---

1. Dans la région des charbonnages du Nord, des traditions anciennes ont donné à quelques-unes de ces sociétés une économie originale (Anzin, etc.). Le capital est divisé non en *actions*, mais en *sols*, qui se subdivisent en *deniers*, ou encore en *portions de fosses*. Ce sont des titres de quotité, cessibles par devant notaire. Les membres du conseil d'administration sont nommés à vie, quelques-unes de ces fonctions sont transmissibles aux héritiers. Ou bien les administrateurs survivants désignent eux-mêmes leur nouveau collègue. C'est une organisation très aristocratique.

745. — Cette adoption de la *forme commerciale*, par une société se proposant une *exploitation civile d'après son objet*, soulève une question de principe et des questions variées d'application, qui ne peuvent se trancher aujourd'hui de la même manière pour les sociétés *antérieures* et pour les sociétés *postérieures à la loi du 1er août 1893*.

746. — **I. Sociétés antérieures à 1893.** — Un point est certain : la forme commerciale prise par une société civile ne la commercialise point (Voir nos généralités, nos 240 et 241). *Elle échappe à la faillite, à la compétence des tribunaux de commerce*. C'est l'opinion unanime.

Cette proposition en entraîne une autre, qui cependant est contestée. Constituée en commandite par actions ou en société anonyme, la société civile *n'a pas à suivre la loi du 24 juillet 1867*. Cette loi ne concerne que les sociétés commerciales. Au cours des débats de ladite loi, plusieurs amendements avaient été proposés, afin d'appliquer aux sociétés civiles les dispositions réglementaires qu'on instituait. Ils furent écartés, le gouvernement ayant promis de déposer pour les sociétés civiles par actions un projet de loi spécial (Crim. rej., 28 novembre 1873, D. 74, 1, 441, non-application des délits des art. 15 et 42 ; *contra*, Lyon-Caen et Renault, II, n° 1181).

747. — Cependant, l'adoption de la forme commerciale n'est pas dénuée d'effet. Le mode dont nous nous groupons implique volonté de donner à nos engagements telle limite ou telle extension, et dans le cas particulier le désir de suivre le statut du commerce, si la loi le permet.

Or, il y a dans le droit commercial des sociétés des *dispositions*, les unes *interprétatives des volontés*, les autres *relevant de l'ordre public*.

Les deuxièmes de ces dispositions doivent rester enfermées dans le cercle où la loi les a enfermées : on n'a pas le droit de placer une convention civile sous un statut impératif qui n'a été institué qu'en vue du commerce.

Mais les premières règles se prêtent à une généralisation. Quiconque forme une société civile sur le plan d'une société de commerce manifeste, par là même, son intention de se soumettre au régime commercial, aussi largement que l'y autorisera la liberté des conventions.

Par là, va nous être donnée la clef des solutions pratiques.

748. — Les dispositions commerciales susceptibles, par application des données précédentes, de s'étendre aux sociétés civiles lorsqu'elles prennent une forme de commerce sont les suivantes :

1° Si la société est en nom collectif, les associés répondront *solidairement*, et non plus seulement d'une manière conjointe et divisée, du passif social.

Le droit commun permet de traiter une obligation quelconque sous la foi de la solidarité. — Mais, en matière civile, la solidarité doit être *expressément* stipulée (art. 1202 C. civ.) ! — Répondons que la solidarité, résultant du titre pris de société en nom collectif, et d'une raison sociale, est assez catégoriquement exprimée.

2° La *prescription de cinq ans*, qui éteint les actions des créanciers en période de liquidation (art. 64 C. com.), s'applique à une société civile de forme commerciale. — Un débiteur peut stipuler qu'il sera libéré par un temps plus court que trente années, par cinq années notamment. Le créancier qui accepte cette clause devra la respecter : il a renoncé à la prescription de trente ans. Ici les créanciers donnent acte à leur débitrice d'une stipulation semblable. Ils doivent donc en subir les effets.

3° La société étant constituée par actions, les fondateurs ont pu diviser le capital en *actions nominatives, à ordre ou au porteur*, avec des certificats cessibles sans le consentement des autres associés (V. au surplus les lois fiscales et notamment celle du 5 juin 1850 sur le timbre, art. 14). — On montrera, à propos de la lettre de change, que la faculté de « négocier » le droit suivant les voies commerciales peut être insérée dans tous les titres de créance, civils ou commerciaux. C'est une règle rentrant dans l'autonomie des contractants. — De même pour la clause qui, malgré la mort d'un associé, fait continuer la société avec ses héritiers.

Mais, en revanche, les actions ne sont sujettes : — ni au versement de leur premier quart, — ni à l'établissement d'une liste notariée des souscriptions et des versements, — ni à la disposition qui suspend leur conversion en titres au porteur jusqu'à entière libération [1]. — Délivrées en représentation d'apports, elles échappent à la vérification en assemblée constitutive. — Car toutes ces dispositions résultent d'une loi, celle du 24 juillet 1867, qui n'atteint que les sociétés commerciales, laissant par conséquent à toutes autres entreprises le droit de ne s'y point conformer.

La loi de 1867 ne s'applique pas davantage dans ceux de ses articles qui prescrivent : — le renouvellement périodique des administrateurs, — la nomination des commissaires, — la tenue d'assemblées annuelles, — ou lorsqu'elle érige en délit la distribution de dividendes fictifs [2].

749. — Cette liberté était d'autant plus étrange que l'organisation de rigueur des sociétés commerciales par actions tient non pas à leur *objet*, mais à la *forme* de leurs titres. Aussi a-t-il fallu trouver à un tel laisser-faire des contrepoids pour les sociétés civiles par actions. Autrement, l'épargne sera livrée, à l'occasion de celles-ci, aux brigandages de la finance ; et le public traitera avec des entreprises sans consistance, privées d'un capital réel, et exemptes de tout contrôle des actionnaires.

La jurisprudence faisait consister ces contrepoids : 1° autrefois, dans le *refus de la personnalité morale* aux sociétés civiles constituées en la forme commerciale, et 2° aujourd'hui encore, dans l'*engagement* nécessaire et personnel *de chaque associé au delà de son apport*.

750. — Il est inutile d'insister sur la première de ces propositions. Par suite de la non-personnalité, les créanciers, en cas de déconfiture de la

1. Quand les actions ont été mises au porteur avant leur libération, la société pourra-t-elle agir pour le non-versé contre le souscripteur ? Celui-ci pourra-t-il, s'il a vendu le titre, exiger de son agent de change le nom de l'acheteur ? Cfr. Cass., 18 novembre 1902, D. 1904, 1, 417, et notre note.

2. Si pourtant les statuts, comme il est arrivé souvent, déclarent la société fondée d'après la loi de 1867, toutes ces dispositions (sauf celles d'ordre pénal) reprendront empire. Cela tient à ce que les fondateurs ont promis aux souscripteurs et au public de s'y conformer : la loi de 1867 aura force de *contrat*, mais non pas *autorité légale*.

société, devraient subir le concours des créanciers personnels de la société sur le produit du capital social, — la société ne pourrait être poursuivie par citation unique donnée au siège social, etc. — Mais ces conséquences sont repoussées aujourd'hui. La jurisprudence inaugurée en 1891 a reconnu la personnalité à toutes les sociétés, civiles ou autres. Même avant cette date, on devait excepter les sociétés de *mines* par actions, dont la personnalité résulte de l'art. 8 de la loi du 21 avril 1810.

A nos yeux, la personnalité dérive de la nature du contrat de société (cfr. nos longues explications des nos 286 et s.). Si cet attribut est celui d'une société civile ordinaire qui ne fait aucun emprunt au commerce, il en est à plus forte raison de même d'une société civile qui, par la division de son capital en actions ou en parts d'intérêt, a rapproché la distance qui la séparait des sociétés commerciales, et a en outre rendu public son acte constitutif.

751. — Mais la deuxième assertion doit être examinée de plus près.

D'après les arrêts, dans les sociétés civiles à forme commerciale, *la limite de responsabilité, convenue au profit de l'actionnaire ou du commanditaire dans les statuts, serait sans effet au regard des tiers*. Cette règle servira de frein contre les abus. Effrayée de la responsabilité indéfinie du souscripteur, l'épargne résistera mieux aux sollicitations des brasseurs d'affaires. En cas de déconfiture, les créanciers pourront obliger les associés à régler le découvert, — un million, dix millions, cent millions, — quand même la commandite se trouverait versée ou les actions libérées. L'associé, sans doute, ne sera tenu que divisément (on n'est plus en matière commerciale) ; mais, à concurrence de sa part virile [1], il sera tenu sur tous ses biens. Cette perspective va aiguiser sa vigilance.

La prescription cesse, il est vrai, si l'administrateur, *dans chacun de ses marchés*, prend la précaution de stipuler en faveur de ses commettants la limitation de responsabilité à la mise énoncée dans les statuts ; en d'autres termes, s'il fait savoir à chaque créancier (chose peu conciliable avec la marche des affaires) que les associés sont engagés celui-ci seulement pour 100, celui-là pour 1.000 fr., etc.

Cette jurisprudence prend son point d'appui sur l'art. 1863 C. civ., qui est d'ordre public : « Les associés sont tenus envers le créancier avec lequel ils ont contracté, chacun pour une somme et part égales, encore que la part de l'un d'eux dans la société fût moindre, si l'acte n'a pas spécialement restreint l'obligation de celui-ci sur le pied de cette dernière part » : Pont, *Rev. crit. de lég. et de jur.*, 1884, p. 524 ; Req., 21 février 1883, S. 84, 1, 131 ; Req., 13 juin 1904, D. 1905, 1, 25, note Percerou).

---

1. Ainsi, le porteur d'une action est placé sur un pied d'égalité avec celui qui en a cent : chacun doit prendre à sa charge le centième du passif (Cass., 15 juin 1904, D. 1905, 1, 25, note Percerou, et S. 1906, 1, 325, note Wahl ; Nancy, 6 avril 1905, D. 1908, 2, 1, et S. 1906, 2, 273). — Au surplus, que de difficultés quand les actions sont au porteur, les détenteurs actuels des titres étant inconnus ! Les souscripteurs primitifs sont-ils encore tenus ? Nous en doutons : le droit commun veut qu'ils soient libérés par novation (no 623).

752. — Tout au plus, afin d'atténuer ce que la règle a de rigoureux, un certain nombre d'arrêts ont-ils accepté l'un de ces deux tempéraments :

1° La *publication*, donnée aux statuts par le dépôt aux greffes du tribunal (de commerce) et de la justice de paix, *tient lieu de cette stipulation* de responsabilité limitée ; les créanciers alors devront restreindre leur poursuite à la valeur de l'apport.

2° Il en est de même lorsqu'on délivre au créancier un titre (certificat d'obligation, ou pièce de correspondance) portant la mention de « *société anonyme* ou *en commandite par actions* », avec énonciation du capital. Une pareille mention est de nature à instruire les tiers des conditions limitées de responsabilité de l'actionnaire.

753. — Il ne faut pas adhérer à la doctrine précédente. Elle fait aux commanditaires et aux actionnaires d'une société civile un sort intolérable. Quel est, parmi les souscripteurs d'actions d'une pareille société, celui qui a pu se douter d'une telle responsabilité pesant sur lui ? Un pareil régime, appliqué dans sa brutalité, entraînerait la ruine de nombreuses familles (précédent écossais de la « Banque de Glascow » en 1878, menaces suspendues sur les actionnaires de la « Compagnie de Panama » et qui ont contribué à la réforme de 1893).

754. — Bien au contraire, depuis la nouvelle jurisprudence de 1891, la société civile peut rendre les clauses de ses statuts opposables au public : c'est là conséquence de la personnalité. Un ensemble de biens, groupés en vue de répondre de certains engagements, se détache des patrimoines respectifs des membres de ce groupe : ils forment donc, quand les statuts le décident ainsi, un gage de poursuites à l'exclusion de tous autres biens.

L'actionnaire ou le commanditaire, en souscrivant à l'acte de société, s'engage à répondre des engagements sociaux, mais seulement dans la mesure d'une certaine somme : convention tout à fait licite.

On objecte l'art. 2092 : le débiteur est responsable sur tous ses biens !

Mais cette disposition n'est pas d'ordre public ; il y peut être dérogé. Valable est l'assignation faite à un créancier d'un bien du débiteur à l'exclusion des autres biens. La restriction de responsabilité à une somme déterminée est donc également licite. Elle lierait le créancier traitant directement avec le débiteur. Pourquoi cesserait-elle de produire effet, faisant corps avec le pouvoir que le débiteur délivre à son mandataire ? Les créanciers ne sauraient dénaturer cette procuration, qui est leur titre de poursuite, leur titre indivisible. Ils doivent la prendre telle qu'elle est, avec ses limitations. C'est un formalisme mesquin, que d'exiger à chaque affaire nouvelle la répétition de la clause.

D'ailleurs rien, dans les précédents du Code civil ou dans les travaux préparatoires, n'autorise à interpréter l'art. 1863 comme le font les arrêts. Cet article veut dire seulement que, lorsque les associés traitent en leur propre nom, non pas ès qualités, ni par référence à l'acte de société, ils sont tenus d'une dette conjointe, car rien alors ne permet au créancier de soupçonner que le marché intéresse une société. Au contraire, si le marché a été conclu au nom de celle-ci, le créancier doit savoir dans quelle mesure les associés sont tenus. Par ce seul emploi de la signature sociale, l'administrateur « restreint l'obligation respective de chaque associé sur le pied de la part qu'il a voulu prendre dans les dettes ».

755. — Ces considérations sont vraies de la société anonyme comme des autres sociétés. Il est vrai que, dans la société anonyme, aucun associé n'est indéfiniment tenu, alors que dans une commandite le passif se fixe sur un commandité, lequel le doit intégralement. Il peut sembler hardi de reconnaître, à la faveur des principes généraux, des dettes qui ne frapperont sans limite aucun patrimoine d'individu : les administrateurs, du moins, devront être tenus du passif sur leurs biens propres !

Mais il faut même repousser ce moyen terme. La clause limitative, dans un contrat où il n'y a qu'un seul débiteur, est valable. Elle doit l'être aussi, lorsqu'ils sont un ou mille débiteurs réunis (Labbé, note magistrale dans S., 84, 1, 361 ; Lyon-Caen et Renault, n° 1077, 4°).

Cette possibilité pour l'individu de retrancher contre les créanciers tout son avoir, excepté le montant de la commandite ou de l'action, est assurément grave, en tant que droit successif et permanent, valable pour toute une durée d'exploitation. Mais la liberté contractuelle comporte une pareille stipulation.

756. — Ce n'est pas à dire que la faculté pour une société civile, montée par actions, de se comporter comme une société commerciale, sans réglementation, défie toute objection.

Ainsi, la société anonyme à longue durée ou à temps indéterminé doit traverser plusieurs générations d'individus. Elle dispose de la *perpetua successio*. Or est-il permis d'atteindre en droit civil ce résultat, par la clause de continuation de la société avec les héritiers de l'actionnaire, de manière que cette clause se répète sur plusieurs générations ? Là est le point faible de l'extension à une société civile de tous les attributs de la société par actions.

757. — Sociétés postérieures à la loi de 1893. — Mais les sociétés par actions de date récente sont réglées autrement que nous ne venons de le dire. Le nouvel art. 68 ajouté à la loi de 1867 est ainsi conçu : « *Quel que soit leur objet*, les sociétés en commandite ou anonymes qui seront constituées dans les formes du Code de commerce ou de la présente loi (loi du 24 juillet 1867) seront *commerciales* et soumises aux lois et usages du commerce. »

Le législateur s'est décidé enfin, en 1893, à entourer les sociétés civiles par actions des mêmes garanties que les autres. Il pouvait hésiter entre deux partis : 1° déclarer que ces sociétés par actions, à objet civil, seraient soumises à la loi de 1867 sur les sociétés commerciales, mais qu'elles demeureraient d'ailleurs civiles de manière à éviter la compétence des tribunaux de commerce et la faillite (système italien) ; — ou 2° les rendre commerciales à tous égards (système allemand). — C'est ce deuxième parti qui l'a emporté, malgré les observations de M. Bardoux.

Voici, pour ces sociétés nouvelles, les sous-distinctions à faire :

758. — 1° C'est une *société en nom collectif* ou en *commandite simple*. Tout ce que nous avons dit d'une société formée avant 1893 reste applicable. La société demeure civile, elle ne peut assurer au commanditaire la responsabilité limitée.

Il est vrai qu'une décision de jurisprudence (Douai, 13 mai 1907, D. 1907, 2, 279) a étendu la loi de 1893 à une commandite simple ayant un objet civil, et que les termes de l'article visent la société en *commandite* d'une manière générale. Mais il paraît conforme à l'esprit de la loi de 1893 de la restreindre à la commandite par actions, car c'est des sociétés par actions seules que cette loi s'occupe par ailleurs. En ce sens : Cass. civ., 3 janvier 1912, *Journ. des Soc.*, 1912, 122, D. 1912, 1, 500.

759. — 2° La société nouvelle, quoique d'objet civil, se constitue *par actions*.

La société devient commerciale : — elle encourt la faillite ; — elle relève du tribunal de commerce ; — elle doit tenir des livres ; — elle a la personnalité morale moyennant publicité des statuts.

D'autre part, l'actionnaire n'engage qu'une responsabilité limitée. La réglementation de la loi de 1867 s'exerce, avec ses sanctions civiles ou pénales (versement du premier quart, vérification des apports, maintien de la forme nominative jusqu'à la libération de l'action, assemblées générales, etc.).

760. — Un seul point a paru douteux. Quelle est la *nature juridique des actes* accomplis par ces sociétés ? Demeurent-ils civils (ce qui rendrait la société justiciable des tribunaux ordinaires pour les procès que ses créanciers lui font) ?

On a répondu affirmativement (LYON-CAEN et RENAULT, II, n° 1085) : la société devient bien commerciale en tant que personne ; mais ses opérations restent des actes civils par leur objet, l'art. 632 ne les visant point.

L'opinion contraire est préférable. Il serait anormal de ne pas traiter comme commerciales les opérations d'un commerçant qui se rapportent à son exploitation (Req., 17 juin 1907, *Ann. dr. com.*, 1908, p. 497) : la loi établit une fiction de commercialité pour tous les actes des sociétés par actions (n° 13). Ainsi le veut le crédit des affaires : les travaux préparatoires sont expressifs pour consacrer cette solution.

Il n'y aurait de difficulté que pour déterminer la nature de ces opérations, lorsqu'elles portent sur des immeubles (sociétés immobilières) [1].

761. — La loi de 1893 ne rétroagit point. Les sociétés par actions *antérieures* à sa promulgation demeurent régies par le droit civil.

Toutefois, en vertu des dispositions transitoires, art. 7, *in fine*, ces sociétés peuvent se transformer en sociétés de commerce sous le régime de la loi nouvelle, moyennant une délibération prise aux conditions de présence

1. V. à cet égard les dissertations de M. LACOUR, sous Paris, 10 juillet 1894, D. 95, 2, 105, et de M. WAHL, S. 96, 2, 57. Cfr. notre propre article dans les *Annales de droit commercial*, 1894, p. 136 et s.

de la moitié de leur capital et en conformité de leurs statuts (transformation de la *Société des Immeubles de France*).

Cette faculté de transformation est donnée même aux anciennes sociétés civiles qui ont été constituées *autrement que par actions*. La rédaction de la loi ferait même croire que ce sont ces dernières seules qui peuvent en profiter. Mais les rapports parlementaires montrent qu'on a voulu établir une règle générale. TOUTES sociétés civiles anciennes, tant celles qui se sont fondées conformément aux art. 1832 et s. C. civ., que celles qui avaient divisé leur capital en parts d'intérêt ou en actions, peuvent se transformer en *sociétés commerciales par actions*, à condition d'observer le Code de commerce et la loi de 1867.

761 *bis*. — Malgré l'obligation imposée par la loi du 1er août 1893 aux nouvelles sociétés civiles par actions de se conformer désormais à la loi de 1867, on a vu un certain nombre d'entre elles tourner cette prescription par un procédé habile. Elles ne se sont point qualifiées « sociétés anonymes ou sociétés en commandite par actions », mais elles ont gardé le nom de sociétés civiles. D'autre part, elles ont divisé leur capital en « parts négociables », et ont introduit dans leur acte constitutif une clause limitant la responsabilité des associés au montant de l'apport. Moyennant quoi, elles ont cru pouvoir échapper à la loi de 1867, demeurer valables et n'encourir aucune responsabilité pénale.

La jurisprudence a fini par frapper ces sociétés, en y voyant des sociétés par actions déguisées. Leurs fondateurs ont été frappés des peines de la loi de 1867 (Crim. rej., 14 janvier 1905, D. 1906, 1, 129, note LE POITTEVIN; S. 1907, 1, 529); elles ont été déclarées nulles (Civ. cass., 7 janvier 1908, D. 1908, 1, 126).

Les statuts de ces sociétés sont rédigés généralement d'une manière équivoque, quant à l'article portant que les associés ne répondront que jusqu'à concurrence de leurs mises. S'il était dit que cette limitation ne concerne que les rapports des associés et qu'elle est inopposable aux tiers, la société serait valable quoique non fondée selon la loi de 1867, elle demeurerait civile (art. 1863 C. civ.), la négociabilité des parts ne s'opposant pas à elle seule à ce résultat.

C'est le fait de vouloir que la limitation de responsabilité produise effet « au regard des créanciers » qui entraîne violation de l'art. 68 inséré dans la loi de 1867 par celle de 1893.

En cas de doute sur le sens de la clause, nous pencherions à croire que les parties ont voulu que la limite de responsabilité se produisît *erga omnes*, et partant que la société est nulle (V. cependant les avis divergents exprimés sous Besançon, 27 mars, et Montpellier, 20 mai 1903, par MM. HOUPIN, S. 1904, 2, 89, et PERCEROU, D. 1904, 2, 241, ainsi que sous les arrêts de la Cour de cassation, par MM. LE POITTEVIN et WAHL, D. 1906, 1, 129, et S. 1907, 1, 529, et CHÉRON, dans les *Ann. dr. com.*, 1905, p. 199).

En tout cas, pour que, malgré l'émission d'actions, la société demeure une société civile, échappant à la réglementation des lois de 1867 et de 1893, il ne suffit pas que ses statuts réservent, comme principe théorique, l'application de l'art. 1863 C. civ., c'est-à-dire la responsabilité indéfinie de chaque associé, dans la mesure de sa part virile, à l'égard des créanciers sociaux. Il faut que cette responsabilité personnelle indéfinie des associés, théoriquement réservée, soit en outre susceptible d'être mise *pratiquement* en œuvre. Il faut que les créanciers sociaux puissent connaître les associés contre lesquels les statuts leur réservent le recours de l'art. 1863. Et, comme cela n'est en réalité pas possible lorsque les actions sont au porteur (puisqu'alors on ne peut suivre les traditions successives), il en résulte que toute société postérieure à la loi du 1er août 1893, fût-elle à objet civil, qui émet *des actions au porteur*, est nécessairement commerciale et soumise aux lois de 1867 et de 1893 ; Civ. rej., 16 novembre 1910, D. 1911, 1, 321, note PERCEROU.

CHAPITRE VI

DES SOCIÉTÉS ÉTRANGÈRES [1]

(L. 30 mai 1857 et nombreux décrets).

762. — Ce sujet dépend, à vrai dire, du droit international privé. On se bornera à en tracer les lignes principales.

763. — Il faut considérer, en France, comme étant étrangère, toute société qui a son *siège social en pays étranger*. Il importe peu que son exploitation ait lieu en France ou dans un pays différent, dans le pays où est son siège ou ailleurs. Soit une Compagnie qui exploite une mine ou une fabrique sur notre territoire, mais dont les réunions du conseil d'administration, ainsi que les assemblées générales, se tiennent à Londres : c'est une société anglaise.

Réciproquement, toute société qui a son *siège en France* est française. Parmi les sociétés françaises, les unes poursuivent leur entreprise dans l'intérieur du territoire ou dans les colonies. Leur nationalité n'est pas contestable. Mais d'autres, tout en ayant chez nous leur centre de direction, accomplissent à l'étranger l'ensemble des opérations de leur trafic (concession hors de France d'un chemin de fer, d'un service, d'éclairage, des travaux d'un port, culture de domaines). Cette nature d'attache qu'elle a avec l'étranger n'empêche pas une telle société d'être française, du mo-

---

1. BIBLIOG. : — LYON-CAEN, *De la condition légale des sociétés étrangères en France*, 1870 ; — PINEAU, *Des sociétés commerciales en droit international privé*, 1893 ; — MÉPLAIN, *Les sociétés étrangères en France*, 1897 ; — LEVEN, *De la nationalité des sociétés et de ses effets juridiques*, 1899 ; — BOSSERT, *De la situation juridique en France des sociétés commerciales étrangères*, 1900 ; — EM. VERGAMER, *Des sociétés de commerce constituées en pays étranger*, 1913 ; — PILLET, *Des personnes morales en droit international privé*, p. 161 à 239, 1914. — Et les discussions sur l'existence légale des sociétés étrangères en France à la *Société de législation comparée, Bulletin*, 1914, p. 82 et 118.

ment que c'est dans un lieu de France qu'elle a son siège statutaire, c'est-à-dire tous ses pouvoirs ou la plupart de ses pouvoirs délibérants [1].

A sa constitution ou à son fonctionnement s'appliqueront toutes les règles des chapitres précédents. — Elle devra, à peine de nullité, publier ses statuts dans le ressort de son siège. — Si elle est constituée sous la forme d'une société par actions, elle devra se conformer à tous égards à la loi de 1867 ; *tout* son capital sera soumis au régime fiscal français ; l'admission de ses titres à la cote de nos Bourses s'effectuera de la même manière que pour les titres d'une société française qui exercerait ses opérations en France.

C'est donc par incorrection de langage qu'on appelle « étrangère » une entreprise fondée par l'épargne française, lorsqu'elle doit mettre en valeur des richesses « à l'étranger ». En réalité, cette entreprise demeure française, pourvu toutefois que son siège soit établi en France.

764. — Il faut revenir à l'idée d'après laquelle le siège social détermine la législation dont dépend une société. Car cette proposition n'est pas unanimement admise.

Faute de pouvoir régler la nationalité d'une société comme celle d'un individu par la filiation (*jus sanguinis*), on a dû la déterminer par son attache au territoire (*jus soli*). Elle aura donc la nationalité que lui communique l'Etat auquel elle est attachée.

Mais cette attache pourrait se comprendre de diverses manières :

1° *Siège principal d'exploitation* (Lyon-Caen et Renault, II, n° 1167 ; Weiss, *Traité élém. de droit intern. privé*, p. 149). Pays où se trouve le réseau de chemins de fer concédé à la société, où se traitent les affaires d'assurances, de la Compagnie, etc. — On vient de dire que ce n'est pas le système généralement accepté. Si l'exploitation s'exerce concurremment dans divers pays, le *criterium* échappe !

2° *Lieu de confection des statuts.* — Ce système encouragerait la fraude : il suffirait alors, pour les fondateurs, d'aller dresser leur acte de constitution à Bruxelles et de revenir le lendemain en France, pour que la société fût belge.

3° *Nationalité des associés.* — Tel associé peut être Allemand, tel autre Italien. En quoi cela prouve-t-il que les intérêts de cette société se concentrent en Allemagne ou en Italie ?

4° *Lieu des souscriptions*, c'est-à-dire pays de provenance des fonds composant le capital. — Ce serait raisonnable, car les actionnaires, en souscrivant, se croient protégés par leur propre loi. Mais, si les souscriptions sont ouvertes à la fois dans plusieurs Etats, ou si les actions, par le fait du mouvement international des titres, passent du marché d'un pays dans celui d'un autre, le signe devient instable [2].

1. La Compagnie de l'isthme de Suez ne répond pas exactement à cette formule. Elle a son conseil d'administration et tient ses assemblées générales en France. Elle s'est constituée cependant comme société égyptienne (en se modelant, il est vrai, sur le droit français), avec une simple agence à Alexandrie.

2. Nous avons proposé de faire état du pays où aurait été souscrit le capital, ou au moins partie du capital, non afin de constituer ce pays générateur de la

765. — Comme signe distinctif de la nationalité, on a donc pris le *domicile* (tel qu'il est entendu plus haut dans le chapitre de la personnalité des sociétés, n° 309). On a fait abstraction de la nationalité et du domicile personnel des membres. On s'est arrêté au *siège social.*

Mais ce siège social doit être *réel*, et non simplement *simulé*. Les tribunaux auront toujours le pouvoir de démasquer une fraude consistant à établir le siège de la société à Bruxelles, dans l'unique but de se soustraire à la loi française, et avec l'intention de faire tenir à Paris les réunions des pouvoirs dirigeants.

Cette solution est conforme à l'idée que, à défaut du lien du sang, le domicile constitue pour une personne l'élément prédominant de son statut. La jurisprudence est en ce sens (Cass., 20 juin 1870, D. 70, 1, 416), quoiqu'elle n'ait pas dégagé son opinion sous une forme assez précise. Cependant, il résulterait de décisions récentes que la question doit se résoudre en fait plutôt qu'en droit, et que la société devrait être reconnue pour française, même sans avoir son siège social en France, pourvu qu'elle ait chez nous un intérêt sérieux (Trib. civ. Lille, 21 mai 1908, S. 1908, 2, 177, note DEMOGUE) et D. 1910, 2, 41, note PERCEROU).

766. — Au surplus, le pays du siège social se confondra toujours en fait, dans les Compagnies par actions, avec celui de la *confection des statuts.*

On peut même soutenir qu'une société anonyme ou en commandite par actions doit nécessairement établir son acte constitutif dans le ressort de la souveraineté qui lui donne sa nationalité. Pour sa validité, cette société doit se fonder d'après les prescriptions de sa loi d'origine, tantôt française, tantôt belge, etc. (voir *infrà*, n° 768), laquelle impose des statuts, soit en la forme notariée, soit en la forme d'acte sous seings privés, mais avec nécessité alors de les déposer en l'étude d'un officier public. Comment cette condition serait-elle remplie auprès d'un fonctionnaire d'Etat différent ? La maxime *locus regit actum* ne paraît pas applicable. La rédaction des statuts « dans le ressort même du territoire » fait corps avec les formalités auxquelles est subordonnée la constitution de la société, à la teneur de la loi nationale qui la régit.

767. — Occupons-nous des sociétés étrangères, au sens rigoureux du terme. Mainte société étrangère opère en France. Elle manifeste son existence sur notre territoire à un double point de vue :

1° Pour faire en France des *opérations d'exploitation* : ce qui se produira de diverses manières.

Parmi ces sociétés, les unes ont en France un siège secondaire, une suc-

---

nationalité de la société, mais afin d'imposer que l'établissement du siège social, vrai *criterium* à suivre, se fasse dans le même Etat que celui où ont eu lieu les souscriptions. Bref, la loi qui gouverne la société est bien celle de son siège administratif. Mais le choix du pays où fonctionne ce siège ne devrait pas être libre. Le fait d'avoir recueilli les souscriptions dans un pays imposerait l'obligation d'y établir également l'administration de la société, et de se conformer à la loi qui y est en vigueur (*Annales de droit commercial*, 1890, p. 257).

cursale. Les autres traitent leurs affaires par des commissionnaires français ou par des agents voyageurs. D'autres enfin contractent sans déplacement et par correspondance, depuis le pays où elles ont leur siège.

De là des contrats conclus avec des Français, des différends entraînant procès.

2° Pour faire le *placement de ses titres*, sur notre marché de Bourse et de banque, lorsqu'elle est par actions.

La société cherche en France ses souscripteurs, ou bien c'est en France que les premiers porteurs introduisent les titres et les font circuler. Elle sollicite à elle l'épargne française. (Ex. : sociétés anglaises des mines du Transvaal).

768. — Il y a donc deux catégories de problèmes à élucider : l'exploitation de ces sociétés et la circulation de leurs titres en France ne sont pas soumises à une même organisation.

I. *A quelles conditions une société étrangère peut-elle opérer en France ?*

D'après les règles du statut personnel, la capacité d'un être physique ou juridique se détermine conformément à la loi nationale de cette personne, et cela même dans les autres Etats où elle viendrait à se prévaloir de son existence. En appliquant cette idée à une société, on dira :

La société doit se constituer d'après la loi de son siège social, et c'est également cette loi qui fixera les conditions de son fonctionnement. Elle n'aura pas à observer en outre les dispositions prescrites, pour la fondation des sociétés, par la loi d'un Etat différent avec les citoyens duquel elle entretiendra des affaires, ou sur le territoire duquel elle fondera des comptoirs. La mission des tribunaux français, lorsqu'une société étrangère voudra se faire admettre chez nous à l'exercice d'un droit, sera de rechercher si cette société a observé pour se fonder non pas nos lois françaises, mais les lois de son propre Etat.

Si cet Etat exige encore l'autorisation gouvernementale pour les sociétés anonymes (Autriche), la société devra se la faire délivrer dans son pays. — S'il laisse à ces sociétés une liberté complète ou relative (Angleterre, statuts de 1862, 1900, 1907), la société échappe au système réglementaire de notre loi de 1867. — S'il a une réglementation moins sévère que la nôtre, c'est cette réglementation adoucie qui prévaudra, etc.

769. — Supposons cette condition remplie : la société étrangère s'est constituée en conformité de sa loi d'origine. Aura-t-elle la faculté d'opérer en France, soit en y traitant des marchés, soit en y créant des agences ? Aura-t-elle le libre accès des tribunaux, avec l'égalité de droits des sociétés françaises ? ou plutôt avec l'égalité de droit d'un étranger *individu* ?

L'étranger, sans avoir en droit civil la plénitude des droits d'un Français (art. 11 C. civ.), dispose, au contraire, en matière commerciale de tous les avantages appartenant à ce dernier. Il n'est soumis qu'à la menace d'expulsion, et à l'obligation, lorsqu'il attaque en justice un Français, de fournir la *caution judicatum solvi* (L. 5 mars 1895, tempérée par la convention de La Haye du 17 juillet 1905, v. *supra*, n° 146). Faut-il étendre ce régime libéral aux sociétés ?

770. — On doit répondre affirmativement pour les *sociétés par intérêt*. Les auteurs y ajoutent, peut-être à tort, les sociétés en commandite par actions.

On suit purement et simplement à leur égard le statut personnel. Il suffira pour elles de s'être fondées suivant la loi de leur pays, quand même leurs associés, pris individuellement, seraient des Français.

Elles disposeront de la personnalité en France quant aux conventions qu'elles y feront; elles se prévaudront de leurs statuts afin de déterminer la responsabilité de leurs associés.

771. — A l'égard des *sociétés anonymes*, on a adopté un système différent. La réglementation de la société anonyme est considérée comme rentrant dans les *lois de police et de sûreté*, qui sont essentiellement territoriales : le respect de ces lois s'impose à tous ceux qui opèrent dans le pays, quelle que soit leur origine.

La loi française ne peut s'en rapporter à une réglementation légale étrangère, sur laquelle on ne l'a point consultée. Cette loi, à ses yeux, peut ne donner de protection ni à l'épargne, ni aux fournisseurs ; ni aux actionnaires, ni aux créanciers.

A ce motif de prévention s'en ajoute un autre, plus instinctif que raisonné. A cause de l'étendue de ses ressources et de son personnel, la société anonyme est un agent de production comparativement plus fécond que les autres modes d'entreprise. Si la société, comme il est probable, a apporté de l'étranger ses éléments de capital et de travail, la part de profit destinée à faire retour à l'étranger, dans la richesse par elle élaborée en France, dépassera celle que les nationaux, grâce à elle, auront recueillie ; le pays prend ombrage de cette inégalité de répartition. Remarque qui, chez nous, s'est considérablement affaiblie par suite des tempéraments donnés au principe et que nous allons examiner, mais qui pour d'autres Etats (notamment pour la Roumanie) a conservé toute sa portée.

La conséquence de ces raisons de défiance serait que la société anonyme étrangère ne dispose en France d'aucune capacité, — ou qu'elle doit se mettre en règle avec la loi de 1867, résultat à peu près irréalisable dès l'instant qu'elle a dû se conformer à sa loi à elle, probablement inconciliable avec la nôtre.

Toutefois, on a également rejeté cette interdiction, qui, par mesure de rétorsion, aurait fermé à nos propres sociétés anonymes les marchés de l'étranger.

Et de là, le régime établi par la *loi du 30 mai 1857*. Il oblige à faire une distinction entre les sociétés, suivant leur pays d'origine.

772. — 1° *Dépendent-elles d'un Etat au profit duquel le gouvernement français a rendu ou rendra un décret général d'habilitation ?* Il s'agit là d'une décision gouvernementale française applicable à un Etat, « pour ses sociétés anonymes ou autres associations commerciales, industrielles ou financières, qui sont soumises à l'autorisation gouvernementale et qui l'ont obtenue chez elles ».

Le décret général, délivré *in globo* à toutes les sociétés d'un même Etat, témoigne que le système sous lequel elles sont fondées à l'étranger est suffisamment protecteur pour notre épargne et pour notre commerce.

Ce régime n'a pas été aboli par la loi du 24 juillet 1867 : celle-ci supprime seulement l'autorisation administrative pour nos sociétés anonymes indigènes. L'autorisation donnée en vertu de l'ancien art. 37 C. com. était *spéciale* à chaque société qui l'obtenait, avec approbation de ses statuts par le Conseil d'Etat, et avait un tout autre caractère que le régime de 1857[1].

Presque tous les Etats de l'Europe (et les Etats-Unis d'Amérique) bénéficient de décrets de cette nature : le dernier promulgué concerne la Roumanie (17 décembre 1908).

La *Belgique* peut se prévaloir nommément de la loi de 1857 elle-même. Le pouvoir qu'ont les associés de ce pays d'opérer en France ne pourrait leur être retiré que par une loi nouvelle.

Il n'y a d'exception que pour l'*Allemagne* et pour l'*Angleterre* qui, on le verra, disposent pour leurs sociétés du même avantage, en le tirant d'une autre source.

En sorte qu'il est vrai, en fait, de dire aujourd'hui que toutes les sociétés européennes de quelque importance peuvent opérer en France d'après leur statut personnel.

773. — Ces sociétés peuvent « exercer tous leurs droits et ester en justice en France, *en se conformant aux lois françaises* ».

La formule est ambiguë. En réalité, ces sociétés relèvent de leur *loi d'origine* pour la validité de leur constitution, et pour l'organisation de leur personnel. Sous réserve de ce que nous dirons pour le cas d'introduction de leurs titres sur le marché français, elles n'ont pas à faire publier leurs statuts en France. Elles en sont dispensées, même si elles entretiennent des succursales : c'est un système imparfait.

Seulement les marchés qu'elles font en France sont réglés par le *droit français* : — elles ne peuvent pas déroger chez nous aux dispositions d'ordre public, telles que la loi des loteries ; — leurs agences françaises seront redevables de la patente ; — et lorsqu'elles font un procès à un Français, elles seront assujetties à la *caution judicatum solvi* (à moins d'en être exemptées par un traité diplomatique : convention internationale sur les transports par chemin de fer du 14 octobre 1890, convention de La Haye de 1896, etc.).

---

1. Nous avons autrefois soutenu (*Journ. des Soc.*, 1881, p. 50, 106 et 312) que la loi de 1857 n'était applicable qu'aux sociétés anonymes étrangères *autorisées* dans leur pays : ce qui, à part l'Angleterre, constituait alors le droit commun de l'Europe et même celui de la France. Le fait par un Etat d'avoir proclamé plus tard, à l'exemple de notre loi de 1867, la liberté de ses sociétés anonymes, enlevait par là même à celles-ci le droit d'opérer sous aucun prétexte en France, et leur faisait perdre le bénéfice du décret français. — Nous nous fondions pour le dire sur la rédaction même de cette loi du 30 mai 1857. — Mais cette opinion n'a pas rallié la majorité des opinions, elle a été condamnée par la Cour de cassation (Civ. cass., 28 avril 1902, sur les conclusions du procureur général BAUDOUIN, D. 1902, 1, 281).

774. — La condition des sociétés anonymes d'Angleterre et d'Allemagne en France, et inversement, est déterminée par des *conventions diplomatiques*.

A l'égard des premières est intervenu un traité du 30 avril 1862, leur accordant les mêmes droits qu'aux sociétés françaises (note Pic, D. 1911, 1, 401).

Les secondes peuvent valablement opérer chez nous, en vertu du *traité de Francfort*. La clause dite de la *nation la plus favorisée* assure aux *ressortissants* de l'Allemagne en France, sous condition de réciprocité, les avantages qui viendraient à être reconnus aux ressortissants des autres puissances. Notre jurisprudence (Cass., 14 mai 1895, S. 96, 1, 161) a fini par étendre cette disposition aux sociétés commerciales [1].

Cette organisation a soulevé des protestations justifiées dans une branche d'entreprise déterminée, dans les *assurances sur la vie*. La législation anglaise (et celle des Etats-Unis) admet les sociétés de ce genre à se fonder sans autorisation du gouvernement et sous un régime de contrôle atténué. Les succursales de ces sociétés, établies en France, ont fait à nos propres sociétés une concurrence rendue intolérable par suite de la liberté de placement de leurs réserves. — La loi des assurances du 17 mars 1905 a mis fin à cette inégalité. Les sociétés étrangères sont, pour leurs agences de France, soumises à un statut réglementaire et à des dispositions sinon identiques, du moins similaires à celles imposées aux sociétés françaises [2]. De même, en vertu des lois du 19 décembre 1907 et du 3 juillet 1913, les *sociétés étrangères de capitalisation* (l. 1907) *ou d'épargne* (l. 1913) sont soumises à un régime en principe identique (enregistrement préalable des statuts, etc.), à celui des sociétés françaises du même genre (sauf toutefois que la nécessité de placer leur actif en certaines valeurs déterminées ne concerne, lorsqu'il s'agit de sociétés étrangères, que la portion d'actif correspondant aux opérations faites par elles en France).

775. — Au total, un décret général de notre gouvernement, ou la stipulation résultant d'un traité international, est indispensable pour permettre à une société anonyme étrangère de se prévaloir d'un droit quelconque en France.

776. — On aurait compris un régime plus favorable, qui n'aurait exigé ce décret ou ce traité que pour habiliter la société à *fonder des comptoirs* chez nous. Même à défaut de décret ou de traité, elle aurait pu *devenir créancière* de Français et *plaider* devant nos tribunaux, à condition de ne pas créer d'agences sur notre territoire. Cette distinction n'a pas été faite. Toutefois un projet déposé par le gouvernement en 1903, à la suite du projet de modification de la loi de 1867, propose de consacrer cette distinction [3].

1. Le bien-fondé de cette interprétation soulève encore de sérieuses protestations doctrinales. V. la dissertation de M. Lyon-Caen, en note, S. 96, 1, 161.

2. Leyris, *De la condition en France des sociétés d'assurance sur la vie étrangères*, 1901 ; Pannier, *De l'autorisation et de la surveillance des sociétés d'assurances sur la vie*, 1905.

3. Ce projet a été repris par M. Chastenet comme proposition de loi déposée par lui à la Chambre des députés le 29 mai 1911, *J. off.*, Ch., *Doc. parl.*, 1911, n° 981, p. 394.

777. — On comprendrait, tout à l'inverse, un régime plus sévère que celui qui est actuellement en cours, et basé sur la même distinction. Le décret général de notre gouvernement habiliterait seulement la société étrangère à traiter des affaires avec des Français et à ester en justice devant nos tribunaux. Mais il ne suffirait pas à lui conférer le droit de « constituer un établissement » sur notre sol ; pour posséder ce dernier avantage, la société devrait faire reconnaître ses statuts par le gouvernement français. C'est ainsi que le régime des sociétés étrangères est consacré dans certains pays, notamment en Russie et en Roumanie. — Le régime français est plus libéral [1].

778. — 2° *S'il s'agit*, d'autre part, *de sociétés anonymes originaires d'Etats en faveur desquels n'a point été rendu de décret général*, le droit d'agir, de contracter, de plaider en France, du moins comme demanderesses (Trib. Seine, 23 juillet 1910, *Nordiske Forlag* c. Mme Sarah-Bernhard, *Revue de droit international privé*, 1911, 666), leur est absolument refusé.

Toutefois, étant assignées comme défenderesses, elles ne peuvent se prévaloir devant nos tribunaux de leur irrégularité, ni arguer d'une contravention faite aux lois, pour se placer dans une condition meilleure que si elles les avaient observées.

779. — II. Nous passons à l'examen du deuxième problème que soulèvent les sociétés étrangères en France. La *circulation des titres* émis par ces sociétés est soumise à des règles spéciales, qui n'ont rien de commun avec celles qui ont été proposées plus haut.

Elles font valablement *négocier* leurs actions en France sur le *marché libre*, et même elles les y font *souscrire*, à la seule condition par ces actions d'être émises ou négociées en conformité de leur loi nationale. Il importe peu que la société, dont les titres sont ainsi souscrits ou négociés, dépende ou non d'un Etat en faveur duquel notre gouvernement a rendu un décret d'habilitation, d'après la loi du 30 mai 1857.

Mais il y a une restriction importante à faire. Elle concerne l'*admission de ces actions à la cote de nos Bourses*, par les chambres syndicales d'agents de change. L'admission n'est possible qu'autant que les Bourses de leur pays l'ont déjà décidée, et seulement lorsque les actions ont un taux de 100 fr. au moins et sont libérées du quart ; le tout, sous réserve d'opposition par le Ministre des finances (D. 6 février 1880, et 1er décembre 1893).

La loi de finances du 30 juin 1907, art. 3 (voir n° 573 *bis*), ne se borne pas à exiger la publication d'une notice pour l'émission ou l'introduction sur le marché français de valeurs dépendant d'une société étrangère. Elle exige à l'égard de celles-ci la publication *intégrale* des statuts en langue française dans le *Bulletin* annexe au *Journal Officiel*, formalité rendue dispendieuse par cette insertion textuelle et *in extenso*.

1. Une réaction se prépare. Une proposition Denais, Lerolle, etc., faite à la Chambre en 1913, donc antérieure à la guerre, veut, sous la sanction des peines de l'escroquerie, pour qu'une société prenne licitement la qualification de française, qu'aucun de ses administrateurs ou directeurs ne soit étranger, qu'elle ne soit pas la filiale d'une entreprise étrangère et qu'elle n'emploie pas plus de 10 0/0 de personnel étranger.

780. — Au point de vue fiscal, une organisation très pointilleuse veut que les titres de ces sociétés, 1° tantôt soient sujets à une *taxe d'abonnement* aux droits de timbre ou de transmission et à l'impôt sur le revenu, établie sur une moyenne du capital social circulant en France, avec désignation d'un représentant français responsable des droits, ou versement d'un cautionnement à la Caisse des consignations ; et 2° tantôt qu'ils acquittent, à peine d'une amende, un *timbre au comptant* aujourd'hui de 2 o/o, lors du premier usage qui en est fait dans les actes en France [1]. — La formalité de l'abonnement est imposée, à peine d'amende pour les intermédiaires, à toutes les sociétés dont les titres sont en France l'objet d'une *émission*, d'une *mise en souscription*, d'une *exposition en vente*, d'une *introduction sur le marché*, ou d'un *service financier* pour le paiement des coupons ou pour le remboursement ou transfert des titres eux-mêmes (L. 25 mai 1872, art. 3 ; l. 13 avril 1898, art. 12, et décret 22 juin 1898).

CHAPITRE VII

DES SOCIÉTÉS A CAPITAL VARIABLE

(L. 1867, titre III, art. 48 à 54 et 62 ; l. 1893, art. 71 remaniant l'art. 50, § 1, l. 5 novembre 1894 sur les sociétés de crédit agricole).

781. — En tête du chapitre précédent a été faite une observation qui comporte ici une remarque sinon identique, du moins de même ordre. Ce sujet n'a avec nos études qu'un lien indirect. Il se rattache moins au droit commercial qu'à l'économie politique ou aux problèmes généraux de la mutualité [2].

Le type de la société à capital variable a été établi, afin de servir la cause de la coopération ; cependant, ni ce mot n'est reproduit, ni les pensées qu'il évoque ne sont expressément visées dans cette partie de la législation. Il faut donc commencer par ramener, en tant que cela est possible, la *société coopérative* à une idée d'ensemble. On comprendra mieux ensuite la fonction occupée par la *société à capital variable*.

782. — De la coopération. — A la rigueur, toute société est une *coopération*. Mais on doit prendre ce terme dans un sens plus étroit. C'est surtout de la *mutualité* que la *coopération* se rapproche, à tel point que les frontières qui séparent l'une de l'autre sont assez indécises [3].

1. En outre, depuis la loi du 29 mars 1914 (applicable depuis le 1er juillet 1914), les actions ou obligations des sociétés étrangères non abonnées sont soumises en France, en dehors du droit de timbre au comptant de 2 0/0, à un impôt de 5 0/0 sur le revenu (Art. 42, l. 1914)

2. V. Cauwès, *Traité d'économie politique*, III, p. 293 et s. ; Gide, *La coopération, conférences de propagande*, 1900, *Les sociétés coopératives de consommation*, 1904 ; Pic, *Les lois ouvrières*, n° 1339, et la bibliographie abondante produite par ce dernier ouvrage ; Gouteix, *Du régime légal des sociétés coopératives en droit français*, th. 1901.

3. Cheysson, *Coopération et mutualité* (*Réf. soc.*, 1er décembre 1900) ; Thaller, *Annales de droit commercial*, 1913, 44.

Le trait propre de la coopération n'est point la prédominance de l'*apport de travail* sur l'*apport de capital*. Car, même dans une société ordinaire, il arrive souvent à l'associé d'apporter exclusivement son industrie. Dans une société coopérative, il est plus vrai de dire que les deux apports se combinent ensemble, qu'ils se réunissent sur la tête de la même personne.

« Coopérer » ne signifie point *opérer ensemble*, mais *travailler avec*. La société coopérative est celle qui travaille *avec* ses propres associés.

L'associé y occupe un double rôle, il est à la fois : 1° membre de la société, dont il court les risques, avec un droit déterminé dans ses bénéfices ; et 2° d'autre part, tantôt le client et tantôt l'agent de main-d'œuvre de cette même société.

Le chiffre d'affaires de la société résulte des rapports qu'elle a échangés avec ses propres associés : ceux-ci lui réservent leurs achats ou viennent emprunter, faire escompter leur papier auprès d'elle.

Si la société a dans ses ateliers des ouvriers intéressés à sa marche, c'est parce que ses associés sont *ses propres ouvriers*.

783. — Ce cumul de rôles tend à des résultats économiques variés, qui différeront d'une coopérative à l'autre. Mais ce qu'il se propose toujours, c'est la *suppression d'un intermédiaire*. Intermédiaire patron dans les ateliers coopératifs. Intermédiaire négociant ou banquier dans les autres formes.

La suppression du patron fait hausser le salaire, en le transformant en une part de bénéfices, ou plutôt en abolissant le bénéfice : on enlève au commerce son caractère de lucre, on organise la fonction sociale de la distribution des objets de consommation ou de l'argent, de la manière économiquement la plus utile (SCHAR, dans l'*Union coopérative*, 1er janvier 1904). La suppression du marchand fait arriver le produit au consommateur à meilleur marché. Résultat qui n'est possible qu'à la condition de lier ensemble, pour la répartition des bénéfices : 1° l'apport de capital, et 2° le service rendu sous forme de clientèle ou de main-d'œuvre.

Soit une maison coopérative de consommation de produits alimentaires dans laquelle *Primus* prend une action de 25 fr.

784. — *a*) Le dividende dû à cette action, quand finira l'exercice, ne sera pas le seul bénéfice que *Primus* attend de la société. Autrement, il serait un actionnaire quelconque, faisant travailler son argent : il ne poursuivrait plus le but d'économie attaché à la coopération. Or, d'après certains statuts, ce dividende doit se limiter à un faible intérêt, d'un taux de 4 ou 5 o/o qui ne sera point dépassé ; d'après certains autres statuts, les plus nombreux, la part sociale n'obtient, comme telle, aucune rétribution.

b) Mais, en sa qualité d'acheteur à la société, *Primus* possède un compte autre que celui de son action. Ce compte, plus ou moins élevé suivant les années, se chiffre d'après les livraisons qui lui ont été faites. Il a été facturé pour ses prises de fournitures d'après le cours du commerce de détail (c'est la manière générale de faire) ; donc il n'a pas encore trouvé d'avantage à être le client de cette maison plutôt que d'une autre.

785. — *c*) L'avantage apparaît après l'inventaire. 1° Une portion des bénéfices (50 o/o par exemple) est attribuée aux associés, en tant qu'*acheteurs de marchandises*, et au *prorata* des livraisons qui leur ont été faites dans l'année précédente. 2° L'autre portion seulement leur revient au titre d'*apporteurs de fonds* et de copropriétaires du capital social, d'après le nombre de leurs actions. Encore venons-nous de voir que ce n'est pas toujours vrai, et que dans un grand nombre de sociétés tout le bénéfice est réparti au *prorata* des ventes. Si la société s'est constituée en conformité de la loi du 5 novembre 1894 sur les sociétés de crédit agricole (art. 3 *in fine*), l'apporteur en capital n'aura droit au *prorata* de sa souscription qu'à un intérêt, et en outre lors de la dissolution qu'à sa part dans le fonds social et dans le fonds de réserve.

Il y a lieu à la même décomposition dans les ateliers coopératifs. L'ouvrier a son salaire fixe. Mais, en outre, il touche une part des bénéfices annuels, calculée d'après ce salaire totalisé, sans préjudice d'une autre part correspondant à sa mise de fonds, cette dernière pouvant être absente ou limitée.

786. — Bref, cette portion de bénéfices afférente, soit à la somme des achats qu'on a commandés, soit au travail d'ouvrier qu'on a fourni, fait en définitive, que la somme de ces achats a été moins coûteuse, que la main-d'œuvre a été mieux rétribuée. Cette portion forme un *boni de restitution* (ristourne) ou un *supplément* proportionnel *de salaire*, plutôt encore qu'un véritable bénéfice.

787. — D'après ces caractères, on peut serrer davantage la conception juridique de la société coopérative. C'est une *société qui approvisionne ses propres membres en denrées, en marchandises, ou qui leur procure l'habitation ou des avantages d'argent, ou encore qui recrute parmi ses membres son personnel de main-d'œuvre*, de manière à répartir les bénéfices aux associés (ou sociétaires) au *prorata* du chiffre annuel d'affaires ou de travaux de chacun d'eux avec la maison.

788. — Il importe de dépouiller cette analyse de toute équivoque. Que penser d'une société qui constituerait son capital avec les fonds provenant d'une catégorie de personnes n'ayant droit qu'à un intérêt limité et qui traiterait ses ventes, ses marchés de travail, etc., avec une catégorie différente, celle-ci étant bénéficiaire des « bonis de restitution » pour tout ce qui dépasserait l'intérêt servi aux associés ?

Cette combinaison, voisine du régime de coopération avec adjonction d'adhérents, dont nous reparlerons, ne serait pas illicite. Mais elle formerait une société ordinaire, admettant sa clientèle à participation aux bénéfices. La limitation des bénéfices à un taux *maximum* ne répugne pas, avons-nous dit, à la notion de la société (n° 236).

On ne serait plus alors en face d'une coopérative, celle-ci exigeant la réunion de client et celle d'associé dans la même personne (*Contra* : VIVANTE, *Trattato di diritto commerciale*, II, n° 558 et s.). Les lois du 5 novembre 1894 et du 31 mars 1899 sur les sociétés et caisses régionales de crédit agricole elles-mêmes expriment, évasivement peut-être, mais d'une manière assez apparente, ce cumul nécessaire de qualités, pour qu'une société puisse se placer sous le couvert de leurs dispositions. — Par qui ces sociétés de crédit agricoles peuvent-elles être constituées ? Par les membres de syndicats professionnels agricoles. A qui ont-elles pour objet de faciliter les opérations concernant l'industrie agricole ? Aux membres de ces syndicats. C'est le même individu qui est sociétaire d'une part et acheteur ou emprunteur de l'autre[1].

Les deux fonctions ne doivent pas être scindées. Elles sont indivisibles. Autrement, la coopération perdra son véritable nerf. L'ayant droit n'a pas seulement intérêt à toucher un « boni de restitution » en fin d'année. Pour assurer ce boni, il désire, en outre, que la société s'approvisionne auprès de producteurs ayant des marchandises de choix ou vendant au meilleur compte, qu'elle puisse par une augmentation de capital étendre son cercle d'opérations. C'est un but qu'il ne peut atteindre qu'à la condition d'avoir voix dans les délibérations de l'entreprise, autrement dit d'être « associé ». Sinon, tout pouvoir d'immixtion lui échappe et les affaires de la coopération languiront, parce que les capitalistes qui la composent, bien qu'animés d'une demi-philanthropie, ne sauront pas la gouverner.

789. — Les trois types classiques de sociétés coopératives sont populaires. Certaines, dans le nombre, ont dû leur réussite à l'existence, à côté ou au-dessus d'elles, de banques de patronage, quelquefois sociétés coopératives elles-mêmes, qui leur procuraient les capitaux ou le fonds de roulement indispensables. Les progrès de la coopération amèneront les sociétés coopératives à se syndiquer, pour créer, par superposition à leurs propres unités composantes, des sociétés de crédit, de fabrication ou autres, destinées à les alimenter et dans lesquelles elles tiendront la place de personnes juridiques co-associées. L'effort tenté pour constituer les sociétés régionales de crédit agricole d'une part, la propagande en faveur des *Wholesales* de l'autre, sont des manifestations apparentes de ce programme.

La *Wholesale* est un magasin de gros, « coopérative des coopératives » (GIDE, *Les sociétés coopératives de consommation*, p. 117), dont le capital est fourni par des actions que souscrivent les sociétés adhérentes, généralement au moyen d'une partie des bonis annuels, qui ne sont point rendus aux consommateurs.

La coopération gagne l'échelle montante des intermédiaires et en abolit un plus grand nombre. Elle ne supprime pas seulement le détaillant, mais encore le marchand en gros, et même le fabricant, ainsi qu'on le voit dans les grandes fédérations de Manchester et de Glascow. Elle se constitue manufacturière, vise à équiper des navires, etc. ; le tout en vue d'approvisionner les coopératives de consommation qui sont à sa base.

790. — 1° *Sociétés de consommation* (au nombre de 1.940 en France d'après l'*Almanach de la coopération* pour 1904). — Elles se fondent entre

1. Toutefois, la loi de 1894 dit : « Le capital *pourra* être constitué à l'aide de souscriptions des membres de la société » (art. 1er, al. 3). Ce passage manque de clarté.

personnes qui achètent en gros des articles de ménage, pour les détailler entre les membres selon qu'ils en feront la demande.

L'exemple, toujours signalé de préférence, est celui des « Equitables Pionniers de Rochdale », qui a été suivi, en Angleterre surtout, avec une grande force de rayonnement.

Dans la même catégorie, rentrent des sociétés rurales, constituées sous les auspices des syndicats agricoles : elles se proposent l'achat d'engrais destinés à être revendus au détail, ou l'achat de machines agricoles dont on louera l'usage aux membres à mesure qu'ils en auront besoin [1].

Les sociétés d'habitations à bon marché répondent à la même pensée, lorsqu'elles composent leur personnel d'associés de ceux-là mêmes qui occuperont ces habitations. Il s'agit alors d'acquérir non plus des objets de consommation, mais une maison, un appartement, ou de les prendre à bail. L'opération sera moins coûteuse si le prix du loyer doit entrer dans un compte de bénéfices où l'on possède soi-même une part.

791. — 2° *Sociétés de crédit* ou banques populaires. — Ex. : — Sociétés fondées en Allemagne par Schulze-Delitzsch ou par Raiffeisen. — Sociétés de crédit agricole [2], fondées entre membres de syndicats professionnels, conformément à la loi du 5 novembre 1894 (modifiée par celle du 14 janvier 1908, assimilant à cet égard les sociétés d'assurances mutuelles agricoles aux syndicats professionnels), pour prêter aux agriculteurs sociétaires l'argent nécessaire à l'achat de leurs fournitures rurales, pour cautionner leurs engagements, pour escompter leur papier, ou même (loi du 19 mars 1910) pour « leur faciliter l'acquisition, l'aménagement, la transformation et la reconstitution des petites exploitations rurales ». Caisses régionales assistant ces sociétés par des avances, des réescomptes, etc. : loi du 31 mars 1899.

Elles reçoivent des fonds en dépôt, sur la foi du crédit qu'inspire le groupe, et dont individuellement le coopérateur ne disposerait point (en Allemagne, jusqu'en 1889, ces sociétés n'ont pu s'obliger qu'en nom collectif ; d'où, des caisses Raiffeisen se formant sans aucun fonds social). La société fait avec ces capitaux des avances à ses membres, à un intérêt d'autant plus faible que les déposants auront eux-mêmes posé des conditions plus modérées.

Y a-t-il avantage à créer, au-dessus de ces sociétés *locales*, d'autres sociétés *régionales*, destinées à assister les premières et auxquelles l'État prêtera gratuitement les fonds nécessaires, au moyen des 40 millions d'avances et de la redevance annuelle auxquelles la dernière loi de prorogation de son privilège oblige la Banque de France ? Dans quelle mesure une liberté plus grande de placement, soit de la fortune, soit des dépôts des caisses d'épar-

1. On a relevé précédemment l'erreur juridique qu'ont commise les syndicats agricoles français, en se croyant autorisés par la loi du 21 mars 1884 à entreprendre ces opérations sans avoir à créer de société coopérative à leur côté, et le douloureux réveil que leur a infligé l'arrêt de la chambre criminelle du 29 mai 1908 (n° 189).

2. Sur le modèle des sociétés de crédit agricole, ont été organisées aussi des *sociétés (caisses locales et régionales) de crédit maritime*. Elles sont régies actuellement par la loi du 4 décembre 1913.

gne, fortifierait-elle la marche des sociétés de crédit agricole, en mettant plus aisément à leur disposition les économies de la région ? Autant de questions qui dépassent le cadre de cet exposé.

792. — 3° *Sociétés de production* (qu'ont vainement encouragées en France les subventions du gouvernement de 1848, le legs Rampal, etc.). — Des ouvriers maçons, charpentiers, lunetiers, tisserands, se passent d'un patron. Ils mettent en société leur exploitation, élisent un gérant responsable, se partagent les bénéfices.

On sait les difficultés rencontrées par cette forme de coopération, — qui est présentée par certains auteurs comme le vrai moyen de résoudre le problème du salariat, — et qui a été remise en vogue par l'expérience de la mine aux mineurs et de la verrerie d'Albi (capital insuffisant, absence de concours auxiliaire des banques, luttes intestines des coopérateurs qui n'arrivent pas à faire régner la discipline parmi eux). On en comptait cependant il y a quelques années 327 en France, dont 105 dans les départements, suivant l'*Almanach de la coopération*.

793. — La loi ne s'occupe pas de la coopération d'une manière directe (sauf dans la loi de 1894 sur les sociétés de crédit agricole). Un projet sur les sociétés coopératives, voté par la Chambre, a été arrêté en 1896 au Sénat par un vote concernant l'application de la patente, qui n'épuisait pas cependant tout l'intérêt attaché à la législation de la matière.

A toute époque, on a dû se demander : 1° si une société coopérative est ou non une *société de commerce* ; 2° si elle est soumise aux mêmes *contributions fiscales* que les exploitations similaires qui sont dirigées par des individus ou par des sociétés ordinaires.

Ces deux questions ne se tranchent pas de la même manière pour les sociétés de production et pour les deux autres formes.

794. — A. Les *sociétés de production* se livrent certainement à des *actes de commerce* : les ouvriers associés font exactement ce qu'un patron eût accompli si l'on avait suivi l'organisation ordinaire. Ils ont une clientèle extérieure d'acheteurs, ils se proposent de vendre plus cher qu'ils n'ont acheté, ils collaborent de leur argent et de leur travail.

Cette société de production se constituera en la forme d'une société en nom collectif, en commandite ou par actions. Elle encourra la faillite. Elle sera justiciable du tribunal de commerce.

La société sera inscrite à la patente. Elle acquittera le timbre, le droit de transfert de ses actions. Quant à l'impôt sur le revenu, la coopérative en est dispensée, si elle est formée exclusivement entre ouvriers et artisans au moyen de leurs cotisations périodiques (Loi du 1er décembre 1875 et loi de finances du 30 décembre 1903, art. 21).

795. — B. Les *sociétés de consommation* et *celles de crédit* sont d'une autre nature. *Leur objet est civil*, non parce que la spéculation leur fait défaut, mais parce qu'elles ne s'entremettent point dans la circulation des marchandises ou de l'argent (nos 14 et 21). Les coopérateurs achètent ou empruntent ensemble des valeurs qu'ils consommeront. Ils se répartissent bien ces produits ou cet argent, mais en vertu d'une distribution intérieure, qui ne les fera point passer à d'autres après eux.

796. — Précisons davantage, en prenant la société de consommation pour exemple. Ses manifestations sont tellement variées que la nature du contrat formé entre les sociétaires change d'un cas à un autre.

797. — *a*) La société *vend aux étrangers* en même temps qu'à ses membres. Il y a donc une partie de sa clientèle sur laquelle elle réalise des bénéfices. La société est commerciale, passible de la patente, et de l'impôt sur le revenu non quant aux « bonis de restitution », mais quant au dividende procuré par les opérations avec les tiers.

798. — *b*) La société accueille des *adhérents*, à côté des associés. L'adhérent est un non-sociétaire qui, moyennant un versement faible, profite des mêmes avantages que les sociétaires, à l'exception du droit de concourir aux délibérations sociales et au partage du capital. Il peut prétendre à la fin de l'exercice à son « boni de restitution » sur l'ensemble de ses achats, à moins que ce boni ne lui soit retenu jusqu'à ce qu'il arrive à parfaire une part sociale, et à ce moment il convertira sa position d'adhérent contre celle d'associé. L'adhérent aura été un « associé en expectative ».

On n'est point fixé sur le point de savoir si la société est alors commerciale. Son imposition à la patente a été discutée. Le projet discuté et mis en minorité au Sénat en 1896 proposait qu'elle en fût exempte. Mais aujourd'hui, on va le voir, cette dernière question n'est plus entière.

799. — *c*) La société se borne à traiter ses opérations avec ses propres membres. Est-elle une *société véritable* ? est-elle une société *civile* ou de *commerce* ?

La qualité de société ne doit pas lui être refusée lorsqu'un intérêt est servi au capital social. Elle répond à la définition de l'art. 1832 C. civ. Les sociétaires se sont proposé la rémunération de leurs mises au moyen de bénéfices : elle est limitée sans doute à 4 ou à 5 o/o, mais cette limitation n'efface pas la condition juridique de la société. La rémunération du capital, il est vrai, n'est pas l'unique fin que poursuive le groupe, elle ne laisse voir qu'un des aspects de la combinaison. Mais, pour caractériser un organisme, on n'est pas forcé de faire état de toutes ses propriétés à la fois. Il suffit d'en retenir une seule, permettant de lui donner forme légale.

Cette société est civile, puisqu'elle n'a pas acheté pour revendre à d'autres. Elle peut se constituer à sa convenance en société civile ordinaire, ou en société par intérêt ou par actions (sans préjudice de ce qui sera dit ci-dessous relativement au capital variable). En principe, elle ne s'expose ni à la faillite, ni à la compétence des tribunaux de commerce ; toutefois, constituée par actions depuis 1893, elle est commercialisée par le nouvel art. 68 ajouté à la loi de 1867 [1].

---

1. Les sociétés de crédit agricole de la loi de 1894 sont des sociétés commerciales (art. 4, al. 1er) ; et, de même, les sociétés de crédit maritime de la loi du 4 décembre 1913 sont commerciales aussi (art. 8).

Au point de vue fiscal, l'*impôt sur le revenu* ne frappe pas les « bonis de restitution ». La *patente* ne devrait pas l'atteindre, fût-elle constituée par actions. La patente est un impôt *professionnel* ; or des personnes qui se réunissent, en vue d'acheter leurs denrées en commun, n'exercent point de profession.

Cette immunité a disparu. Le commerce de détail a fait campagne contre les coopératives pour obtenir leur assujettissement aux mêmes impôts que lui, la concurrence cessant, à l'entendre, si le fisc doit les exonérer. La loi des patentes du 19 avril 1905 frappe de cet impôt, dans ses art. 9 et 10, les coopératives même ne vendant qu'à leurs membres, dès l'instant qu'elles ont établissement, boutique ou magasin. Une seule exception est faite en faveur de celles qui procurent une simple entremise à leurs membres, en groupant des commandes préalables pour en distribuer le produit. Ces coopératives-là sont rares : la plupart font leurs approvisionnements sans en avoir l'écoulement assuré. Dans la lutte engagée par elle contre les détaillants, la coopération a essuyé une défaite.

800. — *d)* La société coopérative n'alloue aucune rémunération à son capital. Tout l'excédent est ristourné à titre de « bonis de restitution ». Ces bonis, formant un trop-payé sur les ventes, ne constituent pas un « bénéfice »[1].

L'organisme n'est donc plus même une « société proprement dite ». Cela ne l'empêche pas d'être licite, et cela pour deux raisons : 1° s'il se constitue par application de la loi du 1er juillet 1901, c'est-à-dire en « association déclarée », déposant ses statuts à la préfecture, ce qui lui procure la petite personnalité (Hayem, *op. cit.*, n° 229 ; A. Thomas, dans l'*Almanach de la coopération*, 1914, p. 37) ; 2° pour ceux qui douteraient de la possibilité d'utiliser la loi de 1901 et d'ériger en association des groupements se proposant un « intérêt pécuniaire limité à leurs membres », par le motif beaucoup plus simple que les travaux parlementaires de 1867 visent les coopératives comme devant toutes profiter du titre III de la loi, qu'elles soient ou non des « sociétés » au sens rigoureux du mot.

Le droit pour une coopérative de se constituer en association, suivant la loi de 1901, paraît plus probable, lorsque son capital doit après dissolution être attribué, par délibération de l'assemblée générale, à une œuvre similaire, au lieu de se répartir entre ses membres, ou quand les statuts affectent les bonis annuels à une propagande d'ordre socialiste. Elle a, en pareil cas, des visées d'intérêt public qui font passer l'intérêt des sociétaires à l'arrière-plan.

L'arrêt de la Cour d'Orléans du 28 mars 1906 (*Pand. franç.*, 1906, 2, 186),

1. Par application de cette idée, la Cour de cassation (Chambres réunies, 11 mars 1914, *Gaz. Pal.*, n° du 6 mai 1914) a jugé qu'une « caisse rurale », ayant pour seul but de procurer à ses adhérents, à un taux aussi réduit que possible, le crédit nécessaire à leurs exploitations, et non la réalisation et le partage de bénéfices, n'a pas le caractère d'une société ; et que, par suite, le droit d'enregistrement à percevoir sur l'acte de formation de cette caisse est non celui de 0 fr. 25 0/0, mais le droit fixe de 3 fr. 75, v. *supra*, n° 226 *bis*.

qui a refusé à la société coopérative de consommation le pouvoir d'ester en justice sous prétexte qu'elle n'aurait pas la personnalité morale, n'a pas fait jurisprudence.

801. — Absence de loi sur la coopération. — Les sociétés coopératives jettent leurs statuts dans l'un des moules, civil, commercial, ou même de droit public, institués par la législation générale. Le droit français n'a pas créé de type d'association à leur intention. Nous sommes malheureusement en retard sur de nombreux Etats, qui ont réglementé les sociétés coopératives en leur donnant un organisme *sui generis*. Sans l'insuccès du projet dont le Sénat a suspendu la discussion en 1896, nous nous trouverions au même point qu'eux.

Seules les « sociétés de crédit agricole » et les « sociétés de crédit maritime » bénéficient d'une forme particulière (division du capital non en actions, mais en parts nominatives de valeur égale ou inégale, et transmissibles par voie de cession aux seuls membres des syndicats et avec l'agrément de la société ; — détermination par les statuts de l'étendue de responsabilité encourue par les membres, ce qui implique le pouvoir de limiter cette responsabilité au montant de la mise ; — nécessité de mettre à la réserve les 3/4 au moins des excédents, après acquit des frais généraux et de l'intérêt servi au capital social ; — défense de distribuer des dividendes, les répartitions ne pouvant consister qu'en « bonis de restitution », etc.). *L. 5 novembre 1894 et 4 décembre 1913*. L'œuvre législative française, en fait de coopération, s'est limitée jusqu'à présent à cette application restreinte.

802. — Transition. — Les sociétés coopératives profitent cependant de règles dérogatoires au droit commun des sociétés et qui ont été faites à leur intention, mais en une langue voilée et sans qu'on ait voulu dire ouvertement que ces règles étaient établies pour elles : méthode qui n'était guère de nature à dégager un statut légal, clair et compréhensible. Ainsi en est-il du titre III de la loi du 24 juillet 1867 (art. 48 à 54, *adde* art. 58, al. 3, et 62) sur les *sociétés à capital variable*, auquel nous parvenons maintenant, non sans avoir fait un long circuit avant d'y arriver.

803. — Des sociétés à capital variable. — La discussion de la loi de 1867 coïncidait avec un réveil de l'esprit corporatif. On consacra un titre de cette loi, le troisième, aux sociétés qui seraient formées dans cet esprit. Mais on renonça à la pensée de les dénommer. On ne voulut pas même leur créer une faveur ouverte, voici par suite de quels pauvres motifs :

804. — 1° Les entreprises coopératives ne se définissent pas ! — Nous avons essayé de démontrer le contraire. D'ailleurs, à défaut de définition, on pouvait énumérer les diverses exploitations qui bénéficieraient de la loi.

2° Faire une loi d'exception en faveur des ouvriers, c'est rouvrir l'ère des privilèges, close par la Révolution ! Les ouvriers eux-mêmes ont protesté, à la pensée d'être favorisés ! — Ceci se passait en 1867 : leurs successeurs, après cinquante ans, ne tiennent plus ce langage. Au surplus, où a-t-on vu qu'une loi sur la coopération fût une loi nécessairement

ouvrière ? La société coopérative est à la portée de toutes les classes de la population ; bourgeois, paysans, comme d'autres, peuvent s'en servir et en tirer parti.

805. — Cédant à ces motifs superficiels, la loi de 1867 a masqué la société coopérative sous la qualification de « société à capital variable ». Elle n'a pas subordonné à un but de coopération l'emploi de la société à capital variable. Ce type est à la disposition d'une entreprise quelconque, même étrangère à toute pensée de suppression d'intermédiaire.

Exemples. — *a*) Des propriétaires mettent en commun les produits de leurs fosses d'aisances, dont les extractions seront faites par le matériel et par les agents de la société, les matières extraites devant être transformées, ou vendues, au compte proportionnel des associés. Aux premiers associés pourront s'en ajouter d'autres, et les premiers pourront se retirer (Union mutuelle des propriétaires lyonnais).

b) Ou encore (car, dans le premier exemple, l'idée coopérative se retrouverait à la rigueur) : — Un banquier s'associe des commanditaires. Mais ceux-ci, pouvant avoir besoin de leur argent, se réservent de reprendre leur commandite à une époque quelconque. En outre, d'autres commanditaires pourront s'adjoindre au premier. La société se fonde à capital variable.

806. — Ce type de société n'est même pas un type différent de ceux examinés dans les chapitres précédents. On a commencé par constituer une société soit en nom collectif, soit en commandite simple ou par actions, soit en société anonyme. La « variabilité du capital » sera une simple *modalité* donnée à cette société.

Ce n'est que dans le cas où la société serait de nature commerciale que le législateur introduit une règle exceptionnelle.

Lorsque l'entreprise est une société civile par son objet (société de consommation, ou de crédit mutuel), et que les fondateurs s'en sont tenus au contrat ordinaire de société (art. 1832 et s. C. civ.), il n'y a plus à tirer parti des avantages dont nous parlons. La variabilité du capital est de droit, car le titre III de la loi de 1867 déroge à des règles imposées seulement aux sociétés commerciales (Paris, 28 mars 1912, D. 1915, 2, 1, note Percerou). Alors la faveur faite à ces sociétés civiles se cherche vainement[1].

807. — L'avantage accordé à ces sociétés, par comparaison avec les sociétés ordinaires à capital fixe, a une double portée : 1° *Dispense de certaines publications* au cours de la société ; — 2° *Abaissement du taux de versement des actions.*

Le premier de ces avantages est vrai des sociétés par intérêt et des sociétés par actions. Le second ne concerne que ces dernières.

808. — I. *Dispense de publications.* — Lorsque les statuts portent la clause

1. Si ce n'est qu'elles sont reconnues comme personnes morales, étant représentées en justice par leurs administrateurs (art. 53, l. 1867). Mais cette faveur même n'en est plus une, depuis la jurisprudence inaugurée en 1891.

que le capital pourra *tout à la fois* s'augmenter par nouveaux versements ou par admission de nouveaux membres, et diminuer par une reprise d'apports, le capital devient variable (art. 48, al. 1). Il ne suffirait donc pas de stipuler le pouvoir d' « augmenter » le capital, si celui de le « diminuer » n'était pas en même temps réservé, ou inversement.

809. — *a*) Tout associé pourra *se retirer* lorsqu'il le jugera convenable, à moins que les statuts ne limitent cette faculté (art. 52, al. 1), et à moins que la retraite des associés ne soit concertée dans le but unique de nuire à la société (Trib. civ. Rouen, 28 juillet 1913, D. 1914, 2, 89, note PERCEROU). — Il pourra *être exclu* de la société, pourvu cependant que les statuts en disposent expressément ; mais alors, il faudra que la délibération soit prise à la majorité fixée pour la modification des statuts (même article, al. 2).

Toutefois la réduction du capital ne saurait le faire tomber *au-dessous d'un minimum* que portera l'acte de société, et qui ne pourra pas être inférieur au dixième du capital primitif (art. 51).

Cela dit, quant à la retraite, ou quant à la *diminution* du capital.

810. — *b*) De nouveaux membres, ou de nouveaux apports pourront être admis avec le consentement des associés existants.

Cela dit, quant à l'accession de nouveaux associés, quant à l'*augmentation* du capital.

On comprend que, dans les sociétés ouvrières, il soit nécessaire de réserver aux adhérents le moyen de sortir à toute époque, afin de porter ailleurs le travail, et inversement qu'on leur donne le moyen de fortifier leur groupement en obtenant de nouvelles adhésions.

811. — La faveur de la loi ne réside pas, à vrai dire, dans cette mobilité du fonds social, mais dans une dispense de publicité.

Dans une société ordinaire, les retraites ou entrées d'associés, reprises ou accroissements de mises devraient être l'objet de publications contemporaines du fait qui y a donné lieu (par dépôt d'acte aux greffes, et par extrait dans les journaux d'annonces ; n°s 359 et s.)

Dans une société à capital variable, au contraire, il y a *exemption de publicité* (art. 62), pourvu toutefois que les statuts primitifs, avec la clause d'augmentation et de diminution, aient été rendus publics, comme devront être également publiés les changements d'administrateurs et les autres modifications apportées aux statuts.

L'avantage de la loi n'est donc que de petite économie ; la société ne grèvera pas ses frais généraux de la dépense qu'occasionneraient à d'autres sociétés les mesures de publicité. C'est une faveur modeste.

812. — De l'éventualité d'un changement dans le personnel des membres, la loi a déduit une conséquence logique : la société, même par intérêt, ne se dissoudra ni par la *mort*, ni par la *faillite* ou par la *déconfiture*, ni par l'*interdiction* d'un associé, et elle continuera de plein droit avec les héritiers (art. 54). L'*intuitus personæ* n'existe pas dans ces sociétés au même degré que dans les autres. Les membres ont prévu que d'autres viendraient soit s'ajouter à eux, soit prendre leur place, sans que les conditions fondamentales de l'association en soient atteintes.

En cas de retraite ou d'exclusion, la société continue entre les associés restants.

813. — Cette retraite ou cette exclusion oblige à *liquider la part* de l'associé retiré ou exclu. Cette part lui est payée en argent, d'après sa valeur au moment de la sortie. Beaucoup de sociétés excluent l'associé du *droit d'obtenir sa part dans le fonds de réserve* (Cf. Dijon, 2 décembre 1909; Trib. civ. Douai, 25 mai 1910; Trib. civ. Rouen, 28 juillet 1913, D. 1914, 2, 89, note PERCEROU).

Mais l'associé demeure encore tenu pendant *cinq ans* des engagements sociaux existant au moment de sa retraite. Sa responsabilité subsiste pour les dettes antérieures à sa sortie, soit pour le tout s'il était associé en nom, soit dans la mesure de sa mise s'il était associé à responsabilité limitée. C'est le droit commun (art. 64 C. com.). — Seulement les cinq ans courent du jour de la retraite, au lieu de prendre date du moment de la publicité, puisque, aussi bien, celle-ci cesse d'être exigée.

On a proposé à diverses reprises d'abaisser ce délai. Il est clair qu'il ne peut être question de procurer instantanément aux associés sortants l'exonération du passif [1].

814. — Mais cette réglementation n'est faite que pour les sociétés d'*un faible capital*; les entreprises pourvues de fortes ressources n'ont pas besoin d'une protection spéciale.

Les sociétés à capital variable, habiles à se prévaloir des faveurs de la loi, ne pourront se fonder qu'avec un capital ne dépassant pas 200.000 fr. Elles auront seulement la faculté de voter chaque année des augmentations de 200.000 fr. chacune (art. 49 : texte qui, dans sa lettre, ne se rapporte qu'aux sociétés par actions, mais qui doit être généralisé).

815. — II. *Abaissement du taux des versements d'actions.* — Le capital annoncé doit être entièrement couvert : c'est le droit commun [2]. La loi de 1867 consacrait un avantage quant au taux de l'action, lequel, d'après l'art. 50, al. 1er, pouvait être de 50 fr. (au lieu de 100) ; ce texte ayant été abrogé en 1893, l'action peut être aujourd'hui de 25 *fr.*, ce qui est le taux ordinaire [3].

---

1. La loi du 5 novembre 1894 sur les sociétés de crédit agricole suit une autre méthode : les membres qui se retirent ne sont affranchis de leurs engagements qu'après la liquidation des opérations qui ont été contractées par la société « antérieurement à leur sortie ». Il n'y a donc point dans ces sociétés de délai libératoire.

2. A moins qu'il ne s'agisse d'une société *civile*, constituée autrement qu'en la forme anonyme ou de commandite par actions. Les sociétés de consommation, civiles et à capital variable, commencent leurs opérations avant que leur capital de fondation ne soit intégralement souscrit. — Ajoutons que, quand même une société à capital variable se constituerait en la forme de société par actions, il n'est dans l'usage, vu l'importance des frais, ni de dresser les statuts devant notaire, ni de procéder à la déclaration authentique des souscriptions et des versements. La société est de ce dernier chef sujette à nullité, le titre III de la loi de 1867 n'ayant pas procuré la dispense de cette formalité.

3. On n'a pas prévu ce qui se produirait, au cas où le capital viendrait à dé-

816. — Mais, au lieu du versement complet ou de celui du quart, la loi se contente, au moment de la constitution, du versement d'un *dixième*, soit 2 fr. 50 (art. 51, al. 3). L'apport du coopérateur va tomber à une mise presque insignifiante.

817. — En revanche, les actions doivent toujours demeurer *nominatives*. Elles ne deviennent négociables, bien entendu, qu'après la constitution de la société. Les statuts peuvent reconnaître au conseil d'administration, ou à l'assemblée générale, la faculté de s'opposer au transfert (art. 50, al. 3). C'est un pouvoir, on l'a vu, qui pourrait être réservé dans les statuts d'une société ordinaire (n° 603).

818. — Combiné avec le droit pour l'associé de se retirer de la société, à tout moment, avec liquidation de sa part en argent, ce pouvoir réservé aboutit à donner à l'actionnaire, si le siège social refuse d'agréer son cessionnaire, la faculté de contraindre la société à racheter elle-même l'action avec ses ressources : c'est une sorte de *préemption*, imposée à la société, faute par elle d'accepter l'acheteur proposé.

On a vu échouer des essais de coopération par suite de ces cessions ou retraits de parts. L'ouvrier, à bout de ressources, cède son droit ou oblige la société à le lui reprendre, et il retombe à l'état de salarié. Commencée en coopérative, la société à capital variable a une tout autre issue : *Desinit in piscem...*

819. — Enfin, la société à capital variable est représentée en justice par ses administrateurs (art. 53). Elle dispose de la personnalité juridique.

820. — Tel est le régime de ces sociétés. Il pèche par équivoque, au moins par réticence.

La loi aurait mieux fait de qualifier la coopération, de dire en quoi elle consiste. Après quoi, elle aurait permis de rendre variable le capital des sociétés coopératives, et affranchi de tous frais de timbre, d'enregistrement et de publicité, tant les statuts que les augmentations ou diminutions de capital : faveur fiscale plus étendue que celle qui leur a été consentie.

Par une équitable compensation, la loi aurait pu exiger le dépôt annuel, aux greffes de justice, de la liste des membres et du chiffre du capital à cette date. Ainsi l'a fait la loi de 1894 sur les sociétés de crédit agricole, art. 5. Cette publication périodique, et sa gratuité, n'auraient pas été sans avantage. Bref, notre organisation française est absolument imparfaite et insuffisante !

---

passer 200.000 fr. par suite des augmentations annuelles. — Il est conforme à la volonté du législateur d'admettre pour les actions nouvelles le même taux de 25 fr. Mais la loi ne le dit pas, et rigoureusement elles devraient être émises à 100 fr. En ce cas le régime créé par la loi de 1867 se trouverait empiré, ce qui n'est guère admissible.

TROISIÈME PARTIE

DES BOURSES DE COMMERCE

SPÉCIALEMENT DES BOURSES D'EFFETS OU DE VALEURS

(Suite à l'étude des sociétés par actions)

GÉNÉRALITÉS

§ 1. — Historique et sources législatives.

821. — La *Bourse* est une réunion d'opérateurs qui viennent, à intervalles périodiques et sur un point déterminé, trafiquer d'une même nature de produits ou de valeurs. La Bourse est aussi le lieu où se tient cette réunion.

La Bourse procède du *marché* [1]. Avant de pratiquer le commerce d'une manière suivie, les marchands se rendaient par intervalles réguliers dans des localités déterminées, avec les produits qu'ils avaient à vendre.

Des préventions de races ont longtemps empêché les forains de prendre contact avec les indigènes, autrement que sous cette forme. Le marché fut un lieu neutre d'entrepôt et de négoce, à la croisière de plusieurs routes commerciales, aux confins de plusieurs territoires.

Les industries locales étaient intéressées à cette affluence de trafiquants. L'autorité de qui dépendait le lieu du marché y trouvait des avantages. Le paiement des taxes était mieux assuré. La permanence du commerce était du reste impossible, car les arrivages de marchandises nécessitaient, sur de très grandes distances, une police qu'on ne pouvait alors exercer d'une manière constante (conduit des foires).

822. — Aujourd'hui, l'ancien marché, représenté par les foires de Champagne ou de Lyon, a perdu sa signification historique. Le mouvement de la civilisation le chasse devant lui, le poussant vers l'Est (foires de Nijni). Les tribus barbares du Soudan le pratiquent toujours. En Europe, il s'est limité aux besoins journaliers ou hebdomadaires d'alimentation des villes, auxquels pourvoit la campagne environnante. Les foires régionales, qui sont un centre de trafic pour les céréales ou le bétail, ne constituent elles-mêmes que des marchés agrandis.

823. — Marchés et foires sont organisés, sauf certaines particularités, par délibérations des conseils municipaux, approuvées par le conseil général. Ils dépendent du pouvoir réglementaire ou de police du maire, en ce qui concerne le maintien de l'ordre et la salubrité des produits (L. 5 avril 1884, art. 97, 3° et 5°). Il n'y aura pas lieu d'en parler plus longuement dans ce livre. Néanmoins, entre le marché ou la foire d'une part, et la Bourse de l'autre, il n'existe point de différence de nature carac-

1. Voir l'ouvrage de M. HUVELIN, déjà cité au n° 41.

térisée. Ce sont autant de manifestations du commerce qui s'exerce par intervalles dans les lieux de rendez-vous.

824. — On a bien cherché, mais sans succès, à distinguer la Bourse des autres marchés publics. Si le trafic de bourse est généralement un trafic en gros, cela n'est pas toujours vrai. Si le simple marché porte d'habitude sur des denrées, il peut aussi être le siège d'autres produits, et il y a d'ailleurs des Bourses de commerce où se vendent également des denrées, des grains, par exemple.

L'observation la plus juste est encore celle-ci : dans les Bourses, la marchandise n'est pas étalée sous les yeux de l'acheteur, tandis que, dans les marchés et dans les foires, elle lui est présentée et livrée au moment du contrat.

825. — Il existe des *Bourses de marchandises* et des *Bourses de valeurs* ou *d'effets*. Les dernières sont les plus connues. Elles ont fait leur apparition après les autres. Cela tient à l'origine récente des titres fiduciaires.

La première Bourse française de valeurs fut celle de Paris, créée en 1724, après la chute du système de Law (arrêts du Conseil du 24 septembre 1724 et du 7 août 1785). Encore, si l'on fait abstraction des rentes sur l'Hôtel de Ville et de quelques effets royaux, le trafic de cette Bourse avait-il pour objet les lettres de change, qui ne sont plus traitées dans nos Bourses contemporaines.

Sous la Convention, les Bourses furent fermées en l'an III. Soit concurrence faite aux assignats par les autres papiers, soit défaveur témoignée à la spéculation par les gouvernants de l'époque, la Révolution jugea convenable de les abolir. Elles se rouvrirent peu après (an IV).

Sous le Consulat, un certain nombre de textes furent promulgués, notamment la loi du 28 ventôse an IX et l'arrêté du 27 prairial an X.

826. — A partir du commencement du XIXe siècle, le trafic des Bourses de valeurs prit plus d'élan. Le nombre de valeurs cotées à Paris, qui n'était que de 15 en 1820, s'élevait en 1880 à 853 ; chiffre qui a encore progressé depuis lors [1].

Le titre V du livre premier du Code de commerce (art. 71 à 90) fut consacré à notre institution (*Des Bourses de commerce, agents de change et courtiers*). Le dernier de ces articles déléguait au pouvoir exécutif la réglementation de la Bourse. Ce n'est que par le décret du 7 octobre 1890 (84 articles) que le gouvernement a rempli ce programme. Il s'est prévalu de ce même texte à une époque plus récente pour promulguer les décrets du 29 juin 1898. — Entre temps, ont été votées deux lois importantes se rattachant à la Bourse : 1° la loi du 15 juin 1872 sur la perte des titres au porteur, refondue dans celle du 8 février 1902, et 2° celle du 28 mars 1885 sur les marchés à terme.

827. — Ainsi, avant le XVIIIe siècle, les Bourses ont été principalement des centres d'opérations sur *marchandises*. Sans remonter à l'Agora ou au Forum, et à plus forte raison aux premiers échanges entre peuplades limitrophes, disons que le moyen-âge a pratiqué les marchés internationaux, les foires, avec beaucoup de retentissement et de succès.

Les foires de Champagne étaient fréquentées par des commerçants venus de toute l'Europe occidentale, comme furent fréquentées ultérieurement les foires de Lyon, et, jusque fort avant au XIXe siècle, celles de Beaucaire.

---

1. Les valeurs mobilières françaises se chiffraient approximativement il y a vingt ans par 80 milliards (calculs faits par M. NEYMARCK et présentés au Congrès de l'*Institut international de statistique*, tenu à Saint-Pétersbourg en août 1897). Il y aurait en outre dans les portefeuilles français une *vingtaine* de milliards en valeurs étrangères. Ces chiffres sont dépassés encore par ceux produits au Congrès de Paris de 1909 et aux réunions postérieures de l'*Institut*.

Les Flandres servaient aussi de rendez-vous aux marchands italiens, aux Anglais et aux Hanséates. D'après le témoignage de Guichardin (1567), confirmé par des recherches faites à la dernière époque dans les archives de Bruges [1], cette dernière ville a dû donner à ces réunions leur nom moderne. Des Florentins descendaient à Bruges dans l'hôtellerie des Van der Burse, grande famille de courtiers de cette place, et traitaient leurs marchés par l'intermédiaire de leurs hôtes. Mais le mot *foire* était usité davantage.

828. — Un type intermédiaire nous est offert par les « foires de change ». Les banquiers de différents pays se réunissaient sur la place désignée, munis de papier constatant des engagements entre négociants séparés par la distance. Ce papier était exigible en foire. La rencontre des porteurs et des tirés, c'est-à-dire des créanciers et des débiteurs, permettait de liquider les lettres de change, sans emploi de numéraire, par des virements et par des compensations, ainsi que cela arrive aujourd'hui dans un *clearing-house*. Elle donnait le moyen de connaître la valeur comparée des monnaies alors extrêmement nombreuses, et d'en établir le cours. Elle occasionnait un trafic de lettres de change en retour, de la foire sur les autres villes. Ce fut le cas notamment pour Lyon et pour Besançon (V. *infrà*, n° 1281).

§ 2. — Fonction économique des Bourses.

829. — Le rôle que les Bourses exercent dans notre organisation économique a trop d'importance pour être passé sous silence. Peu de personnes, même dans le milieu de la finance, sont en mesure de saisir ce rôle, et il se dit journellement sur le compte des Bourses les choses les plus fantaisistes, accusant l'ignorance de la fonction qu'exercent ces établissements.

C'est grâce à elles que *les produits trouvent leurs débouchés* : grâce à elles aussi que *se règle journellement leur prix*, d'après la concurrence.

La même remarque convient aux monnaies, aux capitaux disponibles, aux valeurs mobilières de toute espèce. Il faut à tous ces éléments de trafic un marché public. Par là, s'assurera leur écoulement. Par là encore, se fera connaître sur chacun d'eux le rapport actuel entre l'offre et la demande, et ce rapport se répercute sur le prix courant. C'est ce qu'on va essayer de démontrer, en examinant parallèlement les produits et les titres fiduciaires.

Les Bourses de marchandises et les Bourses de valeurs ne sont pas à tous égards organisées de la même manière. Cependant elles obéissent à certains principes communs.

830. — I. **Placement des produits et valeurs.** — La Bourse permet à un produit ou à une valeur de *se placer*.

Pour ne parler que des *produits naturels*, les récoltes mettent annuellement à la disposition des hommes des masses d'approvisionnements en grains, en fruits, en matières textiles, etc. Ces stocks sont destinés dans les deux continents à la consommation générale. Il s'agit de les distribuer et de les faire parvenir là où le besoin s'en fera sentir (voir l'Introduction, n° 7).

Les récoltes gagnent des lieux d'entrepôt, à proximité des régions de provenance. Mais le produit traverse également de grandes distances, il va gagner d'autres entrepôts dans les pays où les récoltes seront demandées.

Ces points de convergence de marchandises semblables sont des *places*. Les ports de mer, tant à l'exportation qu'à l'importation d'un produit, sont particulièrement voués à ce rôle d'accumulation de stocks : ils ne sont, bien entendu, pas les seuls à l'exercer.

---

1. EHRENBERG, dans la Revue de Goldschmidt (*Zeitschrift für Handelsrecht*), XXX, p. 403 et s.

Des nouvelles tiennent constamment le public au courant des entrées de marchandises dans ces entrepôts, de leurs sorties, des prochains arrivages. Sur la place, des intermédiaires instruisent la clientèle présente ou éloignée de ces quantités variables, et sollicitent d'elle des ordres de traiter.

831. — A côté des entrepôts se tient la Bourse en plein air, ou dans un local clos, à certaines heures du jour. Là se donnent rendez-vous les opérateurs appartenant aux deux camps adverses : ceux qui ont intérêt à se défaire du produit, ceux qui ont intérêt à l'acheter. La rareté de la marchandise, si elle est demandée, permet de la vendre rapidement et à un prix élevé. Son abondance déprime au contraire le cours, faute d'une demande égale à l'offre.

Le cours qui va se coter à la Bourse servira de commune mesure aux transactions dont la marchandise sera l'objet à la même époque et dans le même pays. On sera instruit du « juste prix » de ce produit ; sans ce régulateur donné par la publicité des transactions, toute base d'évaluation disparaîtrait.

Trop abondant sur une place déterminée, le produit peut révéler son insuffisance sur une autre C'est ce que la comparaison de la cote des différentes Bourses permettra de constater. Lorsque le coton se vendra moins cher à Liverpool qu'au Havre, ce sera la preuve que l'Angleterre a du coton en excédent et qu'il en manque en France. Les acheteurs français adresseront leurs ordres à Liverpool, ou bien les nouveaux arrivages d'Amérique se dirigeront vers le Havre. D'un pays à l'autre les cours se nivelleront.

La marchandise sera attirée sur les points où la consommation a besoin d'elle. Elle émigrera, par contre, des points où elle était en excès. C'est ainsi qu'il est pourvu, par la marche automatique des Bourses, à l'alimentation de groupes nombreux, éloignés géographiquement les uns des autres.

832. — Et de même, des placements de *valeurs fiduciaires*. Un Etat émet un emprunt, une société par actions se fonde. Des quantités de titres sont jetés sur le marché. Où sont les capitaux disponibles ? Comment savoir à quel degré ces titres inspirent confiance, si cette confiance doit avec le temps croître ou se réduire, et où est l'épargne pour les absorber ? C'est à la Bourse, et toujours par le jeu de l'offre et de la demande, qu'on se renseignera.

La valeur a pu être inscrite dans les Bourses de plusieurs Etats (on dit alors que c'est une *valeur internationale*). Le rapprochement des cours qu'elle cote au même moment sur ces différentes places servira de régulateur. Dans la Bourse où elle se vend bon marché, la demande du titre est faible : il y a pénurie ou indifférence de l'épargne. Les émetteurs transmettront donc leurs ordres de vente à la Bourse étrangère, où le titre coté plus haut trouve un meilleur débouché. Des opérateurs achèteront la valeur dans la première de ces Bourses, la feront revendre dans la seconde, réaliseront un gain d'*arbitrage*. L'équilibre s'établira entre tous ces cours, et la valeur se trouvera méthodiquement distribuée sur tous les points où elle est recherchée.

833. — Le trafic se compliquera de bénéfices à faire sur le change de deux monnaies. Les monnaies de deux Etats sont en rapport de valeur variable. Je puis avoir intérêt à acheter des Consolidés anglais au *Stock-Exchange* de Londres, non parce qu'ils y sont en baisse, mais parce que la monnaie anglaise perd au change avec la nôtre. J'aurai à m'imposer, moi Français, un moindre sacrifice en argent français. Que ces ordres d'achat de Paris sur Londres se renouvellent, et une balance de commerce, primitivement défavorable à l'Angleterre, se rétablira. L'immigration d'une valeur d'un territoire vers un autre redresse entre deux Etats un change qui avait été rompu (voir pour plus d'éclaircissements le chapitre du change).

834. — II. **La Bourse régulatrice des prix.** — Que les Bourses fassent connaître le prix d'une marchandise ou d'une valeur, c'est ce qui ressort des aperçus précédents. Elles permettent en outre de *régulariser* ce prix dans le temps, comme elles le régularisent dans l'espace. Elles lui communiquent une certaine stabilité.

Non pas une stabilité complète ; car c'est l'opinion qui fait les cours, et l'opinion est sujette à se modifier, de même que se modifient chaque jour les stocks et les besoins. Mais du moins une stabilité relative, et, pour la sécurité des affaires, il faut que les négociants puissent tabler sur des cours non sujets à de perpétuels écarts.

Ce résultat s'obtient par le fonctionnement du *marché à terme*, qui se distingue du marché au comptant, en ce que les opérateurs retardent jusqu'à une échéance convenue l'exécution double de leur convention, tant pour livrer que pour payer. Ils la reculent d'un mois, de deux mois par exemple.

835. — Le marché à terme prête aux plus vives attaques. Il peut devenir très répréhensible, selon la manière dont il est pratiqué. L'idée qu'il concourt à régulariser le cours n'est pas unanimement acceptée. Loin de là, on prétend volontiers qu'il joue dans le cours un rôle perturbateur. Et cela est vrai lorsqu'il est accompagné d'*accaparement* ou de *manœuvres*. Ces manœuvres, destinées à fausser le prix juste, provoquent des hausses ou des baisses insolites, coupables et artificielles.

Dans sa pratique ordinaire, le marché à terme produit, au contraire, un bon résultat. Il est l'instrument naturellement approprié à la *spéculation*.

836. — A. **La spéculation.** — « Spéculer », c'est acheter un ensemble de produits ou de valeurs à terme, avec l'intention de les revendre (et cela, probablement, avant d'en avoir pris livraison), de manière à réaliser un bénéfice par suite de l'écart entre les prix des deux marchés.

Ceux qui voudraient supprimer la spéculation ne savent pas ce qu'ils demandent. Ils ne la supprimeraient point d'ailleurs, en abolissant le marché à terme. Car, comme le démontre l'exemple de l'Allemagne dans le trafic des blés, depuis une loi du 22 juin 1896 atténuée en 1908, la spéculation se servirait du marché au comptant afin d'atteindre le même but. Elle y arriverait avec plus de gêne et moyennant l'emploi de plus de capitaux. On ne voit pas ce que les affaires y gagneraient.

Il est bon qu'il y ait des hommes pour se porter acheteurs, à un cours déterminé, de fortes quantités de grains, de cafés, ou de sucres, ou de forts paquets d'actions ou de rentes, livrables sur mars prochain ou fin courant. Cela est bon, alors même que ces opérateurs n'auraient pas en main la contre-valeur du marché qu'ils traitent.

Quoiqu'ils n'aient point la pensée de prendre livraison à l'échéance, le ministère de ces hommes est utile. Ils comptent revendre avant cette époque, à un meilleur prix, faire une opération inverse de la première, une *contre-opération*. Ils compenseront ainsi leur achat primitif avec une vente en sens contraire, et liquideront au moyen d'une différence, sans s'imposer une prise de possession, qui serait inutile, de marchandises ou de capitaux.

Ils auront ainsi *soutenu le cours* d'un produit ou d'une valeur, de manière à l'empêcher de fléchir entre temps. Ils auront assuré la stabilité du cours.

Tel est le rôle propre à la spéculation : bien augurer du placement d'une valeur, prendre temporairement position sur elle, et donner ainsi à ceux qui n'en ont pas le débouché immédiat le moyen d'agir comme si ce débouché était dès à présent acquis. Deux courts exemples le montreront.

837. — **La spéculation sur produits.** — *a*) Le blé, que donnent les récoltes des deux hémisphères, ne trouvera son placement que d'une manière successive ; il y sera pourvu par des séries de commandes industrielles, qui vont s'échelonner sur un an au moins. Les fabrications meunières ou autres qui opèrent sur le blé s'approvisionneront au jour le jour.

Ces approvisionnements seront intermittents. Il y aura des époques où les demandes s'animeront, et d'autres où elles se ralentiront. Les minoteries, qui se couvrent d'avance en grains pour toute la campagne, forment l'exception.

Faites abstraction des spéculateurs. Le prix du comptant sera le seul régulateur du cours : ce prix se déterminera d'après les besoins du moment, qui ne sont pas en proportion avec une offre portant sur un stock annuel.

Le prix offert sera faible, toutes les quantités entreposées ne trouveront pas acheteur. Les producteurs devront garder leur blé en magasin pendant plusieurs mois : ce sera le chômage de leur marchandise et l'impossibilité de rentrer dans leurs déboursés.

En outre, le cours sera instable : vienne une forte activité dans les ordres de fabrication, le prix se relèvera par soubresaut, mais pour retomber le lendemain. L'industriel, qui a pris une commande de farines, en évaluant le revient du blé à 25 fr., sera obligé de l'acheter à 28, ce qui l'induit en perte.

En faisant intervenir la spéculation, ces à-coups disparaissent. La récolte est enlevée tout entière par des opérateurs qui la traitent à terme. Ils conviennent d'un délai déterminé pour les livraisons et pour le règlement du prix. Le blé reste bien en entrepôt, mais il est trafiqué. Au regard des producteurs, les spéculateurs occupent, par anticipation, la place de tous les consommateurs à venir. Ils revendront à d'autres. Leurs acheteurs chercheront à leur tour à revendre, et ainsi de suite : au terme de la filière, apparaîtra celui, meunier ou autre, qui a besoin du blé et qui en prendra livraison.

838. — Résultat final. Par leur marche combinée, comptant et terme assureront sur l'ensemble du stock un trafic continu ; les écarts seront plus faibles que si le comptant fonctionnait seul. Entre les producteurs et les consommateurs ou hommes de fabrique, se sont interposés des opérateurs qui, sans manutentionner le produit, ont été *assureurs du maintien des cours*, et en outre ont payé aux producteurs le montant des stocks non encore écoulés.

839. — Un grand nombre de Bourses de marchandises sont insuffisamment réglementées [1]. Cela fortifie les attaques dirigées contre le marché à terme, sous prétexte qu'il n'est qu'un jeu déguisé. Dans quelques-unes de ces Bourses, la marchandise ne peut pas donner lieu à des livraisons en produits utilisables. Le filateur n'arrive pas à s'approvisionner en cotons de bon rendement, lorsqu'il achète à terme, en Bourse. Pour alimenter son usine, il traite (et c'est tout autre chose) une opération à livrer (ou en disponible), avec un correspondant particulier et en spécifiant le type, le classement nécessaire.

Ce classement est absent des règlements de certaines Bourses de marchandises (non pas de la Bourse du commerce de Paris, où l'on traite sur des produits de choix, d'une espèce déterminée, et où les livraisons s'effectuent sur des quantités préalablement expertisées). On s'en est dispensé, faute de pouvoir coter autant de cours à terme qu'il y a de variétés dans la marchandise. L'unité-base manque, et c'est fâcheux.

Si le fabricant-acheteur voulait prendre livraison de la marchandise traitée, le vendeur serait en droit de lui offrir un produit de qualité marchande quelconque, à la seule condition de ne pas lui en proposer de l'espèce la plus mauvaise (art. 1246 C. civ.). L'acheteur, pour obtenir le classement qu'il lui faut, devrait alors le préciser et payer un supplément,

1. Voir ci-dessous, n°s 1032 et s., les tentatives faites à la dernière époque, à l'effet de combler cette lacune législative.

pour le montant duquel il serait à la discrétion du vendeur. Aussi, lorsqu'on a commencé par faire un marché à terme, le règlement par contre-opération ou par différences est-il préféré.

Ce cours de Bourse se maintient toujours au-dessous du prix réel de la marchandise véritable Ce qui a fait dire encore que la Bourse exerçait contre les producteurs une pression dans le sens de la baisse.

Toutefois, même avec ses défauts, la Bourse continue à régler les cours. Elle permet notamment à l'homme de fabrique de se couvrir contre un revirement des prix. Il se procurera ses approvisionnements au moyen d'un « marché à livrer » ou « en disponible », bien différent de l' « opération différentielle » par lui précédemment faite. Mais l'opération différentielle, concurremment traitée par lui, fait qu'il récupère la cherté de son produit en cas de baisse, pour ne lui enlever qu'un surcroît de bénéfice en cas de hausse (voir n° 1049, en note, sous le contrat de vente).

840. — La spéculation sur valeurs. — *b*) Les mêmes idées président à la Bourse des valeurs fiduciaires.

Au jour de l'*émission* d'un emprunt d'Etat ou du capital d'une société anonyme, l'*épargne* qui doit constituer les fonds de ce placement n'est pas encore prête à y répondre. Il convient de lui laisser le temps soit de se former, soit de réagir contre une défiance naturelle à l'égard de toute valeur nouvelle.

Entre l'Etat ou la société qui offre ses titres, et le public qui ne viendra à eux que timidement, par petites colonnes, il faut un corps de souscripteurs, en quelque sorte intérimaires. Les *spéculateurs* composeront ce corps de souscripteurs ; eux, les allumeurs d'entreprises, que séduit le risque des affaires nouvelles, ils prendront le bloc des titres, s'en réservant l'*introduction* sur le marché à mesure que la valeur gagnera la confiance du public.

Ils verseront, d'une part, les sommes des souscriptions. Ils y rentreront, d'autre part, en revendant successivement les titres aux personnes disposées à les prendre. Cela peut exiger un temps assez long. Jusque-là les titres restent flottants, ils ne sont pas encore *classés*.

Ce travail de distribution, sans secousses, suppose, comme pour l'écoulement d'un produit, le fonctionnement du marché à terme. Les acheteurs au comptant seront trop lents à venir. Le spéculateur subira le chômage de son argent et un risque prolongé, il préférera ne pas s'aventurer.

S'il lui est permis, au contraire, de transporter le risque à d'autres financiers, il s'enhardira. 10.000 titres, qu'il a pris lors des émissions, se trouveront divisés, après une campagne de quelques semaines, entre un nombre plus ou moins grand de spéculateurs comme lui, associés avec lui ou à sa suite aux chances de succès des émissions.

Et, seul, le marché à terme leur a rendu possible cette *participation aux risques de placement*, avec cette *assurance des cours* ; car le marché au comptant aurait exigé un roulement de capitaux au-dessus de leurs moyens.

841. — B. Le découvert. — L'analyse précédente montre la spéculation, c'est-à-dire le parti des haussiers. Celui qui souscrit ou qui achète une valeur, avec l'intention de la revendre, compte voir monter cette valeur. Chaque couche nouvelle d'acheteurs cherche à réaliser sa prime.

Le calcul de l'opérateur peut être déjoué. Une trop grande abondance de stocks, un déclin de confiance, détermineront la baisse. C'est alors par une perte, non par un gain, que se liquidera sa spéculation.

Or, il existe à la Bourse un parti opposé à la hausse : le parti du *découvert* ou des *baissiers*. Le baissier vend à terme avant d'avoir acheté, il compte « se racheter » sur un cours moins élevé que celui de sa vente primitive. Ce qui lui procurera un bénéfice, c'est non l'ascension, mais tout au contraire le fléchissement, la réaction du cours.

La baisse est, dans l'opinion populaire, plus sévèrement jugée encore que la hausse. Elle est mal vue des gouvernants, préoccupés de la bonne tenue des fonds d'État. Le droit de la Bourse est organisé en faveur de la hausse (voir ci-dessous les conventions d'usage permises à l'acheteur à terme et refusées au vendeur : — prime, escompte, nullité d'après l'ancienne jurisprudence de la vente à découvert). Les baissiers seraient de mauvais patriotes, parce qu'ils complotent le discrédit de la rente.

Cette appréciation n'est pas juste. Le *découvert* intervient aussi légitimement que la *spéculation*. Il sert de correctif aux exagérations de la hausse. Il peut aussi conjurer les crises.

La hausse a dépassé toute mesure. Puis l'opinion se ressaisit : il y a pléthore de stocks, la valeur ne peut donner un taux de rendement proportionné au prix auquel la spéculation l'avait portée. Le cours s'effondrera, impuissant à tenir un moyen terme, précipité par la panique. Le découvert, en faisant contrepoids à ces excès, équilibre le marché et le préserve d'une débâcle.

Au nombre croissant d'acheteurs en spéculation, vient correspondre un nombre égal de vendeurs, convaincus d'un prochain recul, à la faveur duquel ils se couvriront. Les prix se pondéreront.

Le vendeur ne soutient pas les cours, il les *contient* dans les limites raisonnables. Notamment sur le marché des produits, le baissier joue un rôle utile : sans lui, les industriels seraient livrés à la merci de la spéculation, des tentatives d'accaparement, et obligés d'acheter très cher.

842. — Permanence du marché à terme. — Les remarques ci-dessus expliqueraient encore une autre particularité de la Bourse. Le marché à terme est pratiqué d'une manière permanente. Cependant, semble-t-il, s'il n'avait d'autre but que de favoriser l'absorption des titres (ou des marchandises) par le comptant, le marché à terme ne devrait être permis que pour le temps nécessaire à cette absorption.

Plusieurs mois après l'émission d'un emprunt, le classement des titres est achevé. Le marché à terme ne répond plus à aucun besoin. — La loi, continuant à en permettre l'usage, encourage de simples jeux et paris, dissimulés sous une hypocrite appellation.

Cependant cela n'est pas. La valeur peut tomber sous l'empire d'un fait irréfléchi (troubles politiques ou autres), l'épargne manquant de sang-froid. La spéculation corrige ce mouvement, ses ordres d'achat à terme relèveront le cours. Il se formera des syndicats de soutien, de relèvement des cours.

Inversement, lorsque les capitaux disponibles se précipitent avec intempérance sur des valeurs classées, le découvert servira de frein. Des vendeurs entreront en scène, sans titres en leur possession. La hausse s'arrêtera.

Bref, même après un placement de titres ou de récoltes, le marché à terme continue son rôle modérateur.

Cela ne prouve d'ailleurs : 1° ni que spéculation et découvert doivent être pratiqués par des personnes quelconques : chez les désœuvrés et les gens sans expérience, ils amènent ou la ruine ou des fortunes imméritées, scandaleuses ; — 2° ni que le législateur doive librement autoriser le marché à terme, et fermer les yeux sur les procédés de violence et de dol, dont il se rend trop souvent coupable.

843. — Nous aurons, dans la suite de cette introduction, à nous occuper : 1° de l'organisation des Bourses ; 2° du personnel des intermédiaires qui les fréquentent, et 3° de l'objet des transactions qui s'y traitent. — C'est des Bourses d'effets que nous parlerons principalement. Les explications concernant les marchés des autres Bourses, leur mode de liquidation par le moyen des filières, ainsi que les courtiers de marchandises, trouveront mieux leur place, lorsque nous traiterons de la vente ou des opérations d'entremise (surtout n°s 1031 et s.).

§ 3. — Organisation des Bourses.

844. — L'art. 71 C. com. détermine le vrai caractère de la Bourse, en disant qu'elle est une *réunion publique*. Il est ainsi conçu : « La Bourse de commerce est la réunion qui a lieu, sous l'autorité du gouvernement, des commerçants, capitaines de navire, agents de change et courtiers ».

L'expression *Bourse de commerce* avait, en 1807, un sens très large. On y comprenait toutes les Bourses, quel que fût l'objet du trafic qui s'y effectuait. Aujourd'hui l'on tend à restreindre le vocable aux Bourses de marchandises : les Bourses de valeurs ou de titres restent en dehors de cette appellation.

845. — Il ressort de l'art. 71 que la pratique des Bourses ne se limite point aux *achats* et aux *ventes*. Il y a dans le commerce d'autres contrats dont les conditions doivent être réglées par un prix courant, lequel se traite également sur le marché public.

Ainsi en est-il des *affrètements* ou des *assurances maritimes*. Le montant du fret, le taux des primes pour une traversée déterminée doivent être tenus incessamment à la connaissance des négociants. Il y aura donc des *Bourses de fret ou d'assurances* ; personnellement ou par le concours de courtiers, les capitaines ou agents des Compagnies y feront leurs propositions de connaissements ou de polices d'assurances.

846. — Local. — C'est avec raison que la loi définit la Bourse une réunion, et non un *local*. . Le local est sans influence sur son organisation : il n'est pas toujours soumis, en tant que propriété, à une condition uniforme.

En effet, l'édifice servant de Bourse peut faire partie du domaine public, soit de l'*Etat* (L. 28 ventôse an IX), soit de la *ville*, qui en prête alors l'usage au commerce intéressé : ce dernier régime est à Paris celui de la Bourse des effets (L. 17 juin 1829), tandis que la Bourse du commerce ou des marchandises y est exploitée par l'entrepreneur qui a construit l'immeuble et s'en est fait attribuer la *concession* — L'édifice pourrait appartenir à la *Chambre de commerce*, si celle-ci l'avait construit à ses frais (Marseille), ou même à un *particulier*, un service public pouvant siéger dans un bâtiment privé Il n'est pas sans exemple que la Bourse se tienne en lieu découvert. Il n'y a dans les conditions de son installation aucune règle générale à poser.

847. — Service d'intérêt public. — Mais toute Bourse est placée sous l'autorité du gouvernement. Cette réunion périodique, quotidienne, répond à un *service d'intérêt général*. Indépendamment des nombreux services publics, de police, de justice, de rentrée des impôts, etc., l'Etat doit en entretenir un, ayant pour objet la circulation publique des valeurs ou des produits, ainsi que la détermination de leurs cours. Là où ce service ne rentre pas dans son administration immédiate, il doit être placé sous son contrôle.

On eût compris à la rigueur le régime de liberté : les intéressés se grouperaient librement, et organiseraient des réunions afin de conclure leurs marchés. Depuis la loi du 21 mars 1884, les personnes de profession similaire peuvent s associer en vue de la défense de leurs intérêts communs. Des financiers, des opérateurs sur blés, sur farines, sur alcools, etc., se constitueraient respectivement en syndicats professionnels, moyennant certaines conditions d'entrée. Ces syndicats fixeraient un « règlement de marché » obligatoire entre les sociétaires : ils s'attacheraient des courtiers ou agents de change, et pourvoiraient à l'entretien du local qui leur est nécessaire. Ils publieraient un bulletin des cours, qui n'aurait d'autre valeur que celle d'un document particulier.

C'est là le trait propre au *Stock-Exchange*, de Londres ; c'est également le système suivi sur un certain nombre de places allemandes, quoiqu'une loi impériale des Bourses du 22 juin 1896 [1] ait renforcé les pouvoirs de l'autorité centrale, par l'homologation administrative des statuts des Bourses, et par l'institution obligatoire auprès d'elles d'un commissaire d'Etat.

848. — Le gouvernement. — En France, la manière extérieure dont se traitent les affaires dans certaines Bourses de marchandises, et l'action dont disposent auprès de celle de Paris les Chambres syndicales pour le commerce des farines, blés, avoines, sucres, alcools, etc., donneraient à croire que cette organisation autonome est également en vigueur. Mais, en réalité, ce fonctionnement de syndicats voile une réglementation administrative, assez complexe, qui donne aux pouvoirs publics la haute main sur ce service (V. ci-dessous n°s 1032 et s., particulièrement n° 1034).

L'honnêteté du trafic de Bourse n'intéresse pas seulement ceux qui y participent. Tous les groupes de la société sont atteints par les manœuvres qui s'y exercent, par les spéculations outrées auxquelles la Bourse peut servir de refuge. La détermination d'un cours, exempt de fraude ou de pression, importe à la masse des citoyens.

L'*Etat* s'est donc réservé sur les Bourses un droit de souveraineté et de police supérieure. Ce droit se traduit, avant tout, par la faculté d'en *autoriser* ou d'en interdire l'*ouverture*. Une Bourse ne peut être créée que moyennant un *décret* rendu par le chef de l'Etat, sur la proposition du ministre du commerce, ou, lorsqu'il s'agit d'une Bourse de valeurs pourvue d'un parquet (voir ci-dessous, n° 865), sur la proposition du ministre des finances.

Cela est d'autant plus notable, que les réunions publiques sont actuellement libres (L. 30 juin 1881). Il y a des pays, comme la Belgique (1867), qui, partant de la liberté de réunion, en ont conclu que les Bourses devaient être libres, elles aussi. Telle n'est pas l'organisation française.

L'Etat, par suite de règlements de ses pouvoirs publics, détermine les prescriptions auxquelles doivent se conformer les intermédiaires, le taux de leurs cautionnements, la nature des négociations permises (art. 90 C. com.). Il statue également sur les conditions d'accès aux Bourses : toute personne peut y pénétrer, à l'exception des mineurs, des femmes (arg. arr. 27 prairial an X : la Bourse est ouverte aux *citoyens* et étrangers), à l'exception encore des faillis non réhabilités (art. 613 C. com.). En Angleterre, le *Stock-Exchange* est strictement fermé aux personnes étrangères à la corporation qui administre la Bourse.

Mais on va voir que l'Etat s'est dessaisi des attributions afférentes au fonctionnement des Bourses, et qu'il les a déléguées soit à la *municipalité*, soit à la *Compagnie des agents de change*.

849. — L'autorité municipale. — La police de la Bourse est attribuée à l'*autorité municipale*. C'est elle qui veille au bon ordre des réunions. Le maire, le préfet de police à Paris, en fixe les heures d'ouverture et de fermeture (après avis de la Chambre syndicale des agents de change ou du tribunal de commerce, D. 7 octobre 1890, art. 48). Un commissaire spécial pourrait être institué, pour s'opposer aux troubles ou pour les réprimer. L'autorité municipale pourrait également prendre des règlements, afin de rendre effectives, au moyen de justifications d'identité, les interdictions d'entrée établies contre certaines catégories de personnes.

850. — La Chambre de commerce. — Aucune de ces mesures ne concerne l'entretien du local de la Bourse, son administration budgétaire. Il y est pourvu par la *Chambre de commerce* : établissement public qui représente les intérêts commerciaux de la place et de l'arrondissement.

La Chambre de commerce est chargée de l'aménagement de la Bourse, et doit supporter sur son propre budget les dépenses d'installation et d'entre-

---

1. Voir Savous, *Les Bourses allemandes de valeurs et de commerce*, th. 1898 ; Lescure, *Le marché à terme de Bourse en Allemagne*, th. 1908.

tion, location d'immeubles et autres frais nécessités par elle. Elle est autorisée, en vue de ce service, à faire recette de trois centimes additionnels au principal de la patente, sur les catégories de contribuables les plus fort imposées.

851. — Les intermédiaires. — Enfin il y a, à la Bourse, des *intermédiaires* officiels, réunis en corporation.

Cette corporation n'a avec la Chambre de commerce aucune attache. Elle n'est pas composée non plus de fonctionnaires et, si elle se trouve placée sous la discipline des pouvoirs publics, ce n'est que d'une manière assez relâchée. Néanmoins, la loi a cru devoir se démettre aux mains de cette corporation, et de chacun de ses membres, du véritable rôle actif dans le fonctionnement des Bourses. Ce rôle consiste à s'interposer dans les marchés, à les prémunir contre les manœuvres et les agiotages et à assurer la publication sincère du cours.

Tant que les médiateurs à la Bourse devront se faire investir de leurs fonctions après vérification de leur honnêteté et de leurs aptitudes, ce régime pourra être conservé, et offrira à la police de la Bourse des garanties. Mais, si la profession d'intermédiaire devenait libre, il cesserait d'en être ainsi. L'Etat n'aurait-il pas alors à retirer à la Compagnie des agents intermédiaires quelques-unes de ses attributions actuelles, notamment le droit si important, et si accessible aux abus, de certifier la cote ? Ce sont là des fonctions que l'Etat aura chance de reprendre en exercice direct.

852. – Courtiers. — Les Bourses sont fréquentées par des opérateurs agissant en leur nom propre et pour eux-mêmes. Le fait est frappant dans les Bourses de marchandises : les négociants traitent directement des affaires qui les concernent. Plusieurs de ces Bourses sont des lieux de réunion où les commerçants et fabricants causent ensemble de leurs affaires. Ils se font des propositions ou achèvent de précédents pourparlers.

Mais il se trouve également aux Bourses des *intermédiaires* pour rapprocher deux offres de marché qui ne se rencontrent pas d'elles-mêmes. Ces intermédiaires sont compris sous la dénomination générique de *courtiers*. Ils sont rétribués par un courtage sur le prix de l'opération. — Quoique ne spéculant point, ils font des actes de commerce (art. 632 C. com.). Comme ils les exercent à titre de profession, ils sont commerçants (art. 1er C. com.).

Indépendamment des courtiers, il y a à la Bourse des commissionnaires, achetant ou vendant en leur nom pour le compte d'autres personnes. On va voir que les fonctions de « courtier » et celles de « commissionnaire » tendent à se pénétrer et à se confondre.

§ 4. — Règles de la profession d'agent de change[1].

853. — Agents de change. — Lorsque le courtage est pratiqué sur les valeurs ou effets, le courtier devient un *agent de change*. L'expression ne répond plus à ses attributions modernes ; car le courtage du change, papier ou monnaie, a été, depuis un temps assez éloigné, abandonné par l'agent de change aux banquiers ou autres trafiquants cambistes.

Les agents de change pourvoient en réalité à l'*exploitation commerciale de la Bourse des effets* ; ils touchent sur l'opération un courtage dont le taux est fixé sur chaque place par la Chambre syndicale, dans la limite maxima des règlements, sans qu'un agent puisse se contenter d'un courtage plus faible.

1. WALDMANN, *La profession d'agent de change*, 2e éd., 1910.

854. — L'agent de change est un *officier public* ou ministériel, nommé par le gouvernement. Le chef de l'Etat le désigne (art. 74 C. com.), sur la proposition tantôt du ministre des finances et tantôt du ministre du commerce, suivant que la Bourse, auprès de laquelle l'agent est institué, possède ou non un parquet. Ces offices sont en nombre limité, il y en a 60 (ou plutôt actuellement 70) à Paris (décret du 29 juin 1898), 30 à Lyon, etc.

La charge d'un agent de change, comme celle d'un notaire, est depuis 1816 pourvue d'un droit de présentation dont le titulaire peut faire trafic. *En fait*, l'office est *vénal*. Strictement, il n'est pas dans le commerce (n° 351). Mais celui qui l'occupe peut, en se retirant, proposer, moyennant finance, son successeur à l'agrément du gouvernement. Ces charges se vendent très cher : à Paris plus d'un million. La Chambre syndicale d'abord, puis le gouvernement, contrôlent le traité de cession.

Le candidat doit répondre à certaines conditions certifiant son honorabilité, sa solvabilité et ses aptitudes. Il faut avoir 25 ans, être Français, jouir des droits politiques, avoir satisfait à la loi sur le recrutement, justifier d'un stage de quatre ans chez un agent de change ou chez un banquier (D. 7 octobre 1890, art. 1er et 3). La Chambre syndicale doit émettre un avis favorable.

L'agent de change est assujetti à un *cautionnement*, répondant de ses faits de charge. Pour Paris, le cautionnement est de 250.000 fr. Le droit fixe, afférant à la patente de la profession, s'élève, toujours à Paris, à 2.000 fr. (plus la taxe de 50 fr. par employé au-dessus de 5). L'agent ne peut entrer en fonctions qu'après avoir justifié du versement de ce cautionnement, et prêté serment devant le tribunal de commerce (D. 1890, art. 5).

855. — **Société formée par un agent de change.** — La charge est souvent exploitée en *société*. Cela tient au prix qu'il faut y consacrer. L'agent n'a pas une fortune suffisante pour l'acquérir et pour l'exploiter.

Cette société serait interdite en vertu des principes. L'adjonction d'associés a été *exceptionnellement* permise à l'agent de change par la loi du 2 juillet 1862 (nouvel art. 75 C. com.), et seulement auprès des Bourses pourvues d'un parquet. Elle ne peut pas se constituer sous une forme quelconque. L'agent doit exercer personnellement sa charge et engager envers les tiers sa responsabilité indéfinie. Les bailleurs de fonds ne seront tenus que jusqu'à concurrence de leurs mises ; et ils ne peuvent posséder dans le capital de la charge, ainsi que dans le cautionnement, une fraction supérieure aux *trois quarts*.

Il y a donc une grande analogie entre eux et des *commanditaires*. Mais quoique sujette aux mêmes conditions de forme et de publicité qu'une commandite simple, la société pour l'exploitation d'un office d'agent de change n'est pas ainsi dénommée. Cela présente quelque intérêt en ce qui touche l'*immixtion du bailleur de fonds*. Sans doute, l'associé d'un agent de change ne peut pas en principe exercer les actes de la charge, puisque la gestion doit rester aux mains de l'agent lui-même, et cela le rapproche du commanditaire ordinaire. Mais la règle comporte exception.

L'agent a, en effet, le droit de choisir des *commis principaux* ou mandataires spéciaux en nombre déterminé par les règlements de la Compagnie (*six* à Paris) ; commis qui, agréés par la Chambre syndicale, restent soumis à sa discipline. Ces mandataires, qui ne peuvent vendre leurs fonctions, seront chargés de prendre part aux négociations dans la limite de leur mandat, et ils pourront remplacer l'agent à la corbeille ainsi que dans la tenue du carnet (D. 7 octobre 1890, art. 35 et s.) [1].

Or le poste de commis principal (ou de fondé de pouvoir) pourrait être,

1. L'agent peut aussi, même dans les Bourses sans parquet, constituer pour les actes autres que pour les négociations, signatures de bordereaux et certifications de transferts, des *fondés de pouvoirs*, en vertu d'une procuration approuvée, s'il y a lieu, par la Chambre syndicale (même décret, art. 34).

sous le contrôle des règlements, conféré au bailleur de fonds, sans obligation éventuelle à tout le passif ; tandis que, suivant le droit de la commandite, les art. 27 et 28 C. com. l'exposeraient à cette responsabilité indéfinie.

Les actes relatifs à l'adjonction de bailleurs de fonds ou aux modifications apportées à leur personnel, sont soumis à l'approbation de la Chambre syndicale et communiqués au ministre des finances (D. 1890, art. 3 et 6).

856. — L'agent est commerçant. — Comme l'agent de change est un *courtier*, et que le courtage constitue un acte de commerce (art. 632), son ministère le rend justiciable du tribunal de commerce envers sa clientèle. En outre, il est commerçant de profession et sujet à la faillite s'il manque à ses engagements (art. 1er C. com.). Cette commercialité de la profession était autrefois contestée, mais par des raisons plus spécieuses que fondées.

857. — *a*) L'agent de change, disait-on, exerce une *fonction publique*. Or, entre la fonction publique et le commerce, il y a contradiction ! — Cette affirmation est vraie dans la grande généralité des cas. Elle ne l'était point en tout cas sous l'ancien régime, à l'époque où florissaient les offices ; elle comporte des tempéraments, et la position actuelle de l'agent de change nous en laisse précisément apercevoir un.

b) La loi du 8 décembre 1883, sur les élections des juges consulaires, donne droit d'élire et d'être élus aux tribunaux de commerce, aux commerçants d'abord, puis, dans la suite de l'énumération que donne le texte, aux agents de change (et aux courtiers de divers ordres), art. 1er et 8. S'il a fallu les mentionner, c'est que les agents de change n'étaient pas déjà compris dans l'appellation de commerçants ! — Il faut répondre que la loi de 1883, comme précédemment celle de 1871, n'a point tranché la question de principe que soulève la nature de la profession de l'agent de change. Elle a entendu lui assurer, une fois pour toutes, le droit qui lui avait été contesté (avant ces lois) de concourir aux élections consulaires ; car il est juste qu'il y concoure.

858. — *c*) Si l'agent de change était commerçant, il aurait tout pouvoir à l'effet de conclure des *opérations de commerce pour son compte*. — Or, ce droit lui est refusé, avec des sanctions très rigoureuses : en cas de contravention, il encourra, par jugement rendu en police correctionnelle, une *amende* de 3.000 fr., ainsi que la *destitution*, avec impossibilité d'être réintégré ; et, venant à faire faillite, par suite de ses spéculations, il sera de plein droit traité comme *banqueroutier*, avec application aggravée de la peine des travaux forcés à temps, si cette banqueroute est simple, et de celle des travaux forcés à perpétuité, si elle est frauduleuse (art. 85 à 89 C. com., art. 404 C. pén.).

859. — Ainsi l'agent de change ne peut s'intéresser, même sous un nom interposé, dans aucune entreprise commerciale.

Il pourrait posséder un portefeuille particulier de valeurs et faire un placement en actions industrielles comme en titres de rente, puisque, dans notre doctrine, la souscription d'une action est de sa nature un acte civil (n° 333). Mais il lui est interdit d'exploiter une banque, une manufacture, un commerce.

Il n'a pas le droit de souscrire une lettre de change, puisque cette nature d'effet laisse présumer une opération de commerce (arr. 27 prairial an X, art. 10). — Il ne saurait trafiquer pour lui-même à la Bourse sur une valeur.

On comprendrait un régime moins sévère : il n'aurait pas le droit, dans une négociation où il a été choisi pour intermédiaire, de prendre un intérêt ; ou, pour parler plus brièvement, de faire la *contre-partie de son client*.

A cela près, le commerce lui resterait accessible : il pourrait, par exemple, jouer le rôle personnel d'opérateur dans des ordres à terme donnés à un confrère.

Notre loi est plus exigeante : elle n'admet l'exercice du commerce par l'agent, sous aucune forme ni dans aucun cas.

La raison en est simple : les agents ne peuvent faire respecter la neutralité du marché qu'en s'abstenant d'y participer. Ce sont eux qui feraient le cours, s'ils se mêlaient personnellement à la spéculation. La position qu'ils prendraient sur une valeur leur enlèverait toute impartialité. Ils exerceraient une pression sur la cote et se prêteraient aux manœuvres des boursiers. Dussent-ils pratiquer le commerce en dehors de la Bourse, ils négligeraient la fonction de haute surveillance dont le gouvernement les a honorés.

860. — De cette interdiction, on a conclu au *caractère civil de leur office*. S'ils ne peuvent pas pratiquer le commerce, ils ne sont pas commerçants !

C'est un jeu de mots. Leur médiation est commerciale et, en tant qu'ils exercent leur charge, ils sont bien commerçants. Seulement, ce sont des commerçants auxquels la loi refuse le droit de faire le commerce, à côté de leurs fonctions professionnelles. Un négociant, qui ne peut pas joindre à son commerce ordinaire un autre trafic : anomalie si l'on veut, mais non pas inconséquence [1].

861. — Ainsi, aucun des arguments, articulés pour dénier à l'agent de change la condition de commerçant, n'est de nature à ébranler la thèse qui lui reconnaît au contraire cette qualité [2].

862. — Privilège de l'agent de change [3]. — L'agent de change dispose d'un *privilège* d'entremise dans la négociation des valeurs (art. 76 C. com.). La portée de ce privilège sera examinée plus loin. Toute personne qui a besoin d'un intermédiaire pour vendre ou pour acheter une valeur, doit recourir à un agent de change. On peut traiter directement avec une contre-partie : proposition que conteste d'ailleurs la jurisprudence dans le marché à terme (n° 987). Sitôt qu'on emploie un courtier, ce doit être l'officier public. Ce privilège, on le verra, est violé par les empiétements de la coulisse (n° 873).

A raison de ce rôle de courtier, doublé de celui de commissionnaire par suite du secret professionnel, l'agent de change traite *pour compte d'autrui*, et le plus généralement avec un confrère, courtier de l'autre partie.

Ni les conditions, ni l'objet, ni les effets de ces marchés ne sont déterminés en pleine liberté. Des règlements fixent la forme des marchés, leur échéance, leur mode de liquidation, etc. Une opération de Bourse est une

---

1. A consulter sur ce point, et sur un certain nombre de questions concernant la Bourse des valeurs, notre livre : *De la faillite des agents de change*, 1883.

2. Cette même controverse se retrouve à l'égard d'une catégorie de négociateurs assermentés qu'on rencontre dans les marchés municipaux : les *facteurs aux halles*, intermédiaires entre les vendeurs et les acheteurs en gros de denrées alimentaires. Ils sont soumis à une discipline stricte, et constituent de véritables officiers publics auxquels il est interdit de faire pour leur compte le commerce des produits qu'ils sont chargés de vendre (V. les art. 3 et 4 du décret du 23 avril 1897). Pendant longtemps on les a considérés comme exerçant un office civil ; depuis la loi du 11 juin 1896, la jurisprudence tend à leur reconnaître la qualité de commerçants (Paris, 27 avril 1898, et note Chauveau, dans les *Annales de droit commercial*, 1891. 1re p., p. 33 ; Req., 30 décembre 1907, S. 1908, 1, 385, note Lyon-Caen ; *Contra*, Com. Seine, 5 décembre 1899, S. 1900, 2, 83).

3. Hayaux du Tilly, *Du marché financier et de sa réglementation*, th. 1901 ; Boissière, *La Compagnie des agents de change et le marché officiel de la Bourse de Paris*, th. 1908.

opération conclue selon les règlements de la Bourse, et par référence aux dispositions qu'établissent ces règlements.

D'ailleurs, tous les règlements de Bourse n'ont pas le même caractère. On en distingue deux espèces (art. 73 C. com.) :

1° Les *règlements généraux d'administration publique*, tels que le décret de 1890, qui statuent par voie impérative, et qui disposent de l'autorité de la loi, parce qu'ils proviennent d'une délégation de la loi ;

Et 2° *les règlements particuliers* des diverses Compagnies d'agents de change. Ceux-ci sont délibérés par les agents d'une même Bourse, formant corporation. Ce sont des dispositions que les agents suivront les uns vis-à-vis des autres, notamment dans les marchés où ils joueront respectivement le rôle d'intermédiaires. Ces règlements doivent être homologués par le ministre des finances ou du commerce (art. 82 du décret de 1890). Ils diffèrent suivant les places. Fait plus frappant : ils ont entre les agents la valeur d'une *convention*, et non pas celle d'un *acte* supérieur de *commandement*. Aussi ces règlements ne s'appliquent-ils point vis-à-vis des personnes étrangères à la Compagnie : ils sont sans effet au regard des clients en contestation avec leurs agents [1].

863. — Les ordres de négociation donnés aux agents de change s'exécutent généralement à la Bourse, pendant le temps où elle se tient.

A cet égard il faut établir une différence entre : 1° les *Bourses ordinaires*, et 2° les *Bourses pourvues d'un parquet*.

864. — Bourses ordinaires. — Une *Bourse ordinaire* ne sert pas de siège à une criée de valeurs ; les agents n'y ont pas une place déterminée qui les sépare de l'ensemble des opérateurs.

Ces Bourses n'ont qu'une médiocre importance. Le mouvement des cours n'est point impressionné par leur trafic, elles subissent au contraire la marche des Bourses des autres places. Elles ne publient pas de cours.

Quoique l'art. 74 prétende qu'il y a des agents de change dans toutes les villes qui ont une Bourse, cela n'est pas absolument exact. Certaines Bourses pourraient n'en pas avoir, comme à l'inverse le gouvernement pourrait instituer des agents sur une place dépourvue de Bourse. Les agents, quoique réunis en compagnie, n'ont pas de Chambre syndicale à leur tête.

865. — Bourses pourvues d'un parquet. — Bien plus perfectionné est le régime des *Bourses pourvues d'un parquet* ou d'une corbeille. Celles-ci se trouvent placées sous la discipline du ministère des finances et non de celui du commerce. Elles nécessitent plus de surveillance : le trafic des valeurs y est bien plus actif, et les manœuvres des opérateurs risquent de déterminer des crises graves. Il y a sept Bourses de ce genre en France [2].

Ce qui les distingue, c'est la manière dont s'y effectuent les négociations. Un emplacement, appelé *corbeille*, isolé par une balustrade du reste du public, est occupé par les agents pendant la durée de la Bourse : les agents, qui restent d'ailleurs en relations avec leur clientèle durant tout ce temps, et qui reçoivent constamment d'elle des ordres d'opérer, échangent à haute voix leurs propositions de marchés, soit en ventes, soit en achats. « J'ai. — Je prends ». Les cours sont ainsi l'objet d'un débat public, comme dans une vente aux enchères proprement dite.

---

1. Cependant on y trouve des dispositions concernant les droits et obligations des clients envers la charge. Ex. : le délai de livraison des titres ou des fonds (art. 42 et 43 du règlement *particulier* des agents de Paris, approuvé le 3 décembre 1891, modifié le 29 juin 1898, et appelé avant 1890 règlement *général*).

2. Paris, Lyon, Marseille, Bordeaux, Toulouse, Lille et Nantes. En 1845, il n'existait encore que le parquet de Paris. — Il ne peut être créé de parquet nouveau qu'en vertu d'un décret rendu sur la proposition des ministres des finances et du commerce, et après avis des agents de change, du conseil municipal, du tribunal, ainsi que de la Chambre de commerce et du préfet (D. 1890, art. 15).

A Paris, et à l'égard des valeurs françaises, il existe une corbeille pour le comptant, il en existe deux pour le terme, la rente sur l'État formant une corbeille spéciale. Les cours s'équilibrent par un système, qui rappelle les enchères d'offres concurrentes, suivies de suroffres ou de rabais. Nous l'expliquons en note [1].

866. — Chambre syndicale. — Dans les Bourses à parquet, la Compagnie des agents élit, chaque année, une *Chambre syndicale*, composée d'un syndic et d'un chiffre d'adjoints qui varie suivant le nombre des agents.

Cette Chambre syndicale prend ses délibérations à la majorité de ses membres, et en tient registre (D. 1890, art. 17 à 20). Elle constitue l'organe de la corporation, *personne morale*. Si les syndicats personnels sont investis de la personnalité juridique (loi du 21 mars 1884), il doit en être de même de la Compagnie des agents de change. D'ailleurs, le décret du 8 octobre 1890 donne pouvoir à la Chambre syndicale « de représenter collectivement tous les membres de la Compagnie pour faire valoir leurs droits et intérêts communs, et d'administrer la caisse commune » (art. 21) ; pouvoir au syndic à l'effet « de représenter la Compagnie en justice et dans les actes de la vie civile » (art. 27).

Comme conséquence, la Compagnie : 1° peut acquérir des biens, même des immeubles (au moins dans les limites où un syndicat professionnel pourrait le faire) ; 2° peut s'engager, notamment par ses délits (on verra ci-après, n° 872, une application intéressante de cette aptitude à s'obliger).

Mais les dettes de la Compagnie ne donnent comme gage à ses créanciers que l'avoir qui lui appartient, et non l'actif de chaque agent ; une corporation n'engage point les patrimoines propres à ses membres.

867. — Il y a lieu de signaler les principales attributions de la Chambre syndicale, — en laissant de côté son rôle de conciliation entre les agents ou avec des tiers, ainsi que les fonctions de la Chambre syndicale de Paris, concernant la publication des titres perdus ou volés.

---

1. Dans le marché au comptant, la cote est préparée par une *inscription sur registre*, sans criées publiques des opérations. L'offre d'un vendeur avec le prix demandé est consignée sur une feuille déposée à la Bourse. Soit 350 fr. de rente à 75. Si cette offre trouve acheteur au même prix, ou simplement au cours, la négociation se conclut entre les deux propositions concordantes. Mais il se peut que, avant la survenance d'acheteurs au prix susdit, d'autres offres de vendeurs se présentent à des conditions moins élevées, c'est-à-dire plus avantageuses pour la contre-partie, à 74.75 par exemple. Ces offres refoulent la première et valent opposition à toute vente à 75 aussi longtemps qu'elles n'auront pas été satisfaites.

Et de même en ce qui touche les demandes provenant des acheteurs : la demande à un prix fort, 74.75, annule une demande précédente d'un taux inférieur, 74.50. C'est ainsi que les propositions se croisent et trouvent un terrain de conclusion, par voie de mention à la cote de la feuille.

Ces cours cotés ne sont d'ailleurs relevés sur le bulletin officiel qu'à la condition d'avoir été effectivement traités ; autrement, le public serait induit à croire qu'un cours, seulement offert et non accepté, représente le véritable prix de la valeur. Ce serait une tromperie. La manière dont la cote est relevée auprès de certaines Bourses étrangères suggère de semblables équivoques. L'adjonction du mot « argent » pour indiquer qu'il y a un acheteur, ou celle du mot « effet » pour dire qu'il y a un vendeur sans contre-partie (tandis que l'épithète « payé » se réfère aux négociations conclues), ne garantit pas assez la masse des opérateurs contre ce malentendu. — Une cote fictive serait punissable (Trib. corr. Seine, 31 mars 1909), soit comme escroquerie, soit par application de l'art. 15 de la loi de 1867, qui frappe des peines de l'escroquerie le fait d'avoir de mauvaise foi, par publication de faits faux, obtenu ou tenté d'obtenir des souscriptions ou des versements (n° 569).

Le mode de rencontre sus-indiqué des deux propositions en sens inverse n'a point lieu pour les marchés à terme ; ces derniers sont traités au cri de l'agent et sans inscription préalable de cote. Il n'est pas usité davantage pour les opérations traitées *au mieux*, fussent-elles au comptant.

868. — 1° Elle exerce sur les agents un *pouvoir disciplinaire* (mandement à tout agent de comparaître et de produire sa comptabilité; blâme, censure, interdiction temporaire de la Bourse pour un mois ; demande faite au gouvernement de suspendre ou de révoquer l'agent coupable, ou avis exprimé à cet égard si elle est consultée, D. 1890, art. 21 à 26.

869. — 2° La Chambre syndicale administre une *caisse commune*, alimentée par prélèvements sur courtages, versements faits au moment de l'entrée en charge, et autres éléments de recettes (carnets, etc.) qu'institue chaque règlement particulier (voir art. 26, décret de 1890 ; et art. 1er, règl. Paris).

Cette caisse assure mutuellement les agents contre l'inaccomplissement des marchés, s'il arrive à leurs clients de ne pas s'exécuter. Lorsque, au moment d'une liquidation, l'un des agents se trouve être débiteur de ses confrères pour compte, et que ses clients se sont dérobés en ne lui remettant point à lui-même les valeurs du marché, la caisse commune avance les fonds à l'agent débiteur, afin de le tirer de cette passe critique.

La caisse commune, dans des circonstances graves comme celles qui se sont produites sur le marché de Lyon en 1882 ou sur celui de Paris lors de la grande guerre de 1914-1915, peut tenir un rôle plus important : elle pourvoit au service des emprunts que la Compagnie contracte, afin de régler le passif des charges qui ont sombré ou de parer à cette catastrophe.

870. — 3° La Chambre syndicale s'interpose dans la *liquidation des marchés à terme*. Tous les mois, elle opère une compensation générale entre les comptes de tous les agents. C'est ce que l'on verra plus loin (n° 959).

871. — 4° Le *bulletin de la cote* est visé par les art. 72 et 73 C. com. Ce bulletin est arrêté, à l'issue de chaque Bourse, par les agents de change réunis à cet effet ; puis le syndic le signe. Il indique, pour chaque valeur traitée, le premier et le dernier cours, ainsi que le plus haut et le plus bas des cours auxquels les marchés ont été conclus.

Le bulletin est affiché, publié et transmis par copie au ministre et au préfet, par les soins de la Chambre syndicale (art. 77 à 79, D. 1890). Il fait foi du cours sur lequel se sont négociées les diverses valeurs, et il sert, par conséquent, à déterminer leur prix courant.

Ce document est divisé en deux parties. La première, partie *permanente*, comprend les valeurs qui ont été préalablement reconnues par la Chambre comme donnant lieu à un nombre suffisant de transactions. Dans la seconde partie, figurent les autres valeurs, dont la désignation manque les jours où ces valeurs ne seraient pas effectivement traitées : il ne faut point les confondre avec les valeurs non admises à la cote (art. 80).

872. — Admission à la cote. — 5° La Chambre syndicale détermine les valeurs qui seront admises aux négociations de la corbeille et à la cote.

L'*admission à la cote* est une mesure que sollicitent les administrateurs-fondateurs d'une société par actions et les agents financiers des villes ou des gouvernements, en vue d'introduire sur le marché les titres de la Compagnie, de la ville ou de l'Etat intéressés. Il y a des valeurs dont on a demandé l'admission à telle Bourse, de Paris ou de province, sans la rechercher dans les autres. Les fonds de l'Etat français sont cotés de plein droit.

La Chambre syndicale de la Bourse statue souverainement. S'il est reçu dans la pratique que sa délibération est transmise au ministre des finances et devient exécutoire à défaut d'opposition de sa part, le gouvernement n'a cependant point à intervenir : le pouvoir d'interdire les négociations ne lui est reconnu que pour les valeurs étrangères.

La Chambre syndicale doit vérifier : 1° si la valeur proposée pour les négociations de la cote a été émise en conformité des lois et des règlements (par exemple si les actions ont été libérées du quart, si la liste des souscriptions et des versements a été déposée, etc.) ; et 2° si la valeur peut être l'objet de négociations assez actives.

Ni le refus d'admission, ni le retrait de la cote, ne sont de nature à déterminer une *action en responsabilité* contre la Chambre syndicale, de la part des sociétés ou établissements intéressés à cette admission. Mais la Chambre s'exposerait, par l'*admission imprudente* d'une valeur ne répondant pas aux conditions légales, à des poursuites en réparation des personnes lésées : sur la foi du bulletin de cote, le public a recherché les actions admises, et elles ont ensuite périclité à la nouvelle d'une constitution irrégulière de la société. La Chambre syndicale sera responsable, en vertu de l'art. 1382 C. civ., s'il est établi *en fait* que, en se livrant à une enquête attentive, les vices de ces valeurs lui auraient été dénoncés (Civ. req., 4 décembre 1877, *Journ. du Pal.*, 1878, p. 918, aff. *Transcontinental Memphis Pacific*).

Mais la Chambre syndicale ne saurait être responsable de la seule dépréciation survenue depuis l'admission, car elle ne se porte point garante de la valeur du titre.

873. — La coulisse. — Il vient d'être parlé de l'organisation de la profession d'agent de change. Cette profession a rencontré, dans le fonctionnement de la *coulisse*, une forte concurrence [1].

La coulisse est composée d'intermédiaires libres, qui, sans reconnaissance officielle, font également le courtage des valeurs, en l'exerçant soit sur des valeurs admises à la cote par la Chambre syndicale de la Bourse auprès de laquelle ils opèrent, soit sur d'autres valeurs non admises à cette cote.

On verra : 1° que les coulissiers peuvent opérer sur les *valeurs non cotées*, sans empiéter par là sur les attributions des agents de change (n° 989) ; 2° qu'ils peuvent faire sur valeurs quelconques des *marchés directs*, en tenant le rôle de contre-partie, d'acheteur ou de vendeur envers le client, tout au moins lorsque ces marchés sont au comptant (n° 987) ; car, dans un marché direct, on peut se passer de tout intermédiaire ; — 3° que, sous ces réserves, l'empiétement de la coulisse sur le privilège des agents de change est frappé d'une peine (L. 28 ventôse an IX, art. 8 ; art. 14 et 15 de la loi de finances du 13 avril 1898), et indirectement de la nullité des marchés (nos 991 et s.).

A Paris, la coulisse siège à la Bourse, pendant ses heures de tenue : elle avait organisé, à différentes époques, des Bourses du soir, soit sur les boulevards, soit dans le hall d'un grand établissement de crédit (*Winkelbörsen*, diraient les Allemands) ; mais la police avait fini par interdire ces rassemblements.

Tous les éléments de la coulisse ne sont pas uniformément groupés. Il existe une Chambre syndicale des banquiers en valeurs, une association de coulissiers, dits *coulissiers à la feuille*, etc. Ces groupes modèlent leurs règlements sur ceux du parquet avec un tarif de courtages, un pouvoir disciplinaire, et des liquidations centrales. D'après les derniers remaniements, il faut être citoyen français pour en faire partie.

Mais il existe aussi des coulissiers absolument indépendants, pratiquant les négociations sous les formes les plus variées (ventes à terme au lendemain, options ou *stellages*, donnant à l'opérateur le droit à l'échéance de se constituer acheteur ou vendeur à son choix). Ceux-ci liquident leurs marchés de l'un à l'autre séparément, en usant, s'il y a lieu, de délégations (voir ci-après).

Avant les événements de 1898 dont il sera reparlé, certains établissements de crédit pratiquaient ainsi le courtage, sans recourir aux agents de change, et procédaient à des *applications* d'ordres en sens inverse que leur adressaient leurs clients.

---

1. Léon, *Etudes sur la coulisse et ses opérations*, th. 1896 ; Pons, *Du marché libre dans les Bourses d'effets publics ou autres valeurs*, th. 1907.

874. — Nous avons dit que certaines valeurs traitées sur le marché public n'ont pas été l'objet d'une admission à la cote des agents de change, et qu'elles rentrent dès lors légitimement dans le courtage des coulissiers.

L'admission à la cote protège le public : la valeur a été vérifiée. Comment cette protection sera-t-elle remplacée pour les valeurs non cotées ?

Les garanties sont absentes. Des syndicats financiers introduisent sur le marché des titres soit d'Etats, soit de sociétés, qui n'offrent aucune sécurité. La société n'a pas été constituée conformément à la loi, ou bien elle n'a pas de chances sérieuses de réussite. Cependant, on la présente comme pourvue d'excellentes conditions de succès, en articulant dans les journaux ou dans les circulaires des faits inexacts. Il a été expliqué dans l'étude des sociétés (n° 573 *bis*) que l'insertion d'une *notice* au *Journal officiel*, imposée par la loi du 30 janvier 1907, n'a que faiblement remédié à cet abus.

875. — La coulisse a vécu longtemps sous un régime de *tolérance*. Elle faisait au parquet une vive concurrence. Son chiffre d'affaires l'emportait sur celui des agents de change ; une grande partie de la Bourse à terme se trouvait entre ses mains.

Sur la plainte du parquet en 1860, les principaux coulissiers de Paris avaient été condamnés en police correctionnelle. Depuis lors, le conflit s'accusa. On reprocha à la coulisse la nationalité étrangère de ses membres, certaines campagnes de baisse sur la rente française, etc. Déjà, en 1893, lors de la création de l'impôt sur les opérations de Bourse, on faillit la sacrifier. Un arrêt récent de la Cour de cassation, du 4 février 1910 (n° 987), a fait une application nouvelle des pénalités.

876. — La coexistence de deux sortes de négociateurs, dont l'une était illégale, manquait de dignité. Les agents de change faisaient ressortir les conditions d'inégalité de la lutte :

a) Point de cautionnement à verser par les agents libres, point de prix d'achat de la charge ;

b) Toute liberté pour le coulissier de faire le commerce à son compte propre et de cumuler avec ses fonctions celles d'introducteur de la valeur, d'où bénéfices plus forts, taux de courtage plus faible ;

c) Suppression par la coulisse des liquidations de quinzaine[1], qui imposent au client des courtages de reports plus répétés ;

d) Négociation d'actions étrangères, quoique d'un taux inférieur à celui des actions françaises, etc.

877. — On ne pouvait pas établir la *liberté de la profession d'intermédiaire*. Celle-ci fonctionne bien en Angleterre (*brokers*, par opposition aux *dealers* qui opèrent pour leur compte), en Belgique et en Allemagne (commissionnaires de Bourse, sauf à l'administration à autoriser des *courtiers du cours*, sur les carnets desquels s'établit la cote officielle).

Cela aurait conduit au *rachat* par l'Etat de toutes les charges d'agents de change : opération se chiffrant par des centaines de millions.

Puis, des agents libres n'auraient offert, comme moralité ou comme ressources, aucune garantie.

On ne doit pas perdre de vue que l'opérateur à la Bourse ne traite pas avec une autre personne choisie en connaissance de cause. Le hasard d'un même cours fait que deux étrangers lient partie ensemble. C'est le courtier qui suggère confiance en s'interposant. Mais ce courtier lui-même doit se conformer à des règles sévères, exiger de son donneur d'ordre l'exécution immédiate de l'opération, ou au moins une couverture. Faute de quoi le marché risque de ne pas être accompli. En outre, la prise d'ordres à découvert supprime toute espèce de frein tant à la hausse qu'à la baisse.

---

1. Il est vrai que le parquet a librement institué ces liquidations, et qu'il pourrait les supprimer de même.

Même libre, le courtage devrait se doter de certaines institutions, telles que la *caisse de liquidation*, usitées dès à présent dans certaines Bourses de marchandises. Une société anonyme, dont le capital et les noms des administrateurs garantiraient les engagements, se constitue afin de se faire transférer les marchés que les courtiers libres lui apportent. La caisse se substitue au courtier, et prend ses lieu et place vis-à-vis de l'opérateur, tant vendeur qu'acheteur. Le courtier lui reverse une partie de son courtage. Le refus de la négociation par la caisse l'empêche de s'effectuer (n° 1045).

En soi, la suppression de la coulisse n'est point souhaitable. Les agents libres donnent au trafic plus d'amplitude, ils cherchent les affaires au lieu de les attendre, ils s'y intéressent et facilitent ainsi la formation des nouvelles entreprises. Le fisc lui-même trouve son profit à leur maintien. Les abolir serait le fait « d'un propriétaire amateur de miel, possédant des ruches au milieu d'une contrée florifère et qui supprimerait les abeilles (rapport fait à la Chambre de commerce de Paris en 1898) ». Enfin la coulisse fait échec à la vénalité des charges, qui est un vice de notre droit public.

878. — D'après un premier projet, le parquet et la coulisse auraient été fondus dans une association commune, avec un nombre indéfini de membres et une Chambre syndicale et disciplinaire statuant sur leur admission, les charges actuelles devant être remboursées au moyen d'un emprunt corporatif, dont le service annuel serait garanti par une contribution des agents au *prorata* de leur chiffre d'affaires (proposition Trarieux et Boulanger au Sénat en 1897).

879. — La réorganisation du marché a pris un autre aspect. La coulisse est exclue aujourd'hui, en fait comme en droit, du courtage des valeurs cotées. Cela s'est accompli par voie fiscale. La loi de finances du 28 avril 1893 a, dans ses art. 28 et s., imposé les opérations de Bourse d'une taxe de 5 centimes par 1.000 fr. sur le taux de la négociation (impôt porté à 0 fr. 10 0/00 par la loi de finances du 31 décembre 1907, art. 8, puis à 0 fr. 15 0/00 par la loi de finances du 15 juillet 1914, art. 31). 1° Cette taxe consiste dans un timbre sur *bordereau*, si l'opération est négociée par un agent de change ; 2° A l'égard des autres intermédiaires, elle doit se liquider par la tenue d'un répertoire imposé à « quiconque ferait commerce habituel de recueillir des offres et des demandes de valeurs de Bourse », répertoire communicable à toute réquisition aux agents de la Régie, et dont un extrait doit être déposé périodiquement à l'Enregistrement. — Toute inexactitude ou omission était punie d'une amende du vingtième des valeurs dissimulées ou inexactement reproduites, avec un minimum de 3.000 fr. Toute autre infraction à la loi était passible d'une amende de 100 à 5.000 fr. L'assujetti échappait à la taxe pour les négociations constatées par un bordereau d'agent de change, à la condition de le produire.

Cette organisation, que le gouvernement, en la personne de M. Tirard, avait combattue, semblait impliquer la reconnaissance de la coulisse. Lors de la discussion du budget pour 1898, les adversaires de la coulisse opérèrent un retour offensif. Par suite d'un amendement de M. Fleury-Ravarin, auquel se rallia le ministre des finances, M. Cochery, et qui devint l'art. 14 de la loi de finances du 13 avril 1898, les conditions de perception de l'impôt sont modifiées ainsi. — Quiconque fera commerce habituel de recueillir des offres et des demandes de valeurs de Bourse devra *nécessairement* à l'avenir, s'il s'agit de valeurs cotées, représenter des *bordereaux d'agents de change* à toute réquisition de l'Enregistrement ; faute de quoi, il y aura lieu à l'amende fiscale. Cela donne à l'administration le moyen de dresser à jet continu procès-verbal des contraventions à l'art. 76 C. com., et de décerner vis-à-vis des contrevenants contrainte pour les frapper d'une amende de 100 à 5.000 fr.

Il n'est pas dans le plan de ce traité d'exposer les polémiques ardentes soulevées par cette réforme, qui dépassait en réalité le cadre budgétaire. La loi a été tournée à l'égard tant de la rente sur l'Etat que de certaines valeurs étrangères, tout admises qu'elles soient à la cote. Les coulissiers, par suite d'arrangements conclus avec le parquet (février 1901), sont devenus en quelque sorte les « remisiers » des agents. Ils conservent la négociation de ces valeurs concurremment avec eux, à condition de faire établir sur le carnet d'un agent le stock de leurs opérations quotidiennes, et de reverser à celui-ci un tantième du courtage, ce qui procure au courtier libre le bordereau qui lui est nécessaire pour se couvrir. Cet expédient sauve à peine les apparences ; l'agent de change cesse de contrôler ces marchés, il les annule immédiatement au moyen d'une contre-opération fictive au compte du même coulissier, et n'assume point la responsabilité de leur exécution.

Dans la discussion de 1898, le gouvernement s'est en outre engagé à donner plus d'ampleur au marché officiel et à l'environner de nouvelles garanties : 1° en créant à Paris dix nouveaux offices ; 2° en abaissant le tarif des courtages ; 3° en obligeant dans les Bourses de plus de 40 agents la Chambre syndicale à exécuter les engagements d'un agent devenu insolvable, dans la limite de la valeur totale des offices de la Compagnie, calculée d'après les dernières cessions, du fonds commun et du montant des cautionnements (ce qu'on a appelé la *solidarité* des agents de change). En exécution de ces promesses, ont été rendus trois décrets, à la date du 29 juin 1898.

§ 5. — Objet des négociations de Bourse. — Valeurs mobilières.

880. — Comme nous avons conduit de front les Bourses de marchandises et les Bourses d'effets, il faut, mais pour simple mémoire, rappeler d'abord sur quels objets porte le trafic dans les premières de ces Bourses.

Ce sont les *produits* ou *marchandises* : laines, cotons, fers, sucres, grains, farines, alcools. On en reparlera incidemment dans d'autres parties de ce traité. On se souvient aussi que le *fret* ou les *primes d'assurance* peuvent être l'objet d'un trafic ou d'une cote dans les Bourses de nos places.

881. — Pour nous limiter aux Bourses d'effets, elles sont les lieux où se traitent les *titres* ou *valeurs* : la loi, dans l'art. 76, se sert de l'expression « *effets publics* ou *autres* susceptibles d'être cotés ».

Convient-il de réserver l'appellation d'*effets publics* aux fonds d'Etat et aux obligations communales ? Faut-il l'étendre aux valeurs, garanties ou non, de sociétés autorisées par l'Etat, ou désigner ces dernières du nom d'effets *semi-publics* ? Le mieux est encore de s'abstenir de ce mot *effets*, qui évoque plutôt les effets de commerce, et de le remplacer par celui de *valeurs*.

882. — Il y a trois sortes de valeurs : 1° les *actions* de sociétés ; 2° les *obligations* de sociétés, d'Etats, de départements, de villes, de Chambres de commerce ; 3° enfin les *rentes sur l'Etat*, qui mériteraient d'être désignées en premier lieu, puisque c'est de la tenue de la rente, considérée comme un régulateur, que dépend généralement celle du marché tout entier.

Il est inutile de revenir à l'action ou à l'obligation, à leur nature ainsi qu'à la forme des certificats (nos 578 et s.). Il ne reste à parler que de la rente, et en quelques mots seulement[1].

1. L'étude détaillée de la rente sur l'Etat ne dépend pas du droit commercial, mais de la législation financière. Nous n'examinerons point les questions graves concernant l'*immunité fiscale* de la rente française (sauf les transmissions pour cause de mort ou à titre gratuit), bien que les discussions engagées sur le nou-

883. — La rente. — La rente est la forme normale en laquelle l'Etat, en France, recourt au crédit public (établissement du Grand-Livre, décret-loi des 15-24 août 1793). Elle procède des anciennes rentes de l'Hôtel-de-Ville, quoique CAMBON, en « républicanisant la dette », ait présenté le Grand-Livre comme « le tombeau des anciens contrats ». Les départements et les communes, dans le droit nouveau, n'ont pas suivi cette manière d'opérer.

On ne doit pas considérer comme des rentes véritables les emprunts amortissables qui représentent, depuis 1878, une faible partie de notre dette consolidée. Bien qu'on leur ait donné ce nom (*rente amortissable*), il manque d'exactitude ; le propre de la rente étant de ne pas comporter d'amortissement, au sens technique du terme. Ces rentes sont de véritables obligations.

La rente constitue un *titre émis par l'Etat contre un versement de fonds, et donnant au porteur* (*crédi-rentier*) *le droit de toucher les arrérages perpétuels, mais non celui de réclamer le capital lui-même.*

La différence capitale qui la sépare de l'obligation, c'est que l'obligation est sujette, dans le délai convenu, à un remboursement par le sort obligatoire pour l'émetteur. Le porteur peut contraindre l'établissement débiteur à procéder à ce remboursement. — Dans l'émission de la rente, au contraire, le débi-rentier n'est jamais tenu de faire le remboursement, aussi longtemps qu'il continue le service des coupons. Le revenu annuel ne s'appelle plus *intérêt*, mais *arrérage*.

884. — A certains égards, émettre de la rente, c'est en *vendre* au public. Cette expression, du reste fausse, est peu usitée : l'Etat contracte un *emprunt*, non une vente. Mais le mot de *rachat* est entré dans la langue du droit et dans la langue financière, et il répond à l'acte inverse, au remboursement.

Le débi-rentier (l'Etat), à moins de manquer à ses engagements, n'est jamais tenu de rembourser le capital. En revanche, il peut l'imposer à son créancier à tout moment. C'est là un droit de l'*essence* de la rente perpétuelle : le débiteur ne saurait y renoncer que pour un délai qui ne doit pas excéder dix ans (art. 1911 C. civ.). Le rachat, quand le débiteur le décide, devra s'effectuer *au pair*, et non pas sur le cours d'émission si ce cours est resté inférieur. Une rente 3 o/o, émise à 80 fr. par exemple, ne peut être rachetée qu'à 100 fr.

Nous avons eu plusieurs fonds de rente simultanément : le 3 et le 3 1/2, donnant par unité de titre des arrérages, le premier de 3 fr., et le second de 3 fr. 50. Ils étaient théoriquement rachetables par la même somme de 100 fr. Le 3, donnant un moindre rendement, se cotait à un cours plus faible que le 3 1/2 : à 80 fr. au lieu de 85 ou 90 fr. Mais on le recherchait davantage, quoique son cours fût *proportionnellement* plus élevé que celui du 3 1/2 ; il était moins menacé de conversion que le type supérieur. A la suite d'une dernière conversion, il ne subsistait que le fonds en 3 o/o. Le 3 1/2 a été rétabli par un emprunt de 1914. Et voici que les énormes emprunts nécessités par la grande guerre de 1914-1915 font revivre le fonds de rente à 5 o/o qui avait déjà été pratiqué après la guerre de 1870.

885. — Conversion. — La *conversion* est une forme complexe, la seule que prenne aujourd'hui le rachat.

C'est une *combinaison à option, par laquelle l'Etat offre bien au rentier de lui reprendre son titre contre 100 fr., mais en laissant le rentier libre de pré-*

---

veau projet d'impôt sur le revenu laissent pronostiquer la disparition de cette faveur : elle échappe aux impôts du revenu, de timbre et de transmission. — Nous n'examinerons pas davantage la règle, exacte ou prétendue, de l'*insaisissabilité* de la rente ; mais, dans les faillites, nous y ferons allusion (n° 1790).

férer à ce rachat l'échange de son ancien titre contre un nouveau, lequel rapportera des arrérages moindres.

Ce second terme ne peut être *imposé* par l'Etat. Il est le résultat d'un choix. Le public préférera la réduction du revenu au remboursement du capital qu'il serait maître d'exiger, lorsque la baisse de l'intérêt doit l'empêcher de trouver, en fonds publics, un placement plus avantageux que celui que lui offre l'Etat. C'est ainsi qu'on s'expliquerait une conversion nouvelle du 3 o/o en rente 2 1/2, si le rendement de l'argent devait beaucoup décroître.

L'opération de la conversion est délicate. Lorsque l'Etat avait mal calculé la docilité des rentiers, il était obligé de rembourser de fortes sommes sans avoir les ressources correspondantes : une crise grave pouvait en résulter. Dans le cas contraire, l'Etat allégeait sa dette annuelle ; il pouvait ou bien dégrever les impôts; ou bien reporter à un autre service public les crédits rendus disponibles.

886. — La rente, comme les autres valeurs, est négociée *coupon compris*. Si j'achète de la rente au 15 février, le vendeur doit me livrer un certificat portant le coupon courant. Elle suit donc un mouvement de hausse à mesure qu'elle se rapproche d'une échéance de coupon, pour voir ensuite son cours tomber tout d'un coup du montant de ce coupon, sitôt qu'il est échu.

Les règlements de la Bourse déterminent d'ailleurs le jour du détachement du coupon : c'est en général celui de la mise en paiement, ou le dernier jour de la liquidation (règl. part. de Paris, art. 29 à 31). Si le vendeur, après ce moment, livrait un titre avec le coupon, l'acheteur devrait lui en compter le montant indépendamment du prix. Si le vendeur livrait un titre, coupon à échoir détaché, ce coupon serait remplacé par sa valeur en espèces (même règl., art. 34).

Il y a des Bourses étrangères, en Allemagne par exemple, où le titre est, au contraire, négocié et coté, *coupon non compris*. Cela oblige l'acheteur à ajouter à son prix le produit du coupon en cours, à proportion du temps écoulé depuis la dernière échéance. Dans les arbitrages où l'opérateur vend simultanément une valeur dans la Bourse d'un pays et l'achète dans la Bourse d'un autre pays, ces calculs comparés de coupons tiennent une grande place.

887. — Ensemble des valeurs mobilières[1]. — Toutes les valeurs décrites ci-dessus, rentes, actions, obligations, dépendent d'un groupe semblable de biens, formant dans le droit une classe à part. On les appelle *valeurs mobilières* (le caractère mobilier des actions provient de la personnalité des sociétés, n° 313[2], le caractère mobilier des rentes et des obligations tient à la nature de la prestation promise).

Ces valeurs méritent d'être examinées quant aux *conventions* dont elles peuvent être l'objet (vente, nantissement, et non pas hypothèque), ou quant aux *taxes* auxquelles ces conventions sont soumises. On peut s'en occuper à l'occasion du *droit d'exécution* des créanciers.

Très intéressante encore est la détermination de la *capacité* requise pour aliéner ces valeurs : mineur et interdit (l. 27 février 1880), femme commune possédant des valeurs en propre (art. 1428 C. civ.), femme séparée de biens (art. 1449), femme dotale (inaliénabilité de la dot mobilière), femme administrant ses gains réservés (l. 13 juillet 1907), héritier bénéficiaire, syndic de faillite. Ce sont en général des problèmes de droit civil.

---

1. Bibliog. — Buchère, *Traité des valeurs mobilières*, 2° éd., et *Traité des opérations de Bourse*, 3° éd., 1892. Ouvrages plus anciens : Mollot, *Bourses de commerce* ; Bozérian, *De la Bourse* ; Proudhon, *Manuel du spéculateur à la Bourse* ; Courtois fils, *Traité des opérations de Bourse*, et *Manuel des fonds publics*.

2. Les actions de la Banque de France peuvent être *immobilisées* par déclaration du propriétaire (D. 16 janvier 1908, art. 7).

888. — Leur négociabilité. — Un trait commun à toutes ces valeurs est leur négociabilité. Il influe sur leur condition juridique, sans leur enlever d'ailleurs le caractère de créances (ou de parts de société).

La *négociabilité*, avec ses trois formes alternatives du titre nominatif, du titre au porteur ou du titre à ordre, s'écarte de la cession d'une créance ordinaire (art. 1690 C. civ.). — V. les nos 600 et suiv. — La forme au porteur est la plus répandue.

Au surplus, d'après le règlement de 1890, art. 47, les agents de change ne se livrent entre eux que des *valeurs au porteur*, sauf celles qui ne peuvent, d'après la loi ou les statuts de l'établissement émetteur, affecter d'autre forme que la forme nominative. D'où il résulte que la négociation de la valeur nominative exige une conversion préalable en titre au porteur, opération, on le verra, qui à elle seule peut requérir déjà le concours d'un agent de change, certificateur de signature.

889. — Théorie de l'incorporation du droit dans le titre. — Mais n'envisager que la négociation, c'est prendre un seul côté de la valeur mobilière. Ce qu'elle laisse voir au premier aspect, c'est l'*incorporation* du droit dans un certificat.

On ne peut exercer le droit sans produire le titre. Le titulaire est celui qui présente le certificat ou dont le nom est inscrit sur le certificat. — C'est ce dont nous nous sommes aperçus déjà dans les sociétés, et ce qui apparaîtra encore dans les effets de commerce. On est parti de là pour attribuer aux valeurs mobilières une nature différente de celle des autres créances, provenant de ventes, de prêts, etc. A côté de l'ancienne créance romaine, dont a hérité notre droit civil, apparaîtrait une créance de tout autre facture.

L'obligation ordinaire, en effet, a sa base dans un consentement sans vices échangé entre personnes capables, en vue d'une cause licite. Cette cause, dûment établie, vente, etc., est le fondement de l'engagement. Le titre, si l'on en dresse un, ne *crée* pas la dette, il la constate.

Or, dans le titre fiduciaire, il n'en serait plus de même. Le titre devient le *générateur* de l'obligation ; la cause est indifférente. Ce que porte le titre est réputé l'expression de la vérité ; là où est le titre, là se trouve l'ayant droit. Satisfaction se trouve ainsi donnée au crédit : l'effet fiduciaire, comme toute autre marchandise, figure une « valeur ».

Sur cette philosophie un peu vague, des systèmes juridiques aux nuances variées ont été proposés :

a) *Obligation littérale* : la dette vaut, parce qu'elle a été consignée sur un titre, et quand même la convention qui a présidé à la circulation du titre serait au fond irrégulière (*obligation abstraite*, dit-on encore, afin de montrer qu'une cause effective d'engagement est superflue, ou *acte unilatéral*) ;

b) *Incorporation de la dette dans le titre* : l'engagement s'appuie, non sur un accord de volontés, mais sur le certificat : celui-ci devient le vrai porteur du droit, et cela instantanément. Ex. : Je rédige le titre, sans qu'il ait encore preneur ; n'importe, la dette existe. Le titre est détourné ; je suis lié envers celui qui me le présentera (sous réserve de certains remèdes d'équité).

Les écoles allemandes ont propagé ces constructions : il y aurait deux natures d'engagement se faisant contraste, comme les Romains opposaient la stipulation ou contrat de *droit strict* aux contrats de *bonne foi*. — Proposée d'abord pour les effets de commerce, la thèse a été généralisée. Elle est suivie actuellement par la science italienne, qui lui donne plus de portée encore que les Allemands [1]. On a voulu l'acclimater en France [2]. La jurisprudence paraît peu disposée à s'associer au mouvement.

---

1. Surtout sous la plume du professeur Vivante, de Rome (*Traité de droit commercial théorique et pratique*, traduit par Escarra, 2e vol.).

2. De Bray, *De la clause à ordre*. — Voir pour plus de détails, Wahl, *Traité des*

890. — Il n'est pas besoin d'ouvrir cette brèche dans le droit des obligations. Nous tenons pour vaine la reconnaissance d'une seconde source d'engagement faisant contraste avec la convention classique et avec ses quatre conditions traditionnelles. On impose par là à l'esprit du juge, qui s'inspire des faits, un effort de métaphysique auquel il est mal préparé.

Evidemment, le certificat tient une place plus grande dans le titre fiduciaire que dans une créance ordinaire : le certificat devient un élément indispensable de la dette, comme sa conservation en est un de son maintien. Pour le titre au porteur, assimilé au meuble corporel, la dérogation au droit commun est encore plus sensible.

Mais il ne s'ensuit pas que l'obligation révélée par le titre ait à sa base autre chose qu'un contrat (vente, prêt, etc.), ni que ce contrat puisse se passer des prescriptions de validité habituelles.

Ce qu'il y a de relativement fondé dans cette incorporation du droit par le titre, le voici. Nous n'avons qu'à reprendre ce qui a déjà été dit au sujet des *droits négociables*, opposés aux *droits cessibles* (n° 600).

891. — Le titulaire d'un droit est inscrit comme tel sur les registres de l'établissement ou sur le grand-livre de la dette publique. Il peut, en l'état, justifier de son droit à la teneur de cette *immatriculation* : elle est la preuve, tirée des livres de commerce ou de la comptabilité publique, de sa qualité d'obligataire, d'actionnaire, de rentier.

Pour négocier la valeur, l'intéressé donne l'ordre à l'établissement d'accueillir à sa place l'acheteur qu'il désigne. Le siège émetteur substitue dans ses écritures le nom de cet acheteur au nom du titulaire primitif. Il y a novation de dette par l'effet d'une *délégation* à laquelle l'établissement ne peut se refuser.

Le droit d'actionnaire, d'obligataire ou de rentier est-il « incorporé » dans un titre ? Aucunement : cette incorporation est tout imaginaire. Par suite de certaines commodités de fait, on a pris l'habitude de remettre à l'ayant droit un « certificat », un extrait de l'inscription du livre. Mais on pourrait s'en dispenser, et on s'en dispense quelquefois. Le droit n'en conserve pas moins sa nature. Il est régi par le statut commun des obligations, il se déplace au moyen d'une délégation ; les livres ou l'extrait des livres forment une preuve, non une « condition substantielle du droit ». Le titre n'est point le support indispensable du droit, lorsqu'on se limite à ce premier cadre de valeurs, aux *valeurs nominatives*.

892. — Le titre prend plus d'importance, il est vrai, dans les *valeurs à ordre* et *au porteur*. Le siège émetteur n'enregistre plus le cessionnaire sur ses livres, il laisse l'extrait d'inscription circuler en dehors de lui, il admet celui qui l'exhibera à exercer le droit. L'immatriculation par *transfert* trouve alors son équivalent dans l'*endossement* si le titre est à ordre, dans la *tradition* de la main à la main s'il est au porteur. « Vous, n'aurez pas besoin, dit l'établissement aux deux opérateurs éventuels, de venir compléter le contrat dans mes bureaux et d'y requérir un virement d'écritures. Je ferai le service du droit à présentation de l'extrait. Cet extrait sera produit par le titulaire primitif, ou par une autre personne substituée sans que j'aie dû être avisé de la négociation la saisissant du droit. La situation sera la même que si j'avais passé transfert à son nom ».

Le certificat, dans ces conditions, forme-t-il le *substratum* du droit ? Non. Celui-ci continue à prendre matériellement son assise sur la législation générale des obligations. C'est un droit de prêteur ou d'associé, démontré par les livres, se déplaçant par délégation. Il n'y a rien là d'exceptionnel.

L'exception, s'il y en a une, résulte de la fonction que le siège émetteur, d'accord avec ses actionnaires ou obligataires, a attribué à l'extrait d'ins-

---

titres au porteur ; Saleilles, *Essai d'une théorie générale de l'obligation (projet de Code civil allemand)* ; Thaller, *De la nature du titre de crédit*, chap. 1 et 2.

cription et à sa circulation. Il est suppléé au transfert, acte à trois personnes, vendeur, acheteur et établissement, au moyen d'un endossement ou d'une simple remise de titre, simple scène à deux acteurs : l'établissement n'y est cependant pas si étranger qu'on le croit, car il a donné acte par anticipation.

Bref, le certificat acquiert incontestablement ici un rôle, qu'on ne le voit pas jouer dans les autres dépendances des contrats. Son déplacement matériel servira de preuve que le droit lui-même a été déplacé. L'intéressé exhibant le certificat n'a plus à démontrer sa qualité par des « pièces extrinsèques ». Les opérateurs ont pu librement convenir de ce résultat, comme on est toujours maître d'étendre les stipulations d'un contrat, pourvu que l'ordre public demeure respecté.

Le titre devient un *véhicule du droit*. Cela ne prouve point que le droit soit créé par lui. Le droit existe avant le titre, dès le jour où a été souscrite la rente, l'action, l'obligation.

893. — Sous le bénéfice de ces observations, il faut envisager, à l'occasion des valeurs de Bourse, l'hypothèse où le titulaire en serait dépossédé : 1° par une perte ou par un vol ; 2° par suite de l'incapacité du disposant (mineur, femme mariée, etc.).

Les modes de restitution que la loi met à la portée de l'intéressé, afin de réparer les effets de cette dépossession ou de cette aliénation irrégulière, mettent en jeu le droit d'ensemble de la Bourse. Ils peuvent donner matière à une responsabilité des intermédiaires, notamment des agents de change.

894. — **I. Titre nominatif** [1]. — Cette nature de titre se négocie par voie de transfert. La bonne foi de l'établissement, Trésor, ou Compagnie, peut être surprise par suite d'une réquisition de transfert provenant d'un vendeur *non dominus*. On a déjà examiné cette éventualité en parlant de l'action nominative (n° 603).

Le propriétaire, dépossédé de son inscription par les manœuvres d'un *faussaire*, a-t-il perdu son droit ? Peut-il agir : 1° contre l'établissement émetteur, Etat, société, etc. ; 2° contre l'acheteur nouveau inscrit à sa place ; 3° contre l'intermédiaire public ou autre qui a prêté son concours à la négociation dans la croyance que l'ordre de vente provenait de lui ?

Voici comment, par application des principes, la question doit être résolue.

895. — 1° *Au regard de l'établissement émetteur*, l'actionnaire, rentier ou obligataire dépossédé, a la faculté de faire rétablir son inscription. Le transfert survenu lui est inopposable. Nous ne pouvons être privés d'une créance ou d'une part sociale contre notre gré (art. 1165 C. civ.). C'est au siège à prendre ses dispositions pour s'assurer de l'*identité* du vendeur, de celui qui déclare le transfert. Se fût-il couvert contre le risque en faisant intervenir un officier public, il demeure tenu envers le titulaire ; il aura seulement un recours en garantie contre l'agent certificateur [2].

Il n'y a point en réalité dépossession. Le seul risque à courir pour la victime du vol, en tardant de réclamer, c'est que, le certificat constituant un titre au porteur pour le service des dividendes ou arrérages, l'établisse-

---

1. V. les explications fournies par les auteurs signalés au n° 602, en note, et Bézard-Falgas, *Traité du contentieux des transferts*.

2. A moins de prétendre, ainsi que nous étions enclin à le faire dans nos premières éditions, que, par généralisation des art. 15 et 16 de l'arrêté du 27 prairial an X, concernant la rente sur l'Etat (voir ci-dessous), les établissements et sociétés sont censés avoir stipulé de leurs obligataires ou actionnaires la renonciation à leur inscription en cas de faux transfert certifié par officier public, la personne lésée devant attaquer *directement* ledit officier (Req., 18 juillet 1898, S. 99, 1, 73, et note).

ment ne fasse de bonne foi à l'acheteur des paiements libératoires (art. 1240 C. civ.). Il importe de former opposition dans le plus bref délai.

896. — 2° *Au regard de l'acheteur du titre*, la personne dépossédée est sans recours ; le siège n'est pas admis davantage à critiquer son acquisition. Cet acheteur a pu traiter par le ministère d'un courtier ou agent de change, dans l'ignorance de son vendeur, sous la sauvegarde du « secret professionnel » ; il a acquis un droit aussi ferme que si le titre lui était venu du vrai propriétaire. Mais, même le titre lui venant d'un autre, l'établissement s'est lié envers lui par un transfert, il l'a reconnu comme actionnaire, comme rentier, comme obligataire. A son acquisition répond un juste motif, une cause légale : le paiement d'un prix. Bref, le siège émetteur doit même, le délit découvert, le maintenir. Deux inscriptions concerneront une même valeur (n° 603). *Le siège s'est porté garant envers l'acheteur*, non pas de la validité de la vente à tous égards, mais *de l'absence de vices chez le vendeur*.

897. — 3° *Au regard de l'intermédiaire*, la réparation du tort prend une base très nette. Si l'on a sollicité son concours, ce n'est pas seulement parce que la loi requiert l'intervention d'un agent de change dans les marchés non traités directement. C'est aussi afin que l'identité des parties soit garantie.

Les Compagnies et sièges financiers exigent communément que le transfert leur soit notifié par un agent de change, même pour les « opérations directes ». L'agent n'est plus alors *courtier*, mais *légalisateur* de signature. Ce rôle pourrait être tenu d'ailleurs par un *notaire*[1]. On s'est même demandé si le *maire* n'aurait point pouvoir pour l'exercer. En fait, les mairies ne délivrent plus de légalisations de cette nature.

Cette vocation de l'agent de change à une telle fonction résulte, pour la rente sur l'Etat, de l'art. 15 de l'arrêté du 27 prairial an X : « Les transferts d'inscriptions sur le Grand-Livre de la dette publique seront faits au Trésor public, en présence d'un agent de la Bourse de Paris, qui certifiera l'identité du propriétaire, la vérité de la signature et des pièces produites. » — « Les déclarations et certificats de transfert d'inscriptions de rentes sur l'Etat (est-il dit par les lois du 30 juin 1885 et du 11 juin 1909), sont dressés, signés et scellés dans les bureaux d'un agent de change exerçant près d'une Bourse pourvue de parquet, *qui vérifiera la régularité de l'opération*. »

Le concours d'un agent de change est donc indispensable à la négociation de la rente nominative. La pratique des sociétés par actions s'est modelée sur celle de la rente. Un grand nombre de statuts imposent la certification d'un agent de change (voir au surplus le décret du 7 octobre 1890, art. 76). Même dans le silence des statuts, la société peut exiger qu'un agent ou un notaire garantisse l'*identité du vendeur*.

L'agent de change engage-t-il sa responsabilité, en certifiant pour vraie une signature fausse ? Quant à la rente sur l'Etat, la loi le dit formellement : « L'agent de change sera, par le seul fait de sa certification, responsable de la validité desdits transferts, en ce qui concerne l'identité du propriétaire, la vérité de sa signature et des pièces produites : cette garantie ne pourra avoir lieu que pendant cinq années, à partir de la déclaration du transfert (arr. 27 prairial an X, art. 16). » *Adde* : Loi du 11 juin 1909 ; Civ. cass., 15 juin 1915, *Gaz. des Soc.*, 1915, 127.

Par analogie, cette responsabilité doit être étendue au transfert d'une valeur autre que la rente. Mais envers qui l'agent est-il ainsi tenu ? Non

---

1. Le ministère du notaire intervient plus communément, par la délivrance d'un intitulé d'inventaire ou d'un extrait de partage, en cas de transmission pour cause de mort, et afin de permettre le *transfert de forme*, au nom de l'héritier ou du légataire. En ce qui concerne la rente sur l'Etat, il y a lieu à la délivrance du « certificat de propriété » réglé par la loi du 28 floréal an VII, art. 6.

pas envers le titulaire dépossédé, apte à recouvrer son inscription, mais envers l'établissement. Le siège émetteur n'est pas en état de rechercher si le vendeur est bien la personne dont il prend le nom. L'officier public s'en assurera. L'erreur commise par ce dernier crée à sa charge une responsabilité professionnelle, non plus pendant cinq ans seulement, le délai de l'art. 16 de l'arrêté de prairial étant limité à la rente sur l'Etat, mais pendant trente ans. Le notaire serait exposé au même recours.

898. — Les notions précédentes ne sont admises en jurisprudence que sous une double exception.

D'une part, les art. 15 et 16 de l'arrêté de prairial déchargeraient le Trésor vis-à-vis de la victime du faux, obligée ainsi d'agir directement contre l'agent certificateur. — Cette jurisprudence est peu logique, elle est dominée par une pensée un peu flottante : les inscriptions du Grand-Livre emportent présomption irréfragable de vérité et font foi des mentions qu'elles renferment, sans que la preuve du contraire soit recevable !

D'un autre côté, la responsabilité de l'agent de change certificateur n'est pas affirmée par les arrêts comme la résultante naturelle d'un devoir professionnel. Elle est admise seulement « en fait », eu égard aux circonstances de l'espèce, et lorsqu'il apparaîtra que l'agent s'est rendu coupable de faute (Req., 29 janvier 1902, D. 1902, 1, 223, et les autres arrêts plus récents cités dans notre *Nature du titre de crédit*, n° 146). — Les critiques de cette interprétation apparaîtront mieux à propos du vendeur incapable, auquel nous arrivons maintenant.

899. — Le vendeur *incapable* d'un titre nominatif : mineur, interdit, prodigue, femme mariée non autorisée ou placée sous le régime dotal[1], peut-il faire annuler son transfert ou exercer un recours contre l'agent de change certificateur ?

L'acheteur du titre ne peut être évincé. Ce qui est vrai du cas de vol du titre ne l'est pas moins de l'incapacité du vendeur : il n'a pu la connaître, par suite de l'interposition d'un agent de change.

A l'égard de l'établissement, l'incapable, en vertu de l'action en nullité de dix ans des art. 1305 et suiv. C. civ., peut faire rétablir son inscription. L'établissement, à son tour, devra se retourner *contre l'agent* certificateur, responsable de la « capacité » de ses clients aussi bien que de leur « identité ».

Les choses sont autrement comprises dans la pratique. D'après les art. 15 et 16 de l'arrêté de prairial, l'agent ne doit que la garantie de l'*identité* du propriétaire. Ni pour la rente, ni pour les autres valeurs, il ne pourra être recherché pour cause d'incapacité, que si l'on justifie d'une faute caractérisée dans la manière dont il a prêté son ministère au transfert (Paris, 16 février 1896, S. 98, 2, 289, et note Wahl).

Ce tempérament de responsabilité n'est pas d'accord avec l'idée que tout officier public doit se porter garant de l'aptitude des parties à contracter. Les transferts ne présenteront plus de sécurité, si les sociétés doivent rétablir l'inscription vendue, sans pouvoir supprimer celle de l'acheteur, ni s'attaquer à l'agent certificateur. Nous admettrions seulement l'exonération de ce dernier dans les cas de nature à tromper la diligence la plus exercée. Ex. : Le titre appartenait à une femme dotale. L'agent de change l'a vendu ; puis, sur l'attestation d'un remploi, il a transmis les fonds à un notaire ou à un établissement de crédit que les époux lui ont désigné. Ce remploi était faux : l'agent de change ne saurait en être rendu responsable (Req., 15 février 1898, D. 98, 1, 429).

900. — II. Titre au porteur[2]. — Les menaces de dépossession, de

---

1. Julliot, *Des règles du contrat de mariage dans leur application aux transferts*, 1889.
2. V. Wahl, *Traité des titres au porteur* (passim) ; Bézard-Falgas, *Le contentieux*

vol, sont bien plus graves s'il s'agit d'un titre au porteur que s'il s'agit d'un titre nominatif. La forme au porteur exerce sur l'économie du droit lui-même une forte répercussion.

Ce droit prend la même nature que le certificat de papier dans lequel il est enfermé. Le titre au porteur tombe dans la classe des *meubles corporels*. Posséder le droit, posséder le titre, les deux choses se confondent. Lorsqu'on se procure un titre au porteur, comme un meuble corporel, on n'a pas à vérifier les « origines de propriété ». Le titre témoigne par lui-même des droits de celui qui le possède. Une corrélation étroite se produit entre la détention du document et l'exercice des avantages qui y sont attachés.

La production du titre crée une *présomption de propriété*, qui exempte le porteur de toute autre justification. En vertu de cette présomption, il peut, sur seule présentation : 1° toucher au siège débiteur des dividendes, intérêts et capital du titre ; 2° vendre le titre par l'entremise d'un courtier ou d'un agent de change ; 3° transporter à un acheteur le bénéfice de sa propre possession. En un mot, il faut lui étendre la règle de l'art. 2279 C. civ. : *En fait de meubles, possession vaut titre*.

La possibilité de se prévaloir du titre et d'en être réputée propriétaire est subordonnée, il est vrai, à une condition de *bonne foi* chez la personne à qui le titre est remis ou présenté. Il faut que cette personne n'ait pas des indices ou des informations rendant suspecte la possession du détenteur.

Bonne foi de l'établissement débiteur, requis de payer les coupons ou le capital.

Bonne foi de l'acquéreur. — Il a acheté le titre croyant son vendeur *verus dominus*. Au contraire, sa mauvaise foi l'exposerait à la revendication d'un tiers, victime d'une dépossession.

Bonne foi de l'agent de change, requis de procéder à la vente du titre, et mal fondé à exiger du porteur la preuve de sa propriété.

901. — De là, le principe que la perte de la possession du titre emporte la perte du droit. Il y a un tempérament. Les art. 2279 et 2280 assurent, à tout événement, la revendication du meuble, même contre un possesseur de bonne foi, dans les *trois ans* de la perte ou du vol : disposition qui s'étend au titre au porteur.

Mais c'est là un remède plus nominal que pratique. On est d'accord pour limiter cette revendication au « vol » proprement dit, sans l'étendre à la dépossession par « abus de confiance » ou par « escroquerie » lorsque le porteur est de bonne foi. — Puis, ce qui est plus grave, même en cas de vol, le revendiquant doit rembourser au porteur de bonne foi son prix d'acquisition, c'est-à-dire le plus souvent l'équivalent du titre, si le porteur l'avait acheté en Bourse ou chez un marchand vendant des choses semblables (art. 2280) [1].

Dans ces conditions, la protection du Code civil contre les suites d'une dépossession involontaire était extrêmement fragile.

1° *Au regard du voleur* : il était impossible de le retrouver.

2° *Au regard de l'établissement émetteur* : la personne lésée pouvait bien former opposition au service des coupons ainsi que du capital, auprès de l'établissement débiteur, constitué ainsi de mauvaise foi pour le cas où il s'aviserait de déférer à la réquisition d'un porteur, de ne pas retenir les fonds ou de ne pas les déposer à la Caisse des consignations. — Mais le

---

des oppositions sur valeurs ; et, pour les lois de 1872 et de 1902, GARASSUS, *De la revendication des titres au porteur perdus ou volés*, th. 1902.

1. Ce prix à rembourser devant le plus souvent égaler la valeur actuelle du titre, le propriétaire dépossédé aura autant d'intérêt à s'abstenir d'exercer sa revendication. On se demande si la loi n'aurait pas été mieux inspirée en supprimant dans cette hypothèse la faculté de revendiquer, et en adoptant la formule allemande, d'après laquelle le porteur de bonne foi échappe, même en cas de vol, à toutes menaces d'éviction du titre.

titre avait toute chance d'être vendu par le voleur et de tomber très vite aux mains d'un acquéreur de bonne foi, autorisé par l'art. 2280 à exiger qu'on lui rendît son prix.

3° *Au regard du porteur actuel* : nous répétons qu'il était presque toujours de bonne foi, que sa bonne foi se présumait, et qu'elle le couvrait.

Le siège émetteur informera bien la victime, si celle-ci lui a signifié une opposition, du nom de ce porteur à partir du jour où il se sera présenté à ses guichets. La belle avance, si la revendication doit échouer contre ce dernier ou être paralysée par une exception !

Mieux valait encore que ce porteur ne se présentât point. Car alors le siège, non tenu, sans doute, de payer directement les coupons ou le capital à l'opposant, devait du moins les consigner. Puis, cinq ans ou trente ans après, la victime pouvait les retirer, en supposant que nulle réclamation de tiers ne se produisît dans l'intervalle.

4° *Au regard de l'agent de change* ou intermédiaire qui avait prêté son ministère à la négociation du titre volé : la victime n'avait pas un recours plus efficace. — L'intermédiaire n'aurait pu être recherché qu'en cas de *mauvaise foi* (chose rare), ou d'opposition à lui individuellement faite. La législation n'avait pas institué de bureau central destiné à recevoir une opposition globale, destinée à faire défense à tous intermédiaires de se prêter à la négociation.

902. — Lois des 15 juin 1872 et 8 février 1902. — Le droit commun sur la possession mobilière faisait donc de la perte du certificat la cause d'une perte irrémédiable du droit lui-même. Conséquence grave, dans un pays où les valeurs mobilières se sont répandues dans toutes les classes et forment un élément notable de la richesse publique.

A la suite de la Commune de Paris, l'Assemblée Nationale mit à l'étude un régime plus réparateur. De nombreux cambriolages de titres avaient eu lieu pendant la guerre et l'insurrection. Déjà une loi du 12 mai 1871 avait déclaré inaliénables les propriétés mobilières soustraites à Paris depuis le 18 mars, mais sans fournir les moyens nécessaires de retrouver ces propriétés. Des travaux entrepris pour assurer cette protection est sortie la *loi du 15 juin 1872*, actuellement amendée sur certains points par la *loi du 8 février 1902.*

Dans la grande guerre déclarée par l'Allemagne en 1914, se sont produites des déprédations considérables dont la Belgique et le Nord de la France ont cruellement souffert et qui ont eu notamment pour objet des titres au porteur. Il a fallu mettre en vigueur une *loi* spéciale, *du 4 avril 1915*, pour simplifier la procédure de ces deux lois. Afin de n'avoir plus à revenir à cette législation de passage, disons que les oppositions dont il sera parlé plus loin sont remplacées par des lettres recommandées, et que, au point de vue des preuves, une distinction est établie entre les titres qui ont fait l'objet et ceux qui n'ont pas fait l'objet d'un dépôt en banque. Le paiement des coupons à leur échéance est facilité. Quelques articles de cette loi passeront peut-être dans notre droit définitif : celui, par exemple, qui frappe d'emprisonnement les personnes coupables d'une fausse déclaration de vol faite de mauvaise foi.

Le système qu'institue la loi du 15 juin 1872 n'a pas trouvé bon accueil à l'étranger, et les autres Etats ne l'ont point adopté. On lui reproche de frapper les titres au porteur d'une *inaliénabilité* que rien ne révèle extérieurement : l'insécurité est jetée sur le marché, les intermédiaires sont assujettis à des vérifications pointilleuses.

Il est vrai qu'en Allemagne, notamment, Etat qui repousse notre système de protection, la personne spoliée peut user d'une procédure dite d'*amortissement* ou d'*annulation*. Sur l'opposition de cette personne, le siège débiteur fera sommation publique au titre de se présenter dans un délai déterminé ; faute de quoi le tribunal prononcera sa *mise à mort* et son remplacement par un titre nouveau. Mais encore, dans le délai susdit, le porteur se faisant connaître, étant de bonne foi, obtiendra gain de cause. La victime n'est donc pas protégée (sauf le droit bien fragile qu'elle aurait de recourir, à l'appréciation du tribunal, contre toute personne commerçante, qui aurait traité imprudemment sur le titre depuis l'insertion des numéros volés dans le *Moniteur de l'Empire* (art. 367, C. com. de 1897).

Le régime français est plus protecteur, sans procurer une infaillible sécurité. La difficulté que mettront les Etats à se concerter pour adopter en cette matière des règles uniformes ne doit pas décourager les hommes de bonne volonté. Toutefois, la protection accordée par une loi demeure bien fragile, lorsque les autres Etats ne s'y associent point de leur côté : les voleurs iront réaliser le produit de leur rapine sur un marché étranger où n'est pas acceptée l'indisponibilité du titre au porteur. Il y a lieu de remercier l'*Association nationale des porteurs français de valeurs étrangères*, aujourd'hui *Office national des valeurs mobilières*, de l'effort, bien un peu ambitieux, qu'elle a fait pour établir un avant-projet de convention internationale sur la base de la publication d'un seul Bulletin qui, dans le monde civilisé, recevrait l'insertion des déclarations de perte ou de vol de valeurs au porteur (*Ann. dr. com.*, 1913. p. 301 et s.).

Le régime français repose sur deux oppositions à faire par la victime, et dont l'action combinée doit lui fournir réparation[1].

Avant de préciser les formes et les effets de ces oppositions, il importe de faire ressortir le conflit qui, à la suite d'un vol de titre, est de nature à se produire entre le *porteur* et la *victime*, conflit dans lequel on fera intervenir 1° l'établissement émetteur du titre, et 2° l'intermédiaire ou le vendeur de qui le porteur actuel le tient.

903. — I. Porteur actuel. — Voleur ou complice, recéleur ou acquéreur de mauvaise foi, il ne pourra prétendre à la conservation du titre. Sa situation est demeurée, d'après la loi de 1872, telle qu'elle était d'après le Code civil.

S'il est de bonne foi (ce qu'il y a lieu de présumer), il est couvert par les art. 2279 et 2280, sous réserve des dispositions des lois de 1872 et de 1902, qui, tout en restant basées sur la règle : *En fait de meubles, possession vaut titre*, la font fléchir à certains égards.

904. — *Première hypothèse.* — Le titre, au moment où le porteur en a fait l'acquisition, avait déjà été, à la requête de la personne volée, publié au *Bulletin du Syndicat*, dont il sera reparlé plus loin, et le numéro du *Bulletin* qui en indique le numéro était déjà parvenu le jour de la négociation dans le lieu où celle-ci s'est opérée.

Ici paraît l'innovation dominante de la loi de 1872. La victime du vol a conservé par cette publication la revendication de son titre. Celui-ci ne peut plus, à partir de ce jour, tomber aux mains d'un possesseur de bonne foi. Quiconque traite d'une valeur au porteur, intermédiaire ou acheteur direct, doit par prudence se reporter au *Bulletin*, afin de voir si le titre y figure ou non. S'il ne le fait pas, il commet une faute lourde assimilée à un dol. L'acquéreur est réputé de mauvaise foi. Il sera tenu de rendre le titre à qui de droit, sans indemnité, sans pouvoir se dédommager du prix auquel il l'avait payé.

Toutefois, le porteur ou l'intermédiaire sera dans une meilleure position si, tout en ayant acquis le titre postérieurement à la publication de l'oppo-

---

1. Le régime que nous allons décrire s'applique même, suivant nous, aux titres au porteur que leur propriétaire aurait revêtus de la mention manuscrite de son nom, ou qui porteraient une cote d'inventaire. Un acte unilatéral du porteur ne peut conférer les attributs du titre nominatif à un certificat dont les conditions d'émission ont assuré la libre circulation. Il n'y a pas, selon l'expression allemande, possibilité pour le porteur, sans le concours de l'établissement, de procéder à une « mise hors de cours » de la valeur au porteur.

sition, il arrivait à prouver que son vendeur, que celui qui tenait le titre avant lui, avait une possession de bonne foi plus ancienne que cette publication. Succédant comme ayant cause à ce vendeur, il pourrait user du même langage que lui; ce qui lui permettrait sinon d'échapper à toute revendication, du moins de se faire rembourser, contre restitution du titre, le prix d'achat payé par ce vendeur.

905. — *Deuxième hypothèse.* — L'acquisition du titre a précédé la publication de l'opposition, ou bien encore la victime s'est abstenue entièrement de procéder à celle-ci. Le Code civil reprend alors tout son empire.

Si le titre a été non pas volé, mais détourné par l'effet d'une « escroquerie » ou d'un « abus de confiance », toute revendication cesse contre le porteur de bonne foi.

Si c'est d'un « vol » que la victime a souffert, elle conserve pendant trois ans le droit de revendiquer le titre. Mais ce droit est mis en échec et rendu souvent illusoire par l'exception dont dispose l'acheteur et consistant à se faire rembourser le prix que le titre lui a coûté, du moment qu'il l'a acheté en Bourse ou chez un marchand vendant des choses pareilles (article 2280)[1]. Ce n'est que lorsque le titre aura acquis en Bourse une plus-value notable depuis le jour où le porteur en a fait l'achat, que la victime aura intérêt à en poursuivre la restitution[2].

906. — On conçoit l'importance qu'il y a, dans ces conditions, à déterminer le jour de la « consommation de la négociation », qui a fait passer le titre au porteur actuel, par rapport au jour de la publication de l'opposition au *Bulletin*. Si elle lui est antérieure, la revendication tombe; si elle l'a suivie, cette revendication persiste. Question surtout délicate, lorsque la valeur a été négociée par l'entremise d'un agent de change qui a reçu le titre à ses guichets d'un client avec ordre de vente, à un moment où le *Bulletin* n'en renfermait pas encore le numéro (27 juin), a exécuté ensuite cet ordre de vente au parquet ou ailleurs, puis a livré le titre à son confrère ou à l'acheteur (30 juin), alors que dans l'intervalle de ces trois jours la publication du numéro s'est produite (le 29 juin par exemple).

La question se complique, en effet, de la responsabilité de l'agent intermédiaire. Car, si la négociation doit être réputée en pareille hypothèse postérieure à cette publication, puisque aussi bien l'acheteur n'a reçu le titre qu'après qu'elle a été faite, cet acheteur, une fois évincé, se retournera en garantie contre son agent. L'agent lui-même, s'il est surpris par la nouvelle de l'opposition après la prise du titre à ses guichets et avant qu'il ne l'ait fait servir à la livraison, ne pourra pas s'en dessaisir au détriment de la victime du vol. Il devra le lui rendre, quitte à se retourner contre le donneur d'ordre auquel il aurait eu l'imprudence de payer d'avance le prix de la négociation.

La loi de 1872 ne tranchait pas la difficulté. L'art. 12 se bornait à dire que « toute négociation postérieure au jour de l'apparition du *Bulletin* serait sans effet vis-à-vis de l'opposant ». On était généralement d'avis que l'opposition, intervenant dans ces conditions de temps, était pleinement opérante, que la « négociation » prenait date non au moment de la remise du titre à vendre au guichet, mais au moment de la livraison qui en serait faite à l'acheteur; que l'agent de change devait à ce moment vérifier à nouveau l'absence au *Bulletin* du numéro traité. La restitution qu'il doit

1. Ce qui ne veut pas dire qu'un marchand, changeur ou autre, prenant dans sa boutique le titre à l'achat d'un client, soit autorisé à se prévaloir de cette exception: il n'a acheté ni à la Bourse ni chez un marchand vendant des choses pareilles.

2. En admettant que les art. 2279 et 2280 exigent, outre la bonne foi du porteur, un *juste titre*, une question délicate ne manquera pas de se présenter ici pour les valeurs cotées « que le porteur aurait achetées en coulisse ». Cela vicie-t-il son titre, au point de lui enlever le moyen de paralyser la revendication?

faire du titre à l'opposant ne peut alors préjudicier à l'agent. Elle ne lui fait tort que s'il a par anticipation réglé le prix de vente, ce à quoi rien ne l'obligeait (Paris, 26 juillet 1895, et 3 décembre 1902, S. 97, 2, 305 et 1904, 2, 289, notes WAHL).

La loi de 1902 en a autrement décidé. « La négociation, porte le nouvel art. 13, al. 5, qui rend sans effet toute publication postérieure de l'opposition, sera réputée accomplie dès le moment où aura été opérée sur les livres des agents de change l'inscription des numéros des titres vendus pour compte du donneur d'ordre et livrés par lui. » L'acheteur ne pourra être évincé, l'agent de change pas davantage, le titre tardivement frappé d'opposition aura pu servir à la livraison.

Règle toute favorable au parquet des agents de change et qu'il est difficile de justifier ; elle ne s'étendrait pas à d'autres agents, à des coulissiers. Il a fallu soumettre les livres des agents de change à des conditions précises de tenue, permettant de préciser le jour des livraisons à eux faites des titres à vendre Dans ce but a été rendu, en exécution de la loi, un décret du 8 mai 1902.

907. — L'acheteur aura son recours contre qui de droit, lorsqu'il aura été informé du vice frappant le titre d'indisponibilité. Il n'en sera pas toujours avisé dans la période qui suivra immédiatement son acquisition.

Lorsque le titre n'a pas été l'objet d'une opposition, l'acheteur en touchera peut-être les intérêts ou dividendes du siège émetteur pendant un certain temps. Puis le revendiquant se fera connaître, et l'évincera en lui remboursant son prix. — Plus fréquemment, l'opposition ayant précédé son acquisition, le service du titre sera immédiatement arrêté par le siège ; ou, le porteur voulant le revendre, il se le verra refusé par l'intermédiaire.

Il a donc intérêt à ce que la « question de la propriété du titre » et de son prétendu vol soit tranchée au plus tôt.

Comment l'acheteur connaîtra-t-il son adversaire, celui qui lui conteste le droit au titre ? Par la révélation de son nom et de son adresse, que le siège émetteur doit lui faire immédiatement après qu'il aura été saisi de l'opposition, en retenant le certificat contre un récépissé (art. 10) [1]. — Par la survenance de la partie volée, se présentant spontanément à lui, dans le cas contraire.

Un « procès en revendication » s'agitera entre ces deux hommes, procès mobilier relevant de la compétence du tribunal civil du demandeur, soit que l'opposant en prenne l'initiative, soit que le porteur préfère prendre les devants afin de ne pas laisser la question trop longtemps en suspens, et procède alors par une « action négatoire ».

Depuis 1902, il n'est même plus besoin que l'action se déroule au « pétitoire », lorsque c'est le porteur qui l'exerce. Peut-être l'opposition est-elle le fruit de la malice. Peut-être résulte-t-elle d'une allégation téméraire : on a vu des héritiers trouvant dans les papiers du défunt la trace d'un titre n'existant plus dans l'actif, mais signalé comme ayant été l'objet d'un achat, et, sur la foi du simple bordereau retrouvé, frappant à la légère d'opposition le certificat [2] ; il a pu se faire cependant que le *de cujus* l'ait revendu avant son décès !

Le porteur peut, en conséquence, assigner l'opposant devant le *juge des référés*, à l'effet d'entendre prononcer la mainlevée de l'opposition, en lui donnant un délai de comparaître, qui ne pourra être inférieur à un mois : — 1° parce que l'opposant n'introduit point sa demande au fond dans ledit mois devant le tribunal tout entier ; — 2° ou encore parce que le porteur a en ses mains une pièce, bordereau, ou autre titre probant, justifiant que

1. Il sera dit plus loin (n° 915) que, d'après les arrêts, d'autres personnes que le siège émetteur sont tenues également d'arrêter le titre.
2. HUBERT VALLEROUX, dans l'*Economiste français*, 1897, 2, 464.

son propre achat est antérieur à la publication de l'opposition, et que l'opposant ne lui offre pas d'ailleurs le remboursement de son prix ; — 3° ou enfin lorsque l'opposant n'allègue aucun fait de nature à rendre sa prétention vraisemblable (art. 17 et 18 nouveaux).

Il est à remarquer, en outre, que l'opposition n'a pas un effet indéfini dans le temps. Son auteur doit la renouveler, année par année, aussi longtemps que le porteur du titre n'aura pas été retrouvé. Faute de ce faire et de verser au syndicat des agents de change le prix d'insertion pour l'année suivante, il est déchu et l'opposition tombe de droit. Le siège débiteur en donne avis, depuis 1902, à l'établissement débiteur, qui tiendra la mainlevée comme acquise et reprendra la disponibilité du service du titre (art. 11).

908. — Dans l'instance en revendication, le porteur peut succomber. Il a alors son « recours en garantie » : 1° soit contre l'agent de change ou autre intermédiaire de qui il tenait le titre [1], 2° soit contre son vendeur s'il en fait l'acquisition directe. Le fait de ne pas avoir consulté lui-même le *Bulletin* ne saurait le priver de ce droit. Le plus fréquemment, il aura mis en cause cet intermédiaire ou vendeur par la « garantie incidente », de même qu'il aura mis en cause l'établissement émetteur afin de faire déclarer commun vis-à-vis de celui-ci le jugement de mainlevée qu'il sollicite de la justice. Mais il peut également procéder par action séparée.

Cette action en garantie est un véritable « recours pour cause d'éviction » (art. 1626 C. civ.), et non pas seulement un « recours pour vices rédhibitoires » (art. 1641 et s.). La question, au surplus, n'a d'intérêt qu'au point de vue du délai dans lequel le recours doit s'exercer (art. 1648), et en ce que l'action rédhibitoire n'obligerait le vendeur à rembourser, s'il a vendu de bonne foi, que le prix versé par l'acheteur et les frais de son contrat (art. 1646), tandis que l'action en garantie pour éviction met à sa charge, dans tous les cas, le plein des dommages-intérêts dont souffre l'acheteur (art. 1630-3°). Un titre acquis *a non domino* cesse de procurer à celui qui a voulu en être saisi le droit d'en jouir et d'en disposer. Le porteur en est *évincé* [2].

La responsabilité d'un agent de change, à titre de ducroire ou de faute professionnelle, ne serait encourue lors d'une poursuite de ce genre, que dans les circonstances suivantes : 1° si le numéro du titre figurait déjà au *Bulletin* au moment de la négociation à laquelle il a prêté son ministère, en prenant le mot « négociation » au sens rappelé plus haut ; ou 2° si l'opposition lui avait été signifiée à lui-même ; ou encore 3° en cas de mauvaise foi. Hors de là, l'agent bénéficie d'après la loi d'une immunité.

Ces limitations ne concernent pas les autres classes d'intermédiaires : un changeur ou autre intermédiaire libre ne doit exécuter un ordre de vente qu'en s'assurant de l'identité, du domicile et de la profession du vendeur (L. 19 brumaire an VI, art. 74), précaution d'ailleurs bien souvent inutile, car le vendeur même identifié a des chances de ne pas se retrouver.

Cette action en responsabilité contre l'intermédiaire tombe, si le *Bulletin* n'avait pas encore publié, lors du recours fait à son ministère, le numéro perdu, ou s'il n'y a pas faute établie contre lui.

Elle pourrait être intentée non par l'acheteur évincé, mais par la victime du vol elle-même, s'abstenant alors d'inquiéter le porteur — et préférant

---

1. L'agent de change doit relever dans le bordereau d'achat les numéros livrés, et les inscrire aussi sur ses livres (L. 1872, art. 13).

2. Lyon, 29 juin 1894, S. 96, 2, 121 et note WAHL ; A. ROUX, dans les *Annales de droit commercial*, 1905, p. 30, à propos des deux thèses de doctorat suivantes : HANS, *Responsabilité des agents de change dans la négociation des valeurs de Bourse appartenant à autrui* ; BLIN, *Du recours appartenant à un acheteur de titres au porteur perdus ou volés*, 1904.

s'attaquer à cet intermédiaire, connu d'elle par hypothèse. — Mais encore comment connaîtra-t-elle l'agent de la négociation ? La véritable voie à suivre pour la personne volée ne sera pas celle-là.

Nous avons à rechercher maintenant la procédure instituée pour lui permettre de se restituer contre la perte : ce qui va nous instruire du mécanisme des lois de 1872 et de 1902 [1].

909. — II. Victime du vol. 1° Opposition à négociation. — La victime du vol devra procéder à une *opposition à négociation* (art. 1er) [2]. Elle signifie cette opposition au Syndicat des agents de change de Paris, et celui-ci en fera l'insertion immédiate dans un *Bulletin* quotidien publié par ses soins et auquel toute personne peut s'abonner (70 fr. par an au maximum).

Un acte d'huissier lui indique le nombre, la nature, la valeur nominale, le numéro des certificats perdus, avec s'il est possible les circonstances de l'acquisition de l'opposant, du dernier service par lui obtenu des titres, de sa dépossession ; il contient une élection de domicile à Paris ; il porte réquisition d'insérer au *Bulletin*. L'exploit est accompagné du paiement du coût de l'insertion, qui est de 0 fr. 50 par numéro et par an (décret du 10 avril 1873).

La publication requise doit avoir lieu au plus tard le surlendemain de l'opposition (art. 11), et elle a pour objet de prévenir la négociation ou la transmission des titres dénoncés : « Toute négociation ou transmission postérieure au jour où le *Bulletin* est parvenu ou aurait pu parvenir par la voie de la poste au lieu où elle a été faite, sera *sans effet vis-à-vis de l'opposant* (art. 12). » Les personnes qui traitent du titre sont invitées ainsi à s'informer préalablement du point de savoir s'il est ou non frappé d'opposition. De deux choses l'une. — Ou le titre figure au *Bulletin* : tout acheteur et tout intermédiaire doivent refuser de le prendre à la négociation. — Ou ce *Bulletin* ne mentionne pas le numéro du titre proposé à la vente. Un acquéreur peut, en toute sécurité, donner suite à l'achat, ou un intermédiaire à l'ordre de vente. Peu importe que la publication se produise le lendemain, elle sera inopérante et tardive. « A l'égard des négociations ou transmissions de titres antérieures à la publication de l'opposition, il n'est pas dérogé aux dispositions des art. 2279 et 2280 C. civ. (art. 14). »

910. — 2° Opposition à paiement. — En arrière de cette opposition, les lois de 1872 et de 1902 en organisent une seconde, qui n'est pas une innovation comme la première (elle était pratiquée dès avant 1872), mais qu'elles soumettent à une réglementation de précision. C'est l'*opposition à paiement*, notifiée en la même forme et avec les mêmes énonciations *au siège débiteur*, élection de domicile devant être faite dans la commune du lieu de cet établissement débiteur.

Le propriétaire dépossédé ne peut pas transposer l'ordre des deux exploits. Depuis 1902, l'opposition à paiement doit être précédée de l'opposition à négociation et contenir, à peine de nullité, copie de la quittance du Syndicat des agents de change, certifiant le paiement du coût d'insertion. Disposition sage : car la défense de faire le service du titre est vaine, aussi longtemps que le titre n'a pas été rendu indisponible à la Bourse.

Cette opposition n'engendre par elle-même qu'un effet *préventif* : la sus-

1. Un mot encore sur la condition du porteur. Ce peut être non un acquéreur, mais un créancier gagiste. Fût-il de bonne foi et le titre volé n'eût-il pas été publié au *Bulletin* lors du nantissement dont il a été l'objet à son profit, il sera passible de la revendication dans les trois ans de l'art. 2279, sans pouvoir exiger que le demandeur le rembourse de son prix : aussi bien n'est-il dans aucune des exceptions visées par l'art. 2280.

2. Sur le droit pour un créancier gagiste à qui le titre est détourné d'utiliser la loi de 1872 et la procédure des oppositions, cfr. Paris, 28 juillet 1904, D. 1905, 2, 469. Ne pas confondre cette situation avec celle de la note précédente.

pension imposée au siège débiteur du paiement des coupons ainsi que du principal du titre, s'il devient exigible. Le service des numéros est paralysé.

Si le titre se présente, l'établissement le retiendra contre récépissé et avertira l'opposant (art. 10).

911. — Service actif du titre. — Peut-être l'absence du titre se prolongera-t-elle. On ne pouvait laisser la solution indéfiniment en suspens, et refuser à l'opposant la jouissance active de ce titre perdu, coupons et principal. Il y parviendra sous les conditions suivantes :

a) Il faut qu'*une année* s'écoule depuis l'opposition sans qu'elle ait été contredite, avec deux termes d'intérêts ou dividendes susceptibles de distribution dans l'intervalle, ou *trois ans* lorsque le titre n'aura pas été appelé à bénéficier de coupons périodiques ou qu'il y aura eu interruption de coupons (art. 3).

912. — *b*) L'opposant pourra alors se faire *autoriser* sur requête, par le *président du tribunal civil* de son domicile, à toucher les coupons échus et à échoir, voire le capital qui viendrait à échéance (cette autorisation relève de la juridiction gracieuse et ne vaut pas chose jugée contre le tiers porteur qui se ferait connaître par la suite ; elle sera accordée si les apparences sont favorables à la requête et rendent la prétention de l'opposant vraisemblable). En cas de refus, un recours est possible devant le tribunal civil (art. 4 et 7).

913. — *c*) L'opposant devra fournir une *caution* solvable comme en matière commerciale, c'est-à-dire sans égard nécessaire aux propriétés foncières (art. 2019 C. civ.). La caution répondra d'une somme égale aux coupons échus et au double de la dernière annuité, d'une somme égale au montant du capital exigible. Grâce à elle, l'opposant se fera payer les intérêts, dividendes et principal, pour le passé comme pour l'avenir, de la même manière que si le titre était en sa main.

Ces paiements seront *libératoires* pour l'établissement (art. 9), non exposé par conséquent au risque de les renouveler au tiers porteur. Le tiers porteur ne pourra s'attaquer qu'à l'opposant et à sa caution. Cette dernière, du reste, ne demeure tenue que pendant *deux ans*, quant aux intérêts et dividendes, et pendant *dix ans* quant au principal, pourvu qu'alors l'autorisation remonte à cinq années au moins. Passé ces délais, le tiers porteur n'est pas déchu, il est régi quant à lui par la prescription trentenaire ou quinquennale (art. 2262 et 2277), mais il courra le risque d'insolvabilité de l'opposant. — Faute de caution, le requérant aura pu fournir un nantissement, fût-ce en rentes sur l'Etat, et ce nantissement sera dégrevé par le même laps de temps qu'une caution personnelle.

A défaut de cette sûreté, l'opposant reste fondé à exiger de l'établissement débiteur le dépôt à la *Caisse des consignations* du montant des coupons, puis celui du capital. Il sera admis à les retirer après deux ou dix ans, selon les cas, c'est-à-dire au terme du délai précédemment spécifié pour la libération de la caution s'il en avait été fourni une.

914. — Délivrance de duplicata. — Le système de la loi ne tient pas tout entier dans ce tableau. Il y a une gamme ascendante d'avantages conférés. L'*opposition* empêche le service du titre. L'*autorisation* permet à la victime de s'en appliquer le profit ou d'obtenir la consignation. Ne peut-elle pas, la situation se prolongeant, se faire délivrer un *duplicata* avec annulation du premier certificat, par présomption que le numéro litigieux est bien détruit, comme est censée morte une personne absente depuis un certain nombre d'années ?

Ce pouvoir lui appartient, lorsque *dix ans* sont révolus depuis l'autorisation judiciaire, pourvu que la publication n'ait pas été interrompue, et que le requérant garantisse encore les frais afférents à une publication complémentaire au *Bulletin* sous la rubrique des titres frappés de déchéance, pour le nombre d'années représenté par la feuille des coupons attachés au titre, sans que cette publication puisse être limitée à moins de dix ans (art. 15).

Le porteur du titre originaire qui, contre toutes prévisions, surviendrait plus tard, ne serait point forclos. Mais son certificat ne vaut plus rien, il a épuisé toute force juridique. C'est l'opposant qu'il poursuivra par action personnelle, en démontrant que l'opposition avait été formée sans droit par celui-ci.

915. — Au total, la victime, *au regard du siège débiteur*, ne peut demander d'abord que la suspension du service du titre, et cela moyennant une *opposition*, laquelle a dû être précédée d'une première opposition à négociation, — excepté si la perte porte sur des coupons détachés, cas auquel l'opposition au siège débiteur est la seule admise (art. 2 *in fine*).

Après un ou trois ans, et en vertu d'une *autorisation* judiciaire, la victime pourra demander le service effectif du titre ou la consignation des sommes. S'il s'agit de coupons détachés, la loi pose une règle plus simple : une autorisation judiciaire n'est pas nécessaire pour les toucher, après trois ans d'opposition (art. 8).

Dix ans après l'autorisation, la victime pourra réclamer un *duplicata*.

Si le porteur se présente dans l'intervalle, le siège émetteur doit communiquer son nom à la victime et tenir le titre sous sa garde, ce qui ménage mieux la rentrée en possession de l'intéressé dans sa valeur, lorsque le tribunal aura déclaré sa revendication fondée.

La jurisprudence estime, bien que la loi ne le décide point formellement, que l'obligation de retenir le titre, quand il lui est présenté, n'incombe pas seulement à l'établissement débiteur. Le même rôle de séquestre doit être assumé par l'agent de change à qui le titre volé est remis avec ordre de le vendre, et même par toute autre personne (notaire détenteur d'un portefeuille de succession, etc.), pourvu qu'elle ait connaissance de l'opposition (Civ. cass., 26 mars 1913, S. 1913. 1. 201, critiqué par M. Lyon-Caen ; D. 1913, 1, 489, critiqué par M. Lacour).

916. — **Critique de la loi.** — La loi de 1872 est diversement jugée. Les uns trouvent qu'elle apporte une *gêne excessive* au trafic des titres, qu'elle immobilise de nombreux numéros de valeurs, sans donner la preuve que le vol allégué soit bien réel. N'a-t-on pas signalé sous les halls des établissements de crédit, aux époques d'échéance des coupons, des personnes complaisantes s'offrant à remplir les bordereaux des porteurs naïfs, et se renseignant ainsi sur des numéros qu'elles frapperont le lendemain d'opposition par le ministère d'un compère ?

La procédure de la mainlevée par voie de *référé*, introduite en 1902, a corrigé ce défaut sans le faire disparaître. Pourquoi la loi n'exige-t-elle pas de l'opposant une autorisation judiciaire dans un bref délai à partir de l'opposition, délai dont l'expiration emporterait mainlevée de plein droit, ainsi que c'est le cas pour le défaut du renouvellement annuel de la taxe (voir en ce sens nos observations au *Congrès des valeurs mobilières* de 1900) ?

En outre, quand il s'agit de valeurs étrangères, l'opposant devra payer au fisc, sur les titres volés, le timbre au comptant de 2 0/0 alors que ce paiement a peut-être déjà été fait.

917. — D'autres trouvent la loi *insuffisamment protectrice*, à cause des complications et des conflits qu'elle entraîne en droit international.

L'auteur du vol consommera son délit, en faisant vendre la valeur sur un marché étranger, dans un Etat qui, à la différence du nôtre, n'admet pas la revendication des titres volés. Même en France, notre législation pénale rend souvent la protection impuissante. A proximité d'une Bourse fonctionnent, au su de l'opinion, des *agences de recel*, qui reçoivent les titres volés dans un pays étranger, et les négocient avant que la publication de l'opposition n'ait été faite. Ces agences échapperont aux poursuites, aussi longtemps que le droit criminel fera du recel une catégorie de complicité (art. 62 C. pén.). L'auteur principal et, par voie de conséquence, le recéleur ne peuvent être recherchés, au point de vue pénal, que devant la juridiction étrangère où le vol a été commis. Afin de mettre un terme à cette sorte de duperie légale, on a procédé enfin à l'abrogation des art. 62 et 63 C. pén. pour faire du recel un délit distinct (L. 22 mai 1915, introduisant dans le Code pénal des art. 460 et 461 nouveaux).

Si l'on admet que la validité et les effets d'une négociation se déterminent par la législation du pays où elle a eu lieu (*lex loci contractus*)[1], les fripons trouvent un moyen commode de passer au travers des mailles de notre loi. Il faudrait, avons-nous dit (n° 902), qu'une entente se produisît pour que tous les Etats finissent par adopter notre système de protection.

Les tribunaux français cherchent bien à protéger l'opposant. Ils déclarent que le titre négocié à l'étranger continue à être vicié de vol et par conséquent à pouvoir être revendiqué : ce qui oblige en fait les courtiers des Bourses hors de France à s'abonner au *Bulletin* de notre Chambre syndicale de Paris (Seine, 28 décembre 1885, *Clunet*, 1885, 681 ; Chambéry, 24 novembre 1909, D. 1910, 2, 65, note NAST ; S. 1916, 2, 224, note WAGNER).

Mais cette jurisprudence n'est elle-même pas très recommandable dans son ensemble. Car, transposant les situations, elle décide que la valeur étrangère, volée et négociée par le voleur en France, tombe elle aussi sous le coup de notre loi de 1872, bien que le pays d'émission refuse la revendication. Cela n'est pas conséquent[2].

918. — Négociations par un incapable. — La loi de 1872 ne garantit que contre les faits de dépossession involontaire. Elle est étrangère aux ventes conclues par *incapables* (mineurs, femmes mariées, etc.). L'art. 1er de la loi parle de propriétaire *dépossédé*, ce qui vise uniquement les faits survenant contre la volonté du titulaire.

Un mineur ou un interdit, vendant indûment un titre au porteur en vente directe, peut sans doute agir en nullité contre son co-contractant pendant dix ans ; mais il ne saurait faire servir l'opposition double, tant à négociation qu'à paiement, à évincer un sous-acheteur, à empêcher le titre de tomber aux mains d'un porteur de bonne foi.

Si l'incapable a traité par l'intermédiaire d'un agent de change ou courtier, l'acheteur ne saurait être inquiété. Il est douteux que l'agent intermédiaire puisse être recherché. Car la loi, en le dispensant de vérifier l'*identité* du vendeur (L. 1872, art. 12 *in fine*), l'exempte *a fortiori* du soin de contrôler sa *capacité*, du moins s'il s'agit d'un agent de change. Au surplus,

---

1. En ce sens, délibération prise par l'*Institut de droit international* dans sa session de Gand de 1906, au rapport de M. LYON-CAEN. — En sens contraire, cfr. notre article des *Annales de droit commercial*, 1905, p. 249.

2. Cette question, délicate entre toutes, ne peut être qu'effleurée dans ce livre (V. SURVILLE et ARTHUYS, *Cours élém. de droit internat. privé*, n° 468, et *Rev. crit.*, 1894, p 274). Il devrait y avoir réciprocité. Les effets de la négociation, dont une valeur *étrangère* volée est l'objet en France, doivent être appréciés, non d'après la loi de 1872, mais d'après celle de l'Etat de l'établissement débiteur de cette valeur. L'opposition à négociation est inopérante, si la loi de cet Etat l'exclut. Il y a pour le titre au porteur une sorte de *statut personnel* le suivant en tous pays (*Contra*, Seine, 17 novembre 1890; *Journ. Clunet*, 1895, p. 129). — La jurisprudence admet même l'application de notre loi de 1872, loi de police et de sûreté, aux titres étrangers, volés en France, puis négociés à l'étranger (Seine, 10 janvier 1893, *ibid.*, 1893, p. 596 ; Req., 15 juin 1909, S. 1911, 1, 81, note NAQUET). Elle fait capituler toutes les lois devant la nôtre. Ses jugements pourront-ils se faire rendre exécutoires à l'étranger ? Le *Bulletin* contient toute une partie consacrée à la mention des titres russes, espagnols, etc., que leurs porteurs dépossédés en France ont frappés d'opposition.

l'incapable n'a pas dû se présenter lui-même. Il aura fait donner son ordre par un homme de paille, qui l'a dissimulé.

919. — La loi de 1872 laisse en dehors de son application, par disposition expresse de l'art. 16, deux catégories de valeurs : 1° les *billets de banque* ; 2° les titres de *rente* et autres obligations *sur l'Etat*. — Il aurait fallu ajouter aux billets de banque les effets au porteur servant à un règlement de marchés à courte échéance, qui ne sont ni obligations ni actions, et qui, ne se négociant point sur le marché public, excluent, au même degré que les billets de banque, l'opposition au Syndicat des agents de change. — Quant à la rente sur l'Etat la question, paraît-il, était préjugée par les textes interdisant l'opposition au Trésor sur le titre (L. 8 nivôse an VI, art. 4). Le service de la rente se fait à tant de bureaux, qu'on ne pourrait obliger tous les agents du fisc à dresser acte des oppositions : l'Etat exposerait ses fonctionnaires à une responsabilité excessive. A l'occasion du vote de la loi du 15 juin 1915 (ci-dessus n° 902), la question, souvent agitée, a été reprise et posée à nouveau par M. Jules Roche à M. Ribot, Ministre des Finances. Des instructions données aux agents de change invitent ceux-ci, dans chaque négociation de rente au porteur requise de leur ministère, à faire renouveler le certificat à vendre par un autre certificat. Le Grand-Livre a pu être saisi par le rentier dépossédé d'un avertissement concernant le vol. Il refusera alors le titre nouveau, et mettra les deux parties en mesure de plaider l'une contre l'autre. Si aucun porteur ne se présente, le Grand-Livre fera le service des arrérages, et même du capital, moyennant certaines garanties (cautionnement restituable après vingt ans : art. 16 de la loi). Mais aucune de ces mesures ne protège la victime contre l'application brutale des art. 2279 et 2280, surtout lorsque la négociation s'est faite par le ministère d'une autre personne qu'un agent de change.

CHAPITRE PREMIER

DES OPÉRATIONS DE BOURSE

920. — Il y a deux sortes d'opérations conclues à la Bourse : des *opérations au comptant* et des *opérations à terme*.

921. — **I. Marchés au comptant.** — Les marchés au comptant sont habituellement des *opérations de placement*, des actes civils. Cela n'est pas toujours vrai. L'opérateur au comptant peut avoir l'intention de revendre les titres : il fera alors acte de commerce.

La solution a de l'importance au point de vue de la compétence des tribunaux. Si l'agent doit engager un procès contre son client, il l'assignera devant le *tribunal civil*, au cas où celui-ci a été exempt de spéculation. Mais le client pourra toujours assigner l'agent devant le tribunal de commerce (avec option pour lui entre les deux juridictions, n° 40). — S'il s'agissait, au contraire, d'un marché de spéculation (d'un marché à terme notamment), la *juridiction commerciale* serait compétente de part et d'autre.

922. — Les marchés au comptant sont l'objet d'une exécution immédiate tant de la part du vendeur que de la part de l'acheteur. Le premier *livre* les titres : le second se les fait livrer ou les *lève*.

L'agent de change intermédiaire a, en conséquence, le droit d'exiger que les effets ou les fonds lui soient remis par avance. Il est alors *couvert* (D. 1890, art. 58). S'il avait eu l'imprudence de ne pas exiger cette remise avant la négociation, il pourrait encore mettre le client en demeure, au moyen d'une simple lettre recommandée, puis trois jours après l'*exécuter en Bourse*, sans autre formalité, art. 59 (voir n° 964 cette exécution dans les marchés à terme : ici elle est soumise à une procédure plus compliquée).

Dans un délai réglementaire de cinq Bourses depuis celle où l'opération a été traitée (règl. part. de Paris de 1890 modifié en 1898, art. 42), l'agent de change doit être en mesure de livrer à l'acheteur les titres qui ont fait l'objet de la négociation, ou au vendeur les sommes qui en proviennent.

Il n'y a d'exception que pour les valeurs qui ne peuvent circuler que sous la forme *nominative*. On verra, dans le chapitre suivant, comment ces valeurs, par suite du secret professionnel de l'agent, doivent être l'objet d'un *transfert d'ordre* provisoire, au nom de l'intermédiaire. De là, un retard au transfert définitif ainsi qu'au règlement que l'agent fera du marché à son client : le délai donné à cet effet est de dix jours (D. 1890, art. 49).

923. — L'agent perçoit un *courtage*. C'est la Chambre syndicale qui en détermine le taux dans les limites d'un *maximum* que fixe un règlement d'administration publique. Le *maximum* était de 1/4 o/o (0.25), il a été abaissé à 10 centimes o/o de la valeur négociée avec *minimum* de 0 fr. 50 par bordereau (décrets des 29 juin 1898 et 12 juillet 1901). Ce taux est obligatoire pour tous les agents de change du même parquet. Il est liquidé sur le montant de l'opération et est dû tant par le vendeur que par l'acheteur.

Pour les titres non libérés, il était d'usage de taxer l'opération non pas sur le prix effectif, mais sur ce prix augmenté du « non-versé ». Une action de 500 fr. libérée de son premier quart, et vendue au pair, 125 fr. par conséquent, acquittait le courtage sur 500 fr., cours relevé sur le bulletin de cote. C'était un abus, il a disparu par le décret du 20 juin 1898.

924. — On peut soumettre l'ordre à des conditions diverses : l'agent opérera *au cours*, ou *à un cours déterminé*, ou *au mieux*, ou *au cours moyen*.

L'ordre d'opérer *au mieux* ne donne pas toute garantie au client que son agent lui accusera le prix réel qu'il a traité. L'agent a pu acheter très bas, à un cours non coté, ensuite porter dans son « avis d'opéré » le cours le plus haut de la même Bourse, s'appliquer ainsi, en outre de son courtage, une partie du prix comme bénéfice clandestin. La présence de l'opérateur à la Bourse, tandis que son agent opère pour lui, sera un moyen de diminuer cet abus.

L'opération *au cours moyen* ne peut résulter que d'ordres donnés avant la Bourse. Celui qui traite sous cette forme ne connaît pas le prix auquel son marché se négociera. Ce cours ressortira, après clôture de la Bourse, d'une moyenne prise entre tous les cours qui se sont traités pendant la tenue de la Bourse elle-même. Un pareil marché ne s'accomplit qu'avant l'ouverture de la Bourse ; avant de gagner la corbeille, les agents se réunissent dans le cabinet du syndic ; ils exécutent de l'un à l'autre les ordres, qu'ils ont reçus respectivement de leur clientèle, d'opérer à ce cours moyen.

925. — II. Marchés à terme. — Les marchés à terme sont ceux où les deux parties, en s'accordant sur un prix, conviennent de reculer à une époque déterminée, dite *liquidation*, l'exécution double de l'opération. Les titres ne seront livrés, et les sommes payées qu'à cette époque.

Il ne faut pas les confondre avec les *ventes à crédit*, dans lesquelles le vendeur livre de suite et donne délai à l'acheteur pour le versement du prix.

Dans la Bourse des marchandises, ces opérations sont qualifiées *marchés à livrer*. C'est l'expression dont se sert la loi du 28 mars 1885, art. 1er. On retrouvera ces marchés dans la partie du livre consacrée à la vente. Mais, dans le langage des commerçants, la dénomination de « marchés à livrer » est détournée de son sens légal ; pour mieux dire, elle est plus spécialisée. En pratique, les marchés de spéculation sur les produits, alcools, blés, cotons, etc., sont appelés *marchés à terme*, tout comme ceux qui portent sur les valeurs, et cette commune appellation doit être approuvée.

Les « marchés à livrer » sont, en effet, ceux qu'on traite en dehors des règlements de Bourse, par conventions particulières, avec un correspondant ou un fournisseur connu, sur l'indication précise d'un type de marchandise. Ils alimentent l'industrie. Au contraire, le « terme » conduit plus fréquemment à une liquidation par différences.

926. — Dans le marché à terme, les deux parties font *acte de commerce*. L'acheteur compte revendre ; le vendeur compte acheter postérieurement ce que par sa vente il vient de s'engager à livrer. Dans le cas où cette intention de revendre ou de se racheter serait absente, l'acte demeurerait civil.

927. — Ces opérations sont, d'après les règlements, sujettes à des restrictions : 1° quant aux *quantités traitées* ; 2° quant à *l'échéance du marché*.

1° Le but de la spéculation étant de distribuer des stocks de titres (comme de produits), celle-ci exclut le concours du commerce de détail. Ces titres en suspension doivent se répartir entre de gros négociateurs.

A la Bourse des valeurs, l'intervention au terme des petits opérateurs aurait, en outre, des dangers sociaux : déjà très meurtrier par lui-même, ce marché exercerait ses ravages sur les plus faibles épargnes. Il fallait une barrière contre l'entrée au marché à terme des fortunes modestes.

Les règlements ne permettent donc pas d'opérer sur des unités trop réduites. Le *minimum* autorisé est de 1.500 fr. (en arrérages) de rente à 3 o/o (soit au pair 50.000 fr. de capital engagé), avec un courtage de o fr. 025 par 3 fr. et minimum de 12.50 ; il est de vingt-cinq actions pour les titres d'une société, avec 10 centimes o/o de courtage (décret 12 juillet 1901).

2° Il y a des dates fixes, prises pour échéance des marchés. Ainsi sera simplifiée la liquidation des opérations : on fera masse de tous les marchés de même nature, conclus à la corbeille. Les agents balanceront leurs opérations et les régleront entre eux par les soins de la Chambre syndicale, au moyen de compensations (voir n° 959).

Les règlements veulent, de plus, que cette échéance ne soit pas trop reculée. Si l'on achetait *livrable dans un an*, on s'exposerait à un risque exagéré, par suite de l'écart possible du cours à douze mois d'intervalle. Quelles oscillations ne subira-t-il pas en une aussi longue période ?

On peut indirectement aboutir à ce résultat, en scandant le marché de mois en mois, par l'effet de reports (n° 936). Mais alors il faut une série de conventions successives que l'intéressé est libre de ne pas conclure.

Donc le marché à terme ne peut être traité que pour la fin du mois (*fin courant*), ou pour la fin du mois suivant (*fin prochain*).

Exceptionnellement, pour certaines valeurs autres que la rente et les titres assimilés, le règlement de quelques Bourses, de celle de Paris notamment, a établi des liquidations de quinzaine (*mi-courant*, *mi-prochain*).

928. — L'acheteur, haussier (en anglais *bull*, le taureau), espère *revendre* à un cours plus élevé. Le vendeur, baissier (en anglais *bear*, l'ours), s'attend à une dépression qui lui permettra de *se racheter* sur la même échéance à un cours plus faible. Ainsi en est-il, s'il a vendu à découvert. Autrement, haussier, opérateur en achat par un premier marché, il se borne à liquider sa position.

Les fluctuations de la Bourse tiendront à des causes économiques ou autres, que nous n'avons pas à examiner ; elles sont d'ailleurs des plus diverses :

1° Evénements politiques : une révolution, une guerre, un conflit diplomatique resserrent la confiance : le « découvert » est maître du terrain ;

2° Situation de place : il y a eu de très gros engagements à la hausse, par suite d'un effort de spéculateurs à faire monter un groupe de valeurs. Mais la valeur résiste, les spéculateurs revendent avant que la baisse ne se soit accentuée ; ces réalisations activent la chute du cours, c'est encore le « découvert » qui l'emporte. — Ou inversement, la politique d'accaparement des acheteurs réussit, malgré les ordres de vente des baissiers ; ceux-ci se découragent et rachètent à perte ; la « spéculation » a le dessus.

Bref, si le 3 o/o, traité à terme à 70, s'élève à 70.30, c'est le vendeur à découvert qui perd 0.30 ; s'il tombe à 69,70, c'est l'acheteur qui subit cette perte. Une valeur pourrait suivre un cours continu de hausse, sans être jamais attaquée par le découvert. Chaque acheteur successif gagnerait un bénéfice égal à la différence entre le prix de son premier marché et celui du second. Ce marché peut ne faire aucun perdant.

929. — Le cours à terme est généralement plus élevé que le cours au comptant, à une même Bourse : on dit alors que le terme est en *report* sur le comptant.

Cela s'explique : 1° par le sentiment, plutôt favorable, en temps ordinaire, à la hausse ; 2° parce que la valeur se sera rapprochée, entre temps, de la jouissance du prochain coupon.

Lorsque le phénomène contraire se produit, le terme est en *déport*. La nécessité pour les baissiers de liquider une position trop chargée, et de racheter leur découvert au moment de l'échéance de leurs marchés, peut relever subitement le comptant sans que le terme en soit affecté. Ce sont là des particularités sur lesquelles on doit passer vite dans un ouvrage élémentaire.

930. — Liquidation du marché. — Comment se liquide un marché à terme ?

L'opérateur a le choix entre plusieurs partis. Nous écartons le cas où, ne liquidant pas de son plein gré, il subirait l'exécution en Bourse (n° 964).

Il peut : 1° exécuter en nature ; 2° donner un ordre de contre-opérer ; 3° se faire reporter. Réservons le troisième parti pour le moment.

1° A l'époque de la liquidation, il apporte à son agent les titres s'il est vendeur, les fonds s'il est acheteur. Il livre ou lève. Hypothèse rare.

2° L'opérateur fait sur la même échéance un second marché en sens opposé du premier. Ayant acheté, il revend. D'abord vendeur, il se rachète. Tantôt il attend la liquidation pour faire cette opération inverse, exécutée alors sur le comptant. Tantôt ce nouvel ordre est donné quelques jours après le premier, avant l'échéance, au même terme que le premier marché.

a) Lorsqu'il accomplit cette nouvelle opération par le ministère de la même agence, les deux marchés contraires se liquideront par *compensation légale* (art. 1289 à 1291 C. civ.). Ils portent l'un et l'autre sur des quantités ou sur des sommes *in genere*, choses fongibles. L'opérateur est créancier et débiteur d'un même nombre de titres, créancier et débiteur des mêmes sommes (à concurrence de la plus faible).

De cette double compensation ressortira une différence en gain ou en perte, selon que le second prix sera plus ou moins élevé que le premier. Le mouvement effectif est inutile pour les titres ; pour l'argent, il se limite à la différence. — Ex. : J'ai acheté de la rente à 70 fr., je la revends 70,10. Bénéfice, 0,10.

b) Lorsque l'ordre du deuxième marché est donné à un agent de change autre que le premier, l'opérateur peut arriver au même résultat au moyen d'une *délégation*. Il déléguera l'agent vendeur à l'agent acheteur, pour effectuer à ce dernier la livraison des titres et pour recevoir de lui les sommes ; ces deux agents compenseront ensemble.

931. — Variétés de marchés. — On distingue plusieurs variétés de marchés à terme : le *marché ferme*, le *marché à prime*, le *report*.

932. — Marché ferme. — *a*) Le *marché ferme* ne comporte point de résiliation. J'achète de la rente *fin courant*, sans me réserver de dédit.

Le droit commun des obligations reconnaît ce marché : on verra dans le chapitre III si des causes particulières s'opposent à sa validité.

On voulait jadis le déclarer nul, comme constituant une *vente de la chose d'autrui*. Le vendeur n'a pas les titres au moment où il les vend ; cette vente est donc frappée par l'art. 1599 C. civ.

L'objection n'était pas sérieuse : la théorie de la vente de la chose d'autrui ne concerne pas les choses fongibles. Aucun commerce ne serait possible, si l'on proscrivait les ventes à livrer : résultat qui s'imposerait, si l'on donnait au texte du Code civil une telle portée [1].

---

1. On cite la comparaison très imagée, que donnait à Napoléon le syndic des agents de change de Paris ; il expliquait à l'Empereur que la vente à terme de quantités qu'on n'a pas encore ne constitue pas un *stellionat* (au reste, le stellio-

Chacune des parties, dans le marché ferme, assume un risque illimité ; si fort que soit l'écart dans les cours, elle en subira l'effet. Le seul moyen de limiter le risque, c'est de contre-opérer ; le second marché fait, toute nouvelle direction des cours devient indifférente à l'opérateur. A partir de ce moment, il a balancé sa position.

933. — Escompte. — Dans le marché à terme, l'acheteur dispose d'une prérogative, sans qu'il ait eu besoin de la stipuler. Mais elle ne s'étend pas au vendeur. C'est la *faculté d'escompte* (D. 1880, art. 63).

On entend par là le droit qu'a l'acheteur de se faire livrer *par anticipation* les valeurs négociées, en offrant le prix convenu. Il peut choisir avant l'échéance le moment qui lui plaît pour escompter : le vendeur sera tenu de livrer immédiatement et, étant à découvert, de se racheter sans tarder.

Il peut y avoir dans l'exercice de l'escompte un coup de Bourse à l'adresse de la baisse. C'est en réalité contre la baisse que cet usage s'est introduit. Autrement, l'escompte serait donné également au vendeur, ce qui n'est point. La situation n'est pas égale.

La faculté d'escompte, proscrite dans les Bourses étrangères, ne peut se défendre. Elle revient à dire que le terme est stipulé dans l'intérêt de l'acheteur seul : celui-ci se réserve un délai pour se procurer la somme ; sitôt qu'il l'aura, il mettra sa contre-partie en demeure de s'exécuter. Le vendeur, lui, a les titres ou doit les avoir dès le premier jour. Lorsque le vendeur est un haussier qui s'était couvert d'avance, l'escompte exercé sur lui est inoffensif, puisqu'il le répercutera sur son propre vendeur. Hors de là, il devra se racheter d'urgence, à n'importe quel prix.

Rien n'est plus contraire au mouvement pondérateur de la hausse et de la baisse, que cette organisation partiale. Pourquoi frapper le vendeur, du fait qu'il a opéré à découvert ? Parce qu'il est baissier ! A certaines époques, on a considéré comme nulle la convention de vendre des effets qui ne seraient pas prouvés par le vendeur avoir existé à sa disposition au temps du marché (n° 972) ; tandis qu'on respectait la convention d'acheter, quoique l'acheteur n'eût pas les sommes à ce moment. C'est toujours la même tendance, économiquement fausse et injuste.

934. — Marché à prime. — *b*) Dans le marché *libre* ou *à prime* l'acheteur se réserve, *moyennant une prime convenue*, de ne pas exécuter le marché à l'échéance. On traite la rente dont 1, dont 0.50, dont 0.25 : l'acheteur promet de payer 1 fr., 0.50, 0.25 par unité de titre, s'il résilie l'opération.

La convention a été suspectée, par suite du moyen qu'elle offre de dégager une différence sans recourir à une contre-opération. Elle n'est pas nulle, ainsi qu'on l'a dit, comme étant affectée d'une condition purement potestative (art. 1174 C. civ.). Car la résiliation exigera un sacrifice égal à la prime

---

nat, vente d'une chose dont on sait ne pas être propriétaire, frappée par la contrainte par corps avant 1867, n'existait que pour les immeubles : art. 2059 C. civ.) : « Le porteur d'eau qui va remplir ses seaux dans la Seine ne commet pas de stellionat. Or la Bourse est la rivière des titres. »

elle-même : la convention nulle est celle que le débiteur se réserve de rompre à sa fantaisie, *si voluerit*.

C'est une clause pénale, ou plutôt l'application de l'art. 1590 C. civ. : dans la vente avec *arrhes*, chacun des contractants est maître de se départir en perdant les arrhes. — Toutefois, dans les arrhes ordinaires, la faculté est réciproque. Tandis que, auprès des Bourses françaises, le droit de résilier n'appartient qu'à l'acheteur. A l'égard du vendeur (toujours même partialité), le contrat est nécessairement ferme.

Se prévaloir du dédit, c'est *abandonner* la prime ; exécuter le marché, c'est *lever* les titres (ou *lever* la prime). La liquidation est précédée d'un jour de Bourse où les agents déclareront si c'est pour le ferme ou pour la prime qu'ils optent (*réponse des primes*, règl. de Paris, art. 52).

L'acheteur abandonnera la prime, lorsque la baisse survenue en dépasse le montant ; il lèvera dans le cas contraire. A plus forte raison, lorsque la hausse s'est déclarée, optera-t-il pour la conversion en ferme.

La prime, en un mot, limite à un écart déterminé le risque de baisse : l'acheteur ne pourra perdre une différence plus élevée que celle-ci.

935. — Deux lois économiques règlent le cours du marché à prime.

a) Le cours à prime est plus élevé que le ferme : quand la rente se vendra à terme 70 fr., elle se traitera à prime 70.25. Car le vendeur limite son gain à 0.25 ; il est obligé de se couvrir à tout événement, avec menace de garder les titres. Il est juste qu'un prix plus fort le dédommage.

b) Le cours s'élève à mesure que faiblit la prime. On vend plus cher dont 0.25 que dont 1, puisque la prime de 0.25 resserre pour le vendeur la chance de gain plus que celle de 1 [1].

936. — **Report** [2]. — *c*) Le *report* est une opération à terme, supposant, à la différence des autres, un marché plus ancien dont elle forme la suite. Il proroge les effets d'un marché à terme arrivé à son échéance, et se traite nécessairement au moment d'une liquidation, ce qui le distingue encore des autres opérations de Bourse. Deux situations sont à considérer.

937. — 1° Celui qui se fait reporter était un acheteur à terme.

Primus avait pris position à la hausse sur la rente, il avait acheté fin courant à 70 fr. Au moment de la liquidation, la rente est à 69.90.

Il pourrait, ou prendre livraison et payer, ou donner ordre de revendre. Ce serait un arrêt définitif de l'opération, avec une perte de 0.10.

Il préfère conserver, pour un mois encore, sa position sur la rente. Mais le vendeur offre les titres et exige son prix : 70 fr.

1. Nous écartons toutes les combinaisons complexes appelées : — *prime contre ferme*, ou inversement ; — *options* (stellages), permettant à l'opérateur de se déclarer à la liquidation vendeur ou acheteur à son choix, et se décomposant en achats et en ventes combinés, avec une alternative de résiliation pour l'achat si c'est en faveur de la vente que l'opérateur doit se prononcer, et inversement ; — *facultés*, ou possibilité de se faire livrer au même prix le double ou le triple des quantités traitées : — combinaisons exclues des règlements du parquet, parfois pratiquées en coulisse, sans valeur aux yeux de la loi, et de nature équivoque.

2. ALLIX, *Des reports dans les Bourses de valeurs*, th. 1900 ; GUILMARD, *Les reports en Bourse et la loi du 28 mars 1885*, 1913.

Primus n'a pas le capital nécessaire. Il faut qu'un tiers, *Tertius*, intervienne pour le lui procurer. Ce tiers apporte les fonds.

Primus, l'acheteur, se fera reporter sur *Tertius*, lequel occupera, vis-à-vis de lui, pour une nouvelle période de Bourse, la position du vendeur originaire. Voici comment.

938. — A. *En la forme*, il y aura entre *Primus* et *Tertius* une vente avec rachat.

Primus, l'acheteur primitif, *vend* au comptant (*cours de compensation*), pour 69.90, à *Tertius*, son *reporteur*, la rente que le vendeur originaire tient à sa disposition. Il applique le prix à rembourser son vendeur (tout en devant ajouter du sien 0.10, différence que l'écart du cours lui a fait perdre).

Mais, en même temps, *Primus* déclare *racheter* à *Tertius* une égale quantité de rente pour la liquidation suivante à 70.10. Il est le *reporté*.

Les titres provenant du marché originaire, livrés à *Tertius*, reporteur, en vertu de la première partie de l'opération, garantissent en ses mains la promesse à terme de *Primus*, reporté. Celui-ci continue ainsi sa campagne à la hausse sur le reporteur, après l'avoir commencée sur un vendeur ordinaire.

Vienne la seconde liquidation. Le reporté, lié par son engagement du mois précédent, paiera 70.10, dégagera les titres, que le reporteur lui restituera, et remboursera 0.20 de plus que ce qu'il avait touché à la liquidation antérieure. Cela ne l'empêche pas de gagner, lorsque la rente a monté davantage. Elle cote 70.30 par exemple. L'acheteur, en réalisant, fait encore un bénéfice de 0.20.

Si le reporté est hors d'état de régler son engagement, le reporteur l'exécutera en faisant vendre les titres qui, dans ses mains, répondent de l'engagement pris. La rente est-elle toujours à 70.10 : il sera rendu indemne. Autrement, il est exposé à l'insolvabilité de *Primus* pour le découvert (pour 2 fr., par exemple, lorsque la rente est tombée à 68.10).

939. — Celui qui conclut l'opération (*reporté*) en traite, on le voit, les deux éléments vis-à-vis d'une même contre-partie (*reporteur*) [1]. Le report, d'après cette décomposition, est une *opération* double et liée, *dans laquelle une même personne*, lorsqu'arrive une liquidation, *vend une valeur au comptant* à un prix, *et la rachète à terme* à un prix différent, livrable à la liquidation suivante. C'est une des formes de la *vente à réméré*, mais avec une particularité notable. Le vendeur à réméré ordinaire se réserve la *faculté* de reprendre à l'acheteur la chose vendue dans le délai et pour le prix convenus ; ici le vendeur *s'engage* à effectuer ce rachat.

940. — Achetant une valeur au comptant, le reporteur n'est pas seulement propriétaire conditionnel, comme on est tenté de le croire. Il est

1. Ainsi en est-il du *report direct*. Mais on pratique également le report indirect, en vendant au comptant au premier acheteur ou à une autre personne, et en rachetant à terme d'une contre-partie différente en vertu d'une seconde opération distincte de la première.

propriétaire sans réserve. Ce qu'il a vendu à terme au reporté, ce n'est pas le même titre pris dans son identité, c'est une valeur de même espèce. Le contrat porte sur des *choses fongibles*. Il pourra donc restituer, le mois suivant, des titres autres que ceux qui lui ont été remis. Il a pu entre temps : — 1° *disposer librement* de ces derniers ; — 2° conserver le produit du *coupon* échu dans l'intervalle ; — 3° concourir à une *assemblée générale* tenue dans cette période, si l'opération porte sur des actions de société ; — 4° acquérir, sans avoir à en tenir compte au reporté, la prime ou le lot qu'un tirage aurait attribué à l'obligation donnée en report.

941. — B. Lorsqu'on s'en tient aux *intentions de la convention*, le report est, plutôt qu'une double vente, une opération de crédit, une avance de fonds : un *prêt à intérêt*.

Le reporteur apporte ses capitaux à un boursier, lequel n'était pas en fonds pour régler son marché. Le boursier se croit en mesure de les lui rendre un mois plus tard. Il y a une date prise pour le remboursement. L'écart des deux cours constitue l'intérêt du prêt. Le prêteur est couvert entre temps par des titres qui lui sont remis, comme il le serait par un gage.

Ce n'est pas le seul cas où le prêt sur nantissement revêt la forme de deux ventes soudées l'une à l'autre ou de la vente à réméré. En Angleterre, le *mortgage*, prêt sur gage ordinaire, se conclut encore ainsi.

942. — Rien de plus compréhensible, dans ces conditions, que l'*action économique* du report, et les raisons qui en font varier le cours.

Le report aide la spéculation dans le marché à terme. Les haussiers maintiendront pendant des mois et des années leur position par des prorogations mensuelles ou de quinzaine, à charge de régler la différence de la période parcourue.

Le reporteur n'est pas un spéculateur. Il aventure un capital, avec le seul risque, si les valeurs prises en report viennent à baisser, de ne pas rentrer dans son avance, que le reporté lui doit, du reste, intégralement. L'avance a lieu sur la pleine valeur du cours du titre, valeur peut-être majorée et ne laissant pas de marge pour une dépréciation. — En outre, le reporteur limite, dès le premier jour, son bénéfice à la différence entre les deux cours de son marché. Au contraire, un opérateur à terme ordinaire recherche un bénéfice illimité et s'expose à devoir exécuter sa contrepartie si celle-ci ne lui a pas fourni de garantie particulière.

Bon nombre de personnes se feraient scrupule d'acheter à terme, et n'hésitent point à placer leurs capitaux en report. D'après elles, les deux opérations ne seraient pas réglées par la même moralité.

943. — Cet appui des reports à la spéculation a toute raison d'être : si la spéculation était abandonnée à ses seules ressources avec l'unique débouché du comptant, la valeur subirait de fortes dépressions. Les haussiers trop chargés seraient forcés de liquider, c'est-à-dire de vendre, ce qui ferait s'effondrer la valeur.

Or les *capitaux disponibles*, ceux qui dans l'attente d'un placement définitif sont déposés dans les banques, viennent à point nommé s'offrir aux haussiers à court terme, pour un mois, sur remise de titres, et ils évitent le chômage en s'assurant ainsi un revenu.

Ne sait-on pas que le Ministre des finances a une certaine prise sur les établissements de crédit, intéressés à ménager le gouvernement, et peut obtenir d'eux le placement de leurs capitaux en report sur la rente? Moyen de soutenir le cours de celle-ci, lorsque surgit une inquiétude qu'on veut surmonter.

Le taux de l'intérêt de l'argent d'une part, le risque du placement de l'autre, vont régler le cours de ces reports.

L'argent est abondant. Les reports se traiteront à bon marché.

L'argent *se raréfie*, ou il est sollicité par l'étranger. La banque étrangère élève le taux de son escompte : c'est un appel aux capitaux disponibles de l'extérieur. Par contre-coup, même en France, l'argent voudra une rémunération plus forte, et le taux des reports s'élèvera. Il peut s'élever tellement haut, que les spéculateurs préféreront réaliser. Ce sera la baisse.

Les Compagnies de chemins de fer font travailler, sous forme de reports, les recettes de leurs réseaux. Lorsque, au moment du service de leurs coupons, elles retirent leurs capitaux de la Bourse, un relèvement du taux des reports en est la suite.

La valeur offerte en report a déjà parcouru une hausse considérable. Partie de 500 fr., elle atteint 2.000 fr. A ce moment le report sera onéreux, car la marge d'une plus-value est problématique et le risque d'effondrement sérieux. Dans ces périodes de *spéculation surchauffée*, les reporteurs ont retiré jusqu'à 50 et 80 o/o de leur argent.

944. — Caractère juridique du report. — Quel est le *caractère juridique du report ?*

On hésite entre la théorie du *prêt sur gage* et celle de la *double vente*.

Le problème ne présentait d'intérêt qu'avant la loi du 12 janvier 1886, lorsque le taux d'intérêt commercial ne pouvait dépasser 6 o/o. En analysant le report en un prêt, on devait interdire l'opération, lorsque le rapprochement des deux cours traduisait pour le reporteur une perception usuraire. Ce qui n'avait point lieu avec la théorie de la double vente.

Aujourd'hui, même en voyant dans le reporteur un prêteur au lieu d'un acheteur, il prêterait à un spéculateur à terme, c'est-à-dire à une personne qui fait acte de commerce. Le prêt serait donc commercial, affranchi de tout taux *maximum*. Les deux théories aboutissent au même résultat.

945. — La jurisprudence a consacré l'opinion de la *double vente* et rejeté celle du prêt sur gage. Voici notamment pourquoi :

1) Le report confère au reporteur la pleine propriété de la valeur, avec tous les attributs qui y sont attachés (n° 940). Il n'aura à rendre qu'une valeur *ejusdem generis*.

Or, un créancier gagiste n'acquiert pas la propriété de l'objet pris en nantissement. Toute clause qui lui attribuerait cette propriété serait un pacte commissoire prohibé (art. 93 *in fine* C. com.).

2) Il est vrai de dire, avec les partisans de la thèse du gage, que le

reporteur cherche un placement de son argent et opère sous la même impulsion qu'un prêteur de capitaux.

Mais, d'abord, ce n'est pas toujours exact. Il y a des personnes qui prennent des actions en report, afin de participer à une prochaine assemblée générale de la société dont ces actions dépendent, et d'y faire la majorité. Il y en a d'autres qui prennent en report des obligations à lots, afin de profiter d'un tirage prochain. L'intention de prêt est alors absente.

Il y a mieux à observer. Pour qualifier de prêt une opération, il faut qu'on rencontre la volonté d'emprunter chez celui qui profite des fonds. Or le reporté n'a pas cette volonté. Il poursuit pour une seconde période de Bourse une opération restée la même pour lui, un achat de valeurs.

L'interposition d'un agent de change, lié par le secret professionnel, ne lui laisse même point voir qui est sa contre-partie. Peut-être est-ce son vendeur primitif qui lie report avec lui. Alors il n'y a point de prêt, point de mouvement de capitaux. Pourquoi l'opération changerait-elle lorsque le reporteur est un tiers, à l'insu du reporté ?

Nous avons parlé du report à l'effet de prolonger un premier marché. Mais il pourrait consister dans un marché principal. Un banquier manque de capitaux, mais il a un portefeuille de titres. Au lieu de le réaliser ferme, il vend au comptant une valeur, tout en la rachetant à terme.

Ici l'*intention d'emprunter* est apparente. Si elle existe en même temps du côté du reporteur, le contrat constitue un prêt sur gage, avec intérêt. Tous les reports ne doivent donc point être analysés de la même manière.

946. — 2° Le report ne sert pas seulement à des acheteurs à proroger leur position. La situation inverse se présente. C'est le vendeur qui use du report.

Secundus a vendu fin courant de la rente à 70. En liquidation, la rente cote 70 50. Son attente est déçue. L'acheteur exige l'exécution. *Secundus* fait appel aux portefeuilles détenteurs de rente. Ceux-ci se dessaisiront de leurs certificats pour un mois, moyennant une somme de 70 fr. 50, et *Secundus* va continuer sa campagne de baisse sur *Tertius*, substitué à l'acheteur primitif.

Il « achète », au comptant, pour 70 fr. 50, de la rente à *Tertius*, lequel livre les titres qui vont servir à liquider la vente en suspens. — *Secundus*, par le même contrat, revend à terme à sa contre-partie la même quantité de titres pour 70.30 (c'est-à-dire à un cours dit *en déport*), de manière que *Tertius*, restituant un mois plus tard les 70.50, moins 0 fr. 20, soit fondé à considérer cette différence comme un loyer de ses titres, à lui rendus.

Le report consiste en ce cas dans un *achat au comptant*, accompagné d'une *vente à terme*. Il vient seconder la baisse, qui grâce à lui n'est pas obligée de réaliser.

Comme dans le cas précédent, la doctrine se partage en deux camps.

Prêt fongible *de titres* et avec intérêt, moyennant un gage ou cautionnement en argent, diront les uns.

Double vente, diront les autres. C'est cette seconde opinion qui a prévalu.

947. — En réalité, soit qu'il s'agisse du report d'une position de hausse, soit qu'on parle du report de la position de baisse, ni la thèse du prêt sur gage, ni celle de la double vente ne donne entière satisfaction. L'acquisition par le reporteur de la propriété du titre est inconciliable avec le droit du gage. D'autre part, comme un acheteur recherche la chose à titre définitif, il est choquant de qualifier d'achat une opération dans laquelle on revend instantanément à la personne même de qui l'on tient les titres. La véritable solution de droit est celle qui consacre au report de Bourse une classe à part dans l'ensemble des contrats, selon l'exemple donné par le Code italien, lequel en fonde la légitimité sur l'usage et en détermine les effets d'après les résultats que la Bourse y attache [1].

Dès à présent s'est formé dans la pratique un courant, pour considérer le report comme une *convention spéciale*, pourvue de règles propres. La conséquence en serait d'affranchir le report d'un certain nombre de restrictions ou prohibitions atteignant les autres marchés de Bourse, sous le prétexte qu'il ne constitue pas un « marché de Bourse proprement dit ».

Plusieurs faits ont concouru à la dernière époque à accentuer ce mouvement : — la grande abondance de capitaux sans emploi qui, par la concurrence qu'ils se font à la Bourse, nivellent le taux des reports et finissent par en ramener le chiffre à un cours uniforme, sans égard aux risques variables de chaque nature de valeur, — ainsi que le droit pour l'opérateur de s'attaquer à son intermédiaire garant du marché, et, lorsque cet intermédiaire est un agent de change, à la Compagnie tout entière, en vertu de la solidarité établie en 1898. Il en résulte que le client risque moins que dans l'exécution d'un marché à terme ordinaire les manœuvres de son courtier, dans les conditions auxquelles celui-ci reporte sa position.

Voici les prérogatives dont diverses décisions ont fait profiter les reports, en vertu d'une jurisprudence qui ne s'est pas encore généralisée, et qui d'ailleurs prête à de sérieuses critiques.

1° On verra qu'un courtier libre n'a pas le droit de se constituer « la contre-partie » de son client et de se créer ainsi dans l'opération un intérêt directement opposé à celui de son commettant (n° 997). Mais, le reporteur étant l'auxiliaire du reporté, auquel il est indifférent que son bailleur de fonds soit un tiers ou son propre mandataire, et le taux des reports étant fixé en dehors des parties, il faut en conclure que *le coulissier peut se constituer légalement le reporteur de son client* (Paris, 11 juin 1900, sous Req., 29 avril 1902, S. 1903, 1, 209 ; Paris, 22 mars 1902, S. 1903, 2, 129, et notes Wahl).

2° Cette jurisprudence s'est même étendue aux agents de change, pour qui cependant la défense d'être « contre-partistes » se renforce de la règle interdisant à ces officiers publics de faire des actes de commerce pour leur compte (art. 85 C. com.). Il a été décidé que l'*agent de change pouvait em-*

---

1. En ce sens, Allix, *op. cit.* Nous avions essayé, dans les *Annales de droit commercial*, 1893, une autre construction plus compliquée, basée sur la subrogation des art. 1249 et s. C. civ. ; elle a été combattue par MM. Duchène (*ibid.*), Muller (*Das Reportgeschäft*, Zurich, 1896) et Allix.

ployer en reports ses fonds personnels ou ceux de sa charge, le gain de l'agent reporteur étant limité à un loyer dont le taux se détermine en dehors de lui, et le report constituant un mode de placement des réserves de sa charge, non un acte de commerce (Com. Seine, 12 novembre 1902, S. 1903, 2, 145, et note Wahl). Irait-on jusqu'à autoriser un agent de change à recevoir en compte courant les capitaux du public, comme un banquier, pour les placer en report ?[1]

CHAPITRE II

DU ROLE DE L'AGENT DE CHANGE DANS LES MARCHÉS. DE SA RESPONSABILITÉ

948. — Secret professionnel[2]. — Si l'agent de change était un courtier ordinaire, comme le courtier en marchandises, il se bornerait à rapprocher les deux parties dont les offres concordent. Ces parties, mises l'une en face de l'autre, traiteraient ensuite directement, sans interposition.

La loi a établi une règle différente : elle veut que l'intermédiaire masque les opérateurs. L'agent de change est lié par le *secret professionnel* : les parties ne doivent pas être nommées « à moins qu'elles ne consentent à l'être ou que la nature de l'opération ne l'exige[3] » (arr. Conseil de 1724, art. 36 ; arr. 27 prairial an X, art. 19 ; déc. 7 octobre 1890, art. 40).

D'où vient cette prescription ? Elle résulte à première vue de la garantie du marché que l'agent doit à chacun de ses clients respectivement. Mais on aurait pu conserver cette garantie, sans établir le secret professionnel.

La règle tient plutôt à ce que, par suite des rivalités des groupes, la con-

---

1. Par un autre jugement, il est vrai, le même tribunal de commerce, mieux inspiré, décide que les opérations de report sont interdites à l'agent de change, alors même que, par un artifice de comptabilité, il ferait figurer comme contre partie la société exploitant sa charge, sous le nom de « compte maison » (11 janvier 1902, S. 1903, 2, 145).

2. Dufour, *Le secret professionnel de l'agent de change* (th. Paris, 1911).

3. La *nature de l'opération* exigera la levée du secret professionnel, lorsque du contrat où l'agent a été intermédiaire résultait un principe d'action de l'un des opérateurs contre l'autre. Cette action ne pourra s'exercer utilement plus tard que si le vendeur connaît son acheteur. — Ex. : Une société a converti *indûment* en titres au porteur des actions incomplètement libérées. Une action au porteur, ainsi prématurément convertie, est négociée à la Bourse par le concours d'un agent. La société appelle dans les deux années suivantes le complément, elle le demande au vendeur, le dernier détenteur que le livre des transferts lui permette de connaître. Le vendeur veut se retourner en garantie contre son acheteur. Il ne le connaît pas. Il peut obliger l'agent de change, à qui il avait donné l'ordre de vendre ces titres, à lui révéler le nom de l'acheteur (Voir Douai, 24 janvier 1901, S. 1904, 2, 12, et à propos d'espèces formées sous l'empire de l'ancien art. 3 de la loi de 1867, notre dissertation, *Revue critique*, 1883, p. 333 ; cfr. cependant Cass., 18 novembre 1902, D. 1904, 1, 417, et notre note. Voir aussi n° 629, note).

naissance de la contre-partie aurait détourné l'autre opérateur de traiter au su de l'adversaire, ou donné plus d'âpreté aux campagnes de Bourse[1].

949. — Cette condition du secret réagit sur le rôle de l'agent :

1° Il devient « commissionnaire » ; — 2° « Commissionnaire ducroire » ; — 3° Il peut se faire couvrir par son client du montant du marché.

950. — I. **L'agent commissionnaire.** — D'abord, l'agent devient un commissionnaire de son client.

Il fait l'opération pour le compte d'autrui, ce qui est le propre du *mandat*. Mais, dans ce mandat, il ne découvre point son donneur d'ordre; il n'agit point par représentation, ce serait violer le secret. Il agit *en son nom propre*.

S'il a reçu ordre de vente, c'est lui qui sera vendeur vis-à-vis de l'acheteur : s'il a pris ordre d'achat, il sera acheteur au regard du vendeur. — C'est à lui, sauf à rendre compte à son client, qu'appartient l'action pour contraindre l'autre partie à livrer les titres ou à payer la somme.

Or, le fait de masquer le commettant dans le mandat est la règle sinon invariable, au moins usuelle, du contrat de *commission* (n° 1111).

L'agent peut exécuter cet ordre de Bourse de deux manières. On oppose, en effet, les marchés de clients aux marchés de la corbeille.

951. — *Marchés de clients.* — On les appelle aussi *marchés par application.*

L'agent a reçu de A un ordre d'achat de valeurs. Dans sa propre clientèle, un autre client B lui a donné un ordre en sens opposé, concordant avec le premier. Il peut, sans sortir de son cabinet, boucler ces deux ordres l'un dans l'autre. C'est ce qu'il fera en prélevant deux courtages.

L'opération est facile à décomposer : *a*) *Action de mandat* de A contre l'agent, pour le contraindre à livrer les titres ; *b*) *Action de mandat* de B contre le même agent, pour obtenir la somme ; *c*) *Les actions d'achat et de vente* elles-mêmes se confondent sur une seule tête, sur celle de l'intermédiaire commun.

Le droit qu'a l'agent d'exécuter le marché par application n'est pas absolu. Avant de réaliser cette application, il doit faire constater par un membre de la Chambre syndicale l'absence de demandes ou d'offres plus favorables. Les ordres inverses seront inscrits sur le registre de la cote, comme s'il s'agissait d'un marché à exécuter à la corbeille (D. 1890, art. 43). On part de l'idée, vraie ou fausse, que les quantités de valeurs traitées sous cette forme auraient une influence sur le cours et par conséquent qu'elles doivent être rendues publiques.

952. — *Marchés de corbeille.* — La contre-partie ne se trouve point dans

---

1. En Allemagne, le secret professionnel des courtiers est entendu autrement que chez nous, et d'une manière moins sévère. C'est le devoir imposé à l'intermédiaire de ne pas révéler *aux autres personnes de sa clientèle* l'opération faite et le nom des parties. L'agent peut-il faire connaître au vendeur son acheteur, et inversement ? Ce serait une autre question, dépendant non de la loi, mais des instructions données.

la clientèle de l'agent. Celui-ci porte l'ordre à la Bourse du jour et il l'exécute à la corbeille. Il traite pour compte, lui agent X, avec l'un de ses confrères du parquet, l'agent Y.

Deux agents s'interposent alors entre les deux clients.

Les titres vendus iront du client B à son agent Y, de celui-ci à l'agent X, qui les remettra au client A. Et de même pour les sommes, en sens opposé. Entre les deux agents, il y a les actions *empti* et *venditi*. Entre chaque agent et son client, il y a les actions de *mandat*.

953. — Cette exécution en corbeille appelle des observations brèves. Il en est, dans le nombre, qui sont vraies également des marchés de clients.

954. — *a)* L'agent de change est tenu de délivrer un *reçu* des fonds ou des valeurs qui lui sont remis (D. 1890, art. 42).

955. — *b)* Toute opération conclue par un agent (ou par l'un de ses commis principaux), est portée, au moment où elle est faite, sur un *carnet* dont le modèle est déterminé par la Chambre syndicale.

Ce carnet, quoique tenu en forme de brouillard, est un véritable livre de commerce. Il s'ajoute à ceux qui sont exigés pour les autres commerçants, notamment au livre-journal, et il dispose de la même force probante (arr. prairial an X, art. 11 ; D. 1890, art. 41).

956. — *c)* Indépendamment de l'*avis d'opéré* que l'agent a l'habitude d'adresser à son client à la suite de la négociation, il doit remettre à l'opérateur un *bordereau* (pièce mentionnée par l'art. 109 C. com., mais qui, par suite du secret professionnel, ne pourra être signée que par l'agent et non point « par les parties », comme dit ce texte).

Ce bordereau fera foi de la négociation et de ses conditions. En outre, grâce à l'énonciation des numéros, il permettra à l'acheteur, si les titres lui sont dérobés plus tard, d'en relever l'identité, en vue de pratiquer opposition. Ou encore, si le titre était frappé déjà d'opposition lors de l'achat, le bordereau procure à l'acheteur une preuve contre son agent responsable (L. 15 juin 1872, art. 13).

Le bordereau est soumis par la *loi du 28 avril 1893*, art. 28, à un *timbre* de 5 centimes 0/00 (aujourd'hui de 15 centimes depuis la loi du 15 juillet 1914, art. 31) sur le montant de l'opération (timbre fixé à 0.0375 sur les reports, et réduit aussi à 0.0125 sur les opérations concernant la rente). Ce timbre, qui frappe les marchés au comptant comme les marchés à terme (sur valeurs) et auquel correspond une taxe équivalente sur les opérations faites par les agents libres (n° 879), paraît avoir été inspiré, au moins en partie, par une prévention contre la spéculation. On en a discuté la légitimité, et aujourd'hui encore il rencontre des adversaires. Il a produit au début plus de 10 millions par an. Son rendement a déterminé ensuite des mécomptes. Il a contribué à ralentir, sur le marché français, le mouvement des titres.

957. — *d)* Il ne peut point y avoir, même au moment de la liquidation du marché, rapprochement du vendeur et de l'acheteur. L'agent reçoit les titres et les sommes, puis il les livre à son client. D'après l'ancien art. 84, al. 2, C. com., il ne pouvait ni recevoir, ni payer pour le compte de ses commettants. Ce texte, inconciliable avec le secret professionnel, a été abrogé par la loi du 28 mars 1885.

958. — *e*) Lorsque les titres négociés sont nominatifs (ce qui est l'exception, voir n° 888), le transfert ne peut s'effectuer directement du vendeur à l'acheteur, qui se connaîtraient ainsi, ce à quoi la loi s'oppose.

Il y a donc lieu à un *transfert d'ordre* (D. 1890, art. 49), exempt du droit de transmission, pourvu que l'agent ne tarde pas plus de dix jours à le transformer en un transfert définitif[1]. Le transfert est passé d'abord au nom de l'agent, qui en fait accomplir un second au nom de l'acheteur[2].

959. — Liquidation centrale. — *f*) On se souvient que, dans le marché à terme, les opérations sont appelées à se solder à une échéance dite *liquidation*, commune pour toutes les opérations.

La *liquidation centrale* entre agents s'opère par les soins de la Chambre syndicale. Elle prend plusieurs jours et est marquée par certaines étapes : elle débute par la *réponse des primes*, et par la fixation du *cours de compensation* qui sert de base aux reports (D. 1890, art. 67). « Par l'effet de cette liquidation, toutes les opérations entre agents de change sont compensées, de façon à faire ressortir le solde en deniers ou en titres à la charge de chacun d'eux : les différents soldes débiteurs ou créditeurs sont réglés par l'intermédiaire de la Chambre syndicale. »

C'est une sorte de *clearing-house*, analogue à celui qu'on retrouvera en matière d'effets de commerce et de chèques. Si l'agent X a vendu de la rente à son confrère Y et en a acheté à l'agent Z, au lieu de liquider séparément vis-à-vis de chacun d'eux, il fera masse de toutes ses opérations. Il considérera tous ses confrères réunis comme n'en formant qu'un. Il établira le solde en capitaux qui lui est dû ou qu'il doit, et fera pour chaque nature de valeurs le même calcul. Après quoi, il se bornera à livrer ou à retirer à la Chambre syndicale son solde en argent ou en titres.

Cette abréviation syndicale ne supprime point, d'ailleurs, pour l'agent la nécessité de liquider séparément vis-à-vis de chacun de ses clients.

960. — II. L'agent ducroire. — L'agent de change est en outre un commissionnaire *ducroire*. On entend par « ducroire » la *garantie personnelle de l'accomplissement du marché, que doit l'intermédiaire à son donneur*

---

1. L'agent, par son retard, s'exposerait en outre à être traité comme acquéreur des titres en son nom propre ; et, s'il s'agissait d'une action non libérée, la société, pratiquant ensuite l'appel de fonds, pourrait s'attaquer personnellement à lui.

2. Il y a des titres nominatifs, qui circulent en Bourse, de main en main, grâce à des *transferts en blanc*. La déclaration du vendeur ne porte pas en pareil cas de nom d'acheteur. L'acheteur transmet cette déclaration à son propre acheteur, et ainsi de suite. Le dernier agent remplit la déclaration primitive au nom de son client qui prend livraison. Cette pratique dissimule à l'Enregistrement tous les transferts intermédiaires. On en a abusé dans la campagne engagée en 1881 sur les titres de l'*Union Générale*. Elle fait en réalité du titre nominatif un titre au porteur (n° 605).

d'ordre. Ordinairement, un mandataire ne supporte pas la force majeure : si, sans sa faute, le tiers avec lequel il a traité pour compte fait faillite, la perte est pour le mandant. Le mandataire ne doit pas indemniser son donneur d'ordre. Pour l'agent de change, il en est autrement. Cette garantie a son siège dans la matière de la commission (n° 1128), il n'en sera parlé ici que dans la mesure où l'exige la compréhension de la Bourse.

L'agent s'interpose entre un vendeur A et un acheteur B ; à l'égard de cet agent le vendeur est un commettant, l'acheteur forme la contre-partie du marché (ou inversement). Or l'intermédiaire va devenir responsable envers chacune de ces deux personnes de l'exécution de la convention. L'ancien art. 86 C. com., d'après lequel l'agent ne peut se rendre garant de l'exécution des marchés dans lesquels il s'entremet, était inconciliable avec cette doctrine : ce texte a été abrogé par la loi du 28 mars 1885.

a) En effet, l'agent est tenu envers la contre-partie, c'est-à-dire est obligé de régler l'acheteur B, nonobstant l'insolvabilité du commettant A, — ce qui s'explique non point par le ducroire, mais par le fait que l'agent a traité *proprio nomine* ; — *b*) Il est tenu du marché envers le donneur d'ordre, envers le vendeur A, c'est-à-dire qu'il répond de la solvabilité de la contre-partie, de l'acheteur B, — et c'est là l'effet propre au ducroire.

961. — Cette condition faite à l'agent est dure, dans les marchés de corbeille : elle le rend *garant vis-à-vis de sa clientèle de celui de ses confrères du parquet qui a tenu la contre-partie.* Exemple : L'agent *Primus* vend pour compte à un autre agent *Secundus* qui avait reçu ordre d'acheter. Avant l'échéance du marché, *Secundus* suspend ses paiements, il ne livrera donc pas à *Primus*. Celui-ci n'en est pas moins responsable envers son client.

Cette organisation est rigoureuse ; car si l'agent répond d'un particulier, cela tient à ce qu'il a pu prendre une sûreté envers lui, en exigeant une couverture (n° 962), tandis qu'il ne peut pas se couvrir vis-à-vis d'un confrère. Aussi les décrets modèrent-ils ce régime de deux manières [1] :

1° L'agent peut, par une convention avec son client, *s'exonérer de toute garantie* du fait de l'autre agent de change (D. 1890, art. 54), tandis qu'une pareille convention serait sans valeur pour l'affranchir de la garantie du fait d'un client ;

2° L'agent notifie à la Chambre syndicale la suspension par son confrère de ses engagements. Celle-ci pourvoit à l'administration provisoire de la charge en défaut, prend les mesures nécessaires à assurer l'exécution des marchés en souffrance, et les liquide en prenant pour base le cours moyen

1. Indépendamment des deux moyens énoncés dans le texte pour sauvegarder le client de l'agent failli, il y en a théoriquement un troisième, consistant à lui appliquer par préférence les droits de la charge de cet agent sur la contre-partie avec laquelle l'opération a été liée. L'ordre de vente de *Primus* a été exécuté sur *Secundus*. *Primus*, malgré la faillite de l'agent, se fera attribuer la créance du prix contre *Secundus* (art. 575, al. 2, C. com.). Mais cela suppose : 1° possibilité de rattacher cette vente, dans son identité, à l'ordre qu'il avait donné lui-même ; 2° absence par *Secundus* d'un moyen de compensation envers l'agent (note sous Paris, 25 janvier 1900, D. 1903, 2, 417).

du jour où cette cessation d'exécution est constatée. En outre, dans les Bourses comprenant plus de quarante agents (c'est-à-dire dans celle de Paris), la Compagnie devient responsable des engagements de l'agent embarrassé, et soldera son passif tant vis-à-vis du confrère réclamant, que vis-à-vis de la clientèle tout entière de cette charge qui a périclité ; car la règle de la « *solidarité* », comme on l'a appelée, est générale. Cette responsabilité, établie par le décret du 29 juin 1898 (nouvel art. 55 du décr. de 1890), est limitée à la *valeur totale des offices* de la Compagnie, calculée d'après les dernières cessions, au *montant du fonds commun* et à celui *des cautionnements*[1]. C'est-à-dire que, dans l'hypothèse d'un parquet de 70 agents, où chacune des charges représenterait 1 million et où le cautionnement individuel serait de 250 mille fr., avec une caisse commune de 3 millions, la Compagnie serait tenue du passif d'un quelconque de ses membres à concurrence de 90 millions et demi de francs !

962. — III. La couverture. — Enfin l'agent de change, garant des marchés d'après la loi, doit pouvoir *se couvrir* contre le risque d'insolvabilité de son client. Cela était d'autant plus nécessaire que, en sa qualité d'officier public, il n'a pas le droit de refuser son ministère aux personnes qui le requièrent.

Dans le marché au comptant, l'agent exige l'exécution préalable de l'opération, par la remise entre ses mains soit des titres, soit des fonds.

Dans le marché à terme, l'ancien art. 13 de l'arrêté de prairial an X semblait conférer le même droit à l'intermédiaire : « Chaque agent de change devant avoir reçu de ses clients les effets qu'il vend ou les sommes nécessaires pour payer ceux qu'il achète... » La loi du 28 mars 1885, art. 3, a bien fait de supprimer ce début du texte ; car il était impossible de le mettre en harmonie avec la pratique d'après laquelle l'opérateur à terme n'a en sa possession ni les titres ni les capitaux.

L'agent peut du moins exiger une *couverture*, et en déterminer librement le montant, dans les limites du prix du marché confié à ses ordres (D. 1890, art. 61). Par là il exerce une prise sur la spéculation ou sur le découvert, et il en modère les écarts. D'après l'importance de la couverture réclamée, il mettra un frein à une campagne de hausse ou de baisse. C'est peut-être ce dont les membres d'un parquet ne se persuadent pas assez.

La couverture est une *remise en argent ou en valeurs, de réalisation facile, que fait l'opérateur à son agent.* Ces valeurs sont généralement au porteur, parfois aussi nominatives, avec une déclaration de transfert toute préparée.

La couverture garantit l'agent contre une variation des cours, qui surviendrait avant la liquidation. Mais il ne peut pas en exiger après coup le dépôt ou l'augmentation, s'il ne l'a pas stipulé à l'origine. Un écart dans le cours plus fort que la couverture ne l'autoriserait pas à réclamer ce qui, dans le langage de certaines Bourses étrangères, est appelé une *marge*, ni à

1. Il est bon de dire incidemment que le cautionnement d'un agent répond de ses *faits de charge*, par préférence à tous autres créanciers (priv. de l'art. 2102-7° C. civ.).

exécuter le client *hic et nunc* au cas où la marge ne lui serait point fournie (Voir cependant Toulouse, 26 novembre 1907, D. 1908, 2, 150). La pratique des Bourses de marchandises est contraire.

963. — La jurisprudence estime que la couverture forme, dans les rapports du client et de son agent, un *paiement anticipé* de l'opération. C'est à cette interprétation qu'on s'arrête si la couverture consiste en argent. Elle avait de l'importance lorsque l'exception de jeu était admise (n° 978).

Le décret de 1890 a confirmé ce point de vue, pour déterminer les formes moyennant lesquelles la couverture peut être réalisée.

On aurait pu considérer la couverture non pas comme un paiement, mais comme un *gage* ou *nantissement*, qui répond de la parole du client. D'où il résulterait que la réalisation est soumise aux formes d'une vente publique, huit jours après signification (art. 93 C. com.).

Or ces formes ne sont point requises. Lorsque la couverture consiste dans des valeurs, l'agent de change peut les aliéner d'office, et s'en appliquer le prix, faute de livraison ou de paiement à l'échéance par le donneur d'ordre (D. 1890, art. 61, al. 2). Si le droit de l'agent sur la couverture est vraiment un gage, on conviendra que l'exécution en est singulièrement facilitée.

964. — Exécution en Bourse. — Comment, à l'échéance du marché, l'agent exerce-t-il contrainte contre son client, lorsque ce dernier fait défaut et ne s'exécute pas volontairement ?

Lorsque le donneur d'ordre n'a point, le premier jour de la liquidation des diverses valeurs et avant la Bourse, remis à l'agent soit les titres, soit les fonds, avec la déclaration ou l'acceptation de transfert s'il y a lieu, l'agent de change peut, sans mise en demeure préalable, procéder, aux risques et périls de ce client, à l'achat de valeurs semblables ou à la vente des valeurs acquises (D. 1890, art. 69).

C'est l'*exécution en Bourse* : autrement dit, la *faculté* reconnue à l'agent, *sans titre exécutoire et sans sommation, d'exécuter de force, aux risques du donneur d'ordre, l'opération que celui-ci s'abstient d'accomplir de son plein gré.*

1° Le client était-il un acheteur surpris par la baisse ? — L'intermédiaire revendra sur le marché du comptant les titres remis par le vendeur, et il se procurera ainsi le prix nécessaire pour acquitter l'achat.

2° Le client est-il un vendeur qu'atteint la hausse ? — L'agent achètera d'office les titres avec les fonds de l'acheteur et les remettra à celui-ci.

Nous avons déjà rencontré l'exécution en Bourse, à propos des appels de fonds exercés par une société sur ses actions (n° 633). Les formes sont ici plus simples. Le fond de la théorie est le même. L'agent, tenu par un contrat synallagmatique de mandat envers son client, se délie, du moment que le client fait défaut, et rend disponibles entre ses mains les titres ou les fonds provenant de l'autre partie. Il y a résolution, suivant l'art. 1184 C. civ., avec dispense d'un jugement, parce qu'ainsi le veut l'usage.

Au produit de cette réalisation, s'ajoute le montant de la couverture, si l'agent a pris la précaution d'en requérir une assez forte. L'écart reste au compte du client. L'agent pourra lui en demander compte, à moins que le client ne dispose de certains moyens de défense, qui feront l'objet du chapitre suivant.

L'exécution en Bourse, telle que l'agent de change peut la pratiquer envers son client, est de nature à provoquer d'autres observations, auxquelles il n'est pas possible de donner ici toute leur portée, car il en est qui mettent en jeu l'ensemble du « droit d'exécution » dans les contrats synallagmatiques.

a) D'une part, l'agent n'est pas libre de choisir une époque quelconque à partir de la défaillance du client, pour liquider la position de celui-ci et dégager ainsi la différence devant ressortir à son passif (Com. Seine, 3 août 1915, D. 15, 2, 177). Au moment de la liquidation, la rente est traitée à 70 fr. La baisse se précipite aux bourses suivantes et atteint 68 fr. Si l'agent a attendu ce moment pour liquider, l'acheteur perdant verra mettre à sa charge une différence de 2 fr. plus forte que si l'exécution avait eu lieu à l'échéance même. Cela ne doit pas être. Un créancier n'a pas le droit, par mesure dilatoire, d'aggraver le sort de son débiteur, alors même que ce dernier aurait commencé par se laisser mettre en demeure. Il ressort de la jurisprudence (Req., 3 août 1868. *Journ. Pal.*, 1869, 156), que la base à prendre, parmi des cours ou mercuriales de Bourse qui se succèdent, pour arbitrer les dommages et intérêts, est une question de fait sur laquelle le juge du fond est investi du pouvoir d'appréciation le plus étendu.

b) D'un autre côté, la facilité donnée par le règlement de 1890 à l'agent de change pour exécuter son client fait qu'on se demande si l'agent n'a pas le pouvoir d'invoquer une *résolution* de plein droit par l'échéance du terme, avec dommages et intérêts chiffrés à ce jour même. Semblable question se pose soit dans une opération directe sans agent de change, soit dans un marché traité par coulissier, soit encore dans une vente à livrer ou à terme de marchandises. Question qui n'a pas été chez nous l'objet d'une dissertation doctrinale d'ensemble, alors qu'en Allemagne, au contraire, elle a pris corps sous la forme d'une opposition entre le marché à livrer ordinaire (*Lieferungs-geschäft*), et le contrat à échéance de rigueur (*Fixgeschäft*).

Les conventions (ou l'usage qui en tient lieu) arment-elles l'acheteur, faute de recevoir livraison, de la résolution de plein droit, assortie d'une réparation pécuniaire immédiate ? L'acheteur pourra-t-il réclamer au vendeur l'écart entre le prix du marché et le prix coté à l'échéance, sans prise d'un jugement, sans même mise en demeure à la partie perdante, enfin sans rachat effectif sur le marché ? Le vendeur, en cas de hausse, dispose-t-il d'un pouvoir analogue ? [1]

Si l'on répond par l'affirmative, le parquet et le marché libre n'auront pas seulement la procédure d'exécution en Bourse du décret de 1890, mais en outre un pouvoir d'exécution des plus sommaires, celui de liquider *de plano* par simple différence. La loi déserterait la cause des débiteurs traversant une difficulté d'argent temporaire, par contravention au pouvoir

1. Leduc, *Du règlement différentiel* (th. 1910).

qu'ils ont de se faire donner des « délais de grâce » (art. 1244 C. civ.) : principe auquel le débiteur lui-même ne peut déroger à moins de s'engager sous la forme de la lettre de change (art. 157 C. com.).

A nos yeux, la règle *Dies interpellat pro homine* est une disposition dont on fausse le sens, lorsqu'on prétend en déduire l'attribution au créancier, en vertu du contrat ou de l'usage, de « dommages-intérêts moratoires » consécutifs à une résolution de plein droit, sans jugement, sans mise en demeure, sans un ordre de réalisation quelconque. Le débiteur tient de l'art. 1244 la faculté, lorsque ces dommages et intérêts lui seront réclamés, de démontrer que son inexécution tient à des circonstances de fait qui l'excusent. Son droit ne va pas jusqu'à critiquer une résolution convenue pour la seule transgression du terme. Mais il pourra du moins échapper à une indemnité complémentaire, en établissant qu'il aurait pu s'acquitter envers le créancier, si celui-ci avait temporisé ou seulement entrepris un rachat ou une revente forcés.

Ainsi se concilient, avec le droit intangible du débiteur à l'obtention de délais de grâce, les art. 1146 et 1654 à 1657 C. civ. (textes non contraires à la clause de résolution par le fait de l'échéance).

La prévention de la jurisprudence contre la « clause de liquidation », dans les ventes dites à tempérament (n° 724), ainsi que l'accueil qu'elle témoigne à l'exception tirée de « l'irrégularité du mode de liquidation », montreraient que les remarques précédentes renferment pour le moins une part de vérité. Mais on verra que la pratique des marchés à terme à la Bourse des marchandises et le fonctionnement des filières (n°s 1036 et s.) ont fait abstraction de ces principes, protecteurs de la condition des débiteurs.

965. — Voici, pour finir, certains *cas spéciaux de responsabilité* de l'agent de change :

1° Responsabilité de l'agent à raison de la négociation faite soit de mauvaise foi, soit au mépris d'une opposition au *Bulletin* du Syndicat des agents de change de Paris, de *titres* au porteur *perdus* ou *volés* (loi 15 juin 1872, n° 914, et D. 1890, art. 48).

2° Responsabilité de l'agent à raison de l'*identité* et même de la *capacité des opérateurs* dans un transfert certifié par lui (n°s 894 et 899).

3° Responsabilité de l'agent pour livraison d'un *titre irrégulier* ou *amorti* (D. 1890, art. 48). L'acheteur peut exiger de lui un nouveau titre, en remplacement de celui, sorti au tirage, qui lui avait été remis par erreur [1].

---

1. Mais, d'après le tribunal de com. Seine, 15 octobre 1887, *Ann. droit comm.*, 1888, *Jur.*, p. 40, le vendeur qui, ignorant le tirage à 500 fr. de son numéro de certificat, le ferait vendre ensuite par un agent de change à 450 fr. (cours de Bourse), ne pourrait pas s'attaquer à lui et lui reprocher de n'avoir point vérifié la liste des tirages.

CHAPITRE III

EXCEPTIONS OPPOSABLES A L'EXÉCUTION D'UN MARCHÉ DE BOURSE

(EXCEPTIONS DE JEU, DE COULISSE, D'ABSENCE DE CONTRE-PARTIE)

966. — Il semble que les marchés de Bourse doivent sans distinction être obligatoires, soit entre deux opérateurs traitant ensemble directement, soit entre un intermédiaire et son client.

Il est vrai que la loi pénale frappe les agissements répréhensibles de Bourse. Ces agissements sont réunis sous la qualification générale d'*agiotage*. Ils se manifestent particulièrement de deux manières :

1° *Manœuvres frauduleuses*, telles que fausses nouvelles, faits calomnieux semés à dessein dans le public, pour opérer la hausse ou la baisse du prix soit des « denrées ou marchandises », soit des « papiers et effets publics », contrairement à la loi de la concurrence naturelle ;

2° *Réunion* ou *coalition* entre les principaux détenteurs « d'une même marchandise ou denrée », tendant à ne pas la vendre ou à ne la vendre qu'à un certain prix : ce qu'on désigne sous le nom d'*accaparement*[1].

Ces deux agissements sont punis par les art. 419 et 420 C. pén. d'un mois à un an de prison et d'amende. Mais ils n'ont qu'une faible portée.

En effet : 1° On se demande si le premier de ces délits est encouru lorsque les manœuvres s'exercent sur le cours d'une valeur autre que la rente (le texte dit : *effets publics*). Suivant la jurisprudence, le texte, en tant qu'il frappe les manœuvres qui ont amené la hausse ou la baisse des *denrées* ou *marchandises*, ou des *papiers* et *effets publics*, ne s'applique point aux actions ou obligations (Cass. crim., 30 juillet 1885, D. 86, 1, 389).

2° Le délit de coalition n'existe certainement point lorsqu'il s'agit d'un concert portant sur l'achat ou sur la vente de valeurs (dans la partie du texte qui le concerne, il n'est question que des détenteurs d'une « *marchandise* » ou « *denrée* »). Un syndicat d'émission d'actions ou de titres quelconques ne peut donc, comme tel, être poursuivi pour accaparement. Portant sur des marchandises, produits qui concourent à l'alimentation des hommes, l'accaparement, agent de disette, est bien plus menaçant que lorsqu'il a des valeurs pour objet.

L'opinion s'est depuis longtemps émue à la pensée de l'insuffisance de cette répression. A la suite des krachs des sucres de 1905 et de 1910 (CRONIER, SANTA-MARIA), des propositions ont été faites en vue de modifier les art. 419 et 420. Le projet déposé par le gouvernement le 7 novembre 1911 est surtout intéressant en ce qu'il étend le délit à l'*accaparement isolé*, poursuivi par un seul spéculateur sans entente avec d'autres. En outre, pour

---

1. DOLLÉANS, *De l'accaparement*.

ce qui concerne les « denrées et marchandises », là où le texte actuel subordonne le délit à l'emploi de moyens frauduleux, serait désormais punissable toute spéculation illicite, non justifiée par des besoins d'approvisionnement, par la couverture d'opérations professionnelles ou par de légitimes prévisions industrielles ou commerciales [1].

Ainsi, sous réserve de l'application des art. 419 et 420 C. pén., le marché de Bourse paraît bien irrévocablement lier les contractants. Il y a cependant des cas où l'opérateur peut refuser de régler le marché. Ces cas sont au nombre de deux : 1° celui où l'opération est viciée de jeu ou de pari ; — 2° celui où l'intermédiaire n'était pas un agent de change.

Nous dirons quelques mots, pour finir, du cas où l'intermédiaire ne justifie pas à son donneur d'ordre de l'existence d'une contre-partie [2].

§ 1. — Exception de jeu

(Anciens arrêts du Conseil du Roi ; C. civ., art. 1965 et 1967 ; l. 28 mars 1885)

967. — Ce moyen ne peut concerner que le marché à terme. Le marché à terme est-il licite ?

Rappelons d'abord la théorie du jeu et du pari. Elle tient dans le sujet une place importante. Deux principes bien connus la résument.

968. — 1° La loi n'accorde *aucune action* pour une dette de jeu ou pour le paiement d'un pari (art. 1965 C. civ.). Le perdant est fondé à manquer à sa parole. Les pouvoirs publics restent neutres, ils ne donnent point au créancier la sanction des poursuites.

C'est que le gain de jeu n'a pas son fondement dans le travail. — Le perdant a cédé à l'entraînement en engageant peut-être une partie considérable de son patrimoine ; des poursuites dirigées contre lui pourraient consommer la ruine non seulement d'un homme, mais d'une famille ; celle-ci est innocente des actes d'imprévoyance ou d'égarement de l'un de ses membres.

969. — 2° Mais, dans aucun cas, le *perdant ne peut répéter* ce qu'il a volontairement payé (art. 1967). Sitôt qu'il a réglé sa perte en connaissance de cause, le paiement est irrévocable. Par là, la contestation entre joueurs est écartée du prétoire, de quelque côté que parte la réclamation.

D'ailleurs, le règlement fait par le perdant a eu lieu probablement de sang-froid, la passion du jeu étant calmée. Il a pu opter entre deux partis : *a*) ne pas s'exécuter et encourir le blâme de l'opinion ; *b*) ou payer, s'appauvrir, et conserver sa réputation. Il a pris la seconde alternative, il l'a fait librement. Il ne saurait revenir sur sa décision.

---

1. Une autre modification aux art. 419 et 420 a été recommandée par la commission extra-parlementaire chargée en 1910 de réorganiser les Bourses de marchandises (V. ci-dessous, n° 1034, note).

2. V. SELLIER, *Des justifications à fournir aux clients par les intermédiaires de Bourse*, chez Rousseau, 1913.

970. — Que l'on ait dans tous les pays discuté l'application de ces règles aux marchés à terme, cela n'a rien que de naturel. Le désir de spéculer, c'est-à-dire de réaliser des différences par le marché à terme, a été rattaché au même sentiment d'appel au hasard que celui qu'on rencontre dans le jeu. A la Bourse ont sombré des fortunes par suite de différences, que l'écart des cours mettait au compte des opérateurs malheureux. Il s'en est formé d'autres du jour au lendemain, cyniques, scandaleuses : le marché à terme a été une prime à l'oisiveté, à l'inconduite.

La jurisprudence civile des Cours tient à la conservation des patrimoines établis, et elle est prévenue contre ceux qui se formeraient sur un coup de destin. De là l'adaptation aux marchés à terme des notions du jeu.

971. — La jurisprudence française a parcouru plusieurs phases que nous reproduisons, en les prenant dans leur ordre chronologique.

1° Nullité de tous les marchés à terme ;

2° Leur validité, sous réserve de l'application, à ceux de ces marchés qui déguiseraient un simple jeu ou pari, des art. 1965 et 1967, ci-dessus rappelés ;

3° Validité de tous les marchés à terme, et refus de l'exception de jeu à celui qui prétendrait se soustraire à leur exécution.

972. — I. **Première phase.** — *Nullité du marché à terme.* — Cette thèse a été accueillie dans la première partie du XIXe siècle, par référence à l'arrêt beaucoup plus ancien du Conseil du Roi du 24 septembre 1724, art. 29 : « Les particuliers, qui voudront acheter ou vendre des papiers commerçables et autres effets, remettront l'argent ou les effets aux agents de change avant l'heure de la Bourse,... le tout *à peine*, contre les agents de change, *de destitution et d'amende* » ; — et à l'arrêt du 7 août 1785, art. 5 : « Sont *nuls* les marchés et compromis d'effets royaux et autres quelconques qui se feraient à terme et sans livraison desdits effets ou sans le dépôt réel d'iceux, dûment constaté » (ce second texte, pris à la lettre, annulait seulement la *vente* faite à découvert et non pas l'*achat* ; on l'a étendu).

Cela revenait à proscrire non pas tout marché à terme, mais celui qui serait fait *sans dépôt* ou sans justification de propriété *préalable des titres* pour le vendeur, sans preuve de possession *des capitaux* pour l'acheteur. — Avec une telle distinction, la spéculation ne peut plus réaliser son but, elle est tarie dans sa source même.

973. — II. **Deuxième phase.** — *Reconnaissance du marché à terme, mais application possible du droit du jeu et du pari.*

C'est la jurisprudence qui eut cours entre 1840 environ et 1885. Les anciens arrêts du Conseil cessèrent d'être en vigueur, dans leurs dispositions rappelées ci-dessus. Une nouvelle législation des Bourses s'introduisit dans le droit intermédiaire ; on en conclut qu'elle avait abrogé l'ancienne.

Aucun texte nouveau ne frappe en soi le marché à terme. Au contraire, deux dispositions le visent et le reconnaissent, en principe.

Arr. 27 prairial an X, art. 13 : « Chaque agent de change devant avoir reçu de ses clients les effets qu'il vend ou les sommes nécessaires pour payer ceux qu'il achète, est responsable... ».

C'est une phrase incidente, qui prépare seulement la phrase suivante. Le législateur explique la responsabilité de l'agent par la faculté qui lui est laissée d'exiger une couverture, pouvant porter sur le montant complet du marché. Cela ne prouve pas que le marché soit nul lorsque l'agent exécute l'ordre à découvert.

Art. 421 et 422 C. pén. : « Les paris, qui auront été faits sur la hausse ou la baisse des effets publics, seront punis des peines portées par l'art. 419. — Sera réputée pari de ce genre toute convention de vendre ou de livrer des *effets publics*, qui ne seront pas prouvés par le vendeur avoir existé à sa disposition au temps de la convention, ou avoir dû s'y trouver au temps de la livraison ».

C'est ce dernier texte, avec sa phrase finale, qui a orienté la jurisprudence. Les Cours d'appel, non sans se heurter à une vive résistance des tribunaux de commerce, firent en effet prévaloir l'opinion suivante.

Le droit pénal frappe le baissier qui opère sur la rente, avec l'intention de ne pas livrer, de ne pas se procurer les titres pour l'échéance. Il qualifie son délit un *pari*. C'est une opération différentielle, portant sur un écart de cours. Si elle est frappée d'une peine, à plus forte raison n'a-t-elle pas de valeur légale. Or, il est logique d'étendre cette notion (moins la peine) à toutes les opérations de même caractère, sur une valeur ou sur une autre, tant du côté de l'acheteur que du vendeur.

De là, une distinction à établir entre : 1° les *marchés sérieux*, qui dans la pensée des opérateurs doivent s'exécuter en nature : ils sont valables ; et 2° les *marchés fictifs* ou *différentiels*, destinés dans l'intention des parties, à se résoudre par une simple différence : ils sont infectés de jeu ou de pari, et laissent le perdant maître de se soustraire à leur exécution.

974. — Cette opposition entre les marchés sérieux et les marchés fictifs prêtait à de vives critiques, et elle devait dans la pratique se traduire par les décisions d'espèces les plus arbitraires.

975. — *a*) La thèse était empreinte de scolastique, elle accusait l'ignorance absolue de ce qui se passe à la Bourse et du rôle de la spéculation. Distinguer un marché réel d'un marché fictif est impossible.

Tous les marchés à terme sont sérieux, en ce que tous sont assujettis à des règlements de Bourse qui dégagent le gain ou la perte de l'effet d'une opération contraire. Pourquoi celui qui a acheté hier ne pourrait-il pas revendre aujourd'hui ? La compensation est un moyen de liquidation aussi légitime qu'une livraison ou qu'un paiement.

Tous ou presque tous, pourrait-on dire inversement, sont fictifs ou différentiels ; car le spéculateur, dès le premier jour, a précisément pour but cette opération contraire. Il n'y a que peu de marchés qui se traduisent par une prise de livraison. L'opérateur le plus honnête ne se soucie pas d'avoir les titres. Il assume un risque sur l'écart des cours et il les soutient. Le marché tient de l'assurance et non pas du jeu. Dira-t-on de deux personnes, qui traitent une assurance contre l'incendie, qu'elles jouent ou qu'elles parient ensemble ? « La maison brûlera, elle ne brûlera pas ». D'où vient donc que, si le risque est pris sur un cours, au lieu de l'être sur un bâtiment, le contrat ne réponde plus à la même notion ?

976. — *b*) La jurisprudence manquait de *signes apparents* pour distinguer l'opération fictive de l'opération réelle. Elle accueillait, par exemple, l'exception de jeu, en cas de *disproportion* trop forte entre le capital du marché et la fortune de l'opérateur ; ou encore lorsque le client *reportait* souvent sa position. Ce n'était pas sérieux.

Elle se préoccupait également de la *profession de l'opérateur*. S'il n'appartient pas aux affaires, disait-elle, il y a présomption de jeu. C'était une conception d'ordre social plus heureuse, se ramenant à ceci. Il importe que le marché à terme se limite aux personnes qui ont pour métier de s'y livrer. Il ne doit pas gagner les écervelés, qui faussent les cours par leur emballement : victimes désignées des spéculateurs de sang-froid. De la crédulité de cette catégorie d' « hôtes de la Bourse » proviennent toutes les crises. Le parti de la baisse commence par agir sur eux par des procédés de mirage : puis il les laisse en face de titres avilis, une fois qu'ils sont engagés à fond. C'est l'histoire de tous les *krachs*. — Un second point de vue a également sa valeur. En admettant que ces inconscients puissent se ruiner au nom du droit au suicide, l'avoir de leurs femmes et de leurs enfants doit échapper à leur atteinte.

977. — *c*) La Bourse donnait, avec cette jurisprudence, le moyen peu moral de gagner, sans risque de perdre.

Presque tous les marchés, en effet, se lient entre le client et un intermédiaire. Si le client perd, il opposera avec succès l'exception de jeu à son agent, à seule condition de prouver que l'agent savait ou devait savoir, d'après les circonstances, sa propre intention de jouer. Cet agent n'en restera pas moins responsable en qualité de « ducroire » envers le gagnant, et sans pouvoir opposer l'exception de jeu à ce dernier ; son refus de liquider l'opération discréditerait sa charge, dénoncée comme tripot, comme maison de jeu.

Voilà donc un agent obligé aux différences des gagnants, sans recours contre les perdants, et une charge exposée à sombrer (crise de 1882) !

978. — *d*) Autre reproche encouru par cette interprétation du marché à terme : si le client paie volontairement ses différences, il ne peut plus les répéter. Le vice du marché est couvert. — Mais quels sont les faits qui consolideront ainsi le marché ? On ne pouvait les déterminer nettement.

1) *La remise d'une couverture ?* — Le client a déposé chez son agent une somme de 5 fr., en garantie d'une opération représentant 100 fr. en capital. Peut-il, en arguant de son intention de jeu, se faire restituer cette couverture, soit pendant que le marché est en cours, soit après son échéance ? Cela dépendait du sens donné à ce dépôt de couverture.

Etait-ce un « gage », un nantissement ? Le gage ne purge pas la dette du vice de jeu et laisse la répétition ouverte.

Mais était-ce un « paiement anticipé » (interprétation plus fréquemment admise) ? La répétition devenait impossible. Ainsi en était-il d'une couverture en argent. Consistant en titres, elle résidait dans un mandat de vendre, donné à l'agent, mandat sur lequel le client pouvait revenir, mais qui se consolidait au dire des arrêts, à partir du jour où les titres étaient réalisés.

Au total, la couverture protégeait l'agent contre l'exception de jeu et en atténuait la portée.

2) *Une inscription en compte courant des différences liquidées, au débit du client* et au crédit de l'agent de change ? — Le compte courant emporte bien novation des engagements qui y sont portés : mais une novation ordinaire ne purge pas une opération du vice de jeu. Seul le déplacement de possession d'une valeur produirait ce résultat. Le moyen tiré du jeu est conservé.

Toutefois, c'est le contraire qui a prévalu. Il y a même eu des arrêts qui ont reconnu le moyen tiré du jeu comme éteint, par le seul fait d'un règlement de l'opération, accepté par le client, sans compte courant et avant paiement des différences. On n'a pu donner de raison plausible de ces anomalies.

3) *Un règlement des différences au moyen d'un effet de commerce négocié par le client à son agent ?*

En soi, ce règlement n'emporte pas pour le client la fin de non-recevoir d'opposer l'art. 1965. Si l'effet reste aux mains de l'agent, le boursier lui opposera légitimement l'exception de jeu lors de l'échéance.

Mais l'effet a pu passer à un *porteur de bonne foi.* Le client se doit à sa signature. Le droit du change s'oppose à ce que le souscripteur invoque le moyen tiré du jeu (n° 1473). Toutefois, après avoir payé l'effet, comme il ne l'a pas fait volontairement, il pourra recourir contre l'agent de change (ou contre le gagnant) pour se faire rembourser la somme.

979. — Il était utile d'insister sur cette jurisprudence ; car, quoique l'exception de jeu ait disparu du marché de la Bourse par suite de la loi de 1885, on verra que d'autres moyens défensifs ont surgi pour la protection du perdant et qu'on agite à leur égard les mêmes questions.

980. — III. **Troisième phase.** — *Validité de tous les marchés à terme.* — La *loi du 28 mars 1885*, votée après le *krach* de 1882, vint mettre fin à cet état de choses, en partant de l'idée — peut-être contestable — que le meilleur moyen de purger la Bourse de sa clientèle équivoque était d'obliger le perdant à s'exécuter dans tous les cas.

L'art. 1er de cette loi est ainsi conçu : « Tous les marchés à terme sur effets publics et autres ; tous marchés à livrer sur denrées et marchandises sont reconnus légaux. — Nul ne peut, pour se soustraire aux obligations qui en résultent, se prévaloir de l'art. 1965 C. civ., *lors même qu'ils se résoudraient par le paiement d'une simple différence.* »

Cet article est suivi de plusieurs autres, qui abrogent les anciens règlements du Conseil, ainsi que les art. 421 et 422 C. pén., et qui modifient le texte, un peu amphibologique, de l'art. 13 de l'arrêté du 27 prairial an X.

Dans les années qui ont suivi la loi, on paraissait convaincu que le législateur avait absolument refusé à tout opérateur à terme l'exception de jeu. La loi créait une présomption, d'après laquelle l'opération qualifiée vente est bien une vente, et non pas un pari déguisé ; *cette présomption ne comportait aucune preuve contraire.*

Des rapports du projet (NAQUET, PEULEVEY), ressortait un seul tempérament : si les parties avaient décidé expressément, par convention écrite, que le règlement se ferait par simples différences (convention bien étrange et insolite), alors, mais alors seulement l'exception de jeu serait recevable [1].

981. — Mais un certain nombre de Cours d'appel penchaient à conserver la jurisprudence qui était en vigueur avant 1885 [2]. Toutes preuves, suivant elles, étaient recevables à l'effet d'établir l'intention de jeu. Les Chambres auraient ainsi légiféré pour ne rien dire, ou pour confirmer la pratique existante.

982. — N'était-ce pas méconnaître la réforme de 1885 ? Pour expliquer ce revirement, on avait épilogué sur la rédaction de l'art. 1er.

Le texte primitif portait ces mots : « lors même que les marchés *devraient* se résoudre par le paiement d'une différence ». Bref, d'après cette rédaction, le marché était obligatoire dans tous les cas, même s'il était prouvé que les opérateurs n'avaient pas eu l'intention d'exécuter. La formule aurait emporté suppression radicale de l'exception de jeu. Mais le Sénat l'a repoussée : il a fait passer une autre rédaction : « lors même qu'ils se *résoudraient...* » Autrement dit, le marché n'est pas un jeu, par cela seul qu'*en fait* on l'aura réglé par différences. Mais l'intention qu'ont eue les parties à l'origine peut lui imprimer ce caractère.

Par malheur pour la sûreté du raisonnement, il a été dit au Parlement que le changement de rédaction n'avait, sur la signification de la réforme, aucune influence.

983. — Cette jurisprudence, qui perpétuait le moyen tiré du jeu dans les marchés à terme, allait-elle recevoir l'approbation de la Cour de cassation ? Aujourd'hui la question est tranchée. Par son arrêt du 22 juin 1898 (D. 99, 1, 5), rendu au rapport de M. CRÉPON et sur les conclusions conformes de M. DESJARDINS, la Chambre civile a cassé trois arrêts de la Cour de Paris (3e Ch.), par le motif que, à raison de ses *termes essentiellement impératifs*, la loi du 28 mars 1885, lorsque les spéculations sur effets et marchandises ont *pris la forme de marchés à terme*, avait entendu *interdire aux parties d'opposer l'exception de jeu et aux juges de rechercher l'intention des parties* » (Dans le même sens, Req., 19 mars 1900 et 1er août 1904, S. 1900, 1, 520 et 1905, 1, 79 ; 15 mai 1911, D. 1912, 1, 270).

---

1. Ce qui est plus pratique que cette convention, c'est la mention inscrite dans l'ordre de marché, d'après laquelle le client se réserve de livrer ou de lever les titres, sans qu'il soit rien exprimé de semblable pour l'autre partie ou pour l'intermédiaire. Le client, a-t-on prétendu, se réserve donc le pouvoir de régler plutôt par simple différence : le marché est nul. Mais la Cour de cassation a repoussé cette interprétation *a contrario* (Rej., 15 mai 1911, D. 14, 1, 9, note NAQUET ; Cass., 7 juillet 1913, D. 14, 1, 312, note LACOUR).

2. WAHL, S. 1895, 2, 257, et BUCHÈRE, *Annales de droit commercial*, 1896, p. 25.

984. — Il était impossible de se prononcer plus catégoriquement contre l'interprétation des Cours d'appel. Celles-ci se sont inclinées, mais tout en cherchant d'autre part à instituer au profit des perdants de nouveaux moyens défensifs, destinés à remplacer l'exception de jeu. Ce qui prouve bien que la protection contre le jeu de Bourse reste, en dépit de toute loi qui voudrait s'en désintéresser, une nécessité sociale.

Cela permet aussi de voir comment il serait possible de conjurer l'action dissolvante des marchés à terme sur les fortunes privées.

Dans leur loi des Bourses de 1896, les Allemands, tout en proscrivant le *marché à terme sur les blés* et sur leurs dérivés (réforme qui n'est pas du ressort de la Bourse de valeurs), ont édicté des règles de capacité spéciales pour le marché à terme des autres produits et des titres. Ces règles ont été atténuées par la loi plus récente de 1908, mais elles ont été maintenues dans leur principe.

D'après la loi de 1896, celui-là seul pouvait avoir accès à ce marché, *qui aurait fait inscrire son nom sur un registre public* et payé une taxe correspondante. Le marché à terme conclu par toute autre personne était dénué d'action, quel que pût être le fond des intentions ; il donnait droit à la répétition de la couverture : c'est l'exécution volontaire seule qui purgeait l'opération de son vice.

Le « registre de Bourse » ayant assez tristement avorté, la réforme de 1908 l'a remplacé par le « registre ordinaire du commerce ». Les commerçants ont le droit de faire des opérations à terme, non les autres individus.

Peut-être tirerait-on profit de cette innovation, comme aussi de la règle allemande punissant l'intermédiaire d'avoir exploité l'inexpérience ou la légèreté de ses clients, en les attirant aux opérations de Bourse.

Seuls les banquiers ou autres trafiquants, participant au mouvement des valeurs ou des marchandises, auraient qualité pour pratiquer le terme ; *aux autres professions, il serait fermé*. Les reports seraient compris dans cette prohibition relative. Ce serait subtilité que d'interdire aux non-professionnels les opérations à terme ordinaires, actes de spéculation, pour habiliter toute personne aux reports, actes de placement. Le reporteur, qui apporte ses capitaux à la Bourse, les y laisse de mois en mois. Il se mêle au monde des spéculateurs et se pénètre de leur esprit. Blâmer l'opération à terme, excuser le report : casuistique digne des *Provinciales*.

Ainsi, d'après ce programme, le marché à terme serait prohibé à quiconque ne justifierait pas d'une profession vouée à la spéculation. Le public alimentera les dépôts des banques, qui feront des marchés à terme ou des reports à leur propre compte. Le danger sera beaucoup moindre, même avec le risque pour les banques d'être amenées par leurs pertes à la faillite, que celui des ruines ou des fortunes rapides de simples particuliers par suite de leur fréquentation de la Bourse.

Ce qui est certain, c'est que les législations des divers Etats ne traitent pas toutes le marché à terme différentiel de la même manière. Les unes le déclarent valable ; les autres, notamment la Belgique et la Suisse, sans parler de l'Allemagne, donnent encore au perdant le moyen de s'y soustraire. De là un conflit de lois, si l'opérateur appartient par sa nationalité ou par son domicile à un Etat du premier groupe, et accomplit le marché dans un Etat du second, ou inversement. L'*Institut de droit international*, dans sa session de Florence en 1908, a été saisi d'un projet, au rapport de M. Lyon-Caen, tendant à régler la nullité du marché non d'après la loi du domicile des opérateurs, mais d'après celle du lieu de l'opération (*lex loci contractus*). L'Institut a laissé la solution du problème provisoirement en suspens [1].

§ 2. — Exception tirée du défaut de qualité de l'intermédiaire (exception de coulisse)

(C. com., art. 76).

985. — L'exception dont il va être question pourrait être soulevée même dans un marché au comptant ; mais le marché à terme est celui où on la rencontre le plus communément. C'est le *moyen* que le client oppose à l'intermédiaire pour ne pas exécuter le marché, et *résultant de ce que l'opération est illégale, faute d'avoir été faite par le ministère d'un agent de change.*

986. — Les deux parties peuvent traiter *directement*, sans recourir à un négociateur, sous réserve de ce qui sera dit ci-dessous. Le contrat est régulier : ne prend courtier qui ne veut (Edit de 1672).

Il est vrai que, la nature nominative des titres exigeant un transfert, il y aura à faire certifier les signatures par un agent de change auprès du Trésor ou de l'établissement, tant pour la rente sur l'Etat que pour les autres valeurs, lorsque les statuts des Compagnies le prescrivent. Mais ce rôle est bien différent de celui d'un courtier. Il ne donne pas lieu à la perception d'un courtage, car les opérateurs n'ont pas fait appel à un médiateur (voir n° 873).

Au contraire, si l'on emploie un intermédiaire, il faut que ce soit un agent de change. Celui-ci dispose d'un privilège pour le courtage des valeurs. « Les agents de change ont seuls le droit de faire les négociations des *effets publics et autres susceptibles d'être cotés* » (art. 76 C. com.) [2].

Cependant il existe tant à la Bourse de Paris, que dans certaines Bourses de province, des intermédiaires libres qui opèrent sur les valeurs, et dont l'ensemble forme la *coulisse* (terme provenant de la place qu'ils occupaient jadis auprès du couloir de passage pour se rendre à la corbeille). Nous avons déjà dit que des groupes s'étaient constitués dans cette coulisse, avec

1. Pillet, *La loi de conclusion du contrat dans les marchés à terme* (*Ann. dr. com.*, 1910, p. 433).

2. Ce privilège ne porte que sur les négociations. Il est étranger aux ventes publiques de valeurs auxquelles il est procédé après ouverture de successions vacantes ou bénéficiaires. Ces ventes, qui s'opèrent aux criées, peuvent avoir lieu par le ministère d'un notaire. — L'agent de change a d'ailleurs qualité pour faire vendre les valeurs, même non inscrites à la cote, en cas de réalisation forcée de gage, de saisie ou faillite ; il y procède aux enchères en dehors de la corbeille, et après affiche, ainsi que dispose, pour l'une de ces hypothèses, l'art. 71 du décret de 1890.

organisation corporative, tarifs, liquidations centrales, règles disciplinaires, etc. Ce personnel n'est pas reconnu par la loi, il a été soumis à un régime très sévère, par suite de l'obligation pour ses membres de justifier à toute réquisition, et sous peine d'amende, de l'intervention d'un agent de change dans les opérations confiées à leurs ordres (n° 879).

Nous avons à rechercher : — 1° par suite de quels faits les intermédiaires libres empiéteraient sur les attributions des agents de change ; — 2° quelle est la sanction de ces empiétements, comment la loi les réprime.

987. — I. Ce qui est permis ou défendu à l'agent libre. — Il existe des négociations, que l'agent libre peut faire, sans immixtion dans le privilège des agents de change : — marchés directs, — transfert d'ordres à des agents de change, — négociations sur valeurs non cotées.

A. *Marchés directs.* Le changeur tient commerce de titres, et les achète dans ses bureaux ou à la Bourse à un certain cours, pour les revendre à son propre compte à un cours différent. L'opérateur peut traiter avec lui tant au comptant qu'à terme, tant sur la rente que sur des actions de Compagnies ou valeurs quelconques, sans que l'ordre doive être passé à un agent de change. Il n'aborde pas alors, à vrai dire, le marché public ; il traite un marché particulier avec un cocontractant qu'il doit connaître, à qui il fait foi. La loi n'a pas à le protéger par l'interposition obligatoire d'un courtier officiel (Instruction, d'ailleurs évasive, de la Régie de l'Enregistrement du 30 juin 1898).

On appelle un semblable établissement *maison de contre-partie.*

L'opération de contre-partie n'est critiquable que lorsqu'elle se présente dans des conditions équivoques, signalées plus loin (n° 997), comme de nature à ouvrir au perdant une exception d'un autre caractère.

La jurisprudence ne l'entend pas ainsi : la sphère du privilège est plus large, s'il faut en croire tant l'arrêt de la Cour de cassation du 21 mars 1893 (S. 93, 1, 142, avec les critiques de M. Lyon-Caen), qu'un arrêt plus récent de la Chambre criminelle (Rej., 4 février 1910, S. 1912, 1, 65, note Lyon-Caen, D. 1911, 1, 17, note Percerou), arrêt maintenant une décision de la Cour de Paris du 9 avril 1908 (D. 1908, 2, 153, avec les critiques de M. Percerou [1]).

---

1. Dans cette dernière affaire qui eut un grand retentissement, la Chambre syndicale des agents de change de la Bourse de Paris, partie civile aux poursuites du ministère public, a entendu réveiller contre la coulisse l'amende de la loi de ventôse qu'on avait laissée dormir depuis le procès de 1860 (n°s 873 à 875 et 992), et en obtenir l'extension à une nature d'opérations à laquelle cette amende n'avait pas encore été appliquée.

Il s'agissait, en l'espèce, de marchés à terme traités dans le hall d'une maison de contre-partie, suivant le cours auquel la valeur était traitée au même moment à la Bourse. La maison accueillait indifféremment vendeurs ou acheteurs à ce cours, et c'est avec elle que l'opérateur traitait directement, en pleine connaissance de cause. Seulement la maison prélevait un courtage et exigeait une couverture. M. Percerou (*loc. cit.*) remarque que les circonstances de fait dans lesquelles se concluaient de semblables marchés auraient permis de les frapper, sans avoir à préjuger l'extension de l'art. 76 aux opérations directes (V. Gastambide, *Annales de droit commercial*, 1908, p. 205) ; De Cénac, *La loi du 28 mars 1885 et la convention du contrat direct*, Larose, 1911.

Le monopole des agents de change s'étend aux opérations directes, au moins s'il s'agit de marchés à terme, d'opérations faites sans détention de titres.

La jurisprudence invoque, pour le décider ainsi, la disposition littérale de l'al. 1er de l'art. 76 C. com., laquelle confère à l'agent de change, sans distinction, le droit de faire seul les « négociations » des effets publics et autres susceptibles d'être cotés. Le texte sépare bien *in fine* les opérations directes des opérations indirectes, pour réserver les secondes seulement aux agents de change. Mais cette opposition de régime ne concerne que « les négociations des lettres de change ou autres papiers commerçables ». La disposition initiale a donc une portée générale, et la Cour de cassation prétend que tel était déjà l'ancien droit, ainsi que le droit intermédiaire, dont l'art. 76 reproduit la teneur. — Nous persistons à penser que notre législation, à n'importe quelle époque, n'a proscrit le pouvoir pour les négociateurs de se passer de l'agent de change pour traiter directement de l'un à l'autre. — En interprétant l'art. 76 comme ils le font, les arrêts devraient en pleine logique comprendre les marchés directs « au comptant » dans le privilège des agents, tout comme les marchés « à terme ». C'est pure affirmation de dire, après eux, qu'on ne saurait considérer comme une opération de Bourse le fait par un propriétaire de titres de les vendre à un acheteur auquel livraison en est faite.

988. — B. *Transfert de l'ordre à un agent de change.* Prendre un ordre de Bourse, lorsqu'on est coulissier ou établissement de crédit, n'est pas illégal, lorsque *l'on se substitue un agent de change* pour l'accomplissement de cet ordre. Le client paiera deux courtages, ou, s'il n'en paie qu'un, c'est que, par une commune entente, coulissier et agent se le seront partagé. L'impôt sur opérations de Bourse de la loi du 28 avril 1893 ne frappe pas en double la négociation, quoiqu'elle soit portée sur le répertoire de l'intermédiaire. Car l'assujetti est en mesure de produire un bordereau timbré d'agent de change, ce qui l'exemple du droit (art. 29).

Lors du règlement de l'opération, il peut y avoir discussion sur le point de savoir si l'intermédiaire libre a transmis effectivement l'ordre à un agent de change, ou s'il l'a exécuté lui-même, ce qui rendrait l'opération irrégulière. La production par le coulissier d'un bordereau d'agent sera le moyen le plus simple de dissiper le doute. A défaut de cette production, *que faut-il présumer ?*

On a dit que c'était au client d'établir la non-intervention d'un agent de change ; le client oppose une exception à la demande de règlement, et par suite il doit prouver que cette exception est bien fondée (Lyon-Caen et Renault, *Traité*, IV, n° 913).

La jurisprudence est contraire. Le coulissier doit rendre ses comptes, prouver qu'il a accompli son mandat conformément à la loi (art. 1993 C. civ.), produire un bordereau ou une pièce équivalente (Cass., 29 mai 1883, D. 83, 1, 418). On sait que, en matière fiscale, la production d'un bordereau est indispensable au coulissier depuis la loi du 13 avril 1898, art. 14, pour échapper à l'amende. Cette production n'est pas moins nécessaire pour exiger que le client s'exécute envers lui.

989. — C. *Valeurs non cotées.* Enfin, il y a tout un ensemble de valeurs qui restent en dehors du privilège des agents de change : la négociation en est absolument libre. Ce sont les *valeurs non admises à la cote*, à l'égard desquelles n'existe point une délibération de la Chambre syndicale des agents de change pour les admettre aux négociations de la corbeille [1].

Cependant, la formule de l'art. 76 est des plus générales : le privilège des agents porte sur la négociation « des effets publics et autres susceptibles d'être cotés », c'est-à-dire sur toutes les valeurs, car, si les unes sont déjà à la cote, les autres sont susceptibles d'y figurer un jour.

Cette interprétation a été repoussée. Les agents de change déclinant, en fait, les ordres sur valeurs non admises à la cote (sauf sur certaines places, où ils remplissent à la fois par le ministère de leurs associés l'office de la coulisse), il fallait bien reconnaître ces négociations lorsqu'elles seraient effectuées par l'entremise d'autres personnes qu'eux.

Avec un certain effort grammatical, on a plié l'art. 76 à ce sens libéral, sans pouvoir affirmer que le Code ait jamais eu pareille pensée. « Effets susceptibles d'être cotés », cela veut dire : « effets admis à la cote ». Tant que l'admission n'a pas été délibérée par la Chambre syndicale, l'effet ne comporte aucune cote. Il ne la comportera qu'à partir du jour où une délibération du parquet aura étendu son privilège sur elle.

La pratique de la seconde partie de la cote donne quelque vraisemblance à ce langage : là figurent des titres qui ne sont cotés que par intermittence, les jours où la valeur est en réalité traitée, le Bulletin ne les mentionnant pas les autres jours.

Certaines valeurs sont donc admises à la cote, sans y être désignées présentement.

Il est fâcheux que cette liberté de courtage sur valeurs non cotées n'ait point de correctif dans des règlements homologués qui, à l'instar de ceux du parquet, fixeraient les termes de liquidation, les quantités *minima* à traiter, etc. Ces questions sont abandonnées à l'entente des coulissiers eux-mêmes.

990. — La jurisprudence limitant le privilège aux valeurs cotées a été inaugurée par un arrêt de la Cour de cassation du 1er juillet 1885 (D. 85, 1, 393). L'art. 14 de la loi du 13 avril 1898 a confirmé cette opinion : ce texte, en effet, n'exige de l'agent libre la production de bordereaux à la réquisition de l'Enregistrement, pour justifier du paiement de l'impôt du timbre, que « s'il s'agit de valeurs admises à la cote officielle ». Dans les débats qui ont précédé le vote de cet article, tous les orateurs ont été d'accord pour considérer comme certaine la liberté de courtage sur valeurs non cotées.

991. — II. Sanctions établies pour immixtion dans le privilège des agents de change. — Qu'arrive-t-il, si le coulissier prête, au mépris de la loi, son concours à la négociation d'une valeur, à celle de la rente sur l'Etat, par exemple ?

---

1. Il suit de là que, suivant les Bourses, la même valeur peut rentrer ou non dans le privilège des agents de change.

992. — Il y a d'abord une *sanction pénale* : il est défendu, sous peine d'une *amende*, qui sera au plus du sixième du cautionnement des agents de change de la place, et au moins du douzième (sans application possible des circonstances atténuantes), à tous individus autres que ceux nommés par le gouvernement, d'exercer les fonctions d'agent de change (L. 28 ventôse an IX, art. 8). L'amende ne peut être prononcée aujourd'hui (depuis la loi de finances du 27 février 1912, art. 33), que sur la poursuite du ministère public ou sur la plainte des agents de change intéressés.

Le taux du cautionnement a augmenté depuis l'an IX. On pouvait soutenir que l'amende, variant entre un douzième et un sixième, devait aujourd'hui encore se calculer sur le chiffre auquel les cautionnements étaient fixés sous le Consulat. Mais le contraire a été décidé : à mesure que les cautionnements s'élèvent, la peine s'élève avec eux (Cass. crim., 19 janvier 1860, D. 60, 1, 40) [1].

Nous ne revenons pas sur l'autre amende, celle-ci d'ordre fiscal (100 à 5.000 fr.), encourue par le coulissier, lorsqu'il n'est pas en mesure de produire, à la demande des agents de l'Enregistrement, un bordereau d'agent de change à l'appui de chaque opération constatée sur ses livres ou répertoires. Telle est l'innovation de la loi du 13 avril 1893, art. 14. Sous prétexte d'assurer le recouvrement du timbre, cette loi a organisé un moyen de protéger le parquet, par des perquisitions d'office qui n'exigent même pas une plainte préalable de sa part.

993. — Mais il existe une seconde sanction, de *nature civile*, et plus efficace suivant la manière dont les tribunaux l'appliqueront. Les *négociations* faites par la coulisse sont *nulles* (arr. 27 prairial an X, art. 7). A la rigueur, les principes ordinaires sur la cause licite des contrats suffiraient pour les faire tomber (art. 1131 C. civ.).

Le coulissier n'a donc pas d'action, à l'effet de contraindre le client au règlement de l'ordre qui lui avait été donné. Il ne peut pas recouvrer ses avances contre lui. Le client dispose de l' « exception tirée du défaut de qualité de l'intermédiaire ». — Le coulissier, de son côté, actionné par son client, pourrait, en invoquant le même moyen, se soustraire à l'exécution. Comme pour l'emploi de l'exception de jeu, des raisons professionnelles empêchent celui-ci de le faire (n° 977).

994. — La *nature de cette nullité* a fait doute pendant longtemps.

On avait cru autrefois que la nullité était *absolue* et *perpétuelle*, sans comporter de *ratification*. Le client aurait pu se faire restituer contre l'opération, même après un règlement volontaire et définitif, pendant trente ans. Il aurait disposé de la répétition de l'indû (art. 1376) [2]. C'eût été un encou-

---

1. C'est l'arrêt par lequel s'est terminée la première poursuite correctionnelle dirigée contre les principaux membres de la coulisse de Paris. — Dans cette affaire, les coulissiers développaient ce singulier moyen, que, les opérations à terme étant interdites par la loi (thèse qui se défendait encore en 1860), le courtier libre, en s'y livrant, n'empiétait pas sur les attributions des courtiers officiels.

2. Bailly, *Annales de droit commercial*, 1886-1887.

ragement à la lâcheté de ceux qui ne veulent spéculer qu'avec bénéfice assuré. La valeur, bonne au moment de l'opération, devient mauvaise : le client fait annuler son marché et se remet en l'état primitif.

Ce résultat choquant a décidé la Cour de cassation, par ses deux arrêts du 22 avril et du 29 juin 1885 (D. 85, 1, 273, au rapport de M. le conseiller Crépon), à consacrer une thèse, d'après laquelle le règlement, fait *en connaissance de cause* entre le client et le coulissier, couvre dorénavant le vice du marché. Le coulissier n'a pas d'action, tant qu'il n'est pas intervenu d'arrêté de compte. Mais, après un arrêté de compte, le client n'a pas d'action non plus contre son agent. *Ni action, ni répétition* : c'est à peu près le même état de choses que celui que donnait le moyen tiré du jeu.

995. — Comment justifier cette jurisprudence, à la teneur des textes ? Pendant un certain temps, la Cour de cassation s'est appuyée sur une disposition de l'ancien droit, parfaitement oubliée avant 1885.

L'*article 18 de l'arrêt du Conseil de 1724* (article, dit-on, qui ne serait pas compris dans les abrogations de la loi du 28 mars 1885), après avoir disposé que toutes négociations faites sans le ministère d'agent de change seraient nulles, ajoute : « Défense est faite à tous huissiers et sergents de donner aucune assignation sur icelles, et à tous juges de prononcer aucun jugement ». Aucun *jugement* pour exécuter l'opération pendante, aucune *assignation* pour contester le règlement fait.

Mais, dans l'abondance des arrêts rendus depuis trente ans sur les procès de coulisse, la jurisprudence modifie incessamment ses points de vue et rattache parfois le refus de répétition à des motifs autres que l'arrêt de 1724. Ce texte n'est même plus visé dans les derniers arrêts, dont la plupart cessent d'être motivés (Req., 7 février 1897, D. 97, 1, 104 ; 31 mars 1897, *Droit*, 8 juillet).

Tantôt les juges se fondent sur l'idée, très contestable, que l'opération de coulisse serait viciée par une présomption absolue et irréfutable de *jeu* ; on appliquerait alors les art. 1965 et 1967 (Boistel, sous Paris, 5 mars 1892, D. 93, 2, 17).

Tantôt ils invoquent la *turpis causa*, pour laquelle aucune action ni aucune répétition ne serait donnée : conception fort contestable encore (Req., 17 février 1897, *Gaz. Trib.*, 10 mars).

Tantôt ils paraissent, sans le dire ouvertement, vouloir mettre à contribution une règle établie par l'*art. 541 C. proc. civ.* : en dehors d'erreurs, d'omissions ou de faux, il ne sera procédé à la revision d'aucun compte[1].

---

1. Voir, pour l'évolution de la jurisprudence, le *Bulletin judiciaire* semestriel publié par M. Lévy-Ullmann, dans les *Annales de droit commercial*, jusqu'en 1906, et, pour la critique des différents systèmes, le curieux article de MM. Geouffre de Lapradelle et Lévy-Ullmann (*Annales de droit commercial*, 1896, p. 116). La thèse défendue par ces deux auteurs est basée sur l'art. 541. Lorsqu'une contestation s'élève entre coulissier et client, à l'occasion d'un compte déjà réglé, le client ne perd point le droit de revenir sur le compte ; mais, en le recevant, il a déchargé son mandataire de l'obligation d'en justifier. Jusqu'au règlement, le client pouvait demander à son agent d'établir par bordereau la validité de l'opération ; passé ce moment, c'est au client de prouver que les opérations sont irrégulières. Les charges

996. — De là, des doutes sur la détermination des faits susceptibles de régulariser après coup ces négociations nulles.

a) Arrêté de compte. Sans versement immédiat du produit de la négociation, emporte-t-il forclusion pour le client ?[1]

b) Inscription en *compte courant*, au débit de l'opérateur, des différences mises à sa charge : même question.

c) Couverture déposée : le client peut-il en exercer la répétition ?

Si l'on applique le droit du jeu et la théorie de la couverture-paiement, le client ne saurait la reprendre, même pendant que le marché est en cours. Quelques arrêts le décident ainsi (Civ., 22 mai 1895, et note WAHL, S. 97, 1, 388 ; Req., 16 janvier 1905, S. 1905, 1, 391 et 6 janvier 1913, D. 1914, 1, 13, note CHÉRON). D'autres ne repoussent la répétition de la couverture que si le client a été avisé de l'opération et l'a approuvée (Req., 28 octobre 1902, S. 1903, 1, 316). D'autres enfin, plus rapprochés selon nous de la vérité, exigent pour déclarer la demande irrecevable qu'il y ait *règlement définitif* (Cass., 7 novembre 1898, D. 1903, 1, 233, et note PIC). La sanction serait bien faible, si, en excipant d'une couverture qu'il a réclamée assez élevée pour remplir l'écart des cours, le coulissier arrivait à traiter l'art. 76 de lettre morte !

§ 3. — Exception tirée de l'absence de contre-partie.

997. — L'intermédiaire, au lieu de traiter le marché avec un autre opérateur ou avec un autre agent, a pu tenir lui-même le rôle de *contre-partie* sans en convenir avec son client. Quel sera l'effet de cette immixtion de l'intermédiaire dans le marché ?

a) Le problème ne se présente point à l'égard d'un *agent de change*, défense étant faite à cet officier ministériel d'accomplir des opérations pour son propre compte.

Ce n'est pas que l'agent de change, invoquant le *secret professionnel*, échappe à la vérification d'une contre-partie réelle. Présomption de vérité est due à ses bordereaux (Com. Seine, 11 juin 1904, D. 1906, 2, 14). Mais il se pourrait que certains indices vinssent militer contre cette présomption. Un expert pourrait alors être chargé d'examiner la comptabilité de l'agent pour constater l'existence d'un vendeur ou d'un acheteur véritable (cfr. Paris, 4 décembre 1902, S. 1905, 2, 1, note WAHL). En fait, cette représentation des livres d'un agent de change n'a lieu que très exceptionnellement.

b) L'intermédiaire libre, à l'égard duquel la vérification des livres est de

---

de la preuve sont renversées. Or les auteurs de l'article montrent que le paiement, l'arrêté de compte, etc., actes renfermant approbation des comptes, imposent au client une preuve impossible et couvrent, *en fait*, le vice d'opérations illicites. V. aussi LACOUR, note sous Civ. rej., 26 juillet 1896, *Pandectes françaises*, 1898, 1, 337.

1. Pour l'insuffisance d'un règlement en effets, cfr. Req., 20 décembre 1905, D. 1907, 1, 285.

droit pour le client, a, au contraire, pouvoir, semble-t-il, de vendre ou d'acheter à son client.

S'il s'est ouvertement porté contre-partie de ce dernier, sans percevoir de courtage, l'opération est valable (Req., 22 mai 1905, D. 1906, 1, 33, note Lacour ; 11 janvier 1909, S. 1909, 1, 16) ; sous réserve de la question, débattue entre la doctrine et la jurisprudence (n° 997), de l'interposition nécessaire d'un agent pour les « valeurs cotées » et traitées à terme.

Nous parlons de la Bourse des valeurs ; car, à la Bourse des marchandises, un courtier ou commissionnaire n'a plus le droit de sortir de son rôle de mandataire et de s'appliquer l'opération à lui-même, lorsqu'il s'agit d'exécuter un ordre à terme qui lui est donné par une personne ne s'occupant pas *professionnellement* de l'achat ou de la vente des marchandises, et cela à peine de nullité (L. de finances du 27 février 1912, art. 8, al. 2 et 3). Le projet général d'organisation des Bourses de commerce de 1910 allait plus loin : seul un *courtier assermenté* (n° 1105) pouvait prendre un ordre à terme d'un « non professionnel » ; et le marché à terme n'était valable qu'à la condition d'être réalisé à la Bourse, et sous l'empire de ses règlements.

Revenons à la Bourse des valeurs.

997 *bis*. — Ce qui est délicat, c'est de savoir si l'opération est obligatoire pour le client, lorsque l'intermédiaire a fait la contre-partie *à l'insu du donneur d'ordre*, et a prélevé un courtage. La jurisprudence française (contraire en cela au droit allemand) estime que l'intermédiaire n'a pas le droit de s'appliquer l'ordre à lui-même, en cumulant le rôle d'agent d'exécution avec celui d'opérateur à son compte (Req., 27 novembre 1907, S. 1908, 1, 119)[1]. Le client peut donc exiger que son mandataire justifie de l'existence d'une contre-partie ; faute de quoi il sera exonéré, affranchi des suites du marché (Trib. com. Seine, 24 décembre 1896, etc., D. 99, 2, 297, et note Lacour).

Cette exception dite « de contre-partie » ou « de justifications » est surtout fondée sur l'incompatibilité du mandat et de l'opération faite pour soi-même. Le client cherche dans l'intermédiaire un auxiliaire qui prenne en main sa cause sur le marché, afin d'obtenir le plus haut ou le plus bas prix, selon qu'il est vendeur ou acheteur. L'intermédiaire contre-partiste se crée, tout au contraire, un intérêt opposé à celui de son commettant (arg. art. 1596 C. civ.).

On objecte, sans doute, en faveur de la validité du marché ainsi traité qu'une même personne peut occuper les deux rôles dans un contrat et être à la fois mandataire et acheteur (ou vendeur). L'objection n'est pas

1. En sens contraire, Dreyfus, *Du commissionnaire en Bourse et en marchandises et de la contre-partie* (*Ann. dr. com.*, 1898, p. 201) ; et Wahl, sous Paris, 17 mars 1896, S. 98, 2, 121. V. encore Guilmant, sous Civ. Seine, 15 juin 1904, D. 1906, 2, 121. — La tendance de la dernière jurisprudence est même de frapper la contre-partie des peines de l'escroquerie, au vu de manœuvres entreprises par elle pour tromper le client (Paris, 27 janvier 1907, S. 1907, 2, 111 ; Crim. cass., 16 février 1907, S. 1907, 1, 376 ; 1er décembre 1911, et Rej., 23 janvier 1913, D. 1915, 1, 57, note Lacour).

concluante. Le cumul de rôles n'est licite que si la personne avec laquelle traite l'intermédiaire en est instruite. Dans la manière habile dont ces opérations se traitent, tout est de nature à tromper le client : — la perception d'une couverture ; — la clause que l'opération sera liquidée « aux conditions du marché de Paris » (Paris, 6 décembre 1904, 22 mars, 3 mai, 11 novembre 1905, D. 1906, 2, 171, note LACOUR) ; — la stipulation d'un courtage, redevance qui à elle seule ne prouve pas sans doute que le client se soit mépris sur le rôle de sa contre-partie, le courtage pouvant être à la rigueur interprété comme un supplément licite de prix (Req., 22 mai 1905, D. 1906, 1, 33, note LACOUR), mais devant, s'il s'y joint d'autres indices, militer plutôt en faveur d'une intention de mandat.

Le cumul de fonctions par l'intermédiaire encouragerait sur le marché des manœuvres louches et, particulièrement pour les valeurs ne figurant pas au *Bulletin officiel*, des « cotes fictives » établies tout exprès en vue de permettre au coulissier de se débarrasser sur son client d'un stock de valeurs sur lesquelles il spécule.

Cet agissement, nous l'avons dit, se retrouve dans la Bourse des marchandises, où l'intermédiaire fait signer au client des formules imprimées de marchés, rédigées en caractères microscopiques, stipulant qu'il sera la contre-partie directe. Là encore, la stipulation est sans valeur, lorsqu'elle jure avec l'attitude prise par le commissionnaire dans l'ensemble de ses rapports avec le client. Elle expose l'intermédiaire aux dommages-intérêts, ainsi qu'aux pénalités encourues par le courtier qui ne prévient pas le client de l'intérêt pris par lui dans le marché (L. 18 juillet 1866, art. 7. V. ci-dessous, nº 1105). On a vu même que la législation de la dernière époque (L. 27 février 1912, art. 8) annulait la clause de contre-partie, fût-elle sciemment acceptée, au regard de tout donneur d'ordre *non professionnel*.

997 *ter*. — La question de savoir si le *règlement volontaire* du marché le purge ou non de son vice est de celles que nous avons dû agiter déjà à propos des exceptions de jeu et de coulisse. Elle reparaît, bien entendu, à l'occasion de l'exception de contre-partie ; mais elle ne doit pas être résolue à la faveur des mêmes principes. La survenance d'un « règlement définitif » et la détermination des faits valant règlement sont indifférentes. Ce qu'il faut rechercher, c'est ceci : le client a-t-il été relevé de son erreur première et, apprenant que l'intermédiaire avait pris l'opération à son propre compte, l'a-t-il ratifiée postérieurement, par un fait assez caractérisé de volonté ? Si oui, le vice a disparu, l'opération fût-elle encore pendante. Si non, le droit du client reste ouvert, y eût-il eu remise de couverture ou même règlement (cfr. Req., 27 novembre 1907, D. 1908, 1, 225 ; 10 décembre 1912, D. 1914, 1, 97, notes LACOUR).

997 *quater*. — Il a surgi une quantité d'autres difficultés au sujet des preuves que doit produire le courtier ou intermédiaire, lorsque le donneur d'ordre l'invite à rendre ses comptes, et qu'il n'est pas admis à se donner comme contre-partiste de ce donneur d'ordre, soit parce que la loi le lui défend, soit parce que l'ordre ne contenait aucune clause semblable, soit parce que la clause était clandestine et dissimulée. L'état variable des faits a toujours influé sur les décisions rendues, d'où une doctrine d'ensemble ne se dégage guère.

L'intermédiaire a souvent l'habileté de ne pas exécuter l'ordre lui-même. Il le passe à une troisième personne, courtier ou coulissier comme lui. Il use de la substitution de mandat (art. 1994 C. civ.), sans découvrir au substitué le donneur d'ordre primitif ; il agit en son propre nom.

Ce substitué est fréquemment un compère, un homme de paille, qui ne porte pas l'opération sur le marché public, mais la conserve pour lui, autrement dit pour le mandataire primitif avec lequel il se confond.

Le mandataire primitif, lorsque vient le moment de rendre compte au donneur d'ordre, se prétend quitte de toute autre justification, après qu'il a établi que l'ordre était passé par lui à un substitué.

Cette manière de faire est tout à fait décevante (V. cependant Paris, 11 novembre 1912, D. 1913, 2, 127). Satisfaction ne sera donnée au client que lorsqu'il saura que, derrière tous intermédiaires quelconques, se trouve une personne qui a vraiment acheté ou vendu les titres ou les marchandises, et que le prix de cet achat ou de cette vente lui sera révélé au besoin par le ministère d'un expert judiciaire ou arbitre rapporteur tenu au secret (Cass., 15 décembre 1913, S. 1914, 1, 266).

De deux choses l'une : ou le premier mandataire aura exigé du substitué, dans le règlement intervenu entre eux, la spécification d'un tiers non dénommé peut-être, mais présenté comme ayant traité à un cours déterminé. En produisant à son client un semblable arrêté de compte valant *quitus* pour le substitué, il obtient son propre *quitus* à lui-même. Sous réserve des cas de fraude.

Ou le premier mandataire n'a pas exigé de son substitué un rendu-compte avec ces indications. Le donneur d'ordre, par dessus la tête du mandataire et même ayant déjà réglé avec lui, peut encore s'attaquer au substitué, en agissant non de son chef, mais par action oblique (art. 1166 C. civ.). Il peut le mettre en demeure de fournir des justifications qui, n'ayant pas encore été produites, laissent ce substitué comptable de l'opération (Cass., 10 décembre 1912, D. 1914, 1, 349, note Lacour ; *Contra* Poitiers, 15 juillet 1913, D. 1914, 2, 145, note Chéron).

997 *quinquiès*. — Nous avons déjà dit (n° 947), que la jurisprudence tendait à reconnaître la validité de l'opération de contre-partie, lorsqu'elle a pour objet non un marché initial, mais un report (Paris, 16 juin 1900, sous Req., 29 avril 1902, S. 1903, 1, 209, et note Wahl)[1].

---

1. Sur toute cette question importante, et de jurisprudence si fournie, de la contre-partie, cfr. Bumat, *Le commissionnaire contre-partiste*, th. 1902 ; L. Morel, th. de Lille (même titre), 1904 ; Lacour, intéressantes dissertations sous Req., 28 octobre 1903 et 28 mars 1904, D. 1905, 1, 65, etc., et article dans les *Annales de droit commercial*, 1908, p. 81 et 169.

QUATRIÈME PARTIE

DES CONTRATS SUR MARCHANDISES

(VENTE, GAGE, COURTAGE, COMMISSION, TRANSPORT)

INTRODUCTION

PRINCIPES GÉNÉRAUX DES OBLIGATIONS DANS LE DROIT COMMERCIAL. LEUR APPLICATION A LA VENTE DE MARCHANDISES

(C. civ., III, 4 et 6, art. 1101 à 1369 et 1582 à 1701 ; C. com., art. 100 et 109 ; loi du 13 juin 1866).

998. — Le Code de commerce ne réglemente ni l'ensemble des contrats, ni le plus important d'entre eux, le contrat de vente.

Il y a bien un titre (le 7e du 1er livre), consacré aux *achats et ventes*, et étendu par les interprètes à tous les autres contrats commerciaux. Mais ce titre ne renferme qu'un seul article, l'art. 109, et il n'y est question que des *preuves* admises dans le commerce ; ce texte ne classe pas les conventions, et ne statue ni sur les conditions de leur validité ni sur leurs effets.

Le droit commun restant applicable aux matières commerciales à moins qu'il n'y ait été dérogé par le Code de commerce, c'est au Code civil qu'il faut se reporter pour connaître les règles sur la nature et sur les effets des contrats. Celui-ci, comme source subsidiaire du droit commercial, a la même autorité que dans le domaine du droit civil (n° 48). Il doit être respecté par les juges, à peine de cassation.

999. — Le premier des titres du Code civil, qu'il faut ainsi étendre au commerce, est celui *Des contrats ou des obligations conventionnelles en général* (III, 3), art. 1101 à 1369 ; immédiatement après, par ordre d'importance, vient le titre *De la vente* (III, 6), art. 1582 à 1701. La partie du droit civil relative aux contrats pécuniaires présente pour le « commercialiste », tout autant que pour le « civiliste », un intérêt de premier ordre.

La méthode suivie en Allemagne est aujourd'hui la même : tant que les Allemands avaient un Code de commerce sans être pourvus d'un Code civil, ce Code de commerce contenait une grande quantité de dispositions sur les opérations de commerce et sur la vente. Beaucoup de ces textes ont passé dans le Code civil (1900) ; ce qui a permis, en revisant le Code de commerce (1897), de ne plus en retenir, dans la nouvelle rédaction, qu'un nombre réduit.

Il y a cependant, en matière commerciale, des éliminations à faire parmi les dispositions que notre législateur civil de 1804 a réunies dans ces deux titres. Il faut retrancher : *a*) la règle des *preuves* qui exclut la preuve testimoniale au-dessus de cent cinquante francs (notamment l'art. 1341) ; *b*) puis, tout ce qui touche les *transactions immobilières* (transcription, déclaration de contenance, vente du fonds d'autrui) ; celles-ci sont étrangères au droit commercial, et relèvent du droit civil dans tous les cas (n°s 23 et 70).

Nous ne ferons pas rentrer davantage dans notre cadre la *garantie pour cause d'éviction*. Cette garantie se manifeste rarement en matière commerciale. La vente porte sur des objets mobiliers. Dès qu'il est entré de bonne foi en possession, l'acheteur est protégé par la règle : *En fait de meubles*, etc. Il n'a pas à recourir en garantie, puisque son éviction n'est pas à craindre. Il faut supposer des circonstances très rares dans une opération sur marchandises, pour que l'acheteur ait à faire appel à cette garantie : par exemple, l'objet vendu avait été perdu ou volé ; encore le fait de l'avoir acheté à un marchand paralyse-t il la revendication dans une certaine mesure (art. 2280). — A réserver aussi le domaine d'étude des titres au porteur (lois de 1872 et de 1902).

1000. — Usages. — Il se trouve dans le Code civil d'autres règles dont l'application au commerce souffre un sérieux tempérament : ce sont celles qui, au lieu d'être obligatoires par une raison d'ordre public, sont seulement *déclaratives de volonté*. — Ex. : l'art. 1146, qui ne fait courir les dommages et intérêts que du jour de la sommation, etc. De pareilles dispositions ne doivent être observées en droit commercial que sauf usage contraire ; l'usage peut faire que la non-exécution au terme emporte par elle seule des dommages et intérêts.

On a déjà montré la place importante que tiennent les *usages* dans les relations du commerce. Ce sont des conventions tacites ; à l'égal des clauses expresses, elles dérogent aux lois qui ne sont ni impératives ni prohibitives. Les parties se sont référées à l'usage au moment de contracter, et c'est l'usage, contrevenant à la loi, qui réglera la convention (nos 49 à 51).

1001. — Il importe de classer à part un certain nombre d'usages commerciaux concernant la vente des marchandises.

On a dit au début de ce livre (n° 51) que la violation d'un usage par les tribunaux n'encourait point cassation ; appliquer un usage, c'est statuer sur les intentions des parties, sur le « fait » ; or la Cour de cassation est juge seulement du point de savoir si la « loi » a été ou non respectée.

En outre, quand même l'usage invoqué par l'un des plaideurs aurait eu à une certaine époque une autorité certaine, l'autre plaideur est en droit d'en repousser l'application, en prouvant soit que cet usage ancien n'a plus cours, soit qu'il n'a jamais régi la profession à laquelle il appartient.

Ces deux propositions ne sont pas vraies de ceux des usages commerciaux en matière de vente, qui sont relatés à la suite d'une *loi du 13 juin 1866*. On a cherché, par cette loi, à étouffer les procès se rapportant aux conditions, tares et autres modalités des marchés de commerce. L'un des contractants protestait que le contenant eût été compté dans le poids total de la marchandise ; l'autre alléguait un prétendu usage ; de là des contestations continuelles.

Le gouvernement a fait relever certains usages non douteux, dont plusieurs seront signalés ci-dessous et qui, à la différence des autres usages, ont désormais la portée de lois véritables.

a) Leur violation par les juges donne ouverture à cassation ;

b) Ils sont applicables sur toute l'étendue du territoire « à défaut de convention contraire (art. 1er) », c'est-à-dire à moins que les parties n'y aient *formellement* dérogé. Leur autorité ne pourrait être à la merci d'un contre-usage invoqué par tel ou tel plaideur.

Cette loi tient dans un tableau qui lui fait suite, et qui se divise en deux parties. La première partie se compose de *neuf* règles générales. La seconde partie détaille, par ordre alphabétique, diverses natures de produits, et spécifie leurs conditions de vente suivant l'usage, poids brut ou net montant de la tare, etc. Malgré la quantité d'articles énumérés, le nombre d'usages bénéficiant de cette force de loi véritable est encore fort limité.

1002. — Nous allons essayer de faire l'application des règles ordinaires des contrats à la vente commerciale des marchandises ; celles qui gouvernent tous les contrats se dégageront d'elles-mêmes. Chemin faisant, nous exposerons les usages les plus marquants. Mais il va de soi que tels usages, vrais aujourd'hui, peuvent ne plus l'être demain, et que leur autorité n'est nécessairement établie ni pour toutes les places ni pour tous les genres d'industries.

1003. — Le contrat commercial est *à titre onéreux*. On rencontre dans le commerce des contrats *commutatifs*, et des contrats *aléatoires*.

Le contrat aléatoire par excellence est l'*assurance*, par laquelle on se couvre un risque et l'on poursuit une indemnité en cas de sinistre (voir nos 725 et s.). Il y a un autre contrat aléatoire, le *jeu* ou le *pari*, contrat d'enrichissement, que la loi ne munit point d'une action (art. 1965).

Il arrive à plus d'un contrat, commutatif de sa nature, de renfermer une clause qui le fait passer dans la catégorie des contrats aléatoires. C'est qu alors vient se combiner avec lui, une « assurance tacite ». — Ex. : Je vends une cargaison en mer. Peut-être a-t elle déjà disparu dans un naufrage. Je stipule que la vente tiendra à tout événement, quand même on apprendrait plus tard que le chargement avait péri antérieurement à la vente. Une vente ordinaire n'est valable qu'à la condition d'avoir un objet existant lors du contrat (art. 1601 C. civ.). Ici l'objet fait défaut ; cependant la convention s'exécutera. C'est que la vente se complique d'une assurance. Le vendeur, en même temps qu'il transmettait la propriété de sa chose, en la supposant non périe, se couvrait contre le risque de la perdre, pour le cas où ce risque à son insu se serait déjà réalisé. C'est une « assurance sur bonnes et sur mauvaises nouvelles », où l'acheteur joue le rôle d'assureur (art. 365 à 367 C. com.).

L'intérêt qu'il y a à décomposer la convention en un contrat principal et en une assurance adjointe, se dégage dans le cas suivant : lorsque la partie qui transporte ainsi un risque à l'autre s'est abstenue de lui faire connaître sincèrement son opinion de ce risque, la *réticence* qu'elle a gardée vicie la convention, à l'égal d'un dol (art. 348 C. com.).

1004. — Les contrats commerciaux sont en général des *contrats consensuels*, des contrats dépouillés de formes.

En droit civil, un contrat consensuel est soumis à la rédaction d'un *écrit*, lorsque l'intérêt excède 150 fr. Faute de quoi la convention, sans être d'ailleurs nulle, ne saurait être établie par témoins. Cette restriction disparaît en matière commerciale, où la *preuve testimoniale* peut être admise par les juges sans limite de somme (art. 109 C. com.). La nécessité d'un écrit ne reparaît que pour les contrats maritimes : affrètement, assurance, etc.

Il existe d'ailleurs, en droit commercial, comme en droit civil, des contrats *réels*, dont la formation est subordonnée à la remise d'une chose : le prêt, par exemple.

Il en existe d'autres, en faible nombre, qui ont le caractère *solennel*. Le contrat doit revêtir une forme déterminée ; en son absence il est entaché de nullité. C'est le cas : 1° pour la *société de commerce*, qui doit se constituer par écrit ; 2° pour la convention sur laquelle repose la *lettre de change*, et dont on cherchera plus loin à déterminer la nature.

1005. — Les conventions commerciales, tout comme les conventions civiles, obéissent aux quatre conditions exigées par l'art. 1108 (*capacité, consentement, objet, cause licite*) ; et les sanctions sont les mêmes.

Le consentement des parties doit être exempt de *violence*, d'*erreur* substantielle, ou de *dol*. Pour différents faits frauduleux que commet le vendeur en vue de tromper son acheteur, l'action en nullité ne forme pas l'unique remède institué : ces faits sont érigés en délits correctionnels (Ex. : art. 423 C. pén., remplacé aujourd'hui par la loi du 1er août 1905).

La législation de la dernière époque a même forcé la note de la protection, en établissant des peines contre le trafic de produits fabriqués qui rivalisent avec des produits naturels (margarine, vins de raisins secs), lorsque les mentions énonciatives de la nature de la marchandise ne prémunissent pas l'acheteur contre une confusion (L. 14 mars 1887 ; 13 août 1889, loi Griffe ; 1er août 1905, sur la falsification des denrées ; 29 juin, 15 juillet 1907, sur le sucrage et le mouillage des vins, etc.).

C'est un élargissement de la notion du dol.

1006. — Au surplus, quoique le contractant, au commerce, doive s'abstenir de manœuvres déloyales, il ne lui est point défendu d'user d'une certaine ruse. Le commerce repose sur l'adresse et sur le savoir-faire. Les parties ont toujours eu la faculté de se circonvenir, « *invicem se circumscribere*. L. 22, § 2, D. *loc., conducti* », à condition de ne point commettre de fraude.

La démarcation de la fraude et de la ruse tolérée ou dol de bon aloi (*dolus bonus*), comme disaient les Romains, sera difficile à faire, mais elle n'est pas contestable. « En fait de commerce, trompe qui peut », pourrait-on dire. Ce serait transposer une maxime de droit coutumier, en limitant le sens du mot *tromperie* à l'exaltation de la marchandise ou au silence gardé sur ses défauts, sans d'ailleurs user de manœuvres.

Si l'on rescindait toutes les conventions où l'une des parties s'en est laissé accroire, on paralyserait l'esprit commercial. Le respect du contrat, avec sa note anti-socialiste, n'est qu'un hommage rendu à la personne humaine qui doit savoir se défendre contre les entreprises de sa contre-partie.

L'organisation du commerce vise, au moins dans les grands magasins, à réaliser plus de moralité : la pratique du prix fixe marqué sur la marchandise, qui tend à se généraliser, constitue un progrès ; le commerçant renonce à surfaire ses conditions aux clients crédules ou trop faibles pour marchander.

Une cause autre que le dol ou la ruse est de nature à faire pencher les avantages du contrat du côté de l'un des contractants de préférence à l'autre, et quelquefois contre l'intérêt de l'autre : c'est la force naturelle dont disposent les grandes maisons, les grandes collectivités industrielles, sociétés d'assurance, de transport, etc. Elles établissent des types de contrats uniformes, et leur clientèle, qui n'en a pas délibéré, n'est pas non plus maîtresse en fait d'y obtenir des adoucissements. On a mis en vogue une expression pour ces espèces de conventions ; on les appelle des *contrats d'adhésion*.

1007. — L'existence d'un *objet certain* n'est pas moins indispensable dans un contrat commercial que dans un contrat civil.

Le chiffre du salaire ou de la commission peut ne pas être exprimé dans le mandat ; le montant du prix ne l'est pas toujours dans la vente. Les opérateurs ont entendu s'en rapporter au tarif d'usage, au prix courant.

Dans la vente commerciale, non seulement on traite toujours sur *meubles*, mais l'opération, dans la grande majorité des cas, porte sur des *choses fongibles*. L'acheteur stipule une certaine quantité de marchandises énoncées seulement par leur poids, par leur nombre, ou par leur mesure : dix balles de coton de 200 kilos, vingt hectolitres de vin[1].

La qualité du produit du marché se détermine par référence à un certain type, déposé parfois au secrétariat d'une Chambre de commerce ou d'une

1. Toutes dénominations de poids et mesures autres que celles établies par la loi du 18 germinal an III (*système métrique*), sont interdites dans les actes, registres de commerce et autres écritures privées produites en justice, ainsi que dans les affiches et les annonces, sous peine d'une amende de 10 fr. recouvrée sur contrainte comme en matière d'enregistrement (L. 4 juillet 1837, art. 5).

Chambre syndicale de fabricants ou de courtiers (coton *low middling*, sucre blanc n° 3, farines douze marques, café Haïti Saint-Marc). Ou encore il y aura remise préalable d'un échantillon avec lequel la livraison devra concorder.

Dans ces ventes fongibles, le vendeur peut, au moment du contrat, n'avoir point la propriété des choses qui serviront plus tard à l'exécution de son obligation : l'art. 1599 C. civ., sur la nullité de la vente de la chose d'autrui, est inapplicable aux choses fongibles.

1008. — Transport de la propriété et des risques. — De ce qui vient d'être dit, il suit que les règles commerciales du *transport de propriété* seront habituellement celles que le Code civil établit non pas pour les *corps certains*, mais pour les *choses fongibles*.

Si l'on achetait une marchandise *déterminée*, telle pièce ou tel coupon d'étoffe, tel ballot ficelé, on en deviendrait propriétaire immédiatement à partir de la convention (art. 1138 C. civ.). Il ne serait pas besoin pour l'acheteur de se faire mettre en possession. — Cela présente de l'intérêt au cas où le vendeur ferait faillite avant la livraison : l'acheteur, ayant acquis la propriété, aurait le droit de *revendiquer* l'objet sans concourir avec les créanciers.

Dans ce même ordre d'opérations sur corps certains, la *perte* de la marchandise, sans la faute du vendeur, est *aux risques de l'acheteur*, si elle se produit postérieurement au contrat. *Res perit domino.* L'acheteur continue à devoir le prix, bien que la chose ait péri avant d'être mise en sa possession. Nous supposons que la vente n'était affectée d'aucune condition suspensive. — Il faut dire cependant que ce n'est pas de la transmission de la propriété que le Code civil fait dériver pour les corps certains ce transport des risques, mais bien de la convention elle-même. *Res perit creditori.*

1009. — Mais, s'il s'agit de choses fongibles, le transport de propriété ne résulte point de la seule convention. Il ne se produira qu'à partir du moment où la marchandise sera *individualisée*. Cette individualisation a lieu quand le vendeur, avec l'assentiment de son acheteur, prend sur la masse générique du produit de quoi constituer la quantité promise. Alors seulement, de chose fongible, l'objet passe à l'état de corps certain.

Les masses ne sont pas exposées à disparaître (*genera non pereunt*) ; les *risques* restent donc au vendeur, aussi longtemps que l'individualisation n'a pas été faite : la marchandise que le vendeur se disposait à faire servir à sa libération vient-elle à périr, il doit la remplacer par une autre, dût-il lui en coûter un déboursé double de la valeur de la chose.

1010. — Le fait qui individualise ainsi l'objet du contrat n'est pas nécessairement la remise de la marchandise au créancier. Il suffit que les parties soient d'accord sur un produit identifié. La marchandise pourrait demeurer ensuite aux mains du vendeur, la propriété n'en a pas moins été acquise à l'acheteur.

Cette hypothèse est peu fréquente. Dans la plupart des cas, le fait d'individualisation se confond avec la *livraison* de la chose due. Celle-ci emporte transmission de propriété au créancier, à l'acheteur.

La livraison prend les formes les plus variées, on le verra ci-dessous. Mais il y a des questions d'ordre plus général à éclaircir au préalable. On vient de voir que, lorsqu'une marchandise est traitée *in genere*, il importe de distinguer le moment où le marché est conclu et le moment où la marchandise est livrée. C'est 1° à partir du premier de ces deux faits que le contrat lie les deux opérateurs ; 2° à partir du second que la propriété est acquise à l'acheteur avec tous les avantages qui en résultent.

Or la détermination tant de l'instant de la formation du contrat, que de l'instant de la transmission de propriété, n'est pas sans provoquer de sérieuses difficultés, lorsqu'il s'agit de *ventes à distance*, négociées par correspondance. Il y a deux ordres d'études à aborder.

1011. — I. Moment de la formation du contrat dans les ventes par correspondance. — Dans les ventes échangées à distance, la question est de rechercher à quel moment et dans quel lieu se forme le contrat. L'offre et l'acceptation résultant de deux pièces de correspondance distinctes, on se préoccupe du fait précis qui rend le marché définitif[1].

Un négociant du Havre, *Jacques*, qui a reçu des arrivages de café Santos, écrit à Paris, à un marchand de produits alimentaires, *Paul*, pour lui céder à un prix déterminé une partie de son lot, 1.000 kilos.

Cette *offre* commence par créer, au moment où elle parvient à Paris, à la charge de son auteur, *Jacques*, une première *obligation*, celle de la maintenir. L'autre partie, *Paul*, n'a pas besoin d'en donner acte.

Le pollicitant (ou proposant) ne doit pas rétracter son offre pendant le délai qu'il a fixé dans la lettre d'envoi (deux jours, par exemple), ou autrement dans un délai moral suffisant pour laisser à son correspondant le temps de prendre parti. En la révoquant prématurément, il s'expose à des dommages et intérêts, si *Paul* veut ensuite accepter. L'offre, quoique d'apparence unilatérale, engendre donc déjà, à titre d'*avant-contrat*, un premier engagement[2].

1012. — Supposons l'offre acceptée dans le temps convenu ou dans le délai d'usage. Une lettre d'*acceptation* est expédiée de Paris pour le Havre[3].

La vente se forme à Paris, si l'on date la conclusion du contrat du moment où l'acheteur a adhéré à la proposition ; car dès ce moment il y a deux volontés d'accord pour traiter l'affaire (système de la *déclaration*).

Il ne se forme qu'au Havre, si l'on retarde l'effet de cette acceptation jusqu'à ce que le vendeur en ait connaissance (système de l'*information*).

La Cour de cassation (Req., 1er décembre 1875, D. 77, 1, 451) estime que la fixation du lieu du contrat est une pure question de fait.

La jurisprudence des Cours d'appel tend à préférer la première solution ; Paris, 5 février 1910, D. 1913, 2, 1, note Valery (V. cependant en sens contraire, Nîmes, 4 mars 1908, D. 1908, 2, 248). Cela n'est pas très raisonnable ; car pour que deux personnes soient prises dans le lien d'un contrat, il convient qu'elles se sachent mutuellement consentantes.

Si *Paul* avait envoyé au Havre un représentant (*nuntius*) pour communiquer à *Jacques* son adhésion, le contrat ne se serait certainement formé qu'au moment de l'entretien donné au Havre à cet agent. Selon la tradition romaine, la lettre (*epistola*) opère de la même manière. La poste, en effet, est un messager qui, au lieu de s'exprimer de vive voix, apporte le consentement écrit, et sous enveloppe close, à celui qui a intérêt à le connaître. Ce n'est qu'au moment de la remise de la missive à destination que l'auteur de la lettre est censé parler au correspondant qui la reçoit.

Le pouvoir que les règlements administratifs donnent à l'expéditeur d'une lettre de la retirer du bureau d'envoi, moyennant certaines justifications, viendrait, s'il en était besoin, fortifier cette interprétation.

---

1. Cfr. Girault, *Traité des contrats par correspondance*, 1890 ; Valery, *Des contrats par correspondance*, 1895 ; Marcaggi, *Contrats entre absents*, 1892. Cfr. encore la partie relative à la preuve de l'ouvrage au cadre beaucoup plus large de Gény, *Des droits sur les lettres missives*, 2 vol. chez Larose, 1911, apprécié par M. Nast, *Annales de droit commercial*, 1912, p. 373. — V. au surplus, sur toute cette matière, Ripert, *De la vente commerciale* ; Bédarride, *Des achats et ventes*, éd. Abram, 1908.

2. Saleilles, *De la responsabilité précontractuelle* (*Revue trimestrielle de droit civil*, 1907, p. 697) ; Morin, dans *la Vie juridique du Français*, II, p. 44.

3. Il y a même des cas où cette réponse n'est pas indispensable (Req., 14 mai 1912, D. 13, 1, 381, note Valery).

1013. — L'intérêt de la question est engagé aux points de vue suivants :

a) Si le contrat ne se forme qu'à l'arrivée de la lettre, l'expéditeur peut *se rétracter* et transmettre, par un télégramme qui devancera sa correspondance, l'intention de ne pas donner suite au marché. Cette faculté lui est reconnue par quelques arrêts (Toulouse, 13 juin 1901, *Gaz. Pal.*, 26 juillet).

b) En localisant le marché soit au Havre, soit à Paris, on prend en même temps parti sur la *compétence du tribunal* qui connaîtra de la contestation (en dehors du tribunal du domicile du défendeur, lequel est toujours compétent). Le procès est du ressort du tribunal de commerce du lieu de la promesse, si ce lieu, toutefois, se confond avec celui de la livraison (art. 420 C. proc. civ.).

Suivant une théorie particulière (FERRON, dans la *Revue critique de lég. et de jur.*, 1901, p. 409), le « lieu de la promesse » ne doit pas être confondu avec le « lieu du contrat » : c'est celui où a été adressée la lettre contenant la proposition du marché, quand même l'acceptation ne serait point partie du même endroit[1].

1014. — La vente à distance peut être conclue non par une lettre missive, mais par le ministère d'un correspondant, *commis voyageur* ou *placier*. Alors encore surgit la question de savoir où et quand le marché est formé.

a) Lorsque le représentant avait pouvoir de recevoir les ordres du client, la convention est immédiatement conclue dans les bureaux de ce client.

b) Mais il arrive souvent que l'intermédiaire n'a le droit de noter la commande qu'à charge d'en référer au patron. Celui-ci peut donc refuser la confirmation. Si le marché est accepté, s'ensuit-il qu'il se forme à la demeure du patron et au moment où il ratifie ?

Jadis la Cour de cassation (31 août 1852, D. 52, 1, 225) ne l'entendait pas ainsi ; même alors, le contrat s'est conclu chez le client. Le représentant a fait acte de *gérant d'affaires* ; la ratification du chef rétroagit au jour où l'ordre a été reçu, le commis est présumé avoir eu, dès l'origine, mandat d'engager la maison qu'il représente.

En partant de là, on refuse au client le pouvoir de rétracter la commande, quoique le patron n'ait pas encore approuvé l'opération. Mais il y a des jugements contraires (BOUTAUD, *Ann. dr. com.*, 1898, p. 94 ; Trib. com. Marseille, 5 janvier 1897, *Mon. Midi*, 25 juillet 1897 ; et surtout Rej., 16 novembre 1910, D. 1912, 1, 49, pour ce qui concerne la compétence).

1015. — II. **Transport de propriété dans la vente à distance.** — Lorsque les correspondants entre lesquels la vente se traite résident dans *deux localités différentes*, notamment lorsque la mer les sépare, la marchan-

---

1. Cette controverse se présente, avec un intérêt naturellement moindre, dans les ventes par télégramme ou par téléphone (VALERY, *Ann. dr. com.*, 1890, p. 95).

L'emploi du télégraphe peut donner lieu à d'autres sources de procès. Soit une erreur commise dans l'expédition de la dépêche ; celle-ci transmet au vendeur commande de « dix mille » sacs, quand l'acheteur n'en veut que « mille » ; l'acheteur pourra justifier de cette erreur, au moment de la contestation, par la minute de son télégramme conservée au bureau de départ.

Si l'on considère l'Administration des télégraphes comme le préposé de l'expéditeur de la dépêche, tout commettant répondant de son préposé (art. 1384 C. civ.), le risque de pareilles erreurs retombera sur l'envoyeur ; le vendeur pourra livrer les dix mille sacs. D'autre part, les règlements télégraphiques affranchissent l'État de toute responsabilité envers l'acheteur, lequel sera lésé. — Mais il n'est pas démontré que telle soit la solution. L'Administration n'est pas un préposé de l'expéditeur. Celui-ci ne doit être lié que dans la mesure où il a véritablement exprimé sa volonté.

Il est toujours prudent, lorsqu'on reçoit un télégramme portant un ordre anormal, d'en demander confirmation par une seconde dépêche ; d'autant plus que ce télégramme ne fait pas foi de l'identité de son expéditeur et peut être une mystification.

dise est-elle acquise en propriété à l'acheteur *au moment où le vendeur s'en dessaisit*, ou seulement *au moment où elle parvient chez l'acheteur?*

Un négociant du Havre, *Pierre*, fait une commande de cafés à un producteur de la Martinique, *Louis*. Celui-ci y défère et charge les sacs sur un navire en partance pour la France. Il retire des mains du capitaine un titre de transport, un *connaissement*, que nous supposerons non revêtu de la clause à ordre. Le capitaine s'engage à faire à *Pierre* la livraison au Havre.

Conclura-t-on de l'absence de *Pierre* au port de chargement que la cargaison est restée la propriété du vendeur, et qu'elle le restera pendant toute la traversée? — Non. On devra rechercher l'intention que les parties ont eue en contractant; il faudra se demander la signification donnée à la remise des marchandises à bord. — De là deux hypothèses à distinguer :

1016. — *a*) *Première hypothèse.* — La facture de vente porte que la marchandise est livrable *chez le vendeur*.

C'est la présomption à laquelle on s'arrêtera en cas de silence du contrat. Car, d'après la loi (art. 1247, al. 2, C. civ.), l'exécution d'une obligation doit se faire au domicile du débiteur : celui-ci remet par conséquent la marchandise au lieu où il habite, il n'a pas à la transporter à l'endroit où réside le créancier. La clause *sous vergues* ou *franco à bord* traduirait la même intention.

Il est vrai que le vendeur *Louis* a reçu de son correspondant du Havre *Pierre*, en même temps qu'une commande de marchandise, le mandat d'affréter pour lui un navire et de soigner l'expédition. Mais c'est là l'effet d'une seconde convention, distincte de la première, quoique faisant corps avec elle.

En tant que vendeur, la remise à bord le libère : l'acheteur est représenté par le capitaine (ou par le voiturier, s'il s'agit d'un transport par terre), à l'insu du transporteur, qui ne connaît pas les clauses de la vente, et ignore même si c'est une vente que les parties ont conclue. La marchandise a été individualisée entre les mains du transporteur, comme si l'acheteur était présent; en produisant le connaissement, *Louis* montre qu'il a accompli ses engagements, y compris le transport de propriété au port de charge.

1017. — *b*) *Seconde hypothèse.* — Il a été entendu, au contraire, que la marchandise serait livrable au déchargement. Elle est traitée *franco au port de destination*. La prise en charge au départ ne vaut pas exécution complète de la vente pour l'acheteur : le vendeur a fait charger pour lui-même, ce n'est qu'à l'arrivée que s'accomplira la livraison.

Vendue à un négociant de Paris et non plus du Havre, la marchandise sera fréquemment livrable *franco wagon*. Le vendeur demeure alors propriétaire non pas seulement jusqu'au port français, mais jusqu'au transbordement sur chemin de fer au Havre.

1018. — Il y a beaucoup d'intérêts pratiques attachés à la question.

1° A partir du moment où l'acheteur peut se dire propriétaire, il n'a plus à craindre que la faillite du vendeur transforme son droit en un dividende. Donc, en cas de livraison « à bord », l'acheteur peut *revendiquer* à l'encontre des créanciers de son vendeur; en cas de livraison « au débarquement », il ne le peut pas.

1019. — 2° L'art. 100, texte mal à propos inséré dans le titre *du gage et des commissionnaires*, car il relève du droit de la vente, dispose que « la marchandise sortie du magasin du vendeur ou de l'expéditeur, voyage, s'il n'y a convention contraire, aux *risques et périls* de celui à qui elle appartient ».

Donc, de deux choses l'une. La marchandise est-elle livrable au départ? Elle périt ensuite en mer. Le vendeur *Louis* n'en est pas moins fondé à réclamer à l'acheteur *Pierre* le prix de facture. Les événements postérieurs au chargement ne sauraient atteindre sa créance. Le risque est pour l'acheteur.

La marchandise est-elle livrable au débarquement ? Le naufrage empêche le transport de propriété de s'effectuer ; ou bien, arrive à destination une cargaison avariée en cours de route, que peut refuser l'acheteur. Corrélativement à cette perte de marchandise, le prix périt également. Le vendeur ne peut le réclamer, le risque est pour lui.

Il est vrai que, dans les deux cas, l'une ou l'autre partie a le moyen de remédier à la perte en mer (ou à la destruction sur terre, pour un transport par voie ferrée).

a) Lorsque la perte a été déterminée par une *faute du capitaine* (ou du transporteur), celle des deux parties sur qui retombe le risque aura une action en dommages-intérêts contre ce capitaine ou transporteur (c'est ce que décide l'art. 100, *in fine*).

Mais il se peut que cette action soit insuffisante, par suite de l'insolvabilité du voiturier ; ou que le voiturier n'ait accepté le transport qu'en stipulant sa non-responsabilité ; ou encore que la perte tienne à des circonstances de *force majeure* excluant toute poursuite.

b) Même alors, le propriétaire du chargement a la possibilité de se couvrir. Il n'a qu'à faire *assurer* la marchandise. De là cette distinction. L'expéditeur traitera l'assurance *pour son compte propre*, quand d'après le marché le transport de propriété est retardé jusqu'au débarquement. Il la traitera *pour son acheteur*, dans le cas contraire. Souvent, dans la commande, est impliqué le mandat de faire assurer « pour compte de qui il appartiendra ». En s'abstenant de le faire, le vendeur engagerait sa responsabilité.

Cela ne prouve pas que l'assurance donne à l'intéressé pleine indemnité. Notamment, pour le cas d'avaries, les assureurs stipulent certaines *franchises*, la déduction d'un tantième du montant du sinistre, 10 ou 20 o/o. L'acheteur, obligé par sa facture de payer tout le prix pour une marchandise qui lui arrive avariée, se contentera ainsi d'une indemnité partielle d'assurance.

On voit que du moment où l'acheteur a été investi de la propriété, court aussi contre lui le danger de perdre la chose ou de n'obtenir qu'une portion d'indemnité d'assurance.

1020. — 3° Si la marchandise voyage aux risques de son propriétaire, elle voyage également *à ses frais*. Dans une vente maritime ou par chemin de fer, le prix de transport n'incombe pas toujours au même contractant.

Le vendeur le supporte, lorsqu'il y a livraison à l'arrivée ; car il s'est obligé à remettre la marchandise au débarquement, franche de toute dépense de route.

L'acheteur supporte le prix de transport, quand la propriété lui est acquise au départ : il le doit, en outre du prix principal du marché (comme aussi il supporterait la prime d'assurance). C'est dire qu'on vend moins cher, lorsqu'on traite livrable à bord, que lorsqu'on vend à l'arrivée, car au premier cas on laisse à l'acheteur une dépense supplémentaire qu'on lui épargne dans le second.

1021. — 4° Il y a aussi, dans la détermination du lieu et du moment où la marchandise est livrée, un intérêt de *compétence judiciaire*.

En cas de contestation sur le marché, le tribunal de l'arrondissement où la marchandise est livrée est compétent pour en connaître (art. 420 C. proc. civ.). Il est compétent, du moins, si c'est dans ce même arrondissement que « la promesse a été faite ». Il arrivera donc que le procès ressortira tantôt au tribunal de la Martinique et tantôt à celui du Havre. Nous avons déjà relevé cet intérêt de compétence dans la détermination du lieu où la convention par correspondance a dû se former.

1022. — **Vente caf**[1]. — Les notions qui viennent d'être exposées reçoi-

1. Sur cette vente et sur la suivante, voir Abram, *Les ventes maritimes*, dans la

vent une dérogation importante dans une vente, qualifiée vente *caf* ou *cif*, expression abrégée qui résume les mots *coût, assurance, fret* (en anglais *cost insurance freight*).

C'est un marché dans lequel le prix comprend les frais de transport et d'assurance ; l'acheteur n'aura, par conséquent, point à les supporter.

On est tenté d'interpréter cette convention comme une vente « livrable à destination » ; si l'acheteur avait été rendu propriétaire au départ, ne supporterait-il pas les frais du voyage ?

L'interprétation contraire est plutôt admise (Lyon, 24 décembre 1904, S 1905, 2, 247). Le transport de propriété s'est effectué au départ, les risques de mer sont à l'acheteur, il devra le prix à tout événement.

Le langage dont les opérateurs se sont servis prouve que telle a été leur intention. Si le vendeur avait voulu retarder jusqu'au déchargement le transport de propriété, il n'aurait pas eu à viser dans la facture le fret et la prime d'assurance, car il devait naturellement les supporter. Le fait qu'il les a visés montre au contraire que ces accessoires ont été considérés comme dettes de l'acheteur. Seulement, par faveur, le vendeur a consenti non seulement à en effectuer l'avance, mais à les imputer sur le prix principal, de manière à diminuer ce prix d'autant.

1023. — Vente par navire désigné. — Si la vente « coût fret assurance » emporte livraison de la marchandise dès le moment du chargement, on ne peut pas en dire autant d'une autre sorte de marché qui paraît être pratiqué depuis une époque très ancienne, et que l'on qualifie du nom de *vente maritime* ou *vente par navire désigné*. Celle-ci, sinon par l'économie théorique du contrat, du moins par ses résultats, se rapproche davantage d'une vente dans laquelle la marchandise est livrable au débarquement.

J'achète au Havre à une maison américaine, qui a son siège dans un port des Etats-Unis, mille balles de coton Louisiane d'un type déterminé, avec le désir que ce coton soit à ma disposition dans deux mois, en avril. Je n'entends point courir le risque maritime. S'il doit y avoir un règlement avec un assureur, je désire en laisser la charge à mon vendeur.

D'autre part, le vendeur, appelé l'*importateur* (et que représente généralement au Havre un agent par l'intermédiaire duquel le marché va se conclure), ne tient pas à faire une vente « ferme » sur avril, sans détermination immédiate d'un lot de marchandises. Car ce serait alors un contrat *in genere* l'obligeant à fournir à tout événement, au mois pris pour l'échéance, la quantité promise et, si la cargaison qu'il attend périt en mer, à la remplacer sur le marché du Havre, à n'importe quel cours.

Pour donner satisfaction à ces désirs opposés, le contrat portera non sur une chose fongible, mais sur une marchandise déterminée, dont le vendeur fait effectuer ou s'engage à faire effectuer le chargement au port de sortie d'Amérique.

De cette manière, quoique la cargaison périsse ou se détériore, le vendeur ne sera pas tenu d'en livrer une autre, comme ce serait le cas pour une vente de quantité. Mais, bien que l'objet du contrat soit identifié dès le départ, il est stipulé (et c'est en cela que réside l'originalité de cette convention) que le marché est affecté d'une *condition suspensive*, et qu'il ne deviendra définitif que « par l'arrivée du chargement à bon port et sans avaries ». L'acheteur ne devra le prix qu'autant que la marchandise lui parviendra effectivement. Il consent à prendre à sa charge le *risque de retard*, mais les autres risques restent au vendeur. C'est l'application des règles ordinaires concernant la perte de la chose aussi longtemps que la condition suspensive n'est pas arrivée (art. 1182 C. civ.).

L'assurance sera donc faite par le vendeur, à son compte et à ses frais. De là encore les conséquences suivantes :

Rev. intern. de droit maritime, 1907-1908, p. 134 et s., et l'ouvrage du même auteur cité en note sous le n° 1011.

a) L'acheteur doit pouvoir calculer les chances de bonne ou de mauvaise traversée. Il faut donc que le vendeur l'instruise dans le contrat primitif, ou par déclaration à faire dans un délai déterminé, du *nom du bâtiment chargeur*, de son capitaine, de son itinéraire, de son état de charge. L'obligation d'embarquer doit en outre être accomplie à l'époque promise. Faute de cette précaution, l'importateur, qui aurait affrété plusieurs navires dans la même période, et qui aurait intérêt à résilier, ne manquerait pas d'attendre la nouvelle de la perte de l'un d'eux, pour appliquer à son acheteur du Havre le chargement qui y était à bord, par préférence aux chargements qui sont sur les autres bâtiments et qui ont échappé, eux, à la fortune de mer.

b) Si le vendeur s'abstient tant d'embarquer au moment voulu, que de désigner le navire dans le délai d'usage, ou en cas de déclaration mensongère, l'acheteur peut résilier l'opération ; il peut aussi rendre la vente « ferme », et contraindre le vendeur à livrer à tout événement sur le mois qui aurait correspondu à l'arrivée.

c) La clause « coût fret » accompagnera généralement cette vente et mettra le prix du transport à la charge du vendeur.

1024. — Transport de possession. — Pour ne pas fractionner les questions qui se rapportent aux opérations par correspondance et à la variété de leurs manifestations, nous avons dû retarder l'examen d'un point important : quels sont les faits qui emportent à la fois la transmission de *propriété* et de *possession juridique* de la chose vendue par le vendeur à l'acheteur ? Nous ne parlons que des ventes de choses fongibles.

Leur individualisation à la suite du contrat suffit bien à rendre l'acheteur *propriétaire*, mais elle ne lui confère pas la *possession*, aussi longtemps que le vendeur conserve la marchandise entre ses mains. Le transfert de possession résultera seulement de la livraison, ou, pour employer l'expression technique, de la *délivrance* ou *tradition* : c'est le transport de la chose vendue en la puissance et possession de l'acheteur (art. 1604 C. civ.).

L'exemple le plus simple de tradition est celui où l'acheteur entre matériellement en possession : il y a *tradition réelle* (art. 1606 C. civ.). Cette situation comporte d'ailleurs des applications variées. L'acheteur prend possession lui-même ; ou bien, il prend possession par l'intermédiaire d'un représentant chargé par lui de recevoir la chose des mains du vendeur. C'est ainsi que, parlant plus haut de la vente à distance sous la clause livrable « sous vergues » ou « au départ », nous avons déterminé la position du capitaine, en disant qu'il était mandataire de l'acheteur à l'effet de prendre livraison, et qu'il détenait pour le compte de celui-ci jusqu'à l'arrivée.

1025. — Mais une autre espèce de tradition, qualifiée parfois de *symbolique*, et qu'il vaut mieux appeler *conventionnelle* ou *juridique*, occupe dans le commerce une place considérable. C'est celle où l'acheteur reçoit du vendeur un titre, sur la présentation duquel il pourra retirer les marchandises d'un *tiers détenteur pour compte*.

On dit du document délivré qu'il est un « titre représentatif » de la marchandise. Il peut donner lieu à un certain nombre de transmissions ou négociations, sans que la marchandise change physiquement de main. Celle-ci demeure au repos. Peut-être cependant est-elle en cours de voyage. Elle reste à bord, elle reste sur voiture, sans avoir à subir un changement de détenteur ; ce changement serait embarrassant et parfois impossible à raison de la distance ; la transmission d'un certificat en tiendra lieu.

Et à chacune de ces négociations du titre, la chose vendue change aussi, en droit, de possesseur et de propriétaire : celui qui a le titre a la marchandise, car lui seul est désormais qualifié pour la retirer.

1026. — On comprend que le commerce se soit attaché à multiplier les moyens de tradition, sans prise de possession. Ils servent à accélérer la circulation, et ils donnent au trafic plus d'amplitude, sans obliger les intermédiaires à faire mainmise sur le produit. La marchandise se décharge de sa substance comme d'un « poids mort », elle s'allège en se transfigurant.

1027. — Les raisonnements juridiques ont permis à la propriété de se porter ainsi de la chose même sur le certificat constatant sa détention par un tiers. Les Romains, dans leur analyse de la possession, avaient d'avance frayé la route. Si un tiers se constitue détenteur pour moi, c'est comme si je devenais détenteur moi-même. Le *corpus alienum* équivaut au *corpus proprium*.

L'intermédiaire, qui a reçu la marchandise soit pour être entreposée chez lui, soit dans un autre but, a souscrit un titre emportant promesse de restitution. Il s'est engagé à rendre la marchandise à celui qui lui représentera le titre.

Le preneur de ce document, *Primus*, est manifestement en possession du produit, quoiqu'un autre le détienne. La pièce qui lui a été délivrée en fait foi. Mais cette possession n'est pas strictement attachée à sa personne. Négocier le titre, c'est mettre un acheteur en mesure de réclamer l'objet à son tour, c'est également se priver désormais du moyen de le réclamer soi-même. L'acheteur *Secundus* est rendu possesseur, donc propriétaire, aussi régulièrement que s'il était détenteur matériel.

On peut recourir à une autre explication. Confier une chose mobilière à un tiers, pour cause de dépôt, de transport, etc., c'est acquérir contre lui une créance en restitution, tout en demeurant propriétaire. Cette créance est cessible. Pour une créance ordinaire, la cession n'a effet au regard du débiteur que moyennant l'observation de l'art. 1690 C. civ. Lorsque la créance est constituée par un titre à ordre ou au porteur, l'aliénation s'opère sans notification, par endossement ou par tradition du certificat. La créance en restitution est dévolue du vendeur à l'acheteur, avec la propriété et la possession juridique de l'objet par voie de conséquence [1].

1028. — Voici les principales applications faites de cette conception :

1° *Remise de la marchandise en douane ou en dépôt public.* — La marchandise est entreposée, elle n'a pas encore pénétré sur le marché intérieur. *Primus* l'a fait inscrire à son nom sur le registre de la douane.

Puis il vend cette marchandise : il veut la livrer. Il donnera à la douane l'ordre d'inscrire *Secundus* à sa place. Par cette inscription, la douane s'oblige envers l'acheteur : celui-ci prend la place du vendeur et devient ainsi possesseur et propriétaire.

Dans ces ventes en entrepôt, l'acheteur doit, en dehors du prix convenu, supporter les droits d'entrée. La *faculté d'entrepôt* [2] est l'admission dans le port ou dans un magasin de l'intérieur, en franchise temporaire de douane, d'une marchandise venant de l'étranger. Elle ne sera passible des droits que si elle sort ensuite de l'entrepôt pour être non pas réexportée, mais consommée en France.

Ces droits sont supportés par l'acheteur, dans l'hypothèse ci-dessus. Au contraire, ils seraient à la charge du vendeur, si, par la clause livrable *à l'acquitté*, il s'était engagé à livrer la marchandise sortie de l'entrepôt, à la consommation. Les droits se trouveraient alors compris dans le prix, tandis que dans l'autre cas l'acheteur les paiera à part du prix.

La question a son importance, lorsque, dans l'intervalle du marché et

---

1. Cette donnée a été utilisée, en matière de nantissement, par M. Hémard, *Du gage commercial constitué par l'intermédiaire d'un tiers* (*Ann. dr. comm.*, 1902, p. 101 et suiv.).

2. Il faut distinguer l'*entrepôt réel* dans les bâtiments de la douane, et l'*entrepôt fictif* dans des entrepôts particuliers profitant d'une fiction qui les fait regarder comme édifices de la douane (ce dernier possible seulement dans les ports).

de son exécution, le tarif est modifié. Le relèvement des droits peut être inopiné, depuis que le gouvernement dispose du pouvoir de mettre immédiatement à exécution les projets de loi qu'il présente pour augmenter les taxes sur céréales, vins et bestiaux (*loi dite du cadenas*, du 13 décembre 1897). L'acheteur, qui a traité avant le décret portant augmentation des droits, n'en souffre pas, s'il a acheté *à l'acquitté*. Il en souffre dans l'hypothèse contraire [1].

1029. — 2° *Négociation d'un récépissé de magasin général.* — Le précédent exemple excluait un titre détaché, mais voici que ce titre apparaît.

L'ayant droit a mis sa marchandise en magasin général. Un certificat de dépôt négociable lui a été délivré. Ce certificat est double : négligeons-en la deuxième partie, le *warrant*, et ne retenons que la première, le *récépissé*.

Le déposant vend à un tiers, il veut faire livraison. Il lui suffit de négocier le récépissé à son acheteur. A partir de cet instant, l'acheteur est substitué aux droits du vendeur contre le magasin, et dans la propriété de la marchandise.

1030. — 3° *Négociation d'un connaissement ou d'une lettre de voiture.* — Soit un négociant pour qui la marchandise a été chargée sur un navire à destination d'un autre pays. Celle-ci est en mer, faisant la traversée.

Primus s'est fait remettre par le capitaine un *connaissement* à ordre. La cargaison sera livrée au porteur de ce connaissement lors du déchargement.

Primus endosse le titre à son destinataire acheteur ; ce dernier prend sa place.

On a dit plus haut que, dans la vente livrable « au départ », cette transmission de propriété était déjà acquise à l'acheteur par le fait du chargement. La réception du connaissement endossé à son ordre lui sera cependant utile : il a désormais un titre qui justifie aux yeux des tiers de sa propriété et de sa possession ; il pourra négocier le titre à un sous-acheteur avant l'arrivée du bâtiment, et mettre un autre en ses droits [2].

---

1. On traite parfois *à l'acquitté, faculté d'entrepôt*. Le vendeur supporte les droits, mais l'acheteur peut exiger la livraison dans l'entrepôt lui-même, et déduire alors de son prix le montant de la taxe. Cette déduction porte-t-elle sur l'impôt tel qu'il existait lors de la vente, ou suivant sa quotité au moment de l'exécution ? Il faudra consulter l'intention des parties. L'usage varie selon les places (Bordeaux, Marseille).

2. Les mêmes principes paraîtraient applicables au *transport par terre*. L'agent de transport délivre à l'expéditeur le double d'une *lettre de voiture* (ou *récépissé*). Négocier le récépissé, cela entraînera transport de possession et de propriété du colis au nouveau porteur du titre.

La question offre plus d'intérêt, on le comprendra, pour le *nantissement* que pour la *vente*. Le privilège du créancier gagiste est absolument subordonné à la mise du créancier ou d'un tiers convenu en « possession » de la chose donnée en gage.

Or, est-ce engager ou aliéner une marchandise qu'endosser dès avant son arrivée le récépissé du chemin de fer qui la constate ? Nanti du document, le porteur l'est-il par là même aussi du chargement ? Des textes du gage et de la commission, qu'on retrouvera (art. 93, 95 C. com.), semblent favorables à l'affirmative : la lettre de voiture est assimilée au connaissement comme instrument de possession (voir encore l'art. 576).

Toutefois, cette solution n'est admise que lorsque le document est *à ordre*, transmissible par endossement (ou *au porteur*). Or, la forme à ordre est exceptionnelle dans la lettre de voiture, elle est exclue par les chemins de fer de leurs récépissés.

Dans ces conditions, le transporteur détient non plus pour le porteur quelconque du titre, mais pour l'expéditeur, *personne dénommée*. La production du récépissé n'est pas exigée pour retirer le chargement à l'arrivée. Le chemin de fer s'en dessaisira aux mains du destinataire désigné.

Les conditions de l'acquisition de la possession juridique cessent donc d'être

1031. — Division des ventes en ventes de spéculation et de consommation. — Nous passons à un autre aspect des marchés commerciaux. On peut opposer les *ventes de spéculation* aux *ventes de consommation.*

Ce dernier terme n'est pas d'une parfaite justesse. On l'emploie faute d'en trouver un autre mieux approprié. La « vente de consommation » n'est pas une vente faite à un consommateur, mais une vente portant sur un produit dont l'acheteur prendra livraison pour le mettre à façon ou dans un autre but [1].

1032. — 1° *Ventes de spéculation.* — Elles prennent généralement la forme de marchés à terme. Dans leur pratique courante, elles se traitent auprès des Bourses de marchandises, dites aussi Bourses du commerce.

Celui qui achète à terme sur mars, sur avril, en un type adopté par les règlements de la Bourse, prend position à la *hausse*. Il ne recherchera pas d'habitude cette marchandise, c'est seulement le maintien de son cours qui le préoccupe. Le vendeur fait un calcul inverse du sien.

On se reportera à la partie du livre touchant la fonction des Bourses, en appliquant aux marchandises ce qui a été dit des valeurs (n°s 836 et s.).

Depuis la loi du 28 mars 1885, art. 1er, ces ventes sont régulières, sans que l'on puisse invoquer l'*exception de jeu* pour se soustraire à leur exécution, lors même que l'intention des parties aurait été de régler par simples différences. On se rappelle que la jurisprudence de certaines Cours avait remis l'exception de jeu en vigueur malgré la loi ; mais l'arrêt de la Cour de cassation du 22 juin 1898 en a décidé autrement (n° 983).

1033. — Les ventes en Bourse sont soumises par l'usage de la place à des conditions identiques pour tous les contrats semblables. Des modèles imprimés assurent leur uniformité sur un grand nombre de points. Quelquefois ces conditions ont été arrêtées par une « caisse de liquidation ».

Celui qui traite le marché le négocie tantôt pour lui, tantôt pour une personne étrangère à la Bourse, dont il devient alors le *commissionnaire*, de la même manière qu'un agent de change fait acte de commission pour son donneur d'ordre. On doit faire abstraction dans le présent chapitre de ce rôle de commissionnaire, ainsi que du ministère que les *courtiers* peuvent prêter à de telles affaires. Le droit de la commission et celui du courtage seront étudiés plus tard.

Le marché public du terme se tient à certaines heures du jour : dans les Bourses de coton du Havre, comme dans celles d'Amérique ou d'Angleterre, il se fait un appel (*call*) des offres de vente et d'achat sur les mois à venir, en allant du plus proche au plus éloigné, une offre plus avantageuse annulant les offres précédentes.

Il se traite des marchés à prime, à option ou sur facultés, comme on voit des marchés libres et autres à la Bourse des effets.

Il y a une *quotité* minima par kilogrammes, par boisseaux ou autrement.

Généralement, la *qualité* de la marchandise traitée n'est déterminée que par à peu près. Le type choisi au Havre pour les cotons est le *low middling*, mais on pourra livrer les qualités intermédiaires entre ce classement et le *good ordinary*, en faisant arbitrer par courtier lors de la livraison, afin de régler, d'après l'expertise du lot présenté, la modification à apporter au prix.

---

réalisées par le porteur (à moins d'une signification de cette cession ou de ce nantissement de marchandise au chemin de fer, art. 1690 et 2075 C. civ.). C'est ce dont le commerce se plaint. Il demande qu'on donne, par la mise à ordre des récépissés, plus d'agilité au trafic des produits. Ce vœu n'a pas encore été accueilli.

1. Pour éclairer les matières qui vont suivre, on trouvera un bon guide dans Senn, *Liquidation des marchés à terme en marchandises*, 1888, utile à raison des renseignements copieux qu'il donne sur les usages d'un certain nombre de places. V. aussi Hayem, *Opérations à terme sur marchandises*, 1894 ; Eymin, *Des ventes à livrer*, 1898 ; et C. Jannet, *Le capital la spéculation et la finance au XIXe siècle.*

1034. — Dans certaines Bourses, fonctionne une organisation plus précise. C'est le cas pour la Bourse de Paris (de la rue du Louvre) [1]. Cette Bourse, en faveur de laquelle il ne paraît pas qu'un décret conforme à l'art. 71 ait été rendu, est administrée par des associations syndicales comprenant les spéculateurs (ou les commissionnaires en spéculation) sur des produits variés : farines douze marques, blé, seigle et avoine, graines, farines et huiles, sucres, alcools, fécules [2].

Ces associations sont fondées conformément à la loi du 21 mars 1884 sur les syndicats professionnels. Elles sont réunies entre elles par un syndicat général, ainsi que le permet ladite loi.

Ces chambres syndicales ont non seulement des statuts, mais des « règlements de marché », applicables à toutes les opérations traitées par les sociétaires à la Bourse.

A certaines heures du jour se tient le marché pour chaque catégorie de produits. Ne sont admis à y concourir que les membres du syndicat intéressé. L'accès de la salle, si l'on excepte les journalistes, n'est pas donné aux non-associés, à moins d'autorisation, ce qui paraît peu d'accord avec la règle que les Bourses sont ouvertes à tous (arr. 27 prairial an X, art. 1er).

Les courtiers mêmes demeurent étrangers à ces négociations ; leur Chambre syndicale relève seulement la cote, sans pouvoir en fait la contrôler, elle lui imprime le caractère officiel. Ceux qui sont assermentés procèdent lors des échéances aux reventes et achats forcés contre les négociateurs défaillants, aux enchères publiques, dans la rotonde de la Bourse, enceinte accessible à tous.

Les courtiers, recevant un ordre de clientèle, le transmettent à un commissionnaire ou à un autre membre de la Bourse; et ces personnes chargées d'exécuter le marché doivent faire partie de la Chambre syndicale intéressée.

La Chambre élit une *commission du marché* pour interpréter et appliquer le règlement. Cette commission organise elle-même une *commission d'expertise* : il y a tout un personnel d'agents auxiliaires, notamment des *liquidateurs*, dont la fonction apparaîtra plus loin.

Seuls sont reconnus aptes à faire l'objet des livraisons, les produits entreposés dans les magasins généraux agréés par la commission, et suivant des conditions déterminées d'emballage et de poids. Le dépôt dans ces magasins, avec l'estampille de la commission, n'est possible que moyennant une expertise préalable. Le produit présenté est soumis à des épreuves, à des prélèvements d'échantillons, à des examens de laboratoire. Il doit répondre au type qui sert de base au marché, et justifier de certaines provenances.

1035. — On va maintenant s'expliquer sur la manière dont s'exécutent ces marchés de Bourse, lorsque survient l'échéance. Parmi les modes usités sur les différentes places, il est bon d'en signaler deux, qui sont : le *règlement par filières*, et le règlement par une *caisse de liquidation*.

1036. — **I. Les filières** [3]. — Le *règlement par filières* est très diversement pratiqué au Havre, à Marseille ou à Paris, et même sur une place déterminée suivant la nature du produit traité.

L'association des opérateurs entre lesquels s'échangent les marchés ne

---

1. Reboux, *La Bourse de marchandises de Paris*, th. 1909.

2. Une commission extraparlementaire a été instituée en 1910, en vue d'améliorer le fonctionnement des Bourses de marchandises. Elle a rédigé un avant-projet en 18 articles, créant pour chaque Bourse une commission administrative, visant les règlements particuliers à chaque classe de marchandises, et introduisant sur les caisses de liquidation, sur les obligations des courtiers, etc., des dispositions importantes (V. O. Bloch, *La réforme des Bourses de marchandises*, th. Paris, 1912, et *Les Bourses de marchandises*, dans les *Ann. dr. com.*, 1912, p. 472).

3. Patoux, *De la liquidation par filières*, th. 1899.

centralise point les livraisons et les paiements, ainsi que le fait la Chambre syndicale des agents de change dans ses liquidations mensuelles ou de quinzaine. Chaque spéculateur liquide son propre marché à la demande que lui en fait sa contre-partie. Mais, comme il a vraisemblablement effectué une seconde opération complétant la première et revendu la même quotité après l'avoir achetée, ou *vice versa*, le spéculateur ne réglera pas séparément chacun de ces deux marchés.

Il mettra son vendeur A en rapports avec son acheteur C, qui lui-même le renverra à son propre acheteur D ; et finalement, par dessus la tête d'un certain nombre d'intermédiaires, le vendeur primitif A et l'acheteur de la fin N régleront directement de l'un à l'autre.

Pour tous ceux qui se trouveront entre les deux extrêmes, la liquidation se produira par un versement ou par une perception de différences ; et pour les deux extrêmes la livraison consistera en un virement sur un registre d'entrepôt plus souvent qu'en une tradition matérielle.

1037. — On entend par *filière*, une *pièce émise par le vendeur à terme, lorsque arrive l'échéance du marché*, en mars par exemple, *et portant offre de livrer les produits vendus sous forme d'une quantité déterminée*, avec la reconnaissance de la marchandise par la commission d'expertise et le timbre de l'entrepositaire [1].

Présentée à l'acheteur, cette pièce vaut offre de livrer, et par réciprocité demande du prix. Le vendeur charge un liquidateur, en qualité de mandataire et moyennant une rétribution (1 fr. par 100 sacs par exemple), de porter la filière à domicile, sauf le dernier jour du mois, où la présentation se fait à certaines heures au siège même de la commission. Contrairement à la règle admise à la Bourse des valeurs, où la liquidation tombe un jour fixe, le vendeur sur un mois déterminé peut livrer du premier au dernier jour de ce mois, et choisir dans cette étendue de temps le moment où il créera sa filière.

Vraisemblablement, il ne la créera que s'il tient la tête d'une opération, et non s'il a commencé par acheter. Autrement, lançant une filière, il s'exposerait à ce qu'on lui en présentât une autre. Cela compliquerait la liquidation, et l'obligerait à une soudure entre ces deux filières ou à des filières tournantes.

1038. — L'acheteur B, à qui la filière est présentée, peut l'*arrêter* sur lui.

Il ne le fera pas, s'il a revendu. Il donnera alors immédiatement un *endossement*, et inscrira sur le titre son propre acheteur, C. En même temps il rédigera sur ce dernier la *facture acquittée* du prix qui lui est dû pour cette seconde opération, et il remettra ladite facture au liquidateur avec la filière elle-même.

Si le prix (101 fr.) dépasse celui qu'il doit à A, créateur de la filière (100 fr.), le liquidateur, agissant pour le vendeur originaire et à titre d'acompte, lui paie la différence (1 fr.). Dans le cas contraire (99 fr.), l'acheteur versera à ce liquidateur l'écart des prix (1 fr.). La filière va donc circuler.

Atteint à son tour par elle, le second acheteur C opérera comme le pre-

1. Nous prenons pour exemple ce qui se passe à Paris. Mais la filière, dans les ports ou sur les marchés de l'étranger, présente avec ce modèle de notables différences. Il peut arriver que, faute de réglementation suffisante de la Bourse, le vendeur ne se soit pas encore assuré la marchandise correspondante à son contrat, même au moment où il fait circuler une filière. Celle-ci porte offre de faire livraison d'une marchandise, restée *in genere*, et non inscrite à son nom dans un entrepôt. Il arrivera encore, en pareil cas, que l'arrêteur de la filière ne prenne aucune livraison, et que les deux parties liquident par simple comparaison des cours. Cette manière de faire est très répréhensible, parce qu'elle trompe le public sur les quantités de marchandises formant les « existences », et qu'elle concourt ainsi à fausser les prix.

mier. S'il endosse, il retirera du liquidateur la facture établie sur lui, et lui délivrera une facture sur son cessionnaire D ; et ainsi de suite, jusqu'à ce que le liquidateur, porteur de la pièce revêtue d'endos successifs et d'une facture finale, arrive à un opérateur N qui n'a plus d'acheteur derrière lui. La filière sera alors *arrêtée*, par une déclaration écrite de ce dernier tenant de la chaîne, et celui-ci disposera d'un délai de vingt-quatre ou de quarante-huit heures pour payer son prix.

Donc, par dessus la tête des intermédiaires, un contrat s'établit entre A *créateur* et N *arrêteur* de la filière. Le *créateur* recouvrera le prix dû par l'arrêteur et, au moment de ce paiement, il devra lui remettre la marchandise au magasin, ou lui fournir au moins un bon de livraison.

Les deux prestations s'exécuteront simultanément ; N a toutefois le droit d'exiger au préalable une expertise de conservation, afin de vérifier si la marchandise ne s'est pas détériorée en entrepôt, et de suspendre son prix jusqu'à ce que les experts aient statué.

1039. — L'arrêt fait de la filière par le dernier acheteur est une opération juridique intéressante. Engendre-t-il un lien *direct* et *immédiat* entre le créateur, vendeur originaire (dit aussi *livreur*) et l'arrêteur, acheteur final (dit aussi *réceptionnaire*) ? Le livreur A peut-il exiger le prix de 1.000 fr. que le réceptionnaire acheteur N devait à son prédécesseur ? Et inversement N a-t-il directement une créance en livraison de la marchandise contre A ?

Cette action directe n'est pas niable. Elle se rattache à la théorie de la délégation. Il conviendrait de reproduire le raisonnement qui nous a servi à établir la nature du *transfert* des actions nominatives de sociétés (n° 601).

A, premier vendeur, s'est présenté d'abord chez son acheteur B, qui lui a désigné pour le règlement du prix son propre acheteur C. Celui-ci, en recevant favorablement la filière, l'endossant à son tour, ou l'arrêtant, *a accepté cette délégation*. Il s'est engagé à payer son prix à la personne que son vendeur a accréditée auprès de lui, au créateur de la filière. Le livreur A est investi d'un droit propre, découlant non d'une cession, mais de la promesse nouvelle constituée par cet endossement ou par cet arrêt. Il y a changement de débiteur par rapport au livreur ; changement de créancier par rapport au réceptionnaire.

La seule différence qui sépare le cas d'un « endossement » nouveau sur D, etc., de l'hypothèse d'un « arrêt » de filière, consiste en ceci. Le renouvellement d'endossement emporte de la part de C une « sous-délégation », et ainsi de suite. Le prix figurant sur la facture fait connaître la somme pour laquelle cette sous-délégation doit produire effet. Tandis que l'arrêt fixe définitivement les personnes entre lesquelles se liquidera le marché.

En conséquence, le livreur a désormais devant lui le réceptionnaire ; il n'avait point originairement traité avec lui, mais un fait survenu en période de liquidation, et disposant d'une vertu *contractuelle*, l'arrêt (ou l'endos) de la filière, a mis ces deux hommes en rapports de droit.

1040. — Le « livreur », alors même que le « réceptionnaire » tombe en faillite postérieurement à l'arrêt de la filière, a contre lui une action pour le prix de la dernière vente. Mais, afin de bien préciser les situations, rendons-nous compte des hypothèses diverses susceptibles de se présenter.

1re hypothèse. — L'arrêteur s'exécute de son plein gré. Il verse le prix et prend livraison. La liquidation du marché ne s'effectue pas alors par voie de différences.

Cependant le réceptionnaire aura été le plus souvent un spéculateur. Il n'avait pas les fonds. Un banquier les lui a avancés, il a remis à ce banquier la marchandise en gage, en la warrantant. Plus tard, il revendra celle-ci, remboursera le banquier, dégagera un écart qui sera tantôt un bénéfice, tantôt une perte.

1041. — *2e hypothèse. — L'arrêteur se dérobe à l'exécution du contrat,* soit qu'il vienne à éprouver un embarras dans ses affaires, soit pour un autre motif. Il a mis sa signature sur la filière, il est donc tenu (non pas à la somme totale que le créateur peut exiger pour le prix de la vente primitive, mais à celle que l'arrêteur a promise à son prédécesseur immédiat).

Le créateur, d'après les règlements de Bourse, n'est pas admis à le poursuivre personnellement *de plano*. Son droit de poursuite est subsidiaire. Il faut qu'il exécute d'abord la marchandise elle-même, dont il est demeuré saisi. Cette exécution se base à la fois sur le droit de rétention (art. 1612 C. civ., art. 577 C. com.), et sur le droit de résolution (art. 1654 C. civ.). La loi des faillites limite, il est vrai, ce dernier droit, mais elle le laisse intact, aussi longtemps que le vendeur ne s'est pas dessaisi (n° 1956).

La résolution n'a pas besoin d'être prononcée par la justice. Il est donc dérogé sur ce point à l'art. 1184 C. civ. Pour liquider l'opération, les règlements veulent que le créateur fasse vendre la marchandise aux enchères par le ministère d'un courtier assermenté, après affiche au siège de la commission, et dans le local de la Bourse. Cette vente doit avoir été précédée d'une mise en demeure, non obtempérée dans les vingt-quatre heures [1].

Sur le prix de vente, le créateur de la filière se paie par préférence. Mais il est à craindre que le prix n'atteigne pas toute sa créance, ne la couvre pas entièrement.

1042. — En ce cas, l'action personnelle, suspendue jusque-là contre l'arrêteur, s'ouvre librement, au moins pour parfaire la somme que cet arrêteur devait à son propre vendeur, et que n'atteint point la réalisation de la marchandise. La décomposition précédemment faite des mouvements de la filière, l'acceptation donnée par l'arrêteur, expliquent ce résultat.

L'arrêteur est-il insolvable ? On se demande si le vendeur primitif ou créateur a le droit d'*attaquer sous-subsidiairement les intermédiaires*, en remontant la chaîne des endossements. Cette question est tranchée affirmativement par la jurisprudence (Civ., 25 juillet 1887, cassant un arrêt de la Cour de Paris, D. 88, 1, 21). Elle est résolue de même par le règlement de la Bourse, à condition par le créateur de commencer d'abord par poursuivre le dernier en date, puis, faute seulement par lui de s'exécuter, d'attaquer l'avant-dernier, et ainsi de suite.

Rien n'est plus conséquent. La délégation, qui a transporté au vendeur originaire les droits de chaque trafiquant contre son successeur, n'a pas eu un « effet novatoire ». Le vendeur est devenu créancier de son acheteur direct, puis de l'acheteur de celui-ci, puis du troisième acheteur, etc., sans que les endossements subséquents de la filière lui aient fait perdre ces recours. Ses droits contre les acheteurs successifs sont demeurés seulement suspendus jusqu'après la réalisation de la marchandise. Plus la filière se charge d'endos, plus se renforcent les chances pour le créateur de rentrer dans toute sa créance : les intermédiaires anciens répondent des intermédiaires nouveaux. Chacun, bien entendu, ne peut être recherché que dans la mesure du prix par lui consenti ou, pour parler plus exactement, dans la mesure du découvert que laisse sur ce prix la vente de la marchandise.

1043. — *3e hypothèse*. — Il peut arriver encore que l'*insolvabilité d'un*

---

1. Il semble même que le vendeur dispose, en vertu de l'art. 1657 C. civ., d'un avantage plus grand. Ce texte permet au vendeur, faute de *retirement* par l'acheteur à l'expiration du terme convenu, de se prononcer dans le sens de la *résolution de plein droit*, sans même aucune mise en demeure. — L'application de l'art. 1657 aux matières commerciales a autrefois suggéré des doutes, basés sur des déclarations des travaux préparatoires. La jurisprudence n'hésite plus à étendre cette disposition au commerce, sans refuser, bien entendu, au vendeur la faculté de se prononcer pour le maintien du contrat (Req., 17 février 1903, D. 1903, 1, 191). C'est, en effet, surtout dans le commerce qu'il convient de donner au vendeur un moyen rapide de réaliser, afin de se couvrir contre la baisse. — Mais dans la pratique des filières l'art. 1657 n'est pas suivi.

endosseur de filière se produise, avant que la personne, indiquée par lui pour payer à sa place, n'ait donné au créateur sa propre signature, d'arrêt ou autre. Le créateur aurait intérêt à recourir contre cette dernière personne, si elle est *in bonis*. Celle ci d'ailleurs se déclare prête à payer, contre livraison de la marchandise, pourvu qu'on lui dise à qui elle doit le faire.

Or, ici le créateur est sans droit, sans action directe. Il n'y a pas eu de rapport lié entre lui et la personne à qui l'endosseur l'a renvoyé, du moment que cette personne n'avait pas encore adhéré à la délégation faite sur elle. L'endos de la filière, même accompagné de la délivrance de la facture sur un acheteur suivant, ne vaut que comme indication d'un tiers chargé de payer (Cass., 25 juillet 1887, *supra*).

Le créateur s'inscrira donc au marc le franc dans la faillite du dernier endosseur, pour l'excédent du prix sur le produit de la marchandise vendue aux enchères. A moins que le syndic, prenant l'opération au compte de la masse, ne lui offre le prix total contre livraison. — Quant à l'extrême acquéreur de queue, si ce même syndic ne lui livre pas la marchandise, il fera résoudre son propre marché (art. 1184).

1044. — Toutes ces questions peuvent se transposer. D'abord du côté d'un acheteur qui ne voit arriver à lui aucune filière : situation qui se retrouvera ci-dessous n° 1044 *ter*. Puis du côté d'un arrêteur, qui constate que son vendeur, dernier endosseur de la filière, ne lui livre point la marchandise.

L'arrêteur peut, vingt-quatre heures après mise en demeure, se racheter en Bourse par le ministère d'un courtier. S'il lui en coûte une somme supérieure au prix qu'il devait payer, il attaquera pour la différence le créateur, lequel s'est implicitement engagé envers lui, en retour de sa signature d'arrêt ou d'endossement sur la filière, à tenir la marchandise à sa disposition. Faute par le créateur d'acquitter cette différence, l'arrêteur adressera sa réclamation aux endosseurs, dans leur ordre descendant.

1044 *bis*. — La filière étant le mode d'exécution des marchés à terme dans les Bourses de marchandises, son étude appelle à sa suite les graves problèmes se rapportant à la spéculation et au découvert.

Toute opération d'achat ou de vente de marchandises à terme ou à livrer, traitée aux conditions des règlements établis dans les Bourses de commerce, est assujettie, par les lois de la toute dernière époque, à inscription sur un *répertoire* que doit tenir toute personne s'occupant professionnellement desdites opérations. Le répertoire est communicable à la Régie. Il appartiendra à un règlement d'administration publique d'assurer l'exécution de ces prescriptions.

En outre, chacune de ces opérations est passible d'un *droit* fixé à 2 centimes par 5 quintaux ou 5 hectolitres de marchandises et denrées : la perception de ces droits par l'Enregistrement s'effectue au vu d'extraits du répertoire périodiquement déposés aux mains du fisc (Lois du 13 juillet 1911, art. 10 et 11, et du 27 février 1912, art. 6 à 11 ; dispositions disjointes du grand projet de loi sur l'organisation des Bourses de marchandises cité n° 1034 en note, pour être incorporées à la demande de M. de Monzie aux lois de finances).

Ces dispositions ne sont pas encore en vigueur par suite du retard mis à composer le règlement d'administration publique[1].

Elles sont principalement dirigées contre l'accaparement, comme l'avaient été déjà précédemment des propositions déposées ou rapportées à

---

1. On lit cependant, dans la loi de budget de l'exercice 1914, un article de recettes de 4 millions 205 mille francs sous la rubrique : « Impôt sur les opérations traitées dans les Bourses de commerce » ; à la suite de l' « impôt sur les opérations traitées dans les Bourses de valeurs » : 12 millions 762 mille francs (V. *supra*, n° 956).

la Chambre par MM. DRON, RAJON, HONORÉ LEYGUE. En entourant les marchés à terme d'une certaine publicité, elles espèrent déjouer les manœuvres louches et secrètes sous lesquelles succombe le découvert, et qu'on appelle l'*étranglement de la baisse*, en même temps qu'elles écarteront peut-être de la Bourse des marchandises les non professionnels qui ne tiennent pas à ce que leur participation à la Bourse soit connue des tiers.

1044 *ter*. — En face d'un parti de baissiers qui ne croit pas au maintien des cours, les pronostics lui paraissant favorables à l'abondance du produit, les spéculateurs à la hausse acquièrent d'une façon subreptice les stocks de la marchandise traitée et finissent par posséder cette marchandise à eux seuls. Ils redoublent leurs achats à terme, ce qui provoque une première ascension des cours dont le découvert ne s'effraie pas. Lorsque vient le mois de livraison, les vendeurs, faute de pouvoir se procurer la marchandise, s'abstiennent de lancer les filières et subissent la *crise de fin de mois*, les vendeurs ayant jusqu'au dernier jour du mois pour s'exécuter (comme, dans la Bourse des valeurs, les vendeurs tombent, même avant la liquidation, dans le piège de l'*escompte*, n° 933).

Les vendeurs seront donc exécutés par le ministère d'un courtier. Ou, s'ils se rachètent à l'amiable, ce sera à des conditions léonines, la marchandise étant tout entière en la possession des acheteurs, auteurs de cette exécution. On a essayé de préserver le découvert contre cette hausse qui peut être ruineuse. Le projet de réglementation des Bourses de commerce, déposé en 1910, veut que les règlements particuliers des groupements opérant à la Bourse accordent au vendeur en liquidation de fin de mois un délai supplémentaire de 8 à 30 jours pour faire la livraison, le cours pouvant se redresser dans l'intervalle. L'acheteur recevra une indemnité compensatoire fixée par la commission administrative de la Bourse.

Dès à présent, le règlement du marché des grains à Paris a institué la *fin de mois limitée*, c'est-à-dire une indemnité à l'acheteur égale au cours du disponible ou comptant du dernier jour arbitré par la commission. L'indemnité est augmentée de 10 0/0, sans que l'exécution du marché soit reportée au mois suivant (O. BLOCH, *op. cit.*, p. 120 et s.).

L'étranglement du découvert, avec les tentatives faites pour le conjurer, dirige la pensée sur un phénomène semblable qui se présente à la Bourse des valeurs, avec cette différence que c'est au secours non des vendeurs, mais des acheteurs qu'il faut se porter, à cause de l'effondrement des cours au moment de la liquidation. C'est ce qui est advenu notamment fin juillet 1914 lors de la déclaration de la grande guerre. La liquidation a dû rester plus d'un an en souffrance. On ne peut sortir de l'impasse qu'en s'en rapportant à la sagesse de la Chambre syndicale, qui, dans la fixation du cours de compensation, tempérera les effets de la baisse. C'est sur ce cours que l'on couchera les marchés pour en dégager une différence, et celle-ci aura été rendue ainsi plus tolérable.

1045. — II. **Caisse de liquidation**[1]. — Par l'organisation et par le fonctionnement d'une *caisse de liquidation*, les opérateurs ou leurs agents (commissionnaires et courtiers) transportent leurs marchés à un être central, véritable personnalité juridique, qui se met en leurs lieu et place.

Le contrat formé, les parties A et B remettent à la caisse leurs deux déclarations d'achat et de vente. Elles déposent une couverture ou marge (*original deposit*), calculée sur les écarts possibles du cours. La caisse délivre deux bulletins indépendants, scinde l'opération et se constitue acheteur envers le vendeur A, et vendeur envers l'acheteur B. Elle se subroge dans le marché aux parties primitives, qui liquideront directement chacune avec la caisse. La caisse est couverte par la contre-opération et par le dépôt de la marge. Ici encore il y a eu délégation.

Lorsque le cours vient à dépasser la marge ou inversement à tomber

---

1. DEPITRE, *Les caisses de liquidation des opérations à terme sur marchandises*, th. 1907 ; O. BLOCH, *op. cit.*, p. 169 et s.

plus bas qu'elle, la caisse réclamera un *deposit* supplémentaire : l'opérateur qui refuserait de le verser serait exécuté (sur ce point d'ailleurs les règlements des caisses ne sont pas uniformes).

B, revendant avant terme (à C, par exemple), repassera ce marché à la caisse ainsi qu'il l'a fait du premier marché, ce qui lui permettra de compenser et de retirer le *deposit*.

Concentrés à la caisse de liquidation, tous ces marchés se fondent ensemble et se liquident à l'échéance, sans le secours indispensable de filières.

C'est ce que nous avons constaté déjà pour la liquidation de la Chambre syndicale des agents de change sur le marché des titres (n° 959). Mais il y a une grande différence. La Chambre syndicale ne prend pas à son compte les marchés de la corbeille au moment où ils sont négociés. Elle prête seulement tous les mois son ministère d'exécution aux agents, sans s'être substituée à eux à l'origine.

Ces caisses de liquidation se sont beaucoup développées, de préférence sous la forme de sociétés par actions : on en trouve au Havre, à Roubaix, etc. Leurs bénéfices consistent dans le versement que leur font d'une partie du courtage les courtiers intermédiaires des opérations. Elles exercent un frein sur des spéculations exagérées. D'après la couverture qu'elles fixent, elles sont en mesure d'écarter les opérateurs équivoques, de contenir les cours, et par là de conjurer dans une certaine mesure les crises. Elles ont cependant aussi leurs détracteurs : certaines personnes croient, tout à l'inverse, qu'elles concourent à exagérer la spéculation sur les places industrielles.

1046. — 2° *Ventes de consommation.* — (On a relevé déjà l'incorrection du mot ; il vaudrait peut-être mieux dire « ventes en effectif ».)

Elles se présentent dans des conditions si variées, qu'il est impossible d'en donner une expression qui réponde à toutes les situations.

a) Le négociant importateur établi à Marseille s'approvisionne en marchandises qu'il commande à Alger, ou à Alexandrie, ou à Bombay, à des correspondants connus. Il recevra ces marchandises dans ses magasins ou dans un entrepôt public, en attendant le moment de les écouler en gros ou autrement.

b) L'industriel achète une matière première qu'il doit façonner dans ses usines.

c) Le grand commerçant vend au marchand tenant magasin ; celui-ci vend au client consommateur (lequel alors ne fait pas commerce).

On considérera tout *prix affiché* dans un magasin sur un article en étalage, comme emportant faculté, au profit de toute personne, d'exiger au comptant la marchandise pour le prix indiqué.

D'après la terminologie employée dans notre traité, aucune des opérations qui viennent d'être passées en revue ne constitue une opération de « spéculation ».

1047. — Nous appellerons *ventes de place* les ventes d'approvisionnement en gros faites soit directement, soit par un agent, dans la ville où le produit se concentre et qui sert de place à ce produit. On achète : 1° en disponible, 2° à livrer.

1048. — **I. Vente en disponible.** — La *vente en disponible* entraîne pour le vendeur livraison immédiate. Le produit est en entrepôt ou ailleurs, peut-être en cours de déchargement d'un navire.

L'acheteur a une faculté, d'après l'usage : celle d'*agréer* la marchandise, c'est-à-dire de l'examiner dans un délai de deux ou trois jours, et d'accepter ou de refuser ensuite le marché, sans produire aucun motif. A Marseille, ce droit est sous-entendu ; ailleurs, il résulte de la clause *gré* ou *vue dessus*.

Cet usage ne s'est pas étendu aux ventes à livrer ou à terme : il y tournerait à l'abus ; car, en cas de baisse dans les cours, l'acheteur se dégagerait.

La faculté d'agréer est un moyen de prévenir les réclamations ultérieures sur la qualité de la marchandise. L'acheteur a visité celle-ci ou est présumé l'avoir fait. Il a prélevé un échantillon sur les balles, il ne peut plus soutenir après livraison que le produit n'est pas conforme au classement qu'il se proposait d'acheter.

Cette espèce de vente ressemble aux *ventes à l'essai* ou à la *dégustation* (art. 1587 et 1588 C. civ.); elle est traitée sous condition suspensive. Il va sans dire que, si la vente porte non pas sur un lot spécial en son entier, mais sur une quantité au *poids*, au *compte* ou à la *mesure*, la chose vendue ne passe au risque de l'acheteur qu'à partir du moment où l'opération de pesée ou de mesurage aura été faite (art. 1585 C. civ.)[1].

1049. — II. Vente à livrer. — La *vente à livrer* fait antithèse à la vente en disponible. Le vendeur devra livrer à une date ou sur un mois à venir que les parties déterminent.

L'échéance est retardée comme dans les ventes à terme, mais le contrat ne se règle plus aux conditions d'une Bourse ni d'après le type uniforme de marchandise qu'ont arrêté les statuts ou les usages de cette Bourse[2].

Si la qualité et la provenance de la marchandise sont spécifiées, le vendeur n'a pas le droit de livrer un produit d'une autre qualité ou origine. Autrement, l'acheteur pourra obtenir la résiliation (Req., 9 mars 1910, S. 1913, 1, 169), sauf les correctifs suivants : *a*) Il y aura lieu seulement à une réduction ou bonification du prix, lorsque le lot livré, sans être absolument de la qualité promise, ne tombe pas jusqu'à la qualité inférieure, appartenant à un autre classement ; *b*) Il se peut, si les parties ont traité *qualité telle quelle*, que la bonification soit le seul mode de réclamation permis, alors même que le vendeur aurait livré un autre classement, en supposant toutefois que le produit reste « de nature loyale et marchande ».

On ne saurait poser de formule absolue. Car, au cas où la vente aurait été traitée qualité *conforme à un échantillon* livré, et même simplement sur échantillon, la non-conformité emporte droit à la résiliation, en jurisprudence (Req., 22 décembre 1903, D. 1905, 1, 263).

1. Pour certains produits, tels que la soie, il faut en outre l'expertise du « bureau de condition ». On passe à l'épreuve des fours les ballots vendus, afin de voir quel est le poids au sec. C'est ce poids que paiera l'acheteur, avec 11 0/0 d'augmentation sur le prix (tableau annexé à la loi des usages du 13 juin 1866). Le poids de dessiccation est ainsi ramené au poids normal de la soie à l'air libre.

2. L'acheteur, négociant ou fabricant, peut, dans un but d'assurance des cours, combiner avec son « opération à livrer » un « marché à terme » proprement dit, de quantités égales, marché inverse de la première convention.

J'ai acheté à 80 fr., prix cher, les cotons que je vais travailler dans mon usine ; mais ce prix peut tomber avant que je n'aie revendu mes tissus ou filés, ce qui me fera perdre par exemple 10 fr. par balle d'acquisition. Je vends donc à la Bourse, sur mai, ou sur juin, à 80 fr., une quantité de coton égale à celle dont je me suis approvisionné. Si la baisse redoutée se produit, je me rachèterai à 70 fr. pour liquider par différence ce second marché, et je ferai ainsi un bénéfice compensant ma perte sur les fabriqués. Il est vrai que, en cas de hausse à 90 fr. je perdrai, par suite de l'opération différentielle, le gain que m'eût laissé la vente des fabriqués. Tout compte fait, j'aurai écarté les chances mauvaises et bonnes d'instabilité du cours.

On appelle cette manière de faire un *arbitrage* sur marchandise, par extension du sens donné à cette expression dans la Bourse des valeurs pour l'achat et la vente accomplis simultanément par un opérateur, soit sur une même valeur prise dans deux Bourses distinctes, soit sur deux valeurs différentes, rente française et fonds espagnols par exemple, qui sont l'une en hausse et l'autre en baisse au même moment.

Tout cela est expliqué dans l'ouvrage de M. Senn (v. *supra*, n° 1031), et prouve aussi que ce marché à terme tant décrié, sert à des opérateurs sérieux, non pour courir les risques, mais pour se préserver contre eux. C'est un côté des marchés de Bourse qui méritait d'être placé dans son jour.

Il y a aussi certains usages, à l'occasion d'*avaries* ou de *différences de contenance*. Le droit écrit est écarté en tant que l'acheteur prétendrait l'invoquer pour refuser la livraison. Il n'y a lieu qu'à réduction de prix (ou à augmentation si la contenance livrée est supérieure au marché), la marchandise étant démontrée marchande et de recette. Ce n'est que lorsque l'avarie excède un taux déterminé, 5 ou 6 o/o, que le produit n'est plus censé de qualité marchande. On a traité sous la clause *environ*.

De là, une particularité de l'*action pour vices cachés* ou rédhibitoires, laquelle, par suite des détériorations de route, a si fréquemment l'occasion de se produire (art. 1641 et s. C. civ.). Cette action, qui doit être exercée dans un bref délai à apprécier par les juges (art. 1647), détermine seulement un rabais du prix. En général, elle ne donne pas à l'acheteur le droit de rendre la marchandise.

L'existence de corps étrangers dans le ballot, dans le fût, etc..., occasionne un semblable rabais, à moins de convention contraire : il n'est accordé ni dons, ni surdons, ni tolérance, sauf les exceptions portées au tableau de la loi de 1866 (règle huitième), annexé à ladite loi [1].

1050. — Terminons le présent chapitre, en exposant quelques-unes des obligations qui incombent tant au vendeur qu'à l'acheteur.

1051. — **Obligations du vendeur.** — Le vendeur doit livrer la quantité qu'il a promise (sous les tempéraments dont nous avons déjà parlé).

Ici la loi des usages de 1866 vient préciser la volonté des contractants.

1° Tout article, se vendant « au poids » et non mentionné, est censé vendu au *poids net* (règle II, la règle I ayant défini le poids brut, le poids net et la tare). Le prix n'est payé que sur la marchandise livrée, sans égard au poids du contenant (toile, fût, barrique, caisse, etc.). — Si la marchandise m'est livrée sous une enveloppe pesant trois kilos, le tout formant 100 kilos en poids brut, je ne paierai que 97 kilos (poids net sous-entendu).

2° Il est fait exception à cette règle : *a*) pour l'*emballage intérieur* d'une marchandise qui comporte deux emballages superposés (règle VI), et *b*) pour les produits vendus expressément au *poids brut*, ou classés dans le tableau comme tels.

Mais, alors, la *tare* ne peut pas excéder le maximum d'usage ou énoncé dans le tableau pour chaque sorte de marchandises (règle IV). — Ex. : Cotons d'Amérique, en balles de toile : 4 o/o, cercles en fer déduits.

De plus, l'acheteur est toujours admis à *renoncer à la tare* conventionnelle ou d'usage, et à réclamer le poids net, même en cours de livraison

1. L'acheteur n'est pas tenu, à peine de déchéance, de vérifier les avaries ou vices rédhibitoires avant la fin de la livraison qui lui est faite. J'achète des cotons d'Amérique livrables à bord à la Nouvelle-Orléans ; je puis encore, après l'arrivée et le déchargement au Havre, agir utilement contre mon vendeur, du chef d'avaries qui préexistaient au chargement, à condition d'en justifier.

Dans certains ports, les modèles de marchés disposent que, après enlèvement de la marchandise, il n'y a plus lieu à aucune réclamation. Encore les réclamations fondées sur l'absence de qualité, sur une fraude ou même sur un vice inapparent, subsistent-elles, tout au moins dans un délai assez bref pour qu'on ne puisse pas supposer une acceptation définitive. — Nous n'avons pas, en droit français, de délai fixe pour régler ces réclamations d'acheteur à vendeur, comme il existe dans le contrat de *transport* un délai fixe pour réclamer contre le voiturier (art. 105 C. com.). Le droit allemand veut que le délai soit très court.

La *marchandise*, une fois *enlevée*, ne peut plus être l'objet d'une réclamation tenant à une *différence de poids*. Le pesage a lieu à la réception, contradictoirement entre les parties ou leurs représentants : au besoin, le bulletin d'un peseur juré en fait foi. Dans l'hypothèse « livrage à bord sur navire », le poids constaté par le connaissement au départ prouve en faveur du vendeur la conformité de sa livraison à la facture. Lorsque ce poids ne se retrouve plus à l'arrivée, l'action que l'acheteur aura à exercer n'est pas celle de la vente, mais l'action de transport née du contrat d'affrètement.

(règle III). Il paiera pour 100 kilos, quantité livrée, mais à condition que la pesée au net atteigne 96 kilos.

3° La marchandise doit, d'ailleurs, être dans tous les cas livrée en état d'emballage, et cet emballage reste la propriété de l'acheteur (règle V).

4° Lorsque le marché est traité à raison d'un certain nombre de *tonnes*, cela s'entend de la tonne métrique de 1.000 kilos, sauf si les parties se sont référées à des tonnes de mer (par exemple sur marchandises à bord constatées par connaissement). La tonne d'affrètement est alors applicable (règle VII), avec sa valeur maritime, qui varie suivant la cargaison (L. 3 juillet 1861).

1052. — Une règle importante d'usage, c'est que dans le commerce la mise en demeure, qui donne ouverture à des dommages-intérêts, n'exige pas une *sommation*, par exploit d'huissier (art. 1139 C. civ.). Une *lettre missive* produit le même résultat, pourvu qu'elle contienne réquisition d'un paiement immédiat. La lettre recommandée est de plus en plus usitée (avec avis de réception). Il se peut même que la seule *échéance* du terme emporte mise en demeure (*dies interpellat pro homine*), si les parties y ont attaché cet effet. — Nous ne reviendrons pas sur l'exécution forcée des marchés à terme.

1053. — Vente ou louage d'ouvrage. — Jusqu'ici il a été question de contrats ayant pour objet de livrer des marchandises et qui constituent des *ventes*. Mais le marché peut se compliquer d'un autre élément qui le rapproche du *louage d'ouvrage*, et cette particularité influe sur les effets qu'il est appelé à produire. Ex. : *Primus* s'engage à fournir une marchandise à une époque déterminée, moyennant un prix ; mais il convient en même temps qu'elle sera le produit de sa fabrication. Il promet de conditionner dans ses ateliers l'article dont il a pris la commande. C'est un *marché à façon*, avec cette différence qu'il fournit la matière première au lieu de la recevoir du destinataire du produit. La convention peut n'être que tacite, et ressortir de la profession exercée. Cette opération est, du côté du promettant, un acte d' « industriel » et non de « négociant ».

On s'engage alors à deux choses : *a*) à *faire* travailler le produit par sa main d'œuvre, et *b*) à en *transférer la propriété*. Quelle est de ces deux obligations celle qui absorbe l'autre ? Est-ce le *louage d'ouvrage* qui prend le pas sur la *vente*, ou inversement ? Le Code civil, dans les devis et marchés (art. 1787 et s.), traite de front la convention dans laquelle l'auteur de l'ouvrage fournit la matière et celle où il la reçoit de sa contre-partie. Le contrat forme louage d'ouvrage dans les deux cas (quoique, au commencement du même titre, l'art. 1711, 6e al., dispose en sens contraire). Voici quelques intérêts pratiques à se prononcer en ce sens :

a) Celui qui a fait la commande peut *résilier*, quoique l'ouvrage soit déjà commencé. Mais il lui faut dédommager alors l'entrepreneur de toutes ses dépenses, de ses travaux et de tout ce qu'il aurait pu gagner par le marché (art. 1794, cfr. Civ. cass., 5 janvier 1897, D. 97, 1, 89, et note PLANIOL). A tout prendre, ce résultat sera le même qu'en interprétant l'opération comme une vente. Dire d'un contractant qu'il est admis à résilier, à charge de dommages et intérêts, c'est le soumettre aux sanctions qui sont attachées au respect d'un contrat quelconque.

b) Au point de vue des *risques*, la question ne se présente pas sous le même aspect dans le louage que dans la vente. Il est vrai que la perte de la matière est supportée par l'industriel, auteur de l'ouvrage ; si elle se produit avant la livraison, celui-ci n'aura aucun droit à son prix (art. 1788). Ce résultat est commun au louage et à la vente. Mais il peut arriver que la perte par force majeure, l'incendie de l'usine et de ses approvisionnements par exemple, arrive avant l'échéance, et sans laisser à l'industriel un délai suffisant pour remettre la commande à l'ouvrage au moyen de nouveaux achats de matière première. — Il est exonéré, un vendeur ordinaire de choses fongibles ne le serait pas. En effet, l'industriel s'est engagé à faire fabriquer ; un événement qui ne lui est pas imputable lui rend l'exécution impossible, il est délié. Un vendeur ordinaire avait promis de transférer la propriété de choses *in genere*; si elles ne se trouvent pas chez lui, il se les procurera ; il reste tenu.

C'est par application de ces idées que l'on appréciera la survenance d'une *grève* dans les ateliers du vendeur. *Est-elle ou non un fait de force majeure permettant au vendeur de se dégager de son marché?* [1] Il faut supposer, bien entendu, que cette grève s'est produite sans la faute du propriétaire de l'usine, et en outre qu'il n'a pas été possible de remplacer en temps voulu par une autre équipe les ouvriers grévistes.

Cela étant, il faudra rechercher, en fait, si l'on a traité comme vendeur ordinaire ou comme manufacturier. Dans le second cas, la grève peut être invoquée comme une cause de libération ; mais non dans le premier. Un vendeur d'objets fongibles reste tenu aussi longtemps que n'est pas épuisé le stock de ces objets : il n'a pas subordonné le maintien de son engagement à la possibilité contingente de conditionner ce produit lui-même [2].

1054. — Obligations de l'acheteur. Dette du prix. — Cette digression terminée, il faut signaler les obligations de l'acheteur dans la vente de marchandises. La principale de ces obligations consiste à *payer le prix* [3].

1° S'ils sont plusieurs acheteurs, le vendeur peut réclamer la totalité du prix à l'un d'entre eux, à sa convenance. La *solidarité*, qui en droit civil doit être stipulée (art. 1202 C. civ.), se présume en matière commerciale.

Telle est la règle d'usage pour tous les contrats, même autres que la vente, notamment pour le cautionnement : la caution commerciale est solidaire, elle a renoncé tacitement aux bénéfices de discussion ou de division. C'est l'extension du principe qui gouverne les associés en nom collectif.

Cet usage s'est introduit depuis longtemps par une considération de crédit : le créancier fait foi aux débiteurs, parce que la solidarité lui permettra de ne pas diviser ses poursuites et d'obtenir d'un seul d'entre eux le paiement complet.

2° Les *intérêts moratoires* (au taux de 5 o/o) sont dus par l'acheteur, non pas à partir de la demande en justice ou de la sommation de payer (nouvel art. 1153), mais du moment de l'envoi d'une lettre recommandée, ou d'une lettre ordinaire, ou peut-être même du *jour du terme*. L'usage sera déterminant (voir, au n° 1052, des usages de même nature concernant la mise en demeure du vendeur).

---

1. Sur la question de savoir si la guerre doit être considérée comme un événement de force majeure déterminant la résolution des contrats antérieurement conclus: cfr. proposition Failliot, et communication Massigli, dans le *Bulletin de la Fédération des industriels et des commerçants français* (août-septembre 1915, p. 102). Dès à présent le règlement des marchés à terme pratiqués à la Bourse des marchandises de Paris contient la « clause de guerre » (Bloch, *op. cit.*, p. 180).

2. Le caractère libératoire de la grève a été discuté à propos de chargement ou de déchargement de navires. Les ouvriers du port refusent d'assister les chargeurs ou les consignataires de la cargaison : le capitaine peut-il demander à ces derniers des dommages et intérêts pour retard mis à charger ou à débarrasser le bâtiment, des *surestaries*? — La question n'a pas été résolue par des décisions de principe (Voy. Rennes, 28 juin 1894, D. 95, 2, 214 ; Paris, 13 novembre 1903, S. 1904, 2, 168; et article dans les *Annales de droit commercial*, 1895, p. 154). — Voir une étude d'ensemble dans Amiot, *De la répercussion des grèves ouvrières sur l'exécution des contrats* (mêmes *Annales*, 1903, p. 65 et 209). L'auteur recherche si la grève constitue un *risque professionnel* dont le chef d'entreprise doive répondre à la teneur de l'art. 1384 C. civ., et il conclut à la négative ; cfr. Pic, *Les lois ouvrières*, n° 326.

3. Le droit de timbre de 10 centimes, auquel sont soumis à la charge du débiteur, en vertu de l'art. 18 de la loi du 23 août 1871, les titres emportant libération, reçu ou décharge de sommes au-dessus d'une dette de dix francs (timbre-quittance), est élevé par la loi du 15 juillet 1914 (art. 28), à 20, à 30, à 40 et à 50 centimes, pour les dettes dépassant respectivement 200, 500, 1.000 et 3.000 fr.

3° L'acheteur (à moins d'être un consommateur) ne traite pas d'ordinaire au comptant, mais à *crédit*. Excepté dans les marchés de spéculation où les deux prestations sont liées l'une à l'autre, le vendeur fait foi à l'acheteur pour le prix. Il n'est pas admis à user du *droit de rétention* de l'art. 1612 C. civ.

Si, postérieurement à la livraison, l'acheteur tombe au-dessous de ses affaires, le vendeur vient-il pour son prix au marc le franc ? Oui, sauf exception. On le verra dans l'étude des faillites.

1055. — La durée de ce crédit, donné à l'acheteur par le contrat ou par l'usage, varie selon les places ou selon les industries. Il est ordinairement de *quatre-vingt-dix* ou de *cent vingt jours* depuis la livraison. Dans l'intervalle, il pourra revendre à son tour et trouver les fonds nécessaires au paiement de sa propre dette.

La *lettre de change* intervient comme mode normal de rentrée du prix. Le vendeur fait sur son acheteur une *traite* dont l'échéance concorde avec celle de la dette du prix ; le vendeur est un « tireur » d'effet, l'acheteur est un « tiré », l'effet est passé à l'ordre d'un tiers bénéficiaire (voir la 4e partie).

Le paiement est dû, non plus comme en droit civil, au lieu de la livraison (art. 1651), mais au *domicile de l'acheteur*, à moins qu'il n'en ait été autrement convenu. Le prix est « quérable » chez le débiteur, non « portable » (art. 1247, al. 2).

Cependant la facture stipule parfois que la somme sera payable chez le créancier, chez le vendeur. Cela a de l'importance, quand les parties habitent deux Etats ayant un système monétaire différent. Car du lieu de paiement dépend la nature de la monnaie à recevoir : et, si la monnaie du pays de ce créancier est bonne, lorsque l'autre est dépréciée, c'est avec cette bonne monnaie que le vendeur désirera être réglé. Il le sera le plus communément, au moyen d'une lettre de change, ou *remise*, que l'acheteur *Secundus* enverra à son vendeur *Primus*, payable sur la place de ce dernier.

Les rôles occupés tout à l'heure dans la traite sont transposés. *Secundus* est « tireur » ou endosseur d'effet, et non plus « tiré ». *Primus* est preneur ou porteur de cet effet et non plus tireur. Si, la remise s'égare en route, le vendeur n'a pas reçu son règlement. Sa créance demeure entière. Si la remise lui parvient, la créance du prix est-elle éteinte, *novée* par l'effet ? C'est ce que l'on recherchera en étudiant la lettre de change.

Le *lieu* convenu pour le paiement est *attributif de juridiction* au tribunal de commerce de l'arrondissement, pour les procès auxquels la vente donnera lieu (art. 420 C. proc. civ.).

Lorsque les parties ont fixé un lieu de paiement autre que le domicile de l'acheteur *Secundus*, le vendeur impayé use d'un moyen subsidiaire. S'il émet une lettre de change sur ce domicile, il ne renonce pas au bénéfice de la clause de la facture. La lettre de change étant ensuite protestée, le vendeur *Primus* conservera le droit d'exiger le paiement au domicile du contrat. Il saisira du procès le tribunal de ce domicile, sans que l'acheteur soit fondé à lui opposer l'incompétence.

1055 *bis*. — 4° L'observation du délai conventionnel ou d'usage, donné pour le paiement, ne s'impose pas à l'acheteur. Celui-ci (à moins d'une acceptation fournie sur lettre de change, v. *infra* la partie des effets de commerce) peut *devancer le terme* du règlement, convertir même ce terme en comptant.

A cette faculté, s'en ajoute une autre : le droit de déduire un *escompte* pour « prompt paiement ». Le vendeur doit lui bonifier l'intérêt de la somme pour le temps dont anticipe l'acheteur. Il n'est pas possible d'établir uniformément cette retenue pour tous commerces ni pour toute la France. L'escompte change d'après la durée du délai total et d'après le taux de l'intérêt. On s'est cependant accordé en 1866 à le déterminer pour les ventes de produits non manufacturés dans les ports maritimes : il est de 2 o/o au comptant et, lorsque le vendeur consent à convertir tout ou partie de l'escompte en terme, il est de 0.50 o/o par mois (règle IX).

1056. — Preuve de la vente. Facture. — Quels sont les modes de preuve de la vente ?

Comme les autres contrats de commerce, elle peut s'établir par les livres, par la correspondance, ainsi que par la preuve testimoniale.

Elle donne lieu le plus souvent à une pièce en forme de bordereau, dénommée *facture*. La « facture acceptée » sert, d'après l'art. 109, à justifier des conditions de la vente. Adressée autrefois par le vendeur, en double original, elle était approuvée par l'acheteur sur l'un des doubles qu'il retournait. Ce deuxième double a disparu : l'acheteur accepte par cela même qu'il s'abstient de répondre [1], et le « copie de lettres » du vendeur, s'il en est besoin, prouve l'expédition de la pièce ainsi que sa teneur.

La facture énonce les diverses clauses du marché, notamment la qualité et la quantité en poids ou en volume de la marchandise, le mode d'envoi, le lieu et le temps de la livraison, les conditions concernant le règlement du prix. Elle règle le lieu de paiement, tout comme les autres clauses (Req., 27 janvier 1909, S. 1909, 1, 136), bien qu'on puisse en certains cas contester le caractère obligatoire de cette indication, si elle est contraire au marché primordial (Req., 17 juin 1903, D. 1905, 1, 345, note VALÉRY).

Le titre pourrait être *à ordre* ou *au porteur*, mais il n'affecte cette forme que très exceptionnellement. La *négociabilité* du titre ne confère pas à l'acheteur de droits plus amples sur la marchandise.

Tout au plus, ce genre de facture lui permet-il de faire passer la marchandise avant même qu'elle ne lui soit parvenue, à un nouvel acquéreur au moyen d'un endossement ou d'une tradition du titre. Mais cela suppose alors une représentation de cette marchandise par une lettre de voiture ou par un connaissement en forme *négociable*, et lui-même endossé à l'ordre de son sous-acheteur. On retrouvera cette situation dans la faillite (art. 576 C. com.).

---

1. BARRAULT, *De l'acceptation des factures par le silence*, dans les *Annales de droit commercial*, 1913, p. 347 ; VALÉRY (*Réponse*), mêmes *Annales*, 1914, p. 118.

CHAPITRE PREMIER

DU GAGE COMMERCIAL

(C. civ., III, 17, art. 2071 à 2084 ; C. com., I, 6, art. 91 à 93 ; l. 23 mai 1863 ; l. 1er mars 1898 ; l. 17 mars 1909).

1057. — Le *gage* ou *nantissement mobilier* est un *acte par lequel un créancier reçoit du débiteur ou d'un tiers un effet mobilier pour répondre d'une dette*. C'est une convention accessoire à une opération de crédit (généralement à un prêt d'argent).

Tout créancier peut choisir entre ces deux partis : 1° suivre la foi du débiteur, et ne prendre aucune sûreté ; 2° stipuler une garantie réelle, situation qui se subdivise : *a*) cette garantie est une *hypothèque* (plus rarement une antichrèse) lorsqu'elle porte sur un immeuble ; *b*) elle devient un *gage* lorsqu'elle porte sur un meuble.

1058. — De là ressort la catégorie de contrats dans laquelle il faudrait faire rentrer le gage. Nous l'étudions à l'occasion des *contrats sur marchandises* ; or le gage relève plutôt des *contrats de crédit*, c'est-à-dire des contrats sur capitaux. Il ne se rattache à la législation des marchandises que par son objet. Encore ne porte-t-il pas toujours sur des marchandises ; il peut consister dans des titres. Mais le gage forme l'accessoire d'une convention beaucoup plus importante, et celle-ci a presque toujours une *dette d'argent* pour objet.

Nous ne romprons pas cependant l'ordre de matières suivi par le Code. Il importe de connaître les règles du gage, préalablement à certaines conventions sur marchandises, telles que la commission. Nous en détachons d'ailleurs l'étude des warrants, pour la reporter après les effets de commerce, le warrant n'étant à tout prendre qu'un billet à ordre.

1059. — **Le prêt.** — Malgré cette transposition, il ne serait pas sage de passer sous silence le contrat principal pour la sûreté duquel le gage a le plus généralement l'occasion d'intervenir. Le gage n'est régulier que si ce contrat principal est lui-même valable, il en suit à certains égards la condition juridique.

Théoriquement, toute opération à crédit, en droit civil comme en droit commercial, comporte un gage. Par exemple, un vendeur de marchandises ou de machines, créancier que la loi des faillites classe dans la masse chirographaire une fois le produit livré, peut stipuler un gage afin de se couvrir de son prix. Mais le cas le plus fréquent de constitution d'un gage, c'est celui d'une dette principale née d'un *prêt d'argent*.

Il faut donc rechercher : *a*) comment le prêt se trouve autrement réglé par le droit commercial et par le droit civil ; *b*) quel signe distingue la nature civile ou commerciale d'abord du prêt, et ensuite du gage ; *c*) dans quel milieu et sous quelles formes se traite au commerce le prêt sur gage,

Ce n'est qu'après avoir parcouru ces trois séries de questions, que nous prendrons le gage en lui-même, afin de l'examiner séparément.

1060. — Prêt civil et prêt commercial. — *a*) Le *prêt civil* est encore soumis à la limite de taux que détermine la *loi du 3 septembre 1807*. L'intérêt ne peut dépasser 5 0/0. D'après la loi du 19 décembre 1850, l'habitude de traiter à un taux plus élevé constitue le délit d'usure. En outre, l'art. 411 C. pén. punit d'amende et d'emprisonnement l'ouverture, sans l'autorisation de l'administration, d'une maison de prêts sur gage.

Le prêt a été soustrait au principe de liberté, qui est à la base des autres conventions. On sait pour quels motifs : il n'y a pas une thèse sociale qui, en tout temps, ait été plus chaudement discutée, que l'action oppressive de l'usure. Philosophes de l'antiquité, théologiens, économistes modernes l'ont débattue ; le droit canonique l'a résolue dans le sens le plus exclusif (illégitimité de tout intérêt). Des législateurs ont dû leur nom dans l'histoire à la libération qu'ils ont procurée de leurs emprunts à des populations entières.

On dit quelquefois du prêt civil qu'il est fait « à la consommation » et non « à la production ». Cela n'est d'ailleurs pas toujours vrai. Ces expressions signifient que l'emprunteur, en matière civile, s'est procuré les fonds pour faire face à sa vie matérielle, et non pas à titre de capital susceptible de se reproduire.

Le *prêt commercial*, au contraire, n'est plus réglementé dans son taux par la loi. D'après la loi de 1807, il était soumis, comme le prêt civil, à un taux maximum, mais à un taux plus élevé. La limite légale était de 6 0/0 au lieu de 5. L'intérêt, prix de jouissance du capital dont on se dessaisit, doit couvrir, en outre, le prêteur contre le risque de ne pas être remboursé ; or le risque couru par le prêteur est plus fort, du moment que ses fonds doivent être engagés dans le commerce.

En partant de là, et en constatant d'autre part que l'homme de commerce sait mieux se défendre que les autres classes sociales contre les entreprises de l'homme d'argent, on devait franchir un pas de plus. C'est ce qu'a fait la *loi du 12 janvier 1886*. Tout taux maximum est aboli en matière de commerce : c'est un avantage remporté par l'école libérale qui, dans d'autres circonstances, n'a pas eu le même succès [1].

1061. — *b*) Quel est l'élément qui rend le prêt commercial ?

C'est la nature de l'acte *à l'égard de l'emprunteur*. Lorsque celui-ci doit affecter les fonds à une opération commerciale (achat pour revendre, etc., art. 632 et 633), ou à plus forte raison lorsqu'il est commerçant et qu'il emprunte en vue de ses affaires (acte de commerce par la théorie de l'accessoire), le prêt suivra le droit commercial.

La qualité du prêteur est indifférente. Un simple particulier peut avancer des fonds à un commerçant à un taux quelconque. Ses fonds sont alors

---

1. La distinction des matières civiles et commerciales a été maintenue pour l'intérêt légal et moratoire. Mais le taux de cet intérêt a été abaissé par la loi du 7 avril 1900, il est de 5 0/0 en matière de commerce, et de 4 0/0 en matière civile (v. *supra*, n° 55).

plus exposés que s'il prêtait à une personne ne poursuivant point une affaire de commerce et de qui il devrait se contenter de 5 o/o.

A l'emprunteur commerçant, il faut assimiler maintenant les sociétés par actions, même poursuivant un objet civil d'exploitation, si elles se sont constituées ou transformées depuis la loi du 1er août 1893. La forme prise par la société fait d'elle alors une personne commerçante, et nous avons conclu à la commercialité de ses actes (n° 760).

1062. — En conséquence, pour savoir si un prêt est commercial, ce n'est jamais l'opération du prêteur qu'il faut envisager, mais celle de l'emprunteur. Cependant, pendant longtemps, la jurisprudence a ajouté à la première règle que nous avons posée une seconde règle, beaucoup plus contestable. D'après les arrêts, le prêt fait par un commerçant, par un banquier le plus ordinairement, même à un individu étranger au commerce, serait commercial dans tous les cas ; ce qui justifierait de sa part la perception d'un intérêt de 6 o/o (avant 1886) et d'un intérêt illimité (depuis cette époque). A plus forte raison, l'habitude de ces prêts ne lui ferait pas encourir le délit d'usure.

Cette jurisprudence se rattachait à une notion ancienne, et imaginée en vue d'exonérer les contractants, dans le plus grand nombre de cas possible, de la règle canonique prohibitive de l'intérêt. On disait que celui que sa profession autorise à faire travailler son argent au taux de commerce, doit bénéficier de ce même taux envers un client quelconque : *pluris valet pecuniá mercatoris quam non mercatoris*. C'était perdre de vue que le risque commercial justifie seul l'élévation du taux, et que le prêteur alors s'en affranchit.

Aujourd'hui, la jurisprudence est moins ferme. Elle paraît avoir évolué : ce n'est que pour les prêts consentis à des personnes faisant commerce que les banquiers sont dégagés de la limite légale (Crim. rej., 23 juin 1893, D. 94, 1, 254 ; Paris, corr., 10 mars 1896, D. 98, 2. 486, et note BOISTEL). Les avances qu'ils font sur titres de pension à des fonctionnaires retraités sont régis par la loi de 1807 (Crim., 19 septembre 1907, D. 1907, 1, 519). Autrement, les usuriers se convertiraient en banquiers par pure échappatoire.

Cependant, ces arrêts ont tous été rendus en matière criminelle, et afin de relever les faits constitutifs du délit d'usure. Il en est intervenu d'autres (notamment Req., 25 juillet 1895, D. 96, 1, 193, et note GUÉNÉE), qui ont maintenu en droit civil l'ancienne jurisprudence, tout au moins en faveur de personnes qui n'étaient pas des banquiers interlopes (question reprise incidemment à propos de l'affaire Cattaui-Humbert).

1063. — Cette nature commerciale ou civile du prêt a sa répercussion sur la *nature du gage*.

Le gage n'est rendu commercial : 1° ni par la qualité du créancier : celui-ci, quoique commerçant, peut faire un prêt civil ; 2° ni par la nature de son objet. Beaucoup d'avances commerciales, sans doute, sont faites sur « marchandises » ; mais elles pourraient l'être sur des meubles différents, sur des bijoux, ce qui n'exclut point le gage commercial ; 3° ni par la qualité de commerçant chez le *constituant*; s'il s'agit d'un gage constitué par un tiers pour garantir la dette d'autrui, là même où ce tiers serait étranger au commerce, le gage par lui fourni est commercial, lorsque le débiteur principal fait acte de commerce.

C'est donc la *qualité de la dette garantie*, par rapport à ce débiteur principal, qui détermine la qualité du gage. Il sera commercial et obéira, au point de vue de sa constitution et de sa vente, aux prescriptions énoncées dans le présent chapitre (art. 91, al. 1 *init.*, C. com.), toutes les fois que ce débiteur poursuivra une opération commerciale. Il importe peu que le gage ait été donné par lui ou par un tiers. Hors de là, le gage sera civil.

1064. — Le prêt sur gage dans la banque. — *c*) Les commerçants qui ont besoin d'argent s'adressent d'une manière normale à la *banque*. Le prêt sur gage rentre ainsi dans les attributions régulières des banquiers. Le moment n'est pas venu d'analyser les nombreuses opérations de crédit au moyen desquelles les banquiers font valoir leur encaisse, et même leur capital, en se couvrant d'une sûreté (nos 1604 et s.). Elles se dissimulent, presque toutes, sous des appellations qui ne laissent pas apercevoir le gage, lequel cependant est à la base de la convention.

Si l'on écarte 1° les *reports*, qui relèvent d'un ordre d'idées différent, et 2° les *escomptes* ordinaires, — les garanties exigées par eux sont tantôt des *marchandises*[1], et tantôt des *titres de bourse*, généralement au porteur.

1065. — Suite. — Le *nantissement en marchandises* se heurte à une difficulté de fait : le gage ne peut, d'après la loi, rester aux mains du constituant (voir n° 1086). Or la banque n'a pas une industrie organisée pour recevoir des marchandises. — On tourne l'obstacle en remettant le gage à un tiers chargé de le détenir pour le créancier. L'avance prend la forme d'un escompte de *warrant* (ou encore de *traite documentaire*, n° 1459). La matière des warrants ne sera pas examinée dans ce chapitre (voir 5e partie, ch. VIII). On soutient parfois que le gage est absent des opérations de warrantage. C'est une assertion inexacte. Elle tient à la prévention des négociants contre l'emprunt sur gage, considéré comme humiliant.

1066. — Suite. — Le *nantissement sur valeurs de Bourse* est désigné en banque sous le nom d'*avances sur titres*[2]. Cette opération tient, à côté des escomptes, une place importante. Si l'on prend les statistiques d'un temps normal, la Banque de France a un chiffre d'avances sur titres de 500 millions contre 1 million d'escomptes. Les opérations de même ordre du Crédit lyonnais, de la Société générale et du Comptoir d'escompte atteignent ensemble 300 millions. D'après les règlements de ces établissements, *a*) les avances sont limitées à certaines natures de titres, *b*) elles ne sont consenties que sur 60, 75 o/o, etc., de la valeur actuelle de ces titres au

1. Les prêts sur gage portant sur autres objets rentrent dans les attributions des Monts-de-Piété, établissements d'utilité publique, qui sont affectés plus particulièrement à un but de bienfaisance.

2. V. notre article dans les *Annales de droit commercial*, 1901, p. 65. — Depuis la loi du 25 juillet 1891, les Monts-de-Piété, notamment celui de Paris, peuvent prêter également sur valeurs au porteur libérées.

cours de la Bourse, c) elles ont lieu pour un temps très court, de quatre-vingt-dix ou de cent vingt jours, sauf renouvellement. Elles sont faites à des personnes commerçantes ou non. Les règles de faveur, instituées au profit de certaines de ces banques, pour la constitution ou pour la liquidation du gage, seront étudiées plus loin.

La nature de l'avance sur titres a fait question. En pratique, on écarte de ce contrat la qualification de « prêt sur gage ». D'après la Cour de cassation (Civ. cass., 8 mars 1889, S. 90, 1, 257), l'avance sur titre est un contrat synallagmatique avec deux obligations réciproques : restitution de la somme par le prêteur, restitution des titres après l'échéance par le banquier. Partant, l'acte a dû être rédigé en deux originaux, conformément à l'art. 1325, en supposant que le client ne fasse point commerce, tandis que le prêt sur gage ordinaire n'en exige qu'un seul, signé par le constituant (art. 2074 C. civ.).

Cette décomposition est critiquable (Lyon-Caen en note sous l'arrêt précédent). On s'explique cependant un pareil détour. Outre la prévention du commerce contre le gage, l'art. 411 C. pén. interdit sous des sanctions pénales aux établissements de crédit non autorisés tous « prêts sur gage », tant sur marchandises, que sur titres, même à des commerçants, car le texte ne distingue pas (En ce sens Crim. rej., 2 janvier 1890, *J. Pal.*, 90, 852) Il fallait donc, pour sauver ces opérations, rentrant dans la banque libre et nécessaires au commerce, leur donner une autre base que le gage. En bonne législation, l'art. 411 devrait disparaître, ou se restreindre aux établissements s'adressant à la même clientèle que les Monts-de-Piété[1].

1067. — Transition. — Sous le bénéfice de ces observations d'ensemble, on peut aborder le contrat de gage en matière commerciale.

1068. — Le gage, contrat synallagmatique imparfait, est la source d'obligations à la charge du créancier qui le reçoit. Celui-ci promet d'administrer le gage, de le conserver, de n'en pas abuser, de le restituer après remboursement de la dette et, faute de remboursement amiable, de rendre l'excédent du prix de vente sur le montant de sa créance.

Mais le gage engendre surtout au profit du créancier un *droit réel*, qui est un démembrement de la propriété mobilière. Il est subordonné à une prise de possession. Jusque-là le créancier a seulement le droit d'exiger que la garantie promise soit constituée. Le gage proprement dit se forme *re*, par la livraison de la chose.

Le droit réel acquis au créancier est de nature double. Il consiste d'une part dans une *faculté de rétention*, d'autre part dans un *privilège*.

1069. — *Droit de rétention* (art. 2082, al. 1, C. civ.). Le créancier est admis à conserver la chose, tant que sa créance ne lui est point payée.

1. Le biais imaginé n'est, au surplus, pas décisif ; car l'art. 411 frappe les maisons de prêt sur « gage ou nantissement », et l'avance sur titres forme, en tous cas, un nantissement, à supposer qu'elle ne soit pas un gage : c'est ce dont conviennent les arrêts. V. d'ailleurs Crim. cass., 8 octobre 1906, D. 1908, 1, 143, qui applique l'art. 411 à des maisons achetant des reconnaissances de Mont-de-Piété avec clause de réméré.

C'est une position toute défensive, d'ailleurs opposable aux ayants cause du constituant (créanciers ou acheteurs) comme au constituant lui-même. Par elle seule, elle ne conférerait pas le pouvoir de vendre.

Ce droit de rétention couvre implicitement toute nouvelle dette contractée par le même débiteur postérieurement à la mise en gage, et qui viendrait à échéance avant le paiement de la première dette (art. 2082, al. 2).

La faculté de rétention, comme le privilège, est indivisible : *est totum in toto et totum in qualibet parte*. Quand même des acomptes auraient été versés sur la dette, le gage entier répond du paiement du solde.

Quand le créancier se dessaisit volontairement du gage, il perd sa garantie. Lorsqu'il en est dépouillé contre sa volonté, il dispose pour le reprendre d'une action réelle, comparable à la revendication. Cette action toutefois ne serait pas recevable contre un détenteur de bonne foi, sauf au cas de perte ou de vol, et alors pendant trois ans seulement (arg. art. 2279 et 2280).

1070. — *Privilège* (art. 2102-2°). Le créancier, non payé à l'échéance, a le droit de provoquer la vente aux enchères et de s'appliquer le prix par préférence aux autres créanciers du constituant. A la différence des autres privilèges qualifiés *légaux*, parce qu'ils dérivent exclusivement de causes déterminées de créances (louage, transport, etc.), le privilège est dit *conventionnel* : il peut être attaché non seulement à un prêt, mais à un contrat quelconque.

1071. — Sous les Codes de 1804 et de 1807, le gage civil et le gage commercial obéissaient aux mêmes règles ; les formalités du nantissement civil s'étendaient au commerce. Cela offrait aux négociants des inconvénients, tant pour constituer le gage que pour le réaliser.

A. *Pour constituer le gage*. Le privilège ne pouvait s'établir, lorsque la créance excédait cent cinquante francs, que moyennant la rédaction d'un *acte* public ou sous seing privé, dûment *enregistré*, constatant la somme due ainsi que l'espèce et la nature des choses mises en gage (art. 2074 C. civ.). Sans préjudice de la condition de *mise en possession*. — Si le nantissement portait sur une créance, il fallait en outre que l'acte de nantissement fût *signifié* au débiteur de cette créance donnée en gage (art. 2075).

On avait bien essayé de prétendre que la liberté commerciale de la preuve par témoins, sans limite de somme (art. 1341, al. 2, C. civ. et art. 109 C. com.), affranchissait le gage, au commerce, de la formalité de l'écrit prescrite par l'art. 2074.

Mais cette opinion n'avait point prévalu. L'acte écrit n'était pas exigé seulement *ad probationem* : il répondait à un formalisme strict. La prescription s'étendait tacitement au droit commercial. Il n'y avait même pas seulement ici une règle tacite : l'ancien art. 95, relatif au privilège du commissionnaire, renvoyait au nantissement du Code civil.

Or les négociants doivent pouvoir affecter des marchandises ou des valeurs à leurs avances, sans être liés par des formalités dispendieuses. Ils se plaignaient de cette assimilation des deux espèces de gage[1].

1. Cependant une loi du 8 septembre 1830 avait abaissé au droit fixe de deux

B. *Pour réaliser le gage.* Le créancier, faute de paiement à l'échéance, ne pouvait vendre le nantissement que moyennant une autorisation du tribunal. Toute clause lui permettant de s'approprier le gage ou de simplifier les formalités prescrites était un « pacte commissoire », prohibé et sans effet (art. 2078 C. civ.). Le créancier pouvait d'ailleurs demander à la justice que le gage, au lieu d'être mis aux enchères, lui demeurât en paiement à due concurrence.

Ce préliminaire d'un jugement causait une grande gêne. Elle était particulièrement sensible dans les affaires, où les cours ont de rapides revirements, la baisse imposant une réalisation immédiate aux gens soucieux de se couvrir.

1072. — Le grief des commerçants tenait encore à un autre motif. Le Code civil ne parlait que du gage sur *effets corporels* (art. 2074), et du gage sur *créances civiles* cessibles par voie de signification (art. 2075).

Or il y a des valeurs intermédiaires, — tous les *titres négociables*, au porteur, nominatifs ou à ordre, — pour lesquelles les formes de nantissement restaient problématiques. Ces valeurs (rentes, actions et obligations surtout) sont, par la facilité de leur circulation, les mieux aptes à la mise en gage, d'où la fréquence des avances sur titres.

On avait en conséquence pris l'habitude d'opérer le nantissement desdites valeurs par le procédé d'une négociation en toute propriété (transfert ou tradition manuelle). Au moyen d'une contre-lettre, le créancier promettait de repasser au débiteur la propriété du titre à l'échéance, une fois qu'il serait remboursé. Mais il y avait lieu aux droits de mutation. En outre le débiteur restait désarmé devant un abus de confiance : le créancier, présumé propriétaire au regard des tiers (art. 1321 C. civ.), pouvait vendre au mépris de sa parole et rendre l'acquéreur propriétaire.

1073. — La *loi du 23 mai 1863* a corrigé ces différentes imperfections. Cette loi a été intercalée dans le Code de commerce sous les art. 91 à 93, précédemment consacrés au commissionnaire. Elle a dérogé pour le gage commercial, dans un esprit de faveur, aux règles civiles, et généralisé un système que la loi du 28 mai 1858 avait déjà appliqué aux marchandises en magasins généraux.

Notre sujet se distribue naturellement en deux parties : 1° règles de constitution ; 2° règles de réalisation du gage commercial.

§ 1. — Règles de constitution.

1074. — Pour la création du gage, les prescriptions légales se décomposent en des *règles de forme* — simplifiées par la loi de 1863 — et en une *mise en possession*, prescription substantielle et de fond. Il faut les examiner successivement.

1075. — I. **Prescriptions de forme.** — La loi nouvelle a voulu

francs les enregistrements des actes de prêts sur dépôt ou consignation de marchandises ou valeurs, dans le cas de l'art. 95 C. com.

mettre en harmonie les prescriptions du gage commercial avec celles qui sont établies pour la vente commerciale (le déplacement de possession étant réservé). Les mêmes preuves, servant à établir une vente dans le commerce, suffiront à justifier de la formation d'un gage.

Par suite de cette symétrie entre la *vente* et le *gage*, le nantissement commercial se démontre par tous les moyens possibles, notamment par témoins ou par présomptions (art. 109). Le gage peut être formé *verbalement*.

Mais cela n'est vrai que du gage sur meubles corporels : les autres meubles ne pouvant se transmettre en toute propriété que moyennant certaines formes déterminées, ces formes se retrouveront nécessairement dans le nantissement qui les concerne.

L'art. 91 signale quatre natures d'objets mobiliers : les *meubles corporels*, visés au commencement du texte ; les *valeurs à ordre* ; les *valeurs nominatives* sujettes à transfert ; les *créances* cessibles *jure civili*. Nous classerons ces dernières aussitôt après les meubles corporels. Nous parlerons pour finir des *titres au porteur* que l'art. 91 passe sous silence.

1076. — 1° *Meubles corporels* (marchandises ou meubles meublants). — Pour le gage commercial, un acte enregistré est aujourd'hui superflu, même au-dessus de cent cinquante francs. Le créancier pourra prouver la formation du nantissement par témoins (art. 91, al. 1er).

Cette preuve ne lui sera même pas nécessaire, pour garder la chose : il a la détention ; possession vaut titre. Ce sera à son adversaire à attaquer cette possession comme illégitime. Si cet adversaire justifie de faits de nature à ébranler le tribunal, alors il fera, lui gagiste, appel à l'enquête pour établir son nantissement : avant 1863 il n'était pas admis à y recourir, il lui fallait un acte écrit.

Cette preuve testimoniale offre bien un péril de fraude. Les nantissements sont fréquents à la veille d'une faillite. Or, la loi limite le droit pour le failli de donner, à cette date, un nantissement à l'un de ses créanciers (art. 446, 447 C. com.). — N'est-il pas à craindre que des complaisances de témoins ou des lettres antidatées fassent remonter ainsi un gage de la dernière heure à une époque plus ancienne, ou encore que, faute d'identité du gage, les parties ne substituent, au dernier moment, un nantissement plus précieux à l'ancien ? Avant 1863 ces manœuvres n'étaient point pratiquables ; l'acte de nantissement était enregistré et devait inventorier les objets donnés en gage. Actuellement, elles ont peu de chance d'être démasquées.

Nous avons dit que le gage de marchandises n'avait guère lieu, dans le commerce et dans la banque, que pour des produits en voyage ou en entrepôt, sous forme de la négociation du titre de route ou sous celle du warrantage. Cela nous oblige à rejeter dans d'autres parties de ce livre (magasins généraux, n°s 1570 et s., traites documentaires, n° 1459) les nantissements les plus intéressants sur marchandises. Nous aurons à en toucher quelques mots, à propos du déplacement de possession.

1077. — 2° *Créances cessibles « jure civili »*. — La transmission à un cessionnaire d'une créance ordinaire exige la signification de la cession au débiteur cédé (art. 1690). Autrement, la cession n'est point parfaite au regard des tiers. C'est une règle de publicité. Le droit commercial ne pouvait s'en affranchir : pour rendre la créance indisponible, pour en empêcher le paiement, il fallait bien que le cessionnaire informât le débiteur du changement survenu dans le titulaire du droit.

Il en est de même dans le gage ; le nantissement d'une créance dans le commerce doit être, à peine d'inexistence du privilège, l'objet d'une *signification* au débiteur de la dite créance (art. 91, al. 4). A partir de ce moment, il n'appartient plus à ce tiers débiteur de se libérer aux mains de son créancier, au détriment des droits du gagiste. Aussi longtemps que la signification est retardée, la créance engagée n'est pas sous la main du gagiste [1].

Le gagiste n'a du reste pas la faculté de toucher, de son autorité, le capital de la créance affectée à son droit. Il faut qu'il y soit habilité par un jugement. Il en serait différemment si le gage consistait dans un effet de commerce (art. 91, al. 5, voir n° 1078). — Au contraire, il appartient au gagiste, sans formalité et sans autorisation, de toucher les intérêts de la créance, et de les imputer sur ceux qui peuvent lui être dus, ou à défaut sur le capital qui lui revient (art. 2081 C. civ.).

1078. — 3° *Valeurs à ordre, négociables par endossement* (effets de commerce) [2]. — Ces valeurs, par symétrie de la règle concernant leur aliénation en toute propriété, se constitueront en gage par un *endossement*. Cet endossement ne sera pas *translatif*, mais *pignoratif*, et, quoique qualifié par la loi *régulier*, il renfermera la mention que les titres sont remis en garantie : valeur *en nantissement*. Le porteur n'a pas qualité pour négocier l'effet à l'amiable, comme pourrait le faire un porteur saisi d'un endossement de propriété ; mais il a le droit d'en recevoir le paiement.

Ces endossements de garantie sont rares : lorsqu'on veut affecter une lettre de change à une dette, on l'endosse en propriété, par dation en paiement. C'est une manière d'agir plus simple, que l'on rencontre dans l'escompte (n° 1621) : le banquier donne une somme d'argent et reçoit par endossement un effet de commerce non échu d'égal montant : il n'y a plus là un nantissement.

Mais, en revanche, il existe des titres à longue échéance, les polices d'*assurance sur la vie*, contenant la clause à ordre. Ils se prêtent à l'endossement de garantie, et celui-ci est connu dans la pratique.

Il ne suffirait pas d'un endossement *en blanc* ; la loi l'interprète comme

---

1. On se demande, en droit civil (et la question se présente de même en droit commercial), si la *signification* par huissier du gage au débiteur comporte un équivalent dans l'*acceptation* en forme authentique du nantissement que ferait ce même débiteur. Cette assimilation ne ressort pas *in terminis* de l'art. 2075, mais elle est rendue vraisemblable par le rapprochement de la cession et du gage : or, l'acceptation authentique d'une cession est productive des mêmes effets que la signification (art. 1690). Nous n'approfondissons point la controverse.

2. Cerdan, *Etude critique sur les conditions de la constitution en gage de choses incorporelles*, th. 1897.

un endos de procuration (art. 138). Le créancier cesserait d'avoir un droit propre, le débiteur pourrait lui retirer son mandat : c'est contraire à l'irrévocabilité du gage.

1079. — 4° *Valeurs nominatives, négociables par transfert* (actions, obligations, rentes sur l'Etat). Une forme nouvelle de mise en gage de ces valeurs est instituée par la loi de 1863 : le *transfert à titre de garantie* [1].

La loi continue à faire concorder le gage avec la cession. Ces valeurs, qui se négocient par un « transfert de propriété » transcrit sur les registres de l'établissement, pourront être engagées au moyen d'un transfert de nantissement », donnant au créancier pouvoir de vendre à l'échéance selon les formes requises (art. 91, al. 3). Voir précédemment, n° 686, s'il peut concourir aux assemblées générales.

Nous avons présenté les avances sur titres (n° 1064) comme étant dans le commerce le mode normal de nantissement des valeurs.

1080. — Le *transfert de garantie* est le seul nantissement reconnu pour les valeurs nominatives. Sans doute, les parties pourraient dissimuler le gage sous un *transfert de propriété*, avec promesse par le créancier de ne pas vendre avant l'échéance et de rendre le gage après remboursement. Ce serait une *vente à réméré*, ignorée des tiers. On opérait de la sorte, avant 1863. Si les parties ne reculent pas devant les droits de transmission, elles useront du transfert ordinaire avec contre-lettre (ou de l'endossement régulier dans un effet à ordre). Ainsi s'expliqueraient, dans les al. 2 et 3 de l'art. 91, les adverbes *aussi, également*. Le gage peut *également* s'établir par un transfert de garantie : c'est qu'un premier mode est possible, le transfert ordinaire.

Ce mode occulte de gage donne cependant à reprendre. Il laisse le débiteur désarmé devant un détournement par le créancier, contre lequel il ne pourrait pas se faire restituer au regard des tiers.

1081. — Sauf ce déguisement du gage sous une vente, *le transfert est la seule forme légale de nantissement des titres nominatifs*. Cette affirmation est loin de rencontrer l'assentiment unanime.

A. D'une part, les arrêts considèrent comme facultatif l'emploi du transfert (comme aussi celui de l'endossement pour la catégorie précédente), le gage constitué pour cause commerciale sur des valeurs négociables pouvant être établi, à l'égard des tiers comme à l'égard des parties, par l'un des modes quelconques indiqués dans l'art. 109 (Req., 12 mai 1879, D. 80, 1, 118 ; Douai, 12 mai 1891, D. 93, 2, 140).

La publicité du gage résultera de ce que le titre a été remis au créancier. C'est une erreur grave ! On dira plus loin que la livraison du titre n'est pas du tout la tradition de la chose. La transmission en propriété de la valeur peut-elle s'opérer sans un transfert ? Non. La mise en gage requiert le transfert de la même manière.

---

1. Il était cependant pratiqué avant 1863 ; le décret du 17 juillet 1857 affranchissait ce transfert, dans son art. 4, du droit proportionnel des actions et obligations.

B. D'un autre côté, on soutient que le transfert peut être remplacé par la signification du gage à l'établissement émetteur, conformément à l'art. 2075, comme s'il s'agissait d'une créance ordinaire (BOISTEL, LYON-CAEN et RENAULT) ; exception faite quant à la rente sur l'Etat, puisqu'aucune opposition n'est admise au Grand-Livre (l. 8 nivôse an VI) et que la signification de l'art. 2075 constituerait, en réalité, une opposition.

Nous n'adhérons pas à cette faculté de remplacement. On ne peut imposer aux établissements, indépendamment d'un registre de transferts, la tenue d'un état de significations. Ce serait un grand trouble dans le service des titres La cession d'une action nominative, par convention signifiée au siège social, ne produit pas, suivant nous, effet au regard des tiers (n° 603). Il doit en être de même du gage.

1082. — Question plus délicate. On veut affecter en gage une valeur de l'espèce précédente à une dette de *nature civile* : un agriculteur désire emprunter sur titres nominatifs.

C'est encore sous la forme unique, exclusive, du transfert de garantie, que ce gage pourra se constituer. Cependant : *a*) la loi de 1863 ne gouverne que le gage commercial (n° 1063) ; *b*) lors de la discussion de cette loi, le Conseil d'Etat a repoussé un amendement, d'après lequel le gage en fonds publics ou en valeurs de Compagnies aurait pu « entre toutes personnes » se constater par transfert.

Nous estimons que la concordance des formes de la vente et de celles du nantissement s'impose par des raisons de logique, ici comme précédemment. La réforme de 1863 déborde donc sur le droit civil ; le rejet de l'amendement, proposé en 1863, démontre seulement que le Conseil d'Etat n'a pas voulu préjuger la question.

Toutefois : 1° si l'emprunteur a contracté une dette civile supérieure à 150 fr., le transfert de garantie devra être précédé d'un acte de nantissement écrit et enregistré, suivant l'art. 2074 ; ce qui ne sera plus vrai d'une dette commerciale ; 2° la vente par le créancier non payé de la valeur nominative garantissant une dette civile devra se conformer à l'art. 2078, et exigera une autorisation de justice, à la différence de ce qui se passerait si la dette était un acte de commerce [1].

1083. — 5° *Titres au porteur.* — Il n'est rien dit ni dans l'art. 91, ni dans les art. 2074 et 2075 C. civ., du gage des *titres au porteur*, valeurs cependant offertes en nantissement plus fréquemment que les valeurs nominatives.

D'après les arrêts (Civ. cass., 30 novembre 1864, D. 65, 1, 55), ces titres, quoique se rapprochant des meubles corporels, constituent, au fond, des créances mobilières. Pour les donner en gage, il faut une *signification à l'établissement émetteur*.

Cette exigence est invraisemblable. Vente et nantissement marchent de

1. A l'égard des avances sur titres faites par la Banque de France ou par le Crédit foncier, règnent des formes d'exécution plus simples, sans distinction de la qualité civile ou commerciale de la dette (Ord. 15 juin 1834, L. 19 juin 1857).

pair. La vente d'un titre au porteur n'exige pas une signification par l'acheteur à l'établissement. Pourquoi aurait-on à signifier un nantissement de ce même titre ? Celui-ci est rendu suffisamment public par le fait que le titre a changé de main.

Ce qui demeure vrai, c'est que la validité d'un tel gage, quand il garantit une dette civile, exige au-dessus de 150 fr. un acte écrit et enregistré, et que la vente alors n'en peut avoir lieu que par autorité de justice.

A l'égard d'un gage commercial, il en va différemment : tous sont d'accord pour le dire. — Il résulte de l'Exposé des motifs de la loi de 1863 que le titre au porteur est assimilé aux meubles ordinaires tant pour la constitution que pour la liquidation du nantissement qu'il aurait pour objet, et que par conséquent, sauf la tradition du certificat, nulle forme n'est exigée.

1083 *bis*. — Dans ces dernières années s'est propagée une pratique tendant à mettre en gage des *titres au porteur dépourvus d'un souscripteur*, des obligations de société particulièrement. Une société anonyme n'a pas pu placer une partie des obligations qu'elle avait mises en souscription. Elle utilise ensuite ces titres, en les donnant en nantissement à un banquier à l'effet de couvrir un emprunt. Le banquier trouve à cette couverture le double avantage de profiter d'une hypothèque, si les obligations sont pourvues d'une semblable sûreté et, en négociant ces titres, de rentrer plus facilement dans les avances consenties que s'il s'agissait de céder la créance du prêt.

La régularité de cette opération a soulevé des doutes. Le titre sans souscripteur, sans créancier, n'a pas de valeur légale, c'est un simple « chiffon de papier ». Il faut aller à l'étranger pour rencontrer des thèses qui investissent le titre d'un droit autonome, avant même qu'il ne se soit posé sur la tête d'un bénéficiaire. On s'en convaincra dans l'étude du change. La théorie de l' « acte unilatéral » n'est pas admise en France.

Cependant, la pratique du nantissement de titres non placés a rencontré une jurisprudence favorable (Besançon, 5 août 1903, D. 1904, 2, 465, note P. Appleton ; Req., 13 juin 1903, S. 1905, 1, 497, note Wahl ; Ch. réun., 16 mars 1904, D. 1904, 1, 321, note Thaller ; Req., 1er août 1906, D. 1908, 1. 65 ; Rej., 23 février 1909)[1]. Ce n'est pas qu'on doive faire rentrer l'opération dans le cadre du gage proprement dit. Mais on peut l'analyser, par interprétation des volontés, en une convention *sui generis*, ayant en elle-même ses éléments de validité. Il a été convenu : — que les titres resteraient aux mains du banquier jusqu'à son remboursement, d'où l'acquisition d'un droit de rétention ; — et en outre, qu'il les négocierait sous certaines conditions ou à certaines échéances : d'où un mandat de vendre intéressant les deux parties, partant irrévocable. Grâce à cette décomposition, le banquier peut même échapper à la règle du nantissement, prohibant la clause com-

1. Pour la validité du gage fourni par la société sur des titres souscrits *et non libérés*, voir Cass., 14 novembre 1911, D. 1912, 1, 201, note Chéron.

promissoire (n° 1094). Il lui est loisible de vendre de gré à gré les titres formant sa garantie [1].

1084. — Sous la qualification de « titres au porteur », ne tombent pas les *récépissés nominatifs*, représentant un dépôt de titres au porteur dans une banque. Si le porteur du récépissé se contentait de le délivrer, quittancé par lui, au créancier gagiste, le gage ne serait pas régulièrement constitué. Le nantissement a eu pour objet non les titres au porteur, mais une créance en dépôt les concernant. Il aurait fallu donner signification du gage au banquier (Civ. cass., 24 juin 1891, S. 91, 1, 333). Autrement de simples mandataires abuseraient d'un tel certificat et le remettraient à leurs propres créanciers, qui seraient couverts dans cette doctrine par la maxime : *En fait de meuble possession vaut titre* (Voir note A. Colin, sous Paris, 15 juin 1896, D. 99, 2, 153).

1085. — **II. Mise en possession.** — Une seconde condition est prescrite pour le gage civil et pour le gage commercial tout à la fois : le *déplacement de possession du nantissement* au profit du créancier.

La loi de 1863 reproduit, dans l'art. 92, al. 1, la disposition de l'art. 2076 C. civ. : « Dans tous les cas, le privilège ne subsiste sur le gage qu'autant que le gage a été mis et est resté en la possession du créancier ou d'un tiers convenu entre les parties ».

Seulement, le texte commercial s'explique en outre, dans un 2e alinéa, sur ce transport de possession, lorsqu'un tiers a été convenu pour détenir le gage. Ce tiers sera : 1° tantôt un *entrepositaire*, la douane, par exemple ; 2° tantôt un *agent de transport*. — Le créancier gagiste sera immatriculé sur les livres de l'établissement qui détient le gage (transfert en douane). Ou bien lorsqu'il a été délivré un document à ordre (*warrant* de magasin général, *connaissement* de capitaine), le constituant du gage le négociera à son créancier, ce qui mettra celui-ci en possession [2]. — « Le créancier est réputé avoir les marchandises en sa possession, lorsqu'elles sont à sa disposition dans ses magasins ou navires, à la douane ou dans un dépôt public, ou si, avant qu'elles soient arrivées, il en est saisi par un connaissement ou par une lettre de voiture ».

Les principes de la possession éclairent cet important résultat (n° 1025 et s.) : 1° Le titre de transport ou d'emmagasinage se substitue à la mar-

---

1. Comp. Wahl, *Journ. des Soc.*, 1904, p. 97 et s. ; Guionin, *De la mise en gage des créances* (th. 1907) ; Chatel, *Du nantissement des obligations de société non placées* (th. Rennes, 1907) ; Viollet, *Actions et obligations en portefeuille* (th. 1908).

2. Une fraude a été pratiquée dans la mise en gage des connaissements. Un chargeur de mauvaise foi, muni des quatre originaux de connaissement de l'art. 288, les engage séparément à des prêteurs de fonds distincts. D'où conflit entre les différents porteurs, qui prétendent tous être payés sur la cargaison. Il faudra déterminer leur ordre de classement : 1° dans le cas où le capitaine n'aurait pas encore fait la livraison à l'arrivée ; 2° dans le cas où le chargement aurait déjà été livré par le capitaine à l'un des porteurs quelconques, notamment à celui qui avait reçu son original après les autres, et dont le gage, par conséquent, n'était pas le premier en date. — Ces difficultés relèvent plutôt du droit maritime, et nous ne les examinerons point.

chandise et participe de sa nature, la détention du certificat équivaut à celle de l'objet corporel. 2° Mieux vaut une seconde explication : la mise à bord ou en entrepôt a fait naître une créance en restitution de la marchandise ; le gage porte sur une *créance* à ordre, on pratiquera l'endossement régulier de garantie de l'art. 91, al. 2, un endos en blanc étant suffisant, sans signification ni au magasin général, ni au capitaine (sauf les particularités de la loi du 28 mai 1858 concernant le warrant) [1].

1086. — La chose pouvait être déjà aux mains d'un dépositaire ou d'un usufruitier. La condition de déplacement de possession n'est pas pour autant remplie. Il faudra que le créancier gagiste donne notification au détenteur. C'est aller trop loin que d'exiger avec la jurisprudence (Civ. rej., 3 avril 1896, D. 97, 1, 309) du détenteur dépositaire ou de l'usufruitier la reconnaissance qu'il détiendra désormais pour le gagiste. L'interversion de possession sera produite, pourvu qu'on l'informe de ne plus avoir à restituer au mépris du gage.

La convention, par laquelle le débiteur lui-même conserverait le gage entre ses mains *à un titre différent*, comme dépositaire ou comme mandataire de son créancier, est inopérante. Le nantissement n'est point formé.

1087. — Ce déplacement de possession n'est requis que par le droit nouveau : l'hypothèque sur meuble y faisait autrefois échec. Il est inspiré par un motif de publicité. L'objet donné en gage n'est plus dans l'actif chirographaire, il est affecté à un ayant droit privilégié. Cette *affectation* doit être rendue *publique*. Elle ne se révélerait par aucun signe extérieur, si la chose restait chez le débiteur. On continuerait à lui faire foi, au vu de ce bien, en apparence libre de toute charge. La mise en possession du créancier évite ces méprises, et correspond à l'inscription de l'hypothèque immobilière.

Pour le transport de *propriété* il n'en est pas de même : la mise en possession n'est pas exigée. L'harmonie de la vente et du gage cesse d'exister à cet égard. Mais la *vente* donne au vendeur, à la place de la marchandise, un prix non encore touché probablement, et sur lequel ses créanciers se dédommageront. Tandis que les avances, reçues par le débiteur en retour du gage, ont été absorbées lorsque viendra son embarras d'affaires.

1088. — Le nantissement produit effet, même sur un meuble dont le constituant ne serait pas propriétaire. *Primus*, de bonne foi et ayant un titre, acquiert la propriété mobilière, même *a non domino*. Il acquerra un nantissement dans les mêmes conditions, sur des meubles corporels, ou sur des valeurs au porteur, détournés à son insu (titre engagé par un commis de la banque dépositaire du portefeuille ; récipients loués et dont le locataire abuse en les donnant en nantissement, Paris, 19 décembre 1899 et 6 août 1900, D. 1901, 2, 321, et note Valéry).

---

1. V. pour la décomposition de ce nantissement, Hémard, *Ann. dr. comm.*, 1902, p. 101, article déjà cité.

Mais, si les meubles ont été *perdus* ou *volés*, le gagiste, même de bonne foi, pourra être dépossédé dans les trois ans : il est moins bien traité qu'un acheteur. Ce dernier, ayant acheté en Bourse ou chez un marchand, pourrait exiger de celui qui l'évince le remboursement de son prix d'acquisition (art. 2279 et 2280 C. civ.). Le gagiste ne pourra point opposer à la revendication semblable exception.

1089. — Le créancier gagiste ne doit pas seulement *se faire mettre*, il doit encore *demeurer* en possession ; autrement, le pantissement deviendrait caduc (art. 92 : mis et resté en la possession...).

On a discuté souvent les effets que produirait la *restitution temporaire* du gage à celui qui l'a constitué. Ces hypothèses sont fréquentes tant pour les marchandises, que pour les titres de Bourse. — La marchandise veut des soins particuliers, que le propriétaire est seul en état de lui donner. Elle se réalisera plus commodément par les soins du débiteur. Autre hypothèse : le titre étant venu à remboursement, le gagiste remet le certificat au débiteur, qui touche les fonds, rachète une valeur de même nature et la remet au créancier en remplacement de l'ancienne.

Intra tempora, le gage subsiste-t-il ? Des décisions bienveillantes ont répondu affirmativement (Note Lyon-Caen, sous Cass., 25 novembre 1891, et Douai, 26 janvier 1893, S. 93, 1, 465 et 2, 233 ; Boistel, sous Civ., 9 avril 1894, D. 94, 1, 409 ; Lesage, *Etude économique sur le transport de possession au créancier dans le nantissement*, th. 1898, p. 45 et s.). Les arrêts statuent en fait et estiment que ces courtes remises n'interrompent pas la possession (Dijon, 1er février 1902, D. 1902, 2, 283). Théoriquement, un dessaisissement, même passager, éteint le gage : les tiers ont dû croire l'objet, une fois rendu, quitte de tout engagement.

Cette question ne doit pas être confondue avec une autre : le commerçant, qui avait *in bonis* constitué un gage, cesse ensuite ses paiements, et il retire l'objet engagé pour en donner un autre au créancier. Quoique l'art. 446 annule en période suspecte un gage constitué « pour une dette antérieure » (n° 1850), ici la conversion dans l'objet du gage n'est pas nulle, car il n'y a pas nantissement nouveau.

1090. — Le déplacement nécessaire du gage est très juste, lorsqu'il s'agit de meubles sans assiette fixe, marchandises ou titres au porteur. Sans la prise de possession, il n'y aurait point de publicité. Encore verrons-nous, dans les warrants agricoles, la brèche faite à cette notion (n° 1603).

Le meuble est ambulant. Une inscription sur un registre public, comme cela a lieu pour l'hypothèque, n'informerait pas les tiers : il dépendrait du débiteur de faire voyager le meuble et de le porter dans une autre région, où le nantissement serait ignoré.

Cependant certains meubles ont cette *assiette fixe* : — le matériel de culture, bétail compris, — le matériel industriel, — le fonds de commerce.

Pourquoi ces meubles (nous excluons les cas d'immobilisation résultant de l'art. 524 C. civ.) ne comporteraient-ils pas une *hypothèque* sans dépossession avec *inscription sur un registre public* ? C'est le principe appliqué : *a*) au navire, par les lois des 10 décembre 1874 et 10 juillet 1885, *b*) aux récoltes pendantes pour les prêts faits par les banques coloniales (l. 11 juillet 1851 et s.), c) au warrant agricole, d) au warrant hôtelier. Une loi qui autoriserait le locataire d'une usine à donner ses machines en gage, moyennant une mention sur un livre public, n'aurait rien de plus hardi.

Au surplus, dans l'ordre commercial, le législateur a frayé la route par la mise en gage des fonds de commerce. Mais, avant de parler de cette dernière opération, une digression s'impose. La mise en gage exige-t-elle que le constituant remette ses titres au créancier ? La nécessité du déplacement de possession ne s'étend-elle pas à l'acte instrumentaire, prouvant le droit du débiteur sur la créance ou sur le meuble incorporel engagé ?

1091. — De la mise en possession du titre de créance. — Le déplacement de possession est une condition du gage, limitée d'après nous aux meubles corporels et aux titres au porteur. Il ne s'étend pas aux créances civiles ni même aux créances négociables, nominatives ou à ordre. La signification de l'art. 2075, le transfert ou l'endossement suffisent à la publicité du nantissement. La délivrance du titre au créancier est surabondante.

Qu'est-ce que la possession ? L'exercice extérieur et non équivoque d'un droit. Lorsque le créancier a fait signifier le nantissement au débiteur, ou lorsqu'il a obtenu un endos ou un transfert à son nom, c'est lui, créancier gagiste, qui est qualifié aux yeux des tiers pour faire valoir ce droit. Le public est informé que la créance ou le meuble incorporel n'est plus à la disposition du constituant.

Il n'y a pas lieu d'exiger, par surcroît, qu'il soit fait *remise* au gagiste *du titre de créance*, de l'action ou de l'effet de commerce : cette remise n'est point une condition substantielle du gage.

C'est cependant à cette délivrance nécessaire de titre que conclut la jurisprudence (Civ. rej., 20 mars 1886, *J. Pal.*, 86, 732, et note Lyon-Caen). En cas de nantissement donné sur le droit à un bail, le locataire devra remettre le bail à son créancier : par là s'opère, disent les arrêts, le dessaisissement voulu par la loi (Paris, 21 juillet 1892, D. 93, 2, 108). De telle sorte qu'une créance non constatée par écrit ne saurait comporter de mise en gage. Ainsi pense également la doctrine (*Contra* Colmet de Santerre), à la suite de Pothier, qui avait d'abord penché vers l'avis contraire (Traités *du nantissement*, n° 6, et *de l'hypothèque*, n° 211).

Cette jurisprudence s'est trompée sur le sens des mots « mise en possession ». On ne possède pas un titre, mais un droit. A la différence des choses corporelles et des titres au porteur, cette détention est pour les choses incorporelles indifférente. Elle ne prouve pas que le droit ait été mis hors de la portée du débiteur. Les arrêts, au surplus, se contentent, pour le titre authentique, de la remise d'une expédition, le débiteur continuant à se présenter comme resté maître du droit, grâce à la grosse par lui conservée (Req., 13 mars 1888, D. 88, 1, 351) : quelle garantie offre cette transmission d'un chiffon de papier ?

Sous ces réserves, examinons la mise en gage d'un fonds de commerce.

1092. — Nantissement de fonds de commerce [1]. — D'après la définition du *fonds de commerce* (donnée aux nos 80 et s.), on devrait entendre par ces mots, non pas toutes les valeurs concourant à la marche d'un établissement, mais seulement la *clientèle* attachée à cet établissement, avec les avantages résultant du *bail* en cours. Le gage sur le fonds serait la faculté pour un créancier de faire vendre cette clientèle et ce bail, et de se payer par préférence sur le prix. Mais la question n'a pas été comprise ainsi à toutes les époques. Trois périodes demandent à être distinguées.

A. Sous les *Codes civil* et *de commerce*, cette mise en gage, dont aucun texte ne parlait, n'aurait pas dû être reconnue possible. Car il manquait une mesure de publicité suffisante pour avertir les tiers que le fonds avait été affecté à une dette déterminée. Ou, du moins, la publicité n'aurait pu consister que dans la tenue même du fonds par le créancier gagiste : posséder, c'est exercer le droit lui-même.

Les arrêts en avaient autrement décidé (Req., 13 mars 1888, *supra*) : la délivrance du titre, en jurisprudence, équivalait à la mise en possession. Le commerçant a des documents qui justifient de son droit sur le fonds et sur le magasin loué : il s'en dessaisira aux mains du gagiste, le nantissement sera régulier. Il pourra d'ailleurs continuer l'exploitation et ne sera pas tenu d'y préposer le gagiste.

Les titres à remettre au créancier étaient : 1° l'acte de transmission du fonds de commerce ; 2° le bail du magasin. En outre, le droit au bail constituant une créance de jouissance contre le propriétaire, le gage devait être signifié au bailleur, pour répondre à la condition imposée par l'art. 2075 au nantissement sur meubles incorporels.

La jurisprudence englobait dans le nantissement, outre la clientèle et le bail, l'outillage et les *marchandises* du fonds, quoique le gagiste ne les prît point en sa possession. Marchandises et matériel étaient l'accessoire du fonds, considéré comme une « universalité juridique », à moins de constituer en fait l'élément prépondérant de l'établissement, la clientèle n'ayant alors qu'une valeur inférieure (Paris, 2 novembre 1898, D. 99, 1, 196).

Nous avons protesté contre cette conception (n° 85) : les objets qui garnissent l'établissement ne font point partie du fonds de commerce. Un pareil nantissement demeurait occulte : le public n'avait aucun signe visible de l'affectation que cet ensemble de valeurs avait reçue. Un seul créancier s'attribuait ainsi en cas de faillite le produit intégral de l'actif.

B. La *loi du 1er mars 1898* avait introduit une réforme par simple addition à l'art. 2075 d'un alinéa ainsi conçu : « Tout nantissement d'un fonds de commerce devra, à peine de nullité vis-à-vis des tiers, être inscrit sur un registre public tenu au greffe du tribunal de commerce dans le ressort duquel le fonds est exploité ».

---

1. Abondante bibliographie : notamment Bouvier-Bangillon, *De la vente et du nantissement des fonds du commerce*, 1909 ; de Cornulier-Lucinière (th. Nancy, 1910) ; Peyrière (th. Toulouse, 1910), et les auteurs cités *supra*, n° 79 en note.

Cette réforme aboutissait à consacrer une *hypothèque mobilière* sans déplacement de possession sur cette valeur fixe que constitue le fonds de commerce, hypothèque comparable à celle que le droit maritime avait déjà, par les lois de 1874 et de 1885, instituée pour les navires. Il aurait donc fallu établir, pour le nantissement du fonds, un régime de publicité plus ou moins calqué sur le régime applicable d'après le Code civil aux hypothèques immobilières (inscription sur dépôt de bordereau, renouvellement de cette inscription, extraits à délivrer par les greffiers, radiation, purge, etc.). La loi s'abstenait de statuer sur tous ces points. Ce qui contribuait à l'environner de causes d'incertitude.

En outre, la loi avait produit des abus. L'institution avait tué le crédit des petits commerçants. Les vendeurs de fonds accaparaient par ce moyen, et en tournant la loi des faillites, l'actif total de leurs acheteurs. On admettait que le nantissement comprenait le matériel et les marchandises (Cass., 31 octobre 1906, D. 1906, 1, 528). Telles avaient été les déclarations faites au Sénat par M. THÉZARD, rapporteur.

De nombreuses Chambres de commerce protestèrent. Quantité de thèses de doctorat et de dissertations parurent sur ce sujet (V. notamment MAGNIN dans les *Ann. dr. com.*, 1899 et 1900). Il fut examiné par la *Société d'Etudes législatives* (au rapport de M. PERCEROU, *Bulletin*, 1903, p. 218).

C. La *loi du 17 mars 1909*, qui traite à la fois de la vente et du nantissement des fonds de commerce (pour la vente, cfr. n° 90), est enfin venue dissiper ces doutes et fait rentrer notre nantissement dans des limites honnêtes. Les règles qu'elle établit, relativement à l'*inscription* du privilège du créancier nanti, s'étendent à l'inscription du privilège du vendeur du fonds.

Les fonds de commerce peuvent faire l'objet de nantissements, sans autres conditions et formalités que celles prescrites par la loi nouvelle (art. 8).

Sont seuls susceptibles d'être compris dans le nantissement : la clientèle (avec l'enseigne, le nom, le droit au bail), le mobilier commercial, matériel et outillage, et les droits de propriété industrielle attachés au fonds. A défaut de désignation expresse, il ne porte (art. 9) que sur le premier de ces éléments : clientèle (enseigne, nom et droit au bail compris). En aucun cas, *il ne sera possible d'y comprendre les marchandises*, et c'est en cela que la loi nouvelle réalise un progrès, ne permettant plus l'absorption complète du crédit d'un homme par un fournisseur privilégié.

En la forme, le nantissement doit être constaté par un acte authentique ou par un acte sous seing privé, dûment enregistré : il est donc dérogé à la règle de droit commercial de l'art. 91 C. com. modifié en 1863. Le privilège s'établit par une inscription à prendre sur un *registre public tenu au greffe du tribunal de commerce*, dans le ressort duquel le fonds est exploité, et sur le registre du greffe de chacune des succursales. Aucune autre mesure de publicité n'est prescrite, ni insertion au journal d'annonces légales, ni signification au bailleur (En ce sens déjà, Civ. rej., 5 janvier 1904, S. 1904, 1, 223). L'inscription au greffe doit être prise, *à peine de nullité du nantissement*, dans la quinzaine de la date de l'acte constitutif (art. 10 et 11) : sanction inconnue des autres dépendances de notre droit hypothécaire, où règne le principe qu'une inscription, quoique tardive, vaut à sa date.

Le rang des créanciers ayant obtenu nantissement sur le fonds, s'ils sont plusieurs, est déterminé par la date de leur inscription (art. 12).

La loi nouvelle, quant à la formalité de l'inscription, à la durée de ses effets, aux conditions de radiation, à la délivrance d'états au public, a pris en général pour guide, dans les art. 24 et s., les règles établies en matière d'hypothèques immobilières, et que la législation de l'hypothèque maritime avait déjà suivies en 1874 et en 1885. La seule particularité notable à signaler est la durée de l'inscription, fixée par la loi à *cinq années*, sauf renouvellement avant l'expiration de ce délai (art. 28). Si les cinq ans étaient expirés avant que l'intéressé n'eût effectué le renouvellement, le privilège lui-même serait perdu et non pas seulement le rang : l'effet de la première inscription se trouvant épuisé, la situation équivaudrait au défaut de prise d'inscription dans la quinzaine de l'acte constitutif.

Le fonds de commerce, grevé de nantissements, peut être l'objet d'un déplacement. Ou bien les créanciers gagistes adhèrent à ce déplacement ; ayant reçu avis de la résolution du débiteur, ils auront fait dans la quinzaine suivante reporter leurs inscriptions sur le registre du nouveau siège ; leurs créances demeurent alors telles qu'elles étaient. Ou bien le déplacement a lieu sans leur consentement ; en ce cas, s'il en résulte une dépréciation du fonds (art. 13) [1], leurs créances peuvent devenir exigibles (application indirecte de l'art. 1188 C. civ.).

Le propriétaire bailleur de l'immeuble dans lequel s'exploite le fonds ne peut résilier le bail à l'amiable ou judiciairement, sans avoir fait une notification préalable aux créanciers inscrits (art. 14) [2].

§ 2. — Règles de réalisation du gage.

1093. — Par suite de la réforme de 1863, le gage commercial se réalise sans autorisation de justice, au moyen d'une procédure rapide [3]. Cette procédure consiste en ceci :

a) Signification par exploit d'huissier, faite au débiteur et au tiers bailleur du gage, s'il y en a un, à défaut de paiement à l'échéance ;

b) Vente publique des objets donnés en gage, *huit jours* après ladite signification (art. 93, al. 1) : c'est un délai franc, art. 1033 C. proc. civ. [4].

---

1. Le texte de la loi ajoute à cette hypothèse un autre cas, tout à fait exorbitant, de déchéance *facultative* du terme, une déchéance pouvant résulter de la seule inscription du nantissement. En effet, cette inscription peut rendre exigible toute dette antérieure, même chirographaire, du constituant, pourvu que cette dette ait pour cause l'exploitation du fonds (art. 13, al. 4).

2. Nous ne pouvons entrer dans l'examen des modifications proposées par M. Cordelet au texte de la loi du 17 mars 1909, dont il a été lui-même l'auteur (n° 83).

3. Lorsque le créancier gagiste veut s'appliquer le gage à dire d'experts, il semble qu'il ait conservé, même au commerce, le droit de se le faire attribuer, moyennant autorisation de justice, comme le décide l'art. 2078 C. civ.

4. La Banque de France peut faire vendre, le lendemain de l'échéance et sans mise en demeure, les valeurs déposées à raison d'avances sur titres (Ordonn. 15 juin 1834).

A moins qu'il ne s'agisse de valeurs de Bourse, l'officier compétent pour procéder à la vente est le *courtier* inscrit ou assermenté (voir le chapitre suivant), du moins lorsqu'il s'agit de *marchandises en gros*. Les parties peuvent cependant faire requête au président du tribunal de commerce pour qu'il désigne une autre classe d'officiers publics, assujettie alors aux tarifs des courtiers (art. 93, al. 2 et 3).

Si le gage a pour objet des choses corporelles autres que des marchandises et, en outre, pour toutes les *ventes en détail*, les courtiers sont sans qualité. La jurisprudence a donné raison aux commissaires-priseurs contre les courtiers (Civ. rej., 5 janvier 1898, D. 98, 1, 460 ; voir cep. Wahl, sous Paris, 9 mai 1894, S. 95, 2, 241).

Pour les valeurs de Bourse, cotées ou non, l'officier compétent est l'*agent de change* ; la vente a lieu aux enchères, suivant les formes énoncées par les art. 70 et 71 du décret du 7 octobre 1890.

1094. — La *clause commissoire*, autorisant le créancier à s'approprier le gage ou à en disposer sans les formalités ci-dessus, est nulle et de nul effet (art. 93, al. 4).

Le débiteur qui souscrit à cette clause est privé de sa liberté ; il ne peut faire une pareille convention ni au moment de la constitution, ni au cours de son engagement, ni même sa dette une fois échue [1].

Mais, s'il était tombé en faillite, le syndic, pour diminuer les frais, pourrait, au nom de la masse, autoriser le créancier à vendre à l'amiable.

1095. — Lorsque le gage se dissimule sous une *vente à réméré*, les parties contreviennent indirectement à la prohibition du pacte commissoire. La faculté de rachat étant limitée à un certain délai, l'expiration du temps convenu sans que le vendeur en ait usé rend l'acheteur définitivement propriétaire. C'est comme si les parties avaient déclaré que le gage serait acquis de plein droit au créancier faute de paiement. Cependant, l'opération n'est pas nulle. Là même où le réméré serait *obligatoire*, où l'acheteur pourrait contraindre le vendeur à l'exercer, le contrat devra être observé.

Ce n'est que si la chose vendue à réméré doit demeurer au vendeur *à titre de dépôt ou de location*, qu'il y a un nantissement détourné ; et un nantissement nul faute de déplacement de possession. Cette combinaison, dite *contrat pignoratif*, était déjà réprouvée dans l'ancien droit. Il y avait alors un motif de plus de l'annuler : le débiteur, resté nanti, promettait un loyer, véritable intérêt du capital avancé par le créancier prétendu acheteur. Aujourd'hui encore il est à craindre que cet intérêt, en matière civile, ne dépasse 5 o/o ; l'opération serait nulle à la fois : *a*) comme contraire à l'art. 2078 C. civ., et *b*) comme entachée d'usure.

1096. — En résumé, l'exécution du gage commercial peut s'effectuer *sans titre exécutoire*. C'est un pouvoir exorbitant ; car pour tous les autres privilèges reposant sur un gage tacite, excepté celui du commissionnaire :

---

1. Cependant la Cour de cassation permet la vente du gage faite par le débiteur au créancier (Req., 17 octobre 1906, D. 1907, 1, 79).

— pour le privilège du bailleur (art. 819 C. proc. civ.), — pour celui de l'agent de transport (art. 106 C. com.), — pour celui de l'aubergiste (l. 31 mars 1896), — pour celui de l'ouvrier qui a confectionné ou réparé des objets abandonnés chez lui (l. 31 décembre 1903), — la vente est subordonnée au moins à une ordonnance du juge de paix.

La créance étant souvent litigieuse et non liquide, la loi de 1863 a poussé la simplification des anciennes formes plus loin qu'il n'aurait fallu.

1096 *bis*. — Les règles précédentes sur la réalisation du gage ne sont pas celles qui s'appliquent, depuis la loi du 17 mars 1909, à la réalisation d'un nantissement d'un *fonds de commerce* [1].

Le créancier gagiste (ou le vendeur du fonds) doit, huit jours après sommation de payer demeurée sans résultat, faire ordonner la vente par le tribunal (art. 16). C'est le *tribunal de commerce* qui a compétence à l'effet de prononcer cette vente, et non le tribunal civil ainsi que le voulaient les principes ordinaires réservant à la juridiction de droit commun les mesures d'exécution (art. 442 C. proc. civ.). Cette innovation a été consacrée au cours des débats de la loi, par le Sénat, sur un amendement de M. Vallé. La vente a lieu après sommation de prendre communication du cahier des charges, faite aux créanciers inscrits ainsi qu'au propriétaire du fonds, et après apposition d'affiches. Aucune surenchère n'est admise, lorsque la vente a eu lieu suivant les règles tracées par la loi (art. 17 et 21).

Il était à craindre que, le privilège ne portant pas nécessairement sur tous les éléments du fonds et excluant de toute manière les marchandises, la vente publique *séparée* d'un de ces éléments n'en compromît la valeur de réalisation, et aussi la valeur de réalisation des autres. Le tribunal de commerce ordonnera qu'il sera procédé à la *vente de tous les éléments du fonds*, avec mises à prix distinctes, et ventilation à faire dans le prix : 1° lorsque le créancier le requerra ; 2° lorsque le débiteur en fera la demande ; 3° lorsqu'un autre créancier inscrit, touché de la notification des poursuites, aura, dans la quinzaine, formé devant le tribunal de commerce une semblable prétention ; 4° même, en dehors d'une réalisation de nantissement, à la demande de tout créancier obtenant condamnation, si sa créance se rattache à l'exploitation du fonds (dérogation à la règle qui subordonne aux formes de la saisie mobilière l'exécution forcée requise par un créancier chirographaire) (art. 15, 18 et 21 de la loi) [2].

Le tribunal pourra autoriser le poursuivant, s'il n'y a pas d'autre

1. C'est principalement à l'organisation du régime de la vente publique des fonds de commerce que s'est attaché M. Cordelet, dans sa proposition qui modifie, qui complète surtout la loi de 1909 (n° 83).

2. Les dispositions de la loi ne sont pas claires, et il est difficile d'établir entre elles une parfaite concordance. Ce pouvoir de demander la vente de tous les éléments réunis du fonds n'est expressément conféré au créancier poursuivant qu'à partir du moment où « il a exercé une saisie-exécution ». Il n'est reconnu au débiteur que dans la même hypothèse (art. 15). Le même droit à la vente globale n'est pas formellement exprimé à l'égard du créancier chirographaire qui obtient un jugement de condamnation (art. 18). Au total, il règne dans cette partie de la loi un déplorable désordre.

créancier poursuivant ou opposant, à toucher le prix directement et sur sa seule quittance, soit de l'adjudicataire, soit de l'officier public vendeur (art. 15, av.-dern. al.).

En cas de vente à l'amiable, le privilège du créancier gagiste (ainsi que celui du vendeur) suit le fonds de commerce en quelques mains qu'il passe. Les art. 2279 et 2280 C. civ. ne s'appliquent point au fonds de commerce (Cass., 26 janvier 1914, D. 1914, 1, 112), excepté pour ce qui concerne le matériel, séparément vendu (Req., 22 avril 1913, D. 1913, 1, 225 ; *contra* Rouen, 14 novembre 1908, D. 1911, 2, 313, note PERCEROU).

Le privilège ne s'éteint pas, comme le droit de suite des créanciers chirographaires du vendeur, par les formalités visées à l'art. 3 de la loi de 1909. L'acquéreur peut procéder à la purge, de la même manière et sous les mêmes formes que l'acquéreur d'un immeuble, sous réserve de quelques différences concernant surtout les délais. La surenchère du dixième, accordée à tout créancier inscrit, doit être exercée dans la quinzaine de la notification, et la procédure se déroule devant le tribunal de commerce (art. 22 et 23).

CHAPITRE II

DU COURTAGE ET DE LA COMMISSION

1097. — *Courtiers* et *commissionnaires* prêtent leur entremise aux commerçants. Mais, cette entremise ne s'exerçant point sous la même forme, le sujet doit être étudié dans deux sections.

SECTION PREMIÈRE

DU COURTAGE

(C. com., 1, 5, art. 71 à 90 *passim* ; l. 18 juillet 1866).

1098. — Le *courtier* a tenu, au moyen âge et dans le commencement de l'époque moderne, un rôle plus important qu'aujourd'hui : il était l'indigène chez qui descendait le marchand étranger, il lui prêtait son patronage. Les marchés se traitaient par son intermédiaire, il répondait de son client, et lui servait de truchement (comme le fait encore le courtier maritime). Il certifiait par son bordereau l'opération, ainsi que le poids de la marchandise livrée, il venait déposer en justice, etc. — De là, une fonction publique, qu'on a peine à comprendre si l'on s'en tient à la médiation qu'il fournit de nos jours.

Depuis 1866, la liberté du courtage des marchandises a multiplié ces agents, sans qu'il soit facile de les distinguer des représentants de commerce ni même des commissionnaires. Beaucoup d'entre eux se contentent de cette position, après en avoir connu de plus brillantes.

Simples médiateurs entre les deux parties, qui négocient ensuite directement le marché : telle semblait la fonction exclusive des courtiers, d'après le Code de commerce. Elle s'est modifiée ; souvent ils traitent le marché eux-mêmes au nom du donneur d'ordre, et font office de « mandat », au lieu de simple « louage d'ouvrage ».

Par suite de toutes ces raisons, il convient de ne consacrer au courtage que de faibles développements ; parlant précédemment des Bourses, nous avons placé déjà les courtiers dans leur cadre habituel (n°s 852 et s.).

1099. — Courtages d'ordre maritime. — Il faut écarter ce qui concerne le droit maritime. La loi a établi :

1° Des *courtiers maritimes* ou *interprètes et conducteurs de navires* (art. 81 C. com. et Ord. 1681, I, 8, art. 2 à 6). Ils font le courtage des affrètements ou transports maritimes (mise des chargeurs en rapports avec les capitaines, rédaction du bordereau ou du connaissement). Ils constatent le cours officiel des frets. Ils procèdent à la *conduite* du capitaine, c'est-à-dire qu'ils le représentent, ou, s'il est étranger, lui servent d'interprète auprès de la douane et du tribunal de commerce (dépôt du manifeste, rapport de mer)[1] ;

2° Des *courtiers d'assurances maritimes* (art. 79), faisant le courtage des assurances, rédigeant les polices concurremment avec les notaires, certifiant les cours des primes (ne pas les confondre avec les courtiers d'assurance terrestre, profession libre) ;

3° Des *courtiers de transport par terre ou par eau* (art. 82), opérant dans l'ordre de la navigation fluviale : cette profession n'a guère existé que dans le cerveau du législateur.

1100. — Ces catégories de courtiers fonctionnent sous la loi du privilège, comme les agents de change dont il convient de les rapprocher. Ils sont institués par le gouvernement en nombre limité : ils exercent un office public, avec faculté de présenter leur successeur moyennant finances ; ils n'ont pas le droit d'exercer le commerce pour leur compte. Nul autre ne peut s'immiscer dans leurs attributions, sous peine de l'amende proportionnelle au cautionnement (L. 28 ventôse an IX, art. 8).

Les bordereaux qu'ils délivrent, à condition d'être signés par les parties (art. 109, al. 4, C. com.), ou les contrats qu'ils rédigent disposent de la *force probante* des actes authentiques (arg. art. 1317 C. civ.) ; mais non de la *force exécutoire*, laquelle est réservée aux actes notariés.

Ils ne jouissent point de la faveur de s'adjoindre des associés, accordée aux agents de change dans les Bourses à parquet (L. 2 juillet 1862).

---

1. L'assistance du courtier est requise : 1° lorsque le capitaine ou son armateur n'agit pas par lui-même ; 2° lorsque celui-ci est hors d'état de le faire, parce qu'il ne connaît point notre langue. Le fait par l'armateur d'être représenté soit par un commis sur la place, soit par un « consignataire du navire », dispense-t-il de recourir au courtier ? *Quid* du « consignataire unique de la cargaison » quant aux opérations de douane concernant la marchandise ? Nous renvoyons au droit maritime pour la solution de ces questions.

1101. — Courtage en marchandises. — Dans le commerce terrestre, le courtage se limite aux *achats* ou *ventes de marchandises*. Car le « courtier » d'assurances terrestres et sur la vie, qui fréquente la clientèle d'une place pour la faire conclure ou renouveler des polices, est moins un vrai courtier que le préposé d'une ou de plusieurs Compagnies, ce qui le fait ressembler au « remisier » de l'agent de change. C'est seulement de ces courtiers en marchandises qu'il sera question par la suite.

1102. — On appelle *courtage* (n° 25) la *médiation par laquelle une personne cherche un vendeur à un acheteur ou réciproquement*, et signale la contre-partie à un donneur d'ordre, qui se met en rapports avec elle.

Le courtier touche un *courtage* de chacun des opérateurs et confectionne le *bordereau* du marché si les intéressés lui en confient la rédaction. Le fait que les deux parties se trouvent, par son ministère, en relations directes, exclut toute idée de secret professionnel, de garantie d'exécution, et de prise de couverture. Cette profession n'a pas besoin d'un fonds de roulement (à moins que l'usage ou que les conventions n'aient assigné à l'agent la fonction, sensiblement différente, de commissionnaire).

Il donne son concours à toute personne, sans dépendre d'un patron. Officier public ou non, il est *commerçant* (art. 632, et art. 1er C. com. cbn.).

1103. — La législation du courtage en marchandises a été transformée par la *loi du 18 juillet 1866*.

Précédemment, cette nature de courtage était, comme les autres, érigée en office ministériel, avec des titulaires en nombre limité, disposant d'un privilège. L'extension graduelle des affaires les avait obligés sur les différentes places à se spécialiser. De là, une gêne pour le commerce. Les commerçants, résidant ailleurs que sur le marché de leurs produits, ont besoin d'y choisir un agent. Ce choix ne fut plus pratiquement possible; en face de courtiers s'étant réparti les diverses branches d'affaires. Le commerce recourut alors au ministère des *représentants*.

Il s'établit sur ces places des agents libres, recevant les propositions des maisons de fabrique, et les transmettant à la clientèle. Ils en référaient aux commettants, lorsque les clients demandaient à modifier les conditions. Les courtiers poursuivirent ces nouveau-venus pour exercice illégal du courtage ou « marronnage », et les firent condamner.

Le commerce protesta. Il fallut lui donner satisfaction et établir la liberté du courtage. On décida le rachat des anciennes charges, ainsi que le remboursement des cautionnements. Ce fut l'objet de la loi de 1866.

Actuellement, il y a deux espèces de courtiers en marchandises.

1104. — 1° Courtiers libres. — La plupart d'entre eux sont des courtiers libres : toute personne a le droit d'exercer cette profession, au même titre que celle de banquier ou de fabricant (art. 1er de la loi). Pas de monopole, pas de limitation du courtage aux seuls citoyens, aux seuls Français, pas de Chambre syndicale, à moins qu'ils n'usent volontairement de la loi du 21 mars 1884 sur les syndicats professionnels. Pas d'immixtion dans la cote officielle : celle-ci, on va le voir, est établie par d'autres agents.

Si le courtier s'est borné à rapprocher les deux opérateurs, il n'est responsable ni de la qualité de la marchandise, ni de la solvabilité de l'acheteur. La livraison s'est faite en dehors de lui, le vendeur a agréé la contrepartie après s'être informé de son crédit. Le courtier ne pourrait être recherché, sauf si son rôle se compliquait d'autres éléments.

1105. — **2° Courtiers inscrits.** — La loi de 1866, tout en supprimant les courtiers privilégiés, s'arrête à un moyen terme. Elle établit, à côté des courtiers libres, des agents revêtus d'un certain caractère officiel. Ces agents sont désignés du nom de courtiers *inscrits* ou *assermentés*.

Il est dressé par le tribunal de commerce la liste des courtiers de marchandises qui auront demandé à y être portés, et que le tribunal aura jugés dignes d'y figurer, moyennant un droit d'inscription, lequel ne saurait excéder 3.000 fr. [1]. Ils sont en nombre indéfini ; leurs charges ne donnent pas lieu à trafic.

Seuls peuvent être inscrits sur la liste : les citoyens français non faillis ou réhabilités, et justifiant par une attestation de commerçants de leur moralité et d'aptitudes professionnelles (art. 2).

Quoique ces courtiers de la deuxième catégorie n'aient plus le droit exclusif de faire le courtage, du moins certaines attributions leur sont réservées.

Bien que pouvant faire le commerce pour eux-mêmes, ils ne doivent prendre aucun intérêt dans les opérations dont ils sont chargés, à moins d'en informer les parties : le tout, à peine d'amende et de radiation (art. 7). La règle paraît concerner tant les courtiers libres que les courtiers inscrits, hormis la sanction pénale qui est spéciale à ces derniers.

Voici les prérogatives des courtiers inscrits :

1106. — *a*) Réunis en Chambre syndicale et placés sous la discipline de cette Chambre, ils se réunissent pour *constater* périodiquement *le cours des marchandises*, avec des négociants ou des courtiers libres, s'il y a lieu (art. 2 *in fine*, 3 et 9, et loi du 22 mars 1803). — On a vu (n° 1034) que la plupart du temps ce cours était établi en fait par le relevé des prix traités à la Bourse du commerce, en dehors des courtiers eux-mêmes : ils se contentent, en le certifiant, de lui donner le caractère officiel.

1107. — *b*) A défaut d'experts désignés d'accord, l'*estimation* d'une *marchandise déposée dans un magasin général* ne saurait être confiée qu'à des courtiers inscrits (art. 5).

Par exemple, l'acheteur, lors de la livraison, demande l'expertise de la marchandise entreposée. Ou bien, un warrant n'est agréé par un banquier que sous condition de vérification : à moins d'experts nommés à l'amiable, un courtier inscrit, seul, peut en être chargé.

Le courtier requis de procéder à une telle estimation ne peut pas sous peine de radiation se porter acquéreur (art. 6). La loi déjoue le calcul qui

1. C'est cette ressource budgétaire qui a permis le remboursement par l'État du prix et du cautionnement des anciennes charges.

lui ferait déprécier la marchandise, afin de se la procurer ensuite à plus bas prix.

1108. — Ventes publiques. — *c*) Enfin le courtier inscrit peut seul être préposé à une *vente publique volontaire en gros* (art. 4).

La législation des ventes publiques de marchandises est compliquée. Nous ne pouvons l'examiner longuement. Autrefois, ces opérations étaient vues défavorablement, à cause de la concurrence qu'elles faisaient au commerce de magasin. Les enchères en entrepôt détournaient la clientèle des maisons vendant de gré à gré.

Plus tard, on revint de cette prévention, en entrant dans les idées anglaises. Le développement des entrepôts nécessitait des adjudications aux criées dans des salles attenantes au magasin général. Mais, pour ménager les intérêts du négoce du détail, on s'est arrêté à un système transactionnel dont la formule a plusieurs fois varié.

La vente publique volontaire n'a été permise que par lots de 500 fr. d'abord, puis de 100 fr. Pour certains articles, cette vente est subordonnée à une autorisation du tribunal de commerce. Il n'y peut être procédé que par courtiers inscrits (L. 25 juin 1841 ; 25 mai 1858 ; 3 juin 1861 ; D. 30 mai et 6 juin 1863).

La *vente au détail* reste exceptionnellement permise dans certains cas, tels que la cession de fonds de commerce : elle n'a point lieu par l'entremise du courtier, mais par celle du *commissaire-priseur* [1].

La *vente forcée* de marchandises (saisie, faillite, réalisation de gage ou de warrant) est autorisée, même si elle est faite au détail et au-dessous du montant des lots prescrits pour une vente publique volontaire. Pendant longtemps les courtiers inscrits ont cru que leur privilège s'étendait à ces ventes forcées. Mais la jurisprudence a fini par leur donner tort dans leur lutte contre les commissaires-priseurs, là du moins où l'adjudication cesserait d'être une vente en gros (n° 1093).

Dans les marchés à terme, le vendeur fait réaliser à l'échéance la marchandise aux risques de son acheteur, lorsque celui-ci manque de prendre livraison (n° 1040). Ici encore, il y a lieu au ministère exclusif du courtier inscrit, mais seulement pour une opération de gros ; — ce qui sera toujours le cas dans les marchés de spéculation [2].

---

1. La vente publique du fonds de commerce, comme valeur d'achalandage, rentre dans les attributions du *notaire*. Si des marchandises sont vendues avec le fonds (situation que la nouvelle loi du 17 mars 1909 cherche à encourager, n° 1096 *bis*), la compétence varie selon que les marchandises représentent, par rapport à la clientèle, la valeur la plus importante, ou la valeur accessoire. Dans le premier cas, la vente pour toutes ses parties rentre dans la compétence du courtier (ou du commissaire-priseur). Dans le second cas, elle reste du ressort du notaire. — Cela n'est pas contraire à l'opinion d'après laquelle le fonds de commerce exclut, juridiquement parlant, les marchandises qui en dépendent (n° 85).

2. D'après le projet d'organisation des Bourses de commerce de 1910, le courtier inscrit ou assermenté aurait seul pu exécuter un ordre à terme d'un *non professionnel* (n° 997). La loi de finances du 27 février 1912, art. 8, s'est contentée d'exiger que cet ordre serait confié à un courtier ou commissionnaire restant soumis aux obligations dérivant de sa qualité de mandataire, c'est-à-dire qui ne serait point *contrepartiste* de son client (n° 997).

SECTION II

DE LA COMMISSION DE VENTE OU D'ACHAT

(C. com., art. 94 et 95, art. 575).

§ 1. — Règles communes.

1109. — La commission, comme le courtage, a été pratiquée plus largement au moyen âge qu'elle ne l'est de nos jours. Elle est née des nécessités du commerce à distance. L'étranger était obligé de recourir au ministère d'un indigène, qui devait traiter les contrats comme s'il les faisait pour lui.

Quelquefois l'établissement local avait son existence propre. Souvent aussi, dans telle ville éloignée, l'étranger créait un comptoir disposant d'une véritable autonomie, et le faisait tenir par un associé ou par un employé résident. Celui-ci recevait de la maison principale ou lui expédiait des marchandises. Les affaires de la succursale se liquidaient au compte de l'établissement qui l'avait fondée. Pour le public, c'étaient deux maisons différentes. L'histoire de la commission se lie ainsi à celle de la société en commandite [1].

1110. — **Définition.** — On n'est pas fixé sur le domaine juridique de la commission. Un point est hors de controverse : c'est que la commission est un *mandat salarié*. Le salaire (droit de commission), proportionnel au chiffre de l'opération, est fréquemment sous-entendu ou réglé d'après des tarifs énoncés dans les circulaires que répand le commissionnaire [2].

Au surplus, il n'y a commission que dans le cas d'entreprise, c'est-à-dire de profession (art. 632 C. com.).

Mais quelles conditions doit remplir le mandat pour devenir une commission ? — Deux opinions sont défendues.

1111. — I. **Mandat exercé en nom propre.** — Dans une première théorie, la commission est le mandat exercé par une personne *qui agit en son nom propre et personnel*. C'est le mandat sans représentation, ainsi que les Romains le pratiquèrent longtemps.

Le commissionnaire use de son crédit, devient « personnellement » créancier ou débiteur par le marché qu'il traite pour autrui : autrement, on retombe dans le mandat ordinaire. Le commissionnaire dissimule et masque le commettant. Les tiers ne voient point celui-ci, mais seulement

---

1. L'ouvrage le plus considérable sur la commission est celui de Grünhut (de Vienne); *Das Recht des Kommissionshandels*, 1879. Le livre de Delamarre et Le Poitvin, publié d'abord sous le titre « du contrat de commission », puis sous celui de *Traité de droit commercial*, 1861, bien qu'ayant vieilli, mérite d'être consulté à raison de ses vues historiques (avant-propos du 2e vol.).

2. Les tribunaux s'attribuent, en matière civile et commerciale, le droit de réduire, lorsqu'ils la jugent excessive, la rétribution stipulée dans le mandat. Mais ce n'est guère que vis-à-vis des agents d'affaires qu'ils usent en fait de ce pouvoir, de légalité contestable.

l'intermédiaire. Ils ont pu penser que l'acte était fait au compte même de ce dernier. C'est le trait que nous avons relevé dans l'*association en participation* (n° 476).

La pratique est favorable à ce système. Ramener tout mandat commercial à une commission, serait mêler la représentation, l'agence d'affaires, la commission au sens étroit du mot, c'est-à-dire des services qui ont chacun leur trait particulier. Pour le monde de la pratique, c'est la nature du service rendu par la commission, qui doit en déterminer la nature.

1112. — Le commissionnaire, en effet, ne donne pas seulement son concours pour placer ou pour acheter des marchandises. Il fournit surtout au négociant ou à l'industriel le moyen de vendre ou d'acheter au loin à des tiers qui ne le connaissent point et qui ne veulent traiter qu'avec une personne de leurs relations. Il faut que *le commissionnaire prête à ses donneurs d'ordre* sa réputation de solvabilité, *son crédit*, son nom. Ainsi l'entend la loi allemande actuelle.

Ex. : *a*) Telles maisons d'Espagne s'approvisionnent d'articles de Paris. Si elles se présentaient elles-mêmes, on ne leur ferait pas crédit. Elles achètent alors par l'entremise de commissionnaires parisiens, qui ont une situation connue dans le milieu des vendeurs. Ces commissionnaires achèteront pour Madrid, mais en prenant les marchés sous leur nom. Telle est la *commission d'achat*.

b) Nos fabricants de soieries ont intérêt à se servir comme débouché d'une place étrangère, celle de Londres. Mais l'Anglais voudra acheter à des établissements qui ont leur siège à Londres et qu'il apprécie pour le soin qu'ils donnent à la marchandise ou pour tel autre motif. Les fabricants recourront donc à ces établissements. Ceux-ci placeront les soieries *proprio nomine*, comme si elles sortaient de leur maison, alors qu'en réalité ils font l'affaire d'une autre. La vente se conclura bien en vertu d'un mandat, mais sans représentation. Telle est la *commission de vente* : elle fait, en outre, profiter le donneur d'ordre de certains avantages accessoires qui seront exposés ci-dessous.

1113. — Ce système, malgré sa valeur pratique d'observation, ne paraît pas être celui de la loi française. Il en sera tenu compte dans ce chapitre : nous discuterons les applications de la commission, comme si elle possédait ce champ réduit : aussi bien, ne se présente-t-il guère qu'en pareille hypothèse des difficultés de droit.

Mais les textes ne limitent pas ainsi la portée de notre contrat. L'art. 94 groupe sous la même épithète : le commissionnaire qui « agit en son propre nom ou sous un nom social pour le compte d'un commettant (art. 1er) », et celui qui « agit au nom du commettant » suivant le Code civil, titre du *Mandat*, III, 13, autrement dit par représentation (al. 2).

1114. — II. **Mandat d'accomplir un acte de commerce.** — En doctrine, la commission est le mandat salarié tendant à accomplir *un acte qui est*, à l'égard du mandant, *une opération commerciale*.

Nous nous rangeons à cette opinion, avec une variante. Ce qui constitue la commission, par opposition au mandat ordinaire, ce n'est pas nécessairement la nature d' « acte de commerce » dans l'opération confiée au mandataire (achat de marchandises pour les revendre, etc.). C'est plutôt la « nature de l'objet » que le mandataire a reçu ordre de traiter. Si cet objet est un *produit* ou un *titre circulant*, notre contrat existe, quoique l'opération, prise du côté du mandant, ne soit pas un acte de commerce en vertu des art. 632 et 633.

La commercialité consiste dans la circulation des produits et des titres de crédit (nos 7 et 14). Lorsqu'un de ces biens mobiliers part de celui chez qui il s'est formé pour aller tout droit à celui qui doit le mettre en valeur, le droit commercial n'intervient point. Au contraire, dès que se constitue une chaîne, si courte soit-elle, et que le trafic de l'objet implique le ministère d'une ou de plusieurs autres personnes, cette interposition relève de la législation commerciale. Nous suivrons cette notion directrice.

Aucun texte ne nous donne une définition de la commission. Nous savons seulement que, selon les cas, le commissionnaire exécute l'ordre sous son nom ou l'accomplit sous le nom de son commettant. En droit civil, dans un simple mandat, ce double mode d'action serait également de nature à se présenter. Cela laisse toute latitude pour caractériser notre contrat d'après un signe emprunté non au mode, tout à fait secondaire, dont l'intermédiaire exécutera ses instructions, mais à la matière de son trafic.

Il résulte de là : 1° que le fait par un *agriculteur* d'employer un agent pour la *vente de ses grains* constitue un ordre de commission ; cependant, vendre les produits de son cru est un acte civil ; — 2° qu'il en est de même de l'entremise du banquier, agent de change ou coulissier dans la vente de *titres de Bourse* ; et ici encore, s'il s'agit d'un ordre au comptant, le client n'a point fait un acte de commerce.

Mais, en revanche, n'est pas une commission le mandat de vendre ou d'acheter un *fonds de commerce* : ce fonds n'appartient point aux valeurs comprises dans le mouvement de la circulation, tel qu'il est régi par le droit commercial.

La question doctrinale n'a qu'un médiocre intérêt dans la pratique. La profession rétribuée d'intermédiaire rentre dans l' « agence d'affaires », ou encore dans la « représentation de commerce » (n° 1115), si elle ne dépend point de la « commission » ; ce qui a toujours pour effet de soumettre l'agent aux tribunaux de commerce et à la faillite (art. 632, al. 4).

Seule, est engagée dans le débat la portée du privilège du commissionnaire établi par l'art. 95 : il faut le refuser à un simple agent d'affaires, à un représentant, à un courtier.

La commission est un *mandat* : il en résulte plusieurs conséquences.

1115. — Conséquences. Différence avec la représentation de commerce. — *1*) *Le commissionnaire* et le *représentant de commerce* sont, d'après l'opinion la plus répandue, deux personnes différentes. Mais quelle est au juste la condition du représentant ? Les idées se sont modifiées.

A. On a soutenu longtemps que le représentant était un *préposé*, que le contrat qui lie le représentant au chef était un *louage de services*.

En effet, disait-on, il n'est pas maître d'établissement, il se doit à la maison dont il a pris la représentation, sans pouvoir, vis-à-vis des clients, mettre d'autres maisons similaires en concurrence avec la première. Il n'est point commerçant et ne doit pas concourir à la formation du tribunal de commerce (Cass., 21 décembre 1898, D. 1903, 1, 82, et *Ann. dr. comm.*, 1889, 2, 193; Req., 20 janvier 1908, quant au représentant d'assurance, D. 1908, 1, 180; *Contra*, Paris, 26 janvier 1911, D. 1912, 2, 167).

Il est vrai que ce préposé n'opère ni dans la maison, ni sous la surveillance immédiate du patron; ses frais de bureau et d'installation peuvent rester à sa charge. En outre, au lieu de toucher des appointements fixes, il stipule un pourcentage, qualifié aussi « commission », sur les marchés conclus par son intermédiaire [1].

Mais cela ne l'empêche pas d'avoir une fonction subalterne, inconciliable avec le rôle de commissionnaire [2]. La résiliation du contrat, d'après l'art. 1780, entraîne des dommages-intérêts en cas de « renvoi abusif » (Req., 5 décembre 1904, D. 1906, 1, 110; Nancy, 2 février 1909, D. 1910, 2, 268). Comme les autres employés, le représentant, après avoir recouvré sa liberté, a le droit de reprendre la clientèle dont il avait fait profiter temporairement son patron (à moins de s'être expressément privé de cette faculté, Req., 7 juillet 1898, S. 98, 1, 520).

Cet agent ne dispose donc point, en cas de faillite du chef, du privilège de l'art. 95 sur les marchandises déposées chez lui, et grevées tout au plus d'un droit de rétention pour le couvrir de ses avances (théorie du *debitum cum re junctum* [3]); — il a le *privilège général* sur meubles, organisé pour les commis par l'art. 549 C. com., et étendu par la *loi du 6 février 1895*, dans la période précédant la faillite du chef, aux « commis attachés à une ou plusieurs maisons de commerce, sédentaires ou voyageurs », pour *six mois* d'appointements fixes, et pour *trois mois* de commissions proportionnelles, même à raison de marchés de date plus ancienne.

---

1. Les conventions ou l'usage diront si les commissions lui sont dues *sur les marchés*, par le fait seul de leur conclusion (Cass., 18 juillet 1911, S. 1912, 1, 24), ou seulement *sur le produit des encaissements*, la rétribution étant alors subordonnée au paiement de l'acheteur, dont la faillite fera tomber la commission. — Dans cette deuxième hypothèse, le représenté peut-il se dégager de la commission, en rompant le contrat d'engagement, avant l'échéance ou le recouvrement du prix? Question de fait. Dans le doute, la rétribution est maintenue, mais ne devient exigible qu'après règlement par l'acheteur.

2. Le droit du représentant peut-il être cédé moyennant un prix? Cet agent peut-il faire agréer un successeur, en stipulant de lui une somme d'argent? S'il existe un usage favorable à cette transmission de représentation, la maison, qui refuserait sans motif d'approuver un pareil traité, engagerait-elle sa responsabilité? Le prix est-il dû par le candidat désigné, là même où la maison ne l'agréerait point? — Ces questions ne se posent guère qu'à l'occasion de la représentation d'assurances. Elles sont discutées pour les cessions de portefeuille (cfr. Rej., 6 avril 1897, et note Charmont, *Pand. franç.*, 99, 1, 65; et Cass., 25 octobre 1897, S. 98, 2, 82).

3. Bien qu'on ne consigne point de marchandises chez son représentant, on lui constitue parfois un magasin de dépôt, afin de pourvoir aux demandes urgentes de la clientèle, celle-ci se trouvant subitement à court d'un article de vente courante.

B. Cette opinion n'est plus en faveur dans la doctrine[1]. Le représentant n'obéit pas à un patron. Il est un agent autonome. Sa condition diffère de celle du « commis voyageur », qui revient à époques périodiques prendre contact avec la maison qui l'occupe et touche généralement un fixe, outre sa participation au chiffre d'affaires. Ce n'est point le cas du représentant, lequel opère à distance, *chez lui*, et supporte son loyer et ses frais généraux.

La commission de la Chambre des députés, en 1895, a formellement refusé aux représentants de commerce le privilège de l'art. 549, par la raison qu'ils sont des commerçants. Ainsi statue la loi allemande. Cela conduit non à les assimiler tout à fait aux commissionnaires, mais à faire d'eux des courtiers libres ; comme tels, ils avaient déjà battu en brèche le courtage officiel, et déterminé la réforme de 1866 (n° 1103). *Ann. dr. comm.*, 1901, p. 219.

1116. — Suite. Formation et fin du mandat. — 2) Une autre conséquence du mandat, base de la commission, est la suivante : la commission est donnée ou acceptée soit expressément, soit tacitement. La convention est consensuelle, dénuée de forme.

L'ordre transmis à un commissionnaire par son client habituel doit être répondu par un prochain courrier. Se taire, c'est souscrire aux instructions du correspondant.

D'autre part, lorsqu'il s'agit d'une opération sans avances ni risque, le refus n'est pas justifié, lorsque le donneur d'ordre est avec son agent en relations suivies. Le mandat continue aussi longtemps qu'on n'y a pas renoncé ; et la renonciation elle-même ne doit point, en se produisant d'une manière inopportune, porter préjudice au mandant (art. 2207 C. civ.).

L'initiative de l'opération peut venir du commissionnaire. Il avise le commettant de l'affaire à conclure. Le silence de celui-ci peut emporter consentement. C'est à tort qu'on a prétendu, d'après l'art. 1372 C. civ., que le mandat devait être exprès et qu'il y avait en pareil cas gestion d'affaires.

Les causes qui mettent un terme à la commission avant son exécution sont les mêmes que celles qui révoquent le mandat : mort ou déconfiture (faillite) de l'une des deux parties (art. 2003 C. civ.).

1117. — Suite. Capacité. — 3) La capacité du commissionnaire se règle sur celle de la profession commerciale : le mineur doit être autorisé et âgé de dix-huit ans, la femme mariée doit être habilitée (art. 2 et 4 C. com.).

L'art. 1990 C. civ., en accordant à la femme mariée non autorisée et au mineur le droit d'être mandataires par voie de représentation, n'empêche pas l'incapable de dégager sa responsabilité s'il a mal exécuté le mandat. Mais, par son intermédiaire, mandant et tiers sont liés, le contrat n'ayant pas eu à se fixer sur la tête de l'incapable. — Dès l'instant que le mandataire agit *proprio nomine*, la convention n'a pu prendre son point d'appui

1. V. GOMBEAUX, *Des représentants de commerce*, dans les *Annales de droit commercial*, 1906, p. 89.

sur un mineur ou sur une femme mariée inhabiles à traiter, les marchés conclus sont annulables, et vis-à-vis du tiers et vis-à-vis du commettant.

Examinons la commission de vente, puis la commission d'achat.

§ 2. — Commission de vente.

1118. — La commission de vente consiste à *prendre d'un commettant l'ordre de vendre une marchandise*. Le commettant trouve à la commission divers avantages qui s'ajoutent au placement de sa marchandise : — avantage de déposer ses produits dans le magasin d'un autre, — et de se faire avancer de l'argent sur ce dépôt, en attendant la vente.

1119. — Consignation. — *a)* Le commissionnaire se fait expédier la marchandise dont il soignera la vente. Il la conservera sous sa garde, il l'empêchera de se détériorer. En général il ne lui est dû pour ce *dépôt* aucune rétribution spéciale : le droit de commission, qui ne lui sera acquis que par la vente, doit le couvrir de tous ses frais, même des dépenses ordinaires d'entretien, lesquelles demeureront à sa charge si la marchandise reste invendue (les auteurs se prononçaient autrefois dans un sens différent).

Comme il agit à titre intéressé, il sera responsable, dans la conservation du dépôt, de sa négligence, et non pas seulement de son dol ou de sa faute *in concreto* (art. 1928 C. civ.). Il en est autrement, lorsque la marchandise périt par force majeure.

Ce dépôt d'une marchandise, destinée à être vendue par le commissionnaire lorsque se présentera une occasion favorable, est désigné du nom de *consignation*.

L'usage dira s'il est tenu, à peine de dommages-intérêts, d'assurer ses magasins contre l'incendie. L'assurance faite comportera plusieurs interprétations. *a)* Lorsque la police a été traitée *pour le compte du commettant*, elle profite à celui-ci et couvre même l'incendie par cas fortuit [1]. *b)* Lorsque le commissionnaire n'a voulu assurer que son *risque professionnel*, seul l'incendie qui proviendrait de son imprudence donnera lieu à un recours, l'assureur ne s'étant engagé qu'à le garantir contre les suites de sa faute.

1120. — Prêt. — *b)* Le commissionnaire a un roulement de capitaux à l'égal d'un banquier. Le chômage de la marchandise laisse le commettant à court d'argent, l'empêche de continuer ses approvisionnements, de payer sa main-d'œuvre. Il sollicitera des *avances* de son commissionnaire, 5.000 fr., 10.000 fr., etc., soit en touchant les fonds à sa caisse, soit en tirant sur lui des lettres de change que le commissionnaire acceptera, puis paiera à leur échéance. C'est un prêt, qui se compliquera souvent de compte courant.

Ces avances, consenties au commettant à un taux d'intérêt déterminé,

---

1. Il se peut que le commissionnaire ait alors un recours contre le commettant, afin de se faire rembourser la *prime* : sur ce point encore, les conventions exprimées ou sous-entendues feront la loi.

5 o/o, seront remboursables sur le prix de vente de la marchandise, et garanties par la consignation qui forme un privilège en faveur du commissionnaire.

On conviendra du *maximum* d'avances que le commissionnaire devra tenir à la disposition du commettant. Il se mesure habituellement à la consignation, mais restera d'un dixième ou d'un cinquième au-dessous de sa pleine valeur, afin de laisser au commissionnaire une marge en cas de baisse.

Ces diverses conventions font partie intégrante de la commission, du mandat de vendre. Le contrat, on le voit, est assez complexe.

1121. — Déterminons les obligations, que l'acceptation de la commission et son exécution imposent tant au commissionnaire qu'au commettant.

1122. — I. *Obligations du commissionnaire.* — Ecartons le cas où le commissionnaire a agi comme représentant, en accomplissant « en son nom » l'ordre qui lui avait été donné. Sans doute, même alors, il pourra se produire des difficultés dans la détermination de la responsabilité encourue par l'intermédiaire. Ex. : Un commissionnaire s'est présenté comme agent d'une maison étrangère. Le marché conclu, on constate qu'il était sans pouvoirs. Doit-il garantie au tiers avec qui il a traité ? Cette question ne peut se résoudre qu'en fait (Lyon, 18 janvier 1900, D. 1905, 2, 59)[1].

1123. — Mais, lorsque le commissionnaire a traité l'opération de son chef, il en résulte pour lui une position double et un rôle différent, selon qu'on le met en face du tiers acheteur *Paul*, avec lequel il a traité, ou en face du commettant *Jean*, dont il a exécuté l'ordre.

a) A l'égard de l'acheteur *Paul*, il est *maître du marché*, investi de la créance du prix, débiteur de la marchandise et responsable de ses défauts.

b) A l'égard du commettant *Jean*, il est engagé dans un *mandat*, et obligé de justifier de son exécution fidèle. Il rendra compte de tout ce qu'il aura reçu de l'acheteur par suite de cette exécution. Par là, se déterminent les prestations dont il sera tenu envers son donneur d'ordre, en vertu de l'action de mandat.

Il y a différence de situation entre un *commissionnaire vendeur* et un *acheteur*. Je puis vendre à C... ma marchandise à prix ferme pour 100 fr. C... me doit à tout événement le prix promis, il court le risque de mévente ou de baisse, il peut aussi revendre plus cher et garder le bénéfice. Dès que la marchandise lui a été livrée ou qu'elle a été individualisée, j'en ai perdu la propriété.

Mais je puis donner à C... l'ordre de me chercher un acheteur pour 100 fr. Je conserve alors la propriété de la marchandise tant que l'ordre n'est pas exécuté. C... ne pourra pas gagner une différence de cours en

1. L'art. 1999 C. civ. paraît bien rendre le mandataire responsable, « s'il n'a pas donné à la partie avec laquelle il contracte en cette qualité une suffisante connaissance de ses pouvoirs ». — En nous plaçant à un autre point de vue, nous dirons que le commissionnaire se porte garant *envers le commettant* de l'identité et de la capacité juridique du tiers avec lequel il a contracté.

vendant plus cher. Il ne sera pas tenu de garder la marchandise si elle ne se vend pas. C'est une position sans *alea*.

Quelles sont donc les obligations du commissionnaire ?

1124. — 1° Il devra *restituer la marchandise*, s'il ne parvient pas à la placer ou si l'ordre lui est retiré. Malgré la faillite du commissionnaire, le commettant exercera la revendication, et il distraira sa marchandise de l'actif du failli : il ne viendra pas en concours avec les autres créanciers (art. 575, al. 1er).

Cette revendication cessera : *1*) soit par une vente régulière qu'accomplit le commissionnaire avant sa faillite, et cela quoique la marchandise n'ait pas encore été livrée à l'acheteur ; — 2) soit même dans le cas où le commissionnaire abuse de la marchandise en la vendant, quoiqu'il ne l'ait reçue qu'en simple dépôt ou avec des instructions qu'il a outrepassées ; le tiers acheteur, étant de bonne foi et déjà mis en possession, ne peut être évincé (art. 2279 C. civ.).

1125. — 2° Le commissionnaire devra *rendre compte* des conditions d'exécution de la vente, ainsi que de ses résultats (art. 1993 C. civ.).

Il ne saurait, en principe, porter dans ce compte un *prix inférieur* à celui qu'il a reçu pouvoir de traiter. Cependant lorsque, le cours ayant fléchi, il croit bien faire en traitant à ce prix plus faible parce que la baisse doit s'accentuer (vente à 98 fr. quand l'ordre portait 100 fr.), il sera admis à l'inscrire au débit du commettant sans devoir une somme plus forte : son mandat s'est transformé en une gestion d'affaires (question controversée déjà chez les Romains entre les écoles sabinienne et proculienne).

Lorsque, tout au contraire, il a trouvé un acheteur à des *conditions meilleures* (vente à 102 fr.), il doit compte au commettant du prix complet, sans pouvoir garder pour lui la différence. Le commettant ne s'attendait pas à cet excédent : mais le mandataire ne peut intercepter aucune partie de l'affaire conclue pour autrui. Il doit « faire raison au mandant de tout ce qu'il a reçu en vertu de sa procuration » (art. 1993 C. civ.) ; il y est tenu, quand même sa propre situation lui a valu des conditions plus avantageuses que celles auxquelles il avait reçu l'ordre de traiter. Son bénéfice est dans la commission, et non dans un écart entre les cours de deux marchés[1].

On reviendra plus tard sur la manière dont il doit justifier de l'accomplissement de son mandat.

1126. — 3° Le commissionnaire ne peut pas se constituer *le propre acheteur de la marchandise de son commettant*. Pour qu'il soit admis à faire la contre-partie, il faut qu'il achète ouvertement, au titre d'acheteur personnel, et non plus de commissionnaire.

Cela ne semble pas, au premier abord, très logique : une même per-

1. Mêmes questions, lorsqu'on parle de la commission d'achat : le rabais obtenu par le commissionnaire sur le prix doit profiter au commettant (Req., 5 mars 1906, S. 1908, 1, 407).

sonne peut dans une seule convention jouer les deux rôles opposés (nº 408). Pourquoi un commissionnaire ne pourrait-il pas, au lieu de vendre à un tiers, se vendre à lui-même, et passer cette opération au compte du mandant en touchant sa commission ordinaire, ainsi que le permet la loi allemande sous le nom de *Selbsteintritt* ?

Nous avons déjà répondu à ces objections, en parlant du contre-partiste en Bourse, dans une étude à laquelle nous renvoyons le lecteur (nº 997). Le commettant, qui traite avec un commissionnaire, croit trouver en lui un auxiliaire et non un adversaire sur le marché. Il a confiance dans la solidité de sa maison, parce qu'il sait ou croit qu'elle ne spécule point. La pratique de la contre-partie fait échec à ses prévisions.

Nous ajouterons, dans le sens de l'interdiction, que le Code civil défend au mandataire chargé spécialement de vendre de se porter acheteur des biens sur lesquels porte son mandat (art. 1596). La règle, étant d'ordre public, doit s'étendre au commerce. Ce texte, pris à la lettre, ne vise que les *adjudications*, les ventes publiques. Mais les raisons données dans les travaux préparatoires sont les mêmes lorsque la vente s'opère de gré à gré. Elles ne s'appliqueraient pas au mandat général d'administrer. Mais le commissionnaire a un mandat spécial. Cette défense de prendre, sans le dire, un intérêt dans l'opération est adressée aux courtiers par la loi du 18 juillet 1866 (nº 1105), et aux mandataires ou facteurs à la Halle de Paris par la loi du 11 juin 1896, art. 3. Ce sont là des applications d'un principe général [1].

La difficulté pour le commettant de se faire indiquer la contre-partie par le commissionnaire, jointe à un prétendu secret professionnel [2], rend, surtout en cas de ducroire, la réparation de cette irrégularité rare et difficile.

1127. — 4° Si la vente a été suivie du paiement du *prix* par l'acheteur, le commissionnaire en est *redevable* au commettant, avec les intérêts à partir du jour où il l'a touché (art. 1996 C. com.). — On règle en général à forfait le point de départ de ces intérêts, en les laissant courir, par exemple, du trentième jour depuis l'avis de la vente donné au commettant, quand même le délai pris par l'acheteur serait plus court, ou plus long.

Il y a lieu de déduire du prix la rétribution du commissionnaire, sa *commission* (1, 2 0/0, etc.).

---

1. La même défense atteint, par identité de motifs, le commissionnaire acheteur : il ne peut pas, de manière occulte, appliquer au commettant sa propre marchandise, dût-il renoncer à sa commission. Si l'art. 1596 ne s'est pas occupé de cette hypothèse transposée, c'est qu'il ne statuait littéralement que sur les ventes publiques et voulait obvier à un péril absent du mandat d'*acheter aux enchères*. Confier ce mandat au propriétaire du bien mis aux enchères, c'est bien invraisemblable. — Le danger est ailleurs : le mandataire, préférant ses intérêts aux miens, ne va-t-il pas se porter adjudicataire pour lui-même ? (Ou, dans une commission de vente, ne va-t-il pas vendre sa marchandise, plutôt que la mienne ?) C'est alors un tout autre problème.

2. Le secret professionnel n'est établi que pour les agents de change (arr. 27 prairial an X). Il ne s'étend ni à un agent de coulisse, ni à un commissionnaire en marchandises.

Mais, si le tiers acheteur a fait faillite sans payer, le commissionnaire est irresponsable. Il ne répond pas des événements de force majeure : le fait qu'il a vendu *suo nomine* n'y change rien.

Autrement en est-il, s'il a traité avec une personne notoirement insolvable ; le commettant lui reprochera de n'avoir point pris ses informations.

1128. — Ducroire. — A cet état de relations déroge une clause importante, tantôt exprimée et tantôt tacite : la clause de *ducroire* (étymol. *del credere*, de la confiance). *Le commissionnaire se porte garant envers le commettant du paiement du prix par l'acheteur*, et promet de lui en faire compte à tout événement, même si l'acheteur ne le verse pas.

Cette convention est une *assurance de solvabilité*, jointe au contrat de commission. Le commissionnaire se charge du risque, que courrait autrement le donneur d'ordre, de voir l'acheteur manquer à son engagement. Le prix est comparable à une indemnité d'assurance.

Il n'y a point d'assurance sans prime. On convient d'une augmentation de commission : elle sera portée de 2 à 4 o/o, et ce supplément, prime d'assurance, est également appelé *ducroire*[1].

1129. — Justifications. — Le commissionnaire, surtout s'il est ducroire, résiste à fournir *justification* de la vente ; ou bien il produit pour la forme, à l'appui de son compte, des factures fictives et anonymes.

Il soutient que la connaissance de l'acheteur ne doit pas pouvoir lui être réclamée même dans les circonstances ordinaires, lorsqu'aucun ducroire n'a été convenu ; car le donneur d'ordre, une fois ce nom connu, se passerait de son agent. Il soutient, en outre, que la garantie du prix enlève au commettant tout intérêt à connaître le tiers.

Ces arguments ne sont point probants. *a*) Le commettant, même en cas de ducroire, est fondé à se renseigner sur les conditions auxquelles l'acheteur a traité. — *b*) Quant au danger que le commettant n'abuse de la connaissance du nom de l'acheteur, on y remédiera en désignant un expert, à qui seront représentés les livres (art. 15), et dont le serment garantira la

1. Deux autres explications sont possibles : A. *Cautionnement* : le commissionnaire deviendrait caution de l'acheteur vis-à-vis du commettant. — Non : car où est la dette principale ? La dette du prix a été contractée envers le commissionnaire et non envers le commettant.

B. Achat personnel par le commissionnaire, sous condition qu'il trouvera un sous-acheteur, *achat à condition* : le prix se détermine d'après celui de la seconde vente, avec un rabais de 4 0/0 (Locré, *Esprit du Code de commerce*, I, p. 241). Ainsi en était-il du *contrat estimatoire* romain, quoique non qualifié vente par les jurisconsultes (Dig. XIX, 3). Ce contrat est encore usité de nos jours : on dépose des articles de fabrique chez un débitant, avec promesse de reprendre le stock qu'il n'arrivera pas à vendre. Mais ce n'est plus là un contrat de commission, même avec ducroire. L'« acheteur à condition » ne s'oblige à faire aucune démarche pour placer la marchandise, tandis que le trait propre à la commission, c'est la promesse de donner ses soins à l'affaire d'autrui. En outre, l'acheteur à condition ne doit que le prix convenu et non le prix, peut-être plus élevé, qu'il obtiendra dans la revente. La règle contraire prévaut dans la commission (V. notre article dans les *Mélanges Ch. Appleton*, publiées par les *Annales de l'Université de Lyon*, 1903).

discrétion. C'est par erreur que l'on déduit du secret d'affaires ou d'un secret professionnel, au moins conjectural, le droit de n'avoir pas à produire ses écritures (nº 208)[1].

1130. — Appendice. — *Faillite du commissionnaire.* — L'action en reddition des comptes est *chirographaire*. Si le commissionnaire fait faillite avant règlement, la perte sera pour le commettant, qui viendra par simple contribution. Sa situation est moins bonne que dans le cas où la marchandise n'aurait pas trouvé acheteur : il aurait pu alors la revendiquer et la reprendre (art. 575, al. 1er).

Toutefois, la marchandise étant vendue, la loi donne sur son prix, à ce commettant, une sorte de privilège ne survivant pas, d'ailleurs, au versement de la somme qu'aurait fait l'acheteur au commissionnaire avant faillite.

1131. — Revendication du prix. — Lorsque l'acheteur est encore débiteur de son prix envers le commissionnaire, il y a moyen d'attribuer exclusivement ce prix au commettant. C'est ce que la loi a fait. A-t-elle eu raison ?

En pure logique, non. Par la vente faite en son nom (nous exceptons la vente par représentation, la solution allant alors de soi), le commissionnaire est devenu titulaire du prix, sauf compte à rendre au commettant. Ce prix devient donc le gage général de ses créanciers. S'il tombe en faillite, le syndic recouvrera la somme au profit de la masse. Telle est la déduction rigoureuse des principes.

En équité, il convenait de statuer autrement. La marchandise du commettant est la cause du prix. Non encore vendue, la marchandise serait revendiquée par son propriétaire. Et parce qu'elle est vendue, les créanciers, de qui elle ne provient point, seraient fondés à en compter le prix dans l'actif composant leur gage !

Le droit romain, dans le mandat sans représentation, avait fini par attribuer au mandant, nonobstant la faillite du mandataire, les actions de celui-ci contre le tiers : on présumait que, avant de déposer son bilan, le mandataire en avait effectué le transport à son mandant.

Le droit commercial moderne exploite à son tour cette idée. Il institue, au profit du commettant, sous un nom incorrect de *revendication du prix*, une reprise de l'action du commissionnaire contre le tiers acheteur, pourvu qu'elle ne soit pas encore éteinte au moment de la faillite. Le commettant n'exercera cette action que du chef du commissionnaire, véritable contrepartie du tiers : il n'aura donc pas plus de droits contre l'acheteur que n'en aurait le commissionnaire lui-même, en le supposant toujours *in bonis*.

Pour que la revendication soit recevable, il faut que le prix n'ait été

---

1. A signaler, à ce propos, les discussions agitées en Allemagne lors de la loi des Bourses de 1896, et la réglementation prise pour garantir l'exacte déclaration par le commissionnaire du cours auquel il a dû traiter, sans pouvoir faire une coupe (*Schnitt*) dans ce cours.

encore à la date de son exercice « ni payé, ni réglé en valeurs, ni compensé en compte courant entre le failli et l'acheteur (art. 575, al. 2) ».

1132. — *Ni payé.* — L'acheteur a versé son prix au commissionnaire, alors solvable et qualifié pour le recevoir. Il est nécessairement libéré.

1133. — *Ni réglé en valeurs.* — Le tiers a souscrit au commissionnaire pour règlement du prix un *effet de commerce.* Deux hypothèses se présenteront, mais la loi les résout de même.

a) Le commissionnaire a passé cet effet à l'ordre d'un nouveau porteur. Il n'existe plus dans le portefeuille du failli. Le tiers se doit à sa signature, au dernier porteur de l'effet. Il ne peut être obligé de faire au commissionnaire un second paiement. La revendication est perdue pour le commettant.

b) L'effet a été conservé par le commissionnaire. Même alors la revendication est refusée, soit parce que l'effet a emporté *novation* de la dette du prix, juridiquement éteinte (explication que nous rejetterons dans l'étude des effets de commerce, n° 1298), — soit plus simplement parce que, les règlements en espèces et en effets s'employant l'un pour l'autre, il serait peu raisonnable de leur attribuer des résultats différents. On s'explique difficilement que la Cour de cassation ait autorisé le commettant à revendiquer, dans la faillite du commissionnaire, une traite émise par celui-ci contre l'acheteur, acceptée par lui et déposée chez un banquier (Req., 27 février 1908, D. 1909, 1, 5, note PERCEROU; S. 1910, 1, 358, note BOURCART).

1134. — *Ni compensé en « compte courant » entre le failli et l'acheteur.* — Il avait été convenu entre le commissionnaire et le tiers *Tertius,* que toutes leurs opérations en crédit et en débit se fondraient dans le solde périodique d'un compte où se balancerait le doit avec l'avoir.

Le solde du compte, clôturé au moment de l'ouverture de la faillite du commissionnaire, peut se présenter de l'une des deux manières suivantes :

a) La *balance* est *à l'avoir du tiers acheteur.* L'achat l'avait rendu débiteur de 100 fr. Mais, par suite de remises en sens inverse et d'un chiffre plus élevé, faites par lui au commissionnaire, il y a un solde de 50 fr., lors de la clôture du compte, à l'avoir de l'acheteur.

Ce solde augmenterait de 100 fr., si l'on extournait du compte, pour le porter à l'actif du commettant, le prix de vente. Mais aussi *Tertius,* serait lésé : produisant pour 150 fr. (au lieu de 50 fr.) à la faillite, il serait réduit à un dividende sur un solde majoré. D'autre part, il devrait payer 100 fr. intégralement au commettant.

Cela ne doit pas être. L'inscription du prix au débit du compte vaut pour l'acheteur compensation : les envois ou remises par lui faits au commissionnaire ont balancé cette dette, définitivement éteinte. C'est au commettant de s'inscrire à la faillite pour le prix de la marchandise vendue.

Le même résultat se produirait, si le compte, prix de la marchandise compris, devait s'équilibrer et se solder par zéro.

b) Le solde du compte ressort *à l'avoir du commissionnaire failli,* au passif du tiers acheteur. *Tertius* n'a plus intérêt à ce que le prix en soit ou non détaché. Dans tous les cas il devra la même somme.

Strictement, la revendication devrait encore être refusée au commettant. Car, à la différence d'une souscription d'effets ou de valeurs (n° 1133), le compte courant emporte novation des créances qui y sont portées (n° 1664) ; la masse pourrait renvoyer le commettant à se faire colloquer au marc le franc, le prix ayant perdu son individualité. — Mais, par disposition de faveur, la loi permet au commettant de s'attribuer par préférence ce solde, dans la limite de sa créance. C'est pour rendre cette pensée que, dans la rédaction du Livre *des faillites* de 1838, on a remplacé par le mot « *compensé* » l'ancien texte de 1807 : « *passé* en compte courant ». L'inscription du prix en compte ne suffit plus pour l'éteindre ; il faut en outre qu'il soit balancé au profit de *Tertius* par des remises en sens inverse valant pour lui compensation : ce qui n'a point lieu dans cette deuxième hypothèse.

Lorsque le solde du compte, tout en ressortant au passif du tiers acheteur, est inférieur au prix, le commettant, bien entendu, devra limiter sa revendication à cette somme partielle ; pour le surplus, il produira à la faillite.

En résumé, le compte courant éteint la revendication, mais sous réserve pour le commettant du droit de se couvrir sur le solde ressortant au débit de l'acheteur.

C'est un encouragement donné à l'industrie de la commission. Le commerce recourra plus volontiers aux services de celle-ci, s'il se sait mieux prémuni contre une faillite de l'intermédiaire.

1135. — II. *Obligations du commettant.* — Le commettant doit *donner* au commissionnaire *décharge* de sa gestion, décharge du prix s'il a été touché et à lui versé, décharge de la marchandise en cas de mévente. Il pourra se trouver débiteur de sommes, lorsqu'il aura reçu des *avances* du commissionnaire. Le remboursement en est alors dû, avec intérêts stipulés ou intérêts moratoires (art. 1999 et 2001 C. civ.). En cas de pluralité de commettants, ils sont tenus solidairement (règle admise même en droit civil, art. 2002).

1136. — Appendice. — *Faillite du commettant.* — Ici s'agite une question inverse de celle qui se présentait ci-dessus. Le commissionnaire, en consentant des prêts ou avances à son donneur d'ordre, est-il exposé à la loi du concours, lorsque ce donneur d'ordre fait faillite ?

Le commettant, plus haut (n° 1131), était garanti contre la faillite du commissionnaire. Le commissionnaire est-il également couvert contre la faillite du commettant ?

1137. — Privilège du commissionnaire. — La réponse est affirmative. Le commissionnaire dispose d'un *privilège* spécial sur les marchandises du commettant qui lui ont été remises soit en simple *dépôt*, soit en *consignation* (art. 95).

Ce privilège dérive d'un *gage* tacite. Le commissionnaire a reçu en nantissement les marchandises qui lui ont été adressées par le commettant, soit d'un lieu différent, soit du même lieu. Avant la loi de 1863, le privilège excluait les marchandises sans remise de place ; faute de documents de route donnant date certaine à l'envoi [1], on suspectait la consignation, faite peut-être à la veille de la faillite pour frustrer la masse. Aujourd'hui la règle est élargie, comme conséquence de la liberté de la preuve, en matière de nantissement commercial (nouvel art. 91).

C'est en vertu d'une convention implicite que la marchandise répond des avances, dès que le commissionnaire en sera saisi soit par prise réelle de possession, soit par négociation du titre de transport. Ce privilège s'étend aux *intérêts*, et même à la *commission* d'un compte plus ancien ou aux frais extraordinaires de consignation (point controversé avant 1863).

1138. — De plus, la marchandise couvre non seulement les *avances postérieures* à sa réception, mais aussi celles *qui auraient précédé*. Je verse 1.000 fr. à mon commettant, quelques jours avant que la marchandise ne me soit consignée. Sur ce point encore, le privilège a été élargi en 1863 ; suivant le Code, les prêts devaient être faits sur marchandises déjà déposées lors des avances. Aujourd'hui les avances sont garanties, qu'elles aient eu lieu « soit avant la réception des marchandises, soit pendant le temps qu'elles sont en la possession du commissionnaire ».

Le régime nouveau stimule mieux que l'ancien le commissionnaire à assister le commettant de son argent, puisque le gage sur lequel il compte, quoique absent aujourd'hui, peut lui advenir demain [2].

De ce que le privilège de l'art. 95 est un gage, résultent deux conséquences.

1139. — 1) Le privilège est subordonné à une *prise* et à un *maintien de possession*, cette possession pouvant, on le sait, se transférer par le moyen d'un connaissement ou d'un récépissé (n°s 1030 et 1086).

1140. — La condition de possession est délicate à analyser, lorsque le dépôt a pour objet des *valeurs* de Bourse. Distinguons deux cas :

a) Une remise de titres est faite à un banquier en retour d'avances ; le banquier n'a pas l'ordre de procéder à la vente. On ne peut appliquer le privilège de l'art. 95. Peu importe que les titres soient nominatifs ou au porteur. Car la qualité de commissionnaire fait défaut chez le créancier. Il ne peut être qu'un créancier gagiste ordinaire, à la teneur de l'art. 91. Nous renvoyons à ce qui a été dit dans le chapitre précédent pour la détermination de la forme, à laquelle est soumise l'avance sur titres, forme différente selon la nature de la dette garantie. En simulant une commission, on ne peut pas se dispenser d'observer ces formes (Voir pour l'époque antérieure à la réforme faite en 1863 du gage et de la commission, Civ. rej.,

---

1. Pour que le commissionnaire eût privilège alors sur des marchandises provenant de la même place, il fallait que ces marchandises lui eussent été engagées par un nantissement exprès, avec observation de l'art. 2074 C. civ.

2. Les gages, donnés pour *dettes antérieurement contractées* dans la période qui précède immédiatement la faillite du constituant, sont annulés à la demande de la masse (art. 446). Dès lors, les consignations, faites dans cette période pour couvrir le commissionnaire d'*avances antérieures*, sont exposées à la même cause de nullité (n° 1850). C'est la conséquence naturelle de l'idée que la consignation n'est pas autre chose qu'un gage.

13 janvier 1868, *Journ. Pal.*, 68, 299). A défaut de gage régulier, le créancier aurait-il le droit de rétention, par application du *debitum cum re junctum* ? Ce serait un autre côté du problème que nous devons négliger.

b) Ces titres ont été remis avec ordre de les vendre ; puis le banquier fait une avance à son client. Il n'y a plus de raison de lui refuser le privilège.

Toutefois, lorsque les titres sont nominatifs, la solution devient douteuse ; on est porté d'abord à souscrire au privilège. Mais, après réflexion, on statuera en sens contraire : le privilège du commissionnaire suppose mise en possession et, quoi qu'en dise la jurisprudence, la livraison d'un certificat nominatif, sans transfert, ne confère pas au porteur la possession, au sens légal du mot (n° 1083).

Ces espèces sont théoriques ; on sera le plus souvent en présence d'une convention expresse d'avances sur titres.

1141. — 2) Lorsque la marchandise a été convertie en argent, le privilège du commissionnaire se transporte naturellement sur le prix.

Ici se manifeste entre le gage ordinaire et le gage né de la consignation une importante différence, toute favorable au commissionnaire. Celui-ci n'a pas à vendre publiquement la marchandise (art. 95). Il exécutera l'ordre de vente amiable qu'il a reçu, et il se paiera par préférence sur la somme (art. 95, al. 3). La défense du pacte commissoire ne le concerne pas.

On n'en reviendrait aux formes de liquidation du gage, que si l'ordre de vendre était retiré, ou si avant son exécution la faillite du commettant venait à s'ouvrir ; la faillite, en effet, révoque *ipso facto* la commission.

§ 3. — Commission d'achat.

1142. — Le commissionnaire a reçu ordre non de vendre, mais d'acheter. Il traite « en son nom propre » (nous parlons *de eo quod plerumque fit*).

Le tiers vendeur ne peut pas exiger le prix du commettant par action directe. Il serait mal fondé, le commissionnaire tombant en faillite, à réclamer la somme au donneur d'ordre : c'est le syndic qui la touchera du commettant pour la masse ; quant à lui, il se contentera d'un dividende [1].

1143. — Mais, tout au contraire, si l'on suppose le commettant en faillite et le commissionnaire *in bonis*, le commissionnaire, ayant payé le prix, ne sera-t-il colloqué qu'au marc le franc pour son remboursement ?

On a proposé de lui étendre le *privilège de l'article 95*, à cause de la généralité du texte. Le commissionnaire serait couvert par la marchandise qu'il a entre les mains.

Cette thèse est contestable. L'art. 95 parle bien de « tout commissionnaire ». Mais la commission de vente y semble seule prévue. Le privilège qu'il établit a pour objet exclusivement les dépôts et consignations, c'est-à-dire les marchandises venues au commissionnaire de chez le commettant, et non tout à l'inverse celles que le commissionnaire a acquises

1. Le droit romain de la dernière époque admettait l'action quasi-institoire du tiers contre le mandant. Elle n'est pas consacrée par notre législation actuelle.

sur le marché à destination du commettant. « *Tout* commissionnaire » doit signifier, dans la pensée de la loi de 1863, et eu égard à la réforme qu'elle a voulu réaliser : « celui qui reçoit la marchandise de la même place, comme celui qui la reçoit d'un autre lieu ». C'est en ce sens seulement que le privilège a une portée générale.

1144. — Pour garantir le commissionnaire, s'il a la marchandise en main, il faut faire appel à des principes différents.

Le commissionnaire, en payant le tiers vendeur, était tenu pour un autre, pour le commettant. Il bénéficie donc de la subrogation légale (art. 1251-3° C. civ.). Mis aux lieu et place du tiers vendeur, il pourra vis-à-vis de l'acheteur, son client : 1° exercer le *droit de rétention*, comme un vendeur l'eût fait lui-même (art. 1612, 1613 C. civ., 577 C. com.) ; 2° user de la faculté de résolution (art. 1184 et 1654 C. civ.), dans la mesure où la loi des faillites (art. 576 et s. C. com.) n'y met pas obstacle.

1145. — En dehors d'une faute établie, le commissionnaire d'achat ne sera pas garant envers son commettant de la bonne qualité de la marchandise, toute convention de ducroire étant réservée.

Seul le vendeur, le tiers, sera tenu des vices rédhibitoires et des actions de même ordre. Nous accorderions ces actions par privilège au commettant, même après la faillite du commissionnaire. L'art. 575, al. 2, sera appliqué par analogie : il donne la revendication du « prix » ; pourquoi ne donnerait-il pas la revendication de l' « action rédhibitoire », le commissionnaire ayant reçu pouvoir non plus de vendre, mais d'acheter ? L'interprétation extensive, que nous venons de repousser pour le privilège de l'art. 95 (n° 1043), paraît ici tout à fait à sa place.

1146. — Ce qu'est devenue la commission. — Le commerce de commission se restreint avec le temps. La manière dont on traite les affaires à la Bourse, ou dans les halles, a maintenu la pratique de ce contrat sur le marché public. Là, des intéressés ne se connaissant pas recourent au ministère d'un agent qui prend l'opération sous son nom (agent de change, coulissier, commissionnaire en marchés de spéculation, facteur aux Halles). — Ex. : Des producteurs qui n'ont pas de poste à la Halle écoulent leurs denrées par des agents officiels. Inversement, les vendeurs aux Halles ou aux abattoirs traitent pour l'achat de la marée ou du bétail dans les ports, dans les foires rurales, par l'entremise de commissionnaires.

Hors de là, la commission n'est plus guère pratiquée. Fabricants d'articles de nouveauté, éditeurs, etc., recherchent bien le placement de leur marchandise, en la déposant chez des confrères ou chez des détaillants. Mais ce sont là des « ventes à condition », non des « commissions » véritables.

Les commissionnaires se transforment en acheteurs directs et prennent la marchandise à prix ferme. Le « représentant de commerce » les a remplacés. Celui-ci n'est pas en mesure de faire des avances à son donneur d'ordre. Mais les commissionnaires abusaient de ces avances et négligeaient la vente ; ils devenaient « marchands d'argent » ; ils écrasaient leurs commettants sous un compte enflé d'intérêts, couvert par une consignation qui les laissait indemnes, mais se liquidait au détriment de la maison de fabrique. Le commissionnaire avait cessé d'être un auxiliaire, pour devenir un opérateur en capitaux, s'enrichissant sur le dos de ses clients, les menant parfois à la ruine.

CHAPITRE III

DU TRANSPORT ET DE LA COMMISSION DE TRANSPORT [1]

(C. civ. III, 8, ch. III, section II, art. 1782 à 1786 ; C. com. I, 6, sections III et IV, art. 96 à 108 [avec les lois du 11 avril 1888 et du 17 mars 1905] ; L. 15 juillet 1845 ; Ordonn. 15 novembre 1846 ; cahiers des charges et tarifs ; Convention de Berne du 14 octobre 1890).

SECTION PREMIÈRE

DE LA NATURE DU CONTRAT DE TRANSPORT, PRINCIPALEMENT EN MATIÈRE DE CHEMIN DE FER

1147. — Le *transport* est la *convention par laquelle*, moyennant une rémunération appelée *port* (ou *prix de transport, tarif de place, de passage*, etc.), *un voiturier promet de faire parcourir un itinéraire à une chose ou à une personne, suivant une traction déterminée.*

L'objet à transporter, s'il n'est pas un *voyageur*, se nomme *colis*. Lorsque le colis accompagne une personne, il devient un *bagage*. L'intéressé qui remet le colis au départ est l'*expéditeur*, et cette remise forme le *chargement*, la *prise en charge* du côté du voiturier. L'intéressé qui doit prendre *réception* à l'arrivée est le *destinataire* ; c'est entre ses mains que le voiturier effectuera la *livraison*.

Le transport donne lieu à de nombreuses contestations. Pour le commerçant, le bon marché, la sécurité et la rapidité des transports sont d'un intérêt capital. Les entreprises de transport, quoique commerciales elles-mêmes, n'usent pas toujours envers le public des ménagements habituels entre négociants. Le voiturier doit être un auxiliaire du commerçant et de l'industriel, faciliter leurs engagements, réduire leurs prix de revient

---

1. Principaux ouvrages sur le contrat de transport, indépendamment des traités généraux de droit commercial : DUVERDY, *Traité du contrat de transport* ; SARRUT, *Législation et jurisprudence sur les transports de marchandises par chemins de fer* ; LAMÉ-FLEURY, *Code annoté des chemins de fer en exploitation* : FÉRAUD-GIRAUD, *Code des transports de marchandises et de voyageurs par chemins de fer* ; PICARD, *Traité des chemins de fer*, 4 vol. ; COLSON, *Transports et tarifs* ; JOSSERAND, *Traité des transports* (dans la collection THALLER 1910-1911), et toute la bibliographie citée par ce dernier, nos 60 et s.

en réduisant ses propres tarifs. S'il exerce un monopole de fait, comme c'est le cas pour le chemin de fer, il leur tiendra plutôt rigueur. La question est d'ailleurs complexe : la présence de nombreuses personnalités industrielles dans les conseils d'administration affaiblit ce reproche d'indifférence, en donnant à certaines industries une représentation dans les entreprises de transport, ce qui est un inconvénient pour les autres. La réduction des tarifs engage en outre les finances publiques et ne doit être entreprise qu'avec prudence.

1148. — Le voiturier est un *commerçant* (art. 1er et 632 C. com.). Le transport, en effet, constitue un *acte de commerce*, pour quiconque l'exerce à titre d'entreprise et non pas seulement d'une manière accidentelle.

Le voiturier est donc justiciable du tribunal de commerce (excepté lorsqu'il s'agit de réclamations concernant un bagage, pour lesquelles la loi du 6 juillet 1905, art. 2, donne compétence au juge de paix ; voir toutefois Cass., 28 décembre 1909, S. 1912, 1, 257, note Ferron). — Il encourt la faillite, lorsqu'il manque à ses engagements.

Cette commercialité, avons-nous dit dans l'introduction (nos 32 et 188), s'étend à l'Etat pour l'exploitation de son réseau, et à plus forte raison aux Compagnies concessionnaires [1].

Du côté de l'expéditeur ou du destinataire, le contrat ne sera commercial qu'à la condition de se rapporter au commerce de celui-ci : ainsi le veut la règle de l'accessoire (art. 632, av.-dern. al.). Lorsqu'il s'agit, au contraire, du transport d'un voyageur, ou du déménagement d'un particulier, la convention est civile : le voiturier ne pourra assigner sa contre-partie que devant les tribunaux de droit commun, — et cette dernière, qui n'a pas fait acte de commerce, pourra à son choix traduire le voiturier devant le tribunal civil ou devant le tribunal consulaire (n° 40). Même alors s'appliqueront les principes du Code de commerce, ou des autres lois ou règlements, sur la responsabilité du voiturier, sur les fins de non-recevoir (art. 105, 108, C. com.), etc., et cela, sans égard ni à la condition de la contre-partie du voiturier, ni à la nature de la juridiction saisie. Ces dispositions règlent la profession du voiturier envers le public, quel qu'il soit.

1149. — Le transport, si l'on écarte la navigation maritime, peut être exercé par trois sortes d'agents, qui diffèrent selon la voie que la marchandise ou que le voyageur est appelé à parcourir. Ce sont : — le *voiturier libre*, qui opère le plus habituellement par traction de chevaux : fiacres, omnibus, automobiles et entrepreneurs de roulage, dans une zône plus ou moins large autour des centres de population ; — l'*entrepreneur de batellerie*, opérant sur les lacs, rivières ou canaux [2] ; — le *chemin de fer*, dont

---

1. Les contestations relatives aux colis postaux étaient de la compétence du Conseil d'Etat (L. 3 mars 1881, art. 10, etc.). Aujourd'hui, elles sont de la compétence des juges de paix (L. 6 juillet 1905, art. 5-4°), même, dit cette loi, pour le cas de « retard » ; et cependant les textes organiques des colis postaux affranchissent le transporteur de cette dernière cause de responsabilité (Cfr. Civ. Toulouse, 21 juin 1906, S. 1906, 2, 287 ; Redon, 13 février 1907, S. 1907, 2, 251).

2. Ces transports fluviaux sont réglés, chez nous, non par le droit maritime,

l'apparition est plus récente et qu'on peut faire dater environ de 1832 [1].

Le premier de ces agents de transport utilise les routes ou les chemins vicinaux : il fait circuler ses voitures, fourgons ou diligences sur la partie du domaine public dont l'usage est gratuit. C'était, au commencement du XIXe siècle, le cas général. Quelques-uns de ces voituriers disposaient de subventions pour porter les dépêches ; ils entretenaient des services périodiques. Ils effectuaient leurs relais par le concours de maîtres de poste, pourvus d'un brevet, qui mettaient également à la disposition des particuliers des attelages de rechange.

Pour la batellerie, la voie d'eau échappe de même à tout *péage*. L'Etat percevait autrefois des *droits de navigation* sur les transports par eau à l'intérieur. Leur suppression a permis à la navigation de faire concurrence aux chemins de fer dans certaines régions. Sur les canaux exploités par des sociétés concessionnaires, en vertu de cahiers des charges, il subsistait bien des taxes, destinées à amortir les travaux de construction. Mais le rachat des canaux est depuis assez longtemps achevé.

1150. — Chemins de fer. Domanialité et transport. — Pour les chemins de fer, la voie à parcourir est la voie ferrée. En opérant à l'égard de ce nouveau moyen de communication comme on l'avait fait précédemment pour les canaux, voici à quels résultats on serait arrivé.

Une Compagnie a construit avec ses capitaux le chemin de fer et elle l'entretient : elle administre en qualité de concessionnaire une partie de la *grande voirie* (tous les chemins de fer, même d'intérêt local, rentrent dans cette classification). Elle percevra un péage pour l'usage de cette voirie. Mais elle ne s'immiscera point dans le transport. Elle admettra sur ses rails, sans faveurs particulières, les entrepreneurs libres qui feront circuler sur le réseau leur propre matériel, à leurs risques et avec leur personnel.

Cette combinaison, à laquelle on songea, ne put réussir à raison de l'insécurité de l'occupation de la voirie par divers transporteurs, des accidents à craindre, de la déperdition de capitaux causée par la multiplicité de matériels concourant à un même emploi, etc.

Il n'y avait d'autre solution pratique possible que d'attribuer au gardien de la voirie le service même du transport. Le chemin de fer cumula deux fonctions. Il devint simultanément : 1° détenteur de la voie publique, avec perception d'un péage, loyer de la ligne, et 2° entrepreneur de transport avec son matériel et ses agents, autorisé à toucher un droit de port distinct du premier droit dans sa source, s'ajoutant à lui.

Le monopole d'exploitation du réseau par le chemin de fer a-t-il étendu

---

mais par les principes du transport par terre. Nous n'avons pas, comme les Allemands depuis 1895, une législation spéciale sur les transports de la navigation intérieure.

1. Epoque de la substitution de la locomotive à la traction par chevaux sur la ligne de Saint-Etienne à Lyon. Les premières discussions importantes aux Chambres sur le régime des chemins de fer ont eu lieu à la suite du dépôt des projets de 1837.

au trafic des marchandises et des voyageurs le régime légal qui dérivait de sa qualité de concessionnaire de travaux publics ? — Non, en principe du moins. L'*exploitation*, les rapports entre le chemin de fer et les voyageurs ou expéditeurs, dépendent du droit privé : ce n'est pas là un service domanial. Donc : 1° Les procès résultant du trafic sont du ressort des tribunaux ordinaires, et non pas des conseils de préfecture, qui sont seulement juges des dommages provenant de l'exécution des travaux publics (L. 28 pluviôse an VIII, art. 4). Le service des transports ne commence qu'après la construction du réseau : il consiste, pourrait-on dire, dans une *exploitation* plutôt que dans une *exécution* de travaux publics. 2° Le recouvrement des taxes est également porté devant la juridiction ordinaire, comme s'il s'agissait d'un entrepreneur libre, même pour la partie qui correspond au péage et qui, en tant que contribution indirecte, ne saurait ressortir au contentieux administratif.

Mais, d'autre part, comme le chemin de fer est pourvu d'un monopole de transport sur son réseau et défie toute concurrence [1], il était indispensable de soumettre à un contrôle les contrats échangés par lui avec le public. Autrement, il serait devenu omnipotent. C'était déjà sous l'ancien régime une idée reçue, que l'usage de la voirie ne peut donner lieu à préférences ni faveurs : régime égalitaire qu'on traduisait par opposition aux notions féodales, lorsqu'on disait que « les routes appartiennent au Roi », c'est-à-dire à chacun et à tous. Par là, les principes réglementaires du domaine public ont eu leur contre-coup sur le service commercial, qui en est l'accessoire.

1151. — Sources du droit de transport. — Il fallait présenter l'aperçu précédent avant de s'engager dans les sources légales ou administratives du transport par chemin de fer. Limitons-nous à l'*exploitation*. Ecartons la construction, l'entretien, la police des lignes, ainsi que les rapports financiers tenant à l'éventualité du rachat, à la garantie d'intérêt par l'Etat ou au remboursement des capitaux d'établissement [2].

---

1. On dit qu'il est armé d'un monopole *de fait* et non *de droit*. Cela n'est pas très exact. Il ne peut pas sans doute interdire au public l'emploi des autres voies qui permettraient de gagner la même destination. Mais, sur sa ligne à lui, il est vrai de dire qu'il est seul *juridiquement* autorisé à effectuer le transport.

2. Six grandes Compagnies (cinq par suite du rachat de l'Ouest), sociétés anonymes dont les statuts, après diverses fusions, ont été approuvés par décrets de 1852 et des années postérieures. — Dates d'expiration de leurs concessions (à moins de rachat anticipé) : entre 1950 et 1955. — Longueur de leurs réseaux : plus de 32.500 kilomètres (sur 40.500 représentant environ tout le réseau français). — Régime financier établi par les lois du 20 novembre 1883 qui ont approuvé les conventions : garantie d'intérêt par l'Etat à charge de remboursement sur les excédents ultérieurs de recettes ; inscription annuelle au budget de l'Etat des sommes que les Compagnies doivent amortir en représentation de la construction du troisième réseau (n° 711). — Point de droit de propriété des Compagnies sur les lignes, dépendant du domaine public inaliénable et imprescriptible. — En outre des grandes Compagnies, réseau d'Etat (2.800 kilomètres avant l'annexion des lignes de l'Ouest), Compagnies secondaires d'intérêt général, et lignes d'intérêt local concédées par les conseils généraux des départements (pour ces derniers chemins de fer : Loi du 31 juillet 1913, remplaçant celle du 11 juin 1880).

Les chemins de fer relèvent non du Ministère du commerce, mais du *Ministère des travaux publics*, tant au point de vue des règles de police et de sûreté, ce qui est logique, que pour ce qui touche l'exploitation, les transports et les tarifs, ce qui est moins rationnel.

L'exploitation comprend les droits et les obligations se formant entre le chemin de fer et les expéditeurs ainsi que les voyageurs, et par conséquent la législation du contrat de transport en droit privé.

Cette législation a une double provenance. Il s'est constitué, au milieu du XIXe siècle, par superposition, et, à la suite de l'invention du nouveau mode de traction, des règles animées d'un autre esprit que les anciennes. Elles n'ont pas seulement recouvert la place occupée jusque-là par le droit commun de notre contrat, elles ont modifié profondément la législation.

1152. — 1° Liberté. — Les premières sources du transport moderne sont les prescriptions des Codes civil et de commerce. Ces prescriptions s'adressent à un voiturier quelconque et sont les seules, aujourd'hui encore, à régir les autres voituriers que les chemins de fer.

Dispositions contemporaines d'un état de concurrence, elles reproduisent le droit commun de la *liberté des conventions*. Tout en affirmant le principe de la responsabilité, la loi réserve les clauses contraires, et les reconnaît licites à moins qu'elles offensent l'ordre public. Elle ne s'occupe ni du prix du transport, ni de la durée du contrat ; les parties les détermineront à leur convenance dans chaque cas en particulier.

Le transport n'est même pas un contrat propre d'après le Code civil. Le législateur s'en occupe à propos du *louage d'ouvrage* (III, 8, chap. 3, sect. 2, art. 1782 à 1786). Le voiturier s'engage à accomplir un travail, moyennant redevance. Au lieu de promettre de façonner un produit, il le véhiculera : au fond c'est la même convention. Certains textes rapprochent le transport du *dépôt* : le voiturier est assimilé au dépositaire pour la conservation des choses qui lui sont confiées ou qui n'ont été encore que remises dans ses bâtiments ou dépendances ; c'est la responsabilité du dépôt nécessaire, à laquelle l'aubergiste est également sujet (art. 1952, 1953 C. civ.).

Dans le Code de commerce, deux sections du titre : *Du gage et des commissionnaires*, les sections III et IV (art. 96 à 108) [1], sont consacrées au transport. Il est statué sur le transport à la suite de la commission. On considère les transports comme s'effectuant normalement par l'intermédiaire de commissionnaires, ce qui n'est plus l'état actuel des relations.

1153. — 2° Réglementation. — A ces documents du premier Empire, se sont ajoutés, depuis le gouvernement de Juillet, un ensemble de textes, exclusivement applicables aux chemins de fer.

Si l'on avait étendu à ceux-ci le droit commun des conventions et du transport, l'inégalité des contractants aurait provoqué des abus. Le chemin de fer aurait dicté ses conditions au public. Il aurait pu refuser les marchandises de tel expéditeur, consentir à tel autre des arrangements de faveur en s'intéressant à ses spéculations, établir capricieusement des prix

---

1. Avant 1863, les sections II et III.

de transport, des délais ou des clauses de non-responsabilité intolérables.

Cette toute puissance, en désaccord avec les principes du droit public, rompait l'équilibre. Un transporteur « nécessaire » est maître de la situation. Il fallait rétablir la balance en vue de *protéger* le commerce et les voyageurs, introduire dans le contrat de transport des prescriptions nouvelles avec un *caractère impératif*.

Si l'on avait procédé avec méthode, ces prescriptions se seraient groupées dans un instrument complet et bien coordonné, par exemple dans une section cinquième et complémentaire du titre, sous la rubrique : « Des transports par chemins de fer ».

1154. — Cette méthode n'a pas été suivie. Les textes du sujet sont disséminés dans des lois, règlements ou arrêtés nombreux. La concession, la police des chemins de fer se trouvent confondues avec les prescriptions qui ont pour objet leurs rapports avec le public.

La codification du transport par voie ferrée, à laquelle on s'est livré avec plus de succès à l'étranger qu'en France, a été surtout réalisée sur le terrain du droit international. La *Convention de Berne du 14 octobre 1890*[1] a réuni les chemins de fer de presque tous les Etats de l'Europe continentale en une union diplomatique. Une législation commune, contenue dans les soixante articles de cette convention, et dans les règlements qui l'accompagnent, s'applique aux transports directs de marchandises opérés d'une gare de chemin de fer de l'un de ces Etats à destination d'une gare de l'un des autres Etats signataires. Ce transport direct ne peut être refusé et il s'effectue sur le modèle d'une lettre de voiture uniforme.

L'instrument international est conçu dans l'esprit du droit allemand. Il prime le droit intérieur dans les transports de France à un pays différent, ou inversement.

Quant à ces règles intérieures de droit français, on leur reproche leur manque de précision, leur formation incomplète. N'ayant jamais été soumises à un travail d'ensemble, elles laissent à désirer. Voici de quels éléments elles se composent.

1155. — *a)* La *loi du 15 juillet 1845*, sur le chemin de fer de Paris à la frontière belge, décide, entre autres dispositions, qu'aucun chemin de fer n'a le droit de consentir des *arrangements individuels et de faveur* à d'autres entreprises de transport. Une deuxième loi, de la même date, plus particulièrement relative à la police des chemins de fer, édicte une amende de 16 à 3.000 fr. pour toutes contraventions aux *Ordonnances* qui porteraient règlement d'administration publique sur la police, la sûreté et l'*exploitation* du chemin de fer, ainsi qu'aux *arrêtés* que prendraient les préfets en la matière sous l'approbation du *Ministre des travaux publics*. On paraît avoir argumenté de ce texte, pour attribuer au Ministre le pouvoir réglementaire en matière de chemins de fer, quoiqu'il n'en dispose pas dans les autres parties administratives.

---

1. V. les thèses Morel, Dervin, 1909, etc., sur la Convention de Berne.

1156. — *b*) L'*Ordonnance royale du 15 novembre 1846* a édicté des dispositions d'exploitation : — Défense de percevoir *aucune taxe*, même dans les limites d'un maximum qu'autorisera le cahier des charges, *sans homologation ministérielle* ; — ordre d'accomplir les transports *sans aucun tour de faveur* et de délivrer à l'expéditeur un *récépissé* s'il le demande, sans préjudice de la lettre de voiture ; — obligation de soumettre à l'approbation du Ministre des travaux publics « les règlements relatifs au service et à l'exploitation ».

Ainsi, les chemins de fer sont placés sous le contrôle du Ministre des travaux publics. Le Ministre exerce ce contrôle, ainsi qu'on va le voir : 1° par ses arrêtés parlementaires ; 2° par les clauses qu'il fait insérer dans le cahier des charges de la concession ; 3° par l'homologation de tarifs dont il peut sur sa propre initiative suggérer aux Compagnies la mise en service, sans avoir le droit de leur imposer un tarif auquel elles seraient contraires.

Les dispositions de l'Ordonnance, ainsi que celles des arrêtés ministériels, ayant trait aux relations du public et du chemin de fer, peuvent être appliquées par la justice ordinaire, malgré le principe de la séparation des pouvoirs. Le tribunal de commerce en connaîtra, comme tout juge civil peut interpréter les règlements administratifs, les décisions de l'administration d'ordre général et non individuel (arg. art. 471-15° C. pén.).

1157. — *c*) Le Ministre des travaux publics a exercé ses attributions réglementaires, en prenant, entre autres dispositions, des *arrêtés* pour fixer les délais des transports de grande et de petite vitesse.

1158. — *d*) Les *cahiers des charges*, délivrés par l'Etat aux Compagnies, déterminent la durée et les conditions de la concession, ses causes de déchéance, etc. Il s'y trouve également certaines prescriptions d'exploitation, destinées à préserver le public contre le danger du monopole.

S'il fallait voir dans les prescriptions de la deuxième catégorie des clauses de marchés de travaux publics, le Conseil de préfecture en connaîtrait seul. On les envisage plutôt comme des actes réglementaires : leur contentieux peut ressortir aux tribunaux ordinaires. Req., 6 juillet 1904, D. 1906, 1, 346 (n° 1156).

Les cahiers des charges, pour les lignes d'intérêt général, variaient à l'origine dans leur rédaction. Mais on a fini par les unifier en déposant au Ministère des travaux publics, en 1857, un cahier modèle. On se borne pour chaque concession nouvelle à en reproduire la formule.

Voici quelques-unes de ces clauses : — Perception des taxes à raison de la *distance kilométrique* parcourue ; — division des marchandises en *quatre classes* : pour chacune d'elles est déterminé un tarif maximum (péage et transport) par tonne et par kilomètre ; — nécessité de recevoir tous les chargements, sous condition d'un poids ne dépassant pas 5.000 kilogr. ; — obligation pour un chemin de fer, lorsqu'il a abaissé ses taxes, de ne pas les relever avant trois mois ou avant un an, suivant qu'il s'agit de voyageurs ou de marchandises ; — interdiction d'accorder à des expéditeurs une réduction sur les tarifs qui ne serait pas consentie à tous impersonnellement ; — octroi, avec l'autorisation du Ministre, de *tarifs réduits* pour les expéditeurs qui consentiraient à une prolongation des délais, etc.

Il existe une prohibition dont les chemins de fer devraient se trouver atteints par une disposition formelle de leurs cahiers des charges : celle de se livrer à d'autres genres d'exploitation que le transport lui-même. La situation particulière dont ils disposent les mettrait en mesure de monopoliser le commerce ou l'industrie qu'ils ajouteraient à leur trafic (tenue de magasins généraux, par exemple). Une défense particulière de cette nature n'est pas écrite dans les règlements, et l'on peut se demander s'il faut la sous-entendre (notes Lyon-Caen, S. 1882, 2, 169, et 1884, 1, 435). Il y a des exploitations connexes au transport lui-même, qui concourent à sa commodité, telles que buffets ou hôtels *Terminus*. Sous le contrôle de l'administration, le chemin de fer est autorisé à pratiquer le commerce sous cette forme accessoire, à titre de développement naturel de son trafic (Req., 19 décembre 1882, D. 83, 1, 57) [1].

1159. — Tarifs. — *c*) D'après l'Ordonnance de 1846, on l'a vu, les Compagnies ne peuvent mettre aucun règlement en service, ni percevoir aucune taxe, sans l'approbation préalable du Ministre des travaux publics. *Tout tarif est sujet à homologation ministérielle* (pour les lignes d'intérêt local, le pouvoir d'homologuer appartient au préfet).

Qu'est-ce qu'un *tarif* ? L'ensemble des conditions offertes par le chemin de fer aux particuliers pour régler les transports qui lui seront confiés.

Dans le langage usuel, tarif est synonyme de *taxe* ; c'est là le sens banal du terme : « on relève, on abaisse le tarif ». Cette acception est trop étroite, quoiqu'elle puisse convenir à la rigueur au *tarif général*. Voici, en effet, la séparation à faire entre les deux catégories de tarifs.

1) Le *tarif général* est applicable de plein droit, à moins que l'expéditeur n'ait demandé expressément l'application d'un autre tarif (Rej., 22 février 1898, D. 1900, 1, 151). La Compagnie fera le transport, suivant le droit commun de la responsabilité d'un débiteur ordinaire, dans les délais fixés par les arrêtés, par le plus court trajet, et moyennant la taxe la plus élevée.

Comme tous les éléments du transport, excepté le montant du port, sont déterminés par les lois et règlements, il est permis de confondre le tarif et la taxe, quoique cela soit le résultat d'une vue superficielle.

2) Mais la pratique des tarifs *spéciaux*, dits aussi *conditionnels* ou *à prix réduits*, montre que le tarif a beaucoup plus de portée. Le chemin de fer

1. Les conditions dans lesquelles fonctionnent ces hôtels ou buffets, affermés le plus souvent par le chemin de fer et non exploités en régie, obligent-elles d'en limiter l'usage aux voyageurs ou aux personnes qui veulent profiter de la proximité de la gare, sous peine de dommages et intérêts envers les industries similaires de la localité ? Peut-on, tout au moins, leur interdire d'aménager des salles de banquets, de fêtes et de réceptions ? — La Cour de Paris (2 août 1900, et 18 février 1903, D. 1900, 2, 484, et 1903, 2, 485), et la Cour de cassation (Req., 13 mars 1906, S. 1907, 1, 517) ont statué dans le sens le plus favorable aux Compagnies, lors des procès déterminés par l'exploitation du *Terminus* du quai d'Orsay.

offre à l'expéditeur, au choix de celui-ci, et par dérogation au tarif général, des conditions de transport moins coûteuses, pourvu qu'il renonce à tel avantage que lui donnerait le droit commun (itinéraire détourné, — durée plus longue de transport, — *atténuation* et même *exonération de responsabilité*, du moins avant la loi du 17 mars 1905).

1160. — Suite. Leur caractère. — Comment déterminer la nature de ces tarifs, dûment homologués et réclamés en vertu d'une option qui aurait pu leur faire préférer le tarif général, plus cher mais aussi plus sûr ? — Les tarifs sont de véritables *conventions*.

Ces conventions restent à l'état de simple proposition, aussi longtemps que nul ne les réclame. Elles prennent vie et se renouvellent sous des conditions constantes, à mesure que des particuliers demandent que le tarif leur soit appliqué. Se placer sous le régime d'un tarif, c'est consentir à un mode de transport proposé par la Compagnie. La situation est la même que dans le contrat d'assurance où des conditions générales, imprimées et semblables pour tous les clients de la Compagnie, forment la matière de la convention. On est en présence d'un « contrat d'adhésion ».

Contester le sens ou l'application d'un tarif, c'est discuter la manière dont les parties ont voulu que le transport fût exécuté : les tribunaux ordinaires connaissent de ces contrats comme de tous les autres.

Toutefois, la jurisprudence caractérise différemment le tarif. Naguère, elle lui reconnaissait *force légale* (Civ. rej., 3 mars, et Cass., 13 mai 1874, D. 75, 1, 171 et 467). Cela n'était pas rationnel, une loi étant l'œuvre du Parlement. Si les tribunaux lui imprimaient la valeur d'une loi, c'était, peut-être, afin d'expliquer pourquoi la violation des tarifs doit donner ouverture à cassation (Ex. : un tarif de transport des « vins » est réclamé pour la « bière », ou pour d'autres spiritueux ; la question de l'assimilation de la bière aux vins ne rentre pas dans l'appréciation souveraine des juges du fond, la décision peut être déférée à la Cour de cassation)[1].

Aujourd'hui les arrêts se contentent de dire que les tarifs sont d'*ordre public* (Cass., 17 novembre 1909, D. 1911, 1, 317).

1161. — Il y a d'innombrables tarifs spéciaux. Leur application se rattache à des problèmes économiques graves, qui n'ont pas leur place dans cet enseignement : — *tarifs différentiels* dérogeant à la distance proportionnelle, et donnant à des industries éloignées le moyen d'élargir leurs débouchés en faisant concurrence à des industries plus rapprochées ; — tarifs limités à certains produits ; — *tarifs de gare à gare*, etc.

---

1. L'intérêt général veut qu'un tarif soit interprété uniformément par tous les tribunaux du pays, autrement la lutte industrielle cesserait de s'exercer dans des conditions d'égalité. Il entre dans le rôle de la Cour de cassation d'assurer cette application uniforme, et de redresser les erreurs des tribunaux et des Cours sur la portée des tarifs. — Voir Dereux, *De la nature juridique des tarifs de chemins de fer* (th. 1906) ; Lauzero, même titre (th. Toulouse, 1910). — D'après M. Piot, *De l'application du prix des tarifs de chemins de fer*, 1913, le tarif a force de règlement (*Ann. dr. comm.*, 1913, p. 523 et s., article Fraissaingea).

1162. — Situation du destinataire. — Achevons cette section en déterminant le rôle respectif des parties dans le contrat.

Il n'y a aucune difficulté pour le *voiturier* : il s'engage à effectuer le transport. Il n'y en a pas davantage pour l'*expéditeur*, à qui cette promesse est faite : il se constitue débiteur du port, s'il ne le débourse pas au départ.

Mais la situation est moins nette à l'égard du *destinataire*. Ce dernier n'est pas intervenu au transport au moment de sa conclusion. Il semble que le transport soit dépourvu d'effet pour ou contre lui, et qu'il ne puisse exercer les actions du contrat que *du chef de l'expéditeur* (art. 1166 C. civ.).

Conséquemment, si le destinataire intente un procès au transporteur, celui-ci sera recevable à lui opposer les exceptions dont l'expéditeur lui-même serait passible. Quelles sont ces exceptions ? On ne peut pas en énumérer la liste *a priori*. Ce peut être la faillite de l'expéditeur, la masse étant désormais subrogée à l'exercice de ses actions. Ce sera surtout l'absence d'intérêt de l'expéditeur au transport eu égard à ses relations avec le destinataire. — Ex. : Un colis de 100 fr. a été expédié par *Primus* à *Secundus* à titre de vente ; il a été convenu dans la facture qu'elle était livrée au départ et voyagerait au risque de *Secundus*, que *Primus* toucherait son prix, quoi qu'il arrive, l'issue du transport lui étant indifférente. Si *Secundus* agit en ses lieu et place, quoique perdant 100 fr. pour un colis avarié, il sera débouté[1] ; ce qui condamne le système en équité.

1163. — On a paré à ce résultat, en reconnaissant au destinataire une action de son propre chef. Mais quelle sera la base de cette action ?

Un premier système la fait dériver du *droit de propriété* qu'exerce le destinataire sur la marchandise en cours de voyage. Le propriétaire du colis, personnellement intéressé, n'est-il point titulaire des actions du contrat ?

C'est une erreur, et pour deux raisons.

a) La propriété n'appartient pas au destinataire dans tous les cas : peut-être n'est-il qu'un commissionnaire chargé de vendre, ou ne doit-il être rendu propriétaire qu'à l'arrivée (nos 1015 et s.). Même alors il est juste qu'il ait les actions (Cass., 28 janvier 1901, D. 1901, 1, 240).

b) Fût-il propriétaire, la créance du transport ne se fixe pas sur lui par ce motif. Le voiturier ignore la convention, formée entre l'expéditeur et le destinataire, et quant à lui *res inter alios acta* (art. 1165 C. civ.). L'ordre de transport lui est donné toujours au nom de la même personne.

---

1. C'est par suite de cette idée que les chemins de fer ont refusé des indemnités pour perte de boîtes d'échantillons que des *voyageurs de commerce* leur avaient confiées à titre de bagages (articles non sujets à déclaration, autrement la feuille d'expédition porterait vraisemblablement le nom du patron comme expéditeur). La perte de pareils objets n'intéresse pas le représentant ou ne l'intéresse pas au même degré que son patron. Le patron, non partie à la convention, a dit le chemin de fer, ne peut pas agir de son propre chef. — La jurisprudence n'a pas adopté ces conclusions (Req., 26 octobre 1896. D. 98, 1, 500, et note Sarrut ; Rej., 6 novembre 1912, S. 1913, 1, 398 ; cfr. cependant Rej., 18 octobre 1905, D. 1909, 1, 128). On a parfois fait dépendre la solution de la forme extérieure du colis, qui tantôt dénonce et tantôt ne dénonce pas la qualité du voyageur. Dans le premier cas seulement le patron pourrait agir à raison de son préjudice personnel (Paris, 16 mars, et Amiens, 18 mars 1899, D. 1900, 2, 59).

1164. — La jurisprudence admet un autre système, fondé sur les promesses pour autrui accessoires à un contrat fait pour soi-même (art. 1121 C. civ.). L'expéditeur, en même temps qu'il stipule le transport pour lui, fait encore cette *stipulation pour le destinataire* ; celui-ci, bénéficiaire d'une offre qui lui est adressée à distance, est maître de l'accepter. De là le pouvoir qu'il a d'attaquer le transporteur, comme s'il avait traité dès l'origine avec lui.

La jurisprudence n'était pas libre de statuer autrement. Que serait une organisation des transports, dans laquelle le chemin de fer se soustrairait aux réclamations d'indemnité des destinataires, en arguant de l'absence d'intérêt des expéditeurs qui seraient réputés seuls en cause dans le procès ?

Il ne s'ensuit point que, réciproquement, le transporteur puisse réclamer le port au destinataire et l'obliger à prendre réception du colis. Il ne sera admis à le faire que lorsque le destinataire aura adhéré au transport, soit en adressant une réclamation au voiturier, soit à plus forte raison en recevant le colis à l'arrivée. Alors il est spontanément entré dans le contrat et doit en supporter les obligations [1].

1165. — Faculté de disposer de la marchandise. — A la détermination du rôle de destinataire dans le contrat se lie une question voisine, plus connue à l'étranger et en droit international qu'en droit français : celle de la *disposition de la marchandise en cours de route.*

L'*expéditeur* peut, en produisant le récépissé, modifier ses instructions et ordonner au voiturier, soit de diriger le colis vers une destination différente, soit de le lui faire revenir. Mais cette faculté passe au destinataire, lorsque celui-ci a adhéré au transport (ce dont, suivant les arrêts, il devra fournir la preuve par la production du même récépissé).

En d'autres termes, jusqu'à la livraison, le transporteur doit déférer à l'ordre d'arrêter la marchandise ou d'en modifier la direction, ordre que l'expéditeur ou le destinataire lui fait parvenir, selon que le récépissé lui est représenté par le premier ou par le second d'entre eux (Req., 15 novembre 1893, *Ann. dr. comm.*, 94, 1, 44 ; Pau, 2 juin 1905, D. 1908, 2, 263).

Il n'est pas à craindre que le destinataire abuse des pouvoirs que l'expéditeur lui avait donnés sur les marchandises, en disposant de celles-ci

---

1. Cette application au transport des stipulations pour autrui est un peu forcée. Lorsque le destinataire a un intérêt personnel au transport, cet intérêt fait défaut chez l'expéditeur : or la stipulation pour autrui n'est vivifiée par l'art. 1121 que si le stipulant a un « intérêt principal » dans l'opération. — Il eût été plus raisonnable de fonder l'action directe du destinataire sur la nature *alternative* du créancier (construction qui a été tentée par M. Boistel pour expliquer l'assurance au profit d'autrui, D. 89, 2, 129, et que sa hardiesse ne suffit pas à condamner, car aucun principe apparent de droit n'y est contraire). Le voiturier devra le transport, tantôt à l'expéditeur, tantôt au destinataire, selon l'intérêt qu'aura l'un ou l'autre à son exécution, et dont il justifiera. — Dans la jurisprudence, la recevabilité de la demande est subordonnée à la présentation du *récépissé* (même non négociable) par le demandeur. Le destinataire n'a pas à produire cette pièce pour recevoir livraison, mais il en a besoin pour ester en justice (Leturcq, *De la situation respective de l'expéditeur et du destinataire*, th. 1903).

autrement qu'il n'avait été convenu entre eux. S'il en a abusé, il devra des dommages-intérêts. Mais le transporteur est hors de cause.

L'expéditeur abuserait de ses pouvoirs par un semblable contre-ordre, s'il avait vendu « livrable au départ », car alors il a perdu la propriété dès la mise à l'expédition. Exceptionnellement, même en ce cas, il aura la faculté de disposition, la *revendication* (et sans plus avoir besoin de produire le *récépissé*), s'il la motive sur la survenance de la faillite de l'acheteur destinataire (art. 576 C. com.). L'ensemble de cette dernière théorie relève de la législation des faillites. Nous la retrouverons (n° 1950).

D'autres principes sont consacrés par la Convention de Berne (art. 15 et 26). Le pouvoir de disposer du colis y est reconnu : 1° à l'expéditeur, rapportant le double de la lettre de voiture, ou à son défaut l'autorisation du destinataire (Cass., 6 mars 1899, S. 99, 1, 468) ; 2° au destinataire après remise que le chemin de fer lui aura faite de la lettre de voiture originale, à la suite de l'arrivée du colis[1].

SECTION II

FORMATION DU CONTRAT DE TRANSPORT

1166. — Le transport a-t-il besoin pour se former de la remise de la chose au voiturier ? La question n'a pas beaucoup d'intérêt.

Le voiturier serait lié par l'engagement qu'il aurait pris de charger le colis chez l'expéditeur. Il le serait en vertu soit du transport, soit d'une convention innommée. Le chemin de fer n'est pas obligé de pourvoir au camionnage au départ. Il n'est même pas forcé de tenir à jour fixe, à la disposition des expéditeurs, des wagons vides prêts à être chargés, pourvu toutefois qu'il réponde à la demande dans un délai déterminé (Cass., 12 juin 1901, D. 1902, 1, 37 ; Rej., 4 janvier 1904, D. 1906, 1, 275 ; Cass., 15 mars 1905, S. 1905, 1, 469) : la question reste débattue pour les embranchements reliés à la voie ferrée (Rouen, 22 mai 1909, S. 1915, 2, 241 ; Angers, 24 janvier 1911, S. 1912, 2, 87).

Nous supposerons que le contrat de transport ne se forme que par la *prise en charge* du colis, c'est-à-dire par sa remise au voiturier.

1. Il ne faut pas confondre avec le droit de disposition de la marchandise, la *saisie-arrêt* des *créanciers* sur le colis, aux mains du transporteur. Ces créanciers, suivant les cas, auront des prétentions à faire valoir, soit contre l'*expéditeur*, soit contre le *destinataire*, l'une ou l'autre de ces deux personnes pouvant être embarrassée dans ses affaires. — De quelque côté que vienne la saisie, le transporteur doit suspendre le transport. Il ne saurait, en qualité de tiers saisi, se constituer juge du mérite de cette saisie-arrêt. D'ailleurs, pour que la saisie aboutisse les créanciers opposants devront prouver que leur débiteur, au moment de la saisie, était le propriétaire de la marchandise, que celle-ci fait par conséquent partie de leur gage d'exécution. — Ce problème ne dépend plus du point de savoir si le destinataire a un droit propre, mais d'une vérification de propriété (Req., 13 janvier 1875, D. 75, 1, 356 ; 20 juin 1876, D. 77, 1, 134 ; Hubert, *Ann. dr. comm.*, 1902, p. 177 et s.).

1167. — Cette prise en charge est immédiatement constatée au moyen d'un *enregistrement* (seule écriture à tenir pour les bagages accompagnant un voyageur, taxe uniforme 0.10, avec tolérance de 30 kilos par personne) : un registre des objets dont il se charge est imposé à l'entrepreneur de transports (art. 1785 C. civ. et 96 C. com.), c'est en quelque sorte son livre-journal.

Au surplus, la responsabilité de la garde du colis ne commence pas seulement au moment où la marchandise est enregistrée : des caisses ou des ballots ont été soustraits après leur entrée dans la cour ou dans la gare du chemin de fer. Les expéditeurs ont obtenu réparation de la Compagnie, quoique, au moment de la perte, aucune pièce attestant le chargement n'eût été encore établie (dépôt nécessaire, art. 1782 C. civ. ; Mâcon, 19 mai 1896, D. 99, 2, 164).

1168. — Indépendamment de l'enregistrement, il y a un écrit : la *lettre de voiture*, désignée aujourd'hui *récépissé* dans le trafic des chemins de fer.

Cette pièce, recommandée par des raisons d'ordre, est utile pour la preuve. Toutefois, comme le transport est un contrat consensuel (ou réel), l'absence ou l'insuffisance de cet écrit n'enlèverait rien à la valeur de la convention ; elle pourrait même être établie par témoins (art. 109 C. com. *non obst.* art. 101 : la lettre de voiture *forme* un contrat).

A l'origine, la lettre de voiture était unilatérale et rédigée par l'expéditeur. Celui-ci remettait au voiturier la lettre avec le colis ; la formule de la rédaction le faisait parler au destinataire ; il s'exprimait à la deuxième personne dans un style prolixe et même pompeux : « A la garde de Dieu et sous la conduite de N., voiturier, vous recevrez deux colis... »

Par lettre découverte, l'expéditeur invitait son correspondant à recevoir la marchandise par lui décrite, et au besoin à en régler le port ; c'est bien la convention liée avec le voiturier, porteur de cette lettre, qui se trouvait ainsi constatée.

On dressait en trois exemplaires cette lettre de voiture, copiée en outre sur un registre spécial du voiturier (art. 102 *in fine* C. com.) : *a*) l'original restait au bureau de départ ; *b*) le transporteur en tirait un double qu'il remettait à l'expéditeur après l'avoir signé ; *c*) une seconde copie accompagnait le colis dans le portefeuille du conducteur ou du chef de convoi ; c'était la *feuille de route*, le voiturier s'y référait aux diverses stations de son voyage, afin de savoir où et à qui il avait à faire livraison.

1169. — Cette organisation se retrouve, avec un simple changement de mots, dans le service des chemins de fer En trafic intérieur, la lettre de voiture est tombée en désuétude, elle est remplacée par le récépissé. L'expéditeur rédige un bordereau ou *déclaration d'expédition*, qui exclut toute phraséologie et dont il n'a qu'à remplir les blancs. Les énonciations de cette pièce sont reproduites par le chemin de fer sur un cahier à souche, auquel adhère un double pour chaque feuillet.

L'un de ces doubles (récépissé pour l'expéditeur) est remis à celui-ci : il fait preuve pour lui des conditions du transport. L'autre (récépissé pour le destinataire) constituera la feuille de route et sera présenté à l'arrivée avec la marchandise. Les règlements obligent les Compagnies à délivrer pour chaque expédition une pièce de cette nature, si elles en sont requises ; en fait elles la délivrent toujours.

1170. — L'usage du récépissé se rattachait dans le principe au désir d'échapper au *droit de timbre* dont la lettre de voiture était passible. Le commerce s'imaginait que, du moment que la pièce avait la forme d'un reçu, la franchise fiscale, admise à cette époque pour les quittances, devait s'étendre à ce nouvel instrument.

Aujourd'hui, le droit est le même, 0 fr. 70 (soit : papier timbré 0 fr. 60, plus 0 fr. 10 de quittance de la marchandise pour émargement du destinataire à l'arrivée), pour la lettre de voiture comme pour le récépissé, sauf abaissement de taxe à 0 fr. 35, pour le récépissé délivré en grande vitesse. Il a été question de convertir ce *timbre fixe* en un *timbre proportionnel*, s'élevant avec le port : le prix du transport étant de 100 fr., on acquitterait un timbre dix fois plus fort que si celui-ci était de 10 fr., en admettant une échelle proportionnelle simple et non progressive. Cette réforme n'a pas encore été réalisée.

1171. — L'ancienne lettre de voiture, le récépissé ou la déclaration d'expédition renferment les énonciations suivantes, que mentionne l'art. 102.

... *La nature et le poids ou la contenance des objets à transporter.* Le port est perçu, dans l'organisation des chemins de fer, à la fois d'après la nature et d'après le poids du colis.

a) D'après sa nature. — Les marchandises sont réparties par le cahier des charges en *quatre classes* dont les tarifs ont fait *six séries*. A chacune d'elles répond une unité de taxe, plus élevée pour les premières séries que pour les autres, ces premières séries contenant les articles qui font courir à la Compagnie plus de risque ou qui sont d'une manutention plus compliquée.

Par une *fausse déclaration de nature de la marchandise*, l'expéditeur cherche à faire taxer le colis à un port plus faible que ne le veulent les règlements. Cet agissement, vis-à-vis d'un transporteur ordinaire, n'a pas de sanction pénale. Seulement l'expéditeur, en cas de perte ou d'avaries, ne touchera qu'une indemnité calculée sur la valeur d'une marchandise de l'espèce déclarée, alors que la sienne a probablement plus de prix. En outre, le mensonge découvert, il devra payer le supplément du port qu'il avait dissimulé. — A l'égard d'un chemin de fer, l'inexactitude de déclaration est frappée plus sévèrement ; c'est une contravention aux règles d'exploitation des chemins de fer, et, par conséquent, il y a lieu à l'amende établie par l'art. 21 de la loi de 1845. On est même tenté de faire tomber l'expéditeur sous l'inculpation de l'escroquerie ; cependant ce délit, frappé d'emprisonnement, n'est pas encouru (art. 405 C. pén.) : il n'y a pas eu en l'espèce de manœuvres frauduleuses, mais un simple mensonge par fausse déclaration ; la Compagnie, d'ailleurs, à la prise en charge, pouvait à la rigueur constater cette fausse déclaration, en ouvrant le colis.

b) D'après le poids. — La marchandise est pesée à l'expédition, et elle paie proportionnellement à son poids, non à son volume. L'unité du cahier des charges est la *tonne métrique*, mais elle se fractionne par *dix kilos* en petite vitesse (nous négligeons la grande vitesse et les colis postaux).

Exceptionnellement, pour certains articles « finances » : — bijoux, titres, dentelles, il y a une taxe *ad valorem*, sur déclaration de la valeur. Cette déclaration, dans une expédition ordinaire, n'a d'autre effet que de fournir une base d'évaluation pour le cas de perte ou d'avarie. A cela près, elle ne lie pas l'expéditeur. Celui-ci pourra réclamer une indemnité plus forte, si la valeur du colis est supérieure. Mais, pour les articles finances, l'évaluation limite le chiffre éventuel de la réparation, et sert d'assiette au calcul du port.

1172. — ... *Le délai dans lequel le transport doit être effectué* (la lettre de voiture doit, en outre, être datée, ce qui permet de fixer la durée et le point de départ du délai, s'il comprend un certain nombre de jours à courir).

Dans le service des chemins de fer, le délai diffère, suivant que l'expédition a lieu en grande ou en petite vitesse. — *Grande vitesse*. Le colis est chargé dans le fourgon du premier train de voyageurs de toutes classes partant trois heures après la remise (pour les trains exempts de messagerie, cfr. Civ. cass., 4 août 1913, D. 1913, 1, 375), et il sera livré à destination dans les deux heures de l'arrivée. S'il y a plusieurs itinéraires possibles, depuis la gare d'expédition jusqu'à celle d'arrivée, c'est d'après celui qui est kilométriquement *le moins long* (et en même temps le moins coûteux) que se calculeront les délais, non d'après l'itinéraire que prendrait le train *le plus rapide*. Ex. : La Compagnie Paris-Lyon-Méditerranée, recevant à Paris des colis en grande vitesse pour Lyon, peut diriger ces colis par le premier train du Bourbonnais et non par le train de la Bourgogne, de parcours un peu plus allongé, bien que celui-ci doive arriver avant l'autre (Cass., 14 décembre 1898, D. 99, 1, 422 ; 3 juillet 1905, D. 1909, 1, 193 ; 20 février 1912, S. 1912, 1, 525). — *Petite vitesse*. L'expédition est faite le lendemain de la réception, et la marchandise est mise à la disposition du destinataire le lendemain de l'arrivée ; il est donné pour le transport, qui s'effectue alors par train de marchandises, un jour par 125 kilomètres de la distance à franchir [1].

Cela est vrai du tarif général ; les tarifs spéciaux ont d'autres délais.

1173. — ...*Le nom et le domicile du commissionnaire par l'entremise duquel le transport s'opère, s'il y en a un*. Lisez : le *nom de l'expéditeur ou du commissionnaire*, suivant les cas. La loi suppose que c'est un commissionnaire qui remet pour compte le colis au voiturier ; mais il se peut que l'expéditeur se passe d'intermédiaire (voir section V, commission de transport).

1174. — ... *Le nom de celui à qui la marchandise est adressée*. C'est le destinataire ; ici surtout il importe d'énoncer le domicile, et aussi le lieu où

---

1. Ces délais ne sont obligatoires que dans leur indivisibilité. Le chemin de fer, en retard pour faire partir le colis, peut récupérer ce retard pendant la route, pourvu qu'il livre avant l'expiration du délai total (Cass., 23 juin 1904, D. 1904, 1, 525 ; 6 novembre 1907, S. 1908, 1. 366). — Inversement, l'arrivée avant le temps fixé permet à la Compagnie d'épuiser le délai jusqu'à son entier accomplissement. — Au cas de transbordement, la correspondance doit être ponctuelle et ne comporte plus, en grande vitesse, à la gare d'intersection, la tolérance de trois heures qui est donnée pour l'expédition au départ.

le colis sera livré. Les règlements des chemins de fer donnent aux expéditeurs le choix entre la livraison à domicile et la livraison en gare.

Livraison à domicile. — La Compagnie, en percevant une taxe supplémentaire de camionnage, doit transporter par ses soins le colis jusque chez le destinataire. Pour toute gare desservant dans un certain rayon une population agglomérée de 5.000 habitants, elle est tenue d'organiser à cet effet un service de factage à l'arrivée.

Livraison en gare. — Le destinataire doit retirer la marchandise du chemin de fer et la faire camionner chez lui par ses propres moyens.

Mais, instruit de l'arrivée du colis par une *lettre d'avis*, le destinataire peut retourner cette lettre signée, et demander à la Compagnie le camionnage à son domicile. Faute de retirer le colis ou de transmettre sa réponse dans les quarante-huit heures depuis la mise à la poste de la lettre d'avis (et non depuis sa réception, Civ. cass., 6 mars 1899, D. 99, 1, 256), le destinataire encourt un droit de magasinage par chaque jour de retard. Cette taxe dédommage la Compagnie de la garde et des risques de la marchandise. Le magasinage ne nove pas le contrat primitif ; la clause de non-garantie, à la supposer valable (n°s 1199 et s.), continue à produire effet (Cass., 21 avril 1902, D. 1903, 1, 148 : Cass., 27 décembre 1906, D. 1907, 1, 286).

L'*envoi* de cette lettre d'avis est-il *obligatoire* pour le chemin de fer ?

Après divergence, la jurisprudence a fini (depuis 1873) par admettre la négative (Cass., 15 juin 1900, D. 1900, 1, 501). Il est du devoir du destinataire de s'informer du moment de l'arrivée du colis en gare : quoique non avisé, il ne peut se plaindre que la marchandise soit en souffrance tout à proximité de chez lui.

La lettre d'avis est un moyen donné à la Compagnie de débarrasser son matériel et ses gares. Elle n'est qu'une mise en demeure, que le débiteur d'une dette *quérable* (marchandise à retirer en gare) signifie à son créancier d'avoir à procéder à l'enlèvement (art. 1264 C. civ., *Ann. dr. com.*, 1903, p. 369). On eût compris qu'elle fût imposée également dans l'intérêt du destinataire, afin de le renseigner sur l'arrivée de la marchandise. L'omission de la lettre d'avis aurait entraîné, à la charge de la Compagnie, des dommages-intérêts. En l'état actuel de la jurisprudence, cela n'est pas[1].

1175. — ...*Le nom et le domicile du voiturier.*

1176. — ...*Le prix de la voiture*, ou *port*. Il est proportionnel à la distance parcourue, sauf les dérogations résultant des tarifs spéciaux. La taxe « à base kilométrique décroissante » suppose une unité de base plus faible pour les grands parcours, 4 centimes par tonne au-delà de 100 kilomètres au lieu de 5 ; elle a été parfois recommandée : la Compagnie supporte pour les longs transports des frais généraux moindres, et elle pourrait abaisser la taxe sans y perdre.

La demande du *tarif le plus réduit* oblige la Compagnie à appliquer la plus faible taxe mise par elle en service. Cette demande n'est subordonnée d'ailleurs à l'emploi d'aucune formule sacramentelle (Rej., 22 février 1898,

---

1. En sens contraire, proposition Delahaye, faite au Sénat le 17 décembre 1912.

D. 1900, 1, 151). Lorsque le colis doit emprunter plusieurs parties d'un même réseau, pour chacune desquelles il existe des taxes abaissées, la Compagnie doit relier ces tarifs ensemble et les appliquer, par suite de la réquisition du « tarif le plus réduit ». Au contraire, lorsque deux Compagnies avaient mis en service un *tarif commun* à leurs deux réseaux, la jurisprudence inclinait à décider que ce tarif commun ne s'imposait que lorsque le chemin de fer chargeur en était expressément requis (Cass., 12 juin 1901, S. 1902, 1, 93; 1er mars 1905, S. 1909, 1, 214). Aujourd'hui la *soudure* est de droit non seulement pour les parcours s'effectuant sur un même réseau, mais encore pour ceux qui empruntent les voies de plusieurs Compagnies. Mais les conditions dans lesquelles elle a lieu sont déterminées par les tarifs propres à chaque concessionnaire, et sont susceptibles de varier de réseau à réseau[1].

L'expédition a lieu tantôt en *port payé* (franco), tantôt en *port dû*. Dans le premier cas, il est réglé au départ. Dans le dernier cas, il sera réglé à l'arrivée par le destinataire, le transport est fait à crédit et le chemin de fer ne peut pas s'y refuser si la valeur de la marchandise répond du port. Il doit même accepter une *marchandise grevée de débours*, du fait d'un transporteur précédent qui lui a remis le colis pour effectuer la suite du parcours. Le second agent de transport devra recouvrer à l'arrivée, avec la fraction du port à laquelle il a droit, celle qui revient au premier agent, et dont il lui sera comptable. Quant aux garanties, voir n° 1182.

1177. — ... *Le remboursement à faire suivre* (mention exceptionnelle que ne signale point l'art. 102). Il faut supposer que la marchandise a été *vendue* par l'expéditeur au destinataire, avec la condition que le prix sera *payable comptant* à l'arrivée. L'expéditeur donne mandat au voiturier d'encaisser pour lui le prix et de lui retourner les fonds à la gare de départ. C'est l'*envoi contre remboursement*. Il y a une taxe à payer pour ce retour. Les chemins de fer ne sont pas obligés, en service intérieur, de se charger de colis ainsi grevés; en fait, ils les acceptent toujours. D'après la Convention de Berne, art. 13, ils y sont tenus en service international.

La responsabilité du transporteur est alors aggravée. Substitué au vendeur, il doit user de la rétention (art. 1612 C. civ.); si le destinataire refuse, lors de la réception, de payer la somme. Commettant l'imprudence de livrer à découvert, il serait comptable envers l'expéditeur de la faillite postérieure de l'acheteur (Cass., 11 janvier 1897, S. 98.1.562)[2].

1178. — ... *L'indemnité due pour cause de retard*. Au temps des anciennes lettres de voiture, l'usage était de stipuler une clause pénale : le voiturier devait déduire, à titre de dommages-intérêts de retard, le tiers du port, présumé correspondre au préjudice.

Le commerce prétendit en vain, les cahiers des charges étant muets, obliger les chemins de fer à reproduire cette clause dans les récépissés.

---

1. JOSSERAND, *op. cit.*, n° 202.
2. HUBERT, *De l'expédition par chemin de fer contre remboursement* (*Ann. dr. comm.*, 1902, p. 161).

Mais rien n'empêche une Compagnie de faire homologuer, à côté du tarif général, un tarif spécial à option portant un pareil forfait d'indemnité ; sous réserve de la loi du 17 mars 1905 (n° 1203), la réclamation de l'expéditeur pour cause de retard ne saurait en ce cas dépasser le forfait convenu.

1179. — ...*Elle est signée par l'expéditeur ou le commissionnaire* (dans les chemins de fer, la déclaration d'expédition porte cette signature).

Elle présente en marge les marques et numéros des objets à transporter.

La lettre de voiture ou le récépissé pourraient à la rigueur être rédigés *à ordre* ou *au porteur*. Le certificat deviendrait alors un titre représentatif de la marchandise ; la transmission ou la mise en gage de celle-ci serait possible en cours de route, le voiturier ne pourrait se dessaisir à l'arrivée que contre production du document[1]. Mais, autant cet usage est fréquent pour le connaissement maritime, autant jusqu'à présent la pratique des chemins de fer en France lui est défavorable (n° 1030, note).

1180. — Le voiturier se fait également remettre par l'expéditeur une *déclaration de douane* quand le colis doit être rendu au delà de la frontière, ou un *titre de mouvement* délivré par la Régie quand la marchandise est sujette aux contributions indirectes.

Les formalités de douane et d'octroi doivent être faites à la requête du chemin de fer, en cours de route, avec l'assistance d'un mandataire de l'intéressé, lorsque celui-ci le demande (art. 10 de la Conv. de Berne). Mais le chemin de fer n'a pas à faire l'avance des droits : il pourra en exiger la consignation au départ.

L'*amende*, pour fausse déclaration, est exigible de plein droit contre le transporteur, en faute ou non (Crim. rej., 4 mai 1912, D. 1913, 1, 501). Toutefois, il y a des atténuations : *a*) Vis-à-vis des *contributions indirectes*, le voiturier est relaxé lorsqu'il met la Régie, par une désignation exacte et régulière, en mesure de poursuivre l'auteur de l'infraction (L. 21 juin 1873, art. 15, jugée applicable aux contraventions d'octroi : Chambres réunies, 4 mars 1895, D. 95, 1, 193). *b*) Vis-à-vis de la *douane*, même solution quand le voiturier donne à l'administration le moyen de poursuivre *efficacement* l'auteur de la fraude, ce qu'il ne fait pas lorsque l'expéditeur désigné est domicilié à l'étranger (Crim. rej., 21 avril 1883, D. 85, 1, 218 ; cfr. aussi l. 6-22 août 1791, art. 29 ; Crim., 24 mai 1904, D. 1907, 1, 517).

1181. — Mesures conservatoires et mesures d'exécution en faveur du voiturier. — La créance du port et des dépenses accessoires est garantie au profit du voiturier par la possession du colis.

Lorsque le colis est présenté au destinataire, il se peut que celui-ci le refuse. Son refus peut tenir, d'ailleurs, à des raisons diverses ; la détérioration prétendue du colis en est fréquemment la cause.

Le voiturier doit pouvoir se décharger d'un colis encombrant. Il n'est pas obligé, il n'est même pas admis à retourner d'office le colis à l'expé-

---

1. A la lettre de voiture ordinaire (*Frachtbrief*), les Allemands opposent cet instrument négociable, qu'ils désignent du nom de bulletin de chargement (*Ladeschein*).

diteur. Celui-ci a pu d'avance exiger que la Compagnie l'avisât du refus du destinataire (tarifs du 10 juin 1898). Hors de là, la responsabilité du transporteur ne serait engagée que si le colis, par sa nature, était sujet à se détériorer (Civ. rej., 11 juin 1901, D. 1902, 1, 356).

Le procédé mis à sa portée est l'emmagasinage en *entrepôt public*, aux risques et aux frais de l'expéditeur (art. 106 C. com.), en vertu d'une ordonnance du président du tribunal de commerce ou du juge de paix [1].

Comme le refus tient souvent à une allégation d'avarie, le voiturier a intérêt à faire établir l'état de la marchandise pour la sauvegarde de sa responsabilité. Aussi l'ordonnance, rendue à sa requête (ou à celle du destinataire), désignera-t-elle préalablement un expert pour vérifier le colis et en dresser procès-verbal. Cette *expertise* est principale, et non sujette aux conditions de la procédure incidente ainsi qualifiée (art. 302 et s., 429 C. proc. civ.). L'expert est exempté du serment (Cass., 4 février 1914, D. 1915, 1, 5). La convocation de la partie intéressée n'est pas exigée. Le tribunal n'est pas lié par les conclusions de l'expert (Rej., 25 février 1913, D. 1913, 1, 472) [2].

1182. — Le droit qu'a le voiturier sur la marchandise pour se couvrir du port et des autres frais est un *privilège* (art. 2102-6° C. civ.). Il pourra faire vendre le colis et se payer par préférence sur le prix. Son action se prescrit par *cinq ans*, à partir du jour de la remise ou de l'offre du colis au destinataire (art. 108, al. 2 et 3, modifié en 1888).

Ce privilège se rattache à une pensée de *gage* [3], comme celui dont dispose l'aubergiste sur les effets du voyageur apportés dans son hôtellerie (art. 2102-5°). Il cesse donc par la livraison volontaire faite au destinataire (c'est également la règle de la Convention de Berne, art. 21). Il n'en est pas du droit terrestre comme du droit maritime, où le capitaine conserve son privilège pour le fret quinze jours encore après la livraison (art. 307). Il va de soi que le privilège subsiste tant que la marchandise reste entreposée : le destinataire ne l'a pas encore en sa possession.

Si l'on suivait les notions du gage commercial (art. 93 de la loi de 1863), le voiturier pourrait réaliser la marchandise sans autorisation de justice, par vente publique, huit jours après signification au débiteur. Cette procé-

---

1. Les arrêtés ministériels établissent aussi le camionnage d'office chez le destinataire dans certaines circonstances.

2. Un projet soumis à la Chambre en 1912 étendait l'emploi de la procédure d'expertise de l'art. 106 aux relations du destinataire avec l'expéditeur. L'avarie du colis peut être préexistante au transport. C'est le contrat de vente qui est en question. Pourquoi l'expertise ne serait-elle pas utilisée à la requête du destinataire, mettant alors l'envoyeur en cause, à l'effet de lui demander ensuite des dommages-intérêts ? Dès à présent, le procès-verbal de l'expert pourrait, à titre de présomption de fait, être invoqué par le destinataire dans ce dessein (Douai, 3 juillet 1909, S. 1911, 2, 51).

3. On a proposé de le faire reposer sur une notion de *plus-value*. Par le fait du voiturier la marchandise a acquis un supplément de valeur en arrivant au lieu de destination. C'est une conception économique juste. Mais elle a le défaut de prolonger l'exercice du privilège au delà de la livraison, et pour un temps indéterminé.

dure n'est pas celle que la loi consacre dans le transport. L'exécution de la marchandise a lieu en *vente publique*, sur l'*ordre du président* du tribunal de commerce ou du juge de paix (art. 106)[1].

En fait, le chemin de fer opère parfois plus simplement. Les formes légales sont lentes, le voiturier préfère vendre sans ordre de justice. Il n'agit plus alors comme gagiste, mais comme gérant d'affaires. En évitant à l'expéditeur absent des frais d'exécution judiciaire, il sert les intérêts de ce dernier. L'art. 106 édicte une simple faculté (Civ. cass., 15 novembre 1897, D. 99, 1, 516). Encore ne faut-il pas que le voiturier vende d'une manière précipitée, car alors il encourrait des dommages-intérêts (Cass., 19 avril 1910, D. 1911, 1, 169).

SECTION III

DE LA RESPONSABILITÉ DE L'AGENT DE TRANSPORT ET DES CAUSES QUI L'EN EXONÈRENT[2].

1183. — Le transporteur se soumet à deux ordres d'obligations : *a*) il doit veiller à la conservation de la chose, l'empêcher de se détériorer, et à plus forte raison de se détruire ou de se perdre ; — *b*) il doit procéder au transport par l'itinéraire convenu et dans les délais voulus.

Sa responsabilité sera engagée pour les trois causes suivantes : — 1° *Perte complète ou partielle* de la marchandise (la perte partielle s'appelle *manquant*) ; — 2° *Avarie*, ou détérioration matérielle du colis (le mot *avarie* en droit maritime a un sens plus large et comprend même les faits extraordinaires, tels que dépenses de relâche, occasionnés par la traversée) ; — 3° *Retard* dans la livraison (art. 103 et 104, rapprochés des art. 97 et 98).

Lorsqu'un de ces trois faits vient à se produire, une action en dommages-intérêts est donnée contre le voiturier. Cette action relève de la *responsabilité contractuelle*, telle que l'exposent les art. 1147 à 1151 C. civ., et non de la *responsabilité des délits* qui a son siège dans l'art. 1382. On est tenu de réparer le préjudice provenant de la violation de la loi, pour avoir lésé son prochain. Mais on est tenu également de réparer le tort qui résulte de la non-observation d'une convention. C'est le second chef de responsabilité qu'il faut appliquer ici. Le transporteur est coupable non seulement de faits actifs, mais aussi d'omissions, de simples négligences. Il a promis une prestation, il doit l'exécuter.

Cette terminologie respecte la théorie traditionnelle qui oppose les deux responsabilités l'une à l'autre. On voudrait aujourd'hui ramener la respon-

1. Cet ordre judiciaire de vente ne se confond pas avec l'ordre d'entreposer la marchandise, lequel a dû intervenir précédemment. — Pour les colis non réclamés dans les six mois, il existe une procédure établie par décret du 13 août 1810.

2. Piot, *Des causes de la responsabilité des chemins de fer*, 1908 ; *De l'action en responsabilité contre les Compagnies*, 1910 ; *De la responsabilité des administrations dans le transport des bagages*, 1910 (notices Loubers et Fraissaingea, *Ann. dr. comm.*, 1909, p. 176 ; 1910, p. 431 ; 1913, p. 525). — Il n'est point parlé dans notre ouvrage de la condition faite par l'état de guerre au chemin de fer et de la suppression de sa responsabilité (Régl. du 8 décembre 1913 ; arrêté du 31 juillet 1914, etc.).

sabilité à une conception unique : l'infraction à un contrat serait un délit civil au même titre que l'infraction à la loi (GRANDMOULIN, *Nature délictuelle de la responsabilité*, 1892 ; AUBIN, *Responsabilité délictuelle et contractuelle*, 1897). Cette thèse hardie présente un intérêt plutôt doctrinal que pratique. Elle n'est pas de nature à fournir dans le transport des résultats différents de ceux qui découlent de la théorie classique. Toutefois, il y aura lieu d'y revenir à propos des clauses de non-responsabilité.

1184. — Présomption de faute. — La conséquence qui ressort de notre classification, c'est que, pour obtenir réparation, le demandeur n'a pas besoin d'établir la faute du voiturier.

La prise en charge est établie par le récépissé [1], ce document fait foi de la nature de la marchandise et du délai de transport. Faute de réserve dans son contenu, le colis est présumé avoir été remis au départ en bon état : le transporteur pouvait, s'il avait des doutes, le faire ouvrir et consigner les détériorations par lui constatées.

Ainsi, que le colis n'arrive point, qu'il arrive endommagé, ou qu'il arrive tardivement : la responsabilité est encourue sans autre justification. *La force majeure ne se présume point.* La présomption penche contre le voiturier : c'est à lui, s'il veut obtenir son renvoi des poursuites, à justifier d'un fait qui ne lui soit point imputable et qui l'exonère. Aussi longtemps qu'il s'abstient d'établir ce fait d'exonération, il est tenu pour un débiteur en faute, ce qui déterminera sa condamnation. Tel est le droit commun des contrats (art. 1147, 1302, al. 3, 1315, al. 2, C. civ.).

Par conséquent, pour résoudre cette question : y a-t-il eu faute ou non ? *la charge de la preuve incombe au voiturier.* Le transporteur est responsable, à moins de démontrer la force majeure (art. 1784 C. civ., 103 C. com.).

Il se peut que sa faute ait été seulement légère : cela est indifférent. D'après la règle générale de l'art. 1137 C. civ., il répond *in abstracto* des soins qu'on peut attendre d'un débiteur intelligent.

1185. — Suite. Transport de voyageurs [2]. — Jusqu'à ces derniers temps, les idées précédentes n'étaient pas acceptées pour le *transport des voyageurs.* D'après les arrêts, la présomption des art. 1784 C. civ. et 103 C. com. était étrangère au cas où c'est une personne qui formait l'objet du transport ; elle ne réglait pas notamment un accident qui surviendrait à cette personne (Cass., 10 novembre 1883, D. 85, 1, 433, et note SARRUT). Il y avait cependant quelques dissidences (Paris, 7e Ch., 23 juillet 1894, D. 95, 2, 63, choc d'une voiture de place et d'un camion).

Les textes précités ne parlent que de « choses confiées », d' « objets à

1. Suffit-il d'être porteur du récépissé pour engager le procès ou réclamer le règlement des dommages ? La négative résulte de ce que le document de transport, à moins d'être à ordre au porteur, sert uniquement à établir la preuve du contrat et de ses conditions Il ne rend pas le porteur titulaire du droit. Le réclamant sera donc tenu de justifier de ses pouvoirs. — En revanche, l'expéditeur ou le destinataire ne devrait pas, pour former le procès, être « obligé » de produire le récépissé. Cependant, la pratique incline à l'exiger, comme si, entre ces deux intéressés, la possession du document faisait connaître celui sur lequel est fixée la créance du transport.

2. LUCIEN BÉNARD (th., 1909).

transporter ». Pour le transport des voyageurs, l'action en dommages-intérêts ne résulterait plus d'un contrat, mais des principes de responsabilité fixés par l'art. 1382 C. civ. ; le demandeur devrait *prouver l'existence d'une faute imputable à la Compagnie.*

La base donnée par les arrêts à la responsabilité était fort douteuse. Il est vrai que la même solution avait prévalu dans une question analogue, dans celle des accidents du travail. Avant la loi sur le risque professionnel du 9 avril 1898 (nº 66), on se demandait si l'obligation pour le patron de préserver les ouvriers contre son outillage procédait du contrat de travail ; on paraissait la rattacher plutôt à la notion des délits (sous réserve des théories développées par MM. Sainctelette et Sauzet). Mais, quoi qu'il en fût dans le contrat de travail, la responsabilité, lorsqu'il s'agit d'un transport, a bien sa source dans une *convention*, non dans un *délit* ; le voiturier s'est engagé à transporter le voyageur sain et sauf à destination dans le délai stipulé.

Nous aurions compris cependant que la jurisprudence continuât à faire peser sur le voyageur le fardeau de la preuve.

En effet, sur le colis, matière passive et sans résistance, le transporteur exerce une maîtrise ; s'il périt, c'est pour avoir été l'objet d'une absence de garde ou d'une manutention défectueuse, sauf preuve du contraire. Le voyageur, au contraire, est un être responsable, il a pu contrarier la vigilance du voiturier par sa propre imprudence ou par sa volonté. Dans le doute, il n'y a pas plus de raison de réputer en faute l'un que l'autre. Le voyageur ou son ayant cause rapportera un fait précis de responsabilité, sinon il sera débouté.

Nous aurions en revanche compris un adoucissement de cette jurisprudence, à l'occasion des accidents qui proviennent d'un défaut dans le service du transport ou dans le fonctionnement du matériel, là du moins où la preuve en est établie ; car, en pareil cas, il y aura lieu d'invoquer la responsabilité du fait des choses (art. 1384 C. civ.), le *risque professionnel*. « La responsabilité du voiturier, écrit M. Josserand, *op. cit.*, nº 883, n'est ni contractuelle, ni délictuelle, elle est *légale* et objective. Dispensateur de forces dont la direction lui appartient, il doit réparer tous les dommages que ces forces déterminent ».

Ex. : Retard de l'arrivée du train déterminant non un accident, mais le manque d'un rendez-vous. — Echauffement d'essieu, rencontre de trains, déraillement (Rouen, 3 décembre 1898, S. 1900, 2, 57, note Esmein ; Req., 28 juin 1905, D. 1908. 1, 172). — Chute du voyageur sur la voie pendant la marche du train, la portière s'étant ouverte probablement parce que les portières n'avaient pas été fermées au loquet à la gare précédente par les employés (Rej., 31 mai 1911, D. 1912, 1, 47), à moins de portières à serrure autoclave, le chemin de fer ne devant pas répondre d'un accident survenu à un enfant qui a vraisemblablement manœuvré le levier avec imprudence (Douai, 3 novembre 1902, S. 1903, 2, 127).

Toute cette jurisprudence vient d'opérer un assez brusque virement de front. La rédaction des motifs de trois arrêts de la Cour de cassation de la dernière époque, arrêts dont aucun sans doute ne posait la question de présomption de faute, laisse voir clairement que la Cour suprême est maintenant acquise à la thèse qui affranchit le voyageur du fardeau de la preuve, et est décidée à la défendre au besoin avec énergie. « L'exécution du contrat de transport, est-il dit dans leurs considérants, comporte pour le transporteur l'obligation de conduire le voyageur sain et sauf à destination. » Et M. le Procureur général SARRUT a appuyé avec force sur le motif suivant : le transporteur, comme tout débiteur, doit être condamné au paiement de dommages-intérêts, à raison de l'inexécution de son obligation, s'il ne justifie pas que l'inexécution provient d'une cause qui ne peut pas lui être imputée. C'est le droit commun des art. 1147 et 1315 C. civ.[1].

Deux de ces arrêts récents concernent la *compétence*, le troisième la *prescription*. Il a été dit dans les trois affaires que la logique en transportait la doctrine dans l'ordre de la preuve.

a) D'après Cass. civ., 21 novembre 1911 et 24 janvier 1913 (D. 1913, 1, 249, note SARRUT), un passager victime d'un arrimage défectueux peut assigner l'armateur devant le tribunal déclaré compétent d'après une clause insérée dans le billet de passage, alors qu'autrefois, par suite des principes de la faute délictuelle, il fallait saisir le tribunal du domicile du défendeur (Douai, 4 mai 1897, D. 98, 2, 312), et tel était encore le sentiment de la Cour d'Alger dont l'arrêt a été cassé ; d'autre part, le voyageur blessé par un tamponnement peut saisir, en vertu de l'option que lui laisse l'art. 420 C. Proc., uniquement applicable en matière de contrat, le tribunal du lieu où le prix du billet a été payé.

b) D'après Cass. civ., 21 avril 1913 (S. 1914, 1, 5, note LYON-CAEN), l'exception de prescription que la Compagnie, assignée par les héritiers d'un commis ambulant des postes, mort dans un accident, tire de l'extinction de l'action civile après trois ans, par suite de la solidarité de cette action avec l'action publique (art. 2-3° C. instr. crim.), doit être repoussée, l'action ayant son principe non dans un délit, mais dans le contrat de transport qui rend la Compagnie débitrice de sécurité[2].

1186. — Réparation intégrale du dommage. — Revenons au transport de choses. La théorie de la faute contractuelle entraîne un second corollaire. Dispensé de démontrer une faute du voiturier, le demandeur, soit qu'il se plaigne d'un retard, soit qu'il invoque une perte totale ou partielle, est du moins tenu de prouver le *montant du dommage*. Il peut d'ailleurs faire entrer dans sa réclamation le double élément du *damnum emergens* et du *lucrum cessans*, c'est-à-dire à la fois le préjudice dont il souffre et le gain dont il est frustré (art. 1149).

Son droit n'est pas limité à la valeur intrinsèque de la chose transportée. Il s'étend à tout le *quod interest*. Une caisse d'échantillons, égarée en route, ne représente qu'une valeur insignifiante. Mais, comme la perte de cette caisse a fait manquer au destinataire, représentant de commerce, de

---

1. Cependant, d'après Pau, 6 mars 1914, S. 1914, 2, 215, l'accident survenu au voyageur qui a dépassé sa destination serait encore régi par les principes de la responsabilité délictuelle.

2. *Annales de droit commercial*, 1913, p. 410 et s.

sérieuses commandes pour son patron, il peut résulter de ce chef un dommage considérable, une indemnité de plusieurs milliers de francs.

Ce système donne prise aux réclamations. Tout particulièrement, en cas de retard, le destinataire exagérera, souvent de bonne foi, sa prétention ; s'il est négociant, l'arrivée tardive du colis le prive, dit-il, de la vente de l'article, parce que telle fête est passée. Est-ce exact ? C'est l'inconvénient d'un système qui liquide l'indemnité sur des éléments assez fuyants.

1187. — A cet égard le régime français des chemins de fer, tel qu'il résulte du tarif général et du droit commun de la responsabilité, n'est pas universellement accepté. Il diffère sensiblement de celui qui a prévalu dans beaucoup d'autres Etats (Allemagne, Belgique, Suisse, etc.) et qui a trouvé place dans la Convention de Berne.

A la teneur de ce dernier instrument, au cas de transport international, l'indemnité pour perte ou avarie est calculée d'après le prix courant ou la *valeur ordinaire de la marchandise* au lieu et à l'époque où elle a été acceptée au transport (art. 34). Le droit allemand atténue même davantage la mesure de la réparation ; car cette valeur commerciale du colis ne sera servie que jusqu'à concurrence de 75 fr. par 50 kilogr. ; la Convention de Berne ne reproduit point cette dernière limite.

S'il s'agit d'un retard, selon sa durée, l'indemnité est ramenée par la Convention à une *diminution* du port, variant entre un dixième et cinq dixièmes de son montant. C'est un forfait : l'intéressé y a droit par une application automatique du règlement, sans avoir à justifier d'un dommage ; en quoi il est mieux traité que d'après le système français. Enfin l'indemnité pourra être plus élevée et consister dans une remise du port tout entier comme *maximum*, mais à condition alors de prouver un préjudice au moins égal.

Ce n'est pas à dire que l'expéditeur, en droit allemand ou dans le régime de la Convention, soit exclu d'une *réparation couvrant toute la perte*. Seulement, il faudra qu'il se soit réservé cette faculté en contractant. En faisant dans la lettre de voiture une *déclaration d'intérêt*, il déterminera la somme à laquelle il évalue le dommage dont il est menacé. Il paiera un port supplémentaire calculé sur cette somme, c'est-à-dire une prime d'assurance du risque de voyage.

Ainsi, au moyen d'une déclaration d'intérêt, l'expéditeur se trouve placé dans l'état où le met *ipso jure* le droit commun du transport en France [1].

1188. — On peut discuter la valeur comparative de l'un et de l'autre système. Le nôtre protège mieux le commerce, sauf dans l'hypothèse de retard, où un forfait légal d'indemnité permet une liquidation du dommage plus rapide et, tout compte fait, plus avantageuse.

La rançon du système français, c'est la cherté du tarif général pour le commerce. On lui avait offert sans doute des tarifs spéciaux, plus écono-

---

1. En outre, d'après la Convention, en cas de *faute grave* (un long retard ou un défaut de soins n'a pas ce caractère d'après Cass., 23 avril 1913, S. 1914, 1, 471), la limitation de dommages-intérêts n'a plus lieu.

miques ; mais ils étaient si embrouillés, que les expéditeurs cessaient de s'y reconnaître ; ils adressaient aux Compagnies d'incessantes réclamations en détaxe. La loi du 17 mars 1905 a mis fin à cet état de choses.

Est-il sage de faire porter sur le chemin de fer l'indemnité pleine, ce fardeau du droit commun ? Le chemin de fer n'est pas dans la situation des autres débiteurs : il doit recevoir tous les colis qu'on lui présente, et en quantités considérables pendant les grands mouvements d'affaires. Le service qu'il exerce est d'un intérêt général, il faudrait le préserver d'une responsabilité trop accablante.

Un régime transactionnel, qui partage les effets du préjudice entre les expéditeurs et le chemin de fer, paraît, en somme, plus équitable. La déclaration d'intérêt permet d'ailleurs aux gens prudents de se couvrir pour le plein du risque : par là, le système de la Convention n'a rien d'oppressif.

1189. — Ainsi, le demandeur à l'indemnité n'a pas à prouver la faute de sa contre-partie ; mais il doit en revanche établir le montant de son préjudice et de son manque à gagner. Il y a lieu de compléter la théorie de la responsabilité, pour en saisir toute la portée, au moyen d'un certain nombre de propositions.

1re proposition. — Le voiturier, à moins de dol, ne répond que des dommages-intérêts prévus ou qu'on a pu prévoir lors du contrat (art. 1150).

C'est sur cette notion que reposent, là même où ils s'abstiennent de le dire, les arrêts concernant la soustraction de *bagages* que les voyageurs conservent *à la main* dans les compartiments. Ces bagages n'ont pas été enregistrés, la Compagnie les a simplement tolérés. Ils sont demeurés sous la garde du voyageur lui-même. A dire vrai, en ce qui les concerne, aucun contrat de transport ne s'est formé. En tout cas, le transporteur n'a pas été instruit de la quantité de ces objets ni de leur valeur. Cela exclut l'indemnité, à moins d'un fait précis de faute dûment démontré, tel que le détournement par un agent (Civ. Seine, 29 janvier 1898, D. 1900, 2, 172) [1].

A l'égard d'un bagage enregistré (ou de valises et sacoches laissées en dépôt à la consigne), la réparation se limite à la valeur approximative et probable des objets qu'on a coutume d'enfermer dans des malles ou sacs de voyage. L'enregistrement ne précise point la nature de l'objet transporté. Il serait peu juste de comprendre dans l'indemnité des bijoux, titres

1. La Cour de cassation a suivi la même interprétation à l'effet de déterminer la responsabilité de la *Compagnie des wagons-lits*. C'est celle-ci, et non le chemin de fer, qui traite avec les voyageurs et fait circuler ses voitures de luxe sur les lignes ; le chemin de fer lui prête seulement ses moyens de traction. — Elle est liée envers les voyageurs non par un contrat d'hôtellerie, mais par un contrat de transport. La Compagnie des wagons-lits ne serait tenue que de la perte des bagages enregistrés et non de ceux qui ont été gardés dans les compartiments (Civ. rej., 3 février 1896, D. 98, 1, 502). — La solution suggère un doute : les employés de cette Compagnie, appelés à faire le service des voyageurs dans les wagons de luxe, n'ont-ils pas aussi pour devoir de veiller aux bagages qui s'y trouvent, notamment pendant les arrêts des trains ? — Quant à la responsabilité des transports en *wagons-réservoirs*, appartenant à des Compagnies spéciales, cfr. Rej., 26 avril 1907, S. 1907, 1, 360 ; Cass. civ., 29 octobre 1912, *Gaz. des Trib.*, 28 novembre 1912 ; ESCARRA, *Annales de droit commercial*, 1913, p. 1 et s.

au porteur ou dentelles de prix. Ces articles sont taxés, en effet, lorsqu'ils voyagent séparément, à un tarif *ad valorem* (V. cependant Req., 25 mars 1912, D. 1913, 1, 341).

Peut-être la solution dépend-elle de la forme du colis (v. *supra*, n° 1162, note). Lorsqu'il dénonce extérieurement la nature de l'objet qu'il renferme (boîte d'échantillons commerciaux), l'indemnité sera intégrale sans contrevenir au principe que les dommages-intérêts prévus sont les seuls auxquels l'expéditeur doive prétendre. Autrement, la réparation sera limitée (V., dans un sens plus favorable aux expéditeurs, Rej., 6 novembre 1912, S. 1913, 1, 398, arrêt qui reconnaît à la maison de commerce que représentait le voyageur une action directe, ce qui tranche le chiffre des dommages et intérêts ; — mais dans un sens plus dur pour les expéditeurs ou voyageurs, Cass., 5 juillet et 23 décembre 1913, D. 1915, 1, 35, d'après lesquels le préjudice ressenti par le voyageur du fait de n'avoir pu concourir à une adjudication par suite du retard d'arrivée de son train, est un dommage qui n'a pu être prévu : *Annales de droit commercial*, 1914, p. 164).

1190. — 2e *proposition.* — Les dommages et intérêts, même en cas de dol, sont limités au préjudice qui est une *suite immédiate et directe* de l'inexécution de la convention (art. 1151).

Il n'existe pas de signe absolu pour reconnaître le « préjudice direct ». — Ex. : Un industriel ne reçoit pas à temps les balles de laine qu'il lui faut pour conditionner des filés promis à un tiers ; il voit résilier son marché à ses torts et doit payer une forte indemnité à son acheteur. — Cette indemnité, ainsi que son manque à gagner, pourra être réclamée au transporteur. Le préjudice provient bien *d'une manière immédiate* de ce que la matière première à façonner n'est pas arrivée dans les délais du contrat. Encore le destinataire ne peut-il se plaindre que de la perte de commandes réelles et non pas seulement problématiques (Civ. cass., 3 mars 1897, D. 98, 1, 118) ; la réparation d'un semblable dommage est même niée par Req., 23 novembre 1897, D. 99, 1, 547.

Mais, si l'industriel devait souffrir d'un resserrement d'affaires et passer désormais pour un manufacturier négligent, l'indemnité ne pourrait comprendre ces éléments éventuels de préjudice. Le dommage serait indirect.

1191. — 3e *proposition.* — Les dommages-intérêts, en vertu de distinctions classiques, sont de nature *compensatoire*, s'il s'agit de pertes ou d'avaries, et de nature *moratoire*, au cas de retard. Le transport déroge cependant au droit commun, au point de vue de la mise en demeure.

Le débiteur n'est ordinairement en demeure que lorsqu'il a été touché par une sommation (art. 1146 cbn. avec 1139). Or l'usage commercial attache les sanctions du retard à des faits autres qu'un exploit d'huissier, et même ici à la seule arrivée du terme : *dies interpellat pro homine.* Par cela seul que le délai est dépassé, les dommages-intérêts sont encourus. Des livres d'étrennes étaient attendus pour le 31 décembre ; leur remise n'a lieu que le lendemain ; bien que n'ayant pas protesté, le destinataire est admis à se plaindre, car il a manqué une vente profitable.

1192. — *4e proposition.* — L'indemnité proportionnelle au dommage doit être réglée en *argent.* Si la marchandise est détériorée, on déduit de sa valeur saine sa valeur à l'état avarié, et c'est la différence qui sera due. De même pour le retard : le destinataire détermine, par comparaison, le profit que lui aurait donné le colis arrivé dans les délais, le profit moindre qu'il lui laisse maintenant, et il demandera la différence.

Toutefois la pratique est favorable au *laissé pour compte,* c'est-à-dire au droit d'abandonner la marchandise au transporteur, en exigeant toute sa valeur, comme si elle était effectivement perdue. Cette faculté n'est d'ailleurs reconnue que lorsque le colis est offert dans un état qui le rend absolument impropre à l'usage auquel il devait être affecté (Dijon, 27 juillet 1899, D. 1900, 2, 173 ; Rennes, 28 janvier 1907, D. 1909, 2, 138), ou lorsqu'il a perdu toute valeur marchande (Agen, 12 mai 1899, D. 1900, 2, 174).

Ni les lois civiles ou commerciales (en dehors du « délaissement » dans l'assurance maritime, art. 369 et s. C. com.), ni les textes régissant les chemins de fer ne signalent cette forme de réparation. Elle a un inconvénient : c'est d'obliger le voiturier à entretenir un service de ventes pour les marchandises que les destinataires refusent de recevoir. Il sort ainsi de son rôle. Toutefois on peut la fonder sur l'usage, qui équivaut à une convention formelle.

Le « laissé pour compte » est exclu du trafic international par la Convention de Berne. On ne doit pas le confondre avec le remboursement de la valeur d'un *colis égaré,* dont la perte n'est point démontrée. Le règlement du dommage ne peut pas être indéfiniment suspendu, sous prétexte que la marchandise après recherches a chance de se retrouver encore ; il faut donc, comme dans la théorie de l'absence des personnes, la réputer perdue. D'après la Convention de Berne, c'est trente jours après l'expiration du délai de livraison que cette présomption a lieu. Le destinataire peut encore se réserver la reprise de la marchandise, contre remboursement de l'indemnité, si le colis doit se retrouver dans les quatre mois (art. 33 et 36). Le droit intérieur garde le silence sur toutes ces questions.

1193. — Causes excluant la responsabilité. — La responsabilité du transporteur cesse en cas d'absence de faute. Elle cessait encore, avant 1905, en cas de stipulation de non-responsabilité.

1194 — 1° Absence de faute. — Trois natures de faits, suivant les situations, exonèrent le voiturier et témoignent qu'il n'a été ni négligent, ni à plus forte raison de mauvaise foi. Mais c'est à lui d'en établir l'existence, s'il veut que ces faits militent à sa décharge.

1195. — A. *Force majeure* (art. 1884 C. civ., 96 et 97, 103 et 104 C. com.). C'est un événement extérieur, tel que le feu, l'inondation, etc., que le voiturier, d'après les moyens ordinaires dont il dispose, ne pouvait conjurer.

Le transporteur devra démontrer que le fait qui a occasionné l'accident procède d'une cause étrangère à lui. Mais cela ne suffit pas. Il devra en outre justifier de la tenue de son service dans des conditions normales de surveillance et de marche. — Parce que le feu a pris dans une halle où les colis étaient entreposés, ce n'est pas une raison de conclure *de plano* à la non-responsabilité. Car le feu peut et est présumé même provenir d'un manque de soins : la doctrine en vigueur pour déterminer la responsabilité des locataires en cas d'incendie (art. 1733 et 1734 C. civ.) en est la preuve, et cette doctrine reproduit les principes ordinaires du droit. — Parce qu'un talus s'est éboulé et, en interrompant la circulation, a causé un retard, ce n'est pas une raison non plus d'exonérer le chemin de fer : car il est possible que le remblai ait été mal défendu contre les eaux, ou que la Compagnie eût pu faire prendre à la marchandise un autre parcours.

1196. — B. *Vice propre de la chose* (art. 103 C. com.). On entend par là une prédisposition du colis à se détériorer, eu égard à sa nature ou à la saison pendant laquelle on le transporte (congélation en hiver, moisissure ou autre altération en été, coulage de liquide auquel on devait s'attendre).

Le transporteur est irresponsable, n'eût-il point protesté lors de l'expédition (Cass., 19 janvier, 16 juin 1914, D. 1914, 1, 294). Cependant, il ne doit pas rester inactif, en face de cette propension du colis à se gâter. Lorsque, par exemple, une fissure se produit dans une futaille par suite de la trépidation du train, le chemin de fer ne doit pas continuer le transport tel quel. Pourvu que le mode de chargement le mette en état de s'en apercevoir, il doit aviser aux réparations, quitte à réclamer le remboursement de sa dépense. Il n'en serait affranchi que si le travail dépassait les soins généraux et ordinaires compatibles avec les nécessités du service réglementaire (Civ. cass., 7 août 1895, D. 96, 1, 499 ; 11 juin 1898, D. 1900, 1, 303).

1197. — C. *Fait de l'expéditeur (ou du destinataire).*

De ce qu'une avarie est constatée à l'arrivée, il ne s'ensuit pas qu'elle se soit produite en cours de route : elle peut avoir précédé la prise en charge. La Compagnie aurait bien fait d'insérer dans le récépissé une réserve tenant à l'emballage ou à la détérioration constatée. La « clause de non-garantie » est en pareil cas régulière, quelle qu'en soit la valeur dans un transport ordinaire (n° 1199).

Cette constatation préalable, au moins pour les avaries internes, n'est pas toujours possible. Le transporteur se dégagera, mais en démontrant que la *détérioration préexistait au départ* ; alors elle a sa cause dans un fait de l'expéditeur lui-même.

Il y a des *marchandises* qui voyagent *accompagnées* d'un agent de l'expéditeur : les bestiaux par exemple. La Compagnie n'a plus à donner ses soins au chargement. L'expéditeur se reprochera les négligences de son préposé qui ont empêché la bonne exécution du transport.

Il se peut que l'*expéditeur*, afin d'économiser les frais accessoires de chargement, taxés à part du port par la Compagnie, *ait fait charger les wagons* par ses propres ouvriers (et de même du destinataire au déchargement). Le transporteur ne répond pas des accidents survenus dans ce chargement.

Il ne répondrait pas davantage des risques inhérents à un mode exceptionnel de transport choisi par l'expéditeur : *wagons découverts*, *wagons non bâchés*. L'intéressé a dû connaître les dangers particuliers qu'entraînait cette nature d'expédition, et il s'y est soumis de son plein gré (Req., 26 juillet 1897, D. 99, 1, 487).

1198. — Dissertation sur le cas fortuit. — Nous avons fait abstraction du *cas fortuit*. On le confond généralement avec la *force majeure*, et les deux faits sont même assimilés par l'art. 1784 C. civ. Ils exonéreraient tous deux le voiturier (voir aussi l'art. 1148). C'est un défaut de méthode et une terminologie impropre.

En effet, ou le « cas fortuit » correspond aux mêmes faits que la « force majeure »; le cumul de mots est inutile. Ou bien il se réfère à une provenance différente, et alors on élargit les cas d'irresponsabilité plus qu'il ne convient, on décharge le voiturier de faits qui doivent demeurer à ses risques.

L'art. 1147 pose le principe fondamental de la responsabilité ; il ne disculpe le débiteur que d'une inexécution « provenant d'une cause *étrangère* qui ne peut lui être imputée ». Or, dans l'organisation de toute profession, on ne s'explique un accident, un inaccomplissement du service, que par suite de l'une des deux raisons suivantes :

a) Un agent, naturel ou humain, a fait en quelque sorte irruption du dehors pour empêcher le débiteur d'exercer son action normale. L'obstacle à l'accomplissement du service ne vient pas du sein même de l'exploitation, il s'est formé en dehors d'elle (feu du ciel, inondation, ordre de l'autorité, incursion d'ennemis, encombrement de gare par suite d'une abondance inusitée de récoltes). C'est un événement qualifié proprement de « force majeure », et dont le transporteur ne saurait répondre. Car, s'il est maître de régler la tenue de son établissement, il ne peut pas surmonter des forces extérieures qui, se déchaînant sur lui, paralysent son action.

b) Au contraire, c'est des conditions de l'exploitation elle-même que procède l'accident (défaut de la voie ferrée qu'entretient le voiturier, du matériel, du personnel d'employés, voire du personnel étranger reçu dans le service et que le voiturier doit surveiller, etc.). Il est probable que c'est à ces causes que les partisans des classifications anciennes réservent la désignation de *cas fortuits*. C'est en cela aussi qu'ils ont tort, s'ils veulent poser en règle que le transporteur n'en est pas responsable. Le contraire est plus exact. Les Anglais n'admettent à la décharge du voiturier que « le fait de Dieu et des ennemis du Roi », ils rejettent toute cause d'exonération se rapportant à des faits survenus dans l'exploitation. Cette même pensée est mise en valeur par la loi du 9 avril 1898, qui laisse à la charge du patron, sans distinction de faute véritable, les accidents d'usine survenus « par le fait du travail et à l'occasion du travail ». C'est le cas de s'attacher à la responsabilité du fait des choses et du fait des préposés, analysée surtout à la dernière époque (Saleilles, Josserand, dissertations signalées n° 66 en note ; Exner, *Théorie de la responsabilité dans le contrat de transport*, trad. Seligman, 1892 ; Bauzon, th. Aix, 1912 ; Rej., 16 juin 1896, D. 97, 1, 433).

D'après l'art. 1384 C. civ., on doit répondre des choses que l'on a sous sa garde, de même que du fait des préposés qu'on emploie. Lorsqu'on monte une entreprise, on se porte garant de l'outillage, on certifie l'appropriation de ses divers éléments au résultat qu'ils doivent accomplir. On répond des agents qu'on emploie, on répond de l'attitude inoffensive des autres personnes que le trafic amènera dans l'entreprise ; et cela, quand même l'un de ces facteurs se dérobe à sa tâche sans une faute des directeurs de l'entreprise, et occasionne un accident fortuit. L'entreprise demeure tenue de réparer le dommage, c'est une application du « risque professionnel ». — Seule l'exonérerait la preuve que les instruments du débiteur ont manqué à leur rôle par suite de la pénétration d'une cause externe ; on retomberait alors dans la force majeure.

Tel est le motif pour lequel un *arrêt de convoi* par défaut de traction de la machine est imputable à la Compagnie ; une *rencontre de deux trains*, un *déraillement*, un *affaissement de terrain* ou une *rupture de pont* restent à la charge du chemin de fer, soit que ces faits adventices aient, soit qu'ils n'aient pas leur origine dans une incurie, dans une absence de précautions. Sauf plus ample informé, de tels événements tiennent à un « accident de service ». Le débiteur en répondra, puisque la ligne entière est sous sa garde.

S'ils se rapportent à une cause plus lointaine prise dans la nature physique ou dans une action qui a paralysé ou refoulé celle du débiteur (violence d'un orage, action des malfaiteurs, fait de l'expéditeur ou de la marchandise elle-même, etc.), le débiteur en justifiera et sera relaxé.

Le rapprochement suivant semblera concluant : le propriétaire d'un animal répond du dommage que l'animal a causé (art. 1385). Un cheval qui tire un chargement vient à s'emporter : perte de la marchandise, mort d'un voyageur. Le voiturier est tenu. Pourquoi cesserait-il de l'être, depuis que le moteur mécanique s'est substitué à la force animale, si ce moteur échappe à la direction de ceux qui le conduisent ?

1199. — 2° Stipulation de non-responsabilité. — Supposons que la lettre de voiture contienne décharge de la perte, des avaries ou du retard.

Une pareille convention a fonctionné dans l'organisation des chemins de fer, grâce au jeu des « tarifs spéciaux ». Cela tenait au monopole des Compagnies. Les expéditeurs devaient pouvoir toujours expédier leur marchandise aux conditions du « tarif général », qui garantit la responsabilité pleine et entière ; et ce tarif général était appliqué, du moment qu'il n'en avait pas été demandé d'autre. — Le tarif de non-responsabilité, d'ailleurs sujet à homologation, était ainsi le résultat d'un choix. Les commerçants en demandaient l'application en connaissance de cause : ils payaient un prix de transport moindre, mais ils étaient aussi plus menacés. Cela ressortait de l'économie propre au trafic par les voies ferrées.

Sous le bénéfice de cette observation, concernant l'emploi qui a été fait de la clause par les chemins de fer seulement, un problème plus large se pose. *La stipulation, qui restreint ou qui supprime la responsabilité d'un débiteur et particulièrement celle d'un transporteur, est-elle licite ?* A-t-on le droit de s'affranchir de sa faute contractuelle ? Peu de questions ont été aussi vivement débattues. On a parcouru en France trois phases successives.

1200. — *1re phase.* — A la suite des Codes civil et de commerce, on considérait la clause comme nulle.

Les textes ne s'expliquaient pas clairement. La clause était déclarée valable par l'art. 98, au profit du commissionnaire de transport. Mais ce texte signifiait seulement que le commissionnaire, responsable en principe *du fait du voiturier*, par suite d'une convention tacite de « ducroire », était admis à s'affranchir de cette responsabilité. Tout autre était la convention par laquelle le débiteur s'affranchirait *de sa propre faute.*

La clause de non-garantie est reconnue dans la vente (art. 1627 à 1629 C. civ.), mais ne vise pas une « faute » du débiteur, du vendeur. Le vendeur se soustrait aux suites d'une éviction, provenant d'un autre que lui, d'un prédécesseur. Il s'exonère si peu de sa faute que, lorsque l'éviction provient de son fait personnel, la stipulation cesse de produire effet.

D'après les traditions du droit romain (L. *Contractus*, 23, D. *De regulis juris*, 50, 17), le contrat peut exonérer le débiteur de sa faute, non de son dol. Mais il n'était pas établi que les lois modernes eussent sanctionné, avec autant de largeur, la règle de la liberté des conventions. Bref, *la clause était sans valeur*, elle portait atteinte à l'ordre public. Il y a contradiction à prendre un engagement et à s'y dérober : une promesse dépourvue de sanction n'en est plus une. La jurisprudence des Cours suivait cette interprétation.

Suivant un parti important de la doctrine, au contraire, *la clause était obligatoire*, elle n'offensait point l'intérêt général (V. Sarrut, dans D. 1890, 1, 209 ; Fromageot, *De la faute comme source de la responsabilité*, p. 206 ; Lyon-Caen et Renault, IV, n° 626). L'expéditeur, à qui on voudrait l'imposer, a toujours la ressource de traiter avec un autre transporteur, ou, si c'est du chemin de fer qu'il est question, de s'en tenir au tarif général.

D'ailleurs, décomposons la clause : elle est une *assurance de responsabilité* greffée sur un transport.

a) Si le transporteur traitait suivant le droit commun, il répondrait de ses fautes et de celles de ses préposés. Mais il préfère passer le risque à un assureur, qui prendra son fait et cause vis-à-vis de l'expéditeur. En acquittant à cet assureur une prime, il se décharge sur lui des indemnités de perte, avarie ou autre.

b) C'est ce qui se passe par suite de la clause de non-responsabilité. Le propriétaire du colis cumule avec son rôle d'expéditeur celui d'assureur ; payant un port plus faible, il touche, en réalité, une prime par voie de compensation. L'accident étant survenu, il devra supporter l'indemnité, se la payer à lui-même [1].

Cette assimilation de la clause de non-responsabilité à une assurance

---

1. Voir avec des variantes, au sujet de cette explication recommandée principalement par M. Lyon-Caen (note dans S. 87, 1, 126) : E. Boutaud, *Des clauses de non-responsabilité et de l'assurance de la responsabilité des fautes*, Paris, 1896. — On lira avec fruit, dans l'ouvrage de M. Josserand, nos 622 et s., les pages consacrées par l'auteur, avec une grande élévation de vues, à la défense de la thèse libérale de l'autonomie de la volonté.

n'était pas décisive[1]. Seul est assureur celui qui a conscience d'en tenir l'emploi. Les expéditeurs cherchent-ils à assurer le voiturier ? Ce serait, en tous cas, une assurance contraire à la technique moderne de ce contrat, qui exige un fonds des primes, une multiplicité de risques semblables souscrits par un même assureur. L'assurance doit distribuer un risque, sans priver la victime du pouvoir de se faire indemniser (n° 729) : ici on aboutissait à une privation d'indemnité.

1201. — 2e *phase.* — La jurisprudence a consacré pendant une trentaine d'années une *thèse intermédiaire,* fortement appuyée par la Cour de cassation.

La clause fut détournée de sa signification apparente, et reçut une portée restreinte. On intervertit *les rôles de la preuve.* De droit commun, l'expéditeur n'a pas à prouver la faute de l'agent de transport, car cette faute se présume. Ici, c'est le contraire qui eut lieu. La clause fit présumer la force majeure, ce fut *à l'expéditeur de justifier* d'un fait déterminé constituant *une faute* du transporteur ou de ses agents (Cass., 14 avril 1899, D. 99, 1, 487).

A quelles conditions ce fait précis dut-il répondre pour entraîner la condamnation du voiturier ? Cela restait assez vague. Il ne suffisait pas d'arguer contre la Compagnie d'une absence de soins (Cass., 18 février 1902, D. 1902, 1, 477). Mais fallait-il démontrer, en outre, que l'accident était survenu par suite d'une négligence avérée ? Suffisait-il d'établir un vice d'outillage, etc. ?

Cette incertitude dans l'application rendait la réclamation le plus souvent illusoire.

De toute manière, la clause ne devait pas priver le réclamant du droit d'exiger une relation explicite des circonstances dans lesquelles l'accident s'était produit. La Compagnie devait mettre les informations intérieures de son service à la disposition de l'expéditeur. Hors de là, l'intéressé eût été à l'entière merci du transporteur[2].

1202. — Cette jurisprudence a paru énigmatique. Qu'y a-t-il de commun entre n'être point responsable et prouver qu'on n'est pas en faute ? On expliquait cette anomalie au moyen de la distinction des deux fautes *contractuelle* et *délictuelle.* Le contrat peut écarter la première. On retombe alors sous le droit commun de l'art. 1382, dont nul ne peut s'affranchir, mais alors à charge par le réclamant de prouver la faute du défendeur, *onus probandi incumbit actori* (SAINCTELETTE, *Responsabilité et garantie*)[3].

---

1. Cfr. notre rapport des prix de la Faculté de Paris, 1895.
2. De même que, en droit maritime, le capitaine met à la disposition des chargeurs les éléments de preuve contenus dans le rapport de mer qu'il fait à l'arrivée (art. 242 et s.). — La Convention de Berne (art. 34) veut, en cas de perte ou d'avaries, que le chemin de fer fasse immédiatement des recherches et qu'il en constate le résultat pour le communiquer aux intéressés sur leur demande.
3. On pouvait adresser à cette conception des objections nombreuses : la seule faute qu'on puisse invoquer dans l'action délictuelle, est la faute *in committendo* ; — l'ordre public ne s'oppose pas à ce que l'on renonce à réclamer la réparation de la faute susdite, le dommage aux personnes étant excepté (GRANDMOULIN) ; —

La jurisprudence était assez raisonnable. Il est d'ordre public qu'on réponde de ses fautes. Que la dette ait sa base dans la loi ou dans une convention, le débiteur ne peut pas s'affranchir du dommage. Mais il n'est pas d'ordre public qu'il soit *présumé* en faute. On peut convenir que la force majeure se présumera. Le demandeur est placé dans la même situation quant à la preuve, que s'il agissait *ex delicto*.

La clause ne comportant pas une interprétation littérale, on lui fera produire le *maximum* des résultats compatibles avec la loi (art. 1157 C. civ.).

Observons incidemment que, dans le transport maritime, la clause de non-responsabilité reçoit, aujourd'hui encore, en pratique une plus large portée. L'armateur peut par le connaissement s'affranchir sinon de ses fautes personnelles, du moins de celles de son capitaine. Cette stipulation le met entièrement à l'abri des poursuites, là même où la faute du capitaine serait établie. — On a dit : la jurisprudence est inconséquente. Cependant la différence s'explique par les conditions particulières où se trouve l'armateur, par rapport à celui qui gouverne le navire. Le capitaine n'est pas sous son contrôle, il a fallu le choisir dans une catégorie brevetée. Cette considération était sans valeur pour les chemins de fer et les transporteurs terrestres : la preuve de la faute, si elle est précise et caractérisée, doit entraîner à leur charge une indemnité nécessaire, dont aucune convention ne pourra les relever ; mais encore faut-il que cette preuve soit faite.

1203. — *3e phase.* — Nous ne sommes plus placés sous ce régime. La *loi du 17 mars 1905* (loi Rabier) a introduit dans l'art. 103 un alinéa ainsi conçu : « Toute clause contraire insérée dans toute lettre de voiture, tarif ou autre pièce quelconque, est nulle [1] ». Il n'est donc plus permis aujourd'hui à un transporteur, chemin de fer ou autre, de s'affranchir par convention de la responsabilité de la perte ou des avaries (la responsabilité du retard n'est pas visée) [2] et la clause est dénuée d'effet. Le voiturier reste tenu, même après avoir emmagasiné le colis (Rej., 6 et 13 mai 1912, D. 1913, 1, 476).

1204. — Cette législation nouvelle, que beaucoup de personnes tiennent pour fâcheuse, a été en partie causée par une maladresse des Compagnies. La bonne méthode eût consisté à mettre notre droit intérieur à l'unisson de la Convention de Berne de 1890 (n° 1188). Celle-ci, on le sait, pose le principe de la responsabilité égale à la valeur du colis. Elle ne renferme point de disposition touchant la clause de non-responsabilité, tout en réservant le droit pour les chemins de fer de mettre en service des tarifs spéciaux.

---

c'est la « confiance légitime trompée », telle qu'elle résulte d'une situation de fait déterminée, qui justifie la réparation ; or l'expéditeur, agissant sciemment, n'est pas trompé dans cette confiance s'il reste sans recours (Emm. Lévy, *Responsabilité et contrat*, 1899).

1. V. les critiques de cette loi par Bertin et Lallemant (th. 1905).

2. La loi de 1905 ne s'applique pas non plus au transport de personnes (Caen, 7 juin 1907, Toulouse, 8 avril 1908, S. 1908, 2, 125 et 144).

Exceptionnellement, pour certains modes de transport entraînant des risques particuliers, wagons découverts, expédition de marchandises chargées par l'expéditeur ou sujettes à des bris ou déchets de route, d'animaux voyageant sous conduite, etc., la Convention admet l'irresponsabilité du transporteur, « s'il y a quelque indice que l'accident ait sa cause dans ce risque particulier ».

Les Compagnies voulurent approprier au service intérieur ces dernières prescriptions, et firent approuver en ce sens de nouveaux tarifs en 1900. La rédaction de ces tarifs pécha malheureusement par équivoque, ce qui amena quelques tribunaux à décider que, chaque fois qu'un colis voyagerait dans les conditions particulières de risque visées au tarif, le chemin de fer serait irresponsable, sans égard au point de savoir s'il y avait apparence ou non que l'accident provenait de ce risque. Cette jurisprudence indisposa le public, et l'on conclut à une réforme radicale, dont les expéditeurs souffriront plus que le chemin de fer lui-même.

1205. — La loi de 1905 a-t-elle pour résultat de rendre nulles non seulement les clauses de non-responsabilité, mais encore celles qui limitent la responsabilité à une somme *maxima* ? — Oui, semblerait-il en toute logique. Cependant le contraire résulte du rapport fait au Sénat par M. Tillaye, et d'un arrêt de Douai du 6 novembre 1907. C'est bien étrange [1].

La rigueur de cette loi ne doit pas aller jusqu'à faire supporter au chemin de fer les conséquences d'une faute tenant au fait de l'expéditeur ou au vice propre (n° 1197). Il a été jugé que l'accident survenu à des bestiaux piétinés pendant la route incombe à l'expéditeur, quand il s'est réservé la surveillance des animaux (Rej., 15 mars 1909). La question de l'irresponsabilité du chemin de fer, pour vice des *bâches* qu'il livre gratuitement à l'expéditeur sans faire le chargement, a donné lieu à une jurisprudence fournie, généralement favorable au voiturier (Cass., 23 avril 1913, etc., D. 1913, 1, 228), mais contre laquelle le commerce continue à protester. Le Ministère des Travaux publics est à la recherche d'un texte qui puisse dénouer le conflit [2].

SECTION IV

DURÉE ET CAUSES D'EXTINCTION DES ACTIONS CONTRE LE VOITURIER

1206. — Par suite de ce qui a été dit précédemment : 1° le voiturier exposé sa responsabilité à raison des pertes, avaries ou retards ; — 2° le réclamant n'a point à justifier d'une faute du transporteur ; — 3° cette

1. En faveur de la validité de ces clauses, cfr. Josserand, *op. cit.*, n° 644. — En tout cas, serait valable la stipulation offrant à l'expéditeur un forfait d'indemnité, en lui laissant le droit de réclamer une somme plus forte, à condition de justifier d'un préjudice supérieur.

2. V. sur la loi de 1905 la note approfondie de M. Bourcart, sous Trib. de paix de Saint-Vivien, 15 mai 1907, S. 1908, 2, 145 ; ainsi que les réflexions de M. Josserand, *op. cit.*, n°s 636 et s. : « Elle a marqué un temps d'arrêt dans l'évolution descendante des tarifs ».

responsabilité disparaît en cas de force majeure prouvée par le voiturier, mais non plus aujourd'hui en cas de clause de non-responsabilité.

La responsabilité est soumise à des causes d'extinction propres. On ne pouvait la prolonger pendant « trente ans » : le grand nombre des transports commande dans l'intérêt du voiturier une libération plus rapide ; d'ailleurs, après un certain temps, la preuve du dommage et de sa provenance ne peut plus être établie avec exactitude. La loi a attaché à la livraison du colis à l'arrivée, sous des conditions déterminées, un effet libératoire au profit de l'agent de transport ; et elle a créé, à son profit, une prescription spéciale.

1207. — Les *vices rédhibitoires* (art. 1641 C. civ.) nous offrent un point de comparaison. Dans la vente, la réclamation doit être faite dans un bref délai, non fixé d'ailleurs par la loi (art. 1648). Dans le transport, le régime est plus dur ; la livraison à l'arrivée va emporter ici tantôt forclusion immédiate, tantôt perte des actions à très courte échéance.

La différence entre les deux contrats se conçoit. Le vendeur se porte garant des qualités de la chose ; il fallait laisser à l'acheteur un délai raisonnable pour en vérifier l'existence ou le défaut. Les circonstances ne l'invitent pas à une vérification séance tenante, la marchandise lui étant livrée sur place et sans les secousses d'un voyage.

Au contraire, en matière de transport, le trajet parcouru laisse craindre des détériorations, ou quelque manquement au contrat. Le devoir du destinataire est de s'en assurer de suite, avant de prendre réception et de donner décharge au voiturier. Le transporteur, d'autre part, ne garantit pas la marchandise bonne, il prétend seulement l'avoir fait voyager régulièrement. C'est ce dont on s'assurera vite.

1208. — La prudence conseille donc à tout destinataire, au moment d'une livraison, soit en gare, soit à domicile, de constater l'état externe et interne du colis, en le pesant, en le déballant, etc. Il peut à cet effet requérir une expertise contradictoire avec le voiturier, expertise qui n'a pas besoin des formes judiciaires de l'art. 106, et qui est sous-entendue par la loi comme étant le droit de tout destinataire au moment de la réception.

Cette *vérification immédiate* offre un grand avantage. Les avaries ou manquants constatés seront présumés s'être produits pendant le voyage. Si le transporteur ne veut pas reconnaître les défauts vérifiés, le destinataire refusera le colis ; il conservera ainsi son action.

Au contraire, pour une constatation d'avarie faite depuis la réception, la présomption est retournée. Ce qu'il faut croire maintenant, c'est que l'avarie s'est produite après livraison, chez le destinataire lui-même ; jusqu'à plus ample informé, le voiturier n'en répondra pas. Soit que la loi admette, soit qu'elle repousse une réclamation subséquente de l'intéressé, cette réclamation ne pourra réussir, en tout état de cause, qu'à charge de prouver que l'avarie était antérieure à la réception, et cette preuve sera généralement difficile (Req., 13 avril 1897, D. 98, 1, 144).

1209. — Ainsi s'explique la place importante que tient la livraison à l'arrivée soit pour consommer, soit au moins pour préparer l'extinction des actions en responsabilité. D'après les anciens *art. 105* et *108* du Code de 1807, toutes les actions, sauf celles résultant d'une perte totale, s'éteignaient par la réception du destinataire, du moment que le destinataire avait payé le port en recevant le colis, et n'avait formulé aucune protestation. Le concours de ces deux faits à l'arrivée : *remise du colis, paiement du prix de transport,* érigeait en présomption légale que le transport s'était bien exécuté : l'émargement que donnait le destinataire valait *quitus* pour le voiturier.

Dans les cas exceptionnels où la responsabilité survivait à la livraison, ainsi que dans le cas de perte, l'intéressé pouvait encore agir, dans un délai tantôt de *six mois* et tantôt d'*un an,* suivant que le transport était intérieur ou international. Cette *prescription,* par suite de la rédaction défectueuse de l'art. 108, ne s'appliquait pas à la réclamation pour retard, qui, par une véritable bizarrerie, durait trente ans.

1210. — Au total cette organisation, quoique judicieuse, était pour le commerce d'une rigueur un peu excessive. On s'est attaché à en adoucir l'effet, et ce fut le but de la *loi du 11 avril 1888* qui a revisé les art. 105 et 108 (V. PÉRONNE, dans les *Annales de droit commercial,* 1888, 2, p. 125).

Il existe toujours deux causes de libération pour le voiturier. Mais elles sont autrement réglées qu'avant 1888 : la réception de la marchandise sans protestation du destinataire (art. 105) ; — la prescription d'un an (art. 108).

1211. — 1° RÉCEPTION DE LA MARCHANDISE. — L'ancien art. 105 attachait à la livraison une déchéance « immédiate ».

En vain le destinataire s'apercevait-il du dommage quelques instants après avoir reçu le colis et émargé sur la feuille du voiturier. Il était trop tard pour réclamer, tant pour perte partielle ou manquant que pour retard ou avarie apparente ou inapparente, c'est-à-dire visible ou non à l'extérieur du colis. Même, sous certaines distinctions, il avait perdu l'action en détaxe, la faculté de se faire rembourser le trop-payé sur le port.

Cette cause de libération concernait seulement les envois « en port dû », dont le destinataire avait à payer le prix de transport à l'arrivée. Les commerçants avisés avaient pris l'habitude de se faire adresser leurs expéditions « en port payé » ; ils conservaient alors le recours, nonobstant réception.

Aujourd'hui, la réception n'emporte plus libération de l'agent de transport que sous la double condition suivante :

1212. — *a) Il faut que le fait de responsabilité soit une avarie* (interne ou externe) *ou une perte partielle.* Comme avant 1888, la réclamation pour *perte intégrale* n'est pas atteinte par l'art. 105. La substitution d'un colis à un autre laisserait même la réclamation ouverte : ce n'est plus sur la marchandise de l'ayant droit qu'a porté la réception (V. cependant Req., 16 avril 1904, D. 1905, 1, 415). Tout au plus le destinataire serait-il forclos, s'il s'agissait d'une erreur se rapportant à un colis partiel compris dans un groupage ; Civ. cass., 1er avril 1896, D. 98, 1, 396.

D'autre part, la responsabilité pour *retard*, comprise dans la fin de non-recevoir avant 1888, subsiste aujourd'hui malgré la réception ; elle ne s'éteindra que par la deuxième cause libératoire, par la prescription. C'est que la provenance d'une avarie est difficile à établir, une fois la réception accomplie, tandis que, pour justifier du retard, l'intéressé n'a qu'à rapprocher de la comptabilité du voiturier l'émargement daté qu'il a donné.

A plus forte raison l'*action en détaxe* survit-elle à la réception, on verra même qu'elle survit à la prescription d'un an.

1213. — *b*) *Il faut que la réclamation soit formée dans un délai de rigueur.* Mais (et c'est là l'important) il n'est plus besoin qu'elle soit *immédiate*.

La déchéance n'est plus attachée à la seule réception du colis. *Trois jours francs* depuis cette réception, non compris les jours fériés, sont donnés au destinataire pour exercer la réclamation : l'expiration de ces trois jours éteint les actions. Le destinataire doit signifier, soit par un acte extrajudiciaire (exploit d'huissier), soit par une lettre recommandée sans même demande d'avis de réception, une *protestation motivée* au transporteur.

1214. — Dans la pratique, ces formes ne sont pas toujours observées.

La Cour de cassation rejette tous équivalents, tels qu'une lettre missive ordinaire, même s'il est établi en fait que le transporteur l'a reçue dans les délais (Cass. civ., 14 janvier et 11 février 1901, S. 1901, 1, 364 ; Cass., 17 février 1903, D. 1905, 1, 125).

Son interprétation concorde avec la rédaction textuelle de l'art. 105. La loi nouvelle a eu tort cependant d'exiger un mode formel de réclamation. Qu'une pièce ordinaire de correspondance soit inopposable au transporteur, c'est fort bien, si cette pièce n'a pas date certaine. Mais elle peut acquérir la certitude de date, lorsque le transporteur reconnaît que la protestation a bien eu lieu dans le délai. Le destinataire n'en est pas moins déchu, c'est regrettable.

Néanmoins, même en jurisprudence, l'observation des formes du nouvel art. 105 ne s'impose pas dans tous les cas. Toute une théorie s'est constituée à côté de celle de la protestation dans les trois jours : la théorie des *réserves*, exprimées d'une manière écrite ou verbale (arg. art. 109). Les prescriptions impératives de l'art. 105 cessent d'être applicables, quand le destinataire a fait au moment de la livraison des réserves qui ont été acceptées par le transporteur (Civ. cass., 22 janvier 1902 et arrêts suivants, D. 1903, 1, 33 et notre note). Ex. : la Compagnie laisse le destinataire mentionner sur le récépissé ou sur la feuille d'émargement une différence de poids, un manquant (Cass., 19 juin 1911, S. 1914, 1, 469), un mouillage, un défaut de bâchage (Cass., 24 juillet 1906, S. 1907, 1, 141), ou intervenir un huissier pour constater l'avarie (Req., 20 mars 1905, S. 1908, 1, 437). Les réserves acceptées impliquent de la part du transporteur renonciation régulière à la fin de non-recevoir. Les faits constitutifs de réserves sont malheureusement très imprécis.

La fin de non-recevoir de l'art. 105 cesse, en outre, lorsque la vérification du colis a été rendue impossible par le fait du voiturier (Cass., 26 juin 1911, et 10 janvier 1912, D. 1913, 1, 31).

1215. — *Faut-il*, pour que le voiturier puisse exciper du nouvel art. 105, *que le port ait été réglé à l'arrivée par le destinataire* ? Dans les expéditions en port payé, la déchéance cesse-t-elle d'être applicable ? Une protestation postérieure aux trois jours peut-elle produire effet ?

Avant 1888, on admettait que les actions étaient conservées, la réception ne valant décharge que parce qu'elle a été appuyée du versement du port. On lisait l'art. 105 ainsi : « La réception par le destinataire des objets transportés, et le paiement *par lui* du prix de la voiture... ». Or, la rédaction du nouveau texte est restée la même, en ce qui touche le cumul de ces deux conditions. Donc, l'interprétation ancienne aurait dû persévérer. Elle a été abandonnée, tout au contraire. Pourvu que le port ait été payé, soit au départ, soit à l'arrivée, l'art. 105 nouveau est applicable (Cass., 25 mai 1891, D. 92, 1, 273, note SARRUT ; Cass., 23 juin 1913, S. 1914, 1, 470 ; cfr. cependant, pour un paiement partiel à l'arrivée, Rej., 3 juillet 1913, D. 1915, 1, 17). On lit le nouvel art. 105 ainsi : « La réception, et le paiement *par l'expéditeur ou par le destinataire* du prix de voiture ». De ce chef, la loi nouvelle améliore la condition du transporteur ; le délai de trois jours donné aux intéressés compense pour eux le détriment.

1216. — Le délai de trois jours est accordé, nonobstant toute clause contraire. Les stipulations qui dérogeraient à la loi sont de nul effet (art. 105, al. 2). Si un chemin de fer publiait un tarif spécial à prix réduit, aux termes duquel la réception emporterait déchéance immédiate, ce tarif ne serait pas opposable à l'expéditeur. Pourquoi restreindre à ce point la liberté de contracter, alors que, dans les transports internationaux, au contraire, de pareilles conventions seraient licites ? [1]

1217. — La perte de l'action contre le voiturier par le destinataire, faute d'avoir observé l'art. 105, peut avoir son contre-coup sur les relations du destinataire avec l'expéditeur.

En effet, la marchandise avait été expédiée à titre de vente, et la pro-

---

1. La Convention de Berne édicte les règles suivantes : 1° *avaries apparentes*, déchéance *immédiate* par la réception de la marchandise accompagnée du paiement du port ; 2° *avaries non apparentes*, réclamation dans les *sept jours* à partir de la réception ; 3° *retard*, même règle (art. 44 et 45).

Autre problème soulevé par une *expédition mi-partie maritime, mi-partie terrestre*. Soit un transport unique, employant successivement deux voituriers, l'un de terre, l'autre de mer, par exemple une expédition d'Alger à Paris (voir la 5e section). Tant que le transport n'est pas entièrement accompli dans toutes ses parties, aucun des voituriers ne peut faire courir à son profit le délai tiré des fins de non-recevoir établies par la loi. C'est à partir de la réception à la destination dernière qu'il sera compté. Mais, étant donné que le délai ne court que de ce moment, quelle en est la durée ? — Il y a manque de concordance entre le droit terrestre et le droit maritime. Le droit terrestre fixe le délai à trois jours dans l'art. 105 ; le droit maritime à 24 heures depuis la réception, dans les art. 435 et 436. — D'après la Cour de cassation (Civ. cass., 2 décembre 1896, critiqué par LYON-CAEN, dans S. 97, 1, 209), on appliquera le droit régissant le *parcours final*. Si l'avarie est constatée à la fin du parcours de terre, on devra suivre l'art. 105, même pour le recours contre l'armateur qui avait accompli le commencement du voyage ; et inversement l'art. 435.

priété, d'après la convention, ne devait être transmise à l'acheteur *Paul* qu'à l'arrivée. Du moment que la chose parvient avariée, l'acheteur est admis, vis-à-vis de son vendeur *Jean*, à refuser de la recevoir et à ne pas payer le prix. Quoique l'avarie se soit produite en cours de route, par le fait du voiturier, et non par le fait du vendeur lui-même, la marchandise ne répond plus aux conditions de la vente (n° 1019), dès l'instant qu'elle était détériorée avant le moment où le vendeur devait en effectuer le transport de propriété.

Cette solution ne souffre pas difficulté, si l'acheteur *Paul*, en protestant dans les trois jours de la réception, prend soin de conserver à son vendeur *Jean* l'action de l'art. 105. Mais, en omettant de le faire, il s'est rendu coupable de négligence envers *Jean*. Il doit l'indemniser en payant le prix, ou en lui servant une bonification : il y avait de sa part mandat implicite de soigner les intérêts de sa contre-partie.

Les mêmes notions seraient suivies, si le destinataire était non pas un acheteur, mais un commissionnaire chargé de vendre.

1218. — 2° Prescription d'un an. — Les actions en responsabilité nées du transport peuvent survivre à la réception et à l'expiration des trois jours suivants. Ainsi en sera-t-il : *a*) des actions pour *avaries* ou *pertes partielles*, lorsqu'elles auront été conservées par une protestation en temps utile ; *b*) des actions pour *perte totale* ou pour *retard*.

La loi veut cependant que ces diverses actions soient exercées dans un délai relativement court. Elle établit un délai de *prescription*.

Cette prescription, qui était autrefois soit de six mois, soit d'un an, a été uniformément portée à *un an* par le nouvel art. 108 [1]. Elle court pour la perte totale du jour où la remise *aurait dû* être effectuée, et dans les autres cas du jour de la remise ou de l'offre du colis au destinataire. Elle comporte les causes habituelles d'interruption (citation en justice, reconnaissance de la dette). Mais rien n'est plus délicat que de déterminer en pratique les faits qui entraînent ce résultat. L'accusé de réception d'une lettre de réclamation suffirait-il ? Non (Cass., 9 décembre 1901, D. 1902, 1, 381). Que décider de l'acceptation d'une offre d'expertise ? (Pour le droit maritime, voir Cass., 13 mai 1889, D. 90, 1, 280). Il se produit la même difficulté que lorsqu'on veut rechercher les faits qui valent renonciation à la fin de non-recevoir de l'art. 165 (n° 1214).

Les cas de fraude ou d'infidélité sont exceptés : si le voiturier avait sciemment livré un colis pour un autre ou dissimulé les traces de l'avarie avant de le remettre à destination, ou provoqué par une fausse dénonciation la confiscation du colis par l'autorité (Rej., 27 juin 1904, D. 1906, 1, 112), dans tous ces cas, l'action durerait au delà d'un an [2].

---

1. Ainsi en est-il également du trafic international, d'après la Convention de Berne.

2. En outre, la *revendication* de la marchandise par le destinataire serait recevable, même après que le délai annal serait expiré. Le colis, qu'on croyait égaré, se retrouve. Il appartient au destinataire : on ne saurait lui opposer la prescription d'un an. V. d'ailleurs dans l'art. 108 le passage : « Toutes les autres actions

1219. — Aucune autre action que celles « pour avaries, perte ou retard » n'est régie par cette prescription. Toutes les demandes, qui ne se rapporteraient pas à l'un de ces trois cas de responsabilité, se prescrivent par *cinq ans*.

Ainsi en est-il d'abord des *actions* des intéressés contre le voiturier *en détaxe* ou en répétition d'indû pour paiement de port excessif.

Ainsi en est-il ensuite des actions en sens inverse, appartenant au voiturier contre les intéressés, telles que l'action en paiement du port, s'il n'avait pas été réclamé lors de la livraison, ou l'action en supplément de port, lorsque le transporteur a touché moins que le tarif[1].

1220. — Cette différence de durée dans les diverses prescriptions de la matière donne lieu à une controverse. Le voiturier réclame le port, après un an, mais avant cinq ans. L'intéressé peut-il repousser la demande, en opposant, jusqu'à concurrence du port, et afin de n'avoir pas à le payer, une avarie ou un retard, — alors qu'il n'est plus recevable à en exiger le règlement par action directe, puisque cette prétention serait tardive ?

On admet le défendeur à user de l'*exception*, quoique l'*action* soit perdue : *Quæ temporalia ad agendum, perpetua sunt ad excipiendum*. Mais cette solution n'est pas sûre. Le brocard invoqué a une autorité conjecturale. Vrai au temps du droit romain classique, il a souffert dans l'ancien droit divers assauts (Ordonn. de Villers-Cotterets de 1539, art. 134, etc.), et on ne le retrouve pas dans les lois modernes. Il serait plus sage de transporter dans le trafic intérieur la disposition de la Convention de Berne (art. 46), qui assigne à l'exception et à l'action une égale durée.

La thèse se condamne par son exagération même : l'exception d'avarie sera accueillie, même à défaut de protestation faite dans les trois jours de l'art. 105 ! Cependant la provenance de l'avarie ne pourra plus être établie : le fait que la partie est défenderesse au procès, et non plus demanderesse, ne change rien à cette perte de preuve d'origine.

SECTION V

DE LA COMMISSION DE TRANSPORT ET DE LA PLURALITÉ DES VOITURIERS[2].

1221. — La *commission de transport* est *le mandat que donne l'expéditeur*

auxquelles le contrat peut donner lieu. . . ». La revendication n'est pas une action née du contrat.

1. Les actions en « détaxe » ou en « surtaxe » sont recevables, en matière de trafic par chemin de fer, même si l'on avait volontairement dérogé aux tarifs. Cette dérogation volontaire est contraire à l'ordre public, à raison de l'égalité nécessaire des expéditeurs devant les tarifs (et cela quand même il y aurait eu une indication erronée donnée par les agents de la Compagnie. Civ. cass., 6 mai 1903, S. 1903, 1, 421). — La prescription quinquennale de l'action en paiement du port prend son point de départ à un autre moment que la livraison, pour les transports commandés par l'Etat. Le voiturier doit préalablement faire liquider et ordonnancer sa créance. La prescription ne court qu'à partir de la décision ministérielle (art. 108, al. 5).

2. RÉVILLE, *Des transports successifs* (th. 1909) ; JOSSERAND, *De la pluralité des voituriers*, aux *Ann. de dr. comm.*, 1911, p. 163 (partie détachée de son *Traité*, nos 709 et s.).

à une autre personne de traiter pour son compte un transport avec un voiturier. Telle est la définition qu'on en donne habituellement : nous aurons à la rectifier. Dans la chaîne des dispositions du Code, la commission de transport relie les commissionnaires ordinaires au voiturier (art. 96 à 102).

La profession de commissionnaire de transport est libre, l'établissement des chemins de fer ne l'a pas fait disparaître, il lui a donné plutôt un nouvel aliment.

On ramène à deux les avantages de la commission de transport.

1222. — Avantages de la commission de transport. — 1° Elle réalise pour les expéditeurs une *économie de taxe*. Il vaut mieux s'adresser à un commissionnaire que traiter directement avec le chemin de fer.

Etrange au premier aspect, le fait s'explique par la manière dont sont gradués les tarifs. La taxe est perçue par unités indivisibles de 10 kilos. Dix expéditeurs de Paris ont simultanément à adresser à Marseille chacun un colis de 11 kilos. S'ils opéraient isolément, les marchandises seraient taxées sur 200 kilos, bien qu'elles n'en pèsent toutes ensemble que 110. L'intermédiaire commun auquel ils recourront groupera ces colis, les réunira sous une même enveloppe (condition imposée au commissionnaire alors que les autres expéditeurs n'y sont pas soumis : Rej., 3 août 1903, S. 1905, 1, 467), et adressera le *group* à son correspondant de Marseille. La taxe appliquée sera celle de 110 kilos : soit une économie de 90 kilos, le commissionnaire en fera profiter ses dix clients, y trouvant lui-même son propre bénéfice.

Le commissionnaire a ses bureaux dans des quartiers que ne desservent pas les Compagnies ; il fait le factage et le camionnage au départ.

1223. — Suite. — 2° La commission de transport peut se cumuler avec un transport propre, au moins pour une partie de la route. Le commissionnaire exécutera le commencement du parcours sans atteindre le point de destination. Il se substituera pour la continuation du transport un ou plusieurs voituriers subséquents, et c'est alors au titre de commissionnaire qu'il agira.

Soit une expédition par chemin de fer de *Nancy* à *Perpignan*, empruntant le réseau de l'Est jusqu'à *Is-sur-Tille*, celui de Paris-Lyon jusqu'à *Cette*, et celui du Midi au delà.

On pourrait accomplir *trois transports indépendants* : *a*) L'expéditeur se choisirait à Is-sur-Tille un agent transitaire. *b*) Celui-ci recevrait le colis de la Compagnie de l'Est, et jouerait le rôle de premier destinataire ; la Compagnie de l'Est serait libérée à ce moment ou par l'expiration des trois jours suivants. *c*) Cet agent, au moyen d'un récépissé nouveau, expédierait sur Cette, par la Compagnie Paris-Lyon, à un autre agent de cette place, etc.

Mais on peut aussi raccorder tous ces tronçons au moyen d'un *transport unique*, sans rupture de charge. Une même lettre de voiture passera de main en main aux points de transmission ; la seule réception, qui fera courir les délais des art. 105 et 108 au profit d'un des voituriers quelconques de la filière, sera la réception à Perpignan.

Ce transport par soudure est imposé aux Compagnies de chemins de fer les unes vis-à-vis des autres, et aussi en droit international entre les administrations de chemins de fer relevant de la Convention de Berne. Aucun agent particulier de l'expéditeur n'est nécessaire aux points d'intersection. Le premier voiturier devient commissionnaire pour faire continuer le voyage par les suivants ; le deuxième, commissionnaire substitué, etc.

1224. — L'exercice des actions en responsabilité, pour perte, avaries ou retard, soulève des questions délicates lorsqu'on a eu recours au ministère d'un commissionnaire. — L'expéditeur (ou le destinataire) peut-il attaquer à son choix le commissionnaire ou le voiturier et, s'il y a eu plusieurs voituriers successifs, l'un quelconque de ces agents de transport ? — Quel est le fondement de la poursuite qu'il dirigerait ainsi contre un voiturier avec lequel il n'a pas personnellement traité et dont il est séparé par un ou même par plusieurs intermédiaires ? — Ces agents répondent-ils mutuellement les uns du fait des autres ? — Y a-t-il lieu de faire intervenir un principe de solidarité ? — Si l'un des agents est forcé de payer l'indemnité, a-t-il un recours contre les agents qui ont concouru au même transport, et suivant quel ordre ? — On voit combien le problème est complexe.

Ces difficultés ne peuvent se résoudre qu'à la condition de prendre parti sur le caractère de la commission de transport. Est-elle de même nature qu'une commission ordinaire, que la commission d'achat ou de vente par exemple ?

Si l'on répond affirmativement, la commission de transport est un *mandat* dont l'objet est de conclure un transport pour compte, et le commissionnaire traitera le plus habituellement ce transport en son nom propre.

1225. — En conséquence : 1° Le commissionnaire, tenu seulement de sa diligence personnelle, et affranchi de la force majeure, ne devrait pas être recherché à raison des *fautes* commises dans le transport *par le voiturier* qui a pris le colis en charge, après lui. Il lui suffirait, pour être mis hors de cause, de justifier envers l'expéditeur de la livraison qu'il a faite à ce voiturier en temps utile, et le reçu qu'il s'est fait remettre par ce dernier vaudra pour lui décharge, dès l'instant qu'aucune réserve consignée dans ce reçu ne montre le colis déjà détérioré à ce moment. Pour être responsable des accidents survenus à la marchandise depuis qu'il s'en est dessaisi, il faudrait qu'il se fût constitué *ducroire*.

Empressons-nous de dire que la loi a pris le contre-pied de cette solution. D'après les art. 97 à 99, le commissionnaire est « garant de l'arrivée de la marchandise dans le délai, hors les cas de force majeure légalement constatée » ; il est « garant des avaries ou pertes, s'il n'y a stipulation contraire dans la lettre de voiture ou force majeure » ; il est « garant du fait du commissionnaire intermédiaire auquel il adresse la marchandise ».

Bref, l'intéressé au transport n'a pas à s'enquérir, au cas d'accident, du point de savoir à qui, du commissionnaire ou du voiturier, ni auquel des voituriers, s'il y en a plusieurs, cet accident est imputable. *Il est admis à attaquer le commissionnaire dans tous les cas*, à moins d'une clause contraire dans la lettre de voiture exonérant ce commissionnaire du fait des agents qui l'ont suivi. Celui-ci n'est irresponsable de la faute des autres qu'en cas de tarif spécial formel (Civ. cass., 26 juin 1899, D. 1900, 1, 394)[1].

Cette règle, dérogatoire aux principes ordinaires de la commission et du mandat, se justifierait, suivant l'opinion générale, par une convention de ducroire sous-entendue. Car on ne peut la rattacher à une présomption de faute du commissionnaire dans le choix du voiturier auquel il s'est adressé. Déjà sous le Code de commerce cette présomption eût été contraire à la vérité dans la généralité des cas. A plus forte raison la nouvelle économie des chemins de fer lui enlève-t-elle toute apparence de justesse. Le commissionnaire n'est pas libre de choisir son voiturier, il lui est imposé par la nature du parcours à faire.

Seul l'intérêt du commerce explique pourquoi le commissionnaire du transport est « ducroire » de plein droit, alors que les autres commissionnaires ne le sont que moyennant une clause expresse. L'expéditeur n'a lié partie qu'avec son commissionnaire, il veut pouvoir obtenir de lui le règlement de l'indemnité à tout événement, quel que soit dans la filière l'agent responsable. Le point du parcours où l'accident s'est produit ne lui est point connu, la détermination du voiturier coupable lui est sinon impossible, du moins très difficile. Tous ces voituriers, pour échapper à sa réclamation, se rejetteraient la faute les uns sur les autres.

1226. — 2° Il ne suit point de là que l'expéditeur soit privé du droit d'assigner le voiturier, au cas où il aurait avantage à s'attaquer à lui. Sans doute, c'est le commissionnaire qui a traité avec le voiturier, et non pas lui. Mais, outre que l'expéditeur peut agir contre le voiturier, du chef du commissionnaire et en se subrogeant à celui-ci (art. 1166 C. civ.), une action directe lui est ouverte. L'art. 101 le laisse entendre, en disant que : « la lettre de voiture forme un contrat entre l'expéditeur, le commissionnaire et le voiturier ». Ces trois personnes sont unies entre elles d'une manière immédiate, comme s'il n'y avait pas d'interposition (Civ. cass., 1er décembre 1896, D. 97, 1, 561).

Le principe de cette action directe n'est cependant pas clair. Dans une commission ordinaire, le commettant ne peut agir contre le tiers acheteur ou vendeur avec lequel le commissionnaire a traité, que par « action oblique », et à la condition de subir les exceptions dont le tiers dispose vis-à-vis de ce commissionnaire : les limitations, mises par l'art. 575, al. 2, C. com., à la revendication du prix en cas de faillite, en sont la preuve.

On fait appel, pour sortir de la difficulté, à la théorie de la *substitution de mandat* (art. 1994, al. 1, C. civ.) ; le mandant peut agir directement contre la personne que le mandataire s'est substituée. Mais l'argument porte doublement à faux : 1° en ce que la règle du Code civil vise un mandat dans lequel l'agent a représenté le mandant et parlé au nom de celui-ci, ce qui n'est point le mode d'opérer usité dans la commission ; 2° en ce que le voiturier n'est pas un « mandataire » substitué, mais le « tiers » avec

1. Cette garantie de ducroire n'est pas vraie d'un simple camionneur au départ Paris, 19 décembre 1900, D. 1905, 2, 113, note Levillain).

lequel est conclue l'affaire commandée. Il n'y aurait substitution de mandat que si ce voiturier devait à son tour traiter avec un voiturier subséquent ; et encore resterait-il transporteur ou « tiers » pour le tronçon de parcours dont il se charge.

La raison d'être de cette action directe apparaîtra mieux dans un instant. Elle provient de considérations étrangères au droit du mandat.

Pour s'attaquer ainsi au voiturier, *l'expéditeur devra prouver la faute de celui-ci.* Le voiturier ne se trouve pas dans la même situation que le commissionnaire. On ne peut le rechercher ni à raison des fautes commises par son prédécesseur avant qu'il n'ait pris lui-même le colis en charge, ni à raison des fautes des voituriers venus après lui. Il n'est pas entré dans la dette du premier commissionnaire, auteur de l'avarie ou du retard par hypothèse. Il ne s'est pas porté non plus ducroire des voituriers suivants (car les art. 97 à 99 affirment ce « ducroire » à l'égard du commissionnaire originaire seulement, et les raisons d'utilité pratique qui l'ont introduit cessent d'être vraies pour un voiturier intermédiaire).

1227. — Au total, voici la position respective de tous les intéressés, dans le cas où il y aura lieu d'engager un procès.

A. *Citation donnée par l'expéditeur* (ou par le destinataire) au commissionnaire ou voiturier de tête. — Citation, encore possible, de celui des voituriers subséquents, que l'expéditeur croit être l'auteur de l'accident. — Aucune preuve de faute à fournir contre le premier de ces défendeurs. Nécessité de démontrer contre le deuxième que la perte, l'avarie ou le retard proviennent de lui.

Comment s'établira cette preuve ? Au moment de la comptabilité que détermine la transmission du colis à l'intersection des réseaux. Le voiturier a donné un émargement à l'agent qui le précède : il a fourni ainsi un avis de réception à bonne date et sans avarie. L'expéditeur produit cette pièce. Le voiturier peut y répondre en produisant à son tour l'émargement du voiturier suivant, ce qui lui vaudra *quitus*. Faute d'être en mesure de le faire, il avoue sa faute, et sera condamné.

Sauf le cas d' « avarie interne », le voiturier, par le fait duquel l'accident de transport a eu lieu, pourra être ainsi retrouvé.

1228. — B. *Recours en garantie du commissionnaire*, s'il est mis en cause, contre celui des voituriers qui a déterminé le dommage : ce sera une demande incidente en garantie portée au tribunal devant lequel il est cité lui-même (art. 175 et suiv. C. proc. civ.). Le commissionnaire se fera relever des suites de la condamnation par le voiturier, en démontrant la faute de celui-ci, comme il vient d'être indiqué.

Le commissionnaire peut encore ouvrir un procès principal et séparé contre le voiturier, et suivant le droit commun de la compétence.

Le nouvel art. 108, al. 4, tranchant une controverse ancienne, veut que le délai pour intenter chaque action récursoire soit *d'un mois*, courant du jour de l'exercice de l'action contre le garanti. Assigné le dernier jour de l'année de prescription, le commissionnaire a un mois encore pour se retourner contre le voiturier, soit qu'il le fasse par demande incidente, soit qu'il engage un procès distinct. Mais, ce mois une fois expiré, il est déchu.

1229. — Telle est la décomposition à laquelle on soumet d'habitude la commission de transport et le transport par voituriers successifs. Elle n'est pas d'une parfaite correction logique.

La commission de transport n'est point une commission véritable, un mandat, l'ordre de négocier un transport avec un voiturier. Elle constitue la *prise en charge d'un transport véritable*, dans lequel l'agent se réserve seulement pour tout ou partie du parcours d'user du ministère d'autres voituriers que lui. Au regard de l'expéditeur, il est transporteur pour le voyage tout entier et responsable comme tel. Un entrepreneur de construction, qui cède les travaux à un sous-traitant, demeure garant de l'ouvrage, même pour les parties que ce sous-traitant viendrait à faire. Le chemin de fer ne répond-il pas de l'entrepreneur auquel il confie le camionnage à l'arrivée (Civ. cass., 10 février 1897, D. 98, 1. 22) ? Le capitaine ne répond-il pas de la société d'accorage ou de déchargement, lorsqu'il s'est engagé à débarquer non en rade, mais à quai ?

Cela ne tient point à une notion de « ducroire », mais à l'idée plus simple que, lorsqu'on promet un travail, on est garant de son exécution complète, même pour les parties de l'ouvrage dont on se déchargerait sur d'autres. Toujours le commissionnaire *amorce* le transport, il manutentionne le colis et le déplace quand ce ne serait que sous forme de camionnage au départ. L'art. 96, par lequel débute la section « des commissionnaires de transport », ne présente point ces agents comme étant mandataires : « Ils se chargent, dit-il, d'un transport par terre ou par eau ». Combien cela est plus juste encore de la première Compagnie de chemin de fer, qui tractionne la marchandise sur son réseau avant de la livrer à la Compagnie suivante ? (Josserand, *op. cit.*, n°s 734 et s.)

Ainsi, l'obligation du commissionnaire originaire ou du premier chemin de fer s'explique par une prise en charge du transport total. Mais d'où vient que l'intéressé à la marchandise puisse, en outre, assigner directement un transporteur subséquent ? Par la théorie de la *délégation*, pensons-nous.

Le commissionnaire, garant du transport intégral, remet le colis au voiturier. Celui-ci s'oblige à continuer le transport. Il se substitue à ses engagements. Le commissionnaire délègue le voiturier à l'expéditeur, à l'effet de rendre compte du transport. Le voiturier accepte, d'autres voituriers pourront accepter à leur tour. L'expéditeur a adhéré d'avance à cette substitution, car il savait qu'elle aurait lieu : de là, le rapport direct [1].

La substitution de dette ne décharge pas d'ailleurs le commissionnaire vis-à-vis de l'expéditeur, car la novation ne se présume point (art. 1273 C. civ.).

---

1. On aboutit au même résultat, en disant que le commissionnaire, lorsqu'il remet la marchandise au voiturier, stipule de celui-ci l'accomplissement du transport : 1° à son propre profit, et 2° au profit de l'expéditeur. Ce serait le cas d'appliquer le principe de la stipulation accessoire au profit d'autrui (art. 1121 C. civ.).

Mais, à cette réserve près, le voiturier prend la place du commissionnaire à la fois pour le passé et pour l'avenir. *Pour le passé*, en ce sens que, même lorsqu'une avarie ou un retard s'était déjà produit, sans son fait par conséquent, il en devrait répondre. *Pour l'avenir*, en ce sens que, dût-il être exempt de faute et livrer à un second voiturier, il devrait assumer la garantie de celui-ci pour les faits de la continuation du voyage (malgré la restriction apparente au premier commissionnaire des art. 97 à 99).

1230. — Bref, le voiturier entre dans la dette du transport comme « débiteur solidaire » ; et tout voiturier, recevant le colis à son tour, contracte la même solidarité. Cette thèse donne au destinataire le pouvoir d'assigner le dernier voiturier, sans avoir à prouver la faute de celui-ci, et ce voiturier remontera en arrière pour citer en garantie l'agent coupable : avantage consacré par le droit allemand, dont il est superflu de faire ressortir le mérite [1]. La jurisprudence n'est pas disposée jusqu'à présent à entrer dans des vues aussi favorables à la protection du commerce.

La *convention* conclue *entre les cinq grandes Compagnies et les chemins de fer d'État*, connue sous le nom de *règles à suivre*, et dont la dernière rédaction date de 1886, fait cependant aux idées précédentes une certaine part.

Suivant cet arrangement, l'indemnité à payer doit se partager au marc le franc entre les chemins de fer participant ou ayant dû participer au même voyage, d'après le parcours kilométrique du colis sur chacun de leurs réseaux, et sans égard à la faute commise par l'un ou par l'autre. C'est, entre les Compagnies, un régime d' « assurance mutuelle » contre leur responsabilité.

Aucun des transporteurs successifs, dans ces conditions, n'a intérêt à décliner la citation judiciaire. Le dernier de ces transporteurs, tout comme le premier ou le second, consentira à lier l'instance. Il communiquera seulement aux autres Compagnies l'assignation qui l'a touché, afin de les mettre en mesure d'intervenir et de faire valoir les moyens de défense qu'elles croiraient pouvoir proposer. C'est, répétons-le, un régime de solidarité, avec contribution de toutes les Compagnies, suivant la loi de la distance.

1231. — Le dernier voiturier, dans le transport en port dû, a qualité pour encaisser le prix total, partie à son propre compte et partie au compte de ses prédécesseurs. D'après l'interprétation qui prévaut, il reste maître de réclamer la fraction de port qui lui revient à lui-même, même en cas d'avarie ou de retard, si ces faits sont imputables à l'un de ses devanciers. Ce résultat ne concorde pas avec le système que nous avons défendu ; le dernier voiturier devrait, à l'égal des autres, être garant des faits survenus avant qu'il n'eût reçu le colis [2].

---

1. Voir dans Gaudemet, *Étude sur le transport de dettes*, comment, avec la théorie de la « cession de dette », que les Allemands ont substituée à notre « délégation », on parvient à justifier ce résultat. — Josserand, *op. cit.*, n° 749, tout en admettant la thèse de la délégation ne pense pas qu'elle ait la solidarité des engagements pour conséquence.

2. D'après la Convention de Berne, l'action des intéressés ne peut être intentée (art. 27) que : *a*) contre le premier chemin de fer, *b*) ou contre celui qui a reçu

en dernier lieu la marchandise avec la lettre de voiture, *c*) ou encore contre celui sur le réseau duquel le dommage a été occasionné, pourvu que le chemin de fer défendeur soit assigné devant un tribunal de son propre État. — Ce chemin de fer peut, non par garantie incidente, mais par procès séparé, recourir contre le chemin de fer en faute, ou, s'il est inconnu, contre tous les chemins de fer, compris nécessairement alors dans une même instance et tenus en ce cas à une indemnité proportionnelle (art. 47 à 53).

— Nous terminons ici ce que nous avions à dire à propos de la commission : commission de *vente* dans un chapitre précédent, commission de *transport* dans le présent chapitre. Mais cette convention a une portée plus étendue. Elle est d'une utilité courante en matière d'*assurance*. Une personne, chargée d'envoyer une cargaison à un correspondant d'outre-mer, la fait assurer au compte du destinataire, tout en figurant elle-même en nom dans la police, ce qui la constitue débitrice de la prime. Par suite de raisons trop longues à exposer, le droit maritime exige que la police porte expressément la mention que le signataire agit au titre de commissionnaire et non de propriétaire (art. 332). En outre, il est d'usage que le nom du commettant ne soit pas désigné : la police est rédigée « au compte de qui il appartiendra », le véritable intéressé ne se révélera qu'au moment du règlement de l'indemnité.

D'autres assurances se font encore par l'intermédiaire d'un commissionnaire. — Ex. : un patron assure collectivement tous ses ouvriers contre les accidents d'usine, sans énumérer les noms de chacun d'eux (situation qui s'est modifiée depuis la loi de 1898 sur les accidents du travail) ; — un gardien assure pour compte des marchandises en dépôt dans sa maison, etc. Bref, le champ d'action de la commission est considérable, en dehors de la vente où il tend plutôt à se restreindre.

CINQUIÈME PARTIE

DES CONTRATS SUR ARGENT, SUR CRÉDIT ET SUR RISQUES

(EFFETS DE COMMERCE, WARRANTS, OPÉRATIONS DE BANQUE, CHÈQUES, COMPTES COURANTS, ASSURANCES)

INTRODUCTION

DU ROLE DU CHANGE

1232. — Le Code de commerce ne se sert de l'expression : *effets de commerce*, que dans les art. 446 et 574, au livre *Des faillites*. Mais elle apparaît fréquemment dans les lois fiscales.

On entend par là des *titres*, auxquels une circulation facile fait tenir la place de la monnaie, *ayant pour objet une somme d'argent liquide et payable à une époque généralement prochaine*.

Ces titres sont habituellement *négociables* ; la négociabilité est de l'essence de certains d'entre eux : leur transmission a lieu alors suivant une forme plus simple que la forme ordinaire de droit civil.

Il s'en faut cependant que tout titre présentant le caractère négociable doive être rangé au nombre des effets de commerce.

Car : — 1° Il y a des titres négociables qui donnent droit à une *marchandise* ; comme ils n'ont point de l'argent pour objet, la fonction monétaire leur manque et ils ne sont point des « effets ». Tel est le cas pour le *connaissement*, pour le *récépissé* de marchandises en magasin général : titres mobilisant les matières commerciales d'échange, mais ne jouant pas le rôle de l'argent ; — 2° Les titres correspondant à un *placement* et donnant droit à un *revenu* cessent également de constituer des « effets de commerce », fussent-ils négociables (actions, obligations de sociétés ou d'établissements publics, rentes sur l'Etat). Ce sont des valeurs de rapport, présentant économiquement un tout autre caractère.

1233. — Il convient de consigner, au sujet des effets de commerce, une autre réflexion préliminaire. Nous manquons d'une délimitation exacte des titres rentrant sous la rubrique d' « effets ». Les *billets au porteur*, les *chèques* en font-ils partie ? On ne le voit pas bien. Mais il est un point certain, c'est que l'expression n'est pas d'une parfaite exactitude grammaticale. Les effets de commerce ne sont pas à la seule portée des personnes qui font le *commerce*. L'obligation qu'ils constatent n'est même pas nécessairement commerciale, exception faite pour la lettre de change.

Ce qui demeure vrai, c'est que le commerce est le milieu dans lequel ces effets ont le plus fréquemment l'occasion de se produire.

1234. — Le titre VIII du premier livre du Code (art. 110 à 189) a été inspiré par l'Ordonnance de 1673, il passe pour fort vieilli. Deux de ces effets seulement y sont réglementés : la *lettre de change* et le *billet à ordre*.

Nous reproduisons leur définition, déjà fournie précédemment (n° 12), en lui donnant un peu plus de précision juridique.

1235. — I. Lettre de change. — La *lettre de change* est un *écrit par lequel un tireur délègue, pour le paiement d'une certaine somme, à une échéance déterminée, un tiré* (habitant ou non la même place) *à une troisième personne,* preneur ou bénéficiaire, *ou à l'ordre de celle-ci.*

Paris, 1er mars 1915. B. P. F. 1.000

Au 1er juillet prochain, payez à l'ordre de M. *Bernard* (bénéficiaire) la somme de mille francs, valeur en marchandises.

A M. *Thiébaut* (tiré), 12, rue du Sentier, à Paris.
ou 5, cours de l'Intendance, à Bordeaux.

Thomas (tireur).

La lettre de change sera *acceptée*, lorsque, présentée avant l'échéance par le porteur au tiré, elle aura été revêtue de la signature de ce tiré, mise à côté de celle du tireur.

Si le tiré fait faire par un banquier son service de caisse, il est naturel que la présentation ait lieu à l'échéance chez ce banquier et non chez le tiré lui-même. Une indication spéciale de la lettre de change, au-dessous de l'adresse du tiré, instruira le porteur de ce lieu de paiement : « payable chez *David*, rue Sainte-Catherine, 6, à Bordeaux ». — Le banquier indiqué (ou plus généralement la personne quelconque dont la résidence est désignée pour que paiement y soit requis) est appelé *domiciliataire*.

Bernard peut faire transport du titre. La clause à ordre lui donne le moyen de l'endosser, par une mention au dos de la lettre de change. Il devient alors *endosseur*.

Le nouveau porteur, *Emile*, est libre de l'endosser à son tour, et ainsi de suite, jusqu'à l'échéance. A ce moment, le *dernier porteur*, *Paul*, présentera l'effet chez le tiré (ou chez le domiciliataire) afin d'en recevoir paiement.

1236. — II. Billet à ordre. — Le *billet à ordre*, instrument de nature plus simple, est un *titre par lequel un souscripteur s'engage lui-même à payer, à l'ordre d'un bénéficiaire ou preneur, une somme d'argent à une échéance déterminée.*

Paris, le 1er mars 1915. B. P. F. 1.000

Au 1er juillet prochain, je paierai à l'ordre de M. *Bernard* la somme de mille francs, valeur en marchandises.

Simon.

Par définition même, ce billet exclut toute *acceptation*. Il circulera, lui aussi par l'*endossement*, et pourra passer en un nombre de mains indéfini. Il suppose, au moment de sa création, deux personnes, et non trois.

Quand le souscripteur a désigné un tiers, *David*, chez qui l'effet sera présenté, il y a *billet à domicile* : expression habituellement réservée au cas où le domiciliataire est indiqué sur une place autre que celle du souscripteur, que le lieu d'émission. Le domiciliataire n'équivaut pas à un tiré ; le billet à domicile ne se confond pas avec la lettre de change.

1237. — Double service des effets de commerce. — Les fonctions que ces deux effets sont appelés à remplir sont doubles et s'exercent, tantôt d'une manière alternative et tantôt simultanément. Toutefois, le billet à ordre n'est pas en mesure d'exercer la première de ces fonctions, et il ne s'acquitte de l'autre que d'une manière imparfaite.

Nous examinerons ce double ministère de l'effet de commerce, il nous donnera les éléments de notre distribution de matières : — *a) remise de place* ; *b) obtention de crédit.* — A ces deux offices on pourrait en ajouter un troisième. *L'effet de commerce permet d'économiser la monnaie.* Si je tire sur mon acheteur *Thiébaut* une lettre de change que je remets à mon vendeur *Bernard*, deux dettes se trouveront soldées par le paiement que le tiré fera de cette traite. C'est l'avantage que procure toute *délégation*. Si mon vendeur négocie ensuite cette traite à un sien vendeur *Emile*, une troisième obligation sera soldée sans l'emploi d'argent. Si à son échéance cette traite s'éteint sans mouvement de fonds, parce que le porteur et le tiré seront dans le cas de compenser entre eux ou de procéder à un virement de compte, c'est encore une économie de numéraire que l'effet aura réalisée. Toutefois nous n'insisterons pas pour le moment sur ce côté de la question, on le reprendra plus en détail à l'occasion des chèques, pour lesquels cette fonction est particulièrement frappante.

1238. — 1° **Transport d'argent.** — Les effets de commerce opèrent un *transport d'argent* d'une place sur une autre, sans nécessité de faire voyager les fonds. On a de l'argent à faire passer dans un autre lieu, mais on veut le soustraire aux risques et aux frais de transport ; le titre prendra la place de cet argent et voyagera pour lui. Ou bien l'on a de l'argent à faire revenir d'un autre lieu (*pecunia absens*). On trouvera de l'argent dans la localité où l'on est et, contre réception de cet argent, l'on émettra un titre de recouvrement sur la place éloignée.

Là ne s'arrêtera pas ce premier office de l'effet, lorsque les deux places ont un système monétaire différent. L'effet opère alors *conversion* de la *monnaie* d'un des Etats en une monnaie de l'autre, et procure à celui qui le négocie le bénéfice d'un change monétaire, en même temps que la dispense d'un transport de fonds.

1239. — 2° **Instrument de crédit.** — Les effets de commerce donnent à une personne, qui est présentement sans argent, le moyen de s'en procurer, grâce au papier. Ce papier sera reçu comme de l'argent. En échange du titre, on fera crédit au signataire, ou on lui remettra des espèces.

Une personne est temporairement dénuée d'argent. Mais un tiers lui en doit à courte échéance. Elle déléguera ce tiers à son créancier, à son banquier, et trouvera ainsi le moyen d'entrer en possession de marchandises ou de capitaux. Le titre délivré donne droit pour le porteur à de l'argent futur (*pecunia futura*) et il aura un pouvoir de circulation comparable à celui de l'argent lui-même. L'instrument de cette délégation sera l'effet de commerce.

1240. — La circulation des effets de commerce donne l'étiage du chiffre d'affaires faites dans un pays, sous certaines réserves cependant. Une même lettre de change sert à régler des engagements successifs, par conséquent des affaires multiples. Inversement, des effets, tirés sur un banquier ou sur un commissionnaire, ne répondent pas à une opération de marchandises déjà conclue. Partie de 6 milliards 800 millions en 1835, la circulation des effets en France atteignait 57 milliards 638 millions en 1913 (rendement du timbre : 28 millions 819.000 fr.).

§ 1. — De l'effet de commerce, instrument de transport d'argent. Change de place ou change tiré. — Monnaie, change manuel[1].

1241. — C'est dans le commerce international que la lettre de change a accompli sa fonction historique, fonction qu'elle continue à exercer de nos jours. Elle sert à la *balance des importations* et des *exportations*. La let-

1. CAUWÈS, *Traité d'Economie politique*, II, nos 518 et s. ; ARNAUNÉ, *La monnaie, le crédit et le change*.

tre de change, par le jeu d'une opération complexe, convertit une monnaie contre une autre, en même temps qu'elle compense des engagements réciproques de places et de pays.

Mais il faut présenter d'abord le problème à l'état simple, et parler du *change tiré* en le débarrassant de toutes les difficultés tenant au *change de monnaies* ou *change manuel*.

1242. — Change tiré. — Deux places, soumises par hypothèse à un même régime monétaire, Paris et Bruxelles, sont en rapports mutuels d'affaires. Bruxelles doit à Paris, à raison d'exportations de marchandises françaises vendues à la Belgique. Paris doit à Bruxelles, par suite d'importations en France de marchandises belges.

Thomas, de Paris, créancier envers *Thiébaut*, de Bruxelles, pour une somme de 5.000 fr., pourrait ou bien aller encaisser les fonds lui-même, ou bien les faire toucher par un fondé de pouvoir, et rapporter ou faire rentrer ensuite l'argent en France.

Emile, de Bruxelles, qui a de son côté contre *Bernard*, de Paris, une créance de pareil montant, pourrait se charger lui-même ou charger un agent de toucher à Paris la somme qui lui revient, et se la faire retourner en Belgique.

De là, deux voyages de fonds en sens inverse, fort inutiles, sujets à des risques. La compensation, qui s'accomplit si facilement lorsque les deux engagements réciproques existent entre mêmes personnes, doit pouvoir se réaliser, bien qu'avec plus d'effort, lorsque les deux tenants des dettes contraires sont deux villes, deux Etats différents.

Pour arriver pratiquement à ce résultat, il faut que celui qui est débiteur de la place étrangère cherche à se rendre créancier de la même place, que *Bernard* de Paris acquière une créance sur Bruxelles, et neutralise l'engagement qui le lie envers cette dernière ville. Il se rapprochera de ses compatriotes qui ont des recouvrements à faire à Bruxelles, et il leur demandera de lui transporter à lui-même les créances qu'ont ceux-ci sur cette autre place, en s'offrant à leur en payer à Paris l'équivalent.

1243. — *Bernard* rencontrera *Thomas*, qui est en état de le satisfaire.

Ces deux hommes ont d'ailleurs subi une mutuelle attraction. Car, de son côté, *Thomas* s'est préoccupé de découvrir quelqu'un qui lui évitât la peine de faire rentrer de Bruxelles à Paris l'argent qu'il doit recouvrer dans la première de ces deux places. S'il peut sans déplacement se dessaisir de sa créance au profit d'un acheteur, il liquidera son compte sans nécessité de voyage de fonds ; et ce sera tout avantage.

En conséquence, *Thomas* offre en vente sa créance de 5.000 fr. contre *Thiébaut*. Il donne à cette créance la forme d'un titre de papier, véritable marchandise. La créance est en soi quelque chose d'immatériel : la voici qui devient une valeur palpable, traficable, en s'incorporant dans un titre. *Bernard* demande cette nature de marchandises, et est disposé à la payer. Le titre de papier, la lettre de change de *Thomas* sera négociée à *Bernard* ou à son ordre, contre espèces.

Thomas a obtenu satisfaction de Bruxelles. Selon la manière dont il voudra décomposer l'opération intervenue : — 1° ou bien il a, par une sorte d'aspiration pneumatique, rappelé à lui l'argent de Bruxelles que *Bernard* lui remet séance tenante, ce qui explique le terme de *traite*, employé pour qualifier l'émission de l'effet, l'appel d'un agent qui fictivement fait le « voyage » de Bruxelles à Paris ; — 2° ou bien il a « vendu » une monnaie recouvrable à distance, contre de la monnaie locale qui lui est instantanément livrée, ce qui explique à la fois les constructions doctrinales sur le change qui ont été longtemps en faveur, dont il sera plus longuement question ci-dessous, et la terminologie usitée sur le marché : « J'achète, je vends de la monnaie de telle place ».

1244. — En envisageant la situation du côté de *Bernard*, qui a fourni la contre-valeur ou prix de cette lettre de change, on voit également comment son compte avec la Belgique va se balancer, sans expédition réelle de fonds. Le titre qu'il s'est procuré, il l'adressera à son créancier *Emile*. Il le négociera à l'ordre de ce dernier, ce qui permettra à *Emile* de toucher chez un de ses compatriotes, sur place, l'argent que lui devait Paris.

D'où il résulte que *Bernard* : — 1° a donné à Paris *remise* d'un argent que son tireur s'est obligé à « transporter » en Belgique, par une fiction de voyage de Paris à Bruxelles, à l'égal d'une personne qui confie une marchandise à un voiturier ; — 2° ou, plus exactement, a « acheté » de la monnaie belge moyennant versement d'un prix d'argent français, et transmis cette monnaie à son correspondant du lieu de destination.

1245. — On devine, à raison du double avantage que la lettre de change rend ainsi à une première personne de recevoir une somme distante (*traite*) et à une seconde personne d'expédier une somme au loin (*remise* [1]), qu'elle contient d'une manière indivisible, de la part du tireur, une double invitation adressée : *a*) au tiré d'avoir à payer et, *b*) au bénéficiaire d'avoir à toucher le montant de l'effet : — invitation passive d'un côté, active de l'autre, qui paraît bien se rattacher à une conception de mandat, mais qui relève, ainsi qu'on le verra, d'une pensée différente.

1246. — On comprend également que l'effet de commerce, plus ou moins offert, plus ou moins recherché, n'ait pas une valeur marchande constante. La monnaie de Belgique tantôt fera prime sur la monnaie française et tantôt perdra par rapport à celle-ci.

a) On se trouvera dans le premier cas, lorsque Paris aura plus acheté que vendu à Bruxelles : la balance des exportations nous est défavorable ; ceux qui de Paris ont à payer leurs créances belges (et ils sont nombreux) se disputeront les traites disponibles sur Bruxelles. Et comme ces traites n'atteignent point par hypothèse un chiffre égal à la demande, le cours en sera poussé à un huitième ou à un quart de franc au-dessus du pair. On déboursera à Paris 100 fr. 25, pour avoir un titre donnant pouvoir d'encaisser 100 fr. à Bruxelles.

b) Le résultat contraire se produira, si la Belgique a un excédent d'achats envers la France. Toutes les offres de traites ne trouveront pas leur contre-partie ; les vendeurs devront consentir à un rabais par suite de la concurrence, et se dessaisiront, pour 99 fr. 75, payables comptant, d'un effet de 100 fr., payable à Bruxelles : la monnaie française est alors plus appréciée que la monnaie belge.

Quelle que soit celle des deux monnaies qui fait prime sur l'autre, l'écart entre le prix du marché et le « pair » ne sera jamais bien sensible, du moment que les deux monnaies ont réciproquement cours dans les deux villes d'émission et de paiement, c'est-à-dire n'en forment en réalité qu'une seule. Si le camp des vendeurs d'effets se montrait trop exigeant, les acheteurs préféreraient ne point traiter et pourvoir à un envoi effectif d'argent à Bruxelles, au besoin par expédition de sacs de numéraire. C'est la somme représentant les frais d'une pareille expédition (ou « point de l'or ») qui limite le taux *maximum* que le cours du change ne pourra dépasser. Et de même, quand la monnaie étrangère se déprécie parce que la place où se

1. Cet office alterné de traite ou de remise, que présente l'effet de commerce dans le change de place, se réalise encore par les soins de l'administration des postes, au moyen de titres pourvus de la même fonction. La quittance, confiée à la poste pour en opérer l'encaissement, correspond à la *traite*. La somme, déposée au bureau d'expédition de fonds, et moyennant laquelle on se fait délivrer un « mandat » ou un « bon » postal, correspond à la *remise*.

débat le cours du change a un excédent de ventes, cette dépréciation ne tombera point au-dessous d'un certain niveau, par un motif identique.

Les écarts de change peuvent prendre, en revanche, une grande importance entre deux pays gouvernés par un système monétaire différent. Pour le comprendre, il faut s'initier à quelques notions sur la monnaie.

1247. — De la monnaie. — La *monnaie est un instrument d'échange en pièces de métal d'un poids et d'un titre certifiés par l'autorité*, qui forme la commune mesure de la valeur de toutes choses.

Les métaux, instrument monétaire, sont *l'or* et *l'argent*. Entre ces deux métaux, il n'y a pas de rapport immuable de valeur. Un législateur est impuissant à établir de l'un à l'autre une relation fixe.

Soit un rapport de valeur de *15 1/2*, comme c'était le cas au commencement du XIXe siècle : à égalité de poids, un stock d'argent vaut quinze fois et demi moins qu'un stock d'or, quatre pièces de cinq francs devront peser quinze fois et demie plus qu'une pièce de vingt francs.

Mais c'est là une relation instable : les circonstances la modifieront soit en faveur de l'argent si celui-ci devient plus rare, soit en faveur de l'or dans le cas contraire. On verra la distance tantôt se rapprocher, l'or valant seulement douze fois plus que l'argent, et tantôt s'élargir, l'or valant 18 fois l'autre métal et même bien davantage.

Les efforts pour réhabiliter le métal blanc paraissent condamnés à l'insuccès. De grands États, comme l'Allemagne, ont commencé par démonétiser l'argent ; d'autres puissances, comme la Russie ou le Japon, ont témoigné également leurs préférences à l'or. Les productions minières en argent l'emportent, malgré le nombre des gîtes aurifères mis en valeur dans des contrées nouvelles, ou la reprise des anciens filons à la faveur de procédés perfectionnés d'extraction ou de lavage.

Toutes ces circonstances, en chassant l'argent de ses anciens emplois et en en multipliant d'autre part les quantités, l'ont énormément déprécié.

La prime de l'or sur l'argent s'appelle *agio* ou *change*, et cette prime a atteint et dépasse même 50 o/o.

1248. — Bimétallisme. — En France, le régime monétaire en vigueur est le *bimétallisme*. L'or et l'argent circulent concurremment (L. 17 germinal an XI). Un débiteur peut se libérer au moyen de l'une ou de l'autre monnaie, à son choix.

Il y a même une troisième monnaie, le *billet de la Banque de France*. Il dispose du *cours légal* (Loi du 3 août 1874, art. 28). En temps normal, la Banque rembourse ses billets en espèces, à bureau ouvert, mais ni les particuliers ni les caisses publiques ne peuvent refuser de les recevoir en paiement. Dans les grandes crises, révolutions ou guerres, le billet de banque a *cours forcé*. Il en sera question plus loin (n° 1630).

Revenons à la monnaie métallique. La parité de condition de l'or et de l'argent comme instrument monétaire a ses limites : expliquons-nous.

1249. — *a*) La seule monnaie *réelle* d'argent est la pièce de cinq francs, frappée au titre de 900 millièmes. Les monnaies divisionnaires de deux francs et au-dessous sont au titre de 835 millièmes.

L'État s'en est réservé la frappe en 1865 ; elles ne circulent que comme *monnaie d'appoint*. On ne peut les imposer dans un paiement que pour un maximum de 50 fr. (de même que la monnaie de bronze n'est admise que pour l'appoint de 5 fr.). En d'autres termes, cette monnaie a une valeur conventionnelle supérieure à sa valeur intrinsèque.

1250. — *b*) La frappe de la pièce de 5 fr. à l'hôtel de la Monnaie est suspendue. Un particulier qui y présente un lingot d'argent ne peut plus demander qu'on le monétise. Par là a été enrayée sur le marché français la baisse de l'argent. Les sorties d'or ont été évitées par la balance des

achats et des ventes avec l'étranger et par les circonstances variées qui nous rendent annuellement créanciers des autres Etats. Le stock a cessé de s'accroître par suite de la suspension de la frappe.

La manière dont se proportionne l'emploi de chacune des deux monnaies dans les règlements courants, à raison des avantages de l'une ou de l'autre, a permis de les maintenir au pair. On a échappé à la crise de la dépréciation pour les affaires de l'intérieur. C'est un résultat tout empirique.

L'encaisse de la Banque de France donne 4 milliards 1/2 d'or contre moins de 500 millions d'argent (période extraordinaire de guerre, 14 octobre 1915). C'est sur l'or que s'établissent les prix, l'argent lui prête un concours auxiliaire. En réalité, la France est devenue monométalliste or.

1251. — Choix d'une monnaie dans la convention. — *c*) Il est permis de stipuler que le paiement s'effectuera en une monnaie (or), à l'exclusion de l'autre (argent). Cette clause est déclarée licite pour la lettre de change (art. 143 C. com.) Elle doit l'être par identité de motif dans tous les contrats[1]. Si la loi statue à propos des effets de commerce, c'est parce que ce choix de monnaie est surtout fréquent dans les marchés internationaux : on préfère la monnaie d'un Etat à celle d'un autre ; or la lettre de change est l'instrument le plus apte à régler les conventions de cette nature.

Une opinion voudrait limiter l'effet de la clause au cas où le conflit existe entre les systèmes monétaires de deux Etats différents ; il ne serait pas permis d'exclure sur le marché intérieur une monnaie nationale au profit de l'autre, l'argent au profit de l'or. Mais cette distinction n'est point faite par l'art. 143.

Toutefois, dans l'un et dans l'autre cas, la convention, quoique obligatoire pour celui qui l'a souscrite, peut n'être exécutée que par *équivalent*. Le débiteur, qui a promis de payer en or, a le droit d'imposer à son créancier la réception d'argent. En effet, nul ne peut refuser une monnaie ayant cours légal dans le pays (art. 476-11° C. pén.). Le débiteur, en ce cas, payant en argent, comptera à son créancier l'*agio*, le supplément déterminé par le cours du change : il ne pourra pas s'en tenir au rapport du 15 1/2 de la loi de germinal (Dans le sens de l'impossibilité pour le créancier de refuser la monnaie étrangère, s'il a été convenu que paiement lui serait fait en cette monnaie : Req., 18 novembre 1895, D. 96, 1, 341).

1252. — Monométallisme. — Un régime monétaire différent du nôtre fonctionne dans les autres Etats.

Si l'on néglige les puissances (Suisse, Italie, Belgique, Grèce) réunies avec la France en Union latine pour l'échange réciproque de leurs monnaies, les autres Etats se répartissent en *monométallistes or* (Angleterre, Allemagne, et à l'époque la plus récente, Japon et Russie), et en *monométallistes argent* (Espagne, Indes, Mexique).

Il y en a dans le nombre qui pratiquent le papier-monnaie, le *cours forcé* (Italie, Amérique du Sud) ; la Trésorerie, une banque d'Etat ou une banque concessionnaire entretient les besoins de la circulation au moyen de son papier, généralement déprécié, et dont l'acceptation dans les paiements est obligatoire. Nous écartons les grandes périodes de guerre : alors le cours forcé devient la loi de presque tous les Etats, non seulement belligérants, mais neutres.

---

1. Sous le régime du *cours forcé* des billets de banque, la validité de la clause obligeant le débiteur à payer en espèces et non en billets est de solution plus délicate. N'est-ce pas alors contrevenir à la loi du cours forcé, que d'exclure les billets, et en précipiter la baisse par la défaveur qu'on leur témoigne ? On s'abstiendra de discuter ce problème.

1253. — Fluctuations du change. — Ces différences de régime entraînent des perturbations dans le commerce extérieur et enlèvent aux prix toute stabilité sur le marché international.

Les monnaies s'échangent à des conditions variables, et ces fluctuations causent des pertes ou des gains qui tiennent exclusivement à un écart de change. J'ai établi ma fabrication au prix de revient de 100 fr., et voici qu'une baisse de l'une des monnaies m'oblige à la réaliser avec une perte de 5 ou de 10 o/o sur le prix de vente espéré. J'avais emprunté 1.000 fr. ; au moment du remboursement je me libérerai valablement en une valeur nominale de 1.000 fr. qui, suivant la monnaie servant à mon paiement, m'induira en perte ou me procurera un bénéfice en frappant le créancier.

Déjà très fâcheuse dans l'intérieur d'un Etat, cette situation devient plus tendue encore lorsque deux monnaies de pays différents entrent en lutte.

1254. — Le change des monnaies (change manuel), que déterminent surtout la circulation des marchandises et le déplacement des voyageurs, s'effectue par le ministère des *changeurs* ou des *banquiers*.

Si *Thomas* de Paris, qui a vendu des confections françaises à *Thiébaut* de Madrid pour 1.000 piastres ou 5.000 *piécettes* (la *piécette* chiffre au pair *un franc* d'argent français), recouvre effectivement cette somme en monnaie espagnole, il se souciera peu de la conserver et il voudra l'échanger en monnaie française, la seule ayant cours dans son pays. Cette conversion lui sera relativement facile à Paris même, s'il y rencontre quelqu'un ayant un désir inverse du sien, un besoin de piécettes destinées à retourner en Espagne (règlement d'achats de vins espagnols, par exemple).

Si l'offre et la demande atteignent le même niveau, il n'y a pas de motif de baisse pour la monnaie d'Espagne par rapport à la monnaie de France : les 5.000 piécettes s'échangeront contre 5.000 fr., le vendeur français n'aura rien perdu au change.

Mais si les achats à l'Espagne cessent d'égaler les ventes à l'Espagne, à l'offre de monnaie espagnole ne correspond plus une demande de cette monnaie, une offre de monnaie française ; et l'argent espagnol, très offert, peu demandé, subira une baisse extrêmement forte, lorsque c'est la dépréciation de l'argent qui en est la cause, plus forte encore lorsqu'elle tient à l'avilissement d'un papier-monnaie.

1255. — Les conséquences de ce change défavorable se dégagent d'elles-mêmes.

1256. — *a)* Par suite de la dépression de la monnaie espagnole, qui sera la monnaie du paiement, le vendeur français prendra ses précautions en traitant. Il *relèvera le prix* du marché de tout l'écart que la baisse du change lui fait perdre. Au lieu d'établir ce prix sur l'or, ainsi qu'il le fait pour le marché intérieur, il l'établira sur l'argent, sur le papier-monnaie. Il vendra plus cher ; il stipulera 7.500 piécettes au lieu de 5.000.

Ou encore il conviendra du paiement en or français, ce qui finalement nécessitera de la part de l'acheteur espagnol un déboursé de 7.500 piécettes.

Des Etats à métal blanc ou régis par le papier-monnaie, qui ont eu à placer leurs emprunts sur le marché français, se sont vus forcés ainsi de promettre le service en or de leurs titres (Russie, Extérieure Espagnole, etc.).

1257. — *b)* Cette progression des prix va nuire à nos exportations et profiter à nos importations, sans qu'il y ait lieu de s'applaudir davantage du deuxième résultat que du premier.

Nuire à nos exportations. La clientèle espagnole se dérobera, ayant à se procurer nos marchandises trop cher, eu égard au pouvoir d'achat de sa propre monnaie.

Profiter à nos importations. Celles-ci vont redoubler. Les Espagnols, par suite du bénéfice qu'ils pourront faire sur le change, consentiront à un rabais au profit de leurs acheteurs français.

Mais alors les taxes douanières sont neutralisées et les produits intérieurs cessent d'être protégés contre la concurrence étrangère[1].

1258. — *c*) Le mal trouve son remède avec le temps. A mesure que le courant s'active dans le sens des achats et se ralentit dans le sens des ventes, on se rapproche de la balance.

Plus faiblira l'écart, et plus haussera le cours de la monnaie mauvaise, jusqu'à ce qu'il soit remonté au pair. La perte au change de la piécette espagnole avait beaucoup faibli ; le papier de 100 piastres sur l'Espagne (ou 500 fr. au pair) se négociait à Paris, à un cours très en progrès sur celui des années antérieures. Cela dit, en dehors des causes de relèvement tenant à la guerre.

1259. — Retour à la lettre de change. — Ces variations du change monétaire se répercutent sur le change tiré ou change de papier. *Thomas*, en négociant à Paris à l'ordre de *Bernard* une traite de 5.000 piécettes, fait une opération à double fin : *a*) Dispense de transport matériel de fonds. *b*) Echange de la monnaie espagnole contre la monnaie française que le preneur *Bernard* lui servira. L'opération de « change de place » se complique d'un « change de monnaie ». La traite se vendra plus ou moins cher, suivant que la monnaie qu'elle exprime sera recherchée ou non. Toutes les oscillations des monnaies devront nécessairement affecter le marché du papier.

1260. — Les obscurités qui pèsent sur la science du change tiennent à cette fonction « géminée » de la lettre de change, les uns étant surtout frappés par le transport d'argent, les autres par la conversion monétaire. Ces deux rôles sont en réalité très séparables. C'est le premier des deux qui doit préoccuper le légiste. Car le transport de place est de l'essence du change de papier lorsqu'il s'agit du règlement à distance, fût-ce entre deux villes d'un même Etat : tandis que la différence des monnaies, pour fréquente qu'elle soit, n'intervient qu'à titre accidentel.

Toutefois le cours comparatif des monnaies continuera à occuper une place notable dans les observations qu'il nous reste à présenter.

1261. — *1*) Si les deux places ont même monnaie, l'écart de change restera toujours faible, tandis que, si elles ont un étalon monétaire différent, les proportions de cet écart, par le fait de la rupture de la balance, n'auront plus de limite. C'est dans ce deuxième cas que le rapprochement du change avec la vente devient frappant. J'achète des marks, des roubles, des livres sterling. Voilà la marchandise. Elle est représentée par du papier. Je les paie 123 fr., 267 fr., 25 fr. 19. Voilà le prix.

Autrefois la négociation du change s'effectuait par l'intermédiaire des *agents de change*, qui disposaient à cet effet du privilège de l'art. 76 C. com. En fait, ils ont cessé de s'ingérer dans ce trafic. Les banquiers cambistes s'entremettent librement dans le courtage des effets, ils dressent le cours du change, qu'ils communiquent à la Chambre syndicale des agents de change pour être joint au bulletin quotidien des valeurs de Bourse.

1262. — Cours du change. — Dans la cote du change, à Paris, l'étranger donne le *certain*, et nous donnons l'*incertain*. Autrement dit, la monnaie étrangère (100 marks allemands, 100 roubles russes, une livre

1. C'est au moyen de cet argument qu'on a expliqué la baisse des céréales venant des pays à monnaie d'argent : l'agriculture française ne trouve plus dans les droits d'entrée de 7 fr. aux 100 kilos qu'une protection nominale. Il n'est pas sûr que ce facteur tienne dans la question des blés la place qu'on lui a donnée.

sterling) forme la marchandise, toujours la même, et le déboursé en numéraire français constitue le prix, nécessairement variable.

La cote donnera 123 Berlin, 267 Pétrograd, 25.19 Londres.

Pour les Etats ayant même monnaie que nous, la manière de coter diffère. On part de l'idée que le cours est au pair : (P.) ; pour se procurer un effet de 100 fr. sur Bruxelles, c'est 100 fr. à Paris qu'il faut verser.

Si Bruxelles a le change favorable, la monnaie belge fera prime. On sera obligé de verser en argent français plus de 100 fr. : 100 fr. 25. La cote portera alors : un quart pr. ou boni (b.).

Si Bruxelles a le change contraire, le cours tombe, par suite de l'affluence des offres de traites, et l'effet sur Bruxelles, de 100 francs, se vendra au-dessous du pair : un quart ou un huitième p[le] : 99.75 ou 99.82 et demi.

Il n'y a qu'un cas où, entre ces deux États servis par une même monnaie, le change pourra fournir un écart sérieux. C'est lorsque l'un des pays aura donné cours forcé à ses billets de banque ou d'Etat. La cote sera alors influencée par le discrédit de ces billets ; c'est comme si les deux monnaies étaient réglées sur un étalon différent. Il y a peu d'années encore, les 100 lire sur l'Italie perdaient encore 1 1/2 0/0 et se traitaient à 98 fr. 50.

1263. — A la cote, les valeurs étaient jadis réparties en deux groupes.

L'unité de monnaie étrangère formant base (100 marks, une livre sterling, etc.) était pour certains Etats (Allemagne, Autriche, Espagne, Russie) l'*effet à trois mois* ; et pour les autres Etats (Londres, Belgique, Suisse, Italie, etc.), l'unité était un *effet* se négociant *à vue*. Depuis le 1er mai 1907, le cours des changes pour tous les effets payables à l'étranger est coté sur la base du change à vue (chèques).

Pour le papier à échéance, le vendeur, outre le timbre dont il doit revêtir l'effet, est tenu de bonifier à l'acheteur les intérêts au taux officiel de la banque du pays dans lequel l'effet est payable : intérêts calculés jusqu'à l'échéance réelle, en tenant compte des jours de grâce (droit anglais, n° 1514) s'il y a lieu [1].

La cote désignait autrefois cette retenue sur le prix par la mention *moins 3 ou 4 0/0* (à laquelle correspondait pour les effets à trois mois, dans le cas de traite livrée à une échéance plus rapprochée, les mots : *et 3 0/0*, taux d'escompte de la banque française) [2].

---

1. *Annuaire des valeurs admises à la cote officielle*, publié par la Compagnie des agents de change près la Bourse de Paris, annexe I.

2. En outre, pour chaque valeur il y avait deux cours cotés dans deux colonnes différentes ; l'un se réglait sur le *papier court*, l'autre sur le *papier long*.

Une raison qui pourra porter l'acheteur à préférer du *papier à vue*, c'est le taux élevé de l'argent dans le pays où sera touchée la traite. Si l'intérêt est de 4 0/0 en France et de 6 0/0 en Russie, des capitaux disponibles à Paris ont tout avantage à s'employer en effets courts sur Pétrograd, dont les roubles, payés quelques jours après, se placeront en Russie et y rapporteront plus qu'en France. C'est par des achats de traites que les capitaux circulent constamment pour se rendre dans les Etats qui les rémunèrent le mieux. L'effet à trois mois ne réaliserait cet avantage qu'avec un retard, ou il n'y parviendrait qu'au moyen d'un escompte dans le pays de destination : escompte neutralisant le bénéfice, puisqu'il s'opérerait par hypothèse à 6 0/0.

La recherche du *papier long* peut s'expliquer d'ailleurs par des circonstances particulières. Il lui arrive alors d'être mieux coté que le papier court. Des banquiers croient à Paris à de fortes commandes éventuelles à la Russie (prochains achats de blés), ce qui déterminera un renchérissement de la monnaie russe. En prévision de cet événement, ils achètent sur la Russie de fortes quantités de traites à échéance éloignée, espérant, après ces importations, les revendre à un meilleur prix.

Il est possible qu'on opère alors à terme, comme sur la rente. Au moment de la négociation, les traites ne sont pas livrées et le prix n'en est pas réglé. Il est convenu qu'elles ne seront livrées et payées que dans trois mois. Dans l'intervalle, l'opé-

1264. — Arbitrage. — 2) Un moyen connu de corriger l'écart du change est le *change indirect* ou *arbitrage*. C'est le fait par l'opérateur d'acheter dans une troisième place des lettres de change sur l'étranger, et de les revendre ensuite dans sa place à lui.

a) Les traites sur Londres manquent à Paris et sont chères. La livre sterling s'y vend 25.30. *b*) Mais Paris a le change favorable sur Bruxelles : un huitième de perte. *c*) Bruxelles également a, sur l'Angleterre, un change favorable et la livre sterling s'y traite à 25.10.

En conséquence, le banquier français donne ordre à Bruxelles qu'on lui achète des effets sur Londres au cours de 25.10. Il les revendra à Paris à 25.30. Il couvre ensuite Bruxelles à qui il doit le prix d'achat, en faisant une remise au-dessous du pair [1].

---

rateur revendra une égale quantité de traites : les deux marchés se liquideront au moyen d'une différence, c'est une *spéculation* sur le change.

Une opération à terme de cette nature peut être entreprise par un négociant en marchandises. Ce négociant importera prochainement des blés ou des fourrures de la Russie, et devra faire passer à ce pays les fonds : il aura donc à se procurer des effets. Les lettres de change s'achètent actuellement à bon compte, car il y a abondance de papier sur la Russie. Le négociant, quoique n'ayant encore aucun règlement à effectuer, veut se couvrir contre une élévation du change. Il achètera du papier à terme sur Pétrograd. Si, au terme, il n'a pas importé ses blés, il revendra son papier, avec un bénéfice, en supposant que la hausse se soit réalisée, avec une perte, dans le cas contraire. S'il a donné suite à ses acquisitions, il prendra livraison du papier pour régler ses vendeurs.

1. Autres moyens de redresser un change contraire :

1° Le pays qui a un excédent d'achats, de nature à déprécier sa monnaie, peut avoir des causes de rentrées d'argent sur l'étranger qui ne tiennent pas au trafic de marchandises. Ses nationaux y ont des *placements* en fonds d'Etat ou en valeurs industrielles. Le service des coupons constitue annuellement ces nationaux créanciers de l'étranger, comme s'ils lui avaient vendu des marchandises. De là, des causes supplémentaires de traites qui peuvent maintenir le cours du change à parité, ou même le rendre favorable. C'est ce qui explique la fermeté de la monnaie française, bien que depuis trente ans (et pour l'Angleterre depuis bien plus longtemps) nos importations dépassent nos exportations d'un chiffre d'ailleurs variable et dont la moyenne se tient aux environs de 500 millions de francs.

2° A l'inverse, il se peut que, en pleine crise de change, l'Etat qui a la balance mauvaise *expatrie*, pour le déposer dans des banques étrangères, *de l'or* pris sur l'encaissement de nos établissements de crédit. Ou bien, il fera *souscrire* à l'étranger des *titres d'emprunt* (emprunt Morgan de 1870, emprunt franco-anglais de New-York en 1915, etc.). L'étranger a à faire passer en France le montant de ses souscriptions, il nous doit des capitaux comme s'il avait acheté des marchandises. La valeur de la monnaie française se redressera. Cette cause a influé sur le maintien de notre monnaie lors du règlement de notre indemnité de guerre de 5 milliards à l'Allemagne en 1871, nos emprunts de libération ayant trouvé de nombreux souscripteurs hors de France. — Dans un ordre voisin, se négocie une opération qui, dans la grande guerre de 1914-15, a concouru à relever la valeur dépréciée de la monnaie française vis-à-vis du dollar des Etats-Unis. Il y a des *valeurs internationales*, cotées à la fois dans les Bourses françaises et américaines. Notre gouvernement, débiteur des Etats-Unis par suite d'énormes commandes de munitions, a fait acheter ces valeurs par nos agents de change, et les a fait revendre sur le marché de New-York. Le prix de ces ventes a soldé nos engagements ayant pour cause l'acquisition de munitions.

3° Les dépenses faites sur le territoire par les *étrangers en voyage* et *en résidence* contribuent au même résultat. Ou bien ces voyageurs en France touchent de l'argent au moyen de lettres de crédit délivrées par les banquiers de leur pays sur nos banques qui remettent les fonds et s'en récupèrent sur l'étranger ; ou bien les voyageurs laissent leur monnaie chez nous, et cette monnaie sera rapatriée dans leur pays, qui nous en doit alors la contre-valeur.

4° Un Etat peut rendre aux autres des services, sous forme de *transport*, par les chargements et par les déchargements qu'effectuent ses capitaines dans les ports étrangers. C'est encore un élément de créances (*frêt à recouvrer*) qui peut équilibrer le change. — Situation malheureusement inconnue de la France, qui est dans le cas inverse.

5° Telle année peut voir, pour insuffisance de récoltes intérieures par exemple, se

§ 2. — De l'effet de commerce en tant qu'instrument de crédit à court terme, moyen d'escompte ou de règlement.

1265. — On vient d'insister sur les avantages de l'effet de commerce, moyen de change de place, faisant soit revenir de l'argent d'un autre lieu (côté du tireur ou de l'endosseur), soit transporter de l'argent dans un autre lieu (côté du bénéficiaire ou du porteur). Mais ce n'est pas à ce seul résultat que se limite la lettre de change ou le billet à ordre.

L'effet de commerce constitue encore, avons-nous dit, un puissant instrument de crédit, au point de jouer le rôle de monnaie (monnaie privée) pour ceux qui n'ont pas de monnaie ordinaire à leur disposition actuelle. Il est alors payable *à une échéance future* assez rapprochée (90 ou 120 jours le plus communément), tandis que, considéré au point de vue du premier de ses offices, il pouvait aussi bien être libellé *à vue*.

En outre, le billet à ordre simple, exclu de la fonction de remise d'argent, se prête au même rôle de crédit que la lettre de change, avec cette particularité de fait qu'il l'accomplira en général moins bien qu'elle.

1266. — Un chef d'entreprise est appelé d'une manière continue à régler des achats composant son capital circulant, des salaires et frais généraux de maison. Il a dans son actif des valeurs correspondantes, mais non déjà réalisées. Elles consistent notamment dans des créances sur les personnes auxquelles il a vendu de la marchandise. Il n'a pu exiger paiement comptant de ses acheteurs : il a fallu leur laisser le temps de revendre à leur tour cette marchandise. Il leur a consenti un crédit de trois ou de quatre mois.

Obligé de faire un règlement à ses vendeurs et de se procurer des fonds pour payer son personnel, le chef d'entreprise utilisera ces créances à court terme. Il les enfermera dans un titre auquel l'usage et la loi vont procurer des facilités de circulation égales à celles de la monnaie.

a) C'est une lettre de change qu'il tirera sur l'acheteur débiteur, en l'invitant à accepter cette lettre avant l'échéance s'il en est requis, puis à la payer lorsque le terme sera venu.

b) Ou bien, c'est un billet à ordre qu'il aura fait souscrire à cet acheteur, et qui se trouvera ainsi en ses mains.

c) Ou encore, c'est une lettre de change qu'il ne tirera pas lui-même, mais que l'acheteur aura tirée sur un tiers et lui aura remise.

1267. — Bref, l'effet de commerce prend à ce point de vue une extension très grande. Ce n'est pas seulement une vente qui présidera à sa formation,

---

déprécier la monnaie d'un État : les banquiers intérieurs se feront *ouvrir*, par leurs confrères des autres pays, des *crédits* qu'ils se proposent de rembourser plus tard, lorsque cette cause de malaise aura passé. De là des traites en vue d'utiliser ces crédits. Ou bien encore, on achète à l'étranger un stock métallique qu'on fait transporter dans l'État où le change est défavorable (opération négociée par la Banque d'Angleterre avec la Banque de France après la chute de la maison Baring, et qu'on a vue se reproduire lors du *krach* des États-Unis en 1907).

6° A défaut de marchandises, l'État, ayant le change contraire, peut le rétablir lorsque les places étrangères qui ont un change favorable adresseront à ses Bourses des *ordres d'achat* de titres de ses Compagnies, et par conséquent se procureront ces valeurs à meilleur marché qu'en les achetant chez elles : encore une cause d'équilibre dont le Trésor s'est servi en 1871, puis en 1915 (Cfr. rapport de Léon Say, sur le paiement de l'indemnité de guerre, à la suite de la traduction par cet auteur de la *Théorie des changes étrangers* de Goschen, 3e édition, Paris, 1892).

7° L'émigration de l'argent, résultant de l'excédent des dettes sur les créances, est enrayée par une *élévation du taux de l'escompte*, que décide la Banque nationale. Cela attire les capitaux disponibles de l'étranger, qui seront mieux rétribués que chez eux. De là dans le pays un retour du numéraire qui en était sorti.

mais *toute opération civile ou commerciale engendrant une créance d'argent* : — un louage donnant droit à des loyers prochains, — un prêt lorsqu'on approche de l'échéance de remboursement, — un mandat laissant le mandataire (ou inversement le mandant) débiteur d'un reliquat, — un délit obligeant son auteur à fournir une indemnité, etc. Toutes ces sources d'obligation, si elles ont de l'argent pour objet, comportent soit le tirage d'une lettre de change, soit la souscription d'un billet à ordre, aux fins d'en exiger le remboursement.

1268. — D'autre part, l'effet de commerce, envisagé sous cet aspect, n'a nul besoin de réaliser *une remise de place*. La différence de lieu entre l'endroit où l'effet est créé et l'endroit où il est payable, différence essentielle pour accomplir la première fonction, devient ici plutôt une cause de gêne. Il y a plus de difficulté pour le porteur de l'effet d'en toucher le montant sur une autre place que sur la place même où il réside.

1269. — Cet effet, que le négociant ou chef d'entreprise tire sur son débiteur, quel usage en va-t-il faire ?

Deux situations pourront alternativement se présenter :

1270. — 1° Le négociant ne trouve pas dans ses relations une personne disposée à prendre l'effet. Le vendeur d'approvisionnements, qu'il désire régler, décline la lettre de change ou le billet à ordre, et insiste pour recevoir de la monnaie. A plus forte raison, l'effet ne pourra-t-il solder aux ouvriers leurs salaires, aux employés leurs appointements.

En conséquence, le négociant ira chez un banquier, marchand d'argent, et lui offrira l'effet de commerce, à charge d'en recevoir immédiatement la contre-valeur en espèces. C'est l'*opération d'escompte*, le banquier retenant sur le principal de la valeur, à un taux déterminé 3 ou 4 o/o, l'intérêt à courir jusqu'à l'échéance.

Ainsi, vis-à-vis de la banque, le chef d'entreprise utilise un papier sur lui-même ou sur un tiers comme une monnaie, et il recevra d'elle une autre monnaie, la monnaie publique, celle que tout le monde est obligé d'accepter. Grâce au numéraire que le banquier lui verse, le commerçant éteindra ses engagements en cours.

Le banquier conservera le titre en son portefeuille jusqu'au terme, à moins qu'il ne le cède à une autre personne, soit à un banquier différent, agent de réescompte, qui concourra au renouvellement de son encaisse, soit à un client disposé à lui acheter à bon prix ce papier, réalisant par hypothèse un change de place.

Car l'utilisation du papier par le banquier peut être extrêmement variée. Il fait fructifier ses fonds, en les plaçant en effets à court terme ; il peut, en outre, acheter le papier afin de le revendre à un meilleur cours, et poursuivre de ce chef un second bénéfice. Le premier office et le second office du change se combinent, de même que, dans le sens inverse, le tireur ou endosseur de l'effet à terme peut poursuivre à la fois cette double fin de rappeler l'argent qui lui est dû sur une autre place, et de s'en procurer le montant en banque par anticipation.

1271. — Pour servir à cette fonction, l'effet de commerce devra être pourvu de l'aptitude à circuler, ce que la *clause à ordre* rendra possible. Sous le premier aspect, au contraire, une lettre de change non à ordre, mais à personne dénommée, pouvait bien réaliser une remise de place (jusqu'au XVIIe siècle, d'ailleurs, il en fut ainsi).

1272. — On sera également frappé du rôle que tient le banquier dans l'escompte. Il est *preneur* de l'effet dont il sert la valeur en espèces, tandis que, dans le trafic du change de place, la fonction qui lui serait le mieux appropriée serait celle de *donneur* d'effet aux personnes qui ont une somme à payer au loin.

1273. — 2° Il est possible d'employer plus commodément, et d'une manière moins dispendieuse qu'on ne vient de le voir, l'effet de commerce pris comme instrument de crédit. Le commerçant s'affranchira du ministère de la banque.

Par le procédé de l'escompte, il n'arrive à opérer ses règlements qu'au moyen d'un circuit. Il peut faire mieux, et obtenir de ses vendeurs qu'ils prendront directement, *omisso medio*, les effets dont il est titulaire. Les garanties dont la loi armera la lettre de change ou le billet à ordre pour en sanctionner l'exécution, — la solidarité des signataires rapprochée de leur nombre, — la faculté de repasser cet effet à d'autres, et au pis aller, d'en demander l'escompte à un banquier, feront acquiescer les fournisseurs à cette proposition. Ils auront vu dans l'effet de commerce l'équivalent du numéraire, puisant toute sa force dans la confiance inspirée par le souscripteur. « Le nom du commerçant, son seing n'a pas besoin, comme la monnaie d'un souverain, que la valeur du métal serve de caution à l'empreinte ; sa personne a tout fait ; il a signé, cela suffit (SEDAINE, *Le Philosophe sans le savoir*, acte II, scène IV) ».

§ 3. — Historique du change.

1274. — La connaissance du change par les anciens reste incertaine [1]. Ils n'ont pas pratiqué notre instrument négociable moderne. Le *chirographum* romain n'engendrait pas une dette conférant au créancier des prérogatives tenant à la forme du titre ; et, si l'on a cru voir dans le Bas-Empire l'origine de la « dette abstraite », ce point demeure controversé.

Néanmoins les Grecs et les Romains ont su éviter le transport d'argent d'une ville ou d'un pays à un autre, par des balances et des compensations. Les sources juridiques manquent, ce qui donnerait à croire que le change ne fonctionnait pas. Cependant, dans la correspondance de CICÉRON, il est question d'une opération qualifiée *permutatio*, dont le but est de faire passer des capitaux d'une partie de l'Empire à une autre, de Rome à Athènes, de Cilicie en Italie (soit pour les besoins de l'éducation d'un étudiant, soit pour le transport des impôts). Cette opération devait se réaliser par le ministère d'un banquier. Celui-ci trouvait, probablement, dans les fonds qu'on lui remettait, la contre-valeur de ce que lui devait la place désignée pour le paiement. Il déléguait son débiteur de ladite place à la personne envoyeur de fonds. Le voyage de l'argent était donc inutile.

Peut-être la pratique du prêt à la grosse aventure (*nauticum fœnus*) a-t-elle facilité ces compensations de places. Un armateur a besoin d'argent au port de départ (Ostie) pour se constituer un chargement ; il emprunte, mais ne promet le remboursement qu'en cas d'heureuse traversée et dans le port où il déchargera (Alexandrie). La personne la mieux en mesure de lui fournir cet argent au port de charge, c'est un banquier.

Ce banquier deviendra, par le prêt fait à l'armateur, créancier sur l'Egypte. Si, d'un autre côté, ordre lui est donné par un client différent de faire un paiement en Egypte, le banquier appliquera à cet ordre la rentrée du prêt à la grosse.

La combinaison se réalisera mieux encore, si le banquier, au lieu de s'intéresser à la spéculation maritime en la forme du prêt à la grosse, traite avec l'armateur un « prêt ferme » remboursable au port de destination, soit que le navire y parvienne, soit qu'il n'y parvienne point.

Il y a des indices donnant à croire que le change de place et les contrats maritimes ont marché de pair (dans le *Trapézitique* d'ISOCRATE, un capitaine de navire au Pirée fournit de l'argent à un Asiatique résidant en

---

1. CAILLEMER, *Etudes sur les antiquités juridiques d'Athènes*, 2e étude, Lettre de change, 1865 ; BERNARDAKIS, au *Journal des Economistes*, 1880.

Grèce, qui en retour le charge de recouvrer cette avance dans le royaume de Pont). Même, au moyen âge, ce rapprochement s'est accentué, si l'on en juge par la rédaction à peu près semblable des contrats de change et des contrats à la grosse, ainsi que par la désignation ironique de « changes secs » et usuraires pour qualifier les lettres de change qui n'étaient pas destinées à traverser les mers, qui étaient payables sur le même lieu.

1275. — Les meilleurs écrivains se sont faits les propagateurs d'une légende : ce seraient, au moyen âge, les Juifs expulsés de France, ou les Lombards ou les Guelfes chassés de Florence, qui auraient inventé la lettre de change, en créant clandestinement des titres de recouvrement sur les dépositaires de leurs caisses, afin d'échapper aux confiscations. Explication toute fantaisiste.

La lettre de change s'est épanouie spontanément sous des influences de milieu [1]. Le moyen âge était propre à l'acclimater et à la répandre.

Les routes manquaient de sécurité, un marchand ne pouvait s'aventurer dans un voyage en portant de l'argent sur lui [2]. Cet argent ne lui aurait pas servi dans la ville où il se rendait, la multiplicité des souverainetés faisait varier les monnaies d'une place à une autre. Le ministère du changeur était indispensable.

Avant de quitter le lieu dans lequel il venait de placer ses marchandises, le négociant remettait ses recettes à un *campsor*, tenu de les lui rendre dans le pays où le négociant se rapatriait et en monnaie ayant cours dans ce pays. Ou bien, s'il avait vendu la marchandise à crédit, c'est l'acheteur, toujours par l'entremise d'un homme de banque, qui lui donnait un titre de recouvrement sur cette même résidence [3].

Les séparations de familles que déterminaient les études des jeunes gens dans les Universités, notamment dans celle de Bologne, rendaient également nécessaires, par le ministère des banques, soit des remises de fonds par les parents sur le lieu de séjour de leurs fils, soit des traites faites par les fils sur leurs pères ; deux professeurs de Bologne, ROLANDINUS, *Summa artis notariæ*, et DURANTIS, *Speculum judiciale*, nous donnent des exemples de lettres de change de 1230 et de 1270, émises dans ce double sens en vue d'alimenter des pensions d'étudiants [4]. La lettre de change d'alors devait réaliser l'office de nos lettres de crédit modernes.

La première lettre de change connue n'a donc pas été, ainsi qu'on l'a dit, celle que mentionne le jurisconsulte BALDE, en un *Consilium* notable (I, 348) pour l'année 1381. Les archives notariales de Gênes et de Marseille nous fournissent des originaux dont le plus ancien, celui qui figure au *notularium* de JOHANNES SCRIBA, dans la première de ces deux places, remonte à 1156 [5].

---

1. CH. BROCHER, *Etude sur la lettre de change dans ses rapports avec le droit international privé* (*Rev. de droit intern.*, 1874, p. 7).

2. On rapprochera de cette affirmation brève le passage bien connu de la comédie contemporaine qui en est le brillant développement : « Autrefois, un Parisien achetait une maison de campagne à Marseille pour 100,000 francs. Il mettait 100,000 fr. en écus sur une diligence et les expédiait au vendeur en les faisant escorter de deux gendarmes. En route, des voleurs attaquaient la diligence, tuaient les gendarmes et se partageaient l'argent.... Avouez que c'était se donner bien de la peine pour acheter une maison de campagne. Un jour, un monsieur qui avait une forte somme à payer à une grande distance, s'est dit : « Mais à quoi bon faire porter cette grosse somme à mon créancier, qui sera forcé lui-même, s'il la doit à une autre personne, de la faire transporter, et ainsi de suite ? A quoi bon déranger tant de gendarmes et tant de voleurs ? »... Ce monsieur avait tout bonnement eu l'idée de la lettre de change ». A. DUMAS, *La Question d'Argent*, acte III, scène 1re.

3. LASTIG, *Entwickelungswege*, etc., 1877.

4. BIENER, *Abhandlungen aus dem Gebiete der Rechtsgeschichte*, 1848, et *Wechselrechtliche Abhandlungen*, 1859.

5. Sur tous ces points, voir BLANCARD, *Documents inédits sur l'histoire de Mar-*

1276. — L'Eglise ne pouvait pas réprouver la lettre de change. Elle lui était nécessaire pour la rentrée des impôts dus à la papauté. Cependant, la prime perçue par les banquiers semblait offenser le principe canonique, prohibant toute redevance à l'occasion d'un service d'argent.

L'obstacle fut tourné grâce au *change de monnaies*, que le change de place contenait en soi. L'argent servi au départ et constituant la remise était figuré par une espèce de numéraire. Le numéraire payable à l'arrivée était d'une autre espèce. Pour déterminer la valeur comparative de ces monnaies dépendant de deux Etats, il n'y avait pas d'autorité compétente. Les banquiers pouvaient exercer ainsi le trafic de change tout à leur aise. La *distancia loci* n'était pas la seule condition de légalité de l'opération ; il y fallait aussi avant le XVIIe siècle la *différence des monnaies*.

1277. — La lettre de change du moyen âge énonce normalement, non pas seulement *trois*, mais bien *quatre* personnes dans son contexte.

Aujourd'hui, la personne qui fournit la valeur de la traite est également celle qui en est preneur, l'individu qualifié pour en opérer le recouvrement.

Autrefois, ces deux personnes se séparaient. L'intéressé qui voulait se faire délivrer un effet désignait au tireur et faisait inscrire au titre l'agent qui, sur l'autre place, aurait à toucher le paiement ; cet agent était qualifié *présentant*.

Deux monnaies figuraient sur le titre : la monnaie de départ (avec le nom du donneur de valeur, de celui qui est aujourd'hui le preneur), la monnaie d'arrivée.

1278. — Cette rédaction est plus compréhensible pour qui veut reconstituer la genèse de l'opération. Goldschmidt s'est attaché à ce travail, et les résultats historiques qu'il a dégagés font honneur à son érudition, quoique les recherches plus récentes de Schaube tendent à les infirmer.

Lorsqu'on voulait s'assurer une somme d'argent sur une autre place en en versant la valeur au départ, on ne prenait pas *immédiatement* une lettre de change de son banquier. Le banquier commençait par souscrire au déposant par devant notaire une reconnaissance des fonds, s'engageant à faire payer par un sien agent, non encore dénommé, à l'agent de l'autre partie, non dénommé davantage, la somme étrangère en retour de la somme indigène.

Deux personnes seules étaient visées dans ce contrat, auquel les formules des chartes donnent tantôt une *causa mutui* et tantôt une *causa cambii*. Il rappelle à certains égards notre *billet à domicile*, ou mieux le « billet de change » de la fin de notre ancien droit. Ce n'est pas encore la lettre de change.

1279. — Tel était le premier acte de l'opération. L'intéressé, muni de cette pièce, allait ensuite retrouver le banquier, pour le prier de lui délivrer une « lettre de paiement » sur son agent de l'autre place, lettre payable à son agent à lui, ces deux personnages étant maintenant dévoilés : simple pièce de correspondance sans authenticité, expédiée toute close par le créancier à son agent pour être présentée à l'agent du signataire. Telle fut la lettre de change.

Si la lettre n'était pas honorée par le tiré, le présentant la retournait à

---

seille, 2 vol., 1884-1885 ; Fagniez, *Documents relatifs à l'histoire de l'industrie et du commerce en France*, 2 vol., 1898-1900 ; Goldschmidt, *Universalgeschichte des Handelsrechts*, 1891 ; Schaube, *Die Anfänge der Tratte*, *Z. f. H. R.*, 1895 ; Huvelin, dans les *Annales de droit commercial*, 1901, p. 1 et s., article dans lequel sont étudiés les travaux récents en cette matière, et *L'histoire du droit commercial*, p. 100 et s. ; Valery, *Une traite de Philippe-le-Bel*, dans la *Rev. gén. du droit*, 1909. V. aussi le résumé donné par G. Cohn, dans l'article *Wechsel und Scheckrecht*, à l'Encyclopédie de *Holtzendorff* refondue par *Kohler*.

son envoyeur, sans exercer contre lui de recours, cette sanction n'existant point. C'est l'envoyeur qui agissait contre le banquier, en vertu du contrat notarié, la promesse donnée dans ce contrat se trouvant défaillie.

1280. — Plus tard, on constata que la dualité de titres était superflue. Le contrat notarié tomba. Seule, se maintint la lettre de paiement, dans laquelle on inséra une mention de valeur fournie au départ. Cette mention servait à habiliter le preneur à un recours contre le tireur, sans qu'il eût à produire d'autre document si la traite devait demeurer impayée.

1281. — La doctrine du change fut lente à se construire[1]. Elle eut son aboutissement dans deux ouvrages d'auteurs génois du commencement du XVIIe siècle, SCACCIA et DE TURRI. Cette matière d'étude, considérée comme très obscure, était abandonnée aux spécialistes.

A l'époque où la doctrine du change atteint son apogée, les hommes de théorie opposent l'un à l'autre : 1° le *change de foire* ou *de retour de foire*, le seul vraiment régulier, et 2° le *change de simple place*, traité d'impur et d'usuraire. Les banquiers concoururent à cette distinction, afin de maintenir le trafic du change sous leur dépendance.

Dans les grandes foires, de Champagne d'abord, puis de Lyon à partir du XVe siècle, se réunissaient quatre ou six fois par an des marchands venus de tous pays, et aussi des banquiers. A la foire des produits succédait la *foire du change*.

Les marchés, négociés ailleurs dans l'intervalle, avaient pris la ville de foire pour lieu de règlement du prix. Ce que rendait facile la présence en foire de changeurs de toute nationalité, représentant à la fois les créanciers et les débiteurs.

Les lettres de change étaient donc payables à la foire prochaine. Elles venaient toutes affluer à la foire[2]. Elles étaient : 1° libellées au nom d'un agent de banque ; 2° tirées sur un agent de banque pratiquant ladite foire.

Il était déféré à l'exigence de monnaies différentes, par la création d'une monnaie de foire, fictive et simplement de compte (l'écu de marc), suivant laquelle était conçu le montant des traites.

Cette monnaie de foire était le commun régulateur auquel venaient s'appliquer toutes les monnaies réelles des diverses souverainetés. Les traites se liquidaient entre banquiers, non pas en espèces, mais par compensation ou par virements, ainsi qu'il est d'usage aujourd'hui dans les *clearing-houses*.

Lorsque tel banquier avait un solde en passif d'effets, qu'il n'arrivait pas à couvrir par les sommes à son crédit sur l'ensemble de ses confrères, c'était la preuve que la balance commerciale de la place qu'il représentait était mauvaise. La monnaie de cette place se dépréciait. Le banquier débiteur offrait alors à ses créanciers des traites nouvelles en sens inverse des premières, créées du lieu de foire sur une autre place (*de reditu nundinarum*).

Il fallait établir le cours des traites par rapport à l' « écu de marc ». Les banquiers réunis délibéraient pour établir ce cours au regard de chaque monnaie : leurs délibérations, avec la publicité qui les environnait, étaient présumées garantir le juste prix. Le cours faisait foi jusqu'à la foire suivante.

Par là encore, s'introduisit l'usage d'effets périodiquement renouvelés, allant tous les trois mois toucher barres au lieu de foires, repartant en sens inverse, réalisant des opérations à long terme.

---

1. ENDEMANN, *Studien in der romanisch-kanonistischen Lehre*, 1er vol., 1874 ; VIGNE, *La banque à Lyon du XVe au XVIIIe siècle*, 1903.
2. Le service des effets s'effectuait par le ministère de *courriers* périodiques, voyageant surtout d'Italie en France et entretenus par les grandes corporations marchandes du temps (HUVELIN, *Annales de droit commercial*, 1898, p. 376).

Tout effet qui, au lieu de se scander sous cette forme, partait *en droiture* d'une place sur une autre sans prendre contact avec la foire, était suspect, parce qu'il ne passait pas sous le niveau d'un cours de foire.

Cette organisation est complexe. Mais tenter l'histoire du change sans y faire allusion serait négliger le facteur qui collabora le mieux au développement de l'effet de commerce, c'est-à-dire la foire. L'effet de commerce est doté aujourd'hui d'un régime d'exécution rigoureux. C'est, comme l'a montré Martens[1], par suite de l'application qui lui a été faite du système de poursuites propre aux dettes de foire (*rigor nundinarum*). La lettre de change est historiquement la dette de foire par excellence.

1282. — Il appartenait au droit du XVIIe siècle de pourvoir la lettre de change d'un attribut qui lui avait manqué jusque-là : l'*endossement*. L'effet mentionnait à l'origine un personnel d'opérateurs immuable. Tel il était rédigé, tel il demeurait jusqu'à sa présentation. Le porteur ne pouvait pas se substituer un autre ayant droit. Habile moyen pour les banquiers de réserver à leur profession le privilège des traites !

Un moment vint où le commerce se révolta contre ce ministère forcé. L'effet fut créé non à une personne dénommée, mais au preneur ou *à son ordre*. Le preneur put ainsi après coup, par une mention au dos du titre, passer l'effet à un autre individu. La première trace de l'endossement (dénommé alors *aval*) apparaît dans une Pragmatique de Naples de 1600.

Au début, la faculté d'endosser s'épuisait par un premier usage. Puis on répéta les endossements sur une même traite. Cela permit à l'effet de commerce d'orienter sa circulation sans faire appel à la banque. Les règlements directs entre commerçants au moyen du papier étaient facilités. Les syndicats de banquiers cherchèrent bien à mettre ces effets à l'index des foires, mais on eut raison de leur résistance.

1283. — L'Ordonnance française de 1673 reproduisit les traits de la lettre de change historique avec de sérieuses modifications. Elle maintint la condition de remise de place. Mais elle admit l'effet créé hors de foire ; — elle n'exigea plus la différence des monnaies ; — elle reconnut les lettres de change à échéance fixe (alors que la doctrine canonique voulait que l'effet fût à vue, ou payable en foire, ce qui le laissait encore à vue, au moins en apparence) ; — elle permit l'endossement un nombre de fois illimité ; — elle autorisa de la part du preneur une valeur fournie « en marchandises ou en compte », et non pas seulement « en espèces » : — toutes réformes qui ont passé ensuite dans notre Code de 1807.

1284. — Quant à déterminer la nature de l'opération de droit contenue dans la lettre de change, l'Ordonnance n'avait pas à le faire. Ce soin était laissé aux interprètes. Le plus important d'entre eux, Pothier (*Traité du contrat de change*), ne fit que vulgariser la théorie que les Italiens de la dernière époque avaient déjà mise en crédit.

A la base de la lettre, il y a un « contrat de change », un contrat par lequel on cède de l' « argent absent », celui qui sera payé sur l'autre place, contre de l' « argent présent », celui qui forme la valeur fournie. « C'est un contrat par lequel je vous donne ou je m'oblige à vous donner une certaine somme en un certain lieu, pour et en échange d'une somme d'argent que vous vous obligez de me faire compter dans un autre lieu ». La lettre de change n'est que l'exécution de ce contrat.

L'explication ne donnait pas grande clarté. Ce troc, dans lequel une monnaie joue le rôle de marchandise vendue, jurait avec la classification des contrats. Placée sur le terrain du « transport », au sens de contrat d'expédition d'argent, la base du change eût été plus solide. Transport dans un sens comme dans l'autre. Transport dont les deux parcours se

1. *Ursprung des Weschels*, 1797.

neutralisent, de manière à laisser l'argent au repos. Mais cependant transport ou voyage à faire effectuer à des capitaux, ainsi qu'il ressort de la promesse que chacune des parties donne à l'autre, et comme en témoigne encore l'expression de « remise de place ».

Quoi qu'il en soit, l'explication de POTHIER réunit la majorité des suffrages, et elle se maintint après le Code de 1807 jusqu'au jour où l'on cessa de la défendre, sans avoir en France la bonne pensée de la remplacer par une autre : ce qui fut une faute considérable.

§ 4. — Doctrine du change.

1285. — Qu'est-ce donc aujourd'hui en droit français que l'effet de commerce ? Dans quel ordre d'opérations faut-il le faire rentrer ? Doit-on détacher l'effet de commerce de l'acte qui l'a déterminé ? Faut-il voir dans cet acte ou dans l'effet lui-même une opération *sui generis* ?

On ne peut reprendre la doctrine de POTHIER. L'échange d'une monnaie absente contre une monnaie présente a cessé d'être vrai, depuis que la condition de remise de place a été abolie par la loi (1894). Même auparavant, cette conception ne cadrait plus avec le rôle de crédit joué par l'effet de commerce. Les Allemands ont fait du change un acte à part des autres formes d'engagement. Leurs idées n'ont pas trouvé faveur chez nous, réservons-les pour le moment.

1286. — Il y a deux choses à considérer dans l'effet de commerce : les *moyens d'exécution* dont dispose le porteur et qui sont particulièrement durs, la *nature légale de l'acte* qui sert de fondement au titre.

1287. — I. Il y a des *moyens d'exécution* sanctionnant la lettre de change, qui ne sont pas ceux attachés à une dette quelconque. Leur ensemble constitue un régime exorbitant et de droit strict, rendant l'engagement par voie de change très périlleux. Ainsi : — 1° Le débiteur est tenu commercialement, au moins s'il s'agit de la lettre de change. Il doit donc se soumettre à la compétence du tribunal de commerce, même quand la dette a une provenance civile ; avant 1867, il était contraignable par corps ;

2° Il ne peut prétendre à des délais de grâce ;

3° Il subit l'humiliation d'un protêt, qui peut être le précurseur d'une déclaration de faillite et qui entraîne souvent des frais élevés ;

4° Par cela seul qu'il a souscrit l'effet, il est tenu, solidairement, avec tous les autres signataires ;

5° En face d'un porteur de bonne foi, il n'est pas recevable à se prévaloir d'exceptions lui appartenant contre un porteur précédent, *ce qui est bien la règle la plus dure et la plus importante de toutes* ;

6° Comme la dette est liquide, il a toute chance d'être condamné de suite, sans renvoi à une subséquente audience, sans mise en délibéré, pensée qui a déterminé certaines lois étrangères à créer une procédure de change particulièrement sommaire ;

7° Il répond implicitement de l'acceptation du tiré, etc.

En revanche, le débiteur de change est à certains égards mieux traité qu'un autre débiteur. Car il jouit d'une prescription plus courte que celle des autres dettes, de la prescription de cinq ans ; le porteur encourt même une déchéance plus rapide, en ne faisant point protêt à jour fixe ou en n'assignant pas les garants en justice dans la quinzaine suivante.

1288. — Si l'on écarte la règle de la « personnalité des exceptions », qui tient à l'économie de l'opération, — sans jurer avec celle des actes similaires de la vie civile, ainsi qu'il apparaîtra plus loin, — ces procédés de contrainte ne prouvent pas que la dette recouverte par l'effet de change soit d'une autre nature que les dettes issues d'une vente, d'un prêt, d'un contrat quelconque. Elle est seulement pourvue d'attributs caractérisés, de modalités relevant du « statut d'exécution ». Il ne manque point, par ailleurs, d'obligations douées d'une force de contrainte exceptionnelle : elles ont cependant la même cause juridique que le commun des engagements. Un contrat notarié confère le pouvoir d'exécution parée, sans que la dette soit de nature spéciale. Les obligations que sanctionnait la contrainte par corps avant 1867 ne cessaient pas d'appartenir au groupe classique des obligations. La compétence du tribunal de commerce n'empêche pas une vente de demeurer vente, un prêt de rester prêt. La limitation de la prescription à cinq ans se rencontre dans les dettes de loyers, dans les dettes d'intérêts, etc., qui sont semblables aux autres dettes.

1289. — Donc, lorsqu'on a voulu déduire des particularités que présente la mise en recouvrement de la lettre de change une nature d'obligation indépendante des autres, et détonnant dans le droit général, on s'est laissé prendre à des apparences. Sans doute, le titre est le véhicule du droit, le seul créancier qualifié est celui qui produit le certificat ; mais ce n'est pas non plus une anomalie, car la situation est la même pour une dette au porteur. Les parties ont voulu attacher l'exercice du droit à la présentation du titre : c'est qu'il dépendait de leur intention de consacrer ce résultat. Ce titre doit en outre être rédigé en une certaine forme. Ici la loi statue et dispose impérativement, il est vrai ; mais elle ne crée pas pour autant une obligation en dehors du cadre général des contrats.

1290. — II. Mais, par ces vues jetées sur la force des poursuites de change, n'est nullement expliquée la *nature juridique du lien* qui rattache les diverses personnes impliquées dans un effet de commerce, c'est-à-dire la cause de l'engagement de change. Or cette nature ou cette cause de dette n'a rien d'exorbitant, et c'est encore dans le droit commun qu'il faut aller les chercher.

1291. — La nature du *billet à ordre* est simple. C'est un écrit, un instrument, un acte sous seing privé, constatant la promesse de payer une somme d'argent. Cet acte sous seing privé a une rédaction différente de celle que règlent les art. 1322 et suiv. C. civ. En outre, il munit la créance des prérogatives d'exécution du change. Mais il ne « crée » point la dette.

La cause de l'engagement réside dans l'opération de fond, pour laquelle le billet a été souscrit. Quelle est cette cause ? Tantôt une avance d'argent, tantôt une vente, etc. La mention de valeur fournie vise précisément cette cause contingente.

Le titre porte sur lui la créance originaire, avec les garanties de change. Il n'y a pas deux dettes, l'une engendrée par le prêt, par la vente, etc., l'autre engendrée par l'effet. Il n'y en a qu'une. L'effet n'a pas une cause abstraite, il n'a point divorcé d'avec l'obligation qu'il constate.

1292. — La décomposition de la *lettre de change* est plus délicate. Elle aussi se rattache à l'opération de fond et l'exprime au dehors, en la fortifiant par des garanties d'exécution inconnues des autres titres. Elle a donc sa cause dans l'acte juridique primordial intervenu entre les parties, et non pas sa « cause en soi ».

Mais, à la différence du billet à ordre, l'ordre donné à un tiers de payer la dette complique le mécanisme de la lettre de change. Cet ordre est une *délégation*.

La délégation nous a servi déjà à expliquer le transfert des titres nominatifs, la tradition des titres au porteur, les ventes par filières, la commission de transport (nos 600, 892, 1039, 1229). Elle est encore à la base de la lettre de change. Apportons-y toute notre attention.

Primus, devant ou voulant fournir de l'argent à *Secundus* et ayant d'autre part à recevoir de l'argent de *Tertius*, donne ordre à *Tertius* de payer à

Secundus. Il fait une délégation. Si cet ordre est rédigé en style d'effet et est remis au bénéficiaire afin qu'il le présente à qui de droit, c'est une « lettre de change ». Pourquoi celle-ci cesserait-elle de prendre appui sur la délégation, alors que tout démontre que ce sont des services voisins de ceux d'une délégation, et même des services absolument identiques, que la lettre de change a pour but de réaliser ? Le tireur est un *déléguant*, le tiré un *délégué*, le preneur un *délégataire*.

La délégation n'est pas un mandat, mais un acte ayant sa fonction propre. Elle simplifie et résume entre trois personnes deux mouvements de fonds où deux promesses d'argent de même montant. Grâce à elle, « on obtient par une seule prestation le même résultat que si l'on avait deux prestations différentes, et on fait l'économie d'un déplacement de numéraire [1] ».

Il est à présumer que les Romains, sans connaître les effets de commerce, pratiquaient la délégation aux mêmes fins que notre lettre de change et qu'ils faisaient leurs paiements à distance en s'en servant (n° 1274).

Deux opérations différentes se fondent en une seule. C'est comme si *Primus* avait reçu l'argent de *Tertius* et remis la même somme à *Secundus*.

La délégation a lieu tantôt par voie de *dation* (je donne ordre à *Tertius* qui veut me faire un paiement, ou une avance, ou une donation, de servir la somme dès qu'il en sera requis à *Secundus*, auquel je veux faire également ou un paiement, ou une avance ou une donation), et tantôt par voie de *promesse* (je donne ordre à *Tertius*, qui s'est engagé envers moi mais sans que l'échéance soit venue, de prendre un semblable engagement envers *Secundus* à qui je dois de l'argent ou que je veux satisfaire à terme).

Cette différence est aussi celle de la lettre de change « à vue » (ou du chèque), et de la lettre de change « à jour fixe » ou à un délai de date. La deuxième seule est *acceptable*. La personne désignée pour payer se lie envers la personne que le donneur d'ordre se substitue. Le donneur d'ordre affermit son crédit en donnant un second débiteur qui s'adjoindra à lui.

1293. — Cette *acceptation de délégation* est la clef de la lettre de change. La particularité la plus frappante de l'effet de commerce, c'est le *droit propre* acquis par le porteur contre le signataire. On ne peut opposer au bénéficiaire du titre les exceptions qu'on aurait eues contre son prédécesseur.

La consolidation de la dette d'un délégué, au moyen de l'acceptation par lui faite d'un autre créancier, explique ce résultat. La lettre de change s'est contentée de l'emprunter au droit civil.

Je m'étais engagé envers *Paul*, mais ma dette était viciée par dol ou autrement. *Paul* se substitue *Pierre*, et m'invite à traiter ce dernier comme mon créancier. Je défère à cette invitation et je m'engage envers *Pierre* imprudemment, dans l'ignorance que ma première dette est nulle. *Pierre* est devenu mon créancier ferme. Je ne puis le repousser par l'exception de dol, ma dette s'est dépouillée de son vice par le nouveau contrat formé entre nous. Toute la théorie dite de l' « inopposabilité des exceptions » tient dans ces brèves propositions. Nous la retrouverons plus en détail.

Toutefois, pour bien comprendre ce sujet, il importe de faire état d'une conception juridique, en quelque manière complémentaire.

Toute délégation n'a point pour résultat de purger une dette ancienne de son vice : bien des personnes, après avoir accepté une délégation, continuent à disposer contre le nouveau créancier des moyens de défense attachés à leur obligation primitive. Pour créer un engagement propre, il faut que la délégation ait dans l'esprit des parties une portée particulièrement énergique ; autrement dit, que *le délégué ait entendu fortifier la dette*

1. P. Gide, *Études sur la novation*, p. 438 ; Girard, *Manuel élémentaire de droit romain*, 3ᵉ édit., p. 634 ; Hubert, *Essai d'une théorie juridique de la délégation en droit français*, 1899 ; Thaller, *De la nature juridique du titre de crédit*, dans les *Annales de droit commercial*, 1906-1907, et brochure séparée, nᵒˢ 52 et s.

que le déléguant avait assumée envers le délégataire, ait voulu devenir la caution de ce déléguant et s'associer à son obligation. Les traditions du droit veulent que l'engagement d'une caution se dépouille de toute cause contingente, que cet engagement puise sa cause dans le cautionnement lui-même, le créancier n'ayant point à rechercher si la caution qui vient à lui était ou non tenue d'une dette préexistante et régulière envers le débiteur cautionné. En toute hypothèse, la caution est liée par le fait même de son intercession [1].

Or, c'est bien cette manifestation d'un cautionnement que nous laisse voir la lettre de change. L'homme de commerce, qui tire sur un confrère, l'invite à appuyer son engagement, à lui donner une seconde signature à côté de la sienne, et c'est grâce à ce concours d'engagements qu'il trouve crédit, que le créancier, pourvu désormais de deux débiteurs et non plus d'un seul, consent à attendre son paiement jusqu'à l'échéance convenue.

L'acceptation du tiré n'est pas autre chose que l'accession d'une caution à la dette d'autrui, accession non spontanée puisqu'elle intervient par ordre, mais qui se rattache néanmoins à un acte de fidéjussion. Le preneur de la lettre de change ne se fait pas céder à ses risques une prétendue créance de son tireur sur un tiers ; ce qu'il veut avoir, c'est l'engagement personnel de ce tiers, s'ajoutant à l'engagement du tireur et le renforçant. La lettre de change n'a pu devenir un *instrument monétaire* que lorsque la loi a donné l'assurance que cette volonté arriverait à se réaliser.

1294. — Les hommes de loi à l'origine n'ont pas songé au rapprochement que nous venons de faire entre la combinaison de la délégation et du cautionnement d'une part, et la lettre de change tirée et acceptée d'autre part. La lettre de change s'est historiquement développée dans un milieu commercial, peu familier aux méthodes de raisonnement du droit civil, se défiant même de ces méthodes. Mais le moment est aujourd'hui venu de fusionner deux opérations qui possèdent une économie semblable : ce qui permettra, à la faveur d'une doctrine unique, de projeter plus de lumière sur les applications du droit de change.

La lettre de change est *un titre, pourvu de la rigueur d'exécution de change, constatant un ordre de délégation de somme, donné à un tiers et délivré au bénéficiaire de cette délégation.* La « cause » de cette délégation variera selon la nature concrète de l'opération première formée entre les parties.

Là où la lettre de change est recherchée pour elle-même, en vue de réaliser une remise de place, sans que le tireur et le preneur aient été précédemment en relations, c'est le prix versé pour obtenir cette délégation qui formera la « cause » : une délégation peut s'acheter et être l'objet d'un trafic.

1295. — La délégation, enfermée dans la lettre de change, investit d'ailleurs son bénéficiaire d'un avantage précieux. Il peut, si le délégué refuse d'accepter ou de payer, se retourner contre le donneur d'ordre ou déléguant.

Dans une délégation ordinaire, ce recours ne serait pas donné de plein droit ; la délégation en soi n'entraîne point garantie. Pour agir contre le déléguant, il faudrait justifier d'une créance préexistante à laquelle la défaillance de la délégation rend alors toute sa force.

Primus me devait 1.000 fr. comme acheteur, il m'a renvoyé à *Tertius*. Celui-ci m'a opposé un refus. Je puis revenir sur *Primus*, car sa dette ancienne n'est point novée. Mais encore faudra-t-il que je produise le contrat de vente, qui est le fondement de ma réclamation. Si cette preuve me manque, le déléguant ne devra pas m'indemniser.

La lettre de change dispose d'une vertu plus puissante. Elle sous-entend

1. Bufnoir, *Propriété et contrat*, p. 533.

cet engagement préexistant du tireur, elle dispense le porteur de le prouver. Cet engagement résulte de la seule production de l'effet. Plus exactement, il est dans notre législation exprimé par la mention de la « valeur fournie » : la suite de notre exposé le démontrera.

De sorte qu'il y a effectivement deux choses dans la lettre de change : 1° une promesse d'argent de provenance très variée, faite par le tireur au preneur ; 2° une délégation sur le tiré pour l'exécution de cette promesse.

1296. — La lettre de change obéit aux principes de la délégation avec beaucoup plus d'étendue encore qu'il ne ressort des considérations précédentes. La délégation se répète chaque fois que l'effet change de main.

L'*endossement* n'est pas une cession de créance. Si l'acquéreur en vertu d'un endossement était un cessionnaire, il ne jouirait pas d'un *droit propre* au montant de la traite, les exceptions nées contre son cédant lui seraient opposables. C'est le contraire qui a lieu. Pourquoi ? Parce que le signataire de l'effet, le tiré, s'est engagé envers lui.

Il n'y paraît pas cependant de prime abord : où donc s'est opérée cette prétendue rencontre entre le tiré et le nouveau porteur ? Voici la réponse.

Le tiré, requis par le premier bénéficiaire d'accepter, ne s'est pas lié seulement envers lui. Le titre était *à ordre* et donnait au porteur la faculté de se substituer par endossement toute autre personne. Le tiré a donné son acceptation à cette autre personne à venir, il s'est constitué par anticipation le débiteur de tous ceux qui viendraient éventuellement au titre, il s'est rendu caution de toutes les signatures postérieures à la sienne.

Survienne l'endossement : le bénéficiaire revêt un nouveau venu de sa propre investiture, il devient « déléguant » à son tour. Deux personnes lui devaient l'effet : le tiré, le tireur. A tous deux il donne maintenant l'ordre de recevoir le tiers porteur à sa place. Et tous deux se trouvent instantanément liés, car leur reconnaissance de dette envers ce tiers porteur résulte de la clause à ordre, sous la foi de laquelle ils ont signé.

Au premier endossement peut en succéder un autre, et ainsi de suite. Chacun de ces actes comporte la même décomposition, et chaque négociation vient doter le titre d'un répondant de plus.

1297. — Le billet à ordre circule par endossement, comme la lettre de change ; la théorie de la délégation va donc rayonner également sur cet autre effet. Elle explique non pas sans doute la souscription du tireur, mais chacune des négociations successives dont il sera l'objet.

Le preneur du billet, en le faisant passer à un second porteur, substitue celui-ci à ses droits et force le souscripteur de l'accueillir comme tel ; la clause à ordre fait que le souscripteur a agréé cette substitution, sans qu'il soit besoin de la réitérer après que le titre aura changé de main.

L'endossement est « une *délégation* à ordre, adressée à tous ceux dont la signature figure déjà au titre, et qui dispense le nouveau porteur de la nécessité de la faire accepter ».

En définitive (réserve faite quant aux *donneurs d'aval*, nos 1417 et s.), il n'existe pas une signature de change, excepté la souscription primitive d'un billet à ordre, qui ne soit un ordre de délégation, et il n'en existe pas une qui ait besoin de se renouveler lors du passage que fait le titre à un porteur nouveau, à l'effet de lier le signataire envers ce porteur.

De là, les innombrables rapports directs d'obligation, qui s'entrecroisent par le travers de l'effet de commerce, entre gens qui n'avaient jamais eu l'occasion de se rencontrer.

1298. — Il serait malséant de poursuivre dès à présent l'examen de ce problème très abstrait. Ce qu'il importait d'affirmer dans cette introduction, c'est l'intime parenté du change avec les institutions du droit civil lesquelles ont été non pas abandonnées et jetées par-dessus bord, mais seulement élargies par lui ; c'est la volonté ferme que traduit la doctrine française d'assigner pour base à la lettre de change l'opération de fond qui a motivé sa création ou sa négociation.

Cette doctrine s'est montrée très conséquente dans la façon dont elle a résolu la question suivante : *L'effet de commerce emporte-t-il novation de la dette qui a déterminé son émission ou son endossement?*

Paul devait 1.000 fr. à raison d'un emprunt garanti par hypothèque. Il règle par un effet *Jacques* son créancier. L'effet reste en souffrance. *Jacques*, se retournant contre *Paul*, pourra-t-il se prévaloir de l'hypothèque ? — Non, si l'emprunt est nové ; oui, dans le cas contraire.

1299. — Or toute pensée de novation doit être repoussée. Le déléguant, qui désigne un tiers pour le remplacer dans sa dette, demeure tenu lui-même et laisse subsister à sa charge l'obligation ancienne avec les garanties qui lui font escorte. La novation ne se présume point (art. 1273 C. civ.).

On ne pourrait soutenir le contraire qu'en assimilant le règlement de l'effet à un *paiement*, ou à *une dation en paiement* (cette dernière opération passant aux yeux de certaines personnes pour équivalente au paiement lui-même). Ni l'une ni l'autre de ces analogies n'est fondée. La quittance même que le créancier aurait délivrée à son débiteur, au moment de recevoir l'effet, n'aurait pas éteint cette créance ancienne, car elle n'a été donnée que « sous la condition d'encaissement ».

Il existe une seule nature de garantie que la négociation d'un effet a pour résultat d'éteindre : un cautionnement dont la dette primordiale serait pourvue. « L'acceptation, dit l'art. 2038 C. civ., que le créancier a faite d'un effet quelconque en paiement de la dette principale, décharge la caution, encore que le créancier vienne à en être évincé ».

1300. — Loin de dire que les garanties anciennes se sont éteintes, il faut reconnaître dans la doctrine française que *les garanties se sont transportées sur l'effet lui-même*. L'effet constate la créance préexistante, il donne au porteur qualité pour l'exercer, il doit donc charrier en quelque manière les sûretés attachées à ladite créance.

Ex. : Je me suis fait ouvrir un crédit par le banquier A, en fournissant hypothèque. Ce crédit sera utilisé par la remise d'effets que j'aurai à donner au banquier, au moment de prendre des sommes dans sa caisse. L'hypothèque de l'ouverture de crédit passe sur ces effets (Req., 22 avril 1892, D. 95, 1, 503 ; notes PERCEROU et WAHL sous Paris, 4 janvier 1899, D. 1900, 2, 121, et S. 1902, 2, 201).

Si A les a conservés dans son portefeuille et que les effets restent impayés, c'est lui qui invoquera cette sûreté réelle.

Si A a négocié ces effets, ce sont les nouveaux porteurs qui, indépendamment de l'action personnelle contre les signataires de change, seront fondés à se prévaloir de l'hypothèque, bien qu'aucune mention, inscrite dans les effets, ne révèle cette sûreté. Ces porteurs, étant donné une pluralité d'effets, viendront par concurrence entre eux : le premier endossé ne primera pas les autres.

Si partie de ces effets sont demeurés au banquier A, et partie négociés par lui, comme A doit garantie à tous ceux à qui il a endossé des traites, il sera, dans l'ordre de collocation hypothécaire, primé par les autres porteurs, ses cessionnaires : « qui doit garantir ne peut évincer ». Mais, dans tous ces cas, l'hypothèque s'est maintenue. Donc la lettre de change ne produit point le résultat novatoire.

Par application de la même idée, les effets remis en règlement du prix par un acheteur de fonds de commerce, qui s'était engagé, sous peine d'exigibilité immédiate de sa dette, à ne pas revendre le fonds avant d'avoir terminé son paiement, deviendraient exigibles eux-mêmes le jour où il transgresserait cette promesse (*Contra* Paris, 4 janvier 1899, cit.).

1301. — Nous aurons à rechercher comment s'adaptent ces notions au problème de la *survivance de la prescription de la dette originaire à la prescription de l'effet de commerce.*

Le souscripteur du billet à ordre, l'accepteur de la lettre de change, sont libérés par cinq ans (art. 189 C. com.); d'autres signataires peuvent être même libérés par un délai plus court. Cependant l'obligation, dont ils étaient d'abord tenus, devait durer trente ans (art. 2262 C. civ.).

Le porteur de l'effet, lorsque ses droits nés du titre de change sont éteints faute de présentation en temps utile, peut-il encore ressaisir sa créance ancienne, parce que la prescription trentenaire n'est pas révolue? Problème extrêmement épineux, qui se retrouvera (n° 1562) [1].

1302. — Au total, d'après les idées françaises, la dette incorporée dans un effet de commerce conserve ses racines dans la convention ou dans l'acte d'où elle procède. Elle continue à vivre dans le titre, elle n'est pas étouffée par lui. Le titre lui procure seulement des facilités de paiement. La lettre de change n'a de valeur qu'à la condition de rester trempée dans les relations juridiques qui l'ont fait naître. Notre école, par le tour de son esprit d'affaires, cherche à concilier le droit commun avec le droit de change. De sérieuses conséquences se dégagent de là; notamment celles qui concernent la *valeur fournie*, d'une part, la *provision*, de l'autre.

Dans toute délégation, il y a un ordre double: *a*) ordre de recevoir, au bénéficiaire; *b*) ordre de payer, au délégué. Chacun de ces deux ordres doit avoir sa raison d'être.

a) Pourquoi le bénéficiaire recevra-t-il? Parce qu'il a sur le tireur une créance, dont la traite poursuit le règlement. Cette créance est la « valeur fournie ».

b) Pourquoi le délégué (ou tiré) payera-t-il? Parce que les relations que le tireur a échangées avec lui donnent au premier le droit d'exiger la somme du second. C'est la « provision ». La loi et les interprètes attachent à son existence une grande importance. Ils frappent de suspicion les traites dont la provision n'est que simulée (effets de complaisance) et considèrent ces traites comme dénuées de cause. Inversement, lorsque cette provision existe, elle entrera dans l'effet et renforcera son paiement. C'est ce qu'on verra par la suite (n°s 1430 et s., 1441).

1303. — **Doctrine allemande.** — Les principes reçus en Allemagne sur la nature de l'effet de commerce sont bien différents. Il n'y a pas de pays dans lequel la lettre de change, tant au point de vue de l'histoire qu'au point de vue systématique, ait été travaillée davantage. La fécondité de la littérature allemande sur ce sujet a été extraordinaire.

La loi du change de 1847 (*Wechselordnung*), élaborée à Leipzig, et que d'autres États, Suisse, Italie, pays Scandinaves, Russie, ont prise pour modèle, a fait entrer l'effet de commerce dans une voie nouvelle. V. notre Mémoire présenté au *Congrès de droit comparé*, 1900, *Bulletin de la Société de Législation comparée*, 1900, p. 793.

D'après les idées germaniques, la lettre de change constitue un instrument *formel*. C'est du seul emploi de la rédaction légale qu'elle tire sa force. Pour savoir si le signataire est tenu et comment il l'est, il n'y a pas besoin de se reporter à la convention, vente, emprunt ou autre, à propos de laquelle l'effet a été mis en circulation. On ne doit pas sortir du titre lui-même pour déterminer sa valeur d'obligation.

Le change n'est ni une vente, ni une délégation (le Code civil de 1900 réglemente la délégation écrite, *Anweisung*, qui est tout autre chose). Le change est une cause d'engagement originale, sans raccordement à une opération concrète.

---

1. Sur cette question de novation, cfr. Aubin, dans les *Annales de droit commercial*, 1899, p. 294; notre note sous Rej., 28 avril 1900, D. 1901, 1, 17; Couroux, *De l'influence d'un règlement en effet de commerce sur la créance préexistante*, th. 1902.

1304. — Un livre allemand, qui eut du retentissement en son temps, avait, dès avant 1847, engagé l'École allemande dans cette direction : « Le droit du change d'après les besoins des affaires au XIXe siècle » d'EINERT (1839).

Cet ouvrage a considéré l'effet de commerce comme la *monnaie fiduciaire* du commerçant, monnaie comparable au billet de banque pour un établissement public d'émission. La Banque nationale s'est obligée envers le porteur ; cela suffit. On ne scrute pas le fond des contrats qui ont transporté le billet des guichets de la Banque à la personne qui le possède aujourd'hui. Ainsi en sera-t-il de l'effet de commerce.

Sa rédaction nerveuse, où chaque mot porte, où l'oubli d'une mention rend le titre caduc, constitue une véritable frappe monétaire. La forme est à l'engagement ce que l'empreinte est à la monnaie (IHERING), elle le précise, elle garantit la certitude de la dette. L'effet de commerce a une inscription, un exergue, une effigie.

1305. — Par conséquent, point de remise indispensable de place (réforme que nous n'avons réalisée en France qu'en 1894) ;

Assimilation du billet à ordre et de la lettre de change ;

Transmissibilité par endossement, sans besoin d'insérer la clause à ordre (en toute logique, il aurait fallu reconnaître, comme l'ont fait les Anglais, la lettre de change au porteur) ;

Aucune énonciation de valeur fournie (nécessité en revanche d'insérer dans le titre le mot *change* ou un terme équivalent) ;

Silence complet sur la provision, dont l'absence laisse la lettre de change pleinement valable ;

Transport de propriété de l'effet par le seul endossement en blanc ;

Capacité de change réglée par la capacité de droit commun.

1306. — Il n'y a pas moyen de fournir, tant elle serait longue, la liste des systèmes proposés par les auteurs allemands pour expliquer la nature de l'effet de commerce, ainsi détaché de sa cause [1].

Obligation littérale, ont dit les uns. *Forma dat esse rei*. La dette est engendrée par l'écrit, comme chez les Romains la mention sur les registres domestiques ; ou encore, à l'imitation de la stipulation qui naissait *verbis*.

Obligation incorporée dans le papier, se créant d'elle-même (*Kreationstheorie*), sans un créancier déterminé, ou avec un créancier enfermé dans le certificat (*Personifikations-theorie*). Le souscripteur se doit à sa signature. La dette existe, aussitôt que le titre est rédigé, même avant de passer à un preneur. Dès qu'un possesseur le reçoit de bonne foi, celui-ci est fondé à exercer la créance.

Obligation abstraite, a-t-on affirmé d'autre part, obligation possédant son pouvoir d'engagement sans aucune cause, contractuelle ou autre. Le souscripteur devra payer à tout événement ; il y sera contraint par une procédure rapide. Il intentera plus tard, en la forme ordinaire, une demande pour se faire restituer l'argent s'il a été victime de manœuvres et s'il ne devait rien en droit civil. En droit du change, il était tenu.

Acte unilatéral d'engagement, ont prétendu les auteurs de la dernière époque. La créance naît sans le concours d'une contre-partie, du fait du souscripteur tout seul. Il n'y a pas de convention pour engendrer la dette, etc.

---

1. Les principaux jurisconsultes qui ont scruté ce domaine d'étude sont LIEBE, KUNTZ, BRUNNER, GOLDSCHMIDT, VOLKMAR et LOEWY, STAUB, BERNSTEIN, GRÜNHUT, le dernier en date (*Wechsel-Recht*, 1897, 2 vol.). En Italie, il s'est produit un mouvement de même nature (VIVANTE, BRUSCHETTINI, etc.). Nous n'avons guère que l'ouvrage de NOUGUIER (*Des lettres de change*, 4e éd., 1875) à opposer en France à cette riche littérature (V. cependant DE BRAY, WAHL et SALEILLES, cités n° 889, et les chap. 1 et 2 de notre monographie : *De la nature juridique du titre de crédit*).

1307. — La divergence de ces théories est dans les mots plutôt que dans le fond des choses. Elles aboutissent, sous des formes d'expression variées, à la traduction d'une commune pensée. Il semble qu'une réaction commence à se produire en Allemagne contre cette idée que l'effet de commerce vit de son existence propre, détaché de toute cause efficiente (COSACK, *Traité de droit commercial*, traduction française dans la collection Lévy-Ullmann et Lerebours, 2e vol. ; LEHMANN, *Handelsrecht*, 1908 ; et surtout WIELAND, *Der Wechsel und seine civilrechtlichen Grundlagen*, 1901).

Les constructions précédentes ont incontestablement leur mérite, économiquement parlant. Le plus sérieux reproche qu'on puisse leur adresser, c'est leur imprécision. Pour s'affranchir des vigoureuses classifications que nous a léguées le droit romain, il faudrait être de force à en élever d'autres, douées de la même cohésion et susceptibles de rapprocher toutes les races dans une commune entente des institutions juridiques et du mode de raisonnement qui leur convient.

1308. — Sous le bénéfice de ces observations, un peu trop prolongées, nous allons passer à l'analyse des règles applicables à la lettre de change et au billet à ordre, telles qu'elles ressortent de notre propre législation.

L'antagonisme du droit français et du droit allemand a déterminé des conflits de lois, moins nombreux peut-être qu'on ne s'y serait attendu, mais assez fréquents cependant pour que l'on ait cru sage d'y porter remède. Des Sociétés savantes, l'*Institut de droit international* (1885), l'*Association du droit des gens* (1876-1878), ont proposé l'adoption d'une lettre de change uniforme pour tous les Etats. Des Conférences tenues à Anvers et à Bruxelles en 1885 et en 1888 ont visé, sans succès, au même résultat. Cette pensée a été reprise par le gouvernement des Pays-Bas, qui a invité les puissances à réunir leurs délégués, à l'effet de se concerter sur une réglementation identique de l'effet de commerce. Une première Conférence s'est tenue à la Haye en juin-juillet 1910. Un très grand nombre d'Etats s'y sont fait représenter. Mais les délégués de l'Angleterre et de ses colonies ont déclaré qu'ils n'avaient point pouvoir à l'effet de souscrire à l'adoption d'une loi du change qui entraînerait renonciation au système britannique consacré par le *Bills of exchange act* de 1882. De cette Conférence est issue un avant-projet de convention internationale, accompagné d'une *loi uniforme* sur la lettre de change destinée à prendre la place de toutes les lois divergentes des Etats compris dans cette Union.

Une seconde Conférence s'est de nouveau réunie à la Haye en juin 1912, à l'effet de modifier cet avant-projet et cette loi uniforme, à la suite des critiques que le premier texte avait suggérées dans l'intervalle. Le projet définitif recevra-t-il la sanction des divers Parlements [1] ?

1. V. dans les *Annales de droit commercial*, 1910, p. 467, et 1913, p. 157, le texte des deux projets, ainsi que les observations de M. MAURICE BERNARD. V. aussi les discussions de la *Société d'Etudes législatives*, sur le rapport de M. WAHL, dans le *Bulletin* de cette Société, 1911, p. 205 et s.

CHAPITRE PREMIER

CONDITIONS DE FORME ET DE CAPACITÉ DE LA LETTRE DE CHANGE

SECTION PREMIÈRE

CONDITIONS DE FORME

(C. com., art. 110 à 112, 129 à 134, 636 et 637 ; L. 7 juin 1894).

1309. — La lettre de change est rarement dressée devant notaire. Elle forme un *acte sous seing privé* portant l'engagement unilatéral du tireur. Le titre est indispensable, c'est un élément de solennité ; la créance doit s'incorporer dans un instrument rédigé d'une certaine manière. Faute de cet instrument, la créance cessera d'être pourvue des attributs du change.

1310. — Ce titre est sujet, comme le billet à ordre et comme tous les effets de commerce (autres que le chèque), à un droit variable de *timbre*. Le taux de l'impôt n'est point réglé, ainsi qu'il en est des autres actes, par la dimension du papier dont on fait usage. Le timbre des effets est *proportionnel* à la somme, et il est régi par les lois du 5 juin 1850, du 22 décembre 1878 et du 29 juillet 1881.

L'impôt, temporairement surélevé après 1870, est aujourd'hui de 0.50 o/oo, avec fractionnement de 100 fr. pour les petits effets : le chiffre en tombe à 0.05 pour un effet de 100 fr. Sont redevables du timbre : 1° les effets de l'intérieur ; 2° ceux de l'étranger sur la France ; 3° les effets de l'étranger sur l'étranger qui viendraient à circuler en France ; ces derniers bénéficient d'un timbre réduit à 0.50 par 2.000 fr. (L. 20 décembre 1872, art. 3).

On peut, au lieu d'établir la lettre de change sur une feuille de papier timbré à la Régie, user du timbre mobile. C'est la première personne se servant de l'effet en France qui applique et oblitère ce timbre.

1311. — La sanction de la loi fiscale est double :

a) La contravention au timbre n'emporte pas l'amende fixe de 50 fr., édictée pour le timbre de dimension. L'*amende* (proportionnelle) est de 6 o/o du montant de l'effet ou de la partie de l'effet pour laquelle le timbre a été omis. Elle est due cumulativement et solidairement : *a*) par le tireur ; *b*) par l'accepteur ; *c*) par le bénéficiaire ou premier endosseur français. Une amende pareille est encourue par celui qui encaisse ainsi que par celui qui fait encaisser un effet non ou insuffisamment timbré. Le Trésor peut dans certains cas prétendre à cinq fois l'amende, soit à 30 o/o de l'effet assujetti (L. 1850, art. 4, 6 et 7).

b) Le délit fiscal a son contre-coup sur la validité de l'effet en droit privé, ce qui est conforme au système anglais, mais contraire à la règle allemande, et au projet de la Haye. Le porteur d'une traite non timbrée n'a pas le droit d'attaquer tous les signataires de l'effet. En cas de non-acceptation, il n'a d'action que contre le tireur. En cas d'acceptation, il n'agira que contre le tiré accepteur et contre le tireur, si celui-ci ne justifie pas qu'il y avait provision. En d'autres termes, faute de timbre, il n'y a pas lieu de poursuivre les *endosseurs*. Toute stipulation contraire est nulle. La clause « retour sans frais » (*infra*, n° 1541), insérée dans cette lettre de change, serait dénuée d'effet (L. 1850, art. 5 et 8).

1312. — En matière d'*enregistrement*, il y a d'autres exceptions aux règles ordinaires. Le tarif n'est pas la taxe de 1 o/o, qui atteint les obligations de sommes d'après la loi de frimaire an VII. C'est un droit réduit de *0,50 0/0* (L. 28 février 1872, art. 10). En outre ce droit n'est dû qu'une seule fois. Peu importe le nombre des engagements, endossements, acceptation, aval, etc. Le droit commun exigerait autant de taxes distinctes et en outre une taxe spéciale correspondant à l'acquit, au paiement.

Il s'agit d'un *droit d'acte*, et non pas d'un *droit de mutation* exigible dans un délai de rigueur. L'enregistrement d'un écrit, passible du droit d'acte, n'est imposé qu'à partir du moment où il en est fait usage dans un acte public ou en justice. Ici, ce n'est pas la « citation en justice » qui donne ouverture au droit, mais la confection du « protêt ». Lorsqu'il y a dispense de protêt, le droit n'est pas dû, même en cas de citation judiciaire[1].

1313. — Acte sous seing privé, la lettre de change doit porter la signature du tireur. La loi s'abstient de le dire, tant cette prescription paraît évidente. La signature manuscrite peut être, dans l'organisation française, remplacée par la griffe du souscripteur. Mais, à part l'apposition du timbre imprimé de la maison par les fondés de pouvoirs des grands établissements au-dessus de leur propre signature, un pareil usage n'est point suivi.

Il va être parlé des conditions de forme requises par les art. 110 et 111.

Faut-il les compléter par les conditions prescrites au Code civil pour tous les actes sous signature privée, d'après les art. 1322 et s. ? — La négative prévaut. Le problème se pose notamment pour les art. 1326 et 1328.

---

1. « Sont soumis au droit proportionnel de 0,50 0/0 les lettres de change et tous autres effets négociables, *lesquels pourront n'être présentés à l'enregistrement qu'avec les protêts qui en auraient été faits* » (art. 10 de la loi de 1872). Antérieurement, par une faveur dont bénéficiait la lettre de change seule, et non point le billet à ordre, il y avait dispense du droit, même en cas de protêt, l'impôt n'étant exigible qu'au moment de l'assignation (L. 28 avril 1816, art. 50). La loi de 1872 a aggravé ce régime, en exigeant l'enregistrement de la lettre de change avec le protêt, avant toute instance judiciaire par conséquent. Mais, dans certains cas, elle l'a au contraire adouci. C'est du moins ce qui a été jugé : s'il n'y a pas lieu à protêt, le porteur est exempté de l'enregistrement du titre, même au moment de l'assignation. Les effets de commerce se trouvent dans une situation plus avantageuse que tous les autres actes (Civ. rej., 22 juillet 1896, D. 97, 1, 103, arrêt dont la portée n'est d'ailleurs pas claire : il s'agissait, dans l'espèce, non d'une demande aux fins de payer des lettres de change, mais d'une demande en *restitution* de lettres de change).

1314. — Bon et approuvé. — D'après l'art. 1326 C. civ., dans toute promesse de payer une somme d'argent, non écrite en entier par le signataire, il faut faire précéder la signature de l'énonciation de la somme, ainsi que du *bon* ou *approuvé*, écrits en toutes lettres de la main du souscripteur.

Il y a certainement danger à ne pas suivre dans les effets de commerce cette règle, qui veut éviter les *blancs seings*. Une personne faible donne sa signature sans cause réelle d'engagement. Le porteur remplit le blanc d'une dette imaginaire. C'est ce qu'empêche l'art. 1326. Or le droit du change laisse les citoyens exposés à ces surprises. La pénalité de l'art. 407 C. pén. contre les abus de blanc seing n'est pas un moyen préventif suffisant. Il conviendrait d'étendre l'art. 1326 à la lettre de change ainsi qu'au billet à ordre, sauf pour les signatures de commerçants de profession, que d'ailleurs le texte excepte expressément.

En l'état actuel de la législation, il y a dispense du *bon* ou *approuvé*. Mais cette dispense n'est pas expliquée par tous de la même manière. Suivant la jurisprudence, elle tiendrait au *caractère commercial de la lettre de change* : une pratique constante veut que la prescription de l'art. 1326 soit étrangère aux actes de commerce, faits par un commerçant ou par une personne civile signataire. Il en résulte que le billet à ordre, à moins d'être souscrit pour une obligation commerciale, fait retour au droit commun et doit porter le *bon* ou *approuvé* s'il est écrit d'une autre main (Civ. cass., 6 mai 1878, D. 78, 1, 367 ; Req., 20 décembre 1892, D. 93, 1, 115) : car la présomption de commercialité de l'engagement n'existe pas pour ce second effet.

1315. — Nous n'acceptons pas cette déduction. La règle est la même pour le billet à ordre et pour la lettre de change. Elle prête d'ailleurs de part et d'autre au même péril, le risque de blanc seing étant aussi grave pour une signature de prétendu souscripteur que pour une signature de tireur, d'accepteur, etc.

Les formes d'un billet à ordre sont énoncées dans l'art. 188, correspondant à l'art. 110 qui concerne la lettre de change. Aucun rappel n'est fait à l'art. 1326 ni dans le premier, ni dans le second de ces articles.

1316. — Le motif qu'il y a d'affranchir lettre de change et billet à ordre du *bon* ou *approuvé* est le suivant : la rédaction des effets de commerce est exclusivement régie par le titre VIII du premier livre du Code de commerce. Il n'y a aucun emprunt à faire au Code civil afin de compléter la théorie. Mais il vaudrait mieux se trouver en face d'une loi plus exigeante.

1317. — Date certaine. — Le change déroge encore à une autre prescription du droit commun, à la règle d'après laquelle les actes sous seing privé n'ont *date* contre les tiers que du jour où ils ont été enregistrés, etc. (*art. 1328* C. civ.).

L'effet de commerce, au contraire, fait foi de la date de son émission, de ses endossements, etc., par la négociation elle-même. Il n'y aurait pas de circulation de papier possible, si le porteur devait, pour la sauvegarde de ses droits, se hâter de présenter le titre à l'enregistrement. La règle s'étend, selon nous, de la lettre de change au billet à ordre.

Dérive-t-elle de la *commercialité* de l'engagement, l'acte de commerce échappant d'après la tradition à l'art. 1328 ? Nous ne le pensons pas. Car autrement, ici encore, le billet à ordre souscrit ou endossé pour une cause civile rentrerait sous l'empire de la disposition ordinaire. Or, rien dans le titre VIII ne témoigne d'une différence entre les deux titres. La règle tient à ce qu'aucun des articles du change ne renvoie à l'art. 1328 C. civ.

De nouveau, les fraudes sont à redouter. Je suis sur le point de faire faillite, je vais détourner une lettre de change de mon portefeuille, en l'antidatant à l'ordre d'un compère. Je vais créer une traite sur mon débiteur et, par le même artifice d'antidate, transporter au bénéficiaire la provision de cette traite, au détriment de mes autres créanciers. Si l'art. 1328 était applicable, la manœuvre ne pourrait s'exercer, la masse des créanciers étant un « tiers » fondé à se prévaloir de cette disposition.

1318. — Peine du faux. — La loi a pris des mesures contre cette fraude. « *Il est défendu d'antidater les ordres à peine de faux* », dit l'art. 139 dans le paragraphe de l'*endossement*. Cela est vrai également du billet à ordre (arg. art. 187) : constatation qui confirme la pensée que l'art. 1328 est étranger à ce second effet comme à l'autre.

La peine sera celle du faux en écritures de commerce (au moins pour la lettre de change), c'est-à-dire des travaux forcés à temps (art. 147 C. pén.).

« Cette défense, disait Jousse sous l'Ordonnance (V, 26), est établie pour prévenir les tromperies qui pourraient se faire dans le commerce en cas de faillite, où ceux qui ont des lettres de change pourraient antidater des ordres longtemps avant leur faillite, pour recevoir le montant de ces lettres sous le nom de quelque personne interposée ou pour les donner à quelqu'un de leurs créanciers en paiement, au préjudice des autres, sans que ces derniers pussent en demander le rapport à la masse ». Il est vrai que, sans l'art. 139, la sanction criminelle existerait encore. Car un tel agissement, constitutif de détournement d'actif, serait un cas de banqueroute frauduleuse, frappé de la même peine (art. 591).

Nous appliquons l'art. 139 à l'antidate de la *souscription* de l'effet, comme à celle d'un *endossement*. On a prétendu que c'était lui donner trop de portée, la disposition figurant sous le paragraphe de l'endossement. L'antidate primitive n'est donc pas punissable. Elle ne le serait qu'autant que l'acte incriminé rentrerait dans la conception du faux, ce qui n'est pas, car le « faux » consiste à imputer à autrui par écrit une convention mensongère, non à simuler un fait qui nous serait personnel à nous-même.

Sous réserve de cette dernière remarque de terminologie criminelle qui est juste, la thèse manque d'exactitude. La notion du faux a été élargie dans le cas particulier. La formule de l'art. 139 est assez souple pour que l'antidate de la lettre elle-même s'y trouve comprise. Emettre la traite, c'est déjà la passer *à l'ordre* de quelqu'un.

Au surplus, la jurisprudence admise sur la cession de la provision (nos 1451 et s.) rend l'application de la pénalité désirable. Les faillis frustreraient la masse, en transportant, par la création de traites de date simulée, leurs créances sur la tête d'un complice.

1319. — Pluralité d'exemplaires. — La lettre de change peut être dressée en *plusieurs exemplaires*. Elle ne représentera toujours qu'une seule affaire, une seule créance, un seul paiement à effectuer. Le cas est prévu par le dernier alinéa de l'art. 110 : « Si elle est par 1re, 2e, 3e, 4e, etc., elle l'exprime ». Voici la formule de rédaction de chaque exemplaire : « *Payez par cette première de change, les deuxième et troisième ne l'étant...* » — « *Par cette deuxième de change, les première et troisième ne l'étant...* »

Chacun des doubles devra mentionner le nombre complet des originaux ; faute de quoi, le porteur réclamerait autant de paiements séparés, comme s'il y avait eu des opérations de change distinctes. La régularité de cette pluralité d'exemplaires est soumise encore à une autre énonciation : « Le paiement de cette lettre fait sur une seconde, etc., est valable, lorsque la seconde, etc., porte que ce paiement annule l'effet des autres (art. 147) ». Autrement dit, chaque double devra exprimer que tous les originaux perdront leur effet par le paiement accompli sur le seul d'entre eux qui sera présenté. Si cette clause était absente, il y aurait cumul de traites séparées. La loi est trop exigeante et pousse le formalisme à l'excès.

1320. — Pourquoi cette pluralité de doubles ? — *a*) *La lettre est exposée à se perdre* lorsqu'elle est transmise d'une place à une autre. Cela est vrai surtout d'un voyage de mer. Si l'on envoie les deux originaux par deux voies différentes, l'un d'eux au moins arrivera à destination. Le porteur en exigera le paiement, sans requérir l'autorisation de justice, nécessaire en cas de perte d'une lettre de change unique (art. 150, *infra*, no 1524).

b) Il y a également avantage, pendant qu'on envoie l'effet au tiré en vue d'en *obtenir l'acceptation*, de conserver un double par devers soi, afin de ne pas manquer une négociation. On effectuera celle-ci au moyen de l'exemplaire conservé, lequel circulera ensuite.

L'autre, une fois accepté, sera déposé chez un tiers dont le nom et l'adresse ont pu être signalés sur l'exemplaire négocié.

Le seul double, sur la présentation duquel on puisse alors requérir le paiement, est le double revêtu de l'acceptation ; il absorbe tous les autres (art. 148), et l'intéressé devra préalablement le retirer de l'endroit où il est déposé. Au contraire, quand le tiré n'a pas accepté, le porteur peut faire valoir les droits de la traite sur un seul original à sa volonté (no 1519) [1].

1321. — Copie. — Quelquefois la lettre de change est tirée en *copie*. Elle n'a été émise qu'en un original unique. Le porteur relève cet original sur une feuille de papier, avec les diverses mentions qu'il renferme. Cela fait, il termine sa relation par les mots : *Jusqu'ici copie*. Puis il endosse

1. Un seul droit de timbre est dû pour les exemplaires réunis, quand ils sont appelés à circuler ensemble. Mais, si le double destiné à l'acceptation n'est pas joint à l'autre ou aux autres, il y aura lieu à un double droit de timbre (L. 5 juin 1850, art. 10).

cette seconde pièce. Celle-ci se couvre à partir de ce moment de mentions originales. Elle pourra circuler, quoique sa première partie ne soit qu'une retranscription. Seulement, en aucun cas, le paiement de cette lettre de change ne pourra être obtenu que par la réunion de l'original et de la copie, qui se compléteront ainsi l'un l'autre.

1322. — Voyons les *mentions* que contient la lettre de change, ainsi que les *sanctions* attachées à ces mentions. Il y a lieu d'ouvrir deux paragraphes. On pourrait faire ressortir d'abord les énonciations du titre qui ont pour objet les *personnes* engagées dans l'opération, et examiner ensuite les mentions concernant les *choses*. Nous préférons suivre un ordre différent.

§ 1. — Mentions essentielles et mentions facultatives (C. com., art. 110 et 111).

1323. — Une réflexion préliminaire s'impose. Par sa rédaction en forme d'invitation de paiement, la lettre de change ne donne une idée ni précise ni complète de la nature de promesse faite par le souscripteur. Ici, comme ailleurs, il y a « ce qu'on voit », et « ce qu'on ne voit pas ».

A prendre à la lettre les énonciations du titre, le souscripteur donne simplement au preneur une *assignation de paiement sur un tiers*. Sans doute il s'engage. Il est même le seul débiteur à l'origine, c'est sur lui que l'effet prend son assise. Mais à quoi s'engage-t-il ? A procurer l'acceptation et le paiement du tiré, dit-on : il se porte « garant » du fait d'un autre.

1324. — Cette assertion n'est pas fausse, mais elle saisit l'opération sous un angle trop court. Le tireur ne se contente point de déléguer le tiré et d'assumer la garantie de l'acceptation et du paiement. Cette « garantie » elle-même, pour certaine qu'elle soit, n'est pas, lorsqu'on se sert d'un pareil langage, fondée sur la raison véritable.

Le souscripteur appose en réalité deux formules sur la lettre de change. Il en est une qu'il faut savoir lire entre les lignes et qui prime la formule de délégation, plus apparente mais cependant d'ordre accessoire. Le tireur : 1° se reconnaît débiteur du montant de l'effet pour l'échéance convenue ; 2° renvoie le bénéficiaire à un tiers pour se faire payer par lui. Ainsi, lorsque *Paul* a acheté des marchandises à *Pierre* et veut se libérer du prix en désignant un sien débiteur *Jean* pour payer à sa place, c'est comme s'il écrivait sur l'effet ces deux mentions, consécutivement l'une après l'autre : « Je promets payer à l'ordre de *Pierre* 1.000 fr. au 1er octobre prochain, valeur en marchandises ». — « Mais j'invite *Jean* à payer à mon compte ladite somme à l'ordre du même *Pierre* et à la même date ».

1325. — On pourrait objecter que la reconnaissance dans la lettre de change d'une dette d'argent à la charge du tireur et en faveur du preneur n'est qu'une pure imagination. Il est fantaisiste de suppléer une formule de billet à ordre, qui précéderait la formule de traite, qui en serait presque le contraire, et que personne n'aperçoit.

Cependant rien n'est plus exact que de considérer cette promesse comme plantée au fond de la traite. Qu'est-ce que la mention de « valeur fournie », sinon l'attestation que le preneur a, par une vente de marchandises, par un prêt ou autrement, acquis le droit de réclamer du tireur le montant de l'effet ? Le tireur n'avoue-t-il pas cette dette d'argent, par là même ?

Et voilà comment *toute lettre de change se double d'un billet à ordre* ! L'habitude prise par les tireurs au moyen âge de souscrire deux titres l'un après l'autre, une promesse, puis une lettre de paiement (explication de GOLDSCHMIDT, cpr. plus haut, nos 1278 et s.), donne à cette analyse, au point de vue historique, une consécration formelle.

1326. — Ce n'est pas que le tireur doive *de plano* la somme visée au titre. Il joue le rôle de débiteur subsidiaire, à raison même de la délégation qui doit réaliser son obligation et qui, elle du moins, se trouve explicitement relatée.

Le devoir du porteur sera de se présenter d'abord chez le tiré ou délégué qu'on lui désigne. Ce n'est qu'après avoir essuyé son refus, que s'exercera sans entraves le pouvoir d'exiger directement la promesse du débiteur primitif. Dans toute autre délégation emportant maintien de la dette (n° 1295), les choses se passent de la même manière.

Ce recours contre le déléguant est-il basé sur une notion de garantie ? Nullement, mais sur la survivance de l'obligation ancienne. Le tireur, faute d'acceptation ou de paiement, sera recherché du fait de son engagement originaire, inclus dans l'effet et muni des attributs du change.

Si « garantie » veut dire : continuer à rester tenu, quoiqu'on ait indiqué un tiers pour payer, et pour le cas où ce tiers ne paiera pas, assurément le tireur est garant. Si « garantie » signifie : se porter fort du fait d'autrui, ce n'est pas sur une garantie proprement dite que repose l'engagement du tireur, mais sur une dette préexistante à l'effet. C'est dans un sens relâché que sont pris les mots de « garantie solidaire » dans l'art. 140.

1327. — La lettre de change, abstraction faite de cette reconnaissance de dette qui en est le fondement, apparaît, en la forme, comme une *invitation adressée par un tireur à un tiré de payer soit dans le même lieu, soit dans un lieu différent, chez lui tiré ou chez un tiers, à l'ordre d'un preneur qui en a fourni la valeur, une somme précise à une échéance déterminée.* Reprenons cette définition dans ses multiples éléments.

1328. — *C'est une invitation* ; disons mieux : une assignation de paiement, une délégation.

Cette invitation ressemble à un mandat, mais elle n'en est pas un. La délégation est un acte, le mandat en est un autre. Le mandat est révocable ; la lettre de change délivrée à un preneur ne saurait lui être reprise, car il a intérêt à la garder.

Serait-ce par hasard au tiré qu'un mandat aurait été donné, puisque c'est à lui que le tireur s'adresse en parlant à la seconde personne ?

Pas davantage. On ne donne pas mandat de payer à un individu qui nous doit de l'argent. De plein droit, le débiteur est tenu envers quiconque a pouvoir du créancier (art. 1239 C. civ.). On verra sous l'étude de la provision, si, du côté du tiré, cet ordre de payer peut être ou non révoqué par le tireur.

1329. — *Invitation donnée par un tireur.* — Le *tireur*, c'est celui qui souscrit la lettre de change. L'objet de son engagement est double : 1° *il garantit l'acceptation* de l'effet par le tiré, le fait par le tiré de fournir, lorsqu'il en sera requis par le porteur, sa propre signature à côté de la première ; 2° *il garantit le paiement* de l'effet par ce même tiré à l'échéance. — La non-exécution de l'une de ces deux obligations entraînera contre lui une action récursoire du porteur. Cette terminologie, est-il dit plus haut, n'est pas très correcte, n° 1326. Mais, à ne s'attacher qu'au résultat, elle peut être conservée sans inconvénient.

1330. — Le tireur n'agit pas toujours pour son propre compte. Deux hypothèses peuvent se présenter : A) La personne qui souscrit la lettre de change la signe *par procuration* au nom d'une autre (représentant de société, ou commis à qui son patron aurait donné la signature de la maison). Le signataire n'est pas alors personnellement tenu. Le seul et le vrai tireur, c'est le chef de la maison, c'est la société (lorsque c'est un commanditaire qui a usé de la signature, même avec l'autorisation du commandité, il engage sa responsabilité personnelle et indéfinie, n° 401).

1331. — Tireur pour compte. — B) Il se peut, d'autre part, que le tireur *Primus* signe en son nom personnel, mais agisse pour le compte d'une autre personne qu'il dissimule et qui est le tireur invisible, *Secundus*, tandis qu'il n'a, lui, que le rôle d'un tireur apparent (art. 111, al. 2).

C'est une situation que l'on qualifie de *lettre de change pour compte* ; le tireur ostensible s'appelle *tireur pour compte* : celui dont il exécute les instructions s'appelle *donneur d'ordre*. L'opération s'accomplit en conformité d'un contrat de commission. Faire une lettre de change dans l'intérêt d'un autre, tout en agissant *proprio nomine*, c'est agir en commissionnaire.

Il peut y avoir diverses circonstances, dans lesquelles une personne est appelée ainsi à mettre en circulation sous son nom une traite qui ne la regarde pas elle-même, mais intéresse une autre personne.

1332. — *a) Arbitrage de place.* Je veux négocier à Bruxelles, où la monnaie espagnole perd moins qu'à Paris, une traite sur mon débiteur de Madrid. Je donne à un banquier belge, avec le nom de mon débiteur, l'ordre de disposer sur lui, comme si ce banquier était son créancier. Bien entendu, il me faudra donner avis également à mon correspondant espagnol de la présentation qui lui sera faite d'une lettre de change partie de Bruxelles, et venant d'un tireur avec lequel il n'est pas en rapports.

Le Parisien pourrait aussi bien créer l'effet et le passer à l'ordre du banquier belge, qui l'endosserait ensuite à Bruxelles. Mais il peut tenir à prendre Bruxelles pour point de départ de cette circulation (exemption du timbre français, désir de ménager son crédit en vue d'autres traites).

b) Ou encore, un commissionnaire négociant, *Pierre*, ayant acheté sous son propre nom des marchandises pour *Jacques*, tire un effet afin d'en régler le prix. Il ne tirera pas sur le commettant, celui-ci désirant garder le secret. Mais il disposera sur un débiteur de ce commettant, que ce dernier a commencé par lui désigner, et usera ainsi d'un pouvoir que l'effet ne révèle point extérieurement.

1333. — Comment se déterminent les obligations dans une traite pour compte ? De manière différente, selon que l'on envisage tel ou tel intéressé.

a) Au regard des « porteurs successifs de l'effet », y compris le dernier, le seul tireur tenu de l'acceptation, comme du paiement, c'est le *tireur apparent*, celui dont le nom est sur l'effet, *Primus*. Le donneur d'ordre n'a contracté aucun engagement ouvert : pour le public il est ignoré. Ce n'est que du chef du tireur pour compte qu'il pourrait éventuellement être recherché, par une action oblique seulement (art. 1166 C. civ.). Le tireur, en effet, qui est un commissionnaire, peut recourir contre le commettant *Secundus*, et se faire rembourser par lui la traite en souffrance. Quant à une action directe, les porteurs n'en ont pas contre ce *Secundus*.

b) Le « tiré », lui, est au courant des faits ; à son égard la lettre est émise pour le compte du *commettant*. Faisant honneur à la traite, il en débitera son donneur d'ordre *Secundus*. Payant sans provision, c'est contre ce donneur d'ordre qu'il pourra recourir, et contre nul autre.

L'art. 115 prêtait à l'équivoque ; il semblait dire que le tireur pour compte *Primus*, concurremment avec le donneur d'ordre *Secundus*, devait constituer la provision au tiré. Mais une addition faite à l'article par la loi du 19 mars 1817 a condamné cette interprétation, peu raisonnable. Le tireur apparent n'est plus exposé depuis cette retouche au recours du tiré.

1334. — ... *Invitation donnée à un tiré*. — Le *tiré*, c'est celui sur qui l'effet est créé. C'est la personne appelée à payer la lettre de change. La traite ne la lie d'ailleurs pas immédiatement envers le porteur. Elle n'a pas été partie à l'effet, quoiqu'elle puisse le devenir par la suite.

L'effet est présenté deux fois au tiré : — d'abord avant l'échéance, afin qu'il accepte la lettre de change, cette démarche étant facultative pour le porteur, — et une seconde fois à l'échéance, afin qu'il paie l'effet. Cette seconde présentation aura lieu, soit qu'il ait accepté avant cette date, soit que l'acceptation n'ait pas eu lieu.

Quant à la nature des relations d'affaires du tireur qui ont motivé de sa part un effet contre le tiré, c'est une question à éclaircir plus loin. Un chapitre sera consacré à la « provision ».

1335. — Il se rencontre quelquefois un tiré « subsidiaire ». Son nom est donné en sous-ordre dans la traite, après le tiré principal. Il est désigné par le tireur, pour le cas où le premier tiré ne ferait pas honneur à la lettre de change, soit pour accepter, soit pour payer. On appelle ce personnage *recommandataire* ou *besoin* ; il est visé par l'art. 173 à propos du protêt [1] ; il paiera « au besoin » la traite si le tiré principal ne le fait point.

1. Ce texte a donné lieu à une difficulté, au cas où le besoin aurait été désigné

Par là, le porteur devra présenter l'effet successivement à deux personnes et essuyer deux refus, avant de se retourner contre les garants.

Le tireur fait usage du besoin lorsqu'il craint que le tiré ne conteste la dette ; il s'épargne alors non pas un protêt, car le besoin ne l'empêche pas, mais l'humiliation d'un recours sur protêt. Il est dans les habitudes de prendre comme tiré subsidiaire son banquier sur la place du paiement ; celui-ci ne laissera pas protester l'effet de son correspondant.

1336. — ... *Invitation de payer, soit dans le même lieu, soit dans un lieu différent.*

Jusqu'à la loi du 7 juin 1894, en France, la lettre de change devait être *tirée d'un lieu sur un autre* (art. 110, al. 1er). En conséquence, elle devait aussi mentionner dans sa date, non seulement l'*époque* d'émission, mais le *lieu* où elle était faite. Elle montrait par là que ce lieu était différent de celui du paiement (l'indication du lieu dans la date s'est maintenue en pratique, bien que cette exigence ait aujourd'hui disparu).

1337. — On n'était pas très sévère, en fait, sur cette *remise nécessaire de lieu*, et depuis longtemps les négociants n'y attachaient plus d'importance.

En effet : *a*) Il suffisait que les deux localités fussent deux communes géographiquement distinctes, plus ou moins distantes. Ces localités pouvaient être contiguës (Sèvres, Meudon ; Neuilly, Courbevoie ; Charleville, Mézières ; Tarascon, Beaucaire). L'ancien droit était plus exigeant, il demandait une « remise de place », c'est-à-dire deux centres d'affaires ;

b) On ne se gênait pas pour faire une « supposition de lieu », lorsque manquait la condition de remise ; on datait la lettre de Marseille au lieu de la dater de Paris. Ce mensonge permettait à la lettre de change d'être régulière vis-à-vis des porteurs de bonne foi (n° 1373) ;

c) Les banques ne se faisaient pas faute de recevoir à l'escompte les lettres de change tirées sur la même place ; elles prenaient seulement la précaution d'exiger que ces lettres fussent déjà revêtues de l'acceptation.

C'est qu'aussi ces lettres de change irrégulières pouvaient s'analyser en billets à ordre. L'accepteur y jouait le rôle de souscripteur, et le tireur celui de premier endosseur. Or le billet à ordre participe dans une large mesure des effets de la lettre de change, et le porteur du premier effet dispose de presque toutes les garanties attachées au second.

1338. — La nécessité pour les lettres de change de contenir remise de place ou de lieu était devenue une anomalie. Elle a disparu avec la *loi*

---

non pas par le tireur, mais par un endosseur au cours de circulation de la traite. Le protêt, condition du recours contre les garants, doit-il être signifié à ce besoin, à peine de déchéance ? L'art. 173 semble n'exiger cette signification qu'aux personnes « indiquées *par la lettre de change* pour la payer au besoin ». — Cependant, il est plus sage d'établir une distinction. *a*) Pour exercer le recours contre les signataires qui précèdent l'endossement faisant mention du besoin, il n'y a pas lieu de signifier le protêt à ce dernier. *b*) Mais cette signification est exigée, s'il s'agit de recourir contre l'endosseur qui a désigné le besoin, ainsi que contre les endosseurs suivants.

du 7 juin 1894, qui a supprimé le premier alinéa de l'art. 110 et, dans l'énumération des actes de commerce faite par l'art. 632, effacé de l'alinéa final de cet article, à la suite des lettres de change, les mots « ou remises d'argent faites de place en place ». Tous les Etats de l'Europe, hormis les Pays-Bas et la Grèce, nous avaient précédés dans cette réforme. On a dit comment la loi allemande du change l'avait réalisée dès 1847 (n° 1305).

C'est de l'ancienne tradition du change que résultait l'obligation de la remise de lieu. Le Code de 1807, comme l'Ordonnance, n'avait voulu voir que la première fonction de la lettre de change, celle qui consiste à effectuer un transport d'argent. En tant qu'instrument de crédit (et c'est surtout dans ce but que la lettre de change est maintenant employée), la remise de place était devenue un véritable non-sens.

1339. — *Invitation de payer chez le tiré ou chez un tiers.* — Il y a des traites pourvues d'un *domiciliataire* (art. 111, al. 1er). C'est une personne, autre que le tiré, chez qui l'effet sera présenté et protesté, s'il y a lieu, lors du *paiement*. Les formalités de l'*acceptation* continuent au contraire à avoir lieu au domicile du tiré.

Le nom du domiciliataire est écrit au-dessous de celui du tiré. Généralement, il est énoncé dès l'origine de la traite. Mais le tireur peut ignorer, en créant la valeur, quelles dispositions prendra le tiré pour s'assurer les fonds à l'échéance et entre les mains de qui est son service de caisse. Il lui laisse le pouvoir, au moment où l'effet sera présenté pour être accepté, de désigner un tiers au domicile de qui se fera le paiement : l'art. 123 fait allusion à cette insertion d'un domiciliataire par le tiré, lors de l'acceptation.

Quand il n'y aurait point de réserve faite dans la traite, le tiré peut choisir, pourvu que ce soit alors dans sa propre place, un tiers, chez qui le porteur présentera l'effet échu. C'est admis en pratique.

1340. — *Le domiciliataire n'est pas un tiré* ; il s'ajoute au tiré, il ne pourrait le remplacer. Le tiré est un débiteur éventuel qui, par son acceptation, entrera dans l'obligation du tireur. Au contraire, la position du domiciliataire est passive, il n'aura pas à donner sa signature, il fournit sa caisse pour que les démarches aux fins de paiement y soient faites.

L'habitude s'est introduite pour le négociant de domicilier ainsi ses effets chez un banquier, teneur de sa caisse. Il est simple pour le porteur d'aller directement trouver ce banquier. Il le serait moins d'obliger le tiré, la veille de l'échéance, à retirer la somme de l'établissement de crédit où elle est en dépôt, pour l'avoir toute prête à la présentation. — On arrive par un autre moyen au même résultat : l'effet n'est pas domicilié ; mais le tiré *Thiébaut*, au lieu de régler en argent la traite échue, fait un chèque sur son banquier *Dominique* et le négocie au porteur de la lettre de change *Paul*. Le porteur échange ainsi la lettre de change contre un second titre à vue sur un banquier : il donne acquit de la lettre de change, sauf encaissement du chèque.

1341. — Il résulte de ce qui vient d'être dit que l'effet émis par un établissement de commerce sur l'une de ses *succursales* ne serait pas une lettre de change. Cette mention de succursale ne peut valoir que comme désignation d'un domicile. On ne trouve alors aucun tiré se détachant du tireur. Ce titre, en tant que billet à domicile, obéit à un certain nombre des règles du change : mais les règles toutes spéciales à la lettre de change (commercialité nécessaire des engagements) ne s'y appliqueraient point.

1342. — Le lieu de domicile est, en tant que lieu de paiement, *attributif de juridiction* au tribunal de commerce de l'arrondissement ; sans préjudice des autres tribunaux compétents d'après l'art. 420 C. proc. civ.

Mais le tiers désigné n'est pas une personne chez qui l'on ait fait *élection de domicile*, au sens de l'art. 111 C. civ. La résidence du tiers a été choisie uniquement pour la formalité du paiement, et non point pour les poursuites auxquelles l'effet donnerait lieu : ce n'est pas en ce domicile que l'assignation sera donnée aux débiteurs du titre.

1343. — Qu'il y ait domiciliataire ou non, le *lieu* du paiement doit ressortir clairement de la traite (art. 110, al. 6). On ne peut pas émettre un effet sur Paris, sans désigner la rue et le numéro où la lettre sera présentée, à moins que la notoriété du tiré ne rende cette énonciation superflue.

1344. — ...*De payer à l'ordre.* — La lettre de change doit contenir la *clause à ordre* (art. 110, av.-dern. al.). La clause à ordre donne au bénéficiaire le pouvoir d'endosser l'effet, et à chaque nouveau porteur celui d'endosser à son tour indéfiniment. Par là, la lettre de change devient plus commodément transmissible que ne l'est une créance en droit civil.

La clause à ordre ne peut pas être passée sous silence. Le titre ainsi conçu : « Payez à *Bernard* » ne serait pas une lettre de change régulière. C'est un défaut. La loi devrait sous-entendre la clause à ordre et permettre l'endossement, même si l'effet n'était pas expressément à ordre. Ainsi le décide le projet de la Haye de 1912. Ainsi en est-il en Allemagne.

1345. — La lettre de change ne peut être établie ni *à personne dénommée*, ni *au porteur*. Sous la première de ces deux formes, elle se transmettrait conformément à l'art. 1690 C. civ., par signification du transport au tireur et au tiré. Sous la deuxième forme (usitée en Angleterre), elle se céderait par la simple remise du titre de main en main, sans énonciation sur son verso. — La loi française a repoussé le premier de ces modes de transport parce qu'il serait trop lent, et le second parce qu'il exposerait la lettre de change à se perdre.

1346. — On a trouvé dans l'endossement un moyen-terme commode : la garantie de paiement assumée par l'endosseur a été un motif de plus de le préférer aux autres formes. On verra cependant qu'il est possible indirectement de créer une lettre de change au porteur, en la rédigeant « à l'ordre du tireur », puis en faisant un « endossement en blanc ». Le tireur remettra le titre à une personne quelconque, qui en fera tradition de la main à la main, et ainsi de suite. Mais cet endos n'aurait pas tous les avantages de la traite au porteur (V. *infra*, nos 1480 et suiv. sur l'« endossement irrégulier »).

1347. — ...*A l'ordre d'un preneur.* — Le *preneur* (ou *bénéficiaire*) est le titulaire de la lettre de change.

Une lettre de change, semble-t-il, n'est pas plus concevable sans preneur, qu'une dette sans créancier. Cependant, d'après l'art. 110, av.-dern. al., la lettre « est à l'ordre d'un tiers ou à l'ordre du tireur lui-même ».

Quelle peut être la signification d'une *lettre de change à l'ordre du tireur*, le bénéficiaire et le tireur se confondant alors l'un avec l'autre ?

On crée parfois une traite sans avoir à la négocier immédiatement, en se disant qu'on la passera plus aisément à l'ordre d'un vendeur ou d'un banquier si elle est déjà pourvue de l'acceptation du tiré, de *Thiébaut*. On l'adresse donc à celui-ci pour qu'il y mette sa signature.

Rien n'empêcherait de laisser en blanc le nom du preneur. Mais l'effet pourrait être soustrait, et le voleur se l'approprierait, en y inscrivant son nom.

Il est plus sage que le tireur se mentionne comme bénéficiaire. L'effet étant accepté et de retour, il l'endossera à l'ordre d'un fournisseur. La même signature reparaîtra deux fois sur la traite, au recto et au verso.

1348. — La loi paraît assimiler cet effet à une lettre à l'ordre d'un tiers. Il est plus logique de dire qu'il ne devient une lettre de change régulière qu'à partir du premier endossement. — Par conséquent : *a*) Cet endossement devra contenir la mention de valeur fournie, indispensable à la confection de toute lettre de change ; car la mention banale « valeur en moi-même » ou autre ne serait point une désignation de valeur véritable. *b*) Avant 1894, il fallait que ce premier endossement eût lieu dans un autre endroit que celui indiqué pour le paiement.

Supposons que cette lettre, acceptée par le tiré, demeure aux mains du tireur jusqu'à l'échéance. Elle ne sera pas un titre sans valeur. L'acceptation lie le tiré : elle vaut promesse de payer envers le tireur. L'effet s'analyse en un billet à ordre délivré par un débiteur à son créancier. Il ne sera pas nécessairement commercial : ce ne sera point une lettre de change, ce sera néanmoins un effet de commerce.

1349. — ...*D'un preneur qui en fournit la valeur.* — La *valeur fournie*, c'est l'équivalent de la traite que remet le preneur au tireur, c'est la *cause* de l'engagement du tireur. S'il souscrit une traite à l'ordre du bénéficiaire, c'est parce que ce bénéficiaire lui donne une contre-valeur.

Non seulement cette valeur doit exister, mais la loi française (une des dernières en Europe à manifester cette exigence) veut qu'énonciation en soit faite dans l'effet. L'art. 110, al. 7, demande que la nature de cette valeur soit spécifiée : en espèces, en marchandises, en compte ou de toute autre manière.

En espèces, lorsque la traite est présentée à l'escompte d'un banquier ou prise contre argent pour un change de place ;

En marchandises, lorsqu'elle est négociée en règlement d'une vente ;

En compte, lorsque le preneur, sans rien verser, ouvre sur ses livres au donneur de la traite un crédit de somme égale, ce qui arrive fréquemment quand les parties sont en compte courant.

Il n'est pas indispensable que la valeur mentionnée soit exacte. Les mots *valeur entendue, convenue*, seraient insuffisants. Il en est de même de la mention *valeur que passerez suivant avis* (En sens contr., Besançon, 9 août 1898, D. 99, 1, 135).

1350. — Cette valeur fournie par le preneur ne doit pas être confondue avec celle que le tireur *Thomas* a remise au tiré *Thiébaut* pour tirer sur lui, c'est-à-dire avec la « provision ». La traite servant à un vendeur pour se couvrir de son prix, on est tenté de dire qu'elle repose sur une « valeur en marchandises ». — Il y a là une équivoque. La cause qu'il faut mentionner n'est pas celle du contrat intervenu « entre tireur et tiré », mais celle du contrat échangé « entre tireur et preneur ». L'autre, la provision, peut être passée sous silence, et l'est presque toujours. Il va de soi que, dans ces deux conventions, la valeur que les parties ont prise en considération a pu être de nature très différente.

1351. — L'avantage de la mention de valeur fournie est contesté. De droit commun, un acte sous seing privé a pleine force de preuve, quoique la cause de l'engagement ne soit pas énoncée (art. 1132 C. civ.). On a demandé la suppression de cette inutile prescription (propos. MARTIN à la Chambre des Députés, projet de la Haye de 1912).

Le motif qu'on en donnait autrefois est depuis longtemps reconnu faux ; un commerçant dont le crédit est compromis, disait POTHIER, se ferait délivrer des lettres de change sans en fournir la valeur et trouverait le temps de les négocier avant de faire faillite, de manière à frustrer le tireur, obligé de payer l'effet sans en avoir reçu l'équivalent.

Cette explication n'est guère concluante ; le tireur, prêt à livrer des traites simulées au preneur sans en recevoir l'équivalent, simulera aussi bien une mention de valeur, toute fausse qu'elle soit. Il n'en sera pas moins frustré, lui ou la masse de sa faillite.

1352. — Toutefois, l'intérêt qu'il y a de conserver cette mention n'est pas purement imaginaire. La lettre de change engendre des sanctions énergiques : il convient qu'une énonciation de l'effet montre la volonté du souscripteur de se placer sous ce droit de rigueur.

L'énonciation est utile pour le simple billet à ordre, mais davantage encore pour la lettre de change. Car, dans son expression littérale, ce dernier titre ne serait qu'une procuration de toucher la somme chez le tiré pour en rendre compte au tireur. Un simple pouvoir, ne donnant au porteur ni droit ferme ni recours, ne se distinguerait plus d'un titre de créance et de garantie. N'a-t-on pas vu que l'indication de valeur était une reconnaissance de dette délivrée au preneur, précédant et motivant l'ordre donné au tiré (n° 1325) ?

Les Allemands ont supprimé la mention de valeur fournie, elle était inconciliable avec leur doctrine du change. Ils ont compris cependant le besoin de marquer dans l'effet que le souscripteur se soumet à notre droit spécial : de là, l'énonciation nécessaire du mot *change* dans le titre, qui, chez nous, n'est pas requise. Ils ont fait accepter cette mention par la

Conférence de la Haye de 1912, mais en laissant chaque État libre de ne pas l'exiger, pourvu alors que la traite contienne la clause « à ordre ».

1353. — ... *Une somme précise.* On l'inscrit deux fois sur l'effet, *en chiffres* dans l'angle supérieur de droite, puis *en lettres* dans le corps du titre. En cas de divergence, c'est, ainsi que le propose le projet de la Haye, l'énonciation en lettres qui prévaut (à moins de dire que c'est la plus faible des deux sommes). La répétition n'est, du reste, pas exigée : une seule mention, soit en chiffres, soit en lettres, suffit.

L'objet de la lettre de change ne peut être qu'une somme d'argent. Il faut que cette somme soit due en une seule fois, et non point par acomptes successifs. En outre, elle doit être liquide et apparaître à la lecture immédiate du titre. Ne serait pas une lettre de change l'écrit par lequel on disposerait « sur le prix de facture d'achat de telle date », ou « sur le solde de tel compte ». L'effet perdrait sa portée d'instrument monétaire, l'incertitude de la somme à recouvrer y mettrait obstacle.

1354. — De même, l'effet ne peut être accompagné d'une *clause d'intérêts* : « A trois mois de vue payez mille francs, plus les intérêts à 5 o/o ». Pour les effets à échéance fixe, le calcul des intérêts, s'ajoutant au principal, nécessiterait une certaine réflexion, et la rapide circulation du titre en souffrirait. Pour les effets à vue ou à un certain délai de vue, ce défaut serait encore aggravé, et cependant le projet de la Haye admet l'adjonction d'intérêts à l'égard de ceux-ci seulement.

Il ne faut pas dire de la clause qu'elle est non écrite (projet de la Haye), mais qu'elle empêche l'effet de valoir comme lettre de change et la transforme en simple promesse.

1355. — Un autre motif s'oppose à une pareille insertion d'intérêts. L'effet de commerce n'est pas un titre de rapport ou de placement. Certaines banques émettent contre dépôt d'argent des *bons à échéance* de plusieurs années, avec coupons d'intérêts. Ces bons sont à ordre. Ils se rapprochent plutôt des obligations négociables de sociétés et surtout des bons du Trésor, que des effets de commerce.

La question importe au point de vue fiscal : le timbre applicable n'est pas le timbre des effets, mais celui des obligations, de 90 centimes o/o, décimes compris, avec conversion possible en taxe annuelle de 9 centimes o/o (n° 599). En outre, ces bons, sauf discussion, sont passibles de l'impôt sur le revenu de 4 o/o, lorsqu'une société les a émis.

1356. — ...*A une échéance déterminée.* — L'époque du paiement doit être mentionnée, même lorsque l'effet est à vue, et cette époque ne doit être affectée d'aucune condition ni terme incertain. Autrement l'effet, devenant instable, ne pourrait plus faire fonction de monnaie.

C'est par exception que le droit maritime classe le *billet de grosse*, à l'égal d'un billet à ordre (ou d'une lettre de change), parmi les effets de commerce (art. 313) : ce billet renferme une créance conditionnelle, l'emprunt n'étant remboursable qu'en cas d'heureuse arrivée. Cette disposition ne saurait être généralisée ou étendue hors de ses termes.

1357. — L'échéance peut être libellée de trois manières, si l'on excepte la lettre payable en foire de l'art. 129 *in fine*, qui tenait une grande place dans la pratique du XVe siècle et des siècles suivants (n° 1281), mais qui est maintenant bien rare. C'est ce qu'indique le paragraphe *De l'échéance* (art. 129-135).

1358. — *a*) La lettre de change peut être *à vue*. Elle est alors payable à présentation (art. 129 et 130), et ne peut donner lieu à acceptation. La première fois que l'effet sera présenté au tiré, c'est pour qu'il le paie, non pour qu'il l'accepte. Cette présentation doit, à peine de négligence du porteur, être faite dans les *trois mois* de la date de l'effet (art. 160).

Il ressort de là que la lettre de change à vue doit être *datée*, c'est-à-dire indiquer le jour de l'émission. Pour le même motif, la date est nécessaire dans les lettres de change à un certain délai de date (voir *infra*, n° 1363) ; par elle, on saura le jour où l'effet devient exigible.

1359. — Notre loi pousse les choses plus loin : elle requiert la date, *sans distinction*, pour toutes les lettres de change (art. 110, al. 2). Cependant, la date est sans utilité pour celles qui sont à échéance fixe. Tout au plus, y trouve-t-on un contrôle (bien faible) de l'époque où un tireur, maintenant en faillite et incapable, aurait mis la traite en circulation.

Dans un acte sous seing privé ordinaire, la date n'est pas imposée.

1360. — La lettre de change à vue est rare. En pratique, et depuis 1865, un tel effet deviendra un *chèque*, instrument moins fortement taxé au point de vue du timbre (droit fixe de 0.10 ou 0.20 au lieu du droit proportionnel), et obéissant d'ailleurs à des conditions particulières. On fera une lettre de change à vue, au lieu d'un chèque, pour les effets de 400 fr. ou au-dessous, parce qu'alors le timbre des effets est moins élevé que le timbre fixe des chèques.

1361. — *b*) La lettre de change peut être *à échéance fixe* : au 1er, au 15 mai, fin mai (le dernier de ce mois), etc. (art. 129). Elle doit être présentée le *jour* même de l'échéance et protestée le *lendemain* (cfr. *infra*, n° 1534) ; autrement, le porteur perd ses recours contre les endosseurs, et contre le tireur qui n'aurait pas fait provision.

Si le jour de l'échéance est un *dimanche* ou un *jour férié*, la lettre doit être présentée le *lendemain* (art. 134), et le protêt dressé le surlendemain (avant la loi du 28 mars 1904, elle était présentable la *veille*).

Si l'échéance tombe un jour ouvrable, veille d'un jour férié, un samedi, la présentation se fera au jour énoncé, et le protêt n'aura lieu également que le *surlendemain*, le lundi (art. 162, al. 2).

1362. — *c*) Enfin l'échéance de la lettre de change peut être établie à l'expiration d'un certain *délai* conçu en *jours*, *mois* ou *usances* (art. 129). Le mois se règle d'après le calendrier, février comptant 28 ou 29 jours, tandis que mars comptera pour 31. L'usance est un mois fictif et immuable de trente jours (art. 132).

Le jour formant point de départ du délai (*dies a quo*) n'est pas compté, mais on y compte le jour qui le termine (*dies ad quem*). C'est ce jour même que l'échéance tombera, non le jour suivant.

1363. — Il y a tantôt *délai de date* et tantôt *délai de vue*.

a) Le délai de date part du jour de l'émission. Une lettre de change, souscrite le 15 avril et à 60 jours de date, tombe à échéance le 14 juin.

b) Le délai de vue part d'un moment qui n'est pas encore déterminé au jour de l'émission : celui de l'*acceptation* par le tiré (art. 131) ou au moins du visa daté donné par ce tiré sur le titre (du protêt faute d'acceptation, en cas de refus). La présentation pour l'acceptation doit elle-même avoir lieu dans les *trois mois* de la souscription de la traite, à peine de perte du recours contre les garants (art. 160). L'intervalle entre l'émission de l'effet et son échéance sera donc : 1° du délai énoncé au titre ; 2° plus, du temps, de trois mois au *maximum*, pendant lequel le porteur aura tardé de présenter l'effet à l'acceptation. Emission le 2 janvier d'une traite à trente jours de vue, elle est acceptée le 4 mars : son échéance tombe le 3 avril.

1364. — C'est dans le commerce d'outre-mer que cette dernière forme d'effet est la plus pratiquée. Une maison du Japon expédie des soies à Marseille. Elle propose comme règlement du prix le tirage à un délai de vue. Le terme de 60, de 90 jours, donné à l'acheteur, courra du moment où l'effet lui sera présenté à Marseille, moment approximatif de l'arrivage des soies. Traite et marchandise seront reçues à peu près à la même époque, l'une par paquebot, l'autre par *cargo-boat*. L'acheteur bénéficiera ainsi d'un crédit de même durée que s'il avait acheté des marchandises sur place sous un « délai de date », au lieu du « délai de vue ».

1365. — Tel est l'ensemble des mentions d'une lettre de change. L'indication d'un « besoin », ou celle d'un « domiciliataire », est facultative. On doit en dire de même d'un « tireur pour compte ».

Résumons cette partie d'étude, en disant que la lettre de change exige : — la signature du tireur, — le nom d'un tiré, — le lieu du paiement, — la date d'émission, — la somme, — l'échéance, — la clause à ordre, — la mention de la valeur fournie.

§ 2. — Sanctions des règles de forme

(C. com., art. 112).

1366. — Dans une lettre de change, on peut soit contrevenir ouvertement à la loi, soit employer un déguisement qui laisse croire que la loi est observée, tandis qu'en réalité elle ne l'a pas été. Il y a *omission* des règles prescrites dans le premier cas, et *supposition* dans le second.

1367. — **I. Omission**. — S'il y a omission, la lettre de change manque ostensiblement d'une formalité essentielle. C'est un instrument dégénéré, impropre à produire les conséquences du change.

On transportera à cette situation la formule que donne l'art. 112 pour le cas de supposition : l'effet ne vaut plus que comme « simple promesse »,

La prétendue lettre de change tombe au rang d'*acte sous seing privé ordinaire*, et cesse d'engendrer les garanties d'exécution du change.

Si le titre, malgré son vice, renferme la clause à ordre, cette clause continue à produire effet. Les parties sont libres de rendre un titre de créance quelconque apte à l'endossement. Mais peut être cet endossement n'a-t-il pas la plénitude de résultats d'un endos de change, c'est une question à revoir plus loin, nos 1499 et s. (réservons le cas où le titre, nul comme lettre de change, vaudrait encore comme billet à ordre).

Si la clause à ordre est absente, ou s'il y a somme indéterminée, condition suspensive, échéance imprécise, etc., le droit civil de la preuve écrite (art. 1322 et s.) et de la compétence rentre en vigueur :

a) Non souscrit par un commerçant ou à l'occasion d'un acte de commerce, le titre devra être rédigé en entier de la main du signataire ou contenir la somme avec le *bon* ou *approuvé* ; autrement il perdra sa valeur probante. — *b*) La connaissance du procès soulevé par cet effet dégénéré n'appartiendra pas en principe aux *tribunaux de commerce* (art. 636 C. com.). — *c*) Il n'y aura point lieu à la *prescription* de *cinq ans* de l'art. 189. — *d*) Le titre n'emportant d'autres obligations que celles qui y sont expressément relatées, le tireur ne sera pas garant de l'*acceptation*.

1368. — *L'omission de la valeur fournie* aurait un résultat plus grave : l'écrit ne pourrait servir de base à un recours contre le tireur faute de paiement. Le titre n'a plus les dehors d'une délégation ferme, on n'aperçoit plus dans son texte une dette d'argent du tireur envers le preneur. Si cette dette existe, le preneur devra l'établir par d'autres moyens.

1369. — Il existe un titre, généralement dépourvu de la mention de valeur fournie, et auquel le droit du change ne s'appliquera pas ; c'est la *lettre de crédit*, émise par un établissement de banque sur divers correspondants et qu'utilisent les voyageurs.

Elle déroge d'ailleurs au droit du change sous d'autres aspects. Elle est faite à personne dénommée, et elle énonce une somme *maxima* que le porteur touchera par fractions ou ne touchera pas. Elle n'est pas émise sur un seul établissement. On la présente successivement dans plusieurs villes et chez des banquiers distincts. Pour toutes ces raisons, on ne peut assimiler la lettre de crédit à une lettre de change, bien qu'au moyen âge le change ait fonctionné à la manière des lettres de crédit d'aujourd'hui.

1370. — Lorsque le vice d'omission est apparent, la lettre de change perd sa valeur au regard de *toutes* les personnes qui viennent à la recevoir. Mais il se peut que ce vice soit réparé ou coloré après coup, et échappe à l'attention du tiers porteur. Ce cas se rapproche de celui de supposition.

Ex. : 1° La lettre de change avait été délivrée en *blanc seing* ; le porteur remplit ce blanc, puis il passe l'effet à l'ordre d'une autre personne [1].

2° Le porteur, la *mention de valeur fournie*, faisant défaut, la complète d'une écriture qui se rapproche de l'écriture ancienne ; puis il endosse.

---

1. Escarra, *La lettre de change en blanc*, dans les *Annales de droit commercial*, 1908, p. 209 et s.

3° L'effet a été préparé par le tireur, celui-ci renonce à l'affaire projetée. Le preneur désigné vient dans ses bureaux, voit cet effet sur une table, s'en empare, puis le négocie. En réalité, il n'y a pas eu de preneur.

En équité, vis-à-vis des *porteurs de bonne foi* qui ont fourni la valeur de l'endossement et que rien au dehors n'instruisait du vice du titre, celui-ci doit produire tous les effets d'une lettre de change régulière.

Mais comment cela peut-il se faire ? Seul, dit-on, le système allemand de l' « obligation abstraite » permet de protéger le crédit.

1371. — On peut donner effet à ces traites, tout en suivant les raisonnements ordinaires du droit. Dans ces différents cas, en effet, le tireur a commis une imprudence de nature à surprendre la bonne foi des personnes qui viendront plus tard au titre. C'est une faute que de délivrer un blanc seing, que de mettre en circulation un effet incomplet, que de ne pas détruire un projet de lettre de change abandonné. Le tireur sera donc tenu *quasi ex delicto* vis-à-vis des tiers dans tous ces cas.

1372. — Mais cette obligation quasi-délictuelle ne donnera plus l'équivalent d'une lettre de change, en ce qui concerne la compétence, la prescription, les délais de grâce, etc. ! — Nous le contestons. La personne qui souffre d'un délit doit être remise exactement dans le même état que si le délit n'avait pas eu lieu. En opposant l'incompétence, en réclamant des délais au juge, le souscripteur encourt une exception de dol. « Vous me causez préjudice, par cela seul que vous prétendez vous dérober au droit du change, pour le paiement de ce titre. Pseudo-effet, sans doute, mais sans qu'il vous appartienne, à vous le coupable, de le dénoncer tel ! »

On verra plus loin les défenses purgées par l'endossement : ici la particularité, d'après laquelle la lettre de change, quoique nulle, se sauve par ses dehors, tient à la théorie des « quasi-délits » (n° 1469).

1373. — II. **Supposition.** — La supposition consiste à faire une lettre de change valable en apparence, mais avec des énonciations mensongères. Art 112 : « Sont réputées simples promesses toutes lettres de change contenant supposition soit de nom, soit de qualité ». Le texte ajoutait avant 1894 : «.. soit de domicile, soit des lieux d'où elles sont tirées et dans lesquels elles sont payables ».

La supposition le plus souvent pratiquée avant 1894 était celle de *remise de place* (ou de domicile). On datait de Bordeaux sur Paris une traite, en réalité faite à Paris. La lettre dégénérait en simple promesse, tout en valant encore comme billet à ordre (c'est-à-dire que, sauf le droit à l'acceptation, la commercialité nécessaire, et un ou deux autres points secondaires, elle bénéficiait encore du droit du change).

D'ailleurs, il fallait distinguer entre le porteur de *bonne* et celui de *mauvaise foi*. Par suite de la théorie des délits relatée plus haut (n° 1372), l'effet demeurait une lettre de change régulière au regard de ceux qui n'avaient pas eu connaissance de la supposition de lieu.

1374. — Cette fraude ne se pratique plus. On a aboli la condition de remise de place et modifié l'art. 112. Les cas de supposition emportant transformation de la lettre de change en simple promesse ont été ramenés à deux : « Supposition de nom et de qualité ».

Il eût mieux valu abroger l'article tout entier. Dans les deux prétendus cas conservés, la lettre de change n'engendrera même aucune créance. Le texte maintient entre les parties un lien d'obligation tout à fait injustifiable.

Supposition de nom. — Le souscripteur prend un nom de fantaisie ou le nom d'un tiers, ce qui est un faux. N'est débiteur, ni celui dont on a imité la signature, ni même l'auteur du faux, lequel n'a pas voulu s'engager.

Supposition de qualité. Le souscripteur s'attribue une qualité fausse de banquier, de négociant. Peut-être la créance vaudra-t-elle comme créance ordinaire, non comme créance de change. Le plus ordinairement, ce tireur simule un état de relations avec le tiré, par cela seul qu'il se présente comme son correspondant en disposant sur lui. C'est la situation propre aux *effets de complaisance.* L'obligation elle-même est frappée de nullité : la théorie des effets de complaisance sera exposée nos 1430 et s.

Dans ces conditions, l'interprète doit aujourd'hui tenir l'art. 112 pour lettre morte. C'est avec la loi écrite se comporter de manière un peu cavalière, mais il est impossible de procéder autrement.

1375. — On imagine un autre cas de supposition que ceux de l'art. 112 : la *supposition de date.* La traite est datée du 1er mai, mais elle a été faite le 1er juin. Cette inexactitude, même intentionnelle, n'invalide point la lettre de change, en principe tout au moins.

La simulation de date peut cependant, pour une personne devenue incapable, avoir pour résultat de reporter la traite à un moment de capacité. Au 1er mai, date apparente, *Primus* était *in bonis* ; au 1er juin, date vraie, il était en faillite. Nous savons (n° 1318) que ce tireur encourt les peines du faux (art. 139). En outre, l'engagement est *nul*, même au regard d'un porteur de bonne foi, lorsqu'on peut démontrer cette antidate. Le porteur ne pourra pas produire l'effet à la faillite. Car un failli, dessaisi de l'administration de ses biens (art. 443 C. com.), ne saurait s'engager ni par délit ni par contrat. L'intérêt de la masse prévaut sur celui du porteur.

SECTION II

CONDITIONS DE CAPACITÉ

(C. com., art. 113 et 114).

1376. — Est-il donné à toute personne capable de s'obliger par la voie des effets de commerce ? Si la loi avait répondu par l'affirmative (comme l'a fait la loi allemande), la faculté de souscrire, d'accepter ou d'endosser des lettres de change appartiendrait aux *majeurs* de l'un ou de l'autre sexe, et même aux mineurs émancipés ou à leurs tuteurs agissant dans la limite de leurs attributions normales.

1377. — Tout à l'inverse, la capacité de change sera-t-elle restreinte aux « commerçants ». La lettre de change a principalement son utilité dans le commerce. D'autre part, l'obligation de change est rigoureuse. Un débiteur faible, se laissant aller à souscrire un titre dont il ne comprendrait pas la portée, se placerait sous un statut de poursuites le privant des moyens d'équité recevables dans les autres modes d'engagement.

En partant de cette seconde conception, la loi refuserait à quiconque ne serait pas commerçant de profession, la possibilité de faire soit une lettre de change soit même un billet à ordre, fût-ce à l'occasion d'un acte de commerce accidentel. Un tel engagement ne vaudrait que comme simple promesse.

1378. — Le Code de commerce n'a pas pris catégoriquement parti entre ces deux systèmes ; il a incliné ici vers le premier, là vers le second.

a) A l'égard des *majeurs du sexe masculin*, il s'est rallié à la première conception, et il a admis la capacité la plus large, sans la subordonner à l'exercice d'une profession, commerciale ou autre.

Cependant, dans l'esprit de la loi, la souscription d'une lettre de change n'a pas été séparée de la pensée d'un commerce : le fait que le signataire relève toujours des tribunaux consulaires le prouve bien. A l'égard d'un débiteur mâle de plus de vingt et un ans, la loi présume commercial l'engagement du souscripteur de traite et commerciale même la profession de ce souscripteur, — la négociation de la lettre de change étant, d'après Jousse, Pothier et d'autres anciens auteurs, « une espèce de commerce et de trafic ». On tient pour prouvé que celui qui use de la lettre de change, ne fût-ce qu'une fois, est un commerçant.

L'effet produira donc tous ses résultats pour une personne du sexe masculin, sortie de minorité et non interdite, quand même elle n'aurait point d'établissement de commerce, et qu'elle se serait abstenue de toute affaire de spéculation. Nous donnons la solution de la loi, sans la juger.

1379. — *b*) Il en est différemment à l'égard des *femmes* mariées ou non, ainsi que des *mineurs*. Ici la lettre de change a été solidarisée avec la tenue d'un établissement de commerce. L'engagement de change ne vaut que lorsque le signataire est commerçant et s'est obligé à l'occasion de son commerce. Souscrire des effets devient l'accessoire d'une entreprise se proposant l'un des actes énumérés par les art. 632 et 633 C. com. A défaut de cette entreprise, l'engagement n'est qu'une promesse ordinaire.

§ 1. — Femmes et filles

(C. com., art. 113).

1380. — La femme, mariée ou non, s'engage valablement à l'égal de l'homme, selon le droit du change, lorsque, étant commerçante, elle souscrit des effets à l'occasion de son commerce (n° 164). Il en est autrement de la femme non commerçante. Elle est incapable en matière de change.

« La signature des femmes ou des filles non négociantes ou marchandes publiques sur lettres de change ne vaut, à leur égard, que comme simple promesse (art. 113) ». C'est une restriction à la capacité de la femme, résultant du sexe : il n'en existe plus d'autre, basée sur ce motif, dans le droit privé. Mais quelle est la portée de l'incapacité ?

1381. — Certains auteurs tiennent cette *disposition* pour virtuellement *abrogée* (Boistel, n° 739 ; Demangeat, III, p. 288, etc.). Elle aurait disparu avec la loi du 22 juillet 1867, qui a aboli la contrainte par corps en matière civile et commerciale. L'unique but de l'art. 113 aurait été de soustraire à la contrainte par corps la femme qui, sans être commerçante, signerait un titre de change. A tous autres égards, la lettre de change d'une femme produirait pleins effets, commercialité nécessaire, etc. L'art. 636 place dans la compétence du tribunal civil les lettres de change réputées simples promesses pour vice de forme « aux termes de l'art. 112 » ; mais il se tait sur celles qui seraient simples promesses « aux termes de l'art. 113 », pour avoir été souscrites par une femme non marchande. C'est l'argument *a contrario*.

Nous ne saurions y adhérer ; la généralité de l'art. 113 suffit à faire écarter la thèse. Si l'art. 636 s'est abstenu de renvoyer à l'art. 113 comme il renvoie à l'art. 112, ce doit être par simple oubli.

1382. — Mais le doute subsiste au sujet de l'étendue de l'incapacité des filles ou des femmes non marchandes en matière de lettres de change, et quant au véritable sens qu'il convient de reconnaître à l'art. 113.

Deux opinions se partagent la doctrine et les arrêts.

1383. — I. La lettre de change d'une femme autre que les femmes commerçantes ne vaut que comme *promesse*, mais elle produit les *résultats habituels à un billet à ordre*. Car l'incapacité dont la femme a été frappée par les textes de la lettre de change n'est pas reproduite plus loin dans les dispositions concernant le second des deux effets, dans les art. 187 et 188.

Cela revient à dire : 1° que la femme pourra demander son renvoi devant le tribunal civil, à moins qu'elle n'ait réalisé un acte de commerce par sa nature ; 2° que, sauf cette hypothèse d'acte de commerce, elle est tenue pendant trente ans et non pas dans les cinq ans de l'art. 189, solution qui lui est plutôt défavorable (Montpellier, 22 décembre 1902, D. 1908, 2, 41, note Lacour) ; 3° que, soit qu'elle tienne le rôle de tireur ou celui d'endosseur, elle ne garantit pas l'*acceptation du tiré*, car cette garantie est propre à la lettre de change et ne se transporte pas au second des deux titres.

En revanche, dans cette opinion : 1° la femme engagée par voie d'effet ne pourra obtenir de *délais de grâce* ; 2° le dol commis pour surprendre sa signature ou tout autre vice d'engagement ne lui permet pas de se dégager envers un porteur de bonne foi.

1384. — Cette thèse a plus de peine à préciser un point spécial. Est-il indispensable que la femme non marchande ait rédigé en entier l'effet de sa main, ou qu'elle ait au moins fait précéder sa signature du *bon et approuvé* avec énoncé de la somme ?

Certains arrêts ont répondu affirmativement ; ils sont conséquents avec la doctrine qui fait de la non-application de l'art. 1326 un privilège de la lettre de change seule, non du billet à ordre (n° 1314).

Mais, comme nous avons considéré la règle comme étant la même dans les deux effets, nous déciderons, contre la jurisprudence, que le système en ce moment proposé rend valable l'engagement de la femme non commerçante, mettant son acceptation au bas de l'effet, sans la faire précéder de l'énonciation du montant de la dette.

1385. — II. L'art. 113 comporte une interprétation plus catégorique dans le sens de l'incapacité des femmes à signer des effets de change : *les femmes non marchandes sont aussi inhabiles à faire des billets à ordre que des lettres de change proprement dites.*

Cela donnerait une base rationnelle à la solution d'après laquelle la femme n'est point liée par sa signature, non précédée du *bon* de somme.

Mais cela préserverait surtout les femmes qui ne sont point dans le commerce des surprises auxquelles la souscription d'effets les expose.

Ex. : Un fournisseur décide une femme à lui acheter sa marchandise. Mais il a usé de manœuvres. Du moment qu'il a eu l'adresse de se faire remettre, en règlement du prix, des lettres de change, des acceptations d'effets, ces effets ne vaudront que comme simples promesses.

Dans l'opinion précédente, cela ne les empêchera pas de valoir comme billets à ordre. L'effet changeant de main et passant à un porteur de bonne foi, la femme n'aura point l'exception de dol et se devra à sa signature (voir au chapitre *de l'endossement*, n°s 1468 et s., et n° 1565).

Au contraire, si le billet à ordre lui-même est compris par l'art. 113 dans les actes interdits aux femmes non commerçantes, la femme se dégagera de son obligation entachée de fraude. Car, dans une obligation ordinaire, fût-elle à ordre, le débiteur reste admis à opposer à un cessionnaire les moyens qu'il avait contre le créancier originaire (n° 1503). La jurisprudence penche en sens opposé et généralise les effets de la clause à ordre, en quelque nature d'acte qu'elle soit insérée. Mais l'espèce ici discutée montre à quelles supercheries la thèse des arrêts peut ouvrir la porte.

1386. — **Femme mariée.** — En disant que l'engagement de la femme vaut dette ordinaire, il faut réserver l'autorisation maritale.

Lorsqu'elle est mariée, la validité de son engagement dépend du point de savoir si elle est commerçante ou non.

a) Lorsqu'elle exerce un commerce, avec le consentement général du mari, dans les termes de l'art. 4, elle a, par là même, capacité pour souscrire des effets sans autorisation spéciale.

b) Lorsqu'elle n'est point commerçante, le mari doit concourir à l'acte de la femme ou l'autoriser par écrit (arg. art. 216 C. civ.). Les billets de la femme devront porter la signature du mari, soit qu'il s'engage envers le porteur, soit qu'il signe uniquement afin d'habiliter sa femme. Toutefois la seule juxtaposition des deux signatures uniquement sur un même effet, dont le contexte ne mentionne pas engagement collectif, ne serait pas déterminante ; le mari a pu signer seul à l'origine, puis la femme plus tard en dehors de lui (Req., 30 décembre 1902, D. 1903, 1, 150). La dette de la femme serait annulable.

Les billets, délivrés par une femme qui détaille les marchandises du magasin de son mari, sont, à notre avis, réguliers et affranchis de toute autorisation particulière du mari. — Cela tient à la condition de préposé dans laquelle cette femme se trouve placée (art. 5, al. 2). Elle ne signe pas alors de son chef, le mari est présumé s'être directement obligé (n° 177).

§ 2. — Mineurs

(C. com., art. 114).

1387. — Il y a lieu de reproduire pour le mineur la distinction que nous avons dû faire pour la femme.

Si le mineur, âgé de dix-huit ans et muni de l'autorisation de l'art. 2, fait le commerce, il a comme majeur toute capacité de change (n° 153).

Dans le cas contraire, il ne peut pas s'engager sous cette forme. Son obligation est-elle nulle ? L'art. 114 le donnerait à entendre : « Les lettres de change souscrites par des *mineurs non négociants* sont nulles à leur égard, sauf les droits respectifs des parties, conformément à l'art. 1312 C. civ. ». Cependant la nullité dépend de distinctions à établir.

1388. — 1° Le mineur non commerçant a fait un acte que lui interdisait le droit commun de la minorité ; il a contracté un emprunt sans son tuteur ou son curateur, et a en conséquence signé un effet. Aucun doute que son engagement ne soit annulable, pendant dix ans après sa majorité.

L'exception d'incapacité sera proposée par lui contre tout porteur postérieur de la lettre de change, même contre celui qui ignorait sa condition de mineur : en acquérant une lettre de change, on doit s'assurer que les engagements dont le titre est revêtu, proviennent de personnes capables. Il n'y avait pas d'autre moyen de sauvegarder les intérêts des faibles.

Cette nullité de la dette, pour incapacité du signataire, laissera subsister les autres engagements constatés par la même lettre de change et qui émaneraient de signataires capables (arg. art. 2012, al. 2, C. civ.).

1389. — 2° Le mineur non commerçant a fait emploi de la lettre de change pour une opération qui, par sa nature, n'excédait pas sa capacité. Ex. : Dûment émancipé, il tire un effet sur son locataire en règlement des loyers. Ce n'est pas une lettre de change régulière ; mais l'engagement est valable, il vaut *simple promesse*.

1390. — Malgré le caractère équitable de ces distinctions, l'incapacité du mineur a parfois froissé la bonne foi d'un porteur subséquent, même du porteur originaire. On s'est demandé s'il convenait de sacrifier l'incapable à l'autre partie. Cette situation s'est rencontrée dans deux cas différents.

1391. — **1. Incapable étranger.** — L'incapable dépend par sa nationalité, à l'insu de sa contre-partie, d'un Etat étranger, dont la loi ne fixe pas la majorité au même âge que la loi française, mais la retarde jusqu'à vingt-cinq ans. Ou l'étranger a subi dans son Etat d'origine un jugement (interdiction, nomination d'un conseil judiciaire) qui l'a fait retomber en incapacité et qui n'a reçu en France de publicité ni en droit ni en fait.

Le statut personnel suit l'individu en quelque pays qu'il se rende ou qu'il contracte. Donc un souscripteur d'effet de commerce, comme un signataire de promesse ordinaire, est recevable à *se prévaloir de son incapacité* et à se délier vis-à-vis d'un porteur quelconque.

Il n'y a pas à distinguer selon que l'engagement est pris en France, ou ailleurs, selon que l'étranger est de passage ou possède chez nous une maison de commerce. La dette est annulable dans tous les cas.

Un tempérament d'équité serait souhaitable. C'est surtout en matière d'effets de commerce qu'il faudrait l'introduire : l'engagement *conclu en France* devrait être obligatoire, en supposant l'étranger capable d'après la loi française (système allemand). A tout le moins l'engagement devrait-il être régulier, quand c'est un Français qui s'en prévaut, ayant pris sur sa contre-partie des renseignements ordinaires, et n'ayant commis aucune imprudence (Cass., 11 janvier 1861, aff. Lizardi rapportée par Weiss, *Traité de droit international privé*, 3e vol., 1898, p. 148).

Nous ne croyons pas que tel soit dès à présent l'état du droit.

1392. — II. **Postdate.** — D'autre part, les personnes qui circonviennent les mineurs afin de leur avancer des fonds usent du procédé suivant : *a*) Elles leur font souscrire des *effets en blanc* ; puis après la majorité elles remplissent le blanc et mettent en circulation ces traites avec une date en apparence régulière. *b*) Ou elles font inscrire par le mineur sur la lettre de change une date à venir, prise au delà de sa majorité (1er mars 1915, alors que les vingt et un ans doivent être révolus, le 1er février précédent).

L'ex-mineur demeurera-t-il recevable à plaider son incapacité, lorsque l'effet lui sera présenté après sa majorité par un porteur de bonne foi qui en aurait fourni la valeur ?

Dans une série d'affaires qui ont eu un certain retentissement (traites *Lebaudy*), la jurisprudence a émis des décisions peu concordantes. La divergence des arrêts s'explique par des circonstances de fait variables.

En principe, le signataire conserve le droit de faire rescinder son engagement (Paris, 17 juillet 1894, D. 94, 2, 25, et notre note).

Il est vrai qu'il a fait, par la postdate, une déclaration mensongère de majorité ; mais cela n'équivaut pas à un délit dont il serait responsable (art. 1310 C. civ.). Il a postdaté l'effet par faiblesse vis-à-vis de son créancier. La loi l'autorise à se restituer contre une déclaration de majorité (art. 1307). Que serait la tutelle des incapables, s'il en était autrement ?

Mais, s'il est reconnu *en fait* que le mineur a agi de connivence avec le preneur, ces deux individus s'étant procuré au moyen d'un escompte de quoi fournir à leurs plaisirs, il est juste qu'il soit tenu de sa faute. Il a contribué à surprendre la bonne foi d'un tiers porteur ; l'intérêt de ce porteur devient plus respectable que le sien (Req., 18 novembre 1898 et 21 mars 1899, S. 99, 1, 225, avec note Wahl ; et *Pand. franç.*, 99, 1, 209, avec note Percerou).

CHAPITRE II

DE L'ACCEPTATION, DU REFUS D'ACCEPTATION ET DE L'AVAL

SECTION PREMIÈRE

DE L'ACCEPTATION SIMPLE ET DE L'ACCEPTATION PAR INTERVENTION

(C. com., art. 118 à 128).

§ 1. — Généralités.

1393. — La lettre de change est un titre de *délégation* (n° 1292) ; le moment est venu de nous en souvenir. Dans une délégation, il y a deux points à considérer : *a*) l'ordre donné par le déléguant à la personne qui se substituera à sa dette : c'est l'*émission* de la lettre de change ; *b*) l'acquiescement du délégué à cet ordre, si cet acquiescement doit se produire sous forme de promesse, la dette n'étant pas échue : c'est l'*acceptation* de la lettre de change.

On entend par là *le fait par le tiré*, lorsque le porteur l'en requerra, *de mettre sa signature sur la lettre à côté de celle du tireur et d'accéder ainsi à la dette de change originairement contractée par celui-ci.* Le tiré qui a donné cette signature est *accepteur*.

1394. — Désormais deux personnes, au lieu d'une, seront tenues envers le porteur. Le tiré occupera le premier plan. C'est à lui d'abord qu'il faudra s'adresser pour le paiement ; le tireur ne sera plus qu'un débiteur subsidiaire, tenu à défaut de l'accepteur.

Le tiré a donné sa foi au porteur. Il a pris envers lui une *obligation directe.* S'il l'a fait, c'est parce qu'il y avait entre le tireur et lui un rapport d'affaires ou autre, motivant son accession à la dette de celui-ci. *Thiébaut* avait acheté de la marchandise à *Thomas*. Maintenant, afin de s'acquitter de son prix, mais aussi afin de garantir la signature de son vendeur, de devenir sa *caution*, il accepte la lettre de change dont *Thomas* a disposé sur lui.

La loi économique du crédit, dans la souplesse de ses moyens, amène l'homme à donner en couverture de ses engagements les engagements qu'une autre personne avait pris vis-à-vis de lui, à concentrer sur un même titre deux dettes s'appuyant l'une sur l'autre.

1395. — L'acceptation de la lettre de change ne se rattache pas à une *cession de créance.* Le tireur a-t-il cédé au preneur sa créance contre le tiré ? Nous renvoyons cette question au chapitre de la provision (nos 1441 et s.).

Pour plus de méthode, nous accueillerons transitoirement l'opinion négative.

En tout cas la cession de créance n'a pas été l'opération principale. Le tiré, qui accepte la lettre de change, n'est pas comparable à un cédé qui accepterait une cession de créance dans les termes de l'art. 1690 C. civ. La similitude d'expression ne doit pas nous égarer sur le fond des choses. Entre la cession de créance et la délégation, il faut choisir. Le lien direct établi par l'acceptation entre le tiré et le porteur exclut toute pensée de cession, il en est l'opposé. S'il y avait cession de créance, le preneur ne serait qu'aux droits et à la place du tireur, ce qui n'est point.

1396. — Le lien direct formé entre accepteur et porteur est une règle extrêmement importante, qui domine le change tout entier. Elle ne provient point du jeu de l'*endossement*. Lorsque l'effet est présenté par le preneur au tiré pour l'accepter, la clause à ordre n'a pas encore été utilisée, et cependant l'acceptation engendre déjà ce précieux résultat de mettre bénéficiaire et tiré en relations de droit immédiates.

Chaque endossement, il est vrai, aura également la vertu de faire profiter un nouveau venu d'une créance directe. Mais, quand même la législation n'aurait pas fait de la lettre de change un instrument négociable, le tiré accepteur n'en serait pas moins tenu de la même façon.

1397. — Cette conséquence ne tient pas davantage à une prérogative de la *législation du change*. Elle n'est nullement exorbitante du droit commun. Ailleurs, on l'explique par l' « obligation abstraite » ou par l' « acte unilatéral » (n° 1306). Nous n'avons pas besoin de ces constructions. Une délégation se proposant un but de cautionnement et, d'une manière plus générale, une accession à la dette d'autrui, sont, quant à l'exigence juridique d'une *cause*, plus accommodantes que les autres actes. Tout cautionnement vaut en soi-même : intéressé à sa validité, le créancier n'est pas mis dans la nécessité de faire des investigations sur la réalité d'une dette de la caution envers le débiteur principal ; cela échapperait à ses moyens de recherche. La tradition du droit privé des obligations est en ce sens depuis le temps des Romains (n° 1293).

1398. — Par cela seul que la personne, invitée à se substituer au donneur d'ordre, a donné sa parole au bénéficiaire, celui-ci est fondé à considérer le délégué comme ayant eu un intérêt à intervenir. Il pourra donc retenir sa promesse en toute hypothèse. Activement, le bénéficiaire est armé d'une cause régulière, de celle qui fonde sa propre créance. Le droit qu'il a contre son débiteur originaire vivifie sa prétention contre l'agent substitué. Le délégué a voulu garantir la dette d'autrui : il n'en faut pas davantage; la dette a une cause suffisante.

1399. — En conséquence : — 1° Alors même que le tiré ne serait tenu, vis-à-vis du tireur, que d'une dette apparente, non régulière au fond, surprise par des manœuvres comportant l'*exception de dol*, ou d'une *dette de jeu*, comportant l'exception de l'art. 1965, le fait par le tiré d'accepter l'effet, soit qu'il connût, soit qu'il ne connût pas le vice dont souffrait son premier engagement, le rend irrecevable à opposer ces moyens défensifs au porteur de bonne foi de la traite ; il se doit à sa signature, non à raison d'une originalité du change, mais parce que tel est le résultat de toute délégation-cautionnement (Req., 23 mars 1908, D. 1908, 1, 277).

2° A plus forte raison, en est-il de même, quand le moyen dont disposait le tiré envers le tireur était de ceux auxquels on peut renoncer. Ex. : Débiteur du tireur, le tiré avait d'autre part une créance égale contre lui. En acceptant la lettre, il renonce à la *compensation* au profit du bénéficiaire, et ici alors même que le bénéficiaire connaîtrait cette cause de compensation. — Le tiré, tenu d'un achat de marchandises, a constaté, depuis la livraison, des défauts l'autorisant à se dégager de son prix. Acceptant la lettre de change, il renonce à se prévaloir envers le porteur de la *résolution* .

3° De même, du cas où le tiré, ne devant rien au tireur, a sciemment consenti à accepter ses traites. Alors une cause d'engagement existait bien chez lui, vis-à-vis de ce tireur : il lui a ouvert un crédit, ou il lui a fait une libéralité, se réservant ou non, selon les cas, un recours contre lui.

4° L'accession du tiré, lorsqu'il n'est ni sera le débiteur du tireur, peut avoir un mobile moins honnête. Il fournit sa signature, dans la pensée qu'il n'aura pas à payer, que le tireur lui fera passer les fonds à l'échéance. Il se prête à une supercherie, destinée à laisser croire à ceux qui viendront plus tard au titre, qu'il y avait à l'origine entre le tireur et lui une cause réelle de tirage, un rapport de droit indépendant de l'effet lui-même. C'est l'hypothèse des *effets de complaisance*. Nous la retrouverons en parlant de la provision. Au regard du preneur, l'acceptation n'en est pas moins obligatoire, pourvu qu'il soit de bonne foi (n° 1438).

1400. — La théorie qui vient d'être ébauchée porte le nom d' « inopposabilité des exceptions ». On l'examinera plus en détail dans l'endossement, où les mêmes conséquences se produisent par suite d'un raisonnement pareil, cependant un peu plus compliqué.

C'est aussi au chapitre de l'endossement qu'est renvoyé un point spécial ; l'acceptation est-elle irrévocable, lorsque la lettre de change était fausse, et que la signature du tireur a été contrefaite pour tromper le tiré ? Une doctrine prétend que non, nous aurons à la critiquer (n° 1478).

1401. — Cette théorie trouve son appui à la fois sur la doctrine générale du droit civil et sur celle du change.

1° Les tribunaux sont d'accord pour dire que, dans toute délégation faite pour procurer un répondant, le tiers délégué ne saurait s'affranchir, sous le prétexte qu'il s'était obligé envers le créancier déléguant par erreur ou en vertu d'un acte dont il poursuit maintenant la nullité (Besançon, 31 octobre 1900, D. 1903, 2, 384). La doctrine de la Cour de cassation est des plus fermes : un créancier ayant, avec le consentement de son débiteur, accepté, aux lieu et place de ce dernier, une autre personne qui s'est engagée sans condition; a désormais action contre le nouveau débiteur substitué à l'ancien, *quelle que fût la nature des rapports juridiques qui eussent existé entre l'ancien et le nouveau débiteur* (Civ. cass., 23 janvier 1872, D. 73, 1, 75 ; Hubert, *op. cit.*, p. 173).

Ainsi a été compris le droit en tout temps. Argumentons du paiement de la dette d'autrui. Un tiers intercède soit en s'obligeant, soit en payant. Il croit, sur des apparences trompeuses, à une dette le liant envers *Primus*, que lui adresse son propre créancier *Secundus*. Il obtempère à l'ordre de payer. Le paiement, comme tout autre acte juridique, doit avoir une cause: faute de quoi, il y a lieu à répétition. Le tiers aura-t-il contre le délégataire *Secundus* la *condictio indebiti*, lorsque l'inexistence de sa dette envers *Primus* lui sera révélée ? Déjà les Romains repoussaient la répétition contre celui qui n'a fait que recevoir son dû, *qui suum recepit* (Paul, D. L. 44, *de cond. ind.* ; voir cependant l'antinomie signalée par GIRARD, *Manuel de droit romain*, 3e éd., p. 613).

1402. — 2° Deux textes du change sont en concordance avec ces idées.

a) « L'acceptation suppose la provision » (art. 117, al. 1er). Cette disposition a des significations diverses. Plusieurs d'entre elles se retrouveront. Mais le premier sens de la formule est celui-ci. Le porteur de l'effet, une fois accepté, n'a plus à prouver que le tiré était redevable envers le tireur, qu'il y avait chez lui *provision*. Il y a présomption absolue que cette provision existe, toute mauvaise foi du porteur réservée. L'acceptation est donc, par elle-même, pourvue d'une cause régulière.

b) « Celui qui accepte une lettre de change contracte l'obligation d'en payer le montant ; *l'accepteur n'est pas restituable contre son acceptation*, quand même le tireur aurait failli à son insu avant qu'il eût accepté (art. 121) ».

C'est bien une preuve que les exceptions appartenant à l'accepteur contre son tireur ne sont point opposables au porteur. Le tiré a accepté sous l'empire d'une erreur substantielle, il croyait le tireur *in bonis*. Il a agi à découvert, comptant se faire rembourser par lui. Il ne lui aurait pas fait crédit, s'il l'avait su failli. Cela importe peu : au regard du porteur, l'acceptation est irrévocable.

La solution ne se modifierait qu'en présence d'un dol du porteur : celui-ci, connaissant la faillite du tireur, a intercepté la lettre qui en aurait instruit le tiré. Alors ce n'est plus par suite d'une erreur que le tiré se dégagera. Il opposera au porteur son propre fait (POTHIER, *Traité du contrat de change*, p. 524 de l'édition Bugnet, admettait même la restitution lorsque le porteur avait usé de simple réticence, ce qui était excessif).

1403. — Ce préambule achevé, pénétrons dans la réglementation légale.

Toutes les lettres de change sont sujettes à acceptation. Cependant il y a exception pour deux sortes d'entre elles :

1° Les lettres de change *à vue* (ou les chèques) ; la première et seule fois qu'on les présente, c'est pour qu'elles soient payées ;

2° Les traites portant défense de les présenter à l'acceptation : la clause *non acceptable* est valable en droit français.

Suivant une opinion très répandue, la qualification de « mandat », au lieu de celle de « change », donnée à l'effet dans son texte, suffirait à interdire le droit de requérir l'acceptation. Mais il est plus sûr de s'exprimer formellement à cet égard dans la rédaction du titre.

On rend souvent non acceptables, par des raisons de convedance pratique, les effets d'un chiffre minime ou d'une échéance très rapprochée.

1404. — Sous ces réserves, le porteur est toujours fondé à provoquer l'acceptation. Elle lui sera utile, même lorsque le tiré a formellement autorisé son tireur à disposer sur lui, ce dont ferait foi une pièce de correspondance jointe à l'effet. Ce pouvoir de disposer n'est-il pas déjà une acceptation ? — Non. Il engendre bien une promesse personnellement envers le tireur ; mais cette promesse est une obligation ordinaire, et surtout le tiré ne s'est pas lié vis-à-vis du porteur quelconque de la traite. présent ou futur. C'est à cette obligation directe, sanctionnée par le droit du change, que prétend légitimement le porteur.

1405. — Les démarches aux fins d'acceptation sont *facultatives* pour le porteur. Il n'encourt, en ne les faisant pas, aucune déchéance.

Une exception concerne les lettres de change à un certain *délai de vue*. Il faut les présenter à l'acceptation, plus exactement, au *visa* du tiré dans les trois mois de leur émission (art. 160). La préoccupation de la loi n'est point que le tiré s'oblige à payer l'effet, mais qu'il fasse courir le délai d'échéance, afin qu'on sache quel jour la lettre sera exigible.

A cet effet, l'acceptation (ou le visa) devra être *datée*, ce qui n'est point exigé pour une acceptation ordinaire (art. 122, al. 3). Faute de date, le moment où la traite sera présentée pour le paiement ne serait plus déterminé.

La sanction est rigoureuse. L'oubli de la date transforme, par la volonté de la loi, le *délai de vue* en un *délai de date*. Le terme d'échéance courra du jour où la traite est émise (art. 122, al. 4). — La lettre de change émise le 2 mars, à soixante jours de vue, viendrait à échéance le 2 mai, faute de date de l'acceptation.

Si le porteur s'aperçoit de l'oubli dans les trois mois de la présentation de l'art. 160, il pourra encore réparer l'omission en présentant l'effet une seconde fois, sans tenir compte de la première acceptation défectueuse. Essuyant un refus, il dressera un protêt dont la date certaine équivaudra à celle d'un visa, pour faire courir le délai.

Mais le mal serait irréparable, si ces trois mois étaient expirés et que le délai de vue, calculé en délai de date, fût lui-même écoulé à ce moment.

§ 2. — De l'acceptation.

1406. — L'acceptation suppose une *remise temporaire* de la lettre de change *au tiré*. Le porteur la dépose chez le tiré, ou il la lui adresse par la poste. Le tiré peut la conserver pendant *vingt-quatre heures*. Après ce délai, elle doit être rendue, acceptée ou non. Sinon, le tiré encourt envers le porteur des dommages-intérêts (art. 125).

On a déduit de ce délai la faculté pour le tiré de revenir sur son acceptation, de la *rayer* et d'en détruire l'effet, s'il est encore dans les vingt-quatre heures. Les vingt-quatre heures de réflexion que donne la loi seraient aussi vingt-quatre heures, mais vingt-quatre heures seulement, pour se rétracter.

Cela n'est pas exact : le tiré peut revenir sur sa volonté et raturer sa signature, aussi longtemps qu'il n'a pas restitué le titre ou, tout au moins, notifié au porteur qu'il a accepté la lettre de change et qu'il la tient à sa disposition. Tant qu'il n'a pas donné connaissance au porteur de son engagement, il n'est en réalité point tenu : l'échange des consentements n'a pas eu lieu. Cela le rend recevable à rayer son nom, même après vingt-quatre heures (Paris, 30 novembre 1891, D. 92, 2, 94).

1407. — L'acceptation est soumise aux conditions de forme suivantes :

1) Elle doit être donnée *par écrit* sur la lettre de change[1]. Si elle est donnée verbalement ou par un acte séparé (lettre missive), elle crée un engagement, mais au regard du porteur actuel seulement. Cet engagement n'est pas sanctionné par le « droit du change ». Le porteur peut tenir cette acceptation pour insuffisante, et exercer son recours (n° 1410).

Tout en admettant que l'acceptation écrite donnée hors de la traite est insuffisante pour exclure le recours en garantie, la jurisprudence (Cass., 14 mai 1862, S. 62, 1, 719 ; Caen, 6 mai 1901, S. 1902, 2, 293) penche à étendre à cette « acceptation par acte séparé » les effets de celle qui est fournie sur la traite : commercialité nécessaire, refus des délais de grâce, etc.

Tel est le cas d'une signature d'aval (art. 142). Pour l'acceptation, la loi ne dit pas que l'acte séparé ait une valeur de change : la rédaction de l'art. 122 est pourtant ambiguë. Suivant ce texte, l'acceptation doit être signée ; il n'est pas ajouté qu'elle doive l'être *sur le titre*.

1408. — 2) L'acceptation résulte de la *signature*, précédée du mot *accepté* ou d'un terme équivalent (art. 122, al. 1 et 2).

Même la signature seule suffit, sans autre mention. Elle n'a de sens qu'en tant que prise d'engagement (Besançon, 9 août 1898, D. 99, 2, 135). On a vu que la formalité du *bon* et *approuvé*, avec indication de la somme, est étrangère à la lettre de change (n° 1314). On a vu encore que la date n'est exigée que pour les lettres à un délai de vue (n° 1405).

Pour ces dernières traites, corrigeons notre formule : il faudra alors que signature et date soient accompagnées d'une énonciation d'engagement. Autrement, il y aurait équivoque : on interpréterait l'acte du tiré comme un *visa* destiné à faire courir le délai, sans volonté de s'obliger.

---

1. Dans la pratique des anciennes lettres de foire, telle qu'elle fonctionnait à Lyon, l'acceptation était *verbale*. Les porteurs de traites se rendaient dans la loge des Florentins et criaient les noms des tirés, ceux-ci déclaraient accepter ou refuser, et les carnets des parties mentionnaient la réponse. Cette opération se produisait *en foire*, c'est-à-dire au moment même où il y avait lieu de réclamer le paiement des lettres de change. Aussi, l'acceptation avait-elle la valeur d'un paiement. Le débiteur était censé avoir versé la somme ; son insolvabilité éclatant ensuite ne pouvait plus donner lieu à un recours contre le tireur (Huvelin, *Essai historique sur le droit des marchés et des foires*, p. 565). — Quoique l'Ordonnance de 1673 (V, 2) eût abrogé l'usage d'accepter les lettres de change verbalement, elle n'a pas entendu innover au règlement lyonnais de la place des changes (V, 7).

1409. — 3) L'acceptation ne peut renfermer aucune *modalité restrictive*. Elle ne saurait être ni subordonnée à une *condition* (art. 123, al. 1), ni fournie *à tel porteur dénommé*: il est de son essence d'être procurée impersonnellement à la traite et à tous ceux aux mains de qui elle passera.

Partant de là, il faudrait dire que l'acceptation ne peut être *partielle*. L'effet est de 500 fr., il ne peut être accepté pour 100 fr. La prestation promise doit être exécutée dans son indivisibilité (art. 1244. C. civ.). Une acceptation partielle pourrait être assimilée à un refus complet, et déclinée par le porteur : il exercerait son recours pour le tout.

La loi décide le contraire. Afin d'alléger le sort des garants, l'art. 124 oblige le porteur à prendre acte de l'acceptation partielle. Elle vaut à concurrence de la somme réduite, le créancier n'exercera son recours que pour le surplus.

§ 3. — Du refus d'acceptation.

1410. — Le refus d'acceptation donne ouverture à un *recours* contre le tireur et, si l'effet a déjà circulé, contre les endosseurs. Tous les signataires de la lettre de change à cette date répondent *solidairement* de l'accession du tiré à la lettre de change (art. 118).

Le porteur peut ou s'attaquer à eux tous, ou choisir celui qu'il entend poursuivre. Lorsqu'il poursuit le tireur, ce dernier ne se retournera contre personne (sauf contre le tiré, qui aurait provision, ou qui lui aurait promis de faire honneur à la traite). Lorsqu'il poursuit un endosseur, celui-ci recherchera ceux qui le précèdent, et ainsi de suite jusqu'au tireur.

1411. — L'assignation judiciaire est précédée d'un *protêt faute d'acceptation* (art. 119). On ne doit pas le confondre avec le protêt faute de paiement. L'étude des protêts sera présentée plus loin. C'est un procès-verbal de constat établi chez le tiré par un officier public, par un huissier.

Cette pièce a force authentique. Elle établit que le tiré requis d'accepter la lettre de change a refusé de le faire : c'est sur la notification de ce protêt que seront recherchés les endosseurs et le tireur.

Le protêt faute d'acceptation n'est pas obligatoire à jour fixe ; on le signifiera à un moment quelconque avant l'échéance. Le protêt faute de paiement est gouverné par des règles beaucoup plus strictes.

1412. — Que va-t-on demander au garant ? — Le porteur réclame l'équivalent de ce que l'acceptation lui aurait procuré, c'est-à-dire une autre signature, à la place de l'accepteur défaillant. Le garant devra fournir une *caution*, assurant le paiement de la traite à son échéance.

L'engagement de cette caution durera autant que celui du garant, tireur ou endosseur qui a dû la fournir (quinze jours ou cinq ans après l'échéance).

Sa solvabilité s'appréciera comme en matière commerciale, et non seulement eu égard à ses propriétés foncières (art. 2019 C. civ.). Celui qui ne peut pas trouver une caution est reçu à donner un nantissement suffisant (art. 2041 C. civ.). Mais il ne paraît pas que cette faculté appartienne au garant : tout dans la matière du change est de droit étroit.

Faute de donner caution, le garant pourra *payer immédiatement la lettre de change*, mais sans aucune retenue ni « escompte ». En général, on ne peut contraindre le porteur d'un effet à recevoir son paiement avant l'échéance (art. 146) : il est fait échec ici à cette règle.

Au principal de l'effet le garant ajoutera les *frais de rechange*, s'il paie dans une place autre que celle où la lettre de change était exigible, et dont la monnaie est à la baisse. Ex. : l'effet est sur Bruxelles, il est remboursé par le tireur à Paris. Le change sur la Belgique fait un huitième de prime. Pour remplacer l'effet en souffrance, le porteur devra supporter un *agio*, le garant l'en indemnisera.

En outre, le garant devra rembourser les frais de protêt (art. 120).

1413. — Acceptation par intervention. — Le protêt faute d'acceptation sert de transition à *l'acceptation par intervention.*

Au moment du protêt, il peut se présenter spontanément un tiers, qui déclare faire honneur à la lettre de change, à défaut du tiré. Il y a « acceptation par intervention ». L'intervenant est un *negotiorum gestor*, il accepte en signant sur la lettre ou sur le protêt. Le protêt constate l'opération et dit pour quel signataire, tireur ou endosseur, intervient le tiers (art. 126).

L'intervenant devient la caution du garant mentionné. Après qu'il aura payé l'effet, il disposera contre ce garant : *a*) de l'*action de gestion d'affaires* ; *b*) même de la *subrogation* aux droits du porteur de la lettre de change, puisqu'il était tenu pour un autre (art. 1251-3° C. civ.). L'action subrogatoire est de nature commerciale ; elle sera donnée, si ce géré est un endosseur, contre tous les autres signataires plus anciens que lui.

L'intervenant doit notifier sans délai son intervention à celui pour qui il est intervenu (art. 127).

1414. — Lorsqu'il se présente plusieurs personnes pour accepter le même effet, l'huissier leur donnera acte à toutes de leur intervention. Dans le paiement par intervention une autre règle est suivie (n° 1517).

Le *tiré* lui-même, laissant dresser le protêt, peut se déclarer accepteur au compte soit d'un endosseur, soit du tireur. Cette attitude, d'abord inexplicable, a sa raison d'être. S'il avait fait une acceptation pure et simple, il tombait sous la présomption : « acceptation suppose provision », ce qui lui créait, au cas d'absence de provision, une difficulté de preuve contre son tireur. Du moment qu'il agit par intervention, cette présomption cesse de lui être opposable. Il est réputé n'avoir pas les fonds, son recours a lieu de droit.

1415. — L'intervention d'un tiers ne prive point le porteur, en France, du recours faute d'acceptation, tel que la loi l'organise pour un refus pur et simple (art. 128). Il en est différemment en Allemagne.

La solution française est bonne ; car rien ne prouve que l'intervenant soit solvable. Mais alors à quoi sert-il d'intervenir ? Lorsque le tiers est solvable, le garant sur qui le recours s'exerce fera de lui la caution que la loi l'oblige à fournir. Il sera dispensé, en fait, d'en rechercher une autre.

1416. — La procédure du protêt et du recours est peu suivie.

Ce n'est guère que dans le cas d'un recommandataire qu'on dresse le protêt ; car alors on ne peut présenter l'effet à ce recommandataire qu'à la condition d'un refus du tiré principal, dûment constaté (n° 1335). Ce « recommandataire » ou « besoin » n'est pas un intervenant, dans le système français. Lorsqu'il a signé, tout recours contre les garants est éteint, ce qui n'est pas le cas dans une intervention ordinaire.

En dehors de cette hypothèse, le porteur, essuyant un refus d'accepter, s'abstient de lever le protêt. Il retourne l'effet en souffrance à son cédant. Le cédant remboursera la dette à l'occasion de laquelle il avait négocié la traite, ou il expédiera à son cessionnaire une autre traite en remplacement de la première. S'il ne le fait pas, il sera toujours temps pour le porteur, en supposant l'effet revenu en sa possession, de le présenter pour le paiement à l'échéance : le recours faute de paiement n'est point compromis par le défaut d'un protêt pour non-acceptation.

SECTION II

DE L'AVAL

(C. com., art. 141 et 142).

1417. — L'aval est une garantie personnelle du paiement de la lettre de change qui ajoute, comme l'acceptation, un débiteur au titre (art. 141) ; un *cautionnement* fourni par un tiers, appelé *donneur d'aval*.

Il a lieu par apposition de signature, soit *sur l'effet*, soit *sur un acte séparé*. Dans les deux cas il oblige le signataire *commercialement*, selon le droit du change (fût-il ami de la personne cautionnée, et étranger aux affaires). Dans les deux cas également, le signataire est obligé *solidairement* avec celui pour qui il intervient, ainsi qu'avec ses prédécesseurs. La caution ne dispose pas ici, comme en droit civil, du bénéfice de discussion. Le tout, à moins de convention contraire (art. 142).

Le donneur d'aval aura son recours contre la personne dont il a garanti la signature et contre les signataires qui venaient avant cette personne. Mais il ne pourrait se retourner contre les signataires suivants.

1418. — Les négociants n'aiment point à pratiquer l'aval ouvert et démasqué. Celui qui ne peut faire escompter son papier (*Bernard*), sans l'assistance d'un répondant, se souciera peu de traduire dans l'extérieur de la traite la faiblesse de son crédit. Il invitera son donneur d'aval (*Thomas*) à créer l'effet comme s'il en était tireur et à le passer à son propre ordre à lui *Bernard*, avec mention simulée de valeur fournie. L'intéressé négociera ensuite cette traite, premier endosseur en apparence.

Les parties ont commis une supposition de qualité. Si le preneur apparent *Bernard* devait rembourser la lettre en souffrance, il serait sans recours contre le tireur *Thomas* qui est en réalité sa caution. Mais l'effet, vis-à-vis des porteurs de bonne foi, produirait les mêmes résultats que s'il était régulier.

Quant aux porteurs de mauvaise foi, au courant de la situation de ce pseudo-tireur, le cas est difficile à résoudre. On a cru surprendre dans de pareils effets le même vice que celui qui affecte les effets de complaisance (V. cep. Req., 10 janvier 1898, D. 99, 1, 196). Tout au moins les a-t-on sévèrement jugés, lorsque la personne cautionnée assure son auxiliaire, le tireur, que les fonds lui seront adressés pour le couvrir à l'échéance. Mais une convention semblable est insolite, le tireur ne craignant guère d'être recherché pour le paiement avant l'endosseur qui le suit.

CHAPITRE III

DE LA PROVISION

(C. com., art. 115 à 117 ; 149 arg. ; 170 et 171).

§ 1. — Généralités.

1419. — On voudrait pouvoir transporter à l'étude, extrêmement sombre, de la provision, les moyens d'argumentation du droit civil. La singularité du langage consacré par la longue pratique du change a déconcerté la doctrine, qui n'a pas encore exercé sur ce sujet une prise complète de possession.

La provision est *la créance d'argent appartenant ou devant appartenir lors de l'échéance de la traite au tireur contre le tiré, et motivant de la part du premier l'émission de la lettre de change sur le second.* « Il y a provision, dit l'art. 116, si, à l'échéance de la lettre de change, celui sur qui elle est fournie est redevable au tireur, ou à celui sur compte de qui elle est tirée, d'une somme au moins égale au montant de la lettre de change ».

En s'attachant tant à ce terme de provision, qu'à la définition que la loi en donne, on est en mesure de faire certaines constatations.

1420. — D'une part, en constituant une provision, le tireur *pourvoit* à ce que le tiré fasse honneur à l'effet, en l'acceptant d'abord, en le payant ensuite. Quand la provision est absente, tout porte à croire que l'effet demeurera en souffrance. Au surplus, cette provision ne consistera pas nécessairement dans une somme dont le tiré serait redevable envers le tireur. Deux hypothèses peuvent être envisagées :

a) Le tiré doit ou devra de l'argent au tireur, à raison d'un achat de marchandises (hypothèse de beaucoup la plus fréquente) ou d'un emprunt maintenant exigible, etc. La traite sera un moyen pour le tireur de rentrer dans son dû, de se couvrir, comme on dit parfois, de la créance qui figure sur ses livres au débit du tiré. Le tiré, payant la lettre de change, n'aura pas de recours contre lui, puisqu'il aura simplement acquitté sa dette.

1421. — Pour cette nature de provision, la pratique a consacré en France l'usage suivant : *entre deux commerçants, et s'il s'agit d'une dette commerciale, le pouvoir de faire une lettre de change est de droit pour le créancier.* Il n'a pas à s'assurer le consentement de son débiteur à ce mode de recouvrement. Celui-ci, refusant d'accepter l'effet, engagerait sa responsabilité envers le tireur et lui devrait des dommages-intérêts. Cependant, par son acceptation, le débiteur empire la condition à laquelle il était soumis jusque-là ; il sera tenu, selon le droit du change, et il subira le système rigoureux d'exécution de ce droit (refus des délais de grâce, inopposabilité des exceptions, etc.).

1422. — *b*) Le tiré pouvait ne rien devoir au tireur ; mais il lui a fait savoir qu'il honorerait ses traites. C'est encore une provision, moins sensiblement différente du cas précédent qu'il n'y semble au premier aspect. Cette promesse d'honorer la traite forme une *ouverture de crédit*. Le tiré s'est engagé à faire une avance à son correspondant, à tenir sa caisse à sa disposition. C'est encore une dette.

La situation est plus claire, quand l'on suppose l'ouverture de crédit faite avant que le moment de créer la traite ne soit venu. Un banquier s'est engagé à remettre à *Primus*, lorsque celui-ci l'en requerra, des avances à concurrence de 100.000 fr. ; le client réalise le crédit par voie de traite.

1423. — La différence qui sépare ce cas du premier est dans le droit qu'a le tiré alors de se faire rembourser. Seulement il se posera une question de *preuve*. Sur la seule justification qu'il a soit accepté, soit à plus forte raison payé l'effet, le tiré pourra-t-il se faire rembourser par le tireur ? Ou bien devra-t-il démontrer qu'il n'a fait qu'une avance ? Le présumera-t-on débiteur ou non ?

La loi, en formulant la maxime : « L'acceptation suppose la provision » (art. 117, al. 1er), donne la réponse, dans le sens le moins favorable au tiré. Du moment qu'il a accepté (et *a fortiori* qu'il a payé), il devait vraisemblablement de l'argent au tireur. Pour se faire rembourser, il lui faudra démontrer l'absence d'obligation à sa charge. Cette preuve (que son caractère négatif rend de toute manière difficile) lui est-elle même permise ? Certains diront que la présomption de l'art. 117, al. 1er, est absolue et irréfragable. Mais la jurisprudence ne va pas jusque-là (Civ. cass., 30 novembre 1897, D. 98, 1, 158).

1424. — Il faut ici se tenir en garde contre un malentendu. Par rapport au *tiré*, on vient de le dire, l'acceptation fait présumer la provision. Par rapport au *porteur*, se retournant après refus contre le tireur, cela n'est plus vrai. La présomption n'est plus applicable.

A quelle situation est-il donc fait allusion ? Disons par anticipation que le recours en garantie du porteur impayé contre le tireur n'est point soumis à la même diligence, lorsque le tireur a fait provision chez le tiré que lorsqu'il n'a pas fait provision (nos 1526 et s.).

a) S'il a fait provision (ou mieux si le tiré lui devait l'équivalent de la traite), le tireur n'est plus tenu à l'égard du porteur qui s'est abstenu de dresser protêt le lendemain de l'échéance ou de le citer en justice dans la quinzaine suivante.

b) Si la provision est absente, le tireur demeure, au contraire, tenu envers le porteur, malgré toute négligence de ce dernier, jusqu'à l'expiration de la prescription de cinq ans de l'art. 189.

Or, pour se trouver dans le premier de ces deux cas, pour être relaxé des poursuites tardives, c'est à lui, défendeur, que la preuve de la provision incombera, là même où le tiré aurait accepté. L'acceptation, bonne pour faire présumer la provision aux fins d'exclure le recours du tiré sur lui, tireur, ne l'est plus pour écarter le recours contre lui du porteur impayé. C'est la solution formelle donnée par les art. 117, al. 3, et 170, al. 1 : « si ce dernier (le tireur) *justifie* qu'il y avait provision à l'échéance ».

Bref, l'existence d'une provision exonère le tireur tant vis-à-vis du tiré que vis-à-vis du porteur retardataire. Mais, quant à savoir si cette provision a été faite, la charge de la preuve est intervertie, de la première à la deuxième de ces actions. Le tireur en est affranchi vis-à-vis du tiré qui doit prouver la non-provision. La preuve retombe au contraire sur lui envers le porteur.

1425. — Telles sont les premières réflexions que détermine l'emploi du mot de « provision ». Quant à la créance que cette provision aura pour objet, elle n'est nécessairement ni *exigible*, ni *liquide*, ni même toujours *formée* au moment où la lettre de change est mise en circulation. Tout ce que la loi désire, c'est qu'il y ait concordance de cette dette et de son échéance avec l'échéance de la traite. Encore le tireur pourra-t-il ne pas donner suite à l'intention qu'il avait, lorsqu'il a émis la lettre, de devenir créancier du tiré. Finalement, la provision a fait défaut, malgré la croyance sincère du tireur à son éventualité. Cela suffit, cela est régulier.

Dans le *chèque*, la loi du 14 juin 1865, art. 1er et 2, use d'une rigueur plus grande quant aux qualités que la provision doit présenter. La provision du chèque est obligatoirement une créance préalable, exigible et disponible (V. *infra*, n° 1644).

1426. — Le fait essentiel à retenir, c'est que la provision, même dans une lettre de change, consiste nécessairement en une *créance d'argent*.

Cependant, il n'est point rare que les arrêts visent une provision en marchandises ou en effets, en l'opposant à la provision en argent, tout en lui faisant produire certains résultats. A voir les choses de près, ces provisions en *marchandises* ou en *effets* se ramènent encore à des provisions en argent, couvertes par des marchandises ou par des lettres de change.

1427. — **Provision en marchandises**. — Le tireur avait consigné sa marchandise chez un commissionnaire chargé de la vendre, en se réservant le droit de faire traite sur lui jusqu'à concurrence de ladite consignation. Payant les lettres de change du commettant, le commissionnaire se sait armé du privilège de l'art. 95 pour garantir son remboursement.

La marchandise couvre donc bien l'avance ; mais, en réalité, c'est le crédit concédé par le commissionnaire, créance d'argent, qui forme la matière de cette provision (n° 1137).

1428. — **Provision en effets.** — Afin de décider le tiré, qui ne lui doit rien, à faire honneur à sa traite, le tireur lui envoie un autre effet non plus à payer, mais à encaisser. Le tiré affecte ce second effet à couvrir l'avance qu'il fera en payant le premier. Droit de propriété, nantissement ou simple droit de rétention sur cette remise, l'effet à lui expédié forme pour lui une garantie. La provision consiste non en réalité dans l'effet remis, mais dans une ouverture de crédit, comme précédemment, partant dans une somme d'argent.

1429. — Les problèmes les plus graves soulevés par la provision n'ont pas encore été abordés. Il convient de les entreprendre, et de rechercher successivement : 1° si l'existence ou l'éventualité d'une provision, à laquelle croirait sincèrement le tireur, est indispensable à la validité d'une lettre de change ; et 2° si le porteur a sur la provision un droit, une sûreté réelle distincte de sa créance de change, contre les signataires. La première de ces questions amène à sa suite l'étude des *effets de complaisance*, la deuxième est désignée habituellement du nom de *question de la propriété de la provision*.

Pour nous éclairer sur l'un et sur l'autre de ces deux problèmes, il faut revenir à la conception de la « délégation », dont nous avons déjà fait état dans l'introduction ainsi que dans le chapitre de l'acceptation.

§ 2. — Effets de complaisance.

1430. — La provision n'est que la *cause* juridique de l'invitation adressée par le tireur au tiré de se substituer à sa dette envers le bénéficiaire.

On est étonné que la nécessité d'une provision puisse seulement se discuter. Le seul fait qu'il y a une circulation de traites entre deux personnes est, semble-t-il, la preuve d'un rapport d'affaires, ou au moins d'un rapport de confiance existant entre elles. De même que le tireur a reçu l'équivalent de l'effet du preneur (valeur fournie), ce qui explique l'ordre actif de recevoir, de même le tiré lui en doit l'équivalent (provision), ce qui explique l'ordre passif de payer. Il ne faut pas s'embarrasser plus longuement d'une question qui paraît tranchée par l'évidence.

La loi ne dit pas, il est vrai, que la provision soit indispensable. Mais elle le laisse deviner, car la provision tient à la nature des choses. Elle dit d'ailleurs qui doit la faire : c'est le tireur. Mais, lorsqu'il y a eu traite pour compte (n° 1331), c'est le donneur d'ordre, la personne invisible sur l'effet dont le tiré est le client et de qui provient en réalité l'ordre de paiement (art. 115).

Au surplus, en supposant la provision absente, on ne voit pas quelle serait la sanction. — Le tireur n'est-il pas tenu envers le porteur par sa seule signature ? L'accepteur n'a-t-il pas avoué la provision en signant à son tour ? — Alors c'est le droit pénal seul qui frapperait l'agissement ! On retiendrait le fait comme un acte de banqueroute simple, si toutefois le signataire était tombé en faillite (art. 585 C. com.) ; ou encore comme un acte d'escroquerie (art. 405 C. pén.), si l'auteur de la circulation avait eu pour but de se faire remettre des fonds ou valeurs ! Mais où sont les manœuvres frauduleuses ?

1431. — Il y a cependant des provisions simulées : on dit alors que le tireur se livre à une *circulation fictive*, afin de se procurer des ressources au moyen d'un simulacre de relations, en passant du papier à un banquier ou à des fournisseurs. Le fait se rencontre dans les deux cas suivants :

1432. — On tire une lettre de change sur une personne que l'on ne connaît point, même sur une personne inexistante : *tirage en l'air*. Tantôt on surprend la bonne foi du preneur, tantôt on s'est assuré de sa connivence afin de tromper ensemble les porteurs ultérieurs.

1433. — Plus habituellement on fait une *traite de complaisance*. Le tireur se concerte avec un ami ou avec un tiers aussi embarrassé que lui dans ses affaires. Il est convenu que l'effet tiré sur ce compère sera accepté par lui, sans l'exposer à faire les fonds à l'échéance.

Muni de deux signatures, et simulant une affaire préexistante ou une ouverture de crédit qui n'est pas dans les intentions des opérateurs, il est donné à un fournisseur en règlement de marchandises, ou à l'escompte d'un banquier. Le tireur continuera artificiellement son existence commerciale. Il fait croire à une créance sur le tiré qui est purement mensongère, et c'est ce qui encourage les tiers à recevoir l'effet. Il pratique, a-t-on dit, une « fausse monnaie ». L'effet a été créé collusoirement entre les signataires, sans cause ni valeur réelle (L. 24 germinal an XI, sur la Banque de France, art. 5). Au besoin on rendra au compère le même service, les deux opérateurs tireront mutuellement l'un sur l'autre (voir, pour le cas d'un prêt réciproque de crédit destiné à se réaliser par voie de traites, Hémard sous Amiens, 9 janvier 1903, S. 1903, 2, 241).

1434. — Mais ne peut-on pas donner comme cause à cette traite une *ouverture de crédit*, et le risque pour les tiers n'est-il pas celui qui est inhérent à tout papier, l'insolvabilité des signataires ? — Non ; on peut s'en convaincre, en voyant la suite que doit prendre cette circulation.

L'effet qui a sa provision dans une *ouverture de crédit* sincère ne contrevient pas à la loi ; le tiré *Secundus* consent alors à faire des avances à son tireur : il y a entre les parties une opération ferme pour alimenter la traite. Au contraire, dans l'effet de complaisance, cette promesse de faire des avances n'existe pas en réalité.

En effet, le tireur rassure le tiré, son « complaisant ». Il est secrètement entendu que celui-ci sera couvert par un renouvellement, trois mois après ; aux approches de l'échéance, *Primus* disposera à nouveau sur le compère, fera escompter le second effet et enverra le produit de cet escompte à *Secundus*, pour qu'il ait de quoi régler la première traite. De même, pour couvrir l'échéance du deuxième effet, quatre-vingt-dix jours plus tard. Et ainsi de suite (traites en cavalerie), jusqu'à ce que, sorti de l'ère des difficultés, le tireur puisse liquider avec des recettes acquises la dernière échéance.

1435. — Le danger de cette circulation est certain. Elle est surtout répréhensible, employée entre deux chevaliers d'industrie. Même de la part de commerçants honnêtes, le trafic de complaisance a ses périls. Il intervient à un moment où l'opérateur est déjà compromis : il prolonge sa situation, sans la sauver et même en l'empirant.

Le commerçant, *Primus*, qui recourt à cet expédient, fait tort : 1° à son compère *Secundus*, qui, s'il tombe en dépit de ses assurances, sera bien obligé de payer l'effet ; 2° au banquier *Tertius*, preneur de l'effet, ou, quand ce banquier est complice, à l'établissement de crédit, à qui l'on fera réescompter l'effet ; 3° à tous ceux que trompera cette prorogation de vie commerciale du tireur et qui lui feront crédit, retardant seulement une faillite.

1436. — On distingue mal l'effet de complaisance des *effets sujets à renouvellement*.

Dans des ventes de marchandises, et surtout de matériel, l'acheteur *Secundus* acceptera des traites à trois mois, sachant qu'il ne sera pas dans un délai aussi court en état de faire l'argent ; c'est le cas pour la majeure partie des lettres de change tirées sur les agriculteurs. Le renouvellement a été expressément ou tacitement convenu d'avance. Ces effets, basés sur une opération sérieuse, ne peuvent être taxés de complaisance.

1437. — La circulation de complaisance est frappée par le *droit pénal*, lorsqu'elle a pour objet de se faire délivrer des fonds, sans que la contre-partie, banquier ou autre, soit au courant des faits. Il y a « escroquerie » (art. 405 C. pén.). Toutefois, encore faut-il que l'escompte soit accompagné de manœuvres frauduleuses extrinsèques, telles que la production de factures fictives (Crim. rej., 10 novembre 1899, D. 1900, 1, 403). Certains arrêts ont à tort considéré l'escroquerie comme encourue, par le seul fait de présenter au banquier, avec les bordereaux détaillant les valeurs, des traites qu'on savait dépourvues de toute provision actuelle ou prochaine. Cela n'aurait pas dû suffire à constituer l'acte extérieur, l'usage de fausse qualité ou l'emploi de manœuvres destinées à appuyer l'allégation mensongère, c'est-à-dire le fait constitutif du délit (Crim., 4 novembre 1897, D. 98, 1, 337 et la note ; 23 décembre 1897, D. 99, 1, 92 ; 22 octobre 1909, S. 1911, 1, 349).

Lorsque l'agent est tombé en faillite, la circulation de complaisance sera retenue par le ministère public comme un acte de « banqueroute simple » (art. 585-3° C. com.).

1438. — En *droit privé*, que valent les signatures mises sur l'effet ?

Vis-à-vis des personnes de bonne foi, l'effet produit les mêmes résultats que s'il était régulier. Chacun répond de ses délits, et l'exception tirée du caractère fictif de la traite ne saurait être opposée par l'auteur même de la fraude ou de la supercherie ou par son compère, alors que les apparences ne pouvaient mettre les tiers sur leurs gardes (Cass., 30 mai 1899, D. 1900, 2, 508).

Vis-à-vis des personnes de mauvaise foi, l'effet ne peut engendrer de lien de droit. — Le « preneur » qui a pris l'effet, sachant la circulation fictive, ne peut agir contre les signataires, soit pour exiger le paiement de la traite restée en ses mains, soit, ayant dû payer, pour exercer un recours en garantie. — L' « accepteur » ne pourrait davantage, forcé qu'il a été d'acquitter la traite de ses propres deniers, se faire rembourser par le tireur ou s'inscrire dans sa faillite, à moins d'enrichissement procuré à ce tireur par la négociation du titre. Autrement, il y aurait à sa demande en remboursement une *turpis causa*. Il n'a pas payé la dette d'un tiers, comme l'eût fait une personne prêtant assistance à autrui ; il n'a jamais eu la volonté d'avancer des fonds, les circonstances ayant fait tomber le château de cartes qui ne donnait à la combinaison qu'un corps apparent (Paris, 9 août 1904, S. 1905, 2, 144 ; v. cependant Req., 17 novembre 1909 et 21 mars 1910, D. 1913, 1, 281, note LACOUR ; S. 1913, 1, 297, note NAQUET).

Peut-être faut-il aller jusqu'à dire que le complaisant sera tenu d'indemniser les autres créanciers du tort qu'il leur a causé en soutenant la position du tireur par un procédé peu recommandable. Mais sur cette dernière solution il convient de se montrer très réservé.

1439. — Le vice de complaisance peut se rencontrer encore dans un *aval*, lorsque le donneur fournit sa signature dans des conditions pareilles à celles qui viennent de se rencontrer chez un tiré, c'est-à-dire sous la promesse par le garant de lui passer les fonds au lieu de le mettre dans l'obligation de les faire lui-même (v. cependant *supra*, n° 1418).

1440. — Le motif de cette nullité réside-t-il dans l'*absence de provision* ou dans l'*absence de cause* (art. 1131 C. civ.), ou encore dans une *contravention aux bonnes mœurs* (art. 6 C. civ.) ? Les trois points de vue concordent : si le tiré n'était pas dans des rapports de droit justifiant son accession à la dette du tireur, l'ordre de paiement à lui adressé était sans cause, déshonnête, et la délégation ne pouvait servir de base ni à une action, ni à une répétition (Sur toute cette question voir Lyon, 30 mars 1897, D. 97, 2, 305, et notre note ; S. 1900, 2, 153, et note WAHL ; Le Havre, 11 mars et 8 juin 1896, D. 98, 2, 521, et note PIC ; Honfleur, 24 août 1898, *Pand. franç.*, 99, 2, 145, et note THISSE ; Amiens, 9 janvier 1903, D. 1904, 2, 449, et note RAYNAL ; HÉMARD, *Des effets de complaisance*, th. 1899 ; PERROUD, *Les effets de complaisance*, dans les *Ann. de dr. com.*, 1905, p. 1 ; LYON-CAEN et RENAULT, 3e édition, IV, nos 537 et s.).

§ 3. — Propriété de la provision.

1441. — Sortons de cette hypothèse de traites fictives. Le tireur avait contre le tiré une créance égale à la traite, créance accompagnée peut-être de garanties, hypothèque ou autre. Quelle influence l'émission de la traite aura-t-elle sur l'attribution de cette créance et de ses garanties ? La créance demeure-t-elle fixée sur la tête du *tireur* ? Ou la lettre de change a-t-elle exercé une attraction sur elle, la créance se trouvant maintenant dévolue au *porteur* de la traite ?

C'est le problème dit de la « propriété de la provision ». Si l'on doit se prononcer dans le sens du transport sur la lettre de change de la provision, celle-ci constitue une garantie réelle répondant du paiement de l'effet, et s'ajoutant aux garanties données par les signatures.

Le cas où le problème se pose le plus communément est celui de *faillite du tireur* éclatant après la mise en circulation de la lettre de change. Le porteur est admis à s'inscrire à cette faillite pour un dividende ; peut-il en outre faire mainmise sur la provision et se payer par priorité sur elle ?

Il faut discuter le problème séparément, selon que la lettre de change aurait été acceptée, ou selon qu'elle ne l'aurait pas été.

1442. — 1° *La lettre de change a été acceptée par le tiré avant la faillite du tireur.* — L'acceptation a rendu indisponible chez le tiré la provision du tireur. Cette provision a en outre passé sur la traite, bien que le titre ne contienne aucune mention qui s'y réfère.

Sitôt l'acceptation intervenue, il n'appartient plus au tireur de révoquer l'ordre donné au tiré de faire honneur à sa signature, ni de reprendre les valeurs qui devaient servir à la couvrir.

A plus forte raison, si ce tireur tombe en faillite après cette acceptation, le syndic, agent de la masse de ses créanciers, n'a pas le droit d'exercer contre le tiré l'action née de la provision, et de faire rentrer dans l'actif la valeur qui la représente. C'est le porteur de l'effet qui en est investi.

1443. — L'équité, à elle seule, justifierait ce résultat. Le tireur, en dépossédant le tiré de la provision, après qu'il a accepté sur son ordre, manquerait à sa parole. Il lui a garni les mains afin d'obtenir qu'il s'obligeât pour lui. Le tiré s'est cru couvert par la provision : il s'est engagé pour ce motif. On est en présence d'une convention irrévocable et ferme, le garantissant contre l'insolvabilité de son donneur d'ordre. Exiger qu'il rende la provision, ce serait faire tort non pas au porteur, mais au tiré : cet homme, engagé par sa signature, perdrait la sûreté sur la foi de laquelle il s'était lié.

1444. — Le mécanisme de la délégation conduit au même résultat : la créance du tireur sur le tiré a été, implicitement il est vrai, mais d'une manière certaine, transportée au bénéficiaire par l'acceptation.

« Je vous donne ordre, a dit le tireur au tiré, de prendre ma place dans ma dette envers le preneur ; en retour de quoi, je vous libère de ce que vous me devez ». Sur cette invitation, le tiré a accepté.

La provision, créance du tireur contre le tiré, en considération de laquelle cette acceptation a eu lieu, est par là même immobilisée. Cependant cette créance n'est pas éteinte. Elle l'est si peu que, le tireur, obligé, par hypothèse, de payer à l'échéance, aurait le droit de se retourner contre ce tiré, et d'exercer les garanties dont sa créance ancienne était pourvue. Aussi longtemps que la traite circule, la créance constitutive de la provision est seulement assoupie. La novation ne se présume point (art. 1273).

Cette créance, temporairement assoupie, doit appartenir à quelqu'un. Qui donc s'en trouve actuellement titulaire ? Le porteur de la traite, rendu, grâce à l'acceptation, cessionnaire de la provision, et maître par conséquent, faute de paiement, de la faire valoir à l'échéance avec les privilèges, hypothèques, etc., qui l'accompagnent.

1445. — Cependant cette prétendue cession de créance n'a pas été l'objet d'une signification par le porteur au tiré, suivant l'art. 1690 C. civ. D'autre part, elle paraît inconciliable avec l'idée de délégation. Délégation et cession doivent s'exclure l'une l'autre. Le porteur de la lettre de change invoque un « droit propre » et n'est pas l' « ayant cause du tireur ».

1446. — L'objection n'est pas péremptoire. Au contraire, les auteurs qui se sont occupés de la délégation ont mis en relief l'important résultat qu'elle réalise sur la créance qui lui sert de base.

Cette créance est traînée en remorque de l'opération, dévolue au bénéficiaire de la délégation. Celui-ci succède au droit qu'avait le déléguant sur elle. Il peut invoquer désormais : 1° la créance directe née de la délégation et échappant aux vices dont pourrait souffrir la dette du délégué ; 2° et aussi, s'il y trouve avantage, la créance du déléguant, tacitement cédée, sans qu'il ait eu besoin d'en faire la signification, avec toutes ses sûretés et tous ses risques.

Le bénéficiaire détient deux prérogatives. La délégation n'est pas inconciliable avec la cession ; elle l'entraîne même par voie de conséquence : car, où serait la créance primitive du déléguant, créance non éteinte, non demeurée à son ancien maître, sinon chez le délégataire ? Il n'est pas possible de fournir ici une justification plus approfondie du phénomène, que la science du droit civil a mis en suffisante lumière (Hubert, *op. cit.*, p. 179, et jugement du tribunal civil de Nantua du 17 janvier 1879, par lui commenté ; note Wahl, sous Rej., 23 novembre 1898, S. 99, 1, 465).

1447. — En définitive, le porteur de l'effet accepté a deux moyens d'agir contre le tiré, à son choix. Il peut user ou bien de l' « action de change » chirographaire et commerciale ; ou bien de l' « action de la provision », action de droit commun plus précieuse que la première si elle est assortie d'un gage, d'un privilège ou d'une hypothèque.

Et qu'on admire le don d'aimantation de la lettre de change ! La créance contre le tiré vient s'attacher à elle, comme l'avait fait déjà la créance du preneur sur le tireur, comme le fera plus tard à chaque endossement la créance du nouveau porteur contre son prédécesseur. Le porteur a tout un faisceau de garanties résultant des opérations invisibles qui ont motivé la négociation, l'acceptation, l'emploi de la traite à ses divers moments. Richesse de sûretés accouplées, sans exemple dans le reste du droit privé ! Une obligation abstraite ? Mais c'en est tout juste l'opposé. Dans la traite comme dans un creuset bouillonnent des dettes émanant des contrats les plus divers, et qui trempent ce « métal de Corinthe » de si belle venue, l'effet de commerce, la monnaie fiduciaire privée de l'époque moderne !

1448. — 2° *Le tiré n'a pas accepté la lettre de change avant la faillite du* *tireur*. — La reprise de la provision, soit par le tireur *in bonis*, soit par le syndic de sa faillite, prend alors une importance capitale.

Tout particulièrement, dans le cas où avant l'échéance de la lettre de change le tireur dépose son bilan, le porteur, qui ne s'est pas assuré la signature du tiré et qui n'a en main qu'un effet à une seule signature, celle du tireur insolvable, a intérêt à se soustraire au dividende.

Il y parviendra, s'il peut faire juger que la provision est sa propriété. Il se paiera par préférence sur la valeur qui la représente.

Dans le cas contraire, la provision rentrera dans l'actif de la faillite et relèvera le dividende commun. Le porteur subira le sort des autres créanciers du tireur. C'est un conflit aigu entre la *masse* et l'*individu*.

Doctrine et jurisprudence ont des vues différentes dans ce problème.

1449. — 1er système. — *La provision est demeurée la propriété du tireur.* Le porteur n'a point d'action sur elle.

Demeuré *in bonis*, le tireur peut la retirer, en changer l'affectation, l'appliquer à de nouvelles traites au lieu des premières, l'éteindre par compensation en devenant par ailleurs débiteur du tiré, bref, exercer sur sa créance une entière disposition.

Si le tireur tombe en faillite, le tiré n'ayant pas accepté, ce n'est pas le tiers porteur qui doit appréhender la provision, mais la masse de ses créanciers à lui tireur, mise en ses lieu et place.

1450. — Il n'est guère possible, en faisant appel aux principes généraux du droit, de critiquer cette thèse. En logique, elle est irréprochable.

Le tireur a donné un ordre de délégation à son débiteur. Peut-il le révoquer ? Assurément, bien que ce ne soit pas un *mandat*. Il est indifférent au débiteur, tant qu'il n'a point accepté, que l'ordre de son créancier soit maintenu ou rétracté, il se tient à sa disposition.

Sans doute, côté actif, l'ordre de recevoir que le tireur a donné au preneur est irrévocable. Le porteur a fourni la valeur de l'effet et veut le conserver. Mais il n'y a point symétrie entre les deux situations. Côté passif, ordre au tiré de payer, la position n'est pas la même.

La traite n'a donc pas investi le porteur de la créance qui existait contre le tiré : elle reste au tireur.

Soutenir le contraire, c'est affirmer le *transport-cession* implicite *de la créance* de provision, par la vertu même de la souscription de l'effet. Or, cette cession, ne pouvant pas encore se placer sous le couvert de la clause à ordre et de l'endossement (faute par le tiré d'y être intervenu), tombe sous les formalités de l'art. 1690 C. civ. Le porteur ne serait saisi de la créance, que s'il avait signifié au cédé la transmission du droit.

Que la faillite du tireur éclate sur ces entrefaites : restée dans l'actif de celui-ci, la provision sera partagée entre tous ses créanciers. La masse est un *tiers* fondé à se prévaloir du défaut de signification.

Un texte du change, l'art. 171, confirme cette interprétation. Il est supposé par ce texte que le tireur a repris des mains du tiré, après l'échéance de la traite, les fonds destinés au paiement : c'est la preuve que la lettre de change ne les avait pas immobilisés.

1451. — **2e système.** — Depuis une époque qui nous fait presque remonter à la mise en vigueur des Codes, la jurisprudence est très ferme pour suivre l'opinion contraire. *Le porteur de la traite est rendu propriétaire de la provision.* Si les applications de sa thèse sont parfois un peu flottantes, tous les arrêts s'accordent sur l'idée fondamentale (Req., 15 février 1832 ; Civ. cass., 3 février 1835, etc.).

L'hypothèse où le tireur est demeuré solvable doit être distinguée de celle où il serait tombé en faillite.

1452. — A. Tant que le tireur est *in bonis*, la solution accueillie par la doctrine est également celle des arrêts, mais par un autre motif. La provision est révocable. Il est vrai que l'émission de la lettre de change a emporté cession tacite de la provision, ce que conteste le premier système. Mais cette cession est *éventuelle*, elle a pour objet la créance que le tireur aura contre le tiré, au moment de l'échéance, et qui sera exigible à cette date (arg. art. 116). Rien ne prouve que ce soit telle ou telle créance existant de l'un sur l'autre avant cette époque qui doive répondre à cette condition finale. Le mouvement d'affaires existant entre deux maisons peut faire varier du jour au lendemain la consistance des valeurs dues. Le tireur, en disposant sur son débiteur, ne s'est pas enlevé la faculté de faire de la provision un autre emploi, selon ses commodités ; autrement, il s'imposerait une grande gêne, sans apparence qu'il ait voulu la supporter [1].

D'ailleurs, le tiré peut n'avoir pas été informé par le tireur de la lettre de change, sa bonne foi le couvre. Le tireur lui reprendra la provision soit par retrait direct, soit par compensation.

Exceptionnellement, la provision ne pourrait plus être retirée : 1° si elle avait été de la part du tireur l'objet d'une affectation spéciale à une lettre de change déterminée (n° 1458), ou 2° lorsque le porteur, voulant empêcher le tiré de se dessaisir de la provision, lui en a signifié défense (Req., 1er juin 1858, motifs, D. 58, 1, 387), un protêt faute d'acceptation, par exemple, étant l'équivalent de la signification prévue par l'art. 1690 pour opérer transport (l'art. 171 se concilie mal avec cette dernière solution).

1453. — B. Mais, dès que le tireur est tombé *en faillite*, même avant l'échéance, la reprise de la provision n'est plus possible. La provision forme un gage exclusif de paiement pour le porteur. Le syndic n'est pas admis à la faire rentrer dans la masse. Elle est immobilisée. Le jugement déclaratif rend exigible la lettre de change (art. 444 C. com.) ; c'est la créance appartenant à cette date au tireur contre le tiré qui doit couvrir la traite, car elle ne pourrait plus être remplacée si on la retirait. La provision, d'intangible et flottante qu'elle était, se spécialise et s'identifie.

La cession n'a pas obéi, il est vrai, aux formes de l'art. 1690. Mais on répond : 1° que ce texte n'est pas d'ordre public, que, tout au moins dans

1. Cette explication n'encourt-elle pas le reproche de laisser le cédant libre de maintenir ou de supprimer la provision, l'objet de son contrat, alors qu'une « condition purement potestative » pour le débiteur invalide tout engagement (art. 1174 C. civ.) ?

les rapports de deux commerçants et pour les rentrées à court terme, le débiteur dispense son créancier d'un exploit d'huissier pour l'avertir de la cession de la créance si c'est par voie de change qu'elle doit se réaliser ; — 2° qu'on est en présence d'un usage commercial incontestable, assez fort pour prévaloir sur la loi écrite. Usage, il faut en convenir, auquel les banquiers ont dû prêter la main ; car ce sont eux surtout, les porteurs d'effets, qui profiteront de cette jurisprudence, en se taillant dans les faillites un sort privilégié.

1454. — Cette solution ne rompt-elle pas l'équilibre des intérêts, en favorisant à la veille d'une faillite des manœuvres de mauvais aloi ? Peut-être.

Elle est repoussée en Allemagne[1] (Trib. d'Empire, 23 mars 1897, S.99, 4, 29) ainsi qu'en Angleterre, et elle est peu en harmonie avec le droit ordinaire de la délégation. Ce qu'elle peut alléguer de plus raisonnable, c'est d'abord qu'elle paraît d'accord avec les notions admises dans l'ancien droit, et ensuite qu'elle tire d'un texte du Code de commerce un argument précieux.

a) L'idée de l'ancien droit, comme en témoigne la construction du contrat de change par Pothier, c'est qu' « une lettre de change est une cession ou transport d'une somme d'argent que le tireur fait à celui au profit de qui il tire » (Jousse). Cession d'argent et non pas seulement cession de créance. Il y a ou il y aura dans la caisse du tiré une somme au compte du tireur ; cette somme, prise dans sa matérialité, est transportée au preneur et à tous les porteurs successifs de l'effet (Huvelin, *Ann. de dr. com.*, 1901, p. 15). Aucune condition de forme n'est prescrite pour en consommer l'aliénation.

Conception bizarre et fantasque, qui ne s'explique que par le développement du droit commercial en dehors des cadres classiques. On peut la répudier aujourd'hui comme dénuée d'élégance, sans abandonner pour cela la dévolution de provision à laquelle elle conduit, le sentiment du commerce n'ayant point changé.

b) L'art. 149 décide qu' « il n'est point admis d'opposition au paiement (de la lettre de change) qu'en cas de perte de la lettre de change ou de faillite du porteur ». On invoque souvent ce texte pour démontrer que le porteur est rendu propriétaire de la provision. L'argument *a contrario* s'en dégage.

Le syndic de faillite, en réclamant la provision à la faillite, ferait une « opposition au paiement de la lettre de change ». Or cette opposition n'est admise que dans deux cas limitatifs : la faillite *du tireur* ne rentre ni dans l'une ni dans l'autre des deux hypothèses.

Ce n'est pas que la déduction s'impose en toute certitude. Qui veut trop prouver ne prouve rien. L'art. 149, pris en sa teneur littérale, interdirait

1. En Autriche, une campagne est engagée, tendant à affecter la provision à l'effet, tout au moins pour les traites *non acceptables*. V. Percerou, *Annales de droit commercial*, 1913, p. 419.

même au tireur, demeuré solvable, de reprendre la provision, car lui aussi procède par « opposition au paiement » ; et personne ne va jusque là.

Est-ce bien d'ailleurs une « opposition au paiement » que signifie le syndic, lorsqu'il demande que la provision rentre à la masse ? Les seules hypothèses, visées par l'art. 149, sont celles où l'on informe le tiré que la lettre est tombée aux mains d'un voleur ou d'un porteur incapable, et où le paiement qu'il en ferait serait nul. Ici le syndic ne dénonce pas le porteur comme un faux ayant droit ou comme une personne sans qualité ; il se contente de prévenir le tiré que, s'il paie, ce sera à ses risques.

1455. — La jurisprudence a affaibli son système par la restriction qu'elle lui faisait subir naguère encore. Cette restriction concernait les *provisions constituées par le tireur de la lettre de change postérieurement à la cessation de ses paiements.*

Lorsque, en émettant la lettre de change, le tireur n'a pas encore cessé ses paiements, le droit du porteur sur la provision existant déjà à cette date est affirmé par les arrêts sans aucune limitation.

Mais, lorsque la provision, même contemporaine de l'effet, prend date en période suspecte, dans l'intervalle de la cessation des paiements et du jugement de faillite (ou même dans les dix jours précédents), c'est-à-dire le 15 juin, alors que les paiements sont arrêtés depuis le 10, ou le seront le 25 du même mois, — à la teneur de certains arrêts, d'une doctrine d'ailleurs ambiguë et sur le sens desquels on a pu se méprendre, le syndic est admis, disait-on, à reprendre cette provision au profit de la masse. Cela en réduisait sensiblement les cas de cession régulière.

On raisonnait ainsi : — L'art. 446 C. com. annule les *paiements de dettes non échues* faits par le futur failli dans ladite période (v. *infra*, n° 1838). Or, le tireur, en faisant provision, paie sa dette avant terme. Quelle dette ? A la fois celle qui le lie au *porteur* de la lettre de change, et, tout au moins pour le cas d'acceptation, celle qui le lie au *tiré* en remboursement de l'effet (Civ. rej., 1er février 1888, D. 88, 1, 213 ; cfr. notre dissertation sous Civ. cass., 31 décembre 1894, D. 95, 1, 409).

Ce langage était peu intelligible. La dette du tireur envers le porteur n'a pas été *payée*, puisqu'elle court encore lors de l'ouverture de la faillite. La dette du tireur en remboursement de la traite envers le tiré accepteur n'est pas *payée* davantage ; seulement la provision a déterminé celui-ci à accepter ; ce qui l'a lié irrévocablement au porteur, en le couvrant sur une valeur que la masse vient après coup lui reprendre.

La jurisprudence était mal pondérée et peu équitable. Elle aurait mieux fait de prendre l'art. 446 par un autre de ses côtés. Car ce même article déclare valables les *paiements en effets de commerce* faits par le failli en temps suspect (*infra*, n° 1840). La loi, approuvant le paiement en effets, doit logiquement protéger la négociation de l'effet dans toutes ses parties, y compris le transport de provision. Isoler de la traite la provision qui l'accompagne, serait dissocier deux choses que les négociants tiennent pour inséparables.

Quelle que soit la portée des arrêts anciens, la Cour de cassation distingue aujourd'hui, selon que la provision de l'effet souscrit en période suspecte existait déjà au moment où l'effet a été tiré, ou qu'elle n'a été constituée que *plus tard*, dans l'intervalle entre le tirage de la traite et le prononcé de la faillite. Ex. : Le futur failli fait traite sur un porteur acheteur avant de lui vendre des marchandises, ou encore après la vente mais avant la livraison ; celle-ci n'a lieu que depuis la mise en circulation de la lettre de change.

La Cour de cassation limite à cette seconde hypothèse l'application de l'art. 446 : c'est dans ce cas seulement qu'elle considère la provision comme un « paiement de dette non échue ». Au contraire, lorsque la provision est contemporaine du tirage de l'effet ou lui est antérieure, l'opération doit être respectée par la masse, la provision reste acquise au porteur. « Le paiement d'une dette échue au moyen d'une lettre de change *ayant provision lors de la négociation*, est valable, dit la Chambre des Requêtes (16 juin 1909, D. 1909, 1, 385), bien qu'il ait eu lieu depuis la cessation des paiements ». Nous considérons, quant à nous, la provision comme acquise au porteur, fût-elle postérieure à l'émission de l'effet, tous cas de fraude étant réservés.

Il est évident que, dans la doctrine contraire au transport de la provision, ces distinctions disparaissent. La provision n'est jamais acquise au porteur, l'émission de la traite dût-elle préexister à la période suspecte.

1456. — Sortons de ces controverses. Ce porteur ne trouve pas l'équivalent d'une *acceptation* dans l'*action de droit commun* sur la provision que lui reconnaît la jurisprudence. L'action sur la provision, outre qu'elle n'est pas munie des attributs du change, ne peut être exercée que « du chef du tireur », dont le porteur est l'ayant cause. Le tiré pourra y opposer — soit la compensation s'il est devenu créancier du tireur en sens inverse, — soit l'exception de dol, — soit tous autres moyens de défense ou de résolution.

Lorsque la provision consiste dans une ouverture de crédit, le droit cédé au porteur est illusoire. Car la faillite du crédité résout l'ouverture de crédit (art. 1184 C. civ.) et dispense le créditeur de fournir des avances nouvelles. Le porteur est donc dénué de tout droit contre le tiré, à moins d'avoir obtenu son acceptation. Toutefois, les choses ne se présentent plus de même, lorsque cette ouverture de crédit n'a été consentie au tireur par le tiré que moyennant une remise de valeurs soit *par consignation de marchandises*, soit par *expédition de traites*.

a) *Thomas* a expédié des marchandises à *Thiébaut* pour les faire servir à couvrir du privilège de l'art. 95 les avances que le commissionnaire lui consentira sur cette consignation (v. *supra*, n° 1137). Ensuite il émet sur lui des lettres de change. Le commissionnaire refuse de les payer. Le porteur sera subrogé à son privilège. Telle eût été sur la marchandise la position du tiré, s'il avait fait honneur à la traite, telle sera la position du porteur impayé (Rouen, 14 février 1867, D. 68, 2, 13).

b) Et de même, quand *Thiébaut* a subordonné l'ouverture de crédit à une remise d'effets que le crédité *Thomas* lui enverra à l'encaissement. Ces effets, encore dans le portefeuille du tiré au moment de la faillite du tireur, serviront à couvrir de la lettre de change soit le tiré, soit le porteur, suivant que le premier aura acquitté la traite ou refusé de la régler (Paris, 31 décembre 1850, D. 54, 1, 500).

Ces deux exemples se rapportent aux hypothèses qualifiées à tort de *provisions en marchandises* ou *en effets*. Ici encore la jurisprudence a été critiquée : le porteur à qui il est dû de l'argent va donc être payé en marchandises, en effets, en tout autre chose que sa créance ! — Le reproche n'est point mérité ; car le droit cédé au porteur a encore pour objet de l'argent, c'est-à-dire le produit de la réalisation d'une marchandise ou d'une valeur [1].

Dans ces situations, le porteur se trouve garanti même contre une faillite autre que celle du tireur, contre la faillite du tiré. Les valeurs formant ouverture de la traite ne tomberont pas dans la masse des créanciers du tiré, elles seront distraites au profit du bénéficiaire de la lettre de change.

1457. — Il reste à examiner deux cas intéressants, plaçant le porteur dans une condition encore plus avantageuse. Ce sont les cas de *traites avec affectation spéciale* et de *traites documentaires*.

1458. — Traites avec affectation spéciale de provision. — Il y a « affectation spéciale de provision », lorsqu'une créance déterminée du tireur sur le tiré (par exemple, le prix de telle facture de blés) a été expressément assignée à la lettre de change pour lui servir de provision. Mention de cette affectation peut être faite dans l'effet. Elle peut également résulter de la correspondance entre tireur et tiré, et signalée au bénéficiaire.

Ce qu'offre de particulier cette provision, c'est l'impossibilité pour le tireur, même *in bonis*, d'en exercer le retrait. Le tiré, dûment instruit de l'effet, ne devra pas la restituer.

On recourt, le plus communément, à l'affectation spéciale, lorsqu'entre tireur et tiré fonctionne un *compte courant*. Ex. : J'envoie à *Thiébaut* une valeur de 100 fr. qui, en vertu des principes propres à cette nature de compte (*infra*, n° 1662), perd son individualité en s'absorbant en lui. Je tire, d'autre part, sur *Thiébaut* une lettre de change de 100 fr. ; celui ci, couvert par la « remise », paiera la « traite ».

Cependant cette remise n'est pas une provision utile pour le porteur. Car le crédit qu'elle donne à l'envoyeur est exposé à « se compenser » par une remise en sens inverse, ce qui rendra le droit du porteur illusoire.

Afin d'empêcher ce résultat, on tient en dehors du compte courant la créance constitutive de la provision : de là, l'affectation qu'en reçoit la lettre de change. Le tiré ouvrira à cette remise spéciale un compte distinct sur lequel le porteur se paiera préalablement à tout autre.

Les traites peuvent être multiples et n'avoir qu'une provision insuffisante pour les couvrir toutes. Elles ne seront pas colloquées de la même manière que des traites ordinaires. J'ai tiré trois ou quatre effets de 100 fr. sur *Thiébaut*. Celui-ci ne me doit qu'une seule fois cette somme. *a*) La traite

1. V. note Dalembert, sous Rouen, 11 novembre 1903, S. 1905, 2, 169.

acceptée par le tiré primera les autres. *b*) Si aucune n'est acceptée, l'effet pourvu de la provision à titre d'affectation spéciale aura la préférence. *c*) Les traites ordinaires seront colloquées dans l'ordre de leurs dates respectives d'émission, les plus anciennes primant les traites suivantes[1]. *d*) Les traites déclarées non acceptables passent en tout dernier lieu.

1459. — Traites documentaires[2]. — Ce sont des *lettres de change avec nantissement sur des marchandises chargées à bord d'un navire, et représentées par un connaissement* (document) *qui est alors annexé aux traites et qui circule avec elles.*

Ex. : *Thiébaut*, de Marseille, commande des soies à *Thomas*, de Shang-Haï, avec prière de les lui expédier sur un bâtiment. Le vendeur exécute ces instructions. Il retire des mains du capitaine un connaissement à ordre. En même temps, il veut rentrer dans son prix et il établit une lettre de change sur *Thiébaut*, de Marseille. Il présente cette traite à l'escompte chez un banquier de sa propre place, en Chine.

Mais l'effet n'a qu'une signature, et l'acceptation que doit donner *Thiébaut* à Marseille est incertaine. Le banquier ne fera les fonds qu'à la condition de prendre gage sur la cargaison. Ce qui sera rendu possible au moyen de l'endossement du connaissement : cette pièce lui est négociée, et on l'épingle à la lettre de change.

L'effet arrivera par la voie des banques à Marseille. *a*) Si le tiré refuse de l'accepter ou de le payer, le porteur exigera la marchandise au débarquement, sur production du connaissement, et sa mise en entrepôt. Il la fera vendre aux enchères et se colloquera par préférence sur le prix au titre de gagiste (art. 93, n° 1093).

b) Si, au contraire, la traite est payée par le tiré (ou simplement acceptée, cela dépendra des conventions), le porteur lui délivrera le connaissement avec l'effet : l'acheteur auquel la cargaison est destinée aura ainsi le moyen de la retirer et d'en faire libre emploi.

La remise du connaissement *contre acceptation* est de pratique courante : le nantissement n'était qu'une pierre d'attente de l'engagement du tiré ; il tombe, sitôt que celui-ci a signé.

Dans le cas qui vient d'être étudié, la marchandise est l'objet d'un *nantissement commercial*, tout à fait conforme aux art. 91 à 93 C. com. (v. *supra*, n° 1085). Aucune des objections qu'encourt le transport de la provision dans les autres traites ne saurait infirmer la sûreté réelle attachée à la traite documentaire. Il est à peu près sans exemple que l'énonciation de ce nantissement soit faite dans la traite. Les parties rédigent un acte séparé, dans lequel les droits du porteur sont établis.

---

1. Les Belges, en révisant en 1872 le titre *de la lettre de change*, ont accueilli la plupart des solutions de notre jurisprudence sur la provision. Cependant, ils ont décidé que, « en cas de concours entre plusieurs traites acceptées ou entre plusieurs traites non acceptées, elles seraient payées *au marc le franc* ».

2. Jonquière, *Des traites documentaires*, th. 1899, ouvrage donnant des indications pratiques nombreuses et intéressantes, mais de valeur juridique discutable.

CHAPITRE IV

DE L'ENDOSSEMENT

(C. com., art. 136 à 139).

1460. — L'endossement est la *transmission de la lettre de change à un nouveau porteur au moyen d'une mention écrite au dos du titre* (art. 136)[1]. Cette définition est assez générale pour ne pas préjuger la nature d'opération que l'endossement recouvre, l'expression de *transmission* pouvant s'appliquer aux modes d'aliénation les plus variés. La faculté d'endosser la lettre de change résulte de la *clause à ordre*.

Nous ne reprendrons pas l'étude historique du sujet. La clause à ordre n'apparaissait pas dans les premières lettres de change. Il faut arriver jusqu'au commencement du XVIIe siècle pour voir le porteur de l'effet se substituer un porteur différent par une inscription sur le titre, ce qui permit à la lettre de change de circuler plus ou moins activement (n° 1282).

L'auteur de la transmission s'appelle *endosseur*; l'expression d'*endossataire*, malgré sa commodité, est peu usitée pour qualifier le *nouveau porteur*.

Cette transmission s'opère pour l'une des causes suivantes :

a) A titre de propriété. — Nous verrons dans un moment si l'endossement est ou non une cession. Ce qui est certain, c'est qu'il procure au nouveau porteur l'émolument de la lettre de change. Celui-ci en a livré la valeur soit « en espèces », parce qu'il a escompté la traite, soit « en marchandises », parce qu'il a vendu des fournitures, soit « en compte » ou autrement.

b) A titre de mandat ou de procuration. — Le nouveau porteur aura à soigner le recouvrement de l'effet au nom et au compte de l'endosseur. Il n'a pas fourni la *valeur* de la traite; s'il touche la somme à l'échéance, il la restituera à son mandant (sous réserve de ce qui sera exposé plus loin).

c) A titre de nantissement. — La lettre de change est négociée à l'ordre d'un créancier. Elle doit lui servir de gage de remboursement de ses avances, elle ne le rend pas propriétaire. La forme à laquelle cette variété d'endossement est soumise, ainsi que ses effets, ont déjà été examinés (n° 1078).

SECTION PREMIÈRE. — Endossement régulier ou de propriété.

1461. — « Payez à l'ordre d'*Emile*, valeur en marchandises (ou en espèces, ou en compte).

15 mars 1915 *Bernard*. »

---

[1] Si le revers du titre est déjà couvert par de premiers endossements, on fera les suivants sur une *rallonge* rendue adhérente au titre.

Telle est la formule d'un endossement régulier. Les énonciations qu'il doit contenir sont indiquées dans l'article. Il est inutile d'y reproduire un certain nombre de mentions, figurant déjà dans le corps de l'effet : — la somme, — l'échéance, — le nom du tiré, le domicile du paiement.

En revanche, il doit contenir :

a) La *signature* de l'endosseur.

b) La *date*, l'indication du jour de l'opération. Il n'est pas besoin d'y ajouter le lieu. Même avant 1894, lorsque la lettre de change devait emporter remise de place, l'endossement pouvait s'effectuer au lieu même du paiement ; ce qui rendait inutile la mention de l'endroit où il s'opérait.

Il est défendu d'*antidater* les ordres à peine de faux (art. 139). Sur le sens de cette règle et sur sa portée, voir le n° 1318.

c) La mention de *valeur fournie* (critiquée en législation par ceux qui trouvent déjà cette mention sans avantage dans le corps de l'effet et dont le projet de la Haye et la proposition MARTIN à la Chambre des députés demandent la suppression) [1]. A la rigueur un endossement pourrait avoir une libéralité pour cause. — Je veux vous faire une donation de 100.000 fr. ; j'ai dans mon portefeuille un effet de commerce de pareil montant, et je l'endosse à votre ordre. Comme il n'y a pas de contre-valeur et que l'opération est faite « valeur en donation », cet endossement nécessiterait un acte notarié. Mais on peut dissimuler la libéralité sous une mention de « valeur en compte » par exemple. Sont valables les donations déguisées sous forme d'un contrat à titre onéreux.

d) Le *nom du nouveau porteur*, avec la clause à ordre [2].

1462. — Il faut nous prononcer sur la *nature de l'endossement*. L'opinion la plus répandue en France, la seule qui soit présupposée dans les conversations d'affaires, fait de l'endossement une *cession de créance*. Il ne serait qu'une variante de l'opération visée dans les art. 1690 et s. C. civ. : « La propriété d'une lettre de change, dit l'art. 136, *se transmet* par la voie de l'endossement ». — « Les lettres de change endossées, disait l'Ordonnance, V, 24, appartiennent à celui au nom duquel l'ordre est rempli, *sans qu'il soit besoin de transport ni de signification* ». L'ordre « opère la même chose qu'un transport signifié » (JOUSSE).

Cette doctrine de l'endossement-cession voit entre l'endossement et la cession ordinaire trois différences, importantes sans doute, mais non de nature à séparer ces deux opérations quant à leur fondement :

a) Différence de *forme*. — Au lieu de signifier la cession par acte d'huissier, comme le voudrait l'art. 1690 pour une créance ordinaire, le cessionnaire d'une lettre de change l'acquiert, au regard des tiers comme au regard de son cédant, par la seule mention de l'endossement sur le titre.

---

1. Dans le même sens, HESSE, article paru dans la *Rev. crit. de lég. et de jurisp.*, juin 1909.

2. La mention *non à ordre*, qui laisse d'ailleurs possibles d'autres endossements à l'avenir, ferait dégénérer la négociation en un endossement irrégulier. Au contraire, la mention *non à ordre* dans l'effet lui-même le transformerait en une simple promesse.

b) Différence quant à la *garantie* de l'acceptation et du paiement. — Un cédant ordinaire n'assume pas cette garantie, il n'est responsable que de l'existence de la créance cédée (art. 1693). Au contraire, l'endosseur se porte de plein droit garant même de la solvabilité présente et future du tiré, avec les autres personnes dont les signatures figuraient déjà sur le titre, et il pourra être recherché si l'effet n'est point accepté ou n'est point payé.

c) Différence quant au pouvoir pour le débiteur d'invoquer contre le nouveau porteur les *moyens défensifs* lui appartenant vis-à-vis d'un porteur plus ancien. — Ce pouvoir ne serait pas contestable s'il s'agissait d'une cession ordinaire de créance. L'endossement a tout au contraire la vertu d'effacer les exceptions, de les *purger*, au moins sous certaines distinctions, lorsque le titre change de main. *Exceptio quæ obstitit giranti non obstat giratario.*

1463. — Cette assimilation de l'endossement à la cession de créance nous semble aujourd'hui dénuée d'exactitude. Et il est de notre devoir de l'abandonner, pour être conséquent avec la doctrine que nous défendons sur le transfert des actions de société (n° 600), sur le titre au porteur (n° 891), et sur la nature du rapport se formant entre le tireur et le tiré dans la lettre de change elle-même.

L'endossement n'est pas une cession de créance, mais une délégation. Il reproduit l'opération initiale faite par le tireur. « L'endossement, dit Thöl (*Wechselrecht*, § 114), est une nouvelle traite », accolée en quelque sorte à la première [1]. Tous les développements que nous avons présentés, d'abord à l'occasion des négociations d'actions, puis dans le chapitre *de la Bourse*, et enfin dans cette partie d'études même (introduction, n° 1296, chapitre de l'émission, n° 1326, et celui de l'acceptation, n° 1396), pourraient être repris presque sans changement, afin d'expliquer en quoi consiste l'endossement.

Il y a une raison décisive d'écarter l'idée de cession ; c'est la troisième des différences relatées ci-dessus entre l'endossement et une cession ordinaire : c'est l' « inopposabilité des exceptions ».

Cette différence met les deux opérations aux antipodes. Elle interdit de les réunir dans une même famille d'institutions. Un cessionnaire succède à un cédant, il invoque les droits d'un prédécesseur, il reçoit la créance telle quelle, avec ses vices, il est un ayant cause. En réalité, une créance ne se cède pas, la cession porte sur les droits du créancier [2].

L'endossement consomme un résultat autrement énergique. L'objet de l'aliénation porte sur la créance prise en soi, ramenée à son expression

---

1. C'est également la conception de Pothier : « L'endossement est un vrai contrat de change, entièrement semblable à celui qui intervient entre le tireur et le donneur de valeur (n° 79 de l'édition Bugnet) ». Cette décomposition s'accommodait mal autrefois à la théorie de la remise de lieu, qui était à la base de la lettre de change : ni au temps de Pothier, ni sous le Code de 1807 on n'exigeait que l'endossement fût fait dans un lieu différent de celui du paiement. Grâce à la loi de 1894, il y a identité de régime, quant au pouvoir d'émettre et quant au pouvoir de négocier la traite « dans la place même où on la paiera ».

2. E. Lévy, *Preuve par titre du droit de propriété immobilière*, 1896.

objective. Le nouveau porteur acquiert un droit propre, né de l'endossement lui-même. Une créance, qui aux mains du premier porteur n'avait pas de valeur, devient bonne en passant à un titulaire suivant. Celui-ci ne peut être débouté au moyen des exceptions auxquelles se fût heurté le premier créancier. C'est le contraire de la maxime qui est au fond de toute cession : *nemo ad alium plus juris transferre potest quam ipse habet.* Comment, dans ces conditions, persévérer dans la pensée que l'endossement ne serait qu'une variété de cession ?

Ce qui se passe quand la traite est endossée est, en somme, assez clair. Le tireur s'était reconnu débiteur du preneur et lui avait remis un ordre de délégation sur le tiré. Le preneur a obtenu (ou non) l'acceptation. Il pourrait conserver le titre jusqu'à l'échéance et exercer personnellement cette créance. Mais il peut s'en dessaisir et refaire l'opération que le tireur avait accomplie à l'origine. De bénéficiaire d'une délégation qu'il était jusque-là, il peut devenir *déléguant* lui-même.

En prenant un point de rapprochement dans le mandat, on dira qu'il peut se substituer un autre délégataire comme on peut faire une substitution de mandat (arg. art. 1994). Il se choisira de préférence, comme substitué, une personne à qui il doit de l'argent pour achat de marchandises, avance d'escompte, ou toute autre cause. La traite sera pour lui un instrument monétaire comme elle l'avait été pour le tireur. L'endossement vaudra : 1° aveu de sa dette en forme de change, et 2° renvoi du nouveau porteur pour le paiement au tiré, au tireur, à tous les signataires. C'est une *sous-délégation*.

L'endosseur ne s'oblige pas à faire la provision. C'était au tireur seul à la constituer. Que la provision existe ou fasse défaut à l'échéance, le sort de l'endosseur est le même. A cet égard, il n'y a point similitude de condition entre le tireur et lui. Mais cela n'affecte point notre construction.

1464. — Jusqu'ici, l'endossement a la même simplicité que le tirage primitif de l'effet. Mais il y a dans l'endossement quelque chose de plus. C'est la *clause à ordre* qui le dote de cette qualité supplémentaire.

Dans toute délégation, disions-nous, il y a deux actes consécutifs. L'opération s'accomplit en deux traits de temps : ordre donné, acceptation de cet ordre. Ce n'est que l'acquiescement du délégué qui crée sur lui une créance ferme et immédiate. De là vient que la lettre de change demeure suspendue en quelque manière, aussi longtemps que les démarches aux fins d'acceptation n'ont pas été couronnées de succès.

Or, l'endossement rend inutile le second de ces deux actes. *L'acceptation* de la nouvelle délégation *est impliquée dans l'endossement lui-même.* La situation est la même que si, au moment où l'endosseur inscrit l'acquéreur sur le titre, tous ceux qui ont déjà donné précédemment leurs signatures (tireur, accepteur, donneurs d'aval ou endosseurs plus anciens) accédaient à l'opération, et reconnaissaient le nouveau porteur pour leur créancier.

Les deux faits, qui dans une délégation ordinaire se détachent l'un de l'autre, sont ici condensés. A quoi bon d'ailleurs requérir de chacun de ces signataires une acceptation nouvelle ? — Vous, tiré, la première fois que vous avez accepté, sous le couvert de la clause à ordre, vous avez dit : « Je m'oblige envers le preneur, et je me substitue au tireur envers lui. Mais je m'oblige aussi envers tous ceux qui viendront au titre dans l'avenir. Que le preneur se substitue un tiers : je me lie dès à présent envers cette personne future et inconnue. La filière des endossements me la révélera au moment voulu ». — Vous, tireur, vous avez tenu le même langage, dès l'émission du titre : « Je me porte garant envers le preneur. Mais que le preneur se substitue un tiers, et ce tiers un autre tiers : je reconnais cette substitution, je contracte la même obligation de garantie vis-à-vis de tous ceux qui viendront au titre ». — Et ainsi se justifie le rapport direct. On pourrait l'expliquer encore par la théorie des *stipulations pour autrui*. Le preneur a stipulé à la fois de l'accepteur le montant de la dette, pour lui-même et accessoirement pour les futurs porteurs (art. 1121). C'est toujours à la même conséquence qu'on aboutit. Nous repoussons l'*acte unilatéral* ainsi que l'*obligation abstraite*, par des motifs que nous ne reprendrons pas (n° 1307).

On a prétendu que cette conception de change dépassait la portée du droit commun. On ne peut se lier valablement, a-t-on dit, qu'envers un *créancier déterminé* : ce principe n'est pas formellement déposé dans la loi (l'art. 1129 exige seulement la détermination de l'objet de la dette), mais paraît inspiré par l'équité. Si les faits contemporains ou postérieurs du contrat me fournissent un moyen défensif, un changement de créancier s'opérant hors de moi ne doit pas me priver de ce moyen. La reconnaissance du nouveau titulaire devrait suivre et non précéder sa venue au titre. Elle serait faite en connaissance de cause. — Sans prendre présentement parti sur cette opinion, on ne peut nier qu'elle obéit au désir de protéger les débiteurs contre un sort trop dur. La doctrine du change est extrêmement hardie. En souscrivant à l'engagement pris envers la *persona incerta*, elle sert la circulation, et par là même le crédit. Mais elle fait du débiteur l'esclave de sa signature. Excellente à l'égard des commerçants, hommes qui savent mesurer la portée de leurs engagements, l'économie du change est très périlleuse pour un débiteur ordinaire.

Nous devons reprendre les trois conséquences qui découlent de l'endossement régulier : *forme, garantie, inopposabilité des exceptions*, et montrer comment elles sont en harmonie avec la théorie que nous venons de dégager.

1465. — 1° *Forme.* — L'endossement se parfait à l'égard de tous, vis-à-vis du tiré, du tireur, etc., par la seule mention mise sur le titre. Ce n'est pas là une exception à l'art. 1690, qui n'a rien à voir en la question.

Ce semble plutôt une exception au principe que la délégation, pour lier le délégué, doit être acceptée par lui. Mais cette acceptation est superflue. Elle a eu lieu par anticipation (nous supposons le titre déjà accepté).

Aucune surprise n'est à craindre. La traite dénonce la personne qualifiée pour la toucher. Elle est un « titre de présentation nécessaire ». L'essentiel est que l'ayant droit se révèle le jour où il réclamera les fonds. Le signataire examinera alors la chaîne des ordres et verra si la personne désignée dans l'endos final est bien celle qui requiert le paiement.

Il n'est pas à craindre non plus que le preneur, après avoir négocié l'effet, le négocie à une deuxième personne en abusant de sa crédulité ; la négociation consommée une première fois et révélée sur le titre rendrait impossible un second endos [1].

1466. — Question de saisie. — Les *voies d'exécution* dont une lettre de change est l'objet sont nécessairement affectées par l'économie de ce régime : la lettre de change ne comporte point de saisie-arrêt.

Les créanciers du porteur actuel de la traite peuvent bien considérer celle-ci comme comprise dans leur gage général (art. 2092 C. civ.). La lettre de change n'est point insaisissable : on peut la frapper de saisie-exécution, mais non de *saisie-arrêt*.

La saisie-arrêt, défense faite au tiré de payer l'effet au porteur, au mépris des droits de ses créanciers, serait inopérante. L'art. 149, en effet, n'admet l'opposition au paiement de la lettre de change chez le tiré que dans deux cas, qui sont étrangers l'un et l'autre à la saisie-arrêt. Ce n'est que si le porteur était en faillite, que le dessaisissement (nos 1776 et s.) justifierait une opposition à paiement par le syndic.

Pour qu'une saisie-arrêt soit efficace, il faut qu'elle rende le droit indisponible. La procédure des créanciers serait facilement tournée. Le porteur saisi négocierait l'effet et l'acquéreur primerait les saisissants ; car le titre ne porte point mention d'indisponibilité. On doit pouvoir acheter la lettre en toute sécurité, lorsque rien à sa lecture ne révèle sa mise hors du commerce.

Dès lors, la loi a jugé plus simple de déclarer la saisie-arrêt absolument sans valeur, alors même que les créanciers ne seraient pas en conflit avec un acquéreur de l'effet (art. 149 *a contrario*). Le tiré n'aura à tenir aucun compte de l'opposition. La rapidité de règlement des effets y gagnera : qui sait si cette opposition n'a pas été le fruit de la malice, si le but de l'opposant n'est pas d'entraver la marche des affaires du porteur ?

1467. — 2° *Garantie.* — Tous ceux qui ont signé, accepté ou endossé une lettre de change sont tenus à la *garantie solidaire* envers le porteur (art. 140). Cette garantie porte à la fois sur l'acceptation et sur le paiement. L'endosseur est donc garant de l'exécution de la dette.

Est-ce une dérogation aux principes qui gouvernent la cession civile ?

Un cédant ordinaire ne garantit la solvabilité du cédé que s'il s'y est expressément engagé. Même alors, il ne répond que de la « solvabilité actuelle », à moins de s'être porté fort de la « solvabilité future ». Dans

---

1. On discute la question de savoir comment se réglerait le conflit entre : *a*) le porteur de la traite habilité par un endossement, et *b*) une autre personne qui, sans bénéficier d'un endos, aurait signifié au tiré, suivant l'art. 1690 C. civ., la cession à elle faite de la lettre de change. — C'est l' « acquéreur par endossement » qui l'emporterait, alors même que son endos serait postérieur en date à la signification faite par le « cessionnaire ». Le cessionnaire n'a même en réalité rien acquis, la créance n'ayant d'efficacité qu'à la condition qu'on représente le titre dans lequel elle a pris corps. Le tiré refuserait à bon droit de la payer sans la production du titre.

tous les cas, tant la cession civile est vue défavorablement, l'effet du recours en garantie est limité au prix de la cession (art. 1693 à 1695). Cela n'est point vrai de l'endossement de la lettre de change. La garantie, due de plein droit, porte sur le montant nominal du titre, elle est aussi large que possible.

Non, ce n'est pas une dérogation au droit de la cession, l'endossement n'étant point une cession. L'endosseur est tenu à garantie (terme impropre) pour le même motif qu'était tenu le tireur primitif. Aussi bien est-ce l'opération du tireur qu'il renouvelle. Il était obligé pour achat de marchandises, pour avance de fonds, etc., envers celui qui va devenir le nouveau porteur. Il lui délègue, pour payer à sa place, le tiré et tous les signataires. Si ces personnes refusent de faire honneur à la traite, le porteur se retournera contre son endosseur, en vertu de sa créance première, dont fait foi la mention de valeur fournie, créance exercée d'après le droit de change, sans préjudice des poursuites solidaires que lui donne le titre contre les signataires différents. Seul un porteur diligent, faisant protêt le lendemain de l'échéance et agissant judiciairement dans la quinzaine, est admis à ces recours (v. *infra*, n° 1533).

Ce résultat est normal. La dette qui a motivé l'endossement a été transportée sur la traite ; la voici munie des attributs du change, rendue subsidiaire, exposée à déchéance. Mais c'est elle encore, quoique transfigurée, que fait valoir le porteur dans son recours en garantie.

D'où il résulte que, *s'il égarait la traite* à lui endossée et parvenue, il ne pourrait plus exercer sa créance originaire, incorporée à l'effet : il lui faudrait recourir à la procédure du change pour remédier à cette perte (v. *infra*, n° 1518). Si au contraire la traite s'était égarée avant qu'il ne l'eût reçue, par exemple à la poste, la perte serait pour l'envoyeur, non pour lui. Son envoyeur lui a bien négocié l'effet pour se libérer ; mais, l'effet n'étant point parvenu, sa libération ne s'est point accomplie.

Quelle valeur aurait dans un endossement la clause « sans garantie » ? — Elle est régulière. Faute d'acceptation ou de paiement, l'endosseur est affranchi de tout recours du porteur.

La clause s'analyse en une assurance contre l'insolvabilité du tiré : le porteur a une créance de 100.000 fr. sur *Primus*, de la faillite duquel il ne veut pas courir le risque. Il endosse le titre, contre espèces qu'il sera dispensé de rendre en toute hypothèse, et, dans la retenue que le nouveau porteur (véritable assureur) lui fait subir, contre une prime d'assurance. Toute assurance est soumise à une condition stricte de probité pour l'assuré ; il doit renseigner l'assureur sur les éléments du risque, faute de quoi le contrat est annulable pour réticence (arg. art. 348 C. com.). La clause sans garantie tomberait donc si l'endosseur avait manqué à cette franchise, en ne signalant pas les faits connus de lui et rendant douteuse la solvabilité du tiré.

Cette clause pourrait encore figurer dans le corps de la traite, c'est-à-dire au profit du tireur. Elle produirait le même résultat, sous réserve par ce tireur d'avoir constitué la provision. Autrement, il réaliserait un enrichissement indû, et aurait fait assurer une dette sans existence.

1468. — 3° *Inopposabilité des exceptions* [1]. — C'est la règle la plus importante. Elle établit entre la cession de créance et l'endossement un contraste absolu. Les signataires sont tenus envers le nouveau porteur d'un « rapport direct », sans pouvoir lui opposer un moyen de nullité ou de résolution paralysant la créance du porteur précédent. L'endossement vaut purge.

Il en est ainsi du moins, — et le signataire est lié envers le porteur, alors qu'il ne l'était pas envers le premier preneur, — quand le vice qui altérait l'obligation ancienne n'affecte pas également l'engagement direct envers le porteur. Deux obligations existent côte à côte. Elles peuvent être nulles toutes deux, un vice commun les entachant. Mais l'une des deux peut être valable, alors que la seconde ne l'est point.

C'est à la faveur de cette constatation que nous délimiterons les moyens de défense inopposables au porteur actuel, en les séparant des moyens de défense qui continuent à être recevables contre lui.

1469. — Il faut classer à part certaines causes de nullité qui, affectant l'obligation dans sa source intime, semblent bien mettre obstacle à tout engagement, même envers un porteur futur. Au premier aspect, ces causes annulent toute obligation envers un tiers quelconque. Cependant elles ne peuvent faire échec à un *porteur de bonne foi*, qui aurait fourni la valeur de l'effet. Cette vitalité, acquise par une dette nulle, ne s'explique point par l'action purificatrice de l'endossement. Elle a son principe dans le droit des délits ou des quasi-délits (art. 1382 C. civ.).

En effet, dans ces situations, le souscripteur, l'accepteur, ou celui qui apparaît comme tel, a commis une négligence. Laissant la lettre de change sortir de ses mains ou se prêtant à sa circulation, il a concouru par son imprudence, peut-être par sa mauvaise foi, à induire en erreur les tiers qui ont reçu l'effet. Il faut qu'il réponde de sa faute. Le titre produira les mêmes résultats que si cet engagement apparent était valable.

Par là sont visés les cas suivants :

a) *Blanc-seing.* — Il n'y a pas eu d'obligation première. Le blanc est rempli par le preneur, qui négocie l'effet. Le souscripteur est tenu : pourquoi a-t-il remis un blanc-seing et induit le futur porteur en erreur (n° 1370) ?

b) *Minorité.* — L'engagement d'un mineur est nul, même vis-à-vis des porteurs futurs. Mais ce mineur a commis une *postdate*. S'il l'a fait dans un but de tromperie, il sera tenu envers le porteur de bonne foi (n° 1392). Car il est engagé par ses délits (art. 1310). — On ne peut en dire autant du failli qui *antidate* l'effet ; car l'incapacité de la faillite est absolue ; le dessaisissement rend les engagements, même délictuels, inopposables à la masse.

c) *Absence de provision.* — C'est une traite de complaisance. Le porteur actuel ne le sait pas : les deux compères ont commis une tromperie dont ils sont responsables (n° 1438).

d) *Rédaction insuffisante de l'effet*, complétée ensuite avec un certain art

1. Pichon, *De l'inopposabilité des exceptions au porteur d'un titre à ordre*, th. 1904.

d'écriture. Pourquoi avoir mis en circulation une apparence de lettre de change, avec des lacunes faciles à remplir après coup ?

e) *Détournement d'une griffe*, avec laquelle on a timbré l'effet. C'est un faux. Le prétendu tireur n'a rien signé. Cependant il est obligé, s'il a laissé traîner sa griffe sur son bureau (cela a de l'importance en matière de chèque : on abuse d'un carnet de chèques, que le titulaire n'avait pas tenu sous clef, celui-ci est en faute, v. *infra*, n° 1655).

f) *Espace laissé dans le corps de l'effet* à côté de la somme : un faussaire maquille le montant de l'effet en le majorant. La lettre porte... *mille francs*, en écriture assez distante pour que le porteur ait pu mettre le mot *dix* par devant, et ajouter un zéro dans le chiffre. Le tireur sera tenu pour *dix mille francs*, si le dernier porteur a de bonne foi escompté l'effet pour pareille somme. De même pour l'accepteur, pour les endosseurs, etc. ; ils auraient dû examiner l'effet, remplir l'espace vide ou préciser le chiffre de leur acceptation, de leur endos (V. cep. Civ. rej., 17 décembre 1884, D. 85, 1, 102, cfr. notre *Examen doctrinal* de la *Revue critique*, 1886, p. 289).

g) *Abus de signature* : un directeur souscrit un effet en outrepassant ses pouvoirs sans que cela fût apparent (n° 412). Les tiers de bonne foi auront action contre la maison, responsable des délits de ses préposés (art. 1384).

h) *Paiement de la lettre de change*, sans exiger l'acquit, sans retirer l'effet. La traite est endossée à nouveau. La créance était éteinte. Mais le tiré est dans son tort, il devra désintéresser le nouveau porteur.

1470. — Cette première énumération étant épuisée, revenons au principe d'après lequel le porteur ne peut être débouté au moyen des exceptions qui, avant lui, paralysaient la traite. Ce principe nécessite des distinctions nombreuses. On range les exceptions en trois catégories :

a) Exceptions que l'endossement ne purge point. Elles continuent par conséquent à être recevables contre un porteur quelconque, fût-il de bonne foi. Notre principe ne s'applique pas à leur égard.

b) Exceptions couvertes *envers tous* par un endossement régulier, sans qu'il y ait à distinguer la bonne ou mauvaise foi du nouveau porteur.

c) Exceptions non opposables à un *porteur*, mais à condition qu'il soit *de bonne foi*.

Il est préférable de simplifier ces classements, en réunissant les deux dernières catégories en une seule. Il ne paraît pas juste de distinguer suivant la *bonne* ou la *mauvaise* foi du porteur [1]. Ce qu'il faudra rechercher, les exceptions du premier groupe étant réservées, c'est si le porteur qui réclame le montant de l'effet en avait ou non *fourni la valeur*. — *a*) Dans le premier cas, le porteur a acheté la traite de ses deniers : cela suffit pour le garantir contre les exceptions, eût-il même connaissance du vice affectant l'effet chez son prédécesseur. — *b*) Dans le deuxième cas, le nouveau porteur n'a pas fait les fonds de la traite ; l'endossement n'est translatif qu'en la forme, c'est un endos de procuration déguisé, le por-

1. Sous réserve des situations où l'engagement du signataire, dénué de toute *valeur contractuelle*, se rattacherait à un *quasi-délit* (voir ci-dessus, n° 1469).

teur est l'homme de paille du porteur précédent. Or on verra que tout mandataire est passible des exceptions opposables à son mandant [1].

Ramenons donc à deux groupes les exceptions du signataire.

1471. — A. Moyens de défense qui persistent contre un porteur quelconque nonobstant transmission de l'effet. — De ce nombre sont le vice de forme, l'incapacité, le faux, et peut-être encore la violence.

a) Vice de forme. — La lettre n'est pas datée, elle ne mentionne pas la valeur fournie, etc. Elle devient alors simple promesse (art. 112).

Ce résultat se produit, même au regard des porteurs futurs. L'engagement du tireur envers le tiers porteur pèche par le même vice de forme que sa dette envers le preneur. Il faut réserver le cas de faute du souscripteur (*supra*, n° 1469).

b) Incapacité. — Femme non autorisée, mineur, interdit, failli : l'exception demeure recevable contre tout porteur, de bonne foi ou non. L'engagement serait rescindable (sauf quasi-délit), alors même que cette irrégularité serait masquée par antidate ou postdate.

c) Faux [2]. — Un faussaire imite la signature d'autrui. Celui dont la signature est usurpée n'est lié ni envers la contre-partie, ni envers le porteur. Nul ne peut être tenu sans son fait. On se demandera au n° 1477 si cette lettre fausse ne peut pas obliger au moins les signataires sincères.

d) Violence. — Un engagement de change est extorqué par contrainte : le souscripteur a signé sous l'empire de la menace faite à sa vie ou à sa réputation. La doctrine admet en France que le moyen tiré de la violence (art. 1111 et s. C. civ.) est recevable même contre le porteur de bonne foi qui n'y a point participé. Ce moyen opère *in rem* : il importe peu que la contrainte provienne de la contre-partie ou d'un tiers. L'engagement direct pris envers le futur porteur est vicié tout comme l'autre.

On commence à révoquer cette opinion en doute. L' « exception de violence » ne doit pas être traitée dans le change autrement que l'« exception de dol » : le tiers porteur échappe à cette dernière (n° 1473). Là même où l'accession du signataire résulterait d'un fait de contrainte (ou d'une erreur substantielle de sa part), le créancier, à l'insu de qui la contrainte s'est exercée, ne saurait être atteint dans le droit que lui confère l'effet [3].

1472. — B. Moyens de nullité ou d'extinction de la dette, purgés par l'endossement au profit d'un acquéreur de l'effet. — Ici s'applique la règle originale de notre sujet. Deux situations se conçoivent :

a) Ou bien l'obligation déposée dans la lettre de change a manqué d'une condition initiale de validité ;

b) Ou bien l'obligation s'est régulièrement formée, mais un événement plus récent l'a fait disparaître.

La dette, *nulle* ou *éteinte* vis-à-vis de la contre-partie du signataire, va

1. V. notre monographie : *De la nature juridique du titre de crédit*, n° 69, note.

2. L'exception de faux donnera lieu à un renvoi devant le tribunal de droit commun. Le tribunal de commerce n'en peut pas connaître (art. 427 C. proc. civ.).

3. *De la nature juridique du titre de crédit*, n° 72.

naître ou renaître au profit de ceux qui arriveront postérieurement au titre et qui en fourniront la valeur.

1473. — I. Moyens de nullité. — *a*) *Dol.* — Des manœuvres frauduleuses ont été exercées par le preneur *Bernard* sur le tireur *Thomas* ou sur le tiré *Thiébaut*. Puis le titre est endossé et parvient à *Paul*.

L'exception de dol agit *in personam*, d'une manière toute relative. Il faut que les manœuvres aient été pratiquées par la contre-partie elle-même (art. 1116). Le débiteur ne peut pas s'exonérer vis-à-vis d'une personne qui n'a pas trempé dans ce dol. *Thomas* est lié envers *Paul*.

b) *Cause illicite.* — Il y a absence de cause lorsque la lettre de change repose sur une opération illégale. Deux hypothèses sont à envisager.

1) L'effet a été souscrit (ou accepté) en règlement d'une *dette de jeu*. Une créance de jeu n'est pas munie d'action par la loi (art. 1965).

Le gagnant *Bernard*, conservant l'effet, serait repoussé par l'exception de jeu (ce qui prouve que la lettre de change ne se dépouille pas de la cause concrète qui en a déterminé le tirage).

Mais, si l'effet est passé à l'ordre d'un nouvel acquéreur *Paul*, qui en a fourni la valeur, le perdant ne pourra plus se dérober. Celui-ci d'ailleurs se retournera contre le bénéficiaire du billet *Bernard*, afin d'obtenir la restitution des fonds, car il ne les a pas payés volontairement (art. 1967).

Il est inexact de restreindre ce droit à un *porteur de bonne foi* (n° 1470). Quiconque a fait les fonds de la traite a droit au paiement : le signataire ne sera absous qu'en établissant que l'endos de propriété n'est qu'un endos de procuration déguisé, et que la valeur fournie est fictive.

Il y aurait nullité du titre *erga omnes*, si l'effet portait ouvertement la mention « valeur en dette de jeu ». Mais c'est qu'alors il y a un vice de forme : le jeu n'est pas une valeur légale.

Comment la dette du souscripteur envers le porteur peut-elle se concilier avec une absence de cause ?

Cela tient au mécanisme de la délégation dûment acceptée (n° 1398). A quoi bon reprendre la démonstration ? La volonté de répondre pour autrui est une *cause* suffisante d'obligation. *Thomas*, s'obligeant envers *Bernard* à raison du jeu, a pris un engagement nul. Mais, assumant par délégation la dette de ce même *Bernard* envers *Paul*, dette de provenance légitime, *Thomas* est enlacé dans un *vinculum juris* qu'il ne saurait rompre. Il a *intercédé* pour le déléguant, cela dit tout. Il est vrai qu'il y a eu à cette intercession un motif défectueux. Mais le *motif* n'est pas la *cause*, et le créancier, le porteur n'a pas eu à s'en enquérir.

2) Un capitaliste fait une avance à un emprunteur. Celui-ci souscrit un effet de change, mais pour une somme majorée, ce qui rend l'*opération usuraire*. Le prêt est de 10.000 fr., la traite en porte 20.000.

Quand l'emprunteur a fait acte de commerce, la majoration est régulière : il a promis un intérêt de 100 0/0, cela est permis (L. 12 janvier 1886).

Mais quand l'emprunt est de nature civile, quoiqu'il soit contracté par lettre de change, la dette est nulle. — On a bien prétendu que la commercialisation nécessaire de la lettre de change faisait disparaître, même dans les rapports du prêteur et de l'emprunteur, la défense de percevoir un intérêt supérieur à 5 o/o. Quelques auteurs pensent qu'on a pu ainsi prélever un intérêt plus élevé (LYON-CAEN, *Journ. Pal.*, 1887, p. 816, et BAILLY, *Ann. dr. com.*, 1887, p. 406). Il suffirait donc, pour tourner la loi d'usure, de rédiger l'engagement en forme de traite !

A notre avis, les juges rendront à l'opération son caractère civil. En dépit des apparences, la créance n'a pu être transfusée dans la traite que pour le montant que justifiait sa cause primitive. Or, cette cause primitive n'avait rien de commercial (Crim. cass., 14 mai 1886, D. 86, 1, 428, et déclaration LABICHE au Sénat dans les débats de la loi de 1886)[1].

Cela dit, il y a lieu de reprendre la même distinction que pour l'hypothèse de jeu : *a*) La traite est-elle restée aux mains du capitaliste : l'exception d'usure est recevable. *b*) A-t-elle passé à un autre porteur : le vice est réparé, on n'a qu'à décomposer l'opération comme dans l'espèce précédente.

1474. — II. Moyens d'exécution de la dette. — *a*) *Résolution.* — La lettre a été négociée « valeur en marchandises ». La chose vendue était atteinte de vices cachés. La découverte postérieure de ces vices motive la résolution. Si c'est le vendeur qui présente l'effet, il sera débouté du prix, en vertu des règles de la garantie (art. 1641 et s. C. civ.). Si c'est un porteur subséquent, le souscripteur se devra à sa signature.

b) *Compensation.* — Le porteur de l'effet devient débiteur du signataire pour une somme égale. J'ai une lettre de change de 1.000 fr. contre *Thiébaut*. D'autre part, *Thiébaut* me vend des marchandises pour 1.000 fr.

La compensation éteindra la dette, si la lettre à l'échéance est encore en ma possession. Mais ce moyen est irrecevable, invoqué contre un tiers porteur. Le débiteur, par la clause à ordre, a renoncé à la compensation pour le cas où changerait son créancier. Cette compensation fût-elle acquise au moment de l'endossement, il a déclaré d'avance n'en point vouloir profiter (arg. art. 1295 C. civ.).

c) *Confusion.* — C'est la réunion sur la même tête des qualités de souscripteur et de porteur. *Paul*, porteur, devenu par ailleurs débiteur de *Thiébaut*, l'accepteur, endosse l'effet à l'ordre de celui-ci.

Si *Thiébaut* conserve la traite, il ne pourra agir ni contre lui-même, ni contre les endosseurs ou contre le tireur, car il leur doit garantie par sa position d'accepteur. La lettre de change perd donc toute force. Sur ce point, tout le monde est d'accord.

Mais, si l'accepteur remet le titre en circulation, toutes ces signatures revivent. Le nouveau porteur recouvre le droit de s'en prévaloir.

La jurisprudence repousse, dans cette hypothèse, la résurrection de la créance de la traite. 1° Elle ne l'admet que lorsque c'est à un *endosseur* que revient ainsi l'effet, négocié ensuite par lui : toutes les signatures renais-

1. La législation romaine était encore plus exigeante : elle mettait le demandeur dans la nécessité de prouver qu'il avait versé la somme à l'emprunteur (*exceptio non numeratæ pecuniæ*). Certaines personnes regrettent la disparition de cette obligation de preuve, qui mettait un frein à l'usure.

sent[1]. 2° Mais elle la rejette lorsque c'est l'*accepteur* qui remet en circulation la traite à lui d'abord endossée : la traite a été définitivement éteinte.

Il n'y a pas à cette distinction de raison décisive. Dans la seconde situation comme dans la première, les signatures, engourdies pendant le temps de la confusion, doivent reprendre toute leur valeur.

d) A ces exceptions, déjà si nombreuses, il faut en ajouter une dernière : l'*exception d'incompétence*.

Deux étrangers, d'après le droit ordinaire, ne peuvent plaider devant nos tribunaux. Un Français, cessionnaire d'un étranger, n'a, pas plus que son cédant, le droit d'actionner en France le débiteur étranger.

Mais voici que la dette est enfermée dans une lettre de change. Tireur et bénéficiaire, *Thomas* et *Bernard*, étaient étrangers : en l'état, la justice française est incompétente. Tandis que, si l'effet est transmis à un Français *Paul*, celui-ci peut saisir un de nos tribunaux pour agir contre le souscripteur, malgré l'extranéité de son endosseur (art. 14 C. civ.).

Cela répond à notre décomposition de la clause à ordre.

1475. — Endossement après échéance. — La purge des exceptions par l'endossement reçoit un tempérament, d'après une opinion raisonnable, pour le cas où l'*effet* serait *négocié postérieurement à l'échéance*.

Cet endossement tardif ne doit pas avoir plus de valeur qu'une cession[2]. Si, au 1er juin, jour d'échéance, je m'étais présenté chez le tiré, il m'aurait opposé une compensation, un dol nés de mon chef. En toute équité, je ne puis pas, en me dispensant de présenter l'effet et en le négociant le 5 juin, priver le débiteur du moyen de défense qui lui appartenait le 1er de ce même mois. Ce moyen sera donc opposable au tiers porteur[3].

1476. — Toute la théorie qui vient d'être développée repose sur la pensée que l'endossement n'est pas une cession, que chaque négociation nouvelle est un acte autonome, un ordre de paiement distinct des endossements précédents. La validité et les effets de cet ordre ne sont point subordonnés aux opérations dont la traite avait déjà été l'objet.

---

1. L'endosseur, conservant la traite, ne pourrait à l'échéance poursuivre les signataires postérieurs à son endossement, puisqu'il leur doit garantie. Mais il aurait droit d'agir contre les signataires qui le précèdent, ainsi que contre le tiré. A ce point de vue, il est exact de dire que sa situation n'est pas la même que celle de l'accepteur, lequel, conservant la traite, n'a pouvoir d'agir contre personne.

2. *Contra* (cet endossement vaut de la même manière que les autres), Req., 6 février 1906, S. 1906, 1, 65, note LYON-CAEN ; D. 1908, 1, 226, note VALÉRY.

3. Cette situation, d'après le droit allemand (art. 16 de la *Wechsel-Ordnung*), se dédouble et comporte des solutions différentes suivant les cas : 1° L'effet a été présenté à l'échéance et protesté ; puis le porteur l'endosse. Cet endossement n'a que la valeur d'une cession : l'endosseur après échéance ne se porte point garant; et le nouveau porteur succède simplement à ses droits ; le tiré n'est point lié envers lui par un « engagement propre ». 2° Le porteur n'a ni présenté l'effet ni dressé le protêt. Sur ces entrefaites, il négocie la lettre de change. La situation est la même que si une seconde traite à vue avait été émise par le porteur négligent. Ce dernier assume alors la garantie d'endosseur, et le nouveau porteur acquiert contre le tiré accepteur un droit propre. — Nous ne proposons pas d'accueillir cette distinction en droit français.

Cette théorie aboutit à l'*indépendance réciproque des diverses signatures se rencontrant sur un même effet*. Elle permet de consacrer ce résultat, sans qu'il soit nécessaire de faire appel à la « dette abstraite ». La question présente un grand intérêt à propos d'une *lettre de change fausse*.

1477. — 1° Une traite est émise par un *faussaire*. Elle arrive aux mains d'un porteur de bonne foi. Celui-ci obtient l'*acceptation*. Le tiré, trompé par le faux, croit obéir aux instructions de la personne dont la signature a été usurpée. Le porteur négocie cette traite, qui se recouvre d'un ou de plusieurs *endossements sincères*. Que vaut cette acceptation ? Que valent ces endossements ?

a) *L'accepteur* est tenu, d'après nous. Il a déféré à un ordre fictif, c'est vrai ; mais le porteur était un créancier honnête qui n'avait point à se demander si l'accepteur, en donnant sa signature, agissait ou non sous l'empire d'une erreur. L'art. 121 dit que celui qui accepte une lettre de change contracte l'obligation d'en payer le montant. — Le tiré va se trouver dans une position dure. Car il ne pourra se retourner ni sur la personne désignée comme tireur et qui ne l'est pas, ni sur le premier endosseur vrai, remplaçant à ses yeux le tireur, cet endosseur n'ayant point entendu constituer de provision. Tout le préjudice retombera sur le tiré, qui, payant cette traite, ne sera point libéré de sa dette envers celui qu'il a cru être le tireur [1]. N'était-il pas mieux que tout autre en mesure de s'apercevoir de la supercherie ?

b) Le porteur, non payé par cet accepteur, doit pouvoir agir suivant le droit de change contre tous les *endosseurs vrais*. Il s'est formé une lettre de change régulière à partir de la première négociation véridique. Mais, pour se conformer à l'intention des parties, il faut donner à tous ces endosseurs, y compris le premier, le droit de repousser le porteur négligent, malgré l'absence de provision. — Le porteur pourra agir encore contre un *donneur d'aval*, surtout si la signature que ce dernier a voulu garantir était vraie, nonobstant le faux des autres (Rej., 14 juin 1909, S. 1915, 1, 42).

1478. — Certains auteurs (Boistel, n° 810, etc.) ne l'entendent pas ainsi. La lettre de change s'effondre, faute de tireur. L'accepteur fera annuler son engagement ; s'il paie, il aura la répétition de l'indû (art. 1376). Les endosseurs même sincères ne sont pas garants. Le dernier porteur rentrera seulement dans l'ancienne créance qu'il avait contre son endosseur immédiat et qui n'a été réglée qu'en apparence. Et de même pour chacun des endosseurs précédents. Recours fondé alors non sur le droit du change, mais sur le droit commun et durant trente ans.

La théorie de l'endossement-cession conduira peut-être à ces résultats.

---

1. En vertu de l'art. 1382, le tiré pourrait agir en dommages-intérêts contre celui-ci, en relevant une imprudence de sa part (papier à son en-tête qu'il a laissé traîner). C'est ainsi que s'expliquent les solutions favorables aux recours donnés aux tirés qui paient des chèques faux, souscrits par un employé infidèle du tireur (v. *infra*, n° 1655).

La lettre de change doit prendre appui sur un tireur. Mais, pour nous, chaque endossement a son autonomie, chaque endosseur joue le rôle de tireur, et la nullité de la traite primitive n'empêche pas la régularité de l'effet à partir du moment où il entre dans le cercle des gens honnêtes. Pratiquement, notre solution se recommande d'elle-même [1].

1479. — 2° Changeons l'hypothèse. La lettre de change était vraie. Mais elle est appréhendée par un voleur qui la revêt d'un *endossement* et la fait circuler.

Ecartons l'*accepteur*. Il fera un paiement libératoire (art. 145) et pourra mettre ce paiement au débit du tireur (v. *infra*, n° 1507).

Ecartons la *victime de la perte ou du vol*. Elle pourra (dans le régime français, différent du droit allemand) revendiquer contre le porteur, même de bonne foi, l'effet ou les sommes touchées. L'art. 2279 est inapplicable aux valeurs à ordre.

Mais un *porteur postérieur à l'endossement faux* a-t-il, non payé, un recours contre ses devanciers, en considérant qu'à la première traite, arrêtée au moment du vol, s'en est, depuis la reprise du titre par les honnêtes gens, accolée une seconde, susceptible d'engendrer des effets légaux ?

Nous le pensons. Une partie de la doctrine statue en sens contraire, par suite de l'idée inexacte qu'elle s'est faite de l'endossement. D'après elle, une brisure irréparable s'est faite dans cette lettre de change. Les signatures antérieures au vol produisent des engagements de change ; non les signatures postérieures. La circulation des effets s'accommode mal de cette doctrine [2].

SECTION II. — Endossement irrégulier ou de procuration.

1480. — L'endossement est dit *irrégulier, lorsqu'il ne contient pas toutes les énonciations prescrites par l'art. 137.*

Ex. : Il ne mentionne pas la valeur fournie ou la date. Plus hardiment, l'endosseur fait un *endossement en blanc* : il met sa signature à la suite des endos précédents, sans l'accompagner d'aucune énonciation.

1481. — *L'endossement en blanc* est très pratiqué. On s'en sert même lorsqu'il y a eu valeur fournie.

La lettre de change profite alors des avantages d'un titre au porteur.

---

1. Elle nous est imposée d'ailleurs par la manière dont est tranchée plus haut la responsabilité d'une société pour « faux transfert d'action » ; nous avons conclu au maintien de l'inscription délivrée à l'acheteur (n° 603-2°).

2. On reprendrait la même discussion à l'égard d'une lettre de change émise par un incapable et endossée ou acceptée ensuite par des personnes capables. Si les négociations dont la traite est l'objet sont des *cessions* au sens rigoureux du mot, comment expliquer que ces cessions puissent engendrer des résultats réguliers, lorsque le débiteur fondamental aura fait annuler son engagement ? Avec la théorie de la délégation, la régularité des engagements des parties capables coule, au contraire, de source.

Elle circulera de main en main, sans qu'un signe extérieur révèle ces transmissions. Les cédants ou déléguants successifs, cessant de se faire connaître, n'exposeront aucune garantie d'acceptation ou de paiement. Un dernier porteur remplira la signature à son nom, comme s'il tenait directement la lettre du signataire en blanc ; il est cependant séparé de lui par des intermédiaires restés secrets.

Il se peut même que ce dernier porteur ne remplisse point l'endos, ou le fasse en forme d' « acquit » avant de présenter l'effet au tiré. Il est qualifié pour le toucher : tout porteur d'une facture acquittée par le créancier a pouvoir d'encaisser.

1482. — La loi considère l'endossement irrégulier, quelles que soient les mentions absentes, comme valant *procuration* au profit du porteur (article 138). Celui-ci n'est point réputé, comme dans un endos régulier, avoir acheté la lettre de change. Il est présumé avoir reçu non plus délégation à titre onéreux, mais mandat aux fins de toucher et de rendre compte.

1483. — Il y a un autre mode d'endos de procuration. C'est celui où le mandat est formellement énoncé : « Payez, valeur en procuration, ou en recouvrement ». On dit alors qu'il y a endossement de *procuration expresse*.

1484. — La plupart des effets sont aujourd'hui présentés à leur échéance par des porteurs, agissant ainsi en vertu d'un mandat pour compte.

Les *établissements de crédit*, la *Banque de France*, les grandes banques par actions, telles que le *Crédit lyonnais*, disposant d'un personnel de recettes approprié, centralisent les lettres de change aux approches des échéances et en font le recouvrement moyennant commission.

Ce mandat est également exercé par l'*Administration des postes*. La loi du 5 avril 1879 et des lois suivantes ont fait entrer dans le service de la poste les encaissements d'effets ou autres factures (2.000 fr. au *maximum*). L'intéressé adresse au bureau de recouvrement les effets à toucher, sous une enveloppe fermée affranchie au tarif de recommandation (0 fr. 25) : les frais d'encaissement sont de 0 fr. 10 par 20 fr. ; le produit s'en répartit entre le receveur et le facteur, et le retour des fonds au bureau expéditeur est soumis à une taxe de mandat de 0 fr. 50 o/o. Sur les 57 milliards dont l'encaissement a lieu chaque année (n° 1240), 300 à 400 millions sont ainsi touchés par les soins de la poste.

1485. — Pour déterminer les effets de cet endossement, il faut distinguer suivant le but recherché sous la forme extérieure d'une procuration.

a) Les parties ont voulu réellement conclure un mandat.

b) Ou elles ont voulu attribuer au nouveau porteur la propriété de l'effet, comme si l'endos était régulier.

1486. — *Première hypothèse. — L'endosseur a eu véritablement pour intention de charger le porteur du recouvrement de l'effet.*

Ce qui arrivera : 1° si telle est la manifestation des intentions, c'est-à-dire dans l'endos de procuration expresse, et 2° par présomption de la loi, dans l'endos irrégulier (en blanc, non daté, non causé, etc.).

1487. — Dans ces deux cas, il faut appliquer aux rapports de l'endosseur et du porteur le droit habituel au *mandat* (art. 138).

a) Le porteur s'est engagé envers son mandant à *présenter l'effet* et à lui *rendre compte* de la somme après l'avoir touchée. Si le tiré refuse de payer, le mandataire doit agir en porteur diligent, lever protêt pour le compte de l'endosseur, et conserver son recours contre les garants.

Il aura qualité pour intenter, du chef de ce mandant, l'action récursoire contre les signataires précédents.

Toute faute par lui commise dans ce recouvrement met en jeu sa responsabilité. Des banquiers reçoivent souvent au dernier moment les effets à encaisser. Aussi, dans les circulaires adressées à leur clientèle, introduisent-ils une clause les exonérant au cas de protêt tardif. Cette clause, si elle est connue du client, a été jugée valable, bien qu'elle tende à affranchir un débiteur de sa faute (Civ. cass., 26 décembre 1893, D. 94, 1, 102 ; note Huvelin dans les *Ann. dr. com.*, 94, 1, 54 ; 4 janvier 1910, S. 1911, 1, 521, et note Bourcart) [1].

1488. — *b*) L'endosseur peut *révoquer* le *mandat*. Celui-ci cesse de plein droit par la survenance de la faillite de l'une des deux parties, notamment de celle du porteur (art. 2003 C. civ.).

Si l'effet est encore à ce moment dans le portefeuille du failli, l'endosseur en exercera la *revendication* contre la masse, il ne subira pas la loi du concours : il est resté propriétaire de la lettre de change. Son droit de préférence est ainsi sauvegardé. Cette revendication est consacrée par l'art. 574 au livre *Des faillites* (V. *infra*, n° 1940) [2].

1489. — *c*) Si le porteur intente les actions de change contre les signataires, ce ne peut être que du chef de son commettant.

---

1. Quant à l'Administration des postes, en cas de perte (mais non de retard) de la lettre recommandée contenant les valeurs à recouvrer, sa responsabilité ne pourra dépasser cinquante francs. — En cas de perte des sommes encaissées par le facteur, elle sera tenue au remboursement intégral des sommes perdues (L. 5 avril 1879, art. 7).

2. Ce texte reconnaît la revendication dans deux cas : la rédaction de l'art. 574 aurait pu les dégager d'une façon plus explicite. — 1° *L'endosseur n'est pas en compte courant avec le porteur de l'effet* : l'endossement irrégulier fait présumer la procuration, « les remises ont été faites par le propriétaire, avec le simple mandat d'en faire le recouvrement et d'en garder la valeur à sa disposition » : l'endosseur reprendra l'effet par préférence, à moins qu'il n'ait été recouvré par son mandataire avant l'ouverture de sa faillite : l'endosseur produira alors au marc le franc, comme créancier chirographaire. — 2° *Les parties étaient en compte courant*. On verra (n° 1666) que, par suite d'un effet propre au compte courant, l'inscription à l'avoir de l'envoyeur du montant de la remise met obstacle à sa revendication, quand même l'endos serait irrégulier en la forme. Mais les parties ont pu déclarer tenir cette remise hors du compte courant, et l'*affecter à un paiement déterminé* que le réceptionnaire se charge de faire au compte de son endosseur. En ce cas, les principes ordinaires reprennent leur empire : le droit du mandat renaît ; si la traite existe encore en nature lors de la faillite du porteur, l'endosseur pourra la revendiquer. C'est ce que veulent dire les derniers mots du texte de l'art. 574 : « lorsqu'elles auront été de sa part (de la part de l'envoyeur) spécialement affectées à des paiements déterminés ».

Par suite, il sera passible de toutes les exceptions, de tous les moyens de défense, que le tiré ou que les endosseurs auraient à faire valoir contre ce commettant. Ainsi la règle fondamentale de l'endossement de propriété : *Exceptio quæ obstitit giranti*, est irrecevable en matière d'endossement de procuration. C'est un point des plus importants.

1490. — *d*) On admet aujourd'hui, en France, que *le porteur* chargé de recouvrer l'effet n'est pas obligé d'attendre l'échéance pour en effectuer l'encaissement. Il peut, s'il le préfère, *négocier la lettre de change* et rendre compte à l'endosseur du prix de la négociation. Tel n'était pas le sentiment de Pothier, c'est celui des auteurs et de la jurisprudence d'aujourd'hui (Lyon, 5 mars 1896, D. 99. 2. 121, note Boistel).

Il est vrai que vendre c'est disposer, et qu'un mandataire ayant un pouvoir général d'administration doit s'abstenir des actes de disposition (art. 1988 C. civ.). En outre, cette négociation expose l'endosseur à l'insolvabilité de son mandataire : la traite, demeurée dans le portefeuille de celui-ci, serait la propriété du mandant jusqu'à l'échéance : tandis que, si elle en est sortie, le mandant n'a plus qu'une action au marc le franc.

Mais l'usage en droit français s'est prononcé en faveur de ce mode de réalisation de la traite, et l'usage a force de loi lorsque l'ordre public n'est pas en jeu. Si l'effet est recouvrable à distance, n'est-il pas de l'intérêt de l'endosseur qu'il soit vendu, surtout le cours du change étant favorable ?

Cette solution entraîne incidemment une difficulté. A moins d'un endos en blanc, la négociation par le mandataire se traduira au moyen d'un endos régulier. La lettre demeurant en souffrance, on s'est demandé qui, de l'auteur de l'endos irrégulier qui précède, ou du mandataire auteur de l'endos régulier qui suit, sera tenu à garantie vis-à-vis du porteur.

Le plus sage est de s'en tenir à la disposition de l'art. 140 : tous ceux qui signent la lettre de change sont tenus de la garantir. Le mandataire pourra donc être recherché, sauf à se retourner contre son donneur d'ordre, son endosseur (Lyon, 5 mars 1896, *supra*, solution implicite).

1491. — *Deuxième hypothèse.* — Les faits établissent, contrairement à la présomption légale, que *les parties ont entendu, sous le couvert d'un endos irrégulier, effectuer un endossement de propriété de l'effet.* Cette intention découle de ce que le porteur a fourni à son endosseur l'équivalent de l'effet (par vente de marchandise, escompte ou autrement). Les circonstances de l'espèce révéleront la volonté des contractants.

Le porteur peut-il prouver contre la présomption de l'art. 138, et, sa preuve faite, se comporter de la même manière que quand la lettre de change lui avait été endossée en toute propriété ? Peut-il conserver l'effet ou le produit du recouvrement ? A-t-il le droit d'agir en garantie, même contre son auteur immédiat, par suite de la protestation de la traite ?

1492. — Autrefois la jurisprudence considérait la présomption comme absolue (*juris et de jure*) : aucune preuve contraire n'était recevable.

La loi, disait-on, est catégorique, pour refuser à l'endos irrégulier, sous quelque prétexte que ce soit, les avantages d'un endos de propriété : « Si l'endossement n'est pas conforme aux dispositions précédentes, il n'opère pas de transport ». Le texte de l'Ordonnance (V, 25) était encore plus expressif : « Les lettres seront réputées appartenir à celui qui les aura endossées, et pourront être saisies par ses créanciers ».

C'était aboutir à un résultat inique, à une spoliation : l'endosseur, qui avait touché déjà une première fois du porteur la valeur de l'endos, la réclamait de nouveau ; ou, ce qui revenait au même, l'effet restant impayé, il refusait de rendre cette valeur reçue : il monnayait l'effet deux fois.

1493. — Aujourd'hui l'on s'est départi de cette doctrine. On admet que la loi pose moins une présomption proprement dite qu'une règle interprétative des volontés.

Par sa rédaction extérieure, l'endos confère au porteur un simple mandat (ce qui est raisonnable, en cas d'absence de mention de valeur).

Il se peut que la volonté interne de l'acte ne soit pas d'accord avec les apparences. On est en présence d'une *contre-lettre*. Or, si la preuve d'une contre-lettre ne doit point nuire aux tiers (art. 1321), les parties peuvent l'administrer l'une envers l'autre. De là, la distinction suivante.

1494. — *a*) Supposons la contestation limitée *entre l'endosseur et le porteur*. Celui-ci a qualité pour démontrer l'existence d'une valeur fournie.

L'endossement les représente comme ayant fait entre eux un mandat. Mais l'acte ostensible est démenti par le fond de leurs intentions.

Le porteur n'aura à restituer ni la traite, si elle lui est réclamée avant l'échéance, ni la somme provenant de son recouvrement. Il agira même en garantie contre l'endosseur, si l'effet n'est point payé par le tiré.

1495. — L'endosseur a pu vouloir faire une *libéralité* au porteur.

Sous la forme d'un endossement irrégulier, cette libéralité est nulle. Une donation déguisée ne peut valoir que si elle l'est sous un contrat à titre onéreux. Or un mandat n'est pas un contrat à titre onéreux, ferme et irrévocable, mais un contrat de bienfaisance qui oblige le porteur à rendre compte de la traite ou de son montant.

Il faut dire, pour la même raison, que, l'effet une fois revêtu d'un endossement en blanc, sa tradition manuelle ne peut pas plus réaliser un *don manuel* que l'endos en blanc lui-même. Un titre au porteur ordinaire comporte bien le don manuel, son détenteur étant présumé propriétaire. Mais ici le porteur est présumé pourvu d'une simple procuration d'encaissement. L'effet en blanc, tout en lui donnant pouvoir de l'encaisser, n'est point réputé lui appartenir ; pour le conserver, il lui faudrait chercher hors du titre la cause de son acquisition : ce qu'il ne peut faire, faute d'un acte authentique, si cette cause est une libéralité. — Autre conséquence : le porteur est privé du droit d'invoquer la maxime : *En fait de meuble possession vaut titre* (art. 2279), bien qu'ayant reçu de bonne foi la traite *a non domino*.

1496. — *b*) En revanche, *vis-à-vis des tiers*, l'endossement irrégulier demeure procuration, en dépit de toute preuve contraire[1]. Une contre-

1. Voir la critique opposée par M. Pichon (*op. cit.*) à cette théorie qui interdit de prouver contre la présomption, au regard des tiers.

lettre est inopposable aux tiers. L'opération est, en toute hypothèse, réputée mandat.

Partant, le *porteur*, agissant contre les signataires, *se verra opposer les exceptions* (dol, absence de cause, compensation, etc.), *recevables contre son endosseur* : à n'envisager que le résultat, c'est le droit civil de la cession de créance qu'on appliquera (Civ. cass., 12 novembre 1890, D. 91, 1, 408; Paris, 6 mars 1903, D. 1904, 2, 205 ; Cass., 24 octobre 1904, D. 1905, 1, 39)[1].

1497. — Il reste à tracer la ligne séparant les « tiers » des « parties ».

L'endosseur *Bernard* fait faillite. La *masse de ses créanciers* peut-elle considérer la présomption légale comme absolue et, ainsi que le décidait impérativement l'Ordonnance, reprendre contre le porteur l'effet ou les fonds. Oui, semble-t-il, si, comme on le dit (V. *infra*, n° 1703), la masse de la faillite est un *tiers*. La preuve contraire est refusée au porteur.

La jurisprudence repousse actuellement cette conséquence (Req., 12 janvier 1869, D. 72, 1, 185), et à bon droit. La preuve contraire est recevable contre le syndic, comme elle l'eût été contre l'endosseur *in bonis*. L'équité le veut ainsi. Le porteur ne contestera pas qu'il ait reçu une procuration, mais, dira-t-il, une procuration dont il a fourni la valeur par anticipation, ce dont il administre la preuve (*procuratio in rem suam*) ; d'où l'irrévocabilité d'un mandat fourni dans l'intérêt du mandant et du mandataire tout à la fois. Le porteur est protégé contre la revendication de la traite par le syndic ou contre la restitution des fonds ; si l'effet est protesté, il pourra produire à la faillite en répétition de la valeur par lui fournie.

1498. — On a proposé de simplifier les formes de l'endossement, d'interpréter l'endos en blanc comme un endossement de propriété (n° 1461).

Ce serait statuer comme le fait le droit allemand, comme le propose le projet de La Haye de 1912. Notre loi de 1865 a consacré déjà cette innovation pour les chèques (V. *infra*, n° 1652 *in fine*).

L'utilité de cette réforme n'est pas établie. Avec les tempéraments d'équité que lui donnent les arrêts, la règle du Code de commerce est raisonnable. A défaut de mention de valeur fournie, et dans le doute sur ce que les parties ont voulu faire, on traite le porteur en mandataire. Cela ne lui enlève pas le droit de prouver que la lettre est sa propriété, lorsqu'il l'a acquise contre marchandises ou contre argent. Tous les intérêts sont ainsi ménagés.

1499. — APPENDICE. — **De l'endossement en dehors des effets de commerce.** — Ce sujet, présenté en résumé à la fin du chapitre de l'endossement, comporterait tout un volume. Nous n'exposerons point de doctrine ferme, tant sont grands les motifs de doute, dans une matière que la théorie ne s'est pas encore assimilée.

---

1. Renversons l'hypothèse. C'est en vertu d'un *endossement régulier* que l'effet a été passé à l'ordre du porteur, et celui-ci n'en a pas fourni la valeur. — Les tiers, de même que l'endosseur, pourront invoquer la contre-lettre envers le porteur (arg. art. 1321 *a contr.*) et opposer les exceptions du chef du précédent titulaire, comme s'il s'agissait d'un endossement irrégulier ou de procuration expresse.

Le phénomène dont nous allons parler n'est qu'une des manifestations multiples de la loi d'expansion des institutions commerciales sur le domaine du droit civil. Ce fait, dont nous avons déjà été témoins dans l'ordre des sociétés, des sociétés par actions surtout, s'est également produit pour le change, ou plus exactement pour l'endossement.

Les droits circulent, telle est la note propre à notre temps. *Est-il permis d'insérer la « clause à ordre » dans un titre civil ou commercial d'obligation, autre qu'une lettre de change ou qu'un billet à ordre?* Quelles conséquences entraînera l'emploi de cette clause?

Ecartons les titres pour lesquels une disposition expresse de la loi a autorisé l'endossement : *a*) le *connaissement* maritime (art. 281 C. com.) ; *b*) le *billet de grosse* (art. 313) ; *c*) le *récépissé* et le *warrant* des magasins généraux (l. 28 mai 1858, art. 3) ; *d*) le *chèque* (l. 20 juin 1865, art. 1er).

Hors de là, l'usage de la clause est-il licite? — La pratique est favorable à son emploi. Dans les contrats d'*assurance sur la vie*, on insère la clause à ordre ; l'assuré a le droit de transporter le bénéfice de la somme assurée, par une simple inscription du cessionnaire sur la police (il est vrai que, souvent aussi, l'endossement doit être complété par une signification à faire à l'assureur ou par un transfert sur ses registres, ce qui lui enlève sa portée ordinaire). La clause à ordre figure également dans les polices d'*assurance maritime*. On en trouve d'autres applications dans les actes notariés ainsi que dans les actes sous seing privé : il est convenu que la créance se transmettra moyennant la mention de l'acquéreur sur la *grosse*, ou première expédition pourvue de la formule exécutoire, qui circulera ainsi de main en main.

La tendance des arrêts, ainsi que celle des auteurs (Beudant, Lyon-Caen et Renault), est d'assimiler cet endossement à celui des effets de commerce et de lui faire produire la plénitude des résultats réalisés en matière de lettre de change (sauf quelques tempéraments, difficiles d'ailleurs à préciser).

1500. — Nous n'irons pas, quant à nous, jusqu'à transporter à un titre à ordre quelconque *toutes* les règles auxquelles obéit la lettre de change. Cette doctrine se condamne par ses exagérations. Elle aurait pour résultat de soumettre les engagements traités sous une pareille forme : — au protêt faute de paiement, — à la prescription de cinq ans, — à la garantie résultant de la signature d'un intermédiaire.

Mais on ne doit pas non plus interdire la clause à ordre en dehors du change. Son usage est légitime. Il emportera l'extension à la créance pourvue de cette clause d'un *certain nombre* des dispositions attachées à la lettre de change, non des autres. Voici à la faveur de quel raisonnement.

Les parties qui introduisent la clause à ordre dans leur contrat conviennent que la créance pourra se transmettre par le procédé de la délégation, et elles excluent par là même le procédé de la cession. Le bénéficiaire pourra mettre, en ses lieu et place dans le droit, une autre personne par désignation du nom de celle-ci sur le titre, et cette opération aura le sens d'un ordre de paiement donné au débiteur de l'obligation au profit du nouveau porteur ; le bénéficiaire, d'autre part, renoncera à réaliser la créance par le moyen d'un transport ordinaire qui serait réglé suivant l'art. 1690 C. civ.

Cette prédilection témoignée à la « délégation », cette volonté de n'admettre la mobilisation du droit que par le ministère de celle-ci, n'ont rien d'illicite. La délégation peut être le moyen d'exécution d'un contrat de vente de la même manière qu'une cession, et il arrive souvent en pratique qu'on éprouve de l'embarras à décider si les intéressés ont fait une délégation ou une cession dans tel cas déterminé (tant ces deux actes sont voisins).

Ce n'est pas que cette généralisation de la clause à ordre apparaisse avec la force de l'évidence. Les partisans d'une ancienne doctrine, concernant la nécessité d'un « créancier certain », ne lui sont pas favorables (n° 1464). Le débiteur se lie d'avance envers X... qui se présentera muni du titre à l'échéance, envers une personne inconnue. Il n'adhère pas à une substitution de créancier après qu'elle s'est faite ou qu'elle lui a été notifiée ; il l'approuve par anticipation, les yeux fermés. Or, peut-on dire, la loi a permis qu'il en fût ainsi dans le domaine du change, à titre de privilège. Dans les autres sphères du droit, il faut en revenir au principe d'après lequel on ne peut accepter un nouveau créancier qu'après connaissance de sa personne. La clause à ordre n'aura donc point de valeur, ou ne vaudra qu'à titre de cession.

Ce raisonnement n'est pas fait pour nous convaincre. La nécessité d'un créancier connu lors du contrat n'est formulée dans aucun texte. Si les anciens auteurs l'ont imposée, il convient que la nouvelle école se débarrasse de cette exigence. En quoi le débiteur aggrave-t-il son sort en se liant d'avance envers un créancier qu'il ne connaît pas encore ? (Voir cependant *supra*, n° 1464). Si nous réservons l'inopposabilité des exceptions, il n'est pas plus durement tenu par le procédé de la délégation que par celui de la cession. Pourvu que la détermination du créancier puisse se faire au moyen d'un acte prévu par les parties, il est donné satisfaction à la logique et à l'équité tout à la fois.

Cela dit, il est relativement facile d'opérer, parmi les règles du change, une sélection entre les règles des effets de commerce qui doivent s'étendre aux autres titres à ordre et celles qui ne s'y étendront pas.

1501. — *Forme.* — Le titre à ordre pourra se transmettre par endossement *erga omnes*, sans aucune signification à faire au débiteur. On a dérogé à l'art. 1690 C. civ. — Ce texte, dit-on, ne pose pas une règle d'ordre public, les parties ont pu l'abandonner (Civ. cass., 8 mai 1878, D. 78, 1, 241). — Pure affirmation. Il ne paraît pas que l'on puisse dans une cession proprement dite aller à l'encontre de l'art. 1690. Ce qu'il faut dire, c'est que les parties ont remplacé la cession par la délégation, et qu'une délégation produit la plénitude de ses effets sans être soumise par la loi à une forme quelconque ; l'acceptation du délégué le lie en toute hypothèse. Ici le délégué s'est lié par la clause à ordre.

Donc : — *a*) De deux acquéreurs successifs de la créance, celui-là l'emportera qui aura obtenu l'endossement du titre en premier lieu (Civ. cass., 8 mai 1878, précité). Quand même l'autre acquéreur aurait traité par voie de cession, signifiant le transport au débiteur avant la date de l'endossement qui investit son concurrent, le concurrent aura l'avantage. Le débiteur s'est engagé envers lui par anticipation, il ne peut pas être lié en outre vis-à-vis du cessionnaire. Celui-ci aurait dû se renseigner sur la nature de la créance qu'on lui propose d'acheter. Son devoir eût été de se faire représenter le certificat, il aurait appris qu'elle était à ordre, que son vendeur ne l'avait plus, ou qu'un autre porteur avait été immatriculé sur le titre. Seul est libératoire pour le débiteur le paiement fait au bénéficiaire de l'endossement.

b) En cas de conflit entre un nouveau porteur saisi par endossement et les créanciers de l'endosseur pratiquant une saisie-arrêt sur le titre aux mains du débiteur, le nouveau porteur aura l'avantage, alors même que son endossement serait postérieur à la saisie-arrêt, et à plus forte raison s'il lui est antérieur (Civ. cass., 7 mai 1879, D. 79, 1, 307). — Le devoir des créanciers était de s'assurer de la forme du titre et du moyen de l'immobiliser : ils auraient su que, laissé en possession du saisi, ce titre demeurait aliénable. Celui qui l'a pris ensuite sur endossement a eu une attitude irréprochable. Il n'avait pas à se demander si la créance avait été l'objet d'une tentative d'indisponibilité de la part des créanciers de son auteur [1].

---

1. La procédure de la saisie-arrêt va-t-elle être absolument proscrite à l'égard de

…s estimons que cet endossement d'un titre à ordre, autre qu'un effet commerce, n'est pas obligé d'obéir aux conditions de forme de l'endossement de la lettre de change, spécifiées par l'art. 137 C. com. Il pourra être rédigé en blanc et valoir non comme procuration, mais comme transmission du droit, à moins que les parties n'aient eu une intention différente (cependant l'art. 91, s'occupant de la mise en gage d'une créance à ordre, paraît exiger un endossement régulier, même si cette créance à ordre n'est point un effet de commerce). Car l'effet de commerce obéit à un formalisme de rigueur, dont rien ne justifie l'extension aux autres titres à ordre [1].

1502. — *Garantie.* — L'endosseur d'un effet de commerce répond tacitement du paiement. Il faut repousser cette prescription des autres titres à ordre (n° 1295). Lorsque je transmets une police d'assurance par voie d'endos, quelle apparence y a-t-il que j'entende me porter garant du crédit de l'assureur et m'engager envers le tiers porteur à payer aux lieu et place de la Compagnie devenue insolvable ? J'ai vendu une créance, je ne me suis constitué garant que de son existence juridique. L'endossement n'a pas été une opération de règlement ou de paiement, comme c'était le cas dans une lettre de change où, faute par le tiré de s'exécuter, le porteur réveille une créance préexistante contre son auteur, une créance que le non-paiement de la lettre laisse maintenant en souffrance.

1503. — *Inopposabilité des exceptions.* — Sur ce point apparaissent au vif les controverses touchant le titre à ordre autre que l'effet de commerce. Suivant nous, la règle du change ne doit pas être étendue. Le débiteur opposera utilement au nouveau porteur les moyens tirés du dol, de l'absence de cause, etc., par lesquels il eût repoussé son auteur. La jurisprudence a eu raison de décider, par exemple, dans le domaine des assurances, que, lorsqu'un chargeur a frauduleusement assuré sa marchandise en vue de la perte du navire, concertée avec le capitaine, l'assureur est indemne même envers le porteur de bonne foi de la police, saisi par endossement, l'assurance étant entachée d'un vice initial qui en affectait la validité (Civ. rej., 31 juillet 1893, D. 95, 1, 137, avec note critique de M. Levillain ; en sens contraire, Lyon-Caen, *Rev. crit.*, 1892, p. 364, et 1894, p. 487) [2].

Pourquoi cette non-extension de la règle des exceptions ? Pourquoi traiter ici l'opération d'après le droit habituel de la cession, et non pas d'après celui de la délégation ? — Parce que les parties, en dotant la créance de la clause à ordre, n'ont pas mis à la charge du débiteur envers un tiers porteur un « engagement abstrait », dépouillé des vices de sa dette primitive. C'est à la volonté des opérateurs qu'il faut se reporter. Or toute délé-

---

ces créances à ordre, en conformité de l'art. 149 C. com. ? C'est un point de droit très discutable.

1. Voici des points complémentaires que nous ne pouvons discuter ici.

a) Comment concilier avec la pluralité de cessions, révélées par un seul et même titre, la règle de la loi du 13 brumaire an VII sur le timbre (art. 22 et 23), qui défend aux particuliers et aux officiers publics de se servir pour un second acte d'un papier timbré qui aurait déjà été employé à un acte quelconque ?

b) Comment échapper à l'obligation de donner à chacun de ces endossements date certaine par la formalité de l'enregistrement, lorsque l'opération n'est pas un acte de commerce (art. 1328) ?

c) La procédure, instituée en matière de lettre de change pour remédier à la perte du titre (autorisation du juge en donnant caution, v. *infra*, n°s 1518 et s.), devra-t-elle être, par identité de motifs, transportée à tous les autres titres à ordre ?

d) Le débiteur, à qui le porteur ne se présente pas à l'échéance, pourra-t-il consigner les fonds, suivant la procédure de la loi du 6 thermidor an III (n° 1515) ?

2. Cfr. aussi Req., 19 décembre 1892, S. 95, 1, 225, note Tissier, et rapport du conseiller Cotelle dans cette affaire.

gation n'a pas pour effet d'emporter renonciation du délégué aux moyens de défense lui appartenant contre le déléguant. Il y a des délégations, au contraire, dans lesquelles il n'accepte que dans la mesure où il était lié déjà envers le déléguant, se réservant par conséquent de rescinder son engagement, si la créance du déléguant est atteinte d'un vice ou si elle est éteinte (V. *supra*, n° 1293).

L'inopposabilité des exceptions provient du caractère *monétaire* de l'effet de commerce. L'endosseur d'une lettre de change se sert d'une monnaie fiduciaire ; pour que cette monnaie accomplisse sa fonction, il faut que le tiré ou que les signataires déjà existants adhèrent, souscrivent sans condition, comme cautions ou répondants. Dans un autre titre à ordre, dans un endossement de police d'assurance notamment, le but inspirateur du contrat est différent. L'endosseur ne se donne pas un répondant, sa contre-partie n'exige de lui rien de pareil. Il ne s'agit pas d'un homme qui aurait besoin de fortifier sa signature, de gagner une échéance. Le porteur veut trafiquer d'un droit : une personne se présente pour le lui acheter. L'endossement est un moyen plus expéditif qu'une cession civile, et tel est son avantage. Le débiteur, qui s'est engagé sous la clause à ordre, n'est pas le fidéjusseur d'autrui. Il a accepté par avance la substitution de créancier, à condition d'être valablement engagé déjà envers le créancier précédent, envers le donneur d'ordre, et dans cette mesure seulement. « Une police n'est pas, comme un billet à ordre, un engagement pur et simple : la responsabilité qu'assume l'assureur est subordonnée, de la manière la plus manifeste, à la condition d'un risque auquel l'assuré s'exposera dans les circonstances dont il a fait la déclaration. L'assureur est déchargé vis-à-vis des tiers porteurs de la police, qui ne lui est plus opposable du moment que les conditions n'en ont pas été observées quant au mode de navigation » (Cotelle, rapport de Req., 19 décembre 1892, *supra*).

Cette doctrine comporte un tempérament. Le titre à ordre peut consister exceptionnellement, dans l'esprit des parties, en un instrument monétaire, et le but de l'endossement a été de donner au créancier un moyen plus facile. On aurait pu rédiger le titre en lettre de change, on l'a libellé en une reconnaissance de dette civile, avec une clause à ordre. Alors, les parties ont obéi à une pensée semblable à celle qui dicte un effet de commerce, et le débiteur s'est lié envers le tiers porteur sans condition. Les exceptions opposables au créancier originaire cesseront de pouvoir être proposées au porteur du titre (Civ. cass., 9 novembre 1896, D. 97, 1, 16, critiqué par M. Champcommunal, *Ann. dr. com.*, 1897, p. 156)[1].

1503 *bis*. — De la clause au porteur. — Tout ce qui vient d'être dit de la clause à ordre pourrait être reproduit à l'égard de la *clause au porteur*. Celle-ci aussi est usuelle, surtout pour les titres de placement à long terme, rentes, actions, obligations. Elle est plus rare dans les titres purement monétaires, autres toutefois que le billet de banque.

La clause au porteur s'est développée dans l'histoire parallèlement à la clause à ordre (cfr. les travaux de Brunner, *Zeitschrift für Handelsrecht*, 22e et 23e vol., et *Revue historique du droit*, 1879). S'il y a eu sous l'ancien régime des arrêts ou règlements du Parlement de Paris de 1611 et 1624, ou des déclarations royales de 1660 pour prohiber soit les billets au porteur, soit les billets en blanc (cfr. plus en détail Boistel, nos 853 et s.), il ne manque pas de textes du droit nouveau qui en reconnaissent la légalité : l'art. 35 C. com. et les lois des sociétés par actions ; — la loi du timbre du

1. V. au surplus De Bray, *De la clause à ordre*, 1892 ; Daux, *De la clause à ordre dans les créances civiles*, 1897 ; Nattan, *L'endossement des titres à ordre*, 1897 ; Thaller, *De la nature juridique des titres de crédit*, nos 103 et s. ; et pour la clause au porteur, Ripert, dans les *Annales de droit commercial*, 1904, p. 44, à propos d'un arrêt de la Cour de cassation du 23 novembre 1903.

5 juin 1850 et beaucoup de lois fiscales postérieures ; la loi sur la perte des titres au porteur du 15 juin 1872, etc.

La lettre de change ne comporte point la clause au porteur ; mais un titre au porteur destiné à circuler comme monnaie serait valable et sujet au timbre proportionnel des effets de commerce (l. 5 juin 1850, art. 1er)[1].

L'unique différence qui sépare la clause au porteur de la clause à ordre, c'est qu'elle rend possible la transmission de la créance par la seule *tradition manuelle du certificat*, sans la mention de l'acquéreur sur le titre, qui est au contraire exigée dans l'*endossement* ; le cédant est affranchi de la garantie du paiement, son nom ne figurant point sur le certificat.

Comme la clause à ordre, la clause au porteur doit être construite sur la base de la délégation. Le titre au porteur déroge à l'art. 1690 C. civ, au point de vue de la forme. Mais il n'engendre point à la charge du souscripteur un engagement « sans condition » envers le porteur. Le débiteur conserve vis-à-vis de celui-ci ses moyens rescisoires ou libératoires ; car, en se liant sous la clause au porteur, il n'a pas entendu renoncer à ces moyens. Il se pourrait cependant qu'il en fût autrement : on recherchera si le titre a une fonction monétaire, ou non. C'est en nous plaçant à ce point de vue que nous approuvons l'arrêt de la Chambre civile du 21 octobre 1906 (S. 1908, 1, 305, note LYON-CAEN), arrêt de doctrine trop large, s'il devait signifier que *dans aucun cas* le débiteur d'un titre au porteur n'est fondé à opposer au porteur les exceptions qu'il pourrait faire valoir contre les porteurs antérieurs. En principe, suivant nous, il peut les opposer. Il cesse d'en avoir le droit quand le titre doit jouer le rôle de monnaie, et dans cette hypothèse seulement. La dernière jurisprudence pose le principe de l'« inopposabilité des exceptions » avec beaucoup plus d'étendue (Req., 18 janvier 1911, S. 1911, 1, 320 ; 27 mai 1913, D. 1913, 1. 529, note LACOUR).

Bref, le titre au porteur obéit au droit commun, sous réserve d'une circulation plus rapide : il échappe à la plupart des règles du change[2].

CHAPITRE V

DU PAIEMENT

(C. com., art. 135, 143 à 159).

1504. — Le paiement d'une lettre de change exige la présentation du titre. Dans les autres créances, le titre n'intervient que comme *preuve* d'un droit contesté. Dans les effets de commerce, il joue un autre rôle.

Le débiteur ne conteste pas la dette : il demande la production de la traite, afin que le requérant justifie de sa qualité de créancier actuel dont

1. La loi du 19 février 1874, art. 4, soumet, en outre, à ce même timbre les billets, obligations, délégations et tous mandats *non négociables*, quelle que soit d'ailleurs leur forme et leur dénomination, servant à procurer une remise de fonds de place en place.

2. Toutefois, le débiteur se libérerait régulièrement, même par un paiement fait à un porteur illégitime, si ce paiement était effectué de bonne foi. Il existe pour la lettre de change une disposition semblable (art. 145 C. com.). Ce n'est point par raison d'analogie que la même solution s'applique au titre au porteur, mais à cause de l'art. 1240 C. civ., d'après lequel « le paiement, fait de bonne foi à celui qui est en possession de la créance, est valable ».

témoignent les énonciations de l'effet, complétées par la chaîne des endos.

La production et la restitution du certificat deviennent ainsi une *condition de l'exercice du droit*. Dans des cas exceptionnels, la loi remédie à son absence, en exigeant des garanties.

De là, l'impossibilité pour la lettre de change d'être une créance *portable*, qui dispenserait le créancier d'aller toucher les fonds chez le débiteur, et l'autoriserait à exiger qu'on les apportât chez lui. La lettre de change est, au contraire, *quérable* tantôt chez un tiré, et tantôt chez un domiciliataire, à raison de l'ignorance où est le tiré à l'échéance de la personne du porteur [1].

Cependant la lettre de change a pu être perdue ou volée. Cet accident détruira-t-il le droit ? La loi ne l'a pas voulu : elle organise en faveur de la victime une procédure spéciale, réparant cette perte ou ce vol.

Ainsi, nous devons procéder à deux sections d'études : — du paiement sur production du titre ; — du paiement en cas de vol ou de perte.

SECTION PREMIÈRE

DU PAIEMENT SUR PRODUCTION DU TITRE

(C. com., art. 135, 143 à 146, 156 à 159).

1505. — Nous parlerons avant tout du paiement à l'échéance par le tiré, soit accepteur, soit non-accepteur. Mais les dispositions qui vont suivre s'appliqueront également au paiement fait par un autre signataire, tireur ou endosseur, sur recours du porteur après refus du tiré. Elles s'appliqueront de même (sous réserve de quelques exceptions) à un paiement effectué *avant l'échéance* par l'un de ces signataires. Les règles du paiement ont une portée très large. Elles sont indépendantes de la personne de qui ce paiement provient, ainsi que de l'époque où il a lieu.

1506. — On rencontre ici des *dérogations* importantes à la théorie du paiement, telle que l'établit le droit commun (C. civ., art. 1235 et s.). Elles concernent la validité du paiement fait à un porteur illégitime ou incapable ; — la divisibilité du paiement ; — la restriction au droit de payer avant terme ; — le devoir de ne pas dépasser l'échéance ; — la simplification des règles de la consignation.

1507. — *a) Caractère libératoire du paiement fait à un porteur, même*

---

1. On peut indirectement rendre la dette portable, en désignant comme domiciliataire le bénéficiaire même de la lettre de change. « Payez à l'ordre de *Bernard*... payable chez *Bernard* ». Celui-ci, lors de l'échéance, n'aura pas à présenter l'effet ailleurs que chez lui. C'est au tiré à lui passer les fonds. Faute de quoi, le porteur dressera protêt le lendemain à son propre domicile, parlant à lui-même. — Mais cela suppose une lettre de change restée dans les mains du preneur, et ne circulant pas : si le preneur passe la lettre à l'ordre d'un nouveau porteur, *Paul*, celui-ci se présentera au domicile indiqué. L'obligation est redevenue *quérable*.

illégitime ou incapable. — De droit commun, un débiteur ne paie valablement sa dette qu'au créancier véritable ou au mandataire qui a reçu pouvoir de toucher pour lui (art. 1239 C. civ.). Faute de quoi, il s'expose à payer une seconde fois, bien que sa crédulité ait été surprise par des pièces fausses ou autrement.

La législation du change ne pouvait sanctionner cette exigence. Il n'y a pas de moyen pratique pour le tiré de vérifier la sincérité de toutes les signatures, ni même celle de la dernière. Peut-être ne connaît-il point le porteur : il ne peut pas lui demander la preuve de son identité (comme le fait la Poste, lorsqu'elle exige du porteur d'un mandat des enveloppes de lettres, une carte d'électeur, etc., pour justifier de sa qualité). Quand le porteur se dit *Paul* et donne un acquit de ce nom, le tiré n'a rien à se reprocher en le payant sur la foi des apparences.

Si la validité de l'acte avait été mise par la loi aux risques du tiré, celui-ci suspendrait le paiement, au moindre doute de l'identité du porteur : le crédit des effets de commerce en souffrirait, ainsi que l'intérêt de tous les porteurs d'effets. De là, l'art. 145 : « Celui qui paie une lettre de change à son échéance et sans opposition est présumé valablement libéré ».

La disposition protège ceux qui *paient*, mais non pas ceux qui *achètent* des effets. Ainsi, l'on n'acquiert aucun droit sur une lettre de change volée qu'on reçoit par endossement : il faudra la restituer au propriétaire, même en cas d'achat de bonne foi et l'eût-on acquise d'un marchand vendant des choses semblables, les art. 2279 et 2280 (à la différence du droit allemand) ne s'appliquant ni aux titres à ordre, ni même aux lettres circulant en blanc. Au contraire, *payer une lettre de change* qui a les apparences régulières, *c'est échapper au péril d'avoir à la payer une seconde fois.*

Paiement libératoire : le tiré ou s'appliquera la provision du tireur, ou, ayant payé à découvert, se retournera contre ce tireur. La lettre de change est éteinte. La personne dépossédée, *Paul*, ne peut plus agir ni contre l'accepteur ni contre un garant quelconque. Elle aura seulement le droit de poursuivre *ex delicto* le voleur ou celui qui a indûment encaissé l'effet.

Cette disposition n'était pas admise dans l'ancien droit. POTHIER dit que de son temps « la règle du commerce est qu'un banquier ne doit pas payer une lettre de change à la personne qui la lui présente, lorsqu'il ne la connaît pas, sans se faire certifier qu'elle est celle à qui la lettre est payable ». Discourant sur le cas où, « le courrier ayant été attaqué et dévalisé, le voleur se serait présenté avec l'effet sous le faux nom de celui à qui l'ordre est passé et en recevrait le paiement de l'accepteur, avant qu'avis eût pu être donné à celui-ci de l'accident (hypothèse cependant bien favorable au tiré), il décide que « le paiement n'opère pas libération » (*Traité du contrat de change*, éd. Bugnet, IV, p. 550 et 552).

On avait proposé au Conseil d'État un moyen terme. Le tiré serait responsable non d'un faux commis dans les endossements, mais du défaut d'identité du dernier signataire. Cette opinion n'a pas prévalu.

1508. — La dérogation apportée au droit commun est plus apparente que réelle, lorsque la fraude a pu s'accomplir sans qu'il ait fallu un faux endos ou un faux acquit ; autrement dit, lorsque l'effet, négocié en blanc ou avec un acquit tout préparé, a été présenté en cet état au paiement par l'imposteur (soustraction d'un effet au détriment d'un garçon de recettes).

Il est, en effet, de principe, et non du droit spécial à la matière du change, que tout porteur d'un acquit du créancier a qualité pour toucher. Il n'a point à justifier de ses pouvoirs : il a le titre, cela suffit. On applique la règle que le paiement fait de bonne foi à celui qui est en possession de la créance est valable et libératoire (art. 1240). — Il y a un second motif de statuer en ce sens. En fait, la partie spoliée aura été imprudente en laissant le titre en blanc ; ou son préposé aura manqué de vigilance. On écartera, sur le fondement d'un quasi-délit, sa demande aux fins d'un nouveau paiement.

Dans le cas de faux, on ne pourra que rarement raisonner de cette manière ; il est heureux qu'intervienne l'art. 145. La disposition de la loi ne sera plus motivée par une idée nécessaire de faute.

1509. — La prescription de l'art. 145 n'est pas d'une application constante. Elle protège la *bonne foi* du tiré, lorsqu'elle est excusable. Elle cesse de s'appliquer dans le cas d'une imprudence de sa part.

a) Il faut qu'il ait attendu l'*échéance* pour payer. Un paiement anticipé serait à ses risques. S'il verse les fonds à un faux porteur avant terme, le 1er juin, la traite n'étant exigible que le 15, il devra les verser à nouveau au porteur légitime. « Celui qui paie une lettre de change avant l'échéance est responsable de la validité du paiement (art. 144) ».

b) Il faut que la personne lésée n'ait pas pratiqué auprès du débiteur une *opposition* au paiement. La faculté d'opposition est accordée par l'art. 149 pour le cas de « perte (ou de vol) de la lettre de change ».

Cette opposition n'exige pas nécessairement un exploit d'huissier : la loi n'impose aucune forme déterminée, une lettre missive suffirait. Toute défense constitue celui qui la reçoit *de mauvaise foi*. A moins d'être sûr que l'opposition est mal fondée, le tiré doit y déférer et refuser de payer, aussi longtemps que mainlevée ne lui sera pas rapportée.

c) Le tiré doit : 1° exiger l'*acquit* du porteur, excepté si l'effet lui est présenté déjà acquitté [1] ; — 2° *retirer l'effet*, ne pas le laisser au porteur, une fois les fonds versés ; — 3° demander l'*adresse* du signataire, ce qui n'est d'ailleurs pas très probant ; car un faussaire ne manquera pas de donner une adresse inexacte ; — 4° *vérifier la chaîne des endossements*, afin de voir si elle n'est pas interrompue. Dans le cas où un endos suivant serait signé d'un nom autre que la personne dénommée dans le corps du précédent endos, la brisure d'anneau dénoncerait la soustraction du titre.

1. La loi ne renferme aucune disposition expresse au sujet de l'acquit de la lettre de change. La législation du chèque, qui veut un acquit daté, procède autrement (n° 1648). — Au surplus, l'acquit n'est pas indispensable pour établir au profit du tiré sa libération. La remise volontaire que le porteur lui a faite du titre fait présumer qu'il a payé (art. 1282 C. civ.). La possession qu'il a du titre, maintenant que la lettre de change lui est rentrée, suffit donc à prouver le paiement. L'acquit est un contrôle, très insuffisant d'ailleurs, d'identité.

Au surplus, cette vérification des endos est rendue malaisée, par suite des *signatures illisibles* ou en simple paraphe dont se couvre une lettre de change. Ce sont des signatures de commis de banque, agissant par procuration. Comme le nom est souvent indéchiffrable, les tiers ne savent pas si ces commis sont ou non des fondés de pouvoirs réguliers.

Une meilleure garantie résulte de l'apposition du *timbre* de la maison de l'endosseur, apposition qui n'est pas exigée, mais qui est d'usage. S'il y a eu abus de confiance d'un employé dans l'emploi du timbre, les conséquences en retombent sur l'établissement de qui l'employé dépend (art. 1384 C. civ.), la bonne foi du tiré est ainsi couverte.

Enfin, lorsque la lettre contient la clause : *suivant avis*, il est du devoir du tiré de ne la payer qu'après en avoir reçu confirmation du tireur. Dans une traite ordinaire, le tireur, constatant ensuite la nullité de sa dette envers le preneur, devrait avertir le tiré de ne pas faire honneur à l'effet. Faute de quoi le tiré, dans sa bonne foi, malgré le silence de la correspondance, paierait régulièrement [1]. Dans la traite *suivant avis*, la non-confirmation oblige le tiré à s'abstenir.

On sait que, dans le cas de lettre de change fausse dès l'origine, une doctrine, à laquelle nous ne nous associons pas, cesse d'appliquer l'art. 121 sur l'acceptation et l'art. 145 sur le paiement (n°s 1477 et s.).

1510. — Il se peut que le porteur soit bien le propriétaire de la lettre de change, mais que, *incapable* de la toucher, il la touche néanmoins. — Ex. : *Paul*, déclaré interdit ou mis en faillite, c'est-à-dire dessaisi (art. 443), encaisse l'effet. C'était au tuteur ou au syndic à le faire, non à lui.

La faveur dont dispose le paiement fait à un non-propriétaire s'étend au paiement fait au porteur incapable. C'est une nouvelle exception au droit civil, qui déclare nul (art. 1241) le paiement fait au créancier incapable de le recevoir. Ici, au contraire, le paiement est valable, lorsqu'il a eu lieu de bonne foi (art. 145).

Le failli, encaissant la traite à l'échéance, commet un détournement au mépris de la masse. Il n'en libère pas moins le signataire, celui-ci n'ayant pas à s'enquérir de sa capacité. Le syndic pourrait d'ailleurs empêcher ce paiement, en formant opposition, ce qui constituerait le porteur de mauvaise foi. En effet, le deuxième cas d'opposition que donne la loi au paiement de la lettre de change est celui de la *faillite du porteur* (art. 149).

On est d'accord pour admettre, par identité de motifs, cette opposition de la part d'un tuteur en cas de minorité ou d'interdiction du porteur [2].

1. La formule de l'art. 149, limitant à deux cas la faculté d'opposition chez le tiré, est donc de toute manière trop étroite. Il y a un troisième cas : l'inexistence de la dette dont le tireur se croyait tenu envers le bénéficiaire. Le tireur fera opposition et, à moins que la traite n'ait déjà passé à un second porteur de bonne foi, cette opposition produira effet. C'est à tort que le tribunal civil de la Seine (17 novembre 1905, *Pand. franç.*, 1907, 2, 1, note AUBIN) défend au tireur d'un chèque (la règle serait la même pour une lettre de change) de s'opposer au paiement chez le tiré, quand il a souscrit l'effet pour « dette de jeu ». La même doctrine inexacte est exprimée par un arrêt de la 7e chambre de la Cour de Paris du 13 mai 1909.

2. Il y a plus de difficulté pour se prononcer sur le point suivant : le 1er mai,

1511. — *b) Divisibilité du paiement*. — D'après le droit commun, le créancier peut refuser un *paiement partiel* (art. 1244 C. civ.). Il m'est dû 1,000 fr. : le débiteur me propose un acompte de 500 fr. Je suis admis à le refuser. — Cette disposition cesse d'être suivie dans le change. Lorsque le signataire offre au porteur une somme inférieure à la traite, cette offre s'impose au porteur, lequel ne peut pas la repousser. Pour le surplus seulement il protestera l'effet et exercera son recours contre les garants : la loi désire ne pas rendre l'action en garantie trop onéreuse.

Il n'y a point de texte reconnaissant clairement l'obligation pour le porteur de consentir à ce paiement partiel (excepté la loi du 5 avril 1879, art. 2, qui déclare *a contrario* ne pas admettre le paiement partiel des effets dont le recouvrement est confié à l'Administration des postes). Mais la solution résulte d'une analogie avec la théorie de l'acceptation.

En effet, le porteur doit prendre acte d'une acceptation partielle et ne protester que pour le surplus, art. 124 (n° 1409). Les motifs de statuer sont les mêmes pour l'acceptation et pour le paiement.

C'est surtout dans le cas où l'effet n'aurait pas été présenté à l'acceptation que la règle ne paraît pas de nature à faire doute. Alors le tiré, en même temps qu'il paie, déclare accepter ; les deux actes se confondent. Du moment que la loi l'autorise à n' « accepter » que pour partie, c'est qu'elle lui permet, par là-même, de ne « payer » que partiellement. *Adde* art. 156, d'après lequel les paiements faits à compte sur la lettre de change sont à la décharge des tireur et endosseurs : texte inutile, s'il veut dire que la créance diminue du montant de ces acomptes, car cela est d'évidence. L'article signifie donc que l'acompte peut être imposé.

Malgré ces raisons, la question demeure controversée. Elle ne s'est pas présentée en jurisprudence. D'après le projet de lettre de change uniforme de La Haye de 1913, le porteur ne peut refuser un paiement partiel (art. 38) ; mais chaque Etat compris dans l'Union projetée peut statuer en sens contraire pour les titres payables sur son territoire (art. 8 du projet de Convention).

---

avant de tomber en faillite, le porteur *Paul* se fait payer « par anticipation » une lettre de change qui ne devait échoir qu'en juillet. Sa faillite est déclarée le 1er juin. Si le tiré avait attendu l'échéance, le paiement aurait été frappé d'opposition par le syndic et n'aurait pas eu lieu. Faut-il annuler le paiement du 1er mai ? — Non, d'après les principes du change. En vain se prévaudrait-on de l'art. 144 : « celui qui paie la lettre de change avant son échéance est responsable de la validité du paiement ». Ce texte n'est pas applicable ; car, au jour du paiement, au 1er mai, le porteur *Paul* est encore capable de recevoir, il n'est point dessaisi : nous avons vu au n° 1509 que la situation était autre si le porteur, recevant ce paiement anticipé, était un faux porteur. — Cela n'est vrai, d'ailleurs, que sous réserve des règles de la « période suspecte ». Le porteur *Paul*, non encore en faillite ouverte, peut être le 1er mai en *état de cessation de paiements*. Si le tiré connaissait cette cessation des paiements de *Paul*, et lui a néanmoins payé, ce paiement est annulable à la demande du syndic. C'est ce dont on se rendra compte, en étudiant l'art. 447 C. com. V. *infra*, n° 1809 (ne pas confondre avec le cas inverse, où c'est le *tiré* qui, près de faire faillite, paie une lettre de change non échue, en temps suspect, ce paiement relevant alors non de l'art. 447, mais de l'art. 446, encore plus sévère, n° 1838).

1512. — *c) Restriction au droit de payer avant l'échéance de la dette.* — Alors même que le débiteur connaît le porteur, il ne peut l'obliger à recevoir le montant de la lettre de change *aussi longtemps qu'elle n'est pas échue.* La traite ne vient à échéance que le 1er août. Le porteur peut refuser un paiement offert le 15 juin. Le tiré n'a pas pouvoir pour l'y contraindre, même en lui fournissant la somme totale, *sans aucune retenue* (art. 146).

Cependant, on sait que, d'après l'art. 1187 C. civ., *le terme est présumé stipulé en faveur du débiteur* : celui-ci est maître d'y renoncer. N'était-ce pas le cas d'appliquer ce principe ? Le porteur reçoit l'offre de son argent, sans même aucune déduction, six semaines plus tôt qu'il ne s'y attendait. C'est plutôt une bonne affaire pour lui !

La loi statue autrement. Elle prend en considération la remise de place que réalise cette lettre de change. Une traite est un règlement plus commode que de l'argent ; peut-être l'a-t-on prise sur telle ville et à telle échéance, parce que dans cette ville et à cette date on aura besoin de fonds. Le porteur doit pouvoir conserver un titre, instrument avantageux de transport, dont le numéraire ne forme pas l'équivalent.

Il est vrai que la loi a admis le garant, sur le recours faute d'acceptation, à rembourser l'effet, s'il ne trouve pas de caution pour répondre de son paiement (art. 120). Mais c'est là une faveur particulière, qu'il ne faut pas étendre.

On rencontrera toutefois dans la matière des magasins généraux un autre tempérament à la règle ; le *warrant,* qui n'est qu'une forme de billet à ordre, peut être remboursé par anticipation (l. 28 mai 1858, art. 6 ; v. *infra*, n° 1599) ; au contraire, le billet à ordre simple ne peut pas l'être.

La règle qui interdit le paiement anticipé de l'effet contre le gré du porteur ne mérite vraiment d'être approuvée qu'autant que l'effet est payable sur une autre place. Il n'y aurait eu aucun inconvénient à en revenir au principe de l'art. 1187 C. civ., tant pour le billet à ordre que pour la lettre de change payable dans le même lieu.

1513. — La règle laisse place à deux situations, licites l'une et l'autre.

1° D'une part, la *faculté* pour le tiré d'escompter la traite a pu être *réservée* dans la traite. « Au 1er juillet prochain, payez... sauf faculté pour vous d'escompter à 3 o/o... », ou toute autre formule semblable. On ne fait pas difficulté de reconnaître cette clause en droit français.

2° D'autre part, le paiement avant terme peut résulter d'un *libre accord* entre porteur et tiré ; la loi n'interdit point à un porteur de lettre de change de recevoir à conditions débattues les fonds que le signataire lui offre par anticipation. Seulement le caractère libératoire du paiement fait au porteur illégitime à l'échéance (art. 145, n° 1507) n'est pas étendu au paiement avant terme. Le règlement anticipé présente donc pour le signataire un risque absent du règlement à l'échéance.

1514. — *d) Devoir pour le porteur et pour le tiré de ne pas dépasser l'échéance.* — Cette proposition s'entend de deux façons différentes, selon qu'on vise le devoir du créancier de réclamer son paiement, ou le devoir du débiteur de s'acquitter. Il est recommandé à l'un et à l'autre de ne pas contrevenir à la diligence que conseille la ponctualité des affaires.

1° Le *porteur* ne doit pas tarder de présenter l'effet au paiement. Il faut qu'il le réclame le jour de l'échéance ; quand le paiement lui est refusé, il faut qu'il fasse établir le lendemain un protêt, qu'il signifiera aux garants dans un court délai. Ces questions se retrouveront dans le chapitre prochain.

Le porteur qui ne se conforme pas à ces obligations est traité en *porteur négligent*, et subit les déchéances résultant de ces retard ou omission. L'Ordonnance de 1673 laissait au porteur dix jours ou trois mois selon les cas (V, 31). Mais tous les délais de grâce, de faveur, d'usage ou d'habitude locale sont abrogés pour le paiement des lettres de change (art. 135).

2° Si l'on se place du côté des signataires de la lettre de change, du *tiré* par exemple, l'échéance prend envers eux un caractère particulièrement rigoureux. La loi déroge à l'art. 1244 C. civ. ; elle interdit aux juges d'accorder des *délais de grâce* (art. 157). En Angleterre règne une règle différente : sauf pour les effets à vue, le tiré a trois jours de grâce pour se libérer. En France, le signataire doit être prêt à faire les fonds sitôt l'échéance arrivée.

Le cas du débiteur peut être intéressant et digne de pitié ; il n'importe. Le tribunal n'aura pas égard à la cause de ses embarras, fussent-ils momentanés et excusables. On compte sur des rentrées à jour fixe, pour régler ses propres fournisseurs : un retard, même de courte durée, peut mettre dans la gêne celui qui attend les fonds et en a immédiatement besoin.

Néanmoins, dans la pratique, le délai de grâce est pratiqué. Ce n'est pas que les tribunaux de commerce tiennent la loi pour non avenue : dès que l'affaire est appelée à l'audience, le demandeur ou son représentant a le droit d'exiger, la dette étant liquide, une condamnation immédiate. Mais il est dans les usages de ménager l'adversaire : le porteur consent à un terme de *vingt-cinq jours* (pratique parisienne), et le tribunal lui en donne acte. Le jugement est alors rendu d'accord entre les deux plaideurs, et le tiré s'engage à payer, outre le principal, les intérêts moratoires.

En procédant ainsi, les porteurs agissent dans leur propre intérêt. Les tirés, si le délai leur était refusé, feraient défaut ; l'opposition qu'ils formeraient ensuite suspendrait l'exécution du jugement et ils gagneraient ainsi vingt-cinq jours au moins jusqu'à la décision contradictoire. Les porteurs ont donc tout avantage à leur accorder bénévolement ce délai.

1514 *bis*. — Il peut survenir des événements graves qui, jetant subitement la panique et arrêtant les affaires, mettent les tirés dans l'impossibilité de payer les lettres de change à leur échéance. Cette situation peut se prolonger pendant plusieurs années. Le législateur, statuant alors d'urgence, déclare *proroger les échéances* des valeurs négociables ; ce qui a pour conséquence de proroger également l'époque où il sera dressé protêt, ou plus exactement d'interdire au porteur de faire protêt à l'échéance. C'est un *moratorium* [1].

---

1. Cfr. Percerou, *La guerre de 1914-1915 et les dispositions qu'elle a provoquées*, dans les *Annales de droit commercial*, 1914, p. 374 et s. — Combien d'autres prorogations de dettes la guerre n'a-t-elle pas nécessitées ? Délivrance de dépôts faits dans les banques (n° 1615), loyers, paiement de coupons, dividendes et intérêts,

Cette grave mesure, à laquelle se rattache généralement une autre résolution des pouvoirs publics, la déclaration du *cours forcé* des billets de banque (voir ci-dessous, n° 1630), est motivée soit par la Révolution, soit par la guerre. La France l'a connue en 1848, puis en 1870, et enfin lors de la grande guerre (L. 5 août 1914, conférant au gouvernement, jusqu'à la cessation des hostilités, le droit de prendre par décret toutes mesures nécessaires pour suspendre les effets des obligations commerciales et civiles, etc.; loi qui a été suivie d'une quantité de décrets renouvelant périodiquement, de soixante en soixante jours ou d'une durée plus longue, cette prorogation)[1].

Déjà, à la suite des inondations qui avaient interrompu la circulation dans la vallée de la Seine, deux lois précédentes, des 27 janvier et 24 décembre 1910, avaient, pour les cas de mobilisation de l'armée, de fléau ou de calamité publique, d'interruption des services publics, tels que celui des Postes (dans lequel une grève venait de se produire), investi le gouvernement du pouvoir de proroger les délais de protêt et les délais d'échéance.

Dans le *moratorium* résultant de la guerre de 1914-15, on a fait bénéficier les porteurs de tous les effets en souffrance d'un *intérêt* au taux de 5 o/o, à partir du lendemain du jour où le paiement était primitivement exigible (Décret du 29 août 1914, art. 6). — Reconnu sans restriction, cet intérêt moratoire n'était peut-être pas très équitable. Le porteur a pu en effet, sans encourir aucune déchéance, se dispenser de présenter l'effet. Le tiré ne le connaît pas ; il ignore peut-être même qu'on ait disposé sur lui. Aussi un décret postérieur du 15 avril 1915, art. 2, a-t-il dorénavant exigé que le porteur avisât le tiré, avant le 31 mai, qu'il est en possession de l'effet et que le paiement peut en être effectué entre ses mains : avis constaté par un *visa* donné sur le titre, ou par une lettre recommandée. Faute de quoi, l'intérêt moratoire cessera de courir.

1515. — *c) Simplification des règles de la consignation.* — D'après la législation ordinaire, tout débiteur peut, moyennant la procédure des *offres réelles* suivies de *consignation* (art. 1257 et s. C. civ.), se libérer, malgré le refus du créancier de recevoir le paiement. Le créancier est mis en demeure de recevoir ce qui lui est dû, et les sommes passent à ses risques.

Ici, les offres réelles sont dans la plupart des cas impraticables ; le débiteur ignore quel est son créancier à l'échéance et il ne sait pas à qui faire la signification. Il ne le connaît que quand ce créancier se présente de son plein gré, ou, s'il est mis sur sa piste, en allant successivement interroger tous ceux aux mains de qui l'effet a dû passer.

Il fallait cependant donner au débiteur un moyen de se libérer, malgré l'indifférence du porteur. La loi du 6 thermidor an III autorise *de plano*

---

ou d'actions et obligations amorties, contrats d'assurance, etc., sans parler de la liquidation des marchés à terme échus le 31 juillet 1914, etc.

1. Quinze mois après l'ouverture des hostilités, dans cette dernière guerre, le montant des effets prorogés, se trouvant dans le portefeuille de la Banque de France, atteignait encore la somme de 1 milliard 916 millions de francs (bilan du 28 octobre 1915).

tout débiteur de change, si le porteur ne s'est pas présenté dans les trois jours après celui de l'échéance, à déposer la somme chez le receveur de l'Enregistrement (aujourd'hui à la Trésorerie générale, représentant la Caisse des consignations). Il lui sera délivré un acte de dépôt qu'il remettra ensuite, en échange du billet, au porteur lorsque celui-ci se présentera. A partir de la consignation, les fonds auront cessé d'être aux risques du débiteur.

D'après un décret du 27 septembre 1914, art. 3, pendant toute la durée du *moratorium* créé par la guerre, le débiteur d'une valeur négociable, dont le dernier porteur ne s'est pas fait connaître par la présentation de l'effet, a pu se libérer en versant le montant de sa dette à la Banque de France contre un récépissé destiné à être remis plus tard au porteur. En pareil cas donc, deux établissements peuvent recevoir la consignation.

APPENDICE. — **Du paiement par intervention** (C. com., art. 158 et 159).

1516. — On pourrait reporter le paiement par intervention après l'étude des protêts. Ce paiement suppose, en effet, que le tiré a refusé de payer la lettre de change lorsque le porteur la lui a présentée, et que ce refus a été constaté suivant la forme voulue par la loi, par un protêt.

A ce moment survient un tiers qui offre spontanément de payer la lettre de change en souffrance, à la décharge d'un garant qu'il indique.

Ce tiers est l'*intervenant*, et l'opération est le *paiement par intervention*. L'intervention et le paiement sont constatés dans le protêt (art. 158 et 159).

Mais comment peut-il se faire que ce paiement soit offert à l'instant même où l'huissier instrumente? Comment va-t-il se rencontrer à point nommé une personne de bonne volonté pour effectuer le paiement au moment du protêt? Ce n'est possible que si l'on songe que, malgré la célérité de l'exploit, il se passe assez de temps pour que la personne disposée à intervenir soit avertie par le tireur ou par un endosseur (V. *infra*, n° 1543). Par suite d'une tolérance d'usage, le protêt est reculé souvent de plusieurs jours après l'échéance : dans cette période, l'huissier menace d'instrumenter. Les signataires en sont informés, et l'un d'eux exprime à telle ou telle personne étrangère, en mesure de faire les fonds, le désir qu'elle paie pour lui. Le tiré va trouver l'huissier avec l'intervenant, lequel retire l'effet, tout en laissant dresser le protêt qui constate l'intervention.

Une fois le protêt dressé, il est trop tard pour le tiers d'intervenir. L'impression défavorable causée par le protêt ne peut plus être effacée et le paiement ne mérite plus de profiter des faveurs attachées au paiement par intervention.

1517. — Les règles du paiement par intervention sont simples :

a) L'intervenant est un *gérant d'affaires*. Il a son recours ordinaire contre celui, tireur ou endosseur, en l'honneur de qui il s'est présenté. Comme son paiement est volontaire, et qu'il n'était pas tenu de la lettre de change, il ne devrait pas être subrogé légalement aux droits dérivant de celle-ci (cpr. art. 1251 C. civ.). Cette *subrogation* lui est cependant, à titre de faveur, reconnue par l'art. 159. Il aura donc, contre le signataire au compte duquel il s'est présenté, ainsi que contre ceux qui sont plus anciens sur l'effet, quand c'est pour un endosseur ou pour un donneur d'aval qu'il est intervenu (mais non contre de plus récents), les droits résultant de la lettre de change (commercialité, intérêts à 5 o/o, refus des délais de grâce). La bonne nature de ses relations avec le signataire dont il a pris la place le fera probablement temporiser pour son remboursement.

b) A la rigueur, le *tiré* lui-même peut, après avoir laissé protester l'effet sur lui, se déclarer prêt à payer par intervention pour le tireur ou pour un endosseur. Cela dit, à condition qu'il n'ait pas précédemment accepté ; car un débiteur ne peut pas changer le titre de son engagement s'il est déjà lié.

Les raisons qu'a un tiré de se comporter ainsi ont déjà été exposées à propos de l'acceptation par intervention (n° 1414) ; il se ménage, par exemple, le moyen de se faire rembourser par un endosseur ; un paiement pur et simple ne lui donnerait de recours que contre le tireur.

c) Au cas de *concours de plusieurs personnes* voulant payer par intervention, on préfère celle qui opère le plus de libérations ; donc, c'est le tiers intervenant pour le tireur ou pour l'endosseur le plus ancien qui aura l'avantage. A condition égale, le tiré serait préféré à tous autres (art. 159 *in fine*).

SECTION II

DU PAIEMENT SANS POSSESSION DU TITRE

(C. com., art. 147 à 155).

1518. — Une lettre de change vient à être égarée par le porteur. Il l'a perdue, ou on la lui a volée. Le premier acte de prudence à accomplir, c'est une opposition à faire au tiré. La lettre a pu être détournée à la *poste* par un employé ; ou elle a glissé du portefeuille d'un garçon de recettes. Il est à craindre que le porteur actuel ne surprenne la bonne foi du tiré et n'obtienne un paiement libératoire (art. 145). V. *supra*, n° 1507.

C'est dire que, si la perte a lieu aux approches de l'échéance, ou si elle porte sur un effet à vue, comme un chèque, les probabilités seront pour que le vol soit sans remède (sauf poursuite contre le voleur lui-même).

La victime n'a-t-elle pas un moyen de restitution ? La loi ne se départira-t-elle pas de la règle qui fait de la lettre de change un titre de présentation nécessaire ? Le porteur pourra-t-il réclamer le paiement sans le titre ?

Trois hypothèses doivent être envisagées (cfr. n°s 1319 et s.).

1519. — *1re hypothèse.* — La traite a été délivrée en plusieurs exemplaires ; *un seul de ces exemplaires est perdu, et cet exemplaire n'était pas revêtu de l'acceptation du tiré.* C'est le double conservé qui est accepté, ou bien il n'y a pas eu d'acceptation du tout. — A moins d'avoir été précédé par le voleur chez le tiré, le porteur obtiendra son paiement sur l'exemplaire qui lui reste, sans aucune formalité.

Les parties ont rédigé la lettre de change en plusieurs doubles, précisément dans la prévision d'un événement de cette nature, et afin que le porteur n'eût pas à souffrir de la perte des exemplaires (art. 147 et 150).

1520 — 2e *hypothèse.* — De plusieurs exemplaires délivrés, *l'un a été perdu et c'est celui-là que le tiré avait revêtu de son acceptation.*

La victime ne pourra pas poursuivre son paiement *de plano* sur le double qu'elle a en main. Le double accepté est le seul qui emporte obligation de payer. Le tiré se doit à sa signature et, aussi longtemps qu'on s'abstient de la lui représenter, il n'obtient pas sa libération régulière (art. 148).

La loi subordonne le recouvrement à la procédure suivante (art. 150). L'intéressé requerra du président du tribunal de commerce une *ordonnance*, aux fins de l'autoriser à toucher la lettre de change sur le double qui lui reste. Cette autorisation ne lui sera donnée que s'il fournit une *caution solvable.* La caution ne pourra pas être remplacée par un nantissement.

Le juge n'examinera point si le requérant est le titulaire du droit ; il se préoccupera seulement de la solvabilité de la caution offerte et de l'existence chez l'intéressé de l'original dont il se prétend resté porteur.

Au vu de l'ordonnance, le tiré paiera ou refusera. S'il refuse, le porteur dressera un *acte de protestation*, de la même manière et à la même date qu'il eût fait protêt s'il avait produit le double accepté. Cet acte de protestation basera son recours contre les garants (art. 153).

1521. — Si le tiré paie, au contraire, l'effet, une difficulté se pose. *Le paiement libère-t-il le tiré* ? Le porteur de l'exemplaire accepté peut survenir plus tard, et prouver sa légitimité. Sera-t-il reçu à exiger du tiré un second paiement, en établissant que c'est lui le porteur légitime ? — Deux opinions ont été défendues.

1522.— *a)* D'après le système le plus généralement accueilli dans l'ancien droit (Pothier et Jousse), le tiré continue à être tenu envers sa signature. Il devra payer une seconde fois, sauf à se retourner contre la personne qui a obtenu le premier paiement ou, si elle est insolvable, à la caution par elle fournie. Caution avait été requise, afin de garantir l'accepteur et non pas le porteur absent.

Il est vrai que la caution est déchargée après trois ans (art. 155). L'obligation de l'accepteur ne s'éteignant que par cinq ans (art. 189), il n'y a point concordance dans les délais de prescription. Pendant deux ans encore, le tiré demeure exposé à payer, avec un recours devenu bien précaire contre l'opposant seul.

1523. — *b)* Le sentiment dominant dans la pratique fait au tiré une condition moins rigoureuse : le premier paiement a été libératoire. Il a éteint la dette, comme un paiement fait à celui qui était en possession de la créance (arg. art. 1240 C. civ.). L'*accepteur* était même dans une situation meilleure que celui qui paie à un « possesseur de créance », car il a obéi à une ordonnance de justice le mettant en demeure de s'exécuter.

Le porteur retardataire de l'exemplaire accepté devra donc s'adresser à l'opposant pendant cinq ans, ou à sa caution pendant trois ans seulement. Il n'a pas d'action contre le tiré.

Malgré la différence d'époque des législations, un argument se déduit de la loi du 15 juin 1872 (modifiée par celle du 8 février 1902) sur la perte des titres au porteur : cette loi, en effet, a appliqué les mêmes remèdes que le Code de commerce, afin d'obvier à la perte du certificat. Or, d'après son art. 9, les paiements faits à l'opposant sur l'ordonnance du juge *libèrent* l'établissement débiteur envers tout porteur qui se présenterait ultérieurement, « sauf recours du tiers porteur contre l'opposant qui aurait formé son opposition sans cause et contre la caution de cet opposant » (n° 909). C'est ce que nous proposons d'admettre pour la lettre de change.

1524. — 3e *hypothèse.* — *Tous les exemplaires sont perdus*, ou il n'y en avait eu qu'un seul d'émis. — On devra recourir à la même procédure que ci-dessus : ordonnance judiciaire avec caution. Il faudra que le requérant fournisse alors une preuve, dont il était dispensé dans le cas précédent. Il devra, auprès du juge, justifier de sa propriété sur la lettre égarée ; s'il est commerçant, il ne pourra établir cette propriété qu'au moyen de ses livres (art. 152). Toutefois, la décision présidentielle n'emportera point chose jugée à l'encontre du tiers-porteur : les droits de celui-ci sont réservés.

A cela près, les conséquences sont les mêmes que dans la deuxième hypothèse. Si le tiré refuse de payer, le bénéficiaire de l'ordonnance fera sur lui un acte de protestation. Si le tiré paie, il est libéré (système de la pratique), sauf au porteur absent à s'attaquer à l'*accipiens* et à sa caution.

1525. — Le porteur dépouillé dispose d'ailleurs d'un autre moyen de restitution. Ici encore il y a analogie entre le Code de commerce et l'économie de la loi du 15 juin 1872. On pourra s'en convaincre, en s'en référant à la partie de cette loi qui vise le droit de se faire délivrer, après un certain temps, un autre titre à la place du premier (n° 910).

Que désire le porteur lorsqu'il est encore loin de l'échéance ? Un double pour remplacer l'exemplaire égaré. Il veut être placé dans la même position que si l'effet lui avait été délivré dès l'origine en plusieurs doubles.

Il y parvient, grâce à une procédure créée par un arrêt de règlement du Parlement de Paris du 30 août 1714, et reproduite par l'art. 154. Le réclamant demande à son endosseur immédiat ses soins pour agir auprès de l'endosseur antérieur, et ainsi de suite en remontant jusqu'au tireur. Le tireur établit une nouvelle lettre, en *duplicata* de la première, et la passe au preneur qui la revêt de son endos. Puis l'on descend la filière.

Cette procédure n'est pas commode. Au surplus, quelle valeur prend alors l'exemplaire perdu ? S'il était accepté, le porteur sera-t-il recevable à exiger une acceptation nouvelle du *duplicata* ? Avec ou sans ordonnance judiciaire ? L'acceptation nouvelle, si elle peut être requise, annulera-t-elle l'engagement du tiré résultant de sa première signature ? Ces questions prêtent à des interprétations divergentes.

CHAPITRE VI

DES PROTÊTS, DES RECOURS, DE LA PRESCRIPTION

(C. com., art. 158 à 186 et 189).

1526. — Le porteur d'une lettre de change, restée non payée, peut attaquer tous ceux qui ont mis leur signature sur l'effet. La loi lui donne le pouvoir d'exercer une action récursoire contre ceux qui le précèdent, endosseurs ou tireur (art. 140). Il a le droit de les poursuivre ou *solidairement*, c'est-à-dire tous à la fois et chacun pour le tout, ou *individuellement*, c'est-à-dire l'un ou l'autre à sa convenance.

1527. — Dans ces poursuites, le *tiré* joue le rôle de *débiteur principal*. L'acceptation fait présumer une provision entre ses mains (art. 117). Sur lui retombe l'effet en souffrance; puisqu'il en possède la valeur. Tout autre qui le paierait aurait le droit de se retourner contre lui.

Au contraire, le *tireur* et les *endosseurs* (ainsi que les cautions qu'ils ont pu être appelés à fournir) sont des *débiteurs accessoires*, comparables à des cautions qui ont garanti la dette d'autrui ; une caution peut se faire rembourser par le débiteur principal. Les particularités du change consistent dans les restrictions mises au droit d'attaquer ces débiteurs accessoires.

1528. — Négligence du porteur. — En droit civil, un créancier peut surseoir après l'échéance à poursuivre ses débiteurs, accessoires ou principaux. Il différera sa réclamation sans compromettre sa créance. La loi du change enjoint, au contraire, au porteur d'effet d'exiger le paiement et, en cas de refus, d'agir en garantie sans aucun retard. Il doit se comporter en *créancier diligent*. Faute par lui de ce faire, et par suite de sa *négligence*, le *porteur sera déchu* de son action, non pas sans doute vis-à-vis de tous les signataires, mais vis-à-vis d'un certain nombre d'entre eux. Voici à cet égard la distinction faite :

1529. — *a*) Dans tous les cas, les *endosseurs* peuvent se prévaloir de la négligence du porteur. C'est également le cas pour le *tireur qui aurait fait provision* et ne l'aurait point reprise.

1530. — *b*) Mais le *tiré accepteur*, malgré le retard du porteur à exercer ses poursuites (absence de protêt, etc.), reste tenu pendant cinq ans à partir de l'échéance.

Le *tireur qui n'aurait point fait provision* est soumis au même traitement. En cas de doute sur le point de savoir si la provision a été constituée ou non, c'est au tireur à prouver au porteur qu'il l'avait faite (n° 1424). Moyennant quoi il sera absous envers le porteur négligent (art. 117, al. 3, et 170).

Le tiré, à l'encontre duquel on prouve l'existence d'une *provision*, se trouve même dans une situation plus rigoureuse. Il importe peu alors qu'il soit accepteur ou non. Subrogé aux droits du tireur, le porteur exercera l'action contre la provision, distincte de celle née de la traite, et qui survivra à la prescription de cinq ans de la lettre de change.

1531. — Cette différence de traitement a sa raison d'être.

Les débiteurs principaux, *Thiébaut, Thomas, détiennent* ou sont présumés détenir *l'équivalent de la lettre de change.* Ils recueillent un bénéfice sans cause. Il y a enrichissement aux dépens d'autrui de la part d'un tireur qui a mis en circulation une traite sur une personne qui ne lui devait rien, ou de la part du tiré qui, grâce à la traite, s'est libéré envers son tireur. L'un ou l'autre a reçu des marchandises, de l'argent, et n'a rien délivré en retour. Il est équitable qu'il reste tenu pendant cinq ans, alors même que le porteur n'aurait point usé de diligence.

1532. — Mais les autres signataires, les débiteurs accessoires, *Bernard, Emile*, etc., ont commencé par acheter la traite avant de la vendre[1]. Le tireur a déposé la valeur de l'effet chez le tiré. Pour un débiteur de ce groupe, le non paiement de la lettre ne consacre pas une appropriation illégitime. Ces personnes doivent disposer d'une libération rapide : autrement, le grand nombre d'effets circulant dans le commerce rendrait la condition de garant intolérable.

Surtout le porteur ne doit point se faire une arme contre elles de sa lenteur. S'il s'était présenté le jour d'échéance, le 10 août, peut-être aurait-il été payé : de ce que, quinze jours plus tard, l'argent manque chez le tiré, ce n'est pas un motif de faire retomber sa temporisation sur d'autres.

1533. — Les formalités imposées au porteur sont au nombre de trois :

1° *Présentation de l'effet le jour même de l'échéance* (art. 161). Le jour d'échéance peut tomber un dimanche ou un autre jour férié. Les jours fériés, autres que les dimanches (Pâques, Pentecôte), sont le 1er janvier, l'Ascension, le 14 juillet, l'Assomption, la Toussaint et Noël. D'après une série de lois récentes (notamment des 23 décembre 1904 et 13 juillet 1905), lorques la fête légale concorde avec un dimanche elle est reportée au lendemain. Lorsqu'elle tombe un vendredi ou un mardi, elle rend, en outre, férié le jour intermédiaire, le samedi ou le lundi, ce qui donne trois jours fériés consécutifs (V. aussi la loi du 29 octobre 1909 sur la Toussaint tombant un lundi).

Si l'échéance de l'effet tombe un jour férié, la présentation en est faite le *lendemain* (ou le jour non férié le plus proche) : l'ancien art. 134, avant la loi du 28 mars 1904, voulait qu'il fût présenté *la veille*.

La lettre de change à vue doit être présentée dans les *trois mois* de sa date, avec une augmentation de délai variant alors de quatre mois à un

1. Sur le point de savoir comment il faut traiter, au point de vue de la durée du recours, une caution du tireur ou du tiré, voir Req., 2 août 1904, S. 1905, 1, 185, note BERNARD.

an (et même à deux ans dans le cas de guerre maritime) pour les lettres tirées des pays étrangers sur la France, ou inversement (art. 160)[1].

2° *Confection d'un protêt faute de paiement le lendemain de l'échéance*, ou le jour non férié le plus proche et, si la veille ou encore le lendemain de l'échéance tombe un jour férié, le surlendemain (art. 162).

3° *Notification du protêt et citation en justice*, par exploit signifié individuellement ou solidairement aux signataires de la traite, *dans les quinze jours* qui suivent la date légale du protêt (art. 166). Au delà de 5 myriamètres, ce délai est augmenté d'un jour par 2 myriamètres 1/2, entre le

---

1. La loi résout ici, d'une manière peu satisfaisante, un problème de droit international privé. Les lettres de change donnent lieu à de nombreux conflits de lois. De là le désir d'une entente pour rendre les lois uniformes et les Conférences de La Haye de 1910 et 1912 (n° 1307). Dans ce traité élémentaire, il n'a pas été possible d'examiner ces conflits ; nous n'avons touché qu'à quelques questions de capacité (n° 1391). Voir Chrétien, *Etude de la lettre de change* ; Champcommunal, dans les *Annales de droit commercial*, 1894 ; Surville et Arthuys, *Cours de droit international privé*, 2e édit. Les principales difficultés, auxquelles donne lieu une lettre de change tirée d'un Etat sur un autre, sont :

1° Des difficultés de forme : les deux lois ne subordonnent pas la validité de la lettre de change aux mêmes mentions, l'énonciation de valeur fournie n'est pas exigée en Allemagne, etc. On observera la règle *locus regit actum*, chaque endossement se réglant d'après la loi du pays où il a lieu ;

2° Des difficultés sur les effets de l'engagement de chaque signataire et sur la durée pendant laquelle on pourra le rechercher : la poursuite est ou n'est pas subordonnée à un protêt, etc. Les avis peuvent différer : *a*) Ou bien on réglera l'étendue respective de chaque engagement d'après la loi de l'endroit où il a été pris (*lex loci contractus*), tantôt le lieu de l'émission, tantôt celui d'un endossement, tantôt celui de l'acceptation, chaque garant étant lié dans la mesure où le décide la législation du lieu où sa signature a été donnée ; *b*) ou bien on fera prévaloir une loi unique, celle du lieu de paiement, parce que tous les signataires s'y sont implicitement référés (sur le conflit des lois en matière de transport de propriété de la provision, voir Civ. cass., 6 février 1900, S. 1900, 1, 161, et note Lyon-Caen).

Il est difficile de se prononcer sur la portée internationale des lois qui, en cas de guerre ou de révolution, prorogeraient l'échéance des effets. Les tribunaux étrangers doivent-ils tenir compte de cette prorogation, pour régler la durée de l'action en garantie contre les endosseurs de leur pays, du chef de traites payables dans l'Etat où a été prise cette mesure exceptionnelle ? L'effet était à échéance le 1er octobre, l'exigibilité en a été reportée au 1er mars suivant. La date primitive ne doit-elle pas continuer à faire loi au regard des signataires d'endos faits à l'étranger ? Cette question a défrayé la jurisprudence de plusieurs Etats pendant la guerre de 1870. La Cour de Leipzig a refusé de considérer comme obligatoire en Allemagne la loi française qui avait ordonné cette prorogation d'effets.

Partant de l'ensemble de ces notions, l'art. 160 a eu raison de fixer un délai pour régler le recours sur un tireur ou sur des endosseurs *français* d'une lettre de change qui serait payable *à l'étranger* (traite de Paris sur Leipzig), puisque c'est bien en France, d'après le droit français, que le signataire a promis garantie (suivant le premier des deux systèmes ci-dessus). Mais la loi française a dépassé ses droits, en réglant l'hypothèse inverse (traite de Leipzig sur Paris), en statuant sur le recours contre des tireurs ou endosseurs *étrangers* pour une lettre de change tirée de l'étranger *sur la France*. Elle a ainsi empiété sur les attributions de la loi étrangère, souveraine pour déterminer le temps pendant lequel resteront tenus les signataires qui ont traité *sur leur propre territoire*, sous le couvert de leur législation.

lieu de paiement de l'effet et le domicile du garant assigné. Il y a des délais plus longs variant d'un mois à huit mois pour les retours en France de traites payables en pays étranger (art. 165 et 166).

1534. — De ces trois prescriptions, la première, la *présentation de l'effet au jour de l'échéance,* n'est pas sanctionnée par la perte du recours. L'essentiel est que le protêt soit bien fait le lendemain ; quant aux sanctions, les deux conditions n'en font qu'une.

En effet, le porteur n'est déclaré par l'art. 168 déchu contre les endosseurs, que s'il a outrepassé les délais donnés « pour la présentation de la lettre de change à vue, pour le protêt et pour l'exercice de l'action en garantie » ; ce texte ne dit rien de la non-présentation le jour de l'échéance.

Au surplus, le seul moyen pour le garant de prouver la négligence du porteur, c'est l'absence de protêt. La loi répudie en notre matière toute preuve extrinsèque concernant ce qui a eu lieu le jour de l'échéance. Il n'y a qu'une *preuve légale* recevable : c'est le protêt. Sitôt que le porteur produit un protêt fait à bonne date, c'est-à-dire le lendemain, toute raison cesse de le frapper. Il est donc possible que la journée de la veille tout entière, celle du 1er, se passe sans que le porteur demande son paiement, et que ce soit le lendemain matin seulement, le 2, qu'il se présente chez le tiré. S'il a le temps de faire le protêt dans la seconde partie de cette journée du 2, il échappe au reproche de négligence.

Nous écartons, par là même, un système intermédiaire qui, faute de présentation le jour même, et malgré protêt le jour suivant, voudrait faire perdre au porteur son recours, s'il était établi *en fait* que la somme était chez le tiré la veille et ne s'y trouvait plus le lendemain.

1535. — Nous traiterons successivement dans ce chapitre : — du protêt, — des recours, — et de la prescription.

§ 1. — Du protêt.

1536. — Le *protêt* est un *acte authentique établi le lendemain de l'échéance et établissant le refus de payer par le tiré.* C'est un exploit dressé par un huissier ou plus rarement par un notaire ; l'exigence des deux témoins ou recors est supprimée depuis le décret du 23 mars 1848.

Cet acte est signifié non à personne mais à domicile, c'est-à-dire au lieu où l'effet était payable, tantôt chez le tiré, tantôt chez un domiciliataire ; il doit l'être aux heures ouvrables énoncées par l'art. 1037 C. proc. civ. [1].

L'exploit mentionne : — l'invitation faite à cette personne de payer la lettre de change, exigible depuis la veille, — la constatation de son refus avec indication du motif, — la protestation de l'officier public [2]. Il y a

1. Entre six heures du matin et six heures du soir, en hiver ; entre quatre heures du matin et neuf heures du soir en été. Ce délai de journée concorde mal avec les heures d'ouverture des magasins et bureaux. La loi allemande réduit le temps de la journée où le protêt peut être signifié.

2. Ainsi, l'huissier qui vient faire un protêt a qualité pour recevoir les fonds

protêt, que l'effet ait été accepté ou non, et même après un premier protêt faute d'acceptation. Ni la mort ni la faillite du tiré n'en exemptent le porteur (art. 163) : c'est sur les héritiers, ou sur le syndic qu'on le dressera.

Le protêt est précédé de la transcription littérale de la lettre de change avec ses endos, etc. Copie en est laissée à la personne requise de payer. Cette copie doit être remise sous enveloppe fermée (loi du 15 février 1899 sur le secret des actes d'huissier).

Le porteur doit renouveler le protêt au domicile du recommandataire, à celui de l'accepteur par intervention, le tout sur un seul original.

Si le domicile indiqué est inexact, l'huissier fera à la Bourse ou ailleurs un *protêt de perquisition* (art. 173 *in fine*). Au cas où, malgré les recherches faites, le domicile demeurerait inconnu, l'exploit sera affiché à la porte d'audience du tribunal, et copie en sera donnée au procureur de la République qui visera l'original (arg. art. 69-8° C. proc. civ.) [1].

Si l'on ne trouve personne au domicile mentionné, copie sera remise au voisin, ou autrement au maire de la commune (arg. art. 68 même Code).

1537. — Tel est le résumé des dispositions des art. 173 à 176. Mais il s'en faut que la pratique suive fidèlement ces prescriptions.

1538. — Le protêt appartient à ce groupe d'actes extra-judiciaires qui sont qualifiés du nom de *sommations*.

a) Il engendre une mise en demeure, qui, d'après l'art. 184, fait immédiatement courir les intérêts de la traite au taux commercial de 5 o/o. C'était là une dérogation à la règle de l'ancien art. 1153 C. civ., qui exigeait une demande en justice pour faire courir les intérêts moratoires. Mais, depuis la loi du 7 avril 1900, le droit du protêt concorde avec le droit commun.

b) Il est le préliminaire d'une action judiciaire à intenter dans un court délai, ce qui expose le tiré ou le garant à des frais élevés [2].

---

si le tiré s'est ravisé depuis la veille. En revanche, il n'entre pas dans ses fonctions de se charger à l'amiable, comme le ferait un banquier ou la poste, du recouvrement des effets au jour même de leur échéance. Des circulaires de la Chancellerie (1882-1902) autorisent cependant les huissiers, par tolérance, à faire, ailleurs que dans les chefs-lieux d'arrondissement et localités où siège un tribunal de commerce, l'encaissement, au titre non plus d'agents de poursuites, mais d'agents de recettes, des effets protestables (*Ann. dr. comm.*, 1902, p. 201 et 258). L'huissier traite donc de gré à gré, et hors tarif, avec les commerçants ou les établissements de crédit disposés à recourir à son ministère. L'huissier en est venu même à fournir gratuitement son concours, spéculant sur les chances de rémunération que lui donne l'éventualité d'un protêt. Cette pratique est regrettable, et diverses propositions de loi l'ont dénoncée (Voir ci-dessous n° 1543 *in fine*).

1. Il est question d'apporter en législation une simplification au protêt de perquisition.

2. Par eux-mêmes, les frais du protêt sont assez modérés : 5 fr. 20 (Décompte : timbre 1.20, enregistrement 1.25, transcription 0.75, timbre du registre 0.40, émoluments 1.60). — Mais la vacation, ou indemnité de transport, s'élève à raison de la distance qui sépare le domicile de l'huissier et le lieu où il instrumente,

c) Le protêt froisse la considération : le tiré est atteint dans son crédit. Les protêts sont un *signe de gêne* ; ils établissent en se répétant la cessation de paiements du tiré et peuvent occasionnér sa faillite (art. 437).

Bref, le protêt agit surtout par voie d'intimidation. On fait son possible pour l'éviter, la ponctualité mise à payer de nombreuses lettres de change tient à la crainte qu'il cause au signataire.

1539. — L'usage du protêt est ancien. On en possède des exemplaires d'archives italiennes remontant à la première partie du XIVe siècle [1]. Les raisons qui l'ont fait se généraliser dans le commerce sont probablement de nature diverse.

a) La lettre de change est une invitation écrite de payer. Il faut un acte écrit contraire, pour montrer qu'elle est en souffrance : alors seulement la responsabilité des garants est encourue. La symétrie des idées que les hommes de lois portent dans leurs cerveaux concourait à ce résultat. Ce refus par écrit ne pouvant être obtenu du tiré, il fallait le remplacer par un procès-verbal de constat. L'acte authentique était nécessaire : la lettre de change faisait retour sur un Etat différent, souvent éloigné, dont les autorités devaient être garanties contre une connivence entre porteur et tiré, contre des allégations de non-paiement de traites qui auraient été effectivement acquittées.

b) A tant faire que d'exiger un protêt, on exigea qu'il fût dressé sans retard. Les garants ne doivent pas souffrir de la négligence du porteur, qui aurait peut-être obtenu les fonds, en les réclamant à bonne date.

c) Le protêt servit à tourner la loi canonique, interdisant l'intérêt conventionnel, mais non l'intérêt moratoire. On scandait une opération à long terme par des lettres de change successives, dont chacune déterminait un protêt, puis un effet de retour avec des intérêts accumulés (n° 1281).

---

ce qui aggrave les frais à la campagne, lorsque l'huissier de chef-lieu d'arrondissement instrumente loin de sa résidence. La proposition Lefèvre et Lhopiteau, votée en 1909 par la Chambre des députés, complète l'art. 162 : « Le coût du protêt devra toujours être calculé comme s'il était dressé par l'huissier le plus voisin de la résidence du débiteur ». — En outre, l'enregistrement de l'effet doit avoir lieu avec celui du protêt, soit 0.50 0/0, ou 5 fr. pour un effet de 1.000 fr. D'après les évaluations qui ont précédé la réforme des frais de justice en 1892, les dépens, y compris ceux de la condamnation, ressortiraient aujourd'hui à 58 fr. pour une lettre de change de 1.000 fr., en tenant compte du droit proportionnel de jugement de 1.25 0/0, tandis qu'ils se seraient élevés à 80 fr. sous le régime précédent.

1. Le plus reculé que cite Goldschmidt (*Universalgeschichte*, p. 47) serait de 1355 ; cet auteur montre que le protêt avait lieu en présence du porteur, et se composait de trois actes, la présentation de la lettre, la réquisition de paiement et la protestation. Certains statuts se contentaient de la signature du tiré avec les motifs de refus : nous avons une traite de 1392, refusée sous cette forme. Aujourd'hui encore, il y a des législations (Belgique, Italie), qui permettent de remplacer le protêt par une déclaration écrite du tiré, constatant son refus de payer, et enregistrée à bref délai. — La Bibliothèque de l'Ecole des Chartes a publié en 1851 le manuscrit d'une lettre de change de Ceuta sur Gênes à trente jours de vue, datée de l'année 1385, trouvée dans les pièces d'un notaire de Gênes, avec le protêt de cet effet qui avait été dressé par le même notaire en présence de deux témoins.

1540. — De nos jours, l'usage du protêt a peine à s'accorder avec les dispositions précédentes. Il prête dans l'application à des singularités, à des pratiques traduisant parfois un véritable dédain de la loi.

1541. — 1° **Clause retour sans frais.** — Le protêt paraît imposé par des raisons d'ordre public : « nul acte ne peut le suppléer (art. 175) » ; « le porteur n'est dispensé de le faire, ni par le protêt faute d'acceptation, ni par la mort ou faillite de celui sur qui la lettre de change est tirée (art. 163) ».

Il faut un instrument précis, ayant force probante jusqu'à inscription de faux, pour justifier de la diligence du porteur et du non-acquit de la traite. Faute d'un exploit, la preuve de la présentation ponctuelle et celle du refus demeureraient sujettes à contestation.

Dans ces conditions, le protêt ne devrait pas comporter d'équivalents. Or l'on admet, au contraire, l'insertion dans l'effet de la *clause sans frais* ou *retour sans frais* (Cass. civ., 12 janvier 1898, D. 98, 1, 509).

Cette convention peut même être tacite et résulter des circonstances.

Par là, le porteur est dispensé de faire protêt et d'assigner les garants dans la quinzaine. Il lui suffit : 1° de justifier *en fait* qu'il a présenté l'effet chez le tiré sans retard ; 2° d'adresser sa réclamation *à l'amiable* aux garants dans les quinze jours suivants, ou tout au moins dans un délai normal.

La clause est jugée valable par la pratique. Toutefois, c'est à tort qu'on a voulu inférer sa légalité de la loi du timbre du 5 juin 1850. Il est vrai que l'art. 8 de cette loi, voulant mettre l'Enregistrement, par l'obligation du protêt, sur la trace de l'absence de timbre, déclare nulle dans les effets non timbrés la mention « sans frais ». On en conclut *a contrario* qu'elle est valable dans les effets timbrés. — Mais cet argument n'a point de valeur : il a été dit, dans la discussion de la loi de 1850, que le principe était réservé : la mention, en la supposant régulière dans les effets ordinaires (point qu'on n'a pas voulu trancher), ne vaudra rien dans les effets non timbrés. Cependant, la validité de la clause n'est même plus discutée.

Insérée dans l'effet, la clause est censée reproduite dans les endossements, et le porteur peut en arguer vis-à-vis de tous les signataires.

Introduite dans un endossement, elle ne saurait être opposée qu'à l'endosseur de qui elle provient, ainsi qu'aux signataires suivants ; elle ne saurait l'être aux signataires antérieurs, étant non avenue à leur égard.

Dans le commerce, la clause a ce double avantage : 1° d'exempter des frais de protêt les petits effets, sur lesquels ces frais pèseraient démesurément ; 2° et de ménager la susceptibilité de certains tirés.

Il paraît équitable que les intérêts moratoires courent de plein droit au profit du porteur à compter de l'échéance, lorsqu'il y a eu dispense de protêt (Civ. cass., 5 janvier 1864, D. 64, 1, 40).

A la différence de la manière dont statue le droit allemand, il faut dire chez nous que le porteur, qui aurait dressé protêt contrairement à la clause, n'a pas le droit d'en réclamer le coût aux garants. Sur ce point, la jurisprudence est assez évasive (en faveur de notre solution, Civ. rej., 6 juin 1853, D. 53, 1, 181, qui permet de réclamer le coût du protêt faute d'acceptation, parce que la mention *sans frais*, non suivie d'explication, n'a pour but, d'après la Cour, que d'interdire les frais postérieurs à l'échéance).

1542. — 2° Il y a dispense de protêt en cas de *force majeure*. Une interruption des communications ou d'autres causes de nature diverse peuvent empêcher le porteur de saisir un huissier de l'effet ou l'huissier d'instrumenter dans le délai voulu par la loi. L'excuse de force majeure n'est admise par les tribunaux que très exceptionnellement et avec sévérité. Elle se règlera d'après les circonstances (avis du Conseil d'Etat du 12 novembre 1840)[1]. — Sur les *moratoria* intervenant dans les cas de guerre, de Révolution, etc., voir ci-dessus, n° 1514 *bis*.

1543. — 3° Un certain relâchement dans les mœurs commerciales fait qu'aujourd'hui les débiteurs s'ingénient à gagner quelques jours, ou provoquent des campagnes d'opinion, pour que la loi recule le protêt un certain temps après l'échéance : ce qui n'aurait vraisemblablement d'autre résultat, que d'amener les créanciers à diminuer de quelques jours les crédits qu'ils donnent ou à majorer leurs prix.

Dans les grandes villes, quantité d'effets en souffrance affluent chez les huissiers des établissements de crédit à des dates uniformes (de préférence les 1er et 15 de chaque mois) ; beaucoup de protêts ne sont signifiés ni par huissier, ni à jour fixe, ni par remise de copie[2].

Le dépôt d'une fiche chez le tiré l'avise d'avoir à retirer l'effet avant le lendemain, à midi. Les traites non dégagées n'arrivent à l'huissier que dans l'après-midi du lendemain. Une seule étude a jusqu'à 1.000 protêts à dresser. Le classement des effets est long : il en est un grand nombre pour sommes minimes (*broches*). L'huissier manque du temps matériel dans la fin de la journée pour dresser des protêts effectifs.

Il se fait remplacer par des *clercs* ou par des employés. Mais ceux-ci ne peuvent instrumenter, sans usurper sur des fonctions publiques (art. 258 C. pén.) ; ils se contentent d'une tournée d'avertissements.

---

1. D'après le projet de lettre de change uniforme de La Haye de 1912, art. 53 : « Quand la présentation de la lettre de change ou la confection du protêt dans les délais prescrits est empêchée par un obstacle insurmontable (*cas de force majeure*), ces délais sont prolongés. — Le porteur est tenu de donner, sans retard, avis du cas de force majeure à son endosseur... — Après la cessation de la force majeure, le porteur doit, sans retard, présenter la traite... et faire dresser le protêt. — Si la force majeure persiste au delà de trente jours à partir de l'échéance, les recours peuvent être exercés, sans que ni la présentation, ni la confection d'un protêt soit nécessaire... — Ne sont point considérés comme constituant des cas de force majeure les *faits purement personnels au porteur...* »

2. Les huissiers reçoivent également des effets présentés par la poste. D'après la loi du 18 juillet 1880, la poste n'est pas responsable, si la présentation à domicile ou la remise de l'effet à l'officier ministériel n'ont pas eu lieu par elle en temps utile. Dans chaque circonscription, il y a des huissiers qui se sont proposés à la poste pour dresser protêt sans consignation préalable des frais (Décret du 15 février 1881). Le recouvrement de ces frais est effectué par l'huissier dans une forme que le décret détermine. — Dans quelques Etats (Belgique, Allemagne), la loi confère à l'Administration des Postes elle-même le droit de faire protêt. Cette réforme tardera à se réaliser en France, à cause de la vénalité des charges ministérielles, qui empêche de porter atteinte au rendement des offices.

L'agent ne dresse pas l'*original*. Quant à la *copie* (imposée cependant par l'art. 176 à peine de destitution de l'huissier), elle est, en fait, souvent supprimée, « soufflée », même quand l'original est dressé après coup. Mais le Trésor n'est point lésé, le timbre de la copie étant apposé sur cet original. Les négociant sont été les premiers à encourager cet usage, la copie pouvant tomber sous des yeux indiscrets (cette crainte n'est plus fondée depuis la loi du 15 février 1899).

Comment, avec ces pratiques irrégulières, sauver les apparences ? Dans certains centres l'huissier tarde *quatre jours* à faire le protêt.

Il recourt à une antidate. Il suffit, d'après la loi du 22 frimaire an VII, art. 20, que les actes d'huissier soient présentés à l'Enregistrement dans les quatre jours : on fera remonter l'exploit, par mention inexacte de date, au lendemain de l'échéance. L'Enregistrement a toléré cette pratique [1].

Dans ces conditions, certains porteurs, patientant deux ou trois jours, ne viendront chez l'huissier qu'après ce temps sans outrepasser le délai de quatre jours. Certains tirés obtiendront de l'huissier quatre jours de répit et paieront, avec le principal, les intérêts de quatre jours. L'huissier fera acte de complaisance et percevra une simple vacation.

Toutes ces pratiques n'en sont pas moins abusives. Dans le milieu des campagnes, on se plaint d'autres libertés prises envers la loi. Les huissiers, qui se chargent de présenter les effets pour le compte des établissements de crédit, ne font pas une double course chez le tiré. Ne l'ayant pas rencontré le premier jour, ils font protêt depuis leur propre étude le lendemain et, lorsque le tiré arrive, porteur des fonds, il est trop tard. Ou le protêt est déjà enregistré, et c'est l'humiliation ; ou il est confectionné, sans être encore au répertoire, et il faut en payer l'émolument et le timbre, après quoi on le déchire. Certains huissiers trouvent dans cette précipitation une source de recettes assez peu recommandable (*Annales de droit commercial*, 1910, p. 76 et s.).

1544. — On a proposé, par divers moyens, de remédier à cet état de choses : — Le protêt serait reporté au *surlendemain* de l'échéance, ou au troisième jour (propositions faites en 1903 et en 1907 à la Chambre des députés par MM. Failliot et Maurice Raynaud), ou au lundi suivant, ce qui permettrait aux tirés de se mettre en règle avant qu'une trop rapide sommation ne soit venue ternir leur crédit. — On attribuerait à des *clercs assermentés* le pouvoir d'instrumenter (question disjointe naguère du projet de loi sur le secret des actes d'huissier). — L'exploit serait remplacé par un

1. Il est vrai que les protêts doivent être, sous les mêmes sanctions que la remise de copie, transcrits en entier, jour par jour, dans un *registre* coté et tenu dans la forme des répertoires (art. 176), et que ce répertoire est sujet à tout moment aux vérifications de l'Enregistrement. Pour imposer le strict respect du lendemain de l'échéance, il a été à certaines époques l'objet d'un « visa daté » par les agents du fisc, ce qui rendait les antidates impossibles. Mais les réclamations du commerce ont fait abandonner cette pratique fiscale. En fait, le Trésor est frustré de nombreux protêts qui auraient dû être rigoureusement établis et enregistrés.

acte à formule imprimée, adhérent à un registre à souche, d'où l'on détacherait un bulletin d'avis à remettre au tiré (sans retranscription de l'effet).

En outre (ce qui se rapporte, il est vrai, à des préoccupations de nature différente), l'huissier devrait *aviser le tireur*, quand l'effet l'indique, sous peine de dommages-intérêts, du non-paiement du tiré et des motifs de refus dans les quarante-huit heures, au moyen d'une lettre recommandée. Cette dernière réforme a été accomplie par la *loi du 22 décembre 1906*, modifiant l'art. 176. Le tireur, grâce à cet avis, apprendra les embarras du tiré et pourra suspendre les envois qu'il lui fait.

C'est dans une lettre d'avis adressée d'urgence après protêt, au cédant, non au tireur, que le droit allemand fait consister la diligence du porteur.

§ 2. — Des recours.

1545. — Le porteur doit : 1° *notifier le protêt aux garants dans les quinze jours* qui en suivent la date, à partir du surlendemain de l'échéance (sauf augmentation des distances), et 2° les *assigner* en justice dans le même délai.

Ces deux actes n'en font qu'un en pratique, ce qui n'est pas conforme à l'art. 165. Le texte décompose l'opération et exige d'abord la dénonciation du protêt, puis « à défaut de remboursement » la citation en jugement.

Des recours répercutés s'exerceront ainsi en remontant l'effet, depuis les signataires les plus récents jusqu'au plus ancien d'entre eux.

1546. — 1° Le *porteur* peut assigner, soit son cédant immédiat individuellement (art. 165), soit un endosseur intermédiaire, soit le tireur, soit toutes ces personnes conjointement, et comprendre l'accepteur dans ses poursuites s'il le veut (art. 167). Elles sont toutes *solidairement tenues* (art. 140). Il préférera ce dernier parti.

La loi se sert du mot *solidarité* pour caractériser une dette qui oblige chaque signataire pour le tout, sans que le porteur puisse par voie de cumul réclamer une somme supérieure à l'effet. En réalité, ce n'est pas une dette solidaire dans le sens rigoureux du terme. L'obligation solidaire, de « solidarité parfaite », est celle qui lie tous les débiteurs en vertu d'une communauté de cause (corréalité, cautionnement solidaire). Ici, chaque signataire est tenu à raison d'une cause différente, c'est-à-dire du contrat primitif d'achat, d'emprunt, etc., qu'il avait conclu ; le fait par tous les engagements d'être réunis sur un même titre et unifiés au point de vue de l'exécution, n'effacera pas cette variété d'origine.

La théorie de la « délégation » nous sert toujours de guide. Lorsque je mande à mon débiteur A de promettre et de payer 1.000 fr. à mon créancier B, le créancier récupère, si la personne déléguée ne le paie pas, sa créance originaire contre moi. Cependant qui pourrait soutenir que la créance est « solidaire » ? — Le délégué est engagé à cause de la promesse propre qu'il a donnée ; le donneur d'ordre répond de sa dette primitive.

Ce sont deux fondements d'obligation distincts. Il suffit de transporter le raisonnement à cette variante de délégation qu'est la lettre de change, en le faisant jouer sur tous les signataires du titre (sauf peut-être sur les donneurs d'aval et sur les cautions proprement dites). N'avons-nous pas, en effet, décomposé en des délégations consécutives toutes les opérations révélées par le titre (n° 1643) ?

De là, il résulte : — *a*) Que la citation judiciaire donnée à l'un de ces garants, ou qu'une reconnaissance par lui faite de sa dette, qu'un crédit ouvert au porteur sur ses livres [1], interrompt la prescription quant à ce garant, mais ne l'interrompt pas à l'égard des garants non compris dans les poursuites (Cass., 15 décembre 1913, S. 1915, 1, 5, note LYON-CAEN ; D. 1915, 1, 9, note CHÉRON). Ceux qui ne sont pas assignés dans le délai légal sont libérés. L'art. 1206 C. civ. n'est point applicable, les débiteurs ne sont pas censés s'être donné mandat réciproque de recevoir l'assignation (arg. art. 167 : le porteur jouit du délai, *à l'égard de chacun d'eux*) ;

b) Que la décharge donnée à l'un des signataires par le porteur, sans réserve expresse de ses droits contre les autres, laisse, malgré l'art. 1285 C. civ., subsister l'action vis-à-vis de tous ceux qui n'ont pas été formellement bénéficiaires de la remise [2].

1547. — L'action contre les signataires est *commerciale*. Elle relève du tribunal consulaire et était, avant la loi du 22 juillet 1867, sanctionnée par la contrainte par corps.

La compétence *ratione personæ* est réglée par l'art. 420 C. proc. civ. Le porteur saisira à son choix le tribunal du lieu du domicile de l'un des garants assignés, ou celui du lieu où le paiement devait être effectué [3].

---

1. La loi n'exige pas que le porteur fasse nécessairement un procès au garant, si celui-ci reconnaît spontanément son obligation (Req., 8 mai 1899, D. 99, 1, 436).

2. Cette doctrine, par les motifs énoncés au texte, doit être étendue à un sujet d'ordre similaire obéissant également au droit de la délégation, c'est-à-dire à la poursuite *solidaire* (ou prétendue telle) appartenant à une société contre les porteurs successifs d'une même action non libérée, lors des appels de fonds (n° 631). A notre avis, lorsque la société libère un souscripteur du complément sans faire aucune réserve quant au cessionnaire de la même action, la décharge ainsi consentie ne doit point profiter à ce dernier. La Cour de cassation a jugé le contraire (Civ. cass., 3 juillet 1900, D. 1902, 1, 417, note LEVILLAIN, et article de M. CHÉRON dans les *Ann. dr. com.*, 1904, p. 347).

3. C'est à tort que la Chambre des Requêtes (18 mai 1909, S. 1909, 1, 333, note critique de M. LYON-CAEN) avait refusé au porteur le droit d'assigner le tiré non accepteur devant le *tribunal du tireur*, concurremment avec celui-ci (faute de connexité entre les deux actions), ajoutant que les principes de la garantie admettraient au contraire que les deux défendeurs fussent cités devant le *tribunal du tiré*. La Chambre civile a consacré, à bon droit, l'opinion contraire (Req., 3 février 1914, S. 1914, 1, 177, note conforme de M. LYON-CAEN). — La lettre de change peut-elle être considérée comme une *marchandise*, au sens de ce texte ? En cas d'affirmative, le tribunal où s'est effectuée l'une des négociations serait en outre compétent, quand même ce lieu de négociation ne se confondrait pas avec un domicile de signataire. L'art. 420 donne compétence au tribunal dans l'arrondissement duquel *la promesse a été faite* et *la marchandise livrée* (Req., 26 janvier 1898, D. 98, 1, 175).

Il n'y a pas, en droit français, de *procédure particulière* en matière d'effets de commerce. Mais, en fait, la procédure commerciale ordinaire est simplifiée. La dette étant liquide, il y aura jugement immédiat au premier appel de la cause ; point de renvoi à un arbitre rapporteur ou à un juge-commissaire ; point de mise en délibéré. Les demandes en paiement de billets ou de traites acceptées ne sont jamais l'objet d'une remise devant le tribunal de commerce de la Seine ; l'exception de garantie elle-même ne peut pas être invoquée par le défendeur assigné qui voudrait faire intervenir au procès un endosseur précédent ou l'accepteur [1]. Mais, toujours d'après cette pratique, il aurait le droit d'opposer le faux (art. 427 C. proc. civ.) ou le dol.

Bref, le défendeur conserve les exceptions d'ordre public (dans la mesure où la législation du change ne les a pas purgées) ; mais il a renoncé implicitement aux autres exceptions, même lorsqu'elles lui appartiendraient personnellement contre le demandeur. C'est là un facteur d'étude intéressant, sur lequel nous ne pouvons insister, et qui modifierait, pratiquement parlant, la distribution des moyens de défense appartenant ou n'appartenant pas aux débiteurs de change (n° 1470).

1548. — Il est permis au porteur d'une lettre de change protestée d'exercer, avant toute assignation, avec la permission du juge, une *saisie conservatoire* sur les effets mobiliers du tireur, de l'accepteur ou d'un endosseur (art. 172). Le saisissant n'a pas à fournir de caution. Dans les autres saisies conservatoires commerciales de l'art. 417 C. proc. civ., le président du tribunal peut en imposer une au poursuivant.

1549. — 2° A son tour, le *garant assigné* peut remonter la filière, jusques et y compris le tireur. Il attaquera l'un des signataires qui le précèdent, ou tous à la fois. Par contre, il serait mal fondé à rechercher les signataires qui le suivent, car il leur doit garantie.

Pour intenter cette action récursoire, le garant dispose, également à peine de déchéance, d'un délai de quinze jours, qui court alors du lendemain du jour où il a été assigné lui-même (art. 167 *in fine* et 169).

Cependant, lorsque ce signataire antérieur a déjà été compris dans les poursuites du dernier porteur, le garant n'a point à renouveler la citation. Ex. : *Paul* a poursuivi *Emile* et *Bernard* ; *Emile* n'est pas tenu d'assigner *Bernard*. Par suite de la subrogation légale de l'art. 1251-3° C. civ., le garant prendra les lieu et place du porteur *Paul* dans les poursuites en cours et dans la condamnation à prononcer ; ni ces poursuites ni cette condamnation ne perdent leur effet par l'expiration du délai de quinze jours (Paris, 11 février 1880, *Journ. du Pal.*, 1881, p. 1131, note contr. Renault).

1550. — 3° Enfin chacune de ces personnes peut recourir contre le *tiré accepteur*, débiteur principal, lequel doit décharger tous les autres et ne sera libéré que par cinq ans de prescription (art. 170, al. 2) [2].

1. Houyvet, *Les tribunaux de commerce*, n° 172.
2. Ainsi s'explique l'art. 117, al. 2, qu'on a eu tort de considérer comme dénué

1551. — Ces procès ne sont pas très fréquents. Sans doute, le porteur fait habituellement condamner l'accepteur. Mais, à l'égard des autres signataires, on préfère procéder par la voie amiable du *retour d'effets*.

Le porteur transmet à son cédant l'effet avec son acquit et joint à la traite l'original du protêt. Invité par là même à payer, le cédant, si l'envoi lui est fait dans le délai légal, remboursera le principal, les intérêts déjà courus, le coût du protêt [1].

Le cédant fera parvenir ensuite l'effet et le protêt à son propre cédant, toujours sur l'acquit originaire du dernier porteur. Il peut liquider ses droits sur lui de la même manière, par accord amiable, etc.

1552. — **Rechange.** — La loi réglemente un mode de recours contre les garants qui est appelé le *rechange* (art. 177 à 186). On entend par là *le fait par le porteur non payé de disposer sur un endosseur ou sur le tireur de la lettre de change en souffrance, au moyen d'une retraite* ou traite inverse de la première. Le porteur joue le rôle de tireur, au lieu de celui de dernier porteur qu'il était dans l'effet primitif. La lettre ayant été présentée à Paris le 1er et protestée le 2, *Paul* émet le 3 sur *Bernard*, son endosseur de Lyon, une retraite à trente jours de date.

Le rechange est bien moins employé qu'autrefois [2]. Dans l'ancienne pratique des foires, le tiré avait souvent pour instructions de laisser protester la traite, et le porteur en émettait une autre sur le tireur, par une sorte de tirage de complaisance. C'était une hypothèse qualifiée, selon les cas, *recambium* ou *ricorsa*. La lettre de change devenait valeur de rapport ; les effets se succédaient entre tireur et tiré, et les intérêts croissaient à chaque renouvellement. La loi intervenait pour en modérer l'accumulation.

Sous le Code, on a obéi à une préoccupation de même ordre ; la loi a *limité* les frais qui pourraient être portés en « compte de retour ». Certains porteurs faisaient entrer en taxe des intérêts frustratoires : le tireur, le dernier atteint, succombait sous une dette dépassant de beaucoup le montant de la traite. Il fallait mettre bon ordre à cette situation.

Un *décret du 24 mars 1848* a simplifié le rechange et fait cesser des controverses auxquelles donnait lieu le texte du Code. Ce décret avait une portée provisoire ; il déclarait « suspendre » l'effet du Code de commerce, plutôt qu'il ne « l'abrogeait ». Aucun acte législatif plus récent n'ayant rapporté cette mesure, on doit la considérer comme demeurée en vigueur, malgré l'avis contraire d'une partie de la doctrine.

---

de sens : « l'acceptation établit la preuve de la provision à l'égard des *endosseurs* ». L'endosseur qui a payé veut recourir contre le tiré : l'acceptation fait présumer la provision entre les mains de celui-ci (Req., 22 décembre 1903, D. 1905, 1, 358).

1. Le cédant pourrait même, sans danger, déférer à la demande du porteur et le payer, sans qu'un acquit fût donné sur l'effet. Car la remise volontaire du titre sous seing privé par le créancier au débiteur (le cédant est débiteur de son cessionnaire à qui il doit garantie) fait preuve de la libération (art. 1282 C. civ.).

2. Il tenait dans la banque une certaine place au milieu du dernier siècle : Balzac, dans un de ses romans, s'attarde à un compte de retour et le décrit avec minutie (*Ève et David*, Aventures de Rubempré, « le grand homme de province à Paris »).

1553. — Le pouvoir de faire retraite allait de soi : le porteur, sa traite étant impayée, est créancier du garant sur lequel il se retourne. Cette créance constitue une « provision » qui justifie une lettre de change. Il n'était donc pas besoin que la loi consacrât le droit à la retraite.

L'utilité pour lui de s'en servir n'est pas moins évidente. En faisant escompter par un banquier de sa place cette retraite aussitôt après le protêt, il rentrera sans retard dans son argent.

Au surplus, malgré la retraite, le porteur doit être diligent et assigner le garant dans les quinze jours (sauf clause *retour sans frais*).

1554. — Voici en quoi le rechange fait échec aux dispositions ordinaires du droit :

a) Ne peuvent être portés en compte de retour que : — le *principal* du premier effet, — les *intérêts* à partir du protêt, — les *frais de protêt*, — ceux du *timbre* de la retraite (timbre aujourd'hui proportionnel et du même taux que le timbre ordinaire des effets), — et la *perte du change*.

Ces derniers mots visent la perte au change que subissent au cours du jour les effets de même nature. L'effet de 10.000 francs était payable à Bruxelles, le rechange se fait sur Paris. Le papier sur Paris perd 1/8 en Belgique. Le banquier retient au porteur 12 fr. 50. Il est juste que le porteur se couvre de cette retenue sur le garant qu'il recherche. Il surélèvera d'autant sa retraite.

Lorsque le rechange s'exerce à l'intérieur, au lieu de se faire sur l'étranger, on portera en compte de retour non pas ce cours variable, mais une *commission* ferme de 3/4, de 1/2 ou de 1/4 o/o, selon que l'on tirera sur un petit centre, sur un chef-lieu d'arrondissement ou sur un chef-lieu de département. En effet, dans l'intérieur de la France, d'une place à une autre, il n'y a plus aujourd'hui de cote de change, de marché de papier.

Le décret de 1848 ne permet ni de faire porter intérêt à ces frais accessoires (cfr. art. 185 C. com.), ni de réclamer d'autres droits de courtage, etc., que ceux énoncés ci-dessus.

1555. — *b*) Avant 1848, le compte de retour était une pièce distincte de la retraite, certifiée par un agent de change, pour établir la sincérité du cours du change dont la retraite débitait le garant.

Aujourd'hui, ce compte est remplacé par un *bordereau* détaillé transcrit au dos de la retraite et signé du porteur seulement.

1556. — *c*) Les *rechanges* ne peuvent être *cumulés*. Chaque endosseur n'en supporte qu'un, ainsi que le tireur (art. 183). En d'autres termes, le garant *Emile*, qui acquitte la retraite sur lui, a le droit d'user d'une seconde retraite sur son prédécesseur *Bernard* ; mais il ne peut ajouter aux frais qu'il rembourse les frais motivés par son propre effet. Bien que subissant par hypothèse à son tour une perte au change de 1/8, il ne portera pas cette perte au débit de son garant, mais récupérera seulement le premier change remboursé par lui.

On soutenait autrefois que le tireur originaire, *Thomas*, était à cet égard placé dans une meilleure condition qu'un endosseur, et qu'il ne devait jamais supporter un rechange plus fort que celui qu'il aurait subi si le dernier porteur, *Paul*, avait directement tiré sur lui. Le cours direct du lieu de paiement de la première traite sur la place de ce tireur est de 1/8 o/o. Le tireur ne pourra être sujet, par le ricochet des retraites, à subir un change de 1/4 o/o[1].

Cette thèse arguait de l'art. 179, texte énigmatique. Le décret de 1848 en a suspendu l'effet. Comme il est toujours en vigueur, il convient de ne plus s'appesantir sur une particularité assez difficile à justifier.

§ 3. — De la prescription.

1557. — Malgré l'absence ou le retard du protêt, malgré le défaut de citation des garants dans les quinze jours, certains signataires restent encore tenus à la lettre de change. L'art. 189 institue pour eux une *prescription de cinq ans* qui part du jour du protêt (*dies a quo* non compris) ; plus exactement du lendemain de l'échéance : car, si le protêt a été tardif, le porteur n'a pu étendre la durée de la prescription par sa négligence.

De là naît une question pour les *lettres de change à vue*. Dans le cas où, à la teneur de l'art. 160, le protêt aurait eu lieu dans les trois mois de la date de l'effet, les cinq ans courront bien du jour de ce protêt. Mais lorsque le porteur a retardé plus de trois mois la présentation, l'accepteur et le tireur n'ayant pas fait provision ont encore intérêt à opposer la prescription ; comment se calculera le délai ? — La prescription, diront les uns, courra de la date même de l'effet (15 juillet), ou plutôt du lendemain ; on traite le porteur comme s'il l'avait présenté le jour même de l'émission. — Elle ne courra, diront les autres (et la jurisprudence est en ce sens), qu'à partir de l'expiration des trois mois (15 octobre). Dans cette nature d'effet, le porteur gagne à sa négligence de faire durer la créance un trimestre de plus qu'un porteur qui se serait immédiatement présenté.

1558. — Quels sont les débiteurs libérés par la prescription ?

1° Le *tiré accepteur*, dans tous les cas.

2° Le *tireur qui n'aurait point fait la provision*, ou qui ne prouverait pas qu'il l'a constituée, ou qui l'aurait reprise (arg. art. 117, al. 3, 170 et 171). Au contraire, le tireur qui a fait provision chez le tiré est libéré déjà par le délai de quinzaine.

En admettant la provision faite, une autre question surgit. La provision peut périr, non parce que le tireur la reprend, mais parce que le tiré fait faillite avant échéance ; le porteur négligent conserve alors son action contre le tireur pendant cinq ans. Le tiré a déposé son bilan le 1er juin, avant l'échéance, laquelle devait avoir lieu le 1er août : cette faillite convertit en un dividende la créance de la provision et la détruit. Quand même le porteur aurait fait diligence, il eût essuyé un refus, le tiré étant au 1er août au-dessous de ses affaires. Son retard ne fait aucun tort au tireur.

---

1. Bouvier-Bangillon, dans les *Annales de droit commercial*, 1898, p. 156.

Si, au contraire, la faillite du tiré n'est déclarée que plus tard, le 10 août par exemple, le porteur est déchu parce que la provision a péri *par le fait du tiré* (par sa faillite) après l'échéance (arg. donné par l'art. 5 *in fine* de la loi du 14 juin 1865 sur les chèques). V. *infra*, n° 1654.

Il importe donc de déterminer l'époque où la faillite du tiré s'est ouverte.

3° Les *endosseurs* sont également recevables à invoquer la prescription de cinq ans. Mais ils ne s'en prévaudront que très exceptionnellement ; car ils bénéficient d'une libération plus courte : l'expiration des quinze jours qui ont suivi le protêt. On peut supposer toutefois que la lettre contenait la clause « retour sans frais » : le porteur était dispensé d'assigner les endosseurs dans la quinzaine, il n'est pas affranchi pour cela de l'art. 189 [1].

1559. — Notre prescription repose sur une *présomption de paiement* : « Les lettres de change, disait l'Ordonnance (V, 21), seront réputées acquittées après cinq ans ». Cette fiction se concilie mal avec le maintien de la lettre de change aux mains du porteur. Si la lettre n'est pas revenue au tiré, n'est-il pas à croire qu'elle est toujours en souffrance ?

Quoi qu'il en soit, la traite est réputée payée, d'après la loi. Aussi la prescription doit-elle être corroborée par le *serment*, que le porteur peut déférer à son adversaire. Le signataire devra jurer qu'il a effectivement payé. Autrement, il sera condamné, malgré son moyen de prescription. Lorsque le signataire est mort et que ce sont ses héritiers que le porteur actionne, ils prêteront le *serment de crédibilité* : la formule du serment en sera modifiée : « Le *de cujus* a dû, suivant leur estime, payer la traite ».

1560. — La prescription ne comporte pas les causes habituelles de *suspension*, tirées de la minorité ou de l'interdiction du créancier. Le porteur venant à mourir, ses héritiers mineurs verront les cinq ans continuer à leur détriment : les petites prescriptions courent contre les mineurs et contre les interdits (art. 2278 C. civ. ; arg. Ordonn. de 1673, V, 22).

1561. — En revanche, les causes légales d'*interruption* produiront leur effet habituel, et elles annuleront le temps de prescription déjà couru. Alors, tantôt la prescription première reprendra pour l'avenir, et tantôt elle cédera la place à la prescription de trente ans.

1° *Interruption simple.* — Le débiteur a été cité en justice : l'*exploit d'ajournement* et chacun des actes nouveaux de l'instance interrompent la prescription. — Ou le porteur a pratiqué une *saisie conservatoire* dans les termes de l'art. 172 (le protêt, simple sommation, ne produit pas le même résultat). — Ou le signataire a *reconnu sa dette*, ne fût-ce que par déclara-

---

1. Il existe d'autres cas où la prescription de cinq ans servirait à un endosseur, notamment celui-ci : l'endosseur a fait défaut, faute de comparaître, sur l'assignation que le porteur lui a donnée dans les quinze jours, et le *jugement* qui l'a condamné s'est *périmé*, par suite d'absence de poursuites aux fins d'exécution dans les six mois suivants (art. 156 C. proc. civ.). La péremption n'efface pas l'effet interruptif de l'assignation. Mais le porteur, n'ayant plus un titre exécutoire, devra renouveler sa citation, ce qu'il ne pourra faire que dans les cinq ans de l'art. 189.

tion verbale (la preuve par témoins est recevable au commerce) : l'interruption s'est également produite (art. 2244 et 2248).

Dans ces différents cas, la prescription de cinq ans reprend son cours, sitôt que l'acte interruptif a eu lieu (Voir cependant, pour le cas de reconnaissance, Civ. cass., 30 novembre 1897, D. 98, 1, 189).

2° *Interruption* n'effaçant pas seulement le temps déjà couru, mais *novant la dette* en substituant à la prescription de cinq ans une prescription de plus longue durée, celle de trente ans (art. 2262).

Ex. : Le porteur a obtenu *condamnation* contre le signataire. Le jugement ne peut perdre sa force que par l'effet de la prescription trentenaire. — Ou le débiteur, en reconnaissant sa dette, a crédité le porteur dans un *compte courant* ouvert entre eux (c'est la reconnaissance *par acte séparé,* que mentionne l'art. 189). Le compte courant forme une convention dont tous les éléments servent à constituer le solde. La lettre de change s'y est fondue, et la prescription, suspendue d'ailleurs jusqu'à la clôture du compte, ne pourra s'accomplir que par le délai de trente ans (V. *infra,* n° 1664).

1562. — Survivance de l'action originaire à la prescription de change. — Nous avons réservé une question d'ordre capital. Le porteur a reçu la lettre de change en règlement d'une vente, d'un prêt, etc., soumis à la prescription trentenaire (art. 2262 C. civ.). Il s'abstient de faire valoir l'effet dans les quinze jours après échéance, son cédant étant un endosseur, ou dans les cinq ans, son cédant étant tireur. Les droits attachés à la traite sont éteints par la prescription de cinq ans (ou par l'effet des déchéances du porteur négligent).

Le porteur pourra-t-il encore rechercher son cédant immédiat jusqu'à ce que trente années soient révolues, non plus en vertu de la lettre de change, mais à raison de sa créance originaire ? Ou bien, au point de vue de la prescription, *l'action née de l'effet et celle qui provient du titre primitif ont-elles été solidarisées l'une à l'autre ?* Se sont-elles éteintes à la fois ?

La Cour de cassation estime que l'action originaire persiste (Civ. rej., 28 avril 1900, D. 1901, 1, 17, et notre note ; en sens contr., Civ. cass., 4 décembre 1878, D. 79, 1, 14). — Cette solution résulte d'une application superficielle de l'idée que la lettre de change n'emporte pas novation de la dette primitive qu'elle a pour but de constater (n°s 1298 et s.). Puisque la dette originaire n'est pas éteinte, dit-on, elle survit à la traite, et il importera peu que l'action de change soit épuisée par l'effet de la prescription qui lui est propre ou par la négligence du porteur. Même alors, la créance primitive a conservé son existence.

C'est un raisonnement simpliste, qui s'abstient d'aller au fond des choses. Sans doute, la créance n'est point novée, et les garanties qui l'accompagnaient persévèrent. Mais il est impossible de méconnaître la répercussion qu'exerce la souscription ou la négociation de la lettre de change sur le droit primitif sollicité par la traite.

La créance a été transportée sur l'effet, elle ne vit plus désormais d'une existence indépendante (n° 1300). En recevant son règlement de change, le créancier a relevé le débiteur de la prescription de trente ans, pour le faire profiter de la prescription de cinq ans (résultat qu'il aurait pu réaliser, nonobstant l'art. 2220 C. civ., au moyen d'une convention quelconque).

Il n'y a pas de conception plus inexacte que de dire : Le créancier porteur d'effet a deux actions parallèles : *a*) l'action primitive, et *b*) celle qui découle de la lettre de change. Quelle serait la cause de la seconde de ces actions, puisqu'elle continue à prendre racine dans la créance réglée, et que nous ne connaissons pas en France la « dette abstraite » ? Les deux actions, au contraire, se confondent et, quand la lettre de change sera prescrite ou frappée de déchéance, la dette primitive succombera avec elle. Le défendeur, assigné au delà de cinq ans, opposera qu'il a fourni une lettre de change au créancier de son plein gré. Le créancier répliquera-t-il que la lettre n'a pas été acquittée ? Il n'est pas recevable à le faire, l'effet étant présumé payé. Au surplus, le retard qu'a mis le porteur à poursuivre le signataire ne doit pas mettre ce dernier dans la nécessité de se retourner contre son propre cédant, devenu peut-être insolvable aujourd'hui. Ce n'est donc pas seulement à l' « exception de règlement fait » ou « de paiement » qu'il est en butte, mais encore à une « exception de faute commise » (Cpr. Couroux, thèse citée n° 1301 en note).

1563. — En envisageant ainsi les choses, nous devons décider :

1° Que le *tiré accepteur*, quoique ayant provision, peut invoquer la prescription de cinq ans, même *s'il est recherché du chef de cette provision*, au lieu de l'être du chef de la traite. Il a accepté sous la condition que sa dette envers le tireur entrerait dans la lettre de change, et elle y est bien entrée : c'est ce qui fait que le porteur a pu en user.

Alors même que ce serait le tireur, obligé de payer, qui poursuivrait l'accepteur, la demande, à raison du même motif, serait encore paralysée par ce dernier, au moyen de l'exception de prescription de l'art. 189.

Mais il n'en serait plus ainsi vis-à-vis d'un *tiré non accepteur*. Il n'a pas été pris dans les liens de la lettre de change, et il ne saurait arguer d'un mode de recouvrement de son tireur, auquel il est demeuré étranger ; la traite est pour lui *res inter alios acta*.

2° Le *tiré*, qui a payé *à découvert*, peut-il encore agir en remboursement contre le *tireur* après cinq ans ? — Nous ne le pensons pas. Il a été tacitement entendu entre le tireur et lui que la prescription normale de l'action en restitution d'avances serait limitée au délai de l'art. 189, du moment que l'opération a été réalisée par lettre de change (sauf les causes d'interruption qui tiendraient à un compte courant, par exemple). Au surplus, cette solution est contestable, nous en faisons l'aveu.

3° On peut également hésiter sur la condition d'un *donneur d'aval*, d'une *caution* de lettre de change, d'un *accepteur* ou *payeur par intervention*. Il nous semble que c'est dans le délai quinquennal de l'art. 189 qu'ils doivent exercer leur action récursoire contre ceux dont ils ont garanti la signature : sinon, ils seront déchus des « actions de prêt, de mandat ou de gestion d'affaires », nées de leurs relations avec la partie cautionnée, comme ils le sont très certainement de l' « action de la lettre de change ». Mais nous répétons que cela est douteux : cette partie de l'étude du change n'a pas encore été suffisamment creusée.

CHAPITRE VII

DU BILLET A ORDRE

(C. com., art. 187 à 189, 636 et 637).

1564. — On sait que le *billet à ordre* forme un *titre* d'engagement *par lequel le souscripteur s'oblige à payer lui-même, à l'ordre d'un preneur, une certaine somme à une époque déterminée* (nos 12 et 1236).

Cet effet est médiocrement apprécié. L'ancien droit lui était défavorable : les arguments scolastiques qui permettaient à la lettre de change de se défendre contre l'Eglise étaient insuffisants pour justifier le billet à ordre, comportant un crédit différé, par conséquent un crédit payé. Aujourd'hui encore, les négociants souscrivent rarement des billets à ordre, ils doivent avoir des acheteurs ou des banquiers sur qui tirer. La seule variété de billet à ordre pratiquée est le warrant, lequel constitue encore une lettre de change à sa manière, le souscripteur tirant sur sa marchandise (V. *infra*, n° 1580).

Le billet à ordre est plutôt mis à la disposition des consommateurs. Encore le fournisseur, dont la facture porte règlement à trois mois, aime-t-il mieux une acceptation de lettre de change par son acheteur, ce qui facilitera l'escompte du titre.

Même dans le milieu agricole, le billet à ordre a peine à s'implanter. Si les banques de crédit mutuel doivent réussir, on verra peut-être les hommes de la campagne faire usage du papier. Mais c'est plutôt la lettre de change qui prévaudra. Le vendeur de semences, d'engrais ou de machines fera des traites sur ses acheteurs plutôt qu'il ne prendra d'eux des billets à ordre.

1565. — Ressemblances avec la lettre de change. — Le billet à ordre est gouverné par la plupart des règles du *droit de change*. Sauf les exceptions qu'on verra dans un instant, les dispositions contenues dans les six chapitres précédents lui sont applicables (art. 187 et 188).

Cette remarque concerne : — les *conditions de forme* auxquelles obéit le titre ; il contient : *a)* la signature du débiteur ; *b)* le nom du preneur avec la clause à ordre ; *c)* la date de l'engagement (sans indication nécessaire du lieu d'émission) ; *d)* l'époque précise de l'échéance ; *e)* l'endroit du paiement, qui se confond d'ordinaire avec le domicile du souscripteur ; *f)* le montant de la somme ; *g)* la mention de la valeur fournie. — le tout pouvant, selon nous, être écrit d'une autre main que celle du signataire, et sans la mention du *bon* ou *approuvé* (n° 1315).

Quant aux *conditions de capacité*, nous nous sommes prononcés pour l'assimilation de la lettre de change et du billet à ordre (n° 1385) : il en résulte que la femme non marchande ne peut s'engager par billet à ordre.

S'étendent aussi de la lettre de change au billet à ordre : — les règles de l'*endossement* ; l' « endos régulier » doit se conformer aux énonciations de l'art. 137, emporte solidarité et purge des exceptions, tandis que l' « endos irrégulier » ne vaut que comme procuration.

De même : — du *paiement*, soit simple, soit par intervention, fait tantôt sur la présentation du titre, tantôt moyennant une ordonnance du juge, — de la théorie de la validité du paiement fait à l'échéance au porteur apparent, — de celle du porteur négligent, protêt à faire le lendemain et action judiciaire à intenter contre les endosseurs dans les quinze jours suivants, — de la théorie du rechange et des intérêts moratoires.

1566. — Différences. — Il n'y a à relever entre les deux titres que les différences suivantes, au nombre de trois.

a) Le billet à ordre, par sa seule forme, n'est pas un *acte de commerce*. L'art. 632 ne retient comme commerciale que la lettre de change. Il ne devient acte de commerce que lorsqu'il est souscrit ou endossé en vertu d'une cause d'engagement commerciale par sa nature, ce qui n'est plus alors une question de forme [1].

Cependant une certaine part a été faite au besoin de faire profiter cet effet de la rapidité d'exécution de la lettre de change. Le souscripteur d'un billet à ordre non commercial n'était point soumis à la contrainte par corps avant 1867. Mais il relevait et il relève encore, non sans quelque restriction, de la juridiction du tribunal de commerce. Voici la distinction que fait la loi dans les art. 636 et 637 :

1° Le billet à ordre ne porte-t-il que des *signatures civiles* ? — Le tribunal de commerce est incompétent pour en connaître, et les signataires ont le droit de demander leur renvoi devant la juridiction ordinaire.

Toutefois, pour tout autre procès de nature civile, l'incompétence du tribunal de commerce serait absolue : le défendeur pourrait l'invoquer *en tout état de cause*, et même les juges devraient se dessaisir d'office.

Au contraire, l'incompétence des tribunaux consulaires en matière de billet à ordre a un caractère relatif et est traitée comme une incompétence *ratione personæ*. Elle doit être invoquée avant toute conclusion sur le fond, et ne peut être suppléée par le tribunal. L'art. 636 est formel pour dire que le renvoi doit être requis par le défendeur ; et l'obligation de faire valoir l'exception au début de l'instance résulte des principes généraux.

2° Le billet est-il revêtu de *plusieurs signatures, les unes commerciales, les autres non* ? — La compétence du tribunal de commerce, qui est de droit à l'égard des premières signatures, a été généralisée. Elle s'étend même aux signatures civiles. Le tribunal de commerce devient compétent à l'égard de tous. Il l'est, quand même le porteur poursuivrait celui de

---

1. Par conséquent, le taux de l'intérêt moratoire n'est pas invariablement de 5 0/0 pour une dette de billet à ordre ; il peut n'être que de 4 0/0.

souscripteurs dont l'engagement n'a rien de commercial. — Ex. : *Simon* fait un billet à l'ordre de son tailleur *Bernard*. Le tailleur passe le billet à l'ordre d'un banquier. Celui-ci peut assigner *Simon* devant la justice commerciale, sans avoir, pour justifier cette compétence, à mettre également en cause le premier endosseur *Bernard*, le tailleur qui est commerçant.

1567. — *b*) La *prescription de cinq ans*, applicable d'après l'art. 189 aux lettres de change, ne régit pas uniformément tous les billets à ordre. Le souscripteur d'un billet à ordre ne bénéficiera de cette prescription que s'il est commerçant ou s'il s'est obligé à raison de faits de commerce. Autrement, c'est la prescription de droit commun qui s'appliquera.

Cette différence dans la durée de l'obligation, à raison de la profession du débiteur ou de la nature de sa dette, n'est pas fondée en équité ou en logique : pourquoi le non-commerçant est-il tenu plus longtemps que le commerçant, quand, dans la vente des marchandises, c'est le contraire qui a lieu ? Un acheteur commerçant, en effet, n'est libéré qu'après trente ans, l'acheteur consommateur d'un commerçant l'est déjà après deux ans (art. 2272, al. 3, C. civ.).

Une seconde particularité du système est défectueuse. Les *endosseurs* n'ont pas intérêt à se prévaloir de la prescription de cinq ans, en général du moins. Mais, s'il y a un *domiciliataire*, comment régler la durée de l'engagement, non de celui-ci, lequel n'est tenu d'aucune manière, faute d'avoir signé l'effet, mais du *souscripteur* ? Il n'est jamais recevable à invoquer la négligence du porteur.

Et cependant il serait raisonnable qu'il pût le faire. Un tireur de lettre de change, qui a fait les fonds chez le tiré, peut se dégager envers le porteur négligent. Le souscripteur d'un billet à ordre devrait avoir pareil droit, s'il a désigné un domiciliataire ayant provision : ce domiciliataire a pu faire faillite depuis l'échéance, il serait équitable que le porteur négligent encourût la perte. C'est le contraire qui résulte de la loi.

1568. — *c*) A la différence de la lettre de change, il n'y a jamais lieu à *acceptation* dans un billet à ordre. Le billet à domicile lui-même ne doit pas être présenté au domiciliataire pour l'acceptation.

La théorie de la *provision* est également exclue du billet à ordre [1].

Donc, si le souscripteur tombe en faillite, le porteur ne peut se payer par préférence sur les fonds que le failli a déposés chez le tiers convenu ; cette somme sera reprise par le syndic, et le souscripteur viendra au marc le franc.

1569. — Commercialité du billet à domicile. — Le *billet à domicile*, payable *dans un autre lieu* que celui du souscripteur, a longtemps donné aliment à une controverse, aujourd'hui épuisée. Cet effet entraîne

1. V. dans le *Bulletin du Comité des travaux historiques et scientifiques*, 1901, l'étude de M. Bourcart sur la *provision dans les billets à ordre*. Cet auteur entend le mot de *provision* dans le sens d'une créance devant être pour le preneur à la base du billet à ordre ; c'est la *valeur fournie* par ce preneur au souscripteur.

remise de place, comme toute lettre de change (avant 1894) devait le faire.

On se demandait si le droit de la lettre de change se communiquait au billet à domicile, au double point de vue de la compétence du tribunal de commerce et de la prescription de cinq ans. Ne convenait-il pas de traiter le souscripteur comme débiteur d'un *engagement de commerce*, même lorsque la dette qui était à la base du titre avait une nature civile ?

Le débat portait sur le sens à donner au dernier alinéa de l'art. 632 : « La loi répute actes de commerce... entre toutes personnes, les lettres de change *ou remises d'argent faites de place en place* ». Ce membre de phrase n'était-il qu'un pléonasme consacrant à nouveau le caractère commercial de la lettre de change, ou étendait-il le droit du commerce à *tous* engagements emportant remise de lieu, au *billet à domicile* particulièrement ?

Cela n'offre plus aujourd'hui d'intérêt. La loi du 7 juin 1894, qui abolit pour la lettre de change la condition de la dualité des places, a modifié l'art. 632 *in fine* : « Sont actes de commerce, entre toutes personnes, les lettres de change ». L'incidente finale a disparu de la rédaction.

Il s'ensuit que le billet à domicile ne possède actuellement le caractère d'acte de commerce que dans la mesure où un billet à ordre simple en disposerait lui-même. C'est la solution que le Sénat a fait prévaloir, et elle est soulignée dans les rapports des deux Chambres. Tout au plus, après la mise en vigueur de la loi, y a-t-il eu controverse pour les billets à domicile qui avaient été souscrits *avant* sa promulgation. L'opinion qui soutenait la commercialité avant 1894 a eu à se demander si la loi nouvelle avait ou non un effet rétroactif (C. civ., art. 2). Le problème n'a plus d'actualité.

CHAPITRE VIII

DU WARRANT
ÉTUDE D'ENSEMBLE DES MAGASINS GÉNÉRAUX

(L. 28 mai 1858 ; D. 12 mars 1859 ; l. 31 août 1870 ; l. 18 juillet 1898, 30 avril 1896 et 8 août 1913 sur les warrants agricole et hôtelier).

---

§ 1. — Notions générales.

1570. — Le *warrant* est *un effet de commerce garanti par un gage sur une marchandise déposée en magasin général*. C'est pour cette raison que nous en avons placé l'étude à la suite de la lettre de change et du billet à ordre.

Le magasin général est un établissement, une société par actions le plus habituellement, qui reçoit en garde des marchandises. Il délivre, en retour de ce dépôt, des bulletins négociables qui facilitent la circulation et la mise en gage de la marchandise emmagasinée.

Certaines de ces entreprises, particulièrement dans les ports, reçoivent des produits étrangers. En Angleterre, elles sont désignées *docks*, du nom des bassins où ont lieu les déchargements dans les magasins alignés sur le quai.

Il ne faut pas confondre les magasins généraux avec les *entrepôts de la douane*. Les marchandises en douane sont en *entrepôt réel*. Elles sont reçues en franchise temporaire des droits, et ne les acquittent qu'à la sortie, à moins de repartir pour l'étranger, l'immunité douanière devenant définitive.

Le magasin général ne dispose de ce traitement que par suite d'une décision de l'Administration. L'entrepôt est alors *fictif* : c'est une faveur accordée seulement aux ports. Dans les places de l'intérieur, le magasin doit être sous la surveillance *directe* du personnel de la douane, pour pouvoir bénéficier de la faculté d'entrepôt.

1571. — La législation des magasins généraux se lie à celle de la vente ou du gage commerciaux. Mais c'est principalement dans les rapports de ces établissements avec les *Bourses de marchandises* qu'apparaît leur raison d'être, comme celle de tous les entrepôts.

Les personnes opérant à terme sur les grains, sur les farines, sur les alcools, etc., se couvrent au moyen de marchandises qui sont déposées en magasin général, et les filières destinées à liquider leurs opérations portent l'estampille de dépôt (n° 1037).

Les magasins généraux servent à établir le cours des produits ; et le commerce est intéressé à la sincérité des renseignements donnés sur leurs « existences », autrement dit sur le contenu variable et quotidien de leurs approvisionnements. Il a intérêt, en outre, à ce qu'aucun de ces magasins ne se prête à l'accaparement d'un spéculateur qui s'en assurerait l'usage exclusif et qui fausserait ainsi le cours (pratique des *elevators* américains).

Dans le rayon d'action de toute Bourse de marchandises il existe au moins un magasin général : d'après les entrées et les sorties de produits entreposés se déterminent leur rareté et leur abondance, et par là même leur prix courant. Souvent, à proximité des entrepôts, les Bourses se constituent d'elles-mêmes, avant que les autorités ne les aient reconnues.

Les *limites* apportées *à la liberté d'ouverture des magasins généraux* répondent aux préoccupations précédentes. On a essayé de les justifier par la défense d'ouvrir sans autorisation des maisons de prêts sur gages (art. 411 C. pén.). Ce n'est pas suffisant. Car certains magasins s'abstiennent, — la législation antérieure à la loi du 31 août 1870, art. 3 (D. 12 mars 1859, art. 4) le leur interdisait même, — de faire des avances sur leurs warrants. Cependant ils sont soumis aux mêmes restrictions administratives que les autres. En réalité, la loi a voulu assurer la sincérité du marché et ne reconnaître que des maisons honnêtes. On se représenterait les magasins placés, ainsi que cela a été proposé, sous la surveillance soit de l'Etat, soit d'un corps constitué, tel que la Chambre de commerce[1].

---

1. Cette surveillance, quoique visée par la loi de 1858, art. 2, n'existe pas en réalité.

1572. — C'est en 1848 qu'on a fait pour la première fois en France l'essai des magasins généraux. La crise qui sévit alors provoqua la création d'établissements où les commerçants pouvaient déposer leurs marchandises en chômage et emprunter sur elles au moyen de la négociation de récépissés (Loi du 21 mars et arrêté du 26 mars 1848).

L'organisation était défectueuse, l'expérience échoua. Elle fut reprise par *la loi du 28 mai 1858* qui règle aujourd'hui l'institution. D'après cette loi, le gouvernement autorisait l'ouverture d'un magasin général par décret, la Chambre de commerce entendue.

Une *loi du 31 août 1870* transporta ces attributions au préfet. Le concessionnaire est soumis par l'arrêté à un cautionnement variant entre 20.000 et 100.000 fr. Les tarifs du magasin obligent l'exploitant à mettre ses locaux, sans préférence ni faveur, à la disposition de toute personne et avec des taxes égales. Ces tarifs sont imprimés et transmis au préfet avant l'ouverture de l'établissement (D. 12 mars 1859, art. 6 et 8).

1573. — Ce que la loi réglemente, sans établir une sanction de nature civile, c'est le magasin *général* qui offre ses services au public, c'est-à-dire à tous les déposants se présentant dans des conditions semblables.

a) D'une part, rien ne s'oppose à ce qu'un négociant libre reçoive en garde les marchandises d'un client *déterminé*, et lui remette des bulletins négociables sur lesquels le déposant contractera des emprunts. C'est le cas du commissionnaire. L'Administration n'a pas à autoriser un tel commerce, pourvu qu'il ne soit pas un établissement tombant sous le coup de l'art. 411 C. pén. ; la mise en gage de ces marchandises répond aux conditions légales.

b) D'autre part, l'ouverture irrégulière d'un magasin général non autorisé n'aurait pas pour effet de frapper de *nullité* les opérations sur récépissés ou sur warrants délivrés par ce magasin [1].

Grâce aux principes de l'acquisition de la possession par l'intermédiaire d'un tiers convenu, le nantissement de la marchandise ou son transport à un acquéreur se réaliserait par la négociation de semblables documents, tout comme par celle des titres des magasins autorisés.

Seulement, l'Administration peut exiger la fermeture de cet établissement : et les règles dérogatoires au droit commun du gage, dont bénéficient les dépôts dans un magasin autorisé (voir ci-dessous), ne s'étendent pas à ceux qui sont faits dans un magasin ouvert contrairement à la loi.

1574. — Il existe en France environ 150 magasins généraux, dont le plus important, la *Compagnie des magasins généraux de Paris*, dispose de locaux dans de nombreuses parties du territoire, et reçoit les produits les

1. Cette solution n'est pas contraire à l'arrêt de la Chambre des requêtes du 17 avril 1882 (*J. Pal.*, 1882, p. 736). Cet arrêt annule bien des warrants sur marchandises déposées dans une annexe non comprise dans le décret d'autorisation. Mais le moyen de nullité est basé sur ce que l'annexe avait été donnée en location par le magasin au propriétaire même des marchandises : il y avait contravention à la règle qui exige pour le gage un déplacement de possession (art. 92 C. com.).

plus divers (800.000 tonnes de marchandises annuellement). Plusieurs autres magasins sont gérés par des villes ou par des Chambres de commerce. Il en est dans le nombre qu'utilisent les agriculteurs, bien que la loi de 1858 limite l'institution aux « matières premières, marchandises et objets fabriqués que déposeraient les *négociants* et *industriels* ».

1575. — Services rendus par le magasin général. — Quels sont les offices que réalise un magasin général ? Il évite aux particuliers l'obligation de tenir des magasins adjoints à leurs propres maisons, — il facilite la vente des marchandises, — il en facilite la mise en gage.

1576. — A. Entrepôt de la marchandise. — Le magasin général est d'un entretien proportionnellement moins cher que ne le serait un ensemble de *magasins particuliers* : on y trouve de meilleures conditions d'installation et de conservation, un matériel mieux approprié.

La prise en charge ou réception de la marchandise lie le propriétaire de l'établissement en vertu d'un *dépôt*. Ce dépôt est salarié, un magasinage est dû ; au besoin, le magasin recouvrera contre le déposant ses dépenses de réparation, d'assurance, etc.[1]. Il répond dans la garde de la marchandise de sa faute même légère et appréciée *in abstracto* (*non obst.* art. 1927 C. civ., car il a stipulé un salaire, art. 1928).

Il garantit la nature du produit ainsi que le poids certifié dans les bulletins dont il va être parlé. Mais il ne répond pas plus des avaries étrangères à son fait, que des différences de type ou de classement que présenterait le produit par rapport aux énonciations du document.

1577. — Une entreprise de magasins généraux est-elle *commerciale* ou *civile* ? Ni la loi de 1858 ni le décret de 1859 ne classent ce genre d'exploitation dans les actes de commerce ; toutefois, l'art. 19 du décret veut que le magasin général tienne les livres ordinaires du commerce.

Le critérium adopté au début de cet ouvrage nous a fait considérer comme actes de commerce les opérations des magasins généraux (nº 26) ; donc ceux-ci, suspendant leurs engagements, encourraient la faillite.

1578. — B. Vente du produit. Récépissé. — Les marchandises comportent, par le fait de leur dépôt en magasin général, une *circulation* plus active. La vente en est facilitée ; un titre négociable se substitue dans le trafic au produit lui-même, et à chaque endossement de ce titre la marchandise change de propriétaire ou de possesseur, sans le moindre déplacement matériel (voir déjà nºs 1024 et s., et 1085).

A cet effet, le magasin, à l'entrée de la marchandise, délivre au propriétaire un *récépissé* à ordre, dans lequel est constaté le dépôt avec identification de son objet. Voici la formule que le magasinier remplira :

---

1. La question de savoir si le magasin général doit, même en dehors d'une convention formelle, faire assurer la marchandise du déposant se règle de la même manière qu'à l'égard d'un commissionnaire, pour les consignations faites à ce dernier par ses clients (nº 1119).

RÉCÉPISSÉ A ORDRE

Il a été déposé sous le n° ; par M. , demeurant à , rue , n° , les marchandises ci-après venues de , par , passibles de douane et autres droits,

(Nombre, espèces et marques). (Nature et poids).

Le 19 Le directeur.

La maison qui souscrit cette pièce reconnaît détenir au compte non seulement du propriétaire actuel, mais de la personne quelconque à qui sera négocié le récépissé. Il suffira, pour permettre à cette personne d'exiger la sortie du magasin, qu'elle soit en mesure de présenter la pièce (l. 1858, art. 1er).

1579. — Ce concours du magasin général à la circulation est surtout visible sur le *marché de spéculation* (nos 1037, 1571).

En revanche, le magasin général entrave plutôt la vente des produits qui y sont entreposés par le moyen ou par le petit commerce. Autant les clients sont faciles à amorcer par les étalages de boutiques, autant ils hésitent à se rendre dans un lieu de groupement de marchandises de toute espèce, dont l'aménagement rend l'examen difficile pour des acheteurs au détail.

Afin de remédier à cet inconvénient, la législation de 1858-1859 a décidé que les ventes volontaires aux enchères de marchandises pourraient s'opérer par ministère de *courtiers* dans des locaux spéciaux autorisés par l'Administration (deuxième loi du 28 mai 1858, art. 6), et que le magasin général pourrait tenir des salles de *ventes publiques*. Il est autorisé par l'arrêté d'ouverture à cette double fin, c'est-à-dire à exploiter le magasin et la salle des ventes tout à la fois. Des mesures de publicité informeront les intéressés des jours où auront lieu les criées. Ce droit de provoquer des ventes publiques n'est reconnu que pour les *marchandises en gros* et sous des distinctions précédemment exposées (n° 1108).

A l'égard des matières premières destinées à la manufacture, le magasin général offre un autre désavantage : c'est de séparer l'industriel d'approvisionnements, qu'il a besoin cependant de manutentionner en fabrique. Comment sortir de cette impasse ? Transformer en un produit définitif un produit brut qu'on n'a plus entre ses mains ! C'est inconciliable.

Afin de ne pas gêner la mise à façon du produit, le magasin général a parfois laissé des fabricants établir des métiers dans ses annexes. Mais la loi n'est alors plus obéie. Le propriétaire de la marchandise, qui la manutentionne, fût-ce dans les bâtiments d'autrui, ne défère plus à l'exigence d'un déplacement de possession pour la validité du nantissement.

1580. — **C. Mise en gage. Warrant.** — Le magasin général permet de donner un *nantissement* et d'emprunter sur la marchandise déposée, sans que le créancier gagiste ait à la prendre matériellement en charge.

On a supposé jusqu'ici que le document délivré par le magasin était un titre unique. Or il n'en est rien. Le titre est double (depuis 1858), à la différence du régime pratiqué en 1848, qui faisait émettre par le magasin un seul titre employé alternativement aux fins de vendre et d'emprunter. Aujourd'hui, au *récépissé* est joint un *warrant* ou bulletin de gage, détaché de la même souche, mais provisoirement adhérent au récépissé. Le warrant contient, sauf la mention de tête, exactement les mêmes énonciations que le récépissé, ainsi que la signature du magasinier.

Supposons que la marchandise ne trouve pas à se placer. Pour continuer ses affaires courantes, il faut de l'argent au déposant. Il emprunte à un banquier sur la marchandise, tout en la laissant dans le magasin.

Au moment de faire cet emprunt, il sépare le warrant du récépissé. Le warrant devient un titre indépendant. Il inscrit au dos, à l'ordre du bailleur de fonds, le montant de l'emprunt avec l'échéance, et il se dessaisit du titre. C'est ce qu'on appelle le premier endossement du warrant.

« Bon pour transfert du présent warrant à l'ordre de *Primus*, pour garantir la somme de *cinquante mille francs* payable le 1er juillet prochain.
1er mai 1915. N. »

Le porteur dispose dorénavant d'une créance à ordre assortie d'un gage. Le magasin général a reconnu détenir, au compte du porteur du warrant, comme il détenait ci-dessus au compte du porteur du récépissé ; aussi longtemps que le warrant ne lui sera point représenté, il devra retenir la marchandise, sous peine d'engager sa responsabilité.

1581. — Cette marchandise se trouvera dans des situations variables.

1) Le déposant a trouvé acheteur, sans qu'il ait eu d'abord à emprunter. Récépissé et warrant font corps ensemble, le vendeur les remet tous deux à la fois à l'acheteur, la formule d'endossement figure sur le récépissé : « Livrez à l'ordre de *Tertius*. 1er mai 1915. — Signé N. ».

La réunion de ces deux titres montre la *marchandise franche de toute charge*. L'intéressé en a la pleine propriété. Pour revendre, il transmettra simultanément les deux certificats correspondant à un droit unique et absolu. Le magasin restituera son dépôt à celui qui lui présentera ce double titre.

1582. — 2) Le déposant (ou l'un de ses ayants cause) ne trouve pas une occasion propice pour se défaire de la marchandise. Il préfère emprunter à *Primus* 50.000 fr. sur sa valeur qui, à dire d'experts, est de 65.000 fr. par exemple. Il endosse le warrant, mais il conserve le récépissé.

Les deux titres sont désormais en mains différentes. *a*) Le porteur du warrant a un droit de gage. *b*) Le porteur du récépissé a un droit de propriété, démembré du montant du gage, *deducto pignore*.

Ces deux porteurs se retrouveront plus tard en présence. A son échéance, le warrant sera présenté au détenteur du récépissé, débiteur de l'emprunt. Si ce détenteur paie, il acquitte sa dette, et les deux titres seront de nouveau réunis. S'il refuse de payer, le porteur du warrant fera vendre la marchandise, et le porteur du récépissé n'y pourra plus prétendre.

Quelle est la situation du magasin général vis-à-vis du porteur de l'une et de l'autre pièce, tandis qu'elles circulent séparément ?

a) Le magasin ne pourra pas se dessaisir sur la production du récépissé *seul* qui lui serait faite. On verra cependant (nº 1599) que le porteur de ce titre peut, sous certaines conditions, se faire mettre en possession. b) Quant au porteur du warrant, non payé à l'échéance, le magasin obtempérera à son ordre de mise en adjudication de la marchandise.

1583. — 3) Enfin, il se peut que le porteur du récépissé, dont le warrant a été détaché, vende la marchandise à une nouvelle personne, à *Tertius*. La mutilation du titre révélera à cet acheteur la mise en nantissement de la marchandise ; s'il persiste à acheter, ce nantissement lui sera opposable.

Achetant 65.000 fr. la marchandise warrantée, il ne réglera pas au vendeur le prix total. Il prendra à sa charge la dette du warrant de 50.000 fr. et ne paiera que l'excédent du prix convenu, soit 15.000 fr.

On verra comment la loi a ménagé les intérêts opposés des porteurs de nos deux titres (nº 1599).

1584. — Tout le système a ainsi à sa base la théorie du gage commercial. Négocier un warrant, c'est emprunter sur nantissement.

Là est aussi la cause du peu d'estime dont dispose l'institution ; des commerçants ont vu pendant longtemps dans le warrantage une manifestation de gêne ; le magasin général a été comparé au Mont de Piété [1].

Pour réagir contre cette mauvaise réputation, on a contesté que l'escompte du warrant fût un emprunt sur gage. Celui qui le négocie, a-t-on dit, se procure une *avance sur le prix* qu'il retirera de la marchandise lorsqu'elle trouvera acheteur [2]. Mais n'est-il point choquant de parler d'une avance sur un prix encore inexistant, faute de vente déjà faite ?

§ 2. — De la réglementation du warrant.

1585. — Il ressort de ce qui vient d'être expliqué que le warrant constitue à la fois — un effet de commerce — et un instrument de gage.

1586. — I. **Le warrant effet de commerce.** — Effet de commerce, le warrant n'est qu'une variété de *billet à ordre*. Il ne le devient qu'à partir du moment où il est séparé du récépissé, soit à dater de son premier endossement.

On pourrait emprunter à court terme 50.000 fr., en souscrivant ou en endossant à l'ordre du bailleur de fonds, *Primus*, par une opération

1. Les Monts de Piété, établissements d'utilité publique, ne relèvent pas du droit commercial. Leurs avances s'effectuent au moyen des revenus de leurs dotations. Il est vrai que ces dotations sont insuffisantes, ce qui met le Mont de Piété dans l'obligation d'emprunter lui-même à intérêt son fonds de roulement (ainsi s'explique la cherté de ses avances). La théorie soutenue au début de cet ouvrage nous ferait considérer les Monts de Piété, contrairement à la théorie de la « spéculation », comme des établissements de commerce lorsqu'ils opèrent sur des capitaux d'autrui.

2. Alix Sauzeau, *Manuel des docks*, 1877, p. 95 ; cfr. Dubron, *Etude juridique et économique sur les magasins généraux*, th. 1898, p. 158 et s.

d'escompte, un billet à ordre ordinaire. *Primus* pourrait exiger un gage, et se faire délivrer un titre négociable, connaissement, récépissé de dépôt à ordre, représentant une marchandise en cours de route, ou actuellement entreposée (nos 1085 et 1459). Il y aurait deux certificats constatant, l'un une promesse à ordre, et l'autre un gage, lesquels se négocieraient concurremment. — Or, ces deux certificats, le warrant les réunit et les combine, de manière à n'en faire qu'un seul.

1587. — En conséquence, le *premier endossement* du warrant vaut création d'un billet à ordre : il donne la vie à l'effet. Le fondement du warrant n'est pas la reconnaissance de dépôt par le magasin général qui est au devant, mais la formule d'obligation de somme qui est au revers.

Les mentions, exigées dans un billet à ordre, le seront donc également pour ce premier endossement : — date (sans énonciation nécessaire de lieu), — échéance, — somme, — clause à ordre, — signature de l'emprunteur (art. 5). Exceptionnellement, *mention de la valeur fournie n'est pas exigée*.

1588. — Le warrant est soumis, à partir du premier endossement, au *timbre proportionnel* des effets (0 fr. 50 0/0). Quant au récépissé, il a été revêtu dès l'origine du *timbre fixe de dimension* (0 fr. 60 au petit format) ; car il représente un dépôt, la promesse de livrer une marchandise (art. 13).

1589. — Le premier preneur ou bénéficiaire du premier endossement du warrant, *Primus* (un banquier le plus généralement) pourra à son tour le négocier à l'ordre d'une autre personne. Ce nouvel endossement, comme les suivants, vaudra *endos ordinaire* ; il emportera bien *garantie* solidaire, mais ne sera plus, comme le premier, créateur d'un titre.

La mention de valeur fournie, exigée d'un billet à ordre simple, est ici superflue : son absence n'empêche pas le transport en propriété de l'effet au nouveau porteur. A cela près, on suit les règles de la lettre de change.

1590. — Tous ces endossements d'un même warrant se rattachent le plus fréquemment à des opérations d'*escompte*. Le nouveau porteur fournit valeur en espèces. Le warrant remonte l'échelle des banques et entre dans la composition de leur portefeuille. Un grand nombre de ces effets aboutissent à la Banque de France [1]. Au contraire, la négociation du récépissé, vente de marchandise [2], ne peut pas résulter d'une opération d'escompte.

---

1. La valeur en espèces du warrant n'est fournie par le banquier que sous la déduction de l'intérêt (de 2, de 3 0/0, etc.) à courir jusqu'à l'échéance, et qui est précisément qualifiée d' « escompte ». On sait que les emprunts à intérêt contractés par les sociétés sont sujets à la taxe de 4 0/0 sur le revenu (l. 29 juin 1872 et lois suivantes). — De là s'était formée une jurisprudence sévère à l'égard des escomptes de warrants : ils étaient soumis, pour les sociétés, à l'impôt du revenu, dont l'escompte des lettres de change était cependant affranchi. — Cette jurisprudence a cessé depuis la loi de finances du 28 décembre 1895, art. 31 : la loi de 1872 n'est plus applicable aux avances faites aux sociétés au moyen d'endossements de warrants.

2. Cela demande à être entendu. — Un warrant endossé laisse encore une marge

Règle importante posée par la loi de 1858 : les établissements publics de crédit peuvent recevoir les warrants comme effets de commerce, avec dispense d'une des signatures exigées par leurs statuts (art. 11). La marchandise tient lieu d'un débiteur. Ainsi, à l'escompte du warrant par la Banque de France, les trois signatures habituelles tombent à deux.

L'effet se perd-il au cours de sa circulation : la personne dépossédée pourra obtenir par ordonnance du juge, en justifiant de sa propriété et en donnant caution, le paiement de la créance (art. 12, l. 1858, cpr. 152 et s. C. com.). Ce droit est également reconnu à celui qui perd le récépissé : il est fondé à réclamer un duplicata, en observant la même procédure.

1591. — A l'*échéance*, le warrant sera présenté par le dernier porteur au débiteur principal ; ce débiteur est le premier endosseur N., et alors voici l'alternative qui se produit :

a) *Ou bien cet endosseur paie la somme de son plein gré.* Il se libère alors de sa dette, et ne recourra contre personne.

Exceptionnellement, le premier endosseur, comparable à un souscripteur du billet à ordre, a un recours lorsqu'il s'est dessaisi du récépissé à un acheteur de la marchandise. Celui-ci s'est obligé à le couvrir du warrant et en a déduit la valeur du montant de son prix (n° 1583). L'emprunteur, endosseur originaire du warrant, est donc tenu pour un autre contre lequel il se retournera, en invoquant la subrogation légale (art. 1251-3° C. civ.). Substitué au porteur du warrant, il pourra s'attaquer à la marchandise et se payer par préférence sur le prix d'adjudication (art. 7, al. 2).

1592. — *b*) *Ou bien l'emprunteur, premier endosseur du warrant, refuse de payer l'effet.* Il y aura lieu de dresser *protêt* contre lui.

On appliquera les règles touchant la diligence du porteur. Le protêt doit être établi le lendemain de l'échéance. Faute de quoi, l'action en recours est perdue contre tous les endosseurs, autres toutefois que le premier, lequel ne peut invoquer que la prescription de cinq ans.

Ces endosseurs doivent, en outre, être assignés dans les *quinze jours*. C'est le droit commun du change.

Seulement, ici la loi de 1858 institue une règle spéciale. Elle veut que ce recours contre les endosseurs soit *subsidiaire*. Il ne s'exercera qu'autant que la marchandise sera hors d'état de couvrir l'effet.

Cela est de réglementation sage. Si l'endosseur payait le warrant, il aurait la faculté de poursuivre par subrogation la marchandise et ne man-

disponible sur la valeur de la marchandise : le déposant n'a emprunté que pour les trois quarts de cette valeur. Il peut, s'il le veut, utiliser cette marge, en empruntant sur l'excédent, s'il trouve un autre bailleur de fonds, *Secundus*, disposé à lui faire des avances dans ces conditions. Il souscrira alors un billet à ce prêteur et il lui endossera le récépissé. Le récépissé porte en ce cas une mention inexacte de transport de propriété. Il n'investit le porteur que d'un gage colloqué au deuxième rang, primé par le warrant. C'est un classement qui rappelle l'ordre des hypothèques. Au regard du magasin, le porteur du récépissé se comportera de la même manière que s'il invoquait un droit de nue-propriété (art. 1321 C. civ.). Rien ne s'opposera en pareil cas à ce que le récépissé soit admis à l'escompte d'une banque.

querait pas d'en user. Il vaut mieux éviter ce circuit. Le porteur devra en conséquence discuter au préalable la marchandise.

Les *quinze jours* de rigueur, dans lesquels est enfermée l'action contre les endosseurs, prendront date du moment où la vente de la marchandise sera réalisée : au surplus, le porteur ne devra pas retarder cette vente plus d'*un mois* depuis le protêt (art. 9 de la loi). Il va de soi que le recours dans ces conditions ne s'exercera que pour le découvert. Si le prix de la marchandise atteint la valeur totale du warrant, les endosseurs sont libérés.

1593. — Quant à l'endosseur originaire, il est, avons-nous dit, dans la même condition qu'un « souscripteur de billet à ordre », ce qui ne lui permet pas de se prévaloir de la négligence du porteur. Il ne pourra arguer que de la *prescription de cinq ans* de l'art. 189 (en admettant qu'il se soit engagé commercialement ; sinon, il sera tenu pendant trente ans).

1594. — II. Le warrant titre de gage. — Le warrant est encore un titre de *nantissement* : la loi l'appelle un *bulletin de gage* (art. 2).

Il confère au porteur un *privilège* sur la marchandise emmagasinée. Le grand mérite de la loi du 28 mai 1858 est d'avoir devancé les réformes d'ensemble de 1863 sur le gage commercial. A cette époque, le gage commercial était encore soumis aux *impedimenta* du gage civil (rédaction d'un acte enregistré, vente par ordre de justice). On a simplifié ces formes pour les marchandises déposées dans un magasin général.

Or, ce qui était un droit d'exception en 1858 est devenu le droit commun en 1863. Aujourd'hui, ce n'est plus que sur des points particuliers que le gage en magasin général renferme des dispositions de faveur, faisant échec aux autres gages pratiqués dans le commerce : nous signalerons ces dispositions spéciales au fur et à mesure que nous les rencontrerons.

Reprenant un ordre d'exposé déjà suivi pour le gage, nous examinerons la *constitution* du nantissement, puis sa *réalisation* par le moyen du warrant.

1595. — *a) Constitution du nantissement.* — Le premier endosseur, en passant à l'ordre de son créancier, *Primus*, la formule de reconnaissance de dépôt souscrite par le magasin général, investit par là-même ce créancier de la *possession juridique* de la marchandise. Un tiers, le magasin, détient au compte du prêteur ; c'est comme si le prêteur détenait lui-même. Cette proposition n'a plus besoin d'être expliquée (n° 1085).

1596. — Warrants irréguliers. — Réservons le cas de fraudes commises : le fonctionnement des magasins généraux n'en est pas exempt.

Le gage nécessite une marchandise d'ores et déjà en magasin ; sous couleur de transport simulé de possession, il ne faut pas que le débiteur retienne par devers lui le lot énoncé sur le titre. On a vu mettre en circulation des *warrants fictifs*. Des négociants gênés obtenaient du magasinier des reconnaissances immédiates de dépôt pour des produits qu'ils s'engageaient à entreposer plus tard ; véritables effets de complaisance dont le porteur faisait argent en banque (aff. des *huiles de St-Ouen*).

La faculté, reconnue au magasin général, depuis 1870, de prêter sur ses propres warrants a multiplié ces manœuvres ; le magasinier, poursuivant un bénéfice d'escompte, les a encouragées.

Une manière d'opérer, sur la légalité de laquelle on ne s'est pas entendu, facilite ces supercheries. Pour certains produits, comme les liquides, le magasinier, au lieu de laisser à chaque dépôt son individualité, a confondu dans des récipients communs les produits similaires de ses clients. La nature de soins que nécessite la conservation de la marchandise l'a amené à faire des mélanges pour des classements semblables.

Alors disparaît toute vérification de la réalité du gage. Celui à qui l'on offre un warrant peut requérir d'un courtier l'estimation de la marchandise et à plus forte raison la constatation de son identité (l. 18 juillet 1866, art. 5). Ce moyen n'est plus praticable pour des *produits mélangés*. Puis, si l'établissement fait faillite, d'après quelles règles d'attribution ces marchandises indivises doivent-elles se répartir entre les intéressés ?[1]

De même, il se pourrait que le magasin général délivrât des warrants sur des marchandises qui lui appartiennent à lui-même. C'est illégal ; car, quoique l'escompte du papier lui soit permis, le commerce des marchandises continue à lui être interdit. Et, ce qui est plus grave, la condition de déplacement de possession fait défaut, lorsque le magasin est à la fois débiteur de la dette et le détenteur du gage.

Aussi recourt-on à des simulations. Le magasin use d'un prête-nom, qui fait escompter les warrants à une autre banque. Si cet escompteur est de bonne foi, on fera appel aux notions connues de la lettre de change ; le nantissement sera présumé régulier, au profit du porteur qui a fait foi aux énonciations du titre : ce sera une solution d'équité plutôt que de pur droit (Orléans, 6 janvier 1887, D. 87, 2, 223).

1597. — Transcription du premier endossement. — En écartant ces hypothèses anormales, le gage, constitué par la première négociation du warrant, semblerait ne devoir exiger aucune formalité autre que l'endossement lui-même : la loi de 1858 a entendu, en effet, supprimer la condition de l'acte enregistré de l'art. 2074 C. civ.

Toutefois, la loi en décide autrement. L'endossement doit être complété par un *acte de publicité* accompli à la requête du créancier, c'est-à-dire du premier cessionnaire du warrant, de *Primus*.

A défaut de cet acte, le nantissement ne naîtrait point *au regard des tiers* : les créanciers du déposant, formant saisie-arrêt sur la marchandise en magasin ou provoquant la faillite de leur débiteur, seraient fondés à comprendre cette marchandise dans leurs poursuites, et c'est en vain que le porteur du warrant *Primus* invoquerait contre eux son privilège[2].

---

1. A la suite de ces abus, on avait proposé un remaniement de la législation des magasins généraux. On demandait (ce qui ne laissait pas que d'être étrange) non de fortifier la surveillance administrative de ces établissements, mais au contraire de supprimer la réglementation ancienne. Il n'a pas été donné suite à cette proposition (*Ann. dr. comm.*, 1894, 2e partie, p. 50).

2. De même, le magasin pourrait, à défaut de cette formalité, livrer la marchandise au porteur du seul *récépissé*, sans exiger l'adjonction du *warrant*.

En quoi consiste cette publicité ? Dans une *transcription, sur les registres du magasin, du premier endossement* (non des endossements suivants). Cette transcription incombe au cessionnaire (art. 5, al. 3). Mention sera ainsi établie à la souche d'un livre du nom du créancier *Primus*, de la somme dont il a fait l'avance, et du terme pris pour le remboursement.

1598. — Depuis les réformes accomplies dans l'ordre du gage commercial en 1863, on a soutenu que cette formalité avait disparu par voie de conséquence, et que le texte de l'art. 5, al. 3 était implicitement abrogé. La transcription, a-t-on dit, avait pour but de donner *date certaine* à la formation du gage. Elle équivalait à l'enregistrement de l'acte, qu'impose l'art. 2074 C. civ. Dès l'instant qu'on a supprimé dans le commerce la condition de la date certaine pour le gage, cette condition a dû disparaître aussi pour les marchandises mises en magasin général.

1599. — Mais c'était une manière inexacte de justifier la transcription. Celle-ci subsiste aujourd'hui, avec les anciennes sanctions.

En effet, cette publicité doit être rapprochée d'une faculté exceptionnelle, qui a été introduite par la loi de 1858 au profit du porteur du récépissé, pendant la circulation du warrant (art 6, al. 2). Il se peut, nous l'avons vu, que le déposant trouve une occasion de vendre sa marchandise. Mais l'acheteur *Tertius* ne traitera que s'il peut retirer la marchandise et la faire servir à ses besoins, dès avant que le warrant ne soit échu.

Strictement, il n'aurait pas ce *droit de retrait* : le lot warranté est immobilisé au magasin aussi longtemps que le warrant ne sera pas déchargé. Mais la loi introduit une faveur : afin d'entrer immédiatement en possession, le porteur du récépissé *Tertius* pourra user de l'un des moyens suivants :

a) Ou bien il ira trouver le porteur du warrant *Primus*, et il lui proposera une *anticipation de paiement* ; si celui-ci y consent, à conditions débattues, le warrant fera retour au porteur du récépissé, qui sera mis par là en état de retirer la marchandise.

b) Ou bien, lorsque ce porteur est inconnu, ou s'il refuse d'être payé par anticipation (l'art. 146, C. com. n'admet pas le paiement forcé de l'effet de commerce avant son échéance), le porteur du récépissé *Tertius* pourra *consigner le montant nominal du warrant* au magasin général, à condition de ne déduire aucun escompte pour prompt paiement. Le warrant à échéance du 1er juillet est de 1.000 fr. ; on est au 1er juin. C'est 1.000 fr. qu'il faudra consigner[1].

Cette consignation d'argent libère la marchandise, elle en prend la place ; le gage portera sur la somme, et non plus sur la marchandise, laquelle s'en trouve dégrevée. Il y a là une dérogation au droit commun. Le possesseur d'une sûreté subit sans son fait une sorte de purge ; sa garantie

1. D'après la législation de 1848, on déduisait les intérêts jusqu'à l'échéance, moins onze jours. La loi actuelle encouragera vraisemblablement le porteur du warrant *Primus* à accepter ce paiement de gré à gré, puisqu'il lui donne le moyen de recevoir somme entière avant l'échéance.

passe de la marchandise sur de l'argent, c'est-à-dire sur une somme de 1.000 fr.

Cette substitution offre un péril : le magasin général peut faire faillite. A moins de maintien de la somme à part de ses autres valeurs, la consignation de 1.000 fr. s'est confondue dans la caisse du magasin. Le porteur du warrant ne pourra donc plus faire valoir son privilège (sauf recours sur le cautionnement qu'a dû fournir le magasin lors de son ouverture), tandis qu'il l'aurait exercé utilement, si la marchandise était demeurée en nature.

N'aurait-il pas mieux valu exiger le dépôt de la somme à la Caisse des consignations ? Celle-ci aurait alloué un intérêt, quoique faible, au capital déposé, alors que le magasin général le laisse improductif [1].

Or, toute l'économie de ce système repose sur une notification, que le porteur du warrant *Primus* a dû faire au magasin général, de la somme dont il est créancier, et sur la révélation du nom de ce porteur. Comment consigner une somme qu'on ne connaîtrait pas ? Ainsi se justifie la nécessité de la transcription, afin de parfaire la constitution du gage. Elle n'a pas disparu dans les réformes accomplies pour le gage commercial en 1863 ; car elle tient à la nature des choses.

1600. — b) *Réalisation du nantissement.* — Le porteur du warrant non payé peut, *sans autorisation judiciaire*, après avoir dressé protêt, *faire vendre* la marchandise aux enchères par l'intermédiaire d'un courtier. Cette vente a lieu dans les locaux attenant au magasin général. Il faut *huit jours* d'intervalle entre le protêt et la vente (L. 1858, art. 7, al. 1er).

Ce système a été généralisé en 1863 (nouvel art. 93). Il est devenu le mode de vente publique de tout gage (n° 1093).

Si le prix d'adjudication reste inférieur à la créance du warrant, l'excédent donnera lieu à un recours contre les signataires du titre.

Si, au contraire, le prix dépasse cette créance, le reliquat demeurera à la disposition du porteur du récépissé, qui sera tantôt l'endosseur originaire du warrant et tantôt le tiers à qui il aura cédé la marchandise.

1601. — Sur le produit des enchères, la créance du warrant est colloquée par préférence. Deux privilèges seulement la primeront :

1° Celui du Trésor public ou du fisc à raison des droits de douane, de contributions indirectes et d'octroi, dus *par la marchandise* [2] ;

2° Celui des frais de vente, de magasinage et autres, dus au magasin

---

1. Le porteur du récépissé ne peut pas opérer un retrait partiel de la marchandise, en n'effectuant qu'une consignation proportionnelle au retrait. Le principe de l'indivisibilité du gage (art. 2088 C. civ.) y met obstacle.

2. Le droit commun voudrait que le Trésor se fît colloquer par préférence pour tous les droits dont le propriétaire lui serait redevable, même *du fait d'autres produits* que celui qui a été l'objet des poursuites (l. 6-22 août 1791, décret 1er germinal an XIII, etc., Civ. rej., 1er mai 1901, D. 1901, 1, 289) : ici, le privilège est *spécialisé*, le porteur du warrant ne pourra pas se voir opposer des droits préférables au sien, excepté pour cause d'impôts *dus par la marchandise warrantée elle-même*.

pour la conservation de la chose (art. 8, al. 1er. Cpr. art. 2101-1°, et 2102-3° C. civ.).

1602. — Dans certains cas, par suite d'une transformation déjà faite de la marchandise en argent, le porteur du warrant n'aura pas à provoquer cette mise aux enchères : — *a*) lorsque la marchandise a été retirée par le porteur du *récépissé*, en échange de la consignation de la somme (n° 1599), — et *b*) si elle a péri dans un incendie après avoir été l'objet d'une assurance : *le privilège se porte de plein droit de la chose sur l'indemnité.*

Cette dernière règle était particulière en 1858 à la législation des warrants (art. 10). Aujourd'hui (l. 19 février 1889), l'indemnité d'assurance est, pour tous les créanciers hypothécaires et privilégiés, subrogée au bien assuré. Ils se font colloquer sur elle d'après leur rang.

1603. — APPENDICE. — 1° **Des warrants agricoles.** — Tout ce qui vient d'être dit concerne exclusivement le *warrant commercial.*

Il en existe deux autres, aujourd'hui reconnus. Le premier est le *warrant agricole.* Une *loi du 18 juillet 1898*, votée sur une proposition Delaunay et sur un projet du gouvernement, a essayé de combattre la crise agricole : les cultivateurs pourront emprunter sur leurs récoltes, tout en les conservant chez eux. Ils n'auront qu'à négocier un titre circulant ; les prêteurs y consentiront par la facilité de réaliser ce titre. Ainsi, les agriculteurs ne jetteront plus leurs récoltes sur le marché, cause de dépression des cours : ils les affecteront à des bailleurs de fonds et attendront le relèvement des prix.

Cette loi n'a eu à l'origine qu'un effet platonique. On l'a remplacée par une autre, celle du *30 avril 1906*, qui n'y a pas apporté grand changement, sauf quant à l'étendue des produits warrantables, qui est maintenant aussi large que possible, puisque tous produits agricoles et industriels issus de la culture, et même les sels marins et animaux, sont placés sous ce régime.

La note dominante de ces lois, c'est la reconnaissance d'un *gage* se formant *sans déplacement de possession*; autre par conséquent que le gage commercial. On aurait pu instituer des magasins généraux agricoles, pour y entreposer les récoltes. On a abandonné cette pensée : cela aurait entraîné trop de frais et servi d'instrument aux spéculateurs.

Il ne peut être question d'analyser les lois de 1898 et de 1906, qui sont du ressort du droit civil : l'emploi du warrant ne modifie pas la nature civile de l'engagement de l'agriculteur et ne le rend pas justiciable du tribunal de commerce [1].

Les produits, engrangés chez l'agriculteur-fermier, ne pouvaient échapper au privilège du propriétaire sans le consentement de celui-ci. Or, sans renonciation du propriétaire, le privilège du warrant n'est plus qu'un vain mot.

---

1. V. Magnin, dans les *Annales de droit commercial*, 1899, p. 165 et s.

D'autre part, demeuré en possession de la récolte, le cultivateur, tout en l'ayant warrantée, peut céder à la tentation de la vendre ; ce qui le fera tomber sous le chef d' « abus de confiance » (cfr. BOURCART, sous Bordeaux, 16 décembre 1912, S. 1914, 2, 249), mais ce qui rendra impossible contre l'acheteur de bonne foi la revendication du porteur du warrant (art. 2279 et 2280 C. civ.).

On a cherché à établir un centre de renseignements : c'est le greffe de la justice de paix du canton. Le warrant agricole est détaché d'un registre spécial à souche que tient le greffier, registre sur lequel chaque endossement sera ensuite reporté, et dont les acheteurs de récoltes pourront, sans y être obligés d'ailleurs, se faire délivrer des extraits au nom de leurs vendeurs. Création du warrant est signifiée au propriétaire, lequel, en ne signifiant pas une opposition dans un certain délai, laisse tacitement le warrant primer son propre privilège.

Cette organisation commence à entrer dans la vie pratique, grâce aux caisses locales et régionales de crédit agricole, disposées à prendre à l'escompte le papier de leurs sociétaires (nos 791, 1606). Ces caisses ont des moyens de contrôle et d'investigation sur l'honorabilité de leurs clients, que des banquiers ordinaires ne possèdent point. Elles peuvent ainsi se garantir contre les warrants fictifs, ainsi que contre un détournement de gage que commettrait le débiteur. Les progrès de l'institution sont particulièrement visibles en dehors de la métropole, et notamment dans le ressort de la Tunisie, qui s'est dotée d'une loi à peu près conforme à la nôtre.

1603 *bis.* — 2° **Des warrants hôteliers.** — Une seconde forme de warrant, se surajoutant aujourd'hui au warrant commercial, a été créée par la *loi du 3 août 1913*, que complète celle du 17 mars 1915. C'est le *warrant hôtelier*, destiné à permettre aux hôteliers français de lutter victorieusement contre la concurrence étrangère que leur font les hôteliers suisses ou allemands. Cette institution, que de nombreux sceptiques estiment non viable, se rattache théoriquement au nantissement des fonds de commerce (voir plus haut n° 1092) plutôt qu'au warrant. C'est encore un cas de constitution de gage sans déplacement de possession, une sorte d'hypothèque mobilière.

Tout exploitant d'hôtel à voyageurs peut emprunter sur le mobilier commercial, le matériel et l'outillage servant à son exploitation, même devenus immeubles par destination, tout en conservant la garde des locaux de l'hôtel. — *Propriétaire* de l'hôtel, l'exploitant préférera recourir à l'hypothèque ; autrement, s'il use de ce nouveau warrant et d'autre part hypothèque la partie immobilière par nature de l'hôtel à un autre prêteur, le rang des deux créanciers est déterminé par les dates respectives de la transcription du premier endossement du warrant et de l'inscription hypothécaire. Simple *locataire*, il pourra user de la loi du 17 mars 1909 et emprunter sur son fonds de commerce, sans pour autant se servir du warrant nouveau. L'intérêt de cette institution réside surtout dans la limite mise au privilège du propriétaire bailleur. Par l'avis que le greffier du tribunal de commerce donne du warrant au propriétaire, après avoir

créé l'instrument de gage sur le volant détaché d'une souche, le bailleur, faute de former opposition, perd son privilège, sauf qu'il peut toujours l'exercer à concurrence de six mois de loyers échus, six mois de loyers en cours, six mois de loyers à échoir.

Ce warrant relève du droit commercial, à la différence du warrant agricole. L'inscription conserve le privilège pour *cinq ans*. Il est délivré par le greffier à l'emprunteur, par l'emprunteur au prêteur, et est transmissible par endossement sans mention de valeur fournie. Chaque nouveau porteur doit avertir le greffier, dans les huit jours, par lettre recommandée. Le titre déclare l'inexistence d'aucun privilège de vendeur ou de nantissement sur les objets composant le gage. Il ne doit être délivré qu'un seul warrant pour les mêmes objets, règle qui ne se justifie guère.

Les rigueurs d'exécution, qui existent dans la législation de la lettre de change et qui ont été transmises au warrant habituel par la loi de 1858, n'ont pas été étendues au warrant hôtelier : ce qui est fâcheux. Le porteur n'a pas à user de diligence à l'échéance : le porteur non payé n'a qu'à réitérer sa réclamation par *lettre recommandée*. Le premier porteur et les endosseurs, garants solidaires du paiement, n'ont cependant pas à être avisés à bref délai. Aucun délai n'est imposé pour la réalisation du gage, réalisation qui emprunte les formes édictées par la loi de 1909 pour la vente forcée du fonds de commerce, en ce que le débiteur et d'autres personnes peuvent s'opposer à un démembrement et exiger la vente *in globo* de la clientèle, du matériel et des marchandises, avec mises à prix distinctes. Le recours contre les garants est enfermé dans les trois mois, à partir du jour où la vente est réalisée [1].

Le législateur contemporain, accentuant les défauts des lois plus anciennes, se perd dans des dispositions toutes spéciales. Le sens des lois de synthèse lui échappe de plus en plus. Chaque profession finira par avoir une loi à elle. Et toutes ces lois particulières renferment des prescriptions disparates, en mutuel conflit, dénuées de toute harmonie, sans que l'utilité pratique justifie les divergences qu'on déplore de constater entre elles.

---

1. *Annales de droit commercial*, 1914, p. 240. L'une des modifications apportées par la loi de 1915 à celle de 1913 a consisté à annuler toutes stipulations de baux ou autres contrats, ayant pour objet de porter atteinte au droit qu'ont les locataires d'instituer le warrant hôtelier.

CHAPITRE IX

DES OPÉRATIONS DE BANQUE[1]

1604. — Plus d'une fois déjà, il a été question de la banque dans cette partie de notre traité. Le rôle que tient la banque dans le *change* de place, ainsi que dans l'*escompte* du papier, a été présenté à l'occasion de la lettre de change et du warrant. Il nous reste à signaler des titres ou des opérations qui ont avec la banque un rapport encore plus étroit : les *chèques*, les *comptes courants*. Nous allons donc interrompre la liste des instruments monétaires, pour la reprendre lorsque nous aurons donné un tableau général des opérations de banque dans leur ensemble.

Les difficultés juridiques auxquelles ces opérations peuvent donner lieu sont, en somme, assez peu nombreuses ; c'est dans un ouvrage d'économie politique que leur mécanisme trouve en réalité sa place. Mais encore, toutes les parties de la profession de banque s'enchainant et concourant à un même but, il y a des propriétés de certaines natures d'effets qu'on n'éclaire, même au point de vue du droit, qu'à la condition d'expliquer le mouvement combiné de l'encaisse, du portefeuille et de la circulation. L'emploi d'un caractère d'impression plus faible signifie que cette partie d'étude s'éloigne plus que les autres de ce que l'on fait dépendre à l'Ecole du « droit commercial », et c'est la raison qui justifiera plus loin l'usage du même procédé typographique pour les assurances.

1605. — Le banquier fournit des capitaux au commerce, il est un « marchand de crédit ». Le commerce a besoin d'argent, de l'élément reproducteur de la richesse. Il demande cet argent à l'épargne. L'épargne répondra à son désir si elle a confiance dans l'homme d'entreprise, si elle espère le voir rembourser sa dette dans un délai plus ou moins long. Le banquier, avec les moyens d'informations qu'il possède, centralise les offres et les demandes de capitaux. Il sert de l'argent que l'une des catégories de ses clients a en excès, afin de donner satisfaction à ceux qui en manquent. *Trapézite* en Grèce, *argentarius* à Rome[2], *campsor* au moyen âge, le banquier a exercé ce rôle en tout temps.

Mais là ne s'arrête pas sa profession. La banque rend des services appréciables d'argent qui ne supposent ni crédit, ni avances faites au commerce. La pratique (si perfectionnée aujourd'hui, surtout à l'étranger) des virements et des compensations démontre que le banquier ne procure pas seulement aux négociants ou aux industriels leurs fonds d'établissement ou de roulement. Il les pourvoit d'instruments d'échange supérieurs à la monnaie, suppléant à l'insuffisance de celle-ci.

1606. — Ecartons les rapports échangés par la banque avec les professions autres que le commerce. Les procédés par lesquels elle assiste la « terre » ne sont pas les mêmes que ceux qui sont employés vis-à-vis de

---

1. Cauwès, *Cours d'Economie politique*, 3e éd., II, p. 267 et s. ; Courcelle-Seneuil, *Les opérations de banque*, 7e éd., revue par A. Liesse ; Lyon-Caen et Renault, IV, nos 666 et s.

2. Consulter sur la banque romaine, notamment pour le Bas-Empire, l'étude de Mitteis, parue dans la *Zeitschrift* de Savigny, XIX (*Trapezitica*), et le travail très fouillé de G. Platon, dans la *Nouvelle Revue historique de droit*, 1909, pp. 5, 137, 289 et 434 (*Les banquiers dans la législation de Justinien*).

l'industriel ou du commerçant : *a*) les moyens et les échéances de remboursement diffèrent ; *b*) la clientèle agricole ne se recrute pas comme la clientèle marchande, et pour connaître sa solidité il faut des procédés d'informations plus difficiles à obtenir.

On distingue : 1° Le *crédit hypothécaire* ou foncier ; la banque fait des avances de longue durée et prend une hypothèque sur la propriété de l'emprunteur ; l'emprunt est ordinairement remboursable par sommes fractionnées, par annuités ;

2° Le crédit *mobilier réel* ; le banquier se dessaisit des fonds pour un temps plus court, il exige un gage, un privilège sur récoltes pendantes, comme c'est le cas pour les banques coloniales, un privilège sur récoltes engrangées, ainsi que le permet actuellement la loi des warrants agricoles (n° 1603) ;

3° Le *crédit* purement *personnel* ; le banquier suit la foi de son client, car il ne lui demande point de sûreté[1].

La forme de crédit rural, à laquelle vont aujourd'hui les préférences des intéressés, c'est la *banque coopérative* ou la *société de crédit agricole mutuel*. Les cultivateurs se syndiquent dans une localité ; et le syndicat, rendu fort à raison du groupement, prête tour à tour à ses membres les capitaux dont ils auront besoin. Ces syndicats locaux s'appuient sur des syndicats régionaux assez forts pour leur administrer leurs moyens d'existence, pour réescompter leur papier, etc. (n° 791).

Ces manifestations du crédit doivent demeurer en dehors de notre cadre. Nous mettons également de côté la création ou l'extension d'entreprises, par souscription de leurs actions ou de leurs obligations en vue de les placer dans le public. C'est là l'office propre aux *banques de spéculation* : elles prennent en bloc des valeurs à leur compte et les répandent ensuite en détail ; ce qui a été dit de l'introduction des titres sur le marché (n° 569) caractérise leur rôle. Le genre d'affaires auquel elles se livrent n'est pas sans danger, leur encaisse est immobilisée ; car les valeurs de Bourse ne se réalisent pas avec la même commodité que des effets à courte échéance, et elles sont soumises à de brusques dépréciations.

1607. — Ces éliminations faites, on peut rattacher à la banque trois sortes d'opérations. En vertu d'une division bien connue, on distingue : — les banques de *dépôt*, — les banques d'*avances* ou d'*escompte*, — et enfin les banques d'*émission*. L'émission de billets n'est pas reconnue à tous les établissements de banque, elle a été l'objet d'une concession de privilège : une seule banque est autorisée, tant en France que dans la plupart des autres États, à souscrire des billets à vue qui font office de monnaie publique, c'est un « droit de nature régalienne ».

En opposant les opérations des banques de dépôt à celles des banques d'avances, on ne veut pas dire qu'elles soient pratiquées par des banquiers différents ; au contraire, elles marchent de pair et s'exercent simultanément. Cependant elles pourraient relever de deux professions distinctes, ainsi que cela se voit en Angleterre.

1608. — I. Banques de dépôt[2]. — Le banquier reçoit les disponibilités d'argent de ses clients. Cet argent sera mieux gardé chez lui. Il s'engage à le rendre à première réquisition. Primitivement, le banquier ne servait point d'*intérêt*, il prélevait plutôt une *commission* ou un droit de garde à raison du service rendu.

---

1. Depuis plusieurs années, une commission désignée par le gouvernement, puis une autre commission de la Chambre des députés (rapport LANDRY, 6 mars 1913) se sont attachées à procurer le crédit au *petit* et au *moyen commerce*, à la petite et à la moyenne industrie, par la création d'établissements ayant à leur base des sociétés dites de « caution mutuelle » et des banques populaires.

2. Proposition DURANDY à la Chambre des députés (1915) sur la réglementation et le contrôle des sommes déposées en compte courant dans les banques.

Et même cet argent ne devait être l'objet d'aucun emploi ; le banquier le conservait en nature dans des sacs ficelés et il le restituait dans son identité.

Supposons que les choses fussent demeurées ainsi. Le banquier protège les commerçants contre le danger d'un détournement de fonds, et contre cet autre danger, si grave à certaines époques anciennes, d une altération, d'une falsification par le souverain dans le titre des monnaies. Il établit ses comptes avec ses clients sur le pied d'une monnaie stable et fictive : au moyen âge les *marcs de banque* avaient communément cours, sans correspondre à aucune monnaie réelle.

1609. — Virements [1]. — Il y a probabilité que les clients ne retireront pas *en nature* leurs dépôts. L'argent est soustrait à la circulation, il sera remplacé par des moyens d'échange plus commodes, en papier ou en compte. C'est ici qu'apparaissent les progrès accomplis non plus à l'origine de cette pratique des dépôts, mais à l'époque moderne, notamment sous l'influence anglaise.

Lorsqu'un négociant a une dette à régler à un autre négociant *Secundus*, il donne à son banquier l'ordre de payer pour lui à *Secundus* ; il opère une *délégation*, cet acte juridique qui résume deux paiements. Au lieu d'aller toucher la somme pour la remettre à son créancier, il invite ce créancier à se présenter à sa place chez le banquier. Comme le banquier, par hypothèse, tient également la caisse de cette autre personne *Secundus*, il ne s'effectuera aucune sortie d'argent. Le client créancier laissera cet argent en banque, à son crédit. Depuis la loi de finances du 30 juillet 1913, art. 12, l'ordre de virement est soumis à un timbre fixe de 0 fr. 10, et pour les ordres qui doivent s'exécuter sur une autre place de 0 fr. 20, sous peine d'amende (par extension du droit fiscal concernant le chèque).

Ainsi, inscription de la somme au débit de l'un, et à l'avoir de l'autre : tel est le propre du *virement*, c'est-à-dire d'une délégation adressée à un banquier et dont le résultat sera non d'acquitter matériellement la somme mais de la porter d'un premier compte à un deuxième compte de client.

1610. — Chèques. — En vue de faciliter les virements, on a imaginé le *chèque*, attribué aux Anglais bien à tort, car on constate déjà son emploi dans la banque bolonaise du commencement du XVIIe siècle (*polizze bancarie, fede di deposito*).

Le chapitre suivant sera consacré au chèque. Bornons-nous à dire que c'est un *effet à vue*, tiré communément sur un banquier. Ses dehors rappellent la lettre de change, mais il a une autre destination qu'elle.

C'est un *instrument de retrait de fonds disponibles*, un instrument qui n'acquiert toute sa portée que si les fonds sont non pas retirés, mais simplement virés, et transférés d'un compte à un autre (*transcriptio a persona in personam*).

Le banquier, en recevant l'argent du client, sa *provision*, lui a délivré un carnet de chèques : ce sont des feuillets adhérents à des souches portant le numéro du compte du client, et une formule imprimée : « *Crédit lyonnais*. Compte n° 2688. Payez à l'ordre de... ». Le nom du futur bénéficiaire, la somme, la date et la signature sont laissés en blanc.

Lorsque le client aura un règlement à faire, il remplira l'effet, le signera, le détachera, le remettra à son créancier. Libre d'aller le toucher en espèces, le créancier *Secundus* préférera endosser le titre à son banquier, afin de ne pas se charger matériellement de la somme. Si les deux parties ont un même banquier, le chèque se liquidera par voie d'écritures ; c'est le résultat inhérent au virement.

1611. — Suite. — La situation se complique dans le cas où le bénéfi-

---

1. Baristot, *Virements en banque et chambres de compensation*, th. 1906.

ciaire du chèque *Secundus* a fait choix pour le service de sa caisse d'un établissement de crédit : le banquier B, différent du premier, le banquier A. Sera-t-il besoin pour lui d'aller toucher le chèque et d'en verser le produit à son compte ? C'est inutile. En négociant le chèque à son banquier B, il lui transmet la délégation dont il est porteur, il le met en ses lieu et place vis-à-vis du banquier A.

Le chèque se liquidera entre les deux banquiers par *compensation*, s'ils se doivent mutuellement la même somme et le même jour, par suite de deux opérations de clientèle en sens inverse. Ici encore l'emploi du numéraire est évité.

1612. — Clearing houses. — Mais les éléments de cette compensation entre deux banquiers peuvent ne pas se rencontrer. On a tiré sur le banquier A un grand nombre de chèques, sans que celui-ci ait sur le banquier B des chèques d'un montant égal pour faire balance. Alors intervient le *clearing house* ou la *Chambre de compensation* : la compensation élargira sa surface, et portera sur les comptes non plus de deux banquiers, mais de beaucoup d'établissements de crédit, syndiqués et groupés à cet effet. Résumons le mécanisme de l'organisation.

Chacun des banquiers compris dans cette entente transfère journellement à l'association, constituée entre eux tous, les résultats actifs et passifs des chèques et effets venus à échéance ressortant à son avoir ou à son débit. La Chambre de compensation joue le rôle actif et le rôle passif tout à la fois : — *a)* elle recouvre tous ces effets pour le compte des intéressés ; — *b)* elle se substitue à tous les tirés pour payer à leur place. Les chèques s'amortissent par suite d'une confusion juridique.

Les banquiers, à chaque séance du *clearing house*, dépendent de l'un des deux groupes suivants : 1° Tel d'entre eux a plus de chèques à recevoir qu'à payer, il est créditeur envers la Chambre de compensation de la différence. 2° Tel autre est dans une position contraire, il doit à la Chambre syndicale la différence. — La Chambre [illegible] solde débiteur [illegible] solde créditeur, respectivement. Le reliquat représente une proportion [illegible] réduite des opérations liquidées, 3 ou 4 % par exemple, sur l'ensemble. Il n'est même pas besoin de le régler en argent. Le banquier débiteur fait un bon de virement, à l'ordre du banquier créancier, sur une banque centrale, auprès de laquelle ils ont l'un et l'autre un compte ouvert.

On rapprochera ce système abrégé de paiements du mode qui est pratiqué par les Chambres syndicales d'agents de change, ainsi que de celui qui est usité par les Caisses de liquidation, pour liquider les marchés à terme sur titres ou sur marchandises (nos 959 et 1045). De part et d'autre, un grand laminoir a broyé les comptes, les réduisant en feuilles ou en parcelles, évitant les mouvements de fonds, et c'est la délégation juridique qui aura été l'agent de ce précieux travail.

1613. — On est donc en présence d'un règlement d'engagements privés, qui permet de se passer de la monnaie et du billet de banque.

Mérite appréciable. La monnaie coûte à produire, et est stérile. Les hommes ont mieux à faire que de creuser des mines, de traiter et de transporter le minerai, de frapper des pièces. S'il y a des équivalents possibles, l'activité humaine se portera plus utilement dans d'autres directions.

D'autre part, la monnaie est de consistance variable. Le numéraire n'augmente pas en proportion des affaires. Réduit à lui seul, il deviendrait de plus en plus cher. L'émission de billets de banque présente d'autres défauts, et il n'appartient qu'à une seule banque d'y procéder.

Ces inconvénients disparaissent devant les virements et les compensations, opérations qui utilisent des signes monétaires ne coûtant rien et en nombre illimité.

Les États qui ont multiplié les virements disposent par cela même d'une force commerciale très grande. — L'*Angleterre*, où les opérations du *clearing house* de Londres dépassent annuellement 10 milliards de livres sterling, soit 250 milliards de francs ; — les *Etats-Unis* où 94 *clearing houses* amortissent 24 milliards de livres ; — l'*Allemagne*, puissance redevable à la Banque d'Empire des résultats qu'elle obtient avec ses 20 milliards de marks de virements, soit 25 milliards de francs, et qui étaient dépassés lorsqu'a éclaté la grande guerre. — Notre *Chambre de compensation* créée à Paris en 1872 reste au-dessous de ces chiffres, avec environ 10 à 12 milliards d'entrées d'effets, dont 8 à 9 milliards seulement arrivent à se compenser.

Avec une provision d'or ou d'argent réduite, avec une circulation de billets bien inférieure à celle de notre Banque de France, un pays exercé aux virements solde un chiffre d'affaires extrêmement élevé. Le total des créances et des dettes liquidées se chiffrera par une somme cent fois plus forte que n'en donne l'encaisse en numéraire des banques, un chassé-croisé de marchés faisant servir le même stock de dépôts à des règlements multiples, et les banquiers, d'autre part, s'habituant à ouvrir des avances à leurs clients, d'autant mieux qu'ils savent ces avances réalisables par des virements qui n'affecteront pas leur encaisse.

1614. — A cet office de gestion de caisse par le banquier se rattachent d'autres opérations similaires, n'impliquant pas plus que celles dont il a été parlé jusqu'ici la concession d'un crédit au client. En voici l'énumération :

1° Le client, une fois son argent déposé à la banque, l'emploie en valeurs de Bourse. Il donne à son banquier l'*ordre de lui acheter* de la rente, des actions, des obligations. Ou inversement, il *vend* ces valeurs par son intermédiaire. Nous rappelons qu'il y a tout un ensemble de valeurs, les « valeurs cotées », pour lesquelles le courtage du banquier est défendu, à moins qu'il ne se substitue un agent de change (nos 985 et s.) ; et, d'autre part, que beaucoup d'établissements de finance ou d'industrie recourent au banquier pour l'écoulement de leurs titres, le banquier exerçant alors le rôle de *commissionnaire* de placement (nos 485, 573 *bis*) : syndicats de garantie.

2° Habitué à faire choix de son banquier pour l'achat de titres, le client s'est accoutumé aussi à laisser chez lui ces titres en *dépôt*. Le banquier prendra le *portefeuille* sous sa surveillance, il établira un récépissé des certificats à lui confiés, et il touchera un droit de garde. Aux échéances de dividendes et d'intérêts, il encaissera les coupons et en portera la valeur au crédit du client dont la provision s'augmentera [1].

Ce fait a son importance pour expliquer les avances sur titres (n° 1628). Le client alimente sa provision en faisant un emprunt sur son portefeuille que le banquier détenait déjà, ce qui n'exigera pas un nouveau déplacement pour assurer la régularité du nantissement.

3° Le banquier fait pour son client des *opérations de change de place*, dont le client réglera le prix au moyen de la provision figurant à son crédit.

Lorsque le particulier qui habite Paris a un paiement à effectuer à Lyon, il demande au banquier un chèque ou une lettre de change sur cette dernière ville ; le banquier inscrira la valeur de cet effet au débit du client.

De même pour l'opération contraire. Le particulier, qui veut faire reve-

1. Une autre pratique s'est développée à la dernière époque : celle de la location par le banquier de compartiments de *coffres-forts*, dans lesquels le client remise son portefeuille et ses autres valeurs. C'est une convention dont l'analyse est intéressante, car de sa nature dépend la détermination des voies de poursuite dont disposent les créanciers sur le contenu de ce coffre-fort (Valéry, sous Montpellier, 19 mars 1901, D. 1902, 2, 27 ; Schatz, *La location des coffres-forts*, th. 1903 ; Leven, *Annales de droit commercial*, 1903, p. 244 ; Jocard, *Le dépôt en banque*, th. 1907 ; — la bibliographie italienne est très abondante).

nir de l'argent de Lyon à Paris où il réside, constitue la *traite* ; il invite son banquier à en soigner le recouvrement ; après quoi, le banquier, informé du paiement par son correspondant de Lyon, remet la somme au client, commission déduite, ou la porte à son avoir.

C'est dans ce même ordre de services que rentre : — tant la remise de *lettres de crédit* à des voyageurs entreprenant une tournée dans un certain nombre de villes, munis d'une pièce du banquier de la place de départ qui les accrédite auprès des banquiers étrangers ; — que le *change manuel*, le banquier convertissant, à la demande du client, et au cours du jour, les pièces de monnaie d'un Etat contre la monnaie d'un Etat différent.

1615. — II. Banques d'avances et d'escompte. — En isolant les dépôts des autres opérations de banque, nous avons voulu montrer que le dépôt pouvait constituer une branche de trafic utile, quand même le banquier ne ferait pas l'emploi des sommes à lui confiées. Mais, en réalité, les dépôts ont pour contre-partie des opérations dans lesquelles le banquier met en valeur les sommes qui lui ont été remises, en les donnant *à crédit* à d'autres personnes qui en ont besoin. Et alors voici les clauses qui régiront les rapports des parties :

a) Les fonds déposés cesseront d'être restituables *in specie* : comment le banquier en disposerait-il, s'il devait rendre identiquement les mêmes espèces ? Ce qu'il rendra au client, à sa réquisition, ce sera une égale quantité d'argent. Du *dépôt simple* on a passé au *dépôt irrégulier*, cette opération que les jurisconsultes romains classiques ont précisée en la séparant du contrat de prêt (L. 31, *Locati conducti*, D. 19, 2 ; GIRARD, *Manuel de droit romain*, p. 526) [1].

b) Le banquier alloue au déposant un intérêt, faible il est vrai ; ce qui, dans le dépôt simple, eût été un non-sens. Faisant fructifier cet argent, il est équitable qu'il serve un revenu à celui de qui il le tient. Le bénéfice de la banque consistera, tous frais généraux couverts, dans l'écart entre l'intérêt fort ou escompte touché sur les uns et l'intérêt faible payé aux autres.

c) Enfin, craignant d'avoir à répondre subitement à trop de demandes en remboursement eu égard à son encaisse, le banquier fera renoncer ses clients au retrait *à vue*. Si on lui laisse quelques jours pour réaliser le portefeuille ou autres valeurs qui seront décrites ci-dessous, la banque pourra faire face à toutes ces demandes. Les dépôts lui seront donc remis sous la *clause de préavis*, le client devant avertir le banquier et attendre ensuite un délai, de quinze jours par exemple, pour toucher la somme (le service des chèques, titres nécessairement à vue, est, en droit français, impropre au retrait des dépôts faits sous cette modalité).

d) Dans ce dernier cas, le banquier élèvera le taux d'intérêt. Même, si le client consent à lui laisser les fonds pour une durée déterminée, pour six mois ou pour deux ans, la banque lui bonifiera un intérêt beaucoup plus fort, de 2 ou de 3 o/o au lieu de 0 fr. 50, et lui délivrera des *bons* négociables *à échéance fixe*, avec coupons semestriels ou annuels annexés, ainsi que cela se voit pour un titre d'action ou d'obligation.

e) Dans une période très critique, à l'ouverture de la guerre avec l'Allemagne, il a été pris une mesure de *moratorium* reculant de trente jours, et ultérieurement de délais plus longs, le droit de retirer des établissements de crédit les fonds qui y étaient déposés (D. 9 août 1914, art. 4, et

---

1. Sur le dépôt *en compte joint*, — ouvert à deux personnes à la fois, chacun des déposants ayant le droit, sur sa seule signature, de faire fonctionner le compte, notamment par emploi de fonds, retrait d'espèces ou de titres, — les paiements faits par le dépositaire sur la signature de l'un des créanciers solidaires devant être libératoires vis-à-vis de tous ; cfr. WAHL, *Journ. Clunet*, 1905, p. 14 ; HUBERT, dans les *Annales de droit commercial*, 1903, p. 111 ; LESCOEUR, *Pourquoi et comment on fraude le fisc*, 1909, p. 110, et *Les coffres-forts et le fisc*, 1911, p. 313 ; DEPUICHAULT, *La fraude successorale par le procédé du compte joint*, 1911.

décrets suivants). Cette mesure quasi-dictatoriale, qu'il a fallu prendre pour empêcher les banques de faire faillite, et qui a provoqué dans l'opinion publique une profonde émotion, ne s'est heureusement pas prolongée à l'excès dans ses résultats, nos grands établissements de crédit ayant après cinq mois renoncé d'eux-mêmes à s'en prévaloir.

1616. — Quels sont donc les procédés par lesquels les banquiers utilisent les dépôts ? On peut les ramener à *quatre* pour une banque qui, au lieu de se spécialiser, met simultanément en œuvre tous les moyens de crédit à court terme imaginés par la pratique financière. C'est le cas pour les principales banques par actions dont les agences sont répandues sur notre territoire et qui font l'escompte à deux signatures, soit le *Crédit Lyonnais* (250 millions de capital), la *Société Générale* (500 millions, dont 250 millions versés), le *Comptoir d'Escompte* (200 millions), et la *Société du crédit commercial et industriel* (100 millions).

Au lieu de faire leurs opérations de crédit au moyen de *dépôts de clientèle*, ces banques pourraient y pourvoir, en tout ou en partie, avec leur *capital*. Cela est-il bien d'accord avec les principes techniques de la banque ? Il y a des personnes qui pensent que le capital d'une banque doit être tenu en réserve et non pas consacré à l'exploitation. Sans aborder cette question, il faut dire que l'établissement qui agit ainsi cesse de répondre juridiquement au *criterium* des actes de commerce, tel que nous l'avons formulé. Ce qui rend le banquier commerçant, c'est le fait de s'entremettre dans les capitaux d'autrui (n° 14). Là où il ne met en valeur que ses capitaux propres, la condition *sine qua non* de la commercialité disparaît, dans notre système.

1617. — Ces quatre moyens d'assistance par voie de crédit que la banque procure au commerce et aux autres entreprises sont : 1° les *prêts ordinaires*, 2° les *escomptes*, 3° les *avances sur titres*, 4° les *reports*.

1618. — 1° Du *prêt ordinaire*, conclu sans dation d'aucune sûreté, nous dirons peu de chose. Cette opération est rare ; elle se combine avec une convention de *compte courant*. Banquier et client ont été d'abord en compte de dépôt. Les dépôts du client sont absorbés. Le banquier lui avance néanmoins des fonds à découvert pour un chiffre supérieur à sa provision. C'est sous la rubrique de « comptes courants » que ces opérations figurent à l'actif du bilan des banques.

On connaît déjà les règles générales qui président au contrat de prêt. Le véritable prêt de banque est consenti en vertu d'une convention d'*ouverture de crédit*, et alors le banquier stipule habituellement une sûreté, telle qu'une hypothèque.

L'ouverture de crédit [1] est une promesse de prêt, *l'engagement pris par le créditeur* (qui est ici un banquier) *de fournir, à la demande du crédité et à titre d'avances, les sommes comprises dans la convention* : 100.000 fr., pour le tout ou par fractions à la convenance du client. Le prêt, contrat *re*, ne se forme qu'à mesure des prises de fonds. Demander les avances au banquier, c'est *réaliser le crédit*. Il se réalise souvent par souscription de billets : le client ne peut alors toucher de l'argent qu'à la condition de remettre un effet négociable d'un montant égal (on peut convenir d'avance de la longueur de ce papier, du nombre des signatures, etc.).

Le crédité usera de son crédit en en respectant le *maximum*, un nombre de fois indéfini, par rentrées et par sorties de fonds, jusqu'à la fin du temps convenu.

Au point de vue de l'*enregistrement*, l'acte d'ouverture de crédit n'est soumis qu'à un droit proportionnel de 0 fr. 50 o/o. Les avances paient le

1. FALLOISE, *Traité de l'ouverture de crédit.*

droit ordinaire (1 o/o), sous imputation des droits payés pour la convention première (L. 23 août 1871, art. 5).

1619. — L'ouverture de crédit, garantie par hypothèque, devra être établie par un *acte authentique* (art. 2127 C. civ.) ; elle pourrait, dans le cas contraire, user de toutes preuves de droit commun. Au moment de l'inscription de l'hypothèque est due la taxe proportionnelle de o fr. 25 o/o, établie par la loi du 27 juillet 1900 en remplacement des anciens droits de timbre et d'inscription. Cette taxe ne frappe pour le tout que les sommes déjà réalisées du crédit et est réduite de moitié pour le complément.

L'hypothèque prend-elle rang du jour de son inscription, bien qu'aucune avance n'ait encore eu lieu, ou seulement à partir de chacune des avances respectives ? Entre le jour où le crédit est porté sur le registre public (1er février) et le moment où il se réalise (1er juin, 1er août), le crédité constitue d'autres hypothèques à des créanciers différents. Le banquier va-t-il les primer ou passer après elles ?

Rigoureusement, la créance du banquier ne naît qu'à partir du jour où il fournit les fonds. Le client n'est tenu au remboursement que lorsqu'il a touché les sommes, et cela sans rétroactivité. — Mais cette solution a été écartée. Elle rendrait trop précaire la situation du banquier. On a donc fait remonter l'hypothèque au jour de l'inscription. L'art. 4 de la loi du 10 juin 1853 sur les sociétés de crédit foncier a fourni un argument à cette thèse. L'ouverture de crédit est qualifiée dans cette loi de *contrat conditionnel de prêt* ; donc le banquier est, dès l'origine, créancier des sommes que le client retirera de sa caisse, l'incertitude de la formation subséquente de la créance étant de même nature que celle qui règne dans tous les contrats affectés d'une condition [1].

1620. — 2° *L'escompte* offre plus d'importance. L'appui normal de la banque s'exerce sous cette forme. Dans la moyenne des bilans de nos principaux établissements financiers, prise dans la période antérieure à la guerre, on relevait 900 millions pour le portefeuille du *Crédit Lyonnais*, 500 millions pour celui du *Comptoir d'Escompte*, autant pour la *Société Générale*.

1621. — L'escompte est le *fait par le banquier de remettre en espèces au client le montant d'effets de commerce non encore échus*. J'ai une traite de 5.000 fr. à trois mois d'échéance sur *Tertius* ; je la négocie à un banquier, qui retient l'intérêt à courir jusqu'à l'échéance d'après le taux convenu, soit 62 fr. 50 à 5 o/o. Il est couvert par l'effet dont il devient propriétaire et qu'il met dans son portefeuille. Le recouvrement qu'il en opère a chez *Tertius* le fera rentrer dans son argent.

C'est à lui de voir si l'effet peut être escompté *à une seule signature* ou doit l'être à plusieurs ; c'est à lui de voir encore si les signatures dont est revêtu l'effet sont suffisamment sûres. L'effet qui ne porte qu'une signature laisse le banquier exposé à l'insolvabilité de son client. La pluralité des signatures lui garantit le droit de poursuivre solidairement tous ceux qui ont signé.

Si le banquier demande deux signatures, je ferai accepter la traite par mon acheteur préalablement à tout escompte, ce qui donnera la deuxième signature.

Plus augmentent les garanties de l'effet, et plus descend le taux de l'escompte ; car l'un des éléments de la retenue répond à une prime du risque

1. Dans un ordre de questions différentes, il est vrai, on recourt à cette même rétroactivité pour permettre à une inscription hypothécaire de prendre rang avant le versement des fonds, qui est cependant à la base de l'opération. Nous parlons de l'hypothèque conférée à la masse des *obligataires* par une société anonyme, et rendue publique antérieurement à l'ouverture des souscriptions, n° 710, note.

auquel s'expose le banquier de perdre son argent. Ce risque est moindre, dès qu'un plus grand nombre de personnes répondront de l'engagement. Cela donne la clef des opérations de *réescompte*.

En effet, d'après une organisation de crédit qui est le fruit d'un groupement spontané du commerce, les banques d'un pays déterminé s'échelonnent, en allant des maisons plus modestes aux maisons plus imposantes. Le premier palier ou échelon est occupé par de petits opérateurs dont l'encaisse est faible, intermédiaires entre le public et les établissements de crédit mieux pourvus en disponibilités de toute provenance.

L'effet a été pris à l'escompte à un taux élevé de 4 o/o par le banquier qui est à la base. Il est repassé ensuite par lui à un autre banquier. Ce second banquier prélève sur son confrère un taux moindre de 3 o/o, cette nouvelle négociation procurant au titre la seconde signature qui lui manquait.

Le banquier trouve ainsi : 1° le bénéfice d'une différence de taux (1 o/o), et 2° le moyen de reconstituer sa provision en numéraire. Le deuxième banquier peut se procurer à son tour le même avantage vis-à-vis de la Banque de France (n° 1634).

1622. — L'absence de la seconde signature peut être suppléée par une garantie différente, et cette garantie sera habituellement un gage. — C'est ce qui se passera pour l'escompte du *warrant*. Le client, n'ayant, par suite du chômage des affaires, pas d'acheteur sur qui tirer, affectera au banquier sa marchandise qui est déposée en magasin général (n° 1582). — C'est ce qui se passera encore pour les *traites documentaires*, dans lesquelles une cargaison en cours de voyage forme l'objet du nantissement dont disposera le porteur de l'effet (n° 1459).

1623. — La longueur du papier présenté à l'escompte (soixante, quatre-vingt-dix jours, etc.) a une grande importance. Lorsque la lettre de change ne doit venir à échéance que dans un an, le banquier sera plus exposé que si elle n'a que trois mois à courir : la solvabilité des signataires devra se maintenir plus longtemps.

En outre, toujours menacée par les demandes de remboursement de ses déposants, la banque doit être en mesure de convertir, sans retard, son portefeuille en espèces, les dépôts ayant leur contrepartie dans son portefeuille.

Les grandes banques par actions n'escomptent communément qu'à un délai *maximum* de *quatre-vingt-dix* ou *cent vingt jours*, sauf à consentir des renouvellements aux échéances. Les effets à échéance plus lointaine resteront dans le portefeuille des petits banquiers, jusqu'à ce que, aux approches de cette échéance, ils en provoquent le réescompte [1].

1624. — Quelle est la *nature de l'escompte ?*

Il se réalise au moyen soit d'un tirage d'effet, soit d'un endossement, dont le banquier fournit la valeur en espèces. Il semble donc que ce soit un achat d'effet de commerce, une *cession de créance* (ou plus exactement, en nous conformant à nos doctrines précédentes, une *délégation*, n°s 1292 et s.) ; autrement dit, une opération dont les parties règlent librement les conditions. Il en résulterait que le taux d'escompte n'est point soumis légalement à un *maximum*. Le banquier peut prélever 10 ou 15 o/o. Si l'opération se décomposait en un *prêt d'argent*, où « l'escompte » figurerait un « intérêt », il n'en serait plus de même.

La controverse a perdu tout aliment, au moins à l'égard d'un client faisant acte de commerce, depuis que la *loi du 12 janvier 1886* a rendu libre le prêt commercial. Théoriquement, elle n'en demeure pas moins intéressante.

A tant faire que de choisir entre les deux théories : « vente de créance »

---

1. Saurel, *Sociétés de crédit contre banques locales*, th. 1901.

ou « prêt à intérêt », la seconde est la plus recommandable. De l'art. 8 de la loi du 9 juin 1857, l'une de celles qui ont prorogé le privilège de la Banque de France, il ressort que l'escompte est ou était soumis à cette date aux mêmes restrictions que le prêt à intérêt. C'est une opération d'argent qui encourt le reproche d'usure en cas de redevance excessive. La Banque de France a pu élever au-dessus de 6 o/o le taux de ses escomptes et l'intérêt de ses avances. *A contrario*, les autres banques sont (ou étaient avant 1886) privées de cette faculté.

Une vente ordinaire de créance ne donne pas à l'acheteur la certitude qu'il sera payé et ne lui procure, dans les hypothèses les meilleures, qu'un recours en garantie limité à la somme touchée par le vendeur (art. 1694 C. civ.). De là, le droit de convenir librement du prix. L'escompte, au contraire, qui est un moyen évident de mettre temporairement de l'argent en valeur, donne à l'escompteur une assurance de remboursement, et pour la somme intégrale du titre. Sous l'empire des lois d'usure, la redevance ne pouvait être libre.

Telle paraît bien avoir été la doctrine de Pothier qui, avec certains tempéraments, assimilait l'escompte au prêt (*Traité de l'usure*, section V, édition Bugnet, 5e vol., p. 98 et s.). Mais, en vérité, au lieu de confondre l'escompte avec le prêt à intérêt (dont il se sépare par l'obligation de négocier un effet si l'on veut avoir les fonds), il est plus sage de classer cette opération en dehors des autres contrats. Elle continue à être réglée par la loi de 1807, là où cette loi est encore applicable, non parce qu'elle est un prêt, mais parce que la loi de 1807 concerne toutes les conventions qui ont de l'argent pour objet. Cela dit, la qualification du contrat devient indifférente.

1625. — Tenons-nous à l'idée d'après laquelle la législation de l'usure s'étendait avant 1886 à l'escompte. Cela aurait dû conduire aux conséquences suivantes :

1° Le banquier, semblait-il, n'avait pas le droit d'ajouter à l'escompte une deuxième redevance qualifiée *commission*, de manière que le total de ces deux perceptions dépassât 6 o/o sur le montant de l'effet[1].

2° Le banquier n'était autorisé à pratiquer l'escompte ni sur le chiffre nominal de l'effet[2], ni sur une année idéale de 360 jours seulement.

Mais ces deux points, ayant souffert difficulté, demandent explication.

1626. — A) L'usage, aujourd'hui encore suivi, est que le banquier s'attribue une *commission* en sus de l'escompte. Cette commission est calculée à un certain taux (1/4, 1/2, 1 o/o, etc.), sans distinction suivant la longueur du papier, à la différence de l'escompte qui est proportionnel au nombre de jours à courir.

Une pareille redevance s'explique, là où le banquier, au lieu d'escompter lui-même, assiste son client auprès d'un établissement de crédit plus élevé : il est alors un mandataire se faisant allouer un salaire.

Mais la commission est d'un emploi général. La jurisprudence l'a considérée comme licite, à raison des démarches extraordinaires que coûte au banquier le rassemblement des capitaux mis à la disposition de sa clientèle. Point de vue peu satisfaisant. Car de ces démarches comme du risque des avances, l'intérêt ou escompte avait précisément pour but de le dédommager.

Du moins, cette tolérance rendait possible la circulation du papier aux temps de cherté de l'argent, lorsque la Banque de France élevait son taux au-dessus de 6 o/o. Les banquiers particuliers escomptaient à 6, préle-

1. Rappelons que la jurisprudence traitait l'opération au taux commercial de 6 0/0, même envers un client ne faisant pas commerce, du moment que le bailleur de fonds était commerçant (no 1062).

2. Nous nous abstenons des expressions : *escompte en dedans* et *escompte en dehors*, employées souvent l'une pour l'autre et qui prêtent à l'équivoque.

vaient 3 ou 4 o/o de commission et repassaient les effets à la Banque, sans avoir à opérer à perte, ou à fermer leurs guichets. Cela n'a plus qu'un intérêt rétrospectif.

1627. — B) La règle courante en banque est que la retenue d'escompte s'obtient *en multipliant le montant de l'effet* (par exemple 95 fr. 75) *par le nombre de jours à courir jusqu'à l'échéance* (soit 83 jours) *et en divisant le produit* (7947.25) *par un facteur variable suivant le taux*, qui est de 6.000 à 5 o/o, de 7.200 à 5 o/o, de 9.000 à 4 o/o, de 12.000 à 3 o/o, etc.

Cette équation est le résultat d'une règle arithmétique d'escompte, dans laquelle on est parti de deux notions également fausses :

a) L'année commerciale serait de *360 jours* au lieu de 365 ; en d'autres termes, un effet de 100 fr. comporterait un prélèvement de 6 fr., de 5 fr., de 4 fr., etc., au bout de 360 jours. Le comptable fait achever l'année cinq jours trop tôt et il concède au capitaliste, en un temps plus court que cela n'est permis, le *maximum* d'intérêt autorisé par les lois d'usure.

b) Pour arriver à l'équation ci-dessus, on a commencé par dire : un effet de 100 fr. comporte un prélèvement annuel de 6 fr.

Or cela encore est inexact. Il va se faire par là que 94 fr., la somme versée au net, rapportent 6 fr. en un an, ce qui est exagéré, puisque le versement que comporte ce *maximum* doit être d'un capital de 6 points plus élevé. Ce qui était vrai, c'est que l'effet justifiant pareille retenue de 6 fr. était de 100 fr. + 6 fr. On aurait dû ajouter au principal de l'effet le taux même de l'escompte, et procéder à un calcul d'*escompte rationnel* qui diffère de l'*escompte commercial*.

Cette question a perdu son importance, sauf pour les traites escomptées à des non-commerçants, à des agriculteurs (et, en ce cas, c'est d'après le taux de 5 qu'il faudrait discuter). Il n'est pas douteux qu'en droit la pratique ne soit vicieuse.

1628. — 3° A la suite de l'escompte, il faut citer les *avances sur titres*. Nous en avons parlé au n° 1066, nous n'y reviendrons pas : *Crédit Lyonnais*, 356 millions ; *Comptoir d'Escompte*, 189 millions ; *Société Générale*, 327 millions (chiffres empruntés aux bilans de fin juillet 1914).

L'établissement de crédit prête ici encore à court terme, à quatre-vingt-dix ou à cent vingt jours. Il fait connaître les valeurs de Bourse sur lesquelles il est disposé à fournir des fonds, ainsi que l'évaluation qu'il leur donnera par rapport au cours auquel ces titres sont actuellement cotés. Cela nous sort du cadre des effets de commerce.

Le banquier rentre dans son argent à l'échéance, faute de remboursement volontaire, par les procédés de liquidation que lui confère la législation du gage et qui, pour quelques-uns de ces établissements de crédit, sont particulièrement expéditifs (n° 1093). Plus haut, en cas d'escompte, il usait des moyens énergiques d'exécution découlant du droit du change, pour rentrer dans la valeur de l'effet de commerce impayé.

1629. — 4° Enfin, le *report* est un mode de concours prêté par la banque non aux commerçants en général, mais aux opérateurs à terme à la Bourse. Les opérateurs prorogent, au moment de la liquidation, leur position à la hausse (n° 930), cherchent des capitalistes qui les assistent.

La couverture du banquier réside ici encore en *titres* : il les a achetés au comptant, tout en les revendant plus cher à un mois d'échéance. Ces valeurs ont été traitées sur le cours de la Bourse, et non pas, comme dans les avances sur titres, à 60 ou à 75 o/o de ce cours ; l'opération est rendue par là plus chanceuse.

Les règlements des agents de change et ceux de la coulisse déterminent le procédé à suivre pour la liquidation du marché, dans le cas où les reportés ne l'effectueraient de leur plein gré : *Crédit Lyonnais*, 356 millions, avances sur titres comprises ; *Comptoir d'Escompte*, 60 millions ; *Société Générale*, 75 millions (chiffres pris dans les bilans de ces établissements fin juin et fin juillet 1914).

1630. — III. Banque d'émission. — Ce relevé des banques serait incomplet, s'il n'y avait une référence faite à la Banque d'émission. C'est elle qui met en circulation des *billets au porteur et à vue* de coupure uniforme (1.000, 500, 100 et 50 fr. et en temps de crise, 20 et 5 fr.), susceptibles à tout moment d'être représentés à la Banque pour qu'elle les convertisse en or ou en argent.

En France, depuis la loi du 3 août 1875, les particuliers et les caisses de l'Etat doivent recevoir en paiement les billets de la Banque de France sur le même pied que le numéraire, aussi longtemps que la Banque les paie elle-même en argent à ses guichets. C'est ce qu'on appelle le *cours légal* du billet de banque. Celui-ci est une *monnaie publique*.

Ce régime se distingue du *cours forcé*, que l'on a connu en 1848, en 1870, qu'il a fallu faire revivre à l'ouverture de la grande guerre (L. 5 août 1914), et en vertu duquel le billet de banque est un *papier-monnaie*. Dans ces périodes exceptionnelles, la Banque, par mesure légale, a pu suspendre le paiement de ses billets ; elle ne l'a repris ou ne le reprendra que quand la loi a été ou sera abrogée. Le cours légal accompagne nécessairement le cours forcé. Entre temps, les billets ont dû être acceptés par tout le monde dans les règlements.

Le cours forcé est motivé par la gravité des événements financiers et politiques. Ce qui rend possible en temps normal le remboursement de ses billets par la Banque, c'est la rentrée quotidienne des effets qui constituent son portefeuille d'escompte ; or, en temps de guerre ou de Révolution, les commerçants ne sont plus en mesure d'acquitter leurs effets, et la loi elle-même déclare leurs échéances prorogées jusqu'à une époque ultérieure. Il est juste qu'elle proroge également la conversion des billets.

D'autre part, pendant ces périodes troublées, l'Etat, afin de pourvoir à sa défense, use dans des proportions anormales des avances de la Banque : en 1870-71 à concurrence de 1 milliard 1/2 ; en 1914-15 pour une somme beaucoup plus forte (L. 5 août et 26 décembre 1914, 10 juillet 1915), 7 milliards dépassés déjà à la date du 28 octobre 1915. Ce n'est que le régime du cours forcé qui assure à la Banque le moyen de lui procurer son concours.

1631. — Du billet de banque. — Le billet de banque n'est, en définitive, qu'un effet de commerce, signé par un banquier d'un prestige supérieur aux autres; ce qui explique le bon accueil que lui témoigne le public et la durée de sa circulation de fait : c'est un effet payable *au porteur* et *à première réquisition*, sous réserve de ce qui se passe en temps de papier-monnaie. Aussi est-il assujetti au timbre proportionnel des effets, qui est de 50 cent. o/oo (sauf à ne subir qu'un timbre plus réduit de 20 cent. o/oo pour ceux des billets qui ne correspondent pas à la circulation dite « productive ».

Mais le droit d'émettre des effets de cette nature, réunissant à la fois la clause au porteur et la clause à vue, a été réservé à un établissement privilégié, investi par concession de l'Etat d'un monopole. Cet établissement est chez nous la *Banque de France* (grande Compagnie anonyme au capital de 182 millions 500.000 fr., divisé en actions nominatives de 1.000 fr., Compagnie constituée en 1800, pourvue par la loi du 24 germinal an XI (14 avril 1803) d'un privilège, successivement prorogé par les lois de 1806, de 1840, de 1857 et enfin par la loi du 17 novembre 1897 qui lui assigne présentement comme terme d'expiration le 31 décembre 1920.

1632. — Tandis que les opérations de banque, telles que l'escompte, peuvent être librement entreprises par un négociant ou par une société, la faculté d'émettre des billets est soustraite au domaine public. Elle est monopolisée. Il y a des pays, comme la Russie, où cette faculté est exercée par l'Etat lui-même. C'est le régime de la « Banque d'Etat », qui a le défaut de faire de la puissance publique le grand dispensateur du crédit, avec la tentation de la planche aux assignats. Presque partout, la Banque est concédée à une « société d'actionnaires », avec versement à l'État de bénéfices qui dépasseraient un chiffre déterminé (en France, depuis 1897, redevance annuelle *minima* de 2 millions), ainsi que de sommes à lui avancées en compte courant, même sans intérêt, dans certaines limites (L. 29 décembre 1911).

Les économistes expliquent la raison de ce *privilège*, lorsqu'ils discutent la *liberté* ou la *réglementation des banques*. Autrefois, il était motivé surtout par le péril de laisser les banquiers tenir dans la circulation, par suite d'un escompte trop facile, des quantités démesurées de billets. Ces billets, à la première panique, réclamant leur conversion, ne trouveraient pas une encaisse ou un portefeuille liquide pour y répondre. D'où de graves perturbations.

Par ces motifs les législations de nombreux États, en même temps qu'elles instituaient une banque privilégiée, ont exigé de cette banque une proportion déterminée entre les billets qu'elle tiendrait en circulation et le montant de l'encaisse provenant de ses dépôts (couverture *complète* en numéraire ou en lingots pour la *Banque d'Angleterre*, sous réserve d'une première quantité de billets d'émission libre qui se trouve approximativement égale au capital social (*act* de 1844) ; — couverture des billets pour *un tiers* au moins de leur montant en numéraire, et pour les deux autres tiers en effets de commerce, avec imposition d'une taxe très forte sur les billets de la seconde catégorie, d'après le régime de la *Banque impériale d'Allemagne* (1875).

Aucune limitation de ce genre n'existait pour la *Banque de France* ; toutefois, d'après la législation antérieure à la guerre, le chiffre de ses émissions ne devait pas excéder 6 milliards 800 millions (L. 29 décembre 1911). La loi du 5 août 1914 a porté ce chiffre à 12 milliards, *maximum* qui a été élevé à 15 milliards (D. 11 mai 1915). Ce qui garantit la prudence de son administration, c'est la composition de son conseil de régents élu par les actionnaires, ainsi que la présence de son gouverneur et de ses sous-gouverneurs nommés par l'État (depuis 1806).

La fonction du billet de banque est double : — il est une monnaie commode, — une monnaie complétant le numéraire, permettant de faire face aux nécessités de la circulation, concourant au bon marché de l'argent.

1633. — 1° Le billet de banque présente sur la monnaie métallique des avantages portatifs. La Banque recevra dans ses caves de l'or et de l'argent en dépôt ; le déposant, sans se faire ouvrir un compte, demande la conversion immédiate de ce numéraire en billets qui lui sont plus avantageux. Ces billets ne rapportent rien à la Banque, il lui en coûte même pour les fabriquer et pour surveiller l'encaisse correspondante. Ils ont leur contrepartie dans les dépôts jusqu'à due concurrence, ils sont gagés par eux. On dit de cette partie de la *circulation* qu'elle est *improductive*. Elle représentait avant la guerre pour la Banque de France la majorité des billets en cours. Pendant la guerre (1915), l'appel fait par le gouvernement à l'or des bas de laine l'a puissamment renforcée.

1634. — 2° Le billet de banque sert aussi, de la part de la Banque d'émission, à activer la distribution du crédit pour toutes les banques et à régler les conditions du marché de l'argent. C'est en cela qu'apparaissent la haute fonction tutélaire de la Banque et le rôle centralisateur qu'elle exerce sur les affaires de tout un pays. Cette institution est commandée par la nature de l'État moderne, comme un baromètre de crédit. Avant d'être banque d'émission, elle est une banque d'escompte (et pour l'État une banque d'avances), elle ne peut en tenir le rôle que par ses émissions.

En effet, dans les périodes où l'esprit d'entreprise est stimulé, on présente à l'escompte des banques privées plus de lettres de change que ne le comporte l'encaisse totale du pays en numéraire. Les industriels, pour commander leurs machines, pour payer leurs ouvriers, pour acheter leurs approvisionnements, etc., ont besoin de capitaux supérieurs à la quantité de monnaie disponible. Ils émettent pour 13 milliards d'effets, alors que le numéraire du pays ne peut fournir que 5 milliards. Ces effets se liquideront, après quelques mois ou après quelques années, au moyen de bénéfices espérés. Comment faire en sorte que la monnaie fiduciaire comble les insuffisances de la monnaie métallique ? Le billet de banque résoudra le problème.

Tous ceux de ces effets qui inspirent confiance seront pris à l'escompte ; ils graviront l'échelle des banques, mais il faudra que la Banque nationale les absorbe. Cette banque sera un *établissement de réescompte* superposé à tous les autres, remplaçant les effets qu'on lui négocie, non par du numéraire, car il n'en a pas assez, mais par ses propres effets qui disposent d'une grande confiance.

Que sont ces effets de la Banque, prenant dans la circulation la place des effets privés ? Les billets de banque.

La Banque se substitue, vis-à-vis du public, aux débiteurs des traites admises par elle à l'escompte. Elle garantit solides et solvables les signatures de ces débiteurs. Elle met en son portefeuille les traites qui répondront désormais du paiement des billets délivrés en échange. Tant vaudront les engagements escomptés, tant vaudra la signature de la Banque elle-même. Quand les effets du portefeuille sont irrécouvrables, la Banque ne sera pas en mesure de convertir ses billets, si le découvert est considérable. La faillite, atteignant les signataires des lettres de change dont elle est porteur, risquera de déterminer la sienne propre.

Les billets, émis dans de pareilles conditions, ne sont pas gagés par l'encaisse, ainsi qu'on le dit parfois : car l'encaisse doit être rendue aux déposants et garantit leur remboursement, elle ne peut pas garantir deux éléments différents du passif de la Banque. Les billets ont bien pour gage le portefeuille.

En France, la Banque prend les effets *à trois signatures* et *à quatre-vingt-dix jours* au *maximum* d'échéance, payables soit à Paris, soit dans l'une de ses 94 *succursales* de province ou dans l'un de ses 38 *bureaux auxiliaires*, soit enfin dans l'une des 103 *villes rattachées*[1] (une ville dite rattachée est celle où la Banque fait des encaissements d'effets, mais sans y prendre d'effets à l'escompte ; le bureau auxiliaire transmet les demandes d'escompte à la succursale dont il dépend ; la succursale seule possède tout un service autonome, avec un directeur nommé par le gouvernement et un conseil d'escompte local). Ces conditions réunies font que l'effet est *banquable*.

L'escompte de la Banque de France est d'un taux égal pour tous, il n'est pas « différentiel ». Son chiffre actuel est de 5 o/o. Ce chiffre retentit sur celui de l'escompte des autres banquiers, lequel s'élève ou s'abaisse avec le sien. Ce qui le rend modéré, — c'est d'abord que la Banque ne sert *aucun intérêt* à ses dépôts ; — c'est surtout que, à la différence de tous les autres établissements de crédit, elle peut, en procédant à l'émission de ses billets, escompter sans avoir une encaisse correspondante. Les ressources, que lui donnent trop faiblement les dépôts, c'est la planche aux billets qui les lui procure. Des publicistes, Proudhon et autres, sont partis de là pour réclamer l'escompte gratuit : chimère, conception paradoxale !

1635. — Cette fonction d'escompte, nécessitant le ministère du billet de banque, est devenue toute secondaire dans l'action normale de la Banque de France. La lecture d'un de ses bilans hebdomadaires en fait foi, nous le prenons au hasard (en dehors des phases de crise où toutes les prévisions sont déconcertées).

Trois articles figurent à l'*actif* de la Banque : 1° l'*encaisse* provenant des dépôts, 3 milliards 477 millions, et composé environ pour les deux tiers en or ; 2° le *portefeuille* d'escompte, 975 millions ; 3° les *avances* aux parti-

---

1. Ces nombres ont été augmentés par suite des transformations et des créations nouvelles que la Banque a promis de faire, dans ses conventions avec l'État du 11 novembre et du 29 décembre 1911.

culiers, sur titres ou sur lingots, 503 millions. Les deux dernières catégories d'*opérations* (ensemble 1 milliard 478 millions) sont seules *productives*, la Banque ne faisant point de reports, ne donnant ni avals, ni acceptations [1].

Ces trois articles ont pour contre-partie deux articles de *passif* : 1° les *dépôts* ou comptes courants de particuliers, 502 millions ; 2° le montant des *effets en circulation*, 4.427 millions [2] : — engagements remboursables de part et d'autre à vue et à présentation [3]. S'il n'y a pas concordance des totaux, c'est que le compte de la Banque avec le Trésor dérange l'équilibre ; faisons abstraction de ce compte avec la Trésorerie.

Ces chiffres sont instructifs. Ils démontrent que les caves de la Banque ont principalement pour destination de recevoir du numéraire dont la Banque fournit instantanément la contre-valeur en billets : jusque-là et dans cette limite, la Banque n'aide pas à la multiplication des affaires.

Si l'on déduit de la circulation le stock de billets correspondant aux opérations improductives, aux conversions d'argent en billets, combien en reste-t-il afférents aux escomptes ou avances ? Environ le tiers. C'est à un milliard et demi de francs, chiffre inférieur au total d'affaires des trois banques par actions précédemment mentionnées, que se limitent, en temps normal, les négociations productives auxquelles la Banque donne son concours : son encaisse y suffirait, si elle devait renoncer à émettre les billets. Cela dénote un esprit d'entreprise assoupi, une abondance d'épargne à la recherche de placements.

En somme, il ne vient à la Banque de France que la moindre partie des effets escomptés par les autres établissements de crédit. Ces autres établissements, par leurs moyens d'action propres, encaisse, virements [4], etc., font face aux nécessités ordinaires du crédit. Ce qu'ils portent à leur tour à la Banque, c'est surtout le petit papier, peu de jours avant l'échéance, afin de s'en désencombrer et de passer au service de recettes de la Banque de France la charge de l'encaissement.

---

1. Rapprochons ces chiffres de ceux d'un bilan du temps de guerre (28 octobre 1915) : — Encaisse, 5 milliards 93 millions, dont 4 milliards 729 millions, soit les neuf dixièmes, en or. — Portefeuille, 281 millions, plus 1 milliard 916 millions d'effets prorogés. — Avances sur titres (au taux de 6 0/0), 565 millions.

Le portefeuille de la Banque de France a passé, du 27 juillet au 1er août 1914, de 1 milliard 583 millions à 3 milliards 41 millions. Après deux mois de guerre, au 1er octobre 1914, il atteignait 4 milliards 476 millions. Depuis lors, de nombreux remboursements ont été effectués. Au 24 décembre 1914, le compte des effets prorogés était descendu à 3 milliards 478 millions, et au 29 juillet 1915, à 2 milliards 140 millions.

2. Comparaison avec le bilan du 28 octobre 1915 : — Dépôts, 2 milliards 545 millions. — Billets en circulation, 13 milliards 867 millions.

3. Sauf en temps de cours forcé (*moratorium*).

4. Il doit y avoir une corrélation entre la pratique des *virements* et l'*émission de billets de banque*. En effet, quelle différence de fond sépare ces deux combinaisons proposées par un banquier à son client qui lui présente à l'escompte un billet de 100.000 fr. ? — 1° Inscription de la somme au crédit du client, *remise* à celui-ci d'un carnet de mandats rouges ou plus simplement *d'un carnet de chèques* : il disposera sur la Banque suivant ses besoins ; le chèque, par suite des progrès économiques, s'éteindra en *clearing house* ; la banque peut ainsi ouvrir à sa clientèle un chiffre d'avances bien supérieur à ses dépôts, puisque ces avances, par hypothèse, n'obligeront pas à un mouvement de fonds ; — 2° *Remise* au client de 100.000 fr. *de billets au porteur* délivrés par la banque. — La première de ces combinaisons est à la portée de tous les banquiers. Au contraire il n'appartient qu'à la Banque de France d'user de la seconde. Anglais et Allemands dirigent aujourd'hui la banque vers l'extension des virements, beaucoup plus que vers celle des billets de banque. Un moment viendra où la différence de position de la Banque d'émission par rapport aux banques particulières, différence résultant du privilège qui appartient à la première, sera moins sensible qu'elle ne l'est actuellement. L'usage des billets de banque ira en décroissant ; l'emploi des virements l'aura avantageusement remplacé.

On peut affirmer que la Banque, privée par hypothèse de sa faculté d'émettre des billets, resterait en mesure d'accomplir le même chiffre d'affaires qu'aujourd'hui ; et que, dans le cas de sa disparition, les autres banques se répartiraient ce chiffre d'affaires, sans que le vide causé par sa fermeture en dût être sérieusement ressenti sur l'heure [1]. Cela dit, bien entendu, en raisonnant sur une époque non troublée.

1636. — Cela ne prouve point qu'on doive désirer que ces éventualités se réalisent : suppression du droit d'émission ou suppression de la Banque elle-même. Le rôle de la Banque est un rôle régulateur du prix de l'argent, un rôle préservateur des crises. Lorsque les affaires se réveillent et que les capitaux sont demandés, les banquiers, voyant leur encaisse se dégarnir, veulent la reconstituer. Dans ce but ils portent à la Banque un chiffre d'effets inusité, la fonction de celle-ci prend plus d'élan.

Le fait se dénonce aux indices suivants : — *augmentation de portefeuille et de circulation*, — *diminution d'encaisse*

L'argent est plus recherché, il renchérit. La Banque décrétera l'*élévation du taux de l'escompte*, et ce taux s'élèvera aussi, par répercussion, pour les autres banques.

La mesure est salutaire, elle empêche la reprise d'affaires de déterminer des catastrophes par emballement. Les meneurs d'entreprise, obligés de payer les capitaux plus cher, seront plus prudents. Si la crise a déjà fait des victimes, si un établissement, par des escomptes exagérés, a gonflé son portefeuille de valeurs en souffrance, la Banque, obéissant, s'il y a lieu, aux conseils du gouvernement, reprendra ce portefeuille. Elle sauvera non pas le banquier lui-même, mais la clientèle de ses déposants, préservés ainsi de la faillite (service rendu par la Banque de France lors de la liquidation de l'ancien *Comptoir d'Escompte*).

1637. — Les *crises du change extérieur* se redressent à la faveur du même moyen de sauvegarde. La Banque, où se concentre le numéraire national, en constate les variations. L'encaisse diminue : signe d'une sortie de notre or, d'un excès d'importations ou d'achats, d'une fuite de nos capitaux vers l'étranger.

La Banque relève le taux de l'escompte. Aussitôt la sortie d'argent qui menace de déprécier notre monnaie se ralentit. La redevance offerte sur le marché français aux capitaux rappellera chez nous le numéraire émigré. Ainsi se comblera le déficit.

Si l'on fait disparaître la Banque centrale, si l'on supprime le mouvement combiné de ses escomptes et de ses émissions, ce sera l'arrêt d'un appareil avertisseur : le marché financier perdra son frein, et courra aux aventures [2].

1638. — **Rapports de la Banque et du Trésor**. — Il a fallu exclure de ces explications tout ce qui concerne le rôle exercé par la Banque, dans le service des *finances de l'Etat*. Il est d'un ordre différent. On a incidemment signalé le concours si énergique donné par la Banque à l'Etat, dans les terribles conjonctures d'une guerre (nº 1630).

Même en temps normal, en Europe ou ailleurs, sous une forme ou sous une autre, la puissance publique assure ses ressources au moyen de celles dont dispose la Banque d'émission. Celle-ci est souvent obligée de se dé-

---

1. En juillet 1914, à la veille de la grande guerre, les quatre principaux établissements de crédit français, cités *supra*, nº 1616, disposaient d'une encaisse globale de 612 millions (constituée par plus de 4 milliards 1/2 de dépôts ou comptes courants). Leur portefeuille d'effets escomptés s'élevait à plus de 3 milliards 1/2, et leurs avances sur titres et reports à plus d'un milliard (dans la mesure où il est possible d'en dégager le chiffre de bilans hebdomadaires rassemblant en un seul article des valeurs d'actif de nature souvent différente).

2. P. Loubet, *La Banque de France et l'escompte*, th. 1900.

fendre contre les exigences des gouvernements qui s'attaquent à sa caisse afin de parfaire l'équilibre de leur budget.

Par suite de conventions consenties à différentes époques, le montant des avances de la Banque de France à l'Etat était en juillet 1914 de *200 millions*, pour lesquels l'Etat ne servait plus d'intérêt.

Ces 200 millions ne constituent pas un découvert de la Banque. Le Trésor est tenu, d'autre part, de verser à la Banque le produit des impôts, il a de ce chef à la Banque un compte courant également non productif d'intérêts, qui lui fait connaître à tout moment l'état de sa balance. Ce compte courant atteint souvent les avances de la Banque et se compense avec elles, les dépasse même. Sur les ordres de la Direction du mouvement des fonds, la Banque fait passer ces sommes des Trésoreries départementales où elles sont en excès, à celles qui ont besoin de les employer [1].

Que sont ces 200 millions, à côté des 6 milliards 900 millions, avancés à l'Etat par la Banque pour les besoins de la guerre (28 octobre 1915)?

CHAPITRE X

DU CHÈQUE [2]

(L. 14 juin 1865 ; 23 août 1871, art. 18 ; 19 février 1874, art. 5 à 9 ; 30 décembre 1911).

1639. — L'intelligence du chèque doit être facilitée par la revue générale des opérations de banque qui constitue l'objet du précédent chapitre. Ce titre a sa source habituelle dans un dépôt d'argent fait à la caisse d'un établissement de crédit. On dispose d'un chèque sur le dépôt, ce qui met une autre personne en mesure de retirer les fonds à la place du tireur. Le chèque est un *instrument de retrait* de fonds.

Il ne doit même pas réaliser matériellement un retrait d'argent, s'il est pratiqué avec toute l'adresse que comporte le savoir faire du commerce et de la banque. Il est plutôt un *instrument de virement*. Le but du chèque étant d'économiser le numéraire, il faut désirer qu'il se liquide sans ministère d'argent. Le porteur sera client du même banquier que son tireur, et il fera inscrire le chèque à son crédit. Il existe un titre qui tend principalement à ce résultat : le *mandat rouge* sur la Banque de France, ou le chèque payable « en compte », *zur Verrechnung*, prévu par la loi allemande des chèques de 1908 (ancienne *Giro-Anweisung*) : ce genre d'effet ne peut être négocié qu'entre clients d'une même banque et l'on ne peut en exiger le paiement en numéraire. V. encore le *chèque barré*, ci-dessous n° 1655.

1. Pommier, *La Banque de France et l'Etat*, th. 1904.

2. V. pour l'historique du chèque, Ajello, dans *Il Filangieri*, VII, 1882 ; Franchi, *L'assegno bancario*, 1892 ; G. Cohn, dans le *Handbuch* d'Endemann, IIIe vol. ; Goldschmidt, *Universalgeschichte*, p. 451. — Sur les chèques postaux, institution qui ne fonctionne pas encore en France, cfr. Théry et Jalabe (th. 1909). — V. les résolutions prises par la Conférence de La Haye de 1912 pour l'unification du droit du chèque, *Annales de droit commercial*, 1913, p. 238.

Si l'on excepte ces variétés, le chèque, pour procurer tous ses avantages, doit aboutir à une inscription de la somme sur les livres du tiré, du compte du tireur au compte du bénéficiaire. Lorsque le bénéficiaire est le client d'un établissement de crédit différent, il endossera le chèque à son propre banquier, et c'est ce dernier qui liquidera avec le banquier tiré, en lui donnant l'ordre de le créditer sur ses livres. Le banquier tiré le renverra peut-être à un troisième confrère, son débiteur (*Scontration* en Allemagne). Le *clearing house* ou la chambre de compensation fait masse des effets existant entre membres de la même corporation, et exigibles à un jour donné, afin de frayer la voie à ces compensations ou délégations (nº 1612).

Nous insistons sur ce lien étroit entre le chèque et le virement ; il donne plus de force à la construction doctrinale de la lettre de change elle-même. Chèque et lettre de change entretiennent des rapports intimes. Des différences les séparent, mais le mécanisme des deux titres est identique. De part et d'autre, on est en face d'une invitation de payer adressée à un tiers. L'acte juridique, qui se dissimule sous l'un de ces ordres de paiement, doit aussi servir à expliquer l'autre.

Emettre un chèque sur son banquier, c'est lui dire : « Vous me devez de l'argent, je me substitue le bénéficiaire ; débitez-moi, créditez-le, virez la somme en compte ». Est-ce une *cession* de provision ? Oui à certains égards. Mais c'est principalement une *délégation*. Les deux parties auraient pu se rendre chez le banquier et lui donner leurs instructions verbales. Le chèque accomplit la même fonction. Sans doute, il n'est pas acceptable ; d'autre part, le bénéficiaire peut toucher l'effet en espèces. Mais la fréquence du virement pour le liquider montre que le porteur est non l'ayant cause du tireur, mais un créancier du banquier lié à celui-ci par un rapport direct et immédiat.

Pour reprendre une division rappelée déjà, le chèque est une *délégation par voie de dation*. N'est-ce pas là justification de la thèse précédemment développée (nº 1292), à savoir que la lettre de change est une *délégation par voie de promesse* ?

1640. — Comparaison avec la lettre de change. — Le chèque est une *traite à vue émise sur une provision d'argent préalable et disponible*.

De là, une analogie de ce titre avec la lettre de change, dont témoigne le concours des trois personnes : *tireur*, *tiré*, *preneur* ou *bénéficiaire*.

Le plus souvent la provision consiste en un dépôt d'argent fait par le tireur chez le tiré et remboursable à première demande. *Thomas* devait à un tiers, *Bernard*, une somme déterminée, soit 5.000 fr. pour achat de marchandises, loyers échus, etc. Au lieu de régler en espèces, il délivre un chèque à son créancier sur le banquier dépositaire de ses fonds, *Thiébaut*.

Quelquefois, ces trois personnes se réduisent à deux : le chèque peut être tiré *à l'ordre* ou au nom *du tireur* lui-même (art. 1er, al. 1er, de la loi du 14 juin 1865). Le déposant vient toucher son argent chez le banquier et, au lieu de donner un reçu, quittance un chèque. La lettre de change peut affecter pareille forme, quoique, à la vérité, par des motifs différents (n° 1347).

1641. — Chèque récépissé. — C'est en 1865 que la France a été pourvue d'une loi sur les chèques. Précédemment, on employait déjà, pour retirer les fonds disponibles en banque, un instrument autre que la lettre de change : le *chèque récépissé*.

Le chèque se dissimulait sous une quittance, exempte à cette date du droit de timbre. « Reçu de *Thiébaut* la somme de mille francs. — *Thomas* ». Le porteur d'un acquit du créancier est qualifié pour présenter la quittance au débiteur et toucher la somme. Le reçu circulait comme un titre au porteur, sans mention de son possesseur.

Cette habitude n'a pas cessé : des recouvrements d'abonnements ou de cotisations se font sous cette forme, avec au-dessus de 10 fr. un timbre variant de 0 fr. 10 à 0 fr. 50 suivant la somme, depuis la loi du 15 juillet 1914, art. 28 (ce qui n'est que pour les tout petits effets plus économique que le chèque-mandat, v. *infra*, n° 1642).

Même depuis 1865, l'usage du récépissé demeure très correct. Seulement il ne procure pas le même avantage qu'un chèque proprement dit. Un chèque en souffrance donne ouverture à un recours contre le tireur. Tandis que, dans le récépissé, le porteur est réputé un mandataire, non fondé à conserver le produit du paiement ou à agir en garantie. Sa position est la même que celle d'un porteur d' « endos irrégulier ». Pour se retourner contre les signataires, il devra démontrer qu'il a fourni la valeur du titre. A ce point de vue, le chèque créé en 1865, celui qu'on appelle *chèque-mandat*, est plus avantageux.

1642. — Droit fiscal. Timbre fixe. — Le *chèque-mandat* relève de la *législation fiscale* plutôt que du droit privé. La *loi du 14 juin 1865*, qui l'a institué, l'a déclaré *exempt* de toute espèce de timbre pendant dix ans (art. 7). C'est dans cette faveur que réside l'économie de l'institution. Si le chèque avait dû supporter le *timbre proportionnel* des effets (0 fr. 50 o/oo), il cessait d'avoir toute raison d'être, ou il devenait une lettre de change à vue, d'un emploi très cher.

En 1871, le chèque a dû renoncer à cette franchise, par suite des nécessités financières. Il a été frappé d'un *timbre fixe de 0 fr. 10*, invariable nonobstant la somme (L. 23 août 1871, art. 18). Le timbre-quittance des factures supérieures à 10 fr. était créé à la même date. C'est ce timbre qui était transporté au chèque, envisagé dans l'acquit qui en serait donné par le dernier porteur. Depuis la loi du 15 juillet 1914 (*supra*, n° 1641), cette symétrie fiscale de la quittance d'une part, du chèque de l'autre, a disparu.

Le droit de 0 fr. 10 a été doublé plus tard pour le *chèque* émis *d'une place sur une autre*. Il est passible d'un *timbre de 20 centimes* (art. 8 de la loi du 19 février 1874) : le souscripteur complète, au moyen d'un timbre-quittance de 10 centimes, oblitéré par lui, le timbre de la Régie [1].

1. Recettes budgétaires du timbre « quittances, chèques et ordres de virement en banque » : 32 millions 189.000 fr. (exercice 1913).

On aurait compris même que le chèque sur un autre lieu payât le timbre proportionnel. Car il procure au preneur une « remise de place », à l'égal d'une lettre de change. On a abandonné ce projet : le chèque est un instrument avec lequel le public ne s'est pas encore suffisamment familiarisé et que le fisc doit ménager.

L'absence ou l'insuffisance de timbre est punie de la même manière que pour une lettre de change. On applique les dispositions pénales des art. 4 à 8 de la loi du 5 juin 1850, c'est-à-dire une *amende de 6 0/0* sur le montant de la somme.

1643. — Pour mériter la prérogative fiscale qui vient d'être signalée, le chèque doit exercer une fonction économique autre que la lettre de change. Sinon, toute lettre de change se transformera en un chèque au détriment du Trésor. Notre titre achète la faveur d'impôt qui lui est faite, moyennant des *prescriptions rigoureuses auxquelles est soumise sa provision.*

Toutes les différences qui séparent le chèque de la lettre de change tiennent à la différence de leurs deux rôles : la lettre de change étant un *instrument de crédit*, et le chèque un *instrument de retrait de fonds.*

1644. — I. Différence entre lettre de change et chèque, quant à la provision. — La provision d'un chèque doit répondre à des conditions plus strictes que celle d'une lettre de change.

Consignons une remarque préliminaire : le chèque français n'est pas limité aux rapports d'un *banquier* avec un de ses clients (V. toutefois, pour le chèque barré, n° 1655). En Angleterre il en est différemment : la loi le définit : « une lettre de change à vue tirée sur un banquier ». En France, on peut disposer par le moyen du chèque : *a)* sur un commerçant quelconque, *b)* même sur un non-commerçant. Nos lois (cela était surtout vrai il y a trente ans) ne s'adressent pas à des catégories professionnelles. Il est douteux d'ailleurs que le tirage de cet effet sur une autre personne qu'un banquier rende de vrais services : l'économie du chèque a été altérée par cette extension.

On peut par le chèque liquider une créance isolée. Il n'est pas besoin d'être avec le tiré en compte suivi d'affaires (*non obstat* art. 1er de la loi de 1865 : fonds portés au crédit de *son compte*).

Le chèque est donc régulier chaque fois que la provision consiste dans une *dette d'argent, présentement exigible,* du tiré envers le tireur. La cause de cette dette est indifférente. On peut disposer sous cette forme, pourvu qu'il s'agisse d'une dette déjà échue : — sur un locataire en recouvrement de loyers ; — sur un acheteur d'immeuble, de fonds de commerce, de marchandises, etc. ; — sur une personne qui a ouvert un crédit, à l'effet de le réaliser [1]. La seule condition, c'est que le tiré soit redevable au tireur, dès

1. Par conséquent, le client peut tirer des chèques sur son banquier, non seulement lorsqu'il lui a versé une provision, mais encore lorsque le banquier lui a ouvert un crédit. En fait, le banquier commence par porter tout ou partie du crédit (10,000 fr.) à l'avoir du compte de chèques du client, ce qui représente la réalisation du crédit. Les intérêts courent au profit du banquier à partir du jour de cette inscription, et non du jour du tirage des chèques. Ce mode de comptabilité n'est peut-être pas usuraire, mais il n'est pas non plus très recommandable.

le moment de l'émission, de sommes au moins égales au chèque et d'ailleurs échues. Il faut réserver la situation exceptionnelle qui résulterait d'une mesure législative ou gouvernementale, édictant un *moratorium*, c'est-à-dire la prorogation d'échéance des dépôts en banque, et la prorogation d'échéance des effets de commerce. Les chèques en cours ne pourront être présentés au paiement que lorsque cette prorogation aura pris fin (L. 5 août, décrets 9 août 1914, etc.).

Sous cette réserve, le chèque exige une provision exigible, et forme ainsi contraste avec la lettre de change. Pour celle-ci (n° 1425), la provision est beaucoup plus élastique. *a*) La provision d'une lettre de change peut consister en *marchandises*, au lieu d'argent. Pour un chèque, il ne saurait en être ainsi. — *b*) La provision d'une lettre de change peut n'être faite qu'*après* mise en circulation du titre ou au moyen d'une créance à terme contre le tiré. Le chèque ne saurait s'accommoder de cette provision là.

1645. — Il faut même se montrer plus exigeant. La loi de 1865 ne se contente pas de prescrire que la provision soit *préalable* (art. 2). Elle veut que les fonds de cette provision soient *disponibles* (art. 1er, al. 1er).

Ce qualificatif a un sens plus précis que les mots *fonds exigibles*. La « disponibilité » d'une dette résulte de ce qu'elle est *liquide*, avouée dans son existence et dans son chiffre, exempte de tout caractère litigieux. On a dit, ce qui répond à la même pensée, qu'il fallait une promesse préalable du tiré de tenir la somme à la disposition et aux ordres du tireur.

D'ailleurs, il n'est pas besoin que le tiré ait autorisé le tireur à disposer sur lui sous la forme même du chèque. Quoique le banquier délivre des carnets de chèques à ses clients, l'emploi de cet effet est permis sans que le tiré ait remis d'avance des formules à employer sur lui.

Dès lors, un vendeur de marchandises est fondé à se couvrir de son prix sur son acheteur en vertu d'un chèque. Mais encore cela dépend-il des circonstances. Il ne suffit pas que le *prix* soit *échu*, il faut qu'il soit *reconnu* : lorsque l'acheteur, ayant vérifié la marchandise, l'a trouvée conforme à la facture et s'est dit prêt à la régler, le chèque est licite ; autrement, le prix est sujet à contestation, la somme n'est pas disponible.

1646. — La propriété de la provision de la lettre de change étant transportée au porteur par la seule vertu de l'émission du titre (n° 1451), il n'y a aucune bonne raison de statuer différemment à l'égard du chèque. Le porteur pourra donc se payer sur la provision en cas de faillite du tireur ; et, en cas de concours de plusieurs chèques (n° 1458), le plus ancien en date l'emportera.

Ce transfert de propriété ne cesserait point par la survenance, alors que le chèque est en circulation, d'une mesure générale de *moratorium* reculant par voie d'autorité l'échéance de l'effet à une époque indéterminée. Sous ce régime exceptionnel, tel qu'il a fonctionné en 1914, le porteur conservait la faculté de présenter le chèque actuellement, sans y être obligé. Non payé, il faisait s'il le voulait *viser* le chèque par le tiré. A la teneur du décret du 27 septembre 1914, art. 4, ce *visa* avait pour effet : 1° de faire courir au profit du porteur un intérêt de 3 o/o à prélever sur le compte du tireur ; 2° d'immobiliser sur le solde du compte de dépôt une somme égale au montant du chèque, le titulaire du compte ne pouvant désormais faire de retraits qu'avec le concours des porteurs de chèques qui auraient été précédemment visés ou avec la permission du juge. — Cette dernière disposition paraissait bien une conséquence des règles dominant la propriété de la provision [1].

Dans les situations habituelles, lesquelles excluent tout *visa*, le tireur n'aurait pas davantage, à notre avis, le pouvoir de reprendre la provision du chèque, de l'émission duquel le tiré, en fait, aurait été informé ; pouvoir dont dispose au contraire le tireur d'une lettre de change, aussi longtemps que celle-ci n'est pas échue et qu'il ne fait pas faillite (n° 1452). C'est que l'échéance ici est immédiate, l'effet étant à vue, et que le tireur, reprenant la provision, se priverait du moyen de la renouveler : le porteur serait lésé dans la sûreté que la loi a établie pour lui. Toutefois, lorsque le tiré a été de bonne foi, il ne saurait être responsable d'avoir rendu les fonds au tireur sur sa réquisition.

Il faut donc décider, d'après nous, que le chèque, une fois tiré, est *irrévocable*. Cette formule ne signifie pas que le tiré doive passer outre à la défense intimée par le tireur de payer le chèque. La défense peut avoir une cause légitime : la constatation faite après coup par le tireur qu'il ne devait rien au preneur. Même s'il avait émis le chèque afin de régler une dette de jeu, il serait admis à former opposition à son paiement, opposition fragile sans doute, puisqu'elle se briserait contre le droit d'un porteur de bonne foi (*Contra* Civ. Seine, 17 novembre 1905, *Pand. franç.*, 1907, 2, 11, note AUBIN). Il faut bien que le tireur puisse avertir le tiré que sa dette envers le preneur était nulle : au lieu de répéter le chèque contre le porteur par une *condictio indebiti*, il fera opposition chez le tiré ; l'art. 149 C. com. ne doit pas mettre obstacle à cette opposition (n° 1509, note 2). Le tiré, dans ces conditions, restera nanti des fonds aussi longtemps que mainlevée de l'opposition ne lui aura pas été rapportée. C'est en ce sens que nous comprenons une assertion assez souvent exprimée, d'après laquelle le tireur aurait pouvoir de révoquer le chèque : assertion tout à fait contraire à celle qui vient d'être formulée, et qui, selon la manière de l'entendre, peut cependant se concilier avec elle (Req., 13 novembre 1901, D. 1902, 1, 521 ; Civ. cass., 19 mars 1902, S. 1902, 1, 209, note LYON-CAEN).

1647. — La provision peut faire défaut, en tout ou en partie. A. Lorsque la provision fait défaut *pour le tout* ou ne répond point aux conditions légales, une peine est encourue par le tireur. *Au point de vue fiscal*, l'effet dégénère en une lettre de change insuffisamment timbrée : il aurait fallu le timbre proportionnel. Il y a donc lieu à l'*amende de 6 0/0*, calculée sur le montant du chèque (art. 6, al. 2, l. 1865 ; art. 6, al. 5, l. 1874).

« Sans préjudice de l'application des lois pénales, s'il y a lieu », c'est-à-dire de l'art. 405 C. pén., sur l'escroquerie. Mais il faudra, pour cela, que le tirage du chèque sans provision se complique de *manœuvres frauduleuses*.

---

1. V. cependant *Le visa des chèques*, article de M. DURUICH, paru dans le numéro du journal *Le Droit* du 9 décembre 1914.

ayant eu pour objet de la part du tireur de se faire remettre des fonds. Ne conviendrait-il pas de renforcer la sanction pénale, aujourd'hui vraiment trop faible, en édictant une peine d'emprisonnement dans tous les cas ? Le chèque, alors, sera tenu en une moindre défiance par le public.

Au point de vue civil, la loi se tait quant à la sanction. On décide en général que « le chèque sans provision est nul ». Si cette thèse était conséquente, le porteur, même dans son ignorance du défaut de provision, ne pourrait pas agir en garantie contre le tireur et les endosseurs. Son seul droit serait d'assigner son cédant immédiat en établissant, par des moyens autres que le chèque lui-même et en conformité du droit commun, qu'il était son créancier. Le chèque ne répondant pas aux conditions légales ne vaudrait que comme simple promesse (arg. art. 112).

Le problème n'est pas résolu ainsi en pratique : le porteur d'un chèque sans provision a ses recours faute de paiement, comme le porteur d'un chèque régulier. Ce qu'on veut dire, en parlant de la nullité du chèque, c'est que le porteur n'est pas rendu propriétaire d'une provision. Mais cela est d'évidence même, puisque la provision fait défaut.

On a aventuré une autre opinion. Le chèque sans provision sera bien nul comme tel ; mais il pourra valoir en tant que lettre de change, à condition pourtant d'être à ordre et de mentionner la « valeur fournie » ainsi que l' « échéance à vue » (Cass., 7 janvier 1903, D. 1904, 1, 279).

Cette analyse n'est pas heureuse. L'effet sera alors sujet à présentation, à l'insu du porteur, non dans les cinq ou huit jours, mais dans les trois mois de l'art. 160 ; et, en outre, l'insuffisance de timbre, que le porteur ne connaît pas davantage puisque la provision lui est ignorée, lui fera perdre, d'après la loi de 1850, le recours contre les endosseurs (*supra*, n° 1311).

Il vaut mieux décider que le chèque sans provision, sous réserve de la sanction pénale, est valable : opinion qui n'est malheureusement pas en faveur.

B. — La provision peut ne manquer que *partiellement* ; et cette situation se concilie avec une entière bonne foi du tireur, qui a pu se tromper à quelques francs près sur la balance de son crédit chez le tiré. La Chambre civile de la Cour de cassation (Cass., 15 mars 1905, S. 1905, 1, 161, note Lyon-Caen ; D. 1903, 1, 377, note Lacour) a consacré une thèse, à laquelle s'est ralliée ensuite la Cour de Montpellier (9 mai 1906, D. 1907, 2, 145, note Lacour), mais qui n'en a pas moins soulevé de vives protestations ; à savoir, que le chèque est en pareil cas nul *pour le tout* : le porteur, par conséquent, n'est pas saisi de la provision, même en la mesure restreinte où existe la provision. Jamais une opinion semblable n'avait eu cours pour la lettre de change, et on ne voit pas pourquoi un principe d' « indivisibilité » devrait gouverner la provision du chèque plutôt que celle de son titre congénère. Cette interprétation ne se perpétuera pas, si les Chambres doivent adopter certaine proposition Thierry, destinée à la faire cesser.

Nous estimons que l'insuffisance de timbre n'entraîne l'amende que pour la partie du chèque non couverte par la provision.

1648. — II. Différences dans la réglementation des deux effets. — Nous passons aux applications de la règle dérivant de la nécessité d'une provision préalable et disponible.

1649. — a) Titre à vue. — Le chèque est nécessairement *à vue* (L. 1865, art. 1er, al. 3), tandis que la lettre de change pourrait être soit à vue, soit à un délai de vue ou de date, soit à une époque fixe.

Il est payable *à présentation* (L. 1865, art. 2). Il y a ainsi concordance entre l'expression du chèque et la nature de sa provision. Le chèque devant être émis sur une somme disponible, il serait contradictoire que le titre présentât le tiré comme débiteur à terme. Si l'on pouvait faire un chèque à échéance fixe, on éluderait la provision liquide et exigible.

Il se peut qu'on ait contrevenu à la loi de deux manières :

1° Le chèque est déclaré payable autrement qu'à vue : « le 31 mars ».

L'effet n'est pas sans valeur, et aucune amende n'est encourue ; mais le délai suspensif est nul et la stipulation non écrite (art. 5, al. 3, loi de 1874).

2° Le chèque est *faussement* daté. Emis le 1er mars, il porte la mention du 31 mars (postdate) ; — ou bien la date est *en blanc* afin que le porteur puisse la différer à sa convenance ; — ou bien elle est *en chiffres*, pour que le porteur puisse l'altérer au moyen d'une adjonction (un 3 devant un 1).

Toutes ces irrégularités masquent l'intention secrète de retarder jusqu'à une échéance postérieure le paiement du chèque, de le faire servir à d'autres fins que celles qui sont permises par la loi ; elles masquent aussi l'absence d'une provision disponible. Il faut :

a) qu'il y ait une date, de la main du souscripteur ;

b) que la date soit sincère et écrite en toutes lettres (prescription non exigée pour la lettre de change et ne concernant que le chèque de place en place, ce qui est le résultat d'une distraction législative) ;

Autrement, tireur, premier endosseur, payeur du chèque sont solidairement passibles de l'amende de 6 o/o, avec un *minimum* de 100 fr. (L. 1874, art. 5, al. 1er ; art. 6, al. 2 et 3) ;

c) que l'*acquit* soit *daté*, son absence exposant celui qui paie à une amende de cinquante francs (L. 1874, art. 5, al. 2, et art. 7). On suspecte d'avoir été payé tardivement, par suite d'une collusion des parties, le chèque dont l'acquit ne permet pas de reconstituer la date.

Certaines lois étrangères, la loi italienne notamment, tout en faisant en principe du chèque un titre à vue, permettent de le rédiger à un délai de vue, de courte durée (de dix jours, par exemple). Cette faculté approprie mieux le chèque aux dépôts en banque. Ceux-ci, on le sait, ne sont parfois susceptibles de retrait qu'après un délai de préavis (n° 1615).

1650. — b) Titre sur une place quelconque. — Le chèque peut être tiré soit sur la *même place*, soit sur une *place différente* (L. 1865, art. 3) ; le timbre se trouve doublé dans le second cas (depuis 1874).

Il doit indiquer le lieu d'où il est émis. La fausse énonciation de lieu est passible de l'amende de 6 o/o (L. 1874, art. 1er, al. 1er, et art. 6, al. 2).

Les chèques sur une autre place tiennent une grande importance sur le marché du change extérieur (papier court, valeur à vue). Ils se sont également multipliés dans l'intérieur du pays, depuis l'extension des succursales des maisons de crédit. Une personne de Paris, qui a un paiement à faire à Lyon, verse la somme aux guichets d'une banque et prend un chèque sur l'agence lyonnaise de cette banque, puis l'expédie à son correspondant. L'établissement de banque est tireur, et sa succursale joue le rôle de tiré (tireur et tiré se confondant alors) : le chèque est ou bien rédigé au nom du déposant, qui l'endosse à son créancier, ou bien fait directement au nom de ce créancier.

Avant la loi du 7 juin 1894, le contraste des deux titres que nous rapprochons était frappant : la lettre de change était nécessairement tirée d'un lieu sur un autre ; le chèque pouvait être tiré sur la même place.

1651. — *c*) **Titre non commercial.** — Le chèque n'est pas en soi, comme la lettre de change, un *acte de commerce*. Emis sur le même lieu ou sur un lieu différent, il ne varie pas (art. 4 de la loi de 1865). Une lettre de change commercialise la dette, fût-elle civile de sa nature. Souscrire un chèque, c'est agir en capitaliste.

Cette différence se traduit bien dans les mœurs anglaises. Le règlement de factures au moyen de chèques est tenu par les gens de qualité comme un signe d'éducation, alors que l'emploi de la lettre de change dans ce même milieu serait plutôt une incorrection, une ingérence dans les affaires.

Donc, le *tribunal de commerce* ne sera pas toujours compétent pour connaître du chèque. Le souscripteur obtiendra son renvoi devant le tribunal civil, à moins d'avoir conclu un acte de commerce. D'ailleurs, tout au moins si le chèque n'est pas à personne dénommée ou au porteur, on appliquera par analogie les règles de compétence édictées par les art. 636 et 637 C. com. pour le billet à ordre. On sait que le tribunal de commerce a reçu de ces textes une prorogation de sa compétence ordinaire (n° 1566).

La durée de la prescription en est atteinte, par là même. Lorsque la provision n'existait pas ou a péri dans les délais de présentation, le tireur reste tenu envers le porteur, même négligent (v. *infra*, n° 1654). Cet engagement de garantie dure *trente ans*. Toutefois, s'il a souscrit le chèque à l'occasion d'un acte de commerce, il sera libéré par la prescription de *cinq ans*. Il est comparable sous ce rapport à un souscripteur de billet à ordre. Sauf à faire cette distinction, on étendra au chèque l'art. 189 C. com.

1652. — *d*) **Forme.** — Le chèque est rédigé comme une lettre de change, avec cette particularité qu'il est toujours à vue, et que la loi n'exige pas la mention « à vue ». A cet égard, le régime de la lettre de change est autre : celle-ci, faute d'une mention d'échéance, ne serait pas présumée à vue, mais atteinte de nullité (n° 1356). — Il n'est pas nécessaire non plus d'insérer le mot « chèque » dans le corps ou dans le titre de l'effet ; la lettre de change en France n'exige pas davantage la mention de « change » (n° 1352).

Les règles de la lettre de change sont plus sévères sur un autre point : la loi des chèques dispense le chèque de la mention de *valeur fournie*. Un chèque contient donc seulement : — la somme, — le nom du preneur, — celui du tiré, — la date, — et la signature.

Si l'on avait suivi de tous points le modèle de la lettre de change, le chèque eût été toujours *à ordre*. Or la loi permet, au choix du tireur, de le faire soit au porteur, soit à personne dénommée, soit à ordre (art. 1er, al. 4 et 5 de la loi de 1865). Cela influera sur son mode de transmission. Il se négociera : *a*) de la main à la main dans le premier cas, *b*) par convention suivie d'une acceptation du tiré ou d'une signification conforme à l'art. 1690 C. civ. dans le deuxième cas, *c*) par voie d'endossement dans le troisième cas.

Le chèque à personne dénommée se transmet difficilement, le chèque au porteur est exposé à se perdre, le chèque à ordre laisse à la victime d'une perte les moyens de restitution des art. 152 et s. C. com.

Le chèque à ordre ne suit pas pour son *endossement* tout le droit de la lettre de change. L'endosseur se porte bien *garant* du paiement, et les signataires sont solidaires. Mais la forme de l'endos est simplifiée. Le chèque peut être transmis même par voie d'endossement *en blanc* (art. 1er, *in fine*, L. 1865) : le nouveau porteur est rendu propriétaire et non pas seulement mandataire chargé d'encaisser pour compte (v. *supra*, nos 1481 et s.).

1653. — *e*) Absence d'acceptation. — Le chèque, titre à vue, n'est pas *acceptable*. Le tiré ne le revêtira pas de sa signature.

Pour la lettre de change régnait la présomption : « l'acceptation fait supposer la provision ». Le chèque n'en peut bénéficier. Rien ne prouve à son inspection que la provision existe ou qu'elle n'a pas déjà été retirée.

Ainsi s'expliquent le peu de crédit du chèque et l'empressement mis à en exiger paiement. L'engagement auquel le porteur attacherait du prix serait celui du tiré, du banquier. Celui du tireur, qui n'a souvent qu'une faible surface, lui est plutôt indifférent. Or précisément cet engagement n'est point pris par le tiré.

On remédierait à l'inconvénient, en faisant *viser* le chèque pour provision par le banquier. Ce visa est donné, dès l'émission, dans les chèques des maisons de crédit sur leurs agences d'une autre place. Il paraît bien emporter reconnaissance de la provision, et, tout comme une acceptation, promesse par le tiré de ne pas la rendre au détriment du porteur. Mais le fait n'a pas grand intérêt, le tireur et le tiré se confondant alors.

Cette manière d'agir pourrait se généraliser dans les chèques tirés d'une maison sur une autre. Il n'y a pas lieu cependant de le souhaiter, sauf dans les temps de crise où les pouvoirs publics prorogent l'échéance des dettes (v. *supra*, n° 1646). Le jour où le tiré mettrait sa signature sur le chèque, l'effet empiéterait non plus sur la lettre de change, mais sur le billet de banque. Le chèque ainsi visé se maintiendrait en circulation indéfiniment, ou tout au moins pendant cinq ans. On s'en servirait comme d'une monnaie courante. Or la Banque de France a seule privilège pour émettre des « billets au porteur et à vue » (n° 1631). Il est vrai que l'objection n'aurait pas de valeur pour les chèques à personne dénommée ou à ordre.

1654. — *f*) Règles sur la présentation. — Effet à vue, le chèque serait sujet à présentation pour le paiement dans les *trois mois* de l'art. 160 C. com., si l'on avait suivi la règle admise pour la lettre de change.

Cette règle n'a pas été reproduite. Il faut le présenter dans un délai plus bref, qui est de *cinq jours*, y compris celui de la date pour le chèque sur la même place, et de *huit jours* pour le chèque sur une autre place (art. 5, al. 1er, l. 1865).

L'abréviation de délai a sa raison d'être. Si la loi avait donné au porteur trois mois pour faire diligence, le titre aurait mis un certain temps à revenir à la banque. Le tireur aurait été entraîné à employer une seconde et une troisième fois la même provision pour couvrir d'autres chèques. L'effet serait sorti de son rôle d'instrument de retrait de fonds, pour devenir un instrument de crédit [1].

Comment faut-il entendre l'observation dudit délai ? C'est, au moins en substance, la théorie de la lettre de change sur le porteur négligent qui donne la réponse (art. 5, al. 2), et dans les termes suivants :

1) *Le porteur se présente dans les cinq ou dans les huit jours*. S'il n'obtient pas son paiement, il fera *protêt* et exercera son recours contre les garants, tireur et endosseurs, dans les quinze jours à partir de ce protêt (art. 4, al. 2, l. 1865).

Il les poursuivra collectivement ou individuellement, suivant qu'il le jugera préférable. Il pourra comprendre dans ses poursuites le tiré du chef de la provision, à charge d'en établir l'existence, puisque le chèque par lui-même ne la fait point présumer.

On est alors en présence d'un porteur *diligent*. L'endosseur recherché par lui se retournera contre un endosseur plus ancien ou contre le tireur, à condition d'user à son tour de diligence, c'est-à-dire d'agir dans les quinze jours où il a été assigné lui-même.

2) *Le porteur présente le chèque après le délai légal*, ou il s'abstient d'agir en justice dans la quinzaine du protêt. Bref, il a été *négligent*. Voici alors la situation des divers intéressés :

a) Les endosseurs sont déchargés, que la provision ait existé ou non.

b) Le tireur est aussi libéré, si la provision existait dans le délai, ce dont il devra justifier pour obtenir sa mise hors de cause (arg. art. 117, al. 3).

La loi de 1865 tranche à ce propos une controverse qui a déjà été signalée pour la lettre de change (n° 1558). Il se peut que *la faillite du tiré éclate avant la fin des cinq ou des huit jours*. Le chèque est du 1er juillet ; *Thiébaut*, le tiré, est mis en faillite le 4. La provision s'éteint, puisqu'elle réduit l'ayant droit à produire au marc le franc. Donc l'action contre le tireur *Thomas* survit aux cinq ou aux huit jours ; le porteur, même négligent, peut l'exercer encore pendant cinq ou trente ans, nonobstant la présentation tardive ou malgré l'oubli du protêt. La perte est pour *Thomas* (art. 5, al. 2). Il en serait autrement si la faillite n'avait été déclarée qu'après la fin du délai de présentation, le 25 juillet, par exemple : la négligence du porteur lui fait perdre alors son recours contre le tireur.

---

1. Il est vrai que le chèque tiré en deuxième lieu, et dénué ainsi de provision réelle, fait encourir au tireur l'amende de 6 0/0. Il faut suivre la règle, admise dans la lettre de change, d'après laquelle le classement d'effets non acceptés sur une provision insuffisante se détermine d'après l'ordre des dates d'émission (n° 1458).

c) Reste le tiré. Bien qu'il n'ait pas signé le chèque, aussi longtemps qu'il détient la provision, le preneur pourra le rechercher.

Que ressort-il de là ? C'est qu'un chèque, conservé plus longtemps que ne le veut la loi, n'est pas dénué de valeur. Tantôt le *tireur*, tantôt le *tiré* continuera à en être redevable : le tireur, quand ce dernier a repris la provision ou ne l'a pas faite ; le tiré, quand la provision a été maintenue. En cas de doute, on présumera la provision absente, et c'est le tireur qui sera condamné. Si elle existe, le porteur court un risque en temporisant : c'est que le tiré ne dépose son bilan après les délais. Le porteur n'aura plus d'action contre personne, sauf à produire à la faillite du tiré qui ne donnera qu'un dividende [1].

1655. — Chèques volés ou faux. Chèques barrés. — On dira peu de chose des *chèques volés* ou des *chèques faux*. Ces situations se rencontrent cependant en pratique avec fréquence. Les gens qui s'approprient des chèques trouvent dans l'encaissement à vue un moyen plus facile de consommer leur détournement. Lorsqu'on s'aperçoit du vol, l'effet est déjà payé, et il est trop tard pour former opposition chez le tiré.

A reprendre les jalons que nous avons posés pour la lettre de change (nos 1477 et s.), on aboutit aux conclusions suivantes :

1° *Le chèque était sincère*, mais il a été dérobé au cours de sa circulation. Le voleur l'a ensuite touché chez le tiré, soit en effectuant un faux endossement, ou un faux acquit, soit en tronquant un nom de porteur plus ancien, soit en utilisant une signature en blanc. — Ce paiement est libératoire pour un tiré de bonne foi, s'il n'y a pas eu opposition de l'intéressé. On applique la théorie de l'art. 145 C. com. C'est le porteur détenant le chèque au moment de cette soustraction qui, à moins de retrouver le voleur, essuiera la perte.

Ce porteur pourra être le tireur lui-même. Le chèque du tireur *Thomas*, adressé par lui à son créancier *Bernard*, a été intercepté à la poste avant d'arriver à destination. Le paiement qu'en fait le tiré n'en sera pas moins mis au débit de *Thomas*, tireur, lequel devra effectuer à *Bernard* un second règlement. Ceux qui expédient des chèques agiront prudemment en usant d'une lettre, recommandée ou chargée, ou en s'assurant auprès d'une Compagnie.

Il y a des pays où l'on se garantit contre ce risque d'une autre manière. Depuis longtemps les Anglais pratiquent le *chèque barré*. Deux traits de

1. Souvent, un chèque est remis en paiement d'une lettre de change parvenue à son échéance. La remise du chèque n'entraîne pas *novation*, perte des droits attachés à la créance primitive. La jurisprudence est pleine de décisions affirmant que, en cas de *renouvellement d'effets*, le porteur conserve les avantages résultant de la traite originaire, aussi longtemps qu'elle n'est pas atteinte par la prescription (Civ. cass., 17 octobre 1889, S. 1903, 1, 517). — Cette règle, transportée dans l'ordre des chèques, signifie que le porteur du chèque impayé, qui avait d'abord une lettre de change sur le tireur de ce chèque et qui s'en est dessaisi, est encore admis à revendiquer la lettre de change et à agir contre les signataires. Malheureusement, à ce moment-là, les délais de recours du change seront presque toujours expirés.

plume parallèles séparent le chèque par son milieu : le tireur inscrit dans l'intervalle le nom d'un banquier (barrement *spécial*), ou simplement les mots *et Cie*, à moins qu'il ne préfère laisser en blanc l'interligne (barrement *général*).

Alors nul autre que le banquier désigné dans le premier cas, ou nul autre qu'un banquier quelconque dans le second, ne pourra toucher ce chèque : le porteur devra donc le faire présenter par un établissement de crédit. Il est à croire que le voleur ne trouvera pas un banquier disposé à encaisser le chèque pour lui.

Cela aussi favorise les compensations en *clearing house* ; car tous ces chèques, remis à des banquiers et en outre tirés sur des banquiers, ont chance de se balancer les uns par les autres, sans emploi de numéraire [1].

Une *loi du 30 décembre 1911*, due à l'initiative parlementaire de M. le sénateur Ratier, a introduit ce chèque barré dans le droit français en complétant par trois articles, 8 à 10, la loi du 14 juin 1865. Il est interdit au porteur d'effacer le barrement. Ce qui donne à ce chèque son originalité, en dehors de l'obligation de recourir à un « banquier » pour l'encaisser, c'est la règle d'après laquelle le tiré, nécessairement « banquier » lui-même payant à un non-banquier ou à un banquier autre que le banquier désigné, n'est pas libéré malgré sa bonne foi (nouvel art. 10). Il est donc dérogé à l'art. 145 C. com. Le tiré doit s'assurer de l'identité du dernier porteur ([2], [3], [4]).

2° *Le chèque était faux dès l'origine.* Un feuillet du carnet a été détaché par le faussaire ; il a imité la signature du déposant. Trompé par les apparences, le tiré a payé sur présentation.

On ne suivra plus alors la même théorie. Ce chèque ne doit pas être mis au compte du déposant. La perte sera pour le banquier. Cela est vrai surtout au cas où l'écriture du prétendu tireur aura été l'objet d'une imitation grossière. Le tiré a pris un modèle de la signature de son client, afin de pouvoir s'y reporter. Pourquoi n'a-t-il pas confronté le chèque avec le modèle ? Il en serait de même, si l'importance insolite du chèque ou quelque autre circonstance devaient le rendre suspect.

---

1. Lorsque le chèque est remis à une Chambre de compensation, le *pour acquit* daté est remplacé par un cachet à date avec le mot « compensé » (L. 30 décembre 1911, art. 2).

2. Les Anglais trouvent un surcroît de protection contre le vol du chèque barré, dans l'emploi de la clause *non négociable* qu'ils introduisent dans le titre. Cette clause n'empêche pas la négociation du chèque, en dépit de l'expression employée. Mais elle ne permet pas à un cessionnaire d'avoir plus de droit que son cédant. La proposition Ratier reproduisait cette disposition. Les Chambres l'ont écartée, la considérant comme surabondante (*Annales de droit commercial*, 1910, p. 27 et 375, articles Thaller et Sourdois).

3. Certaines législations, celle d'Allemagne notamment, ont, à la place du chèque barré, réglementé un chèque libellé payable en compte (*zur Verrechnung*) dont le porteur ne peut pas davantage exiger le paiement en espèces.

4. V. la manière dont se règlent les conséquences du détournement, non plus d'un chèque proprement dit, mais d'un *mandat rouge* émis sur la Banque de France, au moyen d'un abus commis dans la circulation en blanc de cette nature de titre : Paris, 17 janvier 1902, D. 1903, 2, 1, note Lacour.

Le banquier s'est rendu coupable d'une faute lourde. Il en répondra nonobstant toute convention contraire. Cette convention contraire est usuelle : en délivrant le carnet de chèques, le banquier, dans le reçu qu'il fait signer au déposant, s'exonère expressément d'avance des paiements de chèques faux. Mais une semblable exonération n'a pas d'effet ; elle vaudra seulement lorsque la conduite du banquier est excusable et que la signature a été habilement contrefaite (Req., 26 octobre 1898, S. 99, 1, 274).

Toutefois, ce chèque faux peut avoir sa cause dans une faute du tireur lui-même. Il provient d'un de ses employés, et tient à ce que le carnet n'a pas été conservé en lieu sûr. Si ces faits sont prouvés, les rôles se retournent ; le banquier débite à bon droit son client du paiement qu'il a effectué (Voir notre note sous Civ. Seine, 21 décembre 1895, D. 96, 2, 40 ; cfr. également l'exposé de la question fait par M. CATALAN, dans les *Annales de droit commercial*, 1904, 2, p. 36 et s., et l'article de M. SOURDOIS, *mêmes Annales*, 1910, p. 375 et s.).

CHAPITRE XI

DU COMPTE COURANT

(L. 24 germinal an XI, art. 33 ; C. com., art. 575, al. 2).

§ 1. — Généralités.

1656. — L'étude des effets de commerce et du change a son complément dans celle du compte courant.

Les comptes courants sont fréquemment alimentés par des *remises* d'effets de commerce, qui deviennent la propriété du réceptionnaire, quelle que soit la forme, même imparfaite, de l'endossement.

D'un autre côté, l'un des avantages du compte courant, lorsqu'il intervient entre personnes habitant deux places différentes, *Paris* et *Lyon*, c'est d'éteindre les dettes réciproques des correspondants par une sorte de *compensation*. L'argent n'a pas à voyager dans les deux sens opposés : c'était déjà l'un des bienfaits de la lettre de change.

La jurisprudence, par une œuvre patiente, a dégagé les règles du compte courant, et un corps de doctrine a fini par sortir de ses décisions. Les usages constituent ici presque l'unique source d'informations.

Le compte courant n'est mentionné dans le Code de commerce que par un seul article, au livre *Des Faillites* : l'art. 575. En dehors du Code, aucune loi ne le réglemente ; à peine l'art. 33 de la loi sur la Banque de France du 24 germinal an XI le vise-t-il sur un point tout à fait spécial [1].

---

1. V. HELBRONNER, *Des comptes courants*, 1867 ; DIETZ, *Des comptes courants*, 1869 ; FEITU, *Traité du compte courant*, 1873 ; DA, *Du contrat de compte courant*,

1657. — Deux personnes, *Primus* et *Secundus*, sont en relations d'affaires suivies. *Primus* achète aujourd'hui de la marchandise à *Secundus* et, au lieu de régler le prix : 1.000 fr. en espèces, il procure à son vendeur une inscription de ladite somme en compte par un article de crédit. Demain, *Primus* adressera à ce même *Secundus* des lettres de change à encaisser, et il le débitera de leur montant, 500 fr. — Telle est la convention.

Il y a *compte courant*, lorsque *deux correspondants conviennent de faire masse de toutes celles de leurs opérations qui porteront sur des valeurs ou sur de l'argent* (sauf les opérations qu'ils en excepteront), *de les rendre connexes, et de les bloquer dans un tout qui se soldera à une époque déterminée.*

Le compte courant est composé d'*articles de débit et de crédit.* Ces articles ont leur provenance : *a*) soit dans un versement ou dans un paiement d'argent reçu ou fait par l'un des opérateurs pour le compte de l'autre ; — *b*) soit dans un envoi d'effets de commerce de l'un à l'autre avec ordre de les recouvrer (cet envoi est appelé *remise* et les parties sont l'*envoyeur* et le *réceptionnaire*) ; — *c*) soit dans une livraison de marchandises du prix desquelles l'acheteur crédite son vendeur. — Mais seuls des engagements portant sur *de l'argent* peuvent devenir éléments du compte ; des marchandises expédiées en consignation n'y sauraient entrer. Aussi longtemps que le commissionnaire ne trouve point d'acheteur, c'est la marchandise *en nature* qui est due au commettant ; celle-ci, comme telle, ne peut entrer dans le compte.

1658. — Utilité du compte courant. — Il faut appuyer sur la raison d'être du compte courant. La *connexité* de ses éléments explique son principal service. Les remises que l'un des opérateurs reçoit de l'autre forment couverture entre ses mains. Il effectuera réciproquement des remises ou avances à son correspondant, sans être exposé à son insolvabilité. Quand on arrêtera le compte, les articles de doit et avoir se fondront ensemble, et c'est le solde seul qui sera dû. Dans un sens large, il s'opère entre le crédit et le débit du même compte une *compensation.*

Cette compensation est plus énergique que celle des art. 1289 et s. C. civ. qui se produirait entre deux *dettes distinctes.* Lorsque *Primus*, créancier de *Secundus*, devient inversement son débiteur, il pourra bien s'appliquer sa propre dette en paiement et échapper ainsi à la faillite de *Secundus.* Mais un pareil résultat, dans le système français, ne sera acquis à *Primus* qu'à partir du jour où les deux obligations réciproques seront devenues l'une et l'autre *liquides* et *exigibles.* Si le créancier est surpris par la faillite de son débiteur avant ce moment-là, la compensation cessera d'être possible. Les deux dettes seront liquidées séparément, et le créancier produira au marc le franc pour la sienne (n° 1984).

Le compte courant garantit contre ce péril. Toutes les opérations qui y sont portées prennent une même nature, quoique engendrées par les

---

1877 ; Boistel, *Théorie juridique du compte courant*, 1883 ; Clément, *Etude sur le compte courant*, 1889 ; Levé, *Code des comptes courants*, 1889 ; Brun, *Du compte courant en cas de faillite*, 1899 ; Delamarre et Le Poitvin, *Traité de droit commercial*, III, p. 421 et suiv. ; Lyon-Caen et Renault, IV, nos 784 et suiv.

contrats les plus divers, vente de marchandises, prêt, mandat, etc. Les parties lient ensemble des créances et des dettes variées, elles les jettent dans le moule d'un nouveau contrat qui absorbe toutes les opérations ayant servi à l'alimenter.

Dans ces conditions, le fait que ces sommes ne sont pas encore exigibles ou liquides importera peu. Elles se compenseront naturellement par le seul fait de leur existence réciproque. Les parties l'ont ainsi voulu, la faillite de l'une d'elles ne détruira pas ce résultat. Nous employons d'ailleurs le mot de *compensation* d'une manière impropre : une compensation ne peut opérer que sur deux dettes distinctes. Or il n'en est pas ainsi dans le compte courant. La « compénétration » de ses articles est si forte, qu'on en est venu à dire : le compte ne laisse pas vivre une pluralité de dettes côte à côte, les unes au profit de *Primus*, les autres au profit de *Secundus* ; le compte n'en crée qu'une, celle qui résultera à l'échéance du *solde* donné par la balance des opérations. On ne sait quel sera ce solde, ni sur lequel des deux correspondants il retombera. Entre temps, il n'y a entre les parties que des *articles de crédit et de débit* et point d'obligation actuelle ; car les créances portées en compte ont, comme telles, cessé d'exister.

1659. — Le compte courant est tantôt *simple*, et tantôt *réciproque*.

a) Il est *simple*, lorsque l'un des opérateurs, *Primus*, ne peut prétendre aux remises ou aux avances de l'autre, de *Secundus*, qu'à la condition de lui avoir préalablement fourni provision. Le solde ne pourra alors se balancer à l'avoir de *Secundus* : il ressortira nécessairement à l'avoir de *Primus* ou par zéro. L'une des parties se borne à retirer les fonds qu'elle avait d'abord constitués chez l'autre.

Tel est le cas où un banquier reçoit des sommes en *dépôt*, s'il convient avec son client d'opérer en compte courant, avec ou sans délivrance d'un carnet de *chèques*.

b) Il est *réciproque*, quand chacun des opérateurs consent éventuellement à se découvrir par ses avances ou remises à son correspondant. La balance penchera en faveur tantôt de *Primus* et tantôt de *Secundus*.

Tel est le cas pour une *ouverture de crédit* avec compte courant. Le solde ressortira à l'*avoir* du banquier, si le crédité, sans le couvrir de remises égales, a touché 50.000 fr. sur le crédit. Autrement, et lorsque les remises dépassent la partie de crédit réalisé, le solde ressortira au *débit* du banquier.

Ainsi le compte courant, par lui-même, n'a pas pour but de constituer un crédit. Il se subordonne à une *convention première*, en exécution de laquelle il réglera une marche de remises où de perceptions de fonds. Cette convention première dira si l'une des parties a le droit de puiser dans la caisse de son correspondant, dans quelle mesure et sous quelles conditions.

1660. — Le compte courant intervient : entre un *négociant* et son *banquier* pour régulariser le service de leurs encaissements, versements, recouvrements d'effets ; — entre un *fabricant* et son *commissionnaire* pour couvrir par le produit des ventes les avances faites au commettant.

Il réalise bien d'autres avantages que celui qui a été présenté jusqu'ici :

a) Si les opérations croisées devaient se régler une par une, il en résulterait des *discussions* incessantes, qu'il est préférable de renvoyer à une époque déterminée, en les groupant dans un même corps de réclamations.

b) Ces règlements séparés détermineraient des *mouvements de fonds* répétés et bien inutiles, puisqu'ils auraient lieu en sens inverse. Avec le compte courant on pare à cet inconvénient. C'est un des mérites que l'on reconnaît déjà à la compensation ordinaire, ou encore au *clearing house*. La nécessité de régler en espèces est restreinte à un solde, que les parties peuvent d'ailleurs reporter. — Si les parties habitent deux places différentes, ces compensations les affranchissent du voyage des fonds : le compte courant opère alors comme une *lettre de change*.

c) Lorsqu'un négociant touche de l'argent pour le compte d'un autre, il se passe un intervalle de temps pendant lequel il garde ce capital à sa disposition. Si, ayant encaissé un effet de 1.000 francs pour *Paul*, je ne lui fais avoir la somme qu'un mois plus tard, elle aura servi pendant trente jours à mon fonds de roulement. Or il est équitable que je lui serve une bonification pour le rétablir au même état que s'il avait touché son effet lui-même.

D'après l'usage, toute somme inscrite au crédit de l'une des parties porte *intérêt* à son profit, depuis le jour où l'autre l'a encaissée, jusqu'à la clôture du compte. Les mots : *valeur* à telle date, *au 30 juillet* par exemple, veulent dire que la somme inscrite dans l'article porte intérêt à partir de ce jour-là. Le taux de l'intérêt (4 ou 5 o/o) variera. Les parties pourront expressément en convenir. Elles pourront décider au contraire que les articles du compte ne porteront pas d'intérêt.

1660 *bis*. — I. Entre commerçants, le compte courant est un *acte de commerce*, en vertu de la règle de l'accessoire ; les procès qui s'élèveront à son sujet seront du ressort du tribunal de commerce (art. 632, av. dern. al.).

Le compte est, suivant les cas, trimestriel, semestriel, annuel. Le moment où il doit finir s'appelle l'*époque*. Il y a lieu alors à un *arrêté de compte*. Cet arrêté de compte s'opère par accord amiable, ou par décision judiciaire. Après jugement passé en force de chose jugée, la révision du compte ne pourra plus être obtenue : il ne sera procédé qu'à des rectifications partielles, s'il y a erreur, omission, faux ou doubles emplois (art. 541 C. proc. civ.). Nous en dirons autant du règlement amiable.

Le règlement est suivi du paiement du *solde*. Mais on peut renouveler le compte pour une nouvelle période. Alors le solde *reporté* forme l'article de tête du nouveau compte.

Le compte s'arrêterait de plein droit par la *mort* ou par la *faillite* de l'un des opérateurs ; il suppose le maintien d'une confiance semblable à celle qu'exige le contrat de mandat (arg. art. 2003 C. civ.).

II. Le compte courant est même employé en dehors du commerce, entre deux personnes qui traitent des opérations civiles ; il réalisera en ce cas (sous réserve de la compétence judiciaire) des effets identiques à ceux qui se produiraient pour des commerçants.

Il y a même des relations de famille, de tutelle, de contrat de mariage, où s'explique l'unité de la créance, nonobstant la pluralité des opérations.

par la théorie du compte courant ou par une théorie similaire. C'est un point de vue sur lequel il nous serait impossible d'insister sans faire digression.

Examinons : — la nature juridique du compte courant, — et ses effets.

§ 2. — Nature du compte courant.

1661. — On croyait autrefois que le compte courant n'était qu'un *cadre de comptabilité*, et qu'il relevait non pas du droit, mais de la tenue des livres.

Comme il est généralement entendu que chaque opération doit être créditée ou débitée d'intérêts au moment de ce qu'on appelle sa « mise en valeur », le comptable fera ce calcul suivant la méthode la plus pratique, et c'est à cela, pensait-on à l'origine, que se limite le mécanisme du compte courant.

Chaque élément du compte conserverait, en ce cas, sa nature première et son *identité*. Le seul effet de la convention serait de suspendre la liquidation de toutes ces créances et de toutes ces dettes différentes dans leurs causes, de les compenser entre elles, par application des art. 1289 et suiv. C. civ., lorsqu'elles deviendraient exigibles, de leur faire porter intérêt.

Il n'est pas impossible que les opérateurs, tout en se servant de l'expression de « compte courant », aient entendu donner à leur langage cette signification restreinte, si difficile que soit la connaissance du signe auquel se révélera pareille volonté.

Il n'y a pas alors une véritable convention de compte courant.

1662. — L'opinion précédente refuse de voir dans le compte courant une « convention propre ». Elle est abandonnée. Mais, pour expliquer ce qu'est cette convention, les auteurs ont imaginé de nombreux systèmes.

L'opinion qui prévaut en jurisprudence, et à laquelle s'est ralliée la majorité de la doctrine, consiste à dire :

Le compte courant forme une convention *sui generis*, ayant sa cause en elle-même, ne puisant point ses effets dans les conventions multiples qui y sont inscrites. Ces conventions n'étaient pas homogènes : prêt (avance de fonds), mandat de rendre compte d'une somme (remise d'effets endossés), vente (prix de marchandises), bail (loyers échus), etc.

Le compte courant n'est ni le groupement par addition ni le retranchement par compensation de toutes ces créances d'origine diverse. Les opérations qui y sont portées perdent leur condition première : comme si elles étaient fondues dans un creuset, elles viennent se combiner et former un contrat nouveau. Ce contrat nouveau, pour ne pas être signalé dans les classifications de la loi, est aussi légitime qu'un autre. Les individus, dans leur autonomie, peuvent créer une convention à leur volonté, même en dehors des énumérations des Codes, pourvu que cette convention ne lèse pas l'ordre public. L'ordre public n'est pas offensé par la pratique du compte courant.

A mesure qu'une créance entre dans le compte, elle se démarque, elle s'amalgame à un tout, elle disparait, pour devenir article de crédit et pour concourir au solde éventuel.

Une institution romaine fournit un point de rapprochement. La pratique, quoique encore rudimentaire, du compte courant en banque, devait déjà être suivie à Rome : car, au témoignage de Gaius, avant que la compensation ne se fût généralisée, le banquier était tenu, dans ses réclamations à un client, de faire lui-même la balance et de ne demander que le solde de leurs opérations réciproques (*compensatio argentarii*)[1].

Mais c'est dans une autre partie des contrats, et à des fins différentes, qu'a fonctionné chez les Romains une institution conçue d'après le même raisonnement. Lorsque deux citoyens avaient des créances litigieuses, nées de causes variables, ils transigeaient et ramassaient toutes ces créances dans une stipulation destinée à les nover : c'est la *stipulation aquilienne*[2]. A partir de cette stipulation, tous les droits préexistants disparaissaient pour se transformer en une créance unique, indivisible, née de la convention *verbis*. C'est ainsi, toutes différences gardées, qu'il convient de raisonner pour le compte courant.

On va examiner les effets produits par le compte courant et dérivant de cette pensée générale. Au surplus, il appartient aux parties de limiter ces effets, d'en accepter quelques-uns et de repousser les autres.

§ 3. — Effets produits par le compte courant.

1663. — Quatre effets principaux sont attachés à un compte courant, que l'intention des opérateurs aurait pourvu de sa plus large portée :

1) *Novation* des opérations qui y sont inscrites ;

2) *Indivisibilité* du droit, par suite de l'absorption dans le compte de tous les articles qui concourent au solde ;

3) *Caractère conditionnel du crédit* ouvert en compte courant à une *remise* en valeurs ;

4) *Allocations d'intérêts* à chaque article porté dans le compte courant.

1664. — I. **Novation.** — Le compte courant opère *novation* pour toutes les opérations sur lesquelles il s'étend. Lorsqu'une créance est passée en compte, elle s'éteint et cesse d'obéir à ses règles anciennes, elle s'absorbe dans une masse où d'autres créances se sont déjà absorbées.

Cette conversion d'un droit ancien en un droit nouveau n'aurait rien d'insolite, si la créance du compte se formait immédiatement au profit du titulaire de la créance primitive. Mais ce résultat est retardé jusqu'à la clôture et à la détermination du solde.

Entre temps, il y a une masse d'affaires en travail, et une absence de créance actuelle. On ne sait pas encore de quel côté s'établira la balance. Celui qui joue le rôle de créancier par une vente de marchandises, par

---

1. Gaius, *Comment.*, IV, § 64 V. Ch. Appleton, *Histoire de la compensation en droit romain*, 1895, p. 93 et s. ; Girard, *Manuel de droit romain*, 3e éd., p. 699.
2. Accarias, *Précis de droit romain*, II, 1re éd., nos 707 et suiv.

exemple, et qui fait inscrire le prix à son avoir, n'est pas sûr, quelques mois plus tard, d'avoir le solde en sa faveur. Peut-être ce solde se retournera-t-il contre lui.

On est donc en présence d'une novation très particulière, qui n'engendre pas une seconde créance instantanément, au moment où elle détruit l'ancienne. Elle relâche provisoirement les parties du lien d'obligation. Tel qui est aujourd'hui créancier, peut se trouver débiteur en fin de compte. Momentanément, il n'y a point de dette : *nihil debetur*. Là est la grande hardiesse de la conception. Le principe de l'indivisibilité explique cet arrêt temporaire de tout rapport d'engagement, par la marche du compte.

Les applications de l'idée de novation sont les suivantes :

a) Les *garanties réelles ou personnelles*, qui accompagnaient la créance portée en compte, tombent et s'évanouissent (Douai, 28 novembre 1901, D. 1905, 1, 457, note LEVILLAIN ; cfr. cependant, Req., 15 juillet 1912, S. 1913, 1, 36).

Il se peut qu'au compte lui-même soient attachées d'autres garanties, telles qu'une hypothèque. L'opérateur sera fondé alors à s'en prévaloir, pour assurer le paiement du solde se balançant à son avoir. En ce cas, la passation d'un article en compte substituera à des garanties anciennes une garantie nouvelle. Les sûretés premières, en tout cas, ont disparu.

Ainsi, un *vendeur d'immeuble*, au lieu de se faire verser son prix, en débite l'acheteur en compte courant : l'*action résolutoire* de l'art. 1654 C. civ. et le *privilège* de l'art. 2103 sont immédiatement perdus par ce vendeur.

Un signataire d'*effet de commerce* règle le porteur par une inscription de la somme en compte courant : le porteur qui a accepté ce règlement a perdu les actions nées de la traite, et par conséquent le bénéfice de la *solidarité* contre ceux qui l'ont souscrite : les débiteurs de change sont libérés (Cass., 25 avril 1910, S. 1913, 1, 265, note BOURCART).

b) *Prescription.* — La prescription de l'action de change était de *cinq ans* ; celle du compte courant sera de *trente ans*. La novation emporte donc ou peut emporter changement dans la durée de la dette (n° 1561).

c) *Terme de l'engagement.* — L'exigibilité est reculée jusqu'à la fin du compte. Tant que l' « époque » n'est pas arrivée, aucune prescription ne peut courir.

d) *Compétence.* — L'action, née de la créance portée en compte, dérivait d'une lettre de change *commerciale* ; peut-être le compte courant a-t-il la *nature civile*, s'il intervient entre deux personnes étrangères aux affaires. La *compétence* se trouvera ainsi modifiée par le fait de la novation.

Inversement, lorsque la créance portée en compte courant était civile, si ce compte est commercial, c'est la juridiction du tribunal de commerce qui se substituera à celle du tribunal d'arrondissement.

e) Logiquement, en vertu de ces principes, le prix d'une marchandise vendue par un commissionnaire, sur l'ordre d'un commettant, serait perdu pour ce dernier, là où l'acheteur aurait porté ce prix en compte courant. — La vente a été exécutée. L'acheteur, *Tertius*, est débiteur de 10.000 fr., et il ne les a pas encore versés. On se souvient que le commettant, si le commissionnaire *Secundus* tombe en faillite, est fondé à *revendiquer le prix* contre l'acheteur *Tertius* ; il peut s'en appliquer le montant, par préférence à la masse des créanciers (art. 575, al. 2, C. com.).

Mais, lorsqu'un compte courant fonctionne entre le commissionnaire *Secundus* et l'acheteur *Tertius*, et que le prix de la marchandise y a été porté, la situation semble devoir se modifier.

L'action du prix s'est éteinte par l'inscription au compte ; la revendication du commettant n'a plus d'objet. Le commettant pourra seulement produire à la faillite de *Secundus*, comme chirographaire, pour 10.000 fr. et, d'autre part, le syndic fera liquider le compte courant au profit de la masse.

Toutefois, cette solution n'est pas habituellement suivie. D'après l'opinion la plus répandue, l'article 575, al. 2, respecte, au contraire, chaque fois que cela est possible, la revendication du commettant, nonobstant l'existence d'un compte courant.

Sur le solde du compte (se chiffrant par exemple par 50.000 fr.), le commettant sera fondé à prélever une somme égale à la créance du prix (soit 10.000 fr.). Ce n'est qu'autant que le solde tomberait au-dessous de ce dernier chiffre ou à plus forte raison ressortirait à l'avoir du tiers acheteur *Tertius* (prix *compensé* en compte courant, dit le texte), que le commettant souffrirait de la faillite. C'est une solution d'équité (n° 1134).

1665. — II. Indivisibilité du compte courant. — Le compte ne se compose pas de créances distinctes, sujettes à se totaliser ou à se « compenser » au sens juridique du mot. Le compte courant a une prestation unique : le *solde*. Jusqu'à ce que ce solde se dégage, il n'est rien dû de part ni d'autre. — A cette conception se rattachent des déductions intéressantes.

a) Aussi longtemps que fonctionne le compte, les créanciers de l'un des opérateurs, *Primus*, ne peuvent pratiquer une *saisie-arrêt* entre les mains de l'autre opérateur, *Secundus*, du chef de leur débiteur.

Cependant, ils ont intérêt à obtenir la liquidation immédiate du compte, en l'arrêtant aujourd'hui. Il se balancerait à l'avoir de leur débiteur, par 50.000 fr., par exemple, somme à laquelle s'élèvent leurs réclamations.

Mais cette balance n'est pas l'objet d'une dette présente : donc la saisie-arrêt frappe dans le vide.

Par suite, les relations d'affaires continuent entre les deux parties. Peut-être le tiers saisi fera-t-il demain à son correspondant des remises en sens contraire de 50.000 fr., qui amortiront la balance et annuleront le solde. Les créanciers auront ainsi exercé des poursuites stériles.

On appuie cette solution sur un texte en étendant sa portée, sur l'art. 33 de la loi du 24 germinal an XI relative à la Banque de France : « aucune opposition ne sera admise sur les sommes en compte courant dans les *banques autorisées* ».

Il paraît cependant équitable de réserver aux créanciers le bénéfice de l'action paulienne (art. 1167 C. civ.). Lorsque cette continuation du compte courant, avec des envois de remises, a eu lieu depuis leur opposition, *en fraude de leurs droits,* les créanciers pourront faire rescinder ces opérations nouvelles qui ont modifié la balance à leur détriment. Il faudra prouver qu'il y a eu entente concertée à cet effet entre les deux opérateurs.

b) Un vendeur a consenti à être réglé par l'acheteur de son prix (20,000 fr.) en compte courant. Le prix ne peut plus servir de *provision* utile à une lettre de change que ce même vendeur tirerait sur son acheteur. Le porteur de la traite, si le tireur tombe en faillite, ne pourra pas sortir du compte courant l'article de crédit de 20.000 fr. répondant au prix de vente, pour se l'appliquer. Le compte sera balancé et soldé avec tous ses éléments. Qui dit provision d'un effet suppose une créance sur le tiré : cette créance s'est absorbée dans le compte.

Afin de conjurer ce résultat, on a imaginé la pratique des *traites avec affectation spéciale de provision* (voir n° 1458).

c) Les remises réciproques des opérateurs sont connexes : chacune d'entre elles est rattachée au solde, mais elles ne se rattachent pas directement les unes aux autres. S'il y a eu des remises dans un sens, les remises en sens opposé ne sont pas des *paiements* d'une dette précédente. On ne couvre point son correspondant en vue de « payer » ce qu'on lui doit, mais bien pour « entretenir le compte ». Le paiement suppose une obligation ; l'obligation fait ici défaut, puisque le compte n'est pas clos.

De là, des conséquences importantes en matière de *faillite*. L'une des parties, *Secundus*, cesse ses paiements, puis un jugement déclaratif est rendu contre elle (le 25 octobre). Envisageons successivement la situation postérieure et la situation antérieure à cet événement.

1° Le compte courant est arrêté pour l'avenir, et on le liquidera avec tous ses éléments (n° 1658). Donc, si le compte portait 100 au débit du failli et 150 à son crédit, le correspondant *Primus* n'aura pas à verser les 150 au syndic et à produire pour 100 ; il devra seulement la différence, soit 50. Dans la mesure où la compensation s'est faite, pour sa créance entière dans notre exemple, il n'aura pas été touché par la « loi du dividende ».

2° Le droit des faillites se répercute encore sur les opérations de ce compte qui se sont faites avant le jugement déclaratif, depuis la date de la cessation des paiements (le 5 août par exemple) ou dans les dix jours précédents. Les remises accomplies dans la *période suspecte*, entre le 26 juillet et le 25 octobre, continueront-elles à faire partie du compte ?

Si l'on prend le compte à l'ouverture de cette période, il se balance au débit de *Secundus*, le futur failli, par 10.000 fr. ; le correspondant produirait au marc le franc. Mais *Secundus* a fait ensuite, le 25 août, une remise à *Primus* pour pareille somme. Le compte est ainsi balancé et tombe à zéro. Le syndic pourra-t-il annuler cette dernière remise, obliger le réceptionnaire à la rendre à la masse, et rétablir le compte dans son état antérieur ? *Primus* y perdrait, puisqu'il aurait à restituer cette remise dans sa totalité, tandis qu'il n'obtiendrait pour sa créance qu'un dividende.

La prétention du syndic serait basée sur l'art. 446, lequel annule le paiement fait par le failli à un créancier depuis la cessation générale de ses paiements ou dans les dix jours antérieurs, soit lorsque ce paiement a eu lieu *pour une dette non encore échue*, soit lorsqu'il s'est opéré par voie de *transport*, de *vente* ou de *compensation*. Ne peut-on pas dire que la remise représente « un paiement par compensation », ou encore un « paiement par transport », un « paiement de dette non échue » ? (V. *infra*, n°s 1838 et s.).

Cette argumentation n'a pas eu de succès. La remise du failli à son correspondant n'était pas un paiement, mais un acte accompli à raison du compte. Les parties savaient qu'elles étaient dans le cas de se faire des envois. C'est en exécution d'une convention loyale que se sont effectuées les transmissions de valeurs, même celles de la dernière heure ; elles doivent conserver la connexité que les parties leur avaient imprimée.

Il y a toutefois un tempérament. Le réceptionnaire *Secundus* a-t-il eu connaissance, au moment où la remise lui est parvenue, de l'état de cessation de paiements de son envoyeur ? Quoique le compte soit à l'abri de toute critique, la remise faite en temps suspect pourra être annulée à la demande du syndic, par application non plus de l'art. 446, mais de l'art. 447. Alors le compte courant sera déchargé de cette remise, jugée irrégulière (V. *infra*, n°s 1809 et s.).

d) Les articles opposés ne se neutralisant point par suite d'une véritable « compensation », on calculera les intérêts sur chacun d'eux, sans égard à la balance de fait existant à un moment donné de la marche du compte. Le banquier a pu convenir que ses remises seraient créditées à 6 o/o, tandis qu'il ne serait débité des envois de son client qu'à un taux plus faible de 4 ou 5 o/o. Si chaque envoi compensait un envoi inverse de même date ou de date plus ancienne, le cours des intérêts s'arrêterait aussitôt que deux remises en sens opposé se rencontreraient dans le compte. Loin de là : chaque article continue à porter intérêt au taux respectif qu'avait fixé la convention.

1666. — III. Caractère conditionnel du crédit donné à une remise en compte courant.

Primus fait à *Secundus*, le 1er avril, la remise en compte courant d'une lettre de change de 1.000 fr. à échéance du 1er mai. Le réceptionnaire porte cette valeur au crédit de son envoyeur.

Il y a deux observations préliminaires à faire.

a) D'une part cette inscription sera donnée à *Primus*, *valeur au jour de l'échéance*, soit au 1er mai. C'est à partir du 1er mai que courront les intérêts, la somme ne devant être recouvrée par le réceptionnaire qu'à ce moment[1].

---

1. Il peut arriver que le réceptionnaire, par suite de l'accord convenu, ne fasse courir les intérêts que du cinquième ou sixième jour après le recouvrement, donc du 6 mai : l'usage gratuit de la somme qu'il aura eu dans cet intervalle représentera sa commission ou servira à l'augmenter. — Voici également un moyen pratiqué dans la banque : la remise est ramenée à sa valeur au jour où le correspondant *Secundus* la reçoit, moyennant un escompte, à 4 0/0. Elle portera alors immédiatement intérêt au crédit de l'envoyeur *Primus*, au taux général du compte, soit à 3 0/0. En réalité la partie qui a reçu la traite s'adjuge 1 0/0

b) D'autre part, quand même cette lettre de change serait revêtue d'un endos irrégulier de *Primus*, d'un « endossement en blanc » par exemple, celui-ci serait mal fondé à la reprendre. *Primus* serait tenté, en cas de survenance de la faillite du réceptionnaire, en vue de revendiquer l'effet endossé, d'invoquer l'art. 138, d'après lequel l'endossement non conforme aux énonciations de la loi ne vaut que procuration.

Il ne réussira pas dans sa prétention. Pour que l'effet soit utilement revendiqué, il faut que « la remise ait été faite par le propriétaire, avec le *simple mandat* d'en faire le recouvrement et d'en garder la valeur à sa disposition (art. 574, C. com.) ». Or ce simple mandat ne se rencontre pas ici. *Secundus*, le réceptionnaire, a fourni la contre-valeur de l'endossement, ce qui exclut toute procuration. Cette *valeur fournie*, c'est le crédit qu'il a donné à *Primus* et qui relève d'autant la balance de ce dernier. *Secundus* a la pleine disposition de la traite ; il n'a pas à justifier du paiement comme le ferait un procureur. La formule de l'art. 574 ne lui convient donc pas. La preuve que les parties ont voulu imprimer à cet endossement irrégulier les effets d'un endos de propriété résulte de l'inscription en compte.

Le cas est différent, lorsque les parties ont exclu la remise du compte courant ou l'ont affectée à un paiement déterminé. Alors l'endossement, non conforme à l'art. 137, ne vaudra que comme procuration s'il n'y a pas eu par ailleurs de valeur fournie, et la revendication de l'effet en cas de faillite du porteur sera possible (art. 574 *in fine*). La volonté de laisser la remise hors du compte résultera des circonstances de chaque espèce. Suffira-t-il que l'envoyeur ait inscrit dans l'endos les mots : « valeur en recouvrement » ? C'est douteux. Cette intention résultera surtout de ce qu'il a été ouvert, en fait, sur les livres un compte distinct du compte courant et auquel la remise a été portée (voir n° 1488, en note, et CLARO, D. 99, 2, 86).

1667. — Sous le bénéfice de ces observations, on doit examiner le cas 1° où l'envoyeur *Primus* tombe en faillite avant l'échéance, et 2° où l'effet vient ensuite à être protesté, à la requête du porteur, sur le tiers désigné comme tiré.

Le porteur de l'effet en souffrance, *Secundus*, a-t-il le droit d'annuler ou de résoudre le crédit qu'il avait donné à son remettant *Primus* de qui il tient la traite ? Si cette faculté lui est refusée, il sera lésé, à moins que le compte n'ait d'autres articles à son propre débit d'un montant égal. Car : 1° d'un côté, le compte courant dégage, par hypothèse, comme solde à la charge du porteur solvable le montant de cette remise, 1.000 fr., et *Secundus* sera obligé de verser ladite somme à la faillite de *Primus* ; 2° d'un autre côté, l'effet étant impayé, *Secundus* a contre son envoyeur le recours fondé sur le protêt pour la même somme de 1.000 fr.

---

sans aucun mouvement de fonds, pour le temps à courir jusqu'à l'encaissement. On comprend que cette manière de faire ait été taxée d'usuraire avant la loi du 12 janvier 1886 et qu'elle puisse encourir ce reproche aujourd'hui encore de la part d'un envoyeur qui ne ferait pas commerce.

Mais il ne peut pas faire entrer ce recours en compensation de ce qu'il doit à la masse, en vertu du premier chef. L'action récursoire s'est formée près échéance, après prononcé de faillite, partant après clôture du compte courant. La créance naît contre *Primus*, réduite à un dividende. *Secundus* ne sera payé qu'en monnaie de faillite pour les 1.000 fr. qui lui sont dus.

Heureusement, les rapports des parties ne seront pas réglés de cette manière. Le réceptionnaire fera annuler l'inscription de la remise (par une *contrepassation d'écritures*). De cette manière, le compte se soldera par zéro, *Secundus* n'aura aucun recours de change à exercer, mais il ne devra rien non plus, la faillite ne lui aura point occasionné de perte.

Ce résultat tient aux principes sur la *résolution des conventions synallagmatiques* (art. 1184 C. civ.).

Si le réceptionnaire a crédité son envoyeur de la remise de 1.000 fr., c'est en retour de la garantie de l'effet prise par celui-ci, garantie résultant de sa signature d'endosseur. Du moment que l'effet reste en souffrance, l'envoyeur est en faute, il n'exécute point son engagement ; le porteur se délie envers lui, il résout *rétroactivement* l'inscription procurée à son compte. La survenance de la faillite n'y fait pas obstacle, car le crédit est présumé n'avoir jamais été donné. De là le proverbe doublé d'un jeu de mots : « Entrée en compte courant n'a lieu que sauf rentrée »[1].

On exprime cette opinion en disant que la *clause* SAUF ENCAISSEMENT *est sous-entendue dans l'inscription en compte courant.*

— Mais le raisonnement précédent suppose que c'est la partie qui a reçu l'effet, et non celle qui l'a donné, qui est devenue insolvable.

Si la faillite a frappé non *Primus* l'envoyeur, mais *Secundus* le réceptionnaire, c'est *Primus* qui a intérêt à contrepasser le crédit inscrit à son avoir. Autrement, il produira au marc le franc pour le solde de 1 000 fr., et, l'effet ayant été protesté à la requête du syndic, il devra rembourser à la masse intégralement la traite impayée. Au contraire, en contrepassant, il annule le crédit et la faillite lui devient indifférente.

Cette faculté doit cependant lui être refusée : la résolution pour inexécution des engagements ne peut point être invoquée par la partie à qui cette inexécution est imputable. *Primus* argue du défaut de paiement de la lettre de change par le tiré : or il s'était porté garant de ce paiement, c'est donc en même temps sa dette à lui-même qui est en souffrance. *Nemo auditur propriam turpitudinem allegans*[2].

---

1. On a voulu justifier cette contrepassation au moyen de la théorie de la *cause*. Le non-paiement de l'effet ferait tomber l'inscription du compte, comme dépourvue de cause en vertu de l'art. 1131 (MM. LYON-CAEN et RENAULT). — Cette explication paraît inexacte. La cause n'est pas absente d'un contrat où l'on s'engage contre valeur fournie à garantir un futur paiement, et l'ouverture du recours ne frappe pas le contrat de nullité. — M. BOISTEL, tout en se servant de la même expression, est partisan, en réalité, de la résolution basée sur l'art. 1184.

2. Les auteurs qui rattachent la faculté de contrepasser à une absence de cause de la remise si elle est impayée (voir la note précédente) aboutissent à la solution contraire, plus favorable à l'envoyeur. L'absence de cause vicie en effet l'opération d'une *nullité absolue*, et chacun des contractants peut se prévaloir de cette nullité.

1668. — Revenons à l'hypothèse première. Le réceptionnaire a annulé le crédit délivré naguère à son envoyeur du chef de l'effet qui est à présent impayé. Il en est résulté un redressement de compte à son profit. *Cette contrepassation annule-t-elle* du même coup *la négociation* qu'il a reçue *de la traite* ? On hésite entre deux partis

1° L'endossement de l'effet subsiste ; seule, l'inscription de la remise en compte courant est effacée. *Secundus* n'aura pas à rendre l'effet à la faillite de *Primus*, il poursuivra les signataires du titre demeurés solvables. Cela suppose toutefois que le compte courant, allégé de ce crédit par suite de la contrepassation, conserve un solde à l'avoir de *Secundus*. Il produira pour ce solde dans la faillite de *Primus*, et en outre il agira contre ceux dont les noms figurent sur la lettre de change, à concurrence de la somme qu'elle porte, et pourvu qu'il ne réclame au total pas plus que le solde lui-même.

2° La contrepassation fait tomber la négociation de la traite en même temps que le crédit. La lettre de change sera rendue à la faillite de l'envoyeur. Tout endossement, en effet, implique une « valeur fournie ». Ici, la valeur consistait dans un crédit en compte ; celui-ci étant annulé, l'endossement lui-même manque de base.

De ces deux thèses, c'est la première, la plus favorable au réceptionnaire, qui a prévalu en jurisprudence (Civ. cass., 19 novembre 1888, D. 89, 1, 409 ; 17 octobre 1900, D. 1900, 1, 556).

Les arrêts font au porteur de la traite une situation meilleure encore au regard de la faillite de l'envoyeur : voici à quel point de vue.

Le solde du compte, rectifié par la contrepassation, ressort à 2.000 fr. L'effet impayé et conservé par *Secundus* pour le couvrir est de 1.000 fr. Il ne sera pas tenu d' « imputer » sur sa production dans la faillite de *Primus* les sommes qu'il serait parvenu à obtenir des garants solvables de l'effet. Il sera admis, au contraire, à s'inscrire pour le solde dans son intégralité : ayant fait rentrer l'effet tout entier, soit 1.000 fr., c'est néanmoins sur le pied de 2.000 francs qu'il se fera colloquer, à la seule condition que son dividende, réuni aux acomptes touchés par lui d'autre part, ne dépasse pas la créance totale. — La compréhension de ce résultat est liée à une importante règle de la faillite : c'est-à-dire au droit pour un créancier solidaire de réclamer de chacun des coobligés le montant nominal de la créance jusqu'à parfait paiement (art. 542 C. com.). Il est impossible d'y insister ici plus longuement (Voir la note BOISTEL sous Paris, 14 juin 1900, D. 1901, 2, 169, et notre propre dissertation sous Montpellier, 19 janvier 1899, et Caen, 28 janvier 1899, D. 1901, 2, 289, ainsi que sous Cass., 13 février 1906, D. 1907, 1, 169), V. *infra*, n°s 1922 et s., 1935.

1669. — IV. Allocation d'intérêts à chaque article à partir de sa mise en valeur.

Ici le résumé de certaines notions de comptabilité serait désirable [1].

1. Il y a des méthodes multiples, dont le détail dépasse le cadre et l'objet de ce traité : notamment la méthode des *nombres rouges* qui a été remplacée par une autre, plus perfectionnée.

Avant de clore le compte, il faudra ajouter au principal des articles les intérêts courus respectivement par chacun d'eux du jour de sa « valeur » jusqu'à l'*époque*.

On n'a pas oublié quel calcul d'intérêt ou d'escompte permet d'établir le rapport d'une somme déterminée pour un certain nombre de jours : on multiplie le capital par les jours, puis on divise le produit par un facteur de 7.200, de 9.000, de 12.000, etc., suivant le taux convenu (nº 1627).

Si l'on aligne sur le compte du correspondant trois colonnes de chiffres en face des articles à inscrire tant à son crédit qu'à son débit, — la première de ces colonnes mentionnera le *capital* de chaque opération, soit 1.000 fr., — la deuxième la somme des *jours* jusqu'à l'échéance (du 1er mai au 30 juin) : 61, — et la troisième les *hombres*, c'est-à-dire le produit de la première somme par la seconde : 61.000. La division finale est provisoirement retardée.

Le comptable renouvellera le travail des nombres pour tous les articles ; au moment de la clôture, le 30 juin, il totalisera ces nombres au *doit*, il les totalisera à l'*avoir*. Ces additions faites, il soustraira le plus petit nombre du plus grand et divisera la différence par le facteur correspondant au taux : 7.200, 9.000, etc.

Il suffira alors de porter, au côté où penche la balance des capitaux, le chiffre ainsi obtenu, comme article supplémentaire du compte donnant le bloc des intérêts. Après quoi, le compte pourra se solder.

1669 *bis*. — On discutait autrefois beaucoup de questions sur la légitimité des intérêts en compte courant. La plupart de ces controverses n'ont plus de raison d'être depuis que la loi du 12 janvier 1886 a supprimé tout taux *maximum* en matière commerciale.

On se demandait, par exemple, si le banquier, servant aux remises de son client un intérêt faible, 3 o/o, pouvait stipuler que ses remises à lui rapporteraient un taux plus élevé, 5 o/o (deux envois simultanés en sens inverse et de même montant, au lieu de s'annihiler, lui procureraient par là l'écart de ces deux taux) ; — ou encore si le banquier pouvait s'adjuger pour ses versements ou pour les reports de solde une *commission*, en outre de l'intérêt (question déjà débattue à l'occasion de l'escompte, nº 1626).

Une discussion particulière a persisté depuis 1886. La capitalisation des intérêts n'est permise que pour des intérêts dus au moins pour une année (art. 1154 C. civ.). C'est une disposition d'ordre public, contre laquelle l'usage commercial devrait être impuissant.

Or la pratique du compte courant semble contrevenir, dans les reports de solde, à cette prohibition de l'*anatocisme*. Le solde, en effet, est grossi d'une balance d'intérêts : ces intérêts sont produits par des articles dont la plupart ne remontaient qu'à quelques mois. J'ai reçu de mon correspondant 50.000 fr. le 1er mars. Nous sommes au 30 juin. Je lui dois 121 jours d'intérêts qui viendront se fondre dans le solde. Cependant ces intérêts, inférieurs à un an, reportés avec le solde, vont se capitaliser le lendemain.

On a répondu à l'objection par des arguments qui n'ont pas tous une égale force : — *a*) Une fois le compte arrêté, le solde est réputé payé par la partie qui le doit, puis rendu à l'autre opérateur *à un titre nouveau*. C'est un capital qui ne laisse plus trace d'intérêts anciens (raisonnement au moyen duquel on parviendrait toujours à tourner l'art. 1154) ; — *b*). Les fluctuations du compte font pencher la balance tantôt d'un côté et tantôt du côté contraire (ce qui n'est point vrai d'ailleurs pour le compte courant simple), et il n'y a pas à craindre ici de pression de l'une des parties sur l'autre, chacun des opérateurs étant menacé de voir la capitalisation se faire contre lui. — Tout cela est-il bien décisif ? Il est permis d'en douter.

CHAPITRE XII

DU CONTRAT D'ASSURANCE

1670. — Nous nous sommes occupés déjà de l'assurance à propos des sociétés. Les sociétés d'assurances sont soumises à un régime légal qui n'est point celui des sociétés ayant un autre objet. Ce régime lui-même varie suivant que la société exploite la branche d'assurances sur la vie, l'assurance contre les accidents ou une assurance différente. Ce n'est plus sous cet aspect qu'il convient de se placer. L'assurance ne doit pas être examinée seulement en tant qu' « entreprise ». Il faut aussi l'étudier comme « contrat »[1]. Ces deux études ont d'ailleurs des points de rapprochement communs, surtout dans l'assurance sur la vie. En effet, dans l'entreprise, la prime et la réserve dont cette prime est l'objet constituent des rouages organiques, à défaut desquels la société n'aura pas le droit de fonctionner. D'autre part, cette même prime tient dans le contrat d'assurance une place importante, puisqu'elle règle la mesure de l'engagement liant l'assuré envers son assureur.

Cette pénétration du « droit de l'entreprise » et du « droit du contrat » s'explique bien. La conclusion par un assureur d'une seule police ou de quelques polices était un fait assez fréquent autrefois ; cette manière d'agir paraîtrait aujourd'hui déraisonnable. Il faut que l'industrie soit exercée *professionnellement*, et en outre elle ne peut l'être que par une *société*. Car une société est seule en mesure de mettre en œuvre le principe de l'assurance, qui est la constitution d'un fonds de primes à répartir entre les sinistrés (théorie de VIVANTE, professeur à Rome).

Aussi longtemps que l'assurance a été pratiquée au mépris de toute loi scientifique, ce contrat de prévoyance manquait son but. Car : — *a*) l'assureur, ne couvrant qu'un nombre limité de risques, n'encaissait qu'une faible quantité de primes ; dépourvu de la contre-valeur du risque, il voyait sombrer sa fortune par la survenance du sinistre : l'assurance tenait alors plutôt du pari ; — *b*) les assurés étaient menacés par là même de ne pas recueillir le profit de leurs contrats. Pour que l'institution se propage, il importe que les assurés aient toute confiance dans la solvabilité de l'assureur. Cette garantie ne leur était pas donnée.

---

1. Un projet de loi (avec exposé des motifs de M. LYON-CAEN), élaboré par une commission extraparlementaire qui a siégé au Ministère du commerce, et réglementant le *contrat* d'assurance, a été déposé à la Chambre des députés le 12 juillet 1904 (*Annales de droit commercial*, 1905, p. 157). Il n'a pas eu de suite. Il ne faut pas le confondre avec la loi sur les *entreprises* d'assurance sur la vie, laquelle est en vigueur depuis le 17 mars 1905.

On n'a réparé ces imperfections qu'en donnant à l'assurance un nouveau pivot qui est la *mutualité*, avec les deux attributs dont celle-ci dispose : la formation d'un *fonds de primes*, et l'établissement d'un *calcul de probabilités* dû à ce qu'on appelle la *loi des grands nombres*.

Nous ne reviendrons pas sur les explications précédemment données (n° 729). Il y a deux sortes de sociétés d'assurances : les « sociétés mutuelles » et les « sociétés à prime fixe », qui sont les premières civiles et les secondes commerciales [1].

Reprenons la définition de l'assurance : c'est un *contrat en vertu duquel une personne se fait couvrir par une autre, en lui servant une cotisation ou prime, un risque qui menace sa personne ou ses biens*. Si le risque se réalise, l'assureur devra payer une indemnité ou « la somme assurée ».

1671. — Du risque. — Le *risque* est un danger qui nous menace dans notre personne ou dans nos biens. L'assurance nous garantit contre ce danger, et, au cas où il se réalisera, nous place au même état que s'il ne s'était pas produit.

L'assurance est donc essentiellement un *contrat d'indemnité* (expression qui, pour l'assurance sur la vie, est d'une exactitude contestable). Elle ne peut procurer un enrichissement à l'assuré, c'est-à-dire placer celui-ci dans une situation pécuniaire meilleure que si le risque avait été évité. Autrement, l'assurance dégénérerait en *jeu* ou en *pari*. Le prétendu assuré aurait parié 1 million l'incendie de sa maison de 100.000 fr., le naufrage de son navire de 300.000 fr. Ni jeu ni pari ne donnent action en justice pour en obtenir l'exécution (art. 1965 C. civ.).

De cette notion fondamentale dérivent des applications nombreuses.

1671 *bis*. — Il conviendrait de s'occuper au préalable de la *police*, mais sur ce point nous serons brefs. Le droit maritime requiert la rédaction d'un acte instrumentaire pour constater l'assurance, et il énumère les mentions qui doivent se trouver dans cet acte (art. 332). A défaut d'écrit, la preuve testimoniale ne serait point admissible. — La règle n'est pas la même pour les autres objets d'assurance. A la rigueur, une assurance terrestre pourrait être contractée verbalement et prouvée par témoins, au moins vis-à-vis d'un commerçant. En fait, il y a toujours une police.

Quant à la *compétence judiciaire*, une loi du 2 janvier 1902 veut que tous les procès d'assurances soient portés devant le tribunal du domicile de l'assuré, nonobstant les clauses contraires contenues alors dans les polices. Exceptionnellement, le tribunal compétent sera celui des immeubles et des meubles assurés, s'il s'agit d'une assurance contre les risques les concernant, ou celui du lieu où s'est produit l'accident, s'il s'agit d'assurance contre les accidents.

Voyons dans quel ordre d'idées le risque mérite d'être envisagé.

1672. — I. Variété dans le risque, dans la chose assurée. — L'assurance, avec la fonction de prévoyance dont elle est investie, sert à couvrir des risques de toute espèce. On distingue : — l'*assurance maritime*, contre les risques de navigation auxquels sont exposés les navires et leurs chargements ; — l'*assurance contre l'incendie*, à la portée des propriétaires de maisons et des locataires, ceux-là garantissant la valeur de leur immeuble, ceux-ci la valeur de leur mobilier [2] ; — l'*assurance contre la*

---

1. La dernière jurisprudence persiste à penser que la société d'assurance mutuelle formée entre commerçants pour leurs besoins professionnels, est une société civile, à laquelle la règle dite « de l'accessoire » ne saurait s'appliquer (Req., 22 juin 1914, S. 1915, 1, 33, note Lyon-Caen). V. *suprà*, n° 67, note 2.

2. V. ce qui est dit dans les *Annales de droit commercial*, 1913, p. 28, de la nouvelle police d'assurance française contre l'incendie, concertée par l'entente des Compagnies et en vigueur depuis le 1er janvier 1913 (Droz, *Commentaire de la nouvelle police*).

grêle, contre la mortalité du bétail ; — l'*assurance sur la vie*, qui, d'ailleurs, demande un classement à part.

Le but de notre contrat n'est pas toujours de protéger l'assuré contre la perte d'un objet *corporel*, ainsi que cela se voit, par exemple, dans l'assurance d'un mobilier, de marchandises ou d'une maison. Le danger auquel est exposé l'assuré peut consister dans une perte n'affectant point tel bien matériel ; il n'en résultera pas moins pour lui un préjudice susceptible d'évaluation pécuniaire. Il usera de l'assurance d'une manière efficace. Par exemple, il possède une créance dont le débiteur peut devenir insolvable ; il lui importe de faire couvrir ce risque par un assureur.

D'autre part, l'assuré est exposé, par sa profession ou par le rôle qu'il a pris dans un premier contrat, à subir un *recours*, une *action en responsabilité*, qui l'obligera à débourser une somme plus ou moins forte ; l'assurance le garantit contre ses effets.

Le *chef d'industrie* est menacé du *risque professionnel*, c'est-à-dire de l'action de ses ouvriers à raison d'accidents ayant entraîné morts ou blessures dans l'usine (matière réglée par la loi du 9 avril 1898, cfr. nº 66). L'*armateur* est menacé des poursuites nées d'un abordage, lorsque c'est la faute de son capitaine qui l'a occasionné. Le *locataire* d'une maison est exposé, en cas d'incendie, à des dommages-intérêts du propriétaire, basés sur les art. 1733 et 1734 C. civ., une présomption de faute pesant sur lui dans la surveillance du bâtiment (*risque locatif*).

En conséquence, le fait suivant se produira fréquemment. Une chose corporelle périt. Son propriétaire avait contracté une assurance sur elle, il peut donc agir contre l'assureur pour obtenir la somme assurée. Mais, d'un autre côté, la perte provient de la faute d'une tierce personne, B : c'est sur celle-ci que doit retomber l'obligation à une indemnité. Le propriétaire a l'option entre l'action contre son assureur et la poursuite contre le tiers responsable B. S'il prend le premier parti, l'assureur paiera. Mais, ayant réglé une dette qui ne doit pas demeurer définitivement à sa charge, l'assureur se retournera contre le tiers responsable.

Comment expliquer ce résultat ? On dit, en droit maritime, que l'assureur use de la subrogation légale de l'art. 1251 3º C. civ., qu'il a payé pour un autre (le tiers responsable), et qu'il est mis aux lieu et place de son assuré. Dans les autres assurances, on suit un raisonnement différent : l'assureur devra se faire céder expressément par l'assuré les recours qui lui appartiendraient contre le tiers, ce à quoi il est légitimement fondé à prétendre *ex æquo et bono*.

Ainsi, l'assureur succède à l'action de l'assuré contre la personne responsable. Mais là ne s'arrête point la chaîne des réclamations, quand cette personne responsable s'est assurée à son tour contre le risque de poursuites auquel elle était exposée : voilà l'assurance contre un recours.

L'agent du délit, poursuivi par la victime (ou par l'assureur de cette dernière), appellera en garantie son propre assureur : l'assureur du risque de responsabilité. Celui-ci le relèvera de sa condamnation, puisqu'il s'y est obligé [1]. — En dernière analyse, le règlement de l'indemnité s'effec-

---

1. Mais la jurisprudence conteste toute *connexité* entre : *a*) l'action de la partie lésée (ou de son assureur) contre l'auteur responsable de l'incendie, contre le chef d'industrie, etc., et *b*) l'action dirigée par celui-ci contre la Compagnie auprès de laquelle il a contracté une assurance. Ce qui a pour conséquence d'interdire, dans le procès où cet auteur responsable est défendeur, l'*appel en garantie incidente* de son assureur, conformément aux art. 175 et suiv. C. proc. civ. Il faudra ouvrir contre cet assureur un procès séparé (V. notre dissertation sous Civ. cass. et Civ. rej., 5 décembre 1899, D. 1901, 1, 457 ; Civ. cass., 31 décembre 1901, D. 1904, 1. 41 ; Cass., 1er février 1910, D. 1910, 1, 429 ; Req., 5 août 1912, S. 1915, 1, 36). Les polices contiennent généralement une clause, obligeant l'assureur de la responsabilité à suivre, sous le nom de l'assuré, le procès fait à ce dernier, et alors l'assureur, faute de le faire, peut être relié par voie incidente à ce procès.

tuera dans les relations de *deux assureurs*, ayant pris fait et cause pour leur assuré respectif.

1673. — Suite. — A cette assurance contre le risque d'avoir à payer une somme d'argent se rattache la *réassurance*. C'est le contrat traité avec un assureur nouveau par un premier assureur qui avait couvert un risque, et consistant à transmettre au nouvel assureur ce risque en tout ou en partie. Dans la réassurance, celui qui jouait précédemment le rôle d'assureur occupe maintenant celui d'assuré. Il avait stipulé une prime dans le premier contrat ; il en promet une au réassureur dans le second, et celle-ci peut être d'un chiffre différent de la première, plus élevé ou plus faible (art. 342, al. 1 et 3, C. com.).

Il n'y a aucun rapport direct d'obligation entre l'assuré originaire et le réassureur : ils n'ont pas lié partie ensemble. Le sinistre, en rendant exigible la première assurance, met l'assureur envers son assuré dans la nécessité de constituer les fonds[1]; il se retourne contre le réassureur afin de se garantir[1].

La transmission des risques à des réassureurs, c'est-à-dire à des sociétés qui font souvent de ce genre d'opérations leur spécialité, tient à des raisons économiques diverses. 1) L'assureur principal a pu garantir tout le risque, afin de ne pas obliger son assuré à s'adresser à plusieurs Compagnies, mais avec l'intention de ne garder de ce risque qu'une partie déterminée. 2) Limitant leur clientèle aux assureurs principaux qui viennent spontanément les trouver, opérant par fortes quantités, les établissements de réassurance n'ont pas à entretenir pour l'encaissement des primes, pour les expertises, etc., un personnel aussi coûteux que les établissements qui traitent directement avec le public. Ils peuvent donc consentir aux assureurs principaux des rabais sur les primes, ce qui engagera les premiers à étendre leurs risques, avec l'intention d'en repasser une part à ces réassureurs[2].

1674. — Dans une classification complète, il faudrait mentionner l'assurance contre la *faute de l'assuré*. Le recours dont l'assuré est menacé aura sa cause : *a*) soit dans un événement fortuit ou imputable à autrui, *b*) soit dans sa propre imprudence.

Dans la première hypothèse, la validité de l'assurance ne pouvait faire question. Pour le second cas, la question a paru au législateur de solution plus délicate.

Il s'est prononcé en *matière maritime* contre l'assurance de la faute de l'assuré. Il s'est arrêté du moins à une distinction. L'armateur ne peut pas s'assurer contre sa faute personnelle ; mais il est admis à s'assurer par clause expresse contre la faute de son capitaine (*baraterie de patron*) (art. 352 et 353 C. com.).

Ces idées n'ont pas été transportées dans les autres assurances. En matière terrestre, l'assurance protège aussi bien l'assuré contre sa négligence que contre la force majeure ; une clause expresse, visant soit sa faute, soit celle de ses préposés, n'est pas nécessaire. Ce n'est que dans le cas de

---

1. Lorsque le premier assureur est une *société d'assurance mutuelle*, qui a dû, par suite de la quantité de sinistres survenus pendant l'exercice, réduire le montant des indemnités au *maximum* statutaire de la contribution ou du fonds de garantie (D. 22 janvier 1868, art. 37, cfr. *supra*, n° 731), cette société, ayant contracté une réassurance auprès d'une *société à prime fixe*, doit limiter son recours à ces indemnités réduites, sans pouvoir procurer aux sinistrés une réparation intégrale (Rej., 12 février 1913, D. 1914, 1, 137, et note DUPUICH). Résultat regrettable, auquel on arriverait peut-être à se soustraire au moyen d'une argumentation juridique nouvelle. Nous laissons au lecteur le soin de la découvrir.

2. CRÉMIEU, *De la réassurance*, dans la *Revue trimestrielle de droit civil*, 1909 ; PICARD, *De la réassurance*, th. Paris, 1912. Sur les *réassurances générales*, ou cessions de portefeuille, cfr. n° 450.

dol de l'assuré, c'est-à-dire de provocation volontaire du sinistre, ou encore s'il y a de sa part faute lourde assimilable au dol, que l'assureur cessera de répondre du sinistre. Certaines formes d'assurance, comme celle du risque locatif, ne se comprennent qu'en partant de l'idée que l'action bienfaisante de notre contrat s'étend même aux faits engageant la culpabilité de l'assuré. Les détracteurs de l'institution ont autrefois prétendu que l'assurance, pratiquée avec une telle portée, faisait perdre le sens des précautions et de la vigilance, alors qu'il importe de voir les hommes surveiller la tenue de leurs personnes et de leurs biens [1].

Le tiers, à qui il a été causé dommage par le fait dont l'auteur s'était couvert au moyen d'une assurance, aura-t-il après sinistre une *action directe* contre l'assureur ? Cela lui serait utile, si l'auteur du dommage, l'assuré, est devenu insolvable. Réduit à l'action oblique de l'art. 1166, il devrait se contenter d'un dividende. — En l'état actuel du droit, cette action directe n'existe que : 1° au profit de la victime d'un accident de travail (L. 9 avril 1898, art. 23 et s.) ; 2° au profit du propriétaire ou du voisin victime d'incendie dans l'assurance du risque locatif ou du recours des voisins (L. 19 février 1889, art. 3, al. 2) ; 3° au profit de la victime d'un accident (autre que du travail) contre l'assureur qui aurait couvert le risque de responsabilité de l'auteur de cet accident (L. 28 mai 1913 ; l'action directe est ici qualifiée de *privilège*).

1675. — Assurance totale ou partielle. — Si le droit maritime n'a pas fourni la règle aux autres branches de l'assurance dans la manière dont il a statué sur la faute de l'assuré, c'est lui, par contre, qui a servi de guide pour ce qui concerne l'assurance totale ou l'assurance partielle.

L'*assurance* est *totale* lorsqu'elle couvre le plein de la chose assurée, son entière valeur. A cet effet, le contrat doit énoncer une *somme assurée* sur le bien menacé par le risque, et ne pas se contenter d'en faire l'estimation (arg. art. 332). L'énonciation d'une somme assurée sert d'ailleurs à déterminer le chiffre de la prime. Car celle-ci, comme le bon sens l'indique, est proportionnelle à l'indemnité que l'assureur s'engage éventuellement à fournir, et doit s'élever avec elle.

1° L'assurance atteint-elle la valeur complète du bien ? La police procurera à l'assuré une satisfaction intégrale ; l'indemnité le remettra dans le même état que si le sinistre n'avait pas eu lieu, quand même ce sinistre détruirait son bien tout entier.

Mais cette *valeur* complète ne doit pas être *dépassée*. Celui qui assure sur sa chose une somme supérieure à la valeur qu'elle représente se réserve le moyen de retirer de la perte de son bien un avantage : il sera mieux traité après le sinistre qu'avant, il réclamera 200.000 fr., pour une maison qui n'en valait que 100.000 ; sous couleur d'assurance, il a conclu un pari. L'assurance, nulle si l'assuré était de mauvaise foi, sera réduite à la valeur du bien dans le cas contraire, c'est-à-dire lorsque l'assuré s'est fait illusion sur le chiffre auquel il convenait de l'estimer.

Par le même motif, lorsqu'une première assurance a couvert la valeur complète du bien, l'assuré cesse de pouvoir en contracter une seconde (à moins que celle-ci ne porte sur des risques différents). Les *assurances cumulatives* sont interdites, comme l'est l'*assurance exagérée*. Il faudra appliquer les polices dans l'ordre de leurs dates, et celles qui ont été signées postérieurement au moment où le plein se trouvait couvert sont nulles et de nul effet (arg. art. 334, 357 à 359 C. com.).

2° Si, au contraire, l'*assurance* n'est que *partielle*, le contrat porte une somme assurée inférieure à la valeur du bien. Sur un bâtiment de 200.000 fr., l'assureur ne couvre que 100.000 fr. Ainsi se passent habituel-

1. Voir E. Boutaud, *Des clauses de non-responsabilité et de l'assurance de la responsabilité des fautes*, Paris, 1896.

lement les choses pour les gros risques. Les Compagnies fixent par unité de risque un *maximum* qu'elles ne dépassent pas.

Un premier point est hors de débat. L'assureur n'aura jamais à payer une somme plus élevée que celle du contrat, si élevé que soit le sinistre : l'*indemnité* est *limitée* d'avance *au chiffre de la police*.

Mais l'assureur s'engage-t-il à acquitter cette somme, si le sinistre doit l'égaler ? L'indemnité cause un dommage de 100.000 fr. en brûlant la moitié du bâtiment. L'indemnité à payer sera-t-elle de 100.000 fr. ? — Oui, pourrait-on dire. Mais l'analyse à laquelle on soumet la convention, à moins qu'une autre intention ne soit exprimée, conduit à un résultat différent. *L'assurance partielle est une assurance proportionnelle*. Elle a pour objet une portion indivise du bien, portion déterminée par un rapprochement de la somme assurée avec la valeur tout entière du bien. Il a été entendu que l'assureur réglerait une part adéquate du dommage. Il n'a pris le risque que pour moitié. Si l'état des pertes se chiffre par 100.000 fr., l'assuré ne pourra prétendre qu'à 50.000 fr. S'il se chiffre par 50.000 fr., il réclamera 25.000 fr. Les 100.000 fr. de l'assurance ne lui seront dus que si le sinistre absorbe l'immeuble dans sa totalité. On dit, dans la langue courante, que « l'assuré est demeuré pour partie son propre assureur ».

Il va de soi que, au lieu de garder ce complément de risque à sa charge, l'assuré a tout pouvoir de le faire couvrir par un second ou subséquent assureur. Et de là, la règle d'après laquelle, en cas de perte d'une partie de la chose assurée, elle sera payée par tous les assureurs au marc le franc de leur intérêt (art. 360 C. com.).

1676. — II. Nature de l'assurance sur la vie. — Il s'agit d'isoler *l'assurance sur la vie* des autres applications de notre contrat et de voir en quoi résident pour elle le risque et la chose assurée.

Il y a une forme simple d'assurance sur la vie qui n'est pas entrée dans les mœurs. L'assuré est exposé à une mort prématurée. Sa vie est nécessaire aux siens. Il évalue à 100.000 fr. le prix que mettrait sa famille à le conserver aussi longtemps que le comporte une existence moyenne, celle qui résulte des tables de mortalité, étant donné son âge actuel. Il traite une assurance pour garantir les siens contre ce danger d'une mort précoce. L'objet de l'assurance est la *personne humaine* ; — le risque est la mauvaise chance non de la mort, car la mort est une certitude, mais *d'un décès avant le temps normal* ; — l'indemnité est la *valeur représentative du préjudice* causé à la famille par ce décès prématuré.

L'assureur sera-t-il lié par une semblable police ? A suivre les principes énoncés précédemment, il faudra répondre : 1° que le contrat cessera de produire effet si l'assuré dépasse l'âge moyen, le risque ayant été alors évité ; 2° que les juges auront à évaluer au moment du décès le préjudice causé à sa famille, et devront réduire la somme assurée à cette évaluation : l'assureur serait entièrement déchargé, si l'assuré était non pas le soutien des siens, mais un individu à la charge de ses proches ou un être inutile.

L'Ordonnance de la marine de 1681 s'est occupée de cette forme rudimentaire de l'assurance sur la vie, à propos de l'assurance de l'équipage contre les risques de mer : elle l'a prohibée, sous le prétexte que la vie humaine ne se prête point à une estimation (liv. III, titre 6, art. 8). Cette défense a été rappelée dans les travaux préparatoires du Code de commerce. Cependant l'assurance contre les accidents industriels, susceptibles de causer des blessures ou la mort, apparaît bien comme un moyen de garantir l'existence humaine, prise en sa valeur intrinsèque, contre un danger déterminé de mortalité. L'interdiction établie par la législation de Louis XIV ne doit pas être considérée comme l'expression du droit actuel.

En tout cas, l'assurance sur la vie, telle qu'on la pratique journellement, est quelque chose de bien différent. Prenons par exemple l'*assurance vie entière* payable en cas de décès [1]. L'assuré s'engage à verser à l'assureur au

1. Autres formes de l'assurance sur la vie : 1° *assurance en cas de vie, ou à capi-*

commencement de chaque année une prime de 600 fr., aussi longtemps que sa vie se prolongera. Au moment du décès, les héritiers de l'assuré ou la personne bénéficiaire du contrat auront droit à un capital de 18.000 fr., que versera l'assureur.

Cette somme ne comportera aucune réduction arbitraire ; le chiffre de la prime, à laquelle se soumet l'assuré, commande celui du capital correspondant, et il dépend de l'assuré de se constituer un capital plus ou moins fort suivant le montant du sacrifice annuel qu'il s'impose.

Ce n'est point la vie humaine qui est l'objet de l'assurance. Car, lorsque l'homme arrive à la vieillesse, il n'est plus vrai que le risque de mort l'ait frappé. Cependant, à quelque âge qu'il décède, c'est toujours la même somme que toucheront ses héritiers (nous négligeons les clauses d'accumulation, qui auraient même pour effet d'augmenter la somme si l'assuré devait mourir très âgé).

1677. — Il n'est pas possible de développer ici toutes les théories proposées pour établir la nature de l'assurance sur la vie et sa légitimité. La loi du 24 juillet 1867, en visant cette assurance dans son article 66, la reconnaît comme licite : l'interprète aura seulement à rechercher si toutes ses variétés, assurance en cas de vie, etc., sont aussi régulières les unes que les autres. La loi du 17 mars 1905 (n° 741) ne laisse plus subsister aucun doute sur la validité de ce contrat.

On a prétendu que l'assurance sur la vie n'était pas une assurance proprement dite. Nous sommes d'un avis opposé. Le *risque*, la *chose assurée*, et même le but d'*indemnité* du contrat ne tardent pas à se dégager pour quiconque voit dans l'homme un agent de capitalisation par le moyen de l'épargne.

Soit, en effet, un individu âgé de 30 ans, appelé à vivre d'après les chances moyennes jusqu'à 50 ans, à qui sa position ou sa carrière donne la possibilité d'épargner 600 fr. par an. Il se considère, suivant les tables de mortalité, comme ayant dès à présent en ses mains les éléments d'un capital de 18.000 fr. ; car il arrivera à le constituer en vingt ans par le jeu des intérêts composés.

Si son décès ne doit se produire qu'après le jour où il aura constitué cette somme, il la laissera à ses héritiers ou à la personne qu'il voudra en gratifier.

Mais il peut être emporté plus tôt que ne le font prévoir les tables de mortalité. Son calcul sera déjoué. Il subira une perte : le défaut de constitution de ce capital en voie de formation. Il sera frappé par un sinistre : la mort prématurée. Il peut se couvrir contre ce risque, en confiant à un assureur le soin de faire la capitalisation à sa place, et en stipulant que le capital sera versé à sa succession, à quelque moment qu'elle doive s'ou-

---

tal différé (peu usitée) : la somme assurée n'est due que si l'assuré survit à la date convenue ; — 2° *rente viagère* (C. civ., art. 1968 à 1983) : l'assuré stipule une rente jusqu'à son décès, moyennant l'aliénation immédiate d'un capital, dit alors à fonds perdu (contrat exclu par certains auteurs du domaine de l'assurance) ; — 3° *assurance à terme fixe* : la somme assurée est due pour le terme convenu, soit à l'assuré s'il vit encore à cette époque, soit à ses héritiers s'il doit mourir plus tôt, mais les primes annuelles cesseront de courir à partir de son décès ; — 4° *assurance mixte*, combinaison de l'assurance à terme fixe et de l'assurance vie entière : la somme assurée devient exigible par la mort de l'assuré à toute époque ; elle le devient en outre, en cas de vie, par l'arrivée du terme pris comme échéance, et dans ce dernier cas c'est le souscripteur qui la touche. — Nous ne pouvons donner qu'une bibliographie très écourtée : entre autres ouvrages d'ensemble sur cette matière, il convient de citer Herbault, *Traité des assurances sur la vie*, 1877 ; Couteau (même titre), 1881 ; Chaufton, *Les assurances, leur passé, leur avenir*, 2 vol., 1885-86 ; Typaldo Bassia, *L'assurance sur la vie*, 1891 ; Lefort, *Traité théorique et pratique du contrat d'assurance sur la vie*, 3 vol., 1894-97 ; Berdez, *Les bases juridiques et économiques de l'assurance privée*, Lausanne, 1895.

vrir. La famille de cet assuré sera donc placée dans la même situation que si son auteur, tablant sur les probabilités, avait pu vivre assez longtemps pour accomplir cette capitalisation lui-même. Il est impossible de prétendre qu'elle réalise un enrichissement, et par là même il est donné satisfaction à une règle fondamentale du contrat d'assurance.

La convention se complique, il est vrai, d'un autre contrat ; mais on ne doit pas contester qu'il s'y trouve un élément « assurance » des plus caractérisés.

Cet autre contrat, sur lequel l'assurance vient prendre appui, en dépit des dénégations qu'on oppose au système que nous allons décrire, c'est un *bail de fonds* fait par l'assuré à la Compagnie d'assurances ou à la mutualité dont il est membre.

100 assurés du même âge, de 30 ans par exemple, versent chacun 600 fr. à une même caisse d'assurance. Il y a chance, d'après les tables, que l'un de ces assurés meure dans l'année. Si l'événement confirme cette prévision, la masse des primes reçues par l'assureur au commencement de l'exercice, grossie des intérêts d'un an, sera restituée par lui non à tous, mais aux ayants droit de l'assuré décédé, soit 60.000 fr., déduction faite des frais généraux de l'entreprise. Les primes des autres intéressés seront absorbées par ce versement.

L'année suivante, un second versement de primes par les 99 survivants (auquel se joindra peut-être un nouvel assuré de même âge, 31 ans) composera la somme à servir à celui qui sera atteint par un nouveau sinistre entre 31 et 32 ans. Et ainsi de suite, jusqu'à ce que se produise le décès du dernier membre de la série.

L'assureur reçoit donc des fonds d'un ensemble de bailleurs d'argent. Il les met en valeur, il les rembourse à ceux que frappera le sinistre. Il rend ce double service : — *a*) de faire fructifier des capitaux pour compte ; — *b*) de garantir à ceux qui mourront le résultat de la capitalisation comme s'ils avaient vécu tout le temps voulu pour l'accomplir.

Bref, dans la prime qui est ici d'un chiffre plus important qu'ailleurs, et à la différence de ce qui se passe pour les autres assurances, deux éléments sont réunis : 1° un facteur d'épargne individuelle, valeur de placement ; 2° le prix du risque, ce que paie l'assuré pour être couvert contre le danger de mourir prématurément.

Le risque de mort n'a pas la même intensité aux diverses époques de la vie de l'assuré. S'il a une chance sur trente de mourir dans l'année, à l'âge de trente ans par exemple, la chance va graduellement augmentant, à mesure qu'il se rapproche de la vieillesse. La prime devrait donc croître d'un exercice à l'autre.

Mais cette progression dans le taux de la prime aurait des inconvénients. Le travail auquel se sont livrés les assureurs avec le concours de leurs actuaires a eu pour résultat d'établir une prime uniforme ou une *prime moyenne*.

Celle-ci demeure constante pendant toute la vie de l'assuré. Dans les premières années, la prime qu'il verse est supérieure au risque de l'exercice, c'est-à-dire à la prime vraie. L'excédent, la portion de prime qui n'a pas eu pour destination de couvrir les sinistres de l'année, est inscrit à son avoir sur les livres de l'assureur, et reporté à son compte des exercices suivants, avec les intérêts qui en proviennent.

Il y a ainsi des excédents de primes, fournis par la masse des assurés qui survivent. Ils forment ce qu'on appelle en langage d'assurance la réserve des primes ou « réserve mathématique », qu'il ne faut pas confondre avec cette autre réserve ordinaire qu'une Compagnie d'assurances alimente au moyen de prélèvements faits sur les bénéfices de ses inventaires [1].

---

1. HANS, *Théorie juridique de la réserve mathématique des contrats* (*Ann. dr. com.*, 1906, p. 213), et surtout JULLIOT DE LA MORANDIÈRE, *De la réserve mathéma-*

La réserve des primes constitue, au sens large, un dépôt que l'assureur gère pour le compte de ses assurés, sans pouvoir en disposer pour régler les sinistres de l'exercice en cours. Car c'est le bloc des primes « vraies », et non pas des primes « apparentes » qui doit servir à cette dernière destination. S'il est insuffisant, par suite du nombre insolite des morts, la Compagnie (que nous supposons à primes fixes) comblera la différence au détriment de ses actionnaires. La société sera en perte.

A partir de l'âge où les chances de mort de l'assuré dans l'année qui s'ouvre sont devenues supérieures à la prime moyenne, l'équilibre de son contrat s'obtiendra pour l'avenir au moyen de cette réserve des primes. On y puisera de quoi parfaire la différence. Afin de compléter la prime vraie des années de vieillesse de l'assuré et que n'atteint plus son annuité constante, l'assureur aura un virement d'écritures à effectuer. Il balancera le compte de l'année par un prélèvement sur la réserve des primes, et c'est ainsi que chaque police respectivement continuera à pourvoir à son entretien [1].

1678. — Ces explications techniques ne devraient pas, semble-t-il, figurer dans un livre de droit. Cependant elles ont leur contre-coup sur le régime légal du contrat.

1° D'une part, elles exposent à une méprise, en suggérant des doutes sur l'*unité de l'assurance* pendant toute la vie de l'assuré.

Cette unité est certaine. On a prétendu que la police se renouvelait chaque année, par tacite reconduction. Cela est inexact. Autrement, le souscripteur cesserait d'être assuré les années suivantes, s'il devenait incapable au cours de son contrat, par suite d'un jugement d'interdiction par exemple.

Il est vrai que l'assureur a dû, dans le principe, se livrer à un calcul pour savoir comment s'opéreraient les extinctions d'assurés d'année en année, et pour déterminer l'échelle des primes qu'il a ramenées ensuite à une prime moyenne. — Mais la police ne se fractionne pas en autant de contrats qu'il y aura d'années à courir.

Il est vrai également que, d'après les conditions usuelles des polices, l'assuré a, au début de chaque exercice nouveau, la *faculté de se désister* de son contrat sans pouvoir être contraint à continuer le service de la prime (ce qui n'existe point dans les autres formes d'assurances). — Mais cette faculté de résiliation, qui résulte de la convention elle-même, ne brise point l'*indivisibilité* de l'assurance.

2° D'un autre côté, il y a quelque profit à tirer de la connaissance de la réserve des primes, en ce qui touche le mécanisme du *rachat de la police*.

L'assuré, qui ne veut pas continuer son contrat, non seulement est libre de le faire, mais peut même exiger que l'assureur lui paie une somme, laquelle, bien entendu, n'égalera pas le montant du capital assuré. La valeur dite « de rachat » sera déterminée par la quote-part du crédit inscrit actuellement au souscripteur dans l'ensemble de la réserve des primes, qui lui est commune avec tous les autres assurés de sa catégorie. Ils ont tous versé des primes majorées dans les premières années. L'excédent, porté en réserve une fois que la prime vraie a été prélevée, constitue un boni appréciable, dont l'assureur doit avoir à tout moment la représenta-

---

tique des primes, th. 1909 (cet auteur critique, p. 408 et suiv., les systèmes qui font reposer l'assurance sur la vie sur un contrat d'épargne).

1. Si l'assuré préfère n'avoir que le versement d'une *prime unique* à faire au commencement de son contrat, sans être obligé de servir des primes périodiques, il est admis à procéder ainsi lorsque l'assureur lui offre un type de police reposant sur cette base. Le chiffre de la prime unique est obtenu par le total de toutes les primes prévisionnelles, ramenées par un travail d'escompte à leur valeur actuelle.

tion dans ses placements. La fraction de ces primes qui n'a pas été appliquée aux exercices passés forme un élément d'actif demeuré intact (n° 739).

L'assuré qui se retire demande que ses droits dans cet actif lui soient liquidés. L'assureur lui rembourse la somme à laquelle ressort son avoir dans le fonds commun, ou une somme un peu plus faible. C'est ce qu'on appelle le « rachat ».

La valeur de rachat va croissant indéfiniment, même après que l'assuré est entré dans la phase de prime vraie supérieure à la prime moyenne. Cela paraît contradictoire : la valeur de rachat devrait croître dans une première période et décroître dans une seconde. Mais il existe un facteur qui concourt à augmenter la part dans la réserve des primes de chaque assuré, à mesure que se prolonge la vie de celui-ci. Cette augmentation compense la cause d'amoindrissement de son crédit, tenant à la nécessité d'appeler sur la même réserve somme suffisante pour parfaire la prime moyenne. Elle a sa cause dans la mort des assurés de même catégorie : la part constituée par eux dans la réserve mathématique, rendue libre par leur décès, est dévolue aux assurés survivants, et accroît la part de ceux-ci [1].

Au lieu de racheter la police, l'assuré peut encore la *réduire*. En d'autres termes, il appliquera son boni dans la réserve des primes, considéré comme prime unique, à un nouveau capital qu'il stipulera payable à son décès, comme l'était le premier. Il va de soi que ce capital sera inférieur à celui qui avait été originairement convenu, et que l'assuré n'aura plus de primes annuelles à verser [2].

1679. — III. **Nature de l'assurance au profit d'un tiers.** — La décomposition du contrat d'assurance sur la vie n'est pas terminée. Il y a toute une seconde partie de problèmes à éclaircir.

Dans les autres assurances, le souscripteur conclut la police à son propre compte, le plus habituellement du moins. C'est lui-même qui sera créancier de l'indemnité, ou bien c'est par suite d'une cession du bien assuré, accomplie par l'assuré postérieurement à l'assurance, par exemple en vertu d'une négociation de « connaissement », que l'indemnité aura été transmise à titre accessoire au cessionnaire.

Dans l'assurance sur la vie, combinaison vie entière, les choses se passent autrement. *L'assurance est faite au profit d'autrui.* Le souscripteur ne stipule pas la somme assurée à son propre bénéfice. Bien que l'assurance soit faite sur sa tête à lui-même, c'est-à-dire doive être rendue exigible par sa mort, c'est un *tiers* qu'il déclare investir de la créance contre l'assureur. Ce tiers, selon les cas, sera la femme du souscripteur, un de ses fils, tous ses enfants, ses héritiers ou un étranger.

Le *souscripteur* constitue périodiquement les primes au moyen de ses propres ressources et ne se les fait pas rembourser par le bénéficiaire. Le *bénéficiaire* n'intervient pas à la police, bien que son nom y soit mentionné. S'il est gratifié, c'est à son insu ; peut-être l'assuré mourra-t-il avant qu'il n'ait accepté le contrat [3].

---

1. Francez, *Etude sur la réserve des primes*, th. 1900 : Colin et Capitant, *Cours élémentaire de droit civil*, II, p. 624.

2. Troisième parti offert à l'assuré : il peut *emprunter sur la police* auprès de l'assureur lui-même. Sur la nature de cette opération, cfr. la note longue et substantielle de Dupuich sous Civ. Seine, 6 juillet 1911, D. 1913, 2, 289.

3. Il importe de distinguer cette situation de celle où l'assurance est contractée non pas *au nom*, mais *sur la tête* d'un autre que l'assuré. L'assurance sur la tête d'autrui se rapporte à un ordre d'idées différent. La mort prise pour terme d'exigibilité de la police n'est plus alors celle de l'assuré, mais celle d'une tierce personne. — Cette dernière forme de l'assurance n'est pas considérée comme irrégulière. D'après l'opinion la plus répandue, et conforme à un avis du Conseil d'Etat du 11 juin 1818, il est nécessaire que l'assuré ait un intérêt à l'existence du tiers sur la tête duquel est contractée la police, et que *ce tiers donne son consentement à l'opération*. L'assurance sur la vie d'autrui est de nature à présen-

Or l'une des questions les plus graves de la jurisprudence de la fin du XIXe siècle a été de déterminer la nature des rapports que cette forme de police engendre entre l'assuré, le bénéficiaire et l'assureur.

Comme il s'agit de difficultés qui relèvent du droit civil, et qui mettent en jeu les principes généraux, tant du gage des créanciers, que des successions ou du contrat de mariage, une indication rapide nous suffira. L'omission complète de ce sujet aurait un inconvénient. Dans l'étude de la faillite, il est indispensable de prendre parti sur la nature de l'assurance au profit d'autrui, afin de connaître le sort d'un contrat de ce genre lorsqu'il est souscrit par un commerçant qui cesse ou qui va cesser ses paiements (V. *infra*, nos 1832 et s.).

1680. — Il se peut d'abord que l'assurance ait été faite au profit des héritiers, *sans désignation déterminée* de leurs noms ou de leur rang de parenté. — Le contrat produira les mêmes effets que si le souscripteur avait stipulé pour lui-même la somme assurée. On cesse d'être en présence d'une « stipulation au profit d'autrui ». La créance est née en la personne du souscripteur ; seulement elle ne sera exigible qu'après son décès. *a*) Les héritiers n'ont pas acquis, par le fait de la police, un droit différent de celui qui résultera pour eux de la succession de l'assuré. Ils recueilleront la somme non *jure proprio*, mais *jure hereditario*. *b*) Les créanciers de l'assuré pourront prétendre à cette somme, qui constitue leur gage.

Ces résultats ne se produiront pas toujours. L'assuré peut, de son vivant, par un acte postérieur à l'assurance, céder à autrui les droits de la police ; le cessionnaire sera rendu titulaire de la somme assurée, comme ayant cause du souscripteur [1]. La créance ne s'en est pas moins formée dans le patrimoine de ce souscripteur. Tel est le cas chaque fois que le contrat s'abstient de désigner un bénéficiaire.

1681. — Mais le plus souvent la police contient la *clause bénéficiaire*, l'énonciation nominative, ou au moins suffisamment précise, de la personne destinée à en recueillir le profit, et alors l'analyse du contrat devient très délicate.

Primus qui s'assure stipule que, à son décès, la somme sera payée par l'assureur à *Secundus*. Sa pensée n'est pas seulement de former un capital au moyen de l'épargne, avec le ministère de l'assureur. Il veut encore attribuer ce capital à une autre personne, et par là même l'en *gratifier*.

Cette autre personne recueillera ce capital *après le décès* du disposant : attribution qui demeure *révocable* à la volonté de l'assuré, jusqu'à ce que le tiers l'accepte.

En fait, sinon en droit, l'acceptation du bénéficiaire n'intervient qu'après le décès de l'assuré, et la faculté de révocation demeure conservée à ce dernier aussi longtemps qu'il vit. Il révoquera la libéralité qu'il avait faite au tiers, si l'on néglige l'hypothèse de rachat : *a*) soit en transformant la première police en un nouveau contrat au profit de ses héritiers, *b*) soit en faisant inscrire dans la police un autre bénéficiaire à la place du premier ; son fils au lieu de sa femme, un de ses amis au lieu de son fils. C'est ce qui a lieu en vertu d'un *avenant*, expression employée pour dénommer tout écrit qui modifie une police d'assurance primitive.

En l'état des dispositions de notre Code civil, l'instrument qualifié pour réaliser ces résultats semblerait être le *testament* ; nous aurions dit la *dona-*

---

ter un péril : elle fait souhaiter à l'assuré la mort de cette autre personne, qui rendra le capital exigible à son profit.

1. Ces cessions sont très rares. On procède généralement autrement. La désignation du cessionnaire sera faite en vertu d'un « avenant » délivré par la Compagnie d'assurance, et qui a la valeur d'une police proprement dite. On retombe alors dans l'hypothèse suivante, celle où le bénéficiaire dès l'origine est mentionné dans le contrat.

tion pour cause de mort, si le Code n'avait pris soin, par une prescription très claire (art. 893), d'interdire ce second mode de disposition, si fréquemment usité dans l'ancien droit.

Bref la situation qui paraîtrait le mieux convenir au bénéficiaire de l'assurance serait celle d'un *légataire*, recueillant après le décès de l'assuré un capital que ce dernier a constitué ou préparé chez l'assureur. Cependant la jurisprudence n'a pas fait cette assimilation. Plusieurs motifs s'y opposaient.

1° La clause de la police ou de l'avenant, donnant au tiers vocation au montant de la somme, ne répond pas aux conditions de *forme* des testaments.

2° Si l'on avait procédé à cette analyse, le capital assuré serait devenu partie intégrante de la succession du souscripteur. Il aurait servi de *gage au remboursement des dettes* de celui-ci : les legs ne s'acquittent que sur le montant net de la succession, les créanciers une fois payés.

Or, ne convenait-il pas, tout au contraire, de tenir à l'abri des créanciers ce capital, dont la fortune de l'assuré sans doute a fait l'aliment, mais au moyen d'un prélèvement périodique de primes prisés vraisemblablement sur ses revenus ?

L'assuré aurait consommé ce revenu en vivant plus au large. L'ayant épargné, pourquoi la contre-partie de cette épargne, le capital assuré, serait-elle appliquée à payer son passif ? Pourquoi ne pas s'attacher à une explication, à la faveur de laquelle cette valeur irait droit au destinataire, sans avoir passé d'abord par le patrimoine du souscripteur, sans avoir reçu par conséquent l'empreinte de ses dettes ? Elle serait la plus équitable, la mieux en mesure de faire rendre à l'assurance la plénitude de ses résultats.

1682. — De là vient que les arrêts, par une évolution qu'il serait très intéressant de suivre, ont fini par assigner comme base à l'assurance au profit d'un tiers la théorie des *stipulations pour autrui*, telle qu'elle ressort d'un texte qui n'était certainement pas fait pour elle, de l'art. 1121 C. civ.

Quoiqu'on ne puisse par disposition principale stipuler efficacement pour un tiers, cette stipulation devient régulière lorsqu'elle est la condition d'un contrat qu'on a conclu pour soi, ou, à parler plus exactement, d'une prestation qu'on a fournie soi-même. Or l'assureur, en même temps qu'il reçoit les primes de l'assuré, s'engage directement envers le tiers désigné, lequel n'est point présentement partie à la convention, à lui servir le capital convenu quand viendra le décès du souscripteur.

Le tiers, bien entendu, pourra refuser la disposition qui le gratifie, ce qui aura pour conséquence de faire retomber la somme assurée dans la succession du constituant. Mais il pourra aussi *accepter* l'offre qui lui est adressée, quand même cette acceptation ne devrait intervenir que postérieurement au décès de l'assuré. Alors le capital lui adviendra *omisso medio*, comme si l'assureur le lui avait promis à lui-même sans interposition. On ne sera point en présence d'une créance acquise en premier lieu à l'assuré, et dont celui-ci aurait ensuite opéré transmission au tiers. *La créance est née au profit du bénéficiaire immédiatement.*

Telle est, en résumé, la thèse consacrée par d'importants arrêts que la Cour de cassation a rendus pendant l'année 1888 (V. les deux dissertations publiées sous quatre décisions de la Chambre civile des 6, 8 et 22 février, et du 27 mars 1888, tant dans *Dalloz*, 1888, 1, 193, que dans le *Journal du Palais*, 1888, p. 281).

Ces arrêts emploient volontiers une terminologie dont nous ne nous arrêterons pas à montrer le côté faible. Si l'on en croit les considérants des décisions judiciaires, le capital assuré ne se formerait qu'*à partir du décès du souscripteur*. Ce serait bien étrange. Comment concevoir que, pendant la vie de l'assuré, aucune dette n'atteigne encore l'assureur ? Celui-ci s'est engagé à gérer le fonds des primes, il a ouvert un compte à chaque police, il devra répondre à la demande de rachat que lui ferait l'intéressé !

Existe-t-il un seul contrat engendrant une obligation qui puisse être différée dans sa naissance ? Toute dette, même à terme incertain (ce qui est le cas pour l'assurance vie entière), prend date du jour où l'accord des volontés s'est échangé.

La doctrine, tout en s'associant à la jurisprudence afin d'arriver aux mêmes résultats qu'elle, a essayé d'autres constructions théoriques plus en rapport avec les données ordinaires du droit (V. notamment COLIN et CAPITANT, *Cours élémentaire de droit civil*, II, p. 340 et s.). Les systèmes proposés sont très nombreux[1].

— Système de la *gestion d'affaires* (LABBÉ, dans de nombreuses notes du Recueil de *Sirey*) : l'assuré a agi dans l'intérêt du bénéficiaire qui ratifie postérieurement, en vertu d'une acceptation rétroactive, l'opération accomplie pour son compte ;

— Système de la *dette à créancier alternatif* (BOISTEL, note sous D. 89, 2, 129) : on ne sait pas encore pendant le cours de la police qui, du souscripteur ou du bénéficiaire, est le créancier du capital assuré. Si le tiers désigné doit accepter la disposition, il sera présumé en avoir été investi dès le premier jour à l'exclusion de l'assuré et n'aura point à rembourser les primes dont un autre patrimoine que le sien a fait les frais. Au contraire, l'assuré, en usant du pouvoir de révocation, en rachetant la police, etc., aura acquis la créance contre l'assureur, et c'est la vocation du tiers qui s'effacera d'une manière rétroactive ;

— Système de l'*engagement unilatéral*, inspiré par les idées allemandes. La créance, dans les autres dépendances du droit, suppose le concours originaire d'un créancier. Ce concours est surabondant dans une stipulation qui est l'accessoire d'un contrat renfermant déjà les deux parties ordinaires. — Le consentement de l'assuré supplée à celui du bénéficiaire et permet à celui-ci d'acquérir le droit sans son fait et à son insu, sous réserve du pouvoir que conserve l'assuré de révoquer l'attribution s'il veut rendre la libéralité caduque. — L'acceptation du tiers désigné, fût-elle retardée jusqu'après le décès du signataire, ne détermine pas le moment auquel se forme son droit. Elle consolide seulement une créance qui lui appartenait dès l'origine ; elle ne modifie la situation antérieure qu'en rendant ferme une libéralité que l'assuré pouvait révoquer et que lui-même était libre de décliner jusque-là.

Quoique en désaccord sur la décomposition de l'opération, la plupart de ces théories se rencontrent dans les applications pratiques. Elles sont toutes très importantes, mais nous ne devons les reproduire qu'en quelques mots, le sujet relevant du droit civil plutôt que du droit commercial.

1683. — *a*) L'*acceptation*, affranchie d'ailleurs de toute forme, peut intervenir encore *après le décès* du souscripteur. La seule condition est qu'il n'ait pas révoqué de son vivant la disposition par un rachat ou par la désignation d'un autre bénéficiaire.

S'il fallait voir au contraire dans la police l'*offre* d'une libéralité que l'assuré a faite au bénéficiaire, le bénéficiaire devrait accepter avant le décès du souscripteur. Une acceptation postérieure au décès serait inopérante, car les deux consentements ne se croiseraient plus. Or la jurisprudence n'exige rien de pareil.

Il semble même — mais cela est sujet davantage à discussion — que cette faculté d'accepter doive passer aux héritiers du bénéficiaire, lorsque celui-ci prédécède à l'assuré sans s'être encore prononcé. L'attribution de la police n'est pas subordonnée à la survie du tiers, et diffère de celle d'un legs (un légataire doit être encore vivant au moment du décès). Pour échapper à ce résultat, l'assuré aura toujours la ressource, apprenant la mort du bénéficiaire, de faire un avenant à sa police et d'en modifier

1. Nous négligeons celui que nous avons eu nous-mêmes l'occasion de produire sous Besançon, 2 mars 1887, D. 88, 2, 1.

l'attribution, si son intention n'est pas d'étendre sa libéralité aux héritiers.

Toutefois la notion dirigeante des arrêts, d'après laquelle le capital assuré ne se forme qu'au décès, est difficilement conciliable avec le maintien de la vocation des ayants droit du tiers, lorsque ce dernier prédécède à l'assuré.

1684. — *b*) Comme le bénéficiaire acquiert le capital de son chef et non pas à titre d'ayant cause de l'assuré, la *somme stipulée ne doit pas répondre du passif de cet assuré.* Elle entre dans les biens du tiers, franche et quitte des dettes que le souscripteur a pu contracter. L'insolvabilité de ce dernier au moment de son décès n'empêche point la personne désignée de recueillir la police.

Le bénéficiaire peut avoir en outre vocation héréditaire aux autres biens de l'assuré, être son fils par exemple. S'il prend la précaution d'accepter cette succession sous bénéfice d'inventaire, il limitera les réclamations des créanciers aux valeurs de la succession et tiendra le capital assuré en dehors de leur action.

Il n'aura pas davantage à faire compte aux créanciers des primes payées par l'assuré de son vivant, soit qu'elles aient été acquittées au moyen des revenus, soit qu'il ait fallu les prendre sur le capital de l'opérateur. Ces primes sont sorties du patrimoine du *de cujus*, elles ne font plus partie du gage de ses créanciers. Il faut réserver : — 1° le cas où l'assurance aurait été faite *en fraude* des droits des créanciers (art. 1167 C. civ.), c'est-à-dire avec la connaissance par l'assuré qu'il se rendait insolvable par ce sacrifice de primes destiné à constituer un capital à autrui, hypothèse certainement rare ; — 2° le cas où le souscripteur, commerçant de profession, serait, au moment de la conclusion de la police, dans la période de *cessation de paiements* préparatoire de sa faillite (art. 446 et 447 C. com.), car alors la loi accorde aux intéressés une action en nullité plus facile à exercer que l'action paulienne.

Nous reviendrons sur cette dernière voie donnée aux créanciers de l'assuré pour attaquer l'attribution du capital à un tiers. Ce qui est dès à présent certain, c'est que l'*action paulienne* ou l'*action en nullité de la faillite* n'auront pas pour résultat de faire tomber le *capital* assuré dans l'actif de l'assuré. Elles obligeront seulement le bénéficiaire à rapporter le montant des *primes*, puisque c'est de ces primes que le patrimoine du souscripteur s'est trouvé diminué.

Ex. : Le capital assuré est de 30.000 fr., les primes versées à l'assureur avant la réclamation des créanciers se sont élevées à 3.000 fr. : c'est de cette dernière somme, non de la première, que le bénéficiaire sera comptable envers les créanciers.

Cette attribution nette de l'assurance au bénéficiaire la rend particulièrement précieuse pour les commerçants. L'exercice du commerce, avec son fonds de roulement, donne en temps de prospérité le moyen de pourvoir au service annuel des primes. Mais le commerce a ses revirements : de mauvaises affaires, succédant aux bonnes, peuvent déterminer la ruine. Du moins, le négociant aura-t-il mis sa famille à l'abri de la misère, s'il a pris la précaution, lorsque son commerce marchait, de traiter une police, au nom de ses enfants, par exemple.

Nous ne rechercherons ni si cette énonciation des enfants doit être *nominative*, pour répondre au vœu de la loi, ou peut être exprimée d'une *manière générale* ; ni si les *enfants* qui viendraient *à naître* après la police peuvent être compris dans cette attribution directe, de la même manière que les enfants déjà *nés*. Ces questions dépassent les limites de notre exposé.

1685. — c) Le capital assuré, on vient de le voir, ne figure pas dans l'actif de la succession au regard des créanciers de l'assuré. Il n'y figure pas davantage au regard des personnes appelées à cette *succession*. C'est logique.

La somme énoncée par la police s'est formée dans le patrimoine d'un autre, par conséquent elle ne dépend point de l'ensemble des biens appartenant ou ayant appartenu au *de cujus*.

D'importants effets dérivent de cette conception en matière de *rapport à succession* ou de *réserve héréditaire*. 1° C'est à tort que le fils de l'assuré prétendrait, pour le calcul de sa réserve, réunir aux biens laissés par le défunt le montant d'une assurance (de 20.000 fr. par exemple) que celui-ci aurait constituée au profit d'un ami. 2° C'est à tort également, si cette police avait été faite au profit de son frère (sans clause de préciput), qu'il exigerait de ce frère le rapport du capital assuré, afin de le comprendre dans le partage de l'actif. Ici et là, le capital assuré ira à son destinataire, sans l'obligation de le réduire ou de le restituer.

Cependant le bénéficiaire a bien été gratifié par l'assuré, il a profité d'une libéralité de celui-ci. Mais ce n'est pas une donation entre vifs, portant sur le principal de l'assurance. De la police ressort seulement une *libéralité indirecte*, qui est affranchie d'ailleurs des formalités habituelles des donations. La libéralité consiste en ce que des primes ont été servies afin d'alimenter la police[1].

La question se ramène donc à examiner si l'ensemble de ces primes doit, ou non, être compris dans le calcul des opérations de rapport ou de réduction. A cet égard la jurisprudence n'est pas encore absolument fixée. La solution la plus favorable à la propagation de l'assurance serait de considérer les primes comme une *charge annuelle des revenus*, qui a laissé le patrimoine indemne. En conséquence, on exonérerait absolument le bénéficiaire de la nécessité d'en rendre compte, comme il est exonéré du rapport ou de la réduction pour le capital lui-même[2].

1686. — Ce problème du rapport ou du non-rapport soit de la somme assurée, soit des primes, a paru plus compliqué, lorsque la police était contractée par un *mari*, et payable à son décès *au profit de sa femme*. On a pensé, *sous le régime de la communauté*, que la théorie des récompenses (art. 1437 C. civ.) devait intervenir comme un facteur de la solution. Mais c'était là une méprise dont la jurisprudence de la dernière époque a su se préserver.

Il faut écarter le cas où la femme *renoncerait* à la communauté : cette renonciation a pour résultat de l'assimiler à un tiers quelconque. Elle dispose d'*un droit propre* sur la police et non pas d'un droit attaché à sa condition de femme commune, la communauté étant présumée n'avoir jamais existé. A l'égard de la succession du mari, la femme n'est tenue à aucune récompense, elle recueillera intégralement l'assurance. Il se pourrait, si le mari était commerçant et en faillite, qu'elle fût tenue à rapport envers la masse. Mais cela se réfère à un ordre d'idées différent, que nous retrouverons (art. 564 C. com.). V. *infra*, n° 1979.

La femme a-t-elle au contraire *accepté* la communauté ? Il n'est plus possible de lui conférer un droit propre sur la police. Les intéressés ne peuvent sous la communauté créer des causes de *propres* autres que celles qui sont reconnues par la loi. L'assurance sur la vie est un *acquêt*, de quelque manière qu'on la considère : elle puise sa source dans des primes dont le fonds commun a fourni les éléments. Cela est vrai pour l'un des époux comme pour l'autre. Quand le capital assuré ne naîtrait qu'après

---

1. Toutefois, les primes pourraient dans leur ensemble excéder la somme assurée, si la vie de l'assuré devait se prolonger démesurément : le rapport ne pourrait pas dépasser alors le montant de cette somme assurée (Cass., 4 août 1908, S. 1909, 1, 5, note LYON-CAEN ; D. 1909, 1, 185, note DUPUICH ; Req., 30 mai 1911, S. 1911, 1, 560).

2. RÉVEILLAUD, *Le droit des héritiers de l'assuré en matière d'assurance sur la vie*, th. 1903.

le décès, ainsi que le disent les arrêts, le résultat n'en est pas modifié. Le capital de l'assurance est tombé dans la communauté ; chacun des conjoints y a droit pour moitié.

Seulement, en vertu de l'attribution faite par la police, le mari a transmis à sa femme la *moitié* lui revenant à lui-même. Comme cette transmission répond à une pensée de libéralité, elle est implicitement accompagnée de la *dispense de récompenser la communauté* des primes, soit pour le tout, soit même pour moitié. La femme recueillera la somme assurée dans sa totalité, sans avoir à fournir de contre-valeur. C'est un résultat semblable à celui qui se produirait, si elle invoquait un droit propre. On y arrive par une voie différente.

Mais cela suppose une communauté demeurée solvable : à la différence du cas de renonciation, les créanciers se paieront ici, par préférence à la femme, sur le capital assuré, au moins pour ce qui concerne la moitié appartenant à la femme de son chef ; cette moitié, restée dans l'actif commun jusqu'à la dissolution, est grevée des dettes communes existant au moment où le régime prend fin. La solution est plus douteuse, quant à l'autre moitié qui provient du mari. Celui-ci en a fait donation à son épouse par un acte de volonté exempt de fraude, remontant au jour de la police (V. dissertation DUPUICH, sous Paris, 8 mars 1911, etc., D. 1912, 2, 321 ; Nancy, 1er juillet 1911, D. 1912, 2, 335, et, pour une assurance contractée avant le mariage, notes LEFORT, sous Rennes, 1er février 1912, S. 1913, 2, 225, et DUPUICH, sous Civ. Seine, 31 mai 1913, D. 1913, 2, 361).

Nous avons suffisamment insisté sur ces questions, si délicates, d'attribution des assurances sur la vie au profit d'autrui [1].

1687. — IV. Mise en risque. — Reprenons la notion du risque inhérente à tout contrat d'assurance et dont nous avons dû temporairement nous abstraire.

Le risque étant le danger de voir se produire l'événement redouté, l'assurance ne peut prendre cours que par la *mise en risque*. Cette mise en risque a lieu de plein droit dans un certain nombre d'assurances, dans celle sur la vie ou contre l'incendie par exemple. A l'égard de certaines autres, de l'assurance contre les risques de transport maritime ou par terre, il faut un acte de l'assuré pour donner aliment au contrat : le chargement d'une marchandise, le voyage d'un navire, etc.

D'autre part, si le contrat est possible même après que le risque a commencé à courir, il est inopérant en revanche lorsque le risque a déjà cessé au moment où intervient la convention. Cette cessation du risque a lieu soit par l'arrivée du sinistre, soit par le fait d'y avoir définitivement échappé.

Le droit maritime accueille cette vérité (art. 365) ; mais il y fait partiellement échec, en admettant l'*assurance sur bonnes ou mauvaises nouvelles* (art. 367). En d'autres termes, l'assurance peut encore être contractée après la perte ou après l'arrivée des objets assurés, pourvu que cet événement, par suite de son éloignement, n'ait pas encore été porté à la connaissance des contractants. Les deux parties sont de bonne foi, elles croient que le risque est toujours en cours. La loi se contente donc, pour la validité du contrat, d'un *risque putatif*.

Cette notion n'a pas été étendue en pratique aux autres assurances.

1688. — De la réticence [2]. — Le risque a plus ou moins d'intensité. Les circonstances les plus diverses concourront à déterminer sa gravité.

---

1. Cfr. COSMAO-DUMANOIR, *De l'assurance sur la vie dans ses rapports avec le patrimoine de l'assuré*, th. 1898 ; WAHL, dans la *Revue trimestrielle de droit civil*, 1902, p. 20 et s. (L'assurance en cas de décès au point de vue du rapport successoral, de la quotité disponible et des récompenses).

2. QUENTIN, *De l'opinion du risque dans le contrat d'assurances*, th. 1893.

Suivant qu'il sera faible ou fort, l'assureur sera plus ou moins porté à le couvrir. Pour un risque élevé, il demandera une prime exceptionnelle, ou il refusera même de traiter.

On n'assure point au taux ordinaire une maison contiguë à un théâtre, un bâtiment voisin d'un dépôt de matières inflammables, ou dont la construction des cheminées ne présente pas de garantie. Dans l'assurance sur la vie, le fait par l'assuré d'avoir eu telle maladie ou de souffrir de tel vice organique, le prédispose à une mort plus rapide et influe en conséquence sur les conditions auxquelles l'assureur consentira à traiter.

Une règle de rigoureuse équité est établie par le droit maritime. Tous les faits constitutifs du risque, de nature à influer sur l'opinion que l'assureur en peut avoir, doivent être portés loyalement à la connaissance de celui-ci. L'assuré doit être exempt de *réticence* (art. 348). C'est une disposition qu'on a étendue aux assurances de tout ordre. Elle est devenue le droit commun de notre contrat.

Quand même le sinistre se produirait par une cause étrangère à celle qui a été tenue ignorée de l'assureur, celui-ci peut faire annuler le contrat.

Autrement dit, la notion habituelle du *dol*, en tant que cause de rescision des conventions, a été élargie. L'assuré ne doit pas seulement s'abstenir de manœuvres frauduleuses susceptibles de surprendre le consentement de sa contre-partie. Il doit en outre user d'une complète franchise, afin de lui donner le moyen de graduer le risque et d'en connaître la portée. S'il ne le fait pas, le contrat est annulable, mais à la demande de l'assureur seulement.

Lorsqu'il s'agit d'un vice que l'assuré lui-même ne connaissait point, la nullité cesse d'être encourue. La réticence ne peut lui être opposée que lorsqu'elle est intentionnelle ; du moins appartient-il aux tribunaux de traduire ainsi les engagements pris (Req., 19 juin 1900, D. 1901.1.356). En fait, la visite préalable de la chose assurée par les agents de l'assureur, l'examen de l'assuré par un médecin de la Compagnie amèneront les tribunaux à user de tempérament dans l'application de la règle ; la déclaration, que l'assureur fait signer à l'assuré dans une formule imprimée, limite également les points sur lesquels ce dernier est obligé de dire ce qu'il sait.

La Cour de cassation pratique trop rarement cette interprétation équitable. Elle a bien décidé que la clause, portant que l'assuré doit à peine de déchéance déclarer si les objets assurés lui appartiennent, lui devient inopposable alors que c'est l'agent de l'assureur qui a rédigé la police et pris connaissance de la situation de l'assuré (Req., 7 mars 1898, S. 1901. 1. 481). Mais il résulte d'autres arrêts (Req., 13 juillet 1896 ; Civ. rej., 6 août 1901, *ibid.*), que l'assuré, qui n'a pas fait dans la police la déclaration d'un sinistre antérieur, ne peut objecter que la police a été rédigée par un agent de la Compagnie, ni qu'il a verbalement fait connaître ce sinistre à cet agent (Voir l'ensemble du sujet traité dans la dissertation Chavegrin sous les derniers arrêts cités) [1].

1689. — Aggravation du risque. — Il est possible que le *risque s'aggrave* au cours de la police. Suivant nous (mais les conditions générales des polices d'assurance-incendie en décident autrement), l'assuré n'est pas tenu, à peine de déchéance, de faire connaître cette aggravation : le contrat continue aux conditions anciennes. Toutefois l'assuré engage sa responsabilité en empirant le risque par son fait volontaire. Exemples : il a déplacé la chose assurée en l'introduisant dans un milieu où elle est plus exposée ; assuré sur la vie, il a fait un voyage dans des régions péril-

1. H. Guionin, *Les clauses de déchéance dans les polices d'assurance contre l'incendie* (th. Paris, 1905).

leuses que d'après la police il ne devait point fréquenter. Alors il y a modification dans la nature même du risque que le contrat devait couvrir, et cette modification a eu lieu sans l'agrément de l'assureur : la convention est résolue.

On a abusé dans les polices de formules qui obligent l'assuré à déclarer tel ou tel fait d'aggravation prétendue du risque. Dans l'assurance contre l'incendie, si l'assuré vient à mourir, les héritiers doivent se faire connaître dans un délai déterminé. S'il vend son immeuble, l'aliénation devra être dénoncée à l'assureur, pour que le contrat continue ses effets au profit de l'acquéreur. — Il en est ainsi, quand même les conditions du risque ne seraient point changées en fait, l'acheteur ne prenant pas présentement possession de l'immeuble.

Les tribunaux partent de l'idée que la partie imprimée des polices lie l'assuré, de la même manière que les dispositions manuscrites. Il l'a acceptée en donnant sa signature, il serait mal fondé à se soustraire à l'observation de ces clauses sous le prétexte qu'il n'en a point pris lecture. — C'est pousser le respect du contrat au delà de ce que l'équité commande, et même procéder parfois au rebours de l'équité ; l'assuré subit des déchéances pour avoir négligé des formalités dont il ne se savait même point tenu. Cela rend d'autant plus regrettable le parti, qu'a suivi jusqu'à présent le législateur français, de ne pas réglementer l'assurance contre l'incendie et l'assurance sur la vie. Une loi bien faite serait plus protectrice des intérêts de l'assuré que des conditions générales, établies par les assureurs tout à leur avantage. La nouvelle police, arrêtée par les assureurs en 1912, a cependant réalisé certains progrès au point de vue de l'équité (V. *supra*, n° 1672, note).

1690. — V. La prime corrélative du risque. — Quelques mots sur la *prime* [1]. Elle est corrélative au risque, et se chiffre d'après l'importance de ce dernier.

D'habitude elle est payable par annuités. Dans la pratique de l'assurance sur la vie, il dépend toujours de l'assuré de ne pas continuer l'entretien des primes et par conséquent de mettre fin à son contrat, à l'expiration de chaque année.

Dans les assurances d'un autre ordre, l'assuré ne peut pas s'affranchir de sa dette annuelle. Il est de règle que la prime soit servie avant le commencement de l'exercice auquel elle s'applique. Les polices portent que l'engagement de l'assureur ne commence à courir que du jour où l'assuré a acquitté sa première prime.

Que décider donc au cas où l'assuré se serait abstenu, en cours de police, de payer une prime à la date où il aurait dû le faire ? Ce point a donné lieu à des difficultés.

Les Compagnies ont jadis prétendu arguer d'une clause des polices, dangereuse pour les assurés. La prime était déclarée *portable* et non pas *quérable* : l'assuré devait de sa propre initiative la payer au siège ou à l'agence de la Compagnie, et l'expiration du délai sans qu'il se fût présenté emportait de plein droit suspension des effets de la police ou résiliation même du contrat, suivant la formule adoptée.

Comme les assureurs n'en avaient pas moins pris pour habitude de faire recouvrer les quittances chez les assurés, la jurisprudence en a conclu que cet encaissement à domicile valait renonciation tacite de la Compagnie à se prévaloir de la clause de déchéance ou de suspension. En dépit des termes de la police, la prime est redevenue quérable (Civ. cass. et rej., 16 mai 1900, D. 1900, 1. 383).

On est ainsi rentré dans le droit qui est commun aux autres contrats. L'assuré ne serait même pas frappé, pour avoir refusé de payer la prime

1. FABRE, *La prime dans l'assurance sur la vie* (th. Toulouse, 1911).

sur la présentation que l'assureur lui a faite de la quittance. Il faudrait un jugement prononçant contre lui la résiliation (art. 1184, C. civ.). Les polices disposent cependant aujourd'hui que les effets du contrat seront suspendus, lorsque l'assureur a signifié à l'assuré en retard une mise en demeure à laquelle celui-ci n'aurait pas déféré.

Excepté en droit maritime (art. 191, 10°, et arg. 320, C. com.), la créance de la prime n'est pas garantie par un *privilège* sur les objets assurés.

1691. — VI. Du sinistre. — Le *sinistre* est l'événement qui donne ouverture à l'indemnité, c'est-à-dire au paiement de la somme assurée.

Quand ce sinistre provient d'un *fait volontaire* de l'assuré, l'assureur cesse d'être tenu. Une personne qui a contracté sur sa tête une assurance sur la vie ne peut pas, au moyen d'un *suicide*, procurer aux siens le profit de cette assurance (à moins que ce suicide ne soit un acte d'irresponsabilité, ce qu'on devra, selon nous, présumer en cas de doute ; *contra* Rej., 29 janvier 1912, D. 1912, 1, 159, et ce qu'il appartiendra au surplus au médecin légiste d'établir). — Un propriétaire ne peut pas, en mettant le feu à sa maison, se procurer l'indemnité.

La survenance du sinistre, tout au moins d'après les anciennes polices, obligeait l'assuré ou ses ayants cause à des *déclarations* dans un délai déterminé, sanctionnées ici encore par la déchéance (ce qui, au moins comme règle absolue, était manifestement exagéré)[1]. Si le dommage est matériel, il y a lieu à une *expertise* amiable et contradictoire par deux personnes que désignent l'une l'assureur et l'autre l'assuré. Les conclusions du rapport de ces experts ne seront pas obligatoires, car ils n'ont pas opéré comme *arbitres*, à moins que les parties de leur aient reconnu cette qualité La règle qui autorise l'insertion de la *clause compromissoire* dans les polices d'assurances maritimes (art. 332) ne s'étend pas aux autres espèces d'assurances. La partie qui conteste les résultats de l'expertise peut donc se pourvoir devant les tribunaux.

L'indemnité est égale au dommage ressenti par l'assuré (sous réserve de ce qui a été dit des assurances partielles). Sur ce point encore le droit maritime introduit une dérogation aux règles ordinaires, qu'on ne saurait généraliser. En cas de « sinistre majeur », l'assureur peut *délaisser* à son assureur les débris du navire ou de la cargaison et réclamer la somme assurée tout entière. Transportée dans l'assurance contre l'incendie, la règle signifierait que l'assuré, dont la maison brûlée est tombée en ruines, pourrait exiger la somme entière et mettre l'assureur en ses lieu et place dans la propriété des décombres. Or cette faculté ne saurait lui être reconnue : en langage de navigation, il ne peut *régler* que *par avaries* dans les assurances terrestres.

1692. — Prescription. — La *prescription* de l'action en règlement du sinistre devrait s'accomplir par le délai de *trente ans*, courant du jour du sinistre. La prescription trentenaire est de droit commun, à moins qu'un texte n'en dispose autrement. L'action née du contrat d'assurance maritime se proscrit par *cinq ans* à compter de la date du contrat (art. 432) ; mais c'est une règle exceptionnelle, étrangère aux autres assurances.

Toutefois, les polices limitent les réclamations de l'assuré à un délai beaucoup plus court, d'un an ou de six mois en général.

---

1. La jurisprudence admettait certains tempéraments et ne frappait pas l'assuré dans tous les cas où il aurait retardé la déclaration. Elle tenait compte des circonstances de fait (Req., 18 octobre 1905, S. 1906, 1, 210 ; Paris, 22 juin 1907, S. 1908, 2. 309 ; Rej., 24 juillet et Req., 5 août 1912, D. 1913, 1, 85). Mais nombreux étaient aussi les arrêts qui appliquaient la clause de déchéance à la lettre (Req., 15 janvier 1900, S. 1900, 1, 412 ; Civ. cass., 28 mars 1900, D. 1900, 1, 254).

Cette clause est licite. La durée de la prescription est bien d'ordre public, mais en ce sens seulement que le délai n'en saurait être étendu. Le débiteur n'a pas le droit de renoncer d'avance à la prescription (art. 2220, C. civ.) et de promettre au créancier de s'exécuter, quand même il ne serait poursuivi qu'après trente ans.

Bref, le temps de la prescription ne comporte pas de *prolongation* par le fait de la convention. Mais le contraire n'est pas vrai. Le temps de prescription peut être *raccourci* au détriment du créancier. Le débiteur ne s'oblige qu'à condition d'être poursuivi avant une certaine époque ; si cette époque arrive sans poursuites, il sera libéré.

Le délai substitué par les parties à la prescription ordinaire devient un *délai de forclusion*. Ce n'est plus une prescription véritable. Il importe de le classer sous cette appellation. Car tel fait, autre qu'une assignation en justice, qui n'aurait pas la vertu d'interrompre une prescription, pourra cependant conserver les droits de l'assuré s'il avait eu lieu dans le temps fixé : on le décidera par interprétation des volontés. La jurisprudence la plus récente offre un grand nombre de décisions qui ont pour objet de déterminer ces faits équivalents à une poursuite proprement dite : l'envoi d'une lettre de l'assuré ne suffirait pas à le préserver de la déchéance (Req., 26 octobre 1896, D. 97, 1, 5) ; il en serait de même de la sommation de payer à la requête de l'assuré ou d'une opposition signifiée par un créancier hypothécaire à l'assureur (Req., 26 mars 1902, D. 1902, 1, 248 ; 28 juillet 1908, S. 1911, 1, 436). Peut-être l'acceptation d'une expertise par la Compagnie produirait-elle un meilleur effet (Civ. cass., 22 février 1899, S. 1901, 1, 265 et note Naquet).

On doit regretter, en général, que les arrêts fassent trop facilement droit à la prétention des Compagnies, lorsqu'elles se retranchent derrière la clause abréviative de la prescription. Répétons ce qui a été dit quant aux clauses de résiliation (n° 1689). Elles constituent souvent des pièges tendus à la crédulité des assurés. On partait autrefois de l'idée que, dans le contrat, c'est le créancier qui est le fort ; que les stipulations par lesquelles il limite son droit détendent la rigueur de la dette et sont de bon aloi. Le développement de la société par actions a renversé les rôles ; elle a une clientèle de *créanciers* qui sont désarmés contre ses entreprises. C'est le *débiteur* qui fait la loi du contrat. Il ne faudrait pas que cette loi devînt oppressive, par suite d'une tendance à appliquer à l'aveugle la liberté des conventions.

1693. — VII De l'indemnité, subrogée à la chose assurée. — L'indemnité d'assurance est-elle représentative de la chose assurée ? C'est à l'occasion des assurances ayant des valeurs matérielles pour objet (contre l'incendie, la grêle, les risques de transport maritime) qu'on a eu à se poser cette question.

La chose assurée est grevée de *privilèges* ou d'*hypothèques* au profit de créanciers déterminés de l'assuré (vendeur de l'immeuble non payé, bailleur garanti de ses loyers sur les meubles du locataire, etc.) Il est donc dans la destination du bien, pour le cas où cet assuré deviendra insolvable, que le prix en soit appliqué par préférence à certains ayants droit, au lieu d'être distribué proportionnellement entre tous ses créanciers. Ce rang d'hypothèque ou de privilège va-t-il se conserver sur l'indemnité, maintenant que la chose a péri ? Y a-t-il, suivant l'expression consacrée, *subrogation réelle* de la somme assurée à la chose assurée elle-même ?

La doctrine et la pratique s'étaient prononcées dans un sens contraire à cette subrogation. L'indemnité, disait-on, ne représente pas le bien. Elle est acquise en retour des primes que les assurés ont dû verser, et les droits des créanciers hypothécaires ou privilégiés ne portaient point sur ces primes. En conséquence, la somme, valeur chirographaire, sera répartie *au marc le franc*.

Il est vrai que le créancier ayant un rang de faveur, qui voulait se couvrir, disposait d'une ressource. Il exigeait du débiteur, au moment de traiter, qu'il lui fît cession expresse de sa créance éventuelle contre la Compagnie d'assurances, et cette cession était régularisée au moyen des formes de l'art. 1690, C. civ.

Cet état de choses a été changé depuis la *loi du 19 février 1889*, qui avait des précédents d'ordre plus spécial dans celles du 28 mai 1858 sur les magasins généraux (v. *supra*, n° 1602) et du 10 décembre 1874 sur l'hypothèque maritime. Aujourd'hui « les indemnités dues par suite d'assurances contre l'incendie, contre la grêle, contre la mortalité des bestiaux ou *les autres risques*, sont attribuées, sans qu'il y ait besoin de délégation expresse, aux créanciers privilégiés ou hypothécaires suivant leur rang. — Néanmoins les paiements faits de bonne foi avant opposition sont valables (art. 2 de ladite loi de 1889) [1] ».

1. Sur cette subrogation, voir l'article de MM. Darras et Tarbouriech, dans les *Annales de droit commercial*, 1889 et 1890.

SIXIÈME PARTIE

DES FAILLITES ET BANQUEROUTES, DES LIQUIDATIONS JUDICIAIRES [1]

(C. com., livre III en trois titres, art. 437 à 614 [et 635], refondu par la loi du 28 mai 1838, avec les lois du 17 juillet 1856, du 12 février 1872 et du 6 février 1895 ; l. 4 mars 1889 et 4 avril 1890 ; l. 30 décembre 1903 et 23 mars 1908 ; l. 5 janvier 1914 ; C. pén., art. 402 à 405).

NOTIONS PRÉLIMINAIRES

1694. — Aperçu général. — Le commerçant conserve la direction et la disposition de ses biens aussi longtemps qu'il pourvoit à ses échéances. C'est d'évidence. Mais s'il vient à arrêter ses paiements, il importe que l'ensemble de son actif soit mis sous la main de justice. C'est à cette pensée que répond la *faillite*, ou la liquidation des biens d'un commerçant qui est hors d'état de régler son passif.

L'institution protège efficacement les intérêts des créanciers : 1° elle vise à les satisfaire sans poursuivre l'expropriation nécessaire du failli, car celui-ci pourra se trouver replacé à la tête de son actif par le moyen d'un concordat ; 2° elle respecte entre eux l'égalité proportionnelle, sous réserve des causes de préférence reconnues par la loi ; 3° elle soumet à un contrôle rigoureux les titres de production des intéressés ; 4° elle substitue à l'administration du failli celle d'un syndic plus exercé ; 5° elle annule les opérations équivoques accomplies avant le jugement déclaratif.

L'embarras d'affaires qui détermine une faillite peut tenir aux causes les plus variées, n'engageant point toutes la responsabilité du débiteur. L'actif, qui est la contre-partie des dettes et qui doit servir à l'acquitter, se perd ou se déprécie ; ou la transformation immédiate des valeurs en argent est impraticable, sans faute du commerçant. — Sa marchandise cesse de se vendre par perte d'un débouché ou par l'effet d'une concurrence. — Ses acheteurs ont fait eux-mêmes de mauvaises affaires (ricochet de faillites). — Son papier ne trouve plus d'escompteur. Ces hypothèses sont rares.

Habituellement il y a eu des *fautes* commises. Le commerçant a mal calculé ses *prix de revient*, supporté des *frais généraux* exagérés, sacrifié à ses *dépenses*, à ses *plaisirs*. Le capital devrait normalement demeurer intact. Le passif l'échancre d'abord, finit par l'absorber, par le dépasser. Ainsi succombent les petits magasins, ceux qui donnent à la faillite son plus

---

1. Bibliog. — Indépendamment des traités sur le droit commercial qui développent la faillite à sa place, tels que celui de MM. Lyon-Caen et Renault (7e et 8e vol.), on citera les ouvrages suivants spéciaux à notre institution : Esnault, *Traité des faillites et banqueroutes*, 4 vol., 1846 ; Renouard, *Traité des faillites et des banqueroutes*, 2 vol., 3e édit., 1857 ; Bédarride, *Traité des faillites et banqueroutes*, 3 vol., 4e édit., 1862 ; Percerou, *Des faillites et banqueroutes* (dans notre grand traité), 2 vol., 1908-1913. — Et, dans l'ordre de la liquidation judiciaire : Voron, *De la liquidation judiciaire*, 1890 ; M. Lecomte, *Traité théorique et pratique de la liquidation judiciaire*, 1890 ; Frémond et Camberlin, *Code pratique des liquidations et faillites*, 2 vol., 1889 ; E. Malapert, *Du régime de la liquidation judiciaire*, etc., 1892.

fort contingent (les industries de l'alimentation et de l'habillement entrent pour plus de moitié dans les statistiques).

C'est la faillite préparée de loin : *Decocor est qui substantiam suam consumit, sicut ignis paulatim aquam coquendo diminuit* (Rocco). La basse latinité avait forgé les mots *decoctio*, *decoctor* ; l'appellation moderne de « failli » provient de *fallere*, tromper (à comparer avec l'allemand *fallen*, tomber) : le négociant trompe ceux qui lui font crédit (*fallitor*) et se trompe lui-même (*fallitus*).

Ces fautes peuvent être particulièrement graves. Le négociant a voulu réparer de premières pertes *en jouant à la Bourse*, il a *souscrit des effets de complaisance* : c'était rendre sa chute irrémédiable. Ces faits sont répréhensibles ; il en est d'autres bien plus blâmables. Pour détourner le peu qui lui reste, il *prend la fuite*, ou bien il demeure présent, se laisse mettre en faillite, mais *dissimule des valeurs*. On pourrait varier les exemples : en réalité, la moralité et la responsabilité changent d'un failli à un autre.

De là une échelle de responsabilité, qui part de la force majeure et s'élève jusqu'à la fraude. Elle se traduit dans l'organisation de la *banqueroute*.

La banqueroute est une cause d'aggravation de la faillite, d'ordre exclusivement pénal. Elle ne modifie ni le régime de liquidation des biens, ni les attributions du syndic ou le mode de production des titres. Au point de vue du droit privé, toutes les situations de faillite se confondent (sous réserve des conditions mises au concordat, à l'excusabilité, à la réhabilitation, dont il sera reparlé). Mais au point de vue pénal il y a des distinctions. Beaucoup de faillis ne sont pas banqueroutiers ; mais, inversement, tout banqueroutier est d'abord un failli.

La banqueroute est tantôt un délit (*banqueroute simple*) et tantôt un crime (*banqueroute frauduleuse*). Elle suppose donc la faillite de l'inculpé, et en outre l'articulation de certains faits prévus par la loi pénale.

1695. — Historique. — La faillite est de provenance romaine [1]. Le préteur prononçait l'*envoi en possession* des créanciers sur l'ensemble des biens du débiteur qui ne réglait pas ses engagements : par là l'actif était mis sous séquestre, ainsi qu'il en est de la faillite actuelle. Ce régime a succédé à une exécution plus ancienne sur la personne même du débiteur (*manus injectio*). Tout d'abord il y avait lieu à la contrainte par corps : le débiteur insolvable était même vendu comme esclave. Le jour où, par progrès des mœurs et par adoucissement de poursuites, on cessa de s'attaquer à la personne physique du débiteur, son patrimoine dans son indivisibilité fut responsable du passif en souffrance. Le patrimoine n'est-il pas l'émanation directe de la personne ?

L'envoi en possession avait pour objet le bloc des biens. Il y avait lieu de les vendre à un seul adjudicataire, qui s'engageait à payer un dividende aux créanciers et qui succédait à la personne du failli. La vente des biens au détail n'eut lieu que plus tard, sous le Bas-Empire.

La loi romaine ne distinguait pas entre les *débiteurs commerçants* et les *débiteurs non commerçants*. La faillite avait une portée générale, elle s'appliquait, quelle que fût la profession du débiteur.

Cette faillite était d'ailleurs assez imparfaite. Le seul moyen pour les créanciers de faire tomber les actes préjudiciables du failli, c'était l'*action paulienne*, qui exigeait la preuve de la fraude et celle de la complicité du tiers. Les Romains n'ont pas connu non plus le *concordat*, cette convention qui, sous certaines conditions de majorité, réintègre le débiteur dans la possession de ses biens, en lui faisant remise d'une portion du passif

1. Voir l'histoire de l'institution : dans J. Kohler, *Lehrbuch des Konkursrechts*, 1re éd., 1891 (partie reproduite aux *Annales de droit commercial*, 1891 et 1892), et 2e édit., 1903 : *Leitfaden..* ; ainsi que dans notre ouvrage *Des faillites en droit comparé*, 2 vol., 1887, et dans Thaller et Percerou, *op. cit.*, I, nos 5 à 37.

ou en lui donnant un délai ; mais, depuis le Bas-Empire, les *lettres d'atermoiement* délivrées par l'Empereur pour cinq ans au plus, après consultation des créanciers (origine de ces *lettres de répit* dont la pratique se poursuivit à travers le moyen âge jusqu'à des temps rapprochés de nous).

C'est cet envoi en possession qui, après les invasions et l'éclipse de nombreuses institutions romaines, fut remis en honneur par les *villes italiennes* (Gênes, Pise, Florence, etc.), afin de relever le crédit. L'institution se spécialisa dans le milieu du commerce ; mais la limitation de la faillite au droit commercial ne s'est maintenue que dans certains États latins, on le verra.

Les Républiques d'Italie réagirent contre la notion germanique des saisies individuelles et du privilège du premier saisissant. Elles firent prévaloir dans le commerce la procédure de la faillite avec son universalité et avec l'égalité de rang des créanciers. Elles introduisirent : 1° le *concordat* de majorité, 2° le *report de faillite*, ou les actions en nullité, dispensées de la preuve de fraude exigée pour l'action paulienne.

Par l'entremise de Lyon (règlement des changes du 2 juin 1667), la faillite pénétra en France. Jusqu'à Louis XIV, nos Rois ne s'étaient occupés que des faillis coupables de banqueroute, pour les frapper de peines sévères.

L'*Ordonnance de 1673*, dans ses trois titres IX, X et XI (défenses et lettres de répit, — cession de biens, — faillites et banqueroutes), soumit les biens de la faillite à une liquidation collective. C'était une organisation à peine ébauchée : le concordat y trouvait place ; il n'était point institué d'action en nullité pour atteindre les actes de la période suspecte (c'est seulement plus tard une Déclaration de 1702 qui mit les créanciers en mesure de faire tomber ces actes).

La commission, désignée en l'an IX pour rédiger un Code de commerce, entra dans une réglementation des faillites plus détaillée. Mais son texte ne prévalut point. Le projet qu'elle avait établi paraissait oublié lorsque des faillites scandaleuses décidèrent le gouvernement à le sortir des cartons. Alors, dans des discussions sérieuses, le Conseil d'État lui fit subir des remaniements considérables. De là sortit le régime qui eut force de loi pendant trente ans : l'ancien *livre III* du Code.

Plus tard, ce régime donna lieu à des réclamations ; les dispositions en étaient les unes trop dures, trop « napoléoniennes », les autres trop peu précises. Il fallut procéder sous le gouvernement de Juillet à une refonte du livre III, qui eut pour résultat l'une des lois les mieux composées, les mieux préparées par le travail parlementaire, la *loi du 28 mai 1838*.

C'est elle qui forme aujourd'hui la charte de l'institution. Beaucoup de lois étrangères s'en sont inspirées. En tant qu'elle statue sur la faillite proprement dite, elle a été à peine amendée sur certaines questions de détail (concordat par abandon, privilège du bailleur, privilège des commis), par des lois du 17 juillet 1856, du 12 février 1872, du 6 février 1895, rattachées respectivement aux art. 541, 450 et 550, 549. Plus récemment, les lois du 30 décembre 1903 et du 23 mars 1908 ont facilité l'obtention de la réhabilitation.

Mais, parallèlement à la faillite, les cessations de paiements ont été l'objet d'une réglementation extrêmement importante. La *loi du 4 mars 1889* (complétée par celle du 4 avril 1890) a introduit le bénéfice de la *liquidation judiciaire* au profit des commerçants tombés par mauvaise fortune plutôt que par leurs fautes.

Grâce à cette loi, les débiteurs de bonne foi échappent à la faillite, que remplace alors une procédure de même nature, mais moins sévère. La législation de 1889 contient d'ailleurs certaines dispositions qui s'appliquent également à la procédure plus ancienne, à l'institution mère. Nous nous proposons d'examiner la liquidation judiciaire conjointement à la faillite ; car elle est enfermée dans le même cadre qu'elle, se développe à son image et correspond en définitive à un même régime de biens.

En 1911, le nombre des procédures a été en France de 11.352 faillites (dont 6.049 nouvelles) et de 5.556 liquidations judiciaires (dont 2.940 dans le cours de l'année).

1696. — Deux questions préliminaires doivent être abordées : *1*) Quelle est la nature de la faillite ? — 2) Comment la loi définit-elle la faillite et en quoi cette définition légale nécessite-t-elle un complément d'exposé ?

1697. — I. **Nature de la faillite.** — La nature de la faillite ressort d'une première réflexion, qui vient naturellement à l'esprit, lorsqu'on songe au parti que peut prendre le négociant hors d'état de payer ses dettes. Il est embarrassé dans ses affaires. Comment va-t-il se conduire ?

Sa première pensée sera de convoquer à l'amiable ses créanciers et de leur proposer un *arrangement*. Cet arrangement consistera : 1° soit à reculer ses échéances, avec ou sans remise d'une partie du passif, 25 ou 50 o/o ; 2° soit à abandonner aux créanciers l'ensemble de ses biens dont le prix sera ensuite réparti proportionnellement entre tous par un liquidateur librement choisi : ce qui procurera encore au négociant sa décharge ou au moins un sursis pour le solde, jusqu'à ce qu'il ait acquis de nouveaux biens.

Si les créanciers souscrivent « unanimement » à une pareille combinaison, la convention, dite *concordat amiable*, tirera sa force obligatoire du droit commun des contrats (art. 1134, C. civ.).

Sous quel régime vont se trouver placés alors les créanciers tant par rapport au négociant que dans leurs relations réciproques ?

Les créanciers se sont volontairement associés en vue de faire liquider leur gage général par un agent centralisant leurs intérêts sur la base d'une protection proportionnelle. Chacun d'eux a renoncé à son action individuelle. C'est le trait propre à toute association. « Association », et non point « société » : la société supposerait poursuite d'un bénéfice (art. 1832, C. civ.), or il s'agit seulement de diminuer la perte provenant du revers qu'a subi le débiteur (V. toutefois *supra*, n° 226 *bis*).

Ce qu'une convention pourrait faire avec l'accord de tous, la loi l'accomplit de son autorité propre. Il appartient, soit à un créancier, soit au commerçant lui-même, de provoquer la mise de l'actif sous le régime de liquidation collective ; le tribunal peut également l'établir d'office. Un jugement déclaratif va placer *ipso facto* les créanciers en un état d'association, afin de liquider leur gage et d'en distribuer le produit au *prorata* de leurs droits.

Cette décomposition n'a rien d'anormal, rien de forcé. Elle est de nature à éclairer toute la faillite. Des auteurs distingués l'avaient autrefois recommandée. Delamarre et Le Poitvin faisaient observer dans leur *Traité de droit commercial* (VI, n°s 68 et suiv.) qu'il était essentiel de se reporter aux notions premières de la faillite, sous peine de ne rien entendre au droit de cette institution. Ils ajoutaient que, sans doute, la masse n'est pas une société, puisque la double fin de toute société est un bénéfice espéré et le partage de ce bénéfice : mais que « la masse était une sorte de communauté (*consortium*) forcée, fortuite, ayant pour double fin la diminution de la perte de tous et la contribution de tous, *pro modo crediti cujusque*, à la perte commune, présumée certaine », enfin, que « cette communauté ou collège, formée de la fusion de toutes les créances *en une créance unique, indivisible*, en tant qu'il s'agirait de la défense et du soin des intérêts communs, administrait par ses syndics dans son propre intérêt et était le curateur de la faillite ». Et, à la vérité, comment douter qu'il en soit ainsi ?

Bien entendu, ce que les créanciers mettent en commun, ce ne sont pas leurs créances elles-mêmes, lesquelles demeurent respectivement à chaque ayant droit, mais leur pouvoir d'exécution, le gage de poursuites qu'ils ont sur le patrimoine. Si les créances étaient mises en commun, il n'appartiendrait plus au créancier, le dividende de faillite une fois payé, d'émettre des exigences sur l'actif qui adviendrait au débiteur par la suite. Or, cette conséquence, au moins en cas d'union, ne se produit point.

La faillite, en résumé, n'est qu'une *association de créanciers résultant du jugement qui la prononce, et permettant à ces créanciers dûment groupés de produire leurs titres et de concourir à la réalisation d'un ensemble de biens*[1].

Et, de là, deux effets importants de la faillite : la *cessation des poursuites individuelles* quant aux créanciers, — le *dessaisissement* quant au débiteur.

1698. — A. Cessation des poursuites individuelles. — La masse. — Le concordat. — Du côté des créanciers, les poursuites que chacun pouvait exercer avant la faillite se trouvent suspendues. Il n'est plus désormais possible que l'un ou que l'autre parmi eux pratique une exécution séparée contre le débiteur.

Ce n'est là qu'un aspect d'une conception plus vaste. Les créanciers sont *syndiqués*. Ils ont un représentant commun qui agit à leur place, le *syndic*. Comme l'associé dans une société dont il serait membre, chacun des ayants droit subordonne son intérêt à celui de la collectivité. Leur ensemble forme *masse*, la masse du *passif*.

Chacun aussi a mis dans l'association sa part du gage général, à titre d'apport, et c'est là le fonds commun, la masse de l'*actif*.

La liste des créanciers, avec les sommes qui leur reviennent respectivement, ressort du procès-verbal de vérification, après examen des titres.

Est-ce forcer la comparaison que de rapprocher cette liste de la liste des souscripteurs déposée devant notaire dans une société anonyme ? Si la comparaison était forcée, d'où viendrait l'expression de *dividende*, qui traduit si bien le droit de chaque prétendant dans la faillite, et qui montre ce que le jugement déclaratif a fait de la créance primitive ? Le droit de l'associé dans une société constitue un « dividende », un émolument de chiffre incertain. Le droit du créancier aux poursuites est de même nature. Son pouvoir d'exécution cesse d'être liquide au moment où la faillite est prononcée ; il se convertit en un dividende dont le *quantum* ne pourra être fixé qu'à la fin de la faillite. La terminologie révèle exactement la nature des rapports mutuels qui s'est opérée entre les ayants droit.

D'autre part, si les créanciers sont ainsi groupés, le groupe sera appelé à prendre des *délibérations communes*. Ces délibérations régleront d'une manière indivisible les résultats de l'association. Elles n'auront pas besoin, pour s'imposer à tous, de l'assentiment de tous. Dans une assemblée d'actionnaires, la majorité fait la loi. On assistera à un pareil phénomène dans les assemblées de créanciers de la faillite.

a) La plus importante de ces délibérations est le *concordat* (art. 507 et s.). Par le concordat, le failli est remis à la tête de ses biens, moyennant la promesse qu'il fait de servir des dividendes dans l'avenir. Les créanciers ne se contentent pas de voter entre eux. Ils traitent avec le failli personnellement. Il y a deux parties contractantes : le débiteur, la masse.

b) L'opposé du concordat est l'*union*, régime de vente des biens et de répartition de sommes (art. 529 et s.). L'union ne se vote pas. Elle provient de ce que le concordat n'a point réussi. C'est une solution négative résultant de l'échec, du refus ou de l'absence de tout concordat.

Bref, par suite de la faillite, un créancier ne peut plus se faire un sort privilégié par rapport aux personnes de la même condition que lui.

Aussi longtemps que la faillite n'était pas ouverte, chacun avait le droit,

---

1. C'est pour cela que l'étude des faillites ne peut être bien comprise que si l'on a commencé par se pénétrer de celle des sociétés.

pour obtenir son paiement, d'aviser à des moyens de persuasion ou de force, sans se préoccuper des autres prétendants et même en passant avant eux. Le paiement à obtenir était le *prix de la course*.

Désormais, régnera entre eux tous la plus stricte égalité. Le jeu des coudes doit cesser : la situation ancienne est bien changée, car le droit basé sur la liberté des contrats délivrait une prime à l'habileté, à l'intrigue, au « chacun pour soi ». La survenance de la faillite substitue à la notion du laisser-faire un plan de répartition, qui en est le contraire.

On a pu dire de l'institution de la faillite qu'elle était de nature *socialiste*. Lorsque le débiteur est tombé à terre, serait-il équitable que les plus astucieux ou les plus hardis fussent seuls à se partager ses dépouilles ?

Ainsi envisagée, la faillite concourt au *crédit* commercial. On fait foi à un commerçant, on lui donne des délais, avec la perception plus ou moins précise, mais néanmoins très consciente, que, si le débiteur doit interrompre ses affaires, la loi prendra en main la cause de tous. Elle ne saissera pas les plus diligents accaparer l'actif. La faillite constitue une sorte de *sûreté*, donnée par le négociant non pas à un seul, mais à tous ses créanciers, et en vertu du statut même sous lequel il est placé.

1699. — B. Dessaisissement. — Période suspecte. — Le dessaisissement du failli (art. 443, C. com.) forme la contre-partie de ce régime. De même que les créanciers ont perdu le droit individuel d'exécution, de même le débiteur est atteint de l'*interdiction d'aliéner et d'administrer son actif*. La gestion de ses biens est dévolue au syndic.

C'est à partir du jugement déclaratif que se produit cette sorte de déchéance. Toutefois, il est institué, en deçà de la faillite ouverte, une *période* dite *suspecte*, partant de la date de la cessation générale des paiements, allant jusqu'au jugement de la faillite. Le tribunal en fixera le point de départ. Tout en laissant pouvoir au débiteur, jusqu'au jour du jugement, d'administrer ses biens et de représenter ses créanciers, la loi frappe, sous certaines distinctions, les actes du commerçant prenant date dans cette période. *a*) Les actes accomplis après le jugement déclaratif sont invariablement nuls. *b*) Ceux que le débiteur a faits entre la cessation des paiements et le jugement déclaratif (ou dans les dix jours précédents) sont en principe valables, mais ils tomberont sous certaines conditions déterminées. L'*action en nullité*, modelée sur l'action paulienne, est plus commode à exercer.

Ainsi, le syndic parvient tant bien que mal à reconstituer une portion du gage, en attaquant les opérations frauduleuses ou les actes inconsidérés de la dernière période (art. 446 et 447).

Le système organisé par la loi dans l'administration des biens de la faillite tient dans ces deux propositions :

a) *Le failli*, à partir du jour du jugement déclaratif, *cesse de pouvoir accomplir un acte quelconque* se rapportant à ses biens. Acheter ou vendre des marchandises ou des immeubles, négocier des effets, prendre ou donner des propriétés à bail, emprunter, faire ou recevoir des paiements, concourir à des partages, ester en justice, etc., tous ces actes lui sont interdits. Autrement, l'opération serait sans valeur vis-à-vis de la masse.

b. Ce que le failli n'a pas personnellement pouvoir de faire, *la masse l'accomplira régulièrement*. Le syndic la représente. Les créanciers, considérés comme un tout, sont entrés en possession des biens du débiteur. Déjà le droit commun, en dehors de toute faillite, habilitait le créancier à se subroger aux droits et actions du débiteur, et à exercer à sa place la faculté d'administrer (art. 1166, C. civ.). Maintenant, cette subrogation opère avec toute son ampleur : le gage « imparfait » est devenu « parfait », affectant le patrimoine entier. L'actif ne saurait demeurer sans gardien, sans administrateur. Il faut que quelqu'un le prenne en main, et veille ainsi à la liquidation du passif : cela nécessite des ventes, des distributions de sommes. Le syndic, mandataire de la masse, est qualifié pour les effectuer.

Il n'y a pas que des actes de réalisation à faire. En attendant qu'on vende, et même avec l'espoir que par un concordat on échappera aux ventes, il convient de gérer, de conserver, de pourvoir à la mise en valeur des biens, à leur entretien. C'est encore le syndic qui s'en chargera. Il va peut être continuer le fonds de commerce, emprunter, signer des effets, effectuer des opérations sur marchandises ou autres d'un chiffre souvent considérable La loi dira si le syndic peut seul faire ces opérations ou s'il doit se pourvoir de certaines autorisations.

1700. — Engagements de la masse. — Alors on sera témoin d'un fait des plus intéressants. Ces mêmes actes qui, accomplis par le failli dessaisi, seraient nuls au regard de la masse deviennent opposables à celle-ci, quand ils procèdent du syndic. Le dessaisissement a donc produit non une vacance des biens, mais une transmission de pouvoirs.

Bien mieux. Les personnes qui ont traité avec le syndic disposent pour leur remboursement d'un droit de poursuite sur toutes les valeurs de l'actif. Ces personnes forment des créanciers qui priment ceux qui avaient fait crédit au débiteur avant sa chute.

La masse est leur obligée. Elle ne pourra procéder à des répartitions entre ses membres, aussi longtemps que les nouveaux créanciers n'auront pas reçu satisfaction. L'actif de la masse répond par préférence des engagements de diverse nature contractés par le syndic.

Ainsi la faillite recouvre le crédit perdu par le débiteur. Telle opération de banque, que le commerçant dans la dernière phase de son existence d'affaires ne parvenait plus à négocier, car tous les guichets se fermaient devant lui, devient réalisable, sitôt qu'un syndic a pris sa place.

L'usage désigne ces nouveaux créanciers du nom de « créanciers *de* la masse », tandis que les autres sont « créanciers *dans* la masse »

Nous parcourrons plus loin diverses applications de cet important principe. Il se déduit de l'idée que la faillite est une association. Les créanciers qui, surpris par la cessation des paiements, ont centralisé leur gage commun, sont comparables à des personnes qui auraient constitué des apports en vue de les affecter à une exploitation. D'après une notion élémentaire, les associés s'effacent devant les créanciers qui ont traité avec le siège social. Le droit pour les obligataires de primer les actionnaires ne s'explique que par cette conception. Ce serait pour une société manquer à toute parole que de disputer à ses créanciers les valeurs sur lesquelles doit s'effectuer leur paiement. Ainsi en est-il de la faillite.

1701. — La masse personne morale. — Nous sommes conduits encore à une autre conséquence. C'est que *la masse*, le noyau des créanciers groupés afin de liquider le gage commun, *forme une véritable personne morale*, tenue des engagements du syndic.

Le syndic este en justice, soit comme demandeur, soit comme défendeur au nom de la masse. Il n'a pas à énumérer dans la procédure les noms de tous les créanciers, ce qui serait d'ailleurs impraticable. La jurisprudence reconnaît actuellement la personnalité des sociétés, même quand elles sont civiles (n° 295), et, si l'on objecte qu'on est ici en face d'une association, non d'une société, que d'autre part la loi du 1er juillet 1901 ne reconnaît pas la personnalité *de plano* à une association, nous répondrons que cette association qui s'appelle *masse* dispose d'une prérogative absente des autres.

Quant à savoir *si le syndic*, en représentant et en engageant la masse, *représente également le failli personnellement*, c'est une question sur laquelle il faudra se prononcer plus tard.

1702. — A quelle pensée le dessaisissement répond. — On pourrait s'arrêter là dans les considérations qui ressortent du dessaisissement.

Le reste de la théorie serait reporté au chapitre spécial consacré à cet effet de la faillite. Peut-être n'est-il pas hors de propos de montrer de suite à quelle pensée juridique le dessaisissement répond. A la rigueur, on s'expliquerait que la loi eût réuni les créanciers en une association, sans pour autant éconduire le débiteur de l'administration de son patrimoine. Pourquoi interdit-on au failli de gérer et de vendre ses biens à partir du jugement déclaratif ? — Plusieurs systèmes peuvent être proposés.

1703. — I. Le dessaisissement, suivant l'opinion la plus générale, procède de l'*action paulienne*. Le jugement déclaratif frappe d'une présomption générale de fraude les opérations quelconques que le débiteur entreprendrait par la suite. *Fallitus, ergo fraudator*. Il a voulu faire tort à ses créanciers. Il n'est pas besoin de démontrer cette intention dolosive, pas plus que la connivence du tiers avec qui il a traité : ce tiers est réputé participer à la fraude et donner son assistance au failli pour léser la masse.

Le dessaisissement serait donc un régime légal faisant peser sur toutes les opérations nouvelles du débiteur, sans distinction, un soupçon de *mauvaise foi*, de détournement voulu. L'art. 1167, C. civ. est étendu et simplifié dans son cercle d'action.

Cette présomption de fraude n'a rien d'étrange. Par la manière dont le commerçant a dirigé ses affaires, les orientant vers un désastre, il s'est attiré une suspicion de malhonnêteté. Fût-il exempt de dol, il serait coupable d'une profonde incurie : la faute lourde est assimilée à la fraude.

La masse, dans cette théorie, devient un *tiers* par rapport au failli.

Aussi longtemps que le commerçant était à la tête de ses biens, ses créanciers étaient ses *ayants cause*, subissant et respectant ses actes. Ce qui fait qu'une personne est l'*ayant cause* d'une autre, c'est que les opérations réalisées par cette dernière lui sont opposables à elle-même. Le négociant a géré son patrimoine au nom de ses créanciers comme au sien.

Maintenant que le patrimoine est immobilisé, le débiteur n'a plus cette qualité. Ses opérations à venir sont censées frauduleuses, la masse peut les méconnaître toutes. Ne plus pouvoir accomplir un acte pécuniaire opposable à ses créanciers, c'est cesser de les représenter.

Comment les mêmes intéressés peuvent-ils, suivant l'époque où les actes ont été faits, être considérés d'abord comme *ayants cause*, puis comme *tiers*, à l'égard d'une personne donnée, qui est le débiteur ? — Cela n'a rien d'anormal, ni d'illogique. Le fait se rencontre, dans des situations variées, par exemple lorsqu'un créancier, d'abord chirographaire, obtient ensuite une hypothèque. Cette hypothèque lui confère un titre propre, le débiteur cesse de pouvoir engager l'immeuble à son détriment. « L'ayant cause a une double qualité selon le temps que l'on envisage : *ayant cause* pour toute la période antérieure à la transmission dont il peut se prévaloir, il devient un *tiers* pour toute la période suivante (PLANIOL, *Traité élémentaire de droit civil*, I, n° 286). »

Et voici la conséquence. Si le débiteur fait un acte qui, d'après la loi, ne devient opposable aux *tiers* que moyennant une formalité complémentaire (transcription, signification, enregistrement), non seulement cet acte sera nul à l'égard de la masse, lorsqu'il sera postérieur au jugement de faillite ; mais il le deviendra encore, quoiqu'accompli avant cette date, lorsque l'acte n'est pas complété ou ne l'a été, par ladite formalité, qu'après ce même jugement [1].

Le jugement déclaratif arrête le cours de transcriptions, de significations et d'enregistrements, et par une disposition expresse de la loi que nous examinerons plus loin, n° 2050 (art. 448), le cours des inscriptions de privilèges ou d'hypothèques.

---

1. Comp. HUBERT, *Des effets du jugement déclaratif sur les mesures de publicité*, dans la *Revue critique de législation et de jurisprudence*, 1906, p. 236 et 272.

a) *Transcription* (donation d'immeubles). — Le commerçant a disposé d'un immeuble à titre gratuit, lorsqu'il était encore *in bonis*. Le donataire ne fait transcrire son titre au bureau des hypothèques que postérieurement au jugement déclaratif. L'immeuble sera compris dans l'actif de la masse, et la donation ne produira point son effet. Car le défaut de transcription peut être opposé par toutes personnes ayant intérêt, excepté... les ayants cause des parties. La masse n'est pas un ayant cause (art. 941, C. civ.). — Nous réservons pour le moment l'hypothèse d'une *vente* d'immeuble faite par le futur failli (V. *infra*, n° 2062 *in fine*).

b) *Signification* (transport de créances). — Le négociant avait, sur une personne déterminée, une créance dont il a fait cession alors qu'il était en pleine capacité. Le cessionnaire n'a pas encore accompli les formalités de l'art. 1690 C. civ. au moment où la faillite est prononcée. Il ne signifie le transport au cédé que postérieurement au jugement déclaratif. Il est trop tard pour que la cession opère au regard de la masse : ici encore cette valeur sera réunie à l'actif, et elle échappera au cessionnaire. — On appliquerait les mêmes idées à la cession d'un brevet d'invention, l. 5 juillet 1844, art. 20, ou à la vente d'un navire, l. 27 vendémiaire an II sur la mutation en douane.

c) *Enregistrement* (actes n'ayant point date certaine). — Sans doute, les actes sous signature privée, constatant des opérations commerciales, font foi de leur date par eux-mêmes ; en quoi le droit commercial déroge à l'art. 1328 C. civ., d'après lequel l'acte ne prend date à l'égard des tiers qu'à partir de l'enregistrement ou d'un des autres faits visés par ce texte. Mais cette règle de l'art. 1328 recouvre son application pour les opérations que ferait un commerçant *en dehors de son commerce*[1].

Cela étant, le négociant, avant le prononcé de sa faillite, a signé une transaction étrangère à ses affaires commerciales, et l'enregistrement en a été retardé jusqu'après le jugement déclaratif. La transaction sera sans valeur au regard de la masse. La loi cherche à garantir les tiers contre les antidates. Rien ne prouve que la date du titre soit vraie : la convention a pu n'être conclue que depuis l'ouverture du dessaisissement. — La doctrine, en général, combat cette application de l'art. 1328 à la faillite (Lyon-Caen et Renault, VII, n° 477) ; elle découle cependant de la théorie d'ensemble qui vient d'être présentée (Civ. rej., 27 janvier 1886, *Annales de droit commercial*, 1886-87, 2, 21, et la note)[2].

1704. — II. Il existe une autre application du dessaisissement ou de la nature de la faillite. Le dessaisissement obéit sans doute à une présomption générale de fraude, et la qualification de *tiers* convient à la masse. Mais il y a moyen, par le concours d'un autre facteur juridique, de conférer à la masse une condition encore plus solide.

---

1. Peut-être faut-il également revenir au droit commun de l'art. 1328, quant aux contrats commerciaux pour lesquels la loi du commerce prescrit un écrit et exclut la preuve testimoniale : ce qui est le cas pour la plupart des conventions maritimes (Cfr. Valery, D. 99, 2, 65).

2. Nous irions encore plus loin. — La masse doit être considérée comme un *tiers* par rapport au failli, à l'effet d'attaquer les actes sujets à transcription, à signification, etc., accomplis par lui, lorsque la formalité complémentaire a eu lieu non pas seulement après le jugement déclaratif, mais *après la cessation des paiements du commerçant*, s'il s'agit d'un acte que la loi annule, fait en temps suspect (art. 446 et suiv.). — Soit une donation immobilière faite par le commerçant et remontant à une époque plus ancienne que la cessation des paiements ou que le dixième jour précédent, mais transcrite seulement depuis l'ouverture de la période suspecte : elle est sans valeur au regard de la masse (V. *infra*, n° 1830). Le régime légal des opérations traitées en temps suspect doit s'étendre à celles qui, quoique plus anciennes, ne prennent force vis-à-vis des tiers, d'après la loi, que durant ce même temps (V. cependant, en sens opposé, Req., 16 novembre 1892, D. 93, 1, 68).

Les créanciers, groupés par la vertu du jugement de faillite, acquièrent-ils un *droit réel* sur l'actif du failli ? On le conteste.

Le jugement déclaratif, dit-on, n'investit pas la masse d'un *jus in re*. Ce droit, quel serait-il et comment le dénommerait-on ? S'il existait, le jugement de faillite serait passible d'un droit proportionnel de mutation.

Ce n'est pas que doctrine et jurisprudence nient la formation de tout droit réel au profit de la masse. Seulement, ce droit réel ne naît pas immédiatement, il résultera d'une mesure de publicité postérieure, d'une inscription : il ne portera que sur les immeubles. La loi institue au profit de la masse une *hypothèque légale* sur les immeubles et invite le syndic à en prendre inscription au bureau de la conservation (art. 490, C. com.). Cette formalité remplie, la masse disposera d'un attribut nouveau, elle ne sera plus un tiers ordinaire. Sa situation se renforcera, elle se prévaudra des prérogatives qui appartiennent aux personnes *investies d'un droit sur la chose* et que la loi refuse au contraire à un « tiers » pur et simple.

Cette analyse nous semble inexacte. Quoi ? Une hypothèque naissant au profit de la masse, en cours de faillite, par la vertu providentielle d'une inscription, tandis que le dessaisissement opère de plein droit au moment même du jugement déclaratif ! Ce serait assez contradictoire.

Il vaut mieux dire que le dessaisissement et l'hypothèque légale ne forment qu'une seule et même institution. *L'hypothèque légale, c'est le dessaisissement du failli en tant qu'il s'applique aux immeubles.*

Dès le moment où la faillite est prononcée, le commerçant cesse, au regard de la masse, de pouvoir soit disposer de ses immeubles, soit les engager par hypothèque ou autrement. Sur ce point tous sont d'accord, de même qu'on s'accorde à affirmer ce résultat en ce qui concerne les meubles. Or, qu'est-ce que cette indisponibilité immédiate de l'actif, sinon une « hypothèque » advenue à la masse, hypothèque au sens large, puisque le mot juste pour les meubles serait plutôt celui de « nantissement » ?

La faillite emporte donc mainmise judiciaire sur l'universalité des biens, transformation du gage imparfait en gage parfait. Cette entrée des créanciers dans l'administration des biens est assez énergique pour qu'on puisse y voir un « droit réel », non point retardé jusqu'à une prise d'inscription au bureau des hypothèques, mais instantané.

Le jugement déclaratif est public par lui-même. La loi veut qu'il soit affiché et mentionné dans les journaux. Mais ne l'eût-il pas encore été, il produit déjà tous ses effets. La vente d'un immeuble faite par le failli le lendemain du jugement sera sans valeur vis-à-vis de l'acquéreur, quoique les journaux n'aient encore point propagé la nouvelle de la faillite. Le retard d'insertion sera sanctionné par une action en responsabilité contre le syndic négligent. Il en est de même quant au retard de l'inscription hypothécaire de la masse, mesure de publicité complémentaire requise pour les immeubles. Une hypothèque ordinaire ne produit effet par rapport aux tiers qu'en vertu de son inscription. Ici l'hypothèque de la masse s'impose au respect des tiers, sitôt que la faillite est déclarée.

Ainsi raisonnaient déjà les Romains : l'envoi en possession sur les biens du débiteur insolvable équivalait à un gage. C'était un *pignus prætorium* (Girard, *Manuel de droit romain*, 3e éd., p. 1033, note 1). N'est-il pas en effet conforme au bon sens de traduire la séquestration de l'ensemble des biens, qui forme l'essence de la faillite, en un engagement réel du patrimoine, donnant ouverture tout aussitôt à une liquidation forcée ? C'est plus encore qu'une hypothèque ; c'est une hypothèque qui entre immédiatement dans la voie des actes exécutoires.

Le fait que le jugement déclaratif est exempt de droits de transmission ne prouve rien. L'hypothèque acquitte seulement une taxe d'inscription au bureau des hypothèques (25 cent. o/o), elle n'est pas sujette à un droit de transmissôn ; ici l'incertitude du montant du passif s'oppose à ce que cette taxe soit actuellement perçue.

Troplong a proposé tant sous le Code de commerce que sous la loi de 1838 de conserver la conception romaine. Il était dans la vérité [1].

1705. — Notre point de vue sera mieux apprécié, lorsqu'on en verra les conséquences par opposition à celles du système qui fait partir le droit réel de la masse seulement de l'inscription de l'art. 490, et prétend le limiter aux immeubles.

a) Un immeuble a été *vendu* par le futur failli. L'acheteur ne fait transcrire l'acte de vente qu'après faillite de son vendeur déclarée. Nous appliquons avec Troplong la même solution que dans l'hypothèse où cette aliénation aurait eu une *donation* pour cause. La vente est inopposable à la masse. « Jusqu'à la transcription, les droits résultant de la vente ne peuvent être opposés aux *tiers qui ont des droits sur l'immeuble et qui les ont conservés en se conformant aux lois* (art. 3 de la loi du 23 mars 1855) ». La masse, à peine la faillite prononcée, répond à cette condition : 1° Elle dispose d'un droit sur les immeubles du failli, soit qu'on l'appelle dessaisissement ou hypothèque. 2° Elle a même conservé ce droit *de plano* : l'inscription était requise non point pour « conserver » l'hypothèque qui existait dès le premier jour de la faillite, mais pour couvrir la responsabilité du syndic, exposé en cas de retard à des dommages-intérêts envers les personnes lésées.

Tel est notre sentiment. Mais, d'après l'opinion générale, l' « acheteur » doit être autrement traité qu'un « donataire ». Il peut encore utilement transcrire son titre après le jugement de faillite, pourvu toutefois qu'il le rende public avant l'inscription d'hypothèque de la masse prise à la teneur de l'art. 490 (Req., 28 mai 1908, D. 1909, 1, 425). Cette prise d'inscription n'emportera pas même, à proprement parler, *déchéance* contre lui. Elle l'obligera seulement à pratiquer la purge contre la masse, c'est-à-dire à lui offrir son prix, que le syndic ne pourra refuser qu'en faisant surenchère.

Nous n'acceptons point ces solutions. Il est choquant de reconnaître à la faillite assez de publicité pour interdire une vente, une hypothèque, une inscription d'hypothèque plus ancienne, et de lui refuser cette publicité en tant qu'elle empêcherait la transcription tardive d'une vente [2].

b) Le futur failli avait non pas vendu, mais *acheté* un immeuble sans en payer le prix. Le vendeur a *omis de requérir la transcription*, ou il n'y a procédé que postérieurement au jour où s'est ouverte la faillite de son acheteur. Le vendeur perd le *privilège* qui est accordé par l'art. 2103 C. civ. pour le paiement du prix, sur le produit de l'immeuble ; on expliquera plus loin pour quel motif (art. 448, nos 2056 et suiv.).

---

1. *Traité de la transcription en matière hypothécaire* (n° 149) : « La seule question à débattre est de savoir si le droit réel des créanciers de la faillite ne prend date que du jour de l'inscription que les syndics doivent requérir, au profit de la masse, sur les immeubles du failli. Nous ne saurions le penser. La faillite a été organisée par une loi spéciale : elle forme un système complet, qui ne doit pas être dérangé par une loi étrangère. Or, d'après le Code de commerce, le dessaisissement du débiteur date du jugement déclaratif et non de l'inscription prise en vertu de ce jugement. Une fois la faillite judiciairement déclarée, tous les droits sont fixés et arrêtés ; les hypothèques elles-mêmes, quoique valablement requises, ne peuvent plus être inscrites (art. 448) : tant il est vrai que le jugement déclaratif de la faillite est un moment décisif et suprême, d'où résulte une ligne de séparation infranchissable ».

2. Une question semblable se présente, en dehors d'une faillite, pour la *saisie* pratiquée sur un immeuble du débiteur. Cette saisie est sujette à transcription au bureau des hypothèques (art. 678, C. proc. civ.). A partir de la transcription, le poursuivant peut-il méconnaître les ventes de l'immeuble que le saisi aurait précédemment faites et non transcrites à cette date ? Peut-il méconnaître les hypothèques constituées par le débiteur et non encore inscrites lors de sa propre transcription ? Cela dépend du point de savoir si la saisie confère ou non un *droit réel* (Baudry et de Loynes, *Priv. et hyp.*, nos 2014 et s. ; Labbé, S. 77, 1, 441).

Mais, déchu du privilège, le vendeur veut se dédommager par l'*action résolutoire*. Il demande que l'immeuble lui fasse retour, l'acheteur n'ayant pas exécuté ses engagements (art. 1184 et 1654, C. civ.). Le peut-il ?

Notre réponse est négative. Les *tiers qui ont acquis des droits sur l'immeuble du chef de l'acquéreur, et qui se sont conformés aux lois pour les conserver*, sont admis à repousser l'action résolutoire, lorsque le privilège est éteint à leur égard (art. 7 de la loi du 23 mars 1855). La masse appartient à la catégorie des intéressés protégés par cette disposition. Sur ce point encore, une solution différente prévaut (nos 1915 et 2062). D'après les arrêts, il serait encore temps pour le vendeur d'intenter l'action résolutoire dans l'intervalle compris entre le jugement de faillite (15 mai) et la prise d'inscription du syndic (15 octobre). Ce ne serait que dans le cas où il dépasserait cette dernière date pour engager le procès en résolution, que la masse obtiendrait contre lui gain de cause.

1706. — Résumé. — Au total, la faillite tout entière tient dans ces deux particularités : — les créanciers sont fondus en une masse qui absorbe le droit d'exécution désormais perdu par l'individu ; — le débiteur est dessaisi.

Ces deux particularités ne sont que la traduction pratique d'une *association forcée*, comparable à celle qui s'établit entre propriétaires intéressés à des travaux de défense, d'assainissement ou autres et réunis en association syndicale (l. 21 juin 1865), — ou encore à l'association tacite qui, unissant dans un voyage en mer l'armateur avec les chargeurs, détermine le paiement par contribution des avaries communes (art. 397 et suiv., C. com.).

1707. — II. — Définition. — Il faut procéder à une définition juridique de la faillite, qui la serre de plus près.

La formule donnée par le Code de commerce n'évoque pas les considérations précédentes. D'après l'art. 437, « tout commerçant qui cesse ses paiements est en état de faillite », ce qui revient à dire que *la faillite consiste dans la cessation des paiements du commerçant*.

C'est une définition empirique ; elle a du moins le mérite de laisser ressortir deux traits s'ajoutant à ceux que nous avons déjà marqués ; ces deux traits devront être complétés par d'autres que nous aurons à signaler plus loin. L'art. 437 vise en effet uniquement : d'une part, la cause efficiente de la faillite, et d'autre part, l'indication des personnes qui y sont sujettes. Il nous apprend que la faillite a sa source dans la *cessation des paiements*, et qu'elle ne s'applique qu'aux *commerçants de profession*.

1708. — A. Cessation de paiements. — Il ne faut pas confondre la *cessation des paiements* avec l'*insolvabilité*.

a) L'insolvabilité est *le fait d'avoir un passif supérieur à son actif*. Le commerçant dont le bilan sincère et exact mentionne un ensemble de biens pour 100.000 fr. et des dettes pour 150.000 fr. se trouve dans ce cas : il est insolvable. La plupart des faillis souffrent de cette insuffisance d'actif.

b) La cessation des paiements est *le fait de ne pas payer ses dettes exigibles*.

Or un commerçant, tout en étant solvable, peut cesser ses paiements et tomber en faillite. Comment n'est-il pas en mesure de faire face à ses dettes, s'il possède un actif assez élevé pour les couvrir ? Cela paraît d'abord énigmatique. L'arrêt de ses paiements a cependant sa raison d'être.

Son actif est engagé : si on lui laissait le temps de le réaliser, il aurait de quoi se libérer ; mais on ne lui donne point ce délai nécessaire.

Par exemple, un banquier, lors d'une panique, voit affluer à ses guichets ses déposants (ou une banque d'émission, ses porteurs de billets) qui réclament instantanément leur argent (*dépôts à vue*). La contre-partie consiste dans des effets en portefeuille que le banquier a pris à l'escompte et qui n'arriveront que graduellement à échéance. L'établissement peut être solvable et se trouver empêché de rembourser *hic et nunc.*

Ou encore, c'est une société par actions qui n'a encore appelé que le premier quart de son capital. Avant qu'elle n'ait eu le temps de faire rentrer le complément, elle traverse une crise, et son capital encaissé est insuffisant par payer ses échéances, alors que le produit de l'*appel de fonds* serait en état de les couvrir.

Dans ces hypothèses, la faillite est encourue. En 1911 sur 1.621 liquidations judiciaires terminées, 50 ont donné 100 0/0 ; et ce même résultat a été atteint par 78 faillites sur 2.187.

Mais la faillite ne devrait-elle pas, en pareil cas, être évitée ? Non. Le poursuivant ne peut faire la preuve de l'insolvabilité du commerçant ; il n'y arriverait qu'en perquisitionnant dans ses livres. La connaissance de l'état des comptes d'un commerçant, faute de publicité de son bilan, est impossible. Elle nécessiterait une immixtion préalable dans les écritures, incompatible avec le secret des affaires (n° 113).

On a dû s'en tenir à un *signe apparent* : la cessation de paiements. Le négociant sait que la non-ponctualité des échéances gêne ses correspondants. En refusant de payer ses dettes, il s'attire tous les soupçons et justifie la prise de possession de son actif par ses créanciers.

En revanche, un commerçant peut, quoique insolvable, continuer ses paiements. Qui sait si, par de bonnes opérations, il n'arrivera pas à refaire sa balance ? Sa faillite ne doit point être prononcée. Quand même le créancier qui le poursuit le dirait insolvable, il lui manque le moyen d'en faire la preuve. Ou il n'arriverait à se procurer cette preuve que par des procédés inquisitoires que repousse la loi.

1709. — Qualité de commerçant. — La faillite ne peut atteindre que le commerçant de profession. Pour les autres débiteurs appartenant aux catégories civiles, fonctionne un régime différent, la *déconfiture.*

La déconfiture est l'*insolvabilité notoire* du débiteur, *établie par exemple au moyen de saisies infructueuses.* C'est par son défaut d'organisation qu'elle frappe l'attention et mérite les critiques dont elle est l'objet. Elle prend le contre-pied de l'idée d'association qui forme l'essence de la faillite [1].

En d'autres termes, chaque créancier conserve sa liberté d'action, il n'y a point de masse, point de syndicat. Chacun poursuit de son côté, saisit, fait ouvrir une contribution, un ordre. Il n'est pas tenu compte des absents ; pour profiter des poursuites entreprises par un autre, il faut former opposition. *Tarde venientibus ossa.*

L'hypothèque judiciaire (art. 2123, C. civ.), habilement utilisée, réalise l'accaparement pour les premiers inscrits : au contraire, dans la faillite, cette hypothèque est cantonnée dans un champ réduit (art. 446, C. com., V. *infra,* n° 1851).

Bref, la déconfiture est la lutte au plus empressé, elle consacre des inégalités souvent choquantes.

Pour le cas d'insolvabilité, quelques textes épars du Code civil introduisent des règles dénuées d'ampleur, ne se rattachant à aucun plan d'ensemble : — l'art. 1167 sur l'*action paulienne* ; — l'art. 1188 sur la *déchéance du terme,* avec les art. 1446, 1613, 1913, 2020, 2032, qui font application de la même idée aux *reprises de la femme* contre son mari, à la *vente à crédit,* à l'*exigibilité d'une rente perpétuelle,* au *remplacement d'une caution* insolvable, au *recours de la caution* contre le débiteur principal ; — les arti-

1. Cfr. GARRAUD, *De la déconfiture et des améliorations dont la législation sur cette matière est susceptible,* ainsi que notre ouvrage sur les *Faillites en droit comparé,* chap. 1er ; THALLER et PERCEROU, *op. cit.,* I, nos 125 et s. ; proposition BENDER à la Chambre des députés, tendant à l'organisation de la déconfiture (1915).

cles 1865 et 2003 prononçant *dissolution de la société* ou *révocation du mandat* en cas de déconfiture d'une des parties. — Quelques-unes de ces dispositions attribuent à la faillite et à la déconfiture les mêmes effets.

La loi devrait-elle étendre la faillite à toutes les professions, même en dehors du droit commercial ? La faillite civile est admise en Europe par un grand nombre d'Etats [1].

Les esprits semblent prévenus en France contre la généralisation de la faillite : impression d'ailleurs assez peu consistante.

a) La faillite civile protégerait mieux que les saisies les rentrées des créanciers. Il n'y aurait donc qu'à se louer de l'avoir instituée. Mais cet avantage contient un péril. Le crédit serait ainsi rendu plus facile aux personnes que leur profession ne doit pas engager dans les emprunts, dans les opérations à découvert : elles iraient à leur ruine. Ne cherche-t-on pas cependant à doter de crédit les entreprises civiles actuellement dépourvues de capitaux, l'agriculture particulièrement, et comment y arriver sans les doter aussi de l'institution de la faillite ?

b) La faillite occasionne au poursuivant une faible avance d'argent. Elle entretient elle-même ses frais. Coûtant peu aux créanciers, la faillite constitue un moyen d'*expropriation expéditif*. Or, l'esprit conservateur des fortunes inspire le droit civil. Il ne faut pas que le débiteur soit sommairement exécuté. Le concordat de majorité, quoique faisant contrepoids, n'atténuerait pas encore assez cette rigueur. Au surplus, la faillite civile, suivant une opinion, devrait exclure le concordat.

On peut répondre que ces prévisions sont toutes conjecturales. Au contraire, la faillite ménagerait le débiteur mieux que les saisies, et elle ne le ferait pas succomber sous les frais qu'entraînent les autres moyens d'exécution [2].

1710. — Résumé. — Tels sont les deux caractères de la faillite française, qui ressortent de l'art. 437 : cessation de paiements ; qualité de commerçant.

Mais ce que l'art. 437 s'abstient de dire, en outre, c'est que la faillite est *infamante*, et se décompose (depuis 1889) en deux *institutions parallèles*.

La loi ne pouvait pas (en 1838) relever cette dernière particularité. Elle ne devait pas non plus s'attacher à la première, le Code de commerce s'occupant de la condition des biens, non des déchéances politiques, qui rentrent dans le droit public. Insistons sur ces deux nouveaux éléments.

1711. — A. Note infamante de la faillite. — *La faillite entraîne une certaine flétrissure.* Elle porte atteinte à la considération. Cela est vrai, même en dehors de toute articulation de faits de banqueroute. L'opinion la juge sévèrement, fût-elle le résultat d'une force majeure.

Cet état des mœurs s'est répercuté sur la condition juridique du failli. Le jugement déclaratif le suspend de ses *droits de citoyen* : il cesse d'être électeur et éligible aux diverses fonctions. Toutes différences gardées, il subit une déchéance comparable à la dégradation civique.

---

1. Certains de ces Etats, comme l'Angleterre (*bankruptcy*) et l'Empire d'Allemagne (*Konkurs*), appliquent indifféremment la même faillite aux débiteurs commerçants et aux non-commerçants. — D'autres, tels que l'Autriche et l'Espagne, ont institué deux faillites distinctes. — En Suisse règne un système particulier, celui de la recevabilité de la faillite contre quiconque se ferait inscrire volontairement sur le registre du commerce. Thaller et Percerou, *op. cit.*, I, nos 172 à 178.

2. Le mouvement, parti d'Espagne au commencement du XVIIe siècle, en vue de soumettre à la faillite les débiteurs civils, était inspiré par le désir de préserver les débiteurs contre des poursuites individuelles trop pressantes, à la manière d'une cession de biens, plutôt que par la volonté de soumettre ces débiteurs à une aggravation de sort. Cfr. les explications intéressantes de Kohler, *op. cit.*, traduites dans les *Annales de droit commercial*, 1891, p. 235 et s.

La privation des droits publics se prolonge au delà de la faillite, elle continue malgré le *concordat* ou le *certifical d'excusabilité* (à la différence de ce qui se passe dans certains autres pays). Seul un jugement de *réhabilitation* rendra au failli ses droits politiques. Jusqu'en 1903, la réhabilitation exigeait strictement le remboursement intégral de l'ancien passif, avec les intérêts et frais (art. 604 et s., C. com.). La loi du 30 décembre 1903 a atténué ce régime, d'une part, en restituant au failli *ipso jure*, après dix ans, le droit d'être électeur, et d'autre part en accordant aux concordataires qui auraient payé les dividendes stipulés dans leur traité une « réhabilitation facultative » à côté de la « réhabilitation de droit ». La loi du 23 mars 1908 a été plus loin encore : elle a rendu l'électorat après trois ans, et surtout elle a introduit la réhabilitation légale et sans jugement, après dix ans (V. *infra*, nos 2718 et suiv.).

Cette diminution de personnalité n'est pas l'expression d'un dédain des anciennes classes dirigeantes envers les commerçants punis pour avoir voulu faire fortune. Car ce sont les commerçants eux-mêmes qui ont fait de l'institution ce qu'elle est. La loi poursuit un but préventif : la faillite redoutée met un frein aux spéculations. La faillite laisse une tache : le débiteur, par dignité ou par point d'honneur, aspirera à reconquérir son rang dans la société.

1712. — B. Dédoublement de la faillite. Liquidation judiciaire. — La faillite se dédouble depuis la loi du 4 mars 1889 en *deux procédures*. Les commerçants qui cessent leurs paiements sont mis aujourd'hui les uns en *faillite*, les autres en *liquidation judiciaire*.

La liquidation judiciaire introduite à la dernière époque, et qui était déjà pratiquée en fait dans certains ressorts avant sa reconnaissance par la loi [1], n'est qu'une *faillite atténuée*. Elle suit la plupart des règles de la faillite (art. 24 de la loi).

L'atténuation donnée à la faillite ordinaire porte sur trois points : — 1° elle n'est pas qualifiée *faillite* (il faut tenir compte de la puissance des mots) ; — 2° elle n'entraîne pas *dessaisissement* : le débiteur dirige lui-même sa liquidation, assisté d'un liquidateur ; — 3° elle ne le frappe que dans son *éligibilité*, et respecte ses autres droits civiques ou politiques.

Mais, pour que le commerçant échappe à la faillite, et bénéficie de la liquidation judiciaire, il faut qu'il se trouve dans la situation d'un *débiteur malheureux et de bonne foi* (comme se trouvait autrefois celui qui faisait cession de biens afin d'échapper à la contrainte par corps, art. 1265 et s., C. civ.). En outre, cette liquidation judiciaire ne deviendra définitive qu'à la condition, non essentielle il est vrai, par le commerçant d'obtenir de ses créanciers à l'issue de la procédure un témoignage de *crédit*, un concordat.

a) D'abord, les circonstances doivent excuser le commerçant qui demande le bénéfice de la liquidation judiciaire. La loi nouvelle veut :

1. La liquidation judiciaire a eu des précédents dans le régime improprement appelé des *concordats amiables*, qui fut en vigueur en 1848 et en 1870 (D. 19 mars et L. 22 août 1848 ; D. 7 septembre 1870 et L. 21 août, 7 septembre et 19 décembre 1871). Ces dispositions n'avaient eu qu'une portée transitoire. — La loi de 1889 est un morceau détaché du projet général de revision des faillites, que le gouvernement avait déposé en 1882 ; ce projet avait lui-même été précédé d'une proposition d'initiative parlementaire SAINT-MARTIN, en 1879. — Quelques législations étrangères (Belgique, Suisse, Italie) ont institué le *concordat préventif*, comme un moyen pour le débiteur de conjurer la faillite. Si ses créanciers, convoqués d'urgence, consentent à lui délivrer, à certaines conditions de majorité, un traité homologué ensuite par le tribunal, la faillite est évitée. Notre liquidation judiciaire, depuis 1889, se rattache d'une manière plus ou moins directe à ces procédures. En outre, la loi des faillites, en vigueur en Angleterre depuis 1883, présente quelque ressemblance avec la liquidation judiciaire française : la procédure anglaise commence par s'ouvrir sans recevoir de qualification, et elle ne dégénère en faillite que si tout concordat est repoussé.

1° que le débiteur *dépose son bilan* et fasse sa demande dans les *quinze jours* au plus tard à partir de la cessation de ses paiements ;

2° qu'il n'ait pas encouru certaines causes d'*indignité*, consistant dans des faits déterminés, tels que la banqueroute simple ou frauduleuse. Le tribunal, qui connaîtrait déjà ces faits au moment où il est saisi de la demande, refuserait la liquidation judiciaire et prononcerait la faillite. N'apprenant que plus tard le fait d'indignité, il convertirait la liquidation judiciaire en faillite (art. 2 et 19 de la loi de 1889).

Au surplus, d'après la jurisprudence, la liquidation, même demandée dans le délai légal et par un commerçant contre qui n'est relevé aucun acte d'indignité, est un pur « bénéfice », une *faveur* que le tribunal peut refuser (V. *infra*, n° 1736).

b) D'un autre côté, la liquidation judiciaire n'est un moyen définitif d'échapper à la faillite, que si elle est suivie de la *réussite d'un concordat*. L'échec du concordat fera retomber le débiteur en faillite, ce qui entraîne l'union et la vente des biens... Sur ce point d'ailleurs la déchéance de la liquidation judiciaire est *facultative* : le tribunal pourrait ne pas la convertir en faillite (même art. 19).

Ces deux conditions de la liquidation judiciaire : rapidité mise à la demander et obtention ultérieure d'un concordat, — expliquent la réforme de 1889. L'ancienne faillite, dans son unité d'application, dépassait le but par un excès de rigueur. La loi ancienne n'était plus obéie, dans une disposition pourtant capitale. Elle obligeait le commerçant, sous peine de *banqueroute simple*, à *déposer* spontanément *son bilan*, et à prendre l'initiative de sa faillite. On ne lui donnait même, pour effectuer ce dépôt, que trois jours après la cessation de ses paiements (ancien art. 438).

L'idée de la loi est claire : lorsque l'équilibre des comptes est rompu, en vain le débiteur veut-il conjurer la ruine en temporisant, il ne fera que l'empirer. Il faut recourir d'urgence à la justice ; la faillite, non retardée, peut procurer la guérison. Le commerçant obtiendra un concordat, s'il n'y a pas eu d'opérations louches et dilatoires : les créanciers n'auront qu'un faible sacrifice à s'imposer.

Ce plan était sage : mais l'extrême sévérité de la loi mettait échec à son succès. Le commerçant ne voulait entendre parler de la faillite à aucun prix : c'était trop chèrement acheter son salut. Il préférait se jeter dans des *expédients*, dans des *emprunts ruineux*, *ventes au-dessous du cours* ou *circulations de complaisance*, jusqu'à ce que l'actif fût réduit en miettes.

La faillite, déclarée alors à la demande des créanciers, arrivait trop tard. Elle n'aboutissait plus qu'à de rares *concordats* ; le *dividende* tombait à un taux insignifiant ; il y avait de nombreux *actes à annuler*, ce qui éternisait la liquidation ; la *clôture pour insuffisance d'actif*, le manque de fonds pour les frais de procédure (art. 527 et 528, C. com.), avaient pris des proportions inquiétantes.

Depuis 1889, la situation s'est améliorée. Les résultats seraient meilleurs encore, si l'on avait interprété la liquidation judiciaire non comme une *faveur*, mais comme un *droit* pour tout débiteur qui se trouve dans les conditions spécifiées par la loi.

Quoi qu'il en soit sur ce point, le commerçant n'éprouvera plus le même effroi à la pensée d'un appel à la justice, du moment qu'un autre régime de liquidation ménage mieux sa considération que l'ancien. Les statistiques le prouvent.

La liquidation judiciaire *se termine* assez *rapidement*, contrairement à ce qui a lieu pour les faillites (dont 413 étaient ouvertes sur 5.408, en 1911, depuis une période supérieure à cinq ans). 185 procédures seulement étaient pendantes depuis ces cinq ans, sur 2.998.

Le *concordat* y prévaut dans la proportion de 46 o/o (761 sur 1.621), tandis que celle des concordats de faillite tombe à 25 o/o (662 sur 2.187).

Le dividende moyen est plus élevé, quoique celui du plus grand nombre des liquidations ne dépasse pas 25 o/o (440 sur 761). Ce dividende moyen est de 38 o/o dans les liquidations judiciaires, de 13 o/o dans les faillites.

La *clôture pour insuffisance d'actif* n'a lieu que dans 845 procédures ; tandis que les faillites se heurtent à cette malencontreuse impasse dans 3.538 cas.

On reproche cependant à la liquidation judiciaire d'être délivrée à la légère, sans que le tribunal ait recueilli des renseignements sur la moralité et sur les précédents du débiteur. Il s'est créé une industrie d'entrepreneurs de liquidations judiciaires, qui aident les commerçants à falsifier leurs bilans. On pourrait exiger la consultation préalable des créanciers, ou procéder à une expertise judiciaire (proposition Lhopiteau faite à la Chambre des députés le 28 janvier 1897, qui présentait d'ailleurs d'autres aspects du problème, et proposition plus récente, du 22 octobre 1903, de M. Dormoy et de plusieurs de ses collègues).

1713. — Des faillites de fait. — Nous venons de rapprocher les deux procédures auxquelles sera soumis alternativement le commerçant qui a cessé ses paiements : faillite, liquidation judiciaire. Mais il peut se faire que l'intéressé cherche à se soustraire à la mainmise des créanciers sur son actif d'une manière plus énergique, et que la liquidation judiciaire, en dépit de ce qu'elle lui donnerait d'atténuations, soit encore pour lui un régime trop dur. Deux situations rentrent dans cette hypothèse.

a) Ou le commerçant, prenant le devant sur les créanciers, les convoque. Il ne s'adresse pas à la justice. Il obtient à l'unanimité un « concordat amiable » ; si ce concordat porte abandon d'actif, un commissaire liquidera les biens sous les formes déterminées par la convention et qui ne sont pas celles de la loi (Req., 6 novembre 1907, S. 1909, 1, 353). — *b*) Ou, nul accord n'étant intervenu, les créanciers ont poursuivi leur débiteur par la voie des saisies au lieu de la faillite ; puis un ordre a été ouvert sur le prix des immeubles, des conflits se produisent pour régler les collocations.

Dans ces différents cas, doit-on déterminer les droits des intéressés en conformité du livre III du Code de commerce, et dire qu'on est en présence d'une « faillite ? »[1].

La faillite suppose-t-elle nécessairement un jugement déclaratif ? Ne constitue-t-elle pas plutôt un *état de fait* résultant de la seule cessation des paiements du commerçant ? Si c'est la cessation des paiements qui la détermine, le livre III s'appliquera non seulement à ceux qui sont déclarés faillis par un jugement rendu suivant la loi, mais aussi aux *faillis non déclarés tels*.

La doctrine et la jurisprudence sont ici en conflit.

1714. — Thèse de la jurisprudence. — La jurisprudence admet l'existence d'une faillite de fait. Elle s'appuie sur la définition de l'art. 437 : ce texte n'exige pas pour qu'il y ait faillite le prononcé d'un jugement ; la cessation des paiements emporte *ipso facto* faillite pour le commerçant.

Dès lors, il faut distinguer dans le livre III deux catégories de règles.

1° Les *dispositions de procédure* ne sauraient s'étendre à la faillite de fait. Elles dépendent étroitement d'un jugement déclaratif, qu'on s'est abstenu par hypothèse de faire prononcer. Il en est de même pour certaines *dispositions de fond connexes à la procédure* et trouvant leur justification dans l'emploi de la procédure légale.

Ainsi, faute de jugement déclaratif, il n'y a ni *syndic*, ni *juge-commissaire*, ni *formalités* ou autorisations imposées par la loi, ni *concordat de majorité*, ni *dessaisissement* du débiteur, ni *déchéances civiques*. — Il est certain notamment : 1° que le droit de lier la minorité des créanciers dans un concordat ne s'explique que par la constitution d'une « masse » qui, sans jugement déclaratif, n'existe point ; 2° que le dessaisissement ou interdiction pour le failli de faire des actes est subordonné à la publicité d'un

1. Cfr. P. Fourcade, *Des faillites non déclarées*, th. Lyon, 1889 ; Bonnecase, *La faillite virtuelle*, th. Toulouse, 1904.

jugement de faillite ; 3° que la perte des droits politiques est un autre résultat de la publicité et de l'atteinte à l'honneur qui en découle, ces déchéances n'ayant plus de raison, lorsqu'on substitue à la faillite une procédure exempte de la même notoriété.

2° Quant aux *règles de fond*, la jurisprudence n'hésite pas à les étendre aux faillites non déclarées. Il est vrai qu'un tribunal ne pourrait pas prononcer la faillite « par disposition principale », s'il était saisi autrement que suivant le livre III ou s'il n'était pas le juge compétent pour l'ouvrir. Mais, lorsque la contestation soumise à un tribunal agite un droit qui est subordonné au fait d'une faillite, bien que celle-ci n'ait pas été prononcée, rien n'empêche le tribunal saisi de constater « incidemment » un pareil état de fait, pour en déduire la règle invoquée par le plaideur. *Le juge de l'action est juge de l'exception.* De là les résultats suivants :

a) Quoique non déclaré failli par le tribunal de commerce, le commerçant qui a cessé ses paiements peut être déféré comme *banqueroutier* simple ou frauduleux devant la police correctionnelle ou devant la cour d'assises.

Le ministère public peut, sans doute, saisir *officieusement* le tribunal de commerce, qui prononcera alors la faillite d'office ; l'instruction pour banqueroute s'en suivra. Cette organisation donne à la répression pénale toute satisfaction. Mais le parquet n'est pas obligé de suivre cette voie, il peut *de plano* saisir la juridiction de répression.

On fait intervenir d'ailleurs en faveur de cette solution un important principe de droit pénal : la renonciation des particuliers à l'action civile ne peut pas arrêter l'exercice de l'action publique (art 4, C. Instr. crim.).

b) Le droit des faillites crée au profit de la masse une *action en nullité* plus souple que l'action paulienne, afin de faire tomber certains actes du commerçant postérieurs à la date de la cessation de ses paiements ou accomplis dans les dix jours précédents (art. 446 et 447).

Or, il est admis que ces actions sont recevables même au cas d'une faillite de fait, sans qu'aucun jugement déclaratif ait été prononcé.

c) Il y a des intéressés, dont les droits reconnus par la législation ordinaire sont limités ou supprimés par la législation des faillites : la *femme* du débiteur quant à son *hypothèque légale* (art. 563), le *vendeur d'effets mobiliers* quant à son privilège pour le paiement du prix (art. 550), etc.

Or, d'après les arrêts, il n'est pas besoin, pour que ces intéressés soient déboutés ou réduits dans leurs droits, qu'une faillite officielle ait été prononcée. Les mêmes règles doivent être suivies dans une faillite de fait.

d) Des dispositions rigoureuses du droit privé et pénal sont prises par la loi des faillites contre les avantages que se réservent certaines personnes par conventions secrètes avec le débiteur au détriment de la masse (art. 597 et 598).

La jurisprudence n'hésite pas à étendre ces prescriptions aux contre-lettres accompagnant les concordats amiables, par conséquent en dehors de toute faillite ouverte. C'est que, d'après elle, la faillite latente est encore une faillite, d'après l'art. 437. La seule chose qui importe, c'est la cessation des paiements.

1715. — Thèse de la doctrine. — La tendance de la doctrine est de repousser cette interprétation. La faillite forme un *régime indivisible* ; les règles de fond sont intimement liées à l'emploi de la procédure légale.

La faillite existe bien par la vertu de la cessation de paiements ; mais ce n'est que le jugement déclaratif qui vivifie ce régime, et le fait entrer pratiquement en application. L'art. 437 pose un simple principe, en laissant aux textes suivants le soin de le mettre en œuvre.

Il n'est pas exact que tout tribunal ait le pouvoir de reconnaître *incidemment* la faillite, ni que le tribunal de commerce puisse le faire en dehors de l'instance ayant pour objet de la déclarer. Seul, au contraire, un tribunal est investi du droit de déclarer la faillite, de fixer la date de la cessation des paiements, partant de reconnaître cette cessation : c'est le tribunal de commerce, saisi dans les formes exigées par le livre III.

Tout au plus, la doctrine concède-t-elle que le ministère public peut déférer aux juges de répression, sous prévention de *banqueroute*, un commerçant contre lequel un jugement de faillite n'aurait pas été préalablement rendu. L'indépendance de la justice criminelle par rapport aux intérêts civils motive ce tempérament. Encore n'est-il pas universellement accepté. — Car, si la loi a admis la « déclaration d'office », c'est afin de permettre au parquet d'agir officieusement auprès du tribunal de commerce contre ceux qu'il se propose de poursuivre au criminel : que signifierait la déclaration en dehors de ce besoin ? — D'autre part, il est mauvais qu'un commerçant soit condamné à une peine causée par la cessation de ses paiements, sans que ses biens soient en même temps sous le séquestre de ses créanciers ; et plus mauvais encore que l'on puisse faire résoudre par un tribunal correctionnel, ou par un jury qui n'est pas composé de jurisconsultes, la question si pointilleuse de la commercialité, lorsque l'inculpé prétend exercer une profession civile.

Quoi qu'il en soit de la faillite de fait au point de vue de la banqueroute la doctrine combat cette thèse dans ses autres applications. Aux arguments signalés ci-dessus, elle en ajoute quelques autres :

a) Les règles de la faillite qui dérogent au droit commun sont introduites au profit de la *masse*. Cela est vrai des actions en nullité des art. 446 et 447, et peut-être aussi de toutes les autres voies de droit instituées par le livre III. Or, la masse, la réunion compacte de tous les créanciers dans un organisme juridique, ne peut être qu'une création du jugement déclaratif. En l'absence de ce jugement, il n'y a plus de masse existante.

b) Un autre argument est fourni par le régime des *liquidations judiciaires*. Depuis 1889, le commerçant qui a cessé ses paiements est mis tantôt en faillite, tantôt en liquidation judiciaire. Or, il y a quelque bizarrerie à soutenir que la cessation des paiements l'a placé *ipso facto* en état de faillite, puisqu'il a le moyen d'échapper à ce régime par un régime plus doux.

La faillite est, d'après ce second système, nécessairement liée à un jugement déclaratif ; et cette opinion paraît en définitive plus logique.

1716. — De la faillite en droit international. — Cette introduction doit encore relever certaines autres questions, particulièrement le régime de la faillite en droit international privé. Comme la faillite forme une procédure universelle, qui englobe tout l'actif du débiteur, et que tous les créanciers y participent, son application devient délicate, lorsqu'une personne possède des établissements ou même de simples biens dispersés dans plusieurs États, ou lorsque cette personne a contracté des dettes envers des créanciers de différents pays [1].

En doctrine on peut partir de deux idées différentes. — I. Les uns diront : Si un commerçant ou une société suspend ses paiements au lieu de son siège principal, la faillite prononcée par le tribunal de ce siège étendra ses effets dans toutes les autres souverainetés où le failli possède des comptoirs ou des éléments d'actif. — C'est la première conception (*faillite unique et universelle*) : l'individu, déclaré failli par les juges de son domicile, l'est par là même dans le ressort de tous les États possibles. La faillite prononcée contre *Giacomo*, sujet italien, par le tribunal de Milan,

---

1. Cfr. notamment WEISS, dans les *Annales de droit commercial*, 1888, p. 109 et 169 ; TRAVERS, *L'unité de la faillite en droit international*, 1894 ; SURVILLE et ARTHUYS, *Cours élém. de droit international privé*, 1900, nos 513 à 540 ; LYON-CAEN et RENAULT, *Traité de droit commercial*, 8e vol., nos 1223 et suiv., et nos observations à la fin de notre ouvrage : *Des faillites en droit comparé*. V. aussi JITTA, *La codification du droit international de la faillite*, 1895, et ALBÉRIC ROLIN, *Étude sur la faillite en droit international privé* (dans la *Rev. de dr. intern. et de lég. comp.*, 1903 et 1904). Ce dernier auteur combat supérieurement dans l'introduction de son étude la thèse qui rattache la faillite au « statut personnel ».

conformément à la loi italienne, avec un syndic de ce pays, attirera à elle l'actif que possède ce *Giacomo* dans les autres pays, les valeurs de ce failli situées en France. Le syndic du siège principal sera donc admis à opérer dans ces autres pays, par application du droit de la faillite de l'État qui l'a nommé.

En faveur de cette opinion, se sont prononcées avec plus ou moins de tempéraments les jurisprudences italienne et belge, ainsi que les sociétés savantes ou les conférences de la dernière époque : l'*Institut de droit international* (Paris, 1894, Bruxelles, 1902), la Conférence de La Haye de 1894. Le jugement de faillite rendu par le tribunal du siège principal aurait donc force de chose jugée dans tout autre État et à l'égard des biens qui y sont situés.

On s'est basé jadis, pour défendre cette thèse, sur ce que la faillite dépend du *statut personnel* ; le failli est rendu incapable comme le serait un interdit. Or, l'incapacité d'une personne la suit en tous pays. L'étude que nous ferons du dessaisissement prouvera la fausseté de cette conception.

Aussi préfère-t-on aujourd'hui donner à l'universalité de la faillite un fondement différent. La doctrine des statuts perd du terrain et est remplacée par d'autres idées. On penche, on penchait du moins avant la guerre de 1914 (qui a suscité une grande défiance dans l'opinion internationale), vers la doctrine de la personnalité du droit. Lorsque les lois ou les décisions judiciaires du pays dont relève un individu par sa nationalité ont réglé sa condition ou l'état de ses biens, les autorités des Etats étrangers doivent respecter ces lois ainsi que ces décisions (hormis le cas où de puissantes raisons d'ordre public intérieur s'y opposeraient [1]).

Il n'est même pas besoin, dit-on, pour que la faillite étrangère s'applique en France, que le jugement qui l'a prononcée soit revêtu d'un *exequatur* délivré par un tribunal français. Le failli étranger est de plein droit dessaisi en France. Ses créanciers ont cessé de pouvoir diriger des actes de poursuite sur ses biens français. — Le jugement étranger n'a pas besoin davantage d'être rendu *public* en France (grave lacune d'organisation). — Une sentence française déclarant cette faillite exécutoire ne serait nécessaire que si le syndic étranger engageait en France des mesures d'exécution proprement dites (vente de biens, recouvrement de créances, etc.).

En outre, saisis de l'*exequatur*, les juges ne peuvent pas reviser au fond la faillite ; ils rechercheront seulement si le jugement émane d'un tribunal étranger compétent, ne pèche point par vice de forme, et ne contrevient pas à l'ordre public français.

De même le concordat, voté et dûment homologué à l'étranger, a autorité de chose jugée dans les autres Etats : il libérera le failli même sur ses biens extra-nationaux, dans la mesure où la convention le décharge de son passif. Le concordat ne sera soumis à un *exequatur* que s'il faut prendre dans ces Etats différents de véritables mesures d'exécution [2].

Cette opinion ne donne compétence pour prononcer la faillite qu'à un seul tribunal, qui est celui du domicile principal du commerçant.

Si discutable que soit ce régime comme étant l'expression du droit commun, il est en vigueur, par voie conventionnelle, dans les rapports de la France avec deux États : la *Suisse*, en vertu du traité du 15 juin 1869 ; la *Belgique*, d'après la convention signée à Paris le 8 juillet 1899 [3].

---

1. V. le développement de cette doctrine dans Weiss, *Traité théorique et pratique de droit international privé*, I, p. 61 et suiv. Ajoutez la théorie sur les droits acquis au point de vue international, défendue par Pillet, *Principes de droit international privé*, 1903, p. 496 et suiv.

2. Voir cependant Lyon-Caen en note sous Rej., 21 juillet 1903, S. 1903, 1, 449.

3. Les dispositions de cette dernière convention qui concernent la faillite résument bien le système de la faillite universelle : « Art. 8, § 1 : Le tribunal du lieu du domicile d'un commerçant, belge ou français, dans l'un ou l'autre des deux pays, est seul compétent pour déclarer la faillite de ce commerçant. Pour des

1717. — II. Mais l'opinion acceptée par la jurisprudence française vis-à-vis des Etats, beaucoup plus nombreux, avec lesquels nous n'avons pas signé de traité, est celle des *faillites multiples* et *indépendantes*. Il y aura des déclarations de faillites distinctes dans chacun des Etats où le failli possède des valeurs à liquider [1]. Chacune de ces faillites sera réglée par le droit intérieur de l'Etat où elle est prononcée. Un commerçant, déclaré failli à l'étranger, n'est pas dessaisi en France, et ses créanciers peuvent diriger sur ses biens français des poursuites individuelles jusqu'à ce qu'un tribunal français ait prononcé à son tour la faillite (Req., 5 juillet 1897, S. 98, 1, 16 ; Paris, 9 janvier 1907, S. 1907, 2, 141).

La théorie des faillites multiples s'inspire de la pensée suivante : les juges d'un Etat ne peuvent prendre de mesures d'exécution que sur des valeurs situées dans cet Etat lui-même. La faillite est un régime d'*indisponibilité des biens*, renfermé, cantonné, par raison de souveraineté, dans les limites territoriales de l'Etat où elle est prononcée.

Un pareil régime traduit un état de droit international assez arriéré. Mais il donne du moins aux créanciers d'une succursale étrangère la garantie que l'actif de cette succursale sera liquidé sous leurs yeux, par un agent qu'ils connaissent et d'après la loi qui est la leur.

Il ne faut pas en conclure que chaque groupe territorial de valeurs sera exclusivement affecté au groupe des créanciers qui ont traité en face de cet ensemble d'actif. Les biens de l'agence de Bruxelles seraient affectés aux créanciers belges, ceux de l'agence de Paris aux créanciers français ayant traité avec celle-ci. Tel n'est pas le régime suivi. Au contraire, chaque créancier peut se faire inscrire dans toutes les faillites, pour le montant nominal de ses droits jusqu'à parfait paiement. Autrement, il y aurait des dividendes de taux différent, ce qui serait en désaccord avec l'égalité devant le gage. Il n'existe aucune clause d'exclusion, tenant à la nationalité étrangère de l'intéressé.

---

sociétés commerciales, françaises ou belges, ayant leur siège social dans l'un des deux pays, le tribunal compétent est celui de ce siège social.

Les commerçants des deux nations, dont le domicile n'est ni en Belgique ni en France, peuvent être néanmoins déclarés en faillite dans l'un des deux pays, s'ils y possèdent un établissement commercial. Dans ce cas, le tribunal compétent est celui du lieu de l'établissement.

§ 2. Les effets de la faillite déclarée dans l'un des deux pays par le tribunal compétent d'après les règles qui précèdent, s'étendent au territoire de l'autre. Le syndic ou le curateur peut, en conséquence, prendre toutes mesures conservatoires ou d'administration, et exercer toutes actions comme représentant du failli ou de la masse. Il ne peut toutefois procéder à des actes d'exécution qu'autant que le jugement en vertu duquel il agit a été revêtu de l'*exequatur*, conformément aux règles édictées par le titre II ci-après. Le jugement d'homologation du concordat, rendu dans l'un des deux pays, aura autorité de chose jugée dans l'autre et y sera exécutoire d'après les dispositions du même titre II.

§ 3. Lorsque la faillite déclarée dans l'un des deux pays comprend une succursale ou un établissement dans l'autre, les formalités de publicité exigées par la législation de ce dernier pays sont remplies, à la diligence du syndic et du curateur, au lieu de cette succursale ou de cet établissement.

§ 4. Les effets des sursis, concordats préventifs ou liquidations judiciaires, organisés par le tribunal du domicile du débiteur dans l'un des deux Etats, s'étendent, dans la mesure et sous les conditions ci-dessus spécifiées, au territoire de l'autre Etat ». V. Bernard, *De la compétence des tribunaux français à l'égard des étrangers*.

1. Rej., 11 mars 1913, D. 1914, 1, 185 et note Pic. — Si l'on ouvre en France une faillite distincte de la faillite étrangère, le tribunal français qui prononce cette faillite ne sera celui ni du domicile ni du principal établissement du débiteur. Ce domicile est situé à l'étranger et non chez nous. Le tribunal français n'excède pas cependant sa compétence. Car l'art. 14 C. civ. permet de citer l'étranger devant l'un de nos tribunaux, quoique ceux-ci ne correspondent ni les uns ni les autres au domicile du défendeur. C'est de ce texte qu'on fera application (Voir en ce sens L. 4 mars 1889, art. 3, al. 3, pour la mise en liquidation judiciaire d'une société étrangère en France). Cfr. Pic, D. 97, 2, 497.

Cependant, on fait exécuter en France des jugements de faillite étrangère. Comment concilier avec le cumul de faillites, résultant des limites de chaque souveraineté, l'*exequatur* qu'un tribunal français délivre à un jugement de faillite étrangère, tout en se réservant de réviser le fond ? C'est bien la faillite étrangère qui obtient alors, en France, droit de cité ; le syndic opère chez nous et à l'égard des biens français, en conformité des pouvoirs qui lui ont été attribués à l'étranger et selon la loi étrangère.

Cette dernière pratique est en contradiction avec les principes d'ensemble dont notre jurisprudence s'est inspirée. Elle ne s'explique que par suite d'un hommage rendu à faux à l'autorité en France des jugements étrangers. On s'est dit que, puisque la décision étrangère a chez nous force de vérité, un de nos tribunaux doit toujours pouvoir lui donner sa sanction. C'était mal raisonner. Les jugements portant exécution, les sentences de faillite ne devraient avoir autorité que dans les limites de l'État où ils sont prononcés, et dans les autres États être réputés non avenus.

1718. — Comment l'esprit de la faillite s'est étendu à d'autres liquidations. — Pour achever ce préambule, rapprochons de la faillite quelques autres procédures innomées qui lui ressemblent et qui ont dû s'inspirer d'elle. En dehors de la cessation de paiements d'un commerçant constatée par justice, il y a d'autres cas où l'on liquide l'ensemble des valeurs d'une personne, afin de rembourser ses créanciers, suivant une règle proportionnelle.

Ces mesures n'exigent pas la preuve avérée que le débiteur est hors d'état d'acquitter tout son passif. Lorsque certains faits suggèrent des doutes sur le maintien de sa solvabilité, tels que son *départ injustifié*, sa *mort* suivie d'acceptation bénéficiaire ou de vacance de sa succession, et même seulement d'un retard des héritiers à faire adition, la *vente* par lui faite *de son fonds de commerce*, ou à l'égard d'une société le prononcé de sa *dissolution*, etc., le gage des créanciers paraît compromis. Le tribunal et même son seul président, en vertu d'attributions de *juridiction gracieuse*, donnent à l'actif un séquestre ou administrateur, sur la requête de la partie la plus diligente. Cette manière de faire s'est appuyée sur certaines dispositions de nos lois d'organisation judiciaire dont on a élargi la portée ; il est superflu d'indiquer ici ces textes [1].

Quelquefois, c'est le débiteur lui-même qui prend l'initiative : tel est le vendeur d'un fonds de commerce qui charge l'agent d'affaires par le ministère duquel il a vendu son établissement de payer ses débiteurs avec le prix [2] ; — tels sont aussi les associés qui pourvoient la société d'un liquidateur après dissolution.

Cet agent, choisi soit par la justice, soit par les parties, prend en mains la cause des créanciers, et pour certains actes ou certaines abstentions (qu'on ne peut ramener à une formule précise) engage sa responsabilité envers eux pour mauvaise gestion.

Les ayants droit ne sont pas fondus alors en une masse. Néanmoins, les créanciers, répondant aux convocations du liquidateur, seront réputés avoir renoncé à une action indépendante (n° 467). De même, on ne doit point étendre à ces procédures coutumières les formalités et autorisations propres à la faillite. Mais elles n'en sont pas moins des émanations de celle-ci.

Ici comme ailleurs, le droit commercial a joué le rôle d'avant-coureur. Le liquidateur ou agent effectuera des répartitions au marc le franc ; il tiendra en réserve le dividende des créanciers contestés ; il traitera les retardataires comme on les verra traités par l'art. 503 ; il rendra ses comptes à

---

1. Conf. Lacoin, *Des administrateurs commis par justice*, déjà cité n° 442.
2. Pélissier, *Des conditions de validité d'une vente de fonds de commerce, et du rôle de l'intermédiaire dans cette vente*, th. 1898.

la fin de la liquidation ; il touchera par privilège ses frais et honoraires, taxés s'il y a lieu. A ces divers égards c'est la législation des faillites qui a servi de modèle.

En revanche, ce n'est pas sur le droit des faillites que s'est modelée la pratique, pendant la grande guerre, des séquestres désignés à la requête du ministère public par le juge des référés pour la garde des biens que possédaient en France les sujets des Etats avec lesquels nous étions en guerre. Ces sequestres n'ont pas eu pour mandat de vendre et de faire des distributions, mais de conserver, de peur que les titulaires de ces biens ne pussent les réaliser et en transporter le produit dans leur pays d'origine (Cfr. Seine, référés, 1er décembre 1914, D. 1915, 2, 59).

1719. — Nous nous occuperons d'abord de la faillite des individus commerçants, en présentant parallèlement les règles de la liquidation judiciaire. La faillite et la liquidation judiciaire des sociétés, tant par intérêts que par actions, seront renvoyées à la fin, non comme moins importantes, mais parce qu'il convient d'aller du simple au composé.

CHAPITRE PREMIER

DES CONDITIONS D'OUVERTURE DE LA FAILLITE OU DE LA LIQUIDATION JUDICIAIRE

(C. com., art. 437 à 442, 580 à 583, 635 ; L. 4 mars 1889, art. 1er à 4, 19 et 24.)

1720. — Il y a deux sortes de conditions requises pour qu'un commerçant soit mis en faillite ou en liquidation judiciaire : des *conditions de fond* et une *condition de forme*. Cette dernière a pour objet le prononcé d'un jugement déclaratif. Mais on sait déjà que la pratique ne considère pas l'ouverture officielle d'une faillite comme indispensable pour donner effet aux règles du livre III, tant quant à la banqueroute que quant à la nullité des actes ou aux limitations mises aux privilèges et aux hypothèques (n° 1714).

SECTION PREMIÈRE

DES CONDITIONS DE FOND

1721. — D'après l'art. 437 C. com., ces conditions sont au nombre de deux : 1° la *qualité de commerçant* chez le débiteur ; 2° la *cessation générale de ses paiements*. Pour la liquidation judiciaire apparaît une troisième condition : le commerçant qui cesse ses paiements n'est pas toujours admis à réclamer cette liquidation pour se soustraire à la faillite. Il faut qu'il y ait chez lui *absence de toute cause légale d'indignité*. — De là trois paragraphes.

§ 1. — Qualité de commerçant.

1722. — Il ne suffit point, pour être mis en faillite ou en liquidation judiciaire), d'avoir accompli accidentellement quelques opérations de commerce : il faut être commerçant de profession.

La différence est donc grande entre la règle de droit commercial concernant la compétence des tribunaux, et celle qui concerne la faillite. La *compétence des tribunaux de commerce* s'étend à tous les *actes commerciaux*, fussent-ils isolés ; au contraire, la *faillite* ne peut frapper que les *commerçants*, individus ou sociétés (y compris les sociétés par actions poursuivant un objet civil, si elles ont été constituées après la loi du 1er août 1893, puisque cette loi les a commercialisées, n° 759).

Une personne qui a entrepris le commerce, étant *incapable* de le faire, n'encourt point la faillite. Elle se prévaudra de son incapacité pour y échapper ; au surplus ses engagements seront annulables. Tel est le cas pour le mineur non autorisé, pour la femme mariée à qui le consentement du mari aurait fait défaut.

Il faut se rappeler la distinction faite (n° 145) entre ceux qui n'ont pas la capacité commerciale et ceux à qui le commerce est *interdit*, par suite d'incompatibilité avec d'autres fonctions. Quoique ces derniers aient contrevenu à une défense, la faillite est encourue, pour le cas où ils cesseraient leurs paiements. — Ex. : notaire qui aurait fait irrégulièrement la banque.

1723. — Faillite après décès[1]. — Un ancien commerçant peut-il encore être atteint par la faillite ? La sortie du commerce tiendra, suivant les cas, à deux causes différentes : la *mort* ou la *retraite*.

A. Le négociant étant mort, la faillite peut-elle le frapper après son décès (art. 437, al. 2 et 3, C. com.) ?

a) Quand le commerce a été continué par l'héritier, lequel cesse ensuite ses paiements, c'est contre cet *héritier personnellement* que la faillite sera prononcée : les biens du défunt et les siens se sont confondus, la faillite englobera sans distinction l'ensemble de ces valeurs. On est en dehors de la question que nous nous proposions de discuter.

b) Mais le défunt peut-il être mis en faillite quant *aux biens comprenant sa succession*, à l'exclusion des biens de l'héritier, ce dernier ne devant pas être failli lui-même ? — La loi répond par l'affirmative : la faillite pourra frapper le *de cujus*, mais à une condition stricte : c'est que la cause de la faillite se soit déjà produite chez le défunt avant son décès. Il faut qu'il soit *mort en état de cessation de paiements* (ou tout au moins dans un état extérieur de gêne se traduisant par des renouvellements de billets ou par d'autres expédients). On doit en conclure que le commerçant, qui met fin à ses jours pour ne pas être témoin de son revers, cesse de répondre à la condition requise pour la recevabilité de la faillite.

Cette faillite, *posthume* en quelque sorte, sera prononcée soit à la demande des créanciers, soit même d'office, mais seulement dans l'*année qui suivra le décès*.

---

1. Percerou, *La liquidation du passif héréditaire*, Nouv. Rev. trim. de droit civil, et Journ. des faill., 1905 (*Faillite et liquidation judiciaire après décès*).

1724. — 1° Lorsqu'elle est *demandée par les créanciers*, la faillite entraîne *séparation des patrimoines*. En droit civil, cette séparation est incommode : chaque créancier doit la demander, en mettant en cause les créanciers personnels de l'héritier. Il en résulte des complications de procédure, l'application de la faillite permet de les éviter.

En effet, la faillite du commerçant décédé isole sa succession et la tient en dehors des biens de l'héritier. Elle met les créanciers du défunt en mesure de se payer sur les valeurs héréditaires, à l'exclusion des créanciers personnels de cet héritier, aussitôt que le jugement déclaratif aura été rendu à la requête d'un intéressé quelconque. Le patrimoine du défunt est reconstitué vis-à-vis de tous.

Il est logique de décider que les causes qui entraînent en droit civil déchéance de la séparation des patrimoines constituent également des fins de non-recevoir au prononcé de la faillite (Ex. : les créanciers ont accepté l'héritier pour débiteur, art. 879, C. civ.).

1725. — 2° Mais la liquidation peut aussi être demandée par les *héritiers*. Ce point était discuté avant 1889 : l'art. 437 semblait plutôt exclure cette faculté des héritiers. Aujourd'hui le dépôt du bilan leur est accordé, afin qu'ils se fassent admettre, sinon à la faillite (Nancy, 19 décembre 1911, D. 1914, 2, 205), du moins à la *liquidation judiciaire* (L. 4 mars 1889, art. 2, al. 3).

Si l'on se souvient que ce dernier bénéfice est subordonné à un dépôt du bilan dans les quinze jours qui suivent la cessation des paiements, les héritiers devraient agir avec une grande hâte. Il faudrait d'abord que la cessation des paiements se fût produite du vivant du *de cujus*, et que celui-ci fût mort avant la quinzaine suivant cette cessation : c'est ce que décide la loi.

En outre, les héritiers ne pourraient disposer, depuis l'ouverture de la succession, que du complément de ce délai de quinze jours. Quand le commerçant a cessé ses paiements le 1er mars et est mort le 5, le dépôt du bilan ne sera recevable que le 15 mars au plus tard. Sur ce dernier point, la loi a autrement statué : il fallait laisser aux héritiers le temps de prendre connaissance des affaires du *de cujus*. En conséquence, il leur est accordé, pour effectuer le dépôt du bilan, *un mois* à partir de l'ouverture de la succession.

1726. — En raisonnant comme on l'a fait plus haut pour les créanciers, cette requête des héritiers devrait être écartée, s'ils avaient *accepté purement et simplement* la succession. L'acceptation pure et simple a provoqué la confusion des biens héréditaires avec les leurs. Cela paraît en contradiction avec l'idée que, par la liquidation judiciaire, le patrimoine du défunt est fictivement reconstitué. Les héritiers ne seraient donc fondés dans leur requête que s'ils avaient fait une *acceptation sous bénéfice d'inventaire*.

Cependant, la loi de 1889 leur reconnaît le dépôt du bilan, même s'ils ont accepté sans réserve. Cette solution manque d'harmonie. La liquidation judiciaire, lorsque l'acceptation aura été pure et simple, comprendra-t-elle les biens des héritiers en même temps que ceux de la succession ?

Ou se limitera-t-elle à l'actif du défunt, sauf aux créanciers héréditaires à poursuivre alors, par la voie civile des saisies, les biens propres des héritiers (faculté qu'ils n'auraient point dans une acceptation bénéficiaire) ? — Ce point n'est pas clair. Son obscurité provient de ce que la nouvelle loi a statué contrairement aux principes.

Une autre question discutable est de savoir si les héritiers doivent se mettre d'accord pour déposer le bilan, et faire leur demande ensemble. Chacun d'eux n'a-t-il pas, au contraire, un droit à la liquidation judiciaire, indépendant de la détermination des autres ? Le texte de l'art. 2 fait prévaloir la première interprétation.

1727. — Cette faillite ou liquidation judiciaire après décès peut tout comme une autre se clôturer par un concordat. La remise concordataire profitera aux biens personnels de l'héritier, si ces biens ont dû figurer dans la faillite ou dans la liquidation avec ceux de la succession. Dans le cas contraire, ou bien l'actif de l'héritier est absolument à l'abri des poursuites des créanciers (renonciation ou acceptation bénéficiaire), ou bien l'héritier restera tenu pour le tout (acceptation pure et simple).

1728. — Faillite après retraite. — B. Le mot de « retraite », au sens usuel, se réfère au cas où le commerçant aurait abandonné les affaires et serait toujours en vie. L'admissibilité de la faillite ou de la liquidation judiciaire postérieurement à cette retraite n'est pas réglée par la loi. On doit statuer par analogie, d'après ce qui se passe en cas de décès (Req., 21 février 1900, S. 1900, 1, 184).

La demande sera fondée si les dettes impayées ont été contractées pendant l'exploitation. Seulement il faut que la cause de la faillite ait préexisté à la retraite, soit que cette retraite ait eu lieu par cession, soit qu'elle se soit produite par fermeture du fonds (Req., 23 mars 1904, S. 1905, 1, 95 ; Paris, 20 mai 1908, S. 1909, 2, 204). La cessation des paiements doit donc remonter à l'époque où le commerce était encore en activité : ce qui prête à l'équivoque, car peut-être, lors de la détermination qu'il prend de se retirer, le négociant n'est-il pas embarrassé, et cet embarras ne se manifeste-t-il qu'au cours des opérations où il liquide ses dettes ; on hésite à dire alors que la condition de la faillite soit remplie.

De toute manière, on ne pouvait reconnaître au négociant dont les affaires périclitent la faculté de se retirer en vue d'échapper à la faillite.

Quant au délai de l'art. 437, il ne faut point l'étendre arbitrairement d'un cas à l'autre : la faillite peut encore être demandée au delà d'un an.

§ 2. — Cessation des paiements.

1729. — La cessation des paiements est le fait qui engendre la faillite (ou la liquidation judiciaire). Mais il faut que ce fait soit motivé par l'*impossibilité où se trouve le débiteur d'exécuter ses engagements à leur échéance.* Lorsque le débiteur refuse de payer parce qu'il *conteste* les dettes, la faillite cesse d'être encourue, à moins que cette contestation ne soit visiblement une échappatoire, un moyen de déguiser ses embarras.

La faillite n'implique point l'arrêt de la *totalité* des paiements. Il suffit que la partie la plus importante du passif soit en souffrance. — Les art. 446, 447 et 449 en donnent indirectement la preuve : ils supposent que le débiteur, depuis la date de la cessation de ses paiements, a effectué certains paiements sujets à nullité et que plus tard la faillite est prononcée. Donc la faillite est compatible avec un état dans lequel le commerçant, tout en suspendant l'ensemble de ses règlements, consent pourtant à payer quelques-uns de ses créanciers.

L'existence d'un seul créancier suffit en droit français pour motiver la mise en faillite du débiteur (Douai, 25 novembre 1901, S. 1903, 1, 158).

1730. — « Cesser » et « suspendre » ses paiements sont synonymes. Au sens rigoureux des mots, la suspension des paiements serait l'arrêt *temporaire* de caisse par celui qui soutient avoir de quoi couvrir tout le passif, pourvu qu'on lui laisse le temps de réaliser ses biens. Ce serait le cas du commerçant solvable dont le bilan s'équilibre. Ce moyen ne permet pas d'écarter la faillite. En vain le commerçant, se disant au-dessus de son actif, demanderait-il à la justice de convoquer ses créanciers dans l'espoir d'un atermoiement qui éviterait la procédure légale ordinaire (n° 1708).

Des lois étrangères (belge, espagnole, italienne) ont institué en pareil cas une procédure de *moratorium* conjurant la faillite. Elles n'ont pas été suivies par la nôtre, et à bon droit : l'affirmation par le débiteur qu'il est resté solvable, malgré son état de gêne présente, ne peut pas d'ores et déjà être reconnue fondée. On ne saurait s'en rapporter à son allégation. En écartant la faillite, le tribunal tournerait dans un cercle vicieux : il se prononcerait, par là même, en faveur de l'équilibre du bilan, alors que l'agent qu'il désigne n'a pu encore faire l'inventaire.

1731. — La faillite ne suppose pas nécessairement une faute du débiteur. Quand même la cessation des paiements résulterait de la *force majeure*, le commerçant ne pourrait pas repousser la faillite. Bien entendu, il faut réserver l'application de la liquidation judiciaire : bénéfice qui a précisément pour but de démarquer les commerçants tombés sans encourir de sérieux reproches, et les autres.

Mais cette cessation de paiements doit laisser en souffrance des obligations échues, et arrêter effectivement le *mouvement de caisse*.

La mise en faillite du commerçant, soit à la demande des créanciers, soit d'office, est inadmissible aussi longtemps qu'il pourvoit à ses échéances, fût-ce au prix d'expédients. Le fait par lui de s'obérer par des emprunts désastreux, ou d'obtenir des renouvellements, ne justifie pas encore l'emploi de la procédure légale.

On recherchera (n° 1752) si l'expression de « cessation de paiements » ne doit pas être prise dans un sens plus large, lorsque, la faillite une fois déclarée, il faut rétroactivement fixer la date où cette cessation a eu lieu. Un parti important soutient que le tribunal peut la faire remonter au jour où les premiers expédients se sont produits. Ici, l'on traite seulement des conditions prescrites pour que la faillite soit prononcée. Or elle ne peut l'être que moyennant une cessation de paiements *réelle*, moyennant une interruption de la vie commerciale en ce qui touche l'exécution des engagements.

1732. — Parfois le commerçant fait honneur à ses dettes commerciales, mais laisse non payées ses *dettes civiles* (fournitures de ménage ou d'appartement, emprunts faits pour une exploitation agricole). En supposant que ses engagements civils représentent une fraction importante du passif, la faillite est-elle encourue ?

La loi actuelle ne distingue pas. Mais on admet, en jurisprudence et en doctrine, que la cause de la faillite n'existe plus en pareil cas dans ce sens cfr. art. 441 ancien). Outre que les obligations civiles manquent du caractère de rigueur des dettes commerciales et qu'on n'a pas pour habitude de les régler à date stricte, il y a une raison plus grave. La faillite est une institution propre au commerce, faite pour garantir les créanciers commerciaux. Lorsque ces derniers reçoivent satisfaction, les créanciers de l'autre catégorie n'ont pas qualité pour user d'elle ; elle n'a pas été créée à leur intention : c'est par la voie des saisies ou exécutions individuelles que ces intéressés exerceront leurs poursuites.

1733. — Preuves de la cessation des paiements. — Quant à la justification de l'état de cessation des paiements, les tribunaux disposent du plus large pouvoir d'appréciation.

Le Code de 1807 donnait une énumération de faits qui emportaient la preuve de l'embarras du commerçant : sa retraite, la clôture de ses magasins, son refus de payer ses dettes attesté d'une certaine manière.

Aujourd'hui, toute *preuve légale* a disparu. Un jugement qui établirait la cessation de paiements d'après des indications quelconques serait valablement rendu en fait, et échapperait à la censure de la Cour de cassation. Il suffit que ce jugement soit motivé (art. 7 de la loi du 20 avril 1910), condition que le tribunal oublie trop souvent d'observer.

Les faits déterminant le plus fréquemment le tribunal à prononcer une faillite sont les suivants. Ils n'ont que la valeur de simples exemples.

a) *Protêts* d'effets de commerce dressés contre le débiteur (Req., 11 juin 1907, D. 1908, 1, 147). C'est le moyen le plus pratique. Cependant, si le créancier demandeur connaît le protêt qu'il a levé lui-même, il connaît moins les protêts dressés à la requête des autres créanciers : ces protêts ne sont pas rendus publics (comme en Belgique). Auprès de quelques tribunaux, tels que le tribunal de commerce de la Seine, les juges usent d'un moyen d'information officieux : ils désignent un liquidateur afin de se renseigner sur le véritable état des affaires du commerçant et de leur en fournir rapport.

b) *Conclusion par le débiteur d'un concordat amiable avec ses créanciers.* — Ce fait paraît, à première vue, de nature non pas à provoquer la faillite, mais à la conjurer. Ainsi en sera-t-il, lorsque tous les créanciers sans exception donnent leur adhésion à ce concordat.

Les paiements cessent rarement sous une forme aiguë, par brusque fermeture de la caisse. Le commerçant cherche à obtenir de ses créanciers un traité en vue de reculer ses échéances, de réduire son passif ou encore d'abandonner ses biens présents. Si le négociant atteint son but, la faillite est écartée, au moins temporairement.

Mais il se peut aussi que, le projet de concordat ayant été signé par la majorité des créanciers, *un seul ou plusieurs d'entre eux refusent d'y souscrire*. La faillite est-elle alors recevable à la demande de ces derniers ?

Il faut répondre par l'affirmative. Il est vrai que la cessation de paiements à laquelle la loi subordonne la faillite doit porter sur la *généralité* des dettes, et que le passif qui proteste ne représente en l'espèce qu'une minorité. Mais chacun des adhérents au concordat amiable avait subordonné son consentement à l'adhésion de tous les autres, de telle sorte que la résistance d'un seul replace tout le passif dans un état de souffrance aiguë. — Si tel créancier a donné un terme d'un an, c'est sous la condition, tacite peut-être, mais sûre, que les autres suivront son exemple ; faute de quoi, il rentrera lui-même dans l'exercice de ses droits. — Si c'est un concordat par abandon, les bénéficiaires ne mettent pas, il est vrai, la même condition à leur accession, car plus ils seront, plus le dividende de chacun sera faible. Mais, par suite de la théorie des faillites de fait, admise en jurisprudence, les signataires d'un semblable concordat ont dû prévoir que le traité, si un seul créancier y oppose son *veto*, deviendra pour les autres un « avantage particulier » prohibé par la loi (art. 597 et 598), ce qui les met hors d'état de l'invoquer.

Ainsi, un refus individuel fait défaillir la condition, le concordat tombe pour tous, même pour les signataires (V. cependant Req., 11 mai 1908, S. 1909, 1, 497, note Wahl), et la faillite pourra être prononcée (*Annales de droit commercial*, 1897, p. 214).

c) Départ inexpliqué du débiteur, ou vente par lui faite de son fonds de commerce. — La cession de l'établissement n'est pas en soi un événement anormal et dénonciateur de la gêne, quand même il serait grevé d'un passif ; mais le vendeur doit prendre ses dispositions, pour que le prix soit distribué par l'acheteur entre ses créanciers, ou pour que ceux-ci soient informés du changement survenu. L'acheteur, il est vrai, d'après l'usage et d'après la loi (L. 17 mars 1909, art. 3) répond des dettes (V. *supra*, n° 90). Mais il se peut que le droit de suite des créanciers contre lui soit illusoire, parce que l'acheteur est un compère, ou parce qu'il tarde trop longtemps à publier la vente. Celle-ci apparaîtra comme une manœuvre du vendeur ayant eu pour but de frustrer ses créanciers : l'établissement était leur seul gage, et il a dépéri. La faillite est encourue, et cela, semble-t-il, bien qu'il n'y ait pas encore de dette exigible.

Ces situations et d'autres de même ordre peuvent se multiplier à l'infini ; elles excluent toute réglementation de précision.

§ 3. — Absence de toute cause légale d'indignité (pour la liquidation judiciaire seulement).

1734. — A la différence de la faillite, la liquidation judiciaire, instituée par la loi du 4 mars 1889, n'est accordée qu'aux méritants.

La loi nouvelle exige : 1° que le commerçant en prenne l'initiative par le *dépôt volontaire de son bilan* ; 2° qu'il fasse diligence à le déposer ou, en d'autres termes, qu'il présente requête au tribunal de commerce dans les *quinze jours de la cessation de ses paiements* (art. 2, al. 1er). C'est là une condition de forme : il serait peu méthodique d'y insister à cet endroit, malgré la difficulté qu'il y a de la détacher des autres conditions, affectant le fond du droit, et sur lesquelles nous devons nous appesantir.

Seule est recevable à obtenir la liquidation judiciaire une personne n'ayant pas accompli certains actes spécifiés par la loi de 1889 ; l'un ou l'autre de ces actes la ferait déchoir de ce bénéfice.

Le sens de la loi ressort d'un raisonnement solide, emprunté à une autre de ses dispositions ; car dans sa lettre elle ne s'exprime point comme nous. Voici cette autre disposition.

L'art. 19 suppose que le débiteur a d'abord été admis à la liquidation judiciaire ; puis, que certains *faits d'indignité* ignorés à l'origine modifient l'opinion qu'on s'était faite de lui : le tribunal convertira alors la liquidation en une faillite [1]. Ces faits, emportant changement dans la nature de la liquidation, sont ramenés par l'art. 19 à deux groupes.

A. Dans certains cas, la liquidation judiciaire *peut* être convertie en faillite. Le tribunal a la faculté de décider, malgré la révélation du fait nouveau, que la liquidation judiciaire continuera son cours. C'est ce qui arrive :

1° s'il est reconnu que la requête à fin de liquidation judiciaire n'a pas été présentée *dans les quinze jours* de la cessation des paiements, mais seulement au delà de ce délai ;

2° si le débiteur n'obtient pas de *concordat* (cas ici sans intérêt).

B. Dans d'autres hypothèses, le tribunal *devra* convertir la liquidation judiciaire en faillite, sans pouvoir éviter ce résultat. Cette faillite suivra la liquidation judiciaire sur ses derniers errements. Ainsi en sera-t-il :

1° si l'on surprend et l'on fait annuler un acte du débiteur accompli depuis la cessation des paiements ou dans les dix jours précédents, tel que le paiement en marchandises à un créancier, visé par les art. 446, 447 et 448 ;

2° si le débiteur a commis de mauvaise foi une *dissimulation* ou une *exagération*, soit de son *actif*, soit de son *passif* (Req., 4 avril 1898, D. 98, 1, 200 ; 26 mai 1913, S. 1913, 1, 551), une omission volontaire d'un ou plusieurs créanciers, ou une FRAUDE QUELCONQUE.

Cette dernière disposition, qui est vague, ne concerne point tout acte de mauvaise foi qu'on signalerait dans le passé privé, ni même dans les précédents commerciaux du débiteur (contrefaçon d'un brevet, contravention douanière) ; elle vise seulement des agissements relatifs à la cessation de ses paiements, ayant contribué à la produire ou en ayant aggravé le résultat. Ex. : manœuvres exercées envers un bailleur de fonds afin de

---

1. Il y avait (en 1911) 663 procédures résultant d'une conversion de liquidation judiciaire en faillite, dont 338 ouvertes pendant l'année.

lui cacher sa situation, et qui lui ont permis de se faire avancer de l'argent ;

3° dans le cas d'*annulation* ou de *résolution du concordat* (situation également dépourvue d'intérêt pour le raisonnement que nous avons à faire) ;

4° si le débiteur en état de liquidation judiciaire a été condamné pour *banqueroute simple* ou *frauduleuse*, même en cas de sursis à l'exécution de la peine (Amiens, 31 juillet 1909, D. 1909, 3, 69).

1735. — Ces dispositions, dans leur ensemble et dans l'analyse de leur contenu, provoquent le raisonnement suivant.

Si la liquidation judiciaire a été accordée par un tribunal insuffisamment éclairé sur les précédents, elle sera convertie en faillite, tantôt obligatoirement, tantôt à l'appréciation du tribunal, lorsque se découvrira plus tard un fait inconciliable avec le maintien dudit bénéfice.

La loi sous-entend que, si ce même fait est connu dès l'origine, au moment où ils sont saisis de la requête, les juges la repousseront, lorsqu'il s'agira d'un acte entraînant conversion nécessaire, et qu'ils auront le pouvoir de la repousser en appliquant alors au débiteur la faillite, lorsqu'il s'agira d'un acte de conversion facultative.

Lorsqu'on a tous les éléments d'information dès le commencement, on appliquera *de plano* au débiteur celle des deux liquidations comportée par la situation où il s'est placé.

Il serait choquant, alors qu'on sait le débiteur indigne de la liquidation judiciaire, d'après la loi, de la déclarer recevable pour la transformer immédiatement après en faillite : sorte de travail de Pénélope.

De là ressortent deux conséquences :

a) La banqueroute simple ou frauduleuse, la dissimulation ou l'exagération d'actif ou du passif, ou une fraude quelconque, l'accomplissement suivi de nullité d'un acte équivoque de la période suspecte — sont autant de *causes d'indignité* qui excluent l'admission à la liquidation judiciaire : elles empêchent le commerçant de l'obtenir ;

b) Le retard mis au delà de quinze jours à déposer le bilan *peut* justifier de la part du tribunal le refus de la liquidation judiciaire, si ce retard est déjà connu lors de la requête ; mais il n'emportera pas nécessairement ce refus.

1736. — La liquidation judiciaire est-elle une faveur ? — Cette dernière affirmation se rattache à un problème plus vaste : — Lorsque la liquidation judiciaire est demandée dans le délai légal de quinze jours, y a-t-il *droit acquis* pour le débiteur à ce qu'il l'obtienne, en supposant bien entendu qu'il ne soit atteint d'aucune cause d'indignité, banqueroute, etc. ?

La jurisprudence est portée à voir dans la liquidation judiciaire une *faveur*, un acte gracieux (Paris, 26 novembre 1889, et Boistel, D. 90, 2, 249 ; cet auteur a modifié depuis lors son opinion ; Bordeaux, 17 juillet 1899, D. 99, 2, 439). Mais la solution contraire est plus conforme à la loi et est accueillie par la majorité de la doctrine : Wahl, *Annales de droit commercial*,

1889, 1, 204 ; LYON-CAEN et RENAULT, n° 1023 ; PERCEROU, *op. cit.*, n° 344. Se prononcent dans le sens des arrêts : BAILLY, *Annales de droit commercial*, 1889, 2, 54, et LACOUR, dans les *Pandectes françaises*, 1902, 2, 193, ainsi que dans son *Précis*, n° 1612.

La thèse qui fait de l'obtention de la liquidation judiciaire un droit pour le commerçant se heurte sans doute à des objections :

a) D'après le rapporteur de la loi à la Chambre (M. LAROZE), le tribunal disposerait d'un pouvoir d'appréciation. Mais cette déclaration, improvisée à la tribune, ne constitue pas une interprétation autorisée de la loi, du moment qu'il n'y a point de raisons sérieuses à alléguer pour elle.

b) Tout commerçant, porte l'art. 1er de la loi, *peut* obtenir le bénéfice de la liquidation judiciaire. En d'autres termes, le tribunal *peut* l'accorder ou le refuser. — Singulière traduction. Le sens naturel des mots porte à dire tout le contraire. Ce n'est pas aux juges que le texte confère un pouvoir, mais au commerçant : « pouvoir » un résultat, c'est être admis à le postuler.

Il faut faire appel à des pensées plus hautes : 1° Le but de la loi de 1889 serait mieux atteint, si le commerçant (non indigne) qui cesse ses paiements savait que le tribunal ne peut pas repousser sa requête. L'incertitude où il est tenu du parti que prendront les juges le détournera de la pensée de déposer le bilan ; il tirera la situation en longueur jusqu'à ce que faillite s'en suive.

2° Pour rejeter la demande non tardivement faite et pour déclarer le débiteur failli, le tribunal devra motiver son jugement (quoiqu'il s'en abstienne souvent). Or quel motif déduira-t-il à cette fin, en dehors des causes d'indignité, causes d'ailleurs assez souples, puisque la loi y comprend une *fraude quelconque*, expression visant les agissements les plus divers ?

3° Le commerçant qui a cessé ses paiements le 1er juillet attend jusqu'au 1er août. Le tribunal *peut*, à son appréciation, accueillir la demande, quoique tardive. Du moins, cette solution est-elle imposée par la concordance logique qui doit exister entre le maintien ou la conversion de la liquidation déjà ouverte aux termes de l'art. 19 d'une part, et sa déclaration *ab initio* d'autre part. La requête faite après les quinze jours n'est pas, disons-nous, nécessairement inopérante. Donc, celle qui a lieu dans les quinze jours emporte *a contrario* un *droit* ; sinon, elle se confondrait dans ses effets avec une requête tardive. L'observation des délais légaux n'aurait plus de sanction. Est-il possible que la loi dise au commerçant : « Déposez votre bilan dans les quinze jours, déposez-le plus tard, cela reviendra au même » ? [1]

---

1. Cette interprétation bienveillante n'est pas accueillie par tous les tribunaux. Devant le tribunal de commerce de la Seine prévaut le sentiment que le délai de quinze jours est de rigueur (En ce sens aussi Lyon, 4 novembre 1896, critiqué par TRAVERS, *Annales de droit commercial*, 1897, 93). La Cour de cassation a statué de même (Req., 10 juillet 1900, D. 1900, 1, 470 ; Rej., 25 novembre 1905, S. 1911, 1, 363. Cfr. Paris, 6 janvier 1900, D. 1901, 2, 455 ; Agen, 28 juin 1910, S. 1910, 2, 196, et Pau, 28 juin 1912, D. 1914, 2, 22).

SECTION II

DES CONDITIONS DE FORME. JUGEMENT DÉCLARATIF.

§ 1. — Généralités.

1737. — La faillite (ou la liquidation judiciaire) s'ouvre en vertu d'un jugement qui la prononce (C. com., art. 440 ; L. 4 mars 1889, art. 4). Nous ne rechercherons plus si le jugement déclaratif est nécessaire pour engendrer l'état de faillite, ou si cet état résulte de la seule cessation des paiements (V. *supra*, n° 1713).

Ce jugement est rendu par le *tribunal de commerce* (dans les arrondissements où il n'en existe point, par le tribunal civil jugeant commercialement).

Sa compétence *ratione personæ* se détermine par le domicile du débiteur. Les procès en matière de faillite, dont le premier et le plus important de tous est le jugement déclaratif, sont portés devant le juge du domicile du *failli* (art. 59 C. proc. ; cfr. aussi art. 458 C. com.). Il en est de même pour la liquidation judiciaire (L. 4 mars 1889, art. 2).

Cette expression de *domicile* doit être prise au sens commercial du terme. Elle se rapporte au principal établissement d'affaires du débiteur. Quand celui-ci a un centre d'*intérêts* ou de *relations* dans une localité, et le siège de son *industrie* ou de son *négoce* dans une autre, le tribunal de commerce dans le ressort duquel se trouve la seconde localité est compétent pour prononcer la faillite. Il est le plus proche de l'établissement, le mieux en mesure d'exercer sur la liquidation un contrôle efficace. D'ailleurs, n'est-ce pas de cet établissement que provient la cause de la faillite ? (Rej., 12 décembre 1911, D. 1914, 1, 319.)

Il en sera ainsi, même lorsque le centre d'industrie offrira au débiteur une moindre importance que l'autre. Quoiqu'il ait fixé et prolongé sa résidence ou entretenu ses attaches de famille dans une localité différente de son établissement commercial, le pouvoir de prononcer la faillite n'appartient pas au tribunal de cette résidence.

1738. — La détermination du « domicile » présente une autre difficulté lorsqu'il s'agit de grandes entreprises, et notamment de sociétés par actions possédant *plusieurs établissements*. Le terme même de pluralité d'établissements peut s'entendre de différentes manières.

Lorsqu'il y a un *siège principal* et des *succursales* ou agences secondaires, le tribunal compétent pour prononcer la faillite ou la liquidation judiciaire est celui du siège principal, à l'exclusion des autres.

Mais il peut arriver que deux centres de population, souvent séparés par une grande distance, se partagent l'un l'*exploitation* de la société et l'autre son *administration*. Lorsqu'il s'agit d'une société, ce second siège, où délibèrent les pouvoirs qui la représentent, est le *siège social*.

Nous estimons que le tribunal compétent est celui du siège social (n° 309). Il en est ainsi pour statuer tant sur la faillite que sur la liquidation judiciaire. Une antinomie semble exister cependant entre la loi des faillites et celle de 1889. La faillite, dit l'art. 438 *in fine*, sera prononcée par « le tribunal dans le ressort duquel se trouve le siège du *principal établissement* de la société » (c'est-à-dire vraisemblablement le siège de son exploitation) ; — la liquidation judiciaire est ouverte, d'après l'art. 3, al. 2, de la loi de 1889, « par le tribunal dans le ressort duquel se trouve le *siège social* ».

Mais nous rapportons les deux terminologies à un même domicile. Une différence dans les expressions n'en entraîne point dans le régime. Juridiquement parlant, le siège social est le lieu du « principal établissement ».

Sans doute l'art. 3 de la loi de 1889, dans la suite de son texte, loin de confondre les deux formules, les met en opposition : « A défaut de *siège social* en France, le dépôt est effectué au greffe du tribunal dans le ressort duquel la société a son *principal établissement* ». Mais c'est dans cette dernière disposition seulement que les mots *principal établissement* prennent un sens détourné de leur acception juridique ordinaire. Il s'agit d'une société, non française, dont les pouvoirs dirigeants sont à l'étranger, qui n'a en France qu'une fabrique, qu'une entreprise d'exploitation. Faute de découvrir en France un tribunal qui soit celui du siège social, on confiera au tribunal du lieu où se trouve située cette fabrique, cette entreprise d'exploitation, le pouvoir de mettre la société en liquidation judiciaire (Req., 1er août 1906, S. 1906, 1, 436). Mais l'art. 438 n'avait pas donné au « principal établissement » cette signification.

En résumé, il n'y a, au point de vue de la compétence, aucune différence à faire entre les deux régimes de liquidation[1].

1739. — Lorsque la faillite ou la liquidation sont poursuivies simultanément devant plusieurs tribunaux, qui se déclarent compétents à la fois, il y aura lieu à la procédure de *règlement de juges*. Une juridiction supérieure décidera lequel des deux tribunaux restera saisi (sur la mesure dans laquelle l'autre est dessaisi, cfr. Req., 4 janvier 1911, D. 1912, 1, 107). Ce règlement sera déféré à la Cour d'appel, lorsque les tribunaux ressortissent à une même Cour, et autrement à la Cour de cassation (art. 363 et s. C. pr. civ.). C'est devant la Chambre des Requêtes que s'exercera le recours (Req., 3 décembre 1907, D. 1908.1.505 ; 25 mai 1909, D 1910, 1, 27). Lorsque l'un des deux tribunaux saisis a déjà statué et que sa décision est passée en force de chose jugée, ce n'est plus la procédure de règlement de juges qu'il faudra suivre, mais le recours ordinaire en cassation pour incompétence (Req., 22 juin 1909, S. 1910, 1, 302).

§ 2. — De la demande en liquidation judiciaire ou en faillite.

1740. — Comment la faillite (ou liquidation judiciaire) est-elle portée devant le tribunal de commerce ?

1. Cfr. Bailly, dans les *Annales de droit commercial*, 1889, 2, p. 52, note 2.

1741. — A. Liquidation judiciaire. — Dans la liquidation judiciaire le *dépôt volontaire du bilan* est le seul mode d'introduction de la demande. Ni les créanciers n'ont le pouvoir de prendre l'initiative de cette liquidation, ni la justice ne peut l'ouvrir d'office.

Le débiteur doit agir spontanément. Ce dépôt de bilan lui est imposé dans les *quinze jours* à partir de la cessation des paiements (le jour de cette cessation inclus, art. 438) ; le commerçant peut d'ailleurs y procéder, bien qu'un créancier l'ait déjà assigné en déclaration de faillite (L. 4 mars 1889, art. 2, al. 1er).

1742. — La prescription légale, ayant pour objet le dépôt du bilan, reçoit une triple sanction :

a) Le retard mis par le commerçant dans ce dépôt peut entraîner contre lui *déchéance de la liquidation judiciaire*. A en croire les arrêts, il entraînerait même inévitablement cette déchéance (voir n° 1736). La faillite sera de toute nécessité prononcée contre lui, avec les rigueurs attachées à ce régime. Nous avons combattu cette interprétation, et reconnu au tribunal le pouvoir de mettre le débiteur en liquidation, alors même que plus de quinze jours se seraient écoulés entre la cessation des paiements et le dépôt du bilan.

b) Le commerçant n'encourra pas seulement la faillite par suite de son inaction, mais aussi la *banqueroute simple*. Au nombre des chefs de banqueroute facultative figure en effet l'omission du dépôt au greffe de la déclaration exigée par les art. 438 et 439 C. com. (art. 586, 4°). — Avant 1889, le délai était plus court, la loi le limitait aux *trois jours* à partir de la cessation des paiements (ancien art. 438) : il est porté maintenant à quinzaine.

c) Si le commerçant n'a pas fait le dépôt de bilan en temps voulu, le tribunal (qui le mettra dans ce cas en faillite) ordonnera le *dépôt de sa personne dans la maison d'arrêt* : clause du jugement qui sera d'ailleurs très rarement mise à exécution. Le dépôt du bilan permet au contraire au tribunal de l'en affranchir (art. 456 C. com.). Dans la liquidation judiciaire, il n'y a point lieu à cette incarcération : le commerçant conserve sa liberté [1].

1743. — Il en coûte à l'amour-propre du débiteur de faire ce dépôt. Il doit cependant lui être utile : la mainmise de justice sur son actif le protégera contre les poursuites individuelles de ses créanciers, souvent âpres et acharnées. Cette initiative imposée correspond à un ancien bénéfice civil, usité avant l'abolition de la contrainte par corps : la *cession de biens* (art. 1265 et s. C. civ.).

---

1. L'art. 24 de la loi de 1889, pourrait-on objecter, porte extension à la liquidation judiciaire de toutes les dispositions de la faillite auxquelles cette loi n'aurait pas dérogé. Mais l'art. 4 énumère les mentions que doit contenir le jugement ouvrant la procédure, et il se suffit à lui-même. Par cela seul qu'il garde le silence, tant sur l'incarcération du débiteur que sur l'apposition des scellés, il faut en conclure que ces prescriptions restent spéciales à la faillite et demeurent étrangères à l'autre régime de liquidation.

Dépôt de bilan et cession de biens dérivent historiquement d'une même institution impériale romaine. La cession de biens affranchissait le débiteur de l'emprisonnement pour dettes, avant 1867. Le dépôt du bilan, la faillite aboutissait pour lui au même résultat (quoique sa liberté de failli fût limitée d'une autre manière).

L'art. 541 C. com. ne doit donc pas être pris au pied de la lettre, lorsqu'il dit qu' « aucun débiteur commerçant n'est recevable à demander son admission au bénéfice de cession de biens ». C'est le contraire qui traduit le fond de la vérité : la loi autorise, elle oblige même le commerçant à requérir la cession de biens. Seulement (et à cet égard la formule de l'art. 541 est très juste), cette cession ne peut être demandée que dans les formes commerciales de la faillite (ou de la liquidation judiciaire) ; non dans celles plus incommodes de l'ancienne cession civile.

La question a perdu son intérêt depuis la loi du 22 juillet 1867 : les débiteurs, n'étant plus menacés de la contrainte par corps, ont cessé d'user de la cession de biens. Mais, bien entendu, le dépôt du bilan a conservé toute son application. L'institution de la liquidation judiciaire en 1889 lui a même donné une portée plus considérable que jadis.

1744. — Le dépôt a eu lieu au greffe du tribunal de commerce et il est accompagné de la déclaration de cessation de paiements. Il est donné acte au débiteur de cette déclaration [1].

Le bilan contiendra le tableau des profits et pertes et celui des dépenses de maison. Il sera certifié véritable, daté et signé par le débiteur (ou par un fondé de pouvoir). Si le commerçant n'a pas eu le temps de l'établir, il énoncera les motifs dans sa déclaration. Au surplus, ce bilan n'est que provisoire : les agents de la liquidation auront à en dresser un autre (art. 438 et 439 C. com.).

Dans la liquidation judiciaire, requête et bilan doivent être accompagnés d'une *liste* qui indique le nom et le domicile de tous les *créanciers* (art. 2, al. 2, l. 1889).

1745. — **B. Faillite.** — La faillite est déclarée alternativement dans trois circonstances : *a*) sur le dépôt du bilan (comme c'est toujours le cas dans la liquidation judiciaire) ; *b*) sur la demande d'un ou de plusieurs créanciers ; *c*) par le tribunal statuant d'office (art. 440).

1746. — *a*) Il est rare que le *négociant* dépose son bilan en requérant non la liquidation judiciaire, mais la faillite, ou en s'abstenant de toute précision dans sa requête. C'est alors à la faillite qu'il est présumé conclure.

Plus fréquemment, le tribunal rejettera comme tardive, ou pour une autre raison, la requête aux fins de la liquidation judiciaire dont il est

---

1. La loi du 26 janvier 1892, art. 10, sur la réforme des frais de justice, affranchit du timbre et de l'enregistrement les déclarations de cessation de paiements, dépôts de bilan, affiches et certificats d'insertion relatifs à la déclaration de faillite, etc.

saisi, et mettra le commerçant en faillite (sur 6.049 faillites ouvertes en 1911, 1.338 l'ont été sur déclaration du débiteur, soit 1/5 par rapport à l'ensemble).

1747. — *b*) Tout *créancier* peut introduire contre le débiteur une demande en faillite, à condition de justifier de la recevabilité et du bien fondé de celle-ci. Le demandeur usera, soit de la *citation*, soit de la *requête* (arg. art. 440). Dans le deuxième cas, il n'y a point assignation signifiée au commerçant, mais acte saisissant directement le tribunal.

La première manière de procéder, la citation, est plus loyale. La personne qu'elle vise est informée. Lorsque la créance du demandeur est sur le point d'être atteinte par la prescription libératoire, la citation en justice interrompt cette prescription ; c'est à elle et non à une introduction d'instance par voie de requête qu'est attachée, d'après l'art. 2244 C. civ., la vertu interruptive de l'exploit (4.235 faillites ont été ouvertes en 1911 sur poursuites des créanciers, soit les 2/3). Suivant une proposition faite à la Chambre des députés par M. Andrieu, l'introduction de la faillite par voie d'assignation deviendrait obligatoire.

Si le tribunal est saisi en même temps d'une demande en liquidation judiciaire du débiteur et d'une demande en faillite formée par un créancier, il devra joindre les deux causes et statuer sur le tout, par un seul et même jugement (art. 4 *in fine*, l. 1889).

Tout créancier a individuellement le droit de poursuivre la faillite, si minime que soit le chiffre de sa créance. Chacun des créanciers devient gérant d'affaires de tous, aux fins de requérir la mise des biens sous séquestre. Ils sont pourvus d'un mandat réciproque à l'effet de se représenter dans cette instance.

Le droit de demander la faillite existe : — même quand la *créance* du demandeur est *litigieuse*, pourvu que l'intéressé puisse en établir la réalité ;

— même quand le créancier est *parent* ou allié du débiteur au degré le plus rapproché (le droit romain n'accordait pas cependant les actions infamantes aux membres de la famille tenus au respect de leurs ascendants) ;

— même quand il est *étranger* (quitte à fournir la caution *judicatum solvi*, ainsi que le veut la loi du 6 mars 1895) [1] ;

— même quand il a une *hypothèque* ou un *gage* sur un bien du débi-

---

1. Certaines décisions, à la vérité, ont affranchi de cette caution le créancier étranger qui demande la faillite de son débiteur français (Trib. com. Seine, 6 décembre 1895, *Journ. dr. intern. privé*, 1896, p. 140), sous le prétexte que l'instance n'a pas pour objet de mettre le demandeur en possession d'un droit de créance, mais tend seulement à consacrer une situation de fait, sur laquelle le tribunal aurait même le droit de statuer d'office. — Cette considération pour écarter la caution n'est pas claire : dans les procès de faillite comme dans les autres, il faut donner au défendeur une garantie de recouvrement de ses frais et des dommages-intérêts en cas de demande téméraire. Au surplus, la portée de la règle est restreinte depuis la mise en vigueur de la convention de La Haye du 14 novembre 1896, supprimant dans les rapports de la plupart des Etats de l'Europe l'exigence de la caution.

teur. Cependant la faillite n'est pas instituée au profit des créanciers pourvus de sûretés réelles. L'objection n'est pas sans réplique : la sûreté peut être insuffisante, de là un découvert pour lequel le créancier est chirographaire : d'où pour lui un intérêt à la faillite ;

— même quand le *droit* du demandeur est *conditionnel* ou à *terme*, pourvu qu'il établisse que les paiements des dettes exigibles ont cessé ;

— même quand la *créance* du demandeur est *civile* et non commerciale (prix de vente d'un immeuble, loyers de magasins, fournitures de ménage : Alger, 31 décembre 1901, S. 1902, 2, 264 ; Req., 3 novembre 1909, D. 1910, 1, 224). Cela concorde-t-il avec l'idée que le non-paiement des dettes civiles ne saurait être cause de la faillite (n° 1732) ? Certainement. Le créancier civil, pour réussir, devra prouver que le commerçant ne tient pas ses engagements commerciaux. La cause de sa créance à lui, qu'elle soit en souffrance ou non, n'est pas une raison de l'éconduire. L'égalité des créanciers les rend tous aptes à réclamer la faillite, à quelque catégorie qu'ils appartiennent.

1748. — *c*) Le tribunal de commerce peut également déclarer la faillite *d'office* (c'est ce qu'il a fait dans 476 cas en 1911, soit une proportion de près de 1/14 de l'ensemble des faillites).

Beaucoup de législations refusent ce pouvoir à la justice (Allemagne, Angleterre, etc.) [1]. On l'explique au moyen des raisons suivantes :

1° Quoique *les intéressés s'abstiennent* de réclamer la faillite, il faut cependant la prononcer, là surtout où le commerçant a fait des actes de banqueroute, afin que la justice criminelle puisse le frapper (cette affirmation, en face des « faillites de fait », perd une grande partie de sa force).

2° Il faut veiller aux *intérêts des créanciers absents*, lorsque les créanciers présents préparent avec le débiteur des combinaisons dont souffriraient ceux qui n'y participent point ; les absents seraient frustrés de leur gage, si la mise en faillite d'office ne venait contrecarrer ces manœuvres. — Ne peut-on pas répondre que, même sous une législation ne connaissant pas le prononcé d'office, les absents, une fois de retour, auraient toujours le moyen de demander la faillite, puis, en faisant remonter la date de la cessation des paiements, d'annuler rétroactivement le concordat qui leur nuit ?

§ 3. — De l'objet du jugement déclaratif et de sa nature.

1749. — Le jugement déclaratif de faillite ou de liquidation contient plusieurs dispositions. Dans l'une et dans l'autre de ces deux procédures :

1° Le jugement *constate l'état de cessation de paiements*, après l'avoir vé-

1. La Chambre des députés a été saisie par M. Haudos le 19 janvier 1911 d'une proposition tendant à supprimer le droit pour les tribunaux de commerce de déclarer la faillite d'office. Cette proposition, combattue par les Chambres de commerce, n'a pas abouti (*Ann. dr. comm.*, 1911, p. 220 ; cfr. Thaller, *Des faillites en droit comparé*, II, n° 157).

rifié, et *prononce* l'état de *faillite* ou de *liquidation judiciaire*. Dans la liquidation judiciaire, le débiteur doit être préalablement entendu en personne, à moins d'excuses reconnues valables par le tribunal (L. 1889, art. 4, al. 1er);

2° Il *nomme* un ou plusieurs *syndics* provisoires dans la faillite (art. 462), *liquidateurs* provisoires dans la liquidation judiciaire (L. 1889, art. 4, al. 1er); — il nomme aussi un *juge-commissaire* (art. 451, l. 1889, *ibid.*);

3° Dans la faillite seulement, il *ordonne la mise des scellés* et le *dépôt du failli* dans la maison d'arrêt ou la garde de sa personne par un officier de police (art. 455);

4° Il *fixe* dans le passé la *date de la cessation des paiements* (art. 441).

1750. — Fixation de la date de la cessation des paiements. — Il y a lieu d'insister sur cette dernière disposition.

Le débiteur avait cessé ses paiements le 1er mars, la faillite n'est déclarée que le 1er mai. Le tribunal de commerce, après avoir instruit les précédents de la faillite, estime que le 1er mars est bien le jour où se sont arrêtés la généralité des paiements. Il retient cette date dans le jugement.

C'est ce qu'on appelle dans la pratique le *report de faillite*. L'expression n'est pas d'une rigoureuse justesse, car la faillite ne rétroagit pas au jour de la cessation des paiements. La fixation de cette date ouvre seulement par-devant la faillite une *période* dite *suspecte*, et les actes faits dans cette période seront soumis à un régime particulier de nullités (V. *infra*).

La durée de la période suspecte varie selon les faillites. Elle est élastique. En droit français, le tribunal, pour en déterminer le point de départ, peut remonter dans le passé aussi loin qu'il le voudra. Il y a des faillites pour lesquelles la période suspecte comprend plusieurs années : le nombre des opérations à annuler en est rendu d'autant plus grand.

1751. — Suite. — Cette date n'est pas toujours fixée par le jugement déclaratif : le tribunal peut n'avoir pas encore les éléments de renseignements pour la connaître. Il ne la déterminera que dans un *jugement postérieur*, qu'il rendra tantôt sur la requête des intéressés, tantôt même d'office.

Le tribunal peut également rapporter une ou plusieurs fois la date qu'il a d'abord accueillie. Ce n'est que lorsqu'on sera parvenu à un point de la procédure que nous aurons à préciser, que cette modification de date cesse d'être possible. Jusque-là, la date fixée reste provisoire et sans autorité de chose jugée.

Il se pourrait encore que le tribunal de commerce ne fixât la date de la cessation de paiements ni par le jugement déclaratif, ni par un jugement postérieur. En ce cas, cette date se confondra avec celle du jugement déclaratif (art. 441 *in fine*); les paiements sont présumés s'être arrêtés au moment du prononcé de la faillite. Alors disparaît la période suspecte, sous réserve du sort des actes accomplis dans les dix jours précédant le jugement déclaratif.

Deux particularités méritent d'être relevées à l'occasion de cette énonciation de la date de la cessation de paiements.

1752. — Suite. — 1° D'après le sentiment de nombreux praticiens, auquel la doctrine est en général contraire, on doit, quant au report de faillite, prendre les mots « cessation de paiements » dans un sens plus large que celui où on les emploie pour dire la faillite encourue.

A la teneur de ce système, le tribunal peut et doit remonter plus haut que le jour auquel a eu lieu le *fait matériel* et ostensible *de l'arrêt de paiements.* La période suspecte sera reculée jusqu'au moment où se sont manifestés des *faits de gêne du commerçant* précurseurs de son désastre, et assez caractérisés pour qu'une personne clairvoyante ait pu y voir le symptôme d'une situation désespérée. Ex. : Le négociant a signé avec ses créanciers un concordat amiable, qu'il n'a pas eu le moyen d'exécuter ensuite ; — ou bien il a, après de premières échéances, obtenu un renouvellement, mais pour aboutir à une impossibilité définitive de s'acquitter. Il a donné un nantissement à son banquier pour le couvrir d'avances devenues exigibles, et les tiers l'ont su (Req., 6 novembre 1905, S. 1910, 1, 227). — Le jour de ce concordat dans le premier cas, celui de la prorogation originaire d'échéance ou du nantissement dans le second, serviront de point d'origine à la période suspecte [1].

Le pour et le contre peuvent se défendre : *a*) Si on limite la période suspecte au temps couru depuis la fermeture réelle de la caisse, échapperont à la nullité beaucoup d'opérations suspectes datant du temps où le négociant se débattait notoirement avec la gêne, ce qui sera fâcheux.

b) En sens opposé, si la justice a le droit d'assimiler un régime d'expédients à une cessation de paiements *hoc sensu*, il est à craindre qu'elle ne s'arrête à une date arbitraire, au détriment de ceux qui, ayant fait crédit au commerçant dans la dernière époque, verront leurs actes annulés.

1753. — Suite. Fixation de cette date dans la liquidation judiciaire. — 2° La fixation de la date de la cessation des paiements a lieu dans la *liquidation judiciaire* aussi bien que dans la faillite. Toutes les dispositions du Code de commerce auxquelles ne déroge pas expressément la loi de 1889 reçoivent leur application dans la procédure nouvelle (art. 24).

Il est vrai que ce report de liquidation judiciaire, ayant pour but de faire annuler tel ou tel acte du débiteur accompli à la dernière époque, aura une portée plus hardie et presque contradictoire : la conversion de la liquidation judiciaire en faillite, si ce report doit comprendre plus de quinze jours (art. 19). Ce qui ne laisse pas que de surprendre [2].

---

1. C'est bien dans cette thèse que paraît conçue la doctrine de la Cour de cassation : « Le commerçant n'est pas en état de cessation de paiements, s'il se trouve engagé dans des opérations imprudentes et dangereuses, qui ont entraîné pour lui des pertes importantes *sans que sa situation commerciale soit alors désespérée* ; s'il jouit encore d'un crédit sérieux ; s'il paie exactement ses dettes exigibles ; s'il n'a recours, pour soutenir son crédit, à aucune manœuvre réprouvée par la loi ». Req., 31 octobre 1898, D. 99, 1, 115 ; 29 juin 1899, D. 1900, 1, 349 ; 13 janvier 1902, S. 1902, 1, 279 ; 16 novembre 1902, D. 1903, 1, 86 ; 3 novembre 1903, D. 1903, 1, 544 ; 11 novembre 1907, S. 1911, 1, 273, note BOURCART ; Rej., 27 juillet 1909, S. 1911, 1, 73, note LYON-CAEN.

2. Cet article 19 n'apporte-t-il pas une preuve concluante à l'opinion d'après

Il faut convenir que le transport à la liquidation judiciaire de la période suspecte fait légèrement violence à l'institution. Le commerçant à qui l'on accorde ce bénéfice est présumé avoir déposé son bilan aussitôt après ses premiers embarras. Le report traduit une impression contraire. Fixer la cessation de ses paiements à une date passée, au 1er janvier, alors que le dépôt du bilan est du 1er mars, c'est témoigner au débiteur une défiance peu conciliable avec l'exemption qu'on lui accorde de la faillite.

En outre, dans l'opinion qui exige rigoureusement le dépôt du bilan dans la quinzaine de la cessation des paiements, opinion qui n'est pas la nôtre, on est pris dans le dilemme suivant :

a) Ou, comme la Cour de cassation l'estime possible (Req., 30 décembre 1896, S. 1900, 1, 519), la liquidation sera reportée à une époque plus ancienne, les indices de gêne, sinon la fermeture de la caisse, remontant effectivement à un temps antérieur : en ce cas, le tribunal n'est pas logique, en jugeant à la fois que le débiteur a mérité le bénéfice légal par son empressement, et qu'il y a eu chez lui temporisation, c'est-à-dire incurie.

b) Ou la date ne sera pas reculée plus anciennement que de quinze jours avant le dépôt du bilan : une période suspecte aussi courte ne donnera pas pratiquement grand résultat.

Malgré ces objections, la solution paraît certaine. Il y a lieu seulement de critiquer la législation, qui n'est pas très conséquente avec elle-même.

1754. — Nature du jugement déclaratif. — La *nature* du jugement déclaratif demande à être mise en lumière. Ce jugement emporte sur l'ensemble de l'actif, sur tout le patrimoine du commerçant, une sorte de *mainmise* ou de *séquestre*. Les autres jugements constatent un droit préexistant ; ils ne créent pas une situation nouvelle de droit, quant au débiteur et à ses biens. Toutes différences gardées, et sauf à rectifier ce que ce rapprochement présente d'inexact, la faillite agit à la manière d'une sentence d'interdiction qui modifie le statut de la personne et rend incapable un individu précédemment capable.

Le caractère d'universalité dont dispose le jugement déclaratif s'applique à la fois aux personnes et aux biens.

1755. — Suite. Publicité. — *Quant aux personnes*, le jugement prononçant soit la faillite, soit la liquidation, produit *effet* non seulement au

---

laquelle le tribunal doit déterminer la date de la cessation des paiements dans la liquidation judiciaire, comme il a à le faire dans la faillite ? Le texte, en supposant qu'un acte du débiteur, postérieur à la cessation des paiements, est annulé d'après les art. 446 et suiv., sous-entend que le tribunal a commencé par déterminer cette date. — Toutefois l'argument n'a aucune valeur dans l'opinion accueillie en jurisprudence sur les « faillites de fait » (n° 1713). En effet, la nullité des art. 446 et suiv. peut être exercée, d'après les arrêts, sans qu'il y ait eu officiellement une période suspecte. Il suffit que le demandeur prouve que l'acte attaqué a été conclu depuis la cessation des paiements du commerçant ou dans les dix jours précédents ; et le prononcé de la liquidation judiciaire ne met, bien entendu, aucun obstacle à cette preuve (Bailly, dans les *Annales de droit commercial*, 1889, 2, 60).

regard des plaideurs en cause, mais *vis-à-vis de tous*. L'autorité de chose jugée, qui fait qu'il y a faillite et qu'on doit l'admettre, n'est pas limitée, comme dans la théorie de l'art. 1351 C. civ., aux personnes parties au procès. L'indivisibilité du régime ne permet point qu'on soit failli pour les uns, sans l'être en même temps au regard de tous intéressés quelconques.

Dans ces conditions, il était indispensable d'instituer une *signification publique* de ce jugement. Il ne suffisait point de le signifier individuellement au débiteur et aux autres personnes intervenues à l'instance qui y auraient défendu des conclusions. Ce n'est pas le débiteur seul qui a intérêt à connaître cet état nouveau : tout le public doit être renseigné. Les créanciers ont à produire leurs titres ; les tiers à être instruits des atteintes mises par le dessaisissement au pouvoir de contracter du failli.

De là, la *publicité* exigée par l'art. 442 : le jugement qui prononce la faillite, ainsi que celui qui fixe la date de la cessation des paiements, est *a*) affiché dans la salle d'audiences du tribunal, et *b*) inséré par extrait dans les journaux chargés des annonces judiciaires tant du lieu où la faillite a été déclarée que de tous les lieux où le failli a des établissements commerciaux. C'était là déjà la publicité organisée avant 1867 à l'égard des actes de sociétés commerciales, et complétée par une transcription au greffe, inutile ici pour un jugement qui y est déjà déposé en minute.

1756. — Du renvoi que fait l'art. 4 de la loi de 1889 à l'art. 442, il ressort que cette publicité est exigée également pour la *liquidation judiciaire*.

Primitivement, on avait proposé pour ce nouveau régime de se contenter, comme mesure de publicité, de la lecture du jugement en audience publique, après délibéré en chambre du conseil : prescription que la loi de 1889 a conservée. La liquidation judiciaire devant épargner la réputation du commerçant, n'est-ce pas aller contre son but qu'en répandre la nouvelle par la voie des journaux ?

A la réflexion, on s'est dit que ce jugement avait besoin de la même notoriété qu'une faillite ; autrement, la procédure nouvelle eût perdu tout son crédit, elle se serait déroulée d'une manière plus ou moins clandestine.

1757. — L'absence de publicité, ou le retard des agents de la liquidation à y procéder (il n'est pas indiqué de délai), n'a pas pour sanction la nullité de la faillite ou de la liquidation judiciaire. Les effets du jugement ne sont pas reculés au delà de la publication : sitôt prononcé, le jugement est opposable aux intéressés, le failli est dessaisi, etc.

Mais ceux qui doivent publier le jugement (syndic ou liquidateur) auront intérêt à ne pas tarder de le faire, car :

1° Ils engageront leur *responsabilité* vis-à-vis des personnes de bonne foi qui auront traité avec le débiteur en le croyant toujours *in bonis* ;

2° En outre, la loi de la faillite fait courir du jour de la publicité les *délais d'opposition* au jugement déclaratif : la faillite ne peut donc passer en force de chose jugée aussi longtemps qu'il n'a pas été procédé à la publication (art. 580). C'est ce que nous constaterons ci-dessous.

1758. — Universalité du jugement. — *En ce qui concerne les biens*, faillite et liquidation judiciaire s'étendent à tout l'avoir du débiteur considéré comme masse active. En font partie, tout à la fois : 1° les biens qui dépendent du commerce ; et 2° les biens étrangers à ce commerce. La prise de gage des créanciers s'exerce sur le patrimoine entier. La faillite équivaut à une saisie générale des biens.

Cette universalité de la faillite est-elle mise en échec par le fait que les biens du débiteur se trouveraient situés dans différents États ? On pourrait s'expliquer une organisation localisant la faillite aux biens situés sur le territoire ; à chaque groupe national de valeurs répondrait une faillite distincte. Tel est le système vers lequel incline la pratique française. C'est le problème, esquissé ci-dessus, n° 1716, des faillites multiples, par opposition à la faillite internationale.

1759. — Même dans l'ordre du droit intérieur, l'extension de la faillite à tous les biens, sans tenir compte de leur différence d'affectation, laisse parfois subsister un doute : 1° lorsque la même personne possède en France deux établissements de commerce distincts, l'un d'eux arrêtant ses paiements, et l'autre poursuivant sa marche ; 2° lorsque ces deux maisons indépendantes cessent leurs paiements, mais ne le font pas au même moment.

Comme la faillite a sa source dans l'établissement, plutôt que dans la personne, et que, par hypothèse, la deuxième maison demeure debout, il paraîtrait naturel de tenir les valeurs qui composent celle-ci en dehors de la faillite de la maison qui a succombé ; on la soumettrait à une faillite propre, si elle devait succomber à son tour.

Quelques décisions judiciaires ont admis ce dédoublement des faillites, ou la possibilité pour l'établissement solvable d'échapper à la faillite de l'autre.

Mais l'unité du patrimoine et du gage proteste contre ce résultat. Pour constituer des faillites séparées en droit international, il y avait un motif puissant, tenant à ce que la justice d'un État ne comprend pas les biens extra-territoriaux dans son ressort. Cette raison n'existe plus ici. La règle qui assujettit à la faillite tous les éléments de l'actif, quels qu'ils soient, doit être suivie dans toute sa rigueur.

Il faut réserver le cas où ces biens d'une autre exploitation seraient non la propriété exclusive du débiteur, mais le capital d'une société où il aurait une part. L'autonomie de la société s'oppose à ce que son capital soit réuni aux biens de la faillite individuelle de l'associé.

§ 4. — Des voies de recours contre le jugement déclaratif.

1760. — Liquidation judiciaire. — La loi de 1899 a *exclu toute voie de recours* contre le jugement prononçant la liquidation judiciaire : il ne peut être attaqué ni par la voie de l'opposition, ni par celle de l'appel. On est moins fixé à l'égard du recours en cassation, il est préférable de dire qu'il est également refusé (art. 4, al. 3).

Il n'y a qu'une seule exception. C'est au cas où le tribunal est simultanément saisi d'une requête du débiteur tendant à la liquidation judiciaire et d'une demande de créanciers en vue de déclarer la faillite. Les deux causes seront jointes afin qu'il soit statué par une même décision. Ce jugement suivra alors, au point de vue des recours, le droit de la faillite. Il sera frappé d'opposition ou d'appel, soit par le créancier demandeur, si la liquidation judiciaire a été prononcée[1] ; soit par le débiteur (usant alors de l'appel seulement), si c'est la faillite qui a été déclarée.

Le jugement qui, au lieu de prononcer la liquidation judiciaire, rejette purement et simplement la demande sans déclarer la faillite, comporte les voies de recours habituelles (Douai, 2 février 1898, S. 98, 2, 176).

1761. — Le refus de tout recours contre une décision prononçant la liquidation judiciaire a été motivé par des raisons de célérité et d'économie. D'ailleurs à qui le jugement fait-il grief ? Au débiteur ? C'est lui-même qui l'a sollicité. Aux créanciers ? La procédure ouverte leur donne toutes les garanties d'une faillite.

Cependant, ne peut-il pas se faire que le commerçant ait commis des actes répréhensibles ignorés par le tribunal ? — L'objection est sans force. Le premier jugement ne mettra pas obstacle à une nouvelle demande en faillite, si le débiteur se trouve dans l'une des hypothèses d'indignité de l'art. 19, qui justifient, à un moment quelconque de la procédure, la conversion en faillite de la liquidation précédemment prononcée.

La disposition de la loi prête toutefois à la critique : un débiteur non-commerçant a obtenu du tribunal une liquidation judiciaire qui lui reconnaît implicitement le titre de commerçant. Il a trompé les juges sur sa qualité, afin de négocier un concordat de majorité qui sera opposable aux créanciers dissidents. Le statut civil qui le régit voudrait que ce traité eût l'unanimité des voix. — Il y a maintenant chose jugée ; l'erreur commise ne comporte point de remède, c'est regrettable.

1762. — Faillite. Question préliminaire. — A l'égard du jugement déclaratif de faillite, des *voies de recours* sont instituées. Lorsque la faillite a été prononcée à tort, les intéressés pourront la faire rapporter, sous les distinctions qui vont être examinées.

Lorsque, au contraire, la faillite a été à bon droit déclarée, une controverse délicate surgit. — Le commerçant a été mis légitimement en faillite, parce qu'il était en état de cessation de paiements quand le tribunal a statué. Mais, par suite de ses relations, il fait disparaître cet état de cessation de paiements dans les délais d'opposition ou d'appel, *a*) ou bien en se procurant les fonds nécessaires pour *rembourser ses dettes* ; *b*) ou bien en obtenant de l'unanimité des créanciers un *concordat*, soit par remise,

1. Un jugement prononçant la liquidation judiciaire dans ces circonstances peut être frappé d'appel, même *à la demande du débiteur*, si celui-ci rembourse ses créanciers dans le délai du recours. Du moins, ainsi en doit-il être dans l'opinion, discutée ci-dessous (n° 1762), de l'infirmation possible par la Cour, lorsque la cessation de paiements existait au jour du jugement mais a pris fin ensuite (Caen, 24 avril 1895, et note VALÉRY, D. 97, 2, 465).

soit par atermoiement. Cette réparation de la cause de la faillite donne-t-elle au commerçant le droit de faire tomber rétroactivement le jugement ?

L'intérêt de la question est considérable.

Sans doute, même en acceptant la solution la moins favorable, la faillite devra s'arrêter dans sa marche. On la clôturera.

Mais, *a*) si le premier jugement ne peut être annulé, le débiteur restera sous le coup des *déchéances civiques* qui l'ont frappé. Il lui faudra, pour rentrer dans ses droits politiques, la procédure de *réhabilitation* ; résultat différé jusqu'à ce qu'il ait effectué le remboursement intégral du passif, ou rempli les conditions prescrites par les lois de 1903 et 1908.

b) Tandis que la faillite, étant rapportée, s'effacera même pour le passé, la situation sera la même que si la faillite n'avait jamais été prononcée : le débiteur rentrera *de plano* dans sa capacité civique.

L'accord des opinions ne s'est pas encore établi. Le rapport de la faillite paraît généralement admis, lorsque le moyen produit consiste dans le remboursement intégral du passif [1]. La solution est plus douteuse lorsque le commerçant se prévaut d'un concordat amiable. Cependant, en toute logique, les deux situations doivent être régies de même.

Toute la difficulté tient à la nature de l'opposition et de l'appel. Si l'on y voit seulement des modes de recours destinés à redresser une sentence *mal rendue*, le débiteur ne peut pas arguer de circonstances postérieures au jugement déclaratif pour la faire annuler : la faillite, prise au moment où elle a été prononcée, avait une cause légitime, le jugement tiendra.

Mais il paraît préférable de considérer l'opposition ou l'appel comme dévolutifs et remettant en question le procès tout entier. L'affaire doit être examinée à nouveau, comme s'il n'y avait pas eu de premier jugement, sur table rase. Pour que le jugement soit maintenu, il faut que la cause déterminante de la faillite, l'état de cessation de paiements, subsiste au moment où le tribunal ou la Cour prononce soit sur l'opposition, soit sur l'appel [2]. Le jugement de faillite sera donc rétroactivement effacé [3].

1763. — Opposition. — Les deux voies ordinaires de recours contre un jugement de faillite sont : l'*opposition*, — l'*appel*.

L'*opposition* (art. 580) fait revenir l'affaire devant le tribunal de commerce ; elle est une voie de *rétractation*. Il ne peut en être usé par une per-

1. Civ. cass., 23 novembre 1881, et notre *Examen doctr.* dans la *Revue critique*, 1883, p. 372 ; Agen, 2 juillet 1900, S. 1902, 2, 159 (même si le remboursement a été fait par un tiers) ; Rennes, 23 juillet 1909, S. 1910, 2, 303.

2. Toutefois, en cas de réformation, les dépens doivent être mis à la charge de l'appelant, la première décision étant justifiée quand on la prend au moment où elle a été rendue (Caen, 24 avril 1895, D. 97, 2, 465).

3. En conséquence, un arrangement pris par le commerçant avec *tous* ses créanciers dans les délais de recours, en vue par exemple de proroger l'échéance de son passif, lui donne le moyen de faire rapporter la faillite, alors même que cet arrangement ne recevrait aucune homologation judiciaire. — Cela ne paraît pas en harmonie avec une thèse d'après laquelle le régime de la faillite (ainsi que celui de la liquidation judiciaire) exclut la possibilité d'un *concordat amiable* (v. *infra*, n° 2084).

sonne partie contradictoire au procès ; ce principe est maintenu. — Voici en quoi il est dérogé au droit commun :

1° Sont ordinairement seules recevables à exercer ce recours les parties liées à la première instance, et ayant d'ailleurs fait défaut.

A l'égard du débiteur, cette règle ne fléchit point : il ne pourra user de l'opposition que s'il s'est abstenu de comparaître ou de conclure [1] ; lorsqu'il a posé des conclusions, il sera irrecevable à s'en servir.

Mais pour tout autre que le débiteur, la faculté d'opposition s'élargit ; un *intéressé* quelconque a qualité pour former opposition, même s'il n'a pas été partie au procès de la faillite. L'opposition prend alors pour cet intéressé le caractère d'une *tierce-opposition*, renfermée en outre dans un délai de rigueur, ce qui n'a point lieu habituellement.

C'est que le jugement déclaratif, ne limitant pas son autorité aux plaideurs en cause, emporte chose jugée à l'égard de tous. Si ce jugement fait grief à un tiers (créancier soutenant que le débiteur n'est pas un commerçant, personne qui a fait depuis le jugement déclaratif avec le commerçant dessaisi un acte menacé d'annulation, etc.), la seule ressource pour écarter la faillite sera de le faire tomber d'une manière absolue : la loi le permet, à condition d'agir dans un court délai.

2° Le *délai* donné pour faire opposition est autrement réglé que d'après le Code de procédure, lequel donne *huit jours* à partir de la signification d'un jugement pour en relever opposition (du moins quant au défaut faute de conclure : art. 157 C. proc. civ.). Ici, il n'y a point de signification : signifier la faillite à chacun de ceux qui doivent en subir les effets était impossible. La signification est remplacée par la *publication du jugement déclaratif*. C'est du jour de cette publication que courront les délais. Ils sont de *huit jours* pour le failli, d'*un mois* pour tout autre intéressé.

1764. — Appel. — L'*appel*, voie de *réformation*, exerce son action dévolutive, il saisit de la faillite la juridiction du degré supérieur, la Cour d'appel. Le jugement sera mis à néant ou confirmé, selon les cas.

On sait que les délais ordinaires de l'appel sont pour les jugements contradictoires de *deux mois* à partir de la signification à personne (art. 443 C. proc.). Ces délais sont abrégés pour tous les jugements rendus « en matière de faillite », et notamment pour le jugement déclaratif. Ils sont réduits à *quinze jours* à compter de la signification (art. 582 C. com.).

A une abréviation de temps se limite, dans ce deuxième mode de recours, l'atteinte au droit commun. Contrairement à ce qui a lieu pour l'opposition, ne peuvent user de l'appel que ceux qui ont été *parties* à la première instance, soit d'ailleurs qu'ils aient conclu, soit qu'ils aient fait défaut. Quiconque n'aurait pas été relié à la procédure, ou n'y serait pas intervenu, et par exemple un créancier autre que le créancier poursuivant, est exclu du pouvoir de former appel. Cet ayant droit devra former opposition ; alors seulement devenu partie, il pourra interjeter appel du jugement rendu.

1. Sur l'acquiescement du failli au jugement déclaratif, cfr. Req., 30 janvier 1907, S. 1907, 1, 161, note LYON-CAEN.

1765. — La combinaison des délais d'opposition et d'appel soulève une difficulté. Leur point de départ à tous deux n'est pas le même : les délais courent de la *publicité* du jugement dans le premier cas, de la *signification à partie* dans le second. Or, entre ces deux dates, il a pu se produire un certain intervalle de temps. Le jugement de faillite a été rendu le 1er février par défaut contre le failli. Le syndic tarde jusqu'au 1er avril pour le faire afficher : mais, d'autre part, il l'a signifié immédiatement, le 3 février, au failli.

Le délai de quinzaine, donné au failli pour faire appel, expirera le 10 février, si l'on prend à la lettre l'art. 582. Mais l'opposition est encore ouverte pour lui jusqu'au 8 avril. Se peut-il que la voie de recours du second degré soit ainsi fermée, alors que la première demeure encore ouverte ?

Nous ne le pensons pas : celui qui a le droit d'opposition doit à plus forte raison conserver l'appel. Le jugement étant par défaut, les quinze jours que donne l'art. 582 pour former appel courront, non plus de la signification, c'est-à-dire du 3 février, mais *de l'expiration des délais d'opposition*, du 8 avril par conséquent. Il faut le décider ainsi par application des règles ordinaires de procédure (art. 443 C. proc.).

1766. — Rapport de la date de la cessation des paiements. — La question des voies de recours se présente également pour le jugement communément appelé « jugement de report », qui fixe dans le passé la *date de la cessation des paiements*. Cette date peut être réformée une et même plusieurs fois, jusqu'à ce qu'on soit parvenu à un moment déterminé de la faillite [1]. Quel est ce moment rendant ladite date irrévocable ?

Deux articles se suivent dans le Code, difficiles à concilier : les art. 580 et 581. — A l'égard du failli, la question est simple : celui-ci dispose, pour faire rapporter la date, de *huit jours*, à compter de la publication que le jugement a dû recevoir par affiches et insertions ; le délai est réglé de la même manière que pour le jugement déclaratif.

A l'égard des autres personnes que le failli, le problème est moins clair. *a*) D'après l'art. 580, l'opposition, tant contre le jugement qui fixe l'époque de la cessation des paiements que contre celui qui déclare la faillite, serait recevable de la part de toute *partie intéressée* pendant *un mois* depuis la publication. *b*) Mais, d'un autre côté, l'art. 581 limite à *l'expiration des délais pour la vérification et l'affirmation des créances* la demande des *créanciers*, tendant à faire fixer la date de la cessation des paiements à une époque autre que celle qui résulterait du jugement déclaratif ou d'un jugement postérieur.

Ces deux délais ne coïncident point. Si le syndic use de diligence, le délai d'un mois de l'art. 580 s'achèvera avant l'autre. La vérification des créances visée par l'art. 581 prendra un temps plus long que l'affichage selon la

---

1. Ce caractère révocable de la date de la cessation des paiements ne serait pas affecté par une décision correctionnelle qui aurait condamné le failli pour banqueroute simple. Même alors elle peut être changée par le tribunal de commerce dans les délais du livre III (Req., 3 janvier 1898, D. 99, 1, 198).

marche de la procédure : deux ou trois mois, au moins, depuis l'ouverture de la faillite.

Sans s'attarder aux systèmes imaginés pour accorder ces deux textes [1], il faut suivre l'interprétation qui a prévalu en jurisprudence. Les deux articles s'appliquent, *distributivement*, à deux catégories différentes d'intéressés.

a) Est-ce la *masse* des créanciers représentée par le syndic (ou un créancier agissant au nom de la *masse* [2]), qui proteste contre la date d'abord fixée ? Le but de la demande est d'élargir la période suspecte, de la reculer aussi loin que possible dans le passé, de grossir le nombre des actes annulables dans l'intérêt des créanciers, à la teneur des art. 446 et 447. — L'art. 581 est seul applicable. Il faut laisser aux créanciers le temps d'échanger leurs informations sur les précédents de la faillite : ils auront, pour agir, jusqu'à l'expiration des délais de vérification et d'affirmation.

b) La demande de rectification de date provient-elle d'une *individualité* qui a traité avec le débiteur à la veille de la faillite, et dont le marché est exposé à tomber par suite des règles établies pour la période suspecte ? — L'intérêt de cette personne est directement opposé à celui de la masse. Ce qu'elle cherche, c'est raccourcir la période, afin que la date de son opération n'y soit point comprise. Tel est l'intéressé que vise l'art. 580 ; l'art. 581 ne le concerne point. Il ne dispose que d'un mois depuis la publicité du jugement de report, pour y former opposition (Req., 13 mai 1885, D. 86, 1, 136 ; Toulouse, 2 novembre 1902, D. 1903, 2, 208).

§ 5. — Du rôle et des attributions du tribunal de commerce pendant la faillite ou la liquidation judiciaire.

1767. — Le rôle du tribunal de commerce ne finit pas avec le jugement déclaratif qu'il a rendu. La faillite ou la liquidation est une procédure de longue durée qui se poursuit sous le couvert de la justice, et elle entraîne de nombreux incidents. Le tribunal sera appelé à statuer sur des questions de diverse nature intéressant la marche de cette procédure. Lorsque celle-ci arrivera à son terme, il consacrera la clôture des opérations, soit par homologation d'un concordat, soit par déclaration de clôture de l'union, soit par d'autres décisions dont il sera fait mention plus loin.

1768. — Compétence du tribunal de la faillite. — La compétence du tribunal de la faillite, excluant la compétence rivale de tous autres tri-

1. Voici quelques-uns de ces systèmes : 1° le droit de faire rapporter la date persévère tant que le plus long des deux délais ne sera pas expiré ; 2° le délai *maximum* est d'un mois à partir de la publicité ; mais, si la vérification des créances s'achève avant la fin de ce mois (hypothèse anormale), les intéressés ne pourront plus utiliser le complément de ce délai, etc.

2. On se demandera (n° 1876) si cette action *individuelle* d'un créancier est recevable. En cas d'affirmative, un deuxième créancier peut intervenir, même en cause d'appel d'un jugement de report prononcé à la demande d'un premier (Bordeaux, 3 juillet 1911, D. 1913, 2, 369, note Cézar-Bru).

bunaux, était réglée d'une manière limitative dans l'ancien Code de 1807. Le nouvel art. 635, voté en 1838, pose une règle générale, s'appliquant également à la liquidation judiciaire, aux termes de l'art. 24 de la loi de 1889 : « Les tribunaux de commerce connaîtront de tout ce qui concerne les faillites, conformément à ce qui est prescrit au livre III » [1].

Ratione loci, c'est le tribunal de qui provient le prononcé de la faillite qui statuera sur les autres questions soulevées par celle-ci. Ainsi le décide l'art. 69, al. 7, C. proc. civ. : « En matière de faillite, est compétent le juge du domicile du failli ».

Les expressions *en ce qui concerne les faillites...*, *en matière de faillite*, paraissent aussi larges que possible. Il n'est pas vrai cependant que, chaque fois qu'il s'élève un procès « à l'occasion d'une faillite », le tribunal de commerce en doive connaître. Certaines dispositions, telles que l'art. 500 qui suppose un contredit porté devant un tribunal civil, démontrent à première vue que l'art. 635 ne peut pas être pris dans un sens absolument littéral.

La jurisprudence a su, au moyen d'une distinction ingénieuse, faire la démarcation entre les affaires qui ressortissent au tribunal de la faillite et celles qui, suivant le droit commun de la compétence, seront ou pourront être portées, selon les cas, devant une autre juridiction.

1769. — Suite. — 1° Il y a des procès qui s'engagent *dans une faillite*, mais *sans puiser leurs éléments de solution dans le droit propre à l'institution*. La faillite leur sert bien de cadre, mais elle n'en est pas la source.

Si le débiteur était *in bonis*, ou s'il s'agissait d'une déconfiture, le même procès s'engagerait appuyé sur les mêmes moyens. Ce procès n'est pas de ceux qui « concernent la faillite ». Il sera donc jugé d'après les règles de la compétence ordinaire, tant *ratione materiæ* que *ratione loci*.

Exemples : — Dans le passif qui fait l'objet des productions se trouvent des *créances civiles* : le prix de vente d'un immeuble, de subsistances de ménage, etc. S'il y a contredit lors de la vérification, et renvoi de l'affaire à la justice, c'est le tribunal civil de première instance qu'il faudra saisir du différend ; en principe sera compétent celui du domicile du débiteur, en vertu de la règle *actor sequitur forum rei* (art. 500 C. com.).

Le commerçant, dès avant sa faillite, dès avant même la période suspecte, a accompli avec la complicité d'un tiers un acte en fraude de ses créanciers. Le syndic attaque cet acte du chef de l'art. 1167 C. civ., en vertu de l'*action paulienne*. Suivant que l'opération attaquée sera à l'égard du défendeur civile ou commerciale, l'action paulienne sera portée devant le tribunal de première instance ou devant le tribunal de commerce. La compétence ne se justifie point par l'art. 635 même dans cette dernière éventualité. Le tribunal compétent pourra être celui d'un ressort autre que l'arrondissement de la faillite. La contestation se présenterait dans

1. D'après Req., 22 novembre 1910, D. 1912, 1, 495, l'inobservation de la compétence du tribunal de commerce à la teneur de l'art. 635 ne peut pas être invoquée pour la première fois en cassation.

des conditions semblables, si le débiteur était un non-commerçant poursuivi par la voie des saisies [1]. On cesse donc d'être « en matière de faillite ».

1770. — Suite. — 2° Mais il existe des procès d'un autre caractère, des conflits agitant une règle spéciale à la faillite ; en dehors d'une faillite, ces procès n'auraient point de raison de s'engager. On est alors en présence d'une *contestation qui a avec la faillite une corrélation directe.* La loi veut que tous les différends de cette nature se concentrent au tribunal qui a prononcé la faillite, à l'exclusion de tous autres. Tel est le sens de l'art. 635.

Exemples : — Le syndic, au lieu de fonder son action en nullité sur l'art. 1167, la base sur les *art. 446 et 447 C. com.*; ce qui le dispensera de démontrer soit la fraude du failli, soit la complicité du défendeur. Cette nullité est propre à la faillite ; on ne la retrouve dans aucune autre partie du droit privé ; elle ne peut être jugée que par le tribunal de la faillite. La profession civile du défendeur, la nature immobilière du bien dont le syndic demande le rapport à la masse, ne changent point ce résultat (donation d'une propriété faite en temps suspect par le commerçant à l'un de ses parents). — La femme du failli exerce son hypothèque légale dans un ordre ouvert sur le produit de la vente des immeubles de son mari. Les créanciers la repoussent, en vertu des *principes* de la faillite *qui limitent l'hypothèque* à certains biens ou à certaines natures de preuve (art. 563). Le contredit sera nécessairement renvoyé au tribunal de commerce qui a rendu le jugement déclaratif et sous le contrôle duquel se développe la faillite.

1771. — A plus forte raison, le tribunal de commerce sera-t-il compétent pour statuer sur les questions de *procédure.*

Remplacement du juge-commissaire ou du syndic (art. 454 et 464) ; — délivrance d'un sauf-conduit au failli (art. 473) ; — attribution de secours provisoires, si l'ordonnance du juge-commissaire qui les a donnés ou refusés est frappée d'appel (art. 474) ; — attribution de secours définitifs en cas d'union, après un vote favorable des créanciers (art. 530) ; — homologation d'une transaction (art. 487) ; — sursis ou décision de passer outre au concordat, en cas de créances contestées (art. 499 et 500) ; — homologation ou refus d'homologation du concordat (art. 513) ; — clôture des opérations pour insuffisance d'actif ou réouverture de ces opéra-

---

1. Ainsi, lorsqu'une affaire de ce genre, qui n'est pas propre à la faillite, ressortit à un tribunal de commerce, à raison de la nature de l'acte ou de la profession du défendeur, le tribunal de la faillite ne doit pas nécessairement en connaître *ratione loci*, à l'exclusion des autres tribunaux de même ordre (Ex. : Contredit fait à un marché de fournitures spécifiant élection de domicile dans un autre arrondissement que le domicile du failli). — La thèse contraire est plus volontiers acceptée : toutes les affaires de la connaissance de la justice commerciale seraient concentrées en cas de faillite au tribunal qui a prononcé le jugement déclaratif. Cela reviendrait à dire que les mots « en matière de faillite » de l'art. 59 C. proc. ont une portée extrêmement large, tandis que la formule de l'art. 635 C. com. « de tout ce qui concerne les faillites » a un sens plus limité.

tions (art. 527 et 528); — excusabilité du failli après clôture de l'union (art. 538).

Il existe une règle commune à toutes ces questions comprises dans la compétence du tribunal de la faillite: elles doivent être préalablement l'objet d'un *rapport* fait *par le juge-commissaire* (art. 452).

Quelques-unes des décisions ci-dessus ne comportent *pas de recours*, parce qu'elles n'engagent point ou qu'elles engagent très faiblement les intérêts des parties. L'art. 583 en donne l'énumération. Les autres, telles que le jugement qui statue sur l'homologation de concordat, sont susceptibles d'opposition, d'appel, et, s'il y a lieu, de recours en cassation. — Nous rappelons que la durée de l'appel est limitée à un délai de quinze jours à partir de la signification (art. 582).

CHAPITRE II

DU DÉBITEUR

EFFETS DE LA FAILLITE OU DE LA LIQUIDATION JUDICIAIRE SUR SA CONDITION.

1772. — Méthode. — On observera dans la suite de ces explications une méthode dont il y a lieu de tracer immédiatement le plan[1].

Les intérêts de nombreuses personnes sont impliqués dans une faillite ou dans une liquidation judiciaire. Les droits de ces intéressés vont subir maintenant, par suite des exigences de la liquidation, une altération plus ou moins forte. Les créances doivent se ramener à une expression en numéraire et recevoir une métamorphose qui rappelle à certains égards le travail de combinaison chimique. Le débiteur cesse de pouvoir augmenter son passif, il cède la place à un agent étranger ou, s'il n'est pas tenu de s'effacer, c'est à condition de changer de titre, de qualité.

De là, une division de matières qui doit faire défiler dans des chapitres successifs : le *débiteur*, — les *créanciers ordinaires* formant la masse, — les *créanciers ayant plusieurs co-obligés*, — les *propriétaires* exerçant une revendication, — les *créanciers hypothécaires ou privilégiés*. Le premier chapitre

---

1. La méthode habituelle à l'École s'attachait autrefois à l'examen successif des divers effets du jugement déclaratif : 1° dessaisissement du failli ; — 2° cessation des poursuites individuelles ; — 3° exigibilité des créances à terme ; — 4° arrêt du cours des intérêts ; — 5° arrêt des inscriptions de privilège ou d'hypothèque ; — 6° hypothèque légale au profit de la masse ; — 7° déchéances politiques du failli. — Ce plan manque d'unité, et exclut sans raison apparente beaucoup d'autres effets : ceux qui se produisent dès avant le jugement déclaratif (période suspecte), ou encore les suppressions et les limitations de certains privilèges ainsi que de l'hypothèque de la femme du failli. Il a en outre l'inconvénient de ne pas faire marcher de front la liquidation judiciaire et la faillite.

s'occupera de la condition du débiteur et de ses actes, soit que ce débiteur se trouve en faillite, soit qu'il y ait eu prononcé de liquidation judiciaire.

1773. — Le débiteur est diminué dans ses droits à un triple point de vue : — quant au pouvoir de contracter sur ses biens ; — quant à sa liberté individuelle ; — quant à ses droits d'ordre politique.

Examinons dans trois sections différentes ces atteintes apportées par la faillite (ou par la liquidation judiciaire) aux facultés ordinaires de l'individu.

SECTION PREMIÈRE

POUVOIR DE CONTRACTER SUR LES BIENS.

1774. — La limitation mise par la faillite au droit de contracter, c'est-à-dire d'administrer ou d'aliéner les biens, concerne la *période qui suit le jugement déclaratif.* Elle concerne également, à un moindre degré, la *période qui précède ce jugement,* par suite du statut de la période suspecte.

Il convient donc de distribuer le sujet en deux parties, et d'examiner : 1° le régime de la période postérieure au jugement déclaratif ; 2° celui du temps antérieur à ce même jugement, la faillite et la liquidation judiciaire saisissant alors les actes du débiteur d'une manière rétroactive.

SOUS-SECTION PREMIÈRE. — **Pouvoir de contracter après le jugement déclaratif.**

1775. — Le débiteur cesse d'être habile à gérer ses biens, de pouvoir accomplir des actes opposables à ses créanciers. Dans la liquidation judiciaire, si la faculté de faire des actes ne lui est pas refusée, du moins ne l'exerce-t-il qu'assisté d'un agent de justice. Tel est le côté *négatif* de la loi : elle interdit au débiteur de faire de nouvelles opérations.

D'autre part, l'administration de l'actif est dévolue à un syndic dans la faillite, ou au débiteur dûment assisté dans la liquidation judiciaire. Cet agent représente la masse des créanciers. Tel est le côté *positif* de la loi : elle organise un régime de gestion.

§ 1. — Du dessaisissement ou de l'assistance du liquidateur

(C. com., art. 443 ; l. 1889, art. 5, *in fine*).

N° 1. — Généralités.

1776. — Le failli est pour l'avenir *dessaisi* de l'administration de ses biens par le jugement déclaratif. « Le jugement déclaratif, dit l'art. 443, emporte *de plein droit,* à partir de sa date, dessaisissement pour le failli de l'administration de tous ses biens, même de ceux qui peuvent lui échoir tant qu'il est en état de faillite ».

Ainsi, ce dessaisissement ne rétroagit pas dans le passé jusqu'à l'époque de la cessation des paiements, ainsi que voulait à tort le Code de 1807.

Il se produit d'ailleurs *instantanément*, sans qu'il y ait lieu d'attendre l'affichage du jugement et son insertion dans les journaux[1]. Il sera opposable même à des *tiers de bonne foi* qui viendraient à traiter avec le débiteur, dans l'ignorance de la faillite ouverte[2].

1777. — Le dessaisissement consiste dans l'exclusion pour le failli de pouvoir administrer ses biens, et dans son remplacement par un syndic[3].

Mesure extrêmement blessante pour la dignité de l'homme, et qui, en outre, déconcerte la clientèle en mettant à la tête de l'établissement un nouvel agent disposant d'une autre manière de faire. Aussi la règle n'est pas reproduite, du moins sous la même forme, dans la liquidation judiciaire. Le dessaisissement fait place alors à l'*assistance nécessaire d'un liquidateur judiciaire*. Le débiteur reste dans ses biens, il occupe la scène du droit ; mais à côté de lui il a un agent, de l'approbation duquel dépendra la validité de ses actes : « Il ne peut contracter aucune nouvelle dette, ni aliéner tout ou partie de son actif, sauf dans les cas qui sont énumérés ci-après (art. 5) ;.... il peut, avec l'assistance du liquidateur, procéder au recouvrement des effets..., faire tous actes conservatoires, vendre...., continuer l'exploitation de son commerce » (art. 6 de la loi de 1889).

Le débiteur en liquidation judiciaire, agissant seul, n'aurait pas plus que le failli le pouvoir d'engager son actif par des opérations au détriment de la masse. A cet égard, la théorie du dessaisissement s'étend d'un régime à l'autre. Mais il n'est pas, comme le failli, frappé d'exclusion ; il dirige la liquidation de concert avec un autre agent. A la rigueur, on peut le comparer à un *mineur émancipé* assisté de son curateur, tandis que le failli serait un *mineur ordinaire* que représente son tuteur.

1778. — Le dessaisissement n'affecte pas, à proprement parler, la personne du débiteur. Il ne devient pas *incapable* de contracter, de disposer, d'administrer, de s'obliger. Il n'y a que des auteurs de droit international qui aient soutenu le contraire, en parlant mal à propos de « statut personnel ». Si le débiteur accomplit des opérations au mépris du dessaisisse-

---

1. On admet que le dessaisissement se produit dès la première heure du jour où le jugement déclaratif est prononcé, les décisions judiciaires ne mentionnant pas l'heure où elles sont rendues.

2. Exceptionnellement, le tiers qui paierait à son échéance, de bonne foi et sans opposition du syndic, un effet de commerce au porteur en faillite serait valablement libéré (art. 145 et 149). Cfr. n° 2510.

3. Voici la métaphore à laquelle recourent DELAMARRE et LE POITVIN pour expliquer le phénomène survenu : « Il est une maladie du corps humain, d'un effet aussi prompt que la foudre. Tout d'un coup et au moment même où quelqu'un en est atteint, elle arrête en lui tout mouvement volontaire, et le tient soudé dans l'attitude où il était au moment de l'attaque. Par exemple, s'il avait les bras ouverts ou la main sur la tête, il reste les bras ouverts ou la main sur la tête ; s'il écrivait, il reste dans la posture d'un homme qui, à certaine distance, semble écrire. Mais la main immobilisée ne continue pas ce qu'elle a commencé. — Cet homme est la parfaite image du commerçant contre lequel le juge consulaire vient de prononcer un jugement déclaratif ». *Traité de droit commercial*, VI, n° 66.

ment, celles-ci ne seront pas *nulles*. La demande en nullité que formerait le syndic (ou le liquidateur) afin de les faire tomber est communément appelée *action en nullité* ; on désigne du même nom les actions dirigées contre les opérations de la période suspecte (voir ces termes employés par les art. 446 et 447). Mais cette qualification est incorrecte.

En effet, les opérations du débiteur contraires à l'art. 443 sont valables à son égard, comme elles le sont à l'égard de sa contre-partie. Le contrat lie les deux parties qui l'ont conclu. Lorsque la faillite ou la liquidation aura pris fin, il s'exécutera dans les rapports des deux contractants, sans que ni l'un ni l'autre soit fondé à le taxer de nullité.

Ce qui est vrai, c'est que la faillite engendre une *indisponibilité* des biens, effet bien différent. La seule personne recevable à faire tomber les actes incriminés (ou plutôt à demander qu'ils lui soient inopposables), c'est la *masse* des créanciers (représentée par le syndic ou par le liquidateur). — Ex. : Le failli a conclu une vente de marchandises à un prix avantageux ; le syndic ratifiera cette vente. La preuve de cette ratification dépendra des circonstances, elle peut n'avoir lieu que tacitement.

Il dépend de la masse de maintenir l'opération, si elle y trouve intérêt.

1779. — Il résulte de notre introduction (nos 1702 et s.) que l'indisponibilité des différents éléments composant l'actif du débiteur ne résulte pas seulement d'une présomption de fraude atteignant tous les actes postérieurs au dessaisissement, par extension de l'*action paulienne*. Elle résulte de la mainmise de justice, considérée comme séquestre et comme *droit réel*, par conversion du gage imparfait et flottant des créanciers en un gage parfait, désormais fixé. Ce séquestre ou droit réel est opposable aux tiers indépendamment de toute publicité, sitôt la faillite prononcée.

D'où il ressort que l'action tendant à faire tomber les opérations du failli est donnée, non seulement *in personam* contre celui qui aurait traité avec le failli, mais même *in rem*. La masse peut rechercher entre les mains de ses possesseurs futurs un immeuble indûment aliéné, et ne doit point limiter sa poursuite à l'acheteur même qui tenait cet immeuble du failli [1].

1780. — Il est rare qu'un procès soit engagé, aux fins d'annuler une opération postérieure au jugement déclaratif ; dessaisi, le débiteur suspend de lui-même son entreprise, il cède la place aux agents de la liquidation. S'il ne le faisait pas, s'il aliénait des valeurs, il pourrait encourir la banqueroute frauduleuse pour détournement d'actif. Mais, en revanche, la question prend un sérieux intérêt dans le cas de clôture des opérations

1. Les interprètes du droit romain discutent le caractère personnel ou réel de l'action paulienne. Un texte de Justinien (§ 6, Inst. *de action.*), qui n'est pas d'accord avec les textes classiques, permettrait d'opiner dans le sens de l'action réelle. D'après une opinion, que d'ailleurs les derniers auteurs n'approuvent pas (Accarias, *Précis de droit romain*, II, no 849 ; Girard, *Manuel de droit romain*, 3e éd., p. 423 et 424), l'action paulienne serait donnée *in rem*, lorsqu'il s'agit d'une aliénation consentie par le débiteur *après que l'envoi en possession a été prononcé*. C'est de cette opinion que nous nous inspirons pour défendre le caractère réel de l'action en nullité basée sur l'art. 443.

pour insuffisance d'actif. Le retrait temporaire du syndic amène en fait alors le débiteur à traiter des conventions avec les tiers, quoique cela ne lui soit point permis. La faillite une fois rouverte, il surgira des procès en nullité pour lesquels il y aura lieu d'invoquer le droit du dessaisissement.

Si l'on examine, d'autre part, les opérations de la période qui précède le jugement déclaratif, alors qu'aucune décision n'a encore été rendue, la situation se présente tout autrement que dans la période de dessaisissement ; les actes à attaquer peuvent être nombreux. Mais toute cette phase doit être négligée pour le moment.

1781. — Il y a lieu de s'occuper d'abord de l'étendue du dessaisissement, — puis des effets qu'il produit.

N° 2. — Etendue du dessaisissement.

1782. — Le dessaisissement, d'après l'art. 443, ne se limite pas aux biens mobiliers ou immobiliers, civils ou commerciaux, appartenant au débiteur au jour du jugement déclaratif. Il s'étend aux *biens qui lui adviendraient* au cours de la procédure : la règle contraire est acceptée en Allemagne [1].

1783. — Cette extension du dessaisissement aux biens acquis par le failli depuis l'ouverture de la faillite commande quelques correctifs :

1° Quant aux *successions* ou aux *legs* advenant au débiteur pendant la faillite ou la liquidation. Le syndic (ou le débiteur assisté) peut soit répudier, soit accepter, mais à condition de respecter les dettes dont la succession serait grevée, là même où les créanciers n'useraient pas de la séparation des patrimoines : *bona non sunt, nisi deducto œre alieno.*

2° Quant aux biens nouveaux qui proviendraient de l'*activité* du failli. Au surplus, des situations diverses sont de nature à se présenter.

a) Tel failli, avant clôture de sa faillite, engage avec des capitaux d'emprunt une *nouvelle entreprise* à l'occasion de laquelle il contracte des dettes. Le syndic ne pourra réunir à la masse les produits de cette provenance que s'il laisse se payer préalablement sur eux les créanciers qui ont fait foi à l'exploitation nouvelle (V. Cass., 27 mai 1910, D. 1912, 1, 447).

b) Le débiteur se met aux gages d'un patron, et gagne des salaires ou *appointements*. Ces salaires, lorsqu'ils ne dépassent pas 2.000 francs par an, doivent rester propres au débiteur à concurrence des neuf dixièmes de leur montant (L. 12 janvier 1895 ; Code du travail, livre Ier, art. 61).

Le plus fréquemment, dans le petit commerce, le failli travaille au *service de la masse* : le syndic lui confie sa représentation dans le fonds de commerce quand la masse en continue l'exploitation. Le débiteur devient l'auxiliaire rétribué de celle-ci. Cette rémunération lui demeure personnelle, ou bien elle serait un non-sens. Les appointements servis constituent d'ailleurs pour le failli un secours alimentaire (art. 474). C'est au

---

1. V. sur le régime allemand : nos *Faillites en droit comparé*, 3e chap.

juge-commissaire qu'il appartient de fixer les conditions de son travail (art. 488).

1784. — Quoique plaçant tous les droits du débiteur sous la mainmise des créanciers, la loi fait tacitement exception pour certains droits ou pour certains biens, qui échappent à l'action de la faillite : ce sont les *droits attachés à la personne du débiteur*, ce sont aussi les *biens insaisissables*.

1785. — Droits attachés à la personne du failli. — Il y a des droits nombreux qui présentent une nature plutôt morale que pécuniaire, bien que susceptibles de se traduire par un émolument en argent. Ils échappent au dessaisissement : le débiteur continue à les exercer librement, les créanciers ne peuvent se faire subroger à lui (arg. art. 1166 C. civ.).

Ex. : Le failli a contre un tiers une *action en diffamation*, ou *en révocation de donation pour ingratitude* (peut-être faut-il en dire autant d'une action en contrefaçon de brevets, de marques, etc.). Il sera seul juge du point de savoir s'il convient d'intenter le procès, il l'intentera à ses frais et à ses risques, le profit de la condamnation ne reviendra pas à la masse.

1786. — De même pour l'exercice de la *puissance paternelle* ou *maritale*.

Si les enfants du failli possèdent des biens, leur administration, et aussi le *droit de jouissance légale* de l'art. 384 C. civ., demeurent au débiteur comme par le passé. Cette jouissance a été attribuée au père afin de compenser les charges d'entretien de sa famille ; la faillite laisse subsister ces charges, ainsi que le pouvoir qu'a le père de diriger l'éducation de ses enfants.

On a proposé une atténuation : le syndic pourra exiger le versement de l'excédent des revenus, laissé libre après l'acquittement des charges. Cette opinion n'est pas conforme à la loi : elle rendrait le failli comptable envers ses créanciers de la manière dont il administre les biens des enfants et dont il pourvoit à leur entretien : cette intervention de la masse dans la famille serait des plus indiscrètes, et rien ne la légitime.

1787. — En ce qui concerne la puissance maritale, le mari conserve son autorité de chef, ainsi que ses droits découlant du contrat de mariage.

Il *autorisera* sa femme à l'un quelconque des actes visés par les art. 215 et s. C. civ. Déchu de l'administration de ses propres biens, il est demeuré apte à contrôler les affaires de sa femme ! C'est que le dessaisissement est la mise en œuvre du gage, et celui-ci ne s'étend point aux biens de la femme.

Le dédoublement du rôle de débiteur et de mari est surtout frappant par rapport aux conventions matrimoniales.

D'une part, le régime adopté par les époux, communauté ou autre, se continue. La faillite ou la liquidation judiciaire n'entraîne pas séparation de biens. L'immutabilité des conventions de mariage, établie par l'art. 1395 C. civ., est-elle la cause de ce maintien du régime ? Non, car l'art. 1395 interdit seulement les changements provenant de la volonté des deux époux [1].

D'un autre côté, le mari conserve, aux termes du régime matrimonial, l'*administration des propres de la femme*, ainsi que la *jouissance*, qui reste affectée aux charges du mariage, et dont les créanciers n'ont pas le droit de profiter. Toutefois, la communauté fait partie de la faillite du mari ; propres et biens communs forment, au regard des créanciers, une masse indivisible [2].

1788. — Dire que le régime matrimonial n'est point interrompu par le jugement déclaratif ne signifie pas qu'il suivra nécessairement son cours. La faillite met en péril la dot de la femme. Elle pourra donc plaider en *séparation* devant le tribunal civil (art. 1443). Le jugement de faillite du mari dispensera celle-ci, en fait, de toute autre preuve du désordre des affaires maritales.

L'instance a un côté personnel ou moral, car le régime matrimonial nouveau donnera à la femme plus de liberté que l'ancien. Elle a un côté pécuniaire, car la séparation aura pour résultat de colloquer la femme pour ses reprises. Aussi faut-il que la femme fasse le procès *à son mari* et *au syndic*, mis conjointement en cause. D'après la jurisprudence de la Cour de cassation (Civ., 11 décembre 1895, D. 97, 1, 17), chacun de ces deux défendeurs doit être condamné aux dépens en ce qui le concerne. Ceux que doit le syndic seront mis à la charge de la masse et la femme en obtiendra le remboursement intégral. Ceux qui sont dus par le mari doivent venir à contribution, la femme ne les recouvrera qu'au marc le franc [3].

S'il s'agit d'une instance en divorce ou en séparation de corps au lieu d'un procès en séparation de biens, le syndic n'aura pas à figurer dans la procédure : l'élément moral du litige est absolument prépondérant.

1789. — Biens insaisissables. — Indépendamment des droits attachés à la personne du débiteur et soustraits au dessaisissement, il existe des *valeurs* ne tombant pas dans la faillite : celles que le Code de procédure civile (art. 581, 582, 592) ou que des lois spéciales déclarent *insaisissables*.

L'opinion, suivant laquelle les valeurs insaisissables feraient partie de la

---

1. Suivant une proposition de loi Parent déjà ancienne (Chambre des députés, 24 juillet 1879), la séparation de biens résulterait du seul fait du jugement déclaratif. Il n'est plus question de cette réforme, cependant fort désirable.

2. Ainsi en est-il, lorsque c'est le mari qui exerce le commerce et qui fait faillite. Quant à la femme commerçante, commune en biens, elle encourra la faillite, mais seulement sur ses propres. Selon l'opinion la plus habituellement soutenue, le mari et la communauté, quoique responsables des engagements, par suite de l'autorisation donnée à la femme, ne sont exposés qu'aux voies d'exécution du droit civil (n° 172).

3. Ces deux modes de collocation ne pourront être bien compris qu'après l'exposé des règles qui concernent les *obligations de la masse* (n° 1804). On pourrait fort bien soutenir que, pour la part de dépens qui n'est pas mise à la charge de la masse, la femme ne peut aucunement s'inscrire dans la faillite, même pour recevoir un dividende. — Sur cette jurisprudence, on consultera nos dissertations dans D. 96, 2, 209, et 97, 1, 17, et Percerou, *op. cit.*, I, nos 546-547.

faillite comme les biens ordinaires, a cependant ses défenseurs. Mais cela n'est pas exact. De quelles valeurs, en effet, veut-on parler ?

Du bien de famille insaisissable (*homestead*), dont la constitution est aujourd'hui possible à concurrence de 18.000 fr., depuis la loi du 12 juillet 1909 ? L'art. 10 de cette loi dit expressément que l'insaisissabilité produit ses effets à partir de la transcription, *même en cas de faillite et de liquidation judiciaire.*

Des *vêtements*, du *coucher* et des *effets nécessaires* au débiteur et à sa famille (art. 592 C. proc. civ.) ? Ces effets échappent au dessaisissement, puisqu'il faut les extraire des scellés (art. 469 C. com.). Il est clair qu'on n'appliquera pas cumulativement les règles du Code de procédure et celles du Code de commerce.

Des autres biens insaisissables ? Mais les faire tomber sous le dessaisissement serait fort peu logique ! Comment la nature de la procédure, comment la profession civile ou commerciale du débiteur peuvent-elles influer sur la consistance du gage des créanciers ?

Par exemple, quand une *somme* a été *donnée* ou *léguée* au commerçant à titre alimentaire ou *sous condition d'insaisissabilité*, elle reste en dehors de l'actif partageable. L'art. 582 C. proc., refusant aux créanciers *antérieurs* à la donation ou à l'ouverture du legs le droit de saisir cette valeur, leur refuse par là même celui de la réaliser en cas de faillite [1].

De même, les salaires que le débiteur a pu gagner avant la faillite, en travaillant chez autrui en même temps qu'il tenait une entreprise à lui, restent en dehors du dessaisissement, dans la mesure où la loi du 12 janvier 1895 les rend insaisissables (Civ. cass., 10 novembre 1902, S. 1903, 1, 63, note LYON-CAEN, et D. 1903, 1, 201, avec notre dissertation).

1790. — Rentes sur l'Etat. — Nous sommes amenés ainsi à nous demander si des titres de *rente sur l'Etat* appartenant au failli (ou au débiteur en état de liquidation judiciaire) seraient compris dans le gage des créanciers. Le syndic pourrait-il les vendre et en appliquer le prix au dividende ?

Cette question de l'insaisissabilité de la rente, toujours vivante dans d'autres dépendances du droit, ne s'agite plus pour la faillite : elle est tranchée dans le sens de l'extension à la rente sur l'Etat français du gage de

---

1. Ce groupement des intéressés en créanciers « antérieurs » et en créanciers « postérieurs » à la libéralité prête, par suite de l'indivisibilité de la faillite, à une cause d'embarras. Si la donation est postérieure au jugement déclaratif, la masse n'y saura prétendre, car tous les créanciers sont antérieurs au jour où la libéralité a pris date. Mais, dans le cas contraire, certains créanciers seront antérieurs, et certains autres postérieurs à la libéralité. D'après le Code de procédure, la libéralité ferait partie du gage des seconds et non du gage des premiers. Comment appliquer deux règles différentes, avec l'unité de régime de la faillite et l'égalité du dividende ? RENOUARD, *Traité des faillites*, I, p. 301, et 2e éd., p. 298, DEMANGEAT (sous BRAVARD), *Droit commercial*, V, p. 73, LYON-CAEN et RENAULT, *Traité*, VII, no 244, ont proposé des systèmes variés. La meilleure opinion, d'après nous, est celle qui rend la somme insaisissable pour tous, comme si tous les créanciers étaient antérieurs à la donation.

la masse, depuis l'arrêt de la Cour de cassation du 8 mars 1859 (Civ. rej., S. 60, 1, 418 et *J. Pal.*, 59, p. 545, avec note LABBÉ). La Direction de la Dette a adhéré à cette interprétation ; l'administration exécute la déclaration de transfert, après vente du titre que fera le syndic, dûment qualifié. La controverse avait sa source dans les art. 4 de la *loi du 8 nivôse an VI* et 7 de la *loi du 22 floréal an VII*, qui interdisent toute opposition par un créancier au Trésor sur la dette inscrite. Ce refus d'opposition veut-il dire : — *a*) que les rentes sur l'Etat sont absolument soustraites aux créanciers du rentier, quelle que soit la forme des poursuites (en ce sens, rapport de VERNIER aux Cinq-Cents) ? — ou *b*) que, dans un intérêt de comptabilité, la loi repousse seulement la *saisie-arrêt* sur les inscriptions nominatives du débiteur à la Direction de la Dette, mais admet tout autre moyen de mainmise qui n'exigerait pas cette saisie-arrêt ?

La première thèse aurait laissé au failli la disponibilité de ses titres de rente, sans permettre aux créanciers de se payer sur eux. La seconde, au contraire, aurait compris les rentes dans le gage de la faillite.

La jurisprudence a tourné la difficulté ; le syndic, a-t-elle dit, agit comme mandataire judiciaire du commerçant ; en négociant les certificats de rente, il exerce les droits de son mandant, et non pas ceux des créanciers. Ce n'est plus un acte de poursuite, mais un acte de procuration ! Explication bizarre, dont on s'est contenté à cause de la probité du but qu'elle permettait d'atteindre [1].

N° 3. — *Effets du dessaisissement.*

1791. — Le dessaisissement défend la masse aussi bien contre les *actes judiciaires* que contre les *actes extra-judiciaires* du débiteur.

Les actes extra-judiciaires, ce sont les conventions faites par le commerçant. Les actes judiciaires sont les procès engagés par ou contre lui.

1792. — **Procès.** — *Dans la faillite*, à partir du jugement, toute « action mobilière ou immobilière ne pourra être suivie ou intentée que contre les syndics » (art. 443, al. 2). Le failli n'est plus apte à ester en justice, soit comme demandeur, soit comme défendeur.

S'il intente une poursuite, l'adversaire refusera de lier l'instance avec lui. — Si c'est le failli au lieu du syndic que l'adversaire attaque, le jugement rendu à la suite de cette procédure irrégulière, et accueillant la demande du tiers, ne sera pas exécutoire contre la masse. — Cependant « le tribunal, lorsqu'il le jugera convenable, pourra recevoir le failli *partie intervenante* » (art. 443, al. 4).

1. Le sens qu'il faut donner à la loi de l'an VI continue, en dehors de la faillite, à être vivement débattu. La Cour de cassation, par des arrêts de la Chambre civile du 2 juillet et de la Chambre des Requêtes du 15 juillet 1894, ainsi que l'arrêt plus récent de la Chambre civile du 23 novembre 1897, adopte l'opinion la plus favorable aux créanciers : soit, la saisissabilité de la rente par tous autres moyens qu'une opposition au Trésor. Mais le Ministère des finances repousse cette interprétation, sauf en matière de faillite. L'Administration et la justice sont donc en conflit sur la portée de la loi (Voir GLASSON, D. 94, 1, 497 ; LYON-CAEN, S. 1895, 1, 5, et 1908, 1, 161 ; BUCHÈRE, *Pand. franç.*, 1895, 2, 145, et 1898, 2, 337).

1793. — *Dans la liquidation judiciaire*, le tiers demandeur devra assigner à la fois *le débiteur et son liquidateur* : Grenoble, 10 juillet 1908, S. 1909, 2, 53 (art. 6, al. 1er, l. 1889). A l'inverse, le débiteur, pour engager un procès, devra être assisté par ce même liquidateur : toutefois, au refus par le débiteur de faire le procès, le liquidateur pourra agir seul, à la condition de mettre le débiteur en cause (même texte).

1794. — **Délits.** — L'opinion générale est que le commerçant failli ou en état de liquidation judiciaire ne peut même pas engager la masse par ses *délits* ou quasi-délits. Le créancier ne pourra prétendre à des dommages-intérêts, si le délit prend date postérieurement au jugement déclaratif. Un homicide volontaire ou par imprudence, une contravention fiscale, un acte de diffamation, commis par le failli après ce jugement, ne comporteront point admission à la faillite [1].

Cette thèse, à laquelle nous adhérons malgré sa rigueur, ne prouve-t-elle pas que la faillite frappe l'actif d'indisponibilité et crée au profit de la masse une sorte d'hypothèque ? Si le dessaisissement dérivait d'une simple présomption de fraude et de complicité dont seraient entachés tous les actes du débiteur, comment étendre cette présomption à des faits délictueux auxquels la victime n'a certainement point participé ?

§ 2. — Administration des biens dans la faillite ou dans la liquidation judiciaire.

1795. — Quelles sont les personnes qui concourent directement ou indirectement à l'administration des biens de la faillite ou de la liquidation ? Ce sont le syndic (ou liquidateur), le juge-commissaire, les contrôleurs.

1796. — **I. Syndic.** — La personne chargée de liquider la faillite s'appelle *syndic*. En général, il n'y en a qu'un : la loi permet d'en désigner trois (art. 462). En ce cas, à moins que leurs attributions n'aient été divisées par le juge-commissaire, ils agiront collectivement. Il n'est pas né-

1. Si, au contraire, le délit remonte à une époque plus ancienne, la victime est fondée à s'inscrire dans la faillite, bien que n'ayant pas fait encore reconnaître son droit au moment de son ouverture. On verra, à l'occasion du concordat (n° 2089 en note), que la jurisprudence déclare les remises concordataires inopposables à la personne qui, lésée par un délit, n'a pas pris jugement avant la faillite, sous le prétexte que la créance de ce délit naît seulement à partir de l'acte judiciaire qui la constate, et que par conséquent la condamnation doit précéder le prononcé de la faillite pour placer le créancier sous le régime du concordat (Req., 19 janvier 1898, D. 98, 1, 473). Mais cette jurisprudence est sujette à caution, et elle n'a pas d'ailleurs pour résultat de priver du droit à un dividende la personne qui, ayant souffert d'un délit antérieur, produirait dans la faillite. — En tout cas, cette controverse ne porte que sur les dommages-intérêts. Si le délit entraîne l'application d'une *amende*, celle-ci, véritable peine, naît de l'arrêt lui-même, elle ne rétroagit pas ; prononcée pendant la faillite, elle ne donnera pas au Trésor un titre de collocation dans la masse, même du chef d'un délit plus ancien (Civ., 11 août 1857, D. 57, 1, 313).

cessaire, d'ailleurs, qu'ils agissent en commun. Chacun a le droit d'agir à part des autres. Par l'emploi du mot « collectivement », la loi entend qu'ils sont responsables *in solidum* de leur gestion, car ils ont dû mutuellement contrôler leurs opérations.

La charge de syndic se transforme au cours de la procédure. Quand même l'agent primitivement nommé resterait en fonctions jusqu'à la clôture de la faillite, il change de qualité et reçoit de nouvelles investitures. Il y a en effet une succession de trois syndics :

1° Le *syndic provisoire* (désigné du nom d'*agent* sous le Code de 1807), nommé par le jugement déclaratif (art. 461, al. 1) ;

2° Le *syndic définitif* (appelé *provisoire* entre 1807 et 1838) ; c'est celui que désigne le tribunal, les créanciers présumés ayant émis un avis en assemblée générale sur le maintien ou sur le remplacement du premier syndic, dans les quinze jours du jugement déclaratif (art. 462, al. 2) ;

3° Le *syndic d'union* (appelé en 1807 syndic *définitif*). Il est nommé de la même manière que le précédent, sur l'avis des créanciers, après le rejet du concordat (art. 529) [1].

1797. — *Dans la liquidation judiciaire*, on trouve le même renouvellement de fonctions et les mêmes qualifications de liquidateurs *provisoire*, *définitif* et d'*union* (ce dernier se voit rarement, par suite d'un motif que l'on indiquera plus tard) : art. 4, 9 et 15 de la loi de 1889.

1798. — Du syndicat de faillite. — Le syndicat de faillite a changé de caractère en 1838 : le Code de commerce avait fait de ces fonctions un mandat *désintéressé*, *gratuit*, que *les créanciers* conféraient eux-mêmes à une personne choisie *dans leur propre milieu* (sauf l'agent, qui était nommé d'urgence par le jugement déclaratif).

Cet essai n'a pas réussi : les faillites étaient liquidées par des personnes sans aptitude. La réforme de 1838 a eu pour résultat de faire du syndicat de faillite une *profession spéciale*. Sauf l'empêchement de parenté avec le débiteur établi jusqu'au quatrième degré, les restrictions anciennes au droit de le choisir ont disparu.

C'est le tribunal qui le nomme après un avis consultatif des créanciers, et il le prend dans une catégorie professionnelle déterminée. Le syndic n'est cependant pas un agent d'affaires, qualité qui ferait de lui un commerçant (art. 632 C. com.) : il est plutôt un agent de justice.

Dans un certain nombre de ressorts [2], les syndics sont groupés en une *corporation officieuse* qui fonctionne avec l'agrément du tribunal de commerce ; cette corporation dispose sur l'administration des faillites, ainsi que sur celle des liquidations judiciaires, d'un monopole de fait. Les syndics ont alors des tarifs, des règles disciplinaires, ils ressemblent à des

1. *Quid* de la validité des actes qu'accomplirait un syndic sans que les créanciers aient été appelés à se prononcer sur son maintien ? (Req., 23 novembre 1913, S. 1914. 1, 437.)

2. Il y a des ressorts nombreux dans lesquels les faillites sont liquidées par des avoués ou par des notaires.

officiers ministériels, à cela près que c'est le tribunal et non la Chancellerie qui les surveille [1].

On s'est plaint de l'influence excessive qu'exercent les syndics de faillite : les pouvoirs destinés à les contrôler tempèrent faiblement leur action. Mais mieux vaut encore avoir des syndics trop forts que des syndics maladroits, exposés à des erreurs de comptes ou de direction. Un administrateur professionnel possède une valeur d'acquis, il sait débrouiller les difficultés de la faillite ; ce qu'un particulier serait hors d'état de faire.

On juge leurs honoraires trop élevés [2] : cependant ils sont sujets à la taxe du juge-commissaire, après rendu-compte de la gestion (art. 462 *in fine* et L. 1889, art. 10). De quelque manière que finisse la procédure, l'état de la taxe est déposé au greffe ; débiteurs et créanciers peuvent y former opposition dans la huitaine ; il est statué par le tribunal en chambre du Conseil (L. 1889, art. 15, al. 3 et 4).

1799. — Le syndic n'exerce pas un pouvoir illimité. D'autres agents, d'autres autorités sont destinés à lui faire contrepoids.

Le *ministère public* exerce un contrôle sur la faillite. Gardien de la cause de la répression, il peut se transporter au domicile du failli, assister à l'inventaire, se faire communiquer tous actes, livres, etc. (art. 483 et 602). Il reçoit du syndic, dans la quinzaine de son entrée en fonctions, par l'in-

---

1. A Paris, depuis 1876, les syndics de faillite (au nombre de 25) sont réunis en une Compagnie qui offre au public des garanties morales et pécuniaires de sécurité. Elle dispose d'un fonds commun s'élevant à 500.000 fr., et formé au moyen de prélèvements sur les honoraires (voir la note suivante). En outre, chaque syndic dépose un cautionnement de 20.000 fr.

Ce fonds commun et ces cautionnements répondent solidairement de la gestion de chacun des membres de la Compagnie pour les faillites qui lui sont confiées. Le produit de la « bourse commune » sert à couvrir annuellement les frais généraux de la Compagnie, y compris les intérêts des cautionnements et les secours alloués aux anciens confrères : le surplus est réparti, suivant des parts égales, entre les sociétaires, à condition de maintenir les 500.000 fr. ou de les reconstituer.

Lorsqu'un syndic se retire, soit de son plein gré, soit parce que le tribunal l'oblige à démissionner, il ne *cède* pas son cabinet. Le nouveau syndic est désigné par le tribunal parmi les candidats en cours de stage, auxquels la Compagnie fait passer périodiquement des examens. *a)* Le démissionnaire reprend son cautionnement avec sa part dans le fonds commun, évaluée à six fois le total des prélèvements effectués pendant le dernier exercice sur l'ensemble des honoraires de la Compagnie. *b)* Le nouveau syndic fait un versement égal. Bref, entre le syndic sortant et le syndic entrant, il n'y a ni contrat de vente, ni autre, qui puisse donner lieu à un prix.

2. Paris : 5 0/0 sur les réalisations, à concurrence des 100 premiers mille francs ; mais reversement du quart des honoraires à la « bourse commune » (voir la note précédente). On remédie par là aux inégalités de rendement des différentes faillites distribuées entre les syndics d'une même place. En cas de concordat : 1 0/0 sur le passif. Lyon : échelle de rétribution allant de 2 à 10 0/0. Il y a des places où les syndics peuvent, hors taxe, se faire allouer des honoraires pour préparation de concordat, liquidations amiables, etc. — Ces honoraires sont d'un chiffre plutôt modéré, et même, par suite du grand nombre de clôtures pour insuffisance d'actif, ils constituent parfois une rémunération trop faible.

termédiaire du juge-commissaire, un mémoire de l'état de la faillite et de ses causes (art. 482 : texte applicable à la liquidation judiciaire).

Un décret du 26 mars 1880 a institué au greffe du tribunal de commerce un *registre* public de *comptabilité*, où sont inscrits pour chaque faillite, dans l'ordre de leur date, les actes de gestion, recettes, dépenses et versements : un relevé trimestriel est transmis au procureur général.

1800. — II. Juge-commissaire. — Membre du tribunal de commerce et délégué par lui, le *juge-commissaire* accélère et surveille les opérations de la faillite (art. 451 à 454) [1]. Il statue sur les réclamations contre les actes du syndic, il peut proposer au tribunal sa révocation (art. 446 et 447).

On sait que toutes les affaires nées de la faillite, et portées devant le tribunal de commerce, doivent être l'objet d'un rapport de ce juge (n° 1771).

Le concours qu'il prête à la faillite se manifeste surtout : — par la *présidence des assemblées* de créanciers que lui confère la loi, — par l'ordre qu'il adresse au greffier de convoquer à ces assemblées, — par l'autorisation qu'il donne au syndic (ou au débiteur assisté) de faire les opérations dépassant ses pouvoirs ordinaires, par une ordonnance rendue sur requête [2].

Ces ordonnances du juge-commissaire se prêtent à un rapprochement. Le magistrat agit dans l'ordre de la « juridiction gracieuse », excepté dans les cas où il serait saisi d'une véritable contestation. En procédure ordinaire il est admis que les décisions gracieuses ne comportent aucun recours. En outre, dans la supposition qu'un recours fût possible, c'est devant la Cour d'appel qu'il devrait être porté, et non pas devant le tribunal, celui-ci ayant déjà statué par l'intermédiaire d'un de ses juges. — La loi des faillites n'observe pas rigoureusement ces données. Sans doute, les ordonnances du juge-commissaire ne sont susceptibles de recours que dans des cas exceptionnels (décisions sur un sauf-conduit, sur les secours à allouer au failli, etc.). Mais ces recours, que la loi qualifie parfois d' « appels », sont portés devant le tribunal de commerce (art. 453).

1801. — III. Contrôleurs. — Les *contrôleurs* forment un troisième rouage des faillites ou liquidations, qui n'est d'ailleurs pas obligatoire. Il se compose de créanciers que nomme, si elle le juge avantageux, dans la quinzaine de l'ouverture de la procédure, la première assemblée appelée à examiner la situation du débiteur : le juge-commissaire consulte la masse sur l'opportunité qu'il y a à désigner de pareils agents. A défaut de nomination par la première assemblée, il appartient à une assemblée postérieure de les désigner.

Ils ne dépasseront pas le nombre de *deux*. Leurs fonctions sont gratuites. Ils ne sont responsables que de leur faute lourde et personnelle. Le tribu-

1. La prise par le juge-commissaire d'une commission dans un acte intéressant la faillite l'exposerait aux peines de l'art. 175 C. pén., car il est fonctionnaire (Lyon, 26 juillet 1910, S. 1914, 2, 109).

2. L'art. 10 de la loi du 26 janvier 1892, entre autres actes rédigés en exécution des lois sur la faillite et la liquidation judiciaire, affranchit du timbre et de l'enregistrement ces requêtes, ces ordonnances ou ces procès-verbaux d'assemblées.

nal de commerce seul peut les révoquer, sur l'avis conforme de la majorité des créanciers et sur la proposition du juge-commissaire.

Le mandat de ces contrôleurs est tenu dans le vague. Ils sont chargés de vérifier les livres et l'état de situation, ainsi que de surveiller les syndics ou liquidateurs, et de leur demander compte de l'état de la liquidation. On est obligé de prendre leur avis sur les actions à suivre ou à intenter (L. 1889, art. 9, al. 3 et 4, art 10), sans que l'on soit tenu de s'y conformer (*contra* proposition DORMOY, *Ch. dép.*, 22 octobre 1903), et même sans que l'action intentée par le syndic puisse être déclarée irrecevable à raison de l'inaccomplissement de cette formalité. Le fait de n'avoir point pris leur avis emporte seulement condamnation éventuelle du syndic aux frais personnellement (Civ. rej., 15 décembre 1902, S. 1904, 1, 113, et note LYON-CAEN).

Les dispositions de la loi qui concernent les contrôleurs sont applicables à la faillite, comme à la liquidation judiciaire (art. 20, al. 2, de ladite loi).

Cette institution date seulement de 1889. On avait constaté que la surveillance du juge-commissaire était plus nominale qu'effective. Il a semblé qu'une délégation des créanciers aurait, dans la faillite, ainsi que dans la liquidation judiciaire, certains avantages. On s'est inspiré du régime des sociétés par actions, où l'assemblée générale désigne un conseil de surveillance pour suivre de plus près les administrateurs.

1802. — Opérations à accomplir. — Il s'agit de dresser le tableau des opérations qu'accomplira le syndic ou le débiteur assisté de son liquidateur. Excepté en matière de transaction ou de vente de meubles, il y a concordance entre les deux régimes.

Tout agent comptable prend en charge un ensemble de biens. Il faut un document d'entrée : c'est l'*inventaire*. Cet inventaire doit être précédé, mais *dans la faillite seulement*, de l'apposition des *scellés* par le juge de paix, qui a été avisé par le greffier immédiatement après le jugement déclaratif (art. 457). Cependant le juge-commissaire peut estimer l'inventaire possible en un jour et donner en ce cas dispense des scellés (art. 455)[1].

L'inventaire [2] est dressé, en dehors de tout notaire ou officier public, par le syndic, le failli dûment appelé (art. 479). Dans la liquidation judiciaire, c'est le liquidateur assistant le débiteur qui le confectionne (art. 4, al. 1er). Il est constaté par une double minute, dont l'une sera déposée au greffe du tribunal de commerce (art. 480) [3].

L'inventaire est un moyen de préparer le *bilan*. Celui-ci est établi par le syndic ou par le liquidateur et déposé au greffe (art. 476) : le syndic se

1. V., dans l'art. 469, les objets, effets personnels ou d'exploitation, qu'une ordonnance du juge-commissaire dispensera également de placer sous scellés.

2. Le juge de paix le contresigne, mais seulement s'il est fait sur une levée de scellés (art. 480).

3. En cas de faillite après décès, cet inventaire sous seing privé aura la même valeur qu'un inventaire notarié, s'il est fait en présence des héritiers, et il conservera leurs droits au bénéfice d'inventaire (art. 478 et 481 C. com. et art. 794 C. proc. civ. cpr.).

sera entouré, pour le faire, de toutes sortes de renseignements, il aura appelé le failli afin de clore et d'arrêter les livres en sa présence (art. 475).

1803. — Le syndic ou le débiteur assisté aura un certain nombre d'*actes juridiques* à exécuter dans son mandat d'administration des biens :

1° *Actes conservatoires* (interruption de prescription, prise ou renouvellement d'inscription sur les immeubles de tiers grevés d'hypothèque au profit du failli). Ces actes sont faits par le syndic ou par le débiteur assisté (art. 471, 490 C. com. ; art. 4, al. 1 *in fine*, et 6 *init.*; loi de 1889).

2° *Recouvrement de sommes d'argent* à mesure de leur exigibilité, art. 471, 485. Sortie des scellés des effets et des livres. Signification du jugement déclaratif à l'Administration des postes qui remettra la correspondance au syndic (cette dernière particularité n'est pas applicable à la liquidation judiciaire).

3° *Vente de meubles corporels* [1] (art. 470, 486). Autorisation du juge-commissaire, qui décidera si elle doit se faire à l'amiable, ou par l'entremise de courtiers ou d'autres officiers publics. Dans la liquidation judiciaire, s'il s'agit de meubles dispendieux, ou sujets à dépérissement, l'assistance du liquidateur suffit (art. 6 de la loi de 1889).

4° *Transactions* (contrats faits pour terminer ou prévenir une contestation avec une personne qui prétend avoir des droits dans la faillite) : *a*) Faillite. — Autorisation du juge-commissaire, homologation judiciaire au-dessus de 300 fr., le failli dûment appelé. Compétence du tribunal civil ou du tribunal de commerce, suivant que cette transaction porte sur des droits immobiliers ou mobiliers (art. 487).

b) Liquidation judiciaire. — Homologation par les mêmes tribunaux, mais seulement au-dessus de 1.500 fr. en principal ou de 60 fr. de revenu en matière immobilière : les contrôleurs doivent donner leur avis sur la transaction (art. 7, L. 1889).

L'opposition du débiteur empêche dans les deux procédures la transaction, lorsqu'elle est immobilière.

Les désistements, renonciations ou acquiescements obéissent à la même règle que les transactions (même art. 7).

5° *Dépôt des fonds* de la faillite ou de la liquidation dans les trois jours des recettes *à la Caisse des consignations* qui leur alloue un intérêt de 2 0/0. Cela les empêche de demeurer improductifs (à la différence du Code de 1807 sous lequel les sommes étaient enfermées dans une caisse dont le syndic et un créancier avaient les clefs). Retrait impossible de ces fonds sans une ordonnance du juge-commissaire (art. 489 C. com. et art. 6 de la loi de 1889). Le juge peut laisser aux mains du syndic ou du débiteur la somme qu'il estimera nécessaire au roulement de la procédure [2].

Faute d'argent pour faire face aux premières dépenses (frais et publication du jugement déclaratif, scellés, arrestation du débiteur), le *Trésor public*, sur ordonnance du juge, en opère l'avance, qui sera remboursée

---

1. V. au chapitre de l'union les questions concernant la *vente des immeubles*.
2. A Paris, il est d'usage de laisser au syndic une provision de 200 fr. pour faire face aux opérations courantes de la faillite.

par privilège sur les premiers recouvrements (art. 461). Mais là se bornent les avances que fait l'État aux faillites gênées dans leur marche : c'est ce qui explique pourquoi beaucoup d'entre elles se clôturent faute d'actif.

6° *Continuation de l'exploitation du fonds de commerce* moyennant une autorisation du juge-commissaire (art. 476, et L. 1889, art. 6) : mesure toujours bonne à prendre, pour sauver la clientèle et pour permettre au concordat de réussir [1].

L'accomplissement d'un grand nombre des actes ci-dessus énumérés : encaissement de créances, transactions, ventes, résultera de cette continuation de l'industrie ou du commerce. D'autres opérations, souscription d'effets, achats, emprunts, en seront également la conséquence. Il faudra mettre alors à la disposition de l'agent de la liquidation un fonds de roulement plus ou moins considérable.

Dans la gestion de ce commerce, le syndic peut se substituer un préposé et comme tel, s'il croit à propos de le faire, le failli lui-même. Le débiteur n'agit plus de son chef, mais comme représentant de la masse ; il ne contrevient pas au dessaisissement. Le syndic semble étranger à ses opérations, en réalité elles sont aussi valables que s'il les avait accomplies personnellement [2]. — *A fortiori* les choses peuvent-elles se passer de même dans la liquidation judiciaire. Le liquidateur donne au débiteur le mandat de gérer seul le fonds, il n'est plus alors à ses côtés pour surveiller ses opérations. Que devient cette assistance à laquelle la loi paraît attacher tant de prix ? En réalité on la supprime pour la remplacer par un système de procuration. La commodité des affaires recommande cette façon d'agir, qui, étant licite dans la faillite, ne saurait être interdite dans la liquidation judiciaire (Req., 28 octobre 1902, S. 1902, I, 481, note LYON-CAEN ; Dijon, 15 décembre 1909, S. 1912, 2, 193, note WAHL). Nous exigerions, quant à nous, l'assistance effective du mandataire de justice dans l'un des régimes comme dans l'autre, mais seulement pour les actes dépassant la sphère de la gestion courante et normale (arg. art. 1988 C. civ.).

1804. — Engagements de la masse [3]. — Les créanciers nouveaux, qui traitent avec le syndic ou avec le débiteur assisté en cours de liquidation, ont non seulement un droit inattaquable, puisqu'ils ont contracté

---

1. Cette continuation se heurtait en fait, dans la faillite des magasins, à deux sérieux obstacles, dont le second a heureusement disparu. *a*) La valeur des marchandises est absorbée, d'une part, par le *privilège du propriétaire* pour l'arriéré des loyers (voir plus loin, n° 2019). *b*) D'un autre côté, le négociant avait donné en *gage* son *fonds de commerce* à un prêteur d'argent dont le droit de préférence portait non seulement sur la valeur de la clientèle, mais encore sur le montant des marchandises qui se trouvaient dans le fonds au moment de l'ouverture de la faillite (L. 1er mars 1898, n° 1092). La loi du 17 mars 1909 a mis fin à cet abus, en excluant les marchandises du nantissement sur fonds de commerce (même n°).

2. Le syndic surveille alors le mouvement des fonds et, lorsqu'ils dépassent les besoins journaliers de l'établissement, il fait verser le surplus à la Caisse des consignations. La limite de la provision à 200 fr. n'est plus alors observée par la pratique.

3. GOMBEAUX, *Les créanciers de la masse en faillite*, dans les *Annales de droit commercial*, 1907, p. 417.

avec les agents qualifiés de la liquidation, mais disposent d'un privilège pour leur paiement. Leur débiteur, suivant la terminologie reçue, n'est pas le commerçant lui-même, mais la « masse ». Ils ne sont pas créanciers *dans* la masse, mais *de* la masse. Les premières rentrées seront donc appliquées à leur remboursement (n° 1700) [1].

Du moment que la masse forme une personne juridique (n° 1701), la possibilité pour elle de contracter des dettes ne peut pas être contestée. Il n'y a qu'une nature d'obligations qui prête à quelque doute : les *frais de procès* ou de certains d'entre eux. — Ex. : Le syndic conteste l'admission d'un créancier chirographaire voulant se faire inscrire dans la faillite au marc le franc. La prétention de ce créancier est reconnue fondée. Sera-t-il colloqué pour le remboursement des dépens exposés par lui dans le procès au même rang que pour le principal, c'est-à-dire seulement par voie de dividende ? Non : la masse a plaidé contre le créancier contesté, elle doit l'indemniser, les frais seront remboursés par préférence. Si la doctrine n'est pas très ferme sur ce point, la jurisprudence met les dépens à la charge de la masse (Civ. cass., 10 août 1880, D. 80, 1, 444 ; Cass., 17 octobre 1900, S. 1904, 1, 455) [2].

Il y aurait à se demander si le syndic ne pourrait pas conclure lui-même des contrats avec la masse. Ex. : La faillite a besoin de capitaux pour l'exploitation du fonds ; c'est le syndic qui sera le prêteur. — Ces opérations ne se traiteront jamais d'une manière ostensible, on recourra pour les faire à des prête-noms. Dans les centres où les syndics sont réunis en compagnie, la prise par eux d'un intérêt dans les faillites qui leur sont confiées pourrait déterminer l'action disciplinaire du tribunal de commerce. Mais, théoriquement, il n'est pas interdit au syndic d'user de ce cumul de rôles. Le problème est le même que pour les gérants d'une société qui feraient un marché en leur nom avec la raison sociale : cette opération est licite (n° 408). Un syndic pourrait même acheter les marchandises ou immeubles à la vente desquels il a procédé (*non obst.* art. 1596 C. civ., texte qui ne concerne que les personnes investies d'un mandat *spécial* de vendre).

---

1. On pourrait analyser d'une autre manière la préférence des créanciers nouveaux sur les anciens. Le *privilège des frais de justice* (art. 2101 C. civ.) suffirait à leur assurer une collocation de priorité. Ils ont fait l'affaire de tous les créanciers même anciens, en mettant la liquidation collective en mesure d'attribuer à chacun d'eux son dividende. Cela permettrait de mieux expliquer que les créanciers nouveaux ont, comme les anciens, le commerçant pour débiteur, mais seulement avec un rang préférable (voir notre article de la *Revue critique*, 1881, p. 630).

2. V. ce qui a été dit n° 1788 de la créance des dépens de séparation de biens, quant à la femme du failli, créance soumise par la Cour de cassation à une sorte de dédoublement. — Le même problème se présente pour les *dépens exposés par le syndic*, soit qu'il intente un procès, soit qu'il réponde à une poursuite. Même succombant, il aura le droit de mettre à la charge de la masse les frais avancés pour elle (sauf à répondre, en cas de procès téméraire de sa part, envers celle-ci : Bordeaux, 5 janvier 1903, S. 1904, 2, 8 ; Req., 15 avril 1908, D. 1908, 1, 423). C'est dans ce cas que la terminologie admise donne le privilège des frais de justice pour base à la réclamation (v. la note précédente) : on dit que « les dépens sont tirés en frais de syndicat ».

1805. — Le fait que l'engagement du syndic est pris au compte de la masse n'empêche pas l'obligation d'être en même temps *dette du failli*. Le *syndic* est le mandataire de la masse : la loi le dit, et sans ambages (art. 532). Mais il est aussi le *mandataire du failli*. La masse a pris possession des biens du débiteur en vertu d'une sorte de subrogation (art. 1166 C. civ.). Les opérations faites lient donc le failli au même degré que s'il les avait accomplies personnellement.

SOUS-SECTION II. — Pouvoir de contracter antérieurement au jugement déclaratif. — De la période suspecte.

(Art. 446, 447 et 449 C. com.)

1806. — On entend par *période suspecte* le *temps antérieur à la faillite* (ou à la liquidation judiciaire) *compris entre le jour de la cessation des paiements et celui du jugement déclaratif, et augmenté pour certains actes des dix jours avant cette cessation.* La faillite s'est ouverte le 1er juin, la cessation des paiements remontait au 1er février. La période suspecte ira du 1er février au 31 mai inclusivement, et pour certains actes elle prendra son point de départ au 21 janvier.

Rappelons certaines dispositions déjà mentionnées :

a) Le tribunal de commerce fixe cette date par décision principale, soit dans le jugement déclaratif lui-même, soit dans un jugement subséquent, et il peut la rectifier dans les délais des art. 580 et 581 (nos 1750 et 1766) ;

b) Le tribunal peut remonter très loin dans le passé, s'il estime que cette cessation est d'origine ancienne, sans que la loi lui trace aucune limite ;

c) Faute de fixation de cette date, le jour de la cessation des paiements se confond avec celui du jugement déclaratif ;

d) Les mots « cessation de paiements » sont pris ici (à la teneur d'une opinion qui paraît admise en jurisprudence) dans un sens plus large que lorsqu'il s'agit de prononcer la faillite (n° 1752) ;

e) Enfin la période suspecte se rencontre dans la liquidation judiciaire comme dans la faillite (n° 1753), sauf à l'action en nullité, si elle réussit à faire tomber judiciairement un acte du débiteur, à emporter déchéance de la procédure de faveur et sa conversion en faillite (L. 1889, art. 19).

1807. — La loi a agi sagement en organisant une phase transitoire entre l'état de pleine solvabilité et la faillite déclarée. On a vu au n° 1695 comment le droit romain d'abord, puis l'Ordonnance de 1673, présentaient à cet égard une lacune, qui a été comblée par la Déclaration de 1702.

Autrement, seule l'*action paulienne* (art. 1167 C. civ.) eût permis d'attaquer les actes du commerçant antérieurs à la déclaration de la faillite et préjudiciables à ses créanciers. Or la masse, par là, n'aurait pas été suffisamment protégée. Car l'action paulienne est subordonnée à des conditions difficiles de preuve. Il faut démontrer : 1° que le débiteur a agi dans l'intention de frustrer ses créanciers en détournant un élément du gage ; 2° (dans les actes à titre onéreux) que la contre-partie a été de connivence avec lui, en voulant l'assister dans cette fraude et en profiter elle-même.

On rencontre, à la vérité, à l'approche du jugement déclaratif, des opérations de ce caractère. Mais : *a*) les unes ont une apparence équivoque sans que l'on puisse établir la fraude ; et surtout elles ne sont pas à proprement parler frauduleuses, mais plutôt inconsidérées. Des expédients désastreux par leurs effets ont prolongé artificiellement une situation déjà perdue : le débiteur est en faute d'avoir dilapidé le gage, et la contrepartie d'avoir soutenu son crédit sans apparence de pouvoir le relever ; — *b*) les autres sont des *paiements* de faveur, actes que le droit commun de l'action paulienne n'atteint pas, car celui qui reçoit son dû agit en personne vigilante et sans fraude, ayant eu le souci de ses intérêts. La loi commerciale de l'égalité des créanciers ne pouvait pas approuver ces paiements privilégiés.

1808. — Il fallait instituer une autre action, exempte des conditions rigoureuses de preuve de l'art. 1167. La période suspecte a été organisée à cette fin. La loi de 1838 a apporté en cette matière une telle précision de règles, que l'on peut considérer l'économie moderne de la période suspecte comme étant son œuvre, plutôt que celle du Code de 1807. D'après le Code, le dessaisissement rétroagissait jusqu'à la cessation des paiements : règle excessive à laquelle la pratique était obligée d'apporter des tempéraments.

En 1838, les articles 446, 447 et 449 ont introduit des distinctions minutieuses, reposant sur des observations justes. Aujourd'hui donc : *a*) le dessaisissement ne part que du jugement déclaratif, et n'a d'effet que pour l'avenir ; *b*) d'un autre côté, les actes plus anciens que la cessation des paiements et que les dix jours qui la précèdent peuvent être attaqués seulement par l'action paulienne. — Ces deux périodes se relient par une phase intermédiaire, que les Italiens appelaient *proximum tempus decoctionis*. En général, on respectera les actes faits depuis la cessation des paiements jusqu'au jugement déclaratif, y compris ceux des dix jours précédents. Toutefois, la masse pourra en faire tomber un certain nombre. Ils seront *nuls* (expression incorrecte), les uns à raison de la seule nature de l'acte, les autres à raison de l'état de pensée où se trouvaient les opérateurs.

C'est de ces opérations que nous allons nous occuper, en transposant l'ordre des articles. Nous mettrons ainsi dans notre exposé plus de clarté.

Dans trois paragraphes, nous parlerons : de la règle de l'art. 447 (nullité facultative), — de l'exception de faveur de l'art. 449, — des exceptions de rigueur de l'art. 446 (nullités de droit).

§ 1. — Nullité facultative de l'art. 447 (actes à titre onéreux).

1809. — « Tous (autres) paiements, porte ce texte, faits par le débiteur pour dettes échues, et tous (autres) actes à titre onéreux par lui passés après la cessation de ses paiements et avant le jugement déclaratif, *pour-*

ront être annulés si, de la part de ceux qui ont reçu du débiteur ou qui ont traité avec lui, ils ont eu lieu avec connaissance de la cessation de ses paiements. »

Ex. : Le syndic constate que le débiteur, *Primus*, a, le 15 avril, *vendu un immeuble* à un acquéreur, *Secundus*. Il appartiendra à la justice, sous les conditions que nous allons examiner, de faire tomber cette vente ; l'acheteur sera ainsi obligé de rapporter l'immeuble. — La masse, d'un autre côté, ne peut pas s'enrichir aux dépens des tiers. Si donc le prix a été versé par *Secundus* et s'il existe encore dans l'actif du failli au moins par équivalent, la masse devra le restituer. Au contraire, si le prix est dissipé, l'acheteur n'est pas fondé à le répéter dans la faillite.

Autre situation. Le syndic découvre que le négociant a fait un *paiement individuel* à l'un de ses créanciers, *Tertius*, à un moment où la généralité des autres paiements était déjà suspendue. Ce paiement devra être rapporté. Le créancier, *Tertius*, se retrouvera placé dans la même position que s'il n'avait rien reçu, et il produira au marc le franc dans la faillite.

1810. — Conditions de l'annulation. — L'acte est annulable, à la demande du syndic, sous les trois conditions suivantes :

1° Il faut qu'il se place *entre la cessation des paiements et le jugement déclaratif*. Postérieure au 31 mai, l'opération est nulle sans distinction. Antérieure au 1er février, elle n'est régie que par l'action paulienne. Conclue entre le 1er février et le 1er mai, elle tombe sous le présent régime ;

2° Il faut démontrer que le *tiers* qui a traité avec le débiteur *avait eu connaissance de la cessation des paiements* de ce dernier [1] ;

3° Il faut que le tribunal de commerce, usant d'une appréciation discrétionnaire, ait cru devoir prononcer l'annulation de l'acte incriminé. La nullité est *facultative*. La décision serait sujette à cassation si elle portait obligation pour les juges, les deux premières conditions étant remplies, de faire tomber l'opération (Civ. cass., 28 juillet 1897, D. 98, 1, 115).

Il se peut, en effet, ou que l'acte n'ait occasionné aucun tort à la masse (immeuble ou marchandise vendu à son véritable prix), ou que, malgré le préjudice qu'il a causé à celle-ci, les circonstances dans lesquelles il a été conclu rendent la conduite du tiers excusable (le tiers avait lieu de croire que son argent rétablirait les comptes du commerçant, etc.).

1811. — Comparaison avec l'action paulienne. — Cette action en nullité est une action paulienne simplifiée. Quelque parti que l'on prenne sur l'économie du dessaisissement, il n'y a pas de doute que l'art. 447 procède de l'art. 1167 ; les deux dispositions se ressemblent même à ce point

1. Le tiers a pu traiter par mandataire avec le futur failli. Ex. : *Primus*, depuis la cessation de ses paiements, a fait son paiement de faveur non au créancier, mais à un mandataire de celui-ci qui avait connaissance de l'état des affaires du débiteur. Les principes de la représentation juridique veulent que la situation soit la même que si le créancier en était instruit. Le paiement sera rapportable (Req., 15 juin 1898, S. 99, 1, 209, et note TISSIER ; v. pourtant Bourges, 4 mai 1909, S. 1910, 2. 109).

qu'elles semblent n'en former qu'une. L'action est de même nature que la paulienne ; — elle est *personnelle*, ne peut atteindre que la contre-partie du commerçant, et non pas un sous-ayant-cause [1] ; — les *intérêts* de la somme versée ou les *fruits* de l'immeuble vendu seront dus par le défendeur à partir de l'acte sujet à nullité, etc.

1812. — Suite. — Il existe cependant entre ces deux voies de droit une différence notable, et l'action basée sur l'art. 447 sera pour la masse plus profitable que l'action paulienne.

Quelquefois, on les oppose l'une à l'autre à un point de vue qui n'est pas juste. On dit que l'action de l'art. 447 n'appartient qu'à la *masse* ; un créancier, à défaut du syndic, ne pourrait pas l'exercer (ce qui est vrai), tandis que l'action paulienne appartiendrait individuellement à *chaque créancier*. — C'est là plutôt une différence entre la faillite et la déconfiture : dans une liquidation civile, se traduisant sous forme de saisies, l'action révocatoire appartient à chaque créancier, car il n'y a point de masse constituée, par conséquent point d'agent collectif. Mais, dans une faillite (v. *infra*, n° 1873), un créancier n'a pas plus qualité pour intenter l'action paulienne que les actions en nullité de la période suspecte (Cfr. cependant Req., 29 juillet 1908, S. 1909, 1, 345, note Lyon-Caen).

Néanmoins, il y a des différences, portant sur ces trois objets :

1813. — *a*) Dans l'action paulienne, le demandeur doit prouver que l'acte attaqué a produit ou aggravé l'*insolvabilité* du débiteur. Dans l'action de l'art. 447, il suffit de prouver la *cessation des paiements* du débiteur et la connaissance qu'en avait le tiers traitant avec lui.

1814. — *b*) Dans l'action paulienne, il faut justifier de la *fraude* du débiteur et de la *complicité* du tiers à cette fraude.

---

1. Toutefois, d'après la doctrine du droit romain et du droit civil (qu'on transportera à bon droit aux actions en nullité de la faillite), si la personne passible de la demande aliène à son tour le bien sujet à rapport, le *sous-acquéreur* pourra lui-même être attaqué par le syndic, là où les conditions d'exercice de l'action existent personnellement quant à lui, c'est-à-dire s'il connaissait l'origine du bien et l'état de cessation de paiements du premier aliénateur. Il ne s'ensuit pas que l'action soit donnée *in rem* (Douai, 13 janvier 1905, S. 1907, 2, 158). — L'application de ce principe souffre difficulté, lorsque le futur failli a fait cession d'une créance sur un tiers, *Quartus*, et que son cessionnaire, connaissant la cessation de ses paiements, a touché cette créance. La masse, qui peut certainement agir contre celui-ci, est-elle admise à poursuivre également *Quartus*, pour avoir fait son paiement en connaissance de l'irrégularité de la cession ? — Nous ne le pensons pas (Paris, 12 janvier 1892, Percerou, *op. cit.*, n°s 653, note 3 ; 680, note 4, et 684). Le paiement qu'a fait au cessionnaire le débiteur cédé n'était pas un acte libre de sa part. Tout au plus, le cédé pourrait-il être recherché, s'il avait payé postérieurement au jugement déclaratif : on dira alors que *Quartus*, pour la sauvegarde de ses droits, aurait dû repousser la demande en paiement du cessionnaire, tant que le syndic ne lui donnerait pas lui-même quittance (telle n'est pas d'ailleurs notre opinion). Sur ce dernier point, on rencontre deux décisions contraires du tribunal civil de la Seine, en date du 24 décembre 1895 et du 28 mai 1897 (Cf. Travers, *Annales de droit commercial*, 1897, p. 327).

Dans l'action de l'art. 447, il suffit de prouver que le tiers *connaissait la cessation des paiements* du débiteur. Cette connaissance n'implique pas nécessairement l'intention de s'associer à un détournement. Ce qui est répréhensible, c'est de soutenir en connaissance de cause un commerçant que l'état de ses affaires représente déjà comme perdu.

1815. — Paiements. — *c*) D'après la tradition, tout *paiement* échappe à l'action paulienne, au moins lorsqu'il est reçu à l'échéance de la dette. Le créancier est affranchi du rapport, en quelque état d'esprit qu'il l'ait touché : *qui suum recepit, nullam fraudem facit* (D. 6, § 6, *Quæ in fraudem creditorum*, 42, 8). Au contraire, l'art. 447 frappe les paiements comme les autres actes [1].

Défense est faite à un créancier de s'assurer, une condition de faveur, d'échapper à la règle proportionnelle. Alors même que la somme lui aurait été spontanément offerte, il devait la refuser, connaissant l'arrêt de la généralité des autres paiements. La faillite étant encourue, pourquoi le créancier ne l'a-t-il pas demandée ? Fût-il contraint de recevoir la somme par une procédure d'offres réelles, le dessaisissement aurait fait tomber ces offres.

Le paiement est même frappé par une seconde disposition du livre *Des Faillites*, sans préjudice de la première. Il constitue un « traité particulier d'où résulte en faveur du créancier un avantage à la charge de l'actif du failli » : les art. 597 et 598 le rendent nul *à l'égard de toute personne*. Ce n'est plus seulement un paiement entaché d'une nullité « facultative », le failli lui-même pourra le faire tomber à son égard ; le créancier encourt l'emprisonnement (Crim. rej., 12 juin 1913, D. 1915, 1, 42), et le commerçant, de son côté, commet par ce paiement un acte de banqueroute simple, art. 585-4°.

1816. — D'après la jurisprudence, la nullité de l'art. 447 ne s'étend pas aux paiements qualifiés de *judiciaires*.

Depuis la cessation des paiements du failli, et en connaissance de cette cessation, un créancier, *Secundus*, forme une *saisie-arrêt* aux mains d'un débiteur du commerçant. Puis est rendu un jugement de validité, qui ordonne le transport au saisissant de la créance ainsi saisie [2].

A moins d'un véritable concert entre le créancier *Secundus* et le futur failli (débiteur saisi), en vue de couvrir des sanctions judiciaires un paiement convenu d'avance, la Cour de cassation (21 décembre 1881, S. 82, 1, 202) écarte l'art. 447. La décision judiciaire est inattaquable, lorsqu'elle est passée en force de chose jugée au moment où la faillite est déclarée : le transport de la créance saisie s'est irrévocablement réalisé au profit du créancier.

Cette jurisprudence laisse des doutes. L'intervention du tribunal ne sau-

1. Voir cependant l'étrangeté de la solution donnée par Rej., 27 avril 1906, dans notre note D. 1907, 1, 449.

2. On pourrait raisonner de la même manière pour la délivrance de bordereaux de collocation dans une saisie mobilière ou immobilière.

regarde point les intérêts de la masse ; les juges ont dû déférer à la demande du saisissant, alors même qu'ils savaient le saisi en état de cessation de paiements. La théorie des faillites de fait ne change rien à ce résultat. Le tribunal qui a validé la saisie n'est pas celui qui aurait eu compétence pour prononcer la faillite, d'office ou autrement [1].

1817. — Partages. — La nullité de l'art. 447 s'applique-t-elle aux *partages* auxquels concourt le commerçant pendant la période suspecte ? Ces opérations peuvent faire tort à la masse, par exemple en plaçant dans le lot du failli des valeurs moindres complétées au moyen de contre-lettres, ou des sommes d'argent au lieu d'immeubles ou de valeurs de détournement difficile.

La loi civile désire la stabilité du partage. L'action paulienne n'est pas donnée contre cette nature d'acte. Admis à former opposition au partage afin qu'il n'y soit procédé qu'en leur présence, les créanciers ne peuvent plus attaquer un partage consommé (art. 882 C. civ.). On a soutenu que l'art. 447 devait obéir aux mêmes principes, que par conséquent le partage échappait à l'action en nullité. — Mais, suivant la dernière jurisprudence (Req., 28 mai 1895, S. 95, 1, 387, et note LYON-CAEN), le partage peut être annulé, s'il a été consenti avec des cohéritiers ou communistes qui connaissaient la cessation des paiements du commerçant [2].

§ 2. — Exception de faveur de l'art. 449 (paiement d'effets de commerce).

1818. — Ce nouveau texte tient à l'abri de la nullité une opération, un paiement, qui aurait dû tomber au contraire, si l'on avait suivi la règle générale. La disposition qu'il renferme se dédouble, quoique la formule de l'art. 449 paraisse unique. Il s'y trouve une négation et une affirmation.

Une négation : la masse ne peut faire tomber ce paiement à l'égard de l'*accipiens*, du créancier ou porteur qui l'a reçu.

Une affirmation : la masse peut demander le rapport de ce paiement à une autre personne que l'*accipiens*, à celle qui a mis l'effet de commerce en circulation (car c'est d'un effet de commerce qu'il est question).

« Dans le cas, dit l'art. 449, où des *lettres de change* auraient été payées après l'époque fixée comme étant celle de la cessation de paiements et avant le jugement déclaratif de faillite, l'action en rapport *ne* pourra être intentée *que* contre celui pour compte duquel la lettre de change aura été fournie.

« S'il s'agit d'un *billet à ordre*, l'action ne pourra être exercée que contre le premier endosseur.

---

1. Voir la note LABBÉ dans S. 82, 1, 202, et notre dissertation dans la *Revue critique*, 1883, p. 363.

2. Cfr. dans le même sens : Montpellier, 26 octobre 1896, et Trib. com. Saint-Etienne, 2 juin 1897 (*Ann. dr. comm.*, 1897, p. 84 et 326) ; Douai, 7 février 1901, D. 1902, 2, 256.

« Dans l'un et l'autre cas, la preuve que celui à qui on demande le rapport avait connaissance de la cessation des paiements à l'époque de l'émission du titre devra être rapportée. »

1819. — I. Voici le côté négatif de la règle déposée dans l'art. 447 : *Le paiement, que le commerçant ferait en temps suspect, d'un effet de commerce échu ne peut être annulé à la demande de la masse, quoique le porteur ait connu, au moment de le toucher, l'état de cessation de paiements du débiteur*.

Primus, dont la faillite sera prochainement déclarée, est signataire d'un effet de commerce de 2 000 fr., à échéance du 1er mai : il est souscripteur d'un billet à ordre, ou accepteur d'une lettre de change.

Au 1er mai, *Primus* a cessé ses paiements. Le porteur *Secundus* qui en est instruit présente cependant l'effet, et *Primus* le paie. La faillite de *Primus* est déclarée postérieurement.

D'après le droit commun de l'art. 447, *Secundus* devrait rendre au syndic les 2.000 fr. par lui touchés ; puis, replacé sur le même pied que les autres créanciers, il aurait à s'inscrire au marc le franc dans la faillite.

C'est ce que repousse la loi des faillites ; le bénéficiaire du paiement de l'effet dispose d'une prérogative : le paiement qu'il a reçu est inattaquable. Si la créance avait reposé sur un titre différent, sur une promesse, on aurait pu reprocher au créancier de l'avoir recouvrée. Comme elle a sa base dans un effet de commerce, le créancier l'a légitimement encaissée.

Pourquoi cette dérogation à la règle ? Deux raisons en ont été données.

1820. — 1° C'est une *disposition de faveur* destinée à encourager la *circulation* des effets de commerce. On prendra plus volontiers en règlement une lettre de change, un billet à ordre (ou un chèque), sachant que tout paiement qu'on en obtiendra d'une personne non encore déclarée faillie échappera au rapport, à l'action en nullité. — Cette explication est un peu vague ; elle attribue aux commerçants des pensées conjecturales.

1821. — 2° La faveur de la loi tient à l'obligation dans laquelle se trouve le porteur de présenter l'effet à l'échéance et de recevoir les fonds, du moment qu'ils lui sont offerts. La règle se lie intimement à la *théorie du porteur négligent et du protêt* en matière de lettre de change (rapport Tripier à la Chambre des Pairs en 1838).

En effet, un autre créancier est libre de retarder la réclamation de son argent, il peut le faire sans compromettre son droit ; c'est ce parti qu'il doit prendre, s'il sait son débiteur au-dessous de ses affaires.

Toute différente est la condition d'un porteur d'effet de commerce. Celui-ci est dans la stricte obligation de requérir le paiement de l'effet au débiteur principal *le jour de l'échéance*. Autrement, il perd son recours contre les garants. — Or, s'il demande le paiement, il ne peut pas en même temps le refuser, lorsque le débiteur a les fonds et les lui verse. Refusant la somme, il se priverait du moyen de faire *protêt*, constat d'un refus de payer ; ce qui lui enlèverait son recours.

La loi était donc prise dans un dilemme : — Annuler ce paiement comme les autres, c'était anéantir injustement les garanties du change, dire au porteur : « Vous auriez dû demander la faillite d'urgence », alors que le temps lui manquait ; — Maintenir ce paiement, c'était léser la masse, mais il a fallu le faire, et d'ailleurs on s'est attaché à ce que cette lésion fût aussi faible que possible (c'est ce qui ressort de la seconde partie de la règle).

1822. — II. On va montrer les différences dans les effets pratiques du système légal, selon que l'on accepte la première ou la deuxième de ces explications. Mais il faut d'abord dégager la *contre-partie* de la règle établie, la prescription que l'art. 447 exprime formellement. La masse, tout en perdant l'action en nullité contre le porteur de l'effet, la retrouve (ou peut la retrouver) d'un autre côté, et sur une autre personne, sur celle *qui a primitivement mis l'effet en circulation*. L'action en rapport sera utilement exercée contre cette dernière personne.

1° *Lettre de change.* — La lettre de change, payée par *Primus* postérieurement à la cessation de ses paiements, avait été créée à l'origine sur lui par N, son créancier. Ce créancier aurait pu être tenté de ne pas faire d'effet, et se présenter chez son débiteur afin de recevoir son paiement. S'il avait procédé ainsi, il aurait dû rapporter la somme, puisqu'il avait connu la cessation des paiements de *Primus*. L'art. 447 l'aurait certainement frappé.

Au lieu d'agir ainsi, le créancier N recourt à un circuit et tourne la loi. Il rentre dans sa créance en émettant une lettre de change sur *Primus* ; il trouve à cette traite un preneur qui lui en fournit la valeur, et l'effet mis ainsi en circulation, accepté ou non par *Primus*, finit par advenir à un dernier porteur qui l'encaisse chez le tiré après la cessation des paiements de celui-ci.

La loi a trouvé équitable de contraindre ce *tireur* (ou ce *donneur d'ordre* de la lettre de change, si c'est une traite émise pour compte) à faire raison à la masse de la valeur qu'il obtient par la mise en circulation de la lettre de change. La loi dédommage la masse de l'impossibilité où elle est de réclamer la somme au dernier porteur, qui l'a touchée au détriment de l'actif.

Mais il faut, pour qu'il en soit ainsi : *a*) que la cessation des paiements de *Primus* remonte à une époque plus ancienne que cette émission de lettre de change ; et *b*) que le tireur N ait eu connaissance, au moment du tirage, de la cessation des paiements de son débiteur, le tiré. Si la mise en circulation de la lettre de change a été de date antérieure à cette époque ou si elle a eu lieu de bonne foi, aucune action en rapport ne sera donnée, et le montant de cette traite, payée au dernier porteur, sera irrévocablement perdu pour la masse.

2° *Billet à ordre.* — Sans rien changer de substantiel à l'hypothèse précédente, dans cette manœuvre consistant de la part d'un créancier à mettre sa créance en forme d'effet, en vue d'éluder l'art. 447, on peut supposer que N, au lieu de tirer une lettre de change sur *Primus*, se fait remettre par celui-ci un billet à ordre, puis endosse ce billet et, par la valeur reçue du porteur auquel il le négocie, aboutit au même résultat que s'il avait touché sa créance chez *Primus* lui-même.

Ce billet étant ensuite payé au dernier porteur en temps suspect, la masse exercera contre le *premier endosseur* N l'action en nullité qui lui échappe contre l'*accipiens*, mais seulement, bien entendu, si les conditions sus-énoncées sont réunies, c'est-à-dire si N, lors de la négociation qu'il a faite, était au courant des mauvaises affaires du souscripteur.

1823. — Revenons à la première des deux formules, à la partie de la règle qui exonère le bénéficiaire du paiement ou *accipiens* de l'obligation de rapporter la somme à la masse. Cette exonération est-elle absolue ? Se produira-t-elle toujours ? Non.

Il faut d'abord écarter le cas où le paiement de l'effet aurait eu lieu *autrement qu'en espèces*, par exemple en marchandises. Le paiement est alors suspect comme tombant sous le chef de l'art. 446 (voir le § 3). Il en est de même si le paiement a été fait « avant l'échéance de l'effet », avec le consentement du porteur : c'est une autre application de l'art. 446. Dans ces deux hypothèses, le porteur sera même tenu de restituer les fonds, sans preuve à faire qu'il connaissait la cessation des paiements du tiré ou du souscripteur de l'effet.

1824. — Mais, question de nature à laisser l'interprète plus hésitant, l'effet a été payé non par le débiteur principal, tiré ou souscripteur, mais par un garant, par un *endosseur* ; il a été protesté sur le débiteur principal, et c'est ce garant, cet endosseur, qui était, au su du porteur, dans un état embarrassé, se révélant par une cessation de paiements qui pronostiquait sa faillite prochaine.

La masse de cette faillite a intérêt à critiquer le paiement. Le porteur, dit-elle, n'aurait pas dû le recevoir de cet endosseur. Ce n'est pas à lui qu'il devait s'attaquer. Il convient que le porteur réintègre dans l'actif de l'endosseur la somme qui en est indûment sortie, quitte à produire ensuite au dividende. Cette prétention est-elle fondée ?

Non, disent les personnes qui appliquent à la lettre l'art. 449 (Lyon-Caen et Renault, VII, n° 405). L'action en rapport est refusée par ce texte sans distinction, quelle que soit la personne qui a fait le paiement, débiteur principal ou garant.

La demande en rapport est au contraire recevable, au dire des autres. Tel est le sentiment de la jurisprudence, basé sur les motifs pour lesquels la faveur de l'art. 449 a été introduite. *Ubi cessa ratio legis, ibi cessat lex.*

Les partisans de ce deuxième système se répartissent en deux groupes :

1° Nécessité du rapport, pensent quelques auteurs (Labbé, S. 66, 1, 137 ; Beudant, D. 67, 1, 417), mais seulement lorsque l'auteur du paiement, futur failli, était l'endosseur *immédiat* du porteur, ou, ce qui exprime la même idée, lorsque ce paiement est intervenu entre personnes déjà précédemment liées par une cause antérieure à la négociation de l'effet de l'une à l'autre. A doit de l'argent à B. S'il ne lui négocie aucun effet et le paie en état de cessation générale de ses paiements, B, instruit du fait, devra rendre la somme à la faillite (art. 447). Cette situation ne peut se modifier lorsqu'A endosse à son créancier un effet sur un tiers, puis rembourse ledit effet sur le recours exercé contre lui après protêt. Autrement, l'on parviendrait par voie indirecte à consolider une opération, un règlement de dette qui, sans l'appui d'un effet de commerce, serait nul. — De la part de tout autre signataire, c'est-à-dire d'un endosseur plus ancien ou du tireur, le paiement serait régulier.

2° Nécessité du rapport, disent les arrêts (Civ. rej., 15 mai et cass., 27 novembre 1867, D. 67, 1, 417 ; Civ. cass., 21 juillet 1896, D. 98, 1, 209, avec la note, et aussi BOISTEL, n° 957), quel que soit le garant qui a payé l'effet, dès l'instant que ce garant, déjà embarrassé dans ses affaires, est ensuite déclaré failli.

La théorie du porteur diligent (n° 1821) est le fondement de l'art. 449. Or cette théorie a ses limites. Le porteur est à l'abri du rapport, parce qu'il ne pouvait refuser le paiement sans se mettre dans l'impossibilité de lever protêt et sans perdre son recours. Tel n'est plus le cas ici. C'est à tort que le porteur s'est adressé à ce garant, le sachant en état virtuel de faillite. Il a fait protêt contre le tiré, ou il a pu le faire. Il était maître d'exercer un choix parmi les signataires et de limiter sa réclamation à ceux qu'il savait *in bonis*. Décliner le paiement offert par un garant insolvable lui était possible, sans empirer sa condition légale, sans encourir de déchéance vis-à-vis des autres. Il est donc juste que l'on rentre dans le droit commun de l'art. 447, que la particularité de la législation du change cesse d'influencer la solution, et que ce paiement soit annulable comme un paiement quelconque.

Il convient de statuer, en conformité de la même doctrine, sur un paiement fait par le débiteur principal, tiré ou souscripteur, mais « postérieurement à l'échéance de l'effet », autrement dit *après protêt* ou après le jour où le protêt aurait dû être dressé (Bourges, 4 mai 1909, cité au n° 1810, note). Il n'y a plus de raison, alors, d'après la jurisprudence, de maintenir au profit du porteur l'immunité que l'art. 449 lui procure pour le cas d'un paiement fait à bonne date et à première présentation. Son recours était sauvegardé, ou il l'a perdu par son propre fait. Il est inexcusable d'avoir consenti à encaisser le 10 mai un effet échu le 1er du même mois. Il faut avouer que, si l'effet porte la clause *retour sans frais*, la question devient particulièrement délicate (cfr. PERCEROU, *op. cit.*, n° 698).

§ 3. — Exception de rigueur de l'art. 446 (nullité de droit des actes à titre gratuit et des actes assimilés).

1825. — Le progrès réalisé sur l'action paulienne par l'action de l'art. 447 était déjà appréciable : ni preuve d'une fraude du débiteur, ni preuve de la participation du tiers à cette fraude. Toutefois, la « nullité facultative » ne suffit pas à remplir le cadre des voies de restitution. Elle n'atteint que les actes postérieurs à la cessation des paiements ; elle ne frappe que les tiers chez qui l'on prouve la connaissance de cette cessation.

Or, d'une part, il se peut que, faute de report de la faillite, la cessation des paiements se confonde avec le jugement déclaratif, et que même alors le commerçant, dans les quelques jours qui précèdent sa chute, ait commis des actes préjudiciables ne méritant pas d'être respectés.

D'autre part, la preuve de la connaissance par le tiers de la cessation des paiements du commerçant est difficile à établir, et il n'est pas équitable de l'exiger pour certains actes particulièrement suspects.

Mais la loi devait définir nettement ces *actes suspects* : *libéralités* ou *opérations qui trahissent* par elles-mêmes soit *la gêne* du débiteur, soit le fait par le créancier de les avoir obtenues par une sorte de contrainte.

Tantôt ce tiers est un donataire : il est équitable que les créanciers le priment. — Tantôt l'acte a une allure équivoque, et la bonne foi du tiers créancier devient peu vraisemblable : il a voulu dans son égoïsme se garantir contre un cataclysme prochain, échapper à un naufrage qui submergera les autres.

1826. — Les opérations dont l'exposé suit sont accomplies par le commerçant dans deux cercles différents de relations.

a) Ici, la *famille* se trouve gratifiée : des dispositions de la dernière heure ont été faites à des parents, à des amis. — Le débiteur a voulu mettre à l'abri une partie de son actif, sauver l'avenir du ménage ou des enfants. La jurisprudence, telle que les Cours d'appel l'ont fixée, est moins sévère pour ces opérations que pour les suivantes ; elle établit des distinctions et s'inspire du droit civil, qui préserve les fortunes dans une certaine mesure contre les risques du commerce.

b) Là, le négociant a opéré dans le *cercle commercial* de ses affaires : il a couvert certains créanciers, pour les faire échapper au dividende. Des habiles se sont assuré une position privilégiée ; ils ont pesé sur le débiteur, obtenu un traitement de faveur ; leur mauvaise foi transpire des faits eux-mêmes ; l'acte doit être annulé.

1827. — A la différence des actes parcourus précédemment les actes présents tomberont, par cela seul qu'ils ont été accomplis dans la période suspecte. La nullité qui les atteint diffère sous trois aspects de celle qu'avait établie l'art. 447 :

1° Le tribunal n'a plus un pouvoir discrétionnaire ; la nullité est obligatoire, elle a lieu *de droit*. Non que l'acte soit inexistant, la nullité est encore judiciaire. *Nul de droit* signifie que l'opération tombera sans égard aux circonstances de fait, par cela seul qu'elle prend date dans une phase déterminée (cpr. art. 302 C. civ.) ;

2° Il n'est *pas besoin*, pour annuler l'acte, de prouver *que le défendeur connaissait la cessation des paiements du commerçant*, en traitant avec lui ;

3° La période suspecte s'augmente des *dix jours qui ont précédé la cessation des paiements*, et, s'il n'y a pas eu rapport de faillite, elle comprend de toute manière les dix jours antérieurs au jugement déclaratif.

L'action est exercée par le syndic (et dans la liquidation judiciaire par le liquidateur mettant le débiteur en cause, plus souvent que par le débiteur assisté lui-même, L. 1889, art. 6, al. 1er, *in fine*). Quels sont ces actes ?

1828. — C. Com., art. 446 : « **Sont nuls et sans effet, relativement à la masse, lorsqu'ils auront été faits par le débiteur depuis l'époque déterminée par le tribunal comme étant celle de la cessation de ses paiements, ou dans les dix jours qui auront précédé cette époque :**

« Tous actes translatifs de propriétés mobilières ou immobilières à titre gratuit ;

« Tous paiements, soit en espèces, soit par transport, vente, compensation ou autrement, pour dettes non échues, et pour dettes échues, tous paiements faits autrement qu'en espèces ou effets de commerce ;

« Toute hypothèque conventionnelle ou judiciaire, et tous droits d'antichrèse ou de nantissement constitués sur les biens du débiteur pour dettes antérieurement contractées ».

1829. — L'art. 446 groupe sous trois chefs les opérations qu'il frappe :

a) *Donations* faites par le failli [1]. — Le droit de la faillite marche de pair avec le droit de l'action paulienne. De même que, en droit civil, l'acte gratuit fait par le débiteur *in fraudem creditorum* est révoqué sans preuve nécessaire de la complicité du donataire à la fraude, parce que le donataire ne doit pas s'enrichir au préjudice des créanciers non payés de son donateur ; de même, en cas de faillite, le donataire ne peut pas exciper de sa bonne foi pour échapper au rapport.

b) *Paiements* faits par le failli à un ou à plusieurs de ses créanciers, soit *avant l'échéance* de la dette, soit *sous la forme d'une dation en paiement*.

c) *Sûretés réelles* constituées par le failli à un ou à plusieurs créanciers *pour dettes antérieurement contractées*.

Cette triple division peut au surplus se ramener à une division double : — 1° Libéralités ; — 2° Opérations de commerce tendant soit à payer un créancier *avant* ou *autrement* qu'on ne devait le faire (formule brève que l'on trouve dans les lois allemandes), soit à lui concéder des sûretés absentes du contrat primitif.

1830. — I. **Libéralités**. — Le failli a fait à un ami *donation* d'un immeuble ou de cent mille francs.

Si cette libéralité était antérieure au temps suspect, le syndic n'aurait que l'action paulienne. Mais, dès l'instant qu'elle prend date depuis la cessation des paiements (1er février) ou dans les dix jours précédents, elle tombe de droit. — Il en est ainsi tant d'une donation par promesse que par dation (*non obst.* art. 446 : tous actes *translatifs*) ; il en est ainsi tant d'une donation par acte authentique que d'un don manuel.

La donation a pu être antérieure à la période suspecte, et l'acceptation du donataire n'être intervenue ou n'avoir été notifiée au donateur que depuis l'ouverture de cette période. La donation tombera, puisqu'elle ne saurait avoir d'effet que du jour de la notification de cette acceptation, jour auquel l'ouverture de la période suspecte la rend irrégulière (arg. art. 932 C. civ.).

La loi ne s'occupe pas des legs. Cela ne prouve pas que les légataires priment les créanciers. Le commerçant mourant en état de faillite, cette faillite engendre par elle-même séparation des patrimoines (nos 1723 et s.).

---

1. Nous nous servons de l'expression de *failli* au sens de « commerçant qui a cessé ses paiements ou qui les cessera dans les dix jours suivants ».

Bona non sunt, nisi deducto ære alieno. Les légataires seront tenus de s'effacer, à quelque époque que le testament ait été fait.

Il existe deux sortes de libéralités ou d'actes qui ont l'apparence de libéralités. Cependant, la jurisprudence use d'une interprétation favorable à leur maintien et les met à l'abri de l'art. 446. Ce sont la *constitution de dot*, l'*assurance sur la vie*.

1831. — *a) Constitution de dot.* — Le commerçant marie sa fille dans la période suspecte qui précède sa faillite, et il lui constitue une dot. Les créanciers peuvent-ils en demander le rapport ?

Un point certain, c'est que la dot sera maintenue à l'égard du mari, si celui-ci ignorait l'état de cessation de paiements du constituant. Il continuera à exercer son usufruit, ou, d'une manière générale, le droit dont le contrat de mariage lui permet d'arguer sur elle. A l'égard du mari, en effet, la dot est faite à titre onéreux, en vue de subvenir aux charges du mariage : c'est une sorte d'apport en société. Le mari n'est exposé qu'à l'action en nullité de l'art. 447.

Mais il arrive le plus communément que la femme, la personne dotée, ignorait la cessation des paiements, tandis que le mari la connaissait. La jurisprudence (fortement combattue par la doctrine) estime que *la constitution de dot forme un acte à titre onéreux, même au regard de l'époux doté.* La fille reçoit la dot à charge de se marier. Bref, la dot ne pourra être attaquée que si les deux époux sont l'un et l'autre au courant de la situation [1].

Nous n'examinerons pas la valeur théorique de cette jurisprudence : la question a son siège dans le droit civil (Colin et Capitant, *Cours élémentaire de droit civil*, II, p. 53). On aurait pu dire : 1° *Envers la femme*, la dot est un acte à titre gratuit, la nue-propriété tombera dans le gage de la masse, par cela seul que la constitution prend date depuis le dixième jour avant la cessation des paiements (art. 446) ; — 2° *Envers le mari*, la dot est une sous-aliénation à lui faite par la femme ; la jouissance ne pourra pas lui être enlevée, s'il ignorait la situation embarrassée du constituant ; il sera privé de cette jouissance dans le cas contraire (art. 447) [2].

Cette thèse, qu'admettent la plupart des auteurs, serait plus favorable à la masse, la bonne foi de la femme, d'après les arrêts, paralysant entièrement l'action des créanciers, à l'opposé du deuxième système (Pour plus de développements, voir Percerou, *op. cit.*, nos 581 et s.).

1832. — *b) Assurance sur la vie.* — Une assurance a été contractée par le commerçant auprès d'une Compagnie. Il s'est engagé à verser annuellement une prime de 3.000 fr. pour un capital de 100.000 fr., payable

1. Cette jurisprudence bienveillante a également cours en ce qui concerne l'établissement par le failli de son fils, et non pas seulement de sa fille. Les valeurs constituées en mariage à celui-ci ne donnent donc pas lieu à rapport, si le fils ignorait l'état des affaires de son père (Civ. cass., 18 décembre 1895, D. 98, 1, 193, et note Sarrut).

2. La L. 25, *Quæ in fraudem creditorum*, D. 42, 8, analyse cette situation.

à son décès. Survient le jugement déclaratif : la masse peut-elle considérer le capital assuré comme partie intégrante de son gage ? — Il faut distinguer. Raisonnons d'abord comme si cette assurance remontait à une *époque plus ancienne que la cessation des paiements*, et en supposant connus les principes de l'assurance sur la vie, dégagés précédemment (n°s 1679 et s.).

1833. — *Si le commerçant a contracté l'assurance en son propre nom*, ou au nom de ses héritiers, d'une manière indéterminée, la créance de la somme assurée fait partie de son actif. La masse touchera la somme de 100,000 fr. quand la survenance du décès du failli fera échoir l'assurance.

Lorsque, tout au contraire, *la police a été contractée au nom d'un bénéficiaire désigné*, d'un fils de l'assuré, par exemple, ce bénéficiaire (par suite de l'application que font les arrêts de la stipulation pour autrui et de l'art. 1121 C. civ.) devient, directement et de son chef, créancier de la Compagnie d'assurances.

Quand même l'acceptation de ce tiers n'intervient qu'après la mort du souscripteur, ou qu'*après sa faillite* (Civ. cass., 8 avril 1895, et note Huvelin, dans les *Annales de droit commercial*, 1895, 1, 77), elle rétroagit dans ses effets au jour de la police. Le capital assuré n'a jamais fait partie des biens de l'assuré. Donc, ses créanciers ne sauraient le réunir à l'actif.

1834. — Mais ordinairement l'assuré sera encore en vie au moment de sa faillite, et la police ne sera pas échue. Soit que la police ait été conclue au nom de l'assuré ou des héritiers, soit qu'elle désigne un tiers bénéficiaire (du moment que ce tiers n'a pas encore accepté), la masse des créanciers est tentée de profiter de l'assurance en se subrogeant aux droits suivants qui appartenaient au failli lui-même : 1° révocation de la désignation du tiers, ce qui fait tomber la police dans la succession ; 2° rachat de la police et remboursement partiel immédiat.

La masse ne dispose pas cependant de ces avantages : 1° Le droit de révoquer une libéralité est essentiellement attaché à la personne du disposant ; 2° d'autre part, ce n'est point le « rachat », mais la « réduction » du capital (demeurant alors payable au décès), qui résulte de plein droit de la non-continuation des primes, le rachat constituant une option qu'il faut expressément demander et qui est, elle aussi, attachée à la personne du failli.

Il resterait pour la masse à faire vendre la police, dont le prix d'adjudication tombera dans l'actif, vaille que vaille. Ce procédé même n'est pas réalisable. Il est de principe que, lorsque l'assurance doit profiter à une autre personne que celle sur la tête de qui le contrat est fait, cette dernière doit donner son consentement (n° 1679, en note). Or le failli refusera de consentir à une vente de la police, qui ferait naître, au profit d'un adjudicataire nouveau et non choisi par lui, un intérêt à sa propre mort, un péril pour sa sécurité [1].

---

1. Les questions examinées dans ce numéro et le précédent se rapportent à la théorie du dessaisissement, et non pas à celle de la période suspecte.

1835. — Si, d'autre part, l'assurance a été contractée par le commerçant « en temps suspect » et inscrite dès l'origine au nom d'un bénéficiaire, cette attribution est nulle à la demande du syndic, en tant que libéralité indirecte, d'après l'art. 446. Toutefois, la jurisprudence continue à user de bienveillance : la nullité n'aura pas pour résultat de faire tomber dans la masse *le droit au capital* (100.000 fr.), ce qui arriverait si le failli avait fait l'assurance pour lui ou pour sa succession. Elle obligera seulement le bénéficiaire à remettre dans l'actif l'argent qui en est sorti, c'est-à-dire *les primes* ou la prime (3.000 fr.) versées avant l'ouverture de la faillite. C'est l'application des principes que suivent les arrêts, en donnant à l'assurance l'art. 1121 C. civ. pour pivot (nos 1682 et s.).

1836. — Il reste une dernière hypothèse. La police n'avait pas primitivement de bénéficiaire. Postérieurement à la cessation des paiements ou dans les dix jours précédents, le commerçant attribue gratuitement sa police à un tiers. A moins de faire un avenant dans ce but auprès de la Compagnie [1], ce sera une cession pure et simple. La nullité prononcée aura pour résultat d'évincer le tiers de tout droit sur la police. Il n'y aura plus lieu de faire état de l'art. 1121. — Cependant, tant que le failli sera en vie, la masse ne pourra exercer sur le capital aucun avantage (n° 1834), ce qui enlève à cette action en nullité une grande partie de son intérêt [2].

1837. — **II. Paiements faits et sûretés données.** — L'art. 446 frappe, en outre : *a)* les paiements de dettes non encore parvenues à leur échéance, ou les paiements accomplis sous forme de *datio in solutum* ; — et *b)* les sûretés fournies par le failli pour dettes antérieurement contractées.

Avant d'examiner ces deux ordres d'opérations, il faut rappeler le principe. — Durant la période suspecte, le commerçant paie en espèces une de ses dettes à son échéance, il verse au créancier l'argent qu'il lui doit : le paiement ne peut être attaqué que si le tiers connaissait la cessation des paiements du débiteur. C'est l'art. 447 qui en règle la validité (sous réserve de l'art. 449, lorsqu'il s'agit d'un paiement d'effet de commerce).

Mais le paiement peut se présenter dans des conditions moins favorables. Il sera *de droit* sujet à rapport, en quelque état d'esprit qu'ait été le créancier.

1838. — **A. Paiements.** — *1er cas.* — Le paiement a eu lieu *par anticipation*, avant que l'obligation ne fût exigible à la teneur du contrat (*paiement de dette non échue*). La dette devait échoir le 1er décembre, le commerçant l'acquitte le 1er août. Ce règlement tombe de droit au regard de

---

1. S'il faut en croire la Cour de cassation, la solution ne serait pas la même, selon que cette déclaration de bénéficiaire en temps suspect aurait été faite par *avenant* (Cass. civ., 7 août 1888, D. 89, 1, 118) ou par *endossement* de la police (Req., 15 mai 1905, D. 1905, 1, 465, note Dupuich, S. 1905, 1, 275, note Lyon-Caen). Dans ce deuxième cas, la désignation serait nulle, non dans le premier.

2. Pour toutes ces questions sur l'application du droit des assurances à la faillite, on fera bien encore de se reporter à Percerou, *op. cit.*, nos 533 et s., 587 et s.

la masse. La loi énumère ces modes de paiement répréhensibles (en espèces, par transport, vente, compensation), mais bien inutilement, puisqu'elle ajoute l'adverbe *ou autrement*, lequel les englobe tous. Cette énumération aurait été mieux à sa place à propos du deuxième cas.

Quand même le créancier aurait fait à son débiteur un escompte pour prompt paiement (de 5 o/o par exemple), il aurait encore à rapporter la somme. Il était de son devoir d'attendre l'échéance ; la faillite l'aurait surpris, il serait venu au marc le franc. Mais le paiement anticipé redevient valable, quand la faculté d'escompte avait été réservée dans le contrat. Il ne présente alors plus rien d'anormal (sauf à appliquer, s'il y a lieu, l'art. 447).

A plus forte raison, le versement n'est plus équivoque, s'il a eu lieu en même temps que la convention. — Soit un ordre de marché à terme donné par le commerçant, déjà en état de cessation de paiements, à son agent de change le 1er août, et accompagné d'une *couverture*. Bien que celle-ci soit analysée en un paiement anticipé du boursier (no 963), le mandat que l'agent de change a reçu de son client est subordonné au dépôt de cette couverture. Elle est une des conditions du contrat synallagmatique échangé entre eux, et, en supposant d'ailleurs ce contrat régulier, la couverture échappe à l'action en rapport (note Levillain, sous Aix, 23 avril 1909, D. 1910, 1, 365).

1839. — 2e *cas.* — Le paiement a été fait à l'échéance, mais *en d'autres valeurs que celles qui étaient dues* (tout paiement pour dettes échues fait autrement qu'en espèces ou effets de commerce).

Cela est contraire aux habitudes courantes. L'acte est en soi suspect : tout porte à croire qu'il a eu lieu à l'instigation du créancier ; celui-ci a dû faire pression sur son débiteur à la pensée d'une débâcle prochaine.

On distinguera donc suivant l'objet en lequel ce paiement consiste.

1840. — Deux sortes de paiements sont valables (sous réserve de l'art. 447) :

a) Les paiements *en espèces*. — Le négociant devait 5.000 fr., il les paie en numéraire ou en billets de banque.

La loi suppose que la dette portait sur de l'argent. Si elle avait un autre objet, la règle serait la même, du moment que l'objet promis a été la matière du paiement. La livraison de la chose due est, au sens large, un « paiement », ici un paiement régulier.

b) Les paiements *en effets de commerce* (lettre de change, billet à ordre, Req., 28 octobre 1903, D. 1904, 1, 88, chèque). — Le failli *négocie* au créancier un effet qu'il avait déjà en portefeuille, ou bien il *souscrit* à son ordre un effet nouveau sur un tiré.

C'est là une dation en paiement, le négociant donne *aliud pro alio*. Il fait une cession de créance ou une délégation. Un paiement par cession, transport ou délégation serait nul, on va le voir. Celui-ci trouve grâce devant la loi. Le paiement au moyen d'effets est assimilé au paiement en argent [1].

---

1. Par application de la même idée, la loi détermine, en cas de faillite du com-

Qui règle paie. Ce mode de libération est trop usuel pour comporter rigueur.

La faveur s'étend même aux effets à une seule signature, aux traites créées par le failli sur lui ou sur un tiré non accepteur. — Mais qu'importe, dira-t-on, que la négociation de l'effet soit valable ou nulle? Vienne le prononcé de faillite, le porteur n'aura que le droit de se faire colloquer au marc le franc, soit qu'il agisse du chef de sa créance, soit qu'il produise pour l'effet émis à l'occasion de celle-ci.

Raisonner ainsi, ce serait oublier : 1° que le tiré a pu accepter entre la négociation de l'effet et la faillite du tireur : cas auquel le porteur sera soustrait aux effets de la faillite, du moment que le paiement en effet continue à être valable ; — 2° et que, même à défaut d'acceptation, le porteur est, d'après la jurisprudence, rendu propriétaire de la provision déposée chez le tiré, ce qui fait tort à la masse (n° 1451).

Il est vrai que, dans cette dernière hypothèse, on pourrait dire : L'art. 446 respecte le paiement « en effet », mais il ne dit rien de la « provision » qui accompagne cet effet. Or, la provision contient un « paiement avant terme » ou un « paiement par transport ». Des dispositions de l'art. 446, autres que celle dont il est en ce moment question, veulent que la provision soit rapportable à la masse, bien que l'effet lui-même ne le soit point. — La manière dont statuent les arrêts ne permet pas de savoir si telle est bien l'opinion reçue dans la pratique. Nous l'avons combattue (n° 1455).

1841. — On ne doit pas ranger parmi les paiements en effets, affranchis de la nullité de droit, ceux faits au moyen de *récépissés* ou de *warrants* de marchandises déposées en magasin général.

Endosser un récépissé à son créancier, c'est le payer « en marchandises ». — Lui endosser un warrant, s'il n'avait pas exigé originairement de sûreté, c'est lui donner un gage « pour dette antérieurement contractée ».

Dans l'un et dans l'autre cas, l'opération contreviendrait à notre art. 446.

1842. — Par opposition à ces paiements réguliers, il y a des *paiements nuls*, quoique faits à l'échéance de la dette : ceux qui ont pour objet de fournir une prestation d'autre sorte que celle qui était promise.

1843. — *Paiement par transport.* — Le débiteur fait cession à son créancier d'une créance qu'il a sur un tiers, ou il lui délègue ce tiers. Il lui cède un immeuble, un titre de Bourse, etc. Lui devant des loyers ou accessoires, il lui fait prendre de sa marchandise (Req., 22 novembre 1899, D. 1900, 1, 15 ; Civ. cass., 29 juillet 1908, D. 1908, 1, 503).

C'est un acte louche : le créancier a eu hâte de se couvrir, il a pris le premier élément du gage qui se présentait à lui ; il devra le rendre.

Il a même été jugé (Civ. cass., 27 novembre 1900, D. 1902, 1, 473, et notre note) que le failli, dépositaire de titres nominatifs qu'il a détournés, commet un acte en contravention à l'art. 446, si, en temps suspect, il remet

---

missionnaire, les faits qui excluent la revendication du prix par le commettant contre le tiers acheteur : le règlement en effets est mis sur la même ligne qu'un règlement en argent (art. 575, al. 2, n° 1133).

au déposant des titres différents, quoique de mêmes type et valeur, afin de réparer sa faute. C'est une application tout à fait excessive du système (Cfr. PERCEROU, *op. cit.*, n° 619, p. 599, note 3).

1844. — *Paiement par vente.* — Si le failli cédait des marchandises en règlement de sa dette d'argent, ce serait un paiement nul, d'après le chef précédent. Mais il masque l'opération sous une vente, en vue de faire se compenser sa dette et le prix des marchandises. Il doit 1.000 fr. à *Secundus*, il lui propose un lot d'articles pour 1.000 fr.

Lorsque la vente aura été faite pour éteindre la dette précédente, elle tombera parce qu'elle est simulée. Autrement, elle sera maintenue.

On se demande parfois comment il faut traiter le paiement *par voie de résolution*. — Ex. : Le failli, qui avait acheté des marchandises et en avait pris livraison, les rend à son vendeur, faute de pouvoir payer le prix. La masse pourra-t-elle exiger le rapport de ces marchandises, en vertu de la nullité de droit de l'art. 446 ? — Nous le pensons : ce ne sont pas ces marchandises qui lui étaient dues, mais de l'argent. On objectera que le vendeur non payé avait l'action résolutoire de l'art. 1654 C. civ. pour reprendre sa livraison : le caractère amiable de la résolution ne suffit pas à la rendre suspecte. Mais on verra (n°s 1946 et s.) que l'action en résolution d'une vente mobilière est exclue par les principes de la faillite (Req., 18 juin 1900, D. 1900, 1, 513, et notre note), et que l'on ne doit approuver l'exercice qu'en aurait fait le vendeur avant le jugement déclaratif que lorsque cet exercice remonte à un temps plus ancien que la période suspecte (n° 1949, note).

1845. — *Paiement par compensation.* — La loi ne parle pas ici d'une *compensation légale*. Si le failli, débiteur de 10.000 fr. pour achat de marchandises, est par une opération différente rendu créancier du même correspondant pour une somme égale, et si les deux dettes deviennent liquides et exigibles, la compensation s'accomplira, bien qu'on soit déjà entré dans la période de la cessation des paiements ou dans les dix jours précédents. La compensation a eu lieu sans le fait des parties : elle est normale. Il est même douteux que l'art. 447 soit applicable : à plus forte raison, l'art. 446 est-il hors de cause [1].

On verra plus loin (n° 1984) que la compensation légale ne pourrait plus consommer son effet une fois que la faillite aurait été déclarée.

1846. — C'est seulement la *compensation conventionnelle* que frappe la loi dans l'art. 446. Les deux dettes réciproques ne réunissaient pas toutes

---

1. Il a été dit formellement, lors des débats de la loi de 1838, que la disposition de l'art. 446 était étrangère à la *compensation légale*. Aussi n'adhérons-nous point à une opinion moyenne (LYON-CAEN, S. 99, 1, 305), d'après laquelle la masse pourra faire tomber la compensation même légale, du chef de l'art. 446, lorsque la créance du failli contre son créancier, grâce à laquelle il a éteint la dette qui le liait envers celui-ci, n'a pris naissance que depuis l'ouverture de la période suspecte elle-même. La date du contrat générateur de la dette nous semble indifférente.

les conditions voulues pour se compenser actuellement de plein droit. L'une d'elles n'était pas échue ou n'était pas liquide. Le failli fait avec son créancier un règlement d'exigibilité ou de liquidation de sa dette. Ce règlement n'est pas nul en soi ; mais la loi lui reproche de réaliser la compensation légale entre deux obligations qui seraient restées indépendantes jusqu'à la faillite, si cet accord n'avait pas eu lieu. Les parties ont voulu « compenser », elles ne l'ont pas pu. Ce qui est nul, c'est la combinaison des deux dettes, le fait qu'on les a coulées l'une dans l'autre. Le chiffre arrêté pour chacune d'elles est d'ailleurs valable.

Ex. : Le failli gère la boucherie de son créancier contre une redevance. Puis on liquide cette redevance, de manière qu'elle s'impute successivement sur la dette. Après le jugement déclaratif, le règlement d'imputation sera annulé. Le créancier propriétaire de la boucherie produira, non pour la différence des deux sommes, mais pour sa créance intégrale ; d'autre part, il versera à la faillite la redevance promise. Il est dans une moins bonne position qu'en compensant (Civ. rej., 7 février 1899, S. 99, 1, 305).

La théorie précédente exige des tempéraments. La compensation conventionnelle elle-même devient licite, lorsqu'elle a été convenue avant le commencement du temps suspect, ou à l'origine des rapports qui se sont formés entre les deux parties : ainsi le failli, travaillant en *compte courant* avec l'un de ses correspondants, peut, quoique la balance soit contre lui en temps suspect, couvrir le compte au moyen de remises et mettre ainsi son créancier en mesure d'échapper au dividende (dans la supposition que le créancier recevant ces remises ignorait la cessation de paiements de l'envoyeur ; autrement la remise tomberait, par application de l'art. 447, v. n° 1665).

Ces délicates questions de compensation seront reprises plus loin (n° 1984). Pour ce qui touche la période suspecte, nous n'y reviendrons plus.

1847. — Paiements par transport, vente ou compensation, prohibés par l'art. 446 : situations difficiles à analyser. Il en est une, particulière à la *femme du failli*, créancière de son mari à raison de ses reprises.

Lorsque la femme a fait prononcer sa *séparation de biens* avant la faillite, le jugement est valable, la publicité de la demande ayant donné aux créanciers le moyen d'intervenir. L'art. 447 n'annule que les « actes à titre onéreux », expression qui exclut un jugement de séparation. Les créanciers n'auraient la faculté de se pourvoir par la tierce opposition dans le délai d'un an visé par l'art. 893 (C. proc. civ.) qu'en prouvant une fraude concertée.

Mais, va-t-on dire, autre chose est le jugement de séparation et autre chose le règlement de liquidation qui le suit. Si, en temps suspect, le jugement a été *exécuté* au moyen d'une liquidation poursuivie dans la quinzaine de son prononcé, ainsi que le veut la loi (art. 1444 C. civ.), et avec toutes les conditions de publicité requises (art. 872 C. proc.), le syndic pourra-t-il attaquer les effets de cette liquidation et en exiger le rapport, soit du chef de l'art. 447, parce que la femme aurait connu la cessation des paiements de son mari, soit même du chef de l'art. 446 ?

Il ne paraît pas équitable d'obliger la femme à rapporter les valeurs mises dans son lot, ou appliquées au remboursement de ses reprises, là même où elle aurait connu l'état des affaires de son mari. La liquidation est intervenue sur ordre de justice, par le ministère d'un notaire commis, suivant une procédure déterminée : les paiements judiciaires, c'est-à-dire ceux qui sont effectués sous le contrôle et sous la sanction des tribunaux, échappent à la nullité facultative (nº 1816). A plus forte raison sont-ils à l'abri de la nullité de droit.

Il importerait peu que la femme eût avant la liquidation des reprises *renoncé* à la communauté [1].

1848. — B. **Sûretés.** — Nous arrivons aux sûretés réelles données en période suspecte par le failli *pour dettes antérieurement contractées.*

Ces sûretés sont d'ordre *conventionnel* ou *judiciaire*. Elles consistent *a*) soit dans un *gage* ou *nantissement*, *b*) soit dans une *hypothèque*, *c*) soit dans une *antichrèse*. Le commerçant ayant donné à son créancier un droit de préférence sur l'un de ses biens, l'actif chirographaire disponible pour la masse est réduit d'autant.

Cette garantie tombera-t-elle, ou restera-t-elle debout ? Cela dépend.

Depuis 1838 [2], il faut opposer aux sûretés contemporaines du contrat celles qui sont postérieures au contrat, qui sont données pour dettes antérieurement contractées, qui ont été accordées plus tard que l'acte originaire de crédit. Les deuxièmes seules sont atteintes par l'art. 446.

1849. — *a*) Les *sûretés contemporaines* du contrat ont été la condition même du crédit que le créancier a fait au commerçant. Le tiers n'a voulu traiter que moyennant garantie. La sûreté sera maintenue.

Un banquier ouvre au failli un crédit de 50.000 fr., en stipulant, dès le principe, une hypothèque. Cette convention n'est point frappée. Seulement si, au moment de traiter, il avait connaissance de la cessation des paiements du débiteur, on lui appliquera l'art. 447 : l'hypothèque et les avances elles-mêmes pourront tomber, à l'appréciation du tribunal.

Il y a certains malentendus à éviter dans l'analyse de cette théorie.

1º La loi annule les sûretés pour *dettes antérieurement contractées*. Ce qu'elle incrimine, c'est l'antériorité de la dette non par rapport au com-

---

1. Il est délicat de prendre parti sur le droit qu'a la femme d'opposer à la masse la liquidation de ses reprises faite en temps suspect. Certaines décisions (Grenoble, 27 mai 1899, D. 90, 2, 324) font tomber cette liquidation à la fois sous le coup des art. 446 et 447, au moins pour le cas de renonciation à communauté (hypothèse qui ne semble pas devoir aboutir d'ailleurs à d'autres résultats que l'acceptation). — Cela paraît excessif. Le tribunal a prononcé la séparation, la femme l'a fait exécuter dans les délais. Que peut-on lui reprocher ? C'est en s'abstenant d'agir qu'elle se fût rendue coupable. L'action en rapport ne devrait être donnée qu'en cas de manœuvres et de collusion. M. Percerou, *op. cit.*, nº 621, est d'un avis contraire.

2. Sous le Code de 1807, nul ne pouvait acquérir privilège ni hypothèque sur les biens du failli, dans les dix jours qui précédaient l'ouverture de la faillite, c'est-à-dire alors dans les dix jours avant la cessation des paiements (ancien art. 443).

mencement de la période suspecte, mais par rapport à la sûreté donnée (Montpellier, 25 février 1909, S. 1910, 2, 101). L'art. 446 pourra s'appliquer à des rapports d'affaires ne remontant pas plus haut que la cessation des paiements. Le contrat a été conclu le 1er mars, déjà en temps suspect, sans qu'il y ait eu de garantie stipulée. Puis une hypothèque est conférée au créancier, suivant acte en date du 1er avril : cette hypothèque est nulle.

2° Il peut arriver que la sûreté ait été *promise* au moment du contrat, mais *établie* plus tard, avant le jugement déclaratif. — Ex. : L'acte d'hypothèque n'a été rédigé par devant notaire, le gage n'a été mis en la possession du créancier qu'un certain temps après la convention primitive. L'opération échappe à l'art. 446, le créancier ne s'est plus assuré une condition meilleure que celle à laquelle lui donnait droit son contrat (Civ. rej., 20 janvier 1886, *J. Pal.*, 86, 732, et note Lyon-Caen ; notre dissertation, *Rev. crit.*, 87, p. 224). Toutefois, la masse ne devra pas toujours respecter cette hypothèque ou ce gage. Le débiteur a fait un « paiement » *sensu lato*, en fournissant la sûreté promise, ce qui peut donner ouverture à l'art. 447 selon les cas (connaissance par le créancier, lors de la remise du gage, de la cessation des paiements du failli).

1850. — *b*) Les *sûretés* subséquentes ou données après coup ne disposent plus de cette faveur. Le créancier n'y devait point compter. Elles constituent pour lui une véritable libéralité, ou plutôt elles cachent des menaces d'exécution : le failli n'a pu les apaiser qu'en fournissant la garantie. La preuve que le créancier connaissait la gêne du débiteur n'est pas nécessaire.

Que décider si le créancier, invité par le failli à lui faire un complément d'avances, y consent, moyennant une hypothèque ou un gage destiné à couvrir les avances premières et les avances nouvelles *tout à la fois ?* — L'hypothèque sera-t-elle nulle seulement en tant que garantissant la créance originaire, et valable pour le second prêt ? — On ne peut donner de réponse de principe. Peut-être le créancier n'a-t-il fourni de nouveaux fonds que pour obtenir son hypothèque et pour garantir l'arriéré. Son deuxième versement sera alors le prix qu'il paie afin d'obtenir la sûreté. L'opération doit tomber dans l'ensemble. Hors de là, l'hypothèque, semble-t-il, vaudra quant aux avances nouvelles, mais non pas pour les anciennes [1].

1851. — Aux sûretés conventionnelles que frappe l'art. 446, ce texte ajoute l'*hypothèque judiciaire*. Celle-ci forme en toute hypothèse une garantie subséquente par rapport à la créance qu'elle garantit : tout jugement, en effet, reconnaît à celui qui l'obtient un droit préexistant.

Ainsi le créancier obtient en temps suspect contre le failli un jugement de condamnation, emportant, d'après l'art. 2123 C. civ., une hypothèque

1. V. précédemment, n° 1089, l'hypothèse d'un gage, constitué en même temps que la créance elle-même, mais *temporairement* restitué au débiteur pendant le temps suspect : le fait de le rendre ensuite au créancier est-il une sûreté nouvelle pour dette antérieurement contractée, laquelle serait nulle d'après l'art. 446 ?

générale : l'inscription de cette hypothèque, prise avant le jugement déclaratif, devrait donner au créancier droit de préférence.

La loi des faillites ne veut pas qu'il en soit ainsi. Un jugement prononcé avant le commencement du temps suspect entraînerait ce résultat, un jugement postérieur ne peut plus l'atteindre. L'hypothèque judiciaire, tant attaquée en législation, est soumise à un régime de cantonnement dans la faillite : elle ne vient point blesser au vif les intérêts de la masse.

1852. — Mais l'art. 446 ne concerne ni les *hypothèques légales*, ni les *privilèges* autres que celui du gagiste (ou que celui du commissionnaire en marchandises établi par l'art. 95, n° 1138, en note).

Conséquemment, si le failli achète un immeuble en temps suspect, le vendeur acquerra, comme garantie de son prix, le privilège de l'art. 2103 (et de même du privilège des co-partageants, etc.) : la sûreté naît alors du fait de la loi, et au moment de la créance qu'elle garantit.

1853. — Particularités concernant l'hypothèque légale de la femme. — Toutefois, il existe une *hypothèque* légale, celle *de la femme* du failli, pour laquelle l'art. 446 soulève une controverse.

Cette hypothèque garantira les reprises de la femme, alors même que la cause de ces reprises ne se serait formée que pendant la période suspecte (conclusion du mariage, vente d'un propre, successions échues, etc.). La femme pourra alors exercer cette hypothèque, ou, si elle le juge préférable, en faire profiter un créancier du mari, *subrogé* par elle à ses droits. La masse n'est pas lésée du fait de la subrogation.

Mais l'hypothèque garantit également à la femme « l'indemnité des dettes qu'elle contracterait avec son mari (art. 2135 C. civ. et 563 *in fine*, C. com.) ». Là même où une femme n'aurait aucune cause de reprises, il lui suffit, pour acquérir hypothèque, de *cautionner* les engagements du mari. Car la caution a contre la personne cautionnée un recours, assorti dans le cas actuel d'une hypothèque légale.

Dès lors, le failli, voulant favoriser un créancier antérieur sans pouvoir le faire ouvertement en temps suspect, use d'un subterfuge. Il invite sa femme à le cautionner et à subroger le bénéficiaire à l'hypothèque née à son profit du fait du cautionnement. Le créancier fait valoir ainsi une hypothèque complémentaire, en vertu de la subrogation, et la masse lésée.

En l'état actuel du droit, et si la femme est de bonne foi [1-2], cette ma-

1. Si elle connaissait la cessation de paiements du mari, le recours né de son cautionnement, ainsi que l'hypothèque légale, tomberaient sous l'art. 447, et du même coup la subrogation au profit du créancier (Bordeaux, 10 mai 1899, D. 1900, 2. 468). — Mais, même alors, la femme resterait tenue sur ses biens de son engagement personnel envers celui-ci ; car la connaissance qu'elle a eue de l'état des affaires du mari ne saurait annuler son propre cautionnement vis-à-vis du bénéficiaire.

2. Quand la femme a subrogé successivement plusieurs créanciers du mari, ceux-ci ne viendront point dans la procédure d'ordre sur le pied d'égalité, mais suivant le rang de priorité déterminé par les dates respectives de ces subroga-

nœuvre ne comporte pas de remède. La masse, au surplus, ne gagnerait rien à faire annuler la subrogation à l'encontre du créancier. La femme, restant tenue envers ce dernier, par suite de son cautionnement, se ferait indemniser par la faillite et se prévaudrait de l'hypothèque de l'art. 2135. A son égard, l'acte d'intervention, avec la garantie hypothécaire qu'il donne, est inattaquable. Qu'importe aux créanciers qu'ils aient affaire à la femme ou au créancier subrogé ? La législation pèche ici par une fâcheuse lacune [1].

1854. — Les nullités de droit, ainsi que celle de l'art. 447, ne peuvent être invoquées que par la *masse* (Lacour, *op. cit.*, n° 1681). Le failli ne saurait les demander (Req., 18 juillet 1908, S. 1910, 1, 263 ; 2 mai 1911, D. 1913, 1, 396). Or, il se peut que la masse n'en recueille pas le profit, lorsqu'elles tendent à frapper une hypothèque.

A la suite de l'hypothèque annulée, s'en trouve une autre, également de temps suspect, mais régulière, et dont le montant absorbe la valeur de l'immeuble. — Ex. : L'immeuble vaut 100.000 fr. Le failli : *a*) constitue une première hypothèque de pareille somme à un créancier pour dette antérieurement contractée ; *b*) puis confère à un autre créancier dont le titre est régulier une hypothèque de second rang.

Si le syndic fait tomber la première hypothèque, la seconde remontera en rang. La masse n'aura rien gagné au procès : à tout événement la valeur de l'immeuble lui échappe. Ce qui est vrai, c'est qu'elle entrera en pourparlers avec le second créancier qui ne demandera pas mieux que de lui céder sa créance moyennant une somme à débattre. Cela suppose admise la thèse que ce second créancier n'est pas fondé à agir en nullité lui-même ; autrement, il refusera de transiger avec la masse [2].

L'action en nullité, appartenant à la masse *seule*, n'atteindra pas un immeuble acquis par le débiteur après clôture de la faillite (hypothèque sur biens présents et à venir), même si elle a été exercée sur un immeuble plus ancien (Montpellier, 9 juillet 1908, S. 1910, 2, 145, note Bourcart).

1855. — Telle est, dans l'ensemble, la théorie des actions en nullité de la faillite. Elle est laborieuse ; mais elle traduit aussi de la part du législateur une grande pénétration de vues ; sa sagacité n'a été prise en défaut que sur un ou sur deux points, sur ceux que nous avons exposés en dernier lieu.

---

tions, sous réserve de l'observation de l'art. 9 de la loi du 23 mars 1855 (Douai, 31 juillet 1913, S. 1914, 2, 161, note Tissier, et D. 1914, 2, 1, note Percerou, question qui se compliquait d'une absence de date certaine).

1. V. le moyen tenté par Baudry-Lacantinerie et De Loynes (*Traité du nantissement, des privilèges et hypothèques*, n°s 990 à 995), et critiqué par Percerou, *op. cit.*, n° 648 *bis*, afin d'annuler cette combinaison, généralement prise de connivence entre le commerçant et son créancier, sans complicité de la femme.

2. Mais la jurisprudence a, au contraire, pour tendance de considérer l'hypothèque, constituée au mépris de l'art. 446, comme nulle même vis-à-vis de l'hypothécaire suivant (Rej., 11 décembre 1889, S. 92, 1, 145, note Lacoste, et *Ann. dr. comm.*, 1890, 1, 4, note Maroudeau).

SECTION II

LIBERTÉ INDIVIDUELLE ET VIE MATÉRIELLE DU DÉBITEUR

(C. com., art. 455-456 ; 459-460 ; 472 à 475 ; 505 ; 527, 530, 537 à 541).

1856. — La faillite influe sur la *liberté individuelle* du débiteur. Elle paraît au premier aspect devoir la restreindre. Le contraire est plus exact ; surtout avant 1867, la faillite allégeait la condition individuelle du failli, l'institution renfermait sa part de bienveillance pour lui.

Les dispositions qui concernent la personne du failli n'ont plus guère qu'un intérêt rétrospectif. Les unes ont perdu leur sens par suite d'un changement de législation, les autres sont tombées en non-usage. Nous allons voir quelles atteintes sont mises à la liberté du débiteur, soit *avant le jugement* de faillite, soit *pendant sa faillite*, soit enfin *après sa clôture*.

1857. — I. *Avant le jugement déclaratif.* — La *contrainte par corps* était autrefois la mise en prison du débiteur, requise par le créancier, afin d'éprouver sa solvabilité. Incarcéré, le débiteur déliera peut-être sa bourse, révélera son actif, sollicitera le concours de sa famille, de ses amis. Ce moyen comminatoire était donné d'une manière générale pour les dettes commerciales (de deux cents francs au moins). La loi du 22 juillet 1867 l'a aboli. Quoique le créancier dût consigner les aliments, la brutalité de ce genre d'exécution froissait la dignité humaine.

Lorsqu'on se place avant la loi de 1867, le jugement de faillite affranchissait alors le commerçant de la contrainte par corps (art. 455, al. 3). Sans doute il n'obtenait pas sa sortie de geôle par le seul fait de la faillite, s'il était déjà emprisonné à cette date. Mais, son temps de contrainte étant fini, il obtenait son élargissement sans qu'un autre créancier pût requérir à son tour sa mise sous écrou (par voie de *recommandation*, disait-on alors).

Le jugement déclaratif, en effet, suspend les voies d'exécution individuelles des créanciers : la contrainte par corps appartenait, comme les saisies, à ces mesures que la faillite ouverte ne permet plus désormais d'exercer. — Comment d'ailleurs, le failli étant dessaisi, essayer d'une pression indirecte pour l'obliger à payer ? Ce serait un contre-sens.

La faillite donnait donc au débiteur un moyen de se couvrir contre la rancune ou contre la mauvaise humeur de ses créanciers. C'est un avantage qu'elle ne peut plus procurer aujourd'hui.

1858. — II. *Pendant la faillite.* — Le Code de commerce et la loi de 1838, tout en supprimant la contrainte par corps dans la faillite, avaient consacré une autre restriction à la liberté du débiteur. Le jugement déclaratif, d'après l'art. 455, ordonne le *dépôt du failli dans la maison d'arrêt pour dettes* (établissement qui n'existe plus aujourd'hui), ou bien la garde de sa personne par un officier de police ou de justice, ou par un gendarme.

La disposition sera exécutée, dit l'art. 460, à la diligence : *a*) soit du *ministère public* (pour prévention de banqueroute avant l'ouverture d'une instruction proprement dite ; *b*) soit du *syndic*, afin que la masse ait le débiteur sous sa main et qu'elle obtienne de lui les renseignements nécessaires.

Cette prescription n'a pas été abrogée par la loi du 22 juillet 1867. Mais elle n'est plus guère suivie ; le parquet est seul à l'appliquer, lorsque les intérêts de la répression l'exigent [1]. Voici d'ailleurs ce que l'on constate :

a) Le ministère public défend au gardien de la prison, son subordonné, lorsque le syndic l'en requiert, d'écrouer le failli.

b) L'incarcération n'existe pas dans la *liquidation judiciaire* : sous ce dernier régime, le débiteur conserve sa liberté ;

c) Le *failli qui a déposé son bilan* dans les quinze jours de la cessation de ses paiements *peut*, par suite d'une disposition du jugement déclaratif, être affranchi de la prison (art. 456) ;

d) Le tribunal peut accorder un *sauf-conduit* provisoire au failli avec ou sans caution, sur la proposition du juge-commissaire ou sur sa proposition à lui-même (art. 472 et 473) [2].

1859. — III. *Après la clôture de la faillite*, la situation paraît simple. Il n'y a plus à parler ni de la contrainte par corps ordinaire (supprimée en 1867), ni de l'incarcération propre à la faillite, celle-ci ayant pris fin.

Tel est bien l'état du droit. Mais la clôture de la faillite a conservé certains traits, qui ne peuvent être compris qu'à la condition de remonter à l'époque où fonctionnait la contrainte par corps. On en acquiert la preuve en consultant les effets attachés : *a*) à l'union ; *b*) à l'insuffisance d'actif.

1860. — *a*) L'*union* se termine par la distribution aux créanciers des deniers provenant des dernières ventes. Le commerçant reste civilement tenu du solde, et exposé à des saisies s'il lui advient de nouveaux biens nº 2129).

Avant 1867, les créanciers rentraient également dans la contrainte par corps pour la garantie de ce solde (art. 539, al. 1), mais sous un tempérament en cas de *déclaration d'excusabilité*. Bref, déclaré excusable, le commerçant demeurait affranchi de la contrainte pour le reliquat de son passif non couvert par les dividendes d'union (art. 539, al. 2). Cette déclaration résultait d'un jugement du tribunal de commerce, après avis émis par les créanciers dans la dernière assemblée de l'union, et sur rapport du juge-commissaire, — sauf appel à la Cour dans les quinze jours à partir du prononcé et non de la signification dudit jugement (art. 537, al. 3, et 538).

Bien entendu, les faillis ne bénéficiaient de l'excusabilité que lorsqu'ils en étaient jugés dignes : les banqueroutiers frauduleux, voleurs, escrocs, etc., n'y pouvaient prétendre (art. 540).

---

1. Si une condamnation pour banqueroute doit s'ensuivre, on imputera le temps d'incarcération sur la peine, comme s'il s'agissait d'une détention préventive ; on suivra à cet égard la loi du 15 novembre 1892 (Dijon, 15 juin 1898, S. 99, 2, 240).

2. Quoique cet emprisonnement soit tombé en désuétude, le failli doit se tenir à la disposition de la masse, soit pour clore les livres, soit pour assister à l'assemblée de concordat (art. 475 et 505) ; faute de quoi, il *peut* être condamné à la peine de la banqueroute simple, s'il n'a pas d'excuse légitime à faire valoir (art. 586-5°).

Cette procédure a persévéré. Il y a eu, en 1911, 529 faillis reconnus excusables. Mais l'excusabilité n'a plus d'autre sens que celui d'un brevet platonique d'estime : elle est dénuée d'effet en droit [1].

1861. — *b*) Il se peut que l'actif de la faillite ne suffise même pas à couvrir les frais de procédure : celle-ci reste en suspens. C'est un état dont le failli s'accommodait fort bien, au temps où le jugement déclaratif le garantissait contre la contrainte par corps vis-à-vis de ses créanciers. Mais on créa en 1838 la *clôture pour insuffisance d'actif* (art. 527 et 528). A la requête du syndic justifiant de l'absence de fonds, le tribunal rendra un jugement faisant rentrer chaque créancier dans ses actions individuelles, contrainte par corps comprise (V. *infra*, nos 2156 et s.).

Cette perspective effrayait le failli, les fonds reparaissaient par enchantement. Depuis la loi du 22 juillet 1867, le jugement de clôture n'exerce plus son action salutaire. Aussi cette cause d'arrêt des faillites, en perdant sa signification ordinaire, s'est-elle considérablement développée.

1862. — Comment la loi pourvoit-elle au *gîte* et à la *nourriture* du failli et de sa famille ?

Il est donné satisfaction aux exigences de la vie physique du débiteur et des siens : *a*) d'une part, par la remise des *vêtements* et effets nécessaires (art. 469-1°) ; *b*) d'autre part, par la délivrance de *secours*.

Ces secours ne sont pas fixés de même pendant la période préparatoire au concordat, et après l'ouverture de l'union. — Dans la première phase, des secours provisoires sont alloués par le juge-commissaire, sur la proposition du syndic et sauf appel au tribunal (art. 474). Dans la seconde phase, on prélève sur l'actif une quotité plus ou moins forte pour lui permettre de vivre (*aliquid ne egeat*, ancien *bénéfice* dit *de compétence*) : vote de la majorité des créanciers, fixation du chiffre par le juge-commissaire, sur la proposition du syndic, sauf recours au tribunal de la part de ce dernier seulement (art. 530).

Enfin, si l'on se souvient que la masse peut, en employant le failli comme auxiliaire de gestion, lui donner un salaire (n° 1783), on constatera que le régime de la faillite, tel surtout qu'on le pratique dans nos grandes villes, est loin de perdre de vue les prescriptions morales d'humanité. Le débiteur et sa famille ne sont pas laissés dans un complet dénuement.

SECTION III

DÉCHÉANCES POLITIQUES.

1863. — D'après l'art. 5 de la Constitution de l'an VIII, le failli est sus-

1. Excepté sur les deux points suivants : *a*) si dans le passif figurent des condamnations pour crimes, délits ou contraventions, la déclaration d'excusabilité libérera le failli de la contrainte (celle-ci ayant été maintenue en matière de droit criminel par la loi de 1867) ; *b*) le jugement déclaratif de faillite n'est pas inscrit au bulletin n° 3 du casier judiciaire de l'intéressé, s'il a été reconnu excusable à la fin de l'union (L. 5 août 1899, art. 7. V. la section suivante).

pendu de ses *droits de citoyen*. Le principe est encore applicable. Cette suspension s'étendait même, avant 1849, aux héritiers immédiats du failli. Aujourd'hui, elle n'atteint plus que lui personnellement.

Nous sommes en face de déchéances qui survivent à la faillite elle-même ; jusqu'à ces derniers temps, elles ne cessaient qu'en vertu de la procédure de la réhabilitation : réhabilitation *de droit*, exigeant le paiement de tout l'ancien passif [1], la seule pratiquée dans les quatre-vingt-dix-sept ans qui ont suivi le Code de commerce ; ou réhabilitation *facultative*, admise seulement depuis la loi du 30 décembre 1903. Mais la loi du 23 mars 1908 prononce la réhabilitation par la seule expiration de dix ans depuis la déclaration de faillite ou de liquidation judiciaire, au profit des non banqueroutiers tout au moins (n° 2179).

Exceptionnellement, la même loi du 23 mars 1908 (art. 1er) décide que les faillis non banqueroutiers seront rétablis sur les listes électorales lorsque trois ans se seront écoulés depuis la déclaration de faillite, sans nécessité de réhabilitation (n° 2181).

1864. — Le failli cesse d'exercer les droits de citoyen. En conséquence, il n'est plus ni *éligible* ni *électeur* (décret du 2 février 1852, art. 15 et 27). Eligible : la règle est la même pour tout vote et pour toute fonction politique, municipale ou professionnelle. L'accès de la Chambre des députés, du Sénat, d'un Conseil général ou municipal lui est fermé ; s'il exerçait ces fonctions, il en serait déchu. Il ne peut être juge à un tribunal de commerce, prud'homme, membre d'une Chambre de commerce (L. 8 décembre 1883, L. 27 mars 1907, art. 6). Electeur, il ne peut concourir de son vote à aucune élection de même ordre, il est rayé des listes.

On ne peut l'investir d'une *fonction publique, administrative* ou *judiciaire*, d'un *office ministériel* (agent de change : art. 83 C. com. ; notaire : L. 25 ventôse an XI, art. 35, modifié par la loi du 12 août 1902) ; il ne saurait même prétendre à la simple qualité de courtier inscrit en marchandises (L. 18 juillet 1866, art. 2) [2].

Il ne peut être *juré* en cour d'assises (L. 21 novembre 1872, art. 2, § 8).

Seuls les citoyens pouvaient être *témoins* instrumentaires dans les testaments ou dans les actes publics (L. 25 ventôse an XI, art. 9, et art. 980 C. civ.), avant que la loi du 7 décembre 1897 ne permît à la femme d'être témoin. D'où, la question de savoir si le failli non réhabilité, qui jusqu'en 1897 était certainement privé du droit d'être témoin, n'a pas été relevé de cette incapacité par la législation de la dernière époque ; le droit d'être témoin a-t-il cessé de dépendre du statut politique même pour les hommes, du moment qu'il a été accordé aux femmes ?

---

1. Il y avait là un stimulant donné au commerçant pour qu'il travaillât, après clôture de sa faillite, à payer le solde de ses dettes. Cependant, le chiffre des réhabilitations était devenu et il est resté très faible : 51 arrêts seulement en 1901 (61 jugements en 1911).

2. Aucune de ces interdictions n'empêche d'ailleurs le failli d'occuper dans une société par actions une fonction d'administrateur ou autre. L'exercice de cette fonction ne se rattache pas au statut politique. La loi devrait être modifiée, tout au moins pour les sociétés faisant appel à l'épargne publique.

L'*entrée à la Bourse* est interdite au failli (art. 613 C. com.), et il ne peut jouir de l'*escompte* de la Banque de France (décret du 16 janvier 1808, art. 50).

Il perd, et ne recouvrera que par la réhabilitation, le droit de porter les insignes de la *Légion d'honneur*, ainsi que ceux de la Médaille militaire (décret du 16 mars 1852, art. 38 et 39).

D'après la législation du *casier judiciaire*, refondue par la loi du 5 août 1899, le bulletin déposé au greffe du tribunal du lieu de naissance de l'intéressé constate les jugements déclaratifs de faillite (ou de liquidation judiciaire) dont il serait l'objet. Mais ne sont inscrites au bulletin n° 3, réclamé par la personne qu'il concerne : ni les déclarations de faillite, si le failli a été déclaré excusable par le tribunal ou a obtenu un concordat, ni les déclarations de liquidation judiciaire (art. 1er-4° et art. 7-7° de ladite loi). En outre les déclarations de faillite cessent d'être inscrites à ce bulletin n° 3 deux ans après le prononcé (art. 3 de la loi du 23 mars 1908).

Il a été jugé que le failli ne pouvait être gérant d'un journal ou autre écrit périodique (Ch. réun., 22 juin 1887, D. 87, 1, 281, Lyon-Caen et Renault, VIII, n° 978). Cependant l'art. 6 de la loi sur la presse du 29 juillet 1881 se contente d'exiger que le gérant, Français, majeur et en possession de ses droits civils, « ne soit privé de ses droits civiques par aucune condamnation judiciaire » ; or la faillite n'est pas une « condamnation ».

On a soutenu que le failli non réhabilité perdait le droit d'exercer une *tutelle*, sauf celle de ses propres enfants. C'est là une déchéance comprise en matière criminelle dans la dégradation civique (art. 44 C. pén.), mais il n'est pas permis de la sous-entendre en cas de faillite. Le failli sera seulement destitué d'une tutelle s'il est reconnu en fait incapable de l'exercer ou infidèle dans sa gestion (art. 444 C. civ.).

1865. — Liquidation judiciaire. — Dans la liquidation judiciaire, ces déchéances de la faillite sont fort atténuées. « Le débiteur ne peut être nommé à aucune fonction élective. S'il exerce une fonction de cette nature, il est réputé démissionnaire (art. 21 de la loi de 1889) » [1].

Ainsi l'*éligibilité*, politique et professionnelle, lui est refusée. Son incapacité l'empêche d'être élu — aux tribunaux ou Chambres de commerce, — aux prud'hommes (Rej., 10 mars 1909, S. 1911, 1, 446), — aux assemblées municipales, départementales, politiques, telles que la Chambre des députés ou le Sénat. Il a donc intérêt à user de la réhabilitation, comme le failli : il l'obtiendra de la même manière et sous les mêmes conditions que celui-ci.

En revanche, il sera maintenu sur les *listes électorales*. Le droit d'électeur, que la loi nouvelle du 23 mars 1908 rend au failli après trois ans, n'est pas enlevé au liquidé judiciaire un seul moment.

Il peut être fonctionnaire, si c'est une fonction qui n'est pas donnée à

---

1. V. Bailly, *La loi sur les liquidations judiciaires*, dans les *Annales de droit commercial*, 1889, 2, 56.

l'élection (mais non pas agent de change, art. 83 C. com. cbn. avec l'art. 24 de la loi de 1889). — Il sera valablement juré et témoin dans les actes. — Il conservera le droit de porter la Légion d'honneur (à moins d'avoir été, par le grand-chancelier de l'ordre, et pour fait grave, l'objet d'une mesure disciplinaire, à la teneur du décret du 13 avril 1874).

CHAPITRE III

DES CRÉANCIERS ORDINAIRES

EFFETS DE LA FAILLITE OU DE LA LIQUIDATION JUDICIAIRE SUR LEUR CONDITION.

1866. — De ce chapitre nous excluons tous les créanciers qui échappent à la règle du dividende, c'est-à-dire : *a*) les *créanciers privilégiés et hypothécaires* ; *b*) ceux qui ont une position leur permettant, sous une forme différente, de se soustraire au marc le franc, qu'ils usent soit de la faculté de *rétention*, soit de la *résolution*, soit de la *compensation*.

1867. — Limitons-nous ainsi aux *créanciers chirographaires*. Rappelons que le jugement déclaratif convertit le droit de chacun d'eux en un *dividende*. Ils ne peuvent plus prétendre à un paiement séparé, en dehors des formes de collocation déterminées par la faillite elle-même. Leur créance a cessé d'être liquide. C'est le résultat de l'absorption des individus dans une masse. De créancier qu'il était originairement, l'ayant droit est devenu membre d'une association destinée à liquider l'actif du failli.

1868. — La jurisprudence, si elle avait suivi cette notion dans toutes ses conséquences, aurait-elle dû décider que la créance, produite dans la faillite, cesse d'obéir à la durée de *prescription* attachée au titre primitif ? Tel créancier, ayant produit pour une cause de loyers, prescriptible par cinq ans (art. 2277 C. civ.), ne devrait-il pas être désormais sujet à la prescription trentenaire, suspendue pendant tout le temps de la procédure ? N'a-t-il pas échangé son droit originaire contre un droit nouveau, résultant de sa participation au syndicat des créanciers ?

Une semblable déduction ne s'imposait pas, et les arrêts n'y ont point souscrit. La créance de chaque ayant droit n'a pas perdu son caractère ancien. C'est seulement au point de vue du rendement de la faillite que le droit de chacun est devenu dividende. La mise en société n'a porté que sur le gage dont disposaient les créanciers sur l'actif du débiteur et sur les mesures d'exécution à prendre. Sous cette réserve, et quant aux éventualités de l'avenir, la créance n'a rien perdu de son économie première ni de sa source juridique.

1869. — A plus forte raison, le jugement déclaratif ne *suspend*, ni n'*interrompt*, par lui-même, la *prescription* des diverses créances formant le passif. Ce résultat ne se produit qu'à l'égard du créancier qui a provoqué la faillite, en agissant par voie de citation. Au contraire, celui dont la créance est sur le point de s'éteindre au moment où est déclarée la faillite verra la prescription se consommer à son détriment. Il n'évitera ce résultat qu'en faisant en temps utile acte de production (ou dépôt de bordereau au greffe, art. 491 et 492) : l'acte de production vaut citation en justice, partant interruption de prescription (art. 2244 C. civ.), la faillite, ainsi qu'on verra, remplaçant les ajournements par une procédure différente.

Ce résultat s'explique bien : même en voyant dans la faillite une conversion de la créance en dividende, cette conversion exige l'initiative de l'intéressé, le fait par lui de demander sa reconnaissance comme créancier. Il est inadmissible qu'il soit d'office, au moment où la faillite est prononcée, dans le même état que s'il avait déjà fait établir son droit à cette date.

1870. — Assemblées générales de la masse. — La masse, ce groupement juridique de tous les créanciers chirographaires, est appelée à délibérer par le moyen d'*assemblées générales*. Il y a dans la faillite ou dans la liquidation judiciaire quatre sortes d'assemblées :

1° L'assemblée dite de *syndicat*, qualification impropre, car toutes mériteraient également ce nom. C'est l'assemblée à laquelle sont convoqués dans les quinze jours après le jugement déclaratif les créanciers présumés, à l'effet de donner un avis sur la nomination du syndic, ou sur celle du liquidateur définitif. Cet avis ne lie point le tribunal, qui statue ensuite soit pour confirmer les agents déjà en fonctions, soit pour en désigner d'autres (art. 462 C. com. ; L. 1889, art. 9).

Dans la liquidation judiciaire, cette même assemblée examine la situation du débiteur, au vu d'un état que présente le débiteur assisté et qui contient l'indication des éléments de l'actif et du passif (même art. 9).

2° Les assemblées de *vérification* et d'*affirmation de créances* : elles ont pour but d'établir le passif appelé à concourir aux résultats de la faillite ou de la liquidation. Le procès-verbal de clôture de ces assemblées a une grande importance : il forme la charte de participation à la faillite de tous ceux qui y sont portés comme créanciers vérifiés et affirmés (ou comme créanciers provisionnels) et il énonce le montant de la collocation de chacun d'eux.

3° L'assemblée de *concordat* : le débiteur traite avec la masse les conditions de sa remise à la tête de ses affaires, ou celles de sa libération moyennant abandon de l'actif.

4° Les assemblées d'*union*, dont la dernière en date, contemporaine de la clôture de la faillite, reçoit les comptes du syndic ou du liquidateur et émet un avis sur l'excusabilité du débiteur.

Toutes ces assemblées ont le *juge-commissaire* pour *président* : c'est sur ses ordres et par l'intermédiaire du greffier qu'ont lieu les convocations faites aux créanciers. Le *greffier* tient le plumitif, les procès-verbaux sont signés par le juge et disposent de la force authentique.

1871. — Nous répartirons l'étude des créanciers chirographaires en plusieurs sections : — interdiction de toutes poursuites individuelles ; — exigibilité des créances à terme ; — et arrêt du cours des intérêts. Nous nous occuperons enfin de l'hypothèque légale de la masse.

SECTION PREMIÈRE

INTERDICTION DES POURSUITES INDIVIDUELLES, QUE REMPLACE LA PROCÉDURE DE VÉRIFICATION DES CRÉANCES

(C. com., art. 491 à 503 ; L. 1889, art. 11 à 13).

1872. — Aussi longtemps que la faillite ou que la liquidation judiciaire n'était pas ouverte, chaque créancier pouvait pratiquer, séparément des autres, sur les divers éléments de l'actif du débiteur, des mesures conservatoires ou exécutoires.

Ses droits étaient les suivants : 1° Exercice des *droits et actions* du débiteur, ainsi que de l'*action paulienne* pour attaquer *ses opérations frauduleuses* ; — 2° Pouvoir *d'engager un procès* et de faire condamner le débiteur ; — 3° Pouvoir de *saisir* tel ou tel bien du débiteur en vertu d'un titre exécutoire, de le faire vendre aux enchères et de provoquer sur le prix un ordre ou une contribution, ainsi que dispose le Code de procédure.

La faillite ou la liquidation judiciaire vient paralyser ces droits individuels. Rigoureusement, le créancier devrait, sans distinction, perdre tous ces avantages dont il disposait antérieurement. Mais la règle n'est pas aussi absolue.

1873. — I. **Exercice des actions du débiteur et de l'action paulienne**. — Un créancier, aussitôt la faillite prononcée, n'a plus le pouvoir ni d'exercer les actions du débiteur du chef de l'*art. 1166* C. civ., ni d'attaquer ses actes du chef de l'*art. 1167*.

La jurisprudence distingue, à la vérité, entre ces deux voies de droit.

a) En ce qui touche l'*exercice des droits et actions du débiteur*, on est d'accord. Les droits dont le débiteur est dessaisi sont désormais exercés par le syndic. Un créancier ne saurait donc s'ingérer dans cette administration, sans désorganiser la faillite elle-même. Ex. : il ne pourra individuellement, à défaut du syndic, ni agir en remboursement d'une créance de l'actif, ni interrompre la prescription acquisitive d'un bien possédé par un tiers, etc.

b) Mais la jurisprudence, d'autre part, admet le créancier à intenter l'*action paulienne* à ses risques et périls et à ses frais, pour les opérations frauduleuses du failli, même passées dans la période suspecte, lorsque la masse s'abstient de l'exercer ; et le profit de la condamnation reviendra à la faillite, si le créancier gagne le procès (Colin et Capitant, *op. cit.*, II, p. 61).

Cette pratique est contestable. La personnalité du créancier s'absorbe dans la masse, toutes les prérogatives individuelles sont maintenant dévolues à la collectivité que dirige le syndic ou le débiteur assisté. Le créancier n'a pas plus conservé son pouvoir d'action pour les droits résultant de l'art. 1167 que pour ceux qui dérivent de l'art. 1166. En exerçant l'action paulienne, lorsque le syndic s'en abstient, il jette le trouble dans la liquidation au même degré que lorsqu'il se subroge à l'exercice des droits du failli.

Le régime de la nullité des actes de la période suspecte nous fait connaître l'esprit de la loi. L'exercice des actions des art. 446 et 447 C. com. appartient au syndic seul (ou au liquidateur), parce qu'elles reposent toutes sur une présomption de fraude. Par suite, l'action de l'art. 1167 ne saurait elle-même être mise en œuvre que par le syndic seul, nul créancier n'ayant le droit de se substituer à lui [1].

1874. — Suite. Controverses. — Bien que l'irrecevabilité par un créancier des actions appartenant à la masse soit un point accepté, il y a trois cas dans lesquels persévèrent les controverses.

1875. — *a*) La défense pour un créancier de s'immiscer dans la masse cesse lorsqu'il s'agit de contester une créance. Alors même que le syndic ou que le failli ne contesterait pas, en assemblée de vérification, l'admission d'un intéressé (art. 494), tout créancier, même simplement porté au bilan et non encore vérifié, a le droit de fournir un *contredit*, lequel nécessite le renvoi de la demande devant le tribunal (art. 498 et s.).

Le syndic a qualité pour saisir la justice à cet effet. Mais le créancier de qui provient le contredit a également cette faculté. Du moment que la loi lui permet de tenir en suspens la production d'un autre, il doit avoir le moyen de porter au tribunal les raisons qui déterminent son opposition.

1876. — *b*) Une deuxième hypothèse discutable concerne l'*opposition au jugement déclaratif ou au jugement fixant la date de la cessation des paiements.* Nonobstant acquiescement du failli, l'*opposition* contre le jugement de faillite est donnée par l'art. 580 à « toute partie intéressée », autrement dit à tout créancier, même non partie dans la première instance. — Quant au jugement qui a déterminé le point de départ de la période suspecte, la question est moins claire. Ce jugement étant de même nature que le jugement déclaratif et devant avoir autorité envers tous, il paraît naturel de conférer ici encore la tierce-opposition individuellement à chaque créancier, sans préjudice de l'action syndicale. Cette solution n'est cependant pas appuyée par les textes. D'après l'art. 581, c'est à la masse, au syndic, qu'il appartient de se pourvoir contre la date assignée à la cessation des paiements ; et l'art. 580 vise des individualités autres que les simples créanciers composant la masse, n° 1766.

Mais, sous ces réserves, l'opposition est refusée à un créancier, tant contre les décisions du syndic ou du juge-commissaire, que contre les jugements rendus dans la faillite, tels que ceux qui homologueraient des transactions (Paris, 23 mars 1897, D. 97, 2, 481). Quand ces actes ou jugements seraient nuisibles à la faillite, le créancier ne peut les attaquer [2].

---

1. V. notes Percerou, sous Req., 29 juillet 1908, D. 1910, 1, 409, et Bourcart, sous Req., 4 mai 1910, S. 1912, 1, 561. V. aussi Lacour, *op. cit.*, n° 1732.

2. Cependant tout créancier admis aux opérations concordataires peut former opposition au concordat (art. 512).

S'ensuit-il qu'un créancier n'ait le droit ni *d'agir en responsabilité contre le syndic*, ni de le faire révoquer par le tribunal ? — Sur ce dernier point, l'art. 467 ayant réservé au juge-commissaire la faculté de proposer la révocation du syndic au tribunal, un créancier peut seulement adresser à ce juge sa réclamation contre la manière dont la faillite est administrée. — Mais, en ce qui touche l'action en responsabilité, bien que le créancier y ait été déclaré irrecevable (le procès devant être engagé au compte de la masse, et seulement après reddition de comptes), il est préférable de considérer l'action comme rentrant dans les pouvoirs individuels. On a fait observer (LACOUR, en note sous Paris, 23 mars 1897, préc.) que, dans les sociétés anonymes, chaque actionnaire dispose du droit d'intenter un procès en responsabilité, quoique l'action appartienne à la société. Ne paraît-il pas logique de statuer de la même manière pour les créanciers de la faillite, lorsqu'ils ont à se plaindre de leur syndic ?

1877. — *c*) On discute enfin la question de savoir si chaque créancier a la *faculté d'intervention* dans les procès engagés ou soutenus par la masse. Peut-il se joindre au syndic et défendre des conclusions à ses frais ?

Il y a des décisions en sens contraire. La négative tend à prévaloir. L'intervention, dit-on, jetterait le trouble dans la faillite.

Est-ce bien exact ? Le créancier peut être, au contraire, un auxiliaire utile pour le syndic.

Le refus de l'intervention tient à un autre motif : le créancier étant déjà représenté par l'organe de la masse, sa participation séparée aux débats ne se justifie plus. Sans doute un débiteur solvable représente également ses créanciers en justice ; et cependant chacun de ces derniers peut se porter partie intervenante. — Mais le jugement déclaratif crée un mandataire des créanciers autrement caractérisé que ne l'était le débiteur avant sa faillite : une intervention individuelle ferait ainsi double emploi avec la représentation de la masse figurée par le syndic [1].

1878. — Ainsi, sous réserve de ces controverses spéciales, le créancier ne peut pas se subroger aux droits du débiteur, l'agent de la liquidation ayant seul la faculté de les mettre en mouvement.

1879. — II. **Procès.** — D'après le droit commun, et en dehors de la faillite, le créancier procède contre le débiteur par acte introductif d'instance. Il le touche au moyen d'un exploit d'ajournement, il lui intente un *procès*, afin de le faire condamner.

Or le jugement déclaratif dessaisit le créancier de cette faculté. Il est devenu membre de la masse ; pour s'y faire incorporer, il suivra une autre voie que le procès. Il ne peut pas remplacer à son gré la « vérification des créances » par une autre procédure qui multiplierait les frais.

---

1. Cfr. CABOUAT, note sous Caen, 20 juillet 1887, *Annales de droit commercial*, 1888, 1, 24, et J. APPLETON, note sous Civ. Lille, 19 juin 1895, D. 96, 2, 353 ; Req., 12 mars 1900, D. 1900, 1, 271. — D'après l'art. 7, al. 3 *in fine*, de la loi de 1889, tout créancier peut, dans la liquidation judiciaire, intervenir sur la demande en homologation d'une transaction conclue par le débiteur assisté.

Le syndic refusera donc de lier l'instance et demandera le renvoi de l'affaire à l'assemblée des créanciers, tous frais du procès qui aurait été engagé contrairement à la loi devant retomber à la charge du demandeur.

1880. — Et même le procès, étant déjà engagé quand s'ouvre la faillite ou la liquidation judiciaire, sera *suspendu* de droit. Il n'y aura pas lieu à reprise d'instance au nom de la masse (Riom, 7 juillet 1906, S. 1907, 2, 247 ; Req., 7 mai 1912, S. 1914, 1, 84). La cause ne peut continuer : même alors, elle sera renvoyée devant l'assemblée de vérification.

1881. — Ces points étaient autrefois sujets à discussion : d'après l'art. 443, texte fondamental du dessaisissement, « à partir du jugement de faillite, toute action mobilière ou immobilière ne pourra être suivie ou intentée que contre le syndic (al. 2) ».

Cette disposition semblait autoriser les procès dans la faillite, pourvu que le syndic fût mis en cause.

Raisonnement défectueux : les actions prévues par l'art. 443 sont celles qui appartiennent à des intéressés autres que les créanciers chirographaires (par exemple à des propriétaires revendiquants, etc.), aux personnes qui, ne faisant point partie de la masse, conservent, après comme avant la faillite, le droit d'engager un procès séparé, à condition de le suivre contre le syndic.

Il y avait cependant une cause de doute dans cette rédaction équivoque. Elle a disparu depuis une loi du 4 avril 1890, qui a modifié l'art. 5, al. 1er de la loi de 1889. « A partir du jugement qui déclare ouverte la liquidation judiciaire, porte cette loi, les actions mobilières ou immobilières.... sont suspendues *comme en matière de faillite*. Celles qui subsistent doivent être intentées ou suivies à la fois contre les liquidateurs et le débiteur ». Cette rédaction ne laisse plus place à la moindre hésitation (V. cependant Cass., 13 mars 1914, S. 1914, 1, 385).

1882. — III. **Voies d'exécution.** — Il reste à s'occuper des *voies d'exécution*, saisies mobilières ou immobilières. Elles cessent d'être praticables pendant la faillite ou pendant la liquidation judiciaire.

En effet, la saisie, c'est la réclamation d'un paiement, la mise à exécution d'une créance liquide. Or la faillite supprime la créance liquide, le paiement individuel, partant la saisie elle-même. Si un créancier était admis à faire saisie, le syndic formerait immédiatement opposition, et les sommes ne pourraient plus être distribuées qu'au marc le franc. Il était plus simple de tarir la saisie dans sa source, et c'est ce qu'a fait la loi.

1883. — Il est vrai que l'art. 443, déjà invoqué dans la précédente controverse, a servi d'argument à la thèse contraire, autorisant les saisies malgré la faillite. « Il en sera de même (en d'autres termes, il y aura lieu de procéder contre les syndics) pour toute voie d'exécution tant sur les meubles que sur les immeubles » (art. 443, al. 3). Si les voies d'exécution doivent être suivies contre les syndics, c'est, disait-on, qu'elles sont possibles.

Mais il était aisé de répondre : *a*) que cette disposition ne visait que les poursuites des créanciers hypothécaires ou privilégiés, personnes étrangères à la masse ; *b*) que d'autres textes de la faillite se prononçaient clairement pour la suspension des saisies : l'art. 455 refusant la contrainte par corps, l'art. 571 interdisant la saisie immobilière à d'autres que les créanciers hypothécaires, les art. 527 et 539 faisant rentrer les créanciers dans leurs actions individuelles après clôture faute d'actif ou après dissolution de l'union : preuve que la faillite avait commencé par les en dessaisir.

Toutes ces considérations ont assuré le succès de la thèse qui proscrit les saisies dans la *faillite*. Mais le problème se présenta de nouveau pour la *liquidation judiciaire* après la loi du 4 mars 1889.

L'art. 5, al. 1er, de cette loi reproduisait la formule à double sens de l'art. 443. Il se forma une opinion pour maintenir aux créanciers chirographaires, malgré le jugement déclaratif, le pouvoir de saisir, — sauf cependant les immeubles (même art. 5, al. 2). Elle fut consacrée par plusieurs décisions judiciaires (Paris, 14 mai, Saint-Quentin, 12 avril 1889, S. 89, 2, 241).

Cependant, on ne découvrait aucun motif pour que la liquidation judiciaire suivît un autre régime que la faillite : les mesures d'exécution jetaient dans l'action dirigeante de la masse une grave perturbation. Sans doute, comme on n'a pas manqué de le dire, le débiteur en état de liquidation n'est pas frappé par le *dessaisissement* qui atteint le failli. Mais c'était là un jeu de mots ! Il s'agissait de savoir, non pas si le débiteur est dessaisi de son administration, mais si les créanciers sont dessaisis de leurs voies d'exécution. Or à cet égard les deux procédures sont identiques.

Ce courant de jurisprudence a été arrêté par la loi du 4 avril 1890 : « A partir du jugement qui déclare ouverte la liquidation judiciaire, est-il dit dans le nouvel art. 5, al. 1er modifié, ... toutes voies d'exécution tant sur les meubles que sur les immeubles sont suspendues comme en matière de faillite ». C'était la vérité même, commandée par les principes.

1884. — Non seulement une saisie nouvelle ne peut plus être entreprise lorsque le jugement déclaratif a été prononcé ; mais, en outre, une *saisie déjà engagée* au moment de ce jugement est immédiatement arrêtée.

On peut trouver cette dernière règle peu équitable. Le saisissant a, en effet, exposé des frais qu'il aurait recouvrés comme « frais de justice », par privilège, sur les deniers provenant de la vente du bien. Ce remboursement lui échappera si la saisie ne peut suivre son cours.

Cette déduction n'est pas vraie. La mise de la chose sous la main de justice a empêché le débiteur de détourner cette valeur. Sans l'initiative prise par l'un des leurs, les créanciers n'auraient pas retrouvé dans l'actif le bien saisi. Il y aura lieu dans ces conditions de mettre à la charge de la masse, au titre de « frais de justice », sinon toutes les dépenses exposées par le saisissant, du moins celles qui ont permis à la saisie de conserver le gage (cfr. Req., 25 juillet 1893, D. 93, 1, 599).

Bref, la saisie n'est irrévocable que si elle a été terminée avant le jugement déclaratif. Même terminée, elle tombera si elle n'a pas passé en chose jugée au moment de l'ouverture de la faillite ou de la liquidation, c'est-à-dire si une voie ordinaire de réformation ou de rétractation est encore ouverte à cette date en vue d'en faire tomber l'effet.

1885. — Vérification des créances. — Les explications précédentes montrent ce qu'il est interdit à un créancier de faire. Mais comment doit-il agir, afin de participer à la faillite ou à la liquidation judiciaire ?

La faillite se compose d'un *syndicat* de créanciers liquidant le gage commun. Au moment où se forme ce syndicat, ses membres ne se connaissent pas, et leurs titres ne sont point établis. Le chef du syndicat n'est renseigné ni sur les ayants droit ni sur la somme leur revenant respectivement. Les créanciers portés aux livres sont des créanciers simplement *présumés* et non avérés. Les livres peuvent contenir des lacunes, le failli peut même ne pas avoir de comptabilité. Qui sait si le débiteur n'a pas majoré son passif, en s'entendant avec des compères qu'il a introduits dans ses écritures ?

Il a fallu organiser une procédure, afin de permettre aux créanciers de demander leur *immatriculation* dans la faillite ou dans la liquidation judiciaire et d'avoir un *titre pour concourir à ses résultats*. Ainsi s'établiront l'état du passif et la connaissance précise des créanciers et des sommes dues à chacun d'eux. Telle est la *procédure de vérification et d'affirmation des créances*, réglée au Code de commerce dans les art. 491 à 503, ainsi que dans les art. 9 à 13 de la loi de 1889 [1].

1886. — Les créanciers sont invités à se faire connaître, non point par les soins du syndic ou liquidateur *provisoire*, mais par ceux du syndic *définitif*, qui a été désigné en remplacement ou en confirmation du premier, après l'assemblée des créanciers présumés tenue dans les quinze jours du jugement déclaratif.

La convocation a lieu sous deux formes : *a*) par des *avertissements* insérés dans les journaux d'annonces, et *b*) par des lettres du greffier à ceux des créanciers dont les livres font connaître les noms et adresses. Dans les cas où l'avertissement individuel est impraticable (détenteurs d'effets de commerce ou d'obligations au porteur d'une société), on se contentera du premier de ces deux modes de publicité.

Les créanciers sont autorisés à se présenter soit *en personne*, soit *par fondés de pouvoirs*. L'intéressé peut, avant d'avoir reçu la moindre invitation, déposer de sa propre initiative ses titre et bordereau au greffe du tribunal de commerce, et le greffier en demeurera responsable pendant cinq ans (art. 491).

1887. — L'avertissement dont il vient d'être parlé vaut notification à l'intéressé de produire à la faillite. En continuant notre parallèle avec le régime des sociétés, puisque la faillite groupe les intéressés, organise une collaboration et constitue une masse, nous dirons que le syndic agit à l'*instar* d'un fondateur de société anonyme qui procède aux souscriptions et constitue ensuite la liste des actionnaires appelés à concourir à la marche de la société. — Ce rapprochement ne donne pas une ressemblance com-

1. Nous rechercherons au chapitre VI, section III, nos 2001 et s., si cette procédure est obligatoire pour les créanciers privilégiés et hypothécaires.

plète ni surtout une identité absolue de régime : les créanciers n'ont pas de versement à faire pour produire à la faillite.

1888. — Un *délai,* de durée variable et dépendant du domicile de chacun d'eux, est accordé aux créanciers pour répondre aux avertissements.

Ceux qui sont domiciliés dans le lieu du tribunal de la faillite doivent faire leur production dans les *vingt jours* des insertions dans les journaux.

Ceux d'un domicile plus éloigné, sans être hors de France, disposent, outre ces vingt jours, d'un *jour supplémentaire par cinquante kilomètres.*

Les créanciers domiciliés hors du territoire continental de la France ont un délai plus long, celui dans lequel, d'après l'art. 73 C. proc., un défendeur cité a le droit de répondre à un ajournement (art. 492).

1889. — Acte de production. — L'*acte de production* qui suit ces avertissements est une *réquisition, faite par le prétendu créancier, d'être admis à la faillite ou à la liquidation pour une somme déterminée.* Il est accompagné de la remise *a*) du titre de créance, s'il y en a un, et *b*) d'un bordereau énonciatif des causes et du montant de la réclamation [1].

Il y a une réelle analogie entre cette production et l'opposition que forment les créanciers, en droit civil, à une distribution par contribution ou à un ordre ouvert sur l'initiative d'un premier poursuivant. La procédure commerciale de la faillite a une valeur supérieure ; car :

a) Ici l'on vérifie les titres avant que la solution de la faillite ne soit préjugée, cette solution pouvant être un concordat. Dans les saisies, au contraire, les productions interviennent après que le bien a été vendu, fait irrévocable qui a peut-être consommé la ruine du débiteur.

b) Les vérifications sont centralisées par le syndic : on n'a pas à ouvrir pour chaque nature de biens des distributions séparées et coûteuses.

c) Le droit civil, à moins qu'il n'y ait des créanciers hypothécaires ou ayant formé spontanément opposition, ne procède pas par voie d'invitation. Ni le poursuivant ni aucun agent ne va au devant des intéressés ; faute de livres, le magistrat n'est point instruit de la consistance du passif ; il n'y a pas non plus de mesures de publicité collectives.

d) Une garantie de sincérité plus grande résulte de ce que les créanciers se contrôlent réciproquement, élèvent des contredits, dénoncent les essais d'intrusion dans la masse d'ayants droit purement fictifs.

e) La vérification se complète au moyen d'une affirmation de l'intéressé. Affirmation grave ; car, si elle était plus tard reconnue fausse, elle entraînerait contre celui qui l'a faite des peines criminelles (art. 593, n° 2).

1890. — La *procédure* de vérification des créances n'est pas en soi de nature *contentieuse.* La créance peut ne soulever aucune opposition. Des

---

1. Sont affranchis du timbre et de l'enregistrement (loi de finances du 26 janvier 1892, art. 10) les divers actes rédigés en exécution des lois des faillites ou des liquidations judiciaires, notamment les actes de produit, les procès-verbaux d'assemblée, procès-verbaux de vérification, concordats, états de répartition. L'impôt de remplacement institué par cette loi est un droit proportionnel de 25 centimes 0/0 sur les sommes mises en distribution (art. 15 et 16).

situations de même ordre se rencontrent chez un débiteur *in bonis*, quand son créancier, d'accord avec lui, fait reconnaître une obligation sous seing privé, et se procure ainsi un titre liquide et authentique, en donnant à la reconnaissance une consécration judiciaire (art. 2123 C. civ., L. 3 septembre 1807).

L'admission à la faillite vaudra donc reconnaissance judiciaire, au regard de la masse. Un procès ne sera nécessaire que si la masse refuse d'accueillir la demande, ce qui rend alors le droit du créancier litigieux.

Il faut distinguer selon que la créance est admise ou contestée.

1891. — *Première hypothèse. — La créance est admise.* On aurait compris que l'admission fût consentie par le syndic seul (ou par le débiteur assisté de son liquidateur), sans contrôle des autres intéressés.

C'est bien ainsi que les choses se passent en fait : le syndic instruit d'abord toutes les productions, retient celles qu'il estime fondées, puis les transmet pour la forme à une assemblée qui procède à la vérification et à l'affirmation des titres tout à la fois. Les créanciers ou leurs fondés de pouvoirs comparaissent à cette assemblée sans qu'il y ait de débats.

En droit, la situation est différente. La bonne foi du syndic peut être surprise, le produisant peut s'entendre avec lui. La vérification s'établira donc en une *assemblée générale*, qui doit commencer ses opérations *dans les trois jours* après l'expiration du délai donné aux créanciers les plus éloignés de France. On n'attend point les créanciers dont le domicile est à l'étranger. La vérification sera continuée sans interruption.

Déjà l'avertissement originaire du greffier a dû mentionner le jour de cette assemblée ; mais cette première indication n'est pas la seule : le délai pour produire ayant pris fin et les bordereaux ayant été remis au syndic, on procède à un nouvel avertissement avec convocation ferme (art. 493).

Dans la *liquidation judiciaire*, les informations données aux intéressés obéissent à une autre méthode. On les a à la fois convoqués à produire leurs titres et à venir à l'assemblée de vérification, dans un délai de *quinzaine* au plus tard. Cette convocation est différée jusqu'au lendemain de la tenue de l'assemblée, convoquée *ad hoc*, qui a émis un avis sur le choix du liquidateur définitif.

Un autre point, spécial à la liquidation judiciaire, c'est que les créanciers qui ne répondent point à la convocation reçoivent une seconde invitation à quinze jours de date : et, lorsqu'il y a des effets de commerce en cours de circulation et non encore échus, il peut être procédé, avec l'autorisation du juge-commissaire, à une troisième et dernière convocation (art. 9, 12 et 13 de la loi de 1889)[1].

1892. — L'originalité du système réside dans la présence à l'assemblée : 1° de tous les créanciers, qu'ils soient ou non déjà vérifiés au moment où seront discutés les titres de chacun d'eux ; 2° du débiteur lui-même.

---

1. Sur la possibilité de faire cette troisième convocation, en cas d'existence d'obligations au porteur, et sur la prolongation du délai d'opposition au jugement fixant la date de la cessation des paiements, v. *suprà*, n° 1766, même au delà du renvoi à la troisième séance, — cfr. Rej., 23 juin 1913, S. 1913, 1, 25.

Le pour et le contre de la production seront l'objet d'un échange d'observations. Le syndic, le débiteur, ainsi que chaque créancier pris individuellement, peuvent élever un contredit (art. 494).

1893. — S'il n'y a pas de contestation, le syndic (ou le liquidateur) donne acte de la production et de son admission. Mention en est faite sur le titre : « Admis au passif de... pour la somme de..., le... », et sur le procès-verbal. Le créancier a désormais le droit ferme de concourir à la liquidation (art. 495).

Mais l'admission doit être complétée par un autre acte : l'affirmation. Dans la huitaine de son admission, le créancier aura, soit en personne, soit par fondé de pouvoir, à se présenter devant le juge-commissaire pour *affirmer* (non pas nécessairement sous la foi du serment) la vérité et la sincérité de sa créance, art. 497. Une affirmation sciemment inexacte exposerait celui qui l'a faite aux pénalités de la banqueroute frauduleuse.

Le délai de huitaine n'est pas prescrit à peine de déchéance. Mais le juge pourrait ordonner la clôture du procès-verbal, si, le délai de production des autres créances étant expiré, celles-ci étaient toutes vérifiées et affirmées : le créancier retardataire serait laissé en dehors du groupe appelé à suivre les opérations de la faillite.

Dans le cas où le syndic serait personnellement créancier du failli, sa créance serait vérifiée et admise par le juge-commissaire (art. 493 *in fine*).

1894. — Irrévocabilité de l'admission. — Lorsque la créance, dûment admise et affirmée, a été inscrite au procès-verbal de vérification, l'admission est définitive et *irrévocable*.

Le syndic ne serait pas fondé à retirer le bénéfice de l'admission ou à en réduire le chiffre. Le créancier, de son côté, ne pourrait pas, sous prétexte d'erreur, réclamer un supplément de production. Seulement si, ayant deux créances distinctes, il ne s'était fait inscrire que pour l'une d'elles, on devrait le traiter pour la seconde créance comme créancier retardataire : d'où faculté pour lui de se faire reconnaître, pour cette deuxième créance, même après fermeture du procès-verbal, sauf à encourir le sort de ceux qui se présentent après les délais de la loi, n° 1897 (Civ. rej., 12 novembre 1895, D. 97, 1, 617).

1895. — Suite. — La jurisprudence apporte un correctif à cette irrévocabilité de l'admission, en permettant de remettre l'admission en question, mais seulement si des circonstances de *dol*, de fraude, de violence ou de force majeure avaient empêché une vérification exacte et sérieuse (Req., 28 novembre 1881 et 23 février 1885, D. 82, 1, 247 et 85, 1, 413), ou encore si l'intéressé, lors de son admission, s'était expressément réservé la faculté d'en modifier ultérieurement la teneur (Civ. rej., 11 novembre 1885, D. 86, 1, 65).

Si vague que soit cette formule des arrêts, elle se rattache à la voie extraordinaire d'attaque des jugements, appelée *requête civile* (art. 480 et s. C. proc. civ.). Le moyen sur lequel se base habituellement ce recours est un dol personnel ayant surpris la conviction des juges. Hors de là, aucune rétractation n'est possible contre le jugement : « voie de nullité n'a lieu contre décisions de justice ».

Les arrêts reviennent incessamment sur un *contrat judiciaire* qui se serait formé entre le créancier et la masse et ne permettrait plus de remettre en question ni la créance ni son montant (Civ. cass., 18 juillet 1900, D. 1900, 1, 432 ; Req., 6 juin 1904, D. 1904, 1, 471). C'est au moyen d'un semblable langage qu'ils qualifient le lien formé entre deux plaideurs au contentieux. La jurisprudence croit à une identité de recours pour ces deux natures de décisions.

1896. — Suite. — Toutefois, on a peine à mettre ces situations sur le même rang. L'admission, non contestée, est l'effet non d'un *procès*, mais d'une *convention* conclue entre l'intéressé et la masse, que sanctionne le tribunal (ou le juge-commissaire) en vertu de sa juridiction gracieuse. Or cette convention doit obéir aux mêmes causes de rescision qu'un contrat quelconque : le Code civil ne limite pas au dol ou à la fraude les cas où on pourra la faire tomber. Elle doit pouvoir être attaquée, notamment, si l'auteur de la production ou le syndic a été victime d'une erreur substantielle. — Ex. : Au moment où la créance a été admise, la date de la cessation des paiements n'avait pas encore été établie [1]. Puis, on la fixe à une époque plus ancienne que l'opération pour laquelle le créancier a été admis. Cette opération tombe alors sous les art. 446 ou 447, ce que le syndic n'avait pas pu supposer à l'origine. Il serait juste alors que la masse pût demander l'annulation de l'admission. La jurisprudence ne paraît pas vouloir accueillir un semblable tempérament.

1897. — Créanciers défaillants. — Toutes les créances étant admises et affirmées, et à plus forte raison les délais donnés aux créanciers de France étant expirés, le procès-verbal du juge-commissaire est clôturé. Il renferme la liste de tous les ayants droit, avec les sommes qui leur reviennent. Il sera passé outre aux opérations du concordat (art. 502).

Quel est le sort de ceux qui, ne s'étant pas présentés en temps voulu, ne figurent pas au procès-verbal parmi les ayants droit à la faillite ?

Ils ne sont pas atteints de *forclusion* : régime applicable aux créanciers en faute de n'avoir point formé opposition dans une distribution par contribution après saisie.

Sans doute : *a*) Les délibérations se prendront sans eux, leurs créances n'ayant point à faire nombre ; *b*) ils ne voteront pas au concordat ; *c*) ils ne seront pas compris dans les répartitions, sauf mise en réserve d'un dividende pour les créanciers domiciliés à l'étranger : art. 567 et 568.

---

1. La masse peut faire modifier cette date jusqu'après l'expiration des délais pour la vérification et l'admission des créances (n° 1766). Or il se pourrait qu'une créance fût admise, avant vérification de toutes les autres. Le délai de l'art. 581 pour reporter la faillite resterait donc encore ouvert. — La controverse tomberait, il est vrai, si l'on soutenait, à la teneur d'une opinion qui a été effectivement défendue, que l'admission ne devient irrévocable que par le procès-verbal de clôture, arrêté dans la dernière assemblée de vérification, et non pas dès le moment où il a été donné acte au créancier de sa production.

Mais, sous ces réserves, les créanciers défaillants sont libres, tant que les dernières distributions n'ont pas eu lieu, de former une opposition, quoique tardive, dont les frais resteront à leur charge. Par leur opposition ne se rouvrira point la procédure de vérification. Leur prétention sera portée devant le tribunal. S'il est fait droit à leur demande, ils pourront suivre la faillite ou la liquidation : ce qui leur procurera le triple avantage suivant :

a) Mise en réserve d'un dividende à leur profit, dans les répartitions non encore ordonnancées par le juge, et cela avant même qu'il n'ait été statué au fond sur leur réclamation (cfr. Paris, 12 mai 1892, *Ann. dr. comm.*, 1892, 1, 148) ;

b) Droit, une fois leur existence reconnue, de se faire colloquer définitivement sur les répartitions futures ;

c) Avantage exorbitant, que le Code de 1807 leur refusait, de prélever sur les répartitions futures un montant égal aux sommes qui leur ont échappé dans les répartitions antérieures à leur opposition.

En tout cas, ce que la loi leur refuse, c'est de critiquer les distributions plus anciennes et d'obliger à leur en bonifier le prorata les créanciers diligents qui les ont régulièrement reçues.

1898. — *Deuxième hypothèse. — La créance peut être l'objet d'un contredit* en assemblée, soit du syndic ou du liquidateur, soit du débiteur, soit d'un créancier. Il y a lieu alors à un renvoi à la justice pour l'examen du bien fondé de la contestation. Le juge-commissaire peut préalablement, comme mesure d'instruction, se faire représenter les livres du créancier (art. 496).

Quel est le *tribunal compétent* ? Comme il ne s'agit pas d'une affaire « concernant la faillite » au sens de l'art. 635 (nos 1769 et s.), on suivra les règles du droit commun.

a) S'agit-il d'une dette commerciale par rapport au failli ? Le renvoi aura lieu devant le *tribunal de commerce*, qui sera celui de la faillite le plus ordinairement : sans citation nécessaire, le juge-commissaire saisira le tribunal sur son rapport, et le tribunal pourra s'éclairer au moyen d'une enquête (art. 498).

b) S'agit-il d'une dette civile du failli (fournitures de ménage) ? L'affaire sera du ressort du *tribunal civil*. Le tribunal de commerce n'en saurait connaître.

c) Le porteur d'un titre incriminé de faux sera renvoyé devant les *juges de répression*, « le criminel tenant le civil en état » (art. 499 et 500).

A première vue, ce procès, devant quelque juridiction qu'il fût porté, devrait nécessairement suspendre la marche de la faillite. Mais il en résulterait un long retard, peut-être absolument contraire aux intérêts de tous : on ne pourrait ni clore le procès-verbal, ni procéder au concordat, avant que le tribunal n'eût statué sur le fond du droit du créancier contesté ! Sous le Code de 1807, on s'était rendu compte de l'inconvénient, sans chercher à y apporter de remède. La loi de 1838 a paré à ce défaut au moyen du *passé outre au concordat* et de l'*admission provisionnelle*. On entend par là une information destinée, lorsque cela est praticable, à ne pas laisser languir la faillite ou la liquidation pendant que la créance reste litigieuse. La question se décompose en deux éléments.

1899. — I. Sursis ou passé outre au concordat. — Le *tribunal de la faillite* verra s'il convient de *surseoir* aux opérations à raison du procès pendant, ou s'il ne vaut pas mieux *passer outre* à l'assemblée du concordat, tout en laissant le contredit suivre son cours. Cette affaire relève exclusivement du tribunal qui a rendu le jugement déclaratif ; car il s'agit là d'une affaire « concernant la faillite ».

Le parti à prendre ne sera pas le même selon l'importance de la créance par rapport à l'ensemble du passif. Divers motifs agiront sur le tribunal, qui décidera : — tantôt le sursis, la procédure demeurant suspendue jusqu'au prononcé sur le fond, — tantôt le non-sursis, la continuation de la faillite ou de la liquidation, le procès-verbal étant clos.

1900. — II. Admission provisionnelle. — Si le tribunal prononce le sursis, cela le dispensera d'examiner toute question préjudicielle : il suffira d'attendre le prononcé sur le fond. Mais il en est autrement lorsqu'il décide de passer outre au concordat. Le créancier contesté sera-t-il tenu à l'écart des opérations concordataires ?

Ce ne serait pas équitable si la créance, sans être certaine, paraissait cependant vraisemblable.

Le tribunal pourra donc ordonner, pour une somme qu'il fixera, l'*admission provisionnelle* du créancier. Celui-ci sera inscrit à la suite du procès-verbal à concurrence de ladite somme, à l'effet de participer au concordat, tout comme s'il n'avait pas été contesté [1].

Cette seconde question n'est pas nécessairement du ressort du tribunal de commerce : elle relève du *tribunal saisi du fond du droit*, mieux en mesure que tout autre de s'éclairer sur la vraisemblance de la créance. Ce peut être un tribunal civil.

Exceptionnellement, l'admission provisionnelle ne peut être accordée, lorsque la réclamation est l'objet d'une instruction criminelle ou correctionnelle. La décision, selon qu'on prononcerait l'admission ou le rejet, préjugerait ou l'innocence ou la culpabilité du prévenu : ce qui aurait des conséquences graves. Le seul moyen de ne pas peser sur le verdict pénal était d'interdire, et ainsi l'a fait la loi, que la question fût seulement posée (art. 499 et 500) [2].

---

1. Cependant, l'admission provisionnelle tomberait, si, *dès avant l'assemblée de concordat*, le tribunal déboutait au fond le demandeur, par un jugement passé depuis en chose jugée par l'expiration des délais d'opposition ou d'appel.

2. L'admission provisionnelle concerne seulement *la participation au concordat, et non la distribution de deniers*, la répartition de dividendes. Le seul fait que la créance est contestée oblige le syndic à mettre en réserve le dividende afférent aux créances sur l'admission desquelles il n'a pas encore été définitivement statué (art. 568, al. 2). Il en est ainsi, même quand l'admission provisionnelle a été repoussée.

SECTION II

EXIGIBILITÉ DES CRÉANCES A TERME

(C. civ., art. 1188 ; C. com., art. 444, al. 1er ; L. 4 mars 1889, art. 8, al. 1er).

1901. — L'art. 1188 C. civ. dit que « le débiteur ne peut plus réclamer le bénéfice du terme lorsqu'il a fait faillite ». L'art. 444 C. com. confirme cette disposition : « le jugement déclaratif rend exigibles, à l'égard du failli, les dettes passives non échues » (voir dans le même sens, pour la liquidation judiciaire, l'art. 8 de la loi de 1889).

Ainsi, *le jugement de faillite ou de liquidation supprime le terme* dont étaient affectés les engagements du débiteur. Le failli était tenu d'une lettre de change de 10.000 fr. à échéance de six mois ou d'un an. Le porteur sera considéré comme un créancier pur et simple, il produira *hic et nunc*.

Cela n'est pas vrai, à l'inverse, d'une créance à terme du failli contre un tiers. La créance n'est point rendue exigible ; le délai qui l'affecte subsistera. Un débiteur ne peut être, sous forme d'anticipation d'échéance, rendu responsable des embarras d'affaires de son créancier [1].

La transformation des créances à terme en créances exigibles n'est édictée qu' « à l'égard du failli » (ou du débiteur en liquidation judiciaire). Elle cesse de se produire vis-à-vis des autres codébiteurs de la même dette restés *in bonis*. Si le terme convenu est le 1er décembre, la faillite prononcée le 1er février précédent ne fait pas échoir la créance contre un autre que le failli lui-même (toute réserve faite quant aux effets de commerce visés à l'art. 444, al. 2, dont l'examen est reporté au chapitre des coobligés, n° 1919).

1902. — Le motif de la suppression par l'effet du jugement déclaratif du terme des dettes du failli est facile à comprendre. *a*) Il convient que le créancier reçoive son dividende en même temps que les autres. Autrement, il faudrait mettre ce dividende en réserve, prolonger inutilement la liquidation. *b*) Le terme est un témoignage de confiance : or la faillite, qui brise le crédit, doit aussi briser le terme.

La loi, en rendant les dettes exigibles, les admet pour leur montant nominal. C'est à tort. Il aurait fallu leur faire subir la déduction d'un *escompte*, dont la loi aurait fixé le taux (3 ou 4 o/o). Ainsi ont procédé la plupart des lois étrangères (Allemagne, Italie, Belgique, etc.). Le prix d'une machine, payable 50.000 fr. à deux ans de date, n'aurait dû, ramené à sa valeur actuelle, représenter que 46.000 fr., par exemple.

Ainsi, grâce à la faillite, le créancier qui a donné des délais se trouve au même état que s'il avait stipulé le paiement comptant. Cependant, qui a terme doit moins que celui qui doit aujourd'hui. Si la faillite liquide à 100 o/o, sa survenance aura enrichi le créancier.

1. V. *infra*, n° 2198, à propos de la faillite des sociétés, la question d'exigibilité des appels de fonds contre les porteurs d'actions. C'est bien là un cas où dans l'actif du débiteur (société par actions) se trouvent des recouvrements à opérer (compléments dus par les actionnaires).

La règle est encore plus singulière, lorsqu'on la rapproche d'une autre disposition, l'art. 445, qui arrête le cours des intérêts à partir du jugement déclaratif. Quand j'ai stipulé de *Primus* un capital de 50.000 fr., à deux ans d'échéance, avec intérêts à 4 o/o, sa faillite interrompra les intérêts et je produirai pour 50.000 fr. seulement. Mais, qu'il m'ait promis 54.000 fr., payables dans deux années, sans intérêts : je serai admis à produire, en cas de faillite, pour la somme pleine de 54.000 fr. En équité, cette différence a peine à se défendre [1].

1903. — Rente viagère. — Le failli peut avoir une ou plusieurs rentes viagères à servir à des tiers. Ce peut être même la partie la plus importante de son passif (faillite de sociétés d'assurances, de sociétés de rentes viagères). Il faut ramener le créancier à une unité globale de son droit. Le problème se complique par le fait que le montant des prestations dues est inconnu. Les arrérages ne sont pas une dette à terme semblable aux autres. Le droit est affecté d'une condition, la mort du crédi-rentier sera un terme extinctif ou résolutoire ; on ne sait quand elle se produira. Cependant la faillite oblige à bloquer ces créances successives, à les ramener à une expression mathématique fixe.

En prenant l'hypothèse la plus simple, la rente était en cours de service lorsque la faillite s'est ouverte. Le crédi-rentier n'avait plus aucune prestation à faire pour l'alimenter : *a*) Ou il l'a stipulée contre aliénation de capital à fonds perdu. *b*) Ou cette rente lui a été constituée à titre gratuit. *c*) Ou son titre a pour cause soit un accident du travail en vertu de la loi du 9 avril 1898, soit un accident réglé par les art. 1382 et s. C. civ. — En outre, il faut supposer que, dans aucun de ces cas, le service de la rente n'était garanti par un capital ou par un titre de rente sur l'Etat consigné au profit du crédi-rentier. Car, alors, on serait en présence non plus d'un créancier chirographaire, mais d'un créancier gagiste, et les principes de production ne seraient plus les mêmes. La capitalisation de la rente est un mode de sûreté très fréquent dans les rentes d'accident, autres toutefois que celles qui ont leur cause dans la loi de 1898 : ces dernières ne peuvent donner lieu contre le chef d'industrie à l'exigence d'un versement de capital aussi longtemps qu'il demeure solvable, art. 28.

Cela étant, pour quelle somme le crédi-rentier produira-t-il dans la faillite ? On peut hésiter entre deux systèmes.

1904. — 1° Le bénéficiaire s'inscrira pour une somme égale au *capital des arrérages*, d'après le taux normal de rendement de l'argent. Ce capital, consigné, employé en un titre de rente sur l'État, n'appartiendra pas

---

1. Si, au vu du titre de créance, le principal de la dette apparaît séparément des intérêts, il y a lieu, d'après nous, de n'autoriser la production que pour le capital et les intérêts déjà courus au jour de la faillite, à l'exclusion des intérêts futurs. — Ex. : Le commerçant s'est reconnu pour cause d'avances débiteur de 1.000 fr., et il a pris l'engagement de rembourser dans un an 1.050 fr. ; c'est pour 1.000 fr. que produira le créancier si la faillite éclate le lendemain.

d'ailleurs au crédi-rentier. Celui-ci touchera seulement chaque année, sa vie durant, les intérêts de la consignation ou du titre et, après son décès, la consignation fera retour au failli, à la masse de ses créanciers. — C'est la solution la plus favorable au crédi-rentier. La rente à laquelle il a droit étant de 5.000 fr, par an, il se fera colloquer pour 100.000 fr., quel que soit son âge. La faillite rendant 50 o/o, il touchera dans l'avenir la moitié de la rente. Il sera dans la même position que s'il avait exigé dès l'origine l'emploi sur l'actif de son débiteur d'une somme suffisante pour le service des arrérages, avec cette différence toutefois que la faillite ne lui permet d'obtenir cet emploi que dans la mesure d'un dividende.

On a argué en faveur de ce mode de règlement de l'art. 1978 C. civ., d'après lequel le *seul défaut de paiement des arrérages* autorise le créancier à exiger, sur le produit des biens du débiteur, « l'emploi d'une somme suffisante pour le service des arrérages ». A plus forte raison doit-il en être de même de la survenance de la faillite du débi-rentier.

L'art. 1978 est cependant étranger à notre sujet. Le régime de la faillite veut un règlement du droit du crédi-rentier équitable, qui lui fasse sa part proportionnelle sans que son droit déborde sur les autres prétendants. Par la capitalisation des arrérages, un rentier de 30 ans et un rentier de 60 ans auraient le même émolument, alors que le premier de ces intéressés est « le créancier le plus fort », celui auquel est due la satisfaction la plus large. On contreviendrait au principe suivant lequel les créanciers produisent par contribution, c'est-à-dire d'après l'importance comparative de leurs droits (art. 2093 C. civ.).

En outre, le prélèvement à exercer sur l'actif, en vue de ce règlement, nuira aux autres représentants du passif. L'espérance de voir le capital de la consignation leur faire retour après la mort du crédi-rentier sera un dédommagement insuffisant au sort qu'on leur inflige en les forçant de se refouler présentement.

L'art. 1978 donne au rentier un moyen de se couvrir, surtout par voie de menace, contre un débiteur peu ponctuel ou de mauvais vouloir, mais resté solvable. C'est une autre situation.

1905. — Il est préférable de dire que la somme pour laquelle le crédi-rentier est admis à produire est le *capital nécessaire pour constituer* soit auprès d'une Compagnie d'assurances, soit auprès de la Caisse nationale des retraites, d'après le taux des tarifs de l'une ou de l'autre, une *rente viagère* immédiate égale à celle à laquelle a droit l'intéressé. Ce capital reste inférieur au chiffre donné par la première combinaison. La rente aux arrérages de 3.000 fr. sera représentée par un capital de 50.000 fr., parce que, en versant 50.000 fr., on peut s'assurer, à raison de son âge, auprès d'une caisse viagère une annuité de 5.000 fr. sa vie durant. Le capital sera non plus consigné, mais remis au bénéficiaire comme dividende définitif. A lui de voir s'il a avantage à aliéner ce dividende à une Compagnie ou à la Caisse nationale, contre une rente nouvelle (moindre), en remplacement de celle qu'il avait contre son premier débiteur.

Lorsqu'on a affaire à un « débi-rentier professionnel », on ne devrait pas être exposé à son insolvabilité, si ce débiteur avait observé les règles techniques de sa profession. Une société de rentes viagères, se chargeant d'une rente, dispose ses ressources de manière à avoir pour le service des arrérages des placements suffisants, dont les tables de probabilités, scientifiquement dressées, déterminent le montant (réserves mathématiques). La société peut, en ne procédant pas elle-même à cette capitalisation, constituer auprès de la Caisse nationale ou ailleurs le capital représentatif, ce qui revient toujours au même.

Tel est le régime légal (v. *supra*, n° 743) auquel sont soumises les sociétés qui assurent les patrons contre le risque professionnel des accidents du travail (L. 9 avril 1898, art. 27, et décret du 28 février 1899) ; le patron qui a traité une assurance et l'ouvrier (ou encore la Caisse nationale subrogée aux droits de l'ouvrier) n'ont pas à redouter la faillite de la société d'assurances, si celle-ci s'est conformée aux prescriptions de la loi. Le patron qui a cru préférable de ne pas s'assurer, et dans l'usine de qui l'accident se produit, n'est pas tenu de faire cette capitalisation, aussi longtemps du moins qu'il ne cède pas son établissement (L. 1898, art. 28).

Faute par certaines caisses viagères, *Rente viagère de Paris*, *Caisse générale des familles*, etc., de s'être conformées à un semblable régime, en un temps où la loi ne le prescrivait point (n° 741), les crédi-rentiers de ces sociétés ont vu la faillite surprendre leur débitrice. Ils ont produit au marc le franc sur le fondement du deuxième système, le désaccord ne s'étant élevé que sur le point de savoir si les tarifs à prendre pour base de leur production seraient ceux, sujets à caution, que la société faillie avait ébauchés (sans avoir pu ensuite éviter le dépôt du bilan), ou les tarifs de la Caisse nationale, ou encore ceux des Compagnies réputées les mieux constituées [1].

1906. — Une loi du 27 décembre 1895 a réglementé une situation voisine de celle des rentes viagères. Des maisons de commerce ou d'industrie fondent des *institutions de prévoyance* (caisses de maladies ou de retraites), pour le fonctionnement desquelles elles opèrent des retenues périodiques sur les salaires d'ouvriers ou d'employés, qu'elles complètent généralement par d'autres versements. Puis ces maisons tombent en faillite. La loi, émue de la perte que cet événement avait occasionnée dans certains centres de manufactures, a voulu en conjurer le retour : 1° en ordonnant que ces retenues ou versements ne resteraient pas confondus dans les ressources de l'établissement, mais seraient déposés à la Caisse des retraites ou à la Caisse des consignations, ou à des caisses syndicales autorisées, le dépôt étant l'objet d'un gage au profit des bénéficiaires ; 2° en spécifiant que, en cas de faillite, les bénéficiaires seraient admis à la restitution de toutes les sommes non utilisées conformément aux statuts, intérêts compris. Tous les biens du chef de l'entreprise garantissent, au rang du privilège des gens de service de l'art. 2101 C. civ., la restitution des retenues

---

1. V. notre article des *Annales de droit commercial*, 1902, p. 183 et s.

de la dernière année et de l'année courante, quand le dépôt aux caisses susdites n'aura pas été effectué.

1907. — Assurances. — Les explications précédentes servent de transition pour parler de la collocation dans une faillite de l'ayant droit qui s'appelle un *assuré* ; c'est passer de la catégorie des créances à terme dans celle des *créances conditionnelles*, sous certaines distinctions.

1° Assurances contre un risque d'incendie, de transport, etc. Si une Compagnie assureur fait faillite, le risque n'étant pas réalisé, la question sera de savoir si le contrat continue ou s'il est résilié. On la retrouvera dans la partie du livre relative à l'effet de la faillite sur les conventions synallagmatiques en cours (nos 1988 et s.).

En principe, la faillite de la société motive une demande en résiliation par l'assuré, l'état des affaires de son assureur le plaçant dans l'impossibilité de régler éventuellement les sinistres. C'est la conséquence de l'art. 1184 C. civ. L'art. 346 C. com. l'applique à l'assurance maritime. La résiliation, en général, a lieu sans dommages-intérêts, l'assuré ayant la ressource de traiter une autre police auprès d'une Compagnie différente. L'assureur peut éviter la résiliation, en donnant caution ; d'après la rédaction de l'art. 346, c'est l'assuré qui aurait le choix entre l'action résolutoire et la réclamation d'une caution. Grâce à la caution fournie, il n'y a plus de crainte de voir l'assureur manquer à ses engagements.

2° Assurances sur la vie, notamment sur la vie entière. Nous revenons à des points déjà touchés un peu plus haut (n° 1905). La faillite de la Compagnie détermine ici encore la résiliation à la demande de l'assuré, et en outre le droit pour l'assuré de s'inscrire dans la faillite pour une somme égale à la valeur contemporaine de sa police. Il a, en effet, par les anticipations de primes versées depuis l'origine de son contrat, contribué à former dans l'actif de la société des placements ou réserves dont le montant a dû être porté à son crédit (nos 739 et 1677). La part de chaque assuré dans la réserve globale, déterminée selon sa valeur au jour de la faillite, est aussi celle qui déterminera le chiffre de la collocation. La loi sur les entreprises d'assurances sur la vie du 17 mars 1905 donne aux assurés un privilège général sur l'actif de l'entreprise, pour répondre du remboursement (art. 7, al. 2.)

1908. — Dettes conditionnelles. — Ces questions nous ont entraînés au delà des créances à terme. Les créances conditionnelles n'obéissent pas au même régime et ne peuvent pas être confondues toutes dans un même exposé. Certaines dettes affectées d'une condition persévéreront dans la faillite, sans faire l'objet d'une résolution. 1° Elles se feront admettre pour leur montant nominal aux répartitions de l'union : leur dividende sera ou mis en réserve (à la différence de ce qui a lieu pour les dettes à terme), ou délivré aux autres créanciers, avec promesse par eux de le restituer au bénéficiaire après condition réalisée. 2° Afin de permettre au créancier de concourir au concordat, il faudra évaluer son droit, suivant le degré de chance pour la condition de se réaliser.

N'insistons pas sur des questions d'un intérêt pratique très réduit : il est probable qu'on sera renseigné en peu de temps sur l'accomplissement ou sur la défaillance de la condition.

SECTION III

CESSATION DU COURS DES INTÉRÊTS

(C. com., art. 445, al. 1er ; L. 4 mars 1889, art. 8, al. 1er).

1909. — *Le jugement déclaratif de faillite arrête*, à l'égard de la masse, *le cours des intérêts* de toute créance chirographaire (art. 445, al. 1er). De même pour le jugement prononçant la liquidation judiciaire (L. 1889, art. 8).

Cette disposition est bonne. Si les intérêts avaient continué à courir après l'ouverture de la faillite ou de la liquidation, la prolongation de la procédure aurait profité à ceux des créanciers qui seraient convenus d'intérêts, et préjudicié au contraire aux autres. L'écart des deux catégories se serait accentué à mesure que la faillite aurait poursuivi sa marche.

Il est de principe que les droits des intéressés se déterminent d'après leur état réciproque au jour du jugement déclaratif : le dividende doit être fixé, dès ce moment-là, dans ses éléments de formation.

1910. — L'arrêt des intérêts n'a lieu qu'*à l'égard de la masse*, et en ce qui concerne les opérations de la faillite. Lorsque l'union se terminera, la masse disparaîtra et le débiteur pourra acquérir de nouveaux biens. Le créancier, qui s'était assuré des intérêts par la convention originaire, pourra régulièrement en exiger le paiement, même pour la période qui correspondait à la faillite de son débiteur.

1911. — Un point plus délicat à résoudre est celui-ci. Il se peut que la faillite aboutisse au *remboursement intégral* de tous les créanciers, payés du principal ainsi que des intérêts arrêtés à l'ouverture de la liquidation. Si l'actif laisse encore un *excédent disponible*, 20.000 fr. par exemple, les créanciers seront-ils recevables à exiger que cet excédent leur soit servi, afin de couvrir les intérêts correspondant à la période de la faillite ?

Sur le principe, il faut répondre affirmativement, étant entendu que c'est l'acte de production qui fera courir respectivement ces intérêts au taux de 5 ou de 4 o/o pour les créanciers dont les titres ne portaient pas intérêt par eux-mêmes (l'acte de production vaut citation en justice ou ajournement, à tout le moins mise en demeure, arg. art. 1153 C. civ.)[1].

Mais il n'appartient pas au *syndic* de pourvoir à ces répartitions. Son rôle est terminé, les créanciers sont désintéressés dans la mesure des droits qu'ils ont à faire valoir dans une faillite. Le commerçant rentré en possession de cet excédent (ou un liquidateur, s'il s'agit d'une société) procédera à ces distributions complémentaires (*Contra* Poitiers, 22 mai 1913, S. 1914, 2, 41).

---

1. Paris, 30 janvier 1890 et Civ. rej., 17 janvier 1893 (D. 93, 1, 537, note Boistel; S. 94, 1, 113, note Labbé).

1912. — On ne reprendra pas les calculs auxquels donne lieu, dans une faillite de société par actions, la production des porteurs d'*obligations à prime*. Ce point a été traité dans les sociétés : il y a antinomie entre les art. 444 et 445 (n° 723). La faillite et la liquidation judiciaire des sociétés seront au surplus l'objet d'un examen spécial.

SECTION IV

HYPOTHÈQUE LÉGALE DE LA MASSE

(C. com., art. 490, al. 3, et 517 ; L. 1889, art. 4, al. 1 *in fine*).

1913. — La loi confère à la masse, sur les biens du failli, une *hypothèque* frappant *a*) les immeubles antérieurs à la faillite, et *b*) ceux qui adviennent au failli pendant le cours de la liquidation ; mais excluant en revanche les immeubles dont le débiteur deviendra propriétaire après faillite close. On la retrouve aujourd'hui dans la liquidation judiciaire (L. 1889, art. 4).

Cette hypothèque se relie au *dessaisissement*, bien que le rapport qui l'unit à lui soit assez vague dans la doctrine des auteurs.

Elle est soumise à deux inscriptions au bureau des hypothèques de la situation des immeubles. Le syndic doit prendre la première, aussitôt après sa nomination ; la seconde sera requise par lui après l'homologation du concordat, s'il en est accordé un au failli (art. 490, al. 3 et 517)[1].

1914. — L'avantage de cette hypothèque est surtout visible *après clôture de la faillite*, en supposant le débiteur rétabli dans son actif par un *concordat*.

Bien que le dessaisissement ait cessé, les créanciers désirent, en stipulant des dividendes à venir, être garantis contre les engagements que contractera désormais le débiteur. S'il doit retomber au-dessous de ses affaires, il convient que, sur le produit des immeubles existants au temps de la première faillite, les créanciers concordataires priment les nouveaux créanciers, ceux qui ont traité avec le débiteur depuis son relèvement. L'hypothèque légale se prolongera au delà de la faillite et assurera cette préférence aux créanciers anciens. Aussi la deuxième inscription, la plus importante des deux, doit-elle mentionner le jugement d'homologation (art. 517).

En outre, d'après nous, cette inscription après concordat doit, pour être régulière, contenir mention du passif net que le traité laisse à la charge du débiteur (100.000 fr. p. ex.), ainsi que des échéances de dividendes. Il serait contraire à l'organisation des hypothèques que la créance restât indéterminée tant sur le bordereau que sur le registre des inscriptions.

---

1. Que cette hypothèque soit « légale » ou « judiciaire », qu'elle découle de la loi ou du jugement déclaratif, — question d'ordre spéculatif, — le bordereau d'inscription n'a pas à spécialiser les immeubles sur lesquels elle porte (art. 2148, C. civ. *in fine*).

Certaines inscriptions d'hypothèque, il est vrai, ne peuvent échapper au défaut de détermination, celles de la femme et du mineur, par ex. (art. 2153 C. civ.). De même de la première inscription que prend le syndic après le jugement déclaratif, parce que le passif n'est point encore connu. Mais, le passif étant liquidé par le concordat, il n'y a plus de raison de le tenir ignoré, et la taxe d'hypothèque de 0,25 0/0, jusque-là suspendue, devient exigible.

Les intéressés sont libres, d'ailleurs, de renoncer à cette garantie au moment du traité ; ils pourront décider, aux conditions de majorité du concordat, que les immeubles seront désormais dégrevés de l'hypothèque de la masse.

1915. — Mais l'hypothèque légale sert-elle aux créanciers, même *pendant la faillite* ? On ne reviendra qu'en peu de mots sur des explications déjà fournies (n° 1704).

La masse, dit-on, acquiert un *droit réel* sur les immeubles à partir de la première inscription du syndic. Par le fait du jugement déclaratif, elle n'était encore qu'un « tiers » ordinaire. Un surcroît de garantie lui est ainsi donné. Elle pourra, mais maintenant seulement : 1° soit méconnaître une *vente d'immeuble* du failli remontant par sa date avant la faillite, mais non transcrite par l'acheteur (L. 23 mars 1855, art. 3) ; 2° soit repousser l'*action résolutoire* de celui qui, ayant vendu un immeuble au failli, n'a pas rendu son privilège public avant le jugement déclaratif (même loi, art. 7).

Suivant nous, au contraire, l'hypothèque légale fait double emploi avec le dessaisissement. Celui-ci avait déjà investi la masse d'un « droit réel ». Comment la masse se trouverait-elle, en cours de faillite, subitement pourvue d'une condition juridique nouvelle, autre que celle où le jugement déclaratif l'avait placée dès le premier jour ?

Bref, l'inscription d'hypothèque légale n'est, dans notre doctrine, qu'un complément de publicité donné au dessaisissement. Le syndic y procède sous sa responsabilité. Sa négligence à déposer le bordereau au bureau de conservation peut avoir pour effet de laisser la faillite ignorée des tiers. Telle personne, traitant alors avec le failli sous la foi des apparences, aura son recours en dommages-intérêts contre le syndic. C'est la seule sanction.

1916. — Quelle que soit la portée de cette hypothèque, si les immeubles qui en sont grevés sont vendus au cours de l'union à la requête du syndic, aucun droit de suite n'appartient à la masse contre l'adjudicataire. Celui-ci est dispensé de la procédure de la purge. Il ne peut être évincé par la masse au compte de laquelle l'adjudication a eu lieu. Aujourd'hui, d'ailleurs (L. 5 janvier 1914, n° 2146), toutes les ventes d'immeubles pendant la faillite valent purge.

CHAPITRE IV

DES CRÉANCIERS AYANT PLUSIEURS DÉBITEURS THÉORIE DES COOBLIGÉS

(C. com., art. 444, al. 2 ; 542 à 544).

1917. — L'engagement simultané de plusieurs personnes à une même dette est fréquent dans le commerce ; on est en face de « coobligés » (expression visant soit des débiteurs solidaires, soit des cautions). Ces situations sont usuelles : 1° dans les *sociétés* : les *associés en nom collectif* et les commandités sont tenus solidairement entre eux et tenus en outre avec la société (n° 415) ; la société, tombant en faillite, a des codébiteurs ; 2° dans les *effets de commerce* : les signataires d'une *lettre de change*, d'un *billet à ordre*, sont garants solidaires envers le porteur de l'acceptation et du paiement, il se peut que l'un d'eux dépose son bilan. — On peut supposer encore qu'un commerçant de faible crédit fournit une *caution*, tenue aussi solidairement envers le créancier d'après l'usage et sans déclaration expresse (n° 1054). Puis, par hypothèse, le débiteur principal ou la caution tombe en faillite.

La question qui se pose est de déterminer l'effet qu'exercera la faillite de l'un de ces débiteurs sur le sort des autres.

§ 1. — Limitation des effets de la faillite au débiteur qui en est atteint.

1918. — La faillite d'un codébiteur ne se répercute pas en général sur les autres codébiteurs, en la personne desquels la cessation des paiements n'a pas eu lieu. La faillite respecte les débiteurs demeurés solvables ainsi que leurs biens. Elle ne produit que des effets individuels, limités au commerçant qui a personnellement suspendu ses affaires.

Il est vrai que, dans une société en nom collectif, la faillite de la personne morale entraîne par contre-coup celle de chaque associé (n° 312). Mais cela tient à une raison particulière, qui ne contredit pas notre formule : responsables avec la société, les associés sont commerçants et tenus de toutes les dettes sociales ; du moment qu'ils les laissent en souffrance, ils sont eux-mêmes en cessation de paiements, et la cause de la faillite existe de leur propre chef.

Sous cette réserve, la règle à suivre est très ferme. La faillite n'agit que sur celui qui l'a occasionnée par l'état de ses affaires. Quoique le débiteur principal ait fait faillite, la caution demeurée solvable conserve vis-à-vis du créancier sa position ancienne : — elle ne perdra pas le bénéfice du *terme* ; — elle devra, s'il y a lieu, des *intérêts* pour le temps postérieur au jugement déclaratif ; — après l'échéance, elle sera passible de *saisies* ou autres voies d'exécution.

On verra même, sous l'art. 545 (n° 2102), que, le failli ayant obtenu par concordat une libération partielle, la *remise concordataire ne profite* ni à la caution, ni *à un* autre *codébiteur* de ce failli. C'est encore l'application de l'idée que la faillite limite son action à la personne contre qui elle a été prononcée, ainsi qu'à ses biens.

1919. — Règle spéciale aux effets de commerce. — Les principes précédents souffrent échec, dans l'ordre des *effets de commerce.*

Contrairement à la règle ordinaire, la faillite du *débiteur principal* d'une lettre de change ou d'un billet à ordre retentit sur les autres signataires et rend la dette exigible contre eux. Les endosseurs, en conséquence, pourront être recherchés, bien que l'effet ne soit pas arrivé à son échéance et qu'ils n'aient pas cessé eux-mêmes d'être *in bonis*.

Seulement, ce dont est tenu le garant, ainsi recherché, c'est non de payer, mais de *fournir une caution solvable*, répondant du paiement pour l'échéance à la place du souscripteur failli. Le garant pourra d'ailleurs, par suite de la faculté qui lui est laissée, rembourser immédiatement la traite, s'il ne trouve pas de caution à présenter ou s'il juge plus commode de verser de suite (et sans escompte) les fonds de l'effet (art. 444, al. 2).

1920. — On devine la raison de ce recours, motivé par la faillite du signataire principal de l'effet. Chaque signataire accessoire s'est porté garant, non seulement du paiement, mais, en outre, du maintien jusqu'à l'échéance de la solvabilité de ce signataire principal. Le droit civil offre une situation de même nature : lorsqu'un débiteur fournit une caution, il contracte la promesse tacite que, si elle tombe insolvable, il en donnera une autre (art. 2020 C. civ.). C'est ce qui se passe également ici.

Renversant les rôles, on peut supposer que, pendant la circulation de l'effet, c'est un débiteur accessoire, un *endosseur*, qui tombe en faillite. Le débiteur principal, le souscripteur, sera-t-il immédiatement recherché, comme ayant de même garanti la solvabilité de cet autre signataire ? Cette interprétation serait choquante : l'endosseur est venu au titre après le souscripteur ; comment celui-ci pouvait-il supposer, au moment de s'engager, que cette autre signature ferait suite à la sienne ? Par conséquent, la faillite d'un « endosseur » n'ouvre au porteur d'action immédiate contre aucun autre des obligés. — On s'expliquerait que l'on pût rechercher un endosseur suivant, du chef de la faillite d'un endosseur précédent. Mais la loi ne le veut pas, de crainte de trop multiplier ces causes de recours. Le Code de 1807 admettait au contraire le porteur, quel que fût le signataire failli, à demander une caution à ceux des autres qui seraient ses garants.

N'eût-il même pas mieux valu supprimer la disposition tout entière ? Une personne, qui passe le papier d'un tiers à l'ordre d'un successeur, ne fait pas entrer dans ses risques d'anticipation de paiement une faillite de principal obligé ; elle sera prise au dépourvu, si la loi la contraint d'urgence à fournir une caution ou à rembourser l'effet. Peut-être eût-il été préférable de maintenir le terme au garant, tout en le faisant perdre au signataire principal failli.

1921. — Quel est ce *principal obligé*, dont la faillite déterminera un recours contre les autres ?

1° Dans le *billet à ordre*, le débiteur principal est le *souscripteur*. Les endosseurs, ou donneurs d'aval, le garantissent. Le porteur arguera de la faillite du souscripteur pour rechercher aussitôt ceux-ci. Par contre, une faillite d'endosseur ne lui permet pas d'attaquer les signataires solvables.

2° Dans la *lettre de change*, on doit distinguer :

a) A-t-elle été *acceptée*, avant toute ouverture de faillite ? L'effet repose sur le *tiré*, dont la faillite donnera ouverture au recours. Toute autre faillite que celle-là sera sans effet pour déterminer une action contre les coobligés.

Le recours pour faillite de l'accepteur n'est, en définitive, qu'un développement du *recours faute d'acceptation*. Si le tiré requis d'accepter avait refusé de le faire, les autres signataires auraient été recherchés par le porteur (art. 120). Ici, quoique l'acceptation ait été donnée, ce qui paraît devoir exclure ce recours, le fait que le tiré n'est plus *in bonis* la rend illusoire ; l'intéressé agira de la même manière que si l'acceptation n'avait pas eu lieu du tout.

b) La lettre de change n'a-t-elle pas encore reçu l'acceptation ? C'est sur le *tireur* que l'effet prend sa base. La faillite de ce tireur procurera donc au porteur le recours institué par l'art. 444, al. 2. Le porteur, au surplus, pourra suivre une seconde voie : présenter l'effet au tiré afin que celui-ci l'accepte (aller au devant d'un refus), puis exercer le recours ordinaire faute d'acceptation. Les deux procédés conduiront à un semblable résultat.

§ 2. — Production du créancier pour le montant intégral de son droit dans les diverses faillites de coobligés.

1922. — Dans le cas où plusieurs coobligés feraient faillite soit à la fois, soit successivement, la loi devait se demander quel serait le *montant de la production* du créancier dans chacune de ces faillites. Y avait-il lieu de déduire de la production subséquente le dividende fourni ou à fournir sur la production première en date ? Eclairons cette question au moyen de chiffres.

Le créancier a devant lui un *débiteur principal* et une *caution*.

La caution fait faillite en premier lieu, cette faillite rend ou rendra 75 o/o. Le créancier, dont nous supposons que le droit est de 100, touche ou touchera son bordereau de collocation, et c'est à 25 que se limite le solde non couvert.

Survient la faillite du principal obligé. *Le créancier s'inscrira-t il dans cette faillite pour le montant nominal et primitif de son droit*, c'est-à-dire pour 100 (ce qui lui assurera son plein désintéressement, pourvu que le nouveau dividende atteigne 25 o/o) ? Ou bien, ne pourra-t-il s'inscrire que pour le solde de 25 (ce qui dans cette même hypothèse d'un dividende de 25 o/o lui donnera 6.25, soit une perte pour lui de 18.75) ?

Le Code de commerce consacre la première solution, la plus favorable aux intérêts du créancier. Mais il faut faire un retour en arrière.

1923. — Historique. — Au XVIIe et au XVIIIe siècles, la législation a passé sur cette question par plusieurs phases.

Pour les premiers interprètes de l'Ordonnance, pour SAVARY tout au moins, *le créancier*, après qu'il avait produit à la faillite de l'un des débiteurs, *était privé du droit de rien réclamer aux autres*. Il a été payé, disait-on, en monnaie de dividende il est vrai, à concurrence de 75 o/o seulement, mais dans des conditions aussi énergiques que si le débiteur, étant *in bonis*, avait complètement acquitté sa dette.

Conclusion rigoureuse de cette vieille théorie qui remontait jusqu'au droit romain classique : la créance, déduite en justice (on dira ici produite en faillite), s'éteint de plein droit, se transforme en contrat judiciaire (ou en dividende), cesse par conséquent de grever les autres codébiteurs.

Un tel règlement ne faisait plus de la solidarité qu'un bienfait médiocre : en exigeant plusieurs débiteurs, le créancier a voulu certainement les poursuivre tous cumulativement. POTHIER proposa en conséquence d'admettre le créancier à la seconde faillite, mais seulement *pour le solde de la créance*, déduction faite du dividende (75 o/o) obtenu déjà par lui dans la première faillite. Le premier dividende, en effet, forme acompte par rapport à la dette entière ; tout acompte ou paiement partiel laisse subsister l'obligation pour le reliquat. Le créancier produira pour 25.

Tout en reconnaissant la supériorité de ce système sur le précédent, les praticiens furent frappés de son résultat fâcheux, là où la faillite atteindrait tous les débiteurs. A moins qu'une de ces faillites ne donne 100 o/o, le créancier ne sera jamais entièrement désintéressé, puisque le système adopté le force à déduire de sa seconde, troisième ou suivante production les dividendes déjà touchés. Or, lorsqu'on s'assure la solidarité, c'est afin de chercher le plus possible à garantir son remboursement complet. Le calcul suivi engendrait pour le créancier un mécompte.

C'est pour ce motif qu'on fit prévaloir, grâce à un arrêt du Parlement de Paris en date du 18 juin 1776, et à d'autres arrêts du Conseil du Roi rendus dans le même sens en 1778 et 1781, un troisième système, qui devait faire la part la plus belle au créancier. *Celui-ci est fondé à s'inscrire dans chaque faillite pour le montant nominal de son titre jusqu'à parfait paiement.* C'est ce mode de règlement qui a été consacré de nouveau par le Code de commerce, ainsi que par la loi de 1838, sous certaines réserves (art. 542 à 544).

1924. — Justification. — Il s'agit de justifier cette règle singulière. Elle froisse la logique au premier abord. L'opinion de POTHIER paraissait mieux conçue : le créancier, en touchant son premier dividende, n'a-t-il pas diminué d'autant le chiffre de sa créance, et d'où vient qu'il puisse rendre à celle-ci, vis-à-vis d'un second obligé, son étendue primitive ?

On ne peut sortir de l'impasse de raisonnement qu'en argumentant de la manière suivante. Produire dans une faillite de coobligé, ce n'est pas produire pour la créance même dont ce coobligé était tenu. Autrement, on ne saurait trop le répéter, les résultats de la production devraient s'imputer « objectivement » sur la dette, ce qui n'est pas. Produire dans une faillite de coobligé, c'est demander à ce coobligé, qui se retire de la solidarité et se déclare, par la fermeture de ses guichets et par le dépôt de son bilan, impuissant à payer, la *rançon de cette retraite*, de ce manque de parole. Par une sorte de forfait légal, le chiffre de la rançon sera égal à un dividende calculé sur le montant nominal de la créance. Il n'en faut point conclure que c'est cette créance même qui a été colloquée dans la faillite.

Une convention implicite a été échangée au commerce entre le porteur de la créance solidaire et chacun de ses coobligés. Il est entendu que, si l'un de ceux-ci fait faillite, cette faillite d'une part le fera sortir de la dette, mais devra d'autre part procurer un dédommagement au créancier. Comment mieux fixer ce dédommagement, cette réparation due par la personne qui s'est dérobée à son obligation, qu'en lui donnant pour base le montant même de la dette ?

Les coobligés solvables se sont tacitement obligés, de leur côté, à continuer de répondre de la dette entière, alors même que la faillite aurait frappé l'un d'eux, et sans réduction. Savary pensait que, substantiellement, la dette se convertissait en dividende et s'éteignait pour partie à l'égard de tous. La doctrine moderne prend l'opposé de cette conception. *Substantiellement*, la dette n'est pas affectée, elle continue à durer pour le tout. Le failli se rédime moyennant un dividende de la place qu'il occupait dans la dette.

N'est-ce pas, à tout prendre, la situation visée par les art. 1285 et s. C. civ. ? Un créancier fait remise à l'un des débiteurs principaux ou à la caution. D'abord il peut réserver ses droits contre les autres obligés (sans que cette réserve soit nécessaire en droit civil pour lui conserver le recours contre le débiteur principal, lorsque c'est une caution qui a été bénéficiaire de la remise). Mais il y a plus : le créancier peut, à condition d'obtenir l'assentiment exprès des coobligés, se réserver l'action intégrale contre ceux-ci, sans avoir alors à faire déduction de la part du débiteur qui est sorti de l'engagement (art. 1285, voir encore l'art. 1281, al. 3)[1]. Or cet assentiment des coobligés se présume en droit commercial, de par le régime qu'institue la loi des faillites, assentiment donné pour le cas où l'un d'entre eux subirait la procédure collective. Cette procédure fera plutôt sortir le failli de l'engagement à charge de servir un dividende, qu'elle n'affectera la dette elle-même dans sa consistance interne : *potius eximit reum ab obligatione quam extinguit obligationem.*

Au total, la thèse à laquelle on s'est rallié use d'un raisonnement tortueux. On a voulu donner au créancier, en cas de faillite, le *maximum* de satisfaction auquel il pût prétendre. C'est l'opinion de Pothier qui se présentait le plus naturellement à l'esprit : nonobstant faillite, la dette se

1. Toutefois, les textes du Code civil, pris à la lettre, obligeraient le créancier à déduire ce qu'il obtient du codébiteur déchargé (art. 1288), ou la part de ce codébiteur dans l'engagement solidaire (art. 1285, art. 2). La convention contraire serait-elle licite ?

conservera avec le même nombre d'obligés, mais devenue partielle, le dividende valant acompte et éteignant l'engagement à proportion. Cela ne donnait pas au créancier une assez ample collocation. Alors on a imaginé l'autre interprétation, plus généreuse : la faillite dégage l'un des obligés, sans toucher à l'objet de la dette vis-à-vis des débiteurs non faillis (v. dans Thaller et Percerou, *op. cit.*, I, n° 831, d'autres explications proposées).

1925. — Cette argumentation préliminaire circonscrit la portée de la règle. Par cela même que la solution donnée par la loi paraît peu d'accord avec ce que la logique toute simple aurait commandé, il faut user d'une interprétation restrictive. Pour savoir si telle cause de satisfaction partielle donnée au créancier (75 fr. lorsqu'il lui est dû 100 fr.) entraîne ou non réduction légale de l'obligation, voici la pierre de touche. Ou cette cause de satisfaction partielle réside dans une ouverture de faillite et dans le dividende qui en est la suite : la dette n'est pas affectée dans son chiffre. Ou c'est un paiement prélevé (soit amiablement, soit de force) sur un individu non failli, et alors il faut en revenir au raisonnement plus simple de Pothier. Le paiement s'impute sur la dette, celle-ci est tombée *ipso facto* de 100 à 25 fr.

Plusieurs hypothèses doivent être examinées, les deux premières sont seules réglées par la loi.

1926. — Première hypothèse. — *Tous les coobligés sont tombés en faillite* avant que le créancier *Primus* n'ait reçu aucun acompte. Débiteur principal et caution sont mis successivement en faillite.

« Le créancier, dit l'art. 542, participera aux distributions dans toutes les masses, et y figurera pour la valeur nominale de son titre jusqu'à parfait paiement ». Il produira donc *in solidum* dans toutes ces faillites, pour la somme de 100 fr. Toutefois, on le verra, la loi ne lui permet pas, à la faveur d'un cumul de dividendes, de dépasser le montant de sa créance.

Ex. : Le *tireur*, le *tiré* accepteur et l'*endosseur* d'une même lettre de change déposent leur bilan. Le porteur réitérera sa production pour 100 dans chacune des trois faillites.

Si les dividendes de ces trois faillites se chiffrent comme suit : 75 o/o pour l'endosseur, 10 o/o pour le tireur, 5 o/o pour le tiré, le porteur aura touché 90 o/o en tout et pour tout.

Si, sans rien changer aux autres chiffres, la faillite du tiré donne un dividende de 15 o/o, le porteur obtient son plein paiement.

Si la faillite du tiré, la troisième en date, donne 40 o/o, le porteur, ayant déjà touché 85 o/o dans les deux premières faillites, ne peut pas toucher le plein du troisième dividende. Autrement, il recevrait plus que sa créance. Il prélèvera 15 o/o seulement, laissant ainsi disponibles 25 o/o, complément de dividende, dont il y aura lieu de rechercher plus loin l'emploi [1].

---

1. Comment le syndic de la deuxième ou de la troisième faillite connaîtra-t-il les dividendes déjà touchés par le porteur dans la première et dans la deuxième faillite ? — Au moyen de la présentation du titre de ce créancier. L'admission aux

1927. — Cette production solidaire a son *contre-coup* sur le recours des *coobligés faillis les uns contre les autres*. Il en est qui tiennent le rôle de cautions vis-à-vis de l'un d'entre eux. Dans notre exemple, l'endosseur a le droit de se faire rembourser par le tireur ainsi que par le tiré N. Le tireur a le même droit contre le tiré, à la charge de qui doit retomber la dette, puisqu'il est le débiteur principal (nous le supposons nanti d'une provision).

Il semble que ces obligés accessoires (ou leur syndic agissant ès-qualités) puissent se retourner contre la faillite du tiré N. Celui aux dépens de l'actif duquel a été servi un dividende de 75 o/o, l'endosseur, serait ainsi fondé à s'inscrire pour le remboursement de ce dividende dans la masse de N, comme on s'inscrit pour le remboursement d'une avance. Et de même du tireur, à raison du dividende de 10 o/o qu'il a servi.

Ce recours entre faillites est refusé : « Aucun recours, pour raison de dividendes payés, n'est ouvert aux faillites des coobligés les unes contre les autres... (art. 543) ».

La solution semble choquante, inique. Elle ne pouvait être différente.

Du moment que le créancier a déjà produit pour 100 dans la faillite du principal obligé (le tiré N), il est inadmissible que des cautions de la même dette (endosseur et tireur) viennent encore produire à côté de lui. Que cet engagement repose sur la tête du porteur ou qu'il soit invoqué par un garant, il ne faut pas se laisser tromper par les apparences : c'est toujours une même créance, elle ne saurait sur un seul actif faire l'objet de plusieurs productions cumulées. Le tiré N ne s'est obligé qu'une fois, pour une somme de 100 fr. seulement. Or le porteur se présente dans sa faillite pour cette somme entière. Cela ne laisse plus aucune place pour qui que ce soit. D'autres prétendants s'ajouteraient à lui, portant le passif de 100 à 185 : la masse protesterait contre cette multiplication d'inscriptions qui, en forçant le total des dettes, affaiblirait le dividende espéré par tous les autres créanciers [1].

1928. — Mais le recours des débiteurs accessoires redevient effectif, pourvu que le créancier, ayant touché son plein, laisse dans la faillite de l'obligé principal un *excédent disponible*, soit 25 o/o dans notre exemple. Il ne fallait que 15 pour parfaire les droits de celui-ci dans la dernière faillite, et cependant on lui avait préparé un dividende de 40.

---

premières faillites a été mentionnée par écrit sur ce titre (art. 497), ainsi que les sommes qui ont été payées dans les répartitions (art. 569).

1. Quiconque a présente à l'esprit cette règle, que la caution s'efface devant le créancier en cas de faillite du débiteur principal, reprochera leur défaut de concordance aux dispositions du Code civil et du Code de commerce. Le Code civil, dans l'art 2032, avait dit : « La caution, même avant d'avoir payé, peut agir contre le débiteur pour être par lui indemnisée... lorsque le débiteur a fait faillite ». On voit, au contraire, que la caution, *eût-elle payé en monnaie de premier dividende*, n'a pas le droit de se retourner contre la faillite du débiteur, du moment que le créancier vient lui-même à cette faillite (art. 543). A plus forte raison, ce droit ne lui appartient-il pas si elle n'a rien payé du tout. L'application de l'art. 2032 va donc se trouver en pratique extrêmement limitée. Elle ne sera possible que si le

Alors toute raison d'écarter les cautions disparaît. Le créancier est désintéressé, et il reste une part de son dividende sans emploi. « Cet excédent sera dévolu, suivant l'*ordre* des engagements [1], ajoute l'art. 543, à ceux des coobligés qui auraient les autres pour garants (en d'autres termes aux cautions) ».

1929. — Deuxième hypothèse. — Avant toute faillite de coobligé, le créancier a reçu un *acompte* de 75 fr. de l'un des débiteurs, d'un endosseur par exemple, alors solvable. Puis éclatent une ou plusieurs faillites, celle du débiteur auteur de l'acompte, ou celle d'un autre.

Pour déterminer les droits du créancier dans cette faillite ou dans ces faillites, la loi prend le contrepied de la règle précédente. Il reçoit un traitement moins avantageux. L'*acompte* par lui précédemment touché *est venu en déduction de la créance* et l'a partiellement éteinte. Le porteur de l'effet, qui a obtenu 75 de l'endosseur, n'est plus fondé à réclamer que 25. S'il a touché en outre dans des conditions semblables 10 du tireur solvable, il n'est plus créancier que pour 15 : c'est pour ces 15 qu'il se fera colloquer dans la faillite du tiré ou de quelque autre obligé que ce soit (art. 544).

1930. — La loi avait consacré pour le premier cas un règlement plus favorable des droits du créancier, qu'elle abandonne ici. On s'est livré à de nombreuses conjectures pour en saisir le motif. En partant de notre explication, cette solution allait de soi.

Un acompte, servi par un débiteur *in bonis*, diminue le montant de la dette. L'acompte ne s'identifie point à une production de faillite. La faillite est un mode individuel de se dégager des liens de la solidarité, sans attaquer la substance même de la dette : celle-ci subsiste, non amoindrie, pour tous autres que le failli. On ne saurait étendre le raisonnement à un paiement partiel, qui obéit à des idées différentes : celui-ci mord sur l'obligation, il lui enlève sa consistance, sa surface, son aliment.

1931. — Tout se tient et s'enchaîne. Du moment que le créancier doit limiter au solde de la créance sa production, les débiteurs accessoires ne s'effaceront plus en sa présence. Le corollaire de la règle tracée pour la première hypothèse cessera de se produire. Au contraire, *les auteurs des acomptes* (endosseur pour 75, et tireur pour 10) *s'inscriront à côté de lui.*

---

créancier s'abstient volontairement de produire à la faillite du débiteur principal. Il ne paraît pas que les rédacteurs du Code civil aient vu la difficulté.

1. L'article vise non pas l'ordre *chronologique* des engagements, mais un ordre logique et *rationnel*. Dans les effets de commerce, on suivra l'ordre renversé des dates. L'excédent de 25 0/0 est disputé par la faillite de l'endosseur qui a fourni un dividende de 75 et par celle du tireur qui en a fourni un autre de 10. D'après l'ordre des dates, le tireur devrait primer l'endosseur, puisqu'il a été le premier à mettre l'effet en circulation. Il toucherait 10 et laisserait 15 à l'endosseur. Tout au contraire, c'est le tireur qui s'effacera devant l'endosseur, les 25 0/0 seront attribués pour le tout à ce dernier. — Rien n'est plus juste. Le tireur doit garantie à l'endosseur, et ne peut se réserver sur lui un rang de préférence.

A eux tous, ils ne produiront toujours que pour 100. Cela ne fait de tort à personne.

L'effacement nécessaire des cautions dans la première hypothèse provenait de ce que le créancier occupait toute la place et absorbait la position. A présent que le créancier ne peut plus produire que pour un solde, le droit pour les cautions de se faire indemniser renaît dans sa plénitude. C'est à elles, non au créancier, que seront attribués les dividendes respectifs afférents au remboursement des avances (art. 544 *in fine*) [1].

1932. — Troisième hypothèse. — La deuxième faillite ne s'ouvre qu'*après clôture de la première*. Le dividende de la première faillite (75 o/o) était donc déjà connu et distribué lorsque s'est produite la seconde catastrophe. C'est une des hypothèses que le Code ne prévoit point. Le créancier doit-il déduire de son inscription à la nouvelle faillite le dividende par lui antérieurement touché, 75 fr., et ne produire que pour 25 ?

Il faut répondre par la négative : le créancier aura droit à production intégrale. On lui appliquera le principe de l'art. 542, non pas l'exception de l'art. 544.

Ainsi le veut la logique. Pour régler les droits du créancier dans la seconde faillite, il importe peu que, au moment où s'ouvre celle-ci, la première ait pris fin ou soit encore en marche.

Disons-le encore, la première faillite, en atteignant l'un des débiteurs, a laissé subsister contre les autres la dette dans sa totalité. Le dividende est le prix de l'abandon que le créancier fait de son action individuelle

1. Il est vrai qu'on est encore tenté d'attribuer au créancier, indépendamment du sien propre, le dividende inscrit au nom de la caution, au nom du raisonnement suivant. La caution, pour se retourner contre le débiteur principal, invoque une subrogation partielle au droit du créancier ; par cela même, elle réduit d'autant le dividende de ce dernier : cela est contraire à la règle : *nemo contra se ipsum subrogat* (art. 1252 C. civ.). Les principes généraux défendent à la caution de léser le créancier en s'inscrivant à ses côtés. Le seul moyen de sortir de la difficulté, c'est de déléguer au créancier le bénéfice du dividende constitué, au nom de la caution. — Cette solution ne peut pas sérieusement se défendre, en présence de l'art. 544 *in fine* qui décide le contraire : « Le coobligé ou la caution qui aura fait le paiement partiel sera compris dans la même masse (vraisemblablement à son propre profit) pour tout ce qu'il aura payé à la décharge du failli ». L'opinion contraire donne à la règle *nemo contra se subrogat* une portée qu'elle n'a point. L'art. 1252 vise seulement le cas où la créance, payée partiellement par une caution, serait accompagnée d'un privilège ou d'une hypothèque. Il décide alors que le créancier sera colloqué *dans l'ordre* pour le solde préférablement à la caution. L'art. 1252 ne prétend pas priver une caution d'un recours chirographaire né de ses avances. Le créancier peut indirectement en souffrir, il touchera moins que si la caution ne s'était pas présentée à la faillite, mais cela tient à la nature des choses.

Il faut cependant s'expliquer sur le résultat final de ces attributions de dividendes. Le dividende alloué à la caution ne lui profitera probablement pas à elle-même, restée pour le solde débitrice du créancier, mais sera l'objet d'une opposition ou saisie-arrêt de celui-ci. L'opposant concourra sur le montant de ce dividende avec les autres créanciers de la caution. Ce qui demeure vrai, c'est que le créancier n'a pas un droit *propre* et *direct* sur le dividende résultant de la production de la caution.

contre le coobligé insolvable, il n'y a pas lieu d'en précompter le montant sur le chiffre même de la dette (n° 1914). Il est donc indifférent au problème que ce dividende soit déjà servi ou qu'il ne l'ait pas encore été. Dans l'un et l'autre cas, il y a lieu de le calculer en dehors de la dette, sans affecter son taux.

Statuer différemment (Demolombe, cité par Lacour, *op. cit.*, n° 1935), ce serait donner à l'art. 542 un autre sens que nous ne l'avons fait. Le créancier a droit aux productions cumulées, dira-t-on alors, parce que, en fait, les faillites marchant de front, on ignore encore le dividende que produiront les unes et les autres. Dans cette ignorance, le créancier s'incrira partout pour la créance totale : on ne saurait lui imposer une défalcation, dont on ne connaît pas le chiffre. La première faillite étant au contraire liquidée, la déduction du premier dividende devient praticable. — Mais il ne paraît pas que l'économie de la loi repose sur cette pensée. Elle eût entraîné, comme résultat, la nécessité, après clôture de la première faillite et connaissance de son dividende, de rectifier le dividende obtenu dans la seconde (méthode que le droit des faillites a suivie dans le règlement des droits des créanciers hypothécaires, v. *infra*, n° 1990 et s., mais non dans celui des droits des créanciers à coobligés).

1933. — Quatrième hypothèse. — Pendant la marche de l'*une des faillites*, un débiteur *in bonis* verse un *acompte* (75 fr.) au créancier. Celui-ci, à raison de ce paiement partiel, doit-il rabaisser à 25 sa production dans la faillite actuellement en cours et s'incrire seulement pour le solde, l'auteur de l'acompte produisant à côté de lui pour 75 ?

Ici encore on suivra l'art. 542, non l'art. 544. Le créancier conserve sa production pour le tout, et l'auteur du versement partiel sera éconduit de la sienne. Dans toute faillite, en effet, le dividende se fixe au jour du jugement d'ouverture ; les faits postérieurs ne peuvent plus en modifier la quotité. Or la créance existait intégrale, pour 100, lorsque la faillite s'est ouverte ; elle se maintiendra à ce chiffre en toute hypothèse.

On peut exprimer sous une autre forme la même pensée : le débiteur sort de la dette par le fait de sa faillite, moyennant une redevance, dont il est naturel de déterminer la base au moment du jugement déclaratif, sans égard à un fait subséquent, comme le serait un versement d'acompte par son coobligé. Une redevance, soit le dividende à obtenir dans sa faillite (n° 1924).

1934. — Droit civil. — Il y aurait une question plus délicate à trancher. La théorie des coobligés, telle que l'organisent les art. 542 à 544, doit-elle être transportée de la faillite *dans une déconfiture civile* ?

Lorsque les divers signataires non commerçants d'un billet à ordre ou d'une lettre de change subissent, sans mise possible en faillite, les poursuites du porteur, en forme de saisies et de distributions d'ordre, le créancier peut-il se faire colloquer pour le montant nominal du titre dans toutes les procédures ? Ayant touché une première collocation de 50 o/o sur l'endosseur, une deuxième de 10 o/o sur le tireur, peut-il encore s'inscrire pour 100 sur l'actif du tiré, et cela jusqu'à parfait paiement ?

Nous ne le pensons point (Req., 19 mars 1900, D. 1900, 1, 345). La déduction du dividende s'imposera, la caution produira à côté de lui. C'est l'art. 544, et non pas l'art. 542, qui renferme le principe applicable en droit civil. Voici pourquoi.

L'économie de la faillite explique seule le droit du créancier, exorbitant en somme, à la production cumulative. Cette prérogative n'appartient qu'au dividende provenant de la « procédure collective ».

Lorsqu'un seul bien du débiteur fait l'objet des poursuites, la somme judiciairement touchée tient de la nature d'un acompte volontaire et éteint la dette à due concurrence, au regard de tous. Le saisi n'est point déchargé sur ses autres biens, mais il reste tenu pour le solde seulement, la dette s'étant *matériellement* amoindrie. C'est également pour ce solde que demeurent tenus ses codébiteurs. L'individu « saisi », à la différence de l'individu « failli », ne s'est pas exonéré de la solidarité, moyennant promesse d'une collocation, d'un prix de rançon.

1935. — *En résumé*, le créancier trouve dans la faillite de l'un de ses obligés l'avantage ou le dédommagement de conserver contre les autres son action intégrale primitive. Si, après la première faillite, s'en déclare une seconde, une troisième, le créancier s'inscrira pour le tout dans chacune des autres. Le principe à suivre, à moins qu'une disposition expresse n'y déroge, c'est la production intégrale dans chaque faillite (et pour le chiffre le plus élevé qu'atteignait la créance à l'époque où s'est ouverte la plus ancienne d'entre elles).

L'occasion la plus usuelle de mettre ces principes en œuvre se présente en matière de compte courant. On couvre la balance débitrice de son compte en faisant remise à son correspondant d'effets de commerce à plusieurs signatures. Le remettant tombant ensuite en faillite, le correspondant contrepasse l'article d'avoir qu'il avait fourni pour cet envoi ; cela ne l'empêche pas de conserver la propriété de l'effet. Les sommes qu'il obtiendra des signataires ne seront pas imputées sur le solde du compte. Il produira pour ce solde integral à la faillite du remettant (n° 1667 et les références). Il n'est pas sûr, d'ailleurs, que cette solution, empruntée à notre art. 542, soit la bonne (Thaller et Percerou, *op. cit.*, n° 854).

On verra (n° 2162) les conséquences qui découlent de la théorie des coobligés en matière de concordat : malgré les remises partielles consenties au profit de l'un des codébiteurs, le créancier conserve son action primitive contre les autres codébiteurs non bénéficiaires de ce concordat (art. 545). C'est une application, celle-là certaine, de la grande règle développée sous ce paragraphe.

CHAPITRE V

DES PROPRIÉTAIRES USANT DE LA REVENDICATION

(C. com., art. 557-564, moins 562 et 563 ; 574 à 579).

1936. — Dans la faillite ou dans la liquidation judiciaire, toutes les valeurs qui sont aux mains du débiteur ne font point nécessairement partie du gage des créanciers. Il en est qui peuvent être la *propriété de tiers*, le débiteur les détenant légitimement ou non. Il sera fait distraction de ces biens au profit de l'ayant droit ; celui-ci exercera une *revendication*.

Tout propriétaire est armé d'un *droit réel*. L'attribut essentiel du droit réel, c'est le droit de *préférence* ; son titulaire échappe au dividende, au marc le franc. Il primera les créanciers.

Le syndic peut admettre les demandes en revendication avec l'approbation du juge-commissaire (art. 579). Dans la liquidation judiciaire, c'est le débiteur dûment assisté qui y acquiesce avec l'approbation du même juge. L'avis des créanciers contrôleurs, s'il y en a, doit être préalablement demandé (art. 9 de la loi de 1889).

Faute d'entente amiable, la revendication donne lieu à un procès : le demandeur assignera la masse ; s'il obtient gain de cause, les frais retomberont sur celle-ci, les dépens seront remboursés par préférence.

Lorsque l'art. 443 dit que les actions mobilières ou immobilières sont à suivre ou à intenter contre le syndic dans la faillite (voir aussi l'art. 5 de la loi de 1889), il fait allusion à cette revendication, le jugement déclaratif suspendant les actions des créanciers chirographaires (n° 1879).

1937. — Il faut se placer *au moment du jugement déclaratif* pour régler les droits du propriétaire. Si l'ayant droit dispose d'une situation de préférence ce jour-là, elle lui demeure acquise, sans pouvoir être modifiée ultérieurement par les circonstances.

Ex. : Un dépôt, constitué chez le commerçant, existe encore en nature au moment où éclate la faillite. — Si le syndic réalise l'objet déposé, croyant qu'il fait partie de l'actif, il agit du chef de la masse et sans droit. La masse est tenue de procurer réparation au déposant. Celui-ci n'obtiendra pas, il est vrai, la restitution de son dépôt, lorsqu'un acquéreur de bonne foi en a pris possession (art. 2279 C. civ.). Du moins, a-t-il une action en dommages et intérêts et, devenu créancier *de* la masse, il ne viendra pas par contribution.

1938. — La revendication, pour réussir, doit porter sur un bien *individualisé*, dont l'identité est établie. Lorsqu'un commerçant a confondu dans son actif le dépôt qui lui a été remis, et n'est pas en mesure de le restituer *in specie*, le réclamant ne pourra prétendre, en faisant vérifier sa créance, qu'à un dividende calculé d'après la valeur que ce dépôt représentait.

Par la même raison, l'acheteur d'une marchandise du failli, restée fongible, faute d'en avoir pris livraison avant l'ouverture de la faillite, exercera non une revendication, mais l'*action personnelle* née du contrat. Au contraire, si c'est une vente de corps certain, le droit moderne veut que l'acheteur ait été rendu propriétaire par le fait même du contrat (art. 1138 C. civ.).

Dans les ventes de choses fongibles, l'acheteur n'est que créancier. Cependant, la délivrance n'est pas toujours indispensable pour le rendre propriétaire. D'autres événements que la tradition peuvent consolider sa situation et faire que la survenance ultérieure de la faillite du vendeur ne réduise pas son droit à un dividende.

Par exemple, la marchandise a été l'objet par le vendeur, non encore failli, d'une mise en ballot au nom de l'acheteur. Le ballot retrouvé dans la faillite sera revendiqué par l'acheteur. De par une clause tacite ou expresse, le transport de propriété a pu être réalisé par un pareil mode, sans que l'acquéreur fût même présent au fait juridique emportant « spécialisation ».

On suivra les mêmes principes dans les faillites d'intermédiaires à la Bourse : des titres au porteur ont été achetés pour un opérateur ; puis l'agent, par mention des numéros sur ses livres ou au moyen d'une fiche épinglée aux certificats, les applique au client. Ces titres sont devenus la propriété du donneur d'ordre : celui-ci est fondé à les revendiquer.

1939. — Les cas où la revendication est autorisée dans une faillite *ne sont pas* présentés par la loi *sous forme limitative*. Dans l'ordre de questions où il statue, le Code de commerce, modifié par la loi de 1838, tend à restreindre, au détriment du revendiquant, l'effet normal du droit de propriété, au lieu de lui donner libre carrière. Mais le Code n'exclut point les autres situations : elles se règleront alors par appel aux principes généraux.

Ainsi, les employés du failli, vivant chez lui, revendiqueront leurs hardes ; — des clients revendiqueront les valeurs de portefeuille que la banque en faillite avait reçues en dépôt et possède encore en nature, etc.

L'idée contraire a été accueillie par le droit anglais : les meubles que possède le débiteur au moment de sa faillite, par suite d'un acte volontaire de leur propriétaire, sont présumés faire partie de la masse, et quiconque prétendrait à leur restitution ne peut le faire que par voie de production chirographaire. Vis-à-vis du gage général mobilier, la masse est traitée, en Angleterre, à peu près de la manière que l'est chez nous un acquéreur de bonne foi : « En fait de meubles, possession vaut titre ». Cette règle, qui comporte d'ailleurs des atténuations, n'a pas été acceptée sur le continent.

1940. — Quatre hypothèses de revendication sont réglées par le livre des faillites. Trois d'entre elles figurent sous le chapitre *de la revendication* (I, 10) ; il est traité de la quatrième dans la section *du droit des femmes*. De ces quatre hypothèses, les deux premières ont déjà été exposées dans d'autres parties de ce livre : il n'y a donc plus lieu d'y revenir, si ce n'est par mention brève et par renvoi.

1. La première de ces deux hypothèses est la *revendication de remises en effets de commerce* ou autres titres non encore payés (art. 574).

Un porteur de lettre de change ou de billet à ordre a remis l'effet à un tiers « avec le simple mandat d'en faire le recouvrement et d'en garder la valeur à sa disposition ». Il y a eu endossement de procuration ; le nouveau porteur qui a reçu le titre n'en a pas été rendu propriétaire. Si ce nouveau porteur dépose ensuite son bilan, « alors que l'effet se trouve encore en nature dans son portefeuille à l'époque de la faillite », l'envoyeur pourra le revendiquer.

L'*envoi en compte courant* a un résultat différent : la faillite du réceptionnaire ne donne pas au remettant le droit de reprendre un effet qui s'est absorbé dans le compte, quand même la remise aurait été faite par endos irrégulier. Pour que l'envoyeur pût reprendre l'effet, il faudrait que la lettre de change expédiée « eût été spécialement affectée à un paiement déterminé » ; alors l'effet a été excepté du compte (nos 1488 en note et 1665).

II. La *revendication* de la deuxième hypothèse est celle que le commettant exerce *sur une marchandise consignée chez le commissionnaire*, présentement failli (art. 575). La consignation est un dépôt, elle n'a pas fait passer la propriété sur la tête du commissionnaire. Le commettant peut donc reprendre son bien sans souffrir de la faillite.

Il importe toutefois « que la marchandise existe encore en nature, en tout ou en partie ». Cette condition cesse d'être obtenue, au cas où le commissionnaire aurait, suivant ses pouvoirs, traité avec un acheteur avant de déposer son bilan. La marchandise est devenue la propriété du tiers acheteur, elle ne peut plus être reprise par un autre que lui. Cependant, même alors, la loi se montre soucieuse des intérêts du commettant. Elle ne veut pas qu'il vienne par contribution, et elle lui permet de *revendiquer* dans la faillite du commissionnaire le *prix* de ces marchandises « qui n'aurait été encore ni payé, ni réglé en valeur, ni compensé en compte courant entre le failli et l'acheteur » (voir les nos 1131 à 1134 et 1664 c).

III. IV. Il ne nous reste plus qu'à examiner : 1° la revendication donnée au *vendeur d'effets mobiliers* en garantie de son prix (art. 576 à 578 et 550 *in fine*) ; — 2° la revendication *de ses reprises* par la *femme* du failli (art. 558 à 561).

SECTION PREMIÈRE

DE LA REVENDICATION DU VENDEUR DE MEUBLES

(C. com., art. 550 *in fine*, art. 576 à 578).

1941. — Généralités. — Il n'est pas possible de s'occuper de la revendication, sans reprendre dans son ensemble la condition du vendeur de meubles au cas de faillite de son acheteur.

D'abord l'emploi du mot « revendication », pour qualifier les droits du vendeur, est de nature trompeuse. La revendication sort ici de son acception courante : car l'acheteur a été rendu propriétaire (sous les distinctions connues entre les corps certains et les choses fongibles) ; le vendeur n'est donc pas fondé à dire que la chose soit demeurée sa propriété.

Aussi bien est-ce, non une propriété, mais une créance portant sur le prix de l'objet vendu, que le vendeur fait valoir. Dans la généralité des cas, cette créance tombe au rang le plus défavorable que puisse occuper un créancier, « au rang chirographaire ». Le vendeur ne sera pas mieux traité que le porteur d'une promesse dépourvue de toute sûreté ; il devra se contenter d'une place tout opposée à celle que tiennent les revendiquants.

Nous serons donc obligés d'élargir le cadre de l'étude pour y comprendre les situations multiples où le vendeur se trouve placé. Après quoi se dégagera des solutions de la matière la règle-type à suivre pour déterminer les droits d'un créancier synallagmatique, vendeur ou autre, dans la faillite de sa contre-partie. Mais, sur ce dernier point, il faudra s'abstenir de toute conclusion, jusqu'à ce qu'on soit arrivé à l'étude des créanciers privilégiés.

1942. — Une personne a vendu au futur failli, pour un certain prix (20.000 fr.), des effets mobiliers. Ces effets consisteront le plus communément dans des marchandises ; mais la loi a une portée générale et s'applique à des meubles de toute espèce. Comment, après faillite de l'acheteur, le vendeur sera-t-il traité pour se faire payer son prix ?

1943. — **Droit civil.** — Le droit civil confère au vendeur quatre sortes de garanties. Pour savoir si telle ou telle de ces garanties doit jouer, il faut rechercher dans quelles conditions se trouve la chose vendue.

Ces garanties sont : — le *droit de rétention* ; — l'*action en résolution* ; — le *privilège* sur le prix ; — la *revendication* du meuble.

1° Tant que le vendeur ne s'est pas dessaisi de l'objet vendu, sa possession lui assure la défensive. Le *droit de rétention* lui permet de conserver la chose, même à l'encontre des créanciers de l'acheteur : il forme pour lui un droit réel *sui generis*. La vente n'est pas pour autant résolue.

D'ailleurs, le Code civil ne consacre en principe le droit de rétention que dans les *ventes au comptant* : ce n'est qu'autant que l'acheteur s'est engagé à payer son prix immédiatement, contre livraison, que le vendeur refusera de livrer si ce prix ne lui est pas offert (art. 1612).

Par exception, le droit de rétention est encore accordé dans les *ventes à crédit*, lorsque l'acheteur tombe en *déconfiture* avant que la chose ne soit livrée : la déconfiture rend exigible la dette à terme du prix (art. 1188), et la situation devient la même que si le prix avait été stipulé payable au comptant (art. 1613).

2° Même après qu'il a livré, le vendeur dispose, en droit civil, de l'*action résolutoire* de l'art. 1654, qui procède elle-même de l'action plus générale consacrée par l'art. 1184. Elle se prolonge pendant trente ans, tant que la créance n'est pas prescrite.

Autrement dit, le non-paiement du prix autorise le vendeur à faire tomber judiciairement le contrat ; il reprend sa chose par préférence aux autres créanciers de l'acheteur, pourvu que l'objet n'ait pas passé, par le fait d'une revente, aux mains d'un nouvel acquéreur de bonne foi, parce qu'alors la résolution ne peut plus opérer *in rem* contre ce dernier.

3° Le *privilège* spécial sur meuble, classé sous le n° 4 de l'art. 2102, rend, en droit civil, le vendeur apte, par une autre voie, à éviter les effets du dividende. Il provoque sur son acheteur la vente forcée du meuble vendu, toujours dans la supposition que cet acheteur l'a encore en sa possession. Puis il se fait colloquer par préférence sur le prix. Il bénéficie d'une règle d'équité : c'est lui, vendeur, qui a mis cette valeur dans l'actif de l'acheteur. il est juste qu'il prime sur son produit tous autres compétiteurs : *causam pignoris fecit.*

4° Le vendeur dispose enfin, dans le régime de la déconfiture, d'après ce même art. 2102-4°, d'un dernier avantage dénommé *droit de revendication*, et dont la nature a été longtemps controversée. Il n'existe d'ailleurs que : *a*) dans les *ventes au comptant* ; *b*) à condition d'être exercé dans la huitaine de la livraison, et *c*) si la chose est restée en possession de l'acheteur.

On a peine à s'expliquer cette nouvelle prérogative limitée à un temps très court ; elle aboutit, semble-t-il, à une restriction des garanties ordinaires, puisque c'est pendant trente ans, et non pendant huit jours, qu'un vendeur peut reprendre son bien au moyen de l'action résolutoire. Et puis, que signifie cette « revendication » d'une chose dont le vendeur a certainement cessé d'être propriétaire ?

On a fini par admettre que la loi civile restitue au vendeur, sous un nom mal choisi, le droit de rétention qu'il avait imprudemment abondonné, sans lui refuser l'action résolutoire, même après que la revendication ne serait plus recevable. S'il y avait résolution, le contrat serait anéanti, tandis qu'il subsiste, nonobstant la revendication faite en toute diligence dans la huitaine, ce qui donne au vendeur le pouvoir d'en exiger l'exécution.

1944. — Droit de la faillite. — Tel est le droit civil pris sous ses différents aspects. Le droit commercial de la faillite traite le vendeur avec beaucoup moins de générosité. Il ne lui reconnaît que la première de ces quatre garanties : le *droit de rétention*.

S'il ne supprime pas entièrement les trois autres garanties, du moins ne les accorde-t-il qu'à titre anormal et dans le cas où l'objet vendu se trouverait dans des conditions actuelles déterminées. Le plus habituellement, le vendeur sera colloqué comme simple chirographaire.

Cela paraît d'abord peu équitable ; n'a-t-il pas, tout comme en droit civil, placé la chose dans l'actif de son acheteur, et n'est-il pas injuste d'en appliquer le prix à la masse, restée étrangère à cette acquisition ?

Le législateur de la faillite ne pouvait pas s'arrêter à cette pensée. Il a dû, dans un sens opposé, faire prévaloir une considération de crédit. L'acheteur, après s'être fait livrer les marchandises, s'en est servi vis-à-vis de sa clientèle générale. Convaincus qu'elles formaient leur gage, les tiers lui ont donné terme, à raison des approvisionnements qu'ils ont vus en ses mains. Aucun indice extérieur ne leur montrait ces objets grevés de remboursement, ils n'ont pas su que le prix d'acquisition en était encore dû. La masse serait surprise si le vendeur, après faillite de l'acheteur, pouvait s'attribuer la chose ou son produit par préférence aux autres créanciers.

1945. — Cela dit, il faut distribuer l'exposé du régime légal en trois hypothèses, dans lesquelles le vendeur n'est pas traité de la même manière : au moment où s'ouvre la faillite, — ou la *chose vendue est déjà arrivée en la possession de l'acheteur* ; — ou *elle n'est plus aux mains du vendeur*, sans que cependant l'*acheteur l'ait déjà reçue* dans ses magasins ; — ou enfin *le vendeur ne s'est pas encore dessaisi.*

1946. — Première hypothèse. — *L'acheteur avait pris livraison* de la chose vendue avant que ne fût prononcée sa faillite (ou sa liquidation judiciaire). Le jugement déclaratif est du 1er décembre, la marchandise, vendue au prix de 10.000 fr., était entrée depuis le 15 novembre dans le magasin de l'acheteur.

C'est alors qu'il faut suivre l'idée exposée plus haut et réduire le vendeur au droit *minimum*, à celui de chirographaire. En effet :

a) Il a renoncé au *droit de rétention*, il n'est plus recevable à l'exercer ;

b) Il ne peut plus intenter la *revendication* de l'art. 2102-4°, autrement dit la reprise du droit de rétention, même dans les huit jours de la livraison et la vente fût-elle au comptant (art. 550 *in fine* C. com.) ;

c) Le *privilège* portant sur le produit du meuble vendu lui est enlevé par le même art. 550 *in fine* ;

d) Il reste à se prononcer sur l'*action résolutoire* [1]. Aucun texte de la faillite ne dit que le vendeur de meubles en soit privé ; c'est pourtant à la suppression de cette garantie qu'on doit conclure *a contrario*. La loi limitant l'action résolutoire au temps où la marchandise est en cours de route, ainsi qu'il sera dit ci-dessous, celle-ci est refusée contre l'acheteur qui serait déjà entré en possession.

Le vendeur devra participer à la vérification des créances et sera colloqué comme *créancier chirographaire* : telle est la conclusion. Il en serait différemment s'il s'était assuré une garantie, telle qu'une hypothèque ou un nantissement, suivant les prescriptions ordinaires du droit [2].

1947. — On a essayé de tourner la loi au moyen d'un habile procédé. Le *vendeur se réserve* expressément dans le marché *la propriété* jusqu'à parfait paiement [3], ou bien il fait du versement du prix une condition soit suspensive, soit résolutoire, de manière que, faute de ce versement, le bien soit réputé n'avoir jamais cessé de lui appartenir.

Mais la loi ne peut pas souscrire à une pareille convention, qui deviendrait de style et ferait lettre morte des droits de la masse (Req., 17 juillet 1895, D. 96, 1, 57, et notre note).

---

1. Il n'en serait pas de même du *donateur avec charge* : celui-ci conserve dans la faillite l'action en révocation (Trib. civ. Albi, 4 janvier 1911, D. 1912, 2, 329, note PERCEROU).

2. L'acheteur eût-il revendu à un sous-acquéreur et fait, en règlement de cette revente, une traite existant encore en ses mains au moment de sa faillite, le vendeur primitif ne peut ni revendiquer cette traite, ni assigner directement le sous-acheteur (Cass., 26 mai 1913, D. 1914, 1, 305, note CHÉRON).

3. Le droit romain, suivi dans notre ancienne France, sous-entendait cette réserve de propriété dans les ventes au comptant (Instit. § 41 *de divis. rerum*) ; dans les ventes à terme, le *pactum reservati dominii* aboutissait au même résultat.

Il arrive encore que les parties colorent le marché des dehors d'un *louage*, particulièrement lorsque la chose vendue est un article d'outillage, une machine. L'acheteur s'engage à faire des versements périodiques ; il se libérera mois par mois dans un délai total de deux ans. Il est spécifié qu'il détiendra en vertu d'un bail et que ses versements seront des *loyers* ; en cas d'arrêt de paiements, la chose sera reprise par le prétendu bailleur sans restitution des mensualités reçues. L'expiration du temps convenu rend l'acheteur plein propriétaire sans aucun versement supplémentaire.

Cette clause montre qu'il y a sous l'opération faite une vente déguisée : les prétendus loyers ont été imputés sur un prix, c'est-à-dire sur une redevance de vente. Le vendeur ne peut s'assurer une revendication par ce subterfuge ; la loi est contraire à l'emploi de ce détour (Req., 21 juillet 1897, D. 98, 1, 269 ; Orléans, 12 avril 1907, D. 1907, 2, 301 ; Rouen, 17 juin 1911, D. 1912, 2, 149, très bonne note anonyme) [1].

1948. — La règle qui prive le vendeur tant du privilège que de l'action résolutoire, après que l'acheteur a reçu livraison, produit parfois un résultat regrettable. Elle a été introduite dans l'intérêt de la *masse*, afin qu'une valeur qui avait servi à soutenir le crédit général du débiteur fût comprise dans le gage commun. Malheureusement, l'exclusion du vendeur servira à d'autres personnes que la masse, si le failli est établi en vertu d'un bail dans un magasin où la marchandise est entrée. Le *bailleur* dispose d'un privilège pour le paiement de ses loyers sur tout ce qui garnit la maison louée, y compris les meubles achetés par le commerçant, dont le prix serait encore dû.

Le bailleur va gagner ainsi en complément de garantie ce que perd le vendeur. Ce dernier est dépouillé, au profit non de la masse, à qui échappe la valeur des objets vendus, mais d'un tiers que la loi n'avait cependant pas voulu favoriser (Req., 18 février 1895, S. 95, 1, 209) [2].

---

1. La doctrine de la Cour de cassation n'est pas aussi catégorique que notre assertion le donnerait à entendre. Elle statue eu égard aux situations de fait. Certains arrêts admettent le vendeur à revendiquer, en vertu d'une semblable convention (Bordeaux, 26 juillet 1899, D. 1901, 2, 152 ; Req., 29 janvier 1902, S. 1902, 1, 168 ; Bourges, 17 février 1902, D. 1902, 2, 247 ; Req., 22 décembre 1909, D. 1910, 1, 63). Certains autres arrêts déclarent l'acheteur passible des peines d'abus de confiance (art. 408 C. civ.), lorsqu'il a revendu la chose ainsi grevée de prétendus loyers (Crim. cass., 19 juin 1903, D. 1905, 1, 486 ; Cauvière, *Ann. dr. comm.*, 1902, p. 49 ; Sumien et Acher, *ibid.*, 1904, p. 247 ; Colin et Capitant, *op. cit.*, II, p. 417).

2. La situation du bailleur sera donc meilleure dans une faillite que dans une déconfiture : en droit civil, le vendeur non payé n'est primé par le bailleur de la maison louée qu'autant que ce dernier ignorait la dette du prix au moment où l'objet acheté est entré dans son immeuble (art. 2102-4°, 3e al.). Au contraire, dans l'hypothèse d'une faillite, le privilège du bailleur s'exercera toujours sur le meuble acheté, introduit dans son magasin, même au cas où il en savait le prix non acquitté. — On aurait évité ce résultat choquant en décidant que la *masse* (et non point un individu tel que le bailleur) a seule qualité pour invoquer contre le vendeur l'extinction du privilège et de l'action résolutoire (voir ce qui a été dit des nullités d'hypothèques constituées en temps suspect, n° 1854).

1949. — On s'est demandé, d'autre part, si l'action résolutoire et le privilège étaient éteints, même *dans le cas où le vendeur* de meuble *aurait commencé à les exercer* dès avant le jugement déclaratif. Ex. : Le vendeur assigne le 15 novembre sa contre-partie aux fins de voir résoudre la vente conformément à l'art. 1654 C. civ., et ce n'est qu'après l'ouverture de ce procès, le 1er décembre, que la faillite est déclarée.

On a décidé qu'il y avait lieu en pareil cas de revenir au droit commun. La résolution sera à bon droit prononcée. C'est l'application de l'idée que les juges doivent se reporter au jour de l'introduction de la demande pour en apprécier le bien fondé : or le vendeur n'était pas encore tombé au rang de créancier chirographaire au moment où il a exercé sa garantie (Cass., 24 décembre 1889, D. 90, 1, 161, et note Boistel ; Req., 30 novembre 1897, D. 98, 1, 172 ; Rej., 26 décembre 1900, D. 1901, 1, 218 ; Paris, 22 mai 1901, D. 1903, 2, 97, et note Percerou ; V. cependant Civ. rej., 14 mars 1906, D. 1907, 1, 233) [1].

Cette jurisprudence se concilie mal avec celle qui refuse au vendeur à livrer des dommages et intérêts (V. *infra*, n° 1957), même lorsqu'il a formé sa demande et obtenu un jugement non encore passé en chose jugée avant la faillite (Req., 2 juillet 1912, D. 1913, 1, 145).

1950. — **Deuxième hypothèse.** — *Le vendeur s'est dessaisi de la marchandise, mais celle-ci,* au moment où éclate la faillite, *n'est pas entrée encore dans les magasins du failli* ou de son commissionnaire chargé de la vendre.

Cette situation se présente le plus habituellement au cas de transport : la marchandise est en cours de route, le vendeur l'ayant adressée à son acheteur par l'entremise d'un capitaine de navire ou d'un voiturier.

Sous le nom de *revendication* (par inspiration du droit anglais : *right to stop in transitu*), l'art. 576 institue au profit du vendeur une voie légale pour reprendre sa marchandise et l'empêcher de tomber dans l'actif de la masse. Au moyen d'un acte signifié à la personne qui détient actuellement l'objet vendu (chef de gare, par exemple), le vendeur fera opposition à la livraison à l'acheteur. Le Code de procédure civile (art. 826 à 828) crée à cet effet une saisie-revendication en vertu d'une ordonnance du président du tribunal civil : il n'y a pas cependant en cette matière de procédure formelle imposée.

Le vendeur immobilise ainsi la marchandise : l'acheteur sur le point de

---

1. Cette solution ne se défend bien que si la période suspecte n'est pas encore ouverte au moment où s'engage le procès en résolution ; autrement, l'acheteur étant déjà considéré comme « failli » par le simple effet de la cessation de ses paiements d'après les idées qui ont cours en jurisprudence (n° 714), sans qu'il soit besoin d'un jugement déclaratif, le vendeur de meuble doit souffrir des mêmes limitations dans ses droits que s'il y avait eu déjà faillite ouverte (V. note Lacour, sous Douai, 27 janvier 1902, D. 1904, 2, 217 ; en sens contraire Civ. rej., 2 juillet 1913, S. 1913, 1, 452, critiqué aux *Annales de droit commercial*, 1914, p. 165). — De là vient aussi qu'il faut traiter comme un paiement nul de droit, suivant l'art. 446, la restitution *amiable* que, pendant la période suspecte, l'acheteur ferait au vendeur de la chose vendue (n° 1844).

faire faillite est mis hors d'état de la recevoir. C'est là le résultat à obtenir ; autrement, la chose, dût-elle n'entrer en possession du failli que la veille du jugement déclaratif, échapperait au vendeur et ferait partie du gage de la masse. Car la marchandise a pu, ne fût-ce que pendant quelques heures, être étalée devant la clientèle et utilisée comme moyen de crédit[1].

1951. — Le Conseil d'Etat a consacré en 1807 ce droit de revendication après une discussion à laquelle l'Empereur prit part. La règle est conforme au droit commun lorsque la facture de vente portait *livraison* de la marchandise seulement *à l'arrivée*, la propriété demeurant alors au vendeur durant le trajet que doit parcourir le colis. Mais elle déroge aux principes, lorsque la chose vendue était *livrable au départ* (ce qui est le cas ordinaire, n° 1016).

Toutefois, va-t-on objecter, un expéditeur n'a-t-il pas déjà, en vertu des principes du transport (n° 1165), le droit de disposer du colis en cours de voyage, et d'interdire au voiturier d'en effectuer la remise à destination ? L'art. 576 ne vient-il pas introduire dans la loi une disposition surabondante ?

L'objection n'est que spécieuse. Car, si l'art. 576 n'existait point, le vendeur devrait compte de sa conduite à la masse et serait obligé de rapporter la marchandise à l'actif de la faillite. Tout au contraire, par suite du bénéfice que la loi crée en son honneur, la revendication aura été régulièrement exercée comme un moyen de protection qui lui est donné contre une faillite imminente.

1952. — L'acheteur n'ayant pu se prévaloir vis-à-vis de ses correspondants d'une marchandise qui ne lui était pas encore arrivée le jour de son dessaisissement, il n'y a plus de motif de priver le vendeur des sûretés de droit commun. Mais quelle est la *nature de la garantie ?*

Ce n'est pas une revendication exercée par un *propriétaire*, puisque la marchandise, par hypothèse, appartenait déjà à l'acheteur au moment où le vendeur l'a arrêtée.

Ce n'est pas non plus une *reprise du droit de rétention*, la revendication de l'art. 2102 C. civ. étant abolie dans la faillite par l'art. 550 *in fine* C. com.

L'art. 576 établit, sous le nom de « revendication », une véritable *action en résolution* pour défaut de paiement du prix, basée sur l'art. 1654 C. civ., mais, fait caractéristique, limitée à la durée du voyage de la marchandise.

Une particularité de la loi montre que la revendication a bien pour effet de résoudre le marché. L'art. 576 *in fine* dispose que, si le vendeur a reçu

1. Les droits du vendeur sont au contraire sauvegardés si la faillite était déjà déclarée au moment où la marchandise est parvenue à l'acheteur. La situation des parties se règle d'après l'état des faits au jour du jugement déclaratif. D'ailleurs l'acheteur n'a pas pu alors faire servir la marchandise au maintien de son crédit. Il n'y a donc aucune bonne raison de donner à la masse le pas sur le vendeur.

des acomptes, il devra les rembourser à la masse, et dédommager celle-ci des frais de transport, assurances ou autres.

Or, s'il s'agissait d'une simple reprise de la rétention, on ne s'expliquerait pas pourquoi le vendeur aurait à restituer les paiements partiels par lui reçus. La restitution laisserait subsister le contrat de vente et la cause des premiers versements, les choses se trouvant replacées au point où elles étaient après la convention et avant toute exécution de part ou d'autre. L'obligation pour le vendeur de rendre les acomptes prouve que la vente est juridiquement anéantie. Seulement, la résolution n'a pas lieu *avec dommages et intérêts*. Le vendeur ne peut pas, tout en reprenant sa marchandise, demander une réparation pécunaire pour le tort que lui occasionne l'exécution du contrat. Il doit même dédommager la masse des frais de transport : proposition dont il faudra faire état ci-dessous, au sujet d'une controverse d'une portée plus large.

D'ailleurs, le syndic peut conjurer l'effet de la demande en revendication, s'il estime la marchandise bonne pour la faillite. Il paiera alors le prix convenu tout entier, les 20.000 fr. de la facture, sans réduire le vendeur à un dividende. Il ne pourra exiger la livraison en pareil cas qu'avec l'autorisation du juge-commissaire (art. 578).

1953. — Pour que la revendication soit admise, *trois conditions* doivent se trouver réunies.

a) La marchandise doit avoir conservé son *identité* : l'ancien Code voulait même que les enveloppes n'eussent pas été ouvertes, ce qui privait le vendeur de son droit sur les marchandises visitées à la douane ou à l'octroi. Cette restriction n'a pas été reproduite par la loi de 1838.

Mais la chose vendue pourrait avoir changé de nature, non pas parce qu'elle est chargée sur navire ou sur wagon, mais pour une autre raison. Exemple : le vendeur, sur l'ordre de l'acheteur, avait dirigé la marchandise sur une maison de fabrique appelée à la transformer (teinture, apprêt, tissage) pour le compte de celui-ci. Cette détention par un fabricant intermédiaire n'exclut point la revendication du vendeur, mais à condition que la mise à façon du produit n'ait pas encore été effectuée : autrement, la marchandise n'existe plus en son état primitif et la revendication du vendeur est éteinte.

1954. — *b*) *Il faut que la marchandise ne soit pas encore entrée dans les magasins de l'acheteur* ou de son commissionnaire vendeur (art. 576, al. 1er). La revendication reste entière tant que cette entrée en magasin n'a pas eu lieu, ou si elle ne s'est effectuée qu'après le jugement de faillite.

Il est d'ailleurs indifférent que l'acheteur ait reçu connaissement ou récépissé du transport ; même en ce cas le vendeur demeure pourvu de sa sûreté, la possession du titre de transport n'équivalant pas à cet égard à la prise de possession matérielle de la marchandise.

Il est difficile, en pratique, de déterminer les signes auxquels se reconnaît un *magasin* du failli. Le magasin n'est pas nécessairement une salle, galerie, halle ouverte, attenante ou non aux bureaux de l'acheteur. La jurisprudence commerciale incline à étendre ce terme, en lui donnant un sens assez large, et cela afin de cantonner le plus possible la revendication du vendeur et de servir, au contraire, la cause de la masse, qui paraît à ses yeux plus respectable.

Ainsi, le parterre d'une coupe en forêt, dans une vente de bois, même en cas d'une clause contraire, si les tiers l'ont ignorée (Req., 8 février 1909, S. 1910, 1, 433, note BOURCART) ; — un point de déchargement des marchandises, d'ailleurs déjà reconnues par l'acheteur, sur le quai d'un port ou d'un fleuve, etc. (Req., 27 décembre 1904, D. 1905, 1, 75), — ont été considérés, suivant la terminologie du texte, comme formant des « magasins » dont l'entrée par l'objet vendu mettait désormais obstacle à l'exercice de la revendication.

Mais encore faut-il qu'il s'agisse d'un endroit où l'acheteur a pour habitude de traiter avec le public, où il tient en garde les éléments de son actif commercial afin d'être en mesure d'en disposer. Ou, pour employer une autre formule (Dijon, 26 janvier 1899, D. 99, 2, 102), il faut une appréhension ostensible et réelle, avec emménagement de la marchandise dans un lieu où elle se trouve notoirement à la disposition de l'acheteur (ce dernier arrêt a admis la revendication sur un bateau de l'acheteur, parce que ce bateau, non encore arrivé à sa destination, ne répondait point à la condition de publicité que doit réaliser le magasin, considéré comme lieu où l'acheteur traite habituellement ses marchés).

Si la marchandise doit passer successivement par les mains de plusieurs voituriers, le fait qu'un agent de l'acheteur en aurait pris réception au milieu du trajet, à charge de réexpédier, n'emportera point forclusion du droit du vendeur. La revendication ne s'éteindra qu'au moment de l'arrivée du colis chez l'acheteur ; même étant l'objet d'un magasinage à la gare de destination, elle restera grevée du droit du vendeur aussi longtemps que durera ce magasinage.

1955. — c) *L'acheteur ne doit pas avoir revendu* la marchandise en route « sur *factures* et *connaissements* ou *lettres de voiture* signées par l'expéditeur » (art. 576, al. 2). Autrement, la revendication serait perdue.

La réception par l'acheteur du titre de transport, même à ordre ou au porteur, ne suffirait pas pour l'éteindre. Mais il en est autrement lorsque l'acheteur, avant sa faillite, a négocié, à son tour à un sous-acheteur ce titre de transport d'une marchandise en cours de voyage.

Le nouvel acheteur, retranché derrière l'art. 2279 : *Possession vaut titre*, est alors en aussi bonne situation que si la marchandise était déjà entrée réellement en sa possession. En vertu des principes sur la prise de possession juridique par le moyen du titre représentatif de la marchandise (nos 1025 et s.), il échappera à toute éviction, tant de son vendeur que d'une personne quelconque, pourvu qu'il soit sans fraude [1].

---

1. La revendication du premier vendeur contre ce sous-acheteur n'échoue qu'autant que le titre de transport est « à ordre » ou « au porteur », et non « à personne dénommée ». Pour que la demande du vendeur soit repoussée, il faut qu'un certificat ait été *négocié* au nouvel acheteur : la négociation équivaut à la prise de possession de la marchandise. Si le titre est au contraire à personne

La masse est de toute manière hors de cause, la marchandise a cessé d'être dans l'actif du failli : le conflit a lieu entre le vendeur primitif et un ayant cause de son acheteur, et c'est ce dernier qui l'emportera.

La loi exige du sous-acheteur la production du titre de transport avec endossement à son ordre, ou sans nécessité d'endos quand le titre est au porteur. Il justifie par là de sa possession de la marchandise, indispensable pour le garantir contre la revendication. La loi lui demande en outre de détenir la facture de la première vente, dûment signée par le vendeur originaire : « les marchandises, dit-elle, ont été vendues sans fraude, sur factures *et* connaissements ou lettres de voiture signées par l'expéditeur ». Autant on comprend la détention obligatoire de la première pièce, autant la nécessité de la seconde est énigmatique [1].

1956. — **Troisième hypothèse**. — Au moment du jugement déclaratif de faillite, *il n'y a même pas eu encore un commencement d'exécution.* Le vendeur ne s'est pas dessaisi à cette date.

La loi lui reconnaît, en ce cas, le *droit de rétention* (art. 577) : les principes du Code civil restant applicables, il n'y est point dérogé par la législation des faillites [2].

1957. — Si le vendeur, demeuré en possession, est traité par la loi des faillites comme par le droit civil, il faut en conclure que, indépendamment de la rétention, il a le droit de provoquer la *résolution*, à la teneur de l'art. 1654. Même après s'être dessaisi, si la marchandise se trouvait encore en cours de route, le vendeur aurait cette résolution qualifiée par la loi de « revendication ». A plus forte raison en doit-il disposer, s'il a conservé la marchandise en ses mains. Par conséquent, dans la mesure de la valeur de cette marchandise, le vendeur est garanti contre la faillite.

Mais le vendeur, faisant ainsi résoudre le contrat, pourrait-il en outre produire dans la faillite de l'acheteur pour des *dommages-intérêts* ? — Ex. : Il s'agit d'une vente de blés soit au comptant, soit à terme, sur le cours de 25 fr. Les blés tombent à 22 fr. et l'acheteur fait faillite. Le syndic refusant de prendre livraison, le vendeur se dégage du marché au moyen d'une

---

dénommée, le sous-acheteur qui le reçoit n'entre pas en possession ; seule une signification faite à la Compagnie de transport, conformément à l'art. 1690 C. civ. (et qui n'est pas usitée), lui procurerait cet avantage. Or la pratique de la lettre de voiture *à ordre* ou du récépissé de pareille forme n'existe pas dans les transports par chemin de fer (nº 1030, note 1).

1. Peut-être la loi veut-elle que le sous-acheteur produise la facture originaire, afin qu'on puisse voir si la convention ne renfermait pas livraison « à l'arrivée », c'est-à-dire réserve de propriété au vendeur pendant le voyage. Le sous-acheteur ne serait pas excusable d'avoir acquis la marchandise en cours de route, si son propre vendeur n'en avait pas été rendu propriétaire à ce moment. — Mais il est douteux que le législateur ait apporté au problème cette minutie d'analyse.

2. Sur le maintien de la rétention, malgré agréage des vins vendus s'ils sont restés dans les chais du vendeur, ou malgré dépôt de la marchandise dans un magasin privé avec ordre de la tenir à la disposition de l'acheteur, cfr. Bordeaux, 28 mai et 18 juin 1900, D. 1901, 2, 93 et note Lacour ; Civ. rej., 12 mai 1903, D. 1903, 1, 415.

résolution. Mais celle-ci lui fait encore subir une perte de 3 fr., puisqu'il vendra à un cours de baisse les blés dont il s'est approvisionné.

D'après la jurisprudence, le vendeur ne peut pas arguer de ce préjudice pour s'inscrire dans la faillite de l'acheteur à concurrence de son montant. Non seulement il n'est pas fondé à réclamer une indemnité contre la masse « par préférence », solution naturelle. Mais il n'a pas même le droit de produire *au marc le franc* en vue d'obtenir en monnaie de faillite cette différence des cours (Civ. cass., 16 février 1887, faillite de l'*Union générale* contre la *Compagnie de Terrenoire*, S. 87, 1, 145; Req., 28 avril 1903, S. 1904, 1, 6).

La doctrine critique en général ce refus au vendeur de dommages-intérêts dans la faillite [1]. Aucune législation de l'étranger ne contient une pareille règle. En vain la Cour de cassation dit-elle : 1° que les art. 550, 576 et s. *limitent* les droits du vendeur d'effets mobiliers, et refusent de lui conférer une indemnité de résolution : la faveur qui consiste à retenir la marchandise, permettant déjà au vendeur d'échapper au traitement commun et ne devant pas recevoir d'extension au delà de ses termes ; — 2° que l'art. 576 établit pour la marchandise en voyage une *résolution sans dommages-intérêts*, solution qui doit aussi régler le cas où la marchandise est restée chez le vendeur.

Ces considérations ne sont pas décisives : *a*) L'argument d'analogie tiré de l'art. 576 n'a point de portée. Le vendeur qui s'est dessaisi a renoncé à ses garanties. La loi aurait pu, dès avant l'arrivée de la marchandise chez l'acheteur, le soumettre au dividende ; elle lui donne la revendication, mais alors sans dommages et intérêts ; c'est une transaction. Au contraire, le vendeur resté en possession a conservé la plénitude des droits d'un créancier impayé, la faculté de produire dans la faillite de son débiteur, à raison du préjudice provenant de l'inexécution.

b) Le premier argument n'a pas plus de valeur. Le droit civil continue en effet, dans le commerce, à régir les droits du vendeur, à moins d'un texte de faillite qui y déroge : or nulle part le refus de dommages-intérêts n'est écrit dans le livre III. On ne peut pas dire qu'il s'assure un avantage, du moment qu'il produit au marc le franc. Il allègue seulement une perte que la faillite lui occasionne : pourquoi le priver du droit de s'en prévaloir ?

La véritable raison de cette privation apparaîtra mieux dans la partie qui sera consacrée aux créanciers privilégiés ou hypothécaires et aux créanciers arguant vis-à-vis de la faillite d'un contrat synallagmatique encore inexécuté de leur propre part. On verra (n° 1989) que la thèse admise à l'égard du vendeur avait été peu à peu étendue par les arrêts à d'autres intéressés que le vendeur lui-même. Cependant, par une étrange contradiction, la Cour de cassation, lorsque c'est un acheteur, et non un vendeur, qui est surpris par la faillite de sa contre-partie, admet cet acheteur à provoquer la résolution et à demander des dommages-intérêts dans

1. Ch. Appleton, dans les *Annales de droit commercial*, 1886-1887, p. 257, et Labbé, S., 87, 1, 145. En sens contraire, Bonfils, *Rev. crit.*, 1888, p. 453.

la faillite de son vendeur (Civ. rej., 15 janvier 1900, S. 1900, 1, 433, et note LYON-CAEN ; D. 1901, 1, 25, et note LACOUR ; Nîmes, 21 janvier 1907, D. 1907, 2, 311)[1].

1958. — La théorie précédente sur les droits du vendeur de meubles a surtout son application dans la vente de marchandises. Mais les autres meubles corporels sont gouvernés par les mêmes principes.

Le constructeur, qui a vendu un *matériel* et l'a livré[2], ne peut plus, à partir de la faillite, exercer le privilège ou l'action résolutoire pour le paiement de son prix (art. 550 *in fine*). Cela n'est pas équitable. — La vue par les tiers d'une machine montée dans l'usine ne doit pas nécessairement leur faire croire qu'elle a été intégralement payée, l'usage voulant, au contraire, que l'industriel ait un délai pour une partie de la somme. Une fois montée, d'ailleurs, la machine est immeuble par destination (art. 524 C. civ.) et, en cas d'hypothèque constituée sur l'usine, la valeur du matériel, se trouvant attribuée dans l'ordre aux créanciers hypothécaires avec celle de l'immeuble lui-même, échappera entièrement à la masse. La loi sera ainsi détournée de son but. On se demandera, sous le n° 2009, si le constructeur ne pourrait pas arguer du privilège sur plus-value immobilière de l'art. 2103 C. civ.

Quant au vendeur de *fonds de commerce*, le privilège lui était également refusé jusqu'à la dernière époque, l'art. 550 *in fine* ayant une portée générale applicable à tous les meubles, même incorporels. Il n'avait pas davantage le droit, après faillite de son acheteur, de résoudre la vente et de faire mettre aux enchères le fonds pour s'en appliquer le produit par préférence (note PERCEROU, sous Paris, 22 mai 1901, D. 1903, 2, 97). Le seul moyen pour lui d'échapper au dividende consistait (depuis 1898) à stipuler un *nantissement* sur le fonds de commerce par lui vendu[3]. La loi du 17 mars 1909, art. 2, *al. fin.*, a changé cette législation et décidé que l'art. 550 C. com. ne serait applicable ni au privilège ni à l'action résolutoire du vendeur d'un fonds de commerce, à condition que l'inscription de ce privilège ait eu lieu dans la quinzaine de la vente. Le privilège s'étend même, sous certaines conditions, à la valeur des marchandises se trouvant dans le fonds au moment de la faillite, alors que le privilège du nantissement, tout au contraire, ne peut porter sur ces marchandises (dis-

1. De même, le commissionnaire acheteur peut, d'après la Cour de cassation, se faire attribuer des dommages-intérêts dans la faillite de son commettant (Req., 10 décembre 1902, D. 1904, 1, 537, et notre note). V., la critique de toute cette théorie dans PERCEROU, *Des effets de la faillite sur les contrats synallagmatiques antérieurs*, n°s 29 et s. (*Ann. dr. comm.*, 1909, p. 401), partie détachée du grand *Traité* de cet auteur, II, n°s 873 et s., surtout n°s 904 à 907.

2. Si le matériel a déjà été introduit dans les ateliers de l'acheteur au moment de la faillite, à pied d'œuvre, sans être encore monté et en état de fonctionner, le constructeur est-il déchu du droit de revendiquer ? Cela dépend de la manière dont il faut entendre, au point de vue de cette opération, l'entrée « dans les magasins du failli » dont parle l'art. 576.

3. Sur le point de savoir si un pareil nantissement ne constituait pas un moyen critiquable pour le vendeur de meuble d'éluder les art. 550 et 576 C. com., voir les discussions de la *Société d'Études législatives*, mentionnées au n° 1092.

cussion de la loi au Sénat et rejet par la commission d'un amendement MILLIARD qui statuait différemment).

SECTION II

DE LA REVENDICATION PAR LA FEMME DE SES REPRISES ET AUTRES BIENS

(C. com., art. 558 à 561 et 564).

1959. — La femme mariée exerce, en droit commun, ses reprises de deux manières : — *a*) Comme *propriétaire*, du chef des reprises qui lui appartiennent, pour les corps certains qui ne sont pas tombés en communauté et n'ont pas été aliénés au cours du mariage ; — *b*) Comme *créancière* dans le cas contraire, et tout particulièrement pour les choses fongibles, telles que des sommes d'argent : cette créance étant garantie par une *hypothèque légale*.

La loi des faillites réglemente ces deux titres de réclamation dans une même section ; il ne sera question, dans la partie actuelle, que du premier d'entre eux ; le deuxième sera examiné dans le chapitre suivant, sauf quelques observations générales que nous présenterons immédiatement.

1960. — En pure théorie, la femme a le droit de distraire ses biens de l'actif de la faillite et de produire pour ses reprises en créances, sans même avoir obtenu judiciairement *sa séparation de biens*. Le régime matrimonial (communauté ou autre) continuant en pareil cas, les reprises ne sont exercées qu'à titre de *créance éventuelle* et donnent lieu à une consignation jusqu'au jour où ce régime prendra fin.

C'est une solution incommode. Il est défendu à la masse de comprendre dans l'actif et de réaliser les immeubles et corps certains qui appartiennent à la femme du failli, ne se fût-elle pas fait séparer. Assurément la femme peut agir ainsi ; le mari conservera alors l'administration de ces biens.

En fait, les choses se passent différemment. La femme argue du péril que la faillite du mari fait courir à sa dot pour demander la séparation de biens. Cette séparation a pu être poursuivie dès avant le jugement déclaratif. Ni le jugement qui la prononce, ni l'acte liquidatif établissant les valeurs destinées à remplir la femme de ses reprises ne pourront être annulés plus tard à la demande de la masse, conformément aux art. 446 ou 447, quoique prenant date par hypothèse dans la période suspecte (n° 1847). La masse n'aura la tierce opposition dans l'année de l'art. 873 C. proc. civ. qu'en cas de fraude démontrée de collusion.

1961. — Mais il se peut que la femme attende la déclaration de faillite pour former sa demande en séparation (en la forme examinée au n° 1788), ou que la liquidation de ses droits par le notaire à ce commis ne soit pas terminée au jour où la faillite est prononcée. Alors surgira un conflit entre la *masse* et la *femme*, dans la détermination des valeurs à attribuer à cette dernière. Par suite du dessaisissement, le notaire requerra du syndic l'approbation de l'acte liquidatif. Si le syndic le conteste, l'incident motivera un renvoi au tribunal qui a prononcé la séparation, la masse étant mise en cause.

L'acte de liquidation n'énoncera pas d'ailleurs une affectation de biens communs ou de propres du mari aux reprises de la femme, selon les art. 1471 et 1472 C. civ. La situation d'un mari failli n'est pas la même que celle d'un mari *in bonis*. L'acte exprime le *quantum* pécuniaire des reprises en valeur, sans déterminer les objets destinés à les couvrir. Il mentionne seulement les reprises en propriété. La femme sera renvoyée aux opérations de la faillite pour la collocation des autres [1] ; si elle a hypothèque légale, elle se fera colloquer dans l'ordre par préférence sur les immeubles ; sinon, elle produira par contribution, après avoir justifié de ses droits en assemblée de vérification.

1962. — La législation des faillites ne prodigue pas à la femme des garanties. Les reprises causent toujours tort à quelqu'un, au *mari* ou à sa *succession* si l'on est en face de parties solvables, aux *créanciers* du mari (ou de la communauté) dans le cas contraire.

Le droit commercial protège mieux les créanciers contre les reprises que ne le fait le droit civil pour le mari ou ses représentants ; il traduit sa rigueur en soumettant la femme à des *preuves* particulièrement difficiles.

1963. — La loi des faillites suspecte les époux de collusion pour supposer des apports fictifs ou pour majorer la valeur des apports réels, en les convertissant par exemple en biens de plus haut prix.

Inspiré par les idées de Napoléon, le Code de 1807 privait la femme de toute revendication *mobilière*, aussi bien sur meubles meublants que sur autres objets, « sans qu'elle pût recevoir autre chose que les habits et linges à son usage ». Une légère réserve était faite quant aux bijoux dont la femme justifierait par loyaux inventaires.

1964 — Ce régime a été atténué en 1838. Les charges d'entretien de la famille continuent à peser sur la dot malgré le malheur survenu ; elles sont même rendues plus lourdes. La doctrine a adouci par son interprétation les sévérités de la loi, mais sans être suivie par la jurisprudence. Dans certains cas où le texte enlevait à la femme la reprise en nature, les auteurs ont essayé de la lui restituer sous une autre forme, non les arrêts. Les modifications réalisées depuis 1807 et même depuis 1838, dans la consistance de la fortune mobilière, ont rendu la loi difficilement applicable dans sa lettre, surtout quant au système des preuves qui a beaucoup vieilli.

1965. — Les limitations de la loi de la faillite à l'hypothèque de la femme sont applicables seulement *si le mari exerçait déjà le commerce au moment de*

1. Depuis longtemps, la jurisprudence civile est revenue de la thèse qui traitait la femme comme *propriétaire* de ses *reprises en valeur*.

la célébration du mariage (n° 2032). Dans le présent chapitre il est question de la femme propriétaire : les restrictions à sa revendication sont les mêmes, à quelque époque que le mari ait commencé le commerce, soit avant, soit pendant le mariage (Rouen, 16 avril 1857, D. 58, 5, 189). Ce n'est pas très équitable ; mais le fait a peu d'importance, s'il est vrai que le droit de la déconfiture et celui de la faillite sont en concordance, ainsi que l'affirme la jurisprudence.

Toutefois, la perte dans la faillite des avantages matrimoniaux et autres libéralités n'est édictée par l'art. 564 que lorsque le mari était déjà commerçant au moment du mariage, ou, n'exerçant pas de profession à cette date, l'est devenu dans l'année suivante. C'est la même condition que celle qui avait été mise à la restriction de l'hypothèque légale.

1966. — Les dérogations, vraies ou apparentes, qu'apporte au droit commun la loi des faillites et des liquidations judiciaires sont de deux ordres différents. — D'une part, la femme, pour revendiquer au regard de la masse les biens qu'elle a apportés en dot ou qui lui sont échus pendant le mariage, est soumise à *une aggravation dans la preuve* qu'elle doit administrer ; — d'un autre côté, elle *perd certains droits*, qu'elle ne peut exercer alors ni au titre de propriétaire, ni à un titre quelconque.

1967. — A. Aggravation du système des preuves. — Cette matière est obscure. Le Code civil lui-même n'est pas clair sur la nature des preuves imposées à la femme dans la déconfiture du mari.

Sur un point déterminé, il y a exception certaine au droit commun. L'art. 559 présume que *les biens* meubles ou immeubles, acquis par la femme au cours du mariage, *ont été payés des deniers du mari* et appartiennent par conséquent à celui-ci. Ils doivent être réunis à la masse, la loi supposant que la femme n'a été qu'un prête-nom pour en faire l'acquisition.

C'est l'ancienne *présomption mucienne* (L. 51 *de donat. inter vir. et uxor.* D. 24, 1), admise dans notre ancienne France par les pays de droit écrit. Il est douteux que le Code civil l'ait maintenue même pour le régime dotal. Mais elle est rétablie par le législateur de la faillite.

La femme peut, d'ailleurs, fournir la preuve du contraire et établir que l'immeuble a été acquis avec son propre argent. Cette preuve contraire n'exige pas un *acte authentique*. Quoique, d'après l'art. 558, l'origine des deniers doive résulter d'un instrument notarié pour la revendication des valeurs acquises en remploi (n° 1975), cette condition ne doit pas être généralisée : comment exiger un acte authentique pour justifier de la réception de loyers, de coupons d'intérêts ou de dividendes convertis ensuite en valeurs de Bourse ? Ce serait excessif : toutes preuves de droit commun sont recevables.

Cela dit pour un régime dotal ou de séparation qui laisse à la femme des biens en administration propre. Autrement, les acquisitions faites pendant le mariage à titre onéreux tombent en communauté et excluent toute reprise.

Les acquisitions à titre onéreux.... Il faut à présent, depuis la loi du 13 juillet 1907, faire une réserve quant à celles qui proviennent des gains et salaires de la femme. Celle-ci, même sous la communauté, en conserve la libre administration (n° 172 *bis*). La femme pourra, tant vis-à-vis du mari que vis-à-vis des tiers, des créanciers de la faillite par exemple, établir par toutes preuves de droit, même par témoins, la consistance et la provenance des biens réservés. La preuve par commune renommée, toutefois, n'est pas recevable.

1968. — Quant aux biens d'une provenance autre qu'un acte à titre onéreux (dot, successions, etc.), une distinction doit être faite entre les immeubles et les meubles.

a) A l'égard des *immeubles*, il n'y a pas de fraude sérieuse à craindre. Leur identité résulte des actes mêmes qui en emportent transmission, l'origine de propriété sera reconnaissable. L'art. 557 n'exige aucune preuve spéciale. La femme reprendra les immeubles apportés par elle en mariage ou acquis à titre gratuit depuis la célébration, sans que le contrat de mariage ou sans qu'un inventaire ou état de liquidation les ait mentionnés et décrits.

La femme ne reprend ces immeubles qu'à la charge des dettes auxquelles ils sont affectés (art. 561). Elle devra respecter les hypothèques dont elle les aurait grevés (à moins d'immeubles dotaux).

1969. — *b*) A l'égard des *meubles*, la règle est différente : ceux-ci se prêtent à des substitutions, à des attributions fictives. La femme prétend avoir un portefeuille de valeurs ; telles actions ou obligations sont sa propriété. Elle produit des titres de provenance, soit de son chef, soit du chef d'une personne dont elle est héritière, et ce sont des pièces truquées ou appliquées à des valeurs plus précieuses que les valeurs vraies.

1970. — La législation des faillites exige, en conséquence, que l'identité du mobilier revendiqué par la femme soit démontrée par un inventaire ou par un autre acte authentique ; elle suppose les époux mariés sous un régime autre que la communauté légale, celui-ci excluant toute revendication mobilière. Aucune distinction n'est faite entre *a*) le mobilier de la femme antérieur au mariage, et *b*) celui qui lui serait advenu au cours du mariage.

Faute d'*acte authentique*, la revendication est refusée à la femme ; elle ne pourra réclamer que les habits et linges *nécessaires* à son usage (et non pas même *tous* les vêtements compris dans son trousseau, en eût-elle stipulé la reprise dans le contrat de mariage) ; le syndic les lui remettra avec l'autorisation du juge-commissaire (art. 560). — Ex. : Elle s'est constitué en dot un ensemble de valeurs, rentes sur l'Etat, actions de chemins de fer, comptes courants en banque, évaluées 100.000 fr., sans d'ailleurs les spécialiser : la femme n'a pas le droit de les reprendre en qualité de propriétaire.

1971. — Il n'est pas sans intérêt de se poser une double question au sujet de cette preuve. *a*) Le droit de la faillite établit-il une règle différente de celle que trace le droit civil ? *b*) A l'égard des apports mobiliers, dont l'art. 560 repousse la revendication à défaut d'acte authentique, la femme est-elle dépourvue de toute espèce de droit ?

1972. — *a*) Sur le premier point, les avis sont divergents. On éprouve une certaine résistance à croire que la loi des faillites se soit bornée à reproduire une règle déjà vraie pour la déconfiture. Ce n'est pas, semble-t-il, le droit commun qu'exprime le livre III, c'est un droit d'exception.

Quant au *mobilier qui appartenait à la femme au moment du mariage* et qui, d'après le contrat, devrait lui demeurer en propre, l'*absence d'un acte authentique* ou d'un inventaire annexé au contrat de mariage rend, même *à l'égard d'un mari non commerçant*, la femme sans droit pour le reprendre. Ce point paraît certain : il importe peu que le mari soit ou ne soit pas tombé au-dessous de ses affaires.

Mais la question est débattue en ce qui touche le *mobilier qui viendrait à lui échoir en cours de mariage*. D'après les uns, le défaut d'inventaire, à la teneur de l'art. 1504 C. civ., n'empêche pas la femme, en droit civil, de reprendre ce mobilier, pourvu qu'elle en établisse la consistance par titres, par témoins et même par commune renommée. Ce défaut d'inventaire ne lui est pas imputable : c'est au mari, administrateur de la dot, qu'il y a lieu de le reprocher, ses fautes ne doivent pas retomber sur celle-ci.

La Cour de cassation ne l'entend pas ainsi. Les art. 1499 et 1510 C. civ., dans le vague de leur rédaction, circonscrivent la preuve par témoins ou par commune renommée et ne l'admettent, même pour le mobilier échu au cours du mariage, que lorsque la femme est en présence d'un mari solvable. Mais la situation change *si le mari*, quoique non commerçant, *est au-dessous de son actif*. La femme est en conflit alors avec les créanciers du mari ou de la communauté, dont l'intérêt prime le sien. Les arrêts exigent en pareil cas la production d'un acte authentique d'une manière rigoureuse (Civ. cass., 22 novembre 1886, D. 87, 1, 113, et *Ann. dr. com.*, 1887-88, 2° p., p. 100).

Donc, malgré les apparences, le droit civil de la déconfiture et le droit commercial de la faillite obéiraient au même statut.

1973. — *b*). Les mêmes dissentiments reparaissent, sous une forme plus vive, en ce qui concerne la condition de ce mobilier dont la revendication, faute d'acte authentique, échappe à la femme. Ne pouvant reprendre ses immeubles *en nature* dans la faillite ou dans la déconfiture, est-elle du moins fondée à en exercer la reprise *en valeur* (toutes réserves faites d'ailleurs sur l'exigence d'une autre preuve requise par l'art. 563 si elle veut se faire colloquer par hypothèque, n° 2044) ?

Cette reprise, a-t-on dit en doctrine, n'est pas de même nature que celle prévue par l'art. 560 : la femme se porte *créancière* vis-à-vis de la masse des objets mobiliers provenant d'elle, et non plus *propriétaire* ; elle se fera colloquer, au moins en principe, à titre chirographaire. La masse est moins fortement lésée que par le prélèvement des meubles eux-mêmes.

Cette considération a eu assez de poids pour décider les auteurs à reconnaître les droits de la femme sous cette dernière forme (Bufnoir, sous Dijon, 4 février 1884, et sous Cass., 22 novembre 1886, S. 85, 2, 25, et 89,

1, 485 ; Lyon-Caen et Renault, VIII, n° 901, et Lyon-Caen, sous Rouen, 9 mars 1898, S. 1900, 1, 113 ; Lacour, *op. cit.*, n° 2074, quoique avec hésitation).

Mais la jurisprudence est très catégorique pour se prononcer dans le sens le plus défavorable à la femme (voir l'arrêt précité, ainsi que Req., 15 mai 1899, D. 99, 1, 397 ; Agen, 24 mars 1902, D. 1903, 2, 433 avec note Capitant, et Civ. cass., 24 janvier 1906, 5 février 1908, D. 1908, 1, 353, avec note De Loynes, *Pand. fr.*, 1906, 1, 290, avec note Weiss). Là où la preuve de la dot ou d'une succession mobilière résulte seulement d'actes sous seing privé et à plus forte raison de témoignages, la reprise, même exercée en deniers, doit être déclarée non recevable. Les art. 1499 et 1504 C. civ. d'une part, 560 C. com. de l'autre, comprennent dans les mots « mobilier » ou « effets mobiliers » tout ce qui est censé meuble d'après les règles de la loi, et par conséquent même les sommes d'argent.

La solution est dure et menaçante pour le ménage. Il ne faudrait pas éprouver de scrupule à user de scolastique pour la tourner. Mais cela n'est guère possible. Lorsque la loi dit que, faute de preuve authentique, les meubles de la femme sont acquis aux créanciers, son intention est bien de réunir ces meubles à la masse, sans que la femme puisse, en faisant nombre avec les créanciers, réduire le dividende de ceux-ci. — A plus forte raison, lorsque la femme se fait colloquer par préférence au titre de son hypothèque légale. Autrement, l'art. 560 ne serait plus qu'une lettre morte, la masse souffrant autant d'un prélèvement « par hypothèque » que d'une « revendication » véritable.

1974. — Si l'on jette un coup d'œil d'ensemble sur ce régime de preuves, on conviendra qu'il n'est plus approprié à la composition actuelle des fortunes mobilières. A tout le moins eût-il fallu introduire un tempérament à l'exigence de l'acte authentique, en ce qui concerne les *valeurs mobilières nominatives*.

En effet, le transfert au Trésor ou sur le registre d'une Compagnie passe pour présenter les mêmes garanties que l'enregistrement qui fixe la date des actes et en présume la sincérité, ou qu'un acte authentique. C'est par ce motif que les transferts, bénéficiant de la foi attachée aux livres de commerce, font preuve de leur date au regard des tiers, même indépendamment des conditions prescrites par l'art. 1328 C. civ. ou par l'art. 560 C. com.

En l'état du droit, la femme, quoique justifiant de son inscription antérieure au mariage, ou de l'inscription sur le grand-livre de la Dette ou sur un registre de société d'une personne à laquelle elle a succédé, n'a pas, vis-à-vis de la faillite, le droit de revendiquer ces valeurs, par le motif qu'elles n'ont pas été décrites dans le contrat de mariage ou dans un inventaire après décès. Cette exclusion est peu équitable.

1975. — Il y a une catégorie de biens ne rentrant pas rigoureusement dans les divisions précédentes ; la prescription d'un acte authentique existe également à leur égard. Ce sont les biens, meubles ou immeubles, acquis par la femme à titre d'*emploi* ou de *remploi* [1].

---

1. L'art. 558 ne parle que des acquisitions *en immeubles*, mais il faut en éten-

Ce remploi doit : 1° obéir aux conditions ordinaires de l'art. 1435 C. civ., y compris l'acceptation de la femme, laquelle doit remonter à une époque plus ancienne que l'ouverture de la faillite ; — 2° il faut, en outre (règle toute spéciale au droit des faillites), que l'*origine des deniers* consacrés au remploi soit constatée par inventaire ou par tout autre *acte authentique* (art. 558).

1976. — B. Perte des libéralités faites par le mari a la femme. — La femme ne peut (soit comme propriétaire, soit comme créancière) exercer dans la faillite de son mari « aucune action à raison des *avantages portés à son contrat de mariage* » (art. 564).

Bien qu'elle ait été gratifiée de valeurs par son mari, la loi préfère rétablir le produit de cette libéralité dans la masse et le faire servir au remboursement des créanciers. Par une juste compensation, les créanciers ne pourront, de leur côté, se prévaloir des avantages qui auraient été faits par la femme au mari dans le même contrat.

Mais, à la différence des situations prévues ci-dessus, cette déchéance suppose que le *mari était déjà commerçant à l'époque de la célébration du mariage* ou que, n'ayant alors aucune profession déterminée, il est devenu commerçant dans l'année suivante. Hors de là, la femme, n'ayant pu se douter lors de la conclusion du mariage qu'elle serait régie par le statut commercial, conserve le profit du droit commun.

1977. — L'art. 564 ne parle que des « avantages matrimoniaux ».

Prisé à la lettre, cette disposition s'appliquerait rarement. Si l'on excepte le « préciput de communauté », stipulé dans les termes de l'art. 1515 même pour le cas de renonciation, et que l'art. 1516 prétend, à tort ou à raison, ne pas être un avantage matrimonial, la plupart des avantages faits par contrat de mariage porteront sur des *biens à venir* : les époux se sont, par exemple, constitué donation du quart ou de moitié de leurs biens en propriété ou en usufruit. Or ces libéralités s'exécutent sur l'actif net et ne sauraient faire tort aux créanciers [1]. La révocation ne présenterait vraiment d'intérêt qu'à l'égard d'une donation de *biens présents* : or une donation de ce genre est rare dans le contrat de mariage.

1978. — Pour donner à la disposition de la loi une portée pratique, il faut l'étendre même aux libéralités reçues par la femme de son mari *au cours du mariage*. Cette extension a été consacrée par la jurisprudence, et à bon droit. Si la loi fait tomber les donations irrévocables, il a été, à plus forte raison, dans ses intentions de frapper celles qui ne le sont pas.

---

dre la disposition aux acquisitions mobilières. D'autre part, il ne statue que sur le remploi de *deniers provenant de successions ou donations*, mais il convient d'en étendre la disposition à l'emploi de sommes comprises dans son apport de dot, et peut-être aussi au remploi d'un immeuble aliéné.

1. Pas plus que ne leur ferait tort le droit de succession, établi depuis la loi du 4 mars 1891 au profit du conjoint survivant, et qui a rendu pratiquement ces donations de biens à venir beaucoup plus rares. Du moment que l'actif est absorbé par les dettes, le droit de succession cesse de s'exercer et la masse n'est point lésée.

Une pareille solution ne va-t-elle pas de soi ? Les donations entre époux sont essentiellement *révocables*, à la volonté du disposant (art. 1096). Le mari, tombé en faillite, révoquera les libéralités faites à sa femme, afin de pourvoir au paiement de son passif. A quoi bon reconnaître au profit des créanciers un droit de révocation qui fait double emploi avec le sien ?

Cette objection n'est pas sans réplique ; car le droit de révocation est essentiellement personnel au mari. Peut-être le failli ne voudra-t-il pas en user. Il faut que la masse soit armée d'un droit propre pour faire tomber la donation. Ainsi s'explique la direction prise par les arrêts.

1979. — La question a principalement l'occasion de se présenter à l'égard d'un contrat d'*assurance sur la vie* que le mari aurait au cours du mariage conclu sur sa tête à lui, mais *au profit de sa femme*, désignée comme bénéficiaire. Les deniers du mari ou ceux de la communauté servent à constituer les primes périodiques de ce contrat. La survenance de la faillite annulera la libéralité contenue dans une pareille assurance.

Mais on a déjà vu (nos 1682 et s.) que cette nullité n'a pas pour effet de rétablir dans la masse le *capital* assuré tout entier. La personne bénéficiaire continuera à le recueillir. Car elle a acquis, de son propre chef, contre la Compagnie, une valeur qui n'a jamais figuré dans l'actif de l'assuré. Il y aura lieu seulement de dédommager la masse des *primes* que le commerçant a versées depuis l'origine de la police.

Telle est la situation de la femme du failli : la récompense qu'elle devra payer aux créanciers pourra être ainsi notablement inférieure à la valeur nominale du contrat : c'est bien à elle, lorsque viendra l'échéance, que sera servie la somme assurée par la Compagnie (Civ., 22 février 1888, D. 88, 1, 193).

CHAPITRE VI

DES CRÉANCIERS PRIVILÉGIÉS ET HYPOTHÉCAIRES

(C. com., art. 443, al. 3, 445, al. 2, 448, 450, 501, 508, 546 à 551, 552 à 556, 563, 571 ; L. 4 mars 1889, art. 18 et 22).

1980. — La faillite, groupant les créanciers de même niveau, afin de mettre en œuvre le principe d'égalité de l'art. 2093 C. civ., demeure étrangère aux intéressés qui se sont assuré un rang de préférence. Les créanciers qui disposent d'un privilège, nantissement ou autre, ou d'une hypothèque, *ne sont pas* en cette qualité compris *dans la masse*. Ils ont une sûreté réelle que la faillite n'atteint pas ; leur créance n'a pas été convertie en un dividende.

On verra au n° 2075, en matière de concordat, une autre conséquence de cette idée : puisque le dividende ne touche point ces créanciers, ils ne sont point intéressés aux délibérations ayant pour but de l'établir, en tant du moins qu'ils exercent leur sûreté. L'art. 508 veut qu'*ils s'abstiennent* de faire nombre et *de voter dans l'assemblée de concordat*.

1981. — Toutefois, ces intéressés n'ont pas seulement leur sûreté. Ils peuvent, en outre, se prévaloir du *gage général* que tout créancier possède sur l'actif de son débiteur (art. 2092 C. civ.). Leur sûreté n'est pas toujours suffisante. Il est possible qu'ils n'arrivent en rang utile que pour une partie de leur créance, ou même que la valeur du bien soit entièrement absorbée par des créanciers qui les priment. La loi a eu à rechercher s'ils seraient fondés alors à produire au marc le franc, à concourir aux opérations de la masse chirographaire.

1982. — Il y a lieu d'analyser un grand nombre de points se rapportant aux créanciers privilégiés ou hypothécaires. Mais il faut s'occuper préalablement de créanciers armés d'un droit de préférence, quoiqu'ils ne disposent pas, à vrai dire, d'un privilège ou d'une hypothèque, de créanciers qui, échappant à la règle du paiement proportionnel, se rapprochent par là même de ceux qui sont pourvus d'une sûreté réelle. L'examen des dispositions légales qui les concernent n'est pas indifférent.

SECTION PREMIÈRE

RAPPROCHEMENT AVEC LES CRÉANCIERS QUI ONT UN DROIT DE RÉTENTION, DE COMPENSATION OU DE RÉSOLUTION.

1983. — **I. Droit de rétention.** — Les premiers à citer parmi les créanciers du failli qui échappent à la contribution, sans avoir nécessairement un privilège, sont ceux qui invoquent le *droit de rétention*. L'exemple classique est donné par le contrat de *vente* : le vendeur de meuble ou d'immeuble, qui ne s'est pas encore dessaisi au moment où s'ouvre la faillite, est admis à refuser de faire livraison, soit que la vente ait été faite au comptant, soit même qu'elle ait été faite à crédit. On sait que la législation des faillites respecte ce droit de rétention (art. 577 C. com., cpr. à 1612 et 1613 C. civ., n° 1956).

La même faculté doit être reconnue dans beaucoup d'autres cas. Le droit de rétention est d'abord attaché au *nantissement*, il se combine alors avec le « privilège » exercé par la mise aux enchères, que suivra une collocation par préférence sur le prix du gage.

Ce droit existe encore en l'absence de tout privilège, d'abord dans les cas expressément prévus par la loi ; puis, suivant l'opinion générale, chaque fois qu'un détenteur, tenu à la livraison ou à la restitution d'une chose, se trouve être créancier, à raison d'impenses nécessitées par cette même chose (*debitum cum re junctum*). Il y a connexité alors entre la détention du bien et la dette formée à son occasion, et les deux prestations ne doivent pas être liquidées séparément l'une de l'autre. En conséquence, un correspondant, à qui le failli aurait remis une valeur en dépôt ou en garde, refusera la restitution au syndic aussi longtemps que ses frais et avances ne lui auront pas été payés.

Ce droit, que son *caractère* purement *défensif* a fait classer en dehors des droits réels proprement dits, n'en est pas moins opposable aux créanciers du propriétaire, tout comme au propriétaire lui-même. La faillite n'y porte aucune atteinte. Au surplus, le droit de rétention ne confère pas le pouvoir de provoquer la vente et de se faire attribuer le prix de la chose préférablement aux autres créanciers. Pour disposer d'un tel avantage, il faudrait avoir, outre le droit de rétention, un « privilège ».

1984. — II. **Compensation.** — Voici, en deuxième lieu, ceux qui invoquent une *compensation*, afin de se couvrir contre l'insolvabilité de leur débiteur. *Secundus* est créancier pour 10.000 fr. de *Primus*, failli, mais il est également son débiteur de semblable somme. Si la loi lui permet de compenser, *Secundus* liquidera sa créance et sa dette l'une dans l'autre, sans préjudice pour lui. Si la compensation lui est refusée, il devra payer son obligation entière de 10.000 fr. au syndic, et il touchera, d'autre part, un dividende sur les 10.000 fr. qui lui sont dus : l'écart des deux chiffres constituera une perte.

La *compensation légale*, on le sait, produit son effet jusqu'au prononcé de la faillite. Si les deux dettes deviennent à la fois exigibles et liquides avant le jugement déclaratif, fût-ce depuis la cessation des paiements, le créancier en peut arguer, la seule compensation à laquelle la législation des faillites mette obstacle durant la période suspecte, à la teneur de l'art. 446, étant la *compensation conventionnelle* (n° 1846).

Mais si les conditions de la compensation ne sont pas encore remplies le jour où la faillite est déclarée, ou ne se réalisent que par l'exigibilité résultant du jugement déclaratif, le créancier voudrait encore pouvoir compenser, appliquer, par opération de compte, la somme qu'il doit à celle qui lui est due, et dans cette mesure échapper au marc le franc.

Pour savoir s'il y est recevable, on doit distinguer deux cas différents.

1985. — I. La convention a établi un lien entre l'avantage promis au créancier et la dette à sa charge. Les deux prestations proviennent d'une opération identique. La volonté des parties, en solidarisant les deux engagements, est de les diriger vers un règlement unique, de les fondre pour en extraire le solde qui se dégagera de leur liquidation.

Si le contrat qui engage N engage aussi le failli envers lui, le syndic ne peut, en équité, attaquer N sans lui offrir la contre-prestation.

La pénétration des deux dettes n'est que l'exécution, pendant la faillite, d'une intention honnête manifestée dès avant son ouverture, lorsque le commerçant était *in bonis*. Cette pénétration procure au correspondant du failli le moyen d'échapper à la contribution ; mais tel était bien le résultat voulu par le contrat.

Historiquement, compensation et rétention ont été mises en œuvre par les mêmes moyens de procédure, par l'*exception de dol*. Toute convention synallagmatique donne à l'une des parties qui n'obtient pas satisfaction la faculté de paralyser la prétention de la seconde [1]. La bonne foi inhérente aux contrats le veut ainsi ; ce droit opposable à la contre-partie ne l'est

1. Cf. R. Cassin, *De l'exception tirée de l'inexécution dans les rapports synallagmatiques* (th. 1914).

pas moins à la masse de ses créanciers (V. cep. Civ. cass., 22 octobre 1907, D. 1907, 1, 508).

1986. — Deux applications intéressantes sont faites de cette doctrine, concernant les *créances connexes* :

a) Un *compte courant* fonctionne entre le failli et son correspondant. Les articles de crédit et de débit ne sont pas soldés encore au moment où la faillite est déclarée ; c'est elle qui clôture le compte. La colonne de l'avoir ne saurait se liquider séparément de la colonne du doit. Le compte est indivisible. Les éléments de gauche et de droite se résoudront en un solde (nos 1650 et 1665-2°). COLIN et CAPITANT, *op. cit.*, II, p. 119.

b) Le passif de la faillite comprend les *reprises* de la femme. Créancière de sa dot ou de successions qui lui sont échues, elle peut être, d'autre part, tenue à des *récompenses*. Ex. : le mari ou la communauté lui a fait des avances pour réparer ses propres.

On ne doit pas procéder séparément à la liquidation des reprises et à celle des récompenses. La femme produira pour le solde ; ce qui, en cas d'insuffisance d'hypothèque légale, présente pour elle un avantage. Les rapports établis par le mariage participent-ils de la nature juridique du compte courant ? Il ne paraît pas indispensable d'élucider ce problème : récompenses et reprises sont mutuellement subordonnées les unes aux autres par identité de la cause, qui est le contrat de mariage. A ce point de vue, le compte de communauté est vraiment indivisible (Caen, 27 juin 1874, et Amiens, 15 mai 1877, S. 79, 2, 145, et note LABBÉ ; Cass., 3 mars 1891, S. 92, 1, 190 ; COTTANCE, *De la compensation des créances de la faillite*, th. 1899).

1987. — II. A ces hypothèses s'opposent celles où, entre les deux créances réciproques, non encore compensées au moment du jugement de faillite, *aucune connexité* n'existerait. N fait une avance de 100 au futur failli ; puis lui achète e la marchandise pour une somme égale. Le droit français résiste à la c npensation, une fois la faillite ouverte. N versera le prix de la marchan e ; d'autre part, il s'inscrira dans la masse pour son prêt.

En effet : *a*) La com nsation sous-entend un double mouvement de fonds. Comment le faill dessaisi, hors d'état d'avantager un membre de la masse, aurait-il versé 100 à son créancier ?

b) Le jugement déclara f a frappé d'*opposition* tous les éléments de l'actif, y compris la créance ı failli contre N. La masse a droit à ce que le produit de cette créance f se partie du gage commun. La compensation, d'après l'art. 1298 C. civ., pas lieu au préjudice des *droits acquis* à un *tiers* (ici au préjudice de l *masse*). La créance, touchée d'une véritable saisie-arrêt dans l'intérêt de collectivité, ne saurait profiter à un individu, fût-ce à N lui-même, lle ne lui est déjà acquise au moment où s'ouvre la faillite.

c) Enfin c'est par suite d' pur hasard que l'on rencontre ici deux créances en sens inverse : le c ancier, rendu débiteur par la chance d'une seconde opération, ne doit pas chapper au naufrage commun.

La doctrine allemande, en sens diamétralement contraire, fait de la compensation une couverture légale dans la faillite. Cette doctrine a son appui dans le droit romain, dans la *deductio* du *bonorum emptor* du *Comment.* IV de Gaius, § 65, telle qu'on l'interprète aujourd'hui (Ch. Appleton, *Histoire de la compensation*, n°s 28 et s.). Elle s'est développée au moyen âge, sous l'influence de l'idée que toutes les relations échangées par le négociant avec un même individu sont connexes et donnent au correspondant un droit de rétention (ancien art. 313 C. com. allem.). Le point de départ de ce raisonnement n'en est pas moins discutable[1].

1988. — III. **Résolution**[2]. — Restent les ayants droit arguant d'un *contrat synallagmatique non encore exécuté de leur part*. Indépendamment du droit de rétention, ils ont la faculté de *résolution* (art. 1184), à moins que le syndic, offrant la prestation entière, ne les mette en demeure de s'exécuter eux-mêmes, la faillite n'emportant point à elle seule résolution des contrats[3].

L'un de ces intéressés, le vendeur de meuble, voit son droit de résolution enfermé dans des limites étroites : il le perd, sitôt la chose vendue entrée dans les magasins de l'acheteur failli (arg. art. 576). Sous cette réserve, la résolution du contrat, à raison du non-paiement, doit être admise dans la faillite comme dans la déconfiture. L'ayant droit (vendeur ou autre), resté en possession, a la faculté de résolution pleine et entière ; il se dégage ainsi de son marché.

1989. — Ici reparaît la question de savoir si l'ayant droit peut, tout en usant de la résolution, faire état du *préjudice pécuniaire* qu'il éprouve (par suite d'une baisse sur la valeur du marché), et s'inscrire dans la faillite au marc le franc pour le chiffre de ce préjudice. La jurisprudence statue contre l'attribution de *dommages-intérêts*, lorsqu'il s'agit d'un vendeur d'effets mobiliers (n° 1957). Cette thèse se base sur des dispositions spéciales au contrat de vente dont la portée, disions-nous, a été mal comprise. A l'avant-dernière époque, elle s'était généralisée et étendue à beaucoup d'autres contrats que la vente elle-même.

La règle suivie en pratique était à peu près devenue celle-ci : *Nul n'est fondé à s'inscrire dans la faillite pour des dommages-intérêts de résiliation, en vertu d'un contrat synallagmatique encore inexécuté de son côté*, lorsque l'ayant droit demeure couvert par la valeur de sa propre prestation (Paris, 19 mai 1892, D. 95, 2, 233, et notre note critique)[4].

---

1. Percerou, *Journ. des faill.*, 1909, p. 444.

2. Sur toute cette matière, cfr. Bonnichon, *Des effets de la faillite sur les contrats antérieurs*, th. 1900, et pour le contrat d'assurance, l'article des *Ann. dr. comm.*, 1907, p. 204, sur le caractère privilégié ou non de la créance des primes dans la faillite. Suivant Paris, 31 mai 1908, arrêt critiqué par Percerou, D. 1910, 2, 1, l'assureur aurait droit au paiement intégral de la prime.

3. V. la théorie de M. Percerou, *op. cit.*, II, n°s 876 et s., sur la distinction à faire entre les contrats que la faillite résout de plein droit et ceux dont elle permet seulement d'obtenir pour cause d'inexécution une résolution judiciaire.

4. La jurisprudence a dû, cependant, excepter de cette règle le contrat de

Ex. : — C'est non pas un vendeur, mais un *acheteur* de marchandises qui est surpris par la faillite avant la livraison. Il fera résoudre le marché, ce qui le dispense de payer son prix. Mais, quoique le relèvement des cours l'oblige à se remplacer à des conditions plus onéreuses, il ne pourra point s'inscrire dans la faillite pour la différence (Cependant la dernière jurisprudence affirme son droit à des dommages-intérêts : Civ. rej., 15 janvier 1900, S. 1900, 1, 433, et note LYON-CAEN ; D. 1901, 1, 25, et note LACOUR ; v. aussi n° 1957 : ce qui est contradictoire avec le système d'ensemble).

Autre ex. : — Le failli avait commandé des travaux dont sa faillite l'empêche d'effectuer le règlement : l'*entrepreneur*, arrêté dans ses travaux, chargé d'approvisionnements qu'il ne peut plus employer, n'est pas fondé à produire, même au marc le franc, pour des dommages et intérêts, etc., etc.

Les arrêts n'obéissaient point de propos délibéré à cette formule d'ensemble pour tous les contrats synallagmatiques en suspens ; mais ils tendaient, il y a quelques années, à en faire l'expression du droit de la faillite.

C'est la notion contraire qui est la vraie : toute créance, ayant ou non une réparation pour cause, a le droit de se produire dans une faillite, quand son inexécution proviendrait de la faillite elle-même.

Toutefois, semblait dire la jurisprudence, on n'a pas le droit de faire retomber sur la masse, innocente de cet événement, des dommages-intérêts imputables au failli.

C'était jouer sur une équivoque : le passif doit accueillir *toutes* les créances qui se sont formées du chef du débiteur au temps où il était *in bonis*. Tout ce que les autres créanciers sont en droit d'exiger, c'est que ces dommages-intérêts ne prétendent pas à une collocation privilégiée et soient attribués par voie de dividende[1].

Aujourd'hui la jurisprudence paraît revenir graduellement à ce que nous considérons comme étant la saine doctrine. Mais elle demeure tenace dans son refus de dommages et intérêts au vendeur de meuble.

SECTION II

PARTICIPATION DES CRÉANCIERS PRIVILÉGIÉS ET HYPOTHÉCAIRES À LA MASSE POUR LE SOLDE NON COUVERT PAR LEURS SURETÉS

(C. com., art. 552-556).

1990. — Il faut revenir aux créanciers privilégiés et hypothécaires et examiner leur droit à concourir dans la masse, sans préjudice de leur

---

louage d'immeuble. La résiliation du bail, à la demande du bailleur non payé des loyers, ne fait pas obstacle à sa collocation pour des dommages-intérêts, à raison du tort que la résiliation lui cause. Ce bailleur aura même une collocation *privilégiée* sur la valeur des meubles garnissant la maison louée. Ainsi dispose expressément l'art. 550 (l. 12 février 1872).

1. Cfr. POCHET, *Des effets du jugement déclaratif sur les contrats synallagmati-*

collocation de préférence. Puis il y aura lieu de régler la situation de ces créanciers quant à leurs sûretés : — ils ne sont pas touchés par la suspension des voies d'exécution individuelle ; — il y a dans la faillite d'importantes restrictions aux privilèges et hypothèques de droit commun ; — le jugement déclaratif et, dans une certaine mesure, l'ouverture de la période suspecte, arrêtent le cours des inscriptions, etc...

1991. — Les créanciers sus-énoncés ont : 1° un ou plusieurs biens affectés à leur remboursement ; 2° subsidiairement, l'ensemble de l'actif de leur débiteur considéré comme gage général. Les art. 552 à 556 déterminent la somme pour laquelle ils produiront de part et d'autre.

Ces textes ne statuent expressément que pour les créanciers ayant hypothèque ou privilège sur les immeubles ; mais ils s'étendent même aux privilèges généraux ou spéciaux sur meubles (sous réserve des privilèges résultant d'un nantissement).

1992. — Les créanciers privilégiés et hypothécaires ne font partie de la masse que *pour le reliquat* que leur sûreté ne couvrirait point (ou pour le tout, si cette sûreté devait être entièrement inefficace).

Un créancier, auquel il est dû par le failli une somme de 100, se fait colloquer dans l'ordre pour 50, et les fonds viennent à manquer au-dessus de ce chiffre. Il est fondé à se dire chirographaire pour le solde de 50 seulement.

C'est le contre-pied de la règle suivie à l'égard du créancier ayant plusieurs coobligés. Celui-ci peut s'inscrire pour le montant intégral de sa créance, jusqu'à parfait paiement, dans les faillites des uns et des autres (chap. IV, art. 542). Ici, au contraire, le créancier qui veut suivre les opérations de la masse doit précompter sur sa production les sommes que lui donne sa garantie réelle.

La disposition est logique : le créancier n'a pas deux patrimoines devant lui. Comment produirait-il dans la masse *in solidum*, du moment qu'il est couvert par une valeur déterminée et qu'il a entendu ne courir les risques d'insolvabilité qu'en cas d'insuffisance de cette valeur ?

En outre, pour se comporter ainsi comme membre de la masse, le créancier devra préalablement faire admettre et affirmer sa créance en assemblée de vérification (art. 552 *in fine*). Quant à savoir si cette procédure de vérification lui est également nécessaire pour produire par préférence sur le bien formant sa sûreté, c'est un point que nous devons réserver (n° 2001).

1993. — L'ordre logique des choses voudrait que *le bien grevé de l'hypothèque* ou du privilège fût *liquidé en premier lieu* : après quoi, le créancier concourrait aux distributions chirographaires, sur le pied de l'égalité avec les autres créanciers, pour l'excédent non couvert par la sûreté, pour 25, pour 40, pour 80, suivant les cas.

---

ques antérieurs, th. 1897, p. 67 et s., et surtout PERCEROU, *op. cit.*, II, n° 903 ; cet auteur consacre tout le commencement de son second volume à analyser la condition des créanciers visés dans la présente section, il étudie notamment les effets de la faillite sur l'assurance, sur le contrat d'édition, etc. (n°s 857 à 909).

Mais on ne peut pas toujours faire en sorte que les deux procédures se suivent dans ce rang chronologique : l'ordre s'intervertit surtout lorsque la réalisation de l'immeuble hypothéqué est lente à opérer. La loi s'attache à établir un règlement final tel que le résultat pécuniaire soit le même dans les deux cas, c'est-à-dire soit que l'ordre hypothécaire ait été antérieur, soit qu'il ait été postérieur aux distributions de la masse. Autrement, les intérêts engagés seraient à la merci des circonstances.

1994. — La *sûreté* appartenant au créancier est-elle *liquidée en premier lieu* ? Celui-ci produira sans difficulté à concurrence du reliquat, dans les répartitions subséquentes de la masse. Or il ne faut pas que le profit recueilli par lui dans la faillite diffère, lorsque les deux séries d'opérations suivront une marche renversée.

Si l'on débute par *les répartitions chirographaires*, le créancier pourvu de l'hypothèque ou du privilège ne sera pas exclu du droit d'y concourir ; il pourra réclamer dans la masse *toute sa créance* et obtenir un dividende proportionnel. Mais ce règlement n'est que *provisoire*.

Car, lorsque le bien formant garantie sera vendu et qu'on en distribuera le produit, le créancier commencera par se faire colloquer pour sa créance primitive, sans égard à son premier dividende. Le fait qu'il est maintenant colloqué dans l'ordre prouve que le dividende touché dans la masse lui avait été, en tout ou en partie, à tort attribué. En conséquence, on déduira de sa collocation nouvelle une somme égale à ce trop-perçu, et il y aura lieu d'effectuer le *reversement de cette retenue à la masse*.

C'est à fixer les bases de cette rectification que s'attachent les art. 552 et s. Des exemples éclaireront la loi. Trois cas sont à considérer :

1995. — *Premier cas.* — Le créancier ne peut venir en rang utile sur sa garantie *pour aucune partie de la créance*. La valeur de l'immeuble est absorbée par des hypothèques antérieures à la sienne (art. 556).

Il importe peu alors de savoir quelle est celle des deux liquidations qui a précédé l'autre. Il est dû 100 au créancier : le dividende dans la masse étant de 50 o/o, c'est ce dividende qu'il obtiendra.

1996. — *Deuxième cas.* — La sûreté couvre *intégralement* le montant de la créance : l'ayant droit arrive en rang utile pour le tout (art. 553 et 554).

1° Si l'ordre est le premier en date, le créancier obtient collocation entière pour 100 ; lorsque viendra la distribution des deniers mobiliers, il n'y participera point, puisqu'il a été rempli intégralement de ses droits.

2° Si la distribution des deniers mobiliers a lieu avant celle du prix de l'immeuble hypothéqué, le créancier commencera par concourir aux répartitions de la masse pour sa créance totale, soit pour 100, et il obtiendra par supposition 50 ; — puis, l'immeuble hypothéqué étant vendu, le créancier est colloqué pour 100 dans l'ordre, comme s'il n'avait déjà touché aucun dividende ; — le dividende antérieur de 50, cessant d'être justifié, sera l'objet d'une reprise sur cette collocation de 100 : on le déduira du montant du bordereau, par reversement d'égale somme à la masse.

Si le législateur n'avait pas statué ainsi, le créancier hypothécaire laissant libres, sur sa collocation de préférence, les 50 qu'il avait touchés antérieurement, cet excédent aurait reçu une autre destination ; il était dévolu aux « créanciers hypothécaires » de rang suivant, et la « masse » n'y aurait pas pu prétendre.

Au contraire, la masse sera subrogée au créancier hypothécaire, dans la mesure du dividende attribué d'abord à ce dernier, et elle s'interposera entre deux inscriptions hypothécaires. A son tour, le créancier hypothécaire suivant pourra, sur sa propre collocation, subir une nouvelle distraction avec reversement, s'il avait concouru lui aussi pour la valeur nominale de son droit à des distributions de deniers mobiliers.

1997. — *Troisième cas.* — Le créancier ne peut être colloqué, dans la distribution hypothécaire, que *partiellement*, pour 50, car les fonds manquent au delà de cette somme pour le couvrir.

1° Postérieurement, son dividende dans la masse sera calculé sur le reliquat de 50 ; soit 25, si le dividende est de 50 o/o. Il aura touché en tout 75, et perdu 25 : le quart de sa créance.

2° Or il faut aboutir au même résultat lorsque les distributions de la masse auront précédé l'ordre : — il touche d'abord 50 o/o sur le plein de sa créance, 100, soit 50 ; — c'est une attribution provisoire ; au lieu de recueillir dans l'ordre, qui est en mesure de les donner, les 50 constituant son solde (ce qui lui assurerait une satisfaction complète), il subira sur ces 50 une retenue de 25, laquelle sera reversée à la « masse » chirographaire, et non pas au « créancier inscrit » suivant (art. 555).

1998. — Créancier gagiste. — Bref, le créancier hypothécaire ou privilégié ne peut se dire membre de la masse que pour la somme que sa garantie ne parvient pas à couvrir.

Lorsque l'ayant droit est un *créancier gagiste* ayant en sa propre possession le bien mobilier affecté à son paiement, la loi établit une autre collocation (art. 546 à 548).

Il y a une première éventualité à écarter, celle dans laquelle le syndic (ou le débiteur assisté) jugerait utile de *retirer le gage*, parce que sa réalisation par le créancier le ferait vendre dans des conditions intempestives. Le syndic peut exercer le retrait du nantissement, au compte de la masse, avec l'autorisation du juge-commissaire, mais à condition de rembourser la dette pour le tout (art. 547).

Sous cette réserve, l'un des deux cas suivants se présentera :

1° *Le créancier vend le gage* suivant les formes de l'art. 93, à moins que le syndic ne lui permette de vendre à l'amiable (n°s 1093 et 1094).

Lorsque le prix de vente *dépasse* la créance garantie, le surplus est encaissé par le syndic et fait partie de la masse.

Lorsque le prix est *inférieur* à la créance, le créancier vient à contribution pour l'*excédent* dans la masse comme créancier ordinaire (art. 548). Tel était le règlement déjà consacré à l'égard des créanciers hypothécaires.

2° *Le créancier s'abstient de réaliser le gage.* Si l'on procède à des distributions chirographaires, le gagiste ne pourra y participer. Sa position contraste alors avec celle des créanciers hypothécaires. *Il n'est inscrit dans la masse que pour mémoire*, dit l'art. 546.

Ce traitement est difficile à justifier. On dit bien qu'il fallait déjouer la fraude consistant par le créancier à détourner le gage, une fois que le dividende chirographaire lui aurait été servi. Mais il ne paraît pas que la loi ait eu cette intention. Elle s'explique plutôt par une raison de principe.

Le gagiste est, de par son nantissement, dans cette position particulière de ne pouvoir procéder à une exécution ou à une réclamation quelconque qu'à condition de liquider préalablement sa sûreté.

En conservant le gage au lieu de le vendre, le créancier laisse le contrat en suspens. Il ne peut pas, sans se contredire, produire pour sa créance dans une distribution, « attaquer » et « retenir » tout à la fois. Un créancier hypothécaire n'est pas dans le même cas ; on ne saurait faire à ce dernier le reproche de concourir aux répartitions ouvertes sur les biens de l'actif général sans avoir d'abord attaqué la sûreté spéciale dont il dispose ; car il n'est pas, à proprement parler, saisi ; et le retard apporté au règlement de l'ordre ne doit pas lui être opposé comme une fin de non-recevoir pour toucher provisoirement un dividende chirographaire[1].

SECTION III

EXCLUSION DES RÈGLES SUR LA CESSATION DES POURSUITES INDIVIDUELLES, L'EXIGIBILITÉ DES CRÉANCES A TERME, L'ARRÊT DES INTÉRÊTS

(C. com., art. 443, al. 3, 445, etc.).

1999. — Les créanciers privilégiés ou hypothécaires sont hors de la masse en tant qu'ils poursuivent le bien affecté à leur créance. Voici les conséquences qui résultent de cette proposition :

2000. — I. *Exécution individuelle.* — Les créanciers sus-indiqués peuvent, nonobstant faillite, frapper de *saisie* les biens formant leur garantie et provoquer l'ouverture d'une *contribution* ou d'un *ordre* sur les sommes provenant de cette saisie, afin de se faire colloquer à leur rang, suivant les règles du Code de procédure civile. Les poursuites sont dirigées contre le syndic dans la faillite (art. 443, al. 3), contre le débiteur assisté dans la liquidation judiciaire (L. 1889, art. 5, al. 1er).

Il y a quelques tempéraments. La loi reconnaît expressément ce pouvoir d'exécution séparée aux créanciers ayant un privilège immobilier ou une hypothèque (art. 571), ainsi qu'au créancier gagiste (art. 548) et au propriétaire bailleur (art. 450). Mais il est discuté : *a*) à l'égard de ceux qui

1. Le motif de la règle en limite l'application. S'il s'agissait d'une créance *conditionnelle* ou *à terme* garantie par un gage, l'art. 546 ne ferait plus loi ; le créancier pourrait se faire admettre dans les distributions de la masse, même avant que son gage ne fût vendu. S'il garde la position défensive, en ne prenant pas l'initiative de la vente du gage, c'est qu'il lui est impossible d'agir autrement. Tel est notre sentiment, même à l'égard d'un créancier gagiste à terme. Suivant une thèse à laquelle nous n'adhérons point (no 2005), le jugement déclaratif rend exigibles les dettes privilégiées, hypothécaires ou garanties par un gage, comme les dettes chirographaires. Mais, dans toutes les opinions, la faculté de vendre actuellement le gage est refusée au créancier conditionnel.

disposent d'un *privilège général* (frais de dernière maladie, fournitures de subsistances, etc.), et *b*) à l'égard de ceux dont le *privilège* mobilier repose sur une idée de *réparation* ou de *conservation*, les textes gardant sur eux le silence. La pratique tend à refuser à ces deux dernières catégories les poursuites individuelles ; leurs créances portent sur des sommes peu élevées, dont on peut, sans dommage, retarder le paiement jusqu'à ce que les biens aient été vendus par la masse. En doctrine pure, cette exclusion aurait plus de peine à se démontrer.

D'autre part, les créanciers hypothécaires eux-mêmes (ainsi que ceux qui ont un privilège sur immeubles), lorsqu'ils n'ont pas commencé *avant l'ouverture de l'union* les poursuites en expropriation, ne sont plus admis dorénavant à les entreprendre (art. 572) ; c'est le syndic qui, à bref délai, procédera à la vente (n° 2139).

2001. — **Vérification des créances.** — Par application de ces mêmes idées, *les créanciers privilégiés ou hypothécaires sont dispensés de produire leurs titres et de se faire admettre en assemblée de vérification des créances.*

On invoque en sens contraire deux arguments : 1° Un texte amphibologique qui s'est glissé dans la section V ayant la vérification des créances pour objet, l'art. 501, fait mention d'un créancier « dont le privilège ou l'hypothèque seulement serait contesté ». — Mais cela ne prouve pas que la vérification soit obligatoire pour lui : le créancier a produit sa créance, le texte suppose qu'un contredit a été élevé sur la sûreté, non sur le fond de la créance elle-même : le titulaire a saisi la masse de l'examen de son droit, sans qu'il soit démontré que la loi le force à le faire.

2° L'art. 11, al. 1er, de la loi du 4 mars 1889 sur la liquidation judiciaire veut que le bordereau de production du créancier énonce « les privilèges, hypothèques ou gages qui sont affectés à la créance ». — On peut repousser également l'autorité de cette disposition. Elle convient tout naturellement à un créancier qui désire participer à la fois aux opérations de la masse pour un dividende et conserver sa sûreté : au premier de ces deux titres, il doit certainement faire admettre sa créance, ainsi que l'affirme d'ailleurs l'art. 552 *in fine*.

Ce dernier texte paraît, tout à l'inverse, un argument *a contrario* : le créancier, en tant qu'il voudrait se payer seulement sur le bien affecté à son remboursement, est exempté de cette procédure, puisque la loi prend soin de l'y astreindre dans le cas opposé (Lacour, *op. cit.*, n° 1999).

2002. — **Suite.** — Si l'on se reporte aux principes, les membres de la masse doivent être seuls tenus de faire admettre leurs créances. L'admission étant le moyen de s'agréger à la collectivité, les créanciers étrangers à la masse n'ont pas à s'y faire introduire.

L'admission pourra sans doute leur être utile. S'ils se présentent en assemblée de créanciers et si leur droit n'est point contesté, ils seront fondés ensuite dans l'ordre à repousser tout contredit qui proviendrait du syndic, en lui opposant sa reconnaissance de leur droit dans la première procédure [1].

---

1. Il y a un autre cas où le créancier a intérêt à se faire connaître de la

Mais cela ne prouve pas que l'expiration des délais des art. 491 à 503 sans qu'ils aient produit emporte déchéance contre eux. Ils pourront encore faire ouvrir auprès du tribunal civil de la situation (et non pas auprès du tribunal de commerce) un ordre sur la distribution du prix de l'immeuble hypothéqué, et les délais de production dans cet ordre seront réglés exclusivement par le Code de procédure civile. Le procès-verbal de vérification a pu se clôturer sans qu'ils y fussent mentionnés, ils ne sont pas forclos, ils n'auront même pas à se soumettre à la procédure des créanciers retardataires établie par l'art. 503.

2003. — Suite. — La jurisprudence donne des décisions dans les deux sens : elle incline vers la solution contraire à la nôtre (Paris, 14 décembre 1888, approuvé par MAHOUDEAU, dans les *Annales de droit commercial*, 1889, 1, 102), sauf à l'égard du créancier gagiste que les arrêts affranchissent formellement de la vérification (Civ. rej., 19 juin 1889, D. 89, 1, 377 ; Civ. cass., 1er décembre 1897, D. 98, 1, 166 ; Rouen, 2 janvier et 20 novembre 1901, S. 1902, 2. 129).

La procédure de vérification constituant une garantie contre les intrusions de faux créanciers, c'est principalement au regard des créanciers à rang de préférence que la masse demande à être protégée : ceux-ci n'augmentent pas seulement les prenants part au dividende, ils évincent la masse d'un élément de l'actif, ce qui est plus grave. Ainsi s'explique la jurisprudence. Mais elle pèche par défaut d'harmonie : si l'on essayait de la suivre dans ses applications de procédure, on s'apercevrait qu'elle ne donne de solutions ni claires, ni concordantes.

2004. — II. *Créances à terme. — La faillite* (ou la liquidation judiciaire) *ne rend pas exigibles les dettes hypothécaires ou privilégiées à terme*, la règle de l'art. 444 ne devant s'appliquer, malgré la généralité du texte, qu'aux dettes chirographaires.

Telle est notre opinion [1]. Mais elle exige, pour être bien comprise, la distinction des deux hypothèses suivantes :

a) Lorsque le syndic réalise le bien sur lequel porte la garantie du créancier, celui-ci sera reçu à obtenir une collocation immédiate et définitive sur le prix, alors même que le terme de sa créance ne serait pas encore arrivé. Le déplacement ou la disparition de la sûreté promise au créancier

---

masse ; c'est celui où il dispose d'un privilège sur meuble autre qu'un gage et se rattachant à la conservation de la chose p. ex. (il y aurait plus de doute pour le privilège du propriétaire bailleur). Il est à craindre que le syndic ne réalise ce meuble et n'en distribue les deniers, à l'exclusion du créancier privilégié, lorsque celui-ci ne s'est pas révélé à la masse. Si, au contraire, la créance et le privilège ont donné lieu à une production à l'assemblée, le syndic qui procéderait à ces répartitions sans en faire profiter le créancier privilégié engagerait sa responsabilité envers lui.

1. Dans notre grande collection (*op. cit.*, I, nos 775 et s.), elle n'a pas été suivie par M. PERCEROU ; M. LACOUR (no 1997) ne l'a pas non plus adoptée. Voir les raisons qu'ils donnent de la thèse soumettant au même traitement, quant à la déchéance du terme, les créanciers ordinaires et les créanciers possédant une sûreté.

par le contrat autorise ce dernier à considérer sa créance comme échue (art. 1888 C. civ.).

b) Mais *si la sûreté est maintenue*, le droit pour le créancier d'anticiper sur l'échéance du contrat et d'exercer une saisie actuelle ne se comprend plus. La perte du terme pour le failli tient à ce qu'il a cessé d'inspirer confiance. Or le créancier hypothécaire ou privilégié a fait crédit non à l'*individu*, mais à la *chose*, et la faillite n'a point altéré les conditions de ce crédit. Il est pris dans un dilemme. — Ou il se dit membre de la masse ; en ce cas, toute voie d'exécution lui est refusée. — Ou il déclare ne pas en faire partie (ce qui est la vérité dès l'instant que c'est sur sa sûreté qu'il veut se faire payer) ; or l'exigibilité des dettes à terme n'a été introduite que pour la masse.

2005. — La jurisprudence se prononce dans le sens contraire.

Elle s'est laissé influencer par le fait que, dans les travaux préparatoires du Code civil, à l'occasion de l'élaboration de l'art. 1188, il a été dit que la déchéance du terme s'appliquait même aux créanciers hypothécaires.

C'est qu'aussi les orateurs songeaient à la déconfiture, qui n'est pas un régime organisé. En droit civil, le créancier hypothécaire à terme peut : *a*) d'abord garder le silence sur son hypothèque, se dire simplement créancier, pour supprimer le terme et, en vertu de l'art. 1188, exécuter immédiatement un bien du débiteur (tactique impraticable dans la faillite qui le traiterait, en conséquence de ce raisonnement, comme membre de la masse, régi par l'art. 444, il est vrai, mais par cela même privé du droit d'exécution individuelle) ; — *b*) puis découvrir son hypothèque (à laquelle il n'a point renoncé), et faire en sorte que son exécution porte précisément sur le bien à lui hypothéqué [1].

2006. — L'extension de l'exigibilité des dettes aux créanciers privilégiés et hypothécaires n'a pas eu d'heureux résultats. Son effet le plus fâcheux a été l'omnipotence du *propriétaire bailleur* réclamant ses loyers futurs. Il a fallu édicter une *loi* spéciale *du 12 février 1872* pour interdire au bailleur cette collocation de termes non échus (v. *infra*, nos 2017 et s.). Loi qu'on aurait pu s'épargner de voter, si la jurisprudence avait pris précédemment sur l'art. 444 une autre position.

---

1. On fait valoir encore une autre raison en faveur de la thèse, qui n'est pas la nôtre, de l'exigibilité par le fait du jugement déclaratif des créances à terme pourvues d'un privilège ou d'une hypothèque. Maintenir le terme serait injuste, ces créanciers ne pouvant voter au concordat sans perdre leurs sûretés (art. 508) et le créancier gagiste ne pouvant concourir aux distributions de la masse s'il retient le gage (art. 546). Ces créances étant, au contraire, rendues exigibles, les intéressés auront le temps de liquider leur sûreté avant le concordat, ou avant les distributions de la masse, et ils pourront participer sans déchéance à l'un ou aux autres. — L'objection n'a qu'une faible portée. D'une part, la situation difficile dont on parle se présentera de toute manière à l'égard d'une créance privilégiée ou hypothécaire qui serait non plus *à terme*, mais *conditionnelle*. D'autre part, il convient, par mesure d'équité, de déroger tant à l'art. 508 qu'à l'art. 546 en faveur du créancier à terme, justifiant de l'impossibilité pour lui de réaliser immédiatement sa sûreté.

Cette loi de 1872, depuis son vote, aurait dû faire éclater l'évidence de l'opinion qui exclut l'art. 444 des créanciers à terme possédant une sûreté. Son article 2, statuant par mesure interprétative à l'égard des baux antérieurs à sa promulgation, interdit au propriétaire d'exiger par anticipation, au titre de son privilège, les loyers à échoir lorsque ses sûretés ne sont pas déplacées.

La jurisprudence antérieure à 1872 ne s'est cependant pas modifiée : aujourd'hui encore, elle permet aux créanciers privilégiés et hypothécaires d'exercer des saisies, avant l'échéance du terme, aussitôt la faillite déclarée.

2007. — III. *Cours des intérêts.* — Le *jugement déclaratif* n'arrête les *intérêts* qu'à l'égard des créanciers chirographaires ; l'art. 445, al. 1er, *les laisse courir* au profit des créanciers pourvus d'un privilège ou d'une hypothèque (de même l. 1889, art. 8, al. 1er, *in fine*).

La disposition provient, en effet, du régime égalitaire de la faillite : seuls doivent la subir ceux qui sont soumis au dividende : or nos créanciers échappent à ce régime égalitaire.

Au surplus, ainsi qu'il était naturel de le décider, les intérêts dus pour le temps postérieur au jugement déclaratif ne pourront être réclamés que sur les sommes provenant du bien affecté au privilège, à l'hypothèque ou au nantissement (art. 445, al. 2 ; l. 1889, art. 8, al. 2).

2008. — Une difficulté surgit de cette nécessité pour le créancier de retirer du bien lui-même formant sa garantie, et non de l'actif chirographaire, les intérêts postérieurs à la faillite. Tout va de soi, lorsqu'il obtient dans l'ordre de quoi le couvrir intégralement, y compris les intérêts afférents au temps même de la faillite. Mais, si la collocation est partielle, si, réclamant 100 (principal) + 5 (intérêts), il ne peut se faire colloquer que pour 100, sa créance laissant un reliquat de 5 non couvert, il importe de déterminer le titre juridique de cette collocation.

La règle la plus favorable au créancier a prévalu. Il est admis à *imputer* ces 100, d'abord *sur les intérêts*, et subsidiairement sur le capital (arg. art. 1254 C. civ.). Le reliquat non couvert est un excédent de 5 en capital, pour lequel il produira dans la masse au marc le franc (Cass. civ., 13 juillet 1896, D. 97, 1, 150, jurispr. remontant à 1871). Au contraire, si on l'obligeait à diriger son imputation sur le capital, celui-ci serait entièrement couvert, et les 5 d'excédent, représentant des intérêts « postérieurs à la faillite », ne pourraient pas être inscrits dans la masse.

Le créancier n'arrive-t-il point, par cette voie indirecte, à faire retomber sur la masse une charge d'intérêts inexistante à l'égard de celle-ci ?

Non. Tout ce que l'art. 445 défend au créancier de faire, c'est de réclamer les intérêts dans la faillite, lorsqu'il ne les trouve pas sur l'immeuble lui-même. A cette réserve près, la masse doit souffrir de l'imputation. Elle est atteinte, il est vrai, par répercussion, mais ce résultat ne peut pas être évité. Lorsque le créancier hypothécaire obtient collocation entière, il refoule, à raison des intérêts compris dans son bordereau, les hypothécaires suivants ; ces derniers se retourneront alors contre la masse pour leur propre reliquat, tandis qu'ils auraient été totalement couverts ou se seraient rapprochés davantage d'une collocation totale, si le premier créancier n'avait pas commencé par se faire allouer ses intérêts. La masse ne saurait protester contre cette conséquence. Elle s'impose, et du même coup se résout la question, lorsque la collocation du premier créancier est partielle et non intégrale.

SECTION IV

RESTRICTION OU SUPPRESSION DE CERTAINS PRIVILÈGES ET HYPOTHÈQUES DE DROIT COMMUN.

§ 1. — Généralités. — Privilège des commis et des ouvriers (Art. 549).

2009. — En principe, tous les privilèges consacrés par le droit commun peuvent être invoqués dans la faillite ou dans la liquidation judiciaire :

a) Le privilège des *frais de justice*, établi par l'art. 2101-1°, est d'application courante, toutes les dépenses de syndicat pouvant être [illegible] sur
l'actif en cette qualité. Il n'est opposable qu'aux créanciers [illegible] ité
des frais avancés par l'un d'entre eux. Sous des distinctio[illegible] de
rentre dans le droit civil, il ne peut faire échec au propri[illegible],
qui dispose pour le remboursement de ses loyers de moy[illegible] on
plus rapides.

b) Le privilège sur la *plus-value immobilière* de l'art. 2[illegible]
voqué dans une faillite, notamment par un entrepreneur [illegible]
d'usine, si le prix de ses devis et travaux ne lui était pas pa[illegible]

Un constructeur de machine est admis à ce privilège, so[illegible]
consisté à « édifier des ouvrages quelconques », suivant la [illegible]
art. 2103, et la machine une fois montée devenant imme[illegible]
nation. — La solution est importante. Le constructeur, si [illegible]
non commerçant tombait en déconfiture, aurait le privilè[illegible]
de meuble, à condition pour l'invoquer de faire cesser l'immobilisation (arg. art. 592 et 593 C. proc. civ.). Comme l'acheteur est commerçant et en faillite, ce privilège cesse en matière commerciale (art. 550 C. com.). La garantie puisée dans l'art. 2103-4° lui sera d'autant plus précieuse.

c) Le privilège de la loi du 26 pluviôse an II (étendu des travaux de l'Etat à tous les *travaux publics*, aux travaux municipaux particulièrement, par la loi du 25 juillet 1891) garantit, en cas de faillite d'un *entrepreneur*, tant les *ouvriers* que les personnes qui ont fait des fournitures à cet entrepreneur sur le montant du prix des devis (Rennes, 6 janvier 1912, S. 1912, 2, 239) ; mais non pas les *sous-traitants*, assez difficiles d'ailleurs à distinguer des fournisseurs (Cass., 26 octobre 1908, S. 1911, 1, 561, note NAQUET). Il y aurait un rapprochement à faire de ce privilège avec l'*action directe*, donnée par l'art. 1798 C. civ., contre la personne pour laquelle les ouvrages ont été faits, aux ouvriers employés à des travaux particuliers (COLIN et CAPITANT, *op. cit.*, II, p. 564)[1].

d) Le privilège sur le *cautionnement* des fonctionnaires publics pour *faits de charge*, de l'art. 2102-7°, s'applique, notamment dans une faillite d'agent de change. Une autre garantie, consistant aussi en une remise d'argent ou de valeurs, reçoit vulgairement la qualification de « cautionnement » : celle que, dans les travaux publics, le cahier des charges stipule d'un entrepreneur, afin de répondre de l'exécution régulière et sans retard des travaux soumissionnés. En cas de faillite, ce cautionnement pourra être invoqué non en vertu de l'art. 2102-7° C. civ. visant une institution différente, mais parce qu'il confère à l'Administration un droit de gage ou de nantissement[2].

2010. — On ne s'attardera pas sur les points où le droit des faillites ne fait que reproduire le droit commun. Lorsque l'objet du privilège ou de l'hypothèque a été *détruit* et que son propriétaire avait pris la précaution de l'assurer, le privilège ou l'hypothèque, ne pouvant plus frapper la *chose* même, se reporte de plein droit sur l'*indemnité* (L. 19 février 1889, art. 2).

Il y a une autre dérogation à la règle de la contribution proportionnelle en faveur du bailleur qui, son immeuble étant incendié, et voyant que son recours fondé sur les art. 1733 et 1734 C. civ. est rendu illusoire par la faillite de son locataire, se prévaut de la subrogation aux droits de ce locataire contre la Compagnie qui a assuré le *risque locatif* (même loi, art. 3).

Ce n'est point un privilège, au sens rigoureux du terme, pas plus qu'on ne peut appeler « privilège » le *droit de jouissance* résultant pour un tiers d'un *bail* qu'il aurait conclu avec le commerçant avant la faillite. Le droit du locataire, quoique n'étant pas un droit réel, est opposable aux créanciers du bailleur, de même qu'aux acheteurs de l'immeuble (art. 1734 C. civ. et 684 C. proc. civ.). En conséquence, celui à qui le commerçant a donné en location un magasin ou un immeuble quelconque pourra se prévaloir de son bail à l'encontre de la masse, sans que la faillite du propriétaire l'induise en préjudice[3].

La victime soit d'un *accident* du travail, soit d'un autre accident, imputable à un commerçant qui aurait traité une *assurance de responsabilité*, est préférée aux autres créanciers de celui-ci sur l'indemnité due par l'assureur (L. 9 avril 1898, art. 23 et s. ; l. 28 mai 1913) ; et ici ce droit est bien qualifié de « privilège » (V. *supra*, n° 1674).

2011. — A certains égards, la loi des faillites est plus large pour concéder ces privilèges que le droit civil. Le privilège du créancier gagiste est

1. C'est le lieu de rappeler l'ingénieuse théorie de M. LABBÉ, qui rattachait les *actions directes* à une notion de *privilège sur créances*. Cfr. PLANIOL, II, n° 2601.

2. Une troisième sorte de cautionnement, c'est celui qu'un commerçant ou industriel se fait verser par ses ouvriers ou employés. Il est réglementé par une loi du 2 avril 1914.

3. Il faut d'ailleurs que ce bail ait pris date certaine dès avant le jugement déclaratif (arg. art. 1328 C. civ., 684 C. proc. civ.) et, s'il est fait pour plus de dix-huit ans, qu'il ait été transcrit au bureau des hypothèques (art. 2, n° 4, de la loi du 23 mars 1885).

étendu au *commissionnaire*, et il porte sur les marchandises que ce commissionnaire a en consignation (art. 95). V. *supra*, n° 1137.

D'un autre côté, les *commis* et *ouvriers* ont, pour l'arriéré de leurs appointements et salaires, un privilège sur l'ensemble des meubles, au même rang que celui que fixe l'art. 2101 pour le privilège des gens de service (art. 549). Quelques indications sur ce dernier privilège ne seront pas inutiles.

2012. — La faillite étant ouverte, l'*exploitation* commerciale ou industrielle peut être *continuée*, avec l'autorisation du juge-commissaire. Les commis et ouvriers restent alors attachés à l'établissement, et ils échappent au dividende pour la rémunération de leurs services nouveaux. Ce n'est pas cette période que la loi envisage pour leur attribuer un privilège dérivant de celui des gens de service. La loi n'avait pas à s'occuper des salaires et appointements correspondant au temps de la faillite ouverte : les commis et ouvriers, engagés *par la masse*, seront payés sur les deniers de la liquidation par préférence aux autres créanciers.

Si le syndic donne congé à ces ouvriers, engagés ou maintenus d'abord par la masse, il tombera sous le nouvel art. 1780 C. civ., pour exercice abusif de la résiliation (situation rare en fait, car l'état de la faillite justifiera d'ordinaire le renvoi de tout ou partie du personnel); en ce cas, les dommages-intérêts seront encore dûs par préférence, en tant que *dette de la masse*.

2013. — C'est en faveur des appointements et salaires dus au personnel d'exploitation, pour la période antérieure au jugement déclaratif, que la loi des faillites a cru devoir établir un privilège exprès.

Ce privilège date de 1838. Sous le Code de 1807, on s'était demandé si le personnel commercial et industriel ne bénéficiait pas du privilège des *gens de service*. On s'était prononcé pour la négative, la qualification de « gens de service » ne s'appliquant qu'aux serviteurs de ménage ou de culture.

Lacune fâcheuse. Existe-t-il une créance plus respectable que celle qui provient du travail gagne-pain ? Elle est aujourd'hui comblée, mais dans la faillite seulement, non dans une déconfiture civile [1]. Les ouvriers et employés d'une entreprise minière ou forestière n'ont pas de privilège pour leur arriéré ; le privilège ne peut pas davantage être invoqué par des auxiliaires autres que des commis et ouvriers proprement dits, par exemple par des artistes dramatiques (Tunis, 27 janvier 1898, S. 98, 2, 285 ; Req., 7 décembre 1909, D. 1910, 1, 28 ; *supra*, n° 29).

---

1. La grande compilation contemporaine des lois ouvrières, dite *Code du travail et de la prévoyance sociale*, ne comprend jusqu'à présent que deux livres, avec numérotage distinct, promulgués respectivement le 28 décembre 1910 et le 28 novembre 1912. Livre Ier : *Des conventions relatives au travail* (107 art.). Livre II : *De la réglementation du travail* (187 art.). Dans cette compilation, le texte concernant le privilège de la créance du salaire est l'art. 47 du premier livre (titre III, ch. II, sect. II) : le seul salaire privilégié, en dehors de celui des gens de service, n'est encore aujourd'hui que celui des commis et ouvriers, par renvoi à l'art. 549 C. com.

Le privilège garantit : *a*) pour les commis, les *six mois* d'appointements antérieurs au jugement déclaratif ; *b*) pour les ouvriers (dont les règlements de salaires sont plus rapprochés [1]), les *trois mois* avant cette même date [2]. Lorsque le syndic ne continue point l'exploitation, les dommages-intérêts auxquels ils auront droit pour cause de résiliation ne sont pas privilégiés, Riom, 19 juin 1911, S. 1912, 2, 59 (il est cependant d'usage de leur servir intégralement, et non par simple contribution, les quinze jours ou le mois de préavis).

Suivant une thèse de jurisprudence que nous avons critiquée (n° 1989) et qui semble en très fort déclin, les commis et ouvriers devraient être sans droit pour réclamer des dommages et intérêts dans la faillite ; les tribunaux toutefois ne paraissent jamais en avoir fait pâtir le monde du salariat.

2014. — « Les commis attachés à une ou plusieurs maisons de commerce, sédentaires ou voyageurs », payés à la commission, disposent encore d'une meilleure situation. V. *supra*, n° 1115. La loi du 6 février 1895 étend le privilège des appointements fixes aux *commissions proportionnelles* acquises par ces commis depuis le troisième mois avant la faillite, même à raison de marchés de date plus ancienne, lorsque ces marchés ont été conclus par leur intermédiaire.

2015. — Si le *droit des faillites*, en investissant les commis et les ouvriers d'un privilège que le droit commun ne connaît pas [3], élargit le droit de préférence, tel n'est pas son esprit général. Sa tendance est de *restreindre le champ des privilèges et des hypothèques*. Le privilège faisant échec à la conception d'égalité qui est à la base de la faillite, celle-ci ne lui est point favorable.

Cette dernière observation se rapporte à trois ayants droit, qui occupent

---

1. Code du travail, liv. Ier, art. 44 (précédemment loi du 7 décembre 1909) : « Les salaires des *ouvriers* du commerce et de l'industrie doivent être payés au moins *deux fois* par mois... ; ceux des *employés* doivent être payés au moins *une* fois par mois. »

2. La loi de 1838 ne donnait à ces derniers le privilège que pour *un mois*, c'est la loi des liquidations judiciaires qui l'a porté à *trois mois* (L. 1889, art. 22).

3. Au privilège de l'art. 549, garantissant l'arriéré des appointements ou des salaires, il faut ajouter maintenant : — 1° le privilège qui assure la restitution des *retenues*, faites sur salaires, au profit d'une *caisse de prévoyance* dépendant de la maison de commerce en faillite (L. 27 décembre 1895, n° 1907) ; — 2° le privilège qui garantit l'indemnité de l'ouvrier pour accident du travail (L. 9 avril 1898). Cette dernière loi distingue entre l'accident ayant entraîné une *incapacité temporaire* de travail et l'accident ayant causé soit une *incapacité permanente*, soit la mort de la victime. *a*) Dans le premier cas, l'indemnité est colloquée au rang du privilège de gens de service, et de même en est-il des frais médicaux, pharmaceutiques et funéraires (art. 23 de la loi). *b*) Dans les autres hypothèses, le paiement général des indemnités est fait par la Caisse nationale des retraites, qui à son tour a un recours contre le chef d'entreprise, mais sans que ce recours soit garanti par un privilège autre que le privilège spécial de l'art. 2102 — texte bien maladroitement visé — sur l'indemnité due par un assureur, indemnité au delà de laquelle le chef d'entreprise assuré bénéficie d'une exonération sur ses biens, d'après le régime de ladite loi (art. 24 à 28).

une situation moins bonne dans une faillite que dans une déconfiture. Ils souffrent soit d'une limitation, soit même d'une suppression complète de leurs garanties ordinaires. Ce sont :

1° Le *vendeur d'effets mobiliers*[1], que l'art. 550 *in fine* prive du privilège et de l'action résolutoire, sous les réserves de la revendication et de la rétention réglées par les art. 576 et 577 ;

2° Le *bailleur de l'immeuble* affecté au commerce ou à l'industrie du failli, qui aurait d'après le droit commun (art. 2102-1° C. civ.) privilège pour les loyers échus, courants ou à échoir, ainsi que pour tout ce qui concerne l'exécution du bail ;

3° La *femme du failli* exerçant son hypothèque légale.

Nous allons nous occuper de ces deux derniers ayants droit, le sort du premier ayant déjà été examiné plus haut, nos 1946 et s.

§ 2. — Privilège du bailleur de l'immeuble affecté au commerce ou à l'industrie du failli[2]

(C. civ., art. 2102-1° ; C. com., art. 450 et 550 modifiés par la loi du 12 février 1872 ; L. 1889, art. 18).

2016. — Lorsque le commerçant exerce les affaires dans son immeuble à lui, le problème du privilège ne se pose pas. Pour ce qui concerne son appartement particulier, supposé pris en location, les droits du bailleur réclamant ses loyers et l'exécution du bail seront réglés par l'art. 2102-1° C. civ. ; il n'y a pas à faire appel aux textes spéciaux à la faillite[3].

Mais, lorsque le failli exerce son exploitation dans l'immeuble d'un tiers, usine ou magasin par lui loué, l'existence et l'étendue du privilège intéressent au plus haut point le bailleur de l'usine ou du magasin.

Les meubles garnissant l'immeuble loué se composent de *marchandises* ou d'un *outillage industriel*, représentant souvent l'élément le plus appréciable de l'actif. Le bailleur se paiera-t-il, par préférence, sur l'ensemble de ces meubles, pour tout ce qui lui est dû, sans restrictio (loyers, réparations locatives, dommages et intérêts de résiliation) ?

---

1. Mais non le *vendeur d'immeuble*. Celui-ci conserve dans la faillite de son acheteur le privilège de l'art. 2103, ainsi que l'action résolutoire de l'art. 1654 C. civ. (à condition d'avoir rendu le privilège public avant le jugement déclaratif) (nos 2056 et s.). De même, quant au *vendeur de fonds de commerce* (L. 17 mars 1909, art. 1er et 2, al. 1er).

2. Il ne sera pas question dans ce paragraphe du locateur d'un *bien mobilier*. Cependant souvent cet intéressé prétend, non seulement revendiquer son meuble, mais se faire colloquer ses loyers dans la faillite par *préférence*, comme créancier dans la masse. C'est à l'occasion de louage fait au failli de *sacs* ou de *fûts* que la question est agitée devant les tribunaux (Req., 9 novembre 1904, D. 1905, 1, 489 ; Req., 26 avril 1906, D. 1907, 1, 25, note VALERY ; Req., 24 juillet 1906, S. 1908, 1, 313 ; Req., 5 août 1907, D. 1909, 1, 441, note VALERY ; Civ. rej., 17 juillet 1907, D. 1908, 1, 134 ; Req., 16 mars 1909, S. 1910, 1, 137 ; Req., 22 mars 1910, D. 1912, 1, 73, note VALERY).

3. Excepté lorsque les locaux servant à l'habitation du failli et de sa famille dépendent de l'immeuble où se trouve le magasin (nouvel art. 450 C. com.).

Il faut distinguer la situation qui lui était faite sous le Code de commerce et celle sous laquelle il est placé depuis la loi du 12 février 1872.

2017. — I. *Régime antérieur à 1872.* — Le propriétaire, bénéficiant d'un régime léonin, était traité à l'égal d'un bailleur ordinaire en droit civil (art. 2102-1°). Il devait seulement suspendre toutes voies d'exécution pendant les trente jours après le jugement déclaratif (ancien art. 450).

Cette application de l'art. 2101 conduisait aux résultats suivants, lorsque le bail avait acquis *date certaine* : le bailleur pouvait se faire colloquer par privilège pour le montant de *tous les loyers* : — loyers échus au moment de la faillite, si fort que fût l'arriéré, dût-il comprendre les cinq ans après lesquels il y a prescription (art. 2277) ; — loyers de l'année courante ; — loyers de toutes les années à échoir ; — soit, lorsque le loyer annuel est de 10.000 fr., une production de 180.000 fr., en supposant une réclamation totale portant sur dix-huit années.

En vain le syndic, dans l'espoir d'un concordat, laissait-il les meubles en place en offrant au bailleur une somme égale aux loyers échus. Ce maintien des sûretés, qui continuaient à répondre pour l'avenir de l'exécution du bail, semblait donner satisfaction au bailleur.

Il n'en était rien. Celui-ci tirait argument de l'*exigibilité des dettes à terme* résultant de la faillite (la jurisprudence appliquant cette règle même aux créanciers privilégiés, n° 2005). Il exécutait le mobilier et exigeait une collocation immédiate, du chef de *tous* les loyers non encore échus. La masse, il est vrai, avait la faculté de relouer l'immeuble, une fois dégarni, et de faire son profit de la « relocation » pour le reste de la durée du bail, mais c'était pour elle une bien médiocre compensation.

Le propriétaire contrecarrait ainsi tout projet de rétablissement du débiteur. Il se procurait surtout un *enrichissement peu équitable.* C'était une chance que de s'assurer comme locataire par un long bail un commerçant sur le point de faire faillite. C'était un moyen de doubler son avoir, en se constituant, à côté de l'immeuble lui-même, un capital de valeur peut-être égale.

Tout l'actif se trouvait absorbé par ce privilégié, qui, étranger au milieu commercial, méritait d'autant moins les attentions de la loi des faillites.

2018. — Ce vice d'organisation tenait à l'interprétation donnée par la jurisprudence à l'art. 444, lequel prononçait la déchéance du terme, selon les arrêts, même en faveur des créanciers privilégiés.

En donnant à ce texte une portée plus étroite, on eût mis obstacle à toute réclamation actuelle du vendeur, à condition de lui payer l'arriéré et de maintenir les meubles ; le concordat n'aurait pas été entravé.

Une autre thèse, quoique disposée à étendre à toutes les catégories de créanciers la déchéance du terme, disait que, pour les loyers à venir, le bailleur n'était pas créancier à terme, mais *créancier sous condition suspensive*, chaque terme de loyer étant subordonné à un événement incertain : la paisible jouissance pour le temps correspondant. On partait de là pour interdire au bailleur la faculté actuelle d'exécution. — Cette seconde thèse, pas plus que celle donnant à l'art. 444 un sens étroit, n'avait été accueillie par la pratique.

Bref, le bailleur ne rencontrait aucun obstacle à son remboursement en bloc, par préférence à la masse. Tout ce que la marche du bail lui aurait procuré de loyers périodiques, il se le faisait attribuer en une seule fois, grâce à la faillite. C'était un régime intolérable.

2019. — II. *Régime postérieur à 1872.* — L'abus a disparu par le fait de la *loi du 12 février 1872* [1]. Cette loi, rapportée à l'Assemblée nationale par M. Delsol et insérée dans les art. 450 et 550 C. com., est d'intelligence difficile. Elle aurait pu, d'une manière générale, démentir la jurisprudence sur l'exigibilité des créances hypothécaires et privilégiées, et décider qu'elles ne donneraient point lieu à des voies d'exécution immédiates pour prestations non échues lors de la faillite, lorsque les garanties anciennes ne seraient pas déplacées.

On a préféré une voie plus compliquée et moins scientifique ; ce qui a conduit le législateur à une réglementation très pointilleuse.

2020. — L'idée qui se détache de la loi est la suivante : La *masse*, personne solvable, va se trouver substituée au locataire failli aussitôt après le jugement déclaratif, et elle *prendra sa place dans le bail*. Contre ce preneur nouveau, qui n'est pas failli lui-même, le propriétaire ne saurait invoquer l'exigibilité des loyers futurs.

Un transport du bail s'est opéré, que le propriétaire y consente ou non, du preneur primitif à la collectivité de ses créanciers. Celle-ci paiera l'arriéré des loyers tout en laissant les sûretés pour l'avenir. Le propriétaire n'est plus fondé à exercer de réclamation actuelle. De quoi se plaint-il, les conditions du contrat n'étant point modifiées à son détriment ? Parlant au failli, il pourrait arguer de la déchéance du terme ; mais il n'est plus admis à le faire, parlant à la masse qui est subrogée au failli.

C'est là, d'ailleurs, une situation provisoire. La faillite en effet doit aboutir soit à un concordat, soit à l'union : *a*) Si l'on aboutit à un *concordat*, par continuation de l'exploitation, le bail fera retour au failli concordataire, et il suivra désormais son cours régulier, l'échéance des loyers futurs ne pouvant plus être légitimement invoquée puisque la faillite a cessé.

b) Si c'est l'*union* qui l'emporte, la masse a encore un moyen d'empêcher la collocation privilégiée du bailleur pour les loyers à venir : c'est de vendre le fonds de commerce et de céder à l'acheteur avec le fonds le bail restant à courir, à charge par le cessionnaire de maintenir gage suffisant. Ici encore le bailleur se trouve en présence d'un cessionnaire solvable, du

1. On a proposé de réduire davantage encore, en législation, le privilège du propriétaire. Une limitation plus importante du chiffre de ses loyers garantis est souhaitable ; dans les faillites des petits magasins, l'actif en marchandises sert trop souvent à couvrir le bailleur, sans rien laisser à la masse ; et, de là, tant de clôtures pour insuffisance d'actif (V. notre article dans les *Annales de droit commercial*, 1896, p. 289).

chef duquel les loyers futurs ne peuvent devenir exigibles : celui-ci exécutera, à mesure des échéances, les obligations résultant de la convention, sans changer la destination des lieux (art. 550, al. 5).

Toutefois, la transmission du bail à un cessionnaire exige un contrat ne contenant pas une « clause interdisant au locataire primitif la sous-location ou la cession de son droit ». La présence de cette clause empêcherait la masse de mettre un acquéreur à sa place. Et même, de l'enchaînement des dispositions de l'art. 550 il ressort que la clause interdisant la sous-location empêche le syndic de poursuivre *directement* au compte de la masse l'exécution du bail. Nonobstant opposition du propriétaire, dit le texte (al. 5 et 6), « les syndics pourront continuer ou céder le bail pour tout le temps restant à courir... Dans le cas où le bail contiendrait interdiction de céder le bail ou de sous-louer, les créanciers *ne pourront pas* faire leur profit de la location... » Ils ne le pourront, par conséquent, sous quelque forme que ce soit, même par une exploitation directe. Résultat fâcheux et peu logique, car l'exploitation par les créanciers n'entraîne pas mutation de personne dans le bail [1].

2021. — Ainsi, la masse, disposée à exploiter le fonds de commerce dans l'immeuble du propriétaire, peut, sauf clause interdisant la sous-location, assurer la continuation du bail et prévenir les poursuites du bailleur. Cependant, pour se couvrir contre les réclamations de celui-ci, la masse doit lui payer :

1° L'*arriéré des loyers* (cela veut dire *deux années échues et l'année courante*, n° 2023), ainsi que les sommes dues pour abus de jouissance, réparations locatives ou autres prestations encourues par un fait antérieur à la faillite ;

2° Les loyers venant à échéance pendant la faillite elle-même, *à mesure de leur exigibilité* (art. 550, al. 3). Le propriétaire y a droit non plus au titre du privilège de bailleur, mais bien comme *créancier de la masse*, aussi longtemps que dureront la faillite et le bail.

2022. — Mais cette continuation du bail par la masse, à la seule condition de régler les loyers en souffrance et de maintenir les sûretés, peut venir se heurter à l'un des deux faits suivants : 1° vente des meubles garnissant l'immeuble (personne ne se proposant pour se faire céder le bail et l'exploitation directe étant trop gênante) ; 2° résiliation du bail à la demande du bailleur.

2023. — 1° *Vente et enlèvement des meubles.* — Si le syndic renonce à continuer le fonds de commerce et le bail, et d'autre part ne trouve pas

1. M. Percerou souscrit à regret, comme nous, à ce résultat (*op. cit.*, II, n° 940, en note, et 947 *ter*). Mais, d'après cet auteur, le texte de l'art. 550 n'oblige la masse à s'incliner devant cette défense de continuer l'exploitation en présence de ladite clause, que pour la phase qui suit l'ouverture de l'union, ce qui atténue l'effet de la prohibition. En ce qui concerne la période préparatoire, allant du jugement déclaratif à l'assemblée de concordat, le droit pour le syndic d'entretenir le bail, même lorsqu'il renferme une clause interdisant la sous-location, ne lui semble pas contestable. Jusqu'à ce moment, et en prévision d'un concordat possible, le vœu de la loi (l'art. 450 en témoigne) est que tout reste en suspens.

un sous-locataire, la déchéance du terme s'appliquera dans toute sa rigueur : le locataire est failli, la masse ne tient pas à prendre sa place. Marchandises et matériel sont vendus, à la requête, soit du syndic, soit du bailleur lui-même (Rouen, 9 décembre 1896, S. 99, 2, 233, et note WAHL).

D'après l'art. 2102, le propriétaire obtiendrait aujourd'hui encore, comme avant 1872, collocation pour *tous* les loyers présents, en cours et à venir (au moins dans les baux à date certaine). Mais la loi de 1872 limite le privilège à *deux années* dans le passé, à l'*année courante* et à *une année à échoir* à partir de l'expiration de cette année courante. Elle accorde en outre le privilège pour tout ce qui concerne l'exécution du bail et pour les dommages-intérêts, s'il y a lieu. On ne distingue plus entre les baux à date certaine et les baux sans date certaine (art. 550, al. 4) : solution logique, car, depuis 1871, les baux doivent être enregistrés dans un délai fatal, et l'on peut dire aujourd'hui qu'ils ont tous date certaine.

2024. — Comment calculer ces « deux années de loyers échus », ainsi que l' « année courante » ? La loi décidant que le privilège s'exercera « comme en cas de résiliation » (art. 550, al. 4), il est logique de se régler de part et d'autre d'après les mêmes dates. On dira au n° 2029 que c'est « au jour du jugement déclaratif », rapproché du commencement du bail, qu'on doit se placer pour compter l'année en cours et les deux années passées. Il ne faut pas prendre pour point de départ du calcul en arrière « le jour où les meubles ont été vendus et enlevés » (En ce dernier sens, BAUDRY et DE LOYNES, AUBRY et RAU, Paris, 19 mars 1899, D. 1900, 2, 441).

Soit un bail ayant commencé le 1er mars 1913 dont les loyers n'ont pas été payés. La faillite s'ouvre le 1er septembre 1915. La vente des meubles a lieu le 1er avril 1916. Le bailleur a privilège pour les deux années allant en arrière de mars 1915 à mars 1913, et en outre pour les six mois allant de mars à septembre 1915, soit pour *deux ans et demi* (LYON-CAEN et RENAULT, VIII, n° 876 ; Douai, 15 juillet 1896, D. 97, 7, 178). Si l'on se réglait d'après l'année de bail où se trouve le failli au jour de la vente des meubles, l'année courante ne comprendrait que le mois qui va du 1er mars au 1er avril 1915, soit un privilège portant sur *deux ans et un mois* de loyers.

Il faut, en tout cas, repousser un système quelconque qui appliquerait le privilège à des loyers courus « pendant la faillite », et déjà garantis *sans limite de durée*, à un titre différent, comme « dette de la masse ».

Est-il possible d'admettre (ce qui serait cependant la conséquence fatale d'un semblable calcul) que, cinq ans de faillite s'étant écoulés sans paiement de loyers avant l'enlèvement des meubles, le propriétaire ne soit protégé que pour deux ans et pour une fraction d'année, à l'exclusion du reste ? La masse a profité de la jouissance pendant ces cinq années pleines !

D'un autre côté, avec certains partisans du deuxième système ci-dessus, qui entendent par « année courante » celle où l'on se trouve au moment de la vente des meubles, et par « années échues » celles qui étaient expirées avant la faillite, les deux morceaux du privilège ne se souderaient plus ensemble, ne se rejoindraient point, ce qui est déraisonnable.

Enfin, il ne doit pas dépendre du syndic d'abréger ou d'allonger l'année courante, d'après la saison dans laquelle il aura vendu le mobilier.

2025. — Quant à l' « année à échoir », elle prend nécessairement son point de départ à la vente des meubles, sans pouvoir se souder ni aux « années échues », ni à l' « année courante ». Il n'y a pas cependant discontinuité dans la protection des loyers, ceux qui correspondent *intra tempora* au temps de faillite étant *dettes de la masse.*

Le bailleur ne rentrera dans son immeuble qu'un an après cette vente des meubles. Entre temps, la masse fera son profit du bail en usant de la relocation, là même où il y aurait interdiction de sous-louer (art. 550, al. 6).

2026. — La saisie des meubles par le bailleur n'est point permise aussitôt après l'ouverture de la faillite. Le propriétaire doit temporiser dans l'emploi des voies d'exécution. On ne sait encore si la masse entretiendra ou non le bail : il faut laisser les choses en l'état.

Le bailleur peut, compétence appartenant au *tribunal civil* (Req., 28 novembre 1898, D. 99, 1, 35)[1], prendre des mesures conservatoires, telles que la revendication des meubles que le syndic sortirait de l'immeuble. Mais, à cela près, la loi impose aux intéressés un temps de réflexion. Le bailleur suspendra ses poursuites jusqu'à l'*expiration de huit jours à partir de l'expiration des délais donnés* par l'art. 491 aux créanciers de France *pour la vérification de leurs créances.*

Il rentrera plus tôt dans l'immeuble, si le contrat prend fin dans l'intervalle par l'expiration de la durée normale du bail ou par une stipulation du contrat. Il a pu être convenu que le bail serait résilié *de plein droit* par suite de la faillite[2].

2027. — Ce même délai, imposé d'un côté au bailleur pour suspendre ses poursuites, est donné d'un autre côté au syndic pour qu'il ait à se prononcer sur la continuation du bail. Il appartient au syndic, avec l'autorisation du juge-commissaire et le failli entendu, jusqu'à la fin de ce délai augmenté de huit jours, de *notifier au propriétaire son intention d'entretenir le bail* (art. 450)[3].

---

1. Le procès soulevé par le bail relèvera du tribunal de commerce de la faillite, s'il se rapporte à une « question de faillite », au sens technique du mot (art. 635 C. com., v. *supra*, n° 1768). Autrement, malgré la théorie des actes de commerce par application de la règle de l'accessoire (art. 632, av.-dern. al., v. *supra*, n° 60), et quoique le bail soit un accessoire de l'exploitation commerciale, l'affaire, étant de nature immobilière, est du ressort de la juridiction de droit commun (cpr. cependant n° 70, note 1).

2. *Quid* du cas où le locataire tombe en faillite dans le mois d'un commandement que le bailleur lui avait signifié, le bail portant résiliation « de plein droit » faute du paiement d'un loyer un mois après ce commandement ? V. Paris, 25 janvier 1905, D. 1905, 2, 81, et notre note ; S. 1907, 2, 297, et note Wahl.

3. Plusieurs malentendus doivent être évités sur la portée de cette notification et sur la sanction du délai dans lequel la loi la suppose faite : — 1° Le texte ne dit pas que la notification *doive* avoir lieu ; le syndic peut se dispenser de l'accomplir et continuer le bail en fait, ce qui engagera la masse envers le propriétaire pour les loyers à venir : ainsi se passent les choses dans de nombreuses faillites ; — 2° La notification ne lie pas le syndic pour l'avenir ; même après avoir commencé par entretenir le bail, il est libre en cours de faillite de renoncer à l'exploitation et de faire vendre alors les meubles ; — 3° Enfin, le syndic peut

La notification, dans la liquidation judiciaire, est faite par le débiteur assisté (L. 1889, art. 18).

2028. — 2° *Résiliation à la demande du bailleur.* — En principe, le bailleur ne peut s'opposer à la continuation du bail par la masse, le jugement déclaratif n'emportant pas rupture ou cessation du contrat. Il faut qu'il puisse invoquer une résiliation du bail encourue par le failli (abus de jouissance, par exemple), ou une clause portant que la faillite mettra fin à la location.

L'intérêt de la faillite est que le bailleur fasse valoir sans retard les moyens qu'il a de faire tomber la convention. La masse, en pourparlers de concordat, veut être édifiée sur le degré de solidité du bail ; le concordat serait illusoire si un vice latent permettait au propriétaire de rentrer dans l'immeuble le lendemain du rétablissement du failli dans ses biens.

De là, la nécessité pour le bailleur d'agir en *résiliation*, dans les *quinze jours après la notification* que lui a faite le syndic de continuer le bail. Faute de quoi, il est présumé renoncer à tous les moyens de résilier qui lui appartenaient à cette époque (art. 450 *in fine*). Le bail alors tiendra.

2029. — Lorsque la résiliation est prononcée, le bailleur reprend immédiatement son immeuble. Sur la valeur des meubles qui le garnissent, il se fera colloquer par privilège : 1° seulement pour *deux années* de loyers échus ; 2° pour l'*année courante*, — sans préjudice de toutes autres prestations dues en vertu du bail, ainsi que des *dommages-intérêts* (art. 550, al. 2).

On sait (n° 2023) que l' « année courante » est l'année du bail où l'on était lors du prononcé de la faillite, et que les « deux années échues » sont celles qui précèdent immédiatement cette année courante. La collocation au titre du privilège ne comprendra donc jamais trois ans, sauf en outre à faire admettre comme « dette de la masse » les termes de loyer correspondant à la phase de faillite ouverte. Le rapporteur de la loi s'est expliqué en ce sens : ce n'est pas du jour de la résiliation que partent les délais, mais du jour du prononcé de la faillite (V. Levillain, sous Paris, 22 mars 1906, D. 1908, 2, 377).

Ici, le bailleur cesse d'avoir droit à collocation *pour une année future*. Mais le tribunal peut lui en attribuer l'équivalent à titre d'indemnité de chômage ; le propriétaire les réclamera en tant que dommages-intérêts, toujours au titre de son privilège, ce qui ne l'empêchera pas de rentrer de suite en possession de l'immeuble [1].

---

opérer la notification après le délai de l'art. 450, ce délai n'étant pas prescrit à peine de déchéance. La seule sanction attachée à un retard sera la prolongation pour le bailleur de la faculté de résiliation ci-dessous, la loi calculant le délai d'exercice de son action, c'est-à-dire quinze jours, v. n° 2028, à partir du moment où la notification a eu lieu, tardive ou non.

1. Cette collocation privilégiée tant de loyers échus ou en cours que de dommages-intérêts appelle une remarque incidente, à cause de l'usage suivi dans les baux de magasin. Le loyer est stipulé « payable d'avance » ; toutefois, le premier terme versé est, à la teneur du contrat, imputable non sur le loyer de la première

2030. — Le point le plus intéressant de la loi de 1872 n'est pas la limitation du privilège à deux ans échus, à l'année courante, à un an à échoir. Car le privilège a été réduit de la même manière pour les fonds ruraux par la loi du 19 février 1889 (art. 1er) et, dans une mesure encore plus étroite, pour la liquidation du prix d'un fonds de commerce vendu, par la loi du 17 mars 1909 (art. 3 modifié par celle du 31 juillet 1913 : « le bailleur ne peut former opposition pour loyers en cours ou à échoir ») ; enfin, pour le porteur du warrant hôtelier (L. 3 août 1913, v. *supra*, n° 1603 *bis*).

Ce qu'il y a de plus notable dans la loi de 1872, c'est le droit qu'a la masse d'entretenir le bail, de le céder au besoin et d'éviter l'anticipation de loyers futurs en faisant disparaître leur exigibilité du chef du failli. Le droit pour elle sinon de céder, du moins d'entretenir le bail, ne devrait pas être entravé par une clause interdisant la sous location ; et cette clause d'interdiction elle-même, dans une législation bien faite, ne devrait pas armer le bailleur d'un pouvoir de *veto* discrétionnaire. Une proposition faite à la Chambre des députés par M. J. Thierry, réagissant contre ce que l'art. 1717 C. civ. contient d'excessif, voudrait que le bailleur, refusant d'agréer le sous-locataire, donnât de ce refus des raisons plausibles. Le commerce accueillerait avec satisfaction cette réforme si équitable, qui déborderait largement les limites du droit des faillites.

§ 3. — Hypothèque légale de la femme du failli

(C. com., art. 562 et 563).

2031. — La femme est créancière de son mari à raison de ses reprises en valeurs (apports et deniers à elle échus à titre gratuit). Elle peut l'être encore *a*) pour le remboursement du prix de propres aliénés, *b*) pour l'indemnité des engagements contractés avec le mari ou pour lui [1].

Le droit civil confère à la femme, pour garantir ces diverses créances, une *hypothèque légale*, portant sur tous les immeubles du mari, quelle qu'en soit la date ou la source d'acquisition (art. 2121 et 2135-2°). Aucun système particulier de *preuve* n'est organisé, sauf controverse, afin d'établir la consistance des droits pour lesquels elle se fait ainsi colloquer par préférence.

La loi de la faillite redoute, dans l'exercice de cette hypothèque, des

---

année, mais au contraire sur celui de l'« année d'expiration du bail ». — Cela étant, le commerçant était bien, au jour de sa faillite, en retard de deux ans, soit de quatre termes de loyers (termes semestriels par hypothèse). Le bailleur, s'il se fait colloquer pour ces quatre termes, ne devra-t-il pas, puisqu'il a poursuivi la résiliation et la rentrée dans son immeuble, reverser à la masse le loyer du semestre d'origine, qui manque désormais de cause légitime, puisque l'année qui devait être celle de l'expiration du bail se trouvera rejetée au delà de ce bail abrégé dans sa durée ? — Non, dirons-nous, s'il peut imputer le terme versé d'avance sur une créance de dommages-intérêts. Question à résoudre en fait.

1. V. sous le n° 1854, pour ce qui concerne le cautionnement donné par la femme pendant la *période suspecte* au profit d'un créancier de son mari, ainsi que la subrogation à l'hypothèque légale résultant de ce cautionnement.

fraudes de même ordre que celles qui l'ont obligée à limiter la revendication de la femme (supposition d'apports ou de deniers personnels à la femme : le mari a reconnu dans le contrat une dot fictive, etc.).

2032. — La femme n'est atteinte par le droit de la faillite dans son hypothèque légale qu'à une condition : il faut *que le mari ait été déjà commerçant au moment de la célébration du mariage*, ou que, n'ayant pas à cette date de profession déterminée, il soit devenu commerçant l'année suivante[1]. C'est alors seulement que la femme a pu prévoir, au moment de contracter mariage, que ses reprises obéiraient à un régime restrictif. Hors de là, le droit civil continue à s'appliquer.

2033. — Les restrictions mises à l'hypothèque concernent : — l'assiette de cette hypothèque, — la détermination des créances garanties.

2034. — I. **Assiette de l'hypothèque.** — L'hypothèque ne frappe que : 1° les immeubles qui appartenaient au mari *à l'époque de la célébration du mariage*, et 2° ceux qui lui sont *advenus en cours de mariage à titre gratuit* (art. 563, al. 1er).

Le Code de 1807 était plus sévère. Il excluait de l'hypothèque légale tous les immeubles acquis par le mari depuis la conclusion du mariage, tant à titre onéreux qu'à titre gratuit : suspicion excessive. Dans un partage de succession, pensait-on, il sera mis, de connivence, dans le lot du mari plus d'immeubles que la composition de la masse partageable n'en aurait comportés ; il n'est pas admissible que la femme prime la masse sur leur valeur.

Actuellement, les seuls immeubles affranchis de l'hypothèque de la femme sont ceux qui ont été *acquis par le mari à titre onéreux* depuis la célébration. Comme ils ont été achetés avec l'argent des créanciers, ou tout au moins au moyen de deniers ou de valeurs mobilières qui formaient le gage général des créanciers, il est juste que le produit de leur vente soit réuni au gage chirographaire[2].

Les immeubles acquis à titre gratuit par le mari, même au cours du

---

1. La formule de la loi n'est point parfaite. Le mari pouvait, lorsqu'il s'est marié, être occupé dans le commerce à titre d'employé et être devenu patron plus tard. C'est un cas où la femme conserve entière son hypothèque de droit civil. Elle a dû s'attendre cependant, en se mariant, à voir plus tard le mari entreprendre le commerce pour son compte. — L'ancien Code assimilait à la femme d'un commerçant la femme qui aurait épousé un fils de commerçant devenu négociant par la suite (mais à condition par ce fils de n'avoir pas encore d'état déterminé lors de la célébration).

2. Mais, dira-t-on, sous la communauté, la défense de faire porter l'hypothèque légale sur les immeubles acquis à titre onéreux résulte déjà des principes organiques du régime matrimonial. Ces immeubles forment, en effet, des conquêts de communauté, ils ne sont pas la propriété du mari ! — L'objection n'a pas grande consistance. Car il est admis que l'hypothèque légale, en droit civil, s'étend aux conquêts, sous certaines restrictions si la femme accepte, et d'une manière absolue si elle répudie la communauté, position qu'elle prendra toujours en fait dans la faillite (Aubry et Rau, *Cours de droit civil français*, III, § 264 *ter*). Pour écarter son hypothèque des immeubles communs, il était indispensable que la loi renfermât une disposition formelle : c'est ce qu'a fait l'art. 563.

mariage, tombent, en revanche, sous l'hypothèque légale, de la même manière que les immeubles qui étaient sa propriété avant la célébration. Certaines difficultés de pratique sont nées de cette organisation.

2035. — *a*) Avant le mariage, le mari avait un *droit indivis* dans une succession immobilière. L'immeuble était donc pour partie grevé de l'hypothèque de la femme. Au cours du mariage, des opérations de licitation ou de partage font tomber l'*immeuble entier au lot du mari*.

L'hypothèque légale s'étend-elle de la partie indivise à l'immeuble entier ?

La *jurisprudence* répond affirmativement (Civ. rej., 10 novembre 1869, D. 69, 1, 501). Elle statue dans l'intérêt de la femme contre la masse, en se fondant sur la fiction du partage déclaratif (art. 883 C. civ.). Le partage remonte dans ses effets à l'ouverture de la succession, le mari est présumé avoir eu tout l'immeuble avant que le mariage ne fût célébré [1].

La *doctrine* est divisée. Les arrêts, disent quelques auteurs (Demolombe, XVII, n° 328, etc.), donnent à l'art. 883 une portée qu'il n'a pas ; comme toute fiction, il doit être renfermé dans l'ordre de résultats qu'a recherchés la loi. L'art. 883 veut préserver un cohéritier contre les charges qu'aurait constituées, sur le bien mis dans son lot, un autre cohéritier pendant l'indivision, éviter une éviction, un recours en garantie. Ici, rien de pareil. Le conflit surgit entre deux personnes tirant leurs droits du mari, la femme d'une part, la masse de l'autre ; et, de quelque manière qu'on le tranche, il n'y aura pas de recours en garantie entre cohéritiers.

En conséquence, il faut rentrer dans la vérité, qui veut que le partage soit une vente ou un échange, c'est-à-dire un acte à titre onéreux. C'est l'argent de la masse (ou une soulte en valeurs mobilières de la succession) qui a servi à acquérir le complément de l'immeuble : il convient que le produit de ce complément fasse retour à la masse [2].

2036. — *b*) Le mari avait, avant le mariage, un terrain vague sur lequel il élève une *construction* plus tard. L'hypothèque légale va-t-elle s'étendre de la valeur du sol à celle de l'édifice ?

Oui, dira-t-on, avec la théorie de l'accessoire : l'hypothèque s'étend à

---

1. On ajoute que, si la licitation avait fait attribuer l'immeuble au cohéritier du mari, la femme aurait perdu son hypothèque pour le tout ; que, par compensation, elle doit l'exercer sur tout l'immeuble, si c'est le mari qui s'en porte acquéreur. — Cette raison n'est pas décisive : l'art. 883 prive la femme, à la vérité, du *droit de suite* contre l'adjudicataire, cohéritier de son mari ; mais elle pourrait du moins (sauf controverse) exercer le *droit de préférence* sur la partie du prix de licitation qui serait mise dans le lot du mari ?

2. Voir une opinion intermédiaire dans Aubry et Rau, III, § 264 *ter*, et dans Lyon-Caen et Renault, VIII, n° 906. — On raisonnera de la même manière pour les immeubles que le mari avait aliénés avant le mariage et qui lui sont revenus au cours de l'union conjugale, par suite d'une *condition résolutoire* coûtant au mari de l'argent ou la perte d'une créance. La rétroactivité de la condition fait que cet immeuble est présumé n'avoir jamais cessé d'être au mari ; mais, en réalité, c'est à titre onéreux qu'il lui est revenu, il faut donc le comprendre dans le gage de la masse. — Ex. : exercice d'une clause de *réméré* (art. 1659 et s. C. civ.) ou du droit de *résolution* parce que l'acheteur n'avait pas payé son prix (art. 1654).

toutes les améliorations survenues à l'immeuble hypothéqué (art. 2133). Quelques arrêts ont affirmé cette solution (Caen, 3 juin 1865, S. 65, 2, 310).

Non, répond la majorité de la doctrine (Aubry et Rau, § 264 *ter*; Lyon-Caen et Renault, VIII, n° 905; Baudry et de Loynes, *Priv. et hyp.*, II, 1014, etc.). Dans la mesure de la construction faite, l'immeuble cesse de répondre à la condition, sans laquelle l'hypothèque est refusée, d'acquisition antérieure au mariage ou d'acquisition à titre gratuit. Le bâtiment a été construit à prix d'argent. Dans les deniers provenant de la vente de l'immeuble, il y aura une ventilation à opérer. La part correspondant à la plus-value ne tombe pas sous l'hypothèque.

Comme dans le cas précédent, il s'agit de savoir dans quel esprit on veut interpréter la loi : est-ce dans l'intérêt de la femme, c'est-à-dire de la famille, est-ce dans l'intérêt du commerce et du crédit ? La jurisprudence des Cours [1] penche du côté de la protection de la famille. Dans la détermination de la nature des preuves, qu'on examinera ci-dessous, cette même jurisprudence manifeste un esprit diamétralement opposé.

2037. — *c*) Pendant le mariage, le mari *a échangé un immeuble contre un autre immeuble*. Il faut se prononcer encore contre l'extension de l'hypothèque.

En effet, le premier immeuble était-il affranchi de l'hypothèque ; le second, acquis en retour, en sera également affranchi par subrogation réelle.

Le premier immeuble était-il grevé de l'hypothèque : le second en doit être exempt à la teneur de l'art. 563 (*contra*, Aubry et R[illegible]). Cependant le nouvel immeuble a été acquis en contre-échange d'une propriété sur laquelle portait l'hypothèque !

L'objection est spécieuse. La femme ne doit pas trouver dans l'opération le doublement de sa garantie. Du chef de l'immeuble primitif, elle exercera le droit de suite contre le coéchangiste. Celui-ci à son tour se retournera en garantie contre le mari, c'est-à-dire contre sa faillite. Souffrant ainsi de l'hypothèque par ricochet, la masse ne doit pas encore en subir l'action sur le second immeuble, substitué à celui-là dans le patrimoine du failli.

2038. — *d*) La femme, obtenant sa séparation de biens judiciaire, prétend se faire colloquer pour ses reprises, non plus au titre d'hypothèque légale que la loi restreint, mais au titre d'*hypothèque judiciaire*, le droit des faillites ne limitant point cette dernière cause d'hypothèque (sous réserve des jugements rendus depuis l'ouverture de la période suspecte, art. 446-3°). Mais la femme n'a pas le droit d'intervertir ainsi son titre, afin de se procurer une situation meilleure que ne le veut la loi. Elle ne peut invoquer d'hypothèque judiciaire que pour les provisions alimentaires que le tribunal lui aurait attribuées (V. une situation voisine dans Nancy, 15 avril 1889, S. 1902, 2, 153, et note Tissier).

1. En première instance, les questions de limitation de l'hypothèque légale, quoique immobilières, ressortissent au tribunal de la faillite, en vertu de l'art. 635 (n° 1770).

2039. — II. Nature des créances garanties et preuves auxquelles elles sont soumises. — La loi des faillites est moins généreuse que le droit civil dans la reconnaissance tant des causes justificatives de l'hypothèque que des preuves à administrer. C'est ce qui ressort d'un rapprochement entre l'art. 2135 C. civ. d'une part, et les 562 et 563 d'autre part. Voici les points sur lesquels les dérogations se produisent :

2040. — *a*) L'hypothèque garantit en droit commun, d'après l'art. 2135, les « conventions matrimoniales », ce qui signifie les *avantages* résultant du contrat de mariage. L'art. 564 fait entièrement tomber ces avantages en cas de faillite (v. *supra*, n° 1976).

2041. — *b*) Dans la faillite, comme dans la déconfiture, la femme peut user de son hypothèque légale afin de s'indemniser des dettes contractées pour son mari. Mais, à la différence du droit civil, si *elle a payé des dettes* pour lui, la présomption est qu'elle l'a fait *des deniers du mari*, et elle ne pourra exercer aucune action (même chirographaire) dans la faillite, sauf preuve du contraire (art. 562). C'est un des aspects de la présomption mucienne.

2042. — *c*) La question de la preuve que doit administrer la femme pour justifier de sa dot, ou des valeurs qui lui sont échues au cours du mariage, n'est pas moins compliquée, lorsque la femme produit au titre de créancière hypothécaire, et même de créancière ordinaire, que lorsqu'elle se présente comme propriétaire (v. *supra*, nos 1967 et s.).

Le problème porte sur deux points différents. Il faut prouver d'abord la *consistance*, le montant pécuniaire de cette dot et de ces reprises ; puis la *réception par le mari de ces valeurs*, car il n'en doit la restitution que si elles sont entrées en sa possession ou s'il y a eu négligence de sa part à ne pas se les faire remettre.

Si la femme soutient que la succession de son père, mort depuis le mariage, comprenait 20.000 fr. en espèces, sa production à la faillite n'est légitime qu'à la condition d'établir : 1° que la succession renfermait une somme de 20.000 fr. ; 2° que le mari l'a effectivement touchée.

2043. — A. En ce qui touche les preuves de la première espèce, la loi des faillites garde le silence, tout comme le titre *Du contrat de mariage* dans le Code civil. La loi ne s'occupe expressément de la preuve de la provenance de la dot et des autres causes de reprises, que pour la femme qui revendique (art. 560), non pour la femme qui se porte créancière.

En faut-il conclure, avec la plupart des auteurs, que le droit de la femme *créancière* n'est subordonné à aucune autre condition de justification que celles qui résulteraient de documents suffisamment dignes de foi et de l'application du droit civil des preuves ?

Non, d'après la jurisprudence. La Cour de cassation, on le sait, refuse à la femme propriétaire, si sa prétention ne s'appuie point sur des actes authentiques, le droit de réclamer, vis-à-vis des créanciers, sa dot et ses reprises, sous quelque forme que ce soit, même comme créancière (n° 1973).

Dès lors, elle a été logique en décidant que la femme est exclue de toute production soit dans la déconfiture, soit dans la faillite, pour les dots en argent et en autres choses fongibles, ainsi que pour les valeurs de cette espèce à elle advenues à titre gratuit au cours du mariage, à moins de rapporter un *inventaire* ou un *acte authentique* susceptible d'en établir l'origine et le montant. Il n'y a de ce chef aucune différence entre le droit civil et le droit commercial. Chaque fois que la situation du mari est obérée, la condition de la femme à l'égard des créanciers est la même, et cela qu'elle invoque ou non son hypothèque légale (Cass., 22 novembre 1886, D. 87, 1, 113 ; 24 janvier 1906, S. 1906, 1, 81). — Cette solution est dure, les arrêts l'ont fait découler des art. 1499 et 1510 C. civ. ; nous n'osons pas l'attaquer.

2044. — B. Si l'on passe aux preuves de second ordre, tendant à démontrer que la dot ou les autres valeurs avaient bien été *reçues* par le mari, le droit de la faillite contient une disposition particulière qui renchérit sur le droit de la déconfiture.

La femme, en droit civil, peut établir par tous moyens de preuve que le versement de ces valeurs a été fait au mari.

Telle serait aussi la situation dans la faillite, si la femme produisait au marc le franc. Mais, dès l'instant qu'elle prétend à une collocation hypothécaire, cette collocation n'est possible que si elle rapporte une *quittance du mari*, établissant qu'il a touché cette dot ou ces valeurs.

Cette quittance doit, en outre, *avoir pris date certaine* (art. 563). Cette date, résultant d'un enregistrement ou de l'un des autres faits visés dans l'art. 1328 C. civ., doit remonter à une époque plus ancienne que le jour du prononcé de faillite ou de liquidation judiciaire.

Faute de date certaine antérieure au jugement déclaratif, la quittance devient suspecte. Il est probable qu'elle est simulée, le mari n'ayant rien touché. S'il a vraiment encaissé la dot, c'est le jour de cet encaissement qui est simulé, il y a antidate. Le mari était dessaisi (art. 443). La masse, en tant que *tiers*, désavoue cet encaissement, ces sommes qui probablement n'ont pas été réunies à l'actif syndical.

Il est un cas où la femme sera dispensée d'une quittance proprement dite. Les conventions matrimoniales renferment parfois la clause que la *célébration du mariage vaudra preuve du paiement* de la dot. Le mari ne donnera pas suite à la célébration tant que la dot ne lui aura pas été versée. La femme trouvera alors la justification de ses reprises dans la conclusion du mariage, acte non seulement enregistré, mais authentique ; au point de vue de la réception de la dot, les parties ont imprimé au mariage la valeur d'une quittance (Orléans, 23 février 1910, S. 1912, 2, 273). Affirmera-t-on cependant qu'il y ait là un frein contre les dots fictives, qui font tant de tort aux créanciers ?

Le droit civil ne demande même pas la preuve du versement de la dot au mari, sous le régime dotal, lorsque dix ans se sont écoulés depuis l'exigibilité de la dot ; le mari est présumé l'avoir touchée (art. 1569). — Dans la faillite, il cesse d'en être ainsi : la *présomption de l'art. 1569 C. civ.*

ne supplée pas au profit de la femme dotale la quittance à date certaine qui est requise par l'art. 563 C. com.

2045. — Cette étude doit se terminer par deux observations :

1° Les arrêts reconnaissent à *toute personne* intéressée, et non pas seulement à *la masse*, le droit de se prévaloir contre la femme des limitations à l'hypothèque légale (Civ. rej., 8 décembre 1897, S. 98, 1, 273, note WAHL, *Pand. franç.*, 97, 1, 385, note BUCHÈRE ; Req., 20 avril 1904, D. 1905, 1, 36 ; dans le même sens, AUBRY et RAU, III, § 264 *ter* ; en sens contraire, LABBÉ, *J. Pal.*, 66, 1265 ; BOISTEL, n° 1024 ; LYON-CAEN et RENAULT, VIII, n° 915).

Ex. : Un créancier hypothécaire, postérieur en rang à la femme, pourra écarter la collocation de celle-ci sur le prix d'un immeuble acheté par le mari, en se fondant sur l'art. 563. La masse n'invoquerait pas la réduction de l'hypothèque légale, le prix de l'immeuble étant de toute manière absorbé par l'ordre. Mais en pareil cas le créancier hypothécaire de second rang l'invoque.

La jurisprudence statue donc autrement qu'à l'égard des nullités d'hypothèques qui auraient été constituées en période suspecte au mépris des art. 446 et 447 ; nullités dont la masse seule est admise à se prévaloir, sans qu'il soit pourtant bien certain que les arrêts affirment catégoriquement cette règle (n° 1854).

Cette solution suggère des doutes. Il est vrai que le texte de l'art. 563 est général, sans limiter l'effet de la règle aux rapports de la femme avec la masse. Mais cette limitation doit se sous-entendre, les dispositions égalitaires de la faillite n'ayant été introduites que pour la masse et afin de relever le dividende[1].

2046. — 2° C'est l'hypothèque légale de la femme seule que restreint le droit des faillites. L'*hypothèque* légale des *mineurs*, lorsque le failli exerçait une tutelle, conserve toute sa portée.

Donc, si la femme du commerçant était morte avant la faillite du mari, laissant des enfants mineurs devenus ses héritiers, ceux-ci seraient préférés sur tous les immeubles du mari indifféremment, du chef des reprises de leur mère.

Sans doute, le mari tuteur a conservé la garde de ces biens, sans changement extérieur, dans son titre d'administration. Ce titre pourtant s'est transformé, surtout s'il a été dressé, après décès de la mère, un inventaire ou un autre acte intervertissant la cause de sa possession. L'hypothèque exercée dans la faillite n'est plus celle de la femme : c'en est une autre, que le droit commercial respecte dans toute son étendue.

---

1. Toutefois, l'art. 563 pourrait être invoqué, selon nous, par un acquéreur d'immeuble du mari qui serait recherché par l'action hypothécaire de la femme, la faillite étant ouverte. La masse a en effet indirectement intérêt à ce que cet acheteur ne soit pas évincé par la femme. Evincé, il produirait en garantie dans la faillite, ce qui affaiblirait le dividende. Du chef de la masse, plus encore que de son chef à lui-même, le tiers acquéreur conclura à ce que la femme soit déboutée (note LABBÉ, *suprà*).

SECTION V

ARRÊT DU COURS DES INSCRIPTIONS DE PRIVILÈGES OU D'HYPOTHÈQUES A PARTIR DU JUGEMENT DÉCLARATIF, ET MÊME EN PÉRIODE SUSPECTE

(C. com., art. 448).

2047. — Le retard que met le créancier à publier la sûreté dont il dispose entraîne, on va le voir, sa déchéance dans la faillite. Cette disposition n'a trait : *a*) ni aux *privilèges mobiliers*, se conservant sans aucune publicité ; *b*) ni aux *privilèges généraux* qui, par suite d'insuffisance de mobilier, s'exercent subsidiairement sur les immeubles du débiteur (art. 2101 et 2104 C. civ.), la créance privilégiée étant dispensée d'inscription pour l'exercice du droit de préférence (art. 2107) ; *c*) ni aux *hypothèques qui se conservent sans inscription*, à celles de la femme mariée et du mineur (sauf une atténuation résultant de la loi du 23 mars 1855).

2048. — Tout droit d'hypothèque ou de privilège soulève deux ordres de questions : *a*) une *question de constitution* ; *b*) une *question de publicité*.

Pour qu'un droit de cette nature s'exerce dans une faillite, il faut d'abord que la sûreté soit valable, prise dans sa cause génératrice : sinon, l'intéressé la rendrait inutilement publique.

Mais la sûreté a pu se former régulièrement : l'ayant droit ne pourra cependant s'en prévaloir au regard de la faillite, parce qu'elle est restée occulte ou qu'elle a été publiée à une époque tardive : c'est de cette deuxième partie du problème qu'il va être question.

Il n'y a pas lieu de reprendre les causes qui affectent une hypothèque ou un privilège *dans son titre constitutif*. Sont nulles ou annulables : — une hypothèque conférée par le failli après le jugement déclaratif (art. 443), — une hypothèque constituée avant cette date, en temps suspect, au profit d'un créancier qui connaissait la cessation des paiements du débiteur (art. 447), — une hypothèque constituée pour dette antérieurement contractée même au profit d'un créancier de bonne foi, depuis la date de la cessation des paiements ou dans les dix jours précédents (art. 446).

Ces nullités seront indépendantes du point de savoir si une inscription a été prise dans un délai déterminé. Une publicité, même faite en toute diligence, ne saurait donner la vie à un acte dépourvu de valeur légale.

2049. — Soit donc une opération valable entraînant privilège immobilier ou hypothèque, faite soit antérieurement à la période suspecte, soit pendant cette période, mais ne tombant point sous les art. 446 et 447.

Le créancier peut-il différer indéfiniment la conservation de son droit qui exige une inscription au bureau des hypothèques ?

Non : un *délai* lui est assigné, passé lequel il est déchu de son droit de préférence dans la faillite ou dans la liquidation judiciaire. Le régime légal tient dans un principe et dans une seconde proposition qui l'aggrave.

2050. — I. Principe. — « Les droits d'hypothèque et de privilège valablement acquis pourront être *inscrits* jusqu'au *jour du jugement déclaratif* [1] » (art. 448, 1er al.).

Avant 1838, d'après les Codes civil et de commerce (art. 2146 C. civ. cbn. avec l'ancien art. 443 C. com.), aussitôt que s'était ouvert le dixième jour précédant la cessation des paiements, aucun privilège ou hypothèque ne pouvait plus être *publié* [2]. Aujourd'hui, c'est non la cessation des paiements, mais le jugement déclaratif qui emporte déchéance du pouvoir de publier le droit, et qui arrête le cours des inscriptions.

On a donné de la loi deux motifs, l'un pratique, l'autre juridique.

a) Sans cette disposition, le créancier aurait, sur les instances du débiteur, laissé pendant un certain temps le privilège ou l'hypothèque secret, afin de permettre au failli de s'entourer d'un crédit factice. Au contraire, dans la crainte d'une faillite prochaine qui le punirait de son retard par la perte de sa sûreté, le créancier fera toute diligence pour s'inscrire.

b) A défaut de publicité, l'hypothèque ou le privilège cesse d'être *opposable aux tiers*. Or la masse forme un « tiers », à l'égard de qui le droit n'existe que le jour où il est rendu public. Publiée après le jugement déclaratif, l'hypothèque est censée naître postérieurement à ce même jugement. Le débiteur étant dessaisi (art. 443), l'hypothèque est nulle. On en revient à l'idée que les droits des intéressés se règlent au moment de l'ouverture de la faillite [3].

2051. — La règle concerne les *privilèges*, comme les *hypothèques* [4]. Son application, d'ailleurs, est plus difficile à faire aux créanciers privilégiés. Elle se prête à divers tempéraments que nous devons examiner.

2052. — *a*) L'art. 448 ne règle point les *inscriptions prises en renouvelle-*

---

1. Ce qui, d'après l'opinion commune, peu d'accord avec l'adage *dies ad quem computatur in termino*, veut dire : « jusqu'à la veille de ce jugement inclusivement » ; l'inscription prise le jour même est donc sans valeur (Seine, 19 décembre 1913, S. 1914, 1, 260).

2. Aucun privilège ou hypothèque ne pouvait davantage être *constitué* depuis ce jour (avant 1838).

3. Ce raisonnement serait plus fort, si l'on admettait que le jugement déclaratif donne à la masse, *ipso facto* et instantanément, une hypothèque sur tous les immeubles du failli : de deux créances hypothécaires, la première en date prime l'autre : l'hypothèque de la masse, valable à compter de l'ouverture de la faillite, est la première ; l'hypothèque individuelle, exigeant une inscription, est la seconde, puisqu'elle n'a été révélée qu'après cette ouverture. — Ce point de vue, que nous avons défendu, heurte l'opinion générale (n° 1704).

4. Pour la publicité des *ventes* et des *donations d'immeubles* par voie de *transcription hypothécaire*, ou pour celle de *cessions de créance* ou de *brevets d'invention*, cfr. nos 1703 à 1705. — La règle de l'art. 448 s'applique à l'inscription de l'*hypothèque sur navire* (L. 10 juillet 1885, art. 6), ainsi qu'à l'inscription d'un *nantissement de fonds de commerce*. Le délai de quinze jours, dans lequel cette dernière inscription doit être prise, ne peut être utilisé par le créancier que si le débiteur n'est pas déclaré failli dans l'intervalle (L. 17 mars 1909, art. 11), à la différence de l'inscription du *privilège du vendeur de ce même fonds* (même loi, art. 2) : cfr. n° 2058 en note. V. rapport Percerou à la *Société d'Etudes législatives, Bulletin*, 1903, p. 259.

ment d'inscriptions précédentes, afin d'en empêcher la péremption (article 2154). Si, avant l'expiration des *dix ans* depuis sa première inscription, le créancier la renouvelle, quand même le débiteur serait tombé en faillite dans l'intervalle, la garantie est conservée ; car la seconde inscription maintient à l'ayant droit une sûreté préexistante, elle en proroge les effets, elle ne crée pas une situation nouvelle.

Mais si les dix ans étaient expirés sans que le créancier eût renouvelé dans ce délai, il serait trop tard pour prendre l'inscription en faillite. La nouvelle inscription ne vaudrait qu'à sa date, comme s'il s'agissait d'une hypothèque absolument nouvelle : elle serait inopérante au regard de la masse.

2053. — *b*) *Les hypothèques légales du mineur ou de la femme* seront exercées dans la faillite, sans avoir été inscrites avant son ouverture (arg. art. 508 : « Les créanciers hypothécaires inscrits ou *dispensés d'inscription*... »). Toutefois, si le mariage venait à se dissoudre ou la tutelle à cesser soit avant, soit pendant la faillite, ces intéressés devraient, pour la conservation de leurs droits, prendre inscription au plus tard dans l'année suivante : l'hypothèque rétroagirait au jour du commencement du mariage ou de la tutelle (L. 23 mars 1855, art. 8). Faute de quoi, le mineur ou la femme perdrait son rang de préférence : l'inscription ne vaudrait qu'à sa date et, vu la survenance de la faillite, elle serait dénuée d'effet.

2054. — *c*) Si le droit d'hypothèque ou de privilège est né *postérieurement au jugement déclaratif*, on ne peut pas exiger du créancier qu'il ait pris inscription avant l'ouverture de la faillite ou de la liquidation. — Ex. : Le partage d'une succession, échue au failli, met une soulte à la charge du débiteur. Cette soulte est garantie par le privilège du copartageant (art. 2103-3° C. civ.). Une inscription le conserve, quoique prise après le jugement déclaratif.

Cette prétendue exception n'est qu'apparente. A vrai dire, comme le syndic a dû être partie au partage, la soulte constitue une véritable *dette de la masse*, et ce n'est pas du privilège des copartageants que les cohéritiers se prévaudront ; une prise d'inscription est donc superflue [1].

2055. — *d*) L'inscription, pourvu qu'elle comprenne les accessoires dûment évalués, garantit au créancier, à compter du jour où elle est prise, le capital et trois ans d'intérêts protégés au même rang, quoique non spécialement émargés dans le bordereau (art. 2151, modifié par la loi du 17 juin 1893). Pour être couvert d'un arriéré d'intérêts plus considérable, il faut des inscriptions particulières. On se demande si, au cours de la

1. Par la même raison, l'acceptation que ferait le syndic de cette succession, ouverte *depuis le prononcé de la faillite*, crée à la charge de la masse une obligation vis-à-vis des créanciers héréditaires. A notre avis, ces créanciers héréditaires n'ont pas à user de la séparation des patrimoines pour exercer leur droit de préférence. Il importe peu qu'ils prennent au bureau de conservation l'inscription de l'art. 2111, soit dans les six mois de l'ouverture de la succession, soit plus tard.

faillite, le créancier pourrait prendre ces *inscriptions complémentaires d'intérêts* pour un nombre d'années supérieur à trois.

La jurisprudence (Cass., 20 février 1850, D. 50, 1, 102) et presque tous les auteurs (Aubry et Rau, III, § 285; Lyon-Caen et Renault, VII, n° 292, etc.) lui reconnaissent cette faculté, par la raison qu'on cesse d'être dans l'esprit de l'art. 448. Ce texte frappe seulement les créanciers qui n'ont pas fait publier le principal de leurs droits avant le prononcé de la faillite.

Mais cette solution bienveillante prend trop ses aises avec l'article : l'inscription complémentaire ne vaut hypothèque qu' « à sa date », c'est-à-dire à une date de forclusion. Pourquoi d'ailleurs le créancier ne réalise-t-il pas sa sûreté, au moment où il voit les trois premières années d'arriéré sur le point de s'accomplir ?

Dans la déconfiture la loi civile n'ayant pas interdit une inscription particulière d'intérêts au delà de trois ans, le créancier temporisera et prendra cette inscription s'il y a lieu au delà de cette époque ; le débiteur évitera une expropriation. La situation est ici bien différente : il n'y a plus de ménagements à garder pour un failli, dont la ruine est publique ; le devoir du créancier est de procéder à des poursuites immédiates, avant l'accumulation de trois années d'intérêts (En ce sens Lacour, n° 1781).

2056. — Application de la règle aux privilèges. — Comment l'obligation de rendre la sûreté publique, obligation facile à concevoir pour les hypothèques conventionnelles et judiciaires, s'applique-t-elle, d'après l'art. 448, aux créanciers privilégiés ? Nous aurons à apprécier cette extension au point de vue législatif.

a) Le commerçant achète un immeuble avant sa faillite et n'en paie pas le prix : il y a lieu au *privilège du vendeur* (art. 2103-1°).

b) Il a concouru, avant cette même date, à un partage de biens indivis, il est débiteur d'un prix de licitation ou d'une soulte qu'il ne paie pas : il y a lieu au *privilège des copartageants* (art. 2103-3°).

c) Alors qu'il était au-dessus de ses affaires, il a commandé des travaux à un entrepreneur. Celui-ci, si les travaux ne sont pas encore commencés lors du jugement déclaratif, préférera n'y pas donner suite (à moins que le syndic, au nom de la masse, ne lui fournisse des garanties), et il fera résilier le marché conformément à l'art. 1184. Mais les travaux sont engagés, peut-être même achevés, et le prix est en souffrance : il y a lieu au *privilège de la plus-value* résultant des ouvrages (art. 2103-4°).

d) Une succession a été acceptée par le commerçant alors solvable. Les créanciers héréditaires peuvent demander à être payés par préférence à ceux de l'héritier, à la condition d'invoquer le privilège de la *séparation des patrimoines* (art. 2111) : *privilège* d'ailleurs contesté dans sa nature.

2057. — Suite. — Deux cas sont à considérer. — 1° Ces intéressés ont rendu leur privilège public avant l'ouverture de la faillite. Leur droit de préférence est respectivement conservé, et la faillite ne leur cause point préjudice. Le moyen légal de publicité est une *inscription* ; pour le vendeur, l'inscription peut être remplacée par la *transcription* de l'acte de vente portant que le prix est encore dû (art. 2108).

Le privilège des entrepreneurs ou constructeurs exige, pour sa conservation, l'inscription de *deux procès-verbaux* d'état des lieux, qui ont dû être établis, le premier avant le commencement, le second après la fin des travaux et dans les six mois au plus tard de leur perfection. Le privilège vaut à partir de l'inscription du premier procès-verbal, pourvu que le second ait été inscrit dans les six mois susdits ; telle est l'interprétation courante. Donc, lorsqu'il a été procédé à la première inscription avant la faillite, la seconde peut être encore utilement prise après le jugement déclaratif, toujours dans le délai sus-énoncé. La créance des travaux sera reconnue par privilège : il faut raisonner comme on l'a fait pour les inscriptions de renouvellement (n° 2052).

2058. — Suite. — 2° Le titulaire de l'un des privilèges précédents n'a pas fait inscrire son privilège (ou s'il s'agit du vendeur, fait transcrire l'acte de vente) avant le jugement de faillite ou de liquidation.

Il ne pourra alors participer à la faillite qu'en qualité de chirographaire : l'art. 448 assimile les privilèges aux hypothèques, les uns et les autres tombent vis-à-vis de la masse, si lors duprononcé de la faillite les mesures de publicité exigées n'avaient pas encore eu lieu [1].

La solution est rigoureuse, lorsque le titre d'où naît le privilège n'a précédé que de quelques jours l'ouverture de la faillite. — Le *partage* remontait à moins de *soixante jours* : la loi civile permet au copartageant d'utiliser ce délai jusqu'au dernier moment, pour primer les hypothèques constituées depuis le partage par l'adjudicataire (art. 2109). — La *vente* avait eu lieu à la veille de la faillite : le droit civil, usant encore de plus de générosité que pour le copartageant, permet au vendeur de se faire colloquer avant les créanciers hypothécaires de son acheteur, à quelque époque qu'il publie son privilège.

Dans la faillite, on ne laisse ni au copartageant ces soixante jours, ni à plus forte raison au vendeur ce délai indéfini. Les créanciers séparatistes ne sont pas davantage admis, par une inscription prise dans les six mois de l'art. 2111, à faire remonter leur privilège à l'ouverture de la succession. Si brusquement qu'éclate la faillite après vente, partage, acquisition de succession, le privilégié est sacrifié à la masse.

En vain dirait-on, pour préserver le vendeur contre ce résultat, que, par faveur légale, il conserve son privilège au moyen d'une *transcription*, non d'une inscription, et que l'art. 448 n'arrête pas les transcriptions. — La transcription tardive serait tout aussi inopérante qu'une inscription tardive : l'art. 2108 C. civ. le dit clairement. Or, l'inscription serait sans valeur.

---

1. Une place à part doit être faite au privilège du *vendeur de fonds de commerce*, d'après la loi du 17 mars 1909 ; il ressort de l'art. 2 de cette loi : « l'inscription est... opposable à la faillite et à la liquidation judiciaire de l'acquéreur », ainsi que des travaux préparatoires, que l'inscription dudit privilège, prise dans la *quinzaine de l'acte de vente*, profite au vendeur quoique la faillite de l'acheteur ait éclaté *in intervallo*.

2059. — La thèse précédente n'est pas unanimement acceptée. Elle a pour elle les auteurs spécialistes en droit commercial (DEMANGEAT sur BRAVARD, V, p. 295 ; BOISTEL, n° 918 ; LYON-CAEN et RENAULT, VII, n° 295 ; LACOUR, n° 1976). Cette doctrine repousse le moyen terme (accepté par AUBRY et RAU, sous forme il est vrai dubitative, III, § 278, 5e éd., p. 588, note 8), d'après lequel le vendeur aurait quarante-cinq jours pour la conservation de son privilège. Telle paraît être également la jurisprudence (Cass., 24 mars 1891, D. 91, 1, 145).

Au contraire, divers auteurs de droit civil sauvent de la déchéance tout au moins le privilège du copartageant, inscrit dans les soixante jours, nonobstant faillite (AUBRY et RAU, II, § 278, 5e éd., p. 596, note 27 ; BAUDRY et DE LOYNES, *Priv. et hyp.*, II, 1594). Notre analyse doctrinale de la faillite donne à cette dernière thèse une certaine couleur de vérité. La masse est, du fait du jugement déclaratif, un créancier hypothécaire de l'acheteur, du copartageant, etc. Or, les privilégiés des art. 2108 et 2109, qui priment un hypothécaire ordinaire dont le droit est né cependant avant qu'ils ne se soient révélés eux-mêmes, primeront également cet autre hypothécaire qui s'appelle la « masse » à la faveur d'une semblable rétroactivité.

Toutefois, il paraît bien que l'art. 448 entend sanctionner dans la faillite l'empressement de l'intéressé à publier son droit plus rigoureusement que ne le fait l'art. 2109 C. civ. Voyez le ton de commandement du texte. Qu'est-ce qu'il faut inscrire avant le jugement déclaratif ? Le *privilège* : la loi le rabaisse à la condition de l'hypothèque. Le privilège, c'est-à-dire la sûreté dès le jour où elle naît, et non pas seulement soixante jours après sa naissance, quand elle devient en droit civil une vulgaire hypothèque !

La théorie contraire n'est d'ailleurs pas conséquente dans la condition respective qu'elle fait au vendeur et au copartageant. Si l'art. 2109 s'étend à la faillite, l'art. 2108 doit, pour la même raison, y recevoir son application, et le délai de soixante jours dû copartageant devient pour le vendeur un *délai indéterminé*. Or, sauf de légères dissidences (PONT, *Priv. et hyp.*, II, 903 ; DE COUDER, *Dict.*, v° *Faillite*, n° 458), la faillite de l'acheteur passe pour priver le vendeur, qui n'a pas encore transcrit son titre au jour du jugement déclaratif, du pouvoir d'opposer son privilège à la masse ; et nous le pensons aussi.

2060. —Suite. — Cette économie légale est bien dure. Elle ne donne pas non plus satisfaction à la logique. Le privilège (sauf celui de l'entrepreneur) naît de la convention même qui a fait acquérir l'immeuble au débiteur, maintenant failli. Lorsque la masse entend se payer sur cet immeuble, c'est *en vertu d'un titre d'acquisition* du débiteur. Or ce titre est indivisible. Il présente l'immeuble comme étant grevé d'une charge. La masse méconnaît cette charge et dénature les conditions de l'acquisition, en mettant la main sur le bien, tout en désavouant l'engagement du failli connexe à son entrée dans l'actif. Il serait plus rationnel qu'elle répondît du prix et des soultes comme une dette à sa charge [1].

1. V. nos *Faillites en droit comparé*, n° 44. — Frappés de ce manque de logi-

2061. — Suite. Action résolutoire du vendeur. — La controverse reprend aliment à l'égard du vendeur, en ce qui touche son *action résolutoire*. A la différence du vendeur de meuble, le vendeur d'immeuble non payé peut résoudre la vente, d'après l'art. 1654 C. civ., et reprendre son immeuble *in rem*, par préférence aux créanciers de l'acheteur ; en faisant tomber le contrat, il sera présumé n'avoir jamais perdu la propriété.

L'exercice de ce droit n'est pas contestable, lorsque le vendeur a conservé son privilège par une transcription antérieure au jugement déclaratif. Mais que décider au cas où, faute de transcription antérieure au jugement déclaratif, le vendeur a perdu son privilège dans la faillite ? Est-il encore fondé à user de l'action résolutoire ?

2062. — Suite. — Il convient d'opter pour la négative [1]. Si le privilège non publié est perdu, l'action résolutoire doit suivre le même sort. Il faut désarmer le vendeur de ses deux garanties. Faire de lui un créancier chirographaire du prix, puis dire qu'il primera la masse sur le bien vendu à la faveur d'une autre appellation, ce serait peu conséquent. L'art. 7 de la loi du 23 mars 1855 a solidarisé l'action résolutoire et le privilège : l'action résolutoire ne peut plus être exercée après « l'extinction du privilège du vendeur ».

Répétons que le jugement déclaratif investit tout aussitôt la masse d'un droit réel, d'une hypothèque opposable aux tiers, comme le dessaisissement dont elle n'est qu'un aspect, avant toute inscription syndicale (thèse, sans doute, qui ne s'est pas encore suffisamment répandue, n° 1704).

Deux autres opinions ont été défendues :

a) Cet art. 7 n'est pas applicable. *L'action résolutoire* survit au privilège et *peut être exercée à tout moment de la faillite*. — Ce n'est qu'après l'*extinction* du privilège du vendeur que le législateur de 1855 empêche l'exercice de la résolution. Or le privilège non transcrit n'est pas « éteint », mais seulement « inopposable à la masse » (véritable subtilité). — Au surplus, l'art. 7, ainsi que l'art. 6 qui le précède, ne statue que quant au droit de suite. C'est une prescription faite pour un sous-acquéreur, qui aurait transcrit son titre avant que le vendeur primitif n'eût rendu public son privilège. Elle est étrangère au droit de préférence. Simple affirmation !

---

que, Duverger, *De l'effet de la transcription*, etc., 1864 ; Pont, *Rev. crit.*, IV, p. 175, etc., avaient proposé autrefois des systèmes variés, d'exactitude juridique discutable, afin d'assurer, au moins au vendeur, le droit de transcrire utilement, même après le jugement de faillite : *a*) L'immeuble acheté ne devient propriété du failli qu'à partir de la transcription de la vente, donc par hypothèse postérieurement au prononcé de la faillite ; par conséquent, la masse serait mal venue à exiger que le privilège eût été publié avant cette date. *b*) Le vendeur a conservé par devers lui le privilège comme un démembrement de sa propriété, et cette retenue d'un droit, pour produire effet au regard de tous, n'a même besoin d'aucune mesure de publicité.

1. Telle est certainement la solution de la loi pour l'action résolutoire appartenant au vendeur de fonds de commerce : « Elle ne peut être exercée, dit l'art. 2, al. 2 de la loi du 17 mars 1909, au préjudice des tiers, après l'extinction du privilège ».

b) L'art. 7 peut être invoqué par la masse contre le vendeur : car rien ne prouve que son application soit limitée au droit de suite. — Mais encore faut-il que cette perte de l'action résolutoire, corrélative à celle du privilège, soit invoquée « par un tiers qui a acquis des droits sur l'immeuble du chef de l'acquéreur et qui s'est conformé aux lois pour les conserver ». Or, en vertu du jugement déclaratif (mais c'est précisément ce que nous nions), la masse n'a pas cette qualité de tiers ayant des droits sur l'immeuble. Elle ne l'obtient qu'à la date de la prise d'inscription de son hypothèque légale (art. 490) : alors seulement la masse est investie d'un droit réel, et elle peut arguer de l'art. 7.

Bref, *le vendeur*, quoique déchu de son privilège, *est encore recevable à agir en résolution*, pourvu qu'il engage son procès *avant l'inscription de ladite hypothèque*. Si, la faillite étant prononcée le 1er décembre, le vendeur intente son action le 15 décembre, le syndic ne devant prendre inscription que le 10 janvier : le vendeur réussira dans sa demande. Postérieurement à cette date (du 10 janvier), il entreprendrait trop tard l'instance. Telle est la jurisprudence affirmée par plusieurs arrêts de la Cour de cassation (en dernier lieu, Req., 7 février 1898, S. 99, 1, 307), et accueillie à regret par M. Lacour, n° 1975, note.

2063. — II. Disposition qui aggrave le principe. — De la règle de l'art. 448, al. 1er, il semblerait résulter *a contrario* que l'inscription d'hypothèque ou de privilège peut toujours être efficacement retardée jusqu'à la veille du jugement déclaratif. Or cela n'est pas : il y a des inscriptions prises dans la période suspecte, que la masse pourra faire annuler, le créancier tombant alors au rang chirographaire.

« Les *inscriptions*, prises après l'époque de la cessation des paiements ou dans les dix jours précédents, *pourront* être déclarées nulles, s'il s'est écoulé *plus de quinze jours* entre la date de l'acte constitutif de l'hypothèque ou du privilège (acte notarié, condamnation, vente, partage, etc.) et celle de l'inscription. Ce délai sera augmenté d'un jour à raison de cinq myriamètres de distance entre le lieu où le droit d'hypothèque aura été acquis et le lieu où l'inscription sera prise (art. 448, 2° partie) ».

Ainsi, soit une faillite ouverte le 1er décembre, et la date de la cessation des paiements fixée au 1er août précédent ; soit, d'autre part, une inscription prise sur les immeubles du failli après le 20 juillet et avant le 1er décembre. L'inscription pourra être annulée si l'on est dans les conditions visées par l'art. 448, al. 2 (intervalle de plus de quinze jours entre la date de l'acte constitutif du privilège ou de l'hypothèque et la date de l'inscription ; — appréciation libre du tribunal qui peut ne pas annuler).

Le créancier privilégié ou hypothécaire doit, pour faire connaître sa sûreté, ne pas différer plus de quinze jours la prise d'inscription : faute de quoi et si, au jour de cette inscription, l'on est déjà entré dans le *temps suspect* (*qui comprend* en pareil cas, ainsi que dans la théorie de l'art. 446, *les dix jours antérieurs* à la cessation des paiements), le failli s'est, de connivence avec son créancier, entouré d'un crédit factice : la masse *peut* faire annuler l'inscription.

Cette seconde disposition : 1° s'applique, tout comme la première, aux privilèges ainsi qu'aux hypothèques[1] : en conséquence, un vendeur, qui aurait mis un intervalle de plus de quinze jours entre la vente et sa transcription, encourt la déchéance ; — 2° édicte une *nullité facultative* pour le tribunal ; la justice a un pouvoir discrétionnaire, elle appréciera les raisons du créancier et, si elle les trouve plausibles, elle repoussera l'action de la masse (Req., 28 juin 1911, S. 1911, 1, 528)[2].

CHAPITRE VII

SOLUTIONS DE LA FAILLITE OU LIQUIDATION JUDICIAIRE DU CONCORDAT SIMPLE

2064. — L'intérêt capital de la faillite ou de la liquidation judiciaire se concentre sur l'assemblée de concordat. De la concession d'un concordat dépendent l'avenir du débiteur et le rendement de la liquidation.

Cette assemblée tarde à se tenir. Toute solution de la faillite nécessite une première *période*, appelée *préparatoire*, mieux encore *informatoire*, ou tout simplement *période de vérification des créances*.

On a vu le double rôle qui incombait à l'agent de la liquidation (syndic ou liquidateur définitif). Il doit : 1° procéder à la formation du bilan, arrêter les livres dans ce but, entendre le débiteur, ses employés ou toute autre personne et, si le débiteur est décédé, laisser ses héritiers se présenter à cette opération (art. 475 à 478) ; 2° entreprendre et poursuivre la procédure de vérification des créances.

De l'inventaire et du bilan se dégagent les forces de l'*actif*, la *masse des biens* sur lesquels porte le gage. Du procès-verbal de clôture de la vérification se dégage le montant du *passif*, la *masse prenante*. Le rapprochement des chiffres donnés par ces deux masses fournit les éléments d'un rapport arithmétique. On se rend compte de ce que rendrait la liquidation si l'on effectuait la réalisation des biens.

1. On l'appliquait, même dès avant la loi du 17 mars 1909, au *nantissement de fonds de commerce* (Req., 15 juillet et Civ. cass., 23 juillet 1907, S. 1907, 1, 257, et note LYON-CAEN). Depuis cette loi, la question ne se pose plus, le privilège devant être, en toute hypothèse, inscrit, à peine de déchéance, dans les quinze jours du contrat de nantissement (art. 11). Et de même quant au privilège du *vendeur* du fonds (art. 2).

2. Une inadvertance s'est glissée dans la loi du 4 mars 1889 sur la liquidation judiciaire. Cette liquidation sera transformée en faillite lorsque le débiteur aura consenti un acte mentionné *dans l'art. 448* et dont le tribunal aura prononcé l'annulation (art. 19-2°, al. 1er). Le retard mis par le créancier à s'inscrire est-il donc un « acte consenti par le débiteur » ? D'où vient que, le débiteur, étant demeuré étranger à ce retard qui est le fait d'un autre, la loi le prive de la liquidation judiciaire ?

La durée de ces opérations préliminaires au concordat variera évidemment avec chaque faillite ou avec chaque liquidation.

Il est à peu près impossible que la clôture du procès-verbal de vérification ait lieu avant la sixième ou la septième semaine depuis le prononcé du jugement. C'est ce que l'on constate en additionnant les délais que fixe la loi, pris dans leur *minimum* de durée : — *quinze jours* pour l'assemblée des créanciers présumés, appelée à émettre un avis sur la désignation ou sur la confirmation du syndic ; — *vingt jours* pour la production des titres sur l'invitation du syndic définitif ; — *trois jours* pour commencer la vérification ; — *huit jours* pour l'affirmation du créancier après qu'il a été admis.

Encore est-il sans exemple qu'une faillite soit liquidée dans de telles conditions de vitesse : il faut admettre que la procédure ne soulève aucun incident, qu'il n'y ait pas eu renvoi à l'audience, que la question de sursis au concordat et d'admission provisionnelle ne se soit pas posée.

2065. — La consistance de l'actif et du passif étant connue, une question de première importance va se poser. Vaut-il mieux *vendre les biens* et en distribuer le prix entre les créanciers ? N'est-il pas préférable de *rétablir le débiteur*, s'il le demande, *à la tête de son actif*, moyennant promesse par lui faite de servir à des échéances déterminées des dividendes d'un chiffre convenu ?

Le second de ces deux partis escompte les chances qu'a le failli de revenir à meilleure fortune. On peut aboutir à un meilleur rendement qu'en procédant à des ventes actuelles, dont le produit serait nécessairement limité à la valeur présente des biens, valeur d'ailleurs dépréciée si l'on doit liquider le matériel au détail. La masse peut donc accomplir une bonne affaire en remettant le débiteur dans ses biens ; et, par là aussi, l'homme d'entreprise, plus malheureux que coupable dans les mécomptes de son exploitation passée, prendra sa revanche, en portant à nouveau les efforts de son travail sur l'actif que la masse lui restitue.

En tout cas, il y a là une chance à courir : elle peut être salutaire. C'est aux créanciers de voir si le débiteur, malgré sa chute, mérite un témoignage de confiance. Le crédit a été atteint, il n'est pas prouvé qu'il soit anéanti : l'instruction à laquelle on vient de se livrer fait mieux connaître les causes et les précédents de la faillite, et cela peut même ranimer la confiance qu'on croyait perdue.

2066. — Telle est la donnée à laquelle répond le concordat. En vertu d'un *traité de remise ou d'atermoiement, conclu avec la masse à certaines conditions de majorité, le débiteur* en faillite ou en liquidation judiciaire *rentre dans son actif, sous la promesse de rembourser à certaines échéances tout ou partie de ses dettes.*

Ce concordat est appelé *simple* ou *ordinaire*, à la différence du concordat *par abandon d'actif*, lequel, au lieu de restituer l'actif, déciderait, au contraire, la vente et la répartition des sommes, avec remise du reliquat du passif sur les biens que le débiteur acquerra dans l'avenir (chap. IX).

Au surplus, le concordat, qu'il appartienne à la deuxième espèce ou à la première, est dit *judiciaire*, parce qu'il lui faut, pour devenir définitif, la sanction du tribunal. Par là il diffère du *concordat amiable*. Celui-ci intervient en dehors de toute faillite et de toute liquidation judiciaire, au profit d'un débiteur, soit civil, soit commerçant. Il tend au même but que l'autre et renferme, comme lui, soit la concession de délais, soit des remises partielles. La loi ne réglemente pas le concordat amiable. Il demeure gouverné par le droit commun des contrats. La justice n'intervient point pour le contrôler. Il suppose le *consentement unanime* des créanciers ; la majorité, lorsque quelques intéressés refuseront d'y adhérer, aura la ressource de racheter leurs créances et, en se subrogeant à eux, de les soumettre au régime du traité.

2067. — Le concordat simple se pratique plus souvent dans la liquidation judiciaire que dans la faillite. En 1911, 761 liquidations judiciaires ont été terminées par un concordat, environ le tiers ; tandis que 573 faillites, seulement un dixième, ont abouti à ce résultat.

C'est dans les cités italiennes qu'on rencontre pour la première fois, au moyen âge, le concordat de majorité. *Melius est pauca dividere quam totum perdere*, disait STRACCHA. Plus tard, on admit, dans les foires de Lyon, que le traité intervenu entre les créanciers et le failli serait obligatoire, même pour les créanciers qui n'auraient pas voulu le signer, après avoir été homologué par la Conservation. Il semble même que cette pratique ait déjà reçu, à une époque plus ancienne, des applications partielles dans les foires de Champagne [1].

Le précédent immédiat du concordat du Code de commerce nous est donné par l'Ordonnance de 1673, XI, art. 5 à 7. Cette matière a été revisée en 1838 avec tout le livre *Des faillites*.

2068. — D'ordinaire, on dit que le concordat déroge à la règle qui exige dans une convention le consentement de *toutes* les parties (art. 1134) : la majorité lie la minorité, ce qui est contraire au droit commun.

Ce point de vue manque de justesse : le traité n'est point souscrit par les créanciers pris séparément, mais bien par la masse. La masse formant une sorte de corporation, sa volonté n'est pas subordonnée à l'adhésion individuelle de tous ses membres. La majorité exprime la délibération prise par le corps tout entier, à la condition de le faire suivant les formes légales. Chaque fois que la loi reconnaît la vie juridique à un être collectif, et notamment dans les sociétés par actions, elle donne effet à des résolutions basées sur la maxime : *major pars trahit ad se minorem*. Il n'y a rien là de dérogatoire aux principes : c'est le résultat de la personnification morale [2].

1. Les *Coustumes, stille et usaige* de ces foires reconnaissent aux créanciers formant la majorité en nombre et en sommes le droit de donner un sauf-conduit au failli contre lequel mandement de justice aurait été décerné. D'autres passages font allusion à des jugements, isolés il est vrai, prononçant l'obligation pour les créanciers membres de la minorité de subir les remises consenties par les autres (HUVELIN, *Essai historique sur le droit des marchés et foires*, p. 494 et s. ; GUILLON, *Essai historique sur la législation française des faillites avant 1673*, 1904).

2. AUGÉE, *La nature juridique du concordat*, th. Paris, 1910. — Voir une autre

SECTION PREMIÈRE

DE LA FORMATION DU CONCORDAT

(C. com., art. 504 à 515 ; L. 1889, art. 14 à 16 et 20).

2069. — Dans les *trois jours* qui suivent la clôture du procès-verbal de vérification des créances (et, pour la liquidation judiciaire, le *lendemain* de la dernière assemblée où cette clôture de procès-verbal a été prononcée), les créanciers vérifiés et affirmés et ceux qui sont simplement admis par provision reçoivent une invitation du greffier, par lettres individuelles et par insertions dans les journaux, à se rendre à une assemblée de concordat.

Le délai entre la convocation et l'assemblée n'est pas établi pour la faillite. Dans la liquidation judiciaire il est de *quinze jours* (délai qui n'est pas prescrit à peine de déchéance : Req., 25 novembre 1912, D. 1913, 1, 417), sauf prolongation par décision du tribunal, lorsqu'il y a des créances contestées (art. 504 et L. 1889, art. 14).

Aux lieu, jour et heure fixés, l'assemblée se forme sous la présidence du juge-commissaire. Y assistent : 1° le *débiteur*, spécialement appelé à cet effet et obligé s'il n'est pas incarcéré de se présenter en personne ou, en cas de motif d'excuse, par un fondé de pouvoir [1] ; 2° les *créanciers* ci-dessus mentionnés [2], personnellement ou par représentant ; 3° le *syndic* (ou liquidateur). Celui-ci devra faire à l'assemblée et remettre au juge-commissaire un rapport écrit et signé sur l'état de la faillite ou de la liquidation et sur les formalités qui auront été remplies, ainsi que sur les opérations qui auront eu lieu (art. 505 et 506).

Après quoi, le failli sera entendu sur ses propositions de concordat. Une discussion générale s'ouvrira, s'il y a lieu. On passera au vote. Pour la conclusion du traité, le débiteur n'est plus atteint ni par le dessaisissement, ni par les règles de la liquidation judiciaire sur l'assistance d'un liquidateur. Il figure en scène, et il est la contre-partie de la masse.

2070. — Pour que le concordat devienne définitif, *trois conditions* sont requises : — vote d'une double majorité ; — absence de banqueroute frauduleuse ; — homologation par le tribunal de commerce.

---

construction du concordat de faillite proposée par Rouast, *Essai sur la notion juridique du contrat collectif*, th. Lyon, 1909, p. 183 à 252.

1. Son absence sans motif légitime lui ferait encourir les peines de la banqueroute simple, à l'appréciation du tribunal (art. 586, 5°).

2. Il faut y ajouter : *a)* ceux qui n'auraient formé opposition que depuis la clôture du procès-verbal (art. 503), s'ils ont eu le temps de faire statuer favorablement sur leur demande, *b)* ainsi que les créanciers contestés, qui auraient obtenu dans l'intervalle la reconnaissance du bien fondé de leurs droits. — Il peut arriver de la sorte que la liste des créanciers et du passif, telle qu'elle ressortait du procès-verbal de vérification, se trouve modifiée et élargie dans son chiffre. Il se pourrait, en revanche, qu'elle dût se réduire, si un créancier admis provisionnellement était débouté au fond avant l'assemblée de concordat : ce qui modifierait la double majorité à obtenir et le total sur lequel il faudrait la compter.

2071. — 1° *Vote d'une double majorité.*

« Le traité ne s'établira que par le concours d'un nombre de créanciers formant la *majorité* et représentant, en outre, les trois quarts (depuis 1889, les *deux tiers*) de la totalité des créances chirographaires [1] vérifiées et affirmées ou admises par provision : le tout à peine de nullité » (art. 507, al. 2, et L. 1889, art. 15, al. 1er, et 20).

Ainsi, la majorité comprend cumulativement deux éléments : *a*) un élément numérique ; et *b*) un élément calculé sur l'intérêt.

a) Il faut d'abord l'adhésion de la moitié plus un des créanciers, c'est-à-dire la *majorité par têtes* ou *pro numero virorum*. Chaque créancier compte pour une voix, nonobstant le montant différent des créances. S'ils sont 100, il faut que 51 au moins votent en faveur du traité.

b) En outre, comme on ne pouvait faire abstraction du montant des créances, cette majorité doit comprendre les *deux tiers* du passif. Si le passif se chiffre par 120.000 fr., les adhérents devront représenter 80.000 fr. au moins (*majorité en sommes*) [2].

Les petits créanciers n'étant pas toujours en mesure de s'imposer un fort sacrifice, la loi a craint leur écrasement par les gros créanciers. D'un autre côté, il est juste que ceux-ci aient une influence prépondérante. L'importance des sommes qu'ils ont engagées doit donner plus de poids à leur vote. Dans les assemblées générales des sociétés par actions, on concilie aussi ces deux intérêts, quoique sous une autre forme : par où, la faillite et les sociétés comportent un rapprochement. Le vote de l'actionnaire est bien proportionné à son nombre d'actions (majorité en sommes), et la loi du 22 novembre 1913 impose cette proportionnalité indéfinie dans les assemblées extraordinaires. Mais les statuts décident souvent que, dans les assemblées ordinaires, nul n'aura plus de dix ou vingt voix, ce qui limite le pouvoir de chaque actionnaire dans les délibérations.

2072. — Ces deux majorités se calculent, l'une et l'autre, sur *tous les créanciers vérifiés et affirmés*, sur *tout le passif vérifié et affirmé.*

Ainsi, elles ne se comptent pas seulement par proportion à ceux qui auraient participé effectivement au vote. Les absents ou ceux qui s'abstiennent font nombre : on les considère comme repoussant le concordat. Il y avait matière à controverse sur ce point avant la loi de 1889 : d'après la rédaction de l'art. 507 datant de 1838, on pouvait à la rigueur soutenir que la majorité par têtes (mais non pas l'autre) devait se calculer sur le nombre de ceux qui concouraient effectivement au vote, sans que l'on eût à compter

---

1. La loi n'ajoute pas le mot : *chirographaires*. Mais, si l'on devait faire entrer dans le calcul les créances hypothécaires et privilégiées, les faillites dont la plus forte partie du passif est composée de dettes de cette dernière nature ne pourraient bénéficier d'un concordat, les créanciers à sûreté ne votant pas parce que la loi le leur défend (*infra*, n° 2075). Au surplus, voir l'art. 508 : lesdites créances ... « *ne seront comptées* dans les opérations relatives au concordat que si..., etc. »

2. Sur le calcul de la majorité en sommes pour une créance partiellement remboursée, cfr. Civ. cass., 6 mars 1905, D. 1908, 1, 511.

les absents et les non-votants. L'art. 15 de la loi des liquidations judiciaires, que l'art. 20 étend à la faillite, a mis fin à cette interprétation[1].

2073. — Dans l'assemblée, trois éventualités peuvent se produire :

a) On obtient de suite la double majorité. — Les adhérents signent le traité séance tenante, à peine de nullité. Leur signature seule les oblige, et elle ne saurait être reçue après coup. On redoute les obsessions dont le créancier serait l'objet de la part du failli (art. 509, *init.*). Le concordat, annexé au procès-verbal du juge et visé par lui, a force de preuve d'un acte authentique.

b) Aucune des deux majorités ne se rencontre. C'est un échec irrémédiable du projet : les créanciers sont de plein droit en état d'union (art. 529, al. 1er).

c) Le vote a donné l'une des deux majorités, et non l'autre. Il subsiste une dernière chance en faveur de l'entente. En conséquence, la délibération est remise à huitaine pour tout délai : l'observation de l'intervalle entre les deux réunions est de rigueur, et on ne doit pas le dépasser. Il ne faut pas que le failli prenne le temps d'assiéger les créanciers de ses doléances, de ses supplications ; ceux-ci, de guerre lasse ou par simple pitié, lui délivreraient un traité, sans en être, au fond, partisans.

A la seconde réunion, la loi de 1838 faisait voter les créanciers à nouveau, sans qu'on pût leur opposer l'adhésion qu'ils avaient donnée la première fois. Les votes de la précédente séance demeuraient sans effet. La plupart du temps, en effet, le projet de concordat avait été modifié dans l'intervalle. Il se pouvait sans doute qu'on l'eût retouché dans un sens moins avantageux pour le failli. Mais cette aggravation même rendait plus improbable la chance de l'exécuter ; et, par ce motif, certains créanciers qui avaient accepté le premier projet repoussaient le second (art. 509 *in fine*). Aujourd'hui cette règle a disparu : les résolutions prises à la première assemblée restent acquises à la seconde (L. 28 mars 1906).

2074. — Il y a un cas à prévoir : c'est celui où le failli *achèterait les voix* d'un ou de plusieurs créanciers. Tel intéressé, dont le concours est indispensable pour former la majorité, met secrètement son adhésion à prix d'argent. Afin de le rallier, des avantages lui sont faits soit par le failli,

---

1. Il subsiste encore quelques difficultés : *a*) Une créance a pu *se diviser* depuis le jugement déclaratif soit par une cession partielle, soit par la mort du créancier laissant plusieurs héritiers. Cette créance dans la majorité numérique donnera-t-elle plusieurs voix ou une seule ? Une seule voix, dirons-nous, si c'est un acte volontaire entre vifs (vente ou donation) qui a déterminé une pareille division ; car, autrement, au moyen de cessions simulées, un créancier multiplierait le nombre de ses voix au mépris de la loi. Plusieurs voix dans le cas contraire, car les circonstances écartent alors tout soupçon de fraude. — *b*) Inversement, des créances, primitivement indépendantes, *se sont réunies* dans une même main depuis le jugement déclaratif : éventualité fréquente, car les créanciers favorables au traité ont intérêt, pour en assurer la réussite, à acheter les droits des créanciers récalcitrants, qui, par leur nombre ou par leur importance, compromettent le succès de la combinaison. L'acheteur cumulant plusieurs créances ne doit pas, à notre avis, bénéficier de la pluralité des voix.

soit par une autre personne. Il se peut que ces avantages lui soient attribués « à la charge de l'actif », mais non pas nécessairement. Le débiteur s'engage, par exemple, à lui payer le solde de sa créance, après que tous les dividendes concordataires auront été servis, le gage de la masse ne devant pas souffrir de cet engagement. Ou bien c'est sur sa propre fortune qu'un parent du failli prend la somme promise au créancier.

Peu importent ces distinctions : dans tous les cas, la négociation étant d'ailleurs restée occulte, la conduite du créancier est répréhensible. Il a cessé de se guider d'après l'intérêt commun ; son vote n'est plus libre : il n'avait pas estimé le débiteur digne d'obtenir le concordat en tant que contrat collectif et en mesure d'en exécuter les clauses : il a fallu le corrompre.

Ce *traité particulier* est *nul* à l'égard de toute personne (sans annuler le concordat lui-même) ; c'est une contre-lettre (art. 1321), et le créancier qui y a participé encourt un *emprisonnement* d'un an, ainsi qu'une *amende* de 2.000 francs.

Ces agissements, et d'autres encore, se retrouveront sous les art. 597 et 598 (nos 2176 et s.) ; ils peuvent se produire dans des circonstances différentes, mais c'est à propos d'un concordat qu'on les rencontre habituellement.

2075. — Une règle importante a été réservée pour la fin : celle qui refuse aux *créanciers hypothécaires et privilégiés* (mobiliers ou immobiliers, gagistes ou non, généraux ou spéciaux) le droit de faire nombre au concordat et d'y émettre un vote affirmatif ou négatif. Cette règle est établie par l'art. 508 [1].

Ces créanciers ont pu faire admettre leurs titres et leurs sûretés en assemblée de vérification ; on sait même qu'un parti considérable les y oblige, n° 2003. Ils auront alors été convoqués à l'assemblée de concordat : répondant à cet appel, ils ont pu participer à la discussion du traité. Mais *il faut qu'ils s'abstiennent de participer au vote.*

Rien n'est plus logique : leur exclusion de la masse devait conduire à ce résultat. Le concordat a pour but de fixer le dividende. Seuls doivent le négocier avec le failli ceux dont la créance s'est convertie en un dividende. Comment laisser concourir à une délibération de la communauté créancière des intéressés qui, par leurs titres mêmes, n'en font point partie ? Voit-on un créancier d'une société concourir aux assemblées générales des actionnaires ? Non : or c'est par une semblable anomalie que pécherait l'introduction dans le cercle des votants d'un créancier disposant d'une sûreté.

---

1. Ce texte ne s'applique qu'à un créancier qui aurait reçu hypothèque ou gage *sur les biens de son débiteur.* Si la garantie lui avait été donnée par un tiers (*caution réelle*), son vote au concordat du débiteur serait licite. Le créancier est alors dans la même position que s'il avait deux coobligés tenus de la même dette, et c'est de la théorie de l'art. 542 qu'il faut s'inspirer pour déterminer ses droits. — D'ailleurs, ainsi qu'on le verra dans le texte, la masse ne peut se prévaloir de l'art. 508 que parce qu'elle trouve dans la perte de la garantie le moyen de faire rentrer un bien dans l'actif chirographaire ; or, si la garantie émanait d'un tiers, une pareille conséquence ne se produirait pas, la masse n'aurait plus d'intérêt à ce que la sûreté disparût.

Au surplus, le vote émis dans de pareilles conditions, sans sacrifice, serait nécessairement suspect. Conservant sa sûreté intacte, le créancier souscrirait aux dépens des autres à toutes les remises, à tous les délais. Il n'aurait pas à en souffrir, ou il n'en souffrirait que pour un reliquat auquel ne l'expose probablement point le bon rang de sa garantie.

2076. — Il se peut cependant que, malgré la défense de la loi, les créanciers à sûreté votent au concordat. Quelle sera la *sanction* ?

La loi pouvait dire qu'il serait fait abstraction de leurs voix, et que pour le calcul de la majorité il ne serait tenu aucun compte de leur vote.

On a pris un autre parti. Le créancier hypothécaire ou privilégié peut renoncer expressément à la garantie réelle, ce qui lui permettra de voter en qualité de chirographaire. Or, par le seul fait de sa participation au concordat, c'est cette *renonciation* que *la loi présume* (art. 508, al. 2). Le créancier fait nombre, il a pu donner l'appoint de majorité qui a assuré le succès du traité ; mais il cessera de pouvoir se prévaloir de sa sûreté.

2077. — La loi ne frappe pas le créancier d'une déchéance à titre de peine. Il est censé *renonçant*, *a*) dans quelque sens qu'il vote, fût-ce contre le traité ; *b*) alors même que le concordat échouerait faute des majorités exigées ; *c*) alors même que le tribunal en repousserait l'homologation. La perte de la garantie résulte du vote lui-même.

De cette idée de renonciation implicite se déduit la conséquence que les créanciers hypothécaires ou privilégiés qui n'ont pas le pouvoir, soit par eux-mêmes, soit par leur représentant, de renoncer à leurs sûretés ne peuvent être touchés par l'art. 508. Tel est le cas : 1° pour la *femme du failli*, mariée sous le régime dotal, incapable, par suite de l'*inaliénabilité dotale*, de renoncer à son hypothèque légale, incapable par conséquent de voter au concordat de son mari ; 2° pour un créancier *mineur*, que son tuteur peut sans doute représenter au concordat du débiteur, même sans autorisation du conseil de famille (c'est un acte d'administration), mais à condition qu'il n'en résulte pas une renonciation à une sûreté du pupille ; ce qui arriverait si la créance était de nature privilégiée ou hypothécaire. Dans ces situations spéciales, on ne tiendra pas compte du vote du créancier ou de son mandataire, et la sûreté sera maintenue.

2078. — Il peut arriver toutefois que le créancier privilégié ou hypothécaire intervienne au concordat, sans perdre sa sûreté, sans être présumé y avoir renoncé. Les circonstances dans lesquelles la garantie est conservée avec la faculté de vote ne sont pas nettement précisées.

Un point est certain. Si la sûreté a été réalisée avant l'assemblée de concordat, les sommes ayant manqué partiellement dans l'ordre pour couvrir le créancier, celui-ci est fondé à délibérer au concordat et à y faire nombre pour le *reliquat* non couvert, par exemple pour 75. Il n'a pas alors à rapporter à la masse le produit de son bordereau de collocation (de 25). Sa participation au traité pour la différence non soldée est justifiée, puisque pour cette différence il fait bien partie de la masse [1].

---

1. La jurisprudence est en ce sens. Mais certains arrêts se concilient mal avec

2079. — Mais voici, d'autre part, certaines difficultés :

a) Si la sûreté n'a pas encore été réalisée, le retard tient à des causes non imputables au créancier. Par exemple, une *condition* (ou même un *terme* dans notre doctrine) suspend l'exigibilité de la créance. Ou encore, le créancier a vu sa sûreté *contestée* par les autres, ce qui le met dans l'impossibilité de donner actuellement suite à la saisie et à la vente. — Pourra-t-il concourir au concordat ?

Nous estimons qu'il le peut. Il ignore le degré d'efficacité de sa garantie ; l'intérêt qu'il a au concordat est manifeste pour le cas où il n'arriverait pas en rang utile. Si on ne lui permet pas de voter pour le tout, il est au moins équitable de procéder à une évaluation de la sûreté et de l'admettre à voter pour la somme que cette sûreté risque de ne point couvrir.

L'art. 501 paraît fournir un argument en sens contraire. Ce texte suppose un contredit élevé contre la garantie que réclame le créancier, et décide que « le créancier, dont le privilège ou l'hypothèque seulement serait contesté, sera admis dans les délibérations de la faillite *comme créancier ordinaire* ». Les derniers mots du texte feraient croire que le créancier perd sa sûreté et suit le sort commun à tous les créanciers privilégiés ou hypothécaires qui votent au concordat. — Mais la tournure générale de l'article, sur lequel les travaux préparatoires de la loi de 1838 ne donnent pas d'explications, est plutôt favorable à l'autre opinion. On autorisera le créancier à voter, sans induire de son attitude une pensée de renonciation : l'art. 501 consacre un avantage au profit de la personne dont il règle la condition, et non pas une déchéance contre elle [1].

2080. — *b*) Cette première solution bienveillante préjuge celle que comporte une autre question. Au cas où le créancier estime son gage insuffisant pour lui procurer un remboursement intégral, et déclare *renoncer à la partie de sa sûreté* qu'il juge sans valeur (à la moitié par exemple), tout en la conservant pour le surplus, peut-il voter pour la portion à laquelle il a renoncé et demeurer privilégié pour l'autre ? La jurisprudence tend à lui reconnaître un pareil pouvoir (Douai, 2 décembre 1895, D. 98, 2, 225, et note) ; on ne voit pas en effet de motif pour le lui refuser.

2081. — La perte du privilège ou de l'hypothèque à raison du vote au concordat peut, par ricochet, entraîner un autre résultat au détriment du créancier. C'est ce qui arrivera s'il s'est fait donner une *caution*.

Le créancier perd, en même temps que l'hypothèque, son action contre la caution. La caution comptait sur la subrogation légale aux droits du créancier, partant sur l'hypothèque, pour se faire rembourser par le débi-

---

cette doctrine, notamment celui de la Chambre des requêtes du 18 novembre 1896 (D. 97, 1, 485), à la teneur duquel, quand le gage porte sur des effets de commerce que le créancier a ensuite encaissés, le vote au concordat pour l'excédent non couvert contrevient à l'art. 508, le créancier devant rapporter à la masse le montant des effets par lui recouvrés.

1. Guidés par ces considérations, nous dérogerions à l'art. 508, même dans le cas où le créancier justifierait, par de simples *motifs de fait*, de son retard à liquider sa garantie, sa créance étant d'ailleurs échue.

teur principal. Du moment que, par le fait du créancier, cette subrogation ne peut plus s'opérer, la caution elle-même est déchargée (art. 2037 C. civ.).

2082. — 2° *Absence de banqueroute frauduleuse.* — La banqueroute frauduleuse rend le débiteur indigne du concordat. La condamnation criminelle, prononcée après le vote et l'homologation du traité, *l'annulerait* rétroactivement (art. 520). A plus forte raison doit-elle empêcher le concordat, si elle a précédé la tenue de l'assemblée.

Lorsque, à cette date, l'instruction de la banqueroute frauduleuse n'est que commencée, les créanciers peuvent : *a*) ou repousser de suite le concordat ; *b*) ou décider de surseoir jusqu'à l'issue des poursuites ; mais ce sursis lui-même ne pourra être voté qu'à la double majorité légale (art. 510).

A la différence de la loi antérieure à 1838, la *banqueroute simple* n'empêche plus aujourd'hui le concordat dans une faillite[1]. Toutefois, en cas de poursuites commencées, les créanciers pourront, à la double majorité, surseoir à délibérer jusqu'à la fin des poursuites. Ils ont donc le choix entre trois partis : *a*) voter le concordat, *b*) le repousser, *c*) surseoir à son vote (art. 511).

2083. — 3° *Homologation du traité par le tribunal de commerce.* — Le concordat ne devient définitif que par l'approbation que lui donne le tribunal de la faillite ou de la liquidation judiciaire. Ce qui justifie cette intervention, c'est la nécessité de protéger les droits de la minorité (ou ceux des absents, auxquels le traité va se trouver opposable).

2084. — Doit-on inférer de là que, lorsque tous les créanciers sans exception signent le traité, l'homologation judiciaire soit superflue ? L'unanimité des consentements peut-elle consacrer un *concordat amiable* soit dans une faillite, soit dans une liquidation judiciaire ?

Il semble que non : « Sont nuls et sans effet, dit l'art. 16 de la loi de 1889, tant à l'égard des parties intéressées qu'à l'égard des tiers, tous traités ou concordats qui, *après l'ouverture de la liquidation judiciaire*, n'auraient pas été souscrits dans les formes ci-dessus prescrites ». Il n'y a pas de motif de suivre une autre règle dans la faillite.

En effet, un concordat amiable exclut toute procédure de justice : les intéressés se sont soustraits au régime légal, ils ont voulu liquider de gré à gré la situation chargée du débiteur. C'était leur droit avant l'ouverture de la faillite. Mais le sequestre judiciaire s'oppose désormais à une pareille convention. La faillite ne peut se terminer que par un jugement, comme elle s'est ouverte. Jusque-là il est toujours possible qu'un créancier retardataire se présente, créancier aujourd'hui inconnu. Bien fragile serait donc

---

1. Dans la liquidation judiciaire, régime incompatible avec un état de banqueroute simple (art. 19, 4° de la loi de 1889), la question ne se présentera pas. Au surplus, même dans la faillite, il est de jurisprudence, auprès du tribunal de commerce de la Seine, de refuser l'homologation du concordat en cas de banqueroute simple.

ce concordat amiable que la survenance d'un intéressé qui ne l'a point voté mettrait subitement à néant.

En outre, si le concordat amiable était possible dans la faillite, le failli s'entendrait séparément avec chacun de ses créanciers sans les convoquer en assemblée générale. On éluderait les formalités de la loi qui ont pour but d'éviter des tentatives d'obsession [1].

2085. — Le rôle du tribunal dans l'homologation est indiqué par l'art. 515. Il refusera d'homologuer :

En cas d'inobservation des règles de forme (la double majorité n'était pas obtenue, les délais n'ont pas été observés, etc., Req., 23 janvier 1907, D. 1908, 1, 273, et notre note) ;

En cas de motifs tirés de l'intérêt public (le débiteur est indigne, sans être nécessairement banqueroutier frauduleux, Req., 1er avril 1901, D. 1901, 1, 263) ;

En cas de motifs tirés de l'intérêt des créanciers (les dividendes stipulés sont trop faibles ou trop forts, disproportionnés dans ce dernier cas aux chances qu'a le débiteur d'exécuter le traité, Paris, 17 juin 1903, D. 1903, 2, 248).

2086. — Le tribunal de commerce est saisi, à la requête de la partie la plus diligente, du syndic le plus habituellement. Il ne pourra statuer avant l'expiration de huitaine, délai laissé aux intéressés pour former *opposition*, et il prononcera, par un seul et même jugement, après un rapport du juge-commissaire (art. 514).

L'opposition cesse d'être recevable après huitaine [2]. L'exploit contient énonciation des motifs et assignation à la première audience.

Cette faculté d'opposition est ouverte à tout créancier vérifié, n'eût-il été reconnu que depuis la clôture du procès-verbal, depuis l'assemblée du concordat elle-même. Elle est recevable, que l'opposant ait voté pour ou contre, ou qu'il se soit abstenu.

La loi, visant en outre le cas où le syndic formerait opposition, suppose que ce syndic est créancier de la faillite : c'est un souvenir du régime antérieur à 1838, qui voulait qu'on prît le syndic parmi les créanciers. En tant que syndic, le droit d'opposition lui est refusé ; représentant de la masse, et par conséquent de la majorité, il n'est pas fondé à protester contre une délibération de celle-ci.

Lorsque l'opposition soulève une question étrangère à la compétence du

---

1. Cette dernière raison est la plus sérieuse. Si l'on n'en tenait point compte, un concordat amiable pourrait être accueilli après la clôture du procès-verbal de vérification, la liste qu'il renferme étant présumée représenter l'unanimité du passif et le syndic faisant rendre par ailleurs un jugement de clôture de la faillite par le tribunal de commerce. — Au surplus, on est généralement d'avis que le failli peut négocier un concordat amiable dans les délais d'opposition ou d'appel au jugement déclaratif, à l'effet d'obtenir le rapport de celui-ci (no 1762).

2. C'est par suite d'une erreur, et faute d'avoir pris suffisante lecture de l'art. 513, que nous avions soutenu l'opinion contraire dans les précédentes éditions.

tribunal de commerce (contestation d'état d'un créancier ou d'un héritier que l'opposant affirme être purement apparent, etc.), le tribunal renverra à la juridiction à ce compétente (tribunal civil d'ordinaire) ; il surseoira à prononcer sur l'homologation jusqu'à ce que la question préjudicielle ait été tranchée (art. 512 et 513).

Le tribunal, homologuant le concordat, déclare la faillite ou la liquidation judiciaire terminée (L. 1889, art. 15, al. 2). Le jugement prononçant ou refusant l'homologation est sujet à appel devant la Cour dans les quinze jours à partir de la signification (art. 582) ; ce qui est de droit commun pour tous jugements rendus en matière de faillite ou de liquidation judiciaire (V. *supra*, n° 1764).

SECTION II

DES EFFETS DU CONCORDAT

(C. com., art. 516 à 519, 531 et 545).

2087. — Le concordat homologué met fin à la liquidation judiciaire ou à la faillite. Il dissout cette association *sui generis*, la masse.

A la vérité, les autres modes de clôture, tels que l'union, opèrent un résultat semblable. Ce que le concordat présente de particulier, en faisant finir la liquidation, c'est qu'il est un traité contenant promesse de dividendes *moyennant restitution au débiteur de ses biens*, tandis que l'union conduit à leur vente aux enchères. — Ainsi en serait-il, toutes différences gardées, d'une société dans laquelle l'un des associés rachèterait les parts des autres.

Le concordat supprime l'ensemble des effets de la faillite (ou de la liquidation judiciaire). Il en laisse cependant subsister un : la *déchéance des droits politiques* persévérera même après le paiement des dividendes stipulés, et ne s'effacera que par la procédure de réhabilitation ou par l'expiration de dix ans (de trois ans en ce qui concerne l'électorat).

Au surplus, l'épuisement de la faillite ou de la liquidation n'est consommé qu'à partir du moment où la fin des délais de recours ou le prononcé de l'arrêt d'appel a passé le *jugement* de concordat *en force de chose jugée* (arg. art. 519, al. 1er).

2088. — De même que la faillite avait englobé l'actif tout entier du débiteur et produit effet à l'égard de tous les créanciers (n° 1757), de même le concordat lève *sur tout l'actif* et pour l'ensemble des intéressés le séquestre judiciaire.

Toutefois, dans le cas d'une *faillite internationale*, on se demandera si le concordat, obtenu et homologué dans un pays étranger, s'applique aux biens que le commerçant possède en France et oblige à en faire la restitution. Ce problème, ainsi que la question d'*exequatur* qui en est le corollaire, se tranchera différemment, suivant le principe qu'on aura commencé par admettre relativement à la limitation ou à la non-limitation de la faillite aux biens territoriaux (nos 1716 et s.).

2089. — En ce qui concerne l'étendue d'action du concordat *sur les créanciers* (le problème de droit international étant écarté), la règle est fixée par l'art. 516 : « L'homologation du concordat le rendra obligatoire pour tous les créanciers portés ou non portés au bilan, vérifiés ou non vérifiés, de même que pour les créanciers domiciliés hors du territoire continental de la France, ainsi que pour ceux qui auraient été admis par provision »[1].

A l'observation du concordat sont donc assujettis *tous les créanciers chirographaires* dont le droit remonte plus haut que l'ouverture de la faillite. Le traité s'applique même à ceux qui n'ont révélé leur existence et fait établir juridiquement leurs droits que postérieurement à l'assemblée, après clôture de la faillite, par conséquent. Les effets du concordat s'étendent aux créanciers hypothécaires, en tant qu'ils prétendraient se payer sur des valeurs autres que leur sûreté réelle, notamment sur des immeubles advenus au débiteur postérieurement à l'homologation (Civ. cass., 29 janvier 1900, S. 1901, 1, 337 ; WAHL, dans les *Annales de droit commercial*, 1902, 1, 1). Ils subissent la réduction de leurs créances aux dividendes convenus, y compris les créanciers conditionnels, pour qui la condition ne serait arrivée que depuis le concordat lui-même[2].

Mais il va sans dire que le concordat n'atteint d'aucune manière les créances que le commerçant a contractées depuis son homologation.

2090. — On peut ramener à deux idées dominantes les conséquences produites par un concordat :

1° Il *fait cesser* pour l'avenir *la faillite* ou la liquidation judiciaire ;

2° Il *procure* au débiteur des *termes* pour se libérer et, le plus généralement aussi, *une remise partielle* de ses engagements.

2091. — I. *Le concordat fait cesser la faillite ou la liquidation judiciaire.* Le concordat, une fois passé en chose jugée, fait cesser d'abord la crainte qu'a le débiteur de voir convertir en faillite la liquidation judiciaire dont il a jusque-là bénéficié. Il y a eu mainlevée du sequestre de justice sur l'ensemble des biens : un régime qui n'existe plus ne peut plus être l'objet d'une conversion.

Là-même où la demande en conversion a été formée avant que le tribu-

---

1. CHÉRON, *A l'égard de quels créanciers le concordat produit-il ses effets ?* (*Rev. crit.*, 1905, p. 24 et s.).

2. En conséquence, sera réduite par l'effet du concordat une créance de dommages-intérêts née d'un *quasi-délit* qui aurait été commis par le failli antérieurement à la faillite. La Cour de cassation (Req., 19 janvier 1898, D. 98, 1, 473, notre note, et 11 avril 1907, S. 1907, 1, 433, note LYON-CAEN) en décide autrement, et à tort, suivant nous, lorsqu'une pareille créance n'a été judiciairement établie qu'après la conclusion du concordat (V. aussi Alger, 8 juin 1898, D. 99, 2, 190 et Lyon, 27 janvier 1911, S. 1911, 2, 143). — La Cour de cassation est davantage dans la vérité, lorsqu'elle décide que le concordat est opposable à un liquidateur de société anonyme, qui réclame au failli postérieurement au concordat la libération d'actions souscrites par lui quand il était encore *in bonis* (Req., 16 décembre 1896, D. 97, 1, 314).

nal ait été saisi de l'homologation du concordat, sitôt cette homologation prononcée et les délais de recours expirés, la demande en conversion tombe *ipso jure* ; et en vain, pour soutenir le contraire, voudrait-on argumenter du droit acquis remontant au jour de la demande (Rej., 3 juin 1908, S. 1908, 1, 401, note DE COUDER ; Toulouse, 10 juillet 1908, S. 1910, 2, 222).

En revanche, tant que l'instance aux fins d'homologation est encore pendante et non définitivement jugée, le tribunal peut accueillir une demande en conversion de la liquidation judiciaire en faillite, soit que cette demande provienne d'un créancier s'opposant dans ses conclusions à ce que le concordat soit approuvé, soit qu'elle repose sur l'une quelconque des autres causes énumérées par l'art. 19 de la loi de 1889, retard mis à déposer le bilan, etc. (Req., 27 juillet 1909, D. 1909, 1, 453) [1].

Le projet de loi de 1889 *solidarisait* le maintien de la liquidation judiciaire avec l'obtention du concordat : l'échec du traité entraînait nécessairement la mise en faillite du débiteur, dont les biens ne pouvaient pas être vendus sous le régime de bienveillance qui dans la période préparatoire avait suivi son cours. On a trouvé que c'était pousser la sévérité trop loin. Le prononcé de la faillite, faute par le débiteur d'obtenir un concordat, est devenu une mesure *facultative* pour le tribunal. Il se peut qu'il décide le maintien de la liquidation malgré l'état d'union.

Inversement, le concordat peut être homologué, et la conversion de la liquidation en faillite prononcée, pourvu, répétons-le, que le tribunal n'attende pas, pour statuer sur cette conversion, que le concordat ait force de chose jugée. On verra, le tribunal assez rarement frapper d'une aggravation de régime, au point de vue des déchéances d'ordre civique, un homme auquel il va délivrer un brevet de confiance en approuvant le traité qui lui rendra ses biens (Paris, 14 mars 1890, S. 91, 2, 1, note LYON-CAEN ; Rej., 27 juillet 1898, S. 99, 1, 17, note WAHL, D. 99, 1, 497 et notre note).

2092. — Sans insister davantage sur la relation qu'il y a lieu d'établir entre la concession d'un concordat d'une part, et le maintien ou la perte de la liquidation judiciaire d'autre part, voici les conséquences produites par le concordat, après que les délais d'opposition ou d'appel sont expirés.

2093. — *a) Le débiteur cesse d'être dessaisi* (ou d'être soumis à l'assistance du liquidateur). La libre administration de ses biens lui fait retour, les actes qu'il conclura désormais seront réguliers, la mainmise de la justice sur son actif a cessé. Là est la grande différence qui sépare ce concordat de celui qui s'opère par abandon d'actif (V. *infra*, chap. IX).

Les fonctions du *syndic* (ou du liquidateur) s'arrêtent par là-même. Il va *rendre ses comptes*, en présence du juge-commissaire, non pas aux

---

1. L'une des causes de conversion mentionnées par l'art. 19 est la banqueroute frauduleuse. S'ensuit-il que le débiteur échappe à la faillite, si la banqueroute est découverte seulement après que le concordat a pris force de chose jugée ? — Aucunement. Cet événement entraîne nullité du concordat, la procédure est donc rouverte, avec conversion de la liquidation en faillite.

créanciers, mais au failli lui-même, lequel lui donne décharge des biens, livres, papiers et effets, par suite de la restitution qui lui en est faite.

Par conséquent, les frais et indemnités de liquidation incombent au débiteur dorénavant rétabli dans ses biens. L'état des frais et honoraires, que doit taxer le juge-commissaire, est déposé au greffe : le débiteur peut former opposition à la taxe dans la huitaine. La loi de 1889, qui organise cette procédure pour les comptes à rendre après la fin de l'union, ajoute qu'elle sera applicable dans tous les cas où il y aura lieu à reddition de comptes (art. 15 *in fine*), aussi bien dans la faillite que dans la liquidation judiciaire (art. 20, al. 1er).

2094. — *b*) *Les poursuites individuelles des créanciers renaissent*, puisque la masse se désagrège. Mais, à moins de faire du traité un non sens, elles ne s'exerceront pas immédiatement ; elles demeurent suspendues jusqu'aux échéances des dividendes concordataires, et elles ne se réaliseront qu'à défaut de paiement de ces dividendes.

Une sûreté réelle garantira ces poursuites futures : c'est l'*hypothèque légale de la masse* (limitée aux immeubles qui appartenaient déjà au débiteur avant l'homologation du concordat). Le concordat ne fait point tomber cette hypothèque, si les créanciers n'y ont pas formellement renoncé par le traité : le syndic devra prendre au bureau des hypothèques une nouvelle inscription mentionnant le jugement d'homologation (art. 517). — Les créanciers ne se contentent pas toujours de cette sûreté légale, surtout lorsque l'actif ne renferme pas d'immeubles, et ils demandent que des *cautions* répondent pour le failli du paiement des dividendes à leur date [1]. De simples *commissaires*, appelés à surveiller l'exécution du concordat et autorisés à se faire représenter les livres, n'auraient pas semblable caractère [2].

2095. — Chaque créancier reprenant l'exercice de son droit, les *nullités introduites* par le livre III *au profit de la masse* ne peuvent plus être invoquées, semble-t-il, dans l'avenir. Par suite de cette doctrine, si le syndic ou d'une manière générale le représentant de la masse s'est abstenu, pendant le temps même de la faillite, de faire tomber l'acte litigieux, personne n'a plus désormais le droit de le critiquer.

Ex. : Une hypothèque constituée en temps suspect est nulle ; après concordat, un ordre s'ouvre sur le prix de vente de l'immeuble. Un créancier chirographaire, se basant sur l'art. 446, ne pourrait pas contester l'hypothèque, ce droit appartenant à la masse seule qui n'existe plus.

Cependant, la solution contraire prévaut au moins en doctrine, et à juste titre. La masse, quoique dissoute, laisse des représentants dans la personne de chaque créancier respectivement : chacun d'eux, dans la

---

1. L'action dont ces cautions sont passibles ne serait pas une action en *matière de faillite* au sens de l'art. 635, d'après la Chambre des requêtes, 21 mai 1906, S. 1906, 1, 433, note contraire LYON-CAEN.

2. Un commissaire au concordat ne pourrait attaquer par voie de *tierce opposition*, même pour cause de collusion, les jugement qui seraient rendus contre le débiteur depuis sa remise à la tête de ses biens (Req., 15 juin 1911, D. 1912, 1, 467).

limite de son intérêt, *parte in quà*, peut se prévaloir, comme ayant cause, des avantages nés jadis au profit de la masse dont il faisait partie.

Mais il n'appartiendrait pas au *débiteur* concordataire lui-même de faire valoir ces nullités ou ces restrictions de faillite (Agen, 24 avril 1899, D. 99, 2, 476), même en arguant de l'intérêt de ses créanciers et du désir qu'il a de se faciliter ainsi l'accomplissement de son traité. Car c'est à son propre intérêt qu'il pourvoit en réalité d'abord, et les nullités de la faillite n'ont pas été organisées pour lui. Il est vrai que l'art. 587 suspend le recouvrement par le Trésor des frais de poursuite de banqueroute simple contre le failli condamné, jusqu'après l'échéance des dividendes, et que le failli est admis à se prévaloir de cette disposition aussi longtemps qu'il ne s'est pas libéré de son concordat. Mais il y a là une règle exceptionnelle qu'il ne faut pas étendre.

2096. — II. La deuxième idée que suggère le concordat est plus fertile encore en applications. *a*) Un concordat simple fait forcément subir au passif de faillite une *prorogation d'échéance*. A cette *concession de délai* (qui n'est pas un délai de grâce, Cass., 18 décembre 1906, S. 1907, 1, 135) se limite parfois le bénéfice du traité : le chiffre des engagements reste le même ; mais ils sont dorénavant payables par termes échelonnés de cinq à dix ans par exemple. On dit alors qu'il y a *concordat par atermoiement*.

b) Souvent, en outre, la concession de délais est accompagnée de remises partielles : les créanciers renoncent à 50 ou à 75 o/o de leurs droits et ne laissent à la charge du failli, en le rétablissant dans ses biens, que les 50 ou les 25 o/o restants : c'est un *concordat de remise*.

2097. — Parfois, la *clause de retour à meilleure fortune* limite l'effet de ces remises partielles. Le débiteur prévoit le cas où il lui arrivera de nouveaux biens en quantité suffisamment appréciable, et il s'oblige en pareille éventualité à payer le solde dont les créanciers lui avaient fait l'abandon.

Cette clause doit être entendue avec beaucoup de mesure. Peut-être est-elle de pur style dans la pensée des parties, ce qui lui donne le sens d'un simple engagement d'honneur. Sous cette réserve, elle peut donner lieu à des poursuites civiles : les juges apprécieront si les conditions auxquelles est subordonnée la promesse du solde se sont effectivement réalisées [1].

2098. — En revanche, le concordat judiciaire ne pourrait pas *transformer* les créanciers *en associés* du failli (ou, s'il s'agit d'une société anonyme, en actionnaires). Ex. : Le failli ne garantit pas aux créanciers des dividendes fermes, mais il leur alloue 50 o/o sur les bénéfices annuels de l'exploitation

---

1. Rouen, 29 juillet 1908, D. 1909, 2, 208. — Certaines décisions (Nancy, 21 juin 1902, D. 1902, 2, 471 ; Req., 4 juillet 1904, S. 1905, 1, 37) ont été jusqu'à voir une obligation civilement obligatoire dans l' « engagement d'honneur » pris par le failli de rembourser le solde, en cas de retour à meilleure fortune. — Quoi qu'il en soit de l'étendue de la clause, elle arme éventuellement les créanciers d'un droit d'inquisition dans les biens du débiteur, ce qui n'est peut-être pas absolument conforme à la liberté du droit de propriété. Même remarque en ce qui touche la désignation de commissaires au concordat (n° 2094).

et leur abandonne une part de propriété correspondante dans son fonds de commerce.

Une pareille convention ne peut pas entrer dans le cadre d'un concordat de faillite (tandis qu'elle serait conciliable au contraire avec un concordat amiable). Cela est surtout vrai, si l'on admet que le concordat, d'après la jurisprudence (n° 1868), laisse à chaque dette sa cause primitive et ne la nove point. Les créanciers, pour devenir associés, devraient subir une interversion dans leurs titres, ce qui ne saurait être [1].

2099. — Remise du concordat et remise ordinaire. — On établit souvent un parallèle entre la *remise concordataire* et l'opération que prévoit le Code civil, aux art. 1282 à 1288, en lui donnant également le nom de « remise de la dette ».

Un pareil parallèle porte sur deux actes profondément différents. Une remise de dette, consentie à un débiteur *in bonis* sans que celui-ci fournisse une contre-valeur en retour, n'a avec le concordat aucun rapport. En effet : 1° elle porte le plus habituellement sur la *totalité* de la dette, tandis que la remise contenue au concordat est nécessairement *partielle* ; — 2° ne fût-elle consentie que pour une partie de la dette, elle est animée d'un sentiment de *libéralité* ; tandis que, dans le concordat, le créancier obéit à un *mobile intéressé*, car il cherche à assurer la rentrée d'une portion de sa créance en renonçant à l'autre ; — 3° la créance ou la portion de la créance remise en droit civil *s'éteint* à tous les points de vue ; tandis que la remise du concordat laisse subsister une charge morale de remboursement pour le failli, et même une véritable *obligation naturelle*. Le débiteur n'obtiendra sa réhabilitation que s'il exécute cette obligation [2], ce qui lui donne le droit de contraindre son créancier à recevoir le solde, même après que les dividendes concordataires auraient été payés.

2100. — Suite. — Le parallèle d'ensemble ne pouvant donc donner de résultats appréciables, il est préférable de se limiter à une comparaison entre le *concordat judiciaire* d'une part et le *concordat amiable* de l'autre, en entendant par ces derniers mots le traité consenti hors faillite à un débiteur civil ou commerçant, embarrassé dans ses affaires, à qui ses créanciers abandonneraient une partie du passif pour sauver le plus possible de leurs rentrées (Req., 6 nov. 1907, S. 1909, 1, 353, note Naquet).

---

1. Bien des questions de détail se rattachent au point de savoir si la créance ramenée à un dividende de concordat conserve ou recouvre la nature juridique qu'elle avait avant l'ouverture de la faillite : — Si cette créance est prescriptible par cinq ans, le dividende qui la concerne sera-t-il lui-même soumis à cette prescription (suspendue, bien entendu, jusqu'à l'échéance des dividendes) ? — Une rente viagère, qu'il a fallu colloquer dans la faillite pour un capital (n° 1903), renaît-elle après la faillite sous forme de rente, et appartient-il au crédi-rentier d'exiger la consignation d'un capital de garantie (sur ce dernier point, cfr. Req., 2 juillet 1903, D. 1903.1.246) ?

2. Proposition qui n'est plus que d'une exactitude relative depuis les lois du 30 décembre 1903 et du 23 mars 1908, le concordataire pouvant aujourd'hui prétendre à sa réhabilitation sans payer le solde de ses dettes, et même sans payer les dividendes, à l'expiration de dix ans (V. *infra*, n° 2179).

Nous trouvons alors des unités similaires. Ces deux opérations sont inspirées par le même esprit et forment des actes à titre onéreux l'une et l'autre. De part et d'autre, le créancier n'a renoncé à une fraction de sa créance que parce qu'il y était moralement contraint pour ne pas perdre le reste. Ici et là, les sommes comprises dans la décharge subsistent à titre d'obligation naturelle (quoique, pour une personne qui n'a pas été déclarée en faillite, l'intérêt à la réhabilitation fasse défaut).

On peut alors se demander si ces deux actes sont soumis au même régime, soit quant à l'*obligation du rapport à succession*, soit quant à la *condition des coobligés* du débiteur concordataire.

2101. — 1° **Rapport à succession.** — La *remise* consentie par un concordat judiciaire est-elle éventuellement *sujette à rapport,* lorsque le débiteur est un successible de son créancier ?

Un père prête 100.000 fr. à l'un de ses fils commerçant. Le fils fait faillite, puis obtient un concordat de remise pour moitié auquel adhère le père. Il paie tous les dividendes. Le père vient à mourir : la succession peut-elle demander le rapport de 50.000 fr. au fils commerçant s'il accepte la qualité d'héritier ?[1].

Non, en principe. Il n'y a lieu : *a*) ni au *rapport des donations*, puisque le père, en déchargeant son fils d'une partie de la dette, ne lui a pas fait de libéralité ; *b*) ni au *rapport des dettes* (art. 829 C. civ.) : car, sauf controverse, le rapport des dettes ne s'applique qu'aux obligations dont le successible serait « civilement tenu », et non pas à ses obligations simplement naturelles[2].

Il y a toutefois un tempérament à proposer. La nature de la dette originaire contractée par le fils envers son père a quelquefois pour résultat de rendre le rapport nécessaire. Le père a fait à son successible un prêt sans intérêt ou à intérêt très faible, constituant une *libéralité indirecte*, sujette à rapport comme telle. Le concordat postérieur n'a pas pu lui enlever ce caractère : le fils doit à ses cohéritiers le rapport de ce qu'il reste devoir au moment du décès, en dépit de toute remise faite par concordat dans l'intervalle, et quand même le père y aurait consenti (Bordeaux, 20 décembre 1901, S. 1904, 2, 25, note Tissier, Paris, 20 avril 1904).

La règle précédente est la même pour le concordat amiable et pour le concordat judiciaire.

2102. — 2° **Condition des coobligés.** — Les *remises* du concordat *profitent-elles aux coobligés du failli,* de la personne en état de liquidation judiciaire ?

Un créancier a à la fois un *débiteur principal* et une *caution*. La caution

1. La question pourrait se présenter encore au point de vue de la *réduction à la quotité disponible*, si le créancier, parent ou non du failli, laissait des héritiers réservataires, et si la remise concordataire empiétait sur la portion que la loi leur assure ; les motifs de décider seraient les mêmes.

2. Nous n'avons pas à traiter ce thème important de droit civil. Cpr. Deschamps, *Du rapport des dettes.*

demeure solvable, mais le débiteur principal fait faillite. Le créancier s'inscrit à cette faillite pour le montant nominal de son droit, soit 100, et il écarte la production parallèle de la caution (art. 543). Ensuite un concordat (auquel le créancier participe ou ne participe pas) fait au failli remise de 75 o/o. Le droit du créancier vis-à-vis du failli est ainsi tombé à 25. Est-il néanmoins admis à réclamer l'excédent à la caution ? — Même question pour le cas où, de deux codébiteurs solidaires, l'un fait faillite et obtient un concordat.

Si l'on suivait les règles du droit civil sur la remise de la dette (art. 1285 et 1287), la remise donnée à l'un des codébiteurs solidaires libérerait les autres ; la remise consentie au débiteur principal libérerait la caution, sans que le contraire soit vrai, la décharge accordée à la caution ne libérant pas le débiteur principal.

Dans quelle mesure ces principes doivent-ils s'appliquer aux remises résultant d'un concordat de faillite ? Sous le Code de commerce de 1807, on inclinait vers une solution peu favorable au maintien de la garantie. Les remises profitaient au codébiteur et elles le libéraient dans la même proportion que le concordataire, mais seulement lorsque le créancier avait voté le concordat ; dans l'autre cas, le créancier conservait son action intégrale contre le coobligé.

La rédaction de 1838 assure au créancier un sort meilleur : Art. 545 : « *Nonobstant le concordat, les créanciers conservent leur action pour la totalité de leurs créances contre les coobligés du failli* ».

Aujourd'hui donc, le créancier, en quelque sens qu'il ait voté, n'a pas perdu le droit de réclamer à la caution le montant nominal de sa créance. La situation est la même, si la faillite frappe la *caution* ou un *codébiteur solidaire* : le concordat n'empêchera pas le créancier de poursuivre pour le tout le débiteur principal ou les autres coobligés ; les distinctions des art. 1285 et 1287 ne sont plus applicables (Req., 6 février 1906, D. 1908, 1, 225).

2103. — Le créancier se trouvera donc dans l'alternative suivante :

a) Ou bien il attendra que les dividendes concordataires lui soient servis à leur échéance respective. Après quoi, il exigera de la caution le complément, c'est-à-dire 75. La caution n'aura pour se faire rembourser ce complément aucun recours contre le débiteur principal ; car celui-ci s'est libéré de sa dette de 100 en monnaie de concordat, il n'en doit plus rien à personne.

b) Ou bien, sans attendre les échéances du concordat, le créancier exigera de la caution le paiement de 100 ; et celle-ci, subrogée au dividende du créancier, touchera 25 à sa place, sans pouvoir exiger davantage.

2104. — Ce maintien de la dette primitive à l'égard des coobligés paraît au premier aspect contraire à ce que la législation aurait dû équitablement et rationnellement décider.

Le créancier hypothécaire qui vote au concordat perd son hypothèque (art. 508). Celui qui, ayant une caution, concourt au traité, devrait, semble-t-il, subir le même sort.

D'un autre côté, par suite du vote favorable du créancier ainsi que de la réussite du concordat, la caution ne dispose plus de son recours subrogatoire : elle devrait donc pouvoir se dire déchargée d'après l'art. 2037 C. civ.

2105. — Si ces objections sont dénuées de force, ce n'est pas à dire qu'on ait toujours justifié, d'une manière heureuse, la règle de l'art. 545.

Dans une remise civile, a-t-on dit, la décharge *éteint* entièrement la part de dette à laquelle le créancier renonce. Et de là vient que, sous les distinctions des art. 1285 et 1287, le créancier n'ait plus droit d'action contre les coobligés.

Dans un concordat, au contraire, la part remise continue à être l'objet d'une *obligation naturelle* ; or une caution ou un codébiteur solidaire peuvent garantir une obligation de cette nature.

Ce n'est pas là un argument décisif. On va voir que, si le concordat était amiable et non judiciaire, les cautions seraient libérées ; cependant la dette subsisterait également à titre naturel. Puis, c'est seulement lorsque la dette a eu dès l'origine le caractère d'une obligation simplement naturelle pour le principal débiteur que la caution a entendu en répondre civilement. Mais il est conjectural de lui attribuer la volonté de demeurer tenue, lorsque la dette, de civile qu'elle était dans le principe, deviendrait naturelle plus tard.

2106. — La disposition qui laisse les débiteurs solvables tenus de la dette entière, malgré la libération du concordat, procède de la théorie générale des coobligés : l'art. 545 découle des art. 542 et 544 (n° 1922).

En effet, un concordat n'a d'autre but que de *fixer le dividende* de la faillite : il ne faut pas l'isoler de la procédure d'ensemble dont il est l'aboutissement ; il est la résultante de la faillite elle-même, comme le serait la fixation de dividendes d'union.

Or *la faillite laisse subsister la dette dans son intégralité*. Elle procure seulement au failli le moyen de sortir de la *solidarité*, moyennant un prix qui est le dividende. Ce dividende, c'est le concordat qui le liquide. Aussi longtemps que la faillite suivait son cours, les coobligés solvables demeuraient tenus pour le tout : preuve évidente que le jugement déclaratif n'avait point réduit le chiffre de l'obligation. Pourquoi ces coobligés seraient-ils libérés, une fois le concordat voté et le dividende consolidé ? C'est une disposition statuant dans un sens opposé à l'art. 545 qui serait illogique.

Sans doute, la caution est à plaindre de ne pouvoir se retourner contre le failli concordataire ; mais c'est un risque qu'elle a consenti à courir en s'obligeant. Elle a su qu'elle n'interviendrait pas au concordat, que le créancier y figurerait seul, en l'excluant elle-même, que le dividende stipulé serait la limite des engagements nouveaux du failli, de quelque côté que dût partir la réclamation.

Si la loi avait étendu les remises à la caution, ce ne pouvait être que par crainte de voir, avec la solution contraire, la caution réclamer au failli le remboursement de la somme versée par elle au créancier, et le failli perdre par ce circuit d'action le bénéfice du traité. Mais cette crainte serait vaine : vu l'effet libératoire du concordat pour tous, même vis-à-vis des créanciers qui ne l'ont pas voté ou qui ne pouvaient le voter, le traité lie la caution comme le créancier. Dans ces conditions, le droit pour le codébiteur de se prévaloir de la remise n'avait plus de raison d'être.

2107. — Par là même est résolue la question de l'extension de la règle au concordat amiable. Cette extension doit être repoussée : à la différence de ce qui se passe pour le concordat de faillite, les *remises* accordées à l'un des débiteurs *libèrent* d'autant *les autres* (à moins que le bénéficiaire des remises ne soit une caution, le débiteur principal restant alors tenu).

En effet, le dividende d'un concordat amiable ne comporte pas l'analyse d'un dividende de concordat judiciaire ; on n'est plus en face d'un débiteur qui s'est détaché de la dette, alors que celle-ci demeurerait entière pour les autres obligés. Le créancier, en vertu d'une libre convention, a partiellement éteint l'engagement, ce sont les art. 1285 et 1287 qu'il faut suivre.

S'il en était autrement, on serait pris dans une impasse : *a*) Ou la caution, obligée de payer le solde, serait privée du droit de se faire rembourser par le débiteur principal, bénéficiaire du concordat amiable : résultat inadmissible, un contrat ne faisant loi que pour les parties qui l'ont conclu et la caution n'y ayant point concouru.

b) Ou la caution aurait droit à son remboursement ; mais alors c'est le débiteur qui protesterait, taxant d'illusoire la remise partielle que le créancier lui a faite et dont il ne profite plus par cette attaque de flanc.

On ne peut sortir de la difficulté qu'en attribuant au créancier la volonté implicite d'étendre le bénéfice du concordat amiable aux autres coobligés, parce que la décharge du débiteur concordataire lui-même ne saurait être acquise qu'à ce prix [1].

2108. — Revenons au concordat de faillite. On retrouvera, à propos des faillites de sociétés, des applications de l'idée précédente, à savoir que le concordat judiciaire profite seulement au débiteur en faveur duquel il est consenti et non pas aux autres personnes tenues de la même dette (nos 2207 et s.).

Sous la *communauté entre époux*, le passif peut frapper à la fois la femme et le mari, particulièrement lorsque celle ci est marchande publique (n° 169). Si la femme mise en faillite obtient un concordat, les créanciers conservent leur action intégrale contre le mari et même contre la communauté (V. cependant Pau, 24 octobre 1910, D. 1912, 2, 5). C'est une conséquence des principes juridiques qui viennent d'être exposés.

Mais, si l'on suppose le mari mis en faillite et bénéficiaire d'un concordat (parce qu'il exerçait un commerce différent), les créanciers de la femme qui auraient participé à ce concordat ne pourraient pas du chef de celle-ci poursuivre la communauté pour le solde. L'actif de la communauté, réuni aux propres du mari, figurait dans la faillite de ce mari, non dans la faillite de la femme. Le concordat marital a été concédé à l'ensemble des biens communs, considérés en quelque sorte comme formant le prolongement de l'actif du mari (Req., 17 janvier 1881, *Journ. du Pal.*, 81, 275).

1. V. ce que les Romains décidaient déjà quant aux effets relatifs ou absolus du *pactum de non petendo* à l'égard des débiteurs corréaux ou des fidéjusseurs, dans Girard, *Manuel de droit romain*, 3e éd., p. 709, notes 8 et 9.

SECTION III

DE L'ANNULATION ET DE LA RÉSOLUTION DU CONCORDAT

(C. com., art. 518, 520 à 526 ; L. 1889, art. 19).

2109. — Le concordat, voté et homologué, passé en force de chose jugée, sera-t-il maintenu à tout événement dans l'avenir ? Ce contrat est-il sujet aux mêmes causes de destruction qu'un contrat ordinaire (nullité pour incapacité de l'une des parties, pour erreur substantielle, etc.) ?

Il semble qu'il soit rescindable comme une autre convention. Car, à la différence des autres jugements pour lesquels existe la règle : *Voie de nullité n'a lieu*, le concordat forme un acte de juridiction gracieuse, excepté sur les chefs qui auraient soulevé une opposition à son homologation. Un concordat amiable comporterait toute action en nullité basée sur le droit général des conventions ; pourquoi n'en serait-il pas de même d'un concordat de faillite ?

Cette question, autrefois débattue, a été l'objet d'une transaction de la part du législateur de 1838.

Au maintien du concordat sont liés tant d'intérêts que la loi s'est décidée, en principe, à le rendre irrévocable. Mais elle a admis par exception deux causes de rupture, qui sont : — l'*annulation* pour dol, et la *résolution* pour inexécution des conditions (art. 518 et 520).

L'admission de l'un de ces deux moyens aura pour effet de rouvrir la faillite. Au cas de *liquidation judiciaire*, un second résultat, à certains égards plus grave, se trouve atteint : l'annulation, ou la résolution du concordat, entraîne la *conversion* obligatoire, par décision du tribunal de commerce, de cette liquidation *en* une *faillite* (L. 1889, art. 19, al. 2-3°).

2110. — 1° L'*annulation* suppose l'existence dans le concordat, pris au moment de sa formation, d'un vice substantiel. A lire les art. 518 et 520, ce défaut consisterait, tantôt dans la découverte d'un *dol ayant pour objet une dissimulation d'actif ou une exagération du passif*, tantôt dans une condamnation du débiteur pour *banqueroute frauduleuse*.

En réalité, ces deux causes n'en font qu'une : la banqueroute frauduleuse provient d'un détournement d'actif ou d'une supposition mensongère de dettes fictives (art. 591). Seulement, si un fait de ce genre se découvre depuis le concordat, l'une de ces deux alternatives se produira :

a) Tantôt l'ouverture d'une instruction criminelle aboutira à une condamnation du failli en Cour d'assises ; la faillite se rouvrira de plein droit, sans qu'il soit besoin, à titre préliminaire, de faire annuler le concordat (art. 522, *princ.*)[1] ;

---

1. Dès les premières poursuites pour banqueroute, le tribunal de commerce peut prescrire telles mesures conservatoires qu'il appartiendra ; elles cesseront de droit, aussitôt après l'ordonnance ou l'arrêt de non-lieu ou après l'acquittement (art. 521).

b) Tantôt, le ministère public s'abstenant de poursuivre, un intéressé quelconque, arguant du fait de dol, saisira le tribunal de commerce d'une demande en annulation (même art. 522) ; il pourra le faire pendant dix ans à partir de la découverte de ce dol (art. 1304 C. civ.)[1].

2111. — 2° La *résolution* concerne un concordat exempt d'un vice contemporain de sa formation. Elle suppose la survenance d'un fait postérieur : l'*inexécution des promesses contenues dans le concordat*, notamment le non-paiement des dividendes.

Les créanciers qui n'auraient pas été payés aux échéances, et chacun d'eux individuellement, peuvent, pendant trente ans, demander au tribunal de commerce de la faillite de faire tomber le concordat. Celui-ci disparaîtra alors dans son indivisibilité vis-à-vis de toutes personnes : ce qui entraînera également la réouverture de la faillite (art. 520, al. 2, et 522, al. 1er).

C'est l'application de l'art. 1184 C. civ. : les remises n'ont été délivrées que contre la promesse de payer les dividendes et aussi contre celle de fournir les garanties convenues ; le débiteur ne tenant point sa parole, la cause des remises tombe par là-même. La justice peut d'ailleurs accorder un ou plusieurs délais de grâce, et elle les accordera en fait, si la demande ne provient que d'un seul créancier ou d'une faible minorité.

2112. — **Effets.** — Ces deux causes, annulation et résolution, engendrent des effets identiques, un seul excepté.

Le point sur lequel elles se séparent a trait à la *condition des cautions* qui ont pu intervenir au concordat, afin d'en garantir l'exécution.

En cas d'*annulation* pour dol, ces *cautions* sont *libérées* (art. 520, al. 1er).

En cas de *résolution*, elles *continuent à demeurer tenues* dans les limites des prestations concordataires promises (art. 520, al. 3), pourvu, toutefois, que les cautions aient été mises en cause et reliées à l'instance (al. 2).

Cette différence se justifie d'elle-même. Théoriquement, puisque le concordat tombe, les cautions devraient être déchargées. Ainsi en est-il en cas d'annulation. Mais la non-exécution du concordat est une faute aussi bien imputable aux cautions qu'au failli : les cautions auraient dû, à défaut du débiteur, observer le traité ; l'art. 1382 suffirait à expliquer pourquoi leur engagement doit persévérer.

2113. — Quant aux effets communs à l'annulation et à la résolution, ils se groupent autour de ces deux idées : — *reprise des opérations de la faillite* ; — *concours des créances nouvelles* nées depuis le concordat *avec les créances concordataires*, ces dernières ne pouvant pas d'ailleurs revivre uniformément pour leur montant primitif.

---

1. Et non pas à partir du fait criminel lui-même, de l'acte de dissimulation d'actif accompli. Il est vrai que l'*action civile* née d'un crime s'éteint en même temps que l'action publique (art. 637 C. instr. crim.). Mais l'action civile, solidaire dans sa durée de l'action publique, est celle qui aurait pour objet la *réparation pécuniaire* de l'infraction. Il n'est pas possible de considérer l'action en nullité du concordat comme ayant ce caractère.

2114. — I. La faillite recommence, le tribunal de commerce nomme un *juge-commissaire* et un (ou plusieurs) *syndics* : ce jugement sera publié. La masse des créanciers, dispersés depuis l'homologation du traité, se reconstitue.

Mais on ne sera pas obligé de respecter de tous points les délais de procédure. Il n'y a plus à pourvoir à l'information d'une faillite ordinaire. Une nouvelle vérification est inutile pour les créances admises jadis à la faillite et au concordat. La liste en est connue (art. 523, al. 2).

De même, l'actif se dégage du précédent inventaire, du précédent bilan. Toutefois, il s'est produit pendant l'intervalle des modifications dans sa consistance. Aussi, sur l'ancien inventaire, le syndic procédera-t-il (avec l'assistance du juge de paix, s'il y a eu mise de scellés) au *récolement* des valeurs qui y figurent, ainsi qu'à un supplément d'inventaire : ce qui déterminera également la réfection du bilan (art. 522, al. 2 et 3).

2115. — II. Les créanciers concordataires trouveront en face d'eux des créanciers nouveaux.

Ici se posait, avant toutes choses, une question de principe. La faillite rouverte (et cela peut-être après trois ou quatre ans) va-t-elle se raccorder à l'ancienne faillite, rétroactivement et sans solution de continuité ? S'il en avait été ainsi, le *dessaisissement* n'aurait point fait trêve, et *tous les engagements* contractés dans l'intervalle auraient dû être *annulés* [1].

Ce résultat était inadmissible : les nouveaux créanciers ont traité avec le débiteur, sur la foi du concordat qui le relevait du dessaisissement. Les anciens créanciers qui ont délivré ce concordat doivent, en toute justice, reconnaître les dettes nouvelles dont ils sont les promoteurs et qui, dans leur pensée, devaient faciliter au failli le service des dividendes.

Il y aura donc lieu à *vérification du passif* pour ces dettes, postérieures à l'homologation du concordat. Les créanciers nouveaux seront convoqués dans les formes ordinaires et invités à produire leurs titres dans les *vingt jours* pour tout délai (sans augmentation à raison des distances), les répartitions d'actif devant seules être différées jusqu'à l'expiration du temps donné par les art. 492 et 497 aux créanciers français pour se faire connaître (art. 522, al. 4, et 524, al. 2).

Après clôture de ce nouveau procès-verbal de vérification, destiné à faire suite à l'ancien, on procédera à une nouvelle assemblée de *concordat* dans laquelle les deux catégories concourront ensemble. Cette assemblée n'est concevable que si le premier traité est tombé par suite de résolution, le concordat étant incompatible avec l'état de banqueroute frauduleuse.

2116. — Sans faire rétroagir le dessaisissement, la loi aurait pu insti-

1. Au point de vue pénal, on considérera comme accomplis par un failli, et par conséquent comme punissables, les actes du débiteur tombant sous le chef de banqueroute simple, lorsqu'ils prennent date entre le concordat et sa résolution (ou annulation), surtout s'ils ont eu pour but de retarder la mise à néant de ce concordat (Crim. rej., 10 avril 1913, D. 1915, 1, 41, note PERCEROU, S. 1914, 1, 57, note critique BOURCART)

tuer devant cette faillite rouverte une *période suspecte*, par fixation d'une date de la seconde cessation des paiements : ce qui aurait donné ouverture aux nullités des art. 446, 447 et 448.

Il n'en est rien. La masse qui a accordé le concordat s'est engagée, en relevant le failli, à reconnaître désormais toutes les opérations que conclurait le débiteur jusqu'au jour de la reprise de la faillite.

Il n'y a d'exception que dans le cas de *fraude* démontrée : les engagements de la phase intermédiaire ne pourront être attaqués qu'en vertu de l'*action paulienne*, suivant l'art. 1167 C. civ. (art. 525)[1].

2117. — Mais dans cette rencontre de deux classes de créanciers, les anciens et les nouveaux, comment trouver une mesure de nature à établir équitablement les droits respectifs des uns et des autres ?

Les nouveaux créanciers, ayant traité avec le failli sur la foi du concordat dont les anciens créanciers sont les auteurs, n'auront-ils pas le droit de *primer ceux-ci*, en invoquant le raisonnement propre aux créanciers de la masse ? « C'est vous, créanciers concordataires, qui vous êtes obligés envers nous sur l'actif par vous rendu au failli ».

La balance eût penché à l'excès, par suite de ce règlement, du côté des créanciers nouveaux. La loi a décidé que les deux catégories viendraient en concours.

2118. — Les créanciers concordataires disposeront même d'un rang de préférence sur certaines valeurs.

En effet, bien que le concordat soit tombé, l'*hypothèque légale* de la faillite originaire subsiste, et au profit seulement des intéressés qui avaient pris part à cette faillite première : à la différence des cautions personnelles qui sont libérées (au moins pour le cas d'annulation), l'hypothèque survit ; car c'était le jugement déclaratif primitif, et non le concordat, qui l'avait fait naître[2].

2119. — Il restait une difficulté à résoudre : *pour quel chiffre* devait-on

1. Toutefois, si, parmi les créanciers concordataires, les uns avaient reçu leur dividende et que les autres ne l'eussent pas touché, il faudrait rétablir entre eux la parité, en obligeant les premiers à rapporter les sommes par eux touchées. C'est un engagement tacite qu'ils ont pris réciproquement, en votant le concordat lui-même.

2. La manière dont nous avons décomposé cette hypothèque légale nous expose à une objection : il semblerait, tout au contraire, que l'anéantissement du concordat dût faire disparaître toute hypothèque légale. — En effet, d'après nous, pendant la faillite primitive, cette hypothèque se confond avec le dessaisissement (n° 1704). Or, le dessaisissement a cessé avec l'homologation du concordat et il ne renaîtra pas rétroactivement par suite de l'annulation ou de la résolution. Les créanciers des deux groupes auront des droits égaux dans l'actif, sans distinction d'origine des biens. — On peut répondre que l'hypothèque a acquis, par le fait du concordat, une vertu nouvelle, celle d'une sûreté donnée aux créanciers pour garantir les dividendes concordataires ; par volonté tacite, cette garantie doit durer en toute hypothèse dans la mesure de ces dividendes, même au cas où tomberait le concordat, mais seulement bien entendu au profit des créanciers anciens.

admettre les créanciers antérieurs au concordat ? pour la somme originaire ? ou pour le dividende concordataire ? — Soit un créancier auquel il était dû primitivement 100 ; produira-t-il pour 100, ou seulement pour 25 (le concordat ayant fait remise de 75 o/o) ?

Si les créanciers concordataires étaient entre eux seuls, sans que le failli eût contracté un nouveau passif, ils rentreraient dans la *plénitude* de leurs créances originaires. Mais ce cas est rare, et il faudra déterminer la mesure de leurs droits *au regard des créanciers nouveaux*. La loi procède à la distinction suivante (art. 526) :

a) Le débiteur n'a-t-il encore payé *aucun dividende* au moment où la faillite est reprise ? — Les remises contenues dans le traité sont anéanties, et les créanciers antérieurs au concordat rentrent vis-à-vis des nouveaux dans *l'intégralité de leurs droits originaires*.

b) A-t-il, au contraire, déjà payé une *partie du dividende* à cette date (par exemple, des acomptes représentant les 2/5 du dividende complet, 10 sur 25 qui ont été promis) ?

L'*acompte* payé *conservera*, dans la masse nouvelle, l'*effet libératoire* proportionnel que le traité lui avait attribué.

Le créancier de 100, en touchant 10, a obtenu satisfaction pour les 2/5 de son droit ; soit pour 40. Il ne reste donc plus créancier que des 3/5, soit de 60, et il participera pour cette dernière somme à la faillite rouverte.

La loi exprime ainsi sa pensée : « Les créanciers qui ont reçu une partie du dividende figureront dans la masse pour la portion de leurs créances primitives correspondant à la portion de dividende promis qu'ils n'auront pas touchée ».

2120. — En définitive, les créanciers nouveaux disposent d'un sort favorable. Ils continuent à certains égards à opposer le concordat à la première masse, bien que ce concordat soit tombé, puisque la remise consentie par elle au failli et consommée par un versement réel de dividendes aura opéré une libération *proportionnelle*, au désavantage des anciens, au profit des nouveaux. Cela est juste : les nouveaux venus ont fait crédit au commerçant, le croyant bien partiellement déchargé.

Il y aurait eu quelque abus à pousser le raisonnement jusqu'au bout, en rabaissant le chiffre normal des anciennes créances, même s'il n'y avait eu aucun dividende servi, au taux proportionnel auquel le concordat les avait fait tomber. On a préféré s'arrêter à un moyen terme.

2121. — On oppose à l'annulation ou à la résolution du concordat l'hypothèse de la *survenance d'une nouvelle faillite* (art. 526, al. 3), lorsque le commerçant retombe en dessaisissement par suite du *non-paiement de ses dettes nouvelles*. Cette fois, la faillite sera déclarée à la requête des créanciers qui souffrent de ce défaut de paiement (à moins qu'elle ne s'ouvre sur dépôt de bilan, ou encore d'office).

Il y aura bien, en pareil cas, une faillite indépendante de l'ancienne, et c'est en quoi la situation diffère de celles qui sont précédemment exposées. Cette faillite *a*) aura sa *période suspecte*, avec fixation de la date de la seconde cessation de paiements, et *b*) déterminera un *nouvel inventaire* et une *vérification des titres* conformément aux délais ordinaires.

Comme cette nouvelle faillite empêche l'exécution de l'ancien concordat, celui-ci est par là-même résolu. Les deux catégories de créanciers produiront donc ensemble, comme ci-dessus, sans qu'il y ait rien à modifier aux bases de calcul que nous venons d'étudier.

CHAPITRE VIII

SOLUTIONS DE LA FAILLITE OU LIQUIDATION JUDICIAIRE DE L'UNION

(C. com., art. 529 à 540 ; L. 1889, art. 19, al. 1er-2o).

2122. — L'*union* est aux antipodes du concordat, gage de confiance et traité de relèvement : elle suppose que la masse refuse au failli tout crédit, tout délai, à plus forte raison toute remise, et poursuit l'exécution forcée sur les valeurs de l'actif jusqu'à leur parfait épuisement.

Cette solution *consiste* donc *dans la vente des biens de faillite, avec répartition des sommes entre les créanciers,* sans que les biens à venir soient libérés du solde non couvert par ces distributions.

Elle a été pratiquée en 1911 dans 1235 faillites et dans 610 liquidations judiciaires.

2123. — Le terme d'*union* pèche au point de vue grammatical. Il répond à la même idée que le mot *masse* ; les créanciers sont réunis ensemble et forment une collectivité juridique. Ce résultat provenait du jugement déclaratif lui-même, non d'un fait postérieur survenu, non du rejet du concordat.

Il y a dans le mot d'*union* contre le débiteur une pensée agressive, qui ne ressort pas de son étymologie : l'unité créancière a pris une position nettement hostile, le failli n'a plus à attendre de ménagements, il a perdu l'espoir de recouvrer l'administration de son actif.

2124. — On s'expliquerait que l'union fût inconciliable avec la liquidation judiciaire, que le rejet du concordat entraînât *de plein droit* la conversion de la liquidation en faillite.

Cette conséquence, admise primitivement par le projet, a été repoussée comme trop dure (no 2091). La déchéance de la liquidation judiciaire, par suite du refus du concordat ou de sa non-homologation, n'est pas une règle absolue. La question dépendra de l'appréciation du *tribunal* saisi, soit d'office, soit sur la poursuite des créanciers (L. 1889, art. 19, al. 1er-2o).

Une raison, entre plusieurs, militait en faveur de cette solution modérée. Il suffit d'une forme de concordat quelconque, fût-ce celle du concordat par abandon d'actif, pour que le débiteur conserve le bénéfice de la liquidation et échappe à la faillite. Or, dans le cas d'abandon d'actif, la situation du commerçant est voisine de l'union : ses biens sont vendus, et le traité n'exprime, pas plus que le régime d'union, la confiance de la masse dans le rétablissement de ses affaires. Il convient donc que l'union puisse se dérouler sans que la liquidation judiciaire ait nécessairement pris fin [1].

Le concordat ayant avorté, ou le tribunal déclare la *liquidation convertie en faillite* ; ou, à l'inverse, il prononce le *maintien de cette liquidation*.

2125. — 1° Le tribunal se prononce pour la déclaration de faillite. — Les avantages attachés provisoirement à la liquidation judiciaire disparaissent pour l'avenir ; le débiteur est désormais, en ce qui touche l'exécution de ses biens, un *véritable failli*.

En droit public, sa condition s'aggrave ; à l'inéligibilité s'ajoute la perte de tous les autres droits d'ordre politique, de l'électorat notamment. — En outre, le dessaisissement le frappe : il n'est plus assisté d'un liquidateur ; il y a lieu de désigner un *syndic* d'union, qui opérera la vente des biens et la répartition des sommes. « Si la faillite est déclarée, il est procédé conformément aux art. 529 et s. C. com. » (art. 19, al. 1er-2° *in fine*).

Les opérations de la faillite seront d'ailleurs suivies sur les derniers errements de la liquidation (même art., alinéa final). Le procès-verbal de vérification des créances a été précédemment dressé, et c'est à la teneur de son contenu que les créanciers participeront aux distributions.

La transformation de la procédure en faillite permet-elle à la masse de faire modifier la date de la cessation des paiements, telle qu'elle avait été fixée en liquidation judiciaire ? Il semblerait que non, la date de la cessation des paiements devenant immuable, à l'égard des créanciers, d'après l'art. 581, à partir de la fin des délais de vérification des créances (n° 1766), délais maintenant expirés.

C'est cependant l'opinion contraire qui prévaut (Besançon, 18 novembre 1896, D, 98, 2, 301). On peut la justifier de la manière suivante. Il est certain que ce report est possible, nonobstant l'expiration des délais de l'art. 581, lorsque la cause de la conversion de liquidation judiciaire en faillite est le retard mis par le débiteur au dépôt de son bilan : force est bien au tribunal de rétablir la date réelle de la cessation des paiements, puisque c'est sur elle qu'il se fonde pour prononcer la conversion. Or il doit en être de même dans tous les autres cas où l'art. 19 de la loi de 1889 autorise la dite conversion, notamment au cas d'échec du projet de concordat, ces différentes hypothèses étant assimilées par le texte très général dudit art. 19 (Percerou, *op. cit.*, n° 1505).

---

1. V. *supra*, n° 1732, les diverses causes entraînant, d'après l'art. 19 de la loi de 1889, les unes à titre obligatoire, les autres à titre facultatif, la conversion en faillite d'une liquidation judiciaire. Nous les avons déjà examinées, pour rechercher si la connaissance de ces causes par le tribunal, dès le jour où il est saisi de la requête du commerçant et du dépôt de son bilan, empêche ou non le prononcé de la liquidation judiciaire.

2126. — 2° Le tribunal maintient le débiteur, malgré l'union, en liquidation judiciaire. — Il n'y a ni syndic nommé, ni perte des droits politiques par le débiteur. Les opérations seront poursuivies par un *liquidateur* d'union.

Cet agent se bornera-t-il à assister le débiteur, ou prendra-t-il sa place pour réaliser la vente des biens et les répartitions des sommes ?

On s'est rallié à la seconde solution. Elle s'appuie sur les travaux préparatoires, et surtout sur l'art. 19 de la loi de 1889, qui renvoie pour les formes de la réalisation à l'art. 15 et, par la chaîne que donne cet art. 15, à l'art. 541 C. com., lequel vise des opérations faites par un syndic. Il doit en être de même ici : le commerçant est donc *dessaisi*, ce qui le place dans une autre position que celle qui résultait du jugement déclaratif. Il serait anormal en effet de laisser le débiteur, même assisté, poursuivre l'exécution forcée de ses biens (Req., 6 février 1899, S. 99, 1, 113, et note Lyon-Caen) [1].

2127. — En négligeant les particularités de l'union lorsqu'elle se développe en régime de liquidation judiciaire, il convient de dégager quelques notions générales sur ce mode de solution de la faillite.

2128. — **Rapprochement entre l'union et le concordat.** — Il existe entre l'*union* et le *concordat* certaines analogies :

1° L'un et l'autre emportent *clôture* de la faillite : le concordat, à partir de son homologation passée en chose jugée ; l'union, après la répartition des derniers deniers et la tenue d'une assemblée. « Après clôture de cette assemblée, l'union sera dissoute de plein droit » (art. 537, al. 4) [2].

2° L'union, ainsi que le concordat, a pour objet de *fixer le dividende*, mais par une voie différente. Dans le concordat, c'est le *traité* qui en établit le montant ainsi que les échéances ; dans l'union, le dividende ressort du chiffre atteint par le *produit actuel des ventes* et des recouvrements, toutes charges, frais et droits de préférence déduits, et il se limite à ce chiffre.

2129. — **Suite.** — Mais c'est surtout par les différences qui le séparent d'un concordat que le régime d'union frappe l'attention :

1° Le concordat, œuvre d'un *traité*, est une convention conclue entre le débiteur et la masse. L'union, au contraire, ne se vote pas, elle résulte *ipso*

---

1. D'après un arrêt de Besançon du 10 juillet 1912, D. 1913, 2, 249, critiqué par Percerou, le liquidateur judiciaire ne pourrait *seul* sommer les créanciers d'avoir à produire dans un ordre.

2. Toutefois, d'après la jurisprudence, lorsque certains biens du failli auraient échappé à la vigilance du syndic, la clôture de l'union ne s'applique point à ces biens. Après qu'on les aura découverts, il faudra rouvrir la faillite et procéder à un complément de liquidation. Le dessaisissement ayant persévéré quant à eux, l'aliénation qu'en ferait le failli, même postérieurement à la clôture apparente, serait inopposable aux créanciers (Req., 20 décembre 1886, avec note Lacour, dans les *Annales de droit commercial*, 1886-1887, 1, 105, et Req., 4 janvier 1898, S. 1902, 1, 331).

facto de la non-proposition ou du rejet du concordat, ou encore du refus par le tribunal de l'homologuer. Le juge-commissaire déclare l'union ouverte, de quoi fait foi le procès-verbal (art. 529, al. 1er).

2° Le concordat lève le *dessaisissement* dont l'actif était l'objet. L'union le laisse subsister jusqu'après réalisation et distribution des sommes.

3° Le concordat contient ou peut contenir des *remises partielles*. Le régime de l'union ne renferme point libération du solde. — Lorsque la faillite sera close, sans que les créanciers aient touché la totalité de leurs créances, l'excédent subsistera à la charge du failli à titre d'obligation civile. Il appartiendra aux créanciers, en cas de survenance au commerçant de biens futurs, de poursuivre le paiement du solde sur ces biens (art. 539, al. 1er). Seulement, ils procéderont, à cet effet, par la voie des saisies individuelles et non par une nouvelle mise en faillite. C'est ce qui ressort de la maxime : *Faillite sur faillite ne vaut* [1].

2130. — L'union, qui est de durée variable, se développe entre deux dates, celle de son ouverture et celle de sa clôture.

2131. — **Ouverture.** — On a déjà dit qu'elle s'ouvrait par le fait même de l'insuccès des tentatives de concordat.

Le juge-commissaire consulte immédiatement les créanciers sur les faits de la gestion et sur le maintien ou sur le remplacement du syndic (les créanciers privilégiés ou hypothécaires étant admis à cette délibération) : après quoi, le tribunal statue et le syndic remplacé rend ses comptes au syndic nouveau, le troisième en date, dénommé *syndic d'union* (art. 529).

En outre, les créanciers sont consultés sur l'attribution d'un secours définitif au failli, par voie de prélèvement sur l'actif de la masse (art. 530) ; on a parlé, à propos du devoir alimentaire de la faillite (n° 1862), de cette assistance organisée par la loi et de la procédure à suivre.

2132. — **Clôture.** — On sait aussi quel événement met fin à l'union : la distribution des derniers deniers, suivie d'une *assemblée des créanciers*.

Celle-ci a un double rôle : elle *reçoit les comptes du syndic*, le failli étant présent ou dûment appelé (sans préjudice, dans une faillite de longue durée, de convocations que les créanciers devront recevoir chaque année en vue du même objet, art. 526) [2].

En outre, l'assemblée émet un *avis sur l'excusabilité* du failli. Cet avis est purement consultatif : le tribunal prononcera ou refusera de prononcer

---

1. Cette maxime n'est pas écrite dans la loi. Mais il serait peu raisonnable d'autoriser une seconde procédure d'ensemble en vue de liquider un passif qui a déjà été l'objet d'une précédente liquidation. — C'est pour ce motif que l'inexécution du concordat donne ouverture à la résolution et non à une demande de faillite nouvelle (n° 2111).

2. Le chapitre précédent expliquait, à propos des effets du concordat, la manière dont le syndic opère le dépôt au greffe de l'état des frais et en requiert la taxe (art. 15 de la loi de 1889). C'est une procédure commune à tous les cas où il y a lieu à reddition de comptes (n° 1798).

l'excusabilité. En 1911, 529 faillis ont été déclarés excusables [1]. — Ce bénéfice, avons-nous dit (n° 1860), a perdu, depuis l'abolition de la contrainte par corps, son ancienne portée pratique, sauf sur certains points secondaires. Elle n'a cependant pas disparu. Le concordat, témoignant suffisamment par lui-même que le failli est digne d'excuse, ne comporte pas cette procédure.

Le fait qui clôture l'union est l'assemblée des créanciers qui précède, et non le jugement sur l'excusabilité qui suit (art. 537 à 540).

2133. — Les opérations que l'union comporte dans l'intervalle de ces deux dates sont multiples. On peut les rattacher à deux ordres de fonctions incombant au syndic. Il y a lieu en effet : 1° à la transformation des biens en argent ; — à la répartition des deniers entre les créanciers.

2134. — **Transformation des biens en argent**. — Tout projet de concordat ayant échoué, la procédure doit s'orienter directement vers les mesures de réalisation, c'est-à-dire vers les *ventes*.

Jusque-là, on était en période d'attente. Le devoir du précédent syndic était de limiter les aliénations aux objets périssables (art. 470) [2]. Cette période d'attente est finie, et c'est à l'exécution du gage qu'on va procéder.

2135. — Toutefois, peut-être les circonstances conseillent-elles d'attendre et le moment de vendre serait-il mal choisi. Nonobstant union, l'*exploitation du fonds* pourra être provisoirement *continuée*.

Il ne suffira plus, comme dans la période précédente, de l'autorisation du juge-commissaire (n° 1803). La mesure est trop grave et trop contraire à la nature de l'union pour dépendre de la seule appréciation du juge. Une *délibération de la masse*, prise en assemblée générale, est nécessaire.

Cette délibération fixera les conditions du mandat d'exploitation donné au syndic ainsi que le montant des sommes qu'il pourra garder entre ses mains. Elle est subordonnée à une majorité extraordinaire, inconnue même du concordat : la majorité des *trois quarts* des créanciers en nombre et en sommes [3]. La voie de l'opposition reste ouverte au failli et aux créanciers dissidents (art. 532).

---

1. Si la liquidation judiciaire a continué en état d'union sans être convertie en faillite, est-il possible qu'elle se termine par un jugement prenant parti sur l'excusabilité du débiteur ? — Oui, d'après la loi ; mais cette éventualité est peu vraisemblable.

2. Cependant, la loi autorise, même avant l'assemblée de concordat, les ventes mobilières, sans y mettre de restriction. Elle s'en rapporte dans l'art. 486 à la surveillance du juge. Elle permet aussi, comme on le verra, les ventes immobilières avant union, sous certaines conditions. — Il s'est produit des abus par la trop grande facilité laissée au syndic de vendre avant l'union ; certains concordats ont échoué par suite de ces réalisations hâtives ; on a même fait des distributions aux créanciers avant l'assemblée de concordat, mais non pas, bien entendu, avant la clôture du procès-verbal de vérification (V. nos *Faillites en droit comparé*, n° 190).

3. Il semble que les créanciers privilégiés et hypothécaires peuvent concourir au vote sans perdre leurs sûretés.

La continuation de l'exploitation, à laquelle il a été ainsi pourvu, peut entraîner des engagements importants. La loi détermine le gage de paiement des fournisseurs qui traiteront désormais avec le syndic.

Ces fournisseurs sont en premier lieu créanciers *de* la masse, et par conséquent recevables à se faire rembourser sur l'actif de la faillite, par préférence aux créanciers compris dans la masse elle-même. Ce droit découle des principes de l'institution (nos 1700 et 1804).

Mais, *subsidiairement*, si les forces de la faillite sont insuffisantes pour couvrir de tels engagements, ceux des *créanciers qui ont autorisé* la continuation de l'exploitation *sont responsables* sur leurs patrimoines envers les nouveaux fournisseurs. Ils sont engagés non pas solidairement, mais au *prorata* de leurs droits, c'est-à-dire chacun suivant la quotité de sa créance, comparée à l'ensemble des créances consentantes. Les créanciers dissidents échappent à cette action personnelle et ne répondent que sur les fonds mêmes de la faillite (art. 533). Ce régime n'est pas sans quelque analogie avec celui qui résulte d'une société en commandite.

2136. — Sous la réserve de cette continuation d'exploitation, le syndic se consacre à la réalisation des biens : *a*) vente des meubles ; *b*) conclusion de traités à forfait ; *c*) vente des immeubles.

2137. — *a*) *Vente des meubles* (art. 534). — L'autorisation du juge-commissaire n'est plus nécessaire, il exercera seulement sa surveillance.

Tous les effets mobiliers, corporels ou incorporels, atteints par le dessaisissement, seront aliénés, soit en vente publique et par ministère de courtiers inscrits s'il s'agit de *marchandises*, soit même en vente amiable.

Pour les *effets* publics et valeurs mobilières, l'officier compétent est l'agent de change. Sur la distinction des ventes en gros et au détail pour déterminer les attributions des courtiers, voir les nos 1093 et 1108.

Pour le *fonds de commerce*, c'est le notaire (no 1108 en note).

2138. — *b*) *Traités à forfait* [1] (art. 570). — Lorsqu'il y a dans l'actif des droits d'un recouvrement long et difficile, le syndic peut les exercer lui-même ; mais, comme cela prolonge l'union, il est souvent préférable de céder ces droits à un tiers moyennant un prix d'argent, à forfait. Un semblable traité n'est possible qu'avec l'*autorisation du tribunal de commerce*, le failli dûment appelé [2]. En outre, tout créancier pourra provoquer une délibération de l'union à cet égard.

L'acheteur de ces droits de la masse est-il passible de *retrait litigieux*, de la part de la personne contre laquelle les droits devaient être exercés ? Ré-

1. Pour les transactions, voir le no 1803-4°. — La faculté d'opposition, que l'art. 487 reconnaissait au débiteur dans la période précédente, cesse à partir de l'union (art. 535).

2. Dans une faillite de société anonyme, la vente des recours en appel de fonds contre actionnaires aurait ce caractère. Des arrêts font à ces cessions, lorsqu'elles ont lieu aux enchères, l'application de l'art. 534, de préférence à l'art. 570, ce qui en rend l'exercice plus facile, notamment : Req., 26 octobre 1909, D. 1910, 1, 64.

pondre affirmativement serait autoriser cette personne à se faire tenir quitte par le cessionnaire, en lui remboursant le prix par lui payé à la masse.

Ce retrait n'est possible que si le droit cédé était « litigieux », c'est-à-dire si, au moment de la cession, la créance était l'objet d'une contestation judiciaire : condition que l'état de faillite du créancier n'engendre pas nécessairement (art. 1699 et 1700 C. civ. ; Paris, 15 février 1893, *Journal des faillites*, 1893, 245).

La loi aurait eu tort de donner la faculté de retrait avec plus de largeur. Autrement, les traités à forfait, en écartant les acquéreurs, seraient devenus de négociation difficile, et la masse eût été la première à en souffrir.

2139. — c) *Vente d'immeubles* (art. 571 et 573). — Le syndic (ou le liquidateur) doit entreprendre les poursuites en vue de procéder à cette vente, dans la *huitaine* de la déclaration de l'union. Sitôt l'union ouverte, les créanciers privilégiés ou hypothécaires ne peuvent plus engager de poursuites nouvelles d'expropriation sur les immeubles affectés à leur remboursement. Le syndic se fait délivrer une *autorisation du juge-commissaire* : ce qui implique le pouvoir pour ce juge de décider que la vente sera retardée (art. 572).

La vente des immeubles aura lieu par *adjudication publique*, suivant la forme établie par le Code de procédure civile (art. 957 et s.), à l'égard des immeubles des mineurs (excepté l'avis du subrogé-tuteur, qui serait ici dépourvu de sens). Elle doit être ordonnée par le tribunal *civil*.

Le tribunal compétent, d'après la jurisprudence (Toulouse, 24 février 1903, D. 1903, 2, 128) et d'après les auteurs (Lyon-Caen et Renault, VIII, n° 693 ; Boistel, *Précis*, p. 793 ; Garsonnet, VI, n° 1335), est non celui de la situation des immeubles, mais celui du lieu de la faillite ; ce qui est peu conséquent. Ce tribunal ordonnera la vente soit devant lui, soit devant notaire, sur une mise à prix qu'il déterminera. Des affiches annonceront les jour, heure et lieu de l'adjudication, et les enchères s'ouvriront sur un cahier des charges déposé par l'avoué ou par le notaire.

2140. — L'adjudication n'est pas définitive. Indépendamment de la folle enchère, pour le cas où l'adjudicataire ne verserait pas son prix, l'art. 573 organise au profit de toute personne, dans les *quinze jours* suivants, une procédure de *surenchère* au greffe du tribunal civil, sur la base du *dixième* du prix de la première adjudication. Lorsque le prix a atteint 50.000 fr., il faudra que le surenchérisseur s'engage à le porter à 55.000 fr.

A deux points de vue, la surenchère, institution commune à toutes les ventes publiques d'immeubles (art. 708 et s., 965 C. pr. civ.), est rendue plus facile en cas de faillite : — a) dans ses autres applications, dans les ventes de biens de mineurs notamment, elle ne serait recevable que dans les huit jours qui suivent l'adjudication principale (ici elle l'est dans les *quinze jours*) ; — b) d'après le droit commun, la surenchère serait du sixième au moins du prix (ici elle peut n'être que du *dixième*).

2141. — Purge des privilèges et hypothèques. — La surenchère a servi de thème à une sérieuse controverse. L'adjudication des immeubles du failli après union, sur la poursuite du syndic, emporte-t-elle *purge* à l'égard des créanciers privilégiés et hypothécaires ? Ceux-ci sont-ils, après l'expiration des quinze jours ci-dessus, déchus du droit d'exproprier l'adjudicataire, leur droit de préférence se transportant d'office de l'immeuble sur le prix ?

Si la vente avait eu lieu à la requête de ces créanciers eux-mêmes et en la forme de l'adjudication sur *saisie immobilière*, la purge se serait produite. « Décret forcé nettoie toutes hypothèques ». Le prix aurait été subrogé à l'immeuble, les créanciers n'auraient plus eu que le droit de préférence (art. 717, al. dern., C. proc. civ.), et l'adjudicataire serait mis à l'abri de l'éviction provenant du droit de suite.

Mais, si la vente a lieu à la diligence de la masse, la forme suivie n'étant plus celle de l'exécution forcée, la question devient plus délicate.

2142. — Suite. — En pure théorie, l'adjudication ne devrait point purger l'immeuble. La vente des biens de mineurs, dont elle suit les formes, laisse subsister le *droit de suite* des créanciers. Donc, quoique les quinze jours donnés par l'art. 573 à toute personne pour pratiquer la surenchère aient pris fin sans que les créanciers hypothécaires aient usé de cette faculté, l'adjudicataire devra encore faire l'offre de son prix aux créanciers inscrits, pour échapper aux poursuites en expropriation ou en délaissement. Il les mettra en demeure d'exercer dans les quarante jours suivants la surenchère du dixième des art. 2181 et s. C. civ. En s'abstenant de ces notifications, il reste exposé à l'action hypothécaire.

La règle admise dans la « vente sur saisie immobilière » ne doit, en effet, pas être étendue à la « vente en faillite » ; dans la saisie, les créanciers hypothécaires sont reliés à la procédure au moyen de la communication du cahier des charges (art. 692 C. proc. civ.). En ne concourant pas aux enchères, ils reconnaissent que le prix le plus élevé possible a été atteint. Ici, les créanciers inscrits n'ont pas été appelés à la vente. Leur silence n'est pas un acquiescement au prix, ils ont conservé la plénitude de leurs droits.

2143. — Suite. — Telle n'est pas la solution admise en jurisprudence. Comme dans la vente après saisie, l'adjudication emporte purge (Cass., 4 juin 1889, D. 90, 1, 134).

D'après les arrêts, l'intention du législateur des faillites a été de fondre, dans l'art. 573, en une seule surenchère les deux procédures qualifiées du même nom dans la procédure ordinaire : celle qui appartient à toute personne, et celle des créanciers touchés par des offres de purge.

En portant cette surenchère à *quinze jours* à compter de la vente, et en l'abaissant au *dixième* du prix, la loi oblige les créanciers hypothécaires à s'en contenter, et elle leur fait perdre en conséquence tout droit de suite, une fois ledit délai expiré. S'ils n'ont pas été, à proprement parler, reliés à la vente, on les a convoqués à la faillite et informés de l'ouverture de l'union, ainsi que de l'imminence de l'adjudication. La loi leur fait encore la part assez belle en leur donnant (comme à tout autre d'ailleurs), pour protester contre le prix, quinze jours après que cette adjudication a eu lieu.

Ainsi est évitée à l'adjudicataire la procédure des offres et encouragée par là-même sa participation aux enchères.

2144. — Mais les motifs de la solution en limitent l'effet aux créanciers hypothécaires ou privilégiés qui seraient à la fois *créanciers personnels du failli*. Ces derniers seuls ont été appelés à produire à la faillite et en ont suivi les opérations ; seuls ils ont été avertis de l'approche de la vente. Donc, au regard des créanciers inscrits du chef d'un propriétaire plus ancien, l'adjudication n'emportera point purge, et c'est également ce que décident les arrêts (Cass., 13 août 1867, D. 67, 1, 373).

2145. — Vente avant union. — Une autre difficulté se rattache à la vente des immeubles en faillite. Certaines circonstances (crainte de dépréciation, désir de profiter d'une occasion qui ne se retrouvera pas) peuvent conseiller de procéder à la vente dès avant l'ouverture de l'union. On s'est demandé, dans le silence de la loi, s'il fallait reconnaître au syndic le pouvoir de vendre dans cette première période, et sous quelles conditions.

La jurisprudence estime la vente possible, pourvu toujours qu'on suive les *formes* de la vente de biens de mineurs. Mais aux prescriptions d'une aliénation après union elle en ajoute d'autres : 1° le *consentement* personnel *du failli* ; 2° l'*autorisation du tribunal de commerce* de la faillite.

Ce supplément de formalités s'explique bien. L'objection dont souffre une vente par le syndic avant union, c'est qu'elle sort légalement de ses attributions. Or deux catégories de personnes seules auraient le droit d'attaquer l'opération : le débiteur d'une part, les créanciers de l'autre. Comment seraient-ils recevables à le faire, dès l'instant que le failli a donné son consentement, et, en outre, que le tribunal de commerce, la plus haute autorité de la faillite, a couvert la vente de son approbation ?

2146. — A la différence de la vente entreprise après union, celle qui a lieu avant cette date laissait, à l'égal d'une « vente volontaire », subsister les privilèges et les hypothèques, sans aucun effet de purge. L'adjudicataire devait notifier son contrat et offrir son prix, les créanciers inscrits n'ayant pas été avertis, par un rejet de concordat, d'une vente prochaine, et leur abstention aux enchères ne pouvant s'interpréter comme une renonciation.

Mais une loi du 5 janvier 1914 a modifié l'art. 573, et, en décidant que « semblable procédure (de surenchère) serait appliquée aux ventes d'immeubles poursuivies par le syndic *avant union* », a attribué à ces ventes l'effet d'opérer purge par elles-mêmes.

Très fréquemment, en pratique, le syndic se montre défavorable à la vente sur saisie immobilière comme trop coûteuse, et il procède, d'accord avec les saisissants, à la *vente par conversion* (art. 743 C. proc. civ.) [1] : le

1. Il ne faut pas induire de la partie du texte de cet art. 743, exigeant que toutes les parties soient « majeures et maîtresses de leurs droits », que la vente par conversion est interdite dans la faillite. Ce passage vise les mineurs ou interdits, non les faillis. Voir, au surplus, l'art. 744, qui permet d'user de cette procédure avec le concours d'un représentant légal.

consentement du failli et l'autorisation du tribunal sont toujours nécessaires en pareil cas, la phase de l'union n'étant pas encore ouverte.

2147. — Sous la *liquidation judiciaire*, les immeubles du commerçant avant union, d'après certains arrêts, ne pourraient être d'aucune manière aliénés. Il faut repousser cette interprétation, basée sur un sens trop étroit donné aux derniers mots de l'art. 5 de la loi de 1889 (le débiteur ne peut « aliéner tout ou partie de son actif »). On suivra par analogie les règles qui viennent d'être exposées pour la faillite [1].

2148. — II. **Répartitions des sommes** (art. 565 à 569). — Les sommes provenant des recouvrements et des ventes ont dû être versées à la Caisse des consignations, à l'exception de celles laissées au syndic pour ses dépenses arbitrées par le juge (n° 1803-5°). Elles ne seront retirées de la Caisse des consignations qu'en vertu d'une ordonnance du juge fixant les répartitions à faire par le syndic (ou par le liquidateur). S'il existe des oppositions, le syndic devra préalablement en obtenir mainlevée.

A cet effet, il sera remis tous les mois au juge-commissaire un état de la situation de la faillite et des deniers déposés à la Caisse. Le juge décidera les distributions et en déterminera la quotité suivant son appréciation (art. 566). Les créanciers en seront avertis, conformément au double système de convocations pratiqué dans la faillite (n° 1886).

Les sommes qui reviennent respectivement aux ayants droit seront le plus généralement mandatées au nom de chaque créancier d'après un état de répartition approuvé par le juge. Mais l'ordonnancement pourra aussi s'opérer en bloc au nom du syndic; celui-ci, après avoir retiré les sommes, procédera ensuite à leur distribution au détail, toujours avec l'approbation du juge (art. 489, al. 2).

Ce deuxième mode de procéder est profitable aux créanciers défaillants, qui se font connaître seulement après la clôture du procès-verbal de vérification ; il leur donne un temps plus long pour s'opposer aux répartitions qui s'effectueraient en leur absence. — Les *répartitions* de dividendes n'étant définitives contre eux que si elles sont déjà ordonnancées au moment de leur opposition (art. 503, n° 1897), l'ordonnancement à considérer ici n'est pas l'ordre de paiement que donne le juge-commissaire par *attribution globale* aux créanciers affirmés, mais l'état de répartition indiquant la somme appliquée à chacun d'eux (arg. art. 503, al. 1er : « jusqu'à la distribution des deniers inclusivement » ; Paris, 12 mai 1892, D. 94, 2, 43).

A moins d'impossibilité justifiée, nul paiement ne se fera sans la représentation du titre : le syndic y mentionnera la somme payée, le créancier donnera quittance en marge de l'état de répartition (art. 569).

2149. — Les répartitions exigent certains prélèvements au profit des créances qui ne sont pas simplement chirographaires. On distribue les fonds dans l'ordre suivant :

1° Frais d'administration de la faillite (ou de la liquidation judiciaire),

1. V. notre note sous Douai, 8 août 1904, et 27 février 1895, D. 96, 2, 1 ; et note BOURCART, sous Caen, 25 juillet 1910, S. 1912, 2, 145.

y compris les dettes contractées *par* la masse ; toutes ces causes d'engagement répondent à des *frais de justice*, au sens de l'art. 2101 C. civ. ;

2° Secours accordés au failli et à sa famille ;

3° Créances privilégiées ou hypothécaires, chacune étant respectivement colloquée sur les deniers provenant du bien qui lui est affecté[1].

Le reliquat se partage au marc le franc entre les divers créanciers chirographaires (art. 565)[2].

2150. — Il faut *mettre en réserve* certains dividendes, sans parler de celui des créanciers retardataires faisant juger le mérite de leur opposition. Ainsi en est-il : — des dividendes attribués aux *créances conditionnelles* (n° 1908) ; — de ceux des *créanciers habitant hors de France*, car on n'a pas attendu la fin des délais qui leur étaient donnés (art. 567 et 568, al. 1er ; n° 1888) ; — enfin des dividendes pour *créances contestées*, dont l'admission est encore pendante (art. 569, al. 2 ; n° 1900, note 2).

La durée de cette consignation peut être longue : les dividendes seront donc productifs de l'intérêt réglementaire au taux de 2 o/o. Cet *intérêt* s'ajoute-t-il au principal du dividende, et le créancier en profitera-t-il lorsqu'il touchera sa répartition ? Ou bien doit-il revenir à la masse, et donner lieu à des répartitions complémentaires au marc le franc ?

La Cour de cassation a consacré la première solution (Civ. rej., 26 octobre 1897, S. 98, 1, 5 et note LYON-CAEN). Nous avions autrefois exprimé un sentiment contraire (Lyon, 10 novembre 1888, D. 89, 2, 217). D'après la Chambre civile, il n'est pas juste que le créancier souffre du contredit et des lenteurs mises à le juger. Si les intérêts profitaient à la masse, les syndics contesteraient à la légère des créances importantes. La consignation, même non inscrite au nom du créancier, lui appartient rétroactivement, une fois son titre reconnu ; ce qui permet d'écarter une objection tirée de la suspension du cours des intérêts pendant la faillite (art. 445) : règle en réalité étrangère à notre problème.

---

1. Sur les sommes provenant de la vente des meubles garnissant la maison louée, les frais de faillite et honoraires du syndic passent après le privilège du bailleur (Alger, 23 février 1893, D. 94, 2, 542), parce que le bailleur n'en a pas profité. — En outre, les créanciers privilégiés ou hypothécaires, n'étant tenus d'après le Code de procédure à aucune obligation alimentaire envers le débiteur, ont le droit de se faire colloquer avant le prélèvement des secours accordés au failli. — L'ordre que donne l'art. 565 et que nous avons suivi comporte donc des exceptions.

2. Un créancier *à sûreté réelle* peut concourir de la sorte, en qualité de chirographaire, sur les sommes provenant d'une source différente de sa sûreté, et cela même pour le montant nominal de sa créance si cette sûreté n'est pas encore liquidée, mais alors à charge éventuelle de reversement (art. 552 et s., n° 1990).

CHAPITRE IX

SOLUTIONS DE LA FAILLITE OU LIQUIDATION JUDICIAIRE DU CONCORDAT PAR ABANDON D'ACTIF

(C. com., art. 541, al. 2 et s. ; L. 17 juillet 1856 ; L. 4 mars 1889, art. 15, al. 2).

2151. — On appelle *concordat par abandon d'actif* un *traité*, conclu dans l'assemblée de concordat entre le débiteur et la masse, *aux conditions d'un concordat simple* et sous réserve de l'homologation judiciaire, — *qui porte abandon aux créanciers de tout ou partie des biens de la faillite, et remise de la portion du passif dont la vente de ces biens ne parviendrait pas à les couvrir.*

Ce traité obéit aux formes, il produit les effets des autres concordats, d'après l'art. 541, al. 2 et 3 ; il peut être annulé ou résolu pour les mêmes causes qu'un concordat simple, et est rendu impossible par la banqueroute frauduleuse.

C'est donc une variété du concordat ordinaire. Il peut être accordé dans la *liquidation judiciaire* ; les juges n'auront pas alors, comme en cas d'union, le pouvoir de convertir la liquidation en faillite [1].

2152. — Rapprochement avec l'union. — Il y a quelque ressemblance entre le régime de l'*union* et celui d'un *concordat par abandon.*

De part et d'autre, les biens de la faillite sont vendus (et suivant les mêmes formes) ; le débiteur n'est pas rétabli dans son actif ; on s'abstient de lui donner un témoignage de crédit ; les deniers résultant des ventes sont distribués entre les créanciers.

Mais, à la différence de l'union, le commerçant obtient sa décharge sur les biens qui lui adviendront par la suite : *il est civilement libéré du reliquat* que ne couvriront pas les ventes.

2153. — Rapprochement avec le concordat simple. — Lorsqu'on cherche, au contraire, à rapprocher notre concordat du *concordat simple*, c'est par cette *remise partielle* qu'il lui ressemble. La remise est commune aux deux concordats, si l'on néglige le concordat de simple atermoiement. Communes sont également les conditions de forme et de majorité.

Où apparaît la différence, c'est quant au *rétablissement du débiteur dans l'actif.* Ce rétablissement, qui est de l'essence du concordat ordinaire, cesse de s'accomplir dans celui-ci. Les biens sont aliénés comme s'il y avait vente forcée. Le dividende n'est donc pas débattu de gré à gré, avec promesse de le payer plus tard sur un actif dont le failli aurait repris l'administration ; il se limitera au produit de la réalisation de l'actif présent.

2154. — Dans ces conditions, on s'explique mal la raison qui porte les

---

1. Mais cette conversion, lorsqu'elle est basée sur une autre cause que le refus du concordat, peut encore être demandée ou prononcée, tant que la liquidation des biens n'est pas terminée (Cass., 11 juin 1913, S. 1913, 1, 389). — Cpr. avec ce qui se passe dans un concordat simple, *supra*, n° 2091.

créanciers à délivrer un concordat d'abandon. L'union leur donnerait les mêmes résultats présents, sans exiger d'eux le sacrifice du solde.

Pour comprendre un semblable traité, il faut supposer que la masse use de ménagements envers le failli (ou envers le liquidé judiciaire) : elle le tient pour un honnête homme, tout en le jugeant incapable de relever ses affaires.

Au surplus, le traité est souvent accompagné de clauses qui font ressortir l'avantage de ce concordat, comparativement à l'union. Ainsi en serait-il : *a*) de la garantie d'un taux *minimum* de dividende (50 o/o), que le failli promet de parfaire, en cas d'insuffisance, sur ses biens futurs ; ou *b*) de l'intervention d'une caution pour promettre ce dividende *minimum*.

Le traité serait également profitable aux créanciers si, l'abandon n'étant que partiel, le failli promettait ferme un second dividende pour une échéance future, en retour de la portion de biens qu'on lui restitue.

2155. — La loi ne statuait point, avant 1856, sur le concordat par abandon : ce traité était cependant déjà pratiqué alors, et plus volontiers qu'aujourd'hui.

Les créanciers cherchaient à échapper aux lenteurs et aux frais de l'union, en adhérant à une forme de vente des biens et de répartition des sommes différente de celle de la loi. Un agent de liquidation était affranchi par eux des prescriptions du livre III. On poursuivait la réalisation de l'actif avec plus d'économie que si l'on avait déclaré l'union.

Mais des abus s'étaient révélés : ce liquidateur, sur lequel le tribunal n'avait pas à exercer son contrôle, procédait sans ordre et sans méthode ; il s'abstenait de convoquer certains créanciers, et plus tard le failli, faute d'une comptabilité en mesure de justifier des versements opérés, n'arrivait pas à se faire réhabiliter.

Aussi la *loi du 17 juillet 1856*, insérée sous l'art. 541 [1], a-t-elle remédié à cet inconvénient. Sans proscrire un pareil concordat, elle a voulu que la liquidation de l'actif abandonné fût faite dans les mêmes *formes* que sous le régime *d'union*. Il y aura désignation d'un syndic (ou liquidateur) et maintien du juge-commissaire. Les ventes d'immeubles seront judiciaires, comme s'il s'agissait de ventes de biens de mineurs ; les deniers seront consignés, et il y aura lieu aux ordonnancements ainsi qu'à une assemblée de clôture, après toutes répartitions faites, etc. (art. 541, al. 4, et l. 1889, art. 15) [2].

---

1. Cette loi a été ajoutée à une disposition de la loi de 1838 qui déclarait le commerçant irrecevable à demander le bénéfice de la *cession de biens* (aujourd'hui tombée en désuétude par la suppression en 1867 de la contrainte par corps). Quel rapport y avait-il entre cette cession de biens et le concordat par abandon ? Aucun. La cession de biens pouvait être imposée aux créanciers, le concordat résulte nécessairement d'un traité. C'est cependant à titre d'exception à la règle portant refus au commerçant de la cession de biens que cette forme de concordat a été consacrée. — On a déjà relevé ce que la disposition du commencement de l'article présente d'ambigu, et historiquement d'inexact (n° 1743).

2. D'après certaines décisions judiciaires, dont la thèse est sujette à controverse (notamment Paris, 11 décembre 1895, S. 98, 2, 298, et D. 97, 2, 345, avec notre

Cette nécessité pour le concordat par abandon de se soumettre aux formes de l'union l'a rendu plus rare. En 1911, il y a eu 250 liquidations judicaires et 205 faillites clôturées de cette manière.

CHAPITRE X

SOLUTION APPARENTE DE LA CLOTURE POUR INSUFFISANCE D'ACTIF

(C. com., art. 527 et 528).

2156. — La clôture des opérations pour insuffisance d'actif n'est qu'en apparence une solution de la faillite. Les opérations seules sont *clôturées*, par suite du défaut des ressources qui seraient nécessaires pour couvrir les frais de procédure. Il eût été plus vrai de dire qu'elles sont *suspendues*, le dessaisissement persévérant et la faillite pouvant éventuellement reprendre son cours.

Cause d'arrêt, qui se produit trop fréquemment (en 1911 dans 845 liquidations judiciaires et dans 3.538 faillites, dans plus de la moitié des cas par conséquent).

Certaines faillites ne s'ouvrent que pour se clôturer immédiatement après, le syndic constatant par l'inventaire que tout l'actif est absorbé par le privilège du propriétaire, lequel n'a pas à supporter les frais de procédure. Il aurait mieux valu que cet événement rendît le prononcé même de la faillite irrecevable (diverses législations étrangères sont en ce sens) ; mais, d'autre part, comment connaître cette insuffisance s'il n'y a pas eu préalablement une descente judiciaire chez le débiteur pour en avoir la preuve ?

2157. — La clôture ou *suspension des opérations de la faillite* est une mesure ordonnée par le tribunal de commerce, *par suite de l'absence de valeurs réalisables pour continuer la liquidation et la mener à son but, et dont l'objet est de rendre aux créanciers leurs poursuites individuelles.*

Ainsi, l' « insuffisance d'actif » n'est pas l'impossibilité de servir un dividende aux créanciers à raison de l'insuffisance d'actif à distribuer. Quelques faillites se clôturent régulièrement après union par 0 0/0, sans aucun dividende, sans que les créanciers puissent rien toucher.

Ce qu'empêche ici le manque d'actif, c'est de suivre et d'achever la vérification des créances [1]. Une fois le concordat homologué ou l'union formée, cette cause d'arrêt ne peut plus se produire (art. 527 *init.*).

---

note critique), la promesse d'un dividende fixe ou *minimum* serait incompatible avec le concordat par abandon et caractériserait le concordat simple, de telle sorte que rien n'empêcherait les parties d'affranchir des formes de l'art. 541 un traité d'abandon portant garantie de 25 ou de 50 0/0 du montant du passif. En sens contraire, Bordeaux, 4 mars 1901, D. 1903, 2, 409, et note LACOUR.

1. Il est vrai que le Trésor fait l'avance des frais nécessités par le jugement

Le jugement est prononcé à la demande du syndic ou même d'office, sur le rapport du juge-commissaire.

2158. — Cette institution date de 1838. Le législateur l'avait organisée, en comptant sur la contrainte par corps comme sur un moyen préventif pour empêcher la clôture, considérée comme peu désirable. Mais, la contrainte par corps ayant été abolie par la loi du 22 juillet 1867, sauf en matière pénale, la clôture a cessé d'exercer son action comminatoire ; elle s'est multipliée dans des proportions regrettables.

La clôture de la faillite menaçant de faire rentrer les créanciers dans l'exercice de leurs droits sur sa personne, le commerçant s'alarmait de cette éventualité, de ce risque d'être emprisonné pour dettes.

Aussi conjurait-il ce résultat ; il sollicitait le concours de ses proches à un concordat ; ou, ayant dissimulé des valeurs (fait grave, puisqu'il constitue la banqueroute), il se décidait à les représenter (n° 1861).

Aujourd'hui, la pensée d'une clôture touche peu le débiteur : la faillite n'est plus pour lui un refuge contre l'emprisonnement, une protection contre la rancune de ses créanciers. La cessation de la procédure le laisse indifférent, car il n'a plus à en souffrir.

2159. — Le jugement n'est exécutoire qu'un mois après son prononcé ; délai donné au failli pour se procurer les fonds, si cela lui est possible.

Le jugement « fait rentrer chaque créancier dans ses actions individuelles (tant) contre les biens (que contre la personne) du failli » (art. 527, 2e et 3e al.).

Ainsi, tout créancier se retrouve, quant au droit de poursuites, dans la position qu'il occupait avant le jugement déclaratif. S'il n'a pas de titre exécutoire, il engagera un procès. Il provoquera des *saisies* s'il y a matière à en exercer, il fera ouvrir une *contribution* ou un ordre. A prendre les choses sous cet aspect, la masse se désagrège.

Ces poursuites individuelles sont engagées par un ou par plusieurs créanciers, à leurs risques et à leurs frais. Cependant, elles sont faites dans l'intérêt collectif, en vertu d'une sorte de gestion d'affaires. Le poursuivant, obtenant à la suite de ces actes d'exécution l'attribution des sommes saisies, aura à les *restituer* à la masse, après que le jugement de clôture sera rapporté [1].

2160. — La faillite subsiste à tous autres égards que la reprise des voies individuelles d'exécution. Les autres effets du jugement déclaratif persévè-

---

déclaratif, par sa publication, par l'incarcération du failli (à citer pour mémoire) et par l'apposition des scellés (n° 1803). Mais le concours de l'Etat ne va pas plus loin : il n'a pas même à avancer les frais d'inventaire, quoique l'insuffisance d'actif doive ressortir le plus souvent de cet acte.

1. Cette conséquence résulte de l'art. 528, al. 2, qui, parlant du jugement qui rapporte la clôture, veut que les frais des poursuites individuelles, exercées par les créanciers dans l'intervalle, soient préalablement acquittés. C'est donc que ces frais ont été utiles à la masse, par conséquent que le produit des poursuites a dû être versé à la faillite

rent, non seulement les déchéances politiques, que d'ailleurs le concordat ou la clôture de l'union n'aurait pas davantage la vertu d'effacer ; mais aussi et surtout le *dessaisissement* (ou l'assistance du liquidateur dans la liquidation judiciaire). Celui-ci ne disparaît point par le fait du jugement de clôture. Le syndic (ou le liquidateur) ne sort point de charge. Seulement, son action n'a plus lieu de s'exercer, aussi longtemps que se prolongera l'arrêt des opérations.

Le débiteur ne peut s'obliger valablement, ses dettes sont sans effet au regard de la masse. Il ne peut ni agir en justice (Paris, 25 juin 1901, D. 1901, 2, 422 ; Req., 31 mai 1897, S. 1901, 1, 447), ni se pourvoir en cassation, ni traiter un marché, ni concourir à un partage (Cass., 11 août, 26 octobre, 20 novembre 1885, S. 97, 1, 473, et note Esmein), ni céder une créance comprise dans son actif (Nancy, 10 janvier 1899, S. 99, 2, 108), ni recevoir une restitution de valeurs (Dijon, 23 mars 1905, D. 1908, 2, 57, note Percerou)[1].

2161. — C'est un *régime hybride* peu satisfaisant. Il est fertile en surprises pour les tiers qui, ne voyant plus le commerçant environné de l'appareil de la faillite, croient à sa pleine capacité, et se mettent en rapports avec lui, ce qui les fait tomber dans le piège de l'action en nullité.

N'aurait-il pas mieux valu, comme dans certains Etats, faire de cette clôture une clôture *absolue*, arrêtant ou suspendant toutes les conséquences de la faillite, sauf à les faire revivre après réouverture ?

2162. — La réouverture de la faillite ou de la liquidation judiciaire a lieu, lorsqu'un intéressé, le failli ou toute autre personne, justifie qu'il existe des fonds en quantité suffisante pour faire face aux frais des opérations, ou consigne la somme nécessitée par ces frais.

Le tribunal de commerce rapporte le jugement, et la liquidation reprend son cours sur les derniers errements de la procédure (art. 528, al. 1er).

---

1. Il est difficile de déterminer, à l'occasion d'un *acte judiciaire* ou *extrajudiciaire* postérieur à la clôture, si c'est bien *le syndic qui a pouvoir à l'effet de l'accomplir*, à l'exclusion du failli lui-même. — Il paraît certain que, les pouvoirs du syndic n'ayant pas cessé, celui-ci peut notamment faire diligence pour assurer le recouvrement de toute valeur dépendant de la faillite et intenter les actions appartenant au failli (Lyon, 24 mars 1897, S. 97, 2, 248). — Le créancier qui engagerait des actes d'exécution va-t-il, en procédure, les suivre contre le syndic ? C'est peu vraisemblable. Il paraît en tout cas logique, si le syndic est en procès avec un tiers, de refuser à un créancier le droit soit d'intervenir dans ce procès, soit de former tierce opposition contre le jugement rendu contre ce syndic (Voir cependant : Req., 5 juin 1896, D. 98, 1, 68). — Il ne faut pas poser de règle absolue : — le débiteur conserve le libre exercice des actions attachées à sa personne (une action en contrefaçon est-elle du nombre ? — oui, dit la Cour de Paris, 18 mars 1897, cfr. Travers, dans les *Annales de droit commercial*, 1897, p. 335) ; — s'il entreprend une industrie nouvelle, les actes se rapportant à cette industrie ne pourront pas être annulés par la masse (Trib. com. Seine, 12 avril 1897, *Le Droit*, 7 mai 1898 ; Trib. com. Lyon, 14 janvier 1898, *Annales de droit commercial*, 1898, p. 92). Tout cela se rattache aux limitations que reçoit la règle du dessaisissement (nos 1783 et 1785).

Le retour effectif à la faillite est rare. La plupart des débiteurs demeurent indéfiniment dans cet état vague et imprécis, et leurs créanciers n'arrivent jamais à faire liquider leurs droits contre lui [1].

CHAPITRE XI

DES BANQUEROUTES ET DES AUTRES INFRACTIONS DE FAILLITE

(C. com., art. 584 à 603 ; C. pén., art. 402 à 404 ; L. 1889, art. 19).

2163. — La banqueroute (étym. : *banco rotto*, à cause de l'habitude ancienne de briser le comptoir du commerçant qui détournait son actif) est une cause d'aggravation de la faillite qui relève du droit criminel.

La faillite suivra sa marche d'après les règles qui lui sont propres. Les deux procédures demeurent indépendantes (art. 601). On a renoncé à la pensée qu'avait eue l'avant-projet de transporter à la juridiction répressive, en cas de prévention de banqueroute, la connaissance de la faillite [2].

2164. — Plusieurs questions de banqueroute ont déjà été incidemment résolues : — la nécessité pour encourir la banqueroute d'être un failli, c'est-à-dire un commerçant qui a cessé ses paiements ; — le problème concernant le commerçant qui, en état de cessation de paiements, n'aurait pas été soumis à un prononcé de faillite, et qui, néanmoins, comme *failli de fait*, serait l'objet d'une information correctionnelle ou criminelle à l'égal d'un failli déclaré (n° 1713).

Nous négligerons, parce qu'elle relève de la législation pénale, la question de savoir si la condamnation prononcée par le tribunal de répression a ou non *autorité de chose jugée* au point de vue des intérêts civils, le tribunal de commerce devant, dans la thèse de l'affirmative, au vu de cette condamnation, ouvrir la faillite sans vérifier si les conditions de sa recevabilité sont réunies.

2165. — L'ancien droit ne connaissait qu'une seule banqueroute : celle

---

1. Les *jugements* rendus dans une faillite et visés dans les précédents chapitres (jugements homologuant une transaction ou un concordat, statuant sur l'excusabilité, etc.) ne sont pas, au point de vue de l'*enregistrement*, bénéficiaires des immunités fiscales introduites par l'art. 10 de la loi du 26 janvier 1892 pour les *actes* rédigés en exécution des lois de faillite. Ces jugements sont enregistrés au droit de 1 fr. 25 0/0 s'il y a lieu, et, en tout cas, au *minimum* établi par la loi. Quant au *concordat*, pris en lui-même, il est exempté de tous droits (cfr. *supra*, nos 1744, 1800, 1889 ; et Percerou (collection Thaller), *op. cit.*, II, nos 1719 et s.).

2. Il est resté une trace de cette pensée primitive : le syndic doit remettre au ministère public les pièces, titres et papiers qui lui seront demandés, et il ne pourra plus en prendre communication que par la voie du greffe (art. 602 et 603).

qui est entachée de fraude. Dès avant la réglementation de la faillite quant aux biens, des Ordonnances successives, dont la première remonte à FRANÇOIS Ier, prononçaient contre elle la peine de mort.

Le droit nouveau reconnaît deux banqueroutes : la *banqueroute simple*, délit du ressort des tribunaux correctionnels, et la *banqueroute frauduleuse*, crime jugé par la Cour d'assises. Il n'y a point, dans le droit civil de la déconfiture, d'infractions qui correspondent aux banqueroutes commerciales.

2166. — Dans l'une et dans l'autre banqueroutes, il y a lieu de la part des magistrats compétents à une information suivant le Code d'instruction criminelle, avec ordonnance ou arrêt de renvoi (ou de non-lieu).

Mais la loi des faillites fait du syndic l'auxiliaire du ministère public. Elle lui confie un rôle d'instruction préliminaire. Chaque syndic, dans la quinzaine de son entrée ou de son maintien en fonctions, doit remettre au juge-commissaire un mémoire sur l'état de la faillite et sur ses causes et caractères apparents, et ce mémoire est transmis, avec les observations du juge, au procureur de la République (art. 482). Cette prescription s'applique à la liquidation judiciaire, de la même manière qu'à la faillite (art. 24 de la loi de 1889, n° 1799).

2167. — **I. Banqueroute simple.** — La banqueroute simple est un *délit* passible d'un emprisonnement d'un mois au moins et de deux ans au plus (art. 402, al. 3, C. pén.), sauf réduction de la peine en cas de circonstances atténuantes. A l'égard des agents de change et des courtiers officiels, la faillite entraîne banqueroute de plein droit, et la peine, même en dehors d'une banqueroute frauduleuse, est celle des travaux forcés à temps (art. 404, C. pén. et art. 89, C. com.).

Il n'y a pas lieu d'appliquer à la banqueroute simple les règles de la *complicité* (arg. art. 403 C. pén.). D'autre part, il faut être personnellement failli pour encourir les peines attachées à ce délit. Cela présente un certain intérêt dans les faillites de *sociétés anonymes* : les administrateurs ou liquidateurs, quoique ayant accompli ès-qualités l'un des agissements constitutifs de la banqueroute (non dépôt du bilan, opérations ruineuses pour retarder la faillite), échappent cependant à la répression parce qu'ils ne sont, personnellement, ni des faillis, ni même des commerçants.

2168. — L'action publique est exercée soit par le *ministère public*, soit par un *créancier*, soit par la *masse*. Dans ce dernier cas, il faut une délibération préalable des créanciers, prise à la majorité individuelle des créanciers présents (art. 589). La condition est la même, au cas où la masse se constituerait partie civile à côté du ministère public.

S'il y a condamnation, les frais de la poursuite seront, dans toutes ces hypothèses, supportés ou remboursés par le Trésor public, — sauf à lui à exercer son recours contre le failli, mais seulement lorsque seront expirés les termes de paiement des dividendes du concordat (art. 587 à 590). Un parallèle que l'on tracerait ici avec les règles ordinaires du droit criminel montrerait que la détermination des personnes sur qui retombent les frais en cas de condamnation n'est pas en cette matière rigoureusement respectée.

Mais, s'il y a acquittement, les frais seront supportés par le poursuivant (ou par la partie civile) : ce qui explique la nécessité d'une assemblée des créanciers, pour engager l'instance ou pour se joindre au ministère public (mêmes textes).

2169. — La banqueroute simple est dite tantôt obligatoire, et tantôt facultative.

I. Il y a *quatre* cas de *banqueroute obligatoire*, le juge devant condamner le failli du moment que le fait articulé contre lui est établi. Certains *actes positifs* sont reprochés au commerçant : — soit des prélèvements de fonds qu'il n'aurait pas dû faire, alors qu'il exploitait son commerce, — soit des opérations dont il aurait dû s'abstenir et qui ont ou aggravé son passif, ou dilapidé le gage, ou contrevenu entre les créanciers au principe de l'égalité (art. 585 C. com.) :

a) *Dépenses* personnelles ou de maison jugées *excessives* (c'est pour cela que le livre-journal mentionne chaque mois ces dépenses de maison, ces prélèvements de sommes appliquées au budget domestique, art. 8 C. com., et qu'au dépôt du bilan a dû être annexé le tableau des dépenses, art. 439).

b) Consommation de fortes sommes dans des *opérations de pur hasard* (jeu) ou dans des *opérations fictives de Bourse ou sur marchandises* (depuis la loi du 28 mars 1885, sauf controverse, il n'y a plus d'opérations fictives de Bourse ; cependant ce délit est maintenu, et le commerçant, lorsqu'il fait à la Bourse des opérations différentielles en dehors de sa profession, encourt la banqueroute).

c) Actes ayant pour but de *retarder la faillite*, et consistant soit à *acheter pour revendre au-dessous du cours*, soit à faire des *emprunts*, *circulations d'effets* (effets de complaisance, n°s 1430 et s.) ou *autres moyens ruineux* de se procurer des fonds. On sait sous quelles conditions de pareils actes, datant de la période suspecte, sont annulables (art. 446 et 447). Ils sont frappés en outre par la loi pénale.

d) *Paiement fait à un créancier*, au préjudice de la masse, après la cessation générale des paiements. Ce paiement, lui aussi, tombe sous le coup des art. 446 et 447 ; mais, en ce moment, c'est le point de vue correctionnel seul qui nous occupe. Le failli commet un délit en payant le créancier. On verra plus loin que le créancier en commet un autre en recevant l'argent en connaissance de cause (art. 597 et 598).

2170. — II. Il y a en outre des cas de *banqueroute facultative*. A leur égard, le tribunal peut prononcer l'acquittement, même si le fait est avéré. *Six* espèces d'actes se classent dans cette seconde catégorie.

Mais ici, ce ne sont plus des actes positifs que l'on reproche au failli. Il s'est rendu coupable de faits déterminés d'abstention. Il aurait dû : 1° étant encore *in bonis*, prendre certaines mesures d'ordre ou de prévoyance ; faute de quoi, il a été l'auteur responsable de sa ruine, ainsi que du tort causé à la masse ; 2° ou bien, au cours de la faillite, ou après son issue, remplir certaines obligations qu'il a négligées.

Bref, il est coupable de ne pas avoir agi (*non agendo*) ou de n'avoir pas agi d'une certaine manière. Et c'est parce que l'inculpation repose sur un oubli, sur un fait d'inertie, et non pas sur un acte d'initiative, que la loi use envers cette classe de banqueroute de plus d'indulgence. Quelques-uns de ces faits d'omission, tels que le non dépôt du bilan, ou l'irrégularité dans la tenue des livres, ne donnent plus même lieu, aujourd'hui, dans la pratique, à des poursuites, s'ils ne se compliquent pas d'autres infractions.

Les six faits de banqueroute facultative sont les suivants (art. 586) :

a) Imprudence mise à contracter *des engagements trop considérables* pour compte d'autrui, sans recevoir *en échange* des *valeurs* afin de se couvrir : — il est coupable non pour avoir cautionné des tiers ou accepté leurs traites ; mais pour avoir donné suite à ces opérations, sans exiger une provision, en cas d'engagements excessifs.

b) Nouvelle déclaration de faillite sans avoir satisfait aux obligations d'un précédent concordat (*résolution de concordat*).

c) *Absence de publicité du contrat de mariage*, lorsque le commerce a été entrepris au cours du mariage, par contravention aux art. 69 et 70 C. com.

d) *Omission*, dans les quinze jours (dans les trois jours avant 1889) *du dépôt du bilan* ou de la déclaration dans ce dépôt des noms des associés solidaires.

e) *Refus* ou *oubli*, sans empêchement légitime, de *se présenter* en personne *au syndic* dans les cas et dans les délais fixés (à l'assemblée de concordat notamment), de se représenter à la justice après l'obtention d'un sauf-conduit.

f) *Absence de tenue de livres* ou d'inventaires exacts, ou irrégularité dans cette tenue ; sans toutefois qu'il y ait eu fraude, autrement il y aurait banqueroute frauduleuse.

2171. — Toutes ces causes de criminalité constituent des délits distincts : malgré un premier acquittement, le failli pourra être poursuivi sur un chef différent. Au cas où plusieurs chefs sont encourus, on suivra la règle de l'art. 365 C. instr. crim. sur le non cumul des peines.

2172. — II. **Banqueroute frauduleuse.** — La banqueroute frauduleuse est un *crime* puni des travaux forcés à temps (art. 402, 2e al., C. pén.), sous réserve des circonstances atténuantes. A l'égard d'un agent de change ou courtier, la peine s'élève aux travaux forcés à perpétuité (art. 404).

Ce crime comporte les règles de la complicité (art. 403 C. pén., cpr. à 593-1° C. com.). Ce n'est pas cependant par application de la complicité et des art. 59 et 60 C. pén., qu'il y aura lieu de poursuivre les directeurs de *sociétés anonymes*, coupables d'avoir détourné l'actif social. Car il n'y a pas de complice sans auteur principal, et la société elle-même ne peut encourir de responsabilité pénale. L'agissement des directeurs tombera sous un autre chef de criminalité (n° 2175).

L'action publique est exclusivement exercée par le ministère public. En aucun cas, les frais de banqueroute frauduleuse ne pourront être mis à la charge de la masse, lors même qu'il y aurait eu acquittement ; aussi une délibération des créanciers n'est-elle pas nécessaire pour que la masse se constitue partie civile. C'est une situation dont on ne pourrait dégager toute la portée qu'en la rapprochant des règles ordinaires de l'instruction criminelle, étude qui déborde notre cadre.

Si ce sont les créanciers individuellement qui se sont portés partie civile, l'acquittement a pour effet de mettre les frais à la charge de ceux-ci ; au contraire, en cas de condamnation, ils seront remboursés (art. 592).

2173. — La banqueroute frauduleuse résultera de l'un de ces *trois* faits, susceptibles, en réalité, de se ramener à deux (art. 591) :

a) *Soustraction des livres* (avec volonté de dissimuler l'actif) ;

b) *Détournement ou dissimulation d'une partie de l'actif* : c'est une violation du gage des créanciers. Le droit pénal, on le voit, traite plus sévèrement cette violation qu'un vol simple ou même qualifié. Cependant, si le détournement provient du conjoint ou d'un parent ou allié en ligne directe du failli (en dehors d'une complicité commise de concert avec lui), ce sont bien les peines du vol qu'édicte la loi (art. 594) ;

c) *Exagération du passif*, c'est-à-dire simulation frauduleuse de dettes par le failli, soit dans des actes publics ou privés, soit dans son bilan [1].

2174. — On pourrait rechercher l'influence exercée par l'une ou par l'autre de ces deux banqueroutes sur la faillite, en tant que régime des biens, ainsi que sur ses résultats. On constaterait que la répercussion exercée par l'une n'est pas semblable à celle de l'autre : — 1° la *banqueroute frauduleuse* met obstacle à la *liquidation judiciaire*, au *concordat*, à *l'excusabilité*, et empêchait jusqu'à la loi du 30 décembre 1903 la *réhabilitation* ; — 2° la *banqueroute simple* n'exclut que la *liquidation judiciaire* : son auteur peut être déclaré excusable, bénéficiaire d'un concordat, et dès avant 1903 il pouvait être réhabilité.

2175. — III. **Autres infractions connexes à un état de faillite.** — En faisant abstraction de la *complicité* de banqueroute frauduleuse, qui emporte la même nature de peines que contre le failli (art. 593-1°), — il y a lieu de relever certains crimes propres commis par d'autres que le failli.

a) Tantôt le crime consiste à *dissimuler l'actif* ou à *exagérer le passif*, lorsqu'on fait le commerce sous le nom d'autrui (même art., 3°) : c'est sous cette imputation que tombent, le cas échéant, les administrateurs de sociétés anonymes. *b*) Tantôt le fait punissable a pour objet de *produire* soit en son nom, soit par personne interposée, et d'affirmer, dans une faillite, *une créance supposée* (2°). Ces deux crimes entraînent les travaux forcés à temps, bien que ceux qui les commettent ne soient, à proprement parler, ni banqueroutiers, ni complices.

---

1. La loi de 1889 sur les liquidations judiciaires crée en outre un agissement répréhensible qu'on appelle l'« exagération d'actif », et motivant la conversion de la liquidation en faillite (art. 19) ; mais ce n'est pas là une infraction tombant sous le droit pénal.

Le délit de malversation du syndic, que frappe l'art. 596, ne provoque aucune remarque particulière.

2176. — Mais les infractions qui méritent surtout d'être examinées sont celles qui peuvent être relevées à l'encontre d'un *créancier*. La loi, dans les art. 597 et 598, reproche au créancier d'avoir manqué au devoir d'égalité qui lie tous les membres de la masse, ou de s'être laissé gagner ou corrompre dans une délibération à laquelle il a concouru.

Son agissement est un *délit*. Il est puni d'un maximum d'un an d'emprisonnement (ou de deux ans lorsque le créancier coupable est le syndic lui-même), ainsi que d'une amende de 2.000 fr. au plus. Il n'y a point lieu aux circonstances atténuantes, le délit n'étant pas prévu par le Code pénal.

En outre, la *convention* faite par le créancier est déclarée *nulle*, de nullité absolue, à l'égard de toute personne, même vis-à-vis du failli. Cette dernière disposition a pour résultat de donner à l'action en nullité, contre un paiement de faveur fait à ce créancier, une portée plus large que ne le voudraient les art. 443, 446 et 447. Ce n'est plus seulement le *syndic* qui pourra agir en nullité. Le même droit appartient à un *intéressé quelconque*, et même personnellement au commerçant avant ou après la clôture de sa faillite. Dans aucun cas, d'ailleurs, la nullité ne se prescrira par trois ans (Paris, 18 décembre 1896, D. 98, 3, 367), car il ne s'agit pas d'une action civile au sens de l'art. 638 C. inst. crim.

2177. — Ces *deux* délits sont frappés de même, et la jurisprudence les étend aux concordats amiables et aux faillites de fait (n° 1713).

1° C'est d'abord la *stipulation par un créancier d'avantages particuliers, à raison de son vote dans les délibérations de la faillite*. Il importe peu que ce soit du failli ou d'une autre personne que ces « avantages particuliers » ont été stipulés.

Ainsi un créancier, dont la voix est nécessaire pour constituer la majorité (au concordat par exemple), ne donne son vote qu'après s'être fait attribuer sous main une somme ou une valeur. Il est coupable d'avoir procédé à une sorte de chantage. La loi le punit, la livraison ou la promesse faite est nulle. Rien n'est plus naturel, lorsque cet avantage a été fourni aux dépens de l'actif, c'est-à-dire du gage de la masse. Mais la loi est plus sévère, car elle statue de même lorsque c'est une autre personne, un ami du failli par exemple, ou sa femme (Civ. cass., 9 mars 1898, D. 99, 1, 156), qui prend sur son actif la prime à servir au créancier. Elle prohibe également des promesses exigibles seulement après exécution du concordat, sans que la masse par conséquent ait à souffrir d'une diminution de son gage.

La raison de frapper le créancier dans ces différents cas est la même. Il n'a plus obéi à des mobiles puisés dans l'intérêt de tous : il a voté la mesure, non parce qu'elle était opportune, mais parce qu'il y trouvait individuellement son profit par une clause occulte. Mais rien ne s'oppose, dans un concordat amiable, à ce qu'un intéressé refuse *ouvertement* son concours et se fasse racheter sa créance par les autres créanciers : situation qui pourrait même à la rigueur se rencontrer dans un concordat judiciaire.

2° C'est ensuite le *traité particulier d'où résulterait* en faveur du créancier, en dehors de tout vote, *un avantage à la charge de l'actif du failli.* Ex. : Le failli fait passer secrètement à l'un de ses créanciers une valeur dépendant de l'ensemble de ses biens, et celui-ci consent en connaissance de cause à la recevoir pour se payer ou pour se couvrir. — Cette disposition est assez large pour comprendre même des paiements individuels faits en temps suspect, là du moins où le créancier connaissait l'état des affaires de son débiteur. Aussi bien, le débiteur, d'après la jurisprudence, est-il *failli*, dès le moment où il cesse ses paiements, et il n'est pas douteux d'autre part que cette prestation faite à un créancier ne soit un « avantage prélevé sur l'actif » [1].

Par contre, la faillite une fois close, au moyen d'un concordat par exemple, rien ne s'oppose à ce que le débiteur fasse une faveur à l'un de ses créanciers, en le remboursant intégralement (Rej., 30 décembre 1908, S. 1911, 1, 375).

CHAPITRE XII

DE LA RÉHABILITATION COMMERCIALE

(C. com., art. 604 à 614 ; lois du 30 décembre 1903 et du 23 mars 1908) [2].

2178. — La *réhabilitation commerciale* est un *bénéfice consistant* pour un ancien failli ou liquidé judiciaire *à être rétabli par décision judiciaire (ou même aujourd'hui de plein droit) dans les droits civiques et politiques dont le jugement de faillite ou de liquidation avait suspendu chez lui l'exercice.*

Elle trouve son application dans la *liquidation judiciaire*, mais avec une moindre portée pratique que dans la faillite. Car le commerçant, placé sous le régime de la loi du 4 mars 1889, demeure électeur et est seulement déchu des fonctions électives (art. 21). La réhabilitation tend à lui restituer ces dernières. Le failli est atteint de déchéances beaucoup plus étendues : il est privé des divers avantages attachés en droit public à la qualité de citoyen (n° 1864), et comme ces déchéances persistent même après la clôture de la faillite, même après le concordat, la réhabilitation lui est ou peut lui être nécessaire pour recouvrer son statut politique dans son entier.

La réhabilitation peut avoir lieu, même *après décès* du débiteur, à la requête des héritiers (art. 614). Elle est alors un hommage rendu à la mé-

1. Toutefois, on se demande ce que devient alors pour ces paiements la nullité, toute facultative et toute *relative à la masse*, de l'art. 447. Elle est en réalité absorbée par la nullité, beaucoup plus large, de l'art. 598, qui est accordée à toute personne.

2. Voir les notices que nous avons publiées de ces deux lois dans l'*Annuaire de législation française*, XXIII, p. 161 et s. ; et XXVIII, p. 73 et s.

moire du mort et devient un acte désintéressé, les déchéances civiques ne s'étant pas transmises à ces héritiers[1].

2179. — L'institution de la réhabilitation a été entièrement refondue par la *loi du 30 décembre 1903*, à la suite d'une proposition déposée au Sénat en 1900 par M. Bérenger. Elle l'a été plus profondément peut-être par la *loi du 23 mars 1908*. Dès à présent, distinguons les trois étapes par lesquelles a passé notre législation depuis 1807 :

1re période (1807-1903). — Grande sévérité de la loi envers les faillis. Une seule réhabilitation, dite *de droit* et judiciaire. Elle est subordonnée à la preuve faite par l'ancien failli qu'il a remboursé tout son passif.

2e période (1903-1908). — On entre dans la voie des concessions. A côté de la « réhabilitation de droit », la loi établit une « réhabilitation judiciaire » au profit de certaines catégories dont la plus importante est celle des faillis (ou liquidés) concordataires. Cette réhabilitation est *facultative*, elle exige la probité reconnue du débiteur, le paiement des dividendes concordataires promis. — En sous-ordre apparaît déjà dans cette période, sauf le nom qu'on ne prononce pas encore, une réhabilitation « légale », restreinte il est vrai à la restitution de la qualité d'électeur, mais dans cette mesure applicable à tous les faillis non banqueroutiers : ils sont rétablis de plein droit sur les listes électorales, politiques, professionnelles ou autres, dix ans après la déclaration de la faillite.

3e période s'ouvrant en 1908. — La réhabilitation *légale*, résultant de la seule expiration du temps, sans aucun paiement à faire, entre maintenant tête haute dans la législation. Elle prend place sur les côtés des deux réhabilitations judiciaires. A vrai dire, elle leur inflige un recul, le failli n'ayant plus que rarement intérêt à recourir à ces dernières. Restitution intégrale à tous les faillis (ou liquidés) non banqueroutiers, *dix ans* après le jugement déclaratif, de tous leurs droits civiques ; restitution de plein droit à tous les faillis non banqueroutiers, *trois ans* après le jugement déclaratif, de leurs droits d'électeur ; radiation de ce jugement, *deux ans* après son prononcé, du casier judiciaire de l'intéressé (bulletin n° 3). Telles sont les réformes introduites en dernier lieu[2]. Il convient d'examiner les précédents.

2180. — Jusqu'en 1903, il n'y avait en France qu'une seule réhabilitation commerciale, dite réhabilitation de droit, prononcée par la Cour d'appel, et subordonnée au remboursement intégral par l'ancien failli de tout son

---

1. Du moins dans l'état actuel de droit ; car, jusqu'à la loi électorale du 15 mars 1849, les déchéances de la faillite se transmettaient, au contraire, aux héritiers immédiats (L. 22 frimaire an VIII, art. 5). On s'est même demandé pendant un temps, après 1849, si les héritiers ne demeuraient pas atteints de l'inéligibilité et en général des autres déchéances que le droit de vote. L'opinion d'après laquelle leur statut politique n'est plus atteint d'aucune manière a fini par prévaloir (Bravard, 1re éd., VI, p. 200).

2. Une proposition Boussenot et Paté, déposée à la Chambre des députés en 1915, tend à procurer la réhabilitation aux commerçants ayant bénéficié pendant la guerre d'une citation à l'ordre du jour de l'unité à laquelle ils appartiennent.

ancien passif de faillite, principal, intérêts et frais. Le failli concordataire ne pouvait point prétendre à ce bénéfice, même en justifiant de l'exécution complète de son concordat, aussi longtemps que le solde de ses dettes formant à sa charge une obligation naturelle n'était pas acquitté.

Ce régime était critiqué comme trop sévère : on mettait la réhabilitation à un prix presque inabordable. Aucune loi européenne n'avait poussé la rigueur aussi loin. En outre, la procédure de réhabilitation était trop compliquée, et par son excès de publicité elle blessait l'amour-propre du failli. Le nombre des arrêts de réhabilitation ne dépassait guère 5 o/oo de l'ensemble des faillites s'ouvrant dans le même temps ; tandis que, à la dernière époque, en 1911, 59 demandes ont été accueillies, et 2 seulement rejetées. Ce sont surtout les réformes introduites dans l'ordre de la réhabilitation criminelle qui ont eu leur contre-coup, d'abord en 1903, puis en 1908, sur la réhabilitation commerciale.

Ces deux réhabilitations sont cependant très différentes.

La *réhabilitation criminelle* a une tout autre cause que la réhabilitation des faillis. Elle relève un condamné de la dégradation civique résultant d'un crime (ou d'incapacités résultant de certains délits) ; or le failli comme tel n'est pas un condamné.

Cependant dans nombre d'esprits il s'était établi une association d'idées entre les deux réhabilitations, et les facilités, données par la législation de la dernière époque aux personnes atteintes de condamnations pénales pour effacer leurs déchéances, avaient préparé l'opinion à une réforme de même ordre en matière de réhabilitation commerciale. Une loi du 5 août 1899 a créé, à côté de l'ancienne réhabilitation criminelle, subordonnée à un arrêt de Cour d'appel (depuis 1885) et à l'examen de la moralité du requérant, une réhabilitation légale.

Allait-on faire aux faillis une condition plus dure ? A comparer le condamné à la maison centrale avec le commerçant tombé sans encourir de peine, n'est-ce pas ce dernier qui méritait le plus d'indulgence ?

On aurait pu répliquer, sans doute, et on l'a fait dans la discussion de la loi de 1908, que ces deux individus ne sont pas comparables. Le condamné a expié sa faute par la peine, il est quitte à certains égards envers la société. Le failli n'a pas expié sa faillite, puisque ses créanciers ne sont pas remboursés. En le réhabilitant de plein droit, on lui enlève le stimulant de ce remboursement, et ce sont les créanciers qui vont y perdre.

Ces considérations n'ont pas été de force à arrêter le courant de sympathie dont profitaient les faillis. Il s'y est mêlé un désir de popularité électorale. Quelques personnes estiment que, dans ce mouvement de philanthropie, la juste mesure a été dépassée sinon en 1903, du moins en 1908.

Commençons par la *réhabilitation légale*, la dernière en date.

2181. — Réhabilitation légale. — La réhabilitation légale s'opère de plein droit au profit de tout failli (ou liquidé) non banqueroutier [1], lorsque

---

1. Lorsque le failli, inculpé de banqueroute, s'est vu appliquer la loi du sursis, et qu'il n'a pas été l'objet de poursuites dans les cinq années suivantes, il n'y

dix ans se sont écoulés depuis le jugement déclaratif (L. 23 mars 1908, art. 1er, modifiant en ce sens l'art. 2 de la loi du 30 décembre 1903 [1]).

En outre tout failli non banqueroutier est rétabli sur les listes électorales, dès qu'il s'est écoulé *trois ans* depuis le jugement déclaratif (L. 1908, art. 1er, modifiant le même art. 2). Sur les listes électorales, sans distinguer entre l'électorat d'ordre politique et l'électorat d'ordre consulaire (Cass., 3 décembre 1912, S. 1914, 1, 103).

Cette grave réforme existait déjà en germe dans la loi de 1903. Au cours des débats dont cette loi fut l'objet au Sénat, le ministre Monis fit accepter par la commission une solution transactionnelle, qu'adoptèrent ensuite les Chambres, d'après laquelle l'expiration d'un certain temps devait rendre au failli ses droits d'électeur, pourvu qu'il ne fût coupable de banqueroute ni simple ni frauduleuse : « Un commerçant malheureux, même un commerçant mauvais, peut être un bon citoyen ». Ce ne fut pas seulement l'électorat politique, mais encore l'électorat professionnel, qu'on lui rendit sur la foi de cette déclaration, et cela dix ans après le jugement déclaratif.

On ne parlait pas encore de la restitution de l'éligibilité par le seul effet du temps. Mais ce dernier pas fut franchi par la loi de 1908, laquelle : 1° convertit cette restitution de l'électorat après dix ans en une restitution de tous les droits politiques et civiques, c'est-à-dire en une véritable réhabilitation intégrale, et 2° conserva de la loi de 1903 l'idée qu'il convenait d'accorder au failli non banqueroutier, par anticipation sur ces dix ans de réhabilitation, la réinscription sur les listes électorales, en fixant à la fin des trois ans depuis le jugement déclaratif le moment où cette réinscription lui serait acquise.

Il suit de ces innovations que le failli (ou liquidé) ne recourra plus en fait désormais à la réhabilitation judiciaire, qui lui coûte un sacrifice d'argent, que dans les deux cas suivants : 1° s'il est banqueroutier, 2° s'il veut être réhabilité avant dix ans. Toutefois, quoique déjà réhabilité de droit, il peut encore recourir à la réhabilitation judiciaire (Req., 22 juillet 1913, D. 1913, 1, 537, note Percerou).

2182. — Réhabilitation judiciaire. — I. Conditions. — On doit distinguer deux sortes de réhabilitation judiciaire : la réhabilitation de droit et la réhabilitation facultative. Celle-ci est une innovation de la loi de 1903.

A. La *réhabilitation de droit*, la seule connue avant la loi de 1903, et que celle-ci a rendue plus facile à quelques égards, est celle qui a sa cause dans le remboursement *intégral* de l'ancien passif de faillite (ou de liquidation judiciaire) et de ses accessoires. On l'appelle ainsi, parce que la justice n'a qu'à vérifier l'exactitude de l'affirmation du débiteur qui pré-

---

aura plus d'obstacle à la réhabilitation légale ni à la réinscription sur les listes électorales (Cass., 15 avril 1908, D. 1910, 1, 40).

1. Le texte ajoute : « Cette réhabilitation ne peut porter aucune atteinte aux fonctions des syndics ou liquidateurs, si leur mandat n'est pas terminé, ni aux droits des créanciers au cas où leurs débiteurs ne seraient pas intégralement libérés ».

tend avoir effectué ledit remboursement, et qu'elle n'a qu'à se prononcer sur la sincérité des pièces produites. Elle n'a pas le pouvoir de rejeter la demande pour un autre motif, tel que la faible estime dont dispose l'intéressé. Le failli ne risquerait pas un sacrifice d'argent souvent considérable, s'il n'était pas sûr de voir ses efforts couronnés de succès (en ce sens travaux préparatoires du Code, et rédaction tant du nouvel art. 604 : « est rétabli *de droit...* », que de l'art. 610, al. 2 : « le tribunal se bornera à constater la sincérité des justifications produites et, si elles sont conformes à la loi, il prononcera la réhabilitation »).

Le débiteur doit, s'il veut se faire réhabiliter, rembourser tous ses créanciers antérieurs au jugement qui l'a mis en faillite. Cette obligation ne concerne ni les dettes contractées depuis la fin de la faillite, ni même celles qui ont été conclues par lui, quoique en contravention aux règles du dessaisissement, pendant qu'il était failli.

Le *remboursement* de ces dettes anciennes doit avoir lieu en *capital*, en *intérêts* et en *frais* [1] (art. 604 nouveau, al. 1er).

Malgré la suspension des *intérêts* par le fait du jugement déclaratif au regard de la masse (art. 444), ces intérêts ont couru vis-à-vis du failli, au taux commercial de 5 o/o (et exceptionnellement de 4 o/o si la dette est civile), prenant leur point de départ au jour où le créancier a produit son titre à la faillite, puisque cette production équivaut à une citation en justice. Avant la réforme de 1903, la charge de ces intérêts allait s'accumulant d'année en année, et le débiteur ne pouvait, pour prétendre à la réhabilitation, user d'aucune prescription, quinquennale ou autre. Quelques personnes allaient même jusqu'à l'obliger à payer les intérêts des intérêts (En sens contr., Paris, 16 février 1900, D. 1902, 2, 42). Cela rendait les conditions de la réhabilitation trop difficiles. Déjà une proposition (déposée au Sénat en 1889 par M. Millaud) avait cherché à alléger cette charge. La loi de 1903 décide que le débiteur en instance de réhabilitation ne devra point payer une somme d'intérêts supérieure à *cinq ans*.

Au paiement il faut assimiler les modes de satisfaction qui en tiennent lieu : *compensation*, lorsque le débiteur acquiert un droit au moins égal contre son créancier ; ou *confusion*, lorsqu'il devient son héritier.

Mais une *novation*, par changement d'objet ou de débiteur, ne donnera le droit à la réhabilitation qu'à partir du paiement effectif de la dette nouvelle substituée à la première.

La *prescription* n'est pas un moyen de réhabilitation recevable (sauf ce qui vient d'être dit quant aux intérêts). De même de la *remise gratuite* du solde par le créancier (sous réserve des règles applicables à la réhabilitation facultative étudiées ci-dessous).

On peut supposer que le créancier refuse de recevoir son paiement, afin de se mettre en travers de la réhabilitation ou pour tout autre motif. Ou bien le débiteur a perdu la trace de son créancier. La somme due sera alors

1. La proposition déposée au Sénat en 1903 exemptait le failli de l'obligation de rembourser les frais ; on a trouvé que c'était une faveur excessive.

déposée à la Caisse des dépôts et consignations, et la justification du dépôt vaudra quittance (art. 604 nouveau, al. 3).

L'exécution d'un *concordat* judiciaire, à elle seule, ne met donc pas le débiteur en mesure de prétendre à sa réhabilitation de droit.

Les quittances justifiant de ces paiements ne seront pas nécessairement établies par acte notarié. Ce qu'il faut, en revanche, c'est qu'elles soient dignes de foi : la justice se demandera si ce sont des pièces de complaisance et, dans le cas de l'affirmative, elle rejettera la requête.

Lorsque le failli est un *codébiteur solidaire* (tenu d'une dette de 100.000 fr., dans laquelle il a un intérêt de moitié), il doit justifier du paiement de tout le passif, et non pas seulement de sa part contributoire (soit 50.000 fr.), sous réserve de la réhabilitation facultative.

De là se dégage la condition de *l'associé en nom collectif,* mis en faillite avec la société dont il était membre. Lors même qu'un concordat particulier lui aurait été délivré, cet associé ne pourra obtenir sa réhabilitation de droit qu'en établissant que toutes les dettes de la société ont été intégralement acquittées (art. 604 nouveau, al. 2). D'autre part, si d'autres associés que lui ont pourvu au remboursement, il faut qu'il les ait indemnisés de sa propre part de contribution, et qu'il en justifie.

2183. — Le Code de commerce et la loi de 1838 refusaient la réhabilitation commerciale aux *banqueroutiers frauduleux* ainsi qu'aux personnes condamnées pour vol, escroquerie ou abus de confiance, etc., c'est-à-dire en général à ceux qui ne peuvent prétendre à l'excusabilité (ancien art. 612).

Cette disposition avait de nombreux adversaires. Atteint de déchéances politiques au double titre de criminel et de failli, le banqueroutier frauduleux pouvait être réhabilité au premier titre, après l'accomplissement ou la prescription de sa peine, à condition de justifier du paiement du passif de sa faillite en capital, intérêts et frais, ou de la remise qui lui en avait été faite (art. 623 C. inst. crim.). Mais cela ne lui permettait pas de prétendre à la réhabilitation commerciale (art. 634, al. 2, même Code). Il était atteint d'une tache indélébile. Pratiquement, ce banqueroutier ne faisait aucun effort pour rembourser ses créanciers ; c'est sur eux que retombait la sévérité de la loi.

La loi de 1903 ne maintient pas cette interdiction. L'art. 612 est modifié, de manière à permettre aux banqueroutiers frauduleux et aux autres délinquants qui leur étaient assimilés de se faire réhabiliter commercialement ; l'art. 634, al. 2, C. inst. crim. est abrogé. Ils pourront requérir leur réhabilitation commerciale après paiement de tout le passif, en justifiant de leur réhabilitation criminelle, celle-ci ayant pu être acquise de plein droit par la durée de temps écoulé depuis la fin de leur peine, à la teneur de l'art. 10 de la loi du 5 août 1899 sur le casier judiciaire (adjonction faite à l'art. 612 par la loi de 1908).

Quant à la *banqueroute simple*, elle ne faisait pas obstacle à la réhabilitation, selon le droit de 1807 et celui de 1838. Seulement, il fallait que le banqueroutier eût subi sa peine (ancien art. 612, al. 2). La loi de 1903 ne fait plus mention de cette classe de faillis ; son silence, ont dit ou écrit les rapporteurs, équivaut au maintien de la disposition ancienne. Il semble bien cependant résulter de la suppression de l'alinéa que le banqueroutier simple peut aujourd'hui se faire réhabiliter, même avant d'avoir purgé sa peine, tant en cours de condamnation qu'après avoir obtenu sa grâce ou achevé la prescription. Mais sa réhabilitation pénale n'emporterait pas, de droit, réhabilitation commerciale (Rej., 12 mars 1912, D. 1912, 1, 536).

2184. — B. La *réhabilitation facultative*, instituée depuis 1903, est celle que le tribunal peut accorder ou refuser par appréciation des circonstances, le failli n'étant admis d'ailleurs à la demander que s'il se trouve dans certaines conditions (autres que le remboursement complet de son ancien passif).

Quatre conditions doivent être réunies pour l'octroi de cette réhabilitation. Il faut : 1° que le failli ait obtenu un *concordat* (le concordat par abandon pouvant vraisemblablement suffire) ; 2° que le *concordat* ait été *exécuté* par paiement intégral de tous les dividendes promis (et non pas seulement des dividendes échus lors de l'instance en réhabilitation), soit de 50 o/o du passif si le traité a fait remise au failli de la moitié de ses dettes ; 3° que le failli soit homme de *probité reconnue* (art. 605 nouveau). La loi de 1903 ajoutait une condition de plus, l'expiration de *cinq ans* depuis le jugement déclaratif ; la loi de 1908 l'a supprimée, permettant ainsi, et à bon droit semble-t-il, au concordataire de se faire réhabiliter dès avant cinq années.

La condition de probité fait intervenir des éléments empruntés à la vie privée du débiteur, alors qu'il devrait être indifférent, pour réhabiliter un commerçant, qu'il ait eu une conduite morale ou non. Le mot de « probité » doit être pris dans un sens relatif : la seule moralité à envisager sera celle de l'ancien failli vis-à-vis de ses créanciers. Il contreviendra aux devoirs de la probité s'il s'est abstenu de payer le solde tout en étant en mesure de le faire, grâce à des ressources nouvelles, alors surtout que le concordat contient la clause de retour à meilleure fortune. L'annulation ultérieure du concordat aurait pour résultat de faire tomber la réhabilitation elle-même, à moins que l'on ne préfère dire que la réouverture de la faillite fera encourir au débiteur les déchéances civiques *ex causa nova*.

2185. — Les dispositions précédentes concernent le failli concordataire. Mais ce n'est pas à lui que se limite la réhabilitation facultative. Elle est encore accessible au débiteur, même non bénéficiaire d'un concordat, qui justifierait soit de la *remise entière* de ses dettes par ses créanciers, soit de leur *consentement unanime* à la réhabilitation (art. 605, 4e al.).

2186. — II. **Procédure.** — La réhabilitation, même celle de droit, ne peut résulter que d'une décision judiciaire [1].

D'après le système antérieur à 1903, la Cour d'appel statuait sur la réhabilitation. La procédure était compliquée et lente, elle communiquait à

1. Les mots « réhabilitation de droit », « réhabilitation facultative » sont pris dans le même sens que les expressions « nullité de droit », « nullité facultative », sous les art. 446 et 447.

ces sortes d'affaires une apparence d'expiation, pénible pour la dignité de l'intéressé. Il y avait lieu de saisir, pour les mesures de publicité à accomplir et pour les renseignements à recueillir, le tribunal de commerce du lieu où le débiteur aurait transféré son domicile. Il fallait apposer des affiches à la Bourse et à la maison commune. Ces formes sont aujourd'hui simplifiées. Le point de la réforme le plus important consiste dans la substitution du *tribunal de commerce* qui a prononcé la faillite à la *Cour d'appel* pour statuer sur la demande de réhabilitation, sauf faculté d'appel, soit que la demande ait été admise, soit qu'elle ait été rejetée.

2187. — La procédure se déroule de la manière suivante. — *Demande* adressée *au procureur de la République* de l'arrondissement dans lequel la faillite a été prononcée, avec les quittances et pièces justificatives. — *Expédition* par ce magistrat de la demande au *président du tribunal de commerce* qui a déclaré la faillite et au *procureur de la République* du domicile du demandeur (art 606). — *Avis* de la demande, par lettre recommandée, donné à chacun des créanciers non intégralement remboursés dans les conditions de l'art. 604 (art. 607) ; l'affiche de la demande dans la salle d'audience pendant un mois a été supprimée en 1908. — *Opposition* recevable pendant un mois par simple acte au greffe avec pièces justificatives, *de la part de tout créancier* non intégralement payé dans les conditions de l'art. 605, le créancier opposant pouvant *intervenir* dans la procédure par voie de requête (art. 608) [1]. — *Communication* du résultat des enquêtes ainsi que des oppositions *au procureur de la République* saisi de la demande, et transmission par lui du dossier, avec avis motivé, *au président du tribunal de commerce* (art. 609). — *Jugement* rendu par ce tribunal en audience publique, le demandeur et les opposants ayant été appelés s'il y a lieu et entendus contradictoirement en chambre du conseil ; *avis* de ce jugement *donné aux créanciers opposants*, lesquels pourront soit former appel s'ils ont été parties, soit exercer leurs droits d'opposition devant la Cour dans le cas contraire si l'appel est interjeté par d'autres. Faculté d'appel reconnue en outre au procureur de la République (art. 610). — En cas de *rejet* de la demande, défense de la reproduire *avant un an*. En cas d'*admission*, *transcription* du jugement ou de l'arrêt sur le registre du tribunal de commerce tant du lieu de la faillite que du domicile du demandeur, et mention

1. Cette disposition manque de clarté ; la faculté d'*opposition* et la faculté d'*intervention* sont mêlées ensemble sans qu'on puisse faire la part de l'une et de l'autre. L'incertitude augmente, si l'on rapproche de l'art. 608 l'art. 610, où il est question parallèlement de créanciers opposants « qui ont été parties à l'instance » et d'autres « qui n'y ont pas été parties ». A notre avis, il faut distinguer entre la *réhabilitation de droit* et la *réhabilitation facultative*. — Dans la première, le créancier, qui fait opposition en contestant le remboursement intégral du passif, doit appuyer son opposition au greffe d'une intervention au procès (à l'inverse de ce que décidait l'ancien texte, lequel lui refusait la faculté d'intervenir). — Dans la réhabilitation facultative, où il y a des renseignements à prendre sur la probité du failli, la loi permet l'opposition au créancier sans l'obliger à suivre l'instance (Voir cependant Bordeaux, 15 janvier 1906, S. 1906, 2, 300 ; Percerou (collection Thaller), *op. cit.*, II, n° 1595).

de la réhabilitation sur le *casier judiciaire* par les soins du procureur de de la République (art. 611).

La procédure de la réhabilitation est dispensée de timbre et d'enregistrement (art. 5 de la loi de 1908).

2188. — Une question se posait sous la législation antérieure à 1903 ; elle n'a point perdu son intérêt à l'égard de la réhabilitation de droit. Le tribunal ne s'est pas aperçu que le débiteur avait omis de rembourser tel ou tel créancier. Quel effet produira la réhabilitation à l'égard *du créancier omis qui démontre* plus tard *qu'il n'a pas été personnellement désintéressé ?* — Il aura le droit de contraindre le débiteur réhabilité à lui payer le reliquat, celui-ci eût-il été l'objet d'une précédente remise concordataire. Car le débiteur, en affirmant le paiement du solde de toutes ses dettes, a offert subsidiairement de parfaire le remboursement de ceux qu'il aurait omis.

CHAPITRE XIII

DES FAILLITES OU LIQUIDATIONS JUDICIAIRES DE SOCIÉTÉS [1]

2189. — On recherchera, dans ce dernier chapitre, les applications aux sociétés de la faillite ainsi que de la liquidation judiciaire.

La faillite peut-elle être prononcée contre une *société ?* Une société est-elle recevable à user de la liquidation judiciaire ?

Il faut écarter les *sociétés civiles* (sauf celles qui se sont constituées par actions depuis la loi du 1er août 1893, et qui, par là même, sont devenues commerciales, n° 759). Il y a une raison décisive pour qu'elles ne puissent point être placées sous le régime de la faillite. Elles ne poursuivent pas une exploitation commerciale ; or la faillite est spéciale en France aux débiteurs commerçants. — A cette raison s'en ajoutait jadis une seconde. Les sociétés civiles n'avaient pas la personnalité morale ; depuis 1891, cette personnalité leur est reconnue, en jurisprudence (nos 295 et s.).

2190. — Toutes les sociétés commerciales n'encourent point la faillite. Elle ne saurait atteindre les *associations en participation*. Aux yeux du public, l'association en participation est dénuée d'existence. Le gérant est la seule personne qui s'oblige, et il le fait sur tous ses biens. S'il cesse ses paiements, il encourra individuellement la faillite, il introduira une requête pour obtenir sa propre liquidation judiciaire. Cette faillite ou cette liquidation s'étendra à tout son actif, et même un capital social fera le plus souvent défaut (n° 479).

1. Conf. Pic, *Traité théorique et pratique de la faillite des sociétés commerciales*, 1889 ; Duvivier, même titre, 1887 ; Hamot, *De la faillite et de la liquidation judiciaire des sociétés françaises*, th. 1903 ; Percerou, *op. cit.*, II, 8e partie, nos 1602 et s.

2191. — Sous cette réserve, toute société commerciale est apte à la faillite ou peut solliciter la liquidation judiciaire.

L'art. 437 ne distingue pas entre les commerçants individus et les collectivités : il doit s'étendre à ces dernières, du moment qu'elles sont des personnes. Plusieurs textes font allusion à la faillite de *sociétés en nom collectif* (art. 438, al. 2, énonciation des noms de tous les associés dans la déclaration accompagnant le dépôt du bilan ; — art. 458, al. 2, apposition des scellés non seulement au siège social, mais au domicile individuel des membres ; — art. 531, concordat accordé à un ou à plusieurs associés, et refusé à la société elle-même ; — art. 604 et 605 nouv., conditions de la réhabilitation pour l'associé)[1].

La *société en commandite* encourt la faillite de la même manière.

A l'égard des *sociétés de capitaux*, des sociétés anonymes notamment, il faut se prononcer également dans le sens de l'admissibilité de la faillite.

Cette solution avait fait doute autrefois pour la société anonyme, laquelle est une masse de capitaux plutôt qu'un débiteur dans le sens habituel du mot. Comment concevoir un concordat, comment appliquer les déchéances civiques de la faillite, sans qu'il y ait un seul associé personnellement tenu ? Il suffira de dissoudre la société embarrassée et de la liquider au mieux des intérêts des créanciers, comme le spécifiait une clause usuelle dans les statuts des anciennes sociétés anonymes autorisées avant 1867.

Ces objections n'avaient pas grande force : on puisera dans le droit des faillites ce qu'il sera possible d'y prendre, pour le transporter à la société anonyme. — Le régime de la liquidation après dissolution protège moins les créanciers que le régime de la faillite : aucun dessaisissement n'a lieu, l'agent de la réalisation n'est pas un syndic, les actions en nullité ne sont point données, il n'y a pas de masse.

La non-extension de la faillite à la société anonyme ne peut plus se défendre : la loi du 4 mars 1889, en déclarant expressément cette société apte à la liquidation judiciaire, sous-entend la possibilité de la mettre en faillite. Les faillites de sociétés anonymes sont devenues nombreuses[2].

---

1. Ces sociétés peuvent aussi, d'après la loi du 4 mars 1889 (art. 3, al. 1er), solliciter la liquidation judiciaire dans les conditions où un commerçant ordinaire pourrait la demander. La requête contiendra le nom et l'indication du domicile de chacun des associés solidaires, et elle sera signée par ceux des associés qui ont la signature sociale. Il a été décidé (Paris, 1er mai 1890, *Annales de droit commercial*, 1890, 1, 186) que la requête, quoique ne portant pas la signature de tous ces associés, pouvait être reconnue bonne, lorsqu'il y avait impossibilité ou difficulté sérieuse de se procurer le concours de tous. La même Cour, allant plus loin (9 décembre 1908, D. 1912, 2, 33), a admis que la requête fût faite par un seul associé, même si la société dissoute avait été *pourvue d'un liquidateur*. — Sur la déclaration possible de la faillite par le tribunal d'un lieu colonial d'exploitation qui n'est pas celui du siège social, v. Rej., 9 avril 1913, D. 1914, 1, 198.

2. La requête est signée par le directeur ou par l'administrateur qui en remplit les fonctions (art. 3, al. 2, de la loi de 1889). Il n'est pas besoin d'une délibération de l'assemblée générale, l'urgence du dépôt de bilan étant incompatible avec une convocation des actionnaires. Faut-il justifier d'une délibération du conseil d'administration ? C'est vraisemblable : pourquoi ne l'avoir pas dit dans la loi ? — D'autre part, le droit soit de déposer le bilan dans la liquidation judi-

2192. — La faillite, quelle que soit la forme de la société, place sous la main de justice le capital social et toutes les valeurs qui en dépendent.

Un syndic procédera à l'inventaire de cet actif. Les scellés, s'il y a lieu, seront mis sur les biens se trouvant dans le local de la société et de ses agences (art. 458). Le syndic invitera les créanciers sociaux à produire leurs titres, il recouvrera l'actif, fera vendre les biens, veillera à la tenue de l'assemblée du concordat.

Mais cette faillite de société exerce-t-elle son contre-coup sur la *condition des associés* et détermine-t-elle par voie de conséquence leurs *propres faillites* ?

2193. — On sait déjà (n° 312) qu'une distinction doit être établie :

1° A l'égard d'un *associé en nom collectif* ou d'un *commandité*, la faillite sociale se répercute sur l'associé responsable [1]. Car cet associé est un « commerçant », qui, solidairement tenu du passif de la société, devait l'acquitter, du moment que la société n'était pas en mesure d'y pourvoir. Par conséquent il se trouve lui-même en état de « cessation de paiements ». Les conditions de la faillite sont ainsi réunies en sa propre personne.

Demander la liquidation judiciaire pour la société, c'est implicitement la demander pour ces associés responsables. D'autre part, la décision qui prononce la faillite du siège social sera l'objet d'une « déclaration de jugement commun » vis-à-vis de chaque associé respectivement.

Il s'ouvrira, indépendamment de la faillite sociale, autant de *faillites parallèles* que l'on comptera d'associés responsables. Ces faillites seront d'ailleurs en fait confiées à un même syndic. — Chaque associé sera atteint dans ses droits de citoyen. — Les créanciers sociaux se feront inscrire dans chacune de ces faillites pour le montant nominal de leurs titres, sans déduire de la deuxième production le dividende touché dans la première (théorie des coobligés, art. 542 C. com.). — Dans la faillite sociale, ils seront seuls à produire. Dans celle d'un associé, ils subiront le concours des créanciers personnels de ce dernier.

Ce régime est très favorable aux créanciers. Par suite de la fiction de la

---

ciaire, soit de requérir la faillite sur poursuites, ne saurait appartenir à un actionnaire (ou à un commanditaire), cet intéressé n'étant ni un créancier de la société, ni le failli (V. cependant notre article de la *Revue critique*, 1885, p. 293). Ce droit appartient-il à un obligataire individuellement, là où les obligataires ont été groupés en société (v. *supra*, n° 713)? Non, répond la Cour de Riom, 23 février 1909, D. 1911, 1, 337, note LEVILLAIN. — La question est plus délicate dans l'association en participation. On est tenté de soutenir que les participants, étant traités au regard des tiers comme de véritables créanciers du gérant, sont par là même fondés à demander la faillite de ce dernier. Cependant, la Cour de cassation (Req., 9 février 1903, D. 1905, 1, 137, et notre note) a déclaré cette demande irrecevable, alors du moins que les comptes restant à régler entre les participants et le gérant ne faisaient pas ressortir les demandeurs comme créanciers de celui-ci.

1. Sans que, en sens inverse, la faillite personnelle d'un commerçant entraîne la faillite de la société dans laquelle il est associé en nom (Poitiers, 28 juin 1908, S. 1911, 2, 33, note WAHL).

personnalité juridique, ils sont présumés avoir en face d'eux un débiteur collectif, la société, et en outre les associés. De là, les productions cumulatives jusqu'à parfait paiement.

Il était possible d'interpréter tout autrement la « personnalité morale ». On aurait dit : les véritables débiteurs des engagements sociaux sont les « associés ». L'affectation du capital social aux dettes tient à ce que ces associés ont constitué, à part de leurs biens libres, un gage composé de l'ensemble des apports. Les créanciers de la société auront donc les droits que donne dans une faillite le « nantissement ». Ils devront s'attaquer d'abord au capital de la société, et ils ne pourront poursuivre les biens de chaque associé, lui-même en faillite, qu'en cas d'insuffisance, pour le découvert, et non pour le montant nominal originaire de la créance. Bref, ce système, conforme aux notions allemandes, aurait fait état non pas de la théorie des coobligés, mais de celle du créancier gagiste (art. 546 à 548). L'interprétation française en a décidé différemment.

Il y aura ainsi plusieurs vérifications de créances, plusieurs assemblées de concordat, des dividendes de taux différent. La faillite pourra se terminer par voie d'union et de vente des biens à l'égard de la personne morale, tandis qu'un ou plusieurs associés obtiendront un traité les remettant à la tête de leur actif (art. 531). C'est ce que nous constaterons plus loin.

Dans la liquidation judiciaire, la responsabilité morale des associés n'est pas toujours la même. La liquidation peut être accordée à l'un, sans l'être soit à l'autre, membre plus coupable, soit à la société elle-même ; il n'y a pas entre sociétaires indivisibilité de régime (Paris, 21 mai 1890, D. 91, 2, 361).

2194. — 2° Quant au *commanditaire* ou à l'*actionnaire* (excepté dans la commandite au cas d'immixtion, art. 27 et 28 C. com.), la communication de la faillite sociale à la personne de l'associé cesse de se produire. Cet associé, en effet, n'est plus « commerçant », du moins comme tel, et il n'est tenu des dettes que jusqu'à concurrence de son apport.

A-t-il déjà versé toute sa mise : il est quitte et ne pourra plus être recherché. Dans le cas contraire, le complément lui sera réclamé par le syndic, qui agira à cet effet soit du chef des créanciers, soit du chef de la société, en usant des saisies, voies d'exécution reconnues en droit civil, s'il essuie un refus de paiement.

2195. — La société peut être mise en faillite, quoique déjà *dissoute*. Tant que se poursuit sa liquidation, la personnalité juridique persévère. Un embarras, survenant après dissolution, entraîne donc soit la liquidation judiciaire [1], soit la faillite.

De même, en sens inverse, une société peut être déclarée dissoute après sa mise en faillite ou en liquidation judiciaire (n° 447).

Cette coexistence de la faillite et de la dissolution n'est pas sans causer

1. A la requête, dit la Cour de Paris, non du liquidateur de dissolution, mais d'un associé, fût-il seul à agir ; nous le savons déjà (note sous n° 2191), mais c'est une thèse assez étrange.

quelque embarras. La société, ayant fini son exploitation, était pourvue d'un *liquidateur*, volontaire ou judiciaire. Le jugement déclaratif substitue à cet agent un *syndic*. Le liquidateur sort de fonctions ; ainsi le veut la règle.

Dans la liquidation judiciaire, une identité malencontreuse de mots rend la situation plus trouble. Ici encore, la dissolution antérieure avait déjà mis à la tête de la société un « liquidateur ». Le jugement déclaratif ne le dessaisit pas, puisque la loi de 1889 laisse au débiteur liquidé la gestion de l'actif. Seulement, ce liquidateur se verra désormais flanqué, pour diriger la procédure, pour convoquer les créanciers, etc., d'une seconde personne qui sera le « liquidateur judiciaire » institué par la loi de 1889. On verra fonctionner de pair deux liquidateurs, le même terme étant pris dans deux sens différents, l'un assistant l'autre.

La situation peut se compliquer davantage : peut-être le tribunal choisira-t-il pour liquidateur *judiciaire* l'agent qui était chargé déjà de la liquidation *amiable* de la société (notes PERCEROU, D. 1912, 2, 153, et BOURCART, S. 1913, 2, 207, sous Bordeaux, 5 avril 1911). La procédure ne pouvant se passer des deux agents, il faudra remplacer le liquidateur de dissolution. C'est généralement en vertu d'une délibération des associés qu'il sera pourvu à son remplacement (L. 1889, art. 4, al. 2).

2196. — Pas plus que la dissolution, la *nullité* d'une société ne fait obstacle à sa faillite ou à sa liquidation judiciaire. Malgré le capital non intégralement souscrit, le quart non versé, etc., la société par actions comporte la faillite, On se souvient que cette nullité équivaut à une dissolution anticipée et qu'elle est inopposable aux tiers (n° 547). Une masse de biens a fonctionné jusqu'au jour où le vice de nullité a été relevé, on a traité des opérations qu'il faut maintenant liquider. On peut même admettre l'aptitude de cette société nulle à un concordat, sans distinction entre le concordat ordinaire et le concordat par abandon (Lyon, 18 mars 1884, D. 84, 2, 211 ; BOISTEL, n° 1010 ; en sens contraire, LYON-CAEN et RENAULT, VIII, n° 1208).

La faillite d'une société nulle devient plus contestable lorsque la nullité tient à l'*absence de publication* de l'acte de société. La faillite du siège social, en écartant les créanciers personnels, serait l'affirmation passée en chose jugée de la personnalité morale. Or, faute de publicité, la société cesse d'être une personne juridique et les créanciers sociaux doivent laisser les créanciers personnels concourir avec eux (n° 299).

Toutefois cette objection ne doit pas impressionner. D'une part, elle ne peut viser la société anonyme, dont la nullité, d'après nous, ne saurait être demandée par les créanciers d'un actionnaire (n° 373). Mais, quand même il s'agirait d'une société ayant un ou plusieurs associés responsables, rien n'autorise le tribunal, saisi d'une demande en faillite par un créancier social, à suppléer d'office le moyen tiré de la nullité et du défaut de personnalité morale. Seulement, les créanciers personnels interviendront au procès ou formeront opposition dans le mois de l'art. 580, s'il y a lieu, et ils feront alors tomber le jugement de faillite (Req., 5 juillet 1900, D. 1902,

1, 89, n° 371). Ils le feront tomber encore, en arguant non du défaut de publicité de l'acte de société originaire, mais de l'acte de prorogation, quand la société arrivée à son terme a continué *en fait* son exploitation (Cass., 26 février 1913, D. 1914, 1, 105, note CHÉRON).

2197. — Détachons de l'ensemble du droit des faillites quelques règles qui présentent un intérêt particulier lorsque la personne faillie est une société.

A l'égard des sociétés comme des individus, on suivra l'art. 444 sur l'exigibilité des créances à terme, et l'art. 445 sur l'arrêt du cours des intérêts pour les créanciers chirographaires. Mais cela souffre quelque difficulté.

2198. — *a*) Dire que le jugement déclaratif rend exigibles les créances à terme, ce n'est pas conférer au syndic (ou au liquidateur judiciaire) le *droit d'exercer contre les associés commanditaires ou actionnaires l'appel immédiat en versement des mises*. Le terme ne tombe qu'au regard du failli ; or les commanditaires et actionnaires ne sont pas les faillis.

C'est là une vérité méconnue par de nombreux arrêts (notamment Req., 25 octobre 1897, S. 98, 1, 177, et note WAHL), d'après lesquels la faillite d'une société anonyme rend exigibles de plein droit les versements restant à opérer par les actionnaires. Cette thèse de jurisprudence se dédouble en réalité.

1° Les statuts ont pu donner aux actionnaires un délai fixe pour libérer leurs titres ; les termes d'échéance sont déterminés d'avance. Ces termes, suivant les arrêts, tomberaient *ipso facto* par le fait du jugement déclaratif, les créanciers ayant fait confiance au capital social tel qu'il leur a été annoncé, sans concession de délai, et les actionnaires étant liés de la même manière jusqu'à concurrence des fonds composant ce capital (Req., 31 mai 1902, S. 1903, 1, 777, et note WAHL).

2° Mais l'acte de société, sans fixer une date pour le versement du complément, laisse le plus généralement au siège social le pouvoir de faire les appels de fonds suivant les besoins de l'entreprise. Alors, au dire des arrêts, le syndic est substitué aux administrateurs et armé des mêmes attributions. Il en a de plus larges. Il peut exercer *de plano* les appels de fonds, sans autorisation ni du tribunal, ni du juge-commissaire, sans justifier d'un déficit à couvrir ; il peut pratiquer même ces appels contre les divers actionnaires pour un chiffre inégal (Req., 26 octobre 1909, D. 1910, 1, 645).

Nous avons critiqué cette jurisprudence (n° 577), dont les inconvénients sont manifestes. La dette du non-versé, la marche des affaires sociales une fois arrêtée, est devenue une véritable action en contribution des actionnaires, et en elle s'absorbe l'action directe des créanciers. Cette action est limitée à la somme que chacun des associés doit respectivement supporter dans le passif. Le syndic devrait donc établir que le capital réalisé est insuffisant pour régler les dettes et ne demander à chaque actionnaire que sa part proportionnelle dans le déficit.

2199. — Les actionnaires seraient certainement admis à limiter leur contribution au déficit, si, comme il arrive parfois, le syndic cédait à forfait et moyennant un prix global de 500.000 fr. par exemple, en suivant les formes de l'art. 570 [1], l'ensemble des droits de la société contre ses actionnaires, Les actionnaires, assignés par cet acheteur, pourraient exiger le compte préalable de la part de chacun dans le déficit et réduire leur paiement à cette somme ; car, autrement, ils n'auraient aucun moyen de se faire rembourser le trop-versé par cet acheteur.

Dès lors, pourquoi, vis-à-vis du syndic, les actionnaires n'auraient-ils pas le même avantage ? Pourquoi les obliger à verser d'abord le tout, pour récupérer plus tard ce que le syndic aurait touché en trop, si les versements effectués devaient dépasser le passif à couvrir ? Un cédant et un cessionnaire ne doivent-ils pas occuper une position juridique semblable (Com. Seine, 9 juillet 1896, *Ann. dr. com.*, 97, 15) ?

2200. — *b*) Quant à l'arrêt du cours des intérêts pendant la faillite, il faut éviter un malentendu relatif aux appels de fonds. Si le commanditaire ou l'actionnaire se met en retard pour verser sa mise, il doit à la masse les *intérêts moratoires*. Il n'y a rien là de contraire à l'art. 445. Ces intérêts ne courront pas de plein droit du jour du jugement déclaratif (*non obst.* art. 1846 C. civ.). Car il faut que l'associé ait été, par l'échéance d'un terme, mis en demeure d'effectuer le versement.

Les intérêts ne courront que du jour de l'appel de fonds régulier du syndic, et non pas même du jour de l'envoi d'une circulaire collective, si celle-ci n'est qu'un simple avertissement sans indication de date précise (Req., 25 octobre 1897, précité).

Ces intérêts peuvent être dus par suite d'un retard plus ancien que la faillite. En ce cas, il n'a pas été au pouvoir du gérant d'en donner *quitus* aux actionnaires ni de les imputer sur les versements du principal, au mépris de l'art. 1254 C. civ. Cette convention est inopposable aux créanciers. Le syndic tiendra ce *quitus* pour non avenu, ou il modifiera cette imputation (Civ. cass., 14 novembre 1899, D. 1900, 1, 99).

2201. — On ne reviendra point sur les calculs ardus auxquels donne lieu, dans une faillite de société par actions, la *production des porteurs d'obligations à primes*. Les titres, au capital nominal de 500 fr., ont été souscrits à 400 fr. par exemple. La faillite éclatant en pleine période d'amortissement, les obligataires peuvent-ils, en plus du capital versé, s'inscrire pour tout ou fraction de la prime ?

Une antinomie se produit entre : — l'art. 444 qui, rendant la créance exigible, voudrait que la production comprît la prime entière, — et l'art. 445 qui interdirait plutôt cette production, comme ayant pour objet des intérêts postérieurs à la faillite. La pratique a accueilli des systèmes intermédiaires, difficiles à concilier (n° 723).

2202. — Il existe, à l'occasion des faillites de sociétés, des problèmes de *compensation* fort délicats.

a) Un commanditaire ou un actionnaire ne peut opposer en compensa-

---

1. Ou celles de l'art. 534. V. *supra*, n° 2138, en note.

tion à l'appel de fonds une créance différente née à son profit contre la société, à moins que les condition de la compensation légale ne se soient déjà rélisées avant le jugement de la faillite, par suite de l'échéance et de l'état liquide de la dette de son apport et de la créance en sens contraire, tout à la fois.

b) Lorque la société par actions a un passif d'obligations, et que les obligataires, par suite des délais concédés, n'avaient encore versé qu'une partie de leur souscription, le quart par exemple, la faillite, grâce à l'action en résolution (art. 1184 C. civ.), les dispense de payer le complément et de se faire inscrire pour pareille somme : ce serait un calcul de dupe (dans l'affaire des bons d'amortissement de la *Caisse générale des familles*, tranchée en sens contraire par la Cour de Paris au 16 mars 1904 et par la Chambre des Requêtes au 26 juin 1905, D. 1906, 1, 193, note PERCEROU, les plaideurs n'étaient pas de véritables obligataires, mais des intéressés disposant d'un droit tout aléatoire).

c) Dans la faillite d'un commerçant qui avait formé avec d'autres personnes une *association en participation*, chacun de ces participants produira pour le remboursement de sa mise, déduction faite de sa part dans les pertes (part qui est connexe avec la mise). Ce droit pour le participant de concourir avec les créanciers le différencie d'un associé proprement dit. Nous n'insisterons pas à nouveau sur ce point (n° 481).

2203. — Dans les sociétés par actions, les droits que le syndic a qualité d'exercer au compte de la masse comprennent les *actions en responsabilité* appartenant soit au siège social, soit aux créanciers *ut universi*, contre les *gérants, administrateurs ou membres du conseil de surveillance*, et même l'action contre les fondateurs de la société nulle (n°s 558, 673, etc.).

En tant qu' « action sociale », le syndic a seul le droit d'intenter l'action en responsabilité : les créanciers n'ont pas le pouvoir de se substituer à lui pour faire le procès. Il en est de même des actions compétant aux créanciers, pourvu qu'elles leur appartiennent uniformément à tous. Le syndic, représentant de la collectivité des créanciers, concentre les droits dont ceux-ci disposent pour la même cause et pour le même chiffre. Il peut transiger avec les administrateurs ou avec les fondateurs, à condition que la transaction soit homologuée par le tribunal compétent (art. 487, 535, etc.).

Le syndic se trouve armé d'un pouvoir exagéré. Il dépend de lui seul de mettre en mouvement, dans son omnipotence, ces actions qui composent un élément de recettes généralement considérable. Les créanciers, sans doute, ont le droit de provoquer sa révocation (art. 467), mais c'est là une sauvegarde platonique [1].

1. Il n'entre pas dans les attributions du syndic d'intenter les actions en responsabilité n'appartenant qu'à certains ayants droits *ut singuli*. Telle serait la demande d'un acheteur d'actions contre les administrateurs, à raison de faits répréhensibles qui ont déterminé la hausse à laquelle il a acquis les titres. Chaque partie lésée agira de son côté, le représentant de la collectivité ne sera pas fondé à engager le procès (n° 676).

2204. — Arrivons aux *concordats* des sociétés, traités dont peut bénéficier une société tant par intérêt que par actions. Parlons d'abord de ces dernières.

2205. — I. Le *liquidateur* ou le *conseil d'administration*, en fonctions au moment du jugement déclaratif [1], négociera le concordat avec les créanciers : c'est lui qui, malgré le dessaisissement survenu, représente la société en tant qu'il s'agit de traiter avec la masse. Mais ce concordat, dépassant les attributions normales d'un conseil d'administration, doit être soumis à une *délibération* conforme de l'*assemblée générale*.

Dans les concordats de sociétés par actions est introduite souvent une clause de décharge au profit des *fondateurs* ou *administrateurs* responsables, moyennant une prestation à forfait de ceux-ci. Des arrangements analogues peuvent être pris avec les actionnaires qu'on libère à un certain prix du non-versé de leurs titres. Ces stipulations constituent non un concordat, ceux qui en profitent ne se trouvant pas en faillite, mais plutôt des *transactions* sur des droits appartenant à la masse (*Revue critique*, *Ex. doct.* 1885, p. 295), transactions liées, il est vrai, au concordat social et subordonnées à sa validité.

2206. — Les concordats de sociétés anonymes ont pris, avec le temps, des formes originales (V. notre note sous Req., 5 novembre 1895, D. 97, 1, 113, et JUGLAR, *De la situation des obligataires en cas de faillite*, th. 1894).

La plus forte partie du passif consistant dans des obligations négociables, les obligataires n'accèdent pas individuellement au traité. Ils forment ensemble un syndicat ou société, avec un mandataire qui négocie les conditions du concordat avec les représentants des actionnaires. Adhérer au syndicat, c'est adhérer au concordat lui-même. La légalité d'un pareil groupement en tant que personne morale est contestable, aux yeux des personnes qui prennent à la lettre la définition que l'art. 1832 C. civ. donne du contrat de société, *formé en vue de partager un bénéfice*. V. cependant le nouveau courant auquel obéissent doctrine et jurisprudence, *supra*, n° 226 *bis*. La pratique finira par le reconnaître : dès à présent la Compagnie renonce à se prévaloir éventuellement, vis-à-vis de la société des obligataires, de la maxime : *Nul ne plaide par procureur*.

La société a pu être formée entre les obligataires dès l'époque où les titres ont été souscrits. Le projet de loi de 1903 groupe de plein droit les obligataires d'une même émission, sans admettre cependant que ce groupement continue après que la Compagnie aura été mise en faillite (V. *supra*, n° 713).

Le concordat conclu avec les obligataires leur donne parfois le choix

---

1. Nous ne pensons pas que la faillite de la société emporte cessation du mandat donné par elle à ses administrateurs, en vertu de l'art. 2003 C. civ. La révocation du mandat par la faillite du mandant suppose que le mandataire est un tiers, et non pas une personne chargée de la gestion de l'entreprise même de qui le mandat procède (Cass., 18 juin 1902, *Droit*, 12 octobre). En sens contraire, LYON-CAEN et RENAULT, VIII, n° 1192.

entre deux partis. Chacun d'eux exercera dans un délai déterminé l'option qui lui paraîtra préférable. Il pourra : *a*) se contenter d'un dividende ferme, généralement très faible ; ou *b*) convertir son titre ancien contre un certificat nouveau « à coupon variable », ne lui donnant droit qu'à une part des bénéfices annuels futurs. Cette clause ne fait point de l'obligataire un « associé », mais seulement un créancier aléatoire ; le titre primitif du droit n'est pas affecté ; le capital de la société bénéficiaire du concordat demeure à son ancien chiffre.

Il est fréquent aussi de voir le traité soumettre les opérations importantes de la société, telles qu'emprunts ou ventes futures d'immeubles, à l'autorisation de mandataires permanents des créanciers, lesquels auront accès aux séances du conseil d'administration. Mais on peut se demander si cette intrusion des obligataires dans l'administration sociale ne dépasse pas la frontière tracée par la loi entre le créancier et l'associé, et si de semblables conventions sont compatibles avec le concordat judiciaire [1].

2207. — II. Le concordat de *sociétés en nom collectif* et *en commandite* appelle également quelques remarques. Ces faillites, on s'en souvient, atteignent parallèlement la *société* prise en son capital, et *chacun des associés* responsables pris dans l'ensemble de ses biens propres. Les créanciers sociaux produisent seuls dans la première de ces faillites, ils concourent avec les créanciers personnels dans les autres.

Cette décomposition de faillites veut que chacune d'elles ait une assemblée distincte de concordat. Les majorités ne se calculeront pas dans toutes ces assemblées d'après le même passif ; le concordat peut réussir dans une faillite et échouer dans une autre.

2208. — *a*) Lorsque la société comme telle n'obtient ou ne demande pas de concordat, le capital social est soumis au régime de l'*union*. Les créanciers pourront néanmoins délivrer un *concordat à un ou plusieurs associés*, en les supposant exempts de banqueroute frauduleuse.

L'associé qui a obtenu un concordat particulier est « déchargé de toute solidarité », moyennant l'engagement d'un dividende à servir sur son actif personnel, et non social (art. 531). Ce dividende ne saurait donc s'imputer ni sur les distributions à provenir du capital de la société, ni sur celles que donneraient les faillites des coassociés.

Par la même raison, le dividende stipulé par l'associé concordataire laisse subsister la dette au regard du siège social pour son plein montant. C'est la conséquence de la grande règle des coobligés de l'art. 545.

2209. — *b*) Inversement, le concordat, refusé aux associés, peut-il être accordé au siège social ? — C'est douteux. La société serait rétablie dans

---

1. Il y a des économistes qui critiquent ces concordats. La Compagnie, en menaçant ses obligataires de liquider, s'ils ne passent point par ses volontés, pèse sur leurs résolutions et prive des garanties d'intérêt et d'amortissement un titre qui paraissait jusqu'à présent de rapport et de remboursement certains. Cela pourrait à la longue jeter sur lui le discrédit dans le milieu de l'épargne (P. Leroy-Beaulieu, dans l'*Economiste français* 2 septembre 1899).

ses affaires, avec des associés restant personnellement faillis, à raison des opérations d'union dont leurs biens continueront à être l'objet. Or cela ne s'harmonise point avec l'art. 1865 C. civ. qui fait de la faillite de l'associé une cause de dissolution de la société. Cette considération est plus décisive que celle dont s'inspirent les magistrats dans l'hypothèse, d'ailleurs toute spéciale, de concordats simultanément concédés, lorsqu'ils mettent à néant le concordat social du fait de la non-homologation pour indignité des concordats personnels, parce que le premier des traités serait subordonné aux autres (Req., 1er avril 1901, S. 1903, 1, 119).

La raison qui nous conduit explique peut-être une autre règle suivie en jurisprudence (Civ. cass., 5 décembre 1864, D. 65, 1, 15) et critiquée par Lyon-Caen et Renault, VIII, n° 1214, à savoir que la masse, votant le concordat social, doit expressément se réserver le droit de conclure des concordats séparés avec les associés en nom ; faute de quoi, elle est présumée libérer ces associés des engagements sociaux sur leur actif propre.

Vraisemblablement, les créanciers, moyennant un seul concordat, ont voulu tenir quittes tous les associés, lorsqu'ils n'ont pas exprimé un sentiment contraire. En tout cas, il n'a pas pu être dans leurs vues de faire suivre le concordat social de la mise des biens des associés sous le régime de l'union, ce qui serait en contradiction avec leur première pensée.

2210. — Au sujet des agissements correspondant à la banqueroute, soit simple, soit frauduleuse, commis par les administrateurs de sociétés, et de la lacune de notre législation qui ne donne pas une entière satisfaction aux besoins de la répression, cfr. ci-dessus, nos 2167 et 2175.

Voir enfin les conditions de la réhabilitation, tant de droit que facultative, pour un associé en nom collectif, sous le n° 2182.

SEPTIÈME PARTIE

DES TRIBUNAUX DE COMMERCE

(C. com., livre IV, art. 615 à 648 ; L. 8 décembre 1883 ; C. proc. civ., art. 414 à 442).

2211. — Ce n'est pas devant le tribunal civil que sont portés les procès commerciaux, mais devant un tribunal d'un autre ordre. Les tribunaux de commerce forment une *juridiction d'exception*, qui est composée de magistrats élus et temporaires.

L'existence de cette juridiction et son maintien dans notre État moderne s'expliquent par l'histoire et par la force des traditions. — Réunis en corporations au moyen âge, les commerçants, particulièrement dans les villes italiennes, disposaient d'une autonomie, d'une véritable souveraineté. Ces corporations avaient leurs *consuls* annuels qui statuaient sur les différends entre membres de leur communauté, et même sur ceux où l'un des leurs était défendeur, quel que fût le demandeur. Il y avait, au surplus, dans la détermination de la compétence, des distinctions qui variaient suivant les municipalités.

Ces consuls étaient de véritables arbitres volontaires. Les plaideurs les choisissaient ou étaient censés les choisir, afin de se soustraire aux lenteurs, à la cherté et au formalisme de la justice ordinaire : ils jugeaient d'une manière expéditive et sans figure de procès. Tel est demeuré le tempérament de nos tribunaux de commerce, qui sont fort peu pénétrés de l'« esprit légiste ». Ainsi s'expliquent la simplification de leur procédure et leur tendance à la simplifier encore davantage, en prenant singulièrement leurs aises vis-à-vis des formes, déjà bien réduites, de la loi.

L'organisation consulaire du moyen âge a été transportée des centres de la métropole aux comptoirs que les Italiens entretenaient dans le Levant [1]. Ce fut la première origine du régime des « capitulations », qu'on a bien tort de faire partir seulement du commencement du XVIe siècle (FRANÇOIS Ier et SOLIMAN).

2212. — En France, c'est sous la forme de *garde* ou de *conservation des foires* que cette juridiction s'est d'abord manifestée. Elle fonctionna sur les marchés de Champagne, qui attiraient périodiquement une grande affluence de commerçants de tous pays. Comme c'étaient les forains qui élisaient ce magistrat (du moins avant le transfert de l'institution à Lyon), cet organe relevait à certains égards du droit international ; il était intermittent comme la foire elle-même.

Les décisions des gardes se limitaient aux procès de foire, et ils délivraient des mandements sur la personne ainsi que sur les biens de la partie condamnée [2].

2213. — On s'accorde généralement à reconnaître que la première juridiction permanente dont le commerce français ait été pourvu fut créée en

---

1. C'est ce que fait ressortir le professeur G. COHN, de Zurich, dans le deuxième des trois rapports réunis sous le titre : *Drei rechtswissenschaftliche Vorträge*, 1888.
2. Rappelons les deux ouvrages de HUVELIN et de MOREL, cités p. 34 et 36.

l'année 1563. A cette date, un *Edit de* CHARLES IX institua à Paris un tribunal composé d'un juge et de quatre consuls : d'où le nom de « tribunal consulaire » qui s'est perpétué. Les magistrats étaient élus par les notables commerçants de la place et renouvelés chaque année par des électeurs dont la liste était dressée par le tribunal lui-même. Au-dessus de 500 livres, appel était porté de la décision rendue au Parlement de Paris (n° 44).

A ce tribunal de la capitale s'en ajoutèrent successivement d'autres, sur le même modèle. La juridiction se développa. Au temps où écrivait JOUSSE, on comptait en France 77 consulats. Mais, sous l'ancien Régime, les *juges-consuls* ne connaissaient ni des procès de droit maritime, qui étaient déférés aux *Cours d'amirauté* (excepté entre les années 1673 et 1681), ni des faillites, qui relevaient de la justice ordinaire.

En outre, à la différence du régime consacré par le Code de commerce, et sauf controverse, ce n'est point par la nature de l'acte, mais par la qualité du plaideur que se déterminait leur compétence. Il fallait être commerçant de profession pour pouvoir être traduit devant eux (sauf une réserve concernant les lettres ou billets de change, qui étaient du ressort des juges-consuls entre toutes personnes).

2214. — Cette justice élective a traversé, sans disparaître, les tourmentes de la Révolution. Elle a même vu sa juridiction s'étendre sur le droit maritime ; ce fut la conséquence de la suppression des Cours d'amirauté. On vit à une certaine époque la juridiction consulaire siéger comme Conseil des prises. Tel est le vestige de l'ancien Régime qui a survécu, et qui dispose encore en France d'une assez grande popularité, tout au moins dans les grandes villes. Les difficultés de recrutement des juges dans les petits centres de population et leur trop faible expérience n'ont pas suffi pour créer un mouvement sérieux dans le sens de l'abolition de ces tribunaux d'exception. Leur succès s'explique par des raisons particulières. Outre que les luttes politiques sont le plus souvent écartées de l'élection, l'homme qui se présente aux suffrages est et reste commerçant ; c'est cette qualité qui lui procure les connaissances pratiques grâce auxquelles il pourra remplir les fonctions judiciaires. Il a, en dehors de ces fonctions, une profession principale dont l'exercice lui a donné une réputation de probité, ou une fortune acquise par son activité antérieure. La fonction de juge temporaire est pour lui un honneur supplémentaire acheté au prix d'un labeur pécuniairement désintéressé, mais qu'il pourra, au terme de sa charge, abandonner sans dommage [1] (ESMEIN, *Eléments de droit constitutionnel*, 3° éd., p. 357).

Au contraire, parmi les autres Etats, les uns, comme l'Angleterre, n'ont jamais connu de juridiction commerciale. Les autres ont transporté les attributions de cette juridiction soit aux tribunaux de droit commun (Italie), soit à des tribunaux mixtes composés d'un juge ordinaire et d'assesseurs commerçants (chambres commerciales des tribunaux régionaux en Allemagne) [2].

2215. — Résumons les arguments invoqués en faveur de cette juridiction.

1° Des juges commerçants disposent de *plus d'autorité* que n'en auraient les juges ordinaires sur les plaideurs, qui sont commerçants eux-mêmes ; ils leur conseillent de transiger, et y arrivent dans plus du quart des procès [3] ; ils possèdent mieux la langue des affaires, la connaissance des usages ainsi que le sens donné par les parties à leurs marchés ;

1. Nous avons autrefois critiqué cette juridiction dans les *Annales de droit commercial*, 1889, 2, 200 et s.

2. Dans le centre et dans l'ouest de l'Europe, la Belgique et l'Autriche sont les seuls Etats importants qui pratiquent encore avec nous les tribunaux de commerce.

3. Sur 204.326 affaires jugées et terminées en 1911 devant les tribunaux de

2° Cette *juridiction* est *rapide* et *peu coûteuse* : mérite inappréciable dans un milieu où le temps est de l'argent ;

3° Grâce à l'examen du litige en deuxième instance par des magistrats de Cour pour les procès excédant 1.500 fr., *les erreurs commises* par les premiers juges *peuvent être réparées*. D'ailleurs les arrêts de réformation sont moins nombreux que pour les jugements des tribunaux civils. Sur 9.424 appels civils jugés en 1911, 6.432 ont été suivis de confirmation (68 o/o) ; et sur 4.197 appels de commerce soumis aux Cours, 2.885 (ou 69 o/o) se sont terminés par le maintien de la décision des premiers juges.

2216. — On peut soutenir en sens contraire :

1° Que la connaissance du droit ne s'improvise point, que les conventions abandonnées aux usages deviennent de plus en plus rares, tandis que se multiplient à l'inverse les procès qui nécessitent l'interprétation de statuts de sociétés, ou la connaissance de règlements de marchés, délibérés par des Compagnies professionnelles ;

2° Que les juges de commerce se laissent conduire quelquefois par un personnel d'auxiliaires plus expérimentés qu'eux, mais n'offrant pas de garanties complètes au point de vue de l'intégrité ;

3° Que le dualisme des juridictions entretient ce moyen de chicane qui s'appelle l'*exception d'incompétence* et qui est la plaie des procès ; la séparation des affaires entre le tribunal civil et le tribunal de commerce n'est-elle pas le plus souvent arbitraire et factice ?

2217. — Nous ne parlerons que de l'*organisation* des tribunaux de commerce. Quelques mots seront consacrés à leur *compétence* et à leur *procédure*.

2218. — I. **ORGANISATION.** — Les tribunaux de commerce sont dans les attributions et sous la surveillance du Ministère de la justice (art. 630 C. com.). Les fonctions de membres de ces tribunaux sont seulement honorifiques, c'est-à-dire non rétribuées (art. 628).

Ils n'existent pas uniformément sur le territoire, il y en a 226. C'est au chef de l'Etat qu'il appartient, en la forme d'un règlement d'administration publique, et usant de la délégation que lui donne à cet effet l'art. 615 C. com., de déterminer les villes qui en doivent être pourvues.

2219. — Le ressort d'un tribunal de commerce comprend en général l'*arrondissement administratif* : c'est le ressort du tribunal civil. Mais un même arrondissement, suivant son importance commerciale, peut être pourvu de plusieurs tribunaux de commerce, et le décret qui le crée détermine alors les cantons qui ressortissent à chacun d'eux (art. 616).

Beaucoup de tribunaux de commerce fonctionnent dans des centres qui ne sont ni des sous-préfectures, ni des sièges de tribunaux de première instance [1].

2220. — Dans les arrondissements où il n'existe point de tribunal de

---

commerce (y compris les tribunaux civils jugeant commercialement), 76.162 l'ont été au moyen de transactions ou radiations. Pour les affaires civiles, la proportion est moindre.

1. Trois départements manquent *complètement* de tribunaux de commerce : la Creuse, la Lozère, la Haute-Savoie. Seize (y compris la Seine) n'en ont qu'*un*, et plusieurs de ces départements ont un grand mouvement d'affaires ; ces départements sont : Ain, Hautes-Alpes, Basses-Alpes, *Aube*, Cher, *Doubs*, Indre-et-Loire, Landes, *Loire-Inférieure*, Lot, *Meurthe-et-Moselle*, Pyrénées-Orientales, *Seine*, Deux-Sèvres, *Haute-Vienne*, Vaucluse. Le département qui possède le plus grand nombre de tribunaux de commerce est la Seine-Inférieure : celui-ci en compte *dix*, ou, si l'on fait abstraction des chefs-lieux d'arrondissement, cinq (Le Tréport, Fécamp, Gournay, Elbeuf et Saint-Valéry). Viennent ensuite le Calvados et la Charente-Inférieure (avec *huit* tribunaux chacun). Le Nord n'en compte que *six*.

commerce, le *tribunal civil*[1] en exerce les fonctions et connaîtra alors des matières attribuées par la loi aux juges commerciaux (art. 640).

Pour les affaires commerciales qu'il sera appelé à juger, ce tribunal civil procédera suivant les mêmes formes d'instruction et de procédure que les tribunaux de commerce proprement dits (art. 641)[2].

167 tribunaux civils en France comprennent les affaires commerciales dans leur ressort.

2221. — Les jugements des tribunaux de commerce sont rendus au moins par *trois juges* ; aucun suppléant ne pourra être appelé que pour compléter ce chiffre (art. 626). Le tribunal pourra siéger avec un nombre plus élevé de juges, mais toujours en *nombre impair* (arg. art. 4 de la loi du 30 août 1883 sur la réforme judiciaire).

Lorsque, par suite d'empêchements ou autrement, le personnel est insuffisant pour la tenue des audiences, on fait appel aux *juges complémentaires* : en séance publique, le président procédera à un tirage au sort sur une liste de 50 à 15 noms formée annuellement par le tribunal entre les éligibles, et subsidiairement entre les électeurs de la résidence (L. 8 décembre 1883, art. 16). Au tribunal de la Seine il était sans exemple, en fait, avant la guerre de 1914, qu'on eût recours aux juges complémentaires.

2222. — Les tribunaux de commerce ne sont pas divisés en *chambres*. Mais, pour les besoins du service, ils peuvent répartir leurs travaux en *sections*, et c'est ce qui se passe au tribunal de la Seine.

2223. — Le *ministère public* n'existe point auprès des tribunaux de commerce. On a cherché plusieurs fois à combler cette lacune : c'est une pensée que l'on a abandonnée. Cette institution offrirait beaucoup plus d'inconvénients que d'avantages. « La discipline très ferme exercée par le président est l'une des causes principales du bon fonctionnement du tribunal. L'introduction d'un élément étranger à l'élection aurait pour effet de créer des rivalités qui nuiraient à l'autorité du président et par suite à la discipline » (HOUYVET, *Les tribunaux de commerce*, p. 31).

2224. — La *magistrature* commerciale est *élective* : c'est le commerce lui-même qui désigne les hommes possédant sa confiance. Le nombre des juges attachés à chaque tribunal varie suivant les endroits, un règlement d'administration publique le détermine. Le *minimum* est de deux juges non compris le président (art. 617 modifié par la loi du 18 juillet 1889). Auprès du tribunal de commerce de la Seine, il y a 21 juges titulaires et 21 suppléants.

---

1. L'art. 640 dit : « les juges du tribunal civil ». On s'était autrefois prévalu de cette rédaction pour soutenir que le tribunal civil jugeant commercialement devait siéger sans la présence du magistrat du ministère public : car ce magistrat est absent des tribunaux de commerce, et l'art. 641 prescrit aux tribunaux civils, lorsqu'ils statuent en pareil cas sur les affaires commerciales, de suivre les mêmes formes que s'ils étaient de véritables tribunaux de commerce. — Mais on n'a point persévéré dans cette interprétation : le ministère public est partie intégrante du tribunal civil, et à son défaut les juges ne forment pas un corps constitué. On est donc en présence d'une question non plus de procédure, mais bien d'organisation judiciaire.

2. Par conséquent, les plaideurs sont affranchis du ministère des *avoués* comme devant les tribunaux de commerce ; s'ils recouraient à l'avoué, c'était, jusqu'à une époque encore récente, un représentant libre qu'ils constituaient en sa personne, et qui devait justifier au tribunal de ses pouvoirs exprès, de la même manière qu'un autre mandataire. Mais la loi de finances du 13 juillet 1911, art. 96 et 97, a dispensé désormais les avoués (et aussi les avocats) de produire devant les tribunaux de commerce la procuration de leurs clients. Ces auxiliaires judiciaires se trouvent donc à présent, même en justice commerciale, dans une meilleure situation à cet égard que ne le sont les *agréés*, agents qui ont cependant toutes les sympathies de la magistrature consulaire (v. *infra*, n° 2287).

Ils sont élus au scrutin de liste. Le président est également élu, mais par un scrutin distinct et uninominal (art. 621). L'ordre successif d'exercice des fonctions est réglé par la loi : le président a dû précédemment avoir été juge, le juge titulaire a dû précédemment être suppléant (art. 620 *in fine*).

2225. — Les *élections* se font pour *deux ans* avec renouvellement annuel par moitié, pour assurer l'esprit de suite et le maintien des traditions. Les premières élections qui suivent la constitution du tribunal nécessitent un tirage au sort, afin de déterminer l'ordre de roulement.

Sortis d'exercice, après deux années, le président ou les juges pourront être réélus immédiatement pour deux autres années. La loi voulait naguère que, après cette nouvelle période, ils ne fussent de nouveau éligibles qu'*après un an*.

Toutefois, les fonctions présidentielles échappaient à cette suspension : un juge, après deux judicatures, pouvait être élu président sans solution de continuité, puis réélu deux ans après, soit quatre années de présidence après quatre années de judicature (art. 633 et L. 8 décembre 1883, art. 13).

D'après la loi plus récente du 17 juillet 1908, président et juges, sortant d'exercice après deux ans, pourront être réélus sans intervalle pendant deux autres périodes de deux années chacune, six ans en tout : après quoi ils ne seront éligibles qu'après un an.

Toutefois, le président, quel que soit le nombre de ses années de judicature comme juge titulaire, peut toujours être élu pour deux années, à l'expiration desquelles il est rééligible pour deux autres périodes de deux années chacune, soit six années de présidence consécutives. On devrait bien simplifier ces conditions de réélection, qui tournent au casse-tête.

2226. — Quel est le suffrage appliqué aux tribunaux de commerce ?

Les systèmes d'élection pratiqués aux différentes époques se ramènent à deux : le *suffrage restreint* et le *suffrage universel* des commerçants du ressort.

2227. — A. *Suffrage restreint.* — Il a fonctionné de 1807 à 1883 (excepté entre 1848 et 1851). Les juges étaient élus par de notables commerçants ou, suivant la terminologie légale, par « une assemblée d'électeurs pris parmi les commerçants recommandables par leur probité, esprit d'ordre et d'économie ». Ces électeurs représentaient la dixième partie des commerçants patentés du ressort.

Par quelle autorité était dressée la liste de ces électeurs ? Elle a varié suivant les époques.

De 1807 à 1871, ce fut le *préfet* (sauf pendant la République de 1848).

Dé 1871 à 1883 fonctionna un régime plus libéral. La liste des électeurs était dressée par une *commission*, à la composition de laquelle concouraient le tribunal de commerce, la chambre de commerce, le conseil général, le conseil des prud'hommes, la municipalité du siège du tribunal : neuf membres en tout, quelques-uns de droit, tels que le maire ou le président de ces corps, les autres élus par leurs collègues. C'était encore naguère le mode d'élection suivi pour les chambres de commerce [1].

2228. — B. *Suffrage universel* (en vigueur depuis la loi du 8 décembre 1883, déjà précédemment appliqué en 1848).

---

1. La nouvelle loi du 19 février 1908, relative à l'élection des chambres de commerce, étend à celles-ci les conditions d'électorat établies par celle de 1883 pour les tribunaux de commerce. Mais les fonctions de membre de la chambre de commerce durent *six ans*, et le renouvellement a lieu par *tiers* tous les deux ans. En outre, c'est la chambre de commerce elle-même qui nomme tous les ans, dans son sein, son président et les autres membres du bureau, tandis que le président du tribunal de commerce était et est encore désigné par les électeurs.

Le corps électoral se compose de tous les commerçants patentés du ressort, répondant à certaines conditions de temps d'exercice et de domicile. Il faut, de plus, ne pas avoir été frappé par certaines pénalités.

C'est la prédominance constitutionnelle du suffrage universel qui a assuré le succès de ce système. En outre, on s'est dit que tout commerçant, étant éventuellement justiciable du tribunal de commerce, avait par là-même intérêt à concourir à son recrutement.

Si l'extension du suffrage n'a modifié sensiblement ni l'esprit des tribunaux de commerce ni même leur composition, un fait regrettable en est cependant résulté. Le scrutin est délaissé chaque année ; pour que l'élection soit définitive au premier tour, la majorité obtenue par l'élu doit être égale au *quart des inscrits*. Autrement, il faut, quinze jours après, un scrutin de ballottage où la majorité relative suffit. Ce deuxième tour est invariablement nécessaire, le nombre des bulletins restant toujours de beaucoup inférieur au *quorum* légal. Bref, on constate une grande indifférence de la part des électeurs.

Ce système mérite néanmoins d'être conservé ; il écarte du tribunal le soupçon de représenter les catégories riches de banquiers et d'industriels de la place, à l'exclusion des petits et moyens magasins. Aussi vaut-il mieux que certain système de suffrage à deux degrés, plusieurs fois recommandé. Si chaque corporation nommait des délégués, au *prorata* du chiffre pour lequel elle est inscrite à la patente [1], et si ces délégués réunis élisaient ensuite le tribunal, on tomberait dans le défaut du régime censitaire, qui rend les plus riches maîtres de l'élection.

Dans toute élection, on doit s'occuper : 1° des électeurs ; 2° des éligibles.

2229. — **1° Electeurs, listes électorales.** — Sont électeurs « les *citoyens français, commerçants patentés* ou associés en nom collectif » (art. 1er, al. 1er, L. 1883). Cette formule, dans son excès de généralité, néglige d'une part les personnes assimilées aux commerçants ou aux commerçants en activité, et d'autre part, les conditions de domicile ou d'exercice dont il sera parlé ci-dessous.

Aux citoyens français, il faut ajouter depuis une époque récente les *femmes*, si elles remplissent les conditions exigées des autres électeurs, c'est-à-dire les femmes commerçantes mariées ou non mariées, payant patente, etc. (L. 23 janvier 1898). C'est une exception grave au principe d'après lequel les femmes ne disposent pas du statut politique. Mais le droit qui leur est conféré ne s'étend pas à l'éligibilité : les femmes ne peuvent pas encore être appelées à faire partie d'un tribunal de commerce (n° 157).

En revanche, ne sont électeurs : ni le *mineur* qui exercerait le commerce à la teneur de l'art. 2, ni l'*étranger*, admis ou non à domicile en France ; ils ne sont citoyens ni l'un ni l'autre, donc ils ne sauraient exercer la vie politique et participer à un scrutin pour nommer des magistrats.

Quoique la qualité de citoyen appartienne à un commerçant dont l'inscription aux rôles de la patente a été omise, la loi refuse l'électorat au commerçant non *patenté*.

Pour être électeur il faut *cinq ans* d'exercice de la profession. Tous doivent, en outre, être *domiciliés* depuis cinq ans au moins dans le ressort du tribunal.

2230. — Différentes professions sont placées par la loi de 1883 sur la même ligne que celle de commerçant. Ainsi, sont électeurs : « les capitaines au long cours et maîtres de cabotage ayant commandé des bâtiments pendant cinq ans, directeurs des Compagnies françaises anonymes de finance, de commerce et d'industrie, agents de change et courtiers d'assurances maritimes, courtiers de marchandises, courtiers interprètes et

1. Système dont se rapproche celui qu'a admis pour le recrutement des chambres de commerce la loi du 19 février 1908.

conducteurs de navires. » Quelques-unes de ces professions sont commerciales et, à ce titre, rentraient déjà dans la règle : nous avons reconnu la qualité de commerçants aux agents de change et aux courtiers (n° 856) ; en revanche, capitaines et directeurs de Compagnies anonymes ne le sont point, il était donc nécessaire que la loi statuât expressément à leur égard.

2231. — Il résulte de ce qu'on vient de dire que les commerçants retirés ne figurent pas sur les listes électorales. Il y a une exception au profit « des *membres* anciens ou en exercice *des tribunaux et des chambres de commerce*, des chambres consultatives des arts et manufactures, des présidents anciens ou en exercice des conseils de prud'hommes ». Ils sont électeurs dans leur ressort (L. 1883, art. 1er, al. 2).

2232. — La loi prononce des *causes d'indignité*, provenant de pénalités encourues, les unes pour crimes ou délits ordinaires (vol, escroquerie), les autres pour infractions d'ordre professionnel (usure, contravention aux lois sur les loteries ou maisons de prêt sur gage, tromperie sur la nature des marchandises vendues, etc.).

Les officiers ministériels destitués et les faillis non réhabilités sont également incapables de participer aux élections (art. 2).

2233. — Dans chaque commune, la liste des électeurs est établie par le maire, au mois de septembre. Les listes sont centralisées par le préfet ou par le sous-préfet. Celui-ci fait déposer la liste générale au greffe du tribunal de commerce, et les listes cantonales aux greffes des justices de paix, trente jours au moins avant l'élection.

Pendant les quinze jours qui suivent le dépôt, tout commerçant patenté du ressort peut prendre connaissance des listes et *réclamer* tant sa propre *inscription d'électeur omis* que la *radiation d'une personne indûment inscrite*. La réclamation est portée sans frais devant le *juge de paix*, qui statue en dernier ressort, sauf pourvoi en cassation dans les dix jours de la notification de la décision. Le pourvoi n'est pas suspensif et est déféré à la Chambre civile, sur requête, sans frais ni ministère d'avocat (art. 3 à 6).

La liste, rectifiée s'il y a lieu, est close définitivement deux jours avant l'élection (art. 7).

2234. — 2° **Eligibles, élections.** — Sont éligibles au tribunal de commerce « tous les *électeurs inscrits sur la liste électorale et âgés de trente ans* ». Cette éligibilité s'étend, en outre, aux « *anciens commerçants* français ayant exercé leur profession pendant cinq ans au moins dans l'arrondissement et y résidant » (art. 8, al. 1er). Un négociant retiré des affaires a plus de loisirs pour se consacrer à la vie judiciaire, et sa pratique ancienne le rend aussi capable d'être magistrat qu'un commerçant en activité.

Il résulte de la formule fournie par la loi : — qu'un électeur, omis sur les listes, sans y être rétabli, n'est pas éligible, quoique possédant au fond toutes les conditions pour l'être (note Audibert, sous Riom, 31 décembre 1888, dans les *Annales de droit commercial*, 1889, 1re p., p. 78) ; — et, à l'inverse, qu'un électeur, indûment inscrit et non rayé en temps utile, pourra être valablement élu.

2235. — L'assemblée électorale est convoquée, par arrêté du préfet, dans la première quinzaine de décembre : le *vote* a lieu *par canton*, le bureau est présidé par le maire du chef-lieu. Le scrutin reste ouvert pendant six heures. Nous avons déjà parlé des conditions de majorité pour le premier tour et du scrutin de ballottage (art. 9 et 10).

La loi règle la composition de la commission de recensement, qui siège à la préfecture. Sa décision est transmise par copie de procès-verbal, tant au Procureur général qu'à chacun des greffiers des tribunaux de commerce, ainsi qu'aux maires des chefs-lieux ; ceux-ci font afficher les résultats.

2236. — Dans les cinq jours à partir de l'élection elle-même (et, quant au Procureur général, de la réception du procès-verbal), les élections peuvent être attaquées pour cause : 1° d'*inobservation des formes* ; 2° d'*absence de liberté dans le vote* ; 3° d'*incapacité légale de l'élu*.

La réclamation est portée soit par tout électeur, soit par le Procureur général devant la Cour d'appel, qui statue sommairement et sans frais. Le pourvoi en cassation n'est recevable que dans les dix jours de la signification. Il aura un effet suspensif et il sera instruit dans les mêmes formes qu'un pourvoi formé contre la composition de la liste électorale (art. 11 et 12).

2237. — Il n'y a plus lieu aujourd'hui de faire confirmer les pouvoirs des juges par décret du chef de l'Etat ; ils sont institués par le fait même de l'élection, ses résultats une fois constatés par la commission de recensement.

Le Procureur général les invite, dans la quinzaine de la réception du procès-verbal, à se présenter pour *prêter serment* à l'audience de la *Cour d'appel*. Les juges peuvent demander que le tribunal civil de l'arrondissement soit commis pour recevoir leur serment, ce qui leur évitera tout déplacement.

Ils sont *installés* ensuite en séance solennelle et publique par le président et par les magistrats en fonctions de leur propre tribunal ; ils prendront rang à la suite de leurs collègues plus anciens qu'eux (art. 14 et 15).

2238. — II. **COMPÉTENCE.** — En ce qui concerne la *compétence* des tribunaux de commerce (art. 631 à 637), il suffira de se reporter aux diverses parties de ce traité et de grouper les renseignements fournis à l'occasion de chacune des institutions commerciales séparément [1].

Ratione materiæ, les tribunaux de commerce connaissent des procès suivants. Ces procès tombent dans leurs attributions, même lorsque l'intérêt du litige ne dépasse pas 600 francs : en quoi se séparent la juridiction civile et la juridiction commerciale. Car un procès de 600 francs ou d'une somme plus faible serait, en matière civile, de la compétence du juge de paix (L. 6 juillet 1905). Le juge de paix n'a, d'aucune manière, la connaissance des matières commerciales, bien qu'il ait été question de le rendre juge des petits procès de commerce.

Voici les cas de compétence actuels des tribunaux de commerce :

1° Connaissance des *actes de commerce* entre toutes personnes, même lorsqu'elles ne sont pas commerçantes de profession (art. 631-3°, n° 8) ;

2° *Contestations* relatives aux engagements et transactions *entre commerçants* (art. 631-1°) ; plus exactement, contestations dans lesquelles un commerçant joue le rôle de défendeur et est recherché à raison d'une opération qui forme un acte de commerce à son égard (n° 55). — Si le demandeur a fait un acte civil, il a, d'après la jurisprudence, le droit de poursuivre son adversaire commerçant devant le tribunal civil ou devant le tribunal de commerce, à son choix (n° 40) ;

3° *Contestations entre associés*, pour raison d'une société de commerce, depuis 1856 (art. 631-2°, voir n° 317) ;

4° Actions *entre commerçants et leurs commis*, pour le fait du trafic auquel ceux-ci sont attachés (art. 634-1°). — Ce cas de compétence n'est plus exact depuis la loi du 27 mars 1907 réorganisant les conseils des prud'hommes.

Déjà les procès entre patrons et ouvriers étaient en dehors de ce chef de compétence : ils étaient du ressort soit du conseil des prud'hommes, soit, en l'absence de cette juridiction, du juge de paix (L. 1er juin 1853 ; l. 25 mai 1838, art. 5-3° ; voir n° 29).

---

1. CHAMPCOMMUNAL, *Les conflits de juridiction entre les tribunaux civils et les tribunaux de commerce* (*Ann. dr. comm.*, 1911, 1912, 1913).

La loi du 27 mars 1907 a étendu la juridiction des prud'hommes aux employés de commerce (art. 1er), pour le cas où il serait institué dans cette juridiction une section commerciale. D'après l'art. 32, les différends entre patrons et leurs employés sont alors de la compétence des prud'hommes, lorsque le chiffre de la demande n'excède pas 1.000 fr. Au-dessus de ce taux, le procès relève des « tribunaux ordinaires » [1].

5° *Billets* faits par les *comptables de deniers publics* (art. 634, 2°). — C'est un cas de compétence tout à fait hors cadre, qui a perdu son application historique. Un trésorier-payeur général, responsable des recettes fiscales envers le Trésor, souscrira et fera escompter des effets : il sera assigné non devant les juges administratifs, mais devant les tribunaux de commerce. Cela présentait quelque intérêt avant l'abolition de la contrainte par corps, la dette étant ainsi plus énergiquement sanctionnée. Au commencement du XIXe siècle, le gouvernement se procurait une partie des ressources nécessaires au service des guerres et des administrations publiques au moyen d'« anticipations sur les receveurs généraux ». Il fallait donc donner aux signatures de ceux-ci toute solidité possible ;

6° Procès concernant soit les *lettres de change réputées simples promesses*, soit les *billets à ordre*, sous les distinctions des art. 636 et 637 (n° 1566) ;

7° *Questions qui concernent les faillites* (art. 635 ; n° 1768) [2].

2239. — La loi détermine limitativement cette compétence. En toute autre matière que celles qui viennent d'être énumérées, le tribunal de commerce serait sans attribution pour connaître des procès [3]. Son *incompétence* serait *absolue*. Le déclinatoire pourrait être opposé par le défendeur en tout état de cause, et les juges devraient se dessaisir d'office, à peine de cassation [4].

Il y a incompétence du tribunal de commerce, même quand la question étrangère à son ressort se présente dans le procès *sous forme incidente*. Bien que l'affaire relève au fond des juges consulaires, ils ne pourront pas connaître de cet incident et ils devront renvoyer pour son examen aux juges compétents : d'où un sursis nécessaire quant à l'examen du fond, que le tribunal de commerce ne pourra reprendre que plus tard.

Ex. : Le défendeur, assigné non par son créancier, lequel est décédé, mais par l'héritier de celui-ci, lui refuse cette qualité (contestation d'état). — Ou bien une *caution* civile est poursuivie, en même temps que le débiteur commerçant, et devant les mêmes juges ; cette caution n'a pas fait acte de commerce, à moins d'avoir donné un aval sur lettre de change ; elle n'a pu être distraite de ses juges naturels ; quant à elle, l'affaire doit être renvoyée au tribunal civil ; la règle *accessorium sequitur principale* n'y fait pas obstacle.

---

1. Ces mots s'appliquent, semble-t-il, non aux tribunaux civils, mais aux tribunaux de commerce, c'est-à-dire à la juridiction qui était compétente avant 1907 (Nîmes, 4 juin 1909, D. 1909, 2, 288 ; Paris, 18 janvier 1910, *Gaz. Pal.*, 19 février). Ainsi en serait-il sans discussion à défaut de création d'une section commerciale des prud'hommes.

2. Les tribunaux de commerce disposent, en outre, dans certains cas, de pouvoirs de *juridiction gracieuse*. C'est ainsi qu'ils sont appelés, moyennant des distinctions inutiles à rappeler ici, à autoriser les *ventes publiques de marchandises* (n° 1408).

3. Même dans les affaires relevant de la compétence du tribunal de commerce, s'il surgit un incident de *faux*, le tribunal doit surseoir à l'examen du fond et renvoyer devant le tribunal ordinaire (art 427 C. proc. civ.).

4. Il est cependant de jurisprudence que, si l'incompétence n'a été proposée ni en première instance ni en appel, l'arrêt prononcé sur le fond par la Cour, qui est juge de deuxième degré à l'égard des tribunaux civils et de commerce tout à la fois, purge la décision du vice d'incompétence. L'incompétence n'est un moyen de cassation que lorsqu'elle a fait déjà l'objet de conclusions devant les premiers ou au moins devant les seconds juges.

2240. — On vient de voir que les tribunaux de commerce sont *absolument* incompétents en matière civile. Il semblerait de bonne symétrie de décider que les tribunaux civils sont, de leur côté, absolument incompétents en matière commerciale [1].

Or cette symétrie, cette réciprocité n'est pas acceptée. Il règne, en pratique, une opinion très ferme en sens contraire. Les tribunaux civils, étant tribunaux de droit commun, disposent de la *plénitude de juridiction* et possèdent un germe de compétence (c'est l'expression consacrée) même sur les matières de commerce.

Il est vrai qu'un commerçant, qui serait assigné devant le tribunal civil par un autre commerçant, pourrait décliner la compétence de ce tribunal et demander son renvoi devant ses juges professionnels, à condition de proposer son moyen *in limine litis*, avant toutes conclusions au fond.

Mais cela n'est vrai qu'autant que les parties n'ont pas d'avance dans leur contrat attribué juridiction au tribunal civil, ce qui est licite.

Ce que décide en outre la jurisprudence, c'est que le commerçant assigné devant le tribunal civil cesse de pouvoir opposer l'incompétence, s'il a commencé par conclure au fond ; c'est que le tribunal civil ne peut pas davantage prononcer d'office le renvoi.

Deux commerçants parviennent, d'un commun accord,à saisir le tribunal civil de leur différend. Ainsi s'explique le grand nombre de procès commerciaux sur lesquels les tribunaux de droit commun statuent journellement.

2241. — Au surplus, dans son ensemble, il est permis de critiquer cette interprétation, malgré l'appui que lui donnent l'autorité de GARSONNET (*Traité de procédure*, n° 154) et celle de GLASSON (*Précis de procédure civile*, 1re éd., I, p. 126). Non seulement elle crée une inégalité entre les deux ordres de juridiction lorsqu'ils sortent de leur compétence normale. Mais elle paraît oublier qu'aux tribunaux de commerce se lie la pensée, vraie ou fausse, que les juges civils ne sont pas versés dans les affaires et manquent d'expérience dans les procès attribués aux magistrats consulaires. Considération d'ordre public qui devrait exclure le droit pour les plaideurs de proroger la compétence des juges civils sur des matières qui, en réalité, ont été soustraites à leur ressort (L. 16-24 août 1790, titre IV, art. 4 : tel était aussi le sentiment de POTHIER).

2242. — A la compétence *ratione materiæ* on oppose la compétence *ratione personæ* ou *loci*. Si l'affaire est du ressort des tribunaux de commerce, quel est celui des tribunaux régionaux que le demandeur doit saisir du procès, sous peine de se voir opposer l'exception d'incompétence qui doit, certainement ici, être proposée *in limine litis* ? Est-ce celui de la Seine, de Bordeaux ou du Havre ?

Cette nouvelle question rentre dans l'enseignement de la procédure. Elle est tranchée par un texte important, par l'*art. 420 C. proc. civ.*

2243. — Le demandeur n'est pas, comme en matière civile, limité dans son action personnelle et mobilière au tribunal du domicile du défendeur (*actor sequitur forum rei*, art. 59 C. proc.). Il a en matière de commerce l'option entre trois tribunaux : 1° le tribunal du *domicile du défendeur* ; 2° le tribunal de l'arrondissement *où la promesse a été faite* et *la marchandise*

---

1. Il existe d'ailleurs un moyen régulier de soumettre l'affaire, quoique commerciale de sa nature, à la connaissance des juges civils. C'est de l'engager par une saisie-arrêt qui, comme toutes les voies d'exécution, est du ressort des tribunaux de droit commun. — Ex. : Je suis créancier d'un commerçant, lui-même créancier d'un tiers, je fais opposition par exploit entre les mains de ce tiers, et j'introduis contre mon débiteur une demande en validité de cette saisie devant le *tribunal civil*.

livrée (ces deux conditions doivent concourir, une seule ne suffirait pas pour emporter attribution de juridiction); 3° le tribunal du *lieu du paiement*. — Lorsque les parties ont fait une élection de domicile (art. 111 C. civ.), elles peuvent saisir en outre le tribunal d'un autre arrondissement que ceux que mentionne l'article 420 : le tribunal de ce domicile élu.

2244. — La règle de l'art. 420 est assez large pour s'étendre de la « vente » au « contrat de transport » ainsi qu'à tous les marchés de commerce. Elle concerne *a*) les contrats portant sur papier ou sur capitaux ; *b*) les contestations entre un patron et son employé ; *c*) bref, tous les cas où les tribunaux de commerce ont compétence, hormis toutefois les procès en matière de faillite ou de société (n°s 309, 316, 1055-3°, 1547, note).

Toutefois, si large que soit la portée de cette disposition, il y a un cas dans lequel elle cesse de recevoir son application. C'est celui où le *défendeur contesterait l'existence même du marché*. Le seul tribunal qui puisse alors connaître du différend est le tribunal du domicile de ce défendeur, pourvu que la contestation sur la réalité du marché soit sérieuse (Req., 24 février 1903, S. 1903, 1, 120). La loi est muette à cet égard. Mais il faut raisonner de la manière suivante. L'exception préjuge ici la solution définitive, à l'inverse de ce qui se passe habituellement (en effet, le jugement sur l'incident fera connaître l'opinion des juges sur le fond). Donc un seul tribunal en peut connaître, le tribunal compétent en tout état de cause, celui du domicile du défendeur.

2245. — III. **PROCÉDURE.** — Sur les questions de *procédure*, nous serons encore plus bref que nous ne l'avons été sur celles d'organisation et de compétence (C. proc. civ., livre II, titre XXV, art. 414 à 442)[1].

2246. — En matière de commerce, il n'y a lieu à aucun préliminaire de conciliation devant la justice de paix. Assignation est donnée à un jour franc (et même d'heure à heure en vertu d'une ordonnance présidentielle). Le défendeur ne signifie point de conclusions.

Les parties peuvent comparaître en personne ou par le ministère d'un fondé de procuration spéciale. Ce fondé de pouvoir peut être un avoué ou une autre personne (mais non pas un huissier). Devant les tribunaux importants, c'est un *agréé*.

2247. — Les agréés sont des *mandataires judiciaires* des parties, non commerçants eux-mêmes. En nombre limité, et obéissant à une discipline avec des tarifs propres, ils forment, sous la surveillance du tribunal de commerce, une Compagnie officieuse qui n'a d'ailleurs point d'existence aux yeux de la loi[2].

Ainsi que le nom l'indique, le tribunal approuve la désignation de l'agréé.

---

1. Il n'y a pas de *référé* devant les tribunaux de commerce, à la différence du régime belge. D'après le sentiment général (LYON-CAEN et RENAULT, *Traité*, I, n° 419 *bis*), on ne peut même pas porter en référé devant le *président du tribunal civil* les affaires commerciales urgentes qui comporteraient une solution provisoire, la juridiction commerciale étant aussi expéditive que le juge des référés (Civ. cass., 25 juillet 1895, D. 96, 1, 180). Sur le caractère absolu ou relatif de cette incompétence, voir Bordeaux, 14 janvier 1901, et Paris, 13 février 1902, D. 1903, 2, 509. Cependant on a fait observer que les ordonnances de référé sont plus rapidement exécutoires que les jugements des tribunaux de commerce, soit en ce qu'elles ne comportent point l'opposition, soit en ce qu'il y a lieu pour elles à la dispense de caution ; aussi quelques auteurs protestent-ils contre cette limitation du référé aux affaires civiles (GLASSON, *Précis*, 1re éd., I, p. 322 ; GARSONNET, *Traité de procédure*, VII, § 1461).

2. BARTHÉLEMY, *Les agréés près les tribunaux de commerce*, th. 1908. — Sur le droit pour eux d'agir en concurrence déloyale contre les agents d'affaires qui se parent du même titre, cfr. Lyon, 27 décembre 1898, S. 1901, 2, 41, et note TISSIER.

Lorsqu'un cabinet change de mains et est l'objet d'une cession, le tribunal intervient pour admettre à exercer devant lui le successeur proposé.

L'agréé n'a pas de monopole. La seule prérogative dont il dispose, c'est d'être affranchi de la nécessité de faire certifier la signature du plaideur qu'il assiste. Tout autre conseil, se présentant pour la partie devant le tribunal de commerce, devrait produire une procuration légalisée (art. 627. V. toutefois, quant aux avoués ou aux avocats, *supra*, n° 2220, en note).

Cependant l'agréé n'est pas dans la position privilégiée de l'avoué, lequel, devant la justice civile (et même aujourd'hui devant le tribunal de commerce), occupe pour le client sans avoir à justifier d'un pouvoir exprès. La théorie du désaveu ne saurait donc pas s'étendre aux matières commerciales [1].

2248. — Les moyens d'instruction admis devant les tribunaux de commerce sont des plus expéditifs.

Dans les procès d'effets de commerce, le tribunal statue habituellement dès la première audience et ne prononce la remise que lorsque l'exception alléguée par le défendeur repose au moins sur quelque présomption (n° 1547).

2249. — Dans les autres procès, les agréés n'ayant pas leur dossier complet, il y a lieu à remise de la cause. A Paris, l'affaire est inscrite soit à l'audience de semaine où l'on plaide par simples observations, soit à celle du grand rôle.

Après les plaidoiries, elle est très souvent *mise en délibéré*. Par suite d'une mesure intérieure, l'examen de la contestation est confié à un juge qui, après avoir entendu les parties, rédige un rapport officieux. Ce rapport est soumis ensuite à l'approbation du tribunal ou de la section, et il forme les éléments du jugement (Voir de plus amples indications dans Houyvet, précité).

2250. — Parmi les moyens d'instruction reconnus par la loi, il convient de citer, comme étant d'un emploi courant :

1° La *preuve testimoniale*, laquelle, en vertu d'une règle bien connue, est admise sans limite de somme en matière commerciale (C. com., art. 109). L'enquête se poursuit à l'audience même et ne donne pas lieu à une procédure incidente avec juge commis (art. 432 cpr, à 407, C. proc. civ.) ;

2° Le renvoi à des *arbitres rapporteurs* (dans 9.193 affaires sur 60.000 devant le tribunal de la Seine, en 1912). Ces arbitres arrivent souvent à concilier les parties (dans 46 procès sur 100). Sinon, ils rédigeront un rapport que le tribunal aura à homologuer (V. Brunel, *De la concil. en mat. com.*, 1898). Il ne faut pas les confondre avec les arbitres-juges d'un compromis. Ils prêtent leur ministère dans les procès de comptes ou de chiffres, et ils sont pris dans les grands tribunaux sur une liste que dresse le tribunal. Le tribunal de commerce peut également prendre l'avis d'un syndicat professionnel (L. 21 mars 1884, art. 6, al. 6). La pratique du renvoi devant arbitres a été l'objet d'assez vives attaques, et diverses propositions de loi ont été déposées notamment par M. de Boury à la Chambre, dans la législature 1910-1914, aux fins soit de l'interdire, soit de la limiter, le tribunal passant, à tort ou à raison, pour se dessaisir en réalité de sa mission judiciaire entre les mains de ces agents.

---

1. L'agréé n'étant point un officier ministériel, la demande en remboursement de frais, formée par lui contre son client, n'est point portée au tribunal où les frais ont été faits, selon l'art. 60 C. proc. civ. Cependant il l'actionnera à bon droit devant le tribunal de commerce où il l'a assisté, et le poursuivra alors en vertu de la théorie de l'accessoire, lorsque le client a fait le procès dans l'intérêt de son commerce (*Contra* Rouen, 7 mars 1896, D. 97, 2, 323). Sur l'incompétence des tribunaux de commerce dans le recouvrement des frais et honoraires d'agents d'affaires ou d'arbitres, voir Paris, 20 novembre 1894, S. 98, 2, 214, et Agen, 6 mars 1899, D. 99, 2, 424.

2251. — La liberté de la preuve testimoniale s'applique à tous les contrats (à l'exception des sociétés, du change et du droit maritime). On se demande si elle s'étend à la *transaction*, convention qui doit être rédigée par écrit d'après l'art. 2044 C. civ. Un arrangement destiné à prévenir un procès n'en fera-t-il pas naître un autre quant à la preuve, si l'on applique l'art. 109 ? La jurisprudence est divisée. Dans le sens de l'admissibilité de la preuve testimoniale pour la transaction, voir Paris, 13 juin 1894, D. 94, 2, 498, et LYON-CAEN et RENAULT, III, nº 52.

La portée très large que donne le droit commercial à la preuve par témoins a son contre-coup sur les autres moyens de preuve :

a) En matière commerciale, la preuve par simples *présomptions de fait* est recevable (art. 1353 C. civ.) : ainsi s'explique la force probante que les juges peuvent discrétionnairement attribuer tant aux livres de commerce simplement facultatifs, qu'à ceux qui ne seraient point tenus selon la loi (nºs 205 et 209) ;

b) Dans les actes commerciaux constatant une convention synallagmatique, la *pluralité des doubles* n'est pas exigée comme elle le serait dans les actes civils (*art. 1325* C. civ.) : les énonciations d'un original unique valent présomption de fait en faveur de leur contenu ;

c) Par la même raison, le *bon ou approuvé* de l'*art. 1326*, écrit de la main du signataire, n'est pas exigé davantage dans un contrat commercial, quand même ce contrat émanerait d'un non-commerçant ;

d) L'écrit qui constate un acte de commerce fait foi de sa *date* non seulement dans les rapports des parties, mais même au regard des tiers ; il n'est donc pas besoin qu'un des faits prévus par l'*art. 1328* se soit réalisé : la date écrite est supposée sincère et vraie jusqu'à preuve du contraire ;

e) Les marchés ou traités, réputés actes de commerce selon la loi, peuvent donner lieu au droit proportionnel d'enregistrement. Mais, s'ils ont été faits sous signature privée, on les enregistre provisoirement au *droit fixe* de 3 francs ; le droit proportionnel ne sera perçu que sur le jugement de condamnation ou de liquidation et il se limitera à la partie des sommes faisant l'objet de cette condamnation ou de cette liquidation (L. 11 juin 1859, art. 22)[1].

Sans cette faveur fiscale, le plaideur se serait abstenu de produire l'écrit ; il aurait couru la chance de la preuve testimoniale, afin de n'avoir pas à acquitter des droits fort élevés sur le montant nominal du titre, montant souvent supérieur au reliquat qui fait l'objet de sa demande.

2252. — Les tribunaux de commerce, comme les tribunaux civils, connaissent le double *défaut*, *faute de comparaître* et *faute de conclure* (avec des délais d'opposition différents, et la limitation au premier d'entre eux de la règle d'après laquelle le jugement se périme par l'expiration de six mois [2]).

2253. — Les jugements des tribunaux de commerce sont *exécutoires par provision*, nonobstant appel. A moins qu'on ne soit en présence d'un titre non attaqué ou qu'il n'y ait eu condamnation précédente, cette exécution provisoire n'aura lieu qu'à charge de donner caution (art. 439 C. proc. civ.).

2254. — L'*appel* est porté devant la *Cour* dans le ressort de laquelle le tribunal de commerce est situé, et il est jugé comme appel de jugement

1. Sur les limites que doit subir cette règle, voir LYON-CAEN et RENAULT, I, nº 98.

2. S'il est une question classique, c'est bien celle de l'*unité* ou de la *dualité du défaut* en matière commerciale, et de la conciliation nécessaire des art. 435 C. proc. civ. et 643 C. com. — Nous n'avons pas à nous y arrêter ici, pas plus qu'à la question de savoir si le *défaut profit joint* (art. 153 C. proc. civ.) s'étend à la procédure commerciale. On admet cette jonction de la cause du plaideur défaillant à celle du plaideur comparant, mais sans la rendre obligatoire devant les tribunaux de commerce.

rendu en matière sommaire (art. 648). On avait émis, il y a quelques années, la pensée de constituer des Cours d'appel commerciales, dont les membres seraient nommés par les tribunaux et par les chambres de commerce (proposition Félix Faure); le projet a été repris en 1910 par la Conférence des Présidents des tribunaux de commerce (compte rendu chez Rey, Lyon, 1910, p. 17).

2255. — L'appel est recevable pour les demandes excédant la valeur de *quinze cents francs* en principal, qu'elles soient principales ou reconventionnelles. Lorsque l'une des demandes, principale ou reconventionnelle, s'élève au-dessus de ce taux, le tribunal ne peut prononcer sur toutes deux qu'en premier ressort. Il se peut que la demande reconventionnelle soit exclusivement fondée sur la demande principale; en ce cas, quel que soit le chiffre des dommages-intérêts reconventionnellement demandés pour le tort que le procès cause au défendeur, si la prétention principale ne dépasse pas quinze cents francs, il sera statué de part et d'autre en dernier ressort (art. 639 C. com.).

2256. — Le délai pour interjeter appel est de *deux mois*. Il court de la signification si le jugement est contradictoire, ou de l'expiration du délai d'opposition si le jugement est par défaut (art. 645). Exceptionnellement, en matière de faillite, le délai d'appel est réduit à quinze jours (art. 582, nos 1794 et 1771)[1].

1. Le plaideur peut renoncer au bénéfice de l'appel. S'il a posé à la fois des conclusions d'incompétence et des conclusions sur le fond, ce qui est permis en matière commerciale, et si le tribunal se déclare compétent, les conclusions cumulatives qu'il avait prises n'empêchent pas le plaideur de former appel contre la disposition du jugement relative à la compétence, tout comme à celle sur le fond. De même quand, le tribunal ayant repoussé le déclinatoire et retenu l'affaire, le plaideur avait conclu sur le fond : il ne renonce pas pour autant au droit de former appel dans le délai légal contre le jugement relatif à la compétence (Civ. rej., 4 décembre 1871, D. 72, 1, 121; Civ. cass., 14 mars 1899, D. 99, 1, 447). — On pourrait examiner des situations pratiques nombreuses. Mais toutes les questions de procédure sont de notre part l'objet d'indications sommaires, par simple référence au cours qui forme le siège de cet enseignement.

TABLES DES MATIÈRES[1]

I

TABLE ANALYTIQUE

A

---

1. Ces tables ont été dressées par MM. H. Lévy-Ullmann, Professeur à la Faculté de droit de l'Université de Lille, et P. Catalan, Avocat à la Cour d'appel, Docteur en droit de la Faculté de Montpellier.

Je les remercie l'un et l'autre de la complaisance qu'ils m'ont témoignée dans ce travail. La consultation du traité sera facilitée par les références des tables, à raison de la multiplicité des mots qui renvoient aux numéros correspondants de l'ouvrage.

D

E

R

S

T

II

TABLE GÉNÉRALE DES MATIÈRES

INTRODUCTION

1. *Addition*, n° 385, p. 239, 13e ligne. — V. en dernier lieu Cass., 5 mai 1915, S. 1915, 1, 4, et note Lyon-Caen, 1915, 1, 65.

TROISIÈME PARTIE

DES BOURSES DE COMMERCE, SPÉCIALEMENT DES BOURSES D'EFFETS OU DE VALEURS

QUATRIÈME PARTIE

DES CONTRATS SUR MARCHANDISES

(Vente, gage, courtage, commission, transport)

1. *Addition*, n° 801, *in fine*, p. 454. V. cependant une *loi du* 18 *décembre* 191[illegible] (*Off.* du 19) sur les *sociétés coopératives ouvrières de production et de crédit a[illegible] travail*, 18 articles.

CINQUIÈME PARTIE

DES CONTRATS SUR ARGENT, SUR CRÉDIT ET SUR RISQUES

(Effets de commerce, warrants, opérations de banque, chèques, comptes courants, assurances)

---

1. *Addition*, n° 1308, p. 679, suite de la note. — Cfr. POTU, *L'unification du droit relatif à la lettre de change*, 1914, et proposition française LOUIS DUBOIS du 12 mars 1914, opposant au projet de La Haye une retouche de quelques articles du livre premier, titre VIII du Code de commerce.

2. *Erratum*. — Page 723, ligne 15, au lieu de proposition MARTIN, lire : proposition LOUIS DUBOIS.

SIXIÈME PARTIE

DES FAILLITES ET BANQUEROUTES. — DES LIQUIDATIONS JUDICIAIRES

SEPTIÈME PARTIE

DES TRIBUNAUX DE COMMERCE

Imp. J. Thevenot, Saint-Dizier (Haute-Marne)

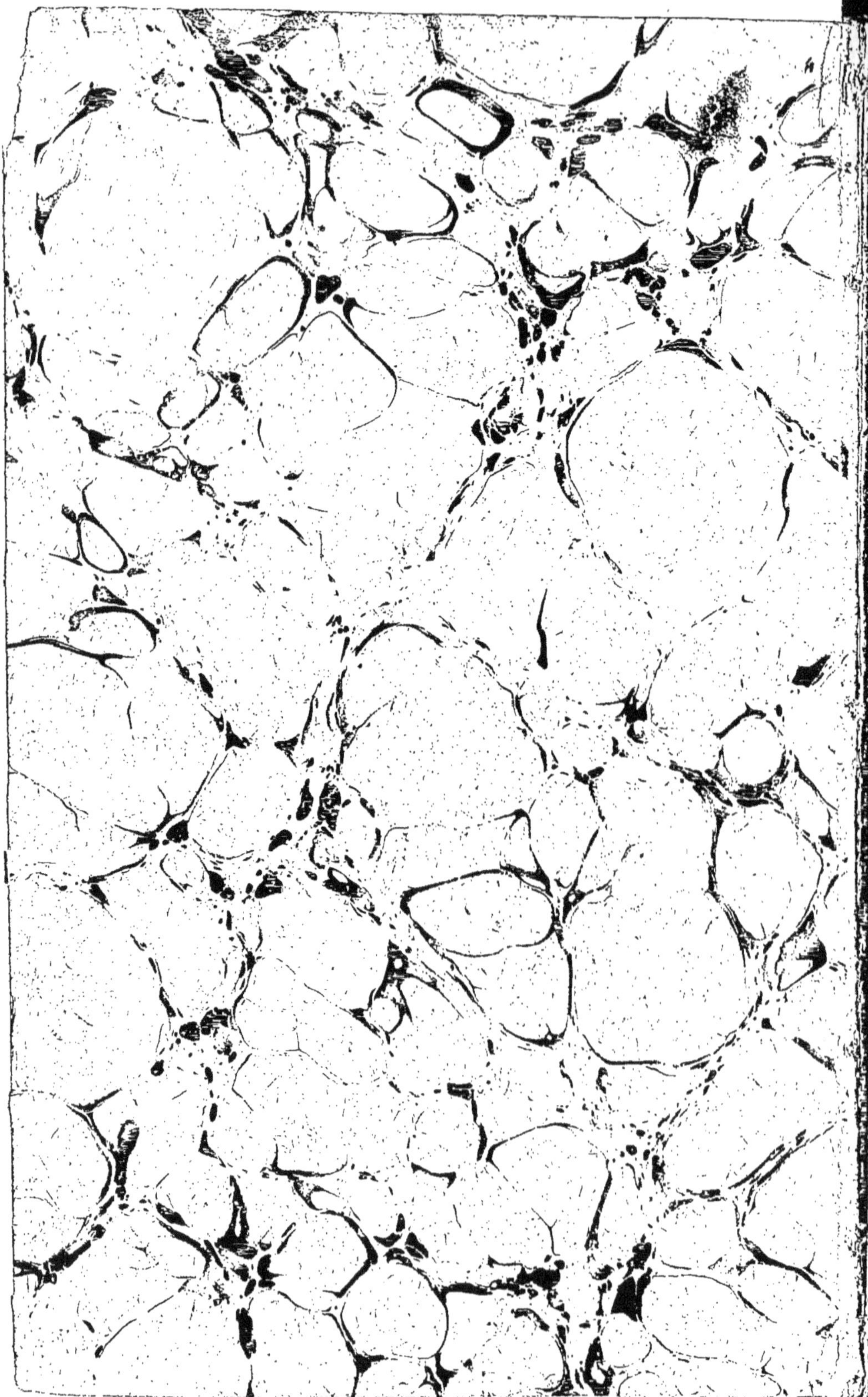

www.ingramcontent.com/pod-product-compliance
Lightning Source LLC
LaVergne TN
LVHW020950300926
849160LV00007B/100
* 9 7 8 2 0 1 9 4 9 4 3 1 5 *